BOUQUINS

Collection fondée par Guy Schoeller
et dirigée par Jean-Luc Barré

À DÉCOUVRIR
DANS LA MÊME COLLECTION

LA BIBLE, édition établie par Philippe Sellier

DICTIONNAIRE DE LA BIBLE, par André-Marie Gerard

DICTIONNAIRE DE LA SAGESSE ORIENTALE, traduit par Monique Thiollet

DICTIONNAIRE DU CORAN, sous la direction de Mohammad Ali Amir-Moezzi

DICTIONNAIRE ENCYCLOPÉDIQUE DU JUDAÏSME, sous la direction de Geoffrey Wigoder

GIBRAN, Khalil, *Œuvres complètes*

MABILLON, dom Jean, *Œuvres choisies*

MAURIAC, François, *Journal*

REINACH, Salomon, *Cultes, mythes et religions*

RENAN, Ernest, *Histoire des origines du christianisme* (2 vol.)

VOIX DE FEMMES AU MOYEN ÂGE, édition établie sous la direction de Danielle Régnier-Bohler

LES FEMMES MYSTIQUES

HISTOIRE ET DICTIONNAIRE

SOUS LA DIRECTION
D'AUDREY FELLA

ROBERT LAFFONT

Cet ouvrage a été publié
sous la direction de Jean-Philippe de Tonnac

ISBN : 978-2-221-11472-8
Dépôt légal : Avril 2013 – N° d'édition : 51158/01

Ce volume contient :

PRÉFACE
par Audrey Fella

INTRODUCTION
par Audrey Fella

RÉPERTOIRE DES FEMMES MYSTIQUES
par religions, traditions et courants spirituels

DICTIONNAIRE

POSTFACE
par François Marxer

PETIT GLOSSAIRE DE L'EXPÉRIENCE MYSTIQUE
ET SPIRITUELLE
OUVERTURES BIBLIOGRAPHIQUES
INDEX DES NOMS PROPRES
LISTE DES COLLABORATEURS

PRÉFACE

QU'EST-CE QUE LA MYSTIQUE FÉMININE ?

par Audrey Fella

APPROCHE DE LA MYSTIQUE

« La mystique est de nos jours à la mode [1] », nous dit-on. Si le phénomène n'est pas récent, la mystique ressurgit néanmoins au prix d'une confusion, prise dans les filets de la nébuleuse spirituelle moderne, aux côtés des médecines parallèles, des techniques de méditation et de relaxation, des voies ésotériques et initiatiques, de l'attrait pour les religions orientales. Elle est ainsi associée, par défaut, à une nouvelle spiritualité, comprise comme confort et assimilée à la quête d'une vie intérieure riche, sensible à la poésie, au mystère et aux élans du cœur [2].

Défini comme « l'ensemble des croyances et des pratiques se donnant pour objet une union intime de l'homme et du principe de l'être (divinité) [3] », le « mysticisme » est aujourd'hui plus couramment admis comme une « croyance » ou « une doctrine philosophique laissant une part excessive au sentiment, à l'intuition [4] ». Quantité d'auteurs – historiens, philosophes, scientifiques, etc. – influencés par le positivisme emploient même ce mot en un sens franchement péjoratif, pour désigner d'inconsistantes rêveries d'inspiration religieuse ou

1. Bien que l'idée ait été émise par de nombreux spécialistes, la formule est de M. Cornuz, *Le ciel est en toi*, Genève, Labor et Fides, 2011, p. 11.

2. « Aujourd'hui, on confond souvent la mystique et la spiritualité. Mais ce n'est pas la même chose. La spiritualité, même si elle a eu une importance réelle dans certains milieux du XVIIe siècle, est un phénomène qui a surtout pris de l'ampleur depuis une cinquantaine d'années, en particulier grâce à la mouvance *New Age*. En revanche, la mystique, elle, a toujours existé, en particulier dans le judaïsme, le bouddhisme, le christianisme, l'islam... », écrit A. Houziaux (« La mystique, la contemplation et le mystère », *in* A. Houziaux [dir.], *La Mystique, une religion épurée ?*, Paris, Les Éditions de l'Atelier, 2008, p. 14).

3. Cette définition est issue du Petit Robert 2013.

4. *Ibid.*

encore des pathologies mentales. Aussi, « le terme de mystique [1] est l'un des plus confus qui soient [...]. Il peut signifier à peu près n'importe quoi, pourvu que ce soit de l'irrationnel, de l'obscur, du prélogique, de l'affectif et qu'il y ait de plus, si possible, quelques manifestations psychosomatiques bizarres [2] », écrit Claude Tresmontant. Or le terme admet une tout autre signification. Issu du grec *mustikos*, signifiant « relatif aux mystères [3] », il désigne un authentique mode de connaissance de Dieu ou de l'absolu, issue de l'expérience, capable de transfigurer la condition humaine. L'expérience désignant un mode affectif et dynamique de connaissance plus riche qu'un savoir notionnel, réflexif ou intellectuel.

Imprégnée des apports de chaque tradition, puis de chaque époque, au sein desquelles se sont distinguées des familles diverses, la mystique a revêtu, et revêt encore, différentes significations sujettes à débat entre penseurs. Pour Jean-Pierre Jossua, qui la situe dans la perspective de la tradition chrétienne, elle « peut être décrite comme une union à Dieu, par une forme de prière, union qui n'est ni complète ni durable, mais néanmoins éprouvée avec une sorte de certitude intérieure. Elle suppose un dépouillement radical dans la prière, ainsi qu'une mise à l'écart des images, des sentiments, des pensées. Elle suppose aussi une ascèse rigoureuse dans l'existence même, portant sur les sens, l'affectivité, la vie de l'esprit et finalement la personnalité tout entière [4]. » Ici, le but de la mystique est l'union de l'âme avec Dieu. Cette union, réellement éprouvée, met en jeu la totalité de la personne, tant dans sa dimension affective qu'intellectuelle. Elle est le fruit d'une ascèse [5], d'un dépouillement de l'âme et du détachement du monde (sensible). Elle peut conduire à une transformation radicale celui qui la vit et à un nécessaire retour au monde. Parallèlement, elle est, pour Louis Gardet, l'« expérience fruitive d'un absolu [6] ». Ici, il s'agit de la saisie intérieurement vécue d'une réalité ultime et comblante, puisqu'elle « donne la jouissance ». Or il ne faut pas oublier qu'il existe une

1. Selon le Petit Robert, la mystique est l'« ensemble des pratiques du mysticisme, intuitions, connaissances obtenues par elle » ; l'adjectif qui lui est lié signifie : « qui concerne les pratiques, les croyances ou les dispositions propres au mysticisme ».

2. C. Tresmontant, *La Mystique chrétienne et l'avenir de l'homme*, Paris, Seuil, 1977, p. 9.

3. Né en Occident, le terme tire son origine du néoplatonisme (courant philosophique et religieux florissant des IIIe et IVe siècles apr. J.-C.), puis s'est adapté aux aspects caractéristiques de la foi chrétienne. L'adjectif « mystique » qualifie d'abord l'initiation chrétienne ancienne aux « mystères » du Christ. Au IIIe siècle, le mot s'élargit aux « sacrements » qui rendent le Christ présent. Ce n'est que bien plus tard, au XVIIe siècle (en 1601), qu'il désignera les personnes ayant été graciées d'une expérience d'union avec Dieu.

4. *Seul avec Dieu. L'aventure mystique*, Paris, Gallimard, 1996, p. 15.

5. On pourrait ajouter : et un don de Dieu.

6. *La Mystique*, Paris, PUF, 1970, p. 5.

mystique de la perte, du sacrifice, du négatif et de l'annihilation. Dans tous les cas, l'expérience mystique n'est pas à confondre avec l'expression d'une émotion esthétique superficielle ou d'états psychologiques (psycho-affectifs) troubles ; la sentimentalité et l'imagination communes n'ayant plus ici la moindre part. Elle est de nature transcendante [1]. Sur le plan sensible, elle peut se manifester à travers des états extraordinaires tels que des révélations, visions, prophéties, extases, ravissements, etc., et être à la source de créations littéraires (témoignages, récits de vie, autobiographies, biographies, hagiographies), artistiques, philosophiques et théologiques.

La mystique concerne donc la possibilité pour l'âme humaine d'entrer en relation avec Dieu ou l'absolu et de les expérimenter. Ce qui laisse entrevoir, après un bref examen de l'histoire des religions, que le fait mystique est originel, qu'il existe depuis le début de l'aventure religieuse. Aussi cet absolu ne revêt pas toujours nécessairement l'aspect d'un sujet ou d'une personne divine. En effet, l'expérience mystique n'est pas forcément une expérience théiste. L'exemple du bouddhisme et celui du taoïsme le montrent bien : ni la « vacuité », ni le Tao ne se laissent identifier à un dieu suprême. Et pourtant on retrouve dans ces deux religions (ou philosophies) le même type d'itinéraire spirituel, la recherche de la même quiétude inébranlable. La mystique s'identifie ainsi à l'expérience elle-même et à ses « retombées » ; cette expérience revêtant toujours un caractère éminemment personnel et pourtant quasi universel, si l'on en croit la diffusion du phénomène et, parfois, la similitude de nombreux témoignages. Non dans leur langage, qui emprunte soit à la tradition et à la civilisation dans lesquelles le sujet s'inscrit, soit à leurs propres ressources expressives, mais bien plutôt dans les étapes vécues, la nature de l'expérience traversée.

Cette approche permet d'intégrer à notre définition tous les types de mystiques – ne dit-on pas que « L'esprit souffle où il veut » ? – qui s'inscrivent dans les diverses traditions, religions, sagesses et autres courants spirituels, voire philosophiques, ainsi que la « mystique sauvage [2] », qui regroupe les expériences spontanées (lesquelles

---

1. Quand bien même la mystique orientale serait de nature immanente, elle comprend une expérience de la conscience se déployant dans un espace et un temps tout autres. Qu'il s'agisse de l'Un, Dieu, l'absolu, la « vacuité », l'« autre versant », le Transcendant, le Tout Autre, la dimension ultime domine et surplombe l'œuvre mystique de toute son impénétrable présence, sans quoi elle demeurerait inintelligible ou aberrante.

2. L'expression est de M. Hulin (*La Mystique sauvage*, Paris, PUF, 1993) qui recense également les « petits mystiques », soit les anonymes ou ceux qui s'ignorent – qu'ils se situent en marge des milieux confessionnels ou franchement à la périphérie, parmi les agnostiques ou les indifférents en matière religieuse – sujets à des expériences spontanées (causées par le spectacle d'éléments naturels, l'épuisement physique, le choc émotif, la rencontre d'un être cher ou l'annonce d'un décès par

s'accompagnent parfois de pathologies et autres folies qui en sont les « retombées » les plus éprouvantes) ; leurs points communs étant les expériences d'union (relation qui induit une distance entre le sujet et l'ultime visé) ou de fusion (absorption du sujet dans l'ultime) avec Dieu ou l'absolu, d'intériorisation de ceux-ci et de transformation de soi (dont la liberté et la créativité sont les maîtres-mots), et par conséquent du monde.

LA MYSTIQUE AU FÉMININ

Si l'on prend en compte l'ensemble des traditions et des religions de l'humanité, des origines jusqu'à aujourd'hui, on ne trouve réellement de femmes mystiques que dans le christianisme, à l'exception de quelques figures éminentes telles que la poétesse Mîrâ Bâî (XIIe s.) dans l'hindouisme, la poétesse et visionnaire soufie Râbi'a al-'Adawiyya (VIIIe s.) en islam et le maître du bouddhisme tibétain Yeshe Tsogyal (IXe s.), le judaïsme, le taoïsme et le chamanisme comptant peu de figures représentatives. La quasi-absence de femmes mystiques dans certaines traditions résulte des conceptions anthropologiques de la femme sous-jacentes aux religions. Alors que, mis à part les cultes de la maternité, toutes n'accordent que peu de valeur à celle-ci, l'avènement et la révélation de Jésus ont marqué une revalorisation révolutionnaire de la femme (biblique) et lui ont donné un essor qu'a rendu possible la floraison des femmes mystiques au Moyen Âge. L'influence du courant du *fin'amor*, ou amour courtois, dans la poésie et la littérature (dédiées à la femme idéalisée) a probablement été déterminant dans cette émergence. En outre, il se peut que leur rôle et leur statut au sein de la société médiévale (elles n'avaient pas accès aux charges sacerdotales) aient contribué à les mener à développer un type de relation ou d'union particulière, intime et personnelle, avec Dieu, parfois en marge des dogmes et/ou des institutions en place. Il n'est que de citer Hildegarde de Bingen et Christine de Markiate pour le XIIe siècle, Gertrude d'Helfta, Marguerite Porete et Claire d'Assise pour le XIIIe siècle. Or cela n'a pas fonctionné de la même manière dans les autres traditions, où les femmes sont restées plus corsetées dans leur position sociale, plus contrôlées par les institutions religieuses sous le joug masculin ; les sociétés orientales ayant connu une autre évolution que les sociétés occidentales. À partir de là, les femmes mystiques se sont considérablement déployées jusqu'à nos jours. Elles ont développé

exemple) ou artificiellement provoquées (par les drogues, la musique, la danse, la veille, le jeûne, la méditation et autres pratiques ascétiques) de lâcher-prise ou d'abandon, d'états modifiés de conscience, etc. Les traits caractéristiques de celles-ci étant l'éveil à une autre réalité, le sentiment d'imbrication mutuelle, de co-appartenance du sujet et du monde, l'apaisement, la quiétude (p. 6).

un mode de connaissance de Dieu, ou de l'absolu, et un mode de vie religieux soit à l'intérieur (les ordres communautaires et religieux de chaque tradition), soit à la périphérie (les hérésies chrétiennes ou les sectes traditionnelles), soit en dehors (les figures qui ont éclos bien plus tard sur fond de positivisme et d'humanisme athée) des cadres institutionnels et idéologiques dominants.

Né aux alentours du XIIe siècle, ce mouvement a tout d'abord essaimé au siècle suivant dans le nord de la France, la Belgique (Yvette de Huy, Ide de Nivelles), les Pays-Bas et les pays germaniques (Hedwige de Silésie, Gertrude de Hackeborn), chez les béguines et les cisterciennes, puis en Provence (Douceline de Digne) et dans le nord de l'Italie (Marguerite de Cortone, Claire de Montefalco, Angèle de Foligno), plus particulièrement dans les ordres mendiants franciscain et dominicain et leurs tiers ordres. Une forme de vie religieuse laïque non consacrée se développe alors, touchant aussi les femmes mariées : les femmes se consacrent soit à la contemplation (recluses), soit à la contemplation et à l'action, en général orientée vers le service des démunis (miséreux, orphelins, vieillards, malades). Elles accèdent ainsi à des rôles de directeur de conscience ou de leader (Claire d'Assise). Les béguines, souvent instruites, contribuent grâce à leurs écrits en langue vulgaire à diffuser cet élan mystique. Ce mouvement, encore relié à l'institution ecclésiale, s'apparente à d'autres réveils religieux définis comme hérésies par leurs adversaires (Marguerite Porete, Guglielma de Bohême). Au XIVe siècle, l'Église commence à prendre en considération la sainteté des femmes extatiques, religieuses ou laïques, qui bénéficient de dons extraordinaires, allant du pouvoir de lire dans les cœurs à la lévitation (Catherine de Sienne, Brigitte de Suède). Grâce aux échanges commerciaux et intellectuels, ces grandes mutations se généralisent en Suisse (Élisabeth de Reute), en Italie (Claire de Rimini, Osanna de Mantoue) et en Angleterre (Julienne de Norwich, Margery Kempe), jusqu'au XVe siècle. À la suite de cet essor prodigieux, les femmes mystiques sont de moins en moins connues. L'Église catholique, qui prend ombrage de leur charisme auprès du peuple, devient plus prudente dans la façon de contrôler les révélations privées de ses membres et les manifestations mystiques, tandis que les Églises de la Réforme protestante les écartent tout simplement. Les pays de langue allemande, liés à ce schisme, donneront désormais moins de mystiques que ceux qui sont restés dans l'orbite catholique, telle que l'Espagne au XVIe siècle, qui devient le lieu de son analyse systématique et d'une orientation psychologisante. Héritière des mystiques rhéno-flamands (dont Ruusbroec, Eckhart, Suso, Tauler assureront la transmission), Thérèse d'Avila est sa figure de proue. Apparaissent également des sectes d'illuminés (alumbrados et *beatas*), dont l'âme est souvent une femme, parfois visionnaire, douée d'un singulier pouvoir d'attraction (Isabelle de la Croix). Au XVIIe siècle – le siècle de « l'invasion mystique [1] » –, des femmes libres de leur personne et de leurs biens, des veuves comme Mme Acarie, jouent un rôle moteur, notamment dans la fondation de carmels en France, lancée par Pierre de Bérulle. Le rayonnement de Mme Guyon répand le quiétisme. Mais la répression ecclésiastique du quiétisme et du jansénisme (Angélique Arnauld, Agnès Arnauld) affaiblit l'élan mystique chrétien, qui sera refoulé au XVIIIe siècle et dans la première moitié du XIXe. La virtuosité religieuse féminine s'exprime désormais à travers la bienfaisance sociale, le soin des malades, l'enseignement et le secours des pauvres. Les congrégations féminines qui s'adonnent à ces tâches se multiplient, inspirées par le culte de la Vierge Marie et le Sacré Cœur. Quelques femmes continuent à vivre des expériences mystiques au sein des ordres contemplatifs (Thérèse de Lisieux, Élisabeth de la Trinité). Ce qui n'empêche pas qu'une impulsion originale se produise dans l'ésotérisme et l'occultisme à la même époque (Helena Blavatsky, Annie Besant). Aux XIXe et XXe siècles naît la science des religions, qui relance le débat intellectuel sur la mystique et confronte les religions entre elles. Quelques figures orientales de toutes les époques (Soukhasiddhi et Eshin-ni dans le bouddhisme, Wang Fengxian dans le taoïsme, Shobhâ Mâ et Mirra Alfassa dans l'hindouisme, Nafîsa bint al-Hasan et Râbi'a Balkhî dans l'islam, Freida Schneersohn et Hannah Rachel Werbermacher dans le judaïsme) prennent place aux côtés des chrétiennes [2]. La mystique devient également l'objet d'étude de la psychiatrie et de la psychanalyse, qui contribuent à modifier son approche (Madeleine Lebouc, Louise Lateau, Marthe Robin). Les femmes mystiques agnostiques ou athées se déploient notamment à travers les arts, la poésie et la littérature (Isadora Duncan, Virginia Woolf).

De manière générale, on note une préférence significative des femmes pour une mystique pratique plutôt que théorique ; on relève encore des éléments récurrents d'une mystique affective (non pas sentimentale), qui a pris des sens divers et des appellations différentes selon les époques : mystiques sponsale ou de la Passion (Marie d'Oignies), oblative et réparatrice (Délia Tétreault), sacrificielle et victimale (Marie-Antoinette de Geuser). Pour preuve, la continuité presque ininterrompue d'Élisabeth de Schönau (XIIe s.) jusqu'à Thérèse

1. L'expression est de Henri Bremond (*Histoire littéraire du sentiment religieux en France...*).

2. Sur le plan religieux et spirituel, cette ouverture vers l'Orient a notamment permis « de renouveler et d'accentuer l'importance de l'intériorité et de découvrir une richesse insoupçonnée par la majorité des Occidentaux », écrit M.-M. Davy (*Traversée en solitaire*, Paris, Albin Michel, 2004, p. 237).

Neumann (XXe s.) d'une compassion visionnaire pour l'histoire des souffrances du Sauveur. Notons également que la mystique nuptiale le cède parfois à la mystique apostolique (Angèle Merici), empreinte de charité, qui est un vrai chemin de sainteté (un des aspects de celle-ci pouvant découler du rapport entre l'expérience mystique et la mission). On compte en effet beaucoup de saintes, bienheureuses et vénérables, mues par une volonté d'offrande totale, libre et radicale pour l'autre, une participation reçue comme un état de grâce à l'acte rédempteur du Christ (Marie Guyart de l'Incarnation). Point besoin, en effet, de connaître des expériences extraordinaires ou hors du commun pour vivre une union totale avec Dieu (incluant les peines et les joies du chemin). Nombre de mères fondatrices (Thérèse Couderc) et de sœurs charitables (sœur Rosalie, mère Teresa de Calcutta) témoignent ainsi d'une mystique non extatique et pourtant unifiée dans l'amour (Louise de France). Quelques spécialistes s'interrogent encore sur ces aspects du mysticisme, pour savoir si l'on peut expliquer le caractère dominant des traits extatiques, imagés et sensibles des femmes mystiques, par des paramètres qui tiennent à la psychologie et au sexe, et jusqu'où ces traits dépendent des facteurs historiques et sociaux (liés notamment aux possibilités plus limitées de formation).

Les femmes se sont donc particulièrement distinguées à travers ce que quelques auteurs ont nommé la « mystique de l'amour », affective, parfois sensuelle. Mechtilde de Magdebourg (XIIIe s.) et Hadewijch d'Anvers (XIIIe s.), par exemple, ont ainsi privilégié un mode d'union qui répondait au désir d'un amour divin, transcendant et surpassant l'amour humain. Un amour plus élevé donnant un élan à leurs sentiments et leur permettant d'atteindre l'amour extatique, qui est oubli de soi en Dieu. L'essentiel y est moins leur for intérieur, où elles se savent unies à Dieu, que la relation amoureuse et sentimentale avec Jésus-Christ, décrite dans un langage érotique. Or cette disposition affective, sensible, chez les femmes mystiques, ne doit pas faire oublier la présence d'une mystique spéculative (bien que celle-ci ait souvent été l'apanage des hommes, soutenus par les institutions) ; on pense à Thérèse d'Avila (XVIe s.), Catherine de Sienne (XIVe s.) et Thérèse de Lisieux (XIXe s.), docteurs de l'Église, ainsi qu'à des figures plus modernes, du XXe siècle, telles qu'Édith Stein, Simone Weil et Adrienne von Speyr.

Précisons par ailleurs que Bernard de Clairvaux (XIe s.), François d'Assise (XIIIe s.), Maître Eckhart (XIVe s.), Henri Suso (XIVe s.), Jean Ruusbroec (XIVe s.), Jean de la Croix (XVIe s.) et François de Sales (XVIIe s.) ont nettement contribué à la constitution du discours mystique féminin. Certains ont insisté sur l'âme comme partenaire féminin de

Dieu ou sur la dimension féminine de la déité ; d'autres ont élaboré une construction théorique à partir de l'expérience mystique dite par les femmes. Plusieurs ont été traversés par un vécu qui s'apparente très fortement à la mystique affective [1]. Dans tous les cas, tous ont été des promoteurs, voire des fondateurs, de cette filière [2].

Plus proche de nous, Luisa Muraro a tenté de définir l'expérience mystique des « femmes [3] » comme une « relation particulière et intime avec Dieu [4] ». Elle précise que les femmes, qui témoignent de l'intérêt d'ouvrir l'horizon de leur vie vers quelque chose d'autre, s'intéressent en même temps très peu à l'existence de Dieu, et encore moins à ce qu'elle soit démontrée. Relevant l'attitude antireligieuse féministe moderne et le glissement vers un syncrétisme religieux, elle pointe du doigt l'indifférence religieuse actuelle, « l'indifférence à l'égard de l'existence de Dieu n'étant pas indifférence envers Dieu ». Elle ajoute : « Cette relation [...], je l'appelle “mystique féminine” [5]. » Or, si cette définition a pour intérêt de mettre l'accent sur une des caractéristiques des femmes mystiques quant à leur adhésion intérieure, directe, à Dieu [6], ou à un absolu (sans passer par un tiers, fût-il un individu, une institution ou un concept quelconques), et par là d'englober toutes les femmes mystiques quelles que soient les époques et les familles auxquelles elles appartiennent, elle ne suffit guère à poser les bases d'une mystique féminine exclusive à celles-ci.

Une question qu'on peut se poser est : la mystique est-elle spécifiquement féminine ? Du point de vue ontologique, la mystique n'est pas plus féminine que masculine (dans le même ordre d'idée, l'âme n'est pas plus féminine que Dieu n'est masculin), de même qu'elle

---

1. Le rapport affectif personnel de Bernard de Clairvaux et de Guillaume de Saint-Thierry à Jésus, y compris dans la perspective de noces spirituelles, est devenu la base du vécu intime chez beaucoup de dévot(e)s. Bernard de Clairvaux a notamment rédigé quatre-vingt-cinq sermons sur le *Cantique des cantiques* (dans lequel le discours de la passion amoureuse se trouve repris comme métaphore du vécu mystique) et a contribué à répandre la dévotion de la Vierge Marie. Disons là que c'est cette humanisation du Christ qui conduira en partie à la volonté de participation active à la Passion du Sauveur.

2. J. Maître, *Mystique et féminité*, Paris, Cerf, 1997, p. 45.

3. « Dire “les femmes” ne convient pas ici, ni d'ailleurs en général. Car il n'est jamais question de “les femmes” quand on en parle vraiment ; il s'agit toujours d'une, de deux, de plusieurs, avec leurs différences, et de leurs relations », écrit Luisa Muraro (« Lointain-proche – le Dieu des femmes », *in* B. Van Meenen [dir.], *La Mystique*, Bruxelles, Publications des Facultés universitaires Saint-Louis, 2001, p. 53).

4. *Ibid.*, p. 52.

5. Ce qui est pour elle une manière de « soustraire cette matière délicate et problématique (comme tout ce qui est de l'expérience féminine) à l'objectivation scientifique mise en œuvre par des hommes et de plus en plus de femmes aussi, qui veulent savoir (on les appelle des « savants ») sans se demander s'ils sont en état de comprendre », *ibid.*, p. 54-55.

6. « Il est vrai que nous, les femmes, nous prenons avec Dieu une liberté à laquelle les hommes ne songent même pas » (L. Muraro, *Le Dieu des femmes*, Bruxelles, Lessius, 2006).

n'est pas plus naturelle aux femmes qu'aux hommes. Admettant que la racine de l'âme coïncide avec le principe divin, le père Stanislas Breton considère la mystique « comme l'élément fondamental de l'être humain [1] ». Pour lui, l'Un est à la fois un principe unificateur et ce qu'il y a de plus profond, de plus intime, en chaque être. Ainsi « un élan mystique réside en tout être, même dans le caillou, dans la mesure où il demeure dans son principe. C'est un agir pur qui n'est ni passivité ni activité. [...] Le mystique est celui qui demeure dans le principe [2]. »

L'expérience mystique, définie comme l'union de l'âme avec Dieu ou l'absolu, implique en effet que l'être soit tout d'abord réceptif, se dénude et s'ouvre, pour accueillir le divin. Préparé à la rencontre, il peut s'unir, dans un élan vital pour lui, au divin. Il réalise alors le mariage du ciel et de la terre ; le ciel peut féconder la terre qui, à son tour, peut donner la vie et porter des fruits. L'expérience mystique est à la fois accueil et don, ce qui définit l'acte de création (qui implique l'union des principes féminin et masculin). Aussi, s'il existe différentes expériences mystiques féminines – étant entendu que la mystique est avant tout une expérience inscrite dans le vivant, un phénomène observable dans la matière –, il n'existe pas de distinction ontologique entre l'expérience mystique vécue par la femme et celle vécue par l'homme. Et de ce point de vue, pas de mystique spécifiquement féminine. Ce qui n'empêche pas qu'il existe une expression féminine de l'expérience mystique propre à la sensibilité de celles-ci.

La mystique, dans son essence, échappe au plan mental de l'être humain, sujet à la dualité des phénomènes. Elle s'inscrit dans un plan supérieur de la conscience, dans une dialectique dynamique perpétuellement renouvelée entre le féminin et le masculin, l'âme et Dieu, ou l'absolu, l'intime et le Tout Autre, le particulier et l'universel, le familier et l'inconnu. Relevant de l'expérience religieuse, elle suppose et implique une connaissance nouvelle du « mystère », qui est destiné à être vécu et qui, sous quelque forme que ce soit (en général le déploiement d'une énergie personnelle), se concrétise en une donnée qui libère et qui sauve. « Toute connaissance digne de ce nom est une connaissance nuptiale », a écrit le poète Coventry Patmore. La mystique apparaît là comme une réconciliation de ce qui semble au premier abord contradictoire, comme une résolution des paradoxes. Elle relie, elle unifie l'être et le Tout Autre.

---

1. S. Breton, « La mystique : lieu fondamental de tout être humain », *Scintillements de la mystique*, Théophilyon, n° 237, 1988, t. III/2, p. 267.
2. *Ibid.*, p. 270-271.

UN DICTIONNAIRE DES FEMMES MYSTIQUES

Au regard de tous les points qui viennent d'être soulevés, on insistera sur le caractère expérimental de cet ouvrage (le premier du genre qui réunit les femmes mystiques) : il prend le risque d'intégrer des figures appartenant à toutes les traditions et, hors de celles-ci, sujettes à des expériences spontanées, qui entrent dans le concept de « mystique sauvage » de Michel Hulin. L'idée étant de ne pas enfermer la mystique dans une définition unique, un système de pensée théologique, philosophique ou psychologique (caution à de multiples débats), pour mieux approcher son essence, et en même temps donner à voir la multiplicité des expériences authentiques et personnelles des femmes avec le Tout Autre, qui sont les clés de son approche. L'ouvrage répertorie donc, sans exhaustivité, cinq cent quatorze femmes [1] du monde entier, de l'Antiquité à nos jours, issues des cinq grandes traditions que sont le christianisme (catholicisme, protestantisme, orthodoxie), le judaïsme (hassidisme, kabbale), l'islam (soufisme), le bouddhisme (tibétain, chan et zen) et l'hindouisme (vishnouisme, shivaïsme, krishnaïsme), mais aussi quelques figures du chamanisme, du shintoïsme, du taoïsme et d'autres courants traditionnels et spirituels [2] tels que l'ésotérisme et l'occultisme, ainsi que des agnostiques et des athées. Il reprend ainsi les figures du passé comme Marie-Madeleine, Yashodharâ, Rabi'a al-Adawiyya, Mîrâ Bâî, Thérèse d'Avila et Mme Guyon, qui appartiennent à une tradition, une religion ou une sagesse particulières, ainsi que les plus modernes et contemporaines, comme Thérèse de Lisieux, Khandro Tsering Paldrön, Simone Weil, Marthe Robin, Malek Jân Ne'Mati et Édith Stein, tout en intégrant les femmes agnostiques ou athées, comme Virginia Woolf et Anna Akhmatova. En outre, il intègre des figures orientales qui ne sont pas répertoriées dans les anciennes éditions des dictionnaires des mystiques occidentaux [3], comme Nizi, Guélongma Palmo, Teresa de Calcutta et Ânandamayî Mâ. On relèvera également la présence de femmes mystiques contemporaines, parfois vivantes, comme Tatiana Goritchéva, Amritanandamayi, Bettina Sharada Bäumer, Chân Không et Lydie Dattas appartenant à des contextes socioculturels divers ; la

1. Parmi lesquelles on compte deux femmes anonymes, auteurs de *La Perle évangélique* et *L'Abandon à la providence divine*.

2. Si certaines traditions ou religions ne sont pas représentées, c'est que la notion de mystique y est plus discutée, voire contestée. L'expérience mystique ne connaissant pas de limites autres que conceptuelle et mentale, le Dictionnaire compte également quatre figures du chamanisme qui ont l'intérêt de poser, ou reposer, la question.

3. Et ce depuis 1995 dans le *Dictionnaire de spiritualité ascétique et mystique* (Paris, G. Beauchesne, 17 t.) et l'*Encyclopédie des mystiques* de Marie-Madeleine Davy (Paris, Payot et Rivages, 4 vol. ; l'édition de 1995, non mise à jour, est la réédition de l'édition de 1972).

mystique étant toujours à l'œuvre. Chaque cas (authentifié ou non par les institutions religieuses) nous interrogeant davantage sur la mystique et sa définition. Chaque figure exprimant un certain degré de mystique différent, pouvant même se trouver à la limite de celle-ci, voire basculer dans la spiritualité. Il existe en effet des saintes, bienheureuses et vénérables, dont les expériences sont moins « spectaculaires » que leur œuvre terrestre, comme sœur Rosalie Rendu, et des femmes modernes dont l'expérience mêle différentes approches spirituelles, comme Etty Hillesum.

On pourra toujours déplorer l'absence de certaines figures pour des raisons historiques, religieuses et sociologiques. Rappelons que certains systèmes traditionnels n'ont pas favorisé l'émergence des femmes en général dans quelque domaine que ce soit et des mystiques en particulier (ce qui d'ailleurs peut donner l'impression qu'il existe plus d'hommes que de femmes mystiques). On pense notamment aux religions ou aux courants philosophiques où le statut de la femme et sa place au sein de la société n'ont pu faire éclore ou simplement laisser témoigner des femmes individuellement ou collectivement – le judaïsme par exemple, où l'étude des textes est exclusivement réservé aux hommes. Ou encore les dogmes ou l'idéologie dominante n'ont pas favorisé ce type d'expérience, comme dans le protestantisme et le bouddhisme zen, une école où les objectifs (partiellement mystiques) sont exclusivement poursuivis par des hommes. La faible représentation de certaines femmes mystiques – juives et protestantes pour reprendre ces exemples, mais aussi taoïstes et hindoues – ne signifie pas forcément qu'il y en a moins que les chrétiennes, majoritaires dans le Dictionnaire, mais seulement qu'il y a moins de documentation sur elles disponible à ce jour. On peut toujours supposer que les femmes, confinées au foyer (conjugalité et maternité), ont exprimé cette expérience différemment, de manière moins spectaculaire et plus intime, dans leur for intérieur. Que sait-on en effet de la vie de celles qui ont évolué dans une société religieuse ritualisée, où chaque acte était sacré ? Sommes-nous d'ailleurs en mesure de la comprendre aujourd'hui, alors que notre société est subordonnée à l'interaction des échanges d'ordre économique ? En outre, on sait que certaines traditions ont favorisé l'oralité aux dépens de l'écrit dans leur transmission. Ajoutons que l'écriture qui, dans de nombreux cas, est le lieu même de l'expérience mystique, était moins pratiquée en Orient qu'en Occident, ce qui influe considérablement sur le nombre de témoignages que nous avons pu recueillir lors de notre recensement – contrairement à celui des femmes catholiques, généralement encouragées par leurs confesseurs ou directeurs de conscience à mettre par écrit leur expérience. La faible représentation de figures rattachées au chamanisme est par ailleurs la cause d'une interrogation majeure sur leur appartenance à la mystique en propre et d'un débat qu'il n'y a pas lieu de tenir dans ces lignes.

En définitive, toutes les femmes de ce Dictionnaire en témoignent : la mystique est un *cheminement* intérieur et extérieur tout à la fois, une voie de l'être en quête de transformation, qui est appelé à la *présence* infinie. Elle aide à poser un regard renouvelé sur le monde, prêt à être transfiguré à chaque instant. Elle apprend à *voir*, non plus à croire ou à savoir. Elle ouvre une dimension nouvelle, le *réel*, où se découvrent l'humanité de Dieu et la divinité de l'homme.

A. F.

INTRODUCTION

MYSTIQUES D'OCCIDENT ET D'ORIENT

par Audrey Fella

La mystique féminine, si elle s'est épanouie de manière privilégiée dans le cadre de la tradition chrétienne, garde l'empreinte des mystiques occidentale et orientale. Universelle dans son genre, elle n'en reste pas moins, et ce jusqu'à l'âge moderne, marquée par les différentes traditions ou courants religieux dans lesquels elle a trouvé à s'exprimer.

Rappelons-le : la mystique est une notion purement occidentale, relativement récente, issue du néoplatonisme et du christianisme. C'est pourquoi il a fallu quelques précautions pour l'étendre à un Occident plus large dans le temps et dans l'espace, puis jusqu'à l'Orient. Toujours est-il que son élaboration moderne par l'Histoire, la philosophie et la science des religions (née au XIXe siècle et prenant en compte les religions d'Extrême-Orient) a permis de l'appliquer à ce qui était d'abord hors de son champ. Aussi la mystique se rencontre-t-elle dans des traditions aussi diverses que le bouddhisme et l'hindouisme, attestant d'expériences parfois comparables à celles des religions monothéistes. C'est ainsi qu'on parle aujourd'hui de mystique chez tous les peuples depuis l'Antiquité.

Cette approche universaliste de la mystique a été très critiquée à cause du risque d'une perte de signification de celle-ci. En effet, « l'universalité dont on s'enchante risque de la noyer dans une abstraction qui récuse toute spécificité. La limiterait-on à la condition historique de l'être humain, ce serait encore trop. De même, la restriction de l'élément mystique à une seule tradition, si noble soit-elle, n'échappe pas au danger d'une conversion en essence anonyme de ce qui doit rester un événement [1] », écrit le père Stanislas Breton. Il ne s'agit donc pas ici de poser une essence

1. S. Breton, *Le Vivant Miroir de l'univers*, Paris, Cerf, 2006, p. 128.

intemporelle qui, les surplombant de son idéalité, assujettirait à son obédience l'irréductible diversité des formations historiques. Toutefois, sans avoir à désigner une essence commune à tous, la dénomination *mystique* peut s'appliquer à un courant spirituel qui traverse les différentes régions, spatiales et temporelles, de sa diffusion. Un tel courant peut bien être dit singulier et bénéficier d'une existence historique repérable. Ainsi c'est une constante pour la mystique d'être à la fois particulière et universelle, de prendre forme dans les divers systèmes religieux et d'y être irréductible à la fois.

Ce qu'on accordera peut-être sans conteste, et quelle que soit leur spécification, c'est qu'il n'y a pas de mystiques sans procès. À défaut d'une essence commune, les mystiques ont un air de famille. Et c'est probablement cela qui incline à retenir la communauté de certains traits. « En particulier, non seulement le dépassement des représentations traditionnelles, mais le refus, au nom de l'expérience mystique, de la pure croyance de foi qui reste, malgré sa ferveur, une forme d'extériorité [1]. » Il s'agit d'un savoir expérimental (au caractère immédiat, *ressenti*, sans médiation discursive) qui n'est pas, cependant, une science parmi d'autres, sur le modèle qui nous est familier. C'est en ce savoir *sui generis* que consiste l'originalité des mystiques. Une originalité qu'il ne serait pas impossible de retrouver dans les courants les plus éloignés dans le temps et l'espace. Cela même chez les mystiques modernes, parfois athées et libérés de tout absolu, qui ont poursuivi le rêve d'un ultime dépassement de leur être.

L'étude qui suit a pour but de livrer au lecteur quelques clés lui permettant d'entrer dans ce vaste univers qu'est la mystique féminine. Elle abordera en détail l'histoire de la mystique chrétienne, les différentes traditions occidentales et orientales dans lesquelles se sont inscrits les mystiques (femmes et hommes), ainsi que les rapports que ceux-ci ont entretenus avec les institutions religieuses, puis l'expérience mystique dans sa spécificité. Les nombreux renvois aux notices des femmes mystiques aideront le lecteur à poursuivre son chemin sur les pas de ces dernières. Enfin elle conclura sur le mystère de l'être humain et son destin mystique afin de poursuivre la réflexion sur l'intérêt pour tous de ce sujet à la fois vaste et profond.

1. *Ibid.*, p. 129.

LE CHRISTIANISME, BERCEAU DES MYSTIQUES

C'est lorsqu'il s'en va qu'il nous est le plus proche ;
son silence le plus profond est son chant le plus haut.
Hadewijch d'Anvers

Je ferai une échelle à deux échelons, une pour m'élever à Dieu,
l'autre pour descendre dans l'abîme de mon néant.
Aux deux extrémités je trouverai l'amour.
Marie-Louise Boulat

L'avènement du christianisme marque un grand tournant dans l'histoire des religions. Il va influencer la mystique à tel point qu'il est considéré en Occident comme son berceau. Émerge alors une multitude d'hommes et de femmes faisant une expérience religieuse singulière. Néanmoins les hommes sont plus largement représentés et plus connus dans les premiers siècles de l'ère chrétienne que les femmes, qui se distingueront vers le XIIe siècle, bien que la doctrine du christianisme ne fasse aucune différence entre l'un et l'autre. Dès le départ en effet, Jésus met les hommes et les femmes sur un même pied d'égalité par rapport à Dieu et à l'humanité. Il parle avec les femmes, les visite et les instruit. Celles-ci sont témoins de tous les événements centraux de l'histoire du salut, de la crucifixion et des événements pascaux. Le Ressuscité apparaît d'abord aux femmes et les mande les premières comme annonciatrices de sa résurrection et de son ascension (voir MARIE ; MARIE-MADELEINE). Saint Paul connaît déjà des « collaboratrices en Christ » (Rm XVI, 3). Beaucoup d'événements du Nouveau Testament sont le fondement de l'action des femmes dans l'Église ; non seulement dans la diaconie et, par exemple, dans le baptême, mais également pour les dons de prophétie (voir MARIE LA JUIVE). Conscientes de cette revalorisation, beaucoup de femmes se convertiront au christianisme et donneront leur vie pour la foi comme martyres, par exemple Perpétue (IIIe s.) et Félicité (IIIe s.). Elles se distingueront plus rarement comme « Mères du désert » (par exemple Synclétique (IVe s.), Sarah (Ve s.) (voir MARIE L'ÉGYPTIENNE). Elle tiendront en tout cas un rôle important dans la fondation de monastères féminins au temps de Benoît de Nurcie ou de Césaire d'Arles, puis dans la mise en place de fondations chrétiennes en Europe (voir PÉLAGIE). L'émergence de la tradition du *fin'amor* (ou amour courtois) au XIIe siècle, qui s'est exprimée dans la poésie et la littérature, est une autre étape historique importante, qui accompagne cet épanouissement. Parallèlement, la fréquentation des couvents – qui parfois facilitera l'acquisition de connaissances linguistiques (latin ou langue vernaculaire), théologiques et philosophiques – leur permettra d'enseigner à leur tour et d'écrire parfois avec une réelle créativité littéraire pour fortifier et instruire leurs sœurs et d'autres personnes dans la foi chrétienne (voir HILDEGARDE DE BINGEN ; MECHTILDE DE MAGDEBOURG).

Au IIIe siècle, le christianisme s'hellénise [1]. C'est ainsi que la mystique prend racine dans la spiritualité grecque tardive, notamment dans le néoplatonisme, qui suscite le désir d'union amoureuse (au sens de l'éros grec) à Dieu et d'une ascension de l'âme vers celui-ci. Précisons que si le concept de mystique vient de l'Antiquité grecque (voir DIOTIME DE MANTINÉE), il n'existe pas à proprement parler de mystique hellénistique. Plotin, figure majeure de ce courant, témoigne d'une expérience fondamentale d'union, intense et indicible. Il a transmis l'aventure spirituelle d'un caractère fortement intuitif et expérimental. Pour lui, le moi véritable est spirituel et intérieur. Il émerge en nous sans que nous en ayons conscience. Le monde terrestre peut alors devenir le chemin qui permet, grâce à un regard purifié, d'accéder à la beauté des formes pures, à l'intellect divin. L'amour est le vecteur privilégié du pur contact avec l'Un. Le dépouillement et la simplification, les conditions de l'expérience privilégiée d'union à Dieu premier et transcendant. Au début du VIe siècle, le Pseudo-Denys – assimilé à Denys l'Aréopagite – poursuivra cette expérience. Pour celui-ci l'intellect doit se taire devant le mystère indicible et inconnaissable de Dieu (ce qui introduit le concept de théologie négative), demeurer dans le silence et les ténèbres dans lesquels reste possible l'union aimante, préparée par la purification puis l'illumination. Disciple de Proclus, théologien et maître spirituel vivant à Athènes au Ve siècle – la légende fit de ce Denys le disciple de l'apôtre Paul et premier évêque d'Athènes, puis le confondit avec l'évangélisateur et premier évêque de Paris –, il aura une grande influence en Occident, dès l'époque de Charlemagne. Son œuvre (la *Théologie mystique*, les *Noms divins*, la *Hiérarchie céleste*, la *Hiérarchie ecclésiastique*), écrite vers l'an 500, connaîtra une large diffusion et jouira d'une autorité de référence jusqu'au XVIIe siècle, attestant d'un modèle de l'union ineffable au divin. La mystique connaîtra une plus large diffusion, mue par le désir intérieur de l'homme toujours renouvelé d'atteindre Dieu et par la fascination d'une expérience d'une autre aventure religieuse que celle enseignée par les institutions religieuses. Fondée sur un nouveau mode d'union à Dieu inconnaissable et intérieure, elle

1. Rappelons que dès Platon, la philosophie naissante, qui s'appuie sur le courant dualiste selon lequel le monde des idées divines et de l'âme est distinct de ce monde-ci, admet l'idée de l'âme, un principe spirituel d'origine divine, qui tend à se dépouiller de son enveloppe corporelle pour rejoindre sa vraie patrie, et cela de deux manières possibles : l'extase et la mort.

s'épanouira au gré des périodes de crise du christianisme, en s'ajustant aux nombreuses caractéristiques de celui-ci : un Dieu trinitaire, la médiation du Christ, le caractère indépassable de la foi, l'appartenance à une communauté et le primat de l'amour du prochain.

Dès le IVe siècle, dans les déserts d'Égypte, de Palestine et de Syrie, des anachorètes (moines isolés) et des cénobites (religieux vivant en communauté) attirent quelques disciples et autres voyageurs qui recueillent leur parole – inaugurant le rôle décisif du père spirituel en Orient. Maître illustre pendant soixante ans, Macaire l'Ancien fait partie des figures majeures de ce choix de vie. Si l'on possède peu, voire aucun document faisant ressortir des figures féminines – essentiellement des prophétesses et des visionnaires à cette époque (voir MACRINE) –, c'est surtout parce qu'elles n'ont pas laissé de traces écrites, contrairement aux théologiens saint Augustin et Grégoire de Nysse. En outre, les Pères du désert regardaient généralement les femmes comme des tentatrices et ne voulaient pas avoir affaire à elles, d'autant que dans les nécessités de la vie conjugale et familiale, elles représentaient une obligation et une contrainte économique (assurer la subsistance du foyer) ainsi que d'inévitables soucis de coexistence avec les autres propriétaires environnants : cette requête d'une quiétude intérieure délivrée de toute pesanteur sociale était d'ailleurs un des points de départ de cette invention de la vie solitaire (relativement, car le moine devait entretenir un minimum de relations avec l'environnement pour s'assurer, par la vente de son artisanat, les moyens de sa subsistance). Fuyant la ville et le monde, quelques ermites inventent et développent une forme de prière courte, continue, favorisant l'union à Dieu : « la prière du cœur ». Répétée inlassablement par ses adeptes, elle est censée exclure la multiplicité des pensées et conduire au silence intérieur – seul espace qui permet la présence incessante de Dieu – ou bien au repos (*hésychia*). Des techniques liées au souffle, des spéculations sur la lumière vont s'y ajouter. Évagre le Pontique, Jean Climaque et Syméon le Nouveau Théologien vont contribuer à faire connaître cette prière, posant les bases de la mystique du Moyen Âge byzantin, notamment du courant de l'hésychasme. Entre le Xe et le XIVe siècle culmine ainsi une forme remarquable de mystique qui s'épanouit au mont Athos, occupé par des moines, vivant sous l'autorité d'un abbé, et par des figures plus marginales qui demeurent parfois dans les grottes de la falaise, cherchant l'unité originelle perdue. Grégoire de Palamas en sera l'ardent défenseur quand ces pratiques seront vivement critiquées dans les milieux intellectuels à Byzance, insistant sur la légitimité de la participation du corps à la prière, elle-même fondée sur l'Incarnation.

Le Moyen Âge occidental compte une multitude de figures masculines et féminines et de courants mystiques, contribuant à élargir son concept : la mystique affective côtoie désormais la mystique spéculative et unitive (issue du néoplatonisme chrétien). Au XIIe siècle, Bernard de Clairvaux, moine cistercien, prône ainsi une mystique plus proche de la figure du Christ, qui imprimera toute la mystique à venir. Il développe le thème de l'âme-épouse, à travers l'Amour de Dieu et la figure de Marie, qui exprime une haute expérience spirituelle célébrant la réconciliation du monde terrestre et du monde céleste. Guillaume de Saint-Thierry, ami de Bernard de Clairvaux et son meilleur interprète théologique, puisqu'il y intègre l'héritage des Pères grecs et du Pseudo-Denys, va influencer directement les béguines rhéno-flamandes. Parallèlement, les confesseurs encouragent les moniales qui connaissent des expériences mystiques à écrire ou à dicter leurs impressions. Parmi elles, on compte l'abbesse bénédictine, Hildegarde de Bingen, en Hesse rhénane (Allemagne), avec ses visions et ses prophéties, dont la pensée imagée et symbolique insiste sur la connaissance de soi comme fondement de toute connaissance, un univers où toutes choses se répondent, l'optimisme fondamental en la création, le rôle de la femme et la figure féminine et maternelle de Dieu (voir ÉLISABETH DE SCHÖNAU). Largement inspiré de ces figures, Lambert le Bègue initie le courant des béguines, largement répandu dans la région rhénane et les Flandres au XIIIe siècle (voir MARGUERITE PORETE ; CLAESINNE VAN NIEUWLANT, CHRISTINE L'ADMIRABLE). C'est ainsi que prend naissance une forme inédite de vie religieuse sans vœux, adoptée par de nombreuses femmes qui s'installent bientôt dans des béguinages, quartiers qui leur sont réservés. Se livrant à des travaux manuels, au soin des malades, à la toilette des morts, elles participent d'un véritable renouveau évangélique par la pauvreté et la charité, dans la joie spirituelle. Elles subissent l'influence de la littérature courtoise et celle de la mystique nuptiale des cisterciens, qui vise le retour de l'âme à son origine en Dieu par un dépouillement, voire un anéantissement, en vue d'une union sans intermédiaire et d'une véritable divinisation. La vie morale en découle, ses règles sont donc relativisées. L'une des représentantes de ce courant est Mechtilde de Magdebourg qui n'écrit plus en latin mais en langue vivante sur l'expérience du désir de Dieu. Hadewijch d'Anvers, grand auteur flamand et guide spirituel, témoigne également d'une union pure de plénitude, dans une description à forte connotation érotique.

Le grand courant de la mystique féminine occidentale commence ainsi vers le XIIe siècle, pour se développer au XIIIe siècle dans le nord de la France, de la Belgique et des Pays-Bas, chez les béguines et les cisterciennes, qui ont un lien étroit avec les mouvements féminins du Moyen Âge (voir IDE DE NIVELLES ; LUTGARDE D'AYWIÈRES ; MARGUERITE D'YPRES ; MARIE D'OIGNIES ; YVETTE DE HUY). L'expérience se poursuivra dans le nord de l'Italie, plus particulièrement en relation avec les ordres mendiants et leur tiers-ordres (voir ANGÈLE DE FOLIGNO ; AGNÈS DE MONTEPULCIANO ; UMILIANA DEI CERCHI), et jusque dans le sud de la France (voir DOUCELINE DE DIGNE ; MARGUERITE D'OINGT ; PROUS BONETA).

La fondation des ordres mendiants, dominicain et franciscain, menés par saint Dominique et saint François d'Assise, est un événement majeur du XIIIe siècle. Prônant la pauvreté, reconsidérant la vie commune avec des institutions démocratiques et la participation aux universités naissantes, ils exercent une influence considérable sur la vie et la doctrine mystiques chrétiennes ; les Dominicains étant en grande partie responsables du développement de la mystique dite spéculative ; et les Franciscains, d'une spiritualité plus affective. Dans la lignée de saint Dominique, saint Thomas d'Aquin établit les principes de la vie mystique dans le contexte de la théologie scolastique. Quelques femmes mystiques voient le jour dans les couvents, réservés à leur sexe, qui sont liés aux ordres prêcheurs. Du côté des Dominicaines allemandes, on compte Elsbeth Stagel et Christine Ebner ; du côté des Clarisses – la branche franciscaine féminine –, Claire d'Assise, Colette de Corbie et Camilla Battista da Varano.

Beaucoup de mystiques du XIVe siècle ont un rôle semblable à celui des prophètes de l'Ancien Testament : leurs voix appellent une génération décadente au repentir. D'autres sont des levains d'énergie spirituelle dans un siècle en proie à de nombreuses calamités : l'abandon de Rome par les papes pour Avignon (1309), leur retour à Rome (1377) et l'élection d'anti-papes par les cardinaux français, la guerre de Cent Ans entre l'Angleterre et la France (1339). Devant tous ces maux, des religieux, hommes et femmes, cherchent Dieu dans leur propre cœur et se retirent du monde. Ils y retournent ensuite pour y prêcher. Naît une nouvelle spiritualité dont le dominicain Maître Eckhart va devenir le théoricien (voir CATHERINE DE STRASBOURG). Dans ses traités et sermons allemands – qui sont ses textes mystiques essentiels –, il donne une place éminente à la vie intérieure et à la liberté qu'elle engendre, ne cessant d'inquiéter les institutions, qui l'associent aux Frères du Libre Esprit. Il distingue l'essence divine (l'Un) ou déité, le « pur néant », inconnaissable, – d'où l'homme tire son origine – et Dieu (créateur), connaissable. Aimé de Dieu, l'homme aspire ainsi à le rejoindre, à retrouver l'image, l'être éternel qu'il fut et demeurera à jamais. En outre, il doit sortir et renoncer à lui-même pour le rencontrer, accomplir sa volonté jusque dans la souffrance ou l'enfer, s'il plaît à celui-ci. L'homme devenu « pauvre », Dieu peut s'y épancher, la grâce advenir ; il participe alors de la déité. Naît le Verbe divin dans l'âme. Le dominicain strasbourgeois Jean Tauler, membre actif du groupe des

Amis de Dieu, prédicateur et conseiller des moniales, Henri Suso, autre dominicain, de Constance, tous deux héritiers directs d'Eckhart, et le Brabançon Jean Ruysbroeck vont participer à la diffusion d'une mystique moins spéculative que celle d'Eckhart, mais assez puissamment affective et morale pour être adaptée au tout-venant chrétien, et connue sous le nom fort discutable de « mystique rhéno-flamande », très présente au cours des siècles suivants. En même temps, en Italie, deux femmes mystiques, Angèle de Foligno, franciscaine, et Catherine de Sienne, dominicaine (imprégnée de Thomas d'Aquin), témoignent d'une mystique moins spéculative, marquée par la charité. Convertie en 1285, après avoir mené une vie mondaine, la première est surtout un être animé d'une passion amoureuse qui repose sur une ascèse de pauvreté, d'humiliation et de souffrance. La seconde est une femme d'action, une animatrice spirituelle, réformatrice, auteur d'une correspondance d'un grand intérêt ; elle aura une grande influence sur Thérèse d'Avila, par sa vie plutôt que par ses écrits, toutes deux fondant leur action sur la miséricorde et la charité. Influences historiques qui attestent peut-être d'une lignée féminine dans la mystique occidentale (on retrouvera cette mystique de la charité au XIXe siècle, chez Émilie de Vialar par exemple). En Angleterre, où la mystique ne s'étendit jamais beaucoup, ressortent les figures de Julienne de Norwich, qui vécut en ermite dans une cellule près de l'église bénédictine de Saint-Julien, en sa propre ville, et de Margery Kempe. Brigitte de Suède demeure une figure exceptionnelle du XIVe siècle. Autant de femmes auxquelles s'ajoutent Jeanne-Marie de Maillé en France et Dorothée de Montau en Allemagne.

Le XVe siècle est celui de la *devotio moderna*, mouvement spirituel venu des Pays-Bas, qui donne naissance aux Frères et aux Sœurs de la Vie commune ainsi qu'aux chanoines réguliers de la Congrégation de Windesheim, plus ascétique que mystique. L'œuvre la plus célèbre qu'on lui doit est l'*Imitation de Jésus-Christ*, attribuée à Thomas a Kempis, un manuel de vie spirituelle destinée aux religieux, que les laïcs utilisèrent également pendant longtemps. C'est également le siècle qui accueille Catherine de Gênes qui, si l'on peine encore aujourd'hui à distinguer les éléments pathologiques et mystiques de sa vie, exerça une grande influence au XVIIe siècle dans la controverse au sujet du quiétisme, avec sa doctrine de l'anéantissement parfait de soi et de l'amour pur de Dieu.

Aux XVe et XVIe siècles, le nombre de femmes mystiques croît dans une proportion incalculable : Françoise Romaine, Rita de Cascia, Catherine de Bologne (une des rares mystiques de cette époque à s'être exprimée non pas seulement verbalement, mais également par la peinture), Eustochia Calafato (exemple de la mystique christocentrique), Dominique de Paradis, Suster Bertken et l'auteur de la *Perle évangélique* (XVIe s.), pour ne citer qu'elles. Cette floraison prodigieuse semble être liée à un type d'expérience mystique de la sainteté qui s'est constitué vers la fin du Moyen Âge et qui fonctionnera jusqu'à l'époque des Lumières. Elle s'accompagne parallèlement de l'accroissement proportionnellement considérable des sorcières et de la chasse qu'on leur fait. Les futures femmes mystiques seront désormais moins connues, bien que leur nombre reste important. L'Église catholique deviendra plus prudente dans la façon de contrôler (en partie pour répondre à la critique protestante) les révélations privées de ses membres et leurs manifestations mystiques, tandis que les Églises de la Réforme écarteront la mystique, considérée comme une dégénérescence hellénique de la pureté de la foi biblique, elle-même fondée sur l'écoute de la Parole. Liée à ce schisme, l'Allemagne donnera moins de mystiques désormais que les pays qui sont restés dans l'orbite catholique romaine, comme l'Espagne.

Les réformateurs Martin Luther et Jean Calvin s'opposent en effet foncièrement au développement d'une mystique authentique à travers laquelle se vit l'union aimante de l'homme avec Dieu. Ce qui n'empêcha pas Luther de s'y intéresser – pendant sa jeunesse et même quelque temps après avoir lancé la « Réforme » en 1517 –, subissant à son insu l'attrait de Maître Eckhart (condamné et voué à un long purgatoire jusqu'au XIXe siècle) et celui de Jean Tauler via un traité anonyme de la fin du XIVe siècle, dit la *Theologia Deutsch* (« Théologie allemande »), qu'il publia lui-même en 1516 – avant de la rejeter totalement. Responsable de la division au sein de la chrétienté occidentale, la Réforme eut quelques effets sur le renouvellement de la spiritualité et la mystique catholique, dû à l'activité de quelques grands saints, dont Ignace de Loyola, connu comme le fondateur très actif de la Compagnie de Jésus. Disons là que cela n'empêchera pas l'émergence dans les siècles suivants de quelques figures féminines protestantes enclines à une expérience mystique, comme Jane Leade, Sarah Edwards et Ann Lee.

Au XVIe siècle, la mystique rhéno-flamande se propage en Espagne où commence à s'épanouir un évangélisme humaniste grâce aux liens économiques qui attachent les Flandres et l'Espagne et à l'évolution de l'imprimerie, mais surtout grâce à l'autorité de Charles Quint qui, prenant possession du trône d'Espagne, apporte dans ses bagages l'œuvre de Jean Ruysbroeck dont il est un lecteur attentif et assidu, et grâce aussi à l'ouverture culturelle décidée par le cardinal franciscain Cisneros, régent de la Couronne, qui facilite les échanges universitaires avec le reste de l'Europe. Par crainte de la Réforme protestante, l'Inquisition s'emploie à réprimer juifs et musulmans convertis, suspectés de pratiquer leur ancienne religion en secret, ainsi que les spirituels exaltés ; rejetant le formalisme religieux tout en aspirant à une mystique unitive grâce à une oraison de repos et de lumière, fondée sur l'expérience, le ressourcement biblique, l'inutilité d'un effort moral volontariste, les *Recogidos* (recueillis), confondus avec les extrémistes du même courant, les alumbrados (illuminés), qui s'adonnent à des états extraordinaires et publics et rejettent les décisions de l'autorité ecclésiastique, notamment son rôle dans les sacrements, sont combattus. À la même époque, les ordres religieux en déclin aspirent à la réforme, notamment les Carmes, d'origine érémitique, qui ont adopté au XIIIe siècle une règle de vie commune inspirée des Franciscains. Sainte Thérèse d'Avila et saint Jean de la Croix – avec lequel on atteint le sommet de la théologie mystique occidentale – apparaissent comme les restaurateurs de l'idéal primitif, compromis par l'introduction des Carmes dans le monde et le relâchement de la discipline. L'ordre affronte alors bien des tensions entre Carmes chaussés, qui suivent la règle mitigée fixée en 1431 par le pape Eugène IV, et Carmes déchaussés, soumis à la réforme thérésienne et à ses héritiers (voir ANNE DE JÉSUS). Thérèse d'Avila apparaît là comme une femme d'action, une réformatrice et une fondatrice infatigable ; elle témoigne d'une expérience mystique hors du commun, fondée sur une oraison constante et sur son amour pour le Christ, qui donne sens à son combat, expérience rapportée dans son œuvre spirituelle et sa correspondance. Marie-Madeleine de Pazzi, carmélite florentine, extatique et visionnaire, témoigne également de la notoriété de ce courant. Jean de la Croix, qui participe de cette réforme, demeure en tout cas un maître indépassable. Devenu prêtre en 1567, il est d'abord le chapelain de Thérèse d'Avila, avant de s'émanciper. Jeté en prison par les autorités de l'Ordre du Carmel, qui refusent sa réforme, il développe une profonde expérience intérieure et compose ses premiers écrits, qui introduisent la mystique de la nuit. Il y décrit le chemin de tout adepte appelé à s'unir à Dieu, symbolisé par le mont Carmel. L'irruption de Dieu, qui déstructure l'intériorité psychique et spirituelle, débouche sur « la nuit obscure », caractérisée par l'abandon radical de tout ce qui attache au monde des sens et de l'affect, la purification de l'esprit, délesté de l'imagination, de l'intelligence, de la mémoire et de la volonté. Après quoi l'union peut reconstruire cette intériorité, l'âme se remplir de Dieu, qui est pure présence. À la souffrance succède alors la « Vive Flamme d'Amour », qui en est le terme. La méthode d'analyse, qui s'attache à des faits éprouvés, la pensée et la réflexion critique de Jean de la Croix, vont contribuer au développement d'une tendance plus psychologique de la tradition mystique, voire d'une « science » spécialisée qui provoquera beaucoup de dissensions parmi ses plus brillants dépositaires. Les dominicaines Tommasina Fieschi, Stéphanie Quinzani de Soncino et Catherine de Ricci, la brigittine Marina de Escobar, marqueront aussi le XVIe siècle.

Au XVIIe siècle, une mystique française, inspirée du courant espagnol, se détache d'une religion souffrante malgré les efforts de la Contre-Réforme (ou Réforme catholique) initiée par la papauté depuis le concile de Trente. C'est ainsi que se dessinent de grands courants spirituels, notamment autour de Port-Royal, qui donnera naissance au mouvement janséniste (voir PASCAL, Jacqueline ; ARNAULD, Agnès ; ARNAULD, Angélique). Le siècle compte les figures de Pierre de Bérulle, oratorien, théoricien d'une mystique d'abord spéculative, puis, sous l'influence du Carmel féminin, qu'il introduit en France, délibérément centrée sur le Christ ; le capucin Benoît de Canfield ; l'oratorien Charles de Condren et l'ursuline Marie de l'Incarnation ; Marie Guyart. Dès 1602, on se soucie d'établir le Carmel en France, dont les pionniers seront Mme Acarie, Jean de Brétigny et la princesse de Longueville, fondatrice de l'Ordre des Carmélites (voir MADELEINE DE SAINT-JOSEPH, CATHERINE DE JÉSUS). François de Sales est le fondateur de la Visitation et l'initiateur d'une mystique psychologique, susceptible d'être adoptée par les séculiers vivants hors du cloître ou des structures cléricales ; il enseigne notamment une spiritualité exigeante (non exempte de douceur) de l'*amour d'amitié*, comme forme de relation mystique entre le Christ et l'âme chrétienne, invitant à la méditation. Jeanne de Chantal lui fait découvrir l'oraison de repos (qui permet au courant mystique français, issu d'un « humanisme dévot », de s'ouvrir à un large public grâce à la diffusion de cette prière simple), qui consiste à demeurer en silence devant Dieu, dans un total don de soi, et plus encore les « dernières épreuves », qui couronnent dramatiquement le parcours mystique. Elle envisage alors, sous sa direction, la Congrégation de la Visitation, contemplative, ouverte, sans vœux ni clôture, comportant un certain apostolat et une aide aux pauvres : c'est du moins le projet primitif dont l'audace va susciter l'opposition de l'archevêque de Lyon, alerté par les familles de la ville ; François de Sales reviendra sagement à une conception traditionnelle de religieuses en clôture ; de cet ordre se distinguera quelques années plus tard Marguerite-Marie Alacoque. Et c'est Vincent de Paul et Louise de Marillac qui reprendront cette esquisse d'une nouvelle forme de vie consacrée avec succès, en créant les Filles de la Charité. Jeanne du Houx, Marie des Vallées et, peu après, Jane Leade sont leurs contemporaines.

Si la vie mystique se développe paisiblement dans la première moitié du XVIIe siècle, ses adversaires vont se faire nombreux dans sa deuxième moitié. Jacques-Bégnine Bossuet va ainsi lutter contre le quiétisme, une forme jugée excessive de l'oraison de quiétude, et sa dérive laxiste en elle-même et dans ses effets, sur laquelle pèse entre autres le soupçon d'un abandon passif à la « volonté de Dieu » dans la vie, l'inutilité d'autre forme de prière et de piété, le refus du salut à ceux qui ne s'engagent pas sur la voie mystique. Miguel de Molinos, prêtre espagnol vivant à Rome, est ainsi emprisonné, son œuvre mise à l'Index. Dans ce conflit, Jeanne Guyon est également accusée et persécutée. Mystique dans la lignée espagnole nocturne, elle insiste sur l'anéantissement, allant jusqu'à une inquiétante autodestruction ; elle affirme que le plus haut est aussi le plus simple et donc accessible à tous, comme jadis la « prière du cœur ». En 1688, elle rencontre François de Salignac de la Mothe-Fénelon, grand pédagogue, prêtre puis évêque, avec qui elle entretient un échange spirituel difficile, mais profond, et qui sera lui-même un des protagonistes de la querelle mystique au cours de laquelle il s'oppose à Bossuet, pour être finalement condamné par la sentence (minimale) du bref pontifical *Cum alias* du 12 mars 1699. En jeu, le concept ou la réalité du « pur amour », un amour de Dieu qui répugne aux jouissances de la prière ou au commerce des récompenses futures, un amour tellement désintéressé que l'on irait en enfer si tel était le décret de la Volonté de Dieu : telle est, déjà posée par François de Sales, la « supposition impossible », puisque contradictoire des données de la foi chrétienne en un Dieu rémunérateur et juste, inquiétante (en raison d'un arbitraire divin, sans régulation raisonnable) mais ouvrant des perspectives théologiques vertigineuses. Brisant l'essor spirituel du XVIIe siècle, la victoire de Bossuet et de ses partisans inaugure le déclin d'une forme de mystique qui, plongeant ses racines dans des désirs permanents de l'être humain, va évoluer lentement vers une spiritualité moderne multiforme, qui s'exprimera dans la littérature, la philosophie et la psychanalyse, avant de reprendre vigueur dans le champ ecclésial avec Thérèse de Lisieux, stimulée par le *revival* spirituel qui s'amorce au milieu du XIXe siècle.

Marqué par le rationalisme, le siècle des Lumières (voir KRÜDENER, Barbara Juliane de ; BAIJ, Maria Cecilia ; MARIE CÉLESTE CROSTAROSA) et surtout le jansénisme, farouche adversaire de la mystique du Sacré-Cœur de Marguerite-Marie Alacoque, influencent le retrait de la mystique jusqu'à la fin du XVIIIe siècle, où émerge une spiritualité religieuse plus émotive, irrationnelle, et parfois initiatique. Quelques courants ésotéristes fleurissent, dont l'illuminisme, initié par le savant et théosophe suédois Emanuel Swedenborg, qui fonde la secte de l'Église de la Nouvelle Jérusalem. Louis-Claude de Saint-Martin, chrétien indépendant, est une des figures majeures de cette mouvance.

Issu de la nébuleuse religieuse dont la renaissance chrétienne du début du XIXe siècle a provoqué la formation, l'occultisme fait son apparition dans les années 1840, touchant les sciences, les lettres, les arts, la philosophie et l'Histoire. Il donne naissance à de multiples branches spirituelles empruntant à l'astrologie, la cabale, la magie, la divination, etc. (voir CAITHNESS ; NAGLOWSKA, Maria de), parfois teintées d'orientalisme (voir BLAVATSKY, Helena ; BESANT, Annie). La mystique y devient une expérience intime, secrète, sans Église, réservée à quelques adeptes cultivés. En opposition à la sécheresse du siècle précédent, le romantisme privilégie les expériences du cœur, traduisant sa nouvelle religion dans la poésie, soulignant les phénomènes extraordinaires comme les miracles, visions et révélations. Exaltant la nature, il participe de ce dépassement des formes religieuses instituées. Même une expérience amoureuse forte peut permettre de renouer avec le sacré (voir GÜNDERODE, Caroline von). Parallèlement, la mystique commence à s'insérer davantage dans la vie quotidienne des laïcs. Anne-Marie Taïgi, simple mère de famille italienne, en est un exemple surprenant.

L'apport scientifique du XIXe siècle, notamment de la psychiatrie et de la psychanalyse, est notable dans l'histoire de la mystique. On tente désormais d'expliquer les expériences de ce genre par la pathologie. Anne-Catherine Emmerich, visionnaire et stigmatisée, est soupçonnée de présenter des symptômes d'ordre psychiatrique ; Thérèse de Lisieux, quelques aspects névrotiques. Les malades mentaux sont taxés de délires religieux et « mystiques ». De nombreux débats se développent autour de l'hystérie, de Jean-Martin Charcot à Pierre Janet, ramenée aux curieux symptômes des grands mystiques (voir PÉLAGIE). En parallèle, Sigmund Freud réduit la mystique à un fait purement psychique : « un retour illusoire à la plénitude narcissique originelle du sujet humain séparé du sein maternel » ; c'est du moins sa position canonique initiale, ce qui ne l'empêchera pas d'envisager par la suite, au sein d'« un malaise dans la civilisation », une figure de l'amour qui aille « au-delà du principe de plaisir ». Carl Gustav Jung, son disciple, développe à son tour le processus d'individuation, permettant au sacré refoulé de s'exprimer, qui influencera considérablement l'émergence de nouvelles voies au XXe siècle (voir PINKOLA ESTES, Clarissa). Jacques Lacan s'intéressera également à ce qu'il définira dans un premier temps comme une « jouissance au-delà ». Si les névroses et les psychoses éclairent parfois les divers symptômes des mystiques, ce n'est pas dans certains cas sans exagération, la psychiatrie suscitant dans une certain mesure ce qu'elle voulait observer (voir LAIR LAMOTTE, Pauline ; LATEAU, Louise). Au même moment naît la science des religions, qui intègre les religions d'Extrême-Orient, dont l'hindouisme (voir MÎRÂ BÂÎ ; NÂNIBÂLÂ) et le bouddhisme (voir YESHE TSOGYAL ; GUÉLONGMA PALMO). Attestant des expériences comparables avec les mystiques occidentaux, les mystiques orientaux permettent au discours théorique d'élargir et d'enrichir la définition de la mystique. Les concepts de mystique occidentale et de mystique orientale voient le jour.

La suite de l'histoire, marquée en France par la séparation des Églises et de l'État (loi de 1905) et plus encore par l'affrontement des deux conflits mondiaux, l'empire des idéologies totalitaires et la montée en puissance de l'esprit scientifique et technique, toutes conditions qui modifient le milieu de l'expérience mystique, mentionne encore quelques laïques : Lucie Christine, Gemma Galgani pour le XIXe siècle, Maria Valtorta, Madeleine Delbrêl et Adrienne von Speyr pour le XXe siècle. L'émergence de la conscience individuelle à partir de l'époque moderne contribuant peu à peu à faire entrer la religion dans le domaine privé. L'éventail complet de la mystique catholique contemporaine, dominée par la géniale réappropriation dans le langage commun de l'expérience sanjuaniste (de saint Jean de la Croix) que propose Thérèse de Lisieux, n'éclipse pas, d'une part, la très traditionnelle mystique de la Passion d'une Thérèse Neumann et, d'autre part, la mystique philosophique d'une Simone Weil.

Dans la confusion religieuse des XIXe et XXe siècles, l'appel perdure donc au sein de la tradition chrétienne à l'intérieur comme à l'extérieur des communautés religieuses. Les femmes se tournent vers la bienfaisance sociale : elles s'adonnent au soin des malades, à l'enseignement et au secours des pauvres. De nouvelles congrégations voient le jour, concomitants avec la réémergence du culte de la Vierge Marie et du Sacré-Cœur (voir MARIE DU DIVIN CŒUR ; ROYER, Édith). Les stigmatisées se multiplient grâce à la presse qui amplifie le phénomène (voir NEUMANN, Thérèse ; MUSCO, Teresa). Il reste des ordres de contemplatives où quelques femmes continuent à vivre des expériences mystiques. Émerge ainsi une des figures les plus populaires de notre époque, Thérèse de Lisieux, qui va modifier la vie spirituelle dans l'Église catholique (qu'elle veut rendre accessible à tous), suscitant un retour à l'Évangile, à la simplicité de la foi et l'esprit d'enfance, le refus du mérite et de l'expiation. On pense également à Élisabeth de la Trinité, une autre carmélite moins connue que la précédente, qui s'inscrit dans la lignée de la mystique espagnole, mais avec une note propre de relation aux Personnes divines et de conformation à elles. Ou encore Marthe Robin, la « petite sainte de la Drôme » – exemple ambigu de mystique qui, si l'on n'en conteste ni l'authenticité ni le rayonnement, témoigne d'aspects pathologiques patents ainsi que de la volonté de son entourage de construire une image valorisant tout ce qui est « surnaturel », baignant dans une mariologie galopante et un militantisme ecclésiastique et politique (parfois suspect).

Davantage de laïcs associent expérience mystique et vie familiale ou professionnelle ordinaire. C'est le cas, au XIXe siècle, de Contardo Ferrini, expert juridique international et alpiniste, et d'Élisabeth Leseur, qui épanouit son expérience au sein d'un mariage heureux et d'une vie sociale active. Le XXe siècle est marqué par les figures de Raïssa Maritain, qui partagera une véritable expérience de spiritualité conjugale avec son époux Jacques Maritain, et sa sœur Véra Oumançoff (voir DUPOUEY, Mireille ; SCHMITZ-ROULY, Jeanne).

Parallèlement à ces tendances, certains écrivains ne sont pas en reste pour faire partager une expérience de plénitude par le dépouillement, dans leur vie comme dans leur création (voir POZZI, Catherine ; WEIL, Simone). Agnostiques ou athées, d'autres artistes les rejoignent. C'est ainsi qu'on parle de mystique du néant chez Georges Bataille et Maurice Blanchot, de l'expérience extatique de la beauté chez René Char. Des poétesses (voir CAMPO, Cristina ; DICKINSON, Emily ; RAINE, Kathleen), des musiciennes (voir GOUBAÏDOULINA, Sofia ; OUSTVOLSKAÏA, Galina), des danseuses (voir DUNCAN, Isadora ; NÈGRE, Mireille), des peintres (voir KHALO, Frida ; SÉRAPHINE DE SENLIS) et des artistes plasticiennes (voir KLIMT, Hilma af ; O'KEEFFE, Georgia), témoignent également d'expériences intérieures, de ravissements mystiques, parfois, mais pas toujours, sans dogme, ni Dieu, ni lien institutionnel.

La présence plus discrète de figures (voir DELBRÊL, Madeleine ; TERESA DE CALCUTTA ; ÉDITH STEIN) ou de familles mystiques contemporaines (les Focolari de Chiara Lubich, les Foyers de charité de Marthe Robin) prouve-t-elle que la mystique est en train de s'éteindre ? Certainement pas. Il semble qu'à notre époque la vie mystique authentique soit beaucoup plus cachée qu'aux époques précédentes, l'expérience de l'union avec Dieu ayant lieu dans les profondeurs de l'âme, tantôt dans les cloîtres tantôt dans le monde, n'ayant pas besoin de s'exposer ou bien s'exprimant sous de nouvelles formes (voir HILLESUM, Etty ; MALLASZ, Gitta ; ROBERTS, Bernadette). Il va sans dire que le consumérisme et le nihilisme ambiants (qui font suite à la fin des idéologies) ne facilitent pas la vocation spirituelle qui constitue le terreau de toute expérience mystique. La perte de crédibilité du christianisme (du moins de son cadre institutionnel), ainsi que l'influence des autres religions auxquelles on emprunte, non sans confusion, toutes sortes de méthodes de méditation (yoga, zen), ou bien auxquelles on se convertit (voir BÄUMER, Bettina Sharada ; EBERHARDT, Isabelle ; PACKER, Toni), et l'avènement de techniques psychologiques et corporelles versées dans le développement personnel, n'empêchent pas la persistance d'une démarche religieuse, du désir inconscient ou conscient d'être en relation avec Dieu ou un absolu (voir CAMILLE C. ; DATTAS, Lydie ; R., madame ; SCHWARZ, Elena ; SINGER, Christiane ;

STARHAWK). Malgré la méfiance toujours actuelle envers la mystique, on peut donc penser que des êtres nombreux, liés ou pas aux institutions religieuses, cherchent encore leur voie, orientant peut-être leur vie dans le sillage de ces grandes figures.

MYSTIQUES ET TRADITIONS

En Toi-même absorbé, Tu me restais caché.
Je passais tout le jour à chercher Toi et moi.
Lorsqu'en moi je Te vis, ô Toi,
À Toi et à moi j'accordai un ravissement sans limite.
Lallâ

En Toi mon origine, en Toi mon ivresse.
J'ai abandonné entièrement le créé dans l'espoir
Que Tu m'unisses à Toi. Car tel est mon ultime désir.
Râbi'a al-Adawiyya

Pour Carl-A. Keller, la mystique est une quête, une tension, une aspiration au divin, à l'absolu, une volonté de se transformer grâce aux différentes méthodes proposées par toutes les traditions. Aussi elle n'est pas « un phénomène unitaire » mais « une catégorie de la vie religieuse » – le terme « catégorie » étant entendu comme une classe de phénomènes ou de pratiques qui se retrouvent au sein de plusieurs systèmes religieux, mais dont la configuration varie d'un système à l'autre, tels la prière, l'offrande, l'intermédiaire ou le médiateur [1]. La mystique est donc une catégorie de ce type qui désigne l'effort, entrepris par le fidèle, d'intérioriser totalement, au prix d'une transformation de la conscience, voire de la personnalité, la ou les grandeurs supérieures ou suprêmes, les « ultimes », qu'il révère. En ce sens, est considérée comme mystique toute personne, homme ou femme, qui aspire à cette intériorisation [2]. Le bouddhiste s'accomplit ainsi dans l'effort qu'il fait en vue de réaliser en lui-même la dimension dernière de son univers, comprise comme « vacuité » ou « bouddhéité ». Le musulman cherche à intérioriser radicalement la « confession de l'Unité de Dieu » (*tawhîd*), moyennant une unification qui aboutit, idéalement, à sa totale prise en charge par le Dieu Un. Le shivaïte reçoit par le dieu Shiva lui-même l'initiation qui le libère du karma accumulé et lui consacre son existence en se sachant possédé par lui. La plupart des figures de ce Dictionnaire

1. Il ne s'agit pas ici de réduire le concept de mystique à cette seule « catégorie », mais de l'articuler à celui de la religion pour approfondir leur rapport.
2. C.-A. Keller, *Approche de la mystique dans les religions occidentales et orientales*, Paris, Albin Michel, 1996, p. 24.

appartiennent à une tradition bien définie, comme le christianisme, le bouddhisme, le taoïsme, l'hindouisme, l'islam, le judaïsme et le chamanisme. Aussi elles se sont exprimées au travers des cadres bien délimités de ces traditions, dont elles se sont rarement émancipées – sauf quelques figures modernes et contemporaines. En général, les mystiques ont été guidées par un directeur de conscience ou un maître spirituel rattaché à une communauté ou une école en particulier ; elles ont révéré les déités et tenté d'intégrer les « ultimes » auxquels fait référence leur tradition d'origine. C'est le cas par exemple des soufies en islam (voir 'Â'ISHA AL-MANNÛBIYYA ; UMM HÂRÛN AL-DIMASHQIYYA), des dakinis dans le bouddhisme (voir NIGOUMA ; SOUKHASIDDHI), de la moniale Yuzhen Gongzhu dans le taoïsme et des shivaïtes dans l'hindouisme (voir AKHÂ MAHÂDEVÎ ; KÂRAIKKÂL AMMAIYÂR). Toujours est-il que ces expériences varient non seulement d'un système à l'autre, mais encore à l'intérieur de chacun d'eux où les individus, les communautés ou les écoles préconisent des pratiques particulièrement efficaces.

Quels sont donc ces grandeurs ou ces « ultimes » confessés par les différentes traditions, que les fidèles aspirent à incorporer à leur existence et à connaître intégralement ?

• *Dans le bouddhisme*, de nombreux documents historiques prouvent que le Bouddha a depuis toujours été vénéré comme le symbole de l'ultime, comme une sorte de divinité par excellence. Le problème est délicat, mais ici est défendue la thèse selon laquelle le bouddhisme maintient l'existence d'une dimension ultime de l'univers, qu'il symbolise de diverses manières. L'ultime est notamment compris comme « la nature véritable des choses », comme la « non-substantialité » (*anatta*) des particules éphémères (*dhamma*) qui composent les phénomènes. Ailleurs on l'interprète comme « vacuité » ou « absence de nature propre » des particules éphémères dont se composent les phénomènes (*sunyata*). L'ultime est encore représenté par des symboles plus évocateurs : « Matrice des Bouddha » (*tathagatagarbha*), « Ainsité » (*tathata*), « Corps de la loi » (*dharmakaya*), « Terre de ou des Bouddha » (*buddhaksetra*), « Éveil » (*bodhi*) et « Extinction » (*nirvana*). (Voir BAOCHI XUANZONG, CHÂN KHÔNG, MACHIK LABDRÖN, NIGOUMA, NIZI, YESHE TSOGYAL.)

• *L'hindouisme* admet une dimension ultime de l'univers, appelée « brahman », ou « brahman suprême » (*parabrahman*), souvent aussi « brahman sans qualités » (*nirguna*). Certaines confessions soutiennent en outre que l'ultime est par définition et dans son essence pourvu de spécifications, donc personnel (*savisesa*). C'est pourquoi la pratique mystique se concentre de préférence sur un ultime pourvu de qualités (*saguna*), c'est-à-dire sur un être divin. Ainsi elle prend racine et s'épanouit le plus souvent dans le cadre du culte d'une divinité considérée comme suprême et en fin de compte unique : Shiva, Krishna ou Shakti (l'Énergie-Mère). (Voir ÂNANDAMAYÎ MÂ, ANDÂL, KÂRAIKKÂL AMMAIYÂR, MÎRÂ BÂÎ, SHOBHÂ MÂ.)

• *Dans le judaïsme*, l'ultime est conçu comme un Dieu unique et simple. Toutefois, la réflexion théologique qui va de pair avec la pratique mystique (notamment dans la Kabbale) a ressenti le besoin d'enrichir ce concept, passablement abstrait, de précisions qui le rendent plus accessible à travers les questions sur les énergies et les attributs divins. Selon eux, la dimension inconnaissable parce que non déterminée et infinie se déploie dans une mystérieuse vie intra-divine grâce à des émanations transcendantes appelées *sefiroth* ; ces *sefiroth*, toutes transcendantes qu'elles soient, assurent en même temps la liaison avec le monde inférieur et l'homme. À un autre niveau, les énergies divines sont symbolisées par des êtres célestes qui peuplent les palais célestes dans lesquels ou derrière lesquels se cache la divinité radicalement autre (voir ABERLIN, Rachel Mishan ; FRANCESCA SARAH). Le hassidisme, fondé au XVIIIe siècle, opéra un retour à l'étude mystique et permit son accessibilité aux masses, s'opposant à l'intellectualisme et encourageant l'expression émotionnelle, l'élan spirituel et le recours à un guide (voir FEIGA ; ROKEAH, Eidele ; SCHNEERSOHN, Freida ; SPRAVEDLIVER, Yenta ; WERBERMACHER, Hannah Rachel).

• *Le christianisme* définit l'ultime comme le Dieu trine, Un dans son essence intime, se déployant dans trois modes d'être conceptualisés symboliquement par le Père, le Fils et l'Esprit. Si le Père, par la Parole, crée, maintient et contrôle l'univers, c'est grâce à l'incarnation en Jésus de Nazareth que le Fils se rend solidaire de l'humanité, alors que par le mode de l'Esprit la divinité est présente et agissante dans la vie des créatures. Les énergies divines opèrent en outre dans l'univers sous la forme des anges. Soulignons le fait que cette diversité des modes de présence et d'action divine de Dieu ne contredit nullement l'unité essentielle de la divinité. La pensée chrétienne affirme par conséquent l'immanence au monde d'un Dieu qui dans son essence reste radicalement transcendant. La pratique mystique est donc suscitée par le désir de connaître véritablement le Fils qui, solidaire de la destinée humaine, habite par l'Esprit dans le cœur de l'homme. Se confiant à l'Esprit et au Fils, le chrétien se conduit, avec l'assistance des anges, jusque dans la « Grande Ténèbre » et au-delà, c'est-à-dire jusque dans la dimension supra-essentielle de la Trinité (voir CATHERINE DE SIENNE ; CLAIRE D'ASSISE ; GABRIELLE ; HUBER, Marie ; MARIE DE L'INCARNATION ; OLYMPIAS).

• *Dans l'islam*, l'ultime est défini comme Allah, Dieu unique et Un – affirmation qui paraît simple mais qui pose en réalité des problèmes ardus que la théologie islamique a abordés. Les théologiens se sont en effet tout d'abord interrogés sur la nature et le statut des noms (*'asma*) et des « éléments d'une description » (*sifat*) de Dieu présents dans le Coran. Les nombreux noms dont Allah se désigne lui-même semblent ainsi renvoyer à divers modes d'être : il s'appelle « le Miséricordieux », « l'Omniscient », « le Tout-Puissant », etc. De leur côté, les éléments d'une description semblent suggérer une personne divine possédant connaissance, parole, force, etc. En outre, la réflexion des théologiens s'est développée autour des rapports entre le Dieu Un et le monde multiple. L'unité de la divinité précède la pluralité des phénomènes. Du fait que Dieu, de par son savoir éternellement parfait, les trouve en lui-même, les phénomènes forment une unité en lui, existent éternellement dans son unité. C'est là la célèbre et fort controversée doctrine de l'unité de l'existence des choses en Dieu (*wahdat al-wujud*), indispensable pour un grand nombre de mystiques islamiques (voir NAFÎSA BINT AL-HASAN ; RABI'A AL-'ADAWIYYA ; RAYHÂNA AL-MAJNÛNA ; SITT'AJAM ; UMM 'ALÎ).

• *Dans le chamanisme* – où la notion de mystique est très discutée [1] –, l'ultime est un univers magique rempli d'esprits et de forces mystérieuses avec lesquels le chaman a envie d'entrer en rapport, tout en se prémunissant contre ses aspects néfastes. Les rites magiques le rendent capables d'accéder à ce monde, d'y participer même, et par là d'en donner une certaine communication aux autres. C'est ainsi que le chaman, grâce aux transes ou possessions, atteint la sphère des Esprits, entre en communication avec eux, et obtient des pouvoirs surnaturels, comme la seconde vue, la prédiction du futur, la bilocation et le don de guérison. Si, dans ce cas précis, il ne cherche pas à se confondre avec cette nature magique (sauf pour un temps donné), il n'en fait pas moins l'expérience de la « dissolution » de sa personnalité pour laisser place à la nouvelle à venir (voir ABELAR, Taisha ; BUJAN ; GARCIA, Maria Sabina).

Les mystiques face aux institutions religieuses

La mystique ne se situe pas forcément en marge des traditions comme le démontrent certains cas particuliers tendant à faire croire que ses acteurs sont des contestataires religieux et culturels, affectionnant la

1. Si l'on parle de mystiques occidentale et orientale, le cas du chamanisme pose plus de problèmes aux chercheurs. Taxé de non mystique par les uns, il est classé dans la mystique archaïque par les autres, dont Hilda Graef dans *Histoire de la mystique*, Paris, Seuil, 1972, p. 8.

transgression. Or il existe des oppositions, notamment au sein des religions monothéistes, entre les médiateurs (prêtres, théologiens, jurisconsultes, etc.), qui opèrent entre la communauté et le Dieu qu'il confesse, et les mystiques eux-mêmes, dont l'expérience échappe aux tenants de l'orthodoxie (voir GUGLIELMA DE BOHÊME ; HERNANDEZ, Francisca). Connaissance expérimentale, empreinte de subjectivité, la mystique, ayant souvent fait preuve d'audaces spéculatives, a été plus ou moins détachée des dogmes et de la théologie officielle établis par les institutions religieuses concernées, ce qui a pu la rendre suspecte et la marginaliser (voir MARIE DES VALLÉES). On pense aux béguines chassées et persécutées (à un moment donné) à cause de leur franche liberté vis-à-vis du clergé au XIIIe siècle (voir MARGUERITE PORETE), ou encore à Mme Guyon condamnée et emprisonnée lors de la querelle du quiétisme à cause de sa pratique de l'oraison de repos au XVIIe siècle. On peut ajouter la méfiance des jurisconsultes islamiques à l'égard du soufisme ou le mépris dans lequel quelques théologiens protestants (et, récemment, catholiques) tiennent toute piété de type mystique. Quelques auteurs ont souligné le danger éventuel d'une mystique qui se référerait exclusivement à l'intériorité et pourrait aller jusqu'à l'abandon de toute religion, voire de la foi, qui favoriserait l'expérience immédiate au détriment de la forme religieuse périmée et objectivée de la piété, valant pour le fidèle comme unique vérité. Notons que ce rapport de force a pris généralement effet lorsque les mystiques, souvent considérés comme des saints dès lors qu'ils sont connus et reconnus comme les représentants de la tradition, jouissaient d'un prestige incontestable auprès des masses. Sans quoi la lutte de pouvoir n'aurait pas eu lieu. En outre, il faut reconnaître le rôle joué par certains d'entre eux pour « recrédibiliser », voire sauver, l'institution, grâce à leur capacité de mobiliser les foules autour de quelques expériences fortes, en phase avec un certain nombre de codes et de définitions normatives de celle-ci, valant témoignage de la présence de Dieu ou de la vérité de la foi. La persistance de leur culte l'atteste (voir BERNADETTE SOUBIROUS ; CATHERINE DE SIENNE ; THÉRÈSE D'AVILA ; THÉRÈSE DE LISIEUX). Les mystiques ont ainsi constitué un avantage certain pour l'appareil ecclésiastique, dans le christianisme notamment, qui a su les récupérer à son profit tant au niveau apologétique (celui de l'argumentation dans la propagande), qu'au niveau pastoral (celui des modalités d'action religieuse auprès de la population).

L'EXPÉRIENCE MYSTIQUE

N'étant plus moi, je demeurai lui.
Marie (Guyart) de l'Incarnation

Ce que nous croyons être notre moi est le produit aussi fugitif et aussi automatique des circonstances extérieures que la forme d'une vague de la mer.
Simone Weil, *Pensées sans ordre*

Si la mystique peut se définir à travers une période ou un mouvement historique, une religion ou une tradition données, elle désigne également des tendances réelles, précises ou diffuses, qui s'expriment à travers une expérience particulière donnant lieu parfois (mais pas obligatoirement) à des manifestations de tout genre. L'expérience mystique est ainsi l'une des formes les plus élaborées de toute expérience religieuse et spirituelle. Elle est la prise de conscience d'une réalité qui demeure insaisissable aux seules facultés mentales ; elle est une sensation immédiate qui conduit le sujet à une perception nouvelle, directe, des choses surnaturelles, de Dieu ou d'un absolu. Étant entendu qu'elle est unique – chaque figure de ce Dictionnaire témoigne en effet d'une mystique particulière tout en participant à une mystique universelle –, qu'en est-il de la spécificité de l'expérience mystique elle-même ? Comment se définit-elle ?

Immanence de soi et transcendance de Dieu

Toute la littérature qui traite de ce sujet l'atteste : l'expérience mystique est paradoxale. Si l'ultime, auquel aspire les mystiques, est le plus distant des buts à atteindre, il est également le plus intime ; le Tout Autre, qu'ils cherchent à rencontrer, à intégrer, est également le plus familier.

L'absolu, qui est l'objet de cette expérience, peut être soit le sujet lui-même plongeant au-dedans de lui afin de retrouver l'identité de son moi dans un Tout dont il ne se différencie pas – cela peut être rapproché du « sentiment océanique » qu'ont analysé Romain Rolland et Sigmund Freud –, soit l'altérité d'un Dieu transcendant. Dans le premier cas, on parle de fusion ; dans le second cas, on parle d'union. On distingue ainsi une mystique intravertie, où le sujet descend en soi pour parvenir à trouver l'infini dans l'intime, et une mystique extravertie, où le sujet est tourné vers l'Autre. Dans les deux cas, elles aboutissent à la perception d'une unité entre le sujet et l'objet de son aspiration, l'expérience variant en fonction de la religion et de la tradition, du contexte culturel et social, dans lesquels le fidèle s'inscrit.

Aussi existe-t-il des systèmes religieux qui ne se définissent pas par des dogmes, qui cherchent la délivrance de l'être humain dans une expérience d'autodépassement où la conscience est elle-même sa propre preuve. Celle-ci suscite un recueillement en soi où rien n'oppose le sujet et l'objet de l'expérience vécue. L'exemple le plus connu est celui de la mystique hindoue. Il existe aussi des religions où la Parole divine est la seule vérité, donnée à l'âme humaine lors d'une révélation (c'est le cas dans le christianisme, le judaïsme et l'islam) ; celle-ci devient alors un don de Dieu auquel le mystique aspire à se conformer. On a bien d'un côté une mystique mettant l'accent sur l'immanence du soi que le sujet tend à dévoiler et de l'autre une mystique fondée sur la transcendance de Dieu avec lequel le sujet cherche à entrer en relation.

Pratiques et transformation

Les témoignages des mystiques varient énormément, en fonction des facteurs extérieurs (périodes historiques, religions, traditions, etc.) autant qu'intérieurs (tempéraments individuels). Pris à la lettre, ils paraissent affirmer des choses très différentes, défendre des positions doctrinales peu compatibles entre elles. En même temps, ils rendent un son commun, se font écho les uns aux autres en dépit de l'éloignement des époques et des continents. S'il n'est pas possible d'analyser toutes les expériences dans le détail, tant elles varient à l'infini, il est en revanche possible de dire, grâce aux observations accumulées sur les modes de vie spirituelle, qu'elles sont souvent rattachées à une pratique spirituelle.

Quelle que soit l'expérience visée – l'anéantissement du moi qui conduit au soi, l'union avec Dieu ou l'absolu –, l'ascèse, qui correspond à un total dénuement du cœur et de l'esprit, est une pratique courante. Des chamans sibériens aux Pères du désert, des moines du christianisme médiéval aux yogis de l'Inde ancienne ou contemporaine, on retrouve toujours les mêmes méthodes : jeûnes (voir LUTGARDE D'AYWIÈRES ; NAFÎSA BINT AL-HASAN ; WANG FAJIN), veilles, pénitences (voir CHRISTINE L'ADMIRABLE), flagellations, entraînement à supporter les extrêmes du froid et du chaud (voir DAVID-NÉEL, Alexandra), à dépasser le clivage de l'agréable et du désagréable, à surmonter les envies et les répulsions spontanées (voir ANGÈLE DE FOLIGNO), parfois même à transgresser les lois morales et sociales (voir ISIDORA ; PÉLAGIE). Dans ce cas, l'expérience spirituelle est tributaire d'une ascèse. Grâce à une discipline, le sujet veille à ce que ses pensées, son affectivité et son corps soient dirigés, épurés, pour parvenir à la maîtrise de lui-même. Son intention et sa volonté jouent un rôle déterminant dans la disparition, la régulation et la purification de ses pulsions mentales, affectives ou corporelles. Le but étant de renoncer à son *ego* pour accueillir le Tout Autre. Une fois les obstacles personnels éliminés, il peut alors s'éveiller à la connaissance de soi et de l'ultime visé. Toutes les représentations qu'il s'en faisait et que son *ego* investissait, consciemment ou non, disparaissent. Il en a intériorisé la dimension [1].

La pratique spirituelle est donc une activité consciente qui engage le sujet complètement [2]. S'il est vrai que l'affectivité et la réceptivité intérieure jouent un rôle central, c'est habituellement le contrôle d'une réflexion d'ordre philosophique et théologique qui guide le pratiquant, en général transmise par un agent pastoral (prédicateur, directeur de conscience) ou un maître, selon les traditions. Une grande partie de la littérature mystique est le fruit de cette réflexion et de l'enseignement qui lui est lié (voir CATHERINE DE SIENNE ; ÉDITH STEIN ; THÉRÈSE D'AVILA ; TWEEDIE, Irina). Il faut dire que, bien que la pratique spirituelle ne soit pas d'abord une démarche spéculative, elle n'est réfractaire ni à la philosophie ni à la théologie. Elle les respecte au contraire comme des garde-fous qui la maintiennent dans la bonne direction (indiquée par les dogmes religieux) et l'empêchent de tomber dans l'erreur. Parfois même elle leur accorde une place de choix. On peut voir dans les élaborations mystiques, des anticipations que la théologie avalisera officiellement plus tard, quand elle aura à sa disposition l'appareil conceptuel et spéculatif convenable pour les intégrer. Aussi les sujets de réflexion sont multiples : il s'agit tout d'abord de définir l'ultime que le pratiquant désire atteindre et réaliser, puis l'être et les structures de son intériorité, enfin l'univers au sein duquel il évolue ; l'itinéraire qui doit le conduire jusqu'au but visé est également abordé. En outre, la place accordée à la réflexion varie selon les traditions. Or, si quelques penseurs se sont imposé une démarche intellectuelle, ils ne la considèrent pas comme un but en soi. Pour eux, l'univers visible n'est qu'un phénomène secondaire, dans lequel se dissimulent d'autres grandeurs, d'autres manières d'être, qu'ils aspirent à assimiler.

Le pratiquant, qui concentre toutes ses facultés psychiques sur la poursuite de son projet, fait généralement appel, entre autres choses, à la mémoire, à la volonté et à l'imagination, qui fonctionnent comme un moyen des plus efficaces pour progresser sur sa voie. La mémoire enregistre des images, des enseignements sous forme de mots d'ordre

1. Pour aller plus loin, le lecteur peut se référer à la conférence de M. Meslin, « Comprendre l'expérience mystique », *in* A. Houziaux (dir.), *La Mystique, une religion épurée ?*, Paris, Les Éditions de l'Atelier, 2008.

2. Tous les systèmes religieux insistent sur le fait que la communication entre l'ultime et l'homme ne se déroule pas seulement à l'aide d'actes extérieurs, mais surtout au niveau de l'intériorité humaine : dans le cœur, l'intellect ou le corps, ou bien tout à la fois, selon ce qui est privilégié.

et, surtout, de symboles ainsi qu'un savoir souvent fort sophistiqué qui trace l'itinéraire à suivre, qui décrit l'état final vers lequel on tend. Ce qu'elle enregistre, la volonté unie à l'imagination le reproduit dans la conscience intime. Celle-ci s'enrichit de références nouvelles, se modifie et se restructure au gré du savoir et des symboles acquis, s'ouvre sur des horizons plus vastes et transcendants. Quand sa conscience est métamorphosée, le pratiquant entre dans des états autres et pénètre dans l'*Ailleurs* fondateur ou la *présence* infinie. Le contenu de la doctrine, désormais totalement intériorisé, finit par l'imprégner tout entier et le transforme dans la manière de percevoir le monde ambiant. La prière fait partie des pratiques courantes qui opèrent à ce niveau (voir BEHR-SIGEL, Élisabeth ; RÂBI'A AL-'ADAWIYYA).

Le corps tient une place capitale au sein de ces pratiques. Il peut faire l'objet de toutes sortes de mortifications désirées ou non, entretenues ou non : réduction plus ou moins drastique de la nourriture (voir ÉLISABETH DE REUTE ; NAFÎSA BINT AL-HASAN ; WANG FAJIN), de l'hydratation, du sommeil (voir ROBIN, Marthe) ; station inhabituelle ou douloureuse maintenue aussi longtemps que possible – sans parler du refus de tous les soins hygiéniques. Les mortifications, connues dans toutes les traditions religieuses, entraînent des modifications du métabolisme, de la circulation sanguine et de l'activité électrique du cerveau. Elles provoquent ou facilitent l'entrée en d'autres états de conscience qui, au moyen d'une transformation de l'état de conscience ordinaire, peuvent accélérer le rencontre avec l'ultime. Mais il existe une participation du corps plus positive à l'œuvre mystique, loin de ces excès. On pense notamment aux *dhikr* dans le soufisme ou la « prière du cœur » dans le christianisme (voir BEHR-SIGEL, Élisabeth) : la répétition inlassable de certaines formules ou prières, accompagnée de mouvements réguliers du corps et d'une respiration rythmée, qui renforcent l'effet d'intériorisation de la formule. La danse participe également à l'effort mystique tendant à provoquer un état de transe ou de possession par l'ultime, attestée dans l'hindouisme, comme chez les *bhakta* shivaïtes ou krishnaïtes de l'Inde du Sud par exemple (voir GOPÂLER MÂ). Elle peut s'accompagner de la récitation de textes, de chant, de l'écoute d'une musique ou d'un son (voir NANIBÂLÂ).

Ce qui ne revient pas à dire que l'expérience mystique est le fruit d'une longue et systématique ascèse. « Depuis De Quincey et ses célèbres *Confessions d'un mangeur d'opium anglais* (1822) – sans parler d'Aldous Huxley, d'Henri Michaux, d'Ernst Jünger et bien d'autres –, on sait que des expériences, sinon identiques, du moins proches par leur "phénoménologie", peuvent être déclenchées par la prise de certaines drogues. D'autres surviennent dans des situations d'accidents, de stress extrême, d'approche de la mort [1]. » Pour Michel Hulin, ces circonstances peuvent court-circuiter les mécanismes de défense, d'adaptation du moi, et le placer dans une situation d'extrême dénuement, et par là, d'ouverture à l'absolu [2]. De la même façon, d'autres extases peuvent surgir inopinément ou être déclenchées par quelque incident insignifiant, « par exemple la vue d'une haie fleurie ou le cri d'un oiseau traversant un ciel d'automne ». Or, là encore, il est possible qu'un tel ravissement soit « l'aboutissement de tout un cheminement intérieur et correspond[e] au brusque dénouement d'une crise, éventuellement médiatisé par le symbolisme inhérent à son facteur déclenchant [3] ».

En définitive, si l'expérience mystique peut s'accompagner d'une pratique plus ou moins stricte, elle n'est pas le résultat systématique d'une technique, quelle qu'elle soit. Elle a un caractère gratuit et spontané. Elle est un *don* que l'on se fait à soi-même, ou bien que la déité transcendante accorde aux fidèles par sa grâce (voir ROSE DE LIMA). Un don qui se manifeste sous différentes formes et qui peut être ressenti soit positivement soit négativement par ceux-ci ; il n'est que de citer les expériences d'amour (voir RAYHÂNA AL-MAJNÛNA) ou de ravissement (voir EDWARDS, Sarah), qui sont les versants lumineux d'expériences plus sombres, comme la vision de l'enfer (voir FRANÇOISE ROMAINE ; THÉRÈSE D'AVILA) ou l'acédie (voir UMILIANA DEI CERCHI).

États extraordinaires

Les manifestations corporelles et psychiques extraordinaires, qui accompagnent certaines expériences religieuses, occupent une place importante dans l'histoire de la mystique, en particulier dans son image publique. Touchant au corps, à l'âme et à l'esprit, elles ont subverti l'idée commune que nous avions de leurs limites – plus encore chez ceux qui partageaient une vision « cartésienne » de leurs rapports. Parfois taxées de pathologies, elles n'en constituent pas moins un langage du corps qui a une signification psychologique et sociale. Elles assurent une fonction d'authentification du rapport à l'ineffable, pour soi-même et pour autrui, quand bien même elles ne sont pas obligatoires.

D'une tradition à une autre, les phénomènes extraordinaires assortis aux expériences spirituelles sont courants, vérifiant par là la permanence

1. M. Hulin, « Qu'est-ce que la mystique ? », *Le Monde des religions*, n° 23, mai-juin 2007, p. 25.
2. Ajoutons que cela n'a rien d'évident, ce dénuement pouvant aussi provoquer la panique et le repliement exacerbé sur soi.
3. M. Hulin, « Qu'est-ce que la mystique ? », art. cit., p. 25.

anthropologique qui existe entre mystiques d'Orient et d'Occident. Apparitions (voir AGNÈS ; BERNADETTE SOUBIROUS ; MARIE FAUSTINE), révélations, visions (voir 'Â'ISHA AL-MANNÛBIYYA ; HILDEGARDE DE BINGEN ; KEMPE, Margery ; WANG FAJIN), auditions, prophéties (voir BRIGITTE DE SUÈDE ; JEANNE D'ARC ; KRÜDENER, Barbara Juliane de), extases (voir DOUCELINE DE DIGNE ; THÉRÈSE D'AVILA, URSULE BENINCASA), ravissements, stigmates (voir AGNÈS DE JÉSUS DE LANGEAC ; ANNE-MADELEINE RÉMUZAT ; MARIE-THÉRÈSE NOBLET), inédie (voir LYDWINE DE SCHIEDAM ; MARIE-JULIE JAHENNY ; ROBIN, Marthe), acédie (voir CLAIRE DE RIMINI ; UMILIANA DEI CERCHI), maladies et guérisons subites (voir MARIE-THÉRÈSE NOBLET ; THÉRÈSE D'AVILA), transverbération (voir CHOPIN, Symphorose ; MARIE DE JÉSUS CRUCIFIÉ [Mariam Baouardy]), cardiognosie (voir ANNE-CATHERINE EMMERICH ; BENOÎTE RANCUREL), hiérognose (voir LATEAU, Louise ; NEUMANN, Thérèse), transports et autres lévitations (voir CATHERINE DE SIENNE ; THÉRÈSE D'AVILA), états d'extra-corporéité, télépathie, bilocation (voir YVONNE-AIMÉE DE JÉSUS), channelling (voir MALLASZ, Gitta ; ROBERTS, Jane), etc., sont ainsi autant de raisons pour la science de tirer le mysticisme du côté de la pathologie mentale comme l'anorexie (voir CATHERINE DE SIENNE ; WEIL, Simone) et l'hystérie (voir COLOMBE DE RIETI ; KEMPE, Margery) par exemple. Et il est vrai qu'il a une frontière commune avec la folie. Les rapports entre la folie clinique et une pratique religieuse qui sort de l'ordinaire sont en effet d'une interprétation délicate. Il n'est pas douteux que toute expérience religieuse, c'est-à-dire toute rencontre avec une dimension autre de l'existence, dimension inconnue de l'homme dit *normal*, présente des symptômes de *folie*. Les textes mystiques de toutes les religions admettent que la distinction entre la maladie mentale et la folie mystique est effectivement floue et qu'il n'est pas toujours possible de classer les phénomènes. La rencontre de l'autre dimension de l'être, la vraie, l'ultime, qui est la première et la dernière, derrière et au-delà du monde des choses concrètes, risque d'entraîner le pratiquant dans des états qui frisent la pathologie [1]. Par ailleurs, nombre d'auteurs mystiques adoptent le point de vue des gens du monde en admettant que, au regard de l'existence empirique, leur quête est effectivement de la folie. Ils vont jusqu'à affirmer qu'ils sont fous et ils ne récusent absolument pas l'épithète que les hommes ordinaires leur réservent. Ainsi les mystiques chrétiens se sont très volontiers prévalus des apostrophes de l'apôtre Paul contre la *sagesse du monde*, pour se déclarer fous. La folie comme revendication

1. C.-A. Keller, *Approche de la mystique dans les religions occidentales et orientales*, *op. cit.*, p. 267.

de l'identité vraie se retrouve ainsi dans toutes les religions. Il y a également les mystiques qui, sachant que leur quête est folie aux yeux de leur entourage, choisissent de jouer le rôle de fou. C'est le cas des folles en Christ dans l'orthodoxie (voir ISIDORA ; PÉLAGIE ; XÉNIA DE PÉTERSBOURG) et d'un type de sainteté submergé par l'amour divin en islam (voir RAYHÂNA AL-MAJNÛNA). Or la folie (pathologique) est incohérence et souffrance, elle est irrationnelle, alors que la vie mystique, si elle peine souvent à s'établir durablement dans l'âme et à y faire régner la paix et la joie, est « sur-rationnelle ». C'est pourquoi M. Hulin écrit que « la pathologie périphérique de l'extase témoigne non pas de l'inauthenticité de celle-ci mais des résistances du "vieil homme" au processus de sa propre dissolution [1] ». Le mystique, totalement réalisé, échapperait donc à tout état de névrose. Ainsi les différents états extraordinaires ne sont pas les critères d'une expérience authentique, mais tout au plus des indices. D'ordre psychique et physique, ils ne forment pas l'essence de la vie mystique.

Les grands mystiques, théologiens et philosophes religieux, ont été tantôt sévères, tantôt enthousiastes, à l'égard de ces états. Si pour les uns ces phénomènes n'ont pas de valeur propre, constituant même autant d'obstacles sur le chemin de l'union à Dieu, ils sont pour d'autres un signe de l'avancement sur ce même chemin. Au XVIe siècle, le sujet anima fortement Thérèse d'Avila, dont le parcours est parsemé de phénomènes extraordinaires, et Jean de la Croix, qui considère comme fort dangereux d'éprouver de tels états. Thérèse elle-même ne manque pas de signaler les dangers de ces jouissances. Jean de la Croix les qualifie de « faiblesses », lot de « ceux qui sont dans l'état de progrès », non de ceux qu'il appelle « les parfaits » : « On ne voit plus chez eux ces ravissements, ces agitations du corps ; ils jouissent de la liberté d'esprit, sans que leurs sens soient offusqués ou tourmentés. » Ces états extérieurs présentent un danger, comme aussi les états intérieurs, dont ils s'accompagnent, de joies sensibles, de visions, de « sentiments pleins de saveur ». Ils trompent et donnent prise, de plus, à la tromperie du démon qui, écrit le saint homme, « s'en sert pour tendre des pièges à l'âme ». Il l'illusionne. Il la remplit de la présomption de croire que Dieu et les saints lui parlent et qu'en définitive elle-même est parvenue à la sainteté. Le mal alors devient quasi incurable. L'âme non seulement cesse de progresser, mais elle régresse dans son autosatisfaction et sa suffisance. Ces manifestations « ne constituent pas l'expérience mystique en tant que telle. Elles peuvent seulement y contribuer dans la mesure où elles seront dépassées. Elles ne doivent être expérimentées

1. M. Hulin, « Qu'est-ce que la mystique ? », art. cit., p. 26.

que comme exigence d'une purification nécessaire [1] ». Elles ne sont que l'effet de la pesanteur du corps, des sens et de l'imagination débridée, dont le spirituel sera délivré par « l'horrible nuit de la contemplation ». Le moindre mal est donc de subir ces faiblesses sans les chercher et d'aspirer finalement à en être délivré. Jean de la Croix ajoute : « Chez ceux qui ont atteint l'état parfait, la communication a lieu entièrement dans la paix et en suavité d'amour. Pour eux, ces sortes de ravissements cessent. »

MYSTÈRE DE L'HOMME ET DESTIN MYSTIQUE

La Vie parfaite, c'est le réel.
Catherine Millot, *La Vie parfaite*

Un des intérêts de la mystique, peut-être le plus grand, est de nous aider à repenser l'homme. De nombreux chercheurs se sont attachés à le définir. Les sages de l'humanité, les philosophes, les scientifiques et les psychanalystes, entre autres, ont établi et nourri chacun à leur manière des systèmes de pensée différents pour tenter de le comprendre, mais le mystère demeure. Car s'il est un être naturel, historique et social, force est d'admettre, dès que l'on élargit le champ de sa conscience, qu'il est également beaucoup plus que ça. Tous les mystiques, sans poser de grands discours, le prouvent. Du moins, ils interrogent. Ils posent la question de la conscience humaine : du supraconscient et de la place centrale de l'esprit, du subconscient et du transrationnel, de ce qui meut l'être humain depuis les profondeurs de sa psyché, enfin, du sens de son existence.

Après la vision moderne de l'être humain, qui donne l'impression de tout connaître de lui et de le réduire à un objet de connaissance rationnel pareil aux autres, il est temps en effet de relever l'autre problème qu'il pose : le mystère de sa raison d'être. « La personne humaine est plus mystérieuse que le monde : c'est qu'elle est tout un monde [2] », écrivait Nicola Berdiaev. La conscience que l'être humain possède de lui-même, sa conviction de ne pas être qu'une part de la nature, mais d'être plus à cause de l'esprit qui l'habite ; cette conscience supérieure de soi constitue l'énigme de son autoconscience, de sa transcendance vis-à-vis de ce monde. Elle n'est pas expliquée par les sciences et reste un mystère. Seule la révélation spirituelle de l'homme a donné la clé de sa conscience. Elle le rassemble, inversement à la science qui en offre une vision plus éclatée, plus morcelée. Il ne s'agit pas ici d'opposer la

1. J. Beaude, *La Mystique*, Paris, Cerf, 1990, p. 108-109.
2. N. Berdiaev, *Essai d'autobiographie spirituelle*, Paris, Buchet-Chastel, 1979, p. 15.

vision spirituelle à la vision physique, sociale, économique, etc., mais bien d'intégrer la seconde à la première, sans quoi l'être humain risque d'être mal perçu, tout d'abord mécanisé, puis déshumanisé. Et s'il portait en lui un monde, un univers en réduction ? S'il consistait en un microcosme qui répondît à un macrocosme, soit l'univers en totalité ? L'idée – qui n'est pas nouvelle – est audacieuse, elle permet de relier le visible à l'invisible et de nous ouvrir aux innombrables potentialités de vie intérieure de l'homme. Cette réflexion, chérie par de nombreux penseurs de l'Antiquité et du Moyen Âge, reprise à la Renaissance à travers la littérature, la philosophie, la science et l'art, qui a perduré au-delà grâce au romantisme et au symbolisme, a subsisté entre autres chez les mystiques. Depuis l'avènement, à la Renaissance, de la science moderne galiléenne et copernicienne qui mit fin au macrocosme théologique, ils n'ont eu de cesse en effet, dès le XVIIe siècle, de répondre à ce désenchantement du monde, déserté de la présence de Dieu se déplaçant dans la seule intériorité du cœur humain (cela dès François de Sales). Quoi qu'il en soit, l'expérience spirituelle suppose que l'homme soit un microcosme, miroir du macrocosme, qu'en lui se révèle tout l'univers et qu'il n'existe pas de limites transcendantes l'isolant de Dieu, ou de l'absolu, puis du monde. Son être, qui est corps, âme et esprit, est l'espace privilégié de cette rencontre et de ce mariage avec Dieu, qui est Esprit, inspiration vivante, souffle saint, etc., ou l'absolu. Aussi cette intuition n'est accessible qu'à celui qui a conscience d'une vie intérieure, qui ne fait pas que se projeter à l'extérieur ni se tourner exclusivement vers le côté sensible de la vie, pour qui l'homme est le lieu de passage vers un autre monde.

L'enjeu de cette conception de l'homme et du monde est lié à celui de la nature humaine et de sa destinée. Pour s'en approcher, il faut comprendre, reconnaître le fond inatteignable de chacun comme un mystère, bien plus que comme « inconscient ». Il faut là encore laisser derrière soi les discours normatifs, les explications rationnelles, revenir à une certaine virginité d'esprit, pour accueillir l'essence de l'homme et du monde, et leur sens, sans quoi on ne saurait comprendre l'émergence et la croissance de l'intériorité humaine et spirituelle de l'homme. Le but de cette expérience étant de devenir soi et de découvrir le plein sens de son existence : d'atteindre à une vie plénière, unifiée, d'une originalité et d'une singularité irremplaçable, laquelle est œuvre de création. La dynamique de l'accomplissement humain et spirituel dépasse les seuls soucis de conformité et de soumission à un enseignement et à des règles de conduite imposées à tous, pour s'élever au niveau de la fidélité créatrice (selon les lois du vivant). Le devenir d'un être humain est une réalité singulière dans son mouvement même et par le fruit qu'il porte. Les mystiques mettent en œuvre et manifestent cette logique de la vie (qui dépasse et intègre les logiques partielles). Leurs témoignages ont aidé à comprendre et à transmettre cette idée.

« Nous sommes plus que jamais à l'heure de l'enfouissement et du ferment secret [1] », écrit Marcel Légaut. L'homme est dans une transformation qu'il ne voit pas. Ses besoins et ses désirs profonds ont été remplacés par des nécessités d'ordre consumériste et économique. Aussi la possibilité pour lui de changer va de pair avec la possibilité d'accomplir un acte créateur, nouveau. Or la vraie nouveauté arrive toujours comme d'un autre monde, d'un autre plan, où peut s'enraciner une liberté profonde, pour s'accomplir dans le temps existentiel, historique. Elle a une dimension d'éternité, elle est le fruit de l'homme nouveau, « re-né » spirituellement.

Le mystère de la relation ou celui de la fusion, entre l'homme et le *réel* – à ne pas confondre avec la réalité, « reconstruite » mentalement par celui-ci – est au cœur de la montée spirituelle de l'humanité, travaillée par le désir de ce qui est au-delà d'elle-même. Un désir d'accomplissement, ayant des conséquences sur le monde et les relations humaines. L'intérêt persistant pour la mystique traduit un appel, une exigence d'intériorité, une recherche et une attente de ceux qui partout dans le monde ne redoutent pas d'être mis au travail de mort et de renaissance pour s'approcher de l'essentiel. Voie dans laquelle les mystiques ont trouvé leur place et leur mission quel que soit le siècle. Ne prouvent-ils pas en définitive que la mystique est une manière d'être au monde et de vivre, étroitement liée à nos rapports avec autrui et à l'épaisseur du réel ?

L'infini est à chercher non pas au-delà mais à l'intérieur du fini. Même en dehors du point du vue explicitement religieux, le sentiment d'un infini qui arrive comme un don lorsque nous sommes attentifs, dans notre finitude, à la présence « autour de nous » de tant de choses ayant leur vie propre, peut avoir un sens. Aussi l'état mystique par excellence est peut-être une sorte de foi « poétique » – dans le sens grec originel *poiein* qui signifie « faire », « créer » –, de don de soi qui répond au don des choses ; un regard nouveau créé par l'homme qui a pour tâche d'approfondir les contradictions de la vie (bonheur, malheur), d'en demander raison et d'y chercher des ressources de vie et de survie. Ce regard est un chemin d'extériorité, en écho à l'intériorité, et d'altérité. Pour cela, il faut encore que l'homme renonce aux images qui viennent de sa propre volonté et qui existent pour elles-mêmes, pour les images qui naissent du *réel* et qui, en vivifiant l'être qui les pense et qui les vit, l'ouvrent à ce qui le dépasse – ce qui est un des rôles de l'ascèse.

1. Lettre du 22 août 1984.

Il devient alors celui qui salue les choses, entend leur musique toujours nouvelle (*musica callada*, dirait Jean de la Croix), s'étonne des nuances, dans un rapport plus juste au monde. Il n'a plus alors qu'à s'émerveiller, aimer et honorer le monde duquel il procède aussi. La mystique offre la possibilité de vivre plus intensément, abondamment, les choses. Prenant racine dans un élan de l'âme et une quête profane sans Dieu, ni lieu saint, ni objet sacré, elle a pour seul dessein d'explorer et de chanter le réel transfiguré.

La spiritualité de l'homme, qui puise dans ce « mystère », ne peut pas être totalement étouffée. L'homme peut-il en effet renier ce qu'il est vraiment ? Un être tourné vers l'éternité, témoin et/ou acteur d'une spiritualité qui n'est pas un détachement ni une fuite hors du monde pour l'abandonner à son état présent, mais une conquête spirituelle aboutissant à une transformation réelle de lui-même et de celui-ci. Une spiritualité humaine et divine à la fois, gage d'une alliance créatrice entre l'être et l'absolu, entre l'être et le monde.

A. F.

RÉPERTOIRE DES FEMMES MYSTIQUES PAR RELIGIONS, TRADITIONS ET COURANTS SPIRITUELS

Ce Répertoire recense tous les noms des femmes qui font l'objet d'une notice du dictionnaire par religions, traditions, sensibilités ou aspirations mystiques et spirituelles. Chacune d'entre elles est classée par ordre chronologique de disparition.

PLATONISME ET CHRISTIANISME (ANTIQUITÉ)

Diotime de Mantinée (Ve s. av. J.-C.)
Marie (v. 20 av. J.-C.-moitié du Ier s. apr. J.-C)
Marie-Madeleine ou Marie de Magdala (Ier s.-fin du Ier s.)
Marie la Juive, *dite* « La prophétesse » (IIe s. av. J.-C. ?-IIIe s. apr. J.-C. ?)
Hypathie d'Alexandrie (v. 370-415)
Marie l'Égyptienne (?-422 ?)

CHRISTIANISME, CATHOLICISME

Radegonde de Poitiers (520-587)
Aldegonde (v. 630-v. 684)
Dympna (VIIe s.)
Dhuoda d'Aquitaine (v. 803-?)
Héloïse (1101-1164)
Élisabeth de Schönau (1129-1164)
Christine de Markiate (1100-ap. 1165)
Hildegarde de Bingen (1098-1179)
Marie d'Oignies (1178-1213)
Christine l'Admirable, ou de Saint-Trond (1150-1224)
Yvette de Huy, ou Juette (1157-1228)
Ide de Nivelles (v. 1199-1231)
Élisabeth de Hongrie (v. 1207-1231)
Diane d'Andalo (v. 1200-1236)
Marguerite d'Ypres (1216-1237)
Hedwige de Silésie (1174-1243)
Lutgarde d'Aywières ou de Tongres (1182-1246)
Umiliana dei Cerchi (1219-1246)
Claire d'Assise (1193/1194-1253)
Julienne de Mont-Cornillon (1193-1258)
Hadewijch d'Anvers (v. 1200-v. 1260)

Ide de Louvain (1212-apr. 1262)
Ève de Saint-Martin (?-v. 1266)
Béatrice de Nazareth (1200-1268)
Ide de Gorsleeuw, ou de Léau (v. 1242-1271)
Marguerite de Hongrie (1242/1243-1270)
Douceline de Digne (v. 1214-1274)
Élisabeth de Spalbeek, ou de Herkenrode (?-apr. 1274)
Guglielma de Bohême, ou Wilhelmine de Bohême (v. 1210-1281)
Agnès de Prague, ou de Bohême (1205-1282)
Mechtilde de Magdebourg (v. 1207/1210-1282)
Gertrude de Hackeborn (1220-1291)
Benvenuta Boiani (1255-1292)
Marguerite de Cortone (v. 1247-1297)
Mechtilde de Hackeborn (1241/1242-1299)
Gertrude d'Helfta, ou Gertrude la Grande (1256-1302)
Jeanne d'Orvieto (1264-1306)
Claire de Montefalco (1268-1308)
Béatrice d'Ornacieux (1260-1303/1309)
Angèle de Foligno (1248-1309)
Lukardis d'Oberweimar (v. 1262-1309)
Marguerite d'Oingt (?-1310)
Marguerite Porete (v. 1250-1310)
Christine de Stommeln, ou de Cologne (1242-1312)
Agnès Blannbekin (?-1315)
Agnès de Montepulciano (1268/1270-1317)
Prous Boneta (Na) (v. 1295-1328)
Claire de Rimini (v. 1260-v. 1324/1329)
Bloemardinne (1260/1280-1335)
Élisabeth de Portugal, ou Isabelle d'Aragon (v. 1271/1274 -1336)
Marguerite Ebner (v. 1291-1351)
Christine Ebner (1277-1356)
Micheline de Pesaro (v. 1300-1356)
Gertrude van Oosten, ou de Delft (1300-1358)
Delphine de Sabran, ou de Puimichel (1284-1360)
Elsbeth Stagel (v. 1300-v. 1360)
Brigitte de Suède (1302/1303-1373)
Langmann, Adélaïde (1312-1375)
Catherine de Sienne (1347-1380)
Catherine de Strasbourg (XIVe s.)
Catherine de Suède (1322-1381)
Dorothée de Montau (1347-1394)
Marie Robine (?-1399)
Jeanne-Marie de Maillé (1331-1414)
Julienne de Norwich (v. 1342-apr. 1416)
Élisabeth de Reute (1386-1420)
Maria Mancini (v. 1355-v. 1431)
Jeanne d'Arc (1412-1431)
Lydwine de Schiedam (1380-1433)
Kempe, Margery (v. 1373-apr. 1438)
Françoise Romaine (1384-1440)
Colette de Corbie (1381-1447)
Rita di Cascia (1381-1447)
Constance de Rabastens (XIVe s.-XVe s.)
Catherine de Bologne (1413-1463)
Teresa de Cartagena (v. 1425-?)
Eustochia Calafato (1434-1485)
Baile, Jeanne (1438-1486)
Isabelle de Villena (1430-1490)
Véronique de Binasco (1445-1497)
Colombe de Rieti (1467-1501)
Osanna de Mantoue (1449-1505)
Jeanne de France (1464-1505)
Catherine de Gênes (1447-1510)
Suster Bertken (1426/1427-1514)
Catherine de Racconigi (1486-1517)
Hélène de Bologne (1472-1520)
Camilla Battista da Varano (1458-1524)
María de Santo Domingo (v. 1485-v. 1524)

Isabelle de la Croix (fin XVe s.-apr. 1529)
Stéphanie Quinzani de Soncino (1457-1530)
Pirckheimer, Caritas (1467-1532)
Hernandez, Francisca (fin XVe s.-apr. 1532)
Fieschi, Tommasina (v. 1448-1534)
***Perle évangélique* (*La*)** (XVIe s.)
Angèle Merici (1474-1540)
Marie d'Oisterwijk (?-1547)
Dominique de Paradis (1473-1553)
Thérèse d'Avila (1515-1582)
Catherine de Ricci (1522-1589)
Marie-Madeleine de Pazzi (1566-1607)
Jeanne de Lestonnac (1556-1610)
Claesinne van Nieuwlant (v. 1540-1611)
Rose de Lima (1586-1617)
Ursule Benincasa (1547-1618)
Acarie, Mme (1566-1618)
Anne de Jésus (1545-1621)
Xainctonge, Anne de (1567-1621)
Alix Le Clerc (1576-1622)
Catherine de Jésus (1589-1623)
Bellinzaga, Isabelle (1551/1552-1624)
Anne de Saint-Barthélemy (1549-1626)
Arbouze, Marguerite d' (1580-1626)
Oraison (de Laigue), Marthe d' (1590-1627)
Langenberg, Sophie Agnès de (v. 1597-1627)
Bermond, Françoise de (1572-1628)
Baron, Marie (?-1632)
Marina de Escobar (1554-1633)
Agnès de Jésus (1602-1634)
Barbe de Compiègne (?-1636)
Absolu, Jeanne (1557-1637)
Madeleine de Saint-Joseph (1578-1637)
Cambry, Jeanne de (1581-1639)
Jeanne de Chantal (1572-1641)
Madeleine de Saint-François (v. 1579-1642)
Marguerite de Saint-Xavier (1603-1647)
Marie de Valence (1576-1648)
Marguerite du Saint-Sacrement (Marguerite Parigot) (1619-1648)
Ranfaing, Élisabeth de (1592-1649)
Brossier, Marthe (1573-?)
Boinet, Madeleine (?-1650)
Ranquet, Catherine (1602-1651)
Marie de Jésus (de Bréauté) (1579-1652)
Picard, Marie-Amice (1599-1652)
Moine, Claudine (1618-apr. 1655)
Marie des Vallées (1590-1656)
Ponsonas, Louise de (1602-1657)
Neuvillette, Madeleine de (1610-1657)
Madeleine de Flers (?-1660)
Marguerite du Saint-Sacrement (Marguerite Acarie) (1590-1660)
Louise de Marillac (1591-1660)
Françoise des Séraphins (1604-1660)
Deléloë, Jeanne (1604-1660)
Arnauld, Angélique (1591-1661)
Clément, Anne-Marguerite (1593-1661)
Pascal, Jacqueline (1625-1661)
Romanet, Marguerite (1612-1663)
Maria Angela Astorch (1592-1665)
Marie de Jésus d'Agreda (1602-1665)
Dauvaine, Marie (1602-1665)
Jeanne des Anges (1605-1665)
Daniélou, Catherine (1619-1667)
Ballon, Louise de (1591-1668)
Catherine de Saint-Augustin (1632-1668)
Jeanne Chézard de Matel (1596-1670)
Arnauld, Agnès (1593-1671)
Tavernier, Nicole (XVIe-XVIIe s.)
Antoinette d'Avignon (XVIe-XVIIe s.)
Nicolas Armelle (1606-1671)

Françoise de la Mère de Dieu (1615-1671)
Marie de l'Incarnation (Marie Guyart) (1599-1672)
Agnès d'Aguillenqui (1602-1672)
Jeanne-Marie de la Croix (1603-1673)
Granger, Geneviève (1600-1674)
Fournier, Françoise (1592-1675)
Jeanne de Jésus (1596-1675)
Perraud, Jeanne (1631-1676)
Le Sergent, Charlotte (1604-1677)
Élisabeth de l'Enfant-Jésus (1613-1677)
Houx, Jeanne du (1616-1677)
Marie de Sainte-Thérèse (1623-1677)
Antoinette de Jésus (1612-1678)
Dorizy (de Verzet), Marie (1639-1679)
Bourignon, Antoinette (1616-1680)
Bon, Marie (1636-1680)
Hélyot, Marie (1644-1682)
Angélique de Saint-Jean Arnauld d'Andilly (1624-1684)
Catherine de l'Incarnation (1602-1689 ?)
Marguerite-Marie Alacoque (1647-1690)
Agnès de Jésus-Maria (de Bellefonds) (1611-1691)
Lévesque, Catherine (1616/1617-1693)
Louise du Néant (1639-1694)
Juana Inés de la Cruz (1648/1651-1695)
Mechtilde du Saint-Sacrement (1614-1698)
Érard, Marie-Thérèse (1652-1699)
Jeanne de la Nativité (XVIIe s.)
Montmorency, Jeanne-Marguerite de (1645-1700 ?)
Morata, Ursula Micaela (1628-1703)
Kimpa Vita, Beatriz (Dona) (1684-1706)
Pauper, Marcelline (1663-1708)
Le Ber, Jeanne (1662-1714)
Guyon, Mme (1648-1717)
Marie des Anges (1661-1717)
Rancurel, Benoîte (1647-1718)
Lindmayr, Maria Anna (1657-1726)
Véronique Giuliani (1660-1727)
Anne-Madeleine Rémuzat (1696-1730)
Maria Perpétua da Luz (1684-1736)
Marie-Madeleine Martinengo (1687-1737)
Crescence de Kaufbeuren (1682-1744)
Fornari, Claire-Isabelle (1697-1744)
Marie Céleste Crostarosa (1686-1755)
Baij, Maria Cecilia (1694-1766)
Maria Diomira du Verbe Incarné (1708-1768)
Thérèse-Marguerite du Cœur de Jésus (1747-1770)
Combes de Morelles, Perrette-Marie de (1728-1771)
Weigl, Maria Columba (1713-1783)
Schonath, Columba (1730-1787)
Louise de France (1737-1787)
Marie-Françoise des Cinq Plaies (1715-1791)
Théot, Catherine (1716-1794)
Hindiyyé d'Alep (1720-1798)
Marie de la Nativité (1731-1798)
Agnesi, Maria Gaetana (1718-1799)
Abandon à la providence divine (L') (XVIIIe s.)
Labrousse, Suzette (1747-1821)
Elizabeth Ann Seton (1774-1821)
Bathilde d'Orléans (1750-1822)
Bourbon-Condé, Louise-Adelaïde de (1757-1824)
Anne-Catherine Emmerich (1774-1824)
Jeanne-Antide Thouret (1765-1826)
Anne-Marie Taïgi (1769-1837)

Harpain, Marie-Eustelle (1814-1842)
Marie-Madeleine Postel (1756-1846)
Lataste, Marie (1822-1847)
Deprez, Marie-Stanislas (1818-1849)
Anne-Marie Javouhey (1779-1851)
Émile de Rodat (1787-1852)
Rosalie (sœur) (1786-1856)
Émilie de Vialar (1797-1856)
Swetchine, Sophie Mme (1782-1857)
Théodelinde Dubouché (1809-1863)
Madeleine-Sophie Barat (1779-1865)
Marie-Victime de Jésus-Crucifié (1793-1865)
Eppinger, Élisabeth (1814-1867)
Mörl, Maria von (1812-1868)
Marie-Aimée de Jésus (1839-1874)
Catherine Labouré (1806-1876)
Miollis, Thérèse (1806-1877)
Barthel, Françoise (1822-1878)
Marie de Jésus Crucifié (Mariam Baouardy) (1846-1878)
Jeanne Jugan (1792-1879)
Marguerite Bays (1815-1879)
Bernadette Soubirous (1844-1879)
Courtier, Victoire (1807/11 ?-1883)
Marie-Véronique du Cœur de Jésus (1825-1883)
Lateau, Louise (1850-1883)
Doëns, Marie (1841-1884)
Marie de Jésus (1841-1884)
Thérèse Couderc (1805-1885)
Marie-Thérèse de Soubiran (1834-1889)
Farré, Thérèse-Dominique (1830-1894)
Anne de Saint-François de Sales (1832-1895)
Marie-Dominique-Claire de la Sainte-Croix (1832-1895)
Doussot, Noémie (1832-1896)
Thérèse de Lisieux (1873-1897)
Marie-Céline de la Présentation (1878-1897)
Marie-Eugénie de Jésus (1817-1898)
Tamisier, Rose (1816-1899)
Marchat, Mathilde (1839-1899)
Marie du Divin Cœur (1863-1899)
Gemma Galgani (1878-1903)
Bergadieu, Marie, *dite* « Berguille » (1830-1904)
Calvat, Mélanie (1831-1904).
Marie de la Passion (1839-1904)
Odiot de la Paillonne, Marie (1840-1905)
Durnerin, Thérèse (1848-1905)
Marie-Colette du Sacré-Cœur (1857-1905)
Élisabeth de la Trinité (1880-1906)
Lucie Christine (1844-1908)
Bruyère, Jenny (1845-1909)
Félix-Faure-Goyau, Lucie (1866-1913)
Leseur, Élisabeth (1866-1914)
Filljung, Catherine (1848-1915)
Claret de la Touche, Louise-Marguerite (1868-1915)
Ferrero, Benigna Consolata (1885-1916)
Lair Lamotte, Pauline (1853-1918)
Geuser, Marie-Antoinette de (1889-1918)
Fenouil, Céleste (1849-1919)
Maie-Angélique de Jésus (1893-1919)
Jacinta Marto (1910-1920)
Rèmes, Héloïse (1874-1921)
Rose du Cœur de Jésus (1857-1922)
Courage, Michelle-Catherine (1891-1922)
Menéndez, Josefa (1890-1923)
Royer, Édith (1841-1924)
Marie-Xavier puis **Marie du Cœur de Jésus** (1843-1926)
Vergne, Jeanne (1853-1927)
Madre María (1854-1928)
Lavallière, Ève (1866-1929)
Dina Bélanger (1897-1929)

Noblet, Marie-Thérèse (1889-1930)
Agnès (sœur) (?-1931)
Starrabba di Rudini, Alexandra (1876-1931)
Dupouey, Mireille (1890-1932)
Marie Séraphin du Saint Sacrement (1853-1934)
Billoquet, Laurentine (1862-1936)
Ferron, Marie-Rose (1902-1936)
Concepción Cabrera de Armida (1862-1937)
Marie Faustine (1905-1938)
Hallé, Yvonne (1907-1938)
Jahenny, Marie-Julie (1850-1941)
Délia Tétreault (1865-1941)
Édith Stein (1891-1942)
Marie de la Trinité (1901-1942)
Millet, Marie-Angélique (1879-1944)
Lucia Mangano (1896-1946)
Wise, Rhoda (1888-1948)
Cousin, Eugénie (1868-1949)
Bossis, Gabrielle (1874-1950)
Agnès du Cœur de Jésus (1879-1951)
Yvonne-Aimée de Jésus, ou de Malestroit (1901-1951)
Alexandrina de Balasar (1904-1955)
Oumançoff, Véra (1886-1959)
Maritain, Raïssa (1883-1960)
Valtorta, Maria (1897-1961)
Neumann, Thérèse (1898-1962)
Delbrêl, Madeleine (1904-1964)
Graf-Suter, Maria (1906-1964)
Sevray, Marie (1872-1966)
Speyr, Adrienne von (1902-1967)
Danzé, Marie (1906-1968)
Camille C. (1900-1971)
Ferchaud, Claire (1896-1972)
Filiola (1888-1976)
Musco, Teresa (1943-1976)
Kahil, Mary (1889-1979)
Schmitz-Rouly, Jeanne (1891-1979)
Robin, Marthe (1902-1981)
Chopin, Symphorose (1924-1983)
Hueck Doherty, Catherine de (1896-1985)
Oreglia d'Isola, Aurelia (1926-1993)
Julienne du Rosaire (1911-1995)
Teresa de Calcutta (mère) (1910-1997)
Mazzei, Fioretta (1923-1998)
R., Mme (Rolande) (1911-2000)
Faniel, Georgette (1915-2002)
Lúcia de Jesus dos Santos (1907-2005)
Lubich, Chiara (1920-2008)

CHRISTIANISME, PROTESTANTISME

Schurman, Anne-Marie de (1607-1678)
Leade, Jane (1624-1704)
Vincent, Isabeau (v. 1672-?)
Huber, Marie (1695-1753)
Edwards, Sarah (1710-1758)
Durand, Marie (1711-1776)
Ann Lee (1736-1784)
Ramsey, Martha (1759-1811)
Krüdener, Barbara Juliane de (1764-1824)
Farrow, Lucy (1851-1911)
Woodworth-Etter, Maria Beulah (1844-1924)
Monastier, Hélène (1882-1976)

CHRISTIANISME, ORTHODOXIE

Isidora (début IVe s.-365)
Macrine « la jeune » (v. 327-v. 379)
Olympias ou « Olympiade » (v. 368-v. 410)
Mélanie « la jeune » (383-439)
Cassienne, *dite* « Cassienne la Mélode » (800/810-843/867)
Xénia de Pétersbourg (v. 1730-1803)

Pélagie (1809-1884)
Florensky, Olga (1891-1914)
Marie Skobtsov (mère) (1891-1945)
Kahil, Mary (1889-1979)
Gabrielle (mère) (1897-1992)
Behr-Sigel, Élisabeth (1907-2005)
Goubaïdoulina, Sofia (1931)
Goritchéva, Tatiana (1947)

JUDAÏSME, KABBALE, HASSIDISME

Fille de Joseph (de Bagdad) (début du XIIe s.)
Épouse de Rabbi Hayyim de Sicile (XIIe s.)
Aberlin, Rachel Mishan (de Safed) (XVIe s.)
Francesca Sarah (de Safed) (XVIe s.)
Rivkah Sarah Merele (de Bingen) (XVIIe s.)
Sarah, ou Soreh (v. 1710-v. 1780)
Edel, ou Odel, ou Adel (v. 1720-v. 1787)
Spravedliver, Yenta (v. 1750-?)
Feiga, ou Feige (v. 1755-1801)
Schneersohn, ou Scheersohn, Freida (v. 1760-?)
Sonnenberg-Bergson, Temerel (1758 ?-1830)
Rokeah, Eidele (v. 1810-?)
Shapira, Perele (?-1839)
Werbermacher, Hannah Rachel (v. 1805/1815-v. 1892).
Rokeah, Malka (XIXe s.)
Twersky, Hanna Hava (XIXe s.)
Triskerin, Malka (XIXe s.)
Merish (XIXe s.)
Rachel (XIXe s.)
Rivkah (XIXe s.)
Brokha, ou Brakha, Hannah (XIXe s.)
Sternberg, Sarah, ou Sarale (1836-1937)
Shapira, ou Shapiro, Malka (1894-1971)

ISLAM, SOUFISME

Rayhâna al-Majnûna (VIIIe s.)
Sha'wana (VIIIe s.).
Râbi'a al-'Adawiyya (v. 714-801)
Nafîsa bint al-Hasan (762-823)
Fâtima de Nichapour (?-838)
Râbi'a bint Ismâ'îl al-Shâmiyya (?-842/843)
Umm Hârûn al-Dimashqiyya (IXe s.)
Umm 'Alî (IXe s.)
Umm al-Fadl al-Wahtiyya (av. 982)
Râbi'a Balkhî (Xe s.).
Fâtima bint Abî 'Alî al-Daqqâq (1000/1001 ?-1088)
Fâtima bint Ibn al-Muthanna de Cordoue (?-XIIe s.)
Umm Muhammad al-Urbusiyya (?-apr. 1224)
Umm Yahyâ Maryam (?-apr. 1224)
'Âisha al-Mannûbiyya (v. 1198/1199-1267)
Umm Salâma Zaynab (?-1272)
Sitt'Ajam bint al-Nafis de Baghdad (?-1287)
Fâtima bint 'Abbâs al-Baghdâdiyya (?-1315)
Bîbî Kamâlo (XVe s.)
Jahanara (1614-1681)
Imam Begum (fin XVIIIe/début XIXe s.-fin XIXe/début XXe s.)
Tâhéré Qorrat ol-'eyn (v. 1817-1852)
Eberhardt, Isabelle (1877-1904)
Ne'mati, Malek Jân (1906-1993)
Tweedie, Irina (1907-1999)

HINDOUISME

Kâraikkâl Ammaiyâr (VIe s. ?)
Andâl (IXe s.)
Akhâ Mahâdevî (XIIe s.)
Lallâ (1320 ?-1392 ?)
Mîrâ Bâî (v. 1498-v. 1547)
Gopâler Mâ (v. 1836-1906)
Sâradâ Devî (v. 1853-1920)
Alfassa, Mirra (1878-1973)
Ânandamayî Mâ (1896-1982)
Nanibâlâ (?-1993)
Shobhâ Mâ (1921-2005)
Bäumer, Bettina Sharada (1940)
Amritanandamayi, *dite* **Amma** (1953)
Matina Shakya (2005 ?)

BOUDDHISME

Mahâprajâpati Gautamî (v. 566 av. J.-C.-Ve siècle av. J.-C.)
Yashodharâ (v. 566 av J.-C.-V^{e} ou VIe s. av. J.-C.)
Nizi (?-501)
Liu Tiemo (IXe s.)
Yeshe Tsogyal (757/777-817/837)
Guélongma Palmo (IIe, VIIIe ou X^{e}-XIe s.)
Nigouma (X^{e}/XIe s.)
Soukhasiddhi (X^{e}/XIe s.)
Machik Labdrön (1055-1145)
Miaodao (XIIe s.)
Eshin-ni (1182-1268 ?)
Zhiyuan Xinggang (1597-1654)
Baochi Xuanzong (1610-1661/1670)
Zukui Xuanfu (XVIIe s.)
Jizong Xingche (1764-1804)
Naganuma, Myôkô (1889-1957)
David-Néel, Alexandra (1868-1969)
Kotani, Kimi (1901-1971)
Kennett, Jiyu (1924-1996)
Khandro Tsering Chödrön (1929-2011)
Packer, Toni (1927)
Chân Không (1938)
Khandro Tsering Paldrön (1967)

SHINTOÏSME
(d'aspiration bouddhiste)

Senshi (964-1035)

TAOÏSME

Wei Huacun (252-334)
Bian Dongxuan (628-711)
Wang Fajin (?-v. 752)
Yuzhen Gongzhu (?-762)
Wang Fengxian (v. 835-v. 885)
Cao Daochong (1039-1115)
Sun Bu'er (1119-1182)
Wang Xiaqi (?-1711)
Miu Miaozhen (?-1816)

RELIGIONS SYNCRÉTIQUES
(à forte dominante shintô)

Nakayama, Miki (1798-1887)
Deguchi, Nao (1837-1918)
Kitamura, Sayo (1900-1967)

CHAMANISME

Garcia, Maria Sabina Magdalena (1894-1985)
Abelar, Taisha (?-1998)
Bujan (1964)
Soumia (XXIe s.)

OCCULTISME, THÉOSOPHIE ET SPIRITISME

Kingsford, Anna (1846-1888)
Blavatsky, Helena (1831-1891)
Caithness, lady (1830-1895)
Besant, Annie (1847-1933)
Naglowska, Maria de (1883-1936)
Bailey, Alice Ann (1880-1949)
Païni, Lotus de (1862-1953)
Roerich, Helena (1879-1955)

SPIRITUALITÉ MODERNE ET CONTEMPORAINE
(sensibilités religieuses diverses)

Günderode, Caroline von (1780-1806)
Dickinson, Emily (1830-1886)
Duncan, Isadora (1877-1927)
Pozzi, Catherine (1882-1934)
Underhill, Evelyn (1875-1941)
Woolf, Virginia (1882-1941)
Zvétaieva, Marina Ivanovna (1892-1941)
Séraphine de Senlis (1864-1942)
Weil, Simone (1909-1943)
Hillesum, Esther (Etty) (1914-1943)
Klint, Hilma af (1862-1944)
Hippius, Zinaïda (1869-1945)
Kahlo, Frida (1907-1954)
Marie Noël (1883-1963)
Akhmatova, Anna (1889-1966)
Campo, Cristina (1923-1977)
Choisy, Maryse (1903-1979)
Roberts, Jane (1929-1984)
O'Keeffe, Georgia (1887-1986)
Vieira da Silva, Maria-Helena (1908-1990)
Pane, Gina (1939-1990)
Mallasz, Gitta (1907-1992)
Silburn, Lilian (1908-1993)
Raine, Kathleen (1908-2003)
Oustvolskaïa, Galina (1919-2006)
Singer, Christiane (1943-2007)
Guesné, Jeanne (1909/1910-2010)
Schwarz, Elena (1948-2010)
Roberts, Bernadette (1931)
Nègre, Mireille (1943)
Pinkola Estés, Clarissa (1945)
Dattas, Lydie (1949)
Golovine, Catherine (1950)
Starhawk (1951)

DICTIONNAIRE

Abandon à la providence divine, L' **(XVIIIe s.)**. — Traité religieux anonyme. On a longtemps attribué cet opuscule, un des best-sellers de la littérature spirituelle, au jésuite Jean-Pierre de Caussade, assurément un des auteurs majeurs de la pensée mystique, en des temps où celle-ci avait été exilée de l'espace ecclésial par le bref du pape Innocent XII, *Cum alias* du 12 mars 1699, qui condamnait la synthèse que Fénelon en avait tentée en 1697 dans l'*Explication des maximes des saints*. En fait, derrière cette attribution prestigieuse, mais erronée, se cache un auteur anonyme, sans doute une femme qui fréquentait le cercle spirituel qui gravitait autour de la Visitation de Nancy, où, justement, Caussade avait été directeur spirituel de 1730 à 1740. Cet ouvrage, d'une haute densité et d'une écriture exquise, nous offre une théologie de l'Histoire et détaille la manière mystique de recevoir et de vivre l'*événement*. Autant la théologie dogmatique se meut avec aisance dans le champ de la nécessité logique (où règne la déduction) ou de la convenance (de la congruence), autant la théologie et la pratique spirituelles veillent à penser et à œuvrer dans le contingent, c'est-à-dire ce qui aurait pu ne pas avoir lieu (puisque n'étant en rien obligé par quelque nécessité que ce soit), mais qui cependant a bien eu lieu. À la source de cet univers mystique, le postulat de l'acte de foi : que ce qui arrive et survient est l'expression de l'*ordre* de Dieu – ordre, non pas au sens impératif, mais organisationnel. L'ordre de Dieu, c'est son dessein bienveillant, dont toutefois les manifestations – les *volontés* – sont ou bien cachées ou bien insolites et déconcertantes ; ce qui réclame donc l'herméneutique d'un discernement.

Ce propos divin ne regarde pas seulement l'agencement du cosmos (comme le pose la métaphysique la plus traditionnelle), mais aussi le déroulement du temps. Ainsi se détermine la manière « simple » et « facile » de réaliser l'accomplissement de son existence, en remplissant ses devoirs d'état et ses devoirs de chrétien – ce sont les volontés divines explicites – et en se coulant dans l'inattendu de l'événement – là où se cachent ses volontés implicites. Sans doute l'ordre social a-t-il quelque rapport avec l'ordre divin, sans s'y identifier toutefois, car la créature est comme immergée dans l'Acte divin qui la crée, la protège et l'entoure. Cette cosmologie mystique est inspirée de l'univers de Denys l'Aréopagite (en dépit du lourd discrédit que lui a fait subir la critique historique au XVIIe siècle), mais elle se réfère plus encore à la pensée de saint François de Sales qui distingue dans les chapitres VIII et IX du *Traité de l'amour de Dieu* (1616), la « volonté signifiée » (laquelle est claire et explicite) et la « volonté absolue et de bon plaisir » (plus énigmatique, qui se présente dans l'événement et réclame la mise en jeu de la liberté spirituelle, entendons par là la capacité de se mettre à distance de la turbulente agitation des passions). Cette volonté inconnue, qu'il s'agit en pratique de déchiffrer, n'ouvre pas pour autant à une élucidation d'un sens de l'Histoire (comme le XIXe siècle s'y essaiera dans ses grandes fresques idéologiques). Le sens des événements demeure obscur, comme le rappellent deux métaphores : celle de la tapisserie, où, dans l'instant du travail, ne se voient que le point et l'aiguille de l'artisan, en attendant que l'ouvrage terminé soit retourné pour que soit (eschatologiquement) révélée la beauté de ce qui a été présentement réalisé ; ou bien, plus étonnante, celle du papier plus noir que l'encre, que Dieu utilise pour y inscrire son « écriture vivante ».

Deux livres expriment donc la volonté divine : l'Écriture biblique et l'Histoire, lesquelles requièrent d'être lues et interprétées. Chaque événement étant porteur de signification, l'enchaînement des événements (aussi bien dans un *curriculum* personnel que dans la geste de l'humanité tout entière) constitue une énonciation du Verbe divin : non que le discours de Dieu soit tout rédigé d'avance pour se réaliser ensuite, mais parce qu'il s'écrit et s'élabore au fur et à mesure que, progressivement, il s'énonce. Ce qui donne toute sa noblesse à l'instant présent en sa contingence, puisque s'y épelle et « invente » le Verbe divin, loin de ces lois qui en agenceraient l'impératif implacable et que déduirait l'esprit intelligent. Ce qui est ici requis, c'est l'engagement fervent de la volonté généreuse.

L'interprétation de ces deux livres n'a donc rien de spéculatif, d'autant plus qu'il n'y a pas de solution de continuité de l'un à l'autre, puisque c'est la même vie du Christ (dont l'écrit biblique nous donne le récit de la manifestation) qui se prolonge, diffuse et infuse dans la vie spirituelle : l'auteur distingue ainsi les « âmes dévotes » qui conduisent leur vie selon les pratiques et les progrès de la vertu, et les « âmes saintes » ou « intérieures » qui s'abandonnent à Dieu (on retrouve la dialectique chère à Fénelon et à Mme Guyon*, de la *confiance* et de l'*abandon*). Pour ces dernières, simple et droite sera la stratégie mystique qui en résulte : « Laisser faire Dieu et faire ce qu'il exige de nous, voilà l'Évangile, voilà l'écriture et la loi commune. » Toutefois, une telle simplicité se brouille quand la suite des événements semble contredire l'ordre (explicite) de Dieu lui-même, l'on avance alors dans la nuit. L'auteur retrouve ici les accents de Jean de la Croix, chantre de la nuit mystique : « Les ténèbres tiennent ici la place de la lumière ; la connaissance est une ignorance et on voit en ne voyant pas. L'Écriture sainte est une parole obscure d'un Dieu encore plus obscur ; les événements du siècle sont des paroles obscures de ce même Dieu si caché et inconnu. Ce sont des gouttes de la nuit, mais d'une mer de nuit et de ténèbres. » D'une telle obscurité, il ne faut point estomper la tension dramatique – nombre de mystiques l'ont éprouvée dans leurs difficiles rapports avec les institutions chargées d'expliciter la volonté divine –, en s'en remettant à une résolution eschatologique (comme le suggérerait l'image de la tapisserie). Cependant, comment avancer dans cette nuit, où seule la foi peut en donner le courage, sinon en suivant les inclinations et attraits qui traduisent alors ce que Dieu attend de nous ? Mieux que jamais, l'acte de Dieu, qui est d'écrire l'Histoire, coïncide alors avec notre propre agir, guidé par l'inspiration éprouvée, si du moins la précipitation de l'empressement ou la peur de l'inquiétude n'y mettent pas obstacle. S'ajuster au *Fiat* marial (Lc I, 18 : « Qu'il me soit fait selon ta parole », répond Marie à l'annonciation de l'ange lui demandant d'être la mère du Messie) proscrit l'inquiétude, ce surgeon de « l'amour-propre », autrement dit, du narcissisme, et veille à chercher « la sainteté *dans* les choses », plus que « la sainteté *des* choses », suivant en cela l'exemple de Jésus, Marie et Joseph, dans la vie « particulière » desquels « il y a eu plus de grandeur de forme que de matière ».

François Marxer

Bibl. : *L'Abandon à la providence divine, Autrefois attribué à Jean-Pierre de Caussade*, nouv. éd. D. Salin, Paris, Desclée de Brouwer, 2005.

ABELAR, Taisha, *néochamane* (Maryann Simko ; ?-1998). — D'origine américaine, Maryann Simko fait la connaissance, à l'adolescence, de Clara Grau dans le désert de l'Arizona, une sorcière mexicaine qui l'initie pendant plusieurs mois à différents exercices, dont la « récapitulation » de son histoire personnelle. Puis elle rencontre don Juan Matus et quelques-uns de ses élèves qui lui enseignent d'autres techniques de sorcellerie toltèque : la connaissance et le pouvoir qui lui permettront d'atteindre d'autres plans de perception. C'est ainsi qu'elle croise Carlos Castaneda à dix-neuf ans, étudiant en anthropologie, qui rendit célèbre l'enseignement du sorcier yaqui à travers ses écrits. Aux côtés de Florinda Donner-Grau (Regine Margarita Thal) et Carol Tiggs (Kathleen Adair Pohlman), elle passe un an à Mexico auprès de son nouveau maître. Là, elle prend comme ses compagnes un nouveau nom, Taisha Abelar, symbole de sa nouvelle identité. Dans les années 1990, elle participe à des stages de « tenségrité » (série de techniques ancestrales destinées à libérer l'individu du masque de la socialisation et l'aider à atteindre la non-réalité) pour Cleargreen Incorporated, créée en 1995 par Carlos Castaneda et d'autres élèves de don Juan, afin de diffuser les méthodes et l'enseignement de la tradition toltèque. Elle quitte Los Angeles et disparaît peu de temps après la disparition, non expliquée à ce jour, de Carlos Castaneda en 1998 (parti pour un voyage définitif dans « l'attention seconde » ?).

Elle est l'auteur de *Passage des sorciers : Voyage initiatique d'une femme vers l'autre réalité* (*The Sorcerer's Crossing : A Woman's Journey*, 1992), un récit autobiographique qui conte son apprentissage de sorcière auprès de Clara Grau, jusqu'à son point culminant, le « passage des sorciers » ou le « vol abstrait » (technique permettant le passage du monde ordinaire à une autre réalité). Elle y relate entre autres la « récapitulation » (qui dissout l'histoire personnelle et le moi ordinaire, pour permettre de construire la personnalité du sorcier ou de l'homme de connaissance), le déplacement du « point d'assemblage » (à partir duquel chaque individu crée sa réalité) et l'expérience de la réalité non ordinaire ou sa perception immédiate. « Comme je te l'ai déjà expliqué, le dualisme corps-esprit est une fausse dichotomie. La vraie division a lieu entre le corps physique, qui loge l'esprit, et le corps éthérique, ou le double, qui loge notre énergie. Le vol abstrait se produit quand nous amenons notre double à influencer notre vie quotidienne. En d'autres termes, au moment où notre corps physique devient totalement conscient de sa contrepartie énergétique, nous avons franchi le pas dans l'abstrait, un monde de conscience totalement différent » (*Le Passage des sorciers*, p. 88). Outre les processus expérientiels, elle évoque les perspectives des sorciers concernant l'ordre social, le féminisme et la liberté de la femme vis-à-vis de l'homme – le célibat et la sobriété étant à la base de la voie du guerrier prôné par don Juan Matus.

Comme ses compagnes Florinda Donner-Grau et Carol Tiggs, Taisha Abelar fait partie des dernières sorcières connues à ce jour, héritières de la tradition toltèque. Elle participe du mythe de Carlos Castaneda, le « dernier Nagual », décrié et suspecté de supercherie par les adversaires du néochamanisme.

Audrey Fella

Bibl. : *Œuvre* : *Le Passage des sorciers : Voyage initiatique d'une femme vers l'autre réalité*, trad. Sylvie Carteron, Paris, Seuil, 1998.

ABERLIN, Rachel Mishan (de Safed), *visionnaire et prophétesse kabbaliste* (Israël, XVIe s.). — Née dans une famille de mystiques, Rachel était la sœur de R. Yehudah Mishan, disciple d'Isaac Luria. Elle épousa Yehudah Aberlin de Salonique qui était venu s'installer à Safed. Il était à la tête de la communauté ashkénaze de cette ville, et de ce fait, proche des rabbins et de leurs cercles mystiques. Lorsqu'il mourut, en 1582, Rachel, bénéficiant d'un certain prestige, établit son propre tribunal en 1590, soit à Safed soit à Jérusalem. À la mort d'Isaac Luria, pour lequel elle avait une grande admiration, elle se tourna vers l'un de ses plus proches disciples, Hayyim Vital. Celui-ci avait une profonde considération pour Rachel, dont il a rapporté les visions (du prophète Élie, en particulier) et les paroles prophétiques dans ses écrits *Sefer ha-hezyonot* (« Livre des visions », 1594).

Mireille Loubet

• *Voir aussi* : Francesca Sarah (de Safed)

Bibl. : *Vie et étude* : E. TAITZ, S. HENRY, C. TALLAN, *The JPS Guide to Jewish Women : 600 B.C.E.-1900 C.E.*, Philadelphie

(PA), The Jewish Publication Society, 2003, p. 170.

ABSOLU, Jeanne, ***dite*** **de Saint-Sauveur**, *fontevriste* (Dreux, 1557-Hautes-Bruyères, Saint-Rémy-l'Honoré, 1637). Issue d'une famille aristocratique du comté de Dreux, baptisée le 26 mars 1557, Jeanne sera tôt mariée (vers 1574-1575 sans doute) à un avocat général au parlement, Antoine Hotman, par ailleurs esprit de grande érudition. Catholique fervent, ce juriste réputé, devenu avocat du roi, se trouva mêlé aux troubles politiques que suscita l'accession au trône du protestant Henri de Bourbon, le futur Henri IV, et défendit les principes de la loi salique contre les prétentions de l'Espagne – puissance catholique s'il en était ! – à s'ingérer dans la dynastie française. Mais il meurt prématurément, le 30 janvier 1596, d'une affection pulmonaire. Ainsi Jeanne se retrouve-t-elle veuve, ayant à charge l'éducation de ses cinq enfants. Elle attendra vingt ans pour que prenne consistance son désir de vie religieuse : par privilège exceptionnel (car refus était alors opposé aux veuves qui désiraient cette vie conventuelle), elle entre chez les Capucines, mais pour peu de temps – on ne sait les raisons pour lesquelles elle aura quitté cet ordre de la famille franciscaine. Finalement, elle sera reçue dans l'ordre de Fontevrault, en l'abbaye de Hautes-Bruyères, que le célèbre capucin Joseph du Tremblay (la future « éminence grise », dévouée au cardinal de Richelieu), avait vigoureusement réformée dans les années 1606 et suivantes.

Cette grande amie de Mme Acarie* s'était tôt initiée à la pratique de la dévotion. Mais elle dut quitter rapidement les voies actives de la méditation discursive pour « demeurer seulement passive devant Dieu et laisser retourner ses dons en lui-même, sans se les approprier ». Un processus intérieur d'une exceptionnelle célérité, que son directeur d'alors tente de compenser par les œuvres et activités de bienfaisance sociale. Mais l'attrait pour cette passivité intérieure ne fait qu'augmenter irrésistiblement, favorisé par le dépouillement des « images des choses extérieures » ; elle-même se décrit comme un lieu vaste et vide, que les puissances de son âme ne pouvaient plus être occupées que de Dieu, et qu'elle ne pouvait plus agir. Cette « oraison passive de quiétude ou de silence » signifie la fin des processus de l'imagination ou du raisonnement : « en cet état, il ne faut qu'écouter et recevoir ». Ainsi son biographe s'en convainc-t-il en 1640. Mais à Hautes-Bruyères, elle est soupçonnée d'illuminisme, voire d'hérésie ; son cas sera soumis à l'expertise des docteurs de Sorbonne, qui approuveront sa démarche puisque, à l'évidence, c'est Dieu même qui l'attire en cet état qu'elle ne provoque pas d'elle-même par quelque artifice. L'inquiétude de l'entourage était quelque peu compréhensible, puisque ces phases mystiques se soldaient non seulement par une incapacité à décrire ce qui lui arrivait, mais encore par un effacement total de la mémoire et une impossibilité de retenir les conseils qu'elle avait pu recevoir. À cette amnésie, on porta remède par la présence d'une sœur qui servait d'aide-mémoire et prenait utilement des notes, dont la relecture stupéfiait Jeanne Absolu. Devenue progressivement aveugle, elle se fait lire des ouvrages, à la fois pour identifier ce qui lui arrive et pour progresser sur la voie de perfection où elle s'estimait toujours en insuffisance. Car sa rigueur ascétique la poussait quasiment au scrupule : ainsi « sa coutume était de prendre le plus souvent qu'elle pouvait de l'eau bénite ; particulièrement quand elle pensait avoir donné quelque liberté à quelqu'un de ses sens, elle les lavait d'eau bénite pour effacer cette tache [*sic*]. »

Cette « paralysée du discours », comme l'appelle aimablement Bremond, aura développé une mystique du silence, au gré d'un « directoire » qui lui fut donné « lorsqu'elle était encore dans le siècle », sans doute par Benoît de Canfield, qui fut, selon ses propres dires, son premier directeur. On y retrouve de fait l'inspiration et les vues de la *Règle de perfection* : « Vous serez avertie que ce silence contient en soi, continuellement et spécialement à l'entrée, un tacite consentement d'amour » à la Volonté de Dieu (qui est, pour Canfield, son Être même). Mystique du silence essentiel (qui prélude au détachement le plus radical : « Vous vous dépouillerez de toute pensée de Dieu même »), et aussi, mystique abstraite de l'Un, dont porte témoignage cette hymne écrite de sa propre main : « Tout vient de l'Unité / Renvoyez tout à l'Un. / N'ouvrez votre esprit et votre cœur que pour l'Unité. / Agir et pâtir pour l'Unique Charité, / Avec une intention sans multiplication, / Une vue sans diversité, / Une indifférence sans anxiété. / Dans la multitude des occupations, / Agir sans se troubler. / Faites comme s'il n'y avait que Dieu et vous. » On comprend alors que son inclination au repos aura été suspectée, avant l'heure, de quiétisme aggravé : « Tâchez de demeurer toujours tranquille au fond de votre âme avec votre amoureux Jésus. » Heureusement, le paramètre nuptial et christologique l'exonère de toute dérive condamnable, ce dont conviendra le jugement de Sorbonne ; elle pourra alors donner libre cours à cette mystique d'anéantissement amoureux : « C'est mon centre que de n'être rien, que [Dieu] en soit éternellement glorifié ! »

La nuit amnésique qui, en ses dernières années, plombe jusqu'à ses capacités de jugement et de discernement, ne laisse subsister en cet immense désert spirituel que l'image de Jésus crucifié (à laquelle elle restait fidèle depuis 1595). Si lui est refusé d'éprouver les douceurs de l'amour, si sa *sensibilité* est comme pétrifiée de sécheresse (« je n'ai non plus de sentiment qu'une pierre »), en revanche sa *volonté* de se donner à l'amour ne fléchira pas : c'est pourquoi « elle avait toujours une grande tranquillité au fond de l'âme », même si l'aridité de surface la remplissait d'amertume. On voit que le chemin où est conduite (ou que suit) Jeanne Absolu est celui de la foi pure et nue, que préconisait Jean de la Croix : ne disait-elle pas en effet que « si l'ordre de la nature était renversé, et si l'on cessait de prêcher l'Évangile, elle ne perdrait rien de sa tranquillité, qu'il lui suffisait que Dieu était et qu'il était son Dieu ».

François Marxer

• *Voir aussi* : Acarie

Bibl. : ***Vie et études*** : J. AUVRAY, *Modèle de la perfection religieuse en la vie de la Vénérable Mère Jeanne Absolu, dite de Saint-Sauveur, Religieuse de Hautes-Bruyères, de l'Ordre de Fontevrault*, Paris, Adrian

Taupinart,1640 ; 2e éd., Paris, Veuve Sébastien Huré & Sébastien Huré, 1655 ; J. AUGEREAU, *Jeanne Absolu, une mystique du Grand Siècle*, Paris, Cerf, 1960 ; H. BREMOND, *Histoire littéraire du sentiment religieux en France...* (rééd.), Grenoble, Jérôme Millon, 2006.

ACARIE, Mme, *bienheureuse, introductrice des carmélites déchaussées en France* (Marie de l'Incarnation en religion ; Barbe Avrillot ; Paris, 1er février 1566-Pontoise, 18 avril 1618). — Née dans une famille d'ancienne noblesse de robe, sa beauté la fait surnommer « la belle Acarie ». Elle est élevée par les Clarisses, à l'abbaye de Longchamp (1577-1580). Son enfance se déroule dans un climat d'intolérance religieuse et de violences. C'est l'époque des guerres de Religion, qui se prolongent, avec quelques trêves, pendant plus de trente ans (1562-1593). Le massacre de la Saint-Barthélemy a lieu dans la nuit du 23 août 1572. Marquée par son éducation religieuse, Barbe lit assidûment les Évangiles. Attirée par la vie religieuse, elle se confronte à ses parents qui s'y opposent ; sa mère fera preuve d'une grande sévérité envers elle, notamment pour l'empêcher de secourir des malades. En 1582, à seize ans et demi, elle épouse Pierre Acarie, maître à la chambre des comptes ; ils ont six enfants, trois filles et trois garçons. Pierre Acarie est un fervent adepte de la « Sainte Ligue », il est surnommé « le Laquais de la Ligue » par les adeptes d'Henri de Navarre (le futur Henri IV), calviniste. Vers 1588, pour la détourner de la lecture des romans, il lui apporte des livres pieux : elle y découvre cette phrase, qui retourne son cœur : « Trop est avare à qui Dieu ne suffit », en écho au « Dieu seul suffit » de Thérèse d'Avila*. Cette sentence décide de sa vocation. Dès 1588, elle est l'objet d'extases et de ravissements, dont le capucin Benoît de Canfield atteste l'authenticité. De grandes souffrances accompagnent ces phénomènes. De mai à septembre 1590, pendant le siège qu'Henri IV fait subir à Paris, occupé par les ligueurs, catholiques intransigeants, la famine et les épidémies font rage. Tant de misère accable Mme Acarie. « Elle exerçait la charité si fortement et assidûment », déclare sa fille Marie, témoin des événements, « qu'elle ne donnait repos ni à son corps ni à son esprit. » Sa charité est notoire dans tout Paris. Sur les deux cent mille habitants que compte alors la capitale, plus de dix mille meurent au cours de ce siège.

En 1593, pour se rallier les catholiques, Henri IV abjure la religion réformée. En 1592, l'année de la naissance du dernier enfant de Mme Acarie, Benoît de Canfield, ayant dû partir pour Orléans, confie sa dirigée à dom Richard Beaucousin, vicaire de la chartreuse de Vauvert à Paris, qui a le don de discernement des âmes. Il sera, pendant plusieurs années, le directeur de conscience de Barbe Acarie. Vers cette époque, extases, ravissements douloureux, grâces mystiques s'emparent inopinément du corps de celle-ci, sans qu'elle puisse les éviter. En 1593, elle est marquée par des stigmates qui demeurent invisibles. Pierre Acarie, en raison de ses prises de position religieuse, est exilé et dépouillé de ses biens. Il est banni temporairement de la capitale lorsque Henri IV s'empare de Paris en 1594. Son épouse est réduite à une grande misère, à laquelle s'ajoutent maladies et accidents. Elle obtient, en 1599, du roi Henri IV, la grâce de son mari.

Dans son hôtel, rue des Juifs, le « salon de Mme Acarie » devient un cercle dévot, fréquenté par de nombreuses personnalités dont son cousin, Pierre de Bérulle, le capucin Benoît de Canfield, André Duval, docteur en théologie, Michel de Marillac, conseiller au Parlement, Jacques Gallemant, curé d'Aumale, le père jésuite Pierre Coton, futur confesseur d'Henri IV et de Louis XIII, Vincent de Paul, le cardinal François de Sourdis, Pierre Séguier, futur garde des sceaux, François de Sales, le père Joseph du Tremblay, future éminence grise de Richelieu, le prêtre Jean de Quintanadoine de Brétigny. Dom Beaucousin, depuis la chartreuse de Vauvert, est leur guide spirituel. La spiritualité de ce cercle est surtout d'influence rhéno-flamande. L'édition française d'un ouvrage mystique, *La Perle évangélique** de la béguine Reynalda Van Eymeren, d'un couvent au nord des Pays-Bas, est lue avec enthousiasme dans le cercle de Mme Acarie. Ce salon – dont Pierre Acarie se plaint qu'il ressemble trop à un couvent – prend part au renouveau catholique de la Contre-Réforme. Mme Acarie participe également à la réforme de divers monastères. Sa bonté et ses lumières surnaturelles attirent beaucoup de personnes dans la détresse. L'hôtel Acarie est à la fois un lieu de spiritualité et d'hospitalité : enfants abandonnés, indigents, malades, prêtres sans ressources, femmes de mauvaise vie y sont accueillis. En 1601, elle se fait lire les œuvres de Thérèse d'Avila, dont elle a deux visions (1601, 1602) ; la réformatrice du Carmel en Espagne lui demande d'introduire le Carmel réformé en France. En 1602, elle fait la connaissance de François de Sales, avec qui elle se lie d'amitié.

L'opposition du roi et d'une grande partie de l'opinion, en raison de la guerre entre la France et l'Espagne, rend difficile la demande que lui a faite sainte Thérèse. Mme Acarie, dont la vocation singulière est ainsi illuminée, met cependant tout en œuvre pour mener à bien ce projet. Diverses personnalités, dont Jean de Quintanadoine, Bérulle, René Gaultier, avocat au Grand Conseil, Mme Jourdain et Rose Lesgu, futures carmélites, prennent part à l'expédition chargée de recruter des carmélites espagnoles en Espagne. Ayant connu sainte Thérèse, ces dernières sont chargées de transmettre sa règle et sa doctrine dans leur pureté. Avec le secours de ses conseillers spirituels, et notamment l'aide de Pierre de Bérulle, Duval, Gallemant et de tous leurs amis, elle réussit, en dépit de nombreux obstacles, à introduire le Carmel réformé en France, qui est créé en 1604 à Paris, au faubourg Saint-Jacques. Parmi les carmélites espagnoles se trouvent Anne de Jésus*, qui sera prieure du couvent de Paris, et Anne de Saint-Barhélemy*. Avec l'aide de Mme Acarie, les fondations se succèdent : Pontoise, Dijon, Amiens, Tours, Rouen. Afin d'étendre le renouveau du catholicisme en France, Mme Acarie et ses amis contribuent à la réforme de divers monastères féminins : l'abbaye de Montmartre, l'abbaye du Val-de-Grâce, l'abbaye de Fontevrault, l'abbaye de Montivilliers. La fondation des Ursulines (1607), la réforme de l'abbaye de Port-Royal (1609) et la fondation de l'Oratoire (1611), par Pierre de Bérulle, s'inscrivent dans le même courant.

Après la mort de son mari, le 15 février 1614, Barbe Acarie entre comme sœur du voile blanc (sœur converse) au carmel d'Amiens. Ses trois filles, Marguerite (*voir* MARGUERITE DU SAINT-SACREMENT) en 1605, Geneviève en 1507 et Marie en 1608, l'y ont déjà précédée. Elle désire se consacrer aux tâches les plus humbles. La prise d'habit a lieu le 15 février, sous le nom de Marie de l'Incarnation. La profession a lieu le 8 avril.

La charité, l'humilité et l'obéissance de Mme Acarie s'approfondissent. Femme du monde, puis sœur converse, elle subit de durs revers de fortune, des humiliations, de graves maladies, des infirmités, des blessures physiques ou des avanies qui font de sa vie un vrai chemin de croix, dont elle affronte les épreuves héroïquement. Le 7 décembre 1616, elle est transférée au carmel de Pontoise, fondé en 1605, plus proche de la capitale, dont Anne de Saint-Barthélemy fut la première prieure. Sœur Marie de l'Incarnation souhaite y être « la dernière et la plus pauvre de toutes ». À sa mort, à l'âge de cinquante-sept ans, la rumeur se répand dans Pontoise : « La Sainte est morte. » On dit que des miracles se multiplièrent à son tombeau. À la demande de Michel de Marillac, un mausolée fut érigé dans l'église du carmel. Le marbre fut offert par Marie de Médicis.

« Quand on donne du temps à Dieu, on en trouve pour tout le reste », écrit-elle. Mère de famille et épouse accomplie, Mme Acarie exerça parfaitement ses devoirs d'État, tout en poursuivant une expérience mystique exceptionnelle. De sa jeunesse on rapporte ce fait : « Un jour qu'elle était en oraison dans sa chambre, elle entra dans un profond recueillement dans lequel elle eut une vision mystérieuse. Elle se sentit comme élevée de terre, non pas d'une manière forcée ni contrainte, mais comme si elle eût été mise en une assiette fixe et immobile d'où elle voyait le monde en sa rondeur, globe d'une immense grandeur qui roulait sous ses pieds. » À l'âge de vingt-sept ans, vers 1593, elle reçut l'imposition des stigmates, grâce de configuration au Christ souffrant. Elle est la première Française dont les stigmates ont été attestés. Le père Coton en rapporte le témoignage : « Je prends à témoin l'ange qui était son tutélaire [...] : C'est qu'elle avait les stigmates invisibles en son corps. À certaines heures, et signalement les vendredis, samedis et jours de carême, elle sentait des extrêmes douleurs ès-pieds, ès-mains, au côté et à la tête ; secret que je n'ai dit et révélé à personne, jusques à sa mort, pour ce qu'elle m'adjura de n'en dire jamais rien. » Le 8 août 1593, il écrit à Bérulle : « Elle avait les stigmates invisibles au monde et à elle visibles et très sensibles. » Selon la personne qui en est l'objet, les stigmates sont de nature diverse : invisibles, imitatifs ou figuratifs. Les stigmates attribués à Mme Acarie correspondent au désir ardent de configuration au Christ, qui est la marque de sa vie spirituelle : la voie de la souffrance. Selon son premier biographe, André Duval, qui en donne un exemple, aux stigmates de la Passion du Christ se serait ajouté un don de guérison qui tenait du miracle. Elle fut toute sa vie également l'objet de ravissements soudains, qui lui furent une gêne pour la prière ou la lecture, mais qui contribuèrent à son rayonnement spirituel. Dom Beaucousin assurait « qu'il apprenait plus d'elle qu'elle de lui ». Lors d'une de leur entrevue, elle tomba en une extase qui dura tout le temps que le chartreux employa à dire son office, en attendant la fin de ce ravissement. Vers l'été 1602, lors de la seconde apparition de Thérèse d'Avila, Mme Acarie rapporta qu'elle lui avait ordonné « plus fortement et puissamment qu'à la première de mettre derechef cette affaire en délibération, et l'assurant que *nonobstant* toutes les difficultés qu'on y trouvait, elle réussirait ». Selon de nombreux témoignages, outre le don de prophétie, Mme Acarie avait un don remarquable de discernement des esprits, c'est-à-dire qu'elle reconnaissait s'ils étaient mus ou pas selon l'inspiration de l'Esprit. Son oraison, étrangère au quiétisme, était de « préparer la place à Dieu et de mettre en nous ce qu'il lui plaît ».

Ayant fait brûler tous ses écrits, il ne reste d'elle que quelques lettres et un petit opuscule publié après sa mort, *Les Vrays exercices de la bienheureuse Marie de l'Incarnation composez par elle-même* (1623). Sœur Marie de l'Incarnation fut béatifiée le 5 juin 1791. Son procès de canonisation est en cours. Sa fête est fixée le 18 avril. Elle est implorée pour les futures naissances et pour sa protection dans les aléas de l'existence.

Bernard Sesé

• *Voir aussi* : Anne de Jésus ; Anne de Saint-Barthélemy ; Marguerite du Saint-Sacrement ; *Perle évangélique* (*La*).

Bibl. : *Œuvres* : *Les Vrays exercices da la bienheureuse Marie de l'Incarnation composez par elle-même*, Paris, D. Moreau, 1623 ; *Lettres spirituelles*, P. Sérouet (prés.), Paris, Cerf, 1993 ; *Écrits spirituels*, B. Sesé (prés.), Paris, Arfuyen, 2004. ***Vie et études* :** A. DUVAL, *La Vie admirable de Sœur Marie de l'Incarnation*, Paris, 1621 ; BRUNO DE JÉSUS MARIE, *La Belle Acarie : bienheureuse Marie de l'Incarnation*, Paris, Desclée de Brouwer, 1943 ; A. R. SALMON-MALEBRANCHE, *Madame Acarie, bienheureuse Marie de l'Incarnation*, Pontoise, Association du Vert Buisson, 1987 ; J.-D. MELLOT, *Histoire du carmel de Pontoise*, I et II, Paris, Desclée de Brouwer, 1994-2005 ; B. SESÉ, *Madame Acarie*, Paris, Desclée de Brouwer, coll. « Petite vie de... », 2005.

ACHLER, Élisabeth. — *Voir* ÉLISABETH DE REUTE

ADEL. — *Voir* EDEL

AGNÈS, sœur, *servante de l'Eucharistie* (Katsuko Sasagawa ; ?-Japon, 1931). — Issue d'une famille bouddhiste japonaise, Katsuko Sasagawa est, dès sa jeunesse, accablée par la maladie (paralysies et comas passagers dus à une erreur médicale). Convertie au catholicisme, puis guérie par de l'eau de Lourdes à vingt-cinq ans, elle entre comme novice chez les Servantes de l'Eucharistie à Yuzawada, dont la communauté a été fondée par Mgr Jean Shojiro Itô, évêque de Nigata. En 1956, sœur Agnès, atteinte de surdité, est marquée par une plaie douloureuse en forme de croix dans la main droite alors qu'elle est en train de prier. Commencent les visions du saint sacrement et de l'ange en 1973. Après une apparition de Marie*, qui lui délivrera successivement trois messages concernant les péchés des hommes et la sentence de Dieu à la fin des temps, la statue de la Vierge en bois du couvent où elle réside se met également à saigner de la main droite. Continuant à prier pour la réparation des péchés de l'humanité, sœur Agnès guérit de sa surdité en deux étapes, comme cela lui a été annoncé, le 13 octobre 1974 et le 30 mai 1982. De janvier 1975 à septembre 1981, la même statue verse des larmes de sang, manifestant la tristesse de Marie, qui seront filmées par des caméras de télévision. Les sœurs dénombreront cent une lacrymations – reconnues officiellement par l'Église le 22 avril 1984 –, suivies de conversions et de guérisons miraculeuses. Autant de phénomènes extraordinaires – plus connus sous le nom « apparitions d'Akita » –, qui ont suscité de nombreuses polémiques sur leur authenticité, laissée à l'appréciation du lecteur.

Audrey Fella

Bibl. : ***Études*** **:** R. AUCLAIR, « La Dame de tous les Peuples », *Le Royaume*, n° 55, oct. 1987 ; J. GUITTON, *La Vierge Marie*, Paris, Aubier, 1949.

AGNÈS BLANNBEKIN, *vénérable, béguine* (Basse-Autriche, ?-Vienne, 1315). — Agnès réside très tôt à Vienne et adopte le mode de vie des béguines, mais en demeurant chez elle, sous la direction spirituelle d'un frère mineur. Elle considère d'ailleurs explicitement François d'Assise comme « le plus grand au regard de Dieu, en dehors des apôtres, de Jean-Baptiste et de Moïse ». Même si elle insiste sur les stigmates, elle ne parle pas d'*alter christus*. Et elle révère également Augustin, Bernard et Dominique. Elle pratique l'ascèse commune à son époque, mais jouit d'une expérience spirituelle particulièrement intense. Son directeur, resté anonyme, laisse une Vie où il témoigne des visions variées d'Agnès et de leur riche symbolisme (notamment le Christ bleu ou la terre vue comme particulièrement claire, et non une morne étendue grise comme on l'imaginait ordinairement à l'époque), étroitement liés à l'histoire du salut.

Bernard Forthomme

Bibl. : ***Vie*** **:** *Leben und Offenbarung der Wiener Begine Agnes Blannbekin*, éd. du texte latin et trad. allemande par P. Dinzelbacher et R. Vogeler, Göppingen, Kümmerle Verlag, 1994.

AGNÈS D'AGUILLENQUI, *capucine* (Françoise d'Aguillenqui ; Aix-en-Provence, 1602-Marseille, 1672). — Agnès est l'une des premières religieuses reçues en 1626 au couvent des Capucines de Marseille. Fille de Jean, trésorier général du roi, et d'Anne de Pontevès, elle montre dès son plus jeune âge les signes d'une grande piété. Lors de sa profession, elle « forma dans ce moment des désirs si ardents d'aspirer à la plus haute perfection de son état, qu'elle ne la perdit jamais de vue jusqu'à sa mort ». Dès lors, « toute sa vie ne fut qu'une guerre continuelle contre elle-même : elle traita toujours son corps quoique parfaitement assujetti à son esprit avec tant de rigueur et si peu de ménagement que les supérieures appréhendèrent d'abord qu'elle n'en perdît l'esprit ». Ses mortifications continuelles sont remarquées et moquées par la communauté du couvent qui la juge « trop particulière ». Les provinciaux de l'ordre lui défendent d'ajouter aux austérités corporelles du couvent, puis reviennent sur leur décision et l'autorisent à poursuivre ses mortifications. « D'une petite stature et d'une complexion fort délicate [...], n'ayant que la peau et les os », accablée d'infirmités, elle manifeste une « constance invincible dans les souffrances ». « Elle était morte en tous ses sens par des mortifications continuelles. » Pour « châtier ce corps rebelle à l'esprit », elle porte une grosse ceinture de fer et deux bracelets à ses bras avec des pointes de fer aiguës et se discipline parfois trois fois par jour. Son exemple fait école dans un couvent qui a bientôt la réputation d'être peuplé de « saintes filles ». Elle sera pendant douze ans maîtresse des novices et pendant neuf ans abbesse.

Elle poursuit cinquante-six ans durant une recherche mystique, « Dieu lui ayant donné le don de la plus haute contemplation ». Pendant ses extases, certaines de ses sœurs croient la voir en lévitation. Durant sa dernière maladie elle regarda « ce grand crucifix qui était attaché à la muraille vers les pieds du lit », qui lui fit « une œillade amoureuse », et « elle ouit la voix de Jésus-Christ, qui lui dit : *ma fille, je te fais ma grande miséricorde que tu me demandes*. En même temps, son âme fut remplie de si grandes consolations qu'elle ne put retenir sa langue de les exprimer. » Un petit crucifix qu'elle tenait sur son cœur « lui fit la même impression ». Elle le serra jusqu'à sa mort. On lui attribue de son vivant la prescience d'événements et des miracles. À son décès, elle est réputée sainte « par la voix du peuple ». L'aura de cette religieuse étroitement cloîtrée semble révélatrice du prestige qu'eut alors une contemplative associant ascétisme et quête mystique, qui « disait aux religieuses qu'elle trouvait Jésus crucifié en ses membres ».

Régis Bertrand

Bibl. : ***Œuvres* :** son biographe, le père de Bauduen, publie dans sa *Vie* citée *infra* « quelques traités [...] qu'on a tiré de ses écrits et des conduites qu'elle donnait aux novices », p. 387-432. ***Vies* :** père M. de BAUDUEN, *La Vie admirable et les héroïques vertus de la R. M. A. d'Aguillenqui*, Marseille, Claude Garcin, 1673 ; père H. de VERCLOS, *La Vie de la R. M. A. d'Aguillenqui, abbesse des Capucines de Marseille*, Avignon, Marc Chave, 1740. ***Étude* :** père C. de PELISSANE, *Une capucine illustre, Agnès d'Aguillenqui*, Saint-Étienne, Dumas, 1954.

AGNÈS DE JÉSUS, ou Agnès de Langeac, *bienheureuse, dominicaine* (Agnès Galand ; Le Puy-en-Velay, 1602-Langeac, 1634). — Agnès, après avoir été tertiaire, est devenue religieuse dominicaine à Langeac, à l'époque dans le diocèse de Saint-Flour. Elle fut la prieure de son couvent.

Agnès est fille de saint Dominique et sa mystique est dans le droit fil de sainte Catherine de Sienne*. Si elle n'appartient pas au courant de l'École française de spiritualité, il est remarquable que, de manière plus large, par ses fréquentations, par les accents de sa vie mystique et par ses désirs apostoliques, elle s'inscrit indubitablement dans l'essor spirituel et le mouvement général qui caractérisent les débuts du XVIIe siècle.

Comme sainte Catherine, sa mère spirituelle, l'amour du Christ la consume. Sa spiritualité n'est pas abstraite ou intellectuelle. Sa rencontre avec le Christ et son mystère, en particulier son abaissement dans l'Incarnation et à la Nativité et sa souffrance rédemptrice à la Passion, sont de l'ordre de l'expérience vitale. Le temps du carême et la semaine sainte seront vécus par Agnès comme une imitation très étroite et concrète de Jésus ; à l'instar de saint François d'Assise, elle recevra d'ailleurs les stigmates jusqu'à la mort mystique. Dans cet amour sans partage de Jésus, complètement inséparable de sa dévotion envers la sainte Eucharistie, elle est conduite à un renoncement de plus en plus intense et un choix radical de pauvreté spirituelle.

Le monde surnaturel est plus réel dans la vie d'Agnès que le monde sensible. Elle est habitée par le Ciel et les visites de la Vierge Marie, des saints et des anges, en particulier son ange gardien, sont plus que fréquentes. Ce Ciel quotidien provoque une familiarité étonnante. Le monde céleste dirige ses pas ; son ange gardien à ce titre lui évite les faux pas, la console, la dirige ; il sourit d'ailleurs aimablement de la simplicité de celle qui est confiée à sa vigilance angélique. Cette omniprésence du Ciel qu'elle raconte à ses confesseurs successifs soulève le voile de la foi et rend proche la réalité du monde à venir.

Très tôt, à huit ans, Agnès se consacre par ces mots à la Vierge Marie : « Vierge sainte, puisque vous daignez vouloir que je sois à vous, dès ce moment, je vous consacre tout ce que je suis et vous promets de vous servir toute ma vie en qualité de votre esclave. » Avec une simplicité d'enfant, elle aura toujours une tendre relation à la Vierge, sa « maman ».

Marie lui apparaîtra souvent et c'est elle qui, en 1631, lui confiera la charge de prier pour la conversion de Jean-Jacques Olier, fondateur de la Compagnie de Saint-Sulpice – Agnès ne le connaît pas encore –, avec qui elle nouera une authentique amitié mystique qui durera au-delà même de sa mort. En 1634 (l'année de son décès), Agnès apparaît à M. Olier ; cela se passe durant une retraite à Saint-Lazare par laquelle il se prépare à la mission. Elle lui montre la croix et le chapelet et il ne retient de cette vision que quelques mots : « Je pleure pour toi. » Lorsqu'il passera peu après au monastère de Langeac, M. Olier reconnaîtra la religieuse qui lui est apparue à Saint-Lazare ; Agnès, qui mourra bientôt après, continuera néanmoins à lui apparaître. Agnès a préparé M. Olier « à jeter les premiers fondements des séminaires du Royaume de France » ; cette préparation a été surtout intérieure, par des échanges intimes et des communications initiatrices d'une authentique vie mystique, en particulier une relation aimante au Christ « le doux Sauveur », « son bon ami ». Elle lui écrit : « Je vous envoie mon cœur pour le donner à notre tout Amour. Dites hardiment à notre tout Aimant que je l'aime ou que je meure. Quel moyen de vivre sans aimer ? Ce n'est pas vivre, c'est mourir languissant. » Et en guise de salutation au début d'une lettre : « Je prie mon fidèle Époux de vous donner une milliasse de grandes croix, lesquelles je vous souhaite pour très humble salut. »

La prière d'Agnès, qui est une véritable mission, épouse les urgences du temps : la réforme du clergé et la sainteté des prêtres. Non seulement Agnès est mystiquement présente à la création des séminaires en France, mais encore de manière directe et par des lumières venues du Ciel, elle lutte, souffre et obtient la conversion des prêtres – de M. Olier, nous l'avons vu – et même de son propre confesseur dominicain, le père Esprit Panassière (confesseur d'Agnès de 1620 à 1626). La prière pour la sainteté du clergé est intense, car de cette sainteté dépend le salut des âmes.

L'amour d'Agnès pour les âmes est en effet sans borne. Comme une mère, elle intercède pour elles lorsqu'elles sont dans l'affliction – elle prie pour le roi et contre la peste dans le royaume –, son activité apostolique lutte contre les méfaits de l'ignorance religieuse et elle enseigne le catéchisme même à partir du parloir de son monastère. Elle exerce ainsi une authentique maternité spirituelle. Elle combat le démon muet qui rend possible tant d'illusions spirituelles : « Venez, venez et dites tout ; car j'aime plus celles qui le disent tout librement que celles qui cachent quelques mauvaises marchandises dans l'arrière-boutique. » Par son exemple, elle encourage l'humilité : son confesseur « demeura tout étonné de la voir en tel état, et comme descendue au centre du monde par une humilité plus basse que l'enfer ».

Pour attirer les âmes vers le salut, elle conseille, comme la Vierge Marie le lui avait suggéré d'abord pour elle-même, de marcher par le chemin de l'amour et non par le chemin de la crainte des jugements de Dieu. La phrase adressée par son ange gardien à Agnès : « Marche par amour et non par crainte d'autant que la volonté de ton époux est que tu sois amoureuse d'amour » permet donc de situer le combat spirituel de manière juste. « Elle nous lègue aussi sa grande simplicité qui lui faisait tout attendre de Dieu. Comme elle aimait à le répéter : "Qui a Dieu a tout !" »

Agnès de Langeac a été béatifiée par Jean-Paul II le 20 novembre 1994. Elle « a su entrer sans la moindre réticence dans le projet de Dieu sur elle, offrir son intelligence, sa volonté et sa liberté, au Fils de l'homme, pour qu'il les transforme et les accorde totalement aux siennes ! »

P. Vincent Siret

• *Voir aussi* : Marie

Bibl. : ***Biographies*** : E. PANASSIÈRE, o.p., *Mémoires sur la vie d'Agnès de Langeac*, Paris, Cerf, 1994 (Archives du monastère des Dominicaines de Langeac, 1661) ; A. BOYRE, *Grand Mémoire sur Agnès de Langeac*, Paris, Arfuyen, 2004 (Archives du monastère des Dominicaines de Langeac) ; C.-L. de LANTAGES, *La Vie de la vénérable mère Agnez de Jésus*, Le Puy, 1665. ***Études*** : *Mère Agnès de Langeac et son temps, Une mystique dominicaine au Grand Siècle des Âmes*, Actes du Colloque du Puy du 9 au 11 novembre 1984, Le Puy, 1986 ; *Agnès de Langeac, Le souci de la vie en ses commencements*, Actes du colloque de Langeac du 15 au 17 octobre 2004, Paris, Cerf, 2006.

AGNÈS DE JÉSUS-MARIA (DE BELLEFONDS), *carmélite* (Paris ?, 1611-Paris, 1691). — Supérieure du premier couvent des Carmélites de Paris durant trois périodes couvrant dix-neuf années, elle succède à Madeleine de Saint-Joseph* et à Marie de Jésus (de Bréauté*). Elle maintient intérieurement vivante la communauté mais semble être la dernière grande spirituelle d'une « filiation » remontant aux Carmélites espagnoles. Ses réponses à la (future) sœur Anne Marie d'Épernon se révèlent d'un grand intérêt, en particulier sur la présentation devant Dieu : « La vraie oraison est un entretien de l'âme avec Dieu et une parole intérieure par laquelle l'âme se communique à Dieu et Dieu se communique à elle, mais comme c'est chose si grande, il ne faut pas penser que nous la puissions acquérir par nous-mêmes, quoique nous devions y employer tous nos soins ; mais il la faut demander à Dieu avec beaucoup d'humilité et de connaissance que nous ne la méritons pas, l'attendre avec patience et confiance et la recevoir avec action de grâce » (4e lettre).

Dominique Tronc

Bibl. : ***Œuvres*** **:** Ms. des archives du premier carmel de France (au carmel de Pontoise), intitulé « Lettres d'Épernon... ». ***Biographie*** **:** Ms. 3A2 des archives du premier carmel de France (au carmel de Pontoise), « III. Vie de la Mère Madeleine de Jésus de Bains », p. 195-449.

AGNÈS DE LANGEAC. — *Voir* AGNÈS DE JÉSUS

AGNÈS DE MONTEPULCIANO, *sainte, dominicaine* (Agnès Segni ; Gracciano, 1268/1270-Montepulciano ?, 1317). — Béatifiée en 1608 et canonisée en 1726, Agnès est une figure majeure de la mouvance dominicaine. Catherine de Sienne* l'évoque en effet avec admiration dans *Le Dialogue* (1378) comme dans ses *Lettres* et, selon Raymond de Capoue (*Vie de Catherine de Sienne* IIe partie, chap. XII, § 324-328), elle serait allée visiter le couvent de Montepulciano pour y vénérer le corps de la défunte Agnès et y être témoin du miracle de la manne céleste. De plus, Agnès fait partie de ces personnages de la famille dominicaine qui visitent Catherine en ses visions, comme saint Dominique, Pierre Martyr, Thomas d'Aquin ou Marguerite de Hongrie*. Les deux mystiques sont donc associées, d'autant qu'au XIVe siècle, les Dominicains essayaient de promouvoir la renommée de ces femmes qui avaient vécu dans leur sillage spirituel. Au siècle suivant, sous l'impulsion de Jean Dominici et de Raymond de Capoue, l'ordre s'efforce non seulement de les faire connaître, mais aussi d'en propager le culte. Ainsi Raymond de Capoue, après avoir publié la *Legenda major* (1385-1390) de Catherine de Sienne, rédigera la biographie d'Agnès en s'aidant d'archives du couvent de Montepulciano et du témoignage de quatre religieuses âgées qui avaient connu Agnès de son vivant.

D'origine nobiliaire semble-t-il, Agnès Segni, dès son enfance, manifeste une prédilection pour la solitude recueillie, répétant incessamment à ses parents les avantages et les joies de la vie conventuelle. Les parents n'y prêtent guère attention jusqu'au jour où, attaquée en chemin par une volée de corbeaux noirs et belliqueux auxquels elle finit par échapper, elle les convainc d'y voir l'assaut des démons contre ses projets de vie consacrée. Elle entre donc à neuf ans dans la communauté voisine des Sœurs du Sachet (*Saccate*, en raison de la forme de leur habit). Puis, à quinze ans, elle devient, avec dispense papale, abbesse du couvent de Proceno ; enfin, de retour à Montepulciano, elle sera, de 1306 à 1317, supérieure de la communauté dominicaine. Ses pénitences et ses austérités n'arrangent guère un caractère facilement irritable : elle s'emporte contre ses sœurs qui la dérangent dans sa contemplation, les accusant de vouloir détruire son intimité avec son Époux céleste ; au cours d'une vision, ayant reçu de la Vierge l'Enfant Jésus pour le mignoter et le bercer, elle refuse de rendre le nourrisson à sa mère, il s'ensuit une dispute violente, où Marie* aura quand même le dessus ; néanmoins Agnès aura pu arracher une croix (!) au cou de l'enfançon !

Moins légendaires auront été les désordres de sa santé, minée par ses macérations ; son tempérament n'en faiblit pas pour autant : elle refuse d'obéir aux ordres de la médecine, comme de ses supérieures, n'y voyant que stratagèmes démoniaques. Elle finira par céder, non sans user de ruse : ainsi aurait-elle transformé en plat de poisson celui de viande qu'on lui servait en carême. Au-delà de toute cette mise en scène d'un merveilleux inépuisable, c'est la stratégie farouche qu'elle élabore, d'un dépassement de la condition corporelle comme voie de perfection qui retiendra l'attention : marque de l'approche proprement dominicaine en ces terres du nord de l'Italie que de favoriser l'austérité la plus rigoureuse pour s'affranchir du corporel et accéder ainsi à la contemplation mystique ; alors que la voie franciscaine privilégiera l'obéissance et le recours au réconfort marial.

Il reste que c'est le miracle de la manne, lié sans doute aux impénitentes restrictions alimentaires qu'elle s'impose (anorexie ?), qui signera l'originalité de l'expérience mystique d'Agnès. Catherine de Sienne en aura été témoin ; mais déjà auparavant, Agnès avait multiplié huile, pain et vin pour ses sœurs : on reconnaît la tradition biblique et explicitement évangélique (cf. *Le Dialogue* de Catherine de Sienne, CXLIX). Quant à la pluie de manne miraculeuse, qui inscrit son existence dans la référence prophétique, elle cautionne, légitime et approuve la voie expérimentale qu'Agnès s'est choisie. Ré-compense de sa prière et compensation de ses abstinences, ce « miracle » (aux yeux des contemporains) rappelle l'importance du paramètre nutritionnel comme enjeu dans les choix de l'entreprise mystique féminine.

François Marxer

• *Voir aussi* : Catherine de Sienne ; Marguerite de Hongrie

Bibl. : *Vie et études* : CATHERINE DE SIENNE, *Le Dialogue*, L. Portier (trad.), Paris, Cerf, 1992, p. 315-316 ; RAYMOND DE CAPOUE, *Vie de sainte Catherine de Sienne*, II, XII, Hugueny (trad.), Paris, Pierre Téqui, 2000, p. 321-326.

AGNÈS DE PRAGUE, ou de Bohême, *sainte, clarisse* (Prague, 1205-1282). — Béatifiée en 1874 et canonisée le 12 novembre 1989, Anežka (Agnčs) participe de cette vigoureuse floraison de la sainteté féminine qui caractérise la fin du Moyen Âge et, avec Élisabeth de Hongrie* (ou de Thuringe), sa cousine, Hedwige de Silésie* et Marguerite de Hongrie*, elle est une éminente représentante en Europe centrale de la mystique pénitentielle. Fille du roi de Bohême, Ottokar Ier Přemysl et de Constance de Hongrie, elle est fiancée dès ses trois ans à Boleslas de Silésie, puis en 1213 à Henri, fils de l'empereur Frédéric II. Les fiançailles rompues, demandée en mariage par Henri III d'Angleterre (1227), ensuite par Frédéric II lui-même (1228, puis 1233), Agnès, qui voulait vivre comme Claire d'Assise* et ses compagnes de

Saint-Damien, entra elle-même à la Pentecôte, le 11 juin 1234, dans la communauté des Sœurs pauvres du couvent du Saint-Sauveur, qu'elle avait fondé en même temps qu'un hôpital, manifestant ainsi son attachement aux Franciscains, qu'elle accueillit à leur arrivée à Prague en 1232 en leur faisant construire une église. Plus encore que son légendaire dévouement pour les pauvres, elle nous est connue par les quatre lettres que lui adressa Claire d'Assise, en particulier la troisième (III, 29-41), où elle voulait tempérer les projets de radicale ascèse auxquels Agnès s'était résolue. Claire elle-même avait reconnu que c'était grande sagesse que de renoncer à une austérité excessive. À la différence de François d'Assise, plus indulgent pour la faiblesse des malades et incitant à changer de nourriture les jours de fête, Claire imposait une stricte discipline alimentaire (jeûne permanent : un repas par jour ; et pour les bien portantes, l'abstinence de carême maintenue au long de l'année). À l'évidence, l'ascèse alimentaire est de plus grande importance chez les Damianites (ou Clarisses) que chez les Franciscains : c'est là une différence notoire entre les mystiques féminine et masculine. Néanmoins, Claire l'incita à faire preuve d'une prudentielle sagesse : « Parce que notre chair n'est pas une chair de bronze et notre force n'est pas la force de la pierre, que bien au contraire nous sommes fragiles et enclines à toutes les faiblesses corporelles, très chère, je te prie et te demande dans le Seigneur de te détourner sagement et discrètement d'une certaine austérité dans l'abstinence, indiscrète et impossible, que j'ai appris que tu avais entreprise, pour que vivante tu confesses le Seigneur, que tu rendes au Seigneur un hommage raisonnable et ton sacrifice toujours assaisonné de sel. »

François Marxer

• *Voir aussi* : Claire d'Assise ; Élisabeth de Hongrie ; Hedwige de Silésie ; Marguerite de Hongrie

Bibl. : ***Vie et études*** **:** M. FASSBINDER, *Agnès de Bohême*, Paris, Éditions franciscaines, 1962 ; CLAIRE D'ASSISE, « Lettres à la Bienheureuse Agnès de Prague », in *Écrits* (SC 325), Paris, Cerf, 1997.

AGNÈS DU CŒUR DE JÉSUS, *fondatrice des Auxiliaires du Cœur de Jésus* (Hélène Marie Villefranche ; Bourg-en-Bresse, 1879-Paris, 1951). — Treizième et dernière enfant de Jacques Villefranche, littérateur catholique, et d'Émilie Bossel, Danoise, Hélène manque de mourir à cinq ans, et sa guérison est attribuée à la Vierge. Elle eut une enfance peu heureuse, mais elle jouit, grâce à sa mère, d'une « éducation danoise [...] dépourvue des préjugés qui faisaient alors escorter toute jeune fille française d'une bonne ou d'un frère ». Elle se voue tôt à Dieu et découvre sa « voie de sainteté » lors d'une excursion dans les glaciers en franchissant audacieusement un ravin sur un tronc de sapin. À partir de 1904, cette « forte personnalité en quête de vocation » (J. Benoist) a des révélations : elle est choisie pour « un secret dessein d'amour » : « Le Souverain prêtre me dit vouloir ramener, par la dévotion à son Cœur, le clergé séculier à l'état régulier, et faire de ces choisis entre les choisis non seulement les apôtres des foules mais encore les apôtres de leurs confrères. » Elle fait vœu d'abandon, entreprend un chemin d'ascèse et veut être pour le Christ « comme le petit rien dont Vous ferez ce que Vous voudrez pour la réalisation de Vos desseins sur le clergé, la France, l'Église ». Associée aux souffrances du Christ, voulant être « une hostie sainte, immaculée, agréable à Dieu », elle écrit : « Je demeurai sous le regard incisif et brûlant du bien-aimé. »

Le 8 juillet 1908, elle a la vision du cœur glorieux, placé entre ses mains, « comme celles du prêtre à l'élévation ». Elle la traduira dans une image du cœur rayonnant. En 1909, elle expérimente l'étreinte du Christ : « Cette pénétration de son amour unissant et transformant est intraduisible. C'est vraiment le passage de l'un dans l'autre par compénétration, absorption vitale, laissant loin derrière soi ce que pourrait être une étreinte physique. [...] Il me fit comprendre qu'il voulait me trouver toujours entre les ministres de son sacerdoce et lui, par la participation à sa vie d'hostie et d'holocauste. »

Elle crée en 1932 à Montmartre un institut séculier, les Auxiliaires du Cœur de Jésus, « un petit monastère appartenant à un type nouveau et quasi invisible de l'extérieur auprès du grand sanctuaire visible aux yeux de tous » (J. Benoist). La hiérarchie tendra à réduire son programme d'intercession en faveur d'un clergé « devenu grossier et sans ferveurs », voire de « réparation des péchés d'impureté de certains de ses prêtres », à des activités de secrétariat et d'accueil.

Seules ses premières révélations renferment la mention des « derniers temps du monde » : elle ne se situe pas dans un conteste apocalyptique. Elle insiste sur la consécration au « cœur glorieux de Jésus » et au Christ souverain-prêtre, se situant ainsi dans le sillage de l'École française de spiritualité, courant issu, au XVIIe siècle, des sociétés de prêtres fondées alors, oratoriens (P. de Bérulle, C. de Condren), sulpiciens (J.-J. Olier), eudistes (J. Eudes), lazaristes, etc.

Régis Bertrand

Bibl. : *Œuvres* : Agnès a tenu depuis son adolescence des notes, connues par les citations de son biographe. ***Vie* :** père E. DUBOIS, *Une mission prophétique, H. Villefranche*, Montsûrs, Résiac, 1976. ***Études* :** J. MAÎTRE, *Mystique et féminité : essai de psychanalyse sociohistorique*, Paris, Cerf, 1997 ; J. BENOIST, *Le Sacré-Cœur de Montmartre*, Paris, Éditions ouvrières, 1992-1995.

AGNESI, Maria Gaetana, *mathématicienne, bienfaitrice chrétienne* (Milan, 1718-9 janvier 1799). — Fille de Pierre Agnesi, riche marchand de soie, et d'Anna Brivio. Douée d'une intelligence précoce et peu commune, elle était déjà, enfant, une latiniste confirmée ; elle dissertait en grec et traduisait directement en latin les auteurs grecs. Elle connaissait, outre l'italien, le français, l'allemand et l'hébreu. Elle étudia ensuite la philosophie, la physique et les mathématiques. Par sa culture et ses facilités à s'exprimer, elle était devenue l'attraction du salon des Agnesi, très fréquenté par des hôtes illustres aussi bien que par des étrangers de passage à Milan. Charles de Brosses la présente comme « une chose plus étonnante que la cathédrale de Milan ».

Elle publia un traité de philosophie, *Propositiones philosophicae* (1738), et un gros manuel d'analyse mathématique, *Istituzioni analitiche ad uso della gioventù italiana* (1748), qui lui valut un large succès international parmi les étudiants et une renommée auprès de nombre d'académies qui la cooptèrent parmi leurs membres. Le pape Benoît XIV lui attribua une chaire de mathématiques à l'université de Bologne, mais elle ne voulut jamais l'occuper. Son désir était d'entrer au couvent. Son père s'y opposa fermement, car la célébrité de sa fille faisait sa fierté ; dès lors, elle se consacra à aider les pauvres et les malades, à faire le catéchisme et à enseigner la Sainte Écriture au peuple. À la mort de son père, elle accueillit des pauvres dans les pièces du palais paternel qui lui étaient attribuées et elle dépensa tout son bien pour les aider. L'archevêque de Milan la nomma directrice du Pio Albergo Trivulzio, le plus grand hospice de la ville pour personnes âgées et malades abandonnés. Elle y vécut dans la pauvreté, se vouant à la prière et à l'assistance de nuit pour les malades et les mourants. Elle y mourut sous l'occupation napoléonienne ; son corps fut enterré dans une fosse commune.

Ses écrits spirituels ont été perdus. Seul, reste un manuscrit mutilé et non daté, qui atteste son expérience mystique et exprime sa doctrine spirituelle : *Il cielo mistico, cioè contemplazione della Virtù, dei Misteri e delle Eccellenze del Nostro Signore Gesù Cristo*. Dans une prose limpide, elle y expose le chemin de l'âme contemplative vers l'union sponsale avec Dieu : de la contemplation des vertus vécues par Jésus à Nazareth dans le silence, l'humilité et l'obéissance à son père, naît le désir d'imiter le bien-aimé et d'être « ravie dans le doux secret » de son intimité. Pour elle aussi, l'amour mystique entre l'âme et le Christ rédempteur s'exprime dans l'image de l'union sponsale : le chant à deux voix, celle de l'Épouse du *Cantique des cantiques* et celle de Maria Gaetana, deviendra un unique chant lorsque l'Épouse sera enlevée dans le Char de feu pour contempler les vertus divines et être transformée en elles, « toute énamourée des beautés de l'Époux » et toute détachée des choses de ce monde. Dans le second ciel, l'âme-épouse contemple les mystères et les tourments de la Passion et de la Mort de Jésus ; elle est conduite là à une douleur absolue et sans consolation qui est comme le miroir de la Passion du Christ. Elle goûtera alors « le Grand Secret de la perfection chrétienne, c'est-à-dire que la Croix est le Trône royal des reines mystiques et le lit fleuri des épouses du Cantique ». « Les amertumes de la Passion divine inondent et remplissent toute ma capacité, écrit-elle, et mon esprit s'en va ivre de la douleur de mon Bien-Aimé, il souffre parce que souffre son Dieu qui est sa Vie, et il voudrait souffrir tout ce que Dieu souffre, afin qu'il ne souffre pas. » La troisième étape du chemin, où l'on contemple l'humanité glorifiée du Verbe de Dieu, manque dans le manuscrit.

Douée d'une intelligence extraordinaire et d'une vaste culture, amie de la sagesse et des pauvres, Maria Gaetana fut une fille obéissante autant qu'une femme indépendante d'une surprenante modernité.

Nora Possenti Ghiglia

Bibl. : Œuvres : *Oratio qua extenditur, Artium liberalium studia, a femmineo sexu neutiquam aborrere* (1727), *in* AA.VV., *Discorsi accademici intorno agli studi delle* *donne*, Padoue, Manfré, 1729 ; *Propositiones philosophicae*, Milan, Richini, 1738 ; *Istituzioni analitiche ad uso della gioventù italiana*, Milan, Richini, 1748 ; Manuscrits en 25 vol. à la Bibliothèque Ambrosiana de Milan. ***Études*** : L. ANZOLETTI, *Maria Gaetana Agnesi*, Milan, Cogliati, 1900 ; G. TILCHE, *Maria Gaetana Agnesi*, Milan, Rizzoli, 1984.

‘ÂISHA AL-MANNÛBIYYA, *soufie ifriqiyenne* (Manouba, v. 1198/1199-Tunis, 1267). — Née à quelques kilomètres à l’ouest de Tunis, ‘Âisha est la fille de ‘Imrân b. al-Hâjj Sulaymân al-Mannûbî et de Fâtima bt. ‘Abd al-Samî’ al-Mannûbî. Désignée par *al-Sayyida* (« la Dame ») sans autre marqueur d’identité, elle est aujourd’hui la sainte la plus vénérée en Tunisie et l’une des rares *sâlihât* (« saintes ») de l’Ifriqiya médiévale à être créditée d’une hagiographie (*Manâqib*, « titres de gloire ») ; celle-ci est rédigée en toute vraisemblance dans la première moitié du XIVe siècle, pratiquement au même moment où est fixée la Vie de Shâdhilî (saint d’origine marocaine établi à Tunis puis à Alexandrie et maître éponyme de la *Shâdhiliyya*) et où commence à se mettre en place la tradition hagiographique qui lui est liée ainsi qu’à ses disciples. L’auteur de cette hagiographie, dont l’identité ne nous est pas donnée, est imam à la mosquée de la Manouba, et semble avoir cumulé sciences exotériques et ésotériques, *fiqh* (« jurisprudence ») et soufisme.

« Ravie en Dieu » dès son enfance, ‘Âisha passe pour folle (*mahbûla*) et s’attire les foudres et railleries de son entourage. À l’âge de douze ans, elle reçoit la vision d’Al-Khadir, en qui l’on reconnaît généralement la figure coranique de la sourate 18 : 65-82, l’initiateur des saints et des prophètes, qui l’aborde sous les traits d’un jeune homme : « tu es inscrite sur mes registres depuis 3 000 ans », s’entend-elle dire. Afin de couper court aux ragots, son père décide de la marier. Mais elle refuse d’épouser, comme le veut la coutume de l’époque, son cousin germain, et s’installe, à une date et dans des circonstances que nous ignorons, à Tunis, la capitale des Hafsides, à Bâb al-Fallâq, dans le faubourg sud de la ville, où de nombreux compagnons d’Al-Shâdhilî, dont certains figurent dans l’hagiographie, avaient également élu domicile. Elle nous est montrée, tantôt entourée de disciples dans la mosquée du Saule (*masjid al-Safsâfa*), haut lieu du soufisme tunisois de l’époque, tantôt faisant retraite pieuse au Jabal Zaghouan (au sud de Tunis sur la route la reliant à Kairouan), ou encore errant parmi les tombes. Si l’on s’en tient à son hagiographie, elle n’aurait pas exercé d’activité économique et aurait vécu des dons de ses contemporains ; dons qu’elle redistribuait en aumônes aux plus pauvres.

Son ravissement en Dieu (*jadhb*), type spirituel majeur dans le soufisme, lui attira de nombreux reproches de la part de certains *fuqahâ’* (« juristes »), parmi lesquels ceux portant sur le célibat – statut peu recommandable même s’il n’était pas exceptionnel – et la fréquentation des hommes ne furent pas les moindres. Toutefois, la reconnaissance de la sainte par le milieu dévot et savant de la ville, dont de nombreux représentants sont des rapporteurs de récits sur elle, ne tarde pas et paraît même avoir devancé celle des habitants de sa bourgade natale ; un récit primitif de ses titres de gloire « composé de quarante cahiers », d’où l’hagiographe aurait puisé les prodiges *post mortem* attribués à la sainte, circulait déjà, semble-t-il, au XIVe siècle. En tout cas, des copies de son hagiographie sont mentionnées vers la fin du même siècle dans les milieux malikite et soufi de la capitale, établies des propres mains de juristes et de prédicateurs renommés. Elle mourut septuagénaire, et fut enterrée à Tunis, dans le cimetière, disparu aujourd’hui, du Sharaf, dans le faubourg de Bâb al-Manâra.

‘Âisha a une vingtaine d’années au moment où les Hafsides commencent à gouverner l’Ifrîqiya pour leur propre compte, et elle mourra dix ans avant la fin du règne d’Al-Mustansir qui prit officiellement le titre califal et prolongea la période de paix, de sécurité et d’essor économique inaugurée par son père, Abû Zakariyyâ’. Sur le plan religieux, soufisme et malikisme affirment de plus en plus leur présence ; le soufisme qui s’épanouit dans le milieu tunisois, à l’époque de la rédaction des *Manâqib*, est imprégné de la pensée de maîtres tels que Junayd de l’école de Bagdad, des propos théopatiques d’Al-Jîlânî, des enseignements et sapiences d’Abû Madyan, le célèbre soufi andalou installé à Bougie, de shâdhilisme et de l’influence d’Ibn al-Fârid et d’Ibn ‘Arabî, dont l’œuvre doctrinale constitue l’expression la plus achevée des degrés de la sainteté (*walâya*) et de la hiérarchie invisible des saints.

L’hagiographie de ‘Âisha est émaillée de propos extatiques, où apparaît clairement la fonction cosmique et eschatologique attribuée à la sainte. Ainsi, elle s’enorgueillit d’avoir appris le Coran de Dieu lui-même. Elle déclare avoir reçu de l’archange Mikâ’îl et de Khadir un breuvage paradisiaque grâce auquel lui sont octroyées neuf vertus : science, longanimité, certitude, recueillement, humilité, bénédiction, tendresse du cœur, chasteté et préservation (du péché). Si la sainte nie avoir reçu la Voie par héritage spirituel, c’est-à-dire ici par l’initiation, rejoignant le type spirituel du *ummî* (dans le sens non pas d’« illettré » mais instruit directement du sein de Dieu) – d’ailleurs on ne lui connaît pas de maître dans la voie –, ses *Manâqib* la dotent, néanmoins, d’une généalogie spirituelle où figurent Junayd, Al-Jîlânî, Ibn al-Fârid et Al-Shâdhilî, autant de saints que ‘Âisha a « vus », dans ce qu’il convient de considérer comme « le monde imaginal » des soufis ; chacun l’investissant, au cours de ces visions, de sa voie et lui en transmettant la direction. Son rapport à Shâdhilî est à inscrire dans cette herméneutique, plutôt que dans une initiation dans le monde sensible, dont aucune trace n’a été conservée dans les hagiographies du maître. La sainte a également reçu, en vision, les vertus des quatre califes : Abû Bakr (califat 632-634), ‘Umar (califat 634-644), ‘Uthmân (califat 644-656) et ‘Alî (califat 656-661). D’autre part, Marie*, l’archétype coranique féminin par excellence de la sainteté, est très présente dans l’hagiographie de ‘Âisha, qui revendique un triple legs marial, de gratification, de purification et d’élection. Elle est aussi une héritière des prophètes : pour chaque prophète cité (Nûh-Noé, Adam, Shît-Seth, Ibrâhîm, Dâwûd, Sulaymân, Mûsâ, ‘Îsâ-Jésus et Shu‘ayb), ‘Âisha revendique « la totalité de son héritage » (*akhadhtu wirâthatahu*), imitant en cela le prophète Muhammad qui contient la totalité des types prophétiques et intègre en sa personne « les vertus spécifiques de chacun d'eux ». Quant à l'héritage à proprement parler muhammadien, la sainte déclare l'avoir reçu du Prophète lui-même, le Maître par excellence ; la vision du *Rasûl* (« l'Envoyé ») par la sainte requiert une dimension initiatique au sens le plus technique et le plus ritualisé du terme. ‘Âisha se proclame à plusieurs reprises « pôle des pôles » (*qutbat al-aqtâb* – on peut remarquer, au passage, la féminisation de ce vocable ainsi que d'autres) et « vicaire de Dieu » (*khalîfat Allâh*) ; l'hagiographie nous livrant même une scène d'intronisation à cette station de « pôle » au cours de laquelle Dame ‘Âisha reçoit d'une assemblée de saints un pacte d'allégeance (*bay‘a*). Or, chez Ibn al-Fârid, le pôle des pôles, cet *axis mundi* autour duquel pivotent toutes les réalités existenciées et tous les pôles, et qui est envoyé comme miséricorde pour les univers, est la réalité muhammadienne (*al-haqîqa al-muhammadiyya*) ; la « lieutenance » est l'un des autres noms du *qutb* et l'une de ses fonctions essentielles. La reconnaissance de cette dignité, au XIVe siècle, à une femme, même si Ibn ‘Arabî dans ses *Futûhât* s'était déjà fait l'apôtre d'une parfaite égalité à ce niveau entre les hommes et les femmes « qui ont leur part de tous les degrés, y compris celui de la fonction de pôle », est un signe fort.

‘Âisha appartient au modèle extatique de sainteté ainsi qu'aux « gens du blâme » (*ahl al-malâma*), dont l'état est caché ; les saints ravis, littéralement « enlevés », à l'image du Prophète que Dieu fit voyager de nuit, ont leur être totalement résorbé dans l'Amour qui leur ôte toute volonté (*tadbîr*) propre ; le cœur de ‘Âisha « est absent en Dieu » (*qalbî ghâ'ib fî l-Lâh*), entièrement éteint à lui-même, éperdu dans la présence divine. Les ravis en Dieu sont protégés par le voile de la folie (*junûn* la racine JNN renvoyant à l'un comme à l'autre) ; Dieu se les réserve jalousement comme on se réserve un serviteur, aussi sont-ils « ignorés parmi les créatures ». Mais ils ne sont pas moins des figures de la miséricorde divine. Si la Dame de Tunis se glorifie d'avoir atteint la station de la proximité avec Dieu (*wa dakhaltu bâb al-qurb*), son hagiographie n'exalte pas moins sa compassion pour ses contemporains, au secours desquels elle se porte et dont elle exécute les requêtes ; aussi est-elle qualifiée de « thériaque éprouvée ». Selon la doctrine soufie, la *walâya* (terme générique pour désigner la sainteté en islam) est l'expression la plus parfaite de l'héritage prophétique : le Prophète, après avoir reçu la révélation, est envoyé « vers la totalité des hommes » (Coran 34 : 28). Les pouvoirs miraculeux attribués à *Sayyida* al-Manûbiyya sont entièrement au service des hommes : son hagiographe relate pas moins de cinquante-deux prodiges *in vita* et *post mortem*, dont des guérisons, libérations de captifs, pluies bénéfiques, secours dans l'indigence matérielle, protection des voyageurs et des transfuges, prédictions, restitutions des facultés mentales, etc. Elle est sollicitée par des gens de toutes conditions, y compris par des savants, des juristes ou de hauts fonctionnaires. La dimension sotériologique est également très présente dans cette sainteté, l'hagiographie exaltant les pouvoirs d'intercession de la sainte à qui Dieu « donna l'arche du salut ».

L'auteur des *Manâqib* lui attribue également un certain nombre de sapiences et d'exhortations qu'elle prodigue notamment à son disciple 'Uthmân al-Haddâd ; l'idéal de sainteté qui se dégage de cet enseignement spirituel est fait de renoncement au monde, d'humilité et d'ascèse constamment habitée par le « rappel » (*dhikr*), le souvenir permanent de Dieu, dont la pratique est vivement recommandée ; une sainteté d'observance scrupuleuse où l'avilissement de l'âme charnelle (*nafs*), le combat de ses vains désirs, la mort des sens, l'invitation à la prière sur le Prophète et au respect de sa *sunna* (« faits, gestes et propos »), dont les vertus sont maintes fois rappelées, occupent une place centrale. Le magistère spirituel que l'hagiographe attribue à 'Âisha n'est pas en contradiction avec le type spirituel du saint ravi en Dieu : les *majdhûb* se révèlent parfois de grands maîtres spirituels.

Son hagiographie qui, somme toute, a gardé à travers les siècles une certaine stabilité, n'a cessé, depuis le XIVe siècle, d'être recopiée. Certes, les copies qui nous sont parvenues ne remontent pas au-delà du milieu du XVIIe siècle. Néanmoins, elles attestent de la grande dévotion portée à la sainte par leur nombre, par les actes de donation (en biens inaliénables habous [consacrés à une œuvre pieuse ou à une fondation]) à la Grande Mosquée de la Zitouna, donations dont certaines ont été faites par les beys de Tunis et les plus hauts dignitaires de l'État, et par le caractère soigné, et souvent exclusif à la sainte, de ces « Titres de gloire ». Son culte, qui perdure à ce jour, s'est focalisé, notamment depuis la disparition de sa tombe, sur les deux *zâwiya-s* (« sanctuaires ») qui lui sont dédiées : la plus importante et la plus visitée aujourd'hui se trouve à la Manouba ; elle fut érigée sur l'emplacement présumé de la maison paternelle, sous le règne de Mahmoud Bey (de 1814 à 1824) et agrandie sous celui d'Ahmad Bey (de 1837 à 1855) ; l'autre *zâwiya* se trouve dans le quartier qui porte le nom de la *Sayyida* sur les hauteurs de Tunis, surplombant le lac Sijoumi à l'ouest, et le faubourg sud de la ville, à l'est.

Nelly Amri

Bibl. : ***Vie*** : *Kitâb Manâqib al-Sayyida 'Âisha al-Mannûbiyya* [« Livre des Titres de gloire *d'al-Sayyida* 'Âisha al-Mannûbiyya »], éd. non critique, Tunis, 1925 ; une traduction de son hagiographie à partir des manuscrits originaux disponibles à la Bibliothèque nationale de Tunis, précédée d'une étude, a été faite par N. AMRI, *La Sainte de Tunis. Présentation et traduction de l'hagiographie de 'Âisha al-Mannûbiyya*, Paris, Sindbad Actes Sud, 2008. ***Études*** : N. AMRI, *op. cit.* ; K. BOISSEVAIN, *Sainte parmi les saints. Sayyda Mannûbiya ou les recompositions cultuelles dans la Tunisie contemporaine*, Paris, IRMC et Maisonneuve & Larose, 2006 ; D. et A. LARGUECHE, « La Saïda Manoubia : de l'errance à la transcendance », in *Marginales en terre d'Islam*, Tunis, Cérès Production, 1992, p. 113-134 ; N. MAHJOUB, « Al-Sayyida, une femme, un monument », *Africa*, XIII, Tunis, Institut national du patrimoine, 1995, p. 223-241; M. C. SONNECK, « *Manâqib* Lalla Mannubiya », *Journal asiatique*, mai-juin 1899, p. 485-494.

AKHÂ MAHÂDEVÎ, *sainte et poétesse hindoue* (Udutadi, Karnataka, Kalyan, XIIe s. ?). — Shivaïte d'expression kannada, appartenant au courant dévotionnel nommé Vîrashaiva

Bhakti, Akhâ (ou Akkâ) Mahâdevî vécut au XIIe siècle (date incertaine). Elle est considérée en Inde comme une éminente figure spirituelle, dotée d'une étonnante précocité. Elle fut en effet reconnue et vénérée dès l'âge de seize ans comme une libérée-vivante, ce qui correspond dans l'hindouisme au degré le plus élevé de réalisation, et ne se conçoit que pour ceux qui accèdent à des états d'absorption (*samâdhi*) très profonds, menant à l'expérience directe de la réalité absolue. De cette expérience déroutante, elle donne, dans le poème suivant, une expression simple et saisissante : « Je suis perdue dans une extase paisible et profonde / Et dans un état d'abnégation je demeure, / Voudrais-je voir, je ne vois pas, / Voudrais-je entendre, je n'entends pas, / L'éclat de la lumière suprême / Envahit tout mon être, Ô Guheshvara » (Mahesh, p. 65).

Akhâ Mahâdevî naquit à Udutadi, petit village de la province de Shivamogga dans le Karnataka. Elle n'avait que huit ans lorsqu'elle fut initiée au culte de Chenna Mallikarjuna par swâmi Gurulinga, un shivaïte *lingâyat* ; elle nourrit dès lors une intense dévotion pour « le Seigneur blanc comme le jasmin », cet aspect de Shiva qui devint son *ishtadevatâ* (« divinité d'élection »).

Animée par un élan d'amour irrépressible, elle allait souvent se retirer dans la solitude du temple, pour laisser jaillir librement des chants de dévotion (*bhakti*) ardente, s'adressant comme une amante à son bien-aimé Chenna Mallikarjuna. Son seul désir fut alors de devenir « renonçante » afin de se consacrer corps et âme à cette voie d'amour qui faisait toute sa joie ; dans un élan d'abandon du monde, elle s'écrie : « Mon corps est désincarné, ma vie transcendée, ma volonté anéantie, l'absolu est devenu l'unique pensée de mon esprit tout entier » (Mahesh, CXII). Elle quitta alors toutes ses attaches, famille, amis, village, pour vivre une existence d'ascète errante, parcourant les chemins en chantant des hymnes de louanges à Shiva.

Cependant, avant de se mettre en route, Akhâ Mahâdevî, dans un geste de total abandon, comme le font les *sannyâsin* (« renonçants » hindous), se défit de ses vêtements, puis se mit en chemin, revêtue de sa seule longue chevelure. Son maître, Allama Prabhu eut quelque difficulté, dit-on, à lui faire entendre raison, car elle refusait de garder quoi que ce soit. Cette pratique coutumière chez les hommes était jugée peu convenable pour les femmes... mais sa longue chevelure la protégea des regards. En guise d'adieu, elle composa pour son maître et ceux qui l'avaient aidée dans sa voie, cette stance (*vacana*) : « Ayant terrassé les six passions / Incarnée sous forme de triade corps-pensée-parole / J'ai mis fin à ces trois, suis devenue tous deux à la fois : / Je et l'absolu / Ayant mis fin à la dualité / Suis devenue unité par la grâce de vous tous, / Je salue Basava ainsi que tous ceux ici assemblés. / Je fus bénie par Allama Parabhu mon maître / Puissé-je trouver l'union avec Chenna Mallikarjuna, adieu. »

Une tranche de sa vie mérite mention, il s'agit de son entrée dans la communauté Anubhavamantapa à Kalyana, réputée dans toute l'Inde. La « Maison de l'Expérience » fondée par l'ex-ministre brahmane Basava, sur le modèle d'un monastère shivaïte, regroupait plus de deux cents moines *lingâyat*, et accueillait également une soixantaine de femmes. On peut encore découvrir, dans l'enceinte de Kalyana, les grottes creusées à même la colline qui leur servaient de cellules. Cette institution au fonctionnement démocratique s'était donné pour but de favoriser la ferveur spirituelle en plaçant au second plan les rites différenciés par l'appartenance aux diverses catégories socioreligieuses, très pesants pour certains, par leur minutie, leur durée et leur récurrence. Il s'agissait ainsi de privilégier l'expérience intérieure (*anubhava*) par rapport au sacrifice extérieur, ainsi que la connaissance, la philosophie... Tous les chercheurs y étaient accueillis, quelles que soient leur caste, leur croyance, leur position sociale.

L'aspect le plus remarquable sans doute, dans le contexte socioreligieux où évoluait Akhâ Mahâdevî, concerne l'importance et le rôle accordé aux femmes, leur niveau d'expérience étant considéré comme supérieur à celui des hommes. Parmi les compagnes de Akhâ Mahâdevî, citons deux noms qui sont passés à la postérité, Satyakkâ et Muktayakkâ. La tradition rapporte qu'Akhâ Mahâdevî participait aux débats de l'Anubhavamantapa portant sur des sujets philosophiques, ou les moyens d'atteindre la délivrance.

Selon la tradition, grand était l'émerveillement que suscitaient son intense beauté, comparée à une pierre précieuse étincelante, son visage aussi rayonnant que la lune, ou ses yeux semblables à des lotus épanouis. Mais tout cela n'était rien à côté de ses qualités de sagesse, de bonté et d'amour. Vivant à l'écart du monde, libre de tout lien, elle s'entretenait avec des compagnons de hasard, les animaux, les oiseaux et les fleurs. Seul l'amour infini de son époux mystique, Shiva, la comblait. Elle s'éteignit dans sa vingtième année (ou aux alentours de cet âge), totalement unie et absorbée en Shiva. « Quittant l'agir et dépassant le non-agir [...] je me suis fondue en Chenna Mallikarjuna » (Mahesh, CXIV). Selon d'autres sources, Akhâ Mahâdevî serait née en 1130, aurait été dans un premier temps mariée par arrangement au roi jaïne Kausika, et serait décédée en 1160. Son nom, signifiant « grande sœur », était un titre honorifique qui lui fut accordé par les saints vîrashaiva, tels que Basava et d'autres.

Akhâ Mahâdevî a laissé à la postérité de nombreux *vacana* (« poèmes, paroles ») : dans la tradition *lingâyat* à laquelle elle appartenait, les *vacana*, sous forme de poèmes chantés, livrent les plus beaux témoignages d'expérience spirituelle spontanée, animée par une intense dévotion. Ceux de Akhâ Mahâdevî sont encore psalmodiés de nos jours et célèbrent avec simplicité la réalisation de soi au cœur de la vie quotidienne : « Je m'agrippe à la terre tout en rejetant le monde, / Et si je suis (encore) fascinée par ses formes, / C'est (cependant) l'Être sans visage qui anime ma vie » (Mahesh, XX).

Colette Poggi

Bibl. : *Œuvre* : MAHESH, *Le Bhakti yoga de Akkamaha Devi*, édité par le CRCFI, Paris, 1977. ***Étude*** : *Mahâdevî*, in *Siddhayya Pûranika*, Karnatak University, Institute of Kannada Studies, 1986.

AKHMATOVA, Anna, *poétesse* (Anna Andreïevna Gorenko ; Odessa,

Empire russe, 23 juin 1889-Domodedovo, République soviétique de Russie, 5 mars 1966). — Surnommée la « reine de la Neva » ou l'« âme de l'Âge d'argent ». Anna est la troisième d'une famille aisée de six enfants ; son père est un ingénieur de la marine retraité, sa mère est originaire du khan tatar Akhmat, d'où le nom de plume d'Anna. Un an après sa naissance, sa famille déménage à Tsarskoïe Selo, près de Saint-Pétersbourg. Entre 1900 et 1905, Anna fréquente le gymnase Mariinsky pour filles et passe tous les étés à Sébastopol, sur la mer Noire. Après la séparation de ses parents, elle part sur la côte, en Eupatorie, avec sa mère qui craint une irruption de phtisie chez ses enfants. Anna interrompt ses études pendant un an, achevant en 1907 la classe terminale du gymnase féminin de Kiev. Entre 1908 et 1910, elle étudie le droit. À la fin de ses études, elle épouse le poète Nikolaï Goumilev, rencontré en 1903 à Tsarskoïe Selo. En 1910, les époux partent en voyage à Paris, où Anna fréquente le peintre Amadeo Modigliani, qui fait d'elle une série de dessins. Après l'installation du jeune couple à Saint-Pétersbourg, Anna reprend des études de littérature et d'histoire. En 1912, elle donne naissance à son fils unique, Lev, qui deviendra un historien et géographe éminent.

Dès son plus jeune âge, Anna écrit des poèmes. Ses poètes favoris, Innokenti Annenski, Alexandre Blok, Valéry Brussov et Mikhaïl Kouzmine, l'inspirent. Son premier recueil de poésie, *Le Soir*, paraît en 1912 et connaît un succès considérable. Il inaugure le style caractéristique qui va lui être associé durant toute sa vie. Intime et lyrique, sa poésie est souvent comparée à une sorte d'aveu ou de confession, dans laquelle elle relate de façon simple, presque prosaïque, une émotion amoureuse. Ses thèmes poétiques sont liés aux moments marquants de toute histoire amoureuse : la rencontre ou la rupture de la relation. L'effet d'intimité se dégage de la manière dont elle dialogue avec son interlocuteur (généralement un amoureux) qu'elle tutoie. *Le Rosaire*, son deuxième recueil paru en 1914, ne fait que confirmer le style unique de sa poésie. Grâce au laconisme de la parole, à la quasi-absence de métaphores et d'effets poétiques, dont découlent l'intensité et l'énergie de son expression, Anna est vite promue à l'avant-garde du nouveau courant poétique fondé par Nikolaï Goumilev et Sergueï Gorodetski – l'acméisme. À l'opposé du symbolisme, les acméistes revendiquaient l'utilisation d'un langage simple et concret pour porter à son apogée la dimension poétique du quotidien. *La Foule blanche*, publié en 1917, a moins de succès, mais il permet de déceler de nouveaux thèmes dans la poésie d'Akhmatova, les deux livres suivants parus en 1921, *Plaintain* et *Anno Domini MCMXXI*, ne faisant qu'accuser ces motifs. Dans son écriture s'entendent désormais des notes tragiques, non sans relation avec les événements historiques décisifs en cours : la guerre, la révolution, l'émigration de beaucoup d'amis. La confidence se mue en appel, voire en prière ; apparaît le thème de l'abnégation, l'oubli de soi, qui glisse petit à petit vers celui du sacrifice et du don de soi. Anna élabore ainsi un style solennel, traversé de notes prophétiques, prévoyant le sort tragique du pays.

En 1918, Anna divorce de Goumilev et se lie avec l'assyriologue et poète Vladimir Chileïko. En 1922, elle emménage avec l'historien et critique d'art Nikolaï Pounine, dont elle se séparera en 1938. À partir de 1924, Anna n'est plus publiée, ni rééditée. Ce qui coïncide avec la période de silence de treize ans pendant laquelle elle n'écrit que vingt à trente poèmes. En 1940 sort un livre regroupant ses cinq derniers recueils, dont un inédit : *Le Roseau*.

Sa famille, ses proches et ses amis n'échappent pas à la terreur. En 1921, Nikolaï Goumilev, ne cachant pas ses opinions anticommunistes, est fusillé. En 1935, son fils Lev et son troisième mari Pounine sont arrêtés pour la première fois. Ce dernier sera relâché, arrêté de nouveau en 1949 et mourra dans les camps quatre ans plus tard. Son fils passera en tout douze ans dans les camps, avec un « répit » pendant la guerre. Il ne pardonnera jamais à sa mère ce qu'il considérera comme un manque de zèle pour l'aider à sortir des camps. Le grand cycle tragique d'Anna, *Requiem* (1935-1943), est consacré à la période de terreur stalinienne. Donnant une vision apocalyptique du monde, il s'achève par des scènes bibliques de crucifixion dans lesquelles le Christ est lui-même victime de la terreur.

Pendant la Deuxième Guerre mondiale, Anna est évacuée à Tachkent (Ouzbékistan) où, entre 1942 et 1944, elle travaille à la pièce *Enouma Elich*, dont le sujet lui est donné en rêve lors d'une longue maladie. Elle la brûle à son retour à Saint-Pétersbourg, tant les malheurs aperçus lors de son délire et transcrits dans la pièce prophétique semblent se réaliser. L'œuvre majeure d'Akhmatova reste sans conteste le *Poème sans héros* (1940-1965), dont elle commence la rédaction à l'âge de cinquante ans. Portant sur l'Âge d'argent de la poésie (l'année 1913 et la jeunesse d'Anna), il confesse les péchés de toute une génération ayant refusé de porter la responsabilité des horreurs de son siècle. Dans sa structure très complexe, fruit de nombreux remaniements et réécritures, les thèmes de la mort, du temps passé, de la repentance et de la pénitence sont intimement entrelacés.

À partir des années 1930, les événements tragiques de l'Histoire vécus par Anna aiguisent sa sensibilité : sa conscience poétique s'ouvre à l'universel, devient réceptive à ce qui la dépasse. Son processus de création est d'emblée mis en cause. Dans *La Prose sur le poème* (1959-1961), Anna raconte comment cette œuvre l'a hantée pendant des années, comment, lorsque le poème est « arrivé », elle n'a plus su se défaire de la musique insistante et inexplicable qui résonnait en elle. D'après les témoignages de ses proches, pour tenter de l'exorciser, elle pratiquait des activités rythmiques et mécaniques (en faisant la lessive par exemple), mais en vain. Or l'appel mystique du poème à sa réalisation ne garantit en rien son aboutissement. Dans ses notes des années 1950, Anna explique en effet que la musique qu'elle entend peut aussi bien stimuler la création d'un poème que l'empêcher. Tantôt le poème lui est dicté, elle n'a plus alors qu'à le coucher sur le papier en toute simplicité. Tantôt le bruit assourdissant qui croît dans ses oreilles empêche tout jet poétique. L'état extatique, qui annonce la venue d'un poème, passe ainsi toujours par l'ouïe. Souvent, elle entend cette musique dans son sommeil et, au réveil, la traduit en paroles. Dans son dernier recueil, *La Course du temps* (1965), Anna revient sur la création poétique (cycle *Les Secrets du métier*), la décrivant comme un état de grâce par lequel le monde entier se transfigure. Dans ses poèmes imprégnés de non-dits, les mots ont acquis une charge symbolique. Le temps est aboli. Les choses extérieures, plus présentes et plus prégnantes, ont pris une signification nouvelle pour se donner dans une éternité vivante.

Rare poétesse russe ayant écrit et survécu à l'époque soviétique, Anna décède dans une clinique de Domodedovo, en banlieue de Moscou.

Ioulia Podoroga

Bibl. : *Œuvres* : *Poème sans héros, Requiem et autres œuvres*, trad. J. et F. Rude, Paris, Maspero, 1982 ; *Poèmes*, trad. G. Larriac, H. Abril, C. Falk, *et al.*, Paris, Librairie du Globe, 1993 ; *Anthologie*, trad. J. Burko, Paris, La Différence, 1997 ; *Le Vent de la guerre*, trad. C. Mouze, Paris, Harpo & Corbière, 2003 ; *L'églantier fleurit et autres poèmes*, trad. M. Graf et J.-F. Tappy, Chêne-Bourg (Suisse), La Dogana, 2010. ***Études* :** M. GRIBOMONT, *Présence d'Anna Akhmatova en Europe francophone*, Louvain-la-Neuve, Presses universitaires de Louvain, 1987 ; V. LOSSKY, *Chants de femmes : Anna Akhmatova, Marina Tsvétaeva, biographie*, Bruxelles, Le Cri, 1994 ; E. MOCH-BICKERT, *Anna Akhmatova, silence à plusieurs voix*, Paris, Resma, 1970 ; J. RUDE, *Anna Akhmatova*, Paris, Seghers, 1968 ; L. TCHOUKOVSKAÏA, *Entretiens avec Anna Akhmatova*, Paris, Albin Michel, 1989.

ALDEGONDE, *sainte, visionnaire* (?, v. 630-Maubeuge, 30 janvier v. 684). — Fille de Bertilla et de Waldebert, probable *domesticus* du roi mérovingien Clothaire II, Aldegonde naquit au sein d'une illustre famille de l'aristocratie neustrienne de la région de l'actuel département français du Nord sous le règne du mérovingien Dagobert Ier. Elle avait pour sœur aînée Waldetrudis – sainte Waudru, épouse de saint Vincent Madelgaire, le fondateur du monastère Saint-Vincent de Soignies –, qui fonda le monastère double (admettant en deux enclos séparés des moines et des moniales) de Mons (Belgique, Hainaut). Bien que son biographe primitif n'y fasse aucune allusion, on considère traditionnellement Aldegonde comme la patronne de Maubeuge (département du Nord). On admet qu'elle y fonda, vers 660-665, sur les domaines de ses parents, un monastère double dont elle organisa la vie conventuelle et fut, probablement, la première abbesse.

Aldegonde mourut un samedi 30 janvier. Léon Van Der Essen démontra qu'il fallait situer ce décès en 684. Wilhelm Levison préconisait une année plus tardive : 689 ou 695. Tout d'abord inhumé à Coulsore (arrondissement d'Avesnes), son corps fut ramené à Maubeuge à la suite de l'intervention de sa nièce, Aldetrudis, qui lui succéda à la tête de l'abbaye. Cette translation est commémorée le 13 novembre. Le corps fut encore déplacé trois fois, en 1039, 1161 et 1439. À l'occasion des deux dernières translations, les reliques firent l'objet d'une ostension préalable à leur dépôt dans une nouvelle châsse. Dès le VIIIe siècle, le nom d'Aldegonde apparut dans les calendriers à la date du 30 janvier. On lui voua d'emblée un culte important dans l'espace actuel de la Belgique, du Nord de la France et jusqu'au Rhin ; le nombre élevé de biographies – cinq – qui lui furent consacrées entre le VIIIe et le XIe siècles en atteste.

Les rares informations biographiques crédibles dont on dispose à son sujet doivent, semble-t-il, être puisées dans la *Vita prima Aldegundis*. Au fil des remaniements, beaucoup de détails légendaires furent introduits dans la tradition historique orale pour donner à la vie de la sainte un accent dramatique. Selon Anne-Marie Helvétius (« Sainte Aldegonde... », 1992), la *Vita prima* aurait été rédigée au tournant du VIIIe siècle par un moine anonyme contemporain de la sainte, peut-être un membre de l'abbaye d'Hautmont – et non par une femme, comme a tenté de le démontrer Michel Rouche. La *Vita* fournit de nombreux détails sur la famille d'Aldegonde et l'organisation du monastère de Maubeuge. C'est en dépit des réticences maternelles que Waudru, la sœur aînée d'Aldegonde, aurait incité celle-ci à renoncer au siècle pour embrasser la vie religieuse. Ensuite du récit de la naissance de la vocation d'Aldegonde, l'auteur rapporte quelques visions qu'eut la sainte tout au long de sa vie, avant d'évoquer, avec une précision remarquable, des miracles qui précédèrent de peu son décès.

Aldegonde aurait, dès l'enfance, fait l'expérience de rêves et de visions mystiques. À la fin de sa vie, elle en confia le souvenir à un abbé de Nivelles du nom de Subnius, qui les consigna par écrit. Ce témoignage autobiographique est désormais perdu. Fort heureusement, l'auteur de la *Vita prima* lui emprunta de larges extraits à l'appui desquels il insista, dans son œuvre, sur le caractère extraordinaire de ces expériences visionnaires. Ce premier texte hagiographique consacré à la fondatrice de Maubeuge se distingue des autres Vies de saintes femmes de l'époque par sa capacité à mêler des récits d'expériences mystiques à la démonstration de la vie sainte de l'héroïne dans le siècle. La plus ancienne de ces visions survint durant l'enfance de la sainte et eut sur la jeune fille une forte influence. Elle se vit à l'entrée d'un palais merveilleusement décoré et soutenu par sept colonnes, exhalant une merveilleuse odeur qu'elle reconnut être celle du Christ. Aldegonde avoua alors avoir eu l'impression de voir plus clair, comme si des squames étaient tombées de ses yeux. Ce palais fut très tôt associé au palais de la mariée céleste, suggérant l'entame d'une vie conjugale. Cette vision semble avoir été à l'origine de la vocation religieuse d'Aldegonde. Durant sa vie religieuse, la sainte eut, entre autres, l'occasion de contempler l'arrivée au paradis de saint Amand – avec lequel elle avait lié une forte amitié spirituelle. Ces visions contribuèrent largement au succès immédiat du culte d'Aldegonde. Elles se distinguent de la majorité des témoignages mystiques médiévaux par leur caractère intime et personnalisé ; elles pourraient avoir servi de modèle aux récits visionnaires de femmes mystiques des siècles postérieurs.

Florence Close

Bibl. : ***Sources*** **:** *Bibliotheca hagiographica latina* (= *BHL*), n°s 244-250 ; *Vita Aldegundae prima* (*BHL* 244), J. Mabillon (éd.), t. 2, Paris, 1669. ***Traduction*** **:** M. ROUCHE, *Vie* *de sainte Aldegonde réécrite par une moniale contemporaine (VIIIe s.)*, Maubeuge, Association les Amis du livre, 1988. ***Études*** : L. VAN DER ESSEN, *Étude critique et littéraire sur les vitae des saints mérovingiens de l'ancienne Belgique*, Louvain, Bureaux du Recueil, 1907 ; A.-M. HELVÉTIUS, « Sainte Aldegonde et les origines du monastère de Maubeuge », *Revue du Nord*, t. 74, 1992, p. 221-237 ; ID., « Aldegonde », in *Nouvelle Biographie nationale*, t. 3, Bruxelles, Académie royale de Belgique, 1994, p. 19 ; M. COENS, « Aldegonde (sainte) », in *Biographie nationale*, t. 31, suppl. 3, Bruxelles, Académie royale de Belgique, 1962, col. 10-14 ; B. KRUSCH et W. LEVISON (éd.), in *Monumenta Germaniae Historica, Scriptores rerum merovingicarum*, Hanovre, 1937-1951, t. 6.

ALEXANDRINA DE BALASAR, ou Santinha de Balasar, *bienheureuse* (Alexandrina Maria da Costa ; Gresufes, 30 mars 1904-Calvário, 13 octobre 1955). — Alexandrina naquit au lieu-dit Gresufes du village de Balasar (Póvoa de Varzim), au nord du Portugal, à une cinquantaine de kilomètres de Porto. Elle fit ses études primaires à Póvoa de Varzim, puis elle revint au lieu-dit Calvário, où s'était installée sa famille. Atteinte à douze ans de fièvre typhoïde, elle demeura de santé fragile. En 1918, le samedi saint, alors qu'elle faisait de la couture avec sa sœur aînée Deolinda (à laquelle elle dicta par la suite de nombreux écrits) et une autre fillette, trois hommes pénétrèrent dans sa chambre et tentèrent de la violenter. Alexandrina, afin de protéger sa virginité, s'enfuit de la pièce en sautant par la fenêtre d'une hauteur de quatre mètres. Grièvement blessée par cette chute, elle fut atteinte de paralysie. Le 14 avril 1925, la paralysie s'aggrava au point qu'elle dut garder le lit ; elle demeura alitée pendant trente ans. Elle priait la Vierge Marie* de la guérir, car son intention était de devenir missionnaire. Quand la paralysie, qui la gagnait de plus en plus, le lui permettait, elle aimait se rendre à l'église. Seule dans sa chambre, en proie à d'intolérables souffrances, elle se consacra au Tabernacle afin de réparer les profanations eucharistiques faites dans le monde.

En 1928, elle comprit que sa vocation était de partager mystiquement les souffrances du Christ, en s'offrant volontairement comme victime expiatoire pour sauver les pécheurs : le Christ lui avait demandé de s'assimiler intimement à sa Passion. « Viens dans mes Tabernacles ; viens me consoler ; viens réparer. Ne cesse pas de réparer. Donne-moi ton corps pour que je le crucifie. J'ai besoin de beaucoup de VICTIMES pour soutenir le bras de ma justice et j'en ai si peu ! [...] J'exige de toi de très grandes souffrances : la crucifixion est douloureuse. Par amour pour moi, ne le refuse pas ; c'est pour sauver les pécheurs, tes frères, ces aveugles, non pas de naissance, aveuglés par les passions » (nov. 1934). Le père jésuite Mariano Pinho, son directeur spirituel de 1933 à 1942, l'incita à dicter ses extases mystiques : autobiographie, lettres, prières, notes intimes... L'ensemble de ses écrits constitue près de cinq mille pages. Le père Pinho dut s'exiler au Brésil, où il mourut. Alexandrina, très attachée à lui, ne cessa de lui écrire l'état de son âme et les interventions divines dont elle était l'objet. Puis un prêtre italien, dom Umberto Maria Pasquale, salésien (Société de saint François de Sales) de dom Bosco, le remplaça. En 1935 et, par la suite, à plusieurs reprises, le Seigneur lui apparut et lui annonça la venue de la guerre en châtiment des péchés de l'humanité. Alexandrina entendit ces paroles : « Ce seront les victimes de mes Tabernacles qui arrêteront le bras de la justice divine, pour que le monde ne soit pas détruit et que de plus grands châtiments n'adviennent. »

En 1936, le Christ fit cette demande à Alexandrina : « Comme j'ai demandé à Marguerite Marie la dévotion à mon divin cœur, de même je te demande à toi que le monde soit consacré au Cœur Immaculé de ma Très-Sainte Mère, avec une fête solennelle en son honneur. » Le 27 mars 1939, après l'élection de Pie XII, le Christ lui annonça : « Voici le Souverain Pontife qui consacrera le monde au Cœur Immaculé de Marie, ma Mère. » Le 31 octobre 1942, Pie XII satisfaisait à ce désir dans un message transmis à partir de Fátima (25e anniversaire des Apparitions) ; il répéta cette consécration dans la basilique Saint-Pierre, le 8 décembre 1942.

Du 3 octobre 1938 au 24 mars 1942, tous les vendredis, Alexandrina revivait avec joie la Passion du Christ. Surmontant sa paralysie, elle parvenait à quitter sont lit et, pendant trois heures et demie, dans de grandes souffrances, elle parcourait les étapes du Chemin de Croix. À partir du 27 mars 1942, elle cessa de s'alimenter durant treize années, jusqu'à sa mort. Sa seule nourriture était l'hostie de sa communion quotidienne. En 1943, elle fut internée de son plein gré dans le Refugio de Paralisia Infantil, à Foz do Douro. Elle fut examinée par un groupe de médecins, dirigés par le docteur Henriquez Gomez de Araujo, qui constata qu'elle ne mangea et ne but rien pendant quarante jours.

Dans son autobiographie, elle évoque longuement et de façon très détaillée son calvaire, les souffrances de son corps et de son âme, entrecoupées des brefs réconforts opérés par Jésus et Marie. « Les épines ne cessent de tomber sur moi ; et elles tombent avec tant de force ! Elles me blessent le corps, me blessent aussi l'âme. » Régulièrement assaillie par le démon, elle y témoigne jusqu'au bout d'une dévotion pour le Christ toute particulière, pour lequel elle reste une véritable médiatrice entre les croyants et leur Seigneur. « Tu es un vrai chemin, tu es une route royale flanquée de chaque côté des merveilles du Seigneur [...], lui dit-il. Ton regard, ta douceur, ta grâce, attirent les âmes à toi et par toi elles viennent à moi. » Toujours est-il que la souffrance réparatrice y est le thème dominant. Alexandrina reste en effet le théâtre vivant de la Passion, source de ses extases : « Vers la fin de la matinée, j'ai commencé à me rendre compte que Jésus pleurait à l'intérieur de moi. Moi, j'étais la ville de Jérusalem ; j'étais Jésus ; j'étais l'amour et l'ingratitude. De mon cœur partaient vers la cité les plus doux et tendres regards. C'étaient des regards de rappel, des regards de compassion. Mais de la ville, rien ne sortait vers moi ! Seule la révolte grondait contre moi. En fin d'après-midi, je me suis sentie réunie avec des amis. Ô mon Dieu, que se passe-t-il ? Des scènes si contrastées. J'étais Jésus... J'étais la table, j'étais le pain et le vin ; j'étais la coupe qui contenait le vin... J'étais Judas ; j'étais tout. J'étais la douceur et la mansuétude de Jésus ; j'étais le désespoir et la trahison de Judas. »

À la fin de sa vie, Alexandrina de Balasar acquit une grande popularité et attira beaucoup de gens qui venaient lui demander des conseils spirituels. Elle fut également admise comme « Coopératrice salésienne ». Tourmentée par de très grandes douleurs, immolée par la Passion du Christ, comme elle l'avait toujours désiré, elle mourut au Calvário, dans la paroisse de Balasar (le jour de l'anniversaire de la dernière apparition de la Vierge Marie, envers qui elle était particulièrement dévote, aux trois enfants de Fátima).

Le 12 janvier 1996, elle fut élevée au rang de Vénérable. Elle fut béatifiée à Rome le 25 avril 2004 par le pape Jean-Paul II. Sa fête est fixée le 13 octobre.

Bernard Sesé

Bibl. : ***Œuvre*** : *Seulement par amour !*, textes groupés et commentés par E. Signorile, trad. A. Rocha, Reims, Alex-Diffusion, 2010. ***Vie et études*** : U. MARIA PASQUALE, *Anima di Vittima e di Apostolo*, Leumann (Turin), Editrice Elle Di Ci, 1965 ; J. FERREIRA, *Até aos confins do mundo*, Balasar, Centro Paroquial de Balasar, 2007 ; M. PINHO S.J., *Une victime de l'Eucharistie, Alexandrina Maria da Costa*, Reims, Alex-Diffusion, 2009 ; P. LEBLANC, *Alexandrina de Balasar, 1904-1955, Essai biographique*, Reims, Alex-Diffusion 2009 ; ID., *La Spiritualité d'Alexandrina (1904-1955)*, Reims, Alex-Diffusion, 2010.

ALFASSA, Mirra, *figure spirituelle hindoue* (Paris, 21 février 1878-Pondichéry, 1973). — « Mère » de l'ashram de Sri Aurobindo, mage et penseur indien. Maurice Moïse Alfassa, le père de Mirra, était d'origine turque, et sa mère, Mathilde Ismalun, égyptienne. Née à Paris, Mirra grandit dans un milieu bourgeois et aisé. La situation familiale changea lorsque la banque ottomane que dirigeait le père de Mirra essuya les contrecoups du scandale de Panama et ruina ce dernier. Avec son frère Mattéo, Mirra reçut une bonne éducation, avant de se diriger vers l'art.

Mirra n'était pas une fille ordinaire. Enfant taciturne, elle inquiétait beaucoup sa mère. Un jour, lorsque celle-ci lui demanda pourquoi elle avait toujours l'air si triste, elle lui répondit qu'elle portait sur ses épaules toutes les misères du monde. À quatre ou cinq ans déjà, Mirra avait une vie intérieure intense et pouvait passer des journées entières assise dans le petit fauteuil capitonné qu'on avait fait pour elle. Seule dans sa chambre, elle oubliait le monde qui l'entourait, se concentrant sur la lumière qu'elle sentait briller au-dessus de sa tête. Elle ne comprenait rien aux turbulences que cette expérience déclenchait dans sa tête, mais elle sentait obscurément qu'elle était sur terre pour accomplir une grande mission. Entre onze et treize ans, Mirra fit aussi des expériences mystiques qui lui révélèrent l'existence de Dieu et la possibilité de s'unir à lui. Fréquemment, le visage d'un maître spirituel au teint sombre paraissait dans ses rêves. Elle le nomma spontanément « Krishna », divinité du panthéon hindou, alors qu'à l'époque elle ne connaissait rien aux mythologies indiennes. Mirra reconnaîtra plus tard ce maître au visage asiatique sous les traits de Sri Aurobindo.

Jeune femme intelligente, Mirra mena parallèlement une vie sociale très riche. Musicienne et peintre accomplie, elle embrassa une vie d'artiste, jouant du piano, peignant et exposant ses toiles dans les salons. Elle se maria avec Henri Morisset, lui aussi peintre et élève de Gustave Moreau. Leur fils unique, André, naquit en 1898. Mais Mirra se satisfit difficilement de cette vie bourgeoise qui l'accaparait. Elle chercha à y échapper. Son frère lui fit alors découvrir en 1903 la *Revue cosmique*, une publication mensuelle animée par un occultiste d'un certain renom, Max Théon.

Attirée par l'occultisme, Mirra se rapprocha de ce mouvement et y joua un rôle actif en aidant à la rédaction et à la gestion de leur revue. Elle y fit la connaissance de Max Théon et de sa femme et, en 1906, à l'invitation de ces derniers, alla passer plusieurs mois avec eux dans leur maison à Tlemcen, aux portes du Sahara algérien. Elle y retourna en 1907. Au cours des deux séjours qu'elle effectua, les époux Théon l'initièrent aux procédés et aux techniques par lesquels les occultistes peuvent entrer en contact avec les forces invisibles. Grâce à leur aide, elle multiplia les expériences paranormales de transe, d'abandon temporaire du corps matériel pour s'incarner dans des corps subtils et de réalisation du divin dans le for intérieur de son être. Les Théon croyaient également à la possibilité pour la matière d'évoluer et d'atteindre des stades de conscience supérieure, rejoignant ainsi la théorie de l'évolution supramentale de Sri Aurobindo, dont Mirra devait devenir le principal apologue dans la seconde partie de sa vie.

Dès avant son voyage à Tlemcen, Mirra avait pris l'habitude de réunir régulièrement dans son appartement parisien une poignée d'amis proches, intéressés par l'occultisme et la spiritualité. Les réunions hebdomadaires de ce cercle baptisé Idée reprirent après le retour de Mirra de sa retraite algérienne. Ensemble, les participants lisaient et commentaient des textes de la sagesse orientale, fraîchement traduits en français, et échangeaient des idées sur des sujets donnés. À la question de savoir quel était leur principal objectif sur le plan spirituel, Mirra répondait : « la prise de conscience de la présence divine » et « la fondation d'une société idéale propice à l'avènement de l'homme nouveau ». La célèbre tibétologue Alexandra David-Néel* connut Mirra à cette époque ; elle participait aux méditations philosophiques de sa « grande amie ». Dans ses textes, elle la décrit comme « une femme d'une élégance rare, une intellectuelle à tendance mystique, douée d'une formidable force intérieure ».

Entre-temps, Mirra avait divorcé de son premier mari et s'était remariée, en 1911, avec Paul Richard, un ancien pasteur qui nourrissait des ambitions politiques. Philosophe de formation, l'homme s'intéressait aussi à la métaphysique et avait voyagé en Inde à la recherche d'un maître spirituel. À Pondichéry, il avait fait la connaissance du leader nationaliste Aurobindo Ghose, qui venait de s'installer en avril 1910 dans ce comptoir français, fuyant la police britannique. Animé par une profonde quête intérieure, Ghose avait décidé d'abandonner la politique pour se consacrer à la pratique de la spiritualité. Le courant passa entre les deux hommes qui discutèrent des mérites respectifs des philosophies occidentale et orientale.

En 1914, Paul Richard retourna à Pondichéry avec son épouse pour faire campagne et présenter sa candidature à la Chambre des députés. Le 29 mars, le couple rencontra celui qu'on appelait désormais Sri Aurobindo par respect pour sa vie d'ascèse. Mirra reconnut immédiatement en lui le mystique asiatique qui lui rendait visite dans ses rêves d'enfant précoce à Paris. Ce fut un tournant radical dans la vie de la trentenaire qui sut intuitivement que tout son passé n'avait été qu'une préparation à cette rencontre. Elle a décrit ce moment comme le véritable point de départ de la mission spirituelle dont elle se sentait investie depuis sa plus petite enfance et dont le but était de « créer des activités, des modes d'êtres nouveaux, afin que cette Force, inconnue de la terre jusqu'à ce jour, puisse se manifester dans sa plénitude ».

Tout au long de l'année 1914, les Richard rencontrèrent régulièrement Sri Aurobindo et le cercle d'amis et disciples qui partageaient sa vie à Pondichéry. Ils décidèrent de créer ensemble un mensuel baptisé *Arya* pour la version anglaise et *Revue de la grande synthèse* pour la version française. Sri Aurobindo y fit paraître pendant six ans et demi ses principaux ouvrages philosophiques, dont *La Vie divine* et *La Synthèse des yogas*. Mirra s'occupait alors de traduire les textes pour la version française du journal.

Mariant la connaissance spirituelle inscrite dans les écritures sacrées de l'Inde antique à la théorie de l'évolution darwinienne, Sri Aurobindo élabora dans son œuvre sa conception d'une nouvelle espèce dotée d'une conscience supérieure qui se situe au-delà de la conscience mentale. L'originalité de la pensée du philosophe consistait à imaginer la descente de cette conscience « supramentale » dans la matière, entraînant la transformation des esprits et des corps jusqu'aux cellules. Selon lui, l'homme supramental est un être divin, capable d'appréhender les choses intuitivement et conscient de l'unité de toute existence. La pratique d'une ascèse intégrale, sans pour autant se retirer dans une vie de contemplation et de méditation, est le sûr chemin pour accéder à cette nouvelle dimension, explique-t-il. En tant que traductrice, Mirra fut l'une des toutes premières lectrices de la pensée d'Aurobindo, qu'elle ne tarda pas à faire sienne. Elle voulut être partie prenante du projet de divinisation de la terre, mais l'éclatement de la Première Guerre mondiale l'obligea à interrompre sa collaboration avec Sri Aurobindo pour retourner en France avec son mari en février 1915.

Très choquée de devoir repartir, Mirra maintint toutefois ses liens avec Sri Aurobindo grâce à une correspondance suivie. Après la guerre, elle revint à Pondichéry le 24 avril 1920, pour ne plus jamais repartir. Elle s'était entre-temps séparée de son mari, afin de pouvoir se consacrer pleinement à sa mission spirituelle, aux côtés de Sri Aurobindo. Avec la poignée de disciples qui s'étaient réunis autour de ce dernier, Mirra et Aurobindo fondèrent en 1926 « l'ashram de Sri Aurobindo ». Aux yeux de ses fondateurs, il devait être un laboratoire dédié à la transformation des consciences, qui était le but de leur entreprise spirituelle commune. Pour se consacrer pleinement à son travail consistant à créer des conditions propices à la descente du supramental dans la matière, Sri Aurobindo se retira en 1926, laissant à Mirra la charge de la gestion matérielle et spirituelle de son ashram.

Mirra devint la « Mère » qui, dans la tradition religieuse indienne, est celle qui réalise concrètement la volonté divine. La Mère est aussi le principe féminin à l'œuvre dans la création, représentée sous la forme de déesses chargées de détruire les forces du mal et de protéger le bien. L'ashram toujours existant aujourd'hui est, pour ainsi dire, sa création.

La réputation de Sri Aurobindo, en tant qu'homme politique visionnaire et philosophe, attira à Pondichéry, ville méridionale sous administration française, des visiteurs indiens et occidentaux dont beaucoup s'établirent sur place, grossissant rapidement la population de l'ashram. Le nombre des arrivants s'accrut pendant la Seconde Guerre mondiale lorsque, apeurées par l'avancée inexorable des troupes japonaises dans l'Asie du Sud, des familles aisées du nord de l'Inde, plus particulièrement du Bengale, vinrent se réfugier à Pondichéry. Comme ces familles venaient avec leurs enfants, la Mère fonda, en décembre 1943, une école pour les accueillir et les éduquer selon les principes de Sri Aurobindo.

Pour financer les projets, l'ashram, toujours sous la direction de Mirra, se dota parallèlement de petites entreprises (imprimerie, usine de fabrication de meubles, garages pour réparation des voitures...) gérées par ses disciples, qui employaient la main-d'œuvre locale. Des services furent créés pour répondre aux besoins des disciples dans le domaine du logement, de la nourriture, de l'habillement ou des activités physiques ou sportives. Mirra fit de l'ashram une véritable ville autonome à l'intérieur même de la ville de Pondichéry.

Cette organisation s'inscrivait dans la vision « aurobindonienne » de la spiritualité, aucunement coupée du monde, qui devait se réaliser au sein même de la vie active, selon ce qu'Aurobindo appelait le « yoga intégral ». Toute vie est « yoga », aimait-il à dire. Pour Mirra, l'ashram était la réalisation de son rêve de jeunesse : créer « un petit monde où les gens pourraient vivre sans avoir à se préoccuper de la nourriture, du logement, des vêtements et des nécessités impérieuses de la vie, afin de voir si toutes les énergies, libérées par cette certitude de l'existence matérielle assurée, se tourneraient spontanément vers la vie divine et vers la réalisation intérieure ».

Mirra était à la fois l'âme et la principale coordonnatrice de la communauté. Toute la vie de l'ashram était organisée autour d'elle et de ses séances d'enseignement au cours desquelles elle rappelait les objectifs spirituels de transformation de la conscience poursuivis par Sri Aurobindo et elle-même. Elle le faisait aussi à travers des rituels réguliers qui rythmaient les journées des disciples. La journée commençait ainsi par l'apparition de la Mère qui, à six heures du matin, bénissait tous les disciples réunis dans la rue, sous son balcon. Elle se poursuivait par de multiples rituels dont la distribution de la soupe ou l'offrande des fleurs. Pour Mirra, les fleurs étaient les symboles des qualités spirituelles et éthiques. Elle avait rebaptisé presque huit cents fleurs selon la qualité qu'elle leur attribuait et les offrait aux disciples dans une démarche de communion mystique.

À la mort de Sri Aurobindo en décembre 1950, Mirra eut pour tâche de poursuivre le travail spirituel du maître. Elle a raconté comment, debout devant le lit mortuaire de Sri Aurobindo, elle ressentit la « force supramentale » de ce dernier passer de son corps dans le sien. La mort avait interrompu sa mission. Six ans plus tard, Mirra proclama avoir réussi à ouvrir la porte massive qui séparait le monde du divin. Dans un message distribué le 29 février 1956, elle affirma avoir vu, lors d'une séance de méditation, la lumière supramentale se déverser sur terre en torrent ininterrompu ; un moment crucial, selon elle, dans l'évolution humaine, car le mental ne serait plus l'horizon indépassable de l'homme. Le corps humain n'étant pas encore prêt pour recueillir cette conscience supramentale, elle s'attela le reste de sa vie à la « supramentalisation » du corps, une démarche quasi physiologique que certains disciples ont qualifiée de « révolution cellulaire ».

Mirra ne put mener jusqu'au bout ce processus qui devait déboucher sur l'immortalité, la sienne et celle de l'espèce humaine. Elle mourut à l'âge canonique de quatre-vingt-treize ans, laissant des indications sur ce à quoi pourrait ressembler le corps supramental : des êtres asexués, vêtus de lumière.

L'ashram de Sri Aurobindo a survécu à la disparition de ses fondateurs, tout comme la cité internationale d'Auroville créée par la Mère en 1968, à dix kilomètres de Pondichéry, où tentent de s'incarner la philosophie d'Aurobindo et sa vision de la société supramentale du futur.

Tirthankar Chanda

Bibl. : ***Œuvres*** **:** la plupart de ses ouvrages ont été édités et sont régulièrement réédités par Sri Aurobindo Ashram Publications Department, à Pondichéry : *Conversations 1929-30-31*, 1989 ; *Sunlit Path*, 1995 ; *Flowers and their Messages*, 1999 ; *Les Quatre Austérités & Les Quatre Libérations*, 1953 ; *Pensées et Aphorismes de Sri Aurobindo* commentés par la Mère, 1977, 2 vol. ; *Entretiens (1929-1958)*, 8 vol., 1933-1972 ; *L'Agenda de Mère (1951-1973)*, trad. Satprem, Lion-sur-Mer, L'Institut de recherches évolutives, 1980-1981. ***Études*** **:** M.-A. DESCHAMPS, *Rencontres avec douze femmes remarquables*, Monaco, Alphée, 2006 ; SATPREM, *Mère*, Paris, Robert Laffont, 1977.

ALIX LE CLERC, *bienheureuse, cofondatrice de la Congrégation Notre-Dame* (Thérèse de Jésus en religion ; Remiremont, 2 février 1576-Nancy, 9 janvier 1622). — La figure d'Alix Le Clerc aura quelque peu souffert du destin posthume de la *Relation* qu'elle rédige, sans doute entre 1618 et 1621, peu avant sa mort, à la demande de son confesseur, le jésuite Jean Guéret. Cette autobiographie spirituelle où elle énumère les faveurs « un peu extraordinaires » que Dieu lui avait accordées, sera publiée en 1666, augmentée d'une biographie et d'*Écrits spirituels*, remaniés selon le goût et les préoccupations du temps : on y insiste sur les faits miraculeux et l'affrontement avec les puissances démoniaques (l'odyssée d'Élisabeth de Ranfaing* est encore dans tous les esprits). Gandelet, qui réédite l'ouvrage en 1882, s'autorisera lui aussi les plus grandes libertés. De leur côté, les biographes effacent son rôle dans sa collaboration avec Pierre Fourier (Jean Bedel, *La Vie du*

R.P. Fourier, 1645) ou le minorent totalement (Edmond Renard, 1935). Il faudra attendre la découverte en 1935 d'une copie authentifiée de la *Relation* par Hélène Derréal, à la bibliothèque municipale d'Évreux, pour que le véritable visage d'Alix Le Clerc nous soit restitué. Cette découverte en annonçait d'autres : le 2 mai 1950, son cercueil, perdu à la suite des saccages révolutionnaires, est retrouvé dans le sous-sol nancéien, et les reliques de celle qui avait été béatifiée le 4 mai 1947 sont offertes à la vénération publique. Enfin sera mis au jour un portrait exécuté par le peintre Claude Deruet sur son lit de mort.

Comme Pierre Fourier, rénovateur de la pastorale dans les terres de la « dorsale catholique » (cet arc géographique catholique, révélé par les travaux de René Taveneaux, s'étirait de l'Italie aux Flandres et était destiné à contenir l'effort protestant), Alix vit à la charnière des deux siècles qui voient un élargissement du monde grâce aux découvertes et aux explorations des navigateurs, géographes et hommes de science – mais un monde qui aussi se déchire, voire se rétracte : la vision de l'homme, l'humanisme, la pédagogie s'en trouvent changés, sinon bouleversés. La société dans laquelle ils évoluent l'un et l'autre est une société en crise : comme les représentations religieuses y ont encore largement cours, c'est autant la hantise démonologique que l'appel à la créativité que feront entendre ces temps nouveaux. Le duché de Lorraine dans lequel se déroule l'existence d'Alix est politiquement indépendant, il n'a pas connu l'épreuve des guerres de Religion ; en revanche, l'invasion en 1587 des reîtres allemands l'aura partiellement ravagé, avant que, quelques décennies plus tard, n'éclate la guerre de Trente Ans. C'est dans cet entre-deux qu'œuvrent Pierre Fourier et Alix Le Clerc.

Elle naît le 2 février 1576 à Remiremont, et c'est à l'âge de dix-neuf ou vingt ans qu'elle « prit » sa vocation, après s'être confessée et y avoir entraîné ses « plus intimes compagnes », à qui elle avait instillé cette crainte de l'enfer que lui avait inculquée la lecture d'un livre tombé fortuitement entre ses mains, alors qu'elle était malade. Tournant décisif qui la sort de l'ignorance où la maintenait le piètre état religieux de la paroisse de Remiremont : rusant avec l'opinion publique et avec son entourage afin de cacher ses « actions vaines », n'était-elle pas regardée comme « fille sage et dévote selon le monde », en raison de la piété qu'elle affichait pour la Vierge et pour sainte Anne ?

Un rêve, dans lequel la Vierge lui signifie l'approbation de sa démarche pénitentielle, détermine sa résolution. En 1595, le départ de la famille pour Hymont, village natal du père, aux environs de Mirecourt, où celui-ci décide de s'établir pour soigner une longue maladie, lui aurait donné une bonne occasion de se « retirer du monde qui l'ennuyait, sans en savoir la cause ». Mais Hymont aussi avait ses petites mondanités ; ce qui la retient, c'est son « aversion à la sujétion d'un mari ».

En 1595, Pierre Fourier devient curé de Mattaincourt, dont dépendait le village d'Hymont. Il y déploie tout son zèle pastoral de prédicateur, mais Alix n'en est pas véritablement touchée. Lui n'est pas en mesure de l'entendre en confession, au moment où elle l'en sollicitait, et elle finira par abandonner cette pratique que le rêve marial lui avait inspirée.

Le réveil aura lieu quand, plusieurs fois de suite, elle croit entendre au cours de la grand-messe paroissiale un tambour qui, dehors, l'invite à la danse, un loisir qu'elle appréciait au plus haut point. Jusqu'à ce dimanche où, « hors d'elle-même », il lui sembla voir en l'air « un diable qui frappait ce tambour », entraînant une bande de jouvenceaux ainsi promis à l'enfer. Cette prise de conscience des perversités du monde se traduit par un bouleversement de ses habitudes vestimentaires, qu'elle simplifie, et par un vœu de chasteté qu'elle prononce sans prendre l'avis de quiconque.

La famille s'en alarme. Alix va trouver son curé qui entend sa confession générale, mais sans doute superficielle ; aussi lui met-il en main un manuel où elle se voit « dépeinte avec tant de péchés » qu'elle sombre dans « l'amertume » d'une dépression, dont elle ne sortira qu'au prix de confessions incessantes et répétées, tant lui était inépuisable la découverte de son péché. En contrepoint, les tentations de blasphèmes se multiplient, jusqu'à ce soir où elle voit oniriquement l'alternative entre la pesanteur écrasante du péché et la légèreté de l'état de grâce. Elle sort de cette phase dépressive, « délivrée des tentations », et animée d'« un grand désir de [s]'anéantir [elle]-même et d'endurer pour l'amour de Dieu », comptant sur les bienfaits de la souffrance pour aller à lui. Pierre Fourier lui propose alors les Clarisses de Pont-à-Mousson, ce à quoi elle acquiescerait si l'opposition de sa famille à toute forme de clôture ne réduisait rapidement à néant ses bonnes mais passagères dispositions.

Cependant, quand elle priait, il lui « tombait toujours en l'esprit qu'il faudrait faire une nouvelle maison de filles pour y pratiquer tout le bien que l'on pourrait ». Pierre Fourier se montre réservé sur un projet aussi vague, mais à Alix il semble néanmoins que « tout était possible à Dieu s'il le voulait ». Et de fait, dans les semaines qui suivent, trois jeunes filles lui confient leur désir d'une vie religieuse hors du cadre conventuel. À la Noël 1597, elles s'engagent publiquement dans l'église de Mattaincourt. L'opinion commune jasant d'une telle indépendance, les parents Le Clerc décident de la mettre à Ormes, chez les hospitalières de sainte Élisabeth ; à quoi elle rétorque que « ce n'est point là sa vocation » et qu'elle n'a « aucune intention d'y demeurer ». En effet, la vie religieuse y est si déplorablement mondaine que Pierre Fourier qui, entre-temps, dans la nuit du 19 au 20 janvier 1598, s'était conforté dans l'idée d'une congrégation nouvelle pour l'éducation des filles, ne peut que l'en sortir, pour la confier avec ses compagnes aux Dames de l'église de Poussay, localité sise près de Mirecourt. Le temps du discernement, pour long qu'il sera, ne se confinera pas à une pieuse oisiveté pour autant : aidé par les Jésuites de Pont-à-Mousson, Pierre Fourier rédige une Règle qu'il soumet en septembre à l'évêque de Toul, Christophe de la Vallée, lequel l'approuve oralement. Au mois de juillet 1599 s'ouvre la première école pour les filles où l'enseignement est dispensé gratuitement – ce qui est une nouveauté absolue. De Poussay (où leur zèle les rendait indésirables), ces pionnières sont revenues à Mattaincourt, où le père d'Alix décide de mettre bon ordre à ces nouveautés, selon ses convenances : sur le conseil du père Fleurant, récollet, il décide de placer sa fille au couvent des Clarisses de Verdun, alors en plein processus de réforme. À son grand regret, Pierre Fourier ne peut désavouer la volonté paternelle, laquelle se ravise et renonce finalement à ses intentions, craignant d'offenser Dieu en lui « faisant cette contrainte ». Dès lors, la fondation ainsi constituée essaime peu à peu dans le duché de Lorraine, de Bar et au-delà : Saint-Mihiel (1602), Nancy (1603), Pont-à-Mousson (1604), Saint-Nicolas-de-Port (1605), Verdun (1608), Châlons (1613), Bar-le-Duc (1618), Mirecourt (1619), Épinal (1620), Dieuze et Soissons (1621), etc.

Les autorités suivent de près le développement de cette vie d'un nouveau genre, non sans réserves. Si le cardinal de Lorraine, légat du pape, donne son approbation le 8 décembre 1603, et à sa suite, le primat de Lorraine, Antoine de Lenoncourt, approuvant en 1611 les Constitutions, on tentera sans succès en 1615 de fusionner cette congrégation des marches de la France avec les Ursulines. L'originalité de cette communauté sans clôture sera progressivement rognée : en octobre 1613, l'évêque de Toul érige la congrégation sous la Règle de saint Benoît ; et la bulle pontificale du 1er février 1615 ne mentionne que la maison de Nancy, sans évoquer que l'enseignement est prodigué à des externes. Même restriction dans la seconde bulle du 6 octobre 1616, où cette singularité est accordée comme une faveur, et à la seule communauté de Nancy. Ce recadrage opéré, le processus institutionnel suit son cours : le 9 mars 1617, les Constitutions sont définitivement approuvées, le 21 novembre a lieu la première prise d'habit et l'entrée en clôture, suivies des professions du 2 décembre 1618, une semaine avant l'élection d'Alix à la charge de supérieure.

La *Relation* consigne les nombreuses visions qui ponctuent sa vie de fondatrice, à la fois avertissements (les fantômes et autres séides démoniaques qui la menacent) et encouragements à cette œuvre apostolique d'un genre nouveau : visions hautement théologiques, mais aussi d'un charme délicieux (« J'ai été aussi portée au petit ménage de la Vierge, avec le petit Jésus, où je me consolais beaucoup de les voir, leurs petits meubles, leurs lits à part, le petit siège de Jésus »), déployant une capacité imaginale considérable, propre à relancer l'action et à déchiffrer l'opacité du réel.

L'itinéraire intérieur d'Alix Le Clerc se révèle être l'apprentissage d'une authenticité du désir. Au point de départ motivé par l'angoisse de l'enfer éternel (ce qui est alors expérience commune), il se voit handicapé par l'ambivalence et la concurrence des désirs : frivolité des mondanités, goût de plaire *versus* dévotion peut-être superficielle ou de pure commande. La vision du tambour permet une élucidation, un décryptage de cette confusion. Les désirs se réorientent, mais sans rien perdre de leur violence extrême, à l'évidence conduits par une latence mélancolique, ce *taedium vitae* que dissimulaient les jeux du divertissement et de la vanité : « J'ai toujours eu un grand désir de mourir depuis que j'eus conçu le vrai bien et les dangers de ce siècle. [...] Un matin, en m'habillant, étant dans les mêmes désirs de mourir parce qu'il m'ennuyait de servir au corps en tant de diverses choses, je fus tout à coup surprise [...] et, au-dedans mon intérieur, il me semblait que mon Seigneur me reprenait, disant : "Quand je suis avec toi, il te doit suffire ; mais il y a encore ici de la recherche de toi-même." Et, depuis ceci, ces grands désirs se sont modérés ; car quand ils se présentent, ils sont incontinents suivis d'une douce et tranquille résignation à la volonté de Dieu, avec un dénuement de l'amour de moi-même que cette Vérité m'enseigne intérieurement ; et qu'il faut aimer Dieu pour l'amour de lui-même. » De quoi réorganiser l'univers mental dans lequel, comme de coutume à l'époque, coexistent le visible et l'invisible, témoignant d'un inconscient richement doté et qui n'épargne pas la réalité du corps. En son psychisme bouleversé et fragile, Alix peut se permettre néanmoins une totale lucidité : « Il se jeta une grande lumière intérieure sur mon âme [...] cette lumière me faisait anéantir et voir mon rien », d'autant que ses « espérances et confiances sont fondées sur la bonté et providence divines ». Ce théocentrisme commande désormais toute son existence, la poussant à entreprendre souvent des choses « plus hautes que [sa] capacité ». Humiliée par une désolation récurrente (« Je suis fort souvent aride, sans dévotion, obscurcie en l'entendement, remplie de pensées confuses »), elle éprouve, « traits de sa très grande miséricorde », des « attractions » de Dieu qui laissent toujours « [sa] mémoire remplie et [sa] volonté échauffée vers l'amour de Dieu, avec un grand désir qu'il fasse toujours ses saintes volontés » en elle. Voilà qui lui arrive particulièrement quand elle considère « les mérites infinis de la sainte vie et Passion de [son] Sauveur ». Christocentrisme vécu en effet (« Il me semblait parler avec Notre-Seigneur ») au point de désirer d'être au plus vite « unie avec Jésus-Christ en l'autre vie », une hâte (du désir de mort ?) que tempère la réplique christique : « Si je suis avec toi ici, ne te suffit-il pas ? » Ce dont prend acte cette prière retrouvée dans ses notes personnelles : « Octroie-moi, Seigneur, que tu sois en moi, et moi en toi, et qu'ainsi assemblés nous puissions toujours demeurer ensemble. Car tu es vraiment mon bien-aimé, choisi entre plusieurs milliers, auquel mon âme a pris plaisir de demeurer et se reposer tous les jours de sa vie. »

François Marxer

Bibl. : ***Œuvre*** : *La Relation autobiographique*, Paris, Cerf, 2004. ***Études*** : E. RENARD, *La Mère Alix Le Clerc*, Paris, J. de Gigord, 1935 ; H. DERRÉAL, *Un missionnaire de la Contre-Réforme*, Paris, Plon, 1964 ; M.-C. TIHON, *La Bienheureuse Alix Le Clerc*, Paris, Cerf, 2004 ; ID., *Saint Pierre Fourier*, Paris, Cerf, 1998.

AMMA. — *Voir* AMRITANANDAMAYI

AMRITANANDAMAYI, ***dite*** **Amma**, *figure spirituelle hindoue* (Parayakadavu, 1953). — Née dans une pauvre famille de pêcheurs de basse caste de la côte du Kérala (Inde), dans le village de Parayakadavu (qui sera rebaptisé Amritapuri), la jeune Sudhamani est la quatrième d'une fratrie de huit enfants. Si l'on raconte que sa naissance fut précédée de signes fastes, son teint très sombre, bleu-nuit, n'attire pas l'enthousiasme de sa famille (en Inde, le teint clair est plus apprécié). Ce n'est que plus tard qu'on dira de sa couleur qu'elle est celle de Krishna, le dieu bleu, ou celle de Kâlî la noire. Son enfance est celle d'une petite fille pauvre : elle ne peut aller que quelques années à l'école, la maladie de sa mère, lorsqu'elle a neuf ans, faisant reposer nombre de tâches domestiques sur ses épaules. Elle témoigne cependant très tôt de sa vocation spirituelle à travers sa dévotion pour Krishna, pour lequel elle compose des chants dévotionnels et édifie de petits autels où elle s'abîme en méditation, au point de perdre toute notion de temps et de lieu. L'incompréhension de son entourage s'accroît devant Sudhamani qui a pris l'habitude de distribuer à autrui leurs maigres ressources. Malgré l'hostilité de sa famille qui essaie de la « normaliser », de la contrôler et surtout de la marier, allant jusqu'à l'enfermer et la battre, sa réputation mystique se répand localement et quelques personnes commencent à se rassembler autour d'elle pour des sessions de chants dévotionnels.

L'événement fondateur de sa vocation spirituelle se produit en 1975 : alors qu'elle entend réciter un hymne à Krishna, elle tombe en extase et, dit sa biographie, elle entre en communion avec cette forme divine de Vishnou, elle devient une avec Krishna. Son apparence en est même transformée. Elle se réfugie alors dans une petite hutte adjacente à sa maison dans laquelle elle passe de longues heures en extase : c'est le noyau de son futur ashram. Peu après, raconte-t-elle, elle a soudainement la vision de la déesse, qu'elle nomme Adi Parashakti, l'énergie primordiale. Dorénavant c'est vers celle-ci que se porte sa dévotion, avec elle qu'elle sent son être fusionner. Unie à la déesse, elle se montre à son entourage sous son apparence : la violence de ses transes, où elle apparaît telle une Kâlî, déesse terrible, vêtue de rouge, les cheveux hirsutes, un glaive à la main, laisse place plus tard à une version plus apaisée de la déesse comme Durgâ, conçue ici comme mère universelle. La réputation de Sudhamani s'étend et les dévots commencent à se rassembler autour d'elle, parmi lesquels figurent même quelques étrangers, dont un Américain et une Australienne qui forment le premier noyau des fidèles. Un ascète appartenant à la Ramakrishna Mission et ayant reçu une initiation dans la secte orthodoxe des Dasnami Sannyasi rejoint Sudhamani et l'initie à son tour en lui donnant le nom de Amritanandamayi. Si elle bénéficie ainsi d'une forme d'affiliation à un mouvement sectaire traditionnel, cet aspect reste très secondaire, voire occulté par ses disciples au regard d'une légitimation directe née de son expérience visionnaire et extatique, de son union à la divinité.

En 1981, elle fonde avec ses premiers disciples son premier ashram, le Mata Amritanandamayi Math et le noyau de l'institution sous laquelle elle se fait connaître dans le monde entier, le MAM (Mata Amritanandamayi Mission). Le village de sa naissance devient le cœur d'un centre religieux en expansion permanente, regroupant la résidence de sa fondatrice, un temple et une salle de réunion, de multiples bâtiments où demeurent les disciples renonçants célibataires, hommes et femmes, indiens et étrangers, divisés en trois catégories selon leur degré d'engagement, ainsi que les visiteurs de passage (plus de deux mille personnes au total). Depuis, la Mission a essaimé dans plus de vingt-cinq villes indiennes et dans de nombreux pays.

Amritanandamayi dirige désormais un réseau international d'ashrams et de temples, qu'elle visite chaque année, accroissant son noyau de fidèles de manière exponentielle. Prenant grand soin de ces derniers, elle fonde hôpitaux, cliniques, collèges bénéficiant des équipements les plus modernes, partout où le besoin s'en fait ressentir.

Pour ses disciples, l'extraordinaire « carrière » d'une petite fille de pauvres pêcheurs kéralais, devenue une figure spirituelle mondialement reconnue et honorée (à New York, lors du cinquantième anniversaire de la fondation de l'ONU, en 1995, par exemple), est le témoignage évident de son caractère exceptionnel. De nature divine, elle est reconnue comme *avatar*, c'est-à-dire comme manifestation de l'absolu dans ce monde, pour aider l'humanité. Aussi, il ne s'agit plus pour elle de trouver Dieu ou l'absolu, mais de la conscience de ne faire qu'un avec le divin. Elle incarne Dieu sous la forme de la mère divine. Elle incorpore en elle tous les aspects du divin qu'elle peut manifester à volonté. C'est ainsi qu'elle apparaît régulièrement à ses fidèles vêtue selon l'iconographie classique de la déesse et qu'elle reçoit leurs témoignages d'adoration selon les rites en usage dans les temples hindous. Elle révèle ce faisant son soi véritable : « Manifestation de l'éternel féminin, du principe actif de l'Absolu impersonnel. »

Sans aucune formation philosophique, sans avoir eu de maître ni appartenu à une lignée de transmission, Amritanandamayi affirme avoir reçu la connaissance suprême et atteint l'illumination spontanément et directement grâce à ses visions extatiques et ses ravissements mystiques. Son approche est avant tout émotionnelle et, même si elle s'appuie sur la tradition classique hindoue du Védânta, elle met l'accent sur la *bhakti*, c'est-à-dire la « dévotion personnelle ». Car c'est par l'amour que l'on atteint le but de la démarche mystique, soit la dissolution du soi dans l'absolu, la fusion de l'Atman dans le Brahman, en termes védantiques.

Le message d'Amritanandamayi, tel qu'il s'exprime dans ses discours, homélies et interviews, et tel que ses disciples l'ont recueilli, est d'une grande simplicité : il s'agit par l'amour inconditionnel et le service désintéressé d'éveiller l'énergie divine infinie innée présente en chacun, de devenir ce que nous sommes réellement. Il faut en cela suivre son exemple – « la vie d'Amma est son seul message », disent les disciples –, et récuser la sèche rationalité, l'intellectualisme qui ne fait que conforter l'*ego*. Seul l'oubli de soi permet de rétablir l'équilibre entre le cœur et la raison que la modernité a rompu. Il faut, répète-t-elle sans relâche, « laisser parler son cœur », « laisser s'épanouir l'amour et la foi, combattre l'égocentrisme et l'intellectualisme, servir les autres ».

Le contenu de ce message est toutefois moins original que sa mise en œuvre. Amritanandamayi est en effet connue pour la façon particulière dont elle exprime son amour des autres : par l'étreinte. Inlassablement, dans son ashram du Kérala comme au cours de ses voyages à travers l'Inde et le monde, elle se donne à voir à ses fidèles (ce qu'on appelle le *darshan*, la « vision »), mais surtout elle les serre sur son cœur, les embrasse comme une mère divine, insouciante des barrières de genre, de caste, de religion ou de nationalité – action qui fait grande impression dans une Inde où les contacts physiques sont très contrôlés et souvent évités. Dans cette relation d'amour universel, chacun est encouragé à suivre son propre chemin, à choisir la forme divine qui l'inspire, sans abjurer aucune religion ; si, dans les centres de la MAM, le culte revêt des formes hindoues, l'image divine placée au centre des temples dédiés à l'absolu, au Brahman, est fort peu canonique (un bloc de pierre à quatre faces représentant Devi, Shiva, Ganesh et le serpent Kundalini, symbole de l'énergie féminine de la divinité présente en chacun), de même la fonction de prêtrise dévolue aussi bien aux femmes qu'aux hommes.

Si, par bien des aspects, Amritanandamayi présente une image très novatrice de la mystique indienne, ne répugnant pas d'ailleurs à l'utilisation des moyens de communication les plus contemporains, elle s'inscrit aussi dans une démarche dévotionnelle traditionnelle indienne, à travers la personnalisation de la relation au guru qui prend en charge son dévot et dont on attend des prodiges. Aussi, dans l'entourage d'Amritanandamayi, tout devient miracle. Les disciples rivalisent de récits d'intervention divine, de guérisons, d'accidents évités qui tous témoignent de la présence constante auprès d'eux de leur mère divine, d'Amritanandamayi avatar divin.

Véronique Bouillier

Bibl. : ***Œuvre*** : il n'y a pas d'écrit direct d'Amritanandamayi, qui ne s'exprime qu'en langue malayalam, mais des recueils de ses discours, publiés par ses disciples et traduits dans toutes les langues. La Mission édite également une revue, *Matruvani*, publie en abondance supports sonores et vidéos, et gère plusieurs sites Internet. ***Biographie*** : swâmi AMRITASWARUPANANDA, *Amma, la Mère de la Béatitude Immortelle*, Kollam District, Mata Amritanandamayi Mission Trust, 1998. ***Étude*** : M. WARRIER, *Hindu Selves in a Modern World. Guru Faith in the Mata Amritanandamayi Mission*, Londres, Routledge Curzon, 2005. ***Filmographie*** : J. KOUNEN, *Darshan, l'étreinte*, 2005.

ÂNANDAMAYÎ MÂ, *sainte et maître spirituel hindou* (Nirmalâ Sundarî Bhattacharya ; Kheora, 30 avril 1896-Dehra Dun, 27 août 1982). — Nirmalâ Sundarî naît dans un village du Bengale oriental, aujourd'hui au Bangladesh (Inde). Son père, Bipin Bihari Bhattacharya, est un brahmane très pieux qui part fréquemment en pèlerinage. La famille vishnouite prend volontiers part à des séances de chants religieux, les *kîrtan*. Très pauvre, elle vit du revenu d'un peu de terre. Nirmalâ Sundarî est l'aînée de quatre frères et de deux sœurs. N'étant allée que deux ans à l'école primaire, elle saura à peine lire et encore moins écrire. Très vive et joyeuse, elle joue avec tous les enfants hindous et musulmans. Perdant parfois conscience en écoutant des chants religieux, ses biographes parlent de transes. En

1909, lorsqu'elle n'a pas encore treize ans, ses parents la marient à un homme beaucoup plus âgé, Ramani Mohan Chakravarti, qui sera appelé plus tard Bholânâth, un nom de Shiva. Peu instruit, il est d'abord employé par la police de son village. À quatorze ans, Nirmalâ va vivre chez l'aîné de ses beaux-frères, chef de gare. Sa belle-mère étant décédée, elle est placée sous la conduite de sa belle-sœur aînée. Elle s'emploie aux travaux ménagers avec un dévouement total. En 1914, elle rejoint son mari dans son village d'Astagrama où il est employé au service du cadastre. Reconnaissant en sa femme un être supérieur sur le plan spirituel, il ne cherche pas à s'approcher d'elle. Les transes et les extases de Nirmalâ font prendre conscience à son entourage de la hauteur de sa vie intérieure. Elle reste cependant soumise à son époux et aux membres de sa famille selon le devoir (*dharma*) d'une femme mariée. Sa réputation de sainteté ne cessant de se répandre, elle est amenée à s'écarter du modèle de la femme traditionnelle qui, à l'époque, reste invisible aux étrangers et confinée dans son foyer.

À partir de 1918, elle a le désir spontané (*kheyâl*, en bengali) de commencer une pratique spirituelle intense. Sa conduite change. Ses voisins persuadent son mari de la faire exorciser, puis de la faire examiner par un médecin célèbre, qui affirme qu'elle n'est atteinte d'aucune maladie mentale, mais qu'elle est envahie par la pensée de la divinité. En 1922, une voix intérieure lui transmet une formule sacrée, un *mantra* qu'elle récite sans cesse. Ses visions divines se multiplient et elle a constamment conscience de l'unité de toutes choses en la divinité. Elle perd la conscience de son corps, mange rarement et très peu, et n'a jamais sommeil. Elle donne l'initiation à son époux, transgressant la hiérarchie au sein du couple indien. Durant les trois années qui suivent, elle ne parle que pour réconforter un malheureux ou pour communiquer un message important. Elle développe des pouvoirs surnaturels et sa seule présence plonge les visiteurs dans l'extase.

En 1924, Bholânâth obtient le poste de responsable des jardins du Nawab de Dacca. Le couple est logé dans la propriété. La réputation de sainteté d'Ânandamayî attire ses premiers disciples : des hommes de haute caste, éduqués et chargés de grandes responsabilités. Le premier ashram, construit pour elle et ses disciples, est situé près d'un ancien temple dédié à la déesse (on en comptait vingt-sept en 1999). Persuadée que le yoga peut faire perdre à l'homme sa dépendance à l'égard de la nourriture, elle cesse de se nourrir et va jusqu'à rester vingt-trois jours sans manger ni boire. Au cours de ses transes, elle cesse de respirer et irradie la félicité (*ânanda*).

À la fin de 1926, sa période de pratique spirituelle terminée, elle se rend dans les centres de pèlerinage au Bengale et en Inde du Nord. Elle attire sur la voie spirituelle beaucoup de ceux qu'elle y rencontre. Deux ans plus tard, à Bénarès, elle reçoit la visite d'un célèbre sanskritiste, Gopinâth Kavirâj, directeur d'un collège universitaire, qui devient son disciple et la fait connaître dans les cercles intellectuels. Bien qu'elle n'ait fait aucune étude, son savoir philosophique étonne les savants. Dans les milieux traditionnels, un gourou femme n'étant pas facilement accepté, ses disciples masculins sont en butte aux sarcasmes. À la même époque, elle impose à son époux un mode de vie rigoureux. Le couple dort sur le sol, et elle cesse de cuisiner pour lui.

En 1932, elle quitte brusquement Dacca avec Bholânâth et un autre disciple suivant son *kheyâl*, qu'elle assimile à la volonté divine. Pendant trois ans, elle voyage constamment dans toute l'Inde. Elle déplace les foules, et l'on organise autour d'elle des séances de chants religieux et des rituels. L'épouse malade de Jawaharlal Nehru, le Premier ministre de l'Inde, vient la voir ainsi qu'Indira Gandhi, sa fille, et d'autres hommes politiques, des universitaires, des hommes d'affaires et des artistes. Elle attire également des Européens et des Américains. Certains deviennent moines ou moniales. Elle prend elle-même le cordon sacré, réservé aux seuls hommes dits « deux-fois-nés », et le confère à plusieurs autres femmes. Elle accepte d'initier quelques disciples et permet à quelques-uns, hommes et femmes, de devenir « renonçants », ce qui est exceptionnel.

Son époux, Bholânâth, meurt de la variole en 1938. L'année suivante, la mère d'Ânandamayî, devenue veuve, renonce au monde. Ânandamayi Mâ (« la mère faite de félicité ») meurt à l'âge de quatre-vingt-six ans. Les plus hautes personnalités indiennes assistent à ses obsèques qui ont lieu à Kankhal, au bord du Gange. Elle est enterrée, et non brûlée, comme le veut la tradition pour les maîtres spirituels.

Chose exceptionnelle chez Ânandamayî Mâ, sa pratique spirituelle est marquée par l'absence de maître. Ne pouvant lire aucun livre saint, elle suivait les instructions de son gourou intérieur. Elle passait ses nuits en méditation et en récitation de formules sacrées qui lui étaient dictées par sa conscience. Sans avoir appris, elle prenait ainsi des postures de yoga. Elle n'eut jamais à faire face aux doutes, aux tentations ou aux conflits, comme la plupart des saints. Dépourvue d'égoïsme et de motivation purement humaine, elle se laissait conduire par son *kheyâl* divin. Elle parlait d'elle en employant ces mots : « ce corps », ou encore « ce petit enfant ». « Ma conscience n'a jamais été associée à ce corps temporaire », disait-elle. Beaucoup de ses disciples voyaient en elle la mère divine sous une apparence humaine. Elle était considérée comme l'incarnation de la divine félicité. À un disciple qui lui demandait qui elle était, elle répondit : « Je suis ce que vous pensez que je suis, ni plus ni moins. » Convaincue que l'homme va chercher au loin un Dieu qui réside en chacun, elle pensait qu'il était possible de s'engager sur la voie spirituelle sans la présence physique d'un gourou, chacun possédant un gourou intérieur qui est le soi. « Tout ce qui existe nous donne un enseignement », disait-elle. Elle se servait de paraboles, d'images et de jeux de mots pour instruire ceux qui venaient à elle. Avant d'entreprendre une action quelconque, elle voulait que l'on se demandât si elle allait nous conduire à Dieu. Elle recommandait tout ce qui pouvait augmenter la dévotion, y compris les rituels. Elle institua notamment une semaine par an pendant laquelle les disciples laissaient derrière eux le monde matériel et leurs soucis pour se consacrer entièrement à la recherche spirituelle.

Si Ânandamayî Mâ n'est pas une réformatrice sociale, elle prit cependant plusieurs initiatives qui allaient à l'encontre de la tradition. Elle mit l'accent sur l'égalité spirituelle des sexes et des castes, souhaita qu'on ne se mariât qu'une fois et recommanda une nourriture végétarienne sans ail ni oignon. Dans ses ashrams, les restrictions de castes étaient observées de façon à ne pas gêner les disciples hindous orthodoxes.

En 1950 fut établi à Bénarès le Shree Shree Anandamayee Sangha, une association destinée à promouvoir des méthodes menant à la réalisation du soi, à fonder des centres dédiés à la pratique spirituelle, à organiser des services religieux et à offrir des soins médicaux aux nécessiteux et aux moines malades. Ânandamayî Mâ ne participait pas à sa direction. L'association fonda deux écoles, une pour les garçons, une autre pour les filles, un hôpital à Bénarès où les soins sont donnés gratuitement et un périodique publié en bengali, en hindi et en anglais. En 1973 fut établie à Calcutta la Shree Shree Anandamayee Charitable Society. Autant de fondations qui témoignent du rayonnement spirituel d'Ânandamayî Mâ.

France Bhattacharya

Bibl. : ***Études*** : A. LIPSKI, *The Life and Teachings of Sri Ânandamayî Mâ*, Delhi, Motilal Banarsidass, 1977 ; L. L. HALLSROM, *Mother of Bliss Ânandamayî Mâ (1896-1982)*, New York, Oxford University Press, 1999.

ANDÂL, *sainte et poétesse hindoue* (Kôdai ; Srivillipputtûr-Srîrangam, IXe s. ?). — Andâl est la seule femme à faire partie du groupe des douze personnages saints et poètes de la tradition vishnouite tamoule ancienne en Inde du Sud : les Alvârs. La légende la donne comme fille adoptive d'un autre Alvâr appelé Vishnoucitta (« celui qui est conscience de *Visnu* ») qui l'aurait découverte au pied d'un buisson de basilic sacré (*tulasi*) et l'aurait appelée Kôdai. Vishnoucitta, mieux connu sous le nom de Periyâlvâr ou « Le grand Alvâr », vivait à Srivillipputtûr, au sud de la ville tamoule de Madurai. Ce brahmane fournissait les guirlandes de fleurs pour le temple local consacré à Vishnou. Alors que Periyâlvâr, choqué que la jeune Kôdai se soit ornée elle-même d'une guirlande destinée à Vishnou, le dieu lui-même lui serait apparu en rêve pour lui faire savoir que ces guirlandes essayées par la jeune fille lui étaient particulièrement chères. Elle devint alors Andâl, « celle qui règne [sur le dieu] » ! Parvenue à l'âge d'être mariée, Andâl ne voulut pour époux que Ranganâtar, la forme que revêt Vishnou dans le temple de Srîrangam et elle se serait fondue à lui le jour de son mariage.

Les deux poèmes d'Andâl figurent dans le *Divyaprabandham*, le canon vishnouïte tamoul (compilé avant la fin du Xe siècle), à la suite de ceux de Periyâlvâr, son père adoptif. Le premier, le *Tiruppâvai*, poème en trente strophes de huit vers, associé à un vœu que font des jeunes filles pour obtenir un bon époux, se récite encore aujourd'hui au Tamil Nadu à raison d'une strophe par jour pendant tout le mois de Mârgali (mi-décembre-mi-janvier). Extrêmement populaire, plusieurs fois traduit en sanskrit et largement commenté, ce poème recourt largement aux légendes de Krishna, avatar de Vishnou et en même temps Vishnou lui-même et dieu suprême. Le second, le *Nâcciyâr Tirumoli*, constitué de quatorze poèmes d'une dizaine de strophes chacun, utilise divers procédés de la littérature classique tamoule, en particulier ceux de la littérature amoureuse, pour exprimer les sentiments que Kôdai-Andâl ressent à l'égard du dieu dont elle est éprise. Elle commence par implorer Kâma (Tâyoru), le dieu de l'amour, pour qu'il l'aide à s'unir à Krishna. Dans le deuxième poème, elle se met en scène avec ses jeunes compagnes et implore Krishna de ne pas venir détruire leurs châteaux de sable. Ensuite, s'identifiant aux bergères de Vrindavan où Krishna a passé son enfance, elle supplie celui-ci de leur rendre les vêtements qu'il leur a volés pendant qu'elles se baignaient, allusion à un épisode bien connu des légendes krishnaïtes. Le poème suivant évoque d'autres épisodes célèbres de la vie de Krishna. Suit un autre poème, utilisant un procédé connu de la littérature sanskrite, qui consiste à utiliser un messager pour faire connaître son amour. Ici, c'est le kuyil, ou coucou indien, qui est chargé par Andâl de faire connaître son amour à Krishna. Dans le sixième poème, Andâl évoque un rêve où elle se voit à toutes les étapes de son mariage avec Krishna. Dans le suivant, elle s'adresse à la conque que Vishnou tient à la main gauche et lui dit combien elle l'envie de pouvoir jouir d'une telle proximité avec son bien-aimé. Les prochains messagers de son amour, les nuages sombres porteurs de pluie, sont pour elle une nouvelle occasion de louer Vishnou tel qu'il se manifeste au lieu saint de Venkatam (aujourd'hui Tirupati, dans l'État d'Andhra Pradesh), suivant un schéma caractéristique de la littérature tamoule dévotionnelle où les légendes panindiennes se retrouvent localisées en un lieu précis de l'Inde du Sud. Andâl loue ensuite sur le même mode le dieu qui réside à Malirumsolai, puis celui de Srîrangam. Ensuite, elle se plaint que Krishna ne réponde pas à ses avances, pour finir sur un ensemble de questions et de réponses à propos de Krishna. Pour Andâl, Vishnou ne fait qu'un à travers ses diverses incarnations. Elle puise largement au répertoire nord-indien des légendes krishnaïtes tout en les relocalisant dans sa région d'élection.

Du fait de ses tonalités parfois érotiques, le texte magnifique du *Nâcciyâr Tirumoli* a cependant connu une moindre diffusion en tant que texte religieux que le *Tiruppâvai* qui, lui, a voyagé jusqu'à la cour de Thaïlande, comme son parallèle shivaïte probablement contemporain, le *Tiruvempâvai*. Figure majeure du vishnouisme tamoul dévotionnel (*bhakti*), Andâl est largement connue et encore révérée en Inde du Sud.

Élisabeth Sethupathy

• *Voir aussi* : Kâraikkâl Ammaiyâr

Bibl. : *Œuvre et étude* : J. FILLIOZAT, *Un texte tamoul de dévotion vishnouite, le Tiruppâvai d'Andâl*, Pondichéry, Institut français d'indologie, 1972.

ANGÈLE DE FOLIGNO, *bienheureuse, tertiaire franciscaine* (Foligno, 1248-janvier 1309). — Apparemment issue d'une petite famille noble de Foligno, ville d'Ombrie distante de quelques kilomètres d'Assise, Angèle a vu le jour à peu près deux décennies après la disparition de saint François. Jusqu'à l'âge d'à peu près trente-sept ans (un âge quasiment canonique à cette époque), elle mène, semble-t-il, sinon une vie dissolue, comme le feront beaucoup de futurs saints de la tradition franciscaine, du moins une vie guidée par ses plaisirs et le contentement de ses appétits, une existence dominée par les exigences de sa vie mondaine.

En 1285, elle connaît toutefois une véritable crise intérieure qui lui fait prendre conscience de la vanité de sa vie. Elle se résout alors à communier (la « fréquente communion » ne sera instituée plus tard que par le concile de Trente), mais sans avoir procédé d'abord à une confession générale qui, selon les vues de ce siècle, l'aurait d'abord lavée de tous ses péchés. Elle est tourmentée de ce fait par ce qui lui paraît comme de l'ordre du « péché mortel », et s'adonne de plus en plus à une quête spirituelle sous les auspices de François d'Assise qui lui est apparu en rêve. Un soir, elle se déshabille devant le Christ en croix de sa chambre, s'engageant devant lui à une chasteté et une fidélité sans faille.

Bien entendu, il ne faut pas voir là uniquement la sublimation d'un érotisme mal assumé, même si l'érotisme n'est pas absent de cet acte, mais le rappel de la scène originelle de la mystique franciscaine, lorsque, sur le parvis de la cathédrale d'Assise, le jeune François s'était défait de ses vêtements afin, avait-il déclaré, de ne plus rien devoir à son père terrestre, et de pouvoir se consacrer à son seul père céleste. C'est là, tout autant, la mise en acte de la pauvreté radicale, inspirée de la prédication de Jésus telle qu'elle est rapportée dans les Évangiles, que saint François n'a cessé précisément de vouloir remettre à l'honneur – une pauvreté contraire à la vie même de l'Église de ce temps : que l'on songe seulement qu'au milieu du siècle, lorsqu'elle officialise la règle des Clarisses, la papauté ne craindra pas de parler du « privilège des privilèges » que constitue la pauvreté !

Angèle de Foligno ne se laisse pourtant pas arrêter par de telles considérations : lors d'un pèlerinage à Assise, elle se sent pénétrée de l'Esprit-Saint et provoque un scandale dans la basilique de François, achevée depuis peu, en se roulant et se tordant par terre aux cris de « Amour ! Amour ! Et pourquoi t'es-tu retiré ? » lorsqu'elle a senti la fin d'une telle possession divine.

Cette même année, elle entre dans le tiers ordre franciscain, autrement dit cette part de l'ordre ouverte à ceux que nous appellerions aujourd'hui les laïcs. À ce moment-là, son mari et ses enfants sont disparus ; veuve et libre de toute attache, Angèle se donne de toute son âme à sa nouvelle vocation. Elle a alors plus de quarante ans, et se défait peu à peu de tous ses biens au grand dam de sa famille et de la société ambiante qui essaie peu ou prou de la faire passer pour folle – stigmatisation à la fois sociale et religieuse selon les canons en cours à l'époque, et qui s'appuie tout autant sur la scène antérieure d'Assise. Heureusement, Angèle est soutenue par son confesseur, frère Arnaud, qui est l'un de ses lointains cousins, et qui, sans toujours comprendre réellement son expérience mystique, lui fait totalement confiance et s'en remet à elle quant à la réalité de ce qu'elle vit.

Non seulement, en effet, Angèle met en pratique le plus extrême des enseignements de saint François (elle soigne ainsi les lépreux, se forçant à boire l'eau dont elle les a lavés, en avalant du même coup les lambeaux de chair malade qu'elle en a détachés), mais à travers une pratique constante de la prière et de la méditation contemplative, elle s'engage sans cesse plus avant dans une découverte amoureuse de Dieu, connaissant ce que Jacques Lacan, s'appuyant sur l'expérience mystique, définira au XXe siècle comme une « jouissance supplémentaire », c'est-à-dire une jouissance de l'infini sans bornes qui marque l'extase unitive au-delà de tout aspect sexuel.

Elle dicte alors à frère Arnaud l'essentiel de son chemin – ce que l'on appellera plus tard le *Mémorial* (connu sous le titre *Le Livre d'Angèle de Foligno*) – en distinguant huit « premiers pas » qui vont de la conversion intérieure à la découverte de la « nudité » (la scène devant la croix), puis douze pas de plus qui scandent la voie qu'elle décrit vers l'illumination, et enfin sept pas supplémentaires qui l'amènent à l'anéantissement dans le sein de l'abîme trinitaire – non sans avoir connu d'abord les délices de l'union d'amour au Christ ; elle se retrouve ainsi, par exemple, dans le tombeau avec lui et se penche sur son corps pour pouvoir d'autant mieux l'embrasser... Au-delà, cependant, elle plonge dans l'inabissation (voir Glossaire), dans cette ténèbre divine qui est la plus pure des lumières, où il n'y a plus de distinction entre le bien et le mal, où Dieu est d'abord un Dieu caché au centre même de la Trinité comme le définira maître Eckhart quelques années plus tard.

Elle déclare à frère Arnaud (mais elle parle en dialecte ombrien et son confesseur traduit péniblement en latin : nous ne disposons ainsi que de la traduction d'une traduction) : « Quand je suis dans cette ténèbre, je ne me souviens de rien de l'humanité ou du Dieu-homme, ni de quelque chose qui ait une forme. Alors, je vois tout et je ne vois rien. » On constate comme elle est là proche, non point par l'effet de son intelligence, mais dans son expérience spirituelle la plus authentiquement vécue au plus profond d'elle-même, des enseignements de la théologie négative, et particulièrement de Denys l'Aréopagite lorsque, dans sa *Théologie mystique*, celui-ci ne « définit » Dieu que comme encore derrière l'être et le non-être, à proprement parler (?), un « néant suressentiel » : « Le mystère qui est au-delà même de Dieu, / L'Ineffable, / Celui que tout nomme, / L'affirmation totale, / La négation totale, / L'au-delà de toute affirmation et de toute négation [...]. »

Angèle a néanmoins une telle répugnance à parler de ces états, qu'elle ne cesse de dire qu'elle ne peut rien en dire, ou que sa parole trahit ce qu'elle a vécu : « En disant cela [la “sur-infinité” divine], j'ai plus l'impression de blasphémer que de nommer [...]. » Alors, elle ne peut plus que chanter ce qui deviendra source d'inspiration pour sainte Thérèse d'Avila* ou pour saint Jean de la Croix : « Ce que je ressens, / Je ne peux le dire ; / De ce que je vois, / Je ne voudrais partir / C'est pourquoi vivre est pour moi mourir. »

Peut-elle pourtant aller plus loin dans l'expérience mystique ? Oui, sans doute, puisque, après avoir tout nié des représentations de Dieu, après avoir plongé dans le néant de toute image et de toute parole, il lui reste encore à nier toutes ces négations afin de retrouver le sens immédiat de la Trinité : « Durant le dernier carême, je découvris imperceptiblement que j'étais tout entière au-dedans de Dieu de façon bien plus grande que jamais. J'avais l'impression que j'étais au milieu de la Trinité. »

Comme Dieu le lui confie dans un étrange langage apparemment (sensoriellement) muet : « Tu me tiens et je te tiens. » Fine pointe de la jouissance amoureuse et surnaturelle qui dépasse toute jouissance mondaine, et même toute jouissance dite spirituelle : « Je pourrais recevoir toutes les joies spirituelles, toutes les consolations divines et toutes les jouissances que tous les saints qui furent depuis le commencement du monde jusqu'à maintenant ont dit avoir reçues de Dieu, ainsi que tout – et il y a beaucoup – ce qu'ils purent dire et ne dirent pas. Toutes les autres jouissances mondaines, toutes les bonnes et les mauvaises jouissances de ce monde pourraient m'être données encore en plus ; elles pourraient être toutes changées en jouissances bonnes et spirituelles et pourraient durer jusqu'à leur achèvement, me conduisant à cet inénarrable bien de la manifestation de Dieu. Néanmoins, malgré tout cela, je ne donnerais, je ne changerais, je n'échangerais de ce bien inénarrable pas le moindre instant, ne fût-ce qu'un clin d'œil. »

Nous sommes alors en 1296 et Angèle va bientôt atteindre ses cinquante ans. Elle survit à cette expérience poussée jusqu'au paroxysme et, dans une fidélité sans faille aux leçons de saint François qui lui apparaît dans une vision alors qu'elle est si malade qu'on doit lui administrer l'extrême-onction, et qui lui déclare : « Tu es la seule née de moi », elle va devenir à son tour une maîtresse spirituelle, au centre d'un ardent foyer de disciples qui se rangent, dans les querelles de l'époque, du côté des Franciscains spirituels, c'est-à-dire de ceux qui refusent l'évolution de leur ordre selon les canons du siècle et veulent intégralement maintenir, contre Rome s'il le faut, les leçons et l'exemple de leur fondateur. C'est ainsi qu'elle enseigne par exemple Ubertin de Casale, qui est l'un des étendards de cette mouvance, et qui écrira plus tard : « Je connus d'une manière impossible à décrire la révérende et très sainte mère Angèle de Foligno, un vrai ange sur terre. Jésus lui montra les défauts de mon cœur et ses secrets bienfaits d'une façon tellement claire que je fus assuré que c'était le Christ qui parlait en Angèle [...]. »

Dispensant un enseignement d'abord fondé sur son expérience intime, encore sujette à des visions ou des ravissements qui lui confirment la « vérité » de sa position, Angèle prend le parti de l'Église contre les Frères du Libre Esprit, qui prétendent à une divinisation au-delà de la grâce et des prescriptions de la loi. Désormais, elle s'achemine vers la mort, qui lui serait le dernier sacrement et où elle pourrait enfin rejoindre définitivement celui qu'elle a épousé au plus profond de sa chair et de son âme, et qui l'a totalement épousée en retour. Cette « grâce » ne lui sera pourtant accordée qu'en janvier 1309, alors qu'elle va avoir soixante ans. Comme le rapporte son *Mémorial*, « cette très sainte âme, déliée de la chair et absorbée par l'abîme de la clarté divine, reçut du Christ, son époux, la robe de l'innocence et de l'immortalité, pour régner éternellement avec lui ».

Le destin d'Angèle, dans la chrétienté, ne fut pas de tout repos. En butte à l'hostilité du pape Boniface VIII pour ce qu'elle a pris le parti des Franciscains spirituels, son exemple ne sera vraiment reconnu, sous l'impulsion d'Ubertin de Casale, que par Clément V, le pape d'Avignon protégé par le roi de France Philippe le Bel. De ce point de vue, sa liberté d'esprit et de ton, la singularité de son expérience mystique, la charge d'érotisme qu'elle transporte (même s'il s'agit à l'évidence de ce que l'on devrait appeler un « érotisme divin », souvent très proche de beaucoup d'inflexions du *Cantique des cantiques*), jouent certainement contre elle et la rendent plus ou moins suspecte aux yeux des bien-pensants : Angèle de Foligno, même si on l'appelle souvent « sainte », n'a jamais été réellement sanctifiée : elle est seulement béatifiée en 1701 (presque deux cents ans après sa mort : Catherine de Sienne ou même François d'Assise n'ont pas eu besoin de tels délais !), et son procès de canonisation dure toujours depuis. Seul, Benoît XVI lui a récemment consacré des paroles élogieuses qui laissent augurer d'une évolution de l'Église romaine.

Michel Cazenave

Bibl. : *Œuvre* : *Le Livre des visions et instructions*, E. Hello (éd.), Paris, Seuil, 1991. Pour un texte plus conforme à l'original, se reporter plutôt au *Livre d'Angèle de Foligno*, trad. J.-F. Godet, P. Lachance et T. Matura (prés.), Grenoble, Jérôme Millon, 1995. ***Études*** : P. LACHANCE, *The Spiritual Journey of the Blesse Angela de Foligno, According to the Memorial of Frater A.*, Rome, Pontificum Athenaeum Antonianum, 1984 ; M. CAZENAVE, *Angèle de Foligno*, Paris, Albin Michel, 2007.

ANGÈLE MERICI, *sainte, visionnaire, fondatrice des Ursulines* (Desenzano, 21 mars 1474-Brescia, 24 janvier 1540). — Selon une tradition apparue au XVIIe siècle, Angèle est née à Desenzano (Italie), bourgade située près du lac de Garde, où son père Giovanni, descendant d'une famille de petite noblesse de Brescia, s'était retiré, ne disposant pas des ressources financières nécessaires pour lui permettre de tenir son rang dans la société bresciane. De son enfance, Angèle gardera le souvenir des lectures hagiographiques que lui faisait son père, et qui stimulèrent en elle le goût de la sainteté et de l'ascèse, mais aussi de la lecture. Lorsque ses parents meurent vers 1490, elle est recueillie avec sa sœur à Salò, chez leur oncle maternel Biancoso. Cette sœur meurt prématurément, et la légende dira qu'elle partageait avec Angèle son goût de la prière et de la méditation, mais les procès-verbaux des gardes champêtres nous font comprendre que la dite sœur était fort désinvolte vis-à-vis des lois communales ; aussi, quand elle meurt, Angèle en conçoit une vive angoisse, qui s'apaisera, lorsque, dans une vision, elle aura la certitude que sa sœur est désormais dans la béatitude. C'est dans ces années qu'elle revêt l'habit des tertiaires de saint François, dans lequel, par un privilège spécial, elle sera inhumée dans la collégiale de Brescia, sa paroisse.

Revenue à Desenzano chez ses frères, elle reçoit une vision décisive, alors qu'elle travaille à la moisson, d'une échelle céleste que parcourent des anges et des vierges : rappel de la vision de Jacob (Gn XXVIII, 12), réinterprétée par le Christ (Jn I, 51), mais surtout annonce prophétique de ce qui va être l'ouvrage de sa vie et sa mission. Les Franciscains l'envoient à Brescia pour consoler et soutenir, dans son veuvage, dame Catherine Patengola. C'est alors qu'elle déploie l'activité apostolique qui lui est propre, de conseil, de pacification et de réconfort, à quoi s'ajoutera l'interprétation des textes bibliques, source fondamentale de sa vie mystique : des commentaires dont beaucoup, laïcs, prêtres comme théologiens, tireront grand profit. Vient ensuite le temps des pèlerinages : à Mantoue, au tombeau de la bienheureuse Osanna ; en Terre sainte (une véritable odyssée, truffée de mésaventures et de rebondissements) ; enfin à Rome, où le pape Clément VII, à l'issue de l'audience qu'il lui accorde, voudrait la retenir. Mais elle revient à Brescia et étend son champ d'action à Crémone, où sa famille se réfugie en 1529, par crainte des troupes de Charles Quint qui approchent. En août 1529, elle est soudainement – l'on dira : miraculeusement – guérie, quand, étant à l'article de la mort, le neveu de dame Catherine Patengola lit l'épitaphe qu'il vient de composer : l'évocation du ciel rend l'immédiate santé à la malade. Cette guérison fera grosse impression sur l'entourage. Et la réputation de sainteté d'Angèle commence à se répandre. Sans doute est-elle remarquable par les jeûnes intenses qu'elle poursuit assidûment, voire par ses extases (sans excès d'ailleurs).

Sa dévotion nous apparaît tout à fait ordinaire, adaptée à une vie dans le monde, comme est tout aussi commun son travail de maîtresse de maison. La légende hagiographique l'aura dotée, sans le moindre fondement, d'une activité caritative ou éducative, d'un engagement social, pieuses fictions sans doute en rapport avec l'institution qu'elle créera et qui sera le témoignage de son génie propre. En effet, depuis sa vision de l'échelle, et par ses contacts nombreux avec les populations de Brescia et de Crémone, Angèle était fort sensible à la condition féminine, à l'époque, tiraillée entre le statut conjugal où la femme est soumise à un époux qui lui est imposé, et la vocation monastique, à laquelle beaucoup ne peuvent aspirer, puisque n'étant pas en mesure d'apporter leur dot à la communauté qu'elles auraient choisie. Angèle va proposer aux femmes de son temps, qui souhaitent mener une vie consacrée à Dieu sans pour autant entrer dans le monde conventuel, les moyens de la consécration personnelle vécue dans une vie laïque et séculière, et cela, dans une institution reconnue par l'Église, et donc susceptible de rassurer les familles inquiètes du devenir des filles. L'entreprise d'Angèle est le manifeste d'un féminisme audacieux, puisque la seule exigence requise au départ est la décision libre et consciente, entièrement personnelle, de la candidate : laquelle en est donc estimée capable. C'est ainsi qu'Angèle regroupe autour d'elle des jeunes filles qui accomplissent leurs tâches apostoliques et d'entraide, tout en restant dans le cercle de leur famille. Le 25 novembre 1535, elles sont vingt-huit à communier ensemble dans la collégiale Sainte-Afra de Brescia, marquant ainsi leur volonté d'union spirituelle, laquelle est mise sous le patronage de sainte Ursule. Angèle dictera à Angelo Cozzano une Règle qui sera confirmée par l'évêque de Brescia, le cardinal Cornaro, en août 1536.

L'organisation de cette compagnie est tout à fait originale également : les tâches de représentation et de responsabilités sont collégialement assumées par des veuves de la noblesse bresciane, dénommées les *matrones* ou *madones*. Le gouvernement est assuré par des vierges désignées comme *colonelles*. Seules, vierges et colonelles disposent du droit de vote dans l'institution. On fait appel à l'appui d'hommes de confiance pour défendre les intérêts de la compagnie, et un père spirituel commun exerce son ministère propre, sans interférer sur la gouvernance des vierges entre elles. C'est, à l'époque, une création audacieuse qui suscitera la méfiance en raison de l'ambiguïté statutaire de ces vierges : ni filles, ni religieuses – ambiguïté qu'avaient déjà dû affronter les béguines. Lucrère Lodrone, qui succède comme supérieure générale à Angèle après la mort de celle-ci, choisira de faire porter aux vierges de la compagnie une ceinture, signe identificatoire de leur consécration, et manifestation de leur dignité particulière. Cette initiative ne sera pas approuvée de tous, car on y verra le commencement d'une normalisation sur le modèle religieux. Et de fait, ce statut précaire va se modifier quand la compagnie s'introduira en France, en Avignon, en 1592, avec l'appui de César du Bus et de son cousin, Jean-Baptiste Romillon, fondateurs, cette même année, des Pères de la Doctrine chrétienne ou Doctrinaires, dont se détachera l'Oratoire de Provence en 1602. C'est à l'Isle-sur-Sorgue que se réunissent en communauté les premières Ursulines « congrégées », sous la direction de Françoise de Bermond*, une formule qui va prospérer et se multiplier, chaque maison gardant un fonctionnement autonome, même si un esprit commun les réunissait.

L'héritage qu'Angèle léguait à ses vierges insistait sur une spiritualité sponsale, qui unit le Christ, l'*Amatore* qui choisit ses épouses, et celles-ci qui, en retour du charisme de la virginité d'esprit dont il les dote, répondent par la pauvreté d'esprit dans laquelle elles se donnent totalement à lui. Ainsi Angèle dessinait-elle une manière de vivre la *sequela Christi* (« suivre le Christ ») dans la condition féminine séculière, au sein de la modernité naissante, insistant sur le recours à l'Esprit-Saint : un recours qui place le paradigme charismatique au fondement de l'institution.

François Marxer

• *Voir aussi* : Bermond

Bibl. : ***Vie et études*** **:** M. de CHANTAL GUEUDRÉ, *Histoire de l'ordre des Ursulines en France*, Paris, Éd. Saint-Paul, 1957-1963 ; T. LEDOCHOWSKA, *Angèle Merici et la Compagnie de sainte Ursule à la lumière des documents*, Rome-Milan, Ursulines de l'Union Romaine, 1967.

ANGÉLIQUE DE SAINT-JEAN ARNAULD D'ANDILLY, *cistercienne* (Pomponne, 28 novembre 1624-Port-

Royal-des-Champs, 29 janvier 1684). — Quelque peu éclipsée par la stature de son homonyme, la grande Angélique Arnauld*, réformatrice de Port-Royal, Angélique de Saint-Jean aura fini par révéler l'indiscutable profondeur et la rare énergie qui suscitèrent l'admiration de ses contemporains : Sainte-Beuve, dans son *Port-Royal* (1840-1859), ne s'y est pas trompé, qui a évoqué « une âme forte, triste, tendre, capable de toutes les belles agonies, une âme grande aussi dans son ordre, et admirable ». Un jugement que ne pouvait que confirmer Henry de Montherlant dans *Port-Royal*, sa pièce de 1954.

Angélique est confiée dès son plus jeune âge, en 1630, à la communauté de Port-Royal, où elle manifeste un goût précoce indiscutable pour la vie religieuse. Son noviciat commence en 1631, au cours duquel elle recevra l'habit, le 26 juin 1641. Ce noviciat sera marqué d'une double et douloureuse épreuve : la mort de sa tante bien-aimée, Marie-Claire, le 15 juin 1642, puis, l'année suivante, de sa sœur aînée, Catherine de Sainte-Agnès, le 23 décembre. Ce double deuil affecte gravement sa santé, mais elle se rétablit et fait profession à Port-Royal de Paris le 25 janvier 1644. Lui est confiée l'éducation des pensionnaires, charge où elle réussit magnifiquement ; puis elle devient maîtresse des novices. En 1648, elle participe au rétablissement de Port-Royal-des-Champs, que l'on avait déserté au profit du monastère parisien en 1625. Elle revient à Paris en 1651, pour y commencer son travail d'historiographe et réunir de précieuses archives. Deux ans plus tard, le 15 janvier, elle repart aux Champs, où elle est sous-prieure et maîtresse des novices. C'est l'occasion d'une abondante correspondance avec la mère Angélique, qui répond scrupuleusement à ses questions, mais l'on sent que son inclination tendrement naturelle la porte plutôt vers la mère Agnès Arnauld*. Son naturel en effet est d'une affectivité généreuse (on a pu craindre un attachement excessif à Antoine Le Maître, le premier des Solitaires de Port-Royal), mais elle cache ce charme passionné sous une froideur d'une dureté glaciale, ce que Pierre Nicole, un des théologiens et théoriciens majeurs de la mouvance janséniste, ne lui pardonnera guère.

Revenue définitivement à Paris en janvier 1659, elle va se trouver entraînée dans la tourmente de l'« affaire du formulaire » (texte condamnant cinq propositions extraites de l'*Augustinus* de Cornélius Jansénius). Elle mène en effet l'opposition à la signature de ce texte, en dépit de la rédaction mitigée qu'en avaient donnée les deux grands vicaires de Paris, agissant en lieu et place du cardinal de Retz, alors absent, et qui reconnaissait la validité de la distinction du fait et du droit, dont se réclamaient les partisans de Port-Royal : les propositions condamnées légitimement (en droit) ne se trouvaient pas (en fait) dans l'*Augustinus* de Jansénius, objet de la controverse. Cet ouvrage, les religieuses ne l'avaient point lu, mais il avait été chaleureusement approuvé par l'abbé de Saint-Cyran, dont le prestige était resté intact dans leur communauté : aussi, en dépit de l'accord d'Antoine Arnauld et de Pierre Nicole au compromis proposé, inaccessible à ce trop subtil distinguo tout scolastique, Angélique refuse avec obstination, soutenue par la sœur de Blaise Pascal, Jacqueline Pascal*, en religion sœur de Saint-Euphémie, et dotée d'un identique tempérament. Les autorités finiront par obtenir ces signatures, qu'Angélique donnera non sans réticence intérieure ; Jacqueline Pascal en mourra peu après. Après 1661, le monastère connaît une période d'apaisement, mais la persécution reprend en 1664, lorsque l'archevêque de Paris, Hardouin de Péréfixe, veut obtenir une éclatante revanche et la reddition complète des opposantes : l'entrevue avec Angélique est dramatique. Les meneuses seront déportées et emprisonnées, Angélique incarcérée, le 26 août 1664, aux Annonciades de la rue Couture-Sainte-Catherine. Sa détermination reste inflexible ; toutefois, du 5 septembre au 3 octobre, elle traverse une crise de désespoir où sa foi vacille quelque peu. Elle ne faiblit pas, même quand, en février 1665, une bulle du pape Alexandre VII rend obligatoire la signature d'un formulaire encore plus strict. Finalement, les récalcitrantes sont libérées en juillet et font retour aux Champs, où certes, surveillées de près, elles ont la consolation de se retrouver en communauté, et de bénéficier des soins attentifs de Jean Hamon, leur dévoué médecin. Angélique rédige alors, et achève le 28 novembre, sa *Relation de captivité*, que publiera plus tard le père Quesnel, non sans quelques corrections bienvenues, non sans supprimer aussi des passages jugés préjudiciables. Dernière épreuve : Isaac Le Maistre de Sacy, qui était son conseiller et confident, est incarcéré à la Bastille, le 15 mai 1666. Les religieuses retrouveront malgré tout leur liberté avec la Paix de l'Église en 1669 : la renommée de mère Angélique est alors à son apogée. Prieure en 1669, elle est élue abbesse le 3 août 1678, charge qu'elle assumera jusqu'à sa mort. Mais l'archevêque de Paris d'alors, le déplorable Harlay de Champvallon, a décidé la perte de Port-Royal : il en assèche la vitalité en interdisant que soient reçues de nouvelles postulantes et novices. Le 4 janvier 1684, Angélique a la douleur de perdre Le Maistre de Sacy, elle ne lui survivra pas.

François Marxer

• *Voir aussi* : Arnauld (Agnès) ; Arnauld (Angélique) ; Pascal

Bibl. : Œuvre : *Relation de captivité d'Angélique de Saint-Jean Arnauld d'Andilly*, L. Cognet (introd.), Paris, Gallimard, 1954. ***Études*** : J. ORCIBAL, *Port-Royal, entre le miracle et l'obéissance ; Flavie Passart et Angélique de Saint-Jean Arnauld d'Andilly*, Paris, Desclée de Brouwer, 1957 ; « La mère Angélique de Saint-Jean », *Chroniques de Port-Royal*, nº 34, 1985, Paris, Bibliothèque Mazarine.

ANN LEE, mère, *prophétesse protestante, leader des Shakers* (Ann Lees ; Manchester, Angleterre, 28 février 1736-Watervliet, New York, États-Unis, 8 septembre 1784). — Connue sous le nom de « Mère Ann » ou « Ann la Parole » dans l'histoire du prophétisme, Ann Lees était la fille d'un forgeron buveur et d'une mère dévote. Illettrée, grandissant dans le dénuement familial le plus total, elle fut contrainte de travailler dans les premières manufactures de coton ou comme cuisinière dans un hôpital, entre 1740 et 1770. Elle fut ainsi un des premiers témoins des misères de l'industrialisation et des premières révoltes également. Sa ferveur religieuse protestante lui fit alors rejoindre, dès 1758, la société des Trembleurs (Shakers ou United Society of Believers in Christ's Second Appearing – « Société unie des croyants au second avènement du Christ »). Malgré ses répugnances pour la vie amoureuse et la sexualité, son père la maria d'autorité. Elle épousa ainsi Abraham Standley, dans la cathédrale de Manchester, en 1761. Huit grossesses suivirent qui achevèrent de la dégoûter : quatre enfants furent morts-nés et trois autres décédèrent en bas âge. Ces expériences cruelles ancrèrent profondément en elle ses convictions religieuses et radicalisèrent ses positions. Le chemin de la perfection passait par le choix du célibat et de la chasteté ; le « tremblement », comme l'enseignait le couple Wardley qui dirigeait alors les Shakers, avait son origine dans le péché originel d'Adam et Ève. La transe permettait de s'en laver avec l'intervention de l'Esprit-Saint. Condamnée à quinze jours d'emprisonnement, en 1770, pour profanation du sabbat, elle fit état d'une illumination dans sa prison où le « mystère d'iniquité lui fut totalement révélé » concernant les fautes incombant à la luxure et les moyens de les confesser afin d'assurer son salut. À la violence répandue dans les relations entre les hommes par le poids du péché répondait la grève ouvrière et la « grève des ventres » pour les femmes premières victimes. Elle prit alors la tête de ce mouvement issu des Trembleurs extatiques des Cévennes, huguenots français ayant fui la persécution après la révocation de l'Édit de Nantes (1685) et des Quakers qui, dans l'ambiance de la révolution puritaine, avait prétendu revenir au véritable christianisme primitif. Néanmoins, les Quakers ne s'engagèrent jamais dans cette voie d'une séparation radicale pour assurer l'égalité des genres. Les Shakers reconnurent ainsi Ann comme leur « mère spirituelle » ; elle guérissait les malades et bénéficiait de communications divines régulières ayant, de son côté, miraculeusement échappé à la mort. Elle reçut ainsi la promesse du développement de sa nouvelle Église messianique du second avènement et du grand destin qui lui était réservé en Amérique.

Les persécutions continuelles hâtèrent la réalisation de la prophétie. Le 6 août 1774, mère Ann, avec quelques disciples, principalement des membres de sa famille, et son mari (vite disparu), foula le sol de la terre promise. Dès 1776, un riche croyant, John Hocknell, acheta pour la petite communauté un domaine à Watervliet, près d'Albany, où elle prospéra, entamant avec succès, à partir de 1781, de grandes campagnes de conversion dans les états voisins. La fondatrice, épuisée par ses multiples épreuves, mourut, laissant un enseignement recueilli par le groupe, *Testimonies Concerning the Character and Ministry of Mother Ann Lee and the Witnesses of the Gospel of Christos Second Appearing* (« Attestations concernant la personne et le ministère d'Ann Lee et témoignages de l'Évangile du second avènement du Christ ») publié en 1816, et des chants sans paroles composés par elle.

Les Shakers connurent leur apogée au milieu du XIXe siècle. Ils révérèrent mère Ann comme l'incarnation féminine de toutes les perfections divines.

Se considérant comme l'homologue féminin du Christ, Ann Lee inaugura de son côté un type d'exégèse appelé à se développer tout au long du siècle (on pense notamment aux dérives de la dévotion mariale que manifestèrent Anna Kingsford* et lady Caithness* en milieu catholique, ainsi que les prophétesses quakers en milieu protestant). Comme l'Adam primordial était androgyne avant la création d'Ève, la prophétesse incarnait la part féminine du Christ, le retour à l'unité était la condition du second avènement ; il ne pouvait avoir lieu que dans une humanité transformée lentement par sa purification spirituelle. L'éducation progressive du peuple, une notion clé du XIXe siècle, explique le succès continu de la prophétesse, alors que son charisme personnel avait cessé de s'exercer. En l'absence du Christ sur la terre, il revenait à un « sacerdoce » féminin inspiré de combler le manque.

Jean-Pierre Laurant

• *Voir aussi* : Caithness ; Kingsford

Bibl. : ***Vie et études*** **:** H. DESROCHE, *Les Shakers américains, d'un néo-christianisme à un pré-socialisme*, Paris, Éditions de Minuit, 1955 ; ID., *Dieux d'hommes, dictionnaire des millénarismes et messianismes du Ier siècle à nos jours*, Paris, Berg International, 2009 ; F. LAUTMAN (éd.), *Ni Ève, ni Marie, luttes et incertitudes des héritières de la Bible*, Genève, Labor et Fides, 1997 ; H. CHISHOLM (éd.), « Lee Ann », in *Encyclopoedia Britannica* (11e éd.), Cambridge, Cambridge University Press, 1911.

ANNE-CATHERINE EMMERICH, *bienheureuse, visionnaire et stigmatisée* (Flamschen, 8 septembre 1774-Dülmen, 9 février 1824). Née en Westphalie où l'Église jouit encore, en cette fin du XVIIIe siècle, d'une autorité morale indiscutable, Anne-Catherine Emmerich grandit dans une famille de paysans composée de neuf frères et sœurs. Elle fréquente peu l'école, travaille aux champs et montre dès son plus jeune âge une très ardente dévotion qui la fait fuir la compagnie des autres enfants et les jeux de son âge. Elle passe des heures, de jour comme de nuit, à prier, elle se mortifie, mais plus encore, elle « voit » : « Un jour (je pouvais avoir alors cinq ou six ans), dira-t-elle, je cherchais à méditer sur le premier article du Symbole JE CROIS EN DIEU, LE PÈRE TOUT-PUISSANT. Des tableaux de la Création se présentèrent aux regards de mon âme. La chute des anges, la création de la terre et du paradis, celle d'Adam et Ève et leur désobéissance, tout me fut montré. Je m'imaginais que tous voyaient ces choses de même que les objets qui nous environnent. » Toutefois, « tous » n'ont pas son don de vision : Anne-Catherine renonce vite à raconter de tels « transports », car les autres enfants, de même que son *magister*, mettent en doute ce qu'elle rapporte. Lorsqu'elle est jeune fille, l'appel de la vocation monastique se fait de plus en plus pressant. Cependant, ne disposant d'aucune dot, elle n'est pas autorisée à entrer chez les Clarisses de Münster. Heureusement pour elle, un recours se présente : le couvent des Augustines d'Agnetenberg, près de Dülmen, à condition qu'elle sache jouer de l'orgue. Qu'à cela ne tienne, elle devient couturière pour s'offrir l'indispensable sésame.

À Coësfeld, l'organiste qui lui enseigne les rudiments musicaux vit dans la misère avec sa fille Clara. Anne-Catherine se met donc à leur service, et pour les nourrir, renonce à son apprentissage. Ces années sont très éprouvantes, la jeune femme souffre, mais elle conserve une foi inébranlable : si Dieu veut qu'elle entre au couvent, il y pourvoira, pense-t-elle. Clara, très proche d'Anne-Catherine, ressent à son tour l'appel de la vocation. Sa pratique de l'orgue lui ouvre les portes du couvent des Augustines. Son père exige que l'amie de sa fille y soit elle aussi acceptée. En 1802, les deux jeunes femmes se retirent du monde. L'année suivante, Anne-Catherine prononce ses vœux, endosse les travaux les plus pénibles du couvent et tombe malade. Elle endure toutes les souffrances et reçoit les stigmates de la couronne d'épines, dont, en 1798, elle avait reçu « les promesses » : « [...] agenouillée devant un crucifix, dans la chapelle des Jésuites de Coësfeld, je priais avec toute la ferveur dont j'étais capable lorsque, tout à coup, je vis mon fiancé céleste sortir du tabernacle, sous la figure d'un jeune homme tout environné de splendeur. Il tenait dans sa main gauche une couronne de fleurs et dans sa droite une couronne d'épines, et il m'offrit à choisir entre l'une ou l'autre. Je demandai la couronne d'épines qu'il me mit lui-même sur la tête et que j'enfonçai de mes deux mains sur mon front. Il disparut et je sentis immédiatement de violentes douleurs autour de la tête. » Désormais, chaque vendredi, elle revivra la Passion du Christ.

En 1811, le nouveau roi de Westphalie, Jérôme Bonaparte, supprime les ordres religieux. Le couvent est sécularisé, Anne-Catherine se met au service de l'abbé Lambert, prêtre français qui a fui la Révolution. Mais sa santé se dégrade à un tel point que la « voyante » ne quitte désormais plus son lit. Aucun médecin ne parvient à diagnostiquer sa maladie. Bientôt apparaissent les autres stigmates de la Passion, qu'elle ne peut plus dissimuler, puis elle entre dans un jeûne perpétuel que rompt seule l'Eucharistie quotidienne.

Le docteur Franz Wesener, qui lui rend visite pour la démasquer, est bientôt convaincu de sa faculté de cardiognosie (c'est-à-dire le pouvoir de lire dans les cœurs). Il devient alors son ami et médecin. Son *Journal*, rédigé consciencieusement de mars 1813 à novembre 1819, ainsi que l'*Histoire abrégée* qu'il écrit pour une revue médicale l'année de la mort d'Anne-Catherine constituent une source essentielle de renseignements sur la stigmatisation. Objectivité et notes « scientifiques » ne sont pas à proprement parler la marque de son « biographe » et scribe fidèle, Clemens Brentano, l'un des plus grands écrivains romantiques allemands, que l'abbé Overberg, confesseur de la voyante, et Mgr Sailer, évêque de Ratisbonne, lui ont présenté. Lorsque le poète la rencontre pour la première fois, Anne-Catherine déclare simplement qu'elle avait vu « l'homme qui devait lui être donné pour écrire ses visions ». Brentano raconte ainsi leur entrevue : « Elle me tendit toute joyeuse ses mains marquées des sacrés stigmates. Je ne remarquai en elle rien de tendu ni d'exalté, mais un enjouement naïf, souvent aussi un tour qui venait d'une innocente espièglerie. Tout ce qu'elle dit est prompt, bref, simple, sans retours complaisants sur elle-même, mais aussi plein de profondeur, d'amour, de vie, quoique tout à fait rustique. Elle vit au milieu de l'entourage le plus inintelligent et le plus fâcheux, composé de braves gens simples mais grossiers, de visiteurs incommodes et d'une méchante sœur. Toujours malade à la mort, soignée par des mains maladroites et rudes [...] délaissée de tous, maltraitée comme une Cendrillon et pourtant toujours affectueuse et douce [...]. » Récemment converti au catholicisme, cet écrivain de talent et de grande érudition s'installe près de chez elle et vient la voir chaque jour pendant six ans, jusqu'à ce qu'Anne-Catherine s'éteigne. Il accomplira un travail considérable (seize mille feuillets de notes diverses), se mettant entièrement à son écoute et retranscrivant pendant des heures ses innombrables visions dans ce qui deviendra *La Douloureuse Passion de Notre-Seigneur Jésus-Christ*. Publiée en 1833, jouissant d'un succès considérable dans toute l'Europe, cette œuvre inspirée sera aussi l'objet de violentes attaques. Lorsque Brentano meurt, il est en train de rédiger, toujours d'après les visions d'Anne-Catherine, *La Vie de la Sainte Vierge*, qui restera inachevée.

Durant toutes ces années, les « faux amis », hélas, sont eux aussi légion. Réunis autour du lit douloureux de la stigmatisée, s'introduisant dans sa chambre jusque par la fenêtre – sa maison est proprement assiégée –, les visiteurs la vénèrent ou la tourmentent. Comme le regrette Brentano, rien ne lui est épargné, livrée qu'elle est à la curiosité populaire par sa propre sœur qui, en outre, la tyrannise en permanence.

Anne-Catherine est aussi victime d'incessantes « persécutions » de la part des autorités religieuses et politiques, qui la soumettent à des examens médicaux pour la prendre en défaut, pour démontrer qu'elle se blesse seule, qu'elle entretient ses plaies, qu'elle se cache pour manger et même, pour excréter. Nuit et jour, elle est épiée, mais sans succès : force est de constater qu'elle ne ment pas.

Par ailleurs, le docteur Wesener observe chez elle des cas de hiérognosie, qui se traduisent, selon l'Église, par une capacité à authentifier des reliques, à reconnaître entre autres des hosties consacrées. À la fin de sa vie, les visions de la stigmatisée se font terrifiantes, traversées de tous les maux de la terre et, sous ses yeux effarés, passent des images « foudroyantes et terribles », cependant que ses souffrances ne cessent d'augmenter et qu'elle se charge de tous les péchés du monde. Outre l'amour dévorant qu'elle porte au Christ, « son fiancé », mais aussi à la Croix et à tous les humains, Anne-Catherine met en œuvre la doctrine de la réversibilité et accepte volontairement de prendre sur elle les maladies et les souffrances d'autrui : « La plupart de ses maladies, en effet, étaient l'acceptation spontanée de souffrances de ses amis, qui lui avaient confié leurs soucis et se recommandaient à ses prières », écrit Wesener à ce propos.

« Seigneur, secourez-nous. Venez, Jésus, venez ». C'est sur cette supplication passionnée qu'elle s'éteint, en s'unissant par sa souffrance acceptée à la douleur du Christ et en l'offrant pour la rédemption de l'humanité. Pour celle qui souhaitait « un enterrement de pauvresse » sera organisé un cortège funéraire suivi par des milliers de personnes. Un de ses admirateurs hollandais propose même de racheter le cercueil où repose son corps. À Coësfeld, les habitants craignent son enlèvement et demandent l'ouverture du tombeau. Six semaines plus tard, on rapporte que le corps – et les stigmates – d'Anne-Catherine sont intacts.

Ce sont surtout les facultés visionnaires d'Anne-Catherine Emmerich qui en font une mystique tout à fait singulière. Sous la plume de son poète copiste, ses récits remontent loin dans l'histoire du monde, avec une mise en abîme vertigineuse : Clemens Brentano recopie tout l'Ancien Testament « revu » par la stigmatisée, le Nouveau Testament et enfin, l'histoire de l'Église, dans une incroyable fresque qui permettra à beaucoup de chrétiens de retrouver le sens des Écritures qu'ils avaient perdu. Anne-Catherine décrit la vie de Jésus – son unique amour – avec un luxe de détails impressionnant, qui contrastent avec la brièveté des Évangiles : son récit de la Passion est saisissant, puissamment évocateur et d'une violence inouïe. Elle suit également Jésus en Palestine pendant les trois ans de son ministère, voyages dont elle enrichit le rapport de mille nuances en principe inconnues d'une femme quasiment illettrée : fleuves, montagnes, populations, coutumes sont évoqués sous forme d'images claires. Ces descriptions donnent une impression de vie étonnante et de proximité avec les protagonistes, à la manière d'un reporter qui serait remonté dans le passé et restituerait le plus fidèlement possible l'atmosphère des lieux, les traits de caractère des individus croisés.

Outre le Christ, il est une figure de ces visions qui attire particulièrement l'attention : celle de Marie de Magdala (*voir* MARIE-MADELEINE, sainte), dont la stigmatisée dresse un portrait étonnant, la décrivant comme une sorte de reine habillée de dentelles, coiffée de roses et escortée par ses admirateurs. Dans l'un des tout premiers épisodes, elle entend parler du Rabbi et de ses sermons et, pour les entendre, s'installe sous une tente dressée pour elle, des coussins précieux sous ses pieds raffinés. Mais aux paroles de Jésus, elle s'évanouit, suscitant l'incompréhension chez les Pharisiens...

Restent les questions légitimes sur la part subjective de ces récits, réélaborés par un poète de talent, qui connaissait parfaitement tous les grands textes sacrés. Dans la relation qu'il fait des visions – ou, selon la variation des titres, des « méditations » – d'Anne-Catherine, certains détails ou faits semblent en effet issus d'apocryphes ou de légendes. Comment démêler alors ce qui relève d'authentiques révélations spirituelles (certaines précisions topographiques étaient inconnues auparavant, comme, par exemple « la maison de la Vierge » à Éphèse, découverte en 1881 par l'abbé Gouyet, grâce aux descriptions d'Anne-Catherine, alors qu'elle n'avait jamais quitté sa Westphalie natale), d'emprunts au légendaire chrétien, ou encore de ce qui est tiré de l'enseignement traditionnel de l'Église de son époque ? Comme l'avance Joachim Bouflet, une étude critique de ces textes reste à faire.

Florence Quentin
et Michel Cazenave

Bibl. : ***Œuvres*** **:** *La Douloureuse Passion de Jésus-Christ* (rédigée par C. Brentano), trad. L. Murr Nehmé, Paris, Éditions F.-X. de Guibert, 2004 ; *La Vie de la Vierge Marie*, trad. J. Bouflet, Paris, Presses de la Renaissance, 2006. ***Biographie*** **:** T. WEGENER, *Vie merveilleuse et extérieure de la servante de Dieu, sœur Anne-Catherine Emmerich, de l'ordre de saint Augustin*, Saint-Benoît-du-Sault, Éditions bénédictines, 2005. ***Études*** **:** J. BOUFLET, *Anne-Catherine Emmerich, celle qui partagea la Passion de Jésus*, Paris, Presses de la Renaissance, 2004 ; C. RAPP DOMBROWSKI, « The Making of a Romantic Female Hagiography », thèse présentée à l'Université de Pennsylvanie, 2008 ; I. SANDY, *Les Grandioses Visions de Anne-Catherine Emmerich*, Paris, Casterman, 1948.

ANNE DE JÉSUS, *vénérable, carmélite* (Ana de Lobera ; Medina de campo, 25 novembre 1545-Bruxelles, 4 mars 1621). — Anne est née dans une famille de petite noblesse. « Sourde et muette », elle grandit, témoin de sa mère qui élève seule (son père vient de mourir) ses deux enfants et prie pour que le handicap de sa fille guérisse. Son éducation se fait ainsi à travers la vie fervente de sa mère. Vivant dans le silence et la solitude, où Dieu travaille son être à travers ce chemin d'intériorité, elle guérit à sept ans. Elle en a neuf quand sa mère meurt à son tour. Elle est alors confiée à sa grand-mère maternelle à laquelle elle déclare son désir de faire vœu de virginité perpétuelle. Sa grand-mère l'en dissuade et même le lui interdit, pensant qu'elle est trop jeune. Décidée à devenir religieuse, Anne cherche à quitter le foyer. À quatorze ans, sous prétexte de prendre des vacances avec son frère venu la visiter, elle s'enfuit chez ses grands-parents paternels qu'elle juge sans doute plus favorables à son projet. En 1570, elle entre au carmel Saint-Joseph d'Avila où elle noue une amitié spirituelle profonde avec la prieure, Thérèse d'Avila*. Elle fait profession dans les mains de celle-ci le 22 octobre 1571.

En 1575, elle devient prieure du carmel de Beas, fondé par sainte Thérèse. Les deux femmes commencent alors une correspondance intense, où sainte Thérèse confie toutes les agitations de son âme, les troubles que lui causent les ennemis de la réforme du Carmel et les faveurs dont Dieu la comble pour la fortifier devant les épreuves. Elle accueille un temps Jean de la Croix, quelques mois après son évasion de la prison de Tolède (1578-1579). Quand il arrive à Beas, le saint connaît déjà la réputation de sainteté d'Anne de Jésus, il sait qu'elle est gratifiée de hautes grâces mystiques et qu'elle a obtenu de nombreux miracles par sa prière. Mais Anne est d'un tempérament moins expansif et moins enthousiaste que mère Thérèse. Jean de la Croix témoigne : « Elle ressemblait en tout à Thérèse, même esprit d'oraison, même manière d'agir, mêmes capacités, même genre de gouverment. » Plus tard, il avouera encore qu'elle égalait sainte Thérèse pour les dons spirituels et la dépassait pour les dons naturels. Anne devient le bras droit de Thérèse durant son combat pour la réforme avant d'être à son tour l'instrument de son expansion. Elle fonde elle-même le carmel de Grenade en 1582 puis, assistée de Jean de la Croix, celui de Madrid en 1586.

Quelques années plus tard, après de nombreuses difficultés et tractations, Jean de Quintanadoine de Brétigny et Pierre de Bérulle obtiennent l'autorisation du pape pour que des religieuses espagnoles viennent en France fonder des carmels réformés, sans les choisir eux-mêmes. Anne de Jésus, dont la réputation de sainteté et de communauté spirituelle avec Thérèse d'Avila est grande, en fait partie. Les Carmes, qui n'avaient pas la permission de s'installer en France, protestèrent vivement du départ d'Anne de Jésus. En outre, ils n'assuraient plus la direction des Carmélites françaises laissées aux prêtres séculiers tels que Bérulle, Duval et Gallemant. L'Oratoire, qui n'est pas un ordre religieux mais une congrégation de prêtres séculiers, fut fondé en 1611 par Bérulle. Les oratoriens ne faisaient pas de vœux de religion. Anne devient prieure du carmel de l'Incarnation à Paris en 1604. Le Carmel se développa très vite en France, à Pontoise et à Dijon. Anne de Jésus était ainsi liée aux jeunes sœurs françaises qui avaient été préparées à leur entrée au carmel par Mme Acarie*, la cousine de Pierre de Bérulle, entrée au carmel après son veuvage sous le nom de Marie de l'Incarnation. L'expansion du Carmel en France la réjouit beaucoup. Pour elle, le carmel de mère Thérèse devait sauver la France du calvinisme dans lequel elle était engluée. Puis elle partit en Flandres fonder d'autres carmels (Louvain et Mons), dont celui de Bruxelles où elle demeura jusqu'à sa mort.

Les écrits d'Anne de Jésus se composent de quatre-vingt-neuf lettres et quelques déclarations et relations, qui sont presque toutes des œuvres de circonstance, jaillissant de son sens de l'amitié et de son rôle de fondatrice. La trace d'un amour passionné pour la réforme de l'Ordre du Carmel, l'amitié indéfectible qu'elle éprouve pour mère Thérèse et l'intérêt pour son œuvre s'y lit avec force. La femme de gouvernement et d'action apostolique, la femme guidée par l'amitié, enfin, la contemplative de l'humanité du Christ et de l'Eucharistie en ressortent également.

Anne de Jésus fut peut-être l'une des plus grandes charismatiques du Carmel thérésien : charismes de connaissance des âmes, de guérison, de prophétie et d'intercession pour les mourants. Mais les charismes ne sont pas nécessairement signes de sainteté. Regardons la dimension plus profonde de sa vie d'intimité avec le Seigneur à travers quelques aspects de sa spiritualité. Outre une nette influence thérésienne et sanjuaniste ainsi qu'une disposition équilibrant action et contemplation, Anne laisse entrevoir dans ses écrits un grand amour pour l'humanité du Christ. Cette prédilection est centrée sur le Très Saint-Sacrement. Elle concrétise ainsi un amour profond et sans bornes pour l'Eucharistie et une très grande dévotion au mystère de l'Incarnation. Elle développe aussi à travers les années un intérêt tout particulier pour Job. Nous retrouvons dans ses lettres le thème jobien de l'acceptation de la volonté de Dieu, dans l'adversité comme dans la prospérité.

Les derniers temps de sa vie, Anne sera éprouvée dans son corps par de graves maladies et connaîtra en son âme une profonde nuit touchant le mystère de l'Eucharistie, ne goûtant plus la présence de Dieu dans ce sacrement. Elle écrit à un ami religieux : « Je m'approche de la table Sainte comme une bête. » Nuit intérieure terrible, où Dieu semble l'avoir abandonnée et ne plus exister. Au cœur de la grâce du Carmel, Dieu est pourtant là, si proche, mais caché aux yeux de la foi.

Anne de Jésus a beaucoup fait pour que les œuvres de Thérèse d'Avila soient publiées. Elle en a rassemblé les manuscrits qu'elle a confiés à Luis de Léon pour leur première édition. Une fois rendue en Belgique, elle s'est associée avec le père Gracian pour continuer les éditions, les traductions et la diffusion de la vie, des œuvres et des images de sainte Thérèse d'Avila. Un autre aspect, moins connu, de son activité débordante est la part qu'elle prit dans les éditions et les études de saint Jean de la Croix. On lui doit notamment, car elle les a réclamés à celui-ci, les commentaires en prose (1584) du *Cantique* spirituel.

Elle apparut en vision à sainte Thérèse de l'Enfant Jésus* pour la réconforter et la confirmer dans sa voie, le lendemain du jour (10 mai 1896) où, plongée au cœur de sa nuit spirituelle, celle-ci demanda : « Y a-t-il un Ciel ? Ma vie ordinaire est-elle utile ? Dieu n'attend-il pas autre chose de nous que nos petits actes d'amour ? »

Joseph Beaude

• *Voir aussi* : Thérèse d'Avila

Bibl. : ***Études*** **:** H. BREMOND, *Histoire littéraire du sentiment religieux en France...*, Grenoble, Jérôme Millon, 2006, vol. I ; J. DAGENS, *Bérulle et les origines de la restauration catholique (1575-1611)*, Paris, Desclée de Brouwer, 1952 ; L. COGNET, « Histoire de la spiritualité chrétienne », in *La Spiritualité moderne*, Paris, Aubier, 1966, t. III ; H. L. VAN DEN BOSSCHE, *Anne de Jésus*, Paris, Desclée de Brouwer, 1958 ; M. HOUSSAYE, *Monsieur de Bérulle et les Carmélites de France (1575-1611)*, Paris, Plon, 1872.

ANNE DE SAINT-BARTHÉLEMY, *bienheureuse, carmélite* (Anna Garcia ; Almendral, 1er octobre 1549-Anvers, 7 juin 1626). — Anna Garcia, la future compagne de Thérèse d'Avila*, voit le jour dans la petite localité castillane d'Almendral. La famille est aisée, mais la mort prématurée de ses deux parents voue la jeune Anna à la garde des troupeaux : son instruction en pâtira, au point que, lorsqu'elle arrive au carmel d'Avila, âgée de vingt ans, elle ne sait ni lire ni écrire. Cependant, sa connaissance spirituelle est des plus affinées, sensible avant tout aux mystères de la Passion du Christ : en effet, c'est à l'écoute d'une prédication du vendredi saint qu'elle avait éprouvé ses premiers désirs de vie consacrée. Résistance de la fratrie qui envisage alors de la marier, mais elle se présente en loques au prétendant et le projet tombe de lui-même. C'est le curé de son village qui l'oriente vers le carmel d'Avila. Or, dans un premier temps, Thérèse, tout à la réforme de l'ordre, n'envisageait point la présence de sœurs converses qui, puisque illettrées, n'auraient pu participer à l'office choral. Au bout de cinq ans, elle se ravise, acceptant par avance celles que le Christ lui enverrait : Anna Garcia fut la première, et elle devint sœur Anne de Saint-Barthélemy. Thérèse en perçut rapidement la valeur, et elle deviendra la confidente et l'infirmière de la *Madre*. Elle se fera même copiste à l'occasion, en imitant l'écriture de Thérèse, mais ses tentatives donnèrent bien des difficultés de déchiffrement à ses lecteurs ! De février à septembre 1582, elle accompagne Thérèse pour la fondation du carmel de Burgos, et, au soir du 4 octobre, c'est entre ses bras qu'expirera la fondatrice. Rentrée au carmel d'Avila, elle le quitte en août 1604, en compagnie d'Anne de Jésus* et de quatre autres carmélites, pour aller, à la demande de Pierre de Bérulle et de Jean Quintanadoine de Brétigny, établir en France la réforme thérésienne. Elle est toujours, à ce moment, sœur de voile blanc, c'est-à-dire sœur converse, mais les supérieurs espagnols font comprendre à Bérulle que rien ne s'opposerait à ce qu'elle devînt sœur de voile noir, autrement dit sœur de chœur.

En janvier 1605, en raison de l'afflux de novices au couvent de Paris, il faut aller fonder celui de Pontoise, et c'est Anne de Saint-Barthélemy qui est choisie comme prieure. Ce qui en coûte à ses scrupules d'humilité : le père Pierre Coton, le jésuite, confesseur d'Henri IV, en viendra à bout, mais pas en revanche de la réticence d'Anne de Jésus. Celle-ci partant en Bourgogne pour d'autres fondations, c'est Anne de Saint-Barthélemy qui la remplace comme prieure du Grand Couvent parisien. Trois ans plus tard, en 1611, elle fonde la communauté de Tours, avant de s'éloigner de France pour gagner les Flandres et y répandre la réforme thérésienne. Anne de Jésus, en effet, s'était ravisée quant à ses capacités de gouvernement : elle « gouverne en sainte », ce qui ne voulait pas dire qu'elle ne possédait pas un savoir-faire politique, voire diplomatique : à l'égard de Bérulle et des supérieurs français, Anne de Saint-Barthélemy aura toujours témoigné d'une obédience sans réserve, mais ultérieurement, sous l'influence d'Anne de Jésus et des carmes flamands, elle révisera son jugement. Arrivée en Flandres, de Mons, elle gagnera Anvers le 17 octobre 1612, et c'est là qu'elle mourra quatorze ans plus tard.

On ne demandera pas à Anne de Saint-Barthélemy l'originalité d'une doctrine mystique, quand bien même elle bénéficiait de dons spirituels fort appréciés du cardinal de Bérulle qui la consultait pour avoir la confirmation surnaturelle de ses propres intentions et projets. Le plus simplement du monde, elle ne fait que recommander – et que vivre ! – l'accomplissement par amour de la volonté de Dieu, se conformant ainsi au pur enseignement de la mère Thérèse de Jésus. Une obédience d'autant moins contraignante que Dieu lui est tout, suscitant en elle admiration, consolation autant que gratitude. En bonne disciple de Thérèse, elle a une grande dévotion pour l'humanité du Christ, « le miroir des âmes ». De ces principes, elle déduit que c'est l'accomplissement des petites choses qui vérifie la réalité de l'amour et du renoncement à soi-même.

Ce qu'on lui reconnaîtrait en propre, c'est le courage d'assumer tous les risques, en pleine confiance en Dieu, sans se prévaloir de ses capacités, que d'ailleurs elle savait limitées. L'hésitation n'est pas son fait et elle s'étonne de voir Bérulle troublé devant une telle assurance et gagné par l'incertitude : « Il n'y a qu'à laisser cela à Dieu », clôt à ses yeux toute tergiversation. Peu disposée à l'introspection et à l'autoanalyse, elle ne parle pas de sa prière, sauf une fois, dans une lettre à Bérulle datée de 1609 : « Pour ce qui est de mon âme, Dieu la tient paisible en sa présence et dans un grand silence. [...] Cette sienne présence rend les passions et les mouvements soumis et pour ainsi dire morts. Et même si parfois surgit quelque pensée fugitive ou quelque mouvement, aussitôt les confond cette vue de Dieu qui ne me laisse rien à faire. Je n'ai d'autre désir que celui-ci : que sa volonté se fasse dans les petites choses et dans les grandes. Dans une lumière particulière le Seigneur m'a montré un jour dans un recueillement [*recojimiento*] comment ni au ciel ni sur terre l'âme ne pouvait avoir d'autre ciel plus grand que d'être en sa volonté. Dites-moi si c'est bien. » On reconnaît là l'enseignement de sainte Thérèse, qu'elle applique et qui la guide.

François Marxer

• *Voir aussi* : Anne de Jésus ; Thérèse d'Avila

Bibl. : *Œuvre* : *Lettres et écrits spirituels*, Bruges-Paris, Desclée de Brouwer, 1964. ***Vie et étude* :** I. POUTRIN, *Le Voile et la Plume. Autobiographie et sainteté féminine dans l'Espagne moderne*, Madrid, Casa De Velásquez, 1995.

ANNE DE SAINT-FRANÇOIS DE SALES, *supérieure générale de la Congrégation de l'Adoration Réparatrice* (Jeanne Dunand ; Genève, 1832-Châlons-sur-Marne, 1895). — Née d'une famille catholique originaire de la Savoie, Jeanne est victime, à l'âge de trois ans, d'un accident qui la laisse infirme. Elle grandit en recluse mais animée d'une grande piété. Sur les conseils de son confesseur et contre l'avis de son médecin, elle se rend en pèlerinage à Sainte-Anne d'Auray. Son état s'améliore et elle se trouve enfin totalement guérie en 1847. Elle devient alors pensionnaire pendant six ans à la Visitation d'Annecy, jusqu'à la maladie de son père, esprit fort dont elle espère la conversion et qui mourra deux ans plus tard dans le plus grand repentir. Sa vocation religieuse est d'abord freinée par la prudence de son confesseur et l'affection de sa mère, mais la fréquentation de Mgr Marilley, évêque de Lausanne et de Genève, l'encourage à se consacrer à l'œuvre des Jeunes Repenties puis à devenir tertiaire de saint François. À l'âge de vingt-huit ans, elle rencontre Marie-Thérèse du Cœur de Jésus (Théodelinde Dubouché*), fondatrice de la jeune Congrégation de l'Adoration Réparatrice : elle devient, le 8 décembre 1862, sœur Anne, puis est envoyée au monastère de Châlons-sur-Marne. Après avoir prononcé ses vœux (1866), fait sa première profession (1868) et sa profession perpétuelle (1872), elle devient maîtresse des novices. Élue supérieure générale en 1874, son œuvre principale est d'obtenir de Rome l'approbation définitive de la congrégation en janvier 1887.

Sa spiritualité s'accorde à celle de sa congrégation, tiers ordre régulier lié au Carmel, défendant une vie contemplative visant à coopérer à l'œuvre de la Rédemption (d'où la devise « adorer et réparer » figurée, dans les armoiries, par l'alliance de la Croix et de l'Hostie) et s'inspirant de la vie cachée du Christ à Nazareth. Meurtrie très tôt par les infirmités physiques mais aussi les douleurs morales que lui inspire l'austérité de ses années de noviciat, Anne offre ses souffrances dans une spiritualité d'imitation impliquant aussi le renoncement à soi-même. Dans une lettre à sa sœur elle écrit : « Tu adoreras Jésus

Hostie, sur la terre il était toute ma vie. [...] Aimons à disparaître, à n'être que ce que nous sommes aux yeux de Dieu. » Cette « soif du sacrifice et de l'immolation » lui vaut l'admiration de toutes ses sœurs et encourage à voir en elle une créature d'élite. Mais son humilité la conduit surtout à accepter la part matérielle et charitable de sa charge et à vivre son élection à la tête de la congrégation non comme un motif d'orgueil mais comme un *Fiat* divin qui lui permet d'être à l'écoute des égarés. Elle écrit en 1880 : « La béatitude de la terre c'est [...] la Croix doucement acceptée, amoureusement portée. C'est là où Dieu vous place, d'agir sans ostentation, de faire le bien sans être aperçue. » Cette profession d'abandon lui fait accepter une *docta ignorantia* proprement mystique : « Je passe mon temps à adorer les insondables desseins de Dieu sur moi. Je ne comprends pas mais j'adore. »

Antoinette Gimaret

Bibl. : ***Études*** **:** R. LIMOUZIN-LAMOTHE, notice dans le *Dictionnaire de biographie française*, Paris, Le Touzey et Ané, vol. 12, 1970 ; M.-T. LOUIS LEFEBVRE, *Écrits spirituels et paroles de l'abbé Huvelin*, Paris, P. Lethielleux, 1959, p. 186-190.

ANNE-MADELEINE RÉMUZAT, *vénérable, visitandine, propagatrice de la dévotion au Sacré-Cœur de Jésus* (Marseille, 29 novembre 1696-15 février 1730). — La « seconde Marguerite-Marie » est née dans une famille de négociants marseillais. « Dès qu'[elle] sut parler, elle ne parla que du cloître », selon le père Jacques, son biographe. Entrée comme pensionnaire en 1705 au second monastère de la Visitation de Marseille, elle est appelée en 1708 par le Christ à devenir sa « victime ». « Le sacrifice fut accepté et dès ce moment, il commença pour ne finir qu'avec sa vie. » Elle entame renoncements et mortifications mais traverse un temps de nuit spirituelle et retourne en 1709 dans sa famille. En octobre 1711, elle entre comme postulante au premier monastère de la Visitation. Elle y prononce ses vœux en janvier 1713. Le 17 octobre 1713, anniversaire de la mort de Marguerite-Marie Alacoque* à Paray-le-Monial, le Christ lui fait « connaître d'une manière particulière et extraordinaire » qu'elle « était destinée à [la] remplacer ». Elle adopte une voie d'ascèse sévère. En 1716, elle a la vision de la Trinité et se « trouv[e] comme une nouvelle créature ». Pendant le carême 1718, lors de l'exposition du saint sacrement dans l'église des Cordeliers, voisine du couvent, les assistants croient voir apparaître dans l'hostie le visage du Christ, « plein de majesté et de douleur à la fois ». Anne-Madeleine en est prévenue « par la voie de la révélation » (P. Jacques). « Dieu [...] lui déclara que si on ne profitait pas de cet avertissement, on devait s'attendre à des malheurs qui feraient trembler toute l'Europe. » Elle confie ce message à son confesseur, le jésuite Claude-François Milley, qui le transmet à l'évêque, Mgr de Belsunce.

La peste se déclare à Marseille en juillet 1720. « Au milieu de tant de calamités, la sœur Anne-Madeleine levait au ciel ses mains innocentes, s'offrant sans cesse à porter sur elle le poids de la colère divine et faisant les vœux les plus ardents pour arrêter le cours de la contagion. Son céleste époux lui fit entendre qu'il agréait ses prières, quoiqu'il ne les exauçât pas ; qu'il fallait que sa justice vengeât tant d'iniquités, que le temps de la miséricorde viendrait et qu'elle verrait ce qu'elle désirait si ardemment, l'établissement d'une fête en l'honneur du Sacré Cœur. Ces dernières paroles la remplirent de joie et dans un transport d'amour, elle s'écria : « Ô heureux fléau, puisqu'il doit procurer la gloire du Cœur de mon sauveur. » Le message est transmis à Mgr de Belsunce, qui décide d'établir la fête du Sacré-Cœur dans son diocèse et de consacrer ce dernier à ce culte encore confidentiel. Après le retour de peste de 1722, les échevins de la ville font vœu de participer tous les ans à cette fête, qui est dès lors célébrée publiquement.

Au cours de sa retraite de 1723, elle a une nouvelle vision de la Trinité. En 1724, elle reçoit les stigmates, mais demande que leurs marques restent invisibles – elles ne seront découvertes qu'après sa mort. Elle écrit : « Il m'a semblé que Jésus-Christ se présentait à moi et que m'enlevant mon cœur, il le mettait dans le sien, qui m'a paru être une fournaise ardente, où mon cœur s'est trouvé en un instant changé en feu... », ce qui correspond à la première apparition de Marguerite-Marie en 1673. Selon son biographe, elle passe « de la voie purgative à la voie que les mystiques appellent unitive ». Elle écrit : « Vous avez voulu, pour ainsi dire, diviniser mon âme, en la transformant en Vous-même, après lui avoir ôté sa propre forme », ou : « Il m'a été permis de puiser moi-même dans ce sang adorable la lumière, la force et la vie de Dieu même. » Cette progression est étroitement liée à un itinéraire expiatoire : « Attachée à la croix par les liens de la religion et par serment [...] elle se chargeait de souffrir pour expier tous les péchés dont il plairait à Dieu de lui faire porter la peine et les souffrances devenaient pour elle une obligation. »

Sa vie et ses révélations présentent de nettes ressemblances avec celles de Marguerite-Marie, mais dans un contexte différent, car l'image d'une « sainte religieuse » s'est tôt imposée dans son couvent et peut-être la ville. Lorsqu'elle meurt à trente-trois ans, comme le Christ, ainsi qu'elle l'avait prédit, des miracles lui sont attribués. Par le « vœu de la peste », toujours célébré chaque année à Marseille, elle a obtenu cette « réparation d'honneur » publique que le Christ avait demandée à Marguerite-Marie. Elle a accentué fortement l'aspect victimal de la spiritualité du Sacré Cœur. Son biographe écrit : « Sa vie a été un mélange continuel de douleurs excessives et de délices ineffables. En la choisissant pour victime, Jésus-Christ voulait qu'elle s'immolât pour lui, mais il ne voulait qu'elle mourût à elle-même en s'immolant que pour la faire vivre d'une vie toute divine. » Elle sera déclarée vénérable à la fin du XIXe siècle, mais sa cause en béatification n'a pas abouti.

Régis Bertrand

• *Voir aussi* : Marguerite-Marie Alacoque

Bibl. : *Œuvre* : ses lettres et ses manuscrits ont été brûlés par une visitandine pendant la Révolution. Le père Jacques en fournit des extraits et publie sa « retraite spirituelle » p. 267-339. ***Vies* :** père F. JACQUES, *La Vie de la très honorée sœur Anne-Madeleine Rémuzat*, Marseille, J.-A. Brébion, 1760 ; sœur M.-A. CHEVALIER, *La Propagatrice de la dévotion au Sacré-Cœur de Jésus, Anne-Madeleine Rémuzat [...] d'après les documents de l'ordre*, Lyon, E. Vitte, 1891, rééd., 1894 ; M. GASQUET, *La Vénérable Anne-Madeleine Rémuzat*, Paris, E. Flammarion, 1935 ; Dr A. IMBERT-GOURBEYRE, *La Stigmatisation : l'extase divine et les miracles de Lourdes*, Paris, Vic et Amat, 1894, t. I (rééd. établie par J. Bouflet, Grenoble, Jérôme Millon, 1996), p. 396-401.

ANNE-MARIE JAVOUHEY, *bienheureuse, fondatrice des Sœurs de Saint-Joseph de Cluny* (Jallanges, 10 novembre 1779-Paris, 15 juillet 1851). — Comme Jeanne-Antide Thouret* ou Madeleine-Sophie Barat*, Anne-Marie Javouhey est exemplaire de ces femmes qui, au sortir de la tourmente révolutionnaire, œuvrent à reconstruire une société délabrée et à faire surgir des formes inédites de vie ecclésiale adaptées au monde nouveau qui émerge peu à peu. Elle témoigne aussi de rares qualités d'organisation et de gouvernance, aidées de charismes personnels indiscutables. Le projet qu'elle réalise n'est d'ailleurs pas que personnel, il est aussi familial : ses trois sœurs s'y investissent ; il leur sera confié les fondations importantes, elles remplaceront Anne-Marie, lorsqu'elle voyagera outre-mer, et lui succéderont après sa mort. L'action qu'elle va mener avec tact et persévérance en faveur de l'émancipation des esclaves, et cela avec l'appui des autorités politiques, la signale à l'attention de l'opinion publique, dans la mission où elle cherche ainsi à répondre aux besoins *réels* de la colonisation.

Anne-Marie Javouhey est née en Bourgogne, dans une famille aisée – son père, Balthasar Javouhey, fermier à Chamblanc, est échevin du village – et profondément chrétienne, qui se fait connaître par une solide piété et une active et hospitalière charité pour les malheureux. Arrivent les troubles de la Révolution : la famille Javouhey cache les prêtres proscrits, et c'est au cours d'une messe célébrée clandestinement par l'un d'entre eux, le 11 novembre 1798, qu'Anne-Marie se consacre irrévocablement à Dieu. Son désir de vie religieuse, elle essaie d'y répondre en 1800 dans la communauté des Sœurs du Bouillon et des petites écoles, fondée par Jeanne-Antide Thouret, dans l'esprit des Filles de la Charité de saint Vincent de Paul et de Louise de Marillac*, mais rapidement, après une retraite en octobre, elle quitte la congrégation : un appel intérieur la presse, plus profond et plus mystérieux que jamais. De juillet à octobre 1803, elle rencontre, en l'abbaye de la Val Sainte, en Suisse, dom Augustin de Lestrange, le rénovateur de la Trappe, qui la confirme dans sa vocation encore non élucidée de fondatrice ; encore cette approbation repose-t-elle sur un quiproquo : Anne-Marie compte bien sur l'abbé de la Trappe pour faire fléchir les réticences de son père face à ses projets d'une congrégation double, à branches masculine et féminine ; dom de Lestrange, auquel Anne-Marie a fait vœu privé d'obéissance, y voit l'occasion rêvée de créer un tiers ordre cistercien, sous la discrète couverture des activités enseignantes, qui n'attirerait pas l'attention de la police de Fouché. Ce n'est qu'en 1807 que chacun des fondateurs reprendra son entière autonomie.

En attendant, c'est donc par tâtonnements successifs, et modestement, qu'Anne-Marie essaie de réaliser ce projet : à Chalon-sur-Saône, en 1805, avec ses sœurs, elle commence par faire la classe aux enfants pauvres. Le pape Pie VII, de passage à son retour du sacre de l'Empereur, bénit le projet que les quatre sœurs lui exposent. L'évêque d'Autun approuve de son côté la Règle – ou plutôt, « l'idée de la Règle » – qu'Anne-Marie rédige, fortement marquée de l'esprit de la Trappe, attendant de dom de Lestrange un texte définitif. Le 20 août 1806, l'oratoire de la communauté naissante est béni sous le patronage de saint Joseph, tandis que le 12 décembre suivant, Napoléon, du fond de la Prusse où il est en campagne, reconnaît les statuts de l'Association de Saint-Joseph. Le 12 mai 1807 voit la fondation de la congrégation : les quatre sœurs font profession (au grand soulagement des parents Javouhey), avec cinq autres jeunes filles. La sœur Anne-Marie court alors à Paris pour obtenir la « jouissance » du grand séminaire d'Autun (devenu un bien national) ; les blessés de la guerre d'Espagne affluant, d'enseignantes, les compagnes deviennent soignantes. Et le 29 mai 1812, la congrégation acquiert (grâce à l'argent de Balthasar Javouhey) l'ancien couvent des Récollets de Cluny et prend désormais le nom de Saint-Joseph de Cluny.

En 1816, au vu du franc succès de la petite école qu'Anne-Marie a ouverte dans le Marais à Paris (le préfet lui octroiera des locaux plus vastes rue Pont-de-Lodi), le ministre des Colonies lui demande de s'intéresser au sort des populations d'outremer. Commence alors une formidable épopée qui, à la mort de mère Anne-Marie, aura engagé mille deux cents religieuses, réparties en cent quarante communautés sur la planète entière : le 16 janvier 1817, départ pour l'île Bourbon (La Réunion actuelle), à la demande de l'intendant qui la gouverne – ainsi le mystérieux appel divin se voit maintenant entièrement déchiffré. 1819 : le Sénégal ; 1822 : Guyane et Guadeloupe ; 1824 : Martinique ; 1827 : Pondichéry ; 1836 : Trinidad ; 1843 : Tahiti et l'Océanie. La fondatrice paie de sa personne en ces aventures outre-mer. En février 1822, elle part pour le Sénégal, la Gorée (où elle a révélation de l'horreur de l'esclavage), la Gambie et la Serria Leone (pourtant sous gouvernance britannique), pour être de retour en 1824. En 1828, c'est en Guyane qu'elle se rend, jusqu'en 1833 ; elle y retourne en 1835, à la demande du ministre des Colonies, pour préparer l'émancipation des esclaves : ce qui se réalisera pour cent quatre-vingt-cinq d'entre eux en 1838. Par ailleurs, Anne-Marie avait fondé un séminaire pour former les prêtres d'outre-mer, en 1825, à Bailleul (Oise), qui sera transféré à Limoux en 1829 : les trois premiers prêtres africains, originaires du Sénégal, seront ordonnés à Paris en septembre 1840.

Tout serait allé pour le mieux si l'évêque d'Autun, Mgr d'Héricourt, n'avait voulu assujettir la congrégation à son pouvoir discrétionnaire : le conflit, de larvé qu'il était, éclatera en 1840, et le prélat ira jusqu'à fermer le noviciat et à interdire de sacrements la mère Anne-Marie. La sentence ne sera levée qu'en 1845 : ce bras-de-fer n'empêchera pas Anne-Marie de poursuivre son œuvre : en 1834 est créée à Paris la Société pour l'abolition de l'esclavage, pour laquelle plaidera le pape Grégoire XVI en 1839 par le bref *In supremo*.

Anne-Marie Javouhey meurt paisiblement à Paris, dans la maison du faubourg Saint-Jacques où avait été récemment érigé un second noviciat avant qu'il ne devienne la maison-mère de la congrégation.

Anne-Marie Javouhey aura traversé rien moins que trois épisodes révolutionnaires : la Terreur, 1830 et 1848. Loin d'y trouver prétexte à vivre à l'écart du monde, l'épreuve ne fera que forger un caractère naturellement aussi ardent et libre que paisible. Car il lui aura fallu aussi affronter les prétentions de la hiérarchie épiscopale, Autun et Paris ligués ensemble contre elle, et défendre la liberté de sa congrégation sans jouer la carte d'une indépendance suicidaire. Elle devra supporter malgré tout des sanctions arbitraires totalement injustifiées, sans parler des campagnes de calomnies menées pour la discréditer auprès des autorités politiques.

Pragmatisme spirituel : aucune précipitation, elle sent qu'il ne faut pas hâter la libération des esclaves, sans une persévérante préparation qui les restituera d'abord à leur dignité de personnes et à une capacité retrouvée de sociabilité. Au plus fort de la crise qui aurait pu la faire chavirer, reste immuable le principe sur lequel elle s'est fondée seize ans durant, devant cet appel certain et énigmatique : « Je cherche la Sainte Volonté de Dieu afin de l'accomplir », et donc pour cela, « je ne m'effraye de rien, ma confiance en Dieu fait mon repos » : ainsi se nouent l'audace de l'action et la quiétude intérieure. C'est pourquoi, quand elle se voit interdire les sacrements et calomniée par le clergé de Cayenne, « jamais, dit-elle, je ne fus plus fervente et plus unie à Dieu ». Pragmatisme pratique non moins, dans lequel dynamisme courageux et prudentielle sagesse vont de pair au gré des événements et circonstances toutes contingentes, au service de ce qu'on pourrait désigner comme une anthropologie de *l'homme capable*, reconnu dans sa dignité et sa responsabilité.

François Marxer

• *Voir aussi* : Jeanne-Antide Thouret ; Madeleine-Sophie Barat

Bibl. : Œuvre : *Correspondance 1798-1851*, sœurs J. Hébert et M.-C. de Segonzac (éd.), Cerf, Paris, 1994. ***Étude*** : A.-H. LAFFAY, *Dom Augustin de Lestrange et l'avenir du monachisme (1754-1827)*, Paris, Cerf, 1998 ; G. BERNOVILLE, *Anne-Marie Javouhey fondatrice des sœurs de Saint-Joseph de Cluny*, Paris, Grasset, 1951.

ANNE-MARIE TAÏGI, *bienheureuse, voyante et prophète, tertiaire trinitaire* (Anna Maria Giannetti ; Sienne, 1769-Rome, 9 juin 1837). — Anne-Marie était encore enfant lorsque sa famille, tombée dans la misère, quitta Sienne pour Rome où, après une scolarité élémentaire, elle travailla dans la confection, la fabrication de chaussures ou encore comme femme de chambre. Elle reçut de sa mère une bonne formation chrétienne ; femme charitable, celle-ci avait lavé et habillé le corps de saint Benoît-Joseph Labre, l'ermite pèlerin et pénitent, lorsqu'il mourut à Rome.

En 1790, Anne-Marie épousa Domenico Taïgi, valet de chambre chez les princes Chigi, homme fruste mais bon, qui ne fit jamais obstacle à la vocation singulière de son épouse ni à ses dons extraordinaires, pourvu que leur vie conjugale et familiale ne s'en ressentît point. Quelques mois après leur mariage, tandis qu'elle entrait avec son mari dans la basilique de Saint-Pierre, Anne-Marie éprouva un désir soudain de se donner toute à Dieu. Elle se voua dès lors à des pratiques de mortification et de pénitence ; bientôt apparurent des phénomènes extraordinaires : paroles intérieures, dialogues mystiques, visions, extases.

Dès lors, elle eut une vision qui dura, de façon ininterrompue, jusqu'à sa mort (quarante-sept ans plus tard) : elle voyait un disque lumineux, comme un soleil légèrement voilé, couronné d'épines, dont deux très longues descendaient des deux côtés et se croisaient en dessous ; au centre, une figure majestueuse était assise, et de son front sortaient deux rayons. Le directeur spirituel d'Anne-Marie y vit le symbole de la Trinité. Dans le soleil apparaissaient des images lui permettant de prendre connaissance de situations passées, présentes ou futures, sociales, politiques et religieuses dans toute l'Europe, et de les prévoir. C'est ainsi qu'elle devina quelques événements concernant l'Église dans une période particulièrement troublée, l'état des consciences et leurs tourments cachés. Des personnes ordinaires ainsi que des évêques et des cardinaux, des diplomates et des militaires, des personnes de la haute société et des souverains comme Marie-Louise de Bourbon, reine d'Étrurie, accoururent à elle, simple femme du peuple, pour prendre conseil. Ce soleil, qui au fil du temps se fit de plus en plus intense, lui permit par exemple de prédire la chute de Napoléon, son exil et sa mort à Sainte-Hélène ; ou encore l'élection papale de Carlo Maria Mastai Ferretti (Pie IX) alors qu'il n'était pas encore cardinal – élection qui survint neuf ans après la mort d'Anne-Marie. Les apparitions de la Vierge, de saints ou de Jésus, dont elle reçut le don d'opérer des guérisons spirituelles et corporelles par imposition des mains, se multiplièrent. Les extases la prenaient à l'improviste, alors même qu'elle s'affairait aux travaux du ménage ou qu'elle était à table.

Anne-Marie fut une épouse et une mère affectueuse et diligente. Elle vécut dans une profonde humilité et dans la pauvreté, refusant pour ses six enfants les faveurs des personnes haut placées qui recherchaient son conseil et son aide. Prompte à se rendre où qu'elle soit demandée, elle fut charitable envers les pauvres et les malades. Travailleuse et active, elle consacrait aussi de longues heures à la prière. Avec l'accord de son mari, elle devint tertiaire de l'Ordre des Trinitaires.

Elle mourut comme elle l'avait annoncé, prédisant depuis un an le choléra qui sévit à Rome après sa mort. Elle fut béatifiée en 1920. Son corps repose à San Gregorio in Trastevere, l'église des Trinitaires, à Rome.

Nora Possenti Ghiglia

Bibl. : ***Vie et études*** : C. SALOTTI, *La Beata Anna Maria Taigi secondo la storia e la critica*, Rome, Libreria Editrice Religiosa, 1922 ; P. GIOVETTI, *Madri e mistiche*, Cinisello Balsamo, San Paolo, 1991.

ANTOINETTE D'AVIGNON, *ursuline (?)* (Orange, deuxième moitié du XVIe s.-Avignon ?, XVIIe s.). — Antoinette d'Avignon est liée à l'histoire des premières Ursulines. Le peu que l'on sait de sa vie figure dans le récit laissé par le père Claude Bourguignon, prêtre marseillais, dans sa biographie du père Jean-Baptiste Romillon : séjournant à Avignon dans les premières années de son ministère, il devient le directeur spirituel de « quelques bonnes filles » qu'il encourage à fonder une communauté nouvelle en France, destinée au salut du prochain et à l'instruction des filles pauvres, communauté qui sera fondée en 1594. L'origine de cette fondation est liée à la figure d'Antoinette, servante originaire d'Orange placée chez une dame avignonnaise « de haute vertu ». Bien qu'humble de son état, elle jouit d'une réputation de sainteté, que favorise aussi la mémoire d'un père martyr, tué par des protestants pendant les guerres civiles. Sa grande piété en fait une figure exemplaire qui entraîne dans son sillage une fille de marchand, Sybille d'Olivier (appelée aussi Sybille de Mazan) puis Françoise de Bermond*, fille du trésorier général de France : émues par sa dévotion sincère et ses vertus, ces deux jeunes femmes contractent avec elle une « amitié sainte » et l'accompagnent dans la fréquentation assidue des sacrements, résolues à sortir du monde et à entrer dans la vie religieuse. Françoise de Bermond, après avoir cherché une vocation à sa convenance, finira par s'associer à Romillon afin d'établir la première congrégation française des Ursulines à L'Isle-sur-la-Sorgue. Rien ne dit si Antoinette, d'origine très modeste, a pu y entrer, Bourguignon s'intéressant davantage dans son récit aux jeunes filles aisées qui ont pu aider financièrement cette fondation.

Cette biographie très lacunaire permet cependant de voir en Antoinette un modèle mystique reconnaissable, celui de la « vie cachée », comme le souligne Bourguignon qui l'appelle « servante de Dieu » et déclare : « La vertu n'a jamais plus d'éclat que lorsqu'elle est dans l'obscurité. » Pour Henri Bremond, elle incarne le « mysticisme des humbles, de ceux qui ne savent pas lire » (II, 35). Cette humilité n'exclut pas les exploits ascétiques, Bourguignon insistant en particulier sur sa chasteté : « Elle avait surtout un si grand éloignement de la fréquentation des hommes [...] qu'elle ne les regardait pas même lorsqu'elle était obligée de leur parler. Le grand amour qu'elle avait pour la sainte pureté l'obligea d'en faire un vœu particulier entre les mains de M. Romillon son directeur et de consacrer sa virginité à Dieu afin, disait-elle, que ce qu'elle lui offrirait du moins fût pur ; puisqu'elle ne pouvait lui présenter dans sa pauvreté que son corps et son âme. » Cette « grave modestie » l'incite à cultiver une « chère solitude » où elle demeure dans les bras de celui qu'elle appelle « son cher Époux ». Sans doute analphabète, elle n'a pas laissé d'écrits.

Antoinette Gimaret

Bibl. : ***Études*** : H. BREMOND, *Histoire littéraire du sentiment religieux en France...*, rééd. Grenoble, Jérôme Millon, 2006, t. II, p. 26, 35. La source principale de Bremond est la *Vie du père Romillon prestre de l'Oratoire de Jésus et fondateur de la congrégation des Ursulines en France, par M. Bourguignon*, Marseille, Claude Garcin, 1669, p. 165-166.

ANTOINETTE DE JÉSUS, *chanoinesse* (Antoinette Vivenel ; Compiègne, 2 juin 1612-Paris, 5 octobre 1678). — Fille de Simon Journel et de Madeleine Le Fèvre. Après un mariage malheureux avec l'avocat Roch Vivenel, qui lui permet toutefois de s'adonner aux œuvres de charité et de contribuer à la conversion de plusieurs dames venues la consulter, elle parvient enfin, une fois veuve et malgré l'opposition de sa famille, à accomplir sa vocation religieuse en entrant chez les chanoinesses régulières à l'abbaye royale de Sainte-Périne de Compiègne (1637). Son confesseur, le minime Marin, semble avoir pesé sur sa décision. Ses conversations avec la visionnaire Barbe Fremault (*voir* BARBE DE COMPIÈGNE) de Compiègne, dont elle écrira une vie restée inédite, puis l'enseignement de Charles de Condren, disciple de Pierre de Bérulle et supérieur de l'Oratoire, ont également nourri ses premières méditations et suscité chez elle ce caractéristique désir d'anéantissement de soi. Une fois au couvent, elle y rencontre la mère Anne de Costerel de Bonneuil, avec qui elle œuvre à la réforme de sa maison et à son transfert à La Villette, près de Paris (1647). Jusqu'à sa mort, Antoinette de Jésus entretient une abondante correspondance avec ses nombreux dirigés – ses talents d'épistolière lui vaudront d'être comparée à Mme de Sévigné par Henri Bremond – et multiplie les avis spirituels à ses sœurs, en partie reproduits à la suite de sa courte biographie. On l'y découvre très dévote au Saint-Sacrement et à la Passion du Christ, et désireuse de réparer les injures faites à l'Homme-Dieu par une oblation totale de sa propre personne. Dans le sillage de Bérulle, elle se fait esclave de Jésus et de Marie*, cherchant ainsi à rejoindre le Fils en adhérant intimement à la Mère. Son enseignement aux novices insiste encore sur l'humiliation nécessaire de chacune en la présence de Dieu. « Dieu seul est tout seul votre unique partage en la terre et c'est assez » (*Vie*, p. 170).

Les années 1648-1649 constituent pour elle un moment clé dans son cheminement spirituel, dont elle relate les points forts à l'un de ses confesseurs. Dès son entrée en religion, Antoinette de Jésus s'était glorifiée de son état de servitude à l'égard d'un Dieu dont elle voulait relever la grandeur par son propre abaissement. Convaincue, comme Condren, de l'abîme infranchissable séparant le Créateur de ses créatures, l'augustine ne voit d'autre issue que l'anéantissement de son être pour laisser place au règne divin. En février 1648, elle reçoit une communication de « la pureté de l'esprit de Jésus », qu'elle compare à un torrent de grâces. Le Christ lui communique à la fois sa propre vertu d'humilité et son état d'innocence. Elle s'associe dès lors à la conception bérullienne d'un Verbe qui s'anéantit devant la majesté divine. Près de connaître l'état de béatitude, Antoinette, perdue et consommée en Dieu, « se laisse aller au courant de l'eau », tout en jouissant d'une douce quiétude. Lors d'une retraite effectuée en 1649, Dieu lui fait porter « tout l'intérieur » de Jésus en elle. Et, loin de lui demander de s'unir à lui par la Croix, il l'invite à prendre part à la pureté de son esprit, qui devient son propre principe de vie. Anéantie par cette révélation, Antoinette se dit uniquement « remplie d'une plénitude de Dieu ». Paix et silence règnent dès lors au-dedans comme au-dehors d'elle-même.

Marie-Élisabeth Henneau

• *Voir aussi* : Barbe de Compiègne

Bibl. : ***Vie*** **:** *La Vie de la Mère Antoinette de Jésus, religieuse chanoinesse de l'ordre de S. Augustin en l'abbaïe royale de Sainte-Perrine, à la Villette proche Paris, avec un abrégé de ses lettres... On y a aussi joint la vie de la Mère Anne de Costerel de Bonneuil*, Paris, J. Villette, 1685. ***Études*** **:** H. BREMOND, *Une Sévigné mystique à Antoinette de Jésus (1612-1678)*, Louvain, F. Centerick, 1921 ; J. DUHR, « Antoinette de Jésus », *Dictionnaire de spiritualité ascétique et mystique*, t. I, Paris, Beauchesne, 1932, col. 724.

ARBOUZE, Marguerite d', *bénédictine* (Marguerite de Vény d'Arbouze ; Villemont, 15 août 1580-Séry, 16 août 1626). — En ce XVIIe siècle où les monastères entreprennent leur réforme à la suite du concile de Trente, Marguerite d'Arbouze aura-t-elle été « l'Abbesse idéale », comme l'abbé Bremond se plaît à lui en faire l'hommage ? En tout cas, confessons avec lui que « nous ne pouvons pas ne pas l'aimer ». Marguerite de Vény d'Arbouze est née au château de Villemont en Auvergne. Nièce d'un abbé de Cluny, dom Jacques d'Arbouze, qui lui aussi tentera de réformer son ordre, elle est placée à l'âge de neuf ans en l'abbaye Saint-Pierre de Lyon, où, trois ans plus tard, elle réclame de recevoir l'habit bénédictin, ce qui lui est accordé le 28 mai 1592 ; cependant, elle devra attendre le 21 août 1599 pour faire profession. La vie bénédictine à Lyon était-elle à ses yeux par trop confortable ? Elle envisage en effet de passer chez les Clarisses ou les Carmélites, mais ce rêve est irréalisable puisque ces deux ordres refusent désormais d'accueillir des candidates qui auraient fait profession ailleurs. Durant ces années, elle aura appris l'italien et l'espagnol afin de lire dans le texte les auteurs mystiques de son temps, et même le latin qui lui donne accès, privilège rare à son époque pour une femme, au Nouveau Testament dans son entier.

Elle quitte donc Lyon pour Montmartre, où Marie de Beauvillier activait une réforme exemplaire : l'abbaye allait devenir un foyer mystique exceptionnel, où s'illustrera la haute figure de la mère Marie Granger, dont l'une des disciples sera Mme Guyon*. Marguerite y refait son noviciat et sa profession, le 2 août 1612. L'année suivante, elle participe à la fondation du prieuré de Notre-Dame de Grâce, sis au quartier de la Ville-l'Évêque, dans lequel, de maîtresse des novices, elle est nommée prieure en 1614. Sa réputation de sainteté et de sagesse s'étend rapidement : la Cour se presse au parloir, la reine, Anne d'Autriche en tête. Avec l'accord de Marie de Beauvillier, elle décide la réforme de sa communauté priorale, mais, en 1617, l'abbesse de Montmartre prend ombrage de ce qu'elle craint de voir évoluer vers une tentative d'autonomie ; elle rappelle donc Marguerite pour la mettre à l'épreuve et l'humilier avec ce savoir-faire raffiné dont seules sont capables les femmes de grande piété. La reine s'inquiète du sort de celle qui lui était devenue une amie, et elle lui obtient en janvier 1619 l'abbaye du Val-de-Grâce, en la vallée de Bièvres, alors vacante. Marguerite reçoit la bénédiction abbatiale en la chapelle des Carmélites de Paris, le 21 mars 1619. La réforme du Val-de-Grâce est conduite avec une exceptionnelle réussite, si bien que la reine demande le transfert de la communauté à Paris : n'y venait-elle pas deux fois par semaine, y séjournant même plusieurs jours à l'occasion des grandes fêtes ? Le 7 janvier 1626, Marguerite d'Arbouze dépose son titre abbatial et rétablit le droit d'élection (contre le droit de nomination que détenait le roi), non sans interdire à sa communauté de la réélire désormais. Le 28 avril, elle quitte Paris pour aller fonder le monastère dit du Mont-de-Piété, à La Charité-sur-Loire. Tout juste une étape, car la voilà dès juillet en partance pour Charenton-en-Bourbonnais, dans le Berry, afin d'y pacifier et réformer une communauté déchirée. Cependant, le 21 juillet, se sentant malade, elle désire revenir à La Charité ; en chemin, il lui faut s'arrêter au château de Séry, et c'est là qu'elle meurt. Son corps embaumé sera ramené et inhumé au Val-de-Grâce, où la reine venait prier sur sa tombe : ne répétait-elle pas : « Si elle m'obtient un enfant, je la ferai canoniser » ?

Assurément, Marguerite d'Arbouze est une femme d'exceptionnelle valeur que l'on peut comparer à Mme Acarie* ou à Jeanne de Chantal*. Dans sa gouvernance abbatiale, à la différence de Marie de Beauvillier, elle parvient à gagner les cœurs, et sa direction spirituelle sait être d'autant plus douce qu'elle-même aura dû se résigner héroïquement à ses propres limites. Douce, mais aussi ferme et sage : tempérant ainsi le goût des religieuses, qui « menaçait de tourner à la manie », à se répandre en bavardages futiles auprès de directeurs par trop complaisants : « au couvent où abondent les directeurs, remarquait-elle, il y a d'ordinaire beaucoup de science, peu d'observance », façon aussi de tenir à distance le pouvoir clérical masculin et de préserver l'autonomie de ce monde féminin du couvent. Mystique jusqu'à l'extase, nous compterons cela pour bien peu, en regard de cette alliance originale qui la guide dans la direction des âmes comme dans sa politique réformatrice, d'une référence explicite aux grandes abbesses de la période médiévale, sûres témoins de la tradition bénédictine – on l'a placée sans exagération au rang d'« une sainte Gertrude, une sainte Mathilde, sainte Hildegarde » et autres « saintes filles de l'Ordre sacré de saint Benoît qui ont eu de Dieu le don de science infuse » – et aux figures majeures de l'expérience et de la science théologiques et spirituelles, de l'Antiquité aux temps modernes. Elle s'inspire du Carmel espagnol comme des Pères de l'Église (Augustin, Chrysostome, Origène, Denys, Grégoire le Grand) et des grands hommes ou textes médiévaux (Thomas d'Aquin, saint Bonaventure, Bernard de Clairvaux, Louis de Blois, Harphius, l'*Imitation de Jésus-Christ*), pour nourrir l'enseignement qu'elle dispense à ses moniales. Elle opère ainsi un retour aux sources originelles, mais sans crispation archéologique, et maintient une doctrine de haute tenue qui faisait dire à un « homme de piété et se savoir », cité par son biographe, Jacques Ferraige, « que son discours et sa science étaient plus fructueux aux hommes savants qu'aux filles, quoique utiles à tous ». Il faudrait mentionner de surcroît son expérience personnelle, sur laquelle elle garde la *discretio* chère à la tradition bénédictine : c'est ainsi qu'elle évoque « l'anéantissement extérieur et intérieur de l'âme », sans la moindre affectation ni ostentation ; ce que le père Étienne Binet, jésuite, commentait ainsi : « Elle faisait en effet ce que les autres disent et ses actions de dévotion avaient en substance ce que disent les autres. »

François Marxer

Bibl. : ***Vie et études*** **:** J. FERRAIGE, *La Vie admirable et digne d'une fidèle imitation de la bienheureuse Mère Marguerite d'Arbouze, dite de saint Gertrude*, Paris, Fiacre Dehors & Jean Moreau, 1628 ; C. FLEURY, *La Vie de la Vénérable Mère Marguerite d'Arbouze*, Paris, Chez la Vve Crouzier, Pierre Arbouyn & Pierre Emery, 1685 ; H. BREMOND, *Histoire littéraire du sentiment religieux en France...*, rééd. Grenoble, Jérôme Millon, 2006, t. II, p. 749-780.

ARNAULD, Agnès, *cistercienne, abbesse de Port-Royal* (Jeanne-Catherine-Agnès Arnauld ; Paris, 31 décembre 1593-Port-Royal-des-Champs, 19 février 1671). — Jeanne-Agnès était par avance vouée à la vie religieuse, comme Jacqueline-Marie-Angélique Arnauld* : stratégie familiale que de constituer ainsi une dot suffisante à leur sœur aînée, Catherine, laquelle épousera l'avocat Antoine Le Maître. Elle prend l'habit bénédictin le 24 juin 1600, et celui de Port-Royal le 28 janvier 1611 pour faire profession le 1er mai 1612. À la différence d'Angélique, plutôt réticente, Agnès semble manifester des dispositions favorables à la vie religieuse, et c'est donc sans peine qu'elle soutient sa sœur lors de la fameuse « journée du guichet », quand, dans sa volonté de rétablir la clôture monastique, Angélique refuse l'accès au monastère aux membres de sa famille. Si Angélique témoigne de dons de gouvernance, Agnès révèle un tempérament plus spontanément mystique et contemplatif : elle entre donc sans difficultés dans les perspectives de l'évêque de Langres, Sébastien Zamet (qu'Angélique avait choisi pour diriger les destinées spirituelles de sa communauté de Port-Royal).

Zamet était grand ami des oratoriens : on ne s'étonnera pas qu'Agnès soit entrée de plain-pied dans les vues sacrificielles de Charles de Condren, sous l'influence duquel elle rédige, en 1627, un *Chapelet secret du Saint-Sacrement* (publié en 1633), auquel sont dévolues seize qualités ou excellences, « en l'honneur des seize siècles qu'il y a que le Saint-Sacrement a été institué ». La négativité, familière à la théologie apophatique (voir Glossaire), y règne souverainement. Non sans quelque imprudence tout involontaire, elle exalte exclusivement l'essentielle divinité de la Présence eucharistique, au détriment de l'humanité du Christ, qui n'est pas niée mais négligée : une absoluité, une exclusivité qui suscitent quelques confusions dans les rôles respectifs du Père et du Fils dans l'économie de la Trinité. Ce *Chapelet*, dans son extrême sincérité, traduit maladroitement les thèmes périlleux de la pensée condrénienne. L'écrit aurait dû rester confidentiel et à usage interne de la piété des religieuses, si l'archevêque de Sens, Bellegarde, évincé de Port-Royal par Zamet, ne s'en était emparé pour le déférer en Sorbonne, où huit docteurs s'empressèrent de le condamner ; ce que le père Étienne Binet, jésuite, fera à son tour, avant que le document litigieux ne prenne la route de Rome pour y être examiné. Dans la posture délicate qui est alors la sienne, Zamet fait appel à un érudit réputé, l'abbé de Saint-Cyran, pour défendre l'opuscule et parer à toute attaque contre Port-Royal. Bon tacticien, Saint-Cyran publiera les approbations de deux docteurs de Louvain, Jansénius et Froidmont ; et il réplique aux sarcasmes du père Binet, qui ne témoignent que de son incapacité à goûter le mysticisme des expressions de mère Agnès, même si leur maladresse prête le flan à une juste critique : l'ouvrage en effet, inspiré de Condren, s'inscrit dans la postérité dionysienne et rhéno-flamande.

Pendant toute cette querelle, mère Agnès avait été envoyée par Zamet à l'abbaye du Tart, près de Dijon, pour la réformer. À son retour à Port-Royal en 1635, elle est élue abbesse l'année suivante, et s'attelle à la rédaction des *Constitutions* dès 1638, lesquelles sont approuvées par l'archevêque de Paris en 1648. Mère Agnès est réélue le 17 décembre 1658, mais le monde de Port-Royal est alors en pleine ébullition, engagé qu'il est dans le débat théologique (et politique) sur la théologie augustinienne de la grâce, débat initié par la publication de l'*Augustinus* de Jansénius, l'évêque d'Ypres, en 1640. Le « miracle de la Sainte Épine » (qui se produit par deux fois) conforte les tenants des positions de Port-Royal, que mère Agnès défend jusqu'en novembre 1661, non sans informer régulièrement la communauté des menaces qui pèsent sur elle. Le conflit va se cristalliser autour de la signature du « formulaire », c'est-à-dire de l'approbation de la condamnation des cinq propositions que le syndic de Sorbonne, Nicolas Cornet, avait extraites du texte de l'*Augustinus* ; or, matériellement, les citations incriminées (en droit) ne s'y trouvaient pas (en fait) ; reflétaient-elles pour autant la pensée de Jansénius et de ses disciples ? C'était discuté et disputé. En juin puis en novembre 1661, le pouvoir veut venir à bout de l'opiniâtre résistance des religieuses, qui donnent leur signature, non sans faire précéder le texte d'une « tête » qui explicite la lecture (restrictive) qu'elles en font. Le 30 décembre, puis le 22 janvier de l'année suivante, elles sont sommées de signer le texte officiel en l'état : mère Agnès oppose une fin de non-recevoir. Suivra une guérilla de procédures, où l'archevêque de Paris, Hardouin de Péréfixe, finira par l'emporter, ayant interdit aux récalcitrantes majoritaires de recevoir les sacrements. Après avoir exhorté sa communauté le 18 juillet 1664, mère Agnès est envoyée au couvent de la Visitation de la rue Saint-Jacques. Une transaction finira par aboutir en 1669, les religieuses souscrivant à la « Paix de l'Église », alors proposée.

François Marxer

• *Voir aussi* : Arnauld (Angélique)

Bibl. : *Œuvres* : *Le Chapelet secret du Saint-Sacrement, in* P. Séguenst, *Élévation d'esprit à Jésus-Christ Notre-Seigneur au Très Saint Sacrement, contenant divers usages de grâces sur ses perfections divines*, Paris, 1633 ; *Les Constitutions du monastère de Port-Royal du Saint-Sacrement*, Mons (Belgique), G. Migeot, 1665 ; *Lettres de la Mère Agnès Arnauld, abbesse de Port-Royal*, M. P. Faugère (introd.), Paris, B. Duprat, 1858. ***Études* :** J. R. ARMOGATHE, « Le Chapelet secret de Mère Agnès Arnauld », *Société d'études du XVIIe siècle*, vol. 43, n° 170, 1991, p. 77-86 ; P. BUNON-SECRETAN, *Mère Agnès Arnauld 1593-1672* [*sic*], *Abbesse de Port-Royal*, Paris, Cerf, 1996 ; « La mère Agnès Arnauld (1593-1672 [*sic*]) Colloque », *Chroniques de Port-Royal*, n° 43, Paris, Bibliothèque Mazarine, 1994 ; J. J. CONLEY, *Adoration & Annihilation. The Convent Philosophy of Port-Royal*, Notre Dame (Indiana), University Notre Dame Press, Indiana, 2009.

ARNAULD, Angélique, *cistercienne, abbesse et réformatrice de Port-Royal* (Jacqueline-Marie-Angélique Arnauld ; Angélique de Sainte-Madeleine en religion ; Paris, 8 septembre 1591-6 août 1661). — Jacqueline-Marie-Angélique, fille d'un avocat parisien, sans doute plus soucieux de « l'honneur du monde » que de « l'honneur de Dieu », fut au départ victime des usages de l'époque qui voulaient que les familles s'approprient et administrent les biens et institutions ecclésiastiques en y plaçant l'un ou l'autre de leurs membres. Ainsi la fillette devient-elle cistercienne sans la moindre vocation, à huit ans, et à onze prend-elle possession de son abbaye de Port-Royal, située près de Paris, dans la vallée de Chevreuse, le 5 juillet 1602. Or, au printemps de 1608, elle se convertit et décide de réformer son abbaye, initiant ainsi une des plus formidables réformes monastiques qui allait être déterminante pour les destinées spirituelles de la France moderne. Bien sûr, Angélique rencontrera difficultés et résistances, à commencer dans sa propre famille, dont elle viendra à bout à l'issue de la fameuse « journée du guichet », le 25 septembre 1609, où, rétablissant la règle de la clôture, elle refuse à son père l'entrée du monastère. Port-Royal allait devenir par sa ferveur un centre spirituel exceptionnel et actif de la Réforme catholique.

Si Angélique a le génie de la gouvernance d'une grande abbesse, elle n'en pâtit pas moins d'un lourd déficit spirituel. Son premier directeur, Archange de Pembroke, un capucin ami de Benoît de Canfield, l'initiera – en vain ? – aux rudiments d'une mystique métaphysique axée sur l'obéissance à une volonté divine impénétrable ; mais elle n'en consulte pas moins des jésuites aussi différents que Jean Suffren et Étienne Binet, André Duval, un proche de Pierre de Bérulle, le feuillant Eustache de Saint-Paul : un éventail éclectique, non par goût de la diversité, mais par incapacité de choisir l'un ou l'autre des chemins mystiques qui se proposent à elle. Son tempérament pragmatique, d'une positivité foncière, répugne à s'y engager. Dans ce pénible marasme, le salut viendra de la rencontre de François de Sales en 1619 en l'abbaye de Maubuisson. L'évêque de Genève mettait alors quelque distance entre Jeanne de Chantal*, entraînée vers des sommets mystiques, et lui-même, qui préférait faire retour aux solidités ascétiques. Cela ne pouvait que convenir à l'empirisme de mère Angélique qui, à tort, s'est crue l'égale de Jeanne de Chantal dans l'affection du saint évêque. D'ailleurs, elle ne dépassera jamais les prolégomènes du chemin salésien ; toutefois, elle s'ajuste sans peine à ce souci de la volonté de Dieu (moins opaque qu'avec Pembroke) qui se recommandait à la Philothée de l'*Introduction à la vie dévote* (1608, dernière édition augmentée 1619), mais elle restera imperméable aux aspirations du Théotime du *Traité de l'amour de Dieu* (1616).

À la mort de François de Sales, le 28 décembre 1622, désemparée, elle choisit – bien à tort – Sébastien Zamet, l'évêque de Langres, comme directeur, un homme entreprenant, ambitieux, voire aussi fantasque à ses heures. C'est sur son conseil qu'elle transfère sa communauté

« des Champs » à Paris, rue du Faubourg-Saint-Jacques. Transfert aux conséquences capitales, car l'implantation en milieu urbain tourne le dos au projet d'en revenir à la matrice originelle de la vie bernardine – rurale foncièrement – et ouvrait les portes aux influences d'autres écoles et courants spirituels. L'oraison mentale, tout étrangère qu'elle soit au monde cistercien, fait son entrée dans les pratiques de la communauté ; et l'arrivée des oratoriens, Claude Séguenot et, dans une moindre mesure, Charles de Condren, va infléchir la spiritualité commune vers un horizon sacrificiel, voire néantiste, singulièrement nouveau. De son côté, la direction de Zamet sera une épreuve pour mère Angélique, toujours rebelle aux perspectives mysticisantes, et qui se retranche alors dans un ascétisme décidé, compensé par un vif christocentrisme tout affectif. C'est toujours Zamet qui va orienter la communauté vers la dévotion au Saint-Sacrement, le *Deus absconditus*, le Dieu caché, thème désormais de référence auquel Zamet voulut donner tout son éclat en fondant l'Institut du Saint-Sacrement, installé rue Coquillière et dont Angélique devint la première abbesse. Mais la fondation fit long feu et dut être réintégrée dans Port-Royal en 1638. Entre-temps avait éclaté l'affaire du *Chapelet secret du Saint-Sacrement* (1633), au centre de laquelle se trouvait mère Agnès Arnauld*, qui était la sœur cadette d'Angélique, et qui introduisit à Port-Royal l'abbé de Saint-Cyran appelé à la rescousse et dont l'influence allait durablement empreindre la vie et l'esprit de la communauté.

En 1642, mère Angélique qui, en 1629, avait rendu élective la charge abbatiale, y est de nouveau élue, succédant ainsi à mère Agnès, laquelle la remplace dans celle de maîtresse des novices. En 1648, la maison de Paris devenant trop exiguë, mère Angélique revient aux Champs, où la communauté aura à souffrir des malheurs de la Fronde (1650-1652). Mais Port-Royal, conduit par mère Agnès, est alors entraîné dans les turbulences du conflit janséniste. En dépit (ou à cause) de sa farouche résistance à tout compromis sur la question de la grâce, ce fleuron du renouveau spirituel français finira par disparaître sous les assauts conjugués du pouvoir politique et de l'autorité ecclésiastique. Voir ce malheur sera épargné à mère Angélique avant sa mort.

François Marxer

• *Voir aussi* : Arnauld (Agnès)

Bibl. : ***Vie*** : « Abrégé de la vie de la révérende mère Marie-Angélique Arnauld », in *Entretiens ou conférences de la révérende mère Marie-Angélique Arnauld, abbesse et réformatrice de Port-Royal*, Paris, Impr. chez A.-C. Boudet, 1757. ***Œuvre*** : « *Relation écrite par la mère Marie-Angélique Arnauld de ce qui est arrivé de plus considérable dans Port-Royal* [1655] », J. Lesaulnier (éd.), *Chroniques de Port-Royal*, n° 41, Paris, 1992. ***Études*** : L. COGNET, *La Réforme de Port-Royal, 1591-1618*, Paris, Sulliver, 1950 ; ID., *La Mère Angélique et saint François de Sales, 1618-1626*, Paris, Sulliver, 1951.

ARNAULT DE LA MENARDIÈRE, Mireille. — *Voir* DUPOUEY

ASTORCH, Maria Angela. — *Voir* MARIA ANGELA ASTORCH

AVRILLOT, Barbe. — *Voir* ACARIE

B

BAIJ, Maria Cecilia, *bénédictine* (Cecilia Felicita Baij ; Montefiascone, 4 janvier 1694-6 janvier 1766). — Cecilia Felicita est issue d'une famille nombreuse et assez aisée. Elle entre très jeune dans l'école des Maestre Pie Venerini à Viterbe, où elle est formée aux valeurs chrétiennes et reçoit les premiers rudiments de lecture et sans doute aussi d'écriture, dispensés par Rosa Venerini, la fondatrice de la congrégation, une amie de sa mère. Elle commence également l'étude de la musique et du chant, pour lesquels elle montre de grandes dispositions. Quelque temps après, à l'âge de dix-sept ans, elle entre comme couventine au monastère cistercien de Viterbe : une expérience d'un an environ, au terme de laquelle elle revient vivre en famille. Après son retour à Montefiascone, elle entre au monastère bénédictin de S. Pietro en 1713 et fait sa profession monastique l'année suivante, en prenant le nom de Maria Cecilia. Dès les premières années, son séjour au monastère ne s'annonce pas facile : l'hostilité de ses consœurs, l'incompréhension de quelques directeurs spirituels qui la tiennent pour folle en raison des expériences mystiques qu'elle dit vivre sont autant de tourments dans sa vie monastique.

C'est à la même époque qu'elle commence son intense activité d'écriture. Elle y est incitée par son directeur spirituel, don Egidio Bazzarri, un prêtre séculier avec lequel elle noue une relation intense, non exempte de commérages à l'intérieur et à l'extérieur du monastère, une relation pouvant être définie d'amitié spirituelle. En effet, bien que Maria Cecilia soit soumise à la direction de Bazzarri, c'est souvent elle qui dispense au prêtre des conseils spirituels et qui fait l'intermédiaire entre la divinité et lui dans les visions ou les communications qu'elle dit avoir. Gaetano Boncompagni, un prêtre qualifié en bien des occasions de « frère spirituel » par la dévote, est le second directeur qui tient un rôle important dans sa vie, avec lequel elle établit une relation de compréhension et d'estime réciproque. Au fil des ans marqués par de longues périodes de maladie, Maria Cecilia occupe différentes charges dans le monastère : infirmière, portière, sacristine, maîtresse des couventines et maîtresse des novices, entre autres. Elle est élue abbesse en juillet 1743, réélue au terme de deux ans, et confirmée dans ce rôle pas moins de cinq fois. Les religieuses du monastère, où Maria Cecilia demeure toute sa vie, étaient tenues à l'observance de la règle bénédictine, sans pratiquer toutefois la vie commune prévue par la prescription tridentine. En qualité d'abbesse, elle s'emploie, à plusieurs reprises, à l'introduire, sans jamais y parvenir. Elle meurt au monastère de Montefiascone.

Maria Cecilia a énormément écrit, or seule une partie de sa production littéraire a été publiée à ce jour. Elle s'est consacrée à l'écriture pendant une quinzaine d'années, affirmant le faire par obéissance, comme le lui ont ordonné ses confesseurs. Parfois lourde, cette tâche la tenait occupée tout le temps qui lui restait à disposition après la prière et les obligations monastiques. Elle rédigea ainsi en 1729 le livre intitulé *Colloqui*, un compte rendu des conversations qu'elle prétendait avoir avec Jésus, Marie* et Joseph. Quelques années plus tard, elle entreprit l'écriture de sa première œuvre hagiographique, *Vita interna di Gesù* (1731) ; deux autres suivront : *Vita di San Giuseppe* (1736) et *Vita di San Giovanni Battista* (1742). Maria Cecilia affirmait avoir écrit ses biographies sous la dictée directe de la voix divine. Elle fut également l'auteur de deux écrits autobiographiques, de commentaires du *Cantique des cantiques*, de poèmes, de bien d'autres traités, dont le *Trattato sopra il cuore amantissimo di Gesù* (« Traité sur le cœur très aimant de Jésus », 1742) et de milliers de lettres adressées le plus souvent à des directeurs et confesseurs, rédigées entre 1730 et 1765 et inédites en grande partie.

Une conscience agitée par les scrupules ressort de ces écrits. Les craintes de Maria Cecilia sont d'abord d'avoir été abusée par le démon et ainsi d'être damnée, puis de ne pas être une épouse digne du Christ, de ne pas être capable de répondre comme il faut à sa vocation, en tant que pécheresse mais aussi en tant que femme. Au cours de sa vie religieuse, elle est sujette à de nombreuses expériences mystiques : elle fait part de fréquentes visions et de communications divines ; en outre, les « noces mystiques » revêtent une importance centrale. Sa condition d'épouse du Christ est constamment rappelée dans ses écrits comme objectif et comme aspiration, mais aussi comme *status*. Les *topoi* de la recherche de l'être aimé semblent reprendre le *Cantique des cantiques*. Pareille expérience est toujours ramenée à la profession monastique : non seulement Maria Cecilia identifie le premier mariage avec la profession monastique, mais chaque fois qu'elle réitère l'expérience des noces mystiques, elle cite aussi celle de la profession. Le cœur de Jésus, qui lui est offert ou qui est échangé contre le sien pour qu'elle puisse se conformer à lui, constitue un autre thème récurrent dans de nombreuses pages. Maria Cecilia écrit que ce n'est que de cette manière et en vertu d'un tel échange ou don qu'elle pourrait trouver son identité d'épouse. Ce thème est si central dans son œuvre que quelques spécialistes ont longtemps considéré Maria Cecilia Baij comme l'une des théoriciennes de la dévotion du

Sacré-Cœur, développée à cette époque par Marguerite-Marie Alacoque*. Maria Cecilia a en tête les modèles de Catherine de Sienne* et Gertrude d'Helfta* : elle les évoque toutes deux en différentes occasions en tant que sœurs ou épouses, comme elle, qui lui indiquent la voie qui conduit au Christ, l'époux. Les deux saintes sont toutefois souvent convoquées pour une autre raison : comme Gertrude, Maria Cecilia Baij recevra l'impression de l'image du crucifix sur la poitrine ; comme Catherine, elle recevra les stigmates, qui ne seront toutefois visibles qu'à ses yeux. Les stigmates et les impressions deviennent des modalités supplémentaires grâce auxquelles l'union du mariage, conçue comme manière de se rendre conforme au Christ, se réalise.

Elena Bottoni

• *Voir aussi* : Catherine de Sienne ; Gertrude d'Helfta

Bibl. : *Œuvres* : P. BERGAMASCHI, *Vita interna di Gesù Cristo*, Viterbe, Agnesotti, 1920-1921 ; ID., *Vita del glorioso patriarca San Giuseppe*, Viterbe, Agnesotti, 1921 ; ID., *Vita di San Giovanni Battista*, Viterbe, Agnesotti, 1922 ; A. VALLI, *Trattati sopra il cuore amantissimo di Gesù Christo Redentor Nostro*, Milan, Glossa, 2004 ; W. DASNOY, « Extraits de la Vie intérieure de Jésus-Christ par la Mère Baij », *Revue liturgique et monastique*, nº VIII, 1922-1923, p. 84-89, p. 113-119, p. 196-201, p. 250-252. ***Vie* :** P. BERGAMASCHI, *Vita della serva di Dio Donna Maria Cecilia Baij*, Viterbe, Agnesotti, 1923-1925. ***Études* :** J. DE GUIBERT, notice in *Dictionnaire de spiritualité*, Paris, Beauchesne, t. I, 1932, col. 1190-1192 ; G. POZZI, C. LEONARDI, *Scrittrici mistiche italiane*, Turin, Marietti, 1988, p. 564-580 ; E. GUFFANTI, « Sposalizio mistico e professione monastica nelle lettere della benedettina Cecilia Baij al confessore Egidio Bazzarri (1733-1738) », *Benedictina*, 46, nº 2, 1999, p. 311-373.

BAILE, Jeanne, *clarisse* (Grenoble, v. 1438-v. 1486). — Fille de Jean Baile, président du parlement de Grenoble, déchu par Louis XI, elle inspira la fondation, à Grenoble, du monastère des Clarisses réformées par sainte Colette de Corbie*, sous le nom d'*Ave Maria* (1478). Elle avait entendu parler des fondations de Colette en Bourgogne et en Savoie. Elle se forma d'abord dans le monastère des Clarisses réformées de Chambéry (édifié en 1470), avant de poursuivre son grand dessein, épaulée par Guillaume Boyvin, franciscain visiteur des Clarisses. Elle désira vivre à sa manière la devise de sa famille : « Qui croit en Dieu, croît », non seulement comme une sagesse digne de Catherine d'Alexandrie confrontée avec audace aux savants et aux puissants en place, mais aussi comme une manière de « remparer le pays » délabré, cette grande misère du royaume déjà ressentie avec acuité par Jeanne d'Arc* et Colette de Corbie. À cette époque, particulièrement, l'œuvre de fondation n'est pas une œuvre simplement extérieure ou matérielle. Il s'agit d'établir un esprit de réforme en lui donnant des assises institutionnelles fortes par des temps turbulents. Les fondations sont toujours accompagnées de songes, de visions ou d'extases qui sont chargés d'attester leur pertinence et leur permanence. Il s'agit d'abord d'édifier des pierres vivantes par lesquelles tout un pays comme le Dauphiné se donnait un « rendez-vous général » pour présenter à Dieu ses hommages. Joie aussi pour les pauvres de voir ces « nobles de la même noblesse ou serfs de la même servitude, confondues dans la sainte égalité » de la pauvreté volontaire. Car Jeanne n'avait accepté aucune rente dont on aurait voulu doter son monastère, conformément à l'esprit de Colette de Corbie et de Claire d'Assise*. Ce qui implique conjointement le sens aigu d'un Dieu qui se soucie du lys des champs comme de chaque cheveu qui tombe de notre tête, et de la liberté de ces femmes capables de gérer leur quotidien, même en des temps si difficiles.

Bernard Forthomme

Bibl. : ***Vie et étude*** : A. M. DE FRANCLIEU, *Jeanne Baile et les Clarisses de Grenoble (1468-1887)*, Lyon, A. Côte, 1887.

BAILEY, Alice Ann, *théosophe et écrivain* (Alice Ann Latrobe-Bateman ; Manchester, 16 juin 1880-New York, 5 décembre 1949). — Le père d'Alice, Frederik Foster Latrobe-Bateman, est ingénieur, comme son grand-père John Frederik, également conseiller du gouvernement. Sa mère décède à l'âge de vingt-neuf ans. Tandis qu'elle n'a que six ans, elle part vivre chez ses grands-parents dans le Surrey. Le 30 juin 1895, à l'âge de quinze ans, Alice a sa première expérience spirituelle chez sa tante : la porte s'ouvre, une personne vêtue à l'européenne et portant un turban s'avance et s'assied à ses côtés, lui prédisant le travail qu'elle aura à accomplir dans le monde pour son maître. Ses premiers engagements spirituels s'inscrivent dans la mouvance chrétienne. Elle rejoint tout d'abord sa tante, qui est responsable du YMCA (association de jeunes chrétiens), puis les foyers de soldats en Irlande. Elle s'exerce là, en qualité d'évangéliste, à ses premiers discours sur la Bible. Puis elle part en mission pour les Indes.

Alice épouse Walter Ewans, pasteur de l'Église épiscopale américaine, avec qui elle a trois enfants. Son mariage n'est pas heureux : elle est souvent battue par son mari. À trente-cinq ans, elle décide d'entamer une procédure de divorce en Californie, qu'elle obtient. Commence une époque difficile où elle est obligée de travailler comme ouvrière dans une usine. En 1915, elle rencontre deux Anglaises théosophes qui ont étudié avec Helena Blavatsky* ; événement qui marque une nouvelle étape dans sa vie spirituelle. Elle passe alors des heures à étudier *La Doctrine secrète* (1888), l'enseignement qui aura le plus de valeur dans sa vie et lui apportera le bagage nécessaire à sa connaissance de l'occulte. Quelque temps plus tard, elle devient conférencière à la loge théosophique de Pacific Groves. En 1917, elle déménage pour Krotona, un centre important de la Société Théosophique, près d'Hollywood en Californie. Là, elle reconnaît dans le portrait du maître Koot Hoomi accroché à l'un des murs, le curieux visiteur de ses quinze ans. Au cours de l'année 1918, elle entre à l'École ésotérique. L'année suivante, elle fait la rencontre de Foster Bailey, qui va devenir son second mari. Tous deux sont de plus en plus actifs dans le travail théosophique et acquièrent rapidement une certaine position au sein de la section américaine. Alice devient l'éditeur du magazine *The Messenger*.

En novembre 1919, Alice a son premier contact avec un des *maîtres de sagesse*, Djwhal Khul, dit le Tibétain. À la fin de cette année charnière, un événement majeur se produit : alors qu'elle se trouve seule sur une colline, le maître tibétain lui demande son accord pour écrire par son intermédiaire certains ouvrages, du fait de ses dons pour la télépathie. Dans un premier temps, elle refuse avec force. Puis, elle accepte de faire un essai limité sur les conseils du maître Koot Hoomi. Elle reçoit ainsi les premiers chapitres d'*Initiation humaine et solaire*. Entre 1919 et 1949, le maître Djwhal Khul lui dicte, toujours par télépathie, une volumineuse correspondance de près de huit mille pages qui a pour but de décrire à ses adeptes le chemin conduisant à la voie de disciple. Quatre méthodes sont alors utilisées pour la transmission de cet enseignement : 1) la claire audience : à certains moments le Tibétain prend contact avec elle en établissant une vibration qu'elle a appris à identifier, alors la voix de ce dernier lui dicte le contenu des ouvrages ; 2) la télépathie : une fois aguerrie à ce travail et habituée à une certaine discipline, elle peut alors recevoir des écrits par ce moyen. Ce sera le cas pour le contenu du *Traité sur le feu cosmique*, où l'enseignement est directement imprimé dans la conscience avec une grande rapidité ; 3) la vision clairvoyante : différents symboles ou manuscrits anciens sont présentés à Alice Bailey par un tel procédé ; 4) enfin, en rapportant après le sommeil ce qui a été vu au cours de la nuit, méthode utilisée pour transmettre certains diagrammes ou encore certaines définitions.

Dans son dernier ouvrage publié à titre posthume, *Autobiographie inachevée* (1951), Alice Bailey relate son parcours littéraire et spirituel. Ainsi, après avoir été chrétienne évangélique, membre de la Société Théosophique, elle fonde, en 1923 avec l'appui de son mari Foster Bailey, une nouvelle organisation, l'École Arcane, une des premières organisations spirituelles à se référer au mouvement du *New Age*. Elle crée également à la même date sa propre maison d'édition, The Lucis Trust. À partir de 1937, l'École se structure sous la forme de « triangles ésotériques », qui sont en fait des réunions par groupes de trois personnes travaillant ensemble en réseau d'énergie, dans le but d'aider spirituellement l'humanité. Elle écrit à cette époque *La Grande Invocation* (1937).

Les ouvrages d'Alice Bailey, de même que ceux dictés par le maître Djwhal Khul, délivrent les mêmes thèmes que le mouvement théosophique et Helena Blavatsky. *Le Traité sur le feu cosmique* (1925), ouvrage occultiste qu'elle considère comme la clé psychologique d'interprétation de *La Doctrine secrète* et le complément structuré à l'étude des *Stances de Dzyan*, fait partie des plus connus. *Le Traité sur les sept rayons* (sept volumes écrits entre 1936 et 1960), *Le Traité sur la magie blanche* (1934) ou encore *Initiation humaine et solaire* (1922) sont également des ouvrages majeurs de son enseignement. Pour Alice Bailey, tout concourt, depuis la nuit des temps jusqu'à l'aube de la nouvelle civilisation à venir, à une évolution spirituelle de l'humanité. Les révélations des mystiques du Moyen Âge comme les réalisations de la science moderne sont des facteurs de développement majeurs de celle-ci. Tout indique qu'un ferment spirituel fait lever l'humanité. Au sein de ce processus, la voie d'introspection mystique précède toujours la voie occulte de réalisation et de perception. Le chemin mystique et le chemin occulte doivent à un moment fusionner afin que l'homme puisse rencontrer le divin par une connaissance personnelle. Beaucoup d'hommes et de femmes mystiques, disciples ou adeptes isolés, ont déjà connu de telles expériences. Ainsi doit-il en être pour le plus grand nombre dès maintenant.

Alice Bailey s'éteint peu de temps après avoir finalisé la mise en forme et la diffusion de l'œuvre du maître tibétain.

Jean Iozia

• *Voir aussi* : Blavatsky

Bibl. : *Œuvres attribuées au maître tibétain Djwhal Kuhl* : *Initiation humaine et solaire*, Genève, Lucis Trust, 1922 ; *Traité sur le feu cosmique*, Genève, Lucis Trust, 1925 ; *Traité sur la magie blanche*, Genève, Lucis Trust, 1934 ; *L'État de disciple dans le Nouvel Âge* (vol. I et II), Genève, Lucis Trust, 1944 et 1945 ; *Les Rayons et les Initiations* (vol. V), Genève, Lucis Trust, 1960. ***Œuvres propres à Alice Bailey*** : *La Lumière de l'âme* (Le yoga-sutra de Patanjali, paraphrasé par le Tibétain et commenté par Alice Bailey), Genève, Lucis Trust, 1927 ; *De l'intellect à l'intuition*, Genève, Lucis Trust, 1932 ; *De Bethléem au Calvaire*, Genève, Lucis Trust, 1937 ; *Les Travaux d'Hercule*, Genève, Lucis Trust, 1974. ***Vie et études*** : A. BAILEY, *Autobiographie inachevée*, Genève, Lucis Trust, 1951 ; F. B. CAMPBELL, *Ancient Wisdom Revived, a History of the Theosophical Movement*, Berkeley (CA), University of California Press, 1980 ; H. JENKINS, *Mystics and Messiahs : Cult and New Religions in American History*, Oxford, Oxford University Press, 2000 ; R. SKINNER KELLER, *Encyclopedia of Women and Religions in North America*, Bloomington, Indiana University Press, 2006.

BAILLOU, Élisabeth. — *Voir* ÉLISABETH DE L'ENFANT JÉSUS

BALLON, Louise de, *fondatrice de la congrégation des Bernardines réformées de Savoie* (Louise-Blanche-Thérèse Perrucard de Ballon ; Vanchy, 5 juin 1591-Seyssel, 14 décembre 1668). — Louise de Ballon est une figure représentative de ces religieuses qui ont conjugué l'art de disserter sur leurs expériences spirituelles avec un esprit d'entreprise mis au service de la Réforme catholique. Elle naît dans le pays de Gex, au sein d'une famille noble apparentée à celle de François de Sales. Ses parents, Charles-Emmanuel Perrucard, seigneur de Ballon, et Jeanne de Chevron-Villette, sont tous deux au service de la Maison de Savoie. Élevée avec ses frères et ayant bénéficié d'une éducation quasi semblable, Louise devient cistercienne à l'abbaye Sainte-Catherine du Semnoz, non loin d'Annecy, le 4 mars 1607. De 1608 à 1624, son action s'inscrit dans le contexte des réformes qui visent, au sein de l'Ordre de Cîteaux, à restaurer la régularité et, sur le plan universel, à faire triompher l'Église tridentine aux marges des territoires protestants. François de Sales, alors évêque de Genève, est commissionné par l'abbé de Cîteaux, Nicolas Boucherat, pour agir en ce sens chez les moniales de Sainte-Catherine. Il trouve auprès de sa cousine Louise une oreille attentive. La cistercienne, elle-même engagée dans un processus de conversion personnelle, prend la tête d'un groupe de religieuses favorables à la Réforme, qui finissent par quitter les lieux pour s'installer à Rumilly dans un couvent rigoureusement cloîtré, placé sous l'invocation de la Divine Providence (1620-1622). Elles sont bientôt rejointes par des moniales de l'abbaye des Ayes (diocèse de Grenoble), animées d'un désir similaire. Après un temps de cohabitation, ces dernières s'installent à Grenoble avec Louise de Ponsonas*, dont la forte personnalité s'accommode difficilement du caractère tout aussi trempé de la mère de Ballon. Celle-ci, cheminant de son côté et sans éclat sur les voies de la mystique, consacre le reste de sa vie à l'établissement d'une trentaine de nouvelles maisons en Savoie, en Provence et dans le Valais, qu'elle dote de constitutions propres. En 1628, la congrégation des Bernardines réformées est placée par le pape Urbain VIII sous la juridiction des évêques et connaît désormais un destin séparé de celui de Cîteaux. Le souvenir des origines cisterciennes et de la paternité spirituelle de Bernard de Clairvaux y demeure toutefois très vivace. Louise de Ballon incarne bien ces relectures modernes de l'idéal cistercien, tout autant imprégnées d'humanisme dévot que de l'héritage des mystiques rhéno-flamands. Son cousin François de Sales, devenu son directeur spirituel, ainsi que Jeanne de Chantal* ont exercé sur elle un ascendant indéniable. Après la mort de son parent, Louise semble avoir entretenu des relations étroites avec l'Oratoire. On lui connaît aussi un autre directeur, l'antonin Jean Palerne, qui lui demande de relater ses expériences spirituelles. Après sa mort, les notes manuscrites de la bernardine réformatrice sont rassemblées au couvent de Rumilly. Elles serviront à l'oratorien Jean Grossi pour l'élaboration de sa vie et la publication de ses œuvres de piété.

Sans se livrer à une autobiographie proprement dite, Louise inscrit des éléments de vie en interaction avec ses expériences de Dieu. Surgis de sa mémoire, ils prennent un sens nouveau à mesure qu'ils s'énoncent et s'inscrivent dans le plan que Dieu a conçu pour elle. Si l'acte d'écrire est présenté comme une mortification imposée à la dirigée par ses confesseurs, il répond en fait, comme pour beaucoup d'autres mystiques, au besoin irrépressible de dire l'indicible, aussi éprouvant que cela soit, et de faire en sorte que cette parole, enfin livrée, agisse sur son auteur comme sur son lectorat. La bernardine s'étend peu sur les consolations spirituelles dont elle aurait été comblée. Il convient de « s'abstenir de Dieu », affirme-t-elle, sans pour autant parvenir à se taire. Au cours d'un itinéraire fait de sublimes délices et d'atroces souffrances, elle aspire à l'abolition de toute dualité entre Dieu et son âme. Pierre angulaire de sa réforme intérieure, l'état d'oraison l'amène à goûter la présence de Dieu en toutes choses, même les plus viles. Le quotidien en est sanctifié. Toute action ainsi « animée spirituellement » reçoit son véritable sens, alors que la moniale s'efforce de « soutenir Dieu, c'est [-à-dire de] se tenir hors de soi-même et de ses propres mouvements pour se tenir en Dieu » (*Œuvres* I, p. 142). Sa mystique de l'être conduit Louise à désigner la simplicité comme l'attribut essentiel du Dieu-Un. La voie intérieure proposée par Louise passe donc par la considération de son propre néant et le désir d'être simplement à Dieu seul. Cette perte de la créature en son Créateur ne ruine en rien l'amour du prochain, mais elle sublime toute relation et garantit des périls d'une amitié terrestre. L'expérience de Dieu est en outre indissociable d'un regard posé sur le Christ. Face aux épreuves de la vie, Louise n'aspire qu'à s'anéantir dans sa douceur et se perdre dans son sang précieux. La moniale est ainsi appelée à s'épanouir dans le mystère de l'Incarnation : l'imitation du Fils dans son abaissement et ses souffrances favorise la participation de Louise à la vie divine.

Marie-Élisabeth Henneau

• *Voir aussi* : Jeanne de Chantal ; Louise de Ponsonas

Bibl. : *Œuvres* : *Les Œuvres de piété de la... Mère Louise... de Ballon...*, Jean Grossi (éd.), Paris, N. Couterot, 1700. ***Vie*** : J. GROSSI, *Vie de la... Mère Louise... de Ballon, fondatrice et première supérieure de la Congrégation des Bernardines réformées, en Savoie et en France*, Annecy, H. Fontaine, 1695. ***Étude*** : M.-É. HENNEAU, « Expériences spirituelles d'une bernardine contemporaine de Marie Guyard : se trouver simplement en la présence de Dieu », *Marie Guyard de l'Incarnation : un destin transocéanique*, Françoise Deroy-Pineau (éd.), Paris, L'Harmattan, 2000, p. 225-234.

BAOCHI XUANZONG, *maître du bouddhisme chan* (Jin Shuxiu ; Haiyan, Chine, v. 1610-v. 1661/1670). — Son grand-père, Jin Jiucheng (nom public Boshao ; seconde moitié du XVIe s.), est un grand lettré et son père, Jin Shouming, un haut fonctionnaire qui périt dans les troubles de la période de transition entre les Ming (1368-1644) et les Qing (1644-1911). Originaire de Haiyan dans la préfecture de Jiaxing (Zhejiang), Jin Shuxiu naît à une date incertaine, dans la première décennie du XVIIe siècle. Elle est une fille exemplaire selon les critères de la société chinoise de l'époque ; quand sa mère, veuve, tombe malade, elle se coupe à plusieurs reprises un morceau de chair – plusieurs histoires bouddhiques relatent la guérison de parents par le don de chair de leur enfant –, mais la maladie finit par l'emporter. Son frère étant décédé, elle s'occupe de sa jeune veuve de dix-sept ans et de ses deux enfants. Puis elle épouse un dénommé Xu Zhaosen, fils d'une famille loyaliste aux Ming. Elle présente alors tous les talents d'une femme lettrée de bonne famille, excellant dans la calligraphie et la peinture de paysage. Un de ses fils, Xu Jiayan, devient très célèbre : il fait partie du groupe de lettrés du Jiangnan qui, en 1679, est reçu à l'examen des lettrés au vaste savoir et se rend à la capitale, Pékin, pour participer à la rédaction de l'histoire des Ming.

Jin Shuxiu fréquente les milieux bouddhiques : elle se rend souvent au temple de la Transparence merveilleuse (Miaozhan'an) où, matin et soir, elle étudie avec l'abbesse Zukui Xuanfu*. Un jour, alors qu'elle lit les récits du célèbre maître chan Jiqi Hongchu, elle « se sent comme une froide vallée soudain envahie par la douceur du printemps ». Elle décide d'aller voir ce maître, disciple de Hanyue Fazang, lui-même disciple de Miyuan Yuanwu dont il prend pourtant le contre-pied, créant des dissensions et de fortes rivalités entre diverses factions du chan.

Jin Shuxiu devient veuve à la quarantaine (autour de 1650) ; elle délaisse alors peinture et calligraphie pour s'occuper de sa famille. Sa piété religieuse ne cesse de croître : elle participe à des fêtes de jeûne et autres dévotions, elle brode des images pieuses – une pratique dévotionnelle populaire parmi les femmes de la noblesse. Elle se fait ordonner par Jiqi Hongchu et prend le nom religieux de Baochi Xuanzong. Afin de participer aux retraites de méditation, elle réside dans un ermitage près du monastère de son maître. Elle mène avant tout une vie de contemplative et se montre peu intéressée par une promotion comme abbesse du temple ou par la fréquentation des lettrés locaux. Elle consacre ses heures libres à la poésie. Ses poèmes d'éloges, un genre très en vogue dans le chan, sont réunis avec ceux de son amie Zukui Xuanfu dans le « Recueil d'éloges résonant harmonieusement avec les anciens » (*Songgu hexiang ji*, date inconnue).

On ignore combien de temps elle resta auprès de Jiqi Hongchu. Mais celui-ci l'ayant déclarée héritière de la Loi bouddhique, elle le quitte et devient l'abbesse du temple de la Transparence merveilleuse qu'elle fréquentait beaucoup quand elle était encore laïque. À la fin de sa vie, elle laisse le temple à Zukui Xuanfu et se retire au temple chan de la Recherche méridionale (Nanxun chanyuan) à Haiyan, afin d'y mener une vie plus tranquille : « C'est un petit temple au coin de la muraille de la ville caché par un rideau vert. Mais quand on a complètement délaissé corps et esprit, en chaque endroit, on est chez soi. »

Les récits des sermons de Baochi Xuanzong ont été compilés après sa mort. En 1672, la nonne Shizhao a demandé au moine Sengjian Xiaoqian de rédiger une préface pour cette compilation intitulée « Entretiens du maître de dhyâna Baochi [Xuan] zong » (*Baochi Zong chanshi yulu*, 1677).

Catherine Despeux

• *Voir aussi* : Zukui Xuanfu

Bibl. : *Étude* : B. GRANT, *Eminent Nuns. Women Chan Masters of Seventeenth Century China*, Honolulu, University of Hawaii Press, 2009, p. 130-145.

BAOUARDY, Mariam. — *Voir* MARIE DE JÉSUS CRUCIFIÉ

BAR, Catherine de. — *Voir* MECHTILDE DU SAINT-SACREMENT

BARAT, Madeleine-Sophie. — *Voir* MADELEINE-SOPHIE BARAT

BARBE DE COMPIÈGNE, *prophétesse* (Barbe Fremault ? ; Compiègne, ?-1636). — On sait peu de choses sur cette femme d'origine modeste, dont Henri Bremond rapporte « l'histoire merveilleuse ». Dans son enfance, alors qu'elle travaille comme vachère à la campagne, elle se trouve remplie « comme un autre Amos » (II, 67) de la lumière divine et grandit dans la foi, sans recevoir d'autre instruction religieuse que celle du Christ. Pendant les quinze années que dure cette direction spirituelle miraculeuse, elle assiste « en esprit » au sacrifice eucharistique. Devenue servante dans une famille compiégnoise, elle continue à recevoir ces grâces singulières, qui la dotent d'un don de prophétie lui permettant de déjouer une conjuration entreprise contre Louis XIII. Séjournant à cette occasion à Paris, elle rencontre le père Charles de Condren, qu'elle reconnaît comme « l'homme qui lui a été promis » par Dieu pour être désormais son directeur. À Compiègne, elle constitue, avec le père Marin son confesseur et Antoinette de Jésus*, une sorte de groupe mystique proche de l'Oratoire.

La spiritualité de Barbe de Compiègne est essentiellement sacrificielle. « Dieu se plaisait à faire porter à son innocence les péchés d'autrui et à continuer en elle les dispositions du sacrifice de son fils », précise Amelote (Bremond, II, 67). Cette proximité avec le Crucifié lui vaut des souffrances corporelles et spirituelles extrêmes, douleurs d'imitation vécues dans la chair, mais aussi souffrances morales causées par l'angoisse du péché. Cette participation à la Croix prend parfois la forme d'une mort apparente, fréquente dans la mystique extatique : « Elle était si puissamment retirée dans l'intérieur de Jésus-Christ souffrant, et avait tant de société avec son état d'hostie [...], qu'elle était souvent deux ou trois heures comme morte de douleur » (*ibid.*). Cependant, il est à noter que Condren, proche de l'École abstraite (qui privilégie la méditation sur les manifestations trop incarnées de la dévotion), admire surtout en Barbe la perfection d'une union intérieure à Dieu que nul symptôme corporel ne peut révéler, se méfiant davantage de ses états extatiques, qu'il qualifie de défaillances physiologiques. Il écrit en ce sens au père Marin : « Je désirerais seulement [...] qu'il plût à Notre Seigneur de la soutenir davantage dedans sa souffrance afin [...] que cet état pénible et crucifié qu'elle porte fût plus caché [...] qu'elle ne reçoive pas les effets de Dieu [...] si animalement et si charnellement » (Amelote, p. 264). C'est la part d'intériorité qu'il encourage en elle, non ses « extériorités » extraordinaires.

Antoinette Gimaret

Bibl. : ***Études*** : H. BREMOND, *Histoire littéraire du sentiment religieux en France...* (1916), rééd. Grenoble, Jérôme Millon, 2006, t. II, p. 67-68 ; t. III, p. 411 ; t. VI, p. 342-343, 363-364, 493 ; t. IX, p. 210. Sa source principale est *La Vie du père Charles de Condren*, par Amelote, Paris, H. Sara, 1643, livre II chap. 25, p. 262-265. Voir aussi la *Vie de la mère Antoinette de Jésus*, Paris, Jean Villette, 1685, chap. 5, p. 17-20. D'après la *Bibliothèque historique de la France*, 1775, vol. 4, ms. 15230, il existerait un manuscrit rédigé vers 1680, intitulé *Vie de la Sœur Barbe (Fremault) du Tiers ordre de saint François de Paule*, en trois parties. Les deux premières sont les « dispositions intérieures » de Barbe, dictées sur ordre de son confesseur. La dernière partie est un abrégé de sa vie, dressé par Antoinette de Jésus, qui avait écrit sous sa dictée les deux premiers textes. Amelote se serait servi de ce récit.

BARON, Marie, *laïque, visionnaire* (Marie Duvergier ; ?-Saujon, 3 octobre 1632). — Catholique, elle vécut à Marennes, en terre protestante. Elle eut quatre enfants de son mariage avec Matthieu Duvergier, un marchand. À vingt années (1609-1629) d'une lente purification spirituelle faite de constantes souffrances morales et physiques succédèrent trois années d'une vie mystique intense, d'autant plus remarquable que Marie ne laissa jamais de côté une activité domestique fort remplie. La renommée que lui acquirent sa charité (elle prenait soin des nécessiteux dans sa propre demeure) et ses grâces extraordinaires lui valut, à en croire le père Jean-Joseph Surin, la reconnaissance unanime des catholiques et des protestants de Saintonge. Cette figure locale attira particulièrement l'attention de Surin qui, lors de son passage à Marennes (1632-1634), eut l'occasion de la fréquenter ainsi que le cercle de dévots catholiques qui se réunissait dans le château du baron de Saujon. C'est là qu'elle mourut.

On ne connaît de sa main qu'un texte remanié et amputé qui se trouve intégré à un manuscrit de la correspondance du père Surin. Marie fait, dans ce journal spirituel de l'année

1632, un compte rendu méticuleux des spectaculaires visions qu'elle avait lorsqu'elle communiait. Ce document révèle une spiritualité d'abandon s'appuyant sur une expérience extraordinaire de l'amour de Dieu, qu'elle exprime avec une prédilection pour « les symboles de feu et de lumière » (J.-J. Surin, Lettre 27, p. 181). Outre cet attrait signalé dans son journal pour la communion, Marie portait une dévotion particulière à la Vierge et à saint Joseph.

Dans une lettre fameuse, Surin l'érigea en « modèle de sainteté » (*id.*, p. 170) tant pour sa charité, sa chasteté dans le mariage et ses mortifications que pour cet état où elle se trouvait « dans toutes ses facultés, entièrement et continuellement unie à Dieu » (*id.*, p. 174). Il note en particulier cette connaissance parfaite de Dieu et d'elle-même, d'où elle tirait son humilité ; ce brûlant amour de Dieu, où elle abandonnait tout intérêt mondain ; enfin, la communication de grâces extraordinaires durant ses oraisons, qui « furent pour elle l'essai et le noviciat de l'éternité bienheureuse » (*id.*, p. 179).

Clément Duyck

• *Voir aussi* : Boinet

Bibl. : *Œuvre* : *Extrait du journal de Madame du Verger pendant l'année 1632*, *in* J.-J. Surin, *Lettres spirituelles*, 1630-1639, Toulouse, Éditions de la *Revue d'ascétique et de mystique*, 1926, t. I, p. 53-84. ***Études* :** H. BREMOND, *Histoire littéraire du sentiment religieux en France...*, Paris, Bloud et Gay, 1920, t. V, p. 168-172 ; J.-J. SURIN, *Correspondance*, Lettre 27 du 20 décembre 1632, Paris, Desclée de Brouwer, 1966, p. 168-186.

BARTHEL, Françoise, *laïque, extatique et visionnaire* (Andlau, 1822-1878). — Originaire du Bas-Rhin, elle est surnommée « l'extatique d'Andlau ». Elle est connue grâce à son médecin Taufflieb, qui a raconté autour de 1864 son histoire. D'origine modeste, elle vit avec sa mère et son frère invalide et se voit frappée dès sa jeunesse de maladies graves, prémices de grâces surnaturelles. En janvier 1851, atteinte d'une luxation de la cuisse, elle est contrainte de demeurer alitée, en proie à de vives douleurs causées par des escarres, mais saint Joseph lui promet sa guérison prochaine. Le 14 mai, le miracle se produit : conduite sur des béquilles à la crypte d'Andlau, elle prie la Vierge de hâter sa guérison. « Au même instant [...] le membre reprit sa longueur et sa direction normale. » Elle commence alors une carrière de visionnaire, recevant des « communications surnaturelles [...] sur les desseins de Dieu sur elle », et suscite rapidement l'admiration des curieux. Le 17 mars 1852, lors d'une vision du Christ portant la couronne d'épines, « on l'entend demander à Notre Seigneur avec une vive insistance la faveur de pouvoir souffrir quelques-uns des tourments qu'il a endurés pour nous » (*La Stigmatisation*, p. 504). Elle comprend ensuite qu'elle a le pouvoir d'abréger par ses prières les peines du purgatoire et entre en relation avec certaines âmes, qui laissent en passant des traces de brûlures sur son corps et son visage.

Ces phénomènes extraordinaires lui valent des attaques directes de la part du clergé local. En août 1852, elle est placée sous surveillance au Bon Sauveur de Strasbourg et soumise à des examens médicaux : intimidée, Françoise se rétracte et parle de supercheries. Mais Taufflieb précise :

« Depuis treize ans que ces faits surnaturels se produisent au grand jour, jamais la moindre trace d'imposture n'a pu être découverte » (*ibid.*, p. 505). Les phénomènes surnaturels reprennent dès novembre 1852. L'évêque de Strasbourg demeure intraitable et lui interdit la communion, malgré l'intercession d'ecclésiastiques célèbres comme le curé d'Ars. Mais visions, stigmatisations, flagellations perdurent, des milliers de visiteurs en sont témoins. Elle souffre également des vexations du démon qui la bat, lui jette des pierres, la couvre de noir quand elle pénètre dans une église. Soutenue par la ferveur populaire et par le curé d'Andlau, mais désireuse d'échapper à la curiosité publique, elle obtient finalement d'avoir ses cinq plaies réunies au côté, sous ses vêtements. Elle reste toute sa vie en butte à la défiance de l'évêque André Raess, qui a alors fort à faire avec les mystiques dans son diocèse, notamment pendant l'épidémie d'apparitions mariales de la fin du siècle.

La stigmatisée d'Andlau se rattache aisément au courant de mystique visionnaire réactivé en France dans les années 1870-1900. Figure controversée, dérangeante par sa religiosité excessive, elle alimente un débat complexe entre hommes d'Église et médecins, au moment où la croyance dans les phénomènes extraordinaires s'effrite, même chez les religieux. Elle serait cependant à rapprocher, selon Joachim Bouflet, des *sante vive* italiennes des XVe et XVIe siècles, ces spirituelles populaires, souvent illettrées et visionnaires, défendant une mystique christologique incarnée (voir l'évocation du sang versé qui sort par des ouvertures de la tête et se projette autour du lit, l'apparition spontanée sur le dos de meurtrissures, les bras étirés en croix, *ibid.*, p. 506-507) et jouant un rôle d'intercession entre Dieu et les fidèles (ainsi Françoise séjournant au purgatoire pour en délivrer certaines âmes, en premier lieu celle de son père, et endurant en extase la souffrance du feu, *ibid.*, p. 508-510).

Antoinette Gimaret

Bibl. : ***Études*** : A. IMBERT-GOURBEYRE, *La Stigmatisation* (1894), I, chap. 34, J. Bouflet (éd.), rééd. Grenoble, Jérôme Millon, 1996, p. 503-512 ; J. MAÎTRE, *Mystique et féminité, essai de psychanalyse sociohistorique*, Paris, Cerf, 1997, p. 350 ; J.-M. LE MINOR, « Notes sur Françoise Barthel dite "la sainte d'Andlau" », *Almanach de Sainte Odile*, Strasbourg, Alsace Média, 1982, p. 59-63.

BATHILDE D'ORLÉANS, *laïque, adepte des sciences occultes et de la franc-maçonnerie* (Paris, 1750-1822). — Proche de la famille royale, elle perd sa mère à l'âge de neuf ans. Confiée à des religieuses, elle devient très pieuse, goûte aux plaisirs de l'oraison. À dix-neuf ans, son cousin, le jeune duc de Bourbon, l'enlève pour l'épouser (1770), mais ce mariage est rapidement un échec. L'adultère de son époux éclate autour de 1781, l'effet de scandale retombant sur elle : on lui reproche de s'être consolée dans les bras d'un ami. Fuyant la Cour, la duchesse de Bourbon se réfugie au château de Chantilly, où elle donne naissance à une fille illégitime. Elle a alors oublié depuis longtemps la piété de son enfance. Mais lorsqu'elle perd, à trente-cinq ans, son ami cher, elle recommence à communier régulièrement, lit la Bible de Le Maistre de

Sacy et les œuvres de Mme Guyon*. Ces lectures dévotes lui permettent de s'instruire dans une religion qu'elle ne suivait que « par routine », mais l'incitent aussi à s'éloigner de la pratique traditionnelle, à s'intéresser aux sciences occultes. Elle intègre les francs-maçons en 1770, s'entoure de magnétiseurs, de spirites, fait du théosophe Louis-Claude de Saint-Martin son maître à penser, correspond avec Johann Kaspar Lavater, continue à s'intéresser de près à la mystique quiétiste. Lorsque la Révolution éclate, elle refuse d'émigrer, prend le nom de « Citoyenne vérité » et offre ses biens à la République. Emprisonnée à Marseille en 1793, risquant la guillotine, elle commence à mettre par écrit ses pensées religieuses, qui paraissent trop hétérodoxes aux prêtres qu'elle consulte : ils la privent des sacrements en France, puis en Espagne où elle doit s'exiler à partir de 1797. Éloignée de l'autel, elle reçoit cependant de Dieu des « lumières et des consolations intérieures », cultive la charité et l'oraison. Après la chute de Napoléon, qui a tué son fils, le duc d'Enghien en 1804, elle revient triomphalement à Paris et fréquente, autour de 1815, le salon de piété de Mme de Krüdener*. Installée à l'hôtel Matignon, elle refuse de reprendre une vie conjugale, comme la décence le voudrait. À sa mort, son neveu Louis Philippe s'empresse de brûler le manuscrit de ses mémoires.

Son intellectualisme la conduit à privilégier le questionnement sur l'obéissance, le cheminement spirituel sur l'appartenance à l'Église, position qui la marginalise et explique aisément pourquoi ses *Opuscules* ont été mis à l'Index par Rome. Dans une profession de foi, écrite en 1798, elle déclare : « Je crois à Jésus-Christ, je crois à tous ses mystères, je crois à l'Église qu'il a établie par ses apôtres [...]. Mais je n'ai pas une conviction aussi intime que l'Église visible de nos jours qui a pour chef le pape soit cette même Église. » C'est à une Église « *opérante* », visible aux seuls yeux de l'âme, qu'elle souhaite se soumettre. De ce fait, elle s'avoue proche de certaines hérésies faisant de l'Église romaine une version dégradée de la vraie Église du Christ, et souligne la nécessité de « réduire la religion chrétienne à des points simples », en se laissant « enseigner soi-même par l'Esprit-Saint » avec douceur et humilité (*Opuscules*, p. 5-6). Être chrétien, c'est « donner naissance à Jésus-Christ en nos cœurs pour être notre guide » (*ibid.*, p. 62), les sacrements n'étant que la traduction visible mais superflue de cet enfantement, qui doit s'opérer d'une manière mystique et invisible. Nul doute que la lecture des mystiques quiétistes a ici influencé la duchesse de Bourbon.

Antoinette Gimaret

• *Voir aussi* : Guyon ; Krüdener

Bibl. : *Œuvres* : *Opuscules ou pensées d'une âme de foi dans la religion chrétienne pratiquée en esprit et en vérité*, Barcelone, 1812 (sans nom d'éditeur) ; *Correspondance entre Madame de Bourbon et Monsieur R. [Ruffein] sur leurs opinions religieuses*, Barcelone, 1812 (sans nom d'éditeur). ***Étude* :** M.-M. DAVY, *Encyclopédie des mystiques*, Paris, Robert Laffont, 1972, t. 2, chap. « Ésotérisme chrétien », p. 317-318, 334, 338, 354.

BÄUMER, Bettina Sharada, *figure spirituelle hindoue* (Salzbourg, 12 avril 1940). — Bettina Bäumer connaît dès sa prime jeunesse des expériences mystiques spontanées, qu'elle n'aura de cesse d'approfondir au contact de maîtres rencontrés en Inde et grâce à l'étude des traditions spirituelles d'Orient et d'Occident. Ses domaines de recherches montrent ainsi une grande diversité d'intérêts, parmi lesquels figurent l'art et la *beauté*, perçue comme dimension spirituelle de la réalité, ce qui la conduit à diriger, de 1979 à 2000, l'Alice Boner Foundation for Research on Fundamental Principles in Indian Art de Bénarès. La théologie se situe également au cœur de son étude, comme en témoigne le thème de son doctorat en philosophie, obtenu en 1967 à Munich, « La création comme jeu : le concept de *lîlâ* dans l'hindouisme et sa signification philosophique et théologique ». Spécialiste des *Tantra* du Cachemire, enseignant depuis 1997 à l'Institut d'études des religions de Vienne, elle œuvre aujourd'hui pour le dialogue interreligieux, organisant des rencontres, au-delà des frontières et des dogmes, notamment entre chrétiens, hindous et bouddhistes.

Comme de nombreux mystiques, Bettina Bäumer vit des expériences de « merveilleux » dans l'enfance : « Quand j'étais enfant, dit-elle, j'aimais à rester assise sous un arbre à écouter les oiseaux, et (plus tard) je fus convaincue que je comprenais leur langage [...] je connus aussi d'inoubliables expériences d'union avec la nature : la terre, les plantes... vivant une espèce de "mystique de la nature". Aussi je "méditais", perchée sur un arbre pendant des heures, cachée de ma mère. » Quelques années plus tard, cette aspiration prend la forme d'une « soif de Dieu », qui la conduit vers l'Église (protestante), sans trouver de réponse satisfaisante. Elle a dix-neuf ans, lorsqu'un jour son regard s'arrête sur le paysage entrevu par la fenêtre : « J'ai vu soudain le monde tout entier baigné d'une lumière "surnaturelle" ; cette expérience a transformé ma manière de voir les choses. »

À l'âge de vingt et un ans, elle fait la connaissance de Raimon Panikkar, un prêtre catholique « hindou-chrétien », qui l'accompagnera longtemps dans son cheminement. « Je trouvais une réponse à ce que je cherchais sans pouvoir le définir. Une messe avec lui m'a donné accès à une expérience intime du Christ [...]. C'est à Rome, guidée par lui que je me suis faite catholique – une expérience profonde dans les catacombes (mon christianisme étant alors celui des origines, avant l'institutionnalisation). » Il lui fait découvrir le livre *Ermites du Saccidânanda* (1956), coécrit par Jules Monchanin et le père Henri Le Saux, évoquant la vie monacale partagée avec d'autres moines hindous à *Shântivanam* : « Cette lecture m'a profondément touchée, j'ai su dès lors que je devais rencontrer Le Saux (*alias* Abhishiktananda) et l'Inde spirituelle. » Plongeant dans la religion vécue de l'hindouisme et dans l'univers de ses textes sacrés, Bettina Bäumer poursuivra pendant de longues années, à Bénarès notamment, une intense collaboration avec Raimon Panikkar.

Fin 1963, Bettina Bäumer fait son premier voyage en Inde, dont les deux haltes essentielles ont lieu à Tiruvannamalai à l'ashram de Ramana Maharshi, puis à celui de *Shântivanam* avec Henri Le Saux. Une relation de maître à disciple, une complicité de chercheurs d'absolu s'instaurent désormais entre eux, et s'approfondissent peu à peu au fil des rencontres et des échanges épistolaires réguliers. « Ces deux rencontres furent la réponse à ma recherche profonde : d'une part la méditation auprès de Ramana Maharshi à Arunachala, intensifiée par le magnétisme de la montagne sacrée, d'autre part la rencontre bouleversante avec Abhishiktananda, tant il était rayonnant d'une intense lumière intérieure. Il me donna de participer à son expérience de l'Inde, ce fut une véritable "immersion" dans ce monde spirituel en effervescence, où je ressentis avec certitude que c'était là mon chemin. »

Abhishiktananda restera son maître (sans initiation formelle) jusqu'à sa mort en 1973 : « Il m'incitait à m'installer "à l'intérieur", dans la tradition des Upanishad et de Ramana Maharshi. Il m'encourageait également à rencontrer des maîtres hindous. [...] Après sa mort, il y eut une période de vide, j'ai alors compris que je n'étais pas encore "arrivée", qu'il me manquait quelque chose. »

En 1986, Bettina Bäumer, inspirée par les livres de Lilian Silburn* sur le shivaïsme du Cachemire non-dualiste, se rend à l'ashram de swâmi Lakshman Joo, considéré comme l'un des plus grands saints du XXe siècle, qui enseigne le sens profond des textes de cette tradition à un petit groupe de disciples, dont certains occidentaux. Dans le cadre d'une initiation personnelle, elle est acceptée comme disciple par ce maître érudit. Elle comprend alors que son parcours atteint enfin le but recherché depuis si longtemps ; elle perçoit avec clarté l'unité fondamentale qui sous-tend la réalité ultime des textes sacrés, des enseignements du maître, comme celle de sa propre expérience. Selon les termes de cette tradition, elle accède à « la reconnaissance définitive de la divinité du vrai Soi [*svâtmadevatâ*, *svarasvarûpa*] ». Elle partage désormais son expérience d'une mystique intégrée à la vie dans le monde : « À la différence du Vedânta, souligne-t-elle, la mystique du shivaïsme cachemirien vise l'intégration de la vie quotidienne comme pratique fondamentale. Il s'agit d'une mystique de la connaissance, qui inclut également l'amour [*bhakti*], et l'expérience de la *kundalinî* [...]. J'ai réalisé que le reste de ma vie devrait être consacré à accomplir ce que mon maître et sa tradition m'ont confié, non seulement pour en réaliser l'expérience plénière, mais également afin de la partager avec d'autres. »

Aux yeux de Bettina Bäumer, qui se prénomme désormais Bettina Sharada, la vie mystique authentique reconnaît les plus hautes dimensions des traditions spirituelles et religieuses, mettant en résonance textes sacrés et expérience intérieure. Elle est convaincue que la spiritualité ou la mystique du shivaïsme du Cachemire contient « un message essentiel pour le monde aujourd'hui, car elle est à même de répondre à une soif spirituelle partout sensible. Se gardant de devenir exclusive, elle doit au contraire s'ouvrir aux autres traditions spirituelles et entrer en dialogue avec elles. »

Colette Poggi

• *Voir aussi* : Silburn

Bibl. : Œuvres : *Abhinavagupta's Hermeneutics of the Absolute, Anuttaraprakriya. An Interpretation of his Paratrisika Viva-*

rana, New Delhi, Indian Institute of Advanced Study, Shimla, 2011 ; « From Guha to Akasa : The Mystical Cave in the Vedic and Saiva Traditions », *in* K. Vatsyayan (éd.), *Concepts of Space, Ancient and Modern*, New Delhi, Indira Gandhi National Center for the Arts and Abhinav, 1991 ; « Abhishiktananda and the Challenge of Hindu-Christian Experience », *Monastic Interreligious Dialogue Bulletin*, n° 64, mai 2000, p. 34-41. ***Études*** : *Mysticism in Saivism and Christianity*, B. Bäumer (éd.), New Delhi, DK Printworld, 1997 ; *Void and Fullness in the Buddhist, Hindu and Christian Traditions. Sunya – Purna – Pleroma*, B. Bäumer et J. R. Dupuche (éd.), New Delhi, DK Printworld, 2005 ; *Samvidullasah, Manifestation of Divine Consciousness, Swami Lakshman Joo, Saint-Scholar of Kashmir Saivism A Centenary Tribute*, B. Bäumer et S. Kumar (éd.), New Delhi, DK Printworld, 2007 ; *Samarasya : Studies in Indian Arts, Philosophy, and Interreligious Dialogue in Honour of Bettina Bäumer*, E. Fürlinger et S. Das (éd.), New Delhi, DK Printworld, 2005.

BAYS, Marguerite. — *Voir* MARGUERITE BAYS

BÉATRICE D'ORNACIEUX, *bienheureuse, chartreuse, visionnaire* (Ornacieux, 1260-Eymeux, 25 novembre 1303 ou 1309). — Béatrice – dont la vie ne nous est connue que par la biographie que Marguerite d'Oingt*, elle aussi visionnaire, rédigea en franco-provençal, *Li via seiti Biatrix virgina de Ornaciu* – entre en 1273 à la chartreuse de Parménie puis, en tant que prieure, fonde le monastère d'Eymeux. Elle a manifesté une activité visionnaire particulièrement féconde. Ainsi voyait-elle « tous les jours, à l'élévation, le corps du Seigneur sous l'apparence d'un petit enfant », qui apparaissait dans une clarté circulaire étincelante, de laquelle se détachait une autre clarté, celle-là de couleur vermeille : « Chacune de ces deux beautés illuminait si bien l'autre et elles étaient si bien confondues qu'elles rendaient une merveilleuse beauté et un vif éclat, au point que l'on voyait toute la beauté de la clarté blanche dans la clarté vermeille et la beauté de la clarté vermeille dans la beauté de la clarté blanche. » Le jeu de la symbolique des couleurs est assez explicite de l'engendrement du Verbe (de couleur rouge) par le Père (la blancheur pure et immaculée) ; mais la vision se complexifie dans un mouvement qui traduit la compénétration des personnes divines : en effet, les deux couleurs (représentant ces personnes divines) se voient attirées dans un éblouissement d'or infini (la déité essentielle) qui ne les absorbe ni ne les fait disparaître. Dans cette coextension se réalise la coïncidence de l'Enfant (figure signifiante et exemplaire de l'Incarnation) et de la Trinité (le Réel un et trine par lui manifesté). Éloge implicite de l'enfance ainsi modélisée, qui condense la vérité divine et qui s'offre à la fois comme voie et comme réalisation du salut : « Au-dessus de cet enfant et de toutes parts apparaissait une très grande clarté semblable à de l'or, qui jetait un si vif éclat qu'elle attirait à elle toutes les autres tandis qu'elle entrait tout entière en elles. Et les autres attiraient celle-là tout entière en elles, tandis que toutes entraient en elle. Et il lui semblait que cette commune beauté et splendeur se voyait toute dans cet enfant. Et l'enfant apparaissait tout entier dans cette splendeur. »

Ces visions, si exquises et généreuses soient-elles, ne visent point à l'émotion esthétique, mais à l'expression d'une théologie : non pas des tableaux à regarder, mais un mouvement mis en scène à contempler, qui s'impose et convoque celui ou celle qui en est le témoin. Ainsi, mieux que toute formulation métaphysique, cette traduction de l'immensité de « Dieu toujours plus grand » : « Aussitôt il lui sembla voir venir du ciel deux personnes, les plus belles créatures du monde. Quand cela fut fait avec diligence, elle vit venir deux autres personnages qui étaient plus beaux sans comparaison que ceux-là. Alors elle en vit venir deux autres qui étaient beaucoup plus beaux que ceux-ci. Quand ce fut fait, elle vit venir une grande foule de gens qui étaient, sans comparaison, plus resplendissants que le soleil dans sa plus grande clarté. »

Par ailleurs sa biographie ne nous épargne pas le merveilleux habituel (passer au-dessus ou à travers les murs), ni les maux infligés par un régime pénitentiel aggravé, ce qui est une constante de l'expérience mystique féminine d'alors. Certes, on peut y soupçonner quelque pathologie : qu'après une longue méditation sur son indignité, en la nuit de Noël, une parcelle d'hostie se mette à gonfler et menace de l'étouffer, on soupçonne un symptôme de l'hystérie ou d'une névrose d'angoisse. Cependant plus décisive est la référence quasi christocentrique que Béatrice élabore et qui donne un sens à l'ensemble de ce dont elle pâtit : par exemple une voix céleste la détourne de la pulsion de mort qui l'envahit en lui affirmant que ses migraines servent utilement le Christ ; et elle se dit prête à souffrir toute épreuve et toute ignominie, bûcher, pendaison et même lèpre, pour lui. Notons en particulier la lèpre qui, à la suite de la prophétie d'Isaïe LIII, traduisait la totale déchéance du corps christique et son exclusion de l'humanité. C'est qu'aux yeux de Béatrice, l'humanité du Christ est le miroir limpide qui reflète (paradoxalement en sa Passion) la beauté de toute la création. Est-ce cela qui va motiver son énergie mimétique, quand elle s'autostigmatise en s'enfonçant un clou dans la main ?

François Marxer

• *Voir aussi* : Marguerite d'Oingt

Bibl. : ***Vie et études*** : *Les Œuvres de Marguerite d'Oingt*, A. Duraffour, P. Gardette, P. Dardilly (éd.), Paris, Les Belles Lettres, 1965 ; R. MAISONNEUVE, *Les Mystiques chrétiens et leur vision du Dieu un et trine*, Paris, Cerf, 2000.

BÉATRICE DE NAZARETH, *bienheureuse, cistercienne* (Tirlemont, 1200-près de Lierre, 1268). — Originaire du Brabant belge, Béatrice, née dans une famille très pieuse, prononce ses vœux perpétuels à l'âge de seize ans. Sa vie religieuse est marquée par des temps d'épreuves, de pénitences et de grâces, ainsi que par une amitié profonde et durable avec la mystique Ide de Nivelles*. De 1236 jusqu'à sa mort, Béatrice exerce la fonction de prieure au monastère de Nazareth près de Lierre. En outre, elle a vécu de nombreuses expériences mystiques (manifestations extatiques, visions...) qu'elle a rapportées par écrit. L'ensemble forme « une sorte d'autobiographie » (*Dictionnaire de spiritualité*, p. 1311), un journal rédigé en vieux flamand. Aujourd'hui perdu, ce livre de vie nous est toutefois parvenu de façon remaniée grâce à la biographie laissée par un moine cistercien (probablement le confesseur de Béatrice). On y apprend que la santé fragile et la nature mélancolique de celle-ci l'ont souvent confrontée à de violents combats intérieurs. Dans la première partie de sa vie monastique, elle cherche la perfection par l'ascèse et les exercices de piété. Elle s'impose alors une terrible discipline (privation de nourriture, flagellations, lit d'épines...) et tombe fréquemment malade.

Sept Degrés d'amour (*Van seven manieren van minnen*) est le seul texte de Béatrice que l'on possède en intégralité. Rédigé aux alentours de 1250, il constitue, avec les lettres et visions de Hadewijch d'Anvers*, le plus ancien texte en moyen-néerlandais qui nous soit conservé. Dans ce court traité de vie mystique, Béatrice propose un chemin de vie spirituelle à travers sept formes d'amour, jusqu'à la « fruition » (*ghebruken*), c'est-à-dire jusqu'à la perfection d'une union intérieure à Dieu, où l'âme jouit pleinement de la présence divine. Sur cette route, le désir constitue le moteur qui mène l'âme vers Dieu. L'âme est « mue par ce désir de vivre dans la pureté, dans la noblesse et la liberté où Dieu l'a créée à son image et à sa ressemblance ». Or, plus l'on gravit les degrés de l'amour, plus la force du désir s'intensifie : il « mine », « consume », « dévore ». L'amour ne laisse à l'âme aucun répit : sa violence est telle que le corps lui-même éprouve « la brûlure intérieure et l'ire souveraine [*orewoet*] de l'amour ». L'excès du désir, tout en étant « délicieux », confronte l'âme à ses limites, et la peine qu'il lui fait endurer est parfois « indicible ». C'est pourquoi l'usage de l'oxymore, pour traduire cet amour mystique, est fréquent sous la plume de Béatrice : l'amour blesse et guérit l'âme, il lui fait goûter la mort et la vie. L'« ardente langueur » et la « douloureuse impatience » que l'âme ressent de demeurer avec le Christ rythment la vie intérieure. Béatrice le vit dans chaque Eucharistie, mystère qui occupe une place centrale dans son œuvre. Elle unit son cœur au cœur de Jésus. Plus les profondeurs de l'âme sont blessées, plus la grâce agit en elle et la conforme au Christ. La proximité de Béatrice à la Passion du Christ, sa dévotion à la sainte messe s'expriment à travers les multiples grâces qu'elle reçoit : elle vit les souffrances du Christ jusque dans sa chair (le sang des cinq plaies l'inonde et son cœur est comme transpercé). Cette participation à la Pâque du Seigneur prend la forme d'une mort mystique : « L'amour l'exalte et l'abaisse, lui fait goûter mort et vie, la guérit et la blesse derechef. » Et cette expérience, caractéristique de la mystique extatique, trouve sa pleine expression dans une mystique sponsale où Béatrice s'inscrit dans la continuité de l'école cistercienne (saint Bernard de Clairvaux, Richard de Saint-Victor, Guillaume de Saint-Thierry). Elle se compare alors à une « fiancée tendrement abîmée dans l'amour ». Son âme dans l'excès d'amour « s'écoule et s'évanouit. » Elle n'a de cesse de chercher le bien-aimé dans sa majesté, elle le suit et le contemple avec le cœur et l'esprit. Deux visions trinitaires viennent corroborer cet état et élargir son champ de conscience. Dans l'une d'elles, vers Noël 1232, elle voit Dieu comme la source d'un fleuve d'où découlent rivières et ruisseaux, le fleuve étant le Fils de Dieu, les rivières, stigmates du Christ, marques de notre rédemption, les ruisseaux, les dons du Saint-Esprit. Elle prend alors conscience des dimensions universelles de la charité : là où elle cherchait la perfection par l'ascèse et les exercices de piété, elle perçoit que, faire la volonté de Dieu, c'est s'occuper du prochain, tant par des soins matériels que spirituels (*Vita Beatricis*, III, § 213-218, p. 137-140). Dans l'union transformante, sa volonté se confond alors parfaitement avec la volonté divine, de telle sorte qu'elle ne peut plus vouloir que ce que Dieu veut ; elle est alors parvenue à la paix intérieure, dans l'« indifférence » aux épreuves et, du même coup, elle devient physiquement plus forte. Le volontarisme crispé qui caractérisait la première partie de la vie religieuse de Béatrice s'est transformé en adhésion sereine à la volonté divine.

Isabelle Raviolo

• *Voir aussi* : Hadewijch d'Anvers ; Ide de Nivelles

Bibl. : *Œuvres* : L. REYPENS (éd.), *Vita Beatricis, De autobiografie van de Z. Beatrijs van Tienen*, Louvain, Levense Studiën en Tekstuitgaven, 1926 ; *Sept Degrés d'amour*, trad. du moyen-néerlandais par Fr. J.-B. M. Porion, *in* Hadewijch, *Lettres spirituelles*, C. Martinguay (éd.), Genève, Ad Solem, 1972, p. 233-249 (voir aussi les annexes p. 253-309). ***Études*** : H.W. J. VEKEMAN, « Beatrijs von Nazareth. Die Mystik einer Zisterzienserin », in *Frauenmystik*, Louvain, Bibliotheek van de Faculteit godgeleerdheid, 1985, p. 78 ; G. ÉPINEY-BURGARD, E. ZUMBRUNN, *Femmes troubadours de Dieu*, Turnhout, Brepols, 1988, p. 99-127 ; B. WILLAERT, article dans le *Dictionnaire de la mystique*, P. Dinzelbacher (dir.), Turnhout, Brepols, 1993 ; J. VAN MIERLO, S.J., article dans le *Dictionnaire de spiritualité*, Paris, Beauchesne, t. I, 1932, p. 1310-1314.

BEAUVAIS, Yvonne. — *Voir* YVONNE-AIMÉE DE JÉSUS

BEHR-SIGEL, Élisabeth, *figure spirituelle, théologienne et écrivain orthodoxe* (Schiltigheim, 21 juillet 1907-Épinay-sur-Seine, 2005). — Élisabeth Behr-Sigel est une grande intellectuelle qui, par ses écrits, ses conférences, occupe une place de choix dans le paysage chrétien du XXe siècle ; elle est aussi une femme de cœur, tourmentée par le souci de l'humain. Née d'une mère juive et d'un père protestant, elle fait des études de philosophie et de théologie à Strasbourg, et sera même chargée d'une délégation pastorale durant une année dans une paroisse rurale. S'étant rapprochée des milieux croyants de l'émigration russe, dont elle fréquentera les plus grands représentants (père Serge Boulgakov, Vladimir Lossky, Paul Evdokimov), elle entre dans la communion de l'Église orthodoxe, épouse un Russe, dont elle aura trois enfants. En sa personne, diverses traditions religieuses se rencontrent, dont elle s'efforcera toujours de dégager les points de convergence, conformément à une piété évangélique, dans un esprit de tolérance, de liberté intérieure, d'engagement fraternel avec son prochain. L'aventure de sa vie, il lui faut la mener à la lumière du Christ, dont elle est une ardente disciple.

Son métier, c'est l'enseignement de la philosophie, mais ses aspirations profondes l'entraînent vers la théologie, après qu'elle aura fait une rencontre décisive avec le Christ ressuscité. Ce choc initial lui fut donné lors d'une veillée pascale dans une église russe : « Inlassablement reprise par le prêtre, le chœur et les fidèles, la jubilation pascale : “Le Christ est ressuscité ! en vérité il est ressuscité !" inonda mon cœur de joie. La lumière de la Résurrection dissipait toutes les ténèbres. » Cette lumière ne devait plus la quitter.

Son premier livre, *Prière et sainteté dans l'Église russe*, justement consacré à l'histoire de la spiritualité russe, eut un grand retentissement. Il est paradoxal que cette protestante d'origine, de culture française, ait joué un rôle de pionnier pour initier les Français à la spiritualité de cette Russie lointaine et mystérieuse, dont les saints semblent entrer en dialogue avec tous les hommes de par le monde. La Russie n'a pas eu de grandes écoles de théologie, comme la scolastique médiévale, ni les courants de la Renaissance et de la Réforme, mais, nous dit Élisabeth Behr-Sigel, « toute la puissance créatrice du peuple russe s'est manifestée par la création de types de saints [...]. Les saints nationaux dans leur santé et leur robustesse expriment ce que le peuple russe portait en lui de plus profond. »

Tout en restant sereine, reconnaissante à l'égard de cette beauté divine qu'il lui était donné d'explorer, Élisabeth Behr-Sigel était aussi un être tourmenté. Elle souffrait de l'écart entre ce bel idéal de prière et de sainteté qui l'émerveillait, et la vie de l'institution telle qu'elle avait pu la connaître. Elle souffrait des tensions au sein des Églises orthodoxes, du réseau de juridictions bien étranger à la notion de l'Église comme communion. L'impatience des voix prophétiques se faisait sentir chez cette femme qui se situait bien dans la lignée de la sainteté russe.

Après son départ à la retraite, elle participe à une rencontre internationale de femmes orthodoxes, une des premières du genre, au monastère d'Agapia en Roumanie (1976). Pour la première fois dans l'histoire de l'Église, des femmes étaient appelées à réfléchir ensemble, en dialogue, avec des évêques et des théologiens, sur leur vocation et leur ministère spécifique. Elle sent naître une nouvelle vocation et va se lancer impétueusement dans une vaste réflexion sur la place de la femme dans l'Église. Elle s'efforce, avec tact et fermeté, de relever l'audacieux défi de la modernité lancé aux Églises orthodoxe et catholique, concernant le possible accès de la femme à un service ministériel. Parmi les théologiens et moralistes orthodoxes, elle remarque que deux théologiens, Paul Evdokimov et le père Lev Gillet, furent longtemps seuls à considérer le mouvement féminin avec sympathie. Au-delà du « bruit et de la fureur » d'un certain féminisme, ils surent discerner dans la révolte des femmes, une exigence éthique légitime, un de ces « signes du temps » auxquels le Christ exhorte ses disciples à être attentifs.

Quelle que soit son opinion personnelle sur la question, Élisabeth Behr-Sigel a le mérite de porter ce défi devant la conscience orthodoxe. Ce défi n'est pas lancé « de l'extérieur », mais il surgit « de l'intérieur » même de l'Église. Prudente, car elle n'ignore pas le poids de la tradition et les réactions spontanément négatives de milieux ecclésiastiques, qui ne sont pas toujours prêts, ni armés, à le relever, elle invite à repenser, à revaloriser le rôle de la femme dans l'Église à tous les niveaux, y compris la remise à l'honneur de fonctions spécifiques, comme celles des diaconesses.

Elle-même est un exemple vivant de tout ce qu'une femme, avec son intelligence et sa sensibilité, peut apporter au service de l'Église. Elle a exercé une charge d'enseignement de la théologie auprès de l'Institut Saint-Serge à Paris. Elle a assumé, avec tact et dévouement, les fonctions de marguillière dans sa paroisse de la capitale. Elle fut, pendant quelques années, consultante auprès de l'Assemblée des évêques orthodoxes de France. Elle fut chargée de la vice-présidence orthodoxe auprès de l'ACAT (Action des chrétiens pour l'abolition de la torture), et à ce titre engagea une réflexion féconde sur les droits de l'homme à l'époque moderne, sur la liberté d'expression, sur les intolérables souffrances infligées dans les systèmes totalitaires. Passionnée par les grandes questions que soulève notre époque, elle ne pouvait qu'être ouverte aux efforts de toutes les Églises pour les résoudre en commun dans diverses instances œcuméniques. C'est ainsi qu'elle a inlassablement animé par ses interventions des conférences, d'innombrables réunions entre chrétiens de diverses origines, et donné, en particulier, des cours à l'ISEO (Institut supérieur d'études œcuméniques, rattaché à l'Institut catholique).

Tous ces propos sur la femme n'ont rien de théorique, ils sont le fruit de méditations d'une femme audacieuse et pleine d'abnégation, qui a voulu faire fructifier ses compétences pour le bien de l'Église. Ils illustrent par là, autant que faire se peut dans les conditions actuelles de l'orthodoxie, la parole de saint Pierre sur le sacerdoce royal des fidèles, au nom duquel tout baptisé a une fonction « sacerdotale » à remplir dans l'Église. « Mal connue, la face féminine du christianisme orthodoxe reste encore à explorer », écrit-elle à juste titre.

Aiguillonnée par le besoin de comprendre la modernité, consciente des limites du témoignage d'une orthodoxie pauvre, parfois repliée sur elle-même, elle a toujours voulu penser le monde dans lequel elle vit à la lumière du Christ et de l'Évangile. Parmi les multiples facettes de cette riche personnalité, il faut justement souligner l'importance accordée à la Bible, la dimension évangélique de la foi chrétienne, qu'elle n'a cessé de rappeler à une Église portée sur le déploiement ritualiste, et dont les rites sont profondément enracinés dans le tuf des Écritures.

Dans le cadre d'une formation théologique par correspondance, elle rédige un cours d'initiation à la spiritualité orthodoxe, sans prétention scientifique. Elle souhaitait répondre, humblement, à la demande d'adultes en quête d'intelligence ecclésiale et aspirant à un approfondissement spirituel. Dans ce sens, elle a su jeter un pont entre Orient et Occident, en présentant le courant contemplatif et mystique de la spiritualité orthodoxe. Ce courant trouve une de ses manifestations majeures dans le mouvement hésychaste, qui prend naissance dans les déserts d'Égypte au IIIe-IVe siècle avant de se développer au Proche-Orient (Sinaï), en Grèce (Athos), dans les Balkans, en Russie. « Hésychasme » vient d'un mot grec qui signifie « sérénité, quiétude intérieure, recueillement paisible », recherchés par celui qui s'adonne à cette méthode d'oraison. Celle-ci repose sur la pratique de la « prière de

Jésus », ou « prière du cœur » qui, grâce à l'arrivée d'émigrés venant de la chrétienté orientale à partir du XXe siècle, a trouvé nombre d'adeptes dans les milieux chrétiens d'Occident. Sans résumer toute la spiritualité de l'Église orthodoxe, cette pratique ne l'en imprègne pas moins en profondeur.

Pour Élisabeth Behr-Sigel, la spiritualité orthodoxe est indissociable de la foi, la vérité dogmatique de l'expérience personnelle des mystères. Au fond, la spiritualité n'est rien d'autre que la foi vécue, le mystère divin perçu par chaque croyant, assimilé dans la communion de l'Église universelle. L'expression la plus haute de la spiritualité est la sainteté à laquelle tous, clercs et laïcs, sont appelés, et qui est l'unification, la pacification de l'homme total en Christ dans l'Esprit-Saint.

Élisabeth Behr-Sigel appelle les théologiens orthodoxes de la diaspora à être « des jeteurs de ponts entre l'Orient et l'Occident spirituels ». Telle était cette femme, toute menue mais à l'intelligence brillante, qui occupa un des pôles de la pensée orthodoxe dans la seconde moitié du XXe siècle. Douée d'une vitalité peu commune qu'elle gardera jusqu'à la fin de sa longue vie, nantie d'une très solide mémoire, elle fut une des personnalités les plus attachantes du monde orthodoxe français, et même européen. Ceux qui l'ont approchée la traitaient affectueusement de « Mère » de l'Église, une Mère qui avait su rester jeune et insuffler un dynamisme de vie dans ses propos comme dans toute son existence.

Michel Evdokimov

Bibl. : ***Œuvres*** : *Prière et sainteté dans l'Église russe*, Paris, Cerf, 1950 ; *Alexandre Boukharev, un théologien de l'Église orthodoxe russe en dialogue avec le monde moderne*, Paris, Beauchesne, 1977 ; *Le Ministère de la femme dans l'Église*, Paris, Cerf, 1987 ; *Le Lieu du cœur, initiation à la spiritualité orthodoxe*, Paris, Cerf, 1989 ; *Lev Gillet, « un moine de l'Église d'Orient »*, Paris, Cerf, 1993 ; *L'Ordination des femmes dans l'Église orthodoxe*, Paris, Cerf, 1998 ; *Discerner les signes du temps*, Paris, Cerf, 2002. ***Études*** : *Toi, suis-moi*, Mélanges offerts en hommage à Élisabeth Behr-Sigel, Iasi (Roumanie), Trinitas, 2003 ; O. LOSSKY, *Vers le jour sans déclin. Une vie d'Élisabeth Behr-Sigel*, Paris, Cerf, 2007.

BEL, Jeanne. — *Voir* MARIE-XAVIER

BÉLANGER, Dina. — *Voir* DINA BÉLANGER

BELLEFONDS, Mlle de. — *Voir* AGNÈS DE JÉSUS-MARIA

BELLINZAGA, Isabelle, *fille de la Compagnie de Jésus* (Isabelle Christine Lomazzi ; Milan, 1551/1552-26 janvier 1624). — L'abbé Bremond s'est penché avec délectation sur le destin et l'œuvre de la mystérieuse « Dame milanaise », dont il voyait d'admirables ressemblances avec Jeanne Guyon* – même doctrine, même vertu, même attrait pour la maternité spirituelle : un moyen sûr pour susciter inimitiés et suspicions – cela avec un siècle d'avance : déjà en effet, sous sa plume, se voyait réalisée la parfaite synthèse de la théologie médiévale (saint Bernard de Clairvaux, en particulier, relisant saint Augustin) et des subtiles observations de l'expérience mystique des modernes ; une synthèse qui pourrait se résumer ainsi : l'abnégation est amour, et l'amour est abnégation. Vigoureux, mais rapide : l'amour théologal en effet coïncide-t-il étroitement avec l'ascèse philosophique ? L'ouvrage ainsi célébré, le *Breve compendio intorno alla perfettione christiana, dove si vede una prattica mirabile per unire l'anima con Dio* (« Bref résumé concernant la perfection chrétienne, où l'on voit une pratique admirable pour unir l'âme à Dieu »), est le fruit de la collaboration du jésuite Achille Gagliardi et d'Isabelle Christine Bellinzaga.

Née dans une famille distinguée de Milan, Isabelle Lomazzi, tôt orpheline de ses deux parents, prit le nom de l'oncle Bellinzaga (ou Berinzaga), chez lequel elle trouva refuge et dont elle tint la maison. À dix-sept ans, elle devint la dirigée des Jésuites, dont elle fréquentait la maison professe. Mais les faveurs mystiques qu'elle revendiquait et les problèmes qu'elle posait dans la communauté alertèrent le supérieur général, le père Mercurian, qui envoya à Milan le père Morales pour examiner son cas : elle avait alors vingt-sept ans. L'examen fut concluant, puisque Isabelle fut admise à prononcer ses vœux en tant que « fille de la Compagnie de Jésus et sous l'obéissance des Pères ». Ce privilège étonnant voulait mettre un terme à l'agitation qui gagnait la communauté, les uns la vénérant, les autres se répandant en calomnies et l'accusant de scandales. Le nouveau supérieur de la maison, Achille Gagliardi, reçut l'ordre de conduire et de diriger Isabelle, ce qu'il n'accepta pas sans réticence. Il lui fit faire les *Exercices spirituels* de saint Ignace de Loyola, à l'issue desquels ses préventions s'effritèrent l'une après l'autre : il en vient à consigner en de petits billets les propos (oraculaires ?) de sa protégée et rédige, outre une biographie de cette dernière, le fameux *Breve compendio*, qui date de 1588. Ainsi, pour cet opuscule, c'est un auteur double qui est à l'œuvre : Isabelle est l'inspiratrice et le père Gagliardi est le rédacteur, qui apporte, de surcroît, ses connaissances théologiques et spirituelles. C'est donc lui qui impose à l'ouvrage sa structure et sa progression, si, par ailleurs, les intuitions et les idées qui en sont la substance sont à mettre au crédit d'Isabelle.

Ces écrits commençant à circuler, ce furent autant d'éloges que de critiques qu'ils suscitèrent. On les envoya donc à Rome pour qu'ils fussent examinés par des théologiens. Le supérieur général d'alors, Claudio Acquaviva, imposa quelques prudentes corrections. Mais la même année, 1588, il reçoit des doléances à propos de la façon dont Isabelle est traitée par les Jésuites milanais. Nouvelle enquête, menée cette fois par le père Maggio (celui qui fit faire les *Exercices* au jeune Pierre de Bérulle, à Verdun en 1602), lequel innocente Isabelle de tous les griefs formulés contre elle. Toutefois, on réserva au seul supérieur de la maison de Milan de pouvoir s'entretenir avec Isabelle.

Isabelle et Gagliardi commirent alors l'imprudence d'acquiescer à un mouvement réformiste qui programmait un retour de la Compagnie à sa ferveur première, qu'elle était censée avoir perdue. La réaction romaine ne se fit pas attendre : Gagliardi fut éloigné de Milan et se vit interdire toute correspondance avec Isabelle, laquelle fut invitée de son côté au silence. Les deux obéirent, mais parmi leurs partisans – les « isabellistes » –, certains ne l'entendirent pas de cette oreille. Aussi Acquaviva fit-il rassembler en 1601 tous les opuscules concernant Isabelle, pour les présenter au jugement du pape Clément VIII. Celui-ci, sur les conseils du cardinal Robert Bellarmin (lui-même jésuite), se contenta de formuler ses réserves oralement, *vivae vocis oraculo*. À nouveau, Isabelle comme Gagliardi se soumirent à cette sentence, il est vrai fort légère. Isabelle s'effaça, se contentant de vivre désormais dans la « voie commune », jusqu'à sa mort. Ses obsèques prirent l'allure d'un véritable triomphe, auquel participa tant l'aristocratie locale que le peuple : il fallut protéger le corps de la défunte, pour qu'il ne fût pas réduit en pièces à usage de reliques. Quant à Gagliardi, il s'attela à la rédaction des ouvrages que lui avait demandés Acquaviva, sur les *Exercices* et sur la Compagnie elle-même.

Le *Breve compendio* connut une singulière fortune, tant en Italie (une dizaine d'éditions, en dépit d'une première parution tardive et posthume, en 1611) qu'en France, où les traductions furent précoces, dès 1596 jusqu'à celles du jésuite Étienne Binet (en 1620 et 1627) et du piétiste protestant Pierre Poiret (en 1690 et 1697). Mais c'est surtout avec la reprise qu'en donna le jeune Pierre de Bérulle en 1597 (*Bref discours de l'abnégation intérieure*) que l'ouvrage de la Dame milanaise s'imposa au public français. Tout jeune auteur, Bérulle n'est guère enclin aux nuances ; d'ailleurs, le changement de titre est significatif : là où Isabelle visait la perfection chrétienne, lui parle d'« abnégation ». Mais la conviction de fond reste la même : la volonté de Dieu, c'est Dieu même, ce qu'affirmera puissamment Benoît de Canfield un peu plus tard, et la perfection chrétienne est donc d'acquiescer à cette volonté totalement libre. De ce principe découle une pratique : plus l'âme se dégage de sa volonté propre, plus la volonté de Dieu agit en elle et ainsi se réalise la conformité à Dieu, jusqu'à la perfection de la « déification ». Ce qui se décline en étapes successives d'une progressive désappropriation de soi, à la fois extérieure et intérieure, réalisée dans un consentement constant aux épreuves et permettant petit à petit un envahissement de Dieu dans l'âme : processus de passivité dont l'accomplissement se voit dans l'acceptation du Christ à Gethsémani : « Non pas ma volonté, mais la tienne » (Lc XXII, 42).

François Marxer

• *Voir aussi* : Guyon

Bibl. : *Œuvre* : *Breve compendio...*, Florence, M. Bendiscioli, 1952. ***Études*** : A. GAGLIARDI, « Abrégé de la perfection chrétienne », in *Commentaire des Exercices spirituels d'Ignace de Loyola (1590)*, Paris, Desclée de Brouwer, 1996 ; P. de BÉRULLE, « Bref discours de l'abnégation intérieure », in *Six courts traités, Œuvres complètes*, Paris, Cerf, 1998.

BENINCASA, Catherine. — *Voir* CATHERINE DE SIENNE

BENVENUTA BOIANI, *bienheureuse, tertiaire dominicaine* (Cividale del Friuli, 1255-1292). — Née dans une famille noble, Benvenuta est très tôt attirée par la vie religieuse ; elle fait vœu de virginité pour imiter la Vierge. À douze ans, elle commence à porter le cilice. Après des années de maladie, elle guérit grâce à l'intercession de saint Dominique (probablement après la mort de son père, vers 1280) – miracle auquel elle rend grâce par un pèlerinage à Bologne, au sépulcre du saint. La maladie dont elle souffrait se manifestait par l'impossibilité d'ingérer de la nourriture, l'absence de force et l'incapacité à se mouvoir librement : les historiens ont parlé à cette occasion d'anorexie. Après sa guérison, Benvenuta commence à fréquenter deux monastères de Cividale, qui seront très importants dans son parcours religieux : Santa Maria della Cella et Santa Maria in Valle. Elle est mentionnée comme tertiaire dominicaine, mais son hagiographie (écrite vers 1294 par ses pères spirituels et confesseurs) ne stipule pas sa profession religieuse. Il est probable qu'elle vécut selon le modèle des femmes laïques de l'ordre dominicain (les béguines), respectant le vœu de virginité et en rapport avec les sœurs dominicaines de Cividale. La vie de Benvenuta se passe ainsi entre son domicile, qu'elle partage avec sa sœur Marie, le monastère de Santa Maria in Valle, où réside sa sœur Béatrice, l'église de saint Dominique, à laquelle est rattaché son directeur spirituel, et le monastère de Santa Maria della Cella, où elle vivra pendant de longues périodes.

La principale source historique de sa vie est le texte hagiographique attribué au dominicain Corrado di Castellario, qui, grâce à la collaboration d'une de ses compagnes, Giacomina, a recueilli et décrit ses visions, son combat contre le diable, qui lui apparaît physiquement soit sous forme animale soit sous forme humaine, et son désir d'*imitatio virginis*. Après une vie de contemplation, de tentations, de visions et de pénitences, compensée par des grâces personnelles surnaturelles, comme le don de prophétie ou le pouvoir thaumaturgique, elle meurt en odeur de sainteté. Les miracles qui se succèdent en sont la preuve. Notons qu'après le grand succès initial de son culte, elle ne fut plus l'objet de dévotion publique pendant plus d'un siècle et demi. C'est seulement en 1447 que le théologien dominicain Leonardo Mattei da Udine demanda au conseil municipal d'inspecter son sépulcre et de relancer son culte, très proche de celui de sainte Catherine de Sienne*. Un de ses plus grands dévots (à partir de 1751) est le frère dominicain Giovanni Francesco Bernardo Maria de Rubeis, qui relança son procès en béatification. Ouvert le 23 avril 1759 par l'archevêque d'Udine, Daniele Dolfin, ce procès fut clôturé par un décret de Clément XIII proclamant sa béatification en 1765.

Michela Catto

Bibl. : ***Vie*** : M. SFORZA, *Vita della beata et divotissima vergine Benvenuta dell'ordine di san Domenico*, Venise, N. Moretti, 1589 ; S. RAZZI, *Vite dei santi e beati così huomini come donne del sacro ordine de' Frati predicatori*, Florence, B. Sermartelli, 1588 ; I.F.B.M. DE RUBEIS, *Vita beatae Benvenutae Boianae de Civitate Austriae in provinciae Foroiulii, quae nunc primum ex originali codice manuscripto in lucem prodit*, Venise, S. Occhi, 1757. ***Études*** : A. TILATTI, *Benvenuta Boiani. Teoria e storia della vita religiosa femminile nella Cividale del secondo Duecento*, Trieste, Lint, 1994 ; ID., « La conferma del culto della beata Benvenuta Bojani (con appendice di quattro miracoli avvenuti a Malta e in Spagna) », *Quaderni cividalesi*, III, 1992, p. 31-55 ; F. SANTI, « Benvenuta Bojani », *in* G. Pozzi-C. Leonardi, *Scrittrici mistiche italiane*, Gênes, Marietti, 1988, p. 183-192 (avec des extraits de textes) ; A. VAUCHEZ, *La Sainteté en Occident aux derniers siècles du Moyen Âge : d'après les procès de canonisation et les documents hagiographiques*,

Rome, École française de Rome, 1988 ; R. M. BELL, *L'Anorexie sainte. Jeûne et mysticisme du Moyen Âge à nos jours*, Paris, PUF, 1994.

BERGADIEU, Marie, *dite* « Berguille », *laïque, stigmatisée, visionnaire et prophétesse* (Loupiac de la Réole, 1830-Fontet, 1904). — Marie naît en Gironde dans une famille d'agriculteurs modestes et reçoit le surnom de « Berguille ». Elle présente dès quinze ans des signes sérieux d'hystérie. À vingt et un ans, elle épouse le métayer Bernard Jousseaume. Le couple s'installe au hameau de La Serre à Fontet. Trois enfants naissent entre 1853 et 1858. Les hallucinations commencent vers trente ans : elle voit le diable, le poursuit à coups de fourche. Plus tard, elle croit voir la nuit le fantôme de sa fille morte à dix-huit ans. À partir de 1873, les phénomènes extraordinaires sont légion. Guérie d'un cancer en buvant de l'eau de Lourdes, elle a des extases fréquentes le vendredi, pendant lesquelles elle converse avec Marie-Julie Jahenny*, la célèbre stigmatisée ; elle reçoit elle-même les stigmates en 1874 et bénéficie de « communions mystiques ». Sa célébrité se confirme sur le plan national dans les cinq années qui suivent, la Vierge ayant désigné Fontet comme le « Lourdes des âmes ». Les médias s'en mêlent, suscitant des polémiques chez les médecins, qui dénoncent la construction fictive d'une réputation mystique (Berguille reproduisant ce qu'on dit d'elle dans les journaux qui, en retour, orchestrent ses révélations). Une quinzaine de brochures sont éditées entre 1874 et 1878 sur la « voyante de Fontet », célébrité qui lui permet d'obtenir une audience avec Patrice de Mac Mahon, président de la République, en février 1874. Mais elle divise le clergé, oppose l'archevêché de Bordeaux aux notables royalistes. Dès juin 1875, deux médecins de Bordeaux l'examinent et concluent à un mélange de simulation et d'hystérie. D'autres confrères voient dans sa pathologie un reflet des désordres du siècle. En 1878 enfin, ses partisans sont priés de mettre fin à la polémique. Elle tombe vite dans l'oubli.

Son cas fait directement écho aux mariophanies rurales de La Salette et de Lourdes, à un moment où les milieux légitimistes espèrent la restauration de la monarchie en France en la personne d'Henri de Bourbon (Henri V). Les prophéties de Berguille alimentent ces espoirs légitimistes, relayés par Adrien Pillon dans son hebdomadaire *Le Rosier de Marie* : la Vierge lui prédit la montée d'Henri sur le trône (« Voici l'heure de la délivrance, la France trouvera la félicité sous la bannière des lys », Péladan, *Événements miraculeux...*, p. 11), la charge de messages secrets destinés au pape Pie IX, annonce que le « drapeau pur et sans tache » de la monarchie remplacera le drapeau tricolore. La presse catholique se fait le relais de ce prophétisme royal, dont Jeanne d'Arc* est l'illustre modèle, ravivé par des visionnaires célèbres comme Louise Lateau*. Charles Clauchai-Larsenal, justement frappé des concordances entre ces deux femmes, souligne en 1874 le caractère peu crédible de ses prophéties politiques, mais, loin de conclure à la simulation, il voit en elle une hallucinée par qui Dieu veut opérer le retour du surnaturel. C'est également le point de vue d'Adrien Péladan, proche des milieux millénaristes, qui défend la valeur des apparitions mariales, « en des temps où un effrayant duel se livr[e] entre le bien et le mal », entre la foi et la libre-pensée : « Nos temps, accablés sous un poids immense de malédiction, sont condamnés à subir la peine de l'apostasie universelle. Mais les victimes expiatoires comme les voyantes, amoindrissent la somme du châtiment encouru » (*Événements miraculeux*..., p. 65). À travers ces topiques visionnaires et leur exploitation politico-religieuse, il reste difficile de percevoir la singularité d'une expérience mystique, dont Berguille, illettrée, n'a pu laisser le témoignage direct.

Antoinette Gimaret

• *Voir aussi* : Jahenny ; Jeanne d'Arc ; Lateau

Bibl. : *Études* : C. FERRAND, *La Vérité touchant Berguille, la voyante de Fontet*, Bordeaux, Coderc, 1874 ; C. CLAUCHAI-LARSENAL, *Berguille et Louise Lateau, étude comparative*, Bordeaux, Coderc, 1874 ; A. PILLON, « L'an de grâce 1874 », *Le Rosier de Marie*, Paris et Rome, 27 déc. 1874 ; A. PÉLADAN, *Événements miraculeux de Fontet, de Blain et de Marpingen. Prophéties authentiques des voyantes contemporaines Berguille et Marie Julie*, Nîmes, 1878 ; J. MAÎTRE, *Les Stigmates de l'hystérique et la peau de son évêque, Laurentine Billoquet (1862-1936)*, Paris, Antropos, 1993, p. 223-225 ; ID., *Mystique et féminité, essai de psychanalyse sociohistorique*, Paris, Cerf, 1997.

BERMOND, Françoise de, *ursuline* (Avignon, 1572-Saint-Bonnet-le-Château, 1628). — Fille d'un trésorier général de France établi à Avignon, elle décide, à quatorze ans, de consacrer à Dieu sa virginité. Elle vit comme une religieuse, en s'adonnant aux exercices de piété et en aidant les pauvres et les malades, mais sans avoir fait de vœu, avec plusieurs compagnes. Le père Jean-Baptiste Romillon lui ayant fait connaître la règle des Ursulines, implantées alors uniquement en Italie, Françoise de Bermond et trois autres jeunes filles l'adoptent mais ne vivent en commun, à l'Isle-sur-la-Sorgue, qu'à partir de 1592. Elle fonde une compagnie d'ursulines à Aix-en-Provence en 1600, à la demande de l'évêque, puis à Marseille en 1603, à Paris en 1608, à Lyon en 1610, etc. Mais les Ursulines s'engagent désormais à une vie monastique cloîtrée, avec des vœux solennels.

Malgré une vie très active, elle réussit à prier douze à quatorze heures par jour, vivant continuellement dans la contemplation de Dieu. Elle a une dévotion particulière pour le Saint-Sacrement, ainsi que pour la Sainte Vierge, avec qui elle converse dans des moments d'extase. Elle invoque également très fréquemment son ange gardien.

Yves Krumenacker

Bibl. : *Étude* : *La Révérende Mère Françoise de Bermond et l'établissement des Ursulines en France, 1572-1628, par une religieuse du même ordre*, Paris, Delhomme et Briguet, 1896.

BERNADETTE SOUBIROUS, *sainte, visionnaire* (Lourdes, 7 janvier 1844-Nevers, 16 avril 1879). — Née dans une famille pauvre qui comptera huit enfants, Bernadette (diminutif affectueux de son nom de baptême, Marie-Bernarde) sera placée en nourrice à Bartrès, jusqu'en avril 1846. Le père, meunier de son état, doit quitter son moulin en 1854, année où arrive à Lourdes le curé Peyramale, et où également le pape Pie IX proclame le dogme de l'Immaculée Conception, tentant ainsi de sortir les catholiques de la morosité et de la culpabilité où les avaient jetés les secousses de la Révolution française, qui s'étaient propagées à l'Europe entière, et en fixant leurs regards sur une figure à la fois pure et féconde. Il y avait là de quoi susciter un renouveau de la ferveur catholique. L'année suivante, Bernadette, atteinte par l'épidémie de choléra qui se déclare à Lourdes, en verra sa santé définitivement fragilisée, d'autant plus que la famille, tombant dans la spirale infernale de la misère, finira par loger au « Cachot », local insalubre de la rue des Petits-Fossés, dans l'ancienne prison de la ville.

Souple et soumise de tempérament, Bernadette, en tant qu'aînée, prend la responsabilité de la garde et de l'éducation des plus jeunes frères et sœurs, et ne bénéficie donc que de bien peu de scolarité. Elle revient à Bartrès en échange de la promesse de suivre le catéchisme en vue de faire sa première communion, mais, le curé du lieu s'étant retiré au monastère de La Pierre-qui-Vire, elle retourne à Lourdes, le 21 janvier 1858, toujours dans la perspective de tenir sa promesse. Le 11 février, elle se rend au lieu-dit Massabielle, avec quelques compagnes, afin d'y ramasser du bois mort ; or un violent coup de vent secoue le calme de l'endroit et pourtant les arbres demeurent immobiles. Bernadette voit alors, dans une vive lumière, une dame vêtue de blanc, une rose d'or sur chaque pied. Prenant peur, elle récite son chapelet, que l'apparition murmure silencieusement avec elle. Suivront, jusqu'au 16 juillet, dix-sept apparitions, où progressivement, la Vierge Marie* initie Bernadette à une pédagogie spirituelle soulignant la gravité du péché, mais insistant plus encore sur la puissance de la miséricorde divine. À Bernadette, il est demandé de « prier pour la conversion des pécheurs », et, le 25 février, de faire savoir qu'à la source qu'elle trouve au fond de la grotte, il faut venir « boire et se laver » : on reconnaît là toute une symbolique biblique qui échappait à la jeune voyante. Le 2 mars, il lui est enjoint d'aller dire aux prêtres de venir en ce lieu en procession et d'y bâtir une chapelle. La réticence du clergé sera balayée quand, le 25 mars, Bernadette rapporte au curé Peyramale l'identité que la dame vient de décliner en patois pyrénéen, une formule que Bernadette ne pouvait comprendre : « Je suis l'Immaculée Conception. » Les foules se font nombreuses, d'autant que les guérisons se multiplient, grâce à l'application de la « lotion » que l'on fabrique avec l'eau de la source. Le 18 janvier 1862, l'évêque de Tarbes authentifie, après enquête, la véracité des apparitions.

Bernadette restera encore huit ans à Lourdes. Le 3 juin 1858, elle fera sa première communion et manifestera dès lors son désir de se faire religieuse (mais la Vierge ne lui avait pas précisé où cela se réaliserait). Le 16 juillet 1860, la voilà pensionnaire à l'hospice de Lourdes, où elle peut parfaire son instruction et sa culture. C'est l'évêque de Nevers, Mgr Fourcade, alerté par son confrère de Tarbes, qui proposera à Bernadette de réaliser son vœu de vie consacrée dans son diocèse. Bernadette, qui s'estime « bonne à rien », attendra six mois pour donner sa réponse, le 4 mai 1864, jour où la première procession se dirige vers Massabielle. Elle devra attendre deux années encore : aux problèmes de santé viendra s'ajouter la demande expresse de son évêque, Mgr Laurence, de participer à la consécration de la crypte de la future basilique, du 19 au 21 mai 1866. Le 7 juillet, Bernadette arrive enfin à Saint-Gildard de Nevers ; la Vierge lui avait promis de la « faire heureuse » non pas en ce monde, « mais dans l'autre ». Nevers est déjà un peu cet autre monde. Si Bernadette prend l'habit le 29 juillet, elle tombe très rapidement malade, reçoit l'extrême-onction et prononce ses vœux *in articulo mortis* en octobre ; elle se rétablit cependant et prononcera ses vœux simples, le 30 octobre 1867. Qu'elle soit chargée de l'infirmerie ne lui épargne pas l'épreuve des parloirs, puisqu'on vient sans cesse recueillir son témoignage et ses avis, en particulier on lui demandera d'arbitrer la querelle qui oppose les chapelains de Lourdes à l'écrivain Henri Lasserre. Finalement, en 1873, elle consent à ces rencontres si pénibles à une condition qu'elle soumet à Dieu : « J'irai au parloir avec joie. Je dirai à Dieu : "Oui, j'y vais, à condition [...] que vous convertissiez un pécheur." » Son asthme chronique se transforme en une tuberculose qui se déclare le 3 juin 1873 ; elle en guérit cependant, et on lui confie alors le soin de la sacristie. Rechute en octobre 1875 à quoi s'ajoute, en 1876, une tumeur au genou. « Offrir et souffrir » sera sa devise désormais. Elle prononce ses vœux perpétuels le 22 septembre 1878, juste avant de s'aliter définitivement le 11 décembre et de mourir six mois plus tard. Béatifiée le 14 juin 1925, elle sera canonisée le 8 décembre 1933. Son corps, qui repose dans une châsse à Saint-Gildard, est resté intact, préservé de toute putréfaction.

Fille du peuple, issue d'un milieu pauvre et qui n'arrive qu'à grand-peine à assimiler les bases de la culture scolaire : on pourrait croire que Bernadette est restée sa vie durant une petite fille modèle, doucement docile et facilement malléable, systématiquement consentante. Ce serait une lourde erreur : consciente de ses responsabilités dans sa famille, Bernadette est autoritaire et les difficultés de la vie auront aguerri en elle un tempérament énergique et courageux. Même si l'environnement familial aura favorisé sa vie spirituelle, ce sont les événements de Massabielle qui en seront le lieu ineffaçable. Même à Nevers, le souvenir en reste vif et prégnant : « L'oublier, oh ! non, jamais, c'est là », disait-elle en désignant du doigt son cœur. Aussi demande-t-elle à chaque correspondant habitant Lourdes ou qui y passera de prier pour elle, « quand vous irez à ma chère grotte ». Il n'y a là nulle nostalgie d'un conte de fées évanoui, mais actualité mystique toujours aussi vive, et qu'ont nourri les certitudes qu'elle en a recueillies : l'infinie beauté et l'éclat de la lumière divine et, en contraste, la gravité et la laideur du péché, lequel nécessite du chrétien sa prière et son offrande personnelle, qui l'associe à la rédemption christique : c'est là un langage traditionnel des plus convenus, mais qui renvoie, sans doute maladroitement, aux paroles de la Vierge, qui guident effectivement la pratique de Bernadette. Avec la Vierge donc, mais aussi avec les saints qu'elle affectionne (saint Joseph, saint Bernard, saint Ignace, sainte Jeanne de Chantal), elle pénètre et accomplit le mystère salutaire de la Passion. Cela engage une vision du monde et des événements sous la gouverne intransigeante de la pure foi, qui n'accorde réalité qu'aux seuls monde et point de vue de Dieu ; les consolations qu'elle adresse à des proches ou à des amis dans le deuil sont rudes, et sa lecture des événements politiques (la guerre de 1870, la Commune, les inondations de 1875) nous semble quelque peu manquer de nuances : une seule cause à tous ces malheurs, c'est le péché ! Le monde de Bernadette n'est pas formel, abstrait ou imaginaire : l'invisible a force de réel en regard du visible, contingent et inconstant en sa finitude. Les expressions nous paraîtront brutales, l'implicite métaphysique qui soutient les propos de Bernadette ne manque pas de grandeur ni de force, de quoi balayer toute éloquence et discours superflu. On retrouve le fond d'une religion populaire, où le simple geste ou bien une « respiration » en présence de Dieu suffisent à l'âme, pour peu qu'elle les habite.

La place du Christ est prépondérante – « *mon* Jésus », comme elle dit affectueusement, sans aucune afféterie nuptiale –, et c'est le Christ de la Passion : le crucifix résumerait toute sa dévotion, avec un privilège accordé à la blessure du côté ouvert par la lance, une dévotion liée à celle du Sacré Cœur, que Bernadette s'approprie dans un premier temps de façon convenue, voire factice, mais qui peu à peu prend une tournure plus personnelle. Cet attachement au Christ, thème récurrent de la mystique féminine, est traité de manière originale puisque lié au choix d'une existence « cachée ». L'enfant du Cachot, projetée sur la scène publique par les apparitions et qui sait ce que son témoignage peut avoir de décisif pour que le message en soit accueilli, choisit Nevers pour cette simple raison : « Je suis venue ici pour me cacher. » Celle qui aurait tant aimé éduquer les enfants ou prendre soin des malades choisit ce retrait qui déterminera sa modalité mystique propre. En effet, si les apparitions avaient favorisé en elle la proximité avec les réalités spirituelles, la vie commune à Nevers brise cette spontanéité, quand Bernadette doit se mettre à l'école des méthodes et des règles de la vie intérieure. Que ses défaillances de santé si fréquentes aient fait d'elle un « pilier d'infirmerie » lui aura interdit de manifester ses capacités et ses compétences.

Supérieures et communauté ne lui prodiguent une cordiale générosité qu'avec parcimonie et, de loin, elle assiste à l'effondrement du rêve familial qu'elle s'était forgé : décès de cinq neveux et nièces, son frère et son filleul abandonnant la voie d'une vie consacrée. Mais elle mesure aussi ses propres résistances intérieures, sa « susceptibilité », ses sautes d'humeur, tout cela qui est si dommageable à son désir d'être configurée au Crucifié. La fille du meunier ne dira-t-elle pas : « Je suis moulue comme un grain de blé », avouant ainsi son apprentissage de l'anéantissement mystique ? De tels combats intérieurs n'en restent pas moins cachés aux yeux de son entourage, pour lequel elle est avant tout « gaie », drôle et accueillante. On la dit « entêtée », mais c'est le « courage » qui la mobilise, ce pourquoi elle fait fond sur la grâce divine : d'où ses prières et ses dévotions. D'où aussi, l'importance qu'elle attache, loin de tout masochisme pathologique, à la douleur qui sans cesse la visite et qu'elle reçoit comme une provocation d'amour. Une disposition qu'aura compensée son étonnante aptitude à ces « colloques » avec le monde divin, pratique qu'elle aura apprise des *Exercices spirituels* ignatiens.

L'autre versant de sa personnalité mystique se décèlerait dans cet attachement qu'elle garde, bien que retirée à Nevers, aux siens, une famille d'artisans et de manuels : le souci des réalités modestes et des préoccupations quotidiennes, surtout spirituelles, lui reste intimement présent. Il n'y a pas de hiatus, mais au contraire une profonde unité, entre celle qui avance, au gré de ses notes intimes, dans la voie de l'abnégation mystique et celle dont les lettres témoignent de sa sollicitude pour sa famille : ici comme là, n'est-ce pas la pauvreté que, eux comme elle, connaissent sans le moindre travestissement ? N'est-ce pas le mouvement même de la gratitude et de la reconnaissance qui, du fond de cette pauvreté partagée, s'empare d'elle si spontanément qu'elle éprouve de l'angoisse de ne pas s'y disposer suffisamment ? Exceptionnelle, Bernadette l'est d'avoir tout fait pour se retrouver délibérément « dans l'état ordinaire ». « À présent, je suis comme tout le monde », répète-t-elle à Nevers, soulagée et heureuse qu'il en soit ainsi. Et d'avoir de ce fait rejoint cette « vie commune », dans laquelle un Ruusbroec voyait l'accomplissement de la vie mystique. Sans doute était-ce le meilleur moyen et le plus efficace de préserver les trois secrets qui lui furent confiés et qu'elle ne révéla à personne, ni à ses confesseurs, ni même au pape (à Lourdes, on est loin de la scénographie de Fatima). Secrets d'une vie secrète, que l'on présume proches de celui que, selon l'Évangile (Mt XI, 25), le Père ne révèle qu'aux tout petits et dont l'écho silencieux bruisse dans cette confidence de Bernadette à l'une de ses sœurs : « Transporte-toi au Jardin des Oliviers ou au pied de la Croix et restes-y. Notre-Seigneur te parlera. Tu l'écouteras. »

François Marxer

Bibl. : *Œuvre* : *Les Écrits de sainte Bernadette et sa voie spirituelle*, A. Ravier (prés.), Paris-Lourdes, P. Lethielleux/Œuvre de la Grotte, 1980. ***Vie et études* :** B. BILLET, *Bernadette, une vocation pour tout le monde*, Paris, Lethielleux, 2008 ; R. LAURENTIN, *Lourdes. Histoire authentique des apparitions*, Paris, Lethielleux, 1961-1964, 6 vol.

BERTRAND, Mathilde. — *Voir* LUCIE CHRISTINE

BESANT, Annie, *théosophe, médium et écrivain* (Annie Wood ; Londres, 1er octobre 1847-Adyar, 20 septembre 1933). — Annie Wood naît dans une honorable famille d'origine irlandaise. Ayant perdu son père à l'âge de cinq ans, elle est placée chez une amie charitable. Initiée au rite catholique dans son nouveau foyer d'adoption, elle décide de dédier sa vie aux bonnes œuvres et, en vue de cela, épouse un pasteur, Frank Besant. Ce mariage est une catastrophe. Son mari lui interdit toute activité hors du foyer. Quand leur fille tombe gravement malade, elle perd la foi et, refusant de recevoir la communion, humilie son époux devant sa communauté évangélique. Ils se séparent.

Annie devient une ardente sécularisteet militante socialiste au sein de la nouvelle Société fabienne, un groupe de réflexion britannique créé en 1884, dont le but est de promouvoir la cause socialiste par des moyens réformistes et progressifs plutôt que révolutionnaires.

L'énergie dont elle fait preuve dans la lutte pour les droits des travailleurs et le féminisme lui vaut une soudaine notoriété, et ses dons de pamphlétaire et d'organisatrice sont rapidement mis à profit. De la contraception à l'indépendance de l'Irlande, les causes qu'elle défend sont variées. Elle se lie avec Edward Aveling, le traducteur de Marx, mais ce dernier se dérobe pour épouser la fille de l'auteur du *Capital*. Elle n'en poursuit pas moins son activisme avec ses camarades Bernard Shaw et William Morris, avec lesquels elle se retrouve en première ligne lors de la célèbre émeute de « Bloody Sunday », en 1887. L'année suivante, elle connaît une victoire qui fait jurisprudence lorsque les « Matchgirls » (quelques femmes travaillant pour un fabricant d'allumettes qui eurent le courage de témoigner des dangereuses conditions de travail), à la suite d'une longue grève liée aux maladies d'origine industrielle, obtiennent enfin satisfaction.

Le 25 avril 1889 paraît dans le *Pall Mall Gazette* la critique d'Annie Besant du livre d'Helena Blavatsky*, *La Doctrine secrète* (1888). Bouleversée par ces révélations, elle se tourne subitement vers la théosophie, provoquant la stupeur de ses amis marxistes ; ce revirement de l'athéisme à la spiritualité (de même que le précédent, de la foi chrétienne au matérialisme historique) anticipant en quelque sorte l'évolution sociétale actuelle de la prééminence de l'institution à l'individualisme, et du positivisme à l'intelligence intuitive. Gandhi, qui étudie le droit à Londres à cette époque, reconnaîtra qu'Annie Besant l'a conforté dans son aversion pour l'athéisme, qu'elle lui a par ailleurs ouvert les yeux sur la faiblesse des déclarations des missionnaires, qui ne voyaient dans l'hindouisme qu'un tissu de superstitions.

Après la mort d'Helena Blavatsky en 1891, Annie est propulsée à la tête de la Société Théosophique grâce à ses talents d'oratrice. Elle en devient la représentante à Chicago, en 1893, au Parlement mondial des religions ; peu après, elle part en voyage pour l'Inde.

Annie donne alors des conférences dans le monde entier. En tournée aux États-Unis, elle répond à la demande de Sarah Farmer et présente la théosophie à une foule d'artistes et d'écrivains américains réunis à Green Acre dans l'État du Maine, en 1897. Après sa rencontre avec Charles W. Leadbeater en 1894, elle développe ses pouvoirs médiumniques et devient clairvoyante. Ensemble, ils explorent le phénomène des auras dans un livre commun *Les Formes pensées* (1901) qui aura un impact considérable sur Kandinsky, lui ouvrant de nouvelles perspectives dans l'élaboration d'un art abstrait pénétré d'émotion et de mysticisme.

En 1909, Charles Leadbeater observe qu'une aura exceptionnelle entoure un jeune garçon, nommé Jiddu Krishnamurti, au siège de la Société Théosophique, à Adyar, près de Madras. Annie l'adopte et le prépare à assumer son destin de messie. Pendant la croissance du garçon, elle se consacre au mouvement pour l'indépendance de l'Inde et milite en faveur du droit des femmes. Elle crée une école à Varanasi qui associe l'instruction religieuse hindoue et la science moderne afin de favoriser l'émergence d'une élite indienne. En 1917, elle fonde une université. La même année, elle est arrêtée par les Anglais qui lui reprochent ses prises de position en faveur du Home Rule (projet en faveur de l'autonomie interne de l'Irlande, sous tutelle britannique) – Annie Besant critiquait depuis longtemps le joug politique, économique et moral du Royaume-Uni, c'est pourquoi elle réclamait le droit à l'autonomie interne de l'Inde. Gandhi rédige lui-même la demande de sa libération. La présidence de l'Indian National Congress, qu'elle assumera jusqu'au retour de Gandhi d'Afrique du Sud, fait d'elle une personnalité respectée. Notons que Gandhi et elle partageaient un même engagement en faveur de la lutte non-violente, mais qu'elle lui reprochait d'outrepasser les limites constitutionnelles.

Dans les années 1920, au moment où Krishnamurti fait ses premières apparitions publiques, une vive polémique surgit dans laquelle Annie Besant est accusée d'avoir endoctriné et manipulé le jeune homme. Krishnamurti quitte la Société Théosophique en 1929, niant toute dimension surnaturelle de sa personne. Ce qui ne l'empêche pas de délivrer son enseignement (avec le soutien d'Annie) et de connaître bientôt un succès planétaire.

Annie Besant demanda que son épitaphe portât la mention suivante : « Elle essaya d'approcher la vérité. » En Inde, son pays d'adoption, elle est nommée « Mère Besant ».

Annie Besant est une féministe avant l'heure. Échappant aux confinements des femmes de son époque, elle témoigne pour toutes celles qui ont ouvert le chemin de l'émancipation des femmes, tant sur un plan social (domestique et professionnel) que spirituel. Son énergie est tournée vers des luttes concrètes et altruistes, axée sur l'idéal d'une communauté mondiale inspirée par la « sagesse ancienne » (idéal que l'on retrouve dans la bible des théosophes, *Isis dévoilée* [1877] d'Helena Blavatsky). Contestant la notion même de « raison objective » issue des Lumières, elle s'est ouverte aux perspectives des courants occultistes de son époque empreints de spiritualité orientale. Elle a ainsi cultivé le concept d'aura et de lumière personnifiée, dont elle témoigna en personne par sa forte présence et son talent d'oratrice charismatique. Elle a milité pour une quête de la vérité sans relâche. En définitive, « sa vraie force réside précisément dans sa capacité à associer son autonomie à sa quête incessante de vérité, comprise comme libération ultime » (MacKay, p. 133).

Deborah Jenner

• *Voir aussi* : Blavatsky

Bibl. : *Études* : M. BEVIR, « Annie Besant's Quest for Truth », *Journal of Ecclesiastical History*, vol. 50, 1999, p. 215-239 ; A. TAYLOR, *Annie Besant : A Biography*, Oxford, Oxford University Press, 1991 ; M. K. GANDHI, *The Story of My Experiments with Truth*, Londres, Penguin, 1982, p. 77-78 ; C. H. MACKAY, « The Multiple Deconversions of Annie Wood Besant », in *Creative Negativity : Four Victorian Exemplars of Female Quest*, Stanford, Stanford University Press, 2001 ; C. TUMBER, *American*

Feminism and the Birth of New Age Spirituality : Searching for the Higher Self (1875-1915), Lanham, Maryland, Rowman & Littlefield, 2002, p. 126-127.

BHATTACHARYA, Nirmalâ Sundarî. — *Voir* ÂNANDAMAYÎ MÂ

BIAN DONGXUAN, *moniale taoïste* (Fanyang, Chine, 628-Hebei, Chine, 711). — Née dans la région de Fanyang près de Pékin, dans une famille de trois enfants, Bian Dongxuan possède dès son plus jeune âge toutes les vertus que l'on attend d'une jeune fille en Chine : pureté, douceur, réceptivité, humanité, vertu, compassion, passant du temps à sauver la moindre petite bête vivante et à nourrir les oiseaux l'hiver. À l'âge de quatorze ans (en 642), elle fait part à ses parents de son désir de se consacrer à la Voie et d'affiner son corps par les pratiques d'abstinence de nourriture ordinaire et d'absorption du souffle, mais elle essuie un refus. Alors qu'elle est en âge de se marier, comme ses deux frères sont décédés, elle fait vœu de rester célibataire et s'occupe avec une grande piété filiale de ses parents, qui meurent quelques années plus tard. Elle se retrouve seule et observe strictement le deuil de trois ans, période pendant laquelle elle se nourrit très peu et maigrit au point de devenir exsangue.

Le deuil de ses parents une fois terminé, Bian devient moniale taoïste dans un temple de la région et y acquiert rapidement une notoriété grâce à sa piété et à sa bonté. Tel saint François d'Assise, elle aime les animaux ; dès qu'elle a quelque revenu, elle achète des céréales et autres denrées avec lesquelles elle nourrit les oiseaux et les rongeurs du lieu. Aussi les nonnes qui tissent la soie ne sont-elles plus embêtées par les rongeurs.

Bian Dongxuan réussit, dit-on, la plus haute réalisation selon les critères taoïstes de l'époque : la transmutation de son corps et de son âme pour pouvoir maîtriser le moment de sa mort et monter au ciel en plein jour, avec un corps d'arc-en-ciel. Elle y parvient grâce à une pratique assidue des techniques d'abstinence de grains et d'alchimie externe : elle cesse de manger du riz, du soja et autres grains pour se nourrir de sésame, de pignons de pin, de racines, tout en effectuant des exercices du souffle et en cultivant la concentration de l'esprit, jusqu'à ne plus avoir besoin de s'alimenter. Elle absorbe également des pilules alchimiques, observant scrupuleusement les règles : avant de les ingurgiter, elle brûle de l'encens, fait des offrandes, prie les divinités, comme autant de gages de sa réussite. Ces pilules sont confectionnées avec des plantes mais aussi des minéraux très toxiques, principalement le cinabre, et il lui arrive de souffrir d'effets indésirables, tels que vomissements et diarrhées, symptômes bien connus de l'empoisonnement par le mercure. Néanmoins, elle persiste dans sa pratique. Ces procédés sont alors très en vogue, notamment auprès d'empereurs en quête de longévité qui, pour certains, en mourront.

Un jour de l'an 711, un vieil indigent arrive au temple pour vendre le « grand cinabre transmuté », une pilule qui permet d'obtenir la longévité et de devenir immortel en montant au ciel en plein jour. Bian lui en achète et avertit son entourage qu'elle va effectuer son ascension le 15 du

7e mois du calendrier chinois. L'événement a lieu le matin, entre sept heures et neuf heures. De nombreuses personnes y assistent et un mémoire est envoyé au trône pour relater les faits. Le même jour, entre neuf heures et onze heures, elle apparaît à l'empereur Ruizong et prend congé de lui.

La ferveur locale ainsi que les dispositions prises par l'empereur ennoblissant son temple favorisèrent le développement rapide du culte de Bian Dongxuan, dont l'exemple aurait, dit-on, inspiré la Princesse de la Perfection de jade (Yuzhen Gongzhu*), qui décida de devenir moniale taoïste en 711, l'année même de son modèle.

Catherine Despeux

Bibl. : ***Étude*** **:** S. CAHILL, *Divine Traces of the Daoist Sisterhood : Records of the Assembled Transcendents of the Fortified Walled City by Du Guangting*, Magdalena (Nouveau-Mexique), Three Pines Press, 2006.

BÎBÎ KAMÂLO, *sainte soufie* (Kako, Bihar, Inde, XIVe ou XVe s.). — Par son ascendance, la sainte est reliée à de prestigieuses lignées de soufis du Bihar : la Suhrawardiyya, et la Firdausiyya. Par son père, Sulaimân Langar Zamin Suhrawardî, elle descend de l'illustre théologien de Jérusalem, l'imam Tâj Faqîh, venu en 1180 à Maner pour accomplir l'islamisation du Bihar. Par sa mère, elle descend d'un *qâdi* de Kashgar, le *pîr* Jagjot Suhrawardî, venu du Turkestan oriental au Bihar au XIIIe siècle prêcher l'islam, et réputé pour guérir les maladies incurables. Elle est également parente de saints de renom, Ahmad Ciram Pûsh Suhrawardî et Sharaf-ud-dîn Yahiâ Manerî Firdausî et, de surcroît, mère d'un saint Suhrawardî, Husain Garîb Dhukka Pûsh, vénéré à Tajpur, dans le district de Purnea.

S'il est difficile d'établir avec précision les dates de cette sainte – l'hagiographie hésitant entre le XIVe et le XVe siècle –, son authenticité historique ne fait aucun doute. À quelques exceptions près, les saints musulmans du Bihar ne sont ni des figures mythiques ni des ascètes isolés dans la nature, mais des personnages historiques, faisant partie d'ordres religieux très précis. On voit, avec l'exemple de Bîbî Kamâlo, que les liens de famille entre les confréries sont très étroits et que les alliances de l'une à l'autre sont fréquentes. Mais, contrairement à la figure du saint musulman local, glorieuse personnalité venue de pays musulmans lointains, saint guerrier, ou saint lettré, Bîbî Kamâlo ne bénéficia d'aucune instruction.

Excentrique, simple d'esprit, anticonformiste, très pieuse, illettrée, Bîbî Kamâlo est surtout présentée comme une habile magicienne. Comme beaucoup d'autres femmes saintes, elle irrite son entourage domestique. La légende signale que son mari, lassé d'avoir une épouse aussi dévote, avait pris la fuite une nuit, en secret. Au terme de son voyage, il eut la surprise de se retrouver au chevet de sa femme. La scène se répéta plusieurs fois. Comprenant ainsi qu'elle possédait des pouvoirs miraculeux, il renonça à son projet. On rapporte aussi que Bîbî Kamâlo était restée endormie chez elle, une nuit où le feu gagnait sa maison. Au moment d'atteindre sa demeure, les flammes s'éteignirent miraculeusement. L'expression « Tout Kako brûle, mais Bîbî

Kamâlo dort tranquillement », traduit à la fois l'admiration et la dérision dont elle est l'objet.

Situé dans le village de Kako (dans le district de Jahanabad), le sanctuaire de Bîbî Kamâlo est implanté sur un ancien monastère bouddhiste. La confrérie Suhrawardiyya était à l'époque médiévale la plus puissante du Bihar. Mais elle a dû lutter pour s'imposer en terre indienne. Historiquement, la vie de Bîbî Kamâlo s'inscrit dans ces périodes d'affrontements entre bouddhistes et soufis, entre hindous et soufis. La confrérie à laquelle elle appartient ne fait pas partie des confréries soufies indiennes pratiquant le syncrétisme avec l'hindouisme. Bien au contraire, comme son oncle Ahmad Ciram Pûsh, qui parcourait l'Inde vêtu de cuir, la Suhrawardiyya pratiquait volontiers la provocation à l'égard des hindous. Elle s'est notamment rendue célèbre pour avoir évincé le chef bouddhiste de la petite localité de Kako. Selon la légende, Kanaka, chef bouddhiste de Kako, s'irritait passablement de la présence en ses terres d'une sainte musulmane. Il essaya de la déloger en lui faisant parvenir un cadeau particulier : de la chair de rat. Lorsque la sainte voulut goûter ce mets, le rat reprit vie devant elle. Pour se venger de l'affront, elle proféra des menaces à l'encontre de Kanaka et de sa dynastie. Peu après, le prince et sa famille furent massacrés par les gens de la ville. Les assauts de pouvoirs miraculeux, fréquents dans toute l'hagiographie médiévale indienne, entre ascètes de religions différentes ou de sectes différentes, opposaient surtout des hommes entre eux, aussi avons-nous, avec Bîbî Kamâlo, un rare exemple de personnalité féminine tenant ce rôle.

Du fait de son double statut de simple d'esprit et de puissante magicienne, la sainte avait la capacité d'exorciser les âmes perdues et d'apaiser les troubles mentaux. Elle ne s'occupait ni du traitement de la stérilité, ni des maladies infantiles, ni de la protection des voyageurs, comme les saints qui l'entouraient. Assurant la protection des femmes en détresse, elle soignait surtout celles qui étaient atteintes de graves maladies et de dépressions aiguës, se plaignant d'être hantées par des fantômes ou possédées par des créatures malfaisantes, *jin* ou *bhût* (personnes ayant subi une mort violente et revenant tourmenter les vivants). Les hindoues, dont les espoirs de guérison n'avaient pas été réalisés, se rendaient d'ailleurs aussi auprès d'elle.

Pour délivrer les malades de la créature qui les troublait et « contrôlait [leur] tête » (*sirvâlâ*), la sainte procédait en deux temps. D'abord, elle posait les questions préliminaires pour l'identification du mauvais esprit. Elle s'adressait à lui : « Qui es-tu ? Es-tu hindou ou musulman ? Es-tu un *jin* ? Un *kirat* [esprit qui hante les cimetières] ? Un *dev* [démon] ? Une *devî* [esprit d'une jeune fille morte avant son mariage] ? Une *curail* [esprit d'une femme morte en couches] ? Un *bhût* ? Une *parî* [fée] ? Es-tu l'esprit d'un renonçant hindou victime d'une mauvaise mort ? Où habites-tu ? Pourquoi tourmentes-tu cette personne ? Que veux-tu de nous ? Comment te faire partir ? » Un mauvais esprit hindou était plus enclin à lâcher prise si on le menaçait de pollution, par exemple. Puis, elle avait recours à l'onction d'une huile au-dessus de laquelle elle prononçait certaines paroles, et qui lui rapportait de petits profits. Elle tenait surtout ses pouvoirs magiques (*jâdû* ou *sehr*) de la possession de merveilleuses coupes ciselées, décorées de noms divins et de versets coraniques, auxquelles on prêtait des vertus curatives. L'une de ses coupes, qui date de 1346, est gardée dans un temple voisin de la ville de Bediban ; hindous et musulmans la vénèrent ensemble sous le nom de *Bhagvân kâ caran pad* (« l'empreinte des pieds de Dieu »).

Les dévots de la sainte se prosternaient devant elle, tentaient de toucher son voile, et lui offraient de l'argent ou des sucreries (*malîda*). Pour les malades, il était recommandé de rester trente à quarante jours auprès d'elle pour le succès de la cure. On sait qu'elle aimait souvent leur citer le quatrain de Sharaf-ud-dîn Yahiâ Manerî : « Lorsqu'un saint est saisi par les mystères de l'Éternité, / Bavardages et babillages deviennent vains. / Le visage du seigneur de la Sagesse rougit de plaisir / Et celui qui expose la Loi n'a plus qu'à se taire ! »

Seul un nombre très limité de femmes a accédé au statut de sainte, dans l'islam soufi indien. Comme le montre leur liste extrêmement réduite, la plupart d'entre elles étaient des mères de grands saints. Elles n'étaient autorisées ni à pénétrer dans les hospices soufis (*khanqah*), ni à transmettre de filiation au sein de la confrérie. Elles n'avaient pratiquement jamais accès à l'éducation. La plupart des musulmans refusaient l'idée d'une femme prophète, se plaisaient à le répéter aux saintes femmes qu'ils croisaient et leur faisaient part de leur incrédulité. En revanche, et contrairement aux grandes figures légendaires féminines de la secte mystique shivaïte indienne des Naths, mentionnées comme porteuses des pouvoirs magiques (*siddha*) et vénérées à la même époque, l'existence des saintes musulmanes est bien attestée, et leur position dans la société médiévale parfaitement reconnue des chroniqueurs et historiens.

Actuellement, le sanctuaire de Bîbî Kamâlo est fréquenté par des centaines de personnes qui remettent leur guérison au pouvoir de la sainte. Une enseigne en ourdou et en hindi invite les malades à y pénétrer sans distinction d'origine ou de foi. En signe d'affliction, les femmes y défont leur chevelure. L'enceinte résonne de cris et gémissements, imprimant à ce lieu une marque de grande souffrance, bien différente de l'habituelle sérénité des autres tombes de saints musulmans.

Catherine Servan-Schreiber

Bibl. : *Études* : Y. HUSAIN, *L'Inde mystique au Moyen Âge, hindous et musulmans*, Paris, Adrien Maisonneuve, 1929 ; A. POPOVIC et G. VEINSTEIN, *Les Ordres mystiques dans l'islam*, Paris, Ehess, 1986 ; H. CHAMBERT-LOIR et C. GUILLOT (éd.), *Le Culte des saints dans le monde musulman*, Paris, EFEO, 1995 ; F. MALLISON (éd.), *Constructions hagiographiques dans le monde indien : entre mythe et histoire*, Paris, Honoré Champion, 2001 ; C. CHAMPION, « Le culte d'une sainte musulmane en Inde, Bîbî Kamâlo de Kako », *in* H. Chambert-Loir et C. Guillot (éd.), *Le Culte des saints dans le monde musulman*, Paris, EFEO, 1995, p. 211-216.

BILLOQUET, Laurentine, *laïque, stigmatisée et visionnaire* (Estelle Mary ; Sauchay, 1862-Dijon, octobre 1936). — Née dans un village près de

Dieppe, elle reçoit à douze ans sa première vision mariale. D'abord apprentie couturière (1876-1878), sa santé fragile l'oblige à rester chez ses parents où elle tombe plus gravement malade et reçoit la visite de la Vierge qui lui promet la guérison en échange de son engagement religieux. En mars 1880, elle entre au couvent, mais sa mauvaise santé perdure : elle est renvoyée chez elle, où elle reçoit les stigmates en juin 1881. Un mois plus tard, elle prend son dernier vrai repas, ne se nourrissant plus, après cette date, que de l'hostie consacrée. Ses visions se renouvellent, elle devient un objet de curiosité publique. Benjamin Ball, professeur à Sainte-Anne, lui rend visite le 1er septembre 1881 et conclut à l'imposture, parlant d'un « cas fort ordinaire de simulation hystérique ». La controverse éclate alors entre tenants de l'analyse médicale et crédules dévots, le clergé restant lui-même partagé. Début 1883, l'abbé Hermier commence à prendre des notes sur son cas et déclare : « Le surnaturel est ici. Maintenant lequel ? » À la fin de l'été suivant, des stigmates figuratifs apparaissent sur le corps de Laurentine. Elle continue à subir la Passion chaque vendredi. Hermier, qui a clos ses notes en janvier 1886, est résolu de la traiter plus sévèrement : il raréfie son accès à la communion. En 1887, elle entre chez les Franciscaines de Deauville sous le nom de sœur Marie-Aimée de Jésus. Mais persistant dans une religiosité extraordinaire, elle sème le trouble dans la communauté. L'évêque impose sa sortie en décembre 1889. Elle finit par quitter la région et part *incognito* pour Dijon, où elle prend le nom d'Estelle Mary. Avec le chanoine Jean-Baptiste Bizouard, qui est devenu son disciple fervent, elle fomente, autour de 1903-1904, une cabale contre l'évêque, Mgr Le Nordez, accusé d'être franc-maçon mais surtout républicain. Convoqué à Rome par Pie X, Le Nordez est contraint à démissionner, ce qui entraîne la rupture diplomatique immédiate entre la France et le Saint-Siège. Laurentine meurt isolée, laissant une autobiographie (1874-1884), des lettres (1883-1886) et un journal (1904).

Son cas renvoie à un moment crucial de l'histoire religieuse française : la rupture diplomatique entre Paris et le Vatican, précédant la séparation de l'Église et de l'État (1905). La mystique y joue un rôle politique majeur, à travers des figures féminines qui déclarent détenir les secrets du Ciel, réaffirment la place de la France comme fille aînée de l'Église et récusent les lois républicaines, avec l'appui des partis monarchistes et catholiques. Le mysticisme permet une parole reçue directement du Ciel, s'accompagnant de phénomènes extraordinaires destinés à en renforcer la crédibilité et jouant sur un clivage entre religiosité populaire et impératifs politiques. Pour Jacques Maître, Laurentine, loin d'élaborer une expérience spirituelle véritable, semble davantage se cantonner à la mise en scène de symptômes spectaculaires empruntés à des modèles célèbres. On aurait affaire à une sorte de théâtre hystérique, le contexte politico-religieux l'encourageant à jouer sur une scène mystique plutôt que médicale. L'intérêt de son cas réside dans cette « conjonction entre un cas de structure hystérique spectaculaire et un certain état des mœurs ecclésiastiques à un moment crucial dans l'histoire religieuse » (Maître 1993, p. 241).

Antoinette Gimaret

Bibl. : ***Œuvres*** : ses écrits sont restés manuscrits, ils ont été consultés par Jacques Maître pour ses ouvrages. ***Études*** : J. MAÎTRE, *Mystique et féminité, essai de psychanalyse sociohistorique*, Paris, Cerf, 1997 ; ID., *Les Stigmates de l'hystérique et la peau de son évêque, Laurentine Billoquet (1862-1936)*, Paris, Antropos, 1993.

BISIAUX, Yvonne. — *Voir* MARIE-ANGÉLIQUE DE JÉSUS

BLANNBEKIN, Agnès. — *Voir* AGNÈS BLANNBEKIN

BLAVATSKY, Helena, ou Mme Blavatsky, *occultiste, théosophe et écrivain, cofondatrice de la Société Théosophique* (Helena Petrovna von Hahn ; Ekaterinoslav, 31 juillet 1831-Londres, 8 mai 1891). — Née en Ukraine, Helena Petrovna est d'ascendance noble par sa mère, Helena Andreevna Fadeev, et son père, le baron Peter von Hahn, colonel et sujet de l'Empire russe. Elle apparaît néanmoins rebelle aux conventions de la société et à l'opinion publique de son époque. Elle rejoint en cela sa mère, connue pour ses écrits féministes à partir de 1837. Alors qu'elle n'a que onze ans, sa mère décède. Elle part avec sa sœur Vera et son frère Leonid vivre chez ses grands-parents maternels à Saratov. La seule personne à avoir une réelle autorité sur elle est alors sa grand-mère, une femme de caractère et d'une très grande érudition. On s'aperçoit qu'Helena parle souvent seule la nuit et on la retrouve parfois en grande conversation, jouant et causant avec des camarades imaginaires. Il semble qu'il y ait deux personnes en elle, une première personne au caractère difficile, indisciplinée, et une autre tournée davantage vers la mystique et la métaphysique. Dans la demeure familiale, bravant la garde des gouvernantes, elle n'hésite pas à parcourir les souterrains humides de la datcha dans lesquels elle se plaît à passer le plus clair de son temps. Sa mémoire se peuple là de fantômes, de gnomes ou de lutins. Lors de visions astrales lui apparaît le visage d'un curieux personnage hindou, qu'elle nomme « le maître de ses rêves ».

Étonnamment douée pour certaines disciplines, Helena développe l'apprentissage des langues, pas moins de huit, ainsi que des dialectes divers. Excellente cavalière, elle possède également un réel talent pour la musique. C'est à cette époque, aux confins de la Russie, qu'elle fait sa première rencontre avec les traditions de l'Asie, notamment les Kalmucks bouddhistes d'Astrakan placés sous l'autorité de son grand-père, gouverneur de la province. Elle devient ainsi familière avec le lamaïsme des bouddhistes tibétains et avec leur grand prêtre. Elle visite les montagnes de l'Oural en Sibérie, à la limite des territoires de Mongolie, où réside le Terachan Lama.

À l'âge de dix-sept ans, Helena épouse le vice-gouverneur Nicéphore Blavatsky. Le couple ne durera que quelque temps. Elle quitte alors la Russie et entreprend de nombreux voyages à travers l'Asie, l'Europe et l'Amérique à la recherche des anciennes traditions, en quête d'une sagesse éternelle. Elle se rend en Inde afin d'y être instruite par les « Mahatmas » ou encore les « Maîtres de Sagesse » qui lui montrent qu'en combinant la science et la religion on peut arriver à démontrer l'existence du divin et l'immortalité de l'esprit humain. Les philosophies orientales n'admettent d'autre foi qu'une foi absolue et immuable dans la toute-puissance du soi immortel de l'homme. Dès lors, elle remplace la foi aveugle par la connaissance.

Tandis que l'Empire britannique prépare sa fameuse exposition universelle en 1851, elle rencontre physiquement, à vingt ans, le maître qui a peuplé les visions de son enfance, connu sous le nom de M (Morya). Au cours d'une entrevue, il laisse entendre à Helena la mission qui l'attend.

Le 17 novembre 1875, elle fonde aux États-Unis, avec le colonel Henry Steel Olcott et quelques personnages connus des milieux ésotériques, la Société Théosophique. En 1877, elle publie son premier ouvrage *Isis dévoilée*, dans lequel elle se livre à la critique de la science et de la religion, qui attire l'attention de ses contemporains. Un certain nombre de personnalités scientifiques rejoint la nouvelle société : Thomas A. Edison, l'inventeur du phonographe, le physicien et chimiste William Crookes, de même que le célèbre astronome Camille Flammarion ou encore l'égyptologue Gaston Maspero.

En 1879, en compagnie du colonel Olcott, elle atteint Ceylan, où elle prononce ses vœux bouddhistes, puis débarque en Inde. Trois ans après, ils établissent le quartier général de la Société Théosophique à Adyar, près de Madras (Chennai) ; débute la parution d'une revue, *The Theosophist*. Helena Blavatsky reçoit en vision des messages de ses maîtres de sagesse appartenant à la loge himalayenne – un noyau d'adeptes de différentes nationalités regroupés au sein d'une même loge secrète sur les hauteurs du Tibet. Par un entraînement intensif, ils lui permettent de lire dans leur pensée et lui apprennent par vision astrale la technique de « précipitation », un procédé permettant de communiquer des informations d'un lieu éloigné et d'imprimer un support par écrit. Voyant de longs et larges rouleaux de papier manuscrit, elle a pour tâche de reproduire leurs textes. C'est ainsi qu'elle rédigera *La Doctrine secrète*.

Alors qu'elle voyage en Europe (1884), Helena Blavatsky apprend que la presse indienne l'accuse d'avoir simulé quelques phénomènes paranormaux. La London Society for Psychical Research diligente une enquête aboutissant au « Rapport Hodgson » (1885), qui l'accuse d'être un imposteur et d'avoir elle-même écrit ou falsifiée des lettres qu'elle dit venir de soi-disant « Mahatmas ». Il faudra attendre près de cent ans pour que la Society récuse le rapport par le biais d'un article du docteur V. Harrison paru dans son propre journal au mois d'avril 1986.

Peu de temps après, elle quitte l'Inde définitivement et regagne l'Europe pour des raisons de santé. Elle vit successivement en Allemagne, en Belgique et s'installe finalement à Londres où elle travaille, non sans mal (les relations avec son maître sont régulières, mais il lui est très difficile de regarder consciemment dans la lumière astrale la rédaction), sur l'ouvrage le plus important de son œuvre, *La Doctrine secrète*, véritable corpus des enseignements théosophiques, et sur *La Voix du silence*, publiées respectivement en 1888 et 1889. En 1889, paraît également *La Clef de la théosophie.* Elle rencontre alors Annie Besant*, militante socialiste et féministe, chargée du compte rendu de *La Doctrine secrète* paru dans le quotidien *The Pall Mall.* Ayant rejoint le mouvement théosophique, celle-ci poursuivra plus tard le travail de la société et, par ses talents d'oratrice, permettra l'extension des idées et la vulgarisation des écrits d'Helena Blavatsky.

En octobre 1888, Helena Blavatsky prophétise dans la première édition que *La Doctrine secrète* sera regardée par une grande partie du public comme un roman de l'espèce la plus fantastique. Les stances de Dzyan (du sanskrit *Dhyâna*, « méditation mystique »), qui fondent l'ouvrage, sont sans doute le premier volume de commentaires des sept volumes secrets du *Kiu-te*. Elles traitent de la cosmogonie de notre propre système planétaire. *La Doctrine secrète* établit ainsi plusieurs propositions essentielles : l'existence d'un principe omniprésent, immanent, illimité et immortel, l'éternité de notre univers, la loi de périodicité, de flux et de reflux de celui-ci, la loi d'évolution et l'idée fondamentale que toute âme est une composante de la « Sur-Âme » universelle. Le but de l'ouvrage est de montrer que la nature n'est pas un concours fortuit d'atomes. Tout l'univers est vivant, la vie une s'épanouit à travers des formes innombrables, et elle se manifeste par des formes de plus en plus complexes. Cette manifestation de vie formelle donne naissance à la conscience qui, comme la forme, est en perpétuelle évolution, passant par des périodes d'activité et de repos. Ces lois s'appliquent aux galaxies les plus lointaines, à l'homme et à toutes les composantes de la nature (cellules, molécules, atomes). Dans ce processus d'évolution, l'homme possède des états actifs, d'autres potentiels. Il aura à éveiller ces potentialités encore latentes. Par commodité de l'étude de l'enseignement théosophique, les formes et les énergies qui composent l'homme et l'univers sont divisées en sept plans. Ainsi l'homme a un corps physique, éthérique, astral, mental, causal, bouddhique et atmique. Il est en interaction avec tous les plans du cosmos et leurs énergies. Pour Helena Blavatsky, il s'agit de sauver de la dégradation ces vérités archaïques qui sont le fondement de toutes les religions, de découvrir, jusqu'à un certain point, l'unité fondamentale originelle dont toutes ont jailli, et finalement de montrer que le côté occulte de la nature n'a jamais été considéré par la science moderne.

Helena Blavatsky est une des personnalités les plus marquantes de l'ésotérisme du dernier quart du XIXᵉ siècle. Appartenant au courant occultiste et théosophique, elle s'oppose d'une part au dogmatisme religieux et d'autre part au scientisme et au matérialisme. Son mérite est d'avoir su rendre intelligibles aux Occidentaux la métaphysique orientale et les connaissances transcendantales qui lui ont été révélées : elle a ainsi établi un pont entre ces sagesses et permis de mieux comprendre l'occultisme et certains phénomènes paranormaux (la transmission de la pensée, la survivance de la conscience après la mort, etc.). Outre sur les courants de pensée spirituels du XXe siècle, son influence fut importante notamment dans l'art abstrait, chez Mondrian, Kandinsky et Kupka, de même que dans la littérature, chez W. B. Yeats, G. Russel et James Joyce pour ne citer qu'eux. Elle laisse aux générations futures le soin de la juger et de comprendre ses écrits, affirmant dans *La Doctrine secrète* que ce ne serait qu'au siècle suivant que les hommes commenceraient à comprendre et discuter le livre de façon intelligente.

Jean Iozia

• *Voir aussi* : Besant

Bibl. : Œuvres : *Isis dévoilée*, Paris, Adyar, 1999 ; *La Doctrine secrète*, Paris, Adyar, 1994 ; *La Voix du silence*, Paris, Adyar, 1991 ; *La Clef de la théosophie*, Paris, Adyar, 1976 ; *Collected Writtings (1874-1891)*, Wheaton, The Theosophical Publishing House, 1985, 15 vol. ***Vie* :** A. P. SINNETT, *La Vie extraordinaire d'Helena P. Blavatsky*, Paris, Adyar, 1972 ; C. WACHTMEISTER, *La Doctrine secrète et Mme Blavatsky*, Paris, Adyar, 1978. ***Études* :** H. J. SPIRENBURG, *The Buddhism of H. P. Blavatsky*, San Diego, Point Loma Publications, 1991 ; N. RICHARD-NAFARRE, *Helena P. Blavatsky ou la réponse du Sphinx*, Naves, Éditions François de Villac, 1991 ; S. CRANSTON, *The Extraordinary Life and Influence of Helena Blavatsky, Founder of the Modern Theosophical Movement*, New York, C. P. Putnam's Sons, 1993.

BLOEMARDINNE, *béguine* (Heilwig Bloemaerts ; Bruxelles, 1260/1280-1335). — Il règne autour de la personnalité de Bloemardinne une réputation sulfureuse, ses adeptes ayant tenté, dit-on, de fonder une Église féminine et de prêcher l'existence d'un Dieu-femme : purs fantasmes de cervelles cléricales, témoignant des angoisses d'un monde masculin ou conclusions hâtives devant les revendications de la piété eucharistique des dévotes brabançonnes ou flamandes d'alors. Ce que Pomerius, le biographe de Ruusbroec, en rapporte ne peut recevoir qu'un crédit prudent et mitigé : « écriv[ant] beaucoup sur l'esprit de liberté et sur un certain amour impie et voluptueux qu'elle appelait séraphique, [...] propagatrice d'une doctrine nouvelle, vénérée par une multitude de disciples qui suivaient son opinion, elle était assise sur un siège d'argent, enseignant et écrivant », et ce siège fut donné à sa mort, « à la duchesse de Brabant, à cause du renom de sa doctrine ». Si la duchesse de Brabant, sans doute Marie d'Évreux (morte en 1331) est bien connue pour ses tendances mysticisantes, Bloemardinne, de son véritable nom Heilwig Bloemaerts, est bien attestée dans les archives échevinales de Bruxelles entre 1305 et 1336. Bourgeoise aisée et généreuse, cette béguine, dévouée au service des déshérités, avait fondé à prix d'or un foyer pour personnes âgées : d'où sa grande renommée dans la population bruxelloise. Pomerius la qualifie de « femme à la doctrine perverse » : jugement pour le moins problématique, puisque nous ne possédons aucun texte de sa main. De plus, le Brabant d'alors ne se signale par aucune fièvre hétérodoxe particulière. Enfin, si ces accusations étaient fondées, on ne comprend guère comment le chapitre de Sainte-Gudule aurait accepté, en 1371, de reprendre et d'administrer le foyer créé par Bloemardinne pour les femmes pauvres et âgées, en qualifiant la fondatrice, dans l'acte de reprise, de personne « digne de louange et dévouée en Christ ». Pomerius évoque une lutte acharnée entre l'hérétique Bloemardinne et Ruusbroec : or cela n'était ni dans le tempérament ni dans les habitudes de ce dernier ; plutôt que d'attaquer frontalement, il préférait signaler les erreurs, sans discuter ni l'effort, ni le désir, ni la générosité des personnes engagées.

François Marxer

Bibl. : ***Vie et études*** : POMERIUS, *Sur la vie et les miracles du Frère Jean Ruysbroeck, le dévot et premier prieur de Groenendael*, in *Œuvres de Ruysbroeck l'Admirable*, trad. par les bénédictins de Saint-Paul d'Oosterhout (Wisques), Vromant & C°, Bruxelles, 1938, t. VI, chap. V, p. 284-285 ; P. VERDEYEN, *Ruusbroec l'admirable*, Paris, Cerf, 1990.

BOIANI, Benvenuta. — *Voir* BENVENUTA BOIANI

BOINET, Madeleine, *laïque, visionnaire et prophétesse* (?-La Croix, près de Bordeaux, 29 octobre 1650). — Née en Saintonge dans une famille protestante de basse condition (son père était chaudronnier à Saintes), elle se convertit au catholicisme à l'âge de dix-neuf ans, après que la Vierge lui est apparue lors d'un prêche. Installée à Marennes, elle fit la connaissance, à partir de l'été 1632, du père Jean-Joseph Surin, qui la prit sous sa direction et dont elle devint une correspondante régulière. Elle fut gouvernante dans plusieurs maisons de l'entourage du père Surin, où elle s'occupa avec succès de l'éducation des filles : chez M. et Mme de Saujon tout d'abord (1633), puis à Marennes chez M. Duvergier, veuf de Marie Baron* à partir de 1633 ; on la retrouve à la fin de sa vie auprès des filles de Mlle Du Sault à Bordeaux.

Sujette à de fréquentes extases durant ses oraisons, elle fut aussi, selon son biographe anonyme, victime dans le même temps des persécutions de nombreux démons qui la tourmentaient par des tentations et des visions. Cette obsession démoniaque se manifesta particulièrement durant la période où le père Surin était exorciste à Loudun (1634-1637), « les diables qui possédaient [Jeanne des Anges, mère supérieure des Ursulines de Loudun,] [étant] les mêmes que ceux qui obsédaient Madeleine Boinet à Marennes » (*Abrégé de la vie de Madeleine Boinet*, p. 192-193). Sa vie fut ainsi « un mélange prodigieux de très hautes opérations de l'Esprit de Dieu et de malignes opérations du démon » (*ibid.*, p. 192), et ce jusqu'à son agonie, qui « se passa dans des vicissitudes d'opérations de la grâce et d'opérations de l'esprit malin » (*ibid.*, p. 195).

C'est, en dernier ressort, toute sa personne qui offrait un tel contraste, comme en témoigne le père Surin : « Elle est extérieurement fort méprisable selon le monde, pauvre, de condition servile, simple, contrefaite en son corps ; mais d'un cœur très pur et très illuminé en qui notre Seigneur confie de grands dons parce qu'il y trouve un fond très abondant sur lequel il assure ses deniers, qui n'est autre chose qu'une grande abnégation de toutes choses » (Lettre 45 du 7 octobre 1634). Proche de la mystique Marie Baron qu'elle assista dans ses derniers instants, en octobre 1632, et dont elle éleva les deux filles, elle portait une dévotion particulière à la Vierge Marie* et à l'Enfant Jésus, tout en se montrant charitable envers les pauvres. On lui prête également un don de prophétie et des lumières surnaturelles qui se signalèrent notamment par une connaissance intime, à distance, des événements de Loudun.

Clément Duyck

• *Voir aussi* : Baron

Bibl. : *Études* : H. BREMOND, *Histoire littéraire du sentiment religieux en France...*, Paris, Bloud et Gay, 1920, t. V, p. 172-177 ; J.-J. SURIN, *Correspondance*, Paris, Desclée de Brouwer, 1966, contient l'*Abrégé de la vie de Madeleine Boinet* (1698), p. 190-195, et les lettres 29, 33, 38, 45, 48, 51 et 104.

BON, Marie, *ursuline* (Marie de l'Incarnation en religion ; Poliévas, 1636-Saint-Marcellin, 1680). — C'est la *Vie*, publiée à Paris en 1686 par le père Jean Maillard (en pleine querelle antimystique !), qui assura la renommée de cette ursuline, née à Poliévas en Dauphiné et décédée au couvent de Saint-Marcellin. Ce jésuite acquis à la cause mystique, disciple lointain de Louis Lallemant et plus sûrement de François Guilloré, biographe bien connu de Louise du Néant*, nous aura donné, au regard de l'abbé Bremond, « un document de première importance », auquel ce dernier consacre une note substantielle au chapitre VIII du tome V de son *Histoire littéraire du sentiment religieux en France*.

De l'aveu d'un Bremond tout étonné, Marie de l'Incarnation Bon, est « la contemplation même, la vivante réalisation de ce que les théoriciens de la mystique ont décrit de plus sublime ». Cette contemplation (ou « oraison passive ») est l'écoute continuelle de l'incessant colloque de Dieu qui parle et que Marie perçoit dans un « silence intérieur » continu, qui exclut tout acte formalisé ou toute expression de sentiment. Ou plutôt, c'est un acte unique et permanent, « acte de foi » qui est pur et simple regard sur Dieu constamment présent. Cette simplification extrême la pousse à moins aimer les dons de Dieu que le donateur lui-même : on retrouve ainsi, vécus par elle, tous les stéréotypes de l'amour désintéressé : « aucun désir formel et distinct de la perfection », amour et service de Dieu « d'une manière désintéressée et sans regarder nulle récompense ». Un détachement exercé à l'extrême : la représentation imaginale de Jésus-Christ (et donc de son humanité sensible) lui apparaît comme préjudiciable à la pureté qu'elle revendique, tout autant que la douceur qu'elle pourrait éprouver à recevoir le sacrement de l'Eucharistie. Cela dit, une telle radicalité souffre parfois exception : un vendredi saint, elle chavire dans la douleur inconsolable de l'absence de Jésus, et que dire du cœur à cœur ardent dont elle jouit avec son Seigneur, bien avant les révélations de Marguerite-Marie Alacoque* à Paray-le-Monial !

Le milieu conventuel qui l'entourait ne lui sera guère de secours, jusqu'à ce que cet « état d'abandonnement » et cette oraison « où il n'y a souvent que Dieu et l'âme » soient reconnus à leur juste valeur par Joseph Courbon, grand vicaire du diocèse de Vienne, puis vicaire général de Lyon, et chargé à ce titre des couvents féminins de l'archevêché. La clôture monastique n'empêchera pas le rayonnement et l'apostolat de Marie Bon jusqu'en Piémont, où se répand sa réputation de directrice spirituelle : ainsi le père François Lacombe, ce barnabite qui fut le compagnon malheureux de l'odyssée mystique de Mme Guyon*, fut-il durablement marqué par la seule rencontre qu'il eut avec elle. Mais les temps étaient à la croisade antimystique : le *Traité sur l'oraison* que Joseph Courbon lui avait demandé de rédiger, tomba entre les mains d'un prédicateur, violemment ennemi des mystiques et qui le déclarait en chaire plus « abominable » que « l'Alcoran et les livres d'Agrippa ». L'ouvrage fut donc déféré à l'inquisiteur de Turin qui l'approuva, ce que fera également l'archevêque de Vienne de son côté. Peu après, au diocèse d'Alba en Italie, un médecin français, Antoine Girardi (ou Grignon), fut suspecté de quiétisme dans l'enseignement qu'il donnait au cercle de ses disciples dans la ville de Cortemiglia : il proposait « une nouvelle manière de faire oraison, qu'il appelle oraison de silence ou de quiétude ». Les Franciscains locaux s'y opposaient vivement et l'évêque d'Alba avait dû, en février 1671, interdire ces réunions et sanctionner les ecclésiastiques qui y participaient. Interrogé, Girardi renvoya aux écrits de Marie Bon. Le Saint-Office réclama l'ouvrage et, l'ayant examiné, l'approuva : la doctrine en était catholique et « avec quelques éclaircissements, on pouvait le laisser circuler et même publier ». Ce qui fut fait en traduction italienne : les *Stati d'orazione mentale per arrivare in breve tempo a Dio* furent publiés à Turin en 1674. Malheureusement, l'ouvrage fut mis à l'Index en 1676 ; peu après, le *Guide spirituel* de Miguel de Molinos était condamné. Tombait alors le crépuscule des mystiques avant leur déroute définitive.

François Marxer

Bibl. : ***Vie et étude*** **:** J. MAILLARD, *La Vie de la Mère Marie Bon, religieuse ursuline de Saint-Marcellin en Dauphiné, Où l'on trouve les profonds secrets de la conduite de Jésus-Christ sur les âmes et de la voie intérieure*, Paris, Jean Couterot, 1686.

BOSSIS, Gabrielle, *écrivain et comédienne* (Nantes, 26 février 1874-9 juin 1950). — Gabrielle Bossis grandit dans une famille catholique bourgeoise. Elle reçoit une éducation mondaine au pensionnat des Dames noires. Dévouée très jeune à Dieu et son prochain, elle s'exerce à la peinture, la musique et la sculpture, pour lesquelles elle est assez douée. Elle découvrira plus tard son talent d'auteur de pièces de théâtre et de comédienne. Gaie et sociable, elle connaît la douleur et les consolations. Elle subit de nombreux deuils, dont ceux de son père (1898), sa mère (1908), puis de sa sœur Clémence (1912). Elle obtient un diplôme d'infirmière et exerce pendant la Première Guerre mondiale dans sa région, puis dans les hôpitaux de Verdun. Demeurée célibataire, elle anime une petite troupe de théâtre, dont elle écrit elle-même les spectacles pour les patronages et les paroisses, et se met à sillonner le monde, la France, l'Italie, l'Afrique du Nord et le Canada. En 1936, à soixante-deux ans, lors d'une traversée transatlantique pour l'Amérique du Nord, elle reçoit des paroles intérieures de Jésus-Christ, qu'elle retranscrit quotidiennement par écrit, jusqu'à sa mort. En 1951 paraît une biographie, écrite par une amie, Mme de Bouchaud, qui reçoit la bénédiction apostolique du pape Pie XII.

Outre des pièces de théâtre (*Âme de poupée*, *Chanteuse de rue*, *Le Charme*, *La Lionne*, etc.), Gabrielle Bossis est l'auteur de sept petits livres, réunis sous le titre *Lui et moi*, témoignant de l'amour infini de Dieu. Parus du vivant de l'auteur, en 1948, quelques extraits furent préfacés par Mgr Villepelet, évêque de Nantes, et par le père Jules Lebreton, doyen de la faculté de théologie à l'Institut catholique de Paris, qui, sans se prononcer sur l'origine divine de ceux-ci, en garantirent l'orthodoxie.

Gabrielle Bossis s'inscrit dans la longue tradition des femmes mystiques chrétiennes qui ont laissé des dialogues avec le Christ, la particularité de ses écrits résidant dans la simplicité et la profondeur de son style. Dans ses carnets, elle se livre sans fard sur tous les sujets. Guidée par la parole du cœur, elle relate ses entretiens intimes avec Jésus qui s'adresse à elle : « Ce n'est pas à cause de ce que tu Me dis que J'aime t'entendre, c'est simplement par ce fait que tu Me parles. Mon désir d'intimité est ainsi satisfait et Je te regarde avec l'amour d'un Sauveur. Ta reconnaissance, tes hommages, bien sûr, Je les aime ! Mais c'est surtout le cœur à cœur que Je cherche en toi. » Citons encore « Je n'ai rien laissé de Moi au ciel. Je Me donne à toi tout entier : donne-toi à Moi tout entière » ; « Ne perdez aucune de vos précieuses souffrances. Trempez-les dans la joie surnaturelle. » Entrelacement d'exhortations et de réflexions religieuses, ses conversations deviennent alors prière : « Cause avec Moi. Il ne M'est pas de prière plus douce » ; ou encore : « Que ce ne soit pas une fatigue de prier. Pourquoi te donnes-tu tant de mal ? [...] Que ce soit tout simple, tout bon, une causerie de famille. » Outre la litanie instaurée entre elle et son sauveur, Gabrielle Bossis n'a de cesse de montrer que le recueillement, l'union à Dieu, sont compatibles avec la vie quotidienne. « Sais-tu ce que nous faisons en écrivant ces pages ? Nous enlevons ce préjugé que l'intimité de l'âme n'est possible que pour le religieux dans son cloître, tandis que Mon Amour secret et tendre est en réalité pour toute âme vivant en ce monde. » Ce qui a pour effet de restituer l'originalité et l'intérêt de ce témoignage unique : remettre Dieu, par l'intermédiaire de son fils Jésus, à sa place légitime et primordiale, au cœur de la vie.

Audrey Fella

Bibl. : ***Œuvre*** : *Lui et moi*, Paris, Beauchesne, 1953. ***Études*** : MME DE BOUCHAUD, *Gabrielle Bossis, auteur de Lui et moi*, Paris, Beauchesne, 1951 ; P. DE LAUBIER, *Jésus mon frère, essai sur les entretiens spirituels de Gabrielle Bossis*, Paris, Beauchesne, 1999 ; L. BAROCCHI, *Lui et Gabrielle Bossis*, Paris, Beauchesne, 2007.

BOULAT, Marie-Louise. — *Voir* MARIE SÉRAPHIN DU SAINT-SACREMENT

BOURBON-CONDÉ, Louise-Adelaïde de, *abbesse de Remiremont, fondatrice d'une communauté dédiée à l'adoration du Saint-Sacrement* (Marie-Louise de Bourbon ; Paris, 1757-mars 1824). — Princesse d'Étrurie, petite-fille du ducde Bourbon, sa grand-tante abbesse l'éduque chrétiennement jusqu'à l'âge de douze ans. Vers 1769, elle est présentée à la Cour puis envoyée à l'abbaye de Panthemont où, dans une atmosphère plus mondaine, elle perd « l'attrait pour la vie religieuse sans cependant aimer celle des gens du monde ». Des maux physiques (une jambe brisée trois fois) l'encouragent, malgré son goût de la conversation et de la musique, à se consacrer davantage à des œuvres charitables et à l'abbaye de Remiremont, dont Louis XVI l'a fait abbesse. La Révolution la condamne à l'exil : elle séjourne aux Pays-Bas, à Turin, à Fribourg. Sa piété se renforce dans ces malheurs, elle expérimente la joie de la conversion : « Ma vie passée se présenta à mes yeux tout autre que je ne l'avais considérée [...]. Dieu qui voulait m'avoir s'empara de mon cœur. »

En mars 1795, son directeur spirituel l'autorise à répondre à cet appel : elle entre chez les Capucines de Turin, mais sa mauvaise santé l'empêche de prononcer ses vœux : elle part pour Vienne et prononce des vœux secrets de pauvreté, chasteté et obéissance, en novembre 1796. Elle séjourne ensuite à la Trappe, à l'Institut du Saint-Sacrement, enfin chez les Bénédictines de Varsovie. La situation politique l'oblige à partir pour l'Angleterre au printemps 1805. À la Restauration, elle regagne la France. Elle a le dessein de fonder un institut de l'adoration du Saint-Sacrement à Paris et choisit le palais du Temple, en souvenir des sacrifiés de la Révolution. Elle en devient la supérieure en 1816 et mourra en odeur de sainteté.

Sa spiritualité, essentiellement affective, répond à un désir de proximité avec le Christ, « état d'union » qui exige le sacrifice de la volonté : « Ma bonne volonté n'ambitionne qu'une solitude où je ne voie et n'entende que Dieu où je ne trouve que des chaînes pour lui être attachée, une croix pour y être clouée. » Elle fait de la vocation un appel comparable à la voix « qui fit sortir Lazare du tombeau », résultant d'un désir de Dieu d'être aimé, autant que du désir d'aimer Dieu, double amour qui met l'accent sur une dynamique d'interlocution. Par le « recueillement intérieur », elle favorise des « grâces secrètes » qui sont comme autant de preuves sensibles de sa vocation.

Dans ses ouvrages, elle dépeint une mystique à la fois extatique et visionnaire, mais qui évite le spectaculaire : « Il ne s'agit ni de révélation ni de vision : ni mes oreilles ni mes yeux corporels n'ont rien vu ni entendu, mais il s'est passé plus d'une fois dans le plus intime de mon intérieur, des impressions [...] qui me donnaient [...] le sentiment réel de la présence de Jésus-Christ. » Elle a laissé une abondante correspondance et des « instructions » sur l'état religieux comportant prières, liste de pratiques charitables, catéchismes.

Antoinette Gimaret

Bibl. : ***Vie et Œuvres*** : *Vie de Madame la Princesse Louise Adélaïde de Bourbon Condé*, Paris, Dufour et Cie, 1843, (I. Vie ; II. Lettres de piété ; III. Œuvres) ; *Une âme de Bourbon : lettres intimes de la princesse Louise Adélaïde de Bourbon Condé*, Paris, Éditions de la *Revue catholique et royaliste*, 1907. ***Étude*** : M. L. JACOTEY, *Louise-Adélaïde de Bourbon-Condé, dernière abbesse du chapitre de Remiremont*, Langres, Dominique Guéniot, 1996.

BOURIGNON, Antoinette, *laïque, visionnaire et prophétesse* (Lille, 1616-Franeker, ou Frakerne en Frise, 1680). — Celle qui devait s'autoproclamer, sur le tard, « Mère des Vrais Croyants », est issue d'une famille italienne par son père et flamande par sa mère. Le père est qualifié de négociant, sans que l'on puisse dire de quelles marchandises il s'occupait. Antoinette, la troisième enfant d'une famille de cinq, dont trois moururent en bas âge, vint au monde très disgraciée par la nature. Affligée d'un bec-de-lièvre, elle était si laide que sa mère fut tentée de l'étouffer. Son apparence repoussante la tint à l'écart de la société des enfants. Elle fit, dès le départ de sa vie, l'apprentissage de la souffrance et de la solitude. Cependant, au fil de ses premières années, sa laideur s'estompa, un certain charme émana de sa personne et les prétendants à sa main ne manquèrent pas. Obsédée par sa répulsion à l'égard du mariage, elle s'efforce de déjouer les projets matrimoniaux que ses parents lui proposent. En 1635, la veille de son mariage, elle prend la fuite. Elle est recueillie par un prêtre et ramenée à la maison. Pendant quelques années, elle se livre chez elle à d'austères pénitences. Elle a des visions, des extases. Dieu ne cesse de lui parler. Il lui dévoile sa vocation à la maternité spirituelle. Saint Augustin lui apparaît et lui demande de rétablir son Ordre dans sa rigueur primitive. En 1640, elle s'enfuit de nouveau, avec l'intention de fonder une communauté de filles dévotes, mais elle se heurte à l'hostilité du clergé. On la verra, à partir de ce moment, sans cesse aux prises avec l'autorité ecclésiastique, d'abord en milieu catholique puis en milieu réformé. Elle sera toujours regardée par la hiérarchie comme la brebis galeuse qu'il faut empêcher de contaminer le troupeau. De fait, la plus grande partie de ses écrits, et probablement de sa prédication, est une mise en accusation des Églises établies, auxquelles elle reproche leur manque de foi et de charité, leur hypocrisie morale, leur formalisme. Cependant, elle ne cessera de se considérer elle-même comme une authentique catholique entièrement vouée à l'établissement d'une Église intérieure, sans organisation, sans culte, sans sacrements, ce qui, de nos jours, fait dire à l'historien Leszek Kolakowski qu'Antoinette Bourignon incarne, par excellence, une mystique égocentrique – nous dirions plutôt une mystique de la pure intériorité, de la pure intimité spirituelle, du for intérieur le plus valorisé, le plus protégé qui se puisse être.

La période décisive de sa vie publique se situe entre 1653 et 1662, où elle assure à Lille la direction d'un orphelinat de fillettes. Une épidémie de possession diabolique s'étant emparée des enfants, Antoinette Bourignon est suspectée de sorcellerie et doit s'enfuir à Gand. Dès lors, sa fuite devant la persécution s'accélère. Désireuse de fonder une communauté de vrais croyants, à l'écart du monde, elle se compromet dans des tractations financières douteuses, conduites par son disciple Christian de Cort, parmi les jansénistes de la Frise auxquels elle voudrait acheter la petite île de Nordstrand. Jusqu'à sa mort, elle rêvera de posséder ce domaine qui doit être le berceau de la régénération du christianisme. Mais elle échouera et ne parviendra jamais à poser même le pied sur son île. Toute la dernière partie de sa vie, de 1668 à 1680, à Amsterdam en Frise, au Slesvig et à Hambourg, est occupée par la prédication, la direction spirituelle de ses disciples et affiliés et la composition de ses ouvrages qu'elle imprime elle-même clandestinement. Persécutée, calomniée, chassée de partout comme hérétique et comme sorcière, elle meurt dans la plus grande solitude.

L'œuvre abondante d'Antoinette Bourignon ne comporte pas d'ouvrages proprement mystiques, si l'on entend par là des textes empreints de proximité affective avec Dieu et s'exprimant sur le mode de l'oraison, de l'effusion amoureuse, du chant poétique. Le message est plutôt d'essence prophétique et visionnaire et cela se ressent jusque dans les argumentations polémiques dans lesquelles la prédicante dénonce, avec un verbe apocalyptique, l'indignité et la félonie des Églises établies, ou encore lorsqu'elle élabore ce que l'on pourrait appeler le noyau de ses convictions de base : ainsi sa vocation à l'éveil spirituel des âmes, enracinée dans l'expérience directe de son rapport à l'Esprit-Saint ; ainsi sa conception anthropologique annonçant la fin des sexes, la réinstauration de l'ordre androgynique primordial et la capacité de créer des êtres par la seule vertu du désir sanctifié en amour de Dieu. Tous les commentateurs modernes, à la suite de Pierre Bayle, soulignent la part quelque peu délirante et chimérique de son enseignement.

Cependant, cette prolifération d'une certaine imagination créatrice mal maîtrisée et surtout mal servie par la médiocrité de son expression littéraire ne doit pas occulter la réelle profondeur et la pureté très authentique de sa vocation spirituelle. Si elle passait généralement pour une illuminée dangereuse pour l'ordre établi, elle n'incarnait pas moins une figure d'honnêteté intellectuelle et de sainteté auprès de disciples, dont l'exigence de piété est incontestable. Au premier rang de ceux-ci, il faut placer le pasteur Pierre Poiret, grande figure de l'œcuménisme, qui écrivit la biographie d'Antoinette Bourignon et publia la collection complète de ses œuvres, avant de devenir l'éditeur de Mme Guyon*. La formule, maintes fois répétée : « Il n'y a plus de véritables chrétiens sur la terre » provoque en lui une prise de conscience décisive. Il s'applique dès lors à suivre la prophétesse dans ses pérégrinations et à diffuser son enseignement, qu'il regarde comme véritablement inspiré de Dieu. C'est essentiellement une invitation, de coloration quiétiste, à la mise à distance des impératifs du monde et au repos de l'âme dans une religion purement intérieure, dénuée d'images, de hiérarchie et de culte. L'Église, proclame-t-elle, n'est nulle part ailleurs qu'en nous-mêmes. La lumière intérieure éclaire l'âme directement, sans intermédiaire humain. L'Église véritable est invisible, elle est la somme des âmes unies à Dieu par le cœur et la volonté. Tout le message spirituel d'Antoinette Bourignon tend à éclairer et conforter la réceptivité de l'âme à la parole singulière que Dieu lui adresse. Cette passivité, cette disponibilité forment un étrange contraste avec la vie agitée, pleine de clameur et de tumulte, qui fut donnée en partage à cette modeste et cependant maîtresse femme, mêlée à la fièvre religieuse de son temps.

Claude Louis-Combet

Bibl. : ***Œuvre*** **:** *Œuvres de Mlle Antoinette Bourignon*, Pierre Poiret (éd.), Amsterdam, chez Jean Rierverts et Pierre Arents, libraires, 1679-1686, 19 vol. ***Études*** **:** P. BAYLE, « Bourignon », in *Dictionnaire historique et critique*, Rotterdam, éd. Prosper Marchand, 1702, t. I ; S. REINACH, *Cultes, mythes et religions*, Paris, Leroux, 1905 ; L. KOLAKOWSKI, *Chrétiens sans Église. La conscience religieuse et le lien confessionnel* *au* XVII*e* *siècle*, Paris, Gallimard, 1969 ; M. VAN DER DOES, *Antoinette Bourignon, sa vie (1616-1680), son œuvre*, Amsterdam, Holland University Press, 1974. ***Vie romancée*** **:** A. THÉRIVE, *Le Troupeau galeux, chronique véritable d'Antoinette Bourignon*, Paris, Grasset, 1934 ; C. LOUIS-COMBET, *Mère des croyants, mythobiographie d'Antoinette Bourignon*, Paris, Flammarion, 1983.

BOUVIER DE LA MOTTE, Jeanne-Marie. — *Voir* GUYON

BRÉAUTÉ, Mme de. — *Voir* MARIE DE JÉSUS

BRIGITTE DE SUÈDE, *sainte, visionnaire et prophétesse* (Birgitta Birgersdotter ; Skederid, au nord de Stockholm, 1302/1303-Rome, 1373). — D'une famille apparentée à la maison régnante, Brigitte fut mariée très jeune à un aristocrate du nom de Ulf, lequel lui donna huit enfants. Après la mort de son mari au monastère cistercien d'Alvastra, elle vint s'y établir quelque temps, avant de fonder un monastère double à Vadstena, embryon de l'Ordre du Saint-Sauveur, réglé par une forme de vie qui lui aurait été révélée, et qui ne sera reconnue officiellement qu'en 1370 (à condition toutefois que ce ne soit justement pas un monastère double à la manière de Fontevraud, mais que l'administration en soit séparée, sous la Règle dite de saint Augustin). Et cela, sans que Brigitte devienne elle-même moniale, même si sa piété est restée très monastique par ses côtés ascétiques, pénitentiels et hospitaliers. L'influence de la mystique nuptiale cistercienne est également sensible. Sans oublier un réseau familial serré et très actif dans le champ religieux ou hospitalier. À cela s'ajoute une frénésie de pèlerinage cherchant à se justifier notamment par la vie évangélique, alors que l'itinérance galiléenne de Jésus est en rupture frontale avec le Temple de Jérusalem. Toujours est-il que, dès 1349, elle quitte la Suède pour Rome (en vue du Jubilé), où elle résidera jusqu'à sa mort avec une de ses filles, Christine, qui l'épaulera et poursuivra l'œuvre de sa mère, en exerçant aussi un lobbying efficace pour sa canonisation. Brigitte y devint tertiaire de saint François, et fera d'ailleurs le pèlerinage à Assise, même si l'influence dominicaine a certainement dominé la période suédoise de sa vie.

À vrai dire, son activité relève plus de l'activité visionnaire et prophétique – sans doute influencée par la poésie épique et courtoise, les hagiographies et les chroniques en langue suédoise –, que de l'expérience mystique, car la pratique expérimentale de l'unité silencieuse, manifestement, n'est pas son fort. Un prophétisme que l'on peut, de surcroît, qualifier de conservateur, au caractère moraliste et passéiste dans la lignée d'Hildegarde de Bingen* et de Catherine de Sienne* (au service du pouvoir pontifical romain), et qui reste à distinguer du prophétisme de type joachimiste, sensible à la croissance historique, dans la lignée du cistercien réformateur. Lignée que reprendra saint Bonaventure en le tempérant, mais aussi tout un courant franciscain spirituel beaucoup plus virulent face aux formes de pouvoir dans la vie ecclésiale, ainsi chez Jean de Roquetaillade confronté à la papauté avignonnaise, et victime d'incarcération dans des conditions abominables. Esprit de prophétie qui consiste pourtant, chez Brigitte, à exercer un impact sur la vie publique, à proférer des jugements menaçants, et particulièrement à légitimer le pouvoir pontifical (le grand schisme d'Occident sera consommé en 1378), à contester le roi de Suède ou à justifier sa congrégation religieuse.

La situation est assez complexe, car si Brigitte meurt en plein « été indien de la spiritualité féminine », la réaction cléricale se fait sentir, signe hivernal d'une plus grande méfiance face aux révélations, surtout lorsqu'elles servent trop malaisément à réguler les pratiques divinatoires plus traditionnelles mais étrangement irréductibles (même par les menaces d'excommunication). Ainsi, la reconnaissance de la sainteté de Brigitte n'a pas été sans mal ; malgré son réseau serré de gens influents (ou à cause de lui par ailleurs), il lui a fallu pas moins de trois canonisations ! En outre, son discours prophétique, incluant une conception monarchiste de la papauté romaine, n'a jamais été vraiment reçu en France, dans cette France conciliariste où l'Ordre du Sauveur ne trouva pas à s'implanter, et où, malgré les traductions du XVIIe siècle, il fallut attendre le XIXe siècle pour voir une traduction complète des *Révélations* (dans le contexte de la Restauration). Sans doute, même si Brigitte apprend la grammaire latine vers la cinquantaine, les huit livres de ses *Revelationes caelestes* et les *Extravagantes* – textes qui n'avaient pas été repris dans les *Revelationes* – sont rédigés et revus par des clercs, les confesseurs qui l'accompagnent à Rome et traduisent en latin les visions, les scènes symboliques et allégoriques de jugements inquiétants ou édifiants, sous forme de dialogues entre Jésus, Marie*, des saints, l'ange gardien et le personnage sponsal de Brigitte. Ce qui n'empêche pas la rhétorique nuptiale du Dieu s'exprimant en première personne et annonçant qu'il la considère comme celle qui va devenir épouse. Cela autorise, en retour, l'audition et la vision des secrets célestes, la permanence de l'inhabitation par l'esprit jusqu'à la mort (ce qui est supérieur à l'intermittence de l'inspiration ancienne, d'un Jérémie par exemple, et vient éclairer la fréquence des citations d'Isaïe), et justifie la verbalisation sponsale. Relevons aussi que cette verbalisation déploie une sorte de travail de deuil : « Quelques jours après la mort de son mari [...], l'esprit du Seigneur l'environna et l'enflamma [...]. Entends donc ce que je te dis : assurément tu seras mon époux et le canal de ma voix. » Là est le point de convergence et de bifurcation avec la mystique bernardine.

La sainteté féminine muette, c'est bien fini, et Jeanne d'Arc* répliquera admirablement aux universitaires excédés et anglicisés qui la jugent pour en finir, même si la réformatrice fameuse des Clarisses, Colette de Corbie*, dira encore, mais dans un temps de reprise en mains du verbe féminin, qu'elle « n'a rien à dire ». Mais Brigitte se sent tenue précisément à le dire, comme pour s'en justifier. Précision en soi très révélatrice de la mutation flamboyante opérée par les *Révélations* de Brigitte. Il ne s'agit pas de révélations privées mais qui s'entendent explicitement « pour le salut de tous les chrétiens » (*Extravagantes*, chap. 97). Les clercs ne trouvent pourtant dans ces révélations que certains échos, avec des harmoniques nouvelles, de leurs propres discours, inquiétudes et espérances, ce qui tout à la fois les fascine et les interloque. D'ailleurs, le grand chancelier Gerson, l'auteur de l'éclairante *Theologia mystica*, mais aussi le théologien critique de la mystique de Ruusbroec, ne manque pas d'émettre des remarques défavorables ou, du moins, de rappeler la difficulté d'admettre autant que de refuser les dites révélations, d'où la nécessité d'un examen rigoureux (cf. *De probatione spirituum*, 1415). C'est aussi la réaction du théologien face aux inspirations spirituelles sans logique articulées par des femmes illettrées (*sine litteris mulierculas*), et qui recoupe la question universitaire du temps concernant la capacité des « petites vieilles » (*vetulae*) à accéder aux mystères de Dieu. De toute manière, Gerson plaçait la pratique mystique à la périphérie de la théologie et non plus comme son perfectionnement (ainsi que chez Bonaventure).

Certes, ce genre littéraire des révélations prophétiques d'avertissement peut se rapprocher non seulement du prophétisme féminin au sens scripturaire, mais encore de certaines formes de la divination la plus ancienne. Déjà Platon tentait de les rationaliser en les assimilant à une forme du délire inspiré, la *mania* (parallèle au délire liturgique, érotique et poétique). Le stoïcisme rapporte également la divination à la logique qui gouverne le tout. C'est aussi, face à une situation angoissante, une manière d'acquérir une forme d'assurance, voire de certitude, cautionnée par la culture ambiante. Dans l'aire chrétienne, rappelons l'usage des sorts dans l'Ancien Testament (notamment lorsque l'angoisse du *pogrom* est portée à son comble dans le livre d'Esther) et les consultations évangéliques. Outre le rôle crucial joué par les visions et l'esprit prophétique dans la littérature apocalyptique (comme les songes visionnaires et voyages célestes pseudépigraphiques d'Hénoch) – mais les références à l'Apocalypse canonique ne sont pas les plus nombreuses chez Brigitte –, les *Actes des Martyrs* comme ceux de sainte Félicité et de sainte Perpétue, évoquons surtout les pratiques divinatoires chez Augustin (lors de sa conversion, comme en témoignent ses *Confessions*, alors qu'il est ouvertement défavorable) et chez François d'Assise, même si elles sont justifiées avec précaution en faisant mention de la prière spirituelle préalable. Néanmoins, le vecteur divinatoire apparaît lorsqu'il s'agit de discerner la vocation d'un frère (Thomas de Celano, seconde *Vita* de saint François d'Assise), ou plus fortement encore, l'avenir incertain de l'Ordre (Celano, première *Vita* ; ce qui ne sera plus repris dans la seconde *Vita*). Bonaventure lui-même en fera encore état dans sa *Legenda Major*. Cela montre à quel point il faut différencier le discours, en principe défavorable, et la pratique tolérée. Le courant romantique réhabilitera également ce qui, dans la divination, constitue un vecteur de consonance universelle (poétique, naturelle et historique), supposé avoir été perdu par le siècle des Lumières. D'ailleurs, le retour du discours prophétique féminin fera un réveil remarqué après la Révolution française, comme discours spiritualiste et légitimiste, avocat grondant du pouvoir royal déchu, allant contre le cours supposé de l'Histoire rationalisée et de la politique rationnelle (celle des États modernes). On trouve encore des traces de cette veine sybillaire ou relevant du *delirium* séducteur (surchargeant la réalité d'artifices, sans la nier par l'imaginaire) dans l'esprit de prophétie animant de nombreuses figures et figurines « mystiques » de la seconde moitié du XIXe siècle, jusqu'à Marthe Robin*, à la suite des grands revers militaires de la France impériale et républicaine.

Bernard Forthomme

• *Voir aussi* : Catherine de Sienne ; Hildegarde de Bingen

Bibl. : *Œuvres* : *Revelationes extravagantes, Sermo angelicus, Regula Sancti Salvatoris*, L. Hollman (éd.), Uppsala, 1956 et suiv. ; *Die Offenbarungen der heiligen Brigitta von Schweden*, par S. Huber et R. Braun, Francfort-sur-le-Main, 1961. ***Vie*** : P. O. DE SKÄNNINGE et P. O. D'ALVASTRA, *Vita*, éd. C. Annerstedt, in *Scriptores rerum scvecicarum medii aevi*, Upsal, 1871. Pour mémoire, signalons aussi la vie écrite par la COMTESSE DE FLAVIGNY, *Sainte Brigitte de Suède, sa vie, ses révélations et son œuvre*, Paris, 1892. ***Études*** : A. VAUCHEZ, « Sainte Brigitte de Suède et sainte Catherine de Sienne. La mystique et l'Église aux derniers siècles du Moyen Âge », in *Temi e problemi nella mistica femminile trecentesca* (Todi, 14-17 oct. 1979), Todi, Presso l'Accademia Tudetina, 1983, p. 227-224 ; A. VAUCHEZ, « La faible diffusion des *Révélations* de sainte Brigitte dans l'espace français : les causes d'un rejet », in *Saints, prophètes et visionnaires. Le pouvoir surnaturel au Moyen Âge*, Paris, Albin Michel, 1999, p. 162-174.

BROKHA ou BRAKHA, Hannah, *figure spirituelle hassidique* (Ukraine, XIXe s.). — Fille de Sarah Sternberg* et épouse (1892) de Reb. Elimelekh de Grodzisk, Hannah Brokha était connue pour son érudition et sa piété. Au cours des prières, elle portait le châle et le *tsitsit* (franges rituelles) ou un vêtement à franges, et les hassidim (disciples) lui apportaient leurs requêtes et dons en échange de ses bénédictions.

Mireille Loubet

• *Voir aussi* : Sternberg

Bibl. : *Vie et études* : M. M. BRAYER, *The Jewish Woman in Rabbinic Literature : A Psychohistorical Perspective*, Hoboken (NJ), Ktav Publication Inc., 1986, p. 45 ; E. TAITZ, S. HENRY, C. TALLAN, *The JPS Guide to Jewish Women : 600 B.C.E.-1900 C.E.*, Philadelphie (PA), The Jewish Publication Society, 2003, p. 207.

BROSSIER, Marthe, *laïque, frappée de possession* (Romorantin, 1573-Rome, ?). — Marthe Brossier ne bénéficie d'aucune notice dans le *Dictionnaire de spiritualité* et se voit à peine mentionnée dans l'*Histoire littéraire* de Bremond, il est vrai en compagnie d'un imposant cortège de sorcières et de possédées : Nicole Obry, de Vervins, Barbe Buvée, d'Auxerre, Denise de La Caille, de Beauvais, et Marie de Sains, une brigittine de l'Isle-les-Flandres, qui échappe de peu au bûcher. On aurait pu ajouter dans leur sillage, Jeanne des Anges*, la fameuse prieure des Ursulines de Loudun, et Madeleine Bavent, qui fera parler d'elle à Louviers. Non négligeables aussi, Jeanne Féry, de Mons, Perrine Sauceron, de Blois et Françoise Fontaine, de Louviers. Le cas Brossier est intéressant en cela qu'il voit s'affronter des autorités : judiciaire, théologique et médicale, chacune revendiquant de dire LA vérité des faits avérés : concurrence des interprétations, mais aussi des méthodes qui examinent le réel phénoménal.

Marthe se présente comme possédée, et non comme sorcière « jurée » : elle n'a pas pactisé avec les puissances démoniaques, elle en est la victime. L'affaire qui va entourer l'apparition de sa possession et les tentatives de l'en délivrer aurait pu être discrètement étouffée, mais les séances d'exorcisme firent à ce point grand bruit qu'elle remonta au Parlement de Paris, prenant alors un tour politique. Marthe est la troisième de quatre filles de Jacques Brossier, un marchand ruiné de Romorantin, qui pour cette raison même, n'aura pu en marier aucune. Début 1598, elle prétend être possédée et elle accuse une de ses voisines, Anne Chevreau, laquelle est incarcérée, mais n'en écrit pas moins le 16 mars 1599, à l'évêque de Paris pour lui décrire, sans la moindre aménité (les deux familles étaient brouillées et se querellaient), l'état psychique de la prétendue victime : elle est « fort triste et solitaire [...] hors d'espoir d'être mariée », ce qui la fait tomber dans un état « tout frénétique ». Le curé comme le médecin consulté préconisent les voies d'une guérison spirituelle, et le père et sa fille font un pèlerinage à Notre-Dame de Cléry, qui bientôt se métamorphose en un voyage qui les mène à Paris *via* Orléans, Notre-Dame des Ardilliers, Saumur, chaque étape étant illustrée du spectacle des crises démoniaques et des tentatives (infructueuses) d'exorcisme.

Le démon qui occupe Marthe est fort bavard : il révèle sa stratégie – une pomme maléfique, donnée à Marthe tout enfant par la voisine dénoncée – et se montre théologien averti à ses heures ; on ne s'en étonnera pas : il tient le même discours qu'à Nicole Obry, dont on avait lu et répété à Marthe avec insistance le récit de ses séances d'exorcisme. En mars 1599, ce sont les Capucins de Paris qui prennent en charge la possédée : le démon collabore alors à la lutte antihuguenote, se vantant d'aller « quérir tous les jours quelque âme nouvelle à La Rochelle et ailleurs pour mettre en sa chaudière ». Marthe, de son côté, vaticine sur les « questions frivoles » que lui pose une foule ravie. L'évêque de Paris convoque alors théologiens et médecins pour une comparution en l'abbaye Sainte-Geneviève : exhibitions convulsionnaires, mais le démon est incapable de répondre au grec du théologien Marius ni au latin du médecin Michel Marescot. Ce dernier flaire la supercherie, ce qui provoque une violente dispute avec le père Séraphin, l'un des capucins exorcistes ; car Marescot vient à bout du (soi-disant) démon avec sa seule force physique pour entraver l'agitation de la malheureuse. Le Parlement de Paris intervient et, plus discrètement, le roi Henri IV – car le ton violemment antiprotestant du démon parleur est fort mal venu au moment de la promulgation de l'Édit de Nantes, et l'on peut soupçonner, dans le zèle des capucins, une manifestation d'un catholicisme par trop zélé, proche cousin de la Ligue défaite par le roi – Marthe est donc conduite au Châtelet, pour une quarantaine de jours : les exorcismes sont interdits, et la possédée retrouve son calme.

Elle est renvoyée à Romorantin en résidence surveillée. Mais l'affaire rebondit, lorsqu'en décembre, elle est enlevée (?) et se retrouve en Auvergne, au prieuré de Saint-Martin-de-Randan. Ni le parlement local ni les autorités royales ne peuvent obtenir qu'elle leur soit livrée. Le prieur de Randan décide de déférer son cas à l'autorité pontificale et s'embarque dans un voyage à Rome. Heureusement, avec grande sagesse – car le cas de cette fille recherchée par le Parlement de Paris devient épineux et risquerait de compromettre des relations déjà difficiles entre le pape et la France –, le cardinal d'Ossat bloque toutes les tentatives d'entrevue, ramène le prieur à plus de modestie et Marthe ira terminer heureusement ses jours dans l'oubli d'un couvent romain.

L'affaire Marthe Brossier aura donc vu s'affronter deux types de discours et de rationalités expérimentales dans l'appréciation des phénomènes extraordinaires (qu'il ne faut pas trop vite qualifier de surnaturels) et, à ce titre, prépare les confrontations du XIXe siècle, à la suite des observations et diagnostics des aliénistes, puis des psychiatres sur les phénomènes mystiques considérés comme pathologiques (pensons à Charcot à La Salpetrière). Un catholicisme radical défendu par Pierre de Bérulle veut voir en Marthe la victime du pouvoir démoniaque, qu'il faut donc délivrer par les moyens spirituels appropriés. Penchent aussi de ce côté les exorcistes d'Orléans, voire des médecins qui éliminent successivement les hypothèses plausibles : la maladie, la feinte mensongère, et en concluent à l'inévitable possession. Les Capucins parisiens ne sont pas exempts d'arrière-pensées politiques (ligueuses) : Benoît de Canfield en fera les frais, mais aussi Michel de Marillac, chef de file du parti dévot. Bérulle, pour sa part, s'en prend violemment à Michel Marescot, médecin accusé de pensée libertine et d'arrogance vis-à-vis de l'autorité ecclésiastique, et plus encore d'incompétence. Marescot, de son côté, démonte méthodiquement les arguments de ses adversaires, sans se réclamer d'une idéologie, mais en se soumettant au verdict de l'observation et du comparatisme : c'est l'examen clinique qui impose ses conclusions et invite, par ricochet, à mettre en doute les pratiques des Capucins, en particulier leur lecture littéraliste des Écritures. Au final, Marescot dévoile le motif et la cause de cette entreprise de simulation : la cupidité de Jacques et de sa fille ; en effet, les exorcismes (toujours spectaculaires) réclamaient un financement, auquel pourvoyaient des quêtes fructueuses. À l'appui de son point de vue, Marescot pouvait produire d'utiles contre-expertises : il suffisait de maquiller le réel (ainsi, des os de veau ou de mouton présentés comme reliques sanctorales !), pour que Marthe tombât dans le piège. Marescot n'était pas seul à juger ainsi : le prudent et sage cardinal d'Ossat, qui étouffa les rebondissements romains de l'affaire, ne voyait en tout cela qu'« un pur badinage, qui fait rire jusques aux plus simples et aux plus crédules ». Et, dès les années 1600, certains, sans méconnaître la cause diabolique, envisageaient la possible influence de « l'humeur mélancolique ». On lira avec intérêt le jugement du professeur Jean Lhermite, qui salue la clairvoyance et la pertinence méthodologique, l'acuité rationnelle de Marescot (aussi scolastique que ses adversaires, mais rigoureusement logique), lesquelles rendent plus pitoyable que jamais l'aveuglement (politique ?) de Bérulle, de Canfield et de Duval, théologiens éminents par ailleurs.

François Marxer

Bibl. : ***Études*** : P. de BÉRULLE, *Traité des énergumènes* [1599, rééd., 1631], suivi du

Discours de la possession de Marthe Brossier, Contre les calomnies d'un Médecin de Paris [1599], dans *Œuvres complètes*, Paris, Cerf, 1997, t. VI ; J. DAGENS, *Bérulle et les origines de la Restauration catholique (1575-1611)*, Bruges, Desclée de Brouwer, 1952, p. 150-165 ; BRUNO DE JÉSUS-MARIE, *La Belle Acarie, Bienheureuse Marie de l'Incarnation*, Bruges, Desclée de Brouwer, 1942, p. 412-456 (présente en note l'expertise du Pr Lhermitte sur la clinique de Marescot, p. 439-443) ; J. LHERMITTE, « Les pseudo-possessions diaboliques », *Satan*, nº spécial des *Études carmélitaines*, Bruges, 1948 ; R. MANDROU, *Magistrats et sorciers en France au XVIIe siècle*, Paris, Seuil, 1980.

BRUYÈRE, Cécile, *bénédictine, abbesse de Solesmes* (mère Cécile en religion ; Paris, 12 octobre 1845-Ryde, Grande-Bretagne, 1909). — Jenny Bruyère grandit au sein d'une famille bourgeoise parisienne. Son père est architecte et agnostique ; sa mère est chrétienne. Le cours de sa vie change en 1853, le jour où ses parents achètent le manoir de Coudreuse (Sarthe) près de Solesmes. Jenny Bruyère fait alors la connaissance de dom Prosper Guéranger, le fameux restaurateur de la vie bénédictine, qui gouverne Solesmes depuis vingt ans. En 1857, le père abbé prépare la petite à la première communion : s'instaure alors entre le moine et la jeune fille un lien de paternité spirituelle, puis d'amitié spirituelle, qui ne cessera qu'à la mort de dom Guéranger en 1875. L'abbé de Solesmes discerne vite chez Jenny – qui a choisi le prénom de Cécile depuis sa confirmation en 1858 – une vocation religieuse : c'est à elle qu'il destine le projet de fondation d'une branche féminine du rameau bénédictin restauré en France. Insensiblement, il la prépare à la vie monastique. En 1866, malgré l'opposition paternelle – elle a vingt et un ans –, elle quitte le domicile familial pour entrer dans la maison de Sainte-Cécile, dans le bourg de Solesmes, avec quelques compagnes. Elle est nommée aussitôt supérieure par dom Guéranger. Elle fait profession en 1868. Deux ans plus tard, sur une faveur faite à l'abbé de Solesmes par Pie IX, la jeune bénédictine reçoit la bénédiction abbatiale des mains de l'évêque du Mans. Cette abbesse de vingt-quatre ans, entièrement formée, modelée par dom Guéranger, va conduire avec talent, voire avec brio, la destinée de l'abbaye Sainte-Cécile pendant près de quarante ans, jusqu'à sa mort. Malgré l'exil forcé en Angleterre en 1901 pour échapper à la République anticléricale, le succès de cette fondation monastique féminine est une évidence : la communauté compte une centaine de moniales au tournant du siècle, et l'abbaye Sainte-Cécile a déjà essaimé deux fois : à Wisques, en Artois, en 1889, et à Kergonan, en Bretagne, en 1898.

Face à ces succès, la vie intérieure – peut-être doit-on parler de vie mystique – de mère Cécile Bruyère est moins simple à évaluer. Il y eut en effet une « affaire Bruyère » qui défraya la chronique solesmiennes en 1893 et laissera de longues traces douloureuses. Il faut remonter à la mort de dom Guéranger, en 1875, pour la comprendre : selon ses dires, l'abbesse semble avoir reçu du bénédictin le legs spirituels des deux communautés. La personnalité faible de dom Charles Couturier, successeur de dom Guéranger, favorisa certainement l'emprise spirituelle de l'abbesse sur le monastère masculin, d'où l'on venait chercher près d'elle l'enseignement bien compris du fondateur et le conseil spirituel en général. Quant au troisième supérieur de Solesmes, le remarquable dom Paul Delatte (abbé de 1890 à 1937), qui n'avait pas connu Guéranger, il professait une grande admiration et une vive amitié pour l'abbesse. D'autres moines encore se rangeaient volontiers sous la direction de cette femme de tempérament et de haute spiritualité. Mais ce rôle prééminent de l'abbesse fut mal compris, suscita des jalousies, peut-être même un esprit de parti (des « céciliens » et des « anticéciliens », a-t-on dit) si bien qu'en 1893, les choses se gâtèrent. Un moine solesmien, dom Sauton, médecin disciple de Charcot, au temps où celui-ci étudiait l'hystérie féminine à La Salpêtrière, d'abord dévot de mère Cécile, avait été finalement éconduit par elle. Il envoya à Rome un mémoire vengeur où il dénonçait le comportement « mystique » de l'abbesse comme une supercherie destinée seulement à cacher sa volonté de puissance. Ces accusations eurent un effet dévastateur, Léon XIII déposa et exila momentanément le père abbé Delatte, et le Saint-Siège diligenta une visite apostolique dans les deux monastères solesmiens. Les conclusions de l'enquête, très favorable à Solesmes, ramenèrent la paix. On conclut à la netteté des sentiments de l'abbé comme à un charisme maternel certain de l'abbesse, quoique compris de travers par une époque et un milieu ecclésiastique peu préparés à ces attitudes, voire à ces altitudes. Cela étant dit, l'affaire – et au premier chef ce mémoire calomnieux, publié en 1924 par Albert Houtin – est caractéristique aussi d'une époque où la médecine commence à réfléchir à la pathologie des états religieux, et où se met en place ce que l'historien Émile Poulat a appelé le « triangle de fer » : mystique, pathologie, ésotérisme. Peut-on lire les états mystiques en termes médicaux (dépression, expansion, obsession, hystérie) ? Quel sens cela a-t-il d'aborder la relation à Dieu à partir de l'extérieur, sans aucune empathie avec ce qui est vécu ?

Reste la question de l'intime de l'abbesse. La correspondance et les écrits encore inédits de mère Cécile Bruyère montrent une moniale qui se laisse saisir par Dieu, qui pratique l'oraison contemplative et cultive l'abandon et l'indifférence au sens traditionnel de ces termes dans le vocabulaire spirituel. Plus délicate – mais fortement attestée aussi dans la Tradition chrétienne, notamment chez les mystiques rhénans ou chez Angelus Silesius – est la certitude de l'abbesse qu'il y a une naissance de Dieu en l'homme, une maternité spirituelle nécessaire chez tous, à l'image de l'enfantement par la Vierge Marie*.

Le cas Bruyère est également révélateur du statut possible (ou impossible) de la femme dans l'Église du temps, qui intéresse les historiens du *gender* (du « genre », courant historiographique qui s'intéresse à l'histoire sociale des femmes). Le succès du petit ouvrage de l'abbesse, *La Vie spirituelle et l'oraison* (1886), ne fut pas du goût de tout le monde : qui était donc cette femme qui se mêlait d'enseigner dans de hautes matières réservées à la gent masculine ?

Dominique-Marie Dauzet

Bibl. : *Œuvres* : outre de nombreux textes encore inédits (Solesmes, archives privées), *La Vie spirituelle et l'oraison d'après la*

Sainte Écriture et la tradition monastique, Solesmes, Édition de Solesmes, 1886 (rééd. Tours, 1920, Solesmes, 1984) ; J.-K. HUYSMANS et C. BRUYÈRE, *Correspondance*, Paris, Sandre, 2009. ***Études*** **:** A. HOUTIN, *Une grande mystique, Madame Bruyère*, Paris, Alcan, 1924 ; G. M. OURY, *Lumière et force, Mère Cécile Bruyère, première abbesse de Sainte-Cécile*, Solesmes, Éditions de Solesmes, 1997 ; J. MAÎTRE, *Mystique et féminité*, Paris, Cerf, 1997 ; D.-M. DAUZET, *La Mystique bien tempérée*, Paris, Cerf, 2006.

BUJAN, *chamane mongole de dixième génération, du clan Moncoogo* (Bujanhisig ; Cengel süm, 1964). — D'origine urianhaj, Bujan est née à Cengel süm dans la province Bajan Ölgijn dans l'ouest de la Mongolie. Sa vie est tourmentée. Quand elle a six ans, sa mère décède et elle est maltraitée par la nouvelle femme de son père. Elle connaît alors de nombreux malheurs : décès de proches, maladies (paralysie des muscles, maux de tête). « Les chamanes souffrent beaucoup dans leur vie. On doit passer à travers tout : la soif, la faim, la maladie, les opérations [...] on subit tous les malheurs que peut subir l'être humain », racontera-t-elle plus tard. Petite, elle manifeste déjà des dons de voyance et de guérison. Son premier contact avec les esprits a lieu à l'adolescence : elle rencontre un vieux moine qui disparaît alors qu'elle garde le troupeau de bêtes de la famille dans la steppe ; elle est assaillie par les esprits alors qu'elle rejoint ses parents à la tombée de la nuit pour fêter Cagaan Sar (le Nouvel An). À dix-neuf ans, elle s'initie par hasard à la divination avec les quarante et un cailloux (technique assez répandue en Asie centrale qui consiste à répartir les petits cailloux en ligne et en tas, suivant le signe astrologique). Puis elle devient rebouteuse (à vingt-cinq ans) ; elle soigne les gens des maux de tête, des maladies du cœur et des reins, de l'anorexie, etc. Elle vit à Ovd et se marie une première fois à vingt-trois ans. Après le départ de son premier mari (dont elle a une fille), elle vit à Erdenet avec son deuxième mari et sa belle-famille. Elle met au monde une deuxième fille. Après avoir été aide-soignante, elle devient guérisseuse. Elle divorce ; sa seconde fille lui est retirée.

En 1999, Bujan arrive dans la capitale, à Ulaanbaatar, avec sa première fille et entre en contact avec le Centre Golomt du chamanisme mongol. Là, elle est éprouvée par le chamane Tömör lors d'un rituel. Elle y séjourne un mois, le temps de recevoir la dernière phase de son initiation qui consiste « à mettre son *ongon* [« esprit ancêtre »] sur la bonne voie » : « Comment dire ? C'est comme un enfant turbulent au départ, puis avec le temps, il grandit, il se laisse éduquer et il devient obéissant », explique-t-elle. Elle se dispute régulièrement avec son maître, tant elle est réputée pour son fort caractère. Une fois son grand talent chamanique reconnu, elle ouvre son propre centre. Dès lors, sa vie se stabilise quelque temps. Elle pratique des rituels de guérison pour les gens et des rituels pour le ciel, la terre et les *lus* (esprits maîtres des rivières et des montagnes) en vénérant son *ongon sahius* (« esprit protecteur »). Elle fait l'objet d'articles de journaux qui contribuent à la faire connaître. Les gens la visitent alors du matin au soir. En plus des rituels chamaniques, elle leur apporte « de la force » par sa présence, juste parce qu'elle *est*. Son charisme impressionne. « Quand je chamanise, témoigne-t-elle, je pense vraiment aux gens ; je pense que je suis en train de chasser tous leurs maux que j'ai portés sur moi, que j'ai pris sur moi et dont je me débarrasse », témoigne-t-elle. En même temps qu'une chamane, elle est une figure culturelle, porteuse d'identité, qui réconforte. Puis elle est contactée par l'Association internationale pour les études de la tradition et des coutumes mongoles, qui tente de promouvoir ses activités. Elle distribue son *curriculum vitæ* et des cartes de visite à foison. Elle déménage plusieurs fois. Fâchée avec l'Association, elle finit par voler de ses propres ailes, assurée de devenir une vraie femme d'affaires. Authentifié par l'État (gage légal et officiel de son statut de chamane), son centre prend successivement les noms de Centre d'études des traditions mongoles et du chamanisme puis Centre scientifique des études sur les traditions et le chamanisme mongol. Elle occupe plusieurs locaux différents jusqu'à ce que sa trace se perde dans la banlieue d'Ulaanbaatar.

Bujan est une chamane traditionnelle. Son art repose sur un système de croyances et de pratiques qui consiste, de manière assez pragmatique, à négocier la chance et la bonne fortune avec des entités spirituelles (*ongods*) et à rétablir une harmonie lorsqu'un déséquilibre apparaît. Comprenant le mal et agissant sur lui par l'intermédiaire des esprits, elle est ainsi censée influencer la vie de ses clients. En outre, elle est une chamane moderne. Elle s'inscrit dans le renouveau du chamanisme en Mongolie postcommuniste, qui s'est développé en milieu urbain. Elle témoigne ainsi de la volonté de la plupart des Mongols de renouer avec la culture populaire et les croyances ancestrales pour faire face aux problèmes de la vie quotidienne et au mal-être en général, exacerbé par la crise de transition vers le capitalisme. En cela, elle est également une véritable figure de la culture mongole qui a servi à la reconstruction de l'identité du pays. (L. Merli, p. 129-130).

Audrey Fella

• *Voir aussi* : Soumia

Bibl. : *Vie et études* : L. MERLI, *De l'ombre à la lumière, de l'individu à la nation*, Paris, Centre d'études mongoles et sibériennes, EPHE, 2010 ; S. KAKAR, *Chamans, mystiques et médecins*, Paris, Seuil, 1997 ; M. PERRIN, *Le Chamanisme*, Paris, PUF, 1995.

C

CABRERA DE ARMIDA, Concepción. — *Voir* CONCEPCIÓN CABRERA DE ARMIDA

CAITHNESS, lady, *occultiste, théosophe, spirite et écrivain* (Maria de Mariategui ; Madrid ou Londres, 1830-Paris, 1895). — Fille du comte de Mariategui et de la petite-fille, catholique, du marquis de Northampton, elle passa son enfance à Londres avant d'épouser le général comte, puis duc de Medina Pomar. Veuve en 1868 avec un fils, elle épousa en secondes noces James Sinclair, lord écossais, en 1872. Elle vécut alors à Barrogill Castle, cultivant ses dons de médium et s'intéressant aux « esprits » dans une perspective plus proche de la conception réincarnationiste française d'Allan Kardec que du « spiritualisme anglo-saxon ». En 1876, elle s'affilia à la Société Théosophique d'Helena Blavatsky* et reçut l'année suivante la révélation spirituelle décisive de sa vie dans sa chapelle d'Holyrood en Écosse : la reine Marie Stuart, dont l'esprit désincarné allait rester en communication avec elle jusqu'à sa mort. Dès 1879, elle quitta l'Écosse et partagea son temps entre Paris et Nice. Héritière de l'immense fortune des Sinclair en 1881, elle fit construire un hôtel particulier dans la capitale, avenue Wagram, où elle reçut le Tout-Paris jusqu'à sa mort. Des protestants libéraux comme la féministe Émilie de Morsier voisinaient avec des prêtres « modernistes », l'abbé Victor Charbonnel, ou occultisants, les abbés Joseph-Alphonse Petit, Alta (Calixte Mélinge, aumônier de la Légion d'honneur et membre du Suprême Conseil de l'Ordre martiniste). Édouard Schuré, auteur de l'immense succès *Les Grands Initiés* (1889), était de ses familiers croisant des écrivains comme Maxime Du Camp, des savants comme Charles Richet ou Camille Flammarion, eux-mêmes versés dans « l'occulte », voire des socialistes révolutionnaires comme Benoît Malon.

Son activité mondaine n'étant que secondaire, elle occupa surtout une place de choix dans le milieu occultiste et théosophique. C'est d'ailleurs chez elle que se prépara activement la rencontre internationale du « Parlement des religions » de Chicago de 1893, qui précéda l'esquisse du projet de Paris en 1900. Quelques années plus tard, elle fut présidente d'honneur du grand congrès spirite et spiritualiste de Paris de 1889. C'est encore dans son salon que fut créée, au cours d'une séance spirite en 1888, l'Église gnostique universelle par Jules Doinel : l'évêque cathare Guilhabert de Castres, au XIIIe siècle, investissant ce dernier du patriarcat depuis l'astral (il avait tenté de persuader lady Caithness de rentrer dans le rôle de la « Sophia » incarnée, la divinité au féminin, mais elle avait décliné l'offre). Depuis juin 1883, elle était présidente de la section française de la Société de Théosophie sous le titre de Société Théosophique d'Orient et d'Occident, avec l'accord de Mme Blavatsky, sensible à la fortune de « la duchesse plus lady », « Dieu la bénisse » avait-elle ajouté, non sans ironie.

Nombre d'occultistes collaborèrent à sa revue, *L'Aurore du jour nouveau* (1886-1895), comme Albert Jhouney, chantre d'un messianisme socialisant et kabbalisant. La revue servit de tribune aux conceptions messianiques féminisantes de lady Caithness : le règne de l'Esprit à venir serait celui de la femme. Elle tenait ses certitudes d'un « Cercle de l'Étoile » d'où elle recevait des avis de Marie Stuart, considérant sa mission comme plus importante que celle des prophètes de l'Ancien Testament puisqu'elle levait les secrets de la fin des temps. Dès ses premiers écrits (*Old Truths in a New Light*, 1876) en Écosse, les clergés espagnol et britannique s'étaient émus, mais elle devait aller son chemin.

Ses visions, comme celles du théosophe du XVIIIe siècle Emanuel Swedenborg et ses références à Jacob Boehme l'orientèrent vers une nouvelle lecture des Écritures, lecture « mystique » pour laquelle elle fut aidée par Anna Kingsford* qui suivait les mêmes voies. La Bible ne rapportait pas des événements historiques, mais décrivait dans un langage crypté les étapes du chemin de perfection des âmes (*La Théosophie chrétienne*, 1886 et *Interprétation ésotérique des livres sacrés*, 1891). Elle annonçait l'ère nouvelle de Notre-Dame commencée avec l'élection de Léon XIII (une voix l'avait prévenue de son élection) et les progrès du culte marial. La libération progressive de l'âme humaine, symbolisée par Ève délivrée de la matérialité d'Adam et passant de la figure de Marie-Madeleine* pécheresse à celle de Marie*, mère du Christ, retrouvant sa virginité spirituelle, allait ouvrir la porte de la « demeure éternelle du Dieu Père-Mère » intégrant les deux sexes dans l'humanité régénérée. Ainsi, les hommes nouveaux deviendraient semblables au Christ cosmique, figure de l'humanité entière. À la différence des messianismes féminins du début du siècle qui assimilaient souvent le Saint-Esprit à la part féminine de Dieu, c'était le Christ qui possédait en lui les deux attributs. Le guide caché de cette évolution était Jeanne d'Arc*, récupérée à tort à des fins guerrières (*La Fleur de France*, 1890). Dans un dernier texte de 1893, *L'Ouverture des sceaux*, lady Caithness a illustré son approche symbolique par une description du jardin d'Éden assimilé au corps de la femme, dans laquelle l'historien Marco

Pasi a vu une esquisse de magie sexuelle malgré son approche « ascétique ».

Comme ce fut le cas pour beaucoup de grands salons littéraires parisiens, celui de lady Caithness se faisait l'écho des idées qui étaient dans l'air du temps ; la réincarnation justifiait et compensait en même temps l'injustice de la société et le messianisme féminin le déni des droits de la femme.

Jean-Pierre Laurant

• *Voir aussi* : Blavatsky ; Kingsford

Bibl. : *Études* : P. COMBES, *Lady Caithness, duchesse de Pomar*, Paris, Librairie Universelle, 1888 ; M.-F. JAMES, *Ésotérisme, occultisme, franc-maçonnerie et christianisme aux XIXe et XXe siècles*, Paris, Nouvelles Éditions latines, 1981 ; J.-P. LAURANT, *L'Ésotérisme chrétien en France au XIXe siècle*, Lausanne, L'Âge d'Homme, 1992 ; J. GODWIN, « Lady Caithness and her Connection with Theosophy », *Theosophical History*, VIII, nº 4, octobre 2000 ; M. PASI, « Exégèse et sexualité, l'occultisme oublié de lady Caithness », *Politica Hermetica*, nº 20, 2006.

CALAFATO, Eustochia. — *Voir* EUSTOCHIA CALAFATO

CALVAT, Mélanie, *visionnaire* (Marie de la Croix, en religion ; La Salette-Fallavaux, décembre 1831-Altamura, 1904). — Née dans un village de l'Isère, Mélanie subit les mauvais traitements de sa mère, qui la surnomme « la sauvage ». Dès quatre ans, livrée à elle-même, elle a pour compagnon de jeu un enfant qui l'instruit de sa « maman du Ciel » et lui conseille d'aimer la retraite et la Croix : elle ne sait pas encore qu'il s'agit du Christ. Dans ces longues errances avec celui qu'elle appelle « son petit frère », son désir de se donner à Dieu s'accroît, elle reçoit les douleurs des stigmates (*Vie*, p. 44-45), sa vie quotidienne est ponctuée d'échappées mystiques qui restent incompréhensibles à son entourage. À six ans, elle part travailler comme bergère, évangélise les bêtes sauvages et continue d'avoir des visions, mais est incapable de les expliquer, car elle n'est que de la « cire molle dans les mains de Jésus-Christ » (p. 139).

L'apparition de 1846 est comme l'aboutissement de ce cheminement intérieur fait d'abandon extatique et d'humilité : le 19 septembre, en compagnie d'un berger du village, Maximin Giraud, elle voit sur la montagne de La Salette la Vierge en pleurs, qui lui confie un secret à transmettre au pape (Pie IX) et prédit la survenue prochaine de catastrophes punitives (dont l'incendie de Paris). Les révélations sont approuvées par l'évêque, Mgr de Bruillard, en septembre 1851 et La Salette devient rapidement un lieu de pèlerinage où l'épiscopat décide d'élever un sanctuaire. Contre la volonté de ses parents, elle prend plus tard l'habit à Corrence, sous le nom de sœur Marie de la Croix, chez les religieuses de la Providence et déclare avoir reçu de la Vierge, dans une nouvelle révélation, la Règle d'un ordre religieux, celui de la Mère de Dieu appelé aussi « Apôtres des derniers temps », dont elle écrira les Constitutions vers 1878. Elle tente de mener à bien quelques fondations (en particulier à Chalon-sur-Saône). Mais le clergé réagit mal à cette nouvelle, en particulier le nouvel évêque qui lui impose l'exil vers Vienne, puis l'Angleterre, enfin l'Italie où elle meurt en odeur de sainteté. Ses prophéties, approuvées en 1879 par Mgr Zola, évêque de Lecce, sont publiées peu après sa mort.

La bergère de La Salette reste une figure très controversée. Certains, comme Léon Bloy, voient en elle une authentique mystique, victime de l'acharnement du clergé. Pour d'autres, elle est coupable d'avoir dérivé vers une sorte d'ésotérisme apocalyptique de mauvais aloi, ce qui expliquerait la mise à l'Index de ses prophéties en 1923. On peut souligner ici son appartenance à un modèle spirituel reconnaissable, pétri à la fois d'humilité et d'élévation, d'ignorance et de science. Bloy voit en elle un « prodige de sainteté sous les apparences du rien » (p. XXII). Son « ignorance lumineuse » (p. XIII), qui rappelle la *docta ignorantia* mystique, s'accompagne du désir de souffrir pour mieux aimer (« Il me semble que pour exprimer mon amour pour mon Dieu je me serais sacrifiée, détruite », p. 165). Par ailleurs, elle se rattache, par ses révélations, au courant de la mystique mariale de la fin du XIXe siècle prédisant le triomphe du matérialisme sur la foi, mais aussi le nécessaire triomphe de l'Église sur les méchants et la restauration en Europe du règne du Christ.

Antoinette Gimaret

Bibl. : *Œuvres* : *Prophéties de La Salette*, Argentan, Association Théotime, 2005. On trouve aussi des éditions de ses lettres : *Pour servir à l'histoire réelle de La Salette, Documents*, III Lettres, Paris, Nouvelles Éditions latines, 1966. ***Vie* :** *Vie de Mélanie bergère de La Salette, écrite par elle-même*, Léon Bloy (prés.), Paris, Mercure de France, 1912. ***Études* :** H. DION, *Mélanie Calvat, bergère de La Salette. Étapes humaines et mystiques*, Paris, Téqui, 1984 ; J. MAÎTRE, *Mystique et féminité, essai de psychanalyse sociohistorique*, Paris, Cerf, 1997.

CAMBRY, Jeanne de, *chanoinesse régulière de Saint-Augustin, puis recluse* (Jeanne-Marie de la Présentation en religion ; Douai, 15 novembre 1581-Lille, 9 juillet 1639). — Les principaux éléments concernant la vie de Jeanne sont fournis par son frère et premier biographe, le chanoine Pierre de Cambry, qui a publié en outre de larges extraits de sa correspondance avec ses directeurs spirituels. Jeanne de Cambry est la fille de Michel, juriste et premier conseiller de la ville de Tournai, et de Louise Guyon. L'enfance de Jeanne se déroule à Tournai, aux Pays-Bas espagnols ; on ne sait rien de sa formation. Son frère mentionne la précocité de ses expériences mystiques et un vœu de virginité prononcé à dix ans. Après avoir espéré pouvoir accomplir sa vocation de fille dévote dans le monde, elle se résigne, sous la pression familiale, à entrer au couvent.

En novembre 1604, elle prend l'habit chez les Augustines des Prés Porchins (Tournai). De nombreux « enivrements spirituels » survenus au chœur en font le point de mire de ses compagnes. Dès son noviciat, elle se dit sommée par Dieu de coucher sur papier le fruit de ses expériences, tandis qu'elle bénéficie, sans la moindre médiation, des enseignements de son divin maître. Un premier traité spirituel voit sans doute le jour à cette époque, alors que celui consacré à la *Ruine de l'amour propre et Bâtiment de l'amour divin* est déjà en germe. Durant son séjour chez les Augustines, les périodes d'exaltation alternent avec celles de déréliction, laissant la jeune femme éprouvée par ces expériences et incomprise par son entourage. Vers 1616, son directeur spirituel puis son évêque l'encourage à prendre la plume. Dès ce moment, clercs et laïcs sollicitent ses avis spirituels. La crise qui divise le couvent aux alentours de l'élection de Marguerite Leclercq, ajoutée aux difficultés de cohabitation de la mystique avec ses compagnes, l'incite à chercher refuge ailleurs. À la faveur de longues conversations avec ses interlocuteurs divins (1618), Jeanne conçoit le projet de fonder une compagnie de la Vierge Marie, dont les filles porteraient un scapulaire violet, en mémoire des souffrances de la mère du Crucifié. Par ailleurs, son comportement ne cesse d'intriguer, voire d'irriter les autres religieuses, qui menacent de brûler ses écrits. Elle se trouve alors consolée spirituellement, pendant une scène d'embrassement (*amplexus*) où le Christ lui fait goûter la liqueur suave s'échappant de son côté.

En 1619, elle est autorisée à se retirer comme pensionnaire chez les Augustines de Notre-Dame-de-Sion (Tournai). Elle y poursuit la composition de la *Ruine de l'amour propre*. Alors que son projet de création d'un ordre semble échouer, certains ecclésiastiques mettent en doute l'origine divine des phénomènes, soupçons que Jeanne s'efforce de dissiper dans sa correspondance avec les théologiens qui l'encadrent, en s'exerçant au discernement des esprits sur son propre cas. Elle continue à recevoir d'en haut moult éclaircissements sur les mystères de l'Incarnation et de la Trinité ou sur la présence immanente de Dieu en toutes choses. Parmi les « opérations divines » qui la comblent et la broient, la vision du Christ souffrant et, plus particulièrement, de son côté béant où elle trouve refuge, l'ébranle autant qu'elle l'exalte. Lovée dans le cœur du Christ, elle aspire à l'abriter également dans le sien. Ces expériences fusionnelles alternent avec des manifestations affectives à l'endroit de l'Enfant Jésus. Ses lettres témoignent en outre de l'augustinienne confrontation entre le néant de la créature et la grandeur de Dieu, autant de découvertes réalisées selon des voies qui laissent perplexes ses confesseurs, inquiets des avancées théologiques de leur dirigée, prétendument nantie de l'autorité divine.

En novembre 1621, l'évêque de Tournai la nomme prieure de l'hôpital Saint-Georges de Menin, avec mission d'y restaurer la discipline. L'exercice du gouvernement ne semble pas interrompre les communications avec le Ciel, qu'elle s'efforce tant bien que mal de dissimuler. Son cheminement intérieur, non dénué de tendances doloristes, la pousse à vénérer la Croix, dont elle espère célébrer le triomphe dans un traité resté inachevé. Tout adonnée à la difficile réforme de sa maison, elle n'en abandonne pas moins le projet d'un enfermement radical, pendant que son père se charge de la publication de *La Ruine* en 1623. Elle obtient enfin gain de cause en 1625 : prenant le nom de Jeanne-Marie de la Présentation, elle pénètre dans son réclusoir de la paroisse Saint-André de Lille, où elle restera jusqu'à son décès.

Là et pendant quatorze ans, la recluse multiplie les prouesses ascétiques et les pratiques dévotionnelles, tout en vivant un continuel face-à-face avec son Dieu, tantôt évoqué comme essence absolue, tantôt comme époux de sang. S'efforçant de dépasser l'approche sensorielle du divin, elle privilégie le terme « abstractions » pour décrire les moments où elle se fond en Dieu et ne vit plus qu'en lui. Si des traits lumineux ou enflammés encadrent souvent sa rencontre avec le divin, c'est aussi dans les ténèbres qu'elle arrive à faire l'expérience du pur amour. À l'image des ermites de grande renommée, Jeanne, réputée pour ses dons de clairvoyance et ses pouvoirs thaumaturgiques, reçoit de nombreuses visites et poursuit sa mission de conseillère spirituelle. Aussi est-elle amenée à concevoir un traité sur le mariage, fruit de son enseignement auprès des laïcs, alors que son *Flambeau mystique*, imprimé en 1631, aborde la question des relations complexes entre directeurs et dirigés, avant de traiter du discernement des esprits et des termes propres à la mystique. Dans la *Ruine de l'amour propre*, plusieurs fois rééditée, les quatre saisons sont convoquées pour évoquer les étapes du cheminement de l'âme jusqu'aux noces mystiques. Jeanne y prône l'abandon total de soi, pour n'aimer que Dieu, sans même éprouver le sentiment de l'aimer. Pour la composition de ses traités, elle se dit guidée par la main de Dieu, mais reconnaît aussi s'inspirer du *Cantique des cantiques*, du *De Trinitate* d'Augustin, d'écrits spirituels de François d'Assise sur la Passion et du modèle de vie de saint Antoine le Grand. On y décèle également une influence assez nette de la mystique rhéno-flamande. Morte en odeur de sainteté, Jeanne est rapidement tombée dans l'oubli, sauf dans certains milieux jansénistes ou piétistes.

Marie-Élisabeth Henneau

Bibl. : ***Œuvres*** **:** *Les Œuvres spirituelles de sœur Jeanne Marie de la Présentation, premièrement dame Jenne de Cambry...*, Pierre de Cambry (éd.), Tournai, Vve A. Quinque, 1665 ; « Une édition critique des lettres de Jeanne de Cambry, mystique augustinienne (1581-1639) », Joan Smeaton (éd.), thèse de maîtrise, University of Waterlo, Department of French Studies, 2002. ***Vie*** **:** P. de CAMBRY, *Abrégé de la vie de Dame Jenne de Cambry...*, Anvers, J. Mesens, 1659. ***Études*** **:** C. CARLIN, « Jeanne de Cambry : Mystic and Marriage Counselor », *The Cloister and the World : Early Modern Convent Voices*, T. Carr (éd.), *Studies in Early Modern France*, t. 11, Rookwood Press, 2007, p. 113-129 ; P. DROULERS, « Cambry (Jeanne de) », in *Dictionnaire de spiritualité*, Paris, Beauchesne, t. II, 1953, col. 61-62.

CAMILLA BATTISTA DA VARANO, *sainte, clarisse* (Camerino, Marche, 1458-1524). — Fille illégitime de Giulio Cesare, seigneur de Camerino, mais reconnue par lui, élevée sans jalousie par sa belle-mère, issue des Malatesta de Rimini. Elle reçoit une éducation courtoise et humaniste, qui comprend la littérature, la danse, la musique. Comme elle le rapporte elle-même dans l'*Histoire de mon bonheur si malheureux* (1491), elle est fortement influencée, dès son enfance, par la prédication quadragésimale des Frères franciscains de l'Observance qui recommandent de verser au moins une larme en mémoire de la passion du Christ. Le lien est alors particulièrement fort et explicite entre pathos et mémoire, entre le traumatisme et le sentiment de présence de l'événement advenu (car la mémoire dont il s'agit ici n'est pas simplement mémoire objectale, souvenir de quelque chose ou de quelqu'un). Elle fera d'ailleurs un portrait révélateur d'un de ses accompagnateurs spirituels, le bienheureux Pietro de Mogliano. La spiritualité de l'Observance se marque notamment par un sens aigu de la vie sociale quotidienne, y compris économique : même le Christ prend la figure du marchand fidèle (*Mercator fidele*), distingué du marin qui promet le retour et souvent ne peut tenir ses promesses. L'expérience religieuse se passe non seulement en son sein, mais se doit de la transformer. Ce sens de la continuité d'un christianisme familier plus que d'un christianisme de la rupture est aussi une caractéristique de l'humanisme italien, comme on le voit chez Angèle de Foligno* ou, plus tard, chez Catherine de Sienne*. Le Christ dialogue familièrement avec ceux qui s'adressent en confiance à lui. Et chez les Clarisses, ce style de conversation spirituelle, cette *forma vitae*, s'enracine particulièrement dans l'humanisme fondamental de Claire d'Assise* : elle s'inquiète moins que François d'Assise d'une *contre-conduite* qui consisterait à passer du masculin au féminin (*sicut mater*), mais de ce qu'elle nomme la *nature humaine*. La haute pauvreté est comprise comme une forme d'humanisation mettant en évidence la nature humaine reconstruite grâce au miroir du Christ, irréductible à l'accumulation des richesses (sans fluidité, échanges productifs), à l'emprise sur les terres et les corps ou au despotisme. Humanisme de Claire qui trouvera une traduction originale dans la culture poétique, musicale et picturale de sainte Catherine de Bologne*.

Avant d'approfondir l'influence première des Frères de l'Observance, Camilla raconte le plaisir qu'elle éprouve à jouer, chanter, danser et se promener (*sonare*, *cantare*, *ballare*, *pazegiare*). La promenade est alors une pratique récente autant que le voyage de plaisance (comme l'ascension du mont Ventoux chez Pétrarque), et signe une culture nouvelle (il n'y a pas de contemplation d'un coucher de soleil dans la Bible). Puis, sous l'influence d'un sentiment eschatologique, elle éprouve l'urgence d'une conversion et découvre dans l'unique larme versée non sans mal pour la Passion, la mer divine où perdre pied. En 1481, malgré la résistance de son père qui avait d'autres projets d'alliance pour elle, Camilla entre chez les Clarisses réformées d'Urbino. Dans son *Histoire de mon bonheur si malheureux*, elle raconte les manœuvres paternelles pour l'empêcher de devenir clarisse. Elle le compare alors à Pharaon et se vit comme une juive obligée de fuir, mais aussi soudainement sauvée en passant la mer Rouge à pieds secs. Après son temps de formation, son père lui donne finalement les moyens de fonder un couvent à Camerino, car il tient à la garder auprès de lui. Néanmoins, elle entend bien retourner à la Règle de Claire et à la très haute pauvreté. En 1502, à la suite d'un conflit avec le pape Alexandre VI, lié au soupçon d'assassinat d'un prétendant à la seigneurie de Camerino et au refus de payer l'impôt, César Borgia assassine le père de Camilla et trois de ses frères. Ce qui la force à se réfugier un temps dans les Abruzzes en attendant que le vent tourne, et qu'un pape plus favorable à leur famille s'installe à Rome.

Entre-temps, Camilla, devenue sœur Battista en religion, rédige un opuscule intitulé *Les Douleurs intérieures du Christ* (*I Dolori mentali*, 1488). L'accent ne porte plus sur les souffrances corporelles, mais sur les souffrances mentales : non pas simplement psychologiques, car il s'agit d'abord de l'épreuve de la perte de ceux qui étaient confiés à la miséricorde de Dieu. Cela même est une forme de salut des réprouvés : personne n'est exclu de la mémoire douloureuse du Christ. Néanmoins, les douleurs du Christ sont la réponse à l'ingratitude universelle et à l'aveuglement de ceux qui sont les plus proches : ses frères de nation, et ses apôtres. C'est aussi la mémoire de ceux qui l'ont aimé malgré tout, comme la Madeleine. Cet opuscule a toute une histoire. Il est précédé d'un poème portant le même intitulé, rédigé par une poétesse, mère de famille, entrée très tardivement chez les Clarisses : Hyeronima de Foligno (Montefeltro), morte en 1448. Elle-même s'inspirait d'un opuscule de vulgarisation spirituelle comme aimait à en écrire Ugo Panziera, un missionnaire franciscain, mort en Mongolie, vers 1330. Il distinguait déjà les peines corporelles (*pene*) et les douleurs intérieures (*dolori*). Mais ce frère mineur s'inspirait à son tour de saint Bonaventure, septième successeur de saint François, et notamment de son *De perfectione vitae*.

Ensuite, après avoir écrit l'histoire de sa première vie et de sa conversion, sous forme de lettre, suivant sa propre initiative – ce n'est pas un écrit de commande, une confession servant à articuler l'expérience mais encore le contrôle clérical –, Camilla atteint une forme de maîtrise spirituelle qui transparaît dans les *Instructions à un disciple* (*Istruzioni*, 1501). Le style des *Instructions* relève du genre littéraire sapientiel, comme celui d'un Pharaon à son fils (à Mérikaré), de Salomon à son peuple (*Livre de la Sagesse*, notamment le chapitre 7 sur l'efficacité de la prière dans le discernement ; Salomon prie parce qu'il est un homme et non un dieu, même s'il est au sommet du pouvoir et de la gloire), ou d'une mère à son fils (cf. Dhuoda d'Aquitaine*, sorte de *Miroir* du prince, car elle veut être *une deuxième fois sa mère*, comme elle le dit explicitement à ce fils éloigné d'elle, dans tous les sens du terme). Dans la tradition franciscaine plus proche, il faut évidemment rappeler les *Instructions* d'Angèle de Foligno. Les *Instructions* inspirées par Camilla concernent tous les aspects fondamentaux de la vie religieuse. Il s'agit à ses yeux, suivant une constante du projet humaniste, de reconstruire l'homme déchiré, car il n'est plus conçu suivant la hiérarchie graduelle et continue du végétal, de l'animal (sensible) et de l'intellectuel, comme dans le *De Anima* d'Aristote. Désormais, l'homme apparaît non seulement divisé entre la chair (réservée à l'*anthropologia*, terme datant de 1501) et l'esprit (réservé à la *pneumatologie*), mais divisé dans sa chair même (entre l'aspect anatomique et psychique) et dans son esprit (la volonté libre s'emportant contre elle-même). Les larmes jouent ici un rôle essentiel de suture entre le corporel, le psychique et le spirituel, car on ne peut les comprendre sans les émois corporels, les ressorts affectifs et les tensions spirituelles. La rougeur montant aux joues d'Angèle de Foligno, criant et désirant se dénuder devant tous à Assise, jouait déjà cette fonction, comme la sueur de Marie d'Oignies* durant sa prière la plus fervente, la salive de sainte Lutgarde d'Aywières* ou l'*amor liquidus* de Julienne de Mont-Cornillon*. Ajoutons à cela le lien intime entre l'affectivité et la dévotion aux pieds du Christ : les pieds étant explicitement le siège symbolique des affects dans l'anthropologie de la sainteté, selon un sermon universitaire de saint Bonaventure prononcé pour la Toussaint. C'est une réhabilitation explicite des affects face à l'anesthésie chevaleresque et même l'indifférence de Dante face aux damnés éternels. Réhabilitation déjà en marche depuis la réforme grégorienne – l'affect s'y montre levier de la réforme et source de nouvelles institutions –, la réhabilitation de l'héritage patristique, l'importance croissance du corps eucharistique (le lavement des pieds des apôtres par Jésus a lieu durant le dernier repas) et la croissance du rôle des femmes dans la vie ecclésiale explicite. Ce rôle des pieds prend d'autant plus de relief symbolique qu'ils sont particulièrement valorisés par le renouveau apostolique de la prédication évangélique *itinérante* et missionnaire des Frères mendiants, et par les mouvements de réformes qui aiment alors à se nommer précisément *déchaussés* ou déchaux. Valorisation première de l'empiètement divin, de son amour qui nous piège, et qui se configure également dans l'iconographie médiévale, où François d'Assise prend la place structurelle de Marie-Madeleine* au pied de la croix, en embrassant les pieds géants, disproportionnés (anatomiquement parlant) du Christ crucifié. Ce que les fétichistes du pied connaissaient de manière quasi explicite depuis le XVIIIe siècle (cf. *Le Diable boiteux*). Mais tout est ici structuré en profondeur par un motif ancien du conflit spirituel. Le disciple ne peut éviter de s'affronter au monde (*mundus*), autrement dit à l'impuissance, mais encore à la chair (*caro*), autrement dit à l'inconscience, et au démon (*daemonia*), autrement dit à la haine. Mais pour triompher avec succès de ces épreuves, il faut aussi s'appuyer sur les forces basales de l'homme : la mémoire, l'intelligence et la volonté. La mémoire de Dieu en tout temps et en tout lieu, de tout son cœur et de toutes ses forces, chez soi ou en voyage, levé ou couché, suivant l'injonction rigoriste du Deutéronome. La mémoire est une ressource profonde contre l'impuissance, comme l'intelligence l'est pour l'inconscience charnelle, comme l'amour face à la haine qui divise au lieu de symboliser la vie. Toutefois, chez Camilla, il ne faut pas opposer la crainte à l'amour, comme si elle avait commencé par la terreur eschatologique pour aboutir heureusement dans la charité bien conforme à l'idée que nous nous faisons aujourd'hui d'un parcours spirituel « réussi ». Pour craindre, comme Camilla dès l'âge de huit ou dix ans, dans sa démarche basale, et puis ultérieurement, dans son parcours plus discursif (et fondamental), il fallait déjà l'amour originaire, avec toute sa complexité, sa structure en chiasme, ses recoupements dangereux. S'il est vrai que l'amour authentique bannit la crainte, il est tout aussi vrai que l'amour humain, l'amour temporel, redoute nécessairement, s'il est amour, de ne jamais aimer assez. La crainte demeure dans ce chiasme déjà bien mis en évidence par Bonaventure à propos du passage de l'Ancien au Nouveau

Testament et, explicitement, par une Marguerite de Cortone* suivant son premier hagiographe, exprimant la *supposition impossible* : si cela se pouvait, *je voudrais plus que t'aimer* pour être plus étroitement unie à toi.

Mais c'est dans le dernier traité qui est habituellement attribué à Camilla, le *Traité de la pureté du cœur* (*Trattado della purità del cuore*, 1521), que tout apparaît articulé suivant le schéma trinitaire augustinien (déployant ici la manière de Catherine de Bologne). Traité enraciné toutefois dans une antique tradition bénédictine réformée (Rabban Maur, au IXe s.), et finalement dans une *psychologie spirituelle* (et non plus un *De Trinitate*). La puissance, face à l'impuissance mondaine, est retrouvée par l'exercice de la mémoire du Père. La vigilance profonde, avant l'opposition du sujet et de l'objet connu ou dérobé, est retrouvée par l'intelligence de la parole de Dieu, par l'expression filiale, la confiance audacieuse qu'elle provoque. Enfin, l'esprit de haine est vaincu par la volonté amoureuse inspirée par l'esprit de vie et de vérité. Cette expérience trinitaire trouvera un déploiement particulièrement marquant chez une autre clarisse, Jeanne-Marie de la Croix*, issue d'une famille de peintres, dont la vie spirituelle s'approfondit secrètement dans l'inhabitation du Dieu trinitaire (*Vita*, 1636-1658, 3 vol., et notamment *Vita* III, 36 pour l'expérience de 1651 ; *Contemplazioni*, 8 vol.). Cette conscience trinitaire trouve aussi chez Camilla une expression lyrique dans ses poèmes. À vrai dire, ce sens du lyrisme se repère partout par l'usage fréquent d'interjections comme *ô*, *oh !* ou *hélas !* (*ohimè*). Interjections qui gardent la trace d'un style oral, celui des instructions, et qui manifestent au cœur du texte l'importance des affects, l'intensité, le rythme spirituel. Interjections qui permettent de jouer sur les vitesses, les abréviations, les accélérations brusques ou les ralentissements. Les interjections offrent également un champ d'énonciation commun à reconstruire, à retisser ensemble avec le lecteur. Ce lyrisme s'articule de manière flagrante dans l'oraison, et particulièrement dans une prière récapitulative, comme déjà pouvait en écrire une Catherine de Bologne, explicitement admirée par Camilla : « Ô Trinité sainte, puissance de mon impuissance, science de mon inconnaissance, et amour clément de ma haine » (*Instructions*, X).

Camilla Battista a été canonisée seulement en 2010.

Bernard Forthomme

• *Voir aussi* : Angèle de Foligno ; Catherine de Sienne ; Claire d'Assise ; Jeanne-Marie de la Croix

Bibl. : *Œuvres* : *Le opere spirituali*, G. Boccanera (éd.), Iesi, 1958 (édition critique italienne remplacée partiellement par des publications plus rigoureuses mais qui attendent d'être complétées et réunies) ; *Histoire de mon bonheur si malheureux*, B. Forthomme (éd.), Paris, Éditions franciscaines, 2009 ; *Le Secret de la haute mer. Opuscules spirituels*, trad. C. Santambrogio, B. Forthomme (éd.), Paris, Éditions franciscaines, 2010. ***Études* :** M. BARTOLI *et alii*, *Dal timore all'amore. L'itinerario spirituale della beata Camilla Battista da Varano. Atti del Centenario della nascita (1458-2008)*, Monastère Santa Chiara de Camerino (éd.), Assise, Porziuncola, 2009.

CAMILLE C. (Camille Contzen-Crowet ; Bruxelles, 5 avril 1900-Profonsart, 1971). — Camille Crowet est née dans une famille de la bourgeoisie aisée, non croyante, voire même – selon ses dires – « fanatiquement sectaire » du côté maternel. On n'est guère renseigné sur sa jeunesse, mais on sait qu'après des études brillantes menées à la très laïque Université libre de Bruxelles, elle obtient un doctorat de chimie, couronné par le gouvernement. Elle épouse en 1925 un jeune étudiant catholique, Louis Contzen. Le couple sera toujours très uni et harmonieux, mais ils n'auront pas d'enfant. Dans les années 1950, Camille devient progressivement sourde, et doit renoncer à la vie culturelle et musicale qu'elle aimait. Après 1948, Louis ne travaille plus. Les Contzen vivent retirés dans leur maison de Profonsart, dans la campagne du sud de Bruxelles, où mourra Camille.

Personne n'aurait jamais entendu parler de Camille Contzen-Crowet si le chanoine Henri Caffarel, directeur des *Cahiers sur l'oraison*, n'avait lancé une enquête en 1969 auprès de ses lecteurs sur l'influence de la prière dans leur vie. Le chanoine reçoit en avril une stupéfiante et longue réponse d'une dame belge inconnue, révélant une vie mystique exceptionnelle : ainsi commence une passionnante correspondance de trois années, qui sera publiée seulement en 1982, onze ans après la disparition de Camille.

Les textes de Camille attestent d'une étonnante activité intérieure dès l'enfance : cachée à l'âge de trois ans sous le piano à queue du salon, écoutant la musique de Bach, l'enfant, pourtant élevée dans un milieu totalement agnostique, expérimente l'intériorité : « Le grand tapis du salon se transformait pour moi en un merveilleux jardin où je n'étais pas seule. Il y avait déjà en moi un sentiment d'adoration dont le souvenir me reste vivace. » Lors de son mariage, en vue duquel elle doit suivre un catéchisme, afin d'être baptisée avant la cérémonie nuptiale, elle fait la découverte de la foi chrétienne. Elle apprend honnêtement le catéchisme catholique, sans attirance spéciale. Mais le jour de sa première communion, le 24 novembre 1925 – elle a alors vingt-cinq ans –, Camille fait une expérience, totalement imprévisible, de saisie divine qui la marquera à vie : « Dès que l'hostie eût touché mes lèvres, j'eus la révélation subite de l'amour total, je me sentis morte à tout, sauf à cette fournaise qui me brûlait. Cela me faisait très mal, et me rendait pourtant heureuse au-delà du possible [...]. Jésus m'avait prise si totalement que je me sentis vidée de moi-même. »

La jeune femme, qui n'a jamais consulté aucun traité de théologie mystique, est plongée d'emblée dans l'expérience des plus grands, qui transforme en un instant les traditionnelles vérités de la foi en une réalité fulgurante et expérimentale, une connaissance intuitive, une habitation (« Jésus était entré en moi »).

Au chanoine curieux d'en savoir davantage, Camille raconte, dans des lettres successives, différentes « extases », dont le moins étonnant n'est pas le contexte incongru où elles se produisent. En 1933, par exemple, elle assiste à la représentation de la *Salomé* de Strauss, au théâtre de la Monnaie de Bruxelles : au moment où les musiciens s'accordent et où Camille est plongée dans la lecture du programme, le nom de Jésus lui apparaît brusquement. Elle raconte : « Il fondit sur moi avec une telle force que je chancelai sous le choc et me trouvai assise sur mon fauteuil qui s'était rabattu. Dès cet instant, je ne sais plus rien de ce qui se passa autour de moi, je ne vis, je n'entendis rien de toute la pièce, qui est sans entracte. » Elle ajoute avoir ressenti un bonheur intense, tout de même mêlé de crainte après coup : et si on avait réalisé autour d'elle ce qui lui arrivait ? L'intérêt extrême de ce récit, comme des autres comptes rendus d'expériences extatiques qu'elle donne, est que Camille Contzen rejoint sans le savoir les grandes descriptions classiques de l'expérience mystique – comme chez une Thérèse d'Avila* par exemple. Même choc physique produit par l'événement spirituel (« Si l'on est debout, on s'affaisse », écrivait Thérèse, *Le Livre de la vie*, chap. 29), même perte des repères temporels (elle ne sait pas combien de temps dure l'extase) ou spatiaux (elle n'est plus dans le théâtre), même plénitude heureuse, même crainte que cette intimité divine soit jetée en pâture à l'entourage, peu préparé à comprendre ou à encourager.

Un autre intérêt des confidences faites par Camille Contzen au chanoine Caffarel est l'analyse qu'elle a tentée sur ses différentes directions spirituelles successives. Le premier directeur, un jésuite, exigeait d'elle un bilan de santé spirituelle tous les dix jours. La capacité très relative de ces directeurs à la guider et à comprendre ses états pose le problème aigu de la direction des mystiques : essentiellement « médiateur » (si possible bon théologien), que fait donc le directeur face à des relations « immédiates » entre le sujet et Dieu ? À quel titre peut-il encore interférer, sinon peut-être comme lieu d'écoute salutaire pour accueillir un discours mystique en quête d'autocompréhension ?

Enfin, Camille Contzen n'a pas vécu – autre intérêt de son expérience – une vie extatique continue. Au contraire, comme chez bien d'autres mystiques, de très longues périodes d'aridité jalonnent les dernières décennies de sa vie, périodes d'aridité dans l'oraison, de nuit, de sentiment d'abandon. Elle a peiné à accepter qu'un Dieu qui s'était fait aussi proche, aussi intime, lors des expériences mystiques de la jeunesse, puisse se faire aussi lointain. Elle dit qu'elle a perçu l'absence de Dieu, à ces moments, comme définitive, et en a conçu la « pire des agonies ». Vers la fin de sa vie encore, elle écrit : « Je n'arrive toutefois pas à comprendre pourquoi il a fallu près de vingt ans d'affreuse solitude dans le noir le plus complet pour parvenir à cette union calme, durable, profonde, que je connais actuellement » (*Camille C.*, p. 308).

Enfin, le dernier intérêt du dossier versé à l'histoire de la mystique contemporaine par le chanoine Caffarel en 1982, et qui n'est pas le moindre, c'est qu'il est constitué non seulement des récits d'expérience, mais aussi de la propre réflexion du sujet mystique sur ce qu'il a vécu. Les « bilans spirituels » obtenus par Caffarel de sa correspondante posent en effet, d'une manière assez inattendue, des questions cruciales, notamment sur l'illusion possible de tout cela. Et comme la dame belge est une femme intelligente, dotée d'un esprit rationnel (voire sec), d'une culture scientifique, d'une bonne connaissance de la psychologie, elle se fait la première analyste sérieuse de son propre cas : « La suggestion est toujours possible, pourtant, dans la vie de tous les jours, il ne me semble pas que je me comporte comme une névrosée. Je ne recherche pas pour en jouir ce que d'autres appellent douceurs, consolations. Ce n'est pas cela du tout. L'amour de Dieu que je ressens, s'il m'apporte une joie plénière, est quelque chose de fort, même parfois d'âpre et de dur » (*Camille C.*, p. 326).

Ce disant, l'étonnante Camille C. est dans l'oxymore général qui caractérise l'expression mystique : la joie âpre, le bonheur cruel, la dure douceur éprouvés par le sujet que Dieu saisit. Peut-être un signe d'authenticité de l'expérience de la dame belge.

Dominique-Marie Dauzet

Bibl. : ***Œuvre*** : H. CAFFAREL, *Camille C. ou l'emprise de Dieu*, Paris, Feu nouveau, 1982. ***Étude*** : D.-M. DAUZET, *La Mystique bien tempérée*, Paris, Cerf, 2006.

CAMPO, Cristina, *écrivain, poétesse, essayiste et traductrice* (Vittoria Guerrini ; Bologne, 28 avril 1923-Rome, 10 janvier 1977). — Pseudonyme adopté en 1956 par Vittoria, Maria-Angelica, Marcella, Cristina Guerrini est née dans le pavillon de l'hôpital Rizzoli où exerçait son oncle Vittorio Putti, orthopédiste célèbre. Issue par sa mère, Émilia Putti, d'une illustre famille de Bologne qui compta nombre d'artistes, savants, hommes politiques, elle se sentit non moins proche de son père, Guido Guerrini qui, issu de la noblesse terrienne de Romagne, fit une brillante carrière de chef d'orchestre. Fille unique élevée dans un monde d'adultes, la « petite néophyte fascinée et terrorisée » découvre dans le parc enchanté du Rizzoli où elle retourne chaque été, dans les jouets anciens qui lui sont légués, les livres de contes richement illustrés et les visites rituelles sur les tombes familiales, « l'autre monde » qui restera le sien ; l'enfance lui apparaissant rétrospectivement comme « cette unique et toujours insuffisante *répétition générale de la vie* ». Côtoyant là malades et infirmes, l'enfant sensible qu'elle est découvre aussi que la souffrance fait partie intégrante de la vie.

Nommé en 1925 au conservatoire de Parme puis en 1928 à Florence où il dirige le conservatoire Cherubini, Guido Guerrini (« Le Maestro ») veille tout particulièrement sur l'éducation de Vittoria qui, souffrant d'une malformation cardiaque congénitale, ne peut suivre une scolarité normale. Initiée par lui à la musique, qui sera, avec la poésie, la compagne de sa vie – « une merveilleuse, inexorable résignation » –, elle l'est aussi à la grande littérature qu'elle apprend à lire dans le texte grâce à des professeurs particuliers. Ainsi devient-elle familière de Proust et de Shakespeare, de Thomas Mann et de Cervantès. C'est à Florence qu'elle passe avec sa famille les années de guerre, perdant dans le bombardement de la ville (1943) sa meilleure amie, la jeune poétesse Anna Cavaletti. Hardiesse et réserve, audace et goût du secret sont les traits de caractère déjà très affirmés de celle que ses proches surnomment alors *Vie*, et qui prend l'engagement solennel de dédier sa jeune existence à l'écriture (« J'écrirai, et j'écrirai bien ») afin de sauvegarder ce qui ne doit pas mourir. Elle n'a que vingt ans quand paraissent ses premières traductions : *Conversations avec Sibelius* de Bengt von Törne (1943) et *Une tasse de thé et autres nouvelles* de Katherine Mansfield (1944).

Rencontré après les années de guerre et de treize ans son aîné, Leone Traverso sera jusqu'en 1956 son compagnon. Traducteur et essayiste de renom, c'est lui qui l'introduit dans la constellation des grands poètes allemands encore mal connus en Italie : Eduart Mörike dont elle traduit les poèmes (1948), Rainer Maria Rilke, Hugo von Hofmannsthal, qui devient l'une de ses références majeures et dont elle traduit un texte (*Justice*), paru dans le recueil *Voyages et essais* (1958). Traverso élargit le cercle des relations littéraires de Vittoria, parmi lesquelles Margherita Pieracci, avec qui elle correspondra jusqu'à sa mort (*Lettres à Mita*, 1956-1977), et le poète Mario Luzi, son amour lointain et secret. Traductrice affirmée, elle publie ses premiers textes dans diverses revues et crée avec Gianfranco Draghi la *Posta litteraria*, supplément littéraire au *Corriere dell'Adda* où vont figurer les noms de Giuseppe De Robertis, Piero Bigongiari, Ezra Pound, et où seront traduits par Vittoria des textes de Emily Dickinson*, Simone Weil*, découverte en 1950 grâce à Luzi, qui lui offre *La Pesanteur et la grâce* : une révélation qui allait bouleverser sa vie littéraire et plus encore spirituelle. Voyageant peu (France, Autriche), elle revient néanmoins de Chartres enthousiaste : « Ô ma jacinthe en sa verte feuille / dans la plaine fumante de pleurs. » L'ouvrage dont elle est en 1953 le maître d'œuvre, réunissant « les pages les plus pures écrites par des femmes au cours des siècles », ne sera jamais édité.

S'acclimatant difficilement à Rome où elle vit depuis que son père y dirige le conservatoire Sainte-Cécile (1955), elle y côtoie Maria Zembrano, Margherita Dalmati, Gabriella Bemporad, et y fait la connaissance du triestin Roberto Balzen et du docteur Ernst Bernhard, qui introduisit la pensée de Jung en Italie. Une période extrêmement féconde s'ouvre pour elle, marquée par sa rencontre en 1957 avec Élemire Zolla, dont elle partagera la vie de 1960 à sa mort. Esprit universel, Zolla admire son « style inexorable » et reconnaît en elle « la meilleure styliste du demi-siècle italien ». Séduite par son érudition, son intransigeance et son insolence même, elle se familiarise grâce à lui avec les grands mystiques d'Orient et d'Occident dont il prépare une anthologie, parue en 1963 et incluant des textes introductifs de Cristina Campo. Zolla accueille quelques-uns de ses poèmes majeurs dans la revue *Conoscenza religiosa*, qu'il a fondée et dirige (1969-1977). Les lectures de Cristina Campo sont innombrables, et ses relectures érigées en tâche sacrée : la Bible et Dante, Eliot, Pasternak, Lawrence, Barnes, Benn, Borgès, Tchékov, Céline, Van Gogh. Elle traduit et présente des œuvres de Simone Weil (*Venise sauvée*, 1963 ; *Intuitions préchrétiennes*, 1974), de William Carlos Williams, John Donne (*Poésie amoureuse et théologique*, 1973) et publie deux recueils de courts essais : *Fiaba e mistero* (*Conte et mystère*, 1962) et *Il flauto e il tappeto* (*La Flûte et le tapis*, 1971) rassemblés après sa mort dans *Gli imperdonabili* (*Les Impardon-*

nables, 1987). Elle correspond par ailleurs (1972-1976) avec le philosophe Andrea Emo.

Convertie au catholicisme en 1964, et vivant de plus en plus solitaire et recluse, tant en raison de l'éloignement progressif de Zolla que de son épuisement grandissant, Cristina Campo dissocie de moins en moins poésie et liturgie : « La liturgie – comme la poésie – est splendeur gratuite, gaspillage délicat, plus nécessaire que l'utile. » Militant pour la restauration de la liturgie traditionnelle après Vatican II (1966) et vivant en empathie avec la souffrance des plus démunis, elle fonde le mouvement international *Una Voce* qui intervient en vain auprès du Saint-Siège. Aussi se tourne-t-elle d'abord vers l'abbaye de Sant'Anselmo, où l'on chante encore les offices en grégorien, puis vers le rite gréco-catholique pratiqué au *Russicum*, dont la splendeur répond à l'idéal de beauté et de sainteté qui est plus que jamais le sien et dont témoigne son *Journal byzantin*. Réfractaire à « l'apostasie liturgique » d'un siècle à ses yeux responsable d'irrémédiables pertes spirituelles, Cristina Campo meurt exténuée par sa longue maladie. Une malle contenant ses papiers personnels disparaît dans la confusion familiale suivant son décès.

Fut-elle la « mystique absolue » (R. Gaillard) dont l'œuvre n'a fait qu'une trop discrète percée hors des cercles choisis où elle s'est imposée ? Prônant « la sainte gnose de la distance », elle le fut en tout cas dans sa manière très personnelle d'être à la fois intensément présente au monde et messagère d'un autre monde : « Qu'y a-t-il qui ne soit presque absent à part moi, morte depuis si peu, flamme libre ? » Aussi critique à l'endroit du monde moderne que le furent Guénon et Zolla, c'est vers l'immémorial qu'elle se tourne d'instinct, se sachant porteuse d'un viatique éternel : « La noix d'or qu'il faut garder dans la bouche et écraser entre les dents au moment du danger suprême. » Trouvant dans la pensée de Simone Weil un miroir spirituel, elle n'en critiquera « l'anticatholicisme partiel » que le jour où elle franchira le seuil du sanctuaire où sa sœur d'élection s'est arrêtée. Sa confiance absolue en une vérité qui désaltère et que rien n'altère est en effet d'ordre mystique : « Les quatre trésors que les morts nous lèguent et pour lesquels il n'est pas excessif de jeter sa propre vie si la vie en dehors d'eux est un astre mort : le paysage, le langage, le mythe, le rite », écrit Cristina Campo, plus préoccupée que Weil par la beauté du style, à quoi elle accorde une portée métaphysique et spirituelle.

Mystique aussi sa conception de l'écriture poétique et du silence d'où elle naît. Aussi voit-elle dans l'attention scrupuleuse, autant dire religieuse, le viatique sans lequel l'écrivain ne peut forger son propre style, à l'image du destin spirituel qui est le sien. Substituant l'idée de présence à celle d'actualité, elle ne dissocie pas plus que Weil esthétique et éthique, mais, dotée de l'oreille absolue, cherche obstinément le ton, le thème mélodique qui sera le sien : grave, hiératique, et pourtant mercuriel et aérien. Redonnant ses lettres de noblesse à la notion de *sprezzatura* empruntée à Baldassara Castiglione (*Le Livre du courtisan*, 1528), elle brosse en fait son autoportrait spirituel : « La *sprezzatura* est un rythme moral, c'est la musique d'une grâce intérieure : c'est le *tempo*, voudrais-je dire, dans lequel s'exprime la liberté parfaite d'un destin, inflexiblement mesurée pourtant par une ascèse cachée. » De sa compagne, Elemire Zolla dira : « Elle était elle-même un style : limpide et frémissant, révolutionnaire. »

Aussi ses compagnons de route furent-ils autant les grands maîtres du renoncement et de l'extase mystique (Maître Eckhart, Jean de la Croix, Angèle de Foligno*) que les gardiens du seuil, les messagers de l'autre monde qu'elle nomme les *Impardonnables* : « Est impardonnable, pour le monde d'aujourd'hui, tout ce qui ressemble à la jacinthe bleue de Perséphone », attirée par son parfum envoûtant « dans les royaumes souterrains de la connaissance et du destin ». Dotée d'une réceptivité extrême, Cristina Campo, proche en cela de Rilke, fut la plaque sensible où se sont imprimées les formes subtiles dont son verbe poétique a restitué l'invisible présence : « Le style des contemplatifs, si inaltérablement soulevé jusqu'à l'horizon de la vision, est en réalité un précipité d'expériences. Le mystique ne spécule pas, il rapporte. » Témoin fidèle, il est en cela potentiellement martyr, et ne peut se dire mystique que parce qu'il se souvient d'avoir été myste, initié à une connaissance que Cristina Campo pensait, comme Simone Weil, d'ordre surnaturel.

Françoise Bonardel

• *Voir aussi* : Dickinson ; Weil

Bibl. : *Œuvres* : *Les Impardonnables*, trad. F. de Martinoir, J.-B. Para et G. Macé, Paris, L'Arpenteur / Gallimard, 1992 ; *Le Tigre absence* (poèmes), trad. M. Baccelli, Paris, Arfuyen, 1996 ; *La Noix d'or*, trad. M. Baccelli et J.-B. Para, Paris, L'Arpenteur / Gallimard, 2006 ; *Lettres à Mita*, trad. M. Baccelli, Paris, L'Arpenteur / Gallimard, 2006. ***Vie* :** C. de STEFANO, *Belinda et le monstre. Vie secrète de Cristina Campo*, trad. M. Baccelli, Monaco, Éditions du Rocher, 2006. ***Études* :** A. SPINA, *Conversazione in Piazza Sant-Anselmo*, Milan, Libri Schweiwiller, 1993 ; *Per Cristina Campo*, Monica Farnetti et Giovanna Fozzer (éd.), Milan, All Insegna del Pesce d'Oro, 1998 ; abbé F. RICOSSA, r. père M.-L. GUÉRARD DES LAURIERS o.p., *Cristina Campo ou l'ambiguïté de la tradition*, Verrua Savoia, Centro Librario Sodalitium, 2006.

CAO DAOCHONG, *poétesse taoïste* (Ningjin, Chine, 1039-Kaifeng, Chine, 1115). — Originaire de Ningjin près de Zhaozhou (actuel district Ningxian dans le Hebei), elle est de descendance illustre, à la fois par son père et par sa mère. Son nom de famille est Cao ; son nom secret, Daochong (« Voie jaillissante »), correspond aux deux premiers caractères du chapitre IV du *Classique de la Voie et de sa Vertu* (IVe s. av. J.-C.) : « La *Voie jaillit* [*Daochong*] et malgré son activité jamais ne déborde. » Son nom honorifique est Chongzhi, « Jaillissante », son nom public Xiyun, « Rare mystère », l'un de ses titres Wenyi, « Lettres raffinées ». Enfant précoce très bien éduquée, elle est douée d'une mémoire infaillible et retient un texte à la première lecture. Elle lit et compose des poèmes dès son plus jeune âge, joue de la cithare *qin*, peint et fait de la calligraphie. Devenue adulte, elle quitte sa famille vraisemblablement pour échapper à un mariage indésirable.

À l'âge de vingt et un ans, entre les années 1060 et 1070, elle se retire sur le pic Fleur de jade (*Yuhua feng*) des monts Shaoshi (Henan), non loin de la capitale Kaifeng. Elle y pratique la méditation, calme son esprit et s'adonne aux exercices taoïstes du souffle pendant une dizaine d'années. Puis elle se rend dans le monastère des Lointaines randonnées (*Yuanyou guan*) de Qingzhou (Shandong), où elle est officiellement intronisée nonne taoïste par un certain Zhang Jizhen qui, à cette occasion, lui délivre les premiers registres portant les noms des divinités, forces cosmiques lumineuses sur lesquelles elle a désormais un pouvoir. Pour être complètement ordonnée, elle doit recevoir d'autres registres et dépenser une fortune pour les cérémonies et les rituels. Ne possédant aucun bien, elle voyage pour vendre ses écrits sur les marchés, commerce dont on ignore la durée. Cao Daochong finit par recevoir les registres complets au mont Gezao (Jiangxi), l'un des trois lieux de l'époque à organiser ces grandes cérémonies. Grâce à son ordination qui s'accompagne de la transmission de textes et de techniques, elle monte en grade dans la hiérarchie du clergé. Sa renommée grandit, d'autant que sur le site de l'école Gezao, sous-branche du courant du Joyau magique (*Lingbao*) formée en 1097, le palais de la Vénération de la Perfection (*Chongzhen gong*) qui abrite des centaines de moines taoïstes est fréquenté par nombre de lettrés, dont certains connus pour leurs poésies et leurs connaissances de l'alchimie intérieure, une méthode de culture de soi alors très en vogue.

À l'approche de la soixantaine, aux alentours de 1100, Cao Daochong se réfugie à la capitale Kaifeng, où elle vit pauvrement, vendant quelques poèmes quand elle est vraiment dans le besoin. C'est probablement à cette période que l'empereur Huizong entend parler d'elle. Il tombe en admiration devant cette taoïste accomplie et femme de lettres poète. Elle aurait d'ailleurs composé un poème lors d'une joute avec l'empereur lui-même. Ce poème est conservé avec d'autres dans des écrits de lettrés de la dynastie des Song ; il sera repris plus tard dans les grandes collections de poèmes ou poèmes à chanter. Dans le milieu de la poésie, elle est citée sous le nom de Cao Xiyun.

L'empereur Huizong ordonne alors qu'on lui confère le titre de Grand maître de la pure vacuité aux Lettres raffinées (*Qingxu wenyi dashi*) ; un peu plus tard, il le complète en Grand maître de la pure vacuité aux Lettres raffinées, maître de la tranquillité, de la vertu d'humanité et de la perfection du Dao (*Qingxu wenyi dashi daozhen renjing xiansheng*). L'attention que lui porte l'empereur modifie ainsi son statut et son style de vie. Elle reçoit en don plusieurs pièces de bois pour construire un pavillon, dans lequel elle brûle matin et soir de l'encens en l'honneur des Trois Purs, divinités très vénérées dans le taoïsme. Elle cultive la Voie et récite des incantations pour la longévité du souverain. Sa demeure, appelée Temple des précieux registres (*Baolu tang*), est construite à côté d'un grand temple taoïste, le Palais pour conserver la paix et préserver la prospérité (*Baoqing taining gong*).

Cao Daochong est la seule femme connue à avoir commenté le *Livre de la Voie et de sa Vertu* (*Daode jing*). Son commentaire montre une personne cultivée, connaissant non seulement les classiques confucéens mais aussi les œuvres des grands lettrés de son époque et les nouvelles conceptions du monde qui circulent parmi eux et qu'elle réinterprète. Dans les écoles du taoïsme féminin qui se forment au milieu du XIXe siècle, elle est connue sous le nom de Cao Wenyi ou son surnom d'« immortelle Cao » (*Cao xiangu*), non pas tant pour ses commentaires des œuvres classiques du taoïsme que pour un court poème d'alchimie intérieure qu'on lui attribue, intitulé « Chant de la grande Voie et de la source spirituelle » (*Lingyuan dadao ge*), celui-ci n'étant certainement pas d'elle.

Lorsque Cao Daochong meurt, elle reçoit les plus grands honneurs. Elle est enterrée dans un petit village au sud de la capitale, et l'empereur ordonne que l'on exécute pendant sept jours les cérémonies des registres jaunes. Il lui confère le titre posthume de Maître de l'imperceptible origine, contemplatrice des merveilles (*Xiyuan guanmiao xiansheng*). Il ordonne que l'on édifie un palais à la porte Shuntian à gauche du Palais des fleurs éclatantes (*Yaohuagong*), et que Zhang Judan, qui avait été au service de Cao Daochong pendant plus de vingt ans, c'est-à-dire approximativement de 1095 à 1115, gère ce lieu de culte.

Catherine Despeux

Bibl. : ***Études*** **:** C. DESPEUX, *Immortelles de la Chine ancienne*, Puiseaux, Pardès, 1990, p. 83-93 ; C. DESPEUX et L. KOHN, *Women in Daoism*, Cambridge, Three Pine Press, 2003, p. 133-140.

CASSIENNE, ***dite*** **« Cassienne la Mélode »**, *sainte, hymnographe byzantine* (Constantinople, 800/810-843/867). — D'une riche lignée patricienne de Constantinople – son père occupe une fonction à la cour impériale – Cassienne se distingue très tôt par sa grande beauté et sa remarquable intelligence, qui lui vaut de recevoir une éducation brillante, partagée entre la culture hellénique et les Écritures saintes. Sa connaissance théologique la conduit à s'opposer très jeune aux iconoclastes et à prendre la défense de la vénération des icônes, se rebellant publiquement contre la politique impériale, ce qui lui vaut d'être fouettée. En 821 ou 830, elle figure au nombre des douze candidates rassemblées au palais impérial par Euphrosine, la belle-mère de l'empereur Théophile, parmi lesquelles ce dernier doit choisir la future impératrice. S'approchant de Cassienne pour lui tendre la pomme d'or symbolisant son choix, il lui déclare : « C'est d'une femme qu'est venu le pire », faisant allusion à Ève. Cassienne lui rétorque alors : « C'est d'une femme qu'a jailli le meilleur », évoquant pour sa part la nouvelle Ève qu'est la Vierge Marie*. Le choix de Théophile se portera finalement sur Théodora, qui convoquera par la suite le septième concile œcuménique rétablissant le culte des icônes. La correspondance de Cassienne avec saint Théodore le Studite révèle son aspiration pour la vie monastique. Sur l'injonction du moine, elle fonde en 843 un monastère féminin, sur la colline de l'Hebdomon à Constantinople, dont elle devient la supérieure. Là, elle mène une activité littéraire intense. À la fois poète, théologienne et musicienne, elle compose notamment un grand nombre d'hymnes liturgiques, dont elle élabore à la fois les paroles et la musique. Elle est la seule femme reconnue au rang des compositeurs d'hymnes liturgiques. Si elle n'est pas recensée dans les documents hagiographiques, Cassienne bénéficie cependant du témoignage de nombreux historiens et chroniqueurs, notamment Syméon le Métaphraste (Xe s.), Zonaras (XIIe s.) et Nicéphore Calliste Xanthopolous (XIVe s.).

On ne possède aucune trace de la vie intérieure de Cassienne, mais la richesse de ses compositions laisse supposer une personnalité contemplative, ayant trouvé la source de sa grande inspiration dans l'expérience d'une proximité avec Dieu.

Différentes œuvres de Cassienne, sacrées et profanes, nous sont parvenues, ainsi que quelques-unes de ses compositions musicales. Dans les livres liturgiques de tradition byzantine, trente-trois hymnes portent la signature de cette dernière (qui signe aussi « Cassia la moniale » ou « Ikasias »). À la différence des compositions contemporaines marquées par leur prolixité et un certain maniérisme, l'hymnographie de Cassienne se caractérise par un style poétique simple et concis, usant de rapprochements significatifs, au service d'une grande profondeur théologique. On lui attribue le canon des défunts, ainsi que des hymnes des Ménées adressées aux saints. La plus célèbre pièce de Cassienne est le tropaire (strophe ou courte pièce poétique introduite dans un texte liturgique de rite byzantin) chanté aux matines du mercredi saint, dit « Tropaire de Cassienne », où elle compare la femme pécheresse (Lc VII, 37-50) commémorée ce jour-là à la chute d'Ève (Gn V, 8-11). Selon la tradition, une phrase de cette hymne serait de la main de l'empereur Théophile lui-même qui, venant rendre visite à l'abbesse Cassienne, aurait trouvé dans le jardin du monastère la composition liturgique en cours, à laquelle il aurait apporté sa contribution. Cassienne est également l'auteur d'épigrammes et maximes, parmi lesquelles on compte cette célèbre sentence : « Je déteste le silence lorsque c'est le moment de parler. »

Olga Lossky

Bibl. : ***Hymnes*** **:** *La Prière des Églises de rite byzantin. Fêtes fixes, Fêtes pascales*, Chevetogne, Éd. Chevetogne, 1939 ; *Ménées*, D. Guillaume (trad.), Rome, Diaconie apostolique, 1982 ; Texte grec de 261 maximes, K. Krumbacher (éd.), 1897. ***Vie*** **:** MACAIRE (hiéromoine), *Le Synaxaire, Vie des saints de l'Église orthodoxe*, t. 1, Athènes, Indiktos, 2008. ***Études*** **:** A. M. SILVAS « Kassia the Nun c. 810-c. 865 : an Appreciation », *in* L. Garland (éd.), *Byzantine Women, Varieties of Experience AD. 800-1200*, Londres, The Center for Hellenic Studies, King's College, 2006. ***Discographie*** (label grec) : *Hymnes byzantines de Noël*, de D. PAÏKOPOULOS ; *Semaine Sainte*, de C. PRINGOS.

CATEZ, Élisabeth. — *Voir* ÉLISABETH DE LA TRINITÉ

CATHERINE DE BOLOGNE, *sainte, clarisse* (Caterina Vigri ; Bologne, 1413-1463). — Catherine a vécu une partie de sa jeunesse à la cour du marquis d'Este (dont la famille a fait de Ferrare un centre significatif de culture), ce qui lui ouvrit les portes de l'humanisme propre à la Renaissance italienne. Elle s'initia non seulement au latin, mais à la pratique poétique, picturale et musicale. Elle enluminait des manuscrits et jouait de la viole. Puis, toujours à Ferrare, elle se retira dans une communauté de femmes dirigée par une tertiaire de Saint-Augustin qui l'attirait, tout en suivant les offices des Franciscains de l'Observance. Cette communauté adopta, quelques années plus tard, la première Règle de sainte Claire d'Assise* (à laquelle elle fut initiée par des Clarisses de Mantoue) ; Catherine y fut maîtresse des novices. Vers 1438, elle composa notamment son ouvrage le plus fameux : *Le sette armi spirituali* (« Les Sept Armes spirituelles »). En 1456, elle est envoyée à Bologne pour y fonder le monastère Corpus Christi dont elle devint la première abbesse ; Corpus, qui joua un rôle remarquable dans la cité.

Entre le corps sacramentel et le corps social, l'échange est profond. Toute insensibilité concernant le signe sacramentel menace la cohérence symbolique de la vie civile : c'est une rupture de l'écoute. Or le signe sacramentel est celui de l'obéissance du Christ jusqu'à la mort, y compris dans sa présence quotidienne. Quant au combat spirituel, il est encore compris comme une métaphore à composante courtoise et politique. Les sept armes du combat spirituel sont, pour la première arme, l'empressement au bien ; ardeur qui ruine l'acédie (voir Glossaire) et qui discerne les pensées traîtresses, celles qui, sous l'apparence du bien, y compris du trop bien, veulent en réalité tuer. L'exercice du discernement des pensées qui rusent et divisent (*diaboliques*), autant que des visions franches qui unifient, joue un rôle majeur dans l'exercice spirituel suivant Catherine. Ce travail sur les axiomes de pensée est un préalable à l'amour vainqueur (l'union de Dieu à l'âme), et une clarté sur les comportements ou leurs transformations. Si quelque peine presse, il ne faut pas attendre : « Je veux que vous veniez me trouver la nuit comme le jour. » Et que l'on vienne parler avec courage et franchise, liberté d'esprit. Autrement, ce sont les étouffements, puis le gros soupir, et, sans avoir rien dit sur le fond du souci, « vous vous en allez en traînant les pieds à la façon des enfants » ; or, une spiritualité majeure ne peut se contenter de rapports infantiles. Voici quelques-uns des avis de Catherine les plus ordinaires : « Elle avertissait ses sœurs de parler toujours bien les unes des autres [...]. Si quelque défaut apparaît, il faut en avoir compassion et dire : celle-ci a ce défaut, et moi aussi j'ai le mien. » Ou encore : « C'est un grand aveuglement d'exiger des autres la même constitution de corps et d'âme. » Ou enfin : « Des pensées mauvaises peuvent nous venir à l'esprit malgré nous sans doute ; mais ce n'est pas le péché. Pour le commettre, il faut donner à ses pensées un consentement volontaire. » On retrouvera de semblables avis dans les *Instructions à un disciple* (1501) attribuées à une autre clarisse, sainte Camilla Battista da Varano*, explicitement inspirée par cette dernière. Il en ira de même pour la structuration trinitaire du *Traité de la pureté du cœur* (1521) qui se prépare ici : « Voici ce que Catherine disait souvent à ses sœurs : "Vous avez reçu de Dieu trois précieux talents, dont je vous conjure de bien user. Le Père habite dans votre mémoire, le Fils dans votre entendement, et l'Esprit-Saint dans votre volonté. Repassez donc souvent dans votre mémoire les bienfaits que vous avez reçu de Dieu le Père ; exercez votre entendement à considérer l'avènement du Fils de Dieu, son incarnation, sa vie, ses souffrances et sa mort cruelle ; enfin, que votre volonté s'enflamme aux ardeurs de l'Esprit-Saint." » Le Dieu de Catherine est d'abord perçu comme Père. Lorsqu'elle reprend le verset fameux mis dans la bouche de Jésus lors de son agonie, elle dit : « *Père* [et non *mon Dieu*] pourquoi m'as-tu abandonné ? »

La deuxième arme utilisée dans le conflit spirituel, c'est la défiance face à sa capacité de faire le bien par soi seul : François d'Assise insistait sur cette vérité évangélique suivant laquelle sans l'énergie de la Parole, je ne puis rien faire. Tout bien vient de Dieu : ce que l'exercice même de la très haute pauvreté éprouve comme une vérité d'expérience quotidienne. La troisième arme, c'est l'exercice de la vitesse, la promptitude d'esprit inspirée par la confiance en Dieu. La quatrième, c'est la mémoire du Christ et de son humanité sujette à la Passion. « Autant il y a amour, autant il y a douleur [*e tanto è l'amore, quanto è il dolore*]. En effet, on ne peut souffrir de ce qu'on n'aime pas. » Et ailleurs : « Ce n'est pas la douleur, c'est l'amour qui me porte à pleurer, et c'est dans l'oraison que j'ai appris à faire cet échange. »

Cette intériorisation de la vie spirituelle se remarque aussi dans sa conception de l'obéissance. Ce qui importe, ce sont moins les manifestations extraordinaires de la vie mystique – visions, extases, cris, gestes – que l'obéissance ordinaire comprise précisément comme écoute de l'Esprit lui-même. Et cela avec sa dimension musicale ou lyrique ! Catherine chante littéralement l'obéissance : c'est une écoute poétique. Elle se rend présente à un rythme comme un poète ou un musicien. Ce qui est un secret de son intériorisation : la dimension sonore mais invisible du musical. Musicalité de l'obéissance qui conjure les angoisses de l'indétermination et qui procure une tranquille assurance. Catherine compare même, et cela aura toute son importance plus tard, comme nous l'allons souligner, elle compare l'obéissance avec l'expérience du paradis terrestre : « Elle nommait l'obéissance le paradis terrestre, l'arche des délices, la joie des anges [...]. Quelle âme qui, en considérant que Jésus s'est soumis aux hommes les plus coupables et les plus abjects [...] n'aille de bon cœur audevant de l'obéissance dont une goutte suffit pour inonder le cœur d'une incroyable joie ? » L'obéissance n'est donc pas une vertu morale ou un simple vœu, ni même un conseil, mais une conformation au Christ.

Cette humanité du Christ, comme l'écrit Catherine dans un poème d'une grande force – poème inscrit dans la quatrième arme, décisive, et véritable parcours spirituel ou doctrine mystique –, c'est le refuge. Il est le remède (*rimedio*) à toutes nos blessures, la vraie nourriture (*cibo vero*), le miroir brillant (*specchio rilucente*) qui illumine et recompose (*ricomponi*) notre difformité – en consonance ici avec le miroir de Claire d'Assise, mais secret aussi de son amour pour le travail d'enluminure, d'illumination du Bréviaire, de la prière des Heures. L'humanité du Christ, c'est le bouclier impénétrable (*scudo impenetrabile*) – avant le combat spirituel, il y a donc le nourrissage et le sevrage spéculaire –, la manne savoureuse (le corps sacramentel auquel donne accès la conscience aiguisée par l'agonie), la fontaine éternelle rafraîchissant l'ardeur amoureuse au désert, l'échelle très haute (*scala altissima*), la très douce olive (*olivo soavissimo*) – rappelant le jardin et l'arbre de la Passion, nouvelle échelle de Jacob unissant terre et ciel –, et finalement la mer si poissonneuse (*mare pescosissimo*) – rappelant les récits évangéliques de résurrection, mais aussi la fécondité apostolique célébrée par les Actes des Apôtres. Bref, l'humanité du Christ, c'est d'abord la nourrice, la mère qui conduit les fils au Père et, finalement, l'épouse très douce pour l'âme toujours amoureuse de lui et qui ne regarde rien d'autre. Cette union johannique révèle elle-même la nature basale de la fidélité maternelle du Christ à la Création entière !

Quant à la cinquième arme spirituelle, c'est la pensée de sa propre mort et le temps de miséricorde qui nous est laissé pour nous convertir, nous perfectionner. Tout ce qu'on ne peut accomplir de bien en acte, réalisons-le par le désir du cœur. La sixième arme est le souvenir du futur enchanteur (promesse), de *la très noble fête de Dieu*, laquelle en appelle à notre persévérance. L'arme ultime, la septième, reste la mémoire des Écritures, que nous devons porter dans notre cœur comme une mère très sûre. Cette inscription du cœur rappelle, serait-ce de manière moins pathétique ou théâtrale, la croix fichée dans le cœur chez Claire de Montefalco*.

Il faut insister sur ce sens aigu – mis en scène et en relief par une vision – de la noble fête de Dieu. Car la Passion est un passage obligé vers une telle fête. Cela éclaire le sens de la résurrection éprouvé par Catherine et par ses sœurs. Et cela aboutira d'ailleurs à anticiper la résurrection de la chair (serait-ce en esprit et en vérité) dans l'expérience du corps incorrompu et du parfum de sainteté qu'il dégage après la mort. Certes, cette bonne odeur est un lieu commun, et les récits sur le corps incorrompu d'un saint ne sont pas rares. Toutefois, il y a dans le récit de la découverte du corps incorrompu de Catherine non seulement une dramaturgie qui fascinera l'époque baroque – le jésuite Grassetti s'attarde longuement sur l'invention du corps incorrompu de la sainte clarisse –, mais un usage évolutif et innovant d'un tel corps qui réclame une attention particulière. En un sens, la volonté exprimée par ses sœurs de sortir le corps défunt de la terre nue contrevient à une dimension fondamentale de la pauvreté chez François et chez Claire. Le frère mineur est déposé à même le sol (nu sur le sol nu), selon sa volonté, et puis dans notre sœur et mère la terre crue. Mais de même que le corps de François ne restera pas longtemps dans ce dénuement – pour l'enchâsser dans le joyau architectural du Sacro Convento –, le corps de Catherine est à son tour retiré à la terre. Toutefois, à la différence du corps de François, il est exposé parmi les sœurs comme un corps vivant, capable de produire du sang vermeil, et même des essences ou des liqueurs ayant la réputation de guérir.

Cette présence du corps s'identifie alors à la présence du paradis dans le cours de l'Histoire, comme un défi à la corruption et un déni de mortalité. L'angoisse de mourir et la mort seraient d'ores et déjà surmontées. La vie béatifique serait en quelque sorte anticipée dans la cité terrestre. Nous serions déjà dans la noble fête de Dieu. Le cimetière devient le jardin d'Éden, la tombe une matrice. La spiritualité de la Passion montrerait enfin son vrai jour : plus je suis obéissant comme le Christ lors de sa passion pour le salut de la multitude, plus je puis éprouver dès maintenant la résurrection. Non sous forme purement intérieure, mais sous forme corporelle individuelle et sociale, sous forme d'un corps incorrompu et actif, guérisseur et consolateur des angoisses de la mort. Il y aurait là comme une preuve expérimentale de la résurrection. Toutefois une seconde étape va se mettre en place. Non seulement par la mobilité du corps montré allongé, mais par son installation sur roulettes, ce qui facilite les déplacements nécessaires à ses épiphanies, et la mutation de sa perception. La joie du corps paradisiaque se transforme alors, comme la compréhension de l'obéissance, de la pauvreté et la chasteté vécues par Catherine au cours de son existence. L'obéissance ne sera plus la présence quasi eucharistique du corps paradisiaque prolongeant l'obéissance de l'humanité du Christ – outrepassant le corps physique par le corps symbolique –, mais une modalité de l'obéissance ecclésiale et civique imitable par tous les laïcs, pour modifier la cité terrestre. Que serait une cité sans médiations et laissée à la seule joie de la fête unitive ? De même, la pauvreté ne serait plus l'expérience primordiale que tout bien vient de Dieu, mais une vertu pratique du peuple, comme force de maîtrise des sens, du corps, des passions sociales, du flux des richesses (à relancer au lieu de le fixer). À côté de la perception pathétique et joyeuse de la fête – du corps paradisiaque – se met en place une perception différente, plus civique. Le corps incorrompu serait l'effet de l'obéissance, de la pauvreté et de la chasteté, entendue comme une épreuve de la pureté résistant à l'émiettement corporel : forme d'unité sociale incorruptible. Cela rappelle la présentation du corps de Jésus enfant par Marie* lors d'une vision de Catherine. Elle constate le délicieux parfum de la chair très pure de Jésus (*il suoave odore delle purissima carne di Gesù*).

Le corps incorrompu de la moniale, consacré entièrement au Seigneur, prolonge en quelque sorte le corps parfumé de l'humanité du Christ, ce miroir qui recompose toute difformité, cette fontaine éternelle (*fonte perenne*), toujours amoureuse (*sempre innamorata*). Mais cet usage de l'incorrompu comporte encore une étape mise en place par celle qui succédera à Catherine, son intéressante hagiographe, sa contemporaine Illuminata Bembo. En elle s'opère d'ailleurs une mutation de la perception de la sainte : partant de l'image qui appartenait à une communauté restreinte, elle tend à mettre en scène une figure de l'obéissance victorieuse, de la pauvreté luxuriante, d'une pureté ou d'une unité vitale incorruptible. S'opère, par elle et les forces qui l'y autorisent, le passage du corps allongé au corps vertical et quasi pontifical, pont entre terre et ciel. Ou plus exactement : au corps assis mais établi en majesté, comme corps de gouvernement. Le corps de Catherine est placé sur une « estrade élevée » en posture de reine sur un trône, recouverte d'habits somptueux et d'une couronne qui confirment sa gouvernance : « Arrivée à la chapelle, la sainte fut montée sur l'estrade et assise sur la pauvre chaise dont elle se servait pendant sa vie. Cent ans après, cette chaise tombant de vétusté, on lui substitua un siège élégant, richement sculpté et entièrement doré, sur laquelle la sainte est encore actuellement assise [...]. Ses yeux sont ceux d'une personne vivante. Elle est assise comme sur un trône pontifical, où elle se tient avec tant de majesté qu'elle étonne et ravit tous ceux qui viennent lui rendre leurs hommages. Elle est couverte d'une robe de Damas [...]. Elle fut d'abord vêtue de cette manière par l'ordre et aux frais du cardinal Calendrin. D'autres habits semblables lui furent donnés depuis par des cardinaux et des princes, parmi lesquels je nommerai saint Charles Borromée... » Catherine n'apparaît sans doute jamais comme un mannequin ou une marionnette sacrée, mais plutôt comme une actrice vivante d'une grande représentation para-liturgique. Une fois de plus s'illustre ici un trait de la civilisation humaniste italienne : le passage sans rupture tranchée du claustral au gouvernemental, du niveau secret (mystique), lyrique ou populaire au plan ecclésial, politique et princier. C'est également une manière de percevoir la vie spirituelle, sa douleur amoureuse et sa joie inentamable, qui s'insinuent partout sans nécessairement que cela brise tous les éléments antérieurs.

Bernard Forthomme

Bibl. : ***Œuvres*** : *Le sette armi spirituali*, A. Degl'Innocenti (éd.), Florence, Edizioni del Galluzzo, 2000 ; *Laudi, trattati e lettere*, S. Serventi (éd.), Florence, Edizioni del Galluzzo, 2000. ***Vies*** : I. BEMBO, *Specchio di illuminazione*, S. Mostaccio (éd.), Florence, Edizioni del Galluzzo, 2001 ; *Il processo di canonizzazione di Caterina Vigri (1586-1712)*, S. Spano Martinellei (éd.), Florence, Edizioni del Galluzzo, 2003 ; G. GRASSETTI, *Vita della B. Caterina da Bologna*... (1630), traduit en français du latin des Bollandistes par l'abbé R. Pieau, sous le titre *Vie de Sainte Catherine de Bologne*, par la R. P. Crasset de la Compagnie de Jésus, Paris, Périsse Frères, 1840. ***Études*** : C. Leonardi (éd.), *Caterina Vigri, la Santa e la Città*, Florence, Edizioni del Galluzzo, 2004 ; V. Fortuni et C. Leonardi (éd.), *Pregare con le immagini. Il breviario di Caterina Vigri*, Florence, Edizioni del Galluzzo, 2004 ; C. MOUCHEL, « Catherine de Bologne. Du bon usage du corps incorrompu », in *Les Femmes de douleur*, Besançon, Presses universitaires de Franche-Comté, 2007, p. 57-72.

CATHERINE DE GÊNES, *sainte* (Caterina Fieschi ; Gênes, 1447-septembre 1510). — Catherine naît dans une puissante famille patricienne, mais qui subira des revers au milieu du XVIe siècle et dont la branche principale trouvera refuge en France sous le nom de Fliche. Elle reçoit donc une formation digne de son rang, apprend le latin et des éléments de la littérature médiévale. Malgré une adolescence fervente et orientée vers la vie religieuse comme sa sœur aînée, elle fut mariée, âgée de seize ans, à Giuliano Adorno issu d'une puissante famille politiquement adverse. Ce mariage était donc destiné sinon à sceller une alliance, du moins à favoriser un rapprochement. Mais suivant la tradition hagiographique, l'époux montre un comportement luxurieux et dispendieux, incapable de gérer le bien commun, ce qui entraînera le ménage à un appauvrissement notoire. Ce revers de fortune, sans que l'on puisse y voir un lien mécanique de cause à effet, sera contemporain de la « conversion » de Catherine. Le comportement de son mari la conduit d'abord à l'isolement, avant qu'elle ne se tourne vers une vie plus mondaine. Néanmoins, ce changement ne parvient pas à guérir sa tristesse toujours plus envahissante. Après une rencontre avec sa sœur en 1473, et un rapport obsédant à l'image du Christ souffrant, elle décide de changer de vie. Elle multiplie les examens de conscience et commence à soumettre son corps à une discipline rigoureuse, comprenant de longues périodes de jeûnes extrêmes. Elle décide également de se mettre au service des malades du principal hôpital de Gênes, Pammatone. Ce qui finit par influencer son mari et l'implique dans la pratique des œuvres de miséricorde. Le couple s'installe dans une maison toute proche de l'hôpital : Adorno devient même tertiaire franciscain ; il meurt en 1497. Enfin, dans les dix dernières années de sa vie, elle prend la direction de toute la section féminine de l'hôpital, en charge aussi des enfants abandonnés, tout en étant sujette à une vie spirituelle toujours plus consumante. Cette conjonction de la vie mystique la plus ardente et de la charité active prend ici une tournure nouvelle, très développée, et qui servira de modèle pour l'avenir. L'affaiblissement considérable de la santé de Catherine est aussi l'occasion de solliciter une direction spirituelle, alors qu'elle avait poursuivi, jusque-là, un itinéraire particulièrement indépendant.

Elle termine son existence entourée d'amis et de disciples, comme son principal hagiographe, mais aussi Angelo Carletti, frère mineur de la stricte Observance et qui fonda à Gênes le mont-de-piété (pratique répandue par l'Observance et micro-crédit avant la lettre), sans oublier le fameux Ettore Vernazza, notaire, dont une de ses filles religieuses écrira la vie. Grâce à une rencontre avec Catherine, il décida de se consacrer, lui aussi, aux œuvres d'assistance. En 1497, il fonde à Gênes la Compagnie de l'Amour divin (*Divino Amore*), cet *Oratorio* qui influencera celui de l'étonnant saint Philippe Néri, lequel influencera à son tour la naissance de l'Oratoire de France (avec Bérulle). Il contracta la peste au service des pestiférés et décéda en 1524. Toujours est-il que les disciples qui élaborèrent ce que l'on nomme aujourd'hui l'*Opus Catharinianum*, publié à Gênes en 1551, ont joué un rôle important dans la rédaction. Il est aujourd'hui divisé en trois parties : une biographie spirituelle (*Vie et doctrine de Catherine*), un *Dialogue* entre l'âme, le corps, l'amour-propre, l'humanité et Dieu, puis le fameux *Traité du purgatoire*. Les Chartreux de Bourg-Fontaine donnent une première traduction française dès 1598. L'*Opus* exerça également un rôle dans la rédaction du *Breve Compendio* d'Isabelle Bellinzaga* et du jésuite Achille Gagliardi. Le jeune Bérulle en donna une adaptation dans son *Bref Discours de l'abnégation intérieure* (1597), où se marque l'esprit du frère mineur de l'Observance Henri Erp (Harphius), et de sa principale source (Ruusbroec). Ce sens de l'abnégation comme outrepassement de tout le créé sera un des vecteurs du pur amour suivant Mme Guyon* et Fénelon. Toutefois, il reste que la théologie mystique d'Harphius n'a été accessible en italien qu'après la mort de Catherine. Laquelle fut canonisée en 1737.

Notons encore le rôle joué par la spiritualité du pur amour dans le *mouvement moderniste*, ainsi chez Friedrich von Hügel au début du XXe siècle, désireux de mettre en relief l'élément mystique de la religion face à la seule empreinte rituelle, morale, biblique ou dogmatique. Dans le *Dialogue* (1er ms. 1520), l'humanité doit se vaincre, se mettre entièrement sous la direction de l'Esprit. Ainsi toutes les souffrances endurées « n'ont pour but que de mener à la liberté de l'esprit ». Que dit l'âme ? « Ô Amour ! vous anéantissez vos amants en eux-mêmes, puis les refaites libres d'une vraie et parfaite liberté en vous [...]. Ils ne veulent que ce que Dieu veut » (*Dialogue*, III, 8). Le *Dialogue* est en somme le récit d'un voyage de l'âme en recherche d'un lieu – « *cercare un luogo* » – un lieu sans marqueur spatial ni temporel précis (sinon du genre *un giorno*, *una volta*, ou comme marqueur de vitesse : *in uno solo istante*, *subito*) : la liberté d'esprit sans laquelle il n'y a pas de pur amour. Mais l'âme ne pourra surmonter le corps, son amour-propre et même l'humanité légitime, que par l'intervention du Christ, ce flux d'amour qui dénoyaute la substance de l'âme et de l'humanité. Car le Christ n'a désiré que la réalisation de la volonté de Dieu. L'amour pur, c'est aimer tout ce qui plaît à Dieu. Ainsi, dans le *Traité du purgatoire*, il apparaît que domine la satisfaction de la volonté divine. L'accent n'est plus mis, comme jadis, sur les souffrances physiques ni même, comme naguère, sur les souffrances intérieures, mais sur la bonté de Dieu, sur sa charité parfaite, son pur amour : « Les âmes du purgatoire ne se souviennent ni du bien ni du mal qui pourrait accroître leur peine, soit en ce qui les concerne ou en ce qui regarde les autres. Elles sont si satisfaites des dispositions divines à leur égard qu'elles aiment tout ce qui plaît à Dieu, de la manière que cela lui plaît, et elles ne peuvent plus du tout penser à elles-mêmes, tout en essayant, peut-être, de le faire. Elles ne voient plus que l'œuvre de la divine bonté qui les ramène si manifestement à Dieu de manière qu'elles ne peuvent penser ni à leur profit personnel, ni à leurs souffrances. Si elles le pouvaient, elles ne seraient plus dans la charité parfaite. Par conséquent, elles ne voient pas qu'elles souffrent pour expier leurs péchés. Elles ne peuvent, même pour un instant, s'entretenir dans cette pensée... » (*Traité*, chap. I). D'où le sentiment de paix, qui serait autrement très étonnant, mais qui est incomparable, sauf pour la condition paradisiaque en Dieu. Les souffrances les plus aiguës, même infernales, en comparaison de l'amour de Dieu, ne sont que des anesthésies. Et l'âme préfère se jeter elle-même dans les pires épreuves plutôt que de paraître mélangée en face de Dieu qui n'a pas de porte : « peut y entrer qui veut » (*Traité*, chap. IX).

Bernard Forthomme

• *Voir aussi* : Bellinzaga ; Guyon

Bibl. : *Vie et œuvres* : *Opus Catharinianum (Libro de la Vita mirabile e dottrina santa della beata Caterinetta de Genova)*, Gênes, 1551 ; P. DEBONGNIE, *La Grande Dame du pur amour, sainte Catherine de Gênes (1447-1510). Vie, doctrine et traité du purgatoire*, Paris, Desclée de Brouwer, 1960 ;

MME GUYON, *Le Purgatoire*, M.-L. Gondal (éd.), Grenoble, Jérôme Millon, 1998. ***Études*** : F. VON HUEGEL, *The Mystical Element of Religion as Studied in Saint Catherine of Genua and her Friends*, Londres, J. M. Dent & Sons, 1909 ; J. LE GOFF, *La Naissance du Purgatoire*, Paris, Gallimard, 1981 ; I. MOTERSINO, « La route invisible. Le voyage mystique de Catherine de Gênes », in *Le Chemin, la route, la voie. Figures de l'imaginaire occidental à l'époque moderne*, M.-M. Martinet et *alii* (éd.), Paris, Presses de l'Université de Paris-Sorbonne, 2005.

CATHERINE DE JÉSUS, *carmélite* (Catherine [?] Nicolas ; Bordeaux, 5 avril 1589-Paris, 1623). — Catherine de Jésus est une demoiselle Nicolas, mais on ne sait si son nom de baptême était Catherine. Tout porte à croire en tout cas qu'elle choisit son nom de religion à cause de son attachement à Catherine de Gênes*, en qui elle voyait le « modèle des croix intérieures ». Madeleine de Saint-Joseph*, première prieure du couvent de l'Incarnation à Paris, qui rapporte ce fait, est l'auteur de *La Vie de sœur Catherine de Jésus, religieuse du premier Monastère de l'Ordre de Nostre-Dame du Mont-Carmel estably en France, selon la réforme de sainte Thérèse de Jésus*. Acte qui procède de la grande et intense union spirituelle des deux religieuses et qui manifeste une manière de souhaiter sa béatification. Tout concourt à montrer qu'une fois réunies les deux femmes ne voulurent plus se séparer. Catherine de Jésus était venue de Bordeaux, parce qu'elle voulait se faire religieuse. D'abord feuillantine, mais ayant su que des carmels réformés s'ouvraient en France, elle décida de se faire carmélite. À ce moment-là, Marc-Antoine de Gourgue, premier président du parlement de Bordeaux, et son épouse, qui était cousine de Pierre de Bérulle – fondateur et supérieur des carmels français –, voulurent créer un carmel à Bordeaux et demandèrent à ce dernier d'envoyer des religieuses. Il leur fut répondu que les postulantes devaient venir de Bordeaux pour se former à Paris, puis s'en retourner chez elles pour fonder un nouveau carmel. C'est ainsi que Catherine de Jésus se rendit à Paris (1608) au couvent de l'Incarnation du faubourg Saint-Jacques, où elle fit son noviciat et devint professe du monastère. Elle ne repartit jamais pour Bordeaux, où deux carmels furent fondés en 1610 et 1618. Madeleine de Saint-Joseph la garda auprès d'elle et elles fondèrent ensemble le deuxième carmel de Paris, rue Chapon. Catherine de Jésus y mourut ; « son service fut solennellement fait par le révérend Père de Bérulle notre supérieur et visiteur ». Son corps fut transporté au monastère du faubourg Saint-Jacques, où il fut inhumé dans le cloître par André Duval, le « révérend Père Supérieur ».

La *Vie* écrite par Madeleine de Saint-Joseph est essentiellement une biographie spirituelle. Elle rapporte peu l'activité de Catherine de Jésus dans les deux couvents. Elle se compose en grande partie des billets, aux destinataires parfois inconnus, que Catherine de Jésus écrivait sans songer à leur publication, dont vingt-deux lettres adressées au révérend père de Bérulle, qui rédigea une lettre-préface « À la Reyne, Mère du Roi », Marie de Médicis, pour lui présenter la vie de cette jeune carmélite inconnue. Aussi les billets de Catherine de Jésus sont spontanés. Elle transcrit des dires qui la surprennent elle-même et étonnent ses compagnes. « Quelquefois je me trouve parlant de quelque chose qu'en l'intérieur j'en suis bien éloignée », écrit-elle. Elle se dit par une autre voix que la sienne et qui demeure inconnue. Ses billets sont ainsi comme de courts moments d'affleurement, dans le discours quotidien, d'une voix intérieure incessante et insue.

La *Vie* présente l'expérience mystique de Catherine de Jésus en termes plus familiers et moins abstraits que les savants analystes. Elle insiste sur la passivité, le délaissement et l'anéantissement de la carmélite : « Que Jésus-Christ fasse entièrement ce que je ne puis faire du tout », écrit l'auteur des billets. Pour Catherine de Jésus, Jésus mourant sur la croix, abandonné par son Père, était un modèle, l'exemple même de l'âme anéantie par la grâce divine. Aussi l'enfance de Jésus est comme sa source primordiale – la direction spirituelle de Bérulle n'y étant sans doute pas pour rien. Elle décrit ainsi son état : « Je me rends toute à l'anéantissement intérieur que cette sainte et divine enfance de Jésus daigne et veut opérer en moi. Je suis contente qu'elle m'anéantisse, et ne désire n'être plus qu'une capacité de Jésus, remplie, possédée, et toute vivifiée par elle, afin que je puisse dire "Je vis non moi, mais l'enfance de Jésus en moi". » L'état d'enfance définit ici l'état d'anéantissement de Catherine de Jésus. Considéré comme un être fragile, le petit enfant est en effet entièrement dépendant des adultes, il ne parle pas, il ne marche pas, etc. Se comparer à lui revient donc à déclarer sa profonde et totale soumission au Verbe incarné. En outre, Catherine se plaignait d'être petite et chétive physiquement. Elle souffrait également d'hydropisie : son petit corps grossit tout à coup se remplissant d'eau, ce qu'elle eut beaucoup de mal à supporter et qui la contraignit peut-être à l'humilité la plus exemplaire.

Bérulle, qui l'admirait, la définit comme une de ces « âmes petites que le monde ne connaît point et que les Anges révèrent et que le Fils de Dieu chérit ». Ses pensées, écrit-il aussi, « nous obligent à révérer les humbles, les petits, honorés de Dieu et méconnus du monde ».

Joseph Beaude

Bibl. : *Œuvres* : *Je ne suis plus à moi. Écrits et lettres*, J. Beaude (prés.), Grenoble, Jérôme Millon, 2001. Ces textes sont extraits de *La Vie de sœur Catherine de Jésus, religieuse du premier Monastère de l'Ordre de Nostre-Dame du Mont-Carmel estably en France, selon la réforme de sainte Thérèse de Jésus, par Madeleine de Saint-Joseph*, Paris, F. Dehors, 1628 (1re éd.), 1656 (dernière éd.). ***Études* :** M. HOUSSAYE, *Monsieur de Bérulle et les carmélites de France (1575-1611)*, Paris, H. Plon, 1872 ; H. BREMOND, *Histoire littéraire du sentiment religieux en France...*, rééd. Grenoble, Jérôme Millon, 2006, vol. I ; L. COGNET, *Histoire de la spiritualité chrétienne moderne*, t. 3 de *La Spiritualité moderne*, Paris, Aubier, 1966.

CATHERINE DE L'INCARNATION, *vénérable, ursuline* (Catherine de Vétéris du Revest ; Aix, 1602-Pertuis, 1689 ?). — Issue d'une famille noble, elle fut supérieure du monastère des Ursulines du Pertuis en Provence. Sa *Vie*, écrite en 1672, nous la montre s'exposant à des humiliations extrêmes, caractéristiques de la mystique de l'anéantissement du XVIIe siècle français. Elle imaginait ainsi comment « se faire considérer comme la Tharasque, et avoir obligé ses sœurs de lui jeter de l'eau bénite comme sainte Marthe en jeta à ce monstre pour le faire crever » ; « elle venait au réfectoire avec un manteau de pourpre, les mains attachées avec une corde, se faisant tirer par une autre corde, qu'elle avait passée au col, par une tourière [...] » ; elle se faisait « cracher au visage » par les sœurs qu'elle dirigeait à leur sortie de table (*Vie*, p. 288). Pratiques (tout à fait fantasques chez elle) alors très répandues chez les Carmélites, d'après Bremond. Elle serait également liée à l'accomplissement de certains miracles.

Audrey Fella

Bibl. : ***Vie et études*** **:** G. AUGERI, *Vie de la vénérable mère Catherine de l'Incarnation de Vétéris du Revest, religieuse ursuline de la Présentation Notre Dame, au Monastère de la ville de Pertuis*, Aix, E. Roize et J.-B. Roize, 1672 ; H. BREMOND, *Histoire littéraire du sentiment religieux en France...*, Paris, Bloud et Gay, 1922, t. VI, p. 428-429.

CATHERINE DE RACCONIGI, *bienheureuse, tertiaire dominicaine, stigmatisée* (Catherine de Mathoeis ; Racconigi, 1486-Caramagna, 1517). — Catherine illustre bien les difficultés que rencontre la sainteté féminine à une époque d'entre-deux, où le Moyen Âge s'achève et où se devine l'horizon de la Réforme. Fille cadette d'un ferronnier tombé en un tel degré de pauvreté que sa mère, incapable de l'allaiter, envoyait le frère aîné avec le bébé pour trouver quelque femme compatissante qui la veuille bien nourrir. On peut soupçonner que ce régime hautement aléatoire eut quelque répercussion sur le psychisme et l'affectivité de la jeune enfant. L'enfance de Catherine est malheureuse : à sept ans, une douleur à l'épaule (stigmate du portement de la Croix ?) l'oblige à s'aliter, suivie de crises de vertige qui jettent sa mère dans l'angoisse de la perdre. Il est vrai que les problèmes d'argent entretenaient de permanentes tensions dans le foyer : Catherine les réglait à sa façon en rapportant quelques menues pièces de monnaie trouvées (grâce à Jésus ou à quelque larcin ?). Cependant, dès l'âge de cinq ans, consolations et faveurs spirituelles viennent compenser les déboires de cette âme que les forces démoniaques ne tardèrent pas à tourmenter. Dans son adolescence, elle s'astreint à un jeûne rigoureux, afin de s'enlaidir et de pouvoir ainsi repousser tout prétendant au mariage (l'exemple parental, il est vrai, ne permettait guère d'envisager sereinement la conjugalité) : projet on ne peut plus réussi, puisque, selon son biographe, Jean-François Pic de la Mirandole (neveu du célèbre humaniste), elle devint de plus en plus petite et d'une disgrâce insurmontable, ce qui ne l'empêchait pas d'éprouver dans son corps de violentes pulsions sexuelles, accompagnées d'« images repoussantes » (érotiques ?). La somatisation s'aggrave au point qu'il lui est impossible de garder toute nourriture absorbée ; il n'y a que l'hostie qui ne provoque pas de vomissement : cas classique d'anorexie.

Vers 1512, elle comparaît devant la justice inquisitoriale de Turin sous l'inculpation de sorcellerie et d'hérésie. Bien qu'elle soit devenue tertiaire dominicaine deux ans après, elle est bannie, avant de se voir disculpée. Elle trouve alors refuge à la cour de Charles de Savoie, puis auprès de la marquise Anne de Montferrat. Ses ennemis finissant par se repentir, Pic, son protecteur, puis le provincial des

Dominicains lui demandent de revenir, mais elle s'y refuse absolument ; à ce dernier (qui s'en offusquera et l'exclura de l'ordre), elle répond : « Je suis fille de l'obéissance, et je suis prête à obéir jusqu'à la mort à ces choses qui suivent la règle envers laquelle je suis obligée ; mais celles auxquelles je ne suis pas obligée de par la règle, je ne veux à ce jour obéir : puisque la règle ne m'oblige pas à le faire, d'autant que cela va à l'encontre de la volonté de Dieu, à qui ne plaise que je revienne dans ma patrie pour y habiter ; je vous prie de m'en excuser, mais je n'y retournerai pas. » Cette prétention à l'autonomie spirituelle au nom d'une instance qui se réclame de l'autorité divine, qui entre en conflit avec les médiations reconnues et qu'elle est seule à pouvoir énoncer et interpréter, entretiendra une constante ambiguïté : sainte ou sorcière ? Les contemporains hésitèrent : qu'elle eût contact avec le surnaturel (mais lequel ?), au point d'opérer des guérisons miraculeuses, qu'elle donnât conseil aux princes, intéressât le monde clérical et retînt l'attention d'érudits comme Pic de la Mirandole qui lui offrit l'hospitalité, tout cela était bien évident, mais s'accordait aux manières du passé ; en revanche, son intransigeante volonté d'indépendance, si elle laissait sans doute perplexe, n'en préparait pas moins les temps nouveaux.

François Marxer

Bibl. : ***Vie et études*** **:** G. Fr. PICO, *Compendio delle cose mirabili della beata Caterina da Raccogini*, Florence, Olschki, 2010 ; G. G. ANCINA, *Vita della beata Caterina Matei dea Raconisio*, Mondovi, 1899 ; don G. BOSCO, *Vie de la bienheureuse Catherine de Raccogini de l'ordre de la pénitence de Saint-Dominique*, Paris, Poussielgue, 1865 ; H. BRUCH, *Les Yeux et le ventre*, Paris, Payot, 1984, p. 61-83.

CATHERINE DE RICCI, *sainte, tertiaire dominicaine* (Florence, 23 avril 1522-?, 1589). Née dans l'illustre famille patricienne des Ricci à Florence, Catherine, dont l'enfance est jalonnée de nombreuses manifestations visionnaires et extatiques, entre au couvent dominicain Saint-Vincent de Prato, qui entretient le souvenir fervent de Savonarole. Elle-même composera un poème à la gloire de ce célèbre prêcheur, dont elle partage l'aspiration réformiste (qu'elle tempère toutefois de son optimisme naturel) comme les perspectives mystiques centrées sur la Passion du Christ. Elle travaillera donc assidûment au renouveau de l'Église, regroupant autour d'elle tout un courant spirituel voué à cet objectif. Avec Marie-Madeleine de Pazzi*, elle incarne un type nouveau de mysticisme réformiste qui assure la transition entre celui de Catherine de Sienne* (qui avait politiquement échoué) et le grand œuvre du concile de Trente. À cet effet, elle entretient des relations privilégiées avec les Médicis, ainsi qu'une abondante correspondance avec, entre autres, Charles Borromée, Pie V, Philippe Néri et Marie-Madeleine de Pazzi.

Son univers spirituel est conditionné par l'expérience de la Passion que, de 1542/1543 à 1554 (où ces extases cessent à sa demande), elle revit chaque semaine, entre le jeudi midi et le vendredi quatre heures, en contemplant les scènes du récit évangélique, en même temps qu'elle mime les gestes et attitudes du Christ, tout en accompagnant cette scénographie extatique d'entretiens avec le Christ et de discours adressés à ses sœurs. Au sortir de l'extase sont bien visibles les blessures et les traumatismes corporels qu'elle a soufferts. On suit les étapes de cette progressive configuration au Crucifié : le jour de Pâques 1542, la grâce lui est faite des noces mystiques, où elle reçoit un anneau d'or émaillé de rouge et serti d'un diamant – anneau qui ne sera que partiellement et temporairement visible pour son entourage, en fonction du degré de perfection spirituelle de chacun (le plus souvent, un cercle rouge, enchâssant un losange de même couleur). Cinq jours après, ce furent les stigmates qui, d'invisibles qu'ils étaient, devinrent manifestes, à la fois sanglants et lumineux. Suivront le couronnement d'épines et le portement de croix. Pour finir, au cours d'une extase dont est témoin toute la communauté, le visage de Catherine s'identifie à celui du Christ, si bien que voir Catherine, c'était voir le Fils de Dieu en même temps que le Fils de l'homme. On reconnaît là en filigrane le mot de Jean (XIV, 9), en quelque sorte transposé en un processus d'identification du mystique au Christ, cela même que visera le mystique moderne devenant le Christ ; ainsi chez Jeanne Guyon* – ce qui, de surcroît, laissera planer l'hypothèse d'un messie féminin. Plus que ces phénomènes spectaculaires, certes accordés à la sensibilité d'un catholicisme pré-baroque et réactif, on retiendra, conjoint à sa préoccupation réformiste dans laquelle elle jette toutes ses énergies en usant de la plus grande douceur dans ses relations avec autrui, le souci que gardera Catherine des « petites vertus », garantes de cet amour pur et désintéressé qui sera la grande affaire du siècle suivant.

François Marxer

• *Voir aussi* : Marie-Madeleine de Pazzi

Bibl. : ***Vie et études*** : H. BAYONNE, *Vie de sainte Catherine de Ricci de Florence*, Paris, Poussielgue, 1873 ; G. M. DI AGRESTI, *Sainte Catherine de Ricci*, Toulouse, Privat, 1971.

CATHERINE DE SAINT-AUGUSTIN, *bienheureuse, missionnaire hospitalière* (Catherine Symon de Longpré ; Saint-Sauveur-le-Vicomte, 1632-Québec, 8 mai 1668). — Catherine naît dans une petite ville de Normandie, au sein d'une famille nombreuse où la charité s'exerçait au quotidien par l'accueil sans condition des pauvres et des malades. Elle rapporte que, dès l'âge de trois ans et demi, elle était habitée par le désir ardent de faire la volonté de Dieu et le souhait qu'il la réalise en elle. Lassés par les questions de l'enfant qui sans cesse leur demande « qui fait la volonté de Dieu », ses grands-parents, qui sont en charge de son éducation, la renvoient au père Malherbe, un jésuite de passage qui satisfait la curiosité de la petite en prenant en exemple un pauvre malade qui avait trouvé refuge dans la maison et qui prenait de bon cœur son mal ; il explique à l'enfant qu'il est plus aisé de faire la volonté de Dieu dans les souffrances que dans l'abondance. Le jésuite lui fait aussi découvrir que, dans l'acte par lequel le malade est invité à offrir ses souffrances pour l'âme en danger de sa mère, il lui est donné de ressembler à Jésus, qui fait la volonté de Dieu son Père en consentant à souffrir pour le salut des âmes.

Cet enseignement très concret, tel le germe d'une semence, grandira dans le cœur réceptif de Catherine jusqu'à devenir bientôt l'orientation et la passion de toute sa vie. Elle ne veut plus que « souffrir », non seulement pour satisfaire son propre désir de faire la volonté de Dieu, mais aussi par amour des autres. Désormais, cette souffrance sera le langage par lequel Dieu lui parle. La Vierge Marie*, pour qui elle éprouve une tendre dévotion, devient l'interlocutrice à qui elle confie ses désirs et la médiatrice par qui elle espère obtenir les moyens de les réaliser. Elle a dix ans lorsque, le 8 septembre 1642, elle se livre à cette mère sainte dans un acte de consécration signé de son sang. Cette spiritualité mariale grandit et mûrit d'abord au contact des enseignements très bérulliens de Jean Eudes qui, en 1643, prêche une retraite et une mission, à Saint-Sauveur. Elle y puisera un culte au saint cœur de Marie, recentré sur celui du cœur de Jésus, dévotion qu'elle introduira plus tard en terre canadienne. Cette grande et étonnante « familiarité » avec Marie s'approfondira au fil de sa vie spirituelle et ne cessera jamais. Tiraillée un temps entre un appel à la vie religieuse et l'attrait du monde, la jeune fille de douze ans décide d'entrer dans la communauté réformée des Hospitalières de la Miséricorde de Jésus de l'Ordre de Saint-Augustin, dont un monastère vient d'être fondé à Bayeux. Elle suit en cela la volonté de Dieu, qui lui a été récemment manifestée à l'occasion d'une communion, et aussi son vœu le plus ancien auquel fait écho le nom même de la communauté. Elle prend l'habit deux ans plus tard et, en 1648, après un acte de donation totale à Marie dont elle ajoutera bientôt le nom à son nom de religion, Marie-Catherine de Saint-Augustin prononce ses vœux définitifs à Nantes, alors qu'elle est en route pour la Nouvelle-France ; elle a tout juste seize ans.

La traversée est dramatique : lors d'une épidémie de peste qui la réduit à toute extrémité, la jeune religieuse fait pour la première fois l'expérience de la présence du Malin sous la forme d'un « dragon », mais aussi l'expérience de la puissance de Marie qui, tout à la fois, le fait fuir et la guérit. Elle arrive en Nouvelle-France le 19 août 1648 et rejoint sa communauté qui est en charge de l'Hôtel-Dieu de Québec depuis 1639. Elle y sera infirmière, économe, maîtresse des novices, directrice de cet hôpital où elle sert chaque pauvre ou chaque malade comme s'il était le Seigneur lui-même. Elle obéit ainsi, selon la lettre et selon l'esprit, aux Constitutions des Hospitalières de la Miséricorde de Jésus, qui précisent que l'office des sœurs est « de recueillir les gouttes du précieux sang de Jésus-Christ et de les appliquer, par leurs petits travaux, pour le salut des âmes pour lequel il a été répandu ». Elle obtiendra de la miséricorde de Dieu que « tous les malades qui mourraient à l'Hôtel-Dieu pendant qu'elle y serait hospitalière seraient sauvés ». Catherine portera à un degré éminent ce soin du salut des âmes, qui participe directement de la volonté rédemptrice du Fils de Dieu, c'est-à-dire de la gloire de Dieu. Grâce à une vision prémonitoire, elle savait déjà que le chemin par lequel elle devrait passer serait étroit et bordé d'épines. Son souci apostolique prendra très vite chez elle une forme mystique exceptionnelle, connue de ses seuls directeurs spirituels, dont le jésuite Paul Ragueneau qui, après son retour en France, correspondra encore avec la religieuse jusqu'à sa mort, et rédigera ensuite sa biographie à la demande de Mgr François de Laval. Marie de l'Incarnation* (Marie Guyart), fondatrice et mère de l'Église au Canada, rapporte même que le premier évêque du Canada avait auguré en Catherine un « chef-d'œuvre du Saint-Esprit » et avait trouvé qu'en elle « tout était extraordinaire ».

Sa communauté et sa supérieure elle-même ignorent qu'au-delà des souffrances physiques aisément constatables, liées à une santé depuis longtemps défaillante – le mal qui devait l'emporter avait commencé son œuvre avant son départ de France –, la mystique vit des tortures d'un autre ordre qui la conforment de plus en plus au Christ de la Passion, non seulement par les souffrances endurées et consenties par amour, mais aussi par l'objectif même de ce consentement : le salut des pécheurs. Là encore, il s'agit d'aimer ceux qui souffrent, ces âmes du purgatoire pour lesquelles elle éprouve une grande compassion, ou ces âmes malades devenues incapables de résister à l'œuvre du Malin. Pendant près de vingt ans, plus intensément dans les dernières années de sa courte vie, Catherine de Saint-Augustin entre dans les profondeurs du mystère de la Croix, en acceptant que les esprits démoniaques concentrent sur elle les attaques qu'ils réservaient à autant de pécheurs parmi ses contemporains ; elle vivra elle-même les tourments des tentations d'impiété, d'impureté et de manque de charité, qui étaient les péchés qu'on lui présente comme les plus répandus dans la jeune colonie. Habitée par ceux qu'elle appelle les « démons » et qui sont légion – des centaines et jusqu'à des milliers –, elle lutte pour tel ou tel pécheur dont Dieu lui fait voir l'endurcissement du cœur, ou pour d'autres anonymes, afin qu'ils ne cèdent pas et soient sauvés.

Le combat de la religieuse est de résister aux « extravagances » de ses hôtes indésirables, mais dont la présence est consentie : séductions diverses, multiples tentations, y compris celle du suicide, différents mensonges, auxquels ces mêmes esprits malins essaient de la convaincre ; souffrir, dans l'oblation, des tourments indescriptibles, inventés pour la punir de ne pas se soumettre. Ce combat affecte la mystique dans son corps et dans sa sensibilité, mais jamais dans le fond de son âme qui demeure dans la foi, la paix et un amour indéfectible de la volonté de Dieu. Saint Paul lui-même ne lui avait-il pas promis qu'elle « ne sera jamais séparée de l'amour du Christ » ? Son tourment le plus terrible est justement dans cette tension entre son amour de Dieu de plus en plus puissant et exigeant et les sentiments de haine, par exemple envers l'Eucharistie, qu'imprime dans sa sensibilité l'œuvre des démons. Contrairement aux possédés, et grâce à ce qu'elle reconnaît être le secours de la Mère de Dieu et de nombreux saints dont elle est la familière, il lui est donné de toujours résister, de maîtriser les effets spirituellement néfastes de leurs entreprises et, par là, de les empêcher de nuire et de pervertir les âmes pour lesquelles elle s'offre. Ses descriptions sont d'un réalisme et d'une lucidité étonnants, qui n'excluent pas, comme chez de nombreux saints, la crainte d'être dans l'illusion. En tout cela, la fine pointe de son âme reste en paix. On a pu dire qu'elle était « obsédée des démons mais possédée de Dieu » (Ragueneau, livre III, chap. 1).

Il est difficile de mesurer la densité d'un tel état d'offrande. Ce qu'on a pu appeler à son sujet une « mission de substitution rédemptrice » la fait participer au grand combat qui est aussi le grand œuvre de la miséricorde divine. Elle est accompagnée dans cette mission singulière par Marie, qu'elle appellera audacieusement la « Corédemptrice », et par le père Jean de Brébeuf, qui lui a été désigné comme directeur spirituel dès son arrivée à Québec. Ne pouvant exercer cet office de son vivant – Jean de Brébeuf meurt martyr en 1649 et ne rencontrera donc jamais Catherine à Québec –, le saint jésuite lui signifiera sa présence active à partir de 1663 ; éducateur céleste, il accompagnera la religieuse jusqu'à sa mort, selon une direction étonnante, toute surnaturelle et très concrète, authentifiée par le père Châtelain en 1664. C'est ainsi qu'il lui apprend à prier, qu'il la conseille et réconforte dans les épreuves intérieures et va même jusqu'à lutter à sa place contre les démons qui l'ont investie ; il l'assure qu'elle ne fera rien qui soit désagréable à Dieu, quelle que soit l'œuvre des démons en elle. Il lui signifie les volontés de Dieu et va jusqu'à lui donner spirituellement la communion à des moments où les démons lui donnent le dégoût et la haine de l'hostie consacrée. Il lui rappelle que sa naissance le jour de la Sainte-Croix était déjà signe de sa vocation future.

Une des manifestations les plus étonnantes et spectaculaires de cette présence, tant surnaturelle que familière, eut lieu le 18 juin 1666, jour où Mgr de Laval consacrait la basilique de Québec à l'Immaculée Conception. Jean de Brébeuf la fait assister, en esprit et dans les moindres détails, à toutes les étapes de la cérémonie ; comparant Marie-Catherine à cette église et le cœur de la religieuse à l'autel qui en est la partie la plus sainte, il l'invite alors à dédier à nouveau son être tout entier à la divine majesté et l'exhorte à se disposer à un « abandon total d'elle-même » à la volonté de Dieu. En cette même occasion, il lui est donné de vivre le mariage spirituel en présence de la Vierge Marie ; son oblation s'ouvre désormais aux dimensions du corps mystique. Une des épreuves spirituelles les plus douloureuses fut la période où elle ne ressentit plus la présence du père de Brébeuf ni aucune autre consolation sensible. Ce sentiment de déréliction fut aussi accompagné par l'augmentation du nombre de démons, dont l'un d'eux voulut même prendre en elle la place du père de Brébeuf. Les démons avaient alors obtenu de la priver de tous les recours et secours qui, jusque-là, la fortifiaient et la protégeaient d'eux. Aux souffrances que ces purifications passives lui infligent, la réponse de la mystique fut un plus grand abandon à l'amour de Dieu dont ils ne parvinrent jamais à la faire douter.

Deux ans avant sa mort, essayant de faire comprendre sa situation à sa supérieure de Bayeux qui est aussi sa lointaine confidente, elle écrit qu'elle est attachée au Canada par trois clous : la volonté de Dieu, le salut des âmes et sa vocation en ce pays. Le Canada est sa demeure et tout ensemble sa croix, car la Croix est proprement sa vocation comme lieu de son union au Christ et de sa mission. Dès lors, comme elle le rappelle souvent, rien, ni la maladie qui l'affecte gravement, et surtout pas les souffrances physiques endurées secrètement, ne sauraient lui faire déserter son poste en ce pays. En 1658, s'adressant au Fils de Dieu en présence de Marie, elle fait vœu de stabilité au Canada ; et sept ans plus tard, poussée par la Vierge Marie, elle prononce le « vœu du plus parfait », ou « de la plus grande gloire de Dieu », comme Jean de Brébeuf, Marie de l'Incarnation et d'autres saints du « grand siècle des âmes » l'avaient fait avant elle. Le 8 mai 1668, après avoir proposé qu'on chante un *Te Deum* qu'elle parvient encore à entonner, Marie-Catherine de Saint-Augustin que les Amérindiens distinguaient du beau nom de « Iakonikonriostha », « celle qui rend l'intérieur plus beau », quittait ce monde dans la paix et dans un acte d'ultime abandon à la miséricorde. Elle avait trente-six ans. Elle sera béatifiée par Jean-Paul II en 1989.

Thérèse Nadeau-Lacour

• *Voir aussi* : Marie

Bibl. : *Œuvres* : ses écrits sont inclus dans l'ouvrage de P. RAGUENEAU, *La Vie de la Mère Catherine de Saint-Augustin*, Paris, Florentin, Lambert, 1771. ***Études* :** G.-M. OURY, *L'Itinéraire mystique de Catherine de Saint-Augustin*, Chambray-les-Tours, CLD, 1985 ; C. BISSON, « De Marie à l'offrande rédemptrice, Marie-Catherine de Saint-Augustin : une mission ecclésiale », *in* T. Nadeau-Lacour (dir.), *Il suffit d'une foi, Marie et l'Eucharistie chez les fondateurs de la Nouvelle-France*, Québec, Anne Sigier, 2008.

CATHERINE DE SIENNE, *sainte, docteur de l'Église, tertiaire dominicaine* (Catherine Benincasa ; Sienne, 29 mars 1347-Rome, 29 avril 1380). — Catherine naît à Sienne dans une famille modeste. Elle est le vingt-troisième enfant de Iacopo di Benincasa, artisan teinturier, et de Lapa de Piacenti. La peste noire commence à faire ses ravages en 1348. L'art sacré suscite les premières visions de Catherine. Enfant, elle *voit* « des saints semblables à ceux qu'elle a vus peints dans les églises ». À cinq ans, elle *voit* le Christ en souverain pontife, entouré des apôtres Pierre, Paul et Jean. Une extase et une lévitation suivent cette vision. La lecture qu'on lui fait de la *Légende dorée* (vers 1260) de Jacques de Voragine l'impressionne. Elle aurait eu alors plusieurs rencontres avec le Christ. En outre, elle admire sainte Euphrosyne qui, au Xe siècle, se fit passer pour un homme pour devenir moine. En 1354, malgré ses désirs sensuels qu'elle évoque, elle fait vœu de virginité perpétuelle. Opposant un refus obstiné à sa mère et à sa sœur aînée Bonaventura qui veulent la marier, elle est soumise à de dures pénitences et humiliations. Tommasso della Fonte devient son conseiller spirituel. En 1362, rejetant sans réplique tout projet de mariage, elle est en butte à de sévères punitions. Bien que son père prenne sa défense, elle se réfugie dans « une cellule intérieure », « une cellule dans son cœur ». Saint Dominique lui apparaît en songe, lui demandant de le suivre. Elle s'inflige de terribles mortifications, notamment sur la nourriture. À quinze ans, elle revêt l'habit des sœurs de la Pénitence de saint Dominique (les *mantellate*), une association de femmes pieuses qui suivent une règle non religieuse au sens strict. Catherine, tertiaire dominicaine, ne quitte pas sa retraite familiale, mais elle assiste aux offices de l'église Saint-Dominique. En 1368 a lieu le « mariage mystique avec le Christ ». Elle se dévoue à la charité et à l'apostolat. Un groupe se forme autour d'elle, *la bella brigata*, qui la considère comme la *mamma*. Son père meurt en 1368. Catherine sauve ses frères au cours d'une émeute qui éclate à Sienne.

La mort de Bonaventura en 1362 marque le début de la vie ascétique de Catherine. En 1370, elle donne son cœur à Jésus pour l'Église. Sa dévotion au Sacré-Cœur est particulièrement fervente. Elle reçoit des grâces extraordinaires. Elle dicte des lettres de conseils spirituels et obtient de premières conversions. Son action publique débute en 1371. Le pape Grégoire XI, des princes de l'Église, des chefs des républiques italiennes reçoivent des lettres d'elle. En 1372, elle communie fréquemment et délaisse peu à peu toute nourriture corporelle ; elle sera sujette toute sa vie à une grave anorexie. Un jour, elle suce la plaie purulente d'une malade. En 1373, Grégoire XI lance une nouvelle croisade, la guerre sainte (*le grand passage*), qui est un des objectifs majeurs de Catherine. En 1374, elle est convoquée à Florence, devant le chapitre général des Frères prêcheurs, afin de rendre « compte d'elle-même ». Élie de Toulouse, général de l'*Ordo praedicatorum* (l'Ordre des Prêcheurs), confie sa direction spirituelle au frère Raymond de Capoue, qui deviendra son ami et écrira en latin sa première biographie (1395) – une hagiographie qui invite à distinguer ce qui relève de l'histoire de la spiritualité et des miracles édifiants. Au monastère de Montepulciano, Catherine, priant devant la châsse de sainte Agnès, sentit le pied de la sainte venir effleurer ses lèvres. De multiples miracles, plus ou moins légendaires, sont relatés au sujet de la sainte de Sienne. À Pise, le 1er avril 1375, dans l'église Sainte-Christine, elle est marquée par les stigmates du Christ, qui, sauf pour elle-même, demeurent invisibles. Cette somatisation exceptionnelle, dont François d'Assise est l'icône, témoigne d'une mystique du Christ crucifié. Blessures de joie, tout autant que de souffrances.

À partir de 1375 débute sa vie publique. Catherine prend la défense des intérêts du pape. Elle est partisane du retour de Grégoire XI à Rome, exilé à Avignon dans le Comtat Venaissin. En juin 1376, elle arrive en Avignon pour persuader le souverain pontife d'exécuter son projet : « Vous êtes pape d'abord pour faire justice des iniquités commises dans l'Église et si vous ne vous sentez pas en état de le faire, renoncez à la tiare. » L'Église catholique et la péninsule Italienne traversent une période de grands troubles, de révoltes populaires. Le royaume de Naples est sur son déclin. Le 13 novembre 1376, Grégoire XI prend le chemin de Rome. Catherine est de retour à Sienne à la fin de 1376 ; elle se met au service du pape pour restaurer la paix entre les régions italiennes en perpétuel conflit. En 1378, elle est à Florence, ville frappée d'interdit (interdiction des offices religieux) par le pape. Grégoire XI, mort la même année, est remplacé, après une élection tumultueuse, par Urbain VI. Les troubles politiques se multiplient. Cinq mois après se produit le grand schisme d'Occident (1378-1417) avec l'élection, le 20 septembre 1378, de l'antipape Clément VII, qui part pour Avignon. Catherine de Sienne et Brigitte de Suède* font tout leur possible pour y mettre fin. Pendant cette période, il y eut deux, voire trois, papes. Les mœurs ecclésiastiques se dégradent à tous les niveaux. Un des thèmes de prédilection de Catherine, pour remédier à ces défaillances, est de proposer une nouvelle croisade contre les infidèles. Elle n'hésite pas à prendre parti dans les conflits sociaux ou politiques d'une Italie morcelée. Son but principal est de susciter une réforme de l'institution religieuse et de promouvoir l'unité et la prééminence de l'Église catholique et l'Amour du Dieu de vérité. Catherine se bat pour que soit reconnu Urbain VI. Elle écrit aux cardinaux et aux évêques pour qu'ils restent fidèles au souverain pontife, qui se montrera par la suite sanguinaire et tyrannique. Les partisans de l'un ou l'autre pape rivalisent de violence. Dans une société cléricale et masculine, Catherine, ayant souvent recours à l'Évangile, fait preuve de hardiesse et de sagesse. En 1377, elle envoie une lettre écrite de sa main à Raymond de Capoue faisant état de grâces exceptionnelles. En 1378, elle commence la rédaction des *Dialogues*. Puis elle s'établit définitivement à Rome, où elle continue à faire campagne (1379) en faveur d'Urbain VI, « le Christ sur la terre », et de l'unité de l'Église. Deux ans après avoir reçu, dans une vision survenue dans l'église du Vatican, la nef de l'Église sur ses épaules, elle meurt, à trente-trois ans, exténuée par ses austérités. Son corps repose dans la basilique Sopra Minerva de Rome. Sa tête est exposée dans un reliquaire de sa chapelle à la basilique San Domenico de Sienne.

Visions, parfois éprouvantes, combats avec les démons, apparitions, l'extraordinaire et le surnaturel tissent l'existence de Catherine de Sienne. Les phénomènes corporels paranormaux s'expriment intensément dans ses écrits, comme elle le rapporte à Raymond de Capoue : « Mon cœur s'étant fendu, comme je l'ai dit, mon âme fut libérée de cette chair » (« *Scissoque corde*, *dixi*, *anima mea fuit ab hac carne soluta* »). Son biographe n'est pas non plus avare de merveilleux : extases, ravissements, visions de saints, de la Vierge Marie* ou de Dieu lui-même, communion miraculeuse, élévations du corps en harmonie avec celles de l'esprit, alternance de maladies insolites et de guérisons instantanées, perceptions spirituelles exacerbées, don de clairvoyance, visions de la beauté ou de la laideur des âmes, mourants ressuscités, déplacements miraculeux. Le langage du corps de Catherine est particulièrement expressif : échange de son cœur contre celui du Christ, don des larmes, lévitations ; son ascétisme alimentaire la met dans un état d'anorexie grave. Le registre d'images ayant trait à la nourriture, au jeûne, à la faim eucharistique, à l'allaitement à la poitrine du Christ (lactation), est d'une richesse exceptionnelle. La métaphore du *sang* prend chez elle un aspect obsessionnel. Incitant au martyre, elle écrit : « Plongez-vous dans le sang de Jésus crucifié ; baignez-vous dans ce sang, rassasiez-vous de ce sang, enivrez-vous de ce sang, réjouissez-vous dans ce sang et fortifiez-vous dans ce sang. Perdez votre faiblesse et votre aveuglement dans le sang de l'Agneau sans tache, et courez au grand jour, comme un vaillant chevalier pour chercher l'honneur de Dieu, le bien de la sainte Église et le salut des âmes dans le Sang » (*Lettres*, II). Pendant ses extases, elle serre fortement sur son cœur une croix. Après sa mort, de nombreux témoignages font état d'apparitions ou de miracles : une de ses amies, Semia, a une vision de Catherine rayonnante de joie surnaturelle. Les stigmates invisibles, qui la marquaient comme le Christ, deviennent visibles. Le miracle dit de « la résurrection de Lapa » est resté fameux : à force de reproches adressés à Dieu, sa fille fit revenir sa mère de l'agonie à la vie. La *Legenda major* de Raymond de Capoue, le *Supplementum* et la *Legenda minor* de Tommaso Caffarini, les *Miracoli* d'un Florentin anonyme recensent les guérisons obtenues par l'intercession de la sainte. En outre, elle n'apprit jamais à écrire et elle ignorait le latin. Elle s'exprimait en dialecte toscan pour dicter ses œuvres.

L'œuvre abondante de Catherine de Sienne se fonde sur une connaissance précise de la Bible et des exégèses. Elle n'hésite pas à prendre part aux querelles théologiques. Catherine de Sienne est essentiellement une mystique de l'Église. Elle fut la correspondante de plusieurs souverains pontifes. Hormis quelques lettres, peut-être de sa main, elle dicta le *Dialogue* en 1378 à ses secrétaires. Elle est l'auteur d'une correspondance considérable. Ses *Oraisons* ont sans doute étaient recueillies à son insu. Dans ces écrits, elle exalte la valeur rédemptrice du Christ, dont le libre sacrifice a rétabli « un pont entre l'homme et Dieu ». L'importance de son œuvre pour la langue italienne est reconnue : traités de dévotion, trois cent quatre-vingts lettres, poésies. Le *Dialogo della Divina Providenza* qu'elle appelait simplement *Il Libro* est une méditation sur l'Incarnation qui trace l'itinéraire de l'âme vers l'union divine. Trois thèmes récurrents ressortent de la spiritualité de Catherine de Sienne : son identification au Verbe Incarné et surtout à la Passion du Christ bafoué, flagellé et crucifié ; l'Église qui est « le jardin arrosé par le sang du Christ » ; son enthousiasme pour la délivrance du tombeau du Christ au pouvoir des infidèles et la conversion de ceux-ci. À cela s'ajoute le charisme de l'amour du prochain, dont elle donna tant de preuves, notamment en soignant les malades ou en venant au secours de toute détresse. L'Église, selon elle, « est fondée dans l'amour et elle est même l'amour » (*Lettres*, 103). Son rôle et son ardeur politiques, qu'on a parfois sous-estimés ou qui lui ont été reprochés, se fondent sur cette maxime : « Aucun État ne peut se conserver en état de grâce dans la loi civile et dans la loi divine sans la sainte justice. »

Catherine de Sienne fut canonisée le 29 juin 1461 par le pape Pie II. En 1886, Pie IX la qualifia de patronne de Rome. En 1939, elle fut nommée patronne secondaire de l'Italie, avec saint François d'Assise. Le 4 octobre 1970, en même temps que sainte Thérèse d'Avila*, elle fut déclarée docteur de l'Église universelle par le pape Paul VI qui, évoquant son *mariage mystique*, les *saints stigmates* dont elle fut marquée et l'*éminence* de sa doctrine, proclama notamment : « Tous, d'ailleurs, vous vous rappelez combien elle a été libre en esprit de toute convoitise terrestre, combien elle a été affamée de justice et envahie jusqu'aux entrailles de miséricorde dans sa recherche de porter la paix au sein des familles et dans les villes déchirées par des rivalités et des haines atroces, combien elle s'est prodiguée pour réconcilier la république de Florence avec le souverain pontife Grégoire XI, jusqu'à exposer sa propre vie à la vengeance des rebelles. » Le 1er octobre 1999, le pape Jean-Paul II désigna trois nouvelles « copatronnes » de l'Europe: sainte Édith Stein*, sainte Brigitte de Suède, sainte Catherine de Sienne. Protectrice des journalistes, sa fête est célébrée le 29 avril.

Bernard Sesé

• *Voir aussi* : Brigitte de Suède

Bibl. : *Œuvres* : *Le Livre des Dialogues*, trad. L.-P. Guigues, Paris, Seuil, 1953 ; *Le Dialogue*, trad. L. Portier, Paris, Cerf, 1992 ; *Les Oraisons*, trad. L. Portier, Paris, Cerf, 1992 ; *Jésus-Christ Notre Résurrection, oraisons et élévations*, trad. A. Bernard, Paris, Cerf, 1980 ; *Les Lettres*, I. *Lettres au pape, aux cardinaux et aux évêques*, É. de Clermont-Tonnerre (introd.), Paris, Cerf, 2008 ; *Les Lettres* II et III, Paris, Cerf, 2010. ***Vie et études* :** *Sainte Catherine de Sienne*, par le bienheureux Raymond de Capoue, trad. R. P. Hugueny, Paris, P. L. Lethielleux, 1904 ; A. CHAMPDOR, *Catherine de Sienne et son temps*, Lyon, A. Guillot, 1982 ; A. LEVASTI, *La Vie de sainte Catherine de Sienne*, Paris, Seuil, 1953 ; F. MARTINOIR, *Catherine de Sienne ou la traversée des apparences*, Monaco, Éditions du Rocher, 1999 ; J.-M. PERRIN, *Catherine de Sienne, contemplative dans l'action*, Paris, Aubier, 1961 ; B. SESÉ, *Catherine de Sienne*, Paris, Desclée de Brouwer, coll. « Petite vie de... », 2005.

CATHERINE DE STRASBOURG, ou sœur Katrei, *« fille spirituelle » de Maître Eckhart* (Strasbourg, XIVe s.). — D'après *Les Dialogues* de Maître Eckhart, publiés pour la première fois par Franz Pfeiffer en 1857, sœur Catherine est « la fille spirituelle qu'Eckhart eut à Strasbourg ». Historiquement, c'est tout à fait possible. Or, plus qu'une personne réelle qui aurait pris le dominicain pour confesseur, Catherine est davantage une figure mystique qui aurait vécu l'expérience pascale que le grand théologien a lui-même connue (cf. *Sermon* 71). Après trois jours de léthargie, elle aurait ainsi déclaré : « *Ich bin Gott geworden* » (« Je suis devenue Dieu »). Maître Eckhart aurait été moins radical et aurait dit qu'il avait été introduit à la vie trinitaire. Aussi, à travers cette figure, c'est la dynamique même de son œuvre qui ressort et qui la fait perdurer, peut-être après son procès.

Sœur Catherine a été confondue avec Catherine de Sienne*, figure centrale dans l'Ordre dominicain, ou encore avec Marguerite Porete*, une mystique rhéno-flamande qui a marqué Maître Eckhart. Toujours est-il que c'est une figure féminine pleine de hardiesse qui explique à Maître Eckhart « les plus hautes réalités de la vie spirituelle », le motif même pour lequel il a été condamné (en 1329). En lui donnant une telle importance dans ce *Dialogue*, c'est la mystique rhéno-flamande qui est reconnue comme telle et qui a droit de cité à une époque où il n'en allait pas vraiment ainsi.

Marie-Anne Vannier

• *Voir aussi* : Catherine de Sienne ; Marguerite Porete

Bibl. : *Étude* : Maître ECKHART, *Les Dialogues avec sœur Catherine de Strasbourg*, Paris, Arfuyen, 2004.

CATHERINE DE SUÈDE, *sainte, brigittine* (?, 1322-Vadstena, 1381). — Vénérée comme une sainte dans l'Église scandinave, Catherine de Suède ou Catherine de Vadstena a le grand avantage d'être la fille de sainte Brigitte de Suède* et de bénéficier ainsi du rayonnement d'une sainteté qui s'est infusée en elle comme par capillarité généalogique. Éclipsée sans doute par la figure maternelle, elle n'en atteste pas moins une personnalité certaine : Catherine de Sienne* en sut quelque chose quand elle se heurta au refus de Catherine de Suède de l'accompagner à Naples pour tenter de convaincre la reine Jeanne Ire de Naples de soutenir le pape Urbain VI ; on ne sait les raisons de ce refus, toujours est-il que la reine était réputée de mœurs dissolues et que le pape pressenti se montrait bien peu capable. Doit-on faire confiance à sa tardive biographie, qui nous affirme que Catherine (à l'imitation de saint Nicolas nourrisson) refusait le sein de sa nourrice (laquelle était pécheresse avérée) comme celui de sa mère, lorsque celle-ci avait eu des relations charnelles avec son époux. Figuration légendaire bien sûr, d'une réserve à l'égard de la sexualité génitale : sur le modèle quasi mythique de sainte Cécile, elle sut rester vierge, mariée qu'elle fut à Edgar Lydersson, dont elle soigna avec dévouement les infirmités.

D'ailleurs, elle associait ascèse et chasteté, appétit sexuel et gourmandise, renouvelant ainsi un schéma déjà en vigueur chez les Pères du désert, lesquels, considérant les organes sexuels comme périphériques des entrailles, ce lieu de la digestion, liaient la fornication et la luxure aux désordres alimentaires de la gastrimargie. On pourra retenir cet éloge de l'ascèse alimentaire que la *Vita* (datée du XIVe s.) lui attribue : « L'abstinence prolonge la vie, préserve la chasteté, plaît à Dieu, chasse les démons, illumine l'intelligence, fortifie l'esprit, mate les vices, dompte la chair et embrase le cœur d'un amour divin. »

En 1350, elle rejoindra sa mère à Rome, où elle apprendra un an plus tard la mort de son mari, et y restera jusqu'au décès de Brigitte. Revenue en Suède pour l'inhumation de celle-ci, dont le corps auréolé d'une réputation de la sainteté était attendu par la population comme garant d'un retour de la paix, elle organisera l'Ordre de Saint-Sauveur, fondé par Brigitte à Vadstena, vers 1370, et dont elle deviendra la première abbesse : une création originale où une communauté de soixante moniales vouées à la contemplation, à la prière et à l'étude, est associée à une communauté de treize moines-prêtres (dit « apôtres ») qui ont à charge la prédication (faite en suédois), en un monastère double consacré à la Passion du Christ et à la Compassion de Marie. De Catherine, on a gardé un petit ouvrage de piété intitulé *Consolation de l'âme* (1407).

François Marxer

• *Voir aussi* : Brigitte de Suède ; Catherine de Sienne

Bibl. : *Vie* : *Vie de Catherine de Suède*, par ULPHON (vers 1420), dans *Acta sanctorum*, III, 503-531.

CATHERINE LABOURÉ, *sainte, visionnaire* (Fains-les-Moûtiers, 2 mai 1806-Paris, 31 décembre 1876). — La personnalité de Catherine Labouré offre un cas tout à fait particulier, comparable à celui de Bernadette Soubirous*, de visionnaire qui, loin d'en faire étalage ou publicité, se retire dans un silence absolu et un anonymat total, puisque, seul, son confesseur sera informé de ce privilège. Catherine n'en est pas moins à l'origine d'une des dévotions les plus populaires, qui jouit, de nos jours encore, d'une diffusion mondiale : la Médaille miraculeuse. Il faut d'ailleurs noter que, du vivant de Catherine, cette diffusion spectaculaire s'accompagnera d'une accélération du recrutement des Filles de la Charité, congrégation fondée par saint Vincent de Paul et Louise de Marillac*, et à laquelle appartenait Catherine : en effet, les Lazaristes, fondés eux aussi par Vincent de Paul, avaient fait savoir que l'apparition que commémorait la médaille avait eu lieu dans une de leurs chapelles et que c'était une de leurs jeunes novices qui en était la bénéficiaire. Ce silence étonnant et cette parfaite discrétion nécessitaient l'interprétation, autant qu'ils la libéraient : puisque Catherine était Fille de la Charité, se dévouant au service des vieillards dans l'hospice d'Enghien, situé rue de Picpus à Paris, on s'est plu à louer en elle l'harmonisation de la vie contemplative – son silence, preuve de son humilité parfaite et d'une intériorité intense – et de la vie active – la religieuse hospitalière –, ce qui signe une vie mystique réussie dans cette association équilibrée des figures évangéliques de Marthe et de Marie*.

Catherine Labouré est née au sein d'une famille profondément chrétienne, en cette Bourgogne, terre de prédilection du recrutement religieux en ce début de XIXe siècle. Ayant tôt perdu sa mère, le 9 octobre 1815, sa sœur aînée, Marie-Louise, entrant chez les Filles de la Charité, le 22 juin 1818, elle choisit d'en suivre l'exemple, mais son père, à qui elle en fait la demande, le 2 mai 1827, s'y oppose dans un premier temps. Finalement, elle entre au postulat de Châtillon-sur-Seine, le 14 janvier 1830, et gagne le noviciat de la rue du Bac, le 21 avril suivant. Or c'est pendant son noviciat qu'elle reçoit toute une série de visions. Il faut rappeler que nous sommes en 1830, l'année de la révolution des Trois Glorieuses, qui voit l'abdication de Charles X et l'arrivée sur le trône de Louis-Philippe. Années perturbées : l'archevêque de Paris, Mgr de Quelen, est contesté ; éclate à Lyon la révolte des canuts, avant que ne sévisse, à Paris, une épidémie de choléra en 1832.

C'est donc en mai 1830 que lui apparaît le cœur de saint Vincent de Paul, au lendemain de la translation solennelle de ses reliques, de Notre-Dame à la maison de Saint-Lazare, sise rue de Sèvres. Puis, le 6 juin, pendant la lecture de l'Évangile de cette fête de la Trinité, la vision du Christ-Roi. Suivront les apparitions majeures où la Vierge Marie se présente à elle, tout d'abord, dans la nuit du 18 au 19 juillet, de 23 h 30 à 2 heures du matin, familièrement assise dans un fauteuil que les pèlerins de la rue du Bac peuvent encore contempler aujourd'hui. Ensuite, le 27 novembre, puis en décembre, se dévoile le protocole de la Médaille miraculeuse, vision scénarisée, où la Vierge, en majesté sur un globe, tenant d'abord un globe plus petit entre ses doigts, étend ensuite ses mains rayonnantes, pendant que se déroule une mandorle ornée de l'inscription : « Ô Marie, conçue sans péché, priez pour nous qui avons recours à vous » ; et avant que n'apparaisse le verso, en quelque sorte le chiffre héraldique du message : un M majuscule, surmonté d'une croix, avec le Cœur christique, couronné d'épines, et le Cœur marial, traversé d'un glaive, allusion aux épisodes évangéliques de Jean XIX, 2 et Luc II, 35, emblèmes popularisés au XVIIe siècle par saint Jean Eudes.

La destinée de Catherine ne sera pas le moins du monde modifiée par ces événements, puisque, seul, son confesseur, le père Aladel, en sera informé, servant ainsi de répondant et de relais à la voix intérieure qu'avait perçue Catherine : « Faites frapper une médaille sur ce modèle. Toutes les personnes qui la porteront jouiront d'une protection spéciale de la Mère de Dieu. » On notera que la réalisation de la médaille fut confiée à Adrien Vachette, orfèvre parisien réputé, en particulier pour ses tabatières, et dont l'entreprise familiale se tournera par la suite vers la serrurerie. C'est donc en janvier 1831 que Catherine reçoit l'habit religieux et que, peu après, elle entend parler, sans broncher le moins du monde, d'une apparition du cœur du fondateur à une toute nouvelle novice. Et, l'année suivante, dans la communauté de Reuilly où elle est affectée le 5 février, elle-même recevra la médaille, dont les mille cinq cents premiers exemplaires viennent de sortir de l'atelier. La diffusion de la médaille est considérable : huit millions écoulés en 1834, et jusqu'en Chine ! Ce succès est révélateur du rapport du catholicisme (populaire) aux images, la médaille étant à la fois personnelle (dans le lien qu'elle crée entre le croyant et la Mère de Dieu, figure même de la compassion, au sein de la communion d'une communauté priante) et fédératrice d'une appartenance au catholicisme : ainsi John-Henry Newman, en route de l'anglicanisme vers l'Église de Rome, décide-t-il de « la mettre à son cou », le 22 août 1845 ; et, par une indiscrétion de la presse en septembre 1835, l'on apprend que Louis-Philippe, roi des Français, la porte, ainsi que deux de ses enfants : conviction personnelle ou geste politique, relayant celui de Louis XIII lorsqu'il consacre son royaume à la Vierge ?

Le succès de cette dévotion ne doit pas étonner : le XIXe siècle s'enfièvre régulièrement d'éruptions révolutionnaires (1830, 1848, 1871), qui clôtureront le cycle de ces échos ou séquelles du grand traumatisme de 1789, à peine endigué par l'Empire. Les catholiques entretiennent un lourd sentiment de culpabilité, assimilant ce désastre politique qui avait mis fin à l'Ancien Régime à un châtiment divin qui sanctionnait les péchés et prévarications des générations précédentes, et qu'il fallait donc expier. Les manifestations mariales qui se succèdent, souvent à des moments critiques (la rue du Bac donc, en 1830, La Salette en 1846, Lourdes en 1858, Pontmain en 1871, sans parler de la consécration de l'église Notre-Dame-des-Victoires, à Paris, par le curé Desgenettes, en 1836), sont autant de contre-feux qui détournent l'opinion catholique de cette complaisance obsessionnelle, pour restaurer à son horizon la confiance et l'espérance : à ce titre, l'invocation de la Médaille miraculeuse est remarquable d'équilibre et de résilience. La proclamation, le 8 décembre 1854, du dogme de l'Immaculée Conception (largement acquis dans la piété populaire, instruite en ce sens par la spiritualité franciscaine) en sera le point d'orgue, repris par la proclamation de l'Assomption en 1950, autre épicentre d'une efflorescence spirituelle, après la catastrophe de la Seconde Guerre mondiale.

Catherine, qui a prononcé ses vœux, le 3 mai 1835, traverse ces décennies sereinement, surtout l'épisode de la Commune (mais en 1848, elle aura une vision prémonitoire [?] de la Croix), sans cesser son office à la porterie de l'hospice et au soin des vieillards. Ce n'est que sur le tard, en 1856 d'abord, qu'elle commence à rédiger le récit de la première apparition, puis en avril 1876, celui de la vision de la Vierge au globe, et, en octobre, ce qu'il en a été dans la nuit du 18 juillet 1830, peu avant de mourir. Béatifiée par Pie XI le 28 mai 1933, elle sera canonisée par Pie XII, le 27 juillet 1947.

François Marxer

• *Voir aussi* : Bernadette Soubirous ; Louise de Marillac

Bibl. : ***Vie et études*** **:** R. LAURENTIN, *Vie authentique de Catherine Labouré*, Paris, Desclée de Brouwer, 1980 ; *Catherine Labouré et la Médaille miraculeuse. Documents authentiques*, Paris, Lethielleux, 1976 ; C. YVER, *La Vie secrète de Catherine Labouré*, Paris, Éditions Spes, 1935.

CHÂN KHÔNG, *moniale, maître du bouddhisme zen* (Cao Ngoc Phuong ; Ben Tre, 1938). — Née dans le sud du Vietnam dans un village du delta du Mékong, celle qui allait devenir sœur Chân Không a grandi dans une famille où il était naturel d'aider ceux qui souffrent. Encore adolescente, elle tentait déjà de soulager les habitants du bidonville voisin de son village. Alors que pour certaines personnes le bouddhisme consiste d'abord à chercher l'éveil en solitaire (quitte à se retirer dans un monastère) et ensuite à faire preuve de compassion dans le monde, Chân Không ressent dès son plus jeune âge que libération et action doivent être liées. Lorsqu'elle exprime cette idée, elle rencontre beaucoup d'oppositions, certaines dues à sa condition de femme. Comme elle le dit elle-même : « Je voulais utiliser ces enseignements [bouddhistes] pour instaurer une justice sociale, mais les moines bouddhistes que je rencontrais à l'époque n'étaient pas d'accord avec moi. Ils disaient que je devais d'abord m'éveiller. Je ne pourrais aider les autres qu'en étant éveillée. Beaucoup de moines étaient si conservateurs qu'ils pensaient qu'être une femme était un obstacle, et ils me disaient que je devais pratiquer pour renaître en homme. Puis, après plusieurs vies, je pourrais devenir bouddha. J'estimais que je n'avais pas besoin de devenir un homme, je n'avais pas besoin de devenir bouddha ; j'avais simplement besoin d'utiliser une partie des enseignements du Bouddha pour apporter une justice sociale sur terre » (*Rencontre avec des femmes remarquables*).

Lorsqu'elle rencontre le maître Thich Nhat Hanh, surnommé Thay, celui-ci la conforte dans son idée :

« Après plusieurs années de recherche, je rencontrai Thich Nhat Hanh. Thay disait que mieux vaut ne faire qu'une chose et la faire avec vigilance pour s'éveiller. Il me raconta l'histoire d'un moine qui ne faisait que de la couture, mais avec vigilance, revenant à chaque respiration totalement dans son action ; au bout de six ans, il s'éveilla. De même un maître ne faisait que concasser du riz, et un autre s'éveilla en cuisinant » (*ibid.*). Dès lors, elle travaille en étroite collaboration avec lui et fonde l'EJSS, l'École de la jeunesse au service social. À partir de 1954 et de la défaite française de Diên Biên Phû (lors de la première guerre du Vietnam), en vertu des accords de Genève, le pays est coupé en deux. Des élections destinées à le réunifier sont prévues, mais, en 1956, le président à Saigon, Ngo Dinh Diem, soutenu par les Américains, les refusent. La deuxième guerre du Vietnam éclate. Bien plus tard, dans son livre *La Force de l'amour* (1995), sœur Chân Không racontera à la fois ses tentatives épuisantes pour soulager la population, avec l'aide de Thich Nhat Hanh, et les horreurs d'un conflit où les assaillants restent sourds aux arguments de l'autre partie et aveugles à la réalité du désastre.

Appliquant avec son maître la philosophie bouddhiste à la lettre, elle aide les gens dont les villages ont été bombardés à reconstruire sans cesse leurs habitations, réussit à les convaincre de pratiquer avec elle la méditation et les empêche de céder au désir de prendre les armes pour se venger. Même lorsque des amis proches et des jeunes gens de l'EJSS sont tués par des grenades jetées dans leur dortoir, elle déclare, lors de leurs funérailles, en parlant des meurtriers : « Nous n'avons aucune haine contre vous [...] les hommes ne sont pas nos ennemis. Nos seuls ennemis sont le manque de compréhension, la haine, la jalousie, le malentendu et l'ignorance qui conduisent à de tels actes de violence » (*La Force de l'amour*). Aidant les partisans des deux camps et considérée en tant que telle comme traître, sœur Chân Không risque sans cesse sa vie et se retrouve en prison. Événement qui la pousse à faire une retraite de méditation en se concentrant sur *Avalokiteshvara* (« le Bouddha de la compassion »).

Contrainte de s'exiler en France, sœur Chân Không se penche alors sur le sort des *boat people* et continue d'aider tous ceux qui ont besoin d'aide. En 1982, elle achète un village en Dordogne avec Thich Nhat Hanh, Loubès-Bernac, à quatre-vingt-cinq kilomètres de Bordeaux. Ils y établissent une communauté bientôt connue sous le nom de « village des pruniers » et ouverte aux retraitants, qui se consacre à la culture de mille deux cent cinquante pruniers (en référence aux mille deux cent cinquante disciples du Bouddha) aidant les cent trente moines et moniales de la communauté à subsister.

Issu du bouddhisme zen, l'enseignement de sœur Chân Không et de Thich Nhat Hanh, fondé sur la vie quotidienne, dans un langage simple et direct, insiste avant tout sur « la pleine conscience ». Une dimension de l'esprit à partir de laquelle tous les phénomènes de la vie doivent être goûtés, si l'on veut sortir du cercle infernal de l'*ego* qui juge, rejette, réagit par la peur et la convoitise. L'*ego* est toujours limité et la plupart des aspects de chaque situation lui échappent. À partir de la pleine conscience tout peut devenir prétexte à l'éveil. Il n'y a pas de petites ou de grandes choses. Manger une prune « en pleine conscience » ou laver une théière avec autant de soin que si on lavait « le bébé Bouddha » sont des exercices que l'on peut proposer à des enfants, comme à des adultes. Ils permettent de découvrir la véritable dimension de l'existence. N'étant au départ qu'un exercice, « la pleine conscience » se révèle un jour comme étant l'arrière-plan de la compassion qui est notre être réel dans toute sa liberté (la Nature-de-Bouddha). Cette compassion est comme le ciel infini qui accueille tous les nuages, qui passent et se dissolvent. C'est la vacuité ou le vide (*shûnyatâ*) dans lequel tous les phénomènes puisent leur origine, et qui est leur face cachée. À partir d'un simple exercice d'attention appliqué à tous les gestes quotidiens et aux manifestations de l'*ego*, la libération devient possible et la métaphysique bouddhiste la plus haute devient l'objet d'une expérience vécue. Cependant, « la pleine conscience » au cours des activités quotidiennes ne peut exister que si elle s'enracine dans la pratique de « la pleine conscience » vécue dans l'immobilité, en méditation. En étant juste là, attentif à sa respiration, le pratiquant redécouvre tout seul les « nobles vérités » prêchées par le Bouddha : l'interdépendance (de sa propre personne avec les autres), l'impermanence (de ses sensations, pensées et émotions), la souffrance (causée par le manque de sagesse et le désir que les choses soient autrement qu'elles ne sont).

Après trente-neuf ans d'exil, le gouvernement communiste vietnamien a autorisé Thich Nath Hanh et sœur Chân Không à retourner au Vietnam en 2005 (où les écrits de Thay sont toujours interdits). Ils ont aussi été invités en Chine par le gouvernement en 1995 et y retournent depuis chaque année pour y rencontrer la communauté bouddhiste chinoise (*sangha*).

Notons que sœur Chân Không, d'une grande modestie, vit parfois dans l'ombre de Thay, qu'elle considère comme son maître. Elle n'a écrit qu'un seul livre, qui raconte son itinéraire dans le Vietnam en guerre. Il s'agit à la fois d'un livre d'histoire et d'un livre de sagesse. Dans la préface, Thay la considère comme un vrai *Bodhisattva*, c'est-à-dire un être habité d'une telle compassion qu'il fait toujours passer la libération des autres avant la sienne. Sœur Chân Không dit un jour à sa mère qui se plaignait de ne pas la voir suffisamment : « Pense à moi comme à une femme mariée – non pas à un mari, mais à la grande famille des gens qui souffrent. »

Ariane Buisset

Bibl. : *Œuvre* : *La Force de l'amour, une bouddhiste dans le Vietnam en guerre*, trad. P. Kerforne et M. Coulin, Paris, Albin Michel, 2008. ***Étude* :** M. BATCHELOR, *Rencontre avec des femmes remarquables*, Paris, Sully, 2002.

CHOISY, Maryse, *écrivain et psychanalyste chrétienne* (Saint-Jean-de-Luz, 1903-Paris, 1979). — Enfant illégitime de parents qui meurent dans un accident, elle est élevée par des tantes. À l'université de Cambridge, elle étudie la philosophie et pratique le yoga. Son parcours atypique fut particulièrement mouvementé. En 1922, elle séjourne en Inde dans l'ashram de Rabîndranâth Tagore. Elle exerce divers métiers, en prenant part, avec enthousiasme, à la fièvre intellectuelle des années 1930. En 1925, elle est journaliste à *L'Intransigeant.* En 1926, elle soutient, en Sorbonne, une thèse de Lettres sur « Les systèmes de la philosophie Védânta et Sâmkhyya ». Influencée par la pensée d'Henri Bergson, elle y restera toujours attachée. Elle écrit des poèmes, puis des « romans philosophiques ». En 1927, elle publie *La Chirologie* et son premier roman, *C6 H8 (AzO3)6 Mon cœur dans une formule.* Pour faire découvrir des milieux peu connus et écrire *Un mois chez les filles* (1928), elle devient femme de ménage dans une maison de prostitution ; dans ce livre elle réclamait l'abolition des maisons closes. Elle écrira dans la même veine *Un mois chez les hommes* (1929), récit d'un séjour chez les moines du mont Athos, et *L'Amour dans les prisons* (1930). Ces reportages firent parfois scandale. Liée aux fondateurs du surréalisme, elle lança, dans un esprit analogue, un « Manifeste surridéaliste » (1927). En 1929, elle est attirée par le spiritisme. Maîtresse de Joseph Delteil, elle s'en sépare et publie *Delteil tout nu* (1930). En 1935, elle participe à la création de l'Association pour la rénovation de l'occultisme traditionnel dans le cadre d'un hebdomadaire, *Votre bonheur*, intitulé d'abord *Consolation.* Elle fut en relation avec des personnalités de l'ésotérisme européen à travers la Société des sciences anciennes. Elle épouse le journaliste Maurice Clouzet. En 1932 naît leur fille Colette Clouzet, dont la marraine est l'écrivain Colette. Elle se convertit au catholicisme (1936). En 1939, elle rencontre le père Teilhard de Chardin, qui l'oriente dans sa quête spirituelle. Partageant une même vision du monde fondée sur l'évolution et l'amour, leur amitié persistera jusqu'à la mort du savant jésuite. Puis elle entreprend, sans succès, de rallier le pape et le Vatican aux bienfaits de la psychanalyse. Elle fait retirer ses livres du commerce ou fait disparaître les autres, car, selon elle, ils ne satisfont pas aux *trois passoires* attribuées à Socrate : *vérité, utilité, bonté.* Avec l'élan, la foi et la générosité qui sont les aspects les plus positifs de sa personnalité tourmentée, et avec le père Leycester King d'Oxford, elle entreprend de fonder l'Association internationale de psychothérapie et de psychologie catholique. Le rêve œcuménique de cette entreprise n'eut pas de descendance. Elle participa aussi à la fondation des *Études carmélitaines* et des *Cahiers Laënnec.* Parallèlement, elle fréquenta les groupes ésotériques et alchimiques européens ou indiens. En 1927, à Vienne, elle commence une analyse avec Sigmund Freud, qu'elle interrompt brusquement. Vingt ans plus tard, elle reprendra son analyse avec René Laforgue, puis Maurice Bouvet et Charles Odier. Proche aussi de la pensée de Carl Gustav Jung, elle pratique la psychanalyse en y mêlant des éléments de sagesse indienne.

Après 1945, Maryse Choisy se consacre surtout à l'écriture et à la psychothérapie. Elle crée le Centre d'études des sciences de l'homme qui publie, à partir de novembre 1946, une revue mensuelle, *Psyché* (la première revue de psychanalyse à reparaître après la Seconde Guerre mondiale), dont Maxime Clouzet est le directeur ; elle a l'ambition, à l'instar de ce que fut avant la guerre l'*Imago* freudienne, de faire découvrir à un large public la psychanalyse et les sciences de l'homme, selon une inspiration philosophique et religieuse teintée de spiritualisme, d'occultisme, d'orientalisme, d'astrologie, de voyance. Autour de ce projet se rencontrent des personnalités telles que le prince Louis de Broglie, de l'Académie française, Pierre Teilhard de Chardin, Gaston Bachelard, des psychanalystes comme Juliette Favez Boutonier, Françoise Dolto, René Laforgue, Georges Mauco. Grâce à la revue, de nombreux prêtres participent aux discussions morales, religieuses et même mystiques ; des milieux catholiques s'ouvrent à la psychanalyse. À côté de cette discipline figurent aussi la graphologie, l'acupuncture, la caractérologie des études adlériennes ou jungiennes, etc. Or ce mélange hétéroclite, destiné à ouvrir de vastes horizons, profanes ou religieux, à la psychanalyse, ne résiste pas aux réticences, plus ou moins sectaires, de certaines associations psychanalytiques. Devenue la cible de critiques violentes, au moment où le mouvement psychanalytique français accentuait ses divisions, la revue prend fin en 1963.

La notoriété et l'influence de Maryse Choisy, tombée dans l'oubli aujourd'hui, furent considérables en son temps. Pour preuve, sa fécondité littéraire hors du commun : elle publia jusqu'à quatre ouvrages par an. Officier de l'Ordre national du Mérite, médaille d'argent des Arts, Lettres et Sciences, elle avait reçu, en 1937, le prix Lamenais. En 1946, elle publie *Contes pour ma fille... et quelques autres*, qui contient des réflexions sur la mort. *La Métaphysique des yogas* (1948) et *Yoga et psychanalyse* (1949) sont considérés comme ses livres fondamentaux. Elle fait un deuxième voyage en Inde en 1952, pour se livrer à des expériences scientifiques sur des yogis ou des méditants. Elle fait une retraite dans l'ashram de swâmi Sivananda Sarasvati à Rishikesh. En 1954, elle publie le *Scandale de l'amour*. Exprimant son admiration pour ce livre, le père Teilhard de Chardin lui écrit : « Naturellement je pense avec vous que la solution est dans l'évolution, c'est-à-dire dans la sublimation. Il nous faut tailler une théorie de l'esprit émergeant de la matière, allant du physique au métaphysique en passant par le biologique, le psychologique et le mythique. Parce que l'union est créatrice de l'être. » Sensible aux autres traditions, elle prend part à un congrès interreligieux (World Fellowship of Religions) à New Delhi (1956). Puis le sikh *sant* Kirpal Singh devient son maître spirituel. Dans *L'Être et le silence* (1965), elle évoque son parcours religieux. En 1965, elle fonde l'Alliance mondiale des religions sous le patronage du Vatican et du Dalaï Lama, à laquelle s'intéressera le futur cardinal Jean Daniélou. Toute sa vie, elle s'efforça de réconcilier les religions entre elles et la religion avec la science. En 1967, elle publie *La Survie après la mort*, suivi de ... *mais la Terre est sacrée* (1968) dans lequel elle anticipe les conceptions de l'écologie spirituelle. Puis paraissent ses mémoires, *Sur le chemin de Dieu, on rencontre d'abord le diable* (1977).

Personnalité séduisante et controversée, aux recherches intellectuelles éclectiques, Maryse Choisy ne semble pas avoir connu d'expérience mystique particulière. Et pourtant une fervente aspiration à l'élévation de l'esprit, voire au développement des fonctions supranormales, inspira les domaines qui lui parurent aptes à contribuer au bien-être et à l'épanouissement de l'être humain : la psychanalyse, le hatha-yoga, l'ésotérisme, la connaissance par l'amour, la religion, la spiritualité. Dans un texte publié en 1947, sur les symboles et sur les mythes, elle écrit : « Allons toujours à la plus grande vie [...]. Nous sommes ce champ de bataille perpétuel où les instincts de vie triomphent pour quelques années seulement des instincts de mort qui nous reprennent à l'heure de l'agonie. Pour sortir de cette agonie individuelle, pour monter sur le plan de l'éternel, nous devons d'abord dépasser ce qui en nous est voué à la destruction finale. Seul l'amour oblatif – l'expression supérieure des instincts de vie peut nous faire accéder au Tout et nous rendre indépendants du temps, de l'espace, de la désintégration. Quel mythe nous donnera rapidement ce plus grand amour, pour vaincre la guerre et la destruction ? On cherche un mythe moderne... On cherche... Et s'il était déjà trouvé ? » De cette femme de passion, d'inquiétude et de quête incessante de la vérité, l'une des plus belles citations pourrait être celle-ci : « La mystique rapproche ce que la théologie sépare. »

Bernard Sesé

Bibl. : *Œuvres* : *Yoga et psychanalyse*, Genève, Éditions du Mont-Blanc, 1948 ; *Qu'est-ce que la psychanalyse ?*, Paris, L'Arche, 1950 ; *Psychanalyse et catholicisme*, Paris, L'Arche, 1950 ; *Le Chrétien devant la psychanalyse*, Paris, Librairie Téqui, 1955 ; *Teilhard et l'Inde*, Paris, Éditions universitaires, 1963 ; *L'Être et le silence*, Genève, Éditions du Mont-Blanc, 1965 ; *... mais la terre est sacrée*, Genève, Éditions du Mont-Blanc, Paris, Payot, 1965 ; *La Guerre des sexes*, Paris, Publications premières, 1970 ; *Dialogues avec Sa Sainteté le Dalaï-Lama*, Genève, Éditions du Mont-Blanc, 1974 ; *Un voyant à la recherche du temps futur*, Paris, Robert Laffont, 1975 ; *Mémoires 1925-1939*, Paris, Émile Paul, 1977 ; *Savoir être maman*, Paris, Aubier, 1992 ; *Le Scandale de l'amour*, Paris, Aubier, 1992. ***Vie et études* :** B. GUILLEMAIN, *Maryse Choisy ou l'amoureuse sagesse*, Paris, Hachette, 1959 ; S. CECCOMORI, *Cent Ans de yoga en France*, Paris, Édidit, 2001 ; É. ROUDINESCO, *Histoire de la psychanalyse en France. Jacques Lacan*, Paris, La Pochothèque, 2009 ; J. COSNIER, art. *in* A. de Mijolla (dir.), Dictionnaire international de la psychanalyse, Paris, Calmann-Lévy, 2002, p. 302-303 et p. 1304-1305 ; M. SCHEIDHAUER, *Freud et ses visiteurs*, Toulouse, Érès, 2010.

CHOPIN, Symphorose, *tertiaire franciscaine* (?, 1924-Rueil-Malmaison, 1983). — La biographie de Symphorose Chopin reste extrêmement lacunaire. Elle a expérimenté des phénomènes extraordinaires (lévitation, luminosité, hyperthermie, stigmates), qui ont été pour l'essentiel rapportés par Joachim Bouflet, son ami pendant dix ans, qui a eu accès à ses cahiers manuscrits (Cahier noir et Cahier bleu) et a aussi recueilli des témoignages lors d'entretiens avec sa sœur Berthe ou encore son directeur spirituel de 1945 à 1969, Mgr Combes. Sa vie est marquée par de grandes souffrances physiques (occasionnées par de multiples opérations chirurgicales), par une santé fragile qui l'oblige à rester alitée presque constamment, même lorsqu'elle reçoit dans sa mansarde admirateurs et curieux.

Symphorose Chopin incarne une mystique du spectaculaire dans lequel le corps joue un rôle essentiel. Elle revit en effet un certain nombre de phénomènes déjà expérimentés par les grandes mystiques médiévales ou baroques, dans une spiritualité de l'*Imitatio* : stigmatisation (en 1954), transverbération (en 1976), embrasement du cœur par l'*incendium amoris*, ce feu de charité aux effets reconnaissables (soif torturante, dessèchement des lèvres, brusque élévation de température, marques de brûlure sur sa gorge, sa poitrine et son vêtement, soulèvement des côtes). Le corps est ainsi, par ses symptômes, le révélateur d'un bouleversement intime indicible. Elle déclare, en montrant ses vêtements roussis : « Voyez le feu de la divine charité fait pour l'âme ce que fait le feu matériel au corps » (Cahier noir, I, 15). La souffrance du corps, suggérée métaphoriquement et concrètement par le motif de la brûlure, différencie vie dans le monde et vie abandonnée à Dieu : « L'âme sainte dans le monde doit porter le tourment de l'amour comme une blessure toujours saignante, ardente et toute brûlante » (Cahier bleu, 1980). Ces blessures d'amour, à la fois suaves et douloureuses, assurent l'union avec le cœur blessé de Jésus, l'autorisent à reprendre les paroles du Christ en Croix : « Consume-moi, ô mon Dieu, pour qu'après avoir accompli ce que vous me demanderez je puisse dire ô mon Dieu "tout est consommé". » Par ailleurs, sa spiritualité s'enrichit d'une dimension extatique et visionnaire : pendant la nuit de Noël 1965, elle se trouve ravie en extase, recevant une hostie lumineuse des mains d'un ange. Sa sœur cadette témoigne : « Assise dans son lit, les mains croisées sur la poitrine, les yeux fermés, elle était toute brillante, comme une ampoule ; il y avait de la lumière dans toute la chambre. [...] On a vu sur le toit une grande flamme, c'était comme une croix qui montait vers le ciel » (Bouflet, p. 72). Elle raconte également des visions symboliques où elle se voit transportée dans un jardin magnifique, dont le maître lui donne quelques fleurs. Des roses sortent alors spontanément de ses plaies, rappelant la valeur rédemptrice mais aussi nuptiale de ses souffrances.

Antoinette Gimaret

Bibl. : ***Études*** : J. MAÎTRE, *Mystique et féminité, essai de psychanalyse sociohistorique*, Paris, Cerf, 1997, p. 432 ; J. BOUFLET, *Encyclopédie des phénomènes extraordinaires dans la vie mystique*, Paris, Le Jardin des Livres, 1992.

CHRISTINE DE MARKIATE, *recluse, ermite, moniale et visionnaire* (Huntingdon, 1100-Markiate, apr. 1165). — Connue par la biographie qu'en aura écrite vers 1156-1165 un moine de l'abbaye bénédictine de Saint-Alban (Angleterre) qui l'avait connue de son vivant, Christine de Markiate est la figure même de ces jeunes filles qui répugnent aux servitudes de l'état conjugal et choisissent la vie religieuse, garante de leur autonomie. Christine naît sous le prénom de Theodora dans une famille bourgeoise de Huntingdon, port fluvial du nord de l'Angleterre. Enfant, elle voue précocement sa virginité au Christ. Mais ses parents, avec la complicité d'un oncle évêque, homme malfaisant et indélicat (elle a dû repousser ses avances pressantes), lui imposent le mariage avec un certain Burthred : le mariage est ratifié, mais non consommé, car elle s'enfuit – déguisée en homme – avec l'aide des nombreux ermites de la région. Elle se réfugie deux ans durant auprès d'une recluse à Flamstead, puis gagne, toujours clandestinement, l'ermitage de Roger, un ancien moine de Saint-Alban qui a choisi l'anachorèse à Markiate, à treize kilomètres de l'abbaye. Pendant quatre ans, elle ne sortira que de nuit de sa cachette pour s'entretenir avec ce dernier, qui sera son mentor spirituel. Celui-ci meurt en 1121/1122 en lui léguant son ermitage où, Burthred l'ayant déliée des obligations conjugales, elle peut mener vie religieuse avec quelques femmes qui se joignent à elle. Vers 1130, l'abbé de Saint-Alban, personnage important de l'aristocratie anglaise, prend la communauté sous sa protection et, en 1145, elle reçoit le statut officiel de prieuré, dédié à la Sainte-Trinité et patronné par le chapitre de Saint-Paul de Londres.

La vie de Christine montre comment, au XIIe siècle, une jeune femme pouvait imposer ses choix, en s'opposant à sa famille et en tenant tête aux institutions ; et, dans son cas, en s'ajustant aux circonstances les plus fortuites. C'est ainsi que Christine accomplit son cursus monastique dans l'ordre inverse à celui que, pragmatique, préconisait saint Benoît : elle commence par être recluse, puis ermite, enfin se retrouve dans une communauté, passant du plus difficile au plus aisé. Si elle bénéficia de l'appui des plus hautes autorités (les archevêques de Cantorbéry et d'York, les évêques de Lincoln et de Durham), son cas n'en reste pas moins problématique : sans doute a-t-elle acquiescé à son mariage, « de bouche », mais pas de cœur, et elle refuse obstinément que son mari la touche. Est-elle alors réellement mariée ? La législation canonique d'alors n'est pas précise ni dotée d'instances de décisions et d'application de ses sentences. La question reste pendante : les « purs » (les ermites qui l'aident, l'archevêque de Cantorbéry) répondent par la négative, et donc, elle doit s'enfuir ; d'où les solutions aléatoires (réclusoir, ermitage) au gré des opportunités, avant de parvenir à la consécration monastique désirée.

Persévérance certainement, mais aussi une étonnante liberté d'action et de décision : quatre ans dans la promiscuité d'un ermitage, situation grosse de scandales, mais qui préfigure ce que théorisera plus tard l'amour courtois. Sortie de la clandestinité, elle rassemble une communauté informelle de *mulieres religiosae*, configuration que l'Église s'empresse d'encadrer. Enfin, ses rapports avec l'abbé de Saint-Alban sont pour le moins curieux : celui-ci, tel un chevalier servant, est subjugué par celle qui est à la fois sa « Dame » et son conseiller ; elle le rassure sur son destin éternel, d'abord compromis, et s'affirme littéralement médiatrice entre Dieu et lui, véritable directeur spirituel. Les moines de Saint-Alban s'insurgeront contre la libéralité de leur abbé en faveur de la communauté féminine, et des rumeurs désobligeantes circuleront sur les relations peu platoniques entre les deux supérieurs : l'évêque de Lincoln y coupera court en autonomisant le prieuré en 1145, quelques mois avant la mort de l'abbé. Est-ce pour cela que la biographie de Christine restera inachevée, en dépit de sa réputation visionnaire, et qu'aucun culte, même local, ne lui sera rendu ? Reste que sa biographie nous offre un document de première main sur l'expérience d'une prière féminine vécue.

François Marxer

Bibl. : ***Vie et étude*** **:** P. L'HERMITTE-LECLERCQ, « Les prières de Christine de Markiate », *in* N. Bériou, J. Berlioz et J. Longère (éd.), *Prier au Moyen Âge*, Turnhout, Brepols, 1991, p. 92-96.

CHRISTINE DE STOMMELN, ou de Cologne, *bienheureuse, béguine, stigmatisée* (Stommeln, 1242-6 novembre 1312). — À bien des égards, Christine de Stommeln fait figure d'exception dans le paysage de la mystique féminine médiévale. Tout d'abord, elle nous est connue, non par un récit hagiographique d'un familier ou d'un admirateur soucieux d'en répandre la renommée, mais par une correspondance ; ensuite, les traits proprement mystiques sont éclipsés par une surenchère du diabolique qui témoigne à l'évidence d'une sensibilité névrotique partagée par Christine et son entourage. Faut-il pour autant conclure à une pathologie et dresser un diagnostic d'hystérie ? Une telle « psychiatrisation » se révèle peu prudente : l'anachronisme guette, d'une transposition de nos observations et conclusions contemporaines à une époque où émotions et ressentis religieux se traduisent dans des manifestations corporelles qui, de nos jours, n'ont plus cours.

Christine naît dans un village proche de Cologne, où elle passera l'essentiel de son existence, d'un père cultivateur, Henrik Brusko ; son jeune frère, Sigwin, entrera, quant à lui, dans l'Ordre dominicain. À dix ans, elle-même a une vision du Christ qui lui demande sa fidélité ; mais elle n'est pas religieuse et choisit l'état de béguine, auquel elle s'initie à Cologne, après avoir fugué à treize ans et vagabondé quelque temps. Cependant, ses relatives excentricités et d'incommodes manifestations surnaturelles la font renvoyer. De retour à Stommeln, elle prend place dans une communauté béguinale locale, gouvernée par le curé, Johannnes Plebanus, dont elle devient le centre admiré, et de ses compagnes, et des frères dominicains de Cologne (alors que, semble-t-il, les Franciscains ont pris leurs distances). C'est l'un d'entre eux, Pierre, originaire de Suède (province rattachée au Danemark ou Dacie) et étudiant au *studium* colonais avant de gagner Paris (où il étudiera avec Thomas d'Aquin), qui ouvre une nouvelle période de son existence. Lui-même – cœur en souffrance pour ainsi dire – désire fort rencontrer une *mulier sancta* qui lui donne accès à Dieu. La première rencontre est décisive, Pierre est définitivement subjugué et entre eux naît une tendre et pure amitié (dont elle lui donne le gage en lui offrant deux clous rougis de son sang qu'elle retire de dessous son vêtement). Pierre la revoit treize fois (la dernière entrevue avant son retour définitif en Suède est pathétique et déchirante) ; mais, entre et au-delà de ces visites, une étonnante correspondance de trente-huit lettres échangées construit un lien en Christ et pour le Christ, véritable mariage spirituel, symbolisé par l'anneau que Pierre porte dans une vision de Christine. Lien spirituel d'autant plus étonnant que, s'il fait penser à Aelred de Rievaulx (mais dans le cadre d'abbayes masculines), il ne s'accorde guère avec la théologie de l'époque ; d'ailleurs, dans quatre de ces lettres, Pierre s'emploie à détailler ce qu'il a étudié à Cologne afin d'expliquer à Christine ce qu'elle vit et reçoit dans ses extases : cet effort pédagogique n'aura que peu d'effet sur elle. La conciliation est en effet difficile entre une théologie académique et professionnelle et un christianisme populaire, avide de merveilleux et d'extraordinaire.

Le second motif de l'intérêt que suscite Christine, ce sont les manifestations diaboliques dont elle est la cible ou la victime. C'est là une donnée massive de tous les témoignages que Pierre de Dacie a réunis en un volumineux dossier, en vue de rédiger la biographie de sa « très chère », de lui si admirée ; mais il faut aussi compter sur l'exagération spontanée de scribes qui en sont impressionnés. Une de ces diableries en particulier aura frappé les imaginations : celle d'un démon stercoraire qui infecte et badigeonne Christine d'excréments, puis distribue ses déjections sur l'entourage et sur les fidèles réunis à l'église. Le fait, même amplifié, est attesté par nombre de témoins, et relève plus de la facétie déplaisante et de l'humour scatologique que d'une stratégie de terreur. Ne faut-il pas, en tant que symptôme de troubles et de désordres digestifs, le mettre en rapport avec l'expulsion (et le dégoût) de la matière alimentaire (tout comme, chez d'autres, le vomissement), aggravé d'un coefficient d'impureté et d'abjection ?

Toutes ces manifestations disparaissent après 1388 : Renan entrevoit quelque rapport avec une possible ménopause (Christine a quarante-six ans), voire avec la nouvelle de la mort de Pierre de Dacie. Les stigmates (qui se sont jusqu'ici fréquemment et abondamment développés, s'inscrivant dans la chair en figures d'un langage chiffré et symbolique, d'un raffinement esthétique qui émerveille les témoins) se maintiennent, plus discrets, jusqu'à la mort de Christine. Toutefois, l'essentiel de la pédagogie qu'a développée Christine a été assimilé. Au cours de ses épreuves diaboliques, elle rend visible, aux yeux de son entourage et des visiteurs, la réalité des souffrances infernales (en partie scénographiées à partir de l'imaginaire que propose la prédication sur l'outre-mort), qu'elle endure, assurant ainsi une responsabilité expiatoire. Autant Christine l'Admirable* atteste de la réalité de la résurrection de la chair, autant les diableries de Christine de Stommeln prennent au sérieux les souffrances de la damnation.

François Marxer

Bibl. : ***Vie et études*** **:** PIERRE DE DACIE, *Ma très chère...*, lettres traduites par F. Rosso, Paris, Éditions Esprit Ouvert, 2002 ; A. BILLY, *Extases et tortures, Vie de la Bienheureuse Christine de Stommeln*, Paris, Flammarion, 1957.

CHRISTINE EBNER, *bienheureuse, dominicaine* (Nuremberg, 1277-Engelthal, 27 décembre 1356). — Il n'existe pas de parenté entre Marguerite Ebner* et Christine Ebner, bien qu'on les cite généralement ensemble et que cette dernière apparaisse parfois comme sa tante. Christine Ebner, remarquable par sa force de volonté et son intelligence, est une des grandes figures de la mystique allemande. Née à Nuremberg en Allemagne, elle entre à l'âge de douze ans chez les Dominicaines, au monastère d'Engelthal, haut lieu spirituel du XIVe siècle. Un an après son admission, elle contracte une maladie mystérieuse qui revient chaque année pendant une longue période. En même temps, elle est gratifiée de nombreuses visions et de grâces extraordinaires, que son confesseur, Conrad de Füssen, l'encourage à écrire. Elle rédige ainsi un premier ouvrage, « La vie de grâces », à partir de 1317 (achevée après sa mort), teinté de mystique nuptiale, qui donne des descriptions précises sur le déroulement d'une journée, sur les pratiques ascétiques et la vie de prière au couvent. En 1338, elle commence à correspondre avec Henri de Nördlingen, un propagateur enthousiaste de la littérature spirituelle et mystique, puis avec Marguerite Ebner. Entre 1340 et 1346, elle rédige un livre relatant diverses vies individuelles de religieuses du couvent, intitulé « Le livre des sœurs d'Engelthal ». Entre 1344 et 1352, elle écrit « Révélations », dans lequel elle traite des événements historiques et politiques de l'époque, tels que les émeutes à Nuremberg en 1348, le tremblement de terre de la même année, l'épidémie de peste noire et la longue querelle entre l'empereur Louis de Bavière et le Saint-Siège. Or Christine ne se contente pas d'être spectatrice, elle manifeste un intérêt profond pour les événements, développe ses propres opinions à leur sujet et tente même d'influer sur leur cours. À cette époque, sa réputation est largement répandue à travers l'Europe du Nord. En 1350, l'empereur lui-même vient lui rendre visite au monastère, cherchant ses conseils et ses prières. En 1351, Henri de Nörlingen séjourne trois semaines au couvent d'Engelthal. Il est possible qu'il l'ait aidée à rédiger son premier ouvrage et lui ait transmis une copie de l'œuvre de Mechtilde de Magdebourg*, *La Lumière fluente de la divinité*, qui aura une grande influence sur son œuvre visionnaire. Elle livre d'ailleurs à Henri de Nörlingen une vision qu'elle eut de Jean Tauler, « l'homme le plus aimé de Dieu ».

Christine Ebner est décédée dans son monastère. Vénérée comme une sainte, il n'y eut pas d'extension, ni d'officialisation de son culte, en raison sans doute de la Réforme. Son œuvre, qui se situe dans la tradition mystique nuptiale, n'a malheureusement été éditée que partiellement.

Audrey Fella

• *Voir aussi* : Marguerite Ebner ; Mechtilde de Magdebourg

Bibl. : *Œuvres et études* : L. P. HINDSLEY, *Les Mystiques d'Engelthal. Écrits d'un monastère médiéval*, New York, St. Martin Press, 1998 ; L. COGNET, *Introduction aux mystiques rhéno-flamands*, Paris, Desclée de Brouwer, 1968 ; L. GNÄDINGER, art. *in* M.-A. Vannier (dir.), *Encyclopédie des mystiques rhénans...*, Paris, Cerf, 2011.

CHRISTINE L'ADMIRABLE, ou de Saint-Trond, *sainte, béguine* (?, 1150- ?, 1224). — La *Vie* de Christine l'Admirable, écrite par Thomas de Cantimpré en 1232, même si elle a connu un vif succès au Moyen Âge (en témoigne le nombre des manuscrits tant en latin qu'en anglais et en allemand), ne lasse pas d'étonner, voire d'irriter le lecteur moderne qui n'y voit que tissu d'invraisemblances irrecevables. Cela parce qu'il néglige l'intention apologétique et pastorale de l'auteur. Thomas, ecclésiastique érudit et ambitieux, avait été lui-même bouleversé par la rencontre de Lutgarde d'Aywières* – comme Jacques de Vitry par celle de Marie d'Oignies* – et il se fera dominicain. Des cinq *Vitae* qu'il aura rédigées à la gloire des femmes mystiques de son temps, celle de Christine est sans nul doute la plus insolite : son histoire est une illustration de la radicalité de la « folie en Christ », et surtout de la nécessité des peines purgatoires.

Reprenant le vieux schéma du voyage dans l'au-delà du voyant qui, miraculeusement revenu à la vie, dévoile l'outre-tombe pour provoquer les conversions, au récit qu'il fait des châtiments infernaux et des récompenses célestes, Thomas construit une singulière fiction, en faisant revenir à la vie Christine, simple laïque relevant de la mouvance béguinale flamande, après ce voyage *post mortem*. Elle milite donc puissamment sur la nécessité de la pénitence, perfectionnée par les souffrances purgatoires, pour la rémission des péchés.

Mais cette promotion du purgatoire ne doit pas cacher l'autre objectif de Thomas, de mettre en scène un corps ressuscité qui jouit déjà, en partie, de la vision de Dieu. Ce qui produit un curieux et savoureux télescopage entre la condition humaine ordinaire, marquée par le souci pénitentiel (mendicité, jeûnes extrêmes) et les compétences et capacités fabuleuses qui sont l'apanage de Christine (traversant une fournaise de feu, sautant dans des chaudrons d'eau bouillante, plongeant dans la Meuse en plein hiver), tout cela sans dommage. De plus, elle jouit de la mobilité même de l'oiseau, volant au sommet des arbres, sur les toits d'église ; et elle émet parfois, d'entre gorge et poitrine, l'*harmonia mirabilis* d'une mélodie céleste. (On songe aux virtuosités de Pérotin le Grand et de l'École Notre-Dame à la même époque, et plus tard, aux hautes-contre et autres castrats.) Ainsi le corps de Christine est-il une leçon de choses sur ce qu'est le corps ressuscité, à l'évidence mieux assimilable par la mentalité populaire qu'un traité de théologie.

C'est sans doute dans cette perspective qu'il faut comprendre ce que Thomas s'emploie à nous détailler autour de la problématique nutritionnelle : Christine témoigne d'une boulimie eucharistique, associée, comme d'ordinaire, à une répulsion pour la nourriture. Thomas tente de justifier ses propensions au jeûne radical en rappelant qu'elle était issue d'une famille très pauvre, il n'y avait donc qu'à la nourriture et à la boisson qu'elle pouvait renoncer pour le Christ. Mais, par ailleurs, toute pauvre que soit la maisonnée, elle n'hésite pas à distribuer la provende familiale aux pauvres (est-ce pour se désolidariser de son appartenance généalogique et se créer une appartenance spirituelle, s'il est vrai que la famille est le lieu où l'on partage la nourriture ?). Ce qui indispose ses sœurs qui suspectent la folie et l'enferment, enchaînée, dans une cave. C'est alors que se produit un phénomène singulier qui va se répéter : ses seins se gonflent pour donner une huile curative qui guérira les blessures de l'une de ses sœurs. Plus tard, alors qu'elle s'enfuit loin de chez elle, elle ressent la faim et miraculeusement, ses seins se gonflent cette fois de lait qui lui assure sa nourriture neuf jours durant. Plus tard encore, c'est de ce lait virginal (le lait de la sagesse ?) qu'elle sustentera ses disciples. Que comprendre, sinon que ce corps eschatologique, comme l'est celui du Ressuscité, exsude huile thérapeutique, bonne odeur, lait sapientiel et viatique, au lieu de produire excréments, menstrues et urines, propres à la condition naturelle. Et ce corps, sur le paradigme eucharistique, s'« eucharistise » (si l'on peut dire) : il se fait nourriture spirituelle comme lorsqu'en méditant la Nativité, la lactation de Christine lui permet de nourrir maternellement des miséreux affamés.

François Marxer

Bibl. : ***Vie et études*** **:** THOMAS DE CANTIMPRÉ, « Vita Christinae Mirabilis », *Acta sanctorum*, 24 juillet 1868, p. 650-660 ; M. KING, *The Life of Christina Mirabilis*, Toronto, Peregrina, 1995 ; L. MASSIGNON, « L'apostolat de la souffrance et de la compassion réparatrice au XIIIe siècle, l'exemple de saint Christine l'Admirable », *La Cité chrétienne*, nos 101 et 102, 1931, p. 188-195 et 233-238.

CLAESINNE VAN NIEUWLANT, *béguine* (Belgique ?, v. 1540-Gand ?, 1611). — Sa biographie permet d'avancer que Claesinne (« Nicole » en français) serait née dans une famille flamande fortunée et noble et serait devenue béguine en 1568. Robuste, intelligente, elle aurait mené une vie édifiante au grand béguinage de Sainte-Élisabeth à Gand, retirée et mortifiée, vouée à la prière, aux œuvres de dévotion et de charité. Son union avec Dieu se manifestait parfois dans des visions et des extases qu'elle ne pouvait dissimuler auprès de ses compagnes, qui s'en édifiaient ou l'en brimaient. Raisons pour lesquelles elle fut mise à l'épreuve par l'évêque de Gand, Guillaume Lindanus, en 1588.

Sa doctrine est conservée dans le *Dialogue* recueilli par Pelgrim Pullen – d'après leur entretien du 27 novembre 1587 –, un prêtre zélé et spirituel du béguinage de Bois-le-Duc, attiré par la renommée de la sainte. L'ouvrage se compose ainsi d'un monologue de Claesinne sur l'union suprême avec Dieu par une « vie suressentielle » ainsi que des explications et détails (*Colloquium per interrogationes et responsiones*) en réponse aux questions de Pullen.

Pour Claesinne, il faut avant tout « aimer Dieu et notre prochain ». But qui se réalise en trois moments spirituels « car parfois nous sommes tirés en la Divinité, d'autres fois dans l'humanité, et à d'autres instants nous devons travailler pour le salut des hommes ». Ces trois orientations sont caractérisées par trois termes : la *descente* dans l'humanité, la *montée* en Dieu et la *sortie* de soi vers le prochain. Les moments de descente et de montée conditionnent l'union essentielle de l'âme à Dieu, pour autant que, dans la descente dans l'humanité ou le néant de l'homme, l'âme sépare de tout moyen créé qui ferait obstacle entre elle et Dieu, et que dans la montée, elle est apte à être informée sans intermédiaire par Dieu. Car « là où il y a le néant (rien de créé, d'égoïsme humain), là il y a Dieu ». La sortie vers le prochain se réalise dans ce moment de va-et-vient, quand l'homme n'adhère plus à lui-même mais se dilate et se diffuse dans l'humanité pour souffrir sous le péché du monde et communiquer aux hommes le salut ; car c'est en lui que Dieu œuvre pour le salut des hommes. Au centre de sa spiritualité, il y a le Christ vécu et imité, car l'âme s'unit à lui abaissé jusqu'au néant de la mort et élevé en son Père pour le salut du monde.

Audrey Fella

Bibl. : ***Vie et œuvre*** : *Markante mystick in het Gentsche begijnhof, Claesinne van Nieuwlant*, L. Reypens (éd.), in *Ons geestelijk erf*, Anvers, t. 13, 1939, p. 290-360, 403-444 (biographie, éd. du *Dialogue* et des documents, exposé de la doctrine). ***Études*** : A. AMPE, notice dans le *Dictionnaire de spiritualité*, Paris, Beauchesne, t. XI, 1982, col. 344-345 ; R. FAESEN, *Claesinne van Nieuwlant, Conversation (extract)*, Mahwah (É.-U.), Paulist Press, 2008 ; P. MOMMAERS, *Claesinne van Nieuwlant*, Nihjmegen (Pays-Bas), Samenspraal, 1985.

CLAIRE D'ASSISE, *sainte, fondatrice de l'Ordre des Pauvres Dames (ou Clarisses)* (Chiara Offreduccio di Favarone ; Assise, 1193/1194-1253). — Sans appartenir à la haute noblesse, Claire est née d'une famille nobiliaire d'Assise. Vers dix-sept ans, elle apprend la conversion de son concitoyen Francesco di Bernardone (François d'Assise), un fils de marchand, qu'elle parvient à rencontrer à plusieurs occasions. Malgré l'opposition de sa famille, elle est résolue à suivre le même chemin que ce François, lequel veut vivre simplement en suivant le Saint Évangile de Jésus-Christ. En 1212, elle quitte furtivement la demeure paternelle pour se rendre dans la plaine qui se trouve au pied d'Assise, et aller y revêtir l'habit adopté par François et ses premiers frères. Elle est d'abord accueillie par des bénédictines avant d'être installée, avec sa sœur Agnès et d'autres sœurs qui se joignent à elles, dans l'église de Saint-Damien, que François a relevée de la ruine par ses propres mains. Et dès avant les Frères mineurs qui sont venus rejoindre François, les sœurs de Claire obtiennent leur première Règle (dite de Hugolin) en 1219. Mais cette Règle pas plus que la suivante en 1247 (dite d'Innocent IV) ne font mention de la vie en très haute pauvreté, même si cette dernière suppose l'appartenance spirituelle à l'esprit franciscain. De telle sorte que Claire est la première femme dans l'histoire à écrire sa propre Règle. Certes, elle prend appui essentiellement sur celle des Frères mineurs et sur les règles antérieures, mais elle y intègre le privilège de la pauvreté (ce qui est absolument unique pour les femmes de ce temps). Ce texte est reconnu officiellement en 1252, *in extremis*, et n'exercera qu'une influence fort limitée sur l'Ordre des Pauvres Dames (ou Clarisses) en expansion. Claire est canonisée dès 1255, deux ans après sa mort.

Malgré un état de santé qui s'est dégradé du vivant même de François (1224), Claire a souvent manifesté sa joie d'exister, sa joie d'avoir été créée : « Sois béni, Seigneur, toi qui m'as créée ! » (*Vie*, 28, 46). En outre, « elle exhortait les sœurs quêteuses à louer Dieu chaque fois qu'elles verraient de beaux arbres fleuris et feuillus ; et elle voulait qu'elles fissent de même à la vue des hommes et des autres créatures, afin que Dieu soit loué pour tout et en tous » (*Procès*, XIV, 9). On a même souligné, à la différence de l'anthropologie de François, l'absence de référence à la corruption fondamentale de l'homme, mais son ascèse radicale est là pour démentir l'optimisme prétendu. Son sens de la fragilité humaine est toujours mis à profit en faveur du sens de la mesure (plus pour les autres que pour elle-même), du discernement et de la solidarité du genre humain où l'un peut suppléer à la défaillance des autres, ce qui suscite sa joie imprenable : « Personne ne pourra me rendre étrangère à tant de joie [*gaudio*] » (3 *Lettre à Agnès*, 5). Mais cette joie première, basale, autorise chez elle une démarche audacieuse : celle de vouloir vivre de manière aussi libre, aussi affranchie qu'un homme comme François, lequel suivait la voie que Dieu avait ouverte par Jésus-Christ. Audace de vouloir vivre suivant la forme de vie de celui qui est perçu très tôt comme un homme nouveau (*homo novus*). Audace manifestée par Claire de vivre suivant le style d'une *femme nouvelle*. Cette nouveauté s'exprime notamment par une rupture avec la nostalgie, la fascination aliénante pour le passé. Alors que sa propre mère effectue un voyage périlleux à Jérusalem, Claire n'éprouve plus l'appel du pèlerinage. Elle entend l'appel par la parole contemporaine, par la parole actuelle de François, ici et maintenant, et non ailleurs ou dans un temps lointain. La vocation se passe aujourd'hui, à Assise ! Jésus-Christ n'est plus seulement un personnage du passé ou purement liturgique, voire livresque ou même seulement intérieur. Il ne s'agit pas non plus de vouloir s'*identifier* au Christ (itinérant ou crucifié, même par la stigmatisation), ce qui serait de l'arrogance spirituelle. Non, il semble à Claire que le Christ lui-même se conforme en la figure actuelle de frère François qui entend justement suivre et épouser sa parole, car elle révèle Dieu dans son échange personnel.

La source, désormais, c'est la conversion singulière : se laisser librement changer d'esprit par la pratique du Saint Évangile. La femme, dorénavant, doit devenir un homme nouveau ! Non pas évidemment un « être masculin » (*vir*, en latin), mais précisément « homme » (*homo* désignant le « genre humain » évoqué maintes fois par Claire). Certes l'esprit évangélique est également restreint par les contraintes de la clôture imposée aux femmes. Mais chez Claire, la clôture sera l'occasion de vivre le Christ nu, enfant dans sa mangeoire étroite, et adulte fixé comme il le fut sur la croix. C'est ce moment de resserrement de la naissance et de la mort cruciale qui sera privilégié finalement, par rapport aux voyages extérieurs. Du corps brisé s'élève un parfum très concentré qui embaume non seulement la cité d'Assise, mais toute la communauté chrétienne. Concentration qui est celle du cœur, clôture ultime, à entendre aussi comme exercice de la mémoire du Christ et du commencement, cette conversion qu'il faut achever avec insistance. Cœur qui doit devenir aussi comme un miroir sans tache où s'imprime l'image toujours plus nette du Christ. C'est alors que l'amour extrême dilate infiniment le cœur, et excède toutes les limites, celle de la clôture comme du monde entier.

Claire inaugure une *féminité nouvelle* : non seulement capable d'éprouver la très haute pauvreté avec le courage et l'audace des hommes, une chasteté positive et non restrictive, mais aussi une obéissance capable de prendre l'initiative de légiférer elle-même pour les femmes. Pauvreté qui fait découvrir toutes choses comme reçues dans leur fraîcheur native, dans leur personnalité propre, et non comme des réalités soumises à ma propriété ou simples effets de mon activité, ou comme de simples illusions soumises à l'angoisse de la mort. La chasteté n'est pas d'abord une privation, mais une relation courtoise avec tous les êtres, ce qui renforce l'accès à la création dans sa clarté native, l'être en tant qu'être dans toute sa limpidité. C'est un choix où la liberté consent de toute sa force spirituelle (« *toto animo et cordis... elegistis* ») à recevoir ce qui est aimé et touché : « Lorsque vous l'aimez (l'époux de plus noble race), vous êtes chaste, lorsque vous le touchez, vous deviendrez plus claire, lorsque vous le recevez, *c'est alors seulement que vous êtes vierge* » (1 *Lettre à Agnès*, 8). La virginité est un devenir, une hospitalité et non un état primitif (le fantasme de l'intact ou d'une intégrité à préserver), c'est une réception amoureuse et tactile d'un époux racé, pas une exclusion. Cela suppose que Dieu soit seul. Qu'il n'y ait plus de mariage mythique comme les dieux et déesses de la mythologie. L'amour mystique, où Dieu, incomparable, laisse sa créature s'unir librement à lui seul, c'est bien la rupture avec le mythe. Mais non avec la métaphore : car devenir l'épouse du Christ n'est un amour réel et véritable que si cette manière d'exprimer le désir spirituel le plus véhément implique le comportement responsable avec autrui (être mère au service de ses sœurs, à la gouvernance toujours accessible), un rapport d'égalité (être sœur), un amour d'amitié (qui perfectionne cette égalité), mais aussi et peut-être surtout, par tout cela même, une relation de responsabilité au regard de Dieu : non seulement épouse du Christ, mais *aide de Dieu* (*adiutrix Dei*), comme aide accordée à Dieu.

Désormais, la femme n'est plus seulement Ève accordée en aide à un homme, Adam. Cette expérience de la femme nouvelle se manifeste par un réaménagement de l'espace et du temps. De la verticalité tout d'abord : Claire se compare à une petite plante, tendue vers ce qui est supérieur, mais qui garde un contact très fort avec le sol, la vie quotidienne, le cheminement de la vie, son horizontalité. Comme la plante ne peut se déplacer à la manière d'un animal, il lui faut ruser avec les forces adverses. Non seulement en lançant sa semence aux quatre vents, et en modifiant son code génétique, ou du moins, en le remaniant, en rendant d'une souplesse extrême sa structure profonde. Ce travail sur le code interne est le travail de mémoire sur le cœur comme miroir du Christ, ce qui échappe à la rigidité de l'humanité vulnérable d'un côté et de la divinité éternelle de l'autre, entre le commencement et son perfectionnement. Sans oublier l'espace onirique, si important pour l'époque médiévale (pour justifier réformes et fondations nouvelles), mais en particulier pour les femmes, car elles n'ont pas l'accès à la parole théologique, à la prédication publique, ni aux voyages apostoliques : le rêve, comme la prière, est aussi une manière de voyage et même, chez Claire, de *télé-vision* (n'est-elle pas devenue la patronne de cette médiation par le constant *direct* avec la vie des sœurs ?). Le songe est une manière de s'exprimer sans que la censure puisse intervenir efficacement, sinon comme effet détourné de cette censure précisément, externe mais aussi interne. Le temps trouve ainsi une dimension différente. Chaque jour devient l'occasion de retourner au premier jour de la conversion, de la liberté spirituelle. Chaque instant devient un cercle, sans devenir pour autant un cycle mythique du recommencement où les événements contingents n'apporteraient rien de décisif. Or ici, la contingence, ce n'est pas le hasard mais l'effet de la liberté et de l'amour décisif de Jésus-Christ configuré présentement par François d'Assise.

La mystique libérale, c'est l'expérience de l'accès aux mystères de Dieu par les plus petits, qui peuvent le reconnaître comme Père, et donc eux-mêmes, se reconnaître comme ses fils adoptifs, des gens libres autant que des fils dans la maison du Père. Il s'agit d'être chez soi avec Dieu. Certes, Dieu n'attend pas de chacun le même degré de perfection. Si tous sont appelés à s'unir à Dieu, l'union propre à la mystique reste une forme d'union particulière, dont la vitesse ne peut être universalisée. On ne peut imposer à tout croyant le modèle de l'unité propre à la mystique, toujours très altérant pour l'esprit, l'âme et le corps. Sa démarche n'est pas toujours une promenade quotidienne, mais parfois une course tendue vers le parfum du Christ (*curremus* ; 4 *Lettre à Agnès*, 30). La vitesse spirituelle est parfois sujette à de brusques accélérations qui ne sont pas forcément adaptées à tous les profils psychologiques ni à toutes les destinées spirituelles, comme le suggère le songe, désormais fameux (mais passé sous silence par son premier hagiographe), raconté par Claire à la sœur Philippa. Même si ce texte reste exceptionnel, car Claire ne s'exprime point par l'autobiographie ou la poésie lyrique comme les mystiques de la Renaissance italienne et espagnole, ou ceux du Grand Siècle français. Ainsi lorsque l'échelle est gravie avec autant d'aisance qu'une démarche en terrain plat : « Madame Claire racontait encore qu'une fois, en rêve, elle s'était vue portant à saint François une cuvette d'eau chaude avec une serviette pour s'essuyer les mains. Elle montait une échelle très haute, mais elle le faisait avec autant d'aisance et de légèreté que si elle avait marché sur un terrain plat. Lorsqu'elle fut arrivée à saint François, celui-ci sortit de sa poitrine une mamelle et lui dit : Viens, reçois et suce ! » Après le geste d'hospitalité objective et l'aisance de sa vitesse verticale, elle fit ce à quoi saint François l'invitait, puis il la pria de sucer une deuxième fois. « Et ce qu'elle goûtait ainsi lui paraissait si doux et délectable qu'elle n'aurait pu l'exprimer en aucune manière. Et après qu'elle eut sucé, cette extrémité ou bout de sein d'où sort le lait demeura entre les lèvres de la bienheureuse Claire ; elle prit avec les mains ce qui lui était resté dans la bouche, et cela lui parut de l'or si clair et si brillant qu'elle s'y voyait tout comme en un miroir. »

Lorsqu'on a facilement « expliqué » ce texte par la fellation symbolique et autre totalité hermaphrodite, il reste des approches plus pertinentes de ce rêve. Ainsi le rêve suggère que le fluide spirituel franciscain risque d'être tari par la *bulla* pontificale (texte scellé, nourriture solide) – d'où peut-être un jeu de mot entre le texte juridique et le testament spirituel, la « bulle » papale et le « mamelon » de François (*bulla aurea*), qui s'identifiait volontiers à une mère, *sicut mater*, lorsqu'il s'agissait pour lui, simultanément, de gouverner et de consoler ses frères. Face au sceau pontifical, figé, mat et strié au bas d'un aménagement de la pauvreté radicale, se trouve le flux de l'Esprit, qui animait saint François, à travers le mode de vie franciscain (qui s'éprouve sans avoir rien en propre, use sans abuser des biens de ce monde) ; le fluide net, brillant et plat comme un miroir, où l'on ne se peut voir en esprit que sous la forme du Christ nu. Non pas un stade du miroir infantile, mais ce qui simultanément anticipe, *structure*, stimule et vérifie une vocation entendue dès le sein de sa nouvelle mère. Au plan de la gouvernance, la sœur qui reçoit la charge d'abbesse doit être toujours accessible (*communis* ; *Testament* 65), à tel point qu'elle rende possible à chacune de se manifester avec assurance (*secure*, *confidenter*).

L'humanisme de Claire se repère par son souci constant des tendances générales de l'humanité, de ses faiblesses, mais aussi de son espérance et, tout particulièrement, de manière très révélatrice, en se voyant dans le miroir du Christ, en devenant un tel miroir pour le genre humain depuis le lieu étroit où elle se tient librement comme le Seigneur dans une crèche : « Au milieu du miroir considère l'humilité, du moins la bienheureuse pauvreté [...] qu'il supporta pour la rédemption du genre humain [*humani generis*] » (4 *Lettre à Agnès*, 22). L'identification de Claire dans le miroir ne s'effectue pas en prenant comme modèle seulement une femme (serait-elle Marie* ou Rachel, femme qui se souvient, garde dans son cœur, et qui regarde toujours son commencement – *ra'ah halel*, *visus principium* comme traduit Jérôme), mais précisément un homme (François) et ce qui outrepasse l'homme (le Christ). Non seulement un homme, mais le genre humain. Alors que la *contre-conduite* de François d'Assise tend à se dire en termes féminins (face à la paternité revendiquée par tant de gens qui ne veulent rien savoir de l'Évangile, lequel interdit explicitement de se faire appeler « père », car il n'y en a qu'un seul véritable), Claire dépasse la condition féminine pour s'identifier à la nature humaine à partir de son propre cœur de femme nouvelle inspirée par l'Esprit.

Bernard Forthomme

Bibl. : *Œuvres* : *Écrits* (contient : *Lettres*, *Testament*, *Bénédiction*, *Règle*), introd., texte latin, trad., notes et index par M.-F. Becker *et alii*, Paris, Cerf, 1985 ; *Documents* (*La Vie de Claire* par Thomas de Celano, écrits, procès et bulle de canonisation, textes de chroniqueurs, textes législatifs et tables), prés. et trad. par D. Vorreux, Paris, Éditions franciscaines, 2002. ***Étude* :** M. BARTOLI, *Claire d'Assise*, Paris, Fayard, 1993.

CLAIRE DE MONTEFALCO, *sainte, abbesse de l'Ordre de Saint-Augustin* (Montefalco, 1268-1308). — Claire naît dans un pays (l'Ombrie) très fortement marqué par le renouveau spirituel franciscain, à tel point que tous les enfants de la famille dont elle est issue adoptèrent une forme de vie religieuse. Contrairement à Élisabeth de Hongrie*, Claire ne se mêle pas aux jeux des enfants de son âge, même si elle manifeste, selon le récit hagiographique, la même précocité spirituelle. Depuis la figure marquante de Daniel – lequel, tout enfant, parvint à confondre les vieillards luxurieux qui voulaient souiller l'honneur de Suzanne au bain –, suivant la tradition biblique sapientielle, il est entendu que la sagesse n'attend pas le nombre des années. Claire considère très tôt sa sœur aînée, Jeanne, qui anime et dirige une petite communauté de femmes, comme sa mère spirituelle, mais sans aucune servilité, selon une anecdote révélatrice rapportée. Ainsi son horreur du mâle est restée célèbre, car elle refuse même de céder à l'invitation de Jeanne lorsque celle-ci tente de la persuader de se montrer à visage découvert à leur propre frère François. Quoi qu'il en soit, le premier mode de vie de Claire et de sa sœur aînée Jeanne semble d'abord de nature béguinale. Lorsque l'Ordre des Cisterciens commença à refuser l'agrégation assez commune des nouvelles communautés de femmes recluses ou béguines – déstabilisant ainsi la garantie institutionnelle et spirituelle (notamment axée sur le symbolisme nuptial développé par saint Bernard) –, le sort de ces femmes devait forcément évoluer. Mais la prise en charge dans le champ franciscain ne pouvait jouer simplement comme une forme unique et décisive de substitution. Claire de Montefalco, pas plus que Claire de Rimini*, ne sera attachée exclusivement à la mouvance franciscaine ; les obédiences dominicaines ou augustiniennes y trouveront écho. D'autant plus que le développement de la sainteté nouvelle, féminine ou non, n'est pas nécessairement encouragé (c'est un euphémisme) par la papauté d'Avignon.

Avec Angèle de Foligno*, plus compassionnelle et expressive, Claire de Montefalco offre une autre harmonique de la nouvelle mystique féminine, dont la dimension visionnaire est de plus en plus marquée en Italie. Certes, celle-ci ne joue encore chez Claire qu'une fonction très intermittente (même si son procès en canonisation est un des premiers qui fait intervenir l'élément visionnaire comme signe de sainteté), alors que la dimension ascétique joue toujours un rôle majeur, car l'ascèse la plus radicale constitue aussi une manière de *remaniement* du corps féminin, de reprise en main de la chair par le vouloir et, surtout, par un désir d'expression, voire une pulsion de parole apostolique, à défaut d'avoir l'autorisation d'une parole théologique, universitaire ou plus traditionnelle. D'autant plus que Claire n'avait même pas la marge de manœuvre dont la veuve Angèle de Foligno pouvait disposer. L'ascèse est aussi une manière de forcer le corps à la parole éclairante. C'est le paroxysme du désir illimité qui ouvre le corps, le torture, parfois jusqu'à la destruction quasi sadienne, afin qu'émerge un verbe clair, une parole nue, une vérité accessible, forte mais sans épaisseur. Parole lisse et sans plis, *parler* irrésistible qui va investir l'indifférence. L'ascèse est aussi une colère pour dire, s'exprimer malgré tout, lorsque le discours l'interdit. Pour sauter au-dessus du discours autorisé, mais avec toutes les autorisations nécessaires. D'autant plus que l'ascèse semble revenir à des pratiques qui tendaient à évoluer dans un sens autre. Ainsi, il est très différent de visiter les malades les plus répugnants et abandonnés de tous par esprit d'ascèse, ou par amour fraternel et christique, comme chez François d'Assise rencontrant les lépreux. Toutefois, cette rechute archaïque dans une ascèse d'un autre temps offre aussi une manière de protéger une expérience nouvelle comme par une gangue, laquelle peut faire illusion sur le contenu réel de l'expérience centrale. François d'Assise pouvait pratiquer l'itinérance apostolique et la pauvreté évangélique (appel permanent à l'hospitalité), alors que pour une femme, surtout de plus en plus surveillée, tenue à un moment donné à se soumettre à une Règle (celle dite d'Augustin), l'amour évangélique de François auquel Claire se montre très tôt attachée, ne pouvait s'exprimer directement par les mêmes voies et moyens.

L'expérience de Claire se passe comme une incorporation, une *inscription* de la Passion, de la Crucifixion du Christ dans ce que l'on peut nommer son cœur, avec l'ambiguïté de la dimension somatique et volontaire. La Bible est réinterprétée par cette écriture corporelle impliquant modification des perceptions sensorielles, de l'imagination et du *dire* profond, du grand *parler* intérieur. Si l'on tient à évoquer une théologie du cœur, c'est d'abord dans ce sens-là qu'il faut en parler. Cette « théologie » se loge elle-même dans une profonde histoire de l'inscription, suivant la lignée de saint Ignace d'Antioche. Mais, de manière plus proche et familière, l'incorporation de la Passion s'inscrit dans le contexte d'une spiritualité que l'on trouve dès la *Vie* de saint François par Thomas de Celano, laquelle sera explicitement thématisée par saint Bonaventure. Celui-ci va développer une pensée de l'*impression* cordiale comme source secrète de l'*expression* corporelle visible des stigmates. L'incorporation opérée grâce à l'expérience de Claire prépare également la dévotion au nom de Jésus, à son inscription dans l'être, aussi bien chez Ubertin de Casale que, plus tard et de manière flamboyante, chez Bernardin de Sienne, dans la prédication populaire de l'Observance. Claire était directement liée au milieu des Spirituels dans le style d'Ubertin. Mais derrière l'inspiration franciscaine, il ne faut pas oublier la puissante inspiration augustinienne. L'inscription des signes de la Passion du Christ, avant celle du nom ou du monogramme de Jésus dans le cœur (IHS), relève aussi de la doctrine augustinienne du langage du cœur, comme langage intérieur et non pas aussitôt déterminable par une langue particulière. Cette syntaxe générative s'articule comme un langage intérieur qui permet, seul, le passage d'une langue à une autre et toutes les traductions possibles. Les signes du nominalisme ne sont pas uniquement des noms, des effets de réalités sensibles ou des concepts, mais ce qui implique un langage profond, préalable, antérieur à une grammaire et à un lexique déterminés. Ce qui consonne d'ailleurs très bien avec une perception illettrée du langage : Claire n'était-elle pas une *illicterata*, même si elle avait acquis une certaine capacité de lecture ?

Quoi qu'il en soit, l'expérience de Claire – porter le Christ dans son cœur – relativise le réalisme lourd des signes extérieurs et le savoir livresque. C'est aussi une expérience où le cœur signifie l'esprit libre et pas seulement la perception sensorielle ou l'imagination. Mais c'est un esprit pluriel qui consonne avec un corps pluriel : incorporant le corps souffrant et les instruments extérieurs du supplice. La croix du Christ n'est pas errante dans l'espace et le temps, dans les bribes et intermittences de la mémoire ou autres fragments littéraires : elle devient itinérante dans l'expérience cordiale ; elle est plantée en plein cœur de Claire ! Ce n'est pas étonnant si ce type de complexité sensorielle, imaginative et spirituelle a posé certaines difficultés à la censure, et si la proximité avec le mouvement du Libre Esprit a pu retarder la déclaration publique de la sainteté de Claire. Toutefois, l'importance croissante prise par le libre-arbitre et la volonté (le cœur comme volonté) lors de la Contre-Réforme et du néostoïcisme français appuyé par le volontarisme scotiste et jésuite (Claude La Colombière soutiendra la spiritualité du cœur de Jésus chez Marguerite-Marie Alacoque* au XVIIe s.), voilà qui a pu favoriser une réappropriation de cette expérience du Christ dans le cœur. Cela non sans ambiguïté, dans la mesure où le cœur tend alors à s'identifier de plus en plus au sentiment, ce qui est très réducteur (d'autant que Marguerite-Marie compare parfois le cœur en question à un *rythme d'horlogerie*), même du pathos médiéval, avec sa dimension ascétique et civile très prégnante. Ce malentendu atteint son paroxysme au XIXe siècle. Mais c'est aussi la découverte partielle de l'enquête canonique médiévale qui vint à l'appui de la reconnaissance ecclésiale tardive.

Bernard Forthomme

• *Voir aussi* : Angèle de Foligno ; Marguerite-Marie Alacoque

Bibl. : ***Vie*** **:** B. DE SAINT-AFFRIQUE, *Vita sanctae Clarae de Cruce Ordinis Eremitarum s. Augustini ex codice montefalconensi saeculi XIV desumpta*, Vatican, A. Semenza, 1944 ; *Il processo di canonizzazione di Chiara da Montefalco*, Florence-Pérouse, E. Menesto, 1984. ***Étude*** **:** *Santa Chiara da Montefalco monaca agostiniana (1268-1308) nel contesto socio-religioso femminile dei secoli XIII-XIV*, E. Menesto (éd.), Spolète, 2009, p. VIII-342.

CLAIRE DE RIMINI, *bienheureuse, clarisse* (Chiara Agolanti ; Rimini, v. 1260-v. 1324/1329). — Malgré la démocratisation de la sainteté à cette époque, et surtout en Italie, le modèle de Claire reste celui de la mondaine convertie et non celui de la bergère maltraitée ou de la vachère mystique. Elle est issue d'une famille patricienne. Même si elle perd sa mère en bas âge, et si son père se remarie, elle n'est pas la victime d'une marâtre. Elle est même accordée très jeune au fils de cette belle-mère. Toutefois, l'un et l'autre sont bientôt frappés par la mort. En outre, la famille de Claire s'est mise du mauvais côté dans la querelle entre factions. Gibeline, elle prend le parti de l'Empereur face au pape. Son père et l'un de ses frères finissent décapités. Âgée de vingt-quatre ans, elle ne se réfugie pas pour autant dans la vie religieuse, comme c'est alors assez souvent le cas, avec pour effet notoire de modifier la forme de la vie religieuse elle-même. Non, Claire décide de se marier une seconde fois, et de prendre un mari qui corresponde mieux, cette fois, à ses propres goûts. Ce nouvel homme, écrit l'hagiographe dans sa *Vie* italienne, « elle l'a aimé et désiré au-delà de toute bonne mesure ». Une dizaine d'années plus tard, alors qu'elle fréquente l'église des Franciscains de Rimini, elle s'entend dire : « Efforce-toi Claire, de dire un Notre Père à la louange et à la mémoire de Dieu et ne pense à rien d'autre. » Ce qui la frappe d'acédie (voir Glossaire) ou d'une forme particulière de mélancolie typique d'une bifurcation, de la période transitoire qui précède un choix de vie difficile : « Elle ne manquait pas, si dans l'air soufflait un vent plus puissant, de sortir alors de sa maison et, avec une douceur à ne pas croire, de visiter seule jardins et vergers ; elle gisait dans des lieux ombreux et sur des rives bien claires, s'y reposant l'esprit allègre et pacifié. Ses servantes disaient : “Toutes les autres dames mélancoliques fuient les solitudes ; la nôtre les recherche et toute joyeuse s'y complaît.” Elles ne savaient pas qu'un rayon de grâce divine avait déjà commencé à la réchauffer et à l'illuminer. »

L'hagiographe prend des distances face à la psychologie des servantes, d'autant que la mélancolie est caractérisée précisément, depuis le pseudo-Aristote, par la recherche des solitudes. L'explication par la bile noire n'est en tout cas pas la bonne. La dimension pneumatique ou aérienne domine manifestement le vecteur sanguin. Il s'agit plutôt d'une insouciance, d'une *in-curie*, mais qui prépare ou suppose une inflexion dans le parcours de la vie spirituelle. Lors d'une seconde visite à l'église des Franciscains, la voix se fait plus courroucée, car elle laisse entendre que les richesses conjugales ne permettent pas d'éviter la mort : « À cette voix, à de si surprenantes paroles pénétrant intimement son cœur et sa poitrine, séparant d'elle tout amour du monde et l'embrasant de l'amour de Dieu, dame Claire fut aussitôt transformée en une autre volonté qu'avant. Elle remit à Dieu tout son désir. » Non seulement sa conversion est une *métanoïa*, un changement d'esprit, mais aussi une transformation corporelle : « comme si elle avait pris un nouvel esprit et un nouveau corps ». Elle obtient alors de se séparer de son ami charnel et de revêtir un habit religieux. Elle prend encore le temps d'aider son frère exilé, puis rompt avec cet ultime joug familial et social. Elle s'adonne entièrement à l'esprit de conversion. Jusqu'à atteindre, toujours suivant sa *Vie* italienne, une « ardeur et un pic de pénitence », en prenant ici une terminologie qui fait songer à la fièvre, avec ses brusques variations, ses paroxysmes. Métaphore médicalisante du désir paroxystique. Elle configure également le supplice de la croix au cœur de sa vie, comme un cri perçant, une vigilance qui résiste au sommeil et à la somnolence.

Elle développe alors une spiritualité *verticale* et non pas *clinique*, comme tant de saintes abattues par les infirmités : démarche basale où les pieds nus assurent la station debout et redonnent un contact direct avec le sol, avec l'élément de la terre, ce qui rompt l'atmosphère de la vie antérieure, ses enthousiasmes amoureux et ce vague à l'âme, cette psychologie aérienne, cette ambiance paradisiaque faite de frais ombrages et de clairs rivages. C'est alors que la personnalité se reconstruit corps et âme, se verticalise avec audace. C'est cela qui deviendra le point d'appui du franc-parler, de la parrhésie (voir Glossaire), de la libre parole face à la bienséance cléricale. Le parcours se passe par tous les temps, la pluie, le froid, les rayons du soleil. Claire trouve refuge près des remparts, une antique enceinte romaine. Lieux mal famés et interlopes, où rôdent les filles à soldat, dans un réduit à ciel ouvert. Et si elle n'invente rien de neuf, c'est parce que, pour elle, il n'y a pas de passé, et que la « nouveauté » médiévale est aussi un retour à ce passé, à cette fraîcheur native-là. Elle rend vivant le supplice de la croix, elle rend actuelle la volonté de se soumettre à ce crime et, par là, de soumettre la mort. Non point maîtriser le temps par une envie suicidaire, car le suicide est seulement une manière d'être soumis à la mort en devançant son heure, en raccourcissant le cours de sa vie. Il ne s'agit pas ici d'anticiper la mort, mais de la subvertir, de la transformer en libre vouloir du salut, en souci de soi et des autres. La mort est comparée au vol de l'oiseau qui revient au nid où se trouvent les oisillons. C'est « naturel » comme nourrir, vêtir, soigner (cicatriser les plaies des lépreux par une caresse), ensevelir les morts. C'est naturel comme les œuvres de miséricorde. Les pieds nus jouent un rôle crucial dans cette démarche, mais également la bouche nue. Non seulement par le jeûne perpétuel, par le refus d'ingérer le mondain, de manger de ce pain-là, mais pour mieux nourrir, donner à manger aux autres. Et surtout, pour mieux crier, fêler le monde, mieux émettre le grand souffle.

Ce cri très gênant socialement – comme on le voit chez Angèle de Foligno*, qui en use pour ruser avec la honte que cela provoque – est alors mieux compris qu'il ne le sera à l'époque moderne ; ainsi chez cette grande criante que fut Louise du Néant* (de Bellère) au XVIIe siècle et qui devait la mener dans un cachot de La Salpêtrière. Il reste que la focalisation sur l'oral vise aussi à mieux surveiller son langage, à surveiller sa langue. Lui interdire le mensonge jusqu'à la colère. La langue est soumise à un supplice symbolique. Mais c'est également un tel supplice qui autorisera la chirurgie spirituelle de Claire face aux êtres qu'elle rencontre, aux misères cachées, aux angoisses, aux gens paralysés par la mort. Dès lors, ce n'est plus elle qui parle, mais l'Esprit qui est en elle, suivant une transposition de la fameuse exclamation de saint Paul. C'est le glaive doublement effilé de la parole dont parle l'Épître aux Hébreux et qui pénètre jusqu'à la moelle des os. Voici alors Claire montrée comme une apôtre : « car de cette servante de Dieu, le doux parler ressuscitait les hommes presque morts, pénétrait avec la vie spirituelle des cœurs plus durs que pierre, divisait dans les corps humains le terrestre du céleste, le mondain du divin, l'animal du spirituel ». Mais les hurlements et la pratique un peu littérale des Évangiles ne plaisent pas à l'ordre établi, même s'il y a plus de code qu'on ne croit dans la sainteté de Claire, et plus de mise en relief du singulier du côté de la religion institutionnelle et, en tout cas, du côté de l'hagiographe italien.

Ainsi les inquisiteurs franciscains commencent à identifier Claire comme « patarine », une variante hérétique. Ce qui revient à l'isoler, à la signaler à la vindicte publique, mais aussi à forcer sa surenchère et donc à l'exposer au soupçon de diabolisme : grand soupçon, car il joue sur l'ambiguïté de tous les signes et sur leur capacité de renversement. Tout ce qui naguère était pris en bonne part devient soudain une ruse pour masquer un esprit vénéneux. La prière devient une apostrophe paroxystique de Dieu et du Christ : « Mon Seigneur, pourquoi et pour qui t'es-tu supplicié au gibet de la croix et as-tu répandu ton précieux sang ? » Elle construit son image du Christ en écoutant la liturgie, la parole biblique au cours des offices, comme François d'Assise : « Or sœur Claire, ayant entendu à plusieurs reprises que notre Seigneur priait en versant une sueur de sang pour signifier les passions et les martyres que tout son corps aurait à verser [...], elle voulut à toute peine, pour le salut de sa vie, se faire entièrement l'imitatrice. » Non pas une imitatrice à moitié, mais *entièrement*. Non pas pour imiter un modèle passé, mais pour que ce qui a été entendu *en direct* se réalise ici et maintenant : pour que le Christ vivant imite l'actualité du corps du Claire ! Le Christ devient femme comme dans les mouvements prophétiques de l'Antiquité chrétienne soutenus par Tertullien. L'âme d'Adam était souffle divin, était extase. L'âme de la femme est vent, air, vitesse de l'oiseau qui retourne naturellement au nid. Elle se fait attacher à une colonne, comme le Christ. Elle se fait battre. Mais rien ne pouvait suffire à cette incarnation du Christ. Elle n'est pas spectatrice d'une représentation. Elle réalise l'événement. C'est une sorte de théâtre de la cruauté. Avec aussi la dimension sociale, le vecteur civil de l'action théâtrale en période médiévale. Ce n'est pas seulement une dévotion, mais une provocation : ce qui appelle à sortir de l'ornière, des plis. Elle organise avec quelques femmes tout un circuit à travers la ville, d'église en église. Circumambulation qui fait tomber les vieilles enceintes de la ville de Jéricho. Telle une nouvelle Rahab, elle fait venir les troupes de Dieu par les remparts pour transformer la ville. Elle manifeste une mobilité apostolique très libre.

D'ailleurs, si son mode de vie spirituel est très enraciné dans la forme de vie franciscaine, elle ne se lie pas de manière exclusive aux Frères mineurs comme Marguerite de Cortone*. Elle fréquente également les autres mendiants, comme les Dominicains. Et si elle est franciscaine, ce n'est ni par institution ni par conscience très explicite, mais plutôt par contamination, par métonymie, et sans doute par une inclination profonde. Comme François, elle loue Dieu par les créatures et ces créatures, célèbre la crèche et le calvaire. La résurrection est déjà en acte, car le salut par la maîtrise cruciale de la mort est déjà pour elle une actualité permanente et quasi naturelle, comme le vol de l'oiseau qui retourne au nid. Sans doute aussi pouvons-nous déceler des inflexions propres aux *fraticelli* (partisans extrêmes de la Règle de saint François), car la Marche d'Ancône n'est pas éloignée de Rimini. Elle se situe, mais c'est une manière très *a posteriori* (et inévitablement anachronique) de voir cette ligne de crête, entre le double précipice de l'orthodoxie religieuse et de l'hérésie spirituelle. Mais l'essentiel, au regard de Claire, c'est que toute sa vie, tous ses excès, ses paroxysmes, que tout serve à provoquer autrui au changement d'esprit, de corps et de vie civile (du conflit criminel à la paix). Ce qu'elle clame à tous et chacun, c'est une élévation, un *surêtre*, un *sursoi*, un cœur porté plus haut : *sursum corda* ! Ce sont d'ailleurs les seuls mots latins de la *Vie* italienne, comme des mots passés en contrebande, pour reprendre une image heureuse. Et pour elle, il n'y a pas d'autre voie pour atteindre ce *surje* qu'en se réfugiant dans le nid des plaies du Christ, comme anfractuosités d'un rocher où la colombe trouve refuge. Symbolique qui vient de la relecture cistercienne du *Cantique des cantiques* et que saint Bernard a poétiquement formulée. Sans être lettrée, Claire se comprend comme maîtresse spirituelle capable d'entendre et d'interpréter les Écritures. « Elle comprenait les Écritures par-delà l'intellect humain. » Le parcours de vie comme démarche pieds nus et comme course par projection de cris et d'images de vie, voici qu'il devient *saut*, un dire qui enjambe les barrières du discours et des miroirs. En somme, Claire annonce la clôture des images de la sainte muette. Elle ouvre le temps des saintes inspirées par l'esprit de prophétie (anticipé par Hildegarde de Bingen* et déployé avec un éclat tout particulier chez la progressiste Douceline de Digne* et la conservatrice Brigitte de Suède*), et qui vont se faire un écho transformé, tronqué, affaibli et porté au plus loin, du discours des clercs eux-mêmes ébahis et fascinés par cette nouvelle *réson*(ance) de leur *raison*.

Bernard Forthomme

• *Voir aussi* : Angèle de Foligno ; Louise du Néant

Bibl. : *Vie* : *Lapsus Linguae. La légende de Claire de Rimini*, légende italienne éd. par J. Dalarun, Spolète, 1994. ***Étude*** : J. DALARUN, *Claire de Rimini. Entre sainteté et hérésie*, Paris, Payot, 1999.

CLARET DE LA TOUCHE, Louise-Marguerite, *visitandine* (Saint-Germain-en-Laye, 15 mars 1868-Vische, 14 mai 1915). — Née dans une famille fort honorable, Louise-Marguerite reçoit une éducation soignée qui affermira son caractère volontaire : son beau-père ne la surnommait-il pas « le petit roc » ? Éducation libérale néanmoins, ne reculant pas devant les excentricités, au risque du scandale : Louise-Marguerite portera des habits masculins, plus seyants à sa constitution physique fragile en raison d'incessantes maladies infantiles. De toute manière, elle est, aux yeux de tous, « la petite actrice ». Une vie heureuse, si son père, Ferdinand, ne mourait prématurément le 27 mars 1875. Sa mère envisage rapidement de se remarier : ce qui est fait le 24 mars 1877 à Versailles, avec Albert de Chamberet, un nostalgique de la Restauration, ce qui, à la victoire du parti républicain, lui coûtera son poste dans la fonction publique, le 12 avril 1879. La famille traverse alors des années difficiles, scandées par d'incessantes disputes entre les époux, aussi bien pour des raisons idéologiques (les points de vue politiques ne sont pas identiques) que patrimoniales (chacun voulait préserver l'avenir de ses propres enfants). Est-ce la raison pour laquelle Louise-Marguerite, qui a fait sa première communion à onze ans, prononce, sans demander l'avis de quiconque, le vœu de virginité ? Une décision qui sera remise en cause par des projets de fiançailles, bientôt rompues. Cependant, rien de tout cela n'entame « l'ardeur joyeuse de [ses] dix-huit ans », à cela près que se glisse un irrépressible ennui (mélancolie ?), auquel s'adosse un véhément désir de se donner à Dieu « quoiqu'il [lui] en coûtât ». C'est dans ce marasme intérieur qu'elle fait la connaissance du curé de Saint-Jean de Valence, Marcien Raymond, caractère bourru voire colérique, mais d'une bonté et d'une sagesse inestimables. Celui-ci l'oriente avec beaucoup de bon sens vers la Visitation. À vingt et un ans, sa décision est irrévocable, confortée par un pèlerinage à Montmartre (sur le chantier de la basilique alors en construction), et plus encore par celui qu'organise le diocèse de Valence en septembre 1890 (à l'occasion du bicentenaire de la mort de Marguerite-Marie Alacoque*) : ses dernières hésitations sont vaincues (en particulier, en raison de l'opposition de sa mère à toute vie cloîtrée) : elle confie son désir de consécration religieuse au prédicateur des festivités, Marcel Chopin, ainsi que son souci de convertir son beau-frère, le docteur Irénée Clavier, aussi fermement athée qu'il n'est moralement intègre. Le 20 novembre, elle entre au monastère de la Visitation de Romans. Les premiers frémissements d'une vie mystique s'éprouvent dès 1893 : elle se compare à un oiseau retenu à terre par une corde et qui « s'élance les ailes déployées, mais, parvenu à une certaine hauteur, la corde qui le retient l'empêche d'aller plus haut ». Il est vrai qu'alors les religieuses ne pouvaient communier que sur autorisation de leurs supérieures, souvent rigoristes.

L'expérience mystique dont témoigne son autobiographie est, celle, océanique, de l'Abîme d'Amour, duquel s'écoule « une imperceptible goutte » qui est son âme. Cette âme, « émanée de Dieu, vivant de Dieu, doit un jour être éternellement perdue, abîmée en Dieu ». Elle voit donc « Dieu, grand, immense, très haut », et elle-même, créature, « atome, néant, très bas : et l'Amour, l'Amour Infini comblant l'abîme et rapprochant les distances en Jésus ». Ce propos du 28 octobre 1901 est suivi d'une admirable vision dite *vision des abîmes* : tout d'abord, « un abîme immense, si vaste qu'aucun regard humain ne pouvait le sonder : c'était l'Amour Créateur », lequel est l'expansion nécessaire de l'Amour Infini. Se découvriront ensuite l'Amour Médiateur, l'Amour Rédempteur, l'Amour Illuminateur – chacun de ces abîmes renvoyant à une des personnes de la Trinité – ; enfin, avec l'accomplissement des temps (« de nouveaux cieux et une terre nouvelle avaient paru », selon les mots de l'Apocalypse), l'Amour Glorificateur, dans lequel font retour toutes les créatures, inondant les « bénis » et dévorant les « maudits ». Mais au-delà de l'œuvre ainsi achevée, Louise-Marguerite aperçoit un ultime abîme, inexprimable et incommensurable : c'est « l'Amour sans forme, l'Amour sans manifestations extérieures : c'était Dieu lui-même ». On retrouverait ainsi étonnamment au terme de ce processus de révélation (qui détaille l'affirmation johannique de 1 Jn IV, 8 : « Dieu est amour [*agapè*] »), la conviction de la mystique spéculative sur l'essence divine au-delà de la configuration trinitaire (le *grunt* de Maître Eckhart). Mais une telle vision n'est reçue que pour prendre corps dans l'*Œuvre* que Louise-Marguerite se voit chargée de mener à bien ; une Œuvre qui est celle du Christ et qui, avant tout, se réalise par le ministère du prêtre que le Christ forme « autre lui-même », dans sa « sollicitude » pour les âmes. Il est ainsi le moyen d'action de l'Œuvre, dont le but est de sauver les âmes « par l'Amour et la miséricorde ». On retrouve là l'armature essentielle de la spiritualité de Paray-le-Monial, mais corrigée par le paradigme de la miséricorde (cher à une Thérèse de Lisieux*) ; toutefois, prudente – l'Église de France est alors ballottée dans les turbulences qui vont aboutir à la loi de séparation des Églises et de l'État en 1905 –, Louise-Marguerite, avertie de plus de l'emprise gallicane qu'ont pu défendre certains évêques, désire se garantir de ce péril de devenir « une Œuvre plutôt nationale que catholique », et pour cela donc, veut être approuvée par le Saint-Siège. Elle y sera aidée, non seulement par le concours efficace d'un jésuite d'une exceptionnelle carrure, le père Alfred Charrier qui s'était rendu célèbre à Grenoble et dans la région lyonnaise par son apostolat social dans les milieux populaires, et dont elle fit la connaissance en juin 1896, mais aussi par les circonstances : en 1906, la communauté visitandine est expulsée et se réfugie en Italie, où l'évêque d'Ivrée approuve ses projets. Mais la communauté, dont elle est devenue supérieure en 1907, manifeste une si forte opposition qu'elle est déposée en 1913 et, détachée de celle-ci, Louise-Marguerite se voit invitée par les autorités romaines à fonder une nouvelle maison conformément à ses vœux. Ce qui est fait à Vische en mars 1914, et c'est là qu'elle mourra. Pour résister aux incessantes attaques de la maison d'origine, la Visitation Sainte-Marie, la communauté naissante se voit détachée du grand ordre et instituée le 6 septembre 1916 sous le titre de Visitation du Sacré-Cœur, bientôt changé en Béthanie du Sacré-Cœur. De son côté, le père Charrier, exilé en Belgique, lançait en 1918 un *Appel aux prêtres*, en vue d'établir l'Alliance sacerdotale universelle des amis du Sacré-Cœur, laquelle fut érigée le 7 juin 1918 par l'évêque d'Ivrée dans son diocèse. Depuis, l'Alliance s'est ramifiée en direction des laïques et des religieux ou religieuses.

François Marxer

Bibl. : *Œuvres* : *Le livre de l'amour infini*, Paris, Téqui, 1975 ; *Messagère de l'amour infini, Mère Louise Marguerite Claret de la Touche*, Paris, Desclée de Brouwer, 1936. ***Études*** : P. VERCOUSTRE, *Une mystique française, Mère Louise-Marguerite Claret de la Touche (1868-1915)*, Montsûrs, Résiac, 1985 ; P.-G. DEBERNARDI, *À l'écoute du Cœur du Christ, Vie et mission de Mère Louise-Marguerite Claret de la Touche*, Liévin, L'Arlésienne, 2003.

CLÉMENT, Anne-Marguerite, *visitandine* (Cléron en Franche-Comté, 1593-Melun, 1661). — Issue d'une famille noble, Anne-Marguerite perd sa mère avant l'âge de deux ans. Attirée par la Visitation, elle est admise à Annecy et fait profession entre les mains de saint François de Sales, le 13 août 1618. Après un séjour au monastère de la Visitation d'Orléans, où elle fait preuve d'une grande piété, elle est choisie en 1628 pour fonder un nouveau monastère à Montargis. En 1635, elle est envoyée à Melun. Elle attache beaucoup d'importance à la réception du sacrement de pénitence et au recueillement de la nuit. Elle reçoit alors souvent des lumières divines. Sa dévotion s'adresse prioritairement au Christ, enfant et crucifié. Elle a notamment une vision de ce dernier qui lui imprime son nom autour du cœur en lui donnant des explications détaillées. Les seuls écrits conservés d'Anne-Marguerite sont des notes d'oraison et des extraits de sa correspondance avec son directeur, dom Jean Augustin Galice, et Jeanne de Chantal*, qui ont été publiés à l'intérieure de la vie rédigée en latin par le barnabite Galice, général de son ordre. On trouve dans la version française (beaucoup plus tardive et très libre), préparée à la demande de la supérieure de la Visitation qui succéda à Anne-Marguerite, selon l'introduction, des citations de ses lettres originales.

Xenia von Tippelskirch

• *Voir aussi* : Jeanne de Chantal

Bibl. : *Vies* : J. A. GALICE, *Idea divinae benignitatis in serva sua Anna Margarita Clemente*, Lyon, L. Arnaud/P. Borde, 1669 ; *La Vie de la vénérable Mère Anne Marguerite Clément, première supérieure du Monastère de la Visitation de saint Marie de Melun*, Paris, J. B. Coignard, 1686. ***Études*** : A. SAUDREAU, *Les Tendresses du Seigneur pour une âme fidèle ou Vie de la Mère Anne-Marguerite Clément. Première Supérieure des Monastères de la Visitation de Montargis et de Melun. 1593-1661*, Paris, Amat, 1915.

COLETTE DE CORBIE, *sainte, clarisse recluse* (Nicolette Boylet ; Corbie, en Picardie 1381-Gand, 1447). — Nicolette est née de parents très modestes et âgés (d'où le patronage de saint Nicolas). Elle-même s'éprouvait de petite taille et « elle en souffrait » (*Vie*, 11) — ce qui ne sera pas sans répercussion sur son avenir et sa perception des êtres, car elle était « timide devant les créatures de grande taille » (*Vie*, 59). On sait que la petite taille occasionne souvent une socialisation discriminatoire et une timidité envahissante. Ce qui ne serait pas sans éclairer le devenir de Colette, car la souffrance de n'être ni grande ni naine accroît le malaise, et la tendance à se tenir dans un univers clos, à ritualiser les choses, le temps (y compris sous figure liturgique) et les lieux (sous forme de clôture stricte), mais aussi à manifester un comportement sthénique, à se faufiler partout, à donner de la voix (en psalmodiant plus fort que toutes les autres voix du chœur ; *Vie*, 70), résonnant « à plus d'une lieue » (distance parcourue par un homme en une heure), quitte ensuite à réclamer régulièrement un isolement pour *récupérer*. Colette, marcheuse d'une grande vélocité, n'hésite pas à monter à cheval, en allant de l'avant, calme et droite, mais comme « en extase » (*Vie*, 35). Relevons aussi sa tendance à vouloir allonger ou raccourcir pour faire bonne mesure. Ainsi, lorsqu'elle se décide à faire tailler un habit neuf pour un pauvre religieux dans le besoin, le couturier remarque que le drap apporté ne suffirait jamais : « Il manquait une grande aune [...], alors l'ancelle [Colette] lui dit gaîment : va-t'en prier notre Seigneur et puis reviens. Tu tireras d'un côté et moi de l'autre pour voir si nous pouvons l'allonger [...]. L'habit fut si grand et si large qu'il fallut le défaire » (*Vie*,

56). La prière lui fit expérimenter que Dieu était capable de la faire grandir, lui donnant ainsi plus d'énergie et de hardiesse pour concrétiser sa connaissance de Dieu et sa mission.

Dès son enfance, elle est attirée par la prière des moines de la grande abbaye de Corbie. Après le décès de ses parents, elle refuse le mariage et, à la suite d'une expérience béguinale avortée, elle fera un séjour chez les Bénédictines, avant d'entrer chez les Clarisses de l'abbaye royale de Moncel (Beauvais). Elle en demeure insatisfaite, mais rencontre des franciscains qui lui proposent la voie du réclusage. Elle prend alors l'habit des tertiaires franciscaines, et en 1402, elle se laisse enfermer dans un réclusoir qui prend appui à l'église Saint-Étienne de Corbie. Là, elle mène une vie de prière intense ou de contacts pastoraux avec les gens – on connaît par de nombreux exemples les excès de bavardages dont les recluses sont menacées –, et se croit un jour appelée à porter remède aux plaies de l'Église (déchirée par le Grand Schisme, 1378-1417) autant que du monde (souffrant la guerre de Cent Ans, particulièrement dans ce Nord dont Colette est originaire), en réformant les trois branches de l'Ordre de Saint-François. D'entrée de jeu, il ne s'agit pas pour elle de réformer seulement les Clarisses. Ce n'est pas un hasard si son premier hagiographe, le frère mineur Pierre de Vaux, évoque dès l'ouverture la figure de Jean le Baptiste : enfant d'une grossesse tardive, lui aussi, figure de conversion, du changement radical de vie, à l'orée de la vie civile (sans être retiré dans le désert profond, l'érémitisme radical, récusé aussi par François d'Assise). Jean le Baptiste, c'est aussi, précisément, celui qui doit *diminuer* pour que le Christ *croisse*. C'est sans doute une manière pour la petite Colette d'assumer sa taille et de l'inscrire dans un projet de croissance.

La vision vocationnelle de l'arbre parfumé et revigorant, plus grand que les autres et mobile, doit se rattacher à ce contexte : « Il lui fut révélé que l'arbre le plus important signifiait sa propre personne et les petits arbres, ceux et celles qui, grâce à elle, s'engageraient dans la réforme et le redressement. Le déplacement répété des arbres, d'un endroit à l'autre, signifiait qu'elle devait circuler, construire et faire prospérer son œuvre en plusieurs régions » (*Vie*, 32). La verticalité (*rectitudo*) de l'arbre mieux dressé signifie l'œuvre de la *rectificatio*. Le végétal ne pouvant se mouvoir comme l'animal pour trouver sa nourriture, se reproduire et échapper au danger, est obligé de trouver d'autres moyens de survie. Non seulement en envoyant par projection, par le vent ou les animaux, ses semences au loin, mais en assouplissant la rigidité de son intériorité ou de son code génétique (comme le maïs), voire en le remaniant. C'est à ce remaniement du code génétique de la vie franciscaine que va s'attaquer Colette, à la fois recluse, cloîtrée – enracinée dans l'humilité et la prière –, et sans cesse en voyage, par tous les chemins d'Europe. Elle sera puissamment aidée en cela par le frère mineur Henri de Baume et son réseau de relations. C'est d'ailleurs lui qui accompagne Colette (âgée alors de vingt-cinq ans) à Nice pour rencontrer le pape avignonnais Benoît XIII, et lui demander de pouvoir revenir à la

Règle de Claire d'Assise*, incluant la pratique de la pauvreté personnelle mais également communautaire. L'essor prodigieux de l'Ordre des Sœurs Pauvres (ou Pauvres Dames) s'était produit aux dépens d'une connaissance profonde de l'esprit et de la Règle de Claire. Malgré la reconnaissance pontificale (1406), Colette ne parvient pas à fonder une communauté réformée à Corbie. C'est seulement en 1410 que la réformatrice et quelques compagnes parviennent à s'installer dans le monastère urbaniste de Besançon, quasiment vide en réalité. C'est de là pourtant que la réforme colettine va se diffuser. Ce qui va l'obliger à des voyages incessants et mal commodes à travers des territoires peu sûrs. Sur une quarantaine d'années, elle va fonder ou réformer dix-sept monastères, dont Poligny en 1417 (où se trouvent aujourd'hui ses restes, ce qui a permis d'estimer sa taille réelle, environ un mètre soixante, qui n'est pas, alors, une si petite stature), sans oublier les sept couvents masculins.

Durant ce temps, Colette, dont il n'est pas certain qu'elle sache écrire, met au point ses Constitutions, approuvées par le concile de Bâle en 1434. Si Claire d'Assise est la première dans l'Histoire à écrire une Règle pour des femmes, c'est Colette qui a opéré la première un tel travail constitutionnel ; elle interprète la Règle de Claire, parfois en la modifiant dans un sens conforme aussi aux angoisses et aux impératifs du temps. Constitutions qui ne veulent pas simplement réformer une communauté particulière, opérer une réforme locale, mais infléchir la vie franciscaine dans son ensemble. Constitutions qui doivent offrir un tissu solide capable de maintenir partout l'esprit de François d'Assise malgré le désarroi moral et religieux, le schisme ecclésial et la guerre interminable. Sans doute, les Constitutions manifestent une certaine rigidité, mais celle-ci est destinée à protéger la vie spirituelle *intra muros*. N'oublions pas qu'au moment où naît la réforme capucine, la vénérable Marie-Laurence Longo donne à son couvent de Naples (1534) non seulement la première Règle de Claire, mais les Constitutions de Colette ! En réalité, l'élément constitutionnel, c'est tout à la fois une adaptation de la Règle « en fonction des temps, des lieux et même des personnes » (ce qui suggère qu'elles peuvent évoluer), et un élément de la durée d'une expérience majeure. Sans oublier le vecteur créatif, le renouvellement des maisons, la multiplication des fondations et le retour à Claire, même s'il est moins fidèle qu'il ne le croit.

Toujours est-il que, pour Colette, le retour à la Règle de Claire signifie le retour à la très haute pauvreté et donc à la pauvreté même du Christ. Ce qui affranchit des contraintes de l'emprise du temps présent, de son éclatement sensible et de la fragilité de ses médiations imaginaires. Le temps est rythmé par l'office des heures et donc par une parole claire comme la prière, sapant les bavardages. L'oraison mentale joue un rôle particulier lors des voyages. Certes, sa prière est doloriste, mais la souffrance (et la pratique des larmes unifiant le corps et l'esprit) est alors un lieu majeur de l'individuation et de la constitution de soi comme sujet spirituel, ce qui est tout particulièrement essentiel pour la femme dans l'Église cléricale. Il s'agit en même temps de recoudre le corps ecclésial et les plaies de la vie civile. Le rôle du merveilleux est similaire : il sert à l'assimilation et à l'articulation des heurs et malheurs du temps, un accès aux langues et mœurs étrangères, une *incorporation* des sédiments inconnus de soi et des rencontres fortuites. C'est aussi une manière de dire l'intériorité quand on l'ignore, quand elle n'est pas révélée, quand elle ne prend pas la forme d'un récit psychologique ou d'allure autobiographique. C'est encore une manière de maintenir le primat des codes (hagiographiques en l'occurrence) sur l'événement intérieur. Les miracles qu'on attribue à la thaumaturge sont aussi les signes de son autorité personnelle et sociale, autant que signes de la conversion des bénéficiaires.

La vie merveilleuse que le frère mineur Pierre de Vaux consacre à Colette en son français du XVe siècle (vers 1447 ; la traduction latine, *Vita S. Coletae*, date de 1450) donne à première vue un parcours spirituel qui s'est imposé alors comme paradigme. Après avoir tout enraciné dans l'humilité (vertu si basale depuis la morale bénédictine ou grégorienne, mais surtout cistercienne, depuis le XIIe siècle, face à l'orgueil chevaleresque), Pierre passe en revue successivement les trois vœux de religion : obéissance, pauvreté et chasteté. Ensuite viennent les chapitres sur la prière, la dévotion envers la Passion, le corps sacramentel, la rudesse de la vie de Colette tout en se montrant douce pour les autres (peut-être d'ailleurs plus en pratique que dans ses règlements inquiets), l'esprit de prophétie qui l'habitait, la mise à l'épreuve de cet esprit, sa mort et les miracles qu'on lui reconnaît de son vivant. Si nous examinons avec plus d'attention certains traits rapportés, nous remarquons l'interprétation de l'humilité non seulement par la figure de Jean-Baptiste, mais par celle du *serviteur souffrant* de Dieu, et l'interprétation chrétienne de cette figure atypique de l'Ancien Testament. Non seulement comme nom du Christ, mais comme motif apostolique paulinien : motif de la victime expiatoire, si universellement compris par les peuples païens. Cette expérience de *serviteur de Dieu* constitue également ce qui justifie l'obéissance. Mais les préceptes évangéliques « dès son jeune âge si fortement imprimés dans le cœur » (*Vie*, 22) comprennent également la célébration des fêtes. L'ordre liturgique doit être respecté, car ce temps et cet espace dépassent les contingences des saisons et des turbulences de l'Histoire : « hiver ou été, en n'importe quelle situation, guerre ou paix » (*Vie*, 27). Enfin, il s'agit bien d'obéir à une urgence de réformer la vie religieuse. Cela implique des risques importants. Non seulement parce qu'il faut se déplacer par des routes peu sûres, mais parce que cela peut provoquer des perturbations psychiques.

La pauvreté transparaît chez l'ambassadrice de Colette envoyée auprès du pape pour lui expliquer le projet, et qui se met toute nue. La dame invente un symptôme qui correspond à une situation exceptionnelle. Il faut convaincre une autorité supérieure d'une urgence qui est censée répondre à une volonté divine : « Dame noble et de bon jugement [...], elle se mettait toute nue » (*Vie*, 36). La dénudation publique en cette occasion – même si le pape fait rhabiller la dame avant de l'interroger – n'est pas reçue comme folie ou comme exhibitionnisme morbide, mais comme un trouble annonçant un changement d'habit, d'habitude, d'habitat, ainsi durant un noviciat. Même si cette dénudation est très différente de celle de François d'Assise, le retour au corps nu est malgré tout le retour à un mode de vie où l'on ne porte rien en propre, à une forme saisissante, spectaculaire, de la haute pauvreté. Ce qui est intéressant ici, c'est qu'il ne s'agit pas de Colette elle-même, mais de son ambassadrice. Il reste que c'est tout de même sa porte-parole choisie. C'est comme si Colette, incapable de par sa timidité profonde, grâce à sa messagère interposée, parvenait à se dénuder publiquement, un peu comme François devant l'évêque d'Assise. Cela marque surtout un symptôme trahissant les conflits spirituels, mais encore un acte d'humiliation et de honte (sans honte, la dénudation serait pathologique, comme chez cette mère dont l'enfant est tombé gravement malade, suivant la *Vie*, 90). Cela marque surtout la rupture avec le père. Non pour accentuer le lien avec le Père céleste comme chez François. Car Colette ne voit pas vraiment Dieu sous l'image du père. Il s'agit pour elle avant tout du fils comme Christ pauvre et souffrant, toujours à l'œuvre dans son corps spirituel. Quand Pierre de Vaux aborde la question de la pauvreté, ce n'est pas seulement l'occasion de la dire toujours déchaussée, au contact direct avec la terre et l'eau, et de nommer son refus du feu, son amour de la lumière pure, sans combustion, mais aussi sa manière de recoudre les chutes d'étoffe : « elle avait près d'une centaine de ces pièces d'étoffe à son habit lorsqu'elle mourut » (*Vie*, 50). C'est aussi une manière de dire le rapiècement de l'Église déchirée, de la France tailladée par la guerre de conquête anglaise, et de l'Europe éclatée par le schisme ou la montée en puissance des nations. Elle reçut un jour une tablette d'ivoire représentant la Passion qui y était gravée et qu'elle affectionnait beaucoup à cause de cela ; elle fut brisée. Mais finalement son confesseur, en l'allant porter à l'artisan, la retrouve intacte, sans marque de fracture (*Vie*, 106). De même, lors de l'épisode de la fiole d'eau brisée : « elle recueillit tranquillement les morceaux » (*Vie*, 108). Bref, Colette « ne possédait rien et ne désirait rien posséder ; mais prenait soin de tout [...]. Jamais elle ne douta de la bonté de Dieu » (*Vie*, 52).

Venons-en maintenant à la chasteté. Certes, il y a la répugnance de Colette pour le mariage – ce que lui reprochera un biographe moderne comme Silvère d'Abbeville, dans son *Histoire chronologique* de 1619. Mais elle fréquente volontiers les Frères mineurs et exalte la *virilité* du conflit spirituel. Toutefois, il est révélateur que Pierre de Vaux se réfère aux deux extrémités de l'échelle des êtres : aux anges et aux bêtes, avec parfois une contamination du céleste et du terrestre. Pas n'importe quelles bêtes : il s'agit des bêtes *de petite taille*, agréables et « propres en apparence ». Ce qui exclut les limaçons, les fourmis, les mouches et les frelons. Sans parler des crapauds et des araignées, ces symboles déformants du tissage (*Vie*, 154). Une fois de plus, il y a une indécence du *petit de taille* qu'il faut dépasser, sans doute, mais sans perdre la naïveté de l'enfance (à la façon de la petite Thérèse de Lisieux*). Toujours est-il que la perception de la chasteté reste inscrite dans une dimension ontologique et pas seulement morale. Rappelons ce passage fameux : « La nourriture prise pour soutenir son propre corps sortait d'elle aussi belle et immaculée qu'elle y était entrée et sans aucune mauvaise odeur » (*Vie*, 61). Ce qui fait écho à la « sueur aromatique » de sainte Marie d'Oignies* en prière, pionnière de la nouvelle sainteté. Autre touche ontologique de la chasteté : la valorisation de l'être en tant qu'être, de ce qui n'est pas fait de main d'homme, n'est pas un *produit*, une manufacture. La lumière (pas le feu), l'air pur, l'eau intacte, la terre en jachère où tout pousse spontanément (*sponte sua*) et se redistribue, comme une terre jubilaire qui n'appartient à personne. Le corps chaste lui-même, c'est comme l'éther et les astres du ciel ou le temple de Jérusalem excédant l'architecture et l'ouvrage des artisans. Tel un corps de femme, il ne peut être le produit d'une manipulation. D'où l'exaltation très révélatrice d'un anneau d'or « nullement façonné par des mains humaines » (*Vie*, 66). Cette perception est si forte qu'elle influe même sur l'herméneutique des Écritures et de l'Histoire, et la préférence ouverte pour la tradition critique (prophétique) contre la tradition patriarcale (polygame), en faveur du Nouveau Testament, johannique en particulier. Elle marque « son estime et son respect remarquables pour les périodes de l'Histoire et les états de vie en lesquels ces vertus ont été maintenues et observées » (*Vie*, 63). Quant à l'exercice de la prière, remarquons ici qu'il est ordinairement vocal et public, sauf précisément en voyage (ou lors du dernier voyage, *transitus*), ce qui arrivait assez souvent. L'oraison mentale est la compagne d'une existence aventurière et mortelle.

Bernard Forthomme

• *Voir aussi* : Claire d'Assise

Bibl. : ***Vie française*** (la première) : P. DE VAUX, *Saincte vie de seur Collette* [vers 1447], in *Les Vies de Ste Colette Boylet de Corbie...*, écrites par ses contemporains le père P. de Reims, dit de Vaux, et sœur P. de La Roche et de Baume, Paris-Couvin, U. d'Alençon, 1911. ***Études*** : E. LOPEZ, *Culture et sainteté : Colette de Corbie* (*1381-1447*), Saint-Étienne, Université de Saint-Étienne, 1994 ; « Frère Henry de Baume (*ca* 1367-1440) : la vie et les écrits d'un franciscain réformateur », *Revue Mabillon*, 1994, vol. 5, p. 117-141.

COLOMBE DE RIETI, *bienheureuse, tertiaire dominicaine* (Rieti, 1467-Pérouse, 1501). — À lire sa biographie étrange et tourmentée – qui témoigne du nouveau style hagiographique alors apprécié, ne reculant pas devant le réalisme des détails, la crudité du langage et le voyeurisme du fait divers –, Colombe est la réplique *consciente* de Catherine de Sienne* : sa dérive anorexique la conduit à une mort précoce (à trente-trois ans, l'âge du Christ) et elle connaîtra aussi l'opposition d'un clergé qui suspecte en elle la simulation ou la possession diabolique.

Ses aventures mystiques commencent de façon dramatique : le 21 août 1488, Colombe demande à son père un *agneau* pour festoyer avec *douze* invités, amis ou proches parents. Le père est ravi, voyant dans cette demande la fin de cette constance anorexique où Colombe se complaisait dans un quasi-isolement. Le repas se passe bien, jusqu'au moment où Colombe décide de *laver les pieds* de ses hôtes : l'allusion à la Cène du jeudi saint devient explicite, et s'effondre alors l'espoir d'une prochaine et rapide guérison. Revenue dans sa chambre, Colombe s'y barricade sans donner signe de vie, jusqu'au moment où les parents, inquiets, enfoncent la porte pour trouver la chambre vide, son habit de tertiaire dominicaine soigneusement plié sur le sol. Enfuie (nue ?), elle est introuvable. Elle est à quarante kilomètres de là, sur la route de Spolète, où elle échappe de peu à un viol, puis se joint à un groupe de femmes en partance pour Foligno – là encore, des chasseurs, puis des brigands agressent ces proies faciles, et Colombe s'en tire miraculeusement (?) sans dommage.

À Foligno, quiproquo rocambolesque : elle confond le monastère des Clarisses, dédié à sainte Catherine d'Alexandrie, et celui des Dominicaines, consacré à Catherine de Sienne. Plus tard, elle a affaire à la famille Borgia : protégée par le pape Alexandre VI et soutenue par son fils, César Borgia, elle est en butte à la vindicte de Lucrèce Borgia, vexée d'avoir été une fois éconduite par Colombe. Lucrèce ourdit un complot pour l'accuser de sorcellerie, ce qui n'est guère difficile, tant son comportement était suspect, en particulier ses jeûnes prolongés, qui ne relèvent pas d'une incapacité de manger, elle le prouve publiquement, mais qui sont mis au compte d'un pacte diabolique : deux siècles auparavant, elle aurait suscité l'admiration de tous ; à présent, cet archaïsme ascétique éveille les soupçons et la méfiance. Dans toutes ces anomalies alimentaires, est-ce Dieu ou le diable qui est à l'œuvre ? Les enquêtes se succèdent, un inquisiteur chevronné la déclare *areptitia* (« hystérique », mais aussi « dans l'erreur »), aucun diagnostic cependant ne se révèle probant : elle n'est pas coupable, elle n'est pas totalement innocente non plus. À sa mort, on dépêchera une autopsie, pour en avoir le cœur net : apparence squelettique (littéralement, la peau sur les os) qui trahit le propos délibéré d'une mort d'inanition ; absence de règles, hypothermie permanente, excrétions minimales, absence de transpiration (un signe de sainteté pour le biographe) : ni le prêtre qui n'a pas encore consenti à la certitude scientifique, ni le médecin qui n'a plus l'assurance de la foi médiévale, ne purent diagnostiquer en elle les singularités propres à la sainteté.

Nutrition et sexualité sont les deux points problématiques de la personnalité de Colombe : sexualité qui est loin d'être endormie ou neutralisée (le fantasme érotique y est en effet puissant) ; quant à la question nutritionnelle, elle s'apparente à un refus de l'univers domestique et à un conflit avec l'empire maternel, rejeté au profit de la seule autorité christique. À cette horreur de boire et de manger (parfois transgressée de façon compulsionnelle dans un état d'hébétude) s'adosse une dévoration eucharistique (qui ne sera satisfaite qu'avec la communion quotidienne). Autant Colombe aura révéré les prêtres (pour leur pouvoir de fabriquer le corps eucharistique), autant elle aura défié leur autorité : loin de toute admiration, ceux-ci resteront circonspects. L'on a alors vraiment quitté le monde médiéval.

François Marxer

• *Voir aussi* : Catherine de Sienne

Bibl. : *Vie et études* : *Acta sanctorum*, mai, p. 319-398 ; on y trouvera la première biographie de Colombe rédigée par Sebastiano Degli Angeli entre 1501 et 1506, trad. française : SÉBASTIEN DE PÉROUSE, *Vie de la B. Colombe de Rieti, religieuse du Tiers-Ordre de Saint-Dominique*, Clermont-Ferrand, Thibaud-Landriot, 1845 ; B. ASTUR, *Colomba da Rieti : « La seconda Caterina da Sienna » 1467-1501*, Rome, 1967 ; G. ZARRI, « Le sante vive. Per una tipologia della santità femminile nel primo Cinquecento », *Annali dell'Istituto storico italo-germanico in Trento*, n° 6, 1980, p. 371-445.

COMBES DE MORELLES, Perrette-Marie de, *laïque, auteur spirituel* (Riom, 1728-septembre 1771). — Née dans une famille auvergnate d'importance, orpheline de mère à l'âge de cinq ans, elle est élevée par un « père chrétien » qui lui inspire tôt « l'horreur du vice ». Placée ensuite à Saint-Cyr, elle profite pendant dix ans d'une excellente éducation. De retour dans le monde, « la dissipation la rend moins fervente » : elle se laisse peu à peu séduire par les plaisirs mondains et se marie en mars 1749. Elle mène une existence de jeune mère de famille, vivant comme les « honnêtes gens du siècle », sans grandes fautes ni sans grandes vertus. Éclairée par Dieu « qui la destinait à la plus haute sainteté », elle décide ensuite de changer de vie, fuit les mondanités et tisse des liens avec les Carmélites. Encouragée par ses directeurs, elle entreprend de « mettre par écrit les sentiments et les réflexions dont elle leur faisait part ». Elle poursuit cet exercice jusqu'à sa mort, décrivant chaque jour le fruit de ses oraisons, ses résolutions, les fautes qu'elle se reproche, prenant pour seule règle d'inspiration « le mouvement de l'esprit de Dieu ». Elle compose également des cantiques spirituels qu'elle chante en famille. À sa mort, l'admiration que suscitent ses textes encourage à les publier en recueils, ce qui permet sa reconnaissance posthume comme poétesse et auteur spirituel. Elle est enterrée au carmel de Riom.

Choisissant de vivre sa spiritualité en famille et non sous le voile, elle incarne une forme de sainteté intramondaine proche, dans son exemplarité, du modèle biblique de la femme forte. Alternant extases mystiques et zèle pour les pauvres, elle s'efforce de ne « perdre jamais de vue la présence de Dieu » et de rendre compte dans ses écrits des « connaissances qu'elle ne tenait que de lui seul », révélations privées supérieures au savoir des théologiens et qui l'assurent de son élection. « Quelle langue pourra raconter les grâces particulières que j'ai reçues de vous ! », écrit-elle (*Œuvres spirituelles*, « Sentiments », p. 3). Contre la « léthargie spirituelle », elle défend la pratique de l'oraison comme « saint commerce où l'âme parle à son bien-aimé » (*ibid.*, p. 9), l'écriture étant le prolongement de ces « opérations » mystérieuses plutôt que le résultat des « saillies de son esprit ». Elle se réclame d'une spiritualité d'imitation, qui l'incite à préférer « la folie de la Croix à la sagesse des mondains » (*ibid.*, p. 20) et à s'abandonner au bon vouloir divin (« Tout mon désir est [...] d'être moulue comme le grain, afin d'être comme une nouvelle pâte entre vos mains », *ibid.*, p. 22). Cependant elle ne perd jamais de vue ses devoirs, évoquant plutôt la difficulté de « partager son temps entre Dieu et sa famille » (*ibid.*, p. 42). Il s'agit de « vivre dans le monde sans y être », en parfaite épouse et parfaite éducatrice, pétrissant de « sentiments chrétiens » les moments les plus anodins de sa vie domestique.

Antoinette Gimaret

Bibl. : *Œuvres* : *Œuvres spirituelles de Madame de Combes contenant ses sentiments, ses entretiens, ses dialogues et ses lettres* (en deux parties), Paris, P. M. Delaguette, 1778, (la partie « Sentiments » est en fait une histoire de Mme de Combes écrite par elle-même). ***Vie* :** abbé CARON, *Vie de la duchesse de la Vallière et de Perrette Marie de Combes de Morelles*, Limoges, Ardant Frères, 1853.

CONCEPCIÓN CABRERA DE ARMIDA, ***dite*** **« la grande Conchita »,** *vénérable, fondatrice des Œuvres de la Croix* (San Luis Potosí, 8 décembre 1862-Mexico, 3 mars 1937). — Conchita naquit dans une famille chrétienne aisée, à San Luis Potosí, au Mexique. Elle fut baptisée deux jours après sa naissance et fit sa première communion le 8 décembre 1872 : « Depuis ce jour mon amour pour l'Eucharistie est allé sans cesse grandissant. » Septième d'une fratrie de douze enfants, elle était la fille d'Octaviano de Cabrera et de Clara Arias. Son éducation scolaire fut très élémentaire, à l'exception de la musique et du piano. Autodidacte, grande lectrice de livres de spiritualité, de mystique ou de théologie, elle fut elle-même l'auteur de très nombreux écrits. Tout en cherchant l'amour de Jésus-Christ, elle ne cessa de s'occuper des autres. Elle prit soin en particulier des enfants indigents. Plutôt que de prendre l'habit religieux, elle trouva dans le mariage la voie qui lui permit de répondre à l'amour du Christ. Conchita épousa ainsi Francisco Armida, originaire de Monterrey ; le mariage fut célébré dans l'église de Notre-Dame-du-Carmel, à San Luis Potosí, le 8 novembre 1884. « Jamais mon amour pour lui, plein de tendresse, écrit Conchita, ne m'a empêchée d'aimer Dieu. Je l'aimais avec une grande simplicité, comme tout enveloppée dans mon amour pour Jésus. Je ne voyais pas pour moi d'autre chemin vers Dieu. » Entre 1885 et 1899, ils eurent neuf enfants (deux garçons et sept filles).

À l'instar de Catherine de Sienne*, qui se réfugiait dans la « cellule intérieure » de son cœur, Conchita se recueillait dans le « cloître intérieur » de son âme. Le Dieu d'Amour lui répétait : « Plus d'entretiens ni de paroles inutiles. Tu dois vivre cloîtrée dans le sanctuaire tout intérieur de ton âme, parce que c'est là que réside l'Esprit-Saint. » Du 20 au 30 septembre 1894, elle fit une retraite dans l'esprit des *Exercices spirituels* (rédigés à partir de 1522 et publiés en 1548) de saint Ignace de Loyola, qui lui inspira un « règlement de vie ». Elle prit alors trois résolutions envers son mari : « 1- Je m'informerai de ses affaires, je demanderai à Dieu la lumière pour lui suggérer de sages conseils. 2- Je ferai en sorte qu'il trouve en moi consolation, sainteté et douceur. 3- Jamais d'aucune manière, je ne parlerai mal de sa famille, je la disculperai toujours, je me tairai, veillant à ce que lui aussi respecte la mienne. » Elle prit également ces engagements auprès de ses enfants : « 1- Je leur recommanderai la charité envers les pauvres, leur conseillant de se priver de ce qu'ils possèdent. 2- Je ne leur suggérerai pas de se surcharger de prières. Au contraire, je m'efforcerai de rendre la piété agréable à leurs yeux, puisant de l'élan en de brèves invocations jaculatoires (– Merci mon Dieu ! – Protège-moi. – Garde ma langue de toute médisance.). 3- J'étudierai le caractère de chacun d'eux et je les exhorterai autant qu'il convient sans jamais me laisser fléchir par mon affection naturelle. » En 1894, Conchita fit le don total d'elle-même à Dieu, dans des « fiançailles spirituelles ». Elle célébra le « mariage spirituel », union de l'âme à Dieu, le 9 février 1897. En octobre 1900, elle fut examinée par des théologiens ; le révérend père Melé, visiteur de la Congrégation du Cœur de Marie, l'assura que son esprit « était de Dieu et qu'il était disposé à l'attester ».

À la mort de son mari, le 17 septembre 1901, Conchita se consacra à l'éducation de ses enfants, tout en menant une vie sociale ordinaire, d'autant plus difficile qu'une guerre civile (1910-1921), anticléricale, décima la population de Mexico.

Outre une expérience spirituelle hors du commun, Conchita est à l'origine de nombreuses fondations. La première prit naissance en 1895 dans l'Apostolat de la Croix, fondement de toutes les autres. Il lui fut inspiré par ces paroles de Jésus-Christ : « L'Apostolat de la Croix est le travail qui continue ou complète celui de mon Cœur révélé à sainte Marguerite-Marie. [...] Répète-le : on doit pénétrer à l'intérieur de cet océan sans limite d'amertume et le faire connaître au monde entier, afin d'obtenir que la souffrance des fidèles s'unisse à l'immensité des douleurs de mon Cœur, car cette souffrance se perd en sa plus grande partie. » Elle créa par la suite la Congrégation des Religieuses du Sacré-Cœur de Jésus (1897), destinée à l'adoration perpétuelle du saint sacrement, en rédemption des injures infligées au Cœur de Jésus ; l'Alliance d'Amour avec le cœur de Jésus (1909) à l'intention des laïcs s'efforçant de cultiver dans le monde l'esprit des Religieuses du Sacré-Cœur de Jésus ; la Fraternité du Christ Prêtre (1912), dans le but de rassembler les prêtres diocésains qui participent aux Œuvres de la Croix. Le 17 novembre 1913, au cours d'un pèlerinage en Terre sainte et à Rome, elle eut une audience avec le pape Pie X. L'Œuvre, destinée à s'étendre au monde entier, fut en 1914, avec le concours du père Félix de Jésus Rougier, prêtre français, la fondation de la Congrégation sacerdotale des Missionnaires du Saint-Esprit (1914). Cette congrégation est aujourd'hui présente au Mexique, aux États-Unis, en Colombie, au Costa Rica, au Chili, en Espagne et en Italie. Le père Luis Manuel Guzmán Guerrero fonda par la suite, lors de la fête de la Pentecôte, le Cercle du Saint-Esprit et de la Croix (1963), qui est une ramification des Œuvres de la Croix. Monseigneur Ramón Ibarra y González, premier archevêque de Puebla, contribua également à la propagation des Œuvres de la Croix.

Le cardinal Luis María Martínez, futur archevêque de Mexico, fut le dernier directeur spirituel de Conchita. Il lui interdit de détruire son journal, qu'elle voulait que l'on réduise en cendres après sa mort. De trente et un ans à soixante-quatorze ans, elle tint en effet le journal de sa vie intérieure (*Cuentas de concienci*) – plus de soixante-cinq mille pages manuscrites – où elle relate les grâces, les aridités, les sécheresses, les souffrances terribles de son expérience mystique, et la vocation dont elle prit conscience, lorsqu'elle entendit au fond de son âme, sans pouvoir en douter, ces paroles du Seigneur qui l'étonnèrent : « Ta mission sera de sauver les âmes. » En lui dictant ces mots, en la corrigeant, en l'inspirant, l'Esprit divin semble avoir été le véritable auteur de ces écrits spirituels. Conchita y cite notamment ces paroles que Dieu lui aurait adressées : « Demande-moi une longue vie de souffrance et d'écrire beaucoup [...]. Telle est ta mission sur terre. » Elle témoigne qu'il n'y a de salut que par la Croix, que l'union divine est toujours accompagnée de grandes souffrances et que la sainteté est accessible à tous, même à l'épouse et à la mère de famille. Si sa spiritualité se déploie sous les apparences d'une existence les plus ordinaires, d'une simplicité évangélique, elle reste néanmoins exceptionnelle. Racontant une de ces expériences, elle écrit : « J'ai reçu et expérimenté de très vives lumières sur l'immensité de Dieu. Je voyais Dieu si grand, tellement infini en tous et en chacun de ses attributs. Je me sentais perdue comme une goutte d'eau dans cet océan, et en ces horizons immenses comme un imperceptible atome. Je me sentais submergée en Dieu [...]. Quelle merveille ! Impossible de l'expliquer. Je ne pouvais que le percevoir et le savourer [...]. D'autres fois, j'expérimentais cette formidable présence illuminatrice de mon Dieu au plus intime de mon être, une soif infinie, un élan irrésistible et continuel vers cet Être unique, le seul capable de me satisfaire. » À quoi s'ajoutent des thèmes doctrinaux d'une grande profondeur, dont l'amour qu'elle éprouva pour Jésus *prêtre et hostie*, essentiel dans sa vie, et sa conformation à celui-ci : « Je dois reproduire en moi le Christ crucifié » (septembre 1921). Puis la souffrance : « La souffrance, ou la Croix divinisée par le Fils, est la seule et unique échelle pour s'élever jusqu'à l'amour de charité. [...] Les plus crucifiés sont ceux qui aiment le plus, parce que la souffrance, emblème de Jésus, attire à elle les Trois Personnes divines. Nous habitons dans cette âme et j'y établis ma demeure » (juillet 1895).

Entourée de sa famille, Conchita mourut à Mexico, à l'âge de soixante-quinze ans. Sa dépouille repose dans la crypte de l'église de San José del Altillo. Le 29 septembre 1959 s'ouvrit à Rome son procès de béatification, non abouti à ce jour. Elle fut reconnue « Vénérable » le 20 décembre 1999 par le pape Jean-Paul II.

Bernard Sesé

Bibl. : Œuvre : *La Grande Conchita. Écrits spirituels de Concepción Cabrera de Armida*, t. 1, *De la naissance aux fiançailles spirituelles 1862-1894*, J. Gutiérrez-Gonzalez (prés.), Paris, François-Xavier de Guibert, 1999. ***Vie et études* :** père PH. PHILIPPON, o.p., *Journal spirituel d'une mère de famille*, Paris, Éditions de l'Emmanuel, 1974 ; J. GUTIÉRREZ-GONZÁLEZ, *Concep-ción Cabrera de Armida, Cruz de Jesús (vols I-X)*, Mexico, Editorial La Cruz-Jesús-María, 1998 ; J. SICILIA, *Marcada con fuego. Concepción Cabrera de Armida. La amante de Cristo*, Mexico, Fondo de Cultura Económica, 2001.

CONSTANCE DE RABASTENS, *laïque, visionnaire et prophétesse* (Rabastens, XIV-XVe s.). — Originaire d'une localité du pays albigeois, cette veuve est connue comme la première prophétesse en France, en raison de ses visions qui nous ont été rapportées par son confesseur, Raymond de Sabanac. Après une vision inaugurale en 1384, celle qui se dit « Épouse du Christ » (comme toutes les femmes mystiques de l'époque) ne cache pas ses doutes, partagés par la France méridionale, sur la légitimité du pontife d'Avignon : hostile à l'antipape Clément VII, elle sera en revanche favorable au pape Urbain VI, réputé seul pape authentique. Dans le domaine politique, en pleine guerre de Cent Ans, Constance affiche son patriotisme face au duc Jean II d'Armagnac, partisan des Anglais ; et elle fait appel au comte de Foix, Gaston Phébus, allié de Charles VI : il s'agit pour lui rien moins que de sauver la France en perdition et de rétablir le pape de Rome légitime, avant d'entreprendre, sous l'autorité de celui-ci, une croisade en Terre sainte, opération dans laquelle les pouvoirs jusque-là rivaux trouveraient à se réconcilier. Croisade eschatologique que ce « grand passage » qui amorce un retour à une radicalité évangélique et une reprise en main d'un clergé dévoyé par l'enrichissement et la luxure. Tout cela aura peu d'échos : l'Inquisition s'intéressera cependant à son cas en 1385 et elle connaîtra la prison. Elle tombe ensuite dans l'oubli le plus total.

François Marxer

Bibl. : ***Vie et études*** : A. PAGÈS et N. VALOIS, « Les prophéties de Constance de Rabastens », *Annales du Midi*, n° 8, 1896, p. 241-278 ; J.-P. HIVER-BÉRENGUIER, *Constance de Rabastens, mystique de Dieu ou de Gaston Phébus ?*, Toulouse, Privat, 1984.

COSTA, Alexandrina Maria da. — *Voir* ALEXANDRINA DE BALASAR

COUDERC, Thérèse. — *Voir* THÉRÈSE COUDERC

COURAGE, Michelle-Catherine, *tertiaire franciscaine, stigmatisée, auteur d'un journal spirituel* (Michelle-Catherine de Jésus Crucifié, en religion ; Saint-Étienne, 6 octobre 1891-2 février 1922). — Cette fille d'un père ouvrier et d'une mère restée au foyer aura une enfance aussi pieuse que tranquille. Elle commence sa scolarité dès ses quatre ans chez les sœurs de Saint-Charles, puis chez les religieuses de Saint-Joseph : on remarque sa vive intelligence à acquérir connaissances autant profanes que religieuses. À sept ans, lors de sa première confession, elle prend la résolution de surmonter son principal défaut, la colère, et décide : « Je serai une sainte, tant pis si j'en meurs. » Ce vœu de mort réapparaît le jour de sa première communion, trois ans plus tard : sans doute est-ce le plus beau jour de sa vie que de s'être ainsi « unie à [Jésus] pour toujours », mais ne sera pas moins beau le jour de sa mort : « Je veux mourir, ô bon Jésus, pour que vous viviez dans tous les cœurs. » Ses études terminées, à treize ans, elle travaille dans le milieu familial, où les tantes ont une grande importance. Le petit pécule qui lui est octroyé est converti en aumônes ou en offrandes de messes. Le 8 décembre 1906, elle est reçue Enfant de Marie et, cinq ans plus tard, fait vœu de virginité et de victime : sa vie est désormais tracée. Elle multiplie les mortifications, en ayant bien soin de les dissimuler à son entourage. Sa santé s'en détériore d'autant, si bien qu'en mai 1913, elle participe à un pèlerinage diocésain à Lourdes, dont elle ne reviendra pas guérie, au contraire : à son retour, elle sera alitée pendant plus de trois ans. Au comble de l'angoisse, sa famille fait alors une neuvaine à Notre-Dame de Lourdes, au terme de laquelle, le 25 mars 1917, elle reçoit le viatique, se lève et s'alimente normalement, alors que, pendant sa maladie, elle ne consommait que de l'eau et quelques gouttes d'éther : anorexie ? Ayant espéré en vain entrer au carmel de Lisieux, elle refait son vœu de victime, le 7 juin 1918, chez les religieuses de l'Adoration à Saint-Étienne. L'année suivante, le 7 avril, elle est admise dans le tiers ordre franciscain ; le 11 se manifestent les stigmates : « Ô mon Jésus, n'écoutez pas les cris de ma faiblesse, aujourd'hui et pour jamais, je m'unis à votre sacrifice, je suis et je veux être toujours votre victime. Vous m'êtes véritablement un Époux de sang. Le sang de mon divin Époux, voilà ma parure, voilà mes rubis étincelants, voilà ma force. » Sa carrière victimale s'achèvera début 1922 : après une visite à ses tantes, le 1er janvier, elle s'alite pour trente-trois jours, le médecin diagnostique une broncho-pneumonie qui l'emportera le jour où l'on fête la Présentation de Jésus au Temple. (On ne peut manquer d'être frappé par les coïncidences calendaires et liturgiques hautement symboliques qui émaillent son existence.)

Elle rédigera un *Journal* sur l'ordre de son directeur spirituel franciscain, non sans répugnance parfois, en raison de sa réelle fatigue physique. Ce diaire, qui commence le 1er mai 1911 et s'achève le jour de Noël 1921, mêle des fragments poétiques (de valeur littéraire modeste, sinon médiocre) à des séquences narratives, axées sur la réception (ou non) de l'Eucharistie, centrale dans son dispositif spirituel. Petit à petit se forment les traits d'une mystique nuptiale, dans le dialogue (qui devient quasi permanent à partir du 13 septembre 1920) entre le Christ et sa bien-aimée, à la fois son épouse et sa fille. Ce *Journal*, publié à la demande de la mère de Michelle-Catherine et de ses amies, est un bon exemple de la mystique victimale et expiatoire.

François Marxer

Bibl. : Œuvre : *Victime et Consolatrice du Cœur de Jésus – Journal spirituel de Michelle-Catherine de Jésus Crucifié*, Toulon, Mouton-Cabasson, 1929.

COURTIER, Victoire, *laïque, stigmatisée* (Coux, 1807 ou 1811 ?-octobre 1883). — Humble villageoise ardéchoise, fille de cultivateurs, Victoire travaille à l'adolescence dans une magnanerie, puis se marie très jeune avec un menuisier, René Clair, dont elle a deux filles ; l'une mourra en bas âge. Vers 1832, son mari meurt accidentellement sous ses yeux. En réponse à ce deuil brutal, elle reprend le travail de la soie et s'occupe de sa fille survivante, Victorine. Elle trouve surtout refuge dans la foi. Quelque temps plus tard, elle est en proie à des désordres nerveux, à des troubles physiologiques spectaculaires (tumeurs, enflures, douleurs, hémorragies du bout des doigts puis de la tête). Ces symptômes s'amplifiant finissent par prendre une forme religieuse reconnaissable, que l'abbé Combes, curé de la paroisse, valide comme tels, avec l'autorisation de son évêque, Mgr Guibert. Ainsi, quatre ans après son veuvage, elle se met à présenter des saignements abondants sur la tête et au front, en forme de couronne d'épines. Elle reçoit ensuite les plaies au côté, aux mains et aux pieds. Le 19 mars 1837, toutes ses plaies s'ouvrent en même temps. Elle entend une voix lui disant qu'elle porte sur sa chair « les marques sacrées et sanglantes de la Passion de son sauveur qui la choisissait et l'agréait comme une victime qui s'était volontairement offerte à souffrir en union avec lui pour l'expiation des crimes des pécheurs du monde entier ». Devenue victime sacrificielle sur le modèle du Christ, elle est alors associée à la Passion chaque vendredi et chaque 19 du mois, qui lui est révélé comme la date de la mort du Christ. Elle garde ces stigmates visibles pour tous jusqu'en 1860 environ. Ils s'accompagnent d'autres phénomènes spectaculaires : visions de la Vierge, prophéties, lévitations, phénomènes lumineux, extases au cours desquelles elle tient des discours savants sur les mystères chrétiens, qui seront recueillis par un témoin en trois cahiers épais et dont un double sera déposé à l'évêché de Viviers. Elle subit également des vexations des démons, dont sont témoins les habitants de son village : le diable la traîne par les torrents, lui ôte ses vêtements qu'elle retrouve à la porte des églises. Elle meurt chez sa fille, dans son village natal.

Malgré le caractère confidentiel de cette figure et sa célébrité surtout locale (le curé Combes n'ayant jamais favorisé la publicité de son expérience mystique au-delà de son village et des environs), elle est à rattacher à cette « mystique des humbles » passant nécessairement moins par l'écriture que par le corps (d'où le caractère spectaculaire des saignements et des extases) et porteuse d'une « science des saints » supérieure à la science des savants, ainsi des révélations et prophéties dont elle est, malgré son analphabétisme, dépositaire dans ses extases, sur le principe de la *docta ignorantia* mystique. Le docteur Imbert-Gourbeyre l'inscrit parmi les « stigmatisées contemporaines » et précise : « J'ai entendu parler d'elle par diverses personnes dignes de créance. »

Antoinette Gimaret

Bibl. : ***Études*** **:** A. IMBERT-GOURBEYRE, *La Stigmatisation* [1894], J. Bouflet (éd.), qui évoque aussi un article d'A. de Rochas paru en 1903 dans les *Annales de Sciences psychiques*, rééd. Grenoble, Jérôme Millon, 1996, t. I, p. 526-527 ; J. MAÎTRE, *Mystique et féminité, essai de psychanalyse sociohistorique*, Paris, Cerf, 1997, p. 348.

COUSIN, Eugénie, *carmélite* (Marie-Thérèse du Sacré Cœur, en religion ; Douai, février 1868-Avignon, janvier 1949). — On peut souligner, à la suite de Jacques Maître, la nature assez topique de la trajectoire d'Eugénie Cousin, depuis son éducation religieuse jusqu'à son entrée au carmel, dont elle devient une grande figure à la fois contemplative et intellectuelle. Fille d'universitaires catholiques, elle a très tôt la certitude de sa vocation : elle entre au carmel de Pontoise dès octobre 1890. Appréciée pour son équilibre et son énergie par sa prieure, venue du carmel avignonnais, elle obtient en 1898 la charge du noviciat, puis devient prieure de 1904 à 1910. La Première Guerre mondiale survenant, elle quitte Pontoise pour le carmel d'Avignon et devient prieure en 1929, alternant ensuite les deux fonctions de maîtresse des novices et de prieure, jusqu'à sa mort.

À ce titre, elle œuvre beaucoup après-guerre pour la renaissance de l'Ordre des Carmes en France, soutenant les vocations par ses prières mais favorisant aussi un renouveau théologique et spirituel en entretenant des relations avec le Collège angélique de Rome ou en apportant son soutien à Jérôme de la Mère de Dieu, alors soucieux de mettre en lumière le « vrai esprit du Carmel ». Son sens théologique très sûr et sa formation intellectuelle solide assurent à cette carmélite déchaussée une influence spirituelle forte dans les milieux intellectuels chrétiens de la première moitié du XXe siècle, malgré sa volonté d'être « toute petite pour rendre gloire ».

Elle a publié, seule ou en collaboration mais toujours anonymement, un certain nombre de brochures sur la spiritualité carmélitaine, parmi lesquels *La Doctrine de sainte Thérèse* (1922), *Les Rapports de la contemplation et de l'action* (1927) et *Le Témoignage d'une carmélite* (1944). Ses *Vœux de religion*, publiés de façon posthume (1955), passent pour être son « testament spirituel ». Elle y insiste sur la valeur de l'engagement religieux, « noces » spirituelles où la carmélite devient la « pauvre petite épouse » du Christ (p. 45) et qui implique un don complet de l'Épouse à l'Époux. Cette mystique nuptiale s'accompagne d'une spiritualité du renoncement et du sacrifice, dans laquelle il importe d'être « trouvée pauvre, être trouvée en Jésus-Christ ». Choisir de devenir religieuse, c'est donc choisir « la vie chrétienne parfaite » et accepter d'être à son tour victime, sur le modèle du Christ : « L'amour qui nous convient à nous c'est celui qui répond à notre état d'Hostie [...] à l'état de victime immolée » (p. 48). Ce choix de vie n'implique pas un goût pour l'extraordinaire ou la mortification spectaculaire : l'observance stricte de la Règle suffit à assurer ce « secret martyre » du cœur que désire la carmélite. Elle précise encore : « Voilà la richesse du contemplatif : ne s'appuyer sur rien de ce qu'il comprend ; sur rien de ce qu'il a acquis par ses efforts [...]. Ce n'est pas parce que notre apostolat est caché qu'il doit être moins généreux » (p. 111-112).

Antoinette Gimaret

Bibl. : ***Œuvre*** : *Les Vœux de religion, exhortations de Mère Marie-Thérèse du Sacré Cœur*, Bagnères de Bigores, Les Éditions pyrénéennes, 1955. ***Études*** : J. MAÎTRE, *Mystique et féminité, essai de psychanalyse sociohistorique*, Paris, Cerf, 1997, p. 390 ; notice du Carmel d'Avignon, dans le *Dictionnaire de spiritualité*, Paris, Beauchesne, t. X, 1980, col. 594.

CRESCENCE DE KAUFBEUREN, *sainte, tertiaire franciscaine* (Anna Höss ; Kaufbeuren, en Bavière, 1682-Mayerhoff, 1744). — Anna est la dernière fille de la nombreuse famille d'un tisserand. Elle passa son enfance dans la pauvreté. Ainsi son père ne pouvait-il lui assurer une dot, malgré son désir d'imiter la forme de vie de sa sœur aînée, franciscaine à Hagenau, en Alsace. En 1703, elle fut néanmoins reçue au couvent des Franciscaines du tiers ordre régulier de Mayerhoff, tout proche, comme jeune fille dénuée de ressources. Et les conditions de vie matérielles et morales qu'on lui fit subir durant une dizaine d'années lui rappelèrent sans cesse cette modeste origine et l'incertitude de ses expériences spirituelles. Mais elle tint bon, face à l'hostilité ambiante, suivant son leitmotiv : « Je trouve Dieu dans l'obéissance, que puis-je donc vouloir de plus ! », ce qui trahit une touche ignatienne, influencée par le confesseur du couvent, le père Ott, ex-jésuite. Enfin, elle fut nommée sœur externe ou portière, et attachée au soin des malades, ce qui lui permit d'avoir des contacts avec les mendiants, mais aussi de se faire connaître par les gens. À l'approche de la cinquantaine, on lui donna même la charge de maîtresse des novices. Et, en 1741, trois ans avant sa mort, elle fut élue supérieure.

Pour comprendre ce changement de destinée, il faut tenir compte de son rayonnement spirituel, et du prestige social dont celui-ci la gratifia, mais aussi de la légende dont on l'accabla de son vivant. À tel point que le provincial des Frères mineurs, Kilian Kazenberger, avait déjà rédigé sa *Vie* merveilleuse en 1732. Malheureusement, en dehors de cette *Vie* et de la chronique conventuelle au caractère très imaginatif (mis en évidence par le procès), et d'autres écrits de propagande, Crescence de Kaufbeuren n'a laissé aucune relation personnelle de son existence. Sa spiritualité baroque – marquée par la mystique espagnole (rencontrée par le truchement d'une carmélite du couvent de la Trinité à Münich, Marie Anne Lindmayr*, laquelle éprouva la transverbération thérésienne) – a été portée au-devant de la scène ecclésiale, car elle semblait innover en accentuant non seulement ses rencontres intérieures avec le Christ, mais avec l'Esprit-Saint, sous la figure d'un homme jeune, vêtu de blanc, la tête couronnée par sept langues de feu. Ce qui a donné lieu à des essais iconographiques et à toute une littérature polémique sur la représentabilité humaine de l'Esprit. Béatifiée en 1900, elle a été canonisée en 2001.

Bernard Forthomme

Bibl. : ***Vie*** **:** K. PORNBACHER, *Crescencia Höss begegnen*, Augsbourg, Sankt Ulrich Verlag, 2001. ***Études*** : F. BOESPFLUG, *Dieu dans l'art. « Sollitudini Nostrae » de Benoît XIV (1745), et l'affaire Crescence de Kaufbeuren*, Paris, Cerf, 1984 ; R. GLAESER, *Die selische Crescencia von Kaufbeuren. Leben, Worte, Schriften und Lehre*, Dissertation, St. Ottilien, 1984.

CROSTAROSA, Marie Céleste. — *Voir* MARIE CÉLESTE CROSTAROSA

D

DALLAIRE, Julienne. — *Voir* JULIENNE DU ROSAIRE

DANIÉLOU, Catherine, *extatique* (Quimper, 1619-Saint-Guen, 4 novembre 1667). — Née dans une famille pauvre de Quimper, Catherine subit durant son enfance des mauvais traitements, dont elle garda toute sa vie des infirmités. Elle entra à l'âge de douze ans au service d'une femme qui la maltraitait aussi, avant de retourner dans sa famille, qui la maria de force à un vieillard brutal. Elle s'enfuit, mais se retrouva sans ressources à la mort de ses parents. Catherine entra alors au service de diverses maisons de Quimper. Vers 1647, elle ouvrit une pension pour écoliers, qu'elle tint jusqu'en 1654, année où son état de santé l'obligea à se retirer à Douarnenez, où elle fut recueillie par une famille charitable.

Le père Julien Maunoir, qui rencontra Catherine en 1642 et prit en charge sa direction spirituelle en 1654, fut le témoin privilégié de sa vie spirituelle. Il relate, dans la biographie écrite en 1677, une existence de souffrances établie dans la méditation de la passion du Christ et des peines des martyrs : aux douleurs physiques de la « mystique de Cornouaille » s'ajoutèrent en effet les humiliations et les moqueries qu'elle essuyait de la part de la population. Il note également le caractère spectaculaire de son expérience : elle était en proie à de violentes extases, le visage transfiguré et des parfums s'exhalant de sa bouche, ou bien pleurant et gémissant ; elle eut aussi bien des tentations diaboliques que des visions merveilleuses des saints au paradis, qui lui communiquaient une science infuse ; enfin, les stigmates sanglants du Christ étaient imprimés dans sa chair, en particulier le vendredi et durant Pâques.

Tout cela s'appuyait sur une grande naïveté, une bonté et une pratique infaillible de la vertu, grâce auxquelles le père Maunoir donne crédit au caractère miraculeux des phénomènes extraordinaires dont Catherine était l'objet. Secondant le prêtre jésuite dans son entreprise d'évangélisation et de conversion de la Bretagne, elle constitua, selon Louis Kerbiriou, au même titre que la mystique Marie-Amice Picard*, le versant contemplatif sur lequel s'adossait l'activité missionnaire du père Maunoir.

Clément Duyck

Bibl. : ***Études*** **:** L. KERBIRIOU, *Les Missions bretonnes. Histoire de leurs origines mystiques*, Brest, 1933 ; J. MAUNOIR, *Histoire de Catherine Daniélou, morte en odeur de sainteté et inhumée dans l'église de Saint-Guen, au diocèse de Saint-Brieuc*, Saint-Brieuc, R. Prud'homme, 1913.

DANZÉ, Marie, *bénédictine* (Marie du Christ Roi, en religion, dite « sœur Olive » ; Plogoff, 1906-1968). — Née dans un village du Finistère, Marie grandit entre un père marin pécheur et une mère inculte mais très pieuse. Son amour pour Jésus se développe familièrement dans son enfance et son adolescence, le Christ enfant étant son compagnon de jeu. À sa première communion, elle entend une voix dans le tabernacle lui disant : « Tu seras religieuse, quitte tout et pars. » Elle sait dès lors qu'elle deviendra « une petite épouse de Jésus-Christ ». Une apparition de la Vierge lui communique vers 1920 l'adresse des Bénédictines du Saint-Sacrement à Paris, rue Tournefort. Elle s'y rend en août 1926. Elle a tout juste vingt ans. La Vierge lui a donné une mission : « Tu seras réparatrice des outrages faits à mon fils qui est roi. [...] Tu feras aimer sa royauté et tu le feras régner. » Trois mois après son arrivée au couvent, des signes extérieurs indiquent son élection : le Christ lui offre la couronne d'épines en janvier 1927, elle reçoit deux mois plus tard les stigmates, annoncés dès novembre 1926 (« Bientôt tu recevras mes stigmates mais je couvrirai le dessus de tes mains par des gants, l'intérieur ne sera visible qu'à tes supérieures »), elle a les visites quotidiennes du Christ enfant, subit les vexations du démon et acquiert le don de discernement. Elle travaille à l'œuvre qui lui a été commandée : que toutes les nations reconnaissent le Christ comme roi, mission qui doit passer par l'érection d'une basilique faisant pendant au Sacré-Cœur (« Il ne voulait pas que ses fidèles réparatrices quittent ce lieu béni où il voulait élever un trône sous le symbole d'un temple consacré à son vocable "Christ roi, prince de la paix, maître des nations" »). Elle prend l'habit en juin 1928 sous le nom de Marie du Christ Roi et fait ses vœux temporaires en juin 1929. Mais, envoyée dans d'autres monastères, à Rouen et à Caen, pour parler de sa mission, elle est mal reçue, suscite mensonges et calomnies, qui sont exploités ensuite par les ecclésiastiques parisiens opposés au projet de basilique. Ils dénoncent ses « prétendues visions » et exigent son renvoi. De 1929 à 1934, elle va de couvent en couvent puis, de retour au Quartier latin, travaille à la construction, sur le terrain du monastère des Bénédictines, d'un sanctuaire du Christ roi, inauguré en octobre 1940 et consacré en 1956 (l'édifice sera détruit en 1977). Toujours critiquée par les autorités épiscopales, elle est à nouveau éloignée, sous prétexte d'un décret papal, vers octobre 1941. Elle quitte sa communauté, erre dans différents couvents, part en Irlande. Reçue par le pape Pie XII en 1953, elle reçoit la permission de prononcer ses vœux définitifs mais pas de réintégrer son monastère. Avec deux de ses sœurs, elle regagne en 1958 son village natal, où elle passe ses dix derniéres années. Après sa mort on lui attribue des guérisons miraculeuses.

Elle incarne, comme Bernadette Soubirous* ou Thérèse de Lisieux*, la voie de l'enfance spirituelle, confirmée par le Christ dans une vision de septembre 1927 : « Tu es reine, tu es sainte, tu es oblate enfantine, tu ne dois pas grandir ni en taille ni en âge ni en costume » (Bourcier, p. 132). S'ajoute à cette mystique d'enfance une réelle spiritualité du sacrifice, par laquelle elle accepte de devenir « Hostie », se désignant comme « la petite victime d'amour » du Christ et s'abandonnant à sa volonté, comme en atteste sa stigmatisation (« Tes petites mains auront les mêmes marques que moi. Mais ta petite croix sera à ta taille »). Ses admirateurs (ainsi le père Jacq, qui a découvert ses écrits en 1987) insistent par ailleurs sur la dimension messianique de son message, que certains (par exemple l'Action française) ont pu exploiter politiquement, son culte du Christ roi englobant aussi la restauration de la royauté en France, en la personne d'« Henri V de la Croix ».

Antoinette Gimaret

• *Voir aussi* : Bernadette Soubirous ; Thérèse de Lisieux

Bibl. : ***Vie*** **:** J.-B. ROUSSOT, *La Colombe de la paix, petite vie de sœur Olive*, Montsûrs, Résiac 2008. ***Études*** **:** H.-P. BOURCIER, *La Messagère du Christ Roi*, Montsûrs, Résiac, 1992 ; J. MAÎTRE, *Mystique et féminité, essai de psychanalyse sociohistorique*, Paris, Cerf, 1997.

DATTAS, Lydie, *écrivain, poétesse* (Paris, 1949). — Lydie Dattas naît à Paris dans une famille d'artistes. Inapte à s'intégrer dans les cadres scolaires, elle appartient à la catégorie des grandes intuitives, cherchant, dès ses treize ans, sa propre voie dans la poésie. Son père, Jean, compositeur, est organiste titulaire de l'orgue de chœur de Notre-Dame. Sa mère, Paulette, est actrice de théâtre. L'enfance pauvre se passe à Fontenay-sous-Bois. En 1955, la famille émigre en Angleterre. Marquée à quatre ans par le conte *Neigeblanche et Roserouge* des frères Grimm, Lydie Dattas n'aura de cesse de tenter de maintenir dans sa vie un équilibre entre le charnel et le spirituel. Passionnée dès l'enfance par les livres comme par les fauves, en proie à ces archétypes contraires, la jeune Lydie Dattas ambitionne de les marier. À dix-huit ans elle écrit un recueil de poèmes, *Noone* (1970), qui sera remarqué par Antoine Gallimard et publié deux ans plus tard au Mercure de France. La lecture des récits de Jean Grosjean lui révèle un mode de pensée inchangé depuis Abraham, où la valeur suprême est la vie. Elle trouve dans ses livres une pensée de la rencontre et de la personne répondant à sa propre quête. À vingt ans, son mariage avec le dompteur Alexandre Bouglione est aussi celui de la pensée et de l'instinct. À vingt-sept ans, elle écrit *La Nuit spirituelle* (1994), qui sera saluée comme une *Saison en enfer* féminine. Cette illumination, sorte « d'envers de la pensée », est saluée par Jean Grosjean, Jean Genet et Ernst Jünger. Ce dernier notera dans son journal que Lydie Dattas s'inscrit dans la lignée de Novalis. Cette prose visionnaire dégage l'émergence d'un royaume spirituel ténébreux, aussi éloigné de la millénaire soumission féminine que d'un féminisme viril. La maison d'édition Arfuyen accompagne chacune de ses avancées. Avec le *Livre des anges* (2003), une pluie

« d'alexandrins babyloniens » où s'élaborent les éléments d'une mystique de la vie concrète tombe sur l'âme du lecteur. Issu d'une connaissance intime du fond rouge et blanc de la vie, ce livre réalise en esprit l'union de la chair et du souffle. Avec son mari, elle rêve de créer un cirque qui serait un lieu de vie sauvage et de pensée vitale rappelant l'époque biblique. Après vingt ans de vie commune, Lydie Dattas divorce d'Alexandre Bouglione au moment même où ils viennent de créer ensemble le Cirque Romanès. Dans son autobiographie spirituelle, *La Foudre* (2011), vie des sens et pensée ne font désormais plus qu'un. Le royaume de la nuit annoncé dans *La Nuit spirituelle* apparaît à l'horizon comme un continent féminin inexploré, à partir de quoi une autre aventure spirituelle serait possible.

Christian Bobin

Bibl. : *Œuvres* : *Noone*, Paris, Mercure de France, 1970 ; *La Nuit spirituelle*, Paris, Arfuyen, 1994 ; *L'Expérience de bonté*, Paris, Arfuyen, 1999 ; *Le Livre des anges*, Paris, Gallimard, 2003 ; *La Chaste Vie de Jean Genet*, Paris, Gallimard, 2006 ; *La Foudre*, Paris, Mercure de France, 2011.

DAUVAINE, Marie, *annonciade céleste* (Marie-Agnès de l'Annonciade en religion ; Nancy, 29 février 1602-Paris, 17 juin 1665). — Marie est la fille d'Antoine Dauvaine et d'Anne de Saleigne, tous deux au service de la maison de Lorraine-Vaudémont. Dès 1615, elle est introduite dans l'entourage de la duchesse Marguerite de Mantoue, épouse du duc Henri II. L'année suivante, elle assiste à l'installation des Annonciades célestes, d'origine gênoise, qui se caractérisent par une dévotion au Verbe incarné et un attachement à une clôture stricte. Marie les rejoint en 1619 et fait profession le 2 juillet 1620. À la demande de la marquise de Verneuil, les Annonciades de Nancy sont sollicitées en vue d'une fondation à Paris, également souhaitée par l'oratorien Guillaume Gibieuf. La sœur Marie-Agnès est désignée avec d'autres religieuses pour faire aboutir le projet. Leur arrivée à Paris, en juin 1622, suscite des oppositions, tant de la part des autorités ecclésiastiques que du Parlement, et ce, malgré l'appui de la Compagnie de Jésus, d'Anne d'Autriche et de la duchesse de Chevreuse. La communauté finit par se fixer rue Culture-Sainte-Catherine. Marie-Agnès y exerce d'abord la charge de maîtresse des novices, pour lesquelles elle compose diverses instructions, avant d'être élue prieure en 1635, responsabilité qu'elle assume durant trente ans, en alternance avec d'autres.

Dix ans après son décès, son biographe met en évidence le rôle de Marie-Agnès face à la bonne société parisienne, que son attachement à la clôture n'empêche pas d'accompagner sur le plan spirituel, tout en protégeant avec autorité sa maison des ingérences extérieures. Les membres de la Cour la consultent régulièrement, tandis que le clergé parisien reconnaît ses qualités spirituelles et intellectuelles, en même temps que son caractère bien trempé. Ses expériences mystiques, évoquées avec sobriété, et ses dévotions au Verbe incarné et au saint sacrement, d'inspiration bérullienne, la soutiennent dans ses entreprises catéchétiques destinées à restaurer l'orthodoxie de la foi. Elle œuvre notamment à la conversion de la maréchale Élisabeth de Rantzau, jadis luthérienne, qui devient annonciade au décès de son époux. Sa communauté, formée par ses soins à l'école de la Compagnie de Jésus, est également jugée apte à accueillir la mère Angélique de Saint-Jean Arnauld d'Andilly*, contrainte de vivre en « captivité » chez les Annonciades de Paris en 1664-1665. Le récit de leurs débats contradictoires par la religieuse de Port-Royal témoigne de leurs qualités intellectuelles respectives.

Les intentions des commanditaires de la biographie de la mère Marie-Agnès n'étaient pas de mettre en exergue les expériences mystiques de leur supérieure. Les quelques allusions, par leur présence discrète, manifestent pourtant le souci de sauvegarder la mémoire d'une religieuse en relation privilégiée avec le Ciel, mais aussi la volonté de préserver le caractère intime et secret d'une expérience du Dieu caché, vécue dans le silence, à l'abri des regards.

À plusieurs reprises, l'auteur revient sur les compétences théologiques et exégétiques de la religieuse, talents reconnus et appréciés d'experts généralement peu favorables aux discours des femmes sur des matières doctrinales. Le biographe insiste donc sur l'origine surnaturelle de sa « science infuse du Ciel ». Disciple d'un seul maître, l'Esprit-Saint, Marie-Agnès bénéficie bien plus d'un don surnaturel « d'intelligence sur toutes les choses saintes et divines » (*Vie*, p. 124) que d'un savoir acquis par la lecture et l'étude, précision rassurante à une époque où il n'est guère prudent de s'afficher en femme savante face à un aréopage d'ecclésiastiques. Cette « science des saints », cultivée à la faveur de ses communications intimes avec son Époux, « autorise » l'accompagnement désintéressé qu'elle procure à ses filles, comme la direction qu'elle propose aux personnes qui fréquentent son parloir. Les rencontres avec l'Époux, vécues comme autant d'élans d'amour, qui la mettent « hors d'elle-même », suscitent une ivresse spirituelle, qui la prive de l'usage des sens comme de toute conscience des réalités. Si le corps de la religieuse ne manifeste guère ses transports intérieurs, mis à part les larmes et sanglots qui ponctuent la fin de chaque expérience, ses filles en perçoivent les effets dans ses incapacités momentanées à pouvoir communiquer avec elles, « tant sa plénitude de Dieu était grande » (*Vie*, p. 144). Comme pour conjurer l'interruption douloureuse de ses extases, la mère Marie-Agnès multiplie les oraisons jaculatoires, en appelant au « Dieu seul » pour qu'il la reprenne en son sein. Par la voie de l'anéantissement, elle se retrouve dans un état de totale passivité face à la divinité qui seule agit en elle. Professant son incapacité à parler de l'indicible – « je ne puis du tout ni l'expliquer ni le comprendre, ce sont des choses qui n'ont point de paroles » (*Vie*, p. 166) – Marie-Agnès semble atteindre un niveau total d'abstraction au point de « se confondre, s'élever, s'unir et se transformer en Dieu » (*Vie*, p. 168). « Elle souhaitait quelquefois d'être dans le fond des déserts et n'emporter avec elle que ce seul mot écrit partout : Dieu est, c'eut été assez de matière, disait-elle, pour l'occuper tout le temps de sa vie, sans autre point ni sujet d'oraison » (*Vie*, p. 166). Par obéissance, Marie-Agnès coucha sur le papier des méditations inspirées de ses expériences, mais aussi d'un théocentrisme bérullien manifeste, textes dont ses filles ne purent sauver que des fragments, l'Annonciade ayant veillé à brûler le reste.

Marie-Élisabeth Henneau

• *Voir aussi* : Angélique de Saint-Jean Arnauld d'Andilly

Bibl. : ***Vie*** : J.-B. DE LA BARRE S.J., *La Vie de la vénérable mère Marie-Agnès Dauvaine, l'une des premières fondatrices du monastère de l'Annonciade céleste de Paris, recueillie sur les Mémoires des religieuses du même monastère et composée par un père de la Compagnie de Jésus, ami de l'ordre*, Paris, E. Michallet, 1675. ***Étude*** : M.-É. HENNEAU, « Marie Dauvaine », *Dictionnaire des femmes de l'ancienne France*, éd. Siefar [en ligne] : http://www.siefar.org/dictionnaire/fr/Marie_Dauvaine

DAVID-NÉEL, Alexandra, *dame lama bouddhiste, femme de lettres orientaliste et tibétologue érudite, voyageuse et exploratrice* (Saint-Mandé, 24 octobre 1868-Digne, 8 septembre 1969). — Fille unique d'un père français, Louis David, franc-maçon de souche huguenote, et d'une mère belge, Alexandrine Borghmans, catholique très pieuse ayant des origines scandinave et sibérienne, Alexandra David passe une enfance studieuse, aimant la lecture, la musique et les livres de religion. Convertie au bouddhisme vers sa majorité, elle décide de s'émanciper (1889) pour aller étudier le sanskrit et les philosophies orientales à la Sorbonne. À vingt-cinq ans, elle commence une carrière d'artiste lyrique, de journaliste féministe et d'orientaliste naissante, qui dure jusqu'à son mariage avec Philippe Néel en 1904. À quarante-trois ans, elle part seule pour explorer l'Asie avec une subvention obtenue du ministère de l'Instruction publique, pour une mission d'études de dix-huit mois sur les religions orientales. Elle vient de publier un livre sur le bouddhisme, *Le Modernisme bouddhiste et le bouddhisme du Bouddha*, qu'elle remaniera par la suite plusieurs fois. Elle revient de cette mission quatorze années plus tard, après avoir, à force d'endurance, de volonté et d'études, reçu le titre de dame lama. Elle accomplit son exploit de première « exploratrice et pèlerine bouddhiste européenne » à pénétrer *incognito*, en 1924, à Lhassa, capitale alors interdite du Tibet, après plusieurs tentatives (1921-1924). Son livre, *Voyage d'une Parisienne à Lhassa* (1927), devient un best-seller et la fait connaître du public de son époque.

De retour en France, en 1925, elle donne de nombreuses conférences sur la philosophie et les religions orientales. Elle établit un sanctuaire lamaïste « Samten Dzong » (forteresse de la méditation) à Digne, dans le sud de la France, en 1928, où elle s'installe sans reprendre sa vie conjugale. Sa passion des voyages lointains la pousse à repartir en Asie, en 1937, âgée de soixante-neuf ans, pour étudier le taoïsme. Pendant la Deuxième Guerre mondiale, elle trouve refuge dans les marches tibétaines du sud-ouest de la Chine. Après son retour définitif en France en 1946, elle continue de publier son œuvre jusqu'à sa mort.

Alexandra David-Néel est une femme d'action au destin peu ordinaire, douée de multiples talents, qu'elle sut mettre au service d'une profonde vie intérieure. Elle n'eut de cesse de poursuivre sa quête spirituelle, à laquelle elle resta fidèle toute sa vie. Cheminement qui s'apparenta à la volonté d'obtenir une « place honorable » au sein de l'orientalisme. L'abondante correspondance, qu'elle entretint avec son époux, révèle clairement le déroulement de son approche persévérante de la tradition bouddhiste.

La « tentation de l'Orient » d'Alexandra David-Néel, qui s'accompagne de la recherche d'un dépassement et de la réalisation de soi, débute dès 1891 lors d'un premier voyage en Inde accompli grâce à un héritage venant de sa marraine. Voyage et quête intérieure sont alors déjà associés. Sa conversion au bouddhisme se manifeste dans *Notes sur le bouddhisme* (1895), qu'elle signe du pseudonyme Mitra et qui paraît dans un hebdomadaire belge, *L'Étoile socialiste*.

Ses explorations du Tibet (1911-1925) ont pour but de recueillir, certes, une documentation sur son sujet d'études, mais sont également fondées sur son désir de mieux connaître le bouddhisme authentique. Alexandra David-Néel cherche en effet à pratiquer un orientalisme selon les préceptes bouddhistes qui considèrent la connaissance comme un engagement personnel et solitaire. Elle veut l'appréhender par le biais d'une expérience vivante, contrairement à la méthodologie pratiquée en son temps, fondée sur une étude érudite « sèche et morte » des textes. (*Correspondance*, p. 84).

L'objectif religieux d'Alexandra David-Néel se confirme tout au long de sa vie et de son œuvre. Dans une lettre écrite à son mari, en 1912, elle se définit ouvertement pour la première fois comme « bouddhiste pratiquante et militante ». Elle parvient à se faire accepter comme anachorète dans un ermitage de l'Himalaya d'octobre 1914 à septembre 1916 auprès d'un maître spirituel, le *gomchen* (« supérieur ») des lamas du monastère de Lachen. Ce dernier lui enseigne certains secrets tantriques (qu'elle promet de ne pas révéler) et les préceptes de l'Octuple Sentier ; elle doit ainsi, sous le contrôle d'un *gourou* (« maître »), renoncer à son « être empirique » pour atteindre son « être véritable ». À l'issue de ces deux ans passés dans une caverne, devenue dame lama, elle reçoit de son maître le nom religieux de « Lampe de Sagesse ». Sa quête ne s'arrête pas là. Alexandra David-Néel désire également s'initier aux pratiques tibétaines des lamas ascètes, en particulier du *toumo* (stimulation de la chaleur interne du corps), un procédé tenu secret par les lamas qui l'enseignent. Outre que l'initiation du *toumo* doit provenir d'un lama qui a le pouvoir de la conférer, la condition requise est l'habilité dans la pratique des exercices de respiration menant à la transe, où les pensées s'objectivent. Ce qu'elle réussit à faire après un apprentissage de quelques mois.

Elle reprend ensuite la vie de nomade qu'elle affectionne tant en visitant les nombreux monastères et sites bouddhiques célèbres, de novembre 1916 au mois d'août 1917. Elle traverse ainsi la Birmanie, la Malaisie, l'Indochine, le Japon, la Corée et la Chine. Grâce à des lettres de recommandation et à son prestige de dame lama, elle passe deux ans et demi (juillet 1918-février 1921) au célèbre monastère de Kumbum, dans la région du Koukou Nor à la frontière sino-tibétaine. Alexandra David-Néel réalise alors un de ses rêves : elle acquiert un nouvel équilibre intérieur et atteint, grâce aux textes sacrés consultés, la subtilité de la spiritualité réservée à l'élite tibétaine religieuse. À Kumbum, elle est accompagnée de son fidèle compagnon de voyage, Aphur Yongden, un Sikkimais entré à son service en 1914, qu'elle adoptera légalement en 1929 ; devenu lama, il l'aide à traduire le texte sacré appelé *Prâjñâpâramita sûtras*, qui paraîtra en 1958 sous le titre *La Connaissance transcendante d'après le texte et les commentaires tibétains*. Difficile à saisir malgré les commentaires de l'orientaliste, la *Prâjñâpâramita* est un ouvrage philosophique majeur dans la littérature religieuse du Tibet. Attribué au philosophe indien Nâgârjuna (IIe s.), il aborde la relation que le Bouddha aurait eue avec son disciple Sariputtra. L'essence du texte rattaché à la Connaissance (*bôdhi*), le véritable esprit de la doctrine du Bouddha, confirme l'enseignement du « par-delà » annoncé par le titre même de la *Prâjñâpâramita* qui signifie « aller au-delà de la connaissance ». L'aspirant au *Nirvâna* (« libération ») doit ainsi parvenir au-delà des six vertus : la charité, la moralité, la patience, l'habileté, la méditation, la connaissance. Un passage obtenu par des efforts poursuivis pendant nombre d'existences successives, qui ne s'adresse qu'à des esprits supérieurs (*rab*) ouverts d'emblée à la compréhension de la *Prâjñâpâramita*.

Ayant toujours soif d'aventure et de savoir, Alexandra David-Néel quitte le monastère de Kumbum et cherche à pénétrer au Tibet, alors interdit aux étrangers par les Anglais qui veulent y préserver leur influence. Sa seconde tentative lui permet de réaliser son pèlerinage clandestin jusqu'à la ville sainte de Lhassa, accompagnée uniquement de son futur fils adoptif. Partis du Yunnan (sud-ouest de la Chine) en octobre 1923, ils effectuent à pied deux mille kilomètres, cheminant dans les conditions climatiques les plus rudes, hors des routes fréquentées, se faisant passer pour des pèlerins mendiants. Ils arrivent à Lhassa en février 1924, pour les fêtes du nouvel an, auxquelles Alexandra souhaite assister.

Lors de ses séjours dans les divers monastères, Alexandra David-Néel accumule des expériences religieuses, dont elle nourrit ses nombreux livres sur la spiritualité bouddhique. Des allusions y sont faites, à côté de l'étude des religions et des philosophies orientales, dans les récits autobiographiques de ses nombreux voyages et essais. Ainsi en est-il de *Mystiques et magiciens du Tibet* (1929), qui décrit les pratiques mystiques lamaïques enseignées par ses maîtres spirituels tibétains (qu'elle a elle-même pratiquées), en corrélation avec son traité *Initiations lamaïques* (1930). Ses livres se nourrissent ainsi d'« un nombre considérable de textes devenus introuvables et des enseignements oraux que les maîtres ne communiquent qu'à leurs proches disciples » (Brosse, p. 289-309).

Au soir de sa vie, elle mentionne son extrême et précoce curiosité pour la métaphysique et la mystique (*Le Sortilège du mystère*, p. 11), et sa découverte de l'existence de la « doctrine mystique secrète » du bouddhisme tibétain, des préceptes secrets appelés *sangwa*, qualifiés à tort d'ésotériques par la Société Théosophique de l'époque ; un enseignement qui, selon elle, n'a rien de secret, vis-à-vis duquel seul l'esprit des non-initiés peut faire barrière (*Les Enseignements secrets des bouddhistes tibétains*, p. 17). Pour elle, le Tibet est profondément pénétré de « tantrisme », le *Tantra* étant à l'origine un ensemble de textes sacrés décrivant les rites d'un culte (*Le Bouddhisme du Bouddha*, p. 278-290). Elle remarque judicieusement que la « sorcellerie » et la « magie » tibétaines ne répondent pas aux concepts occidentaux, entachés de la notion du bien et du mal. À l'échelon supérieur, l'adepte du tantrisme ou *tantrika* dresse des *kylkhors* (dessins complexes) qui ont pour but de provoquer des méditations avec visualisations, capables d'amener le pratiquant à la compréhension de certaines vérités, de le conduire vers l'illumination spirituelle, au-delà de la connaissance discursive commune. Déjà dans *Initiations lamaïques*, elle décrivait quelques manifestations psychiques, tels les transmissions mystiques ou exercices spirituels qui débouchaient sur des champs d'activité ou de conscience différents, exercices qu'elle avait elle-même pratiqués.

Alexandra David-Néel se caractérise elle-même de « mystique » dans sa correspondance avec son mari, sans toutefois en préciser la signification. Se réfère-t-elle alors à une notion de mystique universelle ? Son œuvre en donne un indice, puisque la fervente bouddhiste qu'elle est définira plus tard le mysticisme tibétain, différent du mysticisme occidental. Ce concept, écrira-t-elle, est le « point de départ d'une série d'états qui ne ressortent ni de la conscience ordinaire, ni de l'inconscience. C'est l'entrée dans une sphère différente de celle où nous nous mouvons habituellement » (*Initiations lamaïques*, p. 14).

La vie et l'œuvre d'Alexandra David-Néel témoignent d'une manière de transcender une double appartenance religieuse (bouddhiste) et culturelle (occidentale). Son expérience de « mystique bouddhiste » met à la portée de tout être qui cherche à dépasser un savoir intellectuel, la possibilité d'atteindre « une sphère différente », située au-delà de l'espace et du temps, peut-être liée au phénomène unitif que l'on retrouve dans d'autres expériences mystiques.

Geneviève James

Bibl. : ***Œuvres*** : *Initiations lamaïques. Des théories, des pratiques, des hommes*, Paris, Adyar, 1930 (rééd. 1999) ; *La Connaissance transcendante d'après le texte et les commentaires tibétains* (écrit avec lama Yongden), Paris, Adyar, 1958 ; *Le Bouddhisme du Bouddha, ses doctrines, ses méthodes et ses développements mahâyânistes et tantriques au Tibet*, Paris, Plon, 1960 (rééd. Paris, Éditions du Rocher, 1977 et 1989). ***Biographies*** : J. BROSSE, *Alexandra David-Néel, aventure et spiritualité*, Paris, Albin Michel, 1978 (éd. revue en 1991) ; J. DÉSIRÉ-MARCHAND, *Les Itinéraires d'Alexandra David-Néel, l'espace géographique d'une recherche intérieure*, Paris, Arthaud, 1996. ***Étude*** : G. JAMES, « La quête mystique d'Alexandra David-Néel (1868-1969) : bouddhiste pratiquante et militante », in *De l'écriture mystique au féminin*, Québec, L'Harmattan/Les Presses de l'Université Laval, 2005.

DEGUCHI, Nao, *cofondatrice de la nouvelle religion Ômoto* (Fukuchiyama, 1837-Ayabe, 1918). — Née dans la province de Tamba (aujourd'hui préfecture de Kyoto au Japon), Nao perd son père à l'âge de neuf ans, avant d'être placée dans diverses maisons. En 1853, elle est adoptée par sa tante Yuri Deguchi, dont elle portera dorénavant le patronyme. Fixée à Ayabe et mariée deux années plus tard à Masaburô Deguchi, elle élèvera huit enfants dans le plus grand dénuement, vivant de petits travaux après la mort de son mari, en 1887. Au contact de divers devins villageois appelés pour guérir ses enfants, elle se tourne vers les pratiques religieuses et voue un culte aux *kami* (« divinités autochtones »). La crise de démence de sa fille aînée, Yone, à la fin de l'année 1891, l'incite à redoubler de ferveur religieuse. Le premier jour de l'année 1892, elle est possédée par la divinité Ushitora no Konjin qui lui annonce son programme : « Je suis Ushitora no Konjin [...]. Je suis le *kami* qui va changer et reconstruire les trois mille mondes [...]. À la façon de la fleur de prunier qui s'ouvre en un instant, les trois mille mondes vont s'ouvrir. » Cette possession va se reproduire à plusieurs reprises. Guidée par les paroles d'Ushitora no Konjin – une divinité considérée comme néfaste dans le panthéon populaire, mais qu'elle va apprivoiser et transformer en divinité salvatrice –, Nao commence à recueillir ses prophéties. Ce travail se poursuit jusqu'à sa mort. Il en résulte un document de deux cent mille feuillets rédigé en état de transe, intitulé *Ofudesaki* (« À la pointe du pinceau », 1892-1918). Après avoir été associée à la nouvelle religion Konkôkyô, Nao décide de mettre au service du peuple sa foi profonde de justice sociale et de « réparation du monde « (*yonaoshi*). Sa rencontre, à l'été 1898, avec un jeune homme – Kisaburô Ueda –, qui épousera deux ans plus tard sa dernière fille, Sumi Deguchi, est décisive. Kisaburô Ueda (devenu Onisaburô Deguchi), déjà formé dans les pratiques à caractère chamanique du shintô, devient rapidement l'organisateur du mouvement. Il interprète la prose prophétique de Nao, sa belle-mère illettrée, et donne à l'Association Kinmei – forme primitive de la future nouvelle religion Ômoto (« Grande origine ») – une impulsion fondamentale.

L'influence sociale de l'*Ofudesaki*, l'enseignement sacré le plus important de la première période d'Ômoto, est forte. La pensée millénariste de Nao entre en résonance avec les préoccupations quotidiennes d'une population rurale marginalisée par les bouleversements socio-économiques du pays. Ses nombreuses prophéties, qui mettent en relation le désordre de la société avec celui du monde divin, en appellent à une union avec Ushitora no Konjin. Cette divinité devant apparaître pour rétablir un royaume de paix et d'abondance ; c'est-à-dire un retour à l'âge d'or du Japon originel.

Jean-Pierre Berthon

Bibl. : *Œuvre* : *Ofudesaki. The Holy Scriptures of Oomoto*, trad. I. P. Hino, Kameoka, Kyōto-fu, Ten'onkyô, 1974. ***Étude* :** E. G. OOMS, *Women and Millenarian Protest in Meiji Japan : Deguchi Nao end Ômotokyô*, New York, Cornell University, 1993.

DELBRÊL, Madeleine, *laïque, fondatrice de la « Charité de Jésus », écrivain* (Mussidan, 24 octobre 1904-Ivry-sur-Seine, 13 octobre 1964). — Si l'on peut assurément la placer dans la constellation des mystiques féminines du XXe siècle (Thérèse de Lisieux*, Élisabeth de la Trinité*, Simone Weil*, Édith Stein*, Marie de la Trinité*...), la figure de Madeleine Delbrêl n'en reste pas moins difficile à cerner. Elle est d'une part cette militante qui entre dans l'histoire religieuse, politique et sociale, avec la publication en 1957, de *Ville marxiste, Terre de mission* (une sorte de réponse à la décision romaine, en 1954, de mettre un terme à la mission des prêtres-ouvriers), où elle souligne le déficit du témoignage chrétien en milieu ouvrier et populaire, et où elle défend la primauté du spirituel sur le « matérialisme idéologique», promu par la pensée marxiste. Dix ans plus tard, le grand succès de *Nous autres gens des rues* (1966), recueil de textes courts, fragmentaires (méditations, conférences, poèmes...), fait connaître une autre Madeleine, plus intime, qui développe avec humour et tendresse une spiritualité du quotidien, qui croise la tradition et la modernité (d'alors). Les anthologies qui suivront (avant que ne soit engagée, en 2004, l'édition des *Œuvres complètes*) ne facilitent pas la compréhension de son univers spirituel, mélangeant des textes retravaillés par elle ou par d'autres, sans ordre ni souci de chronologie.

Madeleine est née en Dordogne. Son père, autodidacte, travaille dans la Compagnie des chemins de fer du réseau Paris-Orléans, où il terminera sa carrière en 1916 comme chef de gare de Paris-Denfert. Après une enfance ordinaire (marquée malgré tout par la guerre, qu'elle traverse entre ses dix et quatorze ans), sa jeunesse est celle d'une femme frémissante, peu compatible avec les modèles hagiographiques. En 1920, elle commence ses études en Sorbonne, suit les cours de Brunschwig ; elle se déclare « strictement athée », fréquente le salon du docteur Armingaud, un Bordelais libre-penseur et bon connaisseur de Montaigne, et ne cache pas en ces « années folles », son désespoir devant l'absurdité de l'existence, dont elle établira le protocole en 1922, avec toute la naïveté et l'assurance de son âge, dans *Dieu est mort, vive la mort*, profession de foi d'un nihilisme parfait. Cette fille unique vivrait sur un volcan, si elle ne rencontrait, lors du « bal de ses dix-huit ans », un centralien, Jean Maydieu, qui, en 1925, deviendra frère augustin dans l'Ordre dominicain. Amourettes et désarroi. 1924 est l'année de la conversion, « violente », le 29 mars, suivie d'un long épisode de dépression qui nécessitera un séjour en clinique. Pour aggraver la situation, le père, devenu aveugle à cinquante-cinq ans, est irascible et altère irrémédiablement l'atmosphère familiale. L'ambition littéraire, durant des années de détresse crânement dissimulée, n'a pas quitté Madeleine : depuis 1914, elle écrit des poèmes (aussi touchants que laborieux, mais le recueil *La Route*, publié chez Alphonse Lemerre en 1927, sera couronné par l'Académie française, en 1926, du prix Sully Prudhomme). Conjointement, la question spirituelle s'est posée avec intensité : Madeleine renonce au Carmel (pour raisons familiales) et rencontre l'abbé Lorenzo, le futur curé d'Ivry-sur-Seine, qui l'ouvre au scoutisme. Elle, en fervente autodidacte, lit Mauriac, Barrès, Cocteau, les deux Thérèse, Jean de la Croix, saint Thomas, et, en 1927-1928, les premiers volumes de l'*Histoire littéraire* de l'abbé Bremond

(*L'École française* et *La Conquête mystique*). Séduction de Claudel, tant le converti que le poète radicalement neuf. L'écrivain qu'elle envisage toujours de devenir trouve sa voie dans l'écriture de textes courts.

En 1933, sous le patronage de l'abbé Lorenzo, elle s'engage à Ivry, en fondant la Charité de Jésus, fraternité évangélique informelle, où l'inspiration du modèle scout est sensible, même si par ailleurs François d'Assise est une référence probable ; nombre de ses compagnes aimeraient adopter la configuration d'un institut séculier qui assurerait la stabilité de la fondation. Madeleine est à tout le moins réservée : cette histoire communautaire reste à faire.

Dès 1931, elle s'était initiée au métier d'assistante sociale et devient ainsi une femme de terrain dans une expérience relativement brève (de 1939, où elle est nommée par la mairie d'Ivry jusqu'à sa démission en octobre 1946). Ce métier lui découvre ses talents et ses compétences à diriger et organiser. Le contexte n'est pas des plus aisés : elle découvre le communisme municipal dont Ivry est l'un des bastions, que le régime de Vichy fera disparaître en 1940 avant son retour en 1944. Ambiguïté ? Madeleine est intransigeante dans son opposition à l'athéisme officiel, mais collabore généreusement avec ces communistes, si admirablement dévoués que, pour elle, la tentation marxiste n'est pas un vain mot !

Jusqu'à sa mort brutale, elle déploiera toute son énergie dans la création de communautés, inspirées de l'expérience initiale d'Ivry, sorte de carmel sans règle ni clôture et qui compense sa fragilité institutionnelle par la détermination et la fidélité des participantes, lesquelles en assurent la durable pérennité : utopie apostolique ou laboratoire de fraternité chrétienne, modalité d'un christianisme au féminin dont le meilleur est dans cette spiritualité du quotidien qu'elle diffuse autant par ses conférences que dans ses publications.

Nettement marquée par la pensée de Charles de Foucauld, la spiritualité de Madeleine Delbrêl se veut d'incarnation mystique. En effet, s'écartant de l'usage sommaire et discutable de cette notion théologique – il y a incarnation quand l'Église imite le Christ dans sa présence au monde –, Madeleine en propose une conception intériorisée, dans l'obéissance à la Parole évangélique, vécue plus encore que simplement lue. La Parole chute au fond de l'être – image pondérale que l'on trouvait chez Augustin et chez Maître Eckhart – et il faut le courage du consentement *passif* à cette chute, à cette inhabitation de la Parole (du Verbe) en soi-même : passivité douloureuse – là est le sacrifice crucial –, gestation du Verbe dans le disciple qui, de cette manière, se propose au monde, réalisant ainsi la condition nécessaire d'une vie missionnaire authentique. Le salut est rendu possible dans la rencontre du Dieu qui est Père et dont la présence envahissante et lumineuse s'épanouit en vie incorruptible. C'est ce salut qu'il convenait de préconiser devant les militants marxistes : franchise stratégique de cet humanisme spirituel et sagesse tactique d'une collaboration pratique, qui n'est pas pour autant alliance équivoque, en dépit de la « main tendue » par Maurice Thorez en 1934. Le périlleux chemin de crête d'une proximité testimoniale et critique ne peut s'emprunter qu'au prix d'une distinction opérée dans l'Église. C'est la raison pour laquelle Madeleine ne jouera jamais les *outsiders* ni les aventurières de la mission, mais maintiendra (même en 1954) une communion filiale avec le corps épiscopal, sans cesser de faire entendre loyalement une parole lucide autant que libre : telle est, sans insolence ni entêtement, la parrhésie apostolique.

François Marxer

Bibl. : *Œuvres* : *Ville marxiste, terre de mission*, Paris, Cerf, 1957, réédit., Paris, Desclée de Brouwer, 1995 ; *Nous autres gens des rues*, Paris, Seuil, 1966 ; *La Joie de croire*, Paris, Seuil, 1968 ; *Communautés selon l'Évangile*, Paris, Seuil, 1973. ***Études*** : C. de BOISMARMIN, *Madeleine Delbrêl. Rues des villes, chemins de Dieu*, Paris, Nouvelle Cité, 1985. (Les Éditions Nouvelle Cité ont entrepris la publication intégrale des *Œuvres complètes* de Madeleine Delbrêl.)

DELÉLOË, Jeanne, *bénédictine* (Jeanne de Saint-Matthieu en religion ; Fauquembergues, 1604-Poperinge, 13 avril 1660). — L'ensemble de la documentation relative à Jeanne Deléloë comporte des fragments d'autobiographie et de relations d'expériences spirituelles envoyés par la religieuse à son directeur, dom Martin Gouffart, moine, puis abbé de Saint-Denis-en-Broqueroie, dans le Hainaut. Les éléments factuels concernant sa biographie ne sont guère abondants. Née en Artois (alors dans les Pays-Bas espagnols), Jeanne est la fille de Laurent Deléloë et de Martine Lemaire. Vers 1620, elle entre au noviciat du prieuré bénédictin Notre-Dame-de-Piété, de Fauquembergues, où elle commence à s'abandonner en Dieu, dans le sentiment d'être à la fois emplie et environnée de sa présence. Avec les premiers émois mystiques surviennent les premières expériences de dégoûts spirituels et la rencontre avec une série de confesseurs d'inégale compétence. L'un d'eux, que Jeanne Deléloë évoque avec amertume, s'inquiète autant de ses « communications » avec le divin que des tentations auxquelles elle prétend être confrontée. Toutefois, et malgré ses propres appréhensions et sécheresses de cœur, Jeanne ne semble pas ébranlée dans ses certitudes : c'est bien Dieu qui se manifeste à elle. Elle reçoit le soutien des autorités épiscopales de Boulogne, qui la rassurent, et trouve réconfort dans la dévotion à saint Joseph d'une part, dans la vénération à saint Benoît et à sa Règle, de l'autre. Ses tourments intérieurs, qui l'accablent aussi physiquement, coïncident avec l'ouverture des hostilités entre la France et l'Espagne (1635). L'Artois est dévasté. Les Bénédictines se réfugient à Poperinge, en Belgique. Dès 1637, Jeanne Deléloë est appelée à diriger la communauté en exil, puis à gérer son installation définitive dans la cité flamande. Elle se dit plus que jamais favorisée par les grâces divines, non sans craindre d'être la proie d'illusions ou la victime du démon.

Plusieurs de ses directeurs s'efforcent de la distraire de l'oraison mentale en lui imposant prières vocales et rudes mortifications. Rien n'y fait. Les expériences (Trinité, Enfant Jésus, Christ souffrant, échange des cœurs...) se multiplient et se bousculent dans la mémoire de la bénédictine lorsqu'elle finit par en rendre compte à dom Gouffart, son nouveau directeur, qui lui impose ce classique devoir d'écriture. Outre son autobiographie (1646), elle lui transmet plus de soixante-dix *communications* répétant ou complétant les révélations déjà insérées dans sa *Vie*. Conservant la posture officielle de la dirigée, Jeanne n'en exerce pas moins un ascendant sur son correspondant, sa proximité avec le Ciel l'autorisant à se muer en conseillère. Tous deux à la tête de communautés réformées, ils partagent les soucis quotidiens de supérieurs en situation précaire et leur attachement à la stricte observance de la Règle bénédictine. Gouffart n'est pas le seul interlocuteur de la mère Deléloë, qui eut sans doute d'autres disciples. En témoigne une lettre du moine Robert, de l'abbaye de Saint-Bertin, qui la consulte en 1638 sur la question de la grâce et du libre arbitre, attestation non négligeable de la reconnaissance d'une compétence féminine en matière doctrinale. Les dernières *communications* conservées rapportent des événements des années 1647-1648. On ne sait guère de choses sur la fin de vie de la prieure, hormis sa grande dévotion pour Notre-Dame-de-Foy, ses efforts pour obtenir du magistrat de Poperinge l'autorisation de construire un monastère et la gravelle dont elle fut longtemps accablée.

À la lecture des textes attribués à Jeanne Deléloë, on est d'emblée frappé par l'assurance de la mystique, qui parvient à surmonter seule ses doutes et moments de déréliction et à réaffirmer, au-delà de chaque épreuve, sa « certitude » d'être véritablement favorisée par le Ciel. Si Jeanne revient régulièrement sur la considération de son état misérable, voire de son néant, face à la majesté divine qui daigne se manifester à elle, ce *topos* reste mineur dans un texte qui met davantage l'accent sur les communications divines et les effets extraordinaires produits sur sa créature. Ceux-ci se doublent d'abondants témoignages d'échanges amoureux entre son âme et le Bien-Aimé. Plutôt qu'apitoiements et lamentations, la vue de son humanité souffrante suscite chez elle éblouissement et embrasement. Lorsqu'elle rencontre son guide bénédictin, avec lequel elle se sent en communion d'esprit, ses rencontres avec le Christ, perçu en son humanité, mais aussi comme Verbe éternel, qui se donne à son âme pour époux, s'intensifient « avec le plus grand embrasement ». Jeanne Deléloë s'inscrit dès lors dans la tradition des Lutgarde d'Aywières* (ou de Tongres) et Gertrude d'Helfta*, recevant la « faveur de l'échange du Cœur divin », dont elle obtient « une claire connaissance ». Cette dernière communication dépasse l'étape de la vision sensorielle pour s'imprimer « au plus intérieur » d'elle-même. Son âme découvre toutes les grandeurs de son Bien-Aimé « par une certitude et secrète connaissance en ce Cœur divin », qui demeurent en elle bien après l'expérience proprement dite. C'est avec les mots du *Cantique des cantiques* qu'elle évoque ses « intimes et aimables caresses », alors qu'elle expérimente les effets rédempteurs de ces rencontres. La révélation de l'économie du salut suscite chez elle bien plus d'émerveillements pour l'infinie miséricorde de Dieu que de désirs de pénitences réparatrices.

Ces révélations s'inscrivent tout à fait dans le contexte de dévotions privées au Cœur de Jésus, qui connaissent un regain d'intérêt au XVIIe siècle dans la société française, où le cœur est envisagé comme l'expression de la personnalité, faite d'intelligence et de sensibilité, et où l'humanité charnelle du Christ se voit particulièrement considérée par les spirituels et les mystiques. Jeanne Deléloë se situe bien dans cette tradition bénédictine qui fait du Cœur de chair de Jésus le symbole de l'amour du Christ pour le Créateur comme pour la Création. Si la moniale ne reste pas insensible aux souffrances de son Sauveur, c'est l'amour vivifiant et salvateur qu'elle rencontre en lui et non l'amour outragé que découvrira plus tard la visitandine Marguerite-Marie Alacoque*.

Marie-Élisabeth Henneau

• *Voir aussi* : Gertrude d'Helfta ; Lutgarde d'Aywières ; Marguerite-Marie Alacoque

Bibl. : Œuvre : *La Mère Jeanne Deléloë. Vie correspondance et communications spirituelles*, Bonaventure Sodar (éd.), Lille, Desclée de Brouwer, 1925. ***Études*** : M.-H. LAVOCAT, « Dans l'intimité du Sacré-Cœur. La Mère Jeanne de Saint-Matthieu Deléloë, moniale bénédictine (1604-1660) », *Vie spirituelle*, t. XII, 1925, p. 423-455 et p. 589-605 ; V. TRUIJEN, « Deléloë Jeanne, en religion Jeanne de Saint-Matthieu », *Dictionnaire de spiritualité*, Paris, Beauchesne, t. III, 1957, col. 125-126.

DÉLIA TÉTREAULT, *vénérable, fondatrice de l'Institut des Sœurs missionnaires de l'Immaculée-Conception* (Marie du Saint-Esprit en religion ; Marieville, 1865-Montréal, 1er octobre 1941). — Généralement appelée par son nom civil, Délia Tétreault, Marie du Saint-Esprit est d'abord reconnue comme une femme d'action dont le charisme de fondatrice a donné à l'Église du début du XXe siècle une œuvre apostolique étonnante et quasi prophétique : après plusieurs années d'engagements religieux et caritatifs – novice chez les Sœurs de la Charité de Saint-Hyacinthe, puis membre d'une maison de bonnes œuvres à Montréal –, elle ouvre en 1902 l'École apostolique, qui deviendra en 1904, à la demande du pape Pie X, l'Institut des Sœurs missionnaires de l'Immaculée-Conception. « Apostolat des infidèles », le projet se concrétisera dès 1909 par des missions en Extrême-Orient, et particulièrement en Chine : tel le lointain écho du songe qu'elle fit alors qu'elle était enfant, dans lequel elle voyait un champ d'épis de blé mûrs se transformer en autant de têtes d'enfants représentant des « âmes d'enfants païens ». Mais le caractère apostolique évident de la fondation ne peut se comprendre qu'à partir de la vie mystique de la fondatrice, qui, à la fois, inspire et dépasse les formes instituées et visibles de la mission. Ainsi, l'originalité de l'Institut se trouve certes dans la vision missionnaire de la fondatrice, mais, surtout, dans l'enracinement mystique de cette vision. L'Institut porte la trace vive de la vie intérieure de la fondatrice ; le nom de religion choisi par Délia manifeste d'ailleurs clairement le double ancrage d'une existence mariale et pneumatologique, et sa forme particulière d'élévation vers Dieu.

Sur le chemin qui la conduit à connaître et réaliser la volonté de Dieu, « la grâce des grâces », Marie*, « l'Immaculée Mère », est son maître spirituel. Si, pour la mystique, « tous les jours doivent être des jours de Marie », deux événements, deux mystères liés à la vie de la Vierge seront néanmoins pour elle des objets de contemplation et d'inspiration jamais désertés : la Visitation, et la présence de Marie au Cénacle. Selon une tradition bien établie chez les mystiques de l'action, la Visitation est une invitation à la charité, au souci de l'autre ; mais Délia Tétreault insiste surtout sur le *Magnificat*, cet hymne d'action de grâces de la jeune Marie. Selon la religieuse, une vie conformée à la Vierge doit tendre à devenir tout entière « action de grâces ». On pourra dire que, avant même l'apostolat, la vie de l'Institut est vouée au *Deo gratias*.

La mission auprès des « infidèles » est alors à comprendre comme un acte de « reconnaissance » adressé en permanence à Dieu. Aussi, toute l'existence de Délia Tétreault, comme celle de l'Institut qu'elle fonda, est vouée à rendre « amour pour Amour » à celui qui, par amour, a donné sa vie pour que chaque homme soit sauvé. Plus profondément encore, lorsqu'elle devient véritablement action de grâces, une existence participe de l'action de grâces qu'est, pour le Père, la Passion du Fils ; il s'agit là d'une voie royale de conformation au Christ, que Délia Tétreault connaîtra particulièrement dans les huit dernières années de sa vie, alors que, murée dans l'inaction et le quasi-silence auxquels la condamne une maladie qu'elle avait plusieurs fois demandée à Jésus Eucharistie, elle entre dans une mystique oblative et réparatrice, ultime étape de purification et ultime forme de sa mission propre.

Tout au long de sa vie, l'Immaculée la conduit maternellement vers l'Esprit par qui elle est devenue la Mère du Christ et qu'elle recevra avec les apôtres au Cénacle. L'importance que la mystique accorde à la Pentecôte – qui deviendra le jour de fête de l'Institut –, pointe clairement le caractère essentiel de l'Esprit-Saint dans sa vie. Délia n'avait pas vingt ans lorsqu'elle expérimente en elle la venue de l'Esprit-Saint : elle devient ainsi la familière de cette troisième personne de la Trinité, celle qui est tout amour. L'Esprit-Saint est comme le sceau par lequel Dieu marque l'existence de la religieuse, la faisant entrer dans la dynamique de l'amour trinitaire. En 1901, par exemple, alors qu'elle est frappée de tuberculose pulmonaire et que les portes semblent se fermer les unes après les autres comme autant d'obstacles à la réalisation de ce qu'elle sait être sa vocation, elle se tourne vers la Trinité, se consacre à elle et se livre totalement à l'action transformante de l'Esprit, qui lui donnera aussi d'accueillir chaque événement comme une grâce, celle de faire la volonté de Dieu.

Lorsque, en 1933, l'existence de sœur Marie du Saint-Esprit semblera se résumer à un long silence souffrant, elle demandera que lui soit lu, chaque samedi, l'Acte de consécration à Marie de Louis-Marie Grignion de Montfort. Celle qui avait envoyé en Chine une centaine de missionnaires et que la maladie n'avait jamais permis d'être sur les terrains de mission réalise alors au plus haut degré sa vocation missionnaire par une vie devenue entièrement oblative, véritable « culte spirituel », selon l'expression de l'Apôtre des nations. Sœur Marie du Saint-Esprit « entre dans la vie » le 1er octobre 1941 ; elle est déclarée vénérable par Jean-Paul II en 1997.

Thérèse Nadeau-Lacour

• *Voir aussi* : Marie

Bibl. : ***Œuvre*** : *Pensées* (10 fascicules), Pont-Viau (Québec, Canada), Archives MIC, coll. « D'un pôle à l'autre », 1967-1988. ***Étude*** : Y. RAGUIN, *Au-delà de son rêve, Délia Tétreault* (biographie), Montréal, Fides, 1991.

DELPHINE DE SABRAN, ou de Puimichel, *bienheureuse* (Puimichel, 1284-?, 1360). — Delphine de Puimichel et Elzéar de Sabran constituent l'exemple même du couple mystique en quête de perfection spirituelle, comme le seront au XVIIe siècle Claude et Marie Hélyot. Delphine, fille de Guillaume de Signe et de Delphine de Barras, est d'origine provençale, comme son époux. Orpheline à sept ans, elle est élevée par des religieuses, avant d'épouser, en 1299, Elzéar de Sabran, répondant ainsi à la volonté du roi de Naples et comte de Provence, Charles II d'Anjou. Mais Delphine compte bien garder la pureté de son célibat (lequel était le seul moyen, hormis le libertinage, de surmonter l'aliénation qu'imposaient aux conjoints les négociations familiales ou les arrangements politiques), et elle conçoit ce projet original d'une virginité dans le mariage, cela en accord avec Elzéar qui y éprouvera quelques difficultés au départ, mais s'en fera ensuite le zélateur enthousiaste. En 1310, à la mort de son père, Elzéar est appelé à Naples, où il joue un rôle politique notable, jusqu'à sa mort, le 27 septembre 1323 ; Delphine le rejoint en 1314 et devient la confidente de la reine Sanchie. Notons qu'Elzéar sera considéré comme le modèle du « chevalier chrétien », comme dit François de Sales (*Introduction à la vie dévote*, II, XII) qui rappelle que celui-ci faisait mander à « sa dévote et chaste Delfine » : « Cherchez-moi en la plaie du côté de notre doux Jésus, car c'est là où j'habite et où vous me trouverez » ; piété bien sûr, mais aussi exercice des responsabilités, moralité incorruptible, préoccupation sociale des pauvres, modération dans le plaisir de la guerre. Même éloge chez le jésuite Étienne Binet : c'est dire le rayonnement du couple.

Delphine et Elzéar sont portés par le courant franciscain (en particulier grâce à François de Meyronnis, théologien modéré qui fut le directeur d'Elzéar), au moment même où, en ces années 1317 et 1323, les plus intransigeants de l'ordre, ces « spirituels » partisans de la pauvreté intégrale à l'imitation du Christ et de ses apôtres, entrent en conflit avec le pape Jean XXII. Delphine va être au cœur de ces conflits provoqués par les Frères mineurs les plus radicaux : n'avait-elle pas été influencée, dès son enfance, par le frère Philippe Alquier de Riez, qui l'avait encouragée à refuser le mariage ? Celui-ci trouvera refuge à Naples, après un séjour à Assise, et deviendra le confesseur de la reine Sanchie (laquelle mène avec son époux, le roi Robert, une vie de pauvreté) ; son prophétisme est accueilli sans réserve aucune par une population napolitaine enthousiaste. C'est d'ailleurs à Naples que trouveront protection tous les spirituels et béguins de Provence, de Languedoc et de Catalogne, animés par la pensée et les thèses du franciscain Pierre-Jean Olieu (ou Olivi). Dans ce climat d'extrême ferveur franciscaine, Delphine décide de vivre, non seulement la virginité, mais aussi une pauvreté radicale : il lui faudra cependant attendre les années 1329-1332 pour lever les réticences royales et se défaire de ses biens, puis créer une communauté avec sa demi-sœur moniale Alayette et ses suivantes.

Le chemin suivi par Delphine ne pouvait que trouver un écho favorable à la cour de Naples, où le frère de la reine, Philippe de Majorque, était devenu frère mineur. Mais, pour opposés qu'ils étaient les uns et les autres à la politique de Jean XXII, il leur fallait éviter de rompre avec Avignon et avec la papauté, sans négliger pour autant de travailler à un réseau spirituel exigeant, où le dissident Angelo Clareno joua un rôle important. C'est ledit Angelo qui inspire à Delphine de se retirer du monde : elle adoptera cette forme souple d'érémitisme urbain qu'est le réclusoir, dans un « oustau » (grande maison) à Cabrières, puis à Apt (où a été inhumé Elzéar) ; et elle prononcera le vœu de pauvreté en 1333 à Quisisana, en présence du frère Isnard Ris, vœu qu'elle pratique jusqu'à mendier dans les rues de Naples où elle s'attire les quolibets et ricanements de la foule : elle était désappropriée de sa renommée autant que de ses biens. Petit à petit, les leaders du parti modéré disparurent, et les successeurs qui prirent la tête du mouvement choisirent la radicalité de la rupture consommée, récusant même la validité des sacrements donnés par les prêtres restés fidèles au pape : ce qu'elle-même ne pouvait approuver. Elle exercera donc, dans le Comtat Venaissin et la Provence, un ministère de sagesse, tempérant l'excessive radicalité de certains frères, et convertissant même Bertrand, l'évêque d'Apt.

Des deux pôles qui constituaient la perfection chrétienne selon Delphine, celui de la pauvreté n'avait guère fait que difficultés sociétales : le roi Robert, tout acquis qu'il était à la cause des spirituels, avait émis quelques réserves. En revanche, le défi de la virginité dans le mariage (encouragée par les tenants de la chasteté intégrale comme Alayette ou Gersende d'Alphant, qui côtoient Delphine de près) avait frappé l'opinion publique : un tel défi relevait du miracle surnaturel, mais se soldait par le refus de la condition charnelle et de la maternité : n'y voyons pas influence cathare, le culte de l'hagiographie d'alors pour la vertu des vierges de l'Antiquité chrétienne suffisait à cautionner le choix de Delphine. Choix hors norme cependant, qui laisse les autorités ecclésiales perplexes : l'évêque d'Apt plaidant la cause de canonisation d'Elzéar reconnaissait que le « caractère sublime de cette vertu [paraissait] plus étonnant qu'admirable ». Raison sans doute pour laquelle, à la différence d'Elzéar, élevé sur les autels par son filleul, le pape Urbain V en 1369, les procès de canonisation entrepris pour Delphine (un rien compromise de surcroît avec la cause des « spirituels ») n'aboutirent jamais.

François Marxer

Bibl. : ***Vie et études*** **:** A. VAUCHEZ, « Aux origines de la *fama sanctitatis* d'Elzéar (†1323) et Delphine de Sabran (†1360), le mariage virginal », in *Le Peuple des saints. Croyances et dévotions en Provence et Comtat Venaissin des origines à la fin du Moyen Âge*, Paris, Éditions de l'Académie du Vaucluse et CNRS, 1987 ; « Deux laïcs en quête de perfection : Elzéar de Sabran (†1323) et Delphine de Puimichel (†1360) » et « Elzéar et Delphine ou le mariage virginal », in *Les Laïcs au Moyen Âge,* *pratiques et expériences religieuses*, Paris, Cerf, 1987, p. 83-92 et 211-224.

DELUIL-MARTIGNY, Marie. — *Voir* MARIE DE JÉSUS

DEPREZ, Marie-Stanislas, *visitandine* (Saint-Léger, 12 juin 1818-Celles, 20 septembre 1849). — Marie-Stanislas Deprez est attirée par la religion dès l'âge de dix-huit ans. En 1837, elle entre à la Visitation de Celles, fondée en 1836 par le chanoine Dubois et Augustine Deleplanque, qui se consacre à l'éducation des enfants pauvres. Quatre ans plus tard, elle est chargée de la direction des novices. Après un acte de renoncement pénible, elle est visitée par la Vierge Marie* en 1842, dont elle bénéficiera des grâces tout au long de sa vie. En 1847, elle est nommée supérieure de la maison de Celles. Elle y répand un courant marial intense jusqu'à sa mort.

Très marquée par la figure virginale, Marie-Stanislas Deprez décrit dans ses lettres sa vie spirituelle en ces termes : « Marie est ma voie. C'est elle qui me mène à Jésus et partout mon cœur la cherche d'abord ; ensuite il se repose en Dieu. » Grâce à son dévouement pour la « divine Mère », à laquelle elle s'abandonne totalement, elle est portée à « un plus grand détachement de toutes choses », mais surtout à « un puissant attrait pour l'humilité ». Elle est disposée à sacrifier tous ses désirs à la volonté divine, s'en remettant aux desseins providentiels. Elle s'appuie, pour cela, sur l'oraison, qu'elle recommande fortement à ses novices. « Celui qui veut attirer Dieu en lui-même doit s'humilier profondément dans l'oraison » ; « En vous tenant uni à Dieu par une oraison assidue, vous serez plus utile aux âmes en dix minutes qu'en une heure entière avec moins d'oraison », écrit-elle à son directeur spirituel, le jésuite Arsène Lefèvre. En outre, elle engage à l'abnégation et au renoncement, quitte à sacrifier l'oraison elle-même quand l'obéissance à d'autres actions le réclame. Autant de points qui l'apparentent à Théodelinde Dubouché*, fondatrice de l'Adoration Réparatrice perpétuelle.

Audrey Fella

• *Voir aussi* : Marie ; Théodelinde Dubouché

Bibl. : *Études* : *Dictionnaire de spiritualité*, « Sœur Agnès-Marie », Paris, Beauchesne, t. III, 1957, col. 502-504 ; *Mère Marie-Stanislas Deprez, de la Visitation Sainte-Marie de Celles*, Celles-lez-Tournai, Visitation Sainte-Marie, 1925.

DHUODA D'AQUITAINE, *laïque* (?, v. 803-Uzès, ?). — Auteur d'un traité d'éducation destiné à son fils aîné. On hésiterait à mettre Dhuoda au rang des mystiques si, hors de tout charisme ou expérience exceptionnels, son *Liber manualis* (841-843) ne témoignait d'une vie intérieure intense et charpentée, à la ferveur maintenue en dépit des épreuves qui accableront cette princesse de Septimanie (l'actuel Languedoc). Ouvrage unique dans la production médiévale puisque rédigé par une femme, de plus laïque. Composées à l'usage de son fils Guillaume (826-849) qui lui a été brutalement arraché, ces pages ne dévoileront rien de ses états intimes – sa peine, sa révolte, son angoisse, sa frustration –, tant l'écriture est à cette époque codifiée par les règles de la rhétorique littéraire. Ce viatique qu'elle lui remet à la veille de ses seize ans, âge où il va porter les armes et assumer la responsabilité du commandement, se fait cependant l'écho de sa propre pratique spirituelle qui, ainsi transmise, pourrait constituer le lien fragile et pathétique entre cette mère abandonnée et ce fils éloigné, et cela même au-delà de la mort.

L'essentiel de la vie de Dhuoda se déroule entre 823 et 843, deux décennies troublées par les rivalités des fils de Louis le Pieux quant au partage de l'Empire carolingien que ce dernier avait cru pouvoir régler par l'*Ordo imperii*. Dhuoda est née probablement vers 803, dans une famille aristocratique de la partie septentrionale du royaume franc ; à l'évidence, sa langue maternelle est germanique, mais elle a pu être éduquée dans la Francie méridionale. Elle fait un grand mariage le 26 juin 824 en épousant, au palais d'Aix-la-Chapelle, Bernard de Septimanie, fils de Guillaume, connu comme saint Guillaume de Gellone (†812), et aussi héros de la littérature courtoise. Le drame éclate quand Louis le Pieux donne la province de Septimanie à son fils Charles, qu'il aura eu de sa nouvelle épouse, Judith. Bernard devient-il l'amant de Judith, comme l'insinue la rumeur ? En tout cas, il exile sa femme à Uzès, où il revient en 840 : lui naîtra en mars de l'année suivante un second fils, prénommé Bernard lui aussi. Trois mois plus tard, allié à Lothaire, il est défait par Charles et Louis le Germanique, à la bataille de Fontenay. Il est alors contraint d'envoyer en otage son aîné, Guillaume. Sans illusion sur le sort de ce dernier, il réclame à Dhuoda le tout jeune fils qui n'est pas encore baptisé. C'est donc affligée par cette répudiation tacite et la perte successive de ses deux fils que Dhuoda rédige, entre le 30 novembre 842 et le 2 février 843, ce *Liber manualis*, ouvrage d'une quasi-autoconsolation à la manière de Boèce. L'histoire ne sera guère clémente : Bernard sera condamné à mort pour trahison, en 844, peine commuée en aveuglement auquel il ne survivra pas ; et Guillaume, qui se révolte avec la noblesse d'Aquitaine, sera lui aussi exécuté quatre ans plus tard, à vingt-deux ans.

Dhuoda est une femme de grande culture, particulièrement passionnée par la symbolique des nombres, qui propose une herméneutique sacrée du monde et de l'Histoire. Elle connaît la Bible qui lui est familière, avant tout les psaumes, les Pères de l'Église (en priorité Augustin, Grégoire le Grand, Isidore et Alcuin) et la littérature antique (même Ovide, étonnamment). Avec une rare habileté pédagogique, elle présente ce qui pourrait être un *pensum* de moralité comme un jeu, acrostiches à l'appui, susceptible de retentir l'attention d'un fils sans doute peu enclin à l'étude. Ainsi dessine-t-elle l'armature d'une vie chrétienne réussie et vertueuse – reflet testamentaire de ses propres pratiques et préoccupations – une architecture reposant sur le principe binaire et visant deux objectifs : servir le monde et plaire à Dieu, l'Amant véritable et non déceptif, que l'on retrouve grâce à la méditation et à l'introspection. Une *religion de la paternité* et une *éthique de la fidélité* s'articulent autour de la nécessaire réciprocité d'amitié, qui se développera dans le *comitatus*, cette solidarité guerrière qui favorise la générosité du don (dans l'échange des cadeaux) et la *pietas*, ce souci des faibles et des pauvres (ceux qui ne sont pas armés) : c'est une éthique acceptable, préparant l'éthique chevaleresque qui animera la féodalité au XIIe siècle. Cette morale croise à la fois le plan terrestre et le plan céleste, et l'âme comme le corps y trouvent bénéfice. Car il y a deux naissances (naturelle et surnaturelle, baptismale) comme il y a deux morts, du corps (inévitable) et de l'âme (à laquelle échappera une vie chrétienne assidue). Sans obsession, la mort demeure à l'horizon d'une existence : vivre, agir, prier constituent un *ars moriendi* qui prépare à ce mourir, attendu comme triomphe et récompense. On notera l'importance de la prière pour les défunts (pour elle-même d'abord, qui se recommande à son fils) entendue comme un service de charité pour autrui.

François Marxer

Bibl. : ***Œuvre*** : *Manuel pour mon fils*, édition critique et annotée par P. Riché, Paris, Cerf, 1997.

DIANE D'ANDALO, *bienheureuse, moniale dominicaine* (Bologne, v. 1200-1236). — Diane tient son nom de son père, Andreolo, dit Andalo. Issue d'une famille de hobereaux des Apennins établis à Bologne, Diane était la petite-fille de Pierre de Lovello, le propriétaire foncier qui, le 14 mars 1219, céda aux Frères prêcheurs, représentés par le bienheureux Réginald d'Orléans, le terrain et le droit de patronage de l'église Saint-Nicolas, en vue de l'édification d'un couvent dominicain à Bologne. Durant l'été suivant, sa famille poursuivit ses négociations directement avec saint Dominique, le fondateur de l'ordre. Enthousiasmée par l'enseignement de Réginald, Diane émit le souhait de devenir dominicaine. Au mois d'août 1219, elle fit profession entre les mains de Dominique, qui la bénit et conçut avec elle le projet d'édifier un monastère de sœurs. Entravé par l'opposition catégorique de la famille de Diane et les réticences de l'évêque de Bologne, ce projet tarda à se concrétiser. Aussi, Diane fuit-elle la maison familiale pour la communauté de chanoinesses de Ronzano d'où ses parents vinrent la retirer armes à la main. En se débattant, Diane se brisa une côte, ce qui la contraignit à une longue immobilisation. Durant sa convalescence, elle reçut le soutien et les visites de saint Dominique et de ses frères ainsi que du légat pontifical, le cardinal Ugolin – le futur pape Grégoire IX.

À la mort de saint Dominique en août 1221, Jourdain de Saxe, l'ancien provincial de Lombardie, accéda à la tête de l'Ordre des Frères prêcheurs et recueillit à son tour les confidences de Diane. Il obtint de l'évêque de Bologne l'autorisation d'édifier un monastère de femmes dédié à Sainte-Agnès tandis que la bienheureuse venait à bout des réticences de ses parents. Elle retourna alors librement à Ronzano, où elle demeura jusqu'à l'achèvement des travaux de construction qui survint à l'octave de l'Ascension 1223 (8 juin). Le 29 juin, Diane et quelques compagnes reçurent les vêtements de l'ordre des mains de Jourdain. Des sœurs du monastère Saint-Sixte de Rome, dont la vie avait été organisée par saint Dominique, vinrent alors à Bologne pour assurer la formation de la nouvelle communauté. Une bulle pontificale du 17 décembre 1226 incorpora officiellement le monastère de Saint-Agnès à l'Ordre des Frères prêcheurs.

Diane fut béatifiée par le pape Léon XIII le 24 décembre 1891. Elle est célébrée le 9 juin.

Cinquante lettres de Jourdain de Saxe à Diane d'Andalo, écrites entre 1222 et 1236, sont parvenues jusqu'à nous. Évoquant tant les questions privées que publiques, cette correspondance offre quelques précieux repères chronologiques, tant du point de vue historique que de celui de l'histoire de l'édification et de la spiritualité. Bien que ces lettres nous en disent davantage sur leur auteur que sur sa correspondante, elles constituent, avec la chronique du monastère de Saint-Agnès, l'essentiel du corpus de sources relatif à Diane d'Andalo. Elles sont, en outre, une précieuse mine d'informations pour une étude de la spiritualité dominicaine primitive. Il pourrait s'agir de la plus ancienne collection épistolaire spirituelle de l'histoire chrétienne.

Dans ces épîtres, Diane d'Andalo apparaît comme la précieuse collaboratrice de Jourdain, comme son soutien spirituel dans ses entreprises de promotion de l'Ordre dominicain à travers le monde occidental d'alors. À leur lecture se font jour les sentiments qui animèrent la religieuse, sa fougue et ses excès, notamment en matière de mortification. Jourdain répond à ses questions, se répand en conseils, réprime ses ardeurs et son élan pour une trop rigoureuse observance, l'invite à acquérir les vertus et à persévérer dans leur pratique. Il contribue à rendre à la fondatrice de Saint-Agnès l'équilibre, la confiance et la sérénité, mais aussi à la rassurer sur la destinée de son œuvre, dans un dialogue tout empreint de charité.

Florence Close

Bibl. : *Bibliotheca hagiographica latina* 2157. ***Sources*** : G. MELLONI, *Atti o memorie degli uomini illustri in santità nati o morti in Bologna*, Bologne, 1773, t. 1, p. 363-388 ; JOURDAIN DE SAXE, *Lettres à Diane d'Andalò*, trad. et notes par M. Aron, Paris, Cerf, 2007. ***Études*** : H.-M. CORMIER, *La Bienheureuse Diane d'Andalo et les bienheureuses Cécile et Aimée*, Rome, 1892 ; M. C. DE GANAY, *Les Bienheureuses dominicaines*, Paris, Perrin, 1913 ; A. DUVAL, « Diane d'Andalo », in *Dictionnaire de spiritualité*, t. III, Paris, Beauchesne, 1957, col. 853-855 ; M. SCHMIDT, « The Importance of Christ in the Correspondence Between Jordan of Saxony and Diana d'Andalo, and in the Writings of Mechthild of Magdeburg », *in* K. Emery, J. Wawrykow (éd.), *Christ Among the Medieval Dominicans...*, Notre Dame (Indiana), University of Notre Dame Press, 1998.

DICKINSON, Emily, *poétesse* (Amherst, Massachussets, 10 décembre 1830-1886). — Le père d'Emily Dickinson, Edward, juriste, puritain, meneur d'hommes, remplit le monde du bruit de sa puissance. Emily grandit sous la menace de cette voix d'Ancien Testament. Elle lit Shakespeare et la Bible. Ces deux lectures l'accompagneront toute sa vie, modelant son cœur pour en faire à la fois un théâtre à l'italienne (où toutes les passions seront jouées) et une chapelle en rase campagne (où le silence régnera en maître). De 1840 à 1847, elle suit des études à Mount Holyoke Seminary. Un renouveau religieux enfièvre les étudiantes, qu'elle se refuse à suivre : son Dieu ne sera pas celui des foules enthousiastes, mais le magicien cruel qui fait disparaître sous ses yeux les gens qu'elle voulait éternels, comme le jeune professeur puis une camarade, tous deux ardemment aimés par Emily, que la mort lui a ravis. Emily réplique aux fauves de l'angoisse par le fouet de sa pensée. Elle se fait peu à peu, sans guère sortir de sa chambre, archiviste du monde. Par ses poèmes brefs, asthmatiques, transpercés de tirets, elle note les miracles que sont un rouge-gorge, une sœur, une abeille, un amant, avant que la main de Dieu se crispe et rafle toute la mise terrestre. Son langage emprunte à l'univers juridique son autorité non négociable, et à une sensibilité infinie ses notations déchirantes. En 1856, son frère Austin se marie avec Susan Gilbert, à qui Emily vouera un amour chaste et ardent. Le couple s'installe à une centaine de mètres de la demeure paternelle, qu'Emily ne quittera plus. Tout en prenant soin des siens (elle accompagne leurs humeurs, cuit pour eux du pain), elle écrit des centaines de poèmes qu'elle coud en cahiers puis enterre dans un tiroir, dans sa chambre. Une poignée sera publiée de son vivant, dans des journaux. En 1870, un homme de lettres avec qui elle correspond, Thomas Wentworth Higginson, vient la voir à Amherst. Elle sidère son visiteur par l'intensité de ses paroles : « Si je lis un livre et qu'il me procure une impression de froid telle qu'aucun feu ne pourra jamais me réchauffer, je sais que c'est de la poésie. » Cette rencontre ne portera aucun fruit. Parce qu'ils ne croient pas en Dieu, les hommes recherchent l'estime des hommes, pour briller dans leur mémoire et mourir le moins vite possible. Emily Dickinson, ennemie de toute gloire, fait confiance à quelque chose qui échappe aussi bien aux anges qu'aux hommes : la grâce déchirante de la vie éphémère. De tout temps, les hommes ont cru qu'il y avait un lieu obligé entre le spectaculaire et l'absolu. Emily brise ce lien. Son effacement entêté fait émerger peu à peu une éternité proche et secrète. Son père meurt en 1874. En 1875 naît son neveu Gilbert, petit prince de ses dernières années. En 1877, elle s'éprend d'un ami de la famille, le juge Otis P. Lord. Un mariage est envisagé, qui n'aura pas lieu. Les alouettes ne portent pas de robe de mariée, il leur faut le ciel entier et plus encore. En 1883, le petit Gilbert meurt. Le deuil éteint le bleu. Emily s'étiole et rejoint le peuple des morts sur lequel ses poèmes n'ont cessé de veiller. La plus grande poétesse de l'Empire américain n'a pas quitté sa chambre et n'a rien cédé à la moderne et désespérante passion d'être célèbre.

Christian Bobin

Bibl. : *Œuvres* : *Poésies complètes*, trad. F. Delphy, Paris, Flammarion, 2009 ; *Une âme en incandescence*, trad. C. Malroux, Paris, Corti, 1998 ; *Le paradis est au choix*, trad. P. Reumaux, Rouen, Librairie Brunet, 1998.

DINA BÉLANGER, *bienheureuse, religieuse de Jésus-Marie et musicienne* (Marie Sainte-Cécile de Rome en religion ; Québec, 1897-4 septembre 1929). — Fille unique de parents qui l'adulent, la jeune Dina manifeste très tôt de réels talents de musicienne. Le 25 mars 1908, à l'âge de onze ans, elle entend intérieurement la voix du Seigneur, première expérience d'une relation intime avec le Fils de Dieu, qui la conduira aux sommets d'une vie mystique exceptionnelle. Dès lors, la jeune adolescente ajuste sa conduite et ses désirs à cette présence de Jésus, à laquelle Marie* sera toujours étroitement associée ; les événements majeurs de sa vie intérieure coïncident d'ailleurs avec de grandes fêtes mariales. À quatorze ans, elle fait le vœu privé de chasteté et demande à Dieu la grâce du martyre. En 1914, alors que débute le conflit mondial, fortement touchée par le mal moral qui menace le monde, elle s'offre à Dieu « en esprit de réparation et d'amour », parce qu'elle ne peut supporter la souffrance du Christ. Elle a alors dix-sept ans et manifeste le désir de devenir religieuse, mais, devant le refus de ses parents, elle entreprend des études de pianiste qui la conduiront à New York pendant près de deux ans. À son retour, elle mène une vie sociale active, où la musique, à travers les concerts qu'elle donne, semble occuper la première place. Pourtant, elle demeure fidèle à l'offrande d'elle-même qu'elle avait faite à Jésus, malgré des épreuves spirituelles et de violents combats intérieurs qui ont commencé à New York et dureront « sans répit » pendant six ans.

Au cœur de ces temps d'aridité, elle apprend de Jésus même comment repérer les ruses du démon et, forte des deux images qui lui sont données comme balises, l'hostie et l'étoile représentant Jésus et Marie, elle avance sur le chemin de plus en plus épineux qui lui a été montré dans une de ses visions. Dans sa faiblesse, mais aussi dans une liberté dont elle fait une vive expérience, elle se sent appelée à l'humilité, au renoncement et à la souffrance pour une mission dont elle ignore le contenu, sinon qu'il concerne le salut des âmes. Le Christ lui-même la prépare à cette mission en l'unissant de plus en plus profondément à lui par la médiation de sa Croix qu'il « plante » dans le cœur de Dina. Elle prend la décision d'entrer chez les religieuses de Jésus-Marie et réalise son vœu en août 1921. Six mois plus tard, elle prend le nom de sœur Marie Sainte-Cécile de Rome. Jésus et Marie sont très concrètement « la règle de son amour et de sa vie » ; mais la communauté, qui lui confie l'enseignement de la musique dans une de ses écoles, ignore par quel travail intérieur le Seigneur la prépare à sa véritable mission ; et rien de ses expériences mystiques, quelque extraordinaires qu'elles soient, ne sera perceptible par son entourage. La jeune religieuse vit intérieurement dans un temps singulier, sorte de présent absolu qui rend d'autant plus douloureux les actes de mémoire requis par la rédaction de l'autobiographie demandée par sa supérieure. Elle s'y emploiera dans l'obéissance, tant qu'il lui sera possible de tenir le crayon, demandant à Jésus d'écrire lui-même ces pages ; elles deviendront sept cahiers, d'une écriture qui participe à la mission de la mystique et sans laquelle l'œuvre de Dieu dans cette âme d'exception ne serait pas connue.

Si l'ascension de la religieuse est fulgurante – elle meurt à trente-deux ans –, elle n'en est pas moins progressive. Tout se passe d'abord comme si Jésus, dans un dialogue incessant et une présence de plus en plus intérieure, lui donnait une à une les indications et les grâces nécessaires pour avancer vers le sommet – à la fois mode d'union et mission –, qu'il a préparées pour elle. Aussi, aidée par les deux protectrices qui lui sont mystérieusement accordées – sainte Cécile, modèle d'apostolat, et Thérèse de l'Enfant Jésus*, récemment béatifiée –, elle progresse dans la voie de l'abandon confiant et du dépouillement de tout son être, santé comprise. Et il ne s'agit pas d'une pure désappropriation de soi. En 1923, la mystique comprend que l'union la plus intime qu'elle appelle de ses vœux, non seulement la vie *avec* Jésus mais la vie *de* Jésus en elle, présuppose un abandon de « tout », auquel elle consent. Déjà il lui est donné de sentir la présence du Dieu trine en elle. Mais l'abandon entier doit aller plus loin, jusqu'à l'anéantissement de son être. Cette consommation se réalisera dans la vision sublime de novembre 1923 : après que Jésus a brûlé devant elle le cœur qu'il avait ôté de la poitrine même de Dina, elle est invitée à s'avancer vers le lieu du sacrifice. Malgré la répulsion en elle de la nature, elle gravit, une à une, les marches jusqu'à l'autel sur lequel elle est consumée et ses cendres balayées par le Seigneur lui-même. Alors, Jésus se « substitue » à la mystique, lui faisant comprendre que ses apparences extérieures n'étaient qu'un manteau dont il se servait, lui demandant de « le laisser faire en tout ». Par son consentement, Dina répond au cri du Christ en croix, qui exprimait sa soif des âmes. Plus tard – un an avant la mort de la religieuse –, confirmant à plusieurs reprises cette substitution, Jésus la nommera « ma petite Moi-même ». Mais elle est appelée à plus encore. Lorsque, en 1924, Marie Sainte-Cécile entend de Jésus l'annonce de sa mort prochaine, elle l'interprète dans le sens premier du terme et s'attend à quitter ce monde. Elle se prépare à ce 15 août 1924 comme une fiancée pour sa noce. Or, si le mariage spirituel est bien consommé ce jour-là, la mort qui lui est donnée de vivre est très différente de son attente, au point qu'elle parlera à son sujet de « non-mort ». Alors commence véritablement pour elle ce qu'elle appelle une « vie nouvelle », marquée, entre autres fruits, par une mystique trinitaire dont un des concepts-clés, suggéré par Jésus lui-même, est le *rassasiement* : en laissant à chaque instant le Verbe increé agir en elle, le « divin substitué » peut rassasier la Trinité et il est seul à pouvoir le faire. Par le Cœur de Jésus, il est donné à la mystique d'aimer la Trinité « du même amour » par lequel la Trinité s'aime.

Elle prononce ses vœux définitifs le 25 décembre 1928. Dans les dernières années de sa brève existence, Marie Sainte-Cécile de Rome connaîtra des phénomènes et expériences mystiques aussi nombreux que discrets, qui l'associent à la Passion de Jésus : stigmates invisibles, participation à l'agonie du Christ, vision du Cœur eucharistique, etc. Un des derniers textes qu'elle ait pu écrire, en mai 1929, tente de dire en des termes sublimes comment le Seigneur la fait pénétrer « au cœur même de l'Essence infinie », dans « l'essence de l'Essence de la Trinité ». Entrée à l'infirmerie du couvent quatre mois plus tôt, elle est emportée par la tuberculose pulmonaire. Elle est béatifiée par Jean-Paul II en 1993.

Thérèse Nadeau-Lacour

Bibl. : *Œuvre* : *Autobiographie* (5e édition), Montréal-Québec, Religieuses de Jésus-Marie, 1995. ***Études*** : G. BOUCHER, *Dina Bélanger, itinéraire spirituel*, Montréal-Paris, Éditions Paulines, 1983 ; F. OUELLETTE, *L'Expérience de Dieu chez Dina Bélanger*, Montréal, Fides, 1998.

DIOTIME DE MANTINÉE, *philosophe et prophétesse* (Mantinée ?, Ve s. av. J.-C.-?). — L'Étrangère dont Socrate dit avoir reçu un enseignement mémorable, ne fut-elle qu'une figure rhétorique comme l'a supposé Marsile Ficin (*De l'Amour*, 1469), ou eut-elle une existence historique ? Platon ne donnant en général la parole dans ses dialogues qu'à des personnages réels, on peut supposer que la philosophe et prophétesse Diotime se trouva bien à Athènes vers 440 av. J.-C. Elle est en tout cas la seule femme, avec Aspasie de Milos dans le *Ménexène* (v. 387 av. J.-C.), à intervenir dans un dialogue platonicien ; l'une à propos de l'amour, l'autre de la mort des soldats tombés au combat. Rappelant la rareté du nom féminin Diotima alors qu'était commun le masculin Diotimos, l'helléniste Luc Brisson avance qu'il ait pu signifier « honorée de Zeus » ou « honorant Zeus ». Mais c'est surtout Éros que célèbre Diotime dans *Le Banquet* (v. 380 av. J.-C.) de Platon.

On ne sait pas davantage si sa ville d'origine a été choisie par Platon en fonction d'une étymologie hasardeuse – *mantis*, le devin – ou s'il s'agit de la petite cité-État (*Mantineia*) située au sud-est de l'Arcadie, si réputée pour le culte qu'on y rendait à Apollon qu'elle aurait attiré le musicien Aristoxène de Tarente, au IVe siècle, et abrité « une longue chaîne de femmes absorbées dans la vie intérieure » (R. Godel). C'est à Mantinée que la légende posthomérique, d'autre part, fait naître le dieu Pan, des amours entre la nymphe Pénélope et le dieu Hermès. Trouvée à Mantinée et conservée au musée d'Athènes, une stèle votive (v. 410 av. J.-C.) représente une prêtresse d'Apollon qui pourrait être la « très sage Diotime » de Platon, laquelle, incitant les Athéniens à offrir aux dieux des sacrifices, aurait fait reculer de dix ans l'arrivée de la peste. Diotime semble donc avoir été experte tant en ce qui concerne l'amour que la divination et la religion.

Prophétesse pour avoir anticipé l'arrivée du fléau qui ravagea Athènes, elle fait à la fois figure de philosophe et de prêtresse lors du banquet platonicien au cours duquel chacun des participants s'essaie à définir l'amour. Physiquement absente, elle y intervient néanmoins, ayant jadis prononcé sur ce sujet un discours dont Socrate restitue fidèlement la teneur. Réhabilitant l'opinion vraie – à mi-chemin de l'opinion vulgaire (*doxa*) et d'une vérité idéalement conçue (*noêsis*) –, elle ouvre à l'Éros philosophique, né de l'union de Poros (ressource) et de Pénia (pénurie) lors d'un banquet divin en l'honneur d'Aphrodite, une voie on ne peut plus royale. Accomplissant en effet la tâche d'un « grand démon », Éros joue, tout comme Hermès, un rôle médiateur entre les dieux et les hommes : « De lui, procède la divination dans son ensemble, l'art des prêtres touchant les sacrifices, les initiations, les incantations, tout le domaine des oracles et de la magie. »

Maître du démonique plus que du démoniaque, Éros inspire aux humains le transport sans lequel ils ne pourraient s'élever par paliers du beau éphémère au beau éternel, seul aimable et admirable. Choisissant la voie moyenne entre ignorance et savoir, finitude et immortalité, Diotime fait-elle montre d'une sagesse typiquement féminine ? Enseignant que l'amour vise moins la contemplation du beau en soi que l'enfantement d'une âme dans la beauté, elle réhabilite en tout cas ce qu'il y a de féminin dans cette mystérieuse parturition. C'est en initiatrice inspirée par le dieu qu'elle s'adresse aux hommes, et en familière des Mystères qui furent ceux d'Orphée, de Dionysos et de Déméter. Aussi son discours rappelle-t-il la proximité des Mystères grecs et de la mystique dans les cultes antiques ; le « mystique » (*mustikos*) étant un initié à qui des épreuves purificatrices ont permis de « contempler » (*epoptein*) ce que le profane continue d'ignorer.

Femme, étrangère à la cité athénienne et « mystique », la Diotime platonicienne passa à la postérité comme la messagère d'une sagesse qui ne répudierait ni l'amour ni ce qu'il comporte de mystère. Ainsi apparaît-elle dans le roman de Friedrich Hölderlin *Hypérion ou l'ermite de Grèce* (1799), d'abord sous les traits de Mélite (*Fragment Thalia*), puis sous ceux de la sage Diotima en qui l'on a reconnu Suzette Gontard, le grand amour français du poète. Aussi sereine que radieuse et perspicace, Diotima incarne la plénitude de la connaissance quand elle est inspirée par l'amour. Incarnation d'une Grèce idyllique dont le monde germanique cherchait alors à retrouver le miraculeux équilibre, et inspiratrice du poète dont elle calme l'inquiétude, ses traits rappellent ceux de l'antique Sophia hellénique, gnostique et même biblique. Elle réapparaît dans *L'Homme sans qualités* (1930-1932) de Robert Musil dont le héros, Ulrich, surnomme « Diotime » Ermelinda Tuzzi, une dame férue d'action secrète et de livres. L'écrivain et poète belge Henry Bauchau en a fait l'héroïne de son roman *Diotime et les lions* (1991) et l'un des personnages de *Œdipe sur la route* (1990), tandis que Luigi Nono lui a dédié un quatuor à cordes *Fragmente-Stille, an Diotima* (1980).

Françoise Bonardel

Bibl. : ***Textes de référence*** **:** PLATON, *Le Banquet*, L. BRISSON (éd.), Paris, GF Flammarion, 1998 ; F. HÖLDERLIN, *Hypérion*, trad. Ph. Jaccottet, in *Œuvres*, Paris, Gallimard, 1967. ***Études*** **:** G. FOUGÈRES, *Mantinée et l'Arcadie orientale*, Paris, A. Fontemoing, 1898 ; R. GODEL, *Socrate et Diotime*, Paris, Les Belles Lettres, 1955 ; W. BURKERT, *Les Cultes à mystères dans l'Antiquité*, trad. B. Deforge et L. Bardollet, Paris, Les Belles Lettres, 1992.

DOËNS, Marie, *bénédictine* (Marguerite-Marie en religion ; Rouen, 25 novembre 1841-Saint-Jean d'Angély ?, 17 juin 1884). — Marie Doëns entre au carmel de Sturne près de Genève, en 1867. Elle en sort pour raisons de santé. Pensionnaire de l'abbaye Notre-Dame-des-Anges de Saint-Jean-d'Angély, elle devient oblate bénédictine en 1875 et prononce ses vœux perpétuels en 1882. De santé délicate, elle s'éteint à quarante-deux ans. Sa vie spirituelle est marquée par une dévotion particulière à l'Eucharistie et de grâces déclarées extraordinaires par ses contemporains (les dominicains Coconnier, Friaque, Doussot, le sulpicien Ribet, le cistercien Robert Trilhe et l'abbé d'En-Calcat, Romain Banquet), telles que paroles intérieures et fiançailles mystiques. Elle est l'auteur d'un « Récit des grâces » qu'elle reçut, écrit sur l'ordre de son abbesse, et d'une correspondance épistolaire avec sa sœur carmélite et amie Thérèse de Saint-Martin entre 1870 et 1884, dom Romain Banquet, abbé d'En-Calcat, et une converse, sœur Alphonse.

Audrey Fella

Bibl. : ***Études*** **:** A. RAYEZ, notice dans le *Dictionnaire de spiritualité*, Paris, Beauchesne, t. III, 1957, col. 1513 ; D. E. MISSEREY, *Sous le signe de l'hostie. La Mère M.-M. Doëns, moniale bénédictine*, Paris, Desclée de Brouwer et Cie, 1934.

DOMINIQUE DE PARADIS, *dominicaine* (Dominique Narducci ; Paradiso, 8 septembre 1473-Florence, 1553). — La *Vie* de la vénérable Dominique appelle les plus expresses réserves tant ses visées didactiques sont explicitement avouées : cette composition quasiment romancée entend manifester comment « une petite paysanne si vile, vulgaire, inepte, de par sa naissance, son éducation, son âge et son manque de pratique des nobles vertus » distance, et de loin, les experts et professionnels de la sagesse et de la perfection. Tout autant, il s'agit d'inculquer au public enfantin catéchisé la phobie du corporel, puisque Dominique craignait qu'un homme lui touchât la main et qu'ainsi elle perdît sa virginité. D'ailleurs, dans cette quête névrotique du « mépris et de la haine de soi », son ascétisme dévorant ne demandait-il pas au Christ : « Donne-moi ton amour et ma haine ! » Prière exaucée quand elle reçut à douze ans le mariage mystique : désormais, le corps était barré.

Dominique Narducci est née le jour de la fête de la Nativité de la Vierge à Paradiso, petit village des environs de Florence, d'un père maraîcher qui meurt en 1479. Dès son enfance, elle se révèle une infatigable travailleuse, aussi bien au jardin et dans les champs qu'à la maison. À vingt ans, au grand regret de sa mère, elle quitte la maison pour le couvent des Augustines de Candeli. Son noviciat la soumet à une véritable exploitation, qui lui interdit toute vie de prière, son temps se partageant entre travaux agricoles et périodes de sommeil strictement surveillées. La réaction somatique ne tarde pas : une fièvre pernicieuse se déclare, qui guérira soudain dès qu'elle revient à la maison familiale. De retour au couvent, elle retrouve ses cadences quotidiennes, assorties d'une interdiction de jeûner. Cette mise à l'épreuve extrême n'est pas sans intention secrète des supérieures de pouvoir exhiber les performances de la novice à la gloire de la congrégation, *dixit* le biographe dominicain. Mais cette stratégie se trouve contrariée par une autre instance d'autorité : celle de Jésus lui-même, à qui Dominique se réfère lorsqu'il y a un choix à faire et qui apporte ainsi une contradiction libératrice. La nocivité de la vie augustine est établie quand, à la suite d'un nouveau séjour dans sa famille après une intervention chirurgicale sur un abcès, la plaie saigne de nouveau dès son retour à Candeli.

Durant sa longue convalescence, elle prend en dégoût la nourriture carnée (viande, œufs, lait), puis élimine pain et vin (les matières eucharistiques), pour ne tolérer que légumes et fruits qu'elle absorbe crus, mâchant lentement en méditant la Passion ; une fixation singulière sur les clous, dont la dureté se communique à la nourriture, rend la déglutition pénible et difficile. Cette obsession trouve son couronnement dans l'impression des stigmates, dont la visibilité peine son humilité, comme la virtualisation lumineuse de la couronne d'épines qui lui est imposée. Elle a vingt-quatre ans. Progressivement, ces symptômes s'effacent, ne subsistant qu'à l'état de traces et accompagnant la méditation des vendredis.

Son séjour familial se passe mal. Elle est dans sa chambre à prier et à se flageller, sans participer aux travaux agricoles ou domestiques de la famille, ce qui provoque une exaspération de plus en plus intolérante de ses frères et de sa mère. Elle finit par quitter Paradiso pour se rendre à Florence, où elle provoque son propre malheur par ses imprudences : soupçonnée de pratiquer la magie noire et de jeter le mauvais sort, inquiétante en sa manière de s'introduire dans la vie des couples, harcelée par ses ennemis qui tentent même de l'empoisonner, elle est finalement déférée devant le tribunal ecclésiastique de l'archevêque, qui la relaxe, mais l'assujettit à une période probatoire pour « la corriger et l'assainir ». Ordre lui est intimé d'intégrer un couvent, mais Jésus s'y oppose. Aucune des communautés consultées du diocèse n'est prête à la prendre en charge. Proche malgré tout des Dominicains de San Marco, qui vivent dans le souvenir exalté de Savonarole, elle adopte – de sa propre initiative ? – l'habit blanc et noir des dominicains qui lui aurait été donné dans une vision, par saint Dominique et sainte Catherine de Sienne*, ce qui provoque la fureur du frère général de l'ordre. L'archevêque trouve un compromis en lui enjoignant de coudre la croix rouge qui caractérisait les communautés féminines fondées ou réformées par Savonarole. Elle-même finira par fonder son propre monastère (qui prendra en main les destinées de l'orphelinat de la Crocetta), et il faudra la menacer de l'excommunication pour la faire renoncer à la vie solitaire et l'obliger à diriger sa communauté où, par humilité, dit-on, elle ne fera profession qu'en 1552.

De Catherine de Sienne qui est son modèle explicite, elle reproduit toutes les étapes et tous les épisodes du parcours mystique : échange des cœurs, stigmates, mariage mystique. Dans le sillage de Savonarole, le héros réformateur, elle mène à Florence un apostolat visionnaire et prophétique (où les diableries ont une part pittoresque) ; elle prêche, impose des prières publiques, dirige nombre de ses concitoyens. À l'arrière-plan s'embusquent les irréductibles disciples savonaroliens de San Marco : derniers feux d'une résistance résiduelle dont Dominique serait comme l'égérie. Le pouvoir clérical a en effet repris le dessus, contraignant les femmes, sans se préoccuper de leurs dispositions ni de leur psychologie, à ses yeux quelque peu déroutantes. À la différence de Catherine de Ricci* ou de Marie-Madeleine de Pazzi*, Dominique incarne une figure désormais obsolète d'une inscription de l'agir mystique dans la cité et au sein de l'institution ecclésiale.

François Marxer

• *Voir aussi* : Catherine de Sienne

Bibl. : *Vie et études* : A. MORICONI, *La Venerabile Suor Domenica dal Paradiso : La popolare mistica taumaturga del secolo d'oro fiorentino 1473-1553 ancora tra noi viventi coi luminosi esempi di sua vita colle sue profezie e colle sue intercessioni*, Florence, 1943.

DORIZY (DE VERZET), Marie, *laïque* (Frignicourt, 1639-Verzet ?, 1679). — Née près de Vitry-le-François (Marne), Marie Dorizy habita la ferme de Verzet, dans la paroisse de Reims-la-Brûlée. Elle grandit dans une famille paysanne et s'occupa des affaires de la ferme, vendant ses produits et se livrant aux travaux des champs. Sans directeur de conscience connu, elle aurait été instruite directement par les instances divines, selon le jeune prêtre anonyme qui rédigea les seules notes attestant de son existence.

Malgré les sollicitations du monde puis l'altération de sa santé, Marie Dorizy mena une vie d'une grande piété, comme l'attestent sa vie sainte et l'abondance de ses grâces. Fréquemment visitée par le Saint-Esprit, elle acquiert la connaissance du *Cantique des cantiques*, dont elle dit des merveilles surprenantes. « Son âme attentive à Dieu ne la quittait pas de vue » (« Une mystique en pays perthois... », p. 206) et il lui arrivait d'accomplir son travail domestique « sans savoir ce qu'elle faisait ». L'ardeur de son amour pour Dieu provoque des extases dont certaines font songer à celles de saint Jean de la Croix : « Après le ravissement, une boule de feu restante dans son âme exténuait les forces presque manquantes de son corps malade » (*ibid.*, p. 219). Elle bénéficie régulièrement de l'apparition du Christ, même dans l'Eucharistie, « avec tout l'éclat de sa divine Majesté » (*ibid.*, p. 218) et est également « honorée de la présence des anges dans ses oraisons ». Si elle a à déjouer quelques artifices du diable, il est dit qu'elle possède le discernement des esprits. « Toujours élevée à Dieu et toujours abaissée [...] pour son prochain » (*ibid.*, p. 213), elle témoigne d'une expérience mystique dans le cadre de vie le plus commun.

Audrey Fella

Bibl. : *Études* : P. VIARD, notice dans le *Dictionnaire de spiritualité*, Paris, Beauchesne, t. III, 1957, col. 1645-1646 ; E. JOVY, « Une mystique en pays perthois au XVIIe siècle, Marie Dorizy de Verzet, 1639-1679 », *Société des sciences et arts de Vitry-le-François*, t. 28, 1909, p. 198-228 (publié en 1914 par E. Jovy, Vitry-le-François).

DOROTHÉE DE MONTAU, *bienheureuse* (Montau, auj. Kwidzyn, en Pologne, 1347-Marienwerder, 1394). — Fille de paysans aisés, dont le père, Swarte, était d'origine néerlandaise, elle est mariée à seize ans, contre son sentiment, à un armurier ayant passé la quarantaine. Il va abuser d'elle sexuellement et s'efforcera d'extirper ses tendances à la dévotion. De cette union naîtront neuf enfants, qui mourront tous en bas âge ou de la peste, sauf une fille, Gertrude, qui devint bénédictine.

Dorothée se tourna très tôt vers le Christ. Dès 1374, elle se laisse inspirer par la figure de sainte Brigitte de Suède*, et entreprend, en accord avec son époux, un pèlerinage à Rome, à l'occasion du jubilé de 1390. C'est un tournant majeur dans son existence. Elle fait l'épreuve de son sentiment de culpabilité lié à son mariage charnel vécu douloureusement, en concurrence avec l'amour spirituel, mais encore de la rémission radicale de ses fautes (ce qui est une caractéristique majeure de la fête du jubilé depuis l'Ancien Testament et du programme évangélique de Jésus inspiré explicitement d'un verset d'Isaïe la désignant), d'une libération des contraintes anciennes, de la possibilité d'un nouveau départ dans la vie, d'un affranchissement de tout son être (où le sourd entend, l'aveugle voit, le paralysé bondit, le prisonnier est ébloui par le jour), et de la capacité pour l'homme nouveau (*homo novus*) de contracter une union cordiale ou spirituelle avec Dieu sans intermédiaires (cf. Jr XXXI, 34 ; Ez XVIII, 20). Après le décès de son mari (au cours du voyage à Rome), elle alla se mettre sous la direction de Jean, un théologien, doyen du chapitre de Marienwerder, lequel, de manière très révélatrice, composa une anthologie des textes de Brigitte de Suède mais aussi les *Vies* premières de Dorothée. En 1393, celle-ci obtient l'autorisation de devenir recluse dans une cellule adossée à l'église.

Après sa mort, son directeur rédigea différentes *Vies* latines (*Vita brevis*, 1394 ; *Vita Dorotheae Montoviensis*, 1404 ; éd. 1964) et une *Vie* allemande de Dorothée (*Das Leben der zeligen Frawen Dorothee*, *ca* 1404). Celle-ci, publiée à Marienburg en 1492, constitue le premier livre imprimé en Prusse. Cette activité hagiographique rappelle aussi à quel point la mise en ordre de la vie, des propos ou des révélations de Dorothée (qui est illettrée) – les entretiens en allemand sont d'abord annotés en style télégraphique avant d'être latinisés –, comme dans le livre des « Sept lys » (*Septililium Dorotheae Montoviensis*), autant que le soin mis à son procès de canonisation (même s'il n'a pas abouti), sont liés à la carrière personnelle de Jean de Marienwerder (enseignant à l'université de Prague, chevalier teutonique en 1387) et, plus encore peut-être, au destin de la Prusse elle-même : pays des chevaliers teutoniques, pris entre une Lituanie encore sujette au paganisme et la puissance de la Pologne. L'accession de la première femme native de Prusse sur les autels autant que la dévotion populaire à soutenir, voilà qui constitue l'appui symbolique bienvenu pour un pays en situation délicate.

Les visions de Dorothée sont encore fortement liées, comme chez les Bénédictines spirituelles, aux fêtes du cycle liturgique (voir le *Liber de festis* ; éd. Cologne, 1992), et donc marquées par le *tempo* ecclésial, ce qui indique à quel point elles ne peuvent être réduites à des questions de parcours biographique ou de psychologie. L'amour spirituel, suivant Dorothée, est décrit comme liquéfaction (*amor liquidus*), amour jaillissant (*amor bullicus*), extatique et même *stuporal*. Mais c'est aussi l'expérience d'une symphonie, car il y a l'expérience nuptiale et celle des colloques mystérieux. Ce qui n'empêche pas l'amour d'être blessant. Les blessures de Dieu sont inévitables. L'amour est « vulnérant » (*caritas vulnerans*), ce qui a parfois donné lieu au rapprochement entre l'expérience dorothéenne et une forme singulière de stigmatisation, même s'il est erroné de parler des stigmates de la recluse, sinon dans un sens paulinien et cathérinien. Ce qui frappe d'un bout à l'autre de la vie spirituelle de Dorothée, c'est le « désir violent » qui la visite (*Berunge* ; ce qui fait songer à la pulsion de la déité, *berunge der gotheit*, dans un sermon moyen haut-allemand de Maître Eckhart, et à la *Begierde* hégélienne, qui suscite le désir lacanien excédant le réel et l'imaginaire), mais encore la voix puissante qui l'inspire pour éclairer les obscurités de son temps, le Grand Schisme (1378-1417).

Elle influença la mimétique visionnaire anglaise Margery Kempe* (*Booke*, *ca* 1432 ss.). L'ancienneté de sa mémoire et sa vivacité – dont témoigne à sa manière le *Turbot* du romancier teutonique Günter Grass (évoquant la violence dans le couple) – a fait reconnaître officiellement son culte en 1976.

Bernard Forthomme

• *Voir aussi* : Margery Kempe

Bibl. : ***Vie*** : J. von MARIENWERDER, *The Life of Dorothea von Montau. A Fourteenth-Century Recluse*, trad. Ute Stagardt, New York, E. Mellen, 1997. ***Études*** : C. HESS, *Heilige machen im Spätmittelalt. Ostseeraum. Die Kanonisazionprozesse von Birgitta von Sweden... u. Dorothea von Montau*, Berlin, Akademie Verlag, 2008 ; M. M. SAUER, *Anchoritism and Authority : Self-Signification in Dorothea von Montau's Vernacular Hagiography*, in *Anchoritic Spirituality : Texts and Contexts*, S. M. Chewning (éd.), à paraître, Turnhout, Brepols. ***Roman*** : G. GRASS, *Le Turbot*, trad. Jean Amsler, Paris, Seuil, 1979, rééd. 1997.

DOS SANTOS, Lúcia. — *Voir* LÚCIA DE JESUS DOS SANTOS

DOUCELINE DE DIGNE, *sainte, béguine* (Digne, v. 1214-Hyères, 1274). — Figure marquante, avec son frère, le fameux prédicateur Hugues de Digne – il prêche devant saint Louis en 1254, dans un esprit joachimiste modéré –, du premier essor des Franciscains de France. Douceline est issue d'une famille de négociants très attentive au sort des pauvres. Lorsque sa mère mourut, elle prit sa place auprès des miséreux : « Son père voulait qu'elle servît les pauvres qu'il avait coutume de garder dans sa maison [*hostal*] pour l'amour de Dieu. L'excellent homme amenait les malades et les infirmes qu'il trouvait dans les rues ou par les chemins et disait à sa fille : ma fille je t'amène et t'apporte du profit [*gazinh*]. » Après le décès de son père, elle continua ses œuvres de miséricorde, jusqu'à ce qu'elle prît l'habit de conversion. Ainsi, au retour d'une visite à l'hôpital de Hyères, survint la découverte d'une autre forme de vie ; celle des béguines, alors inconnue en Provence : « La visitation de Dieu vint au-devant d'elles [Douceline et les personnes qui l'accompagnaient]... Voilà que tout à coup leur apparurent dans le chemin [*en la via*] deux humbles dames qui se ressemblaient et qui marchaient très modestement, la figure couverte de voiles de toile blanche, et avec un grand air d'honnêteté [...]. Quand la sainte femme les vit, elle fut remplie d'une allégresse merveilleuse, et toute pleine d'ardeur elle leur demanda qui elles étaient, et de quel ordre. Alors [...] montrant leur voile, elles dirent : Prends ceci et suis-nous. Aussitôt elles disparurent, et on ne put savoir ce qu'elles étaient devenues » (*Vida*, II). Nous sommes assurément à un tournant majeur de la vie spirituelle de Douceline. Cela se passe au détour d'un chemin, brusquement, comme par accident. C'est un parcours brisé, pareil à une démarche interrompue, un incident majeur ou un traumatisme spirituel. Après l'échec de son agrégation chez les Clarisses de Gênes, où son frère Hugues l'avait fait recevoir, et après avoir été soigneusement informé de son expérience, il appuya sa volonté de ne pas entrer dans un autre ordre.

Désormais Douceline voulut être appelée béguine (*eser appellada beguina*) par amour de Notre-Dame qui était son modèle, parce qu'elle disait que Notre-Dame fut la première béguine. On s'interroge encore sur le mode de vie béguinal propre à Liège d'abord, et aux Flandres ensuite, qui permettait aux femmes de ne pas devoir choisir entre la vie conjugale ou la vie cloîtrée et de ne pas aliéner leurs biens. Ce qui ouvrait la voie vers un mode de vie franciscain sans le radicalisme propre au courant des Spirituels concernant la pauvreté. À Hyères, vers 1240, Douceline fonde un institut de vie laïque conforme à la visitation surprenante qu'elle disait avoir vécue, toujours selon le témoignage d'une de ses disciples, Phelippa de Porcellet, à qui l'on attribue habituellement la rédaction de *Li vida de la Benaurada sancta Doucelina* (v. 1311-1320). C'est la plus ancienne pièce en prose d'importance écrite en Provence, dans un climat franciscain. Les quinze chapitres suivent d'ailleurs le rythme de la *Vie* de saint François écrite par saint Bonaventure.

À l'image de Marie*, Douceline prend le voile comme signe de deuil du fils. Et comme l'épouse du *Cantique*, elle prend le deuil de l'époux. Ce double deuil semble symbolisé par la rencontre accidentelle, la démarche rompue à la source d'un désir impulsif initial. Cette démarche basale est marquée par l'expérience radicale du deuil, et par l'angoisse, peut-être surdéterminée par la peur des mâles, d'exposer la seule partie visible de son être, le visage, à leur regard et à la honte (*vergohna*) ; déshonneur dont jouera plus tard Angèle de Foligno* comme vecteur de son épreuve spirituelle. Cette démarche est marquée tout autant par une ardeur joyeuse, une exaltation peu commune, laquelle sera le fond des phases extatiques si fréquentes dans l'existence ultérieure de Douceline. Ardeur d'autant plus radicale que la phase mélancolique n'est pas typique : au lieu de vivre le deuil comme exercice de *déliaison* progressive avec l'objet perdu (le fils, l'époux), il s'agit ici, au contraire, de resserrer les liens et de contrer l'épreuve de la perte. Ensuite, le cours de sa vie prend une double configuration : celle de la course sous forme de *projection*, de jet ; ce qui se traduit par les multiples prédictions, anticipations, que l'on nomme habituellement l'« esprit de prophétie ». Tension vers le futur propre à l'eschatologie joachimiste sans doute – laquelle donne un sens particulier au parcours de l'Histoire à partir du discours biblique et de son interprétation allégorique –, mais qui permet surtout de se constituer comme une personne qui n'est plus seulement sujette des hauts et des bas de l'existence, de l'humeur, du caractère porté aux excès, de l'atmosphère en un mot, du cours obscur et erratique des événements. C'est le moment fort où la personnalité se dégage et s'assume. D'abord en anticipant sur le futur, mais aussi en prenant sa part de responsabilité du rôle de fondatrice sans cesse insatisfaite, animée par un désir, sinon réellement pervers, du moins paroxystique, allant parfois jusqu'à la violence (battre jusqu'au sang une fille qui ne semble pas vouloir concentrer tout son désir sur le seul homme acceptable – le Christ). Remarquons à ce propos l'importance des symboles du vin, du sang, du sceau (stigmate), pour signifier cet amour jaloux marquant les corps. L'amour est une joie sanglante, une ivresse, une ébriété redoutable (susceptible du *delirium*) et non une partie de rigolade, un divertissement ! Lacan le disait à Mgr Charles Mœller en passant par la Piazza Navona : « Tous ces jeunes gens qui s'y embrassent et s'y palpent et s'y branlent, savent-ils dans quel drame ils entrent ? » Ensuite, par une nouvelle configuration, l'affermissement de la personnalité (et pas seulement des capacités neurologiques, des facultés psychiques) se passe lorsque Douceline *se projette elle-même* vers le futur, mais également vers la hauteur, la verticalité : ce qui constitue son mode extatique proprement dit. La forme la plus achevée de son existence. Mais ce mode extatique comme mode par excellence du pouvoir entendre, voir, dire la Parole dans toute sa force, jusqu'à menacer le parcours de vie lui-même, c'est aussi ce qui laisse apparaître la source cachée, la condition de possibilité profonde de l'incident de parcours initial. C'est ce qui éclaire l'atmosphère première, la spiritualité traumatique, l'accident, le double deuil, et sa perversion : deuil renforçant le lien à l'objet détruit, au lieu de le dénouer peu à peu. Cette phase la plus complexe de la vie de Douceline, comme flux extatique, n'est pourtant pas une absence pathologique de parcours. L'incident de parcours n'est pas la destruction du parcours lui-même, de son articulation narrative, d'une certaine forme de suivi. Certes, la course prend souvent la forme d'un saut. L'extase est une rupture comme un *salto mortale*. Toutefois, l'extase telle que vécue par Douceline n'est pas simplement une rupture. À plus d'une occasion, sa *Vida* rappelle qu'une fois revenue à elle-même, elle est capable de s'occuper avec pertinence et vivacité de tous les aléas de la vie quotidienne et de la bonne marche (fort difficile et même assez précaire au début) de sa communauté de Conversion. Il s'agit non seulement des difficultés internes, mais des rapports complexes avec la vie civile, avec les hommes, avec le monde. Car un tel mode de vie béguinal, alors nouveau en Provence, cette manière de vie religieuse tout en conservant une existence laïque, implique aussi un changement d'esprit concernant le mode de vie des femmes (même si le catharisme a pu préparer aussi l'acceptation d'une forme de vie nouvelle pour les femmes). En outre, la course comme saut, comme mode extatique où toute la personne elle-même s'engage dans le mouvement vers le futur et vers la hauteur, n'est pas seulement une rupture athlétique (comme chez Paul), mais aussi une forme inouïe de suture. En effet, Douceline est très sensible au monde végétal et animal. Si une fleur, un fruit, un oiseau, rencontre en elle sa musique intérieure, cette rencontre accidentelle est suffisante pour déclencher une extase : « elle avait un si grand et si fort sentiment d'amour pour Notre Seigneur, qu'elle paraissait n'avoir plus une seule pensée pour ce monde. Si elle était à table, occupée à manger et qu'on lui apportait une fleur, un oiseau ou un fruit, ou tout autre chose qui lui fît plaisir, elle entrait immédiatement en extase, et s'élevait vers Celui qui avait créé ces êtres. Rien ne pouvait la troubler dans ce sentiment qui la pénétrait, car la grâce de l'Esprit-Saint remplissait et inondait son âme et l'amour de Dieu l'embrasait tout entière et la purifiait » (*Vida*, XIII). Ce qui fait songer à François d'Assise et à Claire d'Assise*, mais dans un sens paroxystique qui lui est propre, où l'aspect fraternel des éléments et le décapage par la pauvreté guidant la révélation des êtres demeurent plus effacés. Il ne s'agit ici que d'un *son*, d'une fleur, d'un fruit, d'un oiseau, et non de ce que François aurait appelé « frère son » ou « sœur cigale ». Il s'agit donc moins d'une extase au sens d'une sortie de soi (*tirament*), que d'un ravissement (*raubiment*) : non seulement d'un rapt au sens violent ou négatif (qui me ferait me perdre moi-même), mais comme visitation par une plénitude spirituelle, de ce qui révèle la proximité inouïe de soi et de Dieu, des êtres créés et de l'esprit créateur, de l'esprit amoureux, d'une volonté qui purifie et unifie sans laisser de reste. C'est moins une perte de soi qu'une plus grande habitation de soi par soi en tant que visité par l'autre, à l'occasion d'un plaisir, d'une volonté rencontrée accidentellement. C'est aussi parce que cet accident n'est pas un pur traumatisme. L'accident rencontre la substance à tel point qu'elle est cette substance. Le seul chant d'un oiseau solitaire peut provoquer en elle l'extase et le ravissement (comme la mémoire profonde chez Chateaubriand éveillée par une grive). C'est non seulement parce que c'est un oiseau, une créature de Dieu qui lui plaît, pareille à une sonorité de Dieu, non seulement parce que cet oiseau est solitaire comme un religieux ou la substance pure, mais parce qu'il chante, et que ce chant rejoint la musique intérieure, et que cette musique, son rythme, c'est l'extase elle-même : « En quelque endroit qu'elle fût, lorsqu'elle entendait parler de Dieu, elle entrait en extase. Si elle était à table à écouter la lecture, et qu'elle y rencontrât quelque parole douce, elle était incontinent ravie, à la table même et ne mangeait plus. Si elle entendait un air qui excitât sa dévotion, et qui lui plût, elle était aussitôt entraînée vers son Seigneur ; et elle ne pouvait supporter aucun doux son, ni presque aucun chant, pas même le chant des oiseaux, qu'elle ne fût hors d'elle. Un jour, elle entendit chanter un passereau solitaire, et elle dit à ses compagnes : Quel chant solitaire a cet oiseau ! Aussitôt, elle fut en extase, attirée à Dieu par le chant de cet oiseau [...]. Parfois, elle ne pouvait plus en revenir, tant elle y était fixée. Ses sœurs redoutaient beaucoup qu'elles ne la perdissent de la sorte ; car son corps, qui était très affaibli par la longue pénitence qu'elle avait faite, ne pouvait porter la grande force de l'esprit » (*Vida*, IX). Et pourtant, elle parvint précisément à pouvoir porter cette force spirituelle, à résister corporellement à cette violence de l'esprit sur le corps dont parlait déjà Platon. Un tel pouvoir suppose toutefois une construction très élaborée de la personnalité, capable de résister à la fissure pathologique tout en jouant sur tous les claviers de l'éclatement possible.

La spiritualité de Douceline – entendons : l'esprit qui l'inspirait –, en son originalité, est une spiritualité musicale. Son extase est un ravissement choral. Car derrière le chant singulier, c'est toute une liturgie infinie qui se profile, qui fait résonance. La spiritualité de Douceline, c'est la *réson*(ance) d'une partition majeure, d'un grand parler qui rend possible tous les discours et les dires obscurs, au risque des accidents de parcours et d'une discontinuité altérante dans le cours de la vie, jusqu'à l'effacement du cours en question, et même des pointillés, des troubles de la *raison* où le suivi reste néanmoins repérable. Comment suivre une extase, une *réson* ? C'est un terrible à-coup, un brusque écart, un coup d'aile qui évite le regard et le fusil du chasseur, jusqu'à perdre la trace de sa propre existence. Il faut attendre patiemment, espérer que l'extatique revienne à elle, que le chant poétique retourne à la musique de la prose.

Bernard Forthomme

Bibl. : ***Vies*** **:** *La Vie de sainte Douceline, fondatrice des béguines de Marseille, composée au* XIII*e siècle en langue provençale, publiée pour la première fois avec la traduction en français et une introduction critique et historique*, par J. H. Albanès, Marseille, 1879 ; *La Vie de sainte Douceline, texte provençal du* XIV*e siècle*, trad. et notes de R. Gout, Paris, 1927 (corrige certaines erreurs de l'édition antérieure). ***Études*** **:** A. SISTO, « Ritorno a Hyères. Consigli alla sorella. Fondazione del beguinage. Spiritualità di Douceline », in *Figure del primo francescanesimo in Provenza, Ugo e Douceline di Digne*, Florence, Olschki, 1971, p. 31-47 ; C. CAROZZI, *Une béguine joachimite : Douceline, sœur d'Hugues de Digne*, in *Franciscains d'Oc, les Spirituels (v. 1280-1324)*, Cahiers de Fanjeaux (10), Fanjeaux, Privat, 1975, p. 169-201.

DOUSSOT, Noémie, *carmélite* (Élisabeth de la Croix en religion ; Épernay, 1832-Fontainebleau, 1896). — Née de parents lecteurs de Voltaire, enfant prodige, Noémie grandit sans recevoir aucune éducation religieuse. Son frère Gaston, placé temporairement chez les Frères des écoles chrétiennes, lui apprend quelques prières. Assistant à huit ans à sa première messe, elle reçoit une vision de l'Enfant Jésus dans l'hostie et se convertit secrètement. Ses parents acceptent qu'elle fasse sa première communion (1844) et sa confirmation (1845). Dès 1848, pensionnaire externe d'une école chrétienne, elle parvient à mener de front études, mondanités et religiosité profonde. Sa vocation grandit, fortifiée par la mort de sa mère (1852), tardivement convertie. À sa majorité, malgré son père, elle entre chez les sœurs de Saint-Vincent-de-Paul, son frère entrant la même année chez les Dominicains. Mais la vie contemplative l'attire : elle devient carmélite à Amiens, puis à Nevers, où elle prend le nom d'Élisabeth de la Croix et prononce ses vœux (1859). Elle se consacre à la fondation du carmel de Meaux, dont elle devient prieure en 1863. Elle mêle alors à une vie spirituelle intense des talents d'administratrice : elle œuvre pour relier son couvent à l'Ordre des Carmes déchaux et obtient du pape Pie IX l'adoption de ses Constitutions. Elle mène à bien la fondation du carmel de Fontainebleau (1875) et celui de Merville (1891). Retrouvée allongée sur le plancher de sa cellule, elle meurt comme le Christ, seule et sur le bois, à Fontainebleau.

Son aventure spirituelle se traduit essentiellement en ardeur à souffrir. « J'ai pris la Croix pour mon partage, je vous supplie de m'en laisser le nom », prie-t-elle au moment de sa prise d'habits. Ce zèle mortificatoire retient l'abbé Bremond, qui évoque les « séances » où la carmélite ordonne à une de ses sœurs de lui cracher au visage et de la battre comme un animal, afin de la punir de ses imperfections. Ces multiples excès ascétiques, que son biographe se refuse à commenter plus avant, lui sont dictés, dit-elle, par une voix intérieure la priant d'être « épouse » et « victime » en mémoire de la Passion. Elle reçoit autour de 1875 la grâce de stigmates douloureux, mais invisibles, qui se renouvellent dans la contemplation (« Je fus abîmée dans la contemplation de Jésus crucifié ; j'étais hors de moi et tout en lui. [...] Alors les douleurs de Jésus-Christ me pénétrèrent et fondirent sur moi comme un torrent : les clous traversaient mes mains et mes pieds » [*Vie*, p. 328]). Par cette spiritualité d'imitation, elle entreprend de racheter les âmes du purgatoire, en premier lieu celle de son père, mort en incrédule, et s'offre en victime expiatoire, s'infligeant ceintures de fer, cilices et jeûnes. Ses écrits tentent de retranscrire un cheminement spirituel chaotique, où alternent « oraisons d'abjection », doutes, extases unitives, grâces d'abandon, enfin « présence intellectuelle presque permanente de Jésus ». Ses directeurs, condamnant ses excès (l'un d'eux lui écrit : « Vous avez une facilité dangereuse à vous enivrer spirituellement »), ne peuvent cependant nier cet « abandon absolu » aux choses de Dieu dont elle témoigne.

Antoinette Gimaret

Bibl. : *Œuvres* : certaines notes de retraite ont été publiées sous le titre *Sept retraites de la mère Élisabeth de la Croix* (retraites de 1869, 1875, 1878, 1880, 1883), Besançon, Imprimerie de l'Est, Paris, Lethielleux, 1929. Son journal (1878) et sa correspondance sont restés manuscrits. ***Vie* :** R. P. MARIE JOSEPH DE SACRÉ CŒUR, *Le Père Doussot dominicain et la Mère Élisabeth Carmélite sa sœur*, Paris, Plon-Nourrit, 1911. ***Études* :** H. BREMOND, *Histoire littéraire du sentiment religieux* (1916), rééd. Grenoble, Jérôme Millon, 2006, VI, 204-205 ; notice par le carmel de Fontainebleau dans le *Dictionnaire de spiritualité*, Paris, Beauchesne, t. IV, 1960-1961, col 578-580 ; J. MAÎTRE, *Mystique et féminité, essai de psychanalyse sociohistorique*, Paris, Cerf, 1997.

DROSTE ZU VISCHERING, Maria. — *Voir* MARIE DU DIVIN CŒUR

DUBOUCHÉ, Théodelinde. — *Voir* THÉODELINDE DUBOUCHÉ

DUNAND, Jeanne. — *Voir* ANNE DE SAINT-FRANÇOIS DE SALES

DUNCAN, Isadora, *danseuse* (San Francisco, Californie, 26 mai 1877-Nice, 14 septembre 1927). — À la naissance de Dora Angela, son père Charles, banquier, a déjà abandonné sa mère, Mary-Dora (pianiste au talent reconnu) et leurs trois autres enfants. Baptisée « Isadora » (don d'Isis), elle se passionnera pour cette déesse de la nature et de l'enfantement. Élevée à San Francisco, sur le rivage de l'océan, le rythme du ressac la conduit intuitivement à la danse. À treize ans, afin de gagner sa vie, elle interrompt ses études et enseigne cet art à d'autres enfants. En 1895, sa famille s'installe à New York, puis à Londres, pour lui permettre de se lancer dans une véritable carrière de danseuse.

Ses débuts coïncident avec la Belle Époque et le music-hall. Isadora, s'inspirant des écrits de Walt Whitman, entend rétablir la dignité et la mystique de la femme dans le spectacle dansé. Elle séjourne un an (1903-1904) à Kopanos, en Grèce, pour étudier le symbolisme du corps humain dans l'art hellénistique. Aussi, c'est Platon qui inspire Isadora pour ses chorégraphies à venir – désirant souligner l'impermanence des phénomènes tout en faisant apparaître le monde éternel des formes idéales. Elle rêve d'une danse, « si pure et forte, qu'en la voyant, les gens diraient : c'est une âme qui évolue devant nos yeux, une âme qui a rejoint la lumière, qui a atteint les blancheurs immaculées » (*The Dance and its Place in Art*, p. 243).

En pleine maîtrise de son art, elle ouvre à Berlin, en 1905, une école consacrée à la « Danse libre », faite de pas fluides et de gestes apaisants, dépourvus d'artifice, ponctués par des poses soutenues. Délaissant les canons esthétiques dominants depuis la Renaissance, et s'orientant vers le primitivisme païen, Isadora incarne le retour d'une mystique qui sollicite le corps tout entier, jetant des bases novatrices qui connaîtront des répercussions dans les autres arts de son temps. Le peintre Vassily Kandinsky s'enthousiasmera pour cette nouvelle approche et rendra hommage à Isadora dans son ouvrage *Du spirituel dans l'art* (1912). De plus, sa condition de femme l'encourage à proclamer toute la valeur d'une relation intuitive et sensuelle au monde, par opposition au rationalisme. Elle développe ainsi des formes narratives très abstraites, faisant éclater le caractère littéraire et codifié du ballet classique. Affichant son dédain des tutus et des ballerines, elle se produit pieds nus, épousant les forces telluriques en présence. Cheveux dénoués et revêtue de gaze, elle laisse deviner ses formes nues généreusement maternelles. Une combinaison savante de mouvements – tantôt larges, entraînant tout le corps, tantôt délicats et gracieux – donne à vivre l'expérience d'un rituel spirituel.

Au moment où son mariage avec Gordon Craig (le décorateur du théâtre avec qui elle eut une fille en 1905) touche à sa fin, Isadora entame sa première tournée aux États-Unis (1908-1909). Charles Caffin, critique pour la revue *Camera Work*, dit de son interprétation de la Septième Symphonie de Beethoven, qu'elle s'apparente « à une fenêtre ouverte dans une cathédrale, laissant pénétrer un souffle nouveau sous les voussures et les arches, et portant avec lui toute la fraîcheur de la nature [...] le rythme du spectacle épouse celui de la création qui tisse étroitement la vie et la mort des hommes » (« Henri Matisse and Isadora Duncan », p. 19).

Ses tournées européennes lui procurent la faveur de la bonne société. En 1909, sa performance dans *Iphigénie* de Gluck sera immortalisée par le sculpteur Antoine Bourdelle et le peintre Maurice Denis sur le Théâtre des Champs-Élysées, ainsi que par le photographe Edward Steichen qui l'accompagnera à l'Acropole d'Athènes en 1921.

Après avoir dédié sa vie à traduire la fluidité des énergies qui animent le cosmos, Isadora succombe à leur brutalité. Elle perd ses deux enfants, piégés avec leur nourrice dans une voiture tombée au fond de l'eau, en 1913.

En 1914, éplorée, elle présente son chef-d'œuvre, l'*Ave Maria* de Schubert, et crée des rondes, inspirées du Moyen Âge, qui cherchent à établir une « participation mystique » avec la Vierge. Isadora s'identifie alors avec la Madone, à cause du deuil de ses enfants, mais aussi en tant que « Vierge », c'est-à-dire femme émancipée de l'apport masculin. C'est pourtant son second mari, Paris Singer (son partenaire depuis 1910), le père de son fils défunt, qui venait de financer sa nouvelle école de Meudon (1913), consacrée à l'éducation de ses « Isadorables » (jeunes danseuses adoptées pour combler la perte de ses enfants).

Au début de la Première Guerre mondiale, Isadora rentre aux États-Unis. Quand elle revient en Europe, elle séjourne dans le phalanstère suisse de Monte Verita, près d'Ascona, qui doit marquer une nouvelle orientation athlétique dans ses chorégraphies, avant d'établir une nouvelle école en Russie, à Moscou en 1922. Là, elle épouse Sergueï Essenine, dont elle se sépare un an plus tard. Les conditions de vie difficile alliées à l'impossibilité du gouvernement russe à soutenir ses propositions extravagantes l'obligent à retourner vers l'Ouest en 1924.

Isadora périt à Nice, étranglée par son écharpe happée par la roue de la voiture d'un ami.

Paru en 1920, l'essai d'Isadora, *La Pierre philosophale de la danse*, ne laisse aucun doute quant à la vocation qu'elle s'est assignée : révéler « un monde d'une plus grande profondeur » à travers une gestuelle procédant de l'intériorité. Pour elle, le centre du corps doit s'aligner sur le plexus solaire et l'énergie être canalisée le long des vertèbres, puis se concentrer progressivement jusqu'au moment où, animé par la force centrifuge, le torse rayonne de l'expression même de l'Esprit. À travers ses écrits, ses performances et son enseignement, Isadora Duncan a lutté pour rétablir la danse dans son antique fonction curative, et le corps féminin dans sa gloire, celui de la déesse éternelle.

Deborah Jenner

Bibl. : *Œuvres* : *Ma vie*, Paris, Gallimard, 1999 ; *Isadora Speaks : Uncollected Writings and Speeches of Isadora Duncan* (avec F. Rosemont) San Francisco, City Lights Books, 1981. ***Études* :** C. CAFFIN, « Henri Matisse and Isadora Duncan », *Camera Work*, janvier, 1909, p. 17-20 ; T. KINNEY, M. WEST, *The Dance and its Place in Art*, New York, Frederick Stokes, 1914 ; J. L. ROSEMAN, *Dance was her Religion : The Spiritual Choreography of Isadora Duncan, Ruth St. Denis and Martha Graham*, Prescott, Arizona, Hohm Press, 2004.

DUPOUEY, Mireille, *laïque, puis tertiaire dominicaine, écrivain* (Mireille Arnault de la Ménardière ; Brest, 30 septembre 1890- ?, 27 mai 1932). — Mireille Arnault de la Ménardière grandit dans une famille catholique. À vingt et un ans, elle fait la connaissance de Pierre-Dominique Dupouey, qui devient son époux le 3 mai 1911. Cette rencontre coïncide avec le retour de Pierre à la foi et dont suscite leur entrée dans une vie conjugale d'actions de grâces et de joie. Le peu de choses que l'on sait sur leur couple vient du récit de leurs amis écrivains André Gide et Henri Ghéon. Les jeunes mariés vivent tout d'abord à Lorient, où naît leur fils en 1913, puis à Toulon jusqu'à la déclaration de la guerre. Séparés, ils entretiennent une correspondance suivie. Affecté au bataillon des fusiliers marins sur le front de l'Yser, Pierre décède en 1915. Élevant leur enfant, Mireille Dupouey vit alors dans une union chaque jour plus étroite avec son

« compagnon d'éternité ». Après la mort de son époux, elle continue d'écrire des lettres à l'absent, qui se poursuivent sous forme de cahiers, dans lesquels elle évoque ses méditations religieuses sur l'amour et ses réflexions sur le couple resté uni par-delà la mort. De santé fragile, elle décède à son tour de maladie.

L'œuvre de Mireille Dupouey témoigne de son expérience de spiritualité conjugale et d'une quête originale de spiritualité à deux, peu courante dans la tradition catholique. Elle se compose presque exclusivement des lettres qu'elle et son mari se sont adressées, dont la préoccupation principale est la gloire de Dieu, par ce moyen de l'amour qui leur a été donné en partage et que le mariage a sanctifié.

Exprimant bien la conception théologique du sacrement du mariage, Mireille Dupouey s'efforce d'en vivre toutes les implications spirituelles. Tentant de concilier l'amour humain et l'amour divin, elle s'entretient avec Pierre, sous le regard de Dieu, ou avec Dieu, grâce à l'intercession de Pierre. « C'est toi qui es entré dans le royaume et c'est moi qui te chéris, je reste séparée de toi par cette grande mer de toute ma vie. Prie parce que je ne suis rien : tu le vois maintenant mon cher, mon très cher amour. Attire-moi à Dieu, ne permets pas que je me sépare jamais de lui et de toi que j'aime. Je te demande l'amour de Jésus, car seul, car cela est tout. Donne-moi la fidélité à Dieu et à toi », écrit-elle. Mais Mireille Dupouey va encore plus loin. À travers son mariage transposé en Dieu, elle fait de son veuvage une montée qui aboutit à l'union de son âme avec le divin, une communion mystique avec Dieu seul. « Vous [Dieu] m'avez voulue veuve, c'est-à-dire humainement séparée de celui que j'aimais, pour que je devienne votre épouse », écrit-elle pour justifier l'épreuve qui l'accable. La vie de l'Église la pénètre alors de plus en plus, la liturgie et l'oraison lui deviennent indispensables. Tertiaire de Saint-Dominique, elle met l'accent sur la joie qui reste malgré tout douloureuse. Partagée entre ses sentiments pour Pierre et son aspiration à Dieu, elle opère cependant en elle la transfiguration de la vie la plus simple et de la douleur la plus présente en amour de Dieu.

Audrey Fella

Bibl. : *Œuvres* : *Lettres*, Paris, Cerf, 1940 ; *Cahiers 1915-1919*, *1919-1921*, *1921-1931*, Paris, Cerf, 1944-1945. ***Études*** : M. DUPOUEY, notice dans le *Dictionnaire de spiritualité*, Paris, Beauchesne, t. IV, 1960-1961, col. 1834-1835 ; P. DUPOUEY, *Lettres et essais*, préface d'A. Gide et introduction de H. Ghéon, Paris, Cerf, 1935 ; A. WALCH et S. BEAUVALET, « Le veuvage : une expérience de spiritualité conjugale. Trois témoignages de veuves catholiques (1832-1936) », *Histoire, économie et société*, vol. 14, Paris, 1995.

DURAND, Marie, *figure célèbre de la résistance protestante* (Bouchet-de-Pransles, 1711-1776). — Fille d'Étienne Durand et épouse de Matthieu Serres, Marie Durand avait dix-huit ans quand elle fut arrêtée et emprisonnée dans la tour de Constance, à Aigues-Mortes, pour avoir reçu chez elle une assemblée illicite. Elle y passa trente-huit ans (de 1730 à 1768). Elle n'y était pas seule : au total, une soixantaine de femmes y ont été emprisonnées au cours du XVIIIe siècle, contraintes à une promiscuité continuelle puisqu'elles vivaient ensemble dans deux grandes salles ouvertes à tous vents. Leur crime était d'avoir participé à des cultes protestants au « désert », ou d'avoir accueilli et caché dans leur domicile familial des pasteurs clandestins à la suite de la révocation de l'édit de Nantes. Ces paysannes ou ces femmes d'artisan et de petite bourgeoisie rurale devaient servir d'exemple. Mais pourquoi retenir le nom de Marie Durand parmi toutes ces femmes dont l'identité individuelle a été oubliée depuis longtemps ? Pour plusieurs raisons. La première est qu'elle était la sœur de Pierre Durand, pasteur clandestin qui fut, à un moment donné, la figure centrale de la présence protestante en Vivarais. Marie et son père ont d'ailleurs été arrêtés en vue de faire pression sur lui. Capturé en 1732, ce dernier fut condamné à mort et exécuté à Montpellier, rejoignant ainsi les martyrs de la cause huguenote. Marie n'a pas été libérée pour autant. Nous touchons à la deuxième raison (la plus profonde) de son importance : elle fut, en prison, l'âme de la résistance passive de ces femmes auxquelles on ne demandait, au fond, que d'abjurer leur foi pour être libres. Mais cette liberté signifiait à leurs yeux la perte définitive de celle de leur conscience. Refusant obstinément de signer le formulaire, Marie Durand a soutenu ses compagnes d'infortune quand elles fléchissaient (certaines prisonnières ont effectivement abjuré). Étant une des rares femmes de l'assemblée à savoir écrire, elle entretenait une correspondance suivie avec les églises ou les particuliers qui allégeaient leur misère quotidienne par divers dons que le gouverneur de la place laissait venir jusqu'à elles. En atteste sa riche correspondance avec le pasteur Paul Rabaut, qui a beaucoup fait pour soulager les prisonnières d'Aigues-Mortes. Surtout, elle lisait la Bible et ranimait la ferveur de ses codétenues, comme si elle s'était sentie la mission d'entretenir la flamme d'une foi que les autorités catholiques locales s'efforçaient d'éteindre de la manière la plus efficace, en employant la douceur et l'accommodement. Sa ferveur et son ascendant spirituel surprenaient ceux qui entraient en contact avec elle en venant pour une visite. On peut parler à son sujet d'une mystique de la fidélité à sa foi et de l'affirmation du droit inviolable de la conscience. Tout en se sentant certainement la mission de ne pas faillir à la cause pour laquelle son frère avait donné sa vie, elle a consciemment et délibérément placé ses espérances humaines et son bonheur « en Dieu seul », conformément à la parole des Psaumes. Elle fut une des dernières détenues à être libérée. Aujourd'hui encore, on s'interroge sur les raisons d'un tel acharnement à laisser ces femmes enfermées, alors qu'à partir des années 1750 les rigueurs de la politique royale antiprotestante commençaient à faiblir. Enfin libre, Marie Durand a vécu ses dernières années dans la pauvreté, partageant son quotidien avec une de ses anciennes compagnes de geôle, dans la maison familiale retrouvée à moitié ruinée, et vivant douloureusement le fait que sa nièce avait entre-temps abjuré sa foi protestante pour se marier à un bourgeois catholique du pays, Jean-Claude Cazeneuve. Oubliée avant même que la mort l'emporte, la personnalité de

Marie Durand fut redécouverte à la fin du XIXe siècle.

Ghislain Waterlot

Bibl. : ***Œuvre*** : *Lettres de Marie Durand (1711-1776) : prisonnière à la tour de Constance de 1730 à 1768* (1986), texte revu, annoté et présenté par E. Gamonnet, préf. de F. Mayor, Montpellier, Les Presses du Languedoc, 1998. ***Études*** : S. BASTIDE, *Les Prisonnières de la tour de Constance*, Le Mas Soubeyran, Musée du désert, 1901 (rééd. 1996) ; D. BENOÎT, *Marie Durand, prisonnière à la tour de Constance. Sa famille et ses compagnes de captivité*, Toulouse, Société des livres religieux, 1883 (éd. revue et corrigée par A. Fabre, Dieulefit, Nouvelles Société d'Éditions de Toulouse, 1938 ; texte disponible sur le site http://www.regard.eu.org/Livres.5/Marie.Durand/00.Table.html) ; A. DANCLOS, *Marie Durand et les captives d'Aigues-Mortes*, Lausanne, P.-M. Favre, 1983 ; E. et É. HAAG, *La France protestante ou Vies des protestants français qui se sont fait un nom dans l'Histoire*, Paris/Genève, Éd. Cherbuliez, 1853, t. IV ; *Figures du protestantisme*, « Pierre et Marie Durand » par A. Boyer et C. Goherel, Strasbourg, Éd. du Signe, 2008, p. 143-173.

DURNERIN, Thérèse, *tertiaire franciscaine* (Paris, 31 décembre 1848-Paris ?, 7 avril 1905). — Thérèse Durnerin grandit, accablée par de fréquentes épreuves de santé. À l'adolescence, elle fait vœu de virginité et décide de s'offrir en victime de réparation. Portée sur la dévotion eucharistique, elle traverse de dures périodes de purification intérieure et est favorisée de communions surnaturelles. En 1886, elle décide de prendre une part active à la diffusion de la dévotion au Cœur eucharistique de Jésus, dont une confrérie existe en la paroisse de Saint-Germain-des-Près. Elle lance alors une intense propagande dans les communautés religieuses du monde entier, auxquelles elle envoie des prières au Cœur eucharistique et la « prière embrasée » de L.-M. Grignion de Montfort, « demandant à Dieu des hommes apostoliques ». En 1883, elle compose et publie une petite brochure sans prétention théologique, *L'Hostie et le prêtre*, distribuée à plus de deux cent mille exemplaires. Suivent, entre 1888 et 1889, de nombreux tracs : *La Samaritaine*, *Qui comprend le Cœur de Jésus ?*, *Prière à Jésus Prêtre et Hostie*, *L'Enfant prodigue*, *La Multiplication des pains au désert*, *La Barque de Pierre*, *Quel sera notre juge ?*, incorporés à *L'Hostie et le prêtre* dès sa cinquième édition, puis une nouvelle brochure, *Il faut qu'il règne*. Dans *L'Hostie et le prêtre* et sa continuation, *Le Prêtre et la direction des âmes* (restée inédite), Thérèse Durnerin expose sa conception concrète et exigeante de la sainteté du sacerdoce : « Le prêtre qui n'est qu'un bon prêtre est un grand dommage pour le bien des âmes. » En 1891, elle tente de lancer une ligue sacerdotale des victimes du Cœur eucharistique, sans succès. Après une amélioration de santé jugée miraculeuse, elle se tourne vers toutes sortes de miséreux pour les évangéliser. La même année naît la Société des amis des pauvres, à la vocation apostolique profonde. Auteur d'un *Petit Manuel de la Société des amis des pauvres* (1895) – à la fois recueil de prières et catéchisme adapté –, Thérèse Durnerin y forme religieusement ses associés laïques, *sœurs* et *frères servants de Jésus*. « Votre œuvre n'est pas une œuvre de bienfaisance, mais d'apostolat », écrit-elle.

Favorisée de paroles intérieures et d'avertissements prophétiques, Thérèse Durnerin disait parler et agir d'après des « communications » de

Jésus ou des âmes du purgatoire. Dans ses écrits, elle aborde elle-même les problèmes des lumières surnaturelles, la théologie mystique, l'imagination et le surnaturel, le sens mystique et le secret de l'amour spirituel, sujets à travers lesquels elle semble se justifier et se défendre. En outre, elle possède une certaine connaissance des auteurs mystiques, tels que Suso, Thérèse d'Avila* et Jean de la Croix. Ajoutons qu'elle appartient au tiers ordre de Saint-François et partage l'esprit ignatien. Floue dans la description de ses propres expériences, elle fut néanmoins contestée par les autorités ecclésiastiques, portant leurs griefs sur son équilibre psychique et la direction spirituelle qu'elle reçut. Quoi qu'il en soit, ses intuitions spirituelles et apostoliques, en même temps que ses initiatives charitables, la classent parmi les grands apôtres féminins de la fin du XIXe siècle.

Audrey Fella

Bibl. : *Œuvre* : *Le Cœur eucharistique de Jésus... L'Hostie et le prêtre*, Paris, Librairie de l'Œuvre de Saint-Paul, 1888. ***Études* :** A. RAYEZ, notice dans le *Dictionnaire de spiritualité*, Paris, Beauchesne, t. IV, 1960-1961, col. 1840-1842 ; abbé H.-M. HAMEZ, *Une hostie vivante. Thérèse Durnerin, fondatrice de la Société des amis des pauvres*, Paris, Imprimerie-Librairie Saint-Paul, 1909 (réédité par Desclée de Brouwer en 1933, prés. par l'abbé J. Robin) ; Mgr A. LAVEILLE, *Thérèse Durnerin, fondatrice...*, Bar-le-Duc, Imprimerie Saint-Paul, 1922.

DYMPNA, *sainte* (Irlande, VIIe s.). — Le drame qui se noue autour de la résolution de Dympna de maintenir sa conviction chrétienne au milieu d'un paganisme encore majoritaire est des plus simples. Dympna est la fille d'un roi irlandais, inconsolable de la mort de son épouse qui était d'une beauté incomparable. Toutes les recherches pour lui trouver une jeune fille digne de succéder à la défunte ayant échoué, il s'avisa alors d'épouser sa propre fille, dont la ressemblance avec feue sa mère était frappante. Dympna, d'abord, refusa, puis rusa et finit par s'enfuir avec la complicité d'un prêtre, Gerebernus. Les fugitifs franchirent la mer pour aborder aux rivages de la côte flamande, non loin d'Anvers. Ils trouvèrent à Geel une chapelle dédiée à saint Martin et décidèrent de s'y établir pour y mener une vie de prière et de pauvreté (à rebours de l'opulence qui sied à tout lignage royal), offrant l'hospitalité aux voyageurs. Ne se résignant pas à la disparition de sa fille, le roi lui aussi traversa la mer, et ses efforts furent récompensés quand ses émissaires trouvèrent dans une auberge des pièces de monnaie semblables à celles en usage dans leur royaume irlandais : ainsi l'argent, loin de protéger, trahit, en déroulant un fil d'Ariane : inversion de la stratégie du Petit Poucet, en quelque sorte. Retrouvée, Dympna resta inflexible, au point que le roi, ivre de fureur, tua sa propre fille, laquelle rejoignit ainsi, dans la gloire du martyre, Gerebernus qui, tel un prophète biblique, avait tenté de raisonner la folie royale – ce motif du martyre, absent de la version primitive irlandaise, est défendu par la version latine du XIIIe siècle. La suite du récit s'enrichit de miracles posthumes, qui sont autant d'authentifications de l'exceptionnelle personnalité de Dympna en sa pureté virginale : cette intégrité inviolée garde sa puissance vitale générative, source de miracles, en même temps qu'une telle chasteté, si on suit la pensée de saint Jérôme et de saint Ambroise, n'est pas exempte de portée politique, si elle préserve l'intégrité de l'État ; alors qu'à l'inverse, la transgression royale et paternelle (à commencer par l'assassinat du prêtre, équivalent au druide, dans la fonctionnalité irlandaise, porte atteinte à l'ordre cosmique et politique) et sa colère meurtrière font perdre à ce souverain toute légitimité aux yeux de l'entourage et discréditent son autorité.

Si part de légende il y a dans ce récit, celui-ci n'en illustre pas moins, aux temps mérovingiens, les grands enjeux d'un christianisme au féminin, dans la foulée des *Vitae* des martyres fameuses de l'Antiquité chrétienne. Ainsi, l'alternative se dessine entre une droiture morale chrétienne (accordée aux fondamentaux de la moralité humaine : l'interdit de l'inceste) et la perversion brutale d'un paganisme meurtrier. Mais de plus, la fuite de Dympna avec l'assentiment de l'Église étant délivrance d'une aliénation menaçante, on peut lire le récit comme faisant allusion à ce moment décisif de l'histoire irlandaise qui voit la libération du servage (discrètement rapportée, dès l'introduction, aux prophéties bibliques, à la Résurrection et à l'Ascension du Christ). La folie qui affecte le roi, le chef de nation, n'est-elle pas le symptôme des bouleversements qui déstabilisent le corps de cette même nation, quand s'y introduit le christianisme ? En effet, le refus opposé au désir (de surcroît criminel) du père s'inscrit dans la logique évangélique de la rupture (soit monastique, soit ascétique) des liens familiaux, arrachement à sa propre généalogie pour constituer une autre parenté (spirituelle et libre, ici avec Gerebernus). Cette rupture a ici vocation apostolique : cette traversée de la mer (qui rappelle le voyage de saint Brendan, dont Coleridge et Poe recueilleront l'écho tardif) évoque les périples d'évangélisation des moines irlandais des VIe et VIIe siècles, Colomban entre autres, et leurs fondations continentales (Jouarre, Luxeuil, Saint-Gall, Bobbio). C'est d'ailleurs sous le patronage de saint Martin, figure de l'évangélisateur par excellence, que Dympna fonde son ermitage ouvert à l'hospitalité, offerte hors de toute détermination familiale, sociale ou politique, puisqu'elle ne prend en considération que l'être de celui qui se voit accueilli, sans préoccupation de ses appartenances. C'est dans ce lieu, sanctifié par la présence du corps virginal des martyrs, que sera édifié un hôpital en 1286, voué ensuite, au XVe siècle, au soin des malades mentaux (dont la cure était autant médicinale que religieuse). Ce qui s'affirme ainsi à travers la figure de Dympna, c'est un christianisme non de ritualité, mais d'attestation – de la conversion manifestée dans la préservation d'une chasteté sans compromis et dans l'audace apostolique voyagère – et d'hospitalité. On voit aussi que, dans sa rédaction tardive, la *Vie* met en cause l'idée, jusque-là bien reçue, d'une sainteté généalogique, apanage des lignages princiers ou royaux. Dympna reste à distance d'un père qui est aux antipodes de la sainteté chrétienne, et, si en elle il y a sainteté, comme l'atteste la reconnaissance officielle des pèlerinages à son tombeau, cette sainteté est désormais entièrement personnelle. La problématique de l'inceste royal qui est au cœur du destin de Dympna sera reprise, sous le costume acceptable du conte merveilleux, dans *Peau d'Âne* (1694) de Charles Perrault, et aussi, de façon oblique, dans l'histoire de Grisélidis, racontée par Boccace dans son *Décaméron* (1349-1351 ; X, 10), où elle s'intègre dans une stratégie mettant à l'épreuve la vérité et la pureté de l'amour.

François Marxer

Bibl. : ***Étude*** **:** B. FORTHOMME, *Sainte Dympna et l'inceste. De l'inceste royal au placement familial des insensés*, Paris, L'Harmattan, 2004.

E

EBERHARDT, Isabelle, *femme de lettres et voyageuse soufie* (Genève, 17 février 1877-Aïn Sefra, Algérie, 1904). — Isabelle Eberhardt est née dans une famille d'aristocrates russes. Le mystère de sa naissance ne fut jamais élucidé : sa mère, Natalia de Moerder, née Eberhardt, veuve d'un général du tsar, quitta Saint-Pétersbourg avec Alexandre Trophimowsky, un séminariste orthodoxe, précepteur de ses quatre enfants. Isabelle, sa fille illégitime, crut que cet homme était son père ; elle affirma également qu'il n'était que son tuteur.

Isabelle grandit en dehors des préjugés bourgeois, dans un environnement multiculturel où l'on parle le russe, le français, l'italien et l'arabe. À vingt ans (mai 1897), elle quitte Genève pour l'Algérie ; elle accompagne sa mère qui rejoint Augustin, son demi-frère, dont elle est très proche. Elle vivra successivement à Oued Souf, Batna, Biskra, Bou Saada, Alger, Tenes, Kenedsa et Aïn Sefra. Elle apprend l'arabe et le kabyle. Acquis qui renforcent son attirance pour le Coran et l'islam. Convaincue que l'appartenance religieuse est fondamentale pour s'insérer dans la civilisation musulmane, elle se convertit à l'islam. Au contact des gens du peuple qui seront les héros de ses nouvelles, elle va prendre fait et cause pour eux contre les colonisateurs et les rejoindre dans son engagement spirituel.

Portant les habits de ses frères par mesure d'économie, Isabelle parcourt le sud de l'Algérie ; périple qui alimente ses récits de voyage et des nouvelles qu'elle publie dans divers journaux et revues (*La Nouvelle Revue parisienne*, *L'Akhbar*, *Mercure de France*, *La Grande France*). Marqué par l'islam, son travail littéraire la rapproche des *ahl al-Kitâb* (« gens du Livres »), qui pensent que le monde a été créé comme un livre, le Coran. Sa première nouvelle, *Vision du Maghreb* (1895) – alors qu'elle ne connaît pas encore l'Algérie –, évoque déjà le moment de l'éveil, qui fait d'un être un élu sur le plan spirituel dans la mystique soufie. Elle adoptera plusieurs identités dans sa correspondance et dans ses écrits. Elle possédera également un passeport russe au nom d'Isabelle de Moerder. Dans ses

Journaliers (cahiers intimes publiés à titre posthume en 1923, dont quatre seulement seront retrouvés dans sa maison inondée), elle créera le personnage d'un vagabond qui lui permettra de déployer sa liberté intérieure, de devenir un sujet, à la fois une âme réalisée et un écrivain. Elle poursuit ainsi ses multiples déplacements, réussissant toujours à résoudre les difficultés administratives qu'elle doit affronter.

En août 1900, à El-Oued, elle rencontre Slimène Ehnni, un spahi indigène, naturalisé français, avec lequel elle se marie selon le rite musulman, l'armée française leur refusant le mariage civil. L'autorisation de s'épouser civilement leur sera accordée en octobre 1901. Auparavant, elle est victime d'une tentative d'assassinat (29 janvier 1901) à Behima, petit village à une quinzaine de kilomètres d'El-Oued, alors qu'elle attend le grand marabout – son guide spirituel – Sidi el Hachmi de la confrérie des Qadriya, dans laquelle elle a été initiée. L'attentat provoque des remous politiques : au cours du procès, Isabelle Eberhardt accorde son pardon à son agresseur, mais le juge prononce un arrêté d'expulsion du territoire algérien à l'encontre de la victime !

Ayant obtenu la nationalité française en épousant Slimène Ehnni, Isabelle revient avec son mari à Alger en 1902. Elle y rencontre Victor Barrucand, directeur du journal *L'Akhbar*, qui lui offre un poste d'envoyée spéciale, tandis que son mari est devenu interprète. Elle n'hésite pas à défendre les fellahs et à s'élever contre la colonisation. En 1903, elle se rend à Aïn Sefra, où un conflit de frontière oppose le Maroc à l'Algérie. Elle agit en véritable « reporter de guerre ». Ses articles et ses analyses sont publiés par de nombreux journaux, dont le *Mercure de France*. Elle se lie d'amitié avec le général Lyautey. Le 21 octobre 1904, Slimène Ehnni la rejoint à Aïn Sefra. Affaiblie par le paludisme et n'ayant pu fuir la crue soudaine de l'oued qui détruisit la partie basse de la ville en 1904, elle meurt noyée à vingt-sept ans. Elle est enterrée au cimetière musulman de la ville.

Isabelle Eberhardt est une des premières femmes soufies européennes. Sa recherche du soufisme devance de trente ans les écrits de René Guénon – initié au soufisme sous le nom d'Abdel Wâhed Yahia, vers 1910 –, qui suscitèrent en France une attirance vers la mystique de l'islam. Les écrits d'Isabelle Eberhardt témoignent de son itinéraire spirituel doublé d'une quête identitaire. Son périple sans retour en quête du « vieil islam » y prend la forme d'une initiation au soufisme, recherché dans son authenticité originelle.

Engagée spirituellement avant même d'avoir vingt ans, elle découvre avec passion le monde arabe, une culture et une religion qui l'imprègnent totalement. Fascinée par l'islam, elle reçoit cette révélation comme une explosion de son être. « Je sentis une exaltation sans nom emporter mon âme vers les régions ignorées de l'extase. » Elle recherche l'inspiration dans les médersas et les mosquées, fait une expérience intérieure dans la *zaouïa* (école coranique) de Kennadsa, une confrérie où elle est reçue en tant que *taleb*, c'est-à-dire étudiant, « demandeur de savoir » ou « voyageur en quête de sens ». En déplacement permanent, elle sera accueillie au cœur d'autres *zaouïas*, dont celle d'Annaba, dirigée par le cheikh Rahmaniya, qui perdure en Algérie de nos jours. Les Aïssaouas, dont elle fit partie, mentionnées dans sa nouvelle *Les Oulémas* (rédigée entre décembre 1897 et février 1898), sont décrites comme une « Confrérie comptant dans l'occident musulman une grande quantité de membres capables de très curieux phénomènes d'extase réelle [...] ». Isabelle accède ainsi à un islam dépouillé de toute lourdeur dogmatique : le *tassawuf* (ou mystique musulmane). Sa foi la conduit vers un intense désir de dépouillement et de contemplation : « Être sain de corps, pur de toute souillure, après de grands bains d'eau fraîche, être simple et croire, n'avoir jamais douté, n'avoir jamais à lutter contre soi-même, attendre sans crainte et sans impatience l'heure inévitable de l'éternité [...]. » Devenue musulmane pratiquante, Isabelle Eberhardt cherche à transcender le thème de la souffrance, très présent dans ses écrits : « [...] l'adversité est la pierre de touche des âmes et ceux qui n'ont pas souffert sont incapables de faire de grandes choses. » Dans la pureté d'un islam immuable, elle parvient à s'abandonner pour se régénérer et finalement se soumettre à son destin. Se laisser aller au gré de la volonté divine, sans résistance, guider et orienter par le simple courant de la vie. Elle met en pratique la *Siyyaha* des soufis, « l'errance sans but apparent, que de prier et de rencontrer des hommes voués à l'ascèse et qui a pour effet de détacher et guider l'âme ».

« La mythologie arabe offre une longue tradition de maraboutes dont plusieurs ont parcouru le désert déguisées en homme », écrit l'historienne Cecily Macworth. Au sein de la mystique musulmane, le sexe n'a en effet pas d'importance : aux yeux de Dieu, l'homme et la femme sont égaux. Or, en tant que femme, Isabelle Eberhardt ne put être admise à s'aligner à côté des hommes dans les écoles coraniques. C'est pourquoi elle prit le pseudonyme masculin de Mahmoud Saadi, pour pratiquer sa religion et accéder à la mystique soufie. Comment témoigner, sinon pour ses frères musulmans, et accomplir la mission qu'elle s'était fixée au plus fort de la colonisation ? Indépendante au regard des préjugés de son temps, Isabelle Eberhardt vécut ainsi librement, accomplissant son destin « maraboutique », un destin réalisé en Dieu. « Le tracé décrit par sa pensée dépasse de loin l'entendement de son époque. Il y avait en elle une illumination permanente qui guidait ses pas et sa plume, là où le regard voit le mieux la proximité du divin dans le cœur humain », écrit le philosophe et poète Himoud Brahimi.

Geneviève James

Bibl. : *Œuvres* : nouvelles, récits de voyage, sont parus dans *Les Nouvelles d'Alger*, *La Dépêche algérienne*, *Le Progrès de l'Est*, *La Revue blanche*, *Le Petit Journal illustré*, *La Petite Gironde*, *L'Akhbar* (édité par V. Barrucand), 1901-1904. ***Œuvres publiées à titre posthume* :** *Notes de route*, Paris, Fasquelle, 1908 ; *Mes Journaliers*, Paris, La Connaissance, 1923. ***Biographie* :** C. MACKWORTH, *Le Destin d'Isabelle Eberhardt*, Oran, Éditions Fouque, 1956. ***Études* :** M. ROCHD, *Isabelle Eberhardt, le dernier voyage dans l'ombre chaude de l'Islam*, Alger, ENAL, 1991 ; M. O. DELACOUR et J.-R. HULEU, *Le Voyage soufi d'Isabelle Eberhardt*, Paris, Gallimard, 2008.

EDEL ou ODEL ou ADEL, *figure spirituelle hassidique, guérisseuse* (bat Yisrael ben Eliezer ; Pologne, v. 1720-v. 1787). — Elle est la seule fille du *Besht*, Reb. (titre de respect « sieur ») Baal Shem Tov, de Medziboz, en Ukraine, dont elle épousa l'un des disciples, Yehiel Ashkenazi, et eut deux fils et une fille, qu'elle éleva en tenant un petit commerce. Elle hérita du charisme de son père avec lequel elle avait un lien privilégié. Celui-ci lui ayant enseigné ses méthodes spirituelles de guérison, il l'autorisa à dispenser elle-même des soins aux malades. Elle l'a accompagné lors de sa tentative de voyage en Israël en 1739-1740 et l'a assisté jusqu'à sa dernière heure après la mort de son épouse Hannah.

Les récits hassidiques louent sa sagesse et sa droiture et attribuent un sens mystique à son nom, acrostiche des lettres EDL. En effet le *Besht* a déclaré que l'âme d'Edel avait été puisée dans le trésor des âmes les plus pures et que son nom était associé au verset « *esh dât lamo* », (« une loi de feu pour eux », Dt XXXIII, 2). Les disciples du *Besht* pensaient que la *Shekhinah* (la Présence de Dieu) se manifestait sur le visage d'Edel et ils l'honoraient comme rebbe. Chacun de ses enfants a été une personnalité de renom : Reb. Moshe Hayyim Éphraim de Sudzilkov, homme de lettre et prédicateur, auteur d'un des classiques de la littérature hassidique, *Degel Machaneh Ephraïm* (« La bannière du camp d'Éphraïm ») ; Reb. Baruch de Medziboz, qui perpétua avec une intransigeante fidélité les enseignements du *Besht* ; Feiga*, connue comme mystique, qui est la mère du célèbre guide spirituel et conteur Reb. Nahman de Bratzlav, lequel a dit d'Edel que « tous les *tsaddiqim* [« maître spirituel »] pensaient qu'elle était habitée par l'inspiration divine et dotée d'une grande perception ».

Mireille Loubet

• *Voir aussi* : Feiga

Bibl. : ***Vie et études*** : M. M. BRAYER, *The Jewish Woman in Rabbinic Literature : A psychohistorical perspective*, Hoboken (NJ), Ktav Publication Inc., 1986, p. 42 ; *Encyclopaedia Judaica*, 1re éd., art. « Adel » ; E. TAITZ, S. HENRY, C. TALLAN, *The JPS Guide to Jewish Women : 600 B.C.E.-1900 C.E.*, Philadelphie (PA), The Jewish Publication Society, 2003, p. 134-5 ; T. M. RABINOWICZ, *The Encyclopedia of Hasidism*, Northvale, New Jersey, Jason Aronson, 1996, p. 9 ; *La Bible*, trad. du texte original par le Rabbinat français, Paris, Éditions Colbo, 1994, p. 293.

ÉDITH STEIN, *sainte, carmélite, philosophe et théologienne, copatronne de l'Europe* (Thérèse-Bénédicte de la Croix en religion ; Breslau, 12 octobre 1891-Birkenau, 9 août 1942). — Figure spirituelle majeure assurément, Édith Stein mérite-t-elle d'être comptée au nombre des figures mystiques de l'époque contemporaine ? Son parcours, exemplaire à bien des égards, en ferait sans doute une icône dans le monde déchristianisé et dévasté par les totalitarismes que nous avons hérités du XXe siècle. Née au sein d'une famille juive, elle prend place dans l'avant-garde de la pensée philosophique ; convertie au christianisme, après une longue décennie de maturation et de vérification de sa vie néophyte, elle entre au carmel, au moment même où le pouvoir nazi s'empare de l'Allemagne. Elle périra, comme juive et comme chrétienne, à Auschwitz. Si mystique il y a, ce n'est pas dans cette progressive montée vers la perfection, que nous nous plaisons à voir rétrospectivement dans ce parcours, mais plutôt dans la tension assumée et pensée entre l'effort spéculatif de l'intelligence croyante et l'engagement existentiel et cordial de l'être dans l'esprit du Christ, tout comme Maître Eckhart, en produisant son mysticisme spéculatif, avait réconcilié vie intellectuelle et vie spirituelle.

Édith Stein est née à Breslau (alors en Silésie, aujourd'hui Wrocław, en Pologne), le jour du *Yom Kippour* – date majeure dans le calendrier de la vie liturgique juive – et cette coïncidence aura semblé mettre son existence sous le signe de l'*expiation*, comprise, dans la théologie du judaïsme, comme un retour vers Dieu. Elle reçoit, dans cette famille pratiquante d'obédience orthodoxe, une éducation rigoureuse et passe une enfance studieuse, dramatiquement ponctuée cependant de la mort subite de son père et du suicide de deux oncles en raison de la faillite de leurs entreprises. À quatorze ans, elle décide d'interrompre des études pourtant brillantes. Et, au retour d'un séjour chez sa sœur à Hambourg, elle constate : « J'ai perdu la foi de mon enfance, [...] et j'ai cessé de prier en toute conscience et de façon délibérée. » Mais c'est la quête inlassable de la vérité qui sera sa prière désormais, s'accordant parfaitement en cela à la tradition juive où l'étude est acte spirituel par excellence. Elle reprend ses études : baccalauréat en 1911, cursus de psychologie vite décevant, toutefois elle découvre les *Recherches logiques* d'Edmund Husserl : la voilà séduite et passionnée par cette science toute nouvelle, la phénoménologie. Édith entre alors en philosophie.

Ce qui l'aura impressionnée, c'est le réalisme de l'approche et le souci de clarification, loin de cet idéalisme qui régnait alors dans le monde académique germanique. Arrivée à Göttingen, elle est vite adoptée par le cercle des phénoménologues et entreprend sa thèse sur la notion d'*Einfühlung*, cette appréhension intuitive et sympathique de l'autre. Mais la crise intérieure renaît, Édith s'enfonce dans la dépression, une idée l'obsède : « disparaître dans l'abîme, c'en sera fait de ma vie ». C'est l'aide d'Adolf Reinach qui la tirera du gouffre. La guerre qui est déclarée en 1914 ne va pas briser l'élan retrouvé : participant à l'effort patriotique commun, Édith s'engage comme infirmière. Là, elle vit l'expérience de la souffrance et de la mort, de quoi ensuite prendre ses distances avec les thèses défendues par Martin Heidegger sur l'*être-pour-la-mort*, qui définirait le destin de l'humain. En 1916, elle retrouve le milieu universitaire et obtient son titre de docteur, honorée de la plus haute mention. Elle devient ainsi l'assistante de Husserl, mais leur collaboration cessera rapidement pour des raisons philosophiques, quand Husserl *semblera*, dans une seconde manière, renouer avec l'idéalisme d'un sujet impérialement maître du monde. Édith l'entend d'autant moins de cette oreille que, dès 1916, elle aura croisé l'univers des croyants et de la foi : découverte de la prière intime et véritable, hors de tout corset rituel ; mais surtout de la puissance de la foi christique qui soutient une Anna Reinach alors qu'elle vient de perdre son époux, Adolf, tué sur le front des Flandres en 1917. S'ajoute la lecture des *Exercices spirituels* d'Ignace de Loyola, et, par-dessus tout déterminante, de la *Vie* de Thérèse d'Avila* par elle-même, qui l'ouvre, en une nuit de juin 1921, à cette vérité qu'elle recherchait sans trêve. Elle décide de devenir, non pas protestante, comme ses camarades phénoménologues qui, eux aussi, passent au christianisme, mais catholique, audacieux et courageux défi, dans la mesure où le catholicisme est attaché, dans l'Allemagne d'alors, aux milieux modestes quelque peu méprisés. Le 1er janvier 1922, elle est baptisée dans l'église de Bergzabern, sous le nom de Thérèse-Hedwige, une amie phénoménologue (mais protestante), Hedwige Conrad-Martius, étant sa marraine. Le plus douloureux sera d'en informer sa mère, juive fidèle et profondément convaincue, scandalisée par la prétention de l'homme de Nazareth à s'affirmer Dieu. Désormais, même si leur mutuelle tendresse reste inentamée, une brèche est ouverte entre elles deux, qui ne se refermera pas.

Édith avait songé dès l'abord au Carmel. Mais son directeur spirituel diffère cette nouvelle étape : ses qualités et compétences intellectuelles ne seraient-elles pas des plus profitables comme enseignante et conférencière ? Édith devient ainsi professeur chez les Dominicaines de Spire. Par ailleurs, le jésuite Erich Przywara l'initie en 1925 aux mondes de John-Henry Newman (qu'elle traduit) et surtout, de Thomas d'Aquin, en particulier son traité *De Veritate* (*Questions disputées sur la vérité*) sur lequel elle prend appui pour se dégager de l'exclusivité husserlienne et progresser dans sa recherche métaphysique. Enfin, c'est en l'abbaye de Beuron qu'elle découvre pleinement la beauté de la liturgie.

En 1933, avec l'arrivée des nazis au pouvoir, elle se voit retirer le droit d'enseigner, étant non-aryenne. La perspective du carmel se fait alors plus pressante que jamais, en même temps que devient urgente la nécessité de témoigner de ce qu'est la *Vie d'une famille juive* où elle a grandi : une sorte d'autobiographie, qui sera publiée à titre posthume. Elle a quarante-deux ans, elle est juive et elle n'a pas de dot : malgré ces obstacles, le carmel de Cologne-Lindenthal l'accueille le 14 octobre 1933. Le 15 avril suivant, elle reçoit l'habit, sous le nom de Thérèse-Bénédicte de la Croix. Le 14 septembre 1936, elle renouvelle les vœux prononcés l'année précédente : or c'est ce jour-là que meurt sa mère, Augusta Stein. Professe solennelle le 21 avril 1938, elle reprend, à la demande de ses supérieures, ses travaux philosophiques, qui vont se condenser dans un ouvrage lui aussi posthume, *L'Être fini et l'être éternel*. Par ailleurs, elle rédige poésies, méditations ou biographies spirituelles. Au-dehors du carmel, le climat s'alourdit, Édith comprend qu'elle devient un danger pour sa communauté. Elle quitte donc Cologne, le 31 décembre 1938, pour le carmel d'Echt, aux Pays-Bas. Comme là encore sa sécurité devient de plus en plus problématique, elle entreprend des démarches pour gagner le carmel du Pâquier en Suisse. Mais elle consacre le meilleur de son énergie à élaborer une synthèse de la doctrine de saint Jean de la Croix, qui sera publiée après la guerre sous le titre de *La Science de la Croix*.

En réponse à la protestation de l'épiscopat hollandais dénonçant les déportations massives de l'été 1942, les autorités nazies répliquent par l'arrestation de tous les juifs baptisés, clercs et religieux. Le 2 août, Édith et sa sœur Rosa (baptisée elle aussi dès le 24 décembre 1936, et qui l'avait rejointe à Echt) sont arrêtées par la Gestapo. Après un court séjour au camp de transit de Westerbork (où elle croise sans la connaître Etty Hillesum*), elle est embarquée le 7, dans un convoi pour l'Est. Passage à Breslau, où elle revoit quelques connaissances, puis arrivée à Birkenau II, où elle est gazée, le 9 août, jour où le calendrier hébraïque commémore par un jeûne le souvenir de la destruction du Temple de Jérusalem par les Babyloniens en 587 avant notre ère, puis en 70 par les troupes romaines.

On trouve dans les pages d'Édith Stein une solide réflexion, philosophique et théologique, dont l'envol est soutenu dans un premier temps par une référence, non pas au thomisme – là-dessus, Jacques Maritain ne se fit guère d'illusion après les interventions de Mlle Stein aux Journées thomistes de Juvisy en 1932 –, mais à saint Thomas lui-même. C'est celui-ci en effet qui lui permit de se dégager d'une obédience intenable aux perspectives (idéalistes, selon elle) que Husserl avait initiées dans sa seconde manière de penser la phénoménologie. Grâce à saint Thomas, elle pouvait repenser la question de la vérité, non pas comme pure production de l'intellect humain, mais comme fruit du rapport entre une révélation (reçue dans la foi) et le travail de l'intelligence. Dès lors se révélait décisive la part de la volonté, et l'on ne peut que regretter qu'ait été trop tardive sa découverte de la pensée franciscaine (Duns Scot entre autres) qui lui aurait ouvert d'autres horizons métaphysiques. Sa familiarité avec l'expérience de Thérèse d'Avila lui aura permis d'esquisser une psychologie autour de l'image de château ou de centre de l'âme, lieu d'appropriation théologale et d'une inclusion de l'être dans le mouvement trinitaire. Dans son commentaire de Jean de la Croix, on ne manque pas d'être frappé par l'assimilation qu'elle opère de la notion d'*expiation* (mais saisie dans l'acception de la tradition juive) à l'intérieur de l'union mystique. Édith n'aimait guère livrer son intimité d'âme – *secretum mihi* (« mon secret est à moi »), une sentence de la tradition mystique qu'elle répétait à ceux qui auraient désiré quelque confidence –, néanmoins sa correspondance laisse échapper quelques lueurs de son expérience profonde avant son entrée au carmel ; ensuite, il faut lire entre les lignes de son autobiographie et de ses textes de méditation pour tenter d'en deviner quelque chose. Un même intérêt spirituel pourrait revisiter les textes purement philosophiques pour y trouver les linéaments d'un personnalisme mystique qui soutient la comparaison avec la pensée de Gabriel Marcel – voire de Kierkegaard, dont elle aura lu attentivement *L'École du christianisme* – et qui ne serait pas sans parenté avec celle de Karol Wojtyla, mieux connu sous le nom de Jean-Paul II.

François Marxer

Bibl. : ***Œuvres*** **:** *Source cachée*, *Œuvres spirituelles* (il s'agit d'une œuvre), Genève, Ad Solem, Paris, Cerf, 1998 ; *Vie d'une* *famille juive*, Paris, Cerf, 2001 ; *De la Personne* (présenté par Ph. Secretan), Paris, Cerf, 1992. ***Études*** **:** É. de MIRIBEL, *Édith Stein*, Paris, Seuil, 1954 ; D.-M. GOLAY, *Devant Dieu pour tous. Vie et message d'Édith Stein*, Paris, Cerf, 2009 ; J. BOUFLET, *Édith Stein, philosophe crucifiée*, Paris, Presses de la Renaissance, 1997.

EDWARDS, Sarah, *figure spirituelle du protestantisme* (Sarah Pierpont ; New Haven, Connecticut, 1710-Philadelphie, Pennsylvanie, 1758). — Sarah est issue d'une famille calviniste orthodoxe ; son père est l'un des fondateurs de l'université de Yale. Sa vie est connue essentiellement du fait de son mariage avec le théologien et prédicateur protestant Jonathan Edwards en 1727. Toutefois, elle joue bien un rôle actif dans le « Premier Grand Réveil », mouvement de réforme du protestantisme américain initié par son époux à Northampton et qui, de là, s'étend en Nouvelle-Angleterre, accentuant la dimension expérientielle de la foi au détriment des formes traditionnelles de la vie d'Église. Ce rôle passe d'abord par l'influence de sa piété personnelle sur son mari et sur les personnalités religieuses qu'ils reçoivent régulièrement, dont certaines seront durablement marquées par l'attitude de celle qui se définit pourtant comme une maîtresse de maison. En outre, lors d'une des phases les plus intenses du Réveil en 1742, Sarah vit deux semaines d'expériences spirituelles extrêmes, qui la font passer au premier plan et lui assurent une grande renommée en Nouvelle-Angleterre.

Le rapport entre Jonathan Edwards et sa femme est complexe. Il la rencontre probablement alors qu'elle est âgée de neuf ans. Lorsqu'elle en a treize, il lui écrit un poème d'admiration. Dès cette époque, il est fasciné par la piété de la jeune femme qui a, dans sa famille, une image de sainte. Son mariage est avant tout, pour lui, une union spirituelle, établie sur le modèle de l'union du Christ et de l'Église – seule perspective à travers laquelle doit être compris leur amour terrestre, la sexualité constituant ultimement une expérience spirituelle. Cette admiration, qui va probablement de pair avec une idéalisation, ne cessera pas jusqu'à l'évocation par Edwards, à la veille de sa mort, du caractère « spirituel » du lien qui l'unit à sa femme (Marsden, p. 494). En même temps, il est clair que Jonathan Edwards entretient une vision franchement patriarcale de la famille et qu'il n'entend pas que sa femme puisse s'occuper d'autre chose que de la vie domestique. Il n'envisage pas de la faire participer de manière active à son entreprise de Réveil, ni de la faire prêcher. Lors des deux semaines d'extases qu'elle vivra, il fera toutefois une exception à la règle selon laquelle les femmes ne peuvent enseigner aux hommes, au nom du témoignage direct de l'expérience de Dieu qu'elle peut apporter (Marsden, p. 244).

À bien y regarder, la vie spirituelle de Sarah Edwards n'a sans doute pas été un long fleuve tranquille. Elle doit être replacée dans le cadre du calvinisme, pour lequel la sainteté ne va pas sans une inquiétude perpétuelle de la foi. Dans ses récits, Jonathan Edwards considère qu'elle est convertie à cinq ans (soit, qu'elle éprouve une forte conscience de la présence de Dieu), conversion qui n'empêche pas qu'elle traverse ensuite des difficultés dans sa foi. Sarah est en particulier sujette à la mélancolie. Il note une première montée dans la grâce en 1735, lors des premiers mouvements de Réveil à Northampton, marquées en particulier par la venue du prédicateur méthodiste George Whitefield, puis en 1739, date à laquelle elle dépasse, selon son époux, ses tendances mélancoliques (Marsden, p. 242). Bien que les années 1730 soient marquées par ses nombreuses grossesses (elle est enceinte tous les deux ans environ et atteint onze enfantements en 1750), elle semble faire aux visiteurs de la famille l'impression d'une femme à la fois cultivée et capable de soutenir des conversations sur les matières spirituelles (Marsden, p. 208). En 1742, sa vie spirituelle atteint une dimension jusque-là inégalée.

Les extases de Sarah Edwards se produisent alors qu'elle tente d'avancer plus loin dans ce qui constitue pour elle la figure majeure de sa spiritualité, la soumission à la volonté de Dieu. Elles interviennent ainsi après un événement mineur rattaché à deux difficultés rencontrées par Sarah. Alors qu'elle tente de se « sevrer » du monde (Marsden fait remarquer le lien entre ce terme et l'importance de la maternité dans la vie de Sarah, p. 243), deux choses continuent à la contrarier : les reproches que lui fait son mari et les critiques du monde contre lui. En ce mois de janvier 1742, Jonathan reproche précisément à sa femme un manque de prudence diplomatique avec l'un de ses collègues pasteurs. Le lendemain, les extases commencent. Elles s'accentuent lorsque Sarah décide d'aller, en guise d'exercice spirituel, aux prêches d'un rival de Jonathan, Samuel Buell. Elle y assiste en silence, puis est saisie de ravissements, devenant le centre d'intérêt des séances pendant plusieurs heures, racontant ses visions du paradis et exhortant la foule. Paradoxalement, elle devient la cause du succès retentissant des prêches de Buell à Northampton.

Durant ces deux semaines d'extases, pertes de conscience et autres visions, Sarah Edwards continue ses tâches domestiques. Elle déclare avancer sur le chemin de la soumission jusqu'à l'acceptation de la suprématie à Northampton d'autres pasteurs que son mari, de la mort, de « mille ans dans l'horreur » (Marsden, p. 246) et finalement de mauvais traitements par son mari. L'événement laisse des traces dans la ville, au point que Jonathan Edwards finira par se méfier des imitations de sa femme, bien qu'il ne soit pas hostile aux expériences spirituelles extrêmes et qu'il ne considère pas que les troubles physiques puissent les discréditer. Fait paradoxal, peut-être exemplaire pour les femmes de cette époque, la soumission de Sarah l'impose comme autorité spirituelle auprès de son mari, à Northampton et au-delà, puis de ceux que touche le Grand Réveil. Cet épisode unique dans sa vie ne se reproduira pas. Du fait de l'aggravation des difficultés de Jonathan Edwards à Northampton, le couple déménage à la frontière, à Stockbridge, pour évangéliser les Indiens. S'ensuivent des années difficiles, marquées là encore par des conflits avec leur entourage, mais aussi par les guerres avec les Indiens et les Français. Sarah meurt de dysenterie en 1758 à Philadelphie, quelques mois après son mari, décédé lui-même de la variole.

Grâce à son expérience hors du commun, alliée à la place importante qu'elle tint auprès de son mari, Sarah Edwards reste une des figures majeures de l'histoire du protestantisme au féminin aux États-Unis.

Anthony Feneuil

• *Voir aussi* : Ramsey

Bibl. : *Études* : S. E. DWIGHT, *Life of President Edwards*, New York, S. Converse, 1829 ; G. M. MARSDEN, *Jonathan Edwards : A Life*, New Haven et Londres, Yale University Press, 2003.

ÉLISABETH DE HONGRIE, *sainte* (Bratislava ou près de Buda, v. 1207-Marbourg, 1231). — Fille du roi André II de Hongrie, Élisabeth épouse Louis, le landgrave de Thuringe en 1221, dont elle aura trois enfants ; le dernier naîtra après le décès de son mari en route pour la croisade, en 1227. Elle est d'abord conseillée par les Franciscains, avant que Conrad de Marbourg ne devienne son impitoyable confesseur, auprès duquel elle fait vœu d'obéissance et de chasteté. Après la mort de Louis, elle est forcée de quitter la Wartburg (château situé au sud-ouest d'Eisenach, où Luther, trois siècles plus tard, trouva abri lors de son bannissement). Elle obtient un dédommagement qui permet non seulement ses larges aumônes, mais surtout la fondation de l'hôpital Saint-François-d'Assise. Quatre ans avant sa mort prématurée, elle renonce à sa famille et revêt l'habit des sœurs converses pour servir les pauvres et notamment les lépreux avec la plus grande radicalité. Très rapidement après sa mort, dès 1235, elle est officiellement proclamée sainte.

La sainteté d'Élisabeth de Hongrie représente encore, par certains côtés, celle, traditionnelle, d'Europe centrale. Elle a de qui tenir. Son premier hagiographe, le cistercien Césaire d'Heisterbach, parle de la ressemblance physique et morale d'Élisabeth avec le sang et l'esprit de sa mère. Toutefois, elle n'est pas considérée comme sainte parce qu'elle a une ascendance remarquable, ni même par ses vertus morales (et notamment cette docilité exemplaire que l'on attendait alors de la femme), mais par la radicalité de son engagement quotidien envers les plus pauvres, malgré son rang et malgré les critiques très tôt suscitées par son comportement, avec un courage et une audace qui sont alors sans comparaison. Sa sainteté ne vient ni de l'appartenance à un ordre religieux, ni de l'ascèse érémitique, ni d'une souveraineté emblématique, suivant les paradigmes du temps.

Ce qui ressort aussi des récits qui rapportent quelques traits de son enfance, c'est l'usage constant de la ruse. Ainsi, dans les *Dicta quattuor ancillarum* (« Dits des quatre dames de compagnie » ; entre 1232 et 1235), elle l'utilise sans cesse, y compris au cours des jeux, surtout au cœur des jeux, pour mener une vie secrète, la vie d'une enfant qui a très tôt perdu sa mère (assassinée, sans doute par des Hongrois hostiles aux Allemands), et qui se retrouve vite abandonnée par l'indifférence de son père, un homme de guerre, parti au loin, face aux Ruthènes. Certes, tout semble fait pour qu'elle ne manque de rien, mais elle est comme nombre d'enfants de cette ascendance, une sorte de victime sacrifiée aux intérêts familiaux et politiques. Ainsi, très jeune, dès l'âge de quatre ans, elle est fiancée au fils d'une maison qui n'est pas nécessairement amie, mais qui poursuit la politique de renforcement de l'influence germanique en Hongrie. Elle devra se soumettre très tôt à l'exigence de prolonger une dynastie et des intérêts financiers. Mais revenons à sa manière de jouer : « Quand elle avait cinq ans et ne savait pas encore lire, elle s'attardait souvent près de l'autel, ouvrait son Psautier comme pour prier, et signe de son heureux naturel, elle saisissait toutes les occasions de se glisser dans la chapelle pour y faire à la dérobée des génuflexions. Déjà se manifestait sa personnalité future. Si on la surveillait, elle faisait semblant de vouloir attraper par jeu une autre petite fille pour courir vers la chapelle et sauter vivement à l'intérieur. Elle s'agenouillait là devant l'autel, les bras croisés dans l'attitude de la prière, pressant ses lèvres sur le pavement. À clochepied, comme le voulait la règle d'un de ces jeux, elle poursuivait les autres fillettes en direction de la chapelle et, si elle ne pouvait y entrer par cette ruse, elle en embrassait le seuil et les murs » (*Dicta*, « Guda », 3-4). Ce qui retient l'attention ici, c'est moins le topos de la précocité spirituelle (voir la *Vie* de la domestique Zita de Lucques), que les mentions de la ruse au sein du jeu. Il s'agit de courir vers la chapelle pour sauter vivement à l'intérieur, y faire ces métanies qu'elle voyait pratiquer habituellement par les adultes. Ce jeu spirituel rappelle, *mutatis mutandis*, l'importance spirituelle du jeu des enfants soulignée par le *Pratum spirituale* de Jean Moschos. L'élément du jeu comme *mimèsis* (« imitation ») y est important, mais également la dimension de compétition (*agôn*).

Ce qui pose également problème, c'est l'atmosphère défavorable à la vie religieuse qui régnait à la cour du landgrave. Une grande incertitude devait régner aussi touchant son avenir. Le mariage précoce n'étant pas encore consommé, la famille allemande visait toujours un parti plus riche. Et surtout, Élisabeth ignorait si elle était vraiment destinée à l'aîné de la famille ou au cadet. Ce sera finalement le cadet, Louis, qui deviendra chef de famille après le décès de son aîné. Cela éclaire non seulement la ruse religieuse de la jeune Élisabeth, mais une manière de courir, de vivre son existence d'enfant par le saut, par un pouvoir dépassant l'humeur défavorable, l'ambiance néfaste, les vouloirs contraires, les devoirs écrasants, les alliances incertaines, les finalités demeurées longtemps assez troubles. Suivant un biographe assez tardif, un frère prêcheur du nom de Thierry d'Apolda, et qui insiste aussi sur l'épreuve de l'exil pour la jeune Élisabeth, il ne faut pas trop noircir le tableau : malgré tout, le jeune Louis gardait une attitude affectueuse à l'égard d'Élisabeth, notamment parce qu'il lui offrit un miroir de toilette orné d'une croix. Ce lien intime entre le miroir et le Christ a été vécu aussi d'une manière particulièrement intense par Claire d'Assise*. Miroir qui symbolise également l'éducation des princes et qui offre un symbolisme particulièrement surdéterminé. Certes, le motif de l'enfance malheureuse des saints est bien également un *topos*, mais qui reflète aussi une situation fréquente de la petite enfance de ces êtres fiancés très jeunes ou offerts comme oblats à l'Église.

Très tôt, Élisabeth a assumé sa maternité spirituelle en laissant tressauter en elle la parole prophétique. Le bond de l'enfant en son sein réagissant à la parole empressée de Marie* restait attaché au récit évangélique concernant l'Élisabeth évangélique. Toujours est-il que la jeune Élisabeth de Hongrie prend prétexte de tous les jeux enfantins pour exprimer son ardeur spirituelle : « Il y avait aussi le jeu des anneaux et d'autres encore, où elle plaçait en Dieu son espoir de gagner et de remporter le prix. À cette fin, elle promettait un certain nombre de génuflexions accompagnées d'Ave Maria. Un jour qu'elle ne pouvait s'acquitter de cette promesse, elle dit à une petite fille : mesurons-nous pour voir qui est la plus grande. Elle put faire de la sorte de nombreuses génuflexions en s'allongeant à terre pour se comparer à ses compagnes. Elle en convint publiquement plus tard, dans ce jeu comme en d'autres, elle donnait la dixième partie [la dîme] de ce qu'elle gagnait aux petites filles plus pauvres avec lesquelles elle jouait... » (*Dicta*, « Guda », 4). Ce qui n'exclut pas, bien entendu, une mesure du jeu lui-même : « Chaque jour elle s'imposait pour l'amour de Dieu quelque privation propre à briser sa volonté. Par exemple, quand elle avait gagné au jeu, elle disait : maintenant que je gagne, je vais m'arrêter de jouer, pour l'amour de Dieu. Ou encore, quand une danse comportait plusieurs tours, elle faisait le premier, puis disait aux autres jeunes filles : un seul me suffit, je laisse les autres pour l'amour de Dieu » (*Dicta*, « Guda », 6). Plus tard, du vivant même de son mari, elle continua de marquer son rythme propre, son *tempo* original, ses brusques accélérations, ses sauts : « souvent, malgré les murmures indignés de ses compagnes, elle accélérait le pas pour entrer avant elles dans l'église » (*Dicta*, « Ysentrude », 9). L'usage de la ruse enfantine se poursuit au sein de la gloire séculière. Ainsi lors des repas officiels : « Elle feignait de manger en laissant sur la nappe de petits morceaux de pain et des bribes d'autres mets » (*Dicta*, « Ysentrude », 11). Toujours la ruse, même dans la chambre conjugale : « Élisabeth se levait fréquemment la nuit pour prier quand son mari dormait ou faisait semblant de dormir. Celui-ci lui disait bien de ne pas se rendre malade en agissant ainsi. Mais lui-même parfois la tenait par la main tout le temps de sa prière [...]. Il arriva qu'une nuit Ysentrude en voulant éveiller Élisabeth [en la tirant par un pied pour ne pas éveiller Louis] tira le pied du seigneur qui avait mis sa jambe du côté de la dame. Ce qui le tira du sommeil, mais quand il eut compris la raison, il supporta de bonne grâce ce genre de réveil » (*Dicta*, « Ysentrude », 15).

Après la mort de son mari, elle se rapprocha de plus en plus de la vie quotidienne des pauvres. Elle ne leur faisait pas la charité. Elle vivait avec eux. Elle avait une attention toute particulière pour les enfants et pour leurs jeux, précisément : « Elle faisait beaucoup de bien aux enfants pauvres en se comportant avec eux si tendrement et bonnement que tous l'appelaient maman et se pressaient autour d'elle quand elle arrivait. Elle chérissait surtout les galeux, les infirmes, les débiles, les plus crasseux et les plus difformes. Elle attirait à elle leur tête pour la placer sur ses genoux. Un jour elle leur avait acheté comme jouets de petits objets, anneaux de verre et autres babioles qu'elle apportait cachées dans son manteau... » (*Dicta*, « Ysentrude », 22). Avons-nous là le motif initial de la légende des roses se substituant à la nourriture dérobée pour les pauvres afin de la préserver des critiques ? Mais ce sens du jeu et de la joie des enfants, des miséreux, ne va justement pas sans tribulations, venant des paysans comme des nobles : « Quant à ceux de sa famille, ils évitaient toute relation avec elle, conversation ou visite. Ils la disaient folle, malade, et accumulaient sur elle insultes et calomnies » (*Dicta*, « Ysentrude », 40). Retenons encore la joie qui l'animait au sein de toutes ses tribulations. Cela s'exprime notamment par des visions de Jésus et des secrets de Dieu : « J'ai vu les cieux ouverts et Jésus mon doux seigneur se pencher vers moi [...]. Sa vue m'emplit de joie et je me mis à rire [...]. Ce que j'ai vu, il ne faut pas le révéler, mais sache que j'étais au comble de la joie et que j'ai vu les secrets de Dieu » (*Dicta*, « Ysentrude », 34). Cette joie spirituelle, cet amour exclusif de Dieu et de la joie des pauvres – « leur joie était sa joie » (*Dicta*, « Élisabeth », 62) –, lui fit résister à l'envie de retourner dans sa terre natale avec les messagers de son père qu'inquiétaient les bruits qui couraient sur son compte : « Car il avait appris qu'elle vivait comme une mendiante, privée de tout » (*Dicta*, « Ermengarde », 53). Toutefois, même cette joie dans les tribulations était l'objet de critiques du côté de sa famille allemande : « Cette joie dans l'épreuve lui était reprochée, comme si elle avait trop vite oublié la mort de son mari, et qu'elle se réjouissait alors qu'elle aurait dû être plongée dans la tristesse » (*Dicta*, « Ysentrude », 39). Même son père spirituel lui reprochait sa prodigalité pour les pauvres et sa proximité des lépreux, redoutant pour elle la contamination. Et c'est pourtant lui qui témoigne en sa faveur : « Je le dis devant Dieu, indépendamment de ces œuvres de la vie active, j'ai rarement vu une femme plus contemplative » (*Lettre* du 16 novembre 1232, de Conrad de Marbourg au pape Grégoire IX). Il atteste aussi de la perception de la résurrection propre à Élisabeth. Elle semble moins songer à celle du Christ lui-même qu'à la façon dont le Christ, anticipant la sienne, rappela son ami Lazare à la vie déjà (cf. *ibid.*, 31). D'ailleurs, ne lui a-t-on pas prêté, de manière très révélatrice, la résurrection d'enfants morts ? Parmi les vitraux de l'église de Marbourg édifiée en son honneur et montés vers 1235-1240, deux épisodes sur douze représentent des enfants. Ce qui n'empêche pas de souligner sa violence spirituelle par deux faits importants, mais que l'on trouve déjà, en somme, chez Yvette de Huy* et chez Angèle de Foligno* (bien avant Marie de l'Incarnation* Guyart, qui se sépare de son tout jeune fils, lequel s'occupera néanmoins remarquablement de la mémoire de sa mère, mais encore Jeanne de Chantal*, ou Mme Guyon* voulant l'imiter de manière consciente) : non seulement en se séparant de son dernier bébé (d'un an et demi), mais en fouettant une petite vieille somnolente et rétive à la vigilance spirituelle (*Dicta*, « Ermengarde », 51).

C'est le pape Grégoire IX qui proclama publiquement la sainteté d'Élisabeth peu de temps après sa mort, à l'âge de vingt-quatre ans. Rappelons qu'il avait eu un échange épistolaire avec elle, et qu'il reconnaissait la parenté de sa sainteté avec celle de François d'Assise et de Claire d'Assise, avec lesquels il était entré en relation bien avant de devenir pontife romain. Grégoire IX avait même demandé à François qu'il fasse parvenir un manteau à Élisabeth. Après de nombreuses tribulations, ce manteau se trouve conservé aujourd'hui au couvent des capucins de Paris, où il est encore vénéré lors de la fête de Saint-François.

Bernard Forthomme

Bibl. : ***Vie*** : *Sainte Élisabeth de Hongrie, Documents et sources historiques du* XIIIe *siècle*, Jacqueline Gréal (trad.), Paris, Éditions franciscaines, 2007 (comprend, notamment, le dossier de canonisation dont les *Dicta*, et trois biographies, de Césaire d'Heisterbach, de Berthold de Rheinhaldsbrunn et de Thierry d'Apolda). ***Études*** : C. DE MONTALEMBERT, *Histoire de sainte Élisabeth de Hongrie*, Paris, Cerf, 2005 ; J. ANCELET-HUSTACHE, *Sainte Élisabeth de Hongrie*, Paris, Éditions franciscaines, 1947 ; M. GOODICH, *Une enfance sainte, une sainte des enfants : l'enfance de sainte Élisabeth de Hongrie (1207-1231)*, *in* Becchi et Julia, *Histoire de l'enfance en Occident*, Paris, Seuil, 1998, t. I, p. 134-159.

ÉLISABETH DE L'ENFANT-JÉSUS, *dominicaine* (Élisabeth Baillou ; Paris, 22 juillet 1613-5 décembre 1677). — Née dans une famille aisée et pieuse, elle entra en 1627 au monastère dominicain de Saint-Thomas-d'Aquin à Paris. De santé fragile, elle ne laissa pas d'y exercer à plusieurs reprises les charges de maîtresse des novices et de prieure. Elle fut successivement dirigée par le père Saint-Jure (après 1636), Gaston de Renty (1645), puis après la mort de celui-ci en 1649, par Jean de Bernières, qui la guidèrent dans la vie mystique. Elle participa activement à l'entreprise éditoriale de *La Vie de Gaston de Renty* (1651) par le père Saint-Jure en rédigeant un mémoire sur la vie intérieure du supérieur de la Compagnie du Saint-Sacrement. Elle prit également part aux œuvres charitables et sociales de cette compagnie, et fut souvent consultée par nombre de religieux et de dévots. Les cinq dernières années de sa vie se passèrent dans les souffrances causées par une blessure à l'œil, qu'on dut lui arracher.

Outre le mémoire sur M. de Renty, il reste de la main de la dominicaine quelques lettres, comptes rendus de retraites spirituelles et papiers de conscience adressés à ses directeurs, qui se trouvent intégrés sous une forme remaniée à sa *Vie* publiée en 1680. Des lettres de ses directeurs nous y renseignent également sur son itinéraire spirituel. Prônant et pratiquant la « mort mystique » (*Vie*, p. 286), elle choisit d'emprunter la « voie des souffrances » (p. 48) passant par « le désert de l'anéantissement » (p. 192) afin de n'être « plus rien de pensée, ni d'effet qu'en Dieu » (p. 192). À partir des années 1643-1644, elle subit un long « martyre » (p. 164) physique et moral, que le père Saint-Jure qualifia d'« état d'Enfer » (p. 166) et que la mère supporta patiemment, ne s'en ouvrant jamais à ses sœurs. Cet état d'« union par la pure souffrance » (p. 346) prit fin en 1656 quand elle parvint à l'union suressentielle, non « dans les sens, ni dans les puissances » (p. 342), mais « dans le fond de [l']âme » (p. 345) :

« C'est, selon que je le comprends, une réelle possession de tout ce que Dieu est, qui faisant tomber la créature dans le néant, fait que ce Dieu de bonté est tout en elle, et qu'elle est toute en lui, ou pour mieux dire, qu'elle n'est plus du tout » (p. 342-343), écrivait-elle ainsi à M. de Bernières. Dans cet état, il lui arrivait de subir dans son oraison des extases qu'elle s'efforçait toujours de dissimuler.

Clément Duyck

Bibl. : ***Œuvres*** **:** « Le Mémoire de la Mère Élisabeth de Baillou de l'Enfant-Jésus », *La Vie spirituelle*, nº 156, septembre 1932, p. 154-168, nº 157, octobre 1932, p. 51-73. ***Études*** **:** A. BESSIÈRES, notice dans le *Dictionnaire de la spiritualité*, Paris, Beauchesne, t. I, 1932, col. 1195-1197 ; *Un cloître dominicain à Paris. Les Filles de saint Thomas* (anonyme), Paris (Bruges), Desclée de Brouwer & Cie, 1927 ; M.-M. DE MAUROY, *La Vie de la vénérable Mère Élisabeth de l'Enfant-Jésus religieuse de l'Ordre de saint Dominique au monastère de S. Thomas d'Aquin à Paris*, Paris, Sébastien Mabre-Cramoisy, 1680.

ÉLISABETH DE LA TRINITÉ, *bienheureuse, carmélite* (Élisabeth Catez ; Farges-en-Septaine, 18 juillet 1880-Dijon, 9 novembre 1906). — Élisabeth est née au camp militaire d'Avor (Cher), où son père, Joseph Catez, est capitaine d'un régiment du train. L'officier est issu d'une famille d'ouvriers agricoles du Pas-de-Calais, et il a épousé en 1879 Marie Rolland, fille d'un commandant du 7e Hussards. La petite fille, née au son des clairons, suit la carrière militaire parentale, à Auxonne, puis, en 1882, à Dijon. Le capitaine meurt en 1887, et laisse un trio féminin (Mme Catez, Élisabeth et une petite Marguerite née en 1883) qui s'installe à Dijon, tout près du carmel. Dès l'âge de sept ans, Élisabeth a senti en elle une vocation religieuse, confiée à l'abbé Anglès, le confesseur de la famille. Jeunesse très normale, cependant, bourgeoise, artiste – la jeune fille est premier prix de conservatoire de piano en 1893 –, sportive, élégante même : Élisabeth aime s'habiller, sortir, voyager. Mais en elle, le désir spirituel s'est approfondi. Elle vainc la résistance d'une mère légèrement possessive – qui lui impose d'attendre sa majorité – et après des adieux déchirants, le 2 août 1901, la jeune femme franchit la porte du carmel dijonnais.

Bref parcours, car elle meurt tout juste cinq ans plus tard, âgée seulement de vingt-six ans et emportée par l'atroce maladie d'Addison. Le jour précis de sa mort, à la Chambre, dans le contexte si polémique de la Séparation, le député Viviani fait l'éloge des avancées de la déchristianisation : « Nous avons éteint des lumières qui ne se rallumeront plus. » Mais on ne commande pas si facilement la lumière : que s'est-il donc passé d'exceptionnel derrière la clôture du carmel dijonnais pour qu'on se souvienne si longtemps d'Élisabeth, que sa prière, « Mon Dieu, trinité que j'adore », cent ans plus tard, fasse le tour du monde et que finalement, en 1984, le pape Jean-Paul II la béatifie à Rome ?

De fait, d'exceptionnel, rien du tout : Élisabeth n'a eu ni extase, ni stigmates, ni visions. Elle est une aimable novice, frappant tout de même ses sœurs par un recueillement très profond. « Ça ne durera pas », dit une jeune sœur. Elle se trompe, car ça dure, en effet, et jusqu'au bout de sa jeune vie. La prieure, mère Germaine, témoigne de la réelle absorption en

Dieu d'Élisabeth. Cela étant dit, jusqu'à la veille de la profession (1903), Élisabeth traverse une période d'aridité dans l'oraison, et de scrupules, sans doute nés de son désir de trop grande perfection. Elle fait face, sa correspondance vante le mérite de la cellule, « mon sanctuaire intime, rien que pour Lui et pour sa petite épouse ».

Celle qui est devenue, après la prise de voile, seconde portière, coule au monastère une vie heureuse et cachée. Elle approfondit sans cesse le mystère insondable de la Trinité, qui devient sa marque propre, toute sa spiritualité. « C'est toute la Trinité qui repose en nous, écrit-elle à une amie en août 1903, notre vie s'écoule là, la mienne aussi, je suis "Élisabeth de la Trinité", c'est-à-dire Élisabeth disparaissant, se perdant, se laissant envahir par les Trois... »

Il y a des professions de foi dangereuses. Se perdre, disparaître, se consumer ? Depuis l'enfance, le corps parle très fort, traduit toujours ce qu'elle vit, et voilà qu'au carême 1905, les premiers symptômes de la maladie d'Addison apparaissent. Au début de 1906, elle entre à l'infirmerie, dont elle ne sortira plus. La bouche desséchée et la soif inextinguible que donne cette maladie sont lues par elle et par sa communauté en référence à la soif d'amour, ou à la soif de Jésus au Golgotha, il n'empêche : le mal est réel. Elle prend la plume tous azimuts, dans les derniers mois, écrivant à ses amis pour les rassurer (ou pour se rassurer elle-même) sur le sens de sa souffrance. « Si vous saviez quelle œuvre de destruction je sens en tout mon être ; c'est la route du Calvaire qui s'est ouverte, et je suis toute joyeuse d'y marcher comme une épouse à côté du divin crucifié » (juillet 1906). Il n'est pas jusqu'à son lit de malade qui ne soit comparé à l'autel du sacrifice. Au mois d'août, elle compose les admirables petits traités *Le Ciel dans la foi*, et *Dernière Retraite*, sortes de testaments spirituels. Bientôt, les doigts de la pianiste émérite refusent leur service, « je ne peux plus tenir le crayon, tant je suis faible », « c'est mon cœur qui se charge de faire aller le crayon, mes doigts n'en ont plus la force ». La famille éplorée (voire révoltée, un beau-frère s'inquiète de la manière de soigner une carmélite *intra muros*...) fait ce qu'elle peut, apporte les meilleurs chocolats du monde, pour tenter l'estomac récalcitrant, mais depuis la Toussaint, c'est le jeûne absolu, car le corps refuse toute nourriture. Cette anorexie forcée rappelle l'inédie des grandes mystiques, Élisabeth, dans une souffrance aiguë et de violentes douleurs cérébrales, va vers sa fin, toute spiritualisée par la lecture de saint Jean : *in finem dilexit eos*, « il les a aimés jusqu'à la fin ».

La fin ? peut-être pas, car elle pense à la suite, et parle beaucoup, notamment à sa prieure, de sa vie posthume. La conception qu'elle en a est très passionnante, elle ne se calque pas sur celle de la petite Thérèse de Lisieux* – pourtant grand modèle aimé, mais qui n'était pas bien sûre de ce qu'elle trouverait là-haut. Quand on lui demande si elle entend passer son éternité à « redescendre sur terre pour le bien des âmes », Élisabeth dit : « Oh non, bien sûr, à peine sur le seuil du paradis, je m'élancerai comme une petite fusée au sein de mes Trois. » Elle se veut simplement *laudem glo-*

riae, une « louange de gloire pour la sainte Trinité » et prévoit une action cachée, voilée, pour ceux qu'elle aime. Elle meurt le 9 novembre, à 6h15 du matin, les yeux « tout grands ouverts ». Ses derniers mots intelligibles sont : « Je vais à la lumière, à la vie. »

La destinée d'Élisabeth, connue par les *Souvenirs*, publiés aussitôt par le carmel de Dijon, est bientôt célébrée dans le monde entier, et marque l'histoire de la spiritualité chrétienne du XXe siècle par sa pénétration du mystère trinitaire vécu si simplement, son expérience aussi de la souffrance rédemptrice (« mourir à tout avec Jésus ») dans l'identification totale au Christ.

Dominique-Marie Dauzet

• *Voir aussi* : Thérèse de Lisieux

Bibl. : *Œuvre* : *Œuvres complètes*, C. De Meester (éd.), Paris, Cerf, 1996. ***Études*** : C. DE MEESTER, *Élisabeth de la Trinité, biographie*, Paris, Presses de la Renaissance, 2006 ; J. CLAPIER (dir.), *Élisabeth de la Trinité, l'aventure mystique*, Toulouse, Éditions du Carmel, 2006 ; D.-M. DAUZET, *La Mystique bien tempérée*, Paris, Cerf, 2006.

ÉLISABETH DE PORTUGAL, ou Isabelle d'Aragon, *sainte* (Saragosse, v. 1271/1274-Estremoz, 4 juillet 1336). — Inspirant de nombreuses légendes, sainte Isabelle (Isabelle signifie « Promesse de Dieu ») est l'une des figures historiques les plus populaires du Portugal. Son prénom lui a été donné en hommage et en souvenir de sa tante, sainte Isabelle (ou Élisabeth) de Hongrie*. Petite-fille du roi Jacques Ier d'Aragon, dit « le Conquérant », elle est la fille de don Pedro, qui deviendra Pierre III « le Grand », roi d'Aragon et de Sicile, et de Constance II de Sicile, petite-fille de l'empereur du Saint-Empire Frédéric II. Elle a cinq frères. Son penchant pour la piété, encouragé par ses parents très attentifs à son éducation, se manifeste dès son enfance. « Tu seras d'autant plus libre d'esprit que tu désireras d'autant moins les choses inutiles ou nuisibles », lui répète-t-on alors. Dès l'âge de huit ans, elle récite chaque jour l'office divin ; pratique qu'elle conservera toute sa vie. Elle aime lire les vies des saints. Sa vie pieuse s'accompagne du mépris du luxe, de jeûnes, de pénitences et de mortifications. Elle porte secours aux indigents, se plaît à orner les autels et mène une vie exemplaire d'amour pour Dieu et pour les autres par Jésus-Christ, qui lui fait monter les larmes aux yeux. Elle épouse, à douze ans, en 1282, Denis Ier, sixième roi de Portugal, appelé le « Roi troubadour », qui est violent et volage. De cette union naissent deux enfants : Constance de Portugal, qui épousera Ferdinand IV, roi de Castille, et le prince Alphonse IV, surnommé « le Brave », qui se révolte par deux fois contre son père, mais lui succédera comme roi du Portugal. Élisabeth s'efforce, avec un courage inouï, de s'interposer entre son époux et son beau-frère, qui veulent s'emparer du trône du Portugal, entre son mari et son fils, ou encore entre son propre fils et Alphonse Sanches, le fils bâtard de son époux, pour les réconcilier, en faveur de la paix du royaume dévasté par ces rivalités et les guerres civiles. Devenue reine du Portugal en 1282, elle prend alors une part très active aux affaires diplomatiques de la Couronne. Elle est célèbre pour avoir réglé et pacifié de nombreux conflits entre royaumes péninsulaires. Elle témoigne également envers son mari d'une patience exceptionnelle et d'un rare dévouement, qui semblent être venus à bout de ses écarts de conduite.

Le roi, qui n'a rien d'un saint, n'en est pas moins un excellent gouvernant pour son pays. Il laisse toute liberté à la reine pour ses pratiques de piété, dont la bonté et l'abnégation vont jusqu'à élever les enfants naturels que son époux a eus avec d'autres femmes. De nombreux exemples en témoignent : chaque jour elle lit six psaumes de la Bible, puis elle assiste à la messe avant de se consacrer aux obligations de son rang. Elle manifeste toujours un grand souci des autres : secours aux indigents, aux personnes âgées, aumônes aux monastères dans le besoin, tels le monastère de la Trinité à Lisbonne ou le couvent de Sainte-Claire-la-Vieille, soins aux malades, dot aux jeunes filles nécessiteuses. D'autres témoignages attestent de sa ferveur religieuse et de sa charité chrétienne : elle est l'initiatrice de plusieurs fondations religieuses, comme le monastère de San Bernardo de Almoster ; les vendredis de carême, elle lave les pieds de treize pauvres et, après les avoir baisés humblement, elle leur remet des habits neufs ; le jeudi saint, elle fait de même à l'égard de treize femmes pauvres. L'hagiographie rapporte à ce sujet qu'elle guérit un ulcère au pied de l'une de ces indigentes par un baiser, ainsi qu'un lépreux, et que l'argent qu'elle portait dans les pans de sa robe pour ses aumônes fut soudain transformé en roses, lorsque son mari lui demanda de voir ce qu'elle transportait. À la vie d'Élisabeth de Portugal se mêle ainsi, sans grand souci d'esprit critique ou de discernement, le merveilleux, sans que cela remette en cause ses vertus spirituelles héroïques.

La reine fait également construire des refuges pour les sans-abri, les étrangers et les pèlerins. Elle fonde des hôpitaux pour les pauvres à Coïmbra, Leira et Santarém, une école gratuite pour les filles, une maison pour les femmes repenties de leur mauvaise vie, un hospice pour les enfants abandonnés. On n'en finirait pas d'énumérer toutes les œuvres de charité qui lui sont redevables et qui contribuèrent à l'exceptionnelle popularité de ses sujets à son égard. Après la mort de son mari (1325), Élisabeth, qui s'est toujours adonnée à la prière et dévouée au service des indigents, se retire comme tertiaire franciscaine dans un couvent de Clarisses, à Coïmbra. À deux reprises, en 1327 et en 1335, elle se rend en pèlerinage à Saint-Jacques-de-Compostelle. Dans son grand âge, elle a encore le courage d'entreprendre un long et pénible voyage pour tenter de mettre fin à la guerre qui éclate entre son fils, le roi Alphonse de Portugal, et le roi de Castille Alphonse XI. Elle est alors accueillie au château d'Estremoz et parvient à rétablir la paix entre les adversaires, mais cette expédition intrépide épuise ses forces. On rapporte qu'à l'heure de sa mort, au couvent des Clarisses qu'elle avait fondé, elle reçut l'apparition de la Vierge Marie*, entourée de sainte Claire d'Assise* et d'autres saintes. Plusieurs miracles se produisirent sur le lieu de sa sépulture au couvent des Clarisses de Coïmbra, sépulture transférée ultérieurement au couvent de Sainte-Claire-la-Neuve. Elle fut béatifiée le 15 avril 1516, par une bulle du pape Léon X, valable uniquement pour l'évêché de Coïmbra. Elle fut canonisée définitivement le 25 mai 1625 par le pape Urbain VIII. Sa fête est célébrée le 4 juillet.

Bernard Sesé

Bibl. : ***Vie et études*** : F. G. CUÉLLAR, « Santa Isabel de Portugal », in *Gran Enciclopedia Rialp*, Madrid, Rialp, 1973, t. XIII, p. 108-109 ; R. PERNOUD, *Les Saints au Moyen Âge. La sainteté d'hier est-elle pour aujourd'hui ?*, Paris, Plon, 1984 ; S. TUNC, *Brève histoire des femmes chrétiennes*, Paris, Cerf, 1989 ; J. MAÎTRE, *Mystique et féminité. Essai de psychanalyse sociohistorique*, Paris, Cerf, 1997 ; J.-J. ANTIER, *Le Mysticisme féminin*, Paris, Perrin, 2001.

ÉLISABETH DE REUTE, *bienheureuse, tertiaire franciscaine, recluse* (Élisabeth Achler ; Waldsee, 25 novembre 1386-Reute, 25 novembre 1420). — Konrad Kügelin, le curé et confesseur d'Élisabeth de Reute (appelée aussi *die gute Beth*, « la Bienheureuse Betha » ou encore Élisabeth Bona), lui a rendu bien mauvais service en proposant d'elle une biographie d'une bonne foi indiscutable, mais aussi d'un discernement problématique. Aucun des lieux communs, motifs d'un inévitable émerveillement, ne manque à l'appel, et il y a comme un écho de la *Vita* de Christine de Stommeln* dans ce récit (un même diable scatologique et facétieux reprend du service). Est-ce la somatisation de l'imaginaire suscité par les prédications sur la Passion, hautes en couleur et riches en émotion ? Toujours est-il qu'une longue et grave maladie se déclare, qu'on attribue à une origine surnaturelle et même divine ; à la suite de quoi apparaît une plaie au côté gauche qui transite sur le côté droit (rectification inconsciente d'un oubli des données de la tradition ?). Le sang exsudé est « rose comme celui d'un petit agneau », celui de l'*Agnus Dei*, l'Agneau de Dieu. À mesure que croît l'amour d'Élisabeth, les plaies aux mains et aux pieds surabondent, et tout le corps se voit malmené, comme frappé et battu. L'hémorragie est intense les vendredis, et continuelle en temps de carême ; il faut donc laver et sécher régulièrement, jusqu'à six fois par jour (ce qui n'est pas tout à fait la cadence liturgique des sept heures canoniales).

Élisabeth s'était faite recluse à la suite d'un conflit avec ses parents, Hans et Anna Achler, qui la renièrent. Avec la permission de son curé (un chanoine régulier de Saint-Augustin) et d'une recluse plus expérimentée (qui lui apprendra à tisser), elle resta trois ans sans manger : elle vomit en effet toute nourriture. Mais en réalité, elle ne peut maintenir cette dénégation pathétique d'une faim qui la torture et c'est en cachette qu'elle dévore gloutonnement ce qu'elle va ensuite vomir : boulimie que l'on impute à la malignité diabolique. Elle n'en est pas moins suspecte pour certains de l'entourage, mais le curé voit dans cette capacité de vivre sans manger un signe patent de sainteté. Elle meurt de son jeûne pathologique, à trente-quatre ans : le contrat mimétique était rempli.

François Marxer

Bibl. : ***Vie*** : la biographie rédigée par KÜGELIN a été publiée par K. Bihlmeyer, *Die Schwäbische Mystikerin Elsbeth Achler von Reute (†1420) und die Überlieferung ihrer Vita*, in *Festschrift für Philipp Strauch*, Halle, 1932, p. 96-109. ***Études*** : E. BÖMINGHAUS, « Von der seligen Betha von Reute und von Mystik », *Stimmen der Zeit*, n° 100, 1921, p. 389-395.

ÉLISABETH DE SCHÖNAU, *sainte, bénédictine, visionnaire* (?, 1129-Schönau, 18 juin 1164). — Née dans une noble famille de Rhénanie, Élisabeth de Schönau tire son nom du monastère double du canton de Sankt Goarshausen, dans le diocèse de Trèves, où elle entra à l'âge de douze ans. Elle y prit le voile en 1147 et jouit de visions et d'extases à partir de 1152, année où elle fut gravement malade. En 1155, son frère Eckbert (ou Egbert), jusqu'alors chanoine à Bonn, rejoignit le couvent des hommes de Schönau, et l'année suivante, Élisabeth fut nommée *magistra* de la communauté de femmes, sous l'autorité de l'abbé. Elle mourut à l'âge de trente-cinq ans, sans doute usée par l'ascèse et ses nombreuses maladies et extases (visions et souffrance étant chez elle indissociables), mais n'en laissa pas moins une œuvre importante : avec la collaboration d'Eckbert, ses visions avaient en effet pris la forme de livres. Un *Liber visionum* renfermant les visions advenues entre 1152 et 1156 et fournissant aussi une biographie d'Élisabeth ; le *Liber viarum Dei*, ou *Livre des voies de Dieu*, qui contient dix sermons et prônes destinés aux clercs et aux laïcs ; un cycle de six visions sur la Vierge, *De resurrectione beatae Mariae matris Christi*, qui est une contribution importante à la mariologie de l'époque, à propos notamment de l'assomption corporelle de la Vierge ; et enfin des *Revelationes de sacro exercitu virginum coloniensium* (1156-1157), une version de l'histoire de sainte Ursule et de ses compagnes qui joua un rôle crucial dans la diffusion de cette légende.

Élisabeth jouit donc d'une grande audience pendant sa courte vie, et ses visions suscitèrent l'intérêt jusqu'à la fin du Moyen Âge. L'œuvre qui eut le plus d'influence est certes les *Revelationes de sacro exercitu virginum coloniensium*, qui sont par exemple une des sources majeures de Jacques de Voragine pour les chapitres de sa *Légende dorée* (v. 1265) consacrés aux « onze mille vierges » ; mais on notera que son *Liber visionum* est conservé dans plus de cent cinquante manuscrits, dont trente-quatre datent du XIIe siècle, sans parler de traductions dans les langues germaniques ou scandinaves.

Élisabeth était toujours écartelée entre la peur du monde et de ses railleries, la peur de Dieu et de ses châtiments. Non seulement elle endurait, de la part de l'ange de Dieu, des violences physiques quand elle tardait à parler, mais elle craignait aussi que ses maladies ne soient un scandale aux yeux des hommes, et qu'on ne pensât qu'elle était la proie de tels tourments pour avoir commis de graves péchés. Entre la sainte inspirée et la fausse prophétesse, la frontière pouvait être ténue, aussi s'autocensurait-elle parfois, tant elle redoutait de passer pour une arrogante et un « auteur de nouveautés », *auctrix novitatum*. Ainsi, au sujet de la Trinité, ou de l'Assomption de la Vierge sur laquelle elle reçut nombre de révélations inédites : « il ne faut pas la divulguer au peuple », disait-elle, et sa crainte de la *novitas* n'était pas sans fondement ; son contemporain Jean Beleth, par exemple, qui évoque sa vision alors qu'elle est encore en vie, vers 1160, souligne que ses révélations n'ont jamais été approuvées par l'Église romaine.

Élisabeth n'aurait appris des hommes que l'art de psalmodier, et aurait été instruite par l'enseignement intérieur de l'Esprit-Saint, *interno spiritus sancti magisterio edocta*, selon un topos de la littérature de visions qu'on trouve par exemple à propos de sa contemporaine Hildegarde de Bingen*. Dieu aurait donné à Élisabeth jusqu'au don de s'exprimer en latin, et le prologue du *Liber visionum* de souligner le miracle que constitue le caractère parfois bilingue de ses visions : « [...] souvent ou pour mieux dire ordinairement, les dimanches et les jours dc fête, aux heures où les offices augmentent la dévotion des fidèles, elle avait des extases ; puis, quand elle avait un peu repris ses esprits, elle prononçait en latin des paroles le plus souvent tirées de la Sainte Écriture, paroles qu'on ne lui avait pas apprises et qu'elle ne pouvait tirer d'elle-même ; car elle était à peine instruite et avait à peine une légère teinture du latin. »

On sait par ailleurs qu'Élisabeth, qui tenait un *libellus* dans lequel elle notait les « conversations » qu'elle avait avec les saints du jour, savait écrire seule.

Élisabeth eut pour protectrice Hildegarde de Bingen, à qui la liait un même don de vision et une amitié dont les correspondances respectives des deux femmes et les *Visions* d'Élisabeth gardent la trace. Certes Élisabeth était une extatique, alors que Hildegarde s'en défendait avec énergie ; malgré cela, leur correspondance offre le cas rare d'une visionnaire qui parle à une autre visionnaire, et montre qu'Élisabeth souffrait de problèmes particuliers que Hildegarde pouvait comprendre mieux que personne. Élisabeth se plaignait d'être moquée non seulement par le peuple mais aussi par les hommes d'Église, et d'être diffamée : certains faisaient circuler sous son nom des prophéties sur le Jugement dernier, et dans une lettre qu'elle adresse à Hildegarde entre 1152 et 1156, il est clair qu'elle en attend à la fois une consolation, un jugement et le rétablissement de la vérité la concernant.

Rappelons aussi que, selon les propres dires de la jeune moniale, le *Scivias* achevé par Hildegarde en 1151 inspira fortement son *Livre des voies de Dieu*, pas seulement en ce qui concerne le titre, mais aussi la forme allégorique et le contenu ; cn ce sens, Élisabeth est peut-être la seule émule médiévale de la prophétesse, « une émule un peu pâle mais très attachante, un double de la grande Hildegarde », selon le mot de l'écrivain Jean-Noël Vuarnet. Rien d'étonnant, donc, si les contemporains virent dans les prophéties des deux femmes la manifestation d'une même grâce et si elles furent citées conjointement par différents témoins dès le XIIe siècle, tel Jean de Salisbury les évoquant dans une lettre à Thomas Becket datée de 1165. Significativement aussi, à l'époque moderne, les *Révélations* d'Élisabeth voisinent avec celles de Hildegarde dans les deux premières éditions qui en furent données, l'une à Paris en 1513 par Lefèvre d'Étaples, et l'autre en 1629 par les Brigittins de Cologne.

Mais c'est grâce à son frère que les visions d'Élisabeth avaient accédé à l'écrit, et elle apparaît de ce point de vue comme une femme sous influence, voire instrumentalisée. Eckbert fut assurément bien plus qu'un simple secrétaire ou confident, à l'image du moine Volmar qui assista Hildegarde dans son œuvre, et il a été démontré qu'Élisabeth avait délivré mainte révélation à la suite d'une question expresse d'Eckbert sur tel ou tel point, ce qui s'intensifia après l'installation de ce dernier à Schönau. Susciter les propos de la voyante était un moyen d'aborder des questions délicates ou restées sans réponse, de l'éclaircissement de passages obscurs de l'Écriture à l'hétérodoxie des Grecs en passant par les doctrines d'Origène ou de Denys l'Aréopagite. Mais si la majorité des questions abordées par la moniale, ou du moins à travers elle, portaient sur des problèmes célestes, on en trouve aussi qui sont ancrées dans le concret, dans la proximité ou l'actualité, comme les « onze mille vierges », le sort de l'âme des défunts et les suffrages des vivants, sans oublier le catharisme. Eckbert apparaît aujourd'hui comme le premier à avoir donné un nom et un contenu à cette hérésie dans son *Liber contra haereses catharorum* composé vers 1155-1160, et, en ce qui concerne le catharisme, le *Liber visionum* d'Élisabeth reflète la pensée d'Eckbert tout en lui donnant plus de portée, puisque les avertissements que ce dernier émettait dans son livre en tant que simple religieux prennent la forme de paroles divines au style direct dans celui de sa sœur.

Les trois livres du *Liber visionum* n'en sont pas moins une « autobiographie » spirituelle ; mais la part prise par Eckbert dans leur rédaction, et probablement leur conception, explique qu'au XIXe siècle, tant l'abbé Migne que l'érudit allemand Friedrich Wilhelm Roth aient publié les œuvres de la moniale accompagnées de celles de son frère.

Il n'empêche que l'originalité de l'univers mental d'Élisabeth est actuellement réévaluée en différents lieux, et qu'elle reste une pionnière, dans l'Occident médiéval, par ses visions sur l'Assomption de Marie* ou sur l'humanité du Christ qui lui apparaissait sous l'aspect d'une vierge.

Laurence Moulinier-Brogi

• *Voir aussi* : Hildegarde de Bingen

Bibl. : *Œuvres* : *Visions*, L. Moulinier-Brogi (introd.) J.-P. Troadec (trad.), Paris, Cerf, 2009 ; *Liber trium virorum et trium spiritualium mulierum, Hermae liber unus. Uguetini liber unus. F. Roberti libri duo. Hildegardis Scivias libri tres. Elizabeth virginis libri sex. Mechtildis virgi. libri quinque*, Paris, Henri Étienne, 1513 ; *Revelationes ss. virginum Hildegardis et Elizabethae Schoenaugiensis ordinis s. Benedicti... una cum variis Elogiis ipsius Ecclesiae et Doctorum virorum*, Cologne, A. Boetzer, 1628 ; *Révélations choisies de sainte Élisabeth de Schönau*, trad. par le traducteur (anonyme) des œuvres de Catherine Emmerich, Tournai, H. Casterman, 1864. ***Études* :** J. LECLERCQ, « Sainte Hildegarde et sainte Élisabeth de Schönau », *in* J. Leclercq et *alii* (éd.), *La Spiritualité du Moyen Âge*, Paris, Aubier, 1961 ; L. MOULINIER, « Élisabeth, Ursule et les Onze mille vierges : un cas d'invention de reliques à Cologne au XIIe siècle », *Médiévales*, n°s 22-23, printemps 1992 ; J.-N. VUARNET, *Extases féminines*, Paris, Hatier, 1991.

ÉLISABETH DE SPALBEEK, ou de Herkenrode, *extatique, stigmatisée* (Spalbeek, Limbourg, ?-?, apr. 1274). — Élisabeth est sans doute la première femme stigmatisée que nous connaissons par la *Vita* qu'en a rédigée Philippe, abbé de Clairvaux. Elle est née à Spalbeek, au diocèse de Liège, dans la province belge du Limbourg, village proche du couvent de Herkenrode, monastère « fille » de

Clairvaux. Ce qui explique que, lors d'une visite en 1270, Philippe, qui en est l'abbé, apprend tout ce que l'entourage émerveillé dit de la stigmatisée, que l'évêque de Liège avait confiée à la vigilance de l'abbé de Saint-Trond, Guillaume ; lequel Guillaume incite Philippe à visiter et examiner la mystique pour se faire une conviction. Sa première réaction est d'un scepticisme prudent et de bon aloi : il procède donc à une longue et minutieuse enquête qui lui donne finalement assurance qu'il n'y a là « ni fraude ni supercherie ». Témoignage capital que celui de cet homme, expert en pratique spirituelle et indépendant du cercle des admirateurs enthousiastes. Élisabeth vivait chez elle, avec sa mère et ses sœurs, sa chambre voisinant une chapelle où la messe pouvait être célébrée : une vie de recluse en quelque sorte, rythmée par des extases quotidiennes, selon le tempo liturgique des heures canoniales, et dans lesquelles Élisabeth vit et mime les douleurs et souffrances de la Passion. On reste cependant perplexe devant la virtuosité de contorsionniste dont Élisabeth fait preuve au cours de ses mimes extatiques. L'expérience se complète de stigmates qui saignent abondamment, sans parler des hémorragies oculaires et, en 1266, des symptômes visibles du couronnement d'épines. Comme il se doit, flagellation intense et un jeûne presque total. Élisabeth n'absorbe, non sans dégoût, qu'une cuillerée de lait chaque jour (lait et sang : un couplage sacrificiel symbolique que l'on retrouve chez une Thérèse de Lisieux*, par exemple) ; des viandes, légumes et fruits qu'on lui présente, elle ne consomme que le jus ou le suc. En contrepartie, son corps n'exsude aucune sécrétion humorale ou cutanée. Philippe a été plus sensible aux extases qu'aux stigmates (auraient-ils été indécidables en leur manifestation ?). Il qualifie l'état où se trouve alors Élisabeth d'*imbecillitas* : constat pathologique d'un dérèglement comparable à la folie d'amour qui s'emparait de Béatrice de Nazareth* (*insania*) ou de Hadewijch d'Anvers* (*orevoet*) lors de leurs extases. Cependant, la gloire d'Élisabeth fut d'être la première stigmatisée (François d'Assise, le prototype, est un homme), raison pour laquelle les hagiographes de Cîteaux la célébreront jusqu'à en faire une moniale cistercienne, ce qu'elle ne fut jamais.

François Marxer

Bibl. : ***Vie*** : la *Vita* de PHILIPPE DE CLAIRVAUX a été publiée dans le *Catalogus codicum hagiographicorum bibliothecae regiae bruxellensis*, Bruxelles, 1886, t. I, p. 362-378. ***Études*** : A. STROICK, « Wer ist die Stigmatisierte in einer Reformschrift für das zweite Lyonner Konzil ? », *Historisches Jahrbuch*, nº 50, 1930, p. 342-349 ; P. DEBONGNIE, « Essai critique sur l'histoire des stigmatisations au Moyen Âge », *Études carmélitaines*, *Douleur et stigmatisation*, octobre 1936, p. 22-59.

ELIZABETH ANN SETON, *sainte, fondatrice des Sœurs de la Charité de Saint-Joseph* (Elizabeth Ann Bayley ; New York, 28 août 1774-Emmitsburg, 4 janvier 1821). — Elizabeth est la première Américaine à avoir été canonisée par l'Église catholique. Ses parents, Catherine Chariton et Richard Bayley (médecin du port de New York) sont des épiscopaliens aisés, très religieux et dévoués. À dix-neuf ans, elle épouse William Magee Seton, fils d'une riche famille d'armateurs. Cinq enfants naissent de cette union. Dès 1795, Elizabeth trouve le temps et la force de s'occuper des pauvres de la ville de New York. Elle fonde une association du nom de Society for the Relief of Poor Windows with Small Children (« Société pour le secours des pauvres veuves et de leurs jeunes enfants ») ; elle y est connue sous le nom de « Sœur de Charité protestante ».

En 1800, William fait faillite et tombe malade. Atteint de tuberculose, il part pour l'Italie accompagné de sa femme et de sa fille aînée pour recouvrer la santé. Tout au long du voyage pour Livourne, Elizabeth tient un journal où elle puise, dans la prière et la lecture des livres saints, le secours à ses angoisses devant la maladie de son mari qui progresse rapidement. Elle relate une vision qu'elle a la nuit qui précède la mort de son époux : « [...] il me sembla que je voyais un ange [...]. Il tenait une plume dans une de ses mains et dans l'autre une feuille de papier blanc [...] il écrivit dessus : Jésus [...]. Ce n'était là que la vision d'un songe mais elle me fit du bien » (Roederer, p. 110). William meurt le 27 décembre 1803, laissant Elizabeth veuve à vingt-neuf ans.

La famille Filicchi de Livourne, amis de la famille Seton, lui offre l'hospitalité. Elizabeth est particulièrement touchée par la foi catholique de ses hôtes ; elle est vivement attirée par les enseignements qui concernent le saint sacrement et la Vierge Marie*. Elle assiste à la messe quotidienne avec eux. Un jour, lors d'une procession qui passe devant sa fenêtre, elle est éblouie et tombe à genoux ; elle commence à comprendre la doctrine de la présence réelle dans l'Eucharistie, une expérience spirituelle et mystique qui la marque profondément.

Dès son retour à New York, elle se convertit au catholicisme. Elle est reçue dans l'Église catholique le 14 mars 1805 par John Carroll, premier évêque de Baltimore. Sa conversion l'éloigne de sa famille. Des années très difficiles s'ensuivent ; elle est sans moyen économique pour élever ses enfants en raison de la faillite de l'entreprise familiale et de l'abandon de ses proches. Mais elle y fait face avec courage, sans ressentiment. Sa jeune belle-sœur Harriet, orpheline, veut devenir catholique, mais la famille Seton s'y oppose.

En juin 1808, le père Louis William Dubourg, prêtre supérieur des Sulpiciens français du Maryland, rencontre Elizabeth pendant une visite à New York et lui propose de fonder une école pour les petites filles. Elle s'installe alors à Baltimore et, sous la direction spirituelle de l'archevêque John Carroll, réussit à conjuguer ses devoirs de mère de famille avec l'élaboration d'un système scolaire catholique paroissial en Amérique. Grâce à la générosité d'un bienfaiteur, l'école peut s'installer à Emmitsburg (Maryland) le 31 juillet 1809. Bientôt ce projet attire des jeunes femmes désireuses comme elle de servir le Christ en se consacrant à l'instruction des enfants pauvres. À vingt et un ans, Harriet rejoint Elizabeth à Emmitsburg. Cette institution religieuse va donner naissance au réseau scolaire et hospitalier américain.

Elizabeth, en bonne organisatrice, conçoit un programme éducatif bien équilibré, compose des manuels scolaires, forme des professeurs ; parlant français (sa grand-mère Suzanne Le Conte est descendante des huguenots français), elle traduit quelques ouvrages religieux et écrit quelques traités spirituels. Elle songe alors à fonder une communauté. John Carroll l'y encourage en lui donnant une règle et l'autorisation d'accueillir des membres dans sa communauté. Il reçoit ses vœux solennels et permet à son petit groupe d'adopter une vie religieuse. Le 17 janvier 1812, aidée des Sulpiciens français, Elizabeth, devenue supérieure de son couvent, reçoit la confirmation officielle des Règles et des Constitutions des Sœurs de la Charité de Saint-Vincent-de-Paul, fondées en France par saint Vincent de Paul et sainte Louise de Marillac* en 1633. Ainsi se constitue à Emmitsburg la première communauté américaine de femmes consacrées : la Congrégation des Sœurs de la Charité de Saint-Joseph.

L'amour qu'Elizabeth porte à tous les démunis l'incite à ouvrir un premier orphelinat à Philadelphie en 1814, un autre à New York en 1817, puis une école pour garçons à Emmitsburg en 1818. En 1821, la vie d'Elizabeth touche à son terme. Elle n'a que quarante-sept ans, mais elle s'est dépensée sans compter pour secourir les femmes et les enfants dans le besoin.

Le 25 mars 1850, la communauté d'Emmitsburg s'unit à la Compagnie des Filles de la Charité de Saint-Vincent-de-Paul de France. Plusieurs autres communautés en Amérique du Nord (adoptant le même nom) essaimèrent de la fondation des Sœurs de la Charité d'Emmitsburg. Les sœurs, envoyées par Elizabeth Seton auprès des orphelins de New York, décidèrent de former une congrégation autonome en 1847. Elles construisirent leur maison mère à McGown's Pass, lieu qui deviendra plus tard Central Park. D'autres furent installées à Cincinnati dans l'Ohio (1852), Convent Station dans le New Jersey (1859), Greenburg en Pennsylvanie (1870), et Halifax au Canada (1856). Tous ces instituts constituent aujourd'hui la Fédération des Sœurs de la Charité créée en 1947 pour promouvoir la cause de la canonisation d'Elizabeth Seton.

Le 17 mars 1963, Elizabeth Seton a été beatifiée par le pape Jean XXIII, puis canonisée le 14 septembre 1975 par Paul VI.

Elizabeth Seton est reconnue comme sainte en raison de sa recherche de l'accomplissement de la volonté de Dieu dans sa vie. Sa sainteté s'enracine également dans sa fidélité à la prière et à la vie liturgique, issue de l'Église protestante épiscopalienne de son temps. Pratiquante dévouée de sa paroisse de la Très Sainte Trinité, elle priait de longs moments devant le Saint Sacrement dans la chapelle voisine de Saint-Pierre qui était catholique. Ayant vu le Christ dans les pauvres, spécialement les femmes et les enfants, les ayant aidés de son mieux, elle nous rappelle que les saints et les saintes ne sont pas dénués de sens pratique, qui est un principe important de la vie mystique. Ainsi en fut-il pour François d'Assise, Thérèse d'Avila* ou encore mère Teresa de Calcutta* qui, accomplissant de grandes choses, puisèrent leur énergie colossale dans leur liberté spirituelle. Ne se souciant pas de l'opinion des autres ou des chances de succès ou d'échec des projets entrepris ou à entreprendre, ils témoignent de l'amour de Dieu et de la confiance qui les ont poussés à aller de l'avant.

Geneviève James

Bibl. : ***Œuvres*** **:** son Journal et ses lettres sont cités dans *Elizabeth Seton et les commencements de l'Église catholique aux États-Unis*, H. ROEDERER, B. BAILLY DE BARBEREY, Paris, Librairie Poussiègle Frères, 1868. ***Biographies*** **:** L. CONAN, « Elizabeth Seton », *La Revue canadienne*, Montréal, 1903 (1re éd.), Cie de publication de *La Revue canadienne*, 1995 (2e éd.) ; sœur MARIE CÉLESTE, *Elizabeth Anne Seton par elle-même 1774-1821*, Québec, Médiapaul, 1996. ***Études*** **:** « Elizabeth Seton, une mère pour la jeune Église américaine », *in* Coll., *Le Livre des Merveilles*, Paris, Mame-Plon, 2004 ; K. JONES, *Women Saints. Lives of Faith and Courage*, New York, Orbis Books, Maryknoll, 1999.

ELSBETH STAGEL, *dominicaine* (Zurich, v. 1300-Töss, v. 1360). — Elsbeth est originaire d'une lignée patricienne de Zurich, qui comptait dans ses rangs des membres du Conseil et fut liée, durant plusieurs générations, aux couvents des dominicaines d'Ötenbach et de Töss près de Winterthur. Elle fut moniale, puis prieure du monastère de Töss, dont elle écrivit la chronique, qui n'est pas sans lien avec celle d'Unterlinden. C'est en 1336 qu'elle fit la connaissance d'Henri Suso. Une amitié spirituelle durable s'établit entre eux. De nombreuses lettres en témoignent, ainsi que la *Vita* d'Henri Suso, qu'Elsbeth a certainement rédigée ou du moins corédigée avec celui-ci, comme il le dit lui-même au début de l'ouvrage : « Il fit la connaissance d'une personne sainte et éclairée qui eut en ce monde beaucoup d'afflictions et de souffrances. Cette personne désira qu'il lui parle un peu de la souffrance d'après sa propre expérience, où son cœur souffrant puisse trouver un réconfort et elle agit ainsi longtemps avec lui : quand il venait la voir, elle lui posait des questions subtiles pour savoir quels avaient été ses débuts, ses progrès, pour connaître quelques-uns de ses exercices et les épreuves qu'elle avait subies. Il le lui disait. Comme elle trouvait là consolation et enseignement, elle le transcrivit entièrement, afin qu'elle-même et d'autres personnes puissent y trouver un recours. Elle le faisait en cachette, en sorte qu'il n'en savait rien » (*Vie*, p. 155). En ayant eu connaissance, il brûla le début de l'ouvrage, mais une partie resta qu'il publia en la complétant, après la mort d'Elsbeth.

Si on dispose de peu d'éléments de la mystique d'Elsbeth, il ressort de ces quelques lignes qu'Elsbeth, comme Suso, vit une mystique de la Passion, de l'identification au Christ souffrant, comme le montre l'iconographie, développée à partir de l'*Exemplar* (un autre ouvrage d'Henri Suso qui rassemble des lettres adressées à sa disciple et ses consœurs). Or, c'est là un point de départ, un passage vers la vie en Dieu. Dans une autre partie de l'ouvrage, Henri Suso instruit sa fille spirituelle en théologie mystique à travers un dialogue : il lui explique, à sa demande, le chemin spirituel qui conduit à l'union et à l'unité avec Dieu dans l'*unio mystica*. Il met l'accent sur l'importance de la *discretio spirituum* (discernement des esprits) dans le cheminement vers la vie parfaite, ainsi que sur l'utilisation juste du discernement, de la raison, sur la connaissance du véritable et du faux détachement et sur la plus haute science. Les trois questions d'Elsbeth Stagel autour desquelles s'articulent les derniers chapitres de la *Vita* – « Dites-moi ce qu'est Dieu, où est Dieu et comment est Dieu. Je veux dire : comment peut-il être un et cependant trine ? » (*Vie*, p. 289) – l'amènent à des développements sur la connaissance de Dieu à partir de la Création, sur Dieu comme Unité et Trinité et sur l'unité de l'âme de l'homme avec Dieu dans le lieu rude de l'imitation du Christ qui conduit au dépassement, par la *mors mystica* (« mort de l'esprit »). À la fin de l'ouvrage, Henri Suso confie qu'Elsbeth en a fait l'expérience et qu'il ne lui reste plus qu'à passer sur l'autre rive. Ainsi écrit-il : « Écoute toi-même ce que Dieu dit en toi ! Tu peux te réjouir de connaître ce qui n'a pas été révélé à beaucoup ; si grande qu'ait été ta peine, elle s'est évanouie avec le temps. Il ne te reste plus rien à faire que de jouir en une tranquille quiétude de la paix divine et d'attendre joyeusement l'heure où tu quitteras le monde pour la parfaite et éternelle béatitude » (*id.*, p. 312). Sans doute ne décrit-il pas l'expérience mystique d'Elsbeth, mais il laisse entendre qu'elle est très forte, qu'elle est l'une des plus hautes que l'on peut avoir. De plus, elle illustre l'enseignement que Suso souhaite donner.

Peu connue, éclipsée peut-être par Suso, Elsbeth a ainsi été initiée aux plus hautes réalités de la mystique.

Marie-Anne Vannier

Bibl. : ***Œuvre*** : H. SUSO, *Œuvres complètes* (contient la *Vie*), prés., trad. et notes de J. Ancelet-Hustache, Paris, Seuil, 1977. ***Études*** : J. ANCELET-HUSTACHE, *La Vie mystique d'un monastère de Dominicaines au Moyen Âge d'après la chronique de Töss*, Paris, Perrin, 1928 ; L. GNÄDINGER, notice dans M.-A. Vannier (dir.), *Encyclopédie des mystiques rhénans*, Paris, Cerf, 2011.

ÉMILIE DE RODAT, *sainte, fondatrice de la Sainte-Famille de Villefranche-de-Rouergue* (Marie-Guillemette-Émilie de Rodat ; près de Rodez, 6 septembre 1787-Villefranche, 19 septembre 1852). — Née au château de Druelle, Émilie de Rodat est confiée à sa grand-mère maternelle jusqu'à l'âge de seize ans. Bonne et pieuse, elle pratique l'oraison quotidienne et visite les pauvres. En 1804, elle renonce à quelques succès mondains et s'offre à Dieu. Partageant sa vie avec d'anciennes religieuses dispersées par la Révolution chez sa grand-mère, à Villefranche, elle affine son amour de Dieu et des pauvres tout en se tournant vers l'enseignement religieux. Influencée par son directeur spirituel Antoine Marty, elle rejoint d'abord le noviciat des Sœurs de la Charité de Nevers, à Figeac. Elle fait un autre essai à Cahors chez les Dames de l'Adoration perpétuelle de Picpus, puis à Moissac chez les Sœurs de la Miséricorde, sans succès. En 1815, elle ouvre une classe pour les enfants pauvres avec trois autres jeunes filles. Très critiquée, son œuvre se développe pourtant. Pendant ce temps, naît la Congrégation de la Sainte-Famille, qui, tournée vers l'éducation chrétienne, s'ouvre petit à petit à la visite des malades, à la direction d'orphelinats, d'asiles et de refuges.

Émilie de Rodat a été béatifiée le 9 juin 1940 et canonisée le 23 avril 1950.

« Pour obtenir la grâce de connaître Jésus pauvre et humilié, nous pratiquerons ces chères vertus de son divin Cœur, la pauvreté et l'humilité, en vivant détachées de tout : chacune de nous voulant de tout son cœur être comptée pour la dernière, aimant les emplois les plus bas et les places les plus incommodes » (*Vie de la Révérende Mère Émilie*), écrit Émilie de Rodat à ses compagnes. Ainsi en est-il du règlement qu'elle enseigne à sa communauté, exhortée à la pauvreté, à l'humilité la plus profonde et au salut à travers ce noble emploi, qui rejoint son propre cheminement spirituel.

Émilie de Rodat se nourrit de l'oraison et l'écriture : elle lit saint François de Sales, Jean-Joseph Surin ; elle reçoit de grandes lumières à la lecture d'un livre de l'abbé Rancé sur la Trappe. Elle conseille avant tout la lecture de l'Évangile, saint Paul, les Psaumes et la Passion du Christ, essentielle à ses yeux, même si elle considère que Dieu lui a tout appris. Sa vie religieuse est caractérisée par la foi, la charité et la capacité à se donner, développées au gré des épreuves de santé, des persécutions extérieures et des difficultés matérielles – ce qui révèle le caractère héroïque et saint de la fondatrice toujours entreprenante. Elle s'articule notamment autour d'un long état de « nuit obscure » commencé en 1820, un mois avant ses vœux perpétuels, qui empire en 1822, après la fondation d'Aubin, réalisée contre l'avis de l'abbé Marty et considérée comme une faute grave, qu'elle accuse dans presque chaque confession pendant les onze dernières années de sa vie. Épreuve qui l'initie, sous la direction sévère de l'abbé, à l'acceptation, à la considération des actes de foi comme témoins de sa foi en Dieu, à la pratique de l'obéissance, au renoncement à la curiosité des choses spirituelles et à la prétention d'en avoir une intelligence plus qu'ordinaire, au renoncement à l'estime d'elle-même, à l'abandon de la voie du raisonnement pour celle de l'autorité, plus humble et plus sûre. « Il faut que j'arrive à un degré d'humilité qui réponde à celui de l'orgueil que je ressens en moi-même » (*L'Esprit de la Révérende Mère Émilie*, t. 1), écrit-elle. Puis, quelques années plus tard, à ses sœurs : « Il faut qu'une fidélité constante à la grâce et une humilité profonde et universelle soient le fondement de l'édifice de votre perfection » (*L'Esprit...*, t. 2). Aussi insiste-t-elle sur le passage de la volonté propre à la volonté de Dieu, de l'orgueil à l'humilité, grâce à « la pénitence d'amour », qui opère dans l'âme, et « la pénitence de rigueur », qui agit sur le corps. « La pénitence d'amour consiste à se livrer sans réserve à l'amour de Dieu, comme Madeleine ; à ne jamais résister à la voix de la grâce qui demande, en temps et lieu, des sacrifices où l'esprit et le cœur sont immolés sans que le corps ait directement à souffrir » (*L'Esprit...*, t. 1). Chemin qu'elle couronne d'une consigne suprême à la fin de sa vie, en même temps qu'elle insiste sur le dévouement et la charité : « Dites bien à nos sœurs qu'une grande paix et les biens de Dieu dépendent d'un abandon entier, absolu, total dans l'obéissance » (*Vie de la Révérende Mère Émilie*).

Audrey Fella

Bibl. : *Études* : H. DELATTRE, notice dans le *Dictionnaire de spiritualité*, Paris, Beauchesne, t. IV, 1960-1961, col. 610-614 ; L. AUBINEAU, *Vie de la Révérende Mère Émilie...*, Paris, L. Vivès, 1855 ; E. BARTHES, *L'Esprit de la Révérende Mère Émilie*, Paris, Vic et Amat, 1897, 2 vol. ; M. SAVIGNY-VESCO, *La Bienheureuse*

Marie-Émilie de Rodat, Paris, Alsatia, 1940 ; G. BERNOVILLE, *Sainte Émilie de Rodat*, Paris, Grasset, 1959.

ÉMILIE DE VIALAR, *sainte, fondatrice de la Congrégation des Sœurs de Saint-Joseph de l'Apparition* (Gaillac, 1797-Marseille, 1856). — Émilie, née dans une famille de petite noblesse, petite-fille du baron Antoine Portal, médecin de Louis XVIII et de Charles X, est orpheline de mère dès treize ans et vit dans une atmosphère familiale lourde, auprès d'un père irascible qui va s'opposer à sa vocation. Adolescente, elle fut « comme ravie par Dieu » et dit avoir été « saisie, presque éblouie » dans sa chambre par « une brillante lumière » qui l'environna. « Elle me parut venir du ciel, aussi j'y dirigeais spontanément mes yeux en me mettant à genoux [...]. La faveur signalée que Dieu m'accordait me fit prendre la résolution d'être toute à Lui. » Une mission prêchée à Gaillac (Tarn) achève de la convaincre, à dix-huit ans, que « Dieu [lui] faisait sentir sa présence en toutes [ses] occupations [...]. [Son] âme s'unissait très intimement à Lui. » Elle a la vision du Christ en croix et de ses plaies, et se voue à la charité, malgré l'opposition de son père. L'héritage du docteur Portal lui permet d'acheter une maison et de réunir, en 1832, trois compagnes pour se consacrer à « toutes les œuvres de charité que l'on trouvait éparses dans les ordres existants ».

Son frère, installé en Algérie et lui proposant d'y créer un hôpital, elle va fonder un des principaux instituts missionnaires français du XIXe siècle, au prix de grandes difficultés – suscitées en particulier par Mgr Dupuch, évêque d'Alger de 1838 à 1846, qui veut avoir la haute main sur la congrégation et qui, devant la résistance d'Émilie, chasse sa jeune communauté d'Algérie. Mais selon Grégoire XVI, qu'elle sollicite, elle « sait bien défendre son droit ». De retour à Gaillac, elle découvre la mauvaise gestion de son assistante, une de ses premières recrues. Elle perd plusieurs procès et doit consacrer au remboursement de ses dettes tout son patrimoine. Ruinée, elle devra demander au bureau de bienfaisance la soupe pour elle et sa communauté lors d'une tentative d'établissement à Toulouse. Elle sort de ce « fracas d'épreuves » en 1852 grâce à l'évêque de Marseille, Eugène de Mazenod (canonisé en 1995), fondateur des missionnaires oblats de Marie Immaculée, qui, dans la ville, offre à son institut sa « terre promise ». Il va connaître une rapide diffusion internationale. Femme d'action (« Dussé-je me battre jusqu'à la mort, je combattrai »), jamais découragée (« Vendredi saint 1847 : ces jours saints, j'ai été inondée de l'effusion de Son amour et je le suis toujours lorsqu'il doit m'arriver une nouvelle tribulation »), parfois comparée à Thérèse d'Avila* pour sa vie sur les routes et les flots, elle incarne la mystique de la charité. Émilie de Vialar a été béatifiée en 1939 et canonisée en 1951.

Régis Bertrand

Bibl. : ***Écrits*** **:** son autobiographie spirituelle, appelée « Vie intérieure » par l'abbé Picard (voir *infra*) et « Relation des grâces » par la publication citée ci-après, et ses lettres ne sont connues que par les extraits qui y sont donnés ; Sœurs de Saint-Joseph de l'Apparition, *Émilie de Vialar, pensées*, Strasbourg, Éditions du Signe, 2006. ***Vies*** **:** abbé L. PICARD, *Une vierge française. Émilie de Vialar...*, Paris, Impr. P. Feron-Vrau, 1925 ; chanoine P. TESTAS, *La Vie militante de la bienheureuse mère Émilie de Vialar...*, Marseille, Publiroc, 1939 ; P. HOESL, *À pleines voiles. Sainte Émilie de Vialar...*, Lyon, Éditions du Chalet, 1963 ; C. MICHELIER, notice dans *Dictionnaire de spiritualité*, Paris, Beauchesne, 1960-1961, t. 4, col. 614-616.

EMMERICH, Anne-Catherine. — *Voir* ANNE-CATHERINE EMMERICH

ÉPOUSE DE RABBI HAYYIM DE SICILE, *prophétesse juive* (Sicile, XIIe s.). — Un voyageur de passage à Catane rapporte, dans une lettre retrouvée dans la genizah du Caire, un événement dont il a été témoin. L'épouse de Rabbi Hayyim, dont le nom n'est pas signalé, alors qu'elle était enceinte, est entrée en transe devant une assemblée d'hommes rentrant de la synagogue et, prédisant la fin du monde, les a pressés de confesser leurs pêchés. Elle se couvrit d'un châle de prière sur lequel apparurent des lettres hébraïques. Le même incident se reproduisit le lendemain et un liquide s'écoulait de ses mains, du miel, au dire des hommes qui le goûtèrent. Le témoin note que deux hommes eurent également des visions au contact de cette femme aux pouvoirs mystiques impressionnants.

Mireille Loubet

Bibl. : ***Vie et études*** **:** E. TAITZ, S. HENRY, C. TALLAN, *The JPS Guide to Jewish Women : 600 B.C.E.-1900 C.E.*, Philadelphie (PA), The Jewish Publication Society, 2003, p. 117.

EPPINGER, Élisabeth, *extatique, fondatrice de la Congrégation du Très-Saint-Sauveur* (Alphonse-Marie en religion ; Niederbronn, 9 septembre 1814-31 juillet 1867). — Née dans une famille paysanne modeste, Élisabeth connut une enfance difficile, tant matériellement (pauvreté, santé précaire) que spirituellement (aridité, angoisse qui contrebalançaient des instants de grande émotion, sans doute tribut versé à une très [trop ?] vive sensibilité). Mais la direction et le discernement de son curé, Jean-David Reichard, l'encourage dans l'approfondissement de sa vie spirituelle jusqu'au moment où, en 1846, se manifestent des phénomènes extatiques et visionnaires. Raisonnablement prudent et réservé dans un premier temps, Reichard finira par se convaincre de la véracité des prophéties et prédictions de sa dirigée, un jugement auquel se rallieront des professeurs du grand séminaire de Strasbourg et l'évêque, Mgr Raess. C'est à ce dernier que le curé Reichard communique les transcriptions qu'il effectue de ce que lui dicte Élisabeth. « L'extatique de Niederbronn » attirait nombre de visiteurs et de curieux, d'autant plus que, dès 1849, les *Lettres de l'extatique de Niederbronn* en répandaient l'information dans l'opinion publique. Ces visions, qui s'inscrivent dans un contexte politique particulièrement troublé et chaotique – 1847 et 1848 voient l'avènement de deux révolutions, romaine et française –, pourront étonner le lecteur d'aujourd'hui, qui en oublierait la tension apocalyptique. Les jugements proférés par Élisabeth sur les événements de son temps – dont elle était réputée ne pas avoir eu connaissance (?) – n'ont pas toujours échappé à l'illusion : était-elle alors influencée par son entourage ? Et faut-il déchiffrer en chacune de ces prophéties l'écho exact des situations délicates que, par exemple, le pape Pie IX aura dû affronter dans sa politique italienne et européenne ? Rien n'est moins sûr, tant les termes utilisés par Élisabeth ont de portée générale. De surcroît, lorsque l'erreur était manifeste, on s'empressait de donner une interprétation accommodatrice des propos erronés. À ce propos, « l'affaire Richemont », comme on l'a appelée, est révélatrice du climat des esprits : Élisabeth crut bien identifier en un certain baron de Richemont, le prétendant au trône, le mystérieux Louis XVII, décédé, on le sait, dans la prison du Temple. Ledit baron présentait, il est vrai, une certaine ressemblance physique avec Louis-Philippe, déchu et contraint à l'exil. Au vu de l'évidente confusion, certains n'hésitèrent pas à reporter sur Napoléon III les généreuses prophéties de notre extatique.

Toutefois, dès l'âge de seize ans, Élisabeth avait manifesté un désir prononcé de vie religieuse. La situation précaire de sa famille lui en interdit la réalisation ; puis ce fut Mgr Raess qui s'opposa à son entrée chez les Sœurs (enseignantes) de Ribeauvillé. Élisabeth en conclut, en 1848, qu'elle était appelée à fonder une congrégation locale – on aura noté la coïncidence avec les fièvres révolutionnaires qui secouaient l'Europe d'alors. Cette congrégation, dévouée aux pauvres et aux malades et dont la devise sera « Dans la personne du malade, elles [les religieuses] vont servir la personne de Jésus-Christ », se réclame de l'esprit de saint Alphonse de Liguori et de Thérèse d'Avila* (pour laquelle, semble-t-il, Élisabeth manifesta une grande prédilection dès ses quatorze ans).

Élisabeth prend l'habit le 10 septembre 1849, sous le nom de Alphonse-Marie, et prononce ses vœux le 2 janvier suivant. En 1863, Rome donnera son agrément à la congrégation, dite désormais du Très-Saint-Sauveur, qui sera officiellement reconnue en 1866. En dépit d'une culture scolaire et académique très parcimonieuse, mère Alphonse-Marie se montrera une femme d'action et une organisatrice exceptionnelle. Dès sa reconnaissance en effet, la congrégation naissante doit affronter la sécession des branches autrichienne, bavaroise et hongroise. Malgré cette amputation, la congrégation connaîtra un essor florissant, qui se poursuivra au-delà de la mort de sa fondatrice, survenue une semaine exactement après celle du cofondateur, l'abbé Reichard.

François Marxer

Bibl. : ***Vie et études*** **:** C.-J. BUSSON, *Premières Lettres sur l'extatique de Niederbronn et sur ses révélations*, Besançon, Tubergue, 1850 ; L. CRISTIANI, *L'Extatique de Niederbronn, Élisabeth Eppinger ou Mère Alphonse-Marie, fondatrice des Sœurs du Très-Saint-Sauveur*, Paris, Arthème Fayard, 1958.

ÉRARD, Marie-Thérèse, *supérieure du Refuge de Nancy* (Marie-Thérèse de la Sainte Trinité en religion ; Remiremont, octobre 1652-Nancy, décembre 1699). — Fille de Jean Érard, avocat à la Cour, elle fait paraître dès l'enfance les présages d'une sainteté future. Confiée à sa marraine, chanoinesse de Remiremont, elle reçoit des « leçons de piété » qui renforcent sa vocation, et choisit de se rendre comme pensionnaire au monastère des Filles de la Congrégation de Notre-Dame à Épinal, décision rapidement annulée par son père. Par la pratique des sacrements, du recueillement intérieur et de la charité, elle apprend à se détacher du monde. Elle visite les hôpitaux, prend soin des malades. Son désir de se conformer au Christ l'encourage à des mortifications corporelles sévères, que ses proches condamnent comme symptômes d'un « zèle mal réglé ». Elle mortifie aussi son esprit en choisissant la solitude contre les plaisirs. Sa rencontre avec la supérieure du Refuge de Nancy est déterminante pour sa vocation : prenant connaissance des principes de l'institution, elle y entre en novembre 1670. Après six mois de noviciat, elle prend l'habit et prononce ses vœux sous le nom de Marie-Thérèse de la Sainte Trinité. Malgré son désir de rester dans l'ombre (ce qui la conduit même à contrefaire la folle), elle est rapidement élue procureuse puis, en 1682, maîtresse des novices. Elle se charge aussi de l'instruction des pensionnaires et du soin des malades. Elle devient supérieure en 1689, élue ensuite tous les trois ans jusqu'à sa mort. Atteinte d'un cancer au sein, elle consacre l'essentiel de ses forces au rachat des filles repenties et secourt aussi à l'extérieur du monastère les orphelins, les pauvres écoliers, les prisonniers. Cet héroïsme de charité lui vaut d'être la victime d'une campagne de calomnies, dénonçant chez elle un orgueil démesuré caché « sous le voile de quelques bonnes œuvres ». Elle accepte comme autant de croix ces souffrances morales, mais aussi les souffrances de son cancer, et n'abandonne jamais l'observance des règles, s'éteignant de façon édifiante.

Sa vie évoque une forme d'héroïsme de sainteté incarné doublement : par son choix constant de l'ascétisme le plus extrême, par son ardeur de charité la conduisant à s'oublier elle-même afin de mieux se donner, dans l'oraison ou auprès des malades. Ses admirateurs évoquent son « attrait merveilleux pour les souffrances », qui la pousse dès son noviciat à user du cilice et de la discipline, à porter à sa bouche des linges tachés de pus. Sa dévotion pour la Passion (« elle s'étudiait à retracer dans son corps les douleurs de ce mystère sanglant », *La Vie de la R. M. Marie-Thérèse Érard*, p. 25-26), mais aussi son souci de conserver toujours la présence de Dieu au milieu des affaires temporelles l'encouragent à être « grande Amante de la Croix » (*ibid.*, p. 90). L'ascétisme est une autre façon d'expérimenter la présence ; il ne se départ pas de « colloques amoureux », de « tendres élans » par lesquels elle est « plutôt en contemplation qu'en souffrance » (*ibid.*, p. 59). S'ajoute à cela une spiritualité de l'abandon, proche de la Confrérie du Pur Amour fondée par Henri-Marie Boudon, ayant pour règle de « tout faire et tout souffrir par le motif du pur amour ». Chez elle, « l'amour divin avait pris la place de l'amour-propre, elle s'en était fait un état de vie » (*ibid.*, p. 92) mais, précise encore son biographe, dans une humilité constante qui lui fait préférer la « solidité évangélique » aux dépens de « voies extraordinaires d'oraison » (*ibid.*, p. 145-146).

Antoinette Gimaret

Bibl. : ***Vie*** : M. BOUDON, *La Vie de la R. M. Marie-Thérèse Érard, supérieure du monastère de Notre Dame du Refuge de Nancy*, Nancy, D. Gaydon, 1704. ***Études*** : H. BREMOND, *Histoire littéraire du sentiment religieux en France...*, (1916), rééd. Grenoble, Jérôme Millon, 2006, t. VI, p. 386-387.

ESCOBAR, Marina de. — *Voir* MARINA DE ESCOBAR

ESHIN-NI, *nonne bouddhiste* (Chikuzen ; ?, 1182-?, Echigo ?, 1268 ?). — Épouse de Shinran (1173-1263), lui-même fondateur de l'École bouddhique véritable de la Terre pure (Jōdo-Shinshū), Eshin-ni (« la nonne Eshin »), aussi connue sous son nom de jeune fille « Chikuzen », était la fille de Miyoshi Tamenori, un petit fonctionnaire de la Cour, qui fut adjoint principal au département des affaires militaires et préfet de la province d'Echigo (actuelle préfecture de Niigata, au Japon). La notoriété d'Eshinni est tardive, puisqu'elle remonte à la découverte en 1921, au temple Honganji (Kyōto), de documents écrits de sa main, comprenant des extraits de copie phonétique de *sūtra* (textes bouddhiques) de la Terre pure et, surtout, dix lettres adressées à sa fille cadette, Kakushin-ni.

Eshin-ni semble avoir épousé Shinran en 1205, alors que celui-ci était le disciple de Hōnen (1133-1212), le fondateur de l'École de la Terre pure (Jōdoshū) ; le couple aura trois fils et trois filles. À l'époque, il n'était pas rare pour des moines bouddhistes japonais d'avoir femme et enfants. Mais l'union de Shinran avec Eshinni se distingue en ce qu'elle fut cautionnée par son maître Hōnen, comme l'affirmation de la caducité des règles monastiques dans la période du déclin de la Loi du Buddha, durant les siècles suivant la mort de ce dernier (*mappō*). En 1207, tout comme son maître, Shinran fut condamné à l'exil ; il le passa avec femme et enfants dans la province d'Echigo. Après l'amnistie impériale (1211), la famille s'établit dans les campagnes de l'est du Japon (Kantō). C'est alors qu'Eshin-ni fit une expérience que l'on peut qualifier de mystique. Il s'agit d'un rêve dont elle relate les détails dans une lettre adressée à Kakushin-ni peu après la mort de Shinran. Dans ce rêve, elle vit, notamment, deux peintures de figures bouddhiques, dont l'une avait le visage représenté par un halo de lumière seulement. Comme elle s'enquérait de quels personnages il s'agissait, il lui fut répondu que cette image si particulière représentait Hōnen, et que l'autre était Shinran, les deux apparaissant sous la forme de grands « bodhisattvas », c'est-à-dire de « presque buddha ». Il lui fut aussi précisé que Hōnen et Shinran étaient, respectivement, les « corps de transformation » de Seishi, le bodhisattva de la sagesse, et de Kannon, le bodhisattva de la compassion. Selon les *sūtra* de la Terre pure, ces deux bodhisattvas forment une triade avec le Buddha Amida, dont ils sont les principaux assistants. Amida luimême n'est que l'un de ces innombrables buddhas qui règnent actuellement dans l'une ou l'autre des terres pures (*jōdo*) qui entourent notre univers ; mais il est le plus célèbre d'entre eux en raison de la facilité de la méthode pour aller naître dans sa Terre pure « Bonheur-Suprême » (*Gokuraku*) après la mort, puisqu'il suffit de le commémorer avec foi en prononçant son nom (*nembutsu*). Dans sa lettre, Eshin-ni précise qu'elle ne parla de son expérience à personne, si ce n'est qu'elle rapporta à Shinran la partie du rêve concernant Hōnen ; Shinran lui fit alors remarquer qu'il ne s'agissait pas de n'importe quel rêve, mais d'un « rêve en réalité ». En revanche, Eshin-ni se garda de lui parler de l'identification de son époux avec le bodhisattva Kannon. Mais l'événement bouleversa sa relation avec Shinran, comme elle l'indique encore à sa fille : « Dans mon cœur seulement, je ne le considérai plus comme un être ordinaire. Et tu dois en penser de même ! » Le plus remarquable est que Shinran lui-même voyait en Eshin-ni une manifestation de Kannon, à la suite d'une révélation qu'il avait reçue en rêve en 1203, deux ans avant leur mariage. Force est de constater que ce couple formait une union d'une profonde spiritualité, puisque chacun des conjoints considérait l'autre comme l'incarnation bien vivante de Kannon, le parangon de la compassion.

Dans les années 1230, la famille regagna Kyōto, mais les difficultés du temps – famines, séismes et incendies à la capitale – contraignirent Eshin-ni à se replier avec quatre de ses enfants sur les terres de sa famille en Echigo, tandis que le fils aîné, Zenran, et la fille cadette, Kakushin-ni, restèrent avec leur père à Kyōto. Dans sa correspondance, Eshin-ni rapporte ensuite comment elle fit face à la mort en commandant sa tombe et en préparant son costume funéraire. Dans sa dernière lettre, elle donne cette ultime injonction à sa fille : « Quelle pitié ! Si en ce monde une fois encore, je pouvais te rendre visite, ou toi venir me voir ! Quant à moi, je vais aller incessamment dans Bonheur-Suprême. Rien n'y est voilé, et comme nous nous y verrons en y allant, daigne absolument dire le Nembutsu et tu viendras te manifester dans Bonheur-Suprême ! Vraiment, lorsque tu viendras me retrouver dans Bonheur-Suprême, rien ne sera plus voilé ! »

Au sein de l'École véritable de la Terre pure, Eshin-ni laisse aujourd'hui l'image de la compagne idéale, qui, pendant près de soixante ans, a su accompagner son époux dans sa quête spirituelle tout en s'accomplissant elle-même.

Jérôme Ducor

Bibl. : ***Œuvres*** : J. C. DOBBINS, *Letters of the Nun Eshinni, Images of Pure Land Buddhism in Medieval Japan*, Honolulu, University of Hawaii Press, 2004. ***Vie et études*** : J. DUCOR, *Shinran, Un réformateur bouddhiste dans le Japon médiéval*, Gollion, Infolio Éditions, 2008 ; Y. OHTANI, *The Life of Eshinni, Wife of Shinran Shonin*, Kyōto, Jōdo-Shinshū Honganjiha Bukkyō Fujinkai Sōrenmei, 1990.

EUSTOCHIA CALAFATO, *sainte, clarisse* (Smeralda Calafato ; Messine, 1434-Montevergine, 1485). — Issue d'une famille de petits commerçants, Smeralda fut promise en mariage à un homme de condition sociale similaire, dès l'âge de onze ans. Toutefois, le mariage arrangé finit par échouer à la suite du décès de l'époux promis, en 1446. Le père ne voulait pas en rester là, ce qui occasionna un conflit familial et une fugue de l'adolescente. Mais il mourut lui-même en 1448, au cours d'un voyage commercial en Sardaigne. En 1449, âgée de quinze ans et demi, Smeralda finit par demander son admission chez les Clarisses urbanistes. Elle y fit profession sous le nom de sœur Eustochia. Changement de nom qui allait laisser des traces, notamment de sa dévotion à saint Jérôme, ami fougueux de sainte Paula, mère d'Eustochium, à laquelle le savant exégète dédicaça ses préfaces aux traductions d'Isaïe et d'Ézéchiel. D'où l'importance, aussi, qu'Eustochia attache à la *lectio divina*, revisitée par une vivacité toute expérimentale (et qui n'est pas étrangère à la manière de sainte Brigitte), pour elle-même et ses sœurs. Elle incite donc à l'écoute des paroles que le Christ « nous adresse dans les Écritures ». Elle terminera sa vie en récitant les psaumes qu'elle aimait. Mais sa prière excède la clôture du monastère. Influencée par l'attention maternelle portée à la prédication des frères de l'Observance (dont l'influence se fait sentir en Sicile dès 1421) – et dont une des caractéristiques est un christianisme plus simple et familier, comme l'attention aux métiers du commerce, ce qui justifiait ce mode de vie qui n'avait pas vraiment sa place dans les trois fonctions médiévales (sacerdotale, chevaleresque et paysanne, assurant la prière, la guerre et la nourriture) –, Eustochia se tourna vers la réforme franciscaine. Et comme elle trouvait de l'opposition dans son monastère, elle alla se réfugier, dès 1460, dans un hôpital désaffecté où ses conditions de vie furent précaires. En 1464, toujours soutenue par des instances religieuses et civiles favorables, elle fonda le monastère de Montevergine, sous le régime de la Règle de Claire d'Assise*. Monastère qui n'est pas isolé mais qui forme un véritable *réseau* humaniste et spirituel propre à la réforme observante, ce que l'on remarque également à propos du monastère de Camerino fondé par sainte Camilla Battista da Varano*.

On trouve certains fragments des écrits et discours d'Eustochia dans la *Legenda* écrite par Jacopa Pollicino au XVe siècle ; ce à quoi il faut ajouter *Il libro della Passione*, où s'exprime une spiritualité christocentrique, du Christ aimant et souffrant, mains liées et la corde au cou. Malgré tout, le texte de sa *Vie* insiste sur la permanence de sa joie et de son allégresse spirituelle : « *aveva sempre un'espressione di gaudio e di allegria spirituale* ». Même lorsqu'elle éprouvait des tourments et pleurait, elle faisait face avec sérénité. Elle aimait réciter la prière du sage par excellence (suivant le Livre de la Sagesse), celui qui se reconnaît homme et non divin : elle ne désirait ni or ni aucun privilège, mais la sagesse de la souffrance du Christ, en qui se ruine le mur de la haine qui sépare les peuples (ceux qui se pensent élus ou exclus), comme l'écrit saint Paul, pour former un nouveau peuple, pour faire naître un homme nouveau, une femme nouvelle.

Elle fut abbesse à partir de 1462 ; à sa mort, elle était entourée par une cinquantaine de sœurs. Elle fut canonisée seulement en 1988.

Bernard Forthomme

Bibl. : *Œuvre* : *Il libro della Passione scritto dalla beata Eustochia Calafato Clarissa messinese : 1434-1485*, F. Terrizzi (éd.), S.J., Messine, Monastero di Montevergine, 1975. ***Vie* :** M. CATALANO (éd.), *La leggenda della Beata Eustochia da Messina, testo volgare del sec. XV restituito all'originaria lezione*, Messine-Florence, 1950 (transcription nouvelle de cette *Vie* due à J. Pollicino, par R. Gazzara Siciliano, Messine, 2009).

ÈVE DE SAINT-MARTIN, *bienheureuse, recluse cistercienne* (?-?, v. 1266). — Ève de Saint-Martin (ou de Liège) est essentiellement connue grâce à son implication dans la reconnaissance officielle de la Fête-Dieu par l'Église. Sa vie est en ce sens étroitement liée à celle de sainte Julienne de Mont-Cornillon*, l'inspiratrice de cette fête. Elle est proche des milieux béguinaux en plein essor en Belgique au XIIIe siècle et qui ont entre autres caractéristiques, outre l'ascèse et une propension au mysticisme, une dévotion particulière pour l'Eucharistie, qui se développera bientôt dans toute la chrétienté.

Sur les conseils de Julienne de Mont-Cornillon, auprès de laquelle elle semble avoir joué le rôle de confesseur, elle devient recluse à la collégiale Saint-Martin de Liège régie par la règle cistercienne, où elle semble jouir de la présence du Christ. Sous leur impulsion commune, la première Fête-Dieu est célébrée en 1246 par Robert de Thourotte, l'évêque de Liège. Après la mort de ce dernier, le 16 octobre de la même année, Julienne est confrontée à une forte opposition de la bourgeoisie locale, du clergé et du nouveau prince-évêque Henri de Gueldre, méfiants à l'égard du mouvement béguinal, tenu par certains pour hérétique. Elle doit s'exiler à Namur puis à Fosses, où elle s'éteint en 1258. Or Ève poursuivra sa mission : elle demande au nouveau pape Urbain IV, qui était l'ancien archidiacre de Liège Jacques Pantaléon, d'étendre la Fête-Dieu à toute l'Église. Il lui enverra une missive le 8 septembre 1264 pour l'informer de l'institution de la Fête-Dieu par la bulle *Transiturus de hoc mundo*, promulguée le 11 août précédent et dont l'office liturgique a été rédigé par Thomas d'Aquin. Ève de Saint-Martin décède à l'âge de soixante ans environ. En 1902, son culte est confirmé par le pape Léon XIII.

Audrey Fella

• *Voir aussi* : Julienne de Mont-Cornillon

Bibl. : *Vie et étude* : J. COTTIAUX et J.-P. DELVILLE, « La Fête-Dieu. Ève, Julienne et la Fête-Dieu à Saint-Martin », in *Saint-Martin. Mémoire de Liège*, Liège, M. Laffineur-Crépin, 1990.

F

FANIEL, Georgette, *laïque, stigmatisée* (Montréal, 1915-2 juillet 2002). — Georgette Faniel est la fille d'un peintre belge immigré au Canada. Dès l'âge de six ans, elle entend des voix intérieures. Elle converse ainsi avec le Christ et Marie*, puis voit l'archange saint Michel et son ange gardien. Atteinte d'une maladie qui la rendra invalide, elle unit sa souffrance, qui s'intensifie tous les vendredis, à celle de Jésus. En 1950, elle reçoit les plaies du Christ et vit la Passion. Dès lors, elle décide d'offrir son supplice au Seigneur, rejoignant par là les âmes qui combattent secrètement les puissances des ténèbres dans la plus grande intimité pour obtenir les précieuses victoires intérieures. Parallèlement à son agonie, elle reçoit des lumières sur le rôle fondamental de Jean-Paul II à l'égard de Medjugorje, le site des apparitions mariales en Bosnie-Herzégovine, pour lequel elle ne cesse de prier à la demande de son directeur, le père Guy Girard. Elle vit également la transverbération (le transpercement du cœur) comme sainte Thérèse d'Avila*. Le 22 février 1953, elle devient, selon les témoignages, l'épouse du Christ, portant une bague invisible à l'annuaire de la main droite. À la question d'un journaliste : « Pourquoi offrir à Dieu la souffrance au lieu du bonheur ? », elle répond : « C'est difficile à comprendre, ça se vit. J'éprouve de la joie de savoir que j'exécute la volonté de Dieu [...] il n'y a de joie dans la souffrance que si elle est acceptée. » Elle décède à Montréal, à l'âge de quatre-vingt-six ans, des suites d'une opération.

Outre les stigmates, les visions et les conversations, Georgette Faniel fait l'expérience cuisante de la souffrance. Comme pour beaucoup de femmes stigmatisées, le dolorisme, auquel elle donne un sens religieux profond et une utilité pour la communauté tout entière des croyants et des non-croyants, tient une place particulière dans son parcours mystique. Son confesseur, le père Girard, ne lui demanda-t-il pas de prier et de renoncer à la joie pour s'offrir encore davantage pour le salut du monde ? Pour lui, cette souffrance est la source de salut pour des millions d'âmes qui sans elle ne connaîtraient pas Dieu.

Ce qui fait dire à Georgette Faniel que la souffrance est importante aux yeux de Dieu « parce que nous accomplissons ce qu'Il a demandé, de porter notre croix. Alors la souffrance pour moi c'est une partie de la croix, aussi bien physique que spirituelle. » Georgette Faniel apparaît bien comme une victime réparatrice. Son expérience, qui s'appuie sur le supplice expiatoire, fait écho à un trait caractéristique de la mystique oblative et réparatrice (largement répandue au début du XXe s.) qui idéalise la douleur, l'exalte et la sacralise, comme le sacrifice ultime grâce auquel, à l'instar de la crucifixion de Jésus, la rédemption de l'homme, la rémission des péchés et le salut de l'humanité sont possibles ; un moyen aussi, sans doute, de donner un sens à sa souffrance.

Audrey Fella

Bibl. : ***Études*** : sœur EMMANUELLE, *Medjugorje, les années 90*, Nouan-le-Fuzelier, Éditions des Béatitudes, 1996 ; père GIRARD, *Marie, Reine de la Paix, demeure avec nous*, Montréal (Canada), Éditions Pauline, 1987 ; P. JOVANOVIC, *Enquête sur l'existence des anges gardiens*, Paris, Le Jardin des Livres, 2008.

FARRÉ, Thérèse-Dominique, *tertiaire dominicaine, fondatrice des Dominicaines gardes-malades de Bourg* (Marie-Thérèse Farré ; Lyon, 28 mars 1830- ?, 21 janvier 1894). — Marie-Thérèse Farré grandit à Bourg-en-Bresse (Ain) auprès de son père, maître-cordonnier, qui l'initie à la vie intérieure. À douze ans, elle commence à travailler et, à la mort de son père, assure seule la survie matérielle de sa famille en ouvrant un atelier de couture – tâche durant laquelle elle use sa santé. Bénéficiant de grâces spéciales, elle se consacre à Dieu lors de sa première communion en 1841. Entre 1852 et 1856, elle traverse une période de recueillement intérieur qui lui inspire la création d'une fondation charitable. En septembre 1860, elle réunit trois jeunes filles de Bourg (dont sa sœur) enclines à servir gratuitement les malades à domicile et à vivre d'aumônes. Elle prend alors le prénom de Thérèse-Dominique. Entrée dans le tiers ordre séculier dominicain en 1855, elle oriente sa fondation vers sa nouvelle famille. En 1860, Mgr Pierre-Henry de Langalerie, l'évêque de Belley, leur donne la Règle et institue Thérèse-Dominique comme supérieure de la communauté. Les sœurs poursuivent leur apostolat : « Par le soin des malades [...] on pourrait procurer le bien des âmes. » La rédaction des premières Constitutions est approuvée par l'évêque en 1865 (année où Thérèse-Dominique prononce ses vœux perpétuels) et la Congrégation des Sœurs Dominicaines du Très Saint et Immaculé Cœur de Marie est instituée en mai 1872. Entre-temps, elle fonde un autre couvent à Loudun (1869). Épuisée par la maladie et son activité incessante, elle poursuit l'instruction et le gouvernement de ses sœurs tout en continuant de servir les malades, jusqu'à sa mort. Elle laisse une œuvre modeste mais solide, fondée sur une confiance absolue en la miséricorde divine, confiance qu'elle exprime dans ses écrits.

Elle est l'auteur d'un *Directoire spirituel* (1872) et, en collaboration avec son directeur spirituel André-Marie Meynard, des *Constitutions* et du *Coutumier* de la congrégation. La *Vie* (1898), écrite par son directeur, donne également des extraits de ses écrits, non édités, parmi lesquels on compte des notes de retraites, son Journal, des lettres à son directeur, des conférences aux religieuses et de nombreux témoignages contemporains.

La doctrine spirituelle de Thérèse-Dominique Farré est une spiritualité d'abandon fondée sur la mort à soi-même – que la lecture tardive de Jean-Pierre Caussade, Jean-Joseph Surin et la *Vie* de François Libermann, lui confirmera. Tout au long de sa vie, elle expérimente et enseigne en effet le *divin laisser faire*, qui « renferme la pratique de toutes les vertus », en particulier l'humilité, la droiture d'intention et la discrétion (*Directoire*). Elle prône l'oubli de soi et la ruine de l'amour-propre, gages de la conformité de l'âme humaine à la volonté de Dieu, qui s'exercent dans la fidélité aux devoirs de la vie religieuse et l'apostolat de charité auprès des malades. « L'âme appliquée à bien laisser faire Dieu en elle et par elle ne peut y réussir qu'en s'anéantissant et en se perdant en lui », écrit-elle. Elle devient alors un bon instrument de Dieu et participe à sa puissance divine. Dans cet état, elle est unie intimement à l'amour crucifié du Christ (*Directoire*). Elle ajoute que, pour suivre cette voie, « il faut [...] une volonté énergique », « il faut lutter contre tout ce qui s'oppose à Dieu » (*Vie*). Intention qu'elle cultiva elle-même assidûment.

Audrey Fella

Bibl. : *Œuvre* : *Analecta sacri ordinis fratrum praedicatorum*, t. 1, Rome, 1893-1894, p. 506-507 ; t. 5, 1901-1902, p. 399-400. ***Vie* :** R. P. A.-M. MEYNARD, *Vie de la révérende Mère Thérèse-Dominique Farré...*, Clermont-Ferrand, L. Bellet, 1898. ***Étude* :** A. DERVILLE, notice dans le *Dictionnaire de spiritualité*, Paris, Beauchesne, t. V, 1964, col. 100-102.

FARROW, Lucy, *évangélisatrice et missionnaire protestante (pentecôtiste)* (Norfolk, Virginie, 1851 ?-Houston, Texas, 1911 ?). — La vie de Lucy Farrow est mal connue. Ses biographies présentent en effet pour la plupart un net caractère hagiographique qui les rend sujettes à caution, d'autant plus qu'elles se fondent sur des informations tirées des premiers numéros de l'organe mensuel du mouvement pentecôtiste : *The Apostolic Faith*. Une chose est toutefois certaine, attestée par le flou même qui entoure cette figure : son rayonnement au sein du Azusa Street Revival (« Réveil de la rue Azusa »).

Afro-Américaine, probablement née durant l'esclavage, il est difficile de savoir si Lucy Farrow a été mariée ou a eu des enfants. Elle est pasteur d'une communauté afro-américaine au Texas lorsqu'elle entre, au début du XXe siècle, comme gouvernante au service de Charles F. Parham, considéré comme le premier théoricien du pentecôtisme. Elle serait à l'origine de la rencontre entre ce dernier et William J. Seymour, leader afro-américain du Azusa Street Revival, à qui elle laisse la charge de sa paroisse lorsqu'en 1905 elle quitte le Texas pour suivre quelques mois la famille Parham. C'est durant cette période qu'elle reçoit le baptême de l'Esprit-Saint et que son rayonnement s'accroît. Seymour, désormais établi à Los Angeles, l'appelle à le rejoindre. C'est le Azusa Street Revival, du nom de l'endroit – une ancienne église méthodiste afro-américaine – où un noyau de fidèles fondent, autour de

Seymour, un lieu de culte et une mission dont le rayonnement à Los Angeles et au-delà sera très grand pendant plusieurs années. Ce « Réveil » de Los Angeles est aujourd'hui considéré par les pentecôtistes comme l'épisode fondateur du mouvement, au-delà de sa fondation « théorique » par Charles Parham. Comme femme et comme Afro-Américaine, Lucy Farrow en est une figure importante et caractéristique. Elle est aussi un modèle de la spiritualité pentecôtiste : première femme noire baptisée dans l'Esprit-Saint au sens de Parham (Liardon, p. 159), elle a l'habitude de « parler en langues » (ce qui constitue la marque visible de ce baptême) et pratique l'imposition des mains sur d'autres fidèles pour leur obtenir l'Esprit. Elle est aussi habitée d'un élan missionnaire. De Los Angeles, elle se rend d'abord dans plusieurs États américains : le journal de Seymour fait état de nombreuses conversions et phénomènes extraordinaires. Elle répond également à un appel et part en mission en Afrique (Liberia), où elle prêche quelque temps, sans qu'il soit facile d'évaluer sa réelle influence missionnaire. Selon *The Apostolic Faith*, qui permet de la suivre durant cette période, elle peut prêcher dans la langue locale sans l'avoir apprise et connaît là encore un grand succès dans ses conversions (*The Apostolic Faith*, 12, cité par Liardon, p. 160). À son retour en 1907, elle continue un temps la prédication itinérante, puis s'engage dans la conduite d'une mission en Caroline du Nord (Liardon, p. 161).

De par sa position singulière au début du mouvement, ses spécificités sociologiques et spirituelles, mais aussi sans doute grâce à la place symbolique qui lui a été accordée dès le début par Seymour et son groupe de Los Angeles, Lucy Farrow est devenue partie intégrante de la mythologie fondatrice du pentecôtisme, et sans doute un modèle de cette spiritualité particulière.

Anthony Feneuil

• *Voir aussi* : Woodworth-Etter

Bibl. : ***Vie et études*** : R. LIARDON, *The Azusa Street Revival. When the Fire Fell*, Shippensburg (PA), Destiny Image, 2006 ; E. ALEXANDER, *The Women of Azusa Street*, Cleveland (OH), The Pilgrim Press, 2005 ; C. M. ROBECK, « Farrow, Lucy F. », *International Dictionary of Pentecostal and Charismatic Movements*, S. M. Burgess & E. M. Van der Maas (dir.), Grand Rapids (MI), Zondervan, 2001, p. 632-633.

FÂTIMA BINT ʻABBÂS AL-BAGH-DÂDIYYA , *soufie* (Umm Zaynab ; Bagdad ?, ?-Le Caire, 1315). — Le nom complet de son père est ʻAbbâs ibn Abî al-Fath ibn Muhammad. Elle est appelée Bint ʻAyyâsh dans certaines sources, à cause de la proximité graphique des sons *yâ'* et *bâ'*, source possible de confusion. Elle avait plus de quatre-vingts ans au moment de son décès, qui correspondit au jour de la station à Arafat, l'un des principaux rites du pèlerinage à La Mecque.

Les qualificatifs employés par les biographes de Fâtima soulignent les diverses facettes de cette personnalité dominée par un solide ancrage dans la science juridique, tout à la fois dévote savante et ascète engagée dans la voie spirituelle des soufis (*sûfiyya*). Elle est tour à tour désignée comme maître spirituel, mufti (celui qui donne des avis juridiques, fonction éminemment masculine s'il en est), juriste et enseignante. Il est même précisé qu'elle se rattachait en droit à l’école hanbalite (qui fonde la jurisprudence sur l’interprétation littérale la plus stricte des textes sacrés de l’islam), détail plutôt rare dans les biographies féminines. Elle était capable de discuter avec les meilleurs juristes de son époque, démontrant une connaissance pointue des questions les plus complexes et les plus subtiles, celle relative aux menstruations en particulier (qui sont liées aux règles de purification rituelle). Le fait le plus saillant et le moins habituel est qu’elle montait en chaire dans la mosquée pour sermonner les femmes (Al-Munâwî, p. 48) ou la population (Nabhânî, p. 437), selon les sources.

Les savants de son époque étaient frappés par l’ampleur de son savoir, à l’instar du grand Ibn Taymiyya, juriste scrupuleux et critique pointilleux des doctrines soufis, rattaché comme elle au rite juridique hanbalite, le plus rigoriste. On le dit subjugué par sa science, faisant l’éloge de son intelligence mais aussi de son intense recueillement et des larmes qu’il produisait. Elle avait suivi ses cours et, comme lui, elle combattait sans relâche les innovations en matière religieuse ; on dit même que son action était plus efficace que celle des hommes. Toutefois, Ibn Taymiyya désapprouvait une chose chez Fâtima : qu’elle s’autorise à monter en chaire pour prêcher. À ses yeux, cette place était réservée aux hommes. Il se résolut donc à lui en interdire l’accès. La nuit même, il vit en rêve le Prophète Muhammad qui lui dit : « C’est une sainte femme ! » Les sources ne le disent pas de manière explicite, mais on suppose qu’il abandonna son projet. Pour nos hagiographes, le fait témoigne de la sainteté de Fâtima et d’ailleurs on ne lui connaît pas d’autre « miracle ».

Les sources pointent en outre sa capacité à convaincre le public féminin : elle savait adoucir les cœurs qui s’étaient endurcis dans une vie frivole, et son enseignement suscitait des larmes de regret chez les unes et confortaient les autres dans leur vie de dévotion. Fâtima eut beaucoup de disciples femmes, tout d’abord à Damas puis au Caire. Elle leur faisait apprendre le Coran par cœur et beaucoup d’entre elles le mémorisèrent en totalité. Elle était très appréciée, jouissant d’un charisme certain auprès de tous ceux qui l’approchaient. Aussi, son enterrement fut suivi par une grande foule. Sa tombe devint probablement un lieu de pèlerinage, du moins Ibn ‘Imâd, au XVIIe siècle, auteur d’une volumineuse histoire biographique dans laquelle elle est mentionnée, nous dit lui avoir rendu visite une fois. Trois siècles plus tard, sa tombe était donc toujours vénérée. Ces maigres renseignements pourraient conduire à s’interroger : Fâtima est-elle une mystique ? Son amour de Dieu prend une forme qui n’est pas la plus fréquente : l’amour de la Loi. Une application zélée et rigoureuse de celle-ci, qui fait dire aux hagiographes qu’elle mena une vie irréprochable, frugale dans son quotidien et inattaquable dans ses convictions. Mais les larmes qu’elle versait, l’empreinte qu’elle laissait dans les cœurs de son auditoire, le dévouement avec lequel elle exhortait sans relâche les femmes pour les ramener à plus de vertus, attestent de son don total à Dieu, se manifestant par le service de sa Loi, au profit de ses semblables.

Jean-Jacques Thibon

Bibl. : ***Études*** : IBN 'IMÂD, *Shadharât al-dhahab*, Le Caire, Dâr al-Masîra, 1979, VI, p. 34 (714 h) ; N. et L. AMRI, *Les Femmes soufies ou la passion de Dieu*, Saint-Jean-de-Braye, Dangles, 1992, p. 166-167 ; IBN KATHÎR, *Al-bidâya wa-l-nihâya*, Le Caire, A. al-Turkî, Dâr al-Hijr, 1997-1999, vol. 18, p. 140-141 ; AL-MUNÂWÎ, *Al-kawâkib al-durriyya*, Le Caire, S. Himdân, s.d., III, p. 48 ; NABHÂNÎ, *Jâmi' karâmât al-awliyâ'*, I. Itwa Iwad (éd.), Le Caire, al-Bâb al-Halabî, 2e éd., 1974, II, p. 437.

FÂTIMA BINT ABÎ 'ALÎ AL-DAQQÂQ, *soufie* (Nichapour, 1000/1001 ?-9 février 1088). — Fille du grand maître soufi de Nichapour, Abû 'Alî Hasan ibn 'Alî al-Daqqâq. Fâtima naquit l'année où son père fit construire une célèbre école dans laquelle il enseigna et qui deviendra un lieu de réunion des soufis. « Fierté des femmes de son temps », elle eut une vie exceptionnelle, d'après un de ses principaux biographes, 'Abd al-Ghâfir al-Fârisî qui est aussi son petit-fils. Son père, très attaché à elle et n'ayant pas encore de fils, lui accorda beaucoup d'attention, autant qu'à un garçon. Il institua pour elle des séances d'enseignement de la mystique. Elle apprit les doctrines des soufis et leurs règles de convenance, ainsi que le Coran, qu'elle mémorisa intégralement, tout en maîtrisant son commentaire. Elle consacra son temps à l'adoration et aux exercices spirituels, respectant scrupuleusement la purification rituelle, multipliant les prières et récitant nuit et jour le Coran. Cette éducation et cette ascèse lui permirent très précocement de développer des qualités spirituelles exceptionnelles.

Très jeune, son père la maria à l'un de ses disciples, qui était destiné à connaître une notoriété exceptionnelle dans le domaine du soufisme, 'Abd al-Karîm al-Qushayrî, « la Parure de l'islam », auteur en particulier de l'un des traités de soufisme les plus réputés intitulé *Al-Risâla* (« l'Épître », 1045) qui est encore de nos jours un ouvrage de référence. Elle eut six garçons et au moins quatre filles, peut-être cinq, qui tous connurent une vocation spirituelle. Elle vécut ainsi près de quatre-vingt-dix ans dans une obéissance sans faille à son Seigneur, sans montrer le moindre intérêt pour les biens de ce monde, ne connaissant même pas ce qu'elle avait hérité de son père ou de sa mère, qui appartenaient pourtant aux notables de Nichapour.

Fâtima était savante, elle écoutait tous les grands savants de son temps de passage ou résidants dans la grande métropole qu'était alors Nichapour. Elle avait reçu l'autorisation de transmettre le hadith, et ses séances (de dictée du hadith) étaient particulièrement prisées, du moins à la fin de sa vie, sa longévité, alliée à ses débuts précoces dans l'étude des sciences religieuses, lui ayant donné le privilège rare de transmettre l'enseignement des grandes figures des générations antérieures qu'elle avait rencontrées. Qualifiée de *shaykha* (« maître », « professeur ») dans les sources, son rayonnement et son autorité attiraient des savants reconnus qui figuraient ainsi parmi ses auditeurs, au même titre que ses enfants et même ses petits-enfants. D'ailleurs, c'est elle et non son frère Ismâ'îl (qui était plus probablement son demi-frère) qui hérita de l'école de son père ; école qui devint par la suite celle de son mari et resta dans la famille Qushayrî pendant plusieurs générations.

Une anecdote rapporte qu'elle demanda plusieurs fois à son mari de pouvoir assister aux cours que donnait le grand maître soufi Abû Sa'îd, surnommé de son vivant « le Prince de la Voie mystique », qui avait fréquenté son père. Or, il y avait quelques frictions entre les deux hommes, car, dans la forme, leur pratique du soufisme était diamétralement opposée. Le cheikh Abû Sa'îd était, du moins en apparence, excentrique et anticonformiste, tandis que Qushayrî représentait, lui, un soufisme sobre et policé. Son mari refusa donc d'accéder à sa demande, mais à force d'insister, elle finit par obtenir gain de cause. Toutefois, celui-ci exigea d'elle la discrétion, lui suggérant de porter de vieux vêtements pour mieux se dissimuler. Rendue méconnaissable, elle rejoignit les femmes sur la terrasse afin d'entendre le cours. À un moment, le cheikh Abû Sa'îd évoqua le père de Fâtima et ajouta : « un être issu de lui est actuellement présent ici ». Entendant cela, elle s'évanouit, bouleversée, et tomba de la terrasse. Elle ne dut son salut qu'à l'invocation du maître qui suspendit sa chute, ce qui permit aux femmes de la rattraper. Cette anecdote nous renseigne sur l'extrême sensibilité de Fâtima et sa soif de spiritualité, son exigence et sa détermination, son désir de recueillir l'enseignement de toutes les autorités du soufisme, même controversées, d'autant qu'Abû Sa'îd avait fréquenté son père et qu'elle avait pu le connaître lorsqu'elle était jeune.

Aucun fait miraculeux ne lui est attribué, ce qui ne doit pas être interprété comme un signe d'une spiritualité inachevée. La ville de Nichapour a été le berceau d'un courant religieux, celui des « Hommes du Blâme » (*Malâmatiyya*) – ceux-ci recherchaient par leur comportement le blâme d'autrui afin de combattre les penchants de leur âme charnelle et les défauts de leur *ego* –, dont l'un des traits caractéristiques était justement la dissimulation de l'expérience spirituelle, ainsi que l'observance stricte de la discipline soufie de l'arcane. Le cheikh Abû Sa'îd appartenait à ce courant, ce qui explique l'apparence parfois choquante de sa spiritualité. La famille de Fâtima avait des liens avec ce courant, ce qui pourrait expliquer son attrait pour cette forme de spiritualité et pour les cours du cheikh Abû Sa'îd, et justifier le peu d'informations dont nous disposons sur sa vie spirituelle, en dehors de généralités.

Fait remarquable, Fâtima s'inscrit dans un milieu qui est à la fois savant et mystique, et cela sur plusieurs générations. Ses enfants et ses petits-enfants seront des personnalités éminentes, et pour certaines célèbres, dans le domaine des sciences religieuses et de la mystique (le tableau donné par Bulliet en atteste). Tâj al-Dîn al-Subkî (mort en 1368), auteur en particulier d'un célèbre dictionnaire biographique, pointe cette particularité peu commune en la qualifiant de « fille de maître, femme de maître et mère de maîtres ». Là réside probablement son « miracle » le plus visible : l'empreinte laissée dans les cœurs de sa descendance, rayonnant de cet amour de

Dieu qu'elle leur avait transmis, témoigne de cette ferveur totalement intériorisée.

Jean-Jacques Thibon

• *Voir aussi* : 'Âisha al-Mannûbiyya

Bibl. : ***Études*** : SARÎFÎNÎ, *Al-muntakhab min al-siyâq li-târîkh Naysâbûr*, Muhammad A. Abd al-Azîz (éd.), Beyrouth, Dâr al-kutub al'ilmiyya, 1989, p. 419-20 ; DHAHABÎ, *Siyar a'lâm al-nubalâ'*, Al-Arna'ût 'Araqsûsî (éd.), Beyrouth, Mu'assasat al-risâla, 1981/1988, 25 vol., t. 18, p. 479-480 ; M. EBN E. MONAWWAR, *Les Étapes mystiques du shaykh Abu Sa'id*, trad. M. Achena, Paris, Desclée de Brouwer, 1974, p. 98 ; R. W. BULLIET, *The Patricians of Nishapur*, Cambridge (Massachusetts), Harvard University Press, 1972, p. 151-153, 182-183 ; SUBKÎ, *Tabaqât al-sâfi'iyya al-kubrâ*, Le Caire, Dâr ihyâ al-kutub al-'arabiyya, 1964, V, p. 106.

FÂTIMA BINT IBN AL-MUTHANNA DE CORDOUE, *soufie* (Cordoue ?, ?-Séville ou sa région, XIIe s.). — Cette sainte femme, dotée d'une grande influence spirituelle, n'est sortie de l'anonymat que grâce à Ibn 'Arabî, considéré il est vrai comme « le plus grand des maîtres » du soufisme, ce qui n'est pas un mince témoignage. Nous lui devons les maigres éléments biographiques dont nous disposons. Le maître andalou dit l'avoir servie dans sa jeunesse pendant de nombreuses années, alors qu'elle avait déjà quatre-vingt-quinze ou quatre-vingt-seize ans. Malgré son âge, Ibn 'Arabî avait honte de regarder son visage, qui semblait celui d'une jeune fille de quatorze ans, tant il dégageait beauté et fraîcheur.

Fâtima entra dans la voie spirituelle soufie alors qu'elle était encore une jeune fille vivant chez ses parents. Elle se maria et servit dans la joie pendant vingt-quatres ans un homme pieux et intègre, mais lépreux. Elle voulut travailler en filant la laine, peut-être après le décès de son mari, mais son doigt fut frappé d'infirmité et, à partir de là, elle ne chercha plus à gagner sa vie. Elle vivait à Séville dans un complet dénuement, se nourrissant des restes qu'elles trouvaient dans les rues de la ville. Ibn 'Arabî, aidé de deux compagnons, lui construisit une hutte en roseau en guise de demeure. Elle pouvait paraître, aux yeux de gens, simple d'esprit. Elle n'en avait cure et disait en guise de réponse : « Le simple d'esprit, c'est celui qui ne connaît pas son Seigneur. » Elle n'avait aucun attrait pour les choses de ce monde et confiait à Dieu : « Tu es Tout, hors de Toi, tout m'est funeste. »

Elle répétait à Ibn 'Arabî : « Je suis ta mère spirituelle et la lumière de ta mère charnelle. » Elle avait beaucoup de respect et d'affection pour lui, car : « Quand il vient me voir, il vient tout entier ; quand il se lève, il se lève de tout son être, et quand il s'assied, il s'assied de tout son être. Il ne laisse rien de lui-même ailleurs », tandis qu'elle se plaignait de ceux qui lui rendaient visite « avec une partie d'eux-mêmes, laissant chez eux l'autre partie ».

Elle faisait des miracles, dont quelques-uns sont rapportés par Ibn 'Arabî. Selon lui, le plus remarquable est qu'elle disposait d'un serviteur peu commun : la sourate liminaire du Coran, la *Fâtiha*. Il lui suffisait de la réciter et la sourate, prenant corps tel un génie, s'empressait de répondre à ses demandes. Son rang spirituel est indiqué par Ibn 'Arabî lorsqu'il précise : « c'était une miséricorde pour les mondes », affirmation qui reprend une expression coranique appliquée au prophète Muhammad, et indique que cette femme avait réalisé la perfection de l'héritage muhamadien. D'ailleurs, elle se réjouissait que Dieu la soumette aux épreuves qu'il réserve à ses prophètes ou à ses saints. L'anecdote suivante illustre cette compassion : la nuit précédant un jour de fête, elle fut battue et chassée de la mosquée à coup de fouet par le muezzin, ce qui provoqua sa colère. Mais quelques instants plus tard, elle se reprit en entendant ce même muezzin lancer l'appel à la prière et implora Dieu de ne pas le punir pour avoir provoqué sa colère. Le jour même, l'homme était gracié par le sultan qui avait décidé de le châtier pour s'être introduit indûment au palais avec d'autres invités.

Jean-Jacques Thibon

Bibl. : ***Études*** **:** C. ADDAS, *Ibn 'Arabî ou la quête du Soufre Rouge*, Paris, Seuil, 1989, p. 42-3, 113 et n. 3 ; IBN 'ARABÎ, *al-Futûhât al-makkiyya*, Le Caire, Bûlâq, 1911, 4 vol., t. I, p. 274, t. II, p. 135, 347, 621 ; ID., *Les Soufis d'Andalousie*, trad. et prés. par R. W. J. Austin, version française G. Leconte, Paris, Sindbad, 1979, p. 138-139 ; NABHÂNÎ, *Jâmi' karâmât al-awliyâ'*, I. Itwa Iwad (éd.), Le Caire, Al-Bâb al-Halabî, 2e éd., 1974, II, p. 435-437.

FÂTIMA DE NICHAPOUR, *soufie* (?, ?-La Mecque, 838). — Grande figure féminine de la sainteté pour le Khurâsân, vaste province orientale du monde musulman, au IXe siècle. Sulamî lui consacre l'une des plus longues notices de son dictionnaire des femmes soufies, l'un des premiers du genre. Fâtima y est présentée comme une grande gnostique, surpassant toutes les femmes de son temps. Affirmation probablement fondée en partie sur le témoignage du grand maître Abû Yazîd al-Bistâmî, l'une des figures majeures de la sainteté de l'Orient musulman pour le IXe siècle, qui lui rendait visite à Nichapour (ou faisait son éloge, selon d'autres sources) déclarant : « Durant ma vie, je n'ai rencontré qu'un homme et qu'une femme [sous-entendu : ayant réalisé la perfection spirituelle]. Cette femme, c'est Fâtima de Nichapour. Je ne l'ai jamais entretenue d'une station mystique qui lui soit inconnue. » Il disait aussi : « Celui qui veut voir la virilité spirituelle parée des vêtements d'une femme, qu'il s'adresse à Fâtima. »

Elle a été l'un des maîtres spirituels de Dhû l-Nûn l'Égyptien, maître réputé qui fut l'un des premiers à enseigner la gnose et la doctrine des états mystiques des soufis. Il l'aurait rencontrée à La Mecque où elle séjournait par piété et aurait été subjugué par sa compréhension du Coran et les commentaires qu'elle en faisait. Il la revit à Jérusalem, où elle allait parfois, revenant toujours ensuite à La Mecque, et l'interrogea sur de multiples sujets. Elle lui prodigua de nombreux conseils, celui-ci en particulier : « Persiste dans ta sincérité et combats ton âme charnelle par tes œuvres. » Pourtant, il ne reconnut pas sa maîtrise spirituelle immédiatement si l'on en juge l'anecdote suivante : elle envoya un jour une aumône à Dhû l-Nûn, mais celui-ci la refusa et la lui renvoya lui faisant dire : « Accepter les aumônes des femmes est humiliation et signe de déficience [spirituelle]. » Elle répondit : « Il n'y a pas au monde soufi plus indigne que celui qui s'arrête aux intermédiaires » (elle en l'occurrence, alors que tout vient de Dieu). Il la reconnaissait comme l'une des saintes de Dieu, la plus noble qu'il ait rencontrée, et il affirmait très simplement : « Fâtima est mon maître. » Un tel aveu dut paraître bien singulier pour passer tel quel à la postérité.

Pourtant, il reste peu de choses de Fâtima. Ce qui nous a été transmis de son enseignement se réduit à une dizaine d'aphorismes. Aucun miracle ne lui est attribué, ni de prouesses ascétiques. Aussi, certains auteurs contemporains (Deladrière, Schimmel) ne la distinguent pas de Umm 'Alî*, la femme d'Ahmad Ibn Khidrawayh, elle aussi grande mystique, morte à Nichapour, et qui portait, selon certaines sources, le même prénom. La sanctification en islam pourra ici paraître peu étayée : le double témoignage de Dhû l-Nûn et de Bistâmî, représentants majeurs et incontestés de la spiritualité musulmane, suffit en effet à inscrire Fâtima de Nichapour en bonne place dans les recueils hagiographiques. Sans eux, nul doute qu'elle serait demeurée dans un anonymat qui fut le lot de nombreuses « servantes admirables ».

Citons parmi ses dires : « De nos jours, celui qui craint Dieu avec une totale sincérité est plongé dans un océan, ballotté par les vagues, et il invoque son Seigneur, pareil à un naufragé au bord de la noyade, implorant Dieu de le tirer du danger et de le sauver » ; « Celui qui œuvre pour Dieu en le contemplant intérieurement est un gnostique, mais celui qui œuvre, conscient du regard divin porté en permanence sur ses actes, est un cœur pur ». Selon le commentaire d'Ibn 'Arabî, cette dernière station est celle de la perfection.

Jean-Jacques Thibon

• *Voir aussi* : Umm 'Alî

Bibl. : ***Études*** : SULAMÎ, *Dhikr al-niswa al-muta'abbidât al-sûfiyyât*, Le Caire, Al-Tanâhî, 1993, p. 61-63 ; IBN AL-JAWZI, *Sifat al-safwa*, Beyrouth, M. Fakhûrî, 1986, IV, p. 123-124 ; IBN 'ARABÎ, *La Vie merveilleuse de Dhû-l-Nûn l'Égyptien*, traduit par R. Deladrière, Sindbad, Paris, 1988, p. 21-22, 236-237 ; JÂMÎ, *Nafahât al-uns*, Téhéran, M. Tawhîdîpûr, 1337 H., p. 620-621.

FEIGA, ou FEIGE, *figure spirituelle hassidique, prophétesse* (Feigi Horendenker Ashkenazi ; Medziboz, Ukraine, v. 1755-1801). — Feiga était la fille de Reb. Yechiel Ashkenazi et d'Edel* (elle-même fille du Baal Shem Tov, « le maître du bon nom », Israël ben Eliezer, connu sous son acronyme : *Besht*) et la mère du Reb. Nahman de Bratzlav. Elle épousa Reb. Simcha en 1763. On rapporte que cette union avait été décidée par le *Besht* et son disciple Reb. Nahman Horodenker, père de Reb. Simcha, avant même la naissance de Feiga et de Simcha, et cela en retour de la dette de Reb. Nahman Horodenker envers le *Besht*, qui avait « arrangé » son propre mariage avec la sœur de Reb. Yitzchok Drovitcher.

Feiga était connue pour son inspiration divine, sa droiture, ses capacités et perceptions exceptionnelles et « l'esprit saint » (*ruah ha-qodesh*) qui l'animait. Ses contemporains considéraient qu'elle avait hérité de bien des attributs de sa mère et faisaient d'elle « Feiga la prophétesse ». Ses frères Reb. Éphraim de Sudzilkov et Reb. Baruch de Medziboz ont contribué à son renom en témoignant de son don de prémonition et de son aptitude à prévoir les événements.

Le nom de Feiga apparaît parfois dans les récits relatant les premiers temps de l'histoire du « groupe hassidique de Breslav » dont son fils Reb. Nahman de Bratzlav était l'initiateur et le guide spirituel. Ce mouvement voyait en la joie, *simhah*, une fin en soi, l'expression de la foi et du service divin : danse et joie favorisent une relation intense avec Dieu, permettant de dépasser la raison pour accéder à l'union divine.

La plus grande reconnaissance de la piété de Feiga provient de Reb. Nahman lui-même, qui demandait à ceux qui s'adressaient à lui pour une requête spirituelle de le faire au nom de « Reb. Nahman, fils de Feiga », contrairement à la coutume qui privilégie de retenir le nom du père, après son décès.

Mireille Loubet

• *Voir aussi* : Edel

Bibl. : ***Vie et études*** **:** E. TAITZ, S. HENRY, C. TALLAN, *The JPS Guide to Jewish Women : 600 B.C.E.-1900 C.E.*, Philadelphie (PA), The Jewish Publication Society, 2003, p. 136 ; M. M. BRAYER, *The Jewish Woman in Rabbinic Literature : A Psychohistorical Perspective*, Hoboken (NJ), Ktav Publication Inc., 1986, p. 38.

FEIGE. — *Voir* FEIGA

FÉLIX-FAURE-GOYAU, Lucie, *laïque, écrivain* (Amboise, 1866-1913). — Lucie Faure est la fille de Félix Faure, élu à la présidence de la République en 1895, et l'épouse de l'écrivain Georges Goyau, membre de l'Académie française (1922) à partir de 1903. Elle passe son enfance au Havre, où son père exerce comme négociant. Durant son adolescence, elle étudie Platon, Dante, Newman et les Pères de l'Église. À vingt-cinq ans, sa vie spirituelle s'approfondit. Elle communie presque quotidiennement avec une amie. Elle suit les prédications de carême de son directeur de conscience, le dominicain Raymond Feuillette. Dans le milieu politique et littéraire où elle évolue, elle se fait « servante des âmes ». Tout en s'adonnant à de multiples actions charitables, elle conseille et éclaire un grand nombre d'incroyants, qu'elle considère comme les plus « pauvres ». Par la qualité de son âme, elle exerce sur tous ceux qui l'approchent un véritable rayonnement. En 1895, elle fonde la Ligue Fraternelle des Enfants de France, une institution de bienfaisance et d'entraide entre jeunes gens. « C'est toujours notre vie intérieure qui donne sa mesure à notre vie extérieure », confie-t-elle (*L'Âme des enfants...*). Femme de lettres, elle publie un certain nombre d'ouvrages dans lesquels elle approfondit quelques aspects de la vie chrétienne, dont les influences spirituelles cachées, et plusieurs vies de femmes et d'hommes spirituels. Elle est entre autres l'auteur de *Newman, sa vie et ses œuvres* (1901), *Les Femmes dans l'œuvre de Dante* (1902), *Vers la joie. Âmes païennes, âmes chrétiennes* (1906), *L'Âme des enfants, des pays et des saints* (1912), *Christianisme et culture féminine* (1914), et *Choses d'âme* (1914) qui contient des extraits de son Journal. « S'exposer pour refléter, c'est tout le secret de l'oraison », écrit-elle sur la prière (*Choses d'âme*). En parallèle de son activité littéraire, elle donne des conférences, notamment sur le rôle de la femme dans la société et l'éducation des enfants.

Audrey Fella

Bibl. : ***Œuvres*** **:** *Newman, sa vie et ses œuvres*, Paris, Perrin et cie, 1901 ; *La Vie et la mort des fées, essai d'histoire littéraire*,

Paris, Perrin et cie, 1910 ; *Choses d'âme, méditations, fragments de journal, prières*, Paris, Perrin et cie, 1914 ; *Christianisme et culture féminine*, Paris, Perrin et cie, 1914 ; *L'Âme des enfants, des pays et des saints (spectacles et reflets)*, Paris, Perrin, 1912. ***Études*** : F. WENNER, notice dans le *Dictionnaire de spiritualité*, Paris, Beauchesne, t. V, 1964, col. 129-130 ; J.-P. HEUZEY, *Un apostolat littéraire. Lucie Félix-Faure-Goyau, sa vie et ses œuvres*, Paris, Perrin, 1916.

FENOUIL, Céleste, *dite* Célestine, *laïque, stigmatisée* (Manosque, 1849-1919). — Céleste Fenouil serait inconnue si elle n'avait fait l'objet d'une publication du docteur Alphonse Dauvergne, alors médecin de l'hôpital de la ville, qui l'a vue quatre ou cinq fois. Sa mère a ensuite empêché tout autre examen de sa fille. Célestine était alitée et le docteur Dauvergne, qui décrit ses stigmates temporaires, mentionne aussi son anorexie. Elle lui dit avoir vu, au cours d'extases, la Vierge lui parlant « latin, hébreu, elle qui savait à peine lire ». Le docteur Imbert-Gourbeyre semble avoir rencontré Célestine plus tard. Il précise qu'« elle reçut les cinq plaies à l'âge de dix-sept ans et la couronne d'épines dans sa vingtième année. Cinq ans plus tard, le 14 septembre 1874, elle était fiancée au Seigneur et recevait l'anneau. » Il décrit ce stigmate annulaire que Dauvergne signalait sans l'avoir vu : « C'est une ligne circulaire d'un rouge très vif sur laquelle règne une série de petites croix. Le chaton représente un cœur percé de trois glaives. Cet anneau est beaucoup plus marqué le dimanche où il brille d'une manière extraordinaire. Il n'est pas formé de croûtes sanguines adhérentes à la peau ; c'est une simple rougeur, probablement avec épaississement du derme. » Antoine Imbert-Gourbeyre ajoute qu'elle a quitté depuis longtemps sa ville natale et s'est retirée à Aix, « où elle vit dans l'obscurité la plus complète ». Il conclut : « Il est à souhaiter que l'histoire de cette stigmatisée soit connue complètement un jour : c'est surtout l'affaire des confesseurs. » Ces derniers ne s'en sont pas souciés.

Régis Bertrand

Bibl. : *Études* : Dr A. DAUVERGNE (père), *Des maladies de la peau qu'il est difficile de spécifier et de classer*, Paris, G. Masson, 1877, p. 17-29 (d'abord paru dans *Annales de dermatologie et de syphiligraphie*, t. VIII, 1876-1877, p. 110-136) ; Dr A. IMBERT-GOURBEYRE, *La Stigmatisation : l'extase divine et les miracles de Lourdes*, Paris, Vic et Amat, 1894, t. II, p. 114-115 ; J. MAÎTRE, *Mystique et féminité : essai de psychanalyse sociohistorique*, Paris, Cerf, 1997, p. 380-382.

FERCHAUD, Claire, *laïque, voyante* (Le Puy-Saint-Bonnet, 5 mai 1896-Loublande, 29 janvier 1972). — L'œuvre de Claire Ferchaud est une résurgence du courant de la spiritualité du Sacré-Cœur dans ses composantes nationaliste et apocalyptique. Celle qui se présente comme une « pauvre petite fleur champêtre » (allusion au thème floral approprié et popularisé par Thérèse de Lisieux* rédigeant l'« Histoire printanière d'une petite fleur blanche écrite par elle-même ») est née dans une famille paysanne des Deux-Sèvres, aux Rinfillières, en plein territoire de la Vendée militaire, non loin de là où elle fondera le couvent qui sera l'épicentre de son action, à Loublande.

En 1916, les extases et les visions dont elle est bénéficiaire motivent la constitution à Poitiers d'une commission épiscopale qui l'interroge le 28 décembre. Les messages du Sacré-

Cœur sont impérieux : il faut en placer l'insigne sur les drapeaux de l'armée française pour qu'elle obtienne la victoire sur l'Allemagne ; il faut mettre fin à la complicité de la franc-maçonnerie avec l'ennemi d'Outre-Rhin ; et le Sacré Cœur se fait fort de démanteler les systèmes d'écoute et les réseaux électriques qui infestent les ministères parisiens pour transmettre les secrets d'État à l'ennemi ! Claire dénonce ainsi le complot de la France athée contre la France chrétienne, seule authentique à ses yeux. Très liée aux communautés des Filles de la Sagesse de Saint-Laurent-sur-Sèvres (qui se réclament de la spiritualité de Louis-Marie Grignion de Montfort), elle obtient, par l'entremise d'un député vendéen, une audience auprès du président de la République, pour lui communiquer les messages et instructions d'en haut. Après une nuit d'adoration à Montmartre entre le 15 et le 16 mars 1917, « l'humble pastoure des Rinfillières » comme elle se dénomme – figure de la bergère qui sauve la nation en danger, de sainte Geneviève à Jeanne d'Arc* – est reçue par Raymond Poincaré le 21 mars : celui-ci s'avance-t-il à quelques promesses ? En tout cas, elle lui reprochera amèrement de n'avoir pas tenu ses engagements, auxquels d'ailleurs le ministre de la Guerre, Paul Painlevé, et le chef d'état-major général, le général Pétain (auquel Claire avait adressé une *Lettre*, le 7 mai 1917, ainsi qu'à quatorze autres généraux, dont Lyautey, Castelnau, Foch), auraient mis bon ordre dans la circulaire du 6 août 1917 qui interdit la présence sur les couleurs nationales de ces emblèmes religieux que l'Œuvre de l'Insigne du Sacré-Cœur expédie aux officiers, en déjouant même la censure militaire : on mesure déjà l'organisation du réseau qui pivote autour de la visionnaire. Les autorités cléricales sont divisées. Le Vatican affiche une franche opposition, sous la houlette du cardinal Billot : ainsi l'évêque de Poitiers, par trop favorable à l'extatique, se voit nommé à l'archevêché de Besançon, en septembre 1918. Le curé de Loublande, l'abbé Audebert, est déplacé à Chillé en novembre 1921. Une sentence définitive du Saint-Office, en mars 1920, met un terme (provisoire ?) à la querelle sans cesse renaissante. Claire reprochera alors aux évêques d'être « sourds à la voix de Dieu », dont elle est le truchement indiscutable. Elle compte sur ses soutiens locaux, mais aussi à Rome, le père Le Floch est son ardent propagandiste : farouche partisan de l'Action française (que Pie XI condamnera en 1925), il fait du Séminaire français de Rome dont il est le supérieur une officine de ce mouvement politique, dont sortira Marcel Lefebvre, futur évêque et futur chef de file du courant traditionaliste. Cependant, si le père Le Floch est éloigné de Rome en 1927, Benoît XV avait envisagé de rencontrer Claire Ferchaud en 1922, sa mort empêchera toutefois cette entrevue.

La tradition politico-spirituelle dans laquelle s'inscrit Claire Ferchaud prend ses racines dans les requêtes de Marguerite-Marie Alacoque* et s'appuie sur la consécration tardive du royaume de France par Louis XVI incarcéré au Temple, puis sur la tradition de la chouannerie et enfin relaie les rêves monarchistes qui reprennent vigueur après la défaite de Sedan de 1870 ; elle va s'actualiser avec le régime de Vichy, puis se cristalliser dans la frange d'un catholicisme d'extrême-droite au moment de la guerre d'Algérie. On en remarque les composantes millénaristes et la surenchère apocalyptique que l'invalidation des prédictions par les faits mêmes de l'Histoire n'arrivent nullement à décourager. Ainsi, que la victoire de 1918 ait été obtenue sans que le programme héraldique exigé par la visionnaire ait été réalisé, mais par le seul concours des forces et des stratégies militaires, n'enlève rien à la véracité des prophéties de Claire : si elle ne cache pas sa déception, elle se sera alors *substituée* comme victime sacrificielle à la Nation défaillante. Et Pie XII, le 20 septembre 1939 – les hostilités sont donc déclarées entre la France et l'Allemagne –, accepte et bénit son « holocauste pour l'Église, le sacerdoce et le salut des âmes ». En effet, ses expiatrices et elle-même ont permis « la *commutation* du drapeau que la France refusait par ses chefs » (lettre au père Lémius du 26 octobre 1930). Or le drapeau relevait du temps de la *miséricorde* ; désormais, il est trop tard, la *justice* exige que soit vengé l'Amour bafoué : on retrouve la dialectique de la spiritualité victimale et expiatrice (que pourtant Thérèse de Lisieux avait sérieusement invalidée). Dans cette optique, Claire prescrit une « Messe perpétuelle » qui serait célébrée aux Rinfillières et qui permettrait de s'ouvrir au *millenium* à venir. À cet étonnant projet s'ajoute un programme politique, qui vise à retrouver la France chrétienne, celle de Clovis et de la royauté, ce pourquoi il faut abolir les lois laïques et ainsi terrasser « cette pieuvre de la Maçonnerie ». La chapelle de Loublande, que l'évêque de Poitiers, Mgr Humbrecht, avait (imprudemment ?) bénie le 12 juin 1918, sera fermée en octobre 1940 et confiée aux seuls Pères montfortains. Elle rouvrira en novembre 1964 et deviendra un oratoire public, cela grâce au cardinal Ottaviani, qui met fin ainsi au « Calvaire de Loublande ». Claire Ferchaud pourra donc mourir en paix. Mais entre-temps, le concile de Vatican II avait dénoué, de façon irréversible, le lien ambigu, voire empoisonné, qui associait organisation politique et dynamisme religieux : le respect de l'autonomie de chacun de ces domaines, que défendait le principe de laïcité, était désormais acquis dans la pensée catholique.

François Marxer

Bibl. : ***Œuvre*** : *Notes autobiographiques*, Paris, Téqui, 1974-1975, 2 vol. ***Vie et études*** : J. MAÎTRE, *Mystique et féminité, essai de psychanalyse sociohistorique*, Paris, Cerf, 1997 ; J.-Y. LE NAOUR, *Claire Ferchaud – La Jeanne d'Arc de la Grande Guerre*, Paris, Hachette Littératures, 2007.

FERRERO, Benigna Consolata, *visitandine, auteur d'un journal spirituel* (Maria Benigna Ferrero ; Turin, 1885-Côme, 1er septembre 1916). — Née dans une famille bourgeoise et profondément chrétienne, Maria Benigna fait ses études à l'Institut du Cœur Divin de Turin, puis retourne au foyer familial. En 1900, elle obtient de son confesseur et directeur spirituel, Luigi Boccardo, l'autorisation de faire vœu temporaire de chasteté ; en 1902, elle commence à écrire une sorte de journal spirituel, expression d'un dialogue avec Dieu qui perdurera toute sa vie. En 1906, elle prend la décision de consacrer sa vie à Dieu et entre au monastère de la Visitation de Pignerol (Piémont) ; mais la mère supérieure la renvoie chez ses parents. Le 30 décembre 1907, elle entre au monastère de la Visitation de Côme, où elle reçoit le nom de Benigna Consolata. En 1908, elle y prend l'habit religieux. L'année suivante, elle prononce ses vœux religieux et le 28 novembre 1912, ses vœux solennels. Elle reste au monastère jusqu'à sa mort, sous la direction spirituelle de l'évêque de Côme, Alfonso Archi.

Elle laisse un Journal (1902-1916) et des Notes du Journal (1908-1916), des prières diverses et des exercices de piété dont les autographes sont conservés au monastère de Côme. L'ensemble (2 049 pages) a été dactylographié en 1959 et authentifié par la curie épiscopale de Côme, des extraits ont commencé à paraître dès 1917. Dans ces pages écrites au jour le jour, Benigna Consolata exprime ses lumières intérieures tout animées d'une confiance sans limite et d'un abandon total à l'amour infini de Dieu pour les hommes ; cette confiance et cet abandon exigent la pratique continuelle de l'abnégation. Ses biographes l'appelleront « l'apôtre de la miséricorde divine ». L'attente de la publication intégrale de son œuvre ne permet pas encore de se prononcer sur ses états mystiques.

S'étant offerte en sacrifice le 30 juin 1916, jour de la fête du Sacré-Cœur, elle dépérit rapidement et expire après une courte période de souffrances physiques et spirituelles intenses. En 1924, ses restes ont été transférés à l'église du monastère de Côme. Les actes du procès ordinaire en vue de la béatification ont été remis à la Congrégation des Rites en 1925.

Michela Catto

Bibl. : *Œuvres* : *Diario spirituale* (Journal spirituel, manuscrits conservés au monastère de la Visitation de Côme) ; *Vademecum proposto alle anime religiose* (avec A. Piccinelli), Côme, imprimerie de la Divine Providence, 1917. ***Vie*** : *Abrégé de la vie et des vertus de notre chère Benigna Consolata Ferrero religieuse de la Visitation Sainte-Marie de Côme (Lombardie)*, Lyon, Éditions du Sacré-Cœur, 1920 ; R. DURIAUX, *L'Esprit de la servante de Dieu, sœur Benigna Consolata Ferrero, d'après ses écrits connus jusqu'ici*, Côme, imprimerie de la Divine Providence, 1925 ; S. NAVANTES, J. SCHYRGENS, *La Servante de Dieu. Sœur Benigna-Consolata Ferrero 1885-1916*, Paris, Téqui, 1936. ***Études*** : M. PETROCCHI, *Storia della spiritualità*, Rome, Edizioni di storia e letteratura, 1978-1979 ; G. POZZI, C. LEONARDI, *Scrittrici mistiche italiane*, Gênes-Milan, Marietti, 1988, p. 649-655 ; J. BENOIST, *Le Sacré-Cœur des femmes. De 1870 à 1960*, Paris, Les Éditions de l'Atelier-Éditions ouvrières, 2000, p. 1583-1584.

FERRON, Marie-Rose, ***dite*** **« Little Rose »**, *laïque, stigmatisée* (Saint-Germain-de-Grantham, Canada, 24 mai 1902-Woonsocket, Canada, 11 mai 1936). — Née dans la région de Québec, au Canada, Marie-Rose est la dixième d'une humble famille de quinze enfants. Confiée dès sa naissance à la protection d'un des Mystères du Rosaire par sa mère – comme ses autres frères et sœurs –, toute sa vie se passe sous le signe du « Crucifiement ». Attirée par saint Antoine de Padoue dès trois ans, elle témoigne d'une piété précoce. Émigrée avec sa famille à Fall River, dans le Massachusetts, elle arrive à Woonsocket, Rhode Island, en 1925. Accablée pendant son adolescence par un état de maladie prolongée (paralysie des membres du corps, maux intestinaux, contractions musculaires), elle se confie à Dieu et choisit de souffrir avec le Christ. Les premiers stigmates de la flagellation apparaissent en 1926. Suivent ceux des mains et des pieds en 1927, puis la réception de la sainte communion sans déglutition. En 1928, les stigmates des épines font leur apparition sur son front, suivies de ceux du cœur. En 1929, ses yeux pleurent des larmes de sang ; les stigmates de la couronne d'épines sont définitivement apparents. À partir de là, elle représente chaque vendredi la sainte face. Elle connaît également plusieurs extases pendant lesquelles lui apparaissent en vision Marie* et Jésus, qui lui demandent de chanter des hymnes et de réciter des poèmes à leur louange. Rapidement reconnue par plusieurs prêtres comme stigmatisée, dont la souffrance physique élimine les péchés de la communauté, elle se dévoue à Jésus dans l'Eucharistie et à sa Mère, à travers le Rosaire. Elle devient tertiaire de saint François en 1929. Réconfort des pauvres et des malades, elle intercède pour autrui à travers sa prière ; elle participe ainsi à la réconciliation des Sentinellistes (mouvement qui agita la Nouvelle-Angleterre de 1924 à 1929) avec leur évêque, Mgr Hickey. Enseignée sur l'âge de sa mort lors d'une vision ayant eu lieu sept ans auparavant, elle décède le 11 mai 1936.

L'expérience de Marie-Rose Ferron est celle des stigmates de la Passion de Jésus-Christ. Elle possède également le don de bilocation et lit dans les âmes. Des miracles lui sont attribués *post mortem*, ainsi qu'un doux effluve de rose, attribut de sa présence divine. L'état de rigidité manifesté lors de ses extases reste néanmoins le phénomène le plus remarqué chez cette mystique. Car si l'extase est le critère et le fondement de toute stigmatisation, elle ne s'en assortit pas moins d'apesanteur. Paradoxe qui se résout dans son cas, puisque, selon des témoins, son corps allie rigidité et apesanteur tout à la fois lors de ses grâces. Précisons que le culte de Marie-Rose Ferron a largement été établi par le père Onesime Alfred Boyer, son biographe et directeur de conscience, selon le modèle popularisé de sainte Thérèse de Lisieux*. Fait qui témoigne de la volonté d'intégration de la culture religieuse française dans l'Église catholique américaine.

Comme de nombreuses mystiques, Marie-Rose Ferron fut persécutée les trois dernières années de sa vie par des sympathisants qui devinrent ses détracteurs, l'accusant de se nourrir, de marcher et de s'infliger des plaies volontairement la nuit, à l'insu des témoins de son martyr. En cela, elle est proche de Bernadette Soubirous* que le Seigneur combla de grâces exceptionnelles et de phénomènes extraordinaires afin de convaincre le clergé et les sceptiques de son entourage de l'authenticité de son expérience surnaturelle.

Audrey Fella

• *Voir aussi* : Thérèse de Lisieux

Bibl. : ***Études*** **:** J. SAVARD-BONIN, *A Stigmatist, Marie-Rose Ferron*, Montréal, Médiaspaul Canada, 1989 ; père O. A. BOYER, *She Wears a Crown of Thorns*, New York, Little Rose Foundation, 1951.

FIESCHI, Tommasina, *dominicaine* (Mariola Fieschi ; Gênes, v. 1448-1534). — Mariola est la fille d'Innocent Fieschi, seigneur de Savignone, un des principaux lignages de Gênes.

Elle fut mariée avec Francesco, assassiné pendant la bataille de Caffa. Son frère Tommaso et son fils Filippino ont été frères au couvent dominicain de Santa Maria di Castello de Gênes. Elle prend très tôt une part active au mouvement du Divino Amore (l'Amour divin) de Catherine Fieschi Adorno (Catherine de Gênes*) (dont elle fut disciple et parente) à Gênes. Vers 1477, après la mort de son mari, elle entre au couvent de l'observance dominicaine du Corpus Christi. En 1497, le petit couvent dominicain de Santi Giacomo e Filippo vient d'être reformé, conformément à la bulle d'Alexandre VI qui prend date le 24 avril 1497 : un groupe de douze sœurs, dirigé par Clemenza Doria, est sélectionné pour mettre en œuvre cette réforme ; Tommasina qui y figure sera, par la suite, plusieurs fois supérieure du couvent. Elle est donc un trait d'union entre l'expérience du Divino Amore et le mouvement de réforme de l'Observance dominicaine. En outre, elle puise dans la méditation assidue de l'Écriture sainte l'instrument indispensable à la connaissance progressive de l'amour divin ; loin de mener cette quête dans la solitude, elle entame une vie d'apostolat par l'écrit. Elle est ainsi l'auteur de deux manuscrits, compilés à partir du milieu du XVIe siècle et conservés à Gênes, qui contiennent huit commentaires bibliques, neuf sermons adressés à sa communauté, construits sur le mode du *sermo modernus*, au sujet de la Cène et de l'Eucharistie, neuf traités ou textes de méditation (dont un sur la perfection spirituelle adoptant la forme du dialogue entre l'âme et Dieu), ainsi qu'une œuvre épistolaire de quinze lettres adressées à des religieuses, onze à des femmes laïques, onze autres à des religieux ou des prélats, et cinq à des laïcs. Ses lettres définissent le modèle de vie claustrale ; la clôture et l'obéissance y sont exaltées comme un moyen d'échapper au siècle selon la plus pure tradition monastique. À sa culture humaniste, antérieure à son entrée en religion, s'ajoute alors une culture plus théologique dont témoignent les emprunts nombreux à saint Augustin, saint Bernard, saint Thomas d'Aquin, saint Bonaventure et Pseudo-Denys l'Aréopagite. Son *Traité des sept degrés de l'amour de Dieu* (sans date) est une réécriture du *Trattato d'amore di carità* de Giovanni Dominici (1404). Tommasina Fieschi illustre ainsi l'intense activité spirituelle des communautés réformées, au sein desquelles se développèrent, en parallèle de la clôture et de l'obéissance, le souci de l'accompagnement individuel et l'enseignement de la foi, y compris auprès des femmes. Elle vécut jusqu'à quatre-vingt-six ans en odeur de sainteté.

Michela Catto

Bibl. : ***Œuvres*** **:** les manuscrits de T. Fieschi sont conservés à Gênes (archives conventuelles de Santa Maria di Castello, Fondo Monastero dei SS. Giacomo e Filippo et Biblioteca civica Berio, arm 23) ; *Il trattato mistico. Li sete scaline che adersano la creatura allo amor di Dio* a été édité par U. Bonzi ; *Le Traité des sept degrés de l'amour de Dieu*, *Revue d'ascétique et de mystique*, XVI, 1935 ; un chapitre de *Trattato della carità* est paru sous le titre « Pagine inedite di una mistica italiana », in *Il Regno. Pubblicazione trimestrale di studi cristiani*, série II, n° 2, 1943 ; *Le brevi meditazioni sulla trasfigurazione (Matt. 17, 1-13) e sull'incontro di Cristo con la samaritana*

(Gv 4, 6-29) est paru sous le titre « Meditazioni evangeliche », R. Cavalieri (éd.), in *Memorie domenicane*, XLV, 1928 et XLVI, 1929 ; l'œuvre picturale de Tommasina Fieschi est complètement perdue. ***Études*** : S. MOSTACCIO, *Osservanza vissuta, osservanza insegnata. La domenicana genovese Tommasina Fieschi e i suoi scritti*, Florence, Olschki, 1997 ; ID., « Visione monastica e direzione spirituale. Il caso di Tommasina Fieschi », *Annali dell'Istituto storico italo-germanico in Trento*, 24, 1998 ; U. BONZI, notice dans le *Dictionnaire de spiritualité*, Paris, Beauchesne, t. II, 1953 ; A. J. SCHUTTE, notice dans le *Dizionario biografico degli Italiani*, Rome, Treccani, 47, 1997.

FILIOLA, *tertiaire franciscaine* (Marie-Octavie Mastis ; Mulhouse, 1888-Bry-sur-Marne, 1976). — En 1907, Marie-Octavie fait une tentative de suicide. Elle se blesse avec une balle de revolver. Puis elle s'en va à l'aventure à Paris, parlant un mauvais français. En 1913, elle épouse civilement Louis Valette. Elle était impatiente d'acquérir par ce mariage une situation moins instable. Mais vient un moment où elle se sent davantage fille de l'Église et demande la « guérison radicale » de son union civile (*sanatio in radice*). Elle se convertit en regardant un tableau représentant l'apparition du Christ à Marguerite-Marie Alacoque* et lui révélant son cœur. Certes, le cœur dont il s'agit là n'est plus la volonté néostoïcienne du XVIIe siècle ni la liberté scotiste. Son expérience, nourrie de visions du Christ et de paroles intérieures ou d'intuitions prophétiques, reste très fortement marquée par la spiritualité victimaire, vicaire ou substitutive (comme chez Rose du Cœur de Jésus* ou Marie de la Passion* et tant d'autres figures ou figurines mystiques de l'époque).

Bernard Forthomme

Bibl. : ***Œuvre*** : *Chemin de lumière*, J.-D. Bourinet (éd.), Paris, Téqui, 1975. ***Études*** : J.-D. BOURINET, *Qui est Filiola ? Documents biographiques. Nouvelles réflexions sur le message*, Paris, Téqui, 1992 ; même incomplet (ignorant ladite Filiola notamment), malgré son inventaire foisonnant des figurines du mysticisme français de la IIIe République (1871-1940), voir, au-delà de l'analyse discutable, l'éclairage sociohistorique de J. MAÎTRE, *Mystique et féminité*, Paris, Cerf, 1997.

FILLE DE JOSEPH (de Bagdad), *visionnaire juive* (Syrie, début du XIIe s.). — Les informations la concernant proviennent d'une lettre trouvée dans la genizah du Caire, adressée vers 1121, à l'époque de l'événement, à un habitant de Fustat (ancienne capitale d'Égypte). Il est rapporté, sans mention de son nom, que la fille de Joseph de Bagdad, fils de médecin, jeune femme pieuse et menant une vie ascétique, mariée sous contrainte, avait eu une vision du prophète Élie, présage de l'arrivée du Messie dans la tradition juive. Les habitants de la capitale syrienne ont vu en cette jeune femme leur rédempteur en une période de tension entre la communauté juive et le calife. La lettre rapporte que ce dernier, après un rêve, revint sur sa menace de faire brûler la jeune mystique, ordonna la libération des prisonniers juifs et supprima une augmentation prévue de l'impôt.

Mireille Loubet

Bibl. : ***Vie et études*** : E. TAITZ, S. HENRY, C. TALLAN, *The JPS Guide to Jewish Women : 600 B.C.E.-1900 C.E.*, Philadelphie (PA), The Jewish Publication Society, 2003, p. 56.

FILLJUNG, Catherine, *religieuse dominicaine, extatique, stigmatisée* (Marie Rose de Jésus, en religion ; Biding-les-Maxstadt, 1848-4 août

1915). — Aux belles heures du Moyen Âge, Catherine Filljung aurait sans doute bénéficié d'un succès unanime et populaire, et peut-être d'une approbation (d'une partie) du clergé, tant sa vie est un répertoire de tous les phénomènes disponibles de l'extraordinaire mystique. Mais elle relève de notre modernité où les esprits et les institutions (civiles, judiciaires, médicales et ecclésiastiques) font preuve d'une rationnelle sagesse et gardent leur sang-froid face aux émotions communautaires. Née près de Saint-Avold (Moselle), où son père est ouvrier agricole, elle manifeste, dès sa puberté, une propension à l'extase et aux phénomènes cataleptiques. En 1868, elle tente en vain d'entrer au carmel de Lunéville. Tombée malade, elle est miraculeusement guérie, le 10 mars 1873, par une apparition de la Vierge Marie* dans l'église de Sarreguemines, et, à partir de ce jour, la Vierge s'entretient avec elle chaque jour à la même heure : Catherine énonce à haute voix, mais à son insu (?), ce qui lui apparaît et lui est enseigné ; défile ainsi le cortège de tous les malheurs apocalyptiques : épidémies, famines, révolutions, persécutions, avant que la France ne l'emporte sur l'Empire allemand (Catherine se trouve dans cette partie de la Lorraine annexée par les Prussiens en 1870), en une victoire prophétisée en termes à peine voilés : « Couronne d'orgueil, tu seras broyée comme le grain. Tes fleurs se faneront, tes fers seront brisés, ton peuple même se réjouira de ta ruine. » Le phénomène, jusque-là privé, devient public, lorsque Catherine est saisie d'une extase, en pleine grand-messe paroissiale à Puttelange : l'émotion est considérable et la rumeur se propage à travers toute la Lorraine et jusqu'en Allemagne. En effet, la Vierge vient donc visiter les provinces annexées pour leur promettre une prochaine délivrance. Mais le doute subsiste : ne faut-il pas vérifier de telles allégations ? Les autorités ecclésiales se divisent alors : si le curé, l'abbé Meyer (qui dirige Catherine depuis ses treize ans) et des confrères des environs penchent pour la véracité des prédictions, en revanche, l'évêché de Metz, comme le corps professoral du grand séminaire, affiche une opposition totale, refusant même de procéder à l'enquête demandée par l'abbé Meyer. Finalement, l'autorité diocésaine interdit toute manifestation publique ; et la Vierge s'accorde au mandement épiscopal comme aux requêtes de Catherine : les apparitions n'ont plus lieu qu'en privé, au cours desquelles Catherine célébrera ses fiançailles mystiques avec le Christ (remise de l'anneau nuptial, couronnement d'épines, etc.).

Catherine reçoit alors la mission de fonder un orphelinat à Biding, dont elle commence la construction en 1878 par la future maison de l'aumônier. Cette entreprise attire évidemment la réaction négative de l'évêché de Metz, craignant qu'en cette affaire ne soit abusée la générosité des fidèles. Catherine décide alors de financer son projet par ses propres ressources : confection artisanale de chapeaux de paille, commerce d'objets et de vêtements liturgiques. En 1882, elle ouvre l'orphelinat. L'évêque décide alors la mutation de ses plus fidèles soutiens, les abbés Meyer et Guldner – ceux-ci s'exileront dans un autre diocèse –, et prépare même un décret d'excommunication. Devant l'imminence du péril, appel est fait au Saint-Siège. Catherine convainc le Saint-Office de la validité de ses entreprises, que le pape Léon XIII bénit au cours de l'audience qu'elle a réussi à obtenir. 1884 : Catherine en appelle à un architecte, achète une carrière et engage des ouvriers pour réaliser le bâtiment qu'elle a vu dans ses extases, elle-même dirigeant le chantier, lequel est achevé en 1885. Vont alors commencer les déboires judiciaires. C'est pourquoi, si la première affaire se termine sur un non-lieu, Catherine (qui a contracté des emprunts pour financer sa construction de l'orphelinat et a ainsi accumulé une dette de 35 0000 marks) retourne à Rome pour y recueillir l'approbation explicite de Léon XIII, qui l'encourage à faire appel à la générosité publique. Mais au retour, elle doit faire face à un complot ourdi en son absence dans sa propre communauté et se voit sommée de rembourser 25 000 francs à ses créanciers. Le problème sera résolu par les quêtes, que désormais elle fera chaque année à Paris, où, ses stigmates aidant, elle va devenir la coqueluche des milieux dévots et mondains, protégée par les communautés dominicaines : elle brille en particulier par son pouvoir de vision des défunts, dont elle détaille la personnalité avec une stupéfiante précision, à partir d'une simple photographie. Cependant, à Metz, la rumeur va bon train et couve l'accusation d'escroquerie, voire de débauche. Le parquet est saisi ; commence alors un invraisemblable feuilleton judiciaire, où l'on discutera surtout de la réalité ou de la simulation de ses extases. L'expertise médicale et psychiatrique sera convoquée et la procédure se conclura par un acquittement en avril 1892 ; mais la même année, le préfet la fait à nouveau incarcérer et l'oblige soit à abandonner son orphelinat soit à en céder la direction à une autre congrégation. Elle se tire encore de ce mauvais pas, grâce à la bienveillance du gouverneur, le prince de Hohenlohe, et plus encore à l'efficace protection d'un médecin et universitaire, de confession protestante, le professeur Fischer, qui garantira une bonne gouvernance de l'établissement. Côté ecclésiastique, le climat se détend avec Mgr Fleck, qui institue la communauté dans le tiers ordre dominicain et accorde l'habit de saint Dominique en 1899. Mais son successeur, un bénédictin, Mgr Benzler, mettra un terme à l'aventure en supprimant la communauté, le 3 novembre 1903. Ses membres doivent revenir à l'état séculier. Les douze dernières années de la vie de Catherine Filljung consommèrent ce naufrage tant institutionnel et financier que spirituel, et elle meurt, minée par le chagrin.

Les avis sont partagés sur le cas Filljung : réellement mystique (si du moins l'on définit la mystique par les seules manifestations extraordinaires, voire pathologiques) ? Ou bien simulation (sans qu'il y eût forcément arrière-pensée d'escroquerie) ? Inspirée ou manipulatrice ? En tout cas, une femme d'action. Si l'opinion publique s'est enthousiasmée (la promesse d'une revanche sur l'occupation prussienne y était pour beaucoup), les autorités restent manifestement divisées : souci des prérogatives de leurs propres pouvoirs ? opinions personnelles des différents acteurs qui interagissent ou se concurrencent ? L'affaire Filljung serait alors un révélateur de la complexité des rapports institutionnels et de l'état des mentalités. L'on peut sans doute s'accorder au diagnostic émis par le père Joseph Maréchal, jésuite, dans ses *Études sur la psychologie des mystiques* : Catherine Filljung illustrerait parfaitement ces cas où « les phénomènes extraordinaires semblent dus, pour une large part, à des causes morbides ».

François Marxer

Bibl. : *Études* : E. EBEL, *Sœur Catherine. Notes biographiques sur la mystique lorraine Catherine Filljung, religieuse dominicaine, fondatrice de l'orphelinat de Biding, 1848-1915*, Paris, Téqui, 1928 ; J. MAÎTRE, *Mystique et féminité, essai de psychanalyse sociohistorique*, Paris, Cerf, 1997.

FLORENSKY, Olga, *peintre miniaturiste orthodoxe* (Tiflis, aujourd'hui Tbilisi en Géorgie, 19 février 1891-Tiflis, 1914). — Olga est la sœur cadette du père Paul Florensky, philosophe religieux et théologien orthodoxe, et la cinquième d'une famille de sept enfants. Son père est un haut fonctionnaire du ministère des Transports ; sa mère est descendante de la noblesse arménienne de Tiflis. Elle étudie le dessin à la célèbre école Stroganoff de Moscou, puis à l'école de peinture de Saint-Pétersbourg ; elle fréquente les cours de dessin et de sculpture à Tiflis.

En 1907, elle rencontre Serguei Troitski, un ami intime de son frère Paul, avec lequel il décide de se retirer du monde pour devenir moine, accomplissant ainsi l'idéal du « couple apostolique ». Or Serguei tombe amoureux d'Olga et s'installe à Tiflis. La même année, Olga entame une correspondance épistolaire avec le célèbre écrivain Dimitri Merejkovski, marié à la poétesse Zinaïda Hippius*. Cet échange de lettres, très dense et vite indispensable pour chacun d'eux, deviendra la source principale de la vie spirituelle très agitée de la jeune femme. Olga rencontre personnellement l'écrivain un an plus tard, lors d'une de ses conférences à Saint-Pétersbourg. Dès lors, une amitié profonde et prolifique commence avec le couple Merejkovski-Hippius, qui durera sept ans, jusqu'à sa propre mort.

En 1909, Olga et Serguei se marient. Mais le 2 novembre 1910, Serguei, professeur de russe à Tiflis, est poignardé par un de ses élèves devant toute la classe. Ce drame joue un sort tragique dans la vie d'Olga, qui n'a plus goût à la vie. Elle poursuit ses études de peinture quelque temps. Puis, à jamais atteinte par cet état que ses amis caractérisent de « volonté de mort », elle se laisse mourir. Après une dernière tentative de séjour à Saint-Pétersbourg, elle rentre définitivement chez elle, où elle s'éteint à l'âge de vingt-deux ans (quatre ans après son mari, jour pour jour).

Durant toute sa vie courte mais intense, Olga Florensky a cherché Dieu, qui est selon elle Amour et Beauté. Elle a tenté de l'atteindre dans la peinture, en essayant de saisir sa création. Ses tableaux, qui sont des allégories de thèmes religieux, figurent exclusivement des portraits des personnalités qu'elle a rencontrées : l'écrivain symboliste Andreï Biély, ses amis Dimitri Merejkovski et Zinaïda Hippius, le penseur et critique littéraire Dimitri Filosofov, ainsi que son frère Paul. L'influence du peintre Mikhaïl Nesterov, qui se servait souvent de sujets religieux et faisait des fresques d'église, renforce la présence du symbolisme religieux dans son œuvre. Fruit d'une quête spirituelle profonde, son art atteste en outre de l'opposition qu'elle ressent entre l'idéal ascétique de l'Église et la joie de vivre, le plaisir de créer en tant qu'artiste. Opposition qui n'est pas sans faire écho au conflit de l'esprit et de la chair. Dans sa correspondance avec Merejkovski et Serguei, le thème de l'amour physique et du mariage est récurrent : comment réconcilier l'union de la chair, bénie par Dieu dans le mariage, qui est pure, avec l'instinct sexuel, qui est plus bestial ? Olga est alors déchirée entre l'autorité religieuse de son frère, qui exerce une influence spirituelle sur elle, et l'amitié qui la lie à ses opposants idéologiques, Merejkovski et Hippius, adeptes du Troisième Testament, combattant pour le renouvellement de l'Église conformément à l'idée du règne mystique du Saint-Esprit, censé résoudre toutes les antithèses.

Fidèle à ses croyances tout autant qu'à ses proches (famille et amis), Olga Florensky semble avoir dépassé ses contradictions et atteint l'union spirituelle et mystique avec Dieu dans son humanité grâce à l'amour qu'elle portait aux êtres qui lui étaient le plus chers.

Ioulia Podoroga

• *Voir aussi* : Hippius

Bibl. : *Œuvre* : « Correspondances familiales » P. Florensky (éd.), *Novyi Journal*, n°s 244, 246 et 250, New York, 2006-2009. ***Études*** : P. FLORENSKY, T. CHOUTOVA, « Tri tysiatchi verst prolegli mejdou nami » (« Trois mille verstes s'étendent entre nous »), *Nache Nasledie*, n°s 79-80, Moscou, 2006 ; Z. HIPPIUS, *Zivye lica* (*Visages vivants)*, Prague, Flamme, 1925.

FORNARI, Claire-Isabelle, *clarisse* (Anna Felice Fornari ; Rome, juillet 1697-San Francesco de Todi ?, 1744). — À quinze ans, Anna Felice devient clarisse à San Francesco de Todi sous le prénom de Claire-Isabelle. Elle entre au monastère sans inclination, mais pour se débarrasser du poids d'une relation amoureuse qu'elle n'arrive pas à déclarer en confession. Loin de se sentir mieux derrière les murs du couvent, la tension augmente jusqu'à susciter bientôt de nombreux troubles physiques et psychologiques. Elle prononce rapidement des vœux, obtient même une visite divine qui la fait atteindre sans tarder aux noces mystiques : malgré ces grâces elle ne parvient pas à se défaire du poids de ce qu'elle considère comme une faute lourde et qui l'entraîne durant quatre ans au bord du suicide. En 1717, une confession générale vient à bout de la culpabilité non sans faire naître alors de nouvelles peines plus importantes encore. Les angoisses se développent avec leur cortège de souffrances physiques, volontaires ou non, et de rigueurs excessives où la conduisent souvent ses directeurs. En 1735, elle devient abbesse et le restera jusqu'à sa mort.

Parmi ses confesseurs, on connaît Giovanni Maria Crivelli qui a déjà durement mis à l'épreuve Veronica Giuliani*. C'est à leur demande qu'elle rédige une correspondance et des relations écrites de sa vie spirituelle intérieure. En 1760-1761, quatre volumes de *Relazioni mistiche*

(« Relations mystiques ») sont édités anonymement, sans que soit éclairée la provenance des écrits manuscrits (vraisemblablement acquis après la mort des confesseurs). Deux ans auparavant un *Trattato mistico delle virtù esteriore (e interiore)* (« Traité mystique des vertus extérieures et intérieures », 1758) était paru. Mais les Relations sont d'un autre type, moins focalisés sur des faits extraordinaires (d'ailleurs issus du dossier de béatification) : les écrits sont donnés comme des lettres privées, non sans montrer pourtant de lourdes interventions rhétoriques qui dénaturent leur forme et leur contenu. Seule une édition critique de grande ampleur permettrait de décider la part d'énoncés originaux et les interpolations qui ont été pratiquées *a posteriori* sur les textes d'origine. Il est difficile d'apprécier l'étendue de sa culture sacrée et l'authenticité des citations. Modelées le plus souvent sur d'autres textes disponibles, ces Relations empruntent à d'autres écrits, par exemple à Jean de la Croix, en sorte que le poids des lectures marque fortement de son empreinte l'itinéraire spirituel, le faisant aller de la doctrine à l'expérience, selon une progression inverse à celle que l'on rencontre, par exemple, chez une Thérèse d'Avila*. D'où aussi une expression traversée par la citation, la médiation textuelle d'origine ou surimposée. L'expressivité ne manque pas d'émotion, de pathos et d'évocation violentes, que la forme dialoguée relance et motive, sans qu'on puisse décider s'il s'agit d'une forme rhétorique ou d'une réelle expérience d'écriture résultant d'un dialogue et d'une communication avec les directeurs.

Sophie Houdard

Bibl. : ***Œuvres*** : *Trattato mistico delle virtù esteriore (e interiore)*, Venise, Simone Occhi, 1758 ; *Relazioni mistiche scritte per obedienza a'suoi prelati e direttori da une religiosa serva di Dio già defunta*, Venise, Simone Occhi, 1760-1761, 4 vol. ; *Memorie della vita e delle virtù della suor Chiara Isabelle Fornari*, Venise, Simone Occhi, 1768. ***Études*** : M. PETROCCHI, *Storia della spiritualità italiana*, Rome, Edizioni di Storia e Letteratura, 1979, vol. 3.

FOURNIER, Françoise, *ursuline* (Le Lude, 1592-Angers, novembre 1675). — Françoise Fournier est fille de médecin. On lui connaît un frère capucin et un autre, Nicolas, chanoine génovéfain, qui devient son directeur spirituel. Son biographe, peu préoccupé par les faits, ne donne guère d'indications pour reconstituer les étapes de sa vie. Françoise Fournier a manifestement été une figure phare du couvent des Ursulines d'Angers, où elle a été élue prieure à quatre reprises (1641, 1643, 1650 et 1659). C'est à ce titre qu'elle dirigea une importante campagne de travaux qui aboutit à l'érection d'une chapelle, dotée d'un superbe maître-autel, béni par le célèbre évêque janséniste d'Angers, Henry Arnauld. Ce dernier entretint avec l'ursuline des relations privilégiées, la dirigeant jusqu'à sa mort. Le biographe signale encore son engagement d'enseignante et de catéchiste auprès des jeunes filles pauvres et son dévouement envers les malades et les plus démunis, notamment lors des épidémies et crises céréalières qui frappèrent la ville d'Angers. Il admire une religieuse atrocement mortifiée, qui s'offre en perpétuel sacrifice pour le salut des âmes pécheresses, et met en exergue son esprit de retraite et son détachement des choses du monde, qui ne l'empêchent pas de soutenir par la pensée la mission de Marie de l'Incarnation* (Marie Guyart) et de ses sœurs en Nouvelle-France. La lecture quotidienne des Évangiles aurait été sa seule source d'inspiration. Ses propos résonnent toutefois des thématiques chères aux mystiques rhénans, qu'elle peut avoir découverts dans d'autres livres ou à la faveur de conversation avec ses directeurs.

En plus de ses Sentiments, transcrits en 1662 et toujours conservés à la bibliothèque Sainte-Geneviève de Paris, la mère Fournier a laissé quelques révélations reproduites dans sa biographie, auxquelles ont été ajoutés ses entretiens avec la mère Françoise Renoul de la Riperez. On y découvre une femme autant torturée par la conscience aiguë de son péché qu'exaltée par l'expérience de la présence de Dieu. Au lendemain de sa profession religieuse et jusqu'à la fin de sa vie, elle dit souffrir le martyr du fait de « la véhémence de son désir » d'union à Dieu. Faisant écho aux exhortations d'Henry Arnauld sur le feu divin, elle se dit consumée d'amour pour le Christ. Défaillances, langueurs, raidissements musculaires, sanglots ou convulsions traduisent l'intensité des troubles ressentis. Son plus grand désespoir : ne pouvoir mourir dans l'instant. Son aspiration la plus forte : s'abîmer en Dieu. L'épreuve est quasi insupportable pour elle, qui meurt sans cesse de ne pouvoir mourir. En même temps, elle fait état de suaves consolations, quand Dieu la fait entrer « en la participation des joies du paradis » (*Vie*, p. 37). Au début de son cheminement, les sentiments d'union semblent survenir principalement durant l'oraison, à l'écoute de l'Évangile ou au moment de la communion. Elle dit s'appuyer alors sur la considération des mystères de Jésus-Christ. Quittant progressivement les « dévotions sensibles », elle se sent ensuite élevée par Dieu à la contemplation continuelle de sa divinité, recevant de lui et sans aucune médiation la connaissance infuse des vérités de foi. Consciente de l'infinité des abîmes séparant l'Être divin du néant de sa créature, elle ne voit que dans l'anéantissement de sa personne la possibilité de se fondre en Dieu, « comme dans un océan » (*Vie*, p. 124). La mère Fournier aurait reçu cette grâce lors d'une fête de la Transfiguration, alors que, totalement dépouillée de son être, elle n'est plus habitée que par Dieu. Tandis que la voix lui manque pour dire les joies et les détresses qui l'assaillent, la mystique devenue écrivain parvient à jongler avec les métaphores et les paradoxes pour évoquer la présence « palpable » des trois personnes (*Vie*, p. 112) ou l'inhabitation en son être d'un Dieu pourtant appelé éloignement ou privation (*Vie*, p. 17).

Marie-Élisabeth Henneau

Bibl. : ***Œuvre*** **:** « Sentiments de la révérende Mère Fournier, ursuline d'Angers », 1662, Paris, bibliothèque Sainte-Geneviève, Ms 2903. ***Vie*** **:** *La Vie de la Mère Françoise Fournier, religieuse Ursuline de la ville d'Angers par un chanoine régulier*, Paris, J. Couterot et L. Guérin, 1685. ***Études*** **:** I. BONNOT, *Hérétique ou saint ? Henry Arnauld, évêque janséniste d'Angers*, Paris, Nouvelles éditions latines, 1983, p. 279-281.

FRANCESCA SARAH (de Safed), *visionnaire kabbaliste* (Israël, XVIe s.). — Francesca Sarah, connue pour sa piété, a vécu à Safed, haut lieu de la kabbale pendant le XVIe siècle, et se disait en relation avec un Maggid (un messager céleste, dans ce contexte) qui l'informait des événements à venir. Elle semble avoir été la seule femme à expérimenter ce type de communication, connue chez les hommes. Elle est décrite comme une sainte, dont les révélations étaient authentifiées. Hayyim Vital, disciple d'Isaac Luria, signale l'exactitude des visions reçues par rêves et des prédictions de cette mystique clairaudiente dans son ouvrage *Sefer ha-hezyonot* (« Livre des visions », 1594).

Mireille Loubet

• *Voir aussi* : Aberlin (de Safed)

Bibl. : ***Vie et études*** **:** E. TAITZ, S. HENRY, C. TALLAN, *The JPS Guide to Jewish Women : 600 B.C.E.-1900 C.E.*, Philadelphie (PA), The Jewish Publication Society, 2003, p. 170-171.

FRANÇOISE DE LA MÈRE DE DIEU, *carmélite déchaussée* (Françoise Martin ; Dieppe, 1615-25 novembre 1671). — Des éléments de la vie et des fragments d'écrits de Françoise de la (Sainte) Mère de Dieu ont été collationnés peu après sa mort par une carmélite de Saint-Denis, puis publiés en 1906 dans une édition non critique réalisée à des fins hagiographiques. L'ensemble de la documentation n'apporte que des éléments succincts concernant sa biographie. Née l'année de la fondation du couvent, Françoise Martin y entre en 1631, grâce au soutien de l'oratorien Guillaume Gibieuf, visiteur du carmel thérésien et ancien collaborateur du cardinal de Bérulle. Sa mère, veuve d'un capitaine de vaisseau, avait jusque-là supervisé son éducation. Le Christ lui-même, au dire des biographes, prend le relais, non sans l'exposer aux pires tourments quand elle se retrouve déchirée entre le ciel et la terre, où d'autres veulent également prendre soin de son âme (sa prieure Marie de Saint-Jean-Baptiste et le père Gibieuf, mais aussi les théologiens Robert Duval et Jean Coqueret et les jésuites Paul Le Jeune et Jean Crasset).

Dès son noviciat, Françoise se serait trouvée en présence du Fils de Dieu, lequel, visions effrayantes de l'au-delà à l'appui, lui aurait imposé d'innombrables mortifications censées contribuer au salut des vivants et des morts (conversion de l'Angleterre ou rachat des âmes du purgatoire) comme à la réparation des outrages commis à son encontre. Sa profession, précédée d'une expérience cognitive de la Trinité, s'assortit d'un sentiment très fort d'union avec l'Époux, qui lui ôte l'usage des sens et de toute connaissance. Tel un souverain absolu, il exige de régner sans partage sur une âme qu'il amène, au prix de multiples souffrances physiques, morales et spirituelles, au total abandon et anéantissement d'elle-même. En continuel dialogue et « adhérence » avec son divin guide, la carmélite vit avec lui des moments d'union exceptionnelle devant le saint sacrement. Avec des accents empruntés à Pierre de Bérulle, le Christ lui fait adorer le propre anéantissement de sa toute-puissance dans la fragilité de son enfance et l'étroitesse de l'hostie consacrée ; il lui demande de s'associer à son sacrifice en victime consommée par son amour. Le cheminement de la mystique est interrompu par les traditionnels doutes, sentiments de déréliction et tentations diverses, imposés d'en haut pour l'éprouver. La rencontre avec le

Christ s'assortit par ailleurs de grandes douleurs dues à l'intensité de l'expérience ou au violent désir de partager les souffrances du Crucifié.

La biographe fait de son héroïne un parangon de dévouement pour sa communauté : ses tourments quotidiens ne l'empêchent pas d'exercer successivement les offices d'infirmière, de tourière, de maîtresse des novices puis de sous-prieure. Dotée surnaturellement de clairvoyance, Françoise se voit missionnée pour guider plusieurs de ses consœurs, bien avant d'accéder à la charge priorale qu'elle exerce à Dieppe, puis à Pont-Audemer (1658-1664), couvent où elle s'illustre aussi par la direction de travaux d'aménagement. Ses filles se souviendront longtemps après sa mort de son zèle à conserver intact l'esprit de l'ordre et de sa fidélité à la mémoire de la réformatrice espagnole. Sans que l'on sache rien de la véritable formation de Françoise de la Mère de Dieu – le Christ n'aurait toléré que le Nouveau Testament, mais on la surprend à lire Jean de la Croix –, on la sent pénétrée d'une spiritualité qui tente d'associer la tradition thérésienne, privilégiant la relation de personne à personne avec le Christ, aux relectures des mystiques rhéno-flamands, visant à l'anéantissement de soi en la divinité. Aussi Françoise est-elle favorisée de visions et auditions sensibles de son Époux, mais aussi de communications de substance et d'essence divines au-delà de toute connaissance et modalités d'expression. Thérèse d'Avila* et Pierre de Bérulle viennent en songe autoriser ses expériences, qui, loin de lui procurer toujours paix et félicité, suscitent longtemps chez elle tourments et appréhensions, au vu de sa propre misère et des péchés de l'humanité. On distingue mal les étapes d'une évolution personnelle qui semble pourtant aboutir, en fin de vie, au sentiment d'une « union transformante » par une opération de la Trinité, qui fait du Fils l'unique principe de ses actions, en alternance avec l'affirmation d'une totale « perte en Dieu », telle une goutte d'eau dans l'océan.

Plusieurs passages témoignent de sa dévotion à l'Enfant Jésus, avec qui elle converse intimement. Elle prend part à la captivité du Verbe incarné dans le sein de sa Mère, s'offrant elle-même pour l'abriter et le chérir. L'influence bérullienne se manifeste ainsi dans ce désir d'adhérer aux états de Jésus, abaissé en son humanité, dont elle suit l'itinéraire au fil de l'année liturgique. Mais la carmélite, toute désireuse d'emprunter une voie d'enfance qui doit la mener à l'anéantissement de son être, ne peut empêcher les communications sensibles avec l'Enfant Roi, ni la dévotion à l'image de cire copiée sur celle du carmel de Beaune. Françoise se dit encore appelée à honorer le Christ au désert, en s'associant tant à son dénuement qu'à son adoration perpétuelle pour la conversion des pécheurs. C'est ainsi que cette contemplative cloîtrée se sent investie d'un élan apostolique par son adhésion sans partage à la vie « conversante et voyagère » du Christ, qui l'associe par voie surnaturelle à sa mission dans le monde.

Marie-Élisabeth Henneau

Bibl. : ***Vie*** **:** *Vie de la mère Françoise de la Mère de Dieu, carmélite morte en odeur de* *sainteté, d'après un manuscrit contemporain*, Abel Gaveau (éd.), Paris, V. Lecoffre, 1906. ***Études*** : P. BAUDRY, *Les Religieuses carmélites de Dieppe*, Dieppe, P. Leprêtre et Cie, 1876 ; P. COCHOIS, « Françoise de la Mère de Dieu », *Dictionnaire de spiritualité*, Paris, Beauchesne, t. V, 1964, col. 1123-1125.

FRANÇOISE DES SÉRAPHINS, *dominicaine* (Françoise d'Argombat de Saline ; Beaumont-de-Lomagne, 1604-Paris, 19 octobre 1660). — Née en Gascogne, Françoise est issue de l'alliance de la famille de Saline avec celle des Vieilles-Vignes. Malgré les efforts de ses parents pour l'en dissuader, elle opte pour la vie religieuse et s'enfuit du château paternel pour entrer chez les Dominicaines réformées de Toulouse (1623), au couvent de Sainte-Catherine-de-Sienne. Ses bonnes dispositions lui valent d'être associée à un projet de fondation à Paris (1627), où la rejoint la future Élisabeth de l'Enfant-Jésus*. Au couvent des Filles de Saint-Thomas, Françoise des Séraphins est remarquée pour son ascèse, son esprit de retraite et, surtout, ses dons de directrice spirituelle, alors que, topos habituel, la biographe insiste sur le caractère limité de sa formation. On ne sait rien de plus de sa vie, dont le récit laconique sert de cadre à la publication d'une partie de ses écrits. On y trouve des « sentiments » sur les vertus chrétiennes, des « lumières » et méditations sur les mystères de Jésus-Christ, des fragments de correspondance (notamment avec les Dominicaines de Langeac) et la relation de ses retraites spirituelles qui laissent percevoir une évidente influence de la spiritualité bérullienne. Françoise y traduit son expérience de l'anéantissement en Dieu : « Je me sentis dans cet instant comme fondue aux pieds de Dieu. Je n'ai point de termes pour exprimer ce qui se passa pendant ce temps dans mon intérieur. Je ne pouvais produire aucun acte sans faire tort à cet attrait qui me semblait être de Dieu. Il me donnait une certitude si grande de la sainte présence de sa Majesté que je ne pouvais douter que ce ne fût lui qui me mettait dans cet état, qui était d'un profond anéantissement, d'une vive douleur de mes péchés et d'un général abandon à lui » (*Vie*, p. 142-143).

Elle dit avoir reçu « l'impression » de la « Trinité des personnes dans l'unité de son essence » et goûté dans le fond de son âme la présence d'un Dieu absolu, qui exige d'elle un amour sans partage. La biographe souligne son égal attrait pour le Christ, chéri dans son état d'enfance comme dans son humanité souffrante, et son admiration apophatique des divins mystères. Ce qui ne l'empêche pas de longuement discourir sur l'abaissement du Verbe éternel dans l'*infans* privé de paroles et sur le rôle éminent de la Mère de Dieu dans l'économie du salut. Son désir de Dieu se manifeste encore au moment de la communion, quand son corps affamé se retrouve face à celui dont l'institution affirme la présence réelle. À plusieurs reprises, la religieuse précise que ses expériences du divin dépassent largement « tout ce que les livres en enseignent » (*Vie*, p. 143), l'« ineffable et l'incompréhensible » ne pouvant être « dignement pensé[s] par aucune créature » (*Vie*, p. 155). Constamment abîmée dans l'oraison, « art qui divinise les âmes » (*Vie*, p. 152), elle rejoint aussi Pierre de Bérulle dans son désir de toujours « se lier » et « se former » à la vie du Christ (*Vie*, p. 91).

Marie-Élisabeth Henneau

• *Voir aussi* : Élisabeth de l'Enfant-Jésus

Bibl. : ***Vie*** : [MARIE-MADELEINE DE MAUROY], *La Vie de la v[énérable] mère Françoise des Séraphins, religieuse de l'Ordre de Saint-Dominique au monastère de Saint-Thomas-d'Aquin à Paris*, Charles de Lantages (éd.), Clermont, N. Jacquard, 1669. ***Études*** : I. NOYE, « Françoise des Séraphins », *Dictionnaire de spiritualité*, Paris, Beauchesne, t. V, 1964, col. 1127-1128 ; M.-T. PORTE, *Un foyer de spiritualité dominicaine au* XVII*e siècle. Le monastère de Sainte-Catherine-de-Sienne à Toulouse*, Paris, Privat, 1976.

FRANÇOISE ROMAINE, *sainte, fondatrice des Oblates de Saint-Benoît* (Francesca Bussa de Leoni ; Rome, 1384-9 mars 1440). — De famille patricienne, son père s'oppose à une vocation religieuse et la marie à douze ans, en 1396, à Lorenzo di Ponziani, du Trastevere. Françoise se serait efforcée, s'il faut en croire la tradition cléricale de son hagiographie, à ne trouver aucun plaisir dans l'acte sexuel au moyen de jeûnes, flagellations, privation de sommeil. « Malgré toutes les ascèses, écrit avec quelque naïveté Peter Dinzelbacher, elle eut trois ou quatre enfants. » Elle se fait remarquer par ses charités, en particulier lors de la peste de 1413-1414. Vers 1424-1425, elle aurait obtenu de vivre la chasteté dans le mariage et se révèle une maîtresse femme, dirigeant le palais et les terres familiales après la mort de sa belle-mère en 1401, en particulier lorsque son mari, membre du parti guelfe, doit s'exiler et que son fils Battista est pris en otage encore enfant.

Avec plusieurs dames de son entourage qui l'aident à soigner les malades et nourrir les pauvres, elle devient en 1425 oblate du monastère bénédictin des olivétains. Le 20 mars 1432, elle a une extase à l'église Sainte-Marie-du-Trastevere. Elle reçoit l'ordre « d'imiter la reine des abeilles qui, pour rassembler sa famille, choisit un lieu convenable, la ruche ». Elle achète en face du Capitole une maison contiguë à une tour féodale, Tor de' Specchi (« tour des miroirs »), qui donnera son nom à sa fondation. Le 25 mars 1433, elle y rassemble ses filles, créant une nouvelle forme de vie féminine bénédictine, les moniales oblates, qui n'émettent pas de vœux, sont sans clôture, pratiquent le travail agricole et se vouent spécialement au soin des malades et aux œuvres charitables, dont Eugène IV reconnaît l'institution. Après la mort de son mari, Françoise y entre, à cinquante-deux ans. Elle sera à la tête de la communauté jusqu'à sa mort en renom de sainteté.

Françoise n'a rien écrit. Ses révélations au cours de ses longues extases ont été rapportées par son dernier confesseur Giovanni Mattiotti, à qui elle les a narrées par obéissance, non sans difficulté pour traduire son expérience en langage humain. Sœur Marie-Pascal Dickson a souligné « certaines lignes de force qui apparaissent comme l'ossature de toute la spiritualité de Françoise et qui caractérisent sa relation à Dieu : la foi en l'Église en ces temps marqués par les conséquences du Grand Schisme (1378-1417), la polarisation sur le Christ, sa croix glorieuse, marque vraisemblable de l'influence des

Franciscains du Trastevere qu'elle fréquentait, la puissance de l'oblation dans l'obéissance entendue comme « disponibilité au vœu créateur incessant de Dieu sur elle ». Outre sa participation mentale et corporelle (stigmates) à la Passion, on soulignera ses révélations sur l'au-delà, en particulier le purgatoire (rôle des anges) et l'enfer, et ses visions de l'Enfant Jésus. En 1432, elle voit la Vierge présenter à Dieu l'Enfant Jésus en lui disant : « Père tout-puissant, je vous offre mon fils, le Verbe incarné. » Le 8 septembre 1431, elle reçoit l'Enfant Jésus dans les bras. « Rarement le thème de la maternité spirituelle [...] a trouvé une intensité d'accent et une expression plus accomplie et touchante que dans les visions de Françoise » (A. Bartolomei-Romagnoli). À partir de 1430, ses visions ont une dimension prophétique et concernent les événements politiques et religieux (concile de Bâle). Les « communications de Dieu » qu'elle fait parvenir à Eugène IV l'ont fait comparer à Brigitte de Suède* et Catherine de Sienne*. Elle a été canonisée en 1608.

Régis Bertrand

• *Voir aussi* : Brigitte de Suède ; Catherine de Sienne

Bibl. : *Œuvre* : sœur M.-P. DICKSON, *Jubilation dans la lumière divine. Françoise Romaine, choix de vingt visions...*, Paris, Œil, 1989. ***Vie* :** dom P. T. LUGANO, *I processi inediti per Francesca Bussa dei Ponziani (santa Francesca Romana)*, Citta del Vaticano, Biblioteca apostolica vaticana, 1945. ***Études* :** B. BERTHEM-BONTOUX, *Sainte Françoise Romaine et son temps*, Paris, Bloud et Gay, 1931 ; G. PICASSO (dir.), *Una santa tutta romana. Saggi e ricerche nel VI centenario della nascita di Francesca Bussa dei Ponziani (1384-1984)*, Monte Oliveto Maggiore (Sienne), Edizioni l'Ulivo, 1984 ; P. DINZELBACHER (dir.), *Dictionnaire de la mystique*, Thurnhout, Brepols, 1993, p. 322-323 ; A. BARTOLOMEI-ROMAGNOLI, « Francesca Romana (santa) », *in* L. Borriello *et al.*, *Dizionario di mistica*, Citta del Vaticano, Libreria Editrice Vaticana, 1998, p. 523-526.

FRANKEL, Sarah. — *Voir* STERNBERG

FREMYOT, Jeanne-Françoise. — *Voir* JEANNE DE CHANTAL

G

GABRIELLE, mère, *moniale orthodoxe et « itinérante de Dieu »* (Avrila Papayannis ; Constantinople, 2 octobre 1897-Léros, 28 mars 1992). — Avrila Papayannis naît dans une famille de quatre enfants dont elle est la dernière. À sa naissance, sa mère eut le pressentiment d'avoir mis au monde un être hors du commun. Le père est commerçant en bois, son épouse est la fille du médecin du sultan. Leur enfant est étroitement attachée à sa famille, au point qu'il faut l'en arracher avec fermeté pour qu'elle aille à l'école. Sa sœur lui parle de Dieu « qui est partout présent et qui voit tout », la petite Avrila en est vivement impressionnée. Plus tard, elle lit les anciens Grecs et tombe sur cette parole de l'*Antigone* de Sophocle : « Je ne suis pas née pour haïr, mais pour aimer. » Sa future vocation d'une vie dans l'amour commence à se former sur une parole de la sagesse grecque. À la mort de sa mère (1954), elle confiera à une amie : « Le guide qui m'a inspirée, la force qui m'a rendue meilleure a été ma mère, une créature d'amour infini. »

Au sortir du collège, on l'envoie en Suisse pour étudier dans une école de botanique. Naît alors en elle un amour profond pour les plantes, les fleurs ; elle « parlait » littéralement avec elles. « Si vous êtes déprimé, triste, disait-elle, touchez un arbre, il vous transmettra son énergie. » Elle entame des études de philosophie lorsque, à la suite d'une vision, elle (que des liens étroits attachaient à sa famille) décide brusquement de partir pour vivre seule et de parcourir le monde, en obéissance à un appel intérieur. À partir de ce moment, sa vie se confond avec le don total de sa personne, mis entièrement au service de l'amour. En dehors d'un grand nombre de lettres adressées à des amis divers, elle n'a pas écrit grand-chose. C'était une femme de la parole orale ; ses innombrables entretiens et conférences ont été pieusement enregistrés, souvent à son insu, et publiés par ses amis. Ils nous donnent les éléments essentiels de la pensée d'une femme qui a beaucoup voyagé sans un sou en poche, qui fut entièrement soumise à la volonté de Dieu et animée d'une liberté indomptable, puisée à la source d'une foi inébranlable.

La voilà à Athènes où elle prend du service dans une clinique psychiatrique. Pour la première fois elle fait venir un prêtre, au grand dam du directeur qui voyait d'un mauvais œil cette intervention du spirituel dans le domaine des maladies psychiques. Elle éprouve toutefois le besoin d'aller plus loin, ce sera l'Angleterre. Après maintes démarches, elle obtient un visa : son « aventure en Christ venait de commencer ». Elle s'occupe de deux enfants dans une famille juive, sans gêne aucune. Le père Lev Gillet lui dit : « Vous êtes appelée à vous mouvoir *sous Instruction*, sans vous installer nulle part [...] vous avez une vocation *itinérante*, sans autre but que d'annoncer l'*Amour sans limites*. » Elle fait des études de physiothérapie, qu'elle aura sans cesse l'occasion de pratiquer, de perfectionner, elle en fera son gagne-pain et obtiendra même des guérisons miraculeuses. Le théologien russe Nicolas Zernov lui reproche de n'avoir pas fait de la théologie, « pour parler au cœur des gens ». Elle réplique que « sa devise est : des pieds vers le cœur ». Cette « psychothérapeute-en-Christ » était destinée à soigner les corps et les âmes.

À la fin de la Deuxième Guerre mondiale, elle retourne en Grèce avec une mission des Quakers, fondateurs d'une école d'agriculture américaine, dont elle sera nommée directrice. Elle gagne l'affection des élèves à qui elle enseigne l'Évangile. En 1947, elle ouvre un cabinet de physiothérapie, fréquenté entre autres par la reine Frederika de Grèce pour y faire soigner ses jambes. Mère Gabrielle dépensait tout son argent pour soulager les misères de ses patients. Dans son cabinet figurait une icône du Christ lavant les pieds de ses disciples.

La mort de sa mère déclenche une crise intérieure, une parole s'impose à son esprit : « Va, vends ce que tu possèdes, donne-le aux pauvres et suis-moi. » Un voyage au Proche-Orient l'entraîne dans des kibboutz israéliens, puis en Iraq, enfin au Liban, où l'évêque Georges Khodr admire sa force de caractère qui lui attire un si grand nombre d'amis. Son rêve est de se rendre en Inde, « où il y a des sages qui se vouent entièrement à Dieu ». Elle finit par obtenir un visa : « J'étais folle de joie [...] ! L'Inde était ma grande aventure dans la foi du Seigneur. J'étais venue ici ne sachant rien. » Elle est étrangère, mais sent la main de Dieu qui la conduit.

Un chirurgien anglais facilite son installation à New Delhi. Elle ne veut pas agir en missionnaire qui croit que ses connaissances sont plus justes que celles des gens du pays, mais désire leur montrer sa manière de vivre en Christ, qui l'emporte de loin sur tous les enseignements dont on peut les abreuver. Elle a le sentiment d'être un lien entre les peuples. Avec son ascétisme, son humilité, la spiritualité profonde que l'orthodoxie sauvegarde depuis des siècles, elle donne à penser que les Orientaux ont maintenant devant eux un autre Occident, et les Occidentaux un Orient dont ils ne soupçonnaient pas l'existence. En se faisant « toute à tous », elle n'enseigne pas l'orthodoxie avec des sermons, mais avec « le catéchisme du cœur ». Dans l'ashram de Sivananda Sarasvati, il lui faut travailler au dispensaire dans une pauvreté totale. Les Indiens sont frappés de voir cette femme capable de pleurer sur un bébé mort prématurément, dont le corps allait être jeté dans le Gange. Plus tard, elle se met au service d'une léproserie : il faut soigner les corps malades, mais aussi les âmes rongées par le sentiment d'être exclues de la société et qui les pousse au désespoir. En tout lépreux, elle voyait le Christ. Elle touchait les intouchables, car « là où il y a l'amour, même le fait de couper les doigts et les orteils des lépreux rongés par la gangrène ou par les souris, devient un moment de bénédiction. Le soleil se lève dans ton cœur. » Chez cette femme entièrement consacrée à l'amour, la terre entière est sa patrie, et tous les hommes sont ses frères.

Elle sillonne l'Inde de toutes parts, va jusqu'à visiter dix hôpitaux en un seul jour, y enseigne la physiothérapie, dort dans les trains ou dans les salles d'attente. On ne peut qu'être stupéfait, ou émerveillé, par le déploiement d'une telle énergie, d'une telle vitalité, portée par une foi ardente. Son seul « luxe » est sa moustiquaire, l'unique protection contre les scorpions, les serpents, et surtout les gros rats du pays ! Quand on lui demande : n'êtes-vous pas fatiguée ? la réponse, invariable, est : « Quand on aime on ne se fatigue pas. » Vers la fin de son séjour, elle se retrouve en Himalaya, sans église, sans famille, ne connaissant pas la langue, et comprend alors qu'il n'y a que Dieu et elle sur terre. Se sentant dans la présence continuelle de Dieu, elle ne peut que se montrer plus sévère, plus exigeante envers elle-même. En 1959, elle quitte l'Inde pour s'engager sur une voie encore inconnue : la vie monastique. La voilà novice à Béthanie, où elle restera trois ans, sans cesser de s'occuper de physiothérapie et de répandre la bonne parole sur son thème de prédilection, l'amour, qui transforme toute difficulté en bénédiction.

Au retour des Indes on la retrouve, en 1963, sur l'île de Patmos, où le père Amphilokios, un moine connu pour sa sainteté rayonnante, lui confère le premier degré des vœux perpétuels monastiques : « Des années durant, j'ai prié pour que des moniales veuillent bien, comme vous, devenir missionnaires », lui dit-il. Pour mère Gabrielle, les monastères doivent s'ouvrir au monde, se mettre à l'écoute des problèmes des hommes, partager leurs souffrances. Une très vieille amie écrit à son sujet qu'elle était « trop libre pour la rigueur du monastère. Le vrai monastère pour elle était le Royaume de l'Éternité. Jamais elle ne sentait la fatigue, ses forces ne s'épuisaient jamais. » Le type de « la moniale dans le monde », né à la suite des bouleversements des guerres et des révolutions contemporaines, a produit d'admirables fruits de sainteté.

Elle retourne dans sa chère Inde, puis on la retrouve en Angleterre, où le père Sophrony lui propose la charge d'higoumène pour les sœurs de son monastère dans le Sussex, mais il lui est impossible de se stabiliser, car ses anges, dont elle parlait souvent, « la déplaçaient sans cesse ». Cette humble moniale a effectué un nombre incroyable de voyages de par le monde, toujours sur invitation, car on avait besoin de sa personne, elle aidait ses amis puis réapparaissait pour recommencer ailleurs, laissant sur son passage « quelque chose d'insaisissable, une petite brise printanière, passagère ». On ne compte plus les célébrités qu'elle a rencontrées, des évangéliques comme Martin Luther King ou Billy Graham, des personnalités politiques comme Nehru et Indira Gandhi, des poètes comme Rabîndranâth Tagore, des moines comme le père Henri Le Saux ou mère Teresa*, et bien d'autres appartenant à tous les peuples, à toutes les religions, tous étant guidés par l'amour.

On l'invite à Nairobi pour remplir un programme d'alphabétisation et s'occuper également de lépreux. Elle était chère à son cœur cette Afrique, si souvent « dépouillée » par les Blancs, et qui a toutefois reçu la plus insigne richesse, le Christ qui a faim, le Christ aux pieds nus.

À Athènes, des amis lui offrent un vieil appartement – il sera nommé « Maison des anges » – pour le transformer en une oasis offrant l'hospitalité à ceux qui cherchent le Christ. Des centaines de gens, venus de partout, ont séjourné dans ce foyer : moines, laïcs, artistes, savants, tous marqués par la douleur humaine, les maux de l'âme et du corps, le sida, tous inconsolables ou désespérés. Mère Gabrielle rayonnait au milieu de tout ce monde, son existence reflétait au plus profond du cœur la lumière du Christ, qui toujours réchauffait et apaisait. Sa prière d'intercession ne cessait de s'élever pour tous ceux qu'elle déposait aux pieds du Seigneur : « Je l'aime, Seigneur. Que ta volonté soit faite dans sa vie. »

Elle mène une très dure vie ascétique, vêtue de vêtements rapiécés par temps froid, se contentant d'une nourriture spartiate, capable de supporter la douleur, de résister aux privations. Les nuits étaient glaciales dans sa cellule sans chauffage, et l'été, la canicule y régnait, mais elle, en tout temps, restait « fraîche comme la rosée ». Sa vie se déroulait légère, simple, que ne troublait pas le feu des passions. C'était un Maître unique, un Guide à l'âme communicative, capable d'entraîner tout le monde dans une danse de l'amour. Autour d'elle on ne respirait que la paix. Elle avait été formée dans l'esprit de l'hésychasme, de ce mouvement spirituel né au désert, qui mettait l'accent sur la conquête de la sérénité, de la paix intérieure. La prière n'est pas un acte, une action, « c'est un état d'âme. Où que vous soyez, quoi que vous fassiez, puisse votre âme se trouver en état de prière. L'âme vient de Dieu. En l'aidant, à l'aide de la prière de Jésus, à être unie à Son Nom saint, elle continue à prier toute seule, quoi que vous fassiez. »

Vient l'épreuve de la maladie : ses enfants spirituels passent quelques instants auprès d'elle pour lui dire adieu : « À bientôt, au Paradis », leur disait-elle. En dépit de ses souffrances, elle se sent dans un état constant de louange devant Dieu. Recluse sur l'île de Léros, elle s'y éteindra paisiblement, dans cette paix qui ne l'avait jamais quittée. Réunis autour d'elle, ses amis ont le sentiment de vivre un moment d'où toute tristesse était bannie pour laisser place à quelque chose de beau et même de joyeux. Comme l'a écrit une de ses filles spirituelles : « Elle est partie, mais elle ne nous a pas abandonnés. »

Michel Evdokimov

Bibl. : *Études* : sœur GABRIELLE, *L'Ascèse de l'Amour*, www.toperivoli.gr.

GALGANI, Gemma. — *Voir* GEMMA GALGANI

GALLO, Anna-Maria. — *Voir* MARIE-FRANÇOISE DES CINQ PLAIES

GARCIA, Maria Sabina Magdalena, *chamane, guérisseuse* (Huautla de Jiménez, 22 juillet 1894-22 novembre 1985). — Née dans une famille de médecins traditionnels (*curanderos*) mazathèques, originaire du sud du Mexique, Maria Sabina est initiée très jeune à l'utilisation des plantes et des champignons, tels que les *psilocybe mexicana*, qu'elle nomme les « enfants sacrés ». Elle sauve ainsi son oncle de la mort à huit ans. Comme le veut la coutume, elle se marie à quatorze ans avec Serapio Martinez et accouche de son premier enfant. Menant une vie simple, elle pratique la voyance et la médecine, elle chante pendant les cérémonies, mêlant à ses connaissances préhispaniques les influences du courant catholique.

Maria Sabina passe pour être la première chamane à initier des Occidentaux aux cérémonies du *velada*, véritable rite de purification et communion avec le sacré, pendant lequel chaque participant consomme des champignons hallucinogènes dans le but de libérer son esprit. En 1955, Robert Gordon Wasson, banquier et ethnobotaniste américain (qui étudie les champignons à des fins médicales), la rencontre dans sa maison de Huautla de Jiménez, dans l'état d'Oaxaca. Renseignés par l'article de ce dernier sur l'expérience des champignons hallucinogènes dans *Life Magazine* en 1957, de nombreux adeptes américains, scientifiques ou autres (dont une soixantaine de célébrités tels que Bob Dylan et John Lennon), la rejoignent dans le courant des années 1960. Pratique qui s'estompe quand elle prend conscience de l'utilisation profane et hédoniste des champignons et du manque de respect envers les buts sacrés et traditionnels de ces rituels. À la fin de sa vie, elle se tiendra responsable – confidence qu'elle livre à l'anthropologue et écrivain Joan Halifax – de la dissémination de la connaissance des champignons sacrés. Très popularisé, son nom est alors utilisé à des fins commerciales.

Considérée comme une figure sacrée à Huautla, sa vie racontée a fait l'objet d'un enregistrement, et ses chansons ont été traduites par Alvaro Estrada avant d'être récupérées par la culture musicale mexicaine par le groupe de rock qui porte son nom, puis *El Tri*, qui lui dédicaça une musique la proclamant « symbole de sagesse et d'amour », et enfin Jorge Reyes.

Maria Sabina est une femme guérisseuse qui témoigne d'une forme de mystique « archaïque ». Initiée aux croyances et aux pratiques de communication avec les esprits, elle est en effet un intermédiaire entre le monde humain et l'autre monde. Considérant que la maladie du corps est liée à celle de l'âme, elle possède le pouvoir de guérir, puisant la solution dans les dimensions intermédiaires. « Il y a un monde au-delà du nôtre, un monde qui est lointain, proche, et invisible, et c'est là que Dieu vit, que vivent la mort, les esprits et les saints. Un monde où chaque chose est déjà arrivée et où tout est connu. Ce monde parle. Il a un langage à lui. Je reporte ce qu'il me dit. Les champignons sacrés me prennent par la main et m'emmènent dans le monde où tout est connu. C'est eux, les champignons sacrés, qui me parlent d'une manière que je comprends. Je leur demande et ils me répondent. Quand je reviens de ce voyage que j'ai fait avec eux, je raconte ce qu'ils m'ont dit et montré », confie-t-elle à Joan Halifax. C'est donc en opérant dans le monde des esprits qu'elle peut espérer rétablir l'équilibre perturbé entre les deux mondes et éliminer la maladie.

Outre les récupérations de ce savoir traditionnel par d'autres, Maria Sabina Garcia reste un exemple, contemporain, authentique, de femme chamane.

Audrey Fella

Bibl. : *Études* : J. W. ALLEN, « Maria Sabina : Saint Mother of the Sacred Mushrooms », *Ethnomycological Journals*, vol. 1, Seattle, Psilly Publications, 1997 ; J. HALIFAX, *Shamanic Voices : a Survey of Visionary Narratives*, New York, Penguin Compass, 1979.

GEMMA GALGANI, *sainte, stigmatisée* (Camigliano, 12 mars 1878-Lucques, 11 avril 1903). — La « pauvre Gemma » (comme elle-même se désignait) naquit près de Lucques, à Borgo Nuovo, sur la paroisse de Camigiano. Le récit de son enfance retrouve les banalités de l'hagiographie courante. En revanche, son adolescence est marquée par une santé lourdement déficiente (ostéite, mal de Pott, otite, paralysie), en même temps qu'elle témoigne d'une hypersensibilité qui la pousse à refuser les marques d'affection de son père (elle avait perdu sa mère en 1886) et lui rend pénibles les inévitables examens cliniques auxquels le médecin qui la soigne se doit de procéder. On ne s'étonne pas dès lors qu'avec l'accord de son directeur, elle prononce le vœu de chasteté à Noël 1896. Plus encore que ce désir de pureté, cette fréquence de la maladie va développer une accoutumance à une mystique de la Passion. C'est en référence à la figure de Jésus crucifié que désormais elle vit les malheurs qui s'abattent sur la famille (un frère chéri succombe à la tuberculose, avant que ne meure son père, Enrico, d'un cancer de la gorge, en 1897 et que la pharmacie familiale ne soit mise en faillite), aussi bien que les épreuves physiques : ayant demandé de souffrir, elle est exaucée quand se déclare une infection osseuse grave pour une plaie bénigne non soignée, ce qui réclame une intervention chirurgicale sans anesthésie : la configuration immédiate aux souffrances christiques lui fait supporter l'opération sans broncher – ce comportement était déjà attesté parmi les religieuses au XVIIe siècle. Ce voyage dans les territoires de la souffrance extrême (physique et spirituelle) lui est accordé par le Crucifié qui l'y guide. Une démarche qu'authentifie, d'une certaine manière, la guérison miraculeuse dont elle bénéficie en 1899, alors qu'elle est atteinte d'une tuberculose de la moelle épinière. L'on avait invoqué Marguerite-Marie Alacoque* ; cependant sa santé par trop préoccupante interdira à Gemma d'entrer dans la vie conventuelle.

1899 sera l'année décisive de ce parcours mystique : à commencer par la semaine sainte, puis, le 8 juin, aux premières vêpres de la solennité du Sacré-Cœur, elle reçoit les stigmates de la Passion, d'abord visibles, qui ensuite disparaissent, sans que les douleurs qui les accompagnent ne cessent pour autant. Le 5 juillet suivant, elle prononce les vœux de religion. Peu après, elle fait la connaissance, à la faveur d'une mission populaire, des Pères passionistes (de la Congrégation de la Passion de Jésus-Christ), qui la confient à une famille bienfaitrice de Lucques, les Giannini. Dame Cecilia va désormais prendre soin de sa protégée, suppléant une mère trop tôt disparue, et devient la confidente de la stigmatisée. Rencontre décisive que celle des Passionistes, fondés en 1720 par Paul de la Croix : c'est ce dernier qui donnera le cadre spirituel structurant de l'expérience que poursuit Gemma, devenir « victime crucifiée avec Jésus ». De plus, c'est un passioniste, le père Germano, qui devient son directeur avant d'être son premier biographe. C'est lui qui donne l'ordre à Gemma de rédiger son autobiographie, tâche à laquelle elle répugne, redoutant de manquer à la modestie ; elle ne pourra vaincre cette crainte d'un narcissisme excessif qu'en donnant comme titre à l'ouvrage, le *Livre de mes péchés*. Toujours est-il que terminé, le manuscrit disparaît : elle soupçonne *il Chiappino* (« le Chapardeur »), qui justement multiplie les vexations à son égard. Le père Germano exorcisant sans relâche le voleur, le manuscrit sera restitué, mais endommagé par le feu (infernal ?) : malgré tout, les brûlures n'empêcheront pas la lecture des pages roussies.

Hormis ces épisodes extraordinaires, Jésus lui promet de lui « faire suivre toute la vie mystique ». En un trajet d'un parfait didactisme, la *douleur amoureuse* sera suivie de la *douleur douloureuse*, avant que ne vienne *la nuit très obscure* pour qu'elle ait accès au *ciel*. Ainsi développe-t-elle une mystique de la réparation et de la propitiation : « Je voudrais être seulement victime » est le vœu qui focalise toute son existence, sur le modèle de Paul de la Croix (tel que vu par sa congrégation à l'orée du XXe siècle). Elle s'offre donc en victime pour le salut des hommes en 1902, sans pouvoir susciter la Congrégation des Passionistines qu'elle avait reçu l'ordre de fonder. Sa mort, le samedi saint de 1903, sera suivie de controverses intenses sur la nature des phénomènes extraordinaires qui jalonnent sa courte existence : le soupçon d'hystérie (qui coûtera sa renommée à Thérèse Neumann*) est vigoureusement rejeté par ses défenseurs ; les procès canoniques, qui s'ouvrirent à Lucques entre 1907 et 1910, concluent, après examen des écrits et audition des témoignages de la famille Giannini, à l'origine surnaturelle : Gemma sera béatifiée le 14 mai 1933 et canonisée le 2 mai 1940. Maximilien Kolbe, le saint martyr d'Auschwitz, confessera sa dette spirituelle à l'égard de sa biographie, qu'il aura lue trois fois.

François Marxer

Bibl. : ***Œuvre*** : *Écrits de sainte Gemma Galgani*, J.-L. Picard (prés.), Paris, Téqui, 1988. ***Vie et études*** : R. P. GERMANO, *La Séraphique Vierge de Lucques, Gemma Galgani*, Arras, Brunet, 1912 ; J.-F. VILLEPELÉE, *La Folie de la Croix, Sainte Gemma Galgani 1878-1903*, Hauteville (Suisse), Éditions du Parvis, 1977, 3 vol.

GÉRIN-RICARD, Julie-Adèle de. — *Voir* MARIE-VICTIME DE JÉSUS-CRUCIFIÉ

GERTRUDE D'HELFTA, ou Gertrude la Grande, *sainte, bénédictine* (Eisleben, Allemagne, 6 janvier 1256-Helfta, 17 novembre 1302). — Née de parents inconnus, Gertrude d'Helfta entre, en tant qu'oblate, à l'âge de cinq ans, au monastère des bénédictines d'Helfta, dans l'actuel land de Saxe Anhalt (Allemagne) ; aux environs de 1270, Mechtilde de Magdebourg* intégrera le même monastère. Gertrude y est reçue par Gertrude de Hackeborn*, qui en est l'abbesse depuis dix ans et dont la sœur est Mechtilde d'Hackeborn*. Elle est prise en main par cette dernière, la célèbre béguine gratifiée de visions et de révélations, qui est chargée de son éducation. Outre une grande amie, elle sera son guide et sa confidente, et leurs noms seront à jamais liés. Gertrude est seconde chantre à ses côtés et elle consacre beaucoup de temps à la copie des manuscrits du *scriptorium*. Enfant surdouée, d'une intelligence rayonnante, elle apprend le latin, la littérature, l'art, la musique et la théologie ; elle se passionne pour les disciplines intellectuelles plus que pour la vie religieuse. Elle avouera plus tard : « Païenne, j'ai vécu comme au milieu des païens. » Elle ne quitte plus le monastère où elle s'épanouit – le lieu sera pillé et incendié à plusieurs reprises, partiellement en 1343 et définitivement en 1525. Elle y fait sa profession monastique. Le 27 janvier 1281, une vision décide de son orientation spirituelle ; ce qui la pousse, non sans résistance, à se convertir définitivement. Des extases, des visions, surtout celles du Christ, et des phénomènes surnaturels s'ensuivent. Le jeudi saint 1289, elle entreprend, sur l'ordre de Dieu, d'écrire les révélations dont elle est l'objet. À partir de 1291, les expériences mystiques de la sainte abondent. Jésus la contraint à écrire les grâces qu'elle reçoit : « Il l'a choisie pour être lumière des nations, pour révéler la douce éloquence des pulsations de son Cœur, secret réservé aux temps actuels [...]. » Après une longue maladie de cinq mois, qu'elle supporte stoïquement, et même avec joie, elle meurt au monastère d'Helfta, à l'âge de quarante-six ans. Le jour de sa mort, elle vit la Très Sainte Vierge descendre du ciel pour l'assister ; sa grande piété mariale fut toujours en union intime avec le mystère du Christ. Ce jour-là, une de ses sœurs aperçut son âme qui allait droit au cœur de Jésus, lequel s'ouvrit pour la recevoir.

La connaissance de Gertrude d'Helfta, dont témoigne son œuvre, provient essentiellement de la lecture de l'Écriture sainte, des Pères de l'Église (saint Augustin, saint Grégoire le Grand, saint Bernard de Clairvaux), de la Règle de saint Benoît et des mystères de la liturgie. Des influences franciscaines et rhénanes ne sont pas étrangères à son inspiration. Ses notes, rédigées pour la plupart en latin, quelques-unes en allemand, furent recueillies dans un ouvrage, auquel on donna divers titres : *Le Livre des Révélations ou Insinuations de la Divine Piété* (*Insinuationes divinae pietatis*, non daté) ; *Le Héraut de l'Amour divin* (*Legatus amoris divini*) qui fut écrit à diverses époques – seul le livre II a été écrit par Gertrude, qui y relate ses expériences mystiques ; elle dicta les livres III et V ; le livre I, qui raconte sa vie, fut rédigé après sa mort par une religieuse du monastère, très bien documentée. Il fut édité en 1536 par les Chartreux de Cologne, dont Joannes Justus Lanspergius, l'un des meilleurs auteurs spirituel de son époque. Gertrude est également l'auteur de *Sept Exercices spirituels* (*Exercitia spiritualia*, non daté), un petit traité de vie spirituelle destiné à parvenir à l'union avec Dieu, également publié par le Chartreux en 1536. Le livre des *Prières* (*Preces gertrudianae*, 1670), qui lui est attribué à cause de quelques résonances avec sa pensée, est en réalité l'œuvre d'un jésuite du XVIIe siècle. La fervente dévotion à l'humanité du Christ et les nombreuses invocations au Sacré-Cœur que contiennent ces œuvres témoignent du renouveau et de l'abondance de leurs cultes au XIIIe siècle. Gertrude d'Helfta est ainsi considérée comme la « première théologienne du Cœur de Jésus ». Ayant connu Mechtilde de Magdebourg, elle raconta en outre ses visions dans le *Livre de la grâce spéciale* (*Liber specialis gratiae*, non daté). Publiés en latin en 1536, ses écrits connurent un regain de faveur au XVIe et surtout au XIXe siècles.

Outre la charge de sous-chantre et l'accueil des pèlerins au parloir, la prière et la contemplation constituaient les principales activités de Gertrude d'Helfta. La Passion et l'Eucharistie étaient les thèmes préférés de ses méditations, qui la faisaient pleurer en abondance pour le salut des âmes des pécheurs : « Les ténèbres de nos péchés, écrit-elle, seraient-elles des milliards de fois plus noires, le brasier de la Miséricorde dans la poitrine du Fils de Dieu fait homme continuerait de brûler. Il est notre avocat, c'est ce que nous devons savoir en premier [...]. » Comme beaucoup d'autres saints, Gertrude d'Helfta manifeste une facette du Christ par son humilité et sa réponse à son appel. Jésus lui dit ainsi : « Pour confirmer ton amour, confie-toi et abandonne-toi tout entière au pouvoir de l'Amour, en adhérant tout entière à Dieu qui t'aime ; ainsi tu seras pour Lui un instrument qui délectera parfaitement son divin Cœur ; et toi en Lui et Lui en toi, qu'il te conserve pour lui-même dans la vie éternelle [...]. Le maître mot c'est : l'aimer pour devenir son épouse. Celui qui s'étendit sur le lit de la Croix pour nous épouser veut nous élever à l'union qui ne souffrira pas de séparation. » Ce à quoi il ajouta : « Qui entre dans le cœur de Jésus y trouve sa demeure et ne désire plus en sortir. » Empreinte d'une sensibilité affective marquée, l'expérience mystique de Gertrude d'Helfta est essentiellement christocentrique. Les grâces surnaturelles, surabondantes, dont elle fut comblée, en témoignent. C'est ainsi, au cours de la célébration de l'Eucharistie, des fêtes liturgiques (surtout Noël) et de l'office divin, auxquels elle attachait une importance primordiale, qu'elle reçut la plupart des révélations concernant le Cœur de Jésus, comme Celui-ci le lui dit clairement : « Nulle part tu ne pourras me trouver plus affectueusement sur terre que dans le sacrement de l'autel [...]. » Entendant un jour chanter à l'église ces paroles : « J'ai vu le Seigneur face à face », elle eut la vision d'un visage divin d'une beauté éblouissante, dont les yeux lui perçaient le cœur et la comblèrent, corps et âme, d'une jouissance indicible. Une autre fois, au moment de l'élévation, elle vit se multiplier, en rameaux magnifiques, l'hostie qu'elle avait intérieurement offerte en réparation de ses négligences à répondre à la voix de l'Esprit. Du trône de la Trinité qu'entouraient ces rameaux, une voix s'éleva, où l'on pressentait quelque écho du *Cantique des cantiques* biblique, qui lui dit : « Qu'elle entre avec confiance dans la chambre nuptiale, celle qui rassasie l'Époux de ces fleurs de délices. » Toute la spiritualité de Gertrude d'Helfta a aussi pour objet « la resplendissante et toute calme Trinité ». Au sein de celle-ci, Jésus lui présenta une fois son cœur, sous la forme d'une cithare. Une autre fois encore, il apparut à Gertrude « offrant à Dieu son Père le cœur de Gertrude uni à son divin Cœur, à la manière d'un calice dont une cire joindrait les deux parties ». Gertrude d'Helfta avait par ailleurs de nombreux charismes, notamment le don des révélations, le don des larmes, une intuition perspicace. Elle reçut les stigmates de la Passion. Jésus-Christ grava ses plaies dans le cœur de la bénédictine, mit des anneaux à ses doigts ; il se présenta devant elle en compagnie de sa Mère et il agit en elle comme s'il avait échangé son cœur contre le sien. La souffrance continuelle, qui était pour elle le prix du salut des âmes pécheresses, lui était précieuse : elle ne pouvait plus vivre sans douleur. De la rigueur morale et théologique la plus exigeante à l'attitude la plus souple et la plus attentive aux faiblesses ou aux négligences humaines, la moniale, totalement dévouée au Sacré Cœur, demeura dans un total abandon au souffle de l'Esprit qui, directement ou par des voies détournées, la conduit vers l'union divine, son unique objet.

Gertrude d'Helfta fut déclarée patronne des Indes occidentales en 1609, à Mexico. Innocent XI l'inscrivit dans le martyrologue romain de 1677 ; sa fête devint universelle en 1738, mais elle ne fut jamais canonisée.

Bernard Sesé

• *Voir aussi* : Mechtilde de Hackeborn ; Gertrude de Hackeborn

Bibl. : *Œuvres* : *Œuvres spirituelles*, t. I à V, Paris, Cerf, 1968-1986 (contient : *Les Exercices*, *Le Héraut de l'Amour divin*). ***Vie et études* :** sœur MARIE-PASCALE, *Initiation à Sainte Gertrude d'Helfta*, Paris, Cerf, 1995 ; O. QUÉNARDEL, *La Communion eucharistique de Sainte Gertrude d'Helfta dans le Héraut de l'amour divin. Situations, acteurs et mise en scène de la divina pieta*, Turnhout, Brepols, 1998.

GERTRUDE DE HACKEBORN, *cistercienne* (?, 1220-Helfta, 1291). — Sœur aînée de Mechtilde de Hackeborn* et, comme elle, « fille » spirituelle de la béguine Mechtilde de Magdebourg*, Gertrude, abbesse quarante ans durant (1251-1291) du couvent bénédictin d'Helfta, affilié aux usages cisterciens, assura la prospérité et le rayonnement de sa communauté, en dépit de l'hostilité de la noblesse saxonne environnante. Si elle n'a pas laissé d'écrits, elle jouit d'une réputation de pédagogue et maîtresse spirituelle remarquable, comme en témoigne *Le Livre de la grâce spéciale*, où sont rapportées les visions de sa sœur cadette, Mechtilde, rédigées par Gertrude d'Helfta* : « Elle lisait la sainte Écriture avec beaucoup d'application et un grand plaisir. Autant qu'elle le pouvait, elle incitait ses ouailles à aimer les lectures saintes et à les réciter souvent de mémoire. C'est pourquoi elle achetait autant que possible tous les bons livres pour son église ou les faisait transcrire par ses sœurs. Elle encourageait les jeunes filles à étudier les arts libéraux, disant que, si l'étude de la science était abandonnée, elles ne seraient plus capables de comprendre le texte sacré et que la vie religieuse alors dépérirait. » Témoignage qui atteste de l'idéal monastique ancien de *l'amour des lettres et du désir de Dieu*, que Gertrude voulait promouvoir et maintenir.

François Marxer

• *Voir aussi* : Gertrude d'Helfta ; Mechtilde de Hackeborn ; Mechtilde de Magdebourg

Bibl. : ***Vie et études*** **:** *Le Livre de la grâce spéciale*, trad. du latin par les pères bénédictins de Solesmes, nouv. éd., Tours, Mame, 1948 ; T. A. HALLIGAN, *The Booke of Gostlye Grace of Mechtild of Hackeborn*, Toronto, PIMS, 1979.

GERTRUDE VAN OOSTEN, ou de Delft, *sainte, béguine, stigmatisée* (Voorburg, 1300-Delft, 1358). — Née à Voorburg, aux environs de Delft, Gertrude doit son nom au cantique qu'elle avait coutume de chanter, *Het daghet in den Oosten* (« À l'Orient, le jour a lui »). Fiancée délaissée par son prétendant, elle entre, sans renoncer pour autant à son désir d'enfants, au béguinage de Delft, où l'une de ses sœurs lui prédit une prochaine stigmatisation, laquelle a lieu dans la nuit du vendredi saint suivant jusqu'au matin, pour réapparaître plusieurs fois par la suite. Le phénomène est étrange, car contraire à tous les lieux communs d'une nécessaire humilité et de la discrétion convenue dont doit faire preuve le(la) stigmatisé(e). Gertrude prépare en effet des linges pour recueillir ces sécrétions (qui ont lieu sept fois par jour, au rythme des heures canoniales) et en assurer la distribution. Finalement, craignant de succomber à la vaine gloire ou à quelque illusion diabolique, elle demande que ces stigmates disparaissent. Aussitôt exaucée, la voilà en même temps privée des consolations spirituelles qui les accompagnaient ; elle demande et réclame alors qu'ils lui soient redonnés, acceptant de les exposer, sinon même de les exhiber, afin de servir la gloire et la louange de Dieu. Finalement, le phénomène s'arrêtera vers l'Ascension 1340 ; il n'en restera que les cicatrices sèches. Gertrude vivra encore dix-huit ans, d'une santé chancelante, aggravée par l'obésité.

Ce qui est étonnant, car la stigmatisation s'était doublée d'anorexie : elle se nourrissait de ses larmes, n'acceptant tout au plus un peu de nourriture terrestre qu'avec répulsion. Mais la fiancée trompée était inconsciemment inconsolable : sensible à la beauté physique du Christ dans ses visions, n'eut-elle pas une montée de lait irrépressible en une nuit de la Nativité, qui dura jusqu'à la Présentation (2 février) ? Et c'est sur ses seins ruisselant de ce lait qu'elle reçut l'Enfant Jésus. Manifestation d'une extrême dévotion, que le démon, nous dit une biographie tardive et sujette à caution, utilisa en se déguisant en Enfant Jésus tout en pleurs.

François Marxer

Bibl. : ***Vie*** **:** la *Vita* de Gertrude de Delft est publiée dans les *Acta Sanctorum*, janvier, I, p. 349-353.

GEUSER, Marie-Antoinette de, *laïque affiliée aux Carmélites, auteur d'écrits spirituels* (Le Havre, 20 avril 1889-?, 1918). — Née un samedi saint, Marie-Antoinette (« Nénette », pour ses proches) vient au monde dans une famille profondément chrétienne, alliée aux Grandmaison : elle aura, entre autres parents prêtres ou religieux, deux oncles jésuites, Anatole et Léonce de Grandmaison, le premier sera son directeur spirituel, le second est l'un des grands noms de la théologie catholique du XXe siècle. De la maladie qui la frappe à quinze ans, elle ne se remettra jamais totalement, ce qui va développer chez elle une mystique sacrificielle et victimale, pour laquelle elle avait déjà montré en son enfance de solides prédispositions : ne se flagellait-elle pas avec des orties dès ses plus tendres années ? Sa conversion (selon ses propres termes) date du 21 septembre 1906, quand dans une vision apparaît le Sacré-Cœur lui exprimant sa demande d'expiation : « Conversion... Trait d'amour... Prends ta croix... Suis-Moi... Viens... » Depuis ce jour « où son Amour a blessé mon cœur », elle ne recherche que l'union à Dieu la plus intense. En 1908, elle reçoit des stigmates invisibles. En 1909, elle qui veut donner à son Bien-Aimé des « sourires de sang », prononce le vœu de chasteté, puis, deux ans après, ceux de pauvreté et d'obéissance. Sa santé déplorable lui interdit d'entrer au carmel de Pontoise, comme elle l'avait décidé, après maintes retraites sous la direction de l'oncle jésuite. Elle usera cependant du nom de religion qui lui avait été réservé, Marie de la Trinité (d'où l'attention particulière qu'elle porte à l'inhabitation [présence intime dans la créature] des personnes divines en elle), et vivra sa consécration carmélitaine dans le monde, entre les affres de la maladie (ses « retraites », comme elle dit) et ses devoirs domestiques, en particulier l'éducation des plus jeunes. Ce qui est l'objet d'un conflit intérieur récurrent : en effet, aux injonctions de la *Voix de Dieu*, de la *Volonté de Dieu*, s'opposent les ordres intimés par des autorités non moins respectables, les parents, le confesseur, l'abbé Lefort, le directeur, l'oncle, Anatole de Grandmaison. En mars 1915, un seuil est franchi : elle est à deux doigts de mourir et reçoit donc l'extrême-onction ; ayant ainsi franchi la mort (au moins psychiquement), elle vit désormais « un état mystique tout spécial ». Dès lors, les étapes se succèdent : envahie par un Dieu consolateur qui l'aura comblée en ses désirs, elle traverse des nuits torturantes, avant que le Christ ne s'incarne en elle et que, transformée en la Trinité le 20 novembre 1911, elle ne soit introduite dans l'Essence divine, puis dans la « Famille Royale », de façon d'abord momentanée, puis quasi permanente, le 17 juillet 1912.

On comprend que les écrits qui relatent cette expérience (un Journal, et une abondante correspondance) aient suscité la perplexité des théologiens (consultés par les deux oncles jésuites) ; réalité ? métaphore ? on se gardera de trancher, car c'est le problème inhérent à tout langage mystique. C'est pourquoi il est bon de suivre Marie-Antoinette sur les trois niveaux de son existence : celui de sa vie mystique et inexprimable, relevant du « secret du Roi » ; celui de l'obéissance, à son oncle jésuite et à sa maîtresse des novices de Pontoise, par le biais de la correspondance ; enfin, celui des obligations domestiques, ce qu'elle appelle « l'extérieur », où Nénette se révèle jeune femme tendre et passionnée, délicate et attentive, virile et volontaire. Plus encore que sur le scénario de sa progression carmélitaine et de ses étapes intérieures (le merveilleux y aura rendez-vous : ainsi, il arrive que ce soit des anges qui lui viennent apporter la communion, ou Jésus lui-même sans intermédiaire), on se penchera sur l'approfondissement de son destin qu'elle résume dans le surnom de *Consummata* qu'elle s'est choisi : allusion à la consommation sacrificielle dans laquelle elle justifie l'assomption de la maladie bien sûr, mais pas seulement. *Consummata in unum* : « Je n'ai plus qu'à travailler, dit-elle, à ce que tous soient consommés dans l'unité. » La voilà donc « expropriée » pour cette grande cause d'utilité « catholique » : l'établissement du « Règne du Christ dans les âmes pour la plus grande Gloire de Dieu » ; ainsi sa vocation à l'apostolat lui vient-elle de sa vocation à la louange. On ne peut qu'admirer l'équilibre ainsi réalisé, sur lequel se greffe un puissant désir de sacerdoce : « cet attrait, écrit-elle, invraisemblable et irréalisable, a une telle puissance en moi que je ne puis douter qu'il vienne de Dieu », puisque « le Bon Dieu ne peut pas mettre de tels désirs dans une âme sans le combler » (on retrouve la problématique déjà exposée par Thérèse de Lisieux*, dans le manuscrit B [*Poème de septembre*]). Sans doute, pourra-t-elle reporter la réalisation partielle de ce désir impossible sur son frère, Louis (comme Thérèse sur ses « frères spirituels »), mais elle suppose que d'en souffrir suscitera en d'autres des semences de vocations. On lira avec intérêt les abondantes réflexions, denses et pénétrantes, qu'elle consacre à « la présence des Trois » dans l'âme, et qui pourraient rivaliser avec les pages d'Élisabeth de la Trinité*, la carmélite de Dijon, sa contemporaine.

Ce n'est pas sans scrupules que les oncles jésuites ont porté à la connaissance du public les écrits de Marie-Antoinette. Une première édition en a été livrée en 1921, sous le sceau de l'*incognito*, par le père Raoul Plus, écrivain spirituel prolifique, qui, en 1927, en donnera la biographie : mais, pour toucher son lectorat, Raoul Plus aura reconstitué son héroïne, accumulant les traits pittoresques et anecdotiques et s'aventurant à des analyses psychologiques. Plus tard, une édition sérieuse de ses *Lettres au Père Anatole de Grandmaison, son directeur* (Paris, 1977) et *à ses frères* (Paris, 1982) auront permis de mieux saisir sa personnalité mystique. On ajoutera les *Lettres à une carmélite*, publiées par le carmel d'Avignon en 1931.

François Marxer

• *Voir aussi* : Élisabeth de la Trinité ; Thérèse de Lisieux

Bibl. : *Œuvres* : *Lettres au Père Anatole de Grandmaison, son directeur*, Paris, Beauchesne, 1977, et *Lettres à ses frères*, Paris, Cerf, 1982 ; *Lettres à une carmélite*, Avignon, Carmel d'Avignon, 1931. ***Étude*** : M.-P. VACHEZ, É. RIMAUD, *Un itinéraire mystique, De Marie-Antoinette de Geuser à Consummata*, Genève, Ad Solem, 1974.

GOLOVINE, Catherine, *danseuse, chorégraphe et professeur* (Paris, 1950). — Catherine est très tôt attirée par la danse et devient vite danseuse professionnelle. Après avoir dansé le *Magnificat* aux côtés de Mireille Nègre*, elle ressent la nécessité d'établir un pont entre son art, qui est très exigeant, et sa quête de l'essentiel, qui est dès lors le moteur de sa vie. « Pour être soi-même dans la prière, trois choses sont importantes : le Temps ou l'on vit, l'Espace qui nous environne, l'Intensité qui inclut l'intériorité », écrit-elle. Ainsi Catherine et son mari, Georges Golovine, vont-ils se laisser évangéliser par la danse. Catherine met alors tout en œuvre pour atteindre son but : servir Dieu à travers des gestes essentiels qui sauront lui rendre grâce. Commence alors une profonde transformation de tout son être. Transcendée par la foi, elle imagine une gestuelle prière contemplative tout entière dédiée à Dieu. L'esprit rejoint le corps. Accompagnée de son époux, ils créent ensemble en 1976 le Théâtre de la danse et, en parallèle, les Rencontres internationales de danse dans le cadre du Festival d'Avignon – deux activités désormais célèbres pour leurs créations artistiques sacrées. Considérés tous deux par l'archevêché d'Avignon comme des prêtres laïques, Catherine et Georges ne se lassent pas de réintroduire le corps et la danse au cœur de la vie spirituelle. Pour cela, Catherine s'inspire des danses sacrées de l'Extrême-Orient, et particulièrement celles de l'Inde.

En 1991, elle crée avec le pianiste Francis Vidil un spectacle de danse sacrée et d'orgue donné dans la cathédrale Notre-Dame de Paris pour le bicentenaire de la mort de Mozart (spectacle qui s'est déroulé le jour de l'arrivée de la flamme olympique à Paris). Suit, en 1993, le *Te Deum* pour sept danseurs d'Hector Berlioz dans le cadre du Congrès européen « Danses et cultures » sous le parrainage de Maurice Béjart. Catherine est alors chargée de mission par le ministère des Affaires étrangères pour représenter Avignon à York (Angleterre). En 1999, elle est filmée par Marie-Hélène Rebois dans les monastères des Clarisses de Voreppe et d'Assise, à l'occasion d'un spectacle créé pour le huit centième anniversaire de sainte Claire d'Assise*. Elle continuera à faire danser les religieuses qui expriment ainsi, à travers la danse, leur vie contemplative. Directrice du Théâtre de la danse de 1997 à 2000, elle enseigne et chorégraphie de nombreux autres spectacles. Elle est également l'initiatrice de la « Semaine de la danse », accueillant des spectacles des différentes cultures du monde. Elle crée successivement des spectacles chorégraphiques et théâtraux, dont *À l'aube des dieux* (2000) et *Elle s'appelait Camille* (1997, puis 2001).

Coordinatrice nationale de l'Association française de danse chrétienne – association placée sous l'égide de l'International Christian Dance Fellowship d'Australie –, elle travaille au rassemblement des artistes et des arts de toutes confessions chrétiennes qui œuvrent pour l'art sacré. « Il y a en Christ toute la beauté du monde et la danse n'est-elle pas harmonie ? », écrit-elle alors. Tels sont les mots qui définissent son action et son engagement, qu'elle développe dans son théâtre, à travers tous les spectacles qu'elle crée et accueille, et de nombreux festivals, à commencer par celui d'Avignon off.

Élisabeth Zana

• *Voir aussi* : Nègre

Bibl. : ***Études*** : E. ZANA, *Danse, prière de l'âme et héritage sacré*, Embourg, Marco Pietteur, 2005. ***Filmographie*** : M. H. REBOIS, *Miroirs et contemplation* (Chorégraphie et interprétation de Catherine Golovine), Paris, distribué par le Centre national de la cinématographie, 1994. ***Théâtre*** : www.theatre-golovine.com

GOPÂLER MÂ, *figure spirituelle hindoue* (Aghoramani ; Kamarhati, v. 1836-Calcutta, 8 juillet 1906). — Aghoramani naît dans le village de Kamarhati (district des 24-Pargana) au Bengale occidental (Inde) dans une riche famille de brahmanes. Devenue veuve alors qu'elle est encore enfant, elle demeure chez ses parents où elle s'occupe de travaux ménagers. Son frère est l'officiant d'un temple situé près de Dakshineswar où réside le mystique Râmakrishna Paramahamsa. Passant la plus grande partie de son temps dans ce temple, elle a une grande dévotion pour Râdhâ et Krishna dont les effigies y sont vénérées. Elle y habite une petite pièce qui donne sur le Gange. La propriétaire du temple a de l'affection pour elle. Toutes deux mènent la vie ascétique des veuves. Aghoramani, indigente, file le coton pour fabriquer des cordons brahmaniques qu'elle vend. Brahmane orthodoxe, elle prend grand soin de la pureté rituelle de sa personne et de ses aliments. Son caractère n'est pas facile et elle dénonce les fautes de chacun. Elle passe ses moments libres à réciter le *mantra*, la formule sacrée à laquelle elle a été initiée, en regardant couler le Gange de sa fenêtre. Dévote de Vishnou, elle l'a reçu de l'enfant Krishna, Gopâl, qui est son incarnation, en qui elle voit le fils qu'elle n'a pas eu. Levée à deux heures du matin, après une première toilette, elle s'assied pour le réciter. Vers huit ou neuf heures, elle va prendre son bain, puis saluer les images divines dans le temple. Elle cuisine ensuite pour elle-même, mange et se repose un peu avant de reprendre sa récitation. Le soir, elle se rend de nouveau au temple et, de retour chez elle, récite son *mantra*. Elle dort très peu.

En 1884, elle accompagne la propriétaire du temple à Dakshineswar où elle rencontre Râmakrishna Paramahansa pour la première fois. Elle ressent aussitôt une grande attirance pour le saint. Peu après, elle retourne seule à Dakshineswar en récitant son *mantra*. Elle qui ne possède rien lui apporte de pauvres petites sucreries qu'il apprécie beaucoup. Le saint lui demande de lui préparer tel ou tel plat de légumes qu'il mange devant elle avec plaisir. Au début, elle s'étonne de l'intérêt, indigne d'un saint, qu'il porte à sa cuisine, mais elle ne peut s'empêcher de retourner le voir. Elle prend l'habitude de l'appeler Gopâl, du nom de l'enfant Krishna. Une nuit, alors qu'elle se prosterne devant les images divines, elle s'aperçoit que Râmakrishna est assis à côté d'elle. Elle veut lui saisir la main mais la vision s'évanouit. Un bébé Gopâl, âgé de dix mois environ, sort alors de son corps et lui dit : « Mère, donne-moi de la crème. » Comme en transe, elle répond : « Mon petit, je suis une pauvresse. Où trouverai-je de la crème ou du beurre ? » Comme le petit Gopâl insiste, elle lui donne en pleurant une vieille sucrerie à la noix de coco. Gopâl s'assied sur ses genoux, joue avec son chapelet, monte sur ses épaules et se promène à quatre pattes dans sa chambre. Le matin, elle court jusqu'à Dakshineswar en portant Gopâl. Elle est convaincue que le saint et le petit Krishna ne font qu'un. Râmakrishna adopte envers elle l'attitude de l'enfant Krishna. La brahmane Aghoramani devient Gopâler Mâ (en français : « la mère de Gopâl », c'est-à-dire de Krishna enfant) pour tout l'entourage du saint. Le jour où Sâradâ Devî*, l'épouse de Râmakrishna, la traite comme sa belle-mère, elle éprouve une très grande joie. L'enfant Gopâl, toujours présent, va chercher du bois avec elle et reste à ses côtés quand elle fait la cuisine. Elle retourne souvent à Dakshineswar avec lui. La vision de l'enfant-dieu demeure avec elle pendant deux mois, puis devient plus rare. Gopâler Mâ souffre de l'absence de Gopâl, mais son corps ne supporte pas plus longtemps l'exaltation que la vision lui procure. Elle abandonne ses habitudes de pureté brahmanique à cause de Gopâl qui joue avec la nourriture. Râmakrishna lui demande un jour de raconter ses visions au futur swâmi Vivekânanda qui ne croit alors qu'en un Dieu sans forme. Elle raconte ainsi comment l'Enfant Dieu rentre parfois en Râmakrishna, puis en sort, joue sur son dos, se plaint de devoir dormir sans oreiller et exige des plats particuliers. En parlant, elle entre en transe. Puis, elle demande au futur swâmi : « Toi qui es un homme savant, et moi une malheureuse ignorante, dis-moi, tout ce qui m'arrive, ce ne sont pas des mensonges ? » Le futur swâmi la rassure à plusieurs reprises.

Après la mort de Râmakrishna, elle se rend auprès de ses disciples, les jeunes moines ; elle leur cuisine un plat qu'elle présente d'abord à la photographie du saint, son Gopâl. Elle voit son Gopâl en chacune des disciples américaines et britanniques qui accompagnent swâmi Vivekânanda en Inde et lui rendent visite, et les reçoit avec affection. Elle a alors peu conscience du monde extérieur et récite sans cesse son *mantra* sur son chapelet. Puis elle ne reconnaît plus personne. Peu de jours avant sa mort, elle demande à Sâradâ Devî, veuve de Râmakrishna : « Est-ce toi, Gopâl ? ». Le moment de sa mort étant proche, elle est portée au bord du Gange selon la coutume. Elle y demeure deux jours avant de mourir.

Gopâler Mâ agit comme une mère qui prend soin de son enfant, nuit et jour. Elle a intériorisé l'émotion maternelle de Yashodâ, mère adoptive de Gopâl, l'enfant Krishna, selon une attitude spirituelle bien connue des textes vishnouites, qui lui donnent le nom de *vâtsalya*. En cela, elle s'inscrit dans la voie de l'attachement passionné pour la divinité – ou *bhakti* (« dévotion personnelle » ou « foi aimante ») – qui peut aussi prendre la forme de l'amour de l'amante pour Krishna, le seul mâle, et aussi du dévouement du serviteur pour son maître. La vision transformante de Gopâler Mâ, lui montrant que Râmakrishna est cet Enfant Dieu, Krishna-Gopâl, puis la réalisation que tout ce qu'elle voit n'est qu'une forme de Gopâl, font ainsi d'elle un exemple représentatif de la mystique hindoue.

France Bhattacharya

• *Voir aussi* : Sâradâ Devî

Bibl. : ***Étude*** : swâmi SARADANANDA, *Sri Ramakrishna The Great Master*, Mylapore, Sri Ramakrishna Math, 1952.

GORITCHÉVA, Tatiana, *figure spirituelle de l'orthodoxie, fondatrice du* *mouvement « Maria »* (Léningrad, 1947). — Tatiana Goritchéva apparaît, en plein XXe siècle, comme un grand témoin de l'œuvre de l'Esprit dans un monde envahi par la paralysie spirituelle, le nihilisme, l'avidité de consommation. Ce témoignage s'est enraciné en elle au sein d'un environnement agressivement hostile à toute expression religieuse, celui de l'URSS des années 1970. Sa conversion est profonde : « tout a changé en moi » et même « ce n'est qu'en découvrant Dieu que j'ai commencé à vivre » (*Nous, convertis d'Union soviétique*, p. 13). En même temps que Dieu, elle découvre l'Église, jusque-là totalement inconnue. La foi devient une question de vie ou de mort. Elle se sent investie d'une mission, celle de partager, en Russie puis en Occident vers où elle a été expulsée, le trésor qu'elle a trouvé, et de diffuser son engagement « féministe », assez proche de celui de ses sœurs occidentales, sauf sur ce qui en constitue, pour elle, l'appui le plus solide : la relation à la Mère de Dieu. Sans elle, le féminisme reste une idéologie, « un courant matérialiste humain, trop humain », fermé au rayonnement divin de « Marie, joie des créatures ».

Née de parents athées et conformistes, elle est éduquée dans le marxisme-léninisme, adhère au Komsomol (organisation de la jeunesse communiste), se lance dans de brillantes études de philosophie et découvre la pensée de l'existentialisme (Heidegger, Sartre, Camus), qui était à la mode dans l'intelligentsia des années 1960. En 1968, la jeunesse occidentale est éprise de marxisme ; en URSS, elle s'en aliène. Chose étonnante, Sartre, dit-elle, « sut nous amener précisément au bord de ce désespoir au-delà duquel commence la foi ».

S'ouvre alors une période mouvementée, menée en pleine liberté au sein d'une bohème hippie, de drogués, de voleurs, qui, pour se dégriser le soir, allaient faire scandale sur la voie publique. Nombre de spirituels, et même de saints, sont ainsi tombés dans la déchéance, avant d'émerger vers la lumière et l'épanouissement de leur âme. Les tièdes, qui ne sont ni chauds ni froids, ne sont pas de la trempe dont on fait des saints.

Dans le poste d'enseignante de philosophie qu'on lui confie, elle expose des théories chères à son esprit de liberté, à des étudiants d'abord médusés, puis franchement intéressés. Mais le directeur la congédie sous l'accusation « socratique » de corrompre la jeunesse ! Par relations, elle obtient un poste de bibliothécaire, mais n'y restera pas, et elle travaillera comme liftière jusqu'à son départ de l'URSS.

Entre-temps, elle fait du yoga, cesse de fumer, de boire, de se dissiper. Ce passage par une discipline orientale, nécessaire avant la découverte de l'Évangile, la laisse sur sa faim : elle est choquée « par l'indifférence totale des yogis à l'égard du prochain » (*Parler de Dieu est dangereux*, p. 42). Un jour où elle se plonge, à titre d'exercice, dans une méditation sur le Notre Père, elle est subitement gratifiée d'une présence, « non le dieu abstrait des yogis, mais le Père céleste, aimant ». Le choc est profond, une vie nouvelle s'ouvre devant elle, une vie ardente, brûlée par le feu de l'Esprit.

Vers la trentaine, on la trouve dans des monastères dont la beauté paisible l'émerveille, comme l'apaise le lent écoulement du temps. Un staretz (voir Glossaire) la décharge du lourd fardeau de ses péchés, elle se sent gagnée par une paix qui n'est pas de ce monde. L'ancienne animatrice du Komsomol, hantée par le désir d'être plus forte que les autres, d'être en tout la première, trouve l'amour : « l'essentiel dans la vie n'est pas de dépasser et de vaincre les autres, mais de les aimer... jusqu'à en mourir » (*Nous, convertis d'Union soviétique*, p. 17). L'Église se révèle plus forte que les institutions terrestres. Se faire moniale ? L'idée l'effleure, mais très peu d'hommes et de femmes, à l'époque, trouvent place dans les rares monastères encore ouverts ; certains sont alors tonsurés en secret dans le monde : « la vie monastique dans le monde sera la forme monastique des derniers temps », disait le staretz Silouane, que cite Tatiana Goritchéva.

Puisque les prêtres sont cantonnés dans la seule célébration des offices, il incombe aux laïcs de se charger de l'éducation chrétienne. L'apparition de séminaires religieux permit à la génération des 25-40 ans d'approfondir sa connaissance de la foi. Le séminaire de Tatiana Goritchéva naît en 1973, d'abord dans des appartements puis dans un immense sous-sol où des artistes, des écrivains, des scientifiques, assis par terre ou debout dans des couloirs, sont attentifs à l'écoute des Pères de l'Église, de l'histoire du christianisme, des philosophes religieux russes, le tout agrémenté de commentaires. Étant tous liés dans une certaine mesure à la création artistique et intellectuelle, ils perçoivent l'importance de bâtir une culture proprement chrétienne. Le séminaire est ouvert aux catholiques comme aux baptistes. Les seconds frappent les premiers par l'ardeur de leurs convictions, mais les gênent par leur prédication marquée d'un moralisme simpliste et un manque d'élément mystique.

Le destin de la femme, son rôle au sein de la société, son statut sont au centre des préoccupations de Tatiana Goritchéva, qui, avec quelques nouvelles converties, fonde dans les années 1970 le mouvement « Maria », du nom de celle qui en est le paradigme parfait. En 1979, elle échafaude, avec la poétesse Tatiana Mamonova, un projet d'édition de revue où, pour la première fois, on parlerait de la femme russe, de son « expérience de la souffrance » vue à travers le poids écrasant qui pèse sur elle, le poids de la famille, du travail, de l'Église, et une souffrance qui, dans les duretés de l'existence, fait d'elle une « porteuse de vie et de résurrection ». Le premier numéro de cette revue, *Femmes et Russie 1980*, a paru en français en 1980. Une femme nouvelle est née, libérée.

Tatiana Goritchéva porte un regard lucide sur l'époque du postmodernisme où règnent le relativisme, la soumission à la richesse – plutôt qu'au désir « d'embellir son âme » –, la société de consommation, assez infantile, encombrée d'une pléthore d'informations accessibles à tous mais dans une « transparence qui ôte à la vie son mystère », une société bourgeoise enfoncée dans son confort et soumise à la dictature de la raison et de la technique. La civilisation se masculinise, se durcit, souffre de la perte de tendresse, et aussi du sens de l'humilité qui serait seule capable de sauver la femme, en Orient comme en Occident. Vient un « éloge de la pudeur ». Tatiana Goritchéva note que la pudeur n'existait pas au paradis avant la chute. La perte de la pudeur, contrairement à ce que pensaient les jeunes en 1968, n'est pas un retour à la vie paradisiaque, mais un signe du dérèglement de la sexualité, une conséquence de l'opposition corps-esprit, au mépris du corps et de la sexualité. La famille chrétienne ne peut se reconstituer que si on reconnaît à l'acte sexuel sa spiritualité, sa religiosité, sa propre profondeur. Tatiana Goritchéva a l'art de tout ramener à l'essentiel.

L'image de la femme doit être réhabilitée. Il faut tourner la page de la société judaïque, encore présente ici ou là, où la femme est un être mineur, qui ne prend pas part aux débats publics ni ne peut témoigner dans les tribunaux. Son existence se limite à être « mère » pour perpétuer la race, d'où l'humiliation et le désespoir des femmes stériles (Sara, Anne, etc.). Jésus va tout remettre en question, il aborde la femme en tant que personne, qui se situe à égalité, et non en état de dépendance avec l'homme, car elle existe pour elle-même, comme elle existe pour Dieu. Parmi les ennemis du Christ, ceux qui l'accusaient, le harcelaient, le mirent en croix, il y avait des hommes uniquement, mais point de femmes. Le Christ libère la femme, il la considère comme égale de l'homme à l'image de la Trinité, où les personnes sont unies entre elles, chacune gardant son autonomie. Le « oui » de Marie* ne saurait être taxé de passivité, comme le pensent certaines féministes, il est l'engagement d'une activité hautement créatrice, signe de la puissance et de la fécondité de l'Esprit, qui fait de cette femme l'instrument de l'Incarnation. Pour certains spirituels, le « oui » de Marie fait descendre Dieu sur terre. On peut voir ainsi tout le chemin parcouru par Tatiana Goritchéva depuis l'époque de sa vie débridée jusqu'au moment où, au contact de la Toute Pure, elle trouve sa vérité, sa beauté de femme. Marie, selon le texte liturgique, est « joie de toutes les créatures ». Elle est « la femme revêtue de soleil [Ap XII, 1] qui combat le dragon », elle est la plus douce, la plus forte aussi, dans le combat ultime entre Dieu et Satan, entre le néant et la résurrection.

Avant les Jeux olympiques de Moscou de 1980, les autorités veulent se débarrasser de ces femmes hardies et encombrantes. Tatiana Goritchéva et ses amies proches du mouvement « Maria » sont placées devant un choix : aller en prison, ou émigrer en Occident. Le père spirituel de Tatiana Goritchéva lui donne sa bénédiction, avant son départ, « pour témoigner en Occident de l'Église *russe*, pour étudier la théologie, pour servir l'Église unique et indivise : faire découvrir l'orthodoxie aux catholiques et le catholicisme aux orthodoxes, œuvrer pour la restauration de l'Église avant le schisme » (*Parler de Dieu est dangereux*, p. 145). Elle eut en cela un illustre prédécesseur, le philosophe religieux Nicolas Berdiaev qui, lui aussi, reçut, avant de migrer, la bénédiction d'un prêtre, le père Alexis Metchov qui lui dit : « Il faut que votre parole soit entendue par l'Occident. » Dans l'histoire tragique de la Russie, l'Esprit est sans cesse à l'œuvre pour susciter ces géants de la foi et les faire rayonner dans le monde.

Michel Evdokimov

Bibl. : Œuvres : *Nous, convertis d'Union soviétique*, Paris, Nouvelle Cité, 1983 ; *Parler de Dieu est dangereux*, Paris, Desclée de Brouwer, 1985 ; *Un message d'espoir* (coauteur : Soja Krachmalnikova), Paris, Nouvelle Cité, 1988 ; *Filles de Job, les féministes de « Maria »*, Paris, Nouvelle Cité, 1989.

GOUBAÏDOULINA, Sofia, *musicienne orthodoxe* (Tchistopol, République de Tatarstan, Union soviétique, 24 octobre 1931). — Sofia est la fille d'un ingénieur-géodésiste tatare (son grand-père était un dignitaire de l'islam sunnite) et d'une pédagogue russe. Entre 1935 et 1954, elle suit une formation musicale à Kazan, capitale du Tatarstan. Elle rentre ensuite au Conservatoire de Moscou, dans la classe de composition et de piano. En 1963, elle achève ses études doctorales en composition et explore pendant un an la musique électronique dans un studio expérimental. À partir de 1975, elle intègre l'ensemble musical Astrée et travaille à l'improvisation. En 1979, à la VIe Réunion annuelle des compositeurs soviétiques, son nom apparaît dans « la liste noire » des musiciens (Les sept de Khrennikov) ; son œuvre, jugée « excentrique » et sans « aucune idée intelligible », est dès lors interdite de transmission publique. Membre de la triade de compositeurs avant-gardistes les plus réputés de Russie soviétique (avec Alfred Schnittke et Edison Denisov), Sofia ne se fait connaître internationalement qu'en 1981, lorsque son concert pour violon *Offertorium* est joué à Vienne. Très sollicitée en Occident, elle reçoit de nombreuses commandes et invitations pour participer à des événements musicaux majeurs. En 1991, elle gagne une bourse pour travailler en Allemagne et décide d'y rester. Elle vit désormais dans un petit village près de Hambourg.

Son œuvre s'inscrit dans le genre vocal-instrumental. Sofia Goubaïdoulina travaille en effet à partir de textes poétiques qu'elle met en musique. Elle s'inspire ainsi de la poésie de Marina Ivanovna Zvétaieva*, Boris Pasternak, Rainer Maria Rilke, ou Thomas Stearns Eliot. Elle mélange également les genres occidental et oriental. Dans ses compositions, elle intègre des chants traditionnels russes et tatars, anglo-saxons et allemands, des fragments de psaumes et de liturgie catholique et orthodoxe, ou encore des textes de l'ancienne Égypte et de mystiques médiévaux comme Hildegarde de Bingen* et François d'Assise. Dans ses premières compositions (des années 1960), elle emploie la technique sérielle, mais s'en éloigne assez vite, cherchant son propre style. Le choix des instruments folkloriques et exotiques, comme l'accordéon, l'un de ses instruments privilégiés, la domra ou le koto japonais, et surtout l'aquaphone (percussion à base d'eau), qu'elle expérimente dans les années 2000, lui permet de découvrir de nouvelles sonorités. Comme elle le dit elle-même, le musicien est voué à chercher de nouveaux moyens d'expression, car ce qu'il entend ou imagine ne se traduit que très approximativement par les instruments musicaux dont il dispose.

Sofia Goubaïdoulina se considère comme quelqu'un de profondément religieux. Pour elle, la religion permet de rétablir les liens (« *re-ligio* ») entre l'homme et Dieu, la vie et les valeurs absolues. Ainsi en est-il de la création musicale. La musique introduit un autre temps, un temps divin, permettant aux hommes dans les moments extatiques de la coïncidence avec l'œuvre écoutée de sortir de leur rythme habituel. Le « pilier sonore », qu'elle entend lors de la composition, doit être « analysé », articulé, pour que sa verticalité toute spirituelle se transforme en horizontalité : la musique écrite. Cette opposition entre ce qui est immatériel, idéal et matériel, terrestre, se manifeste clairement dans son œuvre. Il suffit de rappeler quelques noms de ses compositions : *Le Clair et l'obscur* (1976), *Le Jardin de la joie et de la tristesse* (1980), *J'entends... cela se tait* (1986), *Pro et Contra* (1989), etc. Le compositeur est ainsi une figure « tragique » : étant toujours obligé de réifier une idée spirituelle, il passe inévitablement par sa « crucifixion ». La création musicale est toujours un « calvaire » que le musicien doit porter, car ce n'est que par l'art que la marche vers la mort peut être suspendue et l'homme sauvé ici-bas.

Témoin de son art hors du commun, l'œuvre de Sofia Goubaïdoulina a été récompensée par de nombreux prix prestigieux, dont le Polar Music Prize (Suède, 1995), le Premium impériale (Japon, 1998), le Triomphe (Russie, 2007) et le prix Goethe pour *La Passion selon saint Jean*.

Ioulia Podoroga

Bibl. : ***Études*** : F. C. LEMAIRE, « Sofia Goubaïdoulina », in *Le Destin russe et la musique : un siècle d'histoire de la Révolution à nos jours*, Paris, Fayard, 2005 ; B. SERROU, « Le présent infini et le temps de l'art... », *La Lettre du musicien*, mars, 1995. ***Discographie choisie*** : *Cantate*, pour mezzo-soprano, chœur d'hommes et orchestre de chambre en sept phrases, « La Nuit à Memphis » (sur des textes de l'Égypte ancienne), 1968 ; Concerto, pour violoncelle, accordéon et cordes, « Offertorium » (« Sept paroles du Sauveur sur la Croix »), 1982 ; « Alleluja », pour chœur, orchestre, soprano et projecteurs de couleur, 1990 ; « Des visions de Hildegarde de Bingen », pour alto, 1994 ; « L'Hymne au soleil », pour violoncelle, chœur de chambre et deux percussions (sur les textes de François d'Assise), 1997 ; *Oratorio*, pour soliste, deux chœurs, orgue et orchestre, « La Passion selon saint Jean », 2000.

GRAF-SUTER, Maria, *laïque, auteur d'un Journal spirituel* (Haslen, 14 août 1906-Sonnenhalb, 19 février 1964). — Née en Allemagne, Maria Graf-Suter manifeste très tôt sa foi profonde et son désir de Jésus à travers le chagrin qu'elle éprouve quand elle est privée de sa première communion à cause d'une maladie. « C'est ainsi que Jésus m'a, très tôt déjà, mise à l'école du sacrifice, mais dès ma jeunesse aussi, comblée de joie », témoignera-t-elle plus tard. Pendant sa jeunesse, elle observe une vie pieuse exemplaire et approfondit sa connaissance de l'amour de Jésus. Désireuse de servir Dieu le mieux possible, elle en recourt à lui pour savoir si elle doit devenir religieuse ou prendre un époux. Elle se marie le 3 juin 1929, après avoir reçu la réponse tant attendue de la bouche d'un prédicateur. Du couple naissent cinq enfants, dont l'aîné décède. Se considérant comme l'humble servante de Dieu, elle se dévoue corps et âme à son rôle d'épouse et de mère. En 1941, elle voit apparaître Jésus, qui la prie de lui « donner des âmes » et la guérit de ses douleurs du moment. Désormais, elle reçoit des visions de tout genre. Elle se met également à prier, récitant la prière aux Saintes Plaies, reçue du Sauveur, pour la conversion des âmes. Puis commencent la lutte et le doute. « Je voulais vivre et être comme les autres femmes », écrit-elle. En 1942, les visions de Jésus souffrant la reprennent. Elle se remet à prier avec plus de ferveur pour que le sang des plaies du Christ ne soit pas versé en vain. S'ensuit la conversion d'un oncle, puis de son beau-père. À la demande de Jésus et de Marie*, sa prière évolue vers le culte des Saintes Plaies et la récitation du chapelet. Elle est également appelée à communier plus souvent. Tiraillée entre ses visions et sa vie de famille, ses grâces sont un poids et un lourd secret qu'elle dissimule à ses proches. Son confesseur, à qui elle se livre, l'invite à « offrir, prier et se taire », ce qu'elle accepte en toute humilité. Peu avant sa mort, Dieu la prévient : « On t'ordonnera de te taire, mais sois tranquille, je parlerai pour toi en son temps. » Touchée par la maladie, elle décide d'offrir sa souffrance à Jésus comme gage de sa profonde soumission, jusqu'à son décès.

Les grâces de Maria Graf-Suter perdurent jusqu'à ce qu'elle reçoive d'en haut l'ordre de noter ce qu'elle a perçu. Naît *La Révélation de l'Amour divin*, un Journal dans lequel elle consigne toutes ses révélations, visions et contemplations, dialogues avec Jésus et prières : elle y conte, entre autres, son appel à la prière, son combat pour sauver les âmes et lutter contre les ennemis du Christ ; elle évoque la Mère de Justice divine et la Mère de l'Église, Marie, le grand sacrifice de Jésus, la fin des temps et le règne de Dieu. On y apprend comment elle reçut sa vocation de « mère spirituelle des prêtres » à travers l'exhortation de Jésus et Marie à cette tâche. Il en ressort essentiellement que Dieu veut sauver le monde. L'œuvre de rédemption commence avec la création de « l'âme immaculée de Marie » et s'achève avec le salut du genre humain. Par sa grâce, Marie a donné le Sauveur, par qui les croyants doivent retourner au Père. L'invitation est claire : il faut prier et puiser au plus profond des grâces de salut que Jésus a acquis par sa Passion et sa mort, collaborer avec Marie, pour enfin honorer et prendre part à la gloire éternelle de Dieu. Participant à la sanctification et au renouvellement de l'Église dans tous ses membres, ses écrits ont été reconnus par les plus hautes institutions, qui ont autorisé leur impression et leur diffusion.

L'expérience poignante de Maria Graf-Suter est l'exemple d'une vie simple (au sens noble du terme) d'épouse et de mère en relation avec Jésus. Relevant d'un véritable sacerdoce conjugal et familial nimbé par la grâce, elle témoigne pour toutes celles, discrètes et dévouées à leur tâche, qui ont vécu ainsi et n'ont pas parlé ou écrit de leur vivant.

Audrey Fella

Bibl. : ***Œuvre*** **:** *La Révélation de l'Amour divin* a vraisemblablement été publiée par Joseph-F. Künzli à compte d'auteur en Allemagne, après le décès de Maria Graf-Suter.

GRANGER, Geneviève, *bénédictine* (Paris ?, 1600-Montargis, 5 octobre 1674). — Née d'une famille noble parisienne, sœur de Marie Granger, fondatrice et première supérieure des Bénédictines de Montargis, Geneviève prit l'habit dans l'ordre de Fontevrault. Elle succéda par la suite à sa sœur comme supérieure du monastère de Montargis. Elle fut le soutien à la fois « maternel » et spirituel de la jeune Mme Guyon* en prise avec un vieux mari et une belle-mère difficile, guidant et inspirant la jeune mystique à partir de 1668. Sa remarquable direction sut joindre la prudence, l'encouragement très concret, l'incitation au retour intérieur, l'engagement et le dépassement : « J'avais une extrême confiance en la Mère Granger. Je ne lui cachais rien, ni de mes péchés, ni de mes peines, je n'aurais pas fait la moindre chose sans la lui dire : je ne faisais d'austérités que celles qu'elle me voulait permettre [...]. » Le 21 septembre 1671, la mère Granger présenta Mme Guyon à Jacques Bertot, qui devint dès lors son exigeant directeur spirituel. Le monastère de Montargis ne fut pas seulement le refuge de la jeune Mme Guyon, et l'influence des sœurs Granger perdura : aussi le duc de Beauvillier y fera élever ses enfants.

Au-delà de ses relations avec la célèbre mystique, l'*Éloge* de Geneviève par la mère de Blémur nous livre des aperçus très précieux. Henri Bremond note de son côté qu'elle fut « conduite par une voie d'inaction et de ténèbres apparentes qui devait paraître singulièrement rude à cette âme claire, vive et décidée ». La mère Granger rencontra en effet des épreuves : « déplacée à l'abbaye de Ville Chasson, pour aider à y mettre la réforme, la répugnance fut terrible de son côté [...] [elle] eut le plaisir de pratiquer une obéissance aveugle [...]. » Ascèse, attention aux autres, pauvreté : « Elle avait défendu aux infirmières de rendre certains offices aux malades, qui sont les plus répugnants à des filles propres, parce qu'elle s'était réservé cet exercice [...]. Aux pauvres gens qui venaient au tour du monastère, elle avait des respects [...], prenait plus de plaisir à converser avec eux qu'avec les grands [...]. Elle se regardait comme une cloche qui avertit les autres d'aller à Dieu [...], avait en horreur sa propre excellence, disant qu'il n'y avait rien qui éloignât davantage les âmes de la perfection que l'estime secrète. » S'y joignit une vie mystique accomplie qui lui donna de la clairvoyance : « Elle avait reçu de Dieu une lumière surnaturelle pour connaître l'intérieur de ses filles [...], elles n'avaient point la peine de lui déclarer leur état [...] en approchant d'elles leurs nuages étaient dissipés [...], elle demandait à Dieu de faire son ouvrage lui-même dans les âmes afin [...] qu'elle n'y eût point de part. »

Vers la fin de son existence, elle arriva au point de cette bienheureuse indifférence, où l'âme laisse agir Dieu purement, sans rien voir ni connaître. Elle dit dans sa dernière maladie : « Je n'ai rien, je ne sais rien, je n'ai pas même la consolation de voir la beauté de la souffrance, mais, mon Dieu, mettez-moi en l'état qu'il vous plaira. » En outre, elle dit souvent qu'en mourant à ses propres lumières et à ses intérêts pour établir l'union, on se perdait soi-même, mais qu'en récompense on trouvait Dieu. « Si je veux mériter les miséricordes de Dieu, je dois être très simple en sa présence, sans m'appuyer sur la sagesse humaine ni sur les maximes du monde [...]. Je ne m'attacherai personne que pour les unir à Dieu [...] je ne m'inquiéterai jamais des fautes des autres, attendant avec confiance leur amendement et le mien. » Aussi sa foi n'eut d'égale que sa charité. Elle donnait plus qu'elle avait. Elle distribua ainsi du blé à l'hôpital de la ville dans une telle quantité que l'archevêque de Sens dut apparemment la freiner. Elle décéda à soixante-quatorze ans.

Dominique Tronc

• *Voir aussi* : Guyon

Bibl. : ***Biographies*** : Mère J. BOUËTTE DE BLÉMUR, « Éloge de feue la révérende mère Geneviève Granger de Saint-Benoist, supérieure du monastère des Bénédictines de Montargis », in *Éloges de plusieurs personnes illustres en piété de l'Ordre de Saint-Benoist décédées en ces derniers siècles*, t. II, Paris, 1679, p. 417-455 ; Mme GUYON, *La Vie par elle-même...*, Paris, Honoré Champion, 2001. ***Étude*** : H. BREMOND, *Histoire littéraire du sentiment religieux en France...*, Paris, Bould et Gay, 1928, t. II.

GUÉLONGMA PALMO, *sainte bouddhiste* (nord-ouest de l'Inde, IIe, VIIIe ou Xe-XIe s.). — Bien que comptant parmi les principales figures féminines du bouddhisme indo-tibétain, Guélongma Palmo (la « moniale » ou « nonne » Palmo, en tibétain) n'est attestée par aucun document historique ; en témoigne l'incertitude même de ses dates, puisqu'elle est censée avoir vécu – selon les sources – soit au début du IIe siècle de notre ère, soit au VIIIe, voire au Xe-XIe siècles. Tout comme la célèbre Machik Labdrön* (à l'origine du *chöd*, ou *tcheu*), Guélongma Palmo n'en est pas moins l'une des rares femmes à être reconnues par cette tradition comme « fondatrice » d'une pratique spirituelle. À savoir le *Nyoung-né*, un rituel de purification et de « sanctification » toujours très populaire chez les adeptes du bouddhisme himalayen (toutes écoles confondues) et aujourd'hui répandu par ceux-ci dans le monde entier. Appartenant à la première classe de Tantra mais rassemblant en fait les trois Véhicules bouddhiques (Hinayana, Mahâyâna et Vajrayana), le *Nyoung-né* associe – par paire – une journée de jeûne total et une de jeûne partiel, sur fond de méditations, prières et grandes prosternations dédiées à Avalokiteshvara (sanskrit ; en tibétain : Chenrézi), le grand bodhisattva de l'amour et de la compassion universels (dans sa forme à mille bras et onze visages). Pendant la durée choisie (deux, quatre, six... jusqu'à mille jours et plus), le fidèle se prive ainsi plus ou moins complètement de parole, de boisson et de nourriture, et s'abstient totalement en outre de tuer, de voler, d'avoir des rapports sexuels, de mentir, de chanter, de danser, de s'asseoir sur des sièges élevés (entre autres marques d'orgueil) ou d'absorber tout intoxicant.

Faute de données critiques pour connaître la fondatrice de cette pratique austère, il nous reste la tradition, en particulier un fameux commentaire du *Nyoung-né* par le IXe Sitou Rimpoché au XIXe siècle, grand dignitaire et érudit de la lignée Karma Kagyu. D'après ces sources hagiographiques, pour ne pas dire légendaires, une jolie princesse du nord-ouest de l'Inde – nommée Shrimati, Lakshmi ou encore Lakshminkara – avait choisi dès son plus jeune âge de devenir nonne bouddhiste (*Bikshuni*, en sanskrit), notamment pour ne froisser aucun de ces nombreux prétendants. Mais du fait d'actes négatifs antérieurs venant à maturité karmique, elle fut bientôt frappée par une terrible forme de lèpre ; ce qui lui valut la relégation, selon les mœurs de l'époque. Abandonnée de tous et désespérée, elle avait déjà perdu doigts et orteils quand un songe vint lui indiquer une issue. Le roi Indrabuthi, célèbre accompli tantrique, lui dit en effet en rêve : « Pratique assidûment la méditation d'Avalokiteshvara, et tu pourras obtenir l'Éveil, la réalisation de la nature de l'esprit. » Malgré ses souffrances, Bikshuni Shrimati (soit en tibétain « Guélongma Palmo ») s'adonna donc nuit et jour, pendant des années, à ces exercices spirituels solitaires. Le fruit annoncé tardant à mûrir, elle connut des moments de découragement, dont elle sortit grâce à différentes visions divines lui réitérant la promesse « d'une réalisation égale à celle de Tara » (l'archétype du Bouddha féminin pour cette tradition). Poursuivant obstinément son ascèse et la récitation des mantras d'Avalokiteshvara (dont le fameux « *Om Mani Padmé Houng* »), l'ermite prit de plus l'engagement de jeûner totalement un jour sur deux, et partiellement l'autre jour. Il en résulta finalement une extraordinaire purification de son corps, de sa parole et de son esprit ; une immense accumulation de mérites éthiques et spirituels qui lui fit non seulement recouvrer son intégrité physique mais aussi atteindre, à terme, l'état de Bouddha. Après douze années de retraite intense, Guélongma Palmo est dite être de la sorte devenue semblable à Avalokiteshvara, le Grand Compatissant lui-même. Du point de vue traditionnel, c'est donc lui le véritable fondateur du *Nyoung-né*, qui se transmet depuis par une lignée ininterrompue de maîtres et de disciples, dont la moniale Palmo est la première et la plus illustre. Pour tous les bouddhistes de tradition tibétaine, cette dernière reste un symbole remarquable de dévotion, de foi et de détermination sur le chemin spirituel, ce qui fait d'elle une source permanente d'inspiration.

Éric Vinson

• *Voir aussi* : Machik Labdrön

Bibl. : ***Études*** : BOKAR Rimpotché, *Tara, le divin au féminin*, Vernègues, Claire Lumière, 1997 ; KALOU Rimpotché, « A Short Biography of Gelongma Palmo », *Densal*, vol. 3, nº 4 ; BARDOR TULKU Rimpotché, *Rest For the Fortunate : the Extraordinary Practice of Nyungne. Its History, Meaning and Benefits*, New York, Rinchen Publications, 2004 ; R. VITALI, « The Transmission of Bsnyung gnas in India, the Kathmandu Valley and Tibet (10th-12th Centuries) », *in* R. M. Davidson, C. K. Wedemeyer (éd.), *Tibetan Buddhist Literature and Praxis : Studies in its Formative Period, 900-1400*, (recueil constitué par les comptes rendus du 10e séminaire de l'Association internationale d'études tibétaines, tenu en 2003 à Oxford), Leyde, Brill, 2006.

GUESNÉ, Jeanne, *écrivain new age* (Vichy ou Cusset, 9 avril 1909/1910-?, 16 mars 2010). — Jeanne Guesné est une ancienne infirmière qui a mené des recherches poussées avec des scientifiques sur les états modifiés de conscience. Elle est notamment connue pour ses témoignages d'expériences hors du commun, notamment ses sorties hors du corps (« transcorporels ») et ses voyages astraux, alliés à une spiritualité de l'attention permanente et du rappel de soi. Or, si elle a tenté l'expérience de dédoublement, soit la séparation de son corps en pleine lucidité, sans aucune perte de conscience, elle nous met néanmoins en garde contre cette pratique qui ne semble pas nécessaire à l'évolution spirituelle : « Nul n'est besoin de faire des expériences de décorporation. L'essentiel de ce que nous avons à vivre, à comprendre, se trouve dans nos racines, dans cette vie bien terrestre, ici et maintenant » (*Le Grand Passage*), tremplin d'une ultime découverte en soi : la source de toute vie qu'est l'amour. « Je parle par expérience, écrit-elle, une expérience entretenue pendant sept ans (depuis juillet 1991) par une souffrance physique intense et une douleur affective qui ne me laissent pas de répit. Je les appelle ma ceinture de sécurité. Je les ressens aujourd'hui comme un cordon me reliant à un "placenta spirituel" au-delà des processus de naissance et de mort qui me maintient dans un grand état de lucidité » (*Nouvelles Clés*).

Elle est l'auteur de plusieurs ouvrages, dont *Le Grand Passage* (1989), *Le Septième Sens, le corps spirituel* (1991), *Le 3e Souffle, ou l'agir universel* (1995) et *La Conscience d'être, ici et maintenant* (1999), dans lesquels elle s'interroge sur les expériences qui l'ont transformée. Pour Jeanne Guesné, l'univers est conscience et la mort n'existe pas. Une énergie infinie œuvre en nous. Convaincue que l'homme est avant tout un être spirituel, elle insiste sur la nécessité pour celui-ci de reprendre contact avec une vérité intérieure et l'importance d'amorcer une transformation personnelle vers un éveil spirituel pouvant le conduire du « savoir à la connaissance », de « l'automatisme à la conscience ». Il existe en effet chez l'homme un septième sens qui est une perception spécifique, celle de la relation au divin. En ce sens, le prochain stade de l'évolution de l'homme est l'éveil à la conscience universelle grâce au lâcher-prise, le rappel de soi, la prière sans mots, la vigilance, la patience, la persévérance, le silence mental – autant de techniques qui permettent de prendre de la distance avec les différents rôles de l'*ego*, autrement dit le moi, pétri d'illusions et de pensées étroites –, la pratique de l'attention et du silence intérieur pouvant l'ouvrir à la conscience d'être ici et maintenant et atteindre à l'être essentiel, lié à la valeur universelle qu'est l'amour.

Audrey Fella

Bibl. : ***Œuvres*** **:** les ouvrages de Jeanne Guesné sont disponibles chez Albin Michel (Paris). ***Étude*** **:** « XXIe siècle : les visions de 34 écrivains et philosophes », *Nouvelles Clés*, no 17, avril 1998.

GUGLIELMA DE BOHÊME, ou Wilhelmine de Bohême, *prophétesse hérétique* (Bohême, v. 1210-Milan, 24 août 1281). — Guglielma est probablement la fille du roi de Bohême, Ottokar Ier, et la sœur d'Agnès de Bohême (voir AGNÈS DE PRAGUE), correspondante de Claire d'Assise*. Elle s'installe à Milan entre 1260 et 1271. Elle était proche des Cisterciens de Chiaravalle Milanese, où elle sera enterrée en 1281. Elle connut un certain succès parmi les *umiliati* (« humiliés », un ordre monastique actif en Italie aux XIIe et XIIIe siècles, qui prônait un retour vers une spiritualité plus austère, une vie plus frugale, en opposition avec la richesse et le pouvoir du clergé de l'époque) en annonçant la fin des temps et en faisant de son être un signe de salut pour le monde. Pour ses disciples, les guillelmites (non reconnus par l'Église catholique et frappés d'hérésie), qui croyaient à une Église de femmes, inspirée des thèses du moine cistercien et théologien Joachim de Flore, elle est l'incarnation féminine de l'Esprit-Saint. Après sa mort, son tombeau a été démantelé et sa dépouille brûlée au XIVe siècle sous le règne de l'Inquisition dominicaine qui persécuta et extermina ses adeptes.

Personnage très controversé, Guglielma de Bohême est tantôt cantonnée dans la sphère de la dévotion populaire, tantôt hissée au rang des grandes figures qui exercèrent une large influence. D'abord honorée comme sainte, envisagée pour la canonisation, il semble que le culte débordant que lui rendaient ses disciples entraîna leurs pourfendeurs à la déclarer hérétique. Il en résulta l'extermination de cette Église naissante au début du XIVe siècle. Lui sont associés le théologien Andrea Saramita et Maifreda da Pirovano, une « humiliée », cousine de Matteo Visconti, seigneur de Milan. Maifreda aurait été proclamée papesse par Guglielma de Bohême, aurait nommé des cardinaux femmes, prêché et distribué l'Eucharistie, dit la messe au nom de Guglielma et rédigé (ou fait rédiger) un nouvel Évangile. Tous deux sont brûlés en 1300. Ajoutons que cette hérésie médiévale s'inscrivait dans un mouvement plus vaste de la chrétienté occidentale auquel se rattachent les béguines et les Frères du Libre Esprit, autres courants religieux laïcs émancipés de l'institution catholique en place et persécutés. Une thèse féministe veut que Guglielma fût allée trop loin dans l'exploration de son intériorité par le biais d'une spiritualité par trop indépendante et qu'ayant refusé de se soumettre à l'autorité patriarcale, « elle tomba sous le couperet dogmatique qui enjoignait aux femmes de se couper de leur souffle et de leur âme » (Luce Irigaray).

Audrey Fella

Bibl. : ***Études*** **:** M. BENEDETTI, *Milano 1300. I processi inquisitori ali contro le devote e i devoti di santa Guglielma*, Milan, Libri Scheiwiller, 1999 ; L. IRIGARAY, *Le Souffle des femmes*, Paris, ACGF, 1996 ; B. NEWMAN, « The Heretic Saint : Guglielma de Bohemia, Milan, and Brunate », in *Church History*, Red Bank (NJ), American Society of Church History, 2005.

GÜNDERODE, Caroline von, *poétesse* (Karlsruhe, 11 février 1780-Winckel-sur-Rhin, 26 juillet 1806). — Née dans une famille aristocratique cultivée mais désargentée, Caroline-Frédérique-Louise-Maximiliane est l'aînée des six enfants que sa mère, retirée à Hanau après son veuvage, éleva seule avec de faibles moyens. Son père, conseiller au gouvernement de Bade, mourut en effet lorsqu'elle avait six ans et la phtisie emporta successivement trois de ses sœurs. Entrée à dix-sept ans (1797) dans une fondation pour jeunes filles nobles, elle ne cesse de se cultiver dans des domaines aussi divers que la philosophie et la littérature – elle lit Jean Paul et Tieck, Ossian et Herder – l'histoire des religions et la géographie, la prosodie latine et la physiognomonie. Sensible à la poésie de Novalis et d'Hölderlin, elle subit l'attrait des *Souffrances du jeune Werther* de Goethe (1774) et des *Discours sur la religion* (1799) de Schleiermacher. Ainsi la « petite Günderode du couvent des demoiselles » (Clemens Brentano) devient-elle chanoinesse du chapitre de Francfort, tout en nouant d'étroites relations avec quelques-uns des meilleurs esprits de son temps, louant sa grâce souveraine autant que sa gentillesse.

Modeste à l'excès et souvent versatile, de santé fragile mais rêvant d'accomplir les exploits réservés aux hommes (« Seule la sauvage grandeur et l'éclat me plaisent »), elle jette un regard froid sur son siècle (« l'ère pygmée ») et se veut avant tout l'« ami » de ses confidents masculins et féminins : Caroline von Barkhaus, Kunigunde Brentano, dite Gunda, Clemens Brentano qu'elle aima sans réelle réciprocité. Mais c'est à Bettina Brentano qu'ira son amitié, nourrie d'enthousiasmes et de projets communs : « Savoir beaucoup, apprendre beaucoup, et surtout ne pas survivre à ma jeunesse – mourir jeune », écrit-elle à Bettina que cet état d'esprit inquiète. Déplorant de n'être pas née homme, elle signe Tian ses *Poèmes et fantaisies* (1804) puis ses *Fragments poétiques* (1805) ; composant par ailleurs de courts récits en prose (*L'Apparition*, *Histoire du Brahmane*, 1804-1805) et des drames (*Magie et fatalité*, *Nicator*, *Mahomet*, 1804-1805). Très féminine cependant, elle fut l'une de ces égéries romantiques « libres, émancipées, pleines d'initiatives », mais convaincues que leur destinée s'accomplit dans l'amour (G. Bianquis).

Or c'est telle une « Ophélie sanglante » (M. Brion) que Caroline von Günderode devait accomplir la sienne. Éprise à dix-neuf ans du juriste Karl von Savigny qui lui préféra Gunda Brentano mais resta son ami, elle tombe amoureuse, en 1804, du professeur Friedrich Kreuzer, qui l'initie au sens profond des symboles et des mythologies ainsi qu'à la philosophie grecque (Héraclite, Plotin) et à celle de Friedrich Schelling. Ne pouvant se résoudre au divorce en dépit des affinités qui les lient, Kreuzer voit en elle une nouvelle Hypatie, dont la poésie le séduit : « Son élément principal est mystique et possède le caractère d'une révélation. » Cette déception affective réveillant son « vieux désir de mourir en héros », Caroline envoie à Kreuzer un mouchoir taché de son sang et, revêtue d'une robe rouge, se poignarde sur les bords du Rhin. Guidée vers la mort par une vision prémonitoire, elle semble s'être éteinte « comme l'ombre d'une montagne dans les profondeurs du Rhin » (Achim von Arnim) ; son suicide retardant la publication de son dernier recueil de poèmes, composé sous l'influence de Kreuzer et signé Ion (*Melete*, 1806).

Ce qu'il y eut de mystique dans sa « mélancolie sacrée » ne tient que pour une part à l'insatisfaction de s'être toujours sentie à l'étroit en ce monde. Disant voir l'expression du mystique dans « la monstruosité du voyant », Caroline von Günderode a-t-elle livré le secret de son âme tourmentée ? Tendue vers l'Unique, vers le *En to Pan* (Un le Tout) cher aux hermétistes et aux romantiques allemands, c'est l'étroite proximité de la vie et de la mort que révèle sa poésie aux accents prophétiques : « L'impur sera consumé, / Le pur seul, matière de lumière, perdure / et fusionne avec l'éternité de la lumière originelle. » Fascinée par la nuit comme la plupart de ses contemporains romantiques, Caroline von Günderode fut la jeune prêtresse d'une sacralité omniprésente dans la ronde des éléments (eau, air, terre, feu), auxquels s'adresse sa dévotion mystique et cosmique : « Dans l'océan j'étais une onde, dans le soleil j'étais rayon, avec les astres la gravitation ; en tout j'avais sentiment de moi-même, et en moi-même je jouissais de tout » (*Un fragment apocalyptique*, 1806).

Françoise Bonardel

Bibl. : *Œuvres* : *Rouge vif. Poésies complètes*, trad. O. Apert, Paris, La Différence (Orphée), 1992 ; *La faim, nous l'appelons l'amour. Lettres*, trad. B. Badiou et J.-C. Rambach, Aix-en-Provence, Alinéa, 1985. ***Vie et œuvres*** : B. BRENTANO, B. VON ARNIM, *Die Günderode* (1840), Francfort, Suhrkamp, 1994. ***Études*** : G. BIANQUIS, *Caroline von Günderode*, Paris, Alcan, 1910 ; M. BRION, *L'Allemagne romantique*, Paris, Albin Michel, 1962, p. 298-343. ***Fiction*** : C. WOLF, *Aucun lieu, nulle part*, trad. Y. Hoffmann, M. Litaize, M.-A. Roy, Paris, Stock, 1996, p. 217-312.

GUYART, Marie. — *Voir* MARIE DE L'INCARNATION

GUYON, Mme, *laïque* (Jeanne-Marie Bouvier de La Motte ; Montargis, 1648-Blois, 9 juin 1717). — Seconde enfant d'une famille noble du Loiret, plus connue comme épouse de Jacques Guyon. Son nom reste attaché à la querelle du quiétisme qui se développa à la fin du XVIIe siècle autour de la mystique et plus précisément de l'oraison de « quiétude » ou de « repos », considérée par certains comme libération vis-à-vis de méthodes devenues contraignantes, et par d'autres, théologiens ou évêques, comme une dérive laxiste, en elle-même et dans ses effets. Commencée sous la régence d'Anne d'Autriche dans une France à peine sortie de la guerre de Trente Ans, à quelques jours de la Fronde parlementaire, sa vie se déroule en majeure partie sous le long règne de Louis XIV. Des idées nouvelles se répandent sur la science, la médecine, l'éducation, la paix et les institutions. La noblesse perd de sa suprématie, une classe marchande se développe et l'écart s'accroît entre les modes de vie de la Cour et la misère du peuple, « va-nu-pieds » et « croquants ». Des écoles pour l'éducation populaire et des hôpitaux s'organisent, servis par des congrégations religieuses actives. Les effets de la Réforme initiée par Martin Luther se font sentir en catholicisme, notamment pour la lecture de la Bible, tandis que la Contre-Réforme organisée par le concile de Trente entre peu à peu en vigueur.

La vie de Jeanne-Marie s'inscrit dans le courant mystique français du siècle, mais elle témoigne aussi de ces évolutions. Avec elle, l'oraison devient en effet un problème politique et ecclésial, dès son premier écrit publié : *Le moyen court et très facile de faire oraison que tous peuvent pratiquer très aisément...* (1685). Commencent alors calomnies et tracas, tandis que son écrit est diffusé, parfois par ceux qui le combattent. À partir de 1688, elle se lie à des personnalités proches de la Cour, dont l'abbé François de Salignac de la Mothe-Fénelon. Mais le peuple des artisans, et bien des pauvres gens se montrent aussi, souvent, très attachés à elle. Son itinéraire est marqué par des circonstances familiales et conjugales difficiles, dans un désir de don et de communication sur fond d'échange mystérieux avec l'ultime, Dieu, autant qu'avec des spirituels du temps. Expérience qu'elle décrit en de fines analyses psychologiques, soucieuse de conseil et de vérification. Elle lit les auteurs mystiques et use de leur langue avec une écriture à la fois fougueuse et subtile, dans une œuvre abondante, copiée et recopiée par des amis, dont l'édition fut entreprise, de son vivant, et souvent reprise, par un réformé, Pierre Poiret, à Amsterdam, à partir de 1704, avec *Le moyen court...*, *Les Torrents* et le commentaire du *Cantique des cantiques*, textes plusieurs fois réédités, puis ses *Commentaires d'Écriture sainte* (1713) et *Discours chrétiens et spirituels* (1716). Mais c'est le récit de sa *Vie par elle-même* qui offre l'essentiel de ce que nous savons de son expérience. Éditée après sa mort (1722), ainsi d'ailleurs que d'autres écrits après ses *Justifications* (1720), et en même temps que ses *Poésies*, cette *Vie* est une sorte de plaidoyer en faveur de ce qu'elle appelait la « vérité de l'intérieur », c'est-à-dire, selon elle, l'authenticité du christianisme. Commencé en 1682 à la demande d'un confesseur et plusieurs fois repris, le récit narre son enfance et la découverte de l'oraison. Il décrit ses attraits et mouvements contraires pour la vie mondaine et pour la spiritualité, les conseils sollicités, les drames vécus, les soupçons des autorités et les examens réitérés de ses écrits (1993, 1995), jusqu'à son emprisonnement à la Bastille (1698) d'où elle ne sortit qu'en 1703. Cette « histoire », qualifiée de mystique par ses lecteurs à cause du langage que l'auteur utilise pour s'auto-interpréter, montre que la mystique chrétienne, en réponse à la parole reçue de l'Écriture et de la tradition, transforme l'être et lui donne une parole qui en fait un témoin de l'absolu.

Bien avant la psychanalyse, Mme Guyon a scruté son enfance. Pour elle, des maladies mal identifiées et surtout une carence affective due à l'éloignement de sa mère qui la confiait aux domestiques, avaient fait trace. Des séjours chez des religieuses de la ville, à quatre et sept ans, l'initient aux rudiments. Elle est sensible au regard d'autrui et découvre le miroir. Mais un appel lui parvient, d'abord par la Bible qu'elle lit comme une « histoire », puis par la prière de certaines personnes dont elle voit le recueillement : le missionnaire Chamesson de Toissy, revenu d'Indochine, Marie Fouquet, future Mme de Charost, son amie, enfin la prieure des Bénédictines de Montargis, Geneviève Granger*, liée au couvent de Montmartre. Leur recueillement lui révèle une vie désirable. Premières occasions d'une « communication intérieure » qui sera un de ses thèmes familiers. Son adolescence est brève. Elle est mariée à seize ans, en 1664, consentante, dit-elle, par espoir de liberté, avec Jacques Guyon du Chesnoy, de dix-sept ans plus âgé, fils d'un entrepreneur du canal de Briare, et qui devait mourir douze ans plus tard. Choquée par la différence d'âge et de condition, et plus encore par le comportement de sa belle-mère à son égard, Anne de Troyes, Mme Guyon se trouve plongée dans le mépris d'elle-même et la culpabilité. Cinq maternités en douze ans, les décès de deux de ses enfants et celui de son père l'accablent. C'est la conversation, ou plutôt l'altercation d'un inconnu, qu'elle croit être un « crocheteur », à Paris, sur les quais de Seine, en 1667, qui lui révèle la voie de la vérité intérieure : « Vous donnez aux pauvres, Madame, mais vous aimez votre beauté... » Deux religieux de passage à Montargis, les années suivantes, le franciscain

Archange Enguerrand, puis le barnabite François Lacombe lui procurent un dialogue fort utile sur l'intérieur et l'oraison. Un destin inconnu la sollicite. Demeurée veuve à vingt-huit ans, elle fait retraite avec Jacques Bertot, conseiller des Bénédictines. Une idée la hante : « Genève me revenait dans le cœur... » En 1679, une occasion se présente : s'associer à la fondation d'un établissement à Gex (Savoie) pour l'éducation de « nouvelles converties » issues de familles protestantes. Après consultations, elle décide de partir, avec sa fille. Dans sa pensée, Gex est une étape vers Genève, et l'évêque d'Annecy-Genève, Jean d'Arenthon d'Alex, le lui laisse croire. Mais la surprise est grande, le 23 juillet 1681, au vu des « quatre murailles » qui attendent le groupe. « Je compris dès lors que j'étais trompée », conclut-elle. Elle persiste cependant, organise la tutelle de ses fils et renonce à ses biens, ne se réservant qu'une pension. Toutefois, sur le conseil de François Lacombe, dans une retraite à Thonon, elle refuse d'accéder au vœu de l'évêque d'être supérieure de la communauté. Elle ne sera pas fondatrice. Son chemin est maintenant « bouché de pierres carrées », selon son expression. La tension intérieure trouve une issue dans l'écriture grâce à la métaphore offerte par le paysage savoyard : *Les Torrents*.

Elle sombre ensuite, durant huit mois, chez les Ursulines de Thonon, à qui elle a confié sa fille, dans ce qu'elle appelle sa « grande maladie ». À la suite de quoi, elle se retire un temps dans une petite maison, rêvant encore de donner forme à un hôpital de « douze lits ». Nouveau refus de l'évêque. Suit une période d'errance, vers Turin, à l'invitation de la marquise de Prunay, puis Verceil, où se trouve alors François Lacombe. Surpris lui-même, il lui enjoint de revenir à Paris et l'accompagne jusqu'à Grenoble où elle demeure près d'un an grâce à l'hospitalité de personnes pieuses. C'est là qu'elle écrit le fameux *Moyen court...*, publié par un parlementaire local, et qu'elle commente l'Écriture, plume en main. L'écho trouvé chez des religieux et des dévots soulève des réactions contre elle, au point que l'évêque, Étienne Le Camus, la prie de quitter la ville. Elle se rend alors à Marseille, où elle rencontre l'aveugle mystique François Malaval, puis de nouveau à Turin. Des jansénistes s'activent pour discréditer les « mystiques », malgré l'écrit de l'évêque de Verceil, Vittorio Agostino Ripa, sur « l'oraison du cœur ». Finalement, elle reprend le chemin de Paris, en 1686, par la voie ordinaire des diligences, en compagnie du père Lacombe, nommé lui-même à Paris, et s'installe au cloître Notre-Dame. La décision prise cinq ans plus tôt s'est soldée par un non-lieu. Son itinéraire n'a pu s'inscrire dans les formes vocationnelles existantes.

Son nom et celui du père Lacombe sont alors associés à une campagne contre les « erreurs » de Miguel de Molinos, prêtre romain – qu'elle ne connaît pas – condamné pour « quiétisme ». François Lacombe est interné, et elle-même renvoyée à la Visitation du faubourg Saint-Antoine (Paris) pour examen de ses écrits. Tirée de là sept mois plus tard par une intervention de Mme de Maintenon, elle prend le parti de se retirer chez sa fille, nouvellement mariée au comte de

Vaux, et y demeure plus de deux ans. En 1693, un désir de clarté la pousse à solliciter elle-même un nouvel examen de ses écrits, qui a lieu avec Bossuet et le janséniste Pierre Nicole, puis en 1694, avec le même Bossuet, Louis-Antoine de Noailles et Louis Tronson, supérieur de Saint-Sulpice. Elle y présente ses *Justifications*, une compilation de citations d'auteurs mystiques auxquels elle se réfère pour interpréter ce qu'elle vit. Quoique lavée du soupçon d'hérésie, les jugements défavorables persistent. On condamne un langage et on veut flétrir une personne. Bossuet, rencontré personnellement à Paris, lui est cette fois défavorable (il lui délivrera pourtant bientôt une attestation d'orthodoxie, après acte de soumission). Le *Moyen court* et le commentaire du *Cantique des cantiques* sont condamnés par l'archevêque de Paris, Harlay de Champvallon, en 1694, puis quelques autres évêques. Percevant un danger, Mme Guyon se cache alors sous un faux nom. Arrêtée le 31 décembre 1695 par la police du roi, pour un nouvel examen, elle est cette fois conduite à la prison de Vincennes. Nouvelle soumission devant le nouvel archevêque de Paris, Louis-Antoine de Noailles, puis nouveau transfert à la Visitation, dont elle sortira pour être emmenée, le 4 juin 1698, sans autre jugement, à la prison de la Bastille. La découverte récente du manuscrit de *La Relation* permet d'entrevoir ce que furent ces années, avec des périodes d'isolement total, jusqu'au moment où, ses principaux ennemis étant décédés, elle est libérée, à la demande de l'archevêque de Paris, le 23 mars 1703.

Reçue en Touraine par son fils aîné, Armand-Jacques, seigneur de Diziers-Courbouzon, elle se fixe alors à Blois, près de l'église Saint-Nicolas, où elle mourra. Des lecteurs amis, surtout étrangers, les « Trans » comme elle disait, écossais, suisses, allemands, lui écrivent ou lui rendent visite. Les correspondances font connaître ses dispositions durant cette période. La suspicion a cessé, le simulacre judiciaire et le drame politique sont devenus comme sans objet. Une nouvelle ère s'ouvre pour la conversation spirituelle et l'oraison, celle de la tolérance et de la communication des âmes simplifiées qu'elle nomme les « amis de l'Enfance de Jésus ». La correspondance avec Fénelon, devenu archevêque de Cambrai, reprend. Elle ne devait cesser qu'à la mort de celui-ci. Au-delà des tensions historiques avec les pouvoirs, la perspicacité et la sagesse de ce grand esprit en font un garant de l'authenticité de l'expérience de Mme Guyon.

À la différence d'illustres aînées ou contemporaines, Jeanne de Chantal*, Marie de Villeneuve ou Marie de l'Incarnation* (Marie Guyart), veuves et fondatrices d'ordres et dont la mémoire l'habite, Mme Guyon demeura donc simple laïque, animée d'un grand désir de service et douée pour susciter des échanges familiers. Puisant à la tradition des mystiques de la nuit de la foi, Jean Tauler, Jean de la Croix, et dans les écrits de François de Sales, tradition ré-exprimée par les *Maximes des saints* de Fénelon, également éloignée de la rigueur janséniste et d'une interprétation laxiste de la spiritualité, elle se trouve en fait devenir une figure de passage entre une forme de catholicisme clérical et dominateur et une Église fracturée mais recentrée sur l'Évangile, dans un monde où la spiritualité devient plus largement accessible hors du cloître. Les grands textes des mystiques lui parlent de « choses cachées », selon le sens premier du mot « mystique », c'est-à-dire d'un sentir fondamental, une relation à l'absolu, dans le renoncement à elle-même, qui la « presse » de parler et lui laisse le sentiment de « ne pouvoir dire ». Il est acte et épreuve, au double sens de sentir et de pâtir, d'un « fond vivant », échange avec une transcendance proche et intime, en laquelle les êtres existent et peuvent communiquer. Expérience dont le « poids », le « feu », ou la « nuit » (les métaphores abondent) dissipent les demi-mesures et les compromis, et en laquelle se consume une vie aspirée par le désir de se perdre en l'Autre divin. Consciente de sa fragilité et de ce qu'elle appelle son « néant », Mme Guyon s'accomplit dans *une connaissance obscure* qu'exprime seul le langage de l'amour, parfois comblant, plus souvent purifiant, reconnu dans la figure du Christ Jésus, et la conduisant dans l'abandon à la volonté divine. D'où l'usage constant de tours mystiques pour donner à entendre cette expérience fondamentale exprimée le plus souvent comme de biais. Oppositions : fond-puissances, passivité-activité, nuit-lumière, tout-rien ; affirmations-négations, « fond sans fond », « lieu sans lieu » ; raccourcis comme « paix-Dieu », ou encore superlatifs : « union sur-éminente », différents « tours » mystiques suggèrent l'union à un ordre divin. Savoir qui est au-delà du savoir, mais dans la tradition *évangélique* du « qui perd sa vie la gagnera », dont l'appel s'adresse, selon Mme Guyon, à tous. L'attachement à la communion avec l'Église est sincère, mais s'exprime par le récit et symbole plutôt que par la doctrine. D'où l'incompréhension. On n'a sans doute pas encore mesuré ce qu'a été pour elle la « forme » chrétienne reçue de l'Écriture, dès lors qu'elle pouvait y avoir accès en français. Certes, elle a dû se libérer de ses propres démons et de pressions jansénisantes, comme d'un désir de perfection qui aurait « recourbé » son élan sur la complaisance en soi (l'amour-propre). Mais sa lecture des Prophètes et du Nouveau Testament fut pour elle déterminante. De sorte qu'elle resta debout, puisant dans sa foi l'énergie spirituelle pour inscrire sa vie dans celle de Jésus, Verbe divin venu en la « chair » pour l'humanité.

Une *conception de l'être humain* sous-tend sa pensée, celle des trois puissances de l'âme : mémoire, intelligence et vouloir, non toutefois sans des accents propres. Elle lui permet de parler du progrès de l'âme en variations infinies, à mesure qu'elle se dégage du sensible. La puissance la plus décisive à ses yeux est cependant la volonté. Un vouloir qui requiert l'intelligence de soi, d'une tradition et d'un temps, mais fait appel à d'autres ressources que celle des représentations : une énergie de confiance venue d'un « fond » où l'être est indissociablement corps, âme et esprit, dans sa singularité d'être créé par Dieu. C'est ce qui, pour Mme Guyon, éclaire les diverses formes de prière et les « états de la foi », les dépouillements du moi et la paix de l'accomplissement dans une union indicible et sans confusion avec l'absolu reconnu dans le Christ, figure d'une humanité nouvelle. « Passiveté active », selon son propre mot, qui fait d'elle, non seulement le « jouet de la providence », mais aussi une sorte de « prophète » d'une vérité de la foi où l'exactitude des formules exige aussi une vie droite. C'est pourquoi sans doute sa figure, si importante pour diverses confessions chrétiennes, et même hors du christianisme, parle encore à ceux qui cherchent l'absolu au milieu des diversités humaines, trois siècles après que sa voix s'est éteinte.

Marie-Louise Gondal

• *Voir aussi* : Granger

Bibl. : ***Vie*** : L. COGNET, notice dans *Dictionnaire de spiritualité*, Paris, Beauchesne, t. VI, 1967, col. 1306-1336, avec la liste des lieux d'archives et de manuscrits connus au milieu du XXe siècle et les références des premières éditions de l'œuvre, par P. Poiret, puis l'apport de J.-P. Dutoit et P.-M. Masson, pour la correspondance avec Fénelon. ***Rééditions de textes*** : *Opuscules spirituels de Mme Guyon (1720)*, reproduction anastatique avec prés. par J. Orcibal, New York, G. Olms, 1978 ; *Le Moyen court et autres écrits spirituels*, prés. par M.-L. Gondal, Grenoble, Jérôme Millon, 1995 ; *Récits de captivité* (inédit), M.-L. Gondal (éd.), Grenoble, Jérôme Millon, 1992 ; *La Vie par elle-même et autres écrits biographiques*, D. Tronc (éd.), étude littéraire par A. Villard, Paris, Honoré Champion, 2001 ; *Madame Guyon. Écrits sur la vie intérieure*, prés. D. et M. Tronc, Paris, Arfuyen, 2005. ***Études*** : L. GUERRIER, *Madame Guyon, sa vie, sa doctrine et son influence*, Orléans, H. Herluison, 1881 ; L. COGNET, *Crépuscule des mystiques*, Paris, Desclée de Brouwer, 1958 ; J. ORCIBAL, « Le Cardinal Le Camus témoin au procès de Mme G. » (1974), *Études d'histoire et de littérature religieuse*, Paris, Klincksieck, 1997 ; *Actes* du Colloque de Thonon : *Rencontres autour de Madame Guyon* (1996) (contribution des meilleurs spécialistes), Grenoble, Jérôme Millon, 1997 ; M.-L. GONDAL, « L'Acte mystique. Le témoignage spirituel de Mme G. (1648-1717) », thèse dact., Fac. théologie Lyon, 1985 ; M.-L. GONDAL, *Mme Guyon. Un nouveau visage*, Paris, Beauchesne, 1989 ; ID., « La mystique : lieu théologique ? », *Nouvelle Revue théologique*, t. 108, n° 5, 1986, et « Autobiographie de Mme G., deux nouveaux manuscrits », *Revue XVIIe siècle*, n° 164, juil.-sept. 1989.

H

HADEWIJCH D'ANVERS, *béguine* (Anvers, v. 1200-?, v. 1260). — Sur la vie de Hadewijch, peu de renseignements historiques nous sont parvenus. La lecture de ses écrits permet cependant d'en proposer un portrait vraisemblable. Comme l'atteste la mention d'un manuscrit de Gand du XIVe siècle (*De Beata Hadewewigis de Antwerpia*), Hadewijch est très probablement née à Anvers. La qualité et la délicatesse de son écriture montrent qu'elle a reçu une éducation raffinée, laissant supposer qu'elle appartenait à l'aristocratie. S'exprimant aussi bien en moyen-néerlandais qu'en latin ou en français, elle fait preuve d'une parfaite maîtrise de la rhétorique et de la poésie strophique, ainsi que d'une connaissance approfondie de la littérature tant religieuse que profane. Sa correspondance et son œuvre littéraire nous plongent au cœur de l'effervescence d'un renouveau religieux, le mouvement béguinal. Ce mouvement, qui se diffuse en Europe du Nord dès la fin du XIIe siècle, situe l'époque et le cadre où vécut Hadewijch. Maints détails de son œuvre laissent transparaître que Hadewijch fut une béguine, c'est-à-dire une laïque qui, sans aucun vœu de stabilité, consacrait entièrement sa vie à Dieu au jour le jour, tant par les œuvres que par la prière et la méditation des Saintes Écritures. Il est fort probable que, de simple béguine, Hadewijch ait été conduite, par ses talents, à se retrouver à la tête d'un béguinage. Elle aurait porté le titre de « grande maîtresse » (*Visions*, I, 193). Cette hypothèse serait confirmée par le rôle de guide spirituel que revêtent plusieurs de ses lettres, ainsi que par l'allusion à la « société » (*gheselscap*) dont elle aurait été la fondatrice et la responsable. Un autre élément est également à prendre en considération. Il a été prouvé que certains écrits attribués à Hadewijch, les *Mengeldichten XVII-XXIX* ou *Nouveaux Poèmes* (Porion, 1954), étaient d'une autre plume. En raison de cette découverte, il n'y aurait donc pas une seule, mais deux Hadewijch. Disciple de la première, la seconde Hadewijch aurait écrit après 1250. L'une comme l'autre auraient eu une influence considérable tant sur Jean Ruysbroeck que sur Maître Eckhart.

L'œuvre de Hadewijch comprend des *Visions* (*Visioenen*), des *Lettres* (*Brieven*), des *Poèmes strophiques* (*Strophische Gedichten*) et des *Mélanges poétiques* (*Mengeldichten*), dont treize sont d'une autre main (*Nouveaux Poèmes*). Les *Visions* sont des petits récits didactiques relatant l'expérience spirituelle de Hadewijch. Assez stéréotypées, les parties « strictement visionnaires » sont mises en scène comme relevant d'une injonction divine. Par là, la doctrine de Hadewijch s'en trouve légitimée. Les *Visions* sont écrites dans le but d'encourager ses compagnes, mais peut-être aussi d'autres destinataires, à persévérer dans la recherche inlassable de l'amour. Les *Lettres*, au nombre de trente et une, sont de factures variées. On y trouve de la véritable correspondance, mais aussi des dissertations. Ce sont davantage des petits traités (ex : *Lettre* X). Ces lettres sont à rattacher au rôle de directrice spirituelle tenu par Hadewijch. N'hésitant pas à mettre en avant ses propres expériences, dans un souci d'édification, l'auteur y transmet son enthousiasme tout en fondant l'authenticité de son autorité. Les *Poèmes strophiques* s'inspirent de la poésie amoureuse courtoise, mais aussi s'en démarquent fortement. On y assiste à une véritable mise en scène de la vie intérieure de Hadewijch. Le lyrisme qui est déployé n'est pas feint. Les gémissements et les exaltations témoignent du drame qui se joue dans l'âme qui, n'ayant d'autre destinée que la vie divine, ne peut que s'en remettre à l'amour. Les *Mélanges poétiques* sont des lettres rimées. Moins directement personnels que les *Poèmes strophiques*, ils sont davantage des exhortations à vivre selon l'amour. Reprenant les mêmes thèmes que les lettres, ils les présentent sous la forme de sentences plus suggestives, destinées à frapper la mémoire et l'imagination. Les *Nouveaux Poèmes* sont les *Mengeldichten XVII-XXIX*. Ils sont appelés ainsi pour les distinguer des autres *Mélanges poétiques* attribués à Hadewijch I. On y trouve des thèmes différents du reste du corpus : la nudité, le fond simple de l'être, l'étincelle de l'âme. Leur résonance eckhartienne a fait penser que Hadewijch II était postérieure au Thuringien. Mais cette hypothèse a été battue en brèche par les dernières recherches.

« Donnant le tout pour le tout » (*al om al*), telle est la devise de Hadewijch d'Anvers (*Poèmes*, XXVI, 12-24 ; XXIX, 15-20). C'est dire à quel point sa spiritualité est radicale. Hadewijch est dévorée par le feu de l'amour. Pour cette femme de feu, « Amour est tout ». Le mot « amour » (*minne*), qu'elle reprend à la littérature profane, désigne aussi bien l'expérience de rencontre avec le prochain, que Jésus-Christ, le Bien-Aimé, ou même Dieu lui-même. Par sa polysémie, le terme *minne* est une notion vivante qui permet de faire rebondir sans cesse la recherche de l'amour : « Je m'interrogeais et sans cesse je me disais : Qu'est l'amour ? Qui est amour ? » (*Visions*, II, 19-20). Le terme « amour » conduit à unifier le langage, à le simplifier et aussi à le versifier. Si bien que, à propos de Hadewijch, il est pertinent de parler d'une « mystique de l'amour » (*Minnemystik*), sans pour autant la séparer d'une mystique de l'essence ou de la suressence, comme on la trouvera chez Eckhart. Vivant dans un brasier incandescent, Hadewijch subit les assauts tumultueux de l'amour. À l'instar de la littérature chevaleresque et courtoise, la relation entre l'amour et l'âme s'exprime sur le ton d'un combat. En effet, « s'attacher uniquement à aimer » ne peut se réaliser autrement qu'en rencontrant mille résistances (*Poèmes*, XXVI, 5). Mais, finalement, dans cette lutte dissymétrique, vaincre consiste à être vaincu. Tel Jacob avec l'ange, la défaite se mue en victoire. Seul celui qui remet les armes, laisse Dieu entièrement œuvrer en lui. La vraie liberté de l'âme se conquiert en étant totalement soumise à l'amour : « Soumets-moi, afin que je puisse te vaincre » (*Verwinne mi da tic Die verwinne*).

Hardie et vorace, tels sont les deux qualificatifs qui conviennent à ce tempérament passionné. Brûlée de fond en comble par une « rage d'amour fougueuse » (*orewoet*), Hadewijch se jette dans la course amoureuse. Si l'amour convie l'âme en attisant son désir, il n'en reste pas moins qu'elle demeure dans l'absence. Assoiffée, affamée, elle cherche sans repos celui que son cœur aime. Mais il ne faudrait pas croire que cette recherche se fait uniquement au niveau des sens. Sans cesse, la raison est là qui veille. Dans ses *Poèmes strophiques*, selon une modalité fréquente de la littérature du XIIIe siècle, Hadewijch personnifie Amour et Raison. Quittant le registre de pures notions abstraites, Amour et Raison entrent en dialogue, acquérant ainsi un poids de réalité concrète : « Lorsque Amour envahit l'âme, il la berce de joies ineffables et elle se croit privilégiée et promise à d'indicibles plénitudes. Ainsi Amour nous emprisonne en ses nœuds. Puis vient Raison, la rigoureuse, imposant de nouvelles œuvres de réparation : bien vite est brisée l'ivresse première » (*Poèmes*, XIX, 12). Cette personnification transpose ce qui pourrait être une expérience purement individuelle sur un plan universel, en déplaçant le rapport trop dichotomique des pôles subjectifs et objectifs. L'âme de Hadewijch devient une sorte de lieu de transit où tout lecteur est invité à lire ce qui se joue en lui. Ainsi, par ce procédé pédagogique, Hadewijch atteint-elle son but : introduire tout un chacun au cœur même de l'expérience spirituelle.

Avec Hadewijch, nous sommes donc en présence d'une personnalité à la fois commune et hors du commun. Douée d'une âme fougueuse et subtilement délicate, Hadewijch est mieux placée que quiconque pour sentir les pressions et les attirances de l'amour dont chacun est l'enjeu, ainsi que pour les interpréter. Toute attentive aux mouvements intérieurs, elle les reconnaît et en propose une description claire et savoureuse. Elle sait que l'on ne peut être mu sans être ému. L'émotion d'abord. Initiée aux formes de l'art courtois, Hadewijch s'y entend pour traduire son expérience religieuse dans le registre d'une véritable conquête amoureuse. Que Dieu fasse la cour à l'humanité, aux femmes comme aux hommes, est un thème biblique majeur. Mais Hadewijch a l'art de lui rendre une tonalité telle que Dieu se présente comme un amant tantôt attentionné et proche, tantôt indomptable et lointain, provoquant tour à tour l'embrasement et l'alanguissement. Pouvant faire irruption à tout instant dans la vie, Dieu, dont le seul nom est Amour, devient l'acteur principal et décisif du quotidien le plus banal. Telle est bien la spiritualité des béguines : la perméabilité la plus grande entre le sacré et le profane. Sur ce point, précisément, l'œuvre de Hadewijch est une réussite exemplaire. La vie spirituelle n'est plus réservée à quelques-uns, mais ouverte au plus grand nombre, sans pour autant que sa qualité n'en soit bradée, bien au contraire. Si elle fait appel à l'émotion, Hadewijch n'en fait pas le but ultime de sa mystique. L'émotion est l'ouverture à un mouvement de conversion. Les beaux sentiments ne peuvent être complices d'une évasion hors du réel. Pas de spiritualité sans les œuvres. La voie des œuvres creuse l'indigence de l'âme, son humilité essentielle, la rendant ainsi apte à recevoir davantage d'amour. Par là, elle se conforme à son Bien-Aimé, le Christ, qui n'a épargné nulle souffrance pour venir au-devant de sa Bien-Aimée, qu'elle soit l'âme ou l'Église. À cela se reconnaît l'authenticité chrétienne de la mystique de Hadewijch. Jean Ruysbroeck s'en souviendra. Tout en se laissant largement influencer par la mystique nuptiale de sa compatriote flamande, comme le révèle la tonalité affective de son œuvre, Jean l'Admirable développera également une spiritualité dans laquelle les œuvres sont le chemin incontournable qui conduit à l'union divine.

La mystique de Hadewijch s'enracine dans la tradition théologique et spirituelle de l'Occident. Influencée par Bernard de Clairvaux et Guillaume de Saint-Thierry (*Lettre* VIII, *Visions*, III), ainsi que par Richard et Hugues de Saint-Victor (*Lettre* X), Hadewijch reçoit l'héritage de saint Augustin. C'est dire l'importance que revêtent pour elle l'Incarnation et le mystère trinitaire. L'amour du Verbe incarné la conduit à mettre en valeur les sacrements, plus particulièrement l'Eucharistie. Dans cette perspective, loin d'être un état extatique particulariste et extra-ecclésial, l'expérience mystique passe par la médiation de l'Eucharistie. La communion, ouverte à tout fidèle, est précisément le lieu privilégié où se vit l'union « sans différence » (*Visions*, VII). Hadewijch la décrit comme une jouissance vécue, où les deux amants fondent l'un dans l'autre, ne faisant plus qu'une seule essence. Cet exemple montre combien Hadewijch n'opte pas entre une « mystique de l'amour » (*Minnemystik*) et une « mystique de l'essence » (*Wesensmystik*). Au contraire, l'amour est l'acte de don sans lequel il n'est pas d'union essentielle. L'essence n'est pas évacuée au profit de l'amour, mais elle en ressort plus hautement qualifiée. Cette théologie, dans laquelle le nom de l'Exode (Ex III, 14) et le nom johannique (1Jn IV, 8-16) sont associés, permet de jeter un nouveau regard sur l'influence de Hadewijch envers Eckhart. Tout en reconnaissant l'héritage théologique et le lexique commun entre les deux auteurs, on a parfois opposé la tendance spéculative du Thuringien à la tonalité affective de la béguine flamande. Il est vrai que Maître Eckhart joue peu sur la corde sensible. Cependant, que certains sermons minorisent la faculté de volonté ou d'amour ne signifie pas que le Thuringien ait refusé d'attribuer à Dieu le nom d'amour. Dans le

Sermon latin VI, § 52, Eckhart écrit : « Par le fait que Dieu est nommé “amour”, premièrement, la simplicité absolue, la plus pure de Dieu, est établie, puis, à partir de là, la primauté de Celui-ci en toutes choses, et, plus encore : l'être lui-même est un être simple (Ex III, 14 : “je suis celui qui suit”). »

Finalement, force est de constater qu'une même intention anime toute l'œuvre de Hadewijch. Dévoilant sa propre vie spirituelle, elle convie chacun à s'engager à son tour dans une vie où « Amour est tout ».

Yves Meessen

• *Voir aussi* : Béatrice de Nazareth ; Marguerite Porete ; Mechtilde de Magdebourg

Bibl. : ***Œuvres*** : *Poèmes spirituels*, in *Hadewijch d'Anvers. Écrits mystiques des Béguines*, trad. du moyen-néerlandais J.-B. Porion, Paris, Seuil, 1954, rééd. 1994 ; *Lettres spirituelles. Hadewijch Sept degrés d'amour. Béatrice de Nazareth*, introd., notes et trad. J.-B. Porion, Genève, Libraire Martingay, 1972 ; *Poèmes strophiques*, in *Amour est tout*, trad. R. Vande Plas, introd. et prés. par A. Simonet, Paris, Tequi, 1984 ; *Les Visions*, prés., trad. et notes F.-X. de Guilbert, Paris, Œil, 1987. ***Études*** : J. VAN MIERLO, « Hadewijch, une mystique flamande du XIIe siècle », *Revue d'ascétisme et de mystique*, t. 5, 1924, p. 269 *sq* ; P. MOMMAERS, *Hadewijch d'Anvers*, adapté du néerlandais C. Jordens, Paris, Cerf, 1994 ; A. GOZIER, *Béguine, écrivain et mystique. Portrait et texte de Hadewijch d'Anvers (XIIIe siècle)*, Paris, Nouvelle Cité, 1994 ; I. RAVIOLO, « Hadewijch », *in* M.-A. Vannier (dir.), *Encyclopédie des mystiques rhénans. D'Eckhart à Nicolas de Cues et leur réception*, Paris, Cerf, 2011.

HALLÉ, Yvonne, *carmélite* (Marie-Élisabeth de la Trinité en religion ; Paris, 10 décembre 1907-Bethléem, 9 avril 1938). — D'ascendance paysanne, Yvonne Hallé est fille unique. Son père, militaire, puis cultivateur, et sa mère sont d'origine champenoise. Son enfance se déroule à Paris, puis à Versailles. Après une deuxième lecture, dans sa vingtième année, de l'*Histoire d'une âme*, de sainte Thérèse de Lisieux*, elle confie à une amie : « Je me ferai religieuse. » Dès 1915, elle va au catéchisme : les chapitres sur le mystère de la Trinité et le récit de la Passion la bouleversent. En mai 1917, Yvonne fait sa communion privée : « Tout se passa dans le silence au plus profond de moi-même. Je m'abandonnai à Lui, dans la foi et l'amour. Je compris que j'étais devenue son ciboire pour toujours. » Puis sa communion solennelle en juin 1918. Adolescente, elle se passionne pour les études et pratique toujours avec ferveur les retraites spirituelles. En 1920, Yvonne est l'objet d'une grâce exceptionnelle : « Il me fit sentir sa présence au plus profond de mon âme. Une joie indicible. Une fusion. L'union avec Jésus-Époux, un époux qui allait bientôt monter au Calvaire. [...] Une soif d'amour infini. » Première de sa classe pendant toute sa scolarité, elle devient maîtresse d'école en 1926. Elle noue une amitié profonde avec une nouvelle élève, Madeleine Jully. En 1933, elle part à Lourdes avec sa mère ; celle-ci la retrouve un soir devant la grotte miraculeuse, en extase, les bras en croix. Yvonne retournera à Lourdes deux ou trois autres fois.

Le 27 juin 1924, veille des Rameaux, grâce à l'aide de son directeur spirituel, Yvonne prend conscience de sa vocation religieuse. En 1925, elle s'inscrit à l'Institut catholique de Paris pour préparer une licence ès lettres. Elle enseigne en même temps dans une institution religieuse. La lecture de la biographie de sœur Marie de Jésus Crucifié* (Mariam Baouardy), morte en odeur de sainteté au carmel de Bethléem, décide de son choix pour cette communauté. Le 26 février 1926, autorisée par son directeur spirituel, elle fait vœu de virginité (considéré comme temporaire, vu son jeune âge). Le 18 avril 1931, jour du mariage de son amie Madeleine, Yvonne connaît l'enfer tel que le décrit Thérèse d'Avila* : « Est-ce moi vraiment, je ne me reconnaissais pas. Le tentateur était là. La bure ? Le cloître ? Quelle stupidité ! Ce ne fut qu'un éclair, mais qui me laissa dans une profonde détresse dont nul ne se douta. Le diable en fut pour ses frais. » Refusant des demandes en mariage, Yvonne fait divers voyages : Lisieux, Lourdes, l'Algérie. En 1931, elle fait un pèlerinage à l'abbaye de Ligugé. L'année suivante, elle est admise comme oblate à l'abbaye Sainte-Marie de Paris, sous le nom de sœur Gertrude. Après bien des péripéties, au terme d'une évolution intime, Yvonne est admise au carmel de Bethléem, sous le nom de sœur Marie-Élisabeth de la Trinité. Humilité, dépouillement, souffrance marquent l'année de probation. En 1937, elle fait sa profession solennelle et prend le voile ; elle est autorisée à porter des instruments de pénitence, malgré des soucis de santé qui ne cesseront de s'aggraver jusqu'à l'issue mortelle. À la joie succède ainsi la série des *nuits obscures* que Jean de la Croix évoque comme de terribles agonies de l'âme et du corps.

L'expérience mystique d'Yvonne Hallé est une offrande sans réserve à la Passion du Christ : « Jeudi matin, prosternée les bras en croix, je m'offrais toute aux rayons de pureté et d'amour de son Hostie, de cette Hostie que je lui avais préparée en souffrant, peut-être même en retenant les larmes que m'arrachait malgré moi ce broiement de tout mon être. » En 1935 et en 1936, elle subit deux interventions chirurgicales. Tandis que les médecins tentent l'impossible, la moniale s'élance vers le sommet de la souffrance qui est sa manière personnelle de rencontrer le Tout-Autre. « Jésus m'attend, immobile, sacrifiée, adorante, épouse au Calvaire. Parfois mon bonheur est si intense qu'il me semble qu'il va m'en briser la poitrine. M'élancer vers Lui ! », confie-t-elle aux prêtres, rendant son dernier soupir, le crucifix sur les lèvres.

L'une de ses devises suggère la modalité singulière qu'eut pour Yvonne Hallé la voie qui la mena sur la cime du Mont-Carmel, selon le dessin de Jean de la Croix : « *Per Crucem ad lucem* » (« Par la croix vers la lumière »). Au sommet du mont, Jean de la Croix inscrit ces mots, inspirés par saint Paul : « [...] et ici il n'y a plus de chemin parce que pour le juste il n'y a pas de loi ; il est pour lui-même sa propre loi. » Paroles magnifiques qui expriment l'essentiel de l'expérience mystique, dont la brève existence et la passion d'amour pour le Christ d'Yvonne Hallé donnent un témoignage.

Bernard Sesé

• *Voir aussi* : Marie de Jésus Crucifié (Mariam Baouardy) ; Thérèse de Lisieux

Bibl. : *Études* : M. CHALLENDARD, *Étudiante et carmélite, Yvonne Hallé (1907-1938)*, Paris, Éditions Alsatia, 1947.

HARPAIN, Marie-Eustelle, *laïque* (Saintes, 19 juin 1814-29 juin 1842).

— Cette Poitevine se convertit à une vie chrétienne sérieuse à l'âge de quinze ans et mènera son existence à la manière des béguines du Moyen Âge. Ayant fait vœu de chasteté le 2 février 1837 – elle portera désormais sur elle, dans un médaillon en forme de croix, la traduction latine du vœu ainsi prononcé –, elle travaillera comme lingère et couturière (comme l'avait fait Claudine Moine*, au XVIIe siècle), d'abord à domicile, puis chez elle. Une date importante dans le cours de sa vie spirituelle aura été 1839, où lui est confiée la responsabilité de la sacristie de l'église Saint-Pallais : le sanctuaire devient dès lors sa demeure journalière et elle y peut en développer la dimension eucharistique : privilège rare, la communion lui sera permise alors chaque jour. De cette vie intérieure (soutenue par la lecture de la Bible – encore un autre privilège – et des spirituels tels François de Sales, Saint-Jure, Lallemant, Louis de Grenade, Rodriguez) nous donnent témoignage une autobiographie rédigée sur l'ordre de son directeur et de l'évêque local (où elle se situe dans la tradition des *Confessions* augustiniennes) et une correspondance (pour l'essentiel de ce qui nous en reste) avec ses deux directeurs. Le plus original reste son approfondissement du mystère eucharistique, qui lui est central : même si elle n'évite pas les clichés habituels de la théologie de l'époque (« le divin prisonnier », « le Dieu inconnu, méconnu »), elle vit l'Eucharistie, non pas comme une participation au sacrifice du Christ, mais comme le moyen de s'unir au Christ, ce que, par deux fois au moins, Marie-Eustelle aura pu concrètement éprouver dans une transformation de son être même. Aussi le rapprochement qu'elle opère entre l'Eucharistie et le Cœur du Christ lui permet-il d'insister sur la miséricorde divine, un trait peu en vogue à son époque. À bien des égards, elle aura préparé les décrets de Pie X encourageant la communion fréquente.

François Marxer

Bibl. : ***Œuvre*** : *Recueil des écrits de Marie-Eustelle*, La Rochelle, F. Boulet, 1843. ***Vie et étude*** : L. POIVERT, *Vie et vertus de Marie-Eustelle Harpain, dite l'Ange de l'Eucharistie (1814-1842)*, Paris, 1921.

HEDWIGE DE SILÉSIE, *sainte, cistercienne* (Andechs, Bavière, 1174-Trzebnicz, 1243) — Paradoxalement, Hedwige, en dépit de la suspicion que les clercs font peser sur la sexualité, est présentée comme un modèle et une référence de perfection chrétienne, alors qu'elle a assumé clairement ses rôles d'épouse et de mère. N'ayant accepté le mariage que par obéissance à ses parents, elle applique strictement, il est vrai, l'obligation de continence dans les périodes liturgiques prescrites (quelque vingt semaines par an) et bien sûr, durant les grossesses et les temps d'allaitement : à partir de ses treize ans, elle aura sept enfants. Ensuite, elle finira par obtenir de son mari, le duc Henri Ier le Barbu, un des princes polonais les plus éminents (de son perfectionnement moral et spirituel, elle-même a le plus grand soin) de prononcer ensemble devant un évêque un vœu de continence. Cela dit, le veuvage lui sera quand même une libération. Elle réalise ainsi cet idéal de la *castitas conjugata* (« chasteté conjugale ») que vise alors l'élite des *laici religiosi* (« les laïcs dévots »), manière d'adapter le conseil évangélique de perfection à la réalité du mariage : certes ce n'est pas un idéal, mais il ne s'oppose pas à la sanctification chrétienne de ceux qui y sont engagés. Fille du comte Berthold IV d'Andechs-Meran (illustre famille bavaroise dont, entre 1150 et 1500, trente-deux des membres seront auréolés d'une réputation de sainteté), Hedwige, femme d'une rare force de caractère, ne concevait l'accomplissement d'une vie chrétienne que dans la proximité de la perfection monastique : pénétrée de l'influence cistercienne, elle fonde l'abbaye de Trzebnicz pour les filles de la haute aristocratie, à commencer par la sienne, et y sera abbesse. Elle-même n'y entrera que sur le tard, car elle estimait les œuvres de charité plus importantes et plus méritoires. Charité dans son cas exemplaire, dans ses aumônes sans restriction, son entretien des déshérités et ses fondations (l'hôpital de Wroclaw). Il y a donc chez elle un souci des *pauperes Christi* (« les pauvres du Christ ») qui n'est pas sans relation avec sa dévotion à l'humanité du Christ, en sa Passion particulièrement. Méditation centrale pour elle, qui se traduit en pratiques ascétiques, mais sans excès démonstratifs, étant comme tempérées par la *discretio* monastique. Hedwige combine ainsi une conception archaïque de la vie mystique, inspirée de la rigueur, voire de la rudesse, cistercienne et une conception moderne, initiée par les Franciscains, qui va être bientôt la voie royale de la perfection : la charité et la recherche de la pauvreté, où s'illustrera une de ses nièces, Élisabeth de Hongrie*. Elle meurt brisée par la disparition de son fils aîné, le duc Henri II tué au combat contre les Tartares en 1241.

François Marxer

Bibl. : ***Vie et étude*** : A. VAUCHEZ, « Un nouvel idéal au XIIIe siècle : la chasteté conjugale », in *Les Laïcs au Moyen Âge. Pratiques et expériences religieuses*, Paris, Cerf, 1987, p. 203-209.

HÉLÈNE DE BOLOGNE, *bienheureuse* (Hélène Duglioli ; Bologne, 1472-23 septembre 1520). — Hélène est la fille de Silverio Duglioli, notaire, et de Pantasilea Boccafferri, originaire de Bologne. Elle menait une vie dévote depuis l'enfance et se consacrait à l'oraison. Malgré sa propension à la vie monastique, elle fut donnée en mariage à Benedetto Dall'Olio, un notaire de Bologne, beaucoup plus âgé qu'elle. Elle n'eut pas d'enfant, mais éduqua et éleva, comme s'il s'agissait des siens, quelques enfants, dont sa nièce Pantasilea. Elle continua, après le mariage, à se consacrer à la prière, la contemplation et la dévotion eucharistique, sans négliger toutefois les activités caritatives, comme l'assistance aux pauvres et aux jeunes filles sans dot. Vers 1506, le bruit selon lequel elle vivait dans une chasteté totale avec son mari et avait donc gardé sa virginité, commença à se répandre. Ce fait, tenu pour miraculeux, lui assura l'admiration et l'attention de toute la ville, et elle fut considérée comme une sainte. Pour confirmer cela, elle dit plus tard qu'elle était miraculeusement dotée de lait avec lequel elle allaitait matériellement ses enfants spirituels. Les hagiographes racontent que l'on disait que le contact corporel avec la dévote libérait de toute tentation charnelle et que son lait avait le pouvoir extraordinaire de calmer tout élan sexuel, en restituant au corps son innocence originelle. Pareil thème hagiographique, très inhabituel, prenait une signification symbolique particulière. La *lactatio* était le signe de sa virginité dans le mariage, mais aussi le moyen par lequel Hélène légitimait son rôle de « mère de l'âme ». Ce qui poussa ces hagiographes à la comparer à sainte Cécile, vierge et sainte romaine, mais aussi à la Vierge Marie* : deux modèles envers lesquels elle fit preuve d'une grande dévotion au cours de sa vie. Les chanoines réguliers de l'église San Giovanni in Monte, qui avaient été ses confesseurs et guides sur la voie de la perfection, furent ses premiers appréciateurs ; ils devinrent alors ses fils spirituels et les promoteurs de sa réputation, entre autres par la prédication. Le célèbre prédicateur et auteur de textes spirituels, Pietro da Lucca, était au nombre d'entre eux. Quelques-uns de ses enseignements semblaient, selon le carmélite Battista Spagnoli, être influencés par les doctrines d'Hélène, comme celle qui voulait que le Christ n'ait pas été conçu par l'utérus de Marie mais par l'Esprit-Saint grâce à des gouttes de sang qui avaient pénétré son cœur ; une doctrine qui valut au chanoine d'être inquiété par l'Inquisition. La réputation d'Hélène de Bologne se diffusa rapidement ; à l'instar d'autres charismatiques italiennes à cette époque, elle fut vénérée comme une sainte de son vivant.

Les premières décennies du XVIe siècle furent des années de guerre en Italie, et des années très tourmentées également pour la ville de Bologne, où, après une période de luttes internes et la chute de la seigneurie des Bentivoglio, la ville passa de nouveau sous la souveraineté du pape Jules II. La dévotion, qui se catalysa autour de nombreuses femmes de sainte vie comme Hélène, prit alors aussi un sens politique, à savoir la consolidation du pouvoir du prince et, dans le cas d'Hélène Duglioli, le pouvoir d'une faction, celle des partisans du pape, opposée aux Bentivoglio, qui vénéraient au contraire une autre charismatique, Caterina de Vigri (Catherine de Bologne*). De nombreux ecclésiastiques la défendirent, augmentèrent les donations en sa faveur pour la réalisation de ses projets et s'adressèrent à elle pour recevoir un conseil spirituel ou se recommander à ses prières : ainsi firent le légat Francesco Alidosi, le protonotaire apostolique Antonio Stanga, le légat Jean de Médicis (futur pape Léon X), le chanoine florentin et futur évêque de Pistoia Antonio Pucci. Au cours de ces années, Hélène, devenue veuve en 1516, organisa la construction d'une chapelle dédiée à sainte Cécile martyre, à San Giovanni in Monte, le nouveau centre de la vie religieuse. Quelques années plus tard, avec Antonio Pucci, elle commanda à Raphaël un tableau de l'extase de sainte Cécile, destinée à la chapelle. C'est à cette période que se diffusa une révélation d'Hélène, selon laquelle elle aurait été la fille du sultan turc Mehmet II, serait née, comme le patron de la ville, saint Pétrone, à Constantinople et aurait été vouée à la conversion des Turcs. La dévotion d'Hélène, en tant que « sainte vivante », s'enrichit alors de nouveaux thèmes : celui de la rénovation de l'Église à travers la conversion des infidèles, grâce à son exemple de vie vertueuse, mais aussi celui de la réforme de l'Église de Bologne, par son intermédiaire, qui se voulait en continuité avec celle de saint Pétrone ; une action qui se manifestait concrètement grâce à l'activité de patronage exercée avec la construction de la chapelle, puis de l'autel majeur dans l'église des chanoines réguliers. Quand Hélène mourut, son corps fut déposé dans la chapelle. Son procès en béatification, lancé immédiatement après sa mort, ne s'acheva pas rapidement, malgré le culte qui lui fut tout de suite rendu. Quelques hagiographies furent rédigées : l'une de celles qui sont restées à l'état de manuscrit fut composée par Pietro da Lucca, une autre fut rédigée par un auteur anonyme. Celle de Carlo Bentivoglio, intitulée *Compendio della vita* (« Précis de la vie », 1651), fut imprimée la première, quelques années après la mort de la dévote. Hélène Duglioli fut béatifiée en 1828.

Hélène de Bologne fut l'auteur d'un bref traité de vie spirituelle intitulé *Breve e signoril modo del spiritual vivere* (« Bref et noble mode de vie spirituelle », 1520), dédié à l'une de ses filles spirituelles, la marquise de Monferrat, Anne d'Alençon, dans lequel elle raconte comment la journée d'un chrétien devrait se dérouler. Le langage est celui de la mystique nuptiale du *Cantique des cantiques* : « La dévote âme voulant s'unir à l'époux divin, elle a besoin de s'exercer par ces moyens sans lesquels, jamais elle ne pourra se lier à lui. » Hélène indique, entre autres moyens pour s'unir à Dieu, la prière, la méditation, la messe et la communion qui, précise-t-elle, ne pouvant être quotidienne pour les laïcs, peut au moins être spirituelle. On y voit une polémique évidente vis-à-vis du clergé qui ne permet pas aux laïcs la communion sacramentelle quotidienne dont, affirme Hélène, ils seraient plus dignes que les prêtres, car ils se révèlent souvent plus purs et plus désireux de la recevoir fréquemment (*Atti e memorie*, t. III, p. 437 et p. 349).

Elena Bottoni

• *Voir aussi* : Catherine de Bologne ; Marie

Bibl. : ***Œuvre*** : *Breve e signoril modo del spiritual vivere e di facilmente pervenire alla Christiana perfettione*, Bologne, 1520. ***Vie*** : G. B. MELLONI, *Atti e memorie degli uomini illustri in santità nati o morti in Bologna*, Bologne, Lelio della Volpe, 1773-1788 ; C. C. BENTIVOGLIO, *Compendio della vita della beata E. Dall'Olio, vergine maritata e vedova*, Bologne, Gio. Battista Ferroni, 1651. ***Études*** : G. ZARRI, « Madri dell'anima : Chiara Bugni, Elena Duglioli e la rigenerazione della chiesa », *Micrologus. Natura, scienza e società medievali*, XVII, 2009, p. 415-435 ; G. POMATA, « A Christian Utopia of the Renaissance. Elena Duglioli's Spiritual and Physical Motherhood (c. 1510-1520) », *in* K. von Greyerz, H. Medick, P. Veit, *Von der dargestellten Person zum erinerten Ich. Europäische Selbstzeugnisse als historische Quellen (1500-1850)*, Cologne-Weimar-Vienne, Böhlau Verlag, 2001, p. 323-353 ; G. POZZI, C. LEONARDI, *Scrittrici mistiche italiane*, Gênes, Marietti, 1988, p. 333-337.

HÉLOÏSE, *abbesse chrétienne, auteur d'une correspondance avec le philosophe et théologien Abélard* (Paris, 1101-Paraclet, 1164). — Hormis le nom de sa mère, Hersent, on ne sait rien des antécédents ni de l'enfance d'Héloïse avant son entrée, à l'adolescence, au couvent de Notre-Dame d'Argenteuil, pour y entreprendre des études qui la passionnent : lettres, dialectique, philosophie. Pierre le Vénérable écrira plus tard qu'elle était une des femmes les plus cultivées du royaume. À Paris, elle est logée dans une petite « ville cléricale » chez son oncle maternel, le chanoine Fulbert. Celui-ci la confie à Pierre Abélard, âgé alors de trente-quatre ans, *clerc* ou *écolier*, c'est-à-dire *lettré*, non ecclésiastique, renommé des écoles Notre-Dame, afin qu'il surveille les études de la jeune fille, âgée de dix-sept ou dix-huit ans. Le maître s'éprend d'Héloïse, qui lui voue aussitôt en retour un amour éperdu. « Nous fûmes d'abord réunis par le même toit, puis par le cœur », écrit Abélard. De cette relation naît un garçon, nommé Pierre Astrolabe, qui entrera plus tard dans les ordres sacrés. Furieux, persuadé d'avoir été leurré, le chanoine Fulbert, fou de douleur et de désespoir, fait émasculer Abélard. Celui-ci lui propose d'épouser la jeune femme qu'il avait séduite. Redoutant de ternir la gloire d'Abélard par un mariage secret qui ne le resterait pas longtemps, Héloïse accepte cependant par amour de devenir, en cachette, l'épouse, plutôt que de rester l'amante, de l'homme qu'elle aime. « Bien que le nom d'épouse paraisse et plus sacré et plus fort, un autre a toujours été plus doux à mon cœur, celui de votre maîtresse ou même, laissez-moi le dire, celui de votre concubine, de votre fille de joie. Il me semblait que plus je me ferais humble pour vous, plus je m'acquerrais de titres à votre amour, moins j'entraverais votre glorieuse destinée. » Abélard sera en effet, après saint Anselme et avec Pierre Lombard, l'un des maîtres les plus prestigieux de la scolastique de son époque. Abélard et Héloïse entrent en religion (1118), lui à Saint-Denis, elle au monastère d'Argenteuil, dont elle devient la prieure. Elle sera ensuite abbesse du Paraclet, un couvent fondé en Champagne par Abélard, qu'il a donné aux religieuses d'Argenteuil (1129), expulsées de leur monastère et que Suger, abbé de Saint-Denis (dont dépendait Argenteuil), a remplacées par des moines. Les moniales furent déplacées dans diverses abbayes. Abélard écrivit : « Il arriva que l'abbé de Saint-Denis, ayant réclamé et obtenu comme une annexe autrefois soumise à sa juridiction l'abbaye d'Argenteuil dans laquelle ma sœur en Jésus-Christ, plutôt que mon épouse, avait pris l'habit, expulsa violemment la congrégation des religieuses dont elle était prieure » (*Lettre à un ami*, 1132 ?). Héloïse fit transférer au Paraclet le corps d'Abélard, quelques mois après sa mort à Cluny où il avait été accueilli par Pierre le Vénérable. Elle mourut elle-même au Paraclet, où leurs corps et leur souvenir, indissolublement unis, reposèrent dans une chapelle. Après de multiples voyages, leurs restes furent transférés, le 16 juin 1817, au cimetière du Père-Lachaise.

Les écrits d'Héloïse sont rares. Ils consistent surtout en sept lettres adressées à Abélard, d'authenticité parfois incertaine, dans lesquelles théologie scolastique, motifs religieux ou mystiques, déclarations de passion amoureuse s'entremêlent. L'interprétation de l'image d'Héloïse qui s'y reflète a varié au cours des siècles. On retient surtout d'elle l'audace et l'intrépidité qu'elle eut de revendiquer et d'exalter l'amour (même charnel) contre le mariage et d'être ainsi, à son insu, en résonance avec les théories de l'amour courtois qui commençaient à s'élaborer par ailleurs, dans un esprit tout différent. En écho à la *Lettre à un ami*, où Abélard évoque ses malheurs, notamment les tentatives d'assassinat dont il a été l'objet, Héloïse se révolte avec une violence bouleversante : « Les persécutions dirigées contre vous par vos maîtres, les derniers outrages lâchement infligés à votre corps, l'odieuse jalousie et l'acharnement passionné dont vos condisciples Albéric de Reims et Lotulfe de Lombardie vous ont poursuivi... » Elle ajoute : « Vous ne l'ignorez pas, l'obligation qui vous lie envers moi, le sacrement du mariage, nous enchaîne l'un à l'autre : nœud d'autant plus étroit que je vous ai toujours aimé à la face du ciel et de la terre d'un amour sans bornes... [...] Plutôt que de te contrarier, sur un mot de toi, j'ai eu le courage de me perdre moi-même [...]. Mon amour s'est transformé en délire ; il a, sans espoir de jamais le recouvrer, sacrifié le seul objet de ses vœux. Sur ton ordre donné, comme en te jouant [...], je t'ai montré que tu étais l'unique maître de mon cœur aussi bien que de mon corps. Jamais je n'ai cherché autre chose que toi en toi-même [...]. »

Mystique, Héloïse ? « La raison d'aimer Dieu, c'est Dieu même. La mesure de cet amour, c'est de l'aimer sans mesure » : cette formule de Bernard de Clairvaux, Héloïse l'aurait-elle faite sienne ? Certainement par la véhémence, l'intensité de sa quête d'absolu, la persévérance de son besoin d'aimer et de s'abandonner sans retour à l'amour, de façon sublime. Tous les attributs de l'aspiration à l'union mystique sont réunis en elle, sauf que l'objet de sa passion sans limites n'eut pas directement le divin pour objet. C'est seulement à travers Abélard, qu'elle supplie de lui écrire, qu'Héloïse souhaite s'orienter vers Dieu : « Au nom donc de Celui auquel vous vous êtes consacré, au nom de Dieu même, je vous en supplie, rendez-moi votre présence autant qu'il est possible en m'envoyant quelques lignes de consolation ; si vous ne le faites à cause de moi, faites-le du moins pour que, puisant dans votre langage des forces nouvelles, je vaque avec plus de ferveur au service de Dieu. » La réponse que fit Abélard à cette missive laisse entrevoir une autre orientation à cette passion. Avec une rare finesse de discernement, une grande tendresse et une inébranlable ferveur religieuse, il pousse Héloïse vers sa vocation mystique, dont elle n'a pas encore conscience, mais que révèle son nom : « Par une sorte de saint présage attaché à votre nom, Dieu vous a particulièrement marquée pour le ciel en vous appelant Héloïse, de son propre nom qui est Héloïm. »

Bernard Sesé

Bibl. : ***Œuvres*** **:** *Lettres complètes d'Abélard à Héloïse*, O. Gréard (éd.), Paris, Garnier, 1934 ; *Lettres et vies*, Y. Ferroul (éd.), Paris, GF-Flammarion, 1996 ; *Lettres des deux amants, attribuées à Héloïse et Abélard*, S. Piron (éd.), Paris, Gallimard, 2005. ***Vie et études*** **:** J. BOURIN, *Très sage Héloïse*, Paris, Hachette, 1966 ; C. CHARRIER, *Héloïse dans l'histoire et dans la légende*, Paris, Champion, 1933 ; G. DUBY, *Dames du XIIe siècle. 1. Héloïse, Aliénor, Iseut et quelques autres*, Paris, Gallimard, 1995 ; Y. JEANDET, *Héloïse. L'amour et l'absolu*, Lausanne, Rencontre, 1966 ; G. LOBRICHON, *Héloïse. L'amour et le savoir*, Paris, Gallimard, 2005 ; R. PERNOUD, *Héloise et Abélard*, Paris, Albin Michel, 1970.

HÉLYOT, Marie, *laïque* (Marie Herinx ; Paris, 16 mai 1644-1682). — En 1897, au plus fort de la crise intérieure qui se soldera par son départ de la Compagnie de Jésus, l'abbé Bremond découvre dans la bibliothèque de la maison de Saint-Joseph du Tholonet, près d'Aix-en-Provence, un ouvrage rare, publié en 1683 par le père Jean Crasset, *L'Admirable Vie de Mad. Hélyot*, qu'il lit « avec beaucoup de joie et d'émotion », alors même que s'achève sa « retraite de troisième an », moment-clé de la formation de tout jésuite. De cette biographie qui lui donnera « l'idée d'écrire [ses] trente volumes », il transcrira « à genoux » une page décisive que l'on retrouvera dans l'*Histoire littéraire du sentiment religieux en France...*, au tome V, p. 322-323. C'est en effet comme une dette de reconnaissance qu'il honore en consacrant un chapitre entier à Mme Hélyot et à son directeur, dans ce tome V qui présentait la spiritualité jésuite. Non seulement Mme Hélyot lui avait fait miroiter ce qui allait être le projet de toute son existence, mais elle lui désignait comme le lieu d'une prière sans effet et sans affect – ce que lui-même éprouvait et dont il souffrait désespérément – « un vaste désert et un certain vide infini, invisible, incompréhensible, éternel et immuable, qui n'aurait point de bornes ». On aurait pu croire entendre le père Surin, ou même, bien avant, Maître Eckhart ou Ruysbroeck.

On comprend que l'abbé Bremond ait succombé au charme de cette laïque, toute de « droiture » et d'« allégresse », figure exquise s'il en est, de l'aventure mystique. Marie Herinx, née au sein d'une riche famille parisienne d'origine flamande – un de ses parents, le récollet Guillaume Herinx, deviendra évêque d'Ypres –, se voit demandée en mariage par son oncle par alliance, Claude Hélyot, de seize ans son aîné. Les parents n'étaient guère favorables à ce projet ; aussi Claude dut-il aller à Rome solliciter les dispenses nécessaires à ce mariage, qui fut célébré en 1662. C'est la mort d'un fils de quatre ans qui motivera en Marie un retournement spirituel, à la faveur duquel elle choisit le jésuite Jean Crasset comme directeur en 1668. Multipliant oraisons, œuvres de charité et mortifications, elle connaît les plus hauts états mystiques, dont le mariage spirituel, au sujet duquel elle détruira ce qu'elle en avait écrit. La biographie de Crasset s'en fera l'écho, décrivant le cursus intérieur de Marie dans son approfondissement des états d'oraison : dépassement des images auxquelles la nature est spontanément attachée, pour se perdre « heureusement » dans « le grand et vaste océan de la Divinité ». Dans la seconde édition, Crasset modérera ce qu'il rapporte au sujet de « l'attouchement spirituel de la Divinité », qui avait suscité quelques critiques peu amènes : c'est dans ces années en effet que tombe le « crépuscule des mystiques ».

Dans cette dissymétrie qui fait l'admirable secret d'un équilibre conjugal, Claude Hélyot, bon chrétien au demeurant, se convertira lui aussi à la vie dévote, à l'exemple combien stimulant de son épouse : guéri d'une maladie grave en 1669, il réoriente sa vie, à la suite d'un vœu fait à saint François de Sales, en se mettant sous la direction du père Crasset. Entraîné par sa jeune épouse, c'est d'un même goût pour l'oraison, d'une même générosité dans la charité pour les pauvres, d'un même zèle qu'il fera preuve, pour connaître à son tour de mêmes grâces mystiques. Bien que de santé fragile, il mourra le 30 janvier 1686. Marie et Claude Hélyot peuvent être reçus à bon droit comme des figures paradigmatiques de la spiritualité conjugale, telle qu'elle prend forme au XVIIe siècle, dans le sillage de saint François de Sales. On mettra Marie Hélyot au même rang que Barbe Acarie*, Jeanne de Chantal* ou Louise de Marillac*, même si c'est son activité charitable que son biographe aura mise en valeur : n'était-ce pas sage prudence en ces temps d'antimysticisme militant ?

François Marxer

Bibl. : ***Vie et étude*** : H. BREMOND, *Histoire littéraire du sentiment religieux en France...* (rééd.), Grenoble, Jérôme Millon, 2006, vol. 2, p. 643-661.

HERNANDEZ, Francisca, *laïque, soupçonnée d'illuminisme* (Canillas, Salamanque, fin XVe s.-?, apr. 1532). — Née de parents vieux chrétiens (dénués de toute ascendance juive ou musulmane, dans la péninsule Ibérique), mais d'une condition sociale qui entrave son désir de mener une vie religieuse, Francisca n'a pas pour autant été agrégée dans le tiers ordre de saint François d'Assise. Elle manifeste des dispositions pour l'oraison mentale et l'interprétation libre des Écritures – ce qui l'apparente au désir d'un renouveau spirituel, partagé alors dans la péninsule Ibérique par les *Recogidos* d'abord, et les alumbrados qui en déploient certaines virtualités –, mais également un pouvoir de séduction, y compris sexuel, que l'on ne trouve pas chez sa contemporaine, la *madre de los alumbrados*, Isabelle de la Croix* de Guadalajara. Il est clair que la conjonction de l'hérésie et d'une pratique sexuelle désordonnée est une tactique très ancienne pour déconsidérer un groupe ou une personne : ainsi, après les chrétiens soupçonnés d'avoir des pratiques coupables, ceux-ci soupçonneront à leur tour certains procédés relevant du gnosticisme ancien mais également moderne (par exemple, les allusions insidieuses d'un Bossuet contre la relation entre Fénelon et Mme Guyon*). Toutefois, sans qu'il ait lien de cause à effet (mais sans exclure non plus un soutien mutuel entre une critique du formalisme religieux et celle du formalisme conjugal ou du rapport figé entre les sexes), les mœurs de Francisca Hernandez prêtèrent alors à scandale. Le franciscain Francisco Ortiz – à ne pas confondre avec le franciscain du même nom qui a défendu la Comédie, en 1614 –, judéo-convers, se forma d'abord aux universités de Salamanque et d'Alcalà (où les trois voies étaient enseignées : le scotisme et le nominalisme occamiste, défenseurs de la volonté libre, en sus du thomisme), avant d'interrompre ses études et de rentrer chez les Observants de Castille. Toutefois, au noviciat, il manqua de se suicider en se jetant dans un puits. Il enseigna la logique à La Salceda, un berceau du *Recogimiento* (1522). Il prêcha ensuite à Valladolid, où il fit connaissance de Francisca Hernandez, qu'il trouvait belle, sainte, l'épouse aimée et bénie. Il eut explicitement recours à elle – au moins par objet symbolique interposé (qu'il appliquait sur ses organes génitaux) – pour tenter d'apaiser ses troubles érotiques et ses crises d'angoisse. Ne la loue-t-il pas, par un curieux renversement, de *nouvelle Suzanne* ? Ce qui ne signifie pas un alignement spirituel exact de Francisco sur Francisca, notamment à cause de la place mesurée occupée chez Ortiz par la figure du Christ (même s'il est bien un paradigme de l'âme et de l'oraison de recueillement dans le *De Ornatu animae*, 1540). Antérieurement, il était de notoriété publique que Francisca entretenait de libres relations amoureuses avec un certain Antonio Medrano – à ne pas confondre avec le franciscain homonyme mort en Nouvelle-Grenade, vers 1571 –, ce qui provoque un scandale et une enquête. Pour autant, l'on ne peut en inférer une vie spirituelle hypocrite et moins encore une mauvaise foi (au sens sartrien où l'on ne trompe pas d'abord les autres, mais soi-même), comme chez Magdalena de la Cruz.

Francisca parvient à éviter les poursuites, grâce à ses appuis, et se réfugie dans une famille haut placée de judéo-convers du nom de Cazalla (de Valladolid). Dans ce milieu, intéressé par l'érasmisme, elle exerce une influence notoire grâce à sa pratique des Écritures, de l'oraison mentale (intérieure) et de la relation personnelle à Dieu. Mais de nouveaux soupçons concernant sa conduite séductrice renouvellent les poursuites inquisitoriales et contraignent Medrano (poursuivant ailleurs ses scandales) à se séparer de Francisca. Finalement, en mars 1529, elle se trouve elle-même arrêtée et incarcérée à Tolède, non seulement pour ses mœurs, mais pour le soupçon d'appartenir à l'illuminisme. Malgré tout, le frère Francisco Ortiz prend sa défense publiquement dans un sermon prononcé à Tolède, qui conduit à son arrestation, laquelle n'aura d'autre suite que de lui interdire la prédication, lui laissant tout loisir d'écrire ses livres et sa correspondance. Néanmoins, une fois confrontée à ses juges, Francisca dénonce plusieurs personnes, dont Maria Cazalla, la sœur du trésorier royal qui lui avait donné l'hospitalité à Valladolid. Elle témoigne à charge au moins à trois reprises, jusqu'en octobre 1530. Peut-être d'ailleurs par rétorsion, à la suite d'une dénonciation antérieure visant la relation étroite de Francisca avec son hôte, ce qui aurait suscité une jalousie fatale de l'épouse ! Toujours est-il que Maria est également la sœur de l'évêque franciscain Juan de Cazalla, ancien chapelain du cardinal Cisneros, avec qui elle partageait la pratique d'un christianisme moins formaliste, structuré par la méditation des Évangiles et des Épîtres de Paul, soutenu par la lecture d'Érasme (ce courant lettré est donc différent de l'illuminisme d'Isabelle de la Croix* et de Francisca). Maria manifeste sa force morale en 1534 lorsqu'elle est soumise à la question des cordes et de l'eau. La torture s'arrête à cause de l'heure tardive ! À la différence de Francisca, elle ne dénonce alors aucun membre de son entourage. Au mois de décembre 1534, elle est élargie sans que rien ne soit retenu contre elle (sauf un soupçon léger). Elle rentre ensuite dans l'anonymat comme sa dénonciatrice. Il reste que ces deux femmes portent témoignage, une fois de plus mais de manière très différenciée, de la vie nouvelle désirée par les femmes de milieux fort divers, et de la transformation spirituelle profonde qui est alors à l'œuvre en Espagne et va bientôt percuter toute l'Europe comme le Nouveau Monde.

Bernard Forthomme

• *Voir aussi* : Isabelle de la Croix

Bibl. : ***Source*** : M. ORTEGA-COSTA, *Proceso de la Inquisición contra María de Cazalla*, Madrid, Fundación universitaria española, 1978. ***Études*** : B. LLORCA, *Sobre el espiritu de los alumbrados Francisca Hernandez y Fr. Francisco Ortiz OFM...*, in *Estudios ecclesiasticos*, XII, 1933, p. 398-404 ; M. BATAILLON, *Érasme et l'Espagne*, Genève, Droz, 1998 ; M. E. GILES, *Francisca Hernandez y la sexualidad de la discrepancia religiosa*, in *Mujeres en la Inquisición. La persecución del Santo Oficio y el Nuevo Mundo*, Barcelone, Editiones Martínez Roca, 2000, p. 99-124.

HILDEGARDE DE BINGEN, *sainte, docteur de l'Église, bénédictine, visionnaire et prophétesse* (Bermesheim, 1098-Rupertsberg, 17 septembre 1179). — Née près d'Alzey en Hesse rhénane, Hildegarde est la dixième enfant de Mechtilde et d'Hildebert, rattachés à la famille des barons de Bermesheim. Dotés d'une fille imprégnée de visions lumineuses dès l'âge de trois ans, ses parents prennent la décision, selon une coutume courante au Moyen Âge, de consacrer sa vie à Dieu. Hildegarde quitte alors son foyer à l'âge de huit ans pour entrer sous la tutelle de Jutta de Sponheim, qui se retire au monastère bénédictin de saint-Disibod, dans la vallée de la Naye. Elle devient oblate en 1106. D'après la règle de saint Benoît *Ora et labora* (« Prie et travaille »), elle est initiée aux chants, aux textes sacrés des Psaumes, de l'Ancien et du Nouveau Testaments. Elle développe à la même époque ses dons musicaux. De santé délicate, elle est accablée d'une maladie qui la paralyse. Hildegarde, toujours visitée par la lumière de Dieu, supporte sans se plaindre la douleur, tribut de l'immense grâce qu'elle cache à ses sœurs. Entre 1112 et 1115, elle prononce ses vœux monastiques et reçoit le voile de la main de l'évêque Othon de Bamberg. Louée par la communauté des moniales pour ses nombreuses qualités, elle prend la succession de Jutta et devient l'abbesse du couvent de Disibodenberg à l'âge de trente-huit ans.

À quarante-trois ans, Hildegarde est assaillie par une nouvelle vision qui l'exhorte à raconter et écrire ce qu'elle voit et entend. Elle se confie à son amie Richardis, puis à Volmar, son confesseur, qui reçoit et ordonne les précieux écrits de son premier opus, le *Scivias* (du latin *Sci vias Dei*, « Connais les voies du Seigneur »). Tremblante devant la grandeur de sa mission, elle en réfère à Cunon, l'abbé du monastère, qui l'encourage et transmet ses écrits à l'archevêque de Mayence. Cherchant appui, Hildegarde se tourne vers Bernard de Clairvaux, rendu célèbre par son appel à la deuxième croisade pour Jérusalem, qui intercède en sa faveur lors de l'assemblée plénière organisée par le pape Eugène III à Trèves en 1147. Consacrée par les plus hautes autorités, elle devient un phare spirituel vers lequel se tournent les cardinaux, les évêques et les laïcs. La protection pontificale permet au message prophétique d'exister. La vie de la moniale prend dès lors un tournant considérable s'articulant entre ses visions prophétiques et ses nombreuses activités.

Face à la fréquentation grandissante des pèlerins venus de toute l'Europe et des nobles jeunes filles qui la sollicitent pour être accueillies dans la communauté de femmes qu'elle dirige, Hildegarde fonde un autre couvent, qui lui apparaît en vision. Grâce aux dons des fidèles et à l'appui de l'archevêque de Mayence, elle déménage avec ses sœurs en 1150 à Rupertsberg, malgré l'opposition de l'abbé. À force de négociations, elle acquiert les droits exclusifs de la propriété, lui permettant d'obtenir la totale indépendance tant économique que religieuse du couvent, désormais sous la protection de l'archevêque et bientôt de l'empereur Frédéric Barberousse. Là elle se consacre corps et âme à son prochain. Exigeante et aimante tout à la fois, elle assiste ses filles, dont elle prend en compte les besoins corporels, intellectuels et spirituels, elle soigne les malades, leur administre ses propres remèdes, entreprend la rédaction d'un ouvrage sur les sciences de la nature et la médecine, *Le Livre des subtilités des diverses natures des créatures* (*Liber subtilitatum diversarum naturarum creaturarum*), divisé aujourd'hui en deux opus, *Physica* et *Les Causes et les remèdes* (*Causae et curae*). À l'érudition et à la générosité de la moniale se mêle le merveilleux : les miracles se succèdent, asseyant l'autorité de la sainte. Elle guérit les fièvres, les tumeurs, les flux de sang. Elle procède également à un exorcisme.

Tandis qu'Hildegarde s'applique à la tâche, elle reçoit en vision un nouvel ordre divin qui l'enjoint à sortir du couvent, à devenir la « trompette de Dieu » et prêcher sa parole. Fait exceptionnel pour une abbesse cloîtrée, elle entreprend successivement quatre voyages en Franconie, en Lorraine, en descendant le Rhin jusqu'à Werden, et en Souabe. Elle rédige entre 1158 et 1173 deux ouvrages : le *Livre des mérites de vie* (*Liber vitae meritorum*) et le *Livre des œuvres divines* (*Liber divinorum operum*).

La vie d'Hildegarde s'inscrit dans un siècle riche en tensions intellectuelles, politiques et religieuses. L'Église, qui hérite de la querelle des investitures, et l'Empire sont en conflit. Le désordre politique a son contrecoup dans la discipline de l'Église. Il s'ensuit un relâchement des mœurs et des liens sociaux. Hildegarde prend part aux luttes qui s'annoncent. Tout en se battant pour l'autonomie de sa fondation, elle participe, avec ses sermons et ses prêches devenus célèbres, aux débats de son temps. Très attachée à l'Église, elle soutient sans relâche l'activité réformatrice des papes, en défendant l'institution pontificale contre le pouvoir impérial. Elle prend parti contre les cathares hostiles aux sens et au corps qui, selon leurs détracteurs, diffusent un dogme manichéen situé en dehors de la Révélation, rejettent la croyance en l'Incarnation et prônent une ascèse excessive. Elle n'épargne pas le clergé, qu'elle tient pour responsable de cette hérésie, et l'exhorte à réformer ses mœurs. Son influence dans l'Occident médiéval est à son comble. En témoigne la riche correspondance qu'elle entretient avec des représentants du monde profane et religieux, à savoir les laïcs éclairés, les moniales et les moines, les prêtres, les abbesses et les abbés, les archevêques et les évêques, les papes et empereurs successifs de son temps, Eugène III, Anastase IV, Adrien IV et Alexandre III, Conrad III et Frédéric Barberousse.

En 1165, Hildegarde fait restaurer le monastère de Saint-Augustin près d'Eibingen. Presque septuagénaire, elle dirige deux couvents. À la fin de sa vie survient une ultime épreuve. Un jeune homme malade meurt à

Bingen après s'être confessé auprès d'un prêtre et avoir reçu les derniers sacrements en privé, sa dernière volonté étant de recevoir une sépulture chrétienne. Hildegarde, qui a eu vent de cette histoire tragique, accepte et fait enterrer ce dernier au couvent de Ruperstberg. Quelques jours après l'inhumation, elle reçoit une lettre de Mayence qui l'informe des fautes graves du jeune homme excommunié et qui l'exhorte à exhumer le corps. Convaincue de la légitimité de son acte, l'abbesse refuse la requête de ses supérieurs qui la privent, pour la punir, de célébrer les offices religieux et de les chanter. Tombée malade, Hildegarde prépare une plaidoirie dans laquelle elle loue la musique comme véritable célébration de Dieu. Elle décède le *dies natalis* de sa fête liturgique, tandis que l'interdiction n'est pas encore levée. Ses reliques reposent dans l'église d'Eibingen, près de Rüdesheim sur le Rhin.

Si le procès de canonisation mandaté par le pape Grégoire IX en 1227 et reconduit sous Innocent IV en 1243 n'aboutit jamais pour des motifs inconnus, Hildegarde est une sainte pour le peuple. Vénérée tout ce temps, le pape Pie XII prescrivit de célébrer sa fête selon le rite double dans les diocèses d'Allemagne (décret du 21 février 1940). Le pape Benoît XVI l'a inscrite au catalogue des saints le 10 mai 2012 et nommée docteur de l'Église (elle est la quatrième femme à porter ce titre) le 7 octobre de la même année.

Éclairée et guidée par la « lumière vivante » tout au long de sa vie, Hildegarde (surnommée la « Sibylle du Rhin » au XIVe siècle) est visionnaire de nature. « Les visions que j'ai vues, témoigne-t-elle, ce n'est ni en songe, ni dans le sommeil, ni en extase, ni par les yeux du corps, ni par les oreilles de l'homme extérieur, ni en des lieux cachés ; mais je les ai perçues, étant éveillée, des yeux et des oreilles de l'homme intérieur, en des endroits découverts, selon la volonté de Dieu. » Hildegarde *voit* au sens fort du terme ; son champ de perception est élargi au point d'évaluer non seulement les apparences extérieures, mais aussi l'essence de toute chose. Ayant accès à des régions supérieures de l'âme, elle comprend sans les avoir étudiés Psaumes et Évangiles. Tout lui vient par révélation, non par l'étude. Ses proches la disent *symmista*, « co-initiée » aux mystères divins. Hildegarde est un « vase en argile » que Dieu a fabriqué pour lui-même et qu'il a pénétré de son Esprit-Saint afin d'accomplir par lui ses œuvres. Ainsi l'exaltation et la conscience de la mission succèdent toujours à l'état fébrile de l'humble servante. La prophétie est inséparable de la vision. Elle prolonge l'expérience visionnaire dans laquelle la relation, essentiellement tournée vers Dieu, s'établit avec les autres. Hildegarde voit et annonce le passé, le présent et le futur comme les prophètes de l'Ancien Testament. En ce sens, elle a autant sa place dans l'histoire du prophétisme que dans celle de la mystique.

La fonction visionnaire et prophétique est indissociable des capacités créatrices de l'abbesse. Sous l'inspiration divine, elle est tantôt écrivain, tantôt musicienne, elle crée une langue (*Lingua ignota*) et un alphabet inconnus (*Litterae ignotae*), compose de nombreux poèmes. Érudite dans le domaine des plantes et des minéraux, elle est également médecin. Outre ses soixante-dix chants, hymnes et séquences, on distingue une œuvre littéraire dense, dont une trilogie visionnaire inspirée de ses visions, composée du *Scivias* (1141-1151), du *Livre des mérites de vie* (1158-1163) et du *Livre des œuvres divines* (1163-1173), et des écrits tels que la *Symphonie des révélations célestes* (*Symphonia harmoniae caelestium revelationum* ou *Carmina*) dans laquelle on trouve l'*Ordre des Vertus* (*Ordo Virtutum*), l'*Explication de la Règle de saint Benoît*, la *Vie de saint Disibod*, la *Vie de saint Rupert*, l'*Épître à la congrégation de ses sœurs*, l'*Explication de différents thèmes théologiques* et le *Livre des subtilités des natures des diverses créatures* (1151-1158). Son génie littéraire réside, outre dans la description minutieuse de ses visions, dans la manière dont elle les commente et dont elle revisite les grands textes de la Bible, parmi lesquels la Genèse et l'Apocalypse de saint Jean, en passant continuellement des mêmes termes d'un sens cosmico-naturel à un sens intérieur humain. Bien que son œuvre n'influença pas beaucoup le Moyen Âge ultérieur, ses écrits sont fameux au point d'inspirer Dante Alighieri, à qui le *Scivias* souffla sa vision de la Trinité, et Léonard de Vinci. Il faut rappeler qu'Hildegarde a placé l'homme, bien avant eux, au cœur du cosmos. Dans une de ses visions, elle fait apparaître « l'être merveilleusement créé par Dieu », auréolé de sept planètes qui se font face, au centre d'une roue géante, les pieds et les bras en croix, tendus vers la circonférence, faisant écho au croquis anatomique de l'*Homme de Vitruve*, qui voit le jour plus de trois siècles plus tard.

Pour Hildegarde, la Création est faite de matière et d'esprit. La perfection des cycles cosmiques et l'incroyable intelligence avec laquelle la nature se renouvelle sans fin révèlent une structure invisible, une force unique et primordiale, issue de Dieu, qui sous-tend toutes les formes d'existence, dont la nôtre. Un lien mystérieux unit toutes les créatures entre elles, une unité régit toute la Création traversée de *viriditas* et rayonnante de beauté. Dans sa vision, le macrocosme et le microcosme, le monde et l'homme, le corps et l'âme, la nature et le salut sont interdépendants. Il s'ensuit que tout désordre introduit quelque part dans l'univers a nécessairement une répercussion jusqu'aux confins de celui-ci. Ce sens de l'harmonie, indispensable à l'équilibre du monde, l'a conduite à entrevoir la relation entre le désordre de l'univers et celui de notre santé, issu des travers de notre conscience. Elle rejoint ainsi les tendances de la médecine holistique avec huit cents ans d'avance. L'enjeu de cette conception du monde et de l'homme n'en est pas moins celui de la nature humaine et de sa destinée. En effet, Hildegarde nous enseigne qu'on ne peut comprendre l'être humain dans toute sa dimension sans le situer avec justesse dans la perspective de la Création, de la chute, de l'incarnation et de la rédemption. Militant pour le bonheur de l'homme, elle invite celui-ci à se retourner sur le chemin du salut dont son œuvre tout entière est la clé. Adoptant une vision eschatologique, elle traite des fins dernières de l'homme et du monde à travers l'avènement du Jugement dernier et de la Jérusalem céleste, qui doit faire place à un ordre nouveau gouverné par le nouvel Adam. En ce sens, elle invite l'homme à construire *hic* et *nunc* le Royaume de Dieu, répondant à l'attente inquiète de la fin des temps, œuvre tout à la fois intérieure et extérieure à l'être, qui doit poursuivre la mission du Christ et nourrir toute l'humanité. Croisant les approches éthique et religieuse, historique et eschatologique, esthétique et thérapeutique, elle établit un véritable art de vivre, unifiant les besoins les plus élémentaires du corps aux aspirations les plus élevées de l'âme, gage du salut de l'homme et du monde.

Audrey Fella

• *Voir aussi* : Élisabeth de Schönau

Bibl. : *Œuvres* : *Scivias*, trad. P. Monat, Paris, Cerf, 2004 ; *Le Livre des œuvres divines*, trad. B. Gorceix, Paris, Albin Michel, 1989 ; *Le Livre des subtilités des créatures divines*, trad. P. Monat, Grenoble, Jérôme Millon, 2002, 2 vol. ; *Les Causes et les remèdes*, trad. P. Monat, Grenoble, Jérôme Millon, 2007. ***Vie* :** *La Vie de sainte Hildegarde de Bingen et les actes de l'enquête en vue de sa canonisation*, trad. C. Munier, Paris, Cerf, 2000. ***Études* :** A. FELLA, *Hildegarde de Bingen, la sentinelle de l'invisible*, Paris, Le Courrier du Livre, 2009 ; S. GOUGHENHEIM, *La Sibylle du Rhin : Hildegarde de Bingen, abbesse et prophétesse rhénane*, Paris, Publications de la Sorbonne, 1996 ; D. MAURIN, *Sainte Hildegarde. La santé entre ciel et terre*, Saint Julien-en-Genevois, Éditions Jouvence, 2001 ; R. PERNOUD, *Hildegarde de Bingen, Conscience inspirée du XIIe siècle*, Paris, Éditions du Rocher, 1995. ***Discographie* :** *Les Chants de l'extase*, CD audio édité par RCA, ensemble Sequentia, 2002.

HILLESUM, Etty, *figure spirituelle juive, auteur d'un Journal* (Middelburg, 1914-Auschwitz, 30 novembre [?] 1943). — Née dans la province de Zélande au sud-ouest des Pays-Bas, Esther, surnommée Etty, est l'aînée d'une famille de trois enfants. Ses parents, Rebecca Bernstein (1881-1943) et Louis Hillesum (1880-1943) sont tous deux juifs. Etty a deux frères : Jaap, étudiant en médecine, et Mischa, musicien au talent exceptionnel. Peu après sa naissance, la famille Hillesum déménage à Hilversum (1914-1916), puis à Tiel (1916-1918), à Winschoten (1918-1924) et à Deventer à partir de juillet 1924. En ce qui concerne l'enfance d'Etty, nous n'avons pas plus d'informations. Au terme de son école primaire en 1926, elle entre au lycée de Deventer où son père est directeur adjoint. Elle étudie l'hébreu et participe un certain temps à des assemblées de jeunes sionistes. À la fin de ses études au lycée, Etty part étudier le droit à Amsterdam. En juin 1936, elle passe son baccalauréat. En juillet 1939, elle obtient sa maîtrise en droit public, mais ces études ne semblent pas l'avoir intéressée. Elle privilégie plutôt la littérature et donne des cours privés de russe. À cette époque, elle noue une relation intime de courte durée avec l'écrivain Klaas Smelik, un amant de passage à qui elle confiera ses écrits pour fins de publication. En mars 1937, toujours à Amsterdam, Etty déménage dans une maison de rapport tenue par un veuf, Hendrik (Han) Wegerif, expert-comptable, qui l'a engagée comme gouvernante. Ils ont une liaison et Etty vivra chez lui jusqu'à son départ définitif pour le camp de concentration de Westerbork en juin 1943. Femme sensible et passionnée, Etty traverse des périodes dépressives et cherche un sens à sa vie. Le 3 février 1941, elle fait la rencontre du psychologue et chirologue (analyste de la personnalité à partir des mains) Julius Spier, âgé de cinquante-quatre ans, qui aura un impact majeur sur son développement psycho-spirituel.

Après vingt-cinq ans de succès en affaires, Julius Spier décide, en 1926, de consacrer sa vie à la chirologie. Il a suivi des cours en psychanalyse sous la direction de Carl Gustav Jung, qui lui recommande d'ouvrir un cabinet de psycho-chirologiste à Berlin. En 1939, il quitte l'Allemagne à cause de la guerre et immigre à Amsterdam. Il donne des cours de chirologie dans l'appartement où il habite. Etty est invitée à y participer, le 3 février 1941, par un de ses amis. Elle est aussitôt impressionnée par la personnalité « magique » de Spier. Elle se sent toutefois menacée par cet homme qui parvient trop justement et facilement à l'analyser. Ce don soulève à la fois la fascination et la méfiance chez elle. Malgré tout, elle décide d'entreprendre une thérapie avec lui, tout en exerçant des fonctions de secrétaire à ses côtés. En mars 1941 – probablement sur le conseil de Spier –, Etty commence la rédaction d'un journal intime.

À cette époque, la situation des juifs s'aggrave de façon alarmante aux Pays-Bas. En mai 1940, Rotterdam est bombardé et le port pétrolier d'Amsterdam est incendié. Le 15 mai, l'armée néerlandaise capitule et les nazis installent un *Reichskommissar* pour diriger le pays. Les premières mesures antijuives sont mises en place dès juin 1940. Les juifs n'ont plus le droit d'occuper de poste dans la fonction publique et sont exclus des universités. En novembre 1940, le père d'Etty est destitué de son emploi de directeur au lycée de Deventer. En 1941, le *Stadtkommissar* d'Amsterdam ordonne l'établissement d'un Conseil juif. Institué dans le but de recenser tous les juifs de la région, ce Conseil est dirigé par des juifs qui croient aux privilèges que les Allemands leur promettent. Toutes les informations obtenues par les recensements permettront ensuite d'organiser plus efficacement les rafles des juifs à partir de 1942. Le 7 juillet, Berlin décide du destin des juifs hollandais : l'extermination, la « Solution finale », ou, tel que l'écrira Etty, « le destin de masse » (*Massenschicksal*). Sur la demande pressante de son frère Jaap, qui cherche à la protéger, Etty adresse une lettre de candidature au Conseil, bien que cette démarche aille à l'encontre de ses principes. Deux jours plus tard, elle obtient un poste à la section « Aide aux partants ». Enlisée dans un milieu où règnent les intrigues et les arrangements douteux, elle demande rapidement son transfert au camp de Westerbork pour y travailler comme fonctionnaire. Employée du Conseil, Etty bénéficie cependant de permissions spéciales, dont la possibilité de sortir du camp occasionnellement pour retourner à Amsterdam.

Son premier séjour au camp de Westerbork dure une quinzaine de jours seulement. Malade, elle revient à Amsterdam pour se faire soigner, du 14 au 21 août 1942. Son deuxième séjour dure aussi une quinzaine de jours : Etty tombe de nouveau malade début septembre. Elle revient à Amsterdam et y restera jusqu'au 20 novembre. Dans la nuit du 15 au 16 septembre, Etty est aux côtés de Spier, qui succombe à un cancer des poumons. Elle accepte tant bien que mal sa mort, ne pouvant supporter de le voir souffrir. Le 20 novembre, elle retourne à Westerbork pour un troisième séjour d'une quinzaine de jours. Le 5 décembre, encore malade, elle retourne à Amsterdam pour être soignée. Elle habite chez Han Wegerif jusqu'à son hospitalisation, en février 1943. Elle souffre d'un calcul biliaire, mais ne se fait pas opérer. Elle revient chez Han jusqu'au 5 juin 1943, date de son départ définitif pour Westerbork. Les 20 et 21 juin 1943, 5 524 juifs sont déportés à Westerbork, parmi lesquels les parents d'Etty et son frère Mischa (qui refuse de bénéficier d'un traitement de faveur dû à son talent de pianiste, ne voulant à aucun prix s'éloigner de ses parents). La mère d'Etty envoie une lettre au commandant des SS lui demandant d'épargner Mischa de la déportation. Événement qui précipite la déportation de celui-ci et de toute sa famille. Le 7 septembre 1943, Etty, Mischa et leurs parents prennent place dans le train vers Auschwitz parmi 987 déportés. Rebecca et Louis Hillesum seraient morts le 10 septembre 1943, au cours du voyage vers Auschwitz ou à leur arrivée au camp. À la fin du mois de septembre 1943, Jaap est transféré au camp de Westerbork. Selon la Croix-Rouge, Etty, âgée de vingt-neuf ans, aurait péri le 30 novembre de la même année et Mischa le 31 mars 1944. En février 1944, Jaap est déporté à Bergen-Belsen ; il aurait péri le 17 avril de l'année suivante. Dans ce contexte historique bouleversant, Etty Hillesum a écrit soixante-dix-huit lettres retrouvées jusqu'à ce jour, ainsi que onze cahiers (bien que le septième ait disparu) dans lesquels elle narre les événements, décrit ses impressions, se livre.

Tourmentée par des questions existentielles, Etty cherche un sens à sa vie. En dépit des nombreuses ambiguïtés de leur relation, Spier l'aide à descendre dans les profondeurs de son être pour y rencontrer bientôt ce qu'elle appellera « Dieu ». Il lui apprend à se retourner à l'intérieur d'elle-même et se mettre à l'écoute de soi (*hineinhorchen*) pour atteindre ses ressources les plus profondes. Etty apprend aussi à s'agenouiller ; un geste embarrassant au début, mais dont elle ne pourra plus se passer. Bien que la terreur augmente de jour en jour, elle renouvelle ses forces en se retirant en elle-même comme dans une cellule de monastère. La prière érige de hauts murs protecteurs à l'intérieur desquels elle peut encore se retrouver, se réunifier afin de revenir au monde plus fortifiée. Une transformation importante, apparente dans son écriture, a lieu chez Etty en juin 1942. La jeune femme se décentre d'elle-même et, à l'instar de Spier, se met au service d'autrui. Réalisant que Dieu ne peut plus venir à son aide, elle décide que c'est à elle d'*aider Dieu*. En abandonnant la seule prétention d'aider autrui et en prenant pour principe d'aider Dieu, elle se rend ainsi disponible aux autres. Il est difficile de savoir si cette intuition vient d'Etty ou de Spier, puisqu'ils partageaient tous deux ce même idéal, telle qu'en témoigne la huitième lettre adressée à Spier, probablement en juillet 1942. De plus, cette intuition est présente dès les débuts du Journal lorsque Etty décide de combattre son attirance vers Spier afin que Dieu lui en soit reconnaissant. Etty ne considère pas que Dieu soit responsable et coupable envers l'homme, mais plutôt que celui-ci l'est envers lui. Malgré tout ce qui se passe autour d'elle, elle maintient que la vie est belle et riche de sens. Quelques heures après la mort de Spier, elle le décrit dans son Journal comme étant celui qui fut le médiateur entre elle et Dieu. Suivant son exemple, elle décide de devenir à son tour la médiatrice entre ceux qui l'entourent et Dieu. Les gens lui apparaissent comme des maisons à l'intérieur desquelles elle peut tout simplement se promener. S'adressant à Dieu dans son Journal, elle lui promet de lui chercher un refuge dans le plus de cœurs possible. Elle souhaite ainsi témoigner que Dieu est vivant, même en ces temps difficiles. La jeune femme se sent l'héritière d'un grand legs spirituel; elle en sera la fidèle gardienne et le partagera de son mieux. Etty croit, en effet, que cet héritage est celui d'un amour pour tous. Tous les hommes sont appelés à extirper le mal en eux-mêmes, car chaque atome de haine ne fait que rendre ce monde encore plus inhospitalier. Pour elle, cette terre ne pourra redevenir habitable que par cet amour dont le juif Paul a jadis parlé aux habitants de Corinthe.

Les écrits d'Etty sont tissés d'un grand nombre de citations et de renvois à des auteurs qui l'ont profondément marquée, tel que le poète Rainer Maria Rilke qu'elle considère comme son maître aux côtés de Spier. Ces derniers l'ont tant influencée qu'il est parfois difficile de savoir si les intuitions notées dans son Journal sont les siennes ou les leurs. Si Spier était son maître pour l'art de vivre humainement et spirituellement, Rilke était son maître pour l'écriture et la vertu de la patience. Etty recopiait parfois des citations de Spier, ajoutant que celles-ci lui étaient si familières qu'elles auraient pu venir directement de son propre cœur. Spier l'a de plus initiée à la Bible hébraïque ainsi qu'au Nouveau Testament. Nous retrouvons plusieurs citations ou allusions à la Bible dans les écrits d'Etty, dont certaines sont devenues des leitmotivs pour l'aider à survivre au cœur de sa vie bouleversée : « Aime ton prochain comme toi-même » (Lv XIX, 18), « Dieu créa l'homme à son image » (Gn I, 27), « De quoi me servent toutes choses si je n'ai pas l'amour » (1Co XIII) et « À chaque jour suffit sa peine » (Mt VI, 34). Spier, qu'elle considère comme son ami « liseur de Bible », l'a aidée à interpréter et à intégrer la Parole de Dieu dans sa vie. En plus des écrits de Jung, ils ont lu tous deux l'*Imitation de Jésus-Christ* de Thomas a Kempis, les *Confessions* de saint Augustin, *L'Évangile de saint Jean* (1938) de Friedrich Rittelmeyer et *L'Évangile de la vie parfaite* connu aussi sous le nom de *L'Évangile des douze saints* (1938) de Gideon Jasper Ouseley. Etty mentionne également Fiodor Dostoïevski et Walter Rathenau. Reprenant de manière originale la pensée de divers auteurs, ses écrits révèlent une spiritualité éclectique et contemporaine, qui puise à de nombreuses sources, dans le but d'établir une « religion » plus personnelle et vivante. Ce qui explique en partie la raison pour laquelle Etty attire autant les croyants que les non-croyants.

Bien qu'Etty ait trouvé une nourriture spirituelle à travers plusieurs auteurs non-juifs, elle n'a toutefois jamais renoncé à son identité juive. Elle est née et est morte juive. Tel qu'elle le dit à son ami, Klaas Smelik, elle veut même « partager le sort de son peuple ». En outre, elle croit fermement que toutes les divisions entre les êtres humains et les nations n'existent plus en elle. En témoignent ses écrits pertinents et signifiants, qui s'inscrivent dans la quête spirituelle contemporaine, où le « religieux » n'est plus rattaché à une institution, comme auparavant. Aimante, miséricordieuse envers autrui, elle reste ainsi pour beaucoup un être inspirant et réconfortant.

Alexandra Pleshoyano

Bibl. : *Œuvres complètes* : *Etty, De nagelaten geschriften van Etty Hillesum 1941-1943*, K. A. D. Smelik (éd.), Amsterdam, Balans, 2008 ; *Les Écrits d'Etty Hillesum. Journaux et lettres 1941-1943*, trad. P. Noble, Paris, Seuil, 2008. ***Études*** : J.-G. GAARLANDT (éd.), *Men zou een pleister op vele wonden willen zijn : Reacties op de dagboeken en brieven van Etty Hillesum*, Amsterdam, Balans, 1989 ; R. VAN DEN BRANDT et K. A. D. SMELIK (éd.), *Etty Hillesum in facetten*, Budel, Damon, 2003 ; A. PLESHOYANO, *Etty Hillesum : l'amour comme « seule solution ». Une herméneutique théologique au cœur du mal*, Münster, Lit Verlag, 2007 ; *Studies on Etty Hillesum*, K. A. D. Smelik, R. van den Brandt & M. Coetsier (éd.), Boston, Brill, 2010.

HINDIYYÉ D'ALEP, *visionnaire, fondatrice d'une congrégation vouée au Sacré-Cœur* (Anne 'Ajeymî ; Alep, 6 août 1720-Sayyidat Al-Haqla, 13 février 1798). — Née dans une famille maronite fortunée d'Alep (dans l'actuelle Syrie), Anne 'Ajeymî – surnommée Hindiyya ou Hindiyyé (« l'Indienne ») en raison de son teint fortement basané – manifesta très tôt un penchant mystique, probablement favorisé par une mère très pieuse et qui aura pu donner à cette enfant le goût de la toute-puissance et du perfectionnisme, cela au sein d'une famille tout acquise à la spiritualité occidentale (développée au XVIIe siècle, mais tombée sous le coup des condamnations de la décennie 1690). Dès ses sept ans, Hindiyyé affiche une nette répulsion pour la masculinité (elle refuse d'aller dormir dans le lit paternel, selon les usages familiaux coutumiers d'alors) et c'est avec bien des répugnances qu'elle acceptera d'entrer en relation avec le personnage qui lui apparaît et se présente comme le Christ. Répugnance d'autant plus vive qu'il lui demande de l'aimer de la manière la plus charnelle qui soit. Qu'elle décline alors plusieurs demandes en mariage n'étonnera pas, pas plus que son activisme ascétique. C'est un jésuite, le père Antonio Venturi, qu'elle choisit à ses dix-huit ans comme confesseur : celui-ci l'initie aux rudiments de la doctrine spirituelle, mais ce qui sera considéré comme trop grande naïveté vis-à-vis de sa dirigée le fera rappeler en Europe. Les Jésuites, en effet, s'étaient intéressés à une âme qu'ils pressentaient d'exception, l'avaient agrégée à leur Compagnie et l'avaient orientée vers la Visitation pour réaliser son désir de vie religieuse. Huit mois suffirent à Hindiyyé pour se convaincre que là n'était pas sa vocation, mais qu'elle avait reçu mission d'en haut de fonder une congrégation nouvelle vouée au Sacré-Cœur. Finalement elle obtient gain de cause en 1750 dans les bâtiments d'un couvent de moines antonins qu'elle achète avec l'argent paternel, dit-on, à Bkerké (l'actuel siège du patriarcat maronite). Un projet approuvé par le patriarche Simon 'Awwad, mais qu'elle désirait voir confirmé par le pape. Rome posa ses conditions : que le nouvel ordre se développât et qu'il présentât des indices suffisants de sérieux et de sainteté. Conditions prudentielles qu'Hindiyyé pouvait satisfaire sans problème : le nombre des religieuses était en constante progression, comme la réputation de sainteté qui entourait la fondatrice (ainsi que le monastère). Mais une réputation peut-être inquiétante : on parlait de visions, d'extases ; et surtout un culte entourait la visionnaire : les marques de la Passion christique avaient été déchiffrées sur des caillots de sang recueillis à l'occasion d'une saignée : un cœur et cinq plaies. Désormais, les fidèles se partageaient et portaient ce genre de reliques (ou d'amulettes) jusqu'au patriarche lui-même et quelques évêques. L'*alter ego* indissociable d'Hindiyyé, la sœur Catherine, prétendit même avoir guéri un aveugle par application d'un tel talisman.

Les pères jésuites, qui avaient introduit la dévotion du Sacré-Cœur en Orient, prirent ombrage de ces déviations et plus encore de l'émancipation d'Hindiyyé par rapport à toute autorité hiérarchique. Ils en informèrent Rome, ce qui déplut au patriarche, qui avait lui-même demandé une enquête approfondie menée par le très érudit père Michel Fâdel, lequel avait conclu à la sainteté de la supérieure de Bkerké : il menaça d'excommunication tout fidèle qui entretiendrait quelque relation avec les pères jésuites. La querelle s'échauffa au point que le pape Benoît XIV dut intervenir : le 4 janvier 1752, il condamnait le culte rendu à la visionnaire, morigénait le patriarche d'avoir pris des initiatives sans avoir consulté le Saint-Siège et ordonnait, outre le transfert d'Hindiyyé dans un autre couvent, la fermeture de Bkerké et la suppression de la congrégation. Pour que ces décisions fussent exécutées, le pape envoyait sur place un ablégat, le franciscain Desiderio de Casabasciana, qui comprit rapidement de quels appuis jouissait Hindiyyé dans la communauté maronite. Il prit soin de l'interroger longuement pendant l'été 1753 et observa « très distinctement les marques des stigmates ». L'ablégat lavait Hindiyyé de tout soupçon ; toutefois, à Rome, la commission cardinalice réunie par le pape concluait aux illusions des prétendues extases et visions dont Hindiyyé se disait favorisée. Le nouveau confesseur qu'on lui dépêcha, le père Carlo Innocenzo di Cuneo, loin de la réguler, fut à son tour convaincu de son extrême et indiscutable sainteté.

Forte de ces blancs-seings, Hindiyyé poursuivait sa carrière, encouragée par le nouveau patriarche, Yûsuf Istifân, qui voyait sans doute en elle de quoi renforcer son autorité sur la « nation » maronite et obtenir de précieux subsides : car les pèlerins affluaient à Bkerké, et le monastère fut bientôt à la tête d'une colossale fortune due aux générosités des donateurs. Or, le 17 août 1768, le pape Clément XIII accordait l'indulgence plénière à la fondatrice, ainsi qu'aux membres de sa congrégation et aux pèlerins de Bkerké. Cette indulgence pontificale allait bientôt servir, car le prestige grandissant dont jouissait

Hindiyyé excitait jalousies et convoitises et offrait aux adversaires du patriarche un bon moyen stratégique pour abattre celui-ci. Cela d'autant plus facilement que les temps n'étaient plus à l'admiration pour les mystiques. Les rumeurs circulèrent, de dépravations, d'orgies, de pratiques luxueuses ; on évoquait ces chevelures abondantes, bien peu conformes à la discipline conventuelle – mais s'en étonnera-t-on dans une communauté qui s'estime vivre le régime d'exception de la parousie réalisée ? On accusa même la sœur Catherine d'avoir empoisonné des religieuses enceintes pour dissimuler leurs débauches. Puis l'on apprit que des jeunes religieuses étaient incarcérées et torturées ; la découverte en 1777 d'un crime avéré (perpétré par un moine de la branche masculine, Ilyâs Burkânâ) fut la goutte qui fit déborder le vase de l'hostilité et obligea l'autorité politique, en la personne de l'émir Yûsuf Shihâb, à intervenir, lequel émir convoitait les biens du monastère dont il parvint ainsi à s'emparer. Hindiyyé bénéficiait encore de bien des appuis qui se mobilisèrent de nouveau, mais en vain : le pape Pie VI, prévenu contre elle, intervint lourdement en publiant le bref *Apostolica sollicitudo* du 17 juillet 1779, qui dissolvait la congrégation et accusait formellement Hindiyyé de tenir des propos proches de l'hérésie. L'Église maronite échappa au péril d'un schisme combien probable, grâce à son attachement à l'Église romaine. Hindiyyé, recluse dans le couvent de Sayyidat Al-Haqla, passa les vingt dernières années de sa vie à subir le triomphe de ses persécuteurs. Le 16 août 1784, elle adressa une supplique aux autorités romaines, pour que fût envoyé un nouveau légat qui fît la vérité sur toute l'affaire ; mais Rome avait classé le dossier, et classa donc la supplique. Hindiyyé mourut non point excommuniée comme la rumeur persistait à l'affirmer, mais réconciliée, ayant reçu les sacrements de pénitence et d'extrême-onction.

L'affaire Hindiyyé illustre les relations tendues, voire conflictuelles, entre le monde latin et l'univers oriental. Les Occidentaux, désormais acquis à la méfiance envers les mystiques, reviendront sur l'aventure de la visionnaire, en fonction de leur sensibilité et de leur point de vue idéologique : ainsi, pour le moins étonnamment, les jansénistes applaudiront à la sévérité romaine, qu'ils estimaient leur donner raison dans leur combat contre les Jésuites et les « cordicoles », ces dévots du culte du Sacré-Cœur, dont l'entreprise d'Hindiyyé n'était à leurs yeux qu'une variante exotique (ainsi l'abbé Grégoire dans son *Histoire des sectes religieuses, qui sont nées, se sont modifiées, se sont éteintes dans les différentes contrées du globe, depuis le commencement du siècle dernier jusqu'à l'époque actuelle*, 1828, qui insiste sur le fait que le patriarche aura mis en garde contre les excès du « mystère de l'union »). L'abbé de Binos, dans son récit de voyage publié en 1787, ramène Hindiyyé dans la configuration du quiétisme, forcément condamnable dans une société d'ordre. Volney, dans son *Voyage en Syrie et en Égypte, pendant les années 1783, 1784, 1785*, voit dans Hindiyyé une illustration de plus de « l'ambition de pouvoir » et de « l'orgueil de la prééminence » qui s'empare de l'humilité exhibée et qui se dévoie dans une volonté de puissance, à laquelle le patriarche lui-même s'est vu intimer d'obéir. Au-delà du débat sur les paramètres psychologiques, on aura constaté que l'affaiblissement de l'autorité institutionnelle laisse le champ libre aux excès d'un prophétisme incontrôlable et farouchement indépendant dans les milieux dévots féminins. Les exégètes contemporains n'échappent pas aux *a priori* idéologiques, entre autres initiés par Maurice Barrès dans son *Enquête aux pays du Levant* (1923), dédié à l'abbé Bremond : ainsi, pour Michel Hayek, « en vérité, Hindiyya était une grande âme » salie dans sa réputation par des ennemis qui la démonisaient, tandis que Youakim Moubarac, autre intellectuel maronite, célèbre la résistance héroïque d'Hindiyyé à la « mise en coupe réglée [des Églises locales] par les émissaires romains ».

L'affaire Hindiyyé, c'est avant tout, en plein XVIIIe siècle, la réactivation de l'excès mystique qui s'atteste d'abord dans un phénomène d'écriture : Hindiyyé s'affirme en effet rapidement comme maître spirituel et maître d'intelligence, réduisant les prêtres qui l'entourent au rôle de simples scribes, notant sous sa dictée rapide et continue les paroles révélées, son ange gardien venant à l'occasion corriger défaillances et oublis : on retrouve chez Hindiyyé quelque chose de l'autorité scripturale de Mme Guyon*. Même si quelques-uns de ces scribes voulurent distinguer entre les paroles surnaturellement révélées et les dits personnels de la prophétesse, l'autorité romaine s'en inquiéta rapidement : dès 1752, Rome interdit la lecture publique des écrits et rapports favorables à Hindiyyé ; en 1779, Pie VI exigea la confiscation, au besoin par la force, des manuscrits en circulation : malgré une résistance évidente des couvents et des particuliers qui les détenaient, ceux-ci finirent par être rassemblés dans les archives de la *Propaganda fide* romaine. Si, dans ses traités de théologie, Hindiyyé puise largement son inspiration dans les ouvrages occidentaux traduits par les élèves du Collège maronite de Rome, en revanche, ses écrits autobiographiques laissent éclater une stupéfiante originalité : toute l'expérience d'Hindiyyé tourne en effet autour de l'événement crucial du « mystère de l'union », qui renouvelle profondément la mystique sponsale. L'union mystique est présentée proprement comme une pénétration (*akhraqa*) de l'âme et du corps d'Hindiyyé par le corps divinisé du Christ, corps « d'une parfaite subtilité et légèreté ». De ces descriptions, les premiers lecteurs ont tiré l'effarante conclusion que le Christ se serait couché sur Hindiyyé. De quoi sanctionner un érotisme indécent et une prétention féministe – du corps féminin –, insupportable à une indéracinable misogynie cléricale qui ne pouvait comprendre quelle phénoménologie du désir et de sa réciprocité s'exposait ainsi. Or, c'est par « la sensation de Ton corps saint » que Hindiyyé reçoit ses visions, transmises ensuite aux scribes : ce corps-à-corps mystique engendre ainsi le *corpus* d'écriture.

Il y a donc reprise, mais aussi dépassement, des thèmes bien connus du mariage spirituel, où Hindiyyé affiche sa prétention à être *l'unique* Épouse, annoncée par le *Cantique des cantiques*, supérieure à la Vierge Marie* : en effet, lors de la résurrection finale, c'est par la médiation d'Hindiyyé, dont le corps est enlacé et uni éternellement à celui du Christ, que les bienheureux verront le Christ : elle assume donc la fonction de médiation que le Nouveau Testament attribue au Christ lui-même entre Dieu et l'humanité.

Au-delà de ces affirmations extrêmes, on appréciera chez Hindiyyé une *mystique de la volonté*, dont est reconnue la souveraineté absolue, mais dont est dénoncé aussi le néant de l'autonomie. Son consentement est requis par le Christ, dans un abandon à sa volonté sainte, condition pour que se déploie un désir illimité dans le contact avec le corps christique : « Je veux que tu offres volontairement, *par* ton choix délibéré, ta soumission à ma volonté en te consacrant à la sensation de mon humanité par ton âme et par ton corps. » La liberté n'en est pas pour autant déniée : elle se manifeste dans la résistance à donner son consentement, elle prend corps dans l'écriture où elle se ressaisit au moment de la séparation, et, dans la dilection d'un amour pur, son consentement devient élection.

François Marxer

Bibl. : *Témoignage et œuvre* : l'*Interrogatoire de la Mère Hindiyya* (original en latin et en italien) et le *Mystère de l'union* (original en arabe) sont donnés en traduction française dans Y. Moubarac, *Pentologie antiochienne / Domaine maronite*, Beyrouth, 1984, t. 1, vol. 1, p. 393-467. ***Études*** : B. HEYBERGER, *Hindiyya, mystique et criminelle (1720-1798)*, Paris, Aubier, 2001 ; J. HATEM, *Hindiyyé d'Alep : mystique de la chair et jalousie divine*, Paris, L'Harmattan, 2001.

HIPPIUS, Zinaïda, *écrivain et poétesse* (Beliov, Empire russe, 8 novembre 1869-Paris, 1945). — Née d'un père juriste renommé, Zinaïda passe son enfance en voyage et ne reçoit pas de formation classique. Après la mort de son père en 1881, la famille déménage à Moscou où Zinaïda fréquente d'abord un gymnase puis, en raison de sa faible santé, se fait retirer de l'école, continuant ses études à la maison. En 1888, lors d'un été passé à Borjomi (station balnéaire en Géorgie), elle rencontre l'écrivain Dimitri Merejkovski. Elle l'épouse un an plus tard. Cette union, ressentie par les deux époux comme mystique et voulue par les cieux, durera plus de cinquante ans ; elle sera considérée comme l'une des plus fructueuses, intellectuellement, de la culture russe du XXe siècle. Après leur mariage, les époux s'installent à Saint-Pétersbourg et commencent vite à jouer un rôle important sur la scène littéraire russe. Le salon tenu par Zinaïda sert de tremplin à de nombreux poètes et écrivains débutants. Elle est reconnue comme une excellente publiciste et critique littéraire.

À partir des années 1890, le mouvement symboliste venu de France conquiert la Russie ; Zinaïda en devient une fervente adepte et propagatrice. Comme tous les symbolistes, elle se penche vers le mysticisme religieux, mais cette attitude n'a rien d'accidentel, ni de stylisé. En lisant l'Évangile, elle en vient à la formulation de sa conception de la foi. Ce n'est pas la morale chrétienne qui engendre la croyance, mais l'expérience mystique du contact immédiat avec le Christ, qu'elle appelle l'« envoûtement ». Sa création poétique est tout aussi mystique : chaque poème est une prière tournée vers Dieu, un appel. La poésie contemporaine se caractérisant, selon l'auteur, par un extrême subjectivisme, elle manque à sa véritable vocation. Le poète ne peut aspirer qu'à se défaire de ce penchant subjectif, sortir de lui-même ; le poème, étant « un reflet de la plénitude instantanée » de l'âme, doit rejaillir vers Dieu, traduire cet élan extatique. La poésie de Zinaïda atteste de ce déchirement profond entre l'amour porté à Dieu et l'impossibilité de cet amour, le besoin de prier, de s'adresser à lui, et le manque d'adresse, l'inaboutissement de la prière.

En pointant l'insuffisance de l'Église historique, son caractère inachevé, car n'incarnant pas encore tout l'esprit du christianisme, Zinaïda est convaincue de la nécessité d'une nouvelle Église. Celle-ci devant pouvoir se réformer constamment afin de correspondre au mouvement dynamique de l'âme religieuse. Avec son mari et un proche ami, Dimitri Filosofov, elle fonde une société mystique, L'union des Trois. Des messes intimes sont célébrées à domicile selon le cérémonial élaboré et mis en scène par Zinaïda. Le nombre trois (la sainte Trinité) a une forte signification symbolique : il préfigure la Nouvelle Église qui sera fondée sur l'idée du « Troisième Testament », marquant le règne de l'Esprit-Saint. Afin de préparer la venue de cette Église et d'en faire accepter l'idée dans la société, les époux organisent les « Réunions de la philosophe religieuse », espace officiel de rencontres et de discussions ouvertes entre l'élite intellectuelle et le clergé de l'Église orthodoxe. Ces réunions, qui se tiennent durant les années 1901-1903, cessent brusquement du fait de l'interdiction du saint Synode.

En 1919, les époux quittent définitivement la Russie et s'installent en France. Zinaïda a violemment rejeté la Révolution d'octobre. Dans un cycle de poèmes publié en 1918 se font entendre des notes eschatologiques, prophétiques, sur la fin de la Russie devant périr dans cette catastrophe ultime. Après son émigration, son activité littéraire décline. Elle ne se voit pas travailler loin de la Russie. Son dernier recueil, *Siyania* (« Les rayonnements », 1938) est imprégné des motifs de la solitude et de l'abandon. Après la mort de Merejkovski en 1941, elle se retrouve dans un total isolement du fait des sympathies pro-fascistes de son époux. Elle meurt quatre ans plus tard, à Paris.

Ioulia Podoroga

• *Voir aussi* : Florensky

Bibl. : *Œuvres* : *Journal sous la terreur*, trad. M. Gourg, O. Melnik-Ardin et I. Sokologorski, Monaco, Éditions du Rocher, 2006 ; *Petrograd an 1919*, suivi de *Lettre aux écrivains du monde*, trad. S. Benech, Paris, Interférences, 2003 ; *Le Destin et Chair sacrée : nouvelles*, trad. N. Amargier, Nîmes, J. Chambon, 1991 ; *Visages vivants*, Prague, Flamme, 1925 ; *Le Pantin du diable*, trad. P. de Chèvremont, Paris, Bossard, 1923 ; « Mon ami lunaire », « Alexandre Blok... », *Mercure de France*, n° 590, 34e année, t. CLXII, Paris, 15 janv. 1923 ; « Le Sang divin » (3 tableaux), trad. A. Dizereni, *La Plume* (n° 341, 1903/07 ; n° 352, 1903/12), Slatkine Reprints, Genève, 1968. ***Études*** : A. CRAINZ, *L'Itinéraire religieux de Zinaïda Hippius*, Cahiers du monde russe et soviétique, vol. 29, nos 3-4, juil.-déc. 1988 ; A. BARDA, *Bibliographie des œuvres de Zénaïde Hippius*, Paris, Institut d'études slaves, 1975.

HOUX, Jeanne du, *visitandine* (Jeanne Pinczon du Hazay ; Rennes, 2 septembre 1616-26 septembre 1677). — Mme du Houx est la fille de François Pinczon, seigneur de Cacé, et de Renée Sion. Après une enfance où se succèdent bouleversements affectifs, ennuis de santé et émois spirituels, Jeanne, malgré son attrait pour la vie religieuse, est mariée en 1636 à Hilarion de Forsans, seigneur du Houx. Son biographe la décrit comme une épouse modèle, qui partage son temps entre la pratique des bonnes œuvres, la direction de sa maison et l'accompagnement spirituel de son époux. Elle ne peut toutefois dissimuler son aversion pour le mariage et donne à son foyer des allures de couvent. Les maux qui l'accablent sont pour elle l'occasion de communier aux souffrances d'un Christ, apparu en lépreux et pourtant amoureusement embrassé. Cette expérience lui vaut d'éprouver un violent désir d'anéantissement, prélude d'une union intime avec Dieu. Chaque maladie devient un lieu de nouvelles expériences visionnaires, mais aussi de tortures corporelles et spirituelles. En contrepoint, chaque temps de rémission est consacré à l'accomplissement de démarches altruistes qui la situent dans l'univers typique de la bienfaisance au féminin.

Le décès de son mari lui offre enfin la possibilité d'entrer chez les Visitandines du Colombier (Rennes). Son état de santé ne lui permet toutefois pas de rejoindre le chœur des religieuses. Accueillie le 29 juin 1646, elle est d'abord reçue comme bienfaitrice séculière, avant de revêtir l'habit de converse, l'année suivante. Son état d'union avec le Christ s'enrichit parfois d'expériences plus heureuses, lorsqu'elle convoque la métaphore du jardin clos pour décrire son âme visitée par le divin jardinier. Mais c'est plus fréquemment au cœur de la douleur et à la faveur de visions du Crucifié qu'elle éprouve les plus fortes impressions de communion. Toute à son désir d'expier ses fautes et de racheter celles des autres, elle accepte de s'unir « par contrat » à la croix du Christ et d'en supporter toute sa vie le poids accablant. Tourmentée jusqu'à sa mort de peines spirituelles et morales (tentations, déréliction, dégoût de la vie religieuse, agressivité de l'entourage, visions infernales...), dont elle s'efforce de dissimuler les effets extérieurs, elle est en outre confrontée aux exigences du Christ, qui attend d'elle sacrifices et total abandon. Déchirée entre moments de sublime jouissance et états de profond désespoir, Jeanne se soumet sans résistance au plaisir d'un Dieu qui ne cesse de la crucifier. Abîmée dans les plaies de son Sauveur, elle emprunte à l'école bérullienne un désir d'adhérence infinie à la volonté divine. Sa seule aspiration : vivre avec le Verbe incarné, cachée en Dieu. L'identification absolue avec la personne du Christ la conduit aux frontières de la déification.

Sa rencontre avec le carme Valentin de Saint-Armel, qui la pousse davantage encore sur la voie du dolorisme, ne lui apporte guère de soulagement. Pour mieux juger de la nature de ses expériences et sans doute réorienter son trop-plein d'énergie intérieure, le religieux la somme d'écrire sa vie et de travailler au salut des âmes. C'est dans cette vocation missionnaire, autorisée par l'évêque de Rennes, que Jeanne Pinczon va désormais s'illustrer et exercer une influence considérable dans les milieux actifs du catholicisme breton, à la croisée des milieux conventuels et du monde séculier. En 1654, le carme, en lien avec les Ursulines de Loudun, la met en relation avec Jeanne des Anges*. La « sainteté » de cette religieuse faisant toujours débat, l'évêque de Rennes requiert l'avis de Jeanne Pinczon sur la question. Non sans appréhension, celle-ci se rend plusieurs fois à Loudun, où elle finit par apprécier son interlocutrice, avec qui elle correspond longuement, sous la surveillance rassurante du jésuite Jean-Baptiste Saint-Jure. Son prédécesseur Jean-Joseph Surin, alors sorti de son état dépressif, échange également quelques lettres avec elle et lui fait découvrir Augustin, Jean de la Croix, Thérèse d'Avila* et François de Sales.

À l'issue de ces rencontres, Jeanne voit ses dons de discernement et ses qualités de guide spirituel reconnus par les autorités diocésaines. Dès 1659, plusieurs maisons religieuses, tous ordres confondus, sollicitent son aide pour l'établissement de réformes. Sur ordre des évêques de Rennes et de Tréguier, elle sillonne la Bretagne pour œuvrer à la conversion des âmes, tant séculières que régulières. À l'heure où la notion d'« apostolat féminin » fait frémir les misogynes, elle s'y engage sans compter, soutenue intérieurement par sa proximité avec le divin. Quand elle séjourne au Colombier, le parloir devient un salon spirituel où clercs et laïcs viennent écouter ses enseignements. Très liée à Mme Bude, fondatrice d'une maison de retraite spirituelle pour femmes à Rennes, elle contribue encore à la mise en place d'un établissement identique à Vannes, à la demande de Catherine de Francheville (fondatrice de la première maison de retraite pour femmes) et du jésuite Vincent Huby. Hautement appréciée des uns, Jeanne Pinczon fait aussi l'objet de vives critiques de la part de ceux qui ne lui pardonnent pas son amitié avec Jeanne des Anges et l'accusent d'être elle-même victime d'illusions ou la proie du démon.

Son biographe ne manque pas de rappeler combien son héroïne, assaillie de toutes parts, envisage son apostolat comme une contribution volontaire aux souffrances d'un Christ exigeant d'elle expiation et réparation. Entre visions de l'Homme de Douleurs et communications avec les âmes du purgatoire, Jeanne vit aussi des moments plus doux. L'Enfant, auquel elle se voue à la suite de la carmélite de Beaune, Marguerite du Saint-Sacrement* (Marguerite Parigot), échange son cœur avec le sien et imprime en elle les qualités de l'enfance. Elle découvre encore l'amour qui unit les personnes de la Trinité ou reçoit des lumières sur l'économie du salut, avant de s'éteindre, non sans avoir enfin pu prononcer ses vœux solennels de visitandine.

Marie-Élisabeth Henneau

• *Voir aussi* : Jeanne des Anges

Bibl. : *Vie* : Chevalier D'ESPOY, *Vie de Madame du Houx, surnommée l'épouse de la Croix...*, Paris, F. Rabuty, 1713. ***Étude*** : E. CATTA, article in *Dictionnaire de spiritualité*, Paris, Beauchesne, t. III, 1957, col. 1769-1773.

HUBER, Marie, *écrivain et théologienne protestante* (Genève, 1695-

Lyon, 1753). — Née dans une famille de très riches négociants genevois, petite-fille du pasteur réformé Calandrini, Marie Huber s'installe à Lyon avec ses parents en 1711. Liée à son grand-oncle Fatio de Duillier, géomètre et astronome, qui, à Londres, soutient les prophéties millénaristes d'anciens camisards, en rapport aussi avec les prophètes protestants des Cévennes, elle entend, en 1715-1716, des messages divins accablant les habitants de Genève pour leur peu de foi. Elle s'y rend pour s'entretenir avec les milieux piétistes de la ville et pour tenter de convaincre les pasteurs d'œuvrer au renouvellement de l'Église, mais elle est très mal reçue et en tombe profondément malade quand elle rentre à Lyon. Elle ne s'en remettra que trois ans plus tard.

Par la suite, Marie Huber écrira des livres d'inspiration déiste, de plus en plus rationalistes, tout en vivant très discrètement. Les prophéties de sa jeunesse ne nous sont malheureusement connues que par des correspondances, et leur contenu exact ne nous est pas parvenu. Même si elle s'en est détachée par la suite, elles lui ont sans doute permis d'insister sur le rôle fondamental de la conscience et du sentiment intérieur dans la religion, même rationnelle.

Yves Krumenacker

Bibl. : ***Œuvres*** : *Le Monde fou préféré au monde sage*, Genève, Fabri & Barrillot, 1731 ; *Le Système des anciens et des modernes*, Genève, Fabri & Barrillot, 1731 ; *Lettres sur la religion essentielle à l'homme*, Amsterdam, Wetstein & Smith, 1738 ; *Réduction du spectateur anglois*, Genève, 1753. ***Étude*** : G. METZGER, *Marie Huber (1695-1753). Sa vie, ses œuvres, sa théologie*, thèse de la faculté de théologie de Genève, Genève, Rivera et Dubois, 1887.

HUECK DOHERTY, Catherine de, *laïque, écrivain, fondatrice de Madonna House* (Catherine Kolyschkine ; Nizhny-Novgorod, 1896-Combermere, 14 décembre 1985). — Dès sa naissance – dans un wagon-lit lors d'une foire en Russie –, la vie de l'aristocrate Catherine Kolyschkine est marquée par la manière mystérieuse que Dieu a de lui manifester sa présence et sa volonté. Ses récits autobiographiques s'attacheront à repérer les moments d'intrusion divine, dialogues brefs et inachevés dont Dieu a l'initiative et qui laissent à Catherine des mots ou des bribes de phrases à accueillir, à méditer, à consentir aussi, et qui peu à peu traceront la ligne directrice de sa vie pèlerine et de sa mission jusqu'à former un texte – *Le Petit Mandat* –, achevé vers 1933, quintessence mystique de Madonna House, œuvre apostolique qu'elle fonde au Canada en 1951.

La mystique elle-même hésite à déterminer quelle expérience inaugure son aventure spirituelle : son enfance, espiègle et pieuse à la fois ; l'école égyptienne, où elle s'éprend pour toujours de la figure de saint François d'Assise et rêve de l'imiter ; les années de la Grande Guerre, pendant lesquelles la jeune épouse du baron Boris de Hueck se dévoue comme infirmière sur le front même ; ou encore, et peut-être surtout, l'événement dramatique de 1918 où, enfermé dans leur maison d'été en Finlande, le couple est condamné par les partisans communistes à mourir de faim et de soif ; et les mots adressés alors à Dieu, balbutiés par Catherine aux frontières de la mort : « promesse » de lui offrir sa vie si elle était sauvée.

C'est la fuite d'abord en Angleterre, où elle devient catholique ; puis au Canada, à Toronto où, en 1921, elle donne naissance à George ; et, enfin, à New York : vie de réfugiée, très difficile, presque misérable, avant de trouver, comme conférencière, la prospérité et la notoriété, mais non la paix intérieure. Les difficultés conjugales s'aggravent ; elles conduiront à la séparation de fait puis, treize ans plus tard, à la déclaration par l'Église de la nullité d'un mariage entre cousins alors qu'elle avait quinze ans. Mais surtout, le luxe et la vie mondaine s'accompagnent d'une autre misère : genre de malaise profond entretenu, d'une part, par le souvenir récurrent de la promesse faite à Dieu, non tenue ou imparfaitement réalisée et, d'autre part, par la voix intérieure qui l'invite à une pauvreté de plus en plus radicale, générosité d'un autre ordre que celle qu'elle pratique dans ses bonnes œuvres.

Catherine recommence à prier, à méditer des versets évangéliques (Mt XIX, 21), qui s'imposent à elle comme un appel et vers lesquels elle est sans cesse et mystérieusement renvoyée. Elle comprend sa vocation : devenir pauvre, simple et petite, matériellement et spirituellement. Comment ? Elle découvre qu'il lui faut consentir à la Croix du Christ et que cette croix est celle des pauvres ; plus tard, elle parlera de devenir soi-même croix, mystère de la croix, en tenant Dieu d'une main et en tendant l'autre au pauvre. En un mot, dira-t-elle, il faut « aimer, peu importe le prix ». En 1930, elle s'engage dans le difficile chemin de la dépossession lorsque, après avoir démissionné de son emploi lucratif et vendu tout ce qu'elle possède tout en veillant à subvenir aux besoins de son jeune fils, elle retourne à Toronto et devient, avec l'accord de l'évêque, apôtre laïc anonyme au service des plus pauvres. Suivront plusieurs fondations de Friendship House : à Toronto en 1934 dans les quartiers les plus pauvres ; à New York en 1938 en plein centre de Harlem ; à Chicago en 1942. Mais, malgré le succès de ces centres d'amitié et de solidarité, elle devra les quitter l'un après l'autre, victime de rumeurs ou d'incompréhension. Sa parole prophétique, forte et audacieuse, fondée sur son intimité avec le Serviteur souffrant et appuyée sur la doctrine sociale de l'Église, dérange l'Amérique des années 1930 en dénonçant les racismes et leurs conséquences déshumanisantes. Ces épreuves douloureuses de rejet, d'angoisse, de solitude morale, creusent en elle toujours davantage sa participation aux souffrances du Christ, à laquelle il continue de l'inviter.

En 1947, elle se retire à Combermere (Canada), dans la campagne ontarienne, en compagnie de son deuxième mari, le journaliste américain Eddie Doherty, qu'elle a épousé en 1943. Elle partage l'existence des paysans, vivant la charité au quotidien par les gestes simples du service. Elle commence bientôt à organiser une formation pour laïcs catholiques. L'exigence spirituelle se fait plus profonde dans le couple et, en février 1951, encouragés par le père John Callahan qui les accompagne spirituellement, Catherine et Eddie consacrent leur vie à Jésus par l'intermédiaire de la Vierge Marie*, épousant l'esprit de Louis-Marie Grignion de

Montfort. Ce moment inaugure pour Catherine une nouvelle avancée mystique. Mais, comme toujours, la croissance dans l'amour de Dieu est inséparable chez elle du service de l'autre. Le temps est venu de la fécondité apostolique de cette pionnière de l'apostolat des laïcs. Des jeunes gens les ont rejoints, et Catherine ouvre alors Madonna House. Période de grâces insignes et de grande fécondité. L'esprit de cette œuvre est directement issu de la vie mystique de la fondatrice ; Madonna House est articulé par le double commandement de l'amour, comme la vie quotidienne à Nazareth ; ne dit-elle pas que « l'état mystique est l'état d'amour » ? Catherine est convaincue que l'unité de la communauté dépend de la volonté de chacun des membres à vivre selon la dynamique de l'amour trinitaire. Il s'agit là du *sobornost*, un des concepts de la spiritualité russe orientale, que Catherine introduit en Occident, comme elle introduira aussi l'idée de *poustinia*, lieu matériel et spirituel qui, dans la solitude, la prière et le jeûne, favorise la rencontre avec Dieu.

À partir de 1955 où ils font vœu de chasteté, Catherine et Eddie vivront dans le célibat. La vie communautaire de Madonna House prend alors son plein essor, encouragée et soutenue successivement par les papes Pie XII, Paul VI et Jean-Paul II. Catherine aura à vivre encore plusieurs purifications intérieures, pour atteindre la paix mystique qui l'habitera après l'ordination d'Eddie comme prêtre selon le rite melchite reconnu par l'Église. Les dernières années de la vie de la mystique sont surtout consacrées à l'enseignement, en particulier la rédaction d'une trentaine d'ouvrages spirituels : écriture poétique et allègre, sans compromis, qui dit aussi bien les « noces mystiques de l'Indigent divin » que la joie dans les larmes, l'amour trinitaire qui l'habite, l'unifie et l'envoie aussi bien vers le plus pauvre que vers ces chers prêtres pour lesquels elle construira Vianney House. Elle meurt ayant donné progressivement sa vie, « cellule par cellule ».

Thérèse Nadeau-Lacour

Bibl. : *Œuvres* : *L'Évangile sans transiger*, trad. J. Prignaud, Paris, Cerf, 1980 ; *Depuis la poustinia, ou le pèlerinage au cœur des hommes*, trad. J. Prignaud, Paris, Cerf, 1981 ; *Lettre d'amour aux prêtres*, trad. T. de Roucy, Abbaye d'Ourscamp, Éditions du Serviteur, 1990 ; *Unfinished Pilgrimage*, Combermere, Madonna House Publications, 1995. ***Étude* :** E.-M. BRIERE, *L'Expérience de Dieu avec Catherine de Huech Doherty*, Montréal, Fides, 2001.

HYPATIE D'ALEXANDRIE, *mathématicienne, philosophe et martyre* (Alexandrie, v. 370-415). — Hypatie est la fille de Théon, dernier directeur du musée de la Bibliothèque d'Alexandrie fermée en 391 sur ordre de l'empereur Théodose Ier. Initiée par son père aux mathématiques et à l'astronomie – il avait édité en 364 les *Éléments* d'Euclide et commenté l'*Almageste* de Ptolémée –, elle l'est aussi à la philosophie : « Elle avait bénéficié d'une formation si complète qu'elle surpassait tous les philosophes de son temps », dit d'elle Socrate le Scolastique, ajoutant : « Elle prit la tête de l'école platonicienne et enseigna à qui le demandait les disciplines scientifiques » (*Histoire ecclésiastique*, v. 440). Secondant son père dans son travail éditorial, elle aurait pour sa part commenté les *Arithmétiques* de Diophante et les *Coniques* d'Apollonios. Ses œuvres auraient toutes disparu lors des destructions successives de la Bibliothèque d'Alexandrie.

Créée par Ammonios Saccas au IIIe siècle, l'école platonicienne d'Alexandrie compta parmi ses membres Plotin, Porphyre, Jamblique, et fut qualifiée d'éclectique en raison des préoccupations théurgiques et religieuses qui furent les siennes. Dotée, selon Damascius, d'un génie intellectuel supérieur à celui de son père, Hypatie enseigna, outre Platon et Aristote, « les œuvres de n'importe quel autre philosophe à qui voulait l'entendre » (*Vie d'Isidore*, 495). Il est donc probable qu'Hypatie, nourrie de néoplatonisme, connaissait aussi les écrits hermétiques et orphiques que lisait son père, captivé par la magie de l'univers et féru de divination astrologique. Sans doute eut-elle également un cercle plus étroit de disciples, au premier rang desquels Synésius de Cyrène, faisant dans ses lettres allusion aux « bienheureux compagnons » qui étaient ceux de la philosophe, si chère à Dieu et « qui préside légitimement aux mystères sacrés de la philosophie ».

À la fois néoplatonicien et chrétien, administrateur dans son pays d'origine (Libye) avant de devenir évêque de Ptolémaïs, Synésius incarne l'éclectisme religieux qui est alors celui du bassin méditerranéen. Les lettres adressées à sa « vénérable maîtresse » sont les seuls témoignages directs de l'enseignement d'Hypatie, dont l'éloignement lui pèse (« C'est pour vous seule que je négligerais ma patrie ») et à qui il jure une fidélité éternelle : « Nul souvenir ne reste aux morts dans les Enfers, mais je ne m'y souviendrai de ma chère Hypatie. » Sollicitant son avis quant à la valeur de son dernier livre de philosophie (*Dion, ou Traité de sa vie*, v. 404), c'est à leur connivence spirituelle qu'il fait appel en lui demandant de lire son traité *Des songes* (v. 404), où il fait l'apologie de la divination qui « nous conduit vers les sommets divins, et met en jeu nos facultés les plus précieuses ». C'est là un témoignage irremplaçable quant au « mysticisme » d'Hypatie, cette « grande âme adepte du savoir », dont les regards, dit le poète alexandrin Palladas, étaient « dirigés vers les cieux » : ceux de l'astronomie scientifique, mais aussi d'une théologie païenne à la mode néoplatonicienne.

Savante et sage, Hypatie était aussi très belle et dotée d'une étonnante assurance au sein d'un milieu d'hommes. Damascius la dit mariée au philosophe Isidorus, mais l'on s'accorde à penser qu'elle resta vierge, décourageant même l'un de ses prétendants en exhibant un linge taché de sang menstruel. Les versions relatives à sa mort, en revanche, diffèrent. Fut-elle victime de « sombres machinations » (Socrate le Scolastique), tant en raison des calomnies circulant sur son compte que des dissensions qu'elle aurait entretenues entre le gouverneur Oreste et l'évêque Cyrille ? Est-ce Cyrille qui, passant un jour devant la maison d'Hypatie où il y avait foule, céda à la jalousie et commandita son meurtre ? Est-ce pour avoir pratiqué magie et théurgie et s'être intéressée aux astrolabes et instruments de musique qu'elle suscita la colère des chrétiens ? Jean, évêque de Nikiou (Basse-Égypte) l'affirme, l'accusant même de pratiques sataniques. Coupée en morceaux puis brûlée selon les uns, traînée derrière un char jusqu'à ce que mort s'ensuive selon les autres, Hypatie entrait dans la légende des vierges martyres et l'on associera parfois son sort cruel à celui de sainte Catherine d'Alexandrie.

Sa vie légendaire commence alors dans les esprits, qui se l'approprient au nom de causes diverses et parfois contradictoires. Voltaire voit en elle la victime du fanatisme chrétien (*Dictionnaire philosophique*, 1764) tandis que Diderot, admirant « cette femme à l'éloquence enchanteresse », fait d'elle le bouc-émissaire d'un règlement de comptes entre juifs et chrétiens. Raphaël l'aurait représentée dans une première version de *L'École d'Athènes* (1509), puis confondu ses traits avec ceux de Francesco Maria Ier della Rovere, neveu du pape Jules II. Le protestant John Toland lui consacre en 1720 un essai historique, et Charles Kingsley publie en 1853 une version très romancée de sa vie : *Hypatia or the New Foes with an Old Face.* Chantant les louanges de la « vierge magnanime » dans un long poème (*Hypatie*, 1847) et dans un court drame (*Hypatie et Cyrille*, 1857), Leconte de Lisle célèbre en elle la gardienne de l'ordre divin : « Debout, dans ta pâleur, sous les sacrés portiques / que des peuples ingrats abandonnait l'essaim, / Pythonisse enchaînée aux trépieds prophétiques, / les immortels trahis palpitaient dans ton sein. »

Assimilant son martyr à celui du « moi » menacé d'extermination par les Barbares, Maurice Barrès dédie une nouvelle à « la dernière des Hellènes » (*La Vierge assassinée*, 1904). Son personnage et l'époque troublée où elle vécut inspirent le poète et dramaturge italien Mario Luzi (*Livre d'Hypatie*, 1994), tandis qu'elle devient l'icône d'une féminité outragée par l'extrémisme religieux dans le roman d'Arnulf Zitelmann (*Hypatia*, 1990), précédant de peu le film d'Alejandro Amenábar (*Agora*, 2010). Hypatie devenue « star » est bien une étoile qui continue à briller dans les esprits, fût-elle souvent entrevue « à travers les brumes du temps et de l'oubli » (John Thorp).

Françoise Bonardel

Bibl. : ***Vie et Études*** : A. FERETTI, *Renaissance en Paganie*, Montréal, L'Hexagone, 1987 ; J. MARCEL, *Hypatie ou la fin des dieux*, Montréal, Leméac, 1989 ; L. D'OSORIO, *Hypathia, arpenteur d'absolu*, Paris, L'Harmattan, 2005 ; M. DEAKIN, *Hypatia of Alexandria : Mathematician and Martyr*, Amherst, Prometheus Books, 2007 ; M. DZIELSKA, *Hypatie d'Alexandrie* (1995), Paris, Éditions des Femmes, 2009 ; J.-M. RIST, « Hypatia », *Phœnix*, 19, 1965, p. 214-225.

I

IDE DE GORSLEEUW, ou de Léau, *bienheureuse*, *cistercienne* (Gorsleeuw, v. 1200-La Ramée, 1262/1270). — Contemporaine d'Ide de Nivelles*, Ide de Gorsleeuw appartient elle aussi à ce courant mystique dont s'est enorgueilli l'Ordre de Cîteaux au diocèse de Liège. Son hagiographe, sans doute cistercien, célèbre une héroïne bien représentative de certains aspects de la piété féminine du XIIIe siècle : démarche pénitentielle, dévotion eucharistique, rencontres avec le Christ souffrant. Dotée dès l'enfance des grâces nécessaires à l'accomplissement d'une vie consacrée, Ide, née à Gorsleeuw, près de Borgloon, et non à Léau, bénéficie très tôt d'une éducation exceptionnelle. Prête à rejeter les attraits du monde, elle se met à l'écoute de béguines et de recluses qui prolongent une direction spirituelle initiée au foyer familial. Elle rejoint ensuite l'abbaye des Cisterciennes de La Ramée, à Jauchelette (Belgique, province du Brabant wallon), où, déjà, les premiers émois de sa rencontre avec le Christ comblent son cœur de joie.

Ses premiers pas dans la vie monastique s'accompagnent de conflits intérieurs, entre assauts divins et tentations démoniaques, tandis que son attirance pour l'Eucharistie témoigne déjà de sa soif inextinguible d'union à l'Époux. Quantité d'épisodes mettent en scène l'intensité de son désir, les troubles qu'il suscite sur le plan physique et psychologique ainsi que les perturbations qu'il provoque dans la communauté. Au moment des ravissements qui la transportent hors d'elle-même, Ide ne s'appartient plus. L'entourage présent perçoit aisément le déroulement de l'événement. À ses consœurs qui s'inquiètent, elle tente une explication : « Quand l'âme est l'hôte du corps et que des liens si doux les unissent, quand l'âme est enivrée au plus profond d'elle-même par la douceur d'une joie divine sans mesure, est-il si extraordinaire que le corps ressente ce que l'âme éprouve et qu'il se réjouisse de la joie de son hôte ? » Son corps exprime l'effervescence intérieure qui l'habite : troubles récurrents du sommeil, pertes d'appétit, voire dégoût systématique pour toute forme d'aliment. Sans qu'il soit question de crises d'anorexie destructrice, il est évident que le rapport à la nourriture est vécu au quotidien sur le mode tragique. Ide tombe malade à plusieurs reprises. Conscient du paradoxe de son existence, le biographe évoque son état : *delectabiliter agonizans*. Sa faiblesse favorise de nouvelles expériences : privée des offices de Noël en communauté, Ide reçoit au lit la visite de la Vierge qui lui tend son Enfant ; elle est alors gratifiée de lumières sur la Trinité.

L'observance des us et coutumes de l'ordre canalise *in fine* le trop-plein d'énergie et permet à la moniale de reprendre rang parmi ses sœurs. Un épisode célèbre cette soumission scrupuleuse à la règle : la Vierge apparue au cours d'une célébration, dépose l'Enfant dans ses bras. Le biographe décrit l'embarras de la cistercienne, comblée, mais désireuse de continuer à participer à la liturgie. À l'invitation de la religieuse, l'Enfant s'accroche à son cou tandis qu'elle s'exécute. La scène appartient au genre hagiographique. Elle rappelle aux lecteurs un aspect fondamental de la vie monastique : la primauté de l'obéissance en toute circonstance. Aucune faveur divine ne peut détourner Ide de son devoir de célébrer l'*Opus Dei*. « Chanter et lire, méditer et prier », voilà ses seules aspirations qui lui procurent « douce tranquillité et paix de l'esprit ». Mais de repos, elle n'en goûte guère, ballottée d'extases en abandons spirituels. Sujette à d'angoissantes impressions de déréliction, elle plonge alors dans le plus grand désarroi. Là surgit le paradoxe d'une femme torturée par l'intensité des grâces reçues, mais tout aussi écorchée d'en être parfois privée. Pour surmonter sa peine, elle tente de cultiver le détachement, consentant à vivre privée de toute faveur pour mieux répondre à sa vocation. Malgré les nombreuses allusions à son désir de vivre selon la règle, tout simplement, comme les autres, le discours élogieux de la *Vita* n'arrive pas à masquer sa singularité et son isolement parmi les autres moniales.

Quand elle parvient à reprendre ses esprits, Ide de Gorsleeuw, comme Béatrice de Nazareth*, s'adonne aux travaux d'écriture et à la copie de livres liturgiques. Son entourage bénéficie de son enseignement, mais la moniale est souvent confrontée à un auditoire incapable de suivre ses dissertations sur la Trinité, dont elle découvre la profondeur du mystère au cœur de ses extases. La moniale adapte dès lors ses propos aux aptitudes intellectuelles de ses disciples et propose des commentaires plus accessibles sur l'enfance du Christ. À l'occasion d'un épisode qui la met en scène tout alanguie sur sa couche, la lecture du *De Trinitate* de saint Augustin la met en transe. L'auteur ne manque pas d'admirer cette réaction affective à l'audition d'un texte que bien des savants lisent et relisent sans émotion. Cette intelligence du cœur, Ide l'applique comme bien d'autres à la direction spirituelle et au discernement des esprits.

Sa présence, comme celle d'Ide de Nivelles, plonge la communauté de La Ramée dans une atmosphère de bouillonnement spirituel que partagent plusieurs autres communautés cisterciennes à la même époque : à Aywières avec Lutgarde*, à La Cambre avec Aleyde, à Parc-les-Dames avec Catherine de Louvain, à Rozendaal avec Ide de Louvain*. D'autres femmes vivent ailleurs les mêmes bouleversements et partagent avec les Cisterciennes une certaine parenté spirituelle, une dévotion eucharistique intense et, souvent, de réels liens d'amitié : Christine l'Admirable* (Saint-Trond), Julienne de Mont-Cornillon* et Ève de Saint-Martin* (Liège), Hadewijch d'Anvers*... vivent à des degrés divers de semblables émois.

Marie-Élisabeth Henneau

• *Voir aussi* : Ide de Nivelles ; Ide de Louvain

Bibl. : *Vie* : *The Life of Ida of Léau*, trad. Martinus Cawley, Lafayette (Oregon), Our Lady of Guadalupe Abbey, 1985. ***Études* :** E. MIKKERS, « Ida », *Dictionnaire de spiritualité*, Paris, Beauchesne, t. VII, 1969-1971, col. 1239-1241 ; A. STEENWEGEN, « De gelukz : Ida de Lewis of Ida van Gorsleeuw », *Ons geestelijk erf*, t. 57, 1983, p. 105-133, 209-247, 305-321 ; M.-É. HENNEAU, « Entre terres et cieux..., le temps des fondations (XIIIe-XIVe s.) », in *La Ramée, abbaye cistercienne en Brabant wallon*, Thomas Coomans (éd.), Bruxelles, Racine, 2002, p. 18-31 et 210-211.

IDE DE LOUVAIN, *bienheureuse, cistercienne* (Louvain, 1212-proximité de Malines, apr. 1262). — La vie d'Ide de Louvain, composée probablement à la fin du XIIIe siècle, présente de nombreuses analogies avec celles d'autres cisterciennes du diocèse de Liège : Ide de Nivelles*, Béatrice de Nazareth* ou Ide de Gorsleeuw*, avec lesquelles cette mystique, également en lien avec le milieu béguinal, partage une même appétence pour l'Eucharistie et une même intimité avec le Christ souffrant. Cette biographie met en scène une femme en odeur de sainteté chez les Cisterciens, mais dont la renommée a largement dépassé l'espace clos de l'abbaye de Roosendaal, proche de Malines (Belgique, province d'Anvers), où elle s'est retirée. Frères prêcheurs et Frères mineurs reconnaissent ses mérites, et l'on ne peut manquer de percevoir l'influence de la spiritualité franciscaine dans l'évocation de son itinéraire. Comme François d'Assise, Ide est issue d'une famille fortunée et manifeste d'emblée sa répulsion pour une société marchande dont l'apparition, dans les villes du Nord, provoque la paupérisation galopante d'une population condamnée à la mendicité. En conflit avec sa famille, Ide se dépense sans compter pour assurer la redistribution intégrale du fruit de son travail, tout en s'infligeant un nombre impressionnant de macérations, dans une démarche pénitentielle visant à la réparation. Sa familiarité avec les animaux témoigne de son emprise, jugée miraculeuse, sur la Création. Son corps percé de cinq plaies résonne de son amour débordant pour le Christ souffrant. Dès avant son entrée au couvent et par opposition à l'opulence et à l'impiété paternelle, Ide conjugue un dégoût profond pour les nourritures terrestres avec un désir insatiable de consommer l'Eucharistie. C'est l'un des thèmes majeurs développés dans sa *Vita*, alors qu'à l'initiative de Julienne de Mont-Cornillon*, la fête du *Corpus Christi* est officiellement célébrée au diocèse de Liège depuis 1246 et que se multiplient les récits témoignant de la dévotion des femmes pour le saint sacrement. Le texte fait écho aux questions alors en débat relatives à la présence réelle du Christ dans l'Eucharistie, à la communion fréquente des laïcs et à la vision de l'hostie consacrée. Ide est travaillée sans cesse par une faim dévorante, tant pour la Parole, qui prend dans sa bouche un goût de chair sacrée, que pour le Corps du Christ, dont elle perçoit la présence, quelles que soient les circonstances. Chaque communion s'accompagne de ravissements, visions et impressions sensorielles inouïes. Quand elle ne peut assouvir son désir, des sensations gustatives accompagnent une communion spirituelle. On la surprend en train de vouloir forcer la porte du tabernacle pour s'emparer du ciboire. Son corps enfle, exprimant son désir d'ingestion (ou d'enfantement) du divin corps. Des hémorragies nasales surviennent comme pour conjurer d'autres écoulements jugés impurs et manifester un désir d'union aux souffrances de l'Époux. Ide s'enivre encore du sang du Christ, refusant l'absorption de toute autre boisson. Au cours d'une messe, elle se retrouve associée à une scène de la Nativité. Après avoir baigné et cajolé l'Enfant, Ide se voit contrainte de le rendre à sa mère, non sans regret. Elle revient à elle à la consécration présentée par l'auteur comme le véritable moment de la rencontre avec la présence réelle. Mais pour la jeune femme, sa proximité sensuelle avec le Christ vient souvent compenser les empêchements imposés par l'Église quant à la fréquentation du sacrement. Ainsi approche-t-elle ses lèvres du flanc de son Époux pour en recueillir une substance nutritive et jouit-elle de son amour pénétrant, lovée dans les bras du Bien-Aimé. À d'autres moments c'est la moniale qui se voit allaiter l'Enfant, avant d'être emmenée à Bethléem l'adorer à la suite des Rois.

Véritable interprète de ses expériences, le corps de la mystique est aussi le support où se grave sa participation aux souffrances du Christ. Jouissances et souffrances ponctuent toute rencontre avec le Christ qui se fait voir, entendre, sentir et toucher. Il se révèle amour incarné, qui blesse en même temps qu'il guérit. Il lui offre son cœur, lui dévoile sa beauté, célèbre pour elle une messe solennelle. Transportée dans le chœur des séraphins, elle approche le mystère de la Trinité, toute ignorante qu'elle soit. Et son biographe de rappeler la délimitation des territoires de compétence dans l'Église : aux femmes, les expériences du cœur, vécues à l'abri des cloîtres ; aux clercs, le savoir théologique acquis dans les écoles. Si son héroïne parvient à traduire les textes de la liturgie en langue vernaculaire, c'est bien sous la dictée de l'Esprit-Saint et non parce qu'elle serait instruite. Le profil de la cistercienne de Roosendael, ainsi décrite par une plume masculine, rassemble bien toutes les caractéristiques acceptables de la piété féminine du XIIIe siècle, telle que la conçoivent les gens d'Église : jeûnes pénitentiels, distribution de nourriture aux pauvres, participation aux souffrances du Christ, dévotion eucharistique : une forme très incarnée de l'*imitatio Christi*. Reste à savoir si le portrait n'est pas forcé et si l'exacerbation des manifestations sensibles de l'expérience ne sert pas, fut-ce de manière inconsciente, une propension des clercs à cantonner les femmes dans l'unique registre des émotions. Ce qui n'a pas empêché le biographe d'Ide de Louvain d'exprimer son admiration pour une femme dont, louange suprême, il reconnaît au final toutes les qualités viriles !

Marie-Élisabeth Henneau

• *Voir aussi* : Béatrice de Nazareth ; Ide de Gorsleeuw ; Ide de Nivelles

Bibl. : ***Vies*** : *Ida the Eager of Louvain, Medieval Cistercian Nun*, trad. Martinus Cawley, Lafayette, Guadalupe, 2000 ; H. VEKEMAN, *Ida van Leuven (ca 1211-1290), Latijnse vita, vertalig, inleiding en commentar*, Budel, Daman, 2006. ***Études*** : E. MIKKERS, « Ida », *Dictionnaire de spiritualité*, Paris, Beauchesne, t. VII, 1969-1971, col. 1239-1241 ; F. VANHOOF, « Abbaye de Roosendael à Wavre-Sainte-Catherine », *Monasticon belge*, province d'Anvers, Liège, Centre national de recherches d'histoire religieuse, 1992, t. VIII, p. 127-164.

IDE DE NIVELLES, *bienheureuse, cistercienne* (Nivelles, v. 1199-La Ramée [Jauchelette], 1231). — Ide de Nivelles appartient à cette mouvance de femmes qui, au XIIIe siècle, ont osé une prise de parole originale, assortie d'une ascèse rigoureuse, comme moyen de s'exprimer dans l'Église. Jeune, Ide fréquente un groupe de « pauvres vierges » vivant à l'ombre du chapitre des chanoinesses de Nivelles, en Belgique. Elle y est remarquée pour sa sollicitude à l'égard des pauvres et son appétence pour l'Eucharistie. Ide rejoint ensuite une communauté de religieuses suivant les us cisterciens, installées à Kerkom, dans le Brabant flamand. Son biographe souligne la puissance de la Parole de Dieu qui réjouit alors le cœur de la novice, malgré l'obstacle linguistique. La sonorité des mots, pourtant incompris, suffit à susciter une très forte émotion chez la future cistercienne privilégiée du don des larmes. Déjà le mystère de la Trinité retient l'attention d'une toute jeune femme par ailleurs heureuse d'appartenir à un ordre où la communion fréquente est admise. Sa connaissance du parler roman devient vite un atout pour les moniales de Kerkom décidées à transférer leur établissement à Jauchelette, en terre romane. Les *sanctimoniales* y affermissent leurs liens avec l'Ordre de Cîteaux, une fois érigée leur nouvelle abbaye de La Ramée. Le nom d'Ide de Nivelles n'apparaît pas dans les archives de la maison. D'après son biographe, elle participe aux premières années de luttes pour imposer la présence des religieuses dans la région. Sa réputation de sainteté fait d'elle une conseillère de choix pour d'autres religieuses. Vers 1216-1217, la future Béatrice de Nazareth* vient auprès d'elle parfaire sa formation. Il est difficile d'en savoir davantage sur l'activité intellectuelle à La Ramée. Le biographe d'Ide de Nivelles évoque un exemplaire de l'Écriture sainte, que la religieuse serre contre elle. Il manifeste là son admiration pour la mystique, qui dialogue avec Dieu sans intermédiaire. Il ne faut pas en déduire que les livres ne soient pour elle que purs objets de dévotion. Impossible toutefois de déterminer si la lecture des textes sacrés est régulièrement pratiquée à La Ramée. Malgré leur répugnance à mettre le savoir livresque en valeur, il est vraisemblable que des moniales comme Ide de Nivelles et Béatrice de Nazareth ne tiennent pas uniquement leurs interprétations du mystère divin de leurs expériences spirituelles et affectives. Leur familiarité avec les concepts théologiques les plus subtils provient pour une part d'une initiation préalable. Là encore, peu d'informations, d'autant que les intéressées, par la voix de leurs biographes, revendiquent avec fierté une inspiration d'en haut, qui les distingue du monde des érudits.

À sa mort, la réputation d'Ide a dépassé les limites du monastère. Sa vie est jugée digne d'être relatée, non comme modèle pour d'autres moniales – ce genre d'existence ne s'imite pas –, mais comme signe universel de la possibilité d'union mystique entre l'humanité et son Dieu. L'œuvre de Gosuin de Bossut, son biographe, inscrit cette cistercienne dans la lignée de ces « femmes troubadours de Dieu » du diocèse de Liège, que caractérisent leurs rencontres passionnées avec le Christ, leurs intuitions théologiques, leurs dévotions à la Passion et au Saint-Sacrement, leurs pratiques pénitentielles spectaculaires... Pour Gosuin, ce qui fait d'Ide de Nivelles une mystique n'est pas tant la liste des phénomènes hors du commun qui ponctuent sa courte existence que l'intimité permanente qu'elle entretient avec Dieu, au point de pouvoir se passer de toute médiation : l'Esprit susurre à son oreille. La cistercienne cultive cette science des saints qui ne tient pas dans les discours des théologiens ni dans les livres savants mais se découvre dans l'expérience personnelle. Éclairée en permanence des lumières divines, la moniale présente d'ailleurs un visage radieux à l'admiration de son entourage. Cette intimité se traduit par des scènes où le merveilleux agit comme révélateur de mystères inaccessibles. Ide de Nivelles est ainsi mise en présence de l'Enfant Jésus, au réfectoire ou au dortoir. Ses connaissances théologiques de la Trinité, dont la fête est introduite en 1230 chez les Cisterciens, lui sont directement distillées par Dieu, telle une « liqueur délectable ». Tous les sens sont sollicités dans cette quête du secret de Dieu. Elle entrevoit l'au-delà au cours de visions qui organisent en une géographie fantastique les trois séjours destinés aux hommes – le ciel, le purgatoire et l'enfer – et évoquent les chemins qui y mènent. Face aux êtres qui l'entourent, elle joue de ce don de clairvoyance pour écarter les mal intentionnés et détecter la présence subtile du Malin, dont elle triomphe à chaque fois. Son corps vit à l'unisson du désir dévorant dont elle brûle : enivrée par l'abondance de la suavité divine, elle pleure, défaille, s'endort ou s'agite. La gestuelle au cours des offices lui permet d'extérioriser ce trop-plein d'émotions qui l'étreint. Ainsi s'exprime aux yeux de tous la réalité de son approche de Dieu. Le récit regorge d'épisodes où les dons et privilèges extraordinaires de la moniale sont mis au service de ses proches pour les guider sur les voies du salut. Ainsi lui est-il donné d'entrevoir entre la vision du Ciel, où peu sont admis, et celle de l'enfer, où la plupart s'engouffrent, ce lieu récemment révélé aux théologiens, destiné à l'expiation et à la purgation du péché des hommes. Plutôt que s'interroger sur la véracité des épisodes relatés, on soulignera les enthousiasmes du moine biographe fasciné par une forte personnalité féminine à même de jongler avec les notions théologiques les plus subtiles, uniquement acquises au prix de l'expérience, et capable en outre de les intégrer dans la banalité du quotidien et d'en faire rejaillir sur autrui les bienfaits.

Marie-Élisabeth Henneau

• *Voir aussi* : Béatrice de Nazareth

Bibl. : ***Vie*** **:** « The Life of Ida the Compassionate of Nivelles, Nun of La Ramée », trad. M. Cawley, in *Send Me God : The Lives of Ida the Compassionate of Nivelles, Nun of La Ramée, Arnulf, Lay Brother of Villers, and Abundus, Monk of Villers by Goswin, of Bossut*, Turnhout, Brepols, 2003. ***Études*** **:** P. DINZELBACHER, « Ida von Nijvels Brückenvision », *Ons geestelijk erf*, t. 52, 1978, p. 179-194 ; E. MIKKERS, « Ida », *Dictionnaire de spiritualité*, Paris, Beauchesne, t. VII, 1969-1971, col. 1239-1243 ; M.-É. HENNEAU, « Entre terres et cieux..., le temps des fondations (XIIIe-XIVe s.) », *in* T. Coomans (éd.), *La Ramée, abbaye cistercienne en Brabant wallon*, Bruxelles, Racine, 2002, p. 18-31 et 210-211.

IMAM BEGUM, *poétesse musulmane chiite* (« Sayyida Bibi » ; Bombay ou au Kutch, fin XVIIIe/début XIXe s.-Karachi, fin XIXe/début XXe s.). — Imam Begum est contemporaine des premiers réformateurs et penseurs de l'Inde moderne tels que Ram Mohan Roy ou Devanand Saraswati. Sa biographie très incertaine, comme celle des saints-poètes de l'Inde médiévale dont elle paraît être une dernière représentante, repose sur la tradition orale de la communauté des Khojas, chiites ismaéliens nizaris, de Bombay et Karachi, musulmans pratiquant un islam ésotérique enraciné dans la culture indienne. Avec elle serait close la lignée de Pir Shams de Multan et de ses descendants, les Sayyids Kadiwala (de la petite ville de Kadi, au nord du Gujarat, au nord-ouest de l'Inde). Son enfance, son éducation et son nom sont inconnus ; Imam Begum (« la dame de l'Imam ») est la signature orale de ses *ginans* (poèmes mystiques). Elle aurait d'abord vécu à Thana, près de Bombay, dans une petite maison, où ses talents de prédicateur attirèrent à elle nombre de disciples, tant ismaéliens qu'hindous. Elle jouait sur l'instrument de musique sarangi ses propres compositions, qu'elle chantait elle-même sur les mélodies classiques, les ragas, en musicienne accomplie. Plusieurs récits s'accordent pour témoigner de son attachement romantique pour Sayyid Ghulam Haidar Shah, un prédicateur ismaélien de la ville de Karachi, qui l'aurait demandée en mariage. De fait, leurs deux tombes se trouvent côte à côte, séparées par un voile, dans le vieux cimetière ismaélien de Mian Shah à Karachi. Imam Begum se serait fixée définitivement à Karachi après l'arrivée de l'imam Hasan Ali Shah, Aga Khan I, à Bombay, en 1845, alors qu'il fuyait d'Iran. Ce n'est pas un différend entre le chef religieux et Imam Begum qui aurait causé le départ de l'imam mais plutôt, selon l'historienne Zawahir Moir, la nécessité pour le fidèle de garder une distance entre lui et la personne sacrée, épiphanie divine, qu'est l'imam, dont on ne peut obtenir la vision, *didar*, que par la souffrance du désir jamais assouvi de sa présence. L'arrivée de l'imam à Bombay a changé radicalement ce mode de fonctionnement spirituel auquel Imam Begum, encore immergée dans la tradition médiévale des poèmes mystiques, ne pouvait que rester attachée. On ne sait pas quand elle mourut et ses compositions commencèrent à être copiées dans les manuscrits vers 1880. Avec elle s'éteint la tradition créatrice des *ginans*.

Seuls, dix de ses poèmes (peut-être trente en tout) ont reçu une approbation officielle des autorités du mouvement, mais ils suffisent à montrer sa maîtrise de la tradition ginanique et des langues qui lui sont associées : gujarati et hindi surtout, mais aussi siraiki, sanskrit, persan et arabe. Imam Begum manie les formules, images, métaphores et allitérations tout comme un auteur du XVIe siècle, mais elle dépasse l'inertie du genre par ses accents personnels poignants, un style qui lui est propre. Elle use d'un mode d'interpellation s'adressant soit à ses frères humains, soit à son seigneur et imam, soit à son propre esprit qu'elle prend à partie. Ses principaux thèmes sont : l'exhortation à suivre la vraie voie (*satpanth*), dans la lignée didactique des Sayyids ; l'appréciation correcte de la valeur unique d'une vie humaine pour faire son salut, et la vigilance nécessaire pour maîtriser l'esprit vagabond, dans la lignée des sants hindous de l'Inde du Nord tel le mystique Kabir (XVe s.) ; et enfin la méditation quotidienne associée à la dévotion aimante pour l'imam du *temps présent*. Pour la méditation, elle fait appel à des techniques yogiques, sans que l'on puisse savoir si elle eut un guru hors de la tradition ismaélienne, pour lui enseigner le hatha yoga.

Malgré l'évolution du courant ismaélien nizari vers une ré-islamisation par l'abandon des éléments hérités de la culture religieuse de l'Inde, les *ginans* résistent et persistent dans leur rôle de support spirituel pour une communauté très ouverte à une pratique mystique et très attachée à ses chants sacrés. Et, parmi les *ginans* (peut-être huit cents à mille en tout), aucuns ne sont chantés avec plus de ferveur (surtout par les femmes qui ont une longue tradition spirituelle depuis les origines de la prédication ismaélienne nizari en Inde) que ceux d'Imam Begum, que ce soit pour des occasions rituelles, comme les funérailles, ou pour introduire les séances de méditation quotidiennes lors des prières matinales dans la Jamaat Khana (lieu sacré), tel le sixième *ginan*, *Satgur malia mane* (« J'ai rencontré le Maître de la Vérité ») : « Quand j'ai trouvé le Seigneur, toute illusion s'est évanouie. Les efforts de Sa servante, tous ont été récompensés / Quand j'ai eu Sa vision, mon cœur a bondi de joie. J'ai atteint l'État Suprême, un Royaume / Ô frère, expliquer par des mots cet État Suprême n'est pas en notre pouvoir. Nul ne peut comprendre ce qui se passe / Et si quelqu'un peut le connaître, alors il possède les neuf continents [le monde entier] et voit le Seigneur dans chaque cœur / Et même s'il Le voit partout, il sait qu'il n'est qu'Un, tel est le royaume de Celui-qui-vient / Ainsi dit Imam Begum, Écoute ô mon frère : Au-dessus de tout sont Ali et le Prophète » (refrain : « Aujourd'hui j'ai rencontré le Seigneur et Maître de la Vérité, j'ai atteint la béatitude »).

Françoise Mallison

Bibl. : *Œuvre* : six *ginans* trad. par G. Allana, dans *Ginans of the Ismaili Pirs rendered into English Verse*, Karachi, Shia Imami Ismailia Association for Pakistan, 1984, p. 312-333. ***Études*** : Z. MOIR, « Bibi Imam Begam and the End of the Ismaili Ginanic Tradition », *in* A. W. Entwistle, C. Salomon, H. Pauwels, M. C. Shapiro, *Early Modern Indo-Aryan Languages Literature and Culture*, New Delhi, Manohar, 1995 ; M. T. SADIK ALI, « Sayyida Bibi Imam Begum », *Hidayat*, juillet 1980, p. 16-21.

ISABELLE D'ARAGON. — *Voir* ÉLISABETH DE PORTUGAL

ISABELLE DE LA CROIX, *tertiaire franciscaine, rattachée au mouvement illuministe* (Isabel de la Cruz ; Guadalajara, fin XVe s.- ?, apr. août 1529). — Isabelle est née dans une famille judéo-converse, appartenant à la classe moyenne urbaine castillane. Mais elle est persuadée très jeune qu'elle doit se mettre au service de Dieu et elle entend l'aimer plus que son père et sa mère. Et notamment, l'aimer mieux qu'en suivant les conseils religieux de sa mère. À la suite d'un conflit familial, Isabelle de la Croix quitte son domicile. C'est alors qu'elle entre dans le tiers ordre de saint François d'Assise. Ce qui lui permet de bénéficier d'un soutien spirituel tout en restant laïque, et en gardant une certaine marge de manœuvre. Elle assure sa subsistance elle-même par le travail de ses mains, des travaux de couture. Mais elle est convaincue d'être envoyée par Dieu aux hommes pour faire connaître son amour. Elle commence alors à communiquer son enseignement et devient en quelque sorte *maestra de doctrina* à Guadalajara, *maestra* étant le terme repris dans les textes inquisitoriaux. Relevons que ce sont d'abord les sœurs de Claire d'Assise*, mais aussi les Franciscains réformés qui sont sensibles à son enseignement. À tel point que les frères Diego de Barreda et Antonio de Pastrana feront partie de ses missions spirituelles en Nouvelle Castille.

Isabelle est accusée d'être à l'origine du *mouvement illuministe* né aux alentours de 1509-1510. Ce mouvement, qui concerne aussi bien les gens modestes que des personnages haut placés, trahit une crise spirituelle autant que le foisonnement du renouveau de la société espagnole après l'achèvement de la *Reconquista*. Dès son émergence, il est condamné par l'Église et ses membres poursuivis comme hérétiques. Isabelle est dénoncée devant un inquisiteur tolédan en mai et juin 1519, par une ancienne sympathisante, une femme de chambre qui travaille dans la famille des Mendoza, appartenant à cette haute noblesse qui constitue, de fait, un foyer majeur de l'illuminisme. Une rivalité entre deux femmes jalouses de leur influence est donc une des racines de la première mise en cause inquisitoriale. Mais la plainte n'a pas de suite immédiate. En revanche, Isabelle convertit à ses vues un père de famille du nom de Pedro Ruiz de Alcaraz, judéo-convers lui aussi, qui deviendra un propagateur de la nouvelle spiritualité et son porte-parole auprès de l'aristocratie, mais se révélera capable également de dénonciation et d'esprit de faction lors des procès. Isabelle lui enseigne l'oraison mentale (*oración mental*) et tous les autres exercices qui concernent l'unité de l'affection de l'amour de Dieu (*exerçicios spirituales tocantes a la unitad del afecto del amor de dios*). Elle entretient également des liens avec des étudiants de l'université d'Alacalà fondée par le franciscain Francisco Jiménez de Cisneros, lequel encouragea personnellement l'édition de la fameuse Bible polyglotte (recrutant, d'un côté, des juifs compétents et, de l'autre, intolérant face aux minorités). Dans son désir de réforme, l'Ordre franciscain avait suscité l'éclosion d'un champ favorable à l'émergence de l'illuminisme, notamment en créant des maisons de récollection (à commencer par La Salceda, dans la province de Guadalajara, où sera formé Francisco de Osuna, grand maître de la troisième génération du *Recogimiento*). Mais l'orientation nouvelle imprimée par Isabelle crée une tension entre les frères attirés par ce nouvel *abandon* spirituel (*dejamiento*), et ceux qui entendent rester dans la voie du *recueillement*, affermie déjà par cinquante ans de pratique. Ce qui provoque une enquête par le ministre provincial des Frères mineurs ; elle est à ce point défavorable à Isabelle que celle-ci se voit dépouillée de son habit (et donc de son statut) de tertiaire.

La *via illuminatorum seu dimittentium se* est dénoncée par un décret du chapitre des Franciscains de Tolède en 1524, présidé par le ministre général Francisco de Qiñones (depuis 1523), issu de l'entourage de Cisneros. Ministre de l'Observance qui va d'ailleurs encourager la multiplication des maisons de récollection à partir desquelles se diffusera plus largement la voie du *Recogimiento*. Ce qui concrétise ainsi une action réformatrice impulsée par le cardinal Francisco Jiménez de Cisneros, lequel exerça la régence de l'Espagne. Toujours est-il qu'Isabelle de la Croix et Pedro de Alcaraz sont convoqués à la suite de ce chapitre tolédan, examinés sur de nombreux points. Ce sera l'amorce des procès contre les alumbrados, notamment ceux qui pratiquent le *dejamiento* (l'« abandon »). Enquêtes et interrogatoires aboutiront en septembre 1525 à un édit décisif qui censure quarante-huit propositions à l'encontre des alumbrados de Tolède. Isabelle sera interrogée entre septembre 1524 et janvier 1525. Elle sera finalement condamnée, en août 1529, à la détention perpétuelle dans le couvent de Guadalajara, et puis graciée. Ensuite, nous perdons sa trace.

Si l'on se rapporte aux seuls documents qui subsistent (les dépositions devant le tribunal et les *Sumarios*), nous voyons qu'au regard d'Isabelle, la perfection se trouve dans l'*abandon* à Dieu (remettre sa volonté à Dieu en tout), et que les pratiques religieuses et les œuvres de miséricorde sans cet amour-là sont gravement déficientes. La liberté spirituelle s'enracine dans l'amour de Dieu et du prochain. Acculée devant le tribunal, elle parlera *de una falsa libertad*. Isabelle privilégie l'oraison mentale, autrement dit la prière intérieure, face à l'oraison vocale et publique. Les dépositions laissent sans doute transparaître l'importance des Écritures dans l'enseignement oral, mais il s'agit pour l'essentiel d'une Bible connue en fonction du cycle liturgique et de certains textes de Paul traduits en castillan. Il reste qu'elle pratique une lecture *con simplicidad*, celle qui permet de vivre intérieurement les opérations divines, en se laissant guider par l'inspiration de l'Esprit. Ce qui exclut ici l'approche lettrée (érasmienne) et tout recours réformé au *sola scriptura* ! Toutefois, remettre sa volonté à Dieu en tout n'est pas identifiable sans plus à une expérience mystique. C'est surtout une fidélité au sentiment de sa jeunesse : être au service de Dieu et non de sa volonté propre (*y no tengo voluntad propria*). Si les œuvres sont seulement l'effet d'une volonté propre, elles ne peuvent vaincre les défauts de la nature humaine et donc ouvrir la voie de la perfection amoureuse. Pour les commençants (*principiantes*), il faut ainsi prier et penser à la passion de Dieu (*pasión de Dios*). Pour les instruits (*ynstrutos*), il est clair qu'il faut dépasser les pratiques de pénitence comme la discipline ou le jeûne, et ne pas soumettre l'expérience intérieure des opérations divines à l'hégémonie d'une institution extérieure. Les souffrances humaines ne peuvent être entièrement déchiffrées par la Passion du Christ (réduite à l'effet d'un châtiment vicaire, suivant une doctrine conventionnelle du temps), ou aggravées par la peur (*temor*) du jugement. L'amour l'emporte ici sur la crainte. L'amour de la volonté de Dieu en l'âme est Dieu en personne (suivant une interprétation d'un verset de saint Paul, rejetée par Osuna). Dieu se communique davantage à l'homme en état d'abandon à Dieu (*estado de dejamiento*) que par la seule Eucharistie.

Nous sommes ici en présence d'une critique du formalisme religieux qui manifeste sans doute des traits érasmiens, même si les érasmiens patentés considèrent les alumbrados plutôt comme des illettrés (*puros idiotas*, suivant Juan de Vergara, judéo-convers accusé de l'illuminisme formalisé en 1525, et qui a traduit les livres sapientiaux de la Bible polyglotte d'Alcalá). Jugement confirmé (*ydiotas y sin lettras*) par le théologien dominicain Melchior Cano qui, de manière caractéristique, passe sous silence l'expérience spirituelle dans l'inventaire des sources de la théologie (*De locis theologicis*, Salamanque, 1562). Toujours est-il que la crise alumbradiste affecte le formalisme liturgique, l'usage des signes sacramentels (confession, communion) ou leur privation (excommunication), mais également des pratiques comme l'abstinence, le culte des images, des saints et les indulgences (marqués par la réification de la sainteté ou de la grâce), et les états de vie comme la vie monastique traditionnelle (d'où la proximité d'Isabelle avec la réforme de la vie franciscaine apostolique, si proche de Colomb ou de l'aventure du Nouveau Monde, et pas seulement par les géographes de l'ordre). Cela concerne aussi le rapport aux Écritures interprétées de manière plus personnelle. Toutefois, cette critique du formalisme est plus expérimentale qu'intellectuelle. Il s'agit moins de pratiques en rupture avec la foi et les usages de l'Église, que d'un désir de mettre en place une communication directe avec Dieu. D'ailleurs la légèreté des peines inquisitoriales trahit cette tendance fondamentale.

La base idéologique semble être celle de la voie mystique développée depuis 1480 par le *Recogimiento*, et articulée par des auteurs franciscains importants comme Osuna, Laredo et Palma, mais infléchie dans un sens singulier. À condition toutefois d'entendre « mystique » dans le sens de l'expérience secrète et non pas comme extase surnaturelle, visionnaire ou révélatrice – avec la note eschatologique présente chez la tertiaire dominicaine Maria de Santo Domingo*, la tertiaire franciscaine cloîtrée Juana de la Cruz, ou Maria de Toledo, clarisse, dont un certain franciscanisme, du temps de Cisneros, était encore explicitement défenseur. Car le *Recogimiento* réagit expressément contre tout cela, y compris contre une conception réifiée et extrincésiste de la transcendance divine. Ce qui n'empêche pas que les vies de l'abbesse Juana de la Cruz Vasquez – à ne pas confondre avec la hiéronymite Juana Inés de la Cruz* – par Antonio Daza (1610, expurgée ensuite) et Pedro Navarro (1622), ou ses révélations (454 folios, qui forment *El Libro del Conorte*), continuent à trouver leur audience... au théâtre, et que les ouvrages soient bien répandus dans les bibliothèques conventuelles jusqu'à nos jours (en France nous disposons de la version Chaudière de 1614, donnée à Paris, et de la version Muguet, de 1618, à Lyon, corrigée et augmentée par Sosa, dite Maguet par erreur en 1624, sous le titre *Histoire, vie et miracles, extases et révélations de la bienheureuse vierge sœur Jeanne de la Croix...*, 401 p.). En 1981, un nouveau défenseur de sa cause en béatification a même été nommé par l'Ordre des Frères mineurs. Il est néanmoins particulièrement erroné de distinguer l'alumbradisme de la mystique en réduisant celle-ci à des phénomènes extraordinaires, des révélations ou à des commentaires visionnaires du Nouveau Testament. En outre, il ne faut pas oublier l'importance de l'influence de l'esprit de réforme spirituelle et religieuse venu d'Italie (*via* notamment le mouvement franciscain de l'Observance) vers laquelle l'Espagne se tourne dès avant 1492 (prise de Grenade, agrégation ou expulsion des juifs, et découverte des Amériques). Sans oublier la spiritualité française : le *Tercer Abecedario espiritual* (Tolède, 1527) de Francisco de Osuna cite abondamment les opuscules spirituels du chancelier de Paris, Jean Gerson, lequel intègre, outre l'*Itinerarium* de saint Bonaventure, certaines influences de la spiritualité des Pays-Bas, sans se priver d'ailleurs de critiquer nommément l'union mystique suivant Ruusbroec l'Admirable.

Bernard Forthomme

Bibl. : ***Études*** : J. NIETO, « *The Franciscan Alumbrados and the Prophetic-Apocalyptic Tradition* », *Sixteen Century Journal*, vol. VIII, nº 3, 1977 ; A. MUÑOZ FERNÁNDEZ, *Madre y maestra, autora de doctrina. Isabel de la Cruz y el alumbradismo Toledano del primer Tercio del siglo XVI*, *in* C. Segura Graíño (éd.), *De leer a escribir - I. La educaciòn de las mujeres : ¿Libertad o subordinaciòn?*, Madrid, Asociaciòn cultural Al-Mudayana, 1996, p. 99-122 ; M.-C. BARBAZZA, « Femmes et spiritualité. Méditations culturelles et spirituelles à travers le rôle des *beatas* en Espagne à l'époque moderne », *Cahiers d'études du religieux-Recherches interdisciplinaires*, 4 juillet 2008, p. 1-15 ; B. FORTHOMME, « Regard contemporain sur le *Recogimiento* », *Se recueillir à l'école de François et Thérèse*, revue du Carmel (Toulouse), nº 135, mars 2010, p. 39-57 ; *Le Recogimiento, source majeure de la spiritualité carmélitaine*, in *Miscellanea Francescana*, Rome, Facoltà San Bonaventura, vol. 100, 2010, p. III-IV.

ISABELLE DE VILLENA, *clarisse, femme de lettres* (Leonor Manuel de Villena ; Valence, 1430-2 juillet 1490). — Isabelle était la fille de don Enrique de Villena y Vega, prince catalan de la maison de Barcelone, auteur de poésies et de divers traités, dont un *Arte de trovar* (1433). Baptisée sous le nom de Leonor (ou Elionor) Manuel de Villena, apparentée aux cours d'Aragon et de Castille, elle fut demoiselle d'honneur à Valence, à la cour de sa tante la reine Marie de Castille, épouse d'Alphonse V d'Aragon, dit le Magnanime. Élève surdouée, sous la conduite d'excellents maîtres, elle reçut une éducation de princesse ; elle fut une remarquable latiniste faisant brillamment l'exégèse ou le commentaire de textes écrits en cette langue.

Le 28 février 1445, elle prit l'habit dans l'Ordre de sainte Claire, au couvent royal des Clarisses franciscaines de la Très Sainte Trinité de Valence, fondé l'année précédente par la reine Marie de Castille, très aimée par les Valenciens pour ses vertus, sa façon de gouverner, qui venait parfois y passer quelques jours de retraite. Isabelle y fit profession le 25 mars 1446. Un an après la mort de sœur Isabel de Solsona, elle fut élue abbesse, le 26 mars 1463, et le demeura jusqu'à la fin de ses jours. C'est là qu'elle prit le nom d'Isabelle. Ses vertus et sa charité chrétienne la firent admirer par les moniales. On dit qu'elle fut comme un sillage de lumière, selon la Règle de saint François d'Assise et de sainte Claire d'Assise*, dont l'éclat ne cessa de briller dans le monastère. Le couvent de la Trinité n'était pas seulement une institution religieuse, mais aussi un cénacle culturel que fréquentaient les meilleurs esprits, avec lesquels sœur Isabelle était en relation personnelle ou épistolaire. De son vivant, elle jouissait déjà d'une réputation de sainteté. Elle réunit autour d'elle un cercle important d'écrivains, auprès de qui elle jouissait d'un grand prestige ; certains d'entre eux lui auraient dédié leurs œuvres : Miquel Pérez, notamment, le fit pour sa traduction (1491) de la *Imitació de Jesus-Christ* de Thomas a Kempis. Ferdinand le Catholique, roi d'Aragon et de Castille, lui confia l'éducation de sa fille, Marie d'Aragon, dès l'âge de cinq ans ; celle-ci fit profession dans ce monastère, où elle persévéra jusqu'à sa mort en 1517.

Isabelle de Villena est une représentante éminente du Siècle d'or catalan. Elle est considérée comme la première femme de lettres connue en Catalogne. Elle demanda au vénérable Jaume Péreç, augustin et savant bibliste, évêque auxiliaire, à Valence, de Rodrigo Borgia (le futur pape Alexandre VI), de rédiger un commentaire du *Magnificat*. L'évêque accéda à cette demande et son commentaire fut publié en 1485, accompagné d'une épître dédicatoire à la mère Isabelle de Villena, qui était elle-même une érudite des Saintes Écritures et, chose rare à son époque, fort savante en théologie. Victime d'une épidémie qui ravagea Valence en ce temps-là, elle mourut dans le couvent où elle avait passé quarante-cinq ans de sa vie, l'année même de la sortie de *Tirant le Blanc* de Joanot Martorell.

La seule œuvre que l'on ait conservée d'Isabelle de Villena s'intitule *Vita Chisti de la Reverent Abadessa de la Trinitat* ; elle fut publiée à Valence le 22 août 1497 par les soins de la sœur Aldonça de Monsoriu, l'abbesse qui succéda à Isabelle et sauva le livre de l'anonymat, car le nom de l'auteur n'y était pas mentionné. Ce livre, dédié à Isabelle la Catholique, réédité à Valence en 1513 et à Barcelone en 1527, rédigé non seulement à l'intention des religieuses de son monastère, mais aussi des prélats et de tout lecteur attiré par la vie chrétienne, lui valut une renommée universelle. Il est considéré comme l'une des œuvres les plus représentatives de son époque. Isabelle la Catholique et Marie de Jésus d'Agreda*, entre autres, eurent l'occasion de le lire. Malgré la contrainte de la clôture, la mère Aldonça et la communauté du monastère de la Trinité ne furent pas étrangères à l'effervescence culturelle de Valence, où s'élaborait alors une première Renaissance due, en particulier, à l'introduction de l'imprimerie (1473) et aux relations de l'Espagne avec l'Italie. La bibliothèque du monastère était par ailleurs abondamment pourvue, grâce notamment à d'importants dons. Isabelle de Villena serait aussi l'auteur de divers traités et d'un ouvrage mystique, *Speculum Animae* (« Le miroir de l'âme », 1761), aujourd'hui perdus.

La *Vita Christi* est un ouvrage biographique, un authentique traité de théologie et un guide de contemplation mystique, dans la tradition franciscaine. Considéré comme l'une des œuvres les plus représentatives de l'époque médiévale, il exerça une grande influence sur la littérature religieuse postérieure. Outre la biographie du Christ de Ludolphe le Chartreux (ou Ludolphe de Saxe), des livres « extracanoniques » (évangiles gnostiques, écrits dans les deux premiers siècles du christianisme et évangiles apocryphes, livres apocryphes, légendes pieuses) ou encore des citations classiques ou patristiques enrichissent les sources dont s'inspire cet ouvrage, spécialement l'Évangile, dont plusieurs épisodes, miracles ou paraboles, sont passés sous silence. L'auteur, par exemple, ne dit rien du *Sermon sur la montagne*. Les faits surnaturels et les événements naturels s'entrelacent spontanément. Son originalité tient à la façon dont l'auteur est capable d'y verser sa prodigieuse imagination et d'y exprimer son point de vue féminin. Sœur Isabelle glorifie la réparation par le Christ « revêtu de la livrée de la chair humaine », de la faiblesse et de la misère de la créature. Par amour de la Création, Jésus-Christ accepte d'affronter la mort : selon une expression qu'Isabelle se plaît à employer, il s'est fait « passible » ; il prend à son compte, à l'exception du péché, la douleur du monde. Isabelle est toute tendresse et compassion pour les souffrances du Christ. Ce qui devait être seulement une Vie du Christ se transforme également dans ses mains en une Vie de la Vierge Marie*, qui occupe une place primordiale dans ce récit. La dévotion mariale d'Isabelle, si elle tient beaucoup de son époque, est pleine de douceur, de pitié pour son martyre et de respect pour la souveraine des cieux. Ce livre, resté inachevé, évoque la vie de Jésus depuis l'Immaculée Conception de Marie, son enfance, l'institution de l'Eucharistie, la Passion, jusqu'à l'Ascension du Seigneur ; il se termine par l'Assomption de Marie. On a dit de l'ouvrage qu'il était une Vie du Christ vue à travers le rôle et le regard des femmes. Plus que les péripéties et les mystères de la vie du Christ, l'auteur suggère les résonances affectives de celles-ci dans le cœur de la Vierge Marie. À l'encontre des innombrables préjugés et témoignages de l'époque médiévale, Isabelle de Villena exalte la valeur morale de la femme et réussit à faire reconnaître par le concile de Trente (1545-1563) que les femmes ont une âme.

Rédigée en valencien, la *Vita Christi* est écrite dans une langue simple, volontairement expressive et intelligible pour le lecteur ; les tournures affectives et les diminutifs y abondent. L'auteur évite en effet les mots savants, les artifices rhétoriques ; le lexique et la syntaxe sont du registre de la langue populaire. On peut considérer qu'Isabelle de Villena est un écrivain féministe, non pas dans l'acception moderne du mot, mais dans le sens où elle propose une réfutation passionnée de la misogynie qui imprègne une certaine littérature médiévale, dans laquelle le caractère volage ou même diabolique des femmes est un leitmotiv. Elle met en évidence la préférence de Jésus-Christ pour le sexe dit faible et ses condamnations explicites des misogynes. La présence, la sensibilité et la fidélité des femmes, personnifiées en sainte Marie-Madeleine*, à qui elle donne une place prééminente lors de chaque épisode de la Passion, y sont particulièrement mises en relief. Sainte Anne et beaucoup d'autres figures féminines y jouent un rôle important. Isabelle oppose leur fermeté et leur courage à la faiblesse et à la couardise des hommes, à l'exception de Jean, le disciple bien-aimé. D'autres qualités féminines sont présentées sous la forme de prosopopées et d'allégories : la Pureté, l'Humilité, la Contemplation, accentuant ainsi le caractère humaniste de son livre. Sœur Isabelle s'attache à évoquer, avec un sens aigu de l'observation, le réalisme des scènes familières de la vie quotidienne, tout autant que la solennité des fastes célestes, dont la description lui est suggérée par les raffinements des milieux de la cour royale qu'elle a connus dans son enfance. Elle fait preuve d'une sensibilité spéciale pour suggérer la qualité et la richesse des étoffes, des tissus, des bijoux, des mets et des décors domestiques, inspirés par l'élégance des milieux aristocratiques.

L'identification au Christ, qui est ici le fondement de la vie chrétienne et de l'expérience mystique, est mise en pratique d'une manière originale et presque inédite par Isabelle de Villena. C'est en effet par l'intermédiaire de la part féminine de l'esprit humain que celle-ci parvient à se perdre et à se retrouver dans la nature féminine du Christ, le « féminin » de Dieu, qui, souvent méconnu des théologiens, a été mis en relief par quelques grands mystiques, tel que Jean de la Croix. La spiritualité de sœur Isabelle, qui fit l'admiration de son entourage, révèle ainsi un visage du Christ qui n'apparaît dans sa plénitude qu'au terme des plus hautes expériences intimes et personnelles de Dieu.

Isabelle de Villena, renommée de son vivant pour la sainteté de sa vertu d'inspiration franciscaine, est également tenue comme un modèle de la destinée des femmes intellectuelles.

Bernard Sesé

• *Voir aussi* : Marie ; Marie-Madeleine

Bibl. : *Œuvres* : *Vita Christi*, Barcelone, Ediciones 62, 1995 ; *Femmes dans la Vie du Christ*, Perpignan, Éditions de la Merci, 2008. ***Vie et études* :** C. SEGURA GRAÏNO, *Diccionario de mujeres célebres*, Madrid, Espasa-Calpe, 1998 ; A. LLIN, *Modelos de vida cristiana*, Valencia, Edicep, 1999 ; COLLECTIF, *L'Autre féminin*, Paris, Campagne-Première, 2009.

ISIDORA, *sainte orthodoxe*, *folle en Christ* (Varankis en copte ; ?, début du IVe s.-?, 365). — Isidora était une grande ascète qui, à cause de sa rare humilité et de son insigne abaissement volontaire, avait choisi pour elle-même le combat spirituel de la folie en Christ. Elle vécut au début du IVe siècle au monastère de Tabennêsis en Haute-Égypte. Elle travaillait à la cuisine et exécutait les tâches les plus basses, « elle nettoyait le monastère de toute saleté et impureté ». Ne se reposant jamais, « elle martyrisait sans cesse son corps », se nourrissant de déchets ramassés sous les tables. Elle supportait d'être brutalisée et dénigrée par les autres nonnes, « s'exerçant dans la folie sage de la Croix du Seigneur », en silence.

Le bienheureux staretz Pitirim, célèbre pour sa piété et sa maîtrise de l'ascèse, reçut une vision où un ange lui annonçait que dans un monastère vivait une personne plus pieuse que lui. Il la reconnaîtrait à une couronne sur sa tête. Le staretz se rendit au monastère de Tabennêsis où les nonnes se rassemblèrent pour l'accueillir. Comme aucune d'elles ne répondait à la description de l'ange, le staretz insista, disant qu'il devait y avoir encore quelqu'un d'autre. Les nonnes lui répondirent qu'il n'y avait plus qu'une « dérangée dans la cuisine ». Le saint homme demanda qu'on la fît venir ; lorsqu'il lui vit sur la tête un simple linge alors que les nonnes portaient toutes des bonnets, il tomba face contre terre devant elle, disant : « Bénis-moi, mère ! » Les nonnes se précipitèrent, disant : « Abba, c'est une folle ». Le staretz leur répondit : « C'est vous qui êtes les folles, elle est mère, et la mienne et la vôtre. Et je prie pour être digne d'elle le Jour du Jugement. » Ayant entendu ces mots, les femmes tombèrent à ses pieds, avouant, l'une qu'elle avait renversé sur elle les eaux de vaisselle, l'autre qu'elle lui avait donné des coups de poing, la troisième qu'elle lui avait frotté le nez avec de la moutarde. Pitirim pria avec Isidora pour la rémission de leurs péchés, après quoi il quitta le monastère. Ne pouvant supporter la gloire et les honneurs que les nonnes commençaient à lui rendre, Isidora s'en alla en secret du monastère. Personne ne sait où elle alla, se cacha et mourut. Saint Éphrem le Syrien recueillit la vie de la sainte après avoir visité les déserts d'Égypte en 371.

Dans l'orthodoxie, le fol en Christ est une personne qui mène une vie de transgression des conventions sociales dans un esprit religieux, qui adopte une attitude provocante permettant de remettre en cause les normes d'une époque, de lancer des prophéties ou de masquer sa piété. Il trouve son origine et sa justification dans l'Épître aux Corinthiens de Paul : « Si quelqu'un parmi vous pense être sage selon ce siècle, qu'il devienne fou afin de devenir sage » (1 Cor III, 18-19) et : « Car Dieu, il me semble, a fait de nous, apôtres, les derniers des hommes, des condamnés à mort en quelque sorte, puisque nous avons été en spectacle au monde, aux anges et aux hommes. Nous sommes fous à cause du Christ » (1 Cor IV, 9-10). Le choc religieux que suscite le fol en Christ incite celui qui regarde à voir le monde différemment, sans les verres correctifs de sa vision personnelle ou les lunettes noires de la moralité. Il ne s'agit pas d'un simple déplacement des lois de la perspective, mais d'une réforme de sa capacité à voir. En cela aussi consiste le rôle souvent jugé démoniaque de celui-ci.

Isidora mena la vie d'une ombre laborieuse ; son rapport au monde se limita à l'exécution des tâches les plus viles et à supporter les mauvais traitements. Sa sainteté silencieuse et secrète est presque désincarnée. Sa disparition sans traces n'est qu'une confirmation de l'angélisme de sa présence.

Erik Veaux

• *Voir aussi* : Pélagie ; Xenia de Pétersbourg

Bibl. : ***Études*** : C. WODZINSKI, *Saint Idiot, projet d'anthropologie apophatique*, Paris, Éditions La Différence, 2010 ; I. SIRIN, *Patrologiae cursus completus. Series Graeca*, vol. 86, col. 832 ; PALLADIOS, *Histoire lausiaque*, Paris, Desclée de Brouwer, 1981.

J

JACINTA MARTO, *bienheureuse, visionnaire* (Aljustrel, 11 mars 1910-Lisbonne, 20 février 1920). — Avec Francisco Marto, son frère, et Lúcia de Jesus dos Santos*, sa cousine, Jacinta Marto fait partie des trois enfants qui prétendent avoir assisté aux diverses apparitions surnaturelles de Fátima en 1917, au Portugal. Jacinta Marto est la septième et dernière enfant de Manuel Pedro Marto et d'Olympia de Jesus. Elle est baptisée le 19 mars 1910 à l'église paroissiale de Fátima. En 1916, alors qu'elle garde un troupeau de moutons, elle assiste aux trois apparitions de « l'Ange de la Paix », « l'Ange du Portugal » ou encore « l'Ange de l'Eucharistie ». En 1917, elle est également témoin des six apparitions de la Vierge, « une Dame vêtue de blanc, plus brillante que le soleil », sur la colline de la Cova da Iria. Sur les recommandations de celle-ci, elle entre à l'école primaire. Lors de la cinquième apparition, protégée par un soldat, elle traverse la foule, estimée à soixante-dix mille personnes, désireuse d'apercevoir la « voyante de Fátima » et de lui demander d'intercéder pour elle auprès de la Vierge Marie*. Elle assiste également à la dernière apparition de « Notre-Dame du Rosaire » et au prodige du soleil tournoyant trois fois sur lui-même avec des faisceaux colorés, avant de menacer de s'abattre sur les spectateurs terrorisés. Après les insultes, les réprimandes et les menaces qui ont précédé la reconnaissance des faits (dont elle est la cause puisque c'est elle qui dévoila le secret des apparitions à son entourage), elle est victime, avec son frère Francisco, de l'épidémie de grippe espagnole qui ravage l'Europe, en 1918, à la suite de la Première Guerre mondiale. Cette année-là, la Vierge lui apparaît trois fois sans lui délivrer de messages particuliers. Atteinte d'une bronchopneumonie, qui évolue en pleurésie purulente, lui causant de grandes souffrances, Jacinta est hospitalisée à l'hôpital de Vila Nova de Ourém, puis à l'hôpital Doña Estefânia de Lisbonne, où elle meurt. Sœur Lúcia rapporte dans ses mémoires le témoignage de sa cousine sur son entrée dans la vie éternelle : la Vierge lui aurait annoncé la date et le jour de sa mort et elle viendrait la chercher pour l'emmener au ciel. Le 1er mai 1951, sa dépouille mortelle est transférée dans le transept gauche de la basilique du sanctuaire de Fátima. Morte à dix ans, elle est associée à deux saints décédés précocement, Maria Goretti, martyrisée à l'âge de douze ans, en pleine conscience de sa destinée, et Domingos Sávio, mort à l'âge de quinze ans.

Jacinta Marto avait sept ans lorsque les apparitions de Notre-Dame de Fátima eurent lieu. La Congrégation de la Cause des Saints reconnut, après tout le tumulte, la volonté de Jacinta, entièrement soumise à Dieu, et sa pratique héroïque des vertus, particulièrement durant la maladie dont elle mourut. Le postulant de la Cause des Saints, le père Luis Kondor, déclara au sujet de celle-ci et de son frère : « Jamais dans l'histoire de l'Église, deux enfants ne furent aussi connus et estimés que Francisco et Jacinta. Ces enfants ont entraîné d'innombrables âmes sur la voie de la perfection. » Les parents des trois bergers des Apparitions en étaient stupéfaits : « Voilà bien un mystère incompréhensible. Ce sont des enfants comme tous les autres. Cependant on perçoit chez eux quelque chose d'extraordinaire. » Jacinta s'imposait en effet de nombreux et pénibles sacrifices en réponse à la demande de la Vierge de Fátima, qui l'avaient particulièrement impressionnée : « Faites pénitence pour les pécheurs. Beaucoup vont en enfer parce que personne ne prie ni ne se sacrifie pour eux. » La vision de l'enfer, qui eut lieu lors de la troisième apparition, et le mystère de l'éternité marquèrent profondément son esprit. « L'enfer !... L'enfer !..., disait-elle. Quelle peine me font les âmes qui y tombent !... Nous prierons beaucoup et nous ferons des sacrifices pour que les pécheurs se convertissent. » À la suite de quoi elle multiplia les pénitences et les mortifications pour la conversion des pécheurs. Quant à Francisco, il caractérisait sa mission par cette phrase : « Dieu est triste ; nous devons le consoler. » Lúcia dos Santos écrivit plus tard : « Jacinta était aussi celle à qui, il me semble, la Très Sainte Vierge donna la plus grande plénitude de grâces, la plus grande connaissance de Dieu et de la vertu. Elle semblait refléter en tout la présence de Dieu. »

Déclarés vénérables le 13 mai 1989, Jacinta et Francisco ont été béatifiés le samedi 13 mai 2000, par le pape Jean-Paul II, en présence de Lúcia dos Santos, alors âgée de quatre-vingt-treize ans et moniale du carmel de Coïmbra. Cette béatification a rassemblé plus d'un demi-million de personnes à Cova da Iria. Jacinta est ainsi la plus jeune des non-martyrs à avoir été béatifiée.

Bernard Sesé

• *Voir aussi* : Lúcia de Jesus dos Santos ; Marie

Bibl. : ***Vie et études*** **:** C. RENGERS, *La Plus Jeune des prophètes. Jacinthe de Fátima*, Paris, Médiaspaul, 1989 ; R. LAURENTIN et P. SBALCHIERO (dir.), *Dictionnaire des « apparitions » de la Vierge Marie*, Paris, Fayard, 2007 ; T. LELIÈVRE, *Même les enfants peuvent être canonisés*, Paris, Téqui, 2005 ; J. GALAMBA DE OLIVEIRA, *Jacinthe 1910-1920. Épisodes inédits des Apparitions de Notre-Dame*, Bruxelles, Institut Sainte-Dorothée, 1947.

JACQUELINE DE SAINTE-EUPHÉMIE. — *Voir* PASCAL

JAHANARA, *soufie* (Dehli, 1614-1681). — Née sous l'Empire moghol, en Inde, la princesse Jahanara (qui signifie « parure du monde » en persan) est la fille aînée de Shâh Jahân et de l'impératrice Mumtâz Mahal. Elle est aussi connue sous les noms de Begum Sahib, Sahiba, Padshah-Begum ou encore Fatimat al-Zaman. Elle acquiert dès l'âge de dix-sept ans un rôle prépondérant à la cour du fait de la mort prématurée de sa mère en 1631, pour laquelle son père fit construire l'extraordinaire mausolée du Taj Mahal (à Âgrâ) ; elle-même participa activement à sa conception. Devenue, après ce deuil et de façon durable, la nouvelle « première dame de la cour », elle demeura très proche de son père, tant dans cette épreuve que par la suite lorsque, déposé par son fils Aurangzeb, il fut incarcéré. Elle vouait aussi une grande affection à son autre frère Dara-Shukoh, qui lui vouait en retour une inimitié profonde. Sous le règne de son père, elle exerça une influence considérable. Outre le fait qu'elle était dépositaire du sceau impérial, elle disposait d'une dotation considérable qui lui permit d'aider les ordres soufis, de soutenir les artistes, de faire construire plusieurs mosquées ainsi que des jardins et des pavillons. Elle consacra une grande partie de sa fortune à aider les pauvres. Pendant la captivité de son père, elle remplit de multiples missions de bons offices entre celui-ci et son frère, monarque régnant. Seule princesse de la cour autorisée à vivre hors de la réclusion splendide au Fort Rouge de Delhi, à laquelle étaient vouées les autres femmes de la maison impériale, elle milita contre l'interdiction de se marier qui frappait les femmes de la dynastie depuis un décret de l'empereur moghol Akbar, le père de Shâh Jahân, mais ne put l'obtenir. Son frère bien-aimé lui promit l'abolition de cette loi s'il accédait un jour au trône, ce qui ne fut pas le cas. Ainsi, elle demeura célibataire toute sa vie.

Jahanara est considérée comme la première femme de la dynastie timouride à s'être adonnée à la mystique musulmane. Auteur de nombreux poèmes et textes mystiques dont les plus célèbres sont le *Mu'nis al-Arwah* (v. 1650) et le *Risalat-e Sahibiya* (v. 1650) – une vie (demeurée inachevée) de son maître soufi, le *pir* (« vénérable ») Molla Chah Qadiri, proche de la confrérie soufie qaderi –, elle fut membre à part entière de la confrérie shishtiya. Dans sa biographie de Molla Shah, elle relate aussi son propre itinéraire mystique d'initiation au soufisme de l'ordre qaderi. Son ouvrage *Mu'nis al-Arwah* est d'ailleurs consacré au fondateur de cette confrérie, Khodja Mu'in al-Din Shishti. Sous son influence, son frère Dara-Shukoh (que l'empereur Aurangzeb, tenant d'un islam rigoriste et conservateur, fit assassiner) adhéra lui aussi au soufisme. D'autres membres de la famille impériale la suivirent également : sa nièce Zeb al-Nissa, qui s'adonna au mysticisme et à la poésie, ainsi que plusieurs autres filles de Shâh Jahân. Annemarie Schimmel estime que « le choix du chemin mystique [de Jahanara] fut inspiré par le saint Mian Mir de Lahore ». Le successeur de celui-ci, Molla Shah, admiratif de la progression de la princesse dans la voie spirituelle, voulut faire d'elle son successeur spirituel, mais les règles de la confrérie ne le permettaient pas. Jahanara est connue aussi pour avoir commandé des traductions et des commentaires de classiques de la littérature persane.

En 1644, elle subit un grave accident lors d'un début d'incendie dans son palais. À proximité d'une lampe, les parfums qu'elle portait s'enflammèrent et mirent le feu à sa garde-robe. Gravement brûlée, elle fit, à l'instar de son grand-père Akbar, un pèlerinage à Ajmer, berceau de la confrérie shishti, où est inhumé le fondateur de celle-ci. Après la mort de son père, elle trouva une voie de réconciliation avec Aurangzeb et recouvra son titre et son rang de « première dame de la cour », mais leurs rapports demeurèrent conflictuels, Jahanara prenant la défense des chrétiens et des hindous, qu'elle proclamait être ses frères. Ainsi, elle avait exigé de l'empereur qu'il supprimât la taxe dont étaient frappés les chrétiens et les hindous comme condition à leur réconciliation. Non sans mal, Aurangzeb finit par accepter et par mettre en application cette mesure révolutionnaire.

Selon ses souhaits, elle fut enterrée à Delhi au mausolée de Nizam al-Din Dargah. Sa tombe est devenue un lieu de recueillement et de pèlerinage. Elle repose sous une simple plaque en marbre, qu'elle fabriqua elle-même, recouverte d'herbe. On peut y lire l'épitaphe en persan qu'elle avait composée : « Il est le vivant, le permanent. / Ne recouvrez pas ma tombe, sinon de verdure, / Car cette herbe suffit seule à couvrir la tombe des pauvres. / Dame Jahanara, fakire disparue, / Disciple des maîtres shishtis, / Fille de Shâh Jahân le guerrier. / Que Dieu fasse resplendir sa vérité ! »

Jahanara est une icône de la civilisation indo-persane de l'empire moghol. Personnage majeur de la diffusion du soufisme et de sa reconnaissance par l'islam indien officiel, elle est admirée en Inde en tant que précurseur des mouvements de libération de la femme et, par sa défense des hindous et des chrétiens, comme pionnière de la liberté religieuse et du dialogue interreligieux. Elle est révérée aujourd'hui par les musulmans épris de soufisme comme par les hindous ouverts à la spiritualité musulmane.

Didier Leroy

Bibl. : ***Études*** : A. SCHIMMEL, *Mon Âme est une femme : la femme dans la pensée islamique*, Paris, Jean-Claude Lattès, 1998 ; C. A. HELMINSKY, *Women of Sufism : A Hidden Treasure*, Boston, Shambhala, 2003. ***Vie romancée*** : L. GUILLAUME, *Jahanara*, Paris, Stock, 1989.

JAHENNY, Marie-Julie, *laïque*, *stigmatisée* (Coyault, 12 février 1850-La Fraudais, 4 mars 1941). — Consacrée dès sa naissance à la Vierge Marie* par sa mère, Marie-Julie Jahenny grandit à La Fraudais, un hameau près de Blain, en Bretagne, dans une humble famille de paysans croyants. Dès l'enfance, elle est attirée par le sacrement de la communion et la prière. En 1873, elle tombe gravement malade. Le médecin suspecte un cancer de l'estomac ou une tumeur scrofuleuse. Déclarée perdue, elle reçoit l'extrême-onction de son confesseur, Pitre-Hervé David, vicaire à Blain ; or, une vision de la Vierge Marie lui annonce sa guérison. Elle a alors vingt-trois ans et, à la demande de la Mère de Jésus-Christ, qui lui apparaît une deuxième fois, elle accepte d'endurer pendant des mois les souffrances de son Fils pour la « conversion des pêcheurs ». Les stigmates, qui commencent à apparaître le 21 mars 1873, sont attestés par le docteur Imbert-Gourbeyre et reconnus par Mgr Félix Fournier, évêque de Nantes, qui instruit le Saint-Office des faits miraculeux de La Fraudais. Dès lors, elle revit tous les vendredis la Passion du Christ. Le 18 février 1876, elle devient tertiaire de saint François d'Assise. Faisant l'expérience de nombreuses extases, ses stigmates perdurent, dont une plaie au cœur et des inscriptions énigmatiques sur la poitrine, « Délivrance du Saint-Père » et « Marie Immaculée ». En 1880, ses douleurs l'obligent à garder le lit ou la chambre. Elle est alors privée de l'ouïe, de la vue, de l'usage de la parole et de ses membres. Ses maux ne la quittent que le temps de ses extases, conformément à ce que lui annonce Jésus-Christ. Le démon s'en prend à elle, aux objets de sa chambre et aux personnes qui la veillent. Elle bénéficie, en outre, de communions miraculeuses dont elle connaît le jour à l'avance et qui ont lieu devant témoin. Sacrements extraordinaires qui persistent même après l'interdiction de lui administrer la communion décrétée par plusieurs vicaires locaux, qui crient à la supercherie, et par Mgr Lecoq, l'évêque successeur. Dans sa chambre, de nombreux visiteurs reçoivent de multiples grâces : des guérisons et des conversions, des vocations annoncées ou confirmées et des immolations acceptées. En 1937, elle reçoit la visite discrète du cardinal Pacelli, futur Pie XII. Non reconnue par l'institution catholique, elle décède à l'âge de quatre-vingt-onze ans, prédisant le destin de la France et l'approche du règne de Dieu.

Illettrée, Marie-Julie Jahenny ne laisse aucun écrit. Ses paroles sont, en revanche, recueillies par ses proches et témoins, qui se font ses écrivains bénévoles. Outre ses extases nombreuses, son expérience extraordinaire se caractérise, entre autres, par les apparitions de Marie, Jésus et autres saints, et par les stigmates de son corps. Elle reçoit ainsi, de 1873 à 1875, la couronne d'épines, la plaie sacrée de l'épaule du Christ, celle qui porte sa Croix, les stigmates des mains, des pieds et des poignets occasionnés par les cordes, ceux des chevilles, des jambes et des avant-bras, dus aux flagellations. Elle est stigmatisée à l'annuaire de la main droite, en signe de fiançailles mystiques avec le Christ. Une inscription « *O Crux Ave* » lui apparaît sur la poitrine avec une croix, une fleur et d'autres inscriptions. En 1883, sa couronne d'épines est remplacée par une autre, lisse et vermeille, entrelacée et sertie de trois diamants, dans un concert de musique angélique. En 1936, la plaie de son cœur mesure quinze centimètres de long ; elle diminuera avec les années jusqu'à atteindre trois centimètres. Comme beaucoup de femmes mystiques, Marie-Julie Jahenny connaît l'inédie ou l'abstinence miraculeuse pendant 94 jours, puis 5 ans, 1 mois et 22 jours, à partir du 28 décembre 1875 – périodes pendant lesquelles la communion lui suffit. Elle est également favorisée du don d'hiérognose : elle distingue les objets bénits de ceux qui ne le sont pas, elle différencie le pain eucharistique du pain ordinaire, elle précise l'origine des reliques et comprend des prières dans des langues qu'elle ignore, dont le latin. Ce qui l'apparente à Anne-Catherine Emmerich* et à Marthe Robin*. Elle reçoit également de nombreuses communications du Saint-Esprit, qu'elle appelle « La Flamme », et des prophéties. Elle voit et annonce les deux guerres mondiales, la guerre d'Algérie, des épidémies et un âge sombre, hostile à la foi. Elle prédit l'avenir de la France et de l'Église, révélant à plusieurs reprises la venue d'un roi chrétien, issu de saint Louis, nommé Henri V de la Croix. Autant de manifestations qui classent « la stigmatisée de Blain » parmi les cas les plus extraordinaires de son genre.

Audrey Fella

Bibl. : ***Études*** **:** P. ROBERDEL, *Marie-Julie Jahenny, la stigmatisée de Blain*, Montsûrs, Résiac, 1972 ; P. RAGOT, *L'Épouse mystique du rédempteur*, Montsûrs, Résiac, 1984 ; H.-P. BOURCIER, *Marie-Julie Jahenny, Une vie mystique*, Paris, Téqui, 2005 ; A. IMBERT-GOURBEYRE, *La Stigmatisation*, Grenoble, Jérôme Millon, 1996.

JAQUES, Louisa. — *Voir* MARIE DE LA TRINITÉ

JAVOUHEY, Anne-Marie. — *Voir* ANNE-MARIE JAVOUHEY

JEANNE-ANTIDE THOURET, *sainte, fondatrice de la communauté des Sœurs de la Charité de Besançon et de Naples* (Sancey-le-Long, 27 novembre 1765-Naples, 24 août 1826). — Hormis la fondation d'une congrégation encore florissante, la vie de Jeanne-Antide Thouret est d'une parfaite banalité. Née près de Baume-les-Dames, cette Franc-Comtoise, après une enfance éprouvée, entre le 1er novembre 1787 chez les Filles de la Charité, fondées par Vincent de Paul et Louise de Marillac*. Jusqu'en 1793, date à laquelle la congrégation est dispersée par les lois révolutionnaires, Jeanne-Antide s'initie à la vie religieuse et aux soins des malades. De retour à Sancey, elle y exerce ses compétences en ouvrant une école et elle aide clandestinement les prêtres réfractaires à la Constitution civile du clergé, condamnée par Rome. En août 1795, elle rejoint Antoine-Sylvestre Receveur, qui avait reconstitué hors de France la Société de la Retraite Chrétienne, et partage ainsi la vie nomade de ces solitaires, dans les contrées germaniques méridionales (Suisse, Autriche, Bavière). Revenue en France, deux ans plus tard, elle répond à l'invitation d'un ancien vicaire général et d'un ancien curé de Besançon, de restaurer sa congrégation pour l'éducation de la jeunesse et de prodiguer des soins aux malades pauvres.

En 1799, elle ouvre une école à Besançon, et l'œuvre connaît un si rapide développement que Jeanne-Antide est invitée au chapitre des établissements de charité que préside la mère de l'Empereur, Laetitia Bonaparte, laquelle sollicite Jeanne-Antide pour fonder une communauté au royaume de Naples ; mais l'implantation sera difficile. Ayant reçu l'approbation du pape Pie VII, elle rentre en France en 1821, pour se heurter à l'archevêque de Besançon qui récuse les décisions romaines et interdit aux communautés de recevoir désormais leur fondatrice. Elle repart à Naples, où elle restera jusqu'à sa mort.

En dépit de la turbulence mouvementée des temps qu'elle traverse et qui lui réclame de savoir s'adapter avec pragmatisme, on aurait envie de parler de la vie de Jeanne-Antide comme d'une vie stéréotypée, où se mêlent le courage de l'initiative et de la persévérance et le poids des épreuves que connaît peu ou prou tout fondateur. Tout cela s'entoure d'une singulière discrétion qui semble effacer toute originalité et vouer Jeanne-Antide à la plus commune banalité. Son propos, relatifs aux pratiques comme à la doctrine, n'a rien de mystérieux ni d'ésotérique, mais témoigne d'une lucidité parfaite dans l'intelligence du temps présent et une disponibilité sans faille à l'imprévu. Mystique de l'événement qui n'est pas sans rappeler *L'Abandon à la Providence divine** attribué à Jean-Pierre de Caussade. En même temps, un sens et un goût très sûrs de la liberté intérieure : la clarté du jugement, s'exposant sans aucune réserve et écartant tout doute possible comme toute confusion malheureuse, détermine une modalité remarquablement féminine de s'appartenir virginalement à soi-même et de récuser tout assujettissement et aliénation, en particulier des tutelles ecclésiastiques (l'archevêque de Besançon et autres clercs avides de pouvoir). L'œuvre entreprise ensuite, soin des malades et des pauvres, préoccupation de la jeunesse, pourra paraître banale elle aussi. Ce serait ignorer la puissance de transformation qui s'y déploie, à rebours des conventions et habitudes sociales : véritablement thérapeutiques, ces œuvres de miséricorde expurgent l'enflure d'un narcissisme fascinant. Si se multiplient les signes d'impuissance dans un monde qui se reconstitue sur les décombres de la Révolution, cela permet de n'en éradiquer que mieux les excroissances étouffantes de l'arrogance. L'humilité n'a rien d'un artefact qui serait peu crédible et solide moins encore ; elle confine certes à l'effacement, mais n'en réclame pas moins une intelligence subtile pour s'adapter à tous et en tout : pour cela, tout voir et opérer en Dieu, qui guidera dans les choses ordinaires (sans nul doute les plus délicates) et surmontera les toujours renaissantes perplexités. De surcroît, la rumeur apocalyptique se fait insistante dans ces temps de crise. Jeanne-Antide aura appris le prix de la solitude parfaite qui n'est possible qu'en relation avec Dieu et qui permet de passer outre les secousses révolutionnaires et les tyrannies cléricales.

Cette sagesse toute caussadienne s'en remet à Dieu, non dans un mouvement de résignation, mais en recevant l'événement de Dieu même : un a priori qui dispose au discernement dans l'Esprit et qui délégitime la morosité et le dégoût toujours menaçants. À ce dégoût, ce *taedium vitae*, elle oppose l'inlassable constance d'une liberté qui se détermine et s'engage à faire advenir le règne – propos non pas politique, mais messianique –, ce que Jeanne-Antide traduit : œuvrer au bien *et* de la société *et* des personnes.

C'est pourquoi cette *liberté* qui a sa source dans l'élection divine, saura se raidir aussi bien contre l'emprise des bienfaiteurs que contre les exigences des autorités révolutionnaires ou les appétits du clergé. La sagesse pratique qu'induit une telle liberté manifeste sa puissance testimoniale en ne se soustrayant ni à l'épreuve de l'exil ni à celle de l'incognito itinérant, au temps des troubles révolutionnaires.

On s'étonne, dans un parcours à ce point chaotique, de la sûreté avec laquelle Jeanne-Antide édifie cette ferme et libre conviction qui encourage la virtuosité de l'agir caritatif : y contribuent quelques *rêves visionnaires*, où dominent la luminosité, l'éclat du blanc et le motif de la verticalité (le thème de la colonne, figure de la vérité, qui autorise un appui confiant et un attachement au Christ, celui de Mt XXV, qui légitime la sollicitude soignante et éducative des « petits »).

En effet, c'est le *corps* qu'investit l'engagement mystique de Jeanne-Antide : corps malade, lésé et blessé (surtout celui des femmes, dans sa puissance générative ou sa capacité nourricière), mais aussi le corps social, altéré par la violence révolutionnaire, auquel il faut aussi donner remède : parfois le désordre social peut se manifester dans l'affection organique. C'est à ce(s) corps malade(s) que le corps de ces femmes virginalement consacrées donne *hospitalité* : sollicitude hospitalière qui n'est pas sans susciter concurrences et jalousies, mais qui se soutient d'un savoir et d'une compétence clinique et pharmacologique (dont Jeanne-Antide aura fait provision dans sa famille et son village natal, plus qu'à Paris même). Cette mystique du soin n'aura de pertinence que dans la mesure où s'acquiert une *science du souffrir* (au-delà du savoir médical et des projets des politiques sanitaires ou éducatives). C'est pour cela que Jeanne-Antide choisit la solitude, afin, non d'esquiver, mais d'apprendre à bien souffrir : là se trouve une force spirituelle qui soude et affermit la communauté. Science, « inconnue de tout le monde », libératrice, qui permet de déchiffrer et de supporter la pesanteur sociétale, surtout en ces lieux de réclusion atroces qu'étaient les hospices : la lumière que Jeanne-Antide avait vue en rêve ne se laissait pas arrêter par la nuit de la haine et du désespoir qui y régnait.

François Marxer

• *Voir aussi* : *Abandon à la providence divine* (*L'*)

Bibl. : *Œuvre* : *Lettres et documents*, Besançon, Sœurs de la Charité de Besançon, 1982. ***Vie et étude*** : L. POUX, *Vie populaire de la vénérable Jeanne-Antide Thouret...*, Besançon, Impr. de Jacquin, 1905 ; A. RICHOMME, *Sainte Jeanne-Antide Thouret*, Paris, Fleurus, 1990.

JEANNE CHÉZARD DE MATEL, *vénérable, fondatrice de la Congrégation du Verbe Incarné et du Saint Sacrement* (Matel [Roanne], 6 novembre 1596-Paris, 11 septembre 1670). — Jeanne Chézard de Matel est née au château de Matel, non loin de Roanne, d'un père italien et d'une mère française. Les premières années de sa vie sont conformes aux clichés les plus convenus : une enfance pieuse, suivie d'une adolescence frivole jusqu'à sa conversion début 1615. Elle bénéficie dès lors de grâces extraordinaires, comme de comprendre, sans l'avoir étudié, le latin du texte biblique et d'en délivrer le sens spirituel. Elle avance dans des états d'oraison de plus en plus approfondis, comme en témoignent ses directeurs, toujours jésuites – dont le père Pierre Coton, le confesseur du roi Henri IV –, qui en même temps s'assurent de son contrôle. Le 2 juillet 1625, elle se lance, avec deux amies, dans la création d'une nouvelle forme de vie religieuse, qui est à l'origine de sa future congrégation. Deux ans plus tard, elle se fixe à Lyon, où elle est accueillie favorablement par l'archevêque, Mgr de Miron. Il n'en sera pas de même avec son successeur, le cardinal Alphonse-Louis de Richelieu, aussi inflexible que son frère, l'autre cardinal, Armand-Jean, ministre de Louis XIII. La bulle pontificale qui officialise la fondation, le 12 juin 1633, ne changera rien de l'intransigeance du prélat. En décembre 1641, il fera même saisir les papiers de la fondatrice, avant de lui ordonner, en mars de l'année suivante, de rédiger sa biographie, afin de vérifier la véracité de ses dires. Jeanne s'exécutera, au moins pour ses premières années jusqu'en 1610. À la décharge du cardinal, il faut rappeler qu'il avait été tiré, contre son gré, de sa solitude cartusienne par son frère ministre pour être installé au siège primatial des Gaules, où il aura fort à faire avec les initiatives d'un laïc, Jacques Crétenet, chirurgien de bonne réputation, mais qui se mêle de direction spirituelle (y compris des prêtres) ; proposant un « abrégé » des *Exercices spirituels* ignatiens, il est encouragé dans son apostolat mystique par une religieuse, la mère Madeleine de Saint-François*, au sein de la Congrégation (essentiellement locale) des prêtres missionnaires de Saint-Joseph (appelés aussi *crétenistes*). C'est dire que cette effervescence mystique ne pouvait que susciter la méfiance du cardinal dans le domaine spirituel. Ajoutons qu'en qualité d'ambassadeur près le Saint-Siège, il était amené à de fréquents déplacements, ce qui ne favorisait pas une gouvernance pastorale paisible de son diocèse : d'où ses décisions brusques et radicales, à tout le moins. Il ordonnera toutefois en 1653, peu avant de mourir, que soient restitués les documents confisqués ; et Neuville, le nouvel archevêque, autorisera l'érection d'un quatrième monastère. Pendant que Jeanne de Matel se débattait dans ses déboires lyonnais, la congrégation avait essaimé en Avignon (1639), puis à Grenoble (1643), et enfin à Paris, le 1er janvier 1644. C'est à Paris que Jeanne passera les dernière années de sa vie, années d'ailleurs douloureuses tant physiquement que spirituellement, et c'est la veille de sa mort qu'elle recevra l'habit et fera profession.

L'abbé Bremond a consacré un substantiel chapitre de son *Histoire littéraire du sentiment religieux en France...* à celle qu'il considère comme une représentation typique du « mysticisme flamboyant ». Sous cette appellation, il désigne la résurgence d'un mode d'expérience spirituelle (dont le Moyen Âge nous avait donné d'admirables exemples dans les figures d'une Hildegarde de Bingen* ou d'une Gertrude d'Helfta*), résurgence malheureuse et qu'on ne peut que déplorer en un siècle qui s'inaugure sous le patronage de Jeanne de Chantal* et de François de Sales. Il est vrai que Jeanne de Matel a contre elle d'avoir été défendue et exaltée par Ernest Hello, qui publie en 1870 des *Œuvres choisies*, pages extraites de la biographie, d'un Journal spirituel qui lui fait suite, des notes de méditation et d'un vaste corpus de quelque trois cents lettres. Hello révèle ainsi cette personnalité mystique, mais en la ramenant quelque peu à sa propre sensibilité religieuse et esthétique, au mécontentement de Bremond qui accusera Hello d'avoir déformé le profil de la fondatrice ; mais apprécie-t-il cette dernière pour autant ? On le sait, Bremond, en gourmet littéraire, ne goûte que bien peu le « style sans vertèbres », amphigourique et redondant, du publiciste : et sa protégée pâtit du même constat accablant. Bremond ironise sur l'autopromotion de la visionnaire, par le truchement d'un Jésus peu avare d'éloges à son endroit ; mais il s'en agace, car voilà qui est bien peu conforme à la modestie qui sied au discours mystique. Comment aussi ne pas railler la naïveté du pourtant très savant jésuite, le père Gibalin, ébloui par les révélations de sa dirigée, dont il avait été dans un premier temps un farouche adversaire, mais dont il attendait désormais « un éclaircissement de nos mystères » ? À l'évidence, aux yeux de Bremond, il n'est que la sobriété qui soit l'indice de l'authenticité mystique, toute emphase littéraire et prolixité dans l'affirmation de la subjectivité étant superflue ou suspecte. Bremond a donc son idée sur ce qu'est – ou ce que doit être – la mystique, et cela ne s'accorde guère avec la mystique visionnaire, qui, de surcroît, a prétention de théologie.

Jeanne a en effet une haute conscience de sa mission théologique, celle d'avoir à illustrer une « extension de l'Incarnation », afin de « faire montre de cette splendeur éternelle » que le Fils reçoit de son Père, et plus spécifiquement, d'être « apôtre de la Vierge immaculée », en célébrant « les excellences de Marie, qui sont des richesses inabordables aux créatures ». Un tel programme aurait pu tourner au délire, or il n'en est rien. L'écriture de Jeanne se réfère continûment aux Écritures bibliques dont elle produit un commentaire quasi midrashique, sans la moindre dérive hétérodoxe. Certes, on ne sera pas dupe des inévitables lieux communs : la fille qui n'a point étudié et qui détient son savoir d'une inspiration céleste, laquelle lui donne miraculeuse intelligence du latin (mais, soupçonne Bremond, ne dissimule-t-elle pas ses sources ?). En revanche, l'on apprécie ses pertinentes remarques sur la difficile pénétration du sens littéral (puisqu'il faut différencier ce qui est dit et ce qui est signifié), et seul celui qui est « la grande Archive de la vraie intelligence littérale » peut donner l'accès. Faut-il sourire, comme le fait Bremond, de ce que Jeanne n'apprenne rien hors de l'oraison ? Bien plutôt, cela inciterait à pointer un niveau herméneutique spirituel supérieur qui condense et subsume toutes les interprétations et connaissances doctrinales. C'est en effet à une systématisation allégorique et symbolique que procède Jeanne de Matel autour du pivot de l'Incarnation : œuvre inutile, censure Bremond, car elle ne fait que répéter ce que nous savons déjà. Répète-t-elle ou réitère-t-elle en un baroquisme généreux ce qu'avait acquis la théologie franciscaine (scotiste en particulier), voire bérullienne ? En tout cas, elle y manifeste suffisamment de doigté théologique pour qu'un Paul Claudel s'y soit intéressé au point d'en recopier une page dans son *Journal* en date du 4 février 1923. Qu'elle ne résiste pas à la pente apocalyptique ne peut étonner, car nous sommes dans ces décennies tourmentées d'une fébrilité eschatologique qui donnera naissance à des congrégations comme les Eudistes ou les Lazaristes, mais qui, chez Jeanne de Matel, est tempérée par la référence liturgique (qui lui donne son ancrage institutionnel et affectif) et biblique (ce qui, après le succès de la Réforme, n'était pas peu audacieux au sein de la communauté catholique). C'est sur cet horizon qu'il conviendrait de comprendre la distinction qu'elle opère entre l'*Évangile de puissance* (qui est l'apanage des apôtres), l'*Évangile de sapience* (qui est le lot des docteurs) et l'*Évangile d'amour* (qu'il revient aux spirituels de prêcher jusqu'à la fin des temps). Matrice d'une possible ecclésiologie d'une parfaite orthodoxie, mais où l'on pourrait non moins pressentir quelque relent du schéma joachimite : ce serait négliger ce que déclarait Jeanne de Matel à son directeur, dès 1620 : « Jamais mon intention n'a été d'être savante ni ne le sera, mais bien d'être amante, voire par-dessus tous les saints, si faire se peut selon le divin vouloir. » Nulle concurrence ou revendication d'autorité (comme Bremond s'en inquiète), mais une compétition amoureuse (dont Thérèse de Lisieux* donnera l'expression la plus achevée pour notre immédiate contemporanéité).

François Marxer

• *Voir aussi* : Thérèse de Lisieux

Bibl. : *Œuvres* : *Œuvres choisies de Jeanne Chézard de Matel, mises en ordre et précédées d'une introduction par E. Hello*, Paris, Victor Palmé, 1870. ***Études*** : L. CHRISTIANI, *Une grande mystique lyonnaise, Jeanne de Matel*, Lyon, Vitte, 1947 ; P. CLAUDEL, *Journal*, cahier IV, t. I, Paris, Gallimard, 1968, p. 577.

JEANNE D'ARC, *sainte, prophétesse et visionnaire* (Domrémy, 1412-Rouen, 30 mai 1431). — Issue d'une famille de laboureurs aisés (son père est un notable armagnac), Jeanne grandit à Domrémy pendant la guerre de Cent Ans, qui met aux prises les monarchies française et anglaise, et, dans le jeu politique intérieur, les deux factions ennemies, les Bourguignons et les Armagnacs (son père, Jacques d'Arc, est un notable de ce parti). À onze ou treize ans, elle entend les voix célestes de sainte Catherine d'Alexandrie, de sainte Marguerite d'Antioche et de l'archange saint Michel, qui lui apparaissent et l'engagent à libérer le royaume de France de l'envahisseur britannique et d'assurer la légitimité royale du dauphin Charles, le futur Charles VII. C'est ainsi qu'en ce début de XVe siècle, elle mène victorieusement les troupes françaises contre les armées anglaises, levant le siège d'Orléans (le 8 mai 1429) pour conduire le dauphin à Reims, où il est sacré le 17 juillet. Mais, le 8 septembre, elle échoue à s'emparer de Paris, et, finalement capturée par les Bourguignons devant Compiègne (23 mai 1430), elle sera livrée aux Anglais par Jean de Luxembourg, pour la somme de 10 000 livres. Déferrée le 9 janvier 1431 à Rouen devant un tribunal ecclésiastique présidé par Pierre Cauchon, théologien réputé et futur évêque de Lisieux, elle est condamnée le 29 mai pour hérésie et sorcellerie et comme relapse, bien qu'ayant interjeté appel auprès du pape de Rome, et elle est brûlée vive, le 30 mai. Le procès, entaché de nombreuses irrégularités et témoignant de la partialité des juges (surtout de leur imperméabilité au surnaturel et à la sainteté, tels que les comprend la sensibilité populaire), est cassé par la pape Callixte III en 1456, ce qui permettra d'ouvrir un second procès en réhabilitation, qui conclura à l'innocence de Jeanne et permettra d'entamer une lente marche vers sa canonisation, qui n'interviendra qu'en 1920, gage de la réconciliation entre la République française et l'autorité vaticane.

La trajectoire fulgurante de Jeanne d'Arc, surnommée la Pucelle d'Orléans (selon l'image qu'elle a elle-même choisie), s'inscrit dans ce phénomène largement développé, en ce Moyen Âge tardif, du prophétisme féminin, palliant la carence ou la perte de crédibilité des clercs institutionnellement chargés d'énoncer la vérité, et reçu favorablement en raison de cette défaillance même, en des temps de grande détresse ; mais Jeanne tranche par la richesse exceptionnelle de sa personnalité. Sa démarche ne surprend guère, conforme au programme de tous les autres prophètes : aller au roi (d'où la facilité avec laquelle elle aura accès au roi de Bourges) et l'avertir au nom de Dieu. Toutefois, Jeanne ne fait pas état de quelque révélation ou vision, ses « voix » ne relèvent pas exactement de ces catégories ; en revanche, elle rédige nombre de lettres qui attestent l'élargissement de ses préoccupations au-delà d'un horizon purement politique : ainsi s'adressera-t-elle aux hussites de Bohème. À l'évidence son initiative aura orienté irréversiblement le destin géostratégique de la France, et même de l'Europe, puisqu'elle aura contribué à l'insularisation de l'Angleterre, mais cet objectif politique indiscutable ne peut faire oublier l'inspiration religieuse qui se manifeste par ses « voix ». Psychiatres et psychologues se sont penchés sur la question, sans pouvoir honnêtement conclure à l'hallucination ou à la pathologie. En effet, d'un point de vue historiographique, il est bon de contextualiser un tel phénomène dans le panorama des croyances d'alors, en particulier le rôle attribué à l'ange gardien : dans un premier temps, la voix est la concrétisation sonore, audible, de cette présence reçue comme une assistance rectrice et bienveillante. L'injonction première, venant du côté de l'église paroissiale (ce qui est le gage d'une provenance garantie et d'une autorité divine), « lui enseigna à se gouverner », donc à assurer la rectitude morale de son existence au quotidien. Ce n'est que plus tard que les voix s'incarnent dans les figures de l'archange saint Michel (par ailleurs protecteur du roi de Bourges et présenté, non comme un guerrier, mais comme un « prud-homme »), de sainte Marguerite et de sainte Catherine, qui empruntent sans doute les traits des représentations familières à Jeanne dans l'église de Domrémy. On se gardera donc de tout diagnostic hâtif, compte tenu du programme envisagé et réalisé par Jeanne : mener la guerre (ce que ne faisaient que rarement les autres prophètes ou prophétesses), en harmonie autant que possible avec les préceptes chrétiens, et sans cruauté. Ajoutons qu'aux yeux de l'opinion publique d'alors c'était la virginité de Jeanne qui forçait l'admiration et entraînait l'adhésion des contemporains, puisque la permanence de cette vertu (surtout au milieu de la soldatesque) relevait du miracle surnaturel et garantissait donc l'assistance divine et les succès militaires. C'est là-dessus que Jeanne est évaluée par l'opinion publique, et non sur sa vie spirituelle qu'on ne connaîtra d'ailleurs que bien plus tard, avec la publication, à la fin du XIXe siècle, des actes des *Procès de condamnation* (1431) et *de réhabilitation* (1451-1456). D'où le retournement de cette même opinion et le soupçon de la perte de cette virginité quand Jeanne échoue devant Paris avant d'être capturée à Compiègne (1430).

Un fait non négligeable doit retenir notre attention, c'est la convergence de la démarche de Jeanne avec les vues développées par un prédicateur extrêmement populaire, le frère Richard, franciscain de l'Observance, qui ne reculait pas devant la réactivation des perspectives (et des peurs) apocalyptiques, dans le sillage de saint Vincent Ferrier et de Manfred de Verceil, en annonçant le prochain affrontement avec l'Antéchrist. Jeanne ne cachera pas sa sympathie pour ce prédicateur intransigeant et même exalté, néanmoins son chapelain reste un ermite de saint Augustin et son confesseur est un dominicain. Par ailleurs, un autre courant de ce franciscanisme (que Jeanne a sans doute connu par la communauté de Vaucouleurs, bourgade dont dépendait son village natal) préconisait, sous l'égide de saint Bernardin de Sienne et avec l'approbation des papes, le culte du nom de Jésus : on se rappellera que ce nom était brodé sur son étendard (qui n'en reste pas moins emblématique d'un horizon apocalyptique) et que ce sera le dernier mot qu'elle prononce dans les flammes du bûcher. Le climat spirituel de la France est donc alors agité d'une tension insoluble : Jeanne n'y échappe pas. L'expédition vers Reims pour le sacre du roi, le « sainct voyage », n'est pas sans analogie avec la croisade que réclamaient une Constance de Rabastens* ou une Marie Robine*, mais Jeanne, proche du mouvement franciscain (on a remarqué, détails infimes et significatifs, la couleur brune de sa robe, et même sa coupe de cheveux), a surtout le souci d'y mener une vie évangélique et de conduire des troupes en état de grâce, avec l'aide d'un dispositif pastoral et sacramentel efficace.

Après son exécution, il sera aisé de mettre en lumière (ou de construire) l'analogie entre son procès et celui du Christ. Tentative apologétique ou hagiographique qui ne résiste guère à l'examen : si ses juges, théologiens de métier, sont loin d'être acquis *a priori* à la cause anglaise, en revanche le divorce est désormais consommé entre une vision populaire de la vie chrétienne et de la sainteté, telle que Jeanne l'illustre, et les autorités ecclésiastiques et universitaires, promptes à ranger les pratiques de la religion populaire dans le domaine des superstitions (« l'Arbre aux fées » au Bois-Chenu, les « chappeaulx » de fleurs offerts à la Vierge, etc.) ; rupture et défiance qui ont la vie dure et dont Jeanne fait les frais en quelque sorte. Cependant le tribunal aurait pu être sensible à la pertinence et à l'orthodoxie de ses réponses, d'autant plus remarquables que ne s'y repère nulle trace de référence académique ou de concepts spéculatifs. Jeanne en effet n'est pas « lettrée » au sens professionnel du terme, mais elle a assimilé ce que la pratique orale et collective du livre lui a transmis par le truchement du curé local, voire par les Franciscains de Neufchâteau. Jeanne fait donc partie de ces *illiterati* (« sans-lettres », techniquement parlant) qui, en cette fin de Moyen Âge, deviennent les *simplices* (les « simples »), qualité toute évangélique qui prédispose à la démarche mystique, avec l'écueil toutefois d'une lourde ignorance, propice aux dérives de l'hérésie et à la rébellion. Si Jeanne n'a laissé aucun récit, ni même de témoignage, de son intériorité propre, l'on peut cependant, à partir des *Procès*, esquisser son profil spirituel, ancré dans une foi absolue dans la souveraineté de Dieu, en qui sa confiance est indéfectible et dont on se doit d'exécuter le « plaisir », la volonté souveraine (au sens politique du terme). Sa seule question, hors de toute inquiétude quant à une perfection qu'il s'agirait d'atteindre, à des œuvres qu'il faudrait mener à bien, à une expiation qu'elle devrait assumer, c'est de savoir ce qu'il en est et où se trouve cette volonté de Dieu : d'où une sérénité et une simplicité qui contrastent avec le climat d'un siècle dévoré de scrupules et d'angoisses, une contre-conduite « parrhésiaste », pour parler le langage de Michel Foucault, ce en quoi elle est indiscutablement mystique. Aucune allusion à la démonologie pourtant alors si fort prisée : le péché est pour elle avant tout privation de Dieu. À bien des égards, on entendrait dans les propos de Jeanne la même confiance tranquille dont témoignera l'*Internele Consolacion*, traduction revisitée de l'*Imitation de Jésus-Christ*. Ce n'est pas tant des douceurs contemplatives qu'elle recherche qu'avant tout aimer son Seigneur de tout son cœur. Lui importe donc en conséquence – et cela est tout à fait original à l'époque – de se maintenir en état de grâce : « Si elle savait qu'elle ne fût en la grâce de Dieu, elle serait la plus dolente du monde. » Tous principes qui induisent la sagesse d'un discernement et répugnent à la précipitation dans la décision ; mais celle-ci prise, l'obéissance écarte toute hésitation : « Eussè-je cent pères et cent mères, je serais partie. » La docilité à l'Église, les obligations sacramentelles ne lui présentent nulle difficulté : elle en ferait même plus que nécessaire, mais reste des plus discrètes à ce sujet ; de toute façon, elle ne pouvait que s'ajuster aux normes en usage, régulées par le curé de la paroisse ; en revanche, dans les dévotions qui échappaient à ce contrôle clérical, Jeanne est des plus généreusement empressées.

On aurait souhaité que les juges de Rouen prissent la mesure d'une telle densité spirituelle ; mais en fait, le procès ne fera que mettre en lumière le décalage irréversible entre une mentalité populaire, aux yeux de laquelle la sainteté de Jeanne est une limpide évidence, et la culture cléricale, dont la rationalité théologique est devenue imperméable aux catégories de cette religiosité facilement déclassée dont Jeanne est imprégnée. Or, à rebours de la rumeur de l'enthousiasme populaire qui l'en créditait, Jeanne ne revendique nul charisme de guérison, moins encore celui, plus miraculeux encore, de ressusciter un enfant mort. Elle reconnaît seulement avoir prié pour lui. Elle ne postule pas quelque pouvoir surnaturel, mais en reste à son projet politique et à son exigence éthico-spirituelle, l'un et l'autre commandés par la maxime : « Le bon plaisir de Dieu soit fait ! » Défiance vis-à-vis du miraculeux, préoccupation vive d'une excellence de la vertu, on reconnaît là encore l'inspiration franciscaine.

Le destin posthume de Jeanne d'Arc n'est pas moins passionnant que sa courte existence, couronné qu'il fut par sa tardive canonisation en 1920 (dans laquelle on verra un geste des autorités vaticanes désirant concrétiser un nouveau climat d'apaisement entre la République française et l'Église catholique, déstabilisée par les lois de séparation de 1905). Tombée dans l'oubli à l'avènement de la modernité, elle est redécouverte au XIXe siècle, dès 1820, à la fois par une droite royaliste et par une gauche républicaine qui, l'une et l'autre, l'enrôlent dans la défense du nationalisme qu'elles professent. D'Augustin Thierry à Henri Martin, les historiens favorables aux idées libérales et républicaines exaltent l'importance de l'époque médiévale pour l'histoire nationale. Chef-d'œuvre de ce courant, le monument édifié par Jules Michelet à la gloire de cette « fille du peuple », incarnant « le peuple sous une forme virginale et pure », fidèle aux voix qui la conduisent et qui ne recule pas devant le martyre pour défendre les convictions d'un patriotisme, dont ce martyre signe la (re)-naissance véritable : Jeanne est la première à donner cohérence au sentiment national. Pour le généreux et fougueux Jean-Charles de Sismondi, Jeanne est le paradigme de « l'esprit populaire », psychiquement travaillée, il convient de le noter, par une rêverie continuelle dont témoignent ces fréquentes extases où elle voit ce qu'elle désirait voir. Le très anticlérical Jules Quicherat reviendra au procès de 1431 pour juger sans aménité les adversaires de Jeanne, tout en restant réservé sur ses prétendus voix et miracles. Dans la même veine, Henri Martin développe la thèse de la trahison du roi et des puissants, face à quoi cette fille du peuple se trouvait désarmée : de plus, n'avait-elle pas été victime d'hallucinations campanaires (les voix !), les troubles de la puberté et les jeûnes aidant ?

La réaction catholique ne se fera pas attendre, l'idée de canoniser la libératrice d'Orléans étant avancée pour la première fois par Mgr Dupanloup, évêque de cette ville et champion du courant libéral. La contre-offensive royaliste (Anquetil, Le Ragois) s'enlisera dans les stéréotypes. En revanche, Görres aura souci d'honorer les exigences d'une historiographie scientifique (et libérale) et de proposer une perspective théologique, puisqu'il s'agit pour lui de manifester « Dieu et ses actes dans l'Histoire » : ainsi Jeanne a-t-elle, sur le modèle christique, « vaincu et souffert pour la France, elle l'a fait pour tous ». Après 1871, le culte de Jeanne d'Arc est réactivé par la perspective de la revanche et la volonté de retrouver l'Alsace-Lorraine perdue : Domrémy devient alors l'objet d'un pèlerinage. Dans le conflit mondial de 1914-1918, elle est instrumentalisée (au même titre que Thérèse de Lisieux*), ce qui va être le nœud borroméen de la droite d'Action française : cette Jeanne (républicaine !) inviterait-elle à faire alliance avec la République pour repousser l'offensive allemande ? Chaque camp aura satisfaction : le 8 mai 1919, c'est la première Fête nationale en son honneur ; et en 1920, la voilà canonisée : pour les uns et pour les autres, mais pas ensemble, elle est le symbole de la sauvegarde et de la restauration de la France.

Par-delà les idéologies politiques, le destin de Jeanne aura inspiré aussi bien écrivains que cinéastes. Les musiciens ne sont pas en reste : fantaisiste, *Giovanna d'Arco*, de Giuseppe Verdi : héroïque, *La Pucelle d'Orléans*, d'après Friedrich von Schiller, de Piotr Ilitch Tchaïkovski ; admirable, l'oratorio d'Arthur Honegger, *Jeanne au Bûcher*, dont Paul Claudel a signé le livret. La création littéraire est dominée par les œuvres de Charles Péguy et de Georges Bernanos ; mais on n'oubliera pas la *Jeanne d'Arc* (1925) sensuelle et pathétique de Joseph Delteil (coscénariste du film de Carl Dreyer) ni la fiction inattendue de *Jeanne de guerre lasse* (1991) de Daniel Bensaïd. De sa *Jeanne d'Arc* (1895-1897) à son *Mystère de la charité de Jeanne d'Arc* (1910), Péguy nous fait traverser les douleurs et les états d'âme d'une Jeanne, meurtrie et indignée par les horreurs de la guerre et hantée jusqu'à l'angoisse par l'attente de l'avènement du royaume de Dieu ; mais nous ne suivons pas moins le cheminement spirituel de Péguy lui-même, passant de la « politique » à la « mystique », sans renier sa générosité « socialiste » primitive, mais l'approfondissant dans une ferveur chrétienne qui découvre la vérité de l'Incarnation, en une théologie toute nouvelle, célébrant l'éminente dignité de l'existence charnelle, bien loin des schémas d'une scolastique imprégnée du thomisme ambiant : à la misère répond le don de la miséricorde, et la fraternité des héros cède le pas devant la communion des saints.

Pour le Bernanos de *Jeanne relapse et sainte* (1929), Jeanne est le paradigme de la jeunesse divine, affrontée à la médiocrité des « vieux renards de finance, d'Académie et d'Église ». Bernanos n'est guère tendre pour le personnel clérical et Jeanne représente ces laïcs chrétiens qui tiennent « à pleines mains le royaume temporel de Dieu ». Alliée à Thérèse de Lisieux (qui elle-même s'identifie à Jeanne dans les deux pièces de théâtre qu'elle écrivit avec grand talent dramatique pour son carmel : *La Mission de Jeanne d'Arc* [1894] et *Jeanne d'Arc accomplissant sa Mission* [1895]), elle est la figure indépassable de l'enfance selon l'Évangile, l'une et l'autre se fondant dans le personnage de Chantal de Clergerie, l'héroïne de *L'Imposture* et de *La Joie*.

Du côté cinématographique, on retiendra les films de Carl Dreyer (*La Passion de Jeanne d'Arc*, 1928) et de Robert Bresson (*Le Procès de Jeanne d'Arc*, 1962), d'une pureté définitive, l'imagerie populaire de la *Jeanne au bûcher* (1954) de Roberto Rossellini, que domine Ingrid Bergman. La *Jeanne* que prétend nous restituer Luc Besson, prend de sérieuses distances avec l'historiographie, cède plus à l'imagination du cinéaste qu'au respect des sources et archives dont nous disposons. Plus sobre en revanche sera la *Jeanne captive* de Philippe Ramos (2011), qui témoigne de cet intérêt permanent de la modernité pour cette singulière figure prophétique.

François Marxer

• *Voir aussi* : Constance de Rabastens ; Marie Robine

Bibl. : ***Vie et études*** : J. QUICHERAT (éd.), *Procès de condamnation et de réhabilitation de Jeanne d'Arc, dite la Pucelle, publiés pour la première fois d'après le manuscrits de la Bibliothèque royale, suivis de tous les documents historiques qu'on a pu réunir et accompagnés de notes et d'éclaircissements*, Paris, J. Renouard & Cie, 1841-1849, 5 vol. ; P. DUPARC (éd.), *Procès en nullité de la condamnation de Jeanne d'Arc*, Paris, Klincksieck, 1977-1988, 5 vol. ; C. BEAUNE, *Jeanne d'Arc* et *Jeanne d'Arc, Vérités et légendes*, Paris, Perrin, 2004 et 2008 ; E. DELARUELLE, « La spiritualité de Jeanne d'Arc », *Bulletin de littérature écclésiastique*, nº 65, 1964, p. 17-33 et 81-98 ; G. KRUMEICH, *Jeanne d'Arc à travers l'Histoire*, Paris, Albin Michel, 1993 ; R. PERNOUX, *Jeanne d'Arc par elle-même et par ses témoins*, Paris, Seuil, 1962 ; A. VAUCHEZ, « Jeanne d'Arc et le prophétisme féminin des XIVe et XVe siècles », in *Jeanne d'Arc, une époque, un rayonnement, Colloque d'histoire médiévale d'Orléans, octobre 1979*, Paris, 1982, p. 159-168 ; L. MASSIGNON, « Examen de l'aspect "théopathique" du témoignage de Jeanne d'Arc, suivant une psychologie sociale de la compassion », *Bulletin des amis du vieux Chinon*, VI, nº 6, 1961-1962, repris dans *Écrits mémorables*, Paris, Robert Laffont, coll. Bouquins, 2009, t. I, p. 364-374.
Discographie : A. HONEGGER, *Jeanne au Bûcher*, chœur et orchestre philarmonique tchèque, dir. Serge Baudo, 1974.

JEANNE D'ORVIETO, *bienheureuse, tertiaire dominicaine* (Carnaiola, 1264-1306). — Plus connue sous le prénom de Vanna (le diminutif de Giovanna), Jeanne est née près d'Orvieto, en Italie. Aujourd'hui encore, la petite ville de Carnaiola fête le 23 juillet l'anniversaire de la mort de celle qui est la patronne de la cité, des dentellières et autres métiers d'aiguille. Jeanne d'Orvieto n'appartient ni à la noblesse foncière ni aux classes aisées ayant les moyens de financer l'entrée dans une grande famille religieuse. Après le décès de ses parents, elle devient donc, comme tant d'autres, une ouvrière-couturière et une de ces *pinzochere* qui, sans perdre le statut laïc, vivent en religieuses, sans être soumises à une règle. Jeanne d'Orvieto devient en effet membre du tiers ordre dominicain, les Prêcheurs lui offrant une forme de vie compatible avec son statut social et ses aspirations spirituelles. Ni religieuse ni mariée, elle n'est, selon l'expression célèbre des historiens médiévistes « ni chair ni poisson », profitant de ce statut intermédiaire pour parer à une situation financière très difficile et mener une vie faite de travail, d'apostolat auprès des filles pauvres et d'expériences spirituelles ascétiques et prophétiques. Son histoire appartient à ce moment où le peuple devient créateur de saints et de saintes sans que la reconnaissance officielle ne soit envisageable sinon par le soutien de la communauté urbaine et, dans le cas présent, l'appui considérable des Dominicains à la cause de sa béatification dès sa mort. On a peu d'éléments fiables sur sa vie spirituelle, sinon une *Leggenda* latine rédigée, ou en tout cas attribuée, par le dominicain Giacomo Scalza : les stéréotypes hagiographiques empêchent d'apprécier ses expériences. Il reste que par-delà la pression d'un genre qui efface les singularités, on reconnaît les éléments d'une spiritualité hors du commun par la capacité de Jeanne d'Orvieto à faire de son corps une cire offerte aux figures de l'ascétisme. Ainsi, si elle se modèle sur la Passion du Christ souffrant, de manière topique, ses capacités à métamorphoser son corps sur ceux des martyrs et du Christ restent étonnantes et pour le moins singulières. Sont ainsi notés avec une rare précision sa rigidité en croix, son mimétisme corporel des différentes figures du martyrologe qu'elle interprète pour en reproduire les poses, mais aussi, et de manière plus habituelle, ses jeûnes intenses rompus seulement par l'hostie et les goûts spirituels auxquels elle participe de manière olfactive. La spiritualité mystique de Jeanne d'Orvieto n'est pas vraiment spécifique, sans doute est-elle intéressante par ces imitations (ou celles qu'on lui prête), véritables métamorphoses à partir des expériences passées dont elle imite la scène corporelle selon une rare et déconcertante plasticité. Dans cette tendance à la reproduction pathétique, on notera sa passion des larmes et la capacité qu'on lui prêtait de faire craquer chacun de ses os dans la posture de la Croix.

Sophie Houdard

Bibl. : ***Vie*** : M. P. VINCENZO, *Leggenda latina della b. Giovanna detta Vanna d'Orvieto, del terz'ordine di s. Domenico, scritta dal ven. Giacomo Scalza orvietano de Predicatori*, Orvieto, 1853. ***Études*** : J. DALARUN, « Hors des sentiers battus. Saintes femmes d'Italie aux XIIIe-XIVe siècles », in *Femmes, mariages, lignages, XIIe-XIVe siècles, Mélanges offerts à G. Duby*, Bruxelles, Bibliothèque du Moyen Âge, 1992 ; A. VAUCHEZ, *La Sainteté en Occident aux derniers siècles du Moyen Âge d'après les procès de canonisation et les documents hagiographiques*, Rome, Bibliothèque des Écoles françaises de Rome et d'Athènes, 1981 ; P. ZOVATTO, C. CARGNONI, *Storia della spiritualità italiana*, Rome, Città Nuova, 2002.

JEANNE DE CHANTAL, *sainte, fondatrice de l'Ordre de la Visitation* (Jeanne-Françoise Frémyot ; Dijon, 23 janvier 1572-Moulins, 13 décembre 1641). — Jeanne-Françoise Frémyot naît dans une famille de magistrats. En 1592, elle épouse Christophe de Rabutin, baron de Chantal. De leur union naissent deux enfants morts en bas âge, un fils, Celse-Bénigne, puis trois filles. Jeanne-Françoise allie la grâce et la force, la fermeté et la bonté. Son époux, réellement aimé, meurt accidentellement en 1601. Dans une situation familiale difficile, accablée d'un directeur de conscience autoritaire et jaloux, elle rencontre en 1604 François de Sales, évêque de Genève en résidence à Annecy, venu prêcher le carême à Dijon. Il deviendra son directeur spirituel. Commence alors une correspondance entre Genève et Dijon. En 1607, il lui propose de créer une nouvelle congrégation contemplative ouverte, sans vœux ni clôture, quand ses enfants auront grandi. En 1610, elle quitte Dijon pour Annecy en emmenant ses filles ; la séparation avec Celse-Bénigne est très dure. Les Constitutions (règle et autres textes fondamentaux) des trois premières sœurs sont données par François de Sales. Au début, elles visitent les pauvres et les malades, mais la clôture, due aux pressions ecclésiastiques en 1616, rendra cela impossible. Le premier monastère est fondé à Lyon en 1615 et l'ordre, la Visitation, créé en 1618. En 1616, François de Sales prescrit à Jeanne-Françoise de se débarrasser de toute dépendance et attachement, même par rapport à lui, et de ne s'en remettre qu'à Dieu. Leur dernière rencontre a lieu en décembre 1622. Elle prend alors en main le gouvernement de l'ordre – avec force mais sécheresse et angoisse – qui comptera à sa mort quatre-vingt-sept monastères, répartis dans toute l'Europe. Elle sera béatifiée en 1752 par Benoît XIV et canonisée par Clément XII en 1767.

La mystique unitive espagnole (passion de l'union à Dieu moyennant un dépouillement radical), héritière des Rhéno-Flamands, a eu en France au XVIIe siècle une influence directe, qu'attestent des noms comme ceux de Benoît de Canfield et Jean-Joseph Surin. Et aussi une postérité originale, tendant à mettre la pédagogie mystique au service de la prière d'un plus grand nombre, à travers le courant de l'oraison de repos, dont on peut dire que Jeanne de Chantal et François de Sales ont été les pionniers. Le « repos » est en effet une des étapes de l'ascension vers l'union chez les Espagnols. Il est en lui-même une forme de prière simple et essentielle, orientée par deux figures complémentaires : le dialogue (Un « unique et simple regard en Dieu ») et l'immanence (« Accoisez [= « reposez »] votre âme en Dieu »). Pour Jeanne, cette oraison doit être ordinairement la prière des Visitandines, ce qui n'exclut ni pour elle ni pour d'autres des expériences d'union.

Pour parler de son oraison, Jeanne de Chantal usait de mots divers. Ceux qui soulignent l'apaisement et la proximité : repos, quiétude, « accoiser son esprit en Dieu », « sainte oisiveté et impuissance » ; « demeurer en la divine présence ». Ou la simplicité et la confiance : « amour simple de confiance », « simple remise en Dieu ». Ou la relation : « Nous entretenir simplement en la présence de Dieu, le regardant des yeux de la foi », « simple et unique regard en Dieu ». Cette oraison ne peut être séparée de la vie : il s'agit d'une unité au titre de laquelle celle-là devient le fondement de toute l'existence qui, à son tour, la vérifie : « Marcher fermement et avec une très humble assurance et confiance en cette voie d'amoureuse simplicité, car cet unique regard de l'esprit en Dieu, par un entier délaissement de soi-même à sa très sainte volonté, comprend tout ce qui se peut désirer. » Cette forme d'oraison, par conséquent, comprend toutes les autres et, dès lors qu'on est attiré par elle, il faut suivre hardiment cet attrait, sans réflexion, sans risquer de tout gâter en faisant quelque chose, mais sans empressement et, si cela est donné, sans méditation préalable. Quant à Jeanne, dès le début, Dieu lui donna « cette manière d'oraison de simple vue et sentiment de Sa divine présence » dont la grâce lui a été continuée. « Bénie soit Sa bonté d'avoir mis notre esprit dans cette sainte et pleine liberté ! »

S'il est vrai que Jeanne se méfie des extases (« les vraies extases sont les vraies vertus ») et plus largement de la mystique transcendante, spéculation et états extraordinaires, « lumières et révélations », on ne peut douter que son expérience se situe dans la ligne de la mystique unitive. Elle a lu Jean de la Croix, fréquenté et interrogé pendant six ans les carmélites de Dijon héritières de Thérèse d'Avila*. L'oraison de repos qu'elle recommande à ses filles (jusqu'à en faire une spécificité de l'ordre : « J'ai reconnu que l'attrait presque universel des filles de la Visitation est une très simple présence de Dieu ») et à des laïcs est déjà une étape de l'oraison mystique. Elle-même a été plus loin, son but étant « l'union intime avec son Dieu » ou la « simple unité d'esprit avec Dieu » dans le « fond du cœur » moyennant « le détachement de toutes choses », jusqu'à « accoiser son âme en cette mer d'amour et de douceur ». Ainsi que bien d'autres Visitandines qui ont connu une expérience semblable d'« union très haute ».

Certes, si l'on éprouve d'abord une joie et un bonheur, que l'on doit accepter sans s'y arrêter, on vivra aussi les distractions et assoupissements, face auxquels le seul remède est de « se remettre là en toute simplicité » et sans culpabilité. Et même des états où l'on est « sans goût, sans lumière ni sentiment, culminant dans les sécheresses », « désolations et ténèbres » que Jeanne de Chantal a connues à la fin de sa vie. Mais non sans une secrète sécurité de la Présence et, parfois, « au point du jour, une petite lumière en la très haute suprême pointe de mon esprit ». Enfin, Jeanne de Chantal invite à renouveler ponctuellement, au sein des occupations, « le simple regard » d'amour et d'abandon de soi de l'oraison, afin que celle-ci vienne irriguer l'existence entière.

Jean-Pierre Jossua

Bibl. : *Œuvres* : *Œuvres complètes de saint François de Sales et de sainte Jeanne de Chantal*, Migne, 1882 (t. 7-9) ; *Ste Jeanne-Françoise de Chantal, Sa vie et ses œuvres*, Paris, Plon, 1909 ; *Notes spirituelles : Le Petit Livret*, Paris, Arfuyen, 2001 ; *Correspondance*, sœur M.-P. Burns (éd.), Paris, Cerf-Cefi, 1986-1996. ***Études*** : H. BREMOND, *Histoire de sainte Chantal*, Paris, Gabalda, 1912 ; ID., *Histoire littéraire du sentiment religieux en France*..., nouvelle éd. Grenoble, Jérôme Millon, 2006, t. II, chap. VIII ; R. DEVOS, notice dans le *Dictionnaire de spiritualité*, Paris, Beauchesne, 1974, t. VIII ; J.-P. JOSSUA, « "Accoiser son âme en Dieu", l'oraison dans la correspondance de Jeanne de Chantal », *Revue des sciences philosophiques et théologiques*, nº 81, 1997, p. 69-84 ; A. RAVIER, *Jeanne-Françoise Frémyot de Chantal*, Paris, Labat, 1983.

JEANNE DE FRANCE, *sainte, fondatrice de l'Ordre de l'Annonciade* (Nogent-le-Roi, 23 avril 1464-Bourges, 4 février 1505). — Jeanne de France est la seconde fille de Louis XI et de Charlotte de Savoie. Infirme et malingre, elle déçut l'attente du roi qui souhaitait un héritier mâle. Son éducation fut confiée à Anne de Culan, épouse de François de Beaujeu, cousin de Louis XI et seigneur de Lignières, dans le Berry (actuellement dans le département du Cher). Entourée d'affection, c'est dans leur château féodal que Jeanne passa son enfance. En vue de ses intérêts politiques, usant de son autorité, le roi Louis XI donna Jeanne en mariage, à l'âge de douze ans, à son cousin, le duc d'Orléans, qui n'avait que quatorze ans, et qui n'accepta cette alliance que de mauvaise grâce. Dandy élégant, aimant les fêtes et les plaisirs, celui-ci n'éprouva d'autre sentiment pour sa jeune épouse que de l'indifférence, voire de l'aversion, malgré tous les efforts de la petite duchesse pour plaire à son époux. À la mort de Louis XI en 1483, Charles VIII, le jeune frère de Jeanne, devint roi ; Anne de Beaujeu, sa sœur aînée, exerça la régence. Le duc d'Orléans, évincé, complota contre la Couronne. Vaincu, il fut emprisonné pendant deux ans dans la Grosse Tour de Bourges. Jeanne s'efforça d'obtenir sa libération. Une fois libéré, le duc d'Orléans ne lui en témoigna aucune reconnaissance et continua à se livrer sans retenue à sa vie de débauche. En 1498, au retour de la guerre d'Italie, Charles VIII mourut subitement à Amboise, sans laisser d'héritier. Le duc d'Orléans monta sur le trône sous le nom de Louis XII ; Jeanne devint ainsi reine de France. À force d'intrigues, de malversations, de paiement de grosses sommes d'argent et d'humiliations infligées à sa femme, Louis XII obtint du pape Alexandre VI Borgia l'annulation de son mariage en 1498. Il épousa aussitôt Anne de Bretagne, la veuve de Charles VIII, afin d'obtenir la souveraineté de cette province. Jeanne tenta de se défendre en vain. Il lui fut octroyé, à titre de compensation, en apanage, le duché de Berry, qu'elle administra avec un grand dévouement et une grande charité, demeurant tantôt dans son château de Bourges, tantôt dans celui de Châtillon-sur-Indre. Outre le soutien des pauvres, elle fonda des hôpitaux, des collèges et favorisa la réforme des Bénédictines de Saint-Laurent de Bourges. Lors de la grande peste de 1499, alors que les autorités de Bourges prirent la fuite, elle resta sur place aux soins des contagieux ; ce qui lui valut une grande reconnaissance de la part de la ville. Jeanne de France mourut à l'âge de quarante et un ans, en odeur de sainteté. Louis XII lui fit des funérailles de reine.

Dans son enfance, Jeanne priait inlassablement devant le tabernacle de la chapelle du château de Lignières. Dans le petit oratoire, aménagé à son intention, il lui sembla un jour (elle avait un peu moins de six ans) entendre ces mots dans son cœur : « Par les plaies de mon Fils, tu auras la Mère. » Ces paroles la décidèrent à prendre pour confesseur un franciscain, car les religieux de cet ordre, en raison des stigmates de son fondateur François d'Assise, étaient alors dénommés « Les Frères des Cinq Plaies du Christ ». C'est ainsi qu'elle choisit le père Jean de La Fontaine, gardien du couvent d'Amboise. En 1471, alors qu'elle demandait à la Vierge Marie* pendant la messe comment elle pourrait la contenter, elle reçut cette réponse qu'elle écrira elle-même dans les statuts de l'Ordre de l'Annonciade, dont elle sera la fondatrice : « Avant ta mort tu fonderas une religion [un ordre] en mon honneur. Et ce faisant tu me feras un grand plaisir et tu me rendras service. » Jeanne n'avait alors que sept ans et garda ces paroles secrètes. En 1473, avec l'accord de Louis XI, le pape Sixte IV autorisa que la chapelle du château, qui faisait office d'église paroissiale, fût érigée en collégiale. Un doyen assisté de six chanoines, tous pris en charge par le baron de Lignières, constituèrent le chapitre de cette collégiale, dont la liturgie, les exercices de piété et la présence des prêtres remplirent Jeanne de joie. Quelques années plus tard, le seigneur de Lignières étant tombé malade, Jeanne fut envoyée quelques mois à Amboise pour éviter une contagion. De retour à Lignières, le baron et son épouse la choyèrent comme leur propre fille.

Recommandé par le père Jean de la Fontaine, le père Gilbert Nicolas (dit Gabriel-Maria), gardien du couvent d'Amboise, dont la dévotion à la Sainte Vierge et pour la Passion du Christ ne cessèrent de s'amplifier, devint le confesseur de Jeanne. Il fut son guide et son collaborateur pour la fondation de l'Annonciade. Celle-ci, n'osant faire allusion aux paroles entendues dans son enfance, lui confia un jour son secret : « C'est que tout mon désir, comme toute mon intention, est de fonder une religion de la glorieuse Vierge Marie, de religieuses qui soient gouvernées par vous et par les Religieux de l'Observance des Frères Mineurs de Saint François. » Le père Gilbert Nicolas, lui opposant les difficultés d'innover dans l'Église militante, lui suggéra, pour dévier l'obstination de sa pénitente, d'établir un monastère de Clarisses à Paris. Aucun argument ne put venir à bout de la résolution de Jeanne, qui rétorqua à son confesseur : « Mon Père, si c'est la volonté de Dieu et de sa bénie Mère, ils m'aideront dans cette affaire. » Écartelée entre l'injonction de la Vierge Marie et le refus de l'aider du père Gilbert Nicolas, Jeanne tomba gravement malade ; elle en accusa son confesseur. Pour en venir à bout, elle finit par lui confier les paroles secrètes entendues à Lignières. Ce qui décida son confesseur. Dès 1500, le projet fut mis en route, mais dut affronter mille difficultés. Le concile de Latran IV (1215) avait notamment décrété que l'on ne créerait plus de nouveaux ordres religieux. Or, selon un proverbe anglais, « *Where there is a will, there is a way* » (« Là où il y a une volonté, il y a un chemin »). C'est ainsi que le père Gilbert Nicolas, qui fut aussi vicaire général des Franciscains, rédigea la Règle en souvenir de l'ange annonçant l'Incarnation et de son amour pour Marie. Le 12 février 1502, le pape Alexandre VI approuva la Règle du nouvel Ordre de l'Annonciade, créé en l'honneur de l'Annonciation de la Vierge Marie. Envahie par sa vocation dédiée à la Vierge, Jeanne reçut en prière l'approbation de sa fondation.

L'Ordre de l'Annonciade, contemplatif, dénommé aussi l'« Ordre de la Bienheureuse Vierge Marie, Religion des Dix Plaisirs ou Dix Vertus de Marie », se fonde sur les dix vertus de la prudence, la pureté, l'humilité, l'obéissance, la foi, la louange à Dieu, la pauvreté, la patience, la charité et la compassion ainsi que sur la clôture, l'office canonial, la pénitence, le silence, le travail, la joie, la vie en communauté et en fraternité. Pour Jeanne de France, les « vertus » sont des « plaisirs », autrement dit « c'est un cœur qui dit *oui* dans l'amour ». Elle résume ainsi cet idéal à l'usage des moniales : « La vertu est une disposition habituelle à faire le bien, qui n'est pas autre chose que de faire plaisir à Dieu. Pour lui plaire, il faut donc plaire au Christ par le moyen des Plaisirs de Marie. » Sachant que, en authentique mystique, Jeanne ne dirait rien des faveurs spirituelles dont elle était l'objet, le père Gilbert Nicolas la pria pourtant de lui dire si, concernant la Règle de l'ordre nouveau, elle avait reçu quelque révélation. Celle-ci répondit simplement que Marie l'avait inspirée à ce sujet : « Fais écrire tout ce qui est écrit en l'Évangile que j'ai fait en ce monde et fais-en une règle, et trouve moyen de la faire approuver au Siège apostolique. » Ce que le père Gilbert Nicolas accomplit en rédigeant un texte admirable : « Que la Sainte Vierge soit l'objet habituel de vos pensées, et que vos regards soient continuellement fixés sur elle, comme les regards des Mages étaient attachés sur l'étoile qui les guidait. Qu'elle soit votre modèle, votre oracle et votre règle. [...] Or, bien que l'Auguste Vierge ait pratiqué toutes les vertus, l'Esprit-Saint a permis que les évangélistes n'en aient mentionné que dix. Ces dix vertus se doivent donc trouver en vous. Vous devez penser, dire et faire ce que la Vierge a pensé, dit et fait par le mouvement de ces vertus, c'est-à-dire que, par chacune d'elles, vous devez imiter en trois manières, de cœur, de bouche, et d'œuvre (ou d'action). » Véritable co-fondateur et législateur de l'Annonciade, le père Gilbert Nicolas continua, après la mort de Jeanne, d'administrer admirablement son œuvre avec l'aide de sa sœur, Anne de France, du cardinal Georges d'Amboise et de l'évêque Louis Ier d'Amboise.

La destinée en lignes cruellement brisées de Jeanne de France trouve, derrière les apparences, son sens profond, sa voie secrète. Elle se prolonge en ligne droite au travers de sa mission spirituelle, qui prend toute son ampleur dans cette belle exhortation qu'elle adressait aux futures moniales et qu'elle incarna elle-même d'une façon sublime : « Que ceux qui les voient [les dix plaisirs ou vertus], voient Marie vivant encore dans ce monde. » Jeanne de France repose désormais dans la chapelle des Annonciades de Bourges. Béatifiée en 1742 par Benoît XIV, elle fut canonisée en 1950 par Pie XII.

Bernard Sesé

• *Voir aussi* : Marie

Bibl. : *Vie et études* : Mgr. M. CAGNAC, *La Bienheureuse Jeanne de Valois*, Paris, J. de Gigord, 1929 ; C. WER, *Sainte Jeanne de France*, Paris, Spes, 1950 ; G. CHASTEL, *Sainte Jeanne de France*, Paris, Éditions franciscaines, 1950 ; A. GIRARD, *Sainte Jeanne de France*, Paris, Médiaspaul, 1988 ; F. BOUCHARD, *Sainte Jeanne de France, la Reine servante de Marie*, Montsûrs, Résiac, 1999 ; *Jeanne de France et l'Annonciade. Actes du colloque international de l'Institut catholique de Paris (13-14 mars 2002)*, Paris, Institut catholique, 2004 ; H. PIGAILLEM, *Jeanne de France*, Paris, Pygmalion, 2009.

JEANNE DE JÉSUS, *carmélite* (Jeanne Séguier ; Paris ?, 1596-Pontoise, 5 juin 1675). — Jeanne est la sœur de Pierre Séguier, chancelier de France de 1635 à 1669, une des figures majeures de la politique française du Grand Siècle. La famille Séguier était étroitement liée et apparentée à la famille des Bérulle, dont on sait le rôle capital dans la fondation du Carmel réformé en France, à l'introduction duquel travailla Pierre de Bérulle, cousin germain de notre carmélite. De plus, sa mère était cousine de Mme Acarie*. On voit que dans ce milieu, qu'a étudié l'historien Daniel Vidal, la préoccupation d'une réforme des esprits et des âmes surmontait les divergences idéologiques et politiques pourtant profondes : si les Acarie avaient épousé la cause ligueuse, les Séguier, certes bons et fervents catholiques, n'en affichaient pas moins un grand pragmatisme, tout dévoué à la politique royale centralisatrice. Ce commun attachement au Carmel est la marque la plus éclatante de leurs préoccupations spirituelles et religieuses partagées. Si Jeanne devint carmélite à Pontoise, sa mère, veuve à vingt-neuf ans, en 1595, à la suite du décès de son mari, victime de la peste, fit profession au carmel de l'Incarnation en 1615, sous le nom de Marie de Jésus-Christ et y mourut en 1638. Son gendre, premier président au parlement de Bordeaux, aura fondé la premier carmel de cette ville en 1611, et sa fille, Marie, fera profession à l'Incarnation en 1630, pour en devenir prieure de 1659 à 1662. Jeanne, enfin, accueillera sa petite-nièce, Françoise-Madeleine de Béthune, à Pontoise, où elle fera profession en 1658. Quant au frère chancelier, il entretenait les liens les plus étroits avec Pontoise, grâce à sa sœur, autant qu'avec Beaune, plus engagé dans le soutien de la politique royale, et avec Saint-Denis. Lui-même sera inhumé au carmel de Pontoise.

Jeanne naquit dernière d'une fratrie de cinq, où l'on comptera, outre Pierre le chancelier, Dominique, évêque de Meaux, auquel succédera un de ses neveux, fils de sa sœur Charlotte. Tôt orpheline de son père, Jeanne sera confiée aux Bénédictines de Soissons. C'est sans doute la rencontre de Mme Acarie, alors dirigée de Bérulle, qui l'orientera vers le Carmel. C'est d'ailleurs cette dernière qui, en 1650, négociera avec le supérieur, Jacques Gallemant et avec la mère de Jeanne, l'entrée de celle-ci, à peine âgée de quatorze ans. Jeanne recevra le voile noir en juillet 1613, après avoir prononcé ses vœux le 25 avril, au terme d'un long noviciat justifié par sa précocité. En octobre 1631, elle participe à la fondation de Gisors, dont elle sera prieure trois ans durant ; puis, en 1634, elle est envoyée à Saint-Denis, redresser une communauté quelque peu en désordre. La menace de l'avance espagnole pesant sur la ville, la communauté se repliera sur Paris : ce sera l'occasion pour Jeanne de Jésus d'avoir nombre d'entretiens avec Madeleine de Saint-Joseph*, une des hautes figures du Carmel français. En 1637, de retour à Pontoise, elle y sera trente ans durant, alternativement prieure et maîtresse des novices. Elle meurt à près de quatre-vingts ans.

De sa main, nous n'avons ni conférences à ses novices ni méditations ou notes personnelles, mais une correspondance fournie avec son frère chancelier, qui nous autorise à deviner ses convictions spirituelles profondes, voire même son intimité mystique. Ce corpus de quatre-vingt-treize lettres atteste en Jeanne de Jésus une lectrice familière des Écritures (et plus particulièrement, dans le Nouveau Testament, de saint Matthieu et de saint Paul). De Thérèse d'Avila*, elle a une connaissance précise du *Livre des fondations* et de la *Vie par elle-même*. Son discernement devait être apprécié, puisqu'on lui soumettra, semble-t-il, des écrits de Jeanne Chézard de Matel*, sa contemporaine, fondatrice de la Congrégation du Verbe Incarné. Son univers spirituel s'articule sur une double exigence, classique dans l'expérience monastique : le mépris des vanités du monde et la recherche du bien. Des réalités et institutions mondaines, elle se plaît à rappeler la précarité et l'instabilité, à l'image du temps inconsistant où elles viennent s'inscrire. La sagesse sera alors celle d'un détachement qui évitera le naufrage intérieur. Ainsi parlera-t-elle à son frère dans les temps difficiles où celui-ci est la cible des intrigues de la Cour, qui travaillent à lui retirer la garde des sceaux au profit d'un rival, Chateauneuf, soutenu par la duchesse de Chevreuse. Il n'y a là nul penchant pour l'héroïcité ni sympathie stoïcienne, mais recommandation de s'abandonner à Dieu, au mépris des soucis qui entament la liberté de l'âme.

Le mépris du monde tournerait à une misanthropique neurasthénie, s'il ne s'ajustait à une recherche du bien, nullement théorique ou évanescente : pour autant que les ressources du carmel le lui permettent, mère Jeanne fera tout pour soulager les pauvres qui sont nombreux dans cette ville où l'activité économique est languissante, au point que son frère évêque lui décernera le titre de « secrétaire d'État des pauvres ». Elle use aussi de son influence pour appuyer les requêtes d'allégements fiscaux, mais aussi tance l'égoïsme de ceux qui profitent de l'inégalité devant l'impôt. Elle n'en reste pas moins convaincue que l'équilibre ordonné de la société requiert la complémentarité des riches et des pauvres : ceux-ci, bénéficiaires de la générosité des aumônes que leur prodiguent ceux-là, n'en doivent pas moins vivre les vertus de patience et de résignation ; à chacun donc, ses modalités de salut. Cette vision sociale est celle du milieu (ou du parti) dévot du premier XVIIe siècle, qui rêvera d'une réforme sociale, articulée sur les principes évangéliques. Entre les dévots qui se référaient à l'inspiration de Michel de Marillac (célébré comme un « martyr ») et les « politiques » qui s'accordaient aux vues de Richelieu, puis de Mazarin, sans doute le frère chancelier optait-il pour les seconds, tandis que la sœur carmélite donnait sa préférence aux premiers.

Autre préoccupation aussi politique que spirituelle : la défense de l'Église. Jeanne de Jésus ne cesse dès lors d'agir sur trois fronts : les huguenots, l'Angleterre et les jansénistes. C'est par tous les moyens disponibles qu'il s'agit de faire revenir la dissidence protestante dans le giron de l'Église romaine, au prix d'une interprétation rigoureuse, mais sans animosité, de l'Édit de Nantes. Même espoir à propos de l'Angleterre schismatique, et Jeanne compte pour cela sur les talents de négociateur d'un converti de l'anglicanisme, Walter Montagu, ami d'Anne d'Autriche comme d'Henriette d'Angleterre : un sujet d'élite, pense-t-elle, non sans raison, et qui sera ordonné prêtre en 1660. Le jansénisme enfin, qui, en ces années, en était à sa vision première, plus théologique qu'ecclésiologique et politique, comme il y inclinera dans une seconde phase. À son hostilité à Saint-Cyran, elle ajoute ses tentatives infructueuses de faire interdire et censurer la traduction de Thérèse d'Avila proposée par Robert Arnauld d'Andilly, un ouvrage que bien des carmels adopteront cependant.

Enfin, Jeanne de Jésus s'engagera dans une controverse des plus vives (et pénibles) au sujet de l'organisation et de la gouvernance du Carmel de France, querelle dans laquelle le pouvoir pontifical interviendra à quatre reprises entre 1659 et 1667, afin de pacifier les esprits et de parvenir à un accommodement raisonnable. La prieure de Pontoise s'élève avec la dernière énergie contre les prétentions que fait valoir le Grand Carmel de Paris, qui viseraient à fondre l'ensemble des maisons en un tout organique où il s'assurerait une sorte de primauté, au détriment de l'autonomie de chacun des couvents, conformément à l'esprit de la fondatrice. Avec les Carmélites de Pontoise,

Jeanne de Jésus représente la tradition primitive telle qu'elle aura été importée par les premières sœurs espagnoles arrivées en 1604 (et cela, jusque dans la façon de chanter l'office choral) et qui résiste à la tentative d'harmoniser et de moderniser « à la française ». Sur ce chapitre, là encore, la solitude de Jeanne de Jésus sera d'autant plus douloureuse que son frère, en bon politique, ne lui donnera guère son appui et qu'elle ne recueillera pas l'unanimité des couvents de France, dont, fait-elle remarquer, la plupart des prieures étaient issues du Grand Couvent parisien et y faisaient allégeance. Mais était-ce vraiment la seule raison ?

François Marxer

• *Voir aussi* : Acarie ; Madeleine de Saint-Joseph

Bibl. : **Œuvre** : *Lettres à son frère, chancelier de France (1643-1668)*, présentées et annotées par B. Hours, Lyon, Centre André Latreille, 1992.

JEANNE DE LA NATIVITÉ, *ursuline* (Jeanne Le Corvaisier de Pelaine ; Vannes, XVIIe s.-?, XVIIe s.). — Jeanne fut supérieure des Ursulines – institut chargé de l'éducation des filles, fondé en 1535 par Angèle Merici*, du tiers ordre de saint François – installées à Vannes, entre 1666 et 1672, année à partir de laquelle elle dirigea les retraites fondées au couvent à la même époque. Elle donna le récit hagiographique de la vie d'Armelle Nicolas*, proche des Jésuites de l'école Lallemant, Rigoleuc, Huby et Guilloré. Armelle avait passé plusieurs années auprès des Ursulines, ce qui permit à Jeanne de la bien connaître et de rédiger son *Triomphe* (1676), un joyau de la littérature mystique. Soulignons sa réédition par le fameux pasteur Pierre Poiret (éditeur d'Antoinette Bourignon* et de Mme Guyon*), sous le titre très révélateur de son orientation spirituelle jamais démentie : *L'École du pur amour de Dieu ouverte aux savants et aux ignorants dans la vie merveilleuse d'une pauvre fille idiote, paysanne de naissance et servante de condition, Armelle Nicolas vulgairement dite la Bonne Armelle... Par une fille religieuse de sa connaissance...* (Cologne [*sic*, Pays-Bas], Jean de la Pierre, 1704). L'idée d'école fait d'abord allusion aux propos que Jeanne fait dire à Armelle touchant l'école immédiate de l'Esprit, à laquelle elle aurait plus appris, depuis l'enfance, que par la formation traditionnelle, qui lui faisait défaut. Esprit d'assurance ou de parrhésie attribué par les Actes aux apôtres « idiots et illettrés » (IV, 13), comme à François d'Assise.

Bernard Forthomme

• *Voir aussi* : Nicolas

Bibl. : **Œuvre** : *Le Triomphe de l'amour divin dans la vie d'une grande servante de Dieu, nommée Armelle Nicolas...*, Paris, Michallet, 1683 (1re éd. Vannes, Jean Galles, 1676).

JEANNE DE LESTONNAC, *sainte, fondatrice de la Compagnie de Marie Notre-Dame* (Bordeaux, 1556-2 février 1610). — L'abbé Bremond s'est contenté de nous signaler les mérites de cette nièce de Michel de Montaigne, qu'il associe au jésuite Jean de Bordes, dans cette constellation mystique préparant l'éclosion du Grand Siècle, qui en sera l'héritier. Jeanne de Lestonnac est née dans une famille de parlementaires, liée aux notables de la ville. Son père, Richard de Lestonnac, est conseiller au parlement ; catholique convaincu, il lutte contre l'établissement des réformés dans la ville ; néanmoins, son épouse, Jeanne Eyquem de Montaigne, est calviniste, tout aussi déterminée que son mari. Elle voudra inculquer ses convictions à sa fille, la confiant pour cela à une tante, chargée de la catéchiser : Jeanne a alors douze ans et manifeste un net et obstiné refus à céder sur sa préférence pour le catholicisme, en cela encouragée par ses conversations avec ses frères, qui sont éduqués au collège des Jésuites de Bordeaux (l'un d'eux, Roger, entrera même dans la Compagnie et sera recteur du collège de Poitiers) ; finalement son père la rappellera, et l'incident sera clos. Il semble qu'avant même son mariage, auquel elle ne peut que consentir, elle entretienne une vie intérieure intense, mais il était hors de question dans cette famille bordelaise qu'elle devînt religieuse. Elle épouse donc à dix-sept ans Gaston de Montferrand, au catholicisme militant lui aussi, auquel elle donnera sept enfants : trois mourront en bas âge, et c'est seule qu'elle assumera l'éducation des quatre qui lui resteront, quand Montferrand meurt en 1597. Mais son veuvage autorise une intensification de sa vie spirituelle, et elle envisage la possibilité d'une consécration religieuse, alors que son aîné fils, marié, est en mesure de gouverner la maison familiale. Seule hypothèse qui s'offre à elle : les Feuillantines de Toulouse, ordre rigoureux et austère, où va l'introduire le provincial des Feuillants, dom Jean de Saint-Étienne. Cependant, au bout de six mois, en raison de son âge et de sa santé fragile, elle doit renoncer à poursuivre. C'est alors que ressurgit en elle l'appel à une vie d'apostolat, et particulièrement à la création d'un ordre féminin voué à l'éducation des filles, sous la protection de Notre-Dame. Idée qui, à l'époque, fait figure de nouveauté (les Ursulines, en effet, ne sont pas encore établies dans le sud-ouest de la France). Un projet original dans lequel vont s'investir les familles de Bordeaux : on comptera 116 professions sur les 35 premières années de la Compagnie de Marie Notre-Dame, et il n'est pas rare que, dans une même famille, plusieurs femmes y fassent profession, à commencer par la famille de Jeanne elle-même, où, à la suite de ses deux filles, Marthe et Madeleine, qui transiteront des Annonciades aux Filles de Marie Notre-Dame, ce sont cinq générations qui s'y succéderont en un siècle. Encore fallait-il assurer la réalisation de ce projet : Jeanne de Lestonnac y sera aidée par deux jésuites, François Raymond et, surtout, Jean de Bordes, connu pour son rayonnement apostolique, l'un et l'autre ayant le souci des besoins des familles bordelaises. Jeanne a la sagesse de prendre son temps, elle réunit neuf jeunes filles et, le 7 mars 1606, elle remet à l'archevêque de Bordeaux, le cardinal de Sourdis, l'*Abrégé* ou *Forme de l'institut adapté du Sommaire des Constitutions et Règles communes de la Compagnie de Jésus*, lequel sera ratifié et accepté dès le 25 mars.

Les débuts seront néanmoins difficiles : le cardinal de Sourdis est en effet un homme d'autorité, pleinement acquis à la réforme initiée par le concile de Trente et modalisée par Charles Borromée ; il est donc de son inaliénable responsabilité de diriger les communautés religieuses féminines et de les inscrire dans la dynamique pastorale de son diocèse, telle qu'il la définit ; d'où son refus qu'il y ait à la tête de cette nouvelle congrégation, une supérieure générale qui ferait pièce à l'autorité des évêques ; d'où aussi, la suppression du quatrième vœu de se consacrer à l'enseignement (qui limiterait les domaines où il pourrait être fait appel à ces communautés). De plus la situation matérielle est précaire, cependant la générosité du premier président du parlement, André de Nesmond, résoudra ces difficultés. Le 7 avril 1607, le pape Paul V approuve les statuts de l'institut de l'ordre de la Compagnie de Marie Notre-Dame, imposant seulement que celui-ci soit rattaché à un ordre traditionnel déjà reconnu : le cardinal de Sourdis choisira l'ordre de saint Benoît, le 29 janvier 1608. Ce qui ne sera pas sans poser quelques menus problèmes : en effet, il fallait ajuster l'obligation de la clôture avec les nécessités de la tâche éducative et, de même, pour ce qu'il en était de la prière de l'office au chœur. Le projet éducatif conçu par Jeanne de Lestonnac, inspiré tant de la pédagogie préconisée par l'oncle, Michel de Montaigne, que par celle de la *Ratio studiorum* des établissement jésuites, était profondément novateur : la *Formule des classes, ou écoles, et constitution des filles* organisait la formation et l'éducation donnée gratuitement, les internes formant des classes et vivant dans un pensionnat indépendant de l'école comme du couvent : toute la réussite de l'entreprise reposait sur la distinction et les relations harmonieuses entre ces trois lieux de vie. Quant à la communauté des religieuses, on y insistait, non sur les rigueurs de la mortification, mais sur l'intériorisation de la prière et l'acquisition des vertus, vérifiées dans les bonnes relations qu'elles entretenaient entre elles et avec l'extérieur.

La congrégation connaîtra une crise assez grave en 1622 : Jeanne de Lestonnac a atteint le soixantaine, et une intrigante, Blanche Hervé, suscite une cabale pour la discréditer et s'arroger le pouvoir aux élections suivantes. L'épisode tournera court, l'ambitieuse se laissant aller à un autoritarisme rapidement insupportable. Jeanne de Lestonnac sera réhabilitée : qui aurait pu douter de la profondeur de sa vie mystique, même si elle était fort discrète à ce sujet ? On en avait le pressentiment dans l'étonnant charisme qui était sien, à discerner les âmes et à les encourager, elle-même étant comme le modèle qu'il s'agissait pour toutes de suivre et d'imiter. Ainsi aura-t-elle réuni un personnel de haut niveau capable d'assurer la pérennité de cette entreprise apostolique, dont l'expansion fut rapide, avant même sa mort : sa réputation de sainteté était évidente aux yeux de tous (elle sera canonisée en 1900), mais dans l'entourage proche de cette grande dame, il fallait aussi compter nombre des personnalités aussi éminentes qu'attachantes, comme Sereine Coqueau ou Anne de Richelet.

François Marxer

Bibl. : ***Vie et œuvres*** **:** *La Belle Histoire de Jeanne*, Toulouse, Apostolat de la prière, 1949 ; *Maximes et paroles de la vénérable Jeanne de Lestonnac*, Poitiers, Baudoux, s. d. ***Études*** **:** B. PEYROUS, *La Réforme catholique à Bordeaux (1600-1719)*, Bordeaux, Fédération historique du Sud-Ouest, 1995, 2 t., p. 422-437 ; J. MERCIER, *La Vénérable*

Jeanne de Lestonnac, Paris, H. Oudin, 1891 ; F. SOURY-LAVERGNE, *Chemin d'éducation. Sur les traces de Jeanne de Lestonnac*, Chambray-lès-Tours, CDL, 1985.

JEANNE DES ANGES, *ursuline, possédée de Loudun* (Jeanne de Belcier ; Cozes, 2 février 1605-Loudun, 1665). — Abondante est la littérature entourant la complexe figure de Jeanne des Anges, qui fut la protagoniste centrale de l'affaire de Loudun. Affaire scandaleuse – entre celle d'Aix-en-Provence (1611) et celle de Louviers (1643) – et retentissante, puisque s'en mêla le pouvoir politique, et qui donna lieu à un procès spectaculaire, où se trouvent impliqués un prêtre-sorcier (réputé tel), Urbain Grandier, et un couvent de femmes livrées aux démons, dont Jeanne est justement la prieure. Après Jules Michelet et ses réflexions pertinentes dans *La Sorcière* (1862), Bremond lui consacre un long chapitre au tome V de son *Histoire littéraire du sentiment religieux en France...*, Alexandre Dumas la porte au théâtre (*Urbain Grandier*, 1850), Ken Russel au cinéma (*The Devils*, 1971) et Krystof Penderecki sur la scène lyrique (*Les Diables de Loudun*, créé à l'opéra de Hambourg, le 20 juin 1969), sans oublier les pages du *Cinq-Mars* (1829) de Vigny (où s'esquisse le parallèle entre Cinq-Mars, le conjuré, et Grandier, le révolté, tous deux victimes de Lombardemont) et celles d'Aldous Huxley (*Les Diables de Loudun*, 1952).

Jeanne des Anges naquit dans une famille illustre de Saintonge, et de belle fortune ; son oncle, Octave de Bellegarde, sera archevêque de Sens. Un accident banal – une mauvaise chute qui entraîne une difformité de sa stature – va déterminer ses parents, sa mère surtout, à mettre au service de Dieu, autrement dit à confier à la vie conventuelle, cette enfant pourtant promise à l'avenir le plus favorable : ainsi serait-elle heureusement à l'écart du monde et épargnerait-elle à ses parents la honte d'une héritière difficile à marier. On l'envoie donc à quatre ou cinq ans en l'abbaye bénédictine de Saintes, où elle témoignera d'un « esprit curieux », avide de « concevoir les choses les plus impénétrables ». Elle se signale, plus encore que par son caractère enjoué et affable, par des « pâmoisons » et des « visions », une activité qui ne fera que se développer à l'âge adulte, en particulier en un singulier commerce avec les âmes du purgatoire, qui lui confessent leur passé peccamineux et la sentence qui l'aura sanctionné. La tante qui l'avait prise en charge vient à mourir, et une autre parente, bénédictine elle aussi, qui la relaie, impose à la jeune enfant une rigueur sévère qui la dégoûte de la vie conventuelle. Elle rentre donc au logis paternel, à Cozes, pour la plus grande joie de son père, et au plus vif déplaisir de sa mère, qui tente de la maintenir en retrait de toute vie sociale. Peine perdue : un prétendant se présente, que la mère toutefois réussira à (faire) éconduire. De dépit, celui-ci entrera chez les Jésuites, ce qui impressionnera Jeanne et la décidera à devenir religieuse, mais dans un ordre où est en vigueur la Règle de saint Augustin (dont elle lisait les *Confessions* à son père). En 1622, elle entre donc au noviciat des Ursulines de Poitiers, où elle manifeste très vite un penchant pour une déconcertante théâtralité.

Elle fait profession le 8 septembre 1623 et, dans les trois années qui suivent, intelligente et habile, elle se rend indispensable et se dépense en occupations variées qui la dispersent et la distraient, au détriment de toute vie intérieure : avant tout, la pulsion de paraître.

Le 31 août 1625, l'évêque de Poitiers, Mgr de La Rocheposay, autorise la création d'un nouveau couvent d'Ursulines à Loudun, ville divisée entre catholiques et protestants, lequel n'ouvre que le 22 juillet 1627. Jeanne manœuvre avec assez d'adresse et d'opiniâtreté, en fine psychologue, sondant les « humeurs » des uns et des autres, pour faire partie des fondatrices de la nouvelle communauté. Ce sera sa technique constante, afin de plaire et de parvenir à ses fins, sans pour autant cesser de vouloir « changer » : conversion ou tromperie ou... illusion ? Il est bien difficile de répondre, car, plusieurs fois, Jeanne changera de masque ou de personnage, en particulier au cours de ces exorcismes, dont elle va être la vedette et où elle ne cache pas le plaisir qu'elle éprouve à cette exhibition théâtrale. Consentement, complaisance ? Si oui, en partie seulement, car l'entourage des spectateurs l'y pousse, qui se délecte autant qu'il s'effraie des outrances des prétendues possédées : et le diable déculpabiliserait ces dernières de toute complicité libidinale !

Devenue prieure, Jeanne est saisie par la possession diabolique et y entraîne quasiment toute sa communauté, qui comptait dans ses rangs les nièces du cardinal de Richelieu et celles de l'archevêque de Bordeaux, le cardinal François de Sourdis. Elle accuse alors (selon un scénario mis en place dans l'affaire précédente, à Aix-en-Provence), un prêtre qui n'est pas confesseur du couvent, le curé de Saint-Pierre-du-Marché, Urbain Grandier, lettré de bon renom et connu des notables locaux, en relation avec Théophraste Renaudot. Mais ses succès conduisent cet adversaire inavoué du célibat ecclésiastique à quelques imprudentes aventures féminines, de quoi ourdir rumeurs et intrigues dont il parvient, non sans peine, à triompher en justice. Sans doute échaudé, il refuse la direction spirituelle du couvent que lui offrait la prieure, laquelle s'adresse à Mignot, un autre chanoine, ennemi juré de Grandier. Dès lors, les soupçons pleuvent et se précisent : Grandier, dans un premier temps, fait appel à l'archevêque de Bordeaux, qui apaise le tumulte, mais il n'échappera pas au pouvoir des politiques, lui-même ayant affiché avec le gouverneur, Jean d'Armagnac, son hostilité à la politique de Richelieu. Sous la férule de Lombardemont, l'homme lige de Richelieu, une juridiction exceptionnelle est mise en place, qui s'emballe entre mai et août 1634, les Ursulines, Jeanne des Anges en tête, offrant à la ville médusée le spectacle grandiose de leurs transgressions verbales, blasphématoires, sacrilèges ou érotiques. Grandier est condamné et exécuté le 18 août. Mais l'affaire ne s'arrête pas en si bon chemin : les exorcismes reprennent de plus belle, menés par des capucins infatigables. Les Ursulines jettent alors leur dévolu sur les proches et les partisans de Grandier ; et c'est avec la même énergie qu'elle avait accusé Grandier de propos et de gestes déshonnêtes que Jeanne mettra en scène ses scrupules et ses remords, allant jusqu'à mimer (?) le suicide.

Jeanne ne cachant pas la volupté exhibitionniste que lui procuraient ces séances publiques, la hiérarchie s'inquiète et, en décembre 1637, c'est un jésuite, Jean-Joseph Surin, qui est envoyé sur place et qui va changer de stratégie en adoptant une autre méthode : avec un réel génie, il entreprend la formation spirituelle des religieuses, les initiant à la prière personnelle, et visant par cette intériorisation à ce que Jeanne des Anges prenne conscience de la responsabilité de ses conduites et agissements. Ce n'est donc pas à une possédée qu'il s'adresse, mais c'est une fille de Dieu qu'il dirige. Cette thérapie spirituelle (ou psycho-spirituelle) de longue haleine, où il use de la seule persuasion, durera un an et demi, à raison de six heures par jour, avant qu'un notable changement puisse être remarqué dans les dispositions de la prieure. Petit à petit, une sorte de connivence s'établit entre eux, Surin, s'émerveillant de voir que les points de doctrine spirituelle sur lesquels il avait quelque doute, étaient « immédiatement de Dieu insinu[és] au cœur de cette fille », qui ainsi les lui confirmait. Théâtre une fois encore, où chacun trompe l'autre avec la meilleure foi du monde. De son côté, elle éprouve un attachement de plus en plus vif pour son exorciste, qui lui apprend l'art de conduire les âmes et du parler mystique. La conversion est jugée accomplie en juin 1635 ; l'année suivante, elle prononce le vœu « du plus parfait » ou « de la plus grande gloire de Dieu » : la voilà en fait double ou sosie de Thérèse d'Avila* !

Tout cela se confirme en des faits extraordinaires : entre 1635 et 1637, les noms de Jésus, Marie* et François de Sales apparaissent sur sa main gauche ; elle est guérie miraculeusement par saint Joseph, qui lui apparaît par deux fois, en février 1637 et en décembre 1639. Entre-temps, elle aura entrepris une tournée triomphale à travers la France, où elle confirme ses aptitudes prophétiques, délivrant les oracles et confidences que lui font les anges. Régulièrement réélue prieure de son couvent, avec un sens aigu du *marketing* (avant la lettre) et du spectacle, elle fait approuver par le père Jean-Baptiste Saint-Jure, alors son directeur, son projet d'autobiographie, et par deux fois, « non sans quelque répugnance », elle consent à poser devant un peintre. Sainte ou simulatrice ? Notre opinion serait rapidement établie, qui s'appuierait sur des hypothèses psychiatriques fort probables, si toutefois, tant de personnes – et non des moindres : Saint-Jure, jésuite, solide et perspicace connaisseur des choses de la vie intérieure, Marie de l'Incarnation* (Marie Guyart), qui la consulte en 1638 sans émettre quelque doute à son sujet... – ne militaient en sa faveur ainsi que son indiscutable fidélité religieuse, reconnue et louée par tant de témoins. Plutôt que d'en appeler à des grâces extraordinaires (par définition invérifiables), mieux vaut, comme le fait Michel de Certeau, sonder ses écrits : sa correspondance avec Surin (1635-1639 et 1657-1665) et avec Saint-Jure (1643-1657), où, sous l'écriture d'une si éblouissante cohérence qu'elle ne peut que susciter l'admiration, perce le drame de l'obscurité et de la nuit, qu'entretiennent des doutes invincibles quand elle revient sur son passé. Cette obscurité persistante est compensée et trouée par les fréquentes incursions de l'Ange gardien, beau à ravir, chantant ou dictant ses oracles, dont le père Saint-Jure, tout respectueux qu'il soit, est néanmoins fort friand, mais vis-à-vis desquels Surin sera plus prudent et circonspect : élévation doctrinale pour l'un, sagesse expérimentale pour l'autre, inévitablement complice – affection et souci pastoral obligent – mais pas dupe pour autant, puisqu'il intimait fermement à la prieure « de mettre le fondement de la vraie vie spirituelle dans la sincérité du cœur ».

François Marxer

• *Voir aussi* : Marie de l'Incarnation (Marie Guyart)

Bibl. : ***Vie*** **:** *Autobiographie*, préface de J.-M. Charcot, suivi de *Jeanne des Anges*, par M. de Certeau, Grenoble, Jérôme Millon, 1990. ***Vie et études*** **:** J.-J. SURIN, *Correspondance*, M. de Certeau (éd.), Paris, Desclée de Brouwer, 1966 ; R. MANDROU, *Magistrats et sorciers en France au XVIIe siècle*, Paris, Seuil, 1980 ; P. GOUJON, *Prendre part à l'intransmissible. La communication spirituelle à travers la correspondance de Jean-Joseph Surin*, Grenoble, Jérôme Millon, 2008.

JEANNE JUGAN, *sainte, fondatrice des Petites Sœurs des Pauvres* (Cancale, 25 octobre 1792-La Tour Saint-Joseph, 29 août 1879). — Jeanne, fille d'un marin de Cancale qui périt en mer alors qu'elle avait trois ans, renonce au mariage et devient domestique à Saint-Servan, d'abord dans un hôpital, puis dans la maison bourgeoise d'une demoiselle célibataire, avec laquelle elle visite les pauvres et enseigne le catéchisme. Ainsi sa vie spirituelle n'est-elle pas laissée en friche : en 1822, en effet, elle entre dans la Société du Cœur de la Mère Admirable, sorte d'institut séculier avant la lettre, fondée par saint Jean Eudes, dont elle est ainsi indirectement la fille spirituelle. Sur cette vie spirituelle, elle est d'ailleurs fort discrète ; quasiment autodidacte – elle n'a point de directeur spirituel –, c'est grâce à la rencontre des Frères de Saint-Jean-de-Dieu qu'elle pourra donner forme au projet de vie religieuse qui s'impose à elle sous la poussée des événements. Jeanne Jugan pratique en effet une mystique de l'événement, qui n'est pas sans évoquer la doctrine développée dans *L'Abandon à la providence divine**, attribué à Jean-Pierre de Caussade.

Sa maîtresse vient à mourir, lui laissant un modeste héritage, grâce auquel elle s'établit en 1837 avec une amie, Françoise Aubert, dans une modeste demeure, où vient les rejoindre l'année suivante une orpheline de dix-huit ans, Virginie Trédaniel. La communauté vit chichement de l'artisanat de filature et des ménages dans les maisons bourgeoises ; cela n'empêche pas, « au commencement de l'hiver 1839 », Jeanne Jugan de recueillir une femme âgée, aveugle et impotente, la veuve Hanaux, de la coucher dans son propre lit, pour elle-même dormir sur une paillasse : c'est ce geste qui marque la naissance véritable des Petites Sœurs des Pauvres. Or Jeanne a quarante-sept ans et une santé déficiente, elle n'a pas la notoriété sociale qui ferait d'elle une fondatrice, et – paradoxe – son geste n'a rien de spécifiquement religieux. Puis ce sera le tour d'Isabelle Coeusu d'être recueillie avec l'assentiment des deux autres compagnes, et de Madeleine Bourges, mourante, mais qui se rétablira et proposera ses services à la communauté naissante. Une amie de Virginie, Marie Jamet, vient aider l'œuvre, qui voit affluer les pauvres de la localité ; et le curé de la paroisse délègue un de ses vicaires, jeune et dynamique, l'abbé Le Pailleur, auprès de ces « bonnes filles », pour les soutenir utilement. Plus utile encore sans doute sera l'aide de Félix Massot, provincial des Frères de Saint-Jean-de-Dieu, qui permettra à l'initiative de Jeanne Jugan de s'inscrire dans la grande tradition caritative et hospitalière.

Les demandeurs affluant, il va falloir trouver des locaux plus vastes. Désormais, son panier au bras pour quêter au jour le jour de quoi nourrir ses pensionnaires, Jeanne va devenir la figure mythique de ces sœurs « cherche-pain », au service des déshérités. Ce qui est tout à fait original : elle quête, non pas pour assurer une fondation d'ordre ou d'institution, acheter ou restaurer des bâtiments, bref réaliser un projet à long terme, comme beaucoup en ce XIXe siècle, mais pour prendre la place du vieillard nécessiteux afin de quémander à sa place la provende du jour même. Une sorte de mendicité vicaire, pourrait-on dire, par laquelle, treize ans durant, la servante des familles aisées de Saint-Servan se fait la servante de plus pauvre qu'elle : une façon de vivre la mystique de la kénose (dépouillement du Christ dans son humanité) christique. Il y avait là une figure atypique et marginale qui ne pouvait qu'attirer la sympathie de l'opinion publique et lui assurer le succès, tant elle tranche sur les pratiques caritatives alors en usage : le montre bien le prix Montyon que lui décernera l'Académie française en 1845, prix doté de 3 000 francs, une fortune à l'époque. Mais son absence de surface sociale ne la prédisposait pas à assurer la fondation et la continuité de l'œuvre ainsi initiée. Et en effet, si, le 29 mai 1842, la communauté élit Jeanne comme supérieure et se dote d'une Règle sous le nom de Servantes des Pauvres, les unes et les autres prononçant des vœux privés, si, de nouveau, Jeanne est élue le 8 décembre de l'année suivante, l'abbé Le Pailleur casse l'élection le 23 décembre et place Marie Jamet, sa dirigée, à la tête de la congrégation. Celles qui, en février 1844, avaient choisi de s'appeler Sœurs des Pauvres, deviennent définitivement en 1849 les Petites Sœurs des Pauvres, qui ajouteront à leurs vœux celui d'hospitalité (comme chez les Frères de Saint-Jean-de-Dieu). Le 12 décembre 1847 se tient le chapitre général qui réélit Marie Jamet : Jeanne Jugan est désormais éliminée de la direction de la congrégation, éviction qui prélude à sa mise à la retraite définitive. Le 8 décembre 1854, elle prononce ses vœux définitifs, et passera les dernières vingt-sept années de sa vie reléguée au noviciat, dans une inactivité et une inutilité complètes : elle meurt totalement « oubliée des hommes », comme le dit sa notice nécrologique.

On ne peut qu'admirer – ou s'interroger à propos de l'étonnant consentement de Jeanne Jugan au sort que lui imposeront ses compagnes : une docilité exemplaire de la vertu d'humilité que, domestique, familière du monde des pauvres, elle ne connaissait que trop bien et qu'elle préconisait, lorsqu'elle répétait aux novices : « Soyez bien humbles, bien petites ! » Sans doute n'avait-elle pas le profil social nécessaire à diriger et à développer une telle entreprise, et l'on pardonnerait presque à l'abbé Le Pailleur d'avoir usurpé le pouvoir, s'auto-proclamant supérieur général, et d'avoir installé, par un coup de force, une de ses protégées à la tête de la congrégation : il est vrai que, sous leur impulsion commune, celle-ci va connaître un essor rapide et se voir promptement approuvée, par l'évêque de Rennes d'abord, en mai 1852, puis par Rome, le 9 juillet 1854. Les historiens sont unanimes, depuis que François Leroy a, en 1902, rétabli la vérité des origines, sur le rôle sans doute positif de ce clerc entreprenant, mais aussi sur son imposture : cédant aux mirages d'un culte de la personnalité, n'a-t-il pas falsifié, non seulement le récit des origines, mais aussi les documents qui les attestaient ? On connaît le cliché facile d'une opposition entre le charisme et l'institution : Jeanne Jugan paraît l'illustrer parfaitement, à ceci près que c'est un bien singulier charisme qu'elle met en œuvre : comme les congrégations hospitalières traditionnelles, elle prend soin des vieillards par le moyen de l'hospitalisation, mais chaque maison dispose de ses biens et garde la liberté de son organisation. De plus, le rapide développement de la congrégation, en particulier dans les grandes métropoles, assure une démocratisation du recrutement des religieuses, conformément au propre exemple de la fondatrice. L'objectif pastoral et religieux n'est sans doute pas absent, mais, avant tout, c'est gratuitement et exclusivement que les Petites Sœurs des Pauvres prennent soin des personnes âgées. En un temps où les moines inactifs disparaissent de l'imaginaire ecclésial, ce sont les religieuses de charité, dévouées et efficientes, que va célébrer l'opinion publique en rendant hommage à la sœur Rosalie* comme à Jeanne Jugan : Proust, dans sa *Recherche*, ne s'y était pas trompé !

François Marxer

• *Voir aussi : Abandon à la divine providence* (*L'*) ; Rosalie

Bibl. : *Vie et études* : F. TROCHU, *Jeanne Jugan, fondatrice des Petites Sœurs des Pauvres*, Versailles, Via Romana, 2009 ; P. MILCENT, *Jeanne Jugan, humble pour aimer*, Paris, Centurion, 1996 ; ID., *Jeanne Jugan, le désert et la rose*, Paris, Desclée de Brouwer, 2000 ; C. LANGLOIS, « Je suis Jeanne Jugan », *Archives des sciences sociales des religions*, juillet-septembre 1981, p. 21-35.

JEANNE-MARIE DE LA CROIX, *sainte, clarisse, stigmatisée* (Bernardina Floriani ; Rovereto, 8 septembre 1603-26 mars 1673). — Née en Italie, dans une famille de peintres de renom, Bernardina se « convertit » pour se mettre sous la direction des Capucins, en particulier du mystique réputé Thomas de Bergame. C'est dans le cadre familial qu'elle fait les premiers pas d'un approfondissement spirituel qui culmine dans l'union mystique en 1628. À la mort de son père, elle est en mesure de fonder en 1642 l'oratoire San Carlo, qu'elle voue à l'éducation des jeunes filles et que, avec l'approbation papale, elle transformera en couvent de Clarisses, quatre ans plus tard. Il lui faut attendre 1651 pour y faire profession : en effet, les manifestations spectaculaires, extases et lévitations font peser le soupçon d'hystérie ou de possession diabolique, tandis que ses écrits, suspectés à leur tour, feront l'objet d'un examen de l'évêque de Trente. C'est donc à ce moment, ces épisodes critiques étant surmontés, qu'elle aura ses impressionnantes visions, en particulier de l'inhabitation trinitaire dans l'âme. Élue supérieure de son couvent en 1655 – elle le restera jusqu'à sa mort –, elle conjuguera à la direction spirituelle un rôle de conseillère auprès des cours princières de Bavière et d'Autriche, s'investissant en particulier dans la lutte contre le protestantisme. On voit que Jeanne-Marie de la Croix s'inscrit parfaitement dans la militance de la Contre-Réforme catholique.

Les seize volumes de ses écrits (où l'on retiendra une autobiographie, rédigée entre 1636 et 1658, sur l'ordre de ses confesseurs, et un commentaire du *Cantique des cantiques*) témoignent d'une récurrence tardive de la spiritualité franciscaine de la fin du Moyen Âge, magnifiée dans le cadre d'une sensibilité baroque : ainsi, par exemple, le récit de son mariage mystique, où le Christ tire de son cœur un anneau d'or orné de cinq diamants (les cinq plaies) pour le passer au doigt de sa fiancée, où il restera, pour ceux du dehors, invisible autant que tactilement sensible dans une déformation physiologique. Mais l'influence de Thérèse d'Avila* corrige cette exubérance, inclinant l'extériorité première (que manifeste cette « prière de la joie », dans laquelle elle plonge « comme une personne ivre ») à une intériorisation, sensible dans ses visions trinitaires « au plus profond et plus secret de l'âme ». On laissera de côté le chapelet de tous les faits merveilleux que se plaît à collationner le bien peu critique (et trop crédule ?) docteur Imbert-Gourbeyre – encore qu'il convienne de noter une exhalaison de parfums suavement insistants, alors qu'elle-même est allergique à toute fragrance –, pour s'intéresser au récit de sa stigmatisation : on y repère un déplacement du discours, dans la mesure où, semble-t-il, ce phénomène se redouble. Dans un premier temps, elle reçoit une impression intérieure qui se traduit par une « bataille mystérieuse » entre un excès de joie et un excès de douleur, et c'est du « centre de [sa] vie » que cette impression s'élargit et irradie vers les organes extérieurs, se traduisant par une douleur légère qui s'intensifie progressivement, en particulier sous l'effet de la communion eucharistique, éprouvée comme un transpercement, et qui suit la cadence du calendrier liturgique. Dans un deuxième temps, la stigmatisation s'opère en même temps que Jeanne-Marie reçoit la vision de la stigmatisation de saint François d'Assise, comprise comme l'impression de l'*image* christique dans la chair, « non sur la toile et le marbre » : ainsi est récompensée la persévérante fidélité du « céleste tournesol », « enfin enivré des feux » du Soleil divin. C'est saint François qui sera alors le médiateur de la grâce : il souffle sur Jeanne-Marie (écho de la scène évangélique de l'apparition pascale du Ressuscité en Jn XX) et celle-ci en est percée « *comme* de neuf traits différents accompagnés de douleurs et de voluptés diverses... » Soulignons le *comme* tout-à-fait moderne, qui introduit la distance de la métaphore et ouvre au lecteur l'ordre de la représentation de ce qui n'est pas (et ne peut pas être) visible. Les contemporains de Jeanne-Marie auront-ils effectué pareil déplacement ? Lors de l'autopsie qui suivra son décès, on retrouve dans un de ses reins (organe biblique de l'intimité profonde), des calculs, « trois pierres de couleur gris cendré » : on se plut à lire dans la plus grande la figuration d'un torse d'homme aux poignets brisés et dont la tête « *semblait* couronnée d'épines » (*sic*) ; quant à l'autre rein « extrêmement desséché », il était « *comme* brûlé par le feu » (de l'amour sans aucun doute).

François Marxer

Bibl. : *Œuvre* : « Il libro undecimo, a laude di Dio, di Giovanna Maria della Croce Floriani in Forme et Vicende », *Medioevo e Umanesimo*, nº 72, 1988, p. 399-423. ***Études* :** A. IMBERT-GOURBEYRE, *La Stigmatisation* [1894], Grenoble, Jérôme Millon, 1996, p. 331-336 ; A. CORETH, « Die Mystik der Klarisin Giovanna Maria della Croce », in *Jahrbuch für mystische Theologie*, I, 1955, p. 235-296.

JEANNE-MARIE DE MAILLÉ, *bienheureuse* (Château des Roches, Touraine, 1331-Tours, 1414). — Issue d'un milieu nobiliaire, apparentée à la famille royale de France, Jeanne-Marie de Maillé passa son enfance dans un milieu familial très imprégné de l'esprit franciscain, en Touraine, qui était alors le cœur vivant de la France, bien plus que Paris. Sa propre mère était déjà conseillée par un franciscain cultivé *litteratus et probus*, commentant quotidiennement les Écritures après les repas. Douée d'une intelligence ardente et d'une mémoire vive (« *ardentis ingenii et vivacis memoriae* », *Vita*, I, 3), elle perd bientôt ses parents et se voit confiée à son grand oncle maternel, Barthélémy de Montbazon. Vers 1348, il la marie avec un certain Robert de Sillé. Son confesseur et hagiographe, le frère mineur Martin de Boisgaultier – gardien du couvent des Cordeliers de Tours –, mais aussi les témoins du procès nous assurent que ce mariage se fit contre sa volonté et qu'elle obtint, comme Delphine de Sabran*, de pouvoir vivre sans consommer l'union. Une vision de la Vierge Marie* aurait facilité le consentement, car elle l'aurait assurée que son époux serait le gardien de sa virginité (« *custodem suae virginitatis* », *Vita*, I, 4). Ce genre de comportement peut nous paraître aujourd'hui particulièrement étrange, voire pervers, mais ce serait là ne pas comprendre la mutation introduite dans les rapports conjugaux. N'est-ce pas l'intériorisation monastique de l'amour – déployée ici jusqu'au cœur de l'union conjugale – qui a favorisé l'éclosion d'un amour comme pur désir en dehors de la transmission du patrimoine et du nom, du *bonum prolis*, de la perpétuation des lignages, voire pour renouveler la main-d'œuvre, en période de grande mortalité infantile ou dans les milieux plus modestes ? Les fils de la jeunesse ne sont-ils pas aussi des flèches aux mains d'un guerrier, comme dit le psaume, au regard de l'homme atteint par l'âge ?

Toujours est-il que cette extension de l'exigence monastique au cœur de la vie civile doit aussi s'éclairer par la conscience de la fin des temps et du jugement dernier. L'amour corporel se prolongeant dans les enfants constitue une figure du temps qui se perpétue malgré la mort. Or, pourquoi vouloir continuer le temps à tout prix, alors que l'on est habité par le sentiment que l'épreuve ultime est proche ? Il faut anticiper cette épreuve eschatologique et faire advenir, sans plus attendre, le temps de l'Esprit (qui se distingue du temps des pères et du temps des fils). On pourrait voir là une pointe de joachimisme, tel du moins que vulgarisé par toute une frange rigoriste des Franciscains, considérant que François d'Assise accomplissait d'ores et déjà l'*homme nouveau* et dévoilait le *secret* des temps derniers et de leurs épreuves spirituelles consistant à discerner le vrai Christ de sa similitude perverse. Une fois ce contexte spirituel rappelé, il apparaît moins étrange de considérer l'anticipation d'un régime spirituel où les sexes n'ont plus besoin de s'unir pour tenter, mais en vain, d'échapper à la mort universelle. Une autre relation entre les sexes est possible. Elle peut désormais s'établir à un autre niveau que celui qui est nécessité par l'angoisse de la mort et la détente sensible qui mime un accomplissement, une perfection illusoire sur le long terme.

Quoi qu'il en soit, la guerre de Cent Ans affecta durement le couple. Le château de Sillé fut pillé et Robert fait prisonnier ; pour payer la rançon, il dut aliéner une partie de son domaine. Après sa mort, en 1362, Jeanne-Marie, comme Élisabeth de Hongrie*, fut chassée de Sillé par sa belle-famille, tandis que sa propre famille cherchait à la remarier. C'est à ce moment-là qu'elle aurait bénéficié de la vision de saint Yves (ce qui s'éclaire par la canonisation du défenseur des pauvres en 1347) et d'une extase (*raptus*). Suite à cela, elle se retira à Tours pour échapper à la pression de sa famille et pour y mener une vie de conversion, consistant dans la pratique de l'oraison, des œuvres de miséricorde (soin des pauvres ou des malades) et la fréquentation des sanctuaires. Puis elle distribua toute sa fortune aux pauvres, après avoir donné son château aux Chartreux, ce qui lui aliéna une fois de plus les siens. Mais c'est seulement en 1386 qu'elle passe explicitement sous l'influence des Cordeliers de Tours, en s'installant dans un ermitage attenant à leur couvent. Elle eut alors des visions de la Vierge, de saint François, mais aussi de la fin du Grand Schisme (par l'élection en 1409 de l'antipape Alexandre V, ancien frère mineur). Il est probable que le retard de ce rapprochement avec les Cordeliers trahit un désaccord et le rôle joué ensuite par Jeanne-Marie dans le soutien du mouvement de réforme spirituelle à l'intérieur de l'ordre des Frères mineurs – ce que Colette de Corbie* commençait à tenter, justement, à partir de 1406. Jeanne-Marie mourut à l'âge de quatre-vingt-deux ans, revêtue de l'habit de sainte Claire (elle n'était donc pas tertiaire). Sa tombe fut violée et détruite durant les troubles de la Réforme, en 1562, et son culte reconnut seulement en 1871, juste après le désastre de Sedan face à la Prusse.

Bernard Forthomme

Bibl. : ***Vie*** **:** dossier publié par les bollandistes dans les *Acta Sanctorum*, Paris-Rome, 1865 (nouv. éd.), mars, t. III, p. 734-762 ; comprend : la *Vita* par le frère Martin de Boisgaultier, avec les dépositions de seize témoins au procès de Tours (1414-1415) en vue de la canonisation (abandonnée sans suite durant le Grand Schisme, 1378-1417). ***Étude*** **:** A. VAUCHEZ, « Influences franciscaines et réseaux aristocratiques dans le

Val de Loire. Autour de la Bienheureuse Jeanne-Marie de Maillé », in *Mouvement franciscain et société française XIIe-XXe siècles*, A. Vauchez (éd.), Paris, Beauchesne, 1984, p. 95-105.

JIZONG XINGCHE, *bouddhiste chan* (Hengzhou, Chine, 1764-?, Chine, 1804). — Jizong Xingche a pour nom de famille Liu. Elle est originaire de Hengzhou dans la province du Hunan ; ses deux parents – son père Liu Shanchang et sa mère née Gao – sont issus de familles de hauts fonctionnaires côtoyant le bouddhisme chan. Son grand-père maternel serait allé à Caoxi rendre hommage à la momie de Hanshan Deqing, un maître chan renommé des Ming (qui régnèrent de 1368 à 1644). Son grand-père paternel, magistrat à Suzhou, aurait visité un grand nombre de maîtres chan et aurait, dit-on, atteint une certaine réalisation spirituelle. Jeune, Liu se marie avec un dénommé Chen et met au monde trois fils et une fille.

Son intérêt pour le bouddhisme est profond. Elle se fait construire un ermitage et se met en quête de maîtres. Elle s'exerce d'abord au bouddhisme chan auprès de Shanci Tongji de la lignée de Linji, qui enseigne sur le mont Heng (Hunan). Le dialogue de leur première entrevue est édifiant : « – Quelle réalisation spirituelle avez-vous acquise chez vous ? [lui demande le maître]. – Je me suis engagée dans l'invocation du Buddha [*nianfo*] [lui répond Jizong]. – Est-ce que l'invocation du Buddha vous a mené quelque part ? – Je suis venue à vous précisément pour que vous me guidiez. – Examinez ce *huatou* : "quand pas un seul souffle de brise ne se lève, où allez-vous demeurer ?" »

Son maître lui conseille également d'étudier la « Progression sur le sentier du chan » (*Changuan cejin*, 1600), une sélection de récits de maîtres chan. À cette lecture, Jizong Xingche a une compréhension de l'éveil que son maître réfute, à la manière de Linji. Finalement, la lecture d'un autre texte l'amène à sa première brèche : que ce soit en activité ou assise, pendant sept jours et sept nuits, elle ne ferme pas l'œil. Elle réalise alors que le quotidien et l'ordinaire ne sont rien de plus que la nature de Buddha. À cette occasion, elle compose ces vers : « Il y a ce qui jamais ne naît ni ne périt, / Ce qui est sans forme, ni sacré, ni mondain. / Matin et soir cela va et vient en défilant / À quoi bon rester assise, sur la froide falaise, à versifier ? » Mais son maître n'est pas aussi impressionné qu'elle l'aurait attendu par ce poème, qu'il considère certes comme le seul fruit d'une grande intelligence et d'un talent littéraire, mais qui ne reflète pas le témoignage d'un éveil personnel.

Jizong Xingche acquiert néanmoins, à travers la méditation, une aisance et un sentiment de liberté qui se poursuivent à chaque instant : « Après cela, que ce soit en marche ou assise, j'examine sans relâche le *huatou*, cela pendant quarante-neuf jours et nuits lorsque, soudain, je suis plongée dans un état qui dure trois ou quatre heures et dans lequel je n'ai pas conscience d'avoir un corps ou un esprit. Par chance, soudain, un coup de tonnerre retentit et, avec la vitesse d'un oiseau relâché de sa cage, à ce moment précis, les doutes s'en vont comme une montagne d'argent ou des murs de fer qui s'écroulent. Je compose alors le poème suivant : “Au bout des 80 000 portes, il reste une seule porte, / Une passe complètement cachée à la vue. / Un coup de tonnerre et, soudain, cette grande porte s’ouvre / Toute la journée, je me promène, à l’aise dans les salles.” » Son maître accepte alors ce poème comme le gage de se première expérience véritable, tout en l’avertissant des dangers de sa trop grande intelligence. Jizong Xingche poursuit sa quête.

À l’âge de trente-trois ans, elle quitte la maison et se fait ordonner. Elle devient disciple de Zhiyuan Xinggang* (ou Qiyuan Xinggang), une femme maître chan renommée de l’époque, et vit dans un ermitage auprès d’elle. Peu de temps après, son maître meurt et les troubles qui sévissent réduisent les disciples à survivre dans les étendues sauvages. Elle commence alors un périple, protégée par les lettrés. Elle se rend au Nord, au mont des Cinq Terrasses (Wutai shan), puis à l’Est, au mont de la Terrasse céleste (Tiantai shan). Elle arrive finalement au mont Zongchi dans le Jiangsu et reçoit la transmission officielle de la lignée auprès de Wanru Tongwei, un des douze anciens élèves de Miyun Yuanwu et un frère dans le dharma de Shanci Tongji, le premier maître de Jizong Xingche, désormais répertoriée dans la lignée de succession de Wanru Tongwei.

Catherine Despeux

• *Voir aussi* : Zhiyuan Xinggang

Bibl. : *Étude* : B. GRANT, *Eminent nuns. Women Chan masters of Seventeenth Century China*, Honolulu, University of Hawaii Press, 2009, p. 107-129.

JUANA INÉS DE LA CRUZ, *hiéronymite*, *écrivain* (Juana de Asbaje y Ramírez de Santillana ; San Miguel de Nepantla, 12 novembre 1648/1651-Mexico, 17 avril 1695). — Figure majeure de la littérature et de la spiritualité mexicaine, Juana naquit dans un village de la Nouvelle-Espagne, devenue le Mexique. Née hors mariage, de parents pauvres, d’une mère créole, d’un père espagnol, qui la reconnut mais la délaissa complètement. Enfant surdouée, elle lit dès l’âge de trois ans ; à huit ans, elle écrit de la poésie, la grande passion de sa vie. Recueillie à Mexico (en 1656 ?) par une tante, elle nourrit son esprit grâce à la riche bibliothèque de son grand-père. Fréquentant les esclaves de cet aïeul, elle apprend le *náhualt*. Sa vivacité intellectuelle, la douceur et la fermeté de son caractère, sa beauté la firent demander, vers 1664-1665, par Antonio Sebastián de Toledo, marquis de Mancera, vice-roi de la Nouvelle-Espagne, comme dame de compagnie de son épouse. Enfant chérie de la Cour, elle réussit brillamment, vers l’âge de dix-sept ans, un examen de culture générale devant une assemblée de quarante savants, humanistes, théologiens, historiens, géomètres, mathématiciens, architectes et poètes de la capitale. Refusant catégoriquement le mariage, elle s’oriente vers la vie religieuse, non par vocation intime, mais parce que ce mode de vie répond à son ardent désir de vivre dans une solitude où elle peut se consacrer « au paisible silence de ses livres » et à l’étude. En 1667, elle entre au couvent des Carmélites déchaussées, dont elle ne supporte pas la rigueur ; en 1669, elle est admise au couvent des Hiéronymites, moins austère, où se déroulera le reste de sa vie. Son amour de Dieu, qui est réel, lui fait ressentir l'obligation de ne rien ignorer de la théologie, la science à laquelle elle décide de s'adonner, voulant étudier « tout ce que par les moyens naturels on peut connaître des divins mystères ».

Sous le nom de sœur Juana Inés de la Cruz, elle se voue ainsi à la vie monacale, sans délaisser les lectures qui la passionnent (tels que les classiques grecs et romains, la poésie « pétrarquisante »). Elle compose un traité de musique (*El caracol*), dont on a perdu la trace. Outre la littérature, elle se consacre à des expériences scientifiques. Ses relations se poursuivent avec la cour de la vice-royauté. Dans sa cellule à double étage, véritable « cabinet de curiosité », qui fait office de salon littéraire, elle reçoit de hauts prélats ou les hommes les plus renommés de la société coloniale – comme le pratiquent quelque vingt couvents de femmes à Mexico –, suscitant jalousie et brimades dans son monastère. Son confesseur, « examinateur de l'Inquisition », considérant qu'elle est trop « mondaine », lui refuse son soutien spirituel et lui manifeste une grande hostilité. L'archevêque de Mexico éprouve aussi beaucoup d'inimitié à son égard. Or, son besoin de liberté ne connaît pas de frontières. En novembre 1690, l'évêque de Puebla, Manuel Fernández de Santa Cruz, publie sous le titre de *Carta atenagórica* et le pseudonyme de Sor Filotea de la Cruz, la réprimande sévère d'une critique que sœur Juana a faite d'un sermon du célèbre jésuite Antonio Vieira. Il lui reproche ainsi de négliger ses dévotions et l'incite à renoncer aux écrits profanes. Sœur Juana réplique de façon véhémente par un violent pamphlet rigoureusement argumenté, *Repuesta de la poétisa a la muy illustre Sor Filotea de la Cruz* (« Réponse de la poétesse à la très illustre Sœur Philothée de la Croix », 1691), où elle revendique sa propre manière de vivre, sa vocation intellectuelle et le droit des femmes à être instruites.

Quelques années plus tard, alors que la famine sévit à Mexico, où les émeutes se multiplient, assaillant le palais royal, et que les épidémies déciment la population, sœur Juana, à l'instigation de son confesseur, vend ses livres et ses objets les plus chers, instruments musicaux et scientifiques, au profit des pauvres, ne gardant pour elle que « trois livres de dévotions et plusieurs cilices et disciplines ». Vers 1693, elle cesse d'écrire, refuse toute visite au parloir. Les pénitences qu'elle s'inflige, laissant craindre pour sa santé, ses élans mystiques vers la personne de Jésus-Christ, à l'occasion du renouvellement de ses vœux religieux en 1694, son intérêt pour le surnaturel, manifestent-ils une évolution spirituelle nouvelle ? Ce revirement s'explique-t-il par les interdictions et les mortifications qui lui furent imposées de la part de ses supérieurs ? Toujours est-il qu'en 1694 un tribunal épiscopal secret la condamne à se repentir et à renoncer à ses études. La solitude et le silence où elle s'enfouit ont donné lieu à de multiples controverses pour justifier ce retrait du monde. Les mots qu'elle écrivit de sa main à la suite de sa signature sur le livre du couvent : *Yo, la peor del mundo* (« Moi, la pire du monde ») ont alimenté les conjectures les plus fantaisistes. Dévouée aux soins des religieuses atteintes de la peste qui sévissait, particulièrement au couvent des Hiéronymites, depuis le début de l'année, elle fut contaminée et mourut à Mexico.

De la mythologie grecque, des légendes religieuses, de l'observation des mœurs indigènes ou de ses propres sentiments amoureux, jusqu'à la Bible qu'elle connaît à fond, les sources de son œuvre lyrique, dramatique ou en prose, abondante et variée, au demeurant de qualité inégale, sont multiples. Mais ses poèmes, qui forment environ la moitié de sa production littéraire, d'une qualité exceptionnelle (poésies autobiographiques, d'amour, d'hommage, de louange, satiriques ou de circonstance, d'admirables sonnets), lui valurent d'être dénommée « le Phénix d'Amérique » et aussi « la dixième Muse ». Sa renommée est telle qu'on lui commande, en 1680, en guise d'arc de triomphe, son *Neptuno alegórico* pour fêter l'arrivée du nouveau vice-roi. De 1680 à 1686, sous la vice-royauté du marquis de la Laguna, elle écrit de nombreuses poésies, profanes ou religieuses, parfois d'une préciosité excessive (*San Pedro*, *Santa Catalina*, *Navidad*). Elle compose également diverses pièces de théâtre, dont deux *comedias* : une comédie d'intrigue, *Los empeños de una casa* (« Les obligations conjugales », 1683) et une comédie de cape et d'épée, genre dramatique florissant au Siècle d'or puis, avec Juan de Guevara, une autre pièce de théâtre profane, *Amor es más laberinto* (« L'amour, le plus grand labyrinthe », 1689). Les personnages féminins y ont un relief particulier. En 1689, grâce à la marquise de la Laguna, est publié en Espagne son livre *Inundación Castálida*, où le thème de l'amour est particulièrement fervent et exalté ; ce premier recueil obtint un vif succès. Un ouvrage d'hommages à sœur Juana fut publié en Espagne en 1700. En outre, elle composa trois *autos sacramentales* (*El mártir del Sacramento*, *El cetro de José*, *El divino Narciso*), drames religieux en un acte exaltant le dogme de l'Eucharistie, représentés en Espagne, en plein air, le jour de la Fête-Dieu, dont la vogue atteignit son apogée au XVIIe siècle ; d'inspiration nettement mystique, ses *autos sacramentales* sont surtout destinés à l'éducation chrétienne des indigènes.

Sœur Juana composa aussi une *loa* (« lever de rideau »), allégorie réhabilitant la vision des Indiens écrasés par la conquête de l'Amérique. Elle écrivit encore des *villancicos* (« cantiques » ou « chants » de Noël) destinés à être chantés lors des fêtes religieuses, dont certains (*tocotines*) intercalent des passages en dialectes indigènes. Elle y fait notamment participer la population métisse (Indiens, Noirs, Créoles) de la capitale. Des sonnets, d'inspiration amoureuse passionnée, témoignent d'une maîtrise exceptionnelle des procédés rhétoriques de la poésie baroque. *Primero Sueño* (1685) est son chef-d'œuvre, si difficile à interpréter qu'elle en donna elle-même une version compréhensible en prose. Dans le style et le langage, fait d'images aussi belles qu'hermétiques, des *Soledades* de Luis de Góngora, conciliant des notions antagonistes, accumulant adjectifs, ellipses, euphémismes, anacoluthes, toutes les figures de rhétorique, enfreignant en toute liberté les règles grammaticales usuelles, sœur Juana, dans un long poème de 975 vers, suivant la tradition du voyage de l'âme propre à l'hermétisme du Moyen Âge, propose une conception originale du monde, philosophique, métaphysique, cosmologique.

L'inspiration poétique d'influence néo-platonicienne est pour elle l'équivalent de la plus haute connaissance. Deux brèves allusions à la religion chrétienne, l'exaltation de l'amour analogue à l'acte poétique comme valeur suprême de connaissance de la réalité, suffisent-ils à qualifier l'auteur, si ce n'est au sens le plus vaste du terme, d'auteur mystique ? Des interprétations contradictoires ont été proposées pour expliquer la personnalité de sœur Juana, qui demeure encore en grande partie énigmatique ou sujet à l'hypothèse. Sa correspondance, notamment, qui fut très abondante avec des hommes cultivés, ses contemporains, est dissimulée ou perdue. Mais l'ignorance quasi totale de ce que furent les dernières années de son existence, la qualité exceptionnelle de sa personnalité et de son œuvre, sa compassion pour les souffrances endurées par les femmes, les Noirs, les Indiens, les indigènes de son époque, ou devant les sacrifices humains pratiqués par les Aztèques, ses écrits eux-mêmes, ne laissent en rien supposer qu'elle ait pu connaître une authentique expérience mystique. Il semblerait que ce fût par la voie de la pénitence et de la charité chrétienne, et surtout par l'exercice de l'intelligence, du savoir et de la liberté de l'esprit, plus que par l'anéantissement du moi pour laisser place au Tout-Autre que soi, que sœur Juana Inés de la Cruz a cherché à percer le mystère de l'Un.

Bernard Sesé

Bibl. : ***Œuvres*** **:** *Poèmes d'amour et de discrétion*, trad. F. Magne, Paris, La Délirante, 1987 ; *Le Divin Narcisse*, précédé de *Premier Songe et autres textes*, trad. F. Magne, F. Delay, J. Roubaud, Paris, Gallimard, 1987 ; *Œuvres profanes de Sor Juana Inés de la Cruz*, E. Martel (éd.), Trois-Rivières (Québec), Écrits de la forge, 1996. ***Vie et études*** **:** R. RICARD, *Une poétesse mexicaine : Sor Juana Inés de la Cruz*, Paris, Centre de documentation universitaire, 1954 ; M.-C. BÉNASSY-BERLING, *Sor Juana Inés de la Cruz. Une femme de lettres exceptionnelle, Mexique XVIIe siècle*, Paris, L'Harmattan, 2010 ; O. PAZ, *Sor Juana Inés de la Cruz ou les Pièges de la foi*, Paris, Gallimard, 1987. ***Discographie*** **:** *Le Phénix du Mexique – Villancicos de Sor Juana de la Cruz mis en musique à Chuquisaca au XVIIIe siècle*, K 617, 2001.

JUETTE. — *Voir* YVETTE DE HUY

JUGAN, Jeanne. — *Voir* JEANNE JUGAN

JULIENNE DE MONT-CORNILLON, *sainte*, *béguine* (Rettine, 1193-Fosses, 1258). — Le destin de Julienne est lié à l'institution de la Fête-Dieu (ou fête du *Corpus Christi*), en l'honneur du corps eucharistique du Christ. De cette future béguine, dont le biographe, un clerc du diocèse de Liège, souligne la force d'âme et le courage pugnace, puisqu'elle atteindra la perfection « en oubliant qu'elle est une femme » (*topos* de cette virilité qui contredit la « fragilité physique » et cette « faiblesse que beaucoup utilisent pour masquer leur lâcheté et leur manque d'enthousiasme »), l'itinéraire tourne initialement autour de la problématique alimentaire : enfant, elle suit trop scrupuleusement les consignes de jeûne de Sapientia, sa dévote gouvernante, et s'en voit punie. Parvenue à l'adolescence, elle peut alors laisser libre cours à son inclination anorectique, qui s'équilibre d'une faim eucharistique, à cause de laquelle elle subit dérision et réprimandes (tant ces jeûnes excessifs mettent en péril sa survie). Central est chez elle l'acte de communier qui, à ses yeux, semblerait supérieur à l'acte de consacrer (qui reste l'exclusivité des clercs). On passera sur l'inévitable kyrielle des faits merveilleux (toujours en rapport avec la nourriture) qui illustrent et défendent l'éminence de son choix de vie : productivité laitière plus intense quand c'est elle qui trait les vaches, saveur surnaturelle de fruits qu'elle offre à une amie, etc. Si sa réputation est bien établie à Liège, sa vie n'est pas pour autant de tout repos : sous la pression de rivalités qui déchirent la communauté augustine dont elle est l'abbesse, elle choisit de s'éloigner avec quelques compagnes pour adopter la vie béguinale où, avec la recluse Ève de Saint-Martin* et Isabelle d'Huy, elle va œuvrer à l'établissement d'une nouvelle fête liturgique, qui connaîtra un extraordinaire succès populaire jusqu'au XXe siècle. Elle en aura l'intuition dans les années 1220, lors d'une vision de la lune dans un ciel nocturne, mais amputée d'une portion. Vision qui l'intrigue et l'inquiète jusqu'à ce que, en vision toujours, Jésus lui-même lui en vienne donner la signification : la lune représente l'Église, mais incomplète, parce que lui fait défaut une fête consacrée à la présence christique dans l'Eucharistie. Elle fait part de cette vision à son confesseur, un jeune chanoine, lequel en informe l'évêque de Liège, Robert de Thourotte. Le prélat accueille favorablement cette proposition, soucieux qu'il est de développer les formes de dévotion dans son diocèse et de lutter contre les hérésies dualistes. Il saisit d'emblée l'intérêt pédagogique et pastoral d'une telle célébration et combien la bonne réputation dont jouit Julienne contribuera puissamment à la réussite du projet. Les Dominicains, qui viennent de s'installer à Liège, sont enthousiastes et donnent leur approbation doctrinale. Robert institue donc en 1246 cette nouvelle fête, distincte du jeudi saint, au climat pathétique, et célébrant joyeusement ce gage sans cesse renouvelé du salut éternel. Lui-même en préside la première célébration, mais meurt le 16 octobre. Les adversaires, qui n'ont pas manqué au projet de Julienne, reprennent alors le dessus, et elle devra s'exiler chez les Cisterciennes de Salzin. Mais les partisans ne désarment pas et obtiendront aisément l'accord du légat pontifical pour l'Allemagne, le dominicain et cardinal Hugues de Saint-Cher, qui en impose l'obligation, le 29 décembre 1252, sur toute l'étendue de la légation. Il faudra cependant attendre le pontificat d'Urbain IV (qui, ancien archidiacre de Campine, avait connu Julienne et était très lié aux préoccupations réformatrices de l'évêque de Liège) pour que soit étendue cette fête à l'ensemble de l'Église. Il chargera Thomas d'Aquin d'en composer l'office liturgique et institue, le 11 août 1264, cette fête qui prend place le jeudi qui suit le dimanche de la Trinité. Mais il meurt peu après, le 2 octobre, si bien qu'il faudra attendre la décision de Jean XXII, qui réunit les textes canoniques essentiels dans le recueil des *Clémentines*, promulgué en 1317 en Avignon, pour que l'initiative de Julienne trouve enfin une application réellement effective.

François Marxer

• *Voir aussi* : Ève de Saint-Martin

Bibl. : ***Vie*** **:** la *Vita* de Julienne, rédigée par un clerc anonyme du diocèse de Liège, est publiée par les *Acta Sanctorum*, avril, I, p. 437-477. Elle a été traduite par B. Newman, *The Life of Juliana of Mont-Cornillon*, Toronto, Peregrina, s. d.

JULIENNE DE NORWICH, *sainte, recluse, visionnaire* (?, v. 1342-Norwich ?, apr. 1416). — Fleuron de l'âge d'or du mysticisme anglais, Julienne de Norwich est vénérée aussi bien par l'Église romaine que par la communion anglicane. Elle vécut au temps du Grand Schisme (1378-1417), une période difficile pour l'Église catholique, marquée par une crise pontificale avec l'élection de plusieurs papes simultanément (en Avignon et à Rome) et par la guerre de Cent Ans entre la France et l'Angleterre. Toute jeune encore, elle fut particulièrement bouleversée par de terribles événements qui se déroulèrent près du couvent où elle avait son gîte. Le lollard Lister attaqua la ville de Norwich. L'évêque-soldat poursuivit et écrasa les rebelles. Il fut pendu, écartelé, puis dépecé en quatre morceaux. Elle implora alors Dieu de lui accorder trois grâces fondamentales : vivre continuellement la Passion du Christ, souffrir d'une maladie corporelle l'entraînant jusqu'aux affres de la mort, être transpercée par trois blessures de contrition, compassion et soif ardente de Dieu. Âgée de « trente hivers et demi », elle reçut, en un jour et une nuit, seize visions sur la Passion du Christ. Malade, elle guérit et décida de vivre en recluse. Dans la solitude, la prière et l'étude, elle acquit une profonde maturité humaine et spirituelle, une sagesse ainsi qu'une grande compassion pour les détresses de l'humanité. Elle devint une amie de Dieu et une conseillère réputée. Elle reçut des visiteurs, telle Margery Kempe*. Les sobres récits de ses expériences nous ont été transmis par plusieurs manuscrits, dont une version courte, première et voisine des événements, et une version longue, qui comporte des réflexions sur la matière et la signification des révélations, qui en font un exposé théologique original.

Dans ses *Révélations* (*Revelations of Divine Love*), elle s'adresse « aux âmes aimantes », « aux amants du Christ » et « de Dieu », mais aussi à tout homme ou femme vivant dans les abîmes d'un monde séparé de lui. Pour Julienne de Norwich, l'être humain est un aveugle qu'il faut guérir de sa cécité : « L'homme est instable en cette vie. Par naïveté et par ignorance, il tombe dans le péché. Il est faible et sot en lui-même. Sa volonté s'appesantit dans la tempête, dans la douleur, dans l'infortune. C'est parce qu'il est aveugle et ne voit pas Dieu. Car, s'il voyait Dieu continuellement, il n'éprouverait aucun mauvais sentiment, aucune sorte d'impulsion ou de chagrin l'incitant à pécher » (version longue, chap. 47). À l'homme livré au flux et au reflux des événements quotidiens ou écrasé par les épreuves, elle présente un Dieu qui, souverainement, conduit tout à sa plénitude. Il intervient pour redresser ce qui est dévié, montrant à travers le mal ou l'imperfection humaine les chemins de la gloire future et finale. « Tu verras toi-même que toute chose finira bien » (*ibid.*, chap. 63), précise-t-elle.

Dans une longue section, au centre des *Révélations*, Julienne transmet à ses lecteurs une parabole profonde et mystérieuse : un seigneur envoie son serviteur dans un désert à la découverte d'un trésor qu'il devra rapporter ; le serviteur tombe dans un ravin, est grièvement blessé et connaît sept grandes misères : douleur de la chute, pesanteur, faiblesse, aveuglement, matérialité, sensations d'aliénation divine, épreuves terrestres. Tout d'abord Julienne est fort perplexe devant cette vision, puis elle saisit l'immensité du message divin. Le serviteur (l'homme) lui apparaît finalement comme plein de la gloire de Dieu : « Car il fut montré que nous sommes sa couronne, c'est-à-dire la joie du Père, la gloire du Fils, les délices du Saint-Esprit, béatitude infinie et merveilleuse pour tous ceux qui sont au ciel » (*ibid.*, chap. 51). Elle perçoit le Père, le Fils et l'Esprit sous l'angle de l'amour infini recréateur. Le Père voit tous les hommes en son Fils et, dans sa compassion, les étreint tous. Le Saint-Esprit vient inonder, de son regard de joie, tous les hommes sans exception et les conduit lentement, à travers leurs nuits, jusqu'au port de la félicité éternelle, où ils verront Dieu dans la béatitude.

Angoissée par le problème du mal et de la damnation éternelle, Julienne est entraînée, par illuminations successives, dans une dialectique subtile, qui enracine en elle une assurance invincible ; en l'action libre de l'homme, tout finira en gloire. Dieu redressera ce qui est dévié, pervers ou néfaste et fera jaillir ultimement, en tout et en tous, les joies ineffables et illimitées de l'amour infini.

Aussi, il lui est montré que : l'homme pécheur est inséré à tout jamais dans le Christ éternel, qui est toute gloire (*ibid.*, chap. 21) ; le plus grand mal qui puisse être – le péché des origines – est déjà réparé dans le Christ (*ibid.*, chap. 14 et 29). Le péché – non amour – est néant que l'amour infini vient combler totalement par le déroulement de l'histoire du salut (*ibid.*, chap. 11 et 27) ; il n'y a pas de commune mesure entre Dieu et Satan, entre Créateur et créature. Sa puissance est toute enfermée dans les mains de Dieu (*ibid.*, chap. 13) ; Dieu a fait toutes choses en toute bonté. Tout ce qu'il fait est parfait. Dans les œuvres divines, la meilleure est bien faite, la moindre l'est au même titre (*ibid.*, chap. 11, 27, 35) ; l'homme est l'objet de deux jugements : le jugement de l'Église, le jugement de Dieu. Le jugement de l'Église est justice, il vise à rectifier et à purifier. Le jugement final de Dieu s'exerce et se résout au sein de l'Adam divin qui est amour justifiant (*ibid.*, chap. 45) ; c'est la Trinité qui déroule l'histoire du salut en vue d'une fruition glorieuse. Le Père Tout-Puissant, le Fils Toute Sagesse, l'Esprit Tout Amour en donnent l'assurance : « Vois, Je suis Dieu. Je suis en toute chose. Vois ! Je fais toute chose ! Je ne retire jamais ma main de mes œuvres. Vois ! Je ne retirerai jamais ma main de mes œuvres et jamais je ne la retirerai dans les siècles des siècles. Vois ! Je conduis toute chose à la fin que je lui ai assignée de toute éternité avec la même puissance, la même sagesse, le même amour que lorsque je l'ai créée. Comment pourrait-il se faire qu'aucune soit mauvaise ? » (*ibid.*, chap. 11).

La visionnaire conclut ainsi son récit : « Depuis le temps où je reçus cette révélation, j'ai désiré souvent savoir ce qu'elle signifiait pour Notre-Seigneur. Quinze ans plus tard et plus, il me fut répondu dans mon entendement : "Eh quoi ! Tu voudrais savoir ce que ton Seigneur a voulu dire ? Sache-le bien. L'amour. Pourquoi te l'a-t-il montré ? Sache-le bien. L'amour, voilà ce qu'il a eu en vue. Qui te l'a montré ? L'amour. Pourquoi te l'a-t-il montré ? Pour l'Amour. Attache-toi à cet enseignement. Tu en connaîtras davantage en amour, mais tu n'en apprendras jamais davantage, dans les siècles des siècles" » (*ibid.*, chap. 86).

Les *Révélations* de Julienne de Norwich sont un message d'optimisme fondé sur la certitude d'être aimés de Dieu, débordant de bienveillance et de grâce, et protégés par sa providence. Elle y compare l'amour divin à l'amour maternel, ce qui est le point central de sa théologie mystique ; elle consacre par ailleurs plusieurs chapitres à la maternité du Christ. « La tendresse, la sollicitude et la bonté de Dieu envers l'homme sont tels qu'ils nous rappellent l'amour d'une mère envers ses enfants... » ; « Quand on s'ouvre à cet amour, il peut devenir l'unique guide de notre existence et tout transfigurer ». Elle opère ainsi la synthèse de l'expérience mystique et de la réflexion théologique, mêlant des visions sensibles centrées sur la Passion du Christ et des visions intellectuelles de la Trinité à des réflexions sur la Création et la providence, des intuitions pénétrant le mystère de la Rédemption et de la miséricorde divine.

Méconnue pendant plusieurs siècles, Julienne de Norwich est aujourd'hui une voix dont l'audience ne cesse de croître. Par ses analyses, elle dresse un pont entre les mysticismes d'Orient et d'Occident, en insistant sur le Soi divin présent au fond de tout être et de tout. En un temps qui redécouvre un Dieu Père et Mère, elle touche nos contemporains par sa théologie du Verbe masculin et féminin. Elle attire par sa spiritualité d'abandon, de confiance et d'enfance. Son dire du Seigneur et du serviteur est une immense parole évangélique. Elle rappelle les récits des soufis, les histoires brèves des maîtres du zen, qui incluent d'immenses secrets spirituels dans de banales histoires déconcertantes ou d'étranges apologues.

Roland Maisonneuve

• *Voir aussi* : Kempe

Bibl. : Œuvres : *Le Livre des Révélations* (version longue), trad. R. Maisonneuve, Cerf, Paris, 1992 ; Fr. E. BAUDRY, *Julienne de Norwich* ; *Une révélation de l'Amour de Dieu* (version courte ; trad. de la version en anglais moderne d'A. M. Reynolds, *A Shewing of God's Love*, Longmans, 1958), Abbaye de Belle Fontaine, 1977 ; J. WALSH et E. COLLEDGE, *A Book of Showings to the Anchoress Julian of Norwich*, Toronto, Pontifical Institute of Mediaeval Studies, 1978. ***Études*** **:** B. PELPHREY, *Love Was his Meaning : The Theology and Mysticism of Julian of Norwich*, Salzbourg, Institut für Anglistik und Amerikanistik, Universität Salzburg, 1982 ; R. MAISONNEUVE, *L'Univers visionnaire de Julian of Norwich*, Paris, OEIL, 1987.

JULIENNE DU ROSAIRE, *fondatrice des Dominicaines Missionnaires Adoratrices* (Julienne Dallaire ; Québec, 1911-6 janvier 1995). — Issue d'un milieu humble et laborieux, Julienne est la deuxième des onze enfants de Gaudiose Dallaire et Alexina Faucher. Elle grandit dans la paroisse Saint-Roch, à l'époque quartier populeux et prospère qui, comme l'ensemble du Québec en ce début de XXe siècle, est imprégné socialement et spirituellement par la religion catholique et par les différentes formes qu'y prend la piété populaire. La petite Julienne sera particulièrement impressionnée par la charité débordante de sa mère et par la ferveur eucharistique de son père, lequel assiste chaque matin à la première et parfois à la deuxième messe au retour de son travail de nuit.

Des années plus tard, Julienne, devenue mère Julienne du Rosaire, aura à relire sa vie pour les membres de la communauté qu'elle a fondée. De sa petite enfance, elle rapporte d'abord le moment où, âgée de quatre ans, assise sur les genoux de sa mère, elle l'écoute parler du mystère de l'Ascension, jour anniversaire de son baptême. Dans une sorte de raccourci étonnant, l'enfant découvre alors que le baptême ouvre la porte du ciel et que c'est en Jésus que se réalisera son ascension vers la vie éternelle. Un an plus tard, le 25 décembre 1916, Julienne fait sa première communion : l'expérience concrète et singulière de la présence de Jésus dans l'Eucharistie sera déterminante pour la vie spirituelle de celle qui entrera peu à peu dans une compréhension renouvelée du mystère eucharistique, cœur de sa vie mystique. La présence réelle, « la présence corporelle », devient l'attrait dominant de sa vie intérieure, amenant la petite Julienne à vouloir rejoindre sans cesse son Seigneur au tabernacle de l'église paroissiale.

Déjà séduite par Jésus, elle s'attache à le découvrir, au fil des messes quotidiennes, dans l'évangile du jour. Désormais, ses communions se feront toujours « en relation avec l'évangile ». Ainsi elle apprend à vivre de la présence du Christ par le même mouvement qui lui fait accueillir sa parole et le recevoir dans l'hostie. Au cœur des récits évangéliques, deux textes, qu'elle ne cessera de méditer et de faire dialoguer, définissent plus particulièrement l'horizon scripturaire sur lequel se découpent les étapes de sa vie mystique et de son œuvre de fondatrice : l'évangile de la Samaritaine et le récit de la dernière Cène.

Elle a douze ans lorsque, s'identifiant à la femme de Samarie dont elle prolonge audacieusement le propos, elle demande familièrement à Jésus de lui dire, à elle, quel est le « don de Dieu » dont il parle. Elle reçoit comme une grâce de comprendre alors que « l'hostie, l'Eucharistie qui faisait tout [son] bonheur, c'était ça le don de Dieu ». Dans les années qui suivent, une autre parole de Jésus à la Samaritaine deviendra pour elle une expérience fondatrice. La méditation du verset 23 de la péricope lui donnera de « percer le cœur du Christ » en son désir de donner des adorateurs au Père tout en prenant conscience que le véritable adorateur est Jésus lui-même. Consciente que, par l'Eucharistie, Jésus veut « nous associer à sa vie d'adoration et d'amour », Julienne développe en elle l'impérieux désir de devenir adoratrice et de satisfaire la demande et la soif du Christ en l'aidant à trouver des adorateurs. Julienne a dix-sept ans. Commence alors pour elle un lent et douloureux chemin de réponse à ce qu'elle sait être un appel de Dieu. Elle choisit d'entrer chez les Franciscaines Missionnaires de Marie, communauté à la fois missionnaire et adoratrice. Mais sa santé se détériore et elle doit quitter la communauté.

À vingt et un ans, elle fait une autre expérience de vie religieuse chez les Sœurs Servantes du Saint-Cœur de Marie, mais elle comprend assez vite qu'elle n'est pas apte à la vie d'enseignante. Et, comme aucune communauté n'accepte de recevoir Julienne à cause de son peu de santé, elle revient chez ses parents qu'elle aide financièrement grâce à ses talents de couturière. Julienne a vingt-neuf ans lorsqu'elle est accueillie chez les Dominicaines de l'Enfant-Jésus. C'est là que, dans une expérience singulière, elle découvre le désir de saint Dominique lui-même d'avoir des filles qui seraient à la fois missionnaires et adoratrices. Mais une nouvelle épreuve de santé l'oblige à retourner dans sa famille. Le 2 novembre 1940, brisée de douleur, plongée dans des ténèbres épaisses, Julienne sacrifie son rêve le plus cher. Elle ne déserte pas pour autant une vie de prière très intense ; elle reprend son labeur comme couturière et son dévouement auprès des pauvres.

Quelques mois plus tard, elle rencontre le chanoine Cyrille Labrecque, tertiaire dominicain et théologien spirituel chevronné ; il devient son directeur spirituel au moment où commencent pour elle trois années qu'elle appellera « la grande étape », période de purifications profondes, mais aussi d'illuminations intenses et décisives, structurées par le mystère pascal. Chacune de ses expériences mystiques la fait pénétrer plus profondément dans l'acte d'amour du Christ. Ainsi, dès le jeudi saint 1942, elle fait l'expérience de la dernière Cène comme sommet de la vie d'amour du Seigneur dans le don de l'Eucharistie. Ce jour-là, elle comprend qu'honorer l'acte d'amour par lequel Jésus « se crée une vie nouvelle » en instituant l'Eucharistie, c'est entrer dans le cœur de Jésus et, par lui, pouvoir vivre de sa vie intime. Plus que cela, c'est, comme lui et par lui, glorifier le Père et la Trinité toute entière et s'offrir avec lui pour la vie du monde.

Fondamentale, l'expérience qui lui est donnée de vivre en octobre 1942 lui fait saisir l'Eucharistie comme « synthèse » de la foi chrétienne. Elle « voit » que le cœur du Christ contient le cœur de chaque personne de la Trinité ; elle « voit » que l'amour incréé, source de l'acte d'amour du Christ, est « retenu sur terre par l'Hostie ». Deux mois plus tard, l'Esprit-Saint lui enseigne la grandeur de chaque messe par laquelle il est donné de participer au sacrifice de Jésus pour « l'offrir et [s']offrir avec lui ». Peu de temps après, elle découvre le rôle de la Vierge vis-à-vis de l'Eucharistie et sa présence à l'autel.

Pendant ces trois années, Julienne reçoit des signes toujours plus clairs d'une volonté de Dieu sur elle. Enfin, en 1945, avec la bénédiction du cardinal Jean-Marie-Rodrigue Villeneuve, archevêque de Québec, en présence du chanoine Labrecque, Julienne et trois compagnes s'offrent pour le règne du Cœur Eucharistique de Jésus. Trois ans plus tard, la communauté sera érigée canoniquement sous le nom de Dominicaines Missionnaires Adoratrices. Mère Julienne du Rosaire la dirigera pendant près de cinquante ans avec courage, discernement et amour. L'enseignement quasi quotidien qu'elle donne aux membres d'une communauté qui grandit montre comment, pendant un demi-siècle, il est donné à la fondatrice d'approfondir le mystère de l'amour eucharistique qui est au cœur de sa vie mystique et de la spiritualité de la communauté. On découvre au fil de ses conférences un enseignement qui, dans une perspective johannique, approfondit et renouvelle la signification de la dévotion eucharistique et le sens de l'adoration « en esprit et en vérité ». La mystique sera confirmée sur le plan doctrinal et encouragée par des dominicains célèbres, tel que le père Michel-Marie Philipon, et surtout par les déclarations des Pères conciliaires qu'elle accueille avec enthousiasme et reconnaissance. De son vivant même, son rayonnement s'étend aux prêtres et à de nombreux laïcs à qui elle consacre du temps régulièrement.

À partir de septembre 1991 jusqu'à sa mort, mère Julienne entre dans une ultime étape de maladie et de purification. Les mystérieux dépouillements qu'elle vit alors la préparent à réaliser son plus cher désir : mourir dans un acte d'amour parfait. Celle qui avait voulu sa vie comme une Eucharistie et qui entrevoit sa mort « comme une dernière messe qui s'éternisera en amour et dans la louange trinitaire » quitte ce monde en l'Épiphanie 1995. En 2008, le cardinal Marc Ouellet introduit le procès diocésain en vue de la béatification de mère Julienne.

Thérèse Nadeau-Lacour

Bibl. : ***Œuvre*** : *Il les aima jusqu'à la fin*, Montréal, Éditions Paulines, 1991. ***Études*** : J. FECTEAU, o.p., *Femme de lumière et de feu, Mère Julienne du Rosaire*, Québec, Éditions du Cénacle, 1997 ; J. TURMEL, o.p., *L'Adoration, Par Lui, avec Lui en Lui*, Québec, Éditions du Cénacle, 2008.

K

KAHIL, Mary, *figure spirituelle copte* (Damiette, 28 janvier 1889-Le Caire, 28 juin 1979). — Les Kahil sont des notables d'origine syrienne, installés en Égypte depuis une centaine d'année quand naît Mary. Constantin Kahil, de religion grecque catholique, fait le commerce du bois, son épouse, née Von Cramer, est allemande. Ils habitent le palais Linant de Bellefonds au Caire. Mary, dernière de leurs cinq enfants, est élevée chez des religieuses, au Caire puis à Nazareth, et passe la guerre de 1914-1918 dans sa famille maternelle en Europe. Intelligente, pleine de charme, chrétienne melkite convaincue, féministe aussi convaincue, amoureuse de son pays et de la langue arabe, Mary Kahil a très tôt conscience du rôle de passerelle qu'elle peut remplir entre son milieu chrétien et les musulmans, chez qui elle compte de nombreux amis. Cette femme à la très forte personnalité, qui s'exprime avec un débit d'une étonnante rapidité en arabe, en français, en allemand, en anglais, en italien ou en turc, restera célibataire. Immensément riche, elle déclare, lors de la nationalisation des biens fonciers par le président de la République égyptienne, Gamal Abdel Nasser en 1952 : « Je ne savais plus quoi faire de ma fortune, c'est bien que Nasser me la prenne. »

Sa première rencontre, en 1912, avec le jeune orientaliste français Louis Massignon, qui vient enseigner la grammaire arabe à l'université Fouad du Caire, est un moment inoubliable. Massignon lui demande en effet de prier pour la conversion au christianisme de son ami musulman Luis de Cuadra. C'est le point de départ d'une grande aventure spirituelle dans laquelle Massignon et Mary Kahil vont comprendre, peu à peu, qu'il s'agit moins de « convertir » les musulmans au christianisme que de s'offrir à Dieu pour leur salut. Après des années d'absence, elle retrouve Massignon en Égypte en 1933, et le lien spirituel ne se rompra plus jusqu'à la mort de l'orientaliste en 1962.

En 1941, Mary achète dans le centre du Caire une église désaffectée et lui donne – en pleine guerre – le nom de Notre-Dame de la Paix. L'église devient un lieu de prière fréquenté. Au centre de Dâr Es Salâm, adjacent à l'église, la personnalité très œcuménique de Mary réunit des esprits distingués (musulmans, juifs, catholiques, protestants) avec le concours, dans les années 1950, de figures remarquables : le dominicain Georges Anawati, les orientalistes Louis Gardet et Louis Massignon, Roger Arnaldez, mais aussi l'abbé Maurice Zundel ou le père René Voillaume. C'est une sorte « d'âge d'or de la pensée et de la culture » (Jacques Keryell) dans l'Égypte contemporaine. La ligne de fond de Mary Kahil, c'est « l'hospitalité sacrée », à laquelle Louis Massignon l'initie fermement : « Par l'hospitalité, nous trouvons le Sacré au centre du mystère de nos destins, comme une aumône furtive et divine », dit-il. Et Mary, qui accueille chez elle à la fois somptueusement et simplement, apprend à nouer avec les autres le dialogue fraternel – autant matériel que spirituel – entre races, religions, cultures. La foule immense de ses amis en sera marquée.

La vie mystique de Mary Kahil ? C'est la découverte progressive que seul l'amour pur et désintéressé peut réunir les cultures et les religions apparemment ennemies. Cela commence lors d'une promenade jusqu'à Damiette – lieu franciscain si symbolique – avec Massignon en 1933 : « Faites un vœu », dit-il. – Mais quel vœu ? – Celui de les aimer. » Elle rapporte plus tard au père Bonneville : « Nous nous sommes offerts pour les musulmans. Non pour qu'ils se convertissent, mais pour que la volonté de Dieu se fasse sur eux et par eux. » En 1950, Mary obtient du patriarche melkite Pierre Kamel Médawar, que Massignon soit secrètement ordonné prêtre. À travers cette ordination, elle comprend le sens de son offrande et aussi de leur relation mutuelle. Rapportant la cérémonie de la première messe de Massignon, elle écrit : « Il consacre, il dit les paroles saintes, et moi, prosternée, je me livre, je me perds, je n'existe plus [...]. C'est moi qui suis consacrée. » Dans ce « couple » étrange – et si fréquent, au fond, dans l'histoire des mystiques –, le moteur est sans doute Massignon, qui voyait loin et haut, et lui disait : « Notre lien éternel, c'est le désir du martyre. Je n'ai que faire de la piété des justes qui cultivent les vertus comme des herbes potagères. Le Désir qui m'a entraîné au loin n'est pas de ce monde. Dieu merci, et si vous êtes monté dans ma barque, c'est pour que je vous conduise en pleine mer, hors de toute côte visible » (1951). Ensuite, Massignon, qu'elle ne revoit qu'épisodiquement, lui intime un « jeûne de silence », dure épreuve pour elle. Leur amitié mystique est scellée. À la mort de l'orientaliste, Mary se rappellera leur union sacrée, Massignon disait : « Il faut prier à deux, pour être exaucés. » Et elle : « Toi, Jésus, tu m'as permis de l'aimer, toi qui as planté cet amour dans mon cœur, comme une croix. »

La « grande dame d'Égypte » (Jacques Keryell) s'éteint dans sa demeure de Zamalek, au Caire, dans sa quatre-vingt-onzième année, ayant vécu jusqu'au bout, dans la fidélité à sa promesse, la *badaliya*, « le point crucial de ma vie », disait-elle, c'est-à-dire le vœu d'échanger, de se « substituer », par l'offrande et la prière, à ceux qu'on aime.

Dominique-Marie Dauzet

Bibl. : *Œuvre* : *L'Hospitalité sacrée* (correspondances de L. Massignon avec M. Kahil), textes prés. par J. Keryell, Paris, Nouvelle Cité, 1987. ***Études* :** D.-M. DAUZET, *La Mystique bien tempérée*, Paris, Cerf, 2006 ; J. KERYELL, *Mary Kahil, une grande dame d'Égypte, 1889-1979*, Paris, Geuthner, 2010.

KAHLO, Frida, *peintre* (Magdalena Carmen Frida Kahlo Calderon ; Mexico, 6 juillet 1907-13 juillet 1954). — Née en 1907 à Mexico City – Frida choisira plus tard la date de 1910 pour correspondre avec celle de la révolution mexicaine –, d'une mère mexicaine d'origine métisse et d'un père immigré d'Allemagne, Frida est très tôt marquée par la volonté inflexible d'aller au-delà des différences. Atteinte de poliomyélite à l'âge de six ans, elle n'en pratique pas moins le sport et la danse. À dix-huit ans, elle échappe à la mort lors d'un violent accident d'autobus, dans lequel elle est transpercée de l'abdomen au vagin. Alitée pendant des mois, la colonne vertébrale brisée et les deux jambes écrasées, elle se met à peindre des autoportraits mélancoliques, dont elle fait cadeau, pour rompre sa solitude. Dans ses tableaux, elle raconte son histoire selon les variations de son humeur. Le jardin de la Casa Azul – où elle vint au monde et où elle devait mourir – y apparaît tantôt comme une jungle aux feuilles velues et aux vignes menaçantes, tantôt comme un havre de paix.

Diego Rivera, peintre mexicain qui deviendra le compagnon de sa vie, la décrit ainsi : « Acide et tendre, dure comme l'acier, mais délicate comme l'aile d'un papillon, adorable comme un sourire, mais profonde et cruelle comme la vie » (Tibol, p. 70). Elle l'aperçoit brièvement en 1922, alors qu'il travaille sur une fresque ornant les murs de son lycée. En 1928, elle va à sa rencontre, voulant recueillir ses conseils sur son propre travail d'artiste. Partageant les mêmes convictions politiques de gauche et un même amour de l'art, ils se marient peu de temps après. Cependant, les infidélités de Diego mettent le couple à rude épreuve. Ce qui ne les empêchera pas de se témoigner jusqu'à la fin un indéfectible soutien. Leur long séjour aux États-Unis (1930-1934), où Diego Rivera réalisera plusieurs fresques qui le rendront célèbre, est cependant émaillé de désillusions. La prestigieuse peinture murale de Radio City peinte par celui-ci est contestée puis détruite ; de son côté, Frida fait une fausse couche à Detroit. Sa peinture figurant le cadavre d'un fœtus, proche du surréalisme, s'inspire hélas d'un fait bien réel.

Frida choisit tout d'abord ses sujets parmi les faits divers, comme le *Suicide de Dorothy Hale* (1938), laquelle se jeta d'un gratte-ciel, ou le sanglant *Quelques petites piqûres* (1935), qui illustre la navrante déclaration d'un assassin tentant de justifier son crime, le couteau à la main. Elle ne se ménage pas davantage dans ses autoportraits, tel celui où ses cheveux sont sauvagement coupés, niant sa féminité – peinture qu'elle réalisa lorsqu'elle découvrit la liaison de son mari avec sa propre sœur. Le tableau la représente habillée en homme, en lieu et place de ses fameuses robes Tijuana assorties de lourdes parures de bijoux précolombiens (*Autoportrait aux cheveux coupés*, 1940). Dans *les Deux Fridas* (1939), sa première peinture en grand format, peinte au moment de son bref divorce en 1939, sa robe est lacérée, exposant son cœur ensanglanté. Chacun de ses cent cinquante autoportraits est ainsi investi d'un symbolisme évoquant la douleur et la mutilation. Son corset orthopédique, qui réapparaît de manière obsédante, n'est, par ailleurs, pas sans rapport avec la sujétion de la femme dans la société patriarcale.

Frida introduit ensuite, dans son travail passionné, chargé d'émotion et de métaphysique, le principe féminin sacré. Un choix qui s'inspire de sa culture natale exubérante et haute en couleur, qui rend possible l'apparition singulière de Notre-Dame de Guadalupe sur l'emplacement d'un sanctuaire païen. Dans *L'Étreinte amoureuse de l'univers* (1949), elle représente ainsi son propre couple sous les traits d'une madone à l'enfant. Ce tableau fait coexister ombre et lumière, lune et soleil, incorporant de nombreux symboles de la mythologie mexicaine, notamment la déesse Cihuacoatl. Les déesses qui tirent de leurs propres attributs personnels leur dimension sacrée ont sa préférence sur celles qui ne sont que les génitrices de quelques divinités.

Frida emprunte également des éléments iconographiques à l'art précolombien et indigène, aux portraits et photographies du XIXe siècle, et à la culture populaire et catholique (ex-voto, retables et *vanitas*). C'est ainsi qu'elle sublime l'accident de sa jeunesse en un troublant ex-voto. La composition en contre-plongée suggère une expérience de sortie du corps (*L'Accident*, 1926). Ses autoportraits, figés comme des *Santos*, ponctuent les périodes les plus noires de son existence, mais invitent à trouver le courage d'aller de l'avant.

Si Frida est imprégnée de culture mexicaine, elle ne bénéficia jamais de la considération artistique qui fut réservée à son mari. Dans un de ses autoportraits les plus étranges, *Diego et moi* (1949), elle fait apparaître le visage de Diego, incrusté à l'emplacement du « troisième œil », entre ses épais sourcils. Cependant, les larmes qui jaillissent de ses yeux suggèrent que son influence fut malheureuse.

Cherchant à gagner en autonomie et en indépendance, elle voyage à travers l'Europe en 1939. Une commande du gouvernement mexicain vient couronner ses efforts, mais sa santé chancelante ne lui permet pas d'achever ce projet. Sa première exposition individuelle, à Mexico, n'a lieu que quelques mois avant sa mort. Elle vient alors à peine de subir sa dernière intervention chirurgicale (sur une trentaine au total), la privant d'une jambe, atteinte par la gangrène. Frida décède dans la nuit du 13 juillet 1954 ; auparavant, elle a écrit dans son Journal : « J'espère que la sortie sera joyeuse, et j'espère bien ne jamais revenir. » Ses cendres reposent dans la Casa Azul à Coyoacan, dans une urne pré-colombienne.

Hissée au rang d'icône pour ses efforts héroïques, Frida Kahlo enseigne à tout un chacun, à travers son œuvre, qu'il chemine seul dans une vallée de larmes, mais que les plus vives souffrances, tant physiques que psychologiques, peuvent être sublimées par l'intensité de l'amour porté à la vie. Sacralisant tout ce qui est de l'ordre de l'émotionnel et du corporel, elle défie quiconque d'accepter sans détour la confrontation avec la dimension la plus physique de l'existence et, ce faisant, à lui donner tout son sens. Pensée qui fait écho aux mots apparaissant sur sa dernière toile, une nature morte (*Les Pastèques Viva la vida*, 1954) : *Viva la vida* (« Vive la vie »).

Deborah Jenner

Bibl. : *Études* : A. KETTENMANN, *Kahlo*, Cologne, Taschen, 2000 ; F. S. C. NORTHROP, *The Meeting of East and West*, New York, Collier Books, 1946 ; R. TIBOL, *Frida Kahlo : Una Vida Abierta*, Santa Monica, Editorial Oasis, 1983 (traduction anglaise : University of New Mexico Press, 1993) ; S. UDALL, *Carr, O'Keeffe, Kahlo : Places of Their Own*, New Haven, Yale Press, 2000.

KÂRAIKKÂL AMMAIYÂR, *sainte et poétesse hindoue* (Punidâvati ; Kârikâl, VIe s.-?, VIe s. ?). — La vie de Kâraikkâl Ammaiyâr ou « la Dame de Karikal », l'une des soixante-trois figures saintes révérées (*Nâyanmârs*) dans le shivaïsme tamoul en Inde du Sud, est contée dans un texte du XIIe siècle, le *Periya Purânam* de Sêkkilar, qui traite de manière hagiographique de la vie de ces Nâyanmârs tamouls, parmi lesquels ne figurent que trois femmes. Kâraikkâl Ammaiyâr a vécu quelque six siècles plus tôt et les poèmes qu'elle a composés, tous consacrés au dieu Shiva, sa divinité d'élection, sont eux-mêmes inclus dans le onzième livre du canon shivaïte tamoul appelé *Tirumurai* (date inconnue) qui s'achève sur le *Periya Purânam*, le douzième livre. Le récit que Sêkkilâr fait de la vie de la sainte et qui vise à l'édification des dévots, n'est guère corroboré par l'œuvre de Kâraikkâl Ammaiyâr elle-même, mais il tient lieu d'histoire et a fortement imprimé sa marque sur la tradition shivaïte tamoule jusqu'à nos jours.

La jeune Punidâvati y est présentée comme la fille unique du chef des marchands de la ville de Kârikâl, toute jeune déjà adoratrice de Shiva et d'une grande beauté. Elle est mariée à un jeune homme, lui aussi fils de commerçant, et le jeune couple s'installe à Kârikâl, où la jeune épouse s'acquitte aussi parfaitement de ses devoirs conjugaux que de ses devoirs religieux, qui consistent en particulier à honorer les dévots shivaïtes. Un jour où son mari reçoit deux mangues en cadeau et les fait rapporter chez lui, elle en utilise une pour compléter le repas qu'elle offre à des dévots de passage. Plus tard, elle sert la seconde à son mari et se trouve dans l'embarras lorsqu'il lui réclame l'autre. Elle implore alors Shiva : la divinité lui envoie une mangue, qu'elle s'empresse d'apporter à son époux. Trouvant cette autre mangue beaucoup plus savoureuse que la première, il l'interroge sur son origine et elle se voit contrainte de lui raconter de quelle manière elle l'a obtenue. Il lui dit alors qu'il ne la croira que si elle obtient une autre mangue de la même manière. À la suite de la matérialisation d'une nouvelle mangue en réponse à la prière de Punidâvati, son mari, pris de peur et convaincu que sa femme est en fait une déesse, s'éloigne d'elle sous prétexte de commerce maritime et refait sa vie ailleurs. À la fille née de cette seconde union, il donne le nom de sa première épouse, qu'il vénère alors comme une déesse. Apprenant le remariage de leur gendre, les parents de Punidâvati décident de provoquer une rencontre entre leur fille et son mari. Lorsque ce dernier se prosterne aux pieds de sa femme et explique à ses parents que leur fille n'est pas une femme mais une déesse, Punidâvati, de son côté, implore Shiva de la transformer en démone, ce qu'elle obtient aussitôt. Elle perd tous ses attraits et devient une vieille femme squelettique, forme sous laquelle on la trouve souvent représentée dans la statuaire sud-indienne. Elle compose alors son premier poème (*Le Poème de l'Admirable*) à la gloire de Shiva, puis un deuxième (*Le Double Collier de gemmes*), où elle s'adresse à la fois à Shiva et à son propre cœur. Punidâvati se dirige ensuite vers le mont Kailash, lieu de séjour du dieu. Afin de ne pas souiller les lieux de ses pieds, elle y monte sur la tête. Shiva s'adresse à elle en la qualifiant d'Ammaiyâr (mère), d'où le nom de « Kâraikkâl Ammaiyâr » qui lui est resté, et accède à son désir d'être témoin de sa danse. Il lui enjoint de se rendre au lieu saint de Tiruvalankâdu (nord du Tamil Nadu) consacré à sa forme dansante (Siva Natarâjâ) ; elle y passe ses jours en contemplation et chante encore deux autres poèmes (*Le Vieux Dizain de Tiruvalankâdu* et *Le Dizain de Tiruvalankâdu*).

Les poèmes de Kâraikkâl Ammaiyâr sont les premiers vrais poèmes de la dévotion shivaïte tamoule (*bhakti*). Ils préfigurent ceux du Têvâram qui seront composés aux VIIe et VIIIe siècles et en possèdent les caractéristiques principales : évocation de la divinité avec ses différents attributs, dans le cadre des mythes panindiens et régionaux, et ce sur différents modes : interpellation, supplique, adoration, contemplation. Sur le plan formel, chaque strophe forme une unité indépendante au sein de laquelle Shiva est décrit à l'aide de diverses épithètes qui recourent à une imagerie sans cesse recréée, dont le dynamisme ne peut qu'émerveiller. Karaîkkâl Ammaiyâr, sans doute influencée par le bouddhisme, encore très présent à son époque en Inde du Sud, médite dans ses poèmes sur l'horreur liée au contexte du champ crématoire (lieu associé à la danse de Shiva), propre à provoquer chez le lecteur un détachement par rapport à la vie et une réflexion sur les divers attributs de la divinité (créatrice et destructrice tout à la fois, garante du renouvellement périodique du monde).

Élisabeth Sethupathy

• *Voir aussi* : Andâl

Bibl. : *Œuvre* : *Chants dévotionnels tamouls de Kâraikkâlammaiyâr*, éd. et trad. Karavelane, Pondichéry, Institut français d'indologie, 1982. ***Étude* :** E. CRADDOCK, *Siva's Demon Devotee : Karaikkal Ammaiyar*, Albany (New York), State University of New York, 2010.

KEMPE, Margery, *laïque, écrivain* (Bishop's Lynn, v. 1373- ?, apr. 1438). — Toute l'histoire de Margery Kempe pourrait se résumer par ces mots des livres prophétiques de l'Ancien Testament : « J'entendis la voix du Seigneur qui disait : Qui enverrai-je ? Qui ira pour nous ? Et je dis : me voici. Envoie-moi » (Is, VI, 8). De cette mystique anglaise, on ne sait presque rien, en dehors des visions et des ravissements qu'elle connut, des voyages et des pèlerinages qu'elle fit à l'invite de ce Seigneur à qui elle se confia toute entière. Les quelques renseignements objectifs que nous en avons se réduisent à peu de choses : son père, John Brunham, fut trois fois maire de Lynn, une petite ville commerçante et bourgeoise du Norfolk, en Angleterre, et Margery fut mariée en 1393, ce qui, étant donné les coutumes de l'époque, laisse penser qu'elle était née aux environs des années 1373. De son milieu d'origine, elle conserva longtemps la morgue et l'orgueil social qui le marquaient, jusque dans les premières manifestations de ses appétences mystiques. Son *Livre* (*The Book of Margery Kempe*) nous rapporte ainsi que, « lorsque la créature [c'est-à-dire elle-même] eut par telle miséricorde recouvré ses esprits, elle sut qu'elle était unie à Dieu et serait sa servante. Elle n'en délaissa pas pour autant son orgueil ni ses atours pompeux, son ancienne habitude, et ne céda à la demande de son mari ni de quiconque. Elle savait fort bien aussi que l'on se répandait en vilénies à son propos, car elle portait rouleaux dorés en ses cheveux, et s'habillait de capelines et palatines à crevés. Ses manteaux aussi étaient à taillades, et les couleurs jouaient entre les échancrures, pour qu'aux regards de l'homme ils soient plus aguichants, et qu'elle-même soit la plus adulée. » Et le texte continue : « Quand son mari lui parlait de laisser son orgueil, elle répondait avec âpreté et rudesse qu'elle était issue d'une famille convenable – qu'il n'aurait jamais dû l'épouser – car son père autrefois était maire de N... [= Lynn], et ensuite échevin de la High Guild de la Trinité à N... [...]. Et quoi qu'on puisse dire, elle maintiendrait donc la dignité de sa famille. Elle était très jalouse de ses voisines, qui pouvaient avoir aussi beaux habits qu'elle. Son seul désir était d'être adorée de tous [...]. Par pure convoitise, et pour soutenir son éclat, elle se mit au brassage de la bière, et fut l'une des plus importantes brasseuses de la ville de N..., pendant trois ou quatre ans, jusqu'à perdre beaucoup d'argent, n'ayant jamais été formée à ces affaires. »

Margery était ainsi très solidement enracinée dans la réalité de son temps et, comme les femmes de son milieu, on peut penser qu'elle développa une solide personnalité à base hystérique, marquée par les traits classiques que relèveront plus tard, à la fin du XIXe siècle ou au début du XXe, Charcot ou Janet par exemple : cris, pleurs, théâtralité incessante, rien ne nous est épargné des symptômes les plus classiques – mais toute la question est de savoir si on peut la réduire à ce noyau incontestable. Or, il apparaît clairement que non. Héritière, à travers le grand nombre de Flamands qui vivent dans sa région, de la mystique de la Rhénanie et des Flandres et plus particulièrement, sans doute, de Maître Eckhart, leur maître à tous, puis de ses principaux élèves comme Henri Suso, Jean Tauler ou Ruysbroek l'Admirable, elle ne se contente en rien d'une croyance, aussi exaltée soit-elle, qui lui assurerait le salut de son âme, mais elle plonge dans un « au-delà de soi-même » où elle va vivre à son propre compte la fameuse parole de saint Paul : « Je vis. Non, je ne vis pas : le Christ vit en moi. » Accédant de la sorte à un réel qui transcende tout réel de ce monde, faisant à plusieurs reprises l'expérience de son indignité essentielle, parfois raillée et même insultée pour ce qui peut sembler son infantilisme, elle n'en oublie jamais pour autant le monde dans lequel elle doit vivre et auquel elle oppose sans complexe ce que lui révèlent ses visions ou son union extatique au Seigneur.

Margery est fille d'un Moyen Âge occidental qui se centre tout entier sur la Passion du Christ : les colonnes de flagellants ont parcouru l'Europe au XIIIe siècle, et la peste noire a décimé le continent au XIVe, rappelant à toutes les consciences combien l'univers que nous habitons est une perpétuelle vallée de larmes, que le Christ a dû racheter sur la Croix – d'où l'importance et la multiplication, aussi, des « danses macabrées » qui envahissent son époque et celle qui va immédiatement suivre. Margery s'inscrit aussi dans la lignée de certaines des déclarations de Richard Rolle, l'ermite de Hampole dans le Yorkshire, mort précisément de la peste en 1349 : « Quel ne fut pas mon étonnement lorsque je sentis pour la première fois mon cœur s'échauffer et brûler, non pas en imagination, mais en réalité et comme sous l'action d'un feu sensible. [...] Le cœur subit si fortement l'influence de cet amour qu'on le sent brûler, brûler non en figure mais en réalité, car il est comme changé en feu, si bien que le feu de l'amour devient objet d'expérience » (*The Fire of Love*, « Le feu d'amour », 1320/1340). Comme elle se rapproche des ressentis les plus saisissants de la recluse Julienne de Norwich*, cette Julienne à qui elle rendra visite en 1402 sur l'ordre céleste qui lui en a été donné, et qui décrit ainsi la mort de Jésus au Calvaire : « De grosses gouttes tombaient de dessus la couronne comme des caillots qui paraissaient sortir des veines. Elles étaient d'abord d'un rouge foncé presque brun, car le sang était très épais ; puis, en s'élargissant, elles devenaient d'un rouge plus vif. [...] Sur toutes les parties du corps, la peau était arrachée et les chairs profondément entaillées par des coups cinglants ; du sang vermeil jaillissait de partout, si bien qu'on ne pouvait plus voir ni peau, ni plaies, mais rien que du sang... » (*Révélations*, 1393 ?).

En cette période, en effet, c'est d'abord à l'incarnation du Christ que l'on s'attache, à son martyre et à son corps vivant, et lorsque Margery en a la révélation, c'est tout naturellement sur le mode de l'union amoureuse que l'expérience en est vécue, à la limite, comme elle le dit, du « badinage » – et parfois, presque, de ce qui pourrait devenir de la luxure ou des plaisirs charnels, qu'elle refuse désormais à son époux : « Depuis lors, elle eut désir de jamais ne plus communier charnellement avec son mari, car si abominable lui fut le devoir conjugal, qu'il lui eût semblé préférable de manger ou boire de la boue et de la fange du ruisseau, que de consentir au moindre contact charnel, sinon par seule obéissance. » Comme elle s'écrie alors, « gisant en contemplation et son âme noyée de larmes » : « Ah ! Seigneur, les vierges maintenant dansent de joie au Ciel. N'en sera-t-il pas ainsi pour moi ? [...] Ah ! Seigneur Adoré, chaque jour de ma vie je ne T'ai pas aimé, et j'en ai amer repentir. Je T'ai fui, Tu m'as poursuivie ; en désespoir, je voulus choir, et Tu ne voulus le souffrir. » À quoi le Christ lui répond : « Ah ! Fille, combien de fois t'ai-Je dit que tes péchés te sont pardonnés, et qu'ensemble nous sommes éternellement unis par l'amour. [...] De Mes propres mains qui furent clouées sur la croix, Je délivrerai ton âme de ton corps, au milieu de chants d'allégresse, d'odeurs suaves et de délicieux parfums. [...] Tu seras rassasiée de tout l'amour que tu désires. Alors, tu béniras le temps où tu fus mise à l'épreuve, et ce Corps que tu as si chèrement conquis, en toi se réjouira, et toi en Lui, pour l'éternité. »

Nulle surprise, de ce pas, à ce qu'elle soit si souvent submergée de ces larmes, qui sont autant la marque de son statut de pécheresse que l'expression de sa jouissance divine, et qu'elle pousse des cris qui marquent son abandon : « Souvent, elle criait et hurlait, comme déchirée, si ardente sa foi dans le Précieux Sacrement. [...] Notre Dame parfois, et Notre Seigneur Dieu, inondaient de lumière son regard spirituel. Elle criait alors, c'en était un prodige, pleurait et sanglotait, comme si elle eût vu Notre Seigneur à l'heure de Sa mort, à l'heure de sa mort Notre Dame. » Ou quand elle assiste, le jeudi saint, à la séparation du Christ d'avec sa mère, d'avec les apôtres et d'avec « Sa fidèle amante aussi, Marie-Madeleine » : « Quand ce spectacle eut envahi son âme, elle s'abattit au milieu de la foule. Elle cria, elle hurla, elle pleura, comme brisée. Elle ne put se maîtriser ni se contrôler, mais tant cria et hurla que beaucoup s'en scandalisèrent. Peu lui importait, pourtant, ce que l'on pouvait dire ou faire, car ses pensées étaient absorbées en Notre Seigneur. »

C'est que Margery, comme beaucoup de mystiques avant elle, tels Raymond Lulle ou Julienne de Norwich, ou, beaucoup plus tard, comme Charles de Foucauld, balance sans cesse de son état de pécheresse à celui de l'Élue que le Seigneur a choisie pour l'inonder de ses faveurs. Comme elle l'explique elle-même, « quand la créature connut pour la première fois ses prodiges de cris, entrant en badinage spirituel avec son Seigneur Souverain Christ Jésus, elle dit : "Seigneur, pourquoi me fais-tu tant crier, que le peuple s'en épouvante ?" [...] Notre miséricordieux Seigneur Christ Jésus en son âme répondit : "[...] Je te rendrai obéissante à Ma volonté, et tu crieras quand Je le veux et où Je veux à grand éclat ou en silence ; car Je te le dis, fille, tu es à Moi et Je suis à toi, et ainsi tu seras pour l'éternité." » Alors, qu'importent le jugement des autres et le regard qu'ils portent sur elle ? Comme toujours, Margery a un pied dans l'éternité, et un autre dans ce monde, qu'elle doit habiter selon les coutumes et les valeurs de son temps.

Relevant de ce monde, elle s'inscrit sur le fond de l'« hérésie » lollarde qui ravage l'Angleterre à la suite des travaux de John Wyclif, dont le traité sur l'Eucharistie est paru en 1379, et dont les idées sur la simonie qui régnait dans la chrétienté, largement annonciatrices de la Réforme, ne sont « définitivement » extirpées qu'au début du XVe siècle. Elle partage d'ailleurs certaines de ces idées, en particulier sur la façon de vivre de beaucoup de prêtres et de prélats (mais Brigitte de Suède* les partageait déjà, et Catherine de Sienne* ne sera pas beaucoup plus tendre – comme si les mystiques, aux marges de l'Église comme institution, se retrouvaient libres de leurs intuitions) –, mais surtout, certainement, sur le thème de la Présence pure et absolue du Christ dans toute vie sincère et authentique, comme dans le pain de la communion. À plusieurs reprises, Margery est inquiétée pour ces idées, soupçonnée d'appartenir à l'hérésie ; elle en sera chaque fois lavée, sa position étant très proche de la conduite qui fut en son temps celle de François d'Assise : tout pour le Seigneur, à la frontière des enseignements officiels, et pourtant toujours fidèle à cette Église de Rome qui est tenue pour le corps du Christ sur cette terre.

Margery s'inscrit aussi au plus réel de son époque en dictant son *Livre* en langue vernaculaire et non point en latin, comme avaient écrit avant elle, par exemple Hildegarde de Bingen* ou même Brigitte de Suède. En cela, elle imite (sans doute sans le savoir), d'autres mystiques qui l'ont précédée, comme Angèle de Foligno*, qui se racontait en ombrien à son confesseur, comme Hadewijch d'Anvers*, qui écrivait ses poèmes en moyen-flamand, ou comme Béatrice de Nazareth*, qui écrivait son autobiographie en dialecte thiois. Avec Geoffrey Chaucer dans le XIVe siècle et ses *Contes de Canterbury*, elle est de la sorte à l'origine de toute la culture anglaise qui va suivre.

Margery habite cependant l'éternité dans le même mouvement ; lorsqu'elle dicte son *Livre* (ou plutôt, et plus exactement : ses *Livres*), à partir de 1436, soit vingt ans après ce qu'elle a vécu et qu'elle y raconte, elle rend tous les temps simultanés – à la fois ceux de sa vie, qu'elle a forcément vécus selon un déroulement linéaire, et ceux de ses visions ou de ses extases, où elle devient contemporaine de la vie du Christ, passée de plus d'un millénaire, ou de la gloire des Cieux, qui échappe par définition à toute dimension temporelle. Comme si elle mettait en œuvre la conception du temps spécifiquement chrétienne qu'avait déjà pointée le père de Cappadoce, Basile de Césarée : « Il est venu et Il vient. Il vient et Il viendra » – « Il » désignant Jésus, et la formule laissant entendre que, sous le regard de l'éternité, et dans l'incessante advenue du Rédempteur, le passé, le présent et l'avenir coïncident dans un pur présent attaché à la personne du Sauveur.

Tout peut alors paraître discontinuité : on ne sait jamais, d'après le manuscrit, à quel moment de sa vie fait référence notre mystique (c'est la tâche de l'historien de savoir l'établir), de la même façon que, souvent, elle fait allusion à des événements sur lesquels elle ne s'explique pas et qui nous demeurent incompréhensibles. Il suffit sur ce point de lire le chapitre qui inaugure son premier *Livre*, celui qui entame le début de sa vie spirituelle : « Quand elle atteignit ses vingt ans, un peu plus peut-être, la créature épousa un honorable bourgeois de Lynn, et peu après fut grosse, comme le voulait la nature. Tandis qu'elle était enceinte, elle fut proie de grandes attaques jusqu'à ce que l'enfant fût né – et, par suite des douleurs de l'accouchement, et de la maladie qui l'avait précédé, elle se crut perdue. Croyant ne point devoir survivre, elle envoya chercher alors son confesseur, car elle avait sur la conscience une chose qu'elle n'avait jamais encore révélée. » Quel est précisément ce péché ? Nous l'ignorons : il nous suffit de savoir que, ne s'étant pas confessée réellement, « cette créature perdit la raison et fut prodigieusement affligée et tourmentée par des esprits pendant six mois, huit semaines et quelques jours », jusqu'à ce que

« Notre Miséricordieux Seigneur Christ Jésus » lui apparût « sous l'aspect d'un homme, le plus gracieux, le plus beau, le plus aimable enfin que jamais œil humain puisse voir, vêtu d'un manteau de soie pourpre. Il s'assit à son chevet, la contempla d'un regard si bienheureux que son âme entière en fut raffermie, et lui adressa ces paroles : “Fille, pourquoi M'as-tu abandonné, quand jamais je ne t'ai abandonnée ?” » Écho, à l'évidence, de la plainte à son Père de Jésus sur la Croix – et souvenir lointain de la question angoissée du psaume...

Ainsi va Margery avec ses quatorze enfants, avec sa vie de déplacements et de pèlerinages (elle se rend à Jérusalem, à Rome, à la Portiuncule à Assise et à Saint-Jacques-de-Compostelle, lors de voyages qui la mèneront par ailleurs à Venise, en Pologne ou en Prusse), avec son union pantelante à Dieu, avec sa manière d'habiter son siècle tout en le dépassant, avec sa « frénésie » et les tourments qui la taraudent pourtant incessamment, avec ses baisers aux lépreuses (« Elle se mit alors à aimer ce qu'elle avait jadis le plus haï, car rien n'était plus répugnant pour elle, et repoussant, lorsqu'elle vivait dans la prospérité du monde, que voir ou apercevoir un lépreux. [...] Ainsi fut-elle heureuse qu'il lui fût permis d'embrasser des femmes malades ») et avec sa délectable fréquentation des aliénées.

Quand mourut-elle au juste ? Le point est difficile à établir. Tout ce que l'on sait de façon sûre, est qu'elle dicte son second *Livre* en 1438, et qu'après son père elle est admise à son tour, la même année, à la Guilde de la Trinité de Lynn.

Sans doute est-elle alors entrée dans ce silence qui conclut les plus grandes passions, et son œuvre accomplie, sa jouissance du Christ comblée de toutes les manières, malgré les racontars et les calomnies portées à son encontre, elle « s'endort » entre les mains et contre le flanc de Celui qu'elle a tant aimé et qui a tant veillé sur elle.

Michel Cazenave

• *Voir aussi* : Julienne de Norwich

Bibl. : Œuvre : *Le Livre – Une mystique anglaise au temps de l'hérésie lollarde*, Grenoble, Jérôme Millon, 1987 (précédé par *Margery Kempe ou la dévoration du temps*, de D. Vidal). ***Études*** : E. I. WATKIN, *On Julian of Norwich and in Defence of Margery Kempe*, Exeter, University of Exeter, 1979 ; K. CHOLMELEY, *Margey Kempe, Genius and Mystic*, Londres, Catholic Book Club, 1948.

KENNETT, Jiyu, *maître du bouddhisme theravada et du zen soto* (Peggy Terera Nancy Kennett ; St Leonard's-on-Sea, Angleterre 1924-Shasta Abbey, Californie 1996). — Baptisée selon le rituel anglican, Peggy Terera Nancy, fille unique, grandit dans une atmosphère de souffrance, au milieu des querelles de ses parents, puis des horreurs de la Deuxième Guerre mondiale, en Angleterre. Son attrait pour l'introspection et la vie religieuse se manifeste très tôt. Enfant, elle lit *La Lumière de l'Asie* (1879), le célèbre livre de sir Edwin Arnold, qui raconte en vers la vie du Bouddha. Elle déclare alors son intention de porter la robe monastique, mue par une interrogation : les causes de la barbarie humaine et les moyens de remédier à la souffrance.

Elle « prend refuge » pendant la guerre et entre dans une communauté bouddhiste. Elle reçoit les préceptes et étudie sous la direction du docteur Shaddhatissa, un moine érudit appartenant à la tradition *Theravada* (« l'école des anciens »), puis obtient un diplôme certifiant sa connaissance de la doctrine bouddhiste, de la Young Men's association of Sri Lanka (Association des jeunes hommes de Ceylan).

Après la guerre, elle gagne sa vie en tant qu'organiste d'église. En 1958, elle devient conférencière à la London Buddhist Society. Passionnée par la musique, et notamment par le plain-chant grégorien, elle étudie au Trinity College of Music de Londres et finit par recevoir une bourse qui lui permet d'entrer à l'université de Durham, où elle passe le diplôme de Bachelor of Music, en se spécialisant dans l'orgue et la composition.

La London Buddhist Society lui permet de se familiariser avec l'histoire et les écrits bouddhistes, mais ne propose pas de pratiques concrètes. Elle y rencontre cependant de nombreux maîtres, comme le célèbre écrivain D. T. Suzuki, spécialiste du zen. Lors d'une visite, le révérend Keido Chisan Koho Zenji, maître du zen soto, l'invite à le rejoindre dans son monastère au Japon. Peggy Kennett commence à économiser de l'argent en vue de ce voyage. En chemin, elle fait escale en Malaisie, afin d'y recevoir le prix qu'elle avait gagné lors d'un concours international destiné à mettre en musique un poème célébrant le Bouddha.

À la suite d'un quiproquo, elle découvre que des préparatifs ont été faits afin de l'ordonner dans la tradition de la *sangha*. Elle accepte de changer ses plans et reçoit l'ordination de *Shrâmanera* (« novice ») sous le nom de *Sumitra* (« amie véritable »), le 21 janvier 1962. Elle atteint le Japon après avoir étudié pendant plusieurs mois avec son maître d'ordination, Seck Kim Seng.

Au japon, elle devient la disciple directe de Koho Zenji ; son prénom, traduit en japonais, se transforme en *Jiyu* (« amie compassionnée »), son nom de famille en *Ho-un* (« nuage du dharma »). Elle le transmettra plus tard à ses disciples. L'entrée de Jiyu Kennett au sein de la communauté masculine du monastère de Sojiji (à Yokohama) cause de nombreux remous. Or Koho Zenji refuse de la laisser entrer dans un monastère de femmes. Ayant de grands projets pour elle, il redoute qu'on l'accuse par la suite d'avoir reçu un traitement de faveur (la pratique du zen étant physiquement et psychologiquement éprouvante) et de n'avoir que des connaissances limitées. Jiyu Kennett affronte de nombreuses épreuves en tant que femme et étrangère, cependant elle fait honneur à son maître. Après moins de six mois de pratique, elle a son premier *kenshô* (« éveil »), puis elle est finalement déclarée « héritière certifiée du dharma » dans la branche du zen soto, en mai 1963.

À la demande de son maître, elle s'occupe désormais des moines étrangers venus à Sojiji et dirige son propre monastère, Unpukuji, dans la préfecture de Mie. Selon la tradition japonaise, elle possède ce temple et peut le transmettre à des héritiers. Craignant les controverses au sujet de « la femme étrangère qui est devenue son héritière dans le dharma », Koho Zenji l'envoie auprès d'un autre maître soto, le célèbre Sawaki Kodo Roshi, qui authentifie la profondeur de son éveil.

À la mort de Koho Zenji, Jiyu Kennett, qui avait promis à son maître de former des disciples en Occident, se rend aux États-Unis. Elle s'installe à San Francisco en 1969. Elle fonde alors the Order of Buddhist Contemplatives qui comporte deux monastères, Shasta Abbey (sur le mont Shasta, en Californie), Throssel Hole Buddhist Abbey (dans le Northumberland, en Angleterre), et plusieurs autres petits temples annexes, ainsi que des groupes de méditation en Europe et aux États-Unis. Elle passe les vingt-six dernières années de sa vie à Shasta Abbey, continuant sa pratique et se rendant disponible à tous ceux qui cherchent un enseignement. Elle est également maître de conférence à l'université de Californie et à l'Institut de psychologie transpersonnelle.

En 1976, alors que sa santé se délabre et dans l'attente de la mort, elle entame une retraite et connaît une expérience d'éveil encore plus intense que les précédentes, qui lui révèle certaines de ses vies passées – visions auxquelles son maître l'avait préparée. Sa santé rétablie, elle entre dans la phase la plus profonde de sa réalisation spirituelle. Malgré une rémission, en 1990, le diabète, dont elle souffre depuis son arrivée aux États-Unis, s'aggrave. Elle devient aveugle et paralysée (le bas du corps). Incapable d'enseigner en public, elle continue à guider ses proches disciples, montrant la plus grande équanimité face à ses infirmités. En 1996, elle meurt paisiblement dans sa maison de Shasta Abbey.

Jiyu Kennett est la première femme occidentale à avoir été ordonnée maître zen. Comme le dit un *sutra* du cœur, sa vie a consisté à « aller, aller au-delà, aller encore au-delà, aller au-delà d'aller au-delà [...] », sans jamais s'arrêter (« *gate*, *gate*, *paragate*, *parasamgate*, *bodhi svaha* »), ce qui est la démarche même de l'éveil.

Ariane Buisset

Bibl. : *Œuvres choisies* : les écrits de Jiyu Kennett sont parus chez Shasta Abbey Press (Mount Shasta, Californie) : *Roar of the Tigress : the Oral Teachings of Rev. Master Jiyu Kennett, Western Woman and Zen Master*, 2005 ; *Zen is Eternal Life*, 1999 ; *The Wild, White Goose*, 1978 ; *How to Grow a Lotus Blossom or How a Zen Buddhist Prepares for Death*, 1993 ; *The Liturgy of the Order of Buddhist Contemplatives for the Laity*, 1987 ; *Selling Water by the River*, Londres, George Allen & Unwin LTD, 1973. ***Étude*** : M. BATCHELOR, *Rencontre avec des femmes remarquables*, Paris, Sully, 2008.

KHANDRO TSERING CHÖDRÖN, *dakini du bouddhisme tibétain* (Tibet, 1929 – Lérab Ling, commune de Roqueredonde, France, 30 mai 2011). — Avec sa sœur aînée, Pema Tsering Wangmo, Khandro Tsering Chödrön illustre le rôle traditionnellement échu aux femmes remarquables au sein du bouddhisme tibétain. Toutes deux appartiennent à la famille Lakar (*la* signifiant « châle » et *kar*, « blanc »), ainsi nommée ainsi parce que leur lointain ancêtre fut le premier à accueillir Tsongkhapa, le fondateur de l'école des Gelugpa (« les bonnets jaunes ») avec un châle de laine blanc pour le protéger du froid et de la pluie. Depuis cette époque, cette famille de l'est du Tibet se distingue par sa richesse, son soutien à toutes les branches du bouddhisme, ses dons d'argent aux monastères, de nourriture et de médicaments aux populations en difficulté.

En 1952, les disciples du grand maître Jamyang Khyentse Chökyi Lodrö, vieux et malade, le pressent de prendre une partenaire spirituelle (appelée « consorte ») pour restaurer sa santé, selon une tradition courante en Asie, qui considère que l'acte sexuel ou des pratiques rituelles accomplis avec la partenaire adéquate permet un transfert d'énergie positif et purifie les impuretés mentales et kharmiques. Ils sont sur le point de lui offrir une statuette de Jetsün Tara comme épouse symbolique quand Khandro Tsering Chödrön, qui s'est égarée dans le temple, fait irruption au cours de la cérémonie. Guidé par ce signe, Jamyang Khyentse, alors âgé de cinquante-six ans, la prend comme *gsang-yum* (« épouse secrète »), elle a vingt-sept ans. Rétabli, le maître poursuivit ses activités d'enseignant pendant sept années supplémentaires. Khandro Tsering Chödrön, dont le nom signifie « la dakini [être féminin capable de susciter l'éveil] de la longue vie », fut également appelée Khyentse Sangyum (« la mère secrète de Khyentse »).

Sa sœur aînée a, elle aussi, un destin marquant. Ayant épousé le secrétaire de Jamyang Khyentse, elle a pour fils Sogyal Rimpoche, célèbre pour avoir fondé l'école *Rigpa* (« l'esprit originel dans sa pureté »). Cette école possède actuellement onze centres d'enseignement à travers le monde. En tant que tante de Sogyal, Khandro Tsering Chödrön a participé à son éducation. Raison pour laquelle, bien qu'elle vécût loin du monde, il avait décidé de parler de sa grande sagesse et de sa vie dans son livre le plus connu, *Le Livre tibétain de la vie et de la mort* (1993).

Jamyang Khyentse étant mort au Sikkim, en Inde, Khandro Tsering Chödrön vécût alors au temple de la résidence royale à Gangtok, où elle s'adonnait assidûment à la méditation et à la prière devant le reliquaire de son mari. Comme le veut la tradition des « épouses secrètes », tout en étant considérée comme un être d'une immense envergure spirituelle, elle n'écrivit pas, n'eut pas de disciples susceptibles de continuer un lignage et n'enseigna pas en public. Son influence bénéfique et sa compassion ne pouvaient se faire sentir qu'au sein d'une famille de maîtres et par personne interposée. Entièrement consacrée à sa pratique, elle refusait toute publicité et ne recevait ni les photographes ni les journalistes.

Ariane Buisset

Bibl. : ***Étude*** : SOGYAL Rimpoché, *Le Livre tibétain de la vie et de la mort*, Paris, La Table Ronde, 1993.

KHANDRO TSERING PALDRÖN, *maître du bouddhisme tibétain* (Tibet, 1967). — Elle est aussi connue sous le nom de Jetsun Khandro, Mindrolling Jetsun Khandro Rimpoche ou simplement de Khandro Rimpoche (*Rimpoche* étant un titre honorifique signifiant « vénérable » et *khandro* signifiant « dakini », soit un être féminin capable de susciter l'éveil). Khandro Rimpoche est la fille du maître *Nyinmapa* (« l'école des anciens ») Mindrolling Trichen et appartient en tant que telle à un lignage qui compte depuis longtemps de nombreuses femmes maîtres. Alors qu'elle n'avait encore que deux ans, le seizième Karmapa, Rigpe Dorje, déclara qu'elle était la réincarnation de la grande dakini de Tsurphu, Khandro Ugyen Tsomo. Dans sa précédente incarnation, le quinzième Karmapa, Kakyab Dorje, étant très malade, avait en effet épousé une jeune fille de seize ans, vue en songe, reconnue comme étant une émanation de la parèdre de Padma Sambhava, Yeshe Tsogyal*. Cette jeune fille effectua chaque jour pour lui le rite de purification de *Dorje Nandjoma*, ce qui prolongea sa vie de neuf ans. Après avoir été reconnue officiellement comme sa précédente épouse par le seizième Karmapa, Khandro Tsering Paldrön fut intronisée publiquement au cours d'une cérémonie. Dilgo Khyentse Rimpoche la reconnut lui aussi et devint par la suite l'un de ses maîtres.

Khandro Tsering Paldrön a étudié avec son père, Mindrolling Trichen, avec le Dalaï Lama et sous la direction d'autres maîtres appartenant à la lignée des *Nyinmapa* ainsi qu'à celle des *Kagyupa* (« lignée de transmission orale ») plus tardive, ce qui lui permet aujourd'hui de transmettre les enseignements de ces deux traditions du bouddhisme tibétain. Ayant reçu une éducation tibétaine et occidentale, elle parle couramment l'anglais et compte environ cinq cents étudiants aux États-Unis et au Canada. Elle dirige le centre de retraite de Santen Tse à Musoori en Inde, où vivent une trentaine de nonnes, dans lequel les laïcs occidentaux peuvent venir pratiquer. Ce centre a ouvert des branches en Allemagne, en Grèce et en France. En accord avec le mouvement *Rimé* visant à permettre à des maîtres de toutes les branches du bouddhisme de se réunir pour enseigner de façon non sectaire, elle a fondé en 2003 le Lotus Garden, en Virginie (É.-U.), qui organise des retraites et publie le *Dharmashri Journal*. En outre, elle anime le monastère de Mindrolling à Dehra Dun (Inde) ainsi que le monastère féminin de Karma Chokor Dechen situé à Rumtek, dans l'Himalaya. Elle accorde son soutien à de nombreux projets charitables, dont une léproserie. Ayant adopté deux petites filles, elle assume par ailleurs des responsabilités familiales.

Alliant action et contemplation, Khandro Tsering Paldrön est une des rares maîtres femmes tibétaines actuelles, en tout cas la seule à avoir su marier l'Orient et l'Occident, tout en restant entièrement fidèle à sa tradition.

Ariane Buisset

• *Voir aussi* : Yeshe Tsogyal

Bibl. : *Œuvre* : *This Precious Life* : *Tibetan Buddhist Teachings on the Path to Enlightenment*, Boston, Shambhala Publications, 2003. ***Étude*** : P.-Y. GINET, « Khandro Tsering Paldrön », *Bouddhisme actualités*, sur le site Buddha Line.

KIMPA VITA, dona Beatriz, *prophétesse, figure majeure du mouvement antoiniste* (Kibangu, 1684-Evululu, 2 juillet 1706). — Dona Beatriz Kimpa Vita, issue d'une famille de haut rang, est née en 1684, à Kibangu, dans le royaume de Kongo. Son nom, portugais et kikongo, témoigne de l'importance du Portugal et de la religion chrétienne dans ce royaume de l'Afrique centrale occidentale, qui connut une très forte expansion au XVIe siècle, et dont les premiers contacts avec l'Occident datent de 1498. Dona Beatriz, comme tous les sujets du roi du Kongo, reçut le baptême. Son enfance fut troublée par les guerres civiles auxquelles se livrèrent les différentes branches de la famille royale, qui contestaient la suprématie du souverain établi à Sao Salvador, la capitale. Ces conflits furent attisés par le Portugal et la Hollande, engagés avec la complicité de Kongolais éminents dans la traite des esclaves à destination du Brésil et des Caraïbes. Rien ne semblait prédisposer dona Beatriz à jouer un rôle de premier plan dans l'échiquier politique et religieux de la région. Très tôt, elle découvrit ses pouvoirs de *nganga*, c'est-à-dire d'intermédiaire entre les vivants et les morts. Ces pouvoirs la rendirent capable de lutter contre les malédictions des sorciers, de guérir des maladies et d'aider ceux qui étaient frappés par la malchance ou possédés par le diable (*kindoki*) à redresser leur situation. Dona Beatriz fut donc initiée selon les traditions africaines anciennes, mais laissa en suspens ses dons pour se marier, cédant aux instances de sa famille. Or cette union ne prospéra pas.

En août 1704, la jeune fille, frappée par une étrange maladie, agonisa. Soudain, les spasmes de son corps se calmèrent et elle vit devant elle un homme revêtu de la robe bleue d'un frère capucin déclarant être saint Antoine de Padoue, fils aîné de la Foi et héritier de saint François d'Assise. Le moine disait avoir été envoyé par Dieu pour l'exhorter à restaurer le royaume du Kongo, ravagé par des années de guerre. Sao Salvador était en ruines depuis 1678, mais la cathédrale était encore sur pied. Dona Beatriz fut alors possédée par saint Antoine, qui s'installa en elle.

Dona Beatriz entrait régulièrement en contact direct avec Dieu. Tous les vendredis, elle mourrait et se rendait au ciel où elle discutait avec le Créateur des affaires du royaume pendant deux jours. C'est lors de ces séjours qu'elle apprit que Jésus était né à Nsundi (sur la rive gauche du fleuve Congo) et baptisé à Sao Salvador ; quant à la Vierge Marie*, elle était une esclave d'un haut dignitaire du Kongo. Cette africanisation du catholicisme, combattue par les missionnaires capucins, s'inscrivait dans la volonté des rois du Kongo de créer leur propre Église et leur propre clergé sans le contrôle des Portugais. Beatriz, considérée comme hérétique et sorcière par les frères capucins, prit ainsi le parti des Kongolais et son combat, dont l'enjeu final était la restauration d'un royaume uni du Kongo qui mettrait fin aux luttes des factions et aux convoitises européennes, fut suivi par de nombreux adeptes de toutes les couches de la société. En s'attaquant aux réseaux esclavagistes, elle pensait pouvoir ramener la paix dans la région. Mais ce mouvement antoiniste commit des erreurs tactiques. Le roi Pedro IV du Kongo, avec l'aide des missionnaires, réussit à faire capturer Beatriz Kimpa Vita et la condamna au bûcher où elle mourut convaincue que saint Antoine s'était incarné en elle et partageant avec des milliers de fidèles l'idée que les Kongolais étaient un peuple élu et que le royaume avait été le premier que Dieu avait créé lui-même, tandis que le reste du monde avait été délégué à l'action de ses anges. D'une certaine façon, la prophétie fut accomplie puisque le royaume fut restauré par Pedro IV en 1709, pour une brève période, avant la reprise des guerres.

Dona Beatriz Kimpa Vita est l'une des premières femmes à avoir créé une Église catholique authentiquement africaine, réunissant le culte des saints chrétiens et la possession. Son exemple a influencé des personnalités prophétiques et politiques comme Simon Kimbangu (1887-1951) ou encore, au XXIe siècle, le mouvement nationaliste Bundu Dia Kongo. Aujourd'hui encore, son Église a toujours des partisans dans la République démocratique du Congo et au Congo-Brazzaville.

Carmen Bernand

Bibl. : ***Vie et étude*** **:** J. K. THORTON, *The Kongolese Saint Anthony. Dona Beatriz Kimpa Vita and the Antonian Movement, 1684-1706*, Cambridge, Cambridge University Press, 1998.

KINGSFORD, Anna, *occultiste, théosophe et écrivain* (Anna Bonus ; Stratford, 1846-Londres, 1888). — Anna Bonus était la benjamine d'une famille de douze enfants ; son père, un riche commerçant et armateur de la City de Londres, mourut alors qu'elle n'avait que dix-sept ans, lui laissant une rente confortable assortie de l'obligation de la gérer elle-même. Sa très grande beauté s'accompagnait malheureusement d'une santé précaire, elle souffrait de violentes crises d'asthme. Dès sa prime jeunesse la bibliothèque familiale la retenait des heures durant, s'intéressant aux mythologies religieuses, aux histoires de fées et cultivant très tôt des dons médiumniques. En 1867, elle épousa son cousin Algernon Kingsford (futur pasteur, avec qui elle avait fait une fugue, en tout bien tout honneur, devait-elle préciser) en ayant posé comme condition d'être libre de son temps et de son argent, bien décidée à se lancer dans la vie publique. Elle militait alors dans les milieux féministes, les « suffragettes », mais était plus préoccupée par les questions de société et de spiritualité que par la politique proprement dite, écrivant de nombreux articles en faveur des droits civils des femmes, dans le *Penny Post* notamment. En 1872, elle acheta son propre titre, le *Lady's Own Paper*, où elle développa ses idées végétariennes et antivivisectionnistes : elle avait la phobie du sang, détestant la chasse au renard. Un accouchement difficile et un désintérêt évident pour sa fille Édith accentuèrent son manque de goût pour la vie conjugale et furent l'occasion d'un retour dans la maison maternelle, sans pour autant qu'elle rompe avec son mari – cela bien qu'elle se soit convertie au catholicisme en 1870, se déchargeant ainsi des tâches incombant à une femme de pasteur. Son frère s'était déjà converti, sous l'influence du mouvement d'Oxford du cardinal John-Henry Newman, et l'ampleur du mouvement marial ne pouvait que lui plaire. Pour dénoncer le prétexte scientifique de la vivisection, elle entreprit des études de médecine à Paris, en 1873, la discipline étant fermée aux femmes à Londres. Elle s'y installa à deux reprises, avec son mari puis avec un compagnon spirituel, Edward Maitland, qui devait faire route avec elle dans sa démarche intérieure ; elle avait alors de fréquentes visions (à partir de 1875). Munie de son diplôme (1880), elle ouvrit un cabinet à Londres et se tourna, déçue par l'Église, vers la Société de théosophie (1882), publiant en même temps le résultat de ses réflexions inspirées dans *The Perfect Way, or the Finding of Christ* ; la traduction française (1892) sera préfacée par Édouard Schuré. Dès 1883, elle fut élue présidente de la section londonienne et Maitland vice-président, mais les choses se gâtèrent très vite. Du fait des choix « orientaux » de la théosophie et malgré des tentatives de médiation, ils démissionnèrent. Anna fonda alors une Hermetic Society consacrée à l'étude de la gnose, de la kabbale et de l'ésotérisme chrétien depuis la Renaissance. Le thème mystique et ésotérique de la mère du monde développé par Guillaume Postel à Venise l'inspira particulièrement ; elle édita avec Maitland les communications faites à la Société dans *The Virgin of the World* (1885). Au cours de ses séjours parisiens, elle se lia étroitement avec lady Caithness* et lui fit partager sa lecture féminisante des Écritures.

La publication posthume de *Clothed with the Sun* (1889) (allusion à la femme vêtue de soleil de l'Apocalypse, XII, 1) a livré la forme définitive de son exégèse combinant des données issues des mythologies antiques et des textes hermétiques au judéo-christianisme. Ève, dernière-née de la Création, représentait, selon elle, l'achèvement de la Création ascendante. Adam figurait l'homme matériel et Ève l'âme bientôt déchue, qui allait entreprendre un long chemin de libération à travers la figure de Marie-Madeleine*, la pécheresse, jusqu'à la rédemption par l'intercession de Marie*, figure de la virginité spirituelle retrouvée effaçant le péché originel. La femme couronnée d'étoiles et vêtue de soleil de l'Apocalypse représentant la forme accomplie de l'humanité régénérée, la porte était alors ouverte pour le retour du Christ en possession des deux sexes de l'homme primordial. L'âme était identifiée à la « face féminine de Dieu », la Sagesse ou « divine Sophia », préexistant à la personne et incarnée dans les formes élémentaires de vie avant de devenir humaine. Une telle interprétation réduisait à peu de choses l'incarnation historique, au profit d'une vision cosmique du Christ, image de la perfection divine à laquelle tout homme pouvait prétendre ; les arguments « kabbalistiques » se mêlaient à l'exégèse traditionnelle chrétienne (Marie figure d'Ève régénérée, David figure du Messie selon un procédé fréquent dans les Écritures). L'auteur insista également sur le rôle de la femme étrangère comme dépositaire de la légitimité du sens : la prostituée Rahab qui guida Josué, envoyé en éclaireur des Israélites pour la prise de Jéricho (Jos, II et VI) ; le rôle de la Samaritaine rencontrée au puits par Jésus, etc.

En même temps, Anna Kingsford conserva toujours son comportement de militante missionnée ; ses visions la confortant dans son rôle de sauveur des animaux, victimes de la vivisection. Comme la passion du Christ avait marqué la fin de tous les sacrifices sanglants, le règne de l'Esprit serait celui de la rédemption animale. Passant à l'acte, ou croyant l'avoir fait, elle se considérait comme responsable, par sa magie médiumnique, de la mort des savants défenseurs de la vivisection Claude Bernard et Paul Bert, ce dont elle se repentit avant de mourir. C'est en tentant de faire subir le même sort à Louis Pasteur, en le guettant des heures durant, sous la pluie, devant son laboratoire, qu'elle contracta une congestion pulmonaire qui lui fut fatale.

Edward Maitland réunit les souvenirs vécus en compagnie d'Anna Kingsford, joints à des récits de visions, dans une biographie publiée en 1896. Il a mis en valeur la modernité de ses choix en matière de genre, de liberté d'exégèse et d'approche de la nature.

Jean-Pierre Laurant

• *Voir aussi* : Caithness

Bibl. : *Œuvre* : *La Voie parfaite ou le Christ ésotérique*, Paris, Alcan, 1892. ***Études* :** E. MAITLAND, *Anna Kingsford, her Life, Letters, Diary and Works*, Londres, Redway, 1896 ; J. GODWIN, *The Theosophical Enlightenment*, Albany, Suny Press, 1994 ; J.-P. LAURANT, « Une théologie ésotérisante de la Pentecôte, Anna Kingsford », in *La Pentecôte de l'intime au social*, Laval, Siloë, 1996.

KITAMURA, Sayo, *fondatrice de la nouvelle religion Tenshô Kôtai Jingû-Kyô* (Hizumi, 1900-Tabuse, 1967). — Dénommée Ôgamisama (« Grande divinité ») par ses fidèles. Née au Japon dans le village d'Hizumi (préfecture de Yamaguchi) dans le sud de l'archipel, Sayo poursuit sa scolarité au-delà de l'école primaire et apprend la couture dans une institution privée. Elle trouve un premier travail dans une usine de filature. Bien que ses parents soient très attachés au bouddhisme de la Terre pure, la jeune Sayo ne montre pas d'appétence particulière pour la religion. Ses amies d'école remarquent en revanche sa forte personnalité et son tempérament de leader. Mariée à vingt ans à un paysan, elle vient s'installer dans sa famille à Tabuse, un village de la même préfecture. En 1942, à la suite d'un incendie d'origine criminel survenu dans un bâtiment annexe de la ferme, Sayo – qui voit là le signe d'une négligence dans ses obligations religieuses envers les divinités ancestrales – prend conseil auprès d'un exorciste et multiplie prières et rituels d'ablution, ainsi que retraites de nuit dans le sanctuaire shintô local. Cette première interaction avec le monde divin va avoir une influence déterminante sur sa conduite religieuse. Le 5 mai 1944, elle sent son corps envahi par une puissance mystérieuse, le « dieu de l'intérieur de l'abdomen » (*hara no naka no mono*) qui engage avec elle un dialogue. Cette communication, qui se poursuit pendant six jours, transforme la possession initiale en une conversion religieuse définitive. Sayo, apte à canaliser cette force surnaturelle, devient porte-parole de la « divinité dirigeante » (*shidôshin*). L'union de la fondatrice avec la divinité trouve sa réalisation symbolique à travers le mariage de la grande divinité solaire féminine, Tenshô daijin, avec la divinité masculine, Kôtaijin. À partir de juillet 1945, des fidèles se réunissent à son domicile pour écouter ses prédications (*seppô*), qui prendront très vite un ton enflammé ; un mois plus tard, elle réalise qu'elle a été choisie par cette « divinité universelle toute-puissante » (*uchû zettai naru kami*), dorénavant nommée Tenshô Kôtaijin. Le charisme de Sayo, ses prêches dans les rues sous forme de chants et de « danses extatiques » (*muga no mai*), sa revendication selon laquelle elle serait, après la défaite du Japon et le renoncement de l'Empereur à sa nature divine, l'unique représentante sur terre de la divinité impériale

Amaterasu ô-mikami (autre lecture de Tenshô daijin), lui confère une aura toute particulière dans une société en quête de repères. Enregistrée comme groupe religieux en 1947 sous la dénomination de Tenshô Kôtai Jingû-Kyô, cette « religion dansante » (*odoru shûkyô*) – terme utilisé par les médias – va connaître une forte croissance au Japon, mais aussi à l'étranger, principalement à Hawaï et sur le continent américain, grâce aux missions que Sayo y effectue à partir de 1952. Refusant l'argent de ses disciples et payant les frais de ses sermons grâce à des travaux dans les champs, la fondatrice restera active jusqu'à sa mort. C'est sa petite-fille, Kiyokazu Kitamura, qui lui succède en 1968.

Les mémoires de Sayo, intitulées *Seisho* (« Livre vivant »), mais aussi ses sermons et ses entretiens enregistrés révèlent la vigueur d'une foi qui, par-delà les incantations spectaculaires, prône inlassablement la nécessité de « polir son âme » (*tama o migaku*), d'abandonner son *ego* et de devenir de « véritables êtres humains » (*maningen ni naru*).

Jean-Pierre Berthon

Bibl. : ***Études*** **:** C. MAY, « The Dancing Religion: A Japanese Messianic Sect », *Southwestern Journal of Anthropology*, vol. 10, nº 1, été 1954, p. 119-137 ; H. THOMSEN, « Tensho kotai jingu kyo », in *The New Religions of Japan*, Tokyo & Rutland, Vermont, Charles Tuttle Company, 1963, p. 199-229.

KLINT, Hilma af, *peintre* (Stockholm, 1862-1944). — Issue de l'aristocratie d'arme suédoise, Hilma est la quatrième d'une famille de cinq enfants. Élevée dans la religion chrétienne, elle restera pratiquante toute sa vie. Petite fille, elle a des visions et, à l'âge de dix-neuf ans, elle participe à des séances dans un cercle spirite de Stockholm. De 1882 à 1887, elle poursuit une formation artistique à l'Académie royale des beaux-arts de Stockholm, où elle acquiert le métier de peintre et les techniques du rendu des couleurs et de la lumière, auxquelles elle s'est sensibilisée. Elle devient portraitiste et paysagiste. Ses peintures réalistes s'inscrivent alors dans la tradition du nord de l'Europe. Fascinée par la pensée théosophique, elle lit *La Doctrine secrète* (1888) d'Helena Blavatski*, s'intéresse à Charles W. Leadbeater et Annie Besant*, et découvre les théories anthroposophiques de Rudolf Steiner. Inspirée par ces courants de pensée, elle commence par exécuter des dessins dans la tradition spirite sur le mode automatique, puis s'attaque à des cycles peints de très grand format. Son œuvre artistique se scinde alors en deux parties très distinctes. L'une officielle et l'autre cachée, seulement réservée à des initiés.

En 1897, avec Anna Cassel, Sigrid Hedman, Cornelia Cederberg et Mathilde N., elles fondent un groupe ésotérique appelé De Fem (« Les cinq »). Dans une pièce dotée d'un autel sur lequel est posée une croix, où brûlent des bougies et où des roses et du lilas embaument, elles communiquent avec les esprits et explorent de nouveaux chemins en matière de création spiritualiste. Le déroulé d'une séance s'effectue ainsi : après une lecture de la Bible, le groupe entre en contact avec les guides spirituels. Un psychographe, ou une femme tombée en transe, retransmet les messages. En 1901, Hilma est désignée comme médium et retranscrit ces communications. À partir de 1906, elle ne les écrit plus mais les dessine (*Carnets de dessins spirites*). Sa main, abandonnée aux esprits, trace des motifs de rose, de lys, d'escargot et de spirale. De même, pour exécuter ses grandes peintures mystiques, elle reçoit des messages préparatoires de ses guides astraux (Esther pour la dimension matérielle, Gidro pour la dimension spirituelle et Amaliel pour la dimension astrale).

À l'automne 1907, elle crée la série *Les Dix plus grands*, qui traite des quatre phases de la vie humaine : *Enfance*, *Adolescence*, *Âge d'homme*, *Grand Âge*. Vers 1908, Rudolf Steiner visite son atelier, mais ne lui propose aucune interprétation de son travail – ce qui est pour Hilma une immense déception. Elle cesse temporairement l'œuvre du « grand Temple pictural », qu'elle reprend néanmoins en 1913 pour l'achever en faisant la série US, groupe 8, et le début de la série W, *L'Arbre de la connaissance*. Elle termine en 1915 avec *Chasteté humaine*. Optant pour un transfert du religieux vers l'art, être artiste devient pour elle une forme de sacerdoce.

Tandis qu'elle s'adonne à la mise en image des idéaux théosophiques et crée certaines œuvres sous la dictée des esprits, de 1910 à 1914, elle participe également à des expositions collectives en tant que membre de l'Association des femmes peintres suédoises, où elle présente une peinture académique. En 1916, elle fait construire, sur une île de l'archipel de Stockholm, un atelier pour exposer ses œuvres du « grand Temple », dont l'entrée est, là encore, uniquement réservée aux initiés. Un an plus tard, elle peint la série *L'Atome* (1917). Après le décès de sa mère, qui survient en 1920, elle s'installe à Helsingborg. À partir de 1922, elle peint des aquarelles anthroposophiques et, jusqu'en 1941, effectue environ deux cents œuvres.

Les œuvres de grand format d'Hilma af Klint sont le fruit de son exploration psychique et formelle. Créées en réponse à un appel qui vient d'en haut, son art s'inscrit, à ce titre, dans une recherche spirituelle. Ses formes peintes sont organiques et géométriques ; elles s'expriment dans des couleurs acidulées, fushia, parme et jaune. Elles oscillent, sur le plan stylistique, entre une sorte de symbolisme ésotérique abstrait et le psychédélisme des années 1960.

Un peu avant sa mort, elle demande à son neveu et héritier Erik af Klint de laisser s'écouler un laps de temps de vingt ans avant de montrer ses œuvres médiumniques. L'exposition américaine *The Spiritual in Art* : *Abstract Painting 1890-1985* qui se tient à Los Angeles en 1987 révèle son existence au public.

Caroline Benzaria

• *Voir aussi* : Besant ; Blavatsky

Bibl. : ***Études*** : *The Spiritual in Art : Abstract Painting 1890-1985*, Los Angeles, LACMA, 1986 ; A. M. SVENSSON, « The Greatness of Things », in *Hilma af Klint*, Dublin, Douglas Hyde Gallery, 2005. ***Expositions*** : *The Alpine Cathedral and The City-Crown, Josiah McElheny*, Moderna Museet de Stockholm, 2007-2008 ; *Hilma af Klint (1862-1944) : une modernité révélée*, Paris, Centre culturel suédois, 2008 ; *Trace du sacré*, Paris, Centre Pompidou, 2008 ; *Hypnos : Images et inconscient en Europe (1900-1949)*, Lille, Musée d'art moderne, 2009.

KOTANI, Kimi, *bouddhiste, présidente de l'Association Reiyûkai*

(Miura, 1901-Tokyo, 1971). — Née dans une famille pauvre du canton de Miura, dans la préfecture de Kanagawa, au sud-ouest de Tokyo, au Japon, elle perd son père très tôt et quitte l'école élémentaire à l'âge de douze ans pour entrer au service de sa tante. En 1918, elle se marie avec un pêcheur, qui meurt en mer l'année suivante. Kimi se rend alors à Tokyo où elle est employée comme servante dans plusieurs familles. En 1925, elle devient la seconde femme de Yasukichi Kotani, le frère aîné du futur fondateur de la nouvelle religion bouddhique laïque *Reiyûkai* (« Association des amis des esprits »), Kakutarô Kubo. Rapidement confrontée à la maladie chronique que développe son mari et sur les conseils de son beau-frère, elle commence à pratiquer les rituels bouddhiques du culte des ancêtres dérivés du *Sûtra du lotus* (*Hokke-kyô*), texte fondamental de l'Association, et à réciter l'incantation (*daimoku*) « Hommage au Sûtra du lotus de la Loi sublime ». Malgré les doutes de Kimi, la guérison de son mari se produit. En 1927, convaincue des mérites du Sûtra, Kimi décide de suivre Kakutarô et de s'établir avec Yasukichi dans le quartier d'Akasaka, à Tokyo. Chaque jour, ils consacrent de nombreuses heures à la lecture du Sûtra et aux « pratiques de purification par l'eau » (*suigyô*). Ils entreprennent également de longues périodes de jeûne, probablement fatales au mari de Kimi, qui décède en décembre 1929. Ces exercices, que Kakutarô impose sans ménagement à Kimi – qu'il justifie par le mauvais karma de ses ancêtres –, vont contribuer à la vénération que les disciples portent à Kimi. Celle-ci prend conscience de sa capacité à communiquer avec les divinités et les esprits ancestraux. L'année suivante, Kimi est nommée présidente (*kaichô*) de l'association Reiyûkai.

C'est au cours de ces années, entre 1925 et 1931, que l'activité religieuse de Kimi (nommée par ses disciples Kotani onshi, « Kotani la vénérée ») est la plus intense ; elle prêche dans les rues des quartiers pauvres de Tokyo, partageant sa vie avec les travailleurs journaliers, exhortant chacun à honorer ses ancêtres, tout en usant de ses dons de guérisseuse pour soulager leur corps aussi bien que leur âme. La progression du nombre des fidèles, qui s'accélère à partir des années 1933-1934, repose davantage sur la forte « coloration chamanique » (*gyôshateki seikaku*) du mouvement que sur ses éléments doctrinaux, bien que peu de choses soient précisées dans les mémoires autobiographiques de Kimi sur les rites accomplis. Après la mort de Kokutarô, qui survient en 1944, Kimi prend seule la direction de l'organisation, qu'elle conservera jusqu'à sa mort, à l'âge de soixante-dix ans. Dans le Japon exsangue de l'après-guerre, les désirs de « profits immédiats dans l'existence présente » (*genze riyaku*), parmi la population des grandes villes, contribueront à faire de Reiyûkai l'une des nouvelles religions les plus importantes de l'archipel.

Jean-Pierre Berthon

Bibl : ***Œuvre*** : *Musique céleste*, trad. L. Auvinet, C. Shinoda, Paris, Reiyûkai, 2004. ***Étude*** : H. HARDACRE, *Lay Buddhism in Contemporary Japan : Reiyûkai Kyôdan*, Princeton, New Jersey, Princeton University Press, 1984.

KOWALSKA, Hélène. — *Voir* MARIE FAUSTINE

KRÜDENER, Barbara Juliane von, *prophétesse, femme de lettres russe d'expression française* (Juliane von Vietinghoff ; Riga, 21 novembre 1764-Karassoubazar, 25 décembre 1824). — Juliane von Vietinghoff est née à Riga, en Lettonie, dans une famille d'aristocrates. Son père, le baron Otto Hermann von Vietinghoff, assurait d'importantes fonctions en Russie et en Livonie. Sa mère, la comtesse Anna Ulrika von Münnich, luthérienne traditionaliste, éleva sévèrement Juliane. Son enfance se déroule à Riga, dans leur propriété de Kosse, où elle s'imprègne de religion, manifestant une foi fervente en Jésus-Christ. Avec ses parents, qui fréquentent la haute société européenne, elle séjourne à Paris et à Strasbourg. Elle épouse à dix-huit ans le baron Burchard Alexis von Krüdener, ambassadeur de Russie, qui est beaucoup plus âgé qu'elle. De leur union naît Paul, en 1784, à Mittau, la capitale de la Courlande. Puis leur fille, Juliette, en 1787, au Danemark. Mais son couple est un échec. Pendant une vingtaine d'années, elle mène une vie extravagante, loin de son époux, et parcourt l'Europe. Elle l'accompagne cependant à Venise (1786), Munich et Copenhague (1787). Elle s'installe à Paris, où elle demeurera pendant vingt ans. Elle y rencontre Bernardin de Saint-Pierre. Elle est toujours à Paris lorsque se réunissent les états généraux à Versailles en 1789. Elle ne se soucie alors guère des événements révolutionnaires.

Lorsqu'elle retourne à Riga, puis à Saint-Pétersbourg, elle réagit à la mort de son père (1792) par une profonde dépression. De retour en Livonie, dans sa propriété de Kosse, frappée par la misère des paysans, elle crée des écoles, des dispensaires, les couvre de bienfaits, grâce à son héritage. En Suisse, elle fréquente d'éminents émigrés français. À la suite du décès de son mari (1802), Juliane se rend à Paris pour retrouver Mme de Staël, dont elle avait fait la connaissance en 1801, à Coppet. Grâce aux relations de celle-ci, elle rencontre Chateaubriand, Benjamin Constant, Alexandre de Tilly et d'autres écrivains français, qui deviendront ses amis. La capitale connaît alors une période de renaissance brillante. En 1803, elle publie anonymement à Paris, en français, un récit autobiographique qui fait sensation, *Valérie*, qui est aussi un roman épistolaire inspiré du *Werther* de Goethe.

De retour à Riga, en 1804, elle traverse une crise spirituelle qui la rapproche du piétisme (mouvement luthérien). La mort subite d'une amie, qu'elle avait retrouvée peu auparavant, la plonge dans l'affliction. Elle trouve la paix intérieure auprès d'un disciple des Frères moraves (branche du protestantisme). Lors d'une cure thermale à Wiesbaden, elle rencontre la reine Louise de Prusse, épouse du roi Frédéric-Guillaume III. Dans sa retraite de Kosse, renonçant à sa vie frivole, Juliane et la reine Louise se consacrent à la conversion des pécheurs, aux œuvres de charité, aux soins des blessés des guerres napoléoniennes. Désirant lutter contre le mal – pour les piétistes, Napoléon Ier représente l'Antéchrist –, Juliane part prêcher dans le sud de l'Allemagne et le nord de la Suisse. Fédérant des milliers de disciples, elle ne cesse de prophétiser en Alsace la mission providentielle du roi Frédéric-Guillaume III et la proximité de la fin du monde. Il est question d'un homme qui viendra du Nord chasser l'Antéchrist, du Christ qui reviendra pour régner mille ans sur terre. L'Apocalypse menaçant de se déchaîner sur la terre, les riches doivent partager leurs richesses, fuir les honneurs et rechercher Dieu. Julianne se sent investie d'un rôle important à jouer dans le renouveau du piétisme. Son protecteur, le grand-duc Charles Frédéric de Bade l'aide et la reçoit à sa cour de Karlsruhe, enorgueillie de sa présence. Là, elle rencontre en 1808 Johann Henrich Jung-Stilling, un pasteur exalté, qui lui transmettra son admiration pour le scientifique et philosophe Emanuel Swedenborg.

Suit une période d'errance. Mme de Krüdener part dans les Flandres écouter le pasteur Jean-Frédéric Fontaines – un charlatan, qui lui présente une prétendue visionnaire, Gottliebin Kummer. Arrivés tous les deux au Wurtemberg, ils sont chassés du royaume. L'influence de Fontaines fera place à celle de Johann Kaspar Wegelin, un mystique de Strasbourg. Elle poursuit son périple à Lichtenthal et à Karlsruhe. Elle est à Riga au moment de la mort de sa mère (1811). En 1812, elle se rapproche du pasteur piétiste Jean-Frédéric Oberlin, établi à Strasbourg, qui lui confirme sa vocation de prophétesse. À la suite de ces événements, Juliane se croit appelée à établir le règne du Christ sur la terre. Elle parcourt l'Allemagne du Sud et la Suisse, distribuant des aumônes, visitant les prisonniers, accompagnée d'une foule d'admirateurs. Elle contribue ainsi au mouvement du Réveil protestant. Elle poursuit ses œuvres charitables avec la reine Louise : elles passent leurs journées auprès des malades, des pauvres et surtout des innombrables blessés. En 1813, Juliane crée à Strasbourg une communauté de croyants dirigée par le pasteur suisse Henri-Louis Empeytaz.

Dans l'une de ses visions, elle prédit le retour de Napoléon de l'île d'Elbe (mars 1815). Le tsar Alexandre Ier, qui désire connaître l'auteur de cette prédiction, organise une entrevue en 1815, à Heilbronn. Ému par ses exhortations et leurs entretiens religieux, il lui demande de le suivre à Heidelberg, puis à Paris. À la suite du tsar, Juliane s'enthousiasme pour le projet de la Sainte-Alliance avec l'empereur d'Autriche et le roi de Prusse afin d'imposer la paix en Europe. Elle prêche le règne du Christ, grâce à l'alliance de toutes les Églises chrétiennes. Au moment des Cent-Jours, elle demande au tsar d'assumer le rôle d'Élu de Dieu et de prendre la direction d'une nouvelle Église chrétienne régénérée et lavée des exactions de la Révolution et de l'Empire. Après la défaite de Napoléon, elle tient également un salon littéraire renommé, au faubourg Saint-Honoré, fréquenté par Chateaubriand, Mme de Staël, Mme Récamier, le musicien Pierre-Jean Garat, l'intendant de la Maison de Louis XVIII, le baron d'André, Benjamin Constant, Bernardin de Saint-Pierre, Mme de Lézay-Marnésia, M. de Gérondon, un proche d'Ampère, et Bathilde d'Orléans*, duchesse de Bourbon.

Exerçant une grande influence sur l'élite européenne de l'époque, elle est cependant chassée d'un peu partout, notamment lorsqu'elle prend parti tapageusement en faveur de l'indépendance grecque. Juliane s'installe à Schlüchter, une enclave du royaume de Bade au Wurtemberg, au printemps 1815, tout en poursuivant sa mission apostolique auprès des plus démunis en Europe. Elle revient en Russie en 1818. Comme elle critique l'orientation politique donnée à la Sainte-Alliance, l'Empereur, qui garde pour elle du respect et de l'affection, ne la revoit pas. Juliane retourne dans sa propriété de Kosse. En 1821, revenue à Saint-Pétersbourg, elle s'efforce de convaincre le tsar de soutenir la révolte des Grecs et même de libérer le Saint-Sépulcre. Mais le tsar, tout en lisant Mme Guyon*, suit les conseils de Metternich et l'évince. Juliane, de nouveau en désaccord avec lui, revient en Crimée, où la princesse Galitzine a fondé une colonie de piétistes.

Elle meurt à Karassoubazar, à l'âge de cinquante ans.

L'expérience de Juliane von Krüdener ne se définit pas par des expériences mystiques, ni non plus par des phénomènes surnaturels. Elle se situe plutôt du côté de l'intuition et de la sensibilité, exacerbées au contact des événements historiques, et du prophétisme. Sa foi chrétienne n'en est pas moins profonde ; elle réalisa de grandes œuvres de charité et elle exerça une véritable influence religieuse sur certaines personnalités de haut rang, aussi bien que sur des milliers de personnes. Mme de Krüdener est considérée tantôt comme folle, tantôt sainte, mais son charisme, l'impact de ses visions et de ses prophéties auprès de multiples croyants, plus ou moins naïfs ou effrayés par la tournure des événements politiques et les ravages que les guerres faisaient subir aux populations, confirment l'authenticité de ses dons bien réels. À l'approche de sa mort, elle a laissé ce témoignage sincère : « Ce que j'ai fait de bien restera, ce que j'ai fait de mal (car combien de fois n'ai-je pas pris pour la voix de Dieu ce qui n'était que le fruit de mon imagination et de mon orgueil), la miséricorde de Dieu l'effacera. »

Bernard Sesé

Bibl. : ***Œuvre*** : *Valérie, ou Lettres de Gustave de Linar à Ernst de G...*, Paris, Klincksieck, 1975. ***Vie et études*** : A. HERMANT, *Madame de Krüdener*, Paris, Hachette, 1934 ; F. LEY, *Bernardin de Saint-Pierre, Mme de Staël, Chateaubriand, Benjamin Constant et Mme de Krüdener*, Paris, Montaigne, 1967 ; F. LEY, *Madame de Krüdener et son temps*, Paris, Plon, 1962 ; J.-R. DERRÉ, *Écrits intimes et prophétiques de Madame de Krüdener*, Paris, CNRS, 1975 ; H. TROYAT, *Alexandre Ier*, Paris, Flammarion, 1980.

L

LABOURÉ, Catherine. — *Voir* CATHERINE LABOURÉ

LABROUSSE, Suzette, *laïque, prophétesse* (Clotilde-Suzanne Courcelles-Labrousse ; Vauxains, Périgord, 1747-Paris, 1821). — S'étant crue, enfant, appelée à une mission spirituelle de réforme de l'Église et à « réduire plusieurs grands de ce monde », Suzette Labrousse, nommée également « la Pucelle périgourdine », était une « prophétesse » de la Révolution française. Née dans une famille aisée, elle se montra dès ses premières années saisie par une exaltation religieuse spectaculaire, conversant avec Jésus « derrière le bleu du ciel » et s'infligeant des souffrances corporelles étonnantes pour son âge, comme de recouvrir son lit de cailloux et de tessons de faïence ou de porter des haillons. Ses premières communions furent l'occasion d'émois à la fois spirituels et physiques qu'elle consigna dans son Journal en toute innocence. Sa famille s'inquiéta de ces excès et s'attacha à lui apprendre la musique, la danse, ainsi qu'un minimum de coquetterie. Elle organisa une rencontre avec un jeune homme pieux que Suzette trouva fort sympathique, tout en refusant le parti puisqu'elle s'était donnée à Jésus-Christ. Sa soumission au clergé convainquit sa mère de la réalité de sa vocation religieuse. Elle rejoignit ainsi le couvent des Ursulines de Périgueux, précédée d'une solide réputation de sainteté. Sa vocation monastique fut cependant de courte durée. L'aumônier se débarrassait des pages où elle relatait sa mission sans les avoir lues. Tenace, elle s'adressa alors directement à l'évêque qui, hésitant entre l'inspiration divine et le dérangement mental, lui conseilla de consulter les « grands esprits parisiens ». Une nouvelle rédaction de ses avis prophétiques fut alors entreprise, où elle appelait à la fin des privilèges dans le clergé et à la réunion des états généraux (elle aurait utilisé l'expression « Assemblée nationale »). Diffusées en Périgord, ses pages suscitèrent l'attention passionnée d'un chartreux, dom Gerle, qui allait être élu aux états généraux, et représenté par David serrant dans ses bras les représentants de la noblesse et du tiers état au *Serment du Jeu de Paume* (bien qu'il ait été absent ce jour-là). Un autre ecclésiastique périgourdin, Pierre Pontard, s'enthousiasma pour les prophéties de Mlle Labrousse. Élu député à l'Assemblée législative, il soutint la Constitution civile du clergé, dont la voyante était un des plus actifs soutiens et, bientôt nommé évêque constitutionnel à Périgueux, il l'appela à Paris par une lettre collective d'évêques constitutionnels désireux de connaître dans le détail l'ordre nouveau que ses écrits avaient annoncé.

Arrivée dans la capitale en guenilles, Suzette accepta l'hospitalité de la duchesse de Bourbon, Bathilde d'Orléans*, et intégra le cercle de théosophes et de magnétiseurs adeptes de Mesmer qui l'entouraient et dont faisait partie Louis-Claude de Saint-Martin. Pontard, familier du cercle, publia en janvier 1792 un *Journal prophétique*, diffusant les thèses de la voyante passée au cœur de l'actualité parisienne, qui promettait l'avènement du royaume de Dieu pour cette même année, comme le laissait entendre l'ensemble des prophéties des Écritures. Rome et le roi seraient bientôt frappés. Celle-ci conçut alors le projet d'aller « entretenir le pape des affaires de France » et le fit approuver par une commission d'évêques constitutionnels. Robespierre encouragea une entreprise qui allait dans le sens d'une religion nouvelle et Suzette prit la route, instruisant vigoureusement les populations à son passage. À la mi-août 1792, elle atteignit les États du pape et fut enfermée au château Saint-Ange. Bien traitée, elle ne désespérait pas de persuader le souverain pontife du caractère inspiré de la Révolution et de l'imminence du temps de l'Esprit. Lorsque les troupes françaises du Directoire la délivrèrent en 1798, elle refusa de sortir de prison, car elle attendait sa propre transmutation spirituelle prévue pour l'an 1800. Elle finit par rentrer à Paris, vivant en recluse et étudiant toujours le texte de l'Apocalypse pour tenter de saisir ce qui lui avait échappé.

Comme Catherine Théot*, la « Mère de Dieu » qui voyait en Robespierre une figure messianique, Suzette Labrousse a inauguré une lignée de voyantes qui fit florès au XIXe siècle, dans le camp contre-révolutionnaire en général, avant de se muer en « médiums » pendant la « Belle Époque » d'une fin de siècle fortement sécularisée.

Jean-Pierre Laurant

Bibl. : *Études* : P. PONTARD, *Recueil des ouvrages de la célèbre Mlle Labrousse*, Bordeaux, Brossier, 1797 ; P. VULLIAUD, *La Fin du monde*, Paris, Payot, 1952 ; ID., *Suzette Labrousse, prophétesse de la Révolution*, Avant-propos de F. Secret, Milan, Archè, 1988.

LAIR LAMOTTE, Pauline, *dite* **Madeleine Lebouc ou « la Madeleine de Janet »,** *tertiaire franciscaine* (Mayenne, 1853-1918). — L'expérience de la misère ouvrière (notamment des ouvriers anglais) en pleine arrogance capitaliste oriente Pauline Lair Lamotte, à l'âge de vingt ans, vers la spiritualité du tiers ordre de saint François d'Assise (où l'engagement social est réel mais politiquement divisé entre Franciscains démocrates et Capucins traditionnalistes) et le partage des conditions d'existence des prolétaires les plus démunis de

Montmartre, survivants de la Commune, en vivant de travaux de couture (ce qui rappelle Claudine Moine* au XVIIe s.). Avec une topique et un *pathos* similaires à ceux d'une Hélène de Chappotin (Marie de la Passion*), issue pourtant d'un milieu aristocratique, Pauline adopte la spiritualité de Jésus-Victime (hostie). Avec toutefois une connotation non seulement plus vétéro-testamentaire, mais très marginale : car le bouc émissaire est un animal impur envoyé au désert inquiétant, et non la victime sans défaut dont parle l'évangile de Jean, seule capable, en plus d'éloigner ou de *porter* la culpabilité collective, d'*ôter* radicalement le péché du monde. C'est pourquoi l'identification de Pauline n'est pas destinée à reconstituer simplement un corps individuel et social perdu (comme dans une psychose hallucinatoire chronique), mais plutôt à vomir, à exclure au loin ce qui est inassimilable directement, la misère *ab-jecte*, les sanies *é-cœurantes* des malades. Pauline entend perdre son nom et sa dignité familiale : elle se laisse enfermer avec les prostituées de Saint-Lazare pour s'y soustraire.

La mort, en 1893, de son directeur spirituel, le frère capucin Conrad – représentant alors la branche traditionnaliste franciscaine –, provoque en elle des délires de persécution, puis un *delirium* religieux oniroïde (délire d'union plus immédiate à Dieu, la médiation humaine ayant disparu), et des troubles corporels, jusqu'à ce qu'apparaissent des plaies identifiées alors à des « stigmates ». Sur son parcours médical, elle trouvera le prestigieux docteur Pierre Janet à La Salpêtrière. Janet pensa voir dans son profil non seulement une psychasthénie, mais le fil conducteur de la mystique elle-même et de son paradigme : Thérèse d'Avila*. Toutefois, les troubles relevés constituent seulement une décennie de l'existence de Pauline, laquelle ne commence ni ne se termine par cette longue *digression*. En effet, elle découvre une nouvelle forme de pauvreté : vivre la profondeur de la spiritualité franciscaine en se défaisant de la richesse sémiologique de son désir, du moins celle qui l'empêchait de marcher les pieds à cru sur terre. L'écriture de son expérience sur des centaines de pages « dans l'intérêt de la religion *et de l'étude* » (*sic*) joue également un rôle dans cette transition. Elle rejoignit sa sœur, et se mit au service des cancéreuses du Mans et de Mayenne jusqu'à sa mort.

Bernard Forthomme

Bibl. : ***Études*** : J. MAÎTRE, *Une inconnue célèbre. Madeleine Lebouc/Pauline Lair Lamotte (1853-1918)*, Paris, Anthropos, 1993 ; P. JANET, *De l'angoisse à l'extase*, Paris, Alcan, t. I, 1926, t. II, 1928 ; J.-M. BURNOD, *Le Mouvement social franciscain en France... 1891-1901*, Paris, Éditions franciscaines, 1991.

LALLÂ, *poétesse, hindoue et soufie* (Pandrethan, Cachemire, 1320 ?- Bijbehara, Cachemire, 1392 ?). — Lallâ, appelée aussi Lal, Lalîshvarî, Lalleshvarî, ou encore Lal Ded, *yoginî* shivaïte du Cachemire du XIVe siècle, est encore vénérée aujourd'hui comme une grande figure spirituelle de l'Inde, à la fois hindoue et soufie. Cette femme exceptionnelle par son ardeur mystique et son génie poétique a livré la quintessence de son expérience spirituelle à travers une centaine de stances inspirées par sa dévotion à Shiva : les *Lallâvâkyâni*

(« Dits de Lallâ »), qui furent transmis par la tradition orale. Ces poèmes dévotionnels, qu'elle composa sous l'effet d'une inspiration mystique, sont à l'origine d'un style poétique nouveau dans la littérature cachemirienne naissante d'alors : les *vakh*, ou *vatsun* en cachemiri (« paroles, dits ») ; ils sont reconnus comme un élément essentiel de la littérature et de la spiritualité cachemiriennes.

De sa vie, l'on sait peu de choses. Son existence se déroula au pied de l'Himalaya, où elle serait née à Pandrethan, non loin de Shrinagar, autour de 1320, dans une famille de brahmanes, bénéficiant de ce fait d'une bonne connaissance des doctrines et des textes sanskrits fondamentaux, en particulier ceux concernant le shivaïsme cachemirien non-dualiste. Mais, si l'on en croit d'autres sources, il est également possible qu'elle ait été illettrée. La date de sa mort aussi est incertaine, mais selon la tradition populaire, Lallâ se serait éteinte à Bijbehara. La légende raconte que, mariée à l'âge de douze ans, elle vécut dès lors à Pampur, et fut appelée par sa nouvelle famille Padmavatî. Maintes anecdotes rapportent que Lallâ fut alors très malheureuse, sa belle-mère la traitant fort rudement, devant un époux indifférent. Elle n'avait droit qu'à un peu de riz, recouvrant une pierre placée dans son assiette. Un jour que Lallâ s'en revenait du puits, une cruche d'argile remplie d'eau sur la tête, son mari, furieux de l'attendre, se rua à sa rencontre et brisa sa cruche, mais l'eau demeura intacte sur sa tête, comme une couronne d'ambroisie divine.

Ne pouvant tolérer davantage les injustices et les mauvais traitements endurés pendant plus de dix ans, elle quitta un jour la maison familiale, pour commencer une autre vie, celle de renonçante (*sannyâsin*). Lallâ serait donc partie vers l'âge de vingt-quatre ans pour devenir disciple du maître shivaïte Shrikantha. Elle eut alors à cœur de rencontrer des sages et des maîtres hindous (*sâdhou*) et musulmans (*pîr*). Aspirant à une vie spirituelle profonde dès sa prime jeunesse, Lallâ s'esquivait dès que possible pour aller dans la solitude méditer sur Shiva, la Conscience cosmique infinie. Devenue ascète errante, assoiffée d'absolu, l'ardente *yoginî* shivaïte put enfin se consacrer totalement à l'expérience intérieure. « J'ai quitté vanité, mensonge, et tout ce qui est faux... », chante-t-elle. Sans attache, sans possession, au gré de son inspiration, elle se déplace désormais de village en village, presque dénudée, recouverte de sa seule longue chevelure, laissant jaillir ses chants de désespérance ou d'amour, qui scandent son cheminement vers Shiva.

Animée par une quête parfois douloureuse à force d'exigence, elle fut cependant exaucée, car sa route croisa un jour celle du maître spirituel qui lui fit vivre la grande expérience de l'éveil, une rencontre décisive et surprenante, non point d'un maître de sa propre tradition, mais celle d'un maître soufi, probablement le grand mystique Shâh Hamadân, avec lequel elle s'accorda spontanément, de cœur à cœur. Une légende hautement symbolique entoure cette rencontre. Lallâ, dit-on, se promenait nue. Car seuls ceux qui craignent vraiment Dieu méritent le nom d'homme, et ils sont si rares, pensait-elle. Or un jour, apercevant au loin la silhouette d'un homme, elle se précipita dans le four du boulanger, en train de cuire, s'écriant « voilà un homme ». Il s'agissait de Sayyid'Ali Hamadânî, grand soufi à l'origine de la conversion du Cachemire à l'islam en 1380 qui, s'arrêtant là, s'enquit de la présence d'une femme. C'est alors qu'apparut Lallâ, vêtue d'une robe verte, couleur sacrée de l'islam. La tradition rapporte que son contemporain, Nand Rishi, né en 1377 près de Shrinagar et qui fut un sage très vénéré au Cachemire, composa en l'honneur de Lallâ le quatrain suivant : « Cette Lallâ de Padmâmpore, elle a bu / Son content de nectar divin. / Elle a été vraiment l'un de nos *avatâra* [manifestation divine]. / Ô Dieu, Accorde-moi semblable bénédiction ! » (traduction Marinette Bruno).

Son œuvre est l'expression de son inlassable recherche. Les *Lallâvâkyâni* jouissent depuis des siècles d'une grande popularité au Cachemire. D'allure simple et spontanée, ils révèlent cependant une science yoguique achevée, procédant de techniques précises et complexes, d'états de conscience élevés ; ils récapitulent sous une formulation poétique le cheminement d'une *yoginî* ardente. Six siècles plus tard, ces chants, aussi fervents que brefs, viennent résonner à nos oreilles comme l'expression profonde de l'âme cachemirie. Dans leur universalité et leur profondeur, ils savent toucher les pèlerins de tous les horizons.

Parmi les nombreuses stances attribuées à Lallâ, nous disposons aujourd'hui de cent neuf poèmes (non classés) en cachemiri ainsi que d'une soixantaine de stances traduites du cachemiri en sanskrit par Râjânaka Bhâskara au XVIIIe siècle. Chacune possède un sens profond, illustrant une étape sur le chemin, une expérience, que la *yoginî* a cru bon d'évoquer, sans doute pour ceux qui venaient chercher auprès d'elle quelque nourriture spirituelle. Très brièvement, on peut tracer un itinéraire intérieur de sa recherche, ou du moins regrouper les « dits » (*vâkyâni*) ainsi : 1) tout part du constat du caractère illusoire et vain du monde ; de là naît l'aspiration à surmonter l'illusion forgée par le moi (*ahamkâra*) et à 2) s'orienter vers le dedans (*antara*), traverser le(s) vide(s) (*shûnya*), là même où 3) l'énergie subtile du souffle de vie (*prâna*) est perçue dans sa dimension universelle. Sur la base de cette prise de conscience s'amorce 4) la conversion des pratiques et des rites, transformant le culte extérieur en la recherche d'un état fondamental, fait de vigilance et d'ardeur. Vie pratique et contemplation ne sont plus séparées, 5) l'expérience de l'égalité (*samatâ*) rend homogènes les modes distingués à l'ordinaire comme opposés (*dvandva*). À ce stade d'accomplissement l'alternance des états cède le pas à la félicité d'« une même saveur » (*samarasa*), éprouvée comme un substrat permanent. 6) La reconnaissance (*pratyabhijñâ)* devient inébranlable, le soi est éprouvé comme non distinct de Shiva-Natarâjâ, Conscience-Énergie infinie. 7) Enracinés dans le cœur, les actes, paroles, pensées... jaillissent en toute spontanéité de l'être apaisé et ancré dans la Vie cosmique. Le « spontané » (*sahaja*) apparaît comme un aspect essentiel de l'expérience intérieure non seulement chez Lallâ, mais aussi chez les shivaïtes du Cachemire ainsi que certaines écoles bouddhistes importantes en Inde comme ailleurs.

Pour Lallâ, la délivrance en cette vie (*jîvan-mukti*) est coïncidence avec la luminosité de la conscience, savourée dans l'unité et la limpidité du cœur ; le véritable culte, expérience de la vibration du centre, au cœur même de la vie, ou encore, reconnaissance de l'Un, au sein du *samsâra*. Cette conception de Lallâ rappelle le principe soufi de la « solitude dans la foule », transmis par Naqsband (XIVe s., Boukhara), qui préconise d'être extérieurement dans le monde, tout en se tenant intérieurement en Dieu.

L'œuvre et la vie de Lallâ vérifient bien le double sens de son nom, car Lallâ signifie à la fois « celle qui cherche » et « celle qui est aimée » ; aujourd'hui en effet, dans un pays déchiré par les conflits, hindous et musulmans se rejoignent dans la reconnaissance de cette mystique au-delà des frontières.

Colette Poggi

Bibl. : *Œuvre* : *Les Dits de Lallâ, XIVe siècle au Cachemire, et la quête mystique*, prés. et trad. par M. Bruno, Paris, Les Deux Océans, 1999 (l'ouvrage contient quelques poèmes de Lallâ traduits du cachemirien en sanskrit par Râjânaka Bhâskara au XVIIIe s. présentés, translittérés et traduits en français par C. Poggi, p. 103-111). ***Étude* :** R. N. KAUL, *Kashmir's Mystic, Poetess Lalla Ded*, New Delhi, S. Chand, 1999.

LANGENBERG, Sophie Agnès de, *clarisse* (?, v. 1597-Mechenich, 31 janvier 1627). — Sophie est la fille d'un conseiller catholique de princes passés à la Réforme dans un territoire limitrophe de celui de Cologne. En 1614, elle entre chez les Clarisses de Cologne, ville qui n'a jamais été tentée par la Réforme et dont la direction spirituelle relève des Frères mineurs conventuels. Lorsqu'elle fait profession en 1615, elle a dix-sept ans. Elle mène une vie religieuse exemplaire, marquée par un puissant attrait, aux modalités visionnaires, pour la Passion du Christ ainsi qu'une forte dévotion eucharistique, en lien étroit avec son directeur. Des signes plus manifestes de sa vie spirituelle se font jour surtout à partir de 1621. Expérience spirituelle liée, suivant une topique bien repérée, à l'épreuve d'une maladie menant au seuil d'une mort initiatique. Le Christ, alors rencontré, la renvoie vers la vie corporelle et terrestre en lui disant : « Rentre [...] dans le corps et souffre patiemment en vertu de mon amour, non pas tant pour tes péchés que pour les péchés du monde et pour l'Église chrétienne. » Elle recouvre la santé, notamment grâce à son directeur qui signe son corps aux endroits des cinq plaies du Christ.

La dévotion aux Cinq Plaies a pris une telle extension sociale à partir du XVe et du XVIe siècle qu'elle donne nom à des confréries et qu'elle devient même un nom propre (ainsi chez la Napolitaine Marie-Françoise des Cinq Plaies*, au XVIIIe s.). Autour de Sophie se constitue dès lors tout un réseau spirituel franciscain. La prière est devenue une technique d'extase, le déclencheur d'une aventure visionnaire qui permet de connaître la situation spirituelle des consultants, d'établir le diagnostic et la cure qui s'impose aux consciences éprouvées. Comme nombre de personnes spirituelles de premier plan depuis la fin du Moyen Âge (par exemple Catherine de Gênes*), la communion avec le tiers ordre bourgeois du purgatoire (entre l'aristocratie du paradis et la roture de l'enfer) permet de surplomber le présent et les destinées. Et voici qu'un crucifix se met à saigner le dimanche de la Pâque 1622. Le nonce romain intervient car les Franciscains auraient voulu transporter en procession ce crucifix à travers la ville entière. Or le concile de Trente avait soumis ce genre de signes merveilleux à un discernement préalable. Ce n'est qu'un effet dont il faut rechercher la cause chez la clarisse. Cela vient-il de Dieu (signe) ou du diable (simulacre), entendons : du mime de la vérité ? Il faut passer par le discernement des esprits (*discretio spirituum*). Les parents sont suspects. Il y a un doute sur la nature des relations entre le jeune directeur et la sœur. L'enquête conclut à l'imposture. La nonciature apostolique (Rome) ne va pas plus avant que le changement de directeur. Mais l'ordinaire du lieu, l'archevêque de Cologne, voit là une occasion d'affirmer son pouvoir sur un ordre de droit exempt (les Mineurs conventuels, car les Clarisses sont soumises à l'ordinaire). Se greffe là-dessus une affaire d'envoûtement au monastère. Le vicaire général de Cologne finit par faire avouer à Sophie qu'elle a envoûté des consœurs. Sophie est exclaustrée et incarcérée, torturée, jugée et exécutée, huit mois plus tard, le 31 janvier 1627 (après un accord arraché au Saint-Office, qui ne condamne jamais à mort des religieuses cloîtrées pour des faits de possession). La question de la *fausse sainteté* était devenue centrale dans le discernement romain, avant celle des « faux mystiques ». Cette exécution et celle de la veuve Catharina Henot (appartenant au patriciat de Cologne et dénoncée par sœur Sophie), s'inscrivaient dans un contexte de persécution contre la sorcellerie à Cologne – de courte durée (1627-1630) et la seule connue dans cette grande métropole –, qui fit vingt-quatre victimes.

Bernard Forthomme

Bibl. : ***Études*** **:** A. BURKARDT, « Sophia Agnes von Langenberg, “fausse sainte” à Cologne dans les années 1620 », *Rives méditerranéennes*, 3, 1999 ; C. RENOUX, « Discerner la sainteté des mystiques. Quelques exemples italiens de l'âge baroque », *Rives méditerranéennes*, 3, 1999.

LANGLOIS, Marie-Louise. — *Voir* ROSE DU CŒUR DE JÉSUS

LANGMANN, Adélaïde, *dominicaine, visionnaire* (Nuremberg, 1312-Engelthal, 22 novembre 1375). — Adélaïde Langmann est née à Nuremberg, en Allemagne. Mariée à treize ans, elle est veuve au bout d'un an. Elle entre alors au monastère dominicain à Engelthal, dans le diocèse d'Eischstätt. Elle y devient la compagne de Christine Ebner* favorisée de visions depuis 1314. Elle-même n'est pas en reste. Dans un style simple et limpide, elle raconte ses visions « spirituelles » (et non « corporelles »), depuis l'appel à entrer au couvent, reçu lors de la communion un jour de Noël, jusqu'à sa profession. Inquiète, ce jour-là, elle est rassurée par l'apparition du Christ, puis par celle de saint Dominique, entre les mains duquel elle prononce ses vœux. Elle narre également ses dialogues avec le Christ, la Vierge et les saints. Le Seigneur, s'adressant à elle, lui dit un jour : « Mon Cœur divin est ouvert pour toi. Choisis toi-même ce que tu désires. Quoi que tu demandes, si grand soit-il, je t'accorderai mille fois davantage. Incline-toi vers moi, et repose sur mon Cœur comme saint Jean. » Sa biographie mentionne le climat politique heurté de la Bavière en ce temps (marqué par le conflit entre le pape et l'Empereur) et pourquoi Adélaïde eut envie de quitter la région à cause de la famine et des dangers. Elle laisse un livre de *Révélations*, qui sera publié en 1878.

Sa spiritualité est empreinte de douceur, d'esprit d'enfance, d'un naturel et d'une naïveté qui la distinguent de ses contemporaines Marguerite Ebner* et Christine Ebner*. Le Seigneur lui confie toutes les personnes qu'elle rencontre. Lors d'une vision qui a lieu à la Toussaint elle contemple ses sœurs en religion et sa propre mère au purgatoire, condamnées à ne pouvoir contempler Dieu. Comprenant qu'une prière peut les délivrer et les conduire au paradis, elle n'a alors de cesse de se préoccuper de libérer les âmes du purgatoire. Elle est également touchée de compassion pour ceux qui sont prêts à se suicider par excès de souffrances physiques ; elle-même a éprouvé une semblable tentation au cours d'une maladie difficile. Son désir le plus cher reste de joindre sa volonté à celle du Christ et des bienheureux – union mystique qui eut lieu et se fit par l'échange du nom de Jésus dans le cœur d'Adélaïde « en lettres rouge et or » et de celui d'Adélaïde dans le cœur divin du Christ, qui est « le livre de vie ».

Audrey Fella

• *Voir aussi* : Christine Ebner ; Marguerite Ebner

Bibl. : *Œuvre* : *Die Offenbarungen der Adelheid Langmann, Klosterfrau zu Engelthal*, Strasbourg, P. Strauch, 1878. ***Vie et études* :** G.-T. BEDOUELLE, notice dans le *Dictionnaire de spiritualité*, Paris, Beauchesne, t. VIII, 1974, col. 221-223 ; M. DE VILLERMONT, *Un groupe mystique allemand. Étude sur la vie religieuse au Moyen Âge*, Bruxelles, Albert Dewit, 1907.

LATASTE, Marie, *laïque, visionnaire et écrivain* (Mimbaste, 21 février 1822-Rennes, 10 mai 1847). — Née dans les Landes, Marie Lataste grandit dans une famille de modestes paysans très pieux, dans laquelle elle apprend à lire, écrire, coudre et filer. Elle fait sa première communion à douze ans – fait marquant dans sa vie – et reçoit sa confirmation dans la joie. Soumises à diverses tentations vers dix-sept ans, elle redouble de vigilance et se réfugie dans « le tabernacle de Jésus », se consacrant tout entière à lui dans le saint-sacrement. En 1839, elle voit dans l'église de Mimbaste le Christ voilé d'un « nuage lumineux » et « environné de ses anges ». Dès lors, à chaque nouvelle apparition qui a lieu, de 1840 à 1843, Jésus l'instruit des divers mystères, des souffrances de sa Passion et lui présente la Vierge Marie*. Or, s'il l'aide et la soutient, il la réprimande aussi, la gardant de s'enorgueillir de ses grâces. « Ma parole ne te sauvera pas seule, il faut ta coopération. Ma parole ne te donnera pas de mérite, ton mérite sera de correspondre à ce qu'elle te dira [...]. » Sous l'exhortation de ce dernier, elle se confie au curé de la paroisse, l'abbé Darbos, puis à l'abbé Darbins, qui lui succède en 1840, et sollicite le directeur et professeur de théologie du grand séminaire de Dax. Encouragée par ceux-ci, elle met par écrit tout ce qu'elle voit et entend – écrits qui seront publiées sous le titre

La Vie et les œuvres de Marie Lataste par l'abbé Darbins (à qui elle donne leur pleine propriété en 1844), entre 1862 et 1872. Fille de ferme, Marie Lataste connaît de nombreuses difficultés, doutes et épreuves. Répondant à l'appel de Jésus, elle rejoint Paris le 21 avril 1844, où elle entre dans la Société du Sacré-Cœur. Elle mène une vie plus paisible vouée à l'obéissance, à l'humilité, au recueillement, à la patience et à la charité, sans cesser de recevoir des grâces exceptionnelles, qu'elle confie à celle qui la dirige. De santé délicate, elle est envoyée à Rennes, où elle travaille comme infirmière. Tombée malade soudainement, elle décède à l'âge de vingt-cinq ans, le lendemain du jour où elle reçoit l'autorisation de prononcer ses vœux (le 9 mai). Ses reliques reposent à Roehampton, près de Londres.

Les œuvres de Marie Lataste, validées et authentifiées par les Pères de la Compagnie de Jésus, rassemblent ses lettres écrites avant son entrée au Sacré-Cœur, dans lesquelles elle répond à différentes questions de son directeur de conscience sur les circonstances de sa vie et les faveurs qu'elle a reçues. Elle y traite de divers sujets dogmatiques, de morale ou de piété, soit pour compléter ce qu'elle en a écrit elle-même, soit pour rendre compte d'instructions nouvelles qu'elle recevait de Jésus-Christ. L'autre partie de ses écrits, beaucoup plus importante, renferme la série d'instructions qu'elle dit avoir reçues du Seigneur, contenant les principaux dogmes de l'enseignement catholique, ses applications morales et les principes fondamentaux de sa spiritualité. Outre l'abondance de matières de ses révélations, leur aspect remarquable tient à la concision et la clarté du style avec lequel Marie Lataste, une paysanne illettrée à l'origine, expose les mystères les plus élevés : Dieu et la sainte Trinité, le Verbe fait homme, la Vierge Marie, les anges et les hommes, la religion en général et la religion chrétienne en particulier, la prière, les épreuves, les luttes et les consolations de la vie chrétienne, la grâce et les vertus théologales, les vertus morales et les dons du Saint-Esprit, le péché, les relations entre les hommes, l'homme, Dieu et les anges, et les fins dernières de l'humanité.

La courte expérience de Marie Lataste se résume ainsi à une suite d'apparitions et de révélations hors du commun, dont nous avons de nombreux témoignages. Dans son cas, il est à noter comment la piété et la ferveur tout à fait exceptionnelles de la jeune femme l'ont hissée à la hauteur de la littérature théologale la plus exigeante. Néanmoins, si c'en est le résultat, le discours savant se situe encore à la limite de l'expérience, du contact avec le divin, qui reste l'objet de la connaissance mystique ultime par excellence.

Audrey Fella

Bibl. : ***Œuvre* :** *La Vie et les œuvres de Marie Lataste*, abbé Pascal Darbins (éd.), Paris, Ambroise Bray, 2e édition, 1866 (rééd. Téqui, Paris, 1974). ***Etude*** : R. P. TOULEMONT, « Appréciations sur les cahiers de Marie Lataste », *Études religieuses historiques et littéraires*, Pères de la Compagnie de Jésus, nº 7, 1863.

LATEAU, Louise, *tertiaire franciscaine* (Bois d'Haine, Wallonie, 1850-1883). — Peu après sa naissance, son père, forgeron de son état, est emporté par la variole. Elle aide très tôt sa mère illettrée pour subvenir aux besoins familiaux. Vers l'âge de treize ans, elle est victime d'un grave accident, le piétinement d'une vache, qui influence son parcours. Chez d'autres spirituels nous trouvons aussi des chutes malencontreuses, occasion d'un changement profond, comme chez Lydwine de Schiedam*. Louise devient membre du tiers ordre de saint François en décembre 1867. Ce qui implique une méditation fréquente de la Passion du Christ et l'attention conjointe aux pauvres et aux malades. Bientôt, certains phénomènes sanglants allaient attirer l'attention des autorités religieuses (au pouvoir déclinant) et médicales (en pleine ascension sociale), autant que celle de gens inquiets, en particulier des aristocrates pris dans l'atmosphère eschatologique faisant suite à la Révolution et à la chute du Second Empire, désireux de fixer leur angoisse en visitant le corps marqué, pensaient-ils, par des signes d'élection, d'une jeune fille émissaire de l'humanité menacée. Jeune fille dont les écoulements de sang sont contemporains des troubles climatériques parus assez tardivement, à dix-huit ans.

Le médecin commandité par l'Académie, Évariste Warlomont, ne conclut pas spécifiquement à l'hystérie, mais à ce qu'il appelle une forme de « doublement de la vie » (*Rapport*, III, 90) découlant d'un « habitus névropathique » (comprenant à la fois des vecteurs physiologiques et biographiques, comme la condition sociale, l'absence de jeux dans l'enfance, le catéchisme seul, etc.), qu'il nomme finalement « névropathie stigmatique » (syndrome extase et stigmate). Bien avant la Madeleine de Pierre Janet (Lair Lamotte Pauline*), et son approche psychopathologique (inspirée de William James Sidis, Maine de Biran et Leibniz), la courte existence de Louise Lateau est devenue un enjeu (aux dimensions européennes et même américaines) à la fois religieux et scientifique, très révélateur notamment du *préjugé commun* à la théologie (très abstraite, et même rationaliste par certains aspects) et à la médecine – savoir théorique et clinique en pleine expansion, mais vecteur d'une conquête professionnelle et publique sans équivalent dans l'Histoire, par le biais de l'*hygiène sociale* (campagnes de vaccination etc.) : la réduction de la vie spirituelle à des phénomènes observables (hémorragie, inédie, *delirium*) ou moraux (comportementaux) et l'incapacité structurelle de comprendre l'*expérience intérieure* des personnes examinées, serait-ce une expérience stylisée par des codes éducatifs, des lectures, des écrits. La condamnation de l'expérience mystique en Espagne au milieu du XVIe siècle et en France à la fin du XVIIe siècle avait produit, au siècle romantique et positiviste à la fois, un retour du refoulé pléthorique – essai convulsif de reprise en mains de la France par « *la* mystique » – nécessairement ambigu. L'approche de l'expérience de Louise Lateau ne pourra être menée sérieusement tant que les écrits abondants et minutieux du prêtre qui assista et écouta Louise au jour le jour jusqu'à sa mort ne seront pas analysés avec rigueur. Là se trament simultanément l'attention aux événements les plus fins et l'écoute sans relâche d'une parole irréductible aux trop fameux *phénomènes* du mysticisme.

Bernard Forthomme

• *Voir aussi* : Lair Lamotte ; Lydwine de Schiedam

Bibl. : *Vie* : A. THIERY, *Nouvelle Biographie de Louise Lateau d'après les documents authentiques*, Louvain, Nova et Vetera, 1915-1921, 5 vol. ***Études* :** É. WARLOMONT, *Louise Lateau. Rapport médical sur la stigmatisée du Bois d'Haine fait à l'Académie royale de médecine de Belgique...*, Bruxelles, C. Mucquart, 1875 (et Paris, Baillère, 1875) ; N. CHARBONNIER, *Maladies et facultés diverses des mystiques*, Bruxelles, Henri Manceaux, 1875 (réédition aux États-Unis, Kessinger Publishing's, 2010 ; tout le chap. III est une critique des médecins Warlomont et Lefèbvre à propos du « cas » Louise) ; J. DELBOEUF, *Le Magnétisme animal. À propos d'une visite à l'école de Nancy*, Paris, Alcan, 1890 (appendice paru initialement dans le *Journal de Liège* du 22 décembre 1869 et consacré à la critique de l'étude [*Louise Lateau*] publiée par le Dr Lefèbvre en 1869) ; B. FORTHOMME, « Nestor Charbonnier », in *Dictionnaire de psychologie et de psychopathologie des religions*, Paris, Bayard, 2011.

LAVALLIÈRE, Ève, *tertiaire franciscaine, comédienne* (Eugénie Fenoglio ; Toulon, 1866-Thuillières, Vosges, 1929). — Ève Lavallière est son nom de théâtre, mais de manière quasi prophétique, puisqu'il rappelle celui de la maîtresse officielle de Louis XIV, Louise de La Vallière – rendue populaire par Alexandre Dumas dans son chef-d'œuvre, *Le Vicomte de Bragelonne* (publié entre 1847-1850) –, qui entra au Carmel en 1674, s'y montrant une carmélite exemplaire. Née Eugénie Fenoglio dans un ménage profondément désuni, Ève a raconté elle-même l'assassinat de sa mère par son père, d'un coup de pistolet, en sa présence. Puis, ayant hésité à lui porter un coup fatal, à elle aussi – « Laissons-la vivre, celle-là... » –, il retourna le pistolet contre sa tempe. Elle développa ensuite une carrière artistique très active et fut adulée (facilitant les expériences amoureuses ou les coquetteries). On peut suivre tous les rôles qu'elle interpréta entre 1889 et 1917 en consultant les annales des *Variétés* de Paris. Elle reconnu elle-même avoir une prédilection pour les rôles de travesti (dans *Faust*, *Orphée*, *La Belle Hélène*), ce qui correspondait au désir de s'évader et de mieux épouser son rôle : « Le travesti masculin [...] je l'aime car il me permet de me mettre complètement et consciencieusement dans la peau de mes personnages. » Le dernier spectacle se termina en mars. Soudain, le 19 juin 1917, âgée de cinquante et un an, elle choisit de changer radicalement sa vie. Après des expériences avortées chez les Carmélites ou les religieuses missionnaires du cardinal Lavigerie (elle se trouve sporadiquement à Carthage et à Tunis entre 1921 et 1923), elle est reçue dans le tiers ordre franciscain. Mais elle était déjà retirée, vivant quasi en ermite dans un petit village vosgien depuis 1920. Elle y développe une expérience spirituelle de la confiance et de la conformation à la volonté divine : « Je me plais dans cette solitude [...] où rien d'humain ne compte à part le sommeil ; je me plais à ne pouvoir contenir mon bonheur. L'oraison est mon palais ; j'y trouve et n'y trouve pas celui que j'aime, et que j'y viens chercher. Qu'importe ! je viens, fidèle au rendez-vous [...] avec toujours au fond du cœur la petite veilleuse de la Foi, de la confiance, de l'amour » (2 février 1921).

Bernard Forthomme

Bibl. : *Étude* : O. ENGLEBERT, *Vie et conversion d'Ève Lavallière*, Paris, Plon, 1936.

LE BER, Jeanne, *laïque, recluse* (Montréal, 1662-3 octobre 1714). — Jeanne est la deuxième enfant de la famille Le Ber et l'une des premières filles nées à Ville-Marie (nom de fondation de Montréal). Ses parents font partie de la génération des pionniers. Jacques Le Ber, son père, arrivé à quinze ans au Canada, est devenu l'un des plus riches marchands de la colonie ; Jeanne Le Moyne, sa mère, fait partie d'une famille qui joue un rôle important dans le développement de la Nouvelle-France et dans sa défense contre les attaques anglaises et iroquoises. Le père et l'oncle de Jeanne seront d'ailleurs anoblis sous le règne de Louis XIV.

Jeanne reçoit comme parrain et marraine les principaux héros de l'épopée mystique de Montréal : Paul Chomedey de Maisonneuve et Jeanne Mance, qui, vingt ans auparavant, avaient fondé Ville-Marie dans l'espoir d'y édifier une communauté de chrétiens sur le modèle de la primitive Église. Très tôt, Jeanne Le Ber aime rendre visite à son illustre marraine, qui avait fondé l'Hôtel-Dieu de Montréal ; elle en apprécie surtout la vie solitaire, pauvre et simple, et son art de raconter l'histoire sainte. Aucune maison d'éducation pour jeunes filles n'existe encore à Ville-Marie ; les parents de Jeanne l'envoient à Québec, chez les Ursulines, où Marie le Ber, une des sœurs de son père, est entrée comme religieuse six ans plus tôt. De 1674 à 1677, Jeanne y apprend l'art d'être une femme accomplie, dans les affaires temporelles comme dans la vie spirituelle. Elle y bénéficie d'une éducation de qualité ; elle y goûte en particulier l'apprentissage de la broderie d'art et y pratique la découverte de sa vie intérieure dans des temps de cœur à cœur avec Dieu, qu'elle prolonge souvent au grand étonnement de ses éducatrices. Lorsqu'elle revient à Montréal, elle est très vite courtisée pour son charme éclatant, et aussi pour sa dot qui est la plus importante de la Nouvelle-France.

Mais Jeanne Le Ber se sent appelée à une existence différente, à laquelle rien de ce qu'elle connaît autour d'elle ne correspond : ni l'état du mariage, ni vraiment la vie religieuse, qu'il s'agisse des Ursulines, à qui elle doit tant, des Hospitalières de Montréal ou des sœurs séculières de la Congrégation de Notre-Dame, fondée par Marguerite Bourgeoys, qui la connaît et l'estime. Jeanne apprécie chacune de ces communautés, dans lesquelles elle a des parentes et même sa meilleure amie, mais aucune ne répond au vœu intime qu'elle porte en elle depuis son enfance. Son souhait le plus cher, né peut-être de ses rencontres avec sa marraine, a grandi au contact de ses éducatrices à Québec, dans ce monastère où le souvenir de la mystique et fondatrice mère Marie de l'Incarnation* (Marie Guyart), récemment disparue, est omniprésent : désir puissant d'une vie de solitude et de silence, partagée entre la prière, le travail et un peu de repos. Dans la maison familiale où s'agitent frères et cousins, comme dans la vie quotidienne de la colonie, Jeanne essaie d'ajuster au mieux sa conduite à une vocation qui s'impose maintenant à elle.

Or cette fin de XVIIe siècle est moins encline à la mystique : au sein de la colonie, la foi, toujours très vivante, s'exprime plutôt par des dévotions collectives. Aussi, par ses comportements insolites, Jeanne Le Ber va d'abord étonner la communauté, puis rapidement se heurter à de nombreuses résistances, tant familiales que sociales et ecclésiastiques. Elle sera soutenue dans son combat par le sulpicien François de Séguenot, qui devient son directeur spirituel à partir de 1680. Après que Jeanne a été soumise à un examen canonique, qui révèle le sérieux du projet de la jeune fille et une personnalité forte et équilibrée, le père de Séguenot obtient des autorités paternelle et ecclésiastiques que Jeanne puisse vivre un temps de probation de cinq ans en tant que recluse dans la demeure familiale. Il s'agit de mettre à l'épreuve cette vocation, étrangère, du moins en apparence, aux coutumes et aux besoins de la colonie. François de Séguenot rencontre la jeune recluse une fois par semaine et règle son calendrier. Et, si elle n'a pas obtenu l'autorisation de s'engager définitivement dans la chasteté et la vie pauvre, la jeune femme, restée laïque, pratique les conseils évangéliques et se livre à une ascèse drastique que doit même modérer son directeur. Ainsi, pendant cinq ans, Jeanne ne sort de sa chambre que pour se rendre chaque matin à la première messe à l'église voisine et, en 1682, pour rendre un ultime et silencieux signe d'affection à sa mère, qui vient de mourir.

Enfin, en 1685, elle est autorisée à faire officiellement vœu de réclusion, de chasteté et de pauvreté de cœur, mais on lui refuse le droit de se dépouiller de son héritage. Elle usera bientôt de ses biens pour aider les sœurs de la Congrégation de Notre-Dame à construire leurs nouveaux bâtiments et elle obtiendra qu'une annexe à la chapelle de leur couvent soit édifiée pour lui servir de réclusoir. Elle y entre très solennellement le 5 août 1695 ; elle a trente-trois ans. Elle occupera pendant près de vingt ans trois petites pièces superposées : une sacristie-parloir, une chambre au premier étage et, au-dessus, une salle de travail. Son temps est partagé entre l'adoration, la prière, la lecture, le travail – confection de vêtements pour les pauvres, broderie de parures d'autel et autres vêtements liturgiques –, et quelques heures de repos. La Vierge Marie* est son modèle et son recours, particulièrement Marie de Nazareth, à qui elle souhaite conformer sa vie au service de Dieu et des autres, dans le silence et l'humilité. Seule sa cousine et confidente, Anne Barrois, est admise pour de rares visites dans sa chambre. Et lorsqu'il lui arrive de recevoir au parloir quelque personnalité de passage, elle parle peu, rappelle l'essentiel de sa foi et de sa vie ; elle réserve un langage fleuri et volubile à son directeur spirituel, qui restera discret jusqu'à la mort de la recluse. À regarder la splendeur des formes et des couleurs de ses broderies, véritables œuvres d'art, qui contrastent tant avec sa propre vêture terne et élimée, on devine la ferveur, la passion et la radicalité qui l'animent. Pourtant, les nuits spirituelles ne seront pas épargnées à la mystique : dès son entrée au réclusoir, son oraison douce et consolante devient éprouvante et aride ; le doute même la menace, épargnant juste assez de lumière pour qu'elle ne désespère pas. Ces temps correspondent à sa production artistique la plus féconde et la plus éblouissante, comme fruit le plus évident de ces épreuves intérieures. Jamais elle n'aura brodé aussi brillamment et aussi rapidement – aidée, dira-t-elle, par les anges.

À Mgr de Saint-Vallier, qui lui rend visite en 1698 en compagnie de deux Anglais qui avaient sollicité la faveur de rencontrer la recluse et qui s'étonnent de la pauvreté du lieu, elle confie quel est le véritable centre de son existence, ce qu'elle appelle « sa pierre d'aimant » : la présence de son Seigneur dans l'Eucharistie. Car tel est bien le cœur de la vie mystique de Jeanne, sa raison d'être et celui par qui elle aime les autres. Une fenestrelle a été pratiquée dans la porte de la sacristie, qui lui permet d'assister à la messe et de communier plus souvent que la coutume. Un de ses premiers biographes rapporte qu'elle dormait la tête appuyée contre la mince cloison qui la sépare du tabernacle. Elle s'emploie à promouvoir l'adoration du Saint-Sacrement et entraîne bientôt les sœurs de Notre-Dame à la pratique de l'adoration perpétuelle. Elle fonde les Œuvres du Tabernacle, qui existent toujours.

Paradoxalement, l'isolement volontaire de Jeanne la rend très proche de la vie de la petite colonie qu'elle conseille et pour laquelle elle prie ; elle manifeste un souci constant pour l'éducation des jeunes filles les plus pauvres et exhorte avec insistance les sœurs de la Congrégation de Notre-Dame à construire une école pour elles. Jeanne est particulièrement éprouvée par les drames que vit la colonie en cette fin de siècle : la Nouvelle-France est l'enjeu du conflit qui oppose, en Europe, la France à l'Angleterre. La petite ville est devenue une base à partir de laquelle les autorités françaises organisent la résistance à la puissance anglaise et à ses alliés iroquois. Jeanne perd en peu de temps plusieurs membres de sa famille, frères et cousins, dans ces opérations militaires et ces combats divers. Pour la colonie, qui a confiance dans le pouvoir d'intercession de la recluse, elle devient un recours spirituel très concret et très puissant : en 1709, la communauté lui demande de prier à l'occasion d'une invasion anglaise imminente ; en 1711, à la demande du commandant des forces canadiennes, elle participe à la confection de l'étendard qui attendra l'armée de Nicholson, revenue au lac Champlain ; on attribue l'échec de l'expédition anglaise à la prière qu'elle avait brodée sur le drapeau et à la puissance de son intercession auprès de Dieu par Marie.

À cinquante-deux ans, la santé de Jeanne se détériore rapidement ; elle fait don de tous ses biens à la Congrégation de Notre-Dame pour l'instruction et l'éducation des jeunes filles pauvres, « tant pour les choses spirituelles que pour les choses temporelles ». Lors de son éloge funèbre, le R. P. Vachon évoque celle qui « a eu le courage de renouveler la vie sublime des anciens anachorètes », celle qu'on appelait familièrement « l'ange de Ville-Marie », comme en écho à sa dévotion pour ceux qui furent ses compagnons familiers.

En plein cœur du XXe siècle, s'inspirant directement de la spiritualité de Jeanne le Ber, deux anciennes élèves de la Congrégation de Notre-Dame fondent la communauté des Recluses

Missionnaires : au-delà des siècles se confirmait la fécondité mystique de la première recluse du Canada.

Thérèse Nadeau-Lacour

• *Voir aussi* : Marie ; Marie de l'Incarnation

Bibl. : *Études* : F. DEROY-PINEAU, *Jeanne Le Ber. La recluse au cœur des combats*, Montréal, Bellarmin, 2000 ; D. LAMARCHE, *Jeanne la priante, la brodeuse*, Montréal, Carte blanche, 2004.

LE SERGENT, Charlotte, *bénédictine* (Paris, 1604-Montmartre, 1677). — Née au sein d'une famille notable, Charlotte, dans sa jeunesse, s'irritait « jusqu'à la fureur » des importunités de la grâce. Convertie à la vue d'un pauvre charbonnier en prière, elle entra au monastère bénédictin de Montmartre, où elle devint maîtresse des novices. Par la suite, elle fut prieure de plusieurs monastères et devint une proche amie de Catherine de Bar (Mechtilde du Saint-Sacrement*), la fondatrice des Bénédictines de l'Adoration Perpétuelle du Très Saint Sacrement. Elle conseilla également Jean de Bernières, la sœur Antoinette de Jésus* et d'autres mystiques.

Après une quinzaine d'années durant lesquelles elle découvrit une « infinité de merveilles », la sœur Charlotte connut une *nuit* dont elle fut délivrée par une « occupation » qui dura « cinq heures ou environ, pendant laquelle il lui parut que Dieu fit un vide dans son âme, comme quand on prend un balai, et que l'on pousse les ordures hors d'une chambre ». Par la suite, elle pratiqua l'oraison « comme au festin de noces, et l'espace d'un an elle ne manqua guère d'y employer quatre ou cinq heures chaque jour, ne portant avec elle que la nudité d'esprit et la cessation de tout acte. Elle voyait Dieu présent par une foi simple. »

Marie de Beauvilliers, supérieure du monastère de Montmartre, lui donna un pouvoir absolu pour la direction de cette communauté, dont elle fut trente-deux ans durant prieure en différentes nominations. Sa direction fut large d'esprit, simple et directe : quand on lui demande son avis sur telle religieuse, elle répond qu'elle « réfléchit un peu trop sur ce qui se passe en elle », car « Dieu ne conduit pas toutes les âmes par un même sentier : elles ne sont pas toutes appelées pour être des bêtes en la Maison du Seigneur. Il y a des personnes auxquelles on ne peut donner de lois ; il les faut abandonner aux règles de l'amour. »

Elle déclara à Mechtilde du Saint-Sacrement : « J'ai vu tout votre être absorbé dans une lumière, devant laquelle la vôtre est disparue, et je voyais en cette région lumineuse, un jour sans ténèbres où la créature n'était plus rien, Dieu étant tout. L'âme demeure entre les bras de son Seigneur sans le connaître et sans même s'en apercevoir. » Elle discernait l'excès dans l'activité et une compréhension encore imparfaite de l'*abjection* chez Monsieur de Bernières : « On croit quelquefois que tout est perdu, parce que l'on ne sait pas quel est le prix de la nudité d'esprit [...] si l'âme veut agir par elle-même, elle oppose son opération basse et ravalée, à celle de Dieu. Cette inclination d'agir est un reste des activités passées qu'il faut anéantir et écouler en Dieu, pour lui laisser l'âme abandonnée. »

On lui fit confiance, après une visite canonique consacrée à étudier son « cas » et les influences cachées qu'elle exerçait. Dix-huit ans avant sa mort, elle cessa d'écrire ses dispositions, « parce que Dieu produisait en son âme des abîmes si impénétrables qu'elle les adorait sans les pouvoir ni vouloir comprendre ». Charlotte Le Sergent prend ainsi rang parmi les maîtres spirituels accomplis de son siècle.

Dominique Tronc

• *Voir aussi* : Antoinette de Jésus ; Mechtilde du Saint-Sacrement

Bibl. : *Œuvre* : des *Traités*, composés par C. Le Sergent selon la mère de Blémur, sont perdus. ***Biographie* :** mère J. BOUETTE DE BLÉMUR, *Vie de la Vénérable Mère de S. Jean l'Évangéliste, religieuse de l'Abbaye royale de Montmartre*, Paris, Nicolas Le Clerc, 1689. ***Études* :** H. BREMOND, *Histoire littéraire du sentiment religieux en France...*, t. II, Paris, Bloud et Gay, 1928, p. 467-484 ; G. OURY, notice dans le *Dictionnaire de spiritualité*, Paris, Beauchesne, t. IX, 1976, col. 703-705.

LEADE, Jane, *figure spirituelle protestante, à l'origine de la Société Philadelphienne* (St Andrew, Norfolk, 9 mars 1624-Londres, 19 août 1704). — Jane Leade est née dans le comté de Norfolk, en Angleterre, dans une famille pieuse de la *gentry* dotée d'une certaine influence dans la localité et pratiquante scrupuleuse des rites de l'Église d'Angleterre. Cette position sociale lui donna la possibilité de recevoir une éducation, et elle manifesta tôt des aptitudes à l'écriture. Aussi c'est sur le terrain de la religion que Jane Leade s'éloigna de sa famille dès l'adolescence. En 1640, pendant les célébrations de Noël, alors âgée de seize ans, elle connut une révélation mystique qu'elle coucha sur le papier des années plus tard : alors que la fête battait son plein avec chants et danse, elle fut prise d'une grande tristesse qui lui révéla que ce n'était pas la manière appropriée de la célébrer. Une voix se manifesta à elle, « *to give an evidence that the voice of the External Word of God* [...] *is real and substantial, not imaginary*» (« pour donner la preuve que la voix du Verbe Divin Externe [...] est réelle et substantielle, pas imaginaire ») [*The Wars of David*, 1700, p. 21]. Cet épisode fit dans un premier temps naître en elle de profonds doutes – quant à la nature divine et non infernale de la voix par exemple –, mais elle finit par affermir sa résolution de se consacrer à l'exploration de cet aspect de l'expérience religieuse. Une décision qu'elle ne mit en pratique qu'après vingt-sept ans de mariage, étant devenue veuve. Elle commença ainsi à retranscrire des visions de la « Vierge Sophia », la part féminine du Dieu hébraïque, qui finirent par constituer une œuvre importante de plus de dix-sept livres et pamphlets.

Elle rejoignit en 1668 le petit groupe des Behmenists, fondé par John Pordage, un pasteur qui avait connu l'exclusion de sa paroisse en 1655 en raison de ses vues peu orthodoxes – il était un puritain radical –, puis la réintégration en 1660. Pordage se considérait comme un disciple de Jacob Boehme – d'où le nom de son groupe ; Jane Leade s'écarta de son acception de la théosophie de Boehme et, au contraire, s'attacha à diffuser un mysticisme adapté à l'expérience quotidienne de la majorité, une « religion du cœur » qui se traduirait dans la manière de conduire sa vie. Elle commença alors à tenir un Journal de ses expériences mystiques, plus tard publié en trois volumes sous le titre de *A Fountain of Gardens* (1696-1701), un texte riche de connotations alchimiques et théosophiques. Les œuvres de Jane Leade furent largement diffusées et traduites de son vivant en français, allemand et néerlandais. Parmi les plus notables qui furent produites au sein de la Société Philadelphienne figurent *La Nuée céleste*... (*A Heavenly Cloud Now Breaking*, 1681), traitant du développement personnel du croyant, ainsi que *Révélation des Révélations* (*A Revelation of Revelations,* 1683), la relecture par Jane Leade de l'Apocalypse.

Membre des Behmenists jusqu'au décès de Pordage, Jane Leade prit ensuite sa relève dans la direction du groupe, publia les œuvres de Pordage sous le nom de *Theologia Mystica* (1683) et, en 1694, participa à la création à Londres de la Société Philadelphienne (Philadelphian Society) pour l'Avancement de la Piété et la Philosophie Divine. Celle-ci se rapprochait des Quakers sur le plan idéologique, mais en différait sur celui de l'organisation en « société », dans la mesure où les philadelphiens n'exigeaient pas de leurs membres qu'ils rompent avec de précédentes congrégations. Les philadelphiens, s'appuyant sur les écrits de Jane Leade, affirmaient sans détour que la piété ne se mesurait pas aux apparences de celle-ci : ils estimaient que leur mission était de préparer leurs contemporains à la venue imminente du Christ et que la sagesse divine provenait de l'expérience et de la contemplation mystiques plutôt que des Écritures.

Le succès des philadelphiens est difficile à mesurer : nettement moins influents que les Quakers, leur implantation fut principalement londonienne, tout en entretenant des liens, assez distants, avec une antenne allemande. Ils produisirent dès leur création un ensemble important de publications courtes, dans lesquelles ils annonçaient un message d'« Amour universel » et d'unification de toutes les Églises chrétiennes. Cependant, en 1703, ils cessèrent de tenir des conférences publiques, annonçant que leur ardeur religieuse, prise pour de l'« enthousiasme », avait été mal comprise par les mouvements puritains qui jugeaient mal les groupes prétendant privilégier le rapport immédiat avec Dieu. La Société Philadelphienne ne parvint pas à surmonter ces attaques et déclina rapidement avec le décès de Jane Leade.

L'œuvre de Jane Leade, ambitieuse par sa taille et variée, est nourrie de visions qui lui confèrent sa cohérence. Une de ses particularités est son exploration de l'aspect féminin du divin, nommé Sophia, à travers laquelle la sagesse divine se révèle et qui est destinée à apparaître aux côtés du Christ lors du jugement dernier. Mettant le féminin au cœur de sa représentation du divin, Jane Leade s'est ainsi livrée à un commentaire tout à fait original des rôles de chaque genre sexué de son époque. Cependant, le caractère prophétique et visionnaire de son œuvre dépasse la critique sociale. Jane Leade n'a pas hésité en outre à présenter ses révélations sur l'Apocalypse, vouées à invalider d'autres révélations, y compris celles de Boehme. Ce qui l'inscrit définitivement dans un mouvement de résurgence de l'intérêt pour le mysticisme et le prophétisme, dans lequel elle se distingue par son indépendance.

Brigitte Beauzamy

Bibl. : ***Œuvres*** **:** *The Wars of David and the Peacable Reign of Solomon*, Londres, J. Bradford, 1700 ; *Le Messager céleste de la paix universelle*, trad. P. Sédir, Paris, Chamuel, 1894 ; *Revelation of revelations*, Glasgow, Magnum Opus Hermetic Sourceworks, 1981. ***Études*** **:** J. HIRST, *Jane Leade : Biography of Seventeenth-Century Mystic*, Londres, Ashgate 2005 ; N. THUNE, *The Behemists and the Philadelphians : A Contribution to the Study of English Mysticism in the Seventeenth and Eighteenth Centuries*, Uppsala, Almquist & Wicksel, 1948 ; P. MCDOWELL, « Enlightenment Enthusiasts and the Spectacular Failure of the Philadelphian Society », *Eighteenth Century Studies*, vol. 35, nº 4, 2002, p. 515-533.

LEBOUC, Madeleine. — *Voir* LAIR LAMOTTE

LEE, Ann. — *Voir* ANN LEE

LESEUR, Élisabeth, *laïque, auteur d'un Journal spirituel* (Élisabeth Arrighi ; Paris, 16 octobre 1866-3 mai 1914). — L'intérêt de l'expérience spirituelle d'Élisabeth Leseur n'est nullement à chercher du côté des phénomènes mystiques : il s'agirait plutôt de la très intéressante expérience littéraire d'un Journal spirituel, qui a eu son heure de gloire et qui est écrit dans un contexte assez surprenant. Élisabeth Arrighi est née dans une famille bourgeoise cultivée, artiste ; son père est avocat à la cour impériale, conseiller général de la Corse en 1867. La jeune fille est élevée avec soin, à Paris et dans les villégiatures d'Auteuil ou du bord de mer. Elle reçoit une éducation chrétienne. En 1889, elle épouse Félix Leseur, médecin qui finira assureur dans la compagnie de sa belle-famille. Le couple, qui n'aura jamais d'enfant, est et restera toujours très harmonieux, du moins dans leur vie parisienne, leur amour de Wagner ou des voyages. Au contact d'un époux agnostique, Élisabeth finit néanmoins par s'éloigner totalement de la foi de son enfance. Quand, en 1898, à l'occasion de la lecture, suggérée par son mari, de la *Vie de Jésus* d'Ernest Renan, elle se remet à lire, par curiosité, les Évangiles, c'est un choc profond et un retour à la foi immédiat.

Dès lors, et jusqu'à sa mort, Élisabeth Leseur vit dans une solitude morale et spirituelle causée par la divergence avec son époux sur le plan de la foi et de la pratique religieuse. À partir de 1903, elle bénéficie du secours, assez relatif, d'un directeur spirituel dominicain, le père Hébert, mais c'est surtout l'écriture d'un remarquable Journal intime qui vient combler, à partir de l'automne 1899, sa solitude.

Cette femme qui entre en écriture, comme on entre en religion, devient une femme de prière, de méditation et d'études – elle se penche sur la philosophie, lit énormément. Elle ne néglige pas, cependant, ses devoirs de maîtresse de maison – la vie sociale de son époux est assez dense – et garde pour ses cahiers intimes les sentiments que lui inspire l'anticléricalisme militant de la IIIe République.

La vie du couple, d'abord rythmée par de nombreux voyages (Russie, Autriche, Suisse, Italie), s'assombrit les dernières années : Élisabeth est très affectée par le décès en 1905 de sa jeune sœur Juliette, qu'elle aimait beaucoup, puis par sa propre maladie du foie, longue et incurable malgré de nombreuses opérations, qui la tient alitée chez elle jusqu'à sa mort, jeune encore, à l'âge de quarante-huit ans.

La lecture du *Journal* d'Élisabeth Leseur – au-delà de l'intérêt personnel et spirituel qu'un lecteur peut y trouver – fournit un exemple captivant de l'effet-miroir de l'écriture spirituelle : en consignant par écrit son expérience de la prière et du progrès moral, en analysant avec finesse ses sentiments intérieurs (joie, amertume, déception de soi et des autres) et ses jugements sur autrui, Élisabeth Leseur tient, au cœur même de sa solitude, un *alter ego*, un lieu possible de bilan, un compagnon pour la reconstruction de soi et la programmation de l'avenir. Sans qu'il contienne rien d'exceptionnel, le *Journal* d'Élisabeth Leseur est un « type » de journal de l'âme, où de très nombreux lecteurs – probablement surtout un public féminin – se retrouvent au cours de la première moitié du XXe siècle.

La fascination exercée par le *Journal* de Mme Leseur – et ce n'est pas le moins curieux de l'affaire – s'est d'abord exercée sur son mari, Félix, découvreur du texte à sa mort. Bouleversé par la lecture de cette « intimité spirituelle » qui lui avait totalement échappé, il se convertit lui-même à la foi chrétienne et entre quatre ans plus tard chez les Dominicains, où il devient le père Marie-Albert. L'époux converti (ou repenti ?), qui meurt en 1950, n'aura de cesse tout le reste de sa vie de faire connaître la vie de foi de son épouse, publiant dès 1917 le *Journal*, puis, au fil des années, devant le succès du texte sans cesse réédité, tout ce qu'il trouvera d'autre (un Journal d'enfance, des lettres). Le père Leseur, cas unique dans les annales de l'Église romaine, travaillera même à la rédaction des articles du procès informatif (1936) pour la béatification de son épouse. La cause ne sera d'ailleurs pas poursuivie.

Dominique-Marie Dauzet

Bibl. : *Œuvres* : *Journal et pensées de chaque jour*, Paris, De Girord, 1917 (trad. dans une douzaine de langues ; réédition Paris, Cerf, 2005, avec une substantielle introduction de J. Ruffing) ; *Lettres sur la souffrance*, Paris, De Girord, 1918 ; *Lettre à des incroyants*, Paris, De Gigord, 1923. ***Études*** : D.-M. DAUZET, *La Mystique bien tempérée*, Paris, Cerf, 2006 et « Élisabeth Leseur, une épouse solitaire en écriture », *La Vie spirituelle*, n° 774, 2008, p. 41-52 ; M.-A. LESEUR, *Vie d'Élisabeth Leseur*, Paris, De Gigord, 1931.

LESTONNAC, Jeanne de. — *Voir* JEANNE DE LESTONNAC

LÉVESQUE, Catherine, *laïque, écrivain* (Péronne, 1616/1617-Paris, 1er juillet ? 1693). — Auteur de poèmes mystiques qui n'eurent guère d'écho, mais aussi historienne locale qui publie, en 1685, *Les Trois Fleurs de lys spirituelles de la ville de Péronne*, biographies de trois personnalités de cette localité où elle naquit, Catherine se montra, au grand regret ou au grand dam du monde des clercs, « beaucoup plus théologienne qu'il convient à une femme de l'être ». Troisième enfant de l'avocat Simon Lévesque, elle perdit sa mère, Jeanne Le Caron, victime de la peste, le 17 octobre 1636. Elle a alors vingt ans et s'éprend de Basile Vaillant, capitaine des canonniers et arquebusiers de Péronne. Mais il faudra attendre le 1er août 1638 pour que le mariage soit précipitamment célébré, puisque, le 20 novembre suivant, Catherine met au monde un fils, prénommé Basile, qui meurt peu après. Le deuxième enfant, Charles, baptisé en 1641, décédera à l'adolescence, tout comme Françoise, née en 1643. Ne survivra que Claude, baptisé en 1645, et qui se fera capucin. Le décès de son époux, probablement en 1650, constitue le tournant de sa vie. Quand elle aura placé Claude, âgé de dix ans, dans une école-cathédrale, elle se retire le 1er mars 1655 dans une maison de retraite dénommée Saint-Lazare, où elle va se consacrer à ses travaux d'écriture. Elle meurt à Paris, où elle s'était remariée avec un certain M. Muet.

Le premier ouvrage qu'elle publie en 1668, *Le Triomphe de la croix contenant trois états de la perfection chrétienne*, écrit en alexandrins, est un galop d'essai, que l'on a pu suspecter de quiétisme, en raison d'une imprécision due à un évident défaut d'expérience spirituelle. Le second recueil de poèmes, *Les Cinq Fleurs de la grâce*, de 1683, réédité en 1691, est quelque peu hétéroclite : il célèbre la Vierge Marie*, fait l'apologie de la communion eucharistique et traite des effets de la grâce. Deux ans plus tard, Catherine donne *La Perfection de l'amour du prochain dans tous les états par l'union de nos amours naturels aux amours de Dieu*, ouvrage novateur, ensuite bien oublié (pour cette raison même ?), où elle pose les linéaments d'une spiritualité conjugale, en multipliant les notations théologiques psychologiques et morales.

Le postulat théologique sur lequel se fonde sa réflexion, est simple : l'amour vient de Dieu – la 1re Lettre de saint Jean ne dit pas autre chose –, il est donc pur et saint par nature ; cependant, il aura été corrompu par le démon. Il ne s'en déduit nul manichéisme, ni hostilité ou méfiance à l'égard de l'expérience amoureuse, au contraire : loin de conclure à une incapacité insurmontable, voilà qui invite à un redressement de la finalité de l'amour et à sa purification en le réenracinant dans l'amour divin originaire. Le plus inattendu est que Catherine considère l'amour conjugal comme la plus parfaite et la plus sainte de toutes les formes d'amour, puisqu'il est « la source de tous les degrés de l'amour naturel », paternel, maternel, filial et amical : toutes modalités qu'elle étudie et approfondit dans trois des huit livres qui composent son ouvrage. Elle a soin d'examiner les dispositions propices au mariage. Enfin, suprême audace, elle sonde ce qu'il en est du lien de charité qui unit les clercs et les religieux. Le propos ne manque pas de panache, la liberté de ton dont use Catherine n'est pas moins grande, soulignant les erreurs, voire les absurdités de certains comportements dits dévots : des jugements que l'on devine fondés sur une expérience personnelle aussi forte qu'est profonde sa vie spirituelle.

Adroitement, Catherine Lévesque aura délaissé sa plume poétique pour une prose beaucoup plus accessible à un large public. L'objectif est en effet polémique – Catherine veut combattre les clichés et les fausses dévotions –, mais pas moins apologétique, à l'usage de ces femmes de piété, frustrées dans leurs ambitions mystiques et regrettant de n'avoir pu gagner le cloître. Elle exalte donc l'état conjugal et en manifeste la haute noblesse, lui fixant des exigences à la mesure de ses prétentions de sainteté. Loin de s'accommoder de la défiance commune à l'égard des relations charnelles, Catherine élabore une théologie complexe des rapports amoureux, témoignant ainsi du point de vue, non des clercs – célibataires –, mais d'une laïque expérimentée, prenant ses distances vis-à-vis des manuels canoniques qui produisaient la norme de la pratique conjugale. D'autres ouvrages, à la même époque, sont écrits par des hommes (mariés) pour des hommes ; Catherine, elle, est une femme qui écrit pour les femmes. Ne pouvant les uns et les autres se satisfaire du modèle imaginé par les clercs, ils proposent une vision plus réaliste, sans être triviale, de la conjugalité.

François Marxer

Bibl. : ***Œuvres*** **:** *La Perfection de l'amour du prochain dans tous les états, par l'union de nos amours naturels aux amours de Dieu*, Paris, J. Cusson, 1685 ; *Le Triomphe de la croix, contenant les trois états de la perfection chrétienne*, Paris, Impr. de P. de Bresche, 1668 ; *Les Cinq Fleurs de la grâce, contenant le chef-d'œuvre de la nature et de la grâce dans la divine Marie mère de Dieu, avec l'amour généreux de Jésus sur la croix et sur l'autel, et le cours de la grâce sur la terre, et sa consommation dans la gloire...*, Paris, J. Cusson, 1685. ***Étude*** **:** A. WALCH, *La Spiritualité conjugale dans le catholicisme français, XVI*[e]*-XX*[e] *siècle*, Paris, Cerf, 2002.

LINDMAYR, Marie Anne, *carmélite, visionnaire* (Maria Anna Josepha a Jesu en religion ; Munich, 1657-1726). — Née dans une famille bourgeoise à Munich, Marie Anne grandit dans une maison d'une piété profonde ; cinq des quinze enfants de sa famille choisiront la vie monacale. Elle est particulièrement dévote de la Vierge Marie* – vénérée à cette époque à Munich de manière fervente. À quinze ans, pendant une confession générale, elle se convertit et déclare vouloir devenir « quelqu'un de bien, ou sinon rien ». Elle se sent déjà attirée par la vie religieuse, mais des maladies empêcheront pendant longtemps son entrée dans un ordre. À vingt-huit, elle fait vœu de pauvreté, de chasteté et d'obéissance. Elle passe ensuite par des périodes de sécheresse intérieure, pendant lesquelles elle se sent abandonnée de Dieu. Ses propos laissent transparaître l'influence de ses lectures de Jean de la Croix. Elle lit également Luis de la Puente, Alonso Rodriguez, Jean-Baptiste Saint-Jure, *la Vie* de Thérèse d'Avila* et Jeremias Drexel. En 1687, elle devient tertiaire carmélitaine. Elle dort peu pour pouvoir prier, se flagelle, repose sur un lit d'orties, mange des herbes amères, boit peu et se maltraite avec des clous de métal en souvenir des plaies du Christ. En 1690, elle voit pleurer une image du Christ devant laquelle elle prie.

Au début de la guerre de succession d'Espagne, qui oppose le prince électeur de Bavière Maximilien II Emmanuel à l'empereur germanique Léopold Ier, elle a des visions du Christ qui, tout en se plaignant du clergé corrompu, lui confère une mission : devenir la porte-parole de Dieu auprès du prince électeur. Marie Anne, dont la famille est présente à la Cour, annonce ainsi à ce dernier l'incontournabilité de la punition divine en cas de conflit prolongé ; elle suggère l'union des princes catholiques entre eux. Elle s'adresse directement par lettre au prince électeur qui, après la défaite de ses troupes à Höchstädt en 1704, a fui la ville de

Munich. Elle est aussitôt examinée par une commission dont fait partie le père Barnabas Kirchhuber, qui atteste les visions des âmes du purgatoire de Marie Anne depuis 1690. Dans celles-ci, les âmes sont marquées par la punition de leurs vices : si par exemple elles ont péché par gourmandise, elles ont un aspect décharné et affamé. Elles demandent alors à Marie Anne de jeûner pour les racheter. Communiquant avec ces âmes, cette dernière se charge de se mortifier pour les libérer du purgatoire. Souvent, elle reconnaît dans ces visions des femmes et des hommes morts depuis peu. La commission constate alors que Marie Anne est de bonne foi et qu'elle ne souffre pas de maladies physiques ; appréciant son humilité, elle l'exhorte à se tenir sous l'obéissance de son père confesseur. Marie Anne est également soutenue par les dames de la Cour et en particulier par l'électrice Thérèse Cunégonde Sobieska, qui est nommée régente palatine après la fuite de son mari.

Influencés par les prophéties de Marie Anne, les trois états de la ville de Munich se font la promesse en 1704 de construire l'église de la trinité (*Dreifaltigkeitskirche*) si la ville sort indemne de la guerre. Le prince électeur de Bavière aurait-il entendu sa « voix du désert » (Di Rocca) ? Toujours est-il qu'il fait la paix avec l'Empereur en 1705, parant ainsi à la menace d'une invasion de la ville. À partir de 1711, l'église est en construction. Un couvent carmélite est fondé la même année. En 1712, Marie Anne y devient novice, réalisant son vœu le plus cher à l'âge de cinquante-six ans. En prenant le nom de Maria Anna Josepha a Jesu, elle fait profession l'année suivante. Elle sera élue prieure de 1716 à 1721. Après sa mort, on découvre des stigmates sur ses mains et son front ; son corps reste incorrompu. Selon des comptes rendus médicaux, son cœur semble s'être agrandi.

Entamé entre 1727 et 1734, le procès d'information pour préparer sa béatification est interrompu à cause du manque d'argent. En 1802, dans le cadre de la sécularisation du couvent, ses ossements sont exhumés et jetés dans une fosse commune. Aux archives provinciales des Carmes déchaussés à Munich sont conservés vingt mille pages inédites de sa main : des notes de retraites, des journaux intimes et sa correspondance. Depuis 2003, une association (Lindmayr-Freundeskreis) très active s'est engagée à faire connaître la mystique et à faire avancer sa cause de béatification.

Xenia von Tippelskirch

Bibl. : *Œuvre* : *Mes relations avec les âmes du Purgatoire : journal d'une carmélite*, dom F. J. Nock (éd.), trad. de l'allemand F.-X. Brodard (*Mein Verkehr mit armen Seelen*), Stein am Rhein, Christiana, 1974. ***Études* :** A. DI ROCCA, *Die Botin des hl. Antlitzes. Mutter Anna Maria Lindmayr. Eine barmherzige Helferin der Armen Seelen*, Gröbenzell, Hacker, 1964 ; B. GÜNTHER OCD, *Maria Anna Josefa Lindmayr : Prophetin Gottes, Helferin der Armen Seelen*, Jestetten, Miriam-Verlag 1976 ; U. STRASSER, « Una Prophetessa in tempo di guerra : il caso di Maria Anna Lindmayr (1657-1729) [*sic*] », *in* G. Pomata, G. Zarri (dir.), *I monasteri femminili come centri di cultura fra Rinascimento e Barocco*, Roma, Edizioni di Storia e Letteratura, 2005.

LIOGER, Caroline. — *Voir* MARIE-VÉRONIQUE DU CŒUR DE JÉSUS

LIU TIEMO, ou LIU T'IEH-MO, *nonne bouddhiste* (Chine, IXe s.). — Cette figure du bouddhisme chan (qui devint le zen au Japon) est aussi connue sous son nom japonais Ryû Tetsuma, qui signifie « meule de fer ». Celui-ci symbolise la façon dont Liu Tiemo pouvait saisir les aspects les plus subtils du *dharma* (« loi bouddhique ») et réduire à néant ses adversaires lors des affrontements doctrinaux (les batailles du *dharma*), l'une des bases de la formation des moines et des moniales. Lors de ces rencontres, le maître posait à ses élèves des questions pièges auxquelles ils devaient répondre sans réfléchir. Les élèves pouvaient aussi se mesurer entre eux. Ils n'échangeaient que quelques phrases percutantes. Le langage toujours codé fonctionnait à partir d'allusions qui réclamaient à la fois une grande connaissance des textes et la capacité de manifester sur-le-champ l'esprit d'éveil. Ces affrontements traditionnels connus sous le nom de *kôan* (« documents publics ») ont été rassemblés en deux volumes. Ils ont servi pendant des siècles de sujet de méditation aux moines zen et sont encore utilisés aujourd'hui. Avant d'être reconnu comme maître et authentifié au sein du lignage, chaque pratiquant devait avoir résolu tous les « cas » des *kôan* traditionnels, au nombre de plusieurs centaines, ainsi que ceux que le maître pouvait inventer à l'improviste (la liste n'est pas close).

Liu Tiemo fut la disciple du maître Kuei-shan ling yu, en japonais Isan Reiyu. Preuve de sa célébrité à l'époque, elle apparaît deux fois (pour le « cas » 17 et le « cas » 24) dans le recueil de *kôan* intitulé « La falaise verte » (XIIe s.), une compilation réalisée durant la dynastie des Song par le maître Yuanwu Keqin (en japonais Engo Kokugon). Chaque « cas » a été agrémenté d'un court poème de Xudou Chongxian (en japonais Setchô Jûken), aussi hermétique que le reste, censé mettre sur la voie. Voici le cas 24, intitulé « Ryû Tetsuma [Liu Tiemo], la vieille femelle buffle », dans sa version japonaise : Ryû Tetsuma alla voir Isan (Kuei-shan). Isan dit : « Ah, vieille vache, ainsi tu es venue ! » Tetsuma dit : « Demain il y a une grande fête sur le mont Taisan. Est-ce que tu iras ? » En réponse, Isan se coucha par terre et s'étira. Ryû Tetsuma s'en alla.

Destinés à tester et éveiller le pratiquant à une réalité supérieure hors d'atteinte intellectuellement, ces *kôan* permettaient de constater que certaines femmes, en Chine, au IXe siècle, pouvaient se montrer de redoutables « combattantes du *dharma* » et qu'elles travaillaient avec de grands maîtres, comme les hommes, ce qui devint très rare par la suite. De toute évidence, dans de nombreuses histoires zen, qui ne sont pas des *kôan*, Ryû Tetsuma a servi de prototype au personnage récurrent de la vieille femme qui, sans en avoir l'air, parce qu'elle cuisait le riz et balayait la cour, faisait chuter les moines en leur posant les questions les plus épineuses.

Ariane Buisset

Bibl. : *Étude* : *Two Zen Classics* (comprend « La falaise verte »), trad. K. Sekida, Boston, Shambhala Publications, 2005.

LOBERA, Ana de. — *Voir* ANNE DE JÉSUS

LOUIS, Séraphine. — *Voir* SÉRAPHINE DE SENLIS

LOUISE DE FRANCE, *vénérable, carmélite* (Thérèse de Saint-Augustin en religion ; Versailles, 15 juillet 1737-Saint-Denis, 23 décembre 1787). — Dixième enfant de Louis XV et de Marie Leszczyńska, « Madame Dernière », née à Versailles, où elle est baptisée le 20 décembre 1737, se prépare dès ses neuf ans, en l'abbaye de Fontevrault, à sa fonction royale, dont elle a une vive conscience, jusqu'à l'orgueil. Mais, revenant en octobre 1750 à la Cour, aussi brillante que rigide dans son protocole, elle jette sur celle-ci un regard lucide, relevant particulièrement les comportements « non-chrétiens », qui y sont monnaie courante. Elle éprouve alors un pénible décalage entre les obligations que lui impose son rang, voulu par la providence divine, et les exigences de sa vie intérieure. C'est sous le titre de *Méditations eucharistiques* que l'on publiera en 1789 les cahiers qu'elle rédigeait à cette époque. C'est l'entrée de Mme de Rupelmonde au carmel de la rue de Grenelle à Paris, à laquelle elle assiste le 7 octobre 1751, qui donne à Louise l'attrait de la vie religieuse, elle qui comprend dès lors « qu'il n'y avait pas d'autre bonheur pour moi que celui d'être consacrée à Dieu ». Mais elle devra rester encore dix-huit ans à Versailles, où la retient l'affection pour ses parents, le roi, de tempérament timide et habité d'une incurable tristesse, et la reine qui, délaissée par son époux, se retire dans une vie de piété et d'actions charitables : à son endroit, Louise éprouve une très vive affection, que l'étiquette de la Cour lui interdit de manifester. De plus, les deuils vont frapper la famille royale, dès 1752 (Marie-Henriette, sa sœur très aimée) jusqu'à 1768, quand meurt Marie Leszczyńska ; c'est pourquoi elle reporte indéfiniment la réalisation de son vœu le plus cher, un renoncement qui lui est un véritable sacrifice. Les textes qu'elle rédige alors l'entretiennent dans cette résolution, qu'elle craint de voir s'effriter à la longue et pour laquelle elle se fixe les objectifs de sa vie : faire la volonté de Dieu, suivre la conduite du Sermon sur la montagne (Mt V-VII) et, pas moins, ressembler à Jésus-Christ.

En 1770, l'archevêque de Paris, seul dans la confidence, accepte d'intervenir auprès du roi qui, bouleversé, demande un délai de réflexion de quinze jours, au bout desquels il consent à ce qu'il considère comme la volonté de Dieu. C'est d'elle-même que Louise choisit, hors de Paris et des attaches affectives qui ne sauraient si vite disparaître, le carmel de Saint-Denis, réputé le plus pauvre et le plus austère de tous. Le 11 avril 1770, mercredi saint, à l'issue de la messe, elle entre au carmel, et le 10 septembre, apparaissant pour la dernière fois dans sa robe de cour, elle prend l'habit sous le nom de sœur Thérèse de Saint-Augustin. Elle fait profession, l'année suivante, le 12 septembre, et devient maîtresse des novices le 2 octobre, au lendemain de sa prise de voile noir. La voilà élue prieure le 27 novembre 1773, et réélue en 1776. En 1779, ne pouvant assumer de nouveau un troisième mandat, elle est choisie comme dépositaire, charge à laquelle elle est réélue en 1782. C'est à ce titre qu'elle accueille en 1783 les Carmélites de Bruxelles et de Termonde, expulsées de leurs couvents par le décret de Joseph II qui abolit les « couvents de filles ». En octobre 1785, elle retrouve sa charge de prieure.

Dès son entrée, elle aura toujours refusé quelque aménagement de la discipline en sa faveur – dans sa cellule semblable à toutes les autres, il n'y a « que sa chaise de paille et le fauteuil du Roi », lequel vient souvent lui rendre visite –, elle rayonne d'une joie constante d'avoir pu « quitter le monde, quelque brillant qu'il pût être pour [elle] ». Ce qui l'y aura engagée (comme elle en fait confidence à une jeune fille qui l'interroge sur sa vocation carmélitaine), ce sont tout d'abord ses « péchés ; ce qu'il en a coûté à Jésus-Christ pour nous sauver ; la nécessité de la pénitence en cette vie ou dans l'autre, pénitence qu'il est difficile de faire dans une vie commode [...] ; la parabole du chameau, qui passerait plutôt par le trou d'une aiguille qu'un riche n'entrerait dans le royaume du ciel ; le précepte de l'aumône qui doit s'étendre sur tout le superflu, et ce superflu pour [elle] était immense ; enfin le désir de posséder [son] Dieu éternellement, et de jouir de la couronne qui nous est préparée dans le ciel ». On comprend alors pourquoi elle refuse, au bout de six années de priorat, que l'on sollicite pour elle une exemption pontificale qui lui permettrait d'être reconduite dans ses fonctions ; plus tard, elle invoquera à juste titre son état de santé. Mais avant tout, elle fait état de sa « sincère résolution de devenir bonne religieuse », ce pourquoi elle souhaite « vivre encore trois ans sous l'obéissance ». D'ailleurs, former les novices n'est pas « de moindre importance », et elle y met toute sa générosité. Au quotidien, c'est la mortification de l'amour-propre, et même de la vaine gloire, qui la requiert, en ayant Dieu pour seul témoin de l'effort accompli, et non pour satisfaire son narcissisme d'une victoire toute formelle. Aux yeux de ses novices, elle apparaît comme « une règle vivante », la première pour « toutes les observances », ne s'écoutant pas pour échapper à « quelques incommodités » et n'ayant d'autre désir que « de rester tranquille dans [son] coin, n'entendre jamais parler de personne » afin qu'on l'oublie, elle aussi, qui ne se « mêle de rien que de lire [son] bréviaire, de balayer et d'écouter les sœurs ». « En renonçant à tout », elle aura « même renoncé à faire du bien aux autres ». Néanmoins, les liens de l'affection ne se défont pas si aisément : « Au moment où je reçois une visite de famille, je me trouve dans la joie ; quand elle finit, je suis dans la paix. »

L'accueil des Carmélites exilées de Belgique, la prévenance dont elle entoure la sœur Marie-Marthe, passée au jansénisme et qui revient mourir à Saint-Denis, auront démontré l'exquise délicatesse de sa charité ; c'est d'ailleurs ainsi qu'elle comprend la charge d'une supérieure : « Celle qui occupe la première place ne doit jamais perdre de vue qu'elle n'est plus à elle-même, mais aux autres, qu'elle leur doit le sacrifice de son temps, de son repos, de sa santé et s'il le fallait de sa vie même. » Comme dépositaire, elle aura à se préoccuper des conditions matérielles de la communauté, sans rien sacrifier des exigences de la pauvreté, mais en veillant non moins à la santé et à l'équilibre de chacune des religieuses. Celle qui se voulait simple carmélite, « sans adoucissement, avec une gaieté admirable », n'en avait pas moins une vie mystique exceptionnelle : en témoignent ses *Méditations eucharistiques* et les *Testaments spirituels* (recueillis à titre posthume par les Carmélites de Saint-Denis) et, mieux encore, les quelque six cents lettres de sa correspondance. Mystique, elle l'est, non pas comme une extatique, mais comme une active dans le droit fil de l'Évangile : c'est dans une vie unifiée dans l'amour (qui lui fait trouver le chemin de la pénitence « uni et spacieux ») qu'elle goûte une liberté qui l'aura délivrée de l'esclavage de la Cour, de « ces chaînes [qui], pour être plus brillantes, n'en étaient pas moins des chaînes ». Liberté que lui procure son admirable humilité à « demander la moindre permission avec la simplicité d'un enfant ». Le miracle de sa vie, dira l'une de ses compagnes, c'est la « vie unie » qu'elle aura menée, loin de toute « action d'éclat », cachée aux yeux des hommes, s'assujettissant « aux plus communs ». Ce qui commandait un tel choix, c'était l'exigence christocentrique : imiter, s'associer au Rédempteur dans son sacrifice et ainsi répondre à l'obligation d'apostolat qui incombe à tout chrétien : autrement dit, « contribuer à glorifier le Saint Nom » et « nous intéresser au bien spirituel de nos frères ». On pourrait craindre qu'un tel programme ne justifiât un rigorisme sacrificiel, dont le courant janséniste avait promu la nécessité. Or c'est tout l'inverse, ancrée qu'est mère Thérèse dans la dévotion (antijanséniste par excellence) au cœur de Jésus : « C'est dans le Cœur adorable de Jésus que nous puiserons la grâce. [...] Ah ! ce n'est pas de vengeance et de colère que nous le verrons palpiter, c'est de tendresse pour nous ; c'est de compassion pour nos faiblesses ; c'est de désir pour notre salut ; c'est de bonté, c'est d'indulgence, c'est de miséricorde. » Raison pour laquelle elle se défie des tracasseries des esprits scrupuleux : « Tout ce qui ne vient pas de Dieu ne saurait être bon et les scrupules ne sont pas de lui. Faisons-nous non une conscience large, mais une conscience paisible. » C'est pourquoi « le découragement ne va jamais sans présomption, et il en est le châtiment ordinaire ». Aussi « l'état de sécheresse où nous nous trouvons quelquefois est peut-être de la part de Dieu une grande miséricorde » : on ne peut qu'admirer ici la pénétration psychologique et le discernement spirituel de la maîtresse des novices. On se rappellera que la prieure du carmel de Compiègne, la bienheureuse Thérèse de Saint-Augustin, héroïne, avec ses compagnes, du *Dialogue des carmélites*, la pièce de Bernanos, toutes guillotinées en pleine Terreur, le 17 juillet 1794, avait choisi ce nom de religion pour honorer la carmélite de Saint-Denis qui lui avait permis de rentrer au Carmel, en la faisant doter par la reine Marie-Antoinette. Ainsi la prieure de Compiègne est-elle la fille spirituelle de la prieure de Saint-Denis.

François Marxer

Bibl. : *Œuvres* : *Méditations eucharistiques, Dédiées à Madame Adélaïde*, Paris, chez Planche, Libraire, 1789 ; *Textes spirituels*, présentés par D. Poirot, o.c.d., Paris, OEIL, 1988. ***Vie et étude*** : B. HOURS, *Madame Louise, princesse au Carmel*, Paris, Cerf, 1988.

LOUISE DE MARILLAC, *sainte, cofondatrice de la Compagnie des Filles de la Charité* (Ferrières-en-Brie ?, 12 août 1591-Paris, 15 mars

1660). — L'abbé Bremond, dans sa monumentale *Histoire littéraire du sentiment religieux en France...*, ne l'aura gratifiée que de quelques mentions bien maigres, éclipsée qu'elle est par la puissante stature de Vincent de Paul ; et pourtant celui-ci ne dira-t-il pas, à la mort de Louise : « C'était une femme forte, une sainte » ? Force et sainteté qui se seront développées dans une sorte de clair-obscur, au long d'une existence qui n'aura été qu'un long et douloureux passage « de l'anxiété à la sainteté », selon l'expression d'un de ses récents biographes. Anxiété est peu dire, bien plutôt angoisse, dont les racines plongent dans ses origines mêmes. Louise est la fille naturelle de Louis de Marillac, lequel, veuf d'un premier mariage, épousera, le 12 janvier 1595, Antoinette Camus, nièce de Jean-Pierre Camus, l'évêque de Belley et ami de François de Sales, romancier, essayiste et polygraphe infatigable, très soucieux des questions mystiques et spirituelles. Son père ne la délaissera ni ne la rejettera au sein de la nouvelle configuration familiale (Antoinette, en effet, veuve elle-même, était mère de quatre enfants) ; cependant on devine les abîmes d'incertitude et d'illégitimité morale qui frappaient une telle naissance. On confiera l'éducation de Louise aux Dominicaines du couvent royal de Poissy, mais, à la mort de Louis de Marillac, le 25 juillet 1604, des difficultés financières venant obérer l'horizon familial, c'est dans un pensionnat de moindre renom qu'elle poursuivra sa formation, y apprenant les travaux de couture et de broderie : à treize ans, elle fait ainsi quelque peu l'expérience de ce qu'est la pauvreté, voire le déclassement social. C'est alors qu'elle apprend le secret de ses origines et peut s'expliquer enfin les réserves distantes de sa famille à son égard. Ce qui se traduit par une crise spirituelle grave, dont elle espère sortir par le haut en choisissant la vie religieuse. Elle fait vœu d'entrer chez les Capucines de la rue Saint-Honoré, mais le provincial des Capucins, Honoré de Champigny, l'en dissuade en raison de sa faible santé.

Puisque Marillac elle était malgré tout, on conclut son mariage avec le secrétaire des commandements de Marie de Médicis, Antoine Le Gras, le 5 février 1613, mariage suivi, le 19 octobre, de la naissance d'un fils, Michel-Antoine. Le bonheur sera de bien courte durée, puisque le foyer se voit confier, en 1619, la tutelle et l'éducation des sept orphelins d'Attichy (Valence, leur mère, était la demi-sœur de Louise) et qu'Antoine lui-même tombe malade en 1622. Ces catastrophes en série raniment scrupules et angoisses : n'est-ce pas là le signe de la réprobation divine pour avoir délaissé la vie religieuse où elle voulait s'engager et qu'elle a si légèrement abandonnée ? Sans parler de sa condition d'enfant naturelle ! Jean-Pierre Camus, visiblement dépassé par la détresse de cette nièce, ne trouve, pour l'apaiser, que de lui proposer de faire, le 4 mai 1623, vœu de viduité, au cas où elle survivrait à son mari (et de fait Antoine Le Gras mourra le 21 décembre 1625). Camus, comme son oncle, Michel de Marillac, l'exhorte au courage et à la recherche de Dieu, mais c'est François de Sales qui lui aura été d'un grand secours. Peu après avoir prononcé son vœu, la voilà saisie de « mélancolie » : elle entre, le jour de l'Ascension, dans « un grand abattement d'esprit », doutant d'avoir à quitter son mari, comme elle désire le faire, « pour réparer [son] premier vœu et avoir plus de liberté pour servir Dieu et le prochain ». Doute aussi sur la fidélité qu'elle aurait dû montrer à son directeur, alors qu'elle se sent « obligée de le quitter ». Et enfin, « une grande peine pour l'immortalité de l'âme ». Cet effondrement dure jusqu'à la Pentecôte, le 4 juin : elle invoque François de Sales, et, à la messe en l'église Saint-Nicolas-des-Champs, elle est délivrée soudainement de ses doutes : elle restera auprès de son mari, mais « un temps viendrait où je pourrai faire les vœux de pauvreté, chasteté et obéissance avec des personnes qui feront de même. Je me vis dans un lieu où je pouvais tenir ma promesse, mais je ne pouvais comprendre comment c'était arrivé, parce qu'il y avait des sœurs qui sortaient, d'autres qui entraient. » À cette vision énigmatique s'ajoutait celle qui lui montrait son futur nouveau directeur.

La vision allait prendre patiemment réalité sous la ferme et rassurante autorité de Vincent de Paul, auquel Louise de Marillac s'était confiée dès l'hiver 1624-1625. Le fils, Michel-Antoine, était entré au séminaire des Bons-Enfants, dirigé par Adrien Bourdoise, curé de Saint-Nicolas-du-Chardonnet, ami de Vincent de Paul et grand artisan de la réforme du clergé ; Louise était donc disponible pour mettre en œuvre ce qu'elle avait toujours désiré. Dans un premier temps, à partir de mai 1626 et jusqu'en 1628, elle mène vie religieuse dans le monde, attachée au strict respect de ses exercices de piété et se dévouant au service des pauvres. Vincent de Paul, qui sera ce bon guide jusqu'à sa mort, en 1660, est un pragmatique, qui, comme l'enseignait Benoît de Canfield, attend d'avoir signe évident de la volonté de Dieu pour agir, ce qui n'est pas sans provoquer les impatiences de Louise. C'est un réaliste, hostile à tous les excès et à toutes les précipitations, et ce n'est donc que petit à petit que va naître la Compagnie des Filles de la Charité, qui, comme la vision l'avait fait entrevoir, ne seraient pas assujetties aux contraintes de la clôture, afin de pouvoir se donner aux nécessités de leur vie apostolique, ce que François de Sales avait tenté, sans pouvoir y réussir, avec ses Dames de la Visitation. À partir de 1629, Louise se voit associée à l'œuvre de Vincent de Paul, qui s'inquiète cependant de l'imprudence avec laquelle Louise compromet sa fragile santé, à visiter, d'abord en Île-de-France puis dans les provinces plus lointaines, les « charités », fondées en 1617 par Vincent de Paul et ses missionnaires, et en assurer la gouvernance, l'animation, voire la réforme si nécessaire. Toutefois, Vincent de Paul comprend vite que, à la situation sociale et culturelle des pauvres, la générosité des dames de charité, même aidées par leurs servantes, ne pouvait vraiment répondre. Il fallait, au-delà de ce dévouement malgré tout aléatoire, assurer en permanence le service des pauvres, et donc que le dévouement fût permanent, constant et total, et cela, bien sûr, exigeait un dispositif canonique adéquat.

La rencontre d'une « pauvre vachère sans instruction », Marguerite Naseau, sera le signe providentiel attendu. Le 25 mars 1642, Louise de Marillac et ses premières compagnes prononcent leurs vœux perpétuels de pauvreté, chasteté, obéissance et service des pauvres. Plus tard, on choisira de s'en tenir à des vœux annuels et privés, plus souples et mieux adaptés à la mission de ces religieuses d'un nouveau type : « Vous avez pour monastère les maisons des malades et celle où réside la supérieure ; pour cellule, une chambre louée ; pour chapelle, l'église paroissiale ; pour cloître, les rues de la ville ; pour clôture, l'obéissance ; pour grille, la crainte de Dieu ; pour voile, la sainte modestie. » Bref, l'impératif mystique de la charité agissante, l'idéal de la vie ambidextre, réunissant Marthe et Marie, prenait le pas sur les dispositions juridiques, voire institutionnelles. Un pragmatisme mystique en quelque sorte, au nom duquel Louise veillera toujours à compléter les Règles rédigées par Vincent de Paul (en bon politique assurément, respectueux de l'ordre établi) par des règles pratiques dictées par l'usage même. Jusqu'à sa mort, Louise assumera les charges de supérieure, en dépit de ses difficultés de santé. Sa famille lui causera encore peines et chagrins : le fils, Michel-Antoine, sortira du séminaire, et son parcours difficile sera la préoccupation constante d'une mère toujours anxieuse ; quant à ses oncles, Michel et Louis, ils seront exécutés pour avoir conspiré contre un Richelieu implacable. Mais les lourdes inquiétudes de ses premières années s'étaient apaisées, grâce à la spiritualité christocentrique de Pierre de Bérulle et l'enseignement de François de Sales, ainsi que par la bienveillante direction de Vincent de Paul, qui avait reconnu en elle les qualités surnaturelles d'une sainteté féminine efficace et agissante.

François Marxer

Bibl. : ***Œuvre*** **:** *Correspondance. Méditations. Pensées. Avis,* Paris, Krelper, 1961. ***Vie et études*** **:** SAINT VINCENT DE PAUL, *Œuvres complètes*, Paris, Gabalda, 1921-1926 et 1960 ; M.-D. POINSENET, *De l'anxiété à la sainteté : Louise de Marillac*, Paris, Fayard, 1957.

LOUISE DU NÉANT, *laïque* (Louise-Agnès de Bellère du Tronchay ; Manoir du Tronchay près de Martigné-Briant, aux environs d'Angers, 1639-Parthenay, juillet 1694). — Cette sainte femme, dont les lettres, d'une teneur spirituelle incandescente, et dont la personnalité fortement marquée de traits pathologiques n'ont pas fini de saisir le lecteur moderne, appartenait par sa naissance à une vieille famille de la noblesse angevine. Elle était la sixième d'une famille de sept enfants. Son biographe, le père Jean Maillard, laisse entendre qu'elle fut particulièrement rejetée par ses parents et qu'elle vécut jusqu'à l'âge de dix ans dans la proximité des domestiques. Elle confessera plus tard que son premier apprentissage de la vie fut fait de vol et de mensonge. Elle était toutefois très sensible aux manifestations de la ferveur religieuse et entretenait en elle un vif sentiment de ses fautes et de son indignité. En 1650, elle est mise en pension dans une communauté religieuse. La supérieure la prend en grippe et la renvoie au manoir familial au bout d'un an. Louise s'installe alors dans une sorte de cellule. Elle vit à l'écart, en solitaire, lisant des vies de saints et des ouvrages de piété. Entre 1657 et 1670, ayant parachevé sa formation intellectuelle dans une famille bourgeoise d'Angers, elle mène une vie franchement mondaine. Elle brille par son intelligence, sa beauté, sa vanité. Ses parents entreprennent de la marier, mais Louise se refuse catégoriquement à leurs projets. Elle fait retour en elle-même, construit une grotte dans la propriété familiale et s'y retire pour lire les œuvres de saint Augustin. Mais elle se consacre également aux soins des malades et des pauvres et à l'instruction des enfants. À l'occasion d'un séjour à Tours, elle rencontre le père François Guilloré, l'un des très grands auteurs spirituels de la Compagnie de Jésus.

En 1676 se produit l'événement majeur dans lequel va se nouer toute la destinée de Louise. Elle venait de s'installer dans la maison de l'Union Chrétienne de Charonne, fondée par le père Guilloré, lorsqu'elle fut amenée à écouter un sermon sur le thème de la pénitence de sainte Marie-Madeleine*. L'accent du prédicateur, soulignant la gravité du péché et la menace des peines éternelles, toucha l'esprit de Louise à un point tel qu'elle se mit à pleurer en abondance, à hurler pendant des jours et des nuits, ce qui la rendait totalement insupportable à son entourage. Et comme son état ne faisait qu'empirer, la décision fut prise de l'enfermer à l'hôpital général de La Salpêtrière. Considérée comme une possédée, elle fut enfermée dans un cachot et se trouva dans un état d'extrême délabrement physique et mental. Cependant, au bout de quelques mois, elle fut tirée de cette captivité grâce à l'intervention d'un prêtre, docteur en Sorbonne de Notre-Dame-de-Paris, le père Charles Guilloire, qui sut reconnaître en elle les qualités d'une âme exceptionnelle, remplie de ferveur mais accablée par le sentiment de ses fautes. Louise put alors sortir de son cachot et, peu à peu, revenir à la vie et se retrouver elle-même avec un cœur plus apaisé. Elle demeura à La Salpêtrière, au service des malades. Elle a rendu compte de son expérience intérieure et de ses conditions de vie dans les lettres qu'elle adressait à son confesseur, le père Jean Briard, qui furent, plus tard, recueillies et publiées par son biographe et dernier confesseur, le père Maillard. Louise quitta La Salpêtrière vers 1681. Hébergée chez les Filles de la Providence, mais toujours vêtue de son habit de folle, elle mendiait sous le porche de l'Hôtel-Dieu, en compagnie d'une aveugle au service de laquelle elle s'était placée. Ensuite, pendant quelques années, elle se consacra aux pauvres les plus misérables, dans les rues de Paris, vivant d'aumônes en leur compagnie. Enfin, au bout de huit années d'expérience extrême, elle fut choisie par le père Maillard pour diriger l'hôpital de Loudun. En route, elle s'arrêta à l'hôpital de Parthenay où elle mourut. Elle avait cinquante-cinq ans.

Henri Bremond, à qui l'on doit la découverte moderne de Louise du Néant, voit en celle-ci une authentique mystique, quel que soit par ailleurs le caractère parfaitement marginal de son vécu, lourdement chargé, selon nos critères modernes d'appréciation d'éléments pathologiques. Chez elle, il n'est rien de mystique qui soit l'objet de spéculation intellectuelle ou d'interprétation éclairée par la connaissance des textes. C'est l'expérience même, dans l'exaltation de l'intériorité comme dans la radicalité des affrontements avec le réel, qui révèle la toute-puissance de la relation à Dieu et son extrême tension affective. Les lettres de Louise, particulièrement celles écrites à La Salpêtrière, sont saturées d'élans du cœur qui sont autant d'expressions de sa participation à la souffrance du Christ et de reconnaissance à l'égard de son amour transcendant. Le sentiment permanent de sa culpabilité et de son indignité la place dans un état de total abandon et soumission à la volonté divine. Et il n'est pas d'abjection à laquelle elle ne consente, pas d'humiliation infligée à son amour-propre à laquelle elle n'adhère dans sa vision permanente du Crucifié et de son indignité personnelle. Elle va jusqu'à lécher les plaies des malades et, à l'instar du chien de saint Roch, à les soulager par le don de sa salive. Cependant, à mesure que son expérience s'éclaire et se fortifie, elle gagne en détachement de soi et ses interventions se font plus discrètes et plus sereines. Il y a une grande différence de ton entre les lettres de La Salpêtrière, adressées au père Briard, et celles de Parthenay, adressées au père Maillard. On assiste au dénouement de toutes les tensions de sa vie et à l'apaisement de son angoisse. Celle qui signait ses lettres Louise du Néant les signe Louise, servante des Pauvres, marquant par là son détachement par rapport à ce qui pouvait subsister d'amour-propre en elle-même et son rapprochement de la réalité, exempte de ses fantasmes et de son délire.

Claude Louis-Combet

Bibl. : ***Vie et œuvre*** **:** père J. MAILLARD, *Triomphe de la pauvreté et des humiliations ou la Vie de Mademoiselle de Bellère du Tronchay appelée communément sœur Louise*, Paris, 1732 (rééd. Grenoble, Jérôme Millon, 1987). ***Études*** **:** H. BREMOND, *Histoire littéraire du sentiment religieux en France...*, Paris, Bloud et Gay, 1923, t. V (rééd. Grenoble, Jérôme Millon, 2006) ; dom CHAMARD, *Les Vies des saints personnages de l'Anjou*, Paris, Jacques Lecoffre, t. III, 1863 ; C. LOUIS-COMBET, *Des égarées. Portraits de femmes mystiques du XVIIe siècle français*, Grenoble, Jérôme Millon, 2008.

LUBICH, Chiara, *fondatrice du mouvement des Focolari* (Silvia Lubich ; Trente, 22 janvier 1920-Rocca di Papa, 14 mars 2008). — Silvia Lubich est née à Trente, dans l'Italie du Nord. Sitôt obtenu son diplôme d'institutrice en 1938, cette fille de militants socialistes, que l'avènement du fascisme condamnera au chômage et à la pauvreté, exerce dans différents villages du Trentin et, à partir de 1940 jusqu'en 1942-1943, à l'orphelinat tenu par les Capucins à Cognola, bourgade des environs de Trente. En octobre 1939, elle avait participé à une formation destinée aux jeunes militantes de l'Action catholique, à Lorette, sanctuaire de la province des Marches, réputé conserver la *Santa Casa*, la maison de la Vierge, transportée, dit la légende, par les anges, en 1290, de Palestine en Italie : ce pèlerinage, depuis le XVe siècle, ravive dans la chrétienté occidentale la mémoire de la simple vie domestique de la Sainte Famille à Nazareth. C'est dans cette basilique que Silvia éprouve (mystiquement ?) la forte présence du Christ dans l'humanité (qui alors va traverser la catastrophe du second conflit mondial). Si vocation il y a – elle-même en est assurée –, celle-ci n'en demande pas moins de voir préciser ses contours pour l'instant indécidés. Or voilà qu'un père capucin, Casimiro Bonetti, la sollicite pour s'investir dans l'apostolat, en dehors de ses heures d'enseignement. Ce qu'elle accepte avec enthousiasme. Et l'année suivante, le père Casimiro lui propose de s'affilier au tiers ordre franciscain, espérant ainsi que sa personnalité rayonnante attirera d'autres adhésions. C'est alors que Silvia choisit le nom de Chiara (Claire), référence explicite à Claire d'Assise*, fondatrice de la branche féminine des Damianites, plus tard Clarisses, dans le mouvement franciscain. Cette première mise en place d'une détermination de son choix de vie s'achève le 7 décembre 1943 quand elle fait vœu de chasteté, répondant ainsi à l'injonction entendue d'une voix intérieure : « Donne-toi toute à moi. » Ce 7 décembre est considéré comme le jour de naissance du mouvement des Focolari.

La configuration du projet se précise quand, le 24 janvier 1944, le père Casimiro rappelle combien le cri du Crucifié, « Mon Dieu, mon Dieu, pourquoi m'as-tu abandonné ? », atteste la haute et immense souffrance de Jésus. Cet épisode évangélique va polariser la vie des quelques compagnes qui se sont jointes à Chiara et qui, elles aussi, vont se consacrer à Dieu. On retrouve ici une démarche analogue à celle impulsée par Madeleine Delbrêl*, de son côté orientée cependant vers le travail social en banlieue ouvrière. Le 13 mai, un bombardement endommage gravement la maison familiale ; aussi les parents Lubich décident-ils de se retirer dans les montagnes voisines. Chiara restera à Trente pour soutenir tout ce qu'elle voit germer autour d'elle en ce temps d'extrême détresse. Le père Casimiro lui trouve un petit appartement qu'elle partage avec Giosi Guella : ce sera le premier *focolare*, de ces foyers « autour du feu », dispensant lumière chaleureuse et rayonnante.

L'année 1945 voit la confirmation de l'intuition apostolique de Chiara par l'archevêque de Trente, Carlo de Ferrari, qui conclut l'entrevue d'un mot : « Il y a ici le doigt de Dieu » (allusion à Lc XI, 20). C'est de nouveau dans le cadre liturgique de la fête du Christ-Roi, le dernier dimanche d'octobre, que le projet s'affine : Chiara et ses compagnes *entendent* en effet le (sens du) verset du Psaume II : « Demande, et je te donne en héritage les nations, pour domaine la terre tout entière », pour y reconnaître l'objectif de leur engagement, dont le chapitre XVII de Jean – la prière sacerdotale de Jésus : « Que tous soient un comme nous sommes un » –, dessinera l'envergure. Ainsi se constitue l'*Idéal* des Focolari – c'est ainsi que Chiara désigne cette succession de révélations, disons, de compréhensions inédites et d'intelligences renouvelées de paroles de l'Écriture, qui viennent progressivement donner corps à leur initiative de vie : cela le plus souvent dans le cadre liturgique (qui protège de la dérive individualiste ou sectaire), mais aussi dans ces méditations partagées à livre ouvert (renouant avec les manières béguinales ou piétistes), grâce auxquelles se constitue un florilège de références canoniques : Matthieu VII, 21 (faire la volonté de Dieu) et XVIII, 20 (la présence du Christ au milieu des deux ou trois réunis en son nom, sans autre précision, et donc au-delà de tout clivage social ou confessionnel) ; Jean XV, 12-13 (le Commandement nouveau de l'amour, saisi de façon extrême, jusqu'à mourir pour les autres). L'ancrage franciscain se consolide lorsque, le 22 janvier 1947, Chiara reçoit quatre livrets, dont l'auteur est un franciscain conventuel, le père Léon Vauthey, en vue de promouvoir sa Croisade de Charité : par son intermédiaire, Chiara va nouer de solides relations avec l'ordre franciscain, en particulier avec le provincial Raffaele Massimei.

Le 1er mai, l'archevêque de Trente approuve le « Statut des Focolari de la Charité », approbation renouvelée pour trois ans l'année suivante. Mais les contestations de cette initiative apostolique ne manquaient pas : l'année suivante, l'archevêque vient célébrer la messe dans la chapelle de la communauté, le 22 juillet, en la fête de sainte Marie-Madeleine*, et ainsi répond officiellement à ces critiques. Greffés sur le mouvement franciscain, les Focolari se mettent en rapport avec le *Regnum Christi*, du père Beda Hernegger. Une nouvelle étape est franchie le 17 septembre, quand Chiara rencontre le député et écrivain Igino Giordani qui sera le premier *focolarino* marié : c'est là une extension imprévue de la visée première, en quelque sorte une refondation du mouvement. Giordani lui ouvre les colonnes de la revue *Fides*, revue de la propagation de la foi, où elle expose son expérience focolarine dans un récit, *La Comunità cristiana* (« La communauté chrétienne »). Dès lors, le succès va grandissant, accompagné par l'intérêt bienveillant, non seulement de la hiérarchie catholique, mais aussi des instances d'autres confessions chrétiennes : si Jean XXIII approuve l'apostolat de ces foyers en 1962, si Paul VI, précédemment archevêque de Milan, leur signifie son appui particulièrement chaleureux en 1964, l'année 1961 inaugure la dimension œcuménique de ces communautés : c'est à Darmstatt que Chiara rencontre des pasteurs luthériens, intéressés par un tel renouveau évangélisateur ; puis, de 1967 à 1972, le patriarche de Constantinople, Athénagoras, lui signifiera à huit reprises les encouragements du monde orthodoxe, comme les archevêques de Cantorbery, chefs de l'Église anglicane, les docteurs Ramsey (1966), Coggan (1977) et Runcie (1981). Mais son influence ne se limite pas au seul monde chrétien : les milieux bouddhistes de Tokyo la reçoivent en 1981 ; elle prend la parole dans une mosquée de Harlem, en 1997. Tous ses efforts veulent « concourir à réaliser le Testament de Jésus : Que tous soient un », mais ils n'en sont pas moins d'une telle importance pour la communauté internationale, que le Conseil de l'Europe de Strasbourg se plaît à les reconnaître et couronner, en lui décernant le prix des Droits de l'homme en 1998, après que l'Unesco lui aura remis le prix de l'Éducation pour la paix, deux ans plus tôt. En effet, les Focolari tentent d'établir une nouvelle norme des rapports économiques, par une répartition plus équitable des fruits de la croissance, où les déshérités ne seront pas oubliés : près d'un millier d'entreprises ont adhéré à Économie et Communion. Le mouvement s'est investi dans le secteur de l'édition avec Città Nuova (en France, Nouvelle Cité), qui diffuse, outre les œuvres de Chiara, nombre d'ouvrages de spiritualité et de théologie à l'usage du public le plus large. Enfin, les Mariapoli (Cités de Marie) accueillent les grands rassemblements du mouvement à travers le monde.

Quand Chiara est hospitalisée en urgence le 10 mars 2008 pour des troubles respiratoires à l'hôpital Gemelli de Rome, le pape Benoît XVI lui fera part de sa sollicitude, et elle recevra la visite du patriarche de Constantinople, Bartholomeos, alors de passage à Rome ; elle s'éteint chez elle, à Rocca di Papa, quatre jours plus tard. Ses obsèques seront présidées par le cardinal Bertone, confirmation de toute l'estime et de l'intérêt que portent les autorités romaines à son œuvre.

Chiara Lubich est assurément une des grandes figures spirituelles de la modernité du XXe siècle, profondément ancrée dans la tradition franciscaine (dont elle aurait, pour ainsi dire, recueilli l'essentiel, au-delà des aspects folklorisants), mais aussi dans son versant dominicain complémentaire, dont la référence est Catherine de Sienne*, une femme qui avait réuni autour d'elle un cercle de disciples dans une période fort troublée, celle du Grand Schisme (1378-1417). Les analogies sont frappantes : on peut reconnaître chez Chiara une même et ferme autorité charismatique, mais sans la véhémence de la Siennoise qui interpelle le pouvoir pontifical d'alors, fort défaillant ou discutable ; Chiara, elle, ne se risque pas à un affrontement quelconque avec l'autorité ecclésiale, au contraire, se référant à Luc X, 16 (« Qui vous écoute, m'écoute »), elle en attend, avec une pragmatique sagesse, confirmation de ses vues. Chiara partage encore avec Catherine les thématiques du sang et du feu : les focolarines sont désignées comme des « incendiaires », qui « mettront le feu à l'Italie » et au-delà. Autre trait commun (et risqué !), Chiara suggère sans hésiter sa maternité spirituelle à l'égard des prêtres : « Je veux avec vous tous les rôles : celui de fille, de sœur, de mère. »

La polarisation de la spiritualité de Chiara sur les séquences de la Passion du Christ, de la prière sacerdotale au cri d'abandon de la Croix, renoue avec et réactualise une tradition italienne, illustrée, outre Catherine de Sienne, par Gemma Galgani*, Véronique Giuliani* et le padre Pio de Pietrelcina : « Une page lumineuse d'un mystérieux amour : *Unité*. Une page de mystérieuse douleur : *Jésus abandonné*. » Ainsi se compose « le livre de Lumière, que le Seigneur écrit dans mon âme », mais que tous ne déchiffreront pas d'identique manière : si la première page est offerte à quiconque, la seconde est réservée aux consacrés Focolari. Pourrait-on dire, plutôt qu'exotérisme *versus* ésotérisme, mystique ici et spiritualité là ? En tout cas, c'est le don inconditionnel de soi (« En tes mains, je remets mon esprit », Lc XXIII, 46) qui certifie le lien entre l'abandon (du Crucifié par tous, même par Dieu, mais abandon en confiance, ce qui en diminue tout le *pathos* dramatique) et la prière de l'Unité, fondée sur la reconnaissance du Fils : « Tout ce qui est à moi est à Toi. » Ce qui permet aussi une réinterprétation du péché, non plus en termes éthiques (de faute, suscitant la culpabilité), mais comme *dés-unité*, défaillance ou manquement à l'unité recherchée. Et conjointement, la charité, qui est aussi bien l'objet d'un don que d'un commandement.

L'étonnante croissance de l'œuvre initiée par Chiara Lubich, jusqu'à atteindre une envergure mondiale, sans faire concurrence au ministère papal (qui a une visée universelle explicite), attesterait en faveur d'un exercice « latéral » de ce ministère d'unité, selon une modalité charismatique et débordant les frontières de la seule institution ecclésiale. De même il faudrait s'interroger sur le rapport des Focolari avec les communautés utopiques de la décennie 1970 (comme Boquen), qui surgirent au plus fort de la crise catholique, délibérément rangées dans une contestation politique des institutions et proposant un projet (de société) alternatif. Si la vigueur de ces mouvements s'est trouvé relayée, après leur naufrage, par la mouvance associative séculière, l'exemple italien est plus que jamais suggestif, de San Egidio et Communion et Libération, jusqu'à la communauté de Bose : comme les Focolari, des créations au puissant impact fédérateur, efficaces dans la société civile, voire même internationale, bref d'une harmonie heureuse de la mystique et de la politique.

François Marxer

• *Voir aussi* : Catherine de Sienne ; Delbrêl ; Gemma Galgani ; Véronique Giuliani

Bibl. : *Œuvres* : publiées à Paris, Nouvelle Cité, *La Charité comme idéal* (1971) ; *C'était la guerre. Genèse d'une spiritualité* (1972) ; *Journal. Fondations ; mars 1964-déc. 1965* (1972) ; *Paroles de vie* (1975) ; *Le Dieu proche* (1976) ; *Qui vous écoute m'écoute* (1978) ; *Dieu cœur de l'homme* (1979) ; *La Souffrance* (1998) ; *Six Sources où puiser Dieu* (1989) ; *Le Cri : Jésus crucifié et abandonné* (2000) ; *Méditations* (2000) ; *L'Art d'aimer en famille* (2002) ; *Vivre l'instant présent* (2002) ; *Pensée et spiritualité* (2003) ; *Une spiritualité de communion* (2004) ; *Un art d'aimer* (2006) ; *La Parole de Dieu* (2008) ; *Au fils des jours* (2009) ; *Lettres des premiers temps* (2010) ; *La Volonté de Dieu : mode d'emploi* (2011). ***Études* :** J.-C. DARRIGAUD, *Toute soif a son eau. Chiara Lubich et les Focolari*, Paris, Cerf, 1978 ; E. POCHET, *Dialogue avec Chiara Lubich*, Paris, Nouvelle Cité, 1983.

LÚCIA DE JESUS DOS SANTOS, *carmélite, visionnaire* (Marie-Lucie du Cœur Immaculé, en religion ; Aljustrel, 22 mars 1907-Coimbra, 13 février 2005). — Lúcia dos Santos est née à Aljustrel (Portugal), un hameau à proximité de Fátima. Elle est la sixième et dernière enfant d'une famille qui se compose de cinq filles et d'un garçon. Elle fut baptisée dans l'église paroissiale de Fátima, le 30 mars 1907. Son père, Antonio dos Santos, était paysan. Sa mère, Maria Rosa, ne sachant pas écrire, lisait de nombreux ouvrages de piété. Aimée de tous, Lúcia est franche, obéissante et serviable ; elle a une passion pour la danse. Dès son plus jeune âge, elle est bercée par la récitation de l'Ave Maria, que sa mère, fervente catholique, apprend à sa sœur Carolina : Maria Rosa enseignait avec ferveur le catéchisme à ses enfants et à ceux du voisinage. Lúcia fit sa première communion en 1913, à l'âge de six ans. Quand elle eut sept ans, sa mère la laissa remplacer Carolina, qui emmenait chaque jour leur petit troupeau de chèvres et de brebis paître dans la Serra de Aire. Ses cousins, Francisco Marto et Jacinta Marto*, eurent bientôt la permission d'en faire autant. Le lieu-dit Cova da Iria, dans les alentours, était l'endroit habituel de leurs retrouvailles. En 1916, au lieu-dit La Loca do Cabeco, Lúcia, Francisco et

Jacinta firent la rencontre surnaturelle de « l'Ange de la Paix ». En 1917, la Sainte Vierge apparut six fois aux trois enfants réunis. Lúcia, alors âgée de dix ans, devint la messagère du Cœur Immaculé de Marie*. Sa vocation fut désormais, par l'amour de Jésus-Christ, de vouer sa vie en réparation des péchés commis contre le Cœur de Marie, pour le pape et pour la conversion des pécheurs. Entrée en religion en 1925, elle prononça ses vœux perpétuels, dans l'Ordre des Sœurs Dorothées, le 3 octobre 1934, et prit comme nom de religieuse sœur Marie des Douleurs. Après 1925, Lúcia fut à nouveau gratifiée de visions, d'apparitions et de locutions qui lui inspirèrent une grande angoisse quant à leur authenticité. « Je déclare que je crains beaucoup de me tromper, écrivit-elle, et le motif de cette crainte est que je n'ai pas vu personnellement Notre-Seigneur, mais j'ai seulement senti sa divine présence. » Menant une vie pieuse et contemplative, elle vécut en recluse à partir de 1948 avec l'interdiction formelle de communiquer avec l'extérieur. Le 13 mai 1991, le pape Jean-Paul II se rendit à Fátima et accorda une entrevue privée à sœur Marie des Douleurs. Lúcia traversa par la suite de nombreuses épreuves physiques et mentales. Après huit mois de grandes souffrances au carmel de Sainte Thérèse à Coimbra, où elle avait reçu le nom de sœur Marie-Lucie du Cœur Immaculé, elle décéda à la veille de ses quatre-vingt-dix-huit ans.

Les apparitions de Notre-Dame de Fátima, la reconnaissance de leur authenticité et des miracles qui suivirent, la construction d'une grande basilique commémorant ces faits, et les pèlerinages de foules innombrables, rivalisant avec ceux de Lourdes, constituent les événements de la vie tourmentée de Lúcia de Jesus dos Santos. En 1917, le Portugal est officiellement un pays laïc et anticlérical. L'Europe est en guerre depuis le mois d'août 1914 ; le Portugal s'est engagé aux côtés des Alliés. Les apparitions débutent dès 1915. En 1916, Lúcia, Francisco et Jacinta rencontrent à trois reprises « l'Ange de la Paix », qui leur enseigne des prières d'adoration et de pénitence, puis les fait communier. Le 13 mai 1917, une « dame habillée de blanc » leur apparaît vers midi. Elle demande à Lúcia de revenir avec ses deux cousins, pendant six mois, à la même heure et lui fait cette recommandation : « Récitez le chapelet tous les jours pour obtenir la paix dans le monde et la fin de la guerre. » Le secret divulgué (par Jacinta), la nouvelle se répand aussitôt, suscitant diverses réactions, dont des accusations de mensonge et d'affabulation. S'ensuivent cinq autres apparitions en 1917, tous les 13 des mois de juin à octobre, sauf en août – les enfants sont à ce moment-là séquestrés et interrogés pendant deux jours par les autorités locales –, auxquelles de nombreux fidèles se joignent. L'Immaculée Conception confiera à Lúcia : « Jésus veut se servir de toi pour me faire connaître et aimer. » L'encourageant à prier et à dire son chapelet tous les jours, elle lui délivrera également trois nouvelles prophéties, dont la petite fille gardera le secret (deux prophéties furent révélées en 1942, la troisième en 2000). Lors de la dernière apparition, à Cova da Iria, Lúcia invite la foule à réciter le chapelet sous une pluie battante. La Vierge « vêtue de blanc, avec un manteau bleu » se présente à la petite fille comme étant Notre-Dame du Rosaire. Elle réitère son appel à la conversion et à la récitation régulière du chapelet. Elle demande de faire bâtir une chapelle en son honneur et annonce la fin de la guerre. Elle exhorte Lúcia à « guérir plusieurs malades, [...] convertir les pécheurs ». L'apparition s'élève alors vers le ciel et disparaît dans un faisceau de lumière multicolore et un soleil étincelant devant le yeux ébahis de cinquante mille personnes. La pluie a cessé. Phénomène surnaturel ou simple phénomène atmosphérique local ? Les opinions restent contradictoires. Quelques instants plus tard, la Vierge Marie réapparaît aux yeux des trois jeunes bergers, accompagnée de saint Joseph, de l'Enfant Jésus et de Notre-Seigneur bénissant le monde d'un signe de croix.

Lúcia de Jesus dos Santos a écrit le récit de son histoire. Car si Jacinta et Francisco pouvaient voir l'apparition, ils ne pouvaient pas l'entendre, contrairement à elle. Après un long procès canonique, l'Église déclara « dignes de foi » les visions des enfants et autorisa solennellement « le culte de Notre-Dame de Fátima » le 13 octobre 1930. Le 7 juillet 1952, Pie XII consacra au Cœur Immaculé de Marie « tous les peuples de Russie » – un ajout tardif pour Lúcia aux autres peuples du monde. La première prophétie était en effet une vision terrifiante de l'enfer, accompagnée d'une demande de consécration du monde au Cœur Immaculé de Marie. La deuxième dénonçait les errements du communisme, les guerres et les dictatures qu'il provoquerait, mais dont le Cœur Immaculé de Marie triompherait. La troisième faisait allusion à l'attentat subi par le pape Jean-Paul II, le 13 mai 1981. Celui-ci affirma qu'il ne devait qu'à l'intervention de la Vierge de Fátima d'avoir échappé à la mort. Une des balles qui le visaient est aujourd'hui enchâssée dans la couronne de la statue de son culte. Francisco et Jacinta furent béatifiés par Jean-Paul II le 13 mai 2000.

Messagère de Dieu par l'intermédiaire de la Vierge Marie, Lúcia de Jesus dos Santos, la voyante de Fátima, est une missionnaire et une mystique contemplative. Elle témoigne spontanément et humblement, au prix de grandes épreuves physiques et morales, de la puissance de la foi et de l'efficacité de la prière. C'est pourquoi elle est « un signe d'espérance » selon le cardinal patriarche de Lisbonne, José da Cruz Policarpo. Elle reste liée à jamais à Notre-Dame de Fátima, dont les apparitions ont été reconnues par l'Église catholique au même titre que celles de Notre-Dame du Carmel, Notre-Dame de la Salette ou encore Notre-Dame de Lourdes, qui attirent chaque année des milliers de pèlerins.

Bernard Sesé

• *Voir aussi* : Jacinta Marto ; Marie

Bibl. : *Œuvre* : *Mémoires de Sœur Lucie*, Paris, Éditions Secrétariat des Pastoureaux, 2005 (diffusion par les Éditions Téqui). ***Vie et études*** : G. DE SÈDE, *Fátima, enquête sur une imposture*, Paris, Éditions Alain Moreau, 1977 ; F. MICHEL DE LA SAINTE TRINITÉ, *Toute la vérité sur Fátima*, Paris, Éditions de la Renaissance catholique, 1986 ; C. BARTHAS, *Il était trois petits enfants*, Montsûrs, Résiac, 1990 ; JEAN-PAUL II, *À Fátima... l'appel de Notre Dame*, Paris, Éditions Téqui, 1999 ; P. JOVANOVIC,

Notre-Dame de l'Apocalypse ou le troisième secret de Fátima, Paris, Le Jardin des Livres, 2008.

LUCIA MANGANO, *vénérable, ursuline, liée aux passionistes* (Trecastagni, Catania, 1896-San Giovanni La Punta, 1946). — Lucia est la quatrième parmi les neuf enfants de Nunzio et Giuseppina Sapienza, une pauvre famille de paysans. Ayant appris à lire et à écrire avec son frère, elle s'engage à l'Action catholique et enseigne des jeunes filles. Quand elle a quinze ans, sa famille déménage à San Giovanni La Punta, près de l'église Ravanusa. Après une longue maladie, elle se voue à Dieu (1919) et elle entre à l'Institut des Ursulines de sainte Angèle Merici*. En 1925, elle devient la supérieure du couvent. Elle s'engage alors dans la fondation d'un nouvel institut destinée à l'enseignement des jeunes filles pauvres, mais le projet échoue. En 1928, sa sœur Nunzia la rejoint. À partir de 1931, elle se lie aux passionnistes de Mascaluscia et à Generoso Fontanarosa, qui devient son directeur spirituel en 1933. Son intense vie religieuse, documentée par son directeur et biographe, prend sa source dans l'oraison de quiétude pour aboutir au mariage spirituel et mystique (1933), avec dons et charismes (dont la stigmatisation). Réputée sainte, elle avait prédit le dérangement de sa dépouille mortuaire un an après son enterrement à l'Institut des Ursulines de San Giovanni La Punta. Le 11 janvier 1955 eut lieu la première session publique du procès de sa béatification ; le 2 juillet 1994, Jean-Paul II a reconnu ses vertus héroïques et lui a conférée le titre de vénérable.

Michela Catto

Bibl. : ***Œuvres*** : les manuscrits de Lucia Mangano sont conservés au sanctuaire de l'Addolorata des Passionistes de Mascalucia ; *Autobiografia*, San Giovanni La Punta, Istituto delle Orsoline, 1971. ***Vie*** : A. MARTINELLI, *La Madonna e Lucia Mangano. Saggio di Mariologia mistica contemporanea*, Catania, Istituto delle Orsoline-L'Addolorata, 1959 ; G. FONTANAROSA, *Lucia Mangano Orsolina*, Mascalucia, L'Addolorata, 1961. ***Études*** : G. POZZI, C. LEONARDI, *Scrittrici mistiche italiane*, Gênes-Milan, Marietti, 1988 ; G. DE SANCTIS, « Lucia Mangano », in *Bibliotheca sanctorum, Prima Appendice*, Rome, Città Nuova, 1987.

LUCIE CHRISTINE, *affiliée à la Fédération laïque de l'Adoration Réparatrice, auteur d'un Journal spirituel* (Mathilde Bertrand ; Paris, 12 décembre 1844-17 avril 1908). — Sous le pseudonyme littéraire de Lucie Christine, que lui avait donné son éditeur, le jésuite Augustin-François Poulain, pour préserver sa vie privée (c'est une femme de la meilleure bourgeoisie), Mathilde Bertrand donna un témoignage surabondant de la spiritualité victimale, à laquelle elle avait adossé son existence marquée de nombreuses épreuves physiques (elle devient aveugle à l'âge de quarante-cinq ans), familiales (un veuvage précoce en 1886, lorsque meurt Théodore Boutlé, notaire qu'elle avait épousé en 1865 et à qui elle avait donné cinq enfants) et spirituelles (qu'elle déchiffre selon le schématisme des nuits). Elle mourra un vendredi saint. Si, dans son adolescence, elle avait manifesté des dons de voyance, c'est à partir d'avril 1873 qu'apparaissent des grâces mystiques exceptionnelles, allant jusqu'à l'union extatique, qui viennent enrichir une vie spirituelle déjà toute orientée vers une fidélité intégrale à Dieu. S'étant confiée à son curé de Vernon, l'abbé Eugène Grieux, elle rédige, sur son ordre, un compte rendu de ses états et expériences : ainsi s'élabore un *Journal* de quelque deux mille six cents pages, réparties en seize cahiers, dont le père Poulain publiera l'intégralité du premier, avec un florilège d'extraits des suivants, invoquant (bien à tort !), pour justifier sa sélection, les innombrables répétitions et doublets qui, de fait, en rendraient la lecture fastidieuse : mais n'est-ce pas un caractère significatif de ce genre d'écriture, la répétition n'étant pas forcément une redite ?

Poulain, en tout cas, voyait dans ces pages une illustration de ses thèses sur le caractère extraordinaire de la vie mystique, ce qu'il avait défendu dans son traité *Des grâces d'oraison*, publié en 1901 (il semble que Mathilde Bertrand n'ait pas eu connaissance de l'ouvrage). Le texte original de ce *Journal*, manuscrit jusqu'en 1889, puis rédigé par une religieuse qui servait de secrétaire à Mathilde frappée de cécité, se trouve au monastère de l'Adoration réparatrice, rue Gay-Lussac, à Paris : en effet, c'est dans cet institut que Mathilde s'était consacrée, sous le nom de sœur Marie-Aimée de Jésus, le 8 décembre 1882, à l'expiation réparatrice, ne désirant que souffrir avec le Christ rédempteur. Le propos n'est certes pas nouveau, mais la manière de le mener à bien mérite l'attention. Chez Mathilde Bertrand, aucune ambition de publicité, et moins encore d'exhibition, si fréquente chez les dévot(e)s de l'expiation, souvent atteint(e)s de symptômes pathologiques. Rien non plus d'un retour sur soi ni d'une quelconque satisfaction narcissique. Une solide santé mentale donc, et l'on comprend qu'en 1921, le grand théologien allemand, Romano Guardini, en ait donné une traduction, augmentée d'une préface de quinze pages. Édith Stein* a, quant à elle, trouvé dans ce *Journal* une inspiration pour son propre destin spirituel, marqué lui aussi par l'expiation (comme en atteste son dernier ouvrage inachevé, *La Science de la Croix*) ; elle en recommande la lecture au philosophe et phénoménologue polonais, Roman Ingarden, puisqu'elle y voit « quelque point de ressemblance avec sainte Thérèse [très en faveur chez les phénoménologues disciples de Husserl] par sa simplicité classique et son authenticité rigoureuse » (lettre du 1er janvier 1928). L'adversaire de Poulain, Auguste Saudreau, aurait pu sans doute, lui aussi, trouver argument dans ce *Journal* en faveur des vues plus sainement réalistes et théologales qu'il développait sur les critères d'authenticité de la vie mystique, comprise comme expérience commune de la grâce baptismale dans la vie ordinaire.

François Marxer

• *Voir aussi* : Édith Stein

Bibl. : *Œuvre* : *Journal spirituel de Lucie Christine* (1910), Paris, Téqui, 1977. ***Étude* :** M. SAVIGNY-VESCO, *Lucie-Christine : l'ostensoir sous le voile*, Paris, Casterman, 1948.

LUKARDIS D'OBERWEIMAR, *bienheureuse, cistercienne, stigmatisée et visionnaire* (?, v. 1262-Erfurt, 22 mars 1309). — La vie de Lukardis est relativement méconnue. Elle entra au couvent cistercien d'Oberweimar (Thuringe) à l'âge de douze ans, soit aux alentours de l'année 1274 ; elle avait précédemment vécu sa première expérience visionnaire lui annonçant la mort de sa mère. Dès ses premières années de vocation, elle bénéficia de visions et d'apparitions qui lui permirent d'entrer en contact avec le ciel, en esprit, par l'intermédiaire de la Vierge, de Jean-Baptiste mais également du Christ. Environ deux ans après son arrivée dans la communauté, elle fut atteinte d'une mystérieuse maladie qui aboutit à la paralysie. Sa vie fut désormais placée sous le signe de la souffrance, rendue supportable par la multiplication d'expériences spirituelles et mystiques. Lukardis éprouva, durant les premières années de sa vie conventuelle, beaucoup de difficultés à s'intégrer ; la lourdeur de son incurable maladie et ses dévotions outrancières gênaient la communauté. Ayant reçu les stigmates – qu'elle porta durant les vingt-huit dernières années de sa vie – elle s'imposa à la fois comme une faible femme qui avait besoin de protection terrestre et comme une figure centrale de la communauté, protectrice et intercesseur du couvent auprès des instances célestes. À son contact, le monastère tout entier finit par vivre ses extases par procuration ; certaines sœurs eurent l'occasion de prendre part à ses visions. On lui prête plusieurs miracles, dont la guérison de deux aveugles. Considérée comme sainte de son vivant, elle fut vénérée en tant qu'intercesseur des malades jusqu'à la Réforme, époque à laquelle son culte disparut.

Notre seule source d'informations réside dans une *Vita* (XIVe s.) à peine diffusée, rédigée peu de temps après la mort de la bienheureuse, par un clerc anonyme. Ce texte s'impose comme le résultat d'une enquête auprès des sœurs du monastère. Jalonnée de quelques rares repères chronologiques, la *Vita venerabilis Lukardis monialis O.C.* témoigne, pour l'essentiel, d'une expérimentation du divin par l'intermédiaire du corps, des sens et des émotions. Elle met en exergue tant l'aspiration de la bienheureuse au détachement du terrestre pour un contact céleste privilégié que son désir d'intimité et d'affection avec le Christ et la Vierge. Ce texte met en scène l'admiration et la protection naissantes de ses sœurs en religion à son égard. Ainsi, l'essentiel de sa *Vita* se concentre-t-il sur le récit d'expériences spirituelles, manifestées par la voie des sens. Ces expériences contribuèrent à rendre plus supportable sa pénible vie terrestre. Lukardis aurait été non seulement sujette à des visions et des extases, mais aussi à de nombreux phénomènes physiques psycho-corporels au nombre desquels on relèvera la stigmatisation, les traces de flagellation, la grossesse mystique ou encore la lactation par la Vierge Marie* (la mère du Christ nourrit la mystique de son sein). De toutes ses expériences mystiques, la plus extraordinaire est probablement cette dernière, qui passe pour la première mention de lactation d'une femme, la rapprochant de saint Bernard de Clairvaux. En insistant plus particulièrement sur les trente-trois années de souffrance de la bienheureuse – de 1276 à sa mort – l'auteur renvoie, par analogie, à la durée de la vie du Christ. La *passion* de Lukardis apparaît dans cette *Vita* comme un signe d'élection divine. Ce texte dut offrir aux cisterciennes un modèle de vie christique au féminin, essentiellement centrée sur le culte de la Vierge.

Florence Close

• *Voir aussi* : Marie

Bibl. : ***Sources* :** *Bibliotheca Hagiographica Latina*, n° 5064. *Vita venerabilis Lukardis monialis O.C. in superiore Wimaria*, J. De Backer (éd.), *in* Annalecta Bollandiana, t. 18, 1899, p. 305-367. ***Études* :** A. KLEINBERG, *Histoires de saints : leur rôle dans la formation de l'Occident*, Paris, Gallimard, 2005 ; P. NAGY, « Sensations et émotions d'une femme de passion, Lukarde d'Oberweimar (†1309) », *in* P. Nagy, D. Boquet (dir.), *Le Sujet des émotions au Moyen Âge*, Paris, Beauchesne, 2008 ; M. A. DIMIER, « Lukarda », in *Bibliotheca sanctorum*, t. 8, Rome, Città Nuova, 1967, col. 371-372.

LUTGARDE D'AYWIÈRES, ou de Tongres, *sainte, bénédictine, puis cistercienne* (Tongres, 1182-Aywières, 16 juin 1246). — Patronne de la Flandre, Lutgarde est avant tout l'initiatrice de la dévotion au Sacré-Cœur. Née à Tongres, elle est placée toute jeune, comme oblate, au monastère des Bénédictines de Saint-Trond. Vers quinze, seize ans, elle a une aventure amoureuse avec un jeune homme qui la visite souvent : rien de répréhensible ni de coupable, sauf que, comme oblate, Lutgarde est déjà liée à l'état religieux. Or, un jour qu'elle a rendez-vous avec ce jeune amant, c'est un autre qui se présente, le Christ qui, écartant son vêtement, dévoile « à son côté la blessure empourprée d'un sang frais » et lui dit : « Ne cherche plus les flatteries d'un vain amour. Regarde ici et contemple désormais ce que tu dois aimer et pourquoi tu dois l'aimer. C'est ici que je te promets de te faire goûter des délices de toute pureté. » La formule employée est d'une admirable précision : l'« ici-maintenant » qui ancre l'expérience dans la densité du réel (loin de toute dérive onirique) ; l'injonction « tu dois » qui rapporte l'amour, non aux penchants des sentiments, mais à l'exercice de la volonté (déjà requise par le commandement évangélique, Jn XV, 12) ; en même temps que se désigne l'objet d'amour et s'éclairent le motif et la justification de cette exclusivité. Le jeune amoureux qui survient trop tard en fera les frais, Lutgarde est transformée à jamais. Sublimant désormais toute relation d'amour, elle gardera une répulsion pour tout baiser, même liturgique.

Le chemin ainsi tracé ne fera que s'approfondir. Devenue moniale, toujours à Saint-Trond, elle reçoit, bien qu'ignorant le latin, le charisme de l'intelligence des Écritures, mais son ardeur amoureuse ne saurait s'en contenter : « Que m'importe à moi, rustique et sans lettres, moniale et non dans les ordres, de savoir les secrets de l'Écriture ? – Que veux-tu donc ? – Ce que je veux, dit-elle, c'est votre Cœur. – Bien plutôt, c'est moi qui veux ton cœur [...]. Alors eut lieu l'échange des cœurs. »

Troisième étape : incommodée une nuit par une sudation inattendue, elle croit plus judicieux de rester alitée et de s'abstenir de l'office de matines : une voix met un terme à cette nonchalance et la rappelle à ses devoirs « pour les pécheurs qui gisent dans leurs souillures » – efficace et symbolique transposition de l'épisode menstruel qui afflige Lutgarde, en même temps que subtile dialectique entre l'*involontaire*, l'*inconscient* (la sudation, la marasme spirituel des pécheurs) et le *volontaire* (la souffrance voulue qui en sera la purification). Levée sur-le-champ, elle est accueillie à l'église par « le Christ crucifié et sanglant. De la croix il détache un bras, il l'enlace, la serre contre son côté droit et applique sa bouche à la blessure. Elle y but une douceur si puissante qu'elle fut depuis lors et jusqu'à la fin toujours plus forte et plus alerte au service de Dieu. »

Étonnante densité de ces visions où se combinent le facteur physiologique (et érotique) et la temporalité liturgique, dans laquelle s'inscrit l'événement visionnaire, où la perspective ecclésiale (pour les pécheurs) déborde la pure jouissance des affects. Élue abbesse à l'âge de vingt-quatre ans, Lutgarde décline cet honneur et quitte sa communauté pour se réfugier chez les cisterciennes d'Aywières, en pays wallon ; mais elle, parlant la langue thioise, ignore la langue romane qui y est pratiquée, et se voit donc, malgré ses efforts, condamnée à un relatif isolement. Est-ce l'épreuve de l'exil en terre étrangère ? Toujours est-il qu'elle entreprend une série de trois jeûnes ininterrompus de sept ans chacun, dont le Christ lui aura précisé les motifs : l'hérésie albigeoise, les pécheurs et, enfin, les maux qu'un ennemi (Frédéric II ?) préparait à l'Église. Ces jeûnes ne sont donc pas des entreprises d'autodestruction *ascétique* de son propre corps, mais ils conjurent la destruction du corps *mystique* du Christ. Elle exerce ainsi un ministère de vigilance et de protection, ce qui fait dire à Marie d'Oignies* qu'il n'y a pas « d'intercesseur plus fidèle et plus efficace à libérer, par ses prières, les âmes du Purgatoire que dame Lutgarde ». C'est là proprement un ministère que le Christ situe dans la perspective de sa mort expiatoire. Ainsi elle-même *reproduit* l'acte sacrificiel, cependant que le ministère des prêtres le *réitère* dans l'action sacramentelle : sans doute une réponse féminine au monopole clérical et masculin. L'identification sacrificielle sera partiellement atteinte, lorsque, dans un transport de ferveur extrême, une hémorragie pectorale suscite un saignement abondant, dont elle gardera la cicatrice sa vie durant. Celle que Thomas de Cantimpré célèbre comme « mère et nourrice des frères de tout l'ordre des Prêcheurs » meurt à l'issue de son troisième jeûne, qu'elle n'avait même pas interrompu à Pâques.

François Marxer

Bibl. : ***Vie*** **:** la version longue de la *Vita*, que THOMAS DE CANTIMPRÉ rédige entre 1246 et 1248, se trouve dans les *Acta sanctorum*, juin, IV, p. 234-263 ; G. HENDRIX, « Primitive Versions of Thomas of Cantimpré's *Vita Lutgardis* », *Citeaux*, 29, 1978, p. 153-206, considère que la version courte donnée par un manuscrit bruxellois, représente le premier état du travail de Thomas. ***Études*** **:** T. MERTON, *What are These Wounds ? The Life of a Cistercian Mystic : Saint Lutgarde of Aywières*, Milwaukee, Bruce, 1950 ; L. REYPENS, « Sint Lutgards mystieke opgang », *Ons Geestelijk Erf*, nº 20, 1946, p. 7-49 ; A. DEBOUTTE, « Sainte Lutgarde et sa spiritualité », *Collectanea Cisterciensia*, nº 44, 1982, p. 73-87 ; J.-B. LEFÈVRE, « Sainte Lutgarde d'Aywières en son temps (1182-1246) », *Collectanea Cisterciensia*, nº 58, 1996, p. 277-335 ; J. LE GOFF, *La Naissance du Purgatoire*, Paris, Gallimard, 1981, p. 434-436.

LYDWINE DE SCHIEDAM, *sainte* (Schiedam, 1380-1433). — De santé déjà fragile, âgée de quinze ans, Lydwine se brise une côte à la suite d'une chute faite sur la glace, en patinant sur ces canaux glacés des Pays-Bas que nous illustre la peinture de genre d'un Pieter Bruegel. Ce qui semble conforter le lieu commun de la critique sanctorale des jeux d'enfants (malgré l'apologie du jeu dans la vie d'Élisabeth de Hongrie*). Une tumeur se déclenche sans doute à cette occasion et va littéralement gangréner toute l'existence de la jeune femme. Cet accident allait devenir le vecteur de tout un parcours spirituel. Le frère mineur qui rédige une de ses vies les plus structurées reconnaît pourtant que la transformation christique et eucharistique de l'existence douloureuse de Lydwine est le fruit d'un lent dressage, mais soumis lui-même à une méthode spirituelle éprouvée, comme nous allons le souligner. Car la réaction première de la jeune fille est directement opposée au discours habituel de la résignation et de la communion aux souffrances du Christ. Écoutons la voix rebelle aux *Méditations de la vie du Christ* (XIVe s.) – méthode articulée par un Pseudo-Bonaventure et qui s'est imposée au Moyen Âge jusque dans les *Exercices spirituels* d'Ignace de Loyola –, lesquelles se concentrent de plus en plus, en cette douloureuse période, sur les seules souffrances : « Non, mon père, répondit-elle avec franchise. Ce peut être une fort bonne chose que la méditation pour ceux qui savent la faire, quant à moi, je n'y entends rien ; j'ai beau vouloir m'occuper des souffrances de Jésus, j'en reviens toujours à méditer les miennes, et je les trouve si insupportables, que celles de mon bon maître ne me touchent pas. Vous dites, mon père, que cet exercice rend le poids des maux plus léger, je ne sais pas comment cela se fait, mais j'éprouve tout le contraire » (Jean Brugman, *Vita*, livre I, chap. 4).

La médecine du temps se montre éloquemment impuissante à guérir et même à soulager les souffrances atroces de Lydwine. Mais, on le constate ici, le discours clérical conventionnel tout autant. Seule l'intégration de cette souffrance dans un parcours spirituel élaboré permettra d'accomplir l'assimilation personnelle du corps et de la douleur extrême à la volonté ou, plus complètement, à l'homme intérieur. La souffrance (bien avant la parole analysée) n'est plus simplement anesthésiée comme une chose hétérogène par des drogues ou des paroles conventionnelles, mais investie comme centre du sujet moderne en pleine gestation. La gésine de l'individuation prend le biais de la souffrance intériorisée. L'*homo interior* n'est plus d'abord l'intellect séparé du sensible comme dans l'Antiquité ou dans la philosophie. L'intériorité, ce n'est plus ce qui sépare du monde sensible, mais au contraire l'esprit qui visite le sensible contingent, la chair accidentelle et accidentée. Alors qu'il faut littéralement lier les parties du corps de Lydwine, laquelle semble devoir se démantibuler comme ses entrailles quitter son ventre, la souffrance est un lieu où le corps intérieur, vécu, se réunifie de manière moins aléatoire. Ainsi, la critique de l'impuissance médicale et cléricale conjointe est inscrite dans un parcours spirituel qui reconstitue l'éclatement du cours de la vie toujours capable, de par la souffrance atroce et inassimilable, de se diviser sans remède.

L'objection face à l'aggravation du poids des souffrances en méditant celles du Christ est explicitement intégrée comme une première phase du parcours spirituel par un frère réformé de l'Observance franciscaine (ami, par ailleurs, d'un biographe au plus proche des sources néerlandaises premières, Hugo, chanoine de Windesheim, dans la lignée de Gérard

Groote). Certes, on sent plus la *devotio moderna* que la mystique de son confrère Henri Erp (Harphius), inspiré par Ruusbroec l'Admirable. L'aggravation du poids de la souffrance est ambiguë : soit elle écrase, soit elle annonce la gravité même du sacré suivant les conceptions du temps (mais la gloire du Dieu biblique est évoquée aussi par cette image du « poids », *kabôd*). C'est d'ailleurs cela qu'annonce la manœuvre difficile d'un navire empêchée par un poids mystérieux. Cette gravité prodigieuse n'est pas évoquée par hasard à l'orée de la *Vita* (livre I, chap. 1), même si c'est un topos hagiographique (que l'on retrouve également dans la vie de sainte Dympna*).

Ce qui frappe, c'est aussi la manière dont l'hagiographe inscrit la diversité des souffrances toujours renouvelées de Lydwine dans un parcours spirituel ternaire, qui s'inspire directement d'un ouvrage très répandu (si l'on en juge par le grand nombre des manuscrits) : *De exterioris et interioris hominis,* du frère mineur David d'Augsbourg (ouvrage commencé vers 1240, mais influent dans la *devotio moderna*). Ainsi, la crise première éprouvée par Lydwine, suscitant une réaction dite virile, est inscrite dans le premier degré de l'homme intérieur. Ce qui correspond à la discipline externe et interne de la vie journalière. Ensuite, la *Vie* de Lydwine poursuit son parcours en gravissant les deux autres degrés. D'abord celui des *progressants* (impliquant une réforme intérieure de la raison, de la volonté et de la mémoire) et, surtout, celui du *perfectionnement* par la ferveur, l'élaboration, la consolation, la tentation, le remède, la force et la sagesse : ce qu'il faut entendre comme parole d'oraison, contemplation et dévotion (consécration totale du corps, de l'âme et de l'esprit). Jean Brugman donne une inflexion mystique bernardine, bonaventurienne (en usant de la *Legenda* de François d'Assise), mais proche aussi du pathétique en exercice dans le courant spirituel italien (cf. l'*Arbor vitae crucifixae Jesu* d'Ubertin de Casale [Venise, 1485], dont le nombre d'incunables conservés dans les pays du Nord constitue un symptôme de son influence dans cet espace). Quant à l'existence merveilleuse, mise en relief notamment par l'inédie (jeûne total) durant de très nombreuses années, qu'ont entérinée les magistrats locaux, elle est destinée à souligner le seul véritable remède au corps déchu : le corps sacramentel du Christ. Le mythe sert ici à traduire le dédoublement de la personnalité (Lydwine se nourrit malgré tout, mais dans un état second) autant que la spiritualité la plus forte, mais aussi la charité de Lydwine : moins elle paraît manger, plus elle donne à manger aux autres. Plus encore : le putride, les excréments, non seulement ne sentent pas mauvais, comme chez Colette de Corbie*, mais sentent si bon que les parents de Lydwine doivent les enterrer pour éviter qu'on en fasse des remèdes !

Le merveilleux sert à assimiler non seulement la souffrance, le corps délité, mais l'excrémentiel. Le déchet, à l'envers de la figure hagiographique de l'idiote (*salè*) évoquée dans l'*Historia Lausiaca* (Ve s.), la pourriture semblent trouver par avance une forme de transformation finale, de perfectionnement secret. Face à la misère des temps, on peut réagir soit en accentuant le merveilleux (ainsi Pierre de Vaux à propos de sainte Colette en 1448) – car il assimile tous les schismes et les blessures de guerre, tous les traumatismes –, soit, tout au contraire, en accentuant le réalisme jusqu'à la crudité naturaliste, comme Joris-Karl Huysmans à propos de Lydwine. La vie qu'il rédigea fut d'ailleurs critiquée comme salie par des « images stercoraires, par un goût de l'ordure ». Mais c'est parce qu'il considère son temps hygiéniste, idolâtre de la santé sociale et privée, autant que la vélocité de la machine déifiée, comme une époque ordurière. Et dans la lignée poétique baudelairienne opposée à la prose moderne, il exalte *a contrario* les fleurs du mal, la maladie, la paralysie anti-américaniste, le clown triste contre le divertissement barnumesque. N'oublions pas que Lydwine fut grabataire durant trente-cinq ans (sur les cinquante-trois années de son existence malheureuse). Il y a chez le romancier, d'origine néerlandaise, comme une sorte d'auto-mutilation très forte. Il se fait mal pour mieux localiser une douleur diffuse (face à laquelle la médecine s'est montrée impuissante) et, par là, tenter de s'en rendre maître. À défaut de lui-même, Huysmans cherche un point de fixation du malaise de la civilisation : dans le corps d'une compatriote de ce douloureux XVe siècle européen. Corps insoumis à l'anatomie et à la physiologie... qui vont bientôt prendre un essor irrésistible, ainsi avec Vésale, formé notamment à Padoue. Corporéité intérieure toute en flux, en désir, en cri profond, intégralement pathétique. Comme il le dit lui-même dans un entretien au *Figaro*, Lydwine est « une existence providentielle qui a tout souffert » (3 février 1900). En ce tournant du siècle, le corps gangréné de Lydwine lui paraît le lieu de transmutation alchimique de la gangrène moderne. Non seulement par la force littéraire, mais surtout par la volonté conformée à la Passion voulue du Christ, cette Passion verbalisée par la prière et la sainte conversation, imagée par la contemplation, intériorisée et unifiée par l'union fervente, se manifeste telle une perfection – entendue comme achèvement malgré tout l'inaccompli, *joie parfaite* au sens d'un apologue fameux des *Fioretti*.

Bernard Forthomme

Bibl. : *Vies* : « T Leven van Liedwy die Maghet van Scyedam », in *Ons Geestelijk Erf*, Anvers, Société Ruusbroec, LIV, 1980, p. 241-266 (base de la *Vita prior* faite sur une version latine de 1440 environ, par Hugo, chanoine de Windesheim) ; J. BRUGMAN ofm, *Vita alme virginis Liidwine* (1456), A. De Meyer (éd.), Groningen, 1963 (*Vita posterior*), traduction française : J. BRUCHMAN (*sic*), de l'Observance, *Vie de la Bienheureuse Lidwine... traduit des Actes des saints*, Paris, Périssse Frères, 1841 ; J.-K. HUYSMANS, *Sainte Lydwine de Schiedam*, Paris, Stock, 1901. ***Études*** : C. W. BYNUM, *Holy Feast and Holy Fast. The Religious Signifiance of Food to Medieval Women*, Berkeley (Californie), University of California Press, 1987.

M

MACHIK LABDRÖN, *yogini, maître du bouddhisme tibétain* (Tibet, 1055-1145). — Machik Labdrön fut la principale élève de Dampa Sangyé, ascète contemporain de Milarépa, originaire de l'Inde du Sud. Ayant fait plusieurs voyages au Tibet, Dampa Sangyé posa les fondements de la pratique du *chöd* toujours à l'honneur dans la branche Kagyüpa, l'une des écoles principales du bouddhisme tibétain. Machik Labdrön permit la diffusion de cet enseignement, qui rejoint celui de la *prajnaparamita* (« sagesse transcendante ») en affirmant que le moi est une illusion dont il convient de se défaire. Il était cependant évident que le rite du *chöd* adaptait ou conservait des pratiques chamaniques locales afin de leur donner une orientation bouddhiste. Le maître de Machik Labdrön lui aurait dit : « Va sur les sépultures et dans les montagnes, laisse les études derrière toi et deviens une *yogini* errant de lieu en lieu. »

Comme de nombreux rituels tantriques indiens, le rituel bouddhiste du *chöd* se pratiquait généralement là où les démons étaient censés résider, et principalement là où, conformément à la tradition tibétaine, les corps étaient dépecés et abandonnés sur des hauteurs afin d'être dévorés par les oiseaux et les prédateurs. Ce qui en restait quelques années plus tard, notamment les os, était ensuite réduit en poudre et pouvait servir à confectionner des reliquaires ou des amulettes. Le mot *chöd* signifie « trancher, séparer ». Le pratiquant avait pour objets rituels une trompette taillée dans un tibia humain (*kangling*), un tambour (*damaru*) constitué de deux demi-crânes humain sur lequel était tendue une peau d'animal, une clochette, une tente miniature, un sceptre surmonté d'un trident et une petite bannière. Ayant imaginé qu'il prenait la forme d'une déité féminine, il commençait par accomplir une danse destinée à détruire ses croyances erronées (concernant la réalité de l'*ego* et des passions). Il s'offrait en pâture aux dakinis (« celles qui marchent dans l'espace »), des entités féminines symbolisant l'énergie de l'éveil. Il se visualisait ensuite sous la forme d'un cadavre bien gras, s'en retirait et, sous la forme de la déité

Vajra Yogini, se voyait se trancher lui-même la tête. Son crâne devenait ensuite un gigantesque chaudron dans lequel il jetait sa chair et ses os. Après avoir récité des mots de pouvoir et des mantras, le pratiquant offrait le contenu du chaudron, qui était censément devenu de l'*amrita* (un nectar d'immortalité divin), aux démons affamés. Puis il dissolvait toutes ces visualisations et, comme toujours, abandonnait le bénéfice de cette pratique en priant pour que son mérite soit conféré à tous les êtres vivants sans exception et les aide à se libérer.

Une telle pratique – avec ses aspects terrifiants – obligeait le méditant ou la méditante à dépasser son angoisse, sa peur de la mort et son attachement au corps afin d'éprouver de la compassion envers les êtres les plus terribles et les plus repoussants. Comme la plupart des rituels tantriques – qui mettent en scène de façon théâtrale des vérités métaphysiques –, la pratique du *chöd* devait aussi démontrer comment les démons, visualisés comme très réels, n'étaient en fait que des projections de l'esprit et n'avaient pas d'existence autonome en dehors de celui-ci. Le pratiquant étant à la source de sa propre angoisse et de ses propres visualisations pouvait les dissoudre aisément, s'il ne tombait pas dans le piège de la peur, qui seule leur donne consistance, et s'il transcendait avec compassion son attachement à son corps et à son « moi ». Selon les enseignements tibétains, tout sort de l'esprit et tout y retourne. Les passions, les émotions et la croyance en un *ego* permanent sont « vides » (*Shunyata*). Ce « vide de substance » ou cette « vacuité » est la réalité ultime de tous les phénomènes (*dharma*), et recouvre une potentialité sans limites, non un néant. Cette pratique qui concernait des laïques aussi bien que des moines et des nonnes est toujours à l'honneur aujourd'hui, mais ne concerne évidemment pas les débutants, qu'elle risquerait de mener à des troubles psychiques graves, voire à la folie.

Machik Labdrön est l'exemple même des rares femmes *yoginis* qui erraient de lieu en lieu et parcouraient les montagnes, loin des grands monastères et des centres d'étude. Bien que la pratique du *chöd* lui soit redevable d'avoir survécu jusqu'à nos jours, elle ne donna naissance à aucun lignage strictement féminin (comme c'est très souvent le cas, son nom est inclus dans un lignage masculin). Dans le bouddhisme tibétain, les femmes qui rentrent dans les ordres sont soumises au code monastique (*Vinaya*), qui fait d'elles les servantes des moines. Quel que soit son rang dans la hiérarchie, toute femme doit céder la préséance aux hommes, fût-il le plus jeune et le plus inexpérimenté des novices. En demeurant une ascète itinérante, Machik Labdrön sut échapper à ces règles contraignantes et conserver sa liberté.

Ariane Buisset

Bibl. : *Vie* : T. ALLIONE, *Women of Wisdom* (*The Biography of Machik Labdrön*), Ithaca, New York, Snow Lion Publications, 2000.

MACRINE la jeune, *sainte* (Césarée, v. 327-Annisa, région du Pont-Euxin, v. 379). — Issue d'une vieille et riche lignée chrétienne de Cappadoce, qui souffrit des persécutions de Dioclétien puis de Maximien, Macrine est l'aînée de dix enfants et la petite-fille de sainte Macrine l'ancienne. À sa naissance, elle reçoit le nom secret de Thècle, la prédisposant à une consécration virginale à Dieu, à l'image de sa sainte patronne. Bien qu'ayant une nourrice, Macrine est principalement nourrie et élevée par sa mère Emmelie qui lui enseigne les Écritures et une vie de prière fondée sur la récitation du psautier. À treize ans, elle est fiancée, mais le jeune homme choisi par ses parents meurt et l'adolescente décide alors de se consacrer entièrement à Dieu, tout en ne quittant pas sa mère, à laquelle elle restera toujours profondément attachée. À la mort de son père, Basile l'ancien, Macrine seconde efficacement sa mère, confrontée à la gestion des vastes propriétés familiales et à l'éducation des plus jeunes enfants. Elle aura une influence prépondérante sur ses frères, dont trois deviendront évêques – saint Basile le Grand (Basile de Césarée), saint Grégoire de Nysse et saint Pierre de Sébaste – et un ermite – saint Naucrace. Après que le plus jeune des frères, Pierre, s'est à son tour engagé au service de l'Église, Macrine convainc sa mère d'adopter un mode de vie monastique, faisant de ses nombreuses servantes des égales, se dépouillant de ses abondantes richesses. C'est ainsi que la demeure familiale devient une véritable fraternité monastique, fondée sur le partage des biens, l'amour du prochain et l'ascèse personnelle. Macrine et sa mère établissent à Annisa, sur leurs terres, deux monastères attenants, le premier, masculin, dirigé par Basile puis par Pierre, le second par Macrine. Ces monastères constituent le modèle-type des « Basiliades » telles que les a pensées Basile le Grand, l'aîné des frères, qui deviendra le plus fameux des Pères cappadociens. Grégoire, qui a relaté la vie de sa sœur aînée, décrit la vie des moniales de la communauté en ces termes : « Leur plaisir est la continence, leur gloire est de n'être connues de personne, leur fortune est de ne rien posséder, leur travail est la méditation des réalités divines, la prière incessante, le chant ininterrompu des hymnes, répartis jour et nuit, et, accessoirement, les tâches indispensables dont on se préoccupe en cette vie. » À la suite de la mort de sa mère, Macrine consacre le reste de l'héritage familial aux pauvres. Peu de temps après la mort de son frère Basile, elle tombe à son tour très malade. Grégoire, de retour d'un synode à Antioche, où il a tenté de défendre l'orthodoxie de la foi contre l'hérésie arienne qui divise alors l'Église, vient rendre visite à sa sœur et la trouve gisant sur un lit de planches dans sa cellule. Après s'être longuement entretenue avec son frère et l'avoir conforté dans sa mission, Macrine rend paisiblement l'âme. Grégoire de Nysse consignera cette ultime conversation dans sa *Vie de sainte Macrine* (v. 380) ainsi que dans son dialogue *Sur l'âme et la résurrection* (v. 380).

La vie de sainte Macrine, telle que nous la décrit son frère, est comparable à une ascension mystique, partant du dépouillement des biens terrestres et des préoccupations mondaines pour aller vers la contemplation des réalités divines, « la vie philosophique », ainsi que la nomme Grégoire, par le moyen de l'ascèse et la pratique de la charité. Macrine apparaît pour son frère dans ce chemin comme une initiatrice, « exposant ce qui a trait à la vie future comme si elle était inspirée par le Saint-Esprit ». Sa force d'âme lui permet de maîtriser les élans affectifs suscités par les nombreux deuils familiaux, révélant ainsi sa grande élévation spirituelle. La vision de son expérience mystique que nous présente Grégoire n'est pas exempte de l'influence platonicienne, opérant une dichotomie entre le corps, voué à une douloureuse décrépitude, et l'âme, appelée à « la contemplation des réalités d'en-haut », qui semble détachée des souffrance physiques qu'endure Macrine, notamment lors de son agonie. La dernière prière de Macrine, dont la composition byzantine classique permet de la rapprocher de nombreuses autres prières de l'époque – notamment celles de Jean Chrysostome –, est tissée de thèmes scripturaires ayant trait à la résurrection, à la victoire du Christ sur le mal et au pardon des péchés. À travers les accents eschatologiques représentatifs de la pensée patristique orientale, centrée sur le mystère pascal, l'on y entrevoit l'ardeur de l'amour nuptial de Macrine pour Dieu, « que mon âme a aimé de toute sa force », affirme-t-elle, et l'ascension progressive en direction du divin fiancé, « vers qui je me suis élancée dès le sein de ma mère », dit-elle encore. L'ultime souhait exprimé par la moniale, mettant toute sa confiance dans la résurrection à venir, est de parvenir au sommet de la contemplation mystique que constitue la rencontre face-à-face avec Dieu.

Olga Lossky

Bibl. : ***Vie*** : GRÉGOIRE DE NYSSE, *Vie de Sainte Macrine*, Paris, Cerf, 1971. ***Pensée*** : GRÉGOIRE DE NYSSE, *Sur l'âme et la résurrection*, Paris, Cerf, 1995 ; MACAIRE (hiéromoine), *Le Synaxaire, Vie des saints de l'Église orthodoxe*, t. V, Athènes, Indiktos, 1996, p. 169-173. ***Étude*** : A. M. SILVAS, *Macrina the Younger. Philosopher of God*, Turnhout, Brepols, 2008.

MADELEINE DE FLERS, *augustine* (Davesnecourt, Picardie, ?-Montdidier, 1660). — Religieuse à l'Hôtel-Dieu de Montdidier, elle bénéficie très vite d'une réputation de grande piété, ce qui l'amène à prêcher dans de nombreuses abbayes, en France et aux Pays-Bas. Elle se rend en 1627-1628 à l'abbaye cistercienne de Maubuisson, appelée par Marie des Anges*, la tante du janséniste Pierre Nicole. Mais, suspectée d'illuminisme, elle est enfermée au bout de six mois, puis revient à Montdidier, où elle cherche à conduire les religieuses à la dévotion. En butte aux attaques des Capucins, elle est à nouveau accusée en 1631, mais l'évêque d'Amiens la libère très vite ; les poursuites reprennent avec le cardinal de La Rochefoucault et le père Joseph et elle est arrêtée en 1634 avec plusieurs autres personnes, dont le curé Pierre Guérin, supposé chef de la « secte » des « guérinets ». Expulsée de Montdidier, elle sert les pestiférés. Plus tard réhabilitée, elle sera, de 1651 à sa mort, supérieure de l'Hôtel-Dieu de Montdidier.

Au cours des procès qui lui sont intentés, on lui reproche de prêcher les idées de la secte des alumbrados (« illuminées ») de Cordoue, ces mystiques condamnés par l'Inquisition au XVIe siècle à cause de leur doctrine d'abandon à la grâce de Dieu. Elle semble marquée par la mystique abstraite d'origine flamande et elle recommande le dépouillement total de soi, la « nudité », afin, par une « foi suréminente », d'entrer sans médiation dans la connaissance de Dieu ; en vidant son esprit dans la prière, en renonçant à tout acte d'entendement, on peut parvenir à la plus grande perfection et jouir de Dieu pleinement et continuellement et, finalement, être divinisé. Mais peut-être – c'est l'avis d'Henri Bremond – ne fait-elle que suivre l'enseignement de François de Sales sur l'abandon.

Yves Krumenacker

• *Voir aussi* : Marie des Anges

Bibl. : ***Vie*** **:** *Modèle de foi et de patience dans toutes les traverses de la vie et dans les grandes persécutions ou Vie de la Mère de Marie des Anges (Suireau) abbesse de Maubuisson et de Port-Royal*, 1754 (contient une trentaine de pages sur Madeleine de Flers). ***Études*** **:** M.-T. GAUDO-PAQUET, « Éducation populaire féminine au XVIIe siècle : P. Guérin et les Filles de la Croix », thèse de 3e cycle, Lille, 1979 ; H. BREMOND, *Histoire littéraire du sentiment religieux en France*, Paris, Bloud et Gay, t. XI, 1933, p. 114-156.

MADELEINE DE SAINT-FRANÇOIS, *tierceline, fondatrice du monastère de Sainte-Élisabeth de Lyon* (Mlle de Beaulieu ; ?, v. 1579-Lyon, 23 juin 1642). — Issue d'une famille noble du Poitou, elle fut placée à l'adolescence dans la maison du président de Villars, son parent. Après la mort de celui-ci, elle entra dans le premier monastère des reformées du tiers ordre de Saint-François à Salins. En 1616, elle fut choisie pour mener à bien la fondation du couvent de Sainte-Élisabeth à Lyon, dont elle exerça la charge de supérieure durant huit ans, assurant la pérennité de son établissement. Elle eut à cette période des visions où la Vierge puis François de Sales lui révélèrent la date de sa mort. Sa rencontre avec Jacques Crétenet en 1634, chirurgien et futur fondateur de la Congrégation des Joséphistes, changea le sens de sa vocation : en devenant son premier disciple, celui-ci contribua à promouvoir Madeleine en professeur d'oraison mentale et en directrice spirituelle. La publicité qu'il lui assura fut en effet telle qu'on finit par se presser au parloir pour apprendre d'elle sa méthode d'oraison. Cet exemple rare d'une femme dirigeant et instruisant depuis le cloître aussi bien des religieux que des laïcs, hommes et femmes, multipliant les conversions, n'alla pas sans provoquer moqueries et scandales à Lyon : ils ne furent que difficilement étouffés par l'intervention de l'archevêque de Lyon, frère du cardinal de Richelieu. Elle put ainsi poursuivre son œuvre d'enseignement spirituel jusqu'à sa mort.

Favorisée dès l'enfance du « don d'oraison » mentale (*La Vie de [...] Jacques Crétenet*, p. 591), « elle avait ressenti par sa propre expérience combien l'oraison lui avait été avantageuse » et ne voulut donc point enfouir ce « trésor » qu'elle considérait comme « une nécessité presque indispensable à tous ceux qui voulaient vivre chrétiennement » (*ibid.*, p. 592). Portant une dévotion particulière à l'Eucharistie et à la Vierge, son expérience personnelle de l'oraison reposait sur l'anéantissement de soi en Dieu et sur les élans d'amour en Jésus. Son enseignement de l'oraison mentale s'inscrivit dans un mouvement général de diffusion, dans la première partie du XVIIe siècle français, d'une pratique qui ne se voyait plus réservée aux seuls religieux. S'appuyant sur des mortifications et sur une règle de vie stricte mais s'accordant avec la poursuite des affaires mondaines, sa méthode d'oraison ajoutait aux exercices d'inspiration ignacienne une composante affective, la méditation selon les trois puissances de l'âme devant aboutir à un abandon aux affections de la volonté (*ibid.*, p. 18).

Clément Duyck

Bibl. : ***Vie et études*** **:** S. BLANC-FORAY, notice « Jacques Crétenet » dans le *Dictionnaire de spiritualité*, Paris, Beauchesne, t. II, 1953, col. 2531-2537 ; H. BREMOND, *Histoire littéraire du sentiment religieux en France...*, Paris, Bloud et Gay, t. VI, 1922, p. 411-413 ; *La vie de vénérable messire Jacques Crétenet [...], Avec un abrégé de la Vie de la vénérable Mère Madeleine de S. François, première religieuse et supérieure du premier monastère de Sainte Élisabeth de Lyon* (anonyme), Lyon, Hugues Denoüally, 1680.

MADELEINE DE SAINT-JOSEPH, *carmélite* (Madeleine de Fontaines ; Paris, 17 mai 1578-30 avril 1637). — Madeleine est la sixième d'une famille de dix enfants. Les ancêtres de son père, les du Bois, étaient venus de Flandres au milieu du XVe siècle ; ils ne prirent le nom de Fontaines que lorsqu'ils devinrent seigneurs de la terre de Touraine qui portait ce nom. Son père Antoine, diplomate, étant en mission en Flandres, son épouse accoucha de Madeleine chez une de ses tantes, la présidente de Saint-Mesmin. Jeune, Madeleine était très pieuse et charitable envers les pauvres. Les gens d'alentour l'appelaient « la perle ». À la fin de l'hiver 1603, sa famille s'installa à Tours comme c'était l'habitude ; son père désirait y entendre les prédications du Carême. Dans le même temps, Pierre de Bérulle, aumônier du roi, arrivait à Tours. Il rendit visite à la famille de Fontaines, réputée dans la région. Au dîner, Madeleine parla de son dessein de se faire capucine, et Bérulle d'établir à Paris un carmel de religieuses déchaussées selon la réforme de Thérèse d'Avila*. À peine eût-il parlé du carmel que Madeleine « se sentit obligée d'y entrer ; et comme si quelque force, infiniment au-dessus de tout ce qu'elle était, l'eut transportée d'un endroit à l'autre, elle se vit étroitement liée à la religion dont elle venait d'avoir connaissance. Monsieur de Bérulle ne lui avait parlé que cette seule fois [...]. » Ce jour-là, une grande union spirituelle se noua entre Madeleine et Pierre de Bérulle. « Mon dit sieur de Bérulle demeura si satisfait du succès de son voyage et de l'heureuse rencontre qu'il avait faite d'une personne si utile pour l'avancement de l'Ordre dont Dieu l'avait chargé, que depuis ce temps-là, il pria tous les jours Sa Divine Majesté pour elle, comme il le lui dit à elle-même plusieurs années après », écrit le Gibieuf (son disciple intime à qui il avait confié la direction de la Congrégation de l'Oratoire). Madeleine entra au Grand Couvent de Paris – ainsi appelait-on le Monastère de l'Incarnation –, dont la prieure était alors Anne de Jésus*. Novice en 1604-1605, elle fit profession le 12 novembre 1605. Elle prit comme nom de religion Madeleine de Saint-Joseph alors que Bérulle lui avait suggéré de prendre le nom de Madeleine de Jésus. Elle lui répliqua vivement qu'elle avait choisi de s'appeler « de Saint-Joseph » dès qu'elle avait pensé entrer au carmel, par dévotion à ce grand saint. Madeleine voulait en effet être aux service de ses sœurs et qu'on se le rappelât en prononçant ce nom. Le père nourricier de Jésus ne vécut-il pas lui-même pour servir Jésus ? Madeleine aimait voir, sentir les progrès spirituels des postulantes ou des novices. Elles les faisait siens et en tirait une force spirituelle nécessaire à sa propre vie. Elle vécut cela avec Catherine de Jésus*, dont elle écrivit la vie. Inversement, les novices ou les sœurs qu'elle dirigeait exprimaient leur satisfaction de sa direction et le progrès qu'elle leur faisait faire. Reconnue au carmel pour sa capacité à diriger, Madeleine devint la maîtresse des novices au monastère de l'Incarnation alors qu'elle était à peine sortie du noviciat. Puis elle fut élue prieure en 1608. Ce qui fait d'elle la première prieure française du premier monastère des Carmélites déchaussées en France. En 1615, une nouvelle prieure ayant pris sa place, elle partit pour Tours conseiller la prieure du couvent. Là, elle tomba très malade, étant sujette aux maladies pulmonaires. Toujours mal en point, elle partit pour Lyon, où elle effectua la réception d'un nouveau monastère. Puis elle revint à Paris où elle fonda et prit en charge le deuxième monastère de Paris, rue Chapon (1617-1624). Elle fut à nouveau prieure du Grand Couvent en 1624, où elle mourut, à près de cinquante-neuf ans.

Madeleine de Saint-Joseph a peu écrit. Sa vie spirituelle ressort notamment de la pratique constante de la direction de conscience qu'elle exerça auprès de ses filles. Maîtresse de vie religieuse, Madeleine vécut en effet une spiritualité du pur amour très concrète auprès de celles-ci. Elle témoigne en cela d'une spiritualité communautaire qui est en quelque sorte l'essence même de la loi du carmel.

Joseph Beaude

• *Voir aussi* : Anne de Jésus ; Catherine de Jésus

Bibl. : Œuvres : *La Vie de sœur Catherine de Jésus du premier Monastère de l'Ordre de Nostre-Dame du Mont-Carmel estably en France selon la réforme de sainte Thérèse de Jésus*, Paris, Edme Martin, 1624, 1656 (dernière éd.) ; *Avis de la Vénérable Mère Madeleine de Saint-Joseph pour la conduite des novices*, Paris, Antoine Vitré, 1672. ***Vie* :** Père SENAULT, *La Vie de la Mère Magdeleine de Saint-Joseph...*, Paris, 1645 ; *La Vénérable Madeleine de Saint-Joseph Première prieure Française du premier monastère des Carmélites déchaussées en France (1578-1637)* (anonyme), Clamart, Carmel de l'Incarnation, 1935. ***Études* :** L. COGNET, *Histoire de la spiritualité chrétienne moderne* (t. 3), in *La Spiritualité moderne*, Paris, Aubier, 1966 ; M. HOUSSAYE, *Monsieur de Bérulle et les carmélites de France (1575-1611)*, Paris, Plon, 1872.

MADELEINE-SOPHIE BARAT, *sainte, fondatrice de la Société du Sacré-Cœur de Jésus* (Joigny, 12 décembre 1779-Paris, 25 mai 1865). — Née dans une famille d'artisans – son père était viticulteur et tonnelier – cette Bourguignonne est très jeune prise en charge par son frère, Louis, qui se destine à la prêtrise et qui lui inculque une forte culture générale, avant de l'instruire dans les sciences théologique et biblique. Après la tourmente de la Terreur, elle le rejoindra à Paris, où il deviendra son guide spirituel, l'initiant aux rudes voies du renoncement. C'est entre 1795 et 1800 que progressivement se construit son projet d'une vie consacrée : elle songe tout d'abord à une petite communauté adoratrice et réparatrice des outrages subis par le Cœur de

Jésus en son amour eucharistique : rien de bien original, dira-t-on, et elle-même reconnaît que c'est à la fois « beaucoup et bien peu ». Le projet s'affine donc et prend une nouvelle envergure : former dans des élèves, à cette fin éduquées, « l'esprit d'adoration et de réparation », et ainsi dresser « une foule d'adoratrices, de toutes les nations, jusqu'aux extrémités de la terre ». On saluera dans cette reprise des expressions de la finale de l'évangile de Matthieu l'ambition d'une universalité qui dépasserait les limites du territoire européen.

Dans un premier temps, Madeleine-Sophie entre dans la Société des *Dilette* (les Bien-aimées de Jésus), institut né en Autriche à l'initiative du supérieur des pères du Sacré-Cœur, le père de Tournély, mort à Vienne en 1797, et qui associait adoration du Saint-Sacrement et éducation de la jeunesse. Madeleine-Sophie, qui a fait officiellement sa promesse d'oblation dans la société le 21 novembre 1800, devint supérieure du premier établissement créé en France, à Amiens, en 1801. Puis ce sera au tour de Grenoble d'accueillir cette société dont Madeleine-Sophie devient supérieure générale, le 18 janvier 1806. Difficultés et épreuves ne vont pas lui manquer, pour établir les cadres définitifs de l'institut qui, en 1815, les Constitutions en étant reçues et acceptées, prendra le nom de Société du Sacré-Cœur. Restait à faire approuver ces Constitutions par l'autorité pontificale : à cette fin, Madeleine-Sophie envoie à Rome la mère Bigeu, fille de juriste, plus à même de suivre le déroulement de la procédure. Celle-ci parviendra à son terme le 22 décembre 1826. Entre-temps, une communauté s'était établie en Louisiane, amorce de cette visée planétaire qui animait le projet premier de Madeleine-Sophie. Lorsqu'elle meurt, ce sont rien de moins que 89 maisons et 3 500 religieuses que compte sa congrégation à travers le monde.

Comme Jeanne-Antide Thouret*, Anne-Marie Rivier ou Anne-Marie Javouhey*, Madeleine-Sophie Barat témoigne d'une personnalité charismatique puissante, propice à la création d'une institution toute fonctionnelle, rendue nécessaire par les bouleversements révolutionnaires. L'y aident un milieu familial et social favorable, la clairvoyance de l'expérimentation vérifiable et une aptitude psychologique à organiser et diriger, qui s'impose sans dominer, et qui préserve son autonomie sans chercher à s'affranchir des autorités ecclésiastiques. Madeleine-Sophie est une femme d'action qui déploie avant tout une sagesse pratique et opératoire. Elle en puise les motifs et les raisons dans les multiples traditions spirituelles qui se présentent à elle (ignatienne, carmélitaine, bérullienne...) : éclectisme pragmatique, mais où domine la référence scripturaire, saint Paul et saint Jean essentiellement. L'oraison est, à ses yeux, d'une importance capitale : c'est là en effet que l'on déchiffre le « livre ouvert » du Cœur de Jésus qui recèle ses « dispositions intérieures ». Madeleine-Sophie développe, dans sa correspondance comme dans les conférences données à ses religieuses, une véritable *ontologie de l'adoration* : « adoratrice en esprit et en vérité » (selon la formule de Jn IV, 24), elle se laisse modeler par « l'esprit intérieur », entendons, l'Esprit qui conforme l'être au Cœur de Jésus. « Notre vocation, disait-elle, c'est Marthe fondue en Marie » : résolution du vieux et mortel conflit entre les modalités contemplative et pratique de la vie chrétienne, déjà pointé par Maître Eckhart, Gerson, Louis Chardon et autres maîtres de la vie intérieure. On lira d'ailleurs à ce sujet la délicieuse *Note* écrite par Marie Noël* qui se réclamait, par sa branche maternelle, d'une parenté avec l'illustre fondatrice : s'y fait explicitement jour cet antagonisme dont Marie Noël souffrit toute sa vie durant.

François Marxer

• *Voir aussi* : Anne-Marie Javouhey ; Jeanne-Antide Thouret ; Marie Noël

Bibl. : ***Œuvre*** **:** les quelque quatorze mille lettres, ainsi que les schémas des conférences données à ses religieuses, qui condensent son enseignement, ont été publiées en partie à l'usage interne de la congrégation. ***Études*** : J. de CHARNY, *Sainte Madeleine-Sophie*, Tournai, Desclée de Brouwer, 1965 ; MARIE NOËL, « *Note-souvenir* sur sainte Madeleine-Sophie », in *Zodiaque*, n° 136, 1983, p. 5-6 ; P. KILROY, *Madeleine-Sophie Barat, Une vie, 1779-1865*, Paris, Cerf, 2004.

MADRE MARÍA, *guérisseuse* (María Salomé Loredo de Zubiza ; Biscaye, 11 octobre 1854-?, octobre 1928). — À la naissance de María Salomé, dit la légende, la tempête qui faisait fureur s'apaisa subitement, annonçant par ce fait l'extraordinaire destin de la célèbre Madre María, « mère Marie », vénérée dans les pays méridionaux du continent sud-américain et même au-delà. Adolescente, elle quitte l'Espagne avec sa famille pour s'établir en Argentine, suivant ainsi les premières grandes migrations européennes qui allaient très vite transformer le pays. Les premières années de sa vie en Amérique du Sud semblent apparemment banales, bien que l'on puisse discerner dans les malheurs qui frappèrent son premier mari et son fils, morts à quelques mois d'intervalle, des signes qui révèlent les vocations exceptionnelles. La douleur et le désespoir sont généralement le prix à payer pour acquérir le don visionnaire. Ayant perdu deux êtres chers, María reste cloîtrée chez elle, ne sortant que pour assister aux offices religieux ou pour ses œuvres charitables. En 1880, elle épouse en deuxième noce un commerçant aisé de Saladillo, Aniceto Subiza. Après dix années heureuses, la crise économique qui s'abat sur le pays l'encourage à poursuivre ses œuvres avec ferveur. En 1890, on lui découvre un cancer du sein dont l'issue fatale ne laisse aucun doute. C'est alors qu'une de ses domestiques lui conseille d'aller voir Pancho Sierra, « le guérisseur de l'eau froide » (parce qu'il soignait des malades avec l'eau de son puits) ou le « gaucho » de Dieu (« vacher », homme qui vit à la campagne sans domicile fixe et emblème de la liberté en Argentine, en Uruguay et dans le sud du Brésil), qui vivait à Pergamino, dans l'arrière-pays de Buenos Aires. María se rend donc chez le guérisseur, qui lui annonce la mort imminente de son second mari, tout en lui donnant de son eau miraculeuse, l'incitant à prier et à suivre une alimentation saine. Un an après cette visite, son cancer a totalement disparu. « Tu n'auras plus d'enfant mais tu auras des milliers de fils spirituels », lui dit encore Pancho Sierra, dont elle devient la disciple. María Salomé devient alors la Madre María ; elle ouvre son temple dans sa maison de Temperley, dans la grande banlieue de Buenos Aires. Elle forme à son tour de nombreux disciples comme Irma Maresco, d'origine italienne, et son fils, le frère Miguel. La renommée de ses miracles attire de très nombreux fidèles, qui cherchent auprès d'elle des conseils et des remèdes. Il semble que le président de la République argentine, Hipólito Yrigoyen, fréquenta également cette maison.

À Temperley, Madre María consacre les trente-cinq ans qui lui restent à vivre à recevoir des milliers d'adeptes et à transmettre sa doctrine, la « Religion chrétienne de la mère Marie ». Elle prétend être une intermédiaire directe entre Jésus et les malades et prêche le retour à la pureté de l'enseignement de Jésus-Christ. Ses apparitions publiques sont empreintes de théâtralité, puisqu'elle apparaît devant ses suivants, toute de blanc vêtue. Quelques jours avant sa mort, elle annonce l'imminence d'un terrible cataclysme censé ravager l'Europe, identifié a posteriori à la Seconde Guerre mondiale.

Dix mille personnes ont accompagné son corps jusqu'au cimetière de la Chacarita, à Buenos Aires. Le mausolée, érigé sur sa tombe, se trouve aujourd'hui à proximité de celui du chanteur de tango Carlos Gardel, auquel on attribue également des guérisons miraculeuses. Le nombre d'ex-votos fixés sur le monument atteste de l'immense popularité de la Madre María. À l'heure actuelle, il est encore fréquenté par de nombreux fidèles. Aux anniversaires de sa naissance et de sa mort, il est en effet coutume de lui rendre visite pour prier devant son effigie et lui lancer des bouquets de fleurs. Si un de ses bouquets réussit à rester accroché à ses mains de pierre, son propriétaire obtiendra la réalisation de ses vœux.

Le culte fondé par la Madre María est toléré par l'Église en raison de sa popularité. Plusieurs personnages charismatiques argentins s'y rattachent, formant ainsi une famille de visionnaires qui reflète la diversité des groupes qui ont peuplé l'Argentine. On doit probablement à Madre María d'être à l'origine d'un mysticisme qui, tout en répondant aux attentes de milliers d'immigrants, intègre des figures traditionnelles de gauchos miraculeux.

Carmen Bernand

Bibl. : ***Vie et étude*** **:** F. COLUCCIO, *Las devociones populares argentinas*, Buenos Aires, Nuevo Siglo, 1995.

MAHÂPRAJÂPATÎ GAUTAMÎ *belle-mère du Bouddha historique, fondatrice de l'Ordre des Nonnes* (Népal, v. 566 av. J.-C.-Ve siècle av. J.-C.). — La mère du futur Bouddha (VIe ou Ve siècle av. J.-C.) étant morte peu après sa naissance, celui-ci fut élevé par sa belle-mère Mahâprajâpatî Gautamî. D'une grande sagesse, elle le rejoignit quand il commença à enseigner après son éveil (*bodhi*) et fonda une communauté (*sangha*). Cette dernière étant destinée uniquement aux hommes, Mahâprajâpatî Gautamî ressentit la nécessité de fonder un ordre féminin et en demanda l'autorisation au Bouddha, qui commença par refuser craignant de voir se réaliser les dires de la tradition – fortement misogyne – selon lesquels la fondation d'un ordre féminin devait réduire la durée de vie de sa doctrine de mille ans à cinq cents ans. Puis il céda sous l'influence d'Ânanda, qui était l'un de ses principaux disciples et son serviteur particulier. Cependant, pour ne pas choquer les mœurs de l'époque, l'Ordre des Nonnes devait toujours rester subordonné à celui des moines. D'après le code monastique (*Vinaya*), une nonne ordonnée depuis plusieurs années devait obéissance et respect à un novice, fût-il d'un seul jour. Par ailleurs les règles imposées aux nonnes étaient à la fois plus nombreuses et plus sévères que celles imposées aux moines. Notons que cette disparité entre les ordres féminins et masculins a toujours cours aujourd'hui.

Mahâprajâpatî Gautamî demeure une figure féminine majeure du bouddhisme tibétain. Sans ordre féminin, les femmes, privées de tout enseignement structuré, devraient encore se contenter d'accomplir des œuvres charitables, en attendant une meilleure renaissance dans un corps masculin.

Ariane Buisset

• *Voir aussi* : Yashodharâ

Bibl. : ***Vie et étude* :** S. BEVEE, *The Life of Princess Yashodara*, Varanasi, Pilgrims Publishing, 2006 ; THICH NATH HANH, *Sur les traces de Siddharta*, Paris, J.-C. Lattès, 1996 ; A. BAREAU, *Recherches sur la biographie du Bouddha*, Paris, Presses de l'École française d'Extrême-Orient, 3 vol., 1963, 1970, 1971.

MAILLÉ, Jeanne-Marie de. — *Voir* JEANNE-MARIE DE MAILLÉ

MALLASZ, Gitta (Ljublijana 21 juin 1907-Tartaras, 25 mai 1992). — Scribe, comme elle se définissait elle-même, des *Dialogues avec l'ange*. Lors de leur publication en 1976, les *Dialogues*, recueillis (ou écrits ?) par Gitta Mallasz, firent grande impression sur le public : relation avec l'outre-monde, communication surnaturelle, révélation ésotérique, tout était réuni pour susciter l'intérêt du plus grand nombre. C'est à l'occasion de ses études à l'École des arts décoratifs de Budapest que Gitta Mallasz, hongroise, se lie d'amitié avec Hanna Dallos, laquelle continue sa formation à Munich, tandis que Gitta se lance dans une carrière sportive, au cours de laquelle elle fait la connaissance de Lili Strausz, professeur de gymnastique et de relaxation. Après quelques années, renouant avec ses goûts artistiques, elle retrouve Hanna, qui avait épousé un décorateur du nom de Joseph Kreutzer, et tous trois fondent un atelier qui connaît un rapide succès. Mais ces années 1930 voient la montée d'un antisémitisme militant, et, Hanna étant d'origine juive, le trio, rejoint par Lili, s'installe dans un village des environs de la capitale, Budaliget. Si l'activité artistique de l'atelier se poursuit, mais avec modération désormais, une quête spirituelle s'intensifie, que partage chacun dans cette communauté improvisée, où Hanna manifeste un ascendant et une envergure d'exception. À mettre par écrit ses attentes et ses questionnements, Gitta prend conscience de sa désespérante vacuité, à laquelle Hanna, à qui elle décide de s'en remettre, va apporter une réponse. Ainsi, pendant dix-sept mois, chaque vendredi vers trois heures, Hanna se fait le porte-parole – le médium – de l'ange qui s'adresse à chacun des membres ou à l'ensemble du quatuor, d'abord à Budaliget, du 25 juin 1943 au 24 mars 1944, puis, de retour à Budapest contrôlé par les troupes allemandes et où la déportation des Juifs va commencer, du 31 mars au 24 novembre 1944. Les dernières semaines, Gitta prend la responsabilité et la direction d'un pseudo-atelier de confection militaire, où travaillent des femmes de la communauté juive, selon un plan échafaudé par la nonciature. Les dernières semaines sont particulièrement éprouvantes, depuis que le parti nazi hongrois Nyilas a pris le pouvoir : l'antisémitisme féroce de ses milices dépasse en effet la cruauté des SS eux-mêmes. Finalement, le refuge sera pris d'assaut, la plupart des « ouvrières » auront pu fuir, Hanna et Lili choisiront volontairement d'accompagner à la mort les quelques malades restées sur place ; le 2 décembre, elles seront déportées à Ravensbruck et n'en reviendront pas. En 1960, Gitta choisira la « liberté » et s'établira en France, où elle demeurera jusqu'à sa mort.

De ces quatre-vingt-huit entretiens, le mot-à-mot sera pris en note par Gitta (qui, comme chrétienne, survivra à la tourmente et assurera la conservation des manuscrits). La doctrine qui s'en dégage a l'allure d'une gnose ésotérique et sapientielle, structurée par la thématique de la lumière et polarisée par l'avènement et l'attente du Nouveau : l'accent apocalyptique y est donc peu marqué, et la fonction roborative et parénétique, voire consolatrice, de l'ensemble n'échappe guère à son lecteur, vu les circonstances de sa rédaction. Dans le système qui s'y construit, il faudrait interroger de probables influences théosophiques ou kabbalistiques, à travers lesquelles se réapproprie une inspiration biblique. L'ange s'apparenterait-il avec l'ange gardien le plus traditionnel ? En tout cas, le savoir qu'il dispense sous forme de sentences offre à la fois une représentation (éventuellement schématisée géométriquement) du monde et de l'Histoire et un art de vivre au quotidien : détachement d'un laisser-faire (proche de la *Gelassenheit* eckhartienne, puisque « le manque que tu as reconnu n'est plus un manque ») ; naturalisme optimiste, s'il est vrai que le mal n'existe pas, ou du moins n'a pas encore été transformé pour se transmuer en bien, le péché se donnant comme stagnation et refus du dynamisme évolutif. Une éthique pourra donc se dégager mettant en œuvre l'impératif catégorique et fondateur du don, puisque, résume l'ange en ce qui pourrait être la loi même de création : « Chaque herbe donne son fruit, chaque être donne. C'est la loi. Tous y sont *obligés*. Nous, nous sommes *libres* de la faire, nous donnons *librement* » ; et ce principe de générosité est celui, applicable aux hommes aussi, de la divinisation même : « Le plus grand don qu'*Il* nous a donné est que nous puissions donner. C'est ainsi que nous devenons et que nous sommes : *Lui*. » On retrouve l'architecture et la logique de la hiérarchie néoplatonicienne de Denys l'Aréopagite. Laquelle ne s'autorise aucun compromis avec les succédanés de la vertu, de la bonté mondaine : le partage apocalyptique est net et tranché, où l'ange exerce sa puissance judicielle. Cette éthique poursuit sa finalité : parvenir à la transparence de gloire, pour répondre aux requêtes du désir de l'ivresse divine, le bon chemin n'étant pas les artificielles fictions des gloires humaines, mais, paradoxalement, se situant vers le bas, dans la banalité du quotidien. C'est à ce prix que sera restituée l'Unité primordiale de l'ange et de l'homme (comme tenon et mortaise), de Dieu et d'Adam (les deux majuscules initiales géométriquement simplifiées en deux triangles, de séparées primitivement, se rapprochent et s'unissent en un losange parfait). Opération où la médiation du langage se révèle décisive : « La parole est sacrement, la quatrième manifestation, le pont entre la matière et l'esprit. » C'est pourquoi « rien n'est impossible ! – Il n'y a pas d'impossible ! L'impossible n'existe pas ! – Tout est possible ! »

Quoi qu'il en soit de leur forme, transcription ou fiction, comme de leur qualité littéraire (la traduction française ne peut rendre assurément la rude âpreté de l'original magyar), ces *Dialogues* réactivent – et réactualisent, en pleine catastrophe de la culture européenne – un discours sapientiel pratique, qui tire son origine de l'*expérience* (mais laquelle ?), mais prend surtout sa source dans l'héritage de la pensée juive, où la joie a une part prépondérante, et de la spéculation gnostique, en particulier l'angélologie qui, comme au XVIIe siècle, fournit les ressources d'un laboratoire à l'anthropologie en quête de modélisations et d'exemplarités.

François Marxer

Bibl. : *Œuvre* : *Dialogues avec l'ange, « Les quatre messagers », un document recueilli par G. Mallasz,* Paris, Aubier-Montaigne, 1976 ; *Les Dialogues tels que je les ai vécus*, Paris, Aubier, 1984. ***Études* :** R. MAISONNEUVE, *Les Mystiques chrétiens et leurs visions de Dieu un et trine*, Paris, Cerf, 2000 ; B. et P. MONTAUD, *Le Testament de l'Ange*, Paris, Albin Michel, 1995 ; B. et P. MONTAUD, et L. MÜLLER, *La Vie et la mort de Gitta Mallasz*, Paris, Dervy, 2001.

MANCINI, Maria. — *Voir* MARIA MANCINI

MANGANO, Lucia. — *Voir* LUCIA MANGANO

MARCHAT, Mathilde, *visionnaire et prophétesse* (Marie-Geneviève du Sacré-Cœur Pénitent, en religion ; Étampes, 1839-Loigny, 1899). — Seule survivante de six enfants, orpheline de mère, Mathilde quitte le foyer de son père, remarié, et est prise en charge matériellement et spirituellement par Joséphine Duchon, ancienne receveuse des postes. Elle a des apparitions de la Vierge puis du Christ à partir du 11 mars 1875 et surtout du 2 février 1883, à la suite desquelles elle s'efforce de promouvoir le culte du Sacré-Cœur de Jésus Pénitent, dévotion expiatrice et réparatrice des crimes de « la France [...] si coupable », qui est condamnée en 1888 par l'évêque de Chartres, où elle s'est établie, et par Rome en 1889 – par principe (depuis 1875 la papauté défendait « aux écrivains » de promouvoir de nouveaux titres de culte) et en raison de son objet politique très réactionnaire. Sous le nom de religion de Marie-Geneviève du Sacré-Cœur Pénitent, elle réunit autour d'elle à Loigny (où ont combattu les zouaves pontificaux du Sacré-Cœur en 1870), une petite communauté d'Épouses du Sacré Cœur de Jésus Pénitent (« Jésus hostie se fait pénitent, Marie se fait expiatrice, prions pour expier avec eux »), qui publie les *Annales de Loigny* (1888-1897, 3756 p.) où elle narre les nombreuses révélations dont elle bénéficie. Les *Annales* sont mises à l'Index et elle est excommuniée par décret pontifical en 1893. Le préfet fait fermer l'oratoire de Loigny en décembre 1894, mais la communauté (dont Joséphine Duchon est la supérieure et Mathilde Marchat l'inspiratrice prophétique) crée une école, une de ses membres ayant le brevet d'enseignement, et parvient à racheter l'abbaye de Noirlac. Elle survivra une dizaine d'années à la mort de sa fondatrice. Deux de ses fidèles, Louis Glénard, éditeur des *Annales*, et l'abbé Joseph Xaé s'étaient installés à Rome en 1891 ; ils veulent, en 1893 et à nouveau en 1896, libérer le pape Léon XIII qu'ils disaient incarcéré au Vatican et remplacé par un sosie (ou le diable), lequel a prôné le ralliement à la République. Leur aventure a inspiré à Gide *Les Caves du Vatican* (1914).

Cette personnalité étonnante, socialement et peut-être intellectuellement démunie, a fasciné un petit groupe réactionnaire traumatisé par la déprise religieuse, par l'anticléricalisme et la victoire des républicains, qui l'a suivie aux marges de l'Église officielle. Les *Annales de Loigny* paraissent une publication « typique du prophétisme apocalyptique » (P. Airiau), annonçant que « le grand cataclysme est proche » et espérant dans un premier temps l'avènement d'un Charles XI (Louis-Charles Naundorff, dont le père assurait être Louis XVII) dont Mathilde Marchat pense être la Jeanne d'Arc*.

Régis Bertrand

Bibl. : *Œuvre* : Ses « cahiers des visites » s'égrènent en première partie des livraisons des *Annales de Loigny*. ***Études* :** J. BENOIST, *Le Sacré-Cœur de Montmartre*, Paris, Éd. ouvrières, 1992-1995, t. I, p. 563-564 et t. III, p. 1408 ; A. MONGLOND, « Naissance d'un roman, des *Annales de Loigny* aux *Caves du Vatican* », dans *Éventail de l'histoire vivante*, hommage à L. Febvre, Paris, A. Colin, 1953, t. I, p. 429-452 ; J. MAÎTRE, *Mystique et féminité : essai de psychanalyse sociohistorique*, Paris, Cerf, 1997, p. 352-354 ; A. DE BONHOMME, « Dévotions prohibées », dans le *Dictionnaire de spiritualité*, Paris, Beauchesne, t. III, 1957, col. 778-795 ; P. AIRIAU *in* J.-P. CHANTIN (dir.), *Dictionnaire du monde religieux dans la France contemporaine*, t. 10. *Les Marges du christianisme*, Paris, Beauchesne, 2001, p. 169 (et aussi p. 77-78, « Duchon », p. 108, « Glénard », p. 261, « Xaé ») ; P. AIRIAU, *L'Église et l'apocalypse du XIXe siècle à nos jours*, Paris, Berg international, 2000, p. 62-63.

MARGUERITE BAYS, *bienheureuse, stigmatisée* (hameau de La Pierraz, Siviriez, 1815-1879). — Née dans le canton de Fribourg (Suisse), elle grandit dans une famille d'agriculteurs modestes et pieux. Connue sous le nom de « Goton de la Pierraz », elle se distingue par son naturel aimable et son goût prononcé pour la prière, qui l'incite à délaisser ses jeux pour converser avec Dieu. Vers quinze ans, elle devient apprentie couturière et travaille comme tailleuse, chez elle ou chez des particuliers qui l'embauchent à la journée. Tentée par la vie religieuse, elle décide néanmoins de vivre sa foi au sein de sa famille, à laquelle elle se consacre pleinement dès 1856. Elle prend soin de ses neveux mais aussi des domestiques, partageant son quotidien entre travail et habitudes de piété (messe journalière, méditation sur le chemin de croix, chapelet). Elle fait des retraites annuelles au monastère cistercien de la Fille-Dieu, effectue aussi de fréquents pèlerinages dans les sanctuaires des environs dédiés à la Vierge. Tertiaire franciscaine à partir de 1860, elle prend soin des pauvres, des malades et des mourants. Surnommée « la Marraine », elle réunit le dimanche les enfants du village, organise des chants et des jeux. À Noël, elle dresse pour eux une crèche dans sa chambre ; en mai, c'est devant un petit oratoire qu'elle les réunit pour chanter des cantiques à la Vierge. Au-delà de sa paroisse, elle se dévoue à l'œuvre de la Propagation de la Foi et de la Sainte Enfance, que la bienheureuse Pauline Jaricot vient de lancer en France. Elle soutient aussi le chanoine Joseph Schorderet qui travaille au développement de la presse catholique au moment où Bismarck, soucieux de l'unité du nouvel empire allemand, mène une lutte systématique contre les catholiques de Suisse et d'Allemagne (Kulturkampf). Frappée à partir de 1853 d'un grave cancer, elle prie Dieu non de la guérir mais de « changer de souffrance » : miraculeusement guérie en décembre 1854, elle est appelée dès lors à des fréquentes et douloureuses extases. Elle reçoit à la même époque les stigmates, qu'elle dissimule constamment par des mitaines. Ces phénomènes alertent les autorités de l'Église, qui ordonnent en 1873 l'ouverture d'une enquête médicale. Le 11 avril, jour du vendredi saint, Pégaitaz de Bulle, médecin libre penseur, procède devant témoins à un examen détaillé de son corps, mais l'enquête n'aboutit pas. Elle meurt en juin 1879, ses obsèques rassemblant une foule de fidèles persuadés de sa sainteté. Son procès en canonisation s'ouvre en 1927, mais c'est seulement en 1993 que le pape Jean-Paul II reconnaît la guérison miraculeuse de 1854, ouvrant la voie à une possible béatification.

Par son dévouement charitable, sa piété discrète, elle incarne le mysticisme des humbles, imitant la vie cachée du Christ à Nazareth, dont l'humilité se défie de l'extraordinaire mais prouve l'élection. Pour Myriam de G., elle est un « exemple de l'apostolat qui fleurit dans le devoir d'état » (p. 19), alliance harmonieuse du militantisme et de la quotidienneté, de la sainteté et de la simplicité de cœur, qui l'incite à s'entourer d'enfants et à dissimuler aux regards les phénomènes dont elle est l'objet, ainsi des stigmates dont elle demande l'invisibilité à partir de 1873 ; ainsi de son don de prémonition qu'elle refuse de dévoiler. Elle reçoit cependant la grâce de l'oraison transformante qui lui permet de vivre en présence de Dieu « comme s'il n'y avait pas de voile ». La Passion est au centre de sa vie mystique : elle la revit dans les extases du vendredi, où elle se trouve ravie, autour de 15 heures, dans un état de mort apparente. Ses souffrances physiques lui permettent d'imiter plus étroitement le Christ au Calvaire (« Ô sainte Victime, attirez moi après vous, nous marcherons ensemble », prie-t-elle) et de s'offrir en victime réparatrice pour les pécheurs.

Antoinette Gimaret

Bibl. : ***Vie*** **:** L. EMS, *La Servante de Dieu, Marguerite Bays, 1815-1879*, Fribourg, Éditions Saint Paul, 1953 ; M. de G., *Une perle de l'Helvétie*, La Chapelle-Montligeon, Les Éditions de Montligeon, 1956. ***Études*** **:** H. C. CORNUS, *Marguerite Bays*, Strasbourg, Éditions du Signe, 1995.

MARGUERITE D'OINGT, *moniale, chartreuse, visionnaire* (Oingt, ?-Poleteins, commune de Mionnay,

11 février 1310). — Marguerite grandit dans une famille de noble ascendance en Beaujolais et, tôt, décide par elle-même d'entrer à la chartreuse de Poleteins, fondée en 1230, près de Lyon : elle en sera la quatrième prieure en 1288, et sa sœur Agnès, qui l'y a suivie, lui succédera à sa mort dans cette charge priorale. Son expérience mystique est florissante de visions et d'extases, dont elle note le contenu dans des cahiers, lesquels, se diffusant, suscitent l'inquiétude des autorités cartusiennes : en effet, à la même époque, les conciles de Lyon et de Vienne légifèrent sur les courants dits « spirituels », bégards et bégines, qui inquiètent la hiérarchie ecclésiastique. Le chapitre général de la chartreuse, sous l'autorité de Guigues du Pont, examine ces textes en 1294 et leur donne approbation : ainsi pense-t-on, peut-être, contrôler les communautés féminines de l'ordre qui auraient pu être tentées par une certaine autonomie. Après sa mort, l'ordre considérera Marguerite d'Oingt comme bienheureuse, mais ce culte interne à la chartreuse ne survivra pas à la cassure de la Révolution.

Son œuvre, à bien des égards remarquable en dépit de ses dimensions restreintes – elle tient en trois manuscrits qui furent conservés à la Grande-Chartreuse –, témoigne des fondamentaux de la tradition cartusienne (elle reçoit probablement l'héritage de Hugues de Balma, prieur de la chartreuse de Meyriat, en Bresse, de 1289 à 1304, et auteur d'une *Theologia mystica*, très prisée et répandue dans les milieux cartusiens), mais aussi de l'influence de la spiritualité cistercienne et même franciscaine (François d'Assise y est explicitement nommé). Notons que cette œuvre bilingue nous offre un témoignage précieux de l'usage du franco-provençal, dans un texte parfaitement localisé et daté, ce qui est fort rare. Outre quelques lettres fragmentaires, on retiendra la *Pagina meditationum*, texte rédigé en un latin tout scolaire, procédant d'une illumination reçue en 1286 ; et par ailleurs, le *Mirror* ou *Speculum*, ouvrage en langue vernaculaire destiné au visiteur canonique Hugues, prieur de la chartreuse de Valbonne, et dans lequel Marguerite rapporte trois visions. On ajoutera *Li via seiti Biatrix virgina de Ornaciu*, biographie de Béatrice d'Ornacieux*, une autre visionnaire, première prieure de la chartreuse de Parménie, à laquelle il n'est pas inintéressant de la comparer. Ce texte resté manuscrit à l'intérieur du monde cartusien n'aura que très peu d'influence, il n'en représente pas moins un jalon important et une voix originale dans l'univers de la mystique médiévale féminine.

Les moniales de chartreuses jouissaient du privilège d'être consacrées non seulement comme vierges, mais aussi comme diaconesses, ce qui instituait un rapport particulier à la Parole : elles pouvaient lire l'Épître au cours de la messe, et l'Évangile, dans la célébration de l'office divin (la liturgie des heures canoniales). C'est ce rapport que l'on retrouve dans la pensée de Marguerite d'Oingt, fidèle en cela à la tradition cartusienne, qui met en avant les deux opérations de la *lectio* (la lecture) et de la *scriptio* (l'écriture) comme moyen d'accéder à Dieu : des fondamentaux que Guigues II avait développés dans son *Échelle des moines*, en quatre exercices spirituels : *lectio*, *meditatio*, *oratio* (« prière ») et *contemplatio*. Marguerite porte une attention explicite au sens mystique des Écritures, ce qui est une manière à la fois de défendre et de comprendre le droit de ces femmes à écrire, droit qui était l'apanage des clercs (masculins), et d'approfondir sans cesse leur expérience de Dieu. Le phénomène d'écriture est ici tout à fait passionnant, puisque Marguerite écrit sur la page ce que (et en même temps que) Dieu lui-même écrit intérieurement sur son cœur : nous sommes donc ainsi entre l'expérience de l'inspiration vécue par Hildegarde de Bingen* et l'écriture de l'histoire indéchiffrable, telle que la présentera au XVIIIe siècle *L'Abandon à la providence divine**.

La *Pagina*, écrite à la première personne, est une sorte de thérapie spirituelle, entreprise par Marguerite pour sortir des tentations de désespoir qui alors l'assaillaient. Au début de la messe dominicale de la Septuagésime (période de trois semaines, qui précède le début du carême) de l'an 1286, alors qu'elle écoutait les mélismes pathétiques de l'introït sur le verset du Psaume XVII : « Les liens de la mort m'entouraient », elle commença à « penser à la misère dans laquelle nous avait placés la faute de nos premiers parents. Et cette pensée me jeta dans une telle angoisse et douleur que mon cœur sembla défaillir, tant je ne savais si j'étais sûre ou non d'être sauvée. » Mais le même introït corrige cette première et terrifiante impression, en méditant un autre verset du même psaume : « Je t'aime, Seigneur, ma force », reprenant le livre des Proverbes VIII, 17 : « J'aimerai ceux qui m'aiment. » La crise intérieure ainsi traversée va se décanter en une longue méditation sur l'œuvre de l'amour divin dans la Création et la Rédemption. C'est ce déploiement que Dieu écrit dans le cœur de Marguerite, pendant qu'elle-même l'externalise en vue d'une future *lectio divina*. Marguerite n'a pas le choix d'écrire ou non : elle le doit, d'abord pour elle-même et, éventuellement, pour d'autres. L'expérience intense qu'elle y fait de la douceur du Créateur est à ce point puissante qu'elle en perd le sommeil et l'appétit. Elle ne se fait en effet aucune illusion sur la fiabilité du cœur humain : « Je couchais par écrit les pensées que Dieu disposait dans mon cœur, afin que je ne les perde point lorsque je me les remémorais et les pouvais méditer dans la mesure où Dieu m'en donnait la grâce. » Qu'elle n'ait point la faculté d'intellection ni la formation d'un clerc, Marguerite l'admet volontiers, mais elle n'en défend pas moins la nécessité où elle est d'écrire, puisque l'*exemplar*, qu'en bonne moniale et copiste elle recopie dans son propre livre, est l'ouvrage même de la grâce divine en elle. Elle remettra à la chartreuse le soin de diffuser au dehors ce message intérieur donné par Dieu afin que l'on y puisse trouver appui et encouragement : la thérapie dont Marguerite a bénéficié a donc une amplitude communautaire.

Le livre prend sa source dans la liturgie, mais rapidement fleurit en une méditation sur l'amour divin qui a poussé le Créateur ineffable à s'abaisser jusqu'à prendre chair afin de sauver l'humanité. Marguerite aime à cultiver les paradoxes où s'opposent la toute-puissance et l'extrême faiblesse souffrante de l'Homme-Dieu, en sa Passion particulièrement. Elle en parle comme d'un Père, ou d'un Frère, ou même d'une Mère qui nous engendre dans la douloureuse parturition de la Croix : « Mais quand approcha l'heure de ta délivrance, tes douleurs devinrent si intenses que ta douce sueur ressemblait à de grosses gouttes de sang qui sortaient de ton corps et tombaient à terre... Ah ! doux Jésus, qui vit jamais une mère souffrir ainsi pareille naissance ! »

Comme beaucoup de textes primitifs de la chartreuse, la *Pagina* reste enracinée dans un sens aigu du *mysterium Christi*, du mystère du Christ, mais ce n'est pas à proprement parler un texte mystique, à la différence du *Mirror*, écrit, lui, à la troisième personne, en franco-provençal. Œuvre mystagogique (qui explique les mystères de la foi), il nous rapporte l'expérience visionnaire de *cit creatura*, présentée comme un modèle à ses lecteurs. Dans le premier chapitre, ladite créature aura tellement intériorisé la vie du Christ que celui-ci lui apparaît avec un livre à la main. La couverture du livre, ornée de lettres blanches (« la sainte vie du béni Fils de Dieu »), noires (« les coups, soufflets et autres outrages qu'Il reçut ») et rouges (« ses plaies et son précieux sang qu'Il versa pour tous »), avec deux fermoirs en or, décline une allégorie de la vie trinitaire : « Le livre est le Père ; les lettres, le Verbe », et les deux fermoirs « qui portent deux inscriptions en lettres d'or : « Dieu sera tout en tous », « Dieu est admirable dans ses saints », condensent « l'œuvre finale de l'Esprit duel, Esprit du Père et Esprit du Fils ». Puis, alors que Marguerite prie après l'office de matines, le livre s'ouvre sur deux pages qui apparaîtront comme « miroir magnifique », agissant effectivement sur les sens spirituels de la visionnaire. Les saints et les anges qui contemplent la splendeur divine, en ont « joie si grande qu'ils ne peuvent se retenir de chanter, mais ils font une chanson toute nouvelle qui est si douce que c'est une très grande mélodie ». Ne sont-ils pas en effet remplis de la suavité de l'Être divin, tout comme les poissons immergés dans l'océan boivent et se nourrissent de la mer sans que celle-ci en soit affectée ou diminuée ; sans non plus qu'il y ait fusion ou dissolution ? Enfin, toujours dans le cadre liturgique de matines, se donne à voir un livre lumineux qui dévoile le corps du Christ, si noble et transparent qu'on en voit l'âme, si noble que chacun peut y voir chacun, et si beau que les saints et les anges y paraissent comme s'ils y étaient peints. L'ouvrage s'achève sur une litanie hymnique, célébrant la splendeur des corps ressuscités dans lesquels tout un chacun peut voir la Trinité en elle-même, pendant que Dieu lui-même les contemple « comme un maître aime à considérer le bel ouvrage qu'il a mené à bien ». Ainsi Marguerite image-t-elle la déification, en référence au Psaume LXXXI, 6 : (« J'ai dit : Vous êtes des dieux ») et en écho à la promesse de la vision réservée aux cœurs purs (Mt V, 8 et 1 Cor XIII, 12).

François Marxer

• *Voir aussi* : Béatrice d'Ornacieux

Bibl. : *Œuvres* : A. DUNAFFON, P. GARDETTE et P. DURDILLY, *Les Œuvres de*

Marguerite d'Oingt, Paris, Les Belles Lettres, 1965. ***Vie et études*** : R. MAISONNEUVE, « L'expérience mystique et visionnaire de Marguerite d'Oingt, moniale chartreuse », *Analecta cartusiana* 55, Salzbourg, 1981, p. 81-102 ; ID., *Les Mystiques chrétiens et leurs visions de Dieu un et trine*, Paris, Cerf, 2000 ; C. W. BYNUM, *Jesus as Mother, Studies in the Spirituality of the High Middle Ages*, Berkeley, University of California Press, 1982 ; ID., *Jeûnes et festins sacrés*, trad. Par C. Forestier Paris, Cerf, 1994.

MARGUERITE D'YPRES, *bienheureuse, tertiaire dominicaine* (Ypres, 1216-?, 1237). — L'intérêt et l'originalité de Marguerite d'Ypres n'est pas à rechercher dans son ascétisme extrême, centré sur la Passion du Christ (les flagellations qu'elle s'inflige sont vécues comme *recordatio*, « commémoration » de cette Passion), ni dans sa dévotion eucharistique, précoce dit-on (dès l'âge de cinq ans elle « mastique et savoure » le Dieu qu'elle reçoit et, dans la dernière année de sa vie, ce sera sa seule nourriture), ni non plus dans ses épisodes extatiques : ce sont là traits communs aux femmes mystiques de Belgique au XIIIe siècle. En revanche, exceptionnel sera le lien spirituel qui s'établit entre elle et un dominicain, Siger de Lille, qui sera à la fois, son confident, son instructeur et admirateur dévoué. Aura-t-elle trouvé en lui le protecteur qu'elle voulait aimer tendrement ? Ce n'est pas sûr. D'ailleurs, aussi proche soit-il, il ne fera jamais ombre au Christ, amant presque sensuel, qui ne s'offusquera pas d'une éventuelle concurrence. Marguerite en effet s'en inquiéta quand des opinions désobligeantes se scandalisaient de cette intime familiarité entre elle et le dominicain, tranchant, il est vrai, par sa pleine réciprocité, sur les amitiés connues, comme entre un Jacques de Vitry dévoué à Marie d'Oignies* ou un Thomas de Cantimpré saisi par Lutgarde d'Aywières*.

C'est Siger qui l'avait remarquée au milieu d'un groupe de femmes, et, par une inspiration divine, avait appelé celle qui lui apparaissait par avance comme un « vaisseau d'élection » de la grâce divine. Or, à l'époque, Marguerite était tombée amoureuse d'un jouvenceau, mais n'en répondit pas moins : « Seigneur, que veux-tu que je fasse ? » On reconnaît là une allusion explicite au chemin de Damas paulinien (Ac IX, 15 ; XXII, 10) : conversion donc. Sans doute, aussi, est-ce une caution à cette relation singulière entre Siger, qui guide, console et ordonne, et Marguerite qui, de son côté, reprend Siger qui l'accepte, voyant là la grâce divine à l'œuvre. Relation exclusive, puisqu'il est le seul à rester en contact avec elle, lorsqu'elle tombe en ses phases d'hébétude extatique (s'agit-il d'épisodes psychotiques ou de rapts mystiques ? cela reste discuté) ; et c'est lui seul qu'elle peut entendre, « absorbant ses propos comme nourriture qui fait vivre le corps ». Cependant la différence entre eux ne s'estompe pas : lui est clerc et prêtre, elle ne l'est pas, encore que la *recordatio* flagellatoire qu'elle s'administre lui offre un analogue au mémorial eucharistique, dans une posture autosacrifiante. Cet auto-sacrifice répond à une ambition indéfinie de souffrir, puisque, si son atroce agonie fut comptée comme équivalente aux peines purgatoires qui l'attendaient, elle n'en désirait pas moins que ses souffrances, participant de la Passion christique, fussent prolongées au-delà de sa mort, dans l'éternité : amorce de ce que sera la *supposition impossible*, qu'au XVIIe siècle saint François de Sales considérera comme le critère de la pureté de l'amour, telle qu'il la formule dans son *Traité de l'amour de Dieu* (IX, V) : « Il aimerait mieux l'enfer avec la volonté de Dieu que le Paradis sans la volonté de Dieu : oui même, il préférerait l'enfer au Paradis, s'il savait qu'en celui-là il y eût un peu plus du bon plaisir divin qu'en celui-ci ; en sorte que si, par imagination de chose impossible, il savait que sa damnation fût un peu plus agréable à Dieu que sa salvation, il quitterait sa salvation et courrait à sa damnation. »

François Marxer

Bibl. : ***Vie*** **:** G. MEERSMAN a publié la *Vita Margarete de Ypris* de Thomas de Cantimpré dans *Archivium fratrum praedicatorum*, 18, 1948, p. 106-130, à la suite de son article majeur, « Les frères prêcheurs et le mouvement dévot en Flandre au XIIIe siècle », *ibid.*, p. 69-105.

MARGUERITE DE CORTONE, *sainte, tertiaire franciscaine* (Laviano, v. 1247-Cortone, 1297). — Sa mère meurt alors qu'elle a seulement sept ans. Elle vivra une union libre avec un jeune homme de bonne famille dont elle aura un fils, lequel deviendra lui-même franciscain. Après neuf ans de vie commune, le compagnon de Marguerite est assassiné. Vers 1274, la jeune femme s'en retourne chez son père, qui refuse de la recevoir. En 1277, elle se tourne vers les Franciscains, devient membre et même figure emblématique du tiers ordre séculier, après un épisode suicidaire. C'est du moins la version officielle, car la gestion franciscaine de la mémoire cultuelle de Marguerite de Cortone est aussi le résultat d'un effort concerté des Frères mineurs, sanctionné par une *Vita* normative. En 1278, Marguerite fonde un *hôpital polyvalent*, accueillant les malades, mais aussi les pèlerins, les enfants abandonnés, les femmes qui doivent accoucher ou les invalides, auxquels on distribue surtout de la nourriture, car la fonction thérapeutique n'est pas développée à cette époque, ce genre d'institutions publiques n'attirant encore aucun médecin avant le XIXe siècle. Toutefois, même au temps de ses amours, Marguerite avait déjà manifesté un comportement inspiré par la charité envers les pauvres. L'action politique de pacification (*negotium pacis*) des Frères mineurs, mais aussi des membres laïcs du tiers ordre en Lombardie, est également à relever, surtout depuis 1233. Précisément, Marguerite apporte sa contribution comme élément pacificateur dans la ville inquiète, sujette aux factions entre citoyens et au contentieux entre les gens de Cortone et l'évêque d'Arezzo. Dans le milieu franciscain où elle évolue désormais, elle rencontre son directeur, Giunta Bevegnati, celui qui rédigera sa *Vita* latine (répandue dans une version italienne seulement à partir de 1793). Ensuite, de 1291 à sa mort, elle vit la condition d'ermite. Elle sera canonisée en 1728.

Du début à la fin de son ouvrage, le frère Giunta se préoccupe de mettre au premier plan les personnages principaux, le Christ et Marguerite. Le dialogue familier entre la femme et son interlocuteur – derrière le Christ se profile en réalité le père spirituel lui-même, avec tout ce que cela comporte de propos normatifs – se présente explicitement comme un chemin de conversion allant du péché à la grâce. Ce qui conduit Marguerite à dire au Christ : « Je ne recherche et ne désire rien d'autre, sinon vous-même, Seigneur Jésus. » Le changement de vie et d'esprit se marque d'abord par un retour au Christ, après une longue période d'amour désordonné. D'où cette ouverture de sa *Vita*, qui commence par marteler quatorze fois une invitation impérative à se *souvenir* de son passé. C'est une sorte de *recordatio* qui constitue en réalité une forme de reconstruction de sa vie séculière antérieure, où l'accent est mis sur la parole aidante du Christ, plus que sur le contenu peccamineux. Ce qui n'exclut pas une sorte d'atmosphère de psychologie cognitive et comportementale, autrement dit une forme de dressage qui s'attaque aux axiomes mentaux et de comportement : « Souviens-toi, ma pauvrette, souviens-toi de toutes les grâces, de toutes les lumières que je t'ai accordées pour te ramener à moi. Souviens-toi dans quel état tu es retournée à Laviano, près de ton père, après la mort tragique de l'ennemi de ton salut, baignée de larmes, anéantie par le chagrin, le visage lacéré... – Souviens-toi de la manière grossière dont ton père t'a reçue à l'instigation de ta marâtre ; oublieux des devoirs de sa paternité, il t'a brutalement chassée de ta demeure. Ne sachant où aller, privée de conseil et de secours, assise désolée sous le figuier du jardin, tu m'as imploré humblement et demandé que je fusse à l'avenir ton maître, ton père, ton époux et ton Seigneur... – Souviens-toi que le souverain remède pour ton âme, et pour reprendre dès le principe l'œuvre de ton salut si compromise, est dans le respect et la crainte filiale que je t'ai inspirés à l'égard des Frères mineurs, chargés désormais de te diriger... – Souviens-toi qu'en préparant ton âme au mépris complet, absolu, de tout ornement profane, je t'ai appris à m'aimer en te séquestrant avec douceur du commerce même licite des personnes du monde... – Souviens-toi, pauvrette, de la traversée de cet étang, seule au milieu de la nuit, où l'antique ennemi voulait te noyer... » (*Vita*, chap. I).

Marguerite est présentée comme une nouvelle Madeleine (configurée de manière médiévale et donc polysémique), ce qui comporte un avantage historique et théologique. Cela permet, d'une part, d'intégrer le passé désordonné et, d'autre part, de mettre en relief l'événement actuel du salut, autant que la dimension contemplative et, plus encore, amoureuse du Christ. L'œuvre divine de miséricorde se renouvelle aujourd'hui. En outre, il faut dire à quel point la figure de Madeleine est alors surdéterminée par celle de François d'Assise. Comme on l'a remarqué dans l'iconographie du temps (dès la moitié du XIIIe s.), François prend en quelque sorte la place structurelle de Madeleine au pied de la croix du Christ. À tel point que le bréviaire franciscain du XIVe siècle use de la même liturgie pour Madeleine et François.

En ce qui concerne l'ascèse radicale mise en œuvre par Marguerite, elle ne se différencie guère de celle que l'on rencontre dans la vie d'autres saints, spécialement dans l'aire méditerranéenne du XIIIe et du XIVe siècles, avec des influences bibliques mais aussi des *Vitae Patrum*, ces récits bourrés d'anecdotes (anonymisantes) sur les Pères du désert. Toute une série de privations est mise en place pour imprimer une autre direction à l'existence menée dans la maison de l'amant. Après l'exercice de mémoire (travail sur les axiomes de pensée suivant la technique stoïcienne ou d'Évagre le Pontique et de Cassien, de manière exemplaire), on passe à une série de redressement des comportements. Fait partie intégrante de cette ascèse l'usage audacieux de la honte, du mépris public, le passage du respect au « despect » (*despectus*), avec cette ambiguïté qui consiste simultanément à s'effacer (notamment en occultant la beauté reconnue de son corps, et de son visage en particulier, sans aller jusqu'à la mutilation) et à se montrer pénitente, à manifester son changement d'esprit et de vie, comme on le voit aussi chez Claire de Rimini* et Angèle de Foligno*. D'où la difficulté d'assumer la complexité de cette audace ou de ce franc-parler, de cette théâtralité – à distinguer toutefois de la simple extériorisation exhibitionniste d'une tension intérieure.

L'hagiographe rapproche alors le déni de maternité apparu chez Marguerite de l'ultime renoncement qui consiste à se séparer de ce qu'elle aurait eu de plus cher, son fils unique (*unicum filium*), tel un nouvel Abraham ! Mais cela signifie aussi, positivement, que le contournement de la maternité charnelle cherche une manière de nouer des liens d'une nature nouvelle, des liens différents avec le Christ époux, mais également père et fils. C'est toute la vie qui est ainsi reprise depuis l'œuf (*ab ovo*) ou depuis son principe (*pro initio*). En réalité, l'hagiographe ne se concentre pas uniquement sur l'aspect ascétique. Après avoir décrit dans les quatre premiers chapitres les commencements du chemin de conversion, il en vient à illustrer ses progrès (chap. V-VII) et son accomplissement (chap. VIII-XI). Cela comprend la méditation de la Passion du Seigneur, l'extase, la prière, l'usage des signes sacramentels (réconciliation, Eucharistie), bref, tout ce qui constitue, dans l'optique du frère Giunta, les différentes phases d'approfondissement des rapports d'amour entre le Christ et Marguerite. Ainsi, la méditation sur la vie du Christ ne consiste pas seulement à se représenter la Passion de manière très vive et actualisante. Marguerite apparaît plutôt *sur* la Croix que *près* de la Croix : « Elle se tordait comme un ver, grinçait des dents, prenait une couleur de cendre, perdait le pouls et la parole, semblait toute glacée. Sa gorge devenait tellement rauque qu'à peine l'entendait-on parler lorsqu'elle revenait à elle-même... Arrivée à l'heure de la mort de Notre Seigneur et sauveur, vers trois heures du soir, au moment où Jésus inclina la tête et rendit le dernier soupir, elle aussi inclina sa tête sur sa poitrine de telle sorte que nous la croyons tous morte » (*Vita*, chap. V, 3). Après cette phase catatonique, survient une forme de phase maniaque, de résurrection et de vivacité spirituelle exceptionnelle. La résurrection du Christ non seulement n'est pas effacée, mais elle est éprouvée dans l'actualité, non plus comme un événement du passé ou relevant seulement de la foi abstraite, mais comme apparition actuelle à une nouvelle Madeleine et à de nouveaux apôtres. C'est vraiment un événement spirituel, une vie en esprit et en vérité, non pas une réanimation provisoire ou une fantasmagorie. C'est une joie véritable et donc ineffable : « Celui qu'elle avait vu livide et méprisé lui apparut revêtu de l'immortalité, la consola par sa présence, apaisa les souffrances de son corps et de son esprit lui révéla de nombreux secrets, et la laissa dans une joie magnifique » (*Vita*, chap. V, 7). Ce rapprochement entre résurrection et connaissance est à relever, car il joue aussi un rôle pastoral chez Marguerite. C'est grâce à cette union intime avec la mort et la résurrection du Christ (accomplissant ainsi la vocation du baptisé) qu'elle peut devenir apôtre et directrice spirituelle à son tour, en connaissant les êtres et les cœurs. Cette capacité de pénétration dans le secret vient de ce qu'elle participe à la connaissance même du Christ dans l'esprit de l'évangile johannique. Il connaît tout ce qu'il y a dans le cœur des hommes ! C'est aussi, comme le dira l'Épître aux Hébreux, parce qu'il a été enseigné par la mort unique, par la fraternité avec les hommes poussée jusqu'à ce point de partager l'expérience de la mort unique (*hapax*).

Quant à l'usage de la *supposition impossible* – qui deviendra plus fréquent et quasi systématique dans la mystique moderne –, il est ici enrôlé pour exprimer la radicalité infinie de l'amour, une sorte de *climax* pathétique : « Je voudrais non seulement t'aimer, mais s'il était possible, je voudrais plus que t'aimer, tant je désire vivre de ton amour » (*Vita*, chap. V, 42). Malgré ce sens aigu de l'ineffable, la prière au nom de Jésus et du Notre Père est toutefois centrale. Le Dieu trine est également invoqué, mais comme Dieu vif et immense (*Deus immensus ; Vita*, chap. V), comme chez Jean de Ripa. Les saints sont aussi des intercesseurs convoqués comme Jean le Baptiste, Catherine d'Alexandrie ou, bien entendu, Marie-Madeleine* et, par dessus tout, François d'Assise. La dévotion à l'Eucharistie est également puissante, comme la vision du Jésus Enfant dans l'hostie. Ce qui n'est pas propre à Marguerite en cette époque médiévale. Mais ce *topos* exprime la rapport maternel et mystique avec le Christ. Il n'est pas seulement l'époux, mais le fils. Comme pour François, il s'agit de mettre chaque jour le Christ au monde par notre vie, nos actes bons. La Nativité (dans l'esprit origénien et bernardin, sans être encore la pure nativité immanente à la manière gnostique de Maître Eckhart), ce n'est pas une fête du passé lointain, c'est ici et maintenant. Signalons encore la solidarité qui se manifeste autant avec les vivants qu'avec les morts dans la communion des saints. Le souci des autres (*zelus animarum*) manifesté chez Marguerite concorde, de ce point de vue, avec l'activité pastorale des Frères mineurs chargés de la prédication, du sacrement de réconciliation universelle des vivants et des morts. Quant au rapport avec la branche rigoriste de l'ordre des Frères mineurs – les dits spirituels – malgré ses bons rapports, notamment avec Ubertin de Casale qui la vénérait, Marguerite de Cortone ne prend pas le parti du franciscanisme extrémiste. Si elle conseille la correction des dérives, elle veut maintenir l'union. D'ailleurs, la question de la pauvreté ne joue pas un rôle grandissant dans sa vie spirituelle. Toute sa vie semble se concentrer dans le passage de la crainte initiale (*timor*) à l'incendie d'amour (*incendium amoris*), au parfait amour. C'est comme le passage non seulement de la théorie à la pratique, mais de l'Ancien au Nouveau Testament, étant entendu qu'il faut déjà l'amour pour que la crainte soit celle du vrai Dieu (et non une terreur mythique ou un effroi psychique) et que l'amour parfait, même s'il bannit la crainte (comme amour éternel), garde la dimension temporelle et concrète d'une crainte (légitime) de ne jamais aimer assez : « Ma fille, dit le Christ à Marguerite, ta charité n'est pas parfaite... La charité parfaite s'élève au-dessus d'elle-même pour arriver à moi, et elle se garde bien de se préférer aux autres créatures... » (*Vita*, chap. VI, 25).

Il reste à gravir non plus l'échelle de Jacob, mais l'échelle bien plus rapide du Christ et de François d'Assise, déjà évoquée par Claire d'Assise* dans le rêve du sein de François. Christ compris explicitement comme l'échelle de tous les préférés qui montent vers lui : « *scala omnium dilectorum* » (*Vita*, chap. IX, 67). Mais cette échelle reste, de manière très sélective et réaliste, l'échelle en bois de la croix (*lignum crucis*). D'où la conjonction du grand désir et de la mort, une mort vécue comme parente et non plus simplement comme étrangère. Mort comme passage vers la vie éternelle pour être éternellement avec le Christ et le contempler directement, sans médiation (*absque medio*). Là est l'essence du désir spirituel éprouvé.

Bernard Forthomme

Bibl. : ***Vie*** : *Iunctae Bevegnatis, Legenda de Vita et Miraculis Beatae Margaritae de Cortona*, éd. latine critique, introduite en italien par F. Iozzelli, Rome, Éditions du Collège S. Bonaventure à Quaracchi, 1997 ; *La Vie intime de Sainte Marguerite de Cortone. Ses révélations, ses extases, ses entretiens avec Notre Seigneur*, écrite par le père G. Bevegnati, trad. du latin sur le texte original par J. Brivain, Lyon, 1900. ***Études*** : J.-M. DE VERNON, *La Parfaite Pénitence dans la vie de S. Marguerite...*, Paris, 1611 ; A. BENVENUTI PAPI, « Marguerite de Cortone », in *Histoire des saints et de la sainteté chrétienne*, t. VII : *Une église éclatée 1275-1545*, A. Vauchez (dir.), Paris, Hachette, 1986, p. 178-183.

MARGUERITE DE HONGRIE, *sainte, dominicaine* (Budapest, v. 1242-18 janvier 1271). — Fille du roi Bela IV de Hongrie et d'une princesse byzantine, Marie Lascaris, Marguerite de Hongrie est née à Budapest, dans la famille royale des Arpad. L'Europe était alors menacée par les invasions mongoles. Dans l'intention d'éviter un sort néfaste à son pays, le père de Marguerite la voua à la vie religieuse dès avant sa naissance. Marguerite s'adonna ainsi à l'exercice des vertus, comme plusieurs membres de la dynastie des Arpad, notamment sa tante Élisabeth de Hongrie* (ou de Thuringe). Elle fut éduquée chez les Dominicaines du monastère de Sainte-Catherine de Veszprim. Ayant refusé deux demandes en mariage, malgré l'insistance de ses parents pour des raisons politiques, elle sentit que sa vocation était de mener une vie de moniale. En 1252, elle entra dans le couvent des Dominicaines de Sainte-Marie, que ses parents avaient fait construire pour elle dans l'île aux Lièvres, sur le Danube, non loin de Budapest, dénommée désormais l'île Sainte-Marguerite. Elle prit le voile en 1261, à l'âge de dix-neuf ans, pour s'adonner à la prière et à la vie spirituelle.

Sous la direction du père Marcel, ancien provincial des Frères prêcheurs de Hongrie, elle se distingua par sa ferveur et l'ascèse qu'elle s'imposa, le mépris des honneurs et du confort de la vie matérielle. Afin de s'associer à la Passion du Christ, elle se flagellait souvent et portait des cercles de fer et des cordes fermement tendues, qui lui provoquaient des plaies. La tradition artistique italienne et une légende napolitaine de la fin du XVe siècle lui attribuent, à tort, des stigmates qu'elle ne manifesta jamais. Elle est habituellement représentée en habit dominicain, portant une fleur de lys, ou avec la couronne royale et un crucifix. Elle vécut dans la plus grande pauvreté, distribuant aux indigents l'argent que lui donnait son frère, le roi Étienne V Arpad. Au monastère, elle recherchait les tâches les plus pénibles et les plus humbles. En retour, elle semble avoir été gratifiée de dons mystiques assez étonnants. Elle mourut à l'âge de vingt-huit ans et fut enterrée dans son monastère de l'île aux Lièvres, où eurent lieu de nombreux miracles.

Un culte lui fut alors rendu par l'Église catholique romaine, qui se développa dès le XVe siècle et perdura de façon ininterrompue. Le 19 novembre 1943, à Rome, elle bénéficia d'une canonisation dite *équipollente* (ou *équivalente*, c'est-à-dire fondée sur une preuve de vénération immémoriale) par le pape Pie XII. Ce dernier avait préparé ce jour-là une allocution qu'il ne put prononcer en raison de la guerre mondiale. Il y fit allusion en 1944 : « Nous manifestions alors le souhait que la bienheureuse Marguerite, rejeton de souche royale, compagne souriante et sœur de la sainte pauvreté, violette d'humilité oublieuse d'elle-même, âme eucharistique privilégiée et d'une profonde limpidité, lampe ardente devant le saint Tabernacle, dont la douce flamme scintille vivement encore aujourd'hui, même après le long cours de sept siècles, pût bientôt s'élever pour prendre rang dans la splendeur de la gloire des saints, comme une brillante étoile dans le ciel de la Hongrie. » Sa fête est fixée le 18 janvier.

Bernard Sesé

Bibl. : ***Vie et études*** : *Documentation catholique*, 1957, col. 1093-1100 ; R. GIORGI, *Le Petit Livre des saints*, Paris, Larousse, 2006.

MARGUERITE DE SAINT-XAVIER, *ursuline, visionnaire et prophétesse* (Marguerite Coutier de Château-Bornay ; Mont-Saint-Jean, 17 août 1603-Dijon, 10 juin 1647). — Née dans une famille noble liée aux milieux parlementaires de Dijon, Marguerite fut éduquée chez les Bernardines de l'abbaye du Tard. Adolescente, elle voulut suivre sa grande sœur Claude dans le monastère des Ursulines de Dijon malgré l'avis de son père : en 1622, elle entra une première fois au monastère, avant que son père ne vînt l'en retirer ; en 1627 enfin, elle retourna pour de bon chez les Ursulines. Dans le couvent, elle exerça, entre autres offices, celui de maîtresse des novices dans les premières années de sa profession, après 1644. Elle fut également élue supérieure pour deux triennats en 1638 et 1641. Après sa première élection, elle fut atteinte de diverses maladies qui la firent souffrir jusqu'à sa mort. Elle n'en fit pas moins bâtir l'église de son monastère et put participer en 1643 avec Gaston de Renty à l'établissement à Dijon de la Compagnie des Dames du Saint-Sacrement.

La biographie qui lui fut consacrée en 1665 constitue le seul témoignage connu de la vie de Marguerite. On la voit favorisée d'un don de prophétie et de fréquentes visions « dans l'oraison, dans la communion, ou bien en songe » (*Vie*, p. 210). Parmi celles-ci, on retiendra celle où « l'homme des douleurs », en 1641, lui enseigna les trois vertus qu'elle mit en pratique dans son couvent, à savoir la pauvreté, l'humilité et la souffrance. De même, à partir de 1646, plusieurs visions intellectuelles lui firent porter une dévotion particulière pour la Trinité. Elle attribuait à la dévotion qu'elle avait instaurée en 1644 dans le couvent pour la « Trinité créée Jésus, Marie, et Joseph » (*ibid.*, p. 296) des guérisons miraculeuses et des conversions. Par l'exercice de la « sainte haine d'elle-même » (*ibid.*, p. 155) et la méditation sur les mystères, elle atteignait dans ses oraisons à des extases longues et fort relevées, où son visage apparaissait comme transfiguré.

Elle se montra particulièrement douée pour découvrir les vocations religieuses, apaiser les tensions qui pouvaient naître dans la communauté et conduire ses sœurs dans la vie spirituelle. Son enseignement comme maîtresse des novices consistait principalement en l'obéissance, l'abnégation et l'abandon à la volonté divine. Ses sœurs se souvinrent également d'une directrice spirituelle dont la vertu « sanctifiait les autres » (*ibid.*, p. 181), travaillant à « rendre ses filles intérieures » (*ibid.*, p. 182) grâce à des « lumières » (*ibid.*, p. 186) infuses qui lui rendaient l'« intérieur de ses filles [...] plus manifeste qu'à elles-mêmes » (*ibid.*, p. 184). Elle entendait ainsi « imprimer dans l'esprit de ses sœurs les sentiments de Jésus souffrant » (*ibid.*, p. 193) à force de mortifications et de pénitences, afin de « détruire entièrement l'amour propre » (*ibid.*, p. 195).

Clément Duyck

Bibl. : ***Études*** : H. BREMOND, *Histoire littéraire du sentiment religieux en France...*, Paris, Bloud et Gay, t. VI, 1922, p. 396-397 ; J.-M. DE VERNON, *La Vie de la vénérable Mère Marguerite de S.-Xavier, religieuse ursuline du monastère de Dijon, avec un recueil des pratiques de sa dévotion particulière envers la sacrée Vierge*, Paris, George Josse, 1665.

MARGUERITE DU SAINT-SACREMENT, *carmélite déchaussée* (Marguerite Acarie ; Paris, 6 mars 1590-24 mai 1660). — Marguerite est la fille « bien-aimée » et la préférée de Mme Acarie* (laquelle deviendra carmélite sous le nom de Marie de l'Incarnation, après avoir œuvré à l'établissement du Carmel réformé en France). Sa mère ne tarissait pas d'éloges sur son « innocence » et sur sa « correspondance à la grâce », si bien qu'elle aura comme naturellement le don « de gouverner les autres ». Il est vrai que, dans le milieu qui fréquentait l'hôtel Acarie, elle avait de quoi développer ses prédispositions intérieures : à douze ans, elle rencontre François de Sales lors de son premier séjour parisien (et Mgr de Genève écrira à son sujet à Jeanne de Chantal*) ; mais c'est à Jean Quintanadoine de Brétigny qu'elle demandera conseil, puis à Pierre de Bérulle, plus pédagogue et réaliste. Ce dernier lui recommande la lecture de Gerson (comprenons l'*Imi-*

tation de Jésus-Christ), qui lui servira plus que les pages de théologie fort subtile que lui avait communiquées Quintanadoine. Dans les affaires spirituelles comme dans les relations humaines, elle témoigne d'un étonnant sens pratique, allié à une saine franchise qui ne s'embarrassait point des conventions ni des usages du monde ; à sa mère qui avait l'imprudence de lui demander conseil, ne répondit-elle pas en souriant : « Il vous faut bien mortifier » ? Ajoutons à cela une capacité d'auto-analyse remarquable (qui ne dévie en rien vers un repliement narcissique), une perspicacité psychologique à ce point pénétrante que sa réputation prophétique ne se démentira jamais et une souplesse de tempérament que lui garantissait une étonnante liberté intérieure : à la fois docile et indépendante, comme le note l'abbé Bremond, qui salue en elle la carmélite idéale, « la plus exquise de toutes » au sein de la pépinière de sainteté que fut le Carmel français. Le 15 septembre 1605, elle entre au carmel de Paris, le jour même où Anne de Jésus* quittait la capitale pour Dijon et où arrivait Anne de Saint-Barthélemy*. C'est là qu'elle prononce ses vœux solennels le 18 mars 1607. Elle est rapidement envoyée en province : à Tours tout d'abord, où elle est élue sous-prieure en 1615, puis prieure l'année suivante. Les années 1620 verront le Carmel menacé de se déchirer et d'éclater entre les partisans de la gouvernance de Bérulle et ceux d'une obédience aux Pères carmes. En ces circonstances dramatiques, Marguerite usera de toutes ses éminentes qualités pour apaiser les esprits, à Bordeaux en 1620, puis à Saintes en 1622. Elle reviendra à Paris comme prieure du Petit Couvent de la rue Chapon de 1624 à 1631, puis de 1650 à 1657.

À ses yeux, tout tient dans la vie spirituelle de cette « simplification d'esprit », qui est l'autre face de l'oubli de soi : « Il faut nous oublier nous-mêmes pour l'amour de Dieu, afin qu'il établisse notre âme hors de nous-mêmes, pour être toute sienne, vu qu'il ne peut avoir beaucoup de lieu en nous, lorsque nous vivons dans un si continuel regard de nous-mêmes. » De ce postulat elle rappelle la saine nécessité, en particulier dans la direction spirituelle où le risque est grand d'une futile complaisance à s'entretenir outre mesure avec le directeur : « Plusieurs se mettent entre les mains d'autrui pour en jouir et y trouver repos ; en quoi ils se trompent bien fort. » Le directeur est, bien entendu, utile et nécessaire, elle en a lucidement conscience, comme elle possède un juste discernement de ses propres limites. Puisque détachement il doit y avoir, il sera moins ascétique que mystique, étant le fruit d'un « retirement en Dieu » : en effet, « c'est un repos qui ne se peut dire d'être à Dieu en tout temps, et non plus aux créatures ».

François Marxer

• *Voir aussi* : Acarie

Bibl. : *Œuvre* : *Lettres spirituelles*, présentées par P. Sérouet, Paris, Cerf, 1993. ***Vie et études* :** H. BREMOND, *Histoire littéraire du sentiment religieux en France...*, t. II, *L'Invasion mystique*, nouvelle éd., Grenoble, Jérôme Millon, 2006, vol. I, p. 660-672.

MARGUERITE DU SAINT-SACREMENT, *carmélite, visionnaire* (Marguerite Parigot ; Beaune, 7 février 1619-Beaune ?, 26 mai 1648). —

Marguerite du Saint-Sacrement initia un renouveau spirituel de la dévotion à l'enfance de Jésus, dans lequel mystique et politique se croisèrent et firent bon ménage. Cette dévotion, liée à la dynastie royale, n'excéda pas les limites du territoire français, mais se trouva relayée par le culte de l'Enfant Jésus de Prague à l'échelle européenne. Marguerite Parigot naquit cinquième d'une fratrie de sept enfants, dans une famille aisée d'agriculteurs et de vignerons. Famille profondément chrétienne, où, fait rare à l'époque, le père, Pierre Parigot, était fort attentif à la personnalité et au développement de ses enfants. Très présent et influent dans la constellation familiale, l'oncle chanoine, Léonard Bataille, qui contribue généreusement à la fondation du carmel de la ville, en 1619, par un essaim de carmélites venues de Dijon, patronnées par la présidente Brûlart (une correspondante de François de Sales) et par Jean Quintanadoine de Brétigny, aristocrate franco-espagnol qui joue un rôle éminent dans l'établissement du Carmel en France en 1604. De par la volonté de l'oncle de voir cette nièce reçue comme « fondatrice » dans la communauté, Marguerite voit la trajectoire de son existence d'avance toute tracée. Ou presque... Caractère heureux, docile et agréable, cette « petite merveille » fait l'admiration de la famille, en particulier pour son goût prononcé pour la piété. Elle témoigne également d'une charité précoce à l'endroit des pauvres, des vagabonds en particulier, et d'un grand attrait pour la visite des malades. Rétive à tout luxe vestimentaire, elle incline à la simplicité. Quant à son cursus scolaire, il n'évite pas les clichés attendus : de brillantes capacités, une promptitude d'assimilation, une prédilection pour les leçons de religion, ainsi parlera de la « petite régente » (promue répétitrice des grandes !) sœur Jeanne du Sauveur, sa maîtresse chez les Ursulines.

Enfant modèle à la maison, peu disposée à jouer, commissionnaire de confiance de sa mère, elle donne cependant de l'inquiétude : des convulsions qui disparaissent sitôt qu'on l'approche du saint sacrement : le diable serait-il en cause ? Notons aussi une légère tendance anorexique ; faut-il la mettre en rapport avec le fait qu'elle gardera toute sa vie durant une taille (1,30 m) et un visage d'enfant ? Y aurait-il un refus de grandir, quelque « syndrome de Peter Pan » ? Or sa mère meurt en septembre 1630 et la famille s'empresse de la présenter au carmel. Contrecoup de ces traumatismes successifs, elle connaît une grave détérioration de sa santé physique (crises d'épilepsie) et mentale (des montées d'angoisse, mais à vrai dire, elle n'a jamais bénéficié d'un bon sommeil, ce qui évidemment la fragilise), dont la guérison sera attribuée à l'application d'une relique du cardinal Pierre de Bérulle. Deux visions, de Bérulle lui-même, puis de la Vierge, scellent le processus thérapeutique et viennent clore la première étape de son existence. Au reste, elle avait déjà eu une vision de l'Enfant Jésus, assis au bord d'un puits dans lequel sainte Thècle précipitait les démons ! Désormais, à partir de la fin 1631, le rythme de ses visions christiques s'accélère, qui s'orchestrent autour de deux pôles thématiques : la Crèche et la Croix, privilégiant ainsi le paradigme de l'impuissance (ou encore de l'anéantissement). Lui est redonnée au passage la grâce de l'innocence. Cette déferlante de grâces mystiques n'est pas sans inquiéter ses supérieurs, plus favorables aux voies ordinaires de la vie spirituelle. Le thème de la Passion donne lieu à un mimétisme aussi spectaculaire qu'effrayant et, à la suite de sa profession, le 24 juin 1635, se greffe la dimension nuptiale, consignée par la rédaction d'une cédule (ou contrat) avec l'Époux céleste.

Antérieurement à la montée du thème nuptial s'était effectuée une régression infantile qui s'était soldée par une confusion mentale, laquelle ne prendra fin que le 1er janvier 1632, fête de la Circoncision (où le nouveau-né de Bethléem reçoit son nom propre) : Jésus en effet reprend alors sa personnalité et son identité propres. Le tournant décisif aura lieu dans la nuit de Noël 1635, où le Christ lui demande d'exprimer ses désirs, auxquels il est prêt à répondre : Marguerite sollicite alors la naissance d'un dauphin « qui fût selon son Cœur ». Comme au siècle précédent en Espagne, la dynamique mystique et dévote investit le champ politique ; l'opération se renouvellera à la génération suivante avec Marguerite-Marie Alacoque*, mais la culture politique aura changé avec l'établissement de la monarchie moderne centralisée : le succès ne sera donc qu'en demi-teinte. Avant cela, dès juillet 1632, le Christ lui avait confié d'assister le roi, « la chargeant de tous ses besoins ». Le projet politique prend donc forme dès l'Épiphanie 1636 – le jour des Rois – et Marguerite s'y voit associée « comme ma belle Esther et ma bien-aimée Judith » : la mystique nuptiale s'enrichit ainsi de ces deux figures bibliques, aussi séductrices (et érotiques) que politiques. La souveraineté christique se manifestera dans un « second déluge », alors prophétisé pour nettoyer la terre de toute sa corruption. Le thème apocalyptique va céder le pas devant l'urgence de l'actualité : au printemps 1636, les Espagnols envahissent la Picardie et menacent Paris ; or c'est la faiblesse de l'Enfant divin qui l'emportera sur la force des puissances militaires. C'est d'ailleurs la protection de l'Enfant Jésus – ou la résistance opiniâtre de Saint-Jean-de-Losne ? – qui épargnera à Beaune affolée le désastre de la reddition et du pillage.

Après cet épisode militaire, la puissance de l'Enfant s'attestera dans la naissance du dauphin, ce qui resserrera les liens du Carmel avec la Cour. Le 15 décembre 1637, Marguerite a la révélation de la grossesse de la reine (alors que celle-ci n'en a pas encore conscience) ; et le 5 septembre 1638, celle de la naissance de Louis Dieudonné, futur Louis XIV, pour laquelle Marguerite multiplie les dévotions extraordinaires au grand étonnement de ses sœurs (car la nouvelle n'en est évidemment pas encore connue en Bourgogne le jour même). L'Enfant Jésus a donc donné un dauphin à la France, confirmant ainsi son pouvoir. Marguerite, « toute transportée de joie et d'amour », couronne la statuette de l'Enfant Jésus dans le chœur de la chapelle conventuelle. Peu après, la Reine enverra en ex-voto la figurine du (ou d'un ?) poupon : lequel, de Jésus ou de Louis, est alors l'Enfant divin ? Toujours est-il que l'événement va donner une portée nationale à un culte qui n'avait jusque là qu'envergure locale, imité des pratiques du carmel de Thérèse d'Avila*, culte qui va se déployer avec un succès grandissant, surtout en raison des prophéties politiques des années 1636-1637. Symboliquement, Marguerite va constituer une cour dévote autour du petit roi céleste et ériger un temple qui sera la référence de ce pouvoir mystique, dans lequel l'Enfant Jésus règne, Marie* gouverne et Joseph administre : s'agirait-il d'une proposition de fonctionnement et d'organisation des pouvoirs, en même temps que d'une référence critique du politique, tel qu'il se conçoit à Paris ?

Parallèlement à cette création liturgique est instituée une association destinée à répondre aux urgences et aux nécessités spirituelles du temps présent, à la fois de l'Église et du royaume. Participer à cette association n'est possible que si l'on a été choisi par élection divine (cela signifierait-il la forte réticence d'une grosse minorité ou d'une petite majorité à l'intérieur même du carmel ?). Si des pratiques de piété originales y sont proposées (comme le chapelet à quinze grains), c'est avant tout l'inspiration de la vision bérullienne de l'enfance qui y prévaut : la grandeur de l'Enfant Roi – bel oxymore ! – et le silence – un effacement à la limite du docétisme (hérésie niant l'Incarnation de Jésus-Christ). La diffusion en sera assurée par la fameuse statue de l'Enfant Roi, ouvrage ou commande de Gaston de Renty, l'un des fondateurs de la Compagnie du Saint-Sacrement, ce mouvement dévot de réformisme social centré sur la piété eucharistique. Le succès de cette représentation franco-française sera relayé par celui de l'Enfant Jésus de Prague, statuette venue d'Espagne et offerte par la princesse de Lobkowitz à l'église Sainte-Marie-de-la-Victoire à Prague en 1628, huit ans après la victoire de Ferdinand II de Habsbourg sur les troupes protestantes à la Montagne blanche (laquelle victoire avait été attribuée à une image sainte déposée ensuite en l'église Santa Maria della Vittoria à Rome). Dans la figure du « Petit Grand » se nouaient une fois encore, et pour longtemps, mystique et politique. Quant à Marguerite, elle mourra ayant « consommé » son corps dans la Passion du Christ et son intérieur dans sa « divine Enfance ».

François Marxer

• *Voir aussi* : Marguerite-Marie Alacoque

Bibl. : ***Vie et étude*** **:** sœur M.-Fr. GRIVOT, *Marguerite du Saint-Sacrement. Correspondance*, Saint-Apollinaire, Éd. Forelle, 1997-2002, 3 vol. ; J. ROLAND-GOSSELIN, *Le Carmel de Beaune*, Rabat, édité par l'auteur, 1969.

MARGUERITE EBNER, *bienheureuse, dominicaine* (Donauwoerth, v. 1291-Medingen, 20 juin 1351). — Marguerite, qui n'est pas parente avec Christine Ebner*, est originaire d'une famille renommée de Donauwoerth (Souabe), en Allemagne. Elle entra dès sa jeunesse au couvent des Dominicaines de Maria Medingen. En 1312, elle contracta une maladie qui orienta durablement son existence, lui apprenant à s'abandonner entièrement à la volonté de Dieu et à avoir le sentiment d'être l'objet de grâces spéciales (révélations, visions et communications divines). À partir de 1332, sa vie spirituelle fut notamment marquée par sa rencontre et correspondance avec un prêtre, Henri de Nördlingen, qui l'admirait et voyait réalisé en elle son idéal d'une piété affective et d'une relation personnelle avec Dieu. Mis dans la confidence de ses faveurs spirituelles, il l'invita à les mettre par écrit en 1344. Les *Offenbarungen* (Révélations) de Marguerite, probablement influencés par *La Lumière ruisselante de la divinité*, de Mechtilde de Magdebourg*, et par les sermons de Bernard de Clairvaux sur le *Cantique des cantiques*, témoignent ainsi d'une vie de souffrances psychiques et corporelles, qui s'articule autour de la contemplation de la Passion, vécue très fortement dans son corps, d'une fréquentation des âmes pauvres et, plus tard, d'une dévotion à l'Enfant Jésus, vécue concrètement dans sa chair. Henri de Nörlingen propagea également sa renommée partout où il exerça son ministère (Souabe, Alsace, Bâle). De ce fait, la dominicaine devint le centre d'un cercle d'« amis de Dieu » pratiquant entre eux un intense échange spirituel sans former pourtant une association à organisation fixe. Elle correspondit avec Jean Tauler et l'abbé cistercien Ulrich III de Kaisheim. Elle décéda dans son couvent en 1351.

Familière des orientations spirituelles de son temps, son expérience témoigne d'une mystique populaire. Ses textes frappent par le rapport existant entre les circonstances de sa maladie et ses expériences spirituelles. Ses crises de convulsions et de paralysie, qui la mettent en danger de mort, se déclarent sous l'effet de ses oraisons, surtout au temps de la Passion, et lui apportent une grâce de communion plus intime avec Dieu ; un Dieu de miséricorde et de vérité qu'elle expérimente en la personne du Christ presque exclusivement. De là découlent les caractéristiques de sa dévotion : vénération du nom de Jésus, méditation de l'humanité du Christ (surtout son enfance et la Passion), la réception fréquente de l'Eucharistie, et aussi une instante prière pour les âmes du purgatoire. Son but ultime est l'union de sa volonté à celle de Dieu. Ce qui fait dire à certains penseurs que Marguerite Ebner est une représentante typique de la *Nonnenmystik* du XIVe siècle, une mystique affadie, marquée par les insatisfactions affectives. Ses Révélations, qui annoncent l'ère de l'autobiographie avec leurs analyses précises d'états maladifs et psychologiques, demeurent néanmoins un cas à part dans la littérature de ce courant (laquelle reste parente des révélations et des légendes).

Audrey Fella

• *Voir aussi* : Christine Ebner ; Mechtilde de Magdebourg

Bibl. : *Œuvres* : les Révélations de Marguerite Ebner et les Lettres d'Henri de Nördlingen ont été publiées par P. Strauch dans *Margaretha Ebner und Heinrich von Nördlingen, ein Beitrag zur Geschichte der deutschen Mystik*, Fribourg, J.C.B. Mohr, 1882. ***Études* :** S. RINGLET, notice dans le *Dictionnaire de spiritualité*, Paris, Beauchesne, t. IX, 1976, col. 338-340 ; L. GNÄDINGER, article dans l'*Encyclopédie des mystiques rhénans...*, M.-A. Vannier (dir.), Paris, Cerf, 2011.

MARGUERITE-MARIE ALACOQUE, *sainte, visitandine* (Verosvres, 22 juillet 1647-Paray-le-Monial, 1690). — Marguerite, fille d'un notaire royal, est mise en pension à la mort de son père, en 1655, chez les Clarisses de Charolles. Très tôt, elle a manifesté un goût prononcé pour la piété et la solitude, non sans se préoccuper du sort des enfants abandonnés, qu'elle veut instruire. Son enfance et sa jeunesse sont scandées par toute une série de maladies étranges, dont ne peuvent venir à bout les traitements terrifiants qui lui sont prescrits, suivies de guérisons jugées miraculeuses. Résistant aux pressions de sa famille, comme à celles des bons conseilleurs qui l'invitent à rejoindre les Ursulines de Mâcon, elle choisit d'entrer à la Visitation de Paray-le-Monial, le 20 juin 1671, et y reçoit l'habit le 25 août suivant : c'est alors qu'elle change son nom en Marguerite-Marie. Se multiplient, avec les austérités effrayantes qu'elle s'impose, maladies graves, tentations multiples et grâces mystiques variées. Tout cela ne fait que susciter la perplexité de ses compagnes, tandis que les supérieures font preuve d'une inflexible dureté pour l'éprouver ; cependant Marguerite-Marie bénéficie de la direction éclairée et du soutien avisé d'un jésuite arrivé en 1675, Claude La Colombière. La tension communautaire se relâchera à partir de 1684 : elle devient assistante, puis maîtresse des novices, et c'est dans le cadre du noviciat qu'est célébré pour la première fois le culte du Cœur de Jésus ; puis, l'année suivante, dans la communauté, laquelle, dans un premier temps, s'était montrée réticente. En 1688, une chapelle sera dédiée à cette intention dans le jardin du couvent. Cette dévotion, qui n'est pas une nouveauté – le Moyen Âge la vit éclore et se développer, mais dans un cadre de piété privée – prend alors un caractère inédit, en se déployant dans l'espace public, d'abord dans les couvents de la Visitation, puis dans les communautés catholiques, non sans rencontrer une opposition décidée (les jansénistes, qui se gaussent des « cordicoles »), avant que le XIXe siècle n'en voie le triomphe indiscuté, manifesté entre autres par l'érection de la basilique du Vœu national, à Montmartre.

Ce qui est nouveau avec Marguerite-Marie, c'est la dimension politique du culte ainsi instauré. Le 27 décembre 1673, la visitandine, dont l'itinéraire est émaillé de faits et d'interventions extraordinaires (visions, voix intérieures, depuis sa guérison à douze ans par la Vierge Marie*), repose sur la poitrine du Christ qui lui apparaît et lui révèle ses secrets, avant de plonger son cœur dans « l'ardente fournaise » du sien. Puis il lui est intimé de représenter le Cœur christique blessé, non sous la forme d'un symbole héraldique, mais d'un Cœur de chair (lequel ensuite s'extériorisera de la poitrine). Marguerite-Marie le voit en effet comme « un soleil brillant d'une éclatante lumière ». C'est vers 1674 que le Christ se plaint de l'ingratitude humaine à son égard et sollicite pour la compenser une suppléance. Ces plaintes divines se confirment le 16 (?) juin 1675, où est réclamée une « réparation d'honneur par une amende honorable ». Plus tard, le 20 novembre 1677, se donneront à voir les foudres de la justice divine, qui requerra un sacrifice public.

Comment comprendre ce discours ? Louis Bernaiert, proposait un éclairage psychanalytique des éléments de cette expérience, qui ouvrait à une étude en profondeur de l'affectivité de la religieuse. Ce qui n'oblitérait point le caractère juridique et politique de sa démarche. La réparation des offenses était déjà au cœur des préoccupations d'une Mechtilde du Saint-Sacrement* ; mais, à Paray, l'impératif s'en impose avec cette urgence apocalyptique que commande la fin des temps toute proche. Avec une singulière solennité, la Mère supérieure en devenant le notaire, est dressé l'acte d'une réparation qui choisit en Marguerite-Marie consentante une victime sacrifiée : dans la ligne de la pensée sacrificielle du père Charles de Condren, elle se substitue aux prévaricateurs. Ainsi le monarque bafoué apaisera-t-il sa colère légitime et pourra-t-il proposer un nouveau règne à ses sujets, désormais soucieux d'accomplir le « plaisir » du souverain céleste. Serait-ce alors un renouvellement de la Nouvelle Alliance par la médiation du Sacré-Cœur ? L'ambition de Marguerite-Marie était de réveiller la ferveur assoupie de bien des communautés catholiques, en particulier des couvents quelque peu relâchés. Mais sa visée s'étend au royaume de France : le pouvoir politique est sommé de s'y impliquer, le « Fils aîné du Sacré-Cœur », Louis XIV, ne pouvant oublier sa miraculeuse venue au monde. Marguerite-Marie en a d'autant plus conscience que, entre 1678 et 1684, tenant la place du roi devant le saint sacrement, elle y éprouva d'abominables tentations qui lui en dirent long sur la vertu de souverain ! À l'époque, où le bouleversement de la monarchie anglaise ne pouvait qu'inquiéter les esprits, de tels soucis étaient loin d'être vains. À la demande réitérée faite au roi de peindre le Sacré-Cœur sur ses drapeaux, comme de réduire à merci ces « infidèles » qu'étaient les réformés (nombreux dans la région de Paray), nulle réponse ne sera donnée. Louis XVI, incarcéré en la prison du Temple, consacrera son royaume au Sacré-Cœur, mais il était trop tard !

François Marxer

Bibl. : ***Vie et œuvres*** **:** *Vie et œuvres de sainte Marguerite-Marie Alacoque*, nouv. éd. authentique... par Mgr L. Gauthey, Paris, Poussielgue, J. de Gigord, 1915, 3 vol. (reprise en partie dans *Vie et Œuvres de sainte Marguerite-Marie Alacoque*, Paris-Fribourg, Éd. Saint-Paul, 1990, 2 vol.). ***Études*** **:** L. BERNAIERT, « Note sur les attaches psychologiques du symbolisme du cœur chez sainte Marguerite-Marie », in *Le Cœur* (collectif), publiée par *Études carmélitaines*, Bruges, Desclée de Brouwer, 1950 ; J. LE BRUN, « Politique et spiritualité : La dévotion au Sacré-Cœur à l'époque moderne », *Concilium*, n° 69, 1971, p. 25-36 ; « Une lecture historique des écrits de Marguerite-Marie Alacoque », *Nouvelles de l'Institut catholique de Paris*, « Les Visions Mystiques », févr. 1977, p. 38-53 ; P. BLANCHARD, *Sainte Marguerite-Marie. Expérience et doctrine*, Paris, Alsatia, 1961.

MARGUERITE PORETE, *béguine* (?, v. 1250-Valenciennes, 1310). — De Marguerite Porete, on ne sait rien, si ce n'est qu'elle fut béguine et qu'elle est originaire du Hainaut, peut-être de Valenciennes. Elle n'existe, en quelque sorte, que par son œuvre : *Le Miroir des âmes simples et anéanties*, qui exprime son expérience spirituelle et connut de multiples tribulations dès sa parution, vers 1290. Défendu par le franciscain Jean de Queyran, par le théologien Godefroid de Fontaines et par un théologien cistercien brabaçon Dom Franco, le *Miroir* fut soupçonné d'hérésie, condamné en 1300 par l'évêque de Cambrai, Guy II de Colmieu, et brûlé en 1306 sur la place de Valenciennes sur l'ordre de ce dernier. L'hostilité à l'encontre de cet ouvrage semble reposer sur un malentendu, qui s'est rapidement transformé en dialogue de sourds : « Là où Marguerite parle du dépassement de la vertu et de la morale, ses juges lisent une opposition à la vertu ; là où elle parle de l'union à Dieu, ils lisent une identification à Dieu ; là où elle parle de paix intérieure, ils lisent un nihilisme pervers ; là où elle parle d'adorer Dieu en esprit et en vérité, ils comprennent le reniement sacrilège des institutions chrétiennes » (Huot de Longchamp, p. 26-27). Forte de son expérience de l'amour de Dieu qui traverse son récit, Marguerite Porete refuse d'en modifier les termes. Soupçonnée d'avoir un lien avec la secte du Libre Esprit et avec les adamites, elle est emprisonnée, puis brûlée en 1310 à Paris, place de Grève, sur l'ordre du grand inquisiteur de France, Guillaume de Paris. Son ouvrage est redécouvert en 1867 et publié, pour la première fois, en anglais, en 1927.

Comme d'autres béguines de son époque, Marguerite Porete écrit en langue populaire plutôt qu'en latin. Elle utilise le vocabulaire amoureux de la littérature courtoise tout en inventant une prose personnelle pour servir sa doctrine mystique à fondement théologique, teintée de formes poétiques et musicales. Son ouvrage se divise en 139 chapitres traitant des diverses étapes sur le chemin qui conduit à Dieu et des états d'âmes qui y correspondent, telles les expériences de la grâce (*raptus*). Il s'adresse ainsi aux « simples âmes », ou à celles qui veulent le devenir, qui se laissent anéantir dans leur volonté naturelle uniquement tournée sur elle-même par une connaissance englobante de soi et de Dieu. À cette fin, Marguerite Porete propage sa doctrine d'amour, qui trouve son expression la plus pure et la plus lourde de conséquences pour la mystique qui suivra, dans le concept et la métaphore du *Pur Amour*. Aussi elle décrit toutes les étapes de l'âme qui fait l'expérience de Dieu : située tout d'abord dans l'impropre, condamnée à l'exil de ce monde et dispersée, celle-ci, devenue simple âme anéantie, est à l'image de l'âme en un sens exemplaire qui correspond à l'homme dans sa totalité, à son être personnel. « Cette âme ne sait qu'une chose, c'est qu'elle ne sait rien ; et elle ne veut qu'une chose, c'est qu'elle ne veut rien. Et ce rien savoir et ce rien vouloir lui donnent tout et lui donnent de trouver le trésor secret et caché qui est perdurablement enclos dans la Trinité » (*Miroir*, chap. 42). Elle montre que, par l'abandon, l'âme (*Miroir*, chap. 114) est non seulement divinisée, mais encore qu'elle est introduite à la vie même de la Trinité et se voit « transformée en Dieu » (*Miroir*, chap. 170). L'anéantissement, la sortie de soi sont ainsi la condition préalable de l'union à Dieu. Mais ils ne suffisent pas, il leur faut être animés par la grâce et l'amour qui, en opérant un décentrement, permettent un don authentique et un dépassement de soi qui conduisent à l'union à Dieu. La didactique du *Miroir* prend la forme d'un débat : divers interlocuteurs fictifs, allégoriques, des vertus morales et intellectuelles, mènent la discussion. Charité (amour personnifié) et Raison usent de leur qualité afin de débattre sur le rôle de la connaissance et de l'amour dans l'accomplissement du chemin spirituel, auquel se mêlent, entre autres, Discrétion, Désir, Crainte, Abaissement, Vérité et Lumière de

Foy. Le lecteur participe donc du dialogue intime de l'âme avec son ami ou époux divin, ou bien encore avec l'amour en personne. Il en ressort la doctrine à coloration courtoise de Marguerite Porete, qui opte pour la primauté de l'amour.

Parmi ses contemporains, c'est le théologien dominicain Maître Eckhart qui fit le plus perdurer ses pensées, lui qui arriva à Paris en 1311 et qui fut informé de son affaire. Il transpose ses thèses, en établissant avec elle une sorte de dialogue entre la tradition de théologie vernaculaire des béguines et les traditions spéculatives. Aussi se réfère-t-il à l'*anéantissement*, qui est le thème central du *Miroir*, lorsqu'il fait du *détachement* le premier point de son programme de prédication (*Sermon* 53), la clé de la « voie négative », réinterprétant par là la notion porètenne d'anéantissement.

Marie-Anne Vannier

• *Voir aussi* : Hadewich d'Anvers ; Mechtilde de Magdebourg

Bibl. : *Œuvres* : *Miroir des simples âmes anéanties*, trad. M. Huot de Longchamp, Paris, Albin Michel, 1984 ; trad. C. Louis-Combet, Grenoble, J. Millon, 1991. ***Études* :** E. ZUM BRUNN, G. ÉPINEY, *Femmes troubadours de Dieu*, Turnhout, Brepols, 1988 ; B. MCGINN, « Love, Knowledge and *unio mystica* in the Western Christian Tradition », in *Mystical Union and Monotheistic Faith in Œcumenical Dialogue*, New York, 1989, p. 73-79 ; E. BABINSKI, *Introduction to The Mirror of Simple Souls*, New York, Paulist Press, 1993 ; M. BERTHO, *Le Miroir des âmes simples et anéanties de Marguerite Porète*, Paris, Larousse, 1993 ; E. ZUM BRUNN, « Quelques parallèles avec les mystiques rhéno-flamandes », in *Voici Maître Eckhart*, Grenoble, J. Millon, 1994, p. 25-49 ; B. MCGINN (éd.), *Meister Eckhart and the Beguine Mystics*, New York, The Continuum, 1997 ; C. M. MÜLLER, *Marguerite Poret et Marguerite d'Oingt de l'autre côté du miroir*, Bern, Peter Lang, 1999.

MARIA ANGELA ASTORCH, *bienheureuse, clarisse capucine* (Jerónima María Inés Astorch ; Barcelone 1592-Murcie 1665). — Jerónima María Inés, après la mort de ses parents, est élevée par les Clarisses capucines de Barcelone, où sa sœur Isabelle se trouvait déjà. Au XVIIᵉ siècle, il est fréquent que des monastères de Clarisses accueillent des jeunes filles pour leur formation, même si cette tendance s'est surtout développée à cette époque en France par la création de véritables *pensionnats* (Mur-de-Barrez, fondé en 1653, Moissac, Cahors, Figeac, etc...), les Clarisses se trouvant alors en pleine apogée avec d'innombrables couvents ; mais on trouve une tendance similaire chez les Annonciades (fondées par sainte Jeanne de France* et le frère mineur Gabriel-Maria) et surtout les Ursulines ou les Visitandines, sans oublier les Bénédictines ! Maria Angela dit elle-même que son enfance a été très courte, ce qui a développé très tôt en elle le jugement (*Discurso de mia vida*, 8). Elle fit profession de religieuse en 1609. En 1612, elle devient maîtresse des novices. En 1614, elle s'en va fonder avec d'autres sœurs le monastère de Saragosse, où elle exerce successivement les charges de maîtresse des novices et des jeunes professes, avant d'être élue abbesse, de 1626 à 1642. C'est durant cette période qu'elle rédige ses « Opuscules spirituels ». En 1645, avec quatre autres sœurs, elle fonde un couvent à Murcie dont le nom est leur programme spirituel profond : *La exaltación del Santisimo Sacramento*. C'est là qu'elle rencontre la sœur qui deviendra sa disciple, Ursula Micaela Morata*. Ayant appris le latin, elle approfondit très tôt sa connaissance du *Bréviaire*. Son expérience est profondément biblique et liturgique et par cela même, ecclésiale. On comprend, dès lors, que sa spiritualité liturgique, eucharistique, scripturaire et patristique soit plus proche de celle de sainte Gertrude d'Helfta*, d'inspiration bénédictine et cistercienne (où le cœur du Christ est l'Arche d'alliance de la divinité, organe de la Trinité), que de celle de sainte Thérèse d'Avila* ou de saint Jean de la Croix. À partir de 1660, sa santé se dégrade, et elle subit un affaiblissement notoire de ses facultés mentales. Elle fut béatifiée en 1982.

Bernard Forthomme

• *Voir aussi* : Ursula Micaela Morata

Bibl. : *Œuvres* : ms. autobiographique *Discurso de mia vida* [1645-1648], 48 p. (détruit durant la guerre civile ; copie à Rome) ; *Mi Camino interior. Relatos autobiográficos. Cuentas de espíritu. Opusculos espirituales. Cartas*, éd. de L. Iriarte, Éditions des Frères mineurs capucins de la Province de Navarra-Cantrabria-Aragón, 1985 ; ***Étude*** : L. IRIARTE, *Beata Maria Angela Astorch, Clarisa Capuchina (1592-1665) : La mistica del breviario*, Murcia, Asis, 2005.

MARÍA DE SANTO DOMINGO, ***dite*** **« La Beata de Piedrahita » (« la sainte femme de Piedrahita »),** *tertiaire dominicaine, prophétesse* (Aldeanueva, v. 1485-v. 1524). — Fille de paysans de la sierra d'Avila, María naquit dans le village d'Aldeanueva de Santa Cruz. Dès son enfance, elle pratiquait le jeûne, les œuvres de charité et consacrait de longues heures à la prière. Vers 1500, elle fut admise comme tertiaire au couvent de Saint-Dominique de Piedrahíta, non loin d'Avila. En 1507, elle fut transférée au monastère dominicain de Saint-Thomas d'Avila – dans lequel le premier grand inquisiteur espagnol, Tomás de Torquemada, avait vécu –, où s'épanouit son génie mystique. Lorsqu'elle était en extase, elle conversait avec la Vierge, les saints et Jésus. Elle affirmait être l'épouse du Christ et, même, qu'elle « était » le Christ. Elle prophétisait sur des thèmes séculiers ou religieux et donnait son avis sur des points controversés de théologie et sur les Saintes Écritures. Elle faisait des sermons en public. La hiérarchie ecclésiastique s'émut qu'une femme, illettrée de surcroît, s'arrogeât le droit d'exercer des fonctions réservées aux prêtres (elle aurait écouté certaines personnes en confession ; elle aurait même reçu l'Eucharistie, sans que ce fût un prêtre qui l'a lui eût administrée). Elle reçut le stigmate de la plaie au côté, manifestant un lien particulier avec le Christ. Selon des témoins, la plaie se serait ouverte et aurait saigné la veille du jeudi saint de 1509. Antonio de la Peña, son confesseur, expliqua que lorsqu'elle éprouvait une extase de la Passion elle demeurait raide, pendant des heures, comme si ce fût elle que l'on crucifiait, ou comme si elle s'abandonnait entre les bras de Dieu. Sa spiritualité alliait ainsi la souffrance, l'élégance extérieure à la joie de se sentir en connexion avec le divin. Elle aimait danser, jouer aux échecs et se divertir ; occupations que son confesseur considérait comme innocents puisqu'il ne l'éloignait pas d'une foi et d'une dévotion sincères. Des changements de voix, de postures et des prostrations transformaient ses discours en véritables spectacles théâtraux. Elle pratiquait des jeûnes sévères, pendant de longues périodes, où elle ne s'alimentait que de pain et de vin. À force de ne rien manger de solide, elle en vint petit à petit à ne supporter que les liquides, puis à ne plus être sujette aux besoins naturels.

Les nombreux rapts mystiques et révélations de sœur María attirèrent l'attention des Dominicains. Ceux-ci demandèrent à leur provincial, Diego Magdaleno, d'autoriser la religieuse à prêcher une vie spirituelle plus austère et plus authentique. Dès 1507, le provincial l'envoya à Tolède pour y inspecter les couvents dominicains et y promouvoir une réforme spirituelle, mission jugée inconvenante pour une femme. Elle prêcha et prophétisa en état de transe mystique. Cela provoqua de fortes réactions, en sa faveur ou contre elle, d'autant plus qu'elle s'en prenait violemment aux *conversos* (juifs convertis), nombreux dans la ville. Certains dominicains de Tolède, hostiles à la réforme qu'elle prônait, s'opposèrent à ses propos. Ils lui reprochèrent son comportement licencieux avec des frères de l'ordre. Sœur María admit que son confesseur passait des nuits, assis auprès d'elle, ou sur son lit, pour l'accompagner dans ses souffrances physiques et spirituelles (fortes douleurs du cœur, tourments du démon qui parfois la faisaient saigner). Elle fut également considérée comme la proie d'attaques d'épilepsie alors qu'il s'agissait pour elle d'attaques du démon. La controverse alla bon train. L'affaire remonta jusqu'au roi Ferdinand II d'Aragon, qui la convoqua à la cour de Burgos au cours de l'hiver 1507-1508, où elle fit forte impression. Durant les entretiens, ou en d'autres circonstances, elle tomba en extase devant des membres importants de la Cour. Elle rencontra le cardinal Francisco Jiménez de Cisneros ; également troublé, il chargea le confesseur de la visionnaire de transcrire les paroles qu'elle prononçait en extase et de les lui faire parvenir. L'appui du roi et du cardinal favorisèrent la fondation par sœur María et ses partisans d'un nouveau monastère de religieuses tertiaires, le monastère de Santa Cruz de Magdalena, à Aldeanueva. Don Fadrique Álvarez de Toledo, comte de Piedrahita et seigneur d'Aldeanueva, se proposa de prendre à son compte la construction du nouvel édifice, destiné aux tertiaires adeptes de la réforme.

En 1508, au moment où la popularité de sœur María de Santo Domingo fut à son comble, elle se heurta à l'opposition la plus forte. Le provincial lui ordonna de revenir à Piedrahita. Elle était suspectée d'illuminisme et, entre 1508 et 1510, fut l'objet de quatre procès ecclésiastiques. Le quatrième procès, le seul qui ait été conservé, relève d'un tribunal ecclésiastique débattant de la spiritualité des alumbrados, « illuminés », un groupe de faux mystiques qui se développa jusque vers le milieu du XVIIe siècle. Dénommés aussi *dejados* ou *perfectos*, aux doctrines variées, voire contradictoires, ils constituaient un courant religieux et philosophique, que l'Inquisition espagnole n'eut de cesse de combattre. Ils se fondaient sur la croyance d'être directement inspirés par Dieu et étaient convaincus que l'âme peut atteindre, dès cette vie, un tel degré de perfection qu'elle peut contempler l'essence divine et comprendre le mystère de la Trinité. Le culte religieux, les sacrements leur semblaient inutiles, et ils considéraient que le péché n'était pas possible dans cet état de complète union avec le Seigneur. L'individualité disparaissait dans la complète absorption en Dieu.

Au chapitre capitulaire de l'Ordre dominicain, tenu à Saragosse en 1508, six nouveaux décrets furent consacrés à limiter les réformes, et spécialement l'action de sœur María. Il fut notamment interdit à quiconque d'entrer en relation avec elle sans l'autorisation du provincial. Les adeptes des réformes qu'elle proposait en appelèrent au père Thomas Cajetan, maître général de l'ordre, à Rome, qui, ainsi que quelques théologiens, la croyait inspirée par le démon plutôt que par Dieu. Le nouveau provincial, Tomás de Matienzo, prit diverses dispositions en faveur de sœur María et de ses adeptes, tandis que leurs adversaires provoquèrent une série d'examens sur son orthodoxie. Le 23 mars 1510, sœur María fut déclarée innocente de toutes les charges dont elle était accusée. Elle fut désormais considérée comme une sainte femme, au comportement exemplaire. Fondatrice et prieure du couvent de Santa Cruz de la Magdalena, à Aldeanueva, elle y demeura jusqu'à sa mort.

Le « Livre de l'oraison » (*Libro de la oración*) de sœur María de Santo Domingo est une anthologie de sa doctrine. Transcrit par Antonio de la Peña et Diego Victoria, il fut imprimé vers 1518. Plusieurs transcriptions furent perdues, puis retrouvées et publiées en 1948 et en 1992 (en anglais). Le livre, en deux parties, comprend, outre une introduction de l'éditeur et une explication sur l'élaboration de l'opuscule, une hagiographie de sœur María, une défense de sa spiritualité et de sa science infuse et des transcriptions de ses divers discours. Car il est dit que les paroles de sœur María influaient de façon positive sur les auditeurs, provoquaient des larmes de repentir et fortifiaient la foi des croyants.

Si l'Ordre dominicain vit en sœur María le moyen providentiel de réaliser son désir de réforme, elle fut longtemps considérée comme hérétique et accusée d'illuminisme. Fondé ou pas, le doute subsiste sur la *Beata de Piedrahita* et le sujet est encore l'objet de controverses. Ajoutons que Thérèse d'Avila* et Jean de la Croix furent eux-mêmes suspectés de ce penchant très répandu à l'époque et particulièrement redouté, et persécutés par l'Inquisition espagnole.

Bernard Sesé

Bibl. : ***Œuvres*** **:** *Libro de la oración de Sor María de Santo Domingo*, étude de J. M. Blecua, Madrid, éd. facsimilé, Hauser y Menet, 1948 ; M. E. GILES, *The Book o Prayer of Sor Maria of Santo Domingo : A Study and Translation*, Albany, University of New York, 1992. ***Vie et études*** **:** N. WEBER, *The Catholic Encyclopedia*, New York, The Encyclopedia Press, 1907-1914 ; V. BELTRAN DE HEREDIA, *Historia de la Provincia de España* (1450-1550), Rome, Instituto Storico Domenicano, 1939 ; M. BATAILLON, *Érasme et l'Espagne. Recherches sur l'histoire spirituelle du* XVI*e* *siècle*, Genève, Droz, 1998 ; A. HUERGA, « Los pre-alumbrados y la Beata de Piedrahita », *Historia de la Iglesia* (vol. XVII), Valence, EDICEP, 1974, p. 529-533 ; M. DEL MAR CORTÉS TIMONER, *Sor María de Santo Domingo*, Madrid, Ediciones del Orto, 2004.

MARIA DIOMIRA DU VERBE INCARNÉ, *vénérable, capucine* (Marie-Thérèse Scherrer ; Gênes, 27 février 1708-Fanano, 14 janvier 1768). — Marie-Thérèse est la fille de Jean Scherrer et Thérèse Curty (suisses tous les deux). Les informations la concernant proviennent principalement des écrits qu'elle a rédigés elle-même sur l'ordre de ses confesseurs (révisés et imprimés après sa mort sous le titre de *Vita della serva di Dio suor Maria Diomira del Verbo Incarnato...*, 1788). Empruntant à la littérature hagiographique, sa biographie revient sur la vie familiale, empreinte d'une profonde dévotion, et sur les signes précoces de sainteté. À l'occasion d'un séjour en Suisse en compagnie de sa famille (1716), elle rencontre son premier père spirituel, qui lui permet de communier. À neuf ans, elle fait vœu de chasteté. Rentrée à Gênes avec sa famille, elle se perfectionne dans l'art de la broderie et décide de cesser d'aller à l'école – un fait souligné dans sa biographie, l'apprentissage scolaire y étant opposé à la méditation et à la contemplation des mystères divins (« Jésus Christ crucifié a été mon unique livre »). L'idée d'entrer en religion est un projet qui – selon elle – lui aurait été révélé par une vision de saint François d'Assise à l'âge de treize ans. Entre-temps, Marie-Thérèse s'établit avec sa famille à Pise, où elle se soumet à la direction d'un père augustin qui lui permet de communier tous les jours. Elle entre en contact avec un père capucin, qui l'initie à la pratique d'austères pénitences corporelles, en lui imposant toutefois de ne pas y avoir recours si ce n'est pour obéir aux préceptes de son confesseur. Celui-ci – à l'époque le chanoine Ranieri M. Catanti – lui permettra de pratiquer les mortifications physiques, en privilégiant cependant toujours celles qui peuvent être facilement cachées. Marie-Thérèse commence à faire l'expérience de visions. Son éducation est confiée, chez les Bénédictines de San Matteo, aux soins de sœur Geltrude Lanfranchi, qui l'incite à prendre le voile dans cette communauté. Une vision céleste lui révèle que ce n'est ni le lieu ni l'ordre dans lequel elle entrera en religion, parce qu'elle est destinée à devenir capucine. Grâce à l'insistance de sa mère, elle quitte San Matteo avant le terme des deux années de noviciat ; entre-temps, Catanti lui conseille de se confesser auprès d'un prêtre de l'église des Cavalieri di San Stefano, à qui la jeune fille dévoilera les dons mystiques dont elle est dotée. Elle s'adonne aussi aux activités caritatives.

Sa mère s'adresse aux Capucines de Città di Castello – où Véronique Giuliani* est morte quelques années auparavant – en leur demandant d'accueillir Marie-Thérèse dans leur monastère. Elle reçoit toutefois une réponse négative. Le lieu où elle devra prendre le voile lui est révélé dans une vision : il s'agit de Fanano, dans les Apennins de Modène, diocèse de Nonantola. Dans cette phase, Marie-Thérèse est affligée d'apparitions diaboliques. Un jour d'automne, après la communion, dans l'église des Cavalieri, elle reçoit le don des stigmates, d'abord sous forme visible, puis – à la suite de ses prières – sous forme invisible. Peu de temps après, Marie-Thérèse part pour Fanano, où, le 5 octobre 1730, elle entre en probation au monastère des Capucines ; vingt-six jours plus tard, elle prend l'habit et choisit le nom de Maria Diomira du Verbe Incarné. Les dons mystiques – entre autres les dons de prescience et de clairvoyance – se poursuivent et s'intensifient. Elle est aussi en mesure de communiquer avec le purgatoire (grâce à ses oraisons, bien des âmes sont libérées) et, dans une vision, elle apprend que son nom figure au nombre des élus. Elle occupe plusieurs fonctions dans le monastère : comme réfectorière d'abord, puis comme maîtresse des novices ; en 1745, elle est élue abbesse pour les deux ans qui suivent ; puis elle remplit l'office de sacristine, avant d'être à nouveau élue abbesse pour les deux années suivantes. Ses périodes d'abbatiat, en raison, selon elle, de la rigueur du régime qu'elle impose aux religieuses, provoquent bien des fâcheries avec ses consœurs : ces dernières ne manquent pas d'exprimer leurs remontrances au cours d'une visite ordonnée par le commendataire de l'abbaye de Nonantola ; elle quitte cette charge en 1754, reprenant celle de maîtresse des novices. C'est à ces dernières que quelques textes de direction (inclus dans sa biographie) sont adressés : en traduisant dans des documents de perfection ses propres expériences mystiques, elle forme ses filles dans l'oraison et l'exercice constant de la présence de Dieu, dans la pratique de la vertu et dans l'observance scrupuleuse de la règle monastique. Elle achève de rédiger son autobiographie le 21 décembre 1767. On raconte qu'après sa mort, les signes des stigmates et de l'anneau avec lequel le Christ aurait scellé avec elle son mariage mystique deviennent visibles à tous. Elle est déclarée vénérable par le pape Léon XIII le 21 décembre 1901, lorsque s'ouvre son procès en béatification.

Adelisa Malena

Bibl. : ***Vie et œuvre*** : *Vita della serva di Dio suor Maria Diomira del Verbo Incarnato cappuccina professa nel monastero di Fanano scritta da lei medesima*, Modena, Soc. tipografica, 1788 ; *Vie de la vénérable sœur Maria Diomira du Verbe Incarné*, Fribourg, L. Waeber, 1936. ***Étude*** : F.-S. de PARIS, « Diomira (Maria) du Verbe Incarné », *Dictionnaire de spiritualité*, Paris, Beauchesne, t. III, 1957.

MARIA MANCINI, *bienheureuse, dominicaine, visionnaire* (Pise, v. 1355-v. 1431). — Mariée à Baccio Mancini, noble pisan, puis à Guglielmo Spezzalaste, Maria perd précocement ses deux maris et ses huit enfants. Tertiaire de saint Dominique, elle devient religieuse. Elle entre ainsi à l'âge de vingt-cinq ans au monastère dominicain de Santa Croce de Pise, où elle fait la connaissance de la bienheureuse Chiara Gambacorta. Elle devient la disciple de sainte Catherine de Sienne*. Sa vie spirituelle doit être replacée historiquement dans le grand mouvement de l'observance dominicaine et de la réforme des monastères contre les abus dans la vie religieuse et la violation de la règle monastique ; l'absence de propriété personnelle, la participation régulière au chœur, le silence dans le monastère et l'isolement le plus complet en sont les points les plus rigoureux. Elle entreprend donc la réforme du monastère de Santa Croce puis, avec Chiara Gambacorta et un petit groupe de sœurs, s'établit dans un nouveau monastère consacré à saint Dominique et construit par le père de Chiara, Pietro Gambacorta. Elle a des visions. Elle succède dans sa fonction à Chiara Gambacorta, première supérieure du nouveau monastère, de 1420 jusqu'à sa mort. Elle est enterrée à Pise au monastère Saint-Dominique. Le pape Pie IX a confirmé son culte le 2 août 1855.

Michela Catto

• *Voir aussi* : Catherine de Sienne

Bibl. : ***Vie*** **:** S. RAZZI, *Vite dei santi e beati del sacro ordine de' Frati Predicatori, così huomini, come donne*, Palerme, Giovanni Antonio de Franceschi, 1605, p. 651-659 ; N. ZUCCHELLI, *La beata Chiara Gambacorta, La chiesa il convento di S. Domenico*, Pise, Cav. F. Mariotti, 1914, p. 121-128 ; I. FELICI, *Una madre in famiglia e nel chiostro : B. Maria Mancini*, Pise, Monastero S. Domenico, 1965. ***Études*** **:** R. M. BELL, *L'Anorexie sainte. Jeûne et mysticisme du Moyen Âge à nos jours*, Paris, PUF, 1994 ; A. BENVENUTI PAPI, « Frati mendicanti e pinzochere in Toscana : dalla marginalità sociale a modello di santità », *Temi e problemi della mistica femminile trecentesca, XX convegno del Centro di studi sulla spiritualità medievale (Todi, 14-17 octobre 1979)*, Todi, Accademia Tudertina, 1983, p. 107-135 ; A. NICHOLS, *Dominican Gallery. Portrait of a Culture*, Leominster, Cromwell Press, 1997, p. 245.

MARIA PERPÉTUA DA LUZ, *carmélite* (Maria Perpétua da Costa Dinis ; Beja, 14 juillet 1684-26 août 1736). — Au XVIIe siècle, il y avait sept couvents à Beja dans la province de l'Alentejo, au Portugal : quatre pour les hommes (Franciscains, Carmélites, Jésuites et Franciscains réformés) et trois pour les femmes (deux monastères de Clarisses et un carmel). Maria Perpétua entra au carmel de l'Espérance (*Carmelo da Esperança*) de Beja, y fit profession en 1705 et prit le nom de Maria Perpétua da Luz. Au début de sa vie religieuse, elle choisit l'habit des carmélites « non réformées » et devint, dans la pratique des vertus, vite exemplaire. Lors de sa profession, elle fit le choix de l'habit des religieuses « moins réformées », dont les austérités étaient plus grandes. Onze années plus tard, Maria Perpétua da Luz se décida courageusement à revêtir l'habit des religieuses « réformées », embrassant toutes les exigences de cette décision : clôture plus stricte, pratique plus intense de l'oraison, vœu absolu de pauvreté, exercices exigeants des mortifications et de l'abnégation intérieure. Elle pratiqua de grandes pénitences et souffrit de graves maladies. Elle éprouva une fervente dévotion pour la Vierge du Carmel, dont elle ressentait de façon mystique la présence aimante auprès d'elle. Elle parvint à l'oraison d'union mystique avec Dieu. Elle parcourut les différentes étapes du Chemin de Perfection décrit par Thérèse d'Avila*, édifiant ses compagnes et prodiguant généreusement ses conseils aux novices. Le 25 mai 1736, elle tomba malade. Sentant qu'elle allait mourir, elle écrivit ces mots à son confesseur : « J'éprouve en mon âme la certitude que je suis proche de ma mort naturelle, de sorte que je me détache de tout, sans que je puisse accepter du monde rien d'autre que de traiter avec Dieu ce dernier point, duquel dépend que je perde ou que je gagne mon Époux adoré. Je suis saisie d'une grande crainte de mes fautes, qui sont grandes et énormes. Priez pour moi Notre-Seigneur qu'il ne permette pas que les mauvaises choses que j'ai faites apparaissent devant ses yeux infiniment purs, et que par ses mérites infinis il me pardonne mes fautes, et qu'il m'accorde, dans sa grande bonté, que je m'en aille avec courage vers la vie éternelle. » Elle mourut, dans de grandes souffrances, au carmel de Beja, en odeur de sainteté.

Sur l'ordre de ses confesseurs les Frères Joao de Sousa et José de

Aguiar, elle rédigea soixante cahiers sur son expérience. Le provincial, le père José Pereira de Santana, eut la possibilité d'utiliser ces manuscrits de doctrine ascétique et mystique pour la rédaction de son ouvrage : *Vida da insigne mestra de espírito a virtuosa Madre Maria Perpétua da Luz* (1742). Cette publication, fondamentale, fut providentielle, car les manuscrits conservés au carmel de Lisbonne furent détruits à la suite du tremblement de terre de 1755. Bien que n'ayant reçu aucune éducation intellectuelle, Maria Perpétua da Luz y donne de précieux avis sur diverses questions spirituelles, tel un véritable maître de spiritualité, spécialement sur les points suivants : l'oraison vocale et l'oraison mentale, l'amour de Dieu et du prochain, la purification de l'esprit et ses difficultés, le discernement des inspirations divines, l'humilité de l'esprit, les qualités exigées pour être un bon directeur spirituel, la pratique des vertus théologales, des instructions pour les novices, etc. L'ensemble forme un excellent traité de vie spirituelle à l'usage des religieux ou même des laïcs. Le procès de béatification, engagé après l'examen de son corps, demeuré incorruptible, le 29 janvier 1798, est resté en suspens.

Bernard Sesé

Bibl. : ***Vie et études*** : M. MARTINS, S.J., « Maria Perpétua da Luz », *Revue d'ascétique et de mystique*, n° 21, Toulouse, 1940, p. 149-176 ; M. MARIA WERMES, *A Ordem Carmelita e o Carmo em Portugal*, Lisbonne, Uniao Gráfica, Fátima, Casa Beato Nuno, 1963 ; J. PINHARANDA GOMES, *Imagens do Carmelo Lusitano. Estudos sobre historia e espiritualidade Carmelitas*, Lisbonne, Paulinas, 2000 ; B. VELASCO BAYÓN, O. CARM., *Historia da Ordem do Carmo em Portugal*, Lisbonne, Paulinas, 2001.

MARIE, *sainte* (Nazareth, v. 20 av. J.-C.-Éphèse ?, milieu du Ier s. apr. J.-C). — La place suréminente que Marie de Nazareth, la Vierge Marie, occupe dans l'histoire du christianisme et dans la tradition spirituelle chrétienne est entièrement centrée sur la réalité de Jésus, le Christ, dont elle est la mère. Au centre des affirmations concernant le Christ dans la confession de foi chrétienne (*Credo* de Nicée-Constantinople, 381), on peut lire : « Par l'Esprit-Saint, Il a pris chair de la Vierge Marie, et s'est fait *homme*. » C'est dire que le mystère de Marie participe directement du mystère du Verbe incarné et, par là, du mystère divin. Mère de Jésus en son humanité, elle est reconnue par le concile d'Éphèse (431) comme la *Théotokos*, la Mère de Dieu. Ce titre confère à l'existence de Marie de Nazareth une dimension mystique éminente, au sens étymologique de l'adjectif (est *mystique* ce qui concerne les mystères) et au sens théologique du substantif : si la mystique est « une certaine impression de la science de Dieu » (Thomas d'Aquin, *Somme théologique*, I a, q.1, a.3), nulle créature plus que Marie – et chez elle sous un rapport radicalement unique – n'a pu avoir de Dieu en son fils une connaissance expérientielle plus intime et une relation théologale plus juste. C'est dire que les documents historiques qui permettent de connaître Marie sont ceux-là mêmes qui font connaître la vie de Jésus de Nazareth : au premier chef le Nouveau Testament, mais aussi, pour ceux qui reconnaissent en Jésus le Sauveur attendu par Israël, tout ce qui dans la Bible, des récits de la Création aux versets de l'Apocalypse, annonce, préfigure ou figure le Messie et celle de qui il devait naître. Pour les chrétiens qui proclament Jésus ressuscité, la tradition de l'Église représente une autre source qui approfondit le mystère de Marie, Épouse et Mère, dans le mouvement même où l'Église se déploie à la fois comme Corps mystique du Christ et comme Épouse, selon les expressions pauliniennes. Les écrits patristiques, théologiques et mystiques ont puisé largement dans l'ensemble des Écritures pour approfondir le mystère de celle que les litanies de Lorette, dès le XIIe siècle, vénérent sous le titre de « Rose mystique », que la piété populaire invoquera par la salutation évangélique en égrenant le « rosaire », et que le génie des bâtisseurs honorera dans les rosaces de tant de cathédrales qui porteront son nom. Elle était déjà, pour des artistes inspirés, « l'orante » des catacombes, la toute sainte de *l'hymne acathiste*, qui garde en son sein le mystère et ouvre au secret de Dieu, avant que, dans les icônes sacrées, ne soient inscrite sa beauté.

On pourrait donc s'attendre à trouver au fil des Évangiles les éléments propres à élaborer une sorte de biographie de la mère de Jésus. Or, quantitativement, les textes canoniques du Nouveau Testament parlent peu de Marie : deux chapitres et quelques lignes dans l'évangile de Luc, deux passages du quatrième évangile, quelques versets chez Matthieu, Marc, et dans les Actes des apôtres, une allusion dans une épître de Paul. Pourtant, dans la « discrétion littéraire » des textes relatifs à la Mère de Jésus, le théologien de la vie mystique peut voir des traits et des qualités proprement spirituels, qui deviendront même archétypiques de la vie mystique chrétienne, vertus soulignées plus tard par les plus grands maîtres spirituels : décentrement de soi, non dans une posture ascétique héroïque, mais selon une mystique du service de l'essentiel, une vie entièrement ordonnée à Dieu et à son dessein de salut de l'humanité et, aussi, une saine humilité qui reconnaît la juste place de la créature devant son Créateur, fût-il son Fils et fût-elle « toute aimée de Dieu ». Ainsi, et c'est un trait de la personnalité spirituelle de Marie, même lorsque les textes la mettent en évidence, dans la manière comme dans la matière des récits, tout se passe suivant un même mouvement initié par l'Esprit, comme si Marie déplaçait l'attention à la fois vers Celui qui est seul digne d'être écouté, entendu, loué, désiré (élan propre à ce qu'on appellera plus tard la « mystique de l'union ») et aussi vers ceux pour qui le Fils de Dieu, son fils, a donné sa vie (mouvement dans lequel s'enracine la « mystique apostolique »). Et si Marie est peu présente dans les Évangiles, elle l'est toujours à des moments particulièrement révélateurs de Jésus en son double mystère, celui de Dieu fait homme dans l'Incarnation, et celui du Fils de Dieu, sauveur de l'humanité par sa mort et sa résurrection. Ainsi, Marie est toujours *présente* à l'heure de son fils, c'est-à-dire au temps fixé pour l'accomplissement de sa mission rédemptrice.

Seuls les textes apocryphes parlent de l'enfance de la Mère de Jésus, et nomment de ses parents, Anne et Joachim, humble famille de Nazareth en Galilée. Dans les Évangiles, les généalogies de Jésus permettent de reconnaître en Marie une femme juive, vraisemblablement de la maison de David, comme Joseph, à qui elle est promise en mariage, ou peut-être de la lignée sacerdotale d'Aaron, comme sa vieille cousine Élisabeth.

À l'âge de quinze ou seize ans, Marie est fiancée à Joseph, un homme qui travaille le bois, menuisier ou charpentier. Mais voilà qu'avant même d'avoir consommé le mariage, Marie se retrouve enceinte et décide de partir retrouver sa cousine Élisabeth, dont la grossesse, inespérée en sa vieillesse, approche de son terme. À son retour, contrairement aux coutumes juives, Marie n'est ni rejetée ni répudiée par Joseph, mais accueillie chez lui en qualité d'épouse. Or, à cette même époque, le recensement décrété par César-Auguste exige pour le couple de se faire enregistrer dans la ville d'origine de Joseph : Bethléem. En s'y rendant, Marie donne naissance à l'enfant dans des conditions de dénuement extrême, dans une étable de la ville. Des bergers sont leur première compagnie avant que, étonnamment, de riches rois savants viennent de loin voir et adorer cet enfant qui porte le nom de *Jésus*, « Dieu sauveur ». Après avoir présenté l'enfant premier-né au temple, selon le rituel juif, la famille, menacée par un édit du roi Hérode, doit fuir le pays. La menace étant écartée, ils retournent à Nazareth où Jésus grandit et apprend le métier de son père adoptif.

Voilà pour les événements visibles et socialement repérables. Mais l'évangile de Luc révèle bien plus ; il donne à voir *l'invisible* qui traverse radicalement ces moments, leur donne sens et permet de reconnaître dans ces épisodes de la vie de Marie les traces d'un *avènement* dont on pourra dire qu'il est « le centre absolu de l'Histoire du monde » (Dom Jean-Nesmy, *Bible chrétienne. II. Les Quatre Évangiles*, Sainte-Foy, Québec, Anne Sigier, 1990, p. 40).

Tout avait commencé, du moins dans la vie consciente de Marie, le jour où elle avait reçu chez elle une étonnante visite, celle d'un envoyé du Très-Haut, l'ange Gabriel. Lorsque la lumière tombe verticalement sur une existence, elle donne de se connaître sans ombre, comme aussi d'entrer dans la connaissance de Celui qui en est la source. Ce jour-là, Marie apprend qui elle est au regard de l'Éternel. « Comblée de grâce » est le nom par lequel l'ange la salue. Le fait que l'Envoyé la rassure en lui disant que « le Seigneur est avec elle » ne fait que confirmer ce que la fille d'Israël a déjà reconnu comme le signe des élus de Yahvé, qu'ils soient Isaac, Moïse, Jacob ou Gédéon, ou encore Jérémie : alliance privilégiée et élection singulière en vue d'une mission unique au sein du peuple. Marie découvre alors sa mission, raison d'être de la faveur de Dieu et raison même de son être : être la Mère du Messie annoncé par les prophètes, et espéré par son peuple depuis l'exil de Babylone. Elle écoute la Parole, comprend et ne comprend pas, même si sa foi, grande et spontanée, l'accueille et la reçoit déjà. Expérience sans pareille que celle de la créature devant son Créateur, qui l'a choisie *entre toutes* et dont elle apprend qu'elle va devoir à la toute-puissance de son Amour de devenir Mère de son Fils. Et Marie apprend de l'ange la « manière » de Dieu, « l'étrange manière », dira un jour le mystique Jean de la Croix. Pour cette union surnaturelle et pour cette fécondité bien réelle, il ne manque que le consentement de la jeune fille. Des mystiques, plus tard, s'empareront de cet instant comme de l'instant marial par excellence – Bernard de Clairvaux s'exclamera : « Ô Vierge, donne vite une réponse ; ô Notre-Dame, dis la parole que la terre, les enfers, les cieux mêmes attendent [...]. Autant le Roi et Seigneur de tous a désiré lui-même ta beauté, autant désire-t-il aussi le consentement de la réponse [...]. Lève-toi par ta foi, cours par ta ferveur et ouvre-lui par ton engagement ! » Marie connaît alors qu'elle est libre de la liberté la plus pure qui soit pour une créature, une liberté respectée par Celui qui l'a créée, semblable peut-être à celle de la première femme avant la chute, mais plus savante aussi ; une liberté qui ne la livre pas à une solitude tragique, mais qu'elle vit dans la relation au Dieu de sa foi. Elle se connaît à sa juste place ; elle peut alors décliner son identité ; la « comblée de grâce » peut dire : « Je suis la servante du Seigneur. » Son « oui », prononcé dans la foi en la parole de l'ange, l'unit à la volonté de Dieu et fait que le Verbe divin prend chair en elle. Expérience mystique inégalée par laquelle l'union nuptiale des volontés porte sans délai son fruit de Vie, la Vie même de Dieu, reçue dans cette « coupe » à jamais unique et parfaitement pure (liturgie byzantine). Les Pères de l'Église diront qu'en cet instant, elle est *la fille de Sion ;* elle est *l'Israël de Dieu*, mais aussi la première de la Création nouvelle, la *nouvelle Ève* (Irénée), dont le « oui » a renversé la malédiction des origines. « Alors l'ange la quitta » (Lc I, 38). Désormais, pour Marie, nulle intervention extraordinaire, nulle communication céleste : seuls la foi et l'Amour divin l'animent et la font exulter en un *magnificat* de louange.

Dès lors, joies et interrogations, lumière et ombres marqueront l'existence de Marie dans la vie ordinaire de Nazareth. Joie de la naissance de Jésus et obscurité de la foi pour Marie et Joseph dans cette nuit insolite de la nativité ; obscurité de la foi également dans la prophétie du vieillard rencontré au temple, qui prédit pour le cœur de la jeune mère un glaive de souffrance ; foi éprouvée pour Joseph et Marie, lorsque, de nuit, sur la parole d'un songe, ils doivent fuir la haine d'Hérode et partir en hâte pour l'Égypte ; joie lorsque Jésus âgé de douze ans est retrouvé dans le temple au milieu des docteurs de la loi, après trois jours de recherche inquiète ; mais, aussi, incompréhension devant les paroles que l'enfant adresse alors à Marie, qui voudrait comprendre et l'interroge : autant de « signes » que Marie garde et médite dans son cœur et dont elle comprendra plus tard, bien plus tard, qu'ils préfiguraient l'accomplissement de la Mission de son fils et la part qui y serait la sienne. Pendant trente ans, le mystère de son existence, comme celui de son enfant, lui resteront en partie voilés. Son intelligence se nourrira de sa foi, au rythme du déploiement de la grâce insigne reçue de Dieu. Aussi a-t-on comparé Marie et Abraham, deux modèles de foi, marqués par la fidélité et le sacrifice, au seuil des deux alliances. Les textes de Luc montrent bien à la fois la joie profonde et « l'aspect crucifiant de la grâce, de la mystique de Marie » (Joseph Ratzinger).

Dans les récits du quatrième évangile, selon Jean, Marie est invitée à des noces à Cana. Jésus, qui l'a quittée depuis peu, est présent. Lorsque, au cours du repas, elle s'aperçoit que le vin de la fête va manquer, elle se tourne vers Jésus pour le lui signifier et elle n'hésite pas à dire aux serviteurs, en montrant son fils : « Quoi qu'il vous dise, faites-le » (Jn II, 4). Marie exhorte à écouter sa parole et à la mettre en pratique. Sa confiance inconditionnelle précipite l'anticipation de l'Heure du Fils. Jésus change l'eau en vin, premier miracle !

Pendant les trois années de la vie publique de Jésus, s'effectue en Marie un lent déplacement, sorte de nouvelle gestation intérieure qui « trouvera son accomplissement au pied de la croix » (Joseph Ratzinger). En écoutant l'enseignement même de Jésus, Marie se découvre d'abord comme disciple de son fils, membre de ce royaume qu'il annonce, peut-être tout particulièrement ce jour où pour la première fois Jésus définit l'esprit de famille des enfants du royaume : « Qui est ma mère, qui sont mes frères ? Ceux qui écoutent la Parole de Dieu et la mettent en pratique » (Lc VIII, 21), « ceux qui font la volonté de mon Père qui est aux cieux » (Mt XII, 46-50). Portrait du disciple découpé selon le modèle de Marie, première et parfaite disciple et aussi, par là même, modèle d'une autre maternité, selon l'Alliance nouvelle, que désireront vivre tant de mystiques. Avec les apôtres et parmi les femmes qui accompagnent Jésus depuis trois ans, Marie monte vers Jérusalem, pour y fêter la pâque. De la Galilée à la Judée et même en Samarie, elle voit son fils « faire toute chose nouvelle » ; elle assiste à son entrée triomphale dans la Ville sainte, où la foule veut le faire roi. Comment n'aurait-elle pas pressenti dans ce succès trop humain quelque tragique malentendu ?

L'heure de son fils approche. Marie l'entend demander de préparer le repas festif de la pâque. Quelques heures encore et les événements se précipitent : le repas à peine achevé, Jésus est arrêté. Dans l'ombre, le silence, le glaive prophétisé par Syméon commence à pénétrer son cœur ; et se succèdent procès injustes, jugements hésitants, tortures et condamnation, solitude, longue montée vers le calvaire où son enfant est mis en croix. « Au pied de la croix, se tenait sa mère » (Jn XIX, 25). Dans ce chemin de souffrance et de mort, Marie fait corps avec son fils : compassion et conformation à son fils (Col I, 24 ; Ga II, 20). Mais ce chemin est aussi voie d'accomplissement car le *Serviteur souffrant* est, en cette heure, le Christ en son acte rédempteur. C'est l'heure de *l'amour jusqu'au bout* et, par là, l'heure paradoxale de la Vie, du triomphe sur la mort. Et pour Marie, l'heure de la foi pure, qui est aussi celle du pur amour et de la plus parfaite union à la volonté du Père par le Fils, heure mystique par excellence où, dans son être tout entier, il lui est donné de participer au salut de l'humanité !

Alors, au moment où, dans la *nuit obscure* de la croix, se noue l'Alliance nouvelle, Marie est appelée à une autre mission, inouïe : par la grâce de la Parole instituante du Fils de Dieu par qui tout a été fait, elle devient Mère : « Femme, voici ton fils ! » Il dit ensuite au disciple : « Voici ta mère » (Jn XIX, 26-27). Mais c'est, en même temps, « la femme universelle » qui est, en Marie, interpelée pour la seconde fois. Sa souffrance devient douleur d'enfantement. Maternité spirituelle et fécondité apostolique sans pareilles : en Jean, tout disciple, mais aussi l'humanité tout entière, est invité à prendre Marie pour Mère « selon l'ordre de la grâce » (Jean-Paul II, *Redemptoris Mater*, 39).

Indicible joie pour Marie au matin du troisième jour, espérance comblée et amour victorieux : Jésus est vivant. Joie partagée avec les apôtres retrouvés et, pour d'aucuns, pardonnés. Puis, après quarante jours, espérance nouvelle, dans l'attente de l'Esprit promis par Jésus alors qu'il retournait auprès du Père. Marie, toute présente à cette première communauté, Mère de l'Église fécondée à la croix et maintenant naissante par la force de l'Esprit, encourage les disciples dans leur apprentissage d'enfants de Dieu et de témoins de la bonne nouvelle. Dans la fidélité à la prière, au mémorial de la Cène et à la charité fraternelle, elle leur apprend à recevoir l'Esprit ; elle leur apprend à « former le Christ en eux » (Paul) ; elle leur apprend à donner Dieu au monde, car « le Verbe naît à nouveau dans le cœur des saints » (Grégoire de Nysse).

La foi chrétienne associe Marie à la gloire du Fils ressuscité, son fils et son Dieu. La servante, vivante auprès de Dieu, la femme dont le « oui » a permis à son lignage de vaincre l'antique serpent (Gn III, 15), le dragon de l'Apocalypse, la femme *couronnée de douze étoiles*, est désormais invoquée comme Reine, Médiatrice de toute grâce, dans sa participation à la Médiation unique de l'Agneau. Dans ce sens, Marie est intimement liée à tous les modes de présence de son Fils au monde, « femme eucharistique par vocation et *par sa vie toute entière* » (Jean-Paul II). Jusqu'à *la plénitude du temps*, elle manifeste la sollicitude de Dieu au plus près de son peuple, parfois de manière éclatante, toujours comme signe discret de sa présence dans le cœur de ceux qui cherchent sa face.

En donnant Dieu au monde, « Marie a rendu à chaque homme la possibilité d'une union intime avec Dieu » (saint Ambroise). Son union exceptionnelle au Christ, sa connaissance intime de l'Amour de Dieu et de l'amour trinitaire qu'est Dieu, la grâce insigne de sa vocation maternelle font de Marie une maîtresse unique de vie spirituelle. À l'école de ce guide, savant de la Sagesse éternelle, les maîtres spirituels chrétiens ont appris à contempler le visage de Dieu.

Mysterium lunae dans lequel se reflète la Lumière divine, Marie n'est pas seulement celle qui montre son fils et qui conduit à lui ; elle est aussi celle qui, par sa vie tout entière, enseigne comment le suivre et aller avec lui, jusqu'au bout de l'amour. Comme première disciple, elle devient modèle de la vie selon le Christ, la vie selon l'Esprit. Elle exhorte à écouter la Parole et à la mettre en pratique, à devenir « demeure de Dieu ». Femme théologale, elle apprend au disciple à accueillir les événements extérieurs, à les intérioriser, puis, enraciné dans la foi, à lire les traces d'espérance qu'ils portent et, par là, à devenir prophète. Modèle de l'accueil du don de Dieu, elle apprend les vertus spirituelles qui permettent à la grâce reçue de se déployer jusqu'à l'union mystique et de s'accomplir en charité apostolique : humilité, obéissance, pureté et pauvreté substantielles, esprit d'abandon et de détachement, persévérance dans le silence de l'attente, docilité au travail même de l'Esprit.

Par la grâce d'une maternité unique reçue au pied de la croix, Marie est Mère d'humanité, comme le montrent les textes les plus ardents des mystiques de toutes les époques qui se sont mis sous la protection de la Mère du bel Amour, qui est aussi Mère de Miséricorde : dans les épreuves, elle accompagne, elle protège, elle intercède pour ses enfants ; dans les chemins escarpés de la vie spirituelle, elle est « Étoile de l'espérance » (Benoît XVI) ; c'est elle, encore, qui brille doucement jusque dans les ténèbres des « nuits » de l'esprit (Marie-Eugène de l'Enfant Jésus). Marie, Fille du *Mystère*, Sœur et Mère des mystiques !

Thérèse Nadeau-Lacour

Bibl. : ***Sources canoniques*** : Bible : Gn III ; Évangiles : Mt I-II ; XII, 46-50 ; Mc III, 31-35 ; Lc I-II, VIII, 19-21 ; Jn II, 1-12 ; XIX, 25-27 ; Ac I-II ; Ap XII. ***Études*** : O. CLÉMENT, *Espace infini de liberté, le Saint-Esprit et Marie Théotokos*, Québec, Anne Sigier, 2005 ; JEAN-PAUL II, *Redemptoris Mater* (Lettre encyclique), 1987 et *Rosarium Virginis Mariae* (Lettre apostolique), 2002 ; R. LAURENTIN, *Marie, clé du mystère chrétien*, Paris, Fayard, 1994 ; T. NADEAU-LACOUR, *Marie et l'Eucharistie chez les fondateurs de la Nouvelle-France*, Québec, Anne Sigier, 2008 ; J. RATZINGER, H. U. von BALTHASAR, *Marie, première Église*, Paris, Médiaspaul, 1998 ; B. SESBOÜÉ, *Marie, ce que dit la foi*, Bayard, Paris, 2004. ***Collectifs*** : ACADÉMIE MARIALE, *La Mère du Seigneur*, Paris, Salvator, 2005 ; CENTRE NOTRE-DAME de VIE, *Marie, Mère de Dieu*, Venasque, Éditions du Carmel, 1989 ; G. TOUTON, *Marie au plus près des Écritures et dans la Tradition*, Perpignan, Artège, 2012.

MARIE-AIMÉE DE JÉSUS, *carmélite* (Dorothée Quoniam ; Le Rozel, 1839-Paris, 1874). — Dorothée Quoniam est née en Normandie, troisième des cinq enfants d'un père jardinier, dans une famille très pauvre. Elle est âgée de six ans lorsque la famille déménage à Paris, où le père croit trouver facilement du travail : c'est surtout le début de la misère, qui s'achève en 1850 par les morts rapprochées, et traumatisantes, de son père et de sa mère. L'enfant vivra désormais dans les orphelinats des Filles de la Charité. Après une adolescence pieuse qui s'épanouit manifestement au contact des sœurs, Dorothée entend l'appel de la vie religieuse lors d'une promenade au carmel parisien de l'avenue de Saxe : « C'est ici que Je te veux. » Elle entre au carmel le 27 août 1859, où elle devient sœur Marie-Aimée de Jésus et où elle passera les quinze dernières années de sa vie. Rien n'aurait probablement signalé Dorothée Quoniam à l'attention de la postérité, si elle n'avait eu, en juin 1863, le choc de sa vie : ce printemps-là parvient au carmel la nouvelle de la publication de la *Vie de Jésus* d'Ernest Renan. La thèse du livre « sacrilège », qui ne présente Jésus que comme un « homme incomparable », bouleverse Marie-Aimée. Le soir même, elle prend la plume et trace les premiers mots (« Au commencement était le

Verbe ») d'un ouvrage destiné à répondre à Renan, et à professer sa foi dans le Christ. Le déclenchement de l'écriture, tout à fait subit – elle n'a rien écrit auparavant –, est sidérant : cette carmélite, bien peu lettrée pourtant, va coucher sur le papier, d'une encre torrentielle, des centaines de pages, pendant six années durant. L'ouvrage, terminé en 1869, ne sera publié que quarante ans plus tard, longtemps après la mort de Dorothée Quoniam.

La vie mais surtout l'aventure littéraire de sœur Marie-Aimée de Jésus, qui ont d'ailleurs retenu, dans un écrit de 1940, l'attention d'Édith Stein* elle-même, mériteraient une étude très soignée. À ce qu'il semble, sa première expérience « mystique » date de l'âge de quatre ans et demi, quand sa mère prononce devant elle l'expression : « le Très-Haut ». Ce vocable divin la transporte jusqu'au sein du Dieu en trois personnes, la tenant « comme un petit aiglon, dans les serres de la charité ». La moniale dira plus tard que dès cette expérience, elle fut « fiancée » à son Bien-Aimé. Relecture tardive évidente d'une expérience enfantine mystérieuse, sinon mystique, mais qui dénote un tempérament poétique et imaginatif.

Plus étranges encore, les conditions dans lesquelles la carmélite produit son grand ouvrage. D'abord parce que cette écriture-fleuve – clandestine, avant de faire l'objet d'un contrat amiable avec la supérieure et le confesseur – l'affole au départ : elle veut brûler les pages déjà écrites, or, comme par miracle, le papier ne veut pas brûler, impossible de faire l'autodafé prévu. Averti, le confesseur jésuite, le père Gamard, interdira de brûler quoi que ce soit. L'épisode est un captivant *remake* d'un épisode célèbre de la vie de la grande carmélite Thérèse d'Avila* : son commentaire du *Cantique des cantiques* jeté au feu sur l'ordre du confesseur dominicain (non sans qu'une copie ait été faite secrètement avant l'holocauste officiel). C'est le statut de l'écriture féminine qui se pose dans l'Église du temps : est-elle bonne à jeter au feu (non sans qu'on la préserve d'une autre manière) ?

Ensuite, tout au long de l'écriture, on a l'impression que Marie Aimée Quoniam écrit à l'issue de ses temps d'oraison, sous l'inspiration, ou la « saisie », de l'Esprit-Saint. Du moins ses notes autobiographiques ou ses lettres à son confesseur le laissent-elles entendre : « Entrée en oraison, par exemple, avec la pensée de Dieu éternel [...] je reçois à ce sujet des connaissances quelquefois sans suite, quelquefois s'enchaînant. Elles sont imprimées dans la mémoire, sans que je sache en quelle manière. Le fait est que je les retrouve ensuite et que je n'ai qu'à les arranger. » Marie-Aimée écrit comme on enfante : « Je prends la plume dans les plus violentes douleurs et ne les sens plus, à ce point que je n'ai jamais pu saisir si la souffrance m'est enlevée ou si je ne la sens plus. » Les pages ainsi enfantées sont soumises par chapitre au théologien jésuite, qui semble avoir toujours cru à « l'inspiration » de sa protégée, mais qui n'hésite pas à corriger, amender le texte.

Plus poignante encore est la question de la « fin » de l'écriture. Ces pages, qu'on ne destine pas, du vivant de la carmélite, à la publication, mais qu'on lui laisse écrire au prix de la détérioration totale de sa santé, en reçoivent un aspect sacrificiel : est-ce l'encre ou le sang qui coule ? Le père Gamard encourage sans hésiter l'écrivain-carmélite : « Il est conforme aux plans suivis par Dieu que cette œuvre soit conçue et enfantée dans la douleur, et qu'elle doive sa vie et sa durée à la mort de celle dont Il s'est servi pour lui donner le jour. » Plus question alors de talent, voire d'inspiration, mais plutôt de martyre. L'holocauste littéraire ne se conclut pas tout de suite, mais sœur Marie-Aimée ne survivra que cinq années à l'effort. Longtemps après sa mort, les Carmélites de Clamart, en exil en Belgique, publieront le livre (1909) puis une longue étude sur la vie de la religieuse.

Dominique-Marie Dauzet

• *Voir aussi* : Édith Stein

Bibl. : *Œuvre* : *Jésus-Christ est le fils de Dieu*, Namur, 1909 (rééd. Paris, Librairie Téqui, 1974). ***Études* :** *Une page du grand livre de la Miséricorde de Dieu*, Namur, Carmel de Créteil, 1911 (rééd. en 1956) ; D.-M. DAUZET, *La Mystique bien tempérée*, Paris, Cerf, 2006.

MARIE-ANGÉLIQUE DE JÉSUS, *carmélite* (Yvonne Bisiaux ; Rosny-sous-Bois, 30 janvier 1893-?, 3 mars 1919). — Yvonne Bisiaux était la fille unique (et adulée !) d'un père catholique de convenance et d'une mère qui, née Rutishauser, avait grandi dans la confession luthérienne. Bien que convertie au catholicisme, elle choisira de confier sa petite Yvonne, âgée de huit ans, à un pasteur protestant, en vue de lui apprendre la langue allemande. L'affection dont ses parents entouraient cette enfant tourna à l'adoration à mesure que celle-ci, élève au Conservatoire, manifesta des dons éblouissants de pianiste, qui laissaient présager une carrière d'exception. C'était sans compter sur l'univers intérieur de la jeune fille, que les parents ne pouvaient guère appréhender : Yvonne en effet envisageait que la sainteté constituait l'aboutissement du geste musical et artistique et songeait donc à la consécration religieuse, plus précisément au carmel. Non pas une concurrence entre le musical et le théologal, ni même un renoncement (quand bien même les apparences allaient en ce sens), mais une relation d'accomplissement. De ce point de vue, le parallèle s'impose, avec Élisabeth Catez, en religion Élisabeth de la Trinité* ; mais on ne peut oublier la trajectoire d'un Franz Liszt, intégrant toutes les ressources de sa virtuosité dans une spiritualité contemplative : « Ce qui se passe en moi est inexprimable. Cependant, c'est en moi, tout en moi, que je chante Jésus. Cette mélodie, je crois pouvoir le dire, surpasse toutes les mélodies de la terre. Elle les surpasse tellement qu'auprès d'elle toutes les mélodies terrestres sont sans vie, sans âme. Cela, il y a plusieurs années que je le sens. Je dis plusieurs années, car, à quinze ans, par exemple, certaines mélodies terrestres, de celles que l'on appelle sublimes, Beethoven, Bach, Franck, Chopin, arrivaient encore jusqu'à un certain point à me satisfaire : je trouvais qu'elles étaient pour Jésus un écho de mon âme. Mais ensuite, lorsque j'eus vraiment goûté mon Jésus, oh ! alors il me sembla que rien, plus rien sur la terre ne serait capable de dire ce que je sentais. » Plutôt que de parler d'effort ascétique, c'est à la *música callada*, à la *soledad sonora*, cette quiétude de silence, évoquée par Jean de la Croix, qu'il faudrait se référer : en effet, précisera Marie-Angélique, « tout mon chant s'écoule en silence », puisque, allusion au *Cantique des cantiques*, « c'est dans le silence que l'Époux et l'épouse sont ravis l'un de l'autre ». On ne peut que regretter que cette relation entre art musical et art spirituel n'ait pu être approfondie ; mais la réaction violente des parents (ulcérés par cette décision d'indépendance de leur fille unique ?) ne pouvait que renforcer par contrecoup l'exaltation de la seule polarité spirituelle. Le retournement d'une excessive, voire étouffante, affection en une aversion persécutrice (de la mère surtout, qui interdit à Yvonne de sortir à jeûn, afin de l'empêcher de communier) ne fera qu'accroître sa détermination mais aussi sa souffrance. Elle attendra ses vingt et un ans, âge de la majorité, pour entrer au carmel de Pontoise. Les relations se maintiendront au prix d'une correspondance pleine d'animosité, mais s'estomperont lentement. La sensibilité filiale de Marie-Angélique ne pourra jamais s'accommoder de cette rupture avec des parents qu'elle ne continuait pas moins à chérir, sa mère multipliant, à l'occasion, « les tendresses, les vraies larmes », qui lui étaient un véritable martyre. Toutefois, reconnaît-elle, « tout, chez moi, était vibrant et brûlant. Mais mon Seigneur, qui est l'Amour même, s'empara de moi : il ne détruisit rien, mais tourna tout vers lui » (ce qui est proprement une *conversion*).

En même temps, Marie-Angélique ne pouvait se résoudre à faire de ce climat d'épreuves l'indicatif de sa vie spirituelle : « Je n'aime pas les personnes qui ne parlent continuellement que de souffrances, crucifiement, anéantissement, oubli des créatures, car il me semble que l'amour porte tout cela avec joie, et, bien plus, l'estime comme un précieux trésor. » Ce choix opéré d'en « savour[er] en soi-même la jouissance, sans trop le répandre au dehors », le parcours effectué par Marie-Angélique, sans être banal, reste d'un intérêt honnête, ne serait-ce que pour la sincérité de ses progressives découvertes du monde intérieur, sous le signe de la joie, jusqu'à son entrée, à l'orée de l'été de 1918, dans une paix sereine, qui fut remarquée des autres carmélites. Mais on ne saurait la comparer à une Thérèse de Lisieux* ou une Élisabeth de la Trinité. Sans doute a-t-elle traversé les « étranges ténèbres » de la nuit spirituelle (ne serait-ce qu'en raison de l'attitude de ses parents, mais aussi du supérieur de la communauté, qui la soupçonnait d'être dans l'illusion) ; néanmoins, peu de temps avant de mourir, victime de l'épidémie de grippe qui sévissait dans le couvent, elle résumait ainsi toute son expérience intérieure, le 23 décembre 1918 : « Je crois pouvoir dire que, depuis que j'ai eu l'âge de raison, j'ai toujours vécu avec Notre-Seigneur, comme si je le voyais, dans une lumière, une paix, une joie, une sécurité ineffables, jouissant tellement de cette divine compagnie que j'ai toujours ignoré les joies et les tristesses de la terre. »

François Marxer

Bibl. : *Œuvre* : *Flamme de Joie, Marie-Angélique de Jésus, du carmel de Pontoise (1893-1919)*, Pontoise, édité par le carmel de

Pontoise, 1949. ***Étude*** : E. RIMAUD, *Routes de musique et de silence*, Toulouse, Apostolat de la prière, 1964.

MARIE CÉLESTE CROSTAROSA, *vénérable, moniale rédemptoriste* (Giulia Crostarosa ; Naples ?, 1686-Foggia, 14 septembre 1755). — Giulia est née dans une famille noble de Naples. Dernière de douze filles, elle apprend à lire, mais ne maîtrisera l'écriture que vers l'âge de quinze ans (selon ses dire, grâce à Dieu) pour répondre à la sollicitation de son confesseur soucieux de connaître sa vie, dont il veut faire un examen rigoureux. Le milieu familial est très dévot, mais c'est seulement en 1718 que, à l'occasion d'une visite au nouveau monastère des Carmélites de Marigilano, elle décide subitement d'y rester. Par la suite, elle changera au moins trois fois de maison religieuse, d'habit et de nom : baptisée Giulia, elle est, sous l'habit de carmélite, Candide du Saint Désert, puis, comme visitandine, Marie Céleste du Saint Désert, enfin, liée à la fondation des Rédemptoristes d'Alphonse de Liguori, elle devient Marie Céleste du Très Saint Sauveur. Chaque changement implique un nouveau lieu et la traversée d'épreuves et de mutations sociales, institutionnelles et psychologiques. À Foggia, elle meurt subitement au cours de la lecture de la Passion selon saint Jean. À l'expression « *consumatum est* », Marie Céleste rend son dernier souffle, à quatorze heures, en conformité parfaite avec le Christ. Ce modèle christique a occupé toute sa vie spirituelle, sans aucune forme extraordinaire ni manifestation corporelle ou sensible. L'aspiration à Dieu dans la contemplation est, chez elle, intellectuelle, intérieure, conforme à l'image de Dieu contemplant le Verbe en lui-même. Le nom de Céleste est d'ailleurs choisi pour convenir à la « pureté », qu'elle entend moins au sens moral qu'à proportion d'une exemplarité sans faille de pur reflet intérieur. En ce sens, sa spiritualité appartient aux formes les plus élevées de la mystique spéculative. Elle écrit quantités de poésies, méditations, exercices spirituels. Outre les règles pointilleuses des Rédemptoristes, qu'elle élabore, elle rédige une sorte d'autobiographie sur ordre de son confesseur, dont elle conduit le récit jusqu'en 1743. La première personne y alterne avec la troisième, selon une étrange instabilité de la voix narrative qui transforme le sujet de la vie en protagoniste de la relation, objet passivement donné à la connaissance, à l'amour et au vouloir divin. La connaissance passive l'occupe, comme elle le raconte, depuis sa plus tendre enfance, et demeure par-delà un temps de ténèbres intérieures, comme un état tranquille, simple, sans distraction aucune. La spiritualité de Marie Céleste est proche de celle d'une Catherine de Gênes*, résolument hostile à toute faveur exceptionnelle, attentive seulement à vivre fixée sur l'image divine dans une sainteté à la fois ordinaire et de repos.

Sophie Houdard

• *Voir aussi* : Catherine de Gênes

Bibl. : ***Vies*** : B. D'ORAZIO, *Una grande mistica del'1700. La Venerabile Madre Suor Maria Celeste Crostarosa, Autobiografia*, Casamari, 1965 (description soignée du matériel manuscrit) ; S. MAJORANO, *L'imitazione per la memoria del Salvatore. Il messaggio spirituale di Suor Maria Celeste Crostarosa*, Rome, San Gerardo, 1978 (édition rigoureuse de l'écrit sans titre, appelé

Autobiographie par les éditeurs). **Études** : J. FAVRE, *Une grande mystique au XVIIIe siècle. La vénérable Marie Céleste Crostarosa*, Paris, Librairie Saint-Paul, 1936.

MARIE-CÉLINE DE LA PRÉSENTATION, *bienheureuse, clarisse* (Jeanne-Germaine Castang ; Nojals-et-Clotte, Dordogne, 1878-Talence, 1897). — D'une famille déclassée tombée dans la misère (cinq des douze enfants mourront de tuberculose, rougeole ou malnutrition), elle est atteinte à quatre ans par la poliomyélite et aura une jambe paralysée et un pied déformé : elle marchera sur sa cheville jusqu'à une opération subie à treize ans. Elle doit parfois mendier et aider sa mère puis soigner un de ses frères, tuberculeux. Elle déclare dès son enfance : « Je veux mourir religieuse » et obtient en 1896 d'entrer, en dépit de son handicap, au couvent des Clarisses de Talence-Bordeaux. Elle se révèle vite atteinte de tuberculose, mais s'astreint à suivre à la lettre la règle, « accueillant avec humilité et discrétion les manifestations surnaturelles dont elle était l'objet ». Elle écrit : « J'ai résolu que je serai une violette d'humilité, une rose de charité et un lys de pureté pour Jésus. » Elle meurt dans la souffrance à dix-neuf ans et six jours.

Juste avant sa mort, elle adressait ses mots à sa sœur : « Je meurs sans regrets et je te donne rendez-vous au ciel. Le jour de ma mort sera le plus beau de ma vie [...]. » Considérée comme sainte par sa communauté et les familiers du couvent, elle se serait manifestée *post mortem* à ceux qui invoquaient son intercession ou lisaient sa *Vie*, par de suaves odeurs qui la firent surnommer « la sainte aux parfums ». Cette « preuve » fort archaïque d'héroïcité des vertus mise à part, qui tend peut-être à compenser la quasi-absence d'écrits, Marie-Céline présente toutes les caractéristiques de la sainte juvénile, figure privilégiée des temps contemporains. Elle a été béatifiée en 2007.

Régis Bertrand

Bibl. : ***Vie*** : [une clarisse], *Fleur du cloître ou vie édifiante de sœur Marie-Céline de la Présentation [...]*, Bourg-en-Bresse, 1898 (rééd. Talence et Mons, Monastère des Clarisses, 1926). ***Étude*** : *Prodiges et faveurs attribués à l'intercession de la servante de Dieu sœur Marie-Céline de la Présentation [...]* (brochure), Paris, Librairie Saint-François d'Assise, 1900.

MARIE-COLETTE DU SACRÉ-CŒUR, *clarisse* (Marie-Augustine Duchet ; Paris, 1857-Besançon, 1905). — Marie-Augustine est la fille d'un soldat qui a servi dans les armées d'Afrique et de Crimée, avant de venir s'établir à Besançon. Dans ses jeunes années, elle fréquente l'école des Sœurs de la Charité (institut fondé par la vincentienne sainte Jeanne-Antide Thouret*, en 1799, laquelle refusa de se laisser enfermer dans une congrégation locale et fut persécutée par l'archevêque, avant de refonder en Italie du Sud). Lorsque, en 1881, elle entre chez les Clarisses colettines, après un pèlerinage à Notre-Dame-des-Buis (située sur les hauteurs, aujourd'hui petit ermitage franciscain), le climat y demeure celui de l'ascétisme colétin et la bibliothèque ne comporte, notamment, que des fragments de *Thérèse d'Avila* ou la *Vie* et les *Entretiens* de François de Sales. Au début, elle ne bénit pas Dieu, comme sainte Claire d'Assise*, d'avoir été créée, mais s'écrie : « Pourquoi m'avez-vous donc créée ? » Elle éprouve néanmoins très vite l'excès de l'amour de Dieu, car il ne suffit pas de l'aimer, encore faut-il être en mesure de le recevoir. Aussi, elle interpelle Jésus en lui disant : « Suspendez vos consolations, car je n'en puis plus » (II, 21). Et puis, c'est l'émerveillement : « Chaque jour, j'éprouve quelque chose de nouveau » (1886 ; V, 25). Les deux expériences sont synthétisées ainsi : « l'âme ne pourra jamais s'habituer à cet amour [de Dieu] ; au contraire, plus elle le goûtera, plus elle le trouvera nouveau et délicieux » (1888). Elle conclut très vite, influencée par l'exercice spirituel comme *indiferencia* : « Il faut recevoir tout ce que Dieu donne [...], aussi bien [...] la privation que [...] la jouissance, et profiter de cette dernière [...], puisque c'est un vent favorable qui prépare à celui des tribulations » (VI, 42). D'où cette formulation : « Je tâcherai de bien profiter du moment présent, et de la grâce qui m'est donnée à chaque instant » (1891) ; ce qui fait songer à la spiritualité baroque d'un Jean Pierre de Caussade et à celle de *L'Abandon à la providence divine** (XVIIIe s.). Instant exigeant, mais « Notre Seigneur fait lui-même presque tout ce qu'il me demande [...]. Je jouis beaucoup plus que je ne souffre ». La nature de la prière découle de cette expérience : « Plus je me sens près de lui, et plus j'éprouve le besoin de lui demander davantage, je vois alors tant de besoins ! [...] Je vois un peu comme il voit » (1893). La prière est le regard spirituel de Dieu sur toutes les créatures et les libertés.

Bernard Forthomme

Bibl. : ***Œuvre*** **:** *Écrits* (38 cahiers, avec une autobiographie, ses notes spirituelles, un traité sur la *Perfection*, un traité sur la *Méditation*, un *Rêve sur les étoiles* etc.), Archives du couvent de Besançon (couvent transféré tout récemment à Ronchamp, en Franche-Comté). ***Étude*** : J.-J. NAVATEL, S.J., *Sœur Marie-Colette du Sacré-Cœur... d'après ses Notes spirituelles (1857-1905)*, Paris, De Gigord, 1921.

MARIE D'OIGNIES, *bienheureuse (*dite *sainte)*, *béguine* (Nivelles, 1178-Oignies, 23 juin 1213). — Marie d'Oignies incarne de façon paradigmatique le nouveau type de vocation chrétienne qui se développe dès les années 1170-1180, dans le nord de l'Europe : les béguines, partageant l'idéal pénitentiel, sans pour autant s'intégrer à une communauté monastique ou canoniale (le plus souvent en raison de l'impossibilité d'apporter une dot), choisissent de vivre dans le monde de manière non mondaine. Qu'elles vivent seules ou en communauté, sans prononcer de vœux religieux, ces femmes mènent une vie de prière et de travail manuel pour subvenir à leurs besoins et à ceux des pauvres, en n'oubliant pas l'assistance aux malades.

Marie est née dans une famille aisée, semble-t-il, de riches bourgeois. Sa grande piété est remarquée dès l'enfance. Mariée (contre son gré) à quatorze ans, n'en continuant pas moins une intense vie de prière, elle finit par convertir son mari, et tous deux se mettront au service des lépreux à Williambroux, non loin de Nivelles. Mais elle est importunée par la réputation de sainteté qui commence à se répandre à son sujet et, avec l'accord de son mari, elle se retire dans un ermitage qui dépend du prieuré canonial Saint-Nicolas d'Oignies-sur-Sambre. Ce qui n'empêchera pas sa renommée de prophétesse et de maître spirituel d'attirer à nouveau nombre de visiteurs. Parmi eux, un clerc, originaire du diocèse de Reims, Jacques de Vitry, qui la rencontre en 1211. Fasciné par la perfection chrétienne de Marie d'Oignies, il deviendra son confesseur, avant de s'en faire le biographe, deux ans à peine après sa mort. Cet ouvrage est la première biographie spirituelle du Moyen Âge en honneur d'une laïque, d'une importance égale à celles que publiera son contemporain Thomas de Celano autour de la figure de François d'Assise. Le propos est moins historiographique qu'apologétique : il s'agit de présenter un idéal de vie évangélique, vécu par une chrétienne, et pouvant se mesurer aux exemples de ces « Parfaits » qu'exhibaient les groupes hérétiques : cathares, où se développaient de véritables convents féminins, très prisés dans les milieux aristocratiques (on retiendra la haute figure d'Esclarmonde de Foix, sœur du comte Raymond-Roger) ; et vaudois (où les femmes avaient le pouvoir de la prédication – et même la présidence de l'Eucharistie, chez les Pauvres de Lombardie). Par ailleurs, l'ouvrage veut répondre aux détracteurs de ces femmes mystiques – nombreux parmi les clercs, misogynie et défense corporatiste obligent –, Jacques de Vitry ayant été constamment l'avocat et le propagandiste de ces saintes femmes.

C'est en effet un réformateur, partisan de la *vita apostolica* ; à la mort de Marie (dont il gardera sur lui un doigt dans un reliquaire), il part pour l'Italie, où il rencontre François d'Assise à Pérouse, avant d'être sacré évêque de Saint-Jean d'Acre par le pape Honorius III. Revenu de Terre sainte en 1226, créé cardinal en 1229, ce grand prédicateur prêchera avec succès la croisade contre les Albigeois entre 1212 et 1215. À sa mort, en 1240, il sera inhumé à Oignies près de celle qui aura été l'étoile de sa vie apostolique et spirituelle.

L'ouvrage lui avait été demandé par l'évêque Foulques de Toulouse : ce marchand marseillais, marié, converti en 1195 et devenu cistercien au Thoronet, choisi comme évêque en 1205, avait été expulsé de sa ville en 1212 par les cathares, qu'il combattait vigoureusement. Attiré par la réputation de ces saintes femmes du Nord, fidèles à l'Église, dévotes de l'Eucharistie (à la différence de ses ouailles méridionales), il était venu à Liège, intrigué par la convergence de l'héroïsme des croisés et du courage de ces *mulieres sanctae*, qui menaient le combat spirituel à la manière des Pères du désert. Marie d'Oignies exemplifiait toutes ces vertus. La *Vie* de Jacques de Vitry répondait donc aussi à un souci pastoral de proposer un modèle attractif aux aspirations spirituelles des femmes de ce temps. En effet, aux yeux de Jacques de Vitry, bien plus que l'octroi de pouvoirs institutionnels aux femmes ou que la légitimité de ministères féminins importe la reconnaissance de la compétence, pour ne pas dire de la supériorité des femmes dans le champ spirituel. Ce clerc, universitaire de Paris (à la différence de ses collègues lointains du procès de Jeanne d'Arc), croit en une sainteté proprement féminine, veut en définir les traits, et en repérer les moyens qui permettent aux femmes de vivre l'union mystique avec Dieu : un ascétisme extrême, un rigorisme moral, une chasteté intraitable, une pauvreté absolue qui s'en remet à la providence divine (ce à quoi Marie ne parviendra jamais : les autorités familiales et sociales veillaient au bon ordre des choses !). Une expérience concrète, où, nous-mêmes aujourd'hui, peu sensibles à l'anachronisme, nous suspectons haine de soi et pulsion de mort, mais qui, conduite par l'amour de Dieu, dans le cadre de l'Église, était pleinement convaincante pour l'homme du Moyen Âge : il y avait là en effet de quoi répondre à l'*endurance* manifestée par les héroïnes cathares.

François Marxer

Bibl. : ***Vie et études*** **:** JACQUES DE VITRY, *Vie de Marie d'Oignies*, Arles, Actes Sud, 1997 ; A. VAUCHEZ, « La sainteté, arme contre l'hérésie : la *Vie de Marie d'Oignies* par Jacques de Vitry », in *Saints, prophètes et visionnaires*, Paris, Albin Michel, 1999.

MARIE D'OISTERWIJK, *béguine* (Marie Van Hout ; ?-Cologne, 30 septembre 1547). — Marie d'Oisterwijk résida pendant longtemps au béguinage de Bethléem, situé probablement dans le village de Hout, près de Tilburg (Brabant septentrional). Surpassant ses compagnes par l'élévation de sa spiritualité et son autorité reconnue de tous, elle gouverna pendant longtemps la communauté des béguines d'Oisterwijk, au XVIe siècle. Elle fut influencée et dirigée par Nicolas Eschius, directeur du béguinage de Diest, second fondateur du béguinage de Bethléem, « la maison des vierges », qui lui doit en partie son essor matériel et spirituel. Malgré la vie retirée de Marie d'Oisterwijk, sa condition modeste et son instruction rudimentaire, son influence sur ses compagnes, le clergé, quelques religieux et hommes du monde, fut considérable. À ce titre, elle tint une importante correspondance avec les Chartreux et les Jésuites de Cologne (Pierre Canisius, Corneil Vischaven, Adrien Adriaensens), qui la vénéraient et l'appelaient *mater nostra*. L'état des béguines étant très précaire, elle fut invitée par les Chartreux à résider à Cologne, qui, en échange de leur influence bénéfique, subvinrent à ses besoins et à ceux de deux autres de ses compagnes.

Marie d'Oisterwijk est l'auteur d'une correspondance et de quelques écrits publiés de son vivant, *Der rechte wech zo der evangelischer volkoleben* (1531) et *Dat Paradijs der lieffhavender sielen vol inniger oiffingen des geistz* (1532). On lui a attribué à tort *La Perle évangélique**.

Héritière d'Hadewijch d'Anvers*, de Mechtilde de Magdebourg*, de Douceline de Digne* – pour ne citer qu'elles –, des béguines qui jouirent d'une grande renommée au XIIIe siècle, elle est considérée comme une « mystique isolée » (P. Dinzelbacher) de ce courant, qui s'étiola dans les siècles ultérieurs, persécuté par les institutions et soupçonné d'accointances avec la secte des Frères du Libre Esprit.

Audrey Fella

• *Voir aussi* : Douceline de Digne ; Hadewijch d'Anvers ; Mechtilde de Magdebourg

Bibl. : ***Vie et études*** **:** A. AMPE, notice dans le *Dictionnaire de spiritualité*, Paris, Beauchesne, t. X, 1980, col. 519-520 ; P. DINZELBACHER, notice dans le *Dictionnaire de la mystique*, Turnhout (Belgique), Brepols, 1993, p. 94-95 ; W. OEHL, *Deutsche*

Mystikerbriefe des Mittelalters 1100-1550, Darmstadt (Allemagne), WBG, 1972.

MARIE DE JÉSUS, *bienheureuse, fondatrice de la Société des Filles du Cœur de Jésus* (Marie Deluil-Martiny ; Marseille, 1841-1884). — Fille d'un avocat, elle grandit dans une famille marquée par les deuils. Elle découvre, adolescente, à la Visitation de Marseille, l'œuvre de la Garde d'honneur du Sacré-Cœur (aujourd'hui Heure de présence au Cœur sacré de Jésus), fondée en 1863 par sœur Marie du Sacré-Cœur Bernaud à la Visitation de Bourg-en-Bresse pour assurer une chaîne perpétuelle de prières réparatrices. Elle en fait « l'œuvre de sa vie », en devient « première zélatrice » au point qu'elle passe parfois pour en être la fondatrice. Elle la propagera dans les paroisses puis dans les couvents de la congrégation qu'elle va fonder.

En 1867, elle se voue à Dieu sous la direction d'un jésuite, le père Calage et entend Jésus lui dire : « Sais-tu ce que c'est qu'adorer ? Je suis le seul qui adore réellement. Je suis la beauté souveraine. » Elle a, peu après, avec sœur Bernaud, l'intuition que « la très précieuse offrande du sang et de l'eau sortis de la plaie du Cœur de Jésus [...] constitue un véritable sacerdoce mystique pour les âmes », à laquelle s'oppose l'évêque de Belley (diocèse de Bourg), bien qu'elle ait la prudence de le qualifier de « sacerdoce mystique inférieur ». Elle fait vœu de victime « par les mains de Marie » en 1868. Se dessine déjà sa conception de la « Vierge prêtre » (*Virgo sacerdos*, qualification différente en latin, mais non en français, de *presbyter*) : le sacerdoce mystique de Marie*, élevant son fils vers Dieu comme le prêtre l'hostie. En 1873, elle crée, à Berchem-Anvers, en Belgique, à cause de la situation politique française, la Société des Filles du Cœur de Jésus, épouses et victimes de l'Agneau immolé, dont le but principal est l'adoration eucharistique, la dévotion réparatrice au Cœur de Jésus et l'aide spirituelle aux prêtres pour leur apostolat, qui va connaître une diffusion dans plusieurs pays européens, de même que son association des âmes-victimes à laquelle adhéreront, entre autres, Charles de Foucauld et Maximilien Kolbe. Elle hérite en 1879 de la propriété familiale de la Servianne, à Marseille, qu'elle transforme en couvent et où elle s'établit. Elle y est assassinée à quarante-deux ans par un anarchiste, Louis Chave, et meurt en lui pardonnant.

Cette religieuse, qui irrite la hiérarchie par ses compétences scripturaires, tient une place originale dans le mouvement victimal du XIXe siècle, qu'elle renouvelle : elle fait prévaloir sur les pénitences corporelles la mortification intérieure et le dépouillement ; elle donne la priorité à l'amour et non pas à la réparation offerte pour calmer la colère divine : « Ce ne sont plus des victimes de justice, ce sont des victimes d'amour que Jésus réclame et qu'Il aura. » Comme d'autres mystiques victimales, elle souligne les insuffisances spirituelles de membres du clergé : « Dieu veut qu'une légion d'âmes vraiment victimes s'offrent comme d'humbles suppléments de ce qui manque à l'esprit sacerdotal de certains prêtres. » Ses religieuses sont placées auprès de l'autel et non dans un chœur fermé ; elle obtient dès 1873 qu'elles répondent au célébrant à la messe et voudrait les faire communier au calice.

Le Saint-Office a bloqué jusqu'à Vatican II sa cause, en particulier en raison du problème de la notion de « Vierge prêtre », en dépit d'approbations pontificales. Elle a été béatifiée en 1987.

Régis Bertrand

Bibl. : ***Écrits*** : *Lettres de mère Marie de Jésus Deluil-Martiny...*, abbé L. Laplace (éd.), Paris, P. Lethielleux, 1924 (rééd. 1965) ; son « Journal d'âme », tenu de 1867 à 1873, n'est en revanche connu que par des citations des ouvrages suivants. ***Vie*** : abbé L. LAPLACE, *La Mère Marie de Jésus, Marie Deluil-Martiny [...]*, Paris-Tournai, Castermann, 1894 ; H. ARNAUD, *Le Choix de l'absolu. Mère Marie de Jésus Deluil-Martiny*, Marseille, éd. de l'auteur, 1990. ***Études*** : père R. GARRIGOU-LAGRANGE, « La vie intérieure de mère Marie de Jésus », in *La Vie spirituelle*, t. XLII, 1935, p. 162-177 ; R. LAURENTIN, *Marie Deluil-Martiny, précurseur et martyre [...]*, Paris, Fayard, 2003 ; B. LUCCHESI, *Prier 15 jours avec Marie de Jésus Deluil-Martiny [...]*, Bruyères-le-Châtel, Nouvelle cité, 2006 ; M. METENIER, F. REVILLA, *Marseille, meurtre au couvent. La Serviane, 1884, ou l'anarchiste de Gignac*, Gignac, Mémoires de Gignac, 2009.

MARIE DE JÉSUS (DE BRÉAUTÉ), *carmélite* (Paris, 1579-29 novembre 1652). — Fille de Nicolas de Harlay de Sancy, illustre par ses emplois et par ses charges, elle est mariée à dix-huit ans au marquis de Bréauté, brillant dans le métier des armes et qui lui plut davantage qu'un autre prétendant prudemment éconduit. Elle se retrouve veuve le 5 février 1600, avec un enfant de treize mois. Elle rencontre alors Mme Acarie* et rentre au carmel, dans sa première fondation en France, le 8 décembre 1604. Marie de Jésus devient la compagne très proche de Madeleine de Saint-Joseph*, première carmélite française du premier couvent de Paris. Elle est à l'infirmerie, puis sous-prieure en 1606, responsable des novices en 1608 lorsque Madeleine de Saint-Joseph devient prieure. Lorsque, en 1615, elle devient à son tour prieure, elle fait bâtir une infirmerie. En 1624, elle exprime l'ardent désir de ne plus accepter de charge. À la fin de la même année, son fils meurt en combat singulier. Après 1641, sa santé ruinée, elle dit « n'avoir pas assez de mal pour mourir et en avoir trop pour appeler cela vivre ».

Ses lettres témoignent de son intimité toute tournée vers Dieu, de son intelligence des situations, ainsi que d'une totale absence d'illusions. Dieu « ne nous donne pas toujours en nous-mêmes toute la lumière dont nous avons besoin pour notre conduite, Il la met souvent en autrui afin de nous lier les uns avec les autres d'une plus grande charité ». Et si l'on ne sent rien pour assister les âmes, il suffit de lui demander « que ce soit Lui qui fasse votre charge, puisque vous n'êtes, et ne pouvez rien, et puis faites doucement selon votre conscience ». Réaliste, elle écrit à un proche : « En faisant le service du roi, il est bon, Monsieur mon neveu, de conserver la vie des hommes autant qu'il se peut, ils l'ont reçue de Dieu pour chose grande, et il ne faut pas la leur faire prodiguer sans grande nécessité. Je sais bien que peu de généraux d'armée s'y appliquent pour y penser, mais quand vous seriez un peu meilleur que le commun, il n'y aura pas de mal. » Elle ne doute pas de la communion des saints et déclare à la mère Marie-Madeleine de Bains : « J'ai vu

[...] que notre union ne périra pas et qu'elle sera stable pour l'éternité, et j'ai une grande consolation de voir que ma mort n'y changera rien. C'est Dieu qui l'a faite et je l'emporte, elle ne s'évanouira pas. »

Marie de Jésus fut la confidente ordinaire de Madeleine de Saint-Joseph et l'on peut considérer ces deux figures associées comme les co-fondatrices au sein du premier carmel de France.

Dominique Tronc

• *Voir aussi* : Acarie ; Madeleine de Saint-Joseph

Bibl. : ***Biographie*** **:** *La Vénérable Madeleine de Saint-Joseph, première prieure française du premier monastère des Carmélites Déchaussées en France (1578-1637)*, sans nom d'auteur [Louise de Jésus], Clamart, Carmel de l'Incarnation, 1935, p. 231 et 505 ; *Carmel*, 1962, II, « Aux origines du Carmel de France, Mère Marie de Jésus, marquise de Bréauté », p. 125-147 ; « I. Vie de la Mère Marie de Jésus de Bréauté », Ms. 3A2 des archives du premier carmel de France (carmel de Pontoise), p. 1-179.

MARIE DE JÉSUS CRUCIFIÉ, *bienheureuse, carmélite* (Mariam Baouardy ; Abellin, 1846-Bethléem, 26 août 1878). — Lors de la béatification, le 13 novembre 1983, Jean-Paul II ne fait aucune allusion aux faits absolument extraordinaires qui emplissent la vie de cette petite carmélite arabe, née en Palestine, comme Jésus, et morte comme lui à l'âge de trente-trois ans. À peine concède-t-il, dans l'allocution donnée le lendemain aux pèlerins des patriarcats orientaux qui ont fait le voyage de Rome pour la célébration, que toute sa vie traduit « une familiarité inouïe avec Dieu ». Ces prudences de l'Église romaine – dont les béatifications sanctionnent la vie et les vertus de quelqu'un, et pas le merveilleux qui a entouré une existence – laissent sur leur faim les connaisseurs de sœur Marie de Jésus Crucifié.

Elle est née en Haute Galilée, à Abellin, dans une famille grecque melkite catholique. Le père est poudrier, le couple a douze garçons, tous morts en bas âge, puis une fille. Mariam, cependant, perd ses parents à l'âge de deux ans et est élevée par son oncle. En 1854, la famille déménage en Égypte. Lorsqu'elle atteint treize ans, ses parents adoptifs arrangent pour elle un mariage, qu'elle refuse, invoquant son vœu de virginité. La colère familiale fait d'elle une sorte d'esclave humiliée. Enfuie et réfugiée près d'un musulman, elle refuse la conversion à l'islam : d'un coup de cimeterre, l'homme lui tranche la gorge. Devant le bain de sang, on la croit morte. Elle en réchappe, elle dira qu'elle a été soignée par la Vierge Marie*, mais gardera toute sa vie une voix rauque et une cicatrice de 10 cm de long au cou. Elle devient domestique dans une famille chrétienne, à Jaffa puis à Beyrouth, et enfin dans une famille arabe de Marseille. Après un essai chez les sœurs de l'Apparition de La Capelette – où ses extases nombreuses ne font pas l'unanimité, elle est conduite à la porte du carmel de Pau. Elle a vingt et un ans, elle sera fille de sainte Thérèse de Lisieux* jusqu'à sa mort.

La « carrière » carmélitaine de sœur Marie de Jésus Crucifié est assez itinérante. En 1870, elle participe à la fondation du carmel de Mangalore, en Inde, puis, en 1875, à celle du carmel de Bethléem, dans sa Palestine natale. Mais ces circonstances extérieures, caractéristiques de la période d'extension missionnaire du Carmel français, ne sont pas ce qui compte. La vie mouvementée de Mariam Baouardy, c'est sa vie intérieure. Les phénomènes surnaturels emplissent sa vie, presque à son insu tant elle est ingénue : très obéissante, active, délicate, affective aussi et imaginative comme une Orientale qu'elle reste toujours, elle ignore presque ce que sa vie a d'extraordinaire. De ses extases fréquentes, au cours desquelles elle compose poèmes et chansons, elle ne se souvient même pas. On la voit léviter plusieurs fois, ressemblant en cela au célèbre saint Joseph de Cupertino, pendant l'année 1873 à Pau. Elle est au sommet d'un arbre, perchée comme un oiseau sur une branche légère, se balançant sans aucun appui. « Comment êtes-vous montée, demande la prieure ? – L'Agneau m'a tendu la main », répond Mariam. À Pau, pendant son noviciat, puis à Mangalore, elle reçoit les stigmates, plaies des mains, des pieds, du côté et couronne d'épines. Le sang coule et une odeur suave se dégage du corps et des vêtements. Les sœurs sont stupéfaites. Comme sainte Thérèse d'Avila* elle a droit, le 24 mai 1868, pendant une extase, à la transverbération du cœur. Souffrances et bonheur, elle dit : « Jésus m'a percé le cœur. » Le phénomène de saignements du cœur se reproduira souvent, et la petite carmélite lave en secret les linges avec lesquels elle essuie la plaie. Après sa mort, son cœur sera envoyé au carmel de Pau, selon son désir et, devant les témoins ahuris, le cœur passe de mains en mains, porteur d'une cicatrice profonde, faite comme avec une large pointe de fer.

Ce n'est pas tout. La sœur Marie de Jésus voit en direct quantité de saints et de personnages bibliques. Le favori est le prophète Élie – protecteur du Carmel depuis les origines : le 21 juillet 1867, elle voit au réfectoire conventuel la statue du saint prophète s'animer, Élie habillé du vêtement carmélitain fait le tour des tables et bénit chaque sœur. La jeune carmélite n'est nullement effrayée, elle vit dans la familiarité des saints, et raconte simplement son commerce habituel avec eux. Elle voit aussi des personnages récemment décédés (le curé d'Ars, le père Cestac). Surtout, elle a un don de prophétie étonnant et sait par avance quantité d'événements. Elle prévient notamment le pape Pie IX, qu'elle aimait beaucoup, des attentats à la bombe de 1868 et prévoit l'élection de son successeur, Léon XIII, sans aucun moyen de le savoir naturellement, en décrivant les armes (*stella versa*, armoiries de la famille Pecci) du futur pontife. Mariam lit des choses cachées dans les cœurs, voit à distance – par exemple le martyre d'un missionnaire du Yunnan en 1874.

Enfin, mais c'est peut-être le plus saisissant, Mariam Baouardy vit des possessions angéliques (au sens où l'on parle de possession diabolique). Ses facultés lui sont retirées, elle est en extase, transfigurée, et raconte à la communauté les enseignements de l'ange. La jeune carmélite était presque illettrée et n'a rien écrit elle-même, mais les récits qu'elle fait, les poèmes admirables – notés précieusement par les sœurs – constituent un corpus passionnant, dans lequel on trouve une spiritualité, toute orientale, centrée sur le Saint-Esprit, pour lequel elle avait une dévotion considérable.

À l'évidence, la postérité a retenu surtout les phénomènes sensationnels, qui avaient déjà tant frappé les contemporains et provoqué, en même temps que des incompréhensions, de nombreuses conversions des cœurs. Cependant, il faudrait étudier de près le dossier de sa spiritualité et le message délivré, une voie de simplicité à l'instar de celle de sainte Thérèse de l'Enfant Jésus (Thérèse de Lisieux). Mariam Baouardy est morte des suites d'un accident de chantier dans le carmel de Bethléem en construction. Elle y a été inhumée.

Dominique-Marie Dauzet

• *Voir aussi* : Thérèse de Lisieux

Bibl. : *Œuvres* : *Pensées*, prés. par le père D. Buzy, Ourscamp, éditions du Serviteur, 1993 ; *Lettres de la Bienheureuse Marie de Jésus Crucifié*, Toulouse, Éditions du Carmel, 2011. ***Études* :** père D. BUZY, *Vie de sœur Marie de Jésus Crucifié*, Paris, Librairie Saint-Paul, 1927 ; A. BRUNOT, *Mariam, la petite Arabe, sœur Marie de Jésus crucifié*, Mulhouse, Éditions Salvator, 1981 ; Homélie de la béatification, *Documentation catholique*, n° 1864, décembre 1983, p. 1145-1147.

MARIE DE JÉSUS D'AGREDA, *vénérable, franciscaine conceptionniste déchaussée* (Maria Coronel ; Agreda, vieille Castille, 2 avril 1602-21 mai 1665). — Maria est issue de la petite noblesse et d'une famille au sentiment religieux particulièrement accentué. Ses parents transformèrent leur propre maison en couvent, à la suite d'une révélation maternelle, une fois son père et deux de ses frères entrés au couvent franciscain Saint-Antoine de Nalda. Maria, qui avait donc de qui tenir sur le plan de l'expérience religieuse, y fit profession en 1620 et y demeura jusqu'à sa mort. Son père devint son frère et sa mère devint sa sœur ! Elle en fut élue abbesse dès 1627. Maria devint ainsi la mère de sa propre mère. Le bouleversement spirituel des générations, déjà mis en relief par saint Bernard (XIIe s.), ne date donc pas d'hier ou de l'histoire de la génétique (les lois de Mendel n'ont-elles d'ailleurs pas été découvertes par un religieux augustinien ?). La renommée de Maria grandissant, elle entretint une correspondance avec le roi d'Espagne Philippe IV, qui assiste au déclin du rayonnement de son immense royaume, et qui l'avait expressément sollicitée. Mais écoutons-la : « Pour déclarer avec ordre en quel temps j'écrivis cette divine histoire [*Mística Ciudad*], il est bon que je fasse savoir que mon père frère François Coronel, et ma mère sœur Catherine de Arana, fondèrent ce couvent des religieuses déchaussées de la Très-Immaculée Conception dans leur propre maison, par la disposition et la volonté de Dieu, que ma mère connut par une révélation particulière. [...] Nous prîmes l'habit, ma mère, moi et ma sœur, le même jour [janvier 1619] ; mon père alla aussi dans un autre couvent de l'ordre de notre séraphique père saint François, où deux de mes frères étaient déjà religieux [...]. Le Tout-Puissant favorisa par sa seule bonté, notre famille, en nous faisant la grâce de nous consacrer tous à l'état religieux [...]. L'ayant achevée [*Vida de la Virgen*], je brûlai tous mes écrits, tant ceux qui regardaient cette sacrée histoire que plusieurs autres sur des matières fort graves et mystérieuses, par les craintes et les tribulations que j'ai déjà dites, et par le conseil d'un confesseur qui me dirigeait [...] parce qu'il me dit que les femmes ne devaient pas écrire dans l'Église [...]. Mes supérieurs et mon premier confesseur [frère Andrés de Fuenmayor, ofm] qui savaient toute ma vie me reprirent très aigrement. Et ils me commandèrent de nouveau par la sainte obéissance de l'écrire une seconde fois [...]. Je commence d'écrire cette histoire par la grâce de Dieu, ce huitième jour de décembre de l'année 1655, jour de la très pure et très immaculée Conception » (Introduction, n° 19).

Son œuvre majeure, *Mística Ciudad de Dios... y vida de la Virgen*, qu'elle commence donc à rédiger vers 1637, fut une première fois détruite vers 1645, puis réécrite entre 1655-1660, avant d'être publiée *post mortem*, après révision d'une commission théologique franciscaine, en 1670 (édition *princeps*). La cité de Dieu, ce n'est plus celle de saint Augustin, complexe, inextricablement mêlée, dans l'histoire présente, avec la cité terrestre (« *perplexae quippe sunt istae duae civitates in hoc saeculo, invicemque permixtae* », *De civitate Dei*, I, 35), mais la Vierge Marie*, elle-même. Ou, plus exactement, la complexité augustinienne trouve dans l'histoire de Marie, dans la vie d'une seule personne humaine, un nouveau parcours, précisément mystique : cité symbolique inhabitée par le Christ, celle en qui convergent le paganisme ancien et le nouveau monde (d'où la prédication de Marie en Égypte, à cause de la persécution politique), la Galilée et l'Espagne ! L'époque baroque a produit d'autres Vies de Marie, mais *La Cité mystique de Dieu...* a une ampleur et une portée exceptionnelles. Elle relève du genre narratif, incluant les récits apocryphes et les légendes populaires, mais elle contient de riches aperçus spirituels. Elle est divisée en trois grandes parties : la première allant de la prédestination de Marie jusqu'à l'incarnation du Verbe (livres I-II), la deuxième allant de l'incarnation à l'ascension de Jésus (livres III-VI), la dernière de l'ascension au couronnement de Marie (livres VII-VIII). Maria réalise le tour de force d'actualiser, dans le cadre de l'Espagne baroque, toute l'antiquité biblique interprétée dans une perspective sotériologique (qui concerne le salut par le Christ). À quoi s'adjoignent des préceptes de vie qui semblent découler de l'élément narratif. La présence du directeur spirituel est également soulignée dans l'élaboration des révélations, leur sélection ou leur interprétation, et même leur possibilité profonde dans le sujet spirituel. La figure de Marie (cité de Dieu) est aussi cette subjectivation radicale de la vie civile dans la vie de Maria d'Agreda. Apparaît ainsi le fond subjectif du lien social. À tel point que les préceptes de vie (accessibles à un plus grand nombre) doivent en quelque sorte compenser la difficulté de suivre un parcours spirituel aussi singulier que celui de Marie/Maria, tout en puisant dans cette expérience même la visée sotériologique ou la pertinence logique universelle du Verbe qui prend chair de cette chair-là. D'où la référence conjointe à l'échelle de Jacob – « Monte donc et avance-toi, vient à moi par elle », dit Dieu – et à l'amoureuse du *Cantique*, attirée par les parfums de Celui qui le charme, et qui dit au Très-Haut : « Tirez-moi auprès de vous et nous courrons ensemble ! » Double symbolique qui nous fait directement penser au songe et à la métaphore de Claire d'Assise*. Mais, pour cela, « il faut que Dieu surmonte lui-même la loi universelle du péché si contraire à celle de la Cité sainte » (*Cité mystique*, partie I, livre I, chap. I, citant Rm VII, 23). Or une spiritualité cristallisée par la *conceptio spiritualis* de Marie sans rapport à cette loi universelle – dans la lignée de la théologie scotiste (de Jean Duns Scot) – est particulièrement sensible à la puissance de Dieu capable de dépasser le droit commun pour le droit exempt, afin d'opérer l'exception. Opinion théologique encore très controversée au XVIIe siècle ! Le fond de cette expérience est celle de l'exception qui confirme la règle.

Toutefois, il ne suffit pas de voir la vérité : encore faut-il être en mesure de la recevoir. Maria garde toujours cette crainte salutaire de ne pouvoir porter ce qu'elle reçoit : « Je tremble toujours de perdre l'amitié du Tout-Puissant, et même je doute si je la possède » (*La Cité mystique...*, I, I, II). Néanmoins, elle garde une certaine audace. Elle voit (et pas seulement récite) le Credo de Nicée-Constantinople. Elle voit (et ne pense pas seulement) Dieu en lui-même ou le Dieu trinitaire, avant même la création du monde. Elle ne prend pas appui sur les effets pour remonter à la cause. Elle ne va pas du sensible à l'intelligible, ni de l'ordre du monde à l'existence du Créateur. Elle voit Dieu immédiatement, dans un spasme amoureux (« amoureuses pâmoisons », dit son traducteur récollet) et féerique : « J'ai vu le Seigneur et le Créateur de tout ce qui a l'être. J'ai vu une grandeur en elle-même avant qu'elle eût rien créé ; j'ignore de quelle façon elle me fut montrée, mais non ce que je vis et ce que j'entendis » (*ibid.*, I, I, III). Elle précise : « Je découvris qu'il est beau sans laideur, grand sans qualité, éternel sans succession de temps, fort sans faiblesse, vie sans mortalité, véritable sans fausseté ; qu'il est présent en tout lieu, le remplissant sans l'occuper, et se trouvant en toutes choses sans extension. » C'est presque du Musil appliqué à l'homme sans propriétés (*Eigenschaften*) ! Quelques pages plus loin, Maria réitère son audace, sa parrhésie : « Je vis comme le Seigneur était avant que de créer aucune chose [...] point de soleil, ni de lune, ni d'étoiles, ni aucun élément. Le Créateur était seulement, sans qu'il y eût rien de créé. Tout était désert, sans anges, sans hommes et sans animaux ; et par cette vue je connus que l'on doit nécessairement convenir que Dieu était en lui-même, et qu'il n'avait besoin d'aucune créature [...]. » Ce qui nous plonge dans Job et son discours de sagesse païenne. Elle précise néanmoins qu'elle voit cela sans esprit de curiosité, mais uniquement pour apprendre le rang de Marie dans la science de Dieu. Dès le départ, elle le disait clairement : « Voilà toute ma prétention [...]. Je n'écrirai point comme maîtresse, mais comme disciple ; ce ne sera pas pour enseigner mais pour apprendre » (*ibid.*, I, III).

Elle précise aussi qu'elle a beaucoup appris à la suite de la destruction de la première version de sa *Cité mystique* : « La première fois que j'écrivis, les soins du matériel et de l'ordre de cet ouvrage m'occupaient extrêmement [...]. » Se produisit ensuite un changement intérieur, comme une décontraction propre à la sagesse qui meut fortement et doucement (Sg VIII, 1). Cette force s'exprime notamment dans sa grande mobilité. Marie non seulement devient apôtre mais missionnaire. Oui, ce n'est pas seulement la maison de la Vierge qui se transporte de Palestine à Lorette – suivant la légende : *Translatio miraculosa ecclesiae Beatae Mariae Virginis de Loreto* (1472), rédigée sur deux feuillets par le gardien du sanctuaire, G. Tolomei –, mais l'esprit de Maria qui transporte la mère de Jésus en Égypte (partie II) et en Espagne (partie III) pour aller y annoncer la bonne nouvelle (avant les apôtres et les disciples !) et qui se transporte elle-même dans le Nouveau Monde pour accompagner l'effort missionnaire des Franciscains au Mexique. C'est le temps où le récollet Archange de Clermont écrit un livre sur le *Transport du Mont-Calvaire en France* (Lyon, 1638). Désormais, ce sont bien nos joies et nos blessures qui sont la vraie Terre sainte ! On songe encore au Christ qui visitera les États-Unis, selon le mythe des Mormons, ou à l'artefact de l'histoire du monde vue par le cinéma américain du style des *Dix Commandements* (1956) – Babylone, l'Égypte, Moïse, et Rome, comme préface au Législateur nord-américain –, tant il est difficile à une grande puissance de laisser l'initiative spirituelle à un peuple obscur. Expérience spirituelle qui oblige donc au voyage le plus souple et le plus extensible : dans le profond jadis, dans le plus proche et le plus lointain.

En cette voyageuse spirituelle que fut Maria, la femme ou la religieuse se transporte comme la parole apostolique et missionnaire. Rien désormais n'empêchera la femme de participer activement à la parole d'évangélisation. Cet accent mis sur la prédication de la vie ecclésiale est, bien entendu, un trait majeur de l'inspiration qui animait saint François d'Assise et saint Dominique, mais également un symptôme particulièrement éloquent de la réforme propre à l'observance franciscaine : la prédication populaire au sein de la vie la plus quotidienne est au cœur du labeur pastoral d'un saint Bernardin de Sienne et de ses émules. Mais écoutons Maria d'Agreda à propos de la fuite en Égypte, à la suite de la persécution hérodienne, et du travail de Marie, mère de Jésus : « [connaissant] le mystère et la volonté du Très-Haut [...] elle exerça cet office de prédication et de docteur des Égyptiens comme organe de son très saint Fils, qui donnait cette admirable vertu à ses paroles » (*La Cité mystique...*, II, IV, XXVI, n°s 665-666). Usage de la parole qui touche aussi bien les hommes que les femmes, mais qui permet à la femme de panser les plaies de l'homme sans le toucher de ses mains (*ibid.*, n° 668). Quant au voyage mystérieux de Maria d'Agreda elle-même au Mexique, il fait l'objet d'une longue « digression » dans la Vie de la vénérable Marie d'Agreda par son premier hagiographe José-Ximénez Samaniego, scotiste formé à Alcalà (auteur d'une *Vida... Dunsio Escoto*, 1668) et qui deviendra ministre général des Frères mineurs observants : « Le seigneur l'ayant de nouveau ravie en extase dans le temps qu'elle priait instamment pour le salut de ces âmes, il lui sembla qu'elle se trouvait inopinément, et sans s'apercevoir comment, en une autre région fort différente, et au milieu d'un peuple semblable en tout à ces Indiens qui lui avaient été montrés par des espèces abstractives dans l'extase précédente. Il lui semblait qu'elle les voyait clairement, qu'elle apercevait d'une manière sensible le climat de ce pays plus chaud, et que tous ses autres sens en éprouvaient la différence. Étant dans cette disposition, le Seigneur lui ordonna de satisfaire ses charitables désirs, prêchant la foi et sa sainte loi à ce peuple. Il lui semblait qu'elle le faisait effectivement ; qu'elle prêchait aux Indiens en sa langue espagnole et qu'ils l'entendaient avec autant de facilité que si elle eût parlé leur langue naturelle [...] ; que passant par le Nouveau-Mexique, elle voyait et connaissait les religieux de saint François qui allaient travailler à cette conversion » (chap. XII). Ce transport merveilleux (commandé par une urgence évangélisatrice), cette *translatio miraculosa* peut être rapprochée de celle de la maison de l'Annonciation, voire du Calvaire lui-même, suivant la spiritualité du temps. Le miracle rapproche les peuples, les usages et les raisonnements les plus différents, comme le disait déjà Origène ! Toutefois, si un tel récit peut renforcer le sentiment de la conception spirituelle de Marie, il pointe aussi une différence marquée entre le signe et la réalité, entre le signe intérieur (langage cordial perçu par les Indiens) et la langue objective (castillane), mais aussi entre la vision conceptuelle (le voyage visionnaire) et le voyage réel : ce qui serait une marque du nominalisme et, en retour, signe d'un dynamisme propre de la *matière* – qui s'émancipe de la forme universelle –, comme on le voit déjà chez Pierre de Jean Olivi, qui prépare la pensée scotiste de la puissance du mouvement trans-local propre à la matière. Récemment, on a été jusqu'à faire remonter la pensée théologique de la *translatio miraculosa* au franciscain français (d'origine picarde) Richard de Menneville (*Mediavilla*), de la fin du XIIIe siècle, et précisément dans le contexte de la polémique touchant la conception de Marie sans tache originelle de sa liberté. Mais c'est d'une liberté plurielle qu'il s'agit, d'un sujet complexe, capable de plusieurs vies et de diverses morts, d'un *nouveau mourir* et d'un *nouveau vivre* ! Comme l'écrit son premier hagiographe, « la servante de Dieu pouvait avoir diverses morts à tout ce qui est terrestre sans y revivre, et recevoir plusieurs fois une nouvelle vie de l'esprit sans perdre celle qu'elle reçut une fois ; le nouveau mourir au monde consistant à s'en éloigner d'une plus grande distance mystique, et le nouveau vivre à être élevé à une plus haute perfection en recevant et en agissant » (chap. XXXVIII). La demande d'une reprise du procès en béatification de Marie d'Agreda a été reformulée en 2002.

Bernard Forthomme

• *Voir aussi* : Marie

Bibl. : Œuvres : *Mística Ciudad de Dios* (manuscrit original), 8 vol., au couvent d'Agreda ; *Mística Ciudad de Dios, Milagro de su omnipotencia y abismo de gracia. Historia divina, y vida de la virgen Madre de Dios...* (1re éd.), Madrid, Bernardo de Villa-Diego, 1670, 3 vol. ; *Mística Ciudad de Dios. Vida de María*, éd. de C. Solaguren, Madrid, MM. Concepcionistas de Agreda, 1982 ; *La Cité mystique de Dieu...*, trad. T. Croset, récollet, Marseille, 1695 ; Bruxelles, 1715 ; rééd. Paris, Poussielgue, 1857, 6 vol. ; rééd. fac. sim., 2006. ***Vie* :** J.-X. SAMANIEGO, *Vie de la vénérable Marie de Jésus...* [*Vida de la Madre Sor María de Jesús...*, Lisbonne,

1681], trad. T. Croset, récollet, corrigé par un religieux du même ordre, Paris, Poussielgue, 1857. ***Études*** : J.-B. BOSSUET, « Remarques sur... la Mystique Cité de Dieu » (1696), in *Œuvres complètes*, t. XX, Paris, 1864, p. 620-622 ; A. BOUREAU, *L'Inconnu dans la maison, Richard de Mediavilla. Les Franciscains et la vierge Marie à la fin du XIIIe siècle*, Paris, Les Belles Lettres, 2010.

MARIE DE L'INCARNATION. — *Voir* ACARIE

MARIE DE L'INCARNATION, *bienheureuse, ursuline, fondatrice et missionnaire* (Marie Guyart ; Tours, 1599-Québec, 30 avril 1672). — Marie naît au tournant du XVIIe siècle, à l'aube d'une modernité que structurera René Descartes, son contemporain, et au commencement du « grand siècle des âmes », dont la mystique de Tours sera une représentante des plus emblématiques. Quatrième des sept enfants de Florent Guyart, maître-boulanger, et de Jeanne Michelet, la jeune Marie au tempérament vif et gai reçoit, comme ses frères et sœurs, une éducation soignée. Un demi-siècle plus tard, elle racontera que tout commence lorsque, âgée de sept ans, elle vit en songe Notre-Seigneur venir vers elle alors qu'elle jouait avec une camarade dans une cour d'école. Il lui demande d'être à elle et elle répond « oui ». Le secret de son existence s'est noué là.

Le songe eut comme effet chez l'enfant une « pente au bien » (l'expression est de Marie de l'Incarnation), manifestée selon deux élans intérieurs qui seront conjugués tout au long de sa vie comme les deux fils d'une même trame : le désir puissant d'être à Dieu et une forte inclination au souci de l'autre. Le premier mouvement explique l'attrait de la jeune Marie pour tous les lieux où il lui est possible de retrouver son Seigneur : les sacrements, en particulier l'Eucharistie, les prédications et processions de l'Église, ou encore les oraisons qu'elle pratique sans le savoir. Il s'agit d'être avec lui avant « d'être à Lui » ; plus tard, elle écrira que la vie d'une âme consiste à « être toute à Lui ». Ces expressions balisent l'existence de Marie et montrent à la fois l'unité d'un itinéraire et l'élan nuptial qui se dessine très tôt et s'amplifiera jusqu'au don total et inconditionnel à l'Époux divin. Cette pente au bien, en son deuxième mouvement, se traduira très vite par un attrait pour une charité concrète sous les multiples formes du soin de l'autre, et trouvera son accomplissement en terre canadienne.

Vers l'âge de quatorze ans, Marie désire entrer à l'abbaye de Beaumont-les-Tours, dont sa tante est abbesse ; devant le refus de ses parents, elle accepte de se marier. Elle épouse à dix-huit ans un maître-soyeux de Tours, Claude Martin. Avec l'accord de son époux, la jeune femme adopte un mode de vie qui étonne son entourage : elle s'adonne à une piété enthousiaste et fervente qu'accompagne le soin des plus souffrants. Un an plus tard, elle donne naissance à un garçon ; il reçoit le prénom de son père, qui décède peu de temps après. Jeune veuve, Marie Martin redresse au mieux l'entreprise en difficulté laissée par son époux, paie les dettes et liquide l'affaire. Elle est désormais sans ressources. Résistant aux pressions de son entourage, elle refuse de se remarier, vit une année de semi-solitude chez son père, puis, à la demande de sa sœur et de son beau-frère, s'installe chez eux avec son fils, en exigeant le statut de simple servante. Bientôt, c'est elle qui gère avec énergie, talent et efficacité, l'entreprise de transport de son beau-frère.

Voilà pour l'extérieur, le visible, le mondain. L'entourage de Marie ne peut deviner le travail de « ses affaires intérieures », celles de son âme. Depuis le 24 mars 1620, son existence est transformée par un événement connu d'elle seule et plus tard de dom Raymond de Saint-Bernard, son directeur spirituel. En cette veille de l'Incarnation, nom qu'elle donne à l'Annonciation, alors qu'elle se rend à l'entreprise de son défunt mari, la jeune veuve se voit subitement plongée comme dans du sang, qu'elle identifie être celui du Verbe incarné. Au même instant, il lui est donné de voir toutes les fautes commises par elle depuis son enfance et de se reconnaître coupable de la mort du Fils de Dieu. Dans ce même mouvement, elle expérimente la miséricorde du Dieu qui s'est incarné et a versé son sang pour la sauver, elle ; et, dans un ravissement, elle est emportée dans l'Amour même de ce Dieu dont elle éprouve les embrassements exquis. Cette expérience célèbre, connue sous le nom de « vision du sang », la transforme en une « autre créature » et la fait entrer définitivement dans une voie proprement mystique. En secret et avec l'accord de son directeur spirituel, elle fait vœu de chasteté perpétuelle et s'engage dans des pratiques ascétiques extrêmes qui inquiètent même dom Raymond. Poussée par l'Esprit, elle veut par là conquérir pauvreté et pureté, vertus morales et spirituelles qu'elle estime propres à séduire le Dieu qu'elle aime. Les grâces mystiques abondent, dont plusieurs visions intellectuelles : en 1623, vision de la pureté d'une âme sainte, celle de la Mère de Dieu, qui devient dès lors son recours, son modèle et son éducatrice ; en 1625, vision en songe de son propre cœur enchâssé dans celui de Jésus ; la même année, première vision trinitaire et, à partir de 1626, des lumières sur les attributs divins. La jeune mystique découvre bientôt que les purifications les plus radicales ne sont pas de son fait : c'est l'Époux divin et lui seul qui prépare le lit de noces. Lors d'une deuxième vision de la Trinité (1627), Marie est élevée au rang d'épouse. Elle entre dans ce qu'elle appelle son « état foncier », état de l'épouse du *Cantique des cantiques*, qui désormais prévaut en tout. Elle est laïque ; elle n'a pas vingt-huit ans. En tout cela, elle ne néglige rien des affaires très matérielles et accaparantes qui lui sont confiées et dans lesquelles elle excelle. Mais « son cœur est dans le cloître alors même que son corps est dans le monde ».

En 1631, l'Esprit la presse d'embrasser la vie religieuse. Après un discernement spirituellement simple mais naturellement déchirant, Marie choisit, parmi toutes les communautés nouvellement installées à Tours, les Ursulines, parce qu'elles étaient « instituées pour aider les âmes ». Son fils de douze ans, confié à sa sœur et à son beau-frère, chez qui il avait grandi, devient pensionnaire dans un collège jésuite. Dans le couvent de Tours, Marie Guyart, devenue Marie de l'Incarnation, connaît bientôt une troisième extase trinitaire (1631) et commence à expérimenter un rapport singulier à la Parole de Dieu : une grande aisance à citer les Écritures, par exemple dans un commentaire improvisé du *Cantique des cantiques*, ou dans l'enseignement doctrinal donné aux jeunes novices, catéchèse étonnante fondée sur la Bible, publiée plus tard sous le titre *L'École sainte* (1684). Dans ces temps de grâces nuptiales, les épreuves spirituelles ne lui sont pas épargnées : expérience très concrète de l'existence du Malin et tentations diverses. C'est l'époque où elle rédige une première autobiographie à la demande de son directeur.

C'est alors que, dans l'octave de Noël 1633, un deuxième songe prophétique activera chez la contemplative une vocation apostolique enfouie mais non ignorée. La traduction de ce songe lui sera donnée par Dieu même un an plus tard au cours d'une oraison. Elle entend ces mots : « C'est le Canada que je t'ai fait voir. Il faut que tu y ailles faire une maison à Jésus et à Marie. » Mission impossible à vues humaine et institutionnelle (la réforme tridentine ne conçoit pas d'autre vocation religieuse féminine que cloîtrée). Cependant, son « oui » sans réserve, mais non sans question, l'abandonne entièrement à la volonté de Dieu, y compris pour les moyens d'accomplir cet étrange vouloir divin. L'authenticité de cette vocation inédite est reconnue par dom Raymond au cours d'une correspondance serrée et intense. Désormais, le Canada devient son « centre », qu'elle rejoint spirituellement par ses pensées et ses prières jours et nuits ; son corps est certes dans le cloître, mais son cœur est chez les Hurons. Or les pères jésuites, responsables de la mission en Canada depuis 1632, réclament bientôt des éducatrices pour les petites Amérindiennes et les quelques jeunes filles françaises. Les Ursulines sont pressenties et Marie de l'Incarnation est choisie. Le 4 mai 1639, après avoir revu son fils pour la dernière fois, elle s'embarque pour la Nouvelle-France, première religieuse missionnaire, avec deux compagnes et Mme de la Peltrie, une jeune veuve qui assure les ressources matérielles de la fondation. Voyage sans retour. Elle a quarante ans. L'épouse est désormais tout entière « aux affaires de l'Époux » : transformation radicale, non de la substance de sa vie spirituelle, qui est l'union à Dieu dans la paix intérieure, mais des modalités de son accomplissement. À même sa vocation nuptiale, se déploie une vocation apostolique comme son fruit le plus juste : don d'une maternité qui fait participer l'épouse mystique à l'œuvre rédemptrice du Verbe incarné.

La tâche qui l'attend à Québec est immense. Il y faut toute l'expérience acquise, ses talents naturels et spirituels et des grâces insignes, qui ne feront jamais défaut. Pendant trente-trois ans, elle sera fondatrice, missionnaire, supérieure de communauté, éducatrice aimante des petites « sauvagesses » dont elle soigne les corps autant que les âmes et pour qui elle invente des pédagogies inédites. Elle dirigera seule la construction d'un premier monastère puis, sans ressource, sa reconstruction après l'incendie de l'hiver glacial de 1650. Il lui faudra organiser la défense du couvent, qu'elle refuse de quitter au moment où les Iroquois menacent. Elle accueille et devient confidente des futurs martyrs jésuites de passage entre deux missions. Au parloir du monastère, elle reçoit aussi bien les responsables de la colonie en quête de conseils spirituels ou temporels, que des parents amérindiens, y compris iroquois, venus lui confier leurs filles et à qui elle offre nourriture et enseignement. C'est elle qui, en 1659, improvise un logement pour François de Laval, vicaire apostolique et bientôt premier évêque du Canada, arrivé à Québec avant le navire qui devait annoncer sa venue. Pendant plus de vingt ans, la jeune Église s'est édifiée comme Église de missionnaires fondateurs. « Mère de l'Église en Canada » – expression par laquelle Jean-Paul II la saluera en 1980 –, Marie de l'Incarnation se réjouit de l'arrivée tant désirée d'un pasteur. Mais il faudra s'ajuster à cet évêque, plus jeune que son fils Claude, auquel elle obéira sans état d'âme mais non sans discussion, et dont elle admire aussi les qualités personnelles et la profondeur spirituelle rares.

Si on peut mesurer ses épreuves temporelles, qu'elle vit dans la joie et dont elle dit goûter les fruits, la mystique cache les croix qui l'accablent spirituellement dès son arrivée en Nouvelle-France et pendant sept longues années : purifications passives étonnantes pour une âme parvenue à ce degré d'union à Dieu. Nul ne sait vraiment comment elle trouve le temps de préparer et rédiger le premier dictionnaire en algonquin et d'écrire une correspondance estimée à près de treize mille lettres, mais dont moins de trois cents ont été conservées, missives aux genres littéraires divers : simples billets de commande, de demandes ou de remerciements pour quelque aide matérielle ; narrations de faits, véritables relations écrites dans une langue savoureuse et digne du Grand Siècle ; autant de lettres qui suffisent à montrer tous les fronts sur lesquels mère Marie intervenait, grandes et petites affaires, temporelles et spirituelles, tracas et embarras tels qu'ils pouvaient se rencontrer dans l'établissement d'une colonie et d'une Église nouvelles, activité incessante qu'une santé fragilisée par les ans ralentira à peine et qui n'entrera jamais en concurrence avec l'unique nécessaire : l'union amoureuse avec son Dieu dans une contemplation et une paix, foncières et permanentes. Des lettres précieuses nous font assister comme sur le vif à la marche de cette femme vers l'accomplissement de sa vocation : plus de cent feuillets adressés à son fils Claude, devenu en 1641 moine bénédictin de Saint-Maur. Exceptionnel entre tous, l'envoi du mois d'août 1654 : deux lettres qu'accompagne l'autobiographie de Marie, réclamée par Claude depuis près de dix ans. Mieux connue aujourd'hui sous le nom de *Relation de 1654*, cette relecture des cinquante premières années de sa vie par une femme qui a atteint sa pleine maturité spirituelle, raconte les états, tant extérieurs qu'intérieurs, par lesquels Dieu l'a conduite. Marie demande à son fils, avec une insistance rare, le secret le plus absolu sur ces pages. Claude attendra la mort de sa mère pour rendre public un texte qui justifie le mot par lequel Bossuet, reprenant l'expression du père Jérôme Lallemant, directeur des missions du Canada, la salue : « Thérèse de nos jours et du Nouveau Monde » (1697), comparant l'ursuline à la carmélite Thérèse d'Avila*. Au fil des treize « états d'oraison », concept que Marie de l'Incarnation invente pour identifier dans sa vie les transformations voulues par Dieu, le récit révèle la gestation, l'éclosion et la fécondité d'une subjectivité mystique qui échappe à toute typologie convenue : mystique tout à la fois nuptiale, apostolique, oblative et de conformation au Christ. Sa docilité à l'Esprit l'a conduite par des voies insolites pour une mission inédite : mais, en tout cela, ces routes sont celles de l'Amour, seul mot ajusté pour dire l'oraison de « respir », ultime état de son âme et de tout son être.

Que ce soit la *Relation de 1633*, en partie perdue, la *Relation de 1654* ou l'abondante correspondance, ces textes, qui dévoilent le secret de toute une vie, ne relèvent pas d'un souci didactique ou immédiatement doctrinal. Ils parlent simplement et sans fard, souvent sur le mode de la confidence, du travail de Dieu dans une âme qui ne cherche que son amour et la charité qui en découle : chemin de sainteté sur lequel Marie dira à la fin de sa vie qu'elle « marche à pas de plomb ». Les lettres à son fils des quinze dernières années tentent de dire l'indicible : la véritable « liberté des enfants de Dieu », pauvreté substantielle, pureté sans mélange qui s'accomplit dans ce qu'elle appelle l'état de victime, offrande totale, libre et radicale pour l'autre, participation reçue comme une grâce à l'acte rédempteur du Fils. Son amour des âmes se dilate alors aux dimensions de l'univers, vers ceux qui ne savent pas encore de quel amour ils sont aimés. Elle est béatifiée par Jean-Paul II en 1980.

Thérèse Nadeau-Lacour

Bibl. : *Œuvres (éditions critiques)* : *Correspondance*, Publications de l'Abbaye Saint-Pierre de Solesmes, 1971 ; *Écrits spirituels et historiques*, t. 1, *Tours*, t. 2, *Québec*, Éditions des Ursulines, 1985, à partir de l'édition de dom A. Jamet, 1929 (ces trois ouvrages existent en CDR). ***Études* :** G.-M. OURY, *L'Expérience de Dieu chez Marie de l'Incarnation*, Montréal, Fides, 1999 ; C.-A. BERNARD, *Le Dieu des mystiques*, t. III, Paris, Cerf, 2000 ; T. NADEAU-LACOUR, « Marie Guyart, une femme dans tous ses états. La gestation et l'affirmation d'une subjectivité mystique », *in* R. Brodeur, D. Deslandres, T. Nadeau-Lacour, (dir.), *Lecture inédite de la modernité aux origines de la Nouvelle-France*, Québec, PUL, 2009.

MARIE DE LA CROIX —. *Voir* ODIOT DE LA PAILLONNE

MARIE DE LA NATIVITÉ, *clarisse* (Jeanne Le Royer ; Beaulot [Fougères], 1731-Fougères, 1798). — À ne pas confondre avec Jeanne de la Nativité*, ursuline, et auteur d'un *Triomphe de l'amour divin...* (Paris, 1676), ni avec Marie de la Nativité Cadron (1794-1864), fondatrice au Québec des Sœurs de la Miséricorde, ou encore avec Marie de la Nativité Desmons (1836-1907), d'affiliation eudiste.

Issue d'une famille d'agriculteurs, Jeanne naquit dans l'évêché de Rennes, en Bretagne, et entra à dix-huit ans comme domestique chez les Clarisses urbanistes (suivant la règle approuvée par le pape Urbain IV en 1263) de Fougères, du côté de Lorient. Bien que sans dot, elle fut reçue ensuite comme sœur converse. Elle fit part des ses expériences spirituelles à l'abbé Genest, prêtre du diocèse, qui assistait la communauté comme directeur. Mais la Révolution contraignit à la dispersion, et Jeanne se réfugia chez son frère, puis chez un habitant de Fougères, où elle mourut.

À la mort de l'abbé Genest, en 1817, les manuscrits qu'il avait transportés en l'île de Jersey et à Londres, furent vendus à un libraire qui en fit la publication la même année en trois volumes sous le titre *Vie et révélations de la sœur de la Nativité*. Une deuxième édition, éliminant les notes discutées mais augmentée d'un quatrième tome, fut publiée en 1819, tout en usant d'une autre source : deux gros cahiers d'additions que Jeanne Le Royer fit écrire par des religieuses en qui elle avait confiance et que l'abbé Genest considérait comme « une espèce de Deutéronome », mais qu'il n'eut pas le loisir d'élaborer après son retour d'Angleterre. Soulignons son esprit de prophétie (favorable à la royauté), dont les dimensions politiques sont liés aux troubles révolutionnaires et rappellent les visions de Brigitte de Suède* durant le Grand Schisme (1378-1417), mais encore certaines visionnaires plus contemporaines chargées de soutenir tel ou tel régime politique déliquescent ou l'intégrité de la France et de l'Église romaine. Il faut également relever la forte dimension eschatologique de ses révélations (motif qui occupe tout le premier volume). Ses Cahiers révèlent la difficulté qu'elle éprouve à aimer Dieu et sa découverte de la prière ; écoutons sa voix : « Après que j'eus [...] pour l'amour de Dieu renoncé à toute affection naturelle pour les créatures, ne voulant les aimer qu'en Dieu et pour Dieu dans l'union de la charité de Jésus-Christ, afin de m'attacher uniquement à Dieu, je ressentis une si grande sécheresse dans mon intérieur pour tout ce qui regardait Dieu [...] qu'il fallait que je me rappelasse les vœux de mon baptême [...] pour me ranimer et me fortifier dans les pratiques chrétiennes et religieuses que j'avais à remplir dans ma communauté [...]. Il me semblait même que la foi me manquait ou que je n'y tenais plus que par un fil [...]. Tu n'aimes ni Dieu ni les créatures [...]. Ces reproches semblaient me porter la mort au cœur [...]. Je me retournai alors du côté de Dieu en disant [...]. Ô mon Dieu ! avec un grand désir de vous aimer, j'ai le malheur de ne pas vous aimer ; mais ô mon Dieu vous êtes et cela me suffit. Dans mon affliction, je répétais plusieurs fois de suite : Dieu est, et cela me suffit [...]. Je veux l'aimer en lui-même et pour lui-même. Pour moi, je deviendrai tout ce qui lui plaira » (*Vie et révélations*, t. IV, art. III, § 2, p. 159 *sqq.*). Ce qui constitue l'expérience ontologique du pur amour. Et c'est alors que survient l'usage de la *supposition impossible*, qui nous reconduit de Guillaume de Saint-Thierry à Fénelon, relisant l'Exode (sur Moïse) et saint Paul (Rm IX, 3). C'est le choix de la damnation éternelle comme expression et vérification du pur amour : « Dans cette supposition [...] je lui répondis hardiment que je sacrifierais mon salut pour la gloire de Dieu, et pour cette âme qui le glorifierait plus que moi dans le paradis » (*ibid.*, p. 144). Et elle conclut : « Si vous ne voulez pas ô mon Dieu que je vous aime, je passerai le reste de ma vie à n'aimer rien du tout » (*ibid.*, p. 146).

Ensuite, Marie de la Nativité explicite sa découverte de l'oraison, et son apprentissage par Dieu seul, ce qui nous rappelle le *Testamentum* de François d'Assise, lorsqu'il commence par dire que personne ne lui avait montré le chemin pour vraiment commencer à se convertir : « Jamais personne ne m'a appris à faire l'oraison ; je crois qu'il n'y eu que Dieu même. Dès ma petite enfance, lorsque j'étais dans les champs à garder les vaches, je pensais sans savoir que ce fût faire oraison [...]. Je m'entretenais la plus grande partie de la matinée, tantôt sur les mystères de Notre Seigneur, tantôt sur les jugements de Dieu ; d'autres fois sur l'enfer [...]. Je m'en laissais pénétrer comme si j'y avais été [...]. Ma maîtresse (clarisse) était si occupée qu'elle ne me dirigeait point. J'eus recours aux livres. » Car elle avait au moins appris à lire ! Mais elle rejeta les méthodes proposées et choisit « de méditer de la manière [qu'elle faisait] en travaillant », c'est-à-dire en reprenant « les principaux points » de l'Évangile ou des mystères de la vie du Christ « qui m'avaient le plus touché dans la lecture que j'avais faite le matin » (*ibid.*, p. 147 *sqq.*). Voilà qui nous mène loin du carcan des divagations imaginatives où l'on a voulu enfermer cette *Vie*.

Bernard Forthomme

Bibl. : *Vie* : *Vie et révélations de la sœur de la Nativité, religieuse converse au couvent des Urbanistes de Fougères ; écrites sous sa dictée. Suivies de sa Vie intérieure, écrite aussi d'après elle-même par le rédacteur de ses Révélations...*, 1817 (1re éd., 3 vol.) ; 2e éd. Paris, Beaucé (Libraire du duc d'Angoulême, fils du futur Charles X), 1819, 4 vol.

MARIE DE LA PASSION, *bienheureuse, franciscaine, missionnaire de Marie* (Hélène de Chappotin de Neuville ; Nantes, 1839-San Remo, Italie, 1904). — Hélène est née dans la vieille cité des ducs de Bretagne. En 1856, lors d'une retraite, elle fait l'épreuve d'une expérience de Dieu comme beauté inséparable qui excède toujours notre amour et appel au don total. Le décès de sa mère retardera son engagement public. En 1860, elle entre chez les Clarisses de Nantes et déclarera plus tard : « Je devins fille de saint François et je n'ai jamais cessé de l'être. » Elle fait l'épreuve d'un emparement total de sa personne par un Dieu qui lui demande un « oui » radical, ouvrant à une aventure dont on ne connaît pas le chemin, hormis le Christ. Cette expérience majeure comprend en germe un sens aigu de l'Eucharistie, de l'hostie, de l'hospitalité extrême envers l'autre, envers le monde entier : hospitalité de toute l'existence, telle que le Christ lui-même, accessible à tous, l'a incarnée. Mais sa santé défaillante l'oblige à sortir du couvent des Clarisses. Elle persiste malgré tout dans son orientation religieuse, nourrie par de fortes lectures (les Écritures, saint Augustin, les auteurs spirituels du XVIIe siècle français) durant sa convalescence. Et dès 1864, elle entre dans la Société de Marie Réparatrice (à Toulouse), où elle prend le nom que nous lui connaissons : Marie de la Passion. Celle qui n'est pas un repli, mais au contraire une épiphanie, une manifestation de l'amour de Dieu à toute l'humanité ! C'est comme l'abrégé de sa spiritualité : le service constant de Dieu, qui transforme toute l'existence en prière, que l'on soit couché ou que l'on soit levé, à la maison ou en voyage, seul ou en compagnie, aimé ou abandonné, dans la gaieté ou dans les tribulations : ce qui vérifie la vraie joie dans l'esprit de saint François. La pauvreté, c'est enlever tout ce qui n'est pas Dieu et reconnaître que tout bien vient de lui. Bref, c'est être réduite à une simple « hostie » entendue au sens le plus ouvert.

Marie de la Passion est bientôt envoyée en Inde, au vicariat apostolique de Maduré, dans le Sud-Est (sous la responsabilité des Jésuites français jusqu'en 1952), où elle fait profession. Elle y deviendra supérieure locale, avant d'assumer, jeune femme encore, la charge de provinciale. En 1876, en raison de jalousies venimeuses et de conceptions divergentes de l'évangélisation, elle doit se séparer de la Société, et fonde les Missionnaires de Marie. Après des incertitudes cruelles sur l'avenir de l'Institut missionnaire, malgré la reconnaissance romaine, le ministre général des Frères mineurs, Bernardin de Portogruaro (qui la couvrit de son manteau lors d'un entretien dramatique), l'agrège à la famille de saint François. La fondatrice sera désormais franciscaine missionnaire de Marie. L'appui du ministre sera d'autant plus nécessaire que les difficultés subsistent, à tel point que Marie de la Passion sera destituée du supériorat en mars 1833. Elle sera pourtant réélue supérieure une fois son innocence reconnue. Et son institut pourra se développer de manière remarquable ; de son vivant, il essaima dans près de vingt-cinq pays (aujourd'hui en plus de soixante-dix pays). Elle fut béatifiée en 2002.

Bernard Forthomme

Bibl. : *Vie* : M. LAUNAY, *Hélène de Chappotin et les Franciscaines missionnaires de Marie*, Paris, Cerf, 2001.

MARIE DE LA TRINITÉ, *clarisse* (Louisa Jaques ; Prétoria, 1901-Jérusalem, 1942). — Louisa Jaques (sans *c*) est née d'un père missionnaire, pasteur au Transvaal (Afrique du Sud). Sa mère est morte en la mettant au monde. L'un et l'autre étaient originaires du Jura vaudois, en Suisse. Louisa écouta les conférences d'Adrienne von Speyr* sur l'obéissance et la liberté, l'expérience de la vérité chez Dostoïevski. En 1926, c'est un tournant dans son parcours. Elle le raconte : « Il n'y a point de Dieu ; ce qu'on en dit n'est que comédie. La vie ne vaut pas la peine d'être vécue [...]. Et voilà qu'au moment où je répétais [cela] [...] j'ai cru que c'était la mort en personne qui venait me chercher [...] c'était une personne [...] elle n'a rien dit, mais dans mon désespoir une lumière était entrée : avant de désespérer de Dieu, il y a encore cela : j'irai prier dans un couvent » (fév.-mai 1942). Le vacarme des passions risque de couvrir la voix de Dieu : rendons-les plus silencieuses. Dans l'expérience de la foi au Christ qui, seule, nous donne l'audace d'accéder à Dieu, nous découvrons la toute-puissance de Dieu nécessaire pour pouvoir s'exposer à la faiblesse, voire à l'impuissance, de telle sorte qu'un événement vraiment, efficacement salutaire, se produise. Ce que Marie de la Trinité appelle l'*âme victime* ou le vœu victimaire, c'est le pur amour, la non-résistance, l'abandon à la volonté de Dieu, à cette toute-puissance (précisément pour cela capable d'impuissance *libératrice*), et non la fascination ambiguë pour une posture expiatoire universelle.

Bernard Forthomme

• *Voir aussi* : Adrienne von Speyr

Bibl. : *Œuvres* : les carnets de Marie de la Trinité sont en cours de parution aux éditions du Cerf ; sont déjà parus *Les Grandes Grâces* (carnet I), Paris, Cerf, 2009 ; *Qu'un même amour nous rassemble. Sœur Marie de la Trinité, sa vie, son message*, écrits recueillis par frère A. Dubouin ofm, préface de H. Urs von Balthasar, Paris-Montréal, Apostolat des éditions, 1979.

MARIE DE SAINTE-THÉRÈSE, *tertiaire carmélite* (Marie Petyt ; Hazebrouck, 1623-Malines, 1677). — Née en Flandre intérieure, Marie Petyt ressent vers seize ans un désir de vie religieuse. Elle entre chez les Augustines de Gand, puis doit quitter le couvent et vit dans un béguinage. Sur les conseils de son parrain, un carme, elle devient tertiaire carmélite sous le nom de Marie de Sainte-Thérèse. Le carme Michel de Saint-Augustin devient son directeur spirituel, jusqu'à sa mort ; auteur spirituel important, il a été profondément influencé par elle. À Gand, elle est vénérée presque comme une sainte. Mais elle quitte la ville en 1657 pour Malines, où elle vit pendant vingt ans comme recluse dans une petite maison à côté du carmel. Elle se plaint alors d'être en butte à des oppositions et à des soupçons ; mais cette expérience douloureuse lui permet d'approfondir sa vie intérieure. Ayant enfin trouvé le repos, au bout de dix ans, elle peut aller jusqu'au bout de l'abandon de soi.

Considérée comme une des plus grandes mystiques mariales du Carmel, elle a poussé très loin le sens de l'intimité avec la Vierge, comme le montrent ses lettres autobiographiques, publiées par Michel de Saint-Augustin. Dans le récit mené pendant une trentaine d'années de son développement intérieur, elle se considère comme entièrement guidée et dirigée par Marie*, placée sous son autorité, en communion parfaite avec elle, de telle sorte qu'elle lui fait toujours comprendre ce qu'elle désire. La considération des vertus de Marie, devenue chez elle habituelle, permet de la faire vivre en son âme. Maîtresse de vie spirituelle autant que modèle, Marie permet de vivre comme elle en conformité avec le Christ et donc avec Dieu. Telle est la principale leçon que donne Marie de Sainte-Thérèse, dans des textes d'une grande beauté poétique et d'une sincérité remarquable. Cette dévotion « marieforme » (Michel de Saint-Augustin l'a théorisée dans un traité de 1669, *De vita mariaeformi et mariana in Maria propter Mariam*) a cependant été assez peu répandue en dehors des cercles carmélitains flamands, probablement à cause de la grande difficulté de ce langage mystique.

Yves Krumenacker

• *Voir aussi* : Marie

Bibl. : *Œuvre* : *L'Union mystique à Marie*, trad. par L. Van den Bossche, Paris, Cerf (Cahiers de la Vierge n° 15), 1936. ***Vie* :** M. DE SAINT-AUGUSTIN, *Het Leveu der weerdighe moeder Maria a Sta Theresia (alias) Pety, van den derden regel van de orden der Broederen van Onse L. Vrouwe den berghs Carmeli, tot Mechelen, overleden den 1 november 1677*, Bruxelles, 1681 (2e éd. très enrichie : Gand, Héritiers de Jean Vanden Kerchove, 1683-1684). ***Études* :** A. DEBLAERE, « Marie Petyt, écrivain et mystique flamande (1623-1677) », *Carmelus Roma*, vol. 26, n° 1, 1979, p. 3-76.

MARIE DE VALENCE, *laïque contemplative et voyante* (Marie Teyssonnier ; Valence, 1576-1648).

— Marie Teyssonnier voit le jour dans une famille de petits négociants attachés à la Réforme calviniste. À l'âge de douze ans, elle est mariée à un notaire de Valence, calviniste lui aussi, mais ne le rejoint qu'au bout de deux ans au foyer conjugal. Brutalisée par son mari, terrorisée par sa violence, elle tend à se réfugier dans les pratiques pieuses. Elle trouve dans les cérémonies et le rituel de l'Église catholique un aliment pour sa sensibilité. En 1592, elle abjure le protestantisme. Trois ans plus tard, à la veille de mourir, son mari se convertit à son tour. Devenue veuve, Marie prononce le vœu de viduité (veuvage). Commence pour elle, dans sa propre maison, une vie en retrait, toute d'austérité et de contemplation, encore que résolument tournée vers les œuvres de charité. En 1599, en quête d'un directeur spirituel, elle fait une rencontre décisive, celle du jésuite Pierre Coton. Celui-ci lui confirme sa vocation contemplative et sédentaire. De fait, Marie Teyssonnier ne quitta jamais Valence, si ce n'est une fois pour se rendre à Lyon, à l'invitation de Marie de Médicis, et une autre fois à Grenoble, où l'appelait la duchesse de Nevers. Elle refusa de céder aux instances pressantes du père Coton, devenu confesseur d'Henri IV, de s'établir à Paris. Elle confia sa direction spirituelle à un père minime du couvent de Valence, Louis de la Rivière, qui lui consacrera un jour plusieurs ouvrages, après avoir été le premier biographe de saint François de Sales. Par l'intermédiaire du père Coton et parce que son aura spirituelle, depuis la lointaine ville de Valence, ne cessait de s'accroître, Marie se trouve mise en relation avec des acteurs éminents de la vie religieuse et de la vie politique : Bérulle, Condren, Vincent de Paul, Olier mais aussi Richelieu, Marie de Médicis, Anne d'Autriche. En 1622, elle rencontra François de Sales, de passage à Valence, et eut un long entretien avec lui.

Toute la vie de Marie, pour ce que l'on en peut savoir par le témoignage du père de La Rivière, met en évidence le don de clairvoyance dont elle était pourvue. Elle lisait dans les âmes. Elle annonça la destinée spirituelle qui se préparait chez quelques-uns, dont ses propres maîtres en esprit, Coton, Condren, Olier, auxquels elle révéla le sens des engagements qu'ils devaient prendre. Aussi était-elle écoutée avec une extrême attention et était-elle considérée comme porteuse de messages venus d'en haut. Mais elle n'en tirait aucune gloire et se confinait dans l'obscurité de sa vie. En 1628, une épidémie de peste sévit à Valence. Marie se dépensa en soins auprès des malades. Elle-même fut atteinte par la contagion, mais elle n'en mourut pas. Après cela, sa renommée ne cessa de grandir dans le peuple. On lui attribua des guérisons miraculeuses. Cependant Marie résista à toute tentation de célébrité et sut toujours préserver son espace de retrait, de silence et de contemplation. Elle accrut sensiblement l'austérité de sa vie, recourut à la discipline et s'installa définitivement dans la pratique du jeûne et de l'abstinence.

Marie Teyssonnier écrivit elle-même plusieurs recueils d'*Exercices spirituels*, plus ou moins remaniés par le père de La Rivière et restés inédits. On y trouve mêlées d'abondantes effusions mystiques, très affectives, des visions hautement symboliques, des règles de vie spirituelle. Ces textes rejoignent, par leur inspiration, les très nombreuses citations de propos retenus par son directeur spirituel. Il s'y exprime une expérience mystique essentiellement lumineuse et chaleureuse, toute d'abandon de soi-même et de confiance en Dieu. Chez Marie, la contemplation va jusqu'à la saisie intuitive de l'essence divine et, comme chez Benoît de Canfield et chez les maîtres rhéno-flamands, cette essence est très proche du néant. Elle ne s'en distingue que par la lumière incomparable qui en émane et qui est source de toute lumière corporelle et spirituelle.

Claude Louis-Combet

Bibl. : *Études* : L. DE LA RIVIÈRE, *Histoire de la vie et mœurs de Marie Tessonnière, native de Valence en Dauphiné*, Lyon, Claude Prost, 1650 ; abbé L. TROUILLAT, *Vie de Marie de Valence*, Valence, Favier (et Lyon, Josserand), 1873 ; H. BREMOND, *Histoire littéraire du sentiment religieux en France...*, Paris, Bloud et Gay, 1936, t. II (rééd. Grenoble, Jérôme Millon, 2006) ; C. LOUIS-COMBET, *Des égarées. Portraits de femmes mystiques du* XVIIe *siècle français*, Grenoble, Jérôme Millon, 2008.

MARIE DES ANGES, *bienheureuse, carmélite* (Marianna Fontanella di Baldissero ; Turin, 7 janvier 1661-16 décembre 1717). — La vie de cette carmélite est somme toute assez banale, mais avec elle, se termine l'aventure du Carmel en Italie, qui commence en 1584 à Gènes, pour se déployer ensuite à Rome, puis à Naples. Marianna, qui, par sa mère, est de la famille de Louis de Gonzague, séjournera une année, à la mort de son père, dans la communauté cistercienne de Saluzzo ; mais à son retour, en 1676, elle décide, contrairement à l'avis de sa mère, d'entrer au carmel de Santa Cristina de Turin. Professe l'année suivante, elle devient maîtresse des novices en 1691, avant d'être élue prieure en 1694 et d'être reconduite dans cette charge trois fois de suite. Elle encouragera la fondation du carmel de Moncalieri, près de Turin en 1703. Elle sera béatifiée le 25 avril 1865.

Si l'on en croit ses contemporains, sa vie spirituelle connut des épreuves considérables et des grâces exceptionnelles, tous événements orientés vers l'extraordinaire. Plus décisive sans doute fut son influence sur le Carmel et, au-delà, sur la maison de Savoie. Quant à sa doctrine spirituelle, si elle ne cachait pas sa préférence pour l'oraison de simple regard – position non sans mérite au moment de la crise quiétiste –, elle reste fidèle à l'enseignement de Thérèse d'Avila*.

Ce qui pourra justifier notre intérêt pour cette vie sans relief particulier, c'est le soin avec lequel Jean Bosco aura préfacé sa biographie (écrite de sa main ?). Aux yeux de ce pédagogue hors pair, Marie des Anges, comme c'est aussi le cas de Philippe Néri ou de Catherine de Racconigi*, rassemble en elle tant « de vertu, de science, de courage et d'œuvres héroïques » qu'on peut y admirer l'ouvrage de la sainteté de Dieu, « merveilleux dans ses saints ». Il y a donc, dans une telle biographie, une vertu didactique, dont Jean Bosco ne pouvait que se féliciter, d'une quasi-démonstration de la sainteté de Dieu, sainteté ainsi communicative et mise à la disposition des lecteurs qui s'en imprègnent pour de suite la reproduire : « Bref, tu trouveras, lecteur, dans la vie de la bienheureuse Marie des Anges un parfait modèle de vertu et de sainteté, apte néanmoins à être imité par tout chrétien selon son propre état. C'est en vue de tout cela que l'on a cru bon de publier aussi dans les *Lectures catholiques* le présent résumé de la vie de cette remarquable épouse de Jésus-Christ, pour fournir à nos lecteurs le moyen opportun d'en tirer un bienfait spirituel. »

François Marxer

Bibl. : ***Vie et étude*** **:** J. BOSCO, *Vita della Beata Maria degli Angeli, Carmelitana Scalza, Torinese*, Turin, Tip. dell' Oratorio di S. Franc. di Sales, 1865 ; G. JORI travaille à une édition critique de l'impressionnante correspondance de Marie des Anges.

MARIE DES VALLÉES, ***dite*** **« la Sainte de Coutances »**, *laïque* (Saint-Sauveur-Lendelin, 1590-Coutances, 1656). — Fille de pauvres paysans dépourvus de tout intérêt pour la religion, Marie appartient entièrement au terroir normand des environs de Coutances. Elle connaît une enfance douloureuse, sa mère devenue veuve s'étant remariée avec un boucher qui brutalise la fillette, à tel point que celle-ci s'enfuit de la maison et se place comme servante. À dix-neuf ans, elle se voit courtisée par un jeune coutelier. Éconduit, celui-ci lui jette un maléfice qu'il a obtenu auprès d'une sorcière. Marie tombe malade aussitôt et manifeste tous les signes d'une possession diabolique. Elle est exorcisée une première fois à Coutances en 1612, puis à Rouen en 1614. Elle le sera de nouveau, en 1641, par le ministère du père Jean Eudes. Tout au long de sa vie, elle sera en proie à d'étranges phénomènes physiques dans lesquels il est aisé, aujourd'hui, de reconnaître des symptômes névrotiques. C'est du moins l'interprétation de l'abbé Bremond. Cependant, l'enfance et l'adolescence de Marie se déroulent sous le signe d'une piété profonde, alimentée par une vie intérieure qui privilégie l'abandon à la seule volonté de Dieu.

L'histoire de Marie des Vallées, dans ses années de jeunesse et dans la majeure partie de sa vie, est jalonnée d'interventions diaboliques et de manifestations de magie noire. En 1614, le parlement de Rouen lui intente un procès en sorcellerie. Elle en sort innocentée, mais continue de se soumettre aux exorcismes. À sa prière, elle obtient de Dieu, selon le témoignage du père Eudes, la grâce de souffrir, dans son corps et dans son âme, les peines de l'enfer réservées aux sorciers, en échange de leur conversion. À partir de là, toute son expérience spirituelle s'organise autour du sacrifice de sa volonté propre et de l'adhésion totale à la volonté divine. À l'image du Christ victime et rédempteur, elle demande la souffrance jusqu'à l'excès et voudrait se charger du péché de autres – magiciens et sorcières tout spécialement. Contre son plus grand désir, et s'interdisant ainsi ce qui pourrait le mieux l'aider à assumer les difficultés de la vie, elle renonce à communier. Pendant trente-trois ans, elle se privera du saint sacrement. En même temps, le recours au sacrement de pénitence lui devient un supplice, car Dieu lui a infligé le don d'impeccabilité et il n'est rien, en elle, dont elle pourrait s'accuser. Aussi se trouve-t-elle en complet porte-à-faux au regard de l'autorité ecclésiale et suscite-t-elle, autour d'elle, méfiance, incompréhension, désaveu.

Une de ses expériences spirituelles les plus étranges consiste en la descente en enfer, qui eut lieu en novembre 1617. Comme les damnés très exactement, elle éprouve l'ire de Dieu et subit tous les supplices de la réprobation. La douleur est si insupportable que Marie est sur le point de se suicider. Ensuite, de 1618 à 1621, ses tourments s'atténuent. Après quoi commence la période dite du mal de douze ans, en laquelle la sainte Mère de Dieu joue un rôle d'initiatrice et d'interlocutrice. Ce mal intolérable – un poignard planté dans le cœur – représente, à vif, le renouvellement de la douleur de la Passion. Marie entend le rire de Dieu tandis qu'elle-même éprouve toutes les souffrances des damnés. Divers témoignages, dont celui du père Eudes, attestent que, durant cette période, Marie reçut l'empreinte des stigmates. Ses paroles, recueillies par quelques familiers, évoquent, comme un leitmotiv, la terrible rigueur de l'Amour que Dieu lui porte. Elle disait « qu'elle ne craignait rien tant que l'Amour divin et qu'il n'y a rien de si épouvantable, car Il se fait suivre à l'aveugle et sans aucun discernement ». 1642 est, pour Marie, l'année des pleurs incessants ; 1650, celle d'une faim intérieure inassouvissable ; 1665, celle qui voit la fin de son état de possession diabolique, lequel aura duré quarante ans. Immédiatement après cette guérison totale, Marie porta jusqu'à sa mort, en 1656, « tous les traits de l'enfance », selon l'expression d'Henri Bremond. Entendons par là l'innocence retrouvée du cœur, l'apaisement de toutes ses tensions, la béatitude intérieure, au sein de laquelle elle gazouillait et répétait sans cesse : « Je veux aller en ma maison. »

Marie des Vallées avait lu quelques auteurs spirituels. Le livre qui semble l'avoir marquée le plus profondément est *La Règle de perfection* de Benoît de Canfield, ouvrage dans lequel elle put découvrir la fonction et la valeur du non-vouloir dans la vie intérieure. Elle connut aussi des amitiés spirituelles fécondes, tout particulièrement avec Gaston de Renty et avec le père Jean Eudes. L'un et l'autre tout à la fois s'inspirèrent des visions et paroles de Marie pour la conduite de leur œuvre apostolique et secourable et, en retour, l'aidèrent à assumer ses souffrances et à orienter son engagement spirituel. C'est ainsi que Marie participa à la fondation de l'Ordre de Notre-Dame de la Charité, voué à l'accueil des « filles repenties », et qu'elle fut à l'origine du culte des Saints Cœurs de Jésus et de Marie.

Chez Marie des Vallées, la mystique ne fait pas l'objet de discours spéculatifs ou effectifs. Elle est une expérience intérieure, vécue intensément et que laissent transparaître maints propos recueillis par des témoins de sa vie. On y déchiffre l'épreuve du renoncement absolu au vouloir-propre et à l'identification à la volonté de Dieu, laquelle apparaît souvent mystérieuse, incompréhensible, sans autre justification qu'elle-même. L'âme, tenue dans un état limite d'insécurité permanente est en suspens au bord de l'anéantissement : « Je ne sais où je suis, ni si je suis, ni ce que je suis. » La vie de Marie des Vallées est l'incarnation même du Pur Amour qui lui fait supporter pendant quarante ans l'abjection de la possession diabolique. Comment une telle déréliction fut-elle associée à sa parfaite pureté de mœurs, à son zèle charitable et au théocentrisme affirmé de sa spiritualité ? C'est là tout le mystère et tout le sel de sa déconcertante sainteté.

Claude Louis-Combet

Bibl. : *Œuvres* : les vies anciennes de Marie des Vallées, par G. de Renty, par le père J. Eudes, par le moine de Barbery sont restées manuscrites et ne sont accessibles qu'aux chercheurs. ***Études*** : abbé J.-L. ADAM, *Le Mysticisme à la Renaissance, ou Marie des Vallées dite la sainte de Coutances*, Paris, Poussielgue, 1894 ; E. DERMENGHEM, *La Vie admirable et les révélations de Marie des Vallées*, Paris, Plon-Nourrit, 1926 ; M. DEVOUCOUX, *L'Œuvre de Dieu en Marie des Vallées*, Paris, de Guibert, 2000 ; H. BREMOND, *Histoire littéraire du sentiment religieux en France*, Paris, Bloud et Gay, t. III, 1923 (rééd. Grenoble, Jérôme Millon, 2006) ; C. LOUIS-COMBET, *Des égarées. Portraits de femmes mystiques du XVIIe siècle français*, Grenoble, Jérôme Millon, 2008.

MARIE-DOMINIQUE-CLAIRE DE LA SAINTE-CROIX, *dominicaine, stigmatisée, visionnaire et extatique* (Anna Moës ; Bous, grand-duché de Luxembourg, 27 octobre 1832-Clairefontaine, 24 février 1895). — Le père d'Anna Moës était instituteur, et sa mère une femme de piété simple. Sa vie consciente débute, d'après son témoignage, dès le baptême (qui a lieu vingt-quatre heures après sa naissance), où elle reçut de son ange gardien les premiers enseignements de la foi et son initiation à la prière. Elle raconte : « Éclairée par une lumière surnaturelle, j'acquis aussitôt le plein usage de ma raison. Cette lumière, qui formait trois rayons quoique n'étant qu'une lumière, fit connaître clairement à mon âme le Dieu un et trine, Créateur, Rédempteur et Sanctificateur, mon aptitude en face de lui en tant que créature et le don qu'il me faisait par le Saint Baptême. En même temps, Dieu me fit connaître la vocation de ma vie entière : ma mission au sujet de l'Ordre de Saint Dominique et de la fondation d'un couvent de religieuses contemplatives selon l'esprit du Saint Patriarche. » À six semaines, elle répond à son ange gardien avant même de parler aux hommes. À six ans, elle fait vœu de virginité, de même que sainte Rose de Lima* à cinq ans, et sainte Catherine de Sienne* à sept ans. À dix-huit ans, elle connaît le mariage mystique : le 20 janvier 1850, Jésus lui passe au doigt un anneau d'or, pendant la messe, au moment de la communion. Le même jour, elle reçoit de Dieu l'ordre écrasant de fonder un couvent de Dominicaines où seraient en pratique toutes les disciplines de la vieille observance. En 1861, elle commence sa vie communautaire à Limpertsberg, dans un gîte aussi pauvre que « l'étable de Bethléem », sous la direction du père rédemptoriste Romi. Elle prend l'habit religieux en 1868 et fait profession dans le tiers ordre régulier dominicain en 1873. Elle prend le nom de Marie-Dominique-Claire de la Sainte-Croix. Malade depuis l'enfance, visionnaire, stigmatisée, extatique, Anna Moës eut à souffrir de beaucoup d'incompréhensions, de calomnies et de persécutions. « La vraie dominicaine se bâtit dans les souffrances », aimait-elle à répéter. Elle rencontra nombre de difficultés avec l'autorité diocésaine avant que sa fondation ne soit pleinement reconnue comme bonne et louable et agréée par son évêque et l'ordre dominicain. En 1882, elle est transférée à Clairefontaine, près Arlon (Belgique), dans le monastère agréé de l'ordre. Tour à tour accablée de maux (dont une crise d'obsession démoniaque en 1892) et pourvue de grâces, elle y gouvernera ses sœurs jusqu'à sa mort.

Anna Moës est l'auteur d'une autobiographie (1877-1878) de 1 704 pages, écrite à la demande de l'abbé Hengesch, alors dominicain provincial de Belgique, texte qui fut envoyé à Rome pour étudier son cas et analyser les propos de sa fondation d'après les 440 pages de ses réponses aux questions de Hengesch et les 130 pages d'attestations. Dans celles-ci, elle explique la mission qu'elle a reçue de Dieu : prier et souffrir pour la pureté et l'authenticité de la restauration dominicaine. Son aspect merveilleux réside dans le fait que cette mission lui fut révélée dès les premiers jours de sa vie, avant qu'Henri Lacordaire, restaurateur de l'ordre dominicain en France, ne vînt prendre à Rome l'habit des Frères prêcheurs (1839) et sans que la visionnaire eût jamais entendu parler de l'ordre restauré. En 1915 s'ouvrit un procès informatif en vue de la béatification de la religieuse, ordonné par l'évêque de Luxembourg, qui resta sans suite.

Audrey Fella

Bibl. : ***Études*** : abbé J.-P. BARTHEL, *La Mère Marie-Dominique-Claire de la Sainte-Croix*, Limpertsberg (Luxembourg), Couvent des Dominicaines, 1910 ; R. P. M.-V. BERNARDOT (prés. et trad.), « L'action surnaturelle dans la restauration dominicaine au XIXe s. : la Mère Claire Moës », *La Vie spirituelle* (de saint Vincent Ferrier), Saint-Maximin, Librairie Saint-Thomas-d'Aquin, 1921.

MARIE DU CŒUR DE JÉSUS. — *Voir* MARIE-XAVIER

MARIE DU DIVIN CŒUR, *bienheureuse, religieuse de la congrégation du Bon-Pasteur, propagatrice de la dévotion au Sacré Cœur* (Maria Droste zu Vischering ; Münster, 8 septembre 1863-Porto, 8 juin 1899). — Fille du comte héritier Clément Droste zu Vischering et d'Hélène (née comtesse de Galen), Maria grandit au château de Darfeld, à 30 km de Münster. À onze ans, elle reçoit l'eucharistie pour la première fois et, quelques semaines plus tard, la confirmation, événements qui président à sa vocation. En 1882, elle manifeste à ses parents son désir de prendre le voile. En 1883, elle fait vœu de chasteté, en privé. Destinée à entrer chez les sœurs de Saint-Joseph au Danemark, elle rejoint finalement les sœurs du Bon-Pasteur de Münster en 1888, actives depuis 1850. L'apostolat des sœurs, qui se vouent au soutien des filles abandonnées et persécutées, l'enthousiasme. Fondée en 1641 à Caen par saint Jean Eudes, la congrégation de Notre-Dame de charité du Bon-Pasteur se caractérise notamment par une dévotion fervente aux Saints Cœurs de Jésus et de Marie. Au moment de sa vêture, elle prend ainsi le nom de sœur Marie du Divin Cœur. Elle fait profession en 1891 et devient directrice des novices. Le 24 janvier 1894, elle part pour le couvent de Porto, au Portugal. Dans ses lettres, elle ne cache pas sa nostalgie pour Münster. Le couvent du bon pasteur de Porto étant en mauvais état, elle travaille d'arrache pied à renouveler le lieu et à en faire un centre spirituel rayonnant. En 1896, elle séjourne à Münster. La même année, les premiers symptômes d'une myélite avec paralysie se manifestent. Se sachant condamnée, elle se refugie auprès du Sacré Cœur de Jésus, s'engageant pour la consécration du monde entier à celui-ci. Elle décède à Porto, laissant une réputation de sainte.

Pour Marie du Divin Cœur, la dévotion au Cœur de Jésus était inséparable du zèle pour le salut des âmes. C'est pourquoi elle s'attacha tout particulièrement aux femmes en difficulté, qu'elle passait des heures à consoler et à encourager. Vocation qui connut une portée encore plus grande à travers la mission qu'elle reçut de Dieu (le 4 juin 1897) : obtenir auprès du pape Léon XIII la consécration de l'Église universelle au Cœur de Jésus. Mission confirmée le 7 avril 1898. Entre 1897 et 1899, elle envoya ainsi deux lettres au pape faisant part de sa demande. Or, le 2 avril 1899 eut lieu l'approbation universelle des Litanies du Sacré-Cœur. Le 18 mai, ses parents obtinrent une audience chez le pape, qui lui fit transmettre sa bénédiction. Le 25 mai était publié l'encyclique *Annum sacrum* qui annonçait la consécration universelle. Maria fut mise au courant le 2 juin par les journaux. Le 8 juin, elle reçut deux exemplaires de l'encyclique, envoyés par le pape à son attention. Son confesseur à Porto les lui transmit quelques heures avant sa mort. Le jour de la consécration même, le 11 juin 1899 dans la chapelle Paolina, elle était déjà décédée.

Bien que les requêtes de sœur Marie fassent partie de l'histoire de la consécration, il serait faux de lui en attribuer l'entière responsabilité. L'adoration du Sacré Cœur était très répandue dans la deuxième moitié du XIXe siècle. Déjà, en 1889, Léon XIII célébrait la fête du Sacré-Cœur. La consécration était ainsi, selon l'historien Norbert Busch, « le fanal du triomphe d'un catholicisme réveillé » (p. 85). Les « missions divines » de sœur Marie en vue de la consécration universelle s'inséraient donc très bien dans les objectifs de l'institution pontificale, comme la consécration universelle contribua à forger la renommée de la mystique, grâce à la large diffusion de ses « visions ».

Sœur Marie a été ensevelie le 10 juin 1899 au cimetière de Porto en présence d'une foule nombreuse. En 1936, son cercueil a été transféré dans un nouveau lieu : son corps intact est exposé à la vénération publique dans l'église du Bon-Pasteur, à l'Ermesinde, dans le nord du Portugal. Le 1er novembre 1975, elle a été béatifiée par Paul VI.

Nicole Priesching

Bibl. : ***Vie et études*** : L. CHASLE, *Sœur Marie du Divin Cœur, née Droste zu Vischering*, Paris, Beauchesne, 1905 ; M. BIERBAUM, *Maria vom Göttlichen Herzen Droste zu Vischering. Ein Lebensbild unter Benutzung unveröffentlichter Quellen*, Fribourg-en-Brisgau, Herder, 1966 ; N. BUSH, *Katholische Frömmigkeit und Moderne. Die Sozial-und Mentalitätsgeschichte des Herz-Jesu-Kultes in Deutschland zwischen Kulturkampf und Erstem Weltkrieg*, Gütersloh, Chr. Kaiser/Güterslohe Verlagshaus, 1997.

MARIE-EUGÉNIE DE JÉSUS, *bienheureuse et sainte, fondatrice des Religieuses de l'Assomption* (Anne-Eugénie Milleret de Brou ; Metz, 26 août 1817- ?, 10 mars 1898). — Anne-Eugénie Milleret grandit dans une famille ancienne et fortunée, peu croyante. Bénéficiant d'une véritable rencontre avec Jésus-Christ à douze ans, lors de sa première communion, elle s'écarte de la religion à la suite de la séparation de ses parents et de la mort de sa mère, en 1932. À dix-neuf ans, elle retrouve la foi en écoutant le père Henri Lacordaire à Notre-Dame de Paris. Appelée au don d'elle-même le plus total, elle approfondit sa culture religieuse et découvre l'Église sur le conseil de ce dernier. Elle se passionne pour les idées de Félicité Robert de Lamennais et rêve d'une transformation profonde de la société sous l'action de l'Évangile. En 1837, elle rencontre l'abbé Marie-Théodore Combalot, anciennement fervent mennaisien, qui cherche à fonder une congrégation sous le vocable de Notre-Dame de l'Assomption, dont les membres allieraient la contemplation et l'éducation. L'éducation de la femme de la classe bourgeoise la plus déchristianisée fait notamment partie de la rénovation de la société. Anne-Eugénie est admise à titre exceptionnel chez les Visitandines de la Côte Saint-André, pour une sorte de noviciat. Elle se retrouve un an plus tard à Paris avec d'autres jeunes filles, formant ainsi la première communauté de l'Assomption, à l'âge de vingt-deux ans. L'Irlandaise Catherine O'Neil, sœur Thérèse-Emmanuel de la Mère de Dieu en religion, l'accompagnera dès lors de son amitié et de son aide (elle est considérée comme cofondatrice). Marie-Eugénie de Jésus commence alors à exercer une influence profonde sur ses contemporains. D'éminentes personnalités viennent la consulter. Elle développe une longue amitié avec Emmanuel d'Alzon, fondateur des Prêtres de l'Assomption. Elle se consacre à l'éducation en tâchant d'y faire entrer de nouvelles méthodes, visant à former des femmes libres, ouvertes, adultes dans leur foi. Son œuvre, correspondant à des besoins réels d'après les conditions sociales de son époque, dépasse bientôt les frontières françaises. Les fondations se multiplient : Angleterre (1850), Espagne (1865), Nouvelle-Calédonie (1873), Italie (1888), Philippines et Nicaragua (1892), Salvador (1895), etc. Bien informée sur son époque, elle donne une série de « causeries » sur l'esprit de l'Assomption qui nourrissent son entourage. Or son vœu n'est pas toujours compris. Tandis qu'elle prône pour sa congrégation la fermeté dans la foi et un grand amour de l'Église, elle fait l'objet de persécutions de la part d'hommes de l'Église. Devenue paralysée, elle meurt, laissant une congrégation de plus d'un millier de sœurs. Elle est béatifiée par Paul VI le 9 février 1975 et canonisée le 3 juin 2007 par Benoît XVI.

La vie spirituelle essentiellement christocentrique de Marie-Eugénie de Jésus se dégage essentiellement de ses quatre cents *Instructions de chapitre*, de ses *Notes intimes*, et des *Lettres* écrites à ses directeurs spirituels, particulièrement à Emmanuel d'Alzon. Marie-Eugénie n'a jamais oublié la grâce de sa première communion, d'où elle tire sa passion pour Jésus-Christ, son mystère d'Incarnation et d'Eucharistie. « J'ai été saisie de l'infinie grandeur de Dieu et de mon extrême petitesse », écrit-elle. Considérant que toute l'existence de Jésus est tendue vers le Père dans un acte d'adoration, elle saisit que la vie religieuse consiste à rejoindre dans l'existence humaine cette orientation profonde du cœur du Christ. Rendre grâce à Dieu, c'est ainsi aider Jésus à continuer son Incarnation mystique dans l'Église et en chacun de ses membres. « Mon regard est tout en Jésus-Christ et à l'extension de son règne » (lettre à H.-D. Lacordaire, 1841). Écrivant que « notre spiritualité est notre bien le plus précieux », elle aspirait ainsi à ce que chacun recherche Dieu, étende le règne de Jésus-Christ dans le monde, afin d'inscrire les valeurs évangéliques dans la modernité.

Audrey Fella

Bibl. : *Œuvres* : *Écrits de Marie-Eugénie de Jésus, 1836-1896*, 40 vol., Paris, Archives de la Maison généralice (contient les lettres et les notes intimes) ; *Instructions de chapitre (1872-1889)*, Paris, 1900. ***Études* :** HÉLÈNE-MARIE (religieuse de l'Assomption), *Marie-Eugénie Milleret 1817-1898 : fondatrice des religieuses de l'Assomption*, Paris, Religieuses de l'Assomption, 1991 ; C. LESEGRETAIN, « Mère Marie-Eugénie, une pédagogue reconnue sainte », *La Croix*, 3 juin 2007 ; G. BRETON, *Une fondatrice de Congrégation religieuse au* XIX*e s...*, Saint-Étienne, Le Hénaff, 1922.

MARIE FAUSTINE, *sainte, visionnaire* (Hélène Kowalska ; Glogowiec, 1905-Cracovie, 5 octobre 1938). — Troisième de dix enfants, Hélène Kowalska naît dans un milieu d'agriculteurs pauvres. Consciente très jeune de la présence de Dieu dans son âme, elle se sent appelée à la vie religieuse dès l'âge de sept ans. Mais, devant le refus de ses parents, l'adolescente essaye d'oublier ce profond désir et quitte la maison pour aider les siens en se plaçant comme servante dans des familles aisées. Il lui faudra attendre l'âge de vingt ans pour que, à la suite d'une vision du Christ souffrant, et exhortée par lui, elle parte pour Varsovie, où elle trouve enfin une communauté religieuse qui l'accueille : la Congrégation des Sœurs de Notre-Dame de la Miséricorde. Elle devient sœur Marie Faustine.

Pendant les treize années de sa vie religieuse, elle occupe les fonctions de cuisinière, portière ou jardinière dans plusieurs des couvents de la communauté dans lesquels elle réside. Sous ces tâches, humbles et ordinaires, qu'elle accomplit dans l'obéissance et une bonne humeur zélée, se cache une âme de feu et une vie mystique d'une exceptionnelle densité, que révèle son Journal publié après sa mort sous le titre *Miséricorde divine dans mon âme ; le journal de sainte Faustina*, mieux connu sous le nom de *Petit Journal* : chronique de sa vie d'intimité avec son Seigneur, rédigée à grand-peine pendant de nombreuses années, à la demande de ses confesseurs et de Jésus lui-même. Au-delà des souffrances quotidiennes de tous ordres, les quelque mille huit cent quarante-sept articles que contiennent ces cahiers disent avec simplicité sa joie de se savoir aimée de Dieu et le bonheur de vivre en intimité avec lui.

L'amour de Dieu pour l'humble religieuse et pour l'humanité tout entière, l'Amour qu'est Dieu, anime ces pages de son souffle. Qu'elles disent la prière de louange ou d'intercession pour les pécheurs ; qu'elles décrivent sous le mode de la confidence les familiarités, les prévenances et les bontés de Jésus à son égard ; qu'elles s'enflamment pour crier au monde la bonne nouvelle de l'amour rédempteur, ces pages sont comme recentrées autour d'une même source, la confiance radicale de Faustine dans la miséricorde de Dieu. Il lui a été donnée de connaître cette miséricorde dans l'ordinaire des jours, mais aussi de la contempler dans des expériences extraordinaires, dont la plus célèbre est celle vécue le 22 février 1931, alors qu'elle réside dans le couvent de Plock : « Un soir, dans ma cellule, je vis Jésus vêtu d'une tunique blanche, une main levée pour bénir, la seconde touchait son vêtement sur la poitrine. De la tunique entr'ouverte sortaient deux grands rayons, l'un rouge, l'autre pâle. »

Le même jour, cette vision est suivie d'une exhortation précise qui détermine la première étape de son apostolat ; Jésus lui dit : « Peins un tableau de ce que tu vois », et il ajoute : « Je désire qu'on honore cette image, d'abord dans votre chapelle, puis dans le monde entier. » Plus tard, Jésus expliquera à la jeune religieuse le sens de cette apparition et la portée de sa mission : les rayons qui, dans l'apparition, sortaient de son côté représentent l'eau et le sang jaillis du cœur du Christ au moment où, dans le don du plus grand amour, il offre sa vie pour le salut des pécheurs. Dieu s'est manifesté à Faustine comme le « Roi de la Miséricorde divine » : « Ma Fille, dis que je suis l'Amour et la Miséricorde en personne. » Ainsi, la jeune mystique a été introduite dans le mystère de l'amour miséricordieux pour faire connaître au monde la miséricorde de Dieu.

À partir de ces moments et jusqu'à sa mort sept ans plus tard, chargée de porter au monde le message que Jésus lui dicte, Faustine devient la « secrétaire » de son Dieu et « l'apôtre de la Miséricorde ». Faire connaître la miséricorde devient la clé de sa vie : la faire connaître par sa manière de vivre en étant elle-même miséricordieuse ; la faire connaître par ses écrits et par ses paroles, en se faisant l'instrument des demandes que le Christ lui-même lui adresse, dans l'obéissance à son confesseur et à ses supérieures. Consciente de ses limites et de ses faiblesses, Faustine connaîtra plus d'une fois la crainte d'être trompée et aussi le découragement devant l'ampleur de la mission. Mais c'est toujours la confiance qui lui est demandée, la confiance de l'enfant dans l'humilité et l'obéissance.

Malgré les obstacles rencontrés, en elle et autour d'elle, l'origine divine de la mission est reconnue par son confesseur et par sa supérieure, et sa réalisation commence peu à peu : un peintre exécutera le tableau, toujours imparfait aux yeux de Faustine ; des reproductions en image en seront distribuées, et le message pourra s'étendre, en à peine un demi-siècle, à l'envergure de l'Église.

Si sœur Faustine est mondialement connue pour la mission que Jésus lui-même lui a confiée et qu'il lui rappelle régulièrement, cet apostolat prend naissance dans une vie spirituelle très riche et qui abonde en grâces mystiques, dont certaines sont extraordinaires : participation dans son corps et dans son âme à la Passion du Christ ; stigmates invisibles ; visions de l'humanité du Christ, mais aussi apparitions de plusieurs saints et de la Vierge Marie*, si importante pour elle ; ravissements et mariage spirituel ; don de prophétie et de bilocation, etc. De ces grâces, sœur Faustine dira qu'elles ne sont que « des ornements de l'âme » qui n'en constituent « ni la sainteté ni la perfection ». Elle rappelle que la sainteté ne se trouve que dans l'union à Dieu et l'amour des autres, chemin que Jésus indiquera à la mystique, tout particulièrement ce jour de novembre 1932, où elle entend ces paroles : « Ma fille, Je désire que ton cœur soit semblable à Mon Cœur miséricordieux. Tu dois être toute imprégnée de Ma miséricorde. » Demande impossible à réaliser sans la grâce qui l'accompagne et sans un « oui » inconditionnel au mystère de la Croix, haut lieu de la miséricorde. Aussi peut-on comprendre que les épreuves ne soient nullement épargnées à celle qui épouse le don rédempteur du Verbe incarné : souffrances physiques ; épreuves psychologiques ; nuits spirituelles terrifiantes, qui la poussent au bord du désespoir ; don de toute une vie en holocauste pour les pécheurs. Et c'est par là que sœur Faustine témoigne paradoxalement de la miséricorde de Dieu pour elle.

Ravagée par la tuberculose, celle qui confiait, à la fin de sa vie, que « l'amour fort et vif déchire presque le voile de la foi » meurt a trente-trois ans. Sœur Faustine a été canonisée par Jean-Paul II le 30 avril 2000, premier dimanche après Pâques, désormais fêté par l'Église catholique comme le dimanche de la Miséricorde.

Thérèse Nadeau-Lacour

Bibl. : ***Œuvres*** **:** *Petit Journal* (3e éd.), trad. sous la direction de l'Apostolat de la Miséricorde Divine, Paris, Éditions Anna Chanel, 2007 ; *Les Lettres de Sainte Sœur Faustine*, Paris, Téqui, 2007. ***Étude*** **:** P. CHOCHOLSKI, *Sœur Faustina ; la divine Miséricorde*, Paris, Éditions Le Livre ouvert, 2007.

MARIE-FRANÇOISE DES CINQ PLAIES, *sainte, tertiaire franciscaine* (Anna-Maria Gallo ; Naples, 1715-1791). — Anna-Maria est née dans une famille de petits commerçants. Elle vécut d'abord dans les quartiers espagnols de Naples, fort populeux et peu renommés. Naples n'est plus qu'une vice-royauté espagnole depuis le début du XVIe siècle, et le restera jusqu'au déclin de la Couronne. À peine une décennie après la mort d'Anna-Maria, les troupes françaises entraient dans la ville. Anna-Maria subit d'abord, comme sa mère, les mauvais traitements de son père irascible, lequel les obligeait à travailler durement. Mais elle fréquenta l'église qui était adjointe au couvent des frères franciscains alcantarins, où elle trouva des appuis. Elle demanda son admission dans l'ordre réformé des Tertiaires de Saint-Pierre d'Alcantara, mais comme elle avait été promise en mariage par son père, il fallut attendre qu'il consente à la levée de l'empêchement. Elle prononça ses vœux en 1731 et prit le nom de Maria-Francesca delle Cinque Piaghe, à cause de son amour du Christ, de Marie* et de François d'Assise.

Le choix de son nom de religion est très révélateur non seulement d'une orientation spirituelle, mais de toute une évolution de cette dévotion. La dévotion aux cinq plaies (*quinque plagas Christi*) est liée à la réforme spirituelle de l'Occident, notamment par une importance nouvelle accordée à l'affectivité (comme au don des larmes), dès le XIe siècle, ce qui rejaillira sur l'exégèse évangélique des plaies persistantes du Ressuscité. Cela ne fera que s'accentuer avec François d'Assise, lorsque le modèle anthropologique du chevalier insensible aux douleurs sera déconsidéré, en même temps que l'élan des croisades et celui des pèlerinages lointains vers la Terre sainte. Désormais, la Terre sainte sera toute proche, et nos blessures seront autant de terres saintes. Les *Méditations de la vie du Christ*, au XIVe siècle – attribuées autrefois à saint Bonaventure –, seront aussi une manière de se rendre présent, ici et maintenant, aux plaies de la Passion. La prière de Claire d'Assise* aux cinq plaies est bien attestée dans sa plus ancienne *Vie* (§ 30), où il est aussi question d'un enseignement, de la transmission d'un exercice spirituel : « Elle enseignait aux novices à pleurer le Sauveur crucifié. » Toute une pédagogie se met en place. Cela prendra une dimension sociale particulière non seulement au plan liturgique, par la création d'une iconographie, de prières spéciales, d'offices propres ou de fêtes dédicacées, mais aussi par la mise en place de confréries des Cinq Plaies aux XVe et XVIe siècles, sans oublier les églises ou chapelles qui portent ce nom. Toujours est-il qu'avec Anna-Maria Gallo, les Cinq Plaies deviennent un nom de personne.

Une fois entrée dans le tiers ordre alcantarin, Marie-Françoise porta l'habit, mais continua à vivre dans la vie civile, en l'occurrence au domicile paternel, où elle fut toujours maltraitée, d'autant plus que son père voulait exploiter ses dons de visionnaire. Puis, avec une autre sœur tertiaire, elle gouverna la maison de son directeur spirituel. Elle manifesta donc l'esprit de prophétie (à coloration politique ainsi que d'autres spirituelles contemporaines, plus ou moins illettrées, comme Marie de la Nativité*) et fut stigmatisée selon la tradition. Sa vie, particulièrement troublée par les persécutions et une polypathologie somatique étonnante, se présente aussi riche en anecdotes merveilleuses sur ses capacités d'intercession. Elle était profondément pénétrée de cette certitude que Dieu ne mérite pas autre chose que l'amour (*Dio non merita altro che amore*). Béatifiée en 1843, elle fut canonisée en 1867.

Bernard Forthomme

Bibl. : ***Vie*** **:** B. LAVIOSA, *Vita della Beata Maria Francesca delle Cinque Piaghe di Gesù Cristo, Terziara professa alcantarina*, Rome, 1843 (édition de Pise, 1805, époque où Marie-Françoise n'est encore appelée que vénérable) ; *Vie de la bienheureuse Marie-Françoise des Cinq Plaies de Jésus...*, Lyon, 1866.

MARIE-GENEVIÈVE DU SACRÉ-CŒUR PÉNITENT. — *Voir* MARCHAT

MARIE L'ÉGYPTIENNE, *sainte, pécheresse repentie et anachorète* (Égypte, ?-422 ?). — La vie de Marie l'Égyptienne pécheresse repentie et anachorète est inséparable de celle de l'abbé Zosime, qui vécut et mourut à un âge avancé en Palestine sous le règne de l'empereur Théodose II le Jeune, durant lequel eut lieu le concile d'Éphèse (431). Les destins croisés de ces deux ermites témoignent de l'existence d'un plan divin à l'endroit des créatures, fussent-elles les plus pécheresses. L'histoire édifiante de Marie n'a en effet pu être transmise – en Palestine d'abord au VIe siècle, puis dans toute la chrétienté occidentale et orientale, où elle est fêtée (1er et 2 avril) – que parce que Zosime faillit se laisser tenter par le diable, qui laissa entendre à l'ascète qu'il était le plus saint de tous les religieux. Sans la voix céleste lui ordonnant de sortir de son monastère et de marcher en direction du Jourdain, Zozime n'aurait pas dissipé cette illusion mensongère. Accueilli dans un autre monastère et s'en allant au début du carême dans le désert, il y rencontre plus sainte que lui en la personne d'une femme à l'aspect sauvage qui, connaissant son nom alors qu'il ignore le sien, lui raconte sa vie et lui dit s'appeler l'Égyptienne en raison du lieu où elle naquit.

C'est à Alexandrie que Marie, quittant ses parents à l'âge de douze ans, mena durant dix-sept années une vie de débauche d'autant plus répugnante, dit la légende, que le besoin n'avait pas fait d'elle une prostituée vendant son corps pour vivre, mais que l'attrait du plaisir guidait seul sa conduite indécente. Rencontrant un jour des pèlerins prêts à embarquer pour la Terre sainte, elle se joint à eux sans autre motivation que d'assouvir sa sensualité débridée : « Je m'étonne fort que la mer nette et pure ait supporté ses vices et son infamie, que l'enfer ne l'ait pas engloutie, ou même la terre qui émergeait des flots », commente Rutebeuf (v. 1262). Arrivée à Jérusalem, Marie tente en vain d'entrer dans l'église où l'on célèbre l'Exaltation de la Sainte-Croix. Une force invisible la repousse et l'incite à implorer la protection de la Vierge. Sa requête entendue, Marie se prosterne devant la Croix puis s'en remet à la Vierge qui lui dit d'aller se confesser à l'église Saint-Jean-Baptiste près du Jourdain. Ce qu'elle fait, recevant également la communion avant de franchir le fleuve et de s'enfoncer pour toujours dans le désert, où elle séjournera quarante-sept ans, ne se nourrissant durant les dix-sept premières années que des trois petits pains achetés grâce à l'obole d'un pèlerin, puis mangeant de l'herbe, comme un animal.

Prenant appui sur la tradition orale qui s'est perpétuée parmi les moines du désert, les récits arétologiques (*arétè* : « vertu ») se sont en effet succédé depuis la première rédaction insérée dans la *Vie de saint Cyriaque* (Ve s.) par Cyrille de Scythopolis, puis dans le *Pré spirituel* (VIe s.) du moine syrien Jean Moschus. Une première *Vie de sainte Marie l'Égyptienne*, attribuée à tort à saint Sophrone de Jérusalem, allait devenir la matrice des récits qui vont suivre. Certains sont écrits en vers comme *Les Triomphes du Christ* (937), de Flodoard de Reims, où figure la *Vie de Marie l'Égyptienne*, dont s'inspirèrent à leur tour Hildebert de Lavardin et Rutebeuf ; d'autres sont en prose, comme celui relaté dans *La Légende dorée* (v. 1261-1266) de Jacques de Voragine. Des traductions latines (Paul Diacre, Anastase le Bibliothécaire), mais aussi arméniennes, syriaques, éthiopiennes, ont vu le jour au fil des siècles ainsi que des recensions arabes.

Pécheresse endurcie puis anachorète (*anachoresis* : « vie retirée et solitaire »), Marie incarne ces deux extrêmes entre lesquels tout chrétien est invité à cheminer. Exposé aux rigueurs du désert, où des tentations multiples l'assaillent pendant dix-sept ans, son corps émacié, tanné par les intempéries, ressemble davantage à celui d'un animal sauvage qu'à celui d'une femme. Elle avait, dit Sophrone, « les cheveux aussi blancs que la neige, mais si courts qu'ils ne lui allaient que jusqu'au col ». Zosime, qui ne voit d'abord en elle qu'une ombre fuyante et noire, ne la reconnaît pour femme qu'au moment où elle lui demande son manteau afin de cacher sa nudité. C'est alors à qui des deux sollicite avec le plus d'empressement la bénédiction de l'autre, et noie dans un torrent de larmes sa joie de trouver plus saint que soi. Prié de revenir l'année suivante lui apporter la communion le jeudi saint, Zosime est au rendez-vous. Revenant l'année d'après le vendredi saint, il la trouve morte, visage tourné vers l'orient ; Dieu ayant déposé près de son corps une inscription portant son nom, et envoyé un lion qui aide Zosime à l'ensevelir.

En dehors des vertus acquises grâce à ce dépouillement extrême, les dons de Marie font d'elle une sainte : elle marche sur les eaux du Jourdain, lévite, connaît l'Écriture sans l'avoir apprise et perce les desseins secrets de chacun. Une sainte néanmoins différente de celles promises au martyr ou accomplissant des miracles tant sa nudité devient vêtement, dissimulant sa chasteté retrouvée, et tant sa sainteté épouse la mystique qui est celle des Pères du désert : humilité, dépouillement, transparence au regard de Dieu. La vie de Marie est toutefois trop excessive, dans l'ardeur lubrique comme dans l'ascèse, pour qu'on y retrouve la sainte sobriété des Pères. Femme « ivre de Dieu », vivant dans le désert aussi en marge de toute féminité normale que durant sa vie dissolue, Marie l'Égyptienne est un être « en lequel se rejoignent, s'allient, se magnifient souillure et sainteté » (J. Lacarrière). Aussi l'imagination populaire l'a-t-elle souvent confondue avec Marie-Madeleine*, pécheresse repentie menant elle aussi une vie érémitique, mais cachant quant à elle sa nudité sous une très longue chevelure. Un dessin de Baccio Bandinelli (XVIe s.) illustre la confusion entre les deux saintes, plus ou moins sensible dans l'iconographie qui leur est dédiée.

Le cycle entier de son existence est représenté à la basilique inférieure d'Assise, au Campo Santo de Pise, et certaines scènes sur les chapiteaux de l'église Saint-Germain-l'Auxerrois à Paris, au musée des Augustins à Toulouse, sur les vitraux des cathédrales d'Auxerre et de Bourges. Figurant dans le triptyque de *La Déploration du Christ* (1480) de Hans Memling, elle l'est aussi dans *Le Bain mystique* (1525) de Jean Bellegambe. C'est sa *Dernière Communion* (v. 1510) qui retint l'attention de Lorenzo di Credi, tandis que José de Ribera peignit une *Marie l'Égyptienne repentante* (1641), contemplant un crâne et un morceau de pain sec, et que Philippe de Champaigne réalisa *Les Miracles* de *Sainte Marie pénitente* (1656). Théodore Chassériau lui a consacré une fresque réalisée en 1843 dans l'église Saint-Merri à Paris, et Emil Nolde un triptyque, *Marie l'Égyptienne* (1912). Moins souvent confondue avec Marie-Madeleine par les peintres d'icônes, elle est alors représentée décharnée, le regard fiévreux et le visage entouré de cheveux blancs et relativement courts, comme le veut la légende.

Françoise Bonardel

• *Voir aussi* : Marie-Madeleine

Bibl. : ***Vie*** : RUTEBEUF, *Vie de sainte Marie l'Égyptienne*, Paris, M. Glomeau, 1925 ; J. DE VORAGINE, *La Légende dorée*, Paris, GF Flammarion, 1967, vol. 1 ; *La Vie de sainte Marie Égyptienne* en ancien et en moyen français, P. Dembonski (éd.), Genève, Droz, 1977 ; H. DE LAVARDIN, *Vie de sainte Marie l'Égyptienne*, trad. C. Munier, Turnhout, Brepols, 2007 ; *Vie de Sainte Marie Égyptienne pénitente*, par saint Sophrone de Jérusalem, trad. A. d'Andilly, Grenoble, Jérôme Millon, 1985. ***Études*** : J. LACARRIÈRE, *Les Hommes ivres de Dieu*, Paris, Seuil, 1983 et *Marie d'Égypte* (roman), Paris, J.-C. Lattès, 1983.

MARIE LA JUIVE, ***dite*** **« la Prophétesse »**, *alchimiste et prophétesse* (?, IIe s. av. J.-C. ?- ?, IIIe s. apr. J.-C. ?). — Aucun élément biographique ne permet de se faire une idée précise de ce que fut la vie de Marie la Juive, dont le destin hors du commun se confond avec les origines gréco-égyptiennes de l'alchimie. Que son nom soit cité parmi les premiers « maîtres de l'œuvre » et faiseurs d'or atteste au moins que les femmes n'en étaient pas exclues. Qu'on l'ait souvent nommée « sœur de Moïse » tend à prouver que les premiers alchimistes, évoluant dans un milieu intellectuel et spirituel très composite, pensaient être à la fois les nouveaux commentateurs des philosophes grecs (Héraclite, Platon, Aristote) et les successeurs des prophètes bibliques, auxquels ils attribuaient volontiers un intérêt pour les pratiques alchimiques.

Principales sources d'informations concernant Marie la Juive, les écrits de Zosime de Panopolis (IIIe s.) et d'Olympiodore (Ve s.) se réfèrent trop fréquemment à elle (« Marie dit... ») pour que sa notoriété n'ait pas été éclatante. Plus incertaine est l'affirmation selon laquelle l'art sacré n'aurait été révélé qu'aux juifs, qui l'auraient ensuite fait connaître au reste du monde : « Ne touche pas avec tes mains ; tu n'es pas de la race d'Abraham ; tu n'es pas de notre race », aurait dit Marie, parlant d'une préparation ignée dont la dangerosité justifiait par ailleurs cet interdit. Rapprochant pour sa part Marie la Juive des prophétesses gnostiques, Marcelin Berthelot, au XIXe siècle, fut le premier à associer l'alchimie aux « rêveries mystiques des Alexandrins et des gnostiques ». C'est donc dans ce cadre hellénistique, où le lien entre mysticisme, théurgies et religions à mystères (Éleusis, Samothrace) n'avait pas encore été rompu, que Marie la Juive peut être considérée comme une « mystique ».

Marie serait-elle aussi l'un des personnages mythiques (Hermès, Chymès, Agathodémon) supposés avoir fondé l'art d'alchimie ? Les recoupements entre les textes grecs et arabes, qui la nomment parfois « Marie la Sage, fille du roi Saba », laissent penser qu'elle exista réellement, et l'autorité magistrale qu'on lui prête fait d'elle une personnalité influente et inventive, moins portée aux extases mystiques qu'aux inventions pratiques ; l'esprit de l'alchimie supposant toutefois qu'on repense ces catégories. Toujours est-il que Marie figure en bonne place dans les traités d'alchimie, en tant que « mère fondatrice » (R. Patai), et l'on s'étonne de son absence dans l'*Assemblée des philosophes* (*Turba philosophorum*, XIIIe s.), un ouvrage vénéré par les alchimistes. Un traité d'origine arabe lui est attribué (*Practica Mariae Prophetissæ in artem alchemicam*), collecté dans *Artis auriferæ quam chemiam vocant* (Bâle, 1593). L'alchimiste et médecin Michael

Maier lui a consacré une des douze vignettes des *Symbola aurea mensae duodecim nationum* (1617) : empreinte de noblesse, Marie montre du doigt la montagne où le feu secret des sages réalise la conjonction des opposés. Présent dans la *Bibliothèque des philosophes chimiques* (1741-1744), réunie par Jean Maugin de Richebourg, le *Dialogue de Marie et d'Aros sur le Magistère d'Hermès* a conforté sa stature prophétique. Révélant les secrets de l'art à un Arès-Horus en qui perdure la double origine grecque et égyptienne de l'art d'Hermès Marie n'y fait plus figure de disciple attentive, comme dans l'original arabe.

De même les inventions qu'on lui prête ont-elles contribué au développement de l'alchimie : l'alambic à trois branches (*tribikos*), favorisant une meilleure distillation ; la *kérotakis*, permettant une vaporisation cyclique ; et le fameux bain-marie, dont l'usage culinaire a largement supplanté celui qu'en firent les alchimistes. Ces dispositifs novateurs facilitaient sans doute la préparation de « l'eau divine », accomplissement de la philosophie d'Hermès, dont Marie reprenait à son compte les présupposés concernant la possible conjonction des opposés – ciel-terre, matière-esprit –, préalablement purifiés par un lessivage parfois qualifié de « mystique » : « Si tu ne rends pas les substances corporelles incorporelles et si tu ne rends pas incorporelles les substances corporelles, et si des deux corps tu n'en fais pas un seul, aucun des résultats attendus ne se produira. » Ainsi Carl Gustav Jung cite-t-il fréquemment un axiome attribué à Marie la Prophétesse, enfermant la totalité de l'*Opus chemicum* dans un cercle parfait : « Un devient deux, deux devient trois et du troisième naît l'Un comme quatrième. »

Le « mysticisme » de Marie ne tient donc que pour une part au climat spirituel de l'époque hellénistique, portée, comme l'a montré André Jean Festugière (*Hermétisme et mystique païenne*, 1967), aux effusions mystiques autant qu'à la gnose. Rien n'autorise non plus à voir dans les propos qu'on lui attribue les prémisses de *l'unio mystica* chrétienne, même si on qualifie souvent de « mystique » la transformation intérieure de l'alchimiste œuvrant sur la matière avec une intention pure et selon les règles de l'art. C'est donc plutôt à l'esprit d'alchimie qu'il faut rapporter le caractère paradoxal, et en ce sens peut-être éminemment féminin, de l'étrange « mystique » propre à l'art d'Hermès tel que l'a enseigné Marie : un élan spirituel qui, loin d'arracher à la terre, la purifie de ses scories et y reconduit, faisant ainsi Œuvre en quoi mystique et gnose s'unifient.

Françoise Bonardel

Bibl. : *Œuvres apocryphes* : *Mariæ prophetissæ Practica*, Basilæ, 1572 ; *Dialogue de Marie et d'Aros sur le Magistère d'Hermès*, Paris, Éditions de l'Échelle, 1977. ***Études* :** M. BERTHELOT, *Les Origines de l'alchimie* (1885), reprint Osnabrück, Otto Zeller, 1966 ; ID., *Collection des anciens alchimistes grecs*, Paris, G. Steinheil, 1887-1888, reprint Osnabrück, 1967 ; J. LINDSAY, *Les Origines de l'alchimie gréco-égyptienne*, trad. Ch. Rollinat, Monaco, Le Rocher, 1986 ; C. G. JUNG, *Psychologie et alchimie*, trad. H. Pernet et R. Cahen, Paris, Buchet-Chastel, 1970.

MARIE-MADELEINE, *sainte* (Magdala, Ier s.-Provence ?, fin du Ier s.). — La place qu'occupe Marie de Magdala, « la Madeleine », dans la littérature mystique, dans l'iconographie et dans la conscience religieuse chrétienne, du moins en Occident, est apparemment sans proportion avec les quelques occurrences qui l'évoquent nommément dans les textes canoniques des Évangiles. Pourtant, si les éléments biographiques « objectifs » concernant Marie-Madeleine y sont quantitativement pauvres, ils sont néanmoins révélateurs d'un cheminement à la suite du Christ qui, au-delà de sa singularité, dessine à grands traits les étapes d'une dynamique spirituelle dans laquelle de nombreux mystiques ne cesseront de se reconnaître depuis deux mille ans.

Depuis un certain sermon de Clément d'Alexandrie, tradition relayée par des maîtres spirituels tels qu'Augustin, Grégoire le Grand ou encore Thérèse d'Avila*, les commentaires théologiques, comme la piété populaire, ont rassemblé sous le nom de Marie-Madeleine, non seulement ce qui est dit explicitement de la femme originaire de Magdala, mais aussi la péricope (extrait de texte liturgique qui forme un récit) de la pécheresse pardonnée qui honore Jésus chez Simon le pharisien, et jusqu'aux passages qui mettent en scène Marie de Béthanie, sœur de Marthe et de Lazare. Cependant, cette fusion de trois personnages réellement présents dans les Évangiles – légendes et mythes viendront plus tard –, cette confusion discutée du point de vue historico-critique et même littéraire, a eu pour effet non de déformer substantiellement mais seulement d'amplifier plusieurs traits psychologiques et spirituels déjà présents et aisément repérables dans les textes qui nomment directement Marie-Madeleine. Ainsi, par exemple, l'*audace inouïe* d'une pécheresse notoire et repentie (vraisemblablement une riche prostituée, si l'on en croit une tradition largement admise) qui, indifférente aux jugements que son intervention spectaculaire ne manque pas de provoquer, n'hésite pas à se jeter aux pieds de Jésus, à les arroser de ses larmes puis à les essuyer de ses longs cheveux et à verser sur eux un parfum de grand prix, manifestant, par ce geste, la vénération, la reconnaissance et l'amour qu'elle porte à celui qui l'a délivrée gratuitement des « sept » démons auxquels elle avait donné l'hospitalité et dont elle était devenue l'esclave (Lc VII, 36-50) ; ou encore la *générosité* de cette femme aisée, qui décide, comme quelques épouses de notables guéries par Jésus, de mettre ses biens à la disposition du maître et de ceux qui l'accompagnent (Lc VIII, 1-3) ; et surtout cette *fidélité* inconditionnelle à celui que, contrairement aux apôtres, elle suivra jusqu'au calvaire, jusqu'au sépulcre, jusqu'au bout de l'absence (Jn XIX, 25 ; Mc XV, 47). Mais, quelque visibles et même spectaculaires qu'elles soient, ces qualités pourraient n'être que les effets d'un caractère bien trempé, aux vertus admirables. Les textes relatifs à Marie-Madeleine vont plus loin et plus profondément, jusqu'à la source intérieure, spirituelle voire surnaturelle, de ces qualités qui n'en sont que les manifestations sensibles ; et c'est à même le chemin intérieur parcouru par la femme de Magdala qu'il est possible de découvrir la femme mystique dans sa singularité et son universalité.

Ce cheminement aurait donc commencé par la détermination de Marie de Magdala d'avoir recours à Jésus pour en finir avec « ceux » dont elle était devenue prisonnière et que les textes appellent unanimement les « sept démons », symbolisant sans doute par le chiffre l'ampleur du mal (Mc XVI, 9 ; Lc VIII, 2). Que la rencontre ait eu lieu ou non chez Simon le pharisien importe peu, tant il est évident que, pour les rédacteurs des Évangiles, l'essentiel tient dans la grâce de délivrance reçue du Christ, libération qui produit chez elle une authentique conversion, touche son être tout entier dans ses dimensions affective, morale et spirituelle, puisque la grâce s'étend au pardon de ses fautes. Comme de nombreux spirituels plus tard, Marie-Madeleine entre dans la vie proprement mystique par l'expérience, en Jésus, de la miséricorde de Dieu pour elle. Elle éprouve concrètement le salut apporté et, en l'accueillant, en est profondément transformée. Marie-Madeleine « graciée » devient une *créature nouvelle*, dont l'existence est désormais ordonnée à celui qui lui a redonné vie et dignité. Aussi, l'évolution de sa vie spirituelle – car la conversion n'en est que la porte d'entrée – va suivre exactement les progrès de sa relation à Jésus de Nazareth. Il s'agit là, chez tout disciple du Christ, mais au plus haut point chez Marie-Madeleine, de tout un processus de purification et de maturation de sa manière d'aimer « le plus beau des enfants des hommes » : lent et parfois douloureux travail de la grâce, qui fait passer d'un amour captateur à l'amour oblatif.

Ainsi, au fil des péricopes évangéliques, Marie-Madeleine passe d'abord d'un attachement sensible au thaumaturge qui l'a libérée des démons, à une reconnaissance sans bornes pour celui qui lui a pardonné ses péchés. Cette première évolution se concrétise par le don de ses biens matériels et par le service concret du maître et de ses disciples. Puis, par une écoute émerveillée de l'enseignement universel du maître, Marie-Madeleine découvre la *Parole* qu'est Jésus, *l'unique nécessaire* à contempler et à vivre. S'approfondit alors une fidélité qui la rapprochera des plus intimes de Jésus, Marie sa mère et Jean « le disciple qu'Il aimait », avec lesquels elle accompagnera celui « qui n'a plus visage d'homme » jusqu'au calvaire. Des pieds de Jésus qu'elle mouillait de ses larmes, Marie-Madeleine est arrivée au pied de la Croix sur laquelle ce même Jésus donne sa vie par amour pour l'humanité tout entière. Plus encore : à même l'intimité contemplative de l'*âme-épouse* du *Cantique*, devra surgir dans le cœur de Marie de Magdala l'amour apostolique, celui des témoins et des missionnaires, jusqu'au pur don d'elle-même. Ultime désappropriation qui lui donne d'accéder à une présence d'un autre ordre tout intime et spirituel. *Ne me touche pas ! Ne me retiens pas !* Car tel est l'amour auquel le Fils de Dieu l'appelle au matin de Pâques, lorsque, se manifestant à elle comme le Seigneur ressuscité et l'appelant par son nom, il l'envoie vers ses frères annoncer la Bonne Nouvelle (Jn XX, 11-18).

Que cet amour-*agapè* qui désormais l'anime, riche de son double enracinement humain et divin – vocation singulière et universelle à la fois –, l'ait conduite jusqu'aux rivages de la Gaule phocéenne, qu'elle y ait évangélisé le peuple de Marseille, puis qu'elle se soit retirée pour une vie d'oblation pénitente dans quelque grotte provençale, cela importe au mythe et à l'histoire. Mais la légende dorée ne heurte pas ici la vérité spirituelle d'une femme qui, par le déploiement consenti de l'amour qu'est Dieu en elle, est devenue « apôtre des apôtres » et pour toujours première femme mystique missionnaire.

Thérèse Nadeau-Lacour

Bibl. : ***Sources scripturaires*** : Mt XXVII, 55-56, 61, XXVIII, 1-8 ; Mc XV 40-41, 47, XVI 1-11 ; Lc VII, 36-50, VIII, 1-3, XXIV, 1-11 ; Jn XIX, 25, XX, 1-18. ***Biographies et études critiques*** : R.-L. BRUCKBERGER, *Marie-Madeleine*, Paris, Albin Michel, 1975 ; T. BERNARD, J.-L. VESCO, *Marie de Magdala, Évangiles et traditions*, Paris, Éditions Saint-Paul, 2005 ; J.-P. RAVOTTI, *Marie-Madeleine, femme évangélique*, Paris, Salvator, 2010.

MARIE-MADELEINE DE PAZZI, *sainte, carmélite, visionnaire et extatique* (Catherine de Pazzi ; Florence, 8 avril 1566-25 mai 1607). — Issue d'une des plus grandes familles de Florence (les Pazzi ont donné leur nom à la conjuration qui, vers la fin du XVe siècle, visait à détruire l'omnipotence des Médicis), Catherine de Pazzi est élevée par sa famille selon toutes les règles de la bienséance de l'époque et en vue, sans doute, d'un riche mariage arrangé. Son caractère ne peut cependant pas s'y plier. Alors qu'elle est chez les Franciscains de Cortone, elle connaît à douze ans une première extase, qui n'est que le prélude à sa vie ultérieure. Après l'avoir retirée du couvent, ses proches essaient de la convaincre de se préparer à une vie mondaine. La profondeur de sa vocation et ses appétences mystiques finissent pourtant par l'emporter et, à seize ans, elle fait son entrée définitive dans un ordre monastique, celui des Bénédictines (dépendant du Carmel depuis sa réforme), dans le cadre duquel elle mènera le reste de son existence. Elle échappera toutefois à l'influence de la mystique espagnole, et d'abord à celle de sainte Thérèse d'Avila*. L'expérience de celle qui prendra le nom de sœur Marie-Madeleine se situe en effet dans la droite ligne de la spiritualité du Moyen Âge, toute centrée d'abord sur la Passion du Christ, et dans une parenté assez étroite à la vie de sainte Catherine de Sienne*.

Le matin du 27 mai 1584, au monastère de Santa Maria degli Angeli, elle prononce les vœux qui font d'elle, définitivement, une moniale, et elle se sent ravie par Dieu dans un phénomène extatique qui va durer quarante jours entiers, jusqu'au 6 juillet de la même année. Les infirmières qui ont charge d'elle (elle a en effet une très mauvaise santé) la retrouvent totalement transformée, la figure illuminée de sa communion à Dieu, comme elle en portera témoignage : « Le matin de la Sainte-Trinité, ayant fait ma profession, je me sentis entièrement privée de l'usage de mes sens et attirée vers la connaissance et la compréhension du lien qui m'unissait à Dieu. » Expérience que l'on peut précisément rapprocher des paroles de sainte Catherine : « Mon âme, enivrée du sang de Jésus-Christ, perd tout sentiment propre. Elle est privée de l'amour sensitif et de la crainte servile. » Les visions et les extases se succèdent alors quasiment sans interruption et durent parfois des heures entières.

Après une période d'« accalmie », toutefois marquée par une soixantaine de nouveaux phénomènes extatiques, qui vont la faire pénétrer plus avant dans l'intimité de son divin époux, c'est-à-dire du Christ, fils de la Vierge Marie*, elle connaît une nouvelle « crise » l'an qui suit : à partir du 8 juin 1585 au soir, la veille de la Pentecôte (elle est elle-même alors entrée dans sa dix-neuvième année), et jusqu'à la fête de la Sainte-Trinité, elle est littéralement soumise pendant huit jours et huit nuits consécutifs à une révélation de l'Esprit-Saint, qui s'empare d'elle chaque matin à l'heure de tierce – après la messe, durant laquelle ses révélations sont suspendues –, cet Esprit qui la fait pénétrer jusqu'au cœur du divin et lui fait prendre conscience que le miracle de Dieu déborde sur notre propre monde, qui se revêt dès lors d'amour et de lumière.

L'Esprit-Saint, elle en avait déjà eu l'avant-goût le 7 mai précédent, lorsqu'elle l'avait pressé de se manifester à elle, « les mains levées vers le ciel, les yeux pleins de dévotion en disant : « Descends, Esprit, par toi même... Viens, Esprit, par le Verbe... Descends, Esprit, par l'essence du Père... Viens, Esprit, par la pureté de Marie... Descends, Esprit, par les chœurs des anges... Viens, Esprit, par l'ensemble des apôtres... Descends, Esprit, par les martyrs et par les vierges que tu aimes tellement. » Comme il est rapporté dans ses Œuvres complètes (*Tutte le opere*, sous la direction de Mgr Fulvio Nardoni, 1960-1966), « elle ouvrit sept fois la bouche et reçut les sept dons de l'Esprit saint » – en se souvenant que 7 est un chiffre sacré (les quatre éléments qui forment l'univers augmentés des trois personnes de la Trinité), et en remarquant comme son invocation se répète selon sept demandes différentes.

Enfin, après ces huit jours d'extases quasi ininterrompues au mois de juin 1585 (ce qu'on appelle en italien ses *Revelatione e intelligentie*, et qu'en français l'on dénomme maintenant, pour faire pendant à ses « quarante premiers jours », les « huit jours de l'Esprit saint »), dans une dernière expérience, certainement la plus amère de toutes, et le second jour de l'octave de Pentecôte (la Pentecôte : ce jour où l'Esprit, précisément, est descendu sur les disciples du Christ), elle doit pénétrer dans le *lago dei leoni* – le « lac des lions » : expression empruntée à l'Ancien Testament et à la fosse aux lions de Daniel pour pouvoir exprimer la virulence du mal porté par le diable et ses séides. Elle aperçoit alors « la multitude des démons et des tentations qu'elle devait rencontrer dans le temps de son épreuve » et elle est amenée à se plaindre : « Où est-il, mon Dieu, le soleil de ta grâce ? Il me semble obscurci, car ta puissance retire son pouvoir, et ta bonté s'est complètement éloignée de moi : maintenant, je suis délaissée comme un corps sans ses membres pour l'aider, je suis comme un tronc. Voici ce qui m'arrive : je ne peux plus m'aider, car ta puissance et ta bonté se sont retirées de moi. » Bien entendu, il ne s'agit pas là d'un « retirement » définitif de Dieu, mais bien plus d'une des ces périodes d'absence et de sécheresse que toutes les grandes mystiques ont connues, comme Hadewijch d'Anvers*, par exemple, ou Mechtilde de Magdebourg*. Ainsi que ses sœurs le rapportent, « elle chercha [contre les tentations] les remèdes utilisés par les saints, selon ce qu'on en lit. En particulier, un jour de grande affliction, assaillie par une tentation contre la pureté, elle fit comme saint Benoît. Elle se rendit là où l'on garde le bois, se choisit dans le petit bois des branches pointues et épineuses, en fit un bon fagot, et s'en alla dans un endroit secret. Là, dépouillée de ses habits, elle se jeta nue sur ces épines, se roulant dessus afin de mortifier sa chair et vaincre la tentation suggérée par le démon. »

Les puissances célestes ne l'abandonnent pourtant pas : « Par la suite, elle fut libérée de cette tentation par la sainte Vierge d'une manière semblable à celle dont fut libéré saint Thomas d'Aquin » – et si ces épreuves s'imposent à elle un très long temps, elle bénéficie pourtant de faveurs insignes qui « font la balance » : « Le 20 juillet 1586, fête de sainte Marguerite, alors qu'elle récitait l'office divin au chœur avec les autres moniales, elle fut, à notre grand étonnement, subitement ravie en extase : en effet, depuis plus d'un an, elle ne connaissait plus ces extases ni ces modes d'union à Dieu. Le Seigneur l'ayant privée du sentiment et du goût de sa grâce durant les années d'épreuve. »

Cette période durera en tout cinq années pleines pendant lesquelles Marie-Madeleine devra surmonter, toujours nourrie par le feu divin, tous les maux et toutes les désespérances.

Après des années de répit, elle s'éteint en odeur de sainteté, ayant bénéficié de l'aide de six sœurs qui lui servaient de « secrétaires » afin de noter ses propos et ses descriptions de visions dans des textes qu'elle révisait ensuite en personne. Elle fut béatifiée dès l'an 1626 – pas même vingt ans après son décès – par le pape Urbain VIII et canonisée, en 1669, par le pape Clément IX.

De fait, on peut dire que toute sa mystique se résume aux mots que lui répond Dieu lorsqu'elle s'adresse à lui en lui demandant « pourquoi il l'avait choisie [...], elle, la plus vile de toutes les créatures et la plus inapte à contribuer [à l'œuvre du Seigneur]. Le Seigneur lui répondit qu'il lui plaisait d'agir ainsi pour trois dons particuliers dont il l'avait favorisée dans le sein de sa mère. Comme premier don, un désir extrême et un zèle très ardent du salut des âmes ; en second, un désir amoureux et continuel de s'unir à lui dans le très Saint Sacrement ; en troisième lieu, le désir de se garder pure et vierge et de s'attacher à lui par les liens de la vie religieuse. » Une telle révélation se paie toutefois très cher. Comme sainte Catherine de Sienne ne mangeait plus que de l'herbe afin de mieux jouir de son union au Christ, Marie-Madeleine de Pazzi, afin de mortifier sa chair et de la délivrer des tentations, portait une chaine garnie de clous, et se donnait la discipline, autrement dit en termes simples, se fouettait trois fois par jour. Nous ne sommes pas là, cependant, dans les parages de cette fausse dévotion que l'on verra fleurir un siècle plus tard (que l'on se rappelle le Tartuffe de Molière et sa célèbre réplique : « Laurent, serrez ma haire et ma discipline »), mais dans la fidélité à la dévotion médiévale où l'on faisait l'épreuve jusqu'au vertige de l'identification au Christ dans son agonie, dans son ultime souffrance et dans son indépassable douleur.

Lorsque Marie-Madeleine plonge ainsi dans le mystère de la Trinité, elle voit d'abord celle-ci comme trois fleuves qui se mélangent et s'interpénètrent d'une telle façon que le langage courant peut à peine en rendre compte : « Le Père s'écoulait dans le Fils, et le Fils refluait vers le Père. Et Père et Fils s'écoulaient dans le Saint-Esprit, et le Saint-Esprit refluait dans le Père et le Fils, et flux et reflux ne cessaient jamais » (nous sommes très proches ici de la définition conciliaire de la Trinité à Chalcédoine, ainsi que des considérations de Bernard de Clairvaux dans ses sermons sur le *Cantique des cantiques*, lorsqu'il parle de l'éternel baiser du Père et du Fils par le souffle de l'Esprit-Saint). Mais, attachée d'abord à la personne même du Christ, elle voit le symbole du mystère, comme Anne-Catherine Emmerich* par exemple, sous la forme de trois clous que l'on a enfoncés dans la chair de Jésus afin de le faire tenir sur la Croix.

Un Jésus qui dépasse toute compréhension puisque les livres ouverts dans son cœur sont « la création du monde et de tout ce qu'il contient, tel que les arbres, les pierres, les oiseaux, les animaux et toutes les autres choses », la création de l'homme « et de toutes les autres créatures raisonnables », son incarnation sur la terre afin de sauver les créatures, sa passion et sa mort, sa résurrection, son exaltation au ciel et la rédemption des âmes qu'il accomplit pour l'éternité à travers son divin sacrifice. Ce Jésus, notre mystique le voit dès lors « sous l'aspect d'une vigne si haute qu'on n'en voyait pas la fin, et ceci symbolisait l'incompréhensibilité de Dieu. Cette vigne était plantée dans l'Église et en poussaient d'abondants rameaux qui s'étendaient sur toutes les parties du monde et en même temps jusqu'au ciel et jusqu'à l'enfer. Cela signifiait le nom de Jésus, qui est au ciel, sur la terre et dans l'enfer. » Comme si le mal et le bien étaient ici dépassés dans leur dimension purement humaine – et on s'aperçoit comme nous sommes là très proches des anciennes considérations d'Origène (v. 185-v. 253), de l'expérience dernière d'une Angèle de Foligno* ou de certains écrits d'une Marguerite Porete* en plein cœur du Moyen Âge.

Dans un sens différent, si Jésus porte néanmoins en lui le sceau de la création, on ne s'étonnera pas que, par sa passion de crucifié, il rédime non seulement l'humanité mais la totalité de la terre et, en la faisant entrer dans sa gloire, la sanctifie de ce fait (mais il ne s'agit plus dès lors de la terre concrète : bien plutôt d'une « terre subtile », d'une terre sauvée de la chute et de la malédiction du péché) : « Vois, lui dit Jésus, qu'en m'inclinant vers la terre, en tombant sur elle, j'ai voulu confirmer cette sanctification que mon sang lui avait donnée afin qu'elle produise des fruits qui ne vous soient pas nuisibles. » Et quasiment tout de suite après : « Dans l'Ancien Testament, poursuivit Jésus, beaucoup de choses produites dans la terre et sur la terre étaient interdites [...], mais il n'en va plus de la sorte maintenant que cette terre a été sanctifiée par moi. »

Reprenant la leçon fondamentale de l'évangile de Jean, Marie-Madeleine de Pazzi voit surtout Jésus, de fait, comme le Verbe et la Sagesse, qui sont la manifestation même de l'irreprésentable Trinité. Et lorsqu'on s'est confié à son amour (« Tu invites l'âme, ton épouse, à se reposer sous ton ombre et goûter de tes fruits très doux afin qu'elle puisse dire : *Sub umbra illius*, *quem desideraveram*, *sedi* : *et fructus eius dulci gutturi meo*. Oui, ô Verbe, tu abrites l'âme sous ton ombrage et tu t'abrites sous le sien : tu nourris l'âme et elle te nourrit... » – on note ici comme la citation en latin renvoie à la version latine du *Cantique des cantiques* et du dialogue amoureux de l'âme et de Dieu : « À son ombre aimée, je me suis assise, et j'ai goûté son fruit qui était si doux à mon palais » [Ct II, 3]), on découvre comme le Logos divin entraîne l'Esprit avec lui : « Ô Verbe [...], conserve en moi ton Esprit Saint, et confirme ton épouse dans ta grâce, afin que tu puisses la couronner par la régénération que tu as accomplie en toutes tes créatures pour les conduire à toi, [...] *Laudans laudabo Spiritum Sanctum*. L'Esprit Saint se répandra sur le Verbe, et le Verbe en moi, puis m'unira à lui avec toutes les créatures... » Les sœurs qui notent ses extases relèvent immédiatement qu'après ces mots, « elle s'arrêta un bon moment, les mains jointes et élevées, le visage joyeux, et le regard fixe », avant qu'elle ne reprenne par trois renvois aux textes scripturaires : « *Omnia in sapientia fecisti* [...] *sapientia aedificavit thronum Altissimi* sur lequel repose le Verbe [...]. *Et Verbum erat apud Deum, et Deus erat Verbum* », ce qui signifie : « Tu as fait toutes choses dans la sagesse [Ps CIII, 24], [...] la Sagesse a édifié le trône du Très-Haut [d'après Pr, IX, 1] [...]. Et : le Verbe était auprès de Dieu, et le Verbe était Dieu [Jn, I, 1]. »

Le couronnement consiste dans l'abîme trinitaire, antérieur à toute manifestation, où n'existe que la circulation de l'amour et où « la richesse du Père est la béatitude dont il jouit dans son Verbe ; la richesse du Verbe est la béatitude dont il jouit dans son Père ; la richesse de l'Esprit saint est la béatitude dont il jouit dans le Père et le Verbe » – un abîme qui rejoint, revue par les leçons du concile de Trente, la Deitas de Maître Eckhart telle qu'elle se creuse, dans un *ungrund* sans fin au cœur même de la révélation en trois personnes. Car « La Trinité increéée est la richesse de la trinité créée par ce qu'elle en reçoit, et la trinité créée est une richesse de la Trinité increéée, par la communication appropriée qui lui revient. [...] La communication de la Trinité increéée consiste à répandre ses dons et ses grâces dans les créatures, et celle de la trinité créée consiste non pas à répandre mais à rendre au donateur les dons et les grâces qu'elle a reçus de cette manière, la Trinité increéée inspire ce que rend la trinité créée. [...] La richesse de la Trinité increéée est de s'unir les âmes ; la richesse des créatures, c'est d'attirer le Verbe en elles... »

Lorsqu'on a reçu le feu de l'Esprit (« Elle montra qu'elle recevait le Saint-Esprit, sursauta trois fois, en écartant les bras et en les croisant sur sa poitrine, les serrant avec une grande douceur comme si elle fondait d'amour ») il est sans doute normal d'être sujet à des phénomènes comme ceux que l'on rapporte au sujet de Marie-Madeleine : ne dit-on pas en effet que, très proche de certaines pratiques des monastères du Haut-Tibet ou des initiations chez les Esquimaux Inuits dont s'est inspiré le monastère de Nervasin dans le cycle de Ténébreuse chez l'écrivain d'*heroïc fantasy* Marion Zimmer Bradley, Marie-Madeleine allait nue, en plein hiver, dans le promenoir de son couvent, habillée des seules parures et des vêtements (invisibles aux seuls yeux de chair) que lui avait fournis le Christ, réchauffée par l'unique flamme de son amour dévorant, et que, parfois, elle se roulait, toujours aussi nue, dans la neige pour « éteindre » cette même flamme qui l'incendiait de toute la force sans mesure de son incréation ?

Michel Cazenave

• *Voir aussi* : Catherine de Sienne

Bibl. : *Œuvres* : les trois ouvrages suivants ont été tirés d'une édition établie et annotée par G. Tuveri en 1584 : *Les Quarante Jours*, Grenoble, Jérôme Millon, 2002 ; *Les Huit Jours de l'Esprit saint*, Grenoble, Jérôme Millon, 2004 ; *Cinq Ans dans la fosse aux lions*, Grenoble, Jérôme Millon, 2007 ; *Extases et lettres*, Paris, Seuil, 1946. ***Études* :** J.-J. ANTIER, *Le Mysticisme féminin. Épouses du Christ*, Paris, Perrin, 2001.

MARIE-MADELEINE MARTINENGO, *bienheureuse, clarisse capucine* (Margherita Martinengo de Barco ; Brescia, 1687-1737). — Après la mort de sa mère, Margherita, patricienne de Brescia, est élevée par les Clarisses. En 1705, elle fait profession chez les Clarisses capucines du monastère de la Madonna della Neve. Elle va participer très vite au mouvement du renouveau de la mystique franciscaine dans la première partie du siècle des Lumières. Aussitôt, elle éprouve son existence religieuse comme une vie radicale où l'union avec Dieu doit comprendre les funérailles de la volonté. C'est l'épreuve d'une liberté qui se démet d'elle-même, non plus par perversion, pour se détruire énigmatiquement, mais pour être plus unie à la seule volonté de Dieu : la seule volonté, paradoxale, c'est de ne vouloir que celle de Dieu. Ces funérailles de la volonté, Marie-Madeleine (ce nom est devenu tout un programme spirituel !) les met en scène de manière très spectaculaire. Pour elle, cela équivaut à une décapitation. C'est perdre la tête, non pour rester immobilisée, mais pour la porter sous le bras en guise de témoignage ultime, comme le père de la source majeure de la théologie mystique, en sus du *Cantique des cantiques* et de l'évangile johannique : le légendaire Denys ! Mais écoutons-la : « En la faisant [l'offrande de sa liberté], je m'imaginais me couper la tête et la prendre dans les mains comme on lit de saint Denys l'Aréopagite qui, ayant la tête tranchée, la porta un espace de deux milles. Ainsi j'entrais au monastère la tête dans les mains, où je fus reçue par toutes les Mères portant des cierges allumés. Je m'acheminai vers le chœur, je la déposai au pied du grand crucifix... » La femme devient ce crâne d'Adam que l'on représente alors volontiers picturalement au pied de la Croix. Cette tête, qui représente toute l'humanité déchue, va recevoir une goutte de sang qui vient du côté ouvert du Christ, et qui, par cela même, se relève et sauve toute l'espèce humaine dans le chef d'une seule personne. Cette décapitation est donc tout un programme d'action salutaire et amoureuse. Comme le disait déjà

Jean d'Avila, *l'amour décapite*. Perdre la tête, mais pour la mieux mettre à la disposition du Christ, notre tête, et du salut de Dieu, qui découle de sa libre mort, même si elle fut à son heure. Cette dimension humaine prend aussi une dimension civique très prononcée chez Marie-Madeleine Martinengo. Elle fait partie d'un réseau familial très serré, constitué par les élites civiles et religieuses, dont quatre tantes en religion et plusieurs capucins.

Dès après sa mort, ses reliques sont réclamées en Pologne, et la reine d'Espagne réclame des manuscrits. Tous les miracles qu'on lui attribue *post mortem* sont d'ailleurs identifiés dans les milieux aristocratiques et cléricaux, ce qui est aussi une limite interne de son rayonnement. Mais le parcours de Marie-Madeleine n'est pas aussi tranchant que la décapitation symbolique de sa volonté pourrait le laisser entendre. Sa vie est aussi une voie spirituelle qu'il a fallu emprunter au jour le jour pour la connaître et la penser finalement comme méthode singulière d'oraison, rompant avec la méditation déiste, qui est très en vogue au XVIIIe siècle : « Jusque-là, mon esprit se trouvait dépourvu de toute image ou représentation [des mystère de la vie du Christ] ; je n'avais pour objet de mes méditations que des perfections divines, je ne savais pas qu'il y eut une autre méthode d'oraison. Le Seigneur [...] ouvrit donc la scène et pendant une année entière, il me montra tous les mystères, selon l'ordre liturgique de l'Église. Je n'avais jamais lu de livre qui parle aussi divinement des divins mystères, comme je les voyais dans l'oraison. Ce n'était pas une méditation, car n'ayant jamais été habituée à méditer, il m'aurait été impossible de me représenter en un instant tant de choses. Ce n'était pas non plus une représentation, mais une habitation permanente dans l'intérieur de Jésus-Christ, d'où je voyais dériver toutes ses actions extérieures [...]. J'ai vu le Sauveur porter sa croix [...] je poussai un cri si strident que toutes les mères [ses consœurs] en furent épouvantées. » La religieuse pense donc très clairement l'évolution de sa vie spirituelle. Elle se tourne d'abord vers les attributs divins, justice et miséricorde, être, vérité, bonté. Ensuite, elle ne médite plus des perfections, mais voit les événements mystérieux de la vie du Christ. Le lien entre les attributs universels et les mystères concrets, les événements singuliers, passe par l'expérience mystique, qui voit l'événement actuel et non pas simplement l'événement passé, l'histoire comme pure facticité. La vie de l'esprit donne une portée universelle et « transtemporelle » à l'amour du Christ, au sang versé librement, comme le souligne déjà l'Épître aux Hébreux. Cette rupture manifeste avec l'oraison déiste des perfections infinies se retrouvera également en France, non seulement chez des spirituels singuliers, mais dans des mouvements pastoraux et religieux nouveaux (comme les passionnistes ou les rédemptoristes), mettant précisément l'accent sur une pathétique du salut comme remède à une vie chrétienne et sociale de plus en plus rationalisée.

Toutefois, la spiritualité de Marie-Madeleine Martinengo, qui aboutit à l'union mystique, n'est pas une pure effusion psychologique. Elle indique très clairement qu'elle s'aligne sur le *tempo* des fêtes ecclésiales. En cela, elle reprend la mystique bénédictine traditionnelle, rythmée par la vie liturgique. Sans doute, le cœur de son expérience, c'est le passage entre un Dieu médité et le Christ vu directement. Cela fait songer à ce que vivait déjà Julienne de Norwich* (*Book of Showings*) et, bien auparavant, Angèle de Foligno* (*Liber*) : la passion comme événement présent, sang encore frais et vermeil, pas une histoire du passé. Jésus *est* (non pas *était*) son nom... Finalement, cette expérience n'est pas un simple *pathos*, mais se dit explicitement une *méthode* d'oraison. L'esprit méthodique de la Renaissance et de la Contre-Réforme est passé par là.

Marie-Madeleine Martinengo est déclarée bienheureuse en 1900.

Bernard Forthomme

Bibl. : Œuvres : *Autobiografia*, texte manuscrit de 143 pages, écrit en 1725, édité par Gerardo M. Pugnetti, Brescia, 1964 ; *Raccolta di documenti ovvero Avvertimenti spirituali...*, texte manuscrit d'une centaine de pages, écrit en 1724, édité à Venise chez A. Zatta, en 1779 ; ***Vie*** : B. DA COCCAGLIO, *Vita della Ven. M.M. Martinengo...*, Brescia, 1794.

MARIE-MADELEINE POSTEL, *sainte, fondatrice de la Congrégation des Sœurs des Écoles chrétiennes de la Miséricorde* (Julie-Françoise-Catherine Postel ; Barfleur, 1756-Saint-Sauveur-le-Vicomte, 1846). — Julie-Françoise-Catherine est la fille d'un cordier de Barfleur, en Basse-Normandie. Formée par les Bénédictines de Valognes, elle comprend qu'elle n'est pas faite pour cette forme de vie, avant d'ouvrir dans son village natal, dès 1776, une école pour enfants défavorisés, car elle ne voulait pas être une religieuse rentée. En 1807, à Cherbourg, elle fonde la Congrégation des Sœurs des Écoles chrétiennes de la Miséricorde. Ce qui prolonge l'œuvre de Jean-Baptiste de La Salle (Reims, 1684) et de l'Institut des Frères des Écoles chrétiennes (reconnu seulement en 1724-1725), dont la gratuité devait permettre l'accès des enfants pauvres à une éducation moins négligée et un meilleur avenir, notamment par l'apprentissage de la lecture en français (et non plus en latin), et surtout par la confiance faite à l'élève. Marie-Madeleine s'installe en 1832 dans l'abbaye bénédictine médiévale de Saint-Sauveur-le-Vicomte, très délabrée, qu'elle réhabilitera, aidée par ses sœurs (à l'image de François d'Assise) mais aussi grâce à l'appui de François-Augustin Delamare, et qui deviendra le siège de la congrégation.

Elle est béatifiée en 1908, canonisée en 1925.

La première implantation étrangère de la congrégation fut réalisée en Allemagne, en 1862. Mais, à la suite du premier conflit mondial, en 1920, la branche allemande se sépara du tronc français ; elle subsiste encore, par exemple dans la Communauté des Sœurs de Sainte Marie Postel, en Westphalie, à Oelingshausen, dans les bâtiments restaurés d'une abbaye médiévale des Prémontrés. Aujourd'hui, la congrégation a essaimé en Indonésie, en Inde et en Afrique du Sud.

La spiritualité de Marie-Madeleine Postel se définit par la simplicité, la confiance, l'audace discrète et la miséricorde. Elle est une union à Dieu, par le Christ, où s'éprouve une énergie inentamable pour éclairer les cœurs et les esprits, modifier les destins en apparence scellés dès le plus jeune âge par la misère, le servage, la maladie et l'ignorance.

Bernard Forthomme

Bibl. : ***Vie*** **:** abbé F.-A. DELAMARE, *Vie édifiante de la très honorée supérieure Marie-Madeleine, née Julie Postel* (1852), rééd. Paris, Le Livre d'histoire, 2005.

MARIE NOËL, *poétesse* (Marie Rouget ; Auxerre, 16 février 1883-1963). — Marie Rouget, née à Auxerre, ville alors toute empreinte d'un rigorisme janséniste, aurait mené une douce et morne existence provinciale, peut-être agrémentée de quelques productions poétiques sans importance, si sa jeunesse n'avait été dévastée par deux catastrophes, auxquelles l'entourage familial, pour aimant et protecteur qu'il fût, ne pouvait répondre. Une famille dominée par l'impressionnante stature de Louis Rouget, agrégé de philosophie et travailleur manuel passionné, professeur d'histoire de l'art au lycée de la ville, agnostique par conviction profonde et par sa haute idée de Dieu, de tous vénéré pour sa droiture morale exemplaire, mais peu enclin à comprendre les penchants littéraires de sa fille, heureusement encouragée dans ses aspirations par son parrain, Raphaël Périé. Du côté maternel, où l'on s'enorgueillit d'une parenté avec sainte Madeleine-Sophie Barat*, une ferveur sans excès, un respect modéré pour le monde clérical et une pratique liturgique régulière (qui initiera Marie au rythme et à la forme poétique comme à une pénétration du malheur de la condition humaine).

Marie a vingt ans quand, au lendemain de Noël, l'on découvre son frère puîné, Lucien, mort dans son lit. Avec la hantise de la mort – à ce point intense qu'elle devra recevoir des soins dans la fameuse clinique du docteur Blanche à Meudon – l'enfant mort (« Son agonie. L'appel désespéré de ses yeux, de son souffle ») devient un thème récurrent de sa poésie et un motif d'interrogation et de révolte métaphysique chez cette jeune fille réputée bien soumise. À cette peine inexpiable va s'ajouter le drame d'un amour perdu : le jeune homme dont elle s'était éprise en secret quittera Auxerre le soir de ce même Noël, sans s'apercevoir le moins du monde de la passion qu'il avait suscitée. Marie Noël transposera et sublimera ce drame dans un court roman à forte saveur autobiographique, *Le Chemin d'Anna Bargeton* (éd. posthume, 1977). Cependant, le talent poétique de Marie s'affermit et se voit récompensé par la publication en 1910 de ses premiers poèmes dans la *Revue des Deux Mondes*. C'est alors qu'elle choisit comme nom de plume celui de Marie Noël, révélateur à ses yeux de la contradiction qui déchire son âme intime, à la fois, comme elle le dit « mon nom de grâce. Marie Noël est aussi, plus encore, mon nom de malheur ». Reconnue par l'abbé Bremond, qu'elle rencontre en 1925 grâce à l'abbé Mugnier, lequel l'encourage dès 1919 – deux personnalités du monde des lettres, deux figures d'intelligence sacerdotale, qui rassérènent son christianisme douloureux et accablé, mais dont elle ne semble pas avoir perçu les ambiguïtés –, saluée par Montherlant qui la compare au génie de Colette, la poésie de Marie Noël reste bien souvent incomprise et trompeuse : on y croit trouver une douce piété un peu sage, enjolivée de gaieté espiègle et enfantine, sauf, ici ou là, quelque hurlement de colère et de révolte, ou alors des élégies d'une immense détresse. Rares sont les stigmates du drame intérieur qui ne lui laisse nul repos, cette tension irréductible entre le désir d'une sainteté (idéalisée, et donc inexaucée) et l'attrait poétique, entravé dans son envol par les obligations domestiques (auxquelles la voue sa condition célibataire). Plus explicites seront le dernier recueil, *Les Chants d'arrière-saison* (1961), et surtout les *Notes intimes* (1959), sorte de Journal spirituel que l'abbé Mugnier lui recommandera de publier : « Vous êtes allée en Enfer. D'autres, plus nombreux que vous ne croyez, s'y débattent encore. Vos notes de route les aideront » ; un ouvrage pour les *incroyants* (« Vous irez chez eux en mission. Ce sont là vos sauvages ») qui est un des chefs-d'œuvre de la littérature mystique du XXe siècle. Le philosophe y trouvera intérêt : Marie Noël en effet s'y confronte à l'énigme du mal et à sa contradiction avec la providence d'un Dieu réputé tout-puissant. Elle avance, armée non pas du savoir académique, mais de son intuition poétique et de l'audace de son intelligence croyante, d'une folle témérité en regard de la vulgate d'un tranquille catéchisme. Sa voie ne sera pas celle d'un accommodement, ni d'une solution spéculativement satisfaisante ; de toute façon, la clameur désespérée qu'exhale l'être mortel dans l'effroi de sa propre mort, et dont la liturgie des défunts fait entendre un écho dans les plaintes de Job ou de David, le roi psalmiste, ne s'évacue pas par le raisonnement. La seule voie possible sera mystique, la voie d'un combat impitoyable – sa vie, avouera-t-elle, ressemble à un champ de bataille –, d'un amour sans faille et sans défense et du mystère obscur du Sans-Visage. Combat qui est à deux doigts de basculer dans la folie, lorsque Marie Noël, par deux fois, connaît une impressionnante descente aux enfers, la première, trois jours durant en 1913, la seconde « de sept semaines et de plusieurs années », entre 1920 et 1922.

Dans ce naufrage de l'être, le seul passeur à qui elle se fie sera le Christ, « Dieu de Noël, Dieu des soumis et des humbles », ce Dieu à visage d'humanité et qui veut quitter l'impassible sérénité de la déité éternelle pour connaître dans son être la douleur de la finitude mortelle : compassion infinie de ce Christ, autour de laquelle Marie Noël développe une théologie de l'Incarnation, proche de la tradition franciscaine, et qui, avec une imprudente franchise, fait état d'un hiatus au sein de la Trinité (le Christ est le vrai Dieu, humain et fraternel). En revanche, invoquer la paternité de Dieu ne dit rien qui vaille à cette chrétienne circonspecte. Toutefois, Marie Noël ne théorise pas ni ne se résout à des constructions factices et auto-justificatrices ; elle se fraie une voie, un « gravichot », comme elle dit, sentier de montagne, âpre et rugueux, et de la plus haute exigence, afin de « tomber dans le ciel » – la voie de l'*impossible amour*, en parfaite consonance avec le cri de Job, que comprenait Thérèse de Lisieux* : « Même s'Il me tue, je l'aime » (pour ne rien dire de l'aveu de Marguerite Duras dans *Hiroshima mon amour* (1959) : « Tu me tues, tu me fais du bien ! »). Amour douloureux, défait de toute enfantine jouissance, amour de pur vouloir qui mène à la *perte* (de soi) et que vérifie la sollicitude pour l'innombrable *prochain* : « Mon âme [...] / Ne crains pas de manquer d'amour, ne garde rien [...] / Donne-toi tellement que tu n'existes plus, / Et que dans ton secret, ton silence et ton ombre, / Rien ne bruisse plus qu'autrui, ce cœur sans nombre, / Son mal, sa fièvre, au lieu de ton cœur superflu » (*Les Chansons et les Heures*, 1922).

Marie Noël retrouve ainsi la science expérimentale du grand XVIIe siècle, d'un amour qui ne s'accomplit que dans la perte, qui n'est pas destruction, mais improbable – la foi y est mise à l'épreuve – configuration de l'être : « Il est grand ! Je l'adore, je m'incline devant sa pensée infinie dont je suis victime. Et j'accepte avec une sérénité sans espoir d'être moi, le rien, sacrifiée à ses fins. Il me semble que si j'étais une pauvre pièce de toile, je me soumettrais ainsi avec une douleur affectueuse et docile à la torture des ciseaux et de l'aiguille, par respect et aveugle amour pour le chef-d'œuvre inconnu de l'ouvrière » (*Notes intimes*, année 1920).

François Marxer

Bibl. : *Œuvres* : *Œuvre poétique*, Paris, Stock, 1956 ; *Œuvre en prose*, Paris, Stock, 1977 ; *Notes intimes*, suivies de *Souvenirs sur l'abbé Bremond*, Paris, Stock, 1959. ***Vie et études*** : R. ESCHOLIER, *La neige qui brûle*, Paris, Fayard, 1957 ; A. BLANCHET, *Marie Noël*, Paris, Seghers, 1962 ; H. GOUHIER, *Le Combat de Marie Noël*, Paris, Stock, 1971.

MARIE ROBINE, ou Marie la Gascogne, *laïque, visionnaire et prophétesse* (Héchac, ?-?, 1399). — Née à Héchac, au diocèse d'Auch, Marie Robine, Marie la Gascogne ou encore Marie d'Avignon, atteinte d'une maladie incurable, se rend en Avignon, ayant eu vent de la réputation thaumaturgique du saint cardinal Pierre de Luxembourg. Elle est guérie en présence de l'antipape Clément VII et décide de rester en Avignon, comme recluse dans le cimetière Saint-Michel, où elle vit des aumônes pontificales qui lui parviennent par une communauté voisine de Célestins. Elle est favorisée de visions et de révélations, qui en font une actrice (sans doute secondaire) des deux grands problèmes de l'heure : le conflit du Grand Schisme (1378-1417) et la position qu'y tient le roi de France. Le 22 février 1398, la voix lui dit : « Va trouver le roi, dis-lui qu'il procure l'union de l'Église par les moyens que je t'ai indiqués et qu'il se garde de faire soustraction d'obédience à Benoît XIII. Cet expédient a pour principe l'orgueil, l'envie et l'avarice [...]. Dis aussi au roi qu'il opère la réforme dans l'Église. » Elle écrit donc à Charles VI, mais ne reçoit aucune réponse. Après une vision qu'elle a en avril, en présence de l'épouse de Louis Ier d'Anjou, elle se rend à Paris, où elle arrive le 2 juin. Mais elle ne peut s'adresser au concile national alors réuni, ni rencontrer le roi. Elle remet cependant à Isabeau de Bavière une lettre où elle invite l'antipape Benoît XIII à résigner sa charge. De retour en Avignon, ses visions changent de tonalité dans l'année 1399 : domine alors l'angoisse apocalyptique, où la France se voit la proie de l'Antéchrist, avant qu'une sédition populaire détruise la monarchie et la capitale. On a rapproché, non sans raison, Marie Robine de Jeanne d'Arc* : elle sera d'ailleurs invoquée, lors de l'examen auquel Jeanne est soumise, à Poitiers en mars 1429, devant une commission diligentée par le dauphin, lequel voulait s'assurer de son orthodoxie. Or le maître en théologie Jean Érault, rappelle la prophétie de Marie Robine : « Quantité d'armes me sont apparues ; j'ai eu peur un instant d'être obligée de les porter moi-même. Il me fut dit de ne rien craindre, qu'elles ne m'étaient pas destinées, mais bien à une pucelle qui viendrait après moi et délivrerait le royaume. » L'on n'a point retrouvé ladite prophétie dans le livre où Marie consigna ses révélations ; est-ce alors un apocryphe fabriqué après coup pour la bonne cause ? De toute manière, cette citation atteste la diffusion et l'autorité de l'enseignement de la prophétesse de Gascogne.

François Marxer

• *Voir aussi* : Jeanne d'Arc

Bibl. : ***Vie et études*** **:** N. VALOIS, « Jeanne d'Arc et la prophétie de Marie Robine », in *Mélanges offerts à Paul Fabre*, Paris, A. Picard et Fils, 1902, p. 452-467 ; M. TOBIN (éd.), « Le Livre des Révélations de Marie Robine », *Mélanges de l'École française de Rome*, t. 98/1, 1986, p. 229-264.

MARIE SÉRAPHIN DU SAINT SACREMENT, *clarisse capucine* (Marie-Louise Boulat ; Salon, 1853-Aix-en-Provence, 1934). — Marie-Louise, de santé fragile dès sa naissance, après avoir enseigné quelques années dans un établissement religieux de Marseille, entra à trente et un ans chez les Clarisses capucines d'Aix-en-Provence. Elle souffrit d'abord de devoir « enfouir dans un sombre cloître deux brevets et des langues étrangères », le goût du « plaisir de l'intelligence », du chant et de l'éducation. Et puis, face à cet ouragan plus que légitime, elle redresse la tête, clame avec assurance et sensibilité profonde : « Amour ! Votre Cœur sera mon problème, mon chant, ma classe ; je deviendrai l'élève, vous serez le Maître. [...] Le problème de votre miséricorde envers moi, sera l'étude de toute ma vie » (*Journal*, 26 juin 1885). Très vite, cette étude va transporter son audace et sa lucidité : « J'aime Dieu avec l'amour dont il s'aime lui-même, car le mien est trop misérable [...]. C'est plus que la vie intérieure » (12 février 1896). Ce qui donne une unique échelle spirituelle, à la fois échelle du paradis et celle du néant, dont on comprend la portée dans la chute : « Je ferai une échelle à deux échelons, une pour m'élever à Dieu, l'autre pour descendre dans l'abîme de mon néant. Aux deux extrémités je trouverai l'Amour. Ainsi, je me trouve contente de tous les événements » (novembre 1899). C'est ce qu'elle appelle l'« aisance admirable », que les Écritures nomment la parrhésie. Et cet esprit d'autonomie dans l'amour de Dieu : « Depuis plus de vingt ans que je suis dans le cloître, je n'ai jamais eu besoin durant mes dix jours de solitude ni de confesseur, ni même de cette direction maternelle où l'on épanche son cœur et son âme : l'oraison et le silence me suffisaient » (Simpelveld, Pays-Bas, 1903). Et ce sens aigu de la vérité. Elle éprouve ce que Dieu lui dit : « Fais-moi aimer dans la vérité, car le mensonge se trouve même dans l'amour » (*Journal*, avril 1910). Elle se repose sur le bonheur même de Dieu, sa seule tautologie, conforme à une veine franciscaine : « Dieu est heureux, cela me suffit [...]. Dieu est Dieu, cela me satisfait [...]. Je n'ai qu'une souffrance : c'est que l'on n'aime pas cet Amour, on ne le comprend pas [...]. Goûter Dieu sans le comprendre est imparfait. Le connaître sans le goûter, c'est imparfait. Oh ! donnez-moi le don de sagesse pour goûter, le don d'intelligence pour connaître » (Vaals, juin 1916).

Bernard Forthomme

Bibl. : *Œuvre* : *Feu séraphique en terre provençale : Si vous connaissiez mon Dieu, vous l'aimeriez. Journal d'une clarisse, Mère M. S. du Saint-Sacrement*, J. Héricourt (éd.), Paris, Apostolat des Éditions, 1980.

MARIE SKOBTSOV, mère, *sainte orthodoxe* (Élisabeth Pilenko ; Riga, 8 [21] décembre 1891-Ravensbrück, 1945). — Poète, membre de l'intelligentsia raffinée de Saint-Pétersbourg, adhérente du Parti socialiste-révolutionnaire, première femme à occuper les fonctions de maire d'une petite ville du Caucase, mariée et divorcée à deux reprises, mère de trois enfants, dont un fils qui, comme elle, mourra dans un camp de concentration et sera canonisé. Moniale au sein de l'Église russe en émigration, elle fonde un foyer pour les exclus de la société, où elle accueillera des juifs, ce qui lui vaudra, à la suite d'une dénonciation, d'être déportée à Ravensbrück, en Allemagne. Par le don de soi qui était le sien, par son rayonnement, mère Marie est une sainte qui ne répond pas tout à fait à l'idée que nous pouvons avoir d'une moniale canonisée.

Élisabeth Pilenko, de son nom de jeune fille, naît d'un père cosaque et d'une mère descendante du dernier gouverneur de la Bastille, dont la tête fut promenée au bout d'une pique le 14 juillet 1789. Tout semblait se liguer contre la venue au monde d'une petite fille (accouchement difficile, suffocation dans l'eau du baptême) dont le destin devait être rempli de souffrance mais aussi irradié de lumière. Âgée de quinze ans, elle perd brutalement son père et, en plein désarroi, ulcérée, elle met sa foi en question : « Cette mort est injuste [...] s'il n'y a pas de justice, il n'y a pas de Dieu du tout [...]. »

À Saint-Pétersbourg où réside désormais la famille, elle fréquente les milieux littéraires d'avant-garde et se lie avec le grand poète symboliste Alexandre Blok. À l'issue de brillantes études, à l'âge de dix-neuf ans, elle épouse un intellectuel révolutionnaire miné par l'alcool, pour le sauver. Lasse des stériles discussions de salons de la capitale, elle est attirée par la cause révolutionnaire et restera toute sa vie une intellectuelle de gauche, un brin anarchiste. Elle adhère au Parti socialiste-révolutionnaire, qui sera impitoyablement anéanti par Lénine. Vers 1913 surgit en elle le désir de revenir à la foi chrétienne et de l'approfondir, ainsi est-elle l'une des premières femmes à obtenir l'autorisation de suivre les cours de l'académie de théologie de Saint-Pétersbourg. La révolution éclate et la future moniale, dont le mariage a été brisé, est élue, fait sans précédent, maire de la petite ville d'Anapa, en Crimée. Elle dialogue avec les Rouges pour protéger la population et, quand la ville est occupée par les Blancs, elle est traduite devant un tribunal militaire pour collaboration, risque la peine de mort, mais n'est condamnée finalement qu'à une peine symbolique. Un de ses juges, Daniel Skobtsov, tombe amoureux d'elle, l'épouse, et de cette union naissent deux enfants. Dans les aléas de la guerre civile, le couple est séparé, l'exil s'impose comme seule issue, d'abord à Constantinople, puis à Paris, où la famille, réunie au complet, s'installe définitivement.

Commence le dur exil des apatrides dans la pauvreté et les difficultés matérielles. Anastasia, fille du premier mariage, est emportée par une méningite après une longue agonie. La mère est bouleversée et, paradoxalement, ce Dieu qu'elle avait repoussé après la mort de son père fait brutalement irruption dans sa vie. Cette mort d'un jeune être cher est vécue comme une mystérieuse « visitation » : « Je sens que la mort de mon enfant m'oblige à devenir une mère pour tous. » Plus tard, elle dira : « La mort d'un être chéri, c'est une porte qui s'ouvre sur l'éternité. » La vie de Marie Skobtsov prend alors une tout autre tournure. Elle s'engage dans l'ACER (Action chrétienne des étudiants russes), un mouvement de jeunes Russes ancré dans l'Église orthodoxe. Elle fréquente les grandes figures de l'intelligentsia religieuse, comme le père Serge Boulgakov ou le philosophe Nicolas Berdiaev. Ce dernier fonde une académie de philosophie religieuse qui se réunit dans la maison de mère Marie, laquelle prend part aux séances. Elle crée, avec des amis, l'Action orthodoxe, un organisme chargé de gérer et coordonner les activités sociales, et lance une revue, *Novyi Grad* (« La cité nouvelle »), qui traite de thèmes religieux mais aussi sociaux et politiques, dans un esprit œcuménique. Par son inspiration, *Novyi Grad* est proche de la revue *Esprit* d'Emmanuel Mounier, à laquelle collabore Berdiaev.

On la charge de visiter les groupes d'étudiants russes qui se forment un peu partout, de donner des conférences, mais bien vite se fait sentir la nécessité de s'occuper également des Russes déracinés, murés dans leur solitude, leur désespoir, qui vivent dans ces cités ouvrières. Elle découvre des parias, alcooliques, malades psychiques, délinquants et comprend que son rôle dorénavant consiste à écouter des confidences, à consoler, apporter parfois une aide concrète. Naît alors en elle le désir d'exercer un ministère de diaconesse et elle songe à prononcer les vœux monastiques. Son mari accepte généreusement le divorce ecclésiastique. Le jour de la prise de voile, le métropolite lui donne le nom de Marie, en souvenir de sainte Marie l'Égyptienne* cette jeune prostituée qui, une fois convertie, se rend au désert pour expier ses péchés, et il prononce ces mots : « De même qu'elle se retira dans le désert après une vie orageuse, va, parle et agis dans le désert des cœurs humains. » La nouvelle moniale visite des communautés féminines dans les pays baltes, et revient persuadée de l'inadaptation des formes traditionnelles monastiques à la situation de l'émigration russe en Europe occidentale. Ces chaudes communautés sécurisées derrière des murs épais, vivant, selon elle, un confort monastique bourgeois, la mettent mal à l'aise.

Le monachisme auquel elle aspire est ouvert sur le monde, se vit au cœur de la cité, parmi les pauvres et les estropiés de la vie. Bien que ne possédant pas un sou, elle fonde un foyer d'accueil à Paris, rue de Lourmel, pour des femmes sans famille, des prostituées, des affamés, des clochards, des malades mentaux et, plus tard, pour des juifs persécutés. Pour nourrir tout ce monde, elle se rend dès l'aube aux Halles, où des marchands qui la connaissent lui donnent des denrées périssables. Un jour, Léon Trotski visite ce centre, et mère Marie lui apprend qu'il lui doit la vie. Elle avait en effet, en 1917, reçu du parti socialiste-révolutionnaire, opposé aux bolcheviks, l'ordre de l'assassiner, mais n'avait pu s'y résoudre. « Je dois payer ma dette, lui dit Trotski, que puis-je faire ? – Ma foi, j'ai une facture en retard chez le charbonnier du coin... si vous pouviez la payer... » Et l'ancien commissaire du peuple s'exécuta.

Cette femme exceptionnelle, indépendante, tout entière vouée au service du prochain, menait une vie trépidante, pouvait discuter tard dans la nuit en compagnie de ses protégés, ou fumer au grand scandale des traditionnalistes, une vie qui ne cadrait pas avec l'existence régulière d'une religieuse et qui lui valut maintes critiques de la part de l'Église-institution.

La « drôle de guerre » éclate et mère Marie se dépense pour cacher des juifs dans son foyer devenu refuge, pour leur délivrer de faux vrais certificats de baptême qui leur permettent de fuir en « zone libre ». Lors de la fameuse rafle du Vel d'Hiv où sont parqués des milliers de juifs, elle réussit à se faufiler à l'intérieur du vélodrome et y reste pendant trois jours pour porter secours et consolation aux malades, aux désespérés. Elle s'arrange même avec un éboueur pour en faire sortir quatre petits enfants juifs cachés dans des poubelles. En 1942, la Gestapo vient arrêter la moniale, ainsi que le père Dimitri Klépinine, aumônier de son foyer, qui mourra également dans un camp. Fin avril 1943, elle est déportée à Ravensbrück où, à son habitude, elle s'emploie corps et âme à consoler, encourager les prisonnières impressionnées par la fumée que crachent les fours crématoires. Animée d'une vitalité peu commune, d'une foi inébranlable, elle soutient le moral de ses compagnes. Elle parvient à se procurer du fil en échange de rations de pain et brode des icônes, dont la dernière représente un petit Christ en croix tenu dans les bras de sa mère. C'est Marie qui console son Fils. Mère Marie griffonne sur un bout de papier un ultime message : « J'accepte pleinement la souffrance [...] et je veux accueillir la mort, si elle survient, comme une grâce d'En Haut. » Les témoignages ne concordent pas sur ses derniers instants. Pour certains elle aurait pris la place d'une femme terrorisée à l'idée d'être conduite dans un autre camp. Pour d'autres, alors qu'elle s'était approchée d'un groupe de détenues en route vers les chambres à gaz pour les réconforter, elle aurait été embarquée avec elles.

En 2004, elle est la première sainte canonisée par l'Église orthodoxe sur la terre de France, en même temps que son fils Youri et l'aumônier, le père Dimitri. Elle avait le génie de la sainteté, de cette sainteté dont le monde moderne a tant besoin.

Michel Evdokimov

• *Voir aussi* : Marie l'Égyptienne

Bibl. : *Œuvre* : *Le Sacrement du frère*, Paris, revue *Le Sel de la terre*/Cerf, 2001. ***Étude*** : « Mère Marie Skobtsov », *Le Messager orthodoxe*, nº 132, Paris, 1998-1999.

MARIE-THÉRÈSE DE SOUBIRAN, *bienheureuse, fondatrice de la Congrégation de Marie Auxiliatrice* (Marie de Soubiran La Louvière ; Castelnaudary, 16 mai 1834-Paris, 7 juin 1889). — À bien des égards, le destin de Marie-Thérèse de Soubiran ressemble à celui de Jeanne Jugan*. Socialement, tout les opposerait : Jeanne appartenait aux classes pauvres et laborieuses, Marie-Thérèse voit le jour dans une vieille famille de la noblesse méridionale, ruinée par la Révolution, où, du côté maternel, on garde le souvenir de trois oncles qui lors furent exécutés. Mais, point commun, Jeanne comme Marie-Thérèse se virent expulsées de la congrégation qu'elles avaient fondée, au profit d'habiles intrigantes ; or ni l'une ni l'autre ne proteste ni ne se défend, à la différence d'une Jeanne-Antide Thouret* qui, dans pareille situation, use de tous les recours disponibles. Visiblement, deux voies mystiques apparemment contradictoires, mais, ici comme là, c'est l'Évangile qui est en jeu. Sophie, Thérèse, Augustine, Marie de Soubiran La Louvière naît six ans avant sa sœur cadette, Marie. Le père, ancien militaire, attaché aux valeurs traditionnelles, mais ouvert aux questions sociales, donne à ses deux filles une éducation un rien rigide : ni école ni pensionnat, mais un oncle prêtre comme précepteur, la part féminine étant transmise par la mère et une tante célibataire. L'oncle, le chanoine Louis de Soubiran, dirige une congrégation mariale, où Sophie a tôt fait d'être enrôlée : elle s'y montre une animatrice aussi généreuse qu'adroite – l'œuvre prospère : on compte jusqu'à cinq cent jeunes et enfants – et fait ainsi l'apprentissage de la vie apostolique, dont elle résumera l'esprit en novembre 1879 : « Procurer à Dieu quelque gloire, faire du bien aux âmes. » Une devise qui justifiera tous les sacrifices et les épreuves qu'elle va devoir consentir.

En effet le Carmel l'attire, mais l'oncle chanoine s'est mis en tête le rêve (romantique ? traditionaliste ?) de restaurer la vie béguinale, si florissante au Moyen Âge, afin d'offrir un cadre de vie sécurisé aux jeunes filles célibataires qui n'ont toutefois guère d'attrait pour la vie religieuse. Le Carmel désiré, le béguinage fantasmé : Sophie est déchirée, mais, à l'issue d'une retraite ignatienne, elle se résout à sacrifier son désir, sans la moindre illusion sur ce qui l'attend. En 1853, l'oncle et la nièce se rendent à Gand, où subsiste encore un béguinage, afin de découvrir ce type de vie commune, puis, dans un second temps, en faire l'apprentissage pratique. De retour, l'on bricole vaille que vaille l'implantation française et, le 14 novembre 1855, Sophie devient sœur Thérèse et fait profession. Choisie comme supérieure de la petite communauté, elle s'emploie activement à en infléchir l'esprit vers une modalité religieuse plus prononcée. D'autant plus que, de s'être consacrée à l'éducation des enfants auxquels il s'agissait de donner un bagage professionnel, la communauté se voit obligée de construire une nouveau bâtiment qui, à peine inauguré, est détruit par un incendie dans la nuit du 5 au 6 novembre 1861. Durant le sinistre, sœur Thérèse réunit ses sœurs autour du tabernacle, qu'elle a pu sauver : une nuit d'adoration qui décide de l'ancrage eucharistique de la congrégation. Mais sa progression patine, écartelée qu'elle est entre la légende que veut revivre l'oncle chanoine et les désirs de Thérèse d'une vie religieuse apostolique, sans parler des requêtes spirituelles de ses compagnes. L'expérience des *Exercices spirituels* que donne, au printemps 1864, le jésuite Paul Ginhac, tranche le nœud gordien : elle éprouve une grande confiance dans l'œuvre à entreprendre et elle est prête à lui donner sa vie. Un projet à réaliser, pour lequel on ne craint pas de devoir souffrir, sans tenir compte des mérites qu'on en pourrait retirer : tout à fait la ligne d'Ignace de Loyola.

L'époque voyait un exode rural important, dont tire profit l'industrialisation urbaine. La jeunesse transplantée, « qui, *sans famille*, réside dans les grandes villes, fréquente l'atelier ou les fabriques », voilà ce qui mobilise Marie-Thérèse. Elle quitte donc Castelnaudary, où ce qu'elle avait suscité et créé pouvait poursuivre sa route sans son assistance, pour ouvrir à Toulouse une « maison de famille » où se retrouve la jeunesse ouvrière, exilée de sa campagne natale. L'archevêque, Mgr Desprez, soutient la fondation et approuve les Constitutions de Marie-Auxiliatrice en 1867. L'année suivante, Pie IX ne manque pas d'encourager cette création qui l'intéresse au plus haut point. Dès lors, la congrégation s'étend : Amiens d'abord, puis Lyon. Cette expansion est cependant freinée par la guerre de 1870 et les mesures anti-religieuses prises localement. Les communautés quittent alors le territoire français pour se retrouver à Londres autour de la fondatrice. C'est au retour de cet exil d'un an que le chapitre général accorde massivement sa confiance à la sœur Julie Richer, que Marie-Thérèse avait eu l'imprudence (ou la naïveté) de recevoir en 1868, ignorant tout de son passé soigneusement dissimulé : mariée en 1849, Julie Richer avait quitté le domicile conjugal en 1853, pour disparaître de la société. Manipulatrice et avide, cette femme nourrissait des projets des plus ambitieux, alors même qu'en raison d'un développement (trop ?) rapide les maisons s'essoufflaient et connaissaient des difficultés financières. En 1873, Julie Richer annonce la faillite prochaine de la congrégation, en exhibant une comptabilité falsifiée, pour en accuser l'incapacité de la supérieure générale. Troublée, celle-ci ne se défend pas, et le père Ginhac, consulté, se laissera lui aussi berner (ou séduire) par l'assurance de l'usurpatrice, qui organise l'exil définitif de Marie-Thérèse. Finalement, celle-ci trouvera refuge en septembre 1874 dans l'ordre de Notre-Dame de Charité (fondé au XVIIe siècle par saint Jean Eudes), où elle devient, le 25 avril 1875, sœur Marie du Sacré-Cœur. Elle y est rejointe par sa sœur Marie, elle aussi chassée de Marie-Auxiliatrice, qui la renseigne sur l'état réel de la congrégation qu'elle avait fondée et que voilà dévoyée par une habile manipulatrice. À Notre-Dame du Refuge, où elle est envoyée, elle retrouve cette jeunesse qui s'affronte aux difficultés de la vie urbaine. Mais sa santé se détériore et la tuberculose qui la mine l'emportera. Huit mois plus tard, Julie Richer démissionne de ses charges et quitte la congrégation aussi mystérieusement qu'elle n'y était rentrée. On choisira pour lui succéder Marie-Élisabeth de Luppé qui, auparavant, avait été la secrétaire de Marie-Thérèse. Elle reviendra aux orientations premières de la congrégation et en restaurera l'originalité.

Le déroulement des faits est déconcertant – une fondatrice velléitaire ou timorée ? –, mais plus encore la manière dont Marie-Thérèse les a vécus et analysés. C'est là que se révèle son envergure mystique, étayée par la fréquentation d'Ignace de Loyola, de Jean de la Croix et de Jean Eudes, sans oublier la nourriture des Écritures bibliques. Lucide mais pas obstinée, Marie-Thérèse voit son parcours jalonné d'intuitions prémonitoires qui la préparent à renoncer à ce qui est son plus vif désir, le Carmel. L'effacement auquel elle est mise en demeure de consentir pourrait résulter d'une faiblesse de caractère ; il s'inscrit bien plutôt dans un choix spirituel, commandé par la foi vive, cette foi nue, chère à Jean de la Croix, d'une réception continue, avec des moments de plus grande intensité, de l'absolu d'un Dieu dont elle prend une conscience de plus en plus vive. Absolu en regard duquel tout le reste n'est qu'inconsistance, et le recevoir suscite en elle une joie insurpassable. Ce qui ne veut pas dire que Marie-Thérèse s'établisse dans une stabilité intérieure inébranlable qui toiserait sans peine les traverses de la vie et les obstacles à ses projets. Elle le sait, de tempérament, elle a peur ; l'inquiétude la saisit quand elle mesure l'obstacle et la faiblesse de ses ressources personnelles. C'est là que sa foi nue se mue en confiance, toute attentive à « la recherche du moment présent » où son Dieu se donne, qui « lui tend les bras ». Ce qui va se médiatiser comme une expérience de la vie en Christ : une désappropriation conduite et assumée comme passivité mystique, travail de mort dialectiquement articulé à l'ouverture de/à la vie : « J'ai comme goûté, expérimenté que notre Seigneur réside, vit en nous. [...] Là est une des grandes grâces de ma vie. L'avoir goûté, expérimenté, compris, est pour mon âme une bien grande grâce qui tend essentiellement à déraciner cette tendance si tenace de vie personnelle, car enfin, là où Jésus-Christ est, vit, agit, tout autre vie et action propre doit disparaître. Là où sa divine et toute puissance réside, elle y fait elle-même son œuvre. Et aucune autre action ne doit être comparée, opposée à la sienne, ne peut lui faire obstacle. »

François Marxer

• *Voir aussi* : Jeanne Jugan

Bibl. : *Œuvre* : *Écrits spirituels*, Paris, Desclée de Brouwer, 1985. ***Vie et études*** : M. T. DELMAS, *Bienheureuse Marie-Thérèse de Soubiran La Louvière*, Paris, Spes, 1946 ; G. PERRET, *Marie-Thérèse de Soubiran, pauvre avec le Christ pauvre*, Paris, Apostolat des Éditions, 1980.

MARIE-THÉRÈSE DU CŒUR DE JÉSUS. — *Voir* THÉODELINDE DUBOUCHÉ

MARIE-VÉRONIQUE DU CŒUR DE JÉSUS, *tertiaire franciscaine, fondatrice des Sœurs Victimes du Cœur de Jésus* (Caroline Lioger ; Lyon, 1825-Villeneuve-lès-Avignon, 1883). — Bien que son père soit un commerçant papetier aisé, Caroline connaît une enfance sans affection. Dès sept ans, elle fait vœu de virginité. Tôt mise au travail en raison de la mort de son père, elle refuse d'épouser un riche négociant, qui se marie à sa sœur. En 1845, reçue dans le tiers ordre franciscain, elle prend le nom de Marie-Véronique (de sainte

Véronique Giuliani*, canonisée en 1839). Après plusieurs vains essais de vie religieuse, elle est recueillie par une tante religieuse dans son couvent. En oraison une nuit dans la chapelle, elle demande : « Seigneur, que voulez-vous que je fasse ? » ; et reçoit cette réponse : « Que tu sois victime avec moi. » À la suite d'un essai chez les Religieuses Victimes du Sacré-Cœur de Marseille de Julie-Adèle de Gérin-Ricard (Marie-Victime de Jésus-Crucifié*), Jésus lui dit : « Je te sortirai moi-même d'ici et tu deviendras la pierre angulaire de l'édifice que je veux élever à ma gloire ; l'enfer se soulèvera contre toi et tes œuvres ; les persécutions viendront du sanctuaire et tu seras la risée de tous. » À l'article de la mort, il lui aurait fait choisir soit de « prendre possession de la céleste béatitude » soit de « rester sur terre afin de souffrir encore pour son amour ». Il lui dit alors sa volonté : « Je créerai dans l'Église un ordre religieux qui honorera mon cœur victime qui lui sera dévoué et consacré. » Elle écrit : « Cet esprit de victime [...] est l'esprit même du christianisme. » Son confesseur l'aide à créer l'institut dont elle rédige les Règles. Elle reçoit la consécration d'épouse et de victime : « Il m'a révélé de grands mystères, les secrets de notre union, les ineffables adresses de son saint amour. Fuyons, mon Bien-Aimé, fuyons : le monde ne peut nous comprendre [...] ah, j'ai compris le mystère sublime, la merveille des merveilles, Dieu s'unissant à sa créature et se l'incorporant. » Elle vit pendant deux ans en état de *compénétration*, « de façon qu'elle sentait Dieu lui-même penser, parler, agir, en elle, et se rendre le principe de tous ses mouvements ». « Martyre de l'amour et martyre de la compassion », elle écrit : « La croix et l'amour, quels bourreaux actifs », ou « une once de souffrance bien acceptée vaut mieux que dix communions », l'immolation permettant de sauver des âmes par substitution. Stigmatisée, elle en ressent du moins intensément les plaies, mais les cache avec soin. Clouée au lit à partir d'août 1870, elle prédit sa mort quinze jours à l'avance et meurt au moment de l'Élévation. La fondatrice des Sœurs Victimes du Cœur de Jésus (aujourd'hui Religieuses du Cœur de Jésus) est, par sa vie mystique atteignant l'union transformante (Poulain), une figure majeure du mouvement victimal français du XIXe siècle.

Régis Bertrand

• *Voir aussi* : Marie-Victime de Jésus-Crucifié

Bibl. : *Œuvres* : Mémoires autobiographiques et Journal spirituel restés inédits, mais de nombreuses citations dans l'ouvrage de Prévôt. ***Vie* :** père A. PRÉVÔT, *La Vie de victime pour l'heure présente ou vie abrégée de la R. M. Véronique du Cœur de Jésus* [...], Paris, Librairie internationale catholique, 1904. ***Études* :** père A. POULAIN, *Des grâces d'oraison, traité de théologie mystique*, Paris, Beauchesne, 1922 (1re éd. 1901), p. 297-299 et 309-310 ; M.-C. SORIN, notice dans le *Dictionnaire de la spiritualité*, Paris, Beauchesne, t. X, 1980, col. 596-598 ; G. ROCCA, notice dans le *Dizionario degli istituti di perfezione*, Rome, Edizioni Paoline, t. V, 1973, col. 671-672 ; M. D'ASSISE, « La spiritualité mariale de Mère Marie-Véronique [...] », *in* H. du Manoir (dir.), *Maria*, Paris, Beauchesne, 1954, t. 3, p. 507-531.

MARIE-VICTIME DE JÉSUS-CRUCIFIÉ, *fondatrice des Religieuses Victimes du Sacré-Cœur de Jésus de Marseille* (Julie-Adèle de Gérin-Ricard ; Marseille, 1793-1865). — Figure significative du mouvement victimal du XIXe siècle, Julie-Adèle est née dans un milieu de noblesse de robe qui a été atteint par la Révolution mais a su conserver et faire prospérer son patrimoine minier. La première partie de sa vie est celle d'une demoiselle de charité dévouée aux œuvres d'assistance, en particulier lors de la première épidémie de choléra. Le 8 décembre 1832, elle se consacre aux cœurs de Jésus et Marie, comme victime. Elle écrira ensuite : « Agréez-moi pour victime afin que j'expie ! Vous voulez mon corps en sacrifice, je vous l'offre en holocauste, oui, qu'il soit votre victime. » À quarante-cinq ans, en février 1838, elle réunit autour d'elle un petit groupe de femmes qui, en 1840, s'établissent à demeure dans une propriété qu'elle acquiert au quartier faubourien de la Belle-de-Mai. Elles sont admises à prononcer des vœux. Elle conçoit progressivement cette maison de « vierges victimes, pénitentes, dépouillées et tellement séparées du monde que ses maximes ne puissent pas pénétrer dans leur couvent », dont les religieuses pratiqueront l'*oblation* par la pauvreté, l'*immolation* par la mortification, la *transformation* pour se conformer entièrement à la volonté divine et la *consommation* dans l'union à Dieu. Elles seront vouées à l'oraison perpétuelle dans le but de consoler le cœur de Jésus « des blessures que lui font chaque jour les péchés des hommes ». À partir de 1850, le père Jean du Sacré Cœur (Louis Maulbon d'Arbaumont), polytechnicien devenu prêtre, qui aspire à être « le plus grand pénitent du XIXe siècle », établit avec la prieure un rapport d'échanges spirituels et d'émulation dans l'ascèse qui peut avoir accentué sa vision pessimiste du monde, dont il convient d'expier l'impiété grandissante (« Dieu seul, toujours souffrir, toujours aimer », écrit-elle en tête d'un de ses cahiers). Son cheminement mystique, entrevu à travers les citations qu'en donne son biographe, a marqué jusqu'à nos jours sa petite congrégation, réduite à sa seule maison marseillaise, qui continue d'attirer des postulantes.

Régis Bertrand

Bibl. : ***Œuvre*** **:** citations de ses carnets, entretiens et notes dans sa biographie. ***Vie*** **:** chanoine PAYAN D'AUGERY, *Vie de Julie-Adèle de Gérin-Ricard...*, Marseille, Monastère des Victimes, 1892 (« nouvelle édition » totalement réécrite par le père Constant, *id.*, 1936).

MARIE-XAVIER, *puis* MARIE DU CŒUR DE JÉSUS, *fondatrice de la Congrégation des Sœurs Consolatrices du Cœur de Jésus* (Jeanne Bel ; Saint-Paul-Cap-de-Joux, Tarn, 1843-Boussu-les-Mons, Hainaut, 1926). — Fille du régisseur d'un grand propriétaire terrien, elle entre en 1865 chez les sœurs de Saint-Joseph-de-l'Apparition, fondées par Émilie de Vialar*. Elle prononce ses vœux en 1867 sous le nom de sœur Marie-Xavier et est envoyée comme institutrice à Réquista (Aveyron), où elle reste jusqu'en 1872. Des stigmates apparaissent sur ses mains, ses pieds et son front et l'inscription « fille de réparation » écrite sur sa poitrine, « avec une épine ». Elle passe pour avoir prédit la guerre de 1870 et la Commune en termes apocalyptiques. L'évêque de Rodez la soumet à une enquête qui se révèle favorable, mais lui interdit toute relation avec l'extérieur ; elle est rappelée à Marseille, à la maison mère, par ses supérieures. Ses aspirations à créer une œuvre réparatrice des offenses faites au saint sacrement sont incompatibles avec le *propositum vitae* de sa congrégation. Cette dernière l'envoie en 1873 avec d'autres sœurs à Boussu-les-Mons (Belgique) prendre en charge l'hôpital. Un noble local, le comte Georges de Nédonchel, dont la fille Mathilde s'était offerte, peu avant sa mort, en « victime » pour faire cesser les « persécutions » contre le pape, l'aide alors à y fonder, en 1875-1877, non sans difficulté, la Congrégation des Sœurs Consolatrices du Cœur de Jésus, à la fois contemplatives et actives ; elle en devient supérieure générale (Marie du Cœur de Jésus). L'institution fusionnera en 1974 avec celle des Servantes du Sacré-Cœur de Versailles.

Régis Bertrand

Bibl. : ***Vie*** **:** P. NIHOUL, *Une âme réparatrice. Mère Marie du Cœur de Jésus fondatrice des Consolatrices du Cœur de Jésus*, Mons, Maison du livre-Rodez, Éditions du Rouergue, 1947. ***Études*** **:** abbé L. LAPLACE, *Histoire d'une âme. La servante de Dieu Mathilde de Nédonchel*, Lyon, Vitte et Perrussel, 1885 ; G. ROCCA, notice du *Dizionario degli istituti di perfezione*, Rome, Edizioni Paoline, 1973, t. I, col. 1183-1184 ; J. MAÎTRE, *Mystique et féminité : essai de psychanalyse sociohistorique*, Paris, Cerf, 1997, p. 371-373.

MARILLAC, Louise de. — *Voir* LOUISE DE MARILLAC

MARINA DE ESCOBAR, *vénérable, fondatrice de l'Ordre des Brigittines Récollettines* (Valladolid, 8 février 1554-9 juin 1633). — Marina de Escobar était la fille de Iago de Escobar, originaire de Ciudad Rodrigo, professeur de droit civil et de droit canon à l'université de Valladolid, gouverneur d'Osuna pendant une certaine période, et de Margaret Montaña, fille de Bernard Montaña, premier médecin de l'empereur Charles Quint. Après une enfance et une adolescence où alternèrent ferveur et aridité, elle se tourna définitivement vers Dieu, sans doute pendant le carême de 1587. Se préoccupant de sa propre perfection spirituelle, elle se dévoua davantage aux autres à partir de quarante-cinq ans. À cinquante ans, elle fut affligée de mystérieuses souffrances, si intenses qu'elle fut obligée de rester alitée jusqu'à la fin de ses jours, dans une pièce minuscule, contiguë à une chambre où l'on célébrait la messe chaque jour. Elle était assistée par un groupe de femmes pieuses. À la mort de son premier directeur de conscience, le jésuite Pierre de León, Luis de la Puente, avec qui Marina était déjà en relation, le remplaça. Le père jésuite Michel de Oreña lui succéda. Marina confiait à son directeur, Luis de la Puente, que si son corps souffrait le martyre, dans son esprit il y avait comme deux vies : une vie d'apparence normale dans ses rapports avec autrui et une autre vie mystique, où il lui semblait être dans l'autre monde et où elle s'entretenait avec Dieu, les anges, les saints et autres habitants du ciel. Marina de Escobar créa une branche de l'Ordre du Saint-Sauveur, l'Ordre des Brigittines récollettines en Espagne, mais en en modifiant, avec l'aide du père Luis de la Puente, les Constitutions de sainte Brigitte de Suède*. L'adaptation de la Règle par Marina de Escobar fut confirmée par un bref du 10 novembre 1628 du pape Urbain VIII. La maison des Brigittines espagnoles fut inaugurée en 1637, à Valladolid, où aussi les *Reglas y constituciones* furent imprimées en 1647.

Par obéissance, déclara-t-elle, à un ordre venu du ciel, elle écrivit le récit de sa double vie et de ses révélations. Si elle se sentait trop faible pour le faire elle-même, elle se contentait de les dicter. Luis de la Puente les mit en ordre et remit leur publication après la mort de la visionnaire. Dans la Préface, il affirme catégoriquement l'authenticité de ces révélations et de l'expérience mystique de sa dirigée. Le procès diocésain de béatification fut ouvert dès 1633.

Les écrits de Marina de Escobar furent publiés en un gros volume, *Vida maravillosa de la Venerable Virgen Doña Marina de Escobar*, divisé en six livres. Cet ouvrage contient les remarques de Luis de la Puente, interpolées parfois dans des extraits des visions elles-mêmes. La première partie, qui va jusqu'en 1624, préparée par le père La Puente, fut publiée à Madrid en espagnol, en 1665 ; la seconde partie, qui va jusqu'en 1633, établie par le jésuite Andrés Pinto Ramírez, parut en 1673. En 1766, les deux parties furent réunies en un seul tome. Le livre I traite des moyens par lesquels Dieu a conduit la visionnaire : paroles, inspirations, figures, visions imaginaires et intellectuelles, transports, élévations de l'esprit. Le livre II contient des révélations sur les mystères de la rédemption. Le livre III traite des révélations sur Dieu, la Sainte Trinité, les mystères eucharistiques. Le livre IV évoque les visions des anges, surtout de l'ange gardien et les prérogatives de la Vierge Marie*. Le livre V propose des moyens pour aider les âmes du purgatoire et sauver les âmes sur la terre, les règles du discernement des esprits, les vertus héroïques, l'oraison contemplative. Le livre VI révèle la confirmation en grâce, le mariage mystique, l'expérience de la béatitude, à travers de terribles souffrances. Le style de tous ces écrits (autobiographie, visions surtout imaginaires, lettres, instructions spirituelles...) est toujours fluide, simple, sincère et spontané. Les visions d'une grande diversité, plaisantes ou rebutantes selon le sujet, composent de vastes représentations, sans soucis des détails. La *Vida maravillosa de la Venerable Virgen Doña Marina de Escobar* fit l'objet d'un minutieux et rigoureux examen de la part des censeurs jésuites, en garde contre les illusions, ou l'influence de l'illuminisme, un courant religieux hérétique, qui auraient faussé le témoignage de Marina. Par décret de la Congrégation des rites du 15 septembre 1714, le texte de Luis de la Puente fut accepté. Des lettres de Marina de Escobar furent aussi publiées dans la *Vida y virtudes del Venerable Padre Luis de la Puente* (P. F. Cachupin, 1652).

L'élan mystique plus contemplatif, manifesté dès le début du XIVe siècle, notamment chez les Dominicains rhénans, dont Maître Eckhart, Jean Tauler et Henri Suso, prit racine en Espagne avec la publication du *Troisième Abécédaire spirituel* (1527) de François de Osuna, qui eut une influence décisive sur Thérèse d'Avila* par exemple. C'est sur ce mode d'expression de la foi que s'exprima également la spiritualité mystique de Marina de Escobar.

Bernard Sesé

Bibl. : ***Vies*** **:** père F. CACHUPIN, *Vida y virtudes del Venerable Padre Luis de la Puente*, Valladolid, 1652 ; L. DE LA

PUENTE, *Vida maravillosa de la Venerable Virgen Doña Marina de Escobar*, Madrid, 1665.

MARITAIN, Raïssa, *laïque, écrivain* (Raïssa Oumançoff ; Rostov-sur-le-Don, 12 septembre 1883-Paris, 4 novembre 1960). — Raïssa naquit dans une famille de juifs pieux (son grand-père maternel était un *hassid*) et grandit dans une atmosphère d'intense religiosité au sein d'un *shtetl* d'Europe orientale. Dans le grand exode des juifs qui fuyaient les lois discriminatoires de la Russie tsariste, les Oumançoff arrivèrent à Paris en 1893. Raïssa perdit toute certitude religieuse au cours de son adolescence et rencontra bientôt, à la Sorbonne, Jacques Maritain, le futur philosophe, qui était alors socialiste et athée. Aussitôt s'établit entre eux une entente parfaite, qui durera toujours. L'athéisme et le scepticisme, fruits de la culture positiviste scientiste de l'époque, avaient à ce point dévasté l'existence des deux jeunes gens, qu'ils prirent un jour la décision de se donner la mort si, après avoir encore pour un peu de temps fait crédit à la vie et à l'inconnu, ils ne trouvaient pas une vérité sur laquelle fonder leur existence. La jeune Raïssa pressentait en effet l'intime connexion entre la vérité et la vie, et aspirait à une vérité qui resplendisse d'elle-même et qui soit en même temps source de certitude morale. Les cours d'Henri Bergson, auxquels Charles Péguy les conduisit, dissipèrent leurs préjugés positivistes pseudo-scientifiques en leur redonnant confiance en l'intelligence et dans sa capacité d'atteindre la vérité. Un peu plus tard, la rencontre de Léon Bloy les plaça devant la foi catholique et le mystère chrétien. Ils se convertirent au catholicisme en même temps que Véra Oumançoff*, la sœur cadette de Raïssa – avec qui ils formèrent ce que l'on appela « les trois Maritain » –, et reçurent le baptême le 11 juin 1906. Quelques années plus tard, Raïssa et Jacques allèrent jusqu'à décider d'observer la chasteté la plus complète, dans le but de se consacrer totalement au service de Dieu et de son Église. Ils témoignèrent de leur foi dans les milieux de la culture et de l'art, lui comme philosophe, elle comme poète et écrivain. Ils trouvèrent en saint Thomas d'Aquin la lumière de la vérité philosophique et théologique et des principes solides pour affronter les grandes questions de la modernité.

Leur maison, à Versailles, puis à Meudon dans l'entre-deux-guerres, à New York durant la Seconde Guerre mondiale, à Rome, où Jacques fut trois ans ambassadeur de France auprès du Saint-Siège, et enfin à Princeton à partir de 1948, s'ouvrit à toute personne en recherche de Dieu et de la vérité, en détresse ou en désespérance. L'hospitalité des Maritain se révéla extraordinaire, tissant un prodigieux réseau d'amitiés et de rencontres, associées à la renaissance catholique de l'époque. Leur foyer était fréquenté par des artistes, des écrivains et des théologiens : Georges Rouault, Marc Chagall, Julien Green, Jean Cocteau, Pierre Reverdy, François Mauriac, Gino Severini, Jean Hugo, Emmanuel Mounier, Réginald Garrigou-Lagrange, Charles Journet, etc., mais également par des personnes étrangères à toute célébrité, affectées par de graves épreuves (drogue ou autres), ou simplement en quête de sens. Le Meudon des Maritain fut ainsi un important laboratoire culturel, philosophique, littéraire et artistique : ils y fondèrent les Cercles d'études thomistes qu'ils animèrent jusqu'en 1937 ; de nombreux baptêmes ou conversions eurent lieu dans leur chapelle domestique. Au sein du monde intellectuel, Raïssa pratiquait alors généreusement la « charité de l'intelligence ».

Après son baptême, ressentant un fort attrait pour l'oraison, elle se mit à l'école des mystiques et des saints. Tandis que sa santé fragile lui interdisait parfois toute activité, elle fut encouragée par le père Thomas Dehau, dominicain, à consacrer chaque jour plusieurs heures au recueillement et à la prière. Elle progressa ainsi dans les voies de l'union à Dieu, disposant, au début, de longs temps de solitude et entrant bientôt dans l'oraison de quiétude. Plus tard, elle connut les épreuves de la sécheresse et les agonies spirituelles, ce qu'elle appela « le martyre du cœur », dans des conditions de vie de plus en plus tourmentées, la disposant à un don total d'elle-même envers ses frères.

Quelques mots de Léon Bloy l'avaient profondément marquée : « Il n'y a qu'une tristesse, c'est de n'être pas des saints. » À une époque où cette conviction n'était pas très répandue, Raïssa comprit, avec Jacques, que la sainteté touchait tous les chrétiens. « Toutes les âmes sont appelées à la contemplation mystique considérée comme épanouissement normal de la grâce, des vertus théologales et des dons du Saint-Esprit », écrivait-elle. Pour certains, cet appel pouvait devenir plus proche et direct. En même temps, elle ressentit la nécessité d'un style de sainteté qui, tout en étant fidèle à la Tradition chrétienne, se fît l'interprète et le véhicule d'une sensibilité nouvelle, ouverte aux sollicitations de l'Esprit de Dieu dans le moment présent. Dès 1919, le 10 mars, elle écrivit : « Il faut vivre avec Dieu dans la multitude » ; autrement dit, il faut être contemplatif dans le monde, mettre la « contemplation sur les chemins », au milieu des hommes. Rappelons que pour les Maritain la contemplation chrétienne ne se confond pas avec une contemplation philosophique d'ordre intellectuel, elle est plutôt une expérience (« pâtir les choses divines ») dans laquelle l'âme est mue par Dieu bien plus que par elle-même. Elle est une « connaissance mystérieuse procurée par l'amour ». Elle est une expérience amoureuse de Dieu et des choses de Dieu, ouverte à tous, puisque en elle la connaissance vient de la connaturalité que l'amour établit entre celui qui aime Dieu et Dieu lui-même. Raïssa expérimenta cette contemplation comme œuvre d'amour et fruit de la prière continue.

Dans ses écrits, la contemplation est ainsi un continuel acte d'amour, pas toujours formulé mais toujours actuel, qui veille au fond de l'âme et la tient disposée à l'œuvre de Dieu en elle et dans le monde. Elle dépend de la vie de la grâce divine, des vertus théologales (la foi, l'espérance et la charité) et des dons du Saint-Esprit qui donnent à l'âme, alors mue et guidée par eux, un mode surnaturel d'agir. Étroitement liés entre eux, les dons de conseil, de force, de crainte de Dieu et de piété se réfèrent principalement à l'action, tandis que les dons de sagesse, d'intelligence et de science concernent directement la contemplation. Selon la prévalence de tel ou tel don, les personnes connaissent divers styles de contemplation. Chez celles qui mènent une vie active dans le monde, on décèle plus difficilement les formes typiques de la contemplation mystique décrites par ses auteurs. En outre, la constante attention à Jésus et la charité fraternelle sont caractéristiques de la « contemplation sur les chemins », selon Raïssa. En plongeant dans la compassion, dans le désir du salut de tous les hommes et dans l'espérance, que Jésus nous a montrés durant sa vie terrestre, la personne pénètre dans le mystère divin et participe « aux désirs et à la compassion du Christ, qui appartiennent à la Personne divine elle-même ». Dans un vide de paroles, et même aussi d'images, l'âme est alors toute occupée par Jésus présent, qui l'attire et l'invite à dépasser les limites de son propre cœur pour s'enfoncer dans le cœur illimité de Dieu. Contemplation et amour l'ouvrent ainsi à l'universalité.

Raïssa vécut sa conversion au catholicisme comme le passage à une plénitude de la foi, ce qui ne l'empêchait pas de se sentir encore appartenir à Israël. En 1943, elle écrivit un long poème, tel un cri d'angoisse jeté devant les souffrances inouïes de son peuple, qui s'intitule *Deus excelsus terribilis* : « Israël a été conduit à la boucherie [...] / [...] C'est votre lignée, Seigneur, que l'on extermine ! » À la même époque, dans *La Rosée de Dieu*, elle écrit : « Votre souffle a brûlé jusqu'aux cendres / Notre cœur et notre âme / Et l'esprit est allé se perdre / Dans vos justices impénétrables. » Auteur de poèmes qui reflètent ses expériences intérieures, Raïssa écrivit par ailleurs des essais sur la spiritualité et sur l'art et un célèbre et très beau livre de souvenirs : *Les Grandes Amitiés* (1941, 1944, 1948).

Le dimanche 16 avril 1939, pressentant l'immense tragédie de la guerre qui allait s'abattre sur l'humanité, elle offrit sa vie à Dieu pour la paix, dans l'église du petit village alsacien d'Ernolsheim-sur-Bruche. À la même époque – le dimanche de la Passion –, Édith Stein*, elle-même fille d'Israël convertie au christianisme, demandait par écrit à sa supérieure du carmel d'Echt de lui « permettre de s'offrir au Cœur de Jésus en sacrifice d'expiation pour la paix de monde ». Trois ans après sa mort, son mari fit éditer le *Journal de Raïssa* (1963), qu'elle avait commencé à rédiger en 1906, l'année de leur conversion.

Raïssa n'est pas seulement l'épouse de Jacques Maritain, mais également son inspiratrice et la collaboratrice de toute son œuvre philosophique. Ensemble, ils constituent un exemple rare, spirituel et intellectuel à la fois, de couple uni par le mariage, dont les œuvres d'esprit fructifièrent si abondamment. Aussi Jacques voulut-il que l'édition de leurs *Œuvres complètes* portât leurs deux noms : Jacques et Raïssa Maritain. Cette édition réunit plus de soixante-dix titres, sans compter les nombreux essais ou articles et les volumes des correspondances éditées.

Nora Possenti Ghiglia

• *Voir aussi* : Oumançoff

Bibl. : ***Œuvres*** : *Les Grandes Amitiés* (1948), Paris, Parole et Silence, 2000 ; *Journal de Raïssa publié par Jacques Maritain*, Paris, Desclée de Brouwer, 1962 ; *Poèmes et essais*, Paris, Desclée de Brouwer, 1968 ; *De* *la vie d'oraison* (avec J. Maritain), Paris, L'Art catholique, 1925 ; J. et R. MARITAIN, *Œuvres complètes* (16 vol.), Luxembourg, Éditions Saint-Paul, 1982-2000 (en particulier les volumes XIV et XV). ***Études*** : J.-L. BARRÉ, *Les Mendiants du Ciel*, Paris, Fayard, 2009 ; N. POSSENTI GHIGLIA, *Les Trois Maritain*, Paris, Parole et Silence, 2006 ; P. VIOTTO, *Raïssa Maritain. Dizionario delle Opere*, Rome, Città Nuova, 2005 ; R. MOUGEL, « À propos du mariage des Maritain. Leur vœu de 1912 et leurs témoignages », *Cahiers Jacques Maritain*, n° 22, juin 1991, p. 5-44 ; H. R. SCHMITZ, « Le Prince de ce monde, à propos d'un essai de Raïssa Maritain », *Cahiers Jacques Maritain*, n° 1, septembre 1980, p. 65-67.

MARTIN, Thérèse. — *Voir* THÉRÈSE DE LISIEUX

MARTINENGO, Marie-Madeleine. — *Voir* MARIE-MADELEINE MARTINENGO

MARTO, Jacinta. — *Voir* JACINTA MARTO

MATINA SHAKYA, *figure spirituelle hindoue* (Népal, 2005 ?). — Matina Shakya est l'actuelle *Kumari* (« vierge », en népalais) de Katmandou depuis octobre 2008 ; elle avait trois ans quand elle succéda à Preeti Shakya (qui porta ce titre de 2001 à 2008). Elle est ainsi, selon une vieille coutume religieuse datant du XVIIe siècle, l'incarnation vivante de la déesse hindoue Durgâ-Kâlî, connue localement sous le nom de Taleju. Isolée de sa famille, elle vit dans un palais du centre de la ville, le Kumari Ghar, où elle est soumise aux rites tantriques de sa condition. Elle est vénérée par les hindous et les bouddhistes népalais, mais pas par les bouddhistes tibétains. Une fois l'an, lors du festival Indra Jatra, elle participe à un rituel au cours duquel elle donne au monarque régnant le pouvoir de gouverner pour l'année qui vient – attribut supprimé par le gouvernement maoïste depuis l'abolition de la monarchie népalaise. Choisie, dès que sa première dent de lait est tombée, par un comité de prêtres bouddhistes (le clan des Shakya de la communauté népalaise newari) selon des critères très précis (l'élue doit ignorer la peur, avoir plusieurs traits communs avec la déesse, être en excellente santé, etc.), elle sera remplacée à la puberté, dès que ses premières règles apparaîtront, par une autre enfant. Rejoignant le monde commun, elle pourra alors vivre comme toutes les autres jeunes filles de sa culture.

Cette tradition népalaise, issue d'anciens cultes hindous concernant les déesses vierges, semble dater de très longtemps (VIe s.). Elle a pour origine, entre autres, plusieurs légendes, dont celle du roi Jaya Prakash Malla (XVIIIe s.), dernier de sa dynastie. Un soir, tard dans la nuit, un serpent rouge s'approcha de sa chambre : le roi jouait aux dés avec la déesse Taleju, qui lui fit jurer de ne jamais parler de leur rencontre. Surpris par son épouse, il fut condamné à renoncer à la déesse, laquelle, saisie de colère, lui promit cependant de se réincarner régulièrement dans une petite fille de la communauté des Newar. C'est ainsi que le roi quitta le palais à la recherche de celle qui abritait l'esprit de la déesse.

Véritable objet de culte, Matina Shakya est la manifestation vivante de la déesse chaste et pure, destructrice et créatrice de l'univers. Plus largement, elle représente la conscience divine présente dans toute la création, que ses adeptes peuvent vénérer et adorer à travers la petite fille. Dépositaire des attributs de la déesse, elle est là pour permettre à chacun de réaliser sa part divine féminine, soit son potentiel d'accueil et de réceptivité aux grandes forces et lois du vivant, personnalisées pour la circonstance.

Audrey Fella

Bibl. : ***Études*** **:** M.-S. BOULANGER, *Le Regard de la Kumari*, Paris, Presses de la Renaissance, 2001 ; M. R. ALLEN, *The Cult of Kumari : Virgin Worship in Nepal*, Katmandou (Népal), Mandala Book P, 1992.

MAZZEI, Fioretta, *politicienne et activiste* (Florence, 1923-1998). — Née d'une famille d'ancienne noblesse florentine et de grande tradition chrétienne, Fioretta Mazzei fit très tôt la connaissance de Giorgio La Pira, ami de son père, qui trouva refuge dans leur maison durant l'occupation allemande. Professeur de droit romain, homme de grande culture, il sera très engagé après la guerre, en tant que chrétien, dans la politique nationale et internationale. Durant ces mois de clandestinité, il initia ainsi Fioretta à la lecture de la *Somme de théologie* de Thomas d'Aquin, lui fit partager son amour pour l'Église et pour les pauvres, et son projet de construire une civilisation où l'homme puisse rencontrer le Christ.

Aussitôt après la guerre, Fioretta se consacra à Dieu tout en restant dans le monde, comme laïque, pour *apporter le monde à Dieu*. Elle s'occupa d'abord des jeunes dans son quartier pauvre de San Frediano, à Florence, et enseigna dans les écoles publiques. En 1951, elle commença à s'impliquer dans la politique de sa ville, particulièrement en faveur des classes les plus défavorisées. Avec Giorgio La Pira, elle établit de multiples contacts internationaux afin de susciter à Florence des rencontres pour la paix au Moyen-Orient et pour la détente entre les Blocs : c'est ainsi que naquirent les « Rencontres méditerranéennes » de Florence, où se retrouvèrent des personnalités politiques et religieuses de tous pays. Elle œuvra également pour la rencontre et le dialogue entre « les trois familles d'Abraham » : les juifs, les chrétiens et les musulmans. À ce titre, elle accomplit de nombreux voyages et rencontra, entre autres, Golda Meir, Mohammed V, Hassan II, Léopold Sédar Senghor, Martin Buber et André Chouraqui. Sa maison, au cœur de Florence, était ouverte à tous ; elle y hébergeait des jeunes, dont elle s'occupait comme une mère.

La joie communicative de Fioretta, son énergie mise au service des pauvres et de la rencontre pacifique entre les hommes les plus divers ont pris leur source dans un dialogue intime avec Jésus. Son Journal, partiellement publié, en témoigne. Pour elle, l'Église, la civilisation et l'Histoire se construisent autour de l'Eucharistie. Elle écrit à ce sujet : « L'unique point du cœur, l'unique lieu où il importe de revenir, et où il importe de toujours vivre est là, dans le mystère de l'Eucharistie, où le Seigneur écoute, le Seigneur qui s'est donné pour nous. Nous n'en avons pas besoin d'autres, car nous trouvons là aussi l'union avec les autres – avec tous les autres – sans les murs ni les barrières, sans les souffrances si profondes qui surgissent dans la fréquentation des autres. En Lui, dans son cœur, existe une pacification profonde, l'harmonie, la paix. C'est là que naît la charité. L'Eucharistie, cœur du monde et cœur de mon monde dans le monde. »

Nora Possenti Ghiglia

Bibl. : ***Œuvres*** **:** *Giorgio La Pira. Cose viste e ascoltate*, Florence, Libreria Editrice Fiorentina, 1981 ; *La mia storia sacra (dai « Diari spirituali »)*, G. Carocci (éd.), Rome, Libreria Editrice Vaticana, 2004. ***Étude*** **:** AA.VV., *Fioretta Mazzei : una donna per Firenze*, Florence, Polistampa, 2010.

MECHTILDE DE HACKEBORN, *sainte, cistercienne, visionnaire* (?, 1241/1242-Helfta, 1299). — L'expérience de Mechtilde de Hackeborn, qu'il faut associer étroitement à celles de Mechtilde de Magdebourg*, la béguine devenue moniale, et de Gertrude la Grande ou d'Helfta*, accuse en ce XIIIe siècle une orientation nettement mystique, prenant le relais des Élisabeth de Schönau* et Hildegarde de Bingen* de la génération précédente. Sœur de Gertrude de Hackeborn*, son aînée de neuf ans, qui est abbesse d'Helfta (abbaye qui conjoint la tradition bénédictine et les usages cisterciens, et qui sera un foyer spirituel capital au cœur du monde germanique médiéval), Mechtilde décide à sept ans, après une visite à sa sœur, d'entrer dans ce couvent. Elle y reçoit une solide éducation, en particulier musicale, et devient maîtresse d'étude et maîtresse de chœur, chargée par ailleurs du soin des oblates confiées au couvent : parmi elles, une fillette de cinq ans, reçue en 1261, qui deviendra Gertrude la Grande, recrue exceptionnelle et avec laquelle elle nouera un indéfectible amitié.

C'est Gertrude la Grande qui, sur l'ordre de l'abbesse Sophie de Querfurth, rédigera le *Livre de la grâce spéciale* (l'original allemand est perdu, seul nous reste un manuscrit de la version latine daté de 1370) dans lequel, à l'insu de Mechtilde, que la maladie aura alitée dès 1291, elle notera les visions, paroles intérieures et autres grâces mystiques que cette dernière avait reçues et gardées secrètes jusque-là. Cette activité visionnaire témoigne d'une rare puissance théologique, comparable à celle de Hildegarde. Le jeu des symboles remplace avantageusement la spéculation théologienne, qui serait peut-être bien en peine de signifier des intuitions aussi audacieuses que profondes : ne serait-ce pas une équivalence de la représentation iconique chère à l'Orient byzantin et slave ? Certaines images se déchiffrent aisément : ainsi l'arbre qui figure la Trinité (les racines : le Père ; les fleurs et les fruits... : le Verbe ; ... d'or : le Saint-Esprit), avec à son pied trois fleuves (« le premier destiné à purifier, le deuxième à polir, le troisième à désaltérer ») ; ou bien le jeu de dés, réputé loisir amoureux entre époux, qui s'échangent alors des gages – allusion à la nuptialité mystique –, et dont le décodage numérique renvoie aux divers aspects des mystères du salut. Ce symbolisme est parfois étrange, quand Mechtilde voit un prêtre dont les ornements liturgiques sont couverts de feuilles, brindilles, poils, plumes et écailles, bref tout le monde floral et animal : manière de dire que la Création tout entière a rapport avec l'infini trinitaire, grâce à l'humanité du Christ célébrée liturgiquement.

C'est cependant la figure du Christ qui est centrale (associée le plus souvent à une jeune fille, amoureusement responsable de la réalisation du salut : serait-ce la Sagesse personnifiée de la littérature biblique ?). Il apparaît vêtu d'un manteau brodé de trèfles (manière de figurer l'inhabitation du Dieu Trinité dans l'humanité christique) et d'écussons éclatants (qui, pointe vers le bas, symbolisent l'amertume de la condition humaine, mais aussi, en leur brillance, sa gloire). Ailleurs, il assume à part égale les fonctionnalités masculine *et* féminine : « Je suis père en Ma création, je suis mère en Ma rédemption, je suis frère par le partage de mon royaume. » Maternité christique qui sera un fil rouge de la mystique féminine médiévale : « Amour mien sera ta mère, qui t'aidera et réconfortera sa fille à tout moment où elle en aura besoin. »

Ce christocentrisme, si génialement approfondi, ne saurait étonner, depuis que la vie de Mechtilde aura été déterminée par une apparition du Christ, au moment de la communion, qui pose ses mains dans les siennes ; dès lors, son âme « fondue comme la cire par le feu, reçut le sceau de la ressemblance divine » : le pacte nuptial est conclu et on devine l'allusion au *Cantique des cantiques*. Mieux encore, elle reçoit le cœur du Christ comme une « coupe d'or merveilleusement ciselée » – n'est-ce pas le calice eucharistique, signifiant du signifié mystique ? –, et le Christ ajoute : « Par Mon cœur divin, tu Me loueras toujours ; va, offre à tous les saints le breuvage de vie contenu dans Mon cœur ; il les plongera dans une bienheureuse ivresse. » Dimension explicitement communautaire d'une dévotion qui s'était d'abord proposée comme un privilège tout personnel : « Sois-en bien certaine, répond-il à sa demande d'être des "Bénis de mon Père" [cf. Mt XXV]. En gage, je vais te donner mon Cœur. Tu l'auras toujours avec toi et le jour où j'aurai accompli ton désir, tu me le rendras en témoignage. Je te donne aussi mon Cœur comme maison de refuge, afin qu'à l'heure de ta mort, il ne s'ouvre devant toi d'autre chemin que celui de mon Cœur, où tu viendras reposer à jamais. » Le cadre liturgique de ces visions – un trait commun à la tradition bénédictine – n'est pas seulement une commodité, voire une convention littéraire, il souligne l'envergure d'universalité (la communion des saints), un trait quasi démocratique qui caractérise l'esprit de Mechtilde : saint Jean l'Évangéliste ne lui révèle-t-il pas que ceux qui jouissent du mariage et des biens de la terre ne sont pas plus éloignés de Dieu que les renonçants, et cela « parce que le Verbe s'est fait chair » ? On a d'ailleurs remarqué que les mystiques d'Helfta affectionnaient les visions heureuses de majesté et de joie, peu enclines qu'elles étaient à privilégier l'univers des souffrances atroces qui sera familier aux mystiques flamandes du XIIe siècle, et à toutes au XIVe. Cela n'oblitère pas, néanmoins, la préoccupation chez elle d'un salut universel qu'elle implore avec angoisse : s'inaugure ainsi une préoccupation qui saisira Angèle de Foligno*, Julienne de Norwich* comme Catherine de Sienne* et, à l'époque moderne, Marie des Vallées*, Thérèse de Lisieux*, Édith Stein* et Adrienne von Speyr*.

François Marxer

• *Voir aussi* : Gertrude d'Helfta ; Mechtilde de Magdebourg.

Bibl. : ***Vie*** : *Le Livre de la grâce spéciale, révélations de sainte Mechtilde, vierge de l'ordre de Saint Benoît*, trad. pères bénédictins de Solesmes, Tours, Mame et Fils, 1921 ; T. A. HALLIGAN, *The Booke of Gostlye Grace of Mechtild of Hackeborn*, Toronto, PIMS, 1979. ***Études*** : H. U. von BALTHASAR, *Mechthild von Hackeborn : Das Buch des strömmenden Lob*, Einsiedeln, Johannes Verlag, 1955 ; A.-M. CARON, « Taste and

See the Goodness of the Lord : Mechthild of Hackeborn », *in* J. A. Nichols et L. T. Shanks (éd.), *Hidden Springs : Cistercian Monastic Women*, Kalamazoo, Cistercian Publications, 1995, livre II, p. 512-513 ; K. RUH, *Geschichte der abendländlische Mystik*, Bd II, Munich, Beck, 1993, p. 300-314 ; M. SCHMIDT, « Elemente der Schau bei Mechthild von Magdeburg und Mechthild von Hackeborn : Zur Bedeutung der geistlichen Sinne », *in* P. Dinzelbacher et D. R. Bauer (éd.), *Frauenmystik im Mittelalter*, Ostfeldern-bei-Stuttgart, Schwabenverlag, 1985, p. 137-139.

MECHTILDE DE MAGDEBOURG, *sainte, béguine, visionnaire* (?, v. 1207/1210-Helfta, 1282). — Mechtilde est sans doute originaire d'une famille noble de chevaliers dans le Mittelmark de l'Ouest. Elle eut, comme Hildegarde de Bingen*, des visions très jeune, ce qui l'a amenée à devenir béguine à Magdebourg vers 1230. Son confesseur, le dominicain Henri de Halle, lui demanda de mettre par écrit ses visions et auditions à partir de 1250. C'est ainsi qu'elle écrivit en plusieurs étapes *La Lumière fluente [ruisselante] de la divinité.* La participation d'Henri de Halle à cette œuvre se réduisit au fait de diviser l'ensemble du texte en six livres et de rédiger les titres des chapitres et les conclusions. Durant sa vie de béguine, Mechtilde supporta diverses difficultés intérieures, attaques extérieures et maladies graves. En 1271, elle se retira chez les Cisterciennes d'Helfta, où elle rédigea un septième livre. Il est possible que Maître Eckhart l'ait connue, alors qu'il était jeune dominicain à Erfurt (le monastère d'Helfta n'étant pas très éloigné). En tout cas, Hans Urs von Balthasar voit en elle « le deuxième sommet de la théologie charismatique au Moyen Âge, après Hildegarde et avant Eckhart » (cité par E. Zum Brunn, p. 70-71).

Son livre *La Lumière fluente de la divinité* est important, bien que peu connu encore en français. Mechtilde y évoque son expérience de Dieu dans une forme dialoguée, de manière poétique et théologique. À la différence de Maître Eckhart, qui a développé une *Wesenmystik*, une « mystique de l'être », elle propose une *Minnemystik*, une « mystique de l'amour », comme Marguerite Porete*. Sur le plan formel, Mechtilde utilise l'expression poétique, issue de l'amour courtois, qui s'apparente à la forme dialoguée d'un hymne, comme dans le *Cantique des cantiques*. Elle a recours à des formes de prière et de louange, mais également à la poésie populaire, avec ses formules de bénédiction et d'incantation, ses ballades et énigmes. Elle emploie l'allégorie pour exprimer sa relation personnelle d'amour et de *connubium* final avec Dieu. Voici comment elle s'adresse à lui : « Seigneur, tu es toujours malade d'amour pour moi. » L'âme est transformée par l'amour de Dieu. Elle devient ainsi capable d'aimer Dieu selon « le désir de son cœur » et de reposer en lui, comme l'aimée s'abandonne dans les bras du bien-aimé. Le but de ce pur amour est l'union avec le bien-aimé. L'âme réagit à l'amour de Dieu telle une fiancée qui se réjouit de retrouver son fiancé : « Elle tremble tout en étant profondément heureuse. » Dieu lui-même prépare pour l'âme un lit d'amour où ils pourront savourer leur amour mutuel et s'unir l'un à l'autre : « Alors s'installe une quiétude parfaite [...]. Il se donne à elle et elle se donne à lui. » C'est la première fois qu'apparaît ce genre littéraire de dialogue personnel du moi, respectivement de l'âme, avec le partenaire divin, dans une telle immédiateté.

Dans les premiers livres, l'âme, qui par amour renonça à tout ce qu'elle possédait sur terre (enfance, jeunesse, amis et parents), est appelée reine. En échange de cela, elle reçoit la liberté céleste, la puissance de la vertu, l'expérience de la présence de l'Esprit-Saint et le *raptus*, l'enlèvement en Dieu. Alors a lieu l'union avec l'aimé, avec Dieu, d'une manière dont « le corps ne sait rien ». Dans la doctrine de l'amour de *La Lumière fluente de la divinité* affleurent de façon frappante et tout à fait nouvelle l'ascension de l'âme et son contraire apparent : la chute qui s'accomplit sur le chemin de l'amour de Dieu. Il ne conduit pas uniquement à la souffrance lors du *raptus* divin et la perte de la grâce sensible, il met à l'épreuve l'amour de l'âme dans la privation de tout sentiment d'amour et même dans son rejet. Dans une imitation et co-accomplissement de la kénose (anéantissement, dépouillement) du Christ, elle souffre, volontairement et à la place de tous les hommes, de l'éloignement de Dieu. Mechtilde envisage le rejet de l'amour de façon autonome, puisqu'elle oppose au chemin de l'ascension mystique la descente jusqu'à l'endroit situé « sous la queue de Satan ». Dans « l'amour déchu » (*Sinkmystik*), l'âme n'échappe cependant pas à l'amour de Dieu. Ainsi, le caractère étranger de Dieu, ou plutôt son éloignement, peuvent être considérés comme positifs, dans la profondeur de l'humilité parfaite. Le fait de revivre intérieurement la Passion du Christ dans de nombreuses stations acquiert, ici, une grande importance en tant que *compassio* et participation à la kénose de Dieu par son incarnation. Mechtilde traduit là une expérience singulière de Dieu, qui n'entre dans aucune catégorie, à la fois une mystique de l'amour et de l'humilité. À partir du livre V, la thématique jusqu'alors dominante de l'amour (*Minne*) laisse place à des parties plus didactiques : l'économie du salut, la critique ecclésiale ou religieuse ainsi que l'éthique des vertus. À la fin de son histoire d'amour avec Dieu, Mechtilde se présente, au livre VII, comme « servante de la Divinité ».

Mechtilde de Magdebourg met l'accent sur l'expérience ; elle fait notamment ressortir la place du sujet de l'expérience religieuse, ce qui est augustinien et en même temps très moderne. Elle propose également un chemin spirituel accessible à tous, du fait que « la lumière fluente de la Divinité » est donnée à chacun. D'où, il importe de la redécouvrir.

Marie-Anne Vannier

• *Voir aussi* : Marguerite Porete ; Hadewijch d'Anvers ; Hildegarde de Bingen.

Bibl. : *Œuvres* : *Das fliessende Licht der Gottheit*, M. SCHMIDT (éd.), Stuttgart-Bad Cannstatt, Frommann-Holzboog, 1995 ; *La Lumière fluente de la divinité*, trad. W. Verlaguet, Grenoble, Jérôme Millon, 2001. ***Études* :** J. ANCELET-HUSTACHE, *Mechtilde de Magdebourg*, Paris, Champion, 1926 ; H. U. VON BATHASAR, « Mechtilds kirchlicher Auftrag », in *Mechtild von Magdeburg. Das fliessende Licht der Gottheit*, M. Schmidt (éd.), Einsiedeln-Zurich-Cologne, Benziger Verlag, 1955, p. 7-45 ; E. ZUM BRUNN, G. EPINEY-BURGARD, *Femmes troubadours de Dieu*, Paris, Turnhout, Brepols, 1988, p. 67-98 ; L. GNÄDINGER, notice dans l'*Encyclopédie des mystiques rhénans*, M.-A. Vannier (dir.), Paris, Cerf, 2011.

MECHTILDE DU SAINT-SACREMENT, *fondatrice des Bénédictines de l'Adoration Perpétuelle du Très Saint Sacrement* (Catherine de Bar ; Saint-Dié-des-Vosges, 31 décembre 1614-Paris, 6 avril 1698). — L'initiative de Catherine de Bar, en religion Mechtilde du Saint-Sacrement, de fonder une congrégation de moniales vouées à l'adoration de l'Eucharistie et à la réparation des offenses qui lui sont infligées s'inscrit dans le dynamisme d'un siècle où le monde catholique développe une puissante dévotion au saint sacrement, en réponse à la contestation réformée, mais aussi comme moyen de surmonter l'angoisse de ces temps secoués par les violences des guerres et les malheurs des épidémies et autres désordres.

Catherine de Bar naît dans une famille de noblesse de robe, toute acquise à la Réforme catholique, où l'on a souci d'une dévotion eucharistique intense, à laquelle Catherine, encore enfant, donne des gages de candide et touchante adhésion. Raison pour laquelle elle a le privilège d'une première communion précoce (pour l'époque), à l'âge de neuf ans. En 1631, à dix-sept ans, elle entre chez les Annonciades rouges de Bruyères, où, son noviciat accompli, elle devient mère Saint-Jean-l'Évangéliste et prononce ses vœux en 1633. Sa piété eucharistique s'y épanouit, qu'elle articule à la méditation du Christ pauvre, humilié et souffrant. Mais les horreurs de la guerre que se livrent les Français de Richelieu (aidés des Suédois à la cruauté légendaire) et les Lorrains du duc Charles IV (allié à l'empereur germanique) jettent la communauté des Annonciades sur la route de l'exil : Badonviller (où Catherine tient tête aux soudards suédois), Commercy, Épinal, Saint-Dié, Rambervillers, où elles sont accueillies par les bénédictines : Catherine découvre ainsi la Règle de Saint-Benoît, et avec tant de bonheur qu'elle est autorisée à changer d'ordre. La voilà devenue sœur Mechtilde, qui prononce ses vœux le 11 juillet 1640. La guerre franco-lorraine n'en continue pas moins. Rambervillers, de 1635 à 1639, connaît les assauts successifs des deux belligérants. Mechtilde est alors envoyée à Saint-Mihiel, où elle rencontre un lazariste, M. Guérin, missionné par Vincent de Paul pour subvenir à l'immense détresse qui afflige la Lorraine. Guérin lui conseille de se rendre en l'abbaye de Montmartre, récemment réformée par Marie de Beauvilliers, laquelle, après quelques hésitations, la reçoit avec une autre de ses sœurs, en août 1641. Ses tribulations sont loin d'être terminées, qui l'éloignent de Paris : c'est en Normandie, à Bretteville, qu'elle fait la connaissance du groupe des mystiques de Caen, avec, à leur tête, Jean de Bernières. Peu après, elle est rappelée à Saint-Maur-des-Fossés, à l'invitation d'un jésuite, le père Bonnefons ; à peine choisie comme supérieure, elle repart pour Caen où elle redressera la communauté du Bon Secours, menacée d'éclatement. De retour à Rambervillers, le 28 août 1650, elle jouit d'une courte accalmie : la Fronde sévit en effet et le duc de Lorraine profite de l'instabilité française pour tenter de recouvrer son duché. Rambervillers est de nouveau l'objet des convoitises stratégiques, et Mechtilde reprend le chemin de l'Île-de-France. Le couvent de Saint-Maur ayant disparu, la petite communauté survit dans une odyssée inouïe, d'abord rue du Bac, à Paris, avant de s'établir, sous la protection de la reine Anne d'Autriche et de dames influentes, proches de la duchesse d'Orléans, Marguerite de Lorraine (laquelle témoignera grande affection à sa compatriote et se met sous sa direction : Mechtilde l'initiera à l'oraison mentale), dans un premier temps rue Férou, puis rue Cassette. C'est là que s'édifiera un nouveau couvent dédié au projet eucharistique élaboré par Mechtilde, d'une adoration perpétuelle en même temps que des réparations des offenses faites au Christ eucharistique : et c'est la reine elle-même qui, à cet effet, prononcera l'amende honorable, corde au cou et torche à la main, lors de l'inauguration de ce culte réparateur.

On devine combien le projet de Mechtilde (auquel conspiraient les milieux dévots et les personnalités mystiques connues – comme Gaston de Renty, un des co-fondateurs de la Compagnie du Saint-Sacrement – ou anonymes – ainsi, cette servante, dirigée par le père Charles de Condren, Barbe de Compiègne*, qui prophétisa l'avènement d'une congrégation vouée à la cause eucharistique) s'alliait intimement à des préoccupations politiques dans un pays qui avait hâte de revenir à la stabilité de l'ordre et de l'autorité : ce n'est qu'en octobre 1652 en effet que la Fronde prit fin. Cependant, la perspective est avant tout spirituelle et mystique : Bernières, qu'elle avait connue en Normandie, lui avait recommandé de se mettre sous la direction du franciscain Jean Chrysostome de Saint-Lô, lequel l'encouragea à approfondir ce fil rouge eucharistique, en dépit de l'aridité intérieure qu'elle y éprouvait. À la mort de ce dernier, c'est Bernières qui prend le relais, lui recommandant la communion quotidienne, à l'encontre de l'abstinence sacramentelle que propageait Arnauld dans son traité de *La Fréquente Communion*. C'est pourquoi il accède sans peine au désir de quotidienneté que lui présente Mechtilde, le 7 juillet 1646. C'est la même ardeur qui présidera à la création du nouvel institut rue Cassette, où les religieuses se vouent et s'immolent à la grandeur anéantie du Christ dans l'Eucharistie, « dans ces trois dispositions qu'il porte dans ce divin sacrement : de victime, d'hostie et d'holocauste », et s'offrent en réparation du déshonneur que lui infligent les pécheurs, libertins et calvinistes hérétiques, et plus encore « la malice infernale des sorciers et des magiciens qui sans cesse renouvellent sur la sainte hostie leurs abominations et leurs sacrilèges ». C'est donc une thérapie sociale qui s'effectue dans cet échange compensatoire, une restauration de l'ordre du monde bafoué, une optimisation de l'attitude, voire de la revendication, sacrificielle. Au cours de l'hiver 1661-1662, Mechtilde rédige un livret, *Le Véritable Esprit des religieuses adoratrices perpétuelles du Saint-Sacrement* (publié seulement en 1683), qui précisera ces objectifs du nouvel institut, que la fondatrice souhaite voir essaimer à travers tout le royaume pour constituer une puissante congrégation. Ce qui se réalisera lentement : Toul (1664), Rambervillers (1666, où intervient le mystique abbé prémontré d'Étival, Épiphane Louys), Nancy (1669), Rouen (1677), Paris à nouveau (1684, en l'hôtel de Turenne, qui aura été dans la capitale un bastion de la prédication et de l'ardeur huguenote) et Caen, la même année, Varsovie (1688, à l'invitation de Jan III Sobieski), Châtillon-sur-Loing (la même année, à nouveau en terres protestantes) et Dreux (1696) : ainsi était constituée cette galaxie des dix soleils autour de l'« astre eucharistique », confirmant un rêve de sa prime enfance. Rome, de son côté, n'avait pas ménagé ses approbations, malgré le climat difficile qui régnait entre le roi très-chrétien et la papauté : approuvée par le légat Chigi le 11 août 1664, la congrégation perpétuelle et indissoluble était instituée le 29 mai 1668, et l'inévitable Hardouin de Péréfixe en devenait le supérieur ecclésiastique, le 8 octobre de l'année suivante ; un bref pontifical confirmera ces dispositions le 10 décembre 1676. Son œuvre accomplie (et les incessantes profanations qui affligeaient l'opinion catholique n'en montraient que mieux la nécessité), mère Mechtilde pouvait donc s'éteindre le dimanche de Quasimodo, à l'âge de quatre-vingt-trois ans.

Les *Écrits* qu'elle nous a laissés n'ont rien de traités théoriques de théologiens de profession, mais ce sont conseils, recommandations et causeries d'une fondatrice et d'une maîtresse de vie spirituelle. On y repère les diverses influences qu'elle reçut au cours de ses années de formation et d'itinérance : à Bruyères, elle sera marquée par une spiritualité de la volonté divine à l'école de Ruusbroec et de Benoît de Canfield ; les Bénédictines, auxquelles elles s'agrègera, lui feront découvrir saint Benoît, relu avec la rigueur de la réforme de Saint-Vanne et de Saint-Hydulphe, le monastère de Verdun, initiée par Didier de La Cour. Mais c'est au courant français, influencé par Condren et son disciple Jean-Jacques Olier, qu'elle doit sans nul doute le meilleur de son inspiration, sans préjudice pour l'originalité de sa démarche politico-mystique (comme celle de Marguerite-Marie Alacoque*).

François Marxer

• *Voir aussi* : Barbe de Compiègne

Bibl. : *Œuvres* : les *Écrits de Mère Mechtilde* ont été publiés par le monastère de Rouen : *Documents historiques et biographiques* (1973), *Lettres inédites* (1975), *Fondation de Rouen* (1977), *Catherine de Bar à l'écoute de Saint Benoît* (1979) ; *Adorer et adhérer*, Paris, Cerf, 1994. ***Vie et étude* :** J. DAOUST, *Catherine de Bar, Mère Mechtilde du Saint-Sacrement*, Paris, Cerf, 1979.

MÉLANIE, Valeria Melania, ***dite*** **« Mélanie la jeune »**, *sainte* (Rome, 383-Jérusalem, 439). — Mélanie est issue de l'une des plus riches lignée patricienne romaine, la *gens Valerii*. Sa grand-mère, Mélanie l'ancienne, s'était convertie à l'écoute des prédications de saint Jérôme. Malgré son désir de se consacrer à Dieu, Mélanie la jeune, unique héritière d'une fortune colossale, est dès l'âge de quatorze ans donnée en mariage à un cousin, Pinien, fils du préfet Sévère. Elle tente de rallier son mari à ses vues monastiques, mais Pinien l'enjoint à assurer tout d'abord leur descendance. Il leur naît successivement deux garçons, qui décèdent en bas âge. Mélanie voit dans ce drame un appel à ne pas repousser davantage leur consécration totale à Dieu ; les époux, vivant désormais comme des frères, se mettent alors au service des nécessiteux. Vivant dans une ascèse rigoureuse, ils entreprennent de vendre leurs propriétés, qui s'étendent dans tout l'Empire romain, pour en distribuer l'argent aux pauvres et à l'Église. La liquidation de cette fortune capitale inquiète le Sénat romain, qui tente de s'y opposer, mais Mélanie obtient, aux alentours de 408, l'appui de Séréna, la femme du régent Stilicon. Parmi leurs nombreux esclaves, huit mille acceptent d'être affranchis, les autres étant cédés au père de Pinien. Pour échapper à l'invasion goth d'Alaric, qui met Rome à sac en 410, les époux fuient en Sicile, puis en Afrique du Nord, où ils restent sept ans à Thagaste, se liant avec saint Augustin. Ils sont accompagnés de Mélanie l'ancienne, revenue de Terre sainte pour soutenir sa petite-fille dans son dessein de vie consacrée, et d'Albine, mère de Mélanie la jeune. Deux grands monastères sont fondés par le couple, dont Mélanie établit la Règle avec l'aide d'Alypius, évêque de Thagaste. Mélanie elle-même continue de s'adonner à une ascèse très rigoureuse, partageant son temps entre l'oraison, la lecture, l'écriture et la conduite de ses moniales.

Les habitants d'Hippone désirant que Pinien soit ordonné prêtre pour bénéficier de ses richesses, le couple décide de partir pour la Terre sainte, en 417. Ils s'établissent à Jérusalem, après une halte à Alexandrie marquée par la rencontre avec l'évêque Cyrille. Mélanie fait aussi la connaissance du moine Pélage et en réfère à saint Augustin concernant la doctrine pélagienne. Ce dernier répond en 418 par les traités *De gratia* et *De peccato originali*. Mélanie continue de distribuer sa fortune à l'Église, notamment au cours d'un voyage en Égypte, dans les monastères de Nitrie. De retour à Jérusalem, elle vit durant quatorze ans en recluse dans une cellule située sur le mont des Oliviers. La mort d'Albine, en 431, puis celle de Pinien, en 432, font sortir Mélanie de sa réclusion pour fonder successivement deux monastères sur le mont des Oliviers, le monastère masculin étant dirigé par son disciple et futur biographe Gérontius. Ayant refusé d'être à la tête du monastère féminin, l'Apostoleion, elle assure néanmoins la direction spirituelle des deux communautés dont elle établit les Règles de vie. En 436, le préfet Volusien, oncle de Mélanie, effectue un voyage à Constantinople, où il est rejoint par sa nièce. Mélanie parvient à obtenir sa conversion au christianisme et Volusien meurt peu de temps après son baptême. Durant son séjour à Constantinople, Mélanie convainc également l'impératrice Eudocie d'effectuer un pèlerinage en Terre sainte et prend ouvertement la défense de la foi orthodoxe contre le nestorianisme. De retour à Jérusalem, elle accueille l'impératrice Eudocie en 438 ainsi que Cyrille d'Alexandrie, venu à cette occasion consacrer les deux sanctuaires qu'elle a fondés. Mélanie tombe malade à Noël 439. Elle meurt quelques jours plus tard, après avoir transmis ses derniers conseils spirituels à sa communauté.

La spiritualité de Mélanie nous est connue à travers le récit de son biographe Gérontius qui, dans sa *Vie de sainte Mélanie* (v. 452-453), rapporte de nombreuses paroles de la sainte à ses disciples, notamment celle-ci : « Toutes vertus et toutes ascèses sont vaines sans la charité. Le diable peut aisément imiter toutes nos vertus, il est vaincu seulement par l'humilité et la charité. » Mélanie exhorte à suivre une ascèse rigoureuse, permettant un état de vigilance intérieure propre à progresser spirituellement vers l'union à Dieu, tout en ne perdant pas de vue que l'essentiel réside dans la pratique de la charité. Mère spirituelle prônant l'obéissance, elle guide par son discernement et ses conseils autant que par son exemple, refusant les honneurs et se mettant au service de tous. Recluse et fondatrice de monastères, elle s'inscrit ainsi à la fois dans la lignée du monachisme érémitique contemplatif, tel qu'il a été impulsé par saint Antoine le grand, et dans un christianisme proche de son siècle, conscient de la nécessité de sa présence au cœur du monde.

Olga Lossky

Bibl. : ***Vie*** : GÉRONTIUS, *Vie de sainte Mélanie*, Paris, Cerf, 1962 ; PALLADE, *Histoire lausiaque*, Bellefontaine, Abbaye de Bellefontaine, 1999 ; MACAIRE (hiéromoine), *Le Synaxaire, Vie des saints de l'Église orthodoxe*, t. II, Athènes, Indiktos, 1988, p. 274-279. ***Étude*** : P. LAURENCE, « La vie de sainte Mélanie, la part de l'Histoire », *in* B. Pouderon et Y. M. Duval (dir.), *L'Historiographie de l'Église des premiers siècles*, Paris, Beauschesne, 2001, p. 159-181.

MENÉNDEZ, Josefa, *visionnaire, coadjutrice de la Société du Sacré-Cœur de Jésus* (Madrid, 4 février 1890-Poitiers, 29 décembre 1923). — Deuxième d'une famille de six enfants profondément chrétienne, Josefa fut baptisée le jour de sa naissance ; elle reçut le sacrement de la confirmation en 1895. Elle fut élève d'une école d'arts et métiers. Elle souhaitait entrer au Sacré-Cœur mais, après la mort de son père, elle dut subvenir aux besoins de la maisonnée. Son conseiller spirituel, le père jésuite José María Rubio, appelé « l'apôtre de Madrid », canonisé le 4 mai 2003, l'orienta vers les Religieuses réparatrices ; Josefa y demeura pendant six mois, puis elle dut reprendre son travail de couturière pour remédier à la situation précaire de sa famille. Après trois jours de retraite chez les Sœurs de Marie Réparatrice, elle fit sa première communion, le 19 mars 1901. À cette occasion, elle rédigea son « Offrande à Jésus » en ces termes : « Aujourd'hui 19 mars 1901, je promets à Jésus devant le ciel et la terre, prenant pour témoins ma Mère, la Vierge Très Sainte, et mon Père et Avocat Saint Joseph, de garder toujours la précieuse vertu de la virginité, n'ayant d'autre désir que de plaire à Jésus, ni d'autre crainte que de lui déplaire. » En 1907, l'année de la mort de sa sœur Carmen, Josefa obtint la guérison de sa mère malade, par l'intercession de sainte Madeleine-Sophie Barat*, fondatrice de la Société du Sacré-Cœur de Jésus (1800). En 1911, sa sœur cadette Mercedes entra au noviciat de la Congrégation du Sacré-Cœur à Madrid. En 1915, Josefa fit le vœu de virginité perpétuelle. Elle fut acceptée dans la Congrégation du Sacré-Cœur en février 1917. Le 4 février 1920, Josefa Menéndez arriva au noviciat du Sacré-Cœur des Feuillants, à Poitiers, qui avait besoin de religieuses pour rouvrir. Elle quitta l'Espagne pour toujours. Elle ne vécut que quatre ans dans la vie religieuse, exerçant d'humbles tâches. Mère de Girval, l'une des deux supérieures de la communauté, seule informée des grâces extraordinaires qu'elle reçut à l'insu de tous, fera plus tard un beau portrait de sœur Josefa, ponctué par ces mots : « Aimer et souffrir, ce fut là toute sa vie religieuse. »

Après deux semaines de quiétude, la jeune novice, outre ses difficultés pour apprendre le français, fut l'objet de souffrances et de tourments surnaturels, au point d'envisager de quitter la congrégation. Quand elle eut retrouvé la paix, elle eut sa première vision de Jésus, le 29 juin 1920 : « Mes yeux, mes pauvres yeux ont vu Jésus. » La prise d'habit eut lieu la même année, le 16 juillet. Chaque jour, par obéissance, elle notait, en espagnol, ses états d'âme et les événements dont elle fut l'objet ou le témoin. Elle entendit ces paroles du Christ : « De même que je m'immole en victime d'amour, de même, je veux que tu sois victime : l'amour ne refuse rien. » Pendant quelques mois, ses supérieures lui interdirent de répondre à cette invitation. Quand cet interdit fut levé, sœur Josefa fut effrayée par la vision d'une petite fille entourée d'épines. Jésus lui demanda alors explicitement de « porter la croix » avec lui. Du 25 août 1920 au 29 décembre 1923, Jésus-Christ et la Vierge Marie* apparurent à plusieurs reprises à sœur Josefa au couvent de Poitiers. Le 4 octobre 1920, le Christ dévoila son cœur blessé et dit à la moniale : « Regarde en quel état des âmes infidèles mettent mon cœur [...]. Elles ne savent pas l'amour que J'ai pour elles. C'est pourquoi elles M'abandonnent. Ne veux-tu pas, toi du moins, faire ma Volonté ? » « Abandon, humilité, mortification » sont « les trois clefs » que sœur Josefa se donna pour mettre en œuvre son seul désir : « Mon unique désir est de faire sa volonté. » La volonté du Christ était de lui révéler les secrets de son cœur d'amour et de partager sa Passion avec elle pour la réparation des péchés et le salut du monde. Elle accepta et elle fut exaucée au-delà de ce qu'elle espérait. Ces dialogues ne cessèrent plus. Le 24 février 1921, elle entendit ces mots : « Le monde ne connaît pas la Miséricorde de mon Cœur. Je veux Me servir de toi pour la faire connaître. Je te veux apôtre de ma Bonté et de ma Miséricorde. Je t'enseignerai ce que cela signifie, oublie-toi. » Cette fois, la nature tenta de reprendre le dessus : « Mais je ne le veux pas », rétorqua la moniale, à quoi il lui fut répliqué : « L'Amour efface tout. » Après la Quinzaine de la Passion (en mars 1921), sœur Josefa accueillit une apparition de la Sainte Trinité (en avril), suivie, le mois suivant, de nombreux et violents assauts du démon. Au mois de juin, elle reçut le réconfort de la Vierge Marie et de sainte Madeleine-Sophie Barat.

De 1921 à 1923, Marie-Thérèse de Lescure, future supérieure générale, devint la supérieure de sœur Josefa, qui rédigea deux versions successives d'*Un appel à l'amour*. En juin 1923, le message fut communiqué à Mgr de Durfort, évêque de Poitiers. En octobre, Josefa accompagna sa supérieure à Rome, où avait lieu une réunion des supérieures des Feuillants. De grandes épreuves l'y attendaient : un premier crachement de sang, l'épuisement physique, la détresse du doute. Sœur Josefa connut ainsi l'état d'abandon sans recours, l'heure des ténèbres, la nuit obscure. Toute une semaine, elle vécut tout le martyre de la Passion du Christ, qui s'incrusta en elle, corps et âme. À l'instar de sainte Thérèse de Lisieux*, l'humble moniale s'offrit sans réserve à la souffrance rédemptrice pour les âmes en perdition. Dans une audience de passage, elle reçut la bénédiction du pape Pie XI. Le 14 octobre vint la délivrance, malgré ses résistances. En octobre 1922, le père Boyer devint son conseiller spirituel. Le mois suivant, de nouveaux assauts du démon suscitèrent de grandes tentations et provoquèrent de grands tourments. Le Christ et la Sainte Vierge se manifestèrent avec amour dès le mois de décembre et mirent fin à ces angoisses de l'âme et de l'esprit. Le 12 juin 1923, sœur Josefa reçut l'annonce claire de tout ce que le Christ attendait d'elle : « Quant à toi, tu vivras dans l'obscurité la plus complète et la plus profonde ; mais, parce que tu es la victime choisie par Moi, tu souffriras et, abîmée dans la souffrance, tu mourras. Ne cherche ni repos ni soulagement : tu n'en trouveras pas, car c'est moi qui en disposerai ainsi. Mais mon Amour te soutiendra. Je ne te manquerai jamais. » Le 12 décembre 1923, Mgr de Durfort lui administra l'extrême-onction ; elle mourut dans la maison des Feuillants à Poitiers.

Peu connue, l'aventure de Josefa est considérée comme l'une des plus extraordinaires de l'histoire de l'Église. Fêtée le 29 décembre, elle est tenue comme l'un des plus grands intercesseurs de tous les temps, très puissante notamment contre les embuches du démon. Grande mystique, elle reçut, dans sa vie recluse dans un couvent de la Congrégation du Sacré-Cœur, de multiples messages de Jésus et de Marie, messages « d'amour, de tendresse et de miséricorde » d'une grande simplicité, simplement annotés au fil de la plume, regroupés dans un livre posthume, *Un appel à l'amour*, publié pour la première fois en 1938 et béni par le pape Pie XII. Le livre, d'inspiration profondément évangélique, est divisé en deux parties : l'une destinée aux « âmes choisies », l'autre au « monde ». L'amour du Seigneur, le mystère de son Incarnation rédemptrice, l'invitation à la pénitence et à la confiance – thèmes familiers de ceux de Thérèse d'Avila* et de Marie de Jésus d'Agreda* – témoignent de son expérience mystique, une mystique de l'amour tout autant que de la souffrance. Les tortures qu'elle éprouva, ses « descentes en enfer », les persécutions diaboliques, sa participation aux souffrances intolérables, physiques ou spirituelles, du Christ, le courage et l'humilité avec lesquels elle les affronta, la lutte incessante entre le bien et le mal, la modestie et l'oubli de soi, son dévouement pour le salut des âmes, définissent la mission sainte et redoutable qui lui fut confiée. Victime et messagère de l'amour et de la miséricorde divines, telle fut en définitive la vocation de sœur Josefa Menéndez. Sainte Marie Faustine* Kowalska, religieuse polonaise, poursuivit et acheva l'œuvre entreprise par sœur Josefa, dont le procès de béatification est en cours.

Bernard Sesé

• *Voir aussi* : Madeleine-Sophie Barat ; Marie Faustine

Bibl. : ***Œuvre*** : *Un appel à l'amour. Message du Sacré-Cœur à Sœur Josefa Menéndez* (nouv. éd.), introd. du père D. Dideberg, S.J., Bruxelles, Œuvre du Sacré-Cœur, 1994. ***Filmographie*** : X. ROUJAS, Josefa Menéndez. *Un appel à l'amour*.

MERICI, Angèle. — *Voir* ANGÈLE MERICI

MERISH, *figure spirituelle, juive hassidique* (Pologne, XIXe s.). — Merish est la fille du Reb. Elimelekh de Lizhensk, l'un des fondateurs du hassidisme et auteur de *Noam Elimelekh*, l'un des ouvrages majeurs de ce mouvement. Elle est célèbre pour son excellente connaissance du hassidisme et son exceptionnelle piété. De nombreux hassidim (disciples) venaient écouter ses exposés et recevoir sa *barakhah* (« bénédiction »). Elle est passée dans la postérité comme érudite.

Mireille Loubet

Bibl. : ***Vie et études*** **:** E. TAITZ, S. HENRY, C. TALLAN, *The JPS Guide to Jewish Women : 600 B.C.E.-1900 C.E.*, Philadelphie (PA), The Jewish Publication Society, 2003, p. 233 ; M. M. BRAYER, *The Jewish Woman in Rabbinic Literature : A Psychohistorical Perspective*, Hoboken, (NJ), Ktav Publication Inc., 1986, p. 45.

METELLI, Michelina. — *Voir* MICHELINE DE PESARO

MIAODAO, *maître du bouddhisme chan et abbesse* (Huang ; Yanping, Chine-Wenzhou, Chine, XIIe s.). — Miaodao, surnom religieux d'une dénommée Huang, naît à Yanping (province du Fujian), dans une famille de hauts fonctionnaires. Son père, Huang Shuang, occupe entre autres les postes de ministre des rites à partir de 1101, puis de préfet de Fuzhou entre 1111 et 1118. Il entretient des relations cordiales avec Donglin Changzong, maître chan de la lignée de Linji, installé à Yanping. À l'âge de vingt ans, Miaodao prend la robe et rend visite à plusieurs maîtres chan. Elle commence son apprentissage auprès de Chenxie Qingliao, au monastère du mont Xuefeng, un maître de la lignée Cao Dong. Au printemps de l'an 1134, Dahui Zonggao, très célèbre maître de la lignée de Linji (Rinzai), vient dans ce monastère faire un sermon, et Miaodao décide de devenir sa disciple. Dahui lui donne à méditer cette phrase d'un grand maître chan du VIII-IXe siècle, Mazu : « Ce n'est pas l'esprit, ce n'est pas le Buddha, ce n'est pas une chose. » Il lui délivre également des indications sur la façon de méditer sur ce *huatou* (voir Glossaire) : 1) ne pas le considérer comme une énonciation de vérité ; 2) ne pas le considérer comme une chose ni vouloir faire quelque chose à propos de cela ; 3) ne pas le prendre comme une étincelle ou un flash qui éclaire ; 4) ne pas essayer d'en deviner la signification ; 5) ne pas essayer de se le figurer en dehors du contexte dans lequel il lui a été donné. Durant l'été 1134, un jour, alors que Miaodao s'exerce à résoudre son *huatou*, le bibliothécaire du monastère Kuang entre dans la chambre de méditation de Dahui Zonggao pour une instruction individuelle. Assise dehors, elle écoute les instructions et expérimente alors un grand moment de joie. Un peu plus tard, elle rapporte son expérience à son maître : « Je vous ai juste entendu prononcer "ce n'est pas l'esprit, ce n'est pas le Buddha, ce n'est pas une chose" et j'ai compris. » Aussitôt, son maître lui dit : « "Ce n'est pas l'esprit, ce n'est pas le Buddha, ce n'est pas une chose", comment comprenez-vous cela ? » Elle répond : « J'ai compris, un point c'est tout. » Avant même qu'elle ait fini de parler, son maître pousse un « *Khat !* » (cri), et dit : « Il y a une chose en trop, le “j’ai compris, un point c’est tout”. » C’est alors qu’elle connaît les prémices de l’éveil. Précisons que Miaodao, première disciple de Dahui Zonggao (un maître important pour les femmes), est la première femme connue à avoir été éveillée par la méthode du *huatou*, caractéristique de la pratique de ce dernier.

Après cela, elle poursuit sa vocation de maître chan et d’abbesse dirigeant plusieurs monastères : le Fuxing Si à Yanping, le Zishengyuan à Changzhou (Jiangsu), le Jingju Si à Wenzhou (Zhejiang), un monastère qui avait une longue tradition de femmes enseignant le chan. C’est dans ce dernier temple qu’elle finit sa vie. Les écrits la désignent sous le titre de « Miaodao de la nonnerie Jingju de Wenzhou » (Zhejiang), ou encore sous celui de « Grand maître de la Lumière de concentration » (Dingguang dashi).

Catherine Despeux

Bibl. : ***Étude*** **:** M. LEVERING, « Miao-tao and Her Teacher Ta-hui », in *Buddhism under the Sung Dynasty*, P. Gregory et D. Getz (éd.), Honolulu, University of Hawaii Press, 1999, p. 188-219.

MICHELINE DE PESARO, *bienheureuse, tertiaire franciscaine* (Michelina Metelli ; Pesaro, v. 1300-1356). — On sait si peu d’elle qu’elle pourrait représenter une sorte de sainteté anonyme repérable seulement par son efficacité symbolique, une pragmatique des signes miraculeux. Micheline nous apparaît plutôt comme une sainteté effacée et la persistance, malgré tout, d’une sainteté particulière dans une mémoire de longue durée qui va sans cesse en remanier les traces. Cette vulnérabilité de la mémoire de la sainteté reste poignante, car on l’assimile plus volontiers à la force des vertus, à l’athlétisme des exercices pénitentiels et ascétiques, à l’éclat d’une vie, voire d’un verbe visionnaire ou poétique, même si une telle existence est structurée surtout par des codes, y compris ceux de la faiblesse, de la souffrance et de l’expérience profonde, comme par les différents styles pour l’articuler : ceux de la sainteté vécue, mais aussi des paradigmes institutionnels de celle-ci. Toutefois, les miracles ont bien été recensés par de nombreux notaires (entre 1359-1379) et donc par des personnages qui n’agissent pas de leur propre volonté, mais par l’autorité du prince ou par l’autorité communale, lorsqu’il s’agit de notaires locaux. Le droit vient au secours du merveilleux, comme la médecine peut l’être dans certaines procédures de discernement des vertus et des merveilles précisément. Différentes instances d’enregistrement ont donc été mises à contribution pour établir cette liste de miracles que Dieu fit par Micheline de Pesaro. Cela suppose aussi que l’évolution des institutions en Italie ne conduise pas à une élimination de ce qui précède, mais à un feuilleté de régimes, comme le régime podestal, populaire et seigneurial. Or, au temps de Micheline, Pesaro est sous la coupe des Malatesta de Rimini (avant de passer sous les Sforza au XVe s.), donc en un temps crucial de changement de la vie publique.

Que nous reste-t-il donc actuellement de la sainte vie de Micheline, de sa vie de conversion ? Quatre-vingt-seize récits de miracles, sous une forme brève. Et une biographie fictive élaborée après 1393, à l'occasion d'une liturgie autorisée pour une confrérie pénitentielle. Micheline a-t-elle été veuve à vingt ans ? A-t-elle perdu un fils en bas âge ? Est-elle devenue tertiaire de saint François après la mort de ce fils ? Cette évocation tardive contribue à renforcer l'image de Micheline comme mère de la cité. La dévotion à la sainte n'est ni familiale, ni même populaire, ni avant tout portée ou réorientée par un projet pastoral, mais *civique*. Toutefois, c'est une cité qui se pense avec la métaphore de la famille. De même, la liste de miracles dressée par les notaires suppose, à elle seule, la force du sentiment civique. La béatification de Micheline de Pesaro, laïque et veuve, remarquable par son changement d'esprit (de conversion) plus que par son arbre généalogique ou son réseau familial – parfaite antithèse d'une Brigitte de Suède* –, semble être une forme d'exercice particulier de la mémoire, remontant de la réalité du culte immémorial à la reconnaissance de sa sainteté locale (mais la béatification équipollente date seulement de 1737). À l'époque où il n'y a pas d'État au sens moderne, où la rationalité des institutions n'est pas encore ce qu'elle deviendra, la mémoire de la sainteté, comme celle de la mère universelle de la cité (sans être une figure mariale, un évêque ou un prince portés sur les autels, patrons patentés, avec des biographies officielles), offre comme une puissance archangélique, un lien profond et pathétique, un lien corporel et pratique entre toutes les discontinuités, entre toutes les fractures, les maladies, les épidémies, les possessions diaboliques, les trépas et les oublis à ceux qui n'aident même plus à sélectionner les faits, à renforcer la mémoire au lieu de lui nuire. La sainteté de la tertiaire franciscaine Micheline se manifeste, dès lors, selon un vecteur radical de la spiritualité franciscaine et évangélique native : la paix et le bien publics (*pace e bene*). Mais ce n'est pas simplement un substitut de rationalisation des rapports sociaux et gouvernementaux. C'est aussi la mise en relief du fait que les événements ne ressortissent pas simplement à la maîtrise des hommes. L'énergie nécessaire aux signes miraculeux atteste la toute-puissance de Dieu, qui rend l'ordre du monde moins nécessaire sans doute, mais aussi capable de plus de virtualités, et donc de prises d'initiatives, d'événements contingents, d'actes libres. Ce sont sans doute d'abord des actes masculins. Mais c'est par une femme que les signes miraculeux font des hommes les premiers bénéficiaires de la santé/salut (*salus*). En revanche, les femmes possédées viennent en priorité dans la sollicitude divine, qui délivre le corps aliéné (mime de la délivrance gynécologique), même si la fine pointe de l'esprit reste sauve. À vrai dire, tout signe miraculeux, même s'il s'agit d'une guérison en apparence corporelle, est déjà le signe d'une conversion personnelle et d'un impact social et géographique, quand bien même, en l'occurrence, le rayonnement reste modeste. Il s'agit surtout d'une sainte locale et contemporaine par laquelle le Seigneur éternel veille sur son peuple, toujours menacé par les épidémies. Le témoignage répété des Franciscains dans la liste notariée montre qu'ils entendent assurer le démarrage de la mémoire de Micheline. Le pouvoir laïc, celui des Malatesta précisément, prend le relais sans rupture violente (dans la tradition humaniste et institutionnelle italienne), car le corps de Micheline repose dans une église offerte par eux.

Bernard Forthomme

Bibl. : ***Vie*** **:** *Miracula que Dominus fecit per sanctam Michelinam de Pensauro*, J. Dalarun (éd.), in *La Sainte et la cité : Micheline de Pesaro (morte en 1356), tertiaire franciscaine*, Rome, École française de Rome, 1992, IX pl.

MILLERET DE BROU, Anne-Eugénie. — *Voir* MARIE-EUGÉNIE DE JÉSUS

MILLET, Marie-Angélique, *visitandine, visionnaire et prophétesse* (Charlotte Millet ; Saint-James, 25 mai 1879-Caen, 27 août 1944). — Née en Normandie, Charlotte Millet fréquente le pensionnat du Sacré-Cœur à Granville. À vingt et un ans, elle confie à son père, anciennement receveur d'enregistrement, son désir d'être visitandine. Elle prend l'habit et reçoit le nom de sœur Marie-Angélique au monastère de la Visitation, siège d'une archiconfrérie affiliée à celle de Montmartre, à Caen le 7 juin 1901. Elle prononce ses vœux le 18 juin 1902 et sort du noviciat en 1906. Handicapée de naissance à la hanche, elle abandonne le corset qui la soutient depuis plusieurs années et endure de lourde souffrance – elle a du mal à marcher –, avant de porter un nouvel appareil orthopédique. À ces peines s'ajoutent de mystérieux tourments, qui ressemblent à un jeu diabolique – il est fréquent de trouver dans sa cellule les meubles renversés ou d'étranges inventions propres à la faire souffrir –, dont sa supérieure est témoin. Elle utilise une canne puis une béquille avant de finir définitivement dans une chaise roulante. En mars 1944, pendant les bombardements et les combats qui ravagent la Normandie, elle est atteinte d'une pneumonie qui tarde à guérir. Elle décède après avoir, une fois de plus, offert sa vie pour l'avènement du Règne de Paix du Seigneur, « [...] aperçu souvent au cours de ses *Heures saintes* du jeudi au premier vendredi de chaque mois pendant lesquelles elle voyait l'agonie de Jésus-Christ et recevait les confidences du Sacré-Cœur » (Albert Marty).

Les notes de sœur Marie-Angélique sont réunies dans un ouvrage intitulé *Dis, écris*. Elles sont précédées d'extraits de lettres adressées à mère Thérèse de l'Enfant-Jésus, alors prieure au carmel de Gravigny, par son directeur de conscience (pendant vingt-cinq ans), Dom Vital Lehodey, abbé de la trappe de Notre-Dame de Grâce à Briquebec (Manche). Une autre lettre citée provient du père Jean d'Elbée, supérieur général de la Congrégation des Sacrés-Cœurs. Dans ses écrits, sœur Marie-Angélique retranscrit toutes les réalités mystiques et les visions prophétiques qu'elle voit et entend comme sur « un écran lumineux » pendant les « Heures saintes ». « Il est l'heure de réveiller le monde » (*Dis, écris*, p. 71) y déclare le Seigneur à sa confidente. À travers l'agonie de Jésus à Gethsémani puis son règne, elle annonce la fin de l'ancien monde et l'avènement du nouveau, grâce au Cœur de Jésus ou « seconde rédemption » opérée par l'effusion de la miséricorde, qui se terminera par l'exercice de la justice, suivi du déluge de grâces. Il est ainsi question de légions de prêtres-apôtres préparés pour « la grande épreuve » de l'Église militante et des légions des déserteurs, enfin du triomphe éclatant du Sacré-Cœur. Le « monde agité », dans lequel les hommes courbés par le démon ne marchent plus mais rampent, va s'unir pour aimer le Seigneur qui est tout amour, ordre et paix. Elle prophétise le « Règne du Fils et de la Mère » et surtout la reconversion de la France par Marie*, appelée à sa réalisation divine : le triomphe du Christ-Roi. « Effondrée avec fracas, elle [la France] va se reconstruire dans le silence, sur le roc du calvaire » (*ibid.*, p. 185) ; « L'amour, c'est l'histoire de la France [...] qui ne sait plus aimer que le haïssable [...]. Mais elle va revenir à l'Amour sous le coup formidable de Mon Cœur, blessé de son rejet [de Dieu]. »

Sœur Marie-Angélique s'inscrit dans la lignée de toutes les visionnaires qui annoncèrent, en des temps troublés, le renouveau des temps politique et social à venir, éclairés par la foi religieuse et marqués par l'avènement du Christ. Ce qui permettait aussi de revivifier le message de l'Église à l'heure où il était le plus oublié.

Audrey Fella

Bibl. : *Œuvre* : *Dis, écris*, Gravigny, carmel de Gravigny, 1949 (rééd. aux éditions Résiac, Montsûrs, 1981). ***Étude* :** A. MARTY, *Le Monde de demain vu par les prophètes d'aujourd'hui*, Paris, Nouvelles Éditions latines, 1962.

MIOLLIS, Thérèse, *laïque, stigmatisée* (Thérèse Joséphine Cartier ; Marseille, 1806-Draguignan, 1877). — Envoyée dans son enfance à Villecroze (Var) chez une tante, mariée à dix-huit ans « avec un honnête et riche menuisier » du nom de Miollis, la stigmatisation de Thérèse commence lors d'une extase, à trente ans, au cours de laquelle elle voit et vit la Passion du Christ, le jour de la fête de saint André, apôtre crucifié. L'ensemble des plaies apparaît, saigne mais disparaît. Des stigmates temporaires accompagnés d'extases reviennent à trois heures l'après-midi, aux fêtes de la Croix, de saint André, de saint François et lors du vendredi saint. Elle a sur la poitrine un stigmate permanent, une croix qui rend du sang. Bien qu'elle soit parvenue à les cacher à sa famille et même à son mari, ne les révélant qu'à son confesseur, ces faits eurent vers 1840 « grande publicité » dans la contrée et furent constatés par un médecin local, le docteur Reverdit. Le médecin de la Marine toulonnais Hubert Lauvergne les signala sans la nommer dans un de ses livres paru en 1842. Deux ouvrages traitant de l'extatique et des stigmatisées du Tyrol italien (Maria von Mörl* ; Maria Domenica Lazzeri et Crescentia Nieklutsch, dont la célébrité fut européenne) lui consacrèrent en 1844 un long développement. Elle s'isole dès lors et, selon son frère, l'abbé Cartier, interrogé par le docteur Antoine Imbert-Gourbeyre en 1891, les stigmates disparaissent entre 1848 et 1850 : « Elle n'a gardé aucune trace de ces signes et elle désirait beaucoup en être délivrée. » La révélation de sa recherche mystique a pu arrêter cette dernière car son frère atteste : « Je n'ai jamais vu en elle quelque chose qui ressentit le bonheur des premiers temps mais très souvent des indications de grande peine [...] elle était très dévouée, très laborieuse, patiente, enjouée et gaie, quoique au fond très triste. » Le cas de la « stigmatisée du Var » semble exemplaire d'un itinéraire spirituel qui n'est trahi que par des manifestations extérieures – les stigmates – et qui nous échappe pour l'essentiel.

Régis Bertrand

Bibl. : ***Études*** : H. LAUVERGNE, *De l'agonie et de la mort dans toutes les classes de la société, sous le rapport humanitaire, physiologique et religieux*, Paris, J.-B. Baillière-C. Gosselin, 1842, t. I, p. 55-56 ; abbé F. NICOLAS, *L'Extatique et les stigmatisées du Tyrol actuellement vivantes. Nouvelle édition... augmentée de nouveaux documents et de la stigmatisée du Var*, Paris, A. Derache et Lyon, Librairie chrétienne, 1844, p. 269-321 (publie le témoignage du Dr Reverdit) ; A. N. VEYLAND, *Les Plaies sanglantes du Christ reproduites dans trois vierges chrétiennes vivant actuellement dans le Tyrol [avec] une esquisse sur la stigmatisée de la Provence...*, Metz, Pallez et Rousseau, 1844, p. 365-427 ; Dr A. IMBERT-GOURBEYRE, *La Stigmatisation : l'extase divine et les miracles de Lourdes*, Paris, Vic et Amat, 1894, t. I (rééd. établie par J. Bouflet, Grenoble, Jérôme Millon, 1996), p. 499-501.

MÎRÂ BÂÎ, *poétesse hindoue* (district de Merta, région du Marwar, Rajasthan, v. 1498-Dwarka ?, Gujarat, v. 1547). — Les légendes écrites ou orales qui entourent la vie de Mîrâ (*bâî* est un terme honorifique de référence et d'adresse que l'on pourrait traduire par « dame ») abondent, et historiens et chercheurs travaillent aujourd'hui encore à établir sa biographie. Née sous le règne du sultan afghan de Delhi, Sikandar Lodi, dans un village du district de Merta, dans la région du Marwar, ouest du Rajasthan, Mîrâ était la fille d'un prince *râjput*, Ratan Singh Râthor, qui était à la tête d'une petite principauté indépendante. Réputée pour sa grande beauté et son éducation accomplie, elle fut mariée à l'âge de dix-huit ans à Bhojarâj, fils du puissant prince du Mewar, Rânâ Sângâ, et partit habiter la célèbre et redoutable forteresse de Chittor (sud du Rajasthan). La période était assez troublée, les divers clans *râjput* se liguant régulièrement les uns contre les autres ou ayant à affronter les velléités d'expansion du sultanat de Delhi ou encore à repousser la menace moghole. Seulement cinq ans après son mariage, Mîrâ devint veuve et, après le décès de son beau-père, qui la protégeait, elle fut en proie aux persécutions de sa belle-famille : vouée au culte du dieu Krishna depuis son plus jeune âge, elle contrevenait aux convictions et aux coutumes de sa belle-famille, qui honorait traditionnellement le dieu Shiva et la déesse Durgâ, d'autant plus qu'elle fréquentait les *sâdhus*, les ascètes itinérants, et exprimait sa foi en chants et en danses exaltés. Selon ses poèmes qui nous fournissent quelques indications biographiques et d'après quelques auteurs contemporains ou ultérieurs, Mîrâ aurait même échappé à des tentatives d'assassinat par empoisonnement – miracle qu'elle attribue à Krishna. Elle retourna habiter un certain temps dans sa maison ancestrale, puis aurait effectué plusieurs voyages ou pèlerinages, à Pushkar près d'Ajmer, sanctuaire très vénéré de l'hindouisme, peut-être au Brindavan, près de Mathura (pays braj, berceau des enfances du dieu bouvier Krishna). La légende raconte qu'elle passait ses jours à chanter les louanges du dieu et qu'elle serait décédée vers 1547 alors qu'elle s'était rendue à Dwarka, une des sept villes sacrées de l'hindouisme, dont la fondation est attribuée à Krishna, située sur la péninsule du Kathiawar au Gujarat. Elle rapporte également qu'elle aurait été absorbée par la statue du dieu dans le temple de Râv Ranchor (un des noms de Krishna), réalisant ainsi l'union totale avec la divinité.

L'œuvre de Mîrâ est composée de *pada*, poèmes destinés à être chantés, toujours très populaires et fréquemment interprétés de nos jours. Ces poèmes ont d'abord été transmis par la tradition orale et n'ont été transcrits que tardivement ; du fait qu'ils ont été colportés dans toute l'Inde du Nord, ils ont été en quelque sorte « adaptés » dans de nombreux dialectes et langues : braj, rajasthani, gujarati, oriya et même hindi moderne. Les manuscrits les plus anciens datent du XVIIe siècle, leur langue, assez archaïque, est un rajasthani proche du braj. Dès le XVIIIe siècle cependant, des compilations ont vu le jour, et on peut recenser à l'heure actuelle une bonne cinquantaine d'éditions diverses – populaires ou savantes – des *pada*, ce qui représente un corpus important de deux mille poèmes environ, parmi lesquels de nombreux apocryphes ; de récentes études critiques et comparatives de manuscrits permettent d'établir à partir de critères historiques, linguistiques, stylistiques et philosophiques qu'environ deux cent cinquante poèmes peuvent être attribués à Mîrâ. Relativement courts (en moyenne de cinq à dix vers), ces *pada* comprennent en général un premier vers plus bref qui sert de refrain, les vers suivants riment deux à deux ou riment tous avec le premier vers ; comme il était de coutume alors, le dernier vers comporte le nom de l'auteur ; la métrique est quantitative, fondée sur la longueur des syllabes (brèves ou longues) et suit les règles prosodiques spécifiques aux divers types de poèmes employés (organisation en pieds, contraintes de rimes et de rythmes) ; les éditions actuelles en hindi indiquent souvent en haut de chaque *pada* le *râga*, mode musical, approprié au sentiment dominant qui émane du poème (joie, souffrance, espoir, détachement) et/ou correspondant à son ancrage dans le temps (aube, nuit, saison des pluies, fête religieuse) dans lequel l'interpréter.

Les poèmes de Mîrâ expriment son amour et sa dévotion pour le dieu Krishna et témoignent de sa riche expérience spirituelle. La tradition inscrit Mîrâ dans la lignée des *bhakta*, les « dévots », adeptes de la *sagun bhakti*, « dévotion », qui consiste à adorer et à servir l'Être suprême, sous la forme d'un dieu personnel, « qualifié », « avec attributs », qui répond à l'amour de ses dévots et leur accorde par sa grâce la délivrance. La notion de l'amour confiant du dévot et de la relation qu'il établit avec la divinité, dont il participe, s'était déjà précisée et épanouie dans la *Bhagavadgîtâ* (section du sixième livre de l'épopée du *Mahâbhârata*), où elle se fixe autour de Krishna, cocher et instructeur d'Arjun. Mais c'est surtout autour de Krishna berger qu'elle s'est ensuite développée : le cinquième livre du *Vishnupurâna* (un des plus importants des grands *purâna* vishnouites, en sanskrit, souvent remanié, augmenté, probablement au Ier s. av. J.-C.-IVe apr. J.-C.) comprend une biographie de l'enfant berger Krishna, *avatâra*, « descente » dans le monde, incarnation du dieu Vishnou sur terre, pour rétablir le *dharma* (l'ordre socio-cosmique qui maintient l'univers dans l'existence) affaibli et dégradé et sauver les hommes ; le *Bhagavatpurâna*, composé lui aussi en sanskrit vers le IXe-Xe siècle, expose, dans le dixième livre, le récit de l'enfance de Krishna et développe le thème des *gopî*, les bouvières admiratrices enamourées du jeune dieu, et de la *râslîlâ*, la danse du dieu avec les *gopî*, union au sens érotique et mystique des âmes humaines et de la divinité. Le culte de Krishna paraît être fort ancien et les tribus pastorales de l'Inde du Nord possédaient une riche tradition de chants et de danses en l'honneur de leur divinité, dont elles ont répandu la légende dans l'Inde entière. Avec le renouveau du vishnouisme au XIVe siècle en Inde du Nord, la poésie dédiée à Krishna va connaître un essor considérable. Contemporain de Mîrâ, le grand poète Sûr Dâs célèbre en braj le dieu pastoral et met en scène les *gopî*, notamment Yashodhâ, sa mère adoptive, et Râdhâ, sa compagne favorite ; il décrit avec beaucoup de finesse leurs sentiments – d'affection et de tendresse maternelles pour la première, d'amour intense, de désir d'union et de souffrance de la séparation pour la seconde. Nombreux sont les autres poètes qui composent dans la même veine, mettant l'accent soit sur une *bhakti* chaste et tendre soit sur une *bhakti* plus érotique.

Mîrâ compose ses chants à la première personne, sa *bhakti* est entièrement une *bhakti* d'amour dans l'union mais aussi dans la séparation ; en s'identifiant à une *gopî*, elle en ressent les sentiments. Ainsi, elle se complaît dans la description du dieu Krishna dont elle détaille la beauté : son visage sombre (*krishna* signifie « noir », « sombre », « bleu sombre »), ses yeux immenses en pétale de lotus, sa parure de tête composée d'un diadème en plumes de paon, son collier de fleurs des bois, son pagne de couleur jaune ; le doux son de sa flûte captive irrésistiblement son cœur et elle s'abandonne entièrement à l'amour du bien-aimé. Elle renonce aux richesses, aux conventions sociales, à elle-même ; elle connaît les affres de la séparation et lance sans cesse un appel angoissé et passionné de son désir du dieu, telle la *virahinî*, la femme en proie à l'intense souffrance du *viraha*, de la « séparation » d'avec l'être aimé. L'imagerie poétique de Mîrâ puise au fonds traditionnel et populaire, notamment dans sa description poignante de la saison des pluies, saison des amours par excellence car les époux ou les amants partis en voyage retournent alors dans leur foyer, mais qui fait ressentir plus cruellement encore l'absence de l'être aimé à l'amante esseulée : chant du coucou, cri des paons, clair de lune qui fait s'épanouir les lotus, sombres nuages de la mousson qui s'accumulent et versent une pluie bienfaisante sur la terre desséchée, qui reverdit.

Mîrâ exprime ainsi son expérience spirituelle dans ses poèmes ; ivre d'amour pour le divin, elle s'identifie à l'épouse éternelle, de naissance en naissance, de son Seigneur, dont elle désire ardemment la vision (le *darshan*) non seulement extérieure mais intérieure, et nous trouvons aussi exposée dans ses poèmes sa *sâdhanâ* (l'ascèse, la discipline et les exercices spirituels) qui lui permet, comme pour un dévot sincère, d'accéder et de cheminer sur la voie de la réalisation.

Le renoncement – au monde, aux possessions matérielles, aux sens, à sa propre volonté – et la soumission totale et confiante à la volonté divine en sont des éléments centraux, de même que la nécessité de la purification. Fréquenter les *sâdhus* et les personnes pieuses, danser et chanter les louanges du dieu, en répéter le nom constituent des pratiques qui guident et aident le dévot sur cette voie.

Les *pada* de Mîrâ offrent donc une lecture multiple, selon la résonance intérieure de chacun, et la poétesse est toujours présente dans la mémoire et dans l'imaginaire des Indiens : symbole du parfait dévot pour les uns, de la première féministe indienne pour d'autres, auteure émouvante de magnifiques poèmes d'amour, ou encore *yoginî*, adepte du *bhakti-yoga* sur la voie de l'union parfaite avec la divinité. Son iconographie est abondante : miniatures anciennes ou gravures que l'on peut se procurer dans les échoppes d'images pieuses la représentent le plus souvent vêtue de blanc (la couleur traditionnelle du veuvage) ; son *ektârâ* (instrument de musique fait d'une calebasse et d'un long manche en bambou tendu d'une corde, dont s'accompagnent nombre de mendiants-chanteurs itinérants) à la main, elle chante et danse d'un air extatique ou, assise, elle chante les louanges de son Dieu en s'accompagnant de petites cymbales dans l'autre main. Sa vie légendaire a été maintes fois portée à l'écran, dès les années 1920 (*Meerabai* de Kanjibhai Rathod en 1921) jusqu'à nos jours avec la série télévisée, *Mîrâ*, en 2009 ; pour le film en tamoul et en hindi d'Ellis R. Duncan tourné en 1945, *Meera*, la grande chanteuse de musique carnatique (musique traditionnelle savante de l'Inde du sud), M. S. Subbulakshmi, a interprété dix-huit compositions de Mîrâ, qui ont connu un énorme succès et ont contribué à asseoir la popularité de la chanteuse en Inde du Nord. Des poèmes de Mîrâ font partie des programmes scolaires, des manuels de littérature ou des classes de chant. La petite ville de Merta City abrite un musée qui lui est dédié et on peut visiter dans le complexe de la forteresse de Chittorgarh un petit temple à Krishna dit « temple de Mîrâ Bâî » ; le Meera Smriti Sansthan (Institut pour la mémoire de Meera) organise chaque année à Chittor un festival où la poétesse est célébrée en musique trois jours durant. Lors d'un concert de musique classique vocale hindoustani (système traditionnel savant de l'Inde du Nord), il n'est pas rare que le chanteur ou la chanteuse interprète en fin de programme un, voire plusieurs, *bhajan*, mélodies religieuses à caractère dévotionnel sur des *pada* de Mîrâ, qu'il s'agisse de Pandit Jasraj, Pandit Ulhas ou Pandit Bhimsen Joshi, de Lakshmi Shankar, Parween Sultana ou Veena Sahasrabuddhe. Les chanteurs semi-classiques ou interprètes de chansons de films ne sont pas en reste, la célébrissime Lata Mangeshkar ou le très populaire Anup Jalota ont enregistré plusieurs disques de chants dévotionnels de Mîrâ Bâî. Et les compositions – authentiques ou non – de la poétesse vivent également sur les lèvres de maints chanteurs populaires traditionnels et sur celles des dévots, aussi bien dans le cadre d'une célébration intime que dans une assemblée de *sankîrtan*, réunion religieuse où les fidèles célèbrent par le chant les louanges du dieu.

Marguerite Gricourt

Bibl. : ***Œuvres et biographie*** : *Chants mystiques de Mîrâbâî*, texte hindi trad. et commenté par N. Balbir, Paris, Les Belles Lettres, 1979 ; *Bârahmâsâ* in *Bârahmâsa, les chansons des douze mois dans les littératures indo-aryennes*, C. Vaudeville (éd.), Pondichéry, Institut français d'indologie, 1965 ; A. J. ALSTON, *The Devotional Poems of Mîrâbâî*, Delhi, Motilal Banarsidass, 1980 ; U. S. NILSSON, *Mirâbâî*, New Delhi, Sahitya Akademi, 1969. ***Études*** : M. BURGER, « Mîrâ's Yoga », in *The Banyan Tree, Essays on Early Litterature in New Indo-Aryan Languages*, M. Offredi, New Delhi, Manohar, 2000, vol. II. ***Discographie*** : *Bhajans de Mîrâ Bâî* interprétés par des artistes réputés, Londres et Bombay, Navras Records Pvt Ltd. et Calcutta, The Gramophone Company of India Ltd. (EMI) ; *In Praise of Krishna, bhajan*s collectés par D. Bhattacharya Vista India, Musical Map of India, CD 5001, 1995 ; *Blissful Bhajans of Meera*, S. Janaki sur des compositions de R. Parthasarathy, AAMS CD 127, reprise d'archives de 1957, New York, Oriental Records, Inc. ; *Meera The Lover*, Vandana Vishwas, *self-released* CD, Ontario, Canada, VV001, 2009.

MIU MIAOZHEN, *taoïste* (Chine, ?-1816). — Miu Miaozhen est la fille unique d'humbles paysans qui la chérissent. Un jour, un devin leur prédit que leur fille aura une vie courte ; aussi, ses parents la « donnent à Guanyin », déesse bouddhique de la compassion et la confient à un temple – pratique qui, croyait-on, permettait de changer le destin et d'allonger la vie. Orpheline quand elle est encore enfant, elle est recueillie par une tante paternelle. Elle est alors ordonnée taoïste à l'« Ermitage de Cundi du mont Xiao » (Xiaoshan Cundi an) près de Hangzhou (Zhejiang), nom de temple qui dénote une influence bouddhique puisque « Cundi » est une forme tantrique de « Guanyin » (Avalokitesvara). Elle s'enlaidit volontairement pour se protéger de deux jeunes gens qui traînent autour du temple, en mettant de l'eau dans de l'huile bouillante. Quand Miu Miaozhen a quarante-sept ans, sa tante meurt. Après les funérailles, elle se rend au temple « Grande supériorité » (Dashang'an) à Lianshi, près de Huzhou. Un an plus tard, elle visite avec une compagne le temple Chunyang gong, aussi appelé « Vieux temple des fleurs de prunus » (Gu meihua guan), au « Nid des nuages » (Yunchao), autre nom du mont « Couvercle d'or » (Jingai shan), situé près de Huzhou (Zhejiang). La branche taoïste du Nid des nuages se développe avec Tao Shouzhen, de la neuvième génération du courant de la Porte du Dragon (Longmen). Dans ce temple, on lui transmet les pratiques d'alchimie intérieure féminine de Sun Bu'er*. Elle s'y exerce régulièrement tout en approfondissant parallèlement la doctrine du *Sûtra du lotus (Hokkekyô)*, un texte bouddhique. Elle obtient rapidement la clairvoyance et l'ouïe divine. Selon son hagiographie, la déesse Guanyin lui annonce dans un rêve qu'elle est la septième disciple de Hu Ganggang, autre femme célèbre du lieu.

Miu Miaozhen a la ferme volonté de faire des pèlerinages. Elle s'y prépare en portant chaque jour de lourdes charges en secret dans sa chambre, puis, le jour du départ, en 1811, elle s'habille en homme et quitte le temple. Elle parcourt les monts célèbres du bouddhisme et du taoïsme, comme le Lushan (Jiangxi), le Wudangshan (Hubei), Emeishan (Sichuan), Jizushan (Yunnan), puis, au retour, le Huangshan (Anhui), le Tiantai shan (Zhejiang) et le Putuoshan (Zhejiang). Cinq ans après, en 1816, elle rentre à Lianshi et, au bout de quelques mois, meurt sans maladie.

Catherine Despeux

• *Voir aussi* : Sun Bu'er

Bibl. : ***Étude*** **:** M. YIDE, *Jingai xindeng* (« Lampe du cœur du mont Couvercle d'or »), 1821, *juan* 6, p. 33-35 (une histoire des maîtres des diverses branches de l'école de la Porte du Dragon, notamment celle du mont Couvercle d'or près de Huzhou).

MOËS, Anna. — *Voir* MARIE-DOMINIQUE-CLAIRE DE LA SAINTE-CROIX

MOINE, Claudine, *laïque, auteur d'écrits spirituels* (Scey-sur-Saône, 1618-Paris ?, apr. 1655). — À Scey-sur-Saône, dans la Franche-Comté alors rattachée à la couronne d'Espagne, Claudine vient au monde dans une famille aisée. Elle est l'aînée de trois enfants. Sa sœur cadette, Nicole, l'accompagnera dans les diverses pérégrinations de sa vie. En 1626, les enfants perdent leur mère. Leur éducation est confiée à une intitutrice-gouvernante, très laxiste sur le plan de la formation morale. En 1630, Claudine et sa sœur entrent au pensionnat des Ursulines de Langres. Très entourée par l'affection de la maîtresse des pensionnaires, Claudine mène une vie très fervente et sent s'éveiller en elle la vocation religieuse, à laquelle le père s'oppose catégoriquement. En 1632, il fait revenir ses filles à Scey-sur-Saône. Claudine tombe alors malade de chagrin pendant trois mois. Au cours des sept années suivantes, des projets de mariage sont échafaudés mais n'aboutissent pas. Claudine s'adonne à une vie relativement relâchée, celle des jeunes filles de sa classe sociale. En 1635, la France entre dans la guerre de Trente Ans. La Franche-Comté est envahie par les troupes suédoises et françaises, opposées aux Espagnols. Bientôt, la famille Moine se trouve ruinée. Envoyée par son père à Besançon pour régler des affaires, Claudine fait une chute de cheval. Il s'ensuit des accès de fièvre qui l'assaillent pendant dix-huit mois. Réduites à la misère par les effets de la guerre, Claudine et Nicole se rendent à Paris dans l'espoir d'y trouver du travail. Elles arrivent dans la capitale au printemps 1642 et, pendant deux ans, survivent grâce aux aumônes d'un prêtre, le père Jarry, devenu le confesseur de Claudine. Les deux sœurs connaissent le dénuement le plus complet, jusqu'en 1644, date à laquelle Nicole trouve un emploi, ce qui entraîne sa séparation d'avec Claudine. En 1647, celle-ci est engagée comme gardienne et couturière dans un hôtel particulier du Marais. Elle y demeurera jusqu'à une date indéterminée, toute trace de sa vie étant perdue à partir de 1655.

Toute cette histoire de misère matérielle recouvre, en réalité, une aventure d'un tout autre ordre, celle d'une âme purement éprise de l'amour de Dieu et engagée dans sa quête de perfection, en la solitude et l'humilité de la condition sociale imposée par les circonstances de la vie. Claudine en a fourni la relation dans une suite d'écrits autobiographiques rédigés à la demande de son confesseur. Ces textes, d'une écriture de haute tenue, se présentent comme des soliloques spirituels à l'adresse de Dieu. On peut y suivre le cours d'une expérience intérieure d'une incontestable authenticité mystique, marquée par quelques temps forts : en 1642, à la Toussaint, Claudine se trouve saisie sous le regard de Dieu. Elle voit clairement la somme de ses péchés. Pendant quinze jours, elle ressent la peine des damnés, « particulièrement leur séparation d'avec Dieu ». Cette épreuve débouche sur la résolution d'une entière soumission à la volonté de Dieu. Pendant six mois, alors qu'elle partage une chambre commune avec des compagnes de misère, Claudine connaît une période intense d'exaltation affective. Elle passe des nuits entières à pleurer de joie. Vient ensuite, comme un raz-de-marée, le retour des tentations, en particulier contre la foi. Joie et souffrance alternent sans ménagement dans sa conscience. Dans la période suivante, Claudine dispose d'une chambre seule, ce qui lui permet de se concentrer plus profondément dans le recueillement et la contemplation. Elle est gratifiée de lumières infuses qui lui font saisir l'abîme de son néant et l'abîme de l'amour de Dieu. Elle subit, en extase, l'épreuve de la transverbération, suivie du mariage spirituel et de l'union transformante. Parvenue à ce sommet de l'expérience mystique la plus lumineuse et la plus délicieuse, Claudine est brutalement plongée dans la plus profonde ténèbre intérieure. En elle-même, elle ne discerne plus ce qui est le mal ni ce qui est le bien. Elle ne saisit plus le mobile de ses actions. L'examen de conscience lui devient une torture. Cet état d'obscurité affecte également son rapport au monde extérieur. L'espace entier lui paraît plongé dans la pénombre. Son corps est comme anesthésié, privé de sensations utiles à la vie. Enfin, Dieu lui-même disparaît de son horizon intérieur. L'âme est vide, dans un « état ténébreux et tranquille ». Claudine éprouve un fort sentiment d'exil, dans un monde qui n'est pas fait pour elle et où elle ne se reconnaît pas. Elle a l'impression de l'imminence de sa mort. En 1655, au moment où s'arrête sa quatrième et dernière *Relation spirituelle* et où se perd toute trace de son existence, Claudine semble sortir de cette phase de tension agonistique, et ce qui s'amorce alors est comme un retour à une certaine normalité prosaïque.

Claude Louis-Combet

Bibl. : *Œuvre* : le manuscrit des *Relations spirituelles* de Claudine Moine est conservé dans la bibliothèque des archives de la Société des missions étrangères de Paris. Il a fait l'objet d'une publication : *La Couturière mystique de Paris*, prés. par le père Gennou, Paris, Cerf, 1969 (rééd. Paris, Téqui, 1981). ***Étude* :** C. LOUIS-COMBET, *Des égarées. Portraits de femmes mystiques du XVIIe siècle français*, Grenoble, Jérôme Millon, 2008.

MONASTIER, Hélène, *figure spirituelle et activiste protestante, présidente de la branche suisse des Quakers* (Payerne, 1882-Lausanne, 1976). — S'il fallait qualifier d'un mot Hélène Monastier, on pourrait déclarer sans hésiter qu'elle fut une femme d'action. Née en Suisse romande dans un milieu serein de petite bourgeoisie (son père est pasteur de l'Église évangélique libre fondée par Alexandre Vinet), elle vit une enfance heureuse, mais marquée dès le plus jeune âge par la maladie, puisqu'elle contracte à deux ans la poliomyélite, dont il résulte une paralysie définitive d'une de ses jambes. Jeune fille au visage radieux, elle souffre de la disgrâce de son pas boiteux, et c'est seulement en découvrant, en 1909, grâce à un ami, la *Prière pour demander à Dieu le bon usage des maladies* de Blaise Pascal, qu'elle vit un tournant moral et engage du jour au lendemain un tout autre rapport à son handicap. D'intelligence très vive, elle est remarquée par ses maîtres et maîtresses et devient professeur dès 1904 à l'école Vinet de Lausanne, où elle a d'ailleurs reçu sa formation initiale. Elle demeurera professeur en cette institution durant quarante ans. Parallèlement, elle s'engage dans l'action sociale et ouvrière. Sans participer à proprement parler à la politique active, elle fréquente la nouvelle Maison du Peuple, destinée à instruire le monde ouvrier et à l'ouvrir à la culture. Elle entre également en contact avec les libres penseurs et accepte de donner un cours de géographie à l'école Ferrer, créée par les anarchistes. Adhérant aux idées socialistes, elle devient chef, en 1913, du groupe des Socialistes chrétiens de Suisse (mouvement fondé par le Français Paul Passy). Elle défile sous les banderoles chaque 1er mai, avec les ouvriers. Dans son milieu, une telle attitude détonne et inquiète : comment tolérer qu'une enseignante vouée à l'éducation des filles de la petite et moyenne bourgeoisie se mêle également au monde ouvrier ? Des plaintes s'élèvent, jusque dans la presse locale, mais la directrice de l'école Vinet refuse de la renvoyer.

En 1917 a lieu la rencontre décisive de sa vie avec Pierre Cérésole, militant pacifiste résolu dont elle épouse entièrement les idéaux et avec lequel elle entame une relation d'amitié indéfectible. La cause pacifiste avait très mauvaise presse ; il n'était pas facile de la défendre à l'époque. Hélène Monastier ne s'engage pas moins corps et âme dans l'aventure du Service civil volontaire international à la fondation et la propagation duquel elle participe. Femme d'un temps encore loin d'affirmer l'égalité entre les sexes, elle accepte de travailler dans l'ombre de Cérésole, même si elle n'hésite jamais à faire valoir son point de vue dans les discussions internes au mouvement et refuse de se taire quand elle n'est pas d'accord. Inlassable, elle s'efforce de favoriser et valoriser l'œuvre engagée à travers l'Europe et même le monde. Avec peu de moyens, l'équipe de Cérésole organise des chantiers de jeunes qui récusent le service militaire et demandent que soit reconnu un service civil. Un des premiers chantiers a lieu très symboliquement sur le site de la bataille de Verdun, peu après la Première Guerre mondiale, et il réunit de jeunes Allemands, Français, Suisses, etc.

La cause de l'humain et de l'humanité mobilise pleinement Hélène Monastier. Est-ce suffisant pour en faire une mystique ? Évidemment non. Mais il faut ajouter immédiatement que tout l'engagement de cette femme repose sur une foi et sur une quête spirituelle ardentes et qui confinent à la mystique. Précisons un peu les choses. Dès son enfance, elle lit et médite les Écritures, jusqu'à vivre en certaines occasions des expériences qu'elle rapporte elle-même à la vie mystique, déclarant que c'était des « moments de grâce ». Elle ne cesse donc de nourrir sa foi. Mais l'événement sans doute le plus marquant de la vie spirituelle et sociale d'Hélène Monastier est sa découverte du mouvement Quaker, qu'elle doit également à Pierre Cérésole. Elle vit cette découverte de la façon la plus sérieuse qui soit, pressentant sans doute que beaucoup de choses sont en jeu dans cette nouvelle orientation religieuse, qui l'éloigne de l'Église évangélique libre de Lausanne dont elle est issue. Cette spiritualité quaker consone avec son attitude foncière : pacifisme, confiance en l'individu, mais souci de l'encadrement et de la présence du collectif, spiritualité personnelle exigeante, mais toujours souple et sans dogmatisme. Des années durant, elle étudie les textes de la tradition spirituelle quaker (en particulier les *Livres de discipline*) et s'en imprègne, au point d'en devenir spécialiste. Elle découvre le culte silencieux, la préparation spirituelle au culte hebdomadaire, l'écoute intérieure et le partage du cœur. Dans l'expérience d'immédiation recherchée dans le quakerisme, il y une dimension mystique reconnue par Hélène Monastier : « [il] supprime les intermédiaires et met chaque croyant en face de Dieu. Il supprime les moyens qui, dans d'autres confessions, aident à créer une ambiance : musique, liturgie, beauté extérieure. Le quakerisme pratique le recueillement et s'efforce de revenir au christianisme primitif et à l'Évangile. » À cinquante ans, en 1932, elle saute le pas et est reçue dans l'Église quaker (le Friends Service Council de Londres donne son feu vert). Bientôt s'ouvre une branche suisse de la « Société des Amis » (autre nom pour désigner les Quakers) et elle en devient tout naturellement la présidente. Elle mènera à la tête de ce mouvement une vie très intense et très active jusqu'au milieu des années 1950. Outre l'animation et le développement de la branche suisse, elle a le souci d'accomplir le *travelling in ministry*, c'est-à-dire de voyager un peu partout pour aller à la rencontre des autres branches du quakerisme en vue de favoriser les échanges et le renouvellement de la spiritualité des communautés locales, parfois très dispersées et isolées. Accompagnée de la fidèle Rachel Cottier, elle se rend en Amérique, en Allemagne, en Angleterre, en France. Vers soixante-quinze ans, elle se retire progressivement de la vie publique. Elle mène encore, durant une bonne quinzaine d'années, une existence sereine et joyeuse (« Salut & Joie ! » était sa devise), marquée par l'amitié d'un cercle d'amis fidèles. Cette femme qui a tant aimé et dont le rayonnement de la bonté a tant marqué ne connaîtra pour ainsi dire pas la solitude, même dans les toutes dernières années où elle était astreinte par le grand âge à une vie recluse. Elle s'éteint à plus de quatre-vingt-treize ans. Laissons-lui, pour la caractériser une dernière fois, le mot de la fin : « Dans mon histoire le spirituel se mêle au social, la Maison du Peuple, les rencontres d'ouvriers, voire de libertaires, et même d'anarchistes m'ont élargi l'esprit [...] et je poursuis cette quête tout en mettant au premier rang l'exemple du Christ et l'amour qu'il continue à m'inspirer. »

Ghislain Waterlot

Bibl. : Œuvres : *Mon itinéraire spirituel : une longue route qui m'a amenée au quakerisme*, Lausanne, s. n., 1968 ; *William Penn (1644-1718). Aventurier de la paix*, en coll. avec Louis Monastier-Schroeder, Genève, Labor et Fides, 1944, 1967 ; *Pierre*

Cérésole : un Quaker d'aujourd'hui, Paris, Société religieuse des Amis, 1947 ; *Paix, pelle et pioche : histoire du Service civil international de 1919 à 1954*, Lausanne, La Concorde, 1955. ***Études*** : V. ANSERMOZ-DUBOIS, *Salut & joie ! Centième anniversaire de la naissance d'Hélène Monastier*, Lausanne, 1982 ; C. DALLERA et N. LAMAMRA, *Du salon à l'usine : vingt portraits de femmes*, Lausanne, ADF-CLAFV-Fondation Ouverture, 2003.

MONTMORENCY, Jeanne-Marguerite de, ***dite*** **« la Solitaire des Pyrénées » ou « des Rochers »**, *laïque, auteur d'une correspondance épistolaire* (Paris, 1645-Rome, 1700 ?). — Son nom n'est jamais prononcé et son existence même, du moins selon sa configuration littéraire, est sujette à caution. La correspondance qu'on lui prête, depuis le XVIIIe siècle, avec le frère franciscain (tiers ordre régulier de saint François) Luc de Bray, curé de la Trinité à Châteaufort, près de Versailles, et critique du quiétisme, est publiée pour la première fois par le frère dominicain Nicolson à Châteaufort en 1787, et relève du roman spirituel. Ce que, d'ailleurs, une lettre de Luc suggère elle-même un moment, serait-ce à propos d'un épisode particulièrement baroque raconté par la Solitaire : « Si je montrais vos lettres, ne regarderait-on pas notre fille pleureuse comme un conte apocryphe ou un roman spirituel fait à plaisir ? Je me donnerais bien de garde de faire connaître tout cela, et si je n'avais autant de confiance que j'en ai en votre probité, je serais le premier à prendre ce démon pleureur pour une fiction ; et je tremble pour vous, dans la crainte que ce ne soit un songe, ou l'effet d'une imagination affaiblie par les jeûnes. »

On croit entendre non seulement un directeur éclairé, mais déjà un médecin hygiéniste du XIXe siècle, comme Nestor Charbonnier, lequel réduisait l'origine de toute la mystique à une carence alimentaire ! Ce qui ne signifie pas que la constitution de cette correspondance soit un montage destiné à la seule critique du quiétisme (réduite d'ailleurs non seulement à une caricature, mais à ce que Fénelon critiquait expressément) au profit du jansénisme, serait-ce le jansénisme expressionniste du style des convulsionnaires de Saint-Médard (mis en scène dans la *Vérité des Miracles...* par Carré de Montgeron, en 1737/1741/1747), et qui semble avoir les faveurs du dominicain de Saint-Jacques. Non seulement parce que le chapitre le plus critique contre les *Maximes des saints* de Fénelon est peut-être une interpolation – car la lettre XVI (datée de novembre 1698 ; le procès romain des *Maximes* s'est terminé en mai de la même année), d'une soixantaine de pages (!), n'est pas présente dans tous les manuscrits anciens (étant entendu que tous sont déjà des copies) –, mais parce que certaines conceptions du pur amour de Dieu, qui s'articulent dans l'ouvrage, consonent parfois avec la doctrine du même Fénelon (comme dans la lettre II, de juin 1693, et la réponse ; ou dans la réponse à la lettre III, de décembre 1693). En outre, la mise en question de Fénelon, inspirée par une critique populaire du quiétisme, reste relativement retenue, et l'ensemble du texte n'est pas d'orientation janséniste. Si l'on ne trouve pas l'usage de la *supposition impossible* intimement liée à l'expression de l'amour pur ineffable, les textes majeurs qui la supportent (Ex XXXII, 32 ; Rm IX, 3) sont explicitement rapprochés de l'amour pur, même si c'est dans un sens classique – où il s'agit de régler notre dévotion sur la charité infinie du Christ, dont celle de Moïse et de Paul ne seraient que des exemples (lettre V, avril 1694). Or chez Paul, il s'agit précisément du risque d'être séparé de l'amour même du Christ (au profit des gens de l'alliance), ce qui est bien autrement radical. Il est tout de même étonnant que, au moment où l'on prétend critiquer le plus frontalement Fénelon (sur la question de la ligature des puissances de l'âme, la mort de la volonté), on prenne une position, dans le même paragraphe, qui frise la rétractation et semble citer Fénelon lui-même : « Il [M. de Cambrai] [...] prend la mort de la volonté pour un pur amour, et un amour désintéressé [...]. Il prend le change ; l'amour n'est jamais sans agir, mais c'est la volonté qui est comme un mort qui n'a plus de vie que ce que la volonté de Dieu lui en donne ; et elle est tellement enveloppée dans le bon plaisir de Dieu, qu'elle opère plus que ce qui lui plaît d'opérer en elle, la laissant pourtant toujours libre de s'engager à lui » (lettre XVI, novembre 1698). On pourrait même se demander si le chapitre le plus explicitement à charge contre les *Maximes* n'est pas comme une sorte de garantie pour faire passer autre chose, un peu comme Jean-Pierre de Caussade écrivant des instructions spirituelles *suivant la doctrine de Bossuet* (1741) pour faire passer une doctrine spirituelle sensiblement différente. Mais ces questions spirituelle sont délicates : on a fait remarquer la proximité, plus forte qu'attendue, entre la spiritualité enseignée par Bossuet dans sa correspondance de direction et celle de Fénelon, sans parler d'une commune référence à un augustinisme cartésianisé. Le différend porte moins sur le fait que sur le droit, la justification *doctrinale* de l'expérience mystique, la théorie de la mystique entreprise par Fénelon et à laquelle Bossuet se montre rétif, car elle semble mettre en cause la lecture théologique de la Tradition et des Écritures et donner une portée théorique, jusque-là inconnue, à l'expérience subjective des mystiques dont, par ailleurs, il se refuse à penser les racines platoniciennes ou carrément tragiques. Néanmoins, il reste que le discours prêté au frère mineur Luc de Bray s'en tient à l'axiome conventionnel visant l'admirable mais non l'imitable : « Ne vous arrêtez pas à imiter ces vies des Pères du désert qui sont à admirer et non pas à imiter... » Ce à quoi une version du roman épistolaire (né précisément au XVIIe s. et très apprécié au XVIIIe s.) ajoute : « Il vaudrait bien mieux revenir à Paris pour y faire pénitence de vos fautes que de demeurer dans la solitude pour y vivre désertée de la grâce de Dieu et dans l'amour-propre, et que d'y faire une pénitence extraordinaire pour contenter votre seule imagination. »

Toutefois, ce roman spirituel – qui joue sur le long différé de la communication et qui, à la manière des correspondances fictives de l'Antiquité ou des *Lettres à une religieuse portugaise*, maintient de manière essentielle la réalité extratextuelle des rédacteurs – met bien en œuvre l'imaginaire des Pères du désert, *Vitae Patrum* rééditées et traduites particulièrement au XVIIe siècle, et celui de la solitude affreuse (*locus terribilis*), en concurrence avec la solitude paradisiaque aménagée en jardin cicéronien (*locus amoenus*). Lieu terrible qui offre une forme de clôture sans clôture, à l'époque où la figure de l'ermite (*a fortiori* dans sa version féminine) est de plus en plus surveillée, réduite par les polices, et de plus en plus mythique ou romanesque. Signe de la géographie diversifiée (face à Paris qui aurait détruit Assise, nouvelle Babylone ; face à la ville), de la pérégrination intérieure (contre le voyage de divertissement) et des voix antérieures (contre les bruits de la modernité). Lieu de rétractation, de controverse et d'amplification. Instance de regard sur soi, de la vie particulière, mais aussi mise à l'épreuve des fausses retraites, de ces faux retraits du siècle qui ne sont que des jeux sociaux autant que de l'imaginaire. C'est aussi la crise d'un grand nom aristocratique qui se joue dans l'histoire de Jeanne-Marguerite (le nom de baptême, seul conservé), cette jeune fille fugueuse, perdue pour sa famille, anonyme, réduite à la pauvreté volontaire. Épreuve mystique par excellence que celle de l'anonymat ou de l'*incognito*, forme de *xéniteia* (exil volontaire, en vue de la recherche de Dieu) depuis le plus antique érémitisme chrétien. C'est aussi l'épreuve de la pauvreté sous la forme du déclassement social : la maîtresse devient femme de chambre, cuisinière et laquais, avant d'être réduite à la mendicité – ce qui favorise la rencontre avec le franciscain Luc de Bray, même si la citation que Jeanne-Marguerite prétend faire du *Testamentum* de François d'Assise (XIIIe s.) ne s'y trouve pas en réalité ! Il est vrai que la citation de l'évangéliste Luc (IX, 62) se trouve dans les *Admonitions* et dans la Règle de François. Mais c'est aussi une citation favorite de François de Fénelon : le pur amour, c'est celui qui ne regarde pas en arrière, qui va sans réflexion sur soi. Quoi qu'il en soit, se signe ici, une fois de plus, la crise du mariage lignagier, serait-ce pour faire place à l'union intime à Dieu, non point toutefois comme mari de substitution, mais tout au contraire comme « intime ami » avec qui l'on peut enfin tenir de vrais entretiens.

Jeanne-Marguerite n'attend pas la disgrâce du roi, comme la duchesse de La Vallière, pour se retirer chez les Carmélites. Mais c'est seulement passé la quarantaine que Jeanne-Marguerite aurait finalement trouvé refuge dans la partie orientale des Pyrénées, avant de chercher conseil auprès du lointain frère Luc sur sa vie de prière, ses auditions, ses visions et ses pratiques.

Bernard Forthomme

Bibl. : ***Vie*** : *La Solitaire des Rochers ou correspondance de Jeanne-Marguerite de Montmorency avec son directeur*..., Lyon-Paris, Périsse Frères, 1841. ***Études*** : B. BEUGNOT, *Le Discours de la retraite au XVIIe siècle. Loin du monde et du bruit*, Paris, PUF, 1996 ; A. CIRINO, *Franciscan Solitude*, St. Bonaventure, New York, Franciscan Institute Publications, 1995 ; B. MERTENS, *Solitudo Seraphica, Studien zur Geschichte der Exerzitien im Franziskanerorden im Frühzeit (1600-1750)*, Vienne, Butzon & Bercker, 2008 ; sur les relations entre les mouvements français d'obédience franciscaine au XVIIe s., voir P. MORACCHINI, « Au cœur d'une province franciscaine. Les cordeliers, clarisses, [groupe de l'Ave Maria, urbanistes], sœurs grises et annonciades de France parisienne au XVIIe siècle », *Revue Mabilllon*, vol. 12, Paris, 2001, p. 205-242.

MORATA, Ursula Micaela, *clarisse capucine* (Ursula Jerónima Morata e Iscaya ; Carthagène, 1628-Alicante,

1703). — Ursula Jerónima est née en Espagne d'un père italien attaché à la Savoie, et d'une mère madrilène, elle aussi d'ascendance italienne. Leur mort quasi simultanée en 1632 laissa bientôt Ursula orpheline. Sa sœur aînée lui apprit à lire et à écrire. Et comme souvent, c'est l'expérience de la maladie, la proximité de la mort, qui ouvre l'enfant de quatre ans à un niveau d'expérience différent, à un éclairage nouveau sur sa propre vie et son entourage (voir son autobiographie, chap. I). Malgré des fiançailles arrangées, elle manifesta très tôt une attirance pour la vie religieuse. Après avoir surmonté les objections familiales, elle entra au monastère de Murcie qui venait d'être fondé par la bienheureuse Maria Angela Astorch*, laquelle l'initia à la forme de vie des Clarisses capucines. Elle y fit profession en 1647 sous le nom de Micaela. La peste la poussa à l'assistance aux pestiférés. Mais les inondations de Murcie conduisirent les sœurs à abandonner le monastère et à se réfugier au Monte de las Ermitas. Cette période fut particulièrement éprouvante et déboucha sur une crise spirituelle. Son confesseur la presse alors d'écrire sa vie (à partir de 1652 jusqu'en 1684). À la différence d'Angela Astorch, l'épreuve mystique de la nuit obscure trouve une issue très proche de la transverbération thérésienne : « Me fut montré en esprit un ange avec un dard de feu qu'il me planta dans le cœur [*me lo metio en el corazón*] [...], je fus une heure environ jouissante et souffrante de manière ineffable [*una hora gozando y padeciendo lo que y no se decir*], sinon que j'étais toute embrasée et brûlée d'amour divin » (*Memorias*, chap. VI). Comme Marie de Jésus d'Agreda*, elle fit des voyages spirituels vers d'autres pays et fut douée de l'esprit de prophétie. En 1669, elle alla fonder, non sans mal, le monastère d'Alicante : Triunfos del Santisimo Sacramento (signe d'une piété eucharistique très baroque, prenant le relais de celle, plus sobre, dont fit preuve Angela Astorch). Elle en fut élue abbesse jusqu'à sa mort, et souvent consultée. La renommée de sa sainteté et son prestige social ont conduit à entamer un procès en béatification.

Bernard Forthomme

• *Voir aussi* : Maria Angela Astorch

Bibl. : *Œuvres* : *Memorias de una monja del Siglo XVII. Autobiografia de la Madre Ursula Micaela*, P. Garcés et V. Benjamin (éd.), Alicante, Sœurs Clarisses capucines, 1999. ***Oraison funèbre* :** I. SALA (dernier confesseur d'Ursula), *Panegyrico piadoso en las honras...*, Orihuela, Mesnier, 1703. ***Procès* :** *Sor Ursula Micaela Morata, Clarissa Capuchina (1628-1703), Proceso de canonización*, P. Garcés et V. Benjamin (éd.), Alicante, Sœurs Clarisses capucines, 2006.

MÖRL, Maria von, *tertiaire franciscaine, stigmatisée, extatique* (Kaltern, 16 octobre 1812-11 janvier 1868). — Née dans le Tyrol du Sud (aujourd'hui l'Italie), Maria est la deuxième enfant d'une famille noble de dix enfants. À partir de six ans, elle souffre de maladies diverses (fièvres, inflammations), que les médecins ne savent pas expliquer. Après la mort de sa mère en 1826, elle s'occupe de ses frères et sœurs plus jeunes, dont certains sont atteints par des handicaps probablement d'origine génétique. Son soutien le plus important, le franciscain Johannes Kapistran Soyer, devient son confesseur ; il lui restera fidèle jusqu'à sa mort. Le 29 novembre 1830, elle est accueillie par les tertiaires de Kaltern. Elle habite encore pourtant la maison paternelle. La même année, elle est tellement malade que l'on craint pour sa vie. Outre ses souffrances physiques, elle se sent persécutée par des êtres obscurs. Son état alterne alors entre extases (sortie de soi, insensibilité à la douleur) et possessions démoniaques. En juillet 1833, le père Kapistran obtient la permission de l'évêque d'exécuter un exorcisme. La même année, elle manifeste pour la première fois des stigmates aux mains et aux pieds. À partir de ce jour, elle partage la Passion du Christ et ses plaies saignent tous les vendredis. Le père Kapistran l'exhorte à l'obéissance la plus absolue à son Créateur. Très vite, Maria devient une attraction pour les foules. Pendant l'été 1833, quarante mille visiteurs viennent à Kaltern pour voir l'extatique de la maison Mörl. Cependant, l'évêque interdit ce « pèlerinage ». Dès lors, seules les personnes autorisées et quelques personnalités célèbres (évêques, nobles, politiciens, artistes et scientifiques) la rencontrent. L'écrivain allemand Joseph von Görres lui accorde une grande place dans son ouvrage *Du christliche Mystik* (qu'il complète à la fin de sa vie). La vie de Maria est désormais rythmée par la méditation journalière de la vie et la Passion du Christ et des saints. Bien que son corps soit très affaibli, elle se soumet à des pratiques de pénitence sévères, encouragées par le père Kapistran. Elle ne s'exprime que par gestes à ses visiteurs. Attitude qui maintient la dévotion des fidèles. Après la mort de son père en 1840, elle est transférée au couvent des sœurs tertiaires de Kaltern, dans une chambre aménagée pour les visites. Les cercles ultramontains continuent à venir la voir. Quand son confesseur meurt en 1865, elle entre dans une crise personnelle. Les extases cessent ; elles ne recommencent que deux mois avant sa mort.

Maria von Mörl est l'une des stigmatisées les plus connues du XIXe siècle – époque à laquelle les religieux, les scientifiques, les médecins influencés par le magnétisme et le mesmérisme et quelques adeptes d'une certaine branche du romantisme se sont intéressés aux phénomènes extraordinaires de leur temps, annonçant l'avènement d'un nouveau courant spiritualiste. Elle fait ainsi partie de la famille des extatiques émergées depuis 1830 en Allemagne et en Italie, parmi lesquelles se trouvent Ursula Mohr de Eppan, Crescentia Nieklutsch, Maria Domenica Lazzeri et Agnes Steiner de Taisten. En outre, elle a rencontré de nombreuses personnalités, Clemens Brentano, Adolph Kolping et Wilhelm E. von Ketteler, qui ont contribué à forger sa réputation de sainte. Or, si elle est considérée comme telle par ses admirateurs, l'Église ne s'est pas encore prononcée officiellement sur son cas. L'évêque de Trente, Franz Xaver Luschin, a écrit à son sujet : « La maladie de Maria von Mörl n'est pas la sainteté, mais sa dévotion assurée n'est pas une maladie non plus. »

Nicole Priesching

Bibl. : ***Vie et études*** **:** J. VON GÖRRES, *Die christliche Mystik Bd. II*, Regensburg, Manz, 1837, p. 495-510 ; *Die christliche Mystik Bd. III*, Regensburg, Manz, 1840, p. 468-470 ; *Die christliche Mystik Bd. IV*, Regensburg, Manz, 1842, p. 397-404 ; M. BUOL,

Ein Herrgottskind, Innsbruck, Verlag der Vereinsbuchhandlung, 1928 ; O. WEISS, « Seherinnen und Stigmatisierte », *in* Irmtraud Götz von Olenhusen (dir.), *Wunderbare Erscheinungen*, Paderborn, Schöningh, 1995, p. 51-82 ; N. PRIESCHING, *Maria von Mörl (1812-1868). Leben und Bedeutung einer « stigmatisierten Jungfrau » im Kontext ultramontaner Frömmigkeit*, Brixen, Weger, 2004 ; ID., *Unter der Geissel Gottes. Das Leiden der stigmatisierten Maria von Mörl (1812-1868) im Urteil ihres Beichtvaters*, Brixen, Weger, 2007 ; Lord SHREWSBURY, *Les Vierges stigmatisées du Tyrol*, Grenoble, Jérôme Millon, 2007.

MUSCO, Teresa, *laïque, stigmatisée, voyante* (Caiazzo, 1943-Caserta, 1976). — Teresa Musco est née en Italie dans une famille de paysans modestes. Son père, Salvatore Zolli, était un homme colérique et despotique, sa mère, Rosina, une femme douce. La vie de Teresa est marquée par des maladies continuelles et graves (elle subira plus de cent vingt interventions chirurgicales au cours de sa vie) et par des expériences mystiques très précoces qui, à partir d'un certain moment, deviennent quotidiennes : apparitions de la Vierge Marie* (dès 1948), de Jésus et d'un ange gardien. Quand elle a sept ans, en 1950, le père Pio de Pietrelcina lui montre ses stigmates et lui prédit qu'elle les recevra aussi. En 1957, elle est stigmatisée de manière invisible ; en 1968, ses stigmates deviennent visibles. Elle partage également le don de bilocation avec saint Pio. Elle a des visions, des extases et des entretiens avec des entités invisibles. Son corps est l'objet de manifestations prodigieuses, comme la sudation de sang. Le 8 janvier 1968, comme la Vierge le lui avait annoncé vingt ans auparavant, Teresa ne peut plus retourner à la maison paternelle, elle s'établit à Caserte. Plusieurs images sacrées de son domicile auraient commencé à « pleurer » du sang à partir de 1971. Il existe des photos et des témoignages de ces phénomènes évalués à sept cent cinquante-sept (toutes manifestations divines comprises).

Teresa Musco a consigné dans son Journal toutes ses expériences mystiques à partir de 1955. À ce sujet, il est intéressant de noter que son biographe, le père Gabriele Roschini, atteste qu'elle était analphabète, n'ayant pu fréquenter l'école, et qu'elle apprit à lire et à écrire directement par l'intercession de la Vierge, survenue le 25 décembre 1949. Voyante à ses heures, elle a également adressé de nombreux messages divins aux hommes – qui doivent être replacés dans le climat de l'époque –, dont des destructions, des guerres et des dangers liés au développement des sciences ou à la présence des communistes dans l'Église. Elle a notamment prophétisé les tremblements de terre du Bélize et du Frioul et l'éruption de l'Etna en Sicile. L'issue du procès de sa béatification est très attendue.

Michela Catto

Bibl. : ***Vie et études*** **:** G. ROSCHINI, *Teresa Musco 1943-1976 : il più imponente complesso fenomenico di tutti i tempi e di tutti i luoghi*, Marigliano, Scuola tip. Istituto Anselmi, 1977 ; S. M. MANELLI, *Piccola storia di una vittima. Teresa Musco (1943-1976)*, Marigliano, Scuola tipo-litografica « Istituto Anselmi », 1981 ; R. P. MONDRONE, *Teresa Musco (1943-1976) et les larmes de sang*, Montsûrs, Éditions Résiac, 1984 ; G. BORRA, *Teresa Musco. Martire di amore*, S. Maria CV, Terzo Millennio, 1986 ; F. ROSSI, *Teresa Musco (1943-1976) : stigmatisée du XX*[e] *siècle*, Hauteville, Éditions du Parvis, 1991.

N

NAFÎSA BINT AL-HASAN, *sainte et ascète musulmane* (« Sayyida Nafîsa » ; La Mecque, 762-Le Caire, 823). — Arrière-petite-fille de l'imam 'Alî (cousin et gendre du prophète Muhammad), Nafîsa bint al-Hasan est membre directe des Ahl al-Bayt (« Famille du Prophète »). Elle grandit à Médine, où elle se maria en 777 avec un cousin éloigné. Le couple eut un garçon et une fille.

Depuis son jeune âge, puis avec son mari, Nafîsa effectua jusqu'à trente fois le pèlerinage à La Mecque (*hajj*), parfois même à pied. À l'issue de l'un de ses voyages, en 808, le couple décida d'aller s'installer en Égypte, où vivait déjà sa cousine Sakîna. Cet exil était motivé principalement par les expéditions menées par le calife abbasside al-Mansûr contre les descendants du Prophète établis à Médine.

Au Caire, la réputation d'ascèse et de sainteté dont jouissait Nafîsa eut tôt fait d'attirer vers elle princes et commun des croyants. Submergée de visites et se sentant à l'étroit dans sa maison, elle décida de quitter ce pays qu'elle aimait pourtant, pour retourner en Arabie. Le peuple cairote s'adressa alors en sa faveur au gouverneur de l'époque, qui lui proposa une demeure plus grande lui permettant d'accueillir ses visiteurs. Elle accepta et, depuis lors, dédia le mercredi et le samedi à l'accueil de ceux-ci. À sa mort, son mari eut l'intention d'enterrer sa femme à Médine. Mais les Égyptiens se cotisèrent pour que les obsèques aient lieu sur place et que la sainte reste parmi eux. Le lendemain, son mari leur annonça qu'elle serait effectivement enterrée en Égypte, en vertu de l'ordre que lui en avait donné le Prophète lors d'une vision nocturne, et il leur rendit leur argent.

Bien qu'illettrée, Nafîsa apprit très jeune le Coran par cœur et en avait une grande pénétration spirituelle. Précisons ici qu'il y a toujours eu en islam des grands saints illettrés (*ummî*) : sur le modèle du Prophète, leur virginité culturelle les rend « transparents » à Dieu, et donc aptes à recevoir la révélation, dans le cas de Muhammad, et l'inspiration, dans le cas des saints. Nafîsa étudia également de la sorte le *Hadith* (paroles du

Prophète) et la législation islamique (*fiqh*) en écoutant l'imam Mâlik, un des fondateurs des quatre grandes écoles juridiques sunnites. Ses connaissances en sciences islamiques expliquent l'amitié profonde qui l'a reliée au Caire à l'imam al-Shâfi'î, un autre fondateur d'école juridique et l'une des personnalités majeures de l'islam. Ce dernier l'appréciait beaucoup, lui rendait visite et sollicitait son intercession auprès de Dieu lorsqu'il était malade. Il est remarquable que, à la mort d'al-Shâfi'î, c'est une femme, Sayyida Nafîsa (« Sayyida » signifie « Dame ») en personne, qui dirigea la prière mortuaire. Ce fait est peu connu du public musulman, à l'heure où l'on évoque la possibilité pour la femme de diriger la prière collective (ce qu'aucun texte scripturaire ne contredit).

Quant à sa vocation de sainteté, le chemin en fut jalonné, depuis son plus jeune âge, par une ascèse et un détachement du monde que l'on nomme en islam *zuhd*. Ses proches relatent qu'elle ne mangeait qu'une fois tous les trois jours, qu'elle passait la nuit en prières et jeûnait le jour. Sa nièce témoigne : « J'ai servi ma tante durant quarante ans, je ne l'ai jamais vue dormir une nuit complète ou manger le jour. » Elle creusa elle-même sa tombe à proximité de sa chambre et, de son vivant, elle y récita très souvent le Coran. Peu avant qu'elle ne meure, des médecins sont venus à elle, lui demandant de rompre le jeûne. « Cela fait trente ans que je prie Dieu pour mourir en état de jeûne, répondit-elle, et vous voulez que je cesse de jeûner ? » Elle se mit alors à chanter des vers mystiques.

Trace inévitable de la « proximité de dieu » (*walâya*), c'est-à-dire de la sainteté, de nombreux miracles sont rapportés du vivant de Nafîsa, puis après sa mort. Un ouléma très orthodoxe du XVe siècle, Ibn Hajar, en mentionne cent cinquante : l'eau de ses ablutions guérit une jeune fille juive jusqu'alors paralysée ; un voile lui appartenant est jeté dans le Nil, dont le niveau est dramatiquement bas, et voilà que le lit du fleuve revient à la normale (miracle fréquent chez les saints égyptiens...) ; tel Marie dans le Coran (3 : 37), elle reçoit du monde invisible sa nourriture dans un panier et répond à qui s'en étonne : « Celui qui est en Dieu possède la création entière » ; toujours dans la modalité mariale, elle apparaît parfois à des enfants. Mais elle était surtout réputée pour son don de guérir les maladies oculaires. De nos jours, les gens souffrant d'ophtalmies se rendent à son tombeau. Il y avait encore récemment un hôpital pour maladies oculaires portant son nom.

Sayyida Nafîsa écrivait – ou dictait – de la poésie mystique, et elle-même a fait l'objet de nombreux poèmes d'éloge de la part d'oulémas et de soufis réputés (notamment Al-Busîrî, auteur de la fameuse *Burda*, panégyrique du Prophète).

Son mausolée, reconstruit et agrandi à plusieurs reprises, est situé au sud de la Qarâfa, zone de cimetières anciens, plus connue maintenant sous le nom de « Cité des morts »... en fait surpeuplée de vivants. Ce sanctuaire fait partie des principaux lieux de pèlerinage cairotes, et les vœux y sont toujours réputés exaucés. Comme dans maints lieux chargés de bénédiction (*barakhah*), on y trouve un puits dont l'eau sert à laver les membres malades des pèlerins.

Sayyida Nafîsa reste, dans les textes comme dans la mémoire collective, celle qui a conjoint en elle les sciences religieuses et la gnose inspirée. À ce titre, elle est appelée « Nafîsa [*La Dame précieuse* : en arabe, *nafîs* veut dire « précieux »] de la science et de la gnose », ou encore « La patronne des muftis et des saints ».

Éric Geoffroy

Bibl. : ***En arabe*** : cheikh T. ABD AL-RAOUF SA'R et S. HASAN MUHAMMAD 'ALI, *Al-Sayyida Nafîsa - nafîsat al-'ilm karîmat al-dârayn*, Le Caire, Maktabat al-Safâ, 2000 ; T. ABU 'ALAM, *Al-Sayyida Nafîsa*, Le Caire, Dar al-Ma'arif, plusieurs rééditions ; ***En français*** : Y. RAGHIB, « Al-Sayyida Nafîsa, sa légende, son culte et son cimetière », *Studia Islamica*, XLIV, 1976, p. 61-86 ; N. et L. AMRI, *Les Femmes soufies ou la passion de Dieu*, Paris, Dangles, 1992 ; E. GEOFFROY, « La mort du saint en islam », *Revue d'histoire des religions*, Paris, PUF, n° 215-1, 1998, p. 27.

NAGANUMA, Myôkô, *bouddhiste* (Shidami, 1889-Tokyo, 1957). — Adepte de la nouvelle religion bouddhique Reiyûkai et co-fondatrice du Risshô kôsei-kai. Née dans le village de Shidami (préfecture de Saitama) au Japon, dans une famille devenue pauvre, Myôkô connaît une enfance difficile. Après avoir perdu sa mère à l'âge de six ans, elle va vivre dans la maison maternelle. À dix-sept ans, elle est adoptée par la belle-famille de sa sœur aînée, qui lui inculque la morale de la nouvelle religion Tenrikyô, dont elle est une fervente adepte. Elle quitte sa sœur deux ans plus tard pour aller travailler à Tokyo, où elle effectue de petits métiers. De santé fragile, elle va connaître dans les années qui suivent deux divorces et la perte d'un enfant en bas âge. En 1936, elle rencontre Nikkyô Niwano, un membre de la nouvelle religion bouddhique Reiyûkai, qui l'invite à partager sa foi dans les immenses mérites du *Sûtra du lotus* (*Hokkekyô*). Après avoir assistée à la guérison de son neveu, Myôkô, alors âgée de quarante-sept ans, devient une prosélyte hors pair. En compagnie de Nikkyô, elle attire rapidement de nouveaux adeptes. En 1938, à la suite d'un désaccord sur l'interprétation et l'utilisation du Sûtra, tous deux quittent Reiyûkai avec une trentaine de disciples pour fonder leur propre organisation religieuse, qu'ils établissent au premier étage de la laiterie de Nikkyô, à Tokyo, dans l'arrondissement de Nakano. Dénommé Dainippon risshô kôsei-kai (« Association du grand Japon pour l'établissement de la droiture et l'encouragement de relations amicales »), ce groupe, dont l'idéologie reste proche du bouddhisme de Reiyûkai tout en encourageant les réflexions sur la doctrine, sera rebaptisé Risshô kôsei-kai en 1948.

Vice-présidente de la nouvelle religion, Myôkô est très vite considérée comme le véritable leader spirituel du mouvement, alors que Nikkyô, nommé président, en est l'organisateur avisé. Sa « capacité à communiquer avec les esprits » (*reinô*) lors de crises de possession soudaines, ses facultés de guérison par la foi, ainsi que les conseils qu'elle prodigue, parfois avec fermeté, sont au fondement de sa pratique religieuse. Ses directives ont d'autant plus de force qu'elle les reçoit directement des divinités bouddhiques et des esprits ancestraux convoqués. Proche des gens, ayant éprouvé les mêmes épreuves que ces derniers, elle est à même de leur apporter réconfort et guérison, tout au long des vingt années de sa pleine activité à l'intérieur du mouvement. L'appellation de « Bouddha vivant » (*ikibotoke*) qui lui est donnée témoigne de la vénération qu'on lui portait. Si sa fonction de médium n'est plus guère mentionnée aujourd'hui dans les textes hagiographiques, le rôle que celle-ci a joué dans la première période d'expansion de la secte est immense. Au moment de sa mort, en 1957, trois cent trente mille personnes avaient déjà rejoint Risshô kôsei-kai.

Jean-Pierre Berthon

Bibl. : ***Études*** **:** E. WATANABE, « Rissho ko-seikai : A Sociological Observation of its Members, their Conversion and their Activities », *Contemporary Religions in Japan*, vol. 9, n°s 1-2, 1968, p. 75-151 ; H. HARDACRE, « The Lotus Sutra in Modern Japan », *in* G. TANABE et W. TANABE, *The Lotus Sutra in Japanese Culture*, Honolulu, University of Hawaii Press, 1989.

NAGLOWSKA, Maria de, *occultiste, théosophe et écrivain* (Saint-Pétersbourg, 1883-Zurich, 17 avril 1936). — Fille du général Dimitri de Naglowski, gouverneur de la province de Kazan, Maria de Naglowska, jeune orpheline, est éduquée à l'institut Smolna de Saint-Pétersbourg, réservé à l'aristocratie. Puis elle entreprend de brèves études universitaires restées inachevées. Éprise d'un musicien juif, le violoniste Moïse Hopenko, elle fuit son milieu familial, aristocratique, conservateur et antisémite, pour se rendre à Berlin, puis à Genève, où elle se marie et a trois enfants avec lui. Hopenko, militant sioniste convaincu, part diriger un conservatoire en Palestine ; Maria refuse de le suivre. Enseignante, elle s'essaie aussi à la littérature et au journalisme. Inquiétée pour ses idées politiques radicales, la jeune Russe est expulsée de Suisse et s'installe à Rome. De 1921 à 1926, elle travaille au journal *L'Italia*, fréquente les cercles occultistes et ésotériques romains et Julius Evola, penseur d'influence traditionnaliste. Dans le besoin, elle rejoint son fils Alexandre au Caire, où elle exerce la profession de journaliste. Elle adhère alors à la Société Théosophique, dont elle devient une conférencière régulière. En 1929, Maria part pour Paris, où elle fréquente la bohème de Montparnasse et réunit un petit cercle au café la Rotonde, puis à la Coupole. Grâce à l'aide financière de son fils, André, Maria de Naglowska peut se consacrer pleinement à ses activités ésotériques. Outre des conférences hebdomadaires, elle fait paraître, de 1930 à 1935, vingt numéros d'une revue, *La Flèche*, et écrit plusieurs ouvrages : *La Lumière du sexe. Rituel d'initiation satanique selon la doctrine du Troisième Terme de la Trinité* (1932), *Le Rite sacré de l'amour magique. Aveu* (1932) et *Le Mystère de la pendaison. Initiation satanique selon la doctrine du Troisième Terme de la Trinité* (1933). En 1931, elle publie également un livre attribué à l'occultiste américain Pascal Beverly Randolph, *Magia sexualis*. Ces « notes secrètes de Randolph » lui auraient été remises par un mystérieux inconnu.

Les théories de Maria de Naglowska reposent sur le fait qu'il n'existerait pas dans l'univers d'élément qui soit « absolu, parfait ou immobile ». Dieu est la vie. La vie ne peut toutefois s'auto-engendrer et engendrer le monde sans impliquer une confrontation constante avec la négation de la vie. Le satanisme de Maria de Naglowska ne doit donc pas être compris comme une vénération du principe du mal, mais comme la compréhension par l'initié guidé par Satan que « l'action négative de Satan est donc absolument nécessaire à Dieu ». Son enseignement réunit un ensemble de techniques sexuelles et de liturgies sataniques permettant aux initiés de son Ordre des Chevaliers de la Flèche d'Or de recevoir « l'illumination suprême » et devenir les annonciateurs de l'avènement de l'époque du Troisième Terme de la Trinité. Les trois aspects de la Trinité – le Père, le Fils et la Mère – seraient successifs dans le temps. L'âge de la Mère correspondrait à l'avènement de la religion du Troisième Terme, amour partant de la chair et s'orientant vers la réalisation spirituelle, qui affirme l'Esprit unique nié par le Père et « apaise le combat entre le Christ et Satan, en ramenant les deux volontés contraires vers la même voie d'ascension unique ».

Cet ordre, confidentiel à ses débuts, ne tarde pas, du fait de ses « initiations sataniques » et de ses pratiques de magie sexuelle, à éveiller l'intérêt des journalistes et attirer un public nombreux aux conférences de la « prêtresse de Satan ». Malgré cette notoriété, Maria de Naglowska quitte brusquement Paris, en 1936. Ce départ ne serait pas étranger à un rituel de pendaison sacrée qui aurait mal tourné. Elle s'installe chez sa fille à Zurich, où elle meurt quelques mois plus tard.

Emmanuel Kreis

Bibl. : ***Œuvres*** **:** *La Flèche, organe d'action magique*, 20 numéros, 1930-1935 ; *La Lumière du sexe. Rituel d'initiation satanique selon la doctrine du Troisième Terme de la Trinité*, Paris, Éditions de la Flèche, 1932 ; *Le Rite sacré de l'amour magique. Aveu*, Paris, Éditions de la Flèche, 1932 ; *Le Mystère de la pendaison. Initiation satanique selon la doctrine du Troisième Terme de la Trinité*, Paris, Éditions de la Flèche, 1933. ***Études*** **:** P. B. RANDOLPH, *Magia sexualis*, Paris, Robert Télin, 1931 ; P. GEYRAUD, *Les Petites Églises de Paris*, Paris, Émile Paul Frères, 1937 ; S. ALEXANDRIAN, *Les Libérateurs de l'amour*, Paris, Seuil, 1977 ; M. PLUQUET, *La Sophiale, Maria de Naglowska : sa vie, son œuvre*, Paris, Ordo Templi Orientis, 1993 ; M. INTROVIGNE, *Enquête sur le satanisme*, Paris, Dervy, 1997 ; H. T. HAKL, « Maria de Naglowska and the Confrérie de la Flèche d'Or », *Politica Hermetica*, n° 20, Paris, L'Âge d'Homme, 2006, p. 113-123.

NAKAYAMA, Miki, *fondatrice de la nouvelle religion Tenrikyô, dénommée Oyasama par ses fidèles* (Samaiden, 1798-Mishima, 1887). — Née dans le village de Samaiden dans l'ancienne province du Yamato (aujourd'hui département de Nara au Japon), Miki est très tôt attirée par la vie religieuse. Élevée dans une famille affiliée à la secte bouddhique de la Terre pure, elle pense même entrer en religion et reçoit, à l'âge de dix-neuf ans, les enseignements fondamentaux (*gôjûsôden*) de cette école. Comme il était courant à cette époque, elle honore également les divinités autochtones du shintô. Ses biographes louent aussi son dévouement envers sa nombreuse famille. C'est une maladie de son fils aîné, Shûji, en 1837, qui va précipiter ses premières révélations divines. Alors que les diverses tentatives de l'exorciste local pour faire disparaître la souffrance, supposée causée par des esprits néfastes, restent sans effet, le 23 octobre 1838, Miki est « possédée» (*kamigakari*) pendant trois jours par une divinité inconnue – diversement dénommée « général céleste », « divinité originelle », « divinité véritable », avant de prendre l'appellation de Tenri-ô no mikoto, le « Dieu parent » (Oyagami) – qui parle à travers sa bouche et annonce sa descente sur terre pour sauver l'humanité. Elle devient dès lors, en accord avec les croyances religieuses populaires, le réceptacle de cette divinité (*kami yashiro*). Elle agit à présent en son nom et entame une vie de pauvreté – elle ira jusqu'à se débarrasser de tous ses biens – et de dévouement. La date du 26 octobre, qui marque la fin de ses premières révélations, est considérée comme le jour inaugural de la nouvelle religion dénommée Tenrikyô (« Enseignement de la sagesse céleste »), dont Miki restera, jusqu'à sa mort, la fondatrice inspirée. À partir de 1854, elle entreprend ses premières activités prosélytes en guérissant les malades et en aidant les femmes à accoucher aisément grâce à ses nouveaux pouvoirs qu'elle transmettra par la suite à ses fidèles. Dix années plus tard, devant le succès rencontré, un premier lieu de culte est construit en vue d'honorer Tenri-ô no mikoto, par Izô Iburi, qui va devenir le second leader spirituel de la secte à la mort de la fondatrice en 1887, à l'âge de quatre-vingt-dix ans.

Au cours des années de consolidation de Tenrikyô, Miki entreprend la rédaction des deux textes fondamentaux du mouvement : *Mikagura uta* (chant qui accompagne le service rituel et les danses sacrées, 1869-1882) et *Ofudesaki* (une composition de 1711 vers qui s'apparente à une écriture automatique produite à la suite d'une possession divine, 1866-1882). Au cœur de l'enseignement de Miki se trouve l'idée d'une « vie de joie » (*yôkigurashi*). Cette vie terrestre, débarrassée de toute intention néfaste à l'encontre de la volonté divine, trouve sa plénitude dans un retour à la pureté originelle de l'humanité, dans des actes de charité, d'attention portée à autrui, d'efforts volontaires pour le bien-être de la communauté et de gratitude envers Tenri-ô no mikoto, le dieu unique, créateur de l'espèce humaine, dont le foyer natal (*jiba*) est situé à Tenri (préfecture de Nara), ville qui a pris aujourd'hui le nom de la secte qu'elle abrite.

Jean-Pierre Berthon

Bibl. : ***Œuvre*** **:** *Mikagura uta : The Songs for the Tsutome*, Tenri City, Tenrykyo Church Headquarters, 1972. ***Étude*** **:** H. VAN STRAELEN, *The Religion of Divine Wisdom*, Kyôto, Veritas Shoin, 1957.

NANIBÂLÂ, *figure spirituelle indienne, renonçante bâul* (Faridpur, ?-?, 1993). — Nanibâlâ naît dans le district de Faridpur, au Bangladesh actuel (Inde). Quand elle a un an, ses parents s'établissent dans un village du district de Kushtiya. Sa mère est une chanteuse renommée ; son père compose oralement des poèmes qu'il récite de village en village. Tous deux ont adopté le mode de vie des renonçants *bâuls* – des chanteurs itinérants, adeptes d'une croyance syncrétique qui emprunte des éléments au tantrisme, au vishnouisme et au soufisme – et établi un très modeste ashram. Lorsque Nanibâlâ a seulement six ans, sa mère lui fait échanger une guirlande de mariage avec un homme qui pratique déjà l'ascèse sexoyogique des *bâuls* avec elle. Elle échangera plus tard successivement une guirlande de mariage avec deux autres *bâuls*. Le premier, Mahâdev, est chanteur et musicien. Le couple vit de mendicité selon la pratique *bâul* et se déplace de village en village pour chanter. Ils ont une fille. Après la mort soudaine de son mari, Nanibâlâ reprend une vie de couple avec le frère cadet du défunt. Elle met au monde deux garçons ; l'un devient chanteur et l'autre tisserand. Sa vie agitée se termine plus paisiblement dans un village au bord du Gange. Nanibâlâ y demeure trente ans en compagnie d'un véritable gourou *bâul* fidèle à son idéal de vie et à sa pratique. Elle passe ainsi beaucoup de temps à chanter le répertoire *bâul* avec un *ektârâ* (un luth à une corde) et un tambourin, s'absorbant tout entière dans le monde de la musique. Elle meurt au terme d'une très longue vie de pauvreté (attestant de son total détachement à l'égard des biens matériels), au cours de laquelle elle poursuivit l'idéal des femmes *bâuls*, incarné dans Râdhâ, la bien-aimée du dieu Krishna.

N'observant pas les règles concernant les castes, les *bâuls* sont libres de toute allégeance aux religions traditionnelles. Ils ne forment ni une secte ni même une communauté. Chacun d'eux suit les enseignements d'un maître qui lui transmet, dans une initiation, la « science du corps » et le répertoire des chants – la voie de la mystique *bâul* comportant la recherche d'un état de joie extatique que procurent le chant et la danse. Ils se livrent à des exercices yogiques sur le souffle et visent à transformer la pulsion sexuelle en amour pur. Les *bâuls*, pour qui la divinité est présente dans leur corps et non dans les temples ni les lieux de pèlerinage, expriment ainsi leur vision du monde à travers leurs arts.

Nanibâlâ fut très fidèle à la voie *bâul*. L'obligation de servir de compagne à des hommes *bâuls* qui n'observaient pas les règles de leur ascèse fut pour elle une vraie souffrance. Bien qu'elle eût une grande connaissance des principes de leur pratique très particulière et qu'elle perdît tout sens de l'*ego* lorsqu'elle chantait, elle ne se vit pas accordé le statut de gourou – ce qui est pourtant possible pour une femme *bâul*, celle-ci jouant un rôle très important en tant que compagne indispensable du *bâul* dans la pratique sexo-yogique sans pour autant jouir d'une réelle autonomie.

France Bhattacharya

Bibl. : *Études* : J. MCDANIEL, *The Madness of the Saints Ecstatic Religion in Bengal*, Chigago, Chicago University Press, 1989 ; S. HAUSNER, M. KHANDELWAL, A. GRODZINS GOLD (éd.), *Women's Renunciation in South Asia : Nuns, Yoginis, Saints and Singers*, New York, Palgrave Macmillan, 2006, (Delhi, Zubaan Books, 2007).

NÈGRE, Mireille, *danseuse chrétienne et écrivain* (Mireille du Cœur de Jésus en religion ; Paris, 18 novembre 1943). — À l'âge de trois ans, Mireille Nègre a le pied écrasé par un ascenseur. À la suite de cet accident, elle subit l'amputation de deux orteils, ce qui ne l'empêchera pas, des années plus tard, de devenir première danseuse de l'opéra de Paris. Son histoire inspirera le réalisateur Pierre Granier-Deferre pour son film intitulé *Le Petit Garçon de l'ascenseur* (1962). À l'aube d'une brillante carrière de danseuse étoile et de star de cinéma, Mireille est touchée par la grâce et abandonne toute gloire humaine pour suivre le Christ. Elle abandonne les feux de la rampe pour mieux découvrir le feu intérieur qui l'anime. Elle entre au carmel de Limoges en 1973. Elle y restera dix ans. La danse continue cependant de l'habiter. Elle pressent que son corps de danseuse doit pouvoir, par le filtre d'un nouveau langage à inventer, exprimer la foi qui la nourrit si puissamment. « Ce corps ne doit être ni esclave ni maître mais serviteur de l'esprit qui nous habite. Je sens le devoir de restituer la Danse à l'Église de Dieu », se dit-elle. Pensée qui devient, dans l'intimité de son cœur, son oraison quotidienne, sa prière constante. Danser sa foi semble cependant difficilement compatible avec la rigueur carmélite. Il lui faudra de nombreuses années d'obéissance, de recherche et de renoncement pour trouver son chemin, sa voie. Sans avoir prononcé ses vœux définitifs, Mireille quitte le Carmel en 1983 : elle pressent qu'une autre voie, toujours mystique, l'attend. Jour après jour, sa foi se renforce, mais il lui faut trouver un pont entre cette flamme intérieure qui l'anime et l'art de Terpsichore. À quarante ans, elle concrétise son rêve. Commence pour elle une nouvelle carrière où on la découvre dansant dans les églises. S'inspirant de documents anciens, elle cherche une nouvelle gestuelle où danse et foi se conjuguent. En 1986, sœur Mireille est nommée par Mgr Lustiger « Vierge consacrée », un titre issu d'un rituel très ancien restauré par le concile Vatican II. Elle décrit ainsi cette vie qui est désormais la sienne : « Le retour à cette source est très exigeant car on ne prononce pas des vœux de pauvreté, chasteté, obéissance, mais nous sommes appelées à vivre l'Évangile avec une obéissance absolue à l'esprit du Christ. Les Vierges consacrées sont comme des vestales dans le monde, nous sommes chargées d'entretenir le feu de l'amour de Dieu dans ce monde, en gardant notre foi vivante. L'espérance d'une Vierge consacrée est de croire en l'amour plus fort que la mort. » Transmettre sa foi par son art, prier en dansant, danser en priant, tel est son credo. Véritable ballerine de Dieu, sœur Mireille du Cœur de Jésus créa des spectacles et se produisit dans les églises pendant plus de vingt-cinq ans. Elle n'eut de cesse de perfectionner un langage corporel mystique qui célébrait l'Amour du Christ. « Une journée sans consulter la Parole de Dieu est pour moi un étouffement », écrit-elle. Aujourd'hui, Mireille Nègre continue de transmettre ce feu de l'amour divin qui l'habite par l'écriture et la peinture.

Élisabeth Zana

• *Voir aussi* : Catherine Golovine

Bibl. : *Œuvres* : *Une vie entre ciel et terre*, Paris, Balland, 1990 ; *Alliance*, Paris, Desclée de Brouwer, 1991 (Livre de Poche, 1992) ; *La Traversée de l'ombre*, Paris, Atlantica-Séguier, 2001 ; *Instants de vie*, Paris, Atlantica, 2004 ; *Choix et secrets d'une vie*, Paris, Atlantica, 2005 ; *L'Art et la vie* (entretien avec E. de Rus), Toulouse, Éditions du Carmel, 2009 ; *L'Envol des passions* (1 livret et 1 CD audio), Paris, Atlantica-Séguier, 2009. ***Étude* :** E. ZANA, *Danse, prière de l'âme et héritage sacré*, Embourg, Marco Pietteur, 2005.

NE'MATI, Malek Jân, *figure spirituelle de l'islam, adepte de l'ordre des ahl-é haqq* (Djeyhounâbâd, 11 décembre 1906-Paris, 15 juillet 1993). — Malek Jân (« cher ange »)

Ne'mati vécut toute sa vie à Djeyhounâbâd, un village reculé du Kurdistan iranien. En apparence éloignée du monde et de ses tumultes, elle vécut cependant au plus près de son siècle, dans un engagement de tous les instants pour penser et vivre le monde autrement. Issue d'un milieu traditionnellement pétri de spiritualité, elle s'intéressa très tôt aux sciences modernes aussi bien qu'à l'actualité. Elle reçut l'enseignement de son frère Ostad Elahi, qui avait élaboré une pensée spirituelle originale, globale, d'une haute exigence éthique, en même temps qu'ouverte au monde et à la modernité. Son père, Hâdj Ne'mat, était un mystique vénéré de son vivant comme un saint ; il vivait avec sa famille une vie d'ascèse et de prière, entièrement vouée à la spiritualité. Ils faisait partie de l'Ordre des Ahl-é Haqq (« fervents de Vérité »), fondé au XIIIe siècle autour d'une doctrine spirituelle réunissant les religions anciennes de l'Iran, l'islam sous ses formes les plus ésotériques et d'autres éléments propres à la culture kurde. En plus d'une doctrine et d'une mythologie très riches et complexes, l'Ordre des Ahl-é Haqq se distingue par des rites et des prières spécifiques qui structurent le quotidien et démarquent les membres de la communauté de l'islam officiel. Le père de Malek Jân et plus tard son frère contribuèrent largement à rassembler et mettre par écrit une tradition essentiellement orale et secrète qui avait, à ce titre, perdu un peu de sa cohérence.

Jeune fille, Malek Jân reçut une éducation spirituelle à la fois intense et exigeante, en même temps qu'une formation classique par un précepteur, fait original à cette époque et dans ces régions reculées où les femmes avaient un statut largement inférieur à celui des hommes et ne bénéficiaient d'aucune éducation. Devenue aveugle vers l'âge de vingt ans, elle ne cessera cependant pas de consacrer une part essentielle de ses journées à l'étude et ce jusqu'à la fin de ses jours. Elle pratiqua, dès son plus jeune âge et sous la houlette de son père, l'ascèse, la prière, la méditation, les retraites qui caractérisent la spiritualité classique. Et vécut très tôt des expériences mystiques si intenses qu'elle s'en trouva physiquement fragilisée, au point d'inquiéter son entourage. Guidée par son frère, Ostad Elahi, en qui elle remit son destin spirituel, elle apprit petit à petit à contrôler ses états et à pratiquer une spiritualité fondée sur la raison saine plutôt que sur l'émotion pure. Grâce à la pratique assidue de la prière et de ce qu'elle appelait la « méditation naturelle », qui consiste en une vigilance de tous les instants, elle garda toujours cette connexion intérieure avec le monde spirituel. En outre, elle consacra sa vie à l'enseignement spirituel, recevant avec patience et bienveillance des personnes venues parfois d'autres continents pour lui demander des conseils. Elle se préoccupa aussi beaucoup des conditions de vie des villageois parmi lesquels elle vivait et en particulier des femmes, les encourageant à étudier et à devenir les égales des hommes, tout en veillant à leur perfectionnement spirituel. Il reste d'elle plusieurs recueils d'enseignement en langue persane et des poèmes mystiques en kurde. Cette « œuvre » orale, qui fut consignée par écrit grâce à son entourage, reflète le bon sens qui la caractérise, un sens très aigu de la psychologie humaine en même temps qu'une exigence de vérité et d'amour ainsi qu'une vie intérieure entièrement tournée vers le divin.

Malek Jân est morte en France. On peut visiter le mausolée érigé en sa mémoire sur la commune de Baillou, dans le Perche.

Leili Anvar

Bibl. : *Vie et études* : L. ANVAR, *Malek Jân Ne'mati : « La vie n'est pas courte, mais le temps est compté »*, Paris, Éditions Diane de Selliers, 2007 ; ID., *« Ma main à sa main amarrée* : les figures de l'Aimé dans l'œuvre de Malej Jân Ne'mati », in *Poésies des Sud et des Orients*, Paris, L'Harmattan, 2009.

NEUMANN, Thérèse, *stigmatisée, extatique et visionnaire* (Konnersreuth, 1898-1962). — Née en Allemagne dans une famille pauvre, Thérèse se présente avant tout comme « une paysanne d'une simplicité enfantine, qui ne parle que son dialecte et ne fait que prier et souffrir, mais elle le fait avec une bonne grâce charmante », selon les mots, en 1928, d'une visiteuse italienne qui note aussi la transfiguration de son visage lors de la communion eucharistique. Opinion analogue de son archevêque, qui la décrit comme « naturelle, modeste et sans affectation, d'une piété foncière qui nourrit un amour profond envers le Sauveur et une particulière dévotion à la petite sainte Thérèse ». La devise qui résume son enseignement auprès de ses visiteurs est : « Le Seigneur est bon. » Aucun histrionnisme, aucun goût pour la mise en scène spectaculaire, rien donc qui pourrait faire suspecter une mythomane ou une simulatrice empressée à séduire un public crédule.

Mais, avec Thérèse Neumann, nous sommes aux antipodes de la simplicité et de la sobriété efficiente d'une Jeanne d'Arc*, en laquelle on ne trouvait nulle trace de narcissisme ni d'hystérie. Le cas de la « stigmatisée de Konnersreuth », comme on la désigna, fut âprement discuté : certes, on ne diagnostiqua aucun délire ni quelque supercherie ou dissimulation, mais le monde médical, généralistes et psychiatres confondus, à qui ce cas s'offrait à l'observation et à l'examen, se divisa : son médecin traitant témoigna de la violence des souffrances endurées et du parfait esprit de piété et de résignation dans lequel Thérèse les supportait, dans une visée expiatrice : il concluait à l'authenticité des stigmates, inexplicables « de façon naturelle » ; de même, le professeur Gemelli, grand pourfendeur de simulatrices, reconnut l'authenticité du phénomène. Mais le soupçon d'hystérie menaça, et pour finir, ruina le crédit de la stigmatisée, quand un médecin, expert auprès de la Congrégation des Rites, le docteur Boleslas de Poray-Madeyski, y conclut de la manière la plus ferme, même si, ajoute-t-il, ce diagnostic ne peut porter « aucune atteinte à son moral, à sa dignité personnelle, à sa sincérité, à sa piété, ni même à la possibilité de véritable sainteté ; elle n'ôte rien aux mérites de ses pieuses intentions ni à ceux de sa vie vertueuse ». Le débat n'en fit pas moins rage dans les milieux cléricaux : ainsi la revue *Études carmélitaines* revint sur le phénomène, ouvrant ses colonnes à la controverse (en avril 1933, entre le bénédictin dom Alois Mager et le dominicain Benoît Lavaud). Mgr Michael Buchberger, archevêque de

Regensburg, dont dépendait Konnersreuth, rédigea en 1928 une note aussi impartiale que possible, rappelant l'opinion enthousiaste du cardinal Faulhaber (rien moins que la réalisation mystique du propos de l'apôtre Paul : « Ce n'est plus moi qui vis, c'est le Christ qui vit en moi », Ga II, 20), mais aussi rendant compte des constations médicales comme des doutes sur l'origine « miraculeuse » des stigmates ; plus inexplicable, en revanche, était l'inédie totale depuis quatre ans (et même la privation d'eau depuis une année) : cela avait suffisamment intrigué la conférence des évêques de Bavière pour que ceux-ci réclament une période d'observation de deux mois sous contrôle hospitalier, projet auquel le père de Thérèse opposa un refus obstiné.

La vie de cette « simple fille de la campagne » va basculer l'année de ses vingt ans, lorsqu'un violent incendie se déclare chez un voisin. Thérèse est tout d'abord sidérée par la violence du feu, puis prête main forte aux secours, mais se fait rabrouer par son patron ; en versant un seau d'eau elle tombe en arrière du haut d'une échelle. Chute grave qui se reproduira plusieurs fois, différemment, selon la logique symptomale de l'hystérie. L'état de santé de Thérèse se dégrade rapidement : paralysie, contractures, jusqu'à en devenir impotente, perte de conscience, troubles de la vue et de l'audition : on présage le pire, quand, le 29 avril 1923 (jour de la béatification de Thérèse de Lisieux*), elle recouvre la vue. L'embellie n'est que de courte durée : nouvelle chute, la jambe gauche s'infecte d'un œdème. Mais, le 17 mai 1925 (cette fois, le jour de la canonisation de la petite carmélite), Thérèse se lève, circule librement et, peu après, entend la voix de la nouvelle canonisée.

À ces épisodes de souffrances physiques fera suite le calvaire mystique. Pendant le carême de 1926, elle voit l'agonie du Christ à Gethsémani ; durant cette extase, les stigmates apparaissent, au côté, aux mains et aux pieds, puis les traces du couronnement d'épines, et enfin la plaie du portement de la Croix à l'épaule. La question est simple : origine surnaturelle ou névrose ? Avons-nous affaire, ou non, aux manifestations somptueuses d'une hystérie, provoquées par la cascade traumatique de ses vingt ans ? Qu'il y ait névrose, il est difficile d'en douter, et d'ailleurs, pourquoi s'en étonner ? Cependant, cela explique-t-il vraiment la stigmatisation, comme l'a avancé le jésuite anglais Herbert Thurston, qui posait l'hypothèse d'un « complexe de crucifixion », sorte d'obsession de la piété, poussée au point de réaliser dans la chair l'idée progressivement conçue mentalement : auto-suggestion efficace, à laquelle seul, François d'Assise (le premier stigmatisé) aurait échappé. Mais alors, pourquoi et comment une telle idée se met-elle en place ? Il est vain et peu crédible d'invoquer (pour le flétrir) le masochisme, qui serait la tare du christianisme. Il faut distinguer en effet le masochisme, perversion sexuelle articulée au sadisme, et le masochisme primaire, commun à tous les humains, susceptible d'être repris et assumé dans la sublimation. Ce qui est ici le cas : vouloir souffrir à la manière du Christ est une façon de participer à la vie du Bien-Aimé, dont on s'est saisi comme d'un modèle. Ce faisant, cette « com-passion » et cette identification affective (et imaginaire ?) déporte le désir (érotique) de soi vers l'Autre aimé et fait donc le tri des désirs les moins nobles. Ce mécanisme de l'imitation amoureuse du Christ s'approprie ses blessures, reçues (et considérées) comme marque d'une élection et d'une exceptionnalité de soi. Progressivement, les stigmates se modifient et évoluent : de ronds et rouges qu'ils sont au début, ils deviennent définitivement, en 1935, noirâtres et quadrangulaires ; ne traduiraient-ils pas un probable désir d'égaler petit à petit le modèle archétypique proposé à la piété chrétienne ? S'il n'est pas impossible de lire ces manifestations corporelles comme une écriture d'un inconscient refoulé, on soulignera surtout la consonance du phénomène et du fantasme de la blessure d'amour reçue comme signature authentifiante à même le corps, fantasme amplifié par l'idée du don total, dont les connotations érotiques sont loin d'être absentes.

En parallèle à la stigmatisation, Thérèse connaît des phases visionnaires, réglées selon le calendrier liturgique (ce qui se remarque dès le Moyen Âge) ; phases suivies d'un « repos extatique » (c'est le mot même de la voyante) : une périodicité qui rappelle les séquences de la crise hystérique. Elle revit les épisodes de la Passion, qu'elle mime avec force gestes. Ce qu'elle donne à voir en le mimant et en le narrant – et il y emploie alors un inexplicable parler araméen –, c'est ce qu'elle voit elle-même avec un tel paroxysme qu'elle s'y épuise dans une sorte d'apogée critique. Ce mime fait de la spectatrice qu'elle est l'actrice même de la scène, où elle participe au devenir du Sauveur, brodant au besoin des issues ou des ressources heureuses (sans fondement dans la narration évangélique) : imagination infantile ? Les témoins auront été en tout cas intrigués par la « curieuse amnésie » qui la frappe pendant et après les moments visionnaires. Cette compassion, à laquelle peuvent se joindre à distance les dits témoins, lui procure une évidente jouissance, celle, sublime, de participer au combat primordial du bien et du mal : aucune perversion, mais le déplacement du trauma jadis subi et enfoui vers une haute figure admirée, qui l'épuise et consomme.

On ne négligera pas non plus le contexte socio-historique : 1918, c'est la défaite de l'Allemagne, l'humiliation devant la victoire française, à laquelle paraît avoir participé, ou du moins s'être ralliée, sainte Thérèse (pourtant invoquée aussi du côté allemand). Or cette Thérèse bavaroise, postulante en sainteté, inscrit son destin au plus près de l'épopée posthume de la Thérèse française, dûment canonisée. Mais les différences restent impressionnantes : l'infantilisme vers lequel régresse la visionnaire (dont l'enfance sera marquée de frayeur et d'obéissance craintive) contraste avec la thématique de l'enfance spirituelle de la carmélite, reprise ici dans un littéralisme où elle se berce de l'idéalité d'un soi rêvé. Il est vrai qu'à époque, Thérèse de Lisieux était présentée comme le modèle de la résignation à la souffrance.

Les autorités ecclésiastiques, étrangères sans nul doute aux recherches de la psychanalyse, mais instruites par la théologie, refusèrent lucidement d'accorder plein crédit à cet univers proliférant et fantasmatique élaboré par Thérèse, quand bien même était-il impressionnant. Avaient-elles deviné l'utilité cathartique et libératrice de ces épisodes qui permettaient à Thérèse de retrouver son équilibre intérieur, grâce à cette sublimation qui la rapprochait de Jésus-Christ et qui, ainsi, épongeait le trop-plein pulsionnel ou déceptif qui la minait ? Car, loin de se replier sur elle-même complaisamment, Thérèse a la conviction, héritée de la lecture commune (mais fautive) de Col I, 24, de « compléter en sa chair ce qui manquait à la Passion du Christ ». Il faut quand même lui reconnaître cette préoccupation ecclésiale et cosmique. D'autant que, semble-t-il, le contexte socio-historique l'y inclinait.

François Marxer

• *Voir aussi* : Thérèse de Lisieux

Bibl. : ***Vie et études*** **:** J. BOUFLET, *Thérèse Neumann ou le paradoxe de la sainteté*, Paris, Le Rocher, 1999 ; « Douleur et stigmatisation », *Études carmélitaines*, t. XXI, 20e année, vol. II, oct. 1936 ; A. VERGOTE, *Dette et désir, deux axes chrétiens et la dérive pathologique*, Paris, Seuil, 1978.

NEUVILLETTE, Madeleine de, *laïque* (Paris, 1610-1657). — Issue de deux familles de robe, Madeleine épousa en 1635 Christophe de Champagne, baron de Neuvillette. Elle fit la connaissance de Gaston de Renty qui lui annonça, lorsqu'elle avait trente ans, la mort de son mari, tué au siège d'Arras. Sur ses conseils, elle se consacra toute à Dieu. Si elle parle de sa vie intérieure avec trop de généralité pour mériter une lecture suivie, la façon qu'elle avait de s'occuper des condamnés à mort, contée par le carme Cyprien de la Nativité, le célèbre traducteur de Jean de la Croix, ne manque pas de couleur : « Elle s'en allait aux cachots de la Conciergerie visiter ces pauvres criminels [...]. Il s'en est ensuivi des choses si extraordinaires en manière de repentance, qu'on en a vu et entendu qui ne cessaient de pleurer et de regretter leurs offenses. [...] Elle n'abandonnait pas les pauvres criminels, mais après les avoir visités en la prison qu'autant qu'elle pouvait [...]. Elle conduisait à ses dépens le confesseur en carrosse jusqu'au lieu du supplice et demeurait là jusqu'à ce qu'elle les eût vus mourir. [...] ayant vu monter [un jeune homme] sur l'échafaud, et se tenant dans la presse [...] elle lui faisait de fois à autre un signal avec un mouchoir, pour le faire souvenir d'élever son cœur à Dieu [...]. » Madame de Neuvillette donne ainsi un bel exemple de conversion d'une vie mondaine à une vie d'oraison menée dans le siècle au service des misérables.

Dominique Tronc

Bibl. : ***Œuvre*** **:** CYPRIEN DE LA NATIVITÉ, *Recueil des vertus et des écrits de Madame la baronne de Neuvillette...*, Paris, 1660, p. 72-80. ***Études*** **:** H. BREMOND, *Histoire littéraire du sentiment religieux en France...*, Paris, Bloud et Gay, 1916-1933, t. 6, p. 387-390 ; A. DERVILLE, notice dans le *Dictionnaire de spiritualité*, Paris, Beauchesne, t. XI, 1982, p. 161-162.

NICOLAS, Armelle, ***dite*** **« la Bonne Armelle »,** *laïque* (Campénéac, Ploërmel, 1606-Vannes, 1671). — La vie d'Armelle se déroule entièrement en terroir breton. Elle est l'aînée d'une famille de six enfants. Les parents sont de pauvres paysans et de bons catholiques, particulièrement attachés au culte de la Vierge Marie*. Pendant toute son enfance, Armelle garde le troupeau de moutons familial. La légende pieuse qui entoure son histoire évoque la bilocation : elle se trouvait, assurait-on, près de ses bêtes, en même temps qu'elle assistait à la messe de l'église du village. On dit aussi que la Vierge Marie gardait le troupeau en l'absence de l'enfant. À l'adolescence, on la voit refuser le mariage. À partir de l'âge de vingt ans et jusqu'à sa mort, elle travaille comme servante dans différentes familles, d'abord à Ploërmel puis au manoir de Roguédas, près de Vannes. Ses biographes affirment que, lorsqu'elle se trouvait trop à l'aise dans un emploi ou qu'on lui apportait trop de marques d'estime, elle se hâtait de donner son congé et de changer de maison. Elle fut, quelque temps, porteuse de fumier. Cependant, chez les riches propriétaires de Roguédas, à environ trente ans, on la voit qui se stabilise. Elle devient peu à peu la gouvernante de la maison tout en restant la bonne à tout faire.

L'histoire d'Armelle Nicolas est essentiellement celle de sa vie intérieure, traversée de grâces mystiques extraordinaires (don des larmes, mariage spirituel, transverbération, lévitation, visions surnaturelles, discernement des consciences, somatisation mystique, union transformante). Sa biographie est toute remplie de phénomènes impressionnants, excessifs, d'une intensité émotionnelle presque insoutenable : ainsi dans son identification au Christ en croix, dans ses alternances de joie céleste et de misère spirituelle souvent proche du désespoir suicidaire. Elle connut de longues périodes de tentations charnelles contre lesquelles elle se défendait par le recours à la flagellation. Cependant, les états intérieurs violents et discordants qu'elle traversait ne l'empêchèrent jamais d'accomplir, chaque jour, les devoirs de son service domestique, ni de s'adonner généreusement aux soins des indigents et des malades. Elle était du reste en relation constante avec les quelques prêtres qui furent ses directeurs de conscience, le plus important d'entre eux étant le père Vincent Huby, jésuite, missionnaire en Bretagne. Après avoir prononcé le vœu de chasteté perpétuelle, elle avait fait celui d'obéissance « à ses directeurs, aux maîtres que la Providence lui avait donnés [...] et à Notre Seigneur Jésus-Christ lui-même, pour la plus grande gloire de Dieu ».

Armelle Nicolas n'a rien écrit, mais elle a confié quelques événements de sa vie et surtout les grands moments de son expérience intérieure à une religieuse ursuline, Jeanne de la Nativité*, qui composa un livre publié au lendemain de la mort de la sainte femme. Cet ouvrage est la source essentielle des biographies ou études ultérieures.

Claude Louis-Combet

• *Voir aussi* : Jeanne de la Nativité

Bibl. : *Vie et études* : JEANNE DE LA NATIVITÉ, *Triomphe de l'Amour divin dans la vie d'une grande servante de Dieu, nommée Armelle Nicolas, décédée l'an de Notre-Seigneur 1671, fidèlement écrite, par une religieuse du monastère de Sainte-Ursule de Vannes, de la congrégation de Bordeaux*, Vannes, Chez Jean Galles, 1671 et 1678 ; dom G.-A. LOBINEAU, *Les Vies des saints de Bretagne*, nouvelle édition par l'abbé Tresvaux, Paris, Chez Méquignon, 1836, t. IV ; H. LE GOUVELLO, *Armelle Nicolas dite le Bonne Armelle, servante des hommes et amante du Christ*, Paris, Téqui, 1934 ; H. BREMOND, *Histoire littéraire du sentiment religieux en France...*, Paris, Bloud et Gay, 1923, t. V ; C. LOUIS-

COMBET, *Des égarées. Portraits de femmes mystiques du* XVIIe *siècle français*, Grenoble, Jérôme Millon, 2008.

NIGOUMA, *archétype spirituel féminin du bouddhisme tantrique himalayen* (Cachemire ?, Xe/XIe s. ?-?, Xe/XIe s.). — Nigouma (avec Soukhasiddhi*) compte au nombre des principales « dakinis de sagesse » du Vajrayana, autrement dit des aspects cardinaux de l'Éveil au féminin, selon les conceptions si particulières de ce bouddhisme tantrique indo-tibétain. Figure ô combien mystérieuse mais continûment invoquée depuis un millénaire dans cette tradition, elle est en effet tenue pour l'initiatrice principale (avec sa consœur) du grand yogi tibétain Khyoungpo Neldjor et à travers lui de la (longtemps) discrète mais néanmoins réputée école Shangpa Kagyü, aujourd'hui répandue dans le monde entier par le maître tibétain Kyabdjé Kalou Rimpotché. Personnage « mythique » ou « symbolique » pour les modernes, Nigouma est en cela comparable à Guélongma Palmo*, voire à Tara, autres « Bouddhas féminins » incontournables aux yeux de la culture religieuse himalayenne, mais inaccessibles au regard de l'historien. Elle s'en distingue cependant par son caractère plus « yogique », et même franchement ésotérique, son instruction étant destinée à quelques pratiquants qualifiés et non à la plupart des fidèles. Pour tenter malgré tout de dessiner les traits de cette dakini de sagesse, on est ainsi réduit à mobiliser les données de l'hagiographie tibétaine, à vrai dire des plus évasives quant à sa biographie.

Dans le recueil des « récits de vie » des premiers maîtres de l'école Shangpa, celui de Nigouma tient sur quelques pages, dont l'essentiel est occupé par des exposés métaphysiques et des chants dévotionnels. D'après ces maigres données aussi légendaires qu'énigmatiques, elle était originaire d'une famille sacerdotale ou royale du Cachemire, au nord-ouest de l'Inde actuelle (région alors largement bouddhisée et aujourd'hui disputée avec le Pakistan), ou peut-être du Bengale (nord-est de l'Inde). Surtout, elle était la sœur, voire la principale compagne, du *mahasiddha* (« grand accompli » yogique) Naropa, abbé de la célèbre université de Nalanda et précurseur indien de la grande école tibétaine Kagyüpa en tant que maître du Tibétain Marpa, lui-même lama de l'illustre ermite et poète Milarépa. Quant au nom de « Nigou » – soit « Nigupta » en sanskrit –, il est censé signifier « totalement secrète » ou « cachée », expression qui renvoie au langage hermétique des dakinis, mystérieuses « danseuses célestes » qui personnifient l'énergie et l'activité de l'Éveil, protègent les enseignements et opèrent la médiation entre le visible et l'invisible.

En dehors de ses liens avec un certain « Lavapa le Jeune » (*mahasiddha* « oriental » par ailleurs inconnu) et avec Naropa – était-il son maître ou son disciple, son partenaire ou encore son « frère » biologique et/ou initiatique, et en cela son égal et son compagnon ? –, on ne sait presque rien d'autre sur Nigouma ; ni a fortiori sur son chemin vers l'état de Bouddha, si ce n'est qu'il fut des plus rapides. Ce qui pousse à l'envisager comme une manifestation quasi spontanée de l'Éveil, apparue sur Terre par compassion à l'issue de nombreuses vies de progression pour aider les êtres grâce aux « moyens habiles » tantriques. Ayant réalisé au plus vite – « après une semaine de méditation » disent les textes – « le corps d'arc en ciel », à savoir la purification, la maîtrise et l'épanouissement complets de son corps, de sa parole et de son esprit, Nigouma ne doit donc pas être vue comme un être matériel, encore moins un « être ordinaire ». D'où sa capacité à s'affranchir de la condition humaine pour recevoir directement l'influence et les instructions spirituelles du Bouddha primordial, Dordjé Tchang (Vajradhara en sanskrit), personnification symbolique de l'Éveil absolu et de la guidance initiatique. Ainsi, c'est d'abord en tant que « transmetteuse » de ce dépôt sacré que Nigouma est connue et reconnue ; en particulier pour l'avoir communiqué à son principal disciple, Khyoungpo Neldjor, sous la forme des fameux « Cinq Enseignements d'Or » propres à la lignée Shangpa Kagyü (mais également présents dans l'école Gélugpa, celle du Dalaï Lama), parmi lesquels le « Mahamoudra du Reliquaire » et les « Six Yogas de Nigouma ».

Portant son nom et assurant sa postérité, ces pratiques tantriques avancées sont réservées aux adeptes expérimentés et aujourd'hui enseignées (sauf exception) lors des retraites de trois ans pendant lesquelles sont formés les lamas. Intitulés chacun comme les plus connus « Six Yogas de Naropa », dont ils diffèrent sur des points mineurs tout en soulignant le lien entre le *mahasiddha* et notre dakini, il s'agit des six « yogas internes » suivants : 1. *Toumo* (tibétain) ou « le violent embrasement du feu intérieur » ; 2. « le corps illusoire » ; 3. « le yoga du rêve » ; 4. « la claire lumière » ; 5. *Bardo* (tibétain) ou « le yoga de l'état intermédiaire » (entre mort et renaissance) ; 6. *Powa* (tibétain) ou « le transfert de conscience » au moment de la mort. Quant au *Mahamoudra* (le « Grand Sceau » de la réalité ultime), il désigne l'état sublime de celui qui reconnaît la nature de son propre esprit, spontanément infinie, pure et parfaite, ainsi que le chemin menant à ce sommet, qui n'est autre que l'Éveil lui-même. Les rares personnes qui s'adonnent à ces méthodes ascétiques ont donc une relation spéciale avec leur ancêtre, la « Reine-vajra » Nigouma – selon les mots du célèbre Jamgön Kongtrul (l'un des plus grands saints tibétains du XIXe s.) –, « Mère de tous les Bouddhas » et « Vacuité faite femme », dont ils espèrent la bénédiction. La tradition rapporte d'ailleurs qu'au cours des siècles, les meilleurs d'entre eux ont pu la voir face à face, conformément à sa promesse solennelle.

Fixant l'iconographie de la dakini de sagesse, le récit de la découverte de Nigouma – dans le charnier indien de Sosaling (non loin de Bodhgaya où le Bouddha attint l'Éveil) – par Khyoungpo Neldjor constitue le paradigme de ces rencontres. Sa peau brune parée d'ornements en os, ses cheveux en chignon, un trident et une coupe crânienne emplie de nectar en main, on l'y voit assise dans le ciel parmi une foule de dakinis semblables à elle-même, en posture de danse ou de méditation. Sourire carnassier aux lèvres, l'indomptable Nigouma commence par se faire passer pour une ogresse cannibale à celui qui avait traversé l'Himalaya afin de devenir son élève. Mais Khyoungpo ne fléchit point et l'impressionnante yogini poursuit sa mise à l'épreuve : elle lui demande beaucoup d'or en offrande, qu'elle disperse soudain aux quatre vents, en transformant tout en or autour d'elle avec ces mots : « Je n'ai que faire de ce métal, moi pour qui l'univers entier est d'or ! » Une fois le courageux Tibétain initié, elle lui demande enfin de garder secrètes ses instructions pendant sept générations, en ne les transmettant qu'à un seul détenteur, après quoi elles se diffuseront moins confidentiellement. Adressés à ce fondateur historique de la lignée Shangpa, les vers suivants attribués à Nigouma résument son enseignement déroutant : « Les diverses pensées d'attachement et de colère forment l'océan du Samsara. Dès qu'est réalisée l'absence de nature propre de ces pensées, tout devient un continent d'or, mon enfant ! Parmi ces phénomènes illusoires, par l'application d'une méditation illusoire, s'élève une illumination illusoire par la force de la dévotion. »

Modèle de la dakini et du mystère essentiel qu'elle voile et révèle à la fois, souvenir évanescent d'une mystique extraordinaire ou projection fantasmatique des ermites tantriques en quête d'un visage féminin de l'Éveil, Nigouma demeure – quelque part entre l'ange, la sainte et la fée – une silhouette paradoxale aussi puissante qu'insaisissable.

Eric Vinson

• *Voir aussi* : Guélongma Palmo ; Soukhasiddhi

Bibl. : ***Hagiographie et études*** **:** S. HARDING, *Niguma, Lady of Illusion*, Ithaca (NY), Snow Lion Publications, 2010 ; G. MULLIN, *Selected Works of the Dalai Lama II : The Tantric Yogas of Sister Niguma*, Ithaca (NY), Snow Lion Publications, 1985 ; N. RIGGS (trad.), *Like An Illusion : Lives of the Shangpa Kagyu Masters*, Mendocino, Dharma Cloud Publications, 2000 ; *Hagiographie de Nigouma et Soukhasiddhi* (sans auteur), Ygrande, Yogi Ling, 1997 ; BOKAR Rimpotché, *Tara, le divin au féminin*, Vernègues, Claire Lumière, 1997 ; P. CORNU, *Dictionnaire encyclopédique du bouddhisme*, Paris, Seuil, 2001 ; KALOU Rimpotché, *La Voie du Bouddha selon la tradition tibétaine*, Paris, Seuil, 1993 ; M. SHAW, *Passionate Enlightenment : Women in Tantric Buddhism*, New Delhi, Munshiram Manoharlal Publishers, 1998 ; J. SIMMER-BROWN, *Le Souffle ardent de la Dakini : le principe féminin dans le bouddhisme tantrique*, Huy, Kunchab, 2004.

NIZI, *nonne bouddhiste* (Chine, ?-501). — Jeune fille vierge de Jiangbi, qui servit dans les dernières années de la dynastie des Qi (qui régna de 479 à 501) comme érudite à l'Académie nationale. Elle pratiqua le bouddhisme dès son plus jeune âge. Quand ses parents voulurent la marier, elle refusa et fit le vœu de célibat. Elle entra dans le monastère du Jade vert (Qingyuan si) et prit le nom religieux de Sengfa.

« Petite nonne » (Nizi), comme la surnomment ses hagiographes, passa beaucoup de temps en méditation. Elle révéla au monde vingt et un nouveaux sûtras : elle fermait les yeux et se mettait à les réciter. Parfois, elle disait être montée au ciel pour les chercher, une autre fois, c'était une divinité qui les lui apportait. Quand quelqu'un transcrivait ses paroles, il arrivait qu'elle s'arrêtât au beau milieu d'une phrase pour reprendre quinze jours après. Tout le monde à la capitale parlait de ses dons merveilleux. L'empereur Wu de la dynastie Liang, fervent bouddhiste, la fit venir et la questionna sur la façon dont elle avait accès à ces textes. Le moine Sengyou, auteur d'un catalogue de textes bouddhiques, le *Chusanzang jiji* (« Notes réunies sur les textes du Tripitaka », début du VIe s.), déclara qu'il allait lui-même rendre visite à la famille de cette nonne, qui refusait cependant de lui montrer les sûtras qu'elle aurait révélés ; il ne put en obtenir qu'un seul, le « Sûtra du son merveilleux du rugissement du lion » (*Miaojing shizi hong jing*). C'est pourquoi il catalogua les autres sûtras dans la rubrique des sûtras douteux. « Petite nonne » mourut en 501. Son oncle maternel, Sun Zhi, collecta et copia les sûtras qu'elle avait prononcés, il les commenta et les prêcha.

La biographie de Nizi est intégrée dans les « Hagiographies de bhiksuni » (*Biqiuni zhuan*), compilées en 516 par le moine Baochang, de la cour des Liang, et comprenant soixante-cinq hagiographies de moniales.

Catherine Despeux

Bibl. : *Études* : W. IDEMA, B. GRANT, *The Red Brush. Writing Women of Imperial China*, Harvard East Asian Monographs, 231, Cambridge et Londres, Harvard University Asia Center, 2004, p. 491-505 ; J.-H. LI (trad.), *Lives of the Nuns: Pao-ch'ang's Pi-chiu-ni-chuan*, Osaka, Tohokai, 1981 ; A. K. TSAI, *Lives of the Nuns: Biographies of Chinese Buddhist Nuns from the Fourth to the Sixth Centuries: A Translation of the Pi-ch'iu-ni chuan, compiled by Pao-ch'ang*, Honolulu, University of Hawaii Press, 1994.

NOBLET, Marie-Thérèse, *« servante de Notre-Seigneur », stigmatisée et missionnaire* (Signy-l'Abbaye, 1889-Port-Moresby, Nouvelle-Guinée, 15 janvier 1930). — Marie-Thérèse est née au cœur de la forêt des Ardennes, dans une famille chrétienne et unie d'industriels de la filature : « J'étais née aussi heureuse qu'on peut l'être sur la terre. » La suite, certes, est plus problématique : l'industrie paternelle tombe en faillite, la mort de son père puis de sa mère en 1896 font d'elle une orpheline, à l'âge de trois ans, recueillie par ses grands-parents, puis, après leur mort, par un oncle à Reims. Enfance endeuillée, assombrie encore par une péritonite tuberculeuse : « On croyait toujours que le lendemain elle ne serait plus. » La frêle enfant, de rémissions en rechutes, fait une scolarité chaotique en pension à l'Enfant-Jésus de Reims. En 1904, on diagnostique le terrible mal de Pott, et l'adolescente, enfermée dans un corset de cuir puis de plâtre, alitée en continu, endure d'incroyables souffrances. Il faut un pèlerinage à Lourdes en août 1905 pour que la maladie disparaisse, en un instant ! Marie-Thérèse passe aussitôt devant le bureau des constatations médicales du sanctuaire. Sa guérison est la douzième officiellement reconnue dans l'histoire de Lourdes. Dans la longue série de ses maladies de jeunesse, une autre guérison fulgurante – d'une appendicite aigüe – a lieu en 1908, sans reconnaissance officielle en l'occurrence. D'autres guérisons subites suivront (1911, deux fois en 1923), qui donnent un tour curieux à l'histoire sanitaire de cette jeune femme, et d'aucuns ont conclu, au vu de ces maladies apparues et disparues si brusquement, que Marie-Thérèse Noblet était une « névropathe du type hystérique, associée à une activité fabulatrice remarquable » (J. Lhermitte, 1938).

Reste que la vie « mystique » de Marie-Thérèse connaît ses premiers développements à partir de 1911. L'année précédente, elle a refusé un beau parti et contracté un vœu temporaire de virginité : est-ce la raison qui fait commencer au démon ses « taquineries » ? En tous cas, dès ce moment et jusqu'à sa mort en 1930, la jeune femme est en butte aux persécutions diaboliques, presque tous les jours, en des manifestations d'une violence inouïe : le mobilier est renversé, le bruit infernal, Marie-Thérèse est secouée, attachée par les cheveux aux barreaux du lit, on la retrouve ligotée sur le lit avec des cordes de provenance inconnue, et le démon jette aussi des épingles dans sa soupe ! À partir de 1913, il y a comme une acceptation de ce sort de « victime », scellée par l'apparition d'un stigmate sanglant et cruciforme sur sa peau, à l'emplacement du cœur : « C'était le premier vendredi d'août, je portais l'insigne sacré, il n'y avait plus qu'à marcher et à bénir Dieu d'avoir été choisie. » Elle gardera ce stigmate toute sa vie et il sera examiné à plusieurs reprises par ses directeurs de conscience successifs (l'abbé Cordonnier, Mgr de Boismenu), qui ont décrit « une belle croix rose inclinée légèrement de gauche à droite, de 10 cm de longueur et 7 cm d'extension des bras »). À partir de 1921, un autre stigmate apparaît, le jeudi saint, sur sa gorge : c'est un disque rouge, en forme de l'hostie qu'elle vient de recevoir.

La Grande Guerre, qui frappe de malheur le nord de la France, a conduit la famille à se réfugier à Issoudun, en 1914. Or c'est le quartier général des Pères missionnaires du Sacré-Cœur, et le père Jullien, l'un des pionniers de l'évangélisation de la Papouasie-Nouvelle-Guinée, confiée à cette congrégation, fait naître dans le cœur de Marie-Thérèse le désir de partir en mission. La venue à Issoudun de Mgr Alain de Boismenu, vicaire apostolique de Nouvelle-Guinée, figure charismatique s'il en est, achève de la convaincre de sa vocation missionnaire. Depuis 1919, l'évêque avait fondé au cœur de la jungle un institut destiné à accueillir les jeunes filles métisses et papoues, les Servantes du Seigneur (qu'on appelait aussi les « petites sœurs papoues ») et la rencontre avec Marie-Thérèse le persuade qu'il vient de trouver la supérieure idéale pour ce nouvel institut. En février 1921, Mgr de Boismenu passe au doigt de Marie-Thérèse l'anneau d'or qui fait d'elle une « Servante de Notre-Seigneur », et elle embarque à Marseille le 2 septembre suivant, malgré l'incompréhension totale de sa famille et ses maladies à répétition. Arrivée au couvent de Florival, elle prononce ses vœux et est nommée supérieure par l'évêque, qui devient son directeur de conscience. Elle entame alors, en dépit d'une santé chancelante et pendant près de dix années, un énorme travail de direction, de recrutement et de formation des jeunes sœurs autochtones, de visites incessantes des postes de jungle, parcourant les pistes à dos d'âne. Elle est bientôt très aimée de tous : la « coqueluche de la mission », dit Mgr de Boismenu.

On se demande comment la maladive sœur Marie-Thérèse abat tout ce travail, d'autant que les persécutions démoniaques ne cessent jamais. Le vicaire apostolique de Boismenu devient l'exorciste habituel de sa dirigée, il constate, tout en pratiquant les exorcismes, à quel point le corps de Marie-Thérèse est malmené, passant de la rigidité complète à des contorsions, hoquets, étouffements. Rares sont les témoins, d'ailleurs, des phénomènes extraordinaires – comme l'extase habituelle des « heures saintes », le jeudi soir : même des proches ignorent que l'active supérieure a une vie emplie de phénomènes mystiques.

À sa mort, grâce aux témoignages de Mgr de Boismenu et de plusieurs pères de la congrégation (notamment le père Pineau), la vie intime et mouvementée de Marie-Thérèse Noblet est découverte et fait l'objet de controverses passionnées, spécialement dans les *Études carmélitaines* du père Bruno de Marie-Jésus, attentif au regard que porte la psychiatrie contemporaine sur les phénomènes surnaturels.

Dominique-Marie Dauzet

Bibl. : ***Œuvre*** : inédits encore, la correspondance de la religieuse et les témoignages la concernant, aux archives généralices des Missionnaires du Sacré-Cœur, Rome, fonds « Alain de Boismenu », dossiers 22-29, et aux archives provinciales de France (Paris). ***Études*** : A. PINEAU, *Marie-Thérèse Noblet, servante du Seigneur en Papouasie (1889-1930)*, Paris, Dillen, 1934 ; *Études carmélitaines*, 1938 et 1939 (articles de J. Lhermitte, R. Dalbiez, F. Achille-Delmas) ; G. DELBOS, *Des Ardennes en Papouasie, un étonnant parcours, Marie-Thérèse Noblet*, Fontgombault, Petrus a Stella, 2007.

O

ODEL. — *Voir* EDEL

ODIOT DE LA PAILLONNE, Marie, *chanoinesse norbertine, fondatrice du monastère de Bonlieu* (Marie de la Croix en religion ; Toulouse, 18 mars 1840-Grimbergen, Belgique, 16 janvier 1905). — On pourrait discuter des titres de mère Marie de la Croix Odiot à figurer dans un dictionnaire des femmes mystiques, si la mystique doit revêtir toujours des caractères exceptionnels et exceptionnellement visibles. Que penser d'ailleurs d'une jeune moniale qui, usant d'un néologisme charmant, écrit à son directeur de conscience, dans un accès de gaité, la veille de sa profession religieuse : « Si j'ai été jamais mystique un jour, je vous assure que je me démystique » ? Mais, mystique ou non, peut-être la personnalité de Marie Odiot mérite-t-elle une place considérable dans le paysage monastique féminin français du XIXe siècle, et notamment dans le domaine de l'écriture spirituelle.

Marie Odiot est née à Toulouse, où son père est officier au 13e Régiment d'artillerie, que commande son beau-père, le colonel de La Paillonne. Côté paternel Odiot, grande famille d'orfèvres parisiens célèbres depuis l'Ancien Régime, côté maternel La Paillonne, vieille famille de l'aristocratie provençale, ancrée à Sérignan-du-Comtat : la religieuse inscrira toute sa vie les deux noms liés dans sa signature. Après une enfance voyageuse au gré des mutations paternelles (Toulouse, Rennes, Metz, Vincennes), Marie Odiot rentre vivre dans la terre maternelle de Sérignan une vie de jeune fille rangée, chrétienne et bien élevée (1850-1868). La jeune fille congréganiste, qui tient l'harmonium paroissial et catéchise la jeunesse, porte cependant une vocation religieuse qui attend de se révéler. L'occasion lui est donnée de franchir le pas en juin 1868, lors d'un voyage à Saint-Michel-de-Frigolet (Tarascon), le monastère où le père Jean-Baptiste Boulbon vient de restaurer, en grande pompe liturgique, l'antique observance de l'ordre canonial de Prémontré. L'œuvre du père Boulbon s'inscrit dans le renouveau monastique français après la Révolution, illégal pour la France concordataire, mais encouragé par le Saint-Siège (Pie IX). La fondation masculine est un succès et recrute bien. Il lui manque une branche féminine : le père Thomas d'Aquin de Boissy, maître des novices de Frigolet, enrôle Marie Odiot, lui proposant de fonder un monastère féminin sous l'obédience de son abbaye. La jeune femme, à qui sa piété et son autorité naturelle donnent un tempérament de fondatrice, accepte ce pari, d'autant plus risqué que tout est à inventer. Après un noviciat chez les trappistines de Maubec pour apprendre les rudiments de la vie religieuse, elle commence en 1871, avec quelques compagnes, la vie austère des chanoinesses norbertines dans le petit monastère de Sainte-Anne de Bonlieu (Drôme), une ancienne abbaye cistercienne qu'elle a rachetée de ses propres deniers. En 1873, tirant argument de l'incompatibilité de ses conceptions religieuses avec celles du père Boulbon (dont en réalité elle ne supporte pas l'autoritarisme clérical, voire phallocratique), elle fait passer sa jeune fondation sous l'autorité aimable des Prémontrés de l'abbaye brabançonne de Tongerlo, alors dirigée par le délicat père Jean Chrysostome de Sweert. Le dernier quart du XIXe siècle est à Bonlieu celui d'une famille religieuse unie, d'une élégante reconstruction des bâtiments, mais d'un lent développement, d'un recrutement modeste, sans doute à cause de l'austérité excessive des observances régulières.

La consécration de l'église reconstruite et la bénédiction abbatiale de la fondatrice en octobre 1899 paraissent sanctionner une restauration monastique réussie, mais c'est l'heure de l'exil : en 1901, la république anticongréganiste oblige les moniales de Bonlieu à prendre le chemin de la Belgique pour trouver refuge au château de Grimbergen, obligeamment prêté par la comtesse de Mérode. La fondatrice y mourra.

Ce qui fait de mère Marie de la Croix Odiot un personnage considérable n'est pas tant cette fondation de chanoinesses norbertines, somme toute modeste dans la France monastique du siècle, mais la qualité de ses écrits : diariste, épistolière, mémorialiste, Marie Odiot a tenu la plume toute sa vie, peut-être pour échapper à l'étroit enfermement du cloître, peut-être aussi pour tenter de dire l'indicible. Quelques jours arrêtée par une visite canonique en 1885, elle écrit à un correspondant : « Je suis tellement déshabituée du mouvement et du bruit que tout ce va et vient m'a réellement fatiguée. Depuis que j'ai repris mes chers cahiers, je sens que je rentre dans mon état normal et que je reprends toutes mes allures ordinaires. » Une dépendance à l'écriture ? On retiendra notamment, dans son abondante correspondance, celle qu'elle entretient pendant de longues années avec deux *alter ego* remarquables : son directeur, dom Gabriel Monbet, abbé d'Aiguebelle, et Mme Cécile Bruyère*, abbesse de Solesmes. La dame de Bonlieu y peint sans fard ses conceptions de la femme devant Dieu et, surtout, le paysage de l'âme.

Usant avec ses amis d'une rhétorique assez affranchie, elle manie l'oxymore, prétend de jamais parler du « fond » tout en ne parlant que de cela : « Quant à ma pauvre âme, elle va toujours comme elle peut. Elle m'échappe et je ne sais plus rien en dire [...]. Dieu fait autour de moi et en moi un vide qui m'effraie, et pourtant je l'appelle une grâce. Je me sens dénuée, et pourtant rien ne me manque » (1876). Elle n'a pas, du reste, de prétention à décrire les opérations de l'âme (ce qui lui permet paradoxalement de le faire) : « Je ne vous ai rien dit de ma pauvre âme, et c'est maintenant comme cela que je fais ma “direction”. Je crois d'ailleurs qu'on voit mieux une âme en l'entendant parler de ce qui l'occupe et la captive qu'en l'écoutant discourir sur ces choses intérieures auxquelles bien souvent elle ne comprend rien » (1880). Cependant, à ne vouloir rien dire, cette femme libre trace, sur une période d'environ trente-cinq ans, un itinéraire spirituel, un rare portrait d'intériorité, dans une langue admirable, au rebours des piétés convenues de son temps. A-t-elle connu des expériences mystiques ou spéciales ? De rares allusions, toujours pudiques, au détour d'autres choses, comme cette page, en 1876, qui fait penser au *Mémorial* de Pascal : « Je prends ce soir une petite feuille de papier. Il me semble que je vais pouvoir vous dire un peu ce que j'éprouve. Il me semble que je suis dans un feu qui me dévore, mais ce feu est pour moi comme un élément, aussi il ne me consume pas. Il me pénètre et porte la division dans tout mon être : corps et âme. C'est une épuration septuple et permanente, qui ne me détruit pas, et dans laquelle je retrouve toutes mes facultés plus saines, plus complètes, plus éclairées, mais dégagées à un tel point de tout le terrestre que par moment je crois qu'il ne va plus rien rester de moi-même. » Quoi qu'on puisse penser d'une telle page, elle traduit à la fois l'intensité du vécu et la qualité du récit de l'expérience spirituelle.

Vieillie, assagie peut-être, vers 1900, Marie Odiot de la Paillonne, comme une Thérèse d'Avila* ou comme Thérèse de Lisieux*, décrit aussi cette alternance des lumières et des peines intérieures : « À l'oraison, je suis très peu éclairée [...]. Puis, parfois, sans savoir pourquoi, sans préparation, au réfectoire, en promenade, sans que rien me le fasse pressentir, j'éprouve un recueillement subit, des sortes de touches intérieures, très sensibles et savoureuses auxquelles je souhaiterais fort de me livrer, et que je voudrais pouvoir renvoyer à l'heure de la prochaine méditation, mais c'est le moment de faire autre chose, et quand revient l'heure régulière de l'oraison, tout a disparu. »

Dominique-Marie Dauzet

• *Voir aussi* : Bruyère

Bibl. : *Œuvres* : *La Vierge norbertine et la très sainte Eucharistie*, Avignon, Aubanel, 1885 ; *Sœur Rose et la Messe Réparatrice*, Avignon, Aubanel, 1885 ; *Le Lys*, Lille, Desclée de Brouwer, 1888. ***Études* :** D.-M. DAUZET, *Marie Odiot de La Paillonne, fondatrice des norbertines de Bonlieu*, Turnhout, Brepols, 2001 ; pour l'accès aux archives et aux écrits non publiés : D.-M. DAUZET, « Catalogue raisonné des archives du monastère des Norbertines de Bonlieu (Drôme, France) », *Analecta Praemonstratensia*, LXXVII, 2001, p. 230-266.

O'KEEFFE, Georgia, *peintre* (Sun Prairie, Wisconsin, 15 novembre 1887-Santa Fe, Nouveau-Mexique, 6 mars 1986). — Georgia O'Keeffe grandit dans une ferme du Wisconsin, aux États-Unis, ce qui lui vaudra d'être liée à la terre de façon intime toute sa vie. Douée pour la peinture, elle est pourtant déçue par les études qu'elle mène à l'Art Institute de Chicago (1905-1906), puis à l'Art Student's League de New York. En 1912, elle rejoint sa sœur à Charlottesville, qui insiste pour qu'elle l'accompagne à l'université de Virginie aux cours d'été d'Alon Bement, dont l'enseignement est fondé sur le manuel du peintre Arthur W. Dow, très marqué par l'art japonais. L'ouvrage, pénétré de bouddhisme et de culture japonaise, invite ses lecteurs à reconnaître la beauté de toute chose, retrouver le sens d'une vie saine et accroître le discernement. Impatiente d'en savoir davantage, Georgia partage son temps entre ses nouvelles études, dirigées par Arthur W. Dow à Columbia, et ses missions d'enseignante d'arts plastiques au Texas. Elle se met à lire *Camera Work*, la revue du photographe Alfred Stieglitz, qui loue l'art traditionnel du Japon : « Les Japonais, écrit-il, ressentent intuitivement ce qui est beau et juste et possèdent la rare qualité de transmettre cette beauté et cette sagesse aux autres. » But que Georgia se propose précisément d'accomplir.

Dans un premier temps, elle s'emploie à maîtriser la technique du *Nôtan* (« clair-obscur », en japonais), un puissant jeu de surfaces planes, claires et obscures, complémentaires et réversibles, qui, distribuées de manière harmonieuse, dégagent et laissent régner le *Ch'i* (« énergie cosmique ») de l'œuvre ; cet art privilégie l'effet d'espace par opposition à la matérialisation de sujets en trois dimensions. À cette époque, elle trace au charbon des esquisses abstraites, évoquant des ciels à perte de vue ainsi que de vastes canyons, vibrants de sensibilité taoïste. Puis elle introduit de la couleur grâce aux lavis japonais et approfondit l'approche synesthésique, afin de rendre avec vivacité, par exemple, l'atmosphère électrique d'un ciel chargé d'humidité et traversé par la foudre. Elle cherche à donner une forme visuelle à ce qu'elle appelle ses « inconnues », formations mentales instinctives, évocatrices de l'inconscient féminin.

Son amie Anita Pollitzer – photographe et suffragette notoire – présente son travail à Alfred Stieglitz, le directeur de la Galerie 291, à New York. Ce dernier est séduit par l'artiste en qui résonnent les qualités *das ewig Weibliche* (de « l'éternel féminin » de Goethe). En 1917, il invite Georgia à New York ; il lui décerne les titres de « Lumière pure » et de « Muse du 291 ». Photographe lui-même, il réalise des nus de celle-ci et expose sa peinture, qu'il décrit comme « sexuellement explicite » afin de maintenir le public non initié dans l'ignorance de sa vraie signification. Proche de la fondatrice du centre Ramakrishna à New York (qui n'est autre que la nièce d'Alfred Stieglitz), de l'historien d'art et métaphysicien Ananda Coomaraswamy, des auteurs et critiques littéraires Jean Toomer et Waldo Frank, le couple emblématique est alors au cœur du mouvement de l'avant-garde américaine en quête de spiritualité, du « transcendantalisme » jusqu'à la Quatrième Voie qu'a promue Georges Ivanovitch Gurdjieff.

Le mariage de Georgia avec Alfred Stieglitz, en 1924, semble réaliser l'œuvre alchimique taoïste tel qu'il se trouve décrit dans son livre fétiche, « Le secret de la fleur d'or » (un texte chinois sacré plus ancien que la Bible), qui stipule que la Fleur blanche (Yin, la terre créatrice, intuitive) et la Lumière d'or (Yang, le nuage, le penseur) doivent êtres intimement associées. Sur le plan artistique, la riche palette de Georgia exprime alors tout le registre des émotions primales. Le couple n'aura jamais d'enfant et leur relation finira par se distendre. En 1929, Georgia fait un séjour au ranch de Mabel Dodge, à Taos, où elle s'initie au chamanisme. À cette époque, elle passe son temps entre New York et le Nouveau-Mexique, ramassant des os pelviens dans le désert, qu'elle peint ensuite sur un ciel bleu, suggérant une ouverture vers l'au-delà.

L'œuvre de Georgia traduit tout d'abord l'évolution de sa vie de couple, passant des fleurs voluptueuses traitées en gros plans à de larges vues panoramiques et tranquilles. Veuve en 1946, elle s'établit définitivement à Abiquiu, au Nouveau-Mexique, faisant quelques longs voyages, notamment en Asie, en Inde et au Japon. Ses tableaux de rivières et de nuages vus du ciel invitent alors le spectateur à la suivre dans son itinéraire spirituel. Thomas Merton, moine trappiste et écrivain-poète américain, Alan Watts, universitaire britannique spécialisé en philosophie indienne et chinoise, et Allen Ginsberg, poète américain, fréquentent sa maison, transformée aujourd'hui en musée. La dernière toile de Georgia, *L'Au-delà* (1972), qui figure une simple ligne d'horizon, est achevée peu de temps avant qu'elle ne devienne complètement aveugle. À plus de quatre-vingt-dix ans, Georgia se distingua encore dans l'installation de Judy Chicago, *The Dinner Party*, une cène avec le Christ revisitée au féminin.

L'art de Georgia O'Keeffe collabore avec l'infini. Sa représentation des choses les plus ordinaires de la vie frappe par sa grande charge de mystère. Ainsi en est-il de la toile intitulée *Porte du patio avec feuille verte* (1956), qui représente une feuille isolée emportée par le vent devant une porte noire. Elle peignit plus de trois cents images de fleurs, parfois réduites à un simple bouton, comme autant de sermons silencieux, tel celui du Bouddha qui fut à l'origine du zen. Ces fleurs furent grossies délibérément pour forcer l'attention du spectateur et introduire un moment de sérénité contemplative dans la trépidation de la vie urbaine. Son but était de s'adresser au plus grand nombre de gens, si souvent imperméables à la beauté, et de les inviter à partager la joie qu'elle ressentait au spectacle de la nature en présence, considérée « ici et maintenant ».

Deborah Jenner

Bibl. : ***Études*** : J. BAAS, *Smile of the Buddha. Eastern Philosophy and Western Art*, Berkeley, University of California Press, 2005 ; D. JENNER, « Georgia O'Keeffe et Alfred Stieglitz : l'alchimie d'un couple », in *New York et l'Art Moderne. Alfred Stieglitz et son cercle 1905-1930*, Paris, Réunion des Musées nationaux, 2004, p. 227-238 ; A. MUNROE, *The Third Mind. American Artists Contemplate Asia*, New York, Guggenheim Foundation, 2009.

OLYMPIAS, ou « Olympiade », *sainte, diaconesse* (Constantinople, v. 368-Nicomédie, v. 410). — Issue d'une riche famille proche du pouvoir impérial, Olympias est tôt orpheline. Procope, un de ses parents et préfet de Constantinople, devient son tuteur. Il confie son éducation à Théodosie, une femme cultivée et pieuse proche de saint Grégoire de Naziance. L'illustre évêque participe aussi à la formation religieuse de la jeune fille, comme en témoignent les lettres qu'il lui adresse. Nourrie par l'étude des Écritures saintes et par la fréquentation de femmes ayant voué leur vie à Dieu, telle Mélanie l'ancienne, Olympias est davantage destinée à la consécration religieuse qu'à la vie de cour auprès de l'impératrice Eudoxie, à laquelle son rang la destine. Elle épouse néanmoins en 384 Nébridius, qui jouit d'une situation avantageuse à la cour impériale. « Comblée, selon Pallade, par la naissance, la richesse, la culture, douée par la nature des plus heureuses dispositions et dans la fleur de l'âge », Olympias doit, dès 386, faire face à la mort de son mari. L'empereur Théodose souhaite la remarier au plus vite avec son parent Elpidius, mais la jeune femme lui oppose un refus ferme, qui lui vaut la confiscation de tous ses biens et l'interdiction de fréquenter les hommes d'Église. Olympias voit dans cette injustice l'occasion de mener une vie d'ascèse et de pénitence. Après la restitution de ses biens, quatre ans plus tard, elle place sa fortune au service de l'Église, édifiant notamment une vaste maison, qui sert à la fois d'hôtellerie pour les gens d'Église et d'hôpital pour les plus pauvres, avec l'aide d'un groupe de femmes qui lui sont proches. L'évêque de Constantinople, Nectaire, ordonne Olympias diaconesse alors qu'elle n'a pas trente ans, consacrant ainsi officiellement son action auprès des malades, des femmes et des enfants qu'elle catéchise. En 398, saint Jean Chrysostome succède à l'évêque Nectaire à la tête du diocèse de Constantinople. Une grande amitié se noue entre lui et la diaconesse, qui veille aux détails matériels de sa subsistance. Tous deux partagent le souci des pauvres, et saint Jean conseille la jeune veuve dans la façon de distribuer sa fortune, lui enjoignant de discerner entre les véritables nécessiteux et ceux qui veulent profiter de sa générosité. Intransigeant envers les mœurs de son époque, notamment celles du clergé, Jean Chrysostome ne tarde pas à s'attirer de nombreux ennemis, parmi lesquels le patriarche d'Alexandrie, Théophile, qui abusait de la fortune d'Olympias avant son arrivée. À la suite d'une affaire ecclésiastique et grâce à l'appui des détracteurs de Jean, parmi lesquels l'impératrice Eudoxie, Théophile parvient à faire déposer l'évêque de Constantinople à l'issue du concile des Trois Chênes, en 403. Saint Jean est exilé une première fois en Bithynie, puis rapidement rappelé, avant d'être exilé une seconde fois en 404, s'étant ouvertement opposé à l'impératrice. Après avoir fait ses adieux à Olympias et à ses compagnes, Jean prend la route de l'Arménie, pénible voyage qu'il relate à son amie dans ses *Lettres* (404-407). À Constantinople, les partisans de Jean sont également inquiétés et l'on accuse Olympias d'être à l'origine de l'incendie qui a ravagé le Sénat. Ayant nié les faits, celle-ci refuse par ailleurs de reconnaître Arsace comme successeur de Jean sur le trône épiscopal. Condamnée à payer une forte amende, affaiblie par la lutte, Olympias se retire à Cyzique en 405. Elle est ensuite exilée à Nicomédie, tandis que le groupe de femmes dont elle se trouvait à la tête est dispersé. Après plusieurs années passées dans la maladie et la solitude, soutenue par les lettres de Jean Chrysostome, Olympias meurt aux alentours de 410.

On connaît davantage Olympias par ses œuvres sociales que par sa vie mystique, dont le seul témoignage se trouve dans les exhortations que lui adresse saint Jean Chrysostome à travers ses *Lettres*. Il est certain qu'elle a été plongée dans un milieu où la vie chrétienne ne se comprend pas uniquement comme la pratique des vertus évangéliques, mais aussi comme l'ascension intérieure vers la *theoria*, la contemplation divine. En témoigne la dédicace que lui fait Grégoire de Nysse de ses *Homélies sur le Cantique des cantiques* (v. 390), ayant pour thème l'union mystique de l'âme à Dieu. Au terme de sa vie, alors que son ami et directeur spirituel Jean Chrysostome lui adresse ses lettres, Olympias semble en lutte avec elle-même pour conserver la détermination et la force qui la caractérisaient naguère, à présent menacées par le découragement que provoque en elle l'épreuve de l'exil et de la maladie. Saint Jean lui enjoint fermement de se reprendre, en se confiant tout entière à Dieu, qui seul sait la cause des souffrances permises. « Car, des biens, il peut en accorder, affirme Chrysostome, non seulement autant que nous espérons, mais encore beaucoup plus et d'infiniment plus grands. » Ce caractère inépuisable des dons de Dieu ouvre la perspective d'une ascension mystique toujours en devenir, d'une expérience toujours plus grande de la joie divine, à laquelle saint Jean convie Olympias.

Olga Lossky

Bibl. : ***Vie*** **:** JEAN CHRYSOSTOME, *Lettres à Olympias* suivies d'une *Vie anonyme d'Olympias*, Paris, Cerf, 1947 ; PALLADE, *Dialogue sur la vie de saint Jean Chrysostome*, Paris, Cerf, 1988 ; ID., *Histoire lausiaque*, Bellefontaine, Éditions de Abbaye de Bellefontaine, 1999 ; MACAIRE (hiéromoine), *Le Synaxaire, Vie des saints de l'Église orthodoxe*, Athènes, Indiktos, 1988, t. V, p. 234-236. ***Études*** **:** M. MEURISSE, *Histoire d'Olympias, diaconesse de Constantinople*, Metz, J. Antoine, 1640 ; H. DACIER, *Saint Jean Chrysostome et la femme chrétienne au* IV*e siècle de l'Église grecque*, Paris, H. Falque, 1907.

ORAISON (DE LAIGUE), Marthe d', *capucine* (Cadenet, Vaucluse, 1590-Paris, 1627). — Fille du marquis d'Oraison, orpheline à quatre ans, Marthe épouse en 1610 Alexandre du Mas de Castellane, baron d'Allemagne (Alpes-de-Haute-Provence), qui meurt en 1611 dans un duel. Elle refuse de se remarier et vit dès lors dans une grande austérité, pratiquant œuvres charitables et exercices de piété sous la direction des Capucins. Elle se met, par leur intermédiaire, sous la direction spirituelle d'une certaine Véronique de Martelly, épouse Bonaud, de Pertuis, qui lui impose des humiliations publiques, inversant leurs statuts sociaux. « Véronique donna un si grand exercice de mortification, d'humilité et d'obéissance à cette vertueuse dame et un si grand mépris des richesses que l'on eût pu dire qu'elle en avait fait une nouvelle créature, qui ne tenait plus rien de la terre mais tout du ciel » (P. de Bauduen). Marthe sollicite vers 1621-1622 son admission au couvent des Capucines de Paris, le seul existant alors en France. Mais un article des statuts refusait les veuves. L'abbesse lui conseille alors de « fonder un monastère en Provence de son ordre et en qualité de fondatrice, elle y pourrait être reçue ». Elle crée cette maison à Marseille en 1623 et obtient, non sans mal, d'y être reçue à la vêture avec les premières postulantes. Mais ses mortifications inquiètent : « elle était si altérée de souffrir que les pénitences n'étaient jamais si rudes ni si humiliantes qu'elle eût désiré » (P. de Bauduen). Pourtant, sœur Agnès d'Aguillenqui* s'y inflige des humiliations proches et son modèle ascétique va s'imposer. Leur biographe commun, le père Marc de Bauduen, a rédigé leurs vies comme si elles n'avaient pas coexisté.

Marthe se rend à Paris, en dépit de l'opposition de sa fille et de son gendre, et tente en vain d'obtenir des Capucines parisiennes de prononcer ses vœux dans leur monastère. Elle doit quitter l'habit de novice, le nonce et l'archevêque jugeant « un objet de mauvais exemple de voir par Paris une demi-capucine sur le pavé ». Elle achève précocement sa vie dans une pauvreté et une humiliation volontaires, en soignant quotidiennement les malades de l'Hôtel-Dieu. Elle y meurt « au milieu des pauvres ». L'archevêque autorise son inhumation, revêtue de l'habit de novice, chez les Capucines, dans le caveau des religieuses. La vie de cette femme de bonne noblesse, qui ne put satisfaire son désir de s'enfermer dans le cloître, se livra à des mortifications controversées – moins peut-être par leur rigueur que par le statut de celle qui s'abaissait à se les infliger – et mourut en héroïne de la charité, n'est pas réductible à une analyse psychologique sommaire. Elle a suscité chez ses biographes fascination (« une de nos plus grandes saintes provençales », H. Bremond) et perplexité : ils ont en effet suggéré une quête de sainteté, l'ont admiré, sans se risquer cependant à la proposer en exemple.

Régis Bertrand

• *Voir aussi* : Agnès d'Aguillenqui

Bibl. : ***Vies*** **:** père P. BONNET, *L'Amour de la pauvreté descritte en la vie et en la mort de haute et puissante dame Marthe, marquize d'Oraison [...], laquelle décéda en l'Hostel-Dieu de Paris au service des Pauvres en l'année 1627*, Paris, Pierre Rocolet, 1632 ; père H. DE COSTE, *Les Éloges et les vies des reynes, des princesses et des dames illustres en piété, en courage et en doctrine qui ont fleury de nostre temps et du temps de nos pères*, nouv. éd. Paris, S. et G. Cramoisy, 1647, t. II, p. 703-717 ; père M. de BAUDUEN, *La Vie admirable de la très illustre et très vertueuse Dame Marthe d'Oraison [...]*, Lyon, J. Molin, 1671 et Rouen, F. Vaultier, 1680 ; M. TAY, *Une héroïne de la charité, Marthe d'Oraison...*, Clermont-Ferrand, Malleval, 1897.

OREGLIA D'ISOLA, Aurelia, ***dite*** **« Leletta »,** *tertiaire dominiciane* (Turin, 1926-Saint-Pierre, Aoste, 1993). — Leletta est la fille du baron Vittorio d'Isola et de la comtesse Caterina Malingri di Bagnolo. À sa naissance, elle fut offerte par sa mère à la Sainte Vierge. À trois ans, une très grave maladie pulmonaire lui laissa pour toujours une santé fragile ; elle voulut mourir pour aller au paradis, comme Thérèse de Lisieux*, et se montra déçue que sa mère ne le lui permît pas. Durant la Seconde Guerre mondiale, le palais de la famille à Bagnolo Piemonte recueillit des partisans, des réfugiés et des juifs ; Leletta aidait sa mère à soigner les blessés et à secourir la population éprouvée par les massacres, les incendies et les vols. À dix-sept ans, au cours d'une profonde crise religieuse, elle se jeta un jour le front contre terre, dans sa chambre, priant ainsi : « Je ne bouge plus si tu ne me donnes la Foi, et si tu me la donnes je consacrerai ma vie à la donner aux autres. » En se relevant, elle avait la foi ; sa vie en fut transformée. Elle entra dans un couvent dominicain, dont elle fut renvoyée à cause d'une tuberculose. De santé précaire, elle se mit avec passion – la même avec laquelle elle s'était engagée dans la Résistance pendant la guerre – à enseigner la philosophie dans les écoles publiques, à Turin, Bra, Chieti et Aoste. Elle se montrait également toujours disponible pour aider les plus pauvres. Elle devint tertiaire dominicaine et vécut selon la parole de Thomas d'Aquin : *contemplata aliis tradere*, « transmettre aux autres les choses contemplées », en esprit d'amitié et dans la recherche partagée de la vérité. Autour d'elle se forma un vaste cercle de personnes qui recherchaient un guide spirituel et venaient la consulter pour recevoir une direction de vie ou une parole de réconfort. Elle avait un don pour conseiller les gens et fut ainsi, pour beaucoup, une « mère spirituelle », montrant que la direction spirituelle peut être aussi l'affaire d'une femme et d'une laïque, en un temps où l'on pensait que cela ne pouvait venir que des prêtres. Elle entretint une abondante correspondance, en partie publiée, avec les personnes les plus diverses. Durant de longues années, elle s'adonna à la prière de nuit dans l'église déserte du Prieuré de Saint-Pierre, près d'Aoste, où elle résidait. Ses notes manuscrites laissent penser qu'elle aurait eu de fulgurantes intuitions sur les profondeurs de Dieu, sujet sur lequel elle fut toujours des plus réservées.

Nora Possenti Ghiglia

• *Voir aussi* : Thérèse de Lisieux

Bibl. : *Œuvres* : J. ENNO (pseudonyme de Leletta), *Le briciole del convito*, Turin, SEI, 1963 ; *Diario di Leletta*, Milan, Franco Angeli, 1993 ; *Lo Spirito Santo*, Effatà, Cantalupa, 1998 ; *Come ad antico compagno d'arme* (choix de textes prés. par R. Cerasoli Andreassi), Milan, Ancora, 2001. ***Études* :** N. POSSENTI GHIGLIA, *Leletta d'Isola. La portinaia del Buon Dio*, Milan, Ancora, 2009 ; COLLECTIF, *Leletta, Testimonianze*, Turin, Associazione Amici di Leletta, 1996.

OSANNA DE MANTOUE, *bienheureuse, tertiaire dominicaine, visionnaire et prophétesse* (Osanna Andreasi ; Mantoue, 17 janvier 1449-1505). — Osanna Andreasi, dite de Mantoue, est la fille de Nicolas et d'Agnès Gonzague, apparentés, selon une tradition tardive, à la famille ducale régnante. Vers ses sept ans, ses déjà nombreuses visions firent craindre à son père les symptômes de l'épilepsie, mais le savoir médical consulté se révéla inopérant. Quelques années plus tard, elle résiste au projet paternel d'un mariage imposé en développant une stratégie anorexique, dont elle est guérie dès qu'elle revêt l'habit de tertiaire dominicaine ; ce n'est qu'en 1501 qu'elle en prononcera les vœux. Son propos est de servir uniquement Dieu sans avoir à se plier aux ordres d'une autorité maritale. À dix-huit ans, elle reçoit la grâce du mariage mystique et, à l'instar de Catherine de Sienne*, porte désormais un anneau qui n'est visible que d'elle-même : d'où les suspicions de ses compagnes qui étonnamment négligent un telle référence, semblant avoir oublié ce précédent. En dépit de sa rigueur ascétique, de sa piété (dans un premier temps polarisée par la figure de l'Enfant Jésus, elle s'orientera vers la Passion du Christ) et de sa charité sociale, la suspicion et l'hostilité grandissent : elle est menacée d'expulsion et de se voir dénoncée au duc Frédéric de Mantoue, pourtant son ami. La persécution s'amplifiant, elle en renforce d'autant sa détermination et sa résistance. Ses amitiés dans les milieux dirigeants lui valent une influence certaine dans la vie politique locale, répondant ainsi au charisme de prophétesse : ainsi dirigera-t-elle la cité durant l'absence du duc Frédéric Ier, avant de conseiller étroitement le duc François II Gonzague et son épouse Isabelle d'Este. À cela, elle ajoute une compétence visionnaire, où l'on reconnaît l'empreinte de Savonarole : ses visions apocalyptiques n'épargnent pas la famille pontificale des Borgia (Alexandre VI est expédié en enfer et son fils, Valentin, se voit prédire une fin rapide), témoignant d'un souci du devenir de l'Italie de son temps, état politique et état spirituel confondus. Osanna, comme sa contemporaine Colombe de Rieti*, incarne ces personnalités féminines qui veulent par elles-mêmes déterminer et construire leur destinée, s'exposant ainsi à l'incompréhension générale de leur temps.

François Marxer

Bibl. : ***Vie*** **:** *Acta Sanctorum*, juin, III, p. 667-800 ; FRANCESCO DA FERRARA, *La vita della beata Osanna da Mantova, partita in sei libri*, Mantoue, 1590 ; G. BAGOLINI et L. FERRETTI, *La beata Osanna Andreasi, Vita*, Florence, Tipografia Domenicana, 1905. ***Études*** **:** M. PETROCCHI, *L'estasi nelle mistiche italiane della Riforma cattolica*, Naples, 1958, p. 45-51 ; G. ZARRI, « Le sante vive. Per una tipologia della santità femminile nel primo Cinquecento », *Annali dell'Istituto Storico Italo-germanico in Trento*, 6, 1980, p. 371-445.

OUMANÇOFF, Véra, *laïque* (Marioupol, 1886-Princeton, 1959). — Sœur cadette de Raïssa Maritain*, née dans une famille juive pieuse en Ukraine, elle émigra à Paris avec ses parents en 1893. Le 11 juin 1906, elle reçut le baptême avec Raïssa et Jacques Maritain. Un peu plus tard, elle se consacra à Dieu par un vœu de virginité. À partir de 1906, elle partagea la vie de Jacques et Raïssa Maritain et les suivit dans leurs déplacements entre l'Europe et l'Amérique, s'occupant en particulier des nombreuses charges pratiques du ménage et recevant les nombreux hôtes et amis qui fréquentaient leur maison. Humble et discrète, généreuse et dévouée, pleine de charité et de compassion, elle paraissait s'effacer derrière le couple de Jacques et de Raïssa, mais son histoire est inséparable de la leur. « Ce petit troupeau de trois était à Jésus-Christ. [...] Il y avait entre nous trois une unité profonde et tranquille, une unité radicale que nous avons toujours tenue pour une immense grâce de Dieu » : ainsi témoigne Jacques Maritain, et c'est en ce sens que l'on peut parler en vérité des « trois Maritain ».

Véra sut très tôt que Dieu est amour ; que par amour, il s'est fait homme et a accepté la Croix. De là vint son désir d'entrer dans l'amour du Christ et d'en être transformée en regardant la Croix, en l'embrassant dans ses fréquentes maladies et dans le service de ses frères et sœurs. En contemplant le mystère de l'Incarnation de Dieu, elle comprit qu'aimer le Christ et aimer ses frères était un seul et même amour. L'union à Dieu et le désir de lui appartenir à lui seul l'amenèrent à éprouver dans son âme la présence de la Trinité. Elle était ainsi attirée par le silence, par le recueillement en cette intimité divine dans une écoute inconditionnelle. Elle sentait que la rédemption se poursuivait chez les saints, appelés à ouvrir leur cœur à l'amour de Dieu, à accueillir les infirmités des hommes pour s'en charger comme Jésus, pour les présenter au Père et intercéder pour leur salut. Toute la vie et la prière de Véra, dans la sanctification des réalités quotidiennes, se ramenèrent ainsi au mystère trinitaire de Dieu qui vient à la rencontre de l'homme dans l'Incarnation du Verbe.

Véra fut favorisée de paroles intérieures qu'elle commença seulement à transmettre à Raïssa et à Jacques lorsqu'elle les vit accablés par l'imminence de la guerre, à la fin de l'été 1939 ; elle les transcrivit sur des billets qu'elle leur confiait au jour le jour. Ces « messages » parlaient de la miséricorde de Dieu, ils exhortaient à la confiance, à l'espérance.

Nora Possenti Ghiglia

• *Voir aussi* : Maritain

Bibl : *Vie et études* : J. MARITAIN, « Notre sœur Véra », in *Carnet de notes*, Paris, Desclée de Brouwer, 1965 ; N. POSSENTI GHIGLIA, *Les Trois Maritain. La présence de Véra dans le monde de Jacques et Raïssa*, Paris, Parole et Silence, 2006.

OUSTVOLSKAÏA, Galina, *musicienne* (Petrograd, aujourd'hui Saint-Pétersbourg, 1919-Saint-Pétersbourg, 2006). — Attirée dès son plus jeune âge par la musique, et surtout par la composition, Galina suivit des études musicales à la Capella de Leningrad. Elle rentra ensuite au conservatoire, où elle apprit la composition dans la classe de Dmitri Chostakovitch. Dès 1947, et durant trente ans, elle enseigna la composition à l'école musicale Rimski-Korsakov de Leningrad.

Très tôt, Galina trouva son style. Ses premières créations connurent un grand succès. Dmitri Chostakovitch ne se contenta pas seulement de lui exprimer son immense estime, mais lui emprunta même certains thèmes. Bien que l'œuvre de Galina ne puisse être considérée comme ouvertement avant-gardiste, elle fut vite taxée d'« élitiste » par le régime soviétique et fut de moins en moins jouée, lorsqu'elle ne fut pas déformée par la censure. C'est seulement à partir des années 1980 que l'on vit renaître un intérêt pour sa musique, d'abord en Occident, puis en Union soviétique.

Sa création musicale ne compte que vingt-cinq œuvres qui relèvent d'un processus de création singulier. Galina n'écrivait jamais sur commande, elle attendait d'être dans « un état de grâce » pour composer. Elle laissait ensuite reposer ses compositions jusqu'à ce que leur temps vînt, ou pas ; celles qui ne se manifestaient plus devaient être détruites. Considérant son œuvre comme le reflet personnel de ce qui était intiment vécu et éprouvé, elle rejetait la critique musicale, les définitions ou les étiquettes que celle-ci cherchait à imposer.

Sa musique ne se prête, en effet, que très peu à la classification ; elle dissout notamment les frontières entre la musique symphonique et la musique de chambre (la *Cinquième Symphonie* dure seulement dix minutes, tandis que la *Grand Duet* garde sa forme de symphonie classique). Ses instruments de prédilection, à vent et à percussion, sont ainsi utilisés hors de leur contexte orchestral habituel, dans des compositions de chambre. Ils contribuent à ce qui est considéré comme la caractéristique la plus accusée de son style : l'extrême expressivité. Tendue, parsemée de forts contrastes, sa musique est ascétique, démunie de toute fioriture ; elle peut être dite minimaliste, bien qu'une dimension spirituelle soit toujours fortement présente. Parfois créée dans la souffrance et l'effort, elle exige une écoute et une mobilisation psychique importantes. Le fanatisme, voire l'agressivité, qu'on lui a attribué, est lié à ce qui peut se comprendre comme son obsession païenne et panthéiste pour les cycles de la nature : le chaos, la douleur de la naissance du monde, le déchaînement des éléments naturels. En outre, sa musique, qui est un cri vers Dieu, sonne comme une litanie, une prière. Son cœur est constitué par des thèmes évangéliques, le mystère du Golgotha ou la Passion du Christ : flagellation, couronne d'épines, portement de la Croix. La plupart des compositions écrites dans les années 1970-1990 portent d'ailleurs des noms religieux : *Dona nobis pacem, Dies irae, Benedictus, qui venit, Amen*. Cette musique « remplie d'esprit religieux » devait être jouée, selon elle, à l'église et non dans une salle de concerts.

Sans jamais quitter son pays, Galina Oustvolskaïa vécut en recluse jusqu'à ses derniers jours, voyageant très peu et ne donnant presque pas d'interview. Elle s'est éteinte à l'âge de quatre-vingt-sept ans dans sa ville natale.

Ioulia Podoroga

Bibl. : *Étude* : F. LEMAIRE, « Le destin singulier et solitaire de G. Oustvolskaïa », in *Le Destin russe et la musique : un siècle d'histoire de la Révolution à nos jours*, Paris, Fayard, 2005. ***Discographie choisie*** : *Composition n° 1*, pour piccolo, tuba et piano, « *Dona nobis pacem* », 1971 ; *Composition n° 2*, pour 8 contrebasses, cube et piano, « *Dies irae* », 1972 ; *Composition n° 3*, pour quatre flûtes, quatre bassons et piano, « *Benedictus qui venit* », 1975 ; *Symphonie n° 2*, pour récitant et orchestre, « La Grâce véritable et éternelle » (sur le texte d'Hermann Contractus), 1979 ; *Grand Duet*, pour violoncelle et piano, 1959 ; *Symphonie n° 3*, pour instruments à vent, percussions, contrebasse, récitant et piano, « Jésus Messie, sauve-nous ! » (sur le texte d'Hermann Contractus), 1983 ; *Symphonie n° 4*, pour contralto, trompette, piano et tam-tam, « La Prière » (sur le texte d'Hermann Contractus), 1987 ; *Symphonie n° 5*, pour récitant et ensemble instrumental, « Amen », 1990.

P-Q

PACKER, Toni, *« conseillère spirituelle » du bouddhisme zen, fondatrice du Springwater Center for Meditative Inquiry and Retreats* (Berlin, 1927). — Née de parents juifs obligés de cacher leur origine sous une étiquette luthérienne, Toni est soumise très jeune aux dangers des idéologies telles que le nazisme. Sa famille émigre en Suisse, où elle se marie avec Kyle Packer en 1950. En 1951, elle s'installe avec celui-ci près de Buffalo (état de New York) et obtient un diplôme universitaire de psychologie. Après avoir lu les livres d'Alan Watts, de Daisetsu Teitaro Suzuki et de Philip Kapleau (*Les Trois Piliers du zen*), qui présentent les principes du bouddhisme pour la première fois en Occident en 1967, elle devient l'élève de Kapleau au centre zen de Rochester. C'est auprès de lui que Toni Packer expérimente pour la première fois le zen et ses rituels. Là, elle pratique la méditation assise *zazen* (*za* : « assis » et *zen* : « méditation »), fondée soit sur « l'attention au souffle », soit sur la résolution de *kôan*. Les *kôan* (« documents publics »), réunis dans deux recueils, « La passe sans porte » et « Le recueil de la falaise verte », sont des questions paradoxales et absurdes posées par le maître à un disciple afin de l'obliger à abandonner l'intellect et faire l'expérience directe de la réalité non-duelle située au-delà des mots.

Mariée et mère de famille, Toni Packer ne réside pas à temps complet au monastère et demande à Philip Kapleau de ne pas pratiquer les *kôan*, préférant se livrer exclusivement à l'attention au souffle pour découvrir sa véritable nature (qu'on appelle aussi « Visage Originel » ou « Nature de Bouddha »). Désir qui se renforce sous l'influence de l'œuvre de Jiddu Krishnamurti, qui ne cesse, comme les maîtres zen, de prôner la nécessité d'une attention « sans choix » à chaque instant de la vie, hors de tout rituel et de toute pratique structurée (individuelle ou en groupe). En 1971, elle devient « conseillère spirituelle » au monastère de Rochester : elle reçoit des élèves et les aide à surmonter leurs difficultés. À partir de 1976, ses fonctions d'enseignante s'élargissent. En 1981, lorsque Philip Kapleau doit s'absenter pendant plusieurs mois, il confie à Toni Packer, censée devenir prochainement son « héritière dans le dharma », l'entière direction du monastère. Une fois à la tête de cette structure, Toni Packer comprend qu'elle ne peut pas enseigner dans un cadre aussi formel. Elle cesse donc de porter le *rakusu* (un carré d'étoffes cousues ensemble, porté autour du cou par un ruban, remis au cours d'une cérémonie d'ordination, symbolisant la robe rapiécée du Bouddha et l'appartenance formelle à sa communauté), qui la distingue de ses élèves. Elle fait enlever l'autel du Bouddha de la salle de méditation et modifie les rituels. En réponse à ces changements, la communauté se divise. Certains pratiquants jugent qu'une pratique centrée sur la méditation et sur les entretiens, sans référence à la culture japonaise, va à l'essentiel ; d'autres se sentent désorientés.

Peu de temps après le retour de Philip Kapleau, Toni Packer quitte le centre zen de Rochester et ouvre le Genesee Valley Zen Center, suivie par certains pratiquants. En 1986, le centre change de lieu et devient le Springwater Center for Meditative Inquiry and Retreats (« Centre de Springwater de recherches méditatives et de retraites »). Le mot *zen* a été remplacé par l'expression « recherche méditative » et l'affiliation au bouddhisme définitivement abandonnée. Pour Toni Packer, comme pour Krishnamurti, l'autorité exercée par un maître et la révérence envers les traditions religieuses héritées du passé sont des obstacles à la libre observation permettant de « voir les choses telles qu'elles sont ». Le travail avec l'élève devient une expérience durant laquelle chacun peut faire la même constatation et sentir se dissoudre les barrières illusoires qui séparent les deux personnes en présence. « Vous n'avez pas à croire en un maître. Vous n'avez pas à croire quoi que ce soit. Voyez simplement par vous-même. Il y a juste le fait de voir, la clarté sans illusions. C'est une non-chose. Il n'y a rien à donner et rien à recevoir. Il n'y a pas une personne qui donne et une autre qui reçoit. Il y a juste ceci », dit-elle dans *Seeing Without Knowing* (« Voir sans savoir », 1986). Vision qui fait écho aux dernières paroles attribuées au Bouddha : « Soyez votre propre lampe. » Pourtant, contrairement à Krishnamurti, qui semble rétif à toute pratique formelle, elle incite à une pratique régulière de recherche méditative structurée au sein d'une communauté, comme dans le zen. Elle y voit le laboratoire à partir duquel l'attention pourra se répandre ensuite dans tous les aspects de la vie. Comme elle le dit : « S'asseoir tranquillement, en faisant attention au souffle, ou en étant simplement présent, peut rendre conscient du fonctionnement incessant du corps et du psychisme humains : le flot incessant des pensées, des sensations, des sentiments, des désirs, peurs, espoirs, réactions, jugements, émotions, souffrances et plaisir » (*Seeing Without Knowing*). L'usage des *kôan* est lui aussi préservé, puisque chacun d'eux tourne autour d'un problème existentiel, bien que celui-ci soit masqué. Cependant, leur nouvelle forme ne fait plus appel à des références culturelles japonaises. La position unique de Toni Packer, souvent décrite comme « un maître zen sans le zen et sans le maître », est paradoxale dans le sens où cette description pourrait être aussi revendiquée par un maître zen traditionnel. La tradition de ce dernier exige en effet qu'il « ne pue pas le zen », autrement dit qu'on ne sente plus le zen en lui, mais simplement la sagesse, la compassion et la liberté. Elle affirme aussi que « le zen existe mais qu'il n'y a pas de maître zen pour l'enseigner » (un vrai maître, ayant atteint la libération est une non-personne, donc un non-maître. S'il se ressent comme un maître, il ne l'est pas et n'enseigne pas le zen !).

L'exemple extraordinaire de Toni Packer, une disciple ayant été reconnue comme digne de poursuivre un lignage et qui finalement abandonne la tradition pour lui donner une forme expérimentale, ne cesse de surprendre. Très divisés à son égard, les milieux bouddhistes la considèrent tantôt comme un grand maître, tantôt comme la première hérétique du zen. Ce destin hors norme est à rapprocher de celui de Krishnamurti qui, élevé par les théosophes afin de devenir le prochain enseignant spirituel mondial, refusa finalement ce rôle avec fracas. Il rappelle également le destin de son propre maître Philippe Kapleau, qui, tout en essayant de conserver les méthodes zen et le bouddhisme dans leur intégralité, eut maille à partir avec son maître japonais, fut retranché de son lignage et dut initier malgré lui une nouvelle branche de transmission. Or la rupture n'est-elle pas un processus récurrent dans l'histoire des religions ? On pense au Bouddha, considéré comme un traître aux yeux des hindous, ou encore à Jésus, le premier chrétien présenté comme celui qui osa abandonner un judaïsme dépassé.

La rigueur de sa formation exclut qu'on accuse Toni Packer d'avoir eu une expérience partielle de l'éveil, comme l'affirment certains de ses détracteurs. Le fait qu'elle ait remis en cause la formation qui lui a permis de se libérer et l'ait adaptée à ses nouveaux adeptes nous oblige à nous poser une question fondamentale : les religions peuvent-elles s'assortir à notre époque sans perdre leur essence, la vie, la psychologie et la culture des pratiquants n'ayant plus rien à voir avec ce qu'elles étaient quand certaines méthodes virent le jour ? Le zen était adapté à des hommes habitués à vivre dans des conditions difficiles (travaux de peine, absence de chauffage, nourriture sommaire) et reflétait une sorte de brutalité martiale (exhortations viriles au « combat spirituel », rapport musclé entre les maîtres et les élèves, utilisation des coups, des injures et du *kyosaku*, un bâton avec lequel on frappait les méditants inattentifs). Le fait que Toni Packer soit une femme, et une mère de famille de surcroît, l'a sans doute inclinée à introduire plus de souplesse dans la pédagogie du zen qui, si elle affirme être libre des représentations culturelles, reste cependant attachée à certains outils : les rituels, entretiens, costumes, horaires et formulations. Une chose reste indéniable, Toni Packer est une femme d'une immense audace, une expérimentatrice et une novatrice hors pair. Si son zen est devenu totalement « invisible », n'est-ce pas aussi finalement ce que la tradition réclamait ?

Ariane Buisset

Bibl. : ***Œuvres*** : *The Silent Question : Meditating in the Stillness of not Knowing*, Boston, Shambhala Publications, 2007 ; *The Wonder of Presence and the Way of Meditative Inquiry*, Boston, Shambhala Publications, 2002 ; *Seeing Without Knowing and what is Meditative Inquiry*, Springwater (NY), Springwater Center, 1995 ; *The Light of Discovery*, Boston, Shambhala Publications, 1995 ; *The Work of this Moment*, Boston, Shambhala Publications, 1990. ***Études*** : C. PREBISH, M. BAUMANN, D. L. MC MAHAN, *Westward Dharma : Buddhism beyond Asia*, Berkeley, University of California Press, 2002 ; J. W. COLEMAN, *The New Buddhism : The Western Transformation of an Ancient Tradition*, Oxford, Oxford University Press, 2001 ; J. I. FORD, *Zen Master who ?*, Somerville, Wisdom Publications, 2006.

PAÏNI, Lotus de, ***dite*** **« baronne Païni »**, *peintre et écrivain occultiste* (Elvezia Gazzoti ; Copparo, Italie, 1862-Fumel, France, 1953). — Née d'une mère française (Thérèse Guignon) et d'un père italien (Giuseppe Gazzotti), Elvezia Gazzoti quitte l'Italie pour la Côte d'Azur à l'adolescence avec sa mère et sa sœur aînée, Fiametta. En 1888, elle se marie avec un aristocrate italien, le baron Nicolas Païni, qui l'introduit dans la haute société et favorise ainsi sa carrière d'artiste peintre. Autodidacte, elle expose pour la première fois à Paris en 1889. Elle signe sous différents noms, dont Lotus de Païni, Lotus étant son nom mystique, choisi en 1889. Portraitiste de cour en Roumanie de 1894 à 1897, elle est remarquée après son retour en France pour ses nus féminins animés d'un esprit libertaire et d'un symbolisme mystique païen très affirmé. Lotus préfigure le féminisme qui se développera au XXe siècle. Sa pensée puise dans les traditions pré-patriarcales et s'organise autour de la sacralisation et de la libération du féminin. Après son divorce d'avec le baron Païni, elle se remarie en 1900 avec le docteur Paul Pératé, dont elle transforme le patronyme en Péralté. L'aventure spirituelle du couple la conduit à la Société Théosophique naissante, puis, choisissant Rudolf Steiner plutôt qu'Annie Besant*, à la Société Anthroposophique. Ce dernier a une influence profonde et durable sur sa pensée. Lotus soutient ainsi le mouvement anthroposophique jusqu'au décès de Steiner en 1925. Elle contribue financièrement et artistiquement à la création du premier Goetheanum à Dornach en 1914. Elle est encore présente à partir de 1924, malgré une distance grandissante, lors de la reconstruction de l'édifice, détruit par un incendie criminel le 31 décembre 1922. De nombreux voyages aventureux et mouvementés, en compagnie de son époux, en Inde, à Ceylan, au Cachemire, à Ladakh, au Tibet, en Égypte et en Palestine, viennent enrichir, parfois bouleverser, son expérience et imprégner quantité de ses peintures. Ils constituent aussi la nourriture d'une pensée originale, qui attend son heure pour s'épanouir.

Son premier ouvrage, *Quelques Réflexions d'une artiste sur les dessins de la Caverne d'Altamira* (1909) démontre déjà l'érudition de l'auteur et sa capacité de détournement de la science au profit du mythe et de la puissance poétique. En 1914, elle rédige *L'Ésotérisme de Parsifal. L'Ésotérisme de la vieille légende du Cycle d'Artus, suivie d'une traduction du Parsifal de Wagner*, qui véhicule les constituants d'une pensée autonome en construction, mystique, gnostique, païenne et hermétiste. Dix ans plus tard débute la publication de son œuvre la plus importante, qui fascina André Breton : *Les Trois Totémisations. Essai sur le sentir visuel des très vieilles races* (1924) ; *La Magie et le mystère de la femme* (1928) ; *Pierre Volonté* (1932). Lotus cherche dans les anciennes traditions l'expression, la plus immédiate possible, d'une mystique originelle inscrite dans le rapport entretenu avec la nature. Sa conception de la magie est à la fois classique et très personnelle. Le procès – sentir, penser, vouloir –, qu'elle associe aux trois règnes – animal, végétal, minéral –, s'épanouit en l'être humain, à qui l'univers répond pour l'assister dans une quête où se combinent l'enchantement du monde et la liberté. Les trois totémismes, loin des considérations universitaires, investissent les arcanes naturels de l'hermétisme. L'alchimie secrète du sang, l'érotisme sacré, le jeu du phallus et du ctéis, la fonction sacerdotale et initiatique de la femme, la transcendance du féminin, sont abordés avec une intuition étonnante. Lotus prend pour première matière de son œuvre ce qui est là, corps et nature, pour en saisir l'enchantement puis l'essence. Au fil des trois livres, la dimension poétique initiatique s'affirme. Le langage devient crépusculaire. Elle sait l'impuissance du discours à donner le pressentiment de ce qu'elle connaît et fait appel à la fonction imaginale par des métaphores emboîtées. Si son œuvre majeure, écrite « pour ceux qui viendront », n'est comprise, à sa parution, que par de rares hermétistes et membres des avant-gardes, elle est aujourd'hui en passe de devenir culte.

Rémi Boyer

Bibl. : *Œuvres* : *Quelques Réflexions d'une artiste sur les dessins de la caverne d'Altamira*, Paris, Sansot, 1909 ; *L'Ésotérisme de Parsifal. L'Ésotérisme de la vieille légende celtique du Cycle d'Artus*, suivie *d'une traduction littérale du Parsifal de Richard Wagner*, Paris, Perrin, 1914 ; *Les Premières Phases d'un mouvement de l'esprit*, Paris, Sansot, 1914 ; *Les Trois Totémisations. Essai sur le sentir visuel des très vieilles races*, Paris, Chacornac, 1924 ; *La Magie et le mystère de la femme*, Paris, Éditions du Loup, 1928 ; *En Palestine, relations de voyage*, Paris, Éditions du Loup, 1930 ; *Pierre Volonté*, Paris, Leymarie, 1932 ; *Le Mysticisme intégral*, Paris, Les Argonautes, 1934. ***Étude* :** M. LE GOUARD, « Lotus de Païni (1862-1953) et les trois Totémisations », *Politica Hermetica*, nº 16, Paris, L'Âge d'Homme, 2002.

PANE, Gina, *artiste plasticienne, performeur* (Biarritz, 24 mai 1939-Paris, 1990). — Née d'une mère autrichienne et d'un père italien, restaurateur de pianos, Gina Pane passe son enfance en Italie du Nord, à Turin, qu'elle quitte en 1961 pour venir faire ses études à l'École des beaux-arts de Paris, jusqu'en 1966. Pendant ces années, elle participe aux Ateliers d'art sacré (1961-1963). Gina peint ses premières peintures dans un style géométrique abstrait et crée des sculptures. En 1968, elle réalise une série d'« Actions » *in situ* dans la nature, où son corps occupe une place majeure : *Terre protégée* (1968), *Enfoncement d'un rayon de soleil* (1969). Dans les années 1970, elle est reconnue comme une des figures centrales du *Body Art* français.

Son évolution artistique est scindée en trois périodes distinctes. De 1968 à 1970-1971, elle accomplit des interventions corporelles où son corps joue un rôle central de médiateur, en rapport avec sa perception de la culture contemporaine. Elle utilise son enveloppe charnelle comme matériau. Elle nomme ces performances ses « Actions », qu'elle réalise dans des galeries, des musées ou lors de manifestations internationales telles que la Documenta VI à Cassel. Œuvres qui se veulent des commentaires symboliques de la réalité. Ainsi, en 1971, la presse dévoile le scandale et le tabou que représentait alors la mort par overdose d'un jeune homme. Gina transpose dans son art l'aveu médiatique, en trempant face au public sa main dans une bassine de chocolat brûlant, le « chocolat » étant un terme argotique désignant la drogue : *Hommage à un jeune drogué* (Bordeaux, 1971) ; mise en scène et métaphore de la douleur, à travers lesquelles elle souhaite susciter une prise de conscience collective, galvanisée qu'elle est par sa foi en l'art et son combat auprès du public.

De plus en plus médiatisée, entre 1972 et 1977, elle élabore dans son atelier des « Actions » à partir de nombreux dessins qui illustrent son cheminement intellectuel. Dans un second temps, elle les développe minutieusement devant un public. Des photographies en conservent la mémoire, donnant une dimension pérenne à ce qui est à travers l'éphémère, l'important : sa présence et son échange avec le public, lors de la réalisation de ses « Actions ». Dans *Escalade, non anesthésiée* (Paris, 1971), elle escalade pieds nus une grille acérée ; elle gravit l'échelle de la souffrance durant l'« Action » qui est photographiée à certains moments clefs. Dans *Aziome sentimentale* (Milan, 1973), elle illustre une dimension du martyre catholique par automutilation, en se plantant des épines dans les bras et en faisant couler son sang avec une lame de rasoir. Elle ira jusqu'à laisser des asticots grouiller sur son visage (*Mort*, 1974). Supporter stoïquement l'insupportable et l'exhiber à la fois possèdent un sens pour Gina. Chez elle, les rituels artistiques, provoquant la douleur, sont accomplis dans le but d'une catharsis, d'une possible transformation, d'elle-même et du public.

Après la création de l'atelier de performances au centre Georges Pompidou, à Paris, en 1978, elle cesse ses « Actions ». Un tournant s'amorce, elle abandonne la performance dans les années 1980 pour revenir à la sculpture et la peinture, qu'elle enseigne, de 1975 à 1990, à l'École des beaux-arts du Mans. Durant cette période, elle utilise ses créations passées et l'histoire de l'art – elle se réfère à la peinture religieuse flamande et italienne de la Renaissance – et met au point un nouveau langage artistique qui repose sur la mémoire. Elle abandonne le sens littéral, le recours à sa propre chair. Le bois, le fer, le verre et le cuivre figurent la matérialité de son corps. Dès lors, elle crée des « Partitions ».

À la fin de sa vie, elle évoque la saga des saints martyrs chers à la tradition catholique en effectuant une relecture tardive et iconographique de *La Légende dorée* (1986) : « Je suis fascinée par la vie des saints, parce qu'à chaque fois on est face à un homme. Dans l'icône, il n'y a que transcendance », dira-t-elle. En 1985-1986, elle réalise ainsi trois versions du martyre de saint Laurent et compose *Saint Georges et le dragon d'après une posture d'une peinture de*

Paolo Ucello, *partition pour un combat* (1984-1985). Elle meurt prématurément des suites d'un cancer.

Le corps et l'esprit sont les deux grands thèmes et matériaux de la création artistique de Gina Pane, qui n'a de cesse de sonder le religieux. Ses « Actions » ritualisées posent la question de la présence et de la relation à l'autre, de l'éveil des consciences. Relié à l'invisible blessure collective, son corps interroge la nature sacrificielle de l'âme humaine. Des ponts entre sa création et la sphère spirituelle peuvent être établis quand elle reprend certains éléments du vocabulaire corporel religieux, la lumière, la terre, la nourriture, le sang, la blessure, etc. La souffrance qu'elle exprime, liée au rachat, à l'exorcisme ou à la communion, est aussi celle des grands mystiques. Sans revenir pour autant à la religion, elle revisite et réactualise certaines fêtes et rites théologiques : *Pentecôte ou l'été indien* (1987-1988), *La Prière des pauvres et le corps des saints* (1989-1990), autant d'œuvres qui ne cessent d'inviter l'homme à méditer.

Caroline Benzaria

Bibl. : ***Étude*** **:** A. TRONCHE, *Gina Pane : Actions*, Paris, Fall, 1997. ***Expositions*** **:** De 1967 à 1990, Gina Pane s'est manifestée à travers de nombreuses actions et expositions : musée d'Art moderne Georges Pompidou, Paris, 1979 ; musée d'Art moderne, Villeneuve-d'Asq, 1986 ; galerie Isy Brachot, Paris et Bruxelles, 1978, 1980, 1983, 1987, 1988.

PASCAL, Jacqueline, *cistercienne et poétesse* (Jacqueline de Sainte-Euphémie en religion ; Clermont, 1625-Port-Royal-des-Champs, 4 octobre 1661). — Jacqueline est la sœur cadette du célèbre savant, théologien et écrivain Blaise Pascal. Poétesse à huit ans, couronnée, encouragée par Corneille, elle semble promise à une brillante carrière mondaine, quand la méditation d'ouvrages d'un grand maître spirituel, l'abbé de Saint-Cyran, la métamorphose : à vingt-deux ans, elle décide de se consacrer à Dieu dans la vie religieuse. Retenue quelques années auprès de son père, elle entre au monastère cistercien de Port-Royal à Paris le 4 janvier 1652, où elle prend l'année suivante le nom de sœur Jacqueline de Sainte-Euphémie. Par l'authenticité de sa vocation et sa vive intelligence, elle accède presque immédiatement aux charges : conduite des postulantes, puis des enfants élevées dans le monastère, avant de devenir sous-prieure à Port-Royal-des-Champs et maîtresse des novices. Après une brève trajectoire, marquée par l'allégresse d'une course vers Dieu sans jamais regarder en arrière, elle meurt vraisemblablement d'une péritonite. Son directeur spirituel, Antoine Singlin, écrit alors qu'elle a moins besoin de ses prières que lui des siennes.

Les œuvres religieuses de Jacqueline, peu nombreuses, consistent en quelques poèmes, en un *Règlement pour les enfants* (1657) et surtout en lettres ; elle a également pris une part importante à la rédaction des *Constitutions de Port-Royal* (1627-1648). Ses maîtres – en dehors de la liturgie et de la Bible – sont saint Augustin, saint Benoît, saint Jean Climaque, saint Bernard de Clairvaux et les Pères du désert (conformément à la tradition cistercienne), sainte Thérèse d'Avila* et l'abbé de Saint-Cyran. Elle se nourrit aussi de l'*Imitation de Jésus-Christ*, des œuvres de Louis de Grenade et de saint François de Sales.

On remarquera l'absence, chargée de sens, des Rhéno-Flamands et de saint Jean de la Croix. C'est que Jacqueline illustre parfaitement le rapport à la mystique qui est celui de Port-Royal au milieu du siècle. Après avoir été tenté par le recours aux nouvelles « méthodes » d'oraison, sous l'influence de jésuites ou d'oratoriens, le monastère – entraîné par Saint-Cyran – est revenu à ses origines monastiques, à la simplicité de la Règle de saint Benoît : « Que l'oraison soit brève et pure. » Contrairement aux longs temps dévolus à l'exercice de l'oraison dans certains ordres, comme les Visitandines, Saint-Cyran invitait à des pauses d'un demi quart d'heure. Dans les *Constitutions de Port-Royal* (publiées seulement en 1665), le chapitre VII, « De l'oraison », s'ouvre ainsi : « L'oraison secrète qui se fait en commun et les autres heures de prières qu'on donne aux sœurs pour l'assistance du Saint-Sacrement tant de nuit que de jour, seront employées par elles selon la grâce que Dieu leur donnera ; l'intention de saint Benoît étant qu'on donne lieu au Saint-Esprit d'exciter en elles l'esprit d'oraison, qui consiste dans un désir sincère d'être à Dieu, et dans la pureté et componction de cœur, comme il est dit dans la *Règle* ; car la vraie oraison est un don céleste et non pas humain, le Saint-Esprit priant pour nous, lorsqu'il nous fait prier. »

Selon l'appel du Christ (Lc XVIII, 1), il faut prier sans cesse, c'est-à-dire vivre dans un continuel souvenir de Dieu, laisser déborder son cœur « en de courtes mais fréquentes prières jaculatoires ». Chargée des petites filles, Jacqueline écrit qu'il faut « leur imprimer au cœur un véritable désir de la sainte présence de Dieu, afin qu'elles le regardent en tous lieux et en toutes leurs occupations, l'adorant et le louant partout » (*Règlement*..., VII). Elle se trouve ici toute proche de son contemporain, le carme Laurent de la Résurrection, comme le confirme la lettre qu'elle adresse le 3 octobre 1656 à une jeune fille qui désirait devenir religieuse à Port-Royal : une vraie moniale « doit trouver l'église en tous les lieux de la maison, sans que le travail extérieur puisse interrompre cette oraison continuelle ».

Comme la mère Agnès Arnauld*, dont elle était très proche, et comme son frère Blaise, auteur du célèbre « Mémorial » (fr. 742 des *Pensées*, éd. Sellier), Jacqueline manifeste l'inanité de la fable inventée par l'abbé Bremond d'un Port-Royal « anti-mystique ». Port-Royal a simplement rejeté toute réduction de la mystique à un cheminement canonique, à une sorte de code de la route auquel Dieu serait soumis, code qu'aurait publié saint Jean de la Croix : ainsi que l'a rappelé le père Jossua dans *Seul avec Dieu. L'aventure mystique* (1996), beaucoup de saints ont ignoré cette voie. Jacqueline se situe à l'intérieur de la vénérable tradition monastique : insistance sur la joie chrétienne, omniprésente dans les lettres de la religieuse, et non sur la nuit ; pure et humble disponibilité pour « donner lieu » à l'Esprit, qui souffle où il veut.

Philippe Sellier

• *Voir aussi* : Arnauld (Agnès)

Bibl. : *Œuvres* : *Œuvres complètes* (y compris les lettres), *in* J. Mesnard (éd.), *Œuvres complètes* de Blaise Pascal, Paris, Desclée de Brouwer, 1964-1992, 4 vol. ; *Constitutions de Port-Royal du Saint-*

Sacrement, Paris, Nolin, 2004. ***Études*** : *Gilberte et Jacqueline Pascal*, numéro spécial des *Chroniques de Port-Royal*, n° 31, Paris, 1982 ; *Dictionnaire de Port-Royal*, Paris, Champion, 2004.

PAUPER, Marcelline, *sœur de la Charité* (Catherine Pauper ; Saint-Sauge, 1663-Tulle, 1708). — Fille de boulanger, Catherine Pauper entre comme pensionnaire chez les Ursulines de Moulins en 1674, où elle reste quatre ans. Elle fait vœu de chasteté perpétuelle en 1675. Adolescente, elle fait preuve de beaucoup de piété et se met au service des pauvres. Mais son zèle se relâche à la mort de sa mère, en 1681 ; elle fréquente le monde, est courtisée par de jeunes hommes. Elle se « convertit » en 1685, renonce au mariage et veut vivre par la pénitence en conformité à Jésus souffrant. Elle prie beaucoup, jeûne, se donne la discipline, revêt le cilice et une ceinture de fer, met sur sa tête une couronne garnie de pointes de fer. Elle obtient le don des larmes qui accompagnent sa prière. En 1688, elle entre dans la Congrégation des Sœurs de la Charité de Nevers, fondée huit ans plus tôt à Saint-Saulge par le père de Laveyne, et fait profession sous le nom de sœur Marcelline. Supérieure de la maison de Nevers en 1694, elle fonde également de nombreux établissements (Decize, Murat, Bourg-Saint-Andéol, Tulle). Elle se dévoue pour les malades. De santé délicate, elle souffre notamment de maux de tête, au point de devoir être trépanée. Elle s'installe à Tulle en 1705, où elle meurt trois ans plus tard en odeur de sainteté. Un an après, son corps n'aurait montré aucune trace de corruption.

Marcelline Pauper pratique une oraison intérieure presque continue, qui devient peu à peu une simple adhésion à la volonté de Dieu. Elle vit ainsi en union à Dieu, tout en vaquant à ses occupations. Sa vie est marquée par de nombreuses apparitions : à l'âge de six ans, la Vierge lui apparaît, la bénit et l'offre à l'Enfant Jésus. En 1685, Jésus lui reproche sa tiédeur. De 1691 à 1694, elle reçoit des « instructions » sur le mystère de la Trinité. En 1697, à l'hôpital de Murat, elle voit apparaître le Christ en *ecce homo,* qui lui révèle l'économie du mystère de l'Incarnation, puis elle a la vision des mots « amour » et « croix », qui apparaissent quelques mois plus tard sur son cœur. En 1701, Jésus lui apparaît avec Catherine de Sienne*, qu'il lui donne comme modèle. La même année, elle est ravie et reçoit l'intelligence des paroles « Maître, où demeurez-vous ? » et « Venez et voyez », apercevant la pureté essentielle de Dieu. Elle est également comblée de nombreuses extases, mais aussi de tentations démoniaques ou de désespoir (notamment en 1688, 1698, 1702-1704). Elle est stigmatisée en 1702, en expiation des péchés des hommes.

Si elle a un vif attrait pour la Trinité et pour l'Eucharistie, sa spiritualité, très austère, est surtout marquée par la souffrance, ce qui peut s'expliquer par ses propres maux et la recherche de mortifications, et elle goûte pardessus tout la Croix de Jésus. Comme l'indiquent les mots « amour » et « croix », elle aurait voulu restituer par la souffrance ce que le Christ a enduré pour les hommes, être punie pour les péchés de ceux-ci. Elle aurait aussi voulu subir le martyre des protestants des Cévennes.

Yves Krumenacker

• *Voir aussi* : Catherine de Sienne

Bibl. : ***Œuvre et étude*** : A. RAVIER, *L'Expérience mystique de Sœur Marcelline Pauper... Étude critique de ses écrits*, Nevers, Couvent Saint-Gildard, 1982. ***Vie*** : M. BOUIX, *Vie de Marcelline Pauper de la Congrégation des Sœurs de la Charité de Nevers, écrite par elle-même*, Nevers, Fay, 1871.

PAZZI, Marie-Madeleine de. — *Voir* MARIE-MADELEINE DE PAZZI

PÉLAGIE, *sainte orthodoxe, folle en christ* (Pélagie Ivanovna Serebrennikova ; Arsanas, Empire russe, 1809-Diveevo, Empire russe, 1884). — Toute petite, Pélagie ne ressemblait déjà pas aux autres enfants. Se distinguant par une beauté extraordinaire, elle feignit dès sa jeunesse, et jusqu'à sa mort, la folie et la maladie, et fit semblant d'être dégoûtante pour ne pas se marier. Malgré cela, son fiancé voulait toujours l'épouser. Peu de temps après son mariage forcé, elle rendit visite à saint Séraphin de Sarov et eut avec lui une longue conversation. Mimant la folie, Pélagie s'habillait bizarrement, se comportait de façon anormale dans les lieux publics, suscitait des insultes et des ragots. Elle devint une vraie « folle en Christ », un type de sainteté traditionnelle particulièrement apprécié en Russie, qui consiste à mener une vie de transgression dans un esprit religieux. Rappelons qu'un fol en Christ est une personne généralement humble ; il se réjouit quand on se moque de lui, lorsqu'on le méprise ; il refuse non seulement les convenances, les richesses, le confort, mais la raison elle-même. Son ascétisme est souvent public ; il ne se cache pas, organise des spectacles au milieu de la foule.

En 1837, Pélagie fut reçue dans le monastère de Diveevo, où elle continua sa vie de « folle en Christ » jusqu'à sa mort : elle vivait dehors, dans un caniveau rempli de fumier, elle brisait des vitres de cellules, se battait contre les murs, marchait toujours les pieds nus, se blessait avec des clous, maltraitant son corps de mille façons, ne se nourrissant que de pain et d'eau, sans jamais fréquenter le réfectoire. Pendant plusieurs mois, elle porta des pierres très lourdes et les jeta dans une fosse remplie d'eau, pour ensuite les en retirer. Aux gens qui voyaient qu'elle peinait et s'interrogeaient sur cet acte insensé, elle répondait : « Je travaille, mon petit père, je travaille », démontrant le non-sens de l'activité vaine de l'homme. Elle dormait par terre, près de la porte d'entrée. Elle ne lavait jamais son corps et ne coupait jamais ses ongles. Pélagie savait également guérir des maladies, comme la paralysie du bras du peintre Mikhaïl Petrov, par exemple. Elle prédisait des événements importants, consolait les affligés et commandait même aux éléments – une fois, elle éteignit un incendie. Grâce à elle – « le deuxième saint Séraphin de Sarov » comme l'appelait le peuple –, de nombreuses âmes ont trouvé leur salut.

Tatiana Goritchéva

• *Voir aussi* : Isidora ; Xénia de Pétersbourg

Bibl. : ***Études*** : *Dictionnaire de spiritualité*, Paris, Beauchesne, t. XIII, 1988, p. 636 ; T. CONWAY, *Women of Power and Grace : Nine Astonishing, Inspiring Luminaries of Our Time*, Santa Barbara (CA), Wake Up Press, 1996.

Perle évangélique*, *La (XVIe s.). — Écrit d'une béguine anonyme, *La Perle évangélique* prolonge au XVIe siècle le courant de la mystique rhéno-flamande. L'identité de son auteur n'a pas été percée jusqu'à présent ; néanmoins, dans la Préface qu'il donne à l'édition de 1542, Nicolas van Essche, latinisé en Eschius, affirme avoir connu cet auteur, qui faisait partie de ses relations ordinaires. Or Eschius exerça son ministère dans la région d'Osterwijk, dans le Nord-Brabant, et lui-même y avait fondé un béguinage. Eschius précise que cette personne était une célibataire pieuse, qui mourut le 28 janvier 1540, à l'âge de soixante-dix-sept ans. Dom Thierry Loher, chartreux à Cologne, qui publia le texte à Utrecht en 1535, précise qu'elle était de noble origine et qu'elle avait pratiqué cinquante ans durant ce qu'elle enseignait dans son livre. Autre chartreux colonnais, Laurent Surius, qui aurait traduit l'ouvrage en latin (à moins que ce ne soit Eschius lui-même) afin d'en assurer une diffusion européenne, demanda au jésuite Pierre Canisius, dans une lettre du 18 mars 1576, si cette demoiselle n'était pas de sa parenté. N'ayant point la réponse de Canisius, nous ne pouvons que supposer que cette personne inconnue n'est autre que cette parente brabançonne du jésuite, dont celui-ci parle dans son testament et qui lui aurait prophétisé un avenir éminent au service de l'Église.

L'ouvrage ne saurait se comparer aux chefs-d'œuvre qu'ont rédigés Hadewijch d'Anvers* et autres grandes mystiques germaniques : la fulgurance visionnaire en est absente, tout comme la veine poétique. S'inspirant largement de ses devanciers, l'auteur nous livre des traités didactiques, très minutieusement composés, qui reflètent une exigence ascétique sans doute vécue, et peut-être aussi des états mystiques expérimentés, mais sans la moindre allusion autobiographique. La première édition de Thierry Loher, en moyen-néerlandais, eut sans doute quelque succès, puisqu'elle fut rééditée en 1536 à Anvers. Mais le texte en était lacunaire, et il faut attendre 1538 pour disposer de son intégralité, publiée à Anvers sous le titre *Die groote Evangelische Peerle*, qui connaîtra huit rééditions jusqu'en 1566. Entretemps, en 1545, la chartreuse de Cologne publiait la traduction latine, reprise en 1609 et 1610. Quel qu'en soit le traducteur, elle pose de considérables problèmes : l'ordre est bouleversé par rapport à l'original, des chapitres sont ajoutés, d'autres omis. Toutes les traductions ultérieures en langues vernaculaires seront faites sur cet exemplaire latin. La *Perle* ne connaîtra qu'une traduction française en 1602, par les soins de la chartreuse de Vauvert, à Paris, et singulièrement, semble-t-il, de dom Richard Beaucousin, animateur de ce cercle mystique qui réunissait alors Pierre de Bérulle, Mme Acarie*, Benoît de Canfield et autres ardents réformateurs du catholicisme. Cette première édition sera suivie d'une seconde en 1608, dont nous ne possédons qu'un exemplaire, trouvé miraculeusement par Louis Cognet et déposé à la bibliothèque de Port-Royal.

La *Perle* décante les subtilités de la métaphysique eckhartienne – ainsi la distinction Dieu/déité n'est plus d'actualité –, mais elle s'intéresse aux relations entre Dieu et l'âme, déterminées par le rapport entre l'*image* et la *ressemblance*, tel que l'a approfondi la théologie augustinienne :

l'homme est « bestial selon le corps, selon l'âme, raisonnable et intellectuel, et selon l'esprit, en la nue essence de l'âme où Dieu habite, il est déiforme ». C'est dans cette « suprême partie de l'âme » (selon le mot de Ruusbroec), appelée aussi « esprit » (*mens*) ou encore « scintille de l'âme » qu'a lieu l'engendrement du Verbe de Dieu en nous. À cette doctrine toute eckhartienne, la *Perle* joint sans faillir des notions ou des schémas nettement platoniciens (l'émanation de l'âme hors de l'essence divine, les archétypes des créatures en Dieu), tout à fait accordés au goût du XVIe siècle pour cette philosophie alors revisitée à nouveaux frais. Ainsi le processus se dessine-t-il de la triple union à Dieu : « En la première, nous sommes superessentiels et déiformes, en la seconde spirituels et internes, en la troisième actifs et moraux. » En revanche, plus originale est l'insistance sur les éléments christologiques, en particulier le beau développement sur l'incorporation au Christ, puisque le motif de l'Incarnation est avant tout, conformément à la tradition franciscaine, de Duns Scot à Harphius, la surélévation de la nature humaine. Une incorporation qui n'est pas le résultat seulement d'une imitation, mais aussi d'une participation mystique : « Car autant que nous suivons Jésus-Christ intérieurement en l'esprit et âme, et par dehors au corps, autant aussi nous nous vêtons de lui. » (Voilà qui anticipe ce que seront les « états » dans la théologie mystique de Bérulle.) Cependant, le souci très eckhartien, mais fort périlleux, d'un dépassement de l'humanité du Christ n'en a pas moins droit de cité, ce qui fait dire à celui-ci : « Il ne suffit pas de s'exercer en mon humanité, mais il faut passer outre jusqu'à l'essence de ma très excellente divinité, car l'humanité ne profite de rien sans la divinité, et Dieu s'est fait homme afin que les hommes fussent faits dieux par grâce. »

La méthode pour y parvenir sera classiquement de rentrer en soi-même, pour atteindre le point abyssal de l'archétype divin – le centre de l'âme, dira Jean de la Croix –, une introspection comprise comme abnégation et anéantissement de soi ; car le néant – par défaut – de la créature consone au néant – par excès – innommable de Dieu, selon la tradition dionysienne. La volonté est puissamment mise à contribution, qui doit être progressivement purifiée, selon un schéma en neuf degrés (inspiré sans doute par *L'Échelle d'amour* de Harphius), divisés en trois paliers : vie active, vie spirituelle et vie superessentielle (où, semble-t-il, le croyant jouirait *déjà* de la « lumière de gloire »). Mais avant tout, il bénéficie de « cette vie mélangée d'action et de contemplation [qui] est la vie la plus parfaite qu'on peut mener en ce monde » : c'est la fameuse « vie commune », chère à Ruusbroec, où l'homme « en cet abîme qui est Dieu se perd tout, et est tout consumé en Dieu, et Dieu lui-même en un tel homme descend en son intérieur vivant que l'âme comprend et environne en soi ». Ainsi est-il « totalement transformé en Dieu, comme s'il était fait un autre homme, comme à la vérité il est fait autre, car le Saint-Esprit vient en lui superessentiellement, comme ès saints Apôtres ». Dégagées de l'étayage fortement platonicien, les voies qu'ouvriront, en ce même XVIe siècle, Ignace de Loyola et Jean de la Croix, dans la densité de la chair désirante et de l'historicité concrète, proposeront semblables ambitions à la modernité naissante et en préciseront les moyens pour les réaliser.

François Marxer

Bibl. : *La Perle évangélique* (1602), précédée de *Le Coup terrible du néant*, par D. Vidal, Grenoble, Jérôme Millon, 1997.

PERRAUD, Jeanne, *laïque, visionnaire* (Martigues, 15 juillet 1631-Aix-en-Provence, 22 janvier 1676). — La personnalité de Jeanne Perraud est liée à la diffusion de la dévotion à l'Enfance de Jésus, initiée, au-delà du Carmel, par le courant bérullien et qui atteindra sa plénitude en France avec Marguerite de Beaune (Marguerite du Saint-Sacrement Parigot*). Née de parents aixois, Jeanne sera tôt orpheline et passera une enfance souffreteuse. Elle apprend le métier de couturière (ce qui lui donne quelque ressemblance avec Claudine Moine*). À dix-neuf ans, elle se « convertit », après avoir écouté le sermon d'un prédicateur capucin, et affectionne dès lors les pénitences et pratiques ascétiques violentes. Par trois fois, elle tente d'entrer dans la vie conventuelle : deux fois chez les Ursulines, une fois chez les Dominicaines, mais, en dépit de ses aptitudes manifestes à la contemplation, chacun de ces essais se conclut sur sa sortie : est-ce seulement parce qu'elle ne pouvait disposer d'une dot ? Elle-même rêvera, sa vie durant, de fonder une congrégation nouvelle où seraient accueillies les « filles anéanties », mais ses tentatives se solderont par des insuccès répétés. Conduite d'échec ? Ce n'est pas impossible, si l'on prête par ailleurs attention aux évidentes et lourdes pathologies que nous pourrions diagnostiquer, à lire les témoignages de ses contemporains.

Cette existence finalement bien terne sera relevée par le privilège de deux visions qui vont ancrer dans la culture provençale, entre espaces italien et français, deux dévotions majeures de la Réforme catholique. Le 15 juin 1658, Jeanne a la vision de l'Enfant Jésus, âgé d'environ trois ans, et portant sur son épaule gauche une croix, de dimensions disproportionnées au regard de sa taille enfantine ; à ladite croix se voient attachés par une grosse corde tous les instruments de la Passion : les tenailles, l'éponge de vinaigre, le roseau, la couronne d'épines, la lance et, surtout la colonne de la flagellation, aussi démesurée que la croix ; on aura noté l'absence des clous, un oubli que l'abbé Bremond souligne avec son ironie coutumière. La vision fera l'objet d'un tableau, achevé le 6 août 1661, qui, exposé dans l'église des Augustins d'Aix, suscitera la naissance d'une confrérie, approuvée par Rome en 1665 : ce culte local éclipse celui qui entourait le « petit Roi de Gloire » dans l'église des Oratoriens, venu du carmel de Beaune. Il est vrai qu'à la différence de ces représentations glorieuses et royales, de Beaune à Prague, qui rayonneront sur l'espace européen, la vision aixoise renouait avec un thème bien connu de la dévotion christologique, en honneur depuis le Moyen Âge dans le mouvement franciscain et béguinal essentiellement, celui de la conjonction de l'Enfance et de la Passion, ces deux moments de la faiblesse kénotique (dépouillement du Christ dans son humanité) du Dieu incarné. Ce rapprochement donnait lieu à de multiples variations : par exemple, l'Enfant travaillant dans l'atelier de Joseph, et l'on voit s'y fabriquer (ou esquisser) une croix (ainsi Georges de La Tour). Le tableau de l'église des Augustins sera dupliqué en de multiples gravures, qui en assureront la plus large diffusion.

La seconde vision vient confirmer la première (laquelle faisait à tout le moins concurrence à la dévotion oratorienne) et elle a cette singularité de précéder la vision et le culte du Sacré Cœur qu'initiera Marguerite-Marie Alacoque*. Le 15 juin 1673, jour anniversaire de la première vision, Jeanne Perraud voit lui apparaître le Christ à l'« âge comme lorsqu'il mourut et souffrit sa Passion ». Les membres percés des cicatrices, et « son côté droit était ouvert d'une grande plaie, qui tenait presque toute sa poitrine ; et cette plaie était si intérieure et si profonde qu'elle pénétrait tout son intérieur » ; et Jeanne voit « le sang [qui] en bouillonnait d'amour pour les pécheurs, quoiqu'il ne coulât point ». De ce témoignage de « l'extrême amour qu'il avait pour tout le monde », elle conclut « que le pardon était donné à tous, et que ce divin Rédempteur était pour tous ». Cette préfiguration de Paray-le-Monial n'aura cependant guère d'écho. Il est vrai que Jeanne, bien que tertiaire des Augustins déchaussés à la fin de sa vie, était une laïque, ce qui lui donnait peu de poids institutionnel et aucun relais pour une éventuelle diffusion. De plus, menant une existence d'extrême pauvreté, elle meurt prématurément d'une affection pulmonaire.

La campagne iconographique à destination des milieux populaires sera prolongée par la publication à Marseille des *Œuvres spirituelles de la Sœur Jeanne Perraud*, en 1682, où se voit souligné l'étroit rapport entre l'enfance du Christ et son sacrifice, thème déjà largement illustré dans la prédication d'alors, autour de la circoncision et de la présentation au Temple. Bien des pages prétendent être « dictées par le Saint-Esprit », mais elles sont à l'évidence nourries de Thérèse d'Avila*, que, au dire de son confesseur, Jeanne fréquentait assidûment. On y retrouve un christocentrisme aussi vigoureux que dans l'école bérullienne, avec laquelle, toutefois, Jeanne ne semble pas avoir eu d'accointances. En revanche, par son exaltation de l'*abandon* (« Je ne suis plus à moi, vous me possédez entièrement, je ne dois plus me mettre en peine de moi ; c'est votre affaire »), elle appartient à cette école provençale, illustrée en particulier par François Malaval, le mystique aveugle de Marseille.

François Marxer

• *Voir aussi* : Marguerite du Saint-Sacrement (Marguerite Parigot)

Bibl. : *Œuvre* : *Les Œuvres spirituelles de la Sœur Jeanne Perraud*, Marseille, C. Marchy, 1682. ***Vie et études* :** H. BREMOND, *Histoire littéraire du sentiment religieux en France...*, t. III, *La Conquête mystique*, rééd., Grenoble, Jérôme Millon, 2006, vol. I, p. 1274-1283 ; M. BERNOS, « Encore la Provence mystique : Jeanne Perraud », *Aspects de la Provence*, Marseille, Société de statistique, d'histoire et d'archéologie de Marseille et de la Provence, 1983, p. 97-124 ; J. LE BRUN, « La dévotion à l'Enfant Jésus au XVIIe siècle », *in* E. Becchi, D. Julia (éd.),

Histoire de l'enfance en Occident, Paris, Seuil, 1998, t. 1.

PETYT, Marie. — *Voir* MARIE DE SAINTE-THÉRÈSE

PICARD, Marie-Amice, *laïque, extatique* (Guiclan, 2 février 1599-Saint-Pol-de-Léon, 25 décembre 1652). — Née dans une famille de cultivateurs bretons, Marie-Amice s'ouvrit à la vie spirituelle en écoutant les prédications et les vies de martyrs, dont elle souhaita très jeune partager les souffrances. Après la mort de son père en 1612, elle demeura auprès de sa mère en l'aidant dans des travaux de tissage et de couture. Elle s'établit à Saint-Pol-de-Léon en 1635, où les manifestations extraordinaires de sa spiritualité lui valurent, en même temps que l'attention des milieux dévots, une hostilité certaine. Cette hostilité trouva de surcroît un terrain favorable dans les luttes politiques pour le contrôle de l'évêché de Léon, auxquelles se trouvait mêlé son protecteur, René du Loüet, grand vicaire en 1640. Logée de 1640 jusqu'à sa mort chez M. de Trébodennic, son directeur spirituel, elle dut répondre en 1640 et 1649 à des enquêtes lancées par les autorités ecclésiastiques pour des accusations de sorcellerie, immoralité ou simulation, qui ne purent être fondées. La fin de sa vie se passa dans les souffrances aiguës que lui causaient ses stigmates. À sa mort, elle fut inhumée à la cathédrale de Saint-Pol.

Le père missionnaire Julien Maunoir, qui fit sa connaissance en 1649, écrivit sa biographie manuscrite dans les années 1670, à partir d'une documentation abondante. Elle témoigne du caractère extraordinaire de son expérience : la mystique était sujette à de fréquentes et parfois longues extases ; la communion aurait été sa seule nourriture durant sept ans ; elle voyait dans ses oraisons les saints et les scènes de l'Évangile ; illettrée, elle possédait une science infuse des matières spirituelles ; elle portait dans sa chair les stigmates du Christ ; les blessures des martyrs se faisaient sentir sur son corps à la veille de leur fête. Le père Maunoir parle d'elle comme d'un « martyrologe vivant » (cité par L. Kerbiriou, p. 434), d'une grande humilité, craignant autant les tentations diaboliques que le jugement de Dieu. Par ses souffrances, elle voulait racheter les fautes des pécheurs, œuvrer à leur conversion et « remédier aux désordres des prêtres » de Bretagne (L. Kerbiriou, p. 435). Ce cas évoque celui de Catherine Daniélou*, tant pour son caractère spectaculaire et les réserves qu'elle suscita que pour l'intérêt qu'elle éveilla chez son biographe jésuite durant sa mission d'évangélisation de la Bretagne.

Clément Duyck

• *Voir aussi* : Daniélou

Bibl. : ***Études*** : L. KERBIRIOU, « Missionnaires et mystiques en Basse-Bretagne au XVIIe siècle. I. Maunoir et l'organisation des missions. Les mystiques : Catherine Daniélou et Marie-Amice Picard », *Études*, t. 189, n° 22, 20 novembre 1926, p. 414-437.

PINKOLA ESTÉS, Clarissa, *conteuse, psychanalyste et écrivain* (?, États-Unis, 27 janvier 1945). — D'origine hispano-mexicaine, Clarissa Pinkola Estés est née dans l'Indiana. Adoptée par une famille d'immigrés hongrois, elle a grandi au contact de la culture magyare et européenne dans un petit village près de Great Lakes (les « Grands Lacs »), au nord des États-

Unis. De là, elle tire sa sensibilité pour la nature sauvage et son goût des différentes traditions. « J'ai grandi [...] entourée de bois, de vergers et de champs, et à proximité des Grands Lacs, écrit-elle. Là, mon esprit a été nourri de tonnerre et d'éclairs. Toute la nuit, les champs de maïs craquaient et parlaient à voix haute. [...] j'avais un seul désir : vagabonder, l'âme en extase. Aux chaises et aux tables je préférais le sol, les arbres, les grottes, car je pouvais m'y appuyer sur la joue de Dieu » (*Femmes qui courent avec les loups*). Dès son enfance, elle développe ainsi son « amour » pour la « Femme sauvage », un archétype qui nourrira ses recherches sur la psyché naturelle instinctive des femmes. Elle insiste beaucoup sur ce que la nature lui a transmis des lois immuables du vivant. Issue d'une longue lignée de *cantadoras* (« gardiennes des vieilles histoires »), elle a également été initiée par sa famille d'adoption à la vertu curative des histoires, qui « ont vu le jour parce que Dieu se sentait seul » (*Le Jardinier de l'Éden*), par la pratique des questions et des réponses, telle que la menaient les anciens, « manière complexe et sophistiquée » de transmettre des leçons de vie. Forte de ce double héritage, elle a mis son expérience de l'intériorité (en lien profond avec la nature) et des cultures au service de tout un chacun, à travers ses fonctions de psychanalyste junguienne et de conteuse.

Artiste peintre et poète, Clarissa Pinkola Estés est diplômée en ethnopsychologie clinique, laquelle met l'accent sur l'étude de la psychologie des groupes, et en particulier des tribus. Elle a dirigé l'institut Carl Gustav Jung de Denver. Elle est notamment connue pour sa pratique clinique sur les situations post-traumatiques, depuis 1970, auprès des femmes ayant été « cassées » par la vie, auprès des familles des survivants à la fusillade (perpétrée par deux adolescents) du lycée Columbine en avril 1999 au Colorado et des familles de survivants de l'attentat du 11 septembre 2001 à New York. Membre du conseil du Maya Angelou Research Center of Minority Health, elle enseigne les aspects psychologiques et spirituels de la guérison aux étudiants de Wake Forest University School of Medicine ; elle forme également les soignants à l'autotraitement. Elle est l'auteur des introductions de *Tales of the Brothers Grimm* (1999) – qu'elle a également édités – et de *The Hero With a Thousand Faces*, *Joseph Campbell* (2004), édition du centenaire de l'ouvrage du mythologue Joseph Campbell, ainsi que de plusieurs ouvrages sondant entre autres les grands archétypes féminins, *Femmes qui courent avec les loups. Histoires et mythes de l'archétype de la Femme sauvage* (1992), *Le Don de l'histoire. Conte de sagesse à propos de ce qui est suffisant* (1993), *Le Jardinier de l'Éden. Conte de sagesse à propos de ce qui ne peut mourir* (1996) et *La Danse des grand-mères. Sur la jeunesse de l'âge mûr et la maturité de la jeunesse* (2006).

Inspirés par l'école junguienne – dont elle a su s'émanciper grâce à sa sensibilité particulière –, ses écrits mettent en évidence les processus d'individuation et de connaissance de soi nécessaires au développement de tout individu. Se situant dans un courant de conscientisation et de guérison, elle pratique ce qu'elle appelle, avec humour, la « médecine légale du conte » : elle utilise les mythes, les légendes, les contes, les chansons, les poèmes et les épopées, « guérisseurs de maux de l'âme et faiseurs de prières », de toutes les cultures. Convaincue que l'Éden est en chaque individu, Clarissa Pinkola Estés initie aux cycles secrets de la vie, à la sagesse et à la communion avec la nature, à travers leurs grands archétypes universels. Elle remet au jour l'héritage ancestral et vivant des femmes et des hommes, transmis par leurs aînés, réhabilitant ainsi les traditions orales païennes. Sensible à la cause féminine en particulier, elle est également à l'origine du concept de la « Femme sauvage », dépositaire d'une force naturelle, instinctive, riche de dons créateurs et d'un savoir immémorial, que le cadre sociétal a étouffé. Dans *Femmes qui courent avec les loups*, elle écrit : « C'est très simple : sans nous, la Femme sauvage meurt. Sans la Femme sauvage, nous mourons. Para Vida, pour la vraie vie, les deux doivent vivre. » En cela, elle invite à un dimensionnement de la femme à travers son âme sauvage, fruit d'un travail de reconstruction « complexe et contemplatif », à la base de sa conscience éclairée et de son identité retrouvée.

Audrey Fella

Bibl. : ***Œuvres*** : tous les ouvrages traduits de Clarissa Pinkola Estés sont disponibles aux éditions Grasset (Paris).

PIRCKHEIMER, Caritas, *clarisse* (Barbara Pirckheimer ; Eichstätt 1467-Nuremberg, 1532). — Barbara naquit dans une famille de notables en Bavière. Son père était juriste et avait fait ses études à Padoue, tandis que son frère Willibald, lui-même formé en Italie, devint un humaniste de renom, spécialiste du droit romain, notamment, en relation avec Érasme et Dürer, sympathisant de la Réforme, mais n'ayant sans doute jamais adopté formellement le luthéranisme. Dès l'âge de douze ans, pour assurer une partie de sa formation, en sus de celle reçue à son domicile, Barbara Pirckheimer fut d'abord confiée au monastère Sainte-Claire de Nuremberg, qui venait de se placer sous la réforme de sainte Colette de Corbie* et qui était connu pour sa bibliothèque et son scriptorium. Elle décida, à seize ans, d'y faire profession sous le nom de Caritas. Elle fut soigneusement formée, apprit le latin, la littérature ancienne (y compris grecque, traduite en latin) et la musique. En 1503, elle fut élue abbesse du monastère et le demeura durant une trentaine d'années, jusqu'à sa mort. Mais en 1524, les consuls de la ville libre de Nuremberg décidèrent de passer à la réforme de Luther et voulurent l'imposer aussi aux Clarisses de leur cité. Ils décidèrent dans un premier temps de les séparer de la direction spirituelle dont les frères franciscains (de l'Observance en l'occurrence) avaient la charge depuis longtemps, et de leur imposer un prédicateur luthérien. Après avoir conféré avec Caritas, Philippe Mélanchthon plaida la cause des Clarisses, ce qui facilita aussi le maintien de la communauté (mais sans autorisation de recevoir de nouvelles sœurs, ce qui signifiait un sursis sans avenir), malgré la suppression de tous les autres couvents catholiques de Nuremberg. Caritas rédigea un remarquable Journal de résistance, connu aujourd'hui sous le nom de « Mémorables » (*Denkwürdigkeiten*, 1524-1528), consacré à la défense de la liberté personnelle et communautaire, et publié seulement en 1800. Elle mourut âgée de soixante-cinq ans.

Dès 1591, le monastère Sainte-Claire cesse d'exister. L'église conventuelle devient une paroisse protestante. Mais la voix de Caritas n'est pas éteinte pour autant. Sa justesse de ton et sa pertinence spirituelle gardent une fraîcheur vraiment exceptionnelle, surtout lorsqu'elle défend la liberté évangélique et la liberté de conscience, dans un langage qui se met au niveau de celui du frère Martin Luther, pour soutenir autrement ce qu'entendait défendre le grand religieux et réformateur augustinien. Ainsi dans la supplique que Caritas envoie au conseil de sa ville en 1524 : « Puisque chacun à présent réclame la liberté de sa conscience et que personne n'est contraint de servir un maître qui lui déplaît, à plus forte raison ne peut-on forcer des maîtres [les Clarisses] à employer des serviteurs [ceux qui veulent remplacer les directeurs spirituels franciscains] qui ne leur conviennent pas. Il est donc équitable de laisser aux consciences leur pleine liberté. Pourraient-elles sans cela persévérer dans la justice ? Une autre idée s'est enracinée dans la cervelle de plusieurs, c'est que nos Pères [franciscains] nous défendent la lecture du saint Évangile et autres livres bibliques. Cette accusation est une calomnie. Si jamais ils nous avaient fait cette interdiction, nous ne leur aurions pas obéi, et nous aurions porté plainte devant le Conseil. Nous vous affirmons que l'Ancien et le Nouveau Testament en latin et en allemand, sont parmi nous d'un usage quotidien. Nous les étudions et nous nous efforçons de les comprendre. Et nous ne lisons pas seulement la Bible, mais aussi les écrits qui nous parviennent journellement [...]. On nous accuse de nous confier à nos propres œuvres et de n'attendre notre salut que de notre secours. Grâce à Dieu, nous n'ignorons pas que l'homme, suivant la parole de saint Paul, ne peut être justifié par les œuvres seules [...]. Mais nous savons d'autre part [...] que celui qui ne prouve pas sa foi par ses œuvres est pareil à un homme qui s'étant regardé dans le miroir, s'en va et ne se souvient plus de sa propre image [...]. La liberté chrétienne s'entend de l'esprit et non de la chair. Ne croyez pas cependant que nous méprisions l'état du mariage [...]. Si quelqu'un désirait retourner dans le monde, nous ne le condamnerions pas ; que chacun de nous se juge soi-même [...]. C'est pourquoi, puisque nous n'opprimons personne, nous demandons qu'on use de réciprocité avec nous, nous réclamons la liberté. »

L'exercice de la liberté spirituelle telle que la défend Caritas est vraiment une liberté personnelle, intimement liée à la liberté évangélique, à la compréhension littérale et spirituelle de la parole, et à la vie communautaire. Dans la pratique, la parole (serait-elle celle de Dieu agissant dans les croyants libres) et les signes sacramentels ne suffisent pas pour maintenir le lien social. Car il faut tenir compte des événements nouveaux, des accidents qui ne sont pas évoqués dans les Écritures (ce que disait déjà au XIVe siècle le frère mineur Guillaume d'Ockham pour défendre la compétence des juristes civils face aux théologiens) et que les signes ne peuvent articuler. La spiritualité de Caritas est profondément humaniste : l'union véritable (spirituelle) à la parole et aux signes divins ne peut faire l'économie de l'expérience humaine, de l'expérience singulière et communautaire. Il s'agit de récuser une emphase du rapport immédiat à Dieu (parole, signe, conscience) qui ne tiendrait pas compte de la fragilité de son image (la possibilité de son évanescence), laquelle a besoin d'être affermie par des médiations et une *immédiateté communautaire* (le corps ecclésial du Christ est d'abord vécu sans médiation) ; mais des immédiatetés et des médiations désirées et voulues librement, comme l'incorporation de la *forme de vie* de François d'Assise et de Claire d'Assise* – « les deux Ordres sont liés ensemble depuis leur fondation », réplique Caritas lorsqu'on veut soustraire le couvent Sainte-Claire à la Règle des Frères mineurs (à laquelle Colette de Corbie identifiait celle de Claire d'Assise) — et la *conversation* (au double sens de conversion et d'échange) où les accidents de la vie personnelle et communautaire trouvent une configuration qui favorise la poursuite de l'existence sur une identique fondation. Le parcours de vie ne suppose pas seulement une même sympathie (ou antipathie), mais un fondement plus personnel, où le vouloir (*Wollen*) s'allie au devoir précis (*Müssen*) et ouvert (*Sollen*). Même le sacrement de la confession auriculaire, s'il n'est pas pratiqué entre personnes reconnues librement, est récusé, car les sœurs ne sont pas rongées par une conscience morbide : « Je dis, déclare Caritas au pasteur envoyé par le conseil de la ville : nous revendiquons la même liberté que celle dont vous jouissez dans le monde [...], nous n'avons pas besoin de confesseur. » Moment crucial où la vie spirituelle prend acte de tout son pouvoir (*Können*) originaire. Ici, il faudrait tenter la comparaison entre l'attitude de Caritas face à la réforme luthérienne et celle d'une autre clarisse, Jeanne de Jussie, face à la réforme calviniste, dans sa fameuse *Petite Chronique* commencée dès son élection comme abbesse en 1548 (le titre polémique *Levain du Calvinisme* n'étant précisément pas le sien).

Bernard Forthomme

Bibl. : Œuvres : *Mémoires de Charité Pirkheimer*, par J. Heuzey (= Madame G. Goyau), Paris, Perrin, 1905 ; JEANNE DE JUSSIE, *Le Levain du Calvinisme*, Chambéry, Frères Dufour, 1611 (réimprimé à Genève en 1853, avec un titre tendancieux) ; *Petite Chronique*, H. Feld (éd.), Mainz, P. von Zabern, 1996 (texte français, Intr. en allemand). ***Études*** : F. RAPP, « La piété d'une maîtresse femme ; la dernière abbesse des Clarisses de Nuremberg ; Caritas Pirckheimer (1467-1532) », *in* J.-C. Schmidt (dir.), *Femmes, art et religion au Moyen Âge*, Strasbourg, Presses universitaires de Strasbourg, 2004 ; C. WILSON, *Women Writers of the Renaissance and the Reformation*, Athens (GE), University of Georgia Press, 1987 ; D. SOLFAROLI CAMILOCCI, « Ginevra, la Riforma e suor Jeanne de Jussie. La Petite Chronique di una Clarissa intorno alla méta del Cinquecento », *in* G. Pomata et G. Zarri, *I monasteri femminili come centri di cultura fra Rinascimento e Barocco*, Bologne, Edizioni di Storia e Letteratura Roma, 2005.

PONSONAS, Louise de, *cistercienne, fondatrice de couvents de Bernardines réformées* (Louise de Sainte-Cécile, en religion ; Ponsonas, La Mure-Matheysine, 22 septembre 1602-Aix-en-Provence, 7 février

1657). — Louise de Borel de Ponsonas est connue pour avoir participé au mouvement de réformes qui touche l'Ordre de Cîteaux au début du XVIIe siècle. Elle naît de l'union de Georges de Borel, seigneur de Ponsonas, et de Louise Aleman de Paquier, tous deux engagés dans la défense du catholicisme en Dauphiné. Elle est d'abord élevée à l'abbaye des Ayes (Crolles, diocèse de Grenoble), « fief » de la famille Paquier, où elle semble prédestinée à occuper plus tard le siège abbatial. Les séjours studieux en famille sont pour elle l'occasion d'être ensuite initiée à l'art de la controverse antiprotestante et aux projets de la Réforme catholique (elle rêvera de missions en Nouvelle-France). Son biographe se complaît à louer son zèle précoce pour les exercices de la religion, comportement qui contraste avec celui de la communauté des Ayes, dont la plupart des membres semblent ne respecter ni l'esprit de retraite ni celui de pauvreté. Il est ensuite question d'une adolescence aux prises avec les « tentations » du monde (elle lit énormément de romans), bientôt suivie d'une conversion définitive. Bouleversée tant par la mort de son frère que par l'évocation de la Passion du Christ, la jeune fille prend le voile aux Ayes en 1617, avec la ferme intention de travailler à la réforme de l'établissement. Deux religieuses, Claude de Buissonrond et Louise de Paquier, s'associent à son projet, très mal reçu par les autres moniales. À ce moment, visions et ravissements viennent déjà troubler la cistercienne qui, par ailleurs, soumet son corps, malformé dès l'enfance, à une ascèse rigoureuse. Incapables de convaincre leurs sœurs du bien-fondé de la réforme, Louise et ses deux compagnes projettent de quitter les Ayes pour Grenoble, non sans en avoir conféré avec François de Sales. En 1623, après concertation avec leurs supérieurs réguliers et avec l'évêque de Grenoble, elles rejoignent un autre groupe de cisterciennes qui, sous la direction de Louise de Ballon*, ont quitté l'abbaye de Sainte-Catherine pour s'installer à Rumilly. Louise de Ponsonas y devient maîtresse des novices. En 1624, les religieuses venues des Ayes s'installent à Grenoble, escortées de Louise de Ballon. Les années qui suivent sont occupées à régler la question de la rupture juridique avec Cîteaux (1628), puis à concevoir de nouvelles *Constitutions* (1631). Un conflit ne tarde pas à opposer les deux Louise : la mère de Ballon semble vouloir prendre la tête d'une congrégation de Bernardines réformées pour lesquelles elle révise le texte des *Constitutions* ; devenue supérieure de la maison de Grenoble, Louise de Ponsonas contribue, notamment, à la fondation du couvent de Paris, où elle fait imprimer d'autres règlements (1637), avec le soutien du théologien André Duval. Sans que l'on puisse parler de schisme, les maisons finissant par adopter des *Constitutions* communes (1648), il est manifeste que les deux fondatrices s'affrontent sur des points de préséance et de gouvernement. Chacune revendique son attachement à la mémoire de Bernard de Clairvaux, sa parenté spirituelle avec François de Sales et son désir de restauration des observances primitives. La « guerre » des deux Louise et de leurs *Constitutions* respectives se poursuit encore plusieurs années, alors que la mère de Ponsonas est envoyée fonder un nouveau couvent à Aix-en-Provence (1640), où elle mourra.

Le biographe de Louise de Ponsonas prend soin d'interrompre régulièrement le récit des grandes étapes de cette réforme monastique par des témoignages sur la vie intime d'une femme en qui se conjuguent capacités de direction et grâces spirituelles particulières. Le lecteur peut être rassuré : son héroïne n'est pas victime d'illusions. À plusieurs reprises, l'auteur s'appuie sur l'exemple de cette « sainte » (Préface) pour proposer un traité du discernement des esprits, insistant sur la gamme infinie des manifestations du divin et de leurs réceptions par des êtres d'exception. Saisie à tout moment par l'amour divin qui l'enivre et la consume, Louise peut tout aussi bien se retrouver inerte et aliénée de toute sensation, comme voir son corps exprimer de manière plus spectaculaire toutes les nuances du ravissement (cris, larmes, soubresauts, brûlures, élévation, évanouissement...). À l'invitation de l'apôtre Paul, elle s'engage à achever en elle « ce qui manquait à la Passion ». De nombreuses visions de l'Homme des douleurs ou de croix sanglantes la font alors communier intimement aux épreuves de son Époux, jusqu'à ce que des stigmates viennent graver sur son corps le récit visible de sa participation aux mystères de l'Incarnation et de la Rédemption. Souffrance et jouissance se retrouvent au cœur de chaque expérience et « elle-même ne pouvait discerner si les cris qu'elle jettait alors étaient causés par la véhémence des maux qu'elle souffrait ou par l'excès de la joie dont elle était comblée (*Vie*, p. 413). Il ne reste de son enseignement que des fragments d'exhortations relatives à la vie régulière. Son biographe regrette qu'elle ait brûlé ses papiers personnels, où se manifestaient, selon lui, des inspirations dignes des apôtres ou des prophètes.

Marie-Élisabeth Henneau

• *Voir aussi* : Louise de Ballon

Bibl. : *Vie* : *La Vie de la mère de Ponçonas, institutrice de la congrégation des bernardines réformées en Dauphiné, Provence, etc.*, Lyon, Jean Poysuel, 1675. ***Étude* :** A. GUERRIER, « De la réforme cistercienne à la congrégation moderne : le cas des bernardines réformées en Savoie (17e-18e s.) », in *Naissance et fonctionnement des réseaux monastiques et canoniaux*, Actes du CERCOM, Saint-Étienne, 1991, p. 747-779.

POSTEL, Marie-Madeleine. — Voir MARIE-MADELEINE POSTEL

POZZI, Catherine, *poétesse et écrivain* (Paris, 13 juillet 1882-3 décembre 1934). — D'ascendance italienne par son père et lyonnaise par sa mère, Catherine-Marthe-Louise Pozzi est la fille aînée de Samuel Pozzi, chirurgien réputé et homme du monde, et de Thérèse Loth-Cazalis. La mésentente s'installe bientôt dans le couple, qui aura néanmoins deux autres enfants : Jean, qui deviendra diplomate, et Jacques, atteint de maladie mentale incurable. La naissance de ce dernier affecta profondément Catherine, persuadée que sa mère ne l'aimait plus du même amour, tandis qu'elle se sentait négligée par son père, accaparé par ses obligations professionnelles et mondaines. C'est entourée d'un halo de solitude qu'elle grandit au sein d'une famille bourgeoise cultivée et plus qu'aisée, dont la fortune la dispensera d'avoir à gagner sa vie. Tiraillée entre le catholicisme hérité de sa mère et un protestantisme dont son grand-père paternel, le pasteur Benjamin Pozzi, porta haut les couleurs, Catherine entremêle déjà quête de soi et de Dieu dans son étonnant *Journal* (1893-1906), commencé lorsqu'elle avait à peine onze ans.

Le contraste y est saisissant entre la vie insouciante à laquelle la prédisposait son milieu d'origine et la nature de ses préoccupations intimes : « Je trouve que personne ne songe assez à l'Infini et à la Mort », écrit cette enfant de treize ans, consciente de s'intéresser à des « choses profondes et lugubres ». Éduquée par des précepteurs particuliers, Catherine ne manque de rien, sauf, à ses yeux, de l'essentiel : le savoir qui lui ouvrirait les portes de l'univers et la délivrerait d'un « moi » qu'elle n'aime pas. Très tôt consciente des vanités mondaines, elle brosse un tableau peu flatteur du salon de sa mère, place Vendôme, où affluaient les célébrités de l'époque, tout en témoignant à son propre égard d'un mélange d'autosatisfaction narcissique et de mépris de soi. Fière d'un visage en qui perdure l'Italie éternelle, elle ne s'en trouve pas moins « laide, banalement, irrémédiablement laide ». Pulsion de vie et de mort ne cesseront de s'entrechoquer durant sa trop brève existence, affaiblie par l'asthme puis, dès 1912, par la tuberculose, ce « mystique poignard » planté dans son poumon gauche.

Ses apprentissages d'adolescente sont multiples, tant en matière sportive (équitation, tennis, golf, aviron) que scientifique, littéraire et linguistique : anglais et allemand, puis plus tard grec ancien et latin. Dans ce tourbillon, un point fixe : les leçons de piano que lui donne, dès 1895, Marie Jaëll, dont la personnalité l'impressionne (« Vous me faites terreur et vertige »), mais dont les recherches sur le toucher musical influenceront sa propre vision des rapports entre âme, corps et esprit. C'est aux découvertes de Marie Jaëll, demeurée sa confidente aux heures sombres de son existence, qu'elle consacre son premier article, publié dans *Les Cahiers alsaciens* en 1914. Sa recherche d'un Dieu qui lui soit personnel est alors nourrie par la poésie de Louise Ackermann, puis par la découverte exaltante de Nietzsche en 1897, tandis que la lecture de Lafcadio Hearn (*En glanant dans les champs du Bouddha*, 1897) conforte son intérêt pour la vision holistique de l'univers qui est celle du bouddhisme.

Des nombreux amis d'alors (Daniel Halévy, Robert Siegfried, Élimir Bourges), c'est de Marcel Schwob qu'elle se sent la plus proche ; et parmi les femmes dont la fidélité ne se démentira jamais (Marie de Régnier, Augustine Bulteau), deux « anges » – Audrey Deacon et Georgie Raoul-Duval – toutes deux mortes dans la fleur de l'âge, lui révèlent l'existence palpable de l'invisible. Le récit de son « enlèvement » céleste par Audrey, à la veille de sa propre mort, est l'une des plus belles pages mystiques écrites par Catherine Pozzi, lectrice de Ficin et de Swedenborg : « Merveille ! Nous fûmes dans un espace de vie, dans mon espace à jamais cherché : tout autour de nous était de l'intelligence. Nous naviguions comme des flèches dans l'intelligence. La substance même où nous volions, pensait ; me répondait ; je l'entendais. »

Désireuse d'affirmer son indépendance, Catherine Pozzi s'inscrit en 1907 au Saint Hugh's Collège d'Oxford, où elle n'étudie qu'un trimestre, sa mère l'ayant persuadée de revenir mener en France une existence plus convenable. De son union mal assortie avec Édouard Bourdet (1909) devait naître un fils, Claude. Devenu dramaturge à succès, Bourdet mit en scène leur désastre conjugal (*Le Rubicon*, 1910) avant de mener la vie dissolue qui lui convenait et qu'exécrait sa femme. Convaincue que le mariage n'est pas fait pour elle, Catherine Pozzi découvre l'amour lorsqu'elle rencontre en 1913 le jeune magistrat et écrivain André Fernet (*L'Ascète,* 1910), son jumeau spirituel. Est-ce pour avoir pressenti la disparition prochaine de son ami que Catherine Pozzi lui envoie en 1915 un étrange poème, d'inspiration orphique ? Ignorant encore que son avion a été abattu en vol (1916), elle dit avoir fait cette nuit-là, où Fernet la visita, « une expérience sans nom parmi les humains ». Mort, Fernet devient l'un des messagers qui la guident vers l'au-delà (« Oh, conduisez-moi ailleurs... ») et c'est à lui qu'elle dédie ses premières pensées au seuil de chaque nouvelle année (« À travers vous, je vais vers Dieu. »).

Installée après la guerre de 1914-1918 à Montpellier avec sa mère, elle entretient une liaison avec Gaston Morin, professeur de droit, et apprend l'assassinat de son père à Paris le 13 juin 1918. Mais c'est surtout avec Paul Valéry, rencontré en 1920, qu'elle va nouer, huit années durant, le plus fascinant des dialogues amoureux ; le plus douloureux aussi, tant l'exceptionnelle complicité intellectuelle et sensuelle qui les lie – une « ardeur de tendresse mêlée d'esprit », dit Valéry – est doublée d'un désaccord profond quant à la finalité de l'activité intellectuelle : spirituelle pour l'une, rationnelle pour l'autre. De cette liaison clandestine avec un homme marié dont elle déplore la dispersion mondaine, Catherine Pozzi ressortira plus exsangue que jamais (« Il m'a donné la joie, il m'a donné la mort ») et révoltée à l'endroit du Monstre, de l'Autre haï pour avoir été trop aimé et pour avoir, pense-t-elle, tiré un profit personnel de « ce débat désespéré entre le cœur et l'esprit ». Conscient que « quelque chose d'immense, d'illimité, d'incommensurable » l'avait en 1920 foudroyé, Valéry ne cesse de son côté d'être désarçonné par les fluctuations affectives de son intransigeante amie.

La « formation » de soi que Catherine Pozzi s'est donnée pour tâche, néanmoins, se poursuit entre 1913, où elle commence son *Journal* d'adulte, et les années 1919-1927 où, titulaire des deux parties du baccalauréat, elle entreprend des études de physique-chimie et de biologie afin de « chercher avec les microscopes la racine subtile de l'esprit ». Vivant dans une solitude grandissante, elle sent sa créativité freinée, tant par son exigence propre que par l'avancée de la maladie : « Le Destin me ferme chaque jardin, à peine mon pas s'avance » (1928). Catherine Pozzi publie cependant en 1927 *Agnès*, qui lui vaut un début de reconnaissance littéraire, et confie au *Figaro* quelques articles de vulgarisation scientifique. Le grand traité de métaphysique auquel elle s'est attelée dès

1915 (*De Libertate*) restera inachevé et ne sera édité par son fils qu'après sa mort (1935) sous le titre énigmatique de *Peau d'âme* : « Un livre qui manifestait aux humains la vérité ancienne dans l'intelligence d'aujourd'hui », écrit-elle dans son *Journal*, alors même que des robes coûteuses sont la seule « peau » qu'elle offre à son corps foudroyé : « La robe, exercice de volonté, présence du divin dans le détail » (1930). Désespérée par la mort de sa mère, en 1932, et lucide quant à sa propre fin, Catherine Pozzi s'éteint deux ans plus tard.

Six poèmes admirables – « les nefs de sa future immortalité » (P. Boutang) – et quelques autres de moindre envergure, la traduction des poèmes de Stephan George et de deux hymnes orphiques ont assuré à sa vie tourmentée une pérennité autre que littéraire : « Son entreprise est celle des mystiques continuellement tendus vers un au-delà qui se dérobe toujours à leur poursuite », écrit son biographe Lawrence Joseph, alors que Michel de Certeau clôt *La Fable mystique* (1982) par une évocation de « l'esprit de dépassement » qui fut celui de Catherine Pozzi. Elle qui se disait volontiers païenne et se présenta en 1924 à Rilke comme une orgueilleuse hérétique du XIIIe siècle embrassa-t-elle jamais une foi identifiable ? Se rapprochant du catholicisme, dont « l'étrange dogme » ne cesse de la préoccuper, elle tient du protestantisme sa farouche liberté de conscience. L'exclamation ponctuant ses écrits (« Mon dieu ») montre que c'est à ce « Dieu Esprit » qu'elle s'adresse continûment depuis les crises religieuses de son adolescence ; ce « Centre de vérité », proche du Christ rédempteur, étant source de la paix infinie qu'elle dit éprouver en 1928 lors d'un transport extatique : « Que sentais-je ? Ce que sentirait une feuille qui deviendrait temple. Ceci ne s'entend pas : ce que sentirait l'incertain, l'inquiet, le menacé qui deviendrait éminemment solide. [...] Mon amour, vous pouvez donc venir ou ne pas venir : vous avez été là. »

Ombre fugitive parmi les vivants et saisie d'un « mal de Dieu » inguérissable – « un feu froid dans la nuit », dit-elle –, Catherine Pozzi n'attend ni refuge ni consolation d'une quête spirituelle renforçant sa conviction instinctive que l'univers est depuis toujours Un et que les êtres vivants qui en sont la poussière éphémère portent en eux sa trajectoire millénaire. Sans doute son délabrement physique est-il pour quelque chose dans la dénudation spirituelle qui s'opère en elle : « Ô quel miracle de moi sur moi me fera dépouiller la nature que je suis ? » ; et les accents avec lesquels elle supplie Dieu d'arracher d'elle cette « humanité de regret » qui la torture rappellent parfois ceux des anciens gnostiques. Guidée sur cette voie par la maladie – « Je suis un des points singuliers par où la souffrance de la planète rayonne » – elle n'a cependant jamais franchi le pas que lui suggère Louis Massignon, devenu avec Jacques Maritain l'un de ses derniers proches : en faire don au Christ pour la rémission des péchés d'autrui.

Aussi son mysticisme n'élude-t-il pas une approche rationnelle du monde – aurait-elle sans cela étudié les sciences ? –, mais la transcende pour ainsi dire, tant est fort son désir d'aller boire à la source où Mnémosyne offre l'eau qui, seule, désaltère ; et tant croît en elle la certitude sensible d'une proximité avec l'invisible : « J'ai tant mangé du pavot éternel, que j'entends », écrit-elle à Rilke (1924) en écho aux *Sonnets à Orphée* (1922). Prédisposition naturelle ou effets de la maladie ? L'ouïe spirituelle de Catherine Pozzi semble s'affiner à mesure que le mal progresse en elle, disant ressentir « l'amitié surhumaine de la mort » (1934). Une mort qui, mûrissant lentement, la rapproche spirituellement de Rilke tout en lui interdisant de mener à terme son propre projet : « La moisson de vérités est finie pour moi, mais Dieu existe » (1928). Un Dieu devenu sensible au cœur sans que l'intelligence ait perdu ses droits ; un Dieu qui ne fait qu'un avec l'univers, dont chaque être porte en soi les multiples états.

Françoise Bonardel

Bibl. : ***Œuvres* :** *Agnès*, Paris, La Différence, 2002 ; *Œuvre poétique*, Paris, La Différence, 1988 ; *Très haut amour, Poèmes et autres textes*, Paris, Poésie/Gallimard, 2002 ; *Peau d'âme*, Paris, La Différence, 1990 ; *Correspondance avec Rainer Maria Rilke (1924-1925)*, Paris, La Différence, 1990 ; *Journal 1913-1934*, Paris, Claire Paulhan, 1997 ; *La Flamme et la cendre, correspondance avec Paul Valéry*, Paris, Gallimard, 2006. ***Vie* :** J. LAWRENCE, *Catherine Pozzi, une robe couleur du temps*, Paris, La Différence, 1988 ; M. DIAZ-FLORIAN, *Catherine Pozzi, la vocation à la nuit*, Paris, Aden, 2008. ***Études* :** P. BOUTANG, *Karin Pozzi et la quête de l'immortalité*, Paris, La Différence, 1991 ; A. MALAPRADE, *Catherine Pozzi, architecte d'un univers*, Paris, Larousse, 1994 ; A. BESSON, *Lou Andreas Salomé et Catherine Pozzi : deux femmes au miroir de la modernité*, Paris, L'Harmattan, 2010.

PROUS BONETA (NA), *béguine, visionnaire et prophétesse* (Montpellier ?, v. 1295-Carcassone, 1328). — Prous Boneta, née sans doute à Montpellier, est arrêtée en 1325 et interrogée par l'Inquisition au sujet de ses visions et de son enseignement, interrogatoire auquel elle répondra de la façon la plus libre qui soit. Sa doctrine pourrait se résumer en un refus de considérer l'Église présente comme l'instrument du salut. Ce point de vue radical se fonde sur la prétention visionnaire de contacts immédiats avec le Christ, assez semblable d'ailleurs à ce que laisseront entendre d'autres femmes mystiques. Lors de son procès, Prous décrit comment, quatre ans auparavant, alors qu'elle priait dans l'église des Franciscains de Montpellier où elle avait participé à l'office du vendredi saint, « le Seigneur la transporta en esprit, c'est-à-dire en son âme, jusqu'au premier ciel, et lorsqu'elle y fut, elle vit le dit Jésus-Christ dans sa forme humaine et dans sa divinité, qui lui apparut, qui lui parla et lui montra son cœur transpercé, comme si c'était le carreau d'une petite lanterne, duquel sortaient des rayons de soleil ». Prous Boneta protesta de son indignité, mais le Christ la rassurant, « alors elle-même s'en approcha et posa sa tête sous le corps du Christ même et elle ne vit rien autre qu'une clarté comparable à celle que le Christ émettait dans les susdits rayons ».

Ainsi commença une série d'expériences visionnaires au cours desquelles apparurent à la béguine lumière céleste et figures divines, l'ensemble culminant dans la vision du Père au cours d'une liturgie du samedi saint. Ainsi « lui fut-il donné par Dieu une haute contemplation et la grâce de contempler les cieux et de voir Notre-

Seigneur Jésus-Christ, une oraison continuelle et un sentiment continu de Notre Seigneur ». Le Christ lui parle pour se donner à elle comme jadis il s'est donné à la Vierge Marie*. Enfin, Na (pour *domina*, « maîtresse ») Boneta avoue aux enquêteurs combien elle a joui de ce face-à-face avec le Christ en son humanité ; ne lui avait-il pas déclaré : « Saint Jean Baptiste aura proclamé la venue du saint baptême de Jésus-Christ, toi, tu annonceras la venue du Saint-Esprit. » Les visions qui suivirent cette expérience initiale furent certes confuses mais elles confirmèrent Prous Boneta dans le rôle spécifique qui devait être le sien dans l'histoire du salut : elle entre en extase, alors qu'elle priait pour le salut de tous, et le Christ, en dépit des protestations d'indignité qu'elle renouvelle, l'assure qu'il la transformera en lui-même, comme le feu transforme en lui ce qu'il consume. Autre vision : celle des trois personnes de la Trinité, et elle assure ses interlocuteurs que « depuis cet instant, toute la sainte Trinité fut avec elle spirituellement ».

C'est ici que s'opère la jonction entre le prophétisme de Na Boneta et le mouvement des Franciscains spirituels (les *fraticelles*), puisqu'elle précise que cette inspiration l'avait déjà visitée lorsqu'elle s'était rendue, probablement en 1306, sur la tombe de Pierre-Jean Olieu (ou Olivi), à Narbonne, sanctuaire qui, devenu un lieu de pèlerinage fréquenté par les béguines et les bégards, sera détruit en 1318. Selon Prous Boneta, il semblerait que Pierre-Jean Olivi et elle-même avaient fonction de co-rédempteurs dans l'Église du nouvel âge ou des temps nouveaux : aveu qui horrifia les juges. Elle ajouta que Dieu lui avait donné toute la divinité en esprit, comme il l'avait fait pour la Vierge Marie et pour son Fils, puisque le nature humaine n'était pas en mesure de recevoir la *veritas*, si ne lui avait été donné le Saint-Esprit. Par ce don de la divinité s'était formé en elle un corps spirituel, doté d'une intelligence bien plus élevée et pure que ce qu'elle-même possédait ; aussi lui fut-il dit, « la Vierge bénie Marie fut celle qui donna le Fils de Dieu ; tu seras celle qui donnera le Saint-Esprit ». À l'évidence elle se considérait comme transsubstantiée dans son existence terrestre en ce corps totalement divinisé.

L'enseignement de notre *donatrix spiritus sancti* se résume à une assez obscure théologie de l'Histoire, qui emprunte nombre de ses motifs à la vision du cistercien Joachim de Flore, qu'elle articule à une conception quasi dualiste d'un conflit entre Dieu et le diable, ce qui paraît relever de la doctrine cathare. Dans les parallèles fréquents qu'elle établit entre les événements de l'histoire biblique et l'action divine dans les temps présents on soupçonne quelque réminiscence de la *concordia* joachimite. Ainsi la Passion du Christ inaugure-t-elle la restauration des âmes tombées hors du paradis terrestre, dont Adam et Ève avaient été chassés, lequel paradis ne serait autre que l'Église avec ses sept sacrements. L'avènement du monachisme constitue une nouvelle étape de ce processus, au cours duquel François d'Assise et Olivi se lèvent, tels Énoch et Élie, prophètes des temps nouveaux. Et que le pape Jean XXII condamne les écrits de la mouvance fraticelle, en particulier ceux d'Olivi, qui sont la nouvelle *scriptura spiritus sancti*, constitue une faute aussi grave que celle d'Adam, récapitulant à elle seule toute la malignité des grands pécheurs de l'histoire biblique, Caïn, Hérode, Caïphe. C'est à cause de cet antéchrist pontifical que les sacrements de l'Église ont perdu leur pouvoir salvifique ; l'unique source de salut est désormais le message du Saint-Esprit que communique Na Boneta. Elle évoque pour finir le nouvel état de l'Église initié par Olivi et achevé en elle : n'affirme-t-elle pas « voir Dieu jour et nuit et à tout moment en esprit » ? D'où ce statut de corédemptrice qu'elle revendique, le Seigneur lui ayant affirmé que « comme la première femme, Ève, fut le commencement et la cause de la damnation de la nature humaine et de tout le genre humain par le péché d'Adam, ainsi tu seras le commencement et la cause du salut de la nature humaine et de tout le genre humain par ces paroles que je te fais prononcer, dans la mesure où elles seront crues ». Une position qui consone étrangement avec celle de Marguerite Porete*, elle aussi condamnée, et qui prépare la figure moderne du Messie féminin.

François Marxer

• *Voir aussi* : Marguerite Porete

Bibl. : ***Vie et études*** **:** L. A. BURNHAM, « The Visionary Authority of Na Prous Boneta », *in* A. Boureau et S. Piron (éd.), *Pierre de Jean Olivi (1248-1298). Pensée scolastique, dissidence spirituelle et société*, Paris, Vrin, 1999 ; R. MANSELLI, *Spirituali e beghini in Provenza*, Rome, Istituto Storico Italiano per il Medio Evo, 1955 ; W. H. MAY, « The Confession of Prous Boneta Heretic and Heresiarch », in *Essays in Medieval Life and Thought*, New York, Columbia University Press, 1955 ; B. NEWMAN, *From Virile Women to Woman Christ : Studies in Medieval Religion and Literature*, Philadelphie, University of Pennsylvania Press, 1995.

QUINZANI, Stéphanie. — *Voir* STÉPHANIE QUINZANI DE SONCINO

QUONIAM, Dorothée. — *Voir* MARIE-AIMÉE DE JÉSUS

R

R., Mme, *laïque, auteur d'un Journal spirituel* (Rolande ? ; ?, 1911-?, 2000). — Son Journal a été publié pour l'essentiel, alors que la plupart de ceux des mystiques des XIXe et XXe siècles ne sont connus que par des citations de leurs biographies. Une vie de souffrance et d'épreuves. D'origine lorraine, Rolande perd sa mère à quatre ans et son père se remarie avec l'employée de maison, rude marâtre. Après trois tentatives d'entrée en religion, rendues vaines par son état de santé, elle trouve la guérison de ses maux à Lourdes en 1938 ; elle épouse en 1942 le fils d'un industriel du Nord. Sa quête religieuse la conduit jusqu'au mariage spirituel en 1972. Elle connaît l'union transformante pendant trois ans. Le Christ lui aurait demandé en 1977 un jeûne radical pour le reste de sa vie ; mais elle est prise d'obsessions de nourriture. Puis elle vit une « persécution radicale de l'enfer », le sentiment d'être damnée, et a des stigmates (1977). De nombreux malaises digestifs et cardiaques la conduisent à une opération du cœur à quatre-vingts ans. René Laurentin lui demandant, dans les dernières années de sa vie, ce qu'elle ferait en enfer, elle lui répond : « Mais j'adorerai, je rendrai grâce à Dieu d'être Dieu, éternellement. » Il en conclut que « l'union profonde demeurait dans la nuit ». Le même auteur affirme qu'elle retrouva l'union à Dieu peu avant sa mort, en janvier 2000.

Régis Bertrand

Bibl. : ***Écrit*** **:** *La Passion de madame « R », journal d'une mystique assiégée par le démon*, préface du cardinal R. Coffy, présenté par l'abbé R. Laurentin, Paris, Plon, 1993. ***Études*** **:** J. MAÎTRE, *Mystique et féminité : essai de psychanalyse sociohistorique*, Paris, Cerf, 1997, p. 430-431 ; J. BOUFLET, *Encyclopédie des phénomènes extraordinaires dans la vie mystique*, Paris, Le Jardin des livres, 2002-2003, t. II, p. 114-117 ; R. LAURENTIN, *Marie Deluil-Martiny, précurseur et martyre...*, Paris, Fayard, 2003, p. 150.

RÂBI'A AL-'ADAWIYYA, *soufie* (Basra, v. 714-801). — Râbi'a est sans conteste une des très grandes figures de la mystique en islam. Elle marqua pour des générations les orientations de la spiritualité musulmane naissante. Elle vécut dans ce deuxième siècle de l'ère musulmane qui fut une étape de formation des courants mystiques. Les premières figures de la spiritualité musulmane à cette époque furent plutôt des dévots, des ascètes fervents multipliant les pratiques pieuses surérogatoires, vivant dans la crainte de Dieu. Râbi'a marque un tournant important, car elle semble être la première à avoir parlé ouvertement et avec lyrisme de relations d'amour entre Créateur et créature.

Râbi'a a certainement été une figure historique, tellement son renom et ses enseignements ont été perçus fortement et gardés en mémoire par ses contemporains. Cependant, tout ce que nous savons d'elle dépend d'une hagiographie tardive, écrite deux siècles après sa mort ou plus. Ainsi les récits la concernant rapportés dans *Le Mémorial des saints* de Farîd al-dîn 'Attâr sont-ils restés fameux, mais ils datent du XIIe siècle. Plus les sources sont récentes, plus leurs notices sur la vie de Râbi'a sont détaillées et remplies d'éléments merveilleux. Il a ainsi fallu deux bons siècles avant que sa personnalité littéraire et mystique ne trouve son achèvement, puis que sa légende ne cesse de s'amplifier. C'est pourquoi nous allons aborder Râbi'a comme un profil de sainteté archétypal, modelé par des siècles de méditation et d'expériences intérieures, et non comme un personnage dont on pourrait tracer un portrait historique. Il est très probable qu'on lui a attribué des dires ou des actions ressortissant à d'autres femmes mystiques restées dans l'ombre de l'histoire hagiographique, ainsi que des anecdotes pieuses simplement inventées.

On peut toutefois tenir pour acquis qu'elle était originaire de la région de Bassora, dans le sud de l'Irak, où elle vécut toute sa vie. Elle était issue d'un milieu pauvre, voir servile – une fille de bonne famille n'aurait pu mener une telle existence. La légende fait d'elle une enfant volée, qui aurait survécu comme esclave chanteuse ; on retrouve ici le thème récurrent dans l'hagiographie chrétienne de la conversion de la femme de mauvaise vie. Toujours est-il que Râbi'a, devenue adulte, vécut principalement comme une ermite dans le désert, puis dans la ville de Bassora même. Elle pratiquait une ascèse totale et inconditionnelle. Ce trait n'a rien d'invraisemblable, car nombreux étaient ses contemporains qui prirent le chemin du renoncement et de la privation – de nourriture, de sommeil, de compagnie humaine. Un autre trait récurrent est son attachement au célibat. Le fait est exceptionnel en terre d'islam, où le mariage est très vivement recommandé et le monachisme explicitement désavoué. Malgré de nombreuses demandes en mariage, émanant parfois de personnes influentes, Râbi'a aurait toujours tenu à rester totalement disponible à son seul Aimé. Ce qui ne l'empêchait pas d'accueillir des visiteurs. Le rayonnement de sa personnalité est illustré par les noms des mystiques, parfois illustres, qui venaient la voir pour s'entretenir avec elle et partager sa présence. Parmi eux, 'Abd al-Wâhid ibn Zayd, Mâlik ibn Dînâr, Shaqîq al-Balkhî, Sufyân al-Thawrî, et bien d'autres. Mais si elle accueillait les visiteurs, sa contemplation ne cessait pas pour autant, ainsi qu'elle l'aurait exprimé dans ces vers : « J'ai fait de

Toi le compagnon de mon cœur / Mais mon corps est là pour ceux qui cherchent sa compagnie / Et mon corps est prêt à recevoir amicalement ses hôtes / Mais l'Aimé de mon cœur est l'hôte de mon âme. »

La tradition rapporte de nombreux prodiges qui se seraient produits autour d'elle. Il est notamment question d'apparitions merveilleuses de nourriture – non pour elle, mais pour ses hôtes. De son corps émanait une lumière qui permettait de se passer de lampe dans l'obscurité. Malgré leur caractère légendaire, ces récits indiquent à tout le moins que Râbi'a était considérée comme une véritable sainte (*waliyya*), une amie de Dieu. Les miracles de ce type sont presque systématiquement attribués aux grands saints comme le signe même de l'agrément que Dieu leur porte.

Râbi'a n'a rien écrit. La tradition hagiographique lui attribue toutefois un bon nombre de prières, des réponses et des vers. Une de ses plus célèbres oraisons, lorsqu'elle priait la nuit, est la suivante : « Ô Seigneur, les étoiles brillent, les yeux des humains sont fermés, les rois ont clos leurs portes, chaque amant est seul avec son aimé, et moi je me tiens, devant Toi. »

Parmi ses legs les plus importants à la mystique musulmane postérieure, on doit mentionner sa doctrine de l'amour intégral. Il traduit un attachement à Dieu seul qui, nous l'avons vu, l'a conduite à refuser l'idée même du mariage et de l'attachement maternel. À qui l'interrogeait, elle répondait : « Le mariage est nécessaire à qui peut choisir. Quant à moi, je n'ai pas le choix de ma vie. Je suis à mon Seigneur et dans l'ombre de ses commandements ; ma personne n'a aucune valeur. » De même, interrogée sur son amour envers le prophète Muhammad, elle répondait : « Je l'aime, mais mon amour du Créateur m'a détournée de l'amour de ses créatures. » Elle voulait aimer Dieu pour lui-même, écartant catégoriquement toute idée de crainte de l'enfer ou d'attente des plaisirs du paradis – attitude qu'elle jugeait basse et « mercenaire ». Elle se gaussait des croyants qui aspirent à la félicité paradisiaque auprès des épouses célestes, en ignorant combien la présence divine est un bonheur incommensurablement supérieur. Une maxime sur le paradis est restée célèbre : « Le Voisin d'abord, [sa] maison [= le paradis] ensuite » (« *Al-jâr thumma al-dâr* »). De façon générale, elle négligeait les bienfaits terrestres pour s'attacher au seul bienfaiteur. Une déclaration de Râbi'a sur ce sujet est d'ailleurs restée fameuse dans l'histoire de la mystique musulmane : « Ô mon Maître, si je T'adore par crainte de l'enfer, brûle-m'y, et si je T'adore par espoir du paradis, exclus-m'en, mais si je T'adore pour l'amour de Toi seul, alors n'écarte pas de moi ton éternelle Beauté. » Un récit attenant la met en scène portant du feu dans une main et de l'eau dans une autre, répondant à qui l'interrogeait qu'elle allait « vers le ciel, pour jeter du feu sur le paradis et de l'eau sur l'enfer, afin que tous les deux disparaissent et que les hommes regardent Dieu sans espérance ni crainte » (rapporté par Aflâkî au XIVe s.). Il est intéressant de noter que Jean de Joinville, historien du roi Louis IX, raconte une anecdote similaire un siècle plus tôt, mais située dans la région de Damas cette fois ; et que Jean-Pierre Camus, évêque de Belley, se fonde précisément sur ce récit dans son ouvrage *Caritée, ou Le portrait de la vraie charité : histoire dévote tirée de la vie de Saint Louis* (1641), recueil de sermons où il défendait la doctrine du pur amour.

Un poème très célèbre est attribué en ce sens à Râbi'a ; il mérite que l'on s'y attarde quelque peu : « Je T'aime de deux amours : l'amour de passion, et un amour dont Tu es digne / Quant à l'amour de passion, c'est que je ne suis occupée qu'à Te mentionner à l'exclusion de tout autre, / Et quant à l'amour dont Tu es digne, c'est que Tu enlèves le voile afin que je Te voie. / Nulle louange pour moi en l'un et l'autre – mais en l'un et l'autre louange à Toi ! »

Le théologien sunnite Ghazâlî, dans son ouvrage majeur *La Revification des sciences religieuses* (composé entre 1095 et 1106), fondant théologiquement l'attitude des mystiques, comprend ces deux amours de façon suivante : le premier est l'amour pour Dieu du fait des bienfaits dont il nous pourvoit, et le second serait l'amour de Dieu en tant qu'il est lui-même, pour sa divine beauté. Le philosophe Jad Hatem fait toutefois remarquer avec raison que le texte dit bien autre chose. Le premier amour n'est pas explicitement lié à des bienfaits, ni dévalué par rapport au second. Le deuxième amour exprime le bonheur de la contemplation de Dieu, conférée par Lui. Il ne s'agit donc pas d'un amour vraiment différent, mais simplement d'une félicité due à un plaisir plus éblouissant encore car venant de l'aimé. L'amour pur aurait été de renoncer précisément à tout plaisir, y compris éventuellement à la joie de la contemplation – telle la figure d'Iblîs (Satan), désobéissant à Dieu par amour pour lui, selon Hallâj (cf. aussi l'amour pur selon Mme Guyon* et Fénelon, au XVIIIe s.). La poésie attribuée à Râbi'a exprime en toute simplicité la joie de la rencontre avec le divin, joie qui comble la sainte et la conduit à écarter tout autre réconfort. Il s'agit, pourrait-on dire, de la jouissance spontanée et complète de la présence de l'aimé, au-delà de toutes les attitudes de contrition et de crainte de la colère divine si courantes dans la littérature de type ascétique. Ainsi, elle aurait déclaré dans un poème : « Ô ma joie, mon désir, mon appui, / Mon compagnon, ma provision, mon but, / Tu es l'esprit de mon cœur, tu es mon espoir, / Tu es mon confident, mon désir de Toi est mon viatique [...] / Désormais ton amour est mon but et mon délice / Et la splendeur de l'œil de mon cœur assoiffé. / Tant que je vivrai je ne m'éloignerai pas de Toi. / Tu es définitivement maître dans le fond de mon cœur. / Si Tu trouves de l'agrément en moi / Alors, désir de mon cœur, ma joie débordera ! »

La position de Râbi'a face à la loi religieuse et à sa morale reflète un paradoxe fréquent chez les mystiques musulmans. Elle était en effet pratiquante à l'extrême, priant de jour comme de nuit, jeûnant sans cesse : « Il faut aujourd'hui que nous jeûnions pour rendre grâce des prières que nous avons faites cette nuit », proposa-t-elle à un soufi qui était venu la visiter. Mais simultanément, la loi reste pour elle un truchement, une médiation relative face à la seule réalité qui vaille d'être approchée, celle de la présence de Dieu. D'une certaine manière, le croyant doit même se défier d'une pratique tellement fervente que son accomplissement l'éloignerait de la recherche de cette présence. Effectuant son pèlerinage à La Mecque, Râbi'a aurait dit de la Kaaba : « Cette idole adorée sur la terre ! Dieu n'y a pas pénétré, ni n'en est absent ! » Ce paradoxe montre bien que, pour qui vit pour Dieu et en lui, tout ce qui est terrestre devient un simple signe, sans plus. De plus, l'homme n'a pas de prise sur Dieu, sa pratique, sa piété ne lui donne aucun avantage. À un homme qui lui disait : « J'ai commis de nombreux péchés, j'ai multiplié les désobéissances. Mais si je me repens, Dieu me pardonnera-t-Il ? », elle répondit : « Non. Mais s'il te pardonne, alors tu te repentiras. » La seule prise de l'homme reste sur lui-même. Ainsi Râbi'a aurait-elle enseigné : « Lorsque nous demandons pardon, nous avons besoin de demander pardon pour le manque de sincérité de notre demande. »

Le rôle de Râbi'a dans le courant de la mystique musulmane doit donc être évalué avec lucidité. Son attitude spirituelle constitue un tournant, nous le signalions plus haut, précisément en ce qu'elle devient authentiquement mystique. Le départ est en effet souvent malaisé à tracer, dans les premières générations des spirituels musulmans, entre la dévotion fervente – laquelle n'implique au fond aucun contact entre le dévot et le divin, mais bien plutôt la crainte devant la transcendance radicale de Dieu – et la mystique proprement dite, fondée au contraire sur le contact, voire l'amour avec lui. Cependant, la figure historique de Râbi'a est une construction progressive. Nous le disions plus haut, l'attribution rétroactive à la sainte de Bassora de certaines paroles ou attitudes d'autres mystiques est fort probable. C'est tardivement qu'elle est qualifiée de « seconde Marie* » par 'Attâr. Mais un fait demeure certain au travers de toute cette hagiographie : l'hommage porté à la sainteté féminine, devenue le fondement paradigmatique d'une attitude essentielle, l'amour passionné pour Dieu.

La figure de Râbi'a a inspiré plusieurs ouvrages contemporains. Un film fameux a été produit en Égypte en 1960 sur le thème – romancé – de sa vie, notamment son activité supposée de joueuse de flûte, suivie de sa conversion. Le rôle de Râbi'a est joué par l'actrice égyptienne Nabila Obeid ; les chansons, écrites par le grand chanteur-compositeur Muhammad 'Abd al-Wahhâb, sont interprétées par Oumm Kalsoum. Il s'agit d'une renaissance publique du mythe de Râbi'a, qui a pris sa place dans la configuration culturelle de ce que l'on appelle le « féminisme islamique ».

Pierre Lory

• *Voir aussi* : Sitt'Ajam bint al-Nafis de Bagdad

Bibl. : *Œuvres* : l'ensemble des extraits attribués à Râbi'a dans la littérature hagiographique musulmane a été regroupé par A. BADAWI, *Shahîdat al-'ishq al-ilâhî – Râbi'a al-Adawiyya*, Le Caire, Maktabat al-nahda al-misriyya, 1954 ; *Chants de la recluse*, trad. de l'arabe M. Oudaimah et G. Pfister, Paris, Arfuyen, 1988. ***Vie et études* :** J. ANNESTAY, *Une femme soufie en Islam – Râbi'a al-'Adawiyya*, Paris, Entrelacs, 2009 ; M. SMITH, *Muslim Women Mystics – The Life and Work of Râbi'a and other Women Mystics in Islam*, Oxford, Onworld Publications, 2001 ; J. HATEM,

L'Amour pur hyperbolique en mystique musulmane, Paris, Éditions du Cygne, 2009.

RÂBI'A BALKHÎ, *soufie* (Râbi'a bint Ka'b al-Quzdârî ; Balkh, Xe s.). — Née à Balkh (la cité hellénistique de Bactres) dans le nord de l'Afghanistan, Râbi'a Balkhî est la fille d'un gouverneur de la ville nommé Ka'b al-Quzdârî. Celui-ci descendait, semble-t-il, de conquérants arabes qui s'étaient installés dans le nord-est de la Perse à l'époque d'Abû Muslim (v. 700- v. 755), chef militaire abbasside. L'origine arabe de sa famille pourrait expliquer que Râbi'a ait été parfaitement bilingue et qu'elle ait écrit dans les deux langues. Le peu de données historiques disponibles permet de penser que la princesse aurait été contemporaine de Nasr II, souverain samanide de l'Iran, dont elle aurait été poète de cour, mais aussi du grand poète persan Roudaki.

À la cour de son frère Harès, qui succède à son père Ka'b, Râbi'a s'adonne à la poésie, et il est probable qu'elle fréquente les adeptes du soufisme encore naissant dans ces régions, converties à l'islam depuis guère plus d'un siècle. Selon une légende bien établie, mais dépourvue d'éléments historiques probants, elle se serait éprise d'un domestique turc de Harès, cuisinier ou garde, nommé Bakhtach. Le gouverneur, l'ayant appris, fait enfermer sa sœur dans la salle de bains d'un palais ou dans une pièce attenante à un hammam, après l'avoir blessée au cou. Bakhtach est arrêté et enfermé dans un puits, d'où il s'évadera, et il assassinera le gouverneur Harès avant de se donner la mort. Pendant ce temps, Râbi'a, enfermée, se meurt en écrivant des poèmes sur les murs de la salle où elle est enfermée, avec le sang qui coule de sa gorge.

Râbi'a Balkhî est immensément populaire en Afghanistan, connue au Tadjikistan et en Iran. Elle est citée par deux des plus grands poètes persans, Djâmi de Hérat (dans son *Nafahât al-'Ons*) et Farîd al-dîn'Attâr (dans les *Mathnawiyyât* ou « Essais »). Elle est évoquée par ailleurs dans le *Lobâb ol-Albâb* (1220) de Awfi, un des premiers historiens et panégyristes de la littérature persane, et traitée plus substantiellement par Edward Granville Browne dans *A Literary History of Persia* (1908). Elle a inspiré également un poète de l'époque qadjar, Réza Qoli Khan Hédâyat, qui composa un *Bakhtachnâma* (« Livre de Bakhtach »).

Elle occupe, à plus d'un titre, une place singulière dans l'histoire littéraire des pays de langue persane. Islamisée depuis peu, aux dépens du zoroastrisme et du bouddhisme, toute cette région, qui comprend l'Iran, l'Afghanistan, le Tadjikistan actuels et leurs pourtours, voit au IXe siècle sa langue, le moyen-perse ou « pehlevi », se transformer profondément sous l'influence de l'arabe, qui vient l'enrichir par des milliers d'apports lexicaux. Après l'invasion arabo-islamique, la langue persane change aussi d'écriture, délaissant l'alphabet araméen au profit des caractères arabes. En même temps, une littérature nouvelle apparaît : alors que, jusque-là, le moyen-perse excellait dans le récit en prose, le fabliau et l'épopée, émerge alors, sous l'influence de la prosodie et de la métrique arabes, ce qui ouvrira la voie, par la langue, les thèmes, les canevas et les formes, à la grande poésie persane. Râbi'a Balklhi est une des premières représentantes de cette nouvelle langue qui constitue déjà le persan moderne parlé aujourd'hui. Dans ses *ghazals* (poèmes brefs renvoyant aux échanges amoureux), l'amour de Dieu et de l'amant ne font qu'un. Seul l'amour permet de prendre conscience de l'éternité, de l'infini et de l'absolu, mais la Voie est un itinéraire déroutant et difficile, auquel on ne peut échapper dès l'instant où l'être individuel a reconnu l'appel vers la sublime transcendance et l'indicible Tout : « Son amour m'a de nouveau saisie dans ses rets ; / Mes efforts pour m'échapper n'ont servi de rien. / L'amour est une mer aux rivages invisibles. / Quel sage serait capable d'y nager ? / tu veux aller jusqu'au bout de l'amour, / Il faut que tu acceptes l'inacceptable, / Que tu regardes le laid et le trouves beau, / Que tu boives le poison et le trouves sucré. / Je me suis rebellée, mais j'ignorais / Que plus on tire sur la corde, plus la boucle se resserre. » Exprimant une mystique profonde, au moyen d'une esthétique raffinée et chargée de sens, Râbi'a préfigure ainsi les plus grands poètes persans qui lui succèderont.

Le caractère spectaculaire et tragique de la mort de Râbi'a la confirme comme une « martyre de l'amour ». Il n'est pas surprenant, dans ces conditions, que cette figure particulièrement attachante, cette poétesse de haute spiritualité, soit révérée avec ferveur en Afghanistan où, avec quelques autres femmes, elle a accédé au rang d'héroïne nationale à demi mythique. Icône féminine, voire du féminisme ou encore de la résistance à l'oppression, de tout un peuple en Afghanistan, Râbi'a Balkhî a donné en effet son nom à plusieurs écoles, collèges et lycées, ainsi qu'à un hôpital, et a fait, en 1965, l'objet d'un film demeuré célèbre dans son pays. Son image a été largement promue sous le despotisme éclairé des monarchies progressistes et modernisatrices qui se sont succédé en Afghanistan de 1919 à 1973 et qui ont œuvré en faveur de l'émancipation des femmes. De façon plus discutable, elle a aussi été récupérée par les systèmes totalitaires communistes entre 1978 et 1992. Retombée sous silence à l'époque du régime religieux radical (1996-2001), elle émerge de nouveau depuis 2002 dans le contexte de la liberté de la presse et d'expression établi par la nouvelle constitution afghane. Entouré d'une grande ferveur populaire, son tombeau, situé à Balkh, est un lieu de pèlerinage.

Didier Leroy

Bibl. : ***Œuvres et études*** : ATTA, *Les Grandes Poétesses de l'histoire littéraire afghane*, Kaboul, Presses de l'État, 1986 ; M. NAWABI, *Rabia Balkhi*, Kaboul, Warasta, 1977 ; S. NOURY, *A Research Note on First Afghan Poetess*, Montréal, « The Persian » Mirror, 2004 ; M. N. N. SAIDI, *Textes anciens de langue persane*, Kaboul, Presses de la Défense nationale, 1963.

RÂBI'A BINT ISMÂ'ÎL AL-SHÂMIYYA, *ascète musulmane* (Damas, ?-Jérusalem, 842/843). — Aussi appelée dans certaines sources Râyi'a, à cause de la graphie voisine des lettres *bâ'* et *yâ'* qui ne diffèrent que par un point diacritique, ou pour la distinguer de Râbi'a al-'Adawiyya*, avec laquelle elle a souvent été confondue, car, outre un prénom commun, ceux de leurs pères respectifs sont également identiques. Elle fait partie des « grandes dames de Syrie », selon l'expression de l'un de ses premiers biographes, Sulamî, qui confirme la graphie Râbi'a. Son nom est le plus souvent accolé à celui de son mari, Ahmad ibn Abî al-Hawârî, l'un des grands maîtres de Syrie pour le IXe siècle, issu d'une famille réputée pour sa piété ascétique et surnommé par Junayd « la menthe odorante de Damas ».

Femme riche, elle dépensa tout son argent pour Ahmad et ses disciples, avec enthousiasme, lui avouant : « Je ne t'aime pas comme un mari, mais comme un frère [...] J'ai prié Dieu que mes richesses soient consommées par des hommes tels que toi et tes disciples. » De fait, si Ahmad la désirait le jour, elle lui disait : « Tu ne vas pas me faire rompre mon jeûne ! » et s'il la désirait la nuit, elle l'apostrophait : « Je t'en conjure, ne m'as-tu pas offerte à Dieu pour cette nuit ! » Mais, sachant bien qu'une telle situation ne pouvait durer, elle finit par lui dire : « Je ne peux pas toujours t'interdire de t'approcher de moi. Trouve une autre femme ! » Elle lui donna même une somme d'argent pour se marier. Par la suite, Ahmad eut donc plusieurs épouses, et Râbi'a, loin d'être jalouse, lui cuisinait de la viande pour lui donner des forces puis l'envoyait rejoindre ses autres femmes. Mais une telle attitude ne reflétait certainement pas la pratique commune des femmes ascètes. Ainsi, Hukayma al-Dimashqiyya, qui était le professeur spirituel de Râbi'a – le terme employé par les sources pour désigner ce rapport de l'enseignant à l'enseigné est *ustâdh* (sans la marque du féminin), les femmes sont ainsi mises sur un plan d'égalité avec les hommes, au niveau du savoir et de sa transmission –, apprenant le projet d'Ahmad de prendre une seconde épouse, le critiqua vivement, jugeant incompatible la quête de Dieu et le partage de son cœur entre plusieurs épouses.

Son ascèse était rigoureuse et elle ne se permettait aucun écart. Son mari était stupéfait par ses longues nuits de veille, disant qu'il n'avait jamais rien vu de semblable, même auprès de son maître. Mais elle le reprenait : « C'est toi qui parles ainsi ! Ne sais-tu pas que je ne me lève que parce que je suis appelée ! » Même attitude envers la nourriture, elle ne pouvait savourer un mets délicat sans se sentir accablée à la vue de ses membres qui s'empâtaient. Et pourtant, elle cuisinait avec ferveur, disant à son mari, en lui présentant un plat : « Mange ! Il n'a cuit que grâce à mes louanges. » Mais pour elle-même, lorsqu'elle passait à table, elle continuait à évoquer le jour du jugement, tandis que son mari, exaspéré, protestait : « Mais laisse-nous donc manger tranquillement ce repas ! »

Râbi'a passait par des états spirituels différents, reflets de sa proximité avec le divin : parfois l'amour, parfois l'intimité et sa douceur, parfois la crainte. Car elle vivait dans une présence constante de l'au-delà : la neige lui évoquait la blancheur des feuilles qui inscrivent nos actes ; les sauterelles, la multitude au jour de la Résurrection ; l'appel du muezzin, le Jugement dernier. Parfois, lorsque son mari l'appelait, elle ne pouvait lui répondre, plongée qu'elle était dans un état de béatitude.

Elle avait des visions et percevait les djinns circulant dans la maison, ou les femmes du paradis, les houris, qui se dissimulaient le visage lorsqu'elles la voyaient. Elle était douée d'une intuition pénétrante, découvrant par exemple sur son chaudron un texte qui annonçait le décès du calife Hâroun al-Rashîd le jour même de sa mort, en 809. Elle serait enterrée à Jérusalem sur le mont des Oliviers, à proximité de sainte Pélagie d'Antioche.

Parmi ses aphorismes : « Quand l'homme dans tous ses actes obéit à Dieu, Il lui fait voir les méfaits de ses œuvres afin qu'il s'occupe à les corriger, oubliant ainsi les défauts d'autrui. »

Jean-Jacques Thibon

• *Voir aussi* : Umm Hârûn al-Dimashqiyya

Bibl. : ***Études*** : SULAMÎ, *Dhikr al-niswa al-muta'abbidât al-sûfiyyât*, Le Caire, Al-Tanâhî, 1993, p. 59-60 ; IBN AL-JAWZI, *Sifat al-safwa*, Beyrouth, M. Fakhûrî, 1986, IV, p. 300-303 ; JÂMÎ, *Nafahât al-uns*, Téhéran, M. Tawhîdîpûr, 1337 H., p. 618-619 ; N. et L. AMRI, *Les Femmes soufies ou la passion de Dieu*, Saint-Jean-de-Braye, Dangles, 1992.

RACHEL, *figure spirituelle hassidique* (Pologne, XIXe s.). — Rachel est la fille du « Rav Apter », Abraham Joshua Heschel, rebbe d'Apt (Opatow), dont l'amour pour le peuple d'Israël lui a valu d'être appelé « l'amoureux d'Israël », *Oheiv Yisraël*, titre également de son livre de réflexions présentées selon l'ordonnancement de la Bible. Rachel fut remarquée dans le monde hassidique pour sa connaissance du Talmud et du hassidisme. Son père, qui la considérait comme « une étoile de sainteté », la consultait en bien des domaines. Elle l'a accompagné dans ses nombreux voyages et les hassidim (disciples) qui rendaient visite au rebbe recherchaient ses conseils, assurés que ces bénédictions féminines produisaient des miracles.

Mireille Loubet

Bibl. : ***Vie et étude*** : M. M. BRAYER, *The Jewish Woman in Rabbinic Literature : A Psychohistorical Perspective*, Hoboken (NJ), Ktav Publication Inc., 1986, p. 43.

RADEGONDE DE POITIERS, *sainte, moniale* (Erfurt, 520-Poitiers, 587). — L'itinéraire de Radegonde est aussi insolite qu'exemplaire, puisqu'elle aura choisi de passer de l'état de reine à celui de moniale : un changement de condition qui, au regard des générations suivantes, n'aura rien d'original, mais qui présentement cache un drame personnel aigu : celui d'une vocation contrariée par l'imposition d'un mariage non désiré. Née en 520 (ou peu après), Radegonde, fille du roi de Thuringe, reçut une excellente éducation, lui donnant accès à la littérature tant profane que sacrée, aussi bien les Pères grecs (Grégoire de Naziance, Basile, etc.) que latins (Hilaire de Poitiers, Ambroise, Jérôme, Augustin), de quoi se construire un projet de vie. Son destin bascula en 531, quand les fils de Clovis conquirent la Thuringe : Radegonde est alors attribuée à Clotaire Ier comme butin et esclave de guerre et conduite au domaine royal d'Athis, dans le Vermandois. Selon la stratégie matrimoniale en usage dans le monde germanique (où voisinaient épouses officielles et concubines, les monarques multipliant ainsi les alliances entre parentèles pour maintenir la paix entre les familles rivales), Clotaire choisit Radegonde, tout esclave qu'elle est, comme première épouse. Âgée alors de dix-huit ou vingt ans, elle retrouvait ainsi son rang royal d'origine ; cependant elle tente de sauvegarder sa liberté en prenant la fuite, la veille de la cérémonie à Vitry, en Artois. Rattrapée, elle est mariée de force à Soissons, mais sans l'apparat cérémoniel prévu.

Cette tentative est hautement révélatrice des intentions de Radegonde : entendait-elle, vu sa haute piété, devenir moniale, et cela dès l'enfance ? C'est possible et même probable, s'il est vrai que des filles de la haute noblesse (Aldegonde*, Hiltrude) se déterminaient à la consécration monastique, pour échapper au joug et aux servitudes de la vie conjugale imposés par les négociations entre familles. Radegonde, redevenue reine à son corps défendant, n'en déploya pas moins toute sorte de tactiques propres à refroidir les ardeurs de la virilité royale : ainsi quittait-elle le lit conjugal pour y revenir après être allée s'étendre nue, face contre terre sur le sol dallé de l'oratoire du palais, s'étant recouverte d'un cilice.

Si c'était contre son gré qu'elle avait consenti à ce mariage, pour consolider la paix entre les Francs et les Thuringiens, l'assassinat de son jeune frère sur ordre de Clotaire lui dessilla les yeux sur le cynisme et la cruauté de son mari qui, ainsi, avait manqué au pacte implicite qui liait les deux familles dans son mariage. Radegonde s'estima alors responsable de la mort de son frère, qu'elle avait gardé auprès d'elle, mort qu'elle devait donc expier. L'entrevue entre le roi et la reine fut orageuse et le roi s'en remis au jugement de l'évêque de Noyon, Médard. À l'évidence, Radegonde voulait voir reconnu son choix monastique. L'évêque, qu'elle apostropha, n'y pouvait consentir, puisqu'elle était légitimement mariée ; il choisit alors – trait de génie – de l'instituer diaconesse par l'imposition de *sa* main (et non des *deux* mains comme dans l'ordination des diacres, des prêtres ou des évêques). Ce qui eut pour effet la séparation des époux et contraignit Clotaire au célibat. Pendant un ou deux ans, Radegonde, en plus de son ascèse pénitentielle alimentaire et de ses œuvres de charité en faveur des pauvres, s'imposa une pénitence expiatoire pour la mort de son frère, portant au temps du carême, selon l'usage germanique, trois cercles de fer au cou et aux bras, châtiment imposé aux parricides et aux meurtriers de membres de leur parenté. Avec l'aide de Clotaire, elle fonde à Poitiers l'abbaye de Sainte-Croix où sera conservée la relique de la vraie Croix donnée par l'empereur byzantin Justin II (en l'honneur de laquelle le poète Venance Fortunat composera quatre hymnes fameuses). Elle y entre comme moniale, au plus tard en 560.

Le cas de Radegonde fut de nouveau et définitivement discuté au concile de Tours en 567 : cas inédit pour un droit canonique alors embryonnaire, que celui de cette femme qui avait fait vœu secret de célibat, mariée contre son gré, mais validement. La concile décida que le vœu non fictif l'emportait sur le mariage, puisque antérieur. Ainsi Radegonde est-elle sans nul doute la première femme dont on déclara la nullité du mariage. Ce refus du mariage ne s'apparente pas chez elle à quelque névrose ou inhibition sexuelle : les rêves qu'elle confia à sa suivante, Baudonivie, attestent un imaginaire érotique certain, mais remodelé par le désir de l'Époux céleste, quand bien même il lui fut difficile de « vaincre la douceur du mariage » et de renoncer à l'amour du monde : bref, une inflexible volonté comme une résistance opiniâtre au service d'un inébranlable désir mystique.

François Marxer

Bibl. : ***Vie*** : VENANCE FORTUNAT, *Vie de Sainte Radegonde (Vita sanctae Radegundis)*, trad. Y. Chauvin et G. Pon, Paris, Seuil, 1995 ; BAUDONIVIE, *Vita II sanctae Radegundis, Monumenta Germaniae Historica, Scriptores rerum merovingicarum*, t. II, Hanovre, 1888. ***Études*** : E.-R. LABANDE et P. RICHÉ (dir.), *La Riche Personnalité de sainte Radegonde. Conférences et homélies prononcées à l'occasion du XIVe centenaire de sa mort 587-1987*, Poitiers, Comité du XIVe centenaire, 1988 ; A. BERNET, *Radegonde*, Paris, Pygmalion, 2007 ; M. ROUCHE, « Fortunat et Baudonivie : deux biographes pour une seule sainte », *in* R. Favreau (éd.), *La Vie de sainte Radegonde par Fortunat*, Paris, Seuil, 1995, p. 239-249 ; ID., « Radegonde, une mort programmée », in *Moines et moniales face à la mort*, Villetaneuse, Centre d'archéologie et d'histoire des établissements religieux, vol. 6, 1993, p. 3-17.

RAINE, Kathleen, *poétesse et critique littéraire* (Ilford, Essex, 14 juin 1908-Londres, 6 juillet 2003). — Kathleen Jessy Raine est née d'un père professeur d'anglais et prédicateur, originaire du comté de Durham, et d'une mère écossaise qui lui transmet son amour de la nature et de la littérature : « À ma mère je dois une culture, à mon père une éducation. » Riche de ce double héritage et dotée d'intuition visionnaire – ce que le poète Thomas Traherne nommait un « œil-enfant » –, elle a très tôt conscience de l'existence d'une ligne de partage entre la raison et l'imaginaire, le monde moderne et celui de la tradition. De son enfance libre et heureuse passée dans les prairies et collines du Northumberland, puis de son séjour au presbytère de Bavington chez sa tante Peggy Black, Kathleen Raine gardera le souvenir d'un paradis originel avivant le sentiment d'être en exil loin de l'Écosse et de ses traditions ancestrales : « Cette beauté du Nord, où les cieux sont purs, où chantent les oiseaux sauvages, dans une solitude sans borne, est restée le paysage intérieur de mon imagination. »

Entrée à l'âge de sept ans à l'école élémentaire des Highlands – « une prison de brique rouge s'élevant sur un terrain de jeu asphalté » –, elle ne s'acclimatera jamais à l'environnement urbain et social d'Ilford, qu'elle trouve conventionnel et étriqué. Régi par l'idée de progrès social, mais mu par la jalousie et le ressentiment à l'égard d'autrui, ce monde matérialiste et utilitariste n'est à l'évidence pas le sien. Privée de la nature qui enchanta son enfance, elle se tourne vers l'étude de la botanique, et son premier émoi amoureux pour un jeune homme comme elle épris de musique et de poésie lui fait découvrir combien l'amour est indissociable de la culture. Leur rêve d'union ayant été brisé par son père, c'est son image de l'amour qui en restera à jamais meurtrie. Elle doit cependant à Roland Haye, qui deviendra prêtre anglican, d'avoir très tôt découvert William Blake – « Mon Virgile et mon guide » – et l'écrivain mystique Gerard Manley Hopkins.

Admise en 1926 au Girton College de Cambridge, dont elle sortira diplômée en 1929, elle y étudie les sciences naturelles et la psychologie et y rencontre Jacob Bronowski, William Empson, Humphrey Jennings, Malcolm Lowry. Hostile au scientisme positiviste et se sentant atteinte par « la répugnante marée moderne », elle pressent le déclin de la grande culture jusqu'alors transmise à Cambridge. Une brève union avec le critique Hugh Sykes Davis, puis une seconde avec le poète et sociologue Charles Madge, dont elle aura deux enfants (1934 et 1936), achèvent de la convaincre de l'incompatibilité entre mariage et vie poétique (« Mon démon choisit pour moi l'inaccessible »). Des années difficiles vont suivre durant lesquelles, vivant tantôt chez ses amis Roberts à Martindale avec ses deux enfants (1939-1941), tantôt à Cockley Moor chez la mécène Helen Sutherland, elle associe son errance à celle d'Isis : « Je rassemble les fragments divins dans le mandala / dont le centre est la puissance créatrice perdue. » C'est à deux « messagers » de son héritage perdu qu'elle doit d'avoir enfin renoué avec la sacralité de l'amour : Alastair, son « amant-démon », puis Gavin Maxwell, naturaliste et écrivain écossais, qui ne contribua guère à son équilibre affectif, mais lui inspira certains de ses plus beaux poèmes : « Je te vois par les yeux de l'esprit, / Homme de lumière, / si effacé, si éloigné / ton visage me bénit. »

Publiant en 1943 un premier recueil de poèmes (*Stone and Flower*), bientôt suivi par *Living in time* (1946) et *The Pythoness* (1949), Kathleen Raine entame parallèlement un parcours plus académique après s'être installée seule à Londres. Effectuant d'abord pour survivre des tâches alimentaires et des traductions (1948-1951), elle devient ensuite attachée de recherche au Girton College (1955-1961) où elle poursuit ses travaux sur William Blake, Samuel Taylor Coleridge, William Butter Yeats, qui lui assurent bientôt une notoriété mondiale. Marquée par la pensée de Carl Gustav Jung, elle est invitée à la fondation Bollingen et dans diverses académies et universités (États-Unis, Irlande). L'idée lui vient alors de fonder une revue (*Temenos*, 1981) puis une académie du même nom (1990) dédiées aux arts de l'imagination ; l'une et l'autre étant l'aire sacrée où serait préservé le trésor de la tradition universelle et pérenne qui « enseigne ce qui est éternel dans l'imagination humaine ». La découverte tardive de l'Inde, riche d'une tradition spirituelle encore vivante, sera le point d'orgue de sa propre quête mythique et mystique : « Le long maintenant de l'éternité est pour nous sans fin ni départ. » Docteur *honoris causa* de plusieurs universités étrangères et honorée de distinctions officielles, Kathleen Raine s'est éteinte à l'âge de quatre-vingt-quinze ans.

Héritière des platoniciens de Cambridge (XVIIe s.) et du néoplatonicien Thomas Taylor, dont elle a traduit les écrits, elle l'est aussi des poètes romantiques (Milton, Keats, Shelley) et des théosophes, kabbalistes et alchimistes qui tous réfutèrent la vision dualiste de l'univers qui allait devenir celle des Temps modernes. Aussi Kathleen Raine devait-elle côtoyer de par le monde ceux qui s'engagèrent comme elle pour un renouveau de la *Philosophia perennis* : Seyyed Hossein Nasr, Herbert Read, Ananda Coomaraswamy, Henry Corbin, Gilbert Durand ; et nombre des créateurs qui en transmirent l'esprit à travers leur œuvre : Thomas Stearn Eliot, Edwin Muir, David Gascoyne, Marianne Moore, Peter Brook, John Tavener, Raja Rao, Saint John-Perse, Marco Pallis, Kapila Vatsyayan. C'est dans cette mouvance que s'inscrit son étude magistrale *Blake and Tradition* (1968). Adepte d'une sagesse intemporelle illuminant chaque instant de la vie, Kathleen Raine vit surtout dans l'expérience mystique le levain d'une gnose poétique – « Notre savoir dépasse ce que nous savons » – et la clé donnant accès à ce qu'elle nomme le « Royaume invisible ». Aussi ne revient-elle sur son passé dans ses quatre *Autobiographies* (1991) que pour y déceler ce qui a donné sens à sa vie, à « cette poussière qui a voyagé avec la terre depuis la création des soleils » et porte en elle l'éternité de l'univers.

Les « heures mystiques » dont elle fait le récit sont donc moins des sorties du temps extatiques que des points de condensation extrême où lui devient perceptible la circulation même de la vie, omniprésente dans l'univers et animant la moindre parcelle de matière. La contemplation d'une jacinthe à laquelle soudain elle s'identifie (« J'*étais* elle ») ou la vision onirique de l'arbre de vie lui apportent la preuve qu'il est vain de croire en un autre monde quand c'est ce monde lui-même qui, déverrouillé par un mode de perception imaginatif et visionnaire, apparaît dans sa splendide unité : « Ce tout était vivant et, en tant que tel, inspirait un sentiment de sainteté sans tache. » Se détournant du catholicisme auquel elle s'était convertie sous l'influence de Graham Greene et d'Antonia White, elle choisit de se laisser conduire par les images primordiales jusqu'à la source inconnue d'où elles sont issues, et reprit ainsi *Le Flambeau de la vision* (1918) tendu par le philosophe et mystique irlandais George Russell. Déplaçant la frontière entre rêve et réalité, l'imagination créatrice initie en effet l'âme à la « dimension verticale », qui est spontanément la sienne quand elle n'est pas entravée dans son cheminement spirituel. Cette perception visionnaire de l'univers lui permettant de retrouver le *nunc stans*, l'« ici et maintenant » des mystiques, Kathleen Raine acquiert peu à peu la sérénité d'une gnostique sachant désormais *qui* elle est – « Présente, éternellement présente présence » – et devient aussi en cela la prophétesse du seul Nouvel Âge encore à venir.

Françoise Bonardel

Bibl. : *Œuvres – Poèmes* : *Isis errante*, trad. F.-X. Jaujard, Paris, Granit, 1978 ; *Sur un rivage désert*, trad. J. Mambrino et M.-B. Mesnet, Paris, Granit, 1978 ; *Le Premier Jour*, trad. F.-X. Jaujard, Paris, Granit, 1980 ; *Visages du jour et de la nuit*, trad. C. Garnier, Paris, Granit, 1989 ; *La Présence*, trad. Ph. Giraudon, Paris, Verdier, 2002. – ***Essais critiques* :** *William Blake*, trad. N. Tisserand et M. Oriano, Paris, Le Chêne, 1975 ; *L'Imagination créatrice de William Blake*, trad. sous la dir. de J. Genet, Paris, Berg International, 1983 ; *Le Monde vivant de l'imagination*, trad. C. Garnier-Tardieu et M. Duclos, Monaco, Éditions du Rocher, 1998 ; *W. B. Yeats ou le pouvoir de l'imagination*, trad. J. Genet, W. Hellebouar'c, Paris, Hermann, 2002. – ***Autobiographies* :** *Adieu prairies heureuses*, trad. D. de Margerie et F.-X. Jaujard, Paris, Stock, 1978 ; *Le Royaume inconnu*, trad. C. Malroux, Paris, Stock, 1980 ; *La Gueule du lion*, trad. P. Leyris et C. Garnier, Paris, Le Mercure de France, 1987. ***Étude* :** A. BANCROFT, *Femmes en quête d'absolu*, Paris, Albin Michel, 1991.

RAMSEY, Martha, *figure spirituelle du protestantisme, auteur d'un Journal spirituel* (Martha Laurens ; Charleston, Caroline du Sud, 3 novembre 1759-10 juin 1811). — Martha Laurens Ramsey est connue pour l'essentiel grâce à ses *Mémoires* (1811), un Journal intime édité partiellement par son mari, le docteur David Ramsey, et augmenté d'une biographie qu'il composa lui-même après sa mort, sur le modèle des mémoires des femmes pieuses, courants à cette époque en Nouvelle-Angleterre. Comme pour la plupart de ces femmes, dont les écrits furent diffusées à des fins d'édification, l'écriture « pieuse » a probablement constitué pour elle un moyen de s'approprier son existence dans une société évidemment étrangère à l'idée d'émancipation féminine.

Martha est la fille d'une famille privilégiée de Caroline du Sud. Son père et l'un de ses frères jouent des rôles de premier plan dans la guerre d'Indépendance (1776-1782), durant laquelle elle se réfugie en Europe. À son retour, elle épouse David Ramsey, médecin et figure intellectuelle. Elle est alors considérée, dans la société de Charleston, comme une femme pieuse, cultivée et intelligente, mais pas comme un écrivain. C'est seulement trois jours avant de mourir qu'elle révèle à son mari l'existence de son Journal, tenu secrètement durant toute sa vie.

Le Journal de Martha contient les descriptions de ses états intérieurs, sans qu'elle ne donne de précisions sur les circonstances extérieures de sa vie. Elle y relate ses combats intimes, ses conversations avec Dieu, ses désirs de piété et ses difficultés à les réaliser. Plusieurs choses sont particulièrement remarquables dans l'itinéraire de Martha Laurens Ramsey. Tout d'abord, la constance de son ambition spirituelle ; elle rédige à quinze ans, après des expériences visionnaires qui ne seront jamais pour elle le cœur de sa spiritualité, un contrat avec Dieu, dans lequel elle promet de lui consacrer sa vie et auquel elle ne cessera de se référer. L'historienne Joanna Bowen Gillespie interprète cet acte fondateur comme la marque d'une volonté, chez Martha Ramsey, de maîtriser sa propre vie au sein d'une société patriarcale, maîtrise qui passe par les seuls moyens à la disposition d'une femme de son époque, les moyens religieux. De sorte que c'est paradoxalement par la soumission, à Dieu et aux impératifs moraux, qu'elle cherche à s'imposer comme individu. En outre, un paradoxe est à noter : calviniste, Martha est étrangère à toute manifestation religieuse extraordinaire. Son mari (et éditeur) opposera même sa spiritualité à l'enthousiasme des mouvements revivalistes qui progressent au début du XIXe siècle aux États-Unis. La religion, pour Martha, ne s'oppose pas en effet à la raison, mais serait plutôt le lieu où, par excellence, elle peut s'exercer. Pourtant, les doutes que font naître une auto-analyse scrupuleuse, mêlés probablement à des difficultés circonstancielles, la conduisent, en 1795 notamment, à adopter le vocabulaire mystique de l'obscurité (*darkness*) spirituelle, dont elle ne sort qu'en rejoignant également une attitude caractéristique du mysticisme, la disparition de sa volonté propre dans celle de Dieu (Ramsey, 1811).

Figure exemplaire de « femme pieuse » (selon un modèle spirituel codé), Martha Laurens Ramsey est intéressante pour les tensions qui se sont jouées en elle, exprimant les paradoxes constitutifs de son expérience mystique qui oscille, d'une part, entre passivité et activité, soumission et affirmation de soi, et, d'autre part, entre un rationalisme calviniste et l'extase religieuse.

Anthony Feneuil

• *Voir aussi* : Edwards

Bibl. : Œuvre : *Memoirs of the Life of Martha Laurens Ramsey*, Charleston, D. Ramsey, 1811. ***Vie et étude*** : J. B. GILLEPSIE, *The Life and Times of Martha Laurens Ramsey. 1759-1811*, Columbia, University of South Carolina Press, 2001.

RANCUREL, Benoîte, *laïque, visionnaire* (Saint-Étienne d'Avançon, 18 septembre 1647-28 décembre 1718). — L'odyssée visionnaire de Benoîte Rancurel préfigure celle de Bernadette Soubirous*, à ceci près que la bergère provençale s'investira entièrement, jusqu'à sa mort, dans l'établissement et l'organisation du pèlerinage que vont faire naître les apparitions dont elle est bénéficiaire. En mai 1664, Benoîte atteste voir régulièrement, dans le vallon des Fours, près de Saint-Étienne d'Avançon, non loin de Gap et où elle était née, « une belle dame qui tient un petit enfant à la main, d'une singulière beauté ». L'apparition ne tardera pas à engager un dialogue, qui durera quotidiennement durant quatre mois, et dans lequel la Dame instruit la jeune bergère d'un enseignement catéchétique et l'initie dans les voies mystiques, la préparant ainsi à la mission qui sera la sienne. Pas de surenchère mariolâtrique, comme les générations ultérieures l'affectionneront : la Dame incline Benoîte à prier son Fils plutôt qu'elle-même. Un recentrage sage et équilibré.

En août 1664, un avocat et procureur du roi de Gap, François Grimaud, enquête sur ces événements, et la chronique qu'il tient nous en dresse un premier témoignage. Lui-même, par l'intermédiaire de Benoîte, questionne la Dame et la prie de décliner son identité : elle est Dame Marie et requiert que soit bâtie au Laus une église, en l'honneur de son Fils et d'elle-même, car ainsi « beaucoup de pécheurs et de pécheresses s'y convertiront ». Les apparitions sont plus que nombreuses : Jésus, cinq fois, Marie*, une centaine de fois, et cent cinquante fois les anges, assurément utiles commissionnaires et de bon conseil – on pense à l'ange gardien si attentionné d'Agnès de Langeac* –, et Benoîte révèle à l'égard de ces visiteurs célestes une tranquille confiance autant qu'une franche liberté. L'église sera achevée en 1669, mais, dès 1664, les pèlerins fréquentent le lieu des apparitions. Benoîte est consultée par les uns et les autres, comme un véritable maître spirituel, laïque qu'elle est pourtant et sans autorité institutionnellement reconnue.

Dans un premier temps, ce sont les paroisses voisines qui, en mars 1665, font le déplacement : les fidèles reçoivent alors « abondamment » des grâces, de guérison en particulier, « surtout ceux qui viennent avec les dispositions nécessaires », ces dispositions qu'active le sacrement de pénitence. Le mois suivant, c'est une procession aux flambeaux qui, vers minuit, vient du village de Lazer, situé à quelque trente kilomètres, qui monte au Laus, au chant des litanies de Notre-Dame : sur l'injonction de la Vierge, Benoîte se joint à la procession, où l'on assiste à l'étonnante guérison d'un estropié qui se défait de ses béquilles, « miracle » constaté par la foule et qui assoit définitivement la réputation surnaturelle du site ; mais plus encore que ces guérisons spectaculaires, ce sont les conversions des pécheurs qui en font la réputation.

Au centre de ce qui alors s'institue et qui perdure encore aujourd'hui, une simple bergère illettrée, qui a l'inébranlable certitude de la mission reçue de l'autorité divine et validée par les miracles corporels et spirituels, mission à laquelle, toutefois, elle n'obéit pas sans répugnance, car de tempérament elle est peu encline à se mêler des affaires d'autrui. Consultée par les pèlerins, elle a souci de s'adapter à ses interlocuteurs, ignorant toute théorisation, les invitant à la rigueur sans tomber dans un rigorisme inapproprié. Avant tout, elle veut favoriser en chacun un discernement lucide, permettant ensuite une vraie confession, pour beaucoup, soit une maïeutique exigeante, mais où s'accomplit une véritable délivrance. À cet effet, le 29 mars 1671, la Vierge lui a indiqué la méthode pastorale à employer, tout à fait conforme aux manuels des confesseurs alors en usage : étonnante appropriation d'un ministère strictement clérical et masculin ! Ainsi, douceur et fermeté, refus de l'équivoque seront les attitudes maîtresses de la pastorale mise en œuvre par Benoîte, qui, aussi dure soit-elle avec elle-même (en cela elle se rapproche de Rose de Lima* et de Catherine de Sienne*, dont s'inspire aussi Jeanne Perraud* autre Provençale), n'en prêche pas moins un Dieu de miséricorde : « Dieu est un Dieu d'amour, de bonté et de miséricorde », mais dont on ne saurait abuser et se prévaloir avec légèreté. Car, quoi qu'il en soit d'un passé lourdement coupable, ce qui compte, ce sont les dispositions présentes et les capacités actives à faire retour vers Dieu : dynamisme de la conversion, conception fort moderne, dont une « faible femme » se voit prophétique dépositaire.

L'agir pastoral de Benoîte s'articule donc à la pratique institutionnelle, y compris en ses nouveautés d'alors, comme le délai d'absolution, afin de responsabiliser le pénitent dans la démarche de son redressement moral et d'éviter une automaticité rituelle infantilisante. Elle y excelle par sa capacité d'écoute et le bon sens de son jugement – qualités qu'on retrouvera chez une Marthe Robin* –, par une patience (qui n'était pas une disposition spontanée de son caractère) et par ce charisme de *cardiognosie*, déjà connu des Pères du désert, cette « grâce de connaître l'intérieur des cœurs, dont elle ne se sert que pour la gloire de Dieu, pour la conversion des pécheurs et pour faire éviter des sacrilèges ». Avec beaucoup de doigté, elle s'ajuste au tempérament du pénitent, qu'il soit apeuré, pusillanime ou endurci, et favorise ainsi les confessions générales alors très prisées, parfois fort longues (on a noté quinze jours pour un individu, à raison de plusieurs heures quotidiennes). Sans chercher pour autant le perfectionnisme (surtout en matière sexuelle), elle incite les fidèles à être exigeants avec eux-mêmes. Non sans faire preuve d'autorité parfois, jusque dans le domaine sacramentel, qui normalement échapperait à une femme.

On s'étonne autant qu'on admire la franchise et l'indépendance dont cette jeune femme, sans position sociale ni instruction, fait preuve vis-à-vis du clergé, qui voudrait maintes fois la cloîtrer dans quelque couvent. Mais l'autorité de la Vierge, « qui lui sert de maîtresse qui l'apprend, de directrice qui la conduit, et de mère qui la corrige », l'emporte sur tous les autres pouvoirs, ecclésiastiques comme civils – en cela, elle évoque Jeanne d'Arc* devant ses juges. Respectueuse de ces autorités, religieuses et séculières (non sans ruse parfois), Benoîte n'hésite pourtant pas à en braver les décisions, lorsque celles-ci se révèlent défavorables à la dévotion. Est-elle l'auxiliaire du clergé, ou est-ce le clergé qui est son auxiliaire ? on ne saurait trancher. En tout cas, elle n'hésite pas à reprendre les clercs, en leur signifiant leurs dévoiements (sexuels entre autres) sans se laisser intimider par le prestige de leur état ; mais aussi à les aider à surmonter leurs défaillances : aussi est-ce un véritable ministère de consolation qu'elle exerce à l'endroit du pécheur. « Ce qui surprend davantage, remarquait l'un de ses collaborateurs, assidu au ministère de la confession et qui voyait donc le fruit de ses entretiens, c'est qu'elle se soit maintenue sans conseil et sans direction dans sa simplicité, dans cette candeur, dans sa bonté de vie ; car ceux qui l'ont confessée l'ont écoutée sans la diriger. »

François Marxer

• *Voir aussi* : Bernadette Soubirous

Bibl. : ***Vie et étude*** **:** M. BERNOS, « Benoîte Rancurel et les pèlerins du Laus », *Provence historique*, n° spécial sur *Les Pèlerinages*, fasc. 182, oct.-déc. 1995, p. 509-529.

RANFAING, Élisabeth de, *fondatrice de la Communauté de Notre-Dame du Refuge* (Marie-Élisabeth de la Croix de Jésus en religion ; Remiremont, 20 octobre 1592-Nancy, 13 janvier 1649). — On ne manquera pas de souligner le rapport entre le cas de l'« Énergumène de Nancy » (comme on l'a appelée) et ces épidémies de sorcellerie et de possession diabolique qui émaillèrent le Grand Siècle : Aix, Loudun, Louviers, Auxonne..., cela jusque dans les années 1660 ; ensuite le phénomène recule, pour autant que les élites ecclésiastiques et judiciaires rationalisent leur jugement et leur comportement face à ces fièvres collectives. Cela dit, la personnalité d'Élisabeth se révèle exceptionnelle, au moins comparable à celle de Jeanne des Anges*, l'ursuline de Loudun, l'une et l'autre tranchant sur les profils falots ou médiocres qui surgirent au long de ces décennies.

Élisabeth est née au sein d'une famille de petite noblesse. Dès l'enfance, elle manifeste une piété jugée excessive par ses parents, qui s'en inquiètent et s'opposent à son désir de vie religieuse. C'est à cette occasion qu'éclatent au grand jour tant la sévérité jalouse du père, Jean-Liénard de Ranfaing, que la violence quasi sadique de Claude de Magnières, mère possessive et d'un rigorisme maladif, ce qui aura eu sans doute sa part dans la pudibonderie pathologique, refus de la corporéité et horreur de la sexualité, qui hante la jeune fille. Lestée de telles difficultés œdipiennes, la voici mariée contre son gré à François du Bois, capitaine d'Arches, un quinquagénaire brutal qui la laissera veuve le 16 juin 1616, avec trois filles à élever. Ne pouvant rentrer chez les Recollettes de Verdun en raison de sa faible santé, elle n'en prononce pas moins le vœu de chasteté perpétuelle, qui ne fait qu'accroître son mysticisme spontané. Le 20 février 1618, elle fait un pèlerinage au Saint-Mont (aux environs de Remiremont), au cours duquel elle éprouve une violente passion érotique pour son médecin, Charles Poirot, qui, semble-t-il, l'avait demandée en mariage. Cette passion coupable n'est, à ses yeux, finalement explicable que par un philtre que le prétendant aurait mêlé à sa nourriture. Les troubles physiologiques et psychiques ne vont qu'augmentant jusqu'en 1625. Les autorités – jusqu'au père Coton, confesseur et conseiller d'Henri IV – ayant diagnostiqué une possession démoniaque, Élisabeth est soumise à une série d'exorcismes, d'abord à Remiremont même, puis à Nancy, dans la chapelle du noviciat des Jésuites, où le spectacle attire grand monde. Si les exorcismes échouent quatre années durant, en revanche les démons sont fort bavards : ils accusent Cyprien Royer, le provincial des Minimes, qui ne doit son salut qu'à la fuite, puis Poirot lui-même ; accusation confirmée par celle qui se présente comme sa comparse, Anne-Marie Boulay, une marginale souffrant de handicap mental. Tous deux seront jugés et brûlés le 7 avril 1622, à Châtel-sur-Moselle. Finalement, ce sont des pèlerinages : Chartres, Notre-Dame-de-Liesse, et enfin Benoîte-Vaux, dans la Meuse, qui guériront et ramèneront la possédée au calme. La carrière d'Élisabeth ne faisait que commencer : elle va réaliser enfin son désir de vie religieuse, mais de singulière manière. Avec ses trois filles, elle fonde la communauté de Notre-Dame du Refuge pour le relèvement des prostituées repenties (au prix d'une pédagogie d'une violence digne de celle que sa mère lui faisait subir naguère). La maison, édifiée sous la protection du duc Charles IV en 1627, confirmée par l'évêque de Toul, le cardinal Nicolas-François de Lorraine, devient conventuelle : la mère Marie-Élisabeth de la Croix de Jésus y recevra l'habit monastique le 1er janvier 1630, avec ses trois filles et neuf postulantes, avant de faire profession le 1er mai 1634, l'œuvre ayant été approuvée par les autorités romaines, le 29 mars de la même année. Rapidement, la maison de Nancy se trouve à la tête d'un essaim de communautés fondées dans l'est et le sud-est de la France (la fameuse « dorsale catholique », dessinée par René Taveneaux, qui était destinée à contenir l'effort protestant).

Cependant, le scandale va rebondir quand l'on découvre le culte étrange qui s'est établi dans la communauté du noviciat des Jésuites, où certains vouent vénération à celle qu'ils considèrent comme une sainte. Beaucoup de sympathisants, dans un premier temps – comme le supérieur des Capucins, le père Polycarpe –, ne cachent plus leurs réserves ni leurs doutes : une perquisition dans la chambre d'un jésuite, le père d'Argombat, confirme les soupçons. C'est une véritable communauté sectaire et silencieusement dissidente qui s'institue, dans une atmosphère apocalyptique enfiévrée, pour une réforme de l'Église (et de la Compagnie de Jésus, jugée effroyablement corrompue) : nous sommes ainsi dans les derniers temps agités d'un grand affolement eschatologique. Les membres de cette société secrète se reconnaissent par les médailles qu'ils portent au bras gauche : d'où leur nom de *Médaillistes*. Ces médailles ne sont d'ailleurs pas anodines : bénites selon les règles du rite romain par des prêtres insoupçonnables, comme le chanoine Viardin, supérieur ecclésiastique du Refuge, ou le jésuite Poiré, elles bénéficiaient ensuite d'une obsécration particulière d'Élisabeth elle-même, qui leur donnait pouvoir de guérison : elles étaient en effet réputées être portées par un ange jusqu'à la Trinité divine qui les dotait d'indulgences que le pape lui-même n'aurait pu abroger. Se constituait ainsi une hiérarchie parallèle en prise directe et immédiate sur le divin, et qui n'hésitait pas à redoubler les rites sacramentels ou liturgiques pour leur assurer pleine validité et efficience, si l'on avait des doutes sur la légitimité et la capacité des prêtres hors de la communauté : on reconnaît ici la déviance du donatisme et de l'anabaptisme. La réaction, et de la Compagnie de Jésus, et de l'autorité pontificale, sera aussi nette que rapide : les jésuites soupçonnés seront interrogés et, en dépit de leurs réponses dilatoires, se verront interdire, le 10 septembre 1648, tout contact avec Élisabeth, et pour cela, seront invités à quitter Nancy (et même la Compagnie : on leur laissait le loisir d'entrer chez les Dominicains). La diète affective ainsi imposée à Élisabeth – les rumeurs les plus désobligeantes allaient bon train sur ses relations plus qu'intimes avec le père Javel, un des prévenus, par ailleurs accusé d'homosexualité ! – lui sera fatale, si l'on en croit Christian Pfister : elle meurt, sans doute de chagrin.

Toutes ces aventures ont eu de quoi tenter psychiatres et médecins dans la recherche d'une étiologie de ce qui paraît bien être une pathologie mentale (le retour du refoulé) ; mais y a-t-il maladie ? Et si oui, est-ce celle d'une personne ou celle d'une société, un « malaise dans la culture » ? Car le point de vue thérapeutique, inspiré de la clinique contemporaine, ne prend pas en compte la sensibilité religieuse d'une époque où se nouent d'incessants et inextricables conflits : par exemple, ici, une concurrence acharnée entre Capucins et Jésuites, ou la rivalité entre ultramontains et gallicans ; et même à l'intérieur d'un ordre : les turbulences qui affectent les communautés de Nancy et de Pont-à-Mousson évoquent les « petits saints d'Aquitaine », révélés par l'historien Michel de Certeau. Tout cela sur fond de guerre de Trente Ans (dont Jacques Callot nous a rapporté les horreurs), où monte l'angoisse eschatologique de l'apparition de l'Antéchrist et du prochain combat apocalyptique final : Marie des Vallées* nourrira des vues identiques, qui aboutiront à la fondation des Eudistes ; et un même climat entoure celle des Lazaristes avec Vincent de Paul. En revanche, est tout à fait intéressante la transformation de l'énergie *mystique*, dans la modalité négative de l'expression diabolique (retournée contre soi), en une capacité *éthique* et une créativité *sociétale* (au bénéfice d'autrui) : le fait mystique est toujours un théâtre de l'Autre, mais cet Autre a changé de scène, et sans doute aussi, de personnage.

François Marxer

• *Voir aussi* : Jeanne des Anges ; Marie des Vallées

Bibl. : ***Vie*** **:** H.-M. BOUDON, *Le Triomphe de la Croix en la possession de la Vénérable Mère Marie-Élisabeth de la Croix de Jésus, fondatrice de l'Institut de N.-D. du Refuge des vierges et filles pénitentes*, Liège, 1686. ***Études*** : É. DELCAMBRE et J. LHERMITTE, *Un cas énigmatique de possession diabolique en Lorraine au XVII*e *siècle*, Nancy, Société d'archéologie lorraine, 1956 ; R. MANDROU, *Magistrats et sorciers en France au XVII*e *siècle*, Paris, Plon, 1968 ; C. PFISTER, *Histoire de Nancy*, t. II, Nancy, La Lorraine-Artiste, 1896-1909 ; R. PICHARD, *Admirable vertu des Saincts exorcismes sur les princes d'enfer possédants réellement vertueuse demoiselle Élisabeth de Ranfaing*, Nancy, Sébastien Philippe Imprimeur, 1622.

RANQUET, Catherine, *ursuline* (Catherine de Jésus en religion ; Lyon, 14 mai 1602-Grenoble, 31 octobre 1651). — Catherine est née dans une famille bourgeoise marchande de Lyon. Son père, Jean, maître-drapier, connaîtra des revers de fortune et des difficultés (peut-être passagères) qui n'empêcheront pas ce chrétien fervent et même dévot, tout acquis à l'expansion de la Réforme catholique, de participer à la fondation du couvent des Ursulines de la ville, et c'est là que seront éduquées ses deux premières filles, Clémence, l'aînée, qui deviendra elle-même ursuline, le 26 avril 1620, précédant sa sœur, Catherine, qui fait profession le 22 mai 1622, sous le nom de Catherine de Jésus. Alors que Clémence est envoyée à Clermont et finira prieure à Thiers, Catherine passera toute sa vie religieuse à Grenoble, où elle mourra.

De cette éducatrice remarquable (elle avait été initiée à l'esprit de sa congrégation par la mère Françoise de Bermond*, la première ursuline de France), c'est la personnalité mystique qui retient l'attention, personnalité qui nous est connue par sa correspondance avec son directeur, vingt ans durant, le jésuite Balthazar du Bus, neveu de César du Bus, le fondateur de l'Oratoire de Provence. En elle confluent en effet la pensée salésienne, la tradition ignatienne, en particulier, grâce au père du Bus, et par-dessus tout, l'univers bérullien, que lui aura fait découvrir la mère Renée Thomas, disciple fidèle du cardinal de Bérulle, et qui parfait sa formation. Catherine de Jésus en a parfaitement assimilé le vocabulaire et les notions, dont elle mesure la vérité en même temps qu'elle perçoit la témérité qu'il y aurait à s'en réclamer. Problème du langage propre : « Il me semble que je ne tiens qu'à Dieu, voire, si j'ose dire, que je ne suis qu'une pure capacité de Dieu ; mais c'est bien impertinent – à moi – de parler ainsi. » C'est moins figure de style et convention d'une modestie obligée dans le monde conventuel que l'exacte figuration de l'expérience qui s'accorde à l'indépassable expression de référence (« une pure capacité de Dieu »), non sans que subsiste malgré tout un *écart*, une distance : écart qui ménage l'espace où se déploiera le *désir* fondamental. Tout l'inverse donc d'une saturation. Ce désir active un décentrement du regard vers l'opérateur divin présent en elle qui se détache ainsi de ses propres opérations. Catherine développe une mystique de la volonté amoureuse : « l'attention à ce qu'il dit » s'efface devant l'amour éprouvé pour « cet Homme-Dieu qu'elle rencontre parlant et enseignant », comme elle-même, ursuline, éduque et enseigne.

Attachement à celui qu'elle ne sait pas « bien discerner ni connaître » : le non-savoir soutient (fonde ?) donc l'élan d'amour. Si elle s'exerce à la présence divine, à la manière de Laurent de la Résurrection, cette présence n'en est pas moins passagère, furtive, elle n'est que de *passage*, se signalant (comme déjà chez saint Bernard de Clairvaux) par les effets de son retrait : solitude, éloignement du créé, redoublement de l'affection pour l'Absent.

La spiritualité cruciale et vertueuse (l'humilité) s'intègre dans ce dispositif, non comme une pratique ascétique et raisonnée, mais comme « un certain parfum qui a surpris et enivré [ses] sens, et [l]'a fait perdre de vue à [elle]-même » : ivresse mystique, rapt de l'âme, perte de soi. Se voient donc dépassées les capacités du langage, les possibilités descriptives ou narratives (« je ne sais quoi d'invisible qui me paraît mien plus que tout ce qu'il y a de visible et d'apparent »). Cette faillite – ou cette défaillance – du langage affecte même la prière : « Ordinairement je ne prie pas Dieu ; je ne fais que lui adhérer, et je me trouve dans une telle ignorance et impuissance de lui exprimer ma soumission et ma dépendance totale – en langage bérullien, c'est l'adoration – [...] que je suis réduite à m'expliquer par le seul mot : oui. » Ce *oui* a la saveur du *fiat* marial ; ce qui absoudrait l'oubli dans lequel elle reconnaît avoir tenu la Vierge, des années durant ; oubli tout relatif d'ailleurs, plutôt une ambivalence entre le sein marial et le sein du Père, autant convoités l'un que l'autre. Encore ce *oui* ne lui semble-t-il « pas assez simple ni assez court ». Trouver donc un langage du *rien*, de « mon extrême anéantissement devant lui », un langage qui s'efface aussitôt que prononcé, aussitôt qu'écrit – ce sera le souci même d'une Marguerite Duras –, qui s'abrège à l'excès, comme le Verbe divin est abrégé de Dieu, de « la grandeur de cet Être infiniment adorable ». À l'extrême et pour finir, ne subsiste qu'« un bégaiement muet » (comme dans la maladie d'un Jean-Joseph Surin aphasique, comme aussi dans le poème *Tübingen, Janvier*, de Paul Celan). En bonne bérullienne, elle lie cet « extrême abaissement et apetissement » de son état, à « la folie de la crèche, où l'on voit l'Ancien des jours, devenu enfant, le Verbe éternel qui a perdu la parole, et la Sagesse incréée à la mamelle ». Prudente, elle ne prétend pas à la « folie de la croix », réservée, pense-t-elle, aux « grandes âmes ». En revanche, elle se réclame de cette folie de la crèche « à cause que tout ce qu'elle a de rare et de précieux est caché dans les langes et le bégaiement de l'enfance, que la prudence du monde ne saurait regarder qu'avec mépris et raillerie », comme elle regarde sans le moindre respect la misère du « vieillard réduit à l'enfance ». Voilà qui ouvre aux horizons de Mme Guyon*.

Quiétisme ? Pas vraiment. Mais conscience vive de l'infirmité du langage, sinon en sa musicalité qui, à l'office choral, a le « pouvoir de ravir mon esprit et d'enflammer mon cœur », et cela quand bien même les phonèmes de la langue demeurent incompréhensibles. L'abbé Bremond ici se régale : n'est-ce pas en effet *poésie pure*, au-delà des mots, du sens et des concepts ? Un au-delà sensible dans la saisie – *saisir* soi-même comme *être saisie* – extatique, sans que cela se remarque visiblement et publiquement : « Plusieurs fois, dans les récréations, je me trouve tout à fait possédée de Dieu, mais si doucement et gaiement que personne n'y peut rien connaître. » Le tempo de la scansion mystique ne correspond plus à celui du temps institutionnel, réglé par l'usage (ainsi à l'oraison, temps réservé à une attention aiguë à Dieu, la distraction futile n'est pas rare, qui « me divertit, m'éloigne et me sépare de Dieu ») : décalage entre la pulsation du sanctuaire intime, strictement cloîtré, et les usages et pratiques des espaces de sociabilité.

François Marxer

• *Voir aussi* : Françoise de Bermond

Bibl. : ***Vie et études*** **:** G. AUGERY, *La Vie et les vertus de la Vénérable Mère Catherine de Jésus Ranquet, religieuse ursuline, native de la ville de Lyon*..., Lyon, M. Libéral, 1670 ; H. BREMOND, *Histoire littéraire du sentiment religieux en France*..., Grenoble, Jérôme Millon, 2006, t. IV ; G. GUEUDRE, *Au cœur des spiritualités, Catherine Ranquet, mystique et éducatrice (1602-1651)*, Paris, Grasset, 1952.

RAYHÂNA AL-MAJNÛNA, *ascète musulmane* (?, VIIIe s.). — Rayhâna « la Folle » est aussi appelée dans certaines sources Rayhâna « la Ravie » (*al-wâliha*), attribut qui indique la nature de cette mystique, dont « l'épaisseur » historique est infime. Les sources sont muettes sur les dates de sa vie ou de sa mort. Nous pouvons au mieux préciser le siècle dans lequel elle vécut, par l'intermédiaire de ceux qui l'auraient rencontrée. Sulamî, l'un de ses plus anciens biographes, la classe parmi les ascètes de Basra, grande métropole au sud de l'Irak, connue pour avoir abrité un milieu ascétique particulièrement riche au cours de cette période. D'elle, il ne rapporte que trois vers et précise qu'elle vécut à l'époque de Sâlih al-Murri, un ascète de Basra classé dans la catégorie des « pleureurs » par Louis Massignon, qui précise en outre qu'il est resté célèbre par son « éloquence émouvante ». Naysâbûrî recense des anecdotes et des poèmes concernant une catégorie particulière, désignée par une antonymie, celle des sages-fous. Ce terme désigne des personnes qui, par leurs comportements et leurs actions, se situent en marge des normes sociales et donc de la société, sans être nécessairement des mystiques. Cet ouvrage se situe dans une veine littéraire bien établie à cette époque, celle de l'*adab*, culture humaniste synonyme de raffinement urbain. Il réunit une large palette de personnages, du sot au mystique. Dans ce dernier cas, ce type de folie, terme qui ne doit pas être pris dans son sens clinique, est en fait une maladie d'amour, et ceux qui en sont affectés ont vu leur raison vaciller sous le poids d'un amour divin exclusif et total qui s'est emparé de leur esprit et l'a submergé. La première des femmes représentatives de cette catégorie des sages-fous est justement Rayhâna. Toutefois, les pages qui lui sont consacrées rapportent seulement ses poèmes, les données historiques étant absentes. Rayhâna fait donc partie de ces mystiques que l'amour divin a entraînés sur les voies de la folie, ou du ravissement. Les notices postérieures reprennent parfois cette classification pour Rayhâna, par exemple celle d'Ibn al-Jawzî, qui par ailleurs la rattache au village de Ubulla, où vécut également Sha'wana*.

La seule anecdote mentionnée par Naysâbûrî est la suivante, rapportée par Ibrâhîm ibn 'Abd al-'Azîz ibn Jâbir (probablement VIIIe s.), personnage que nous n'avons pu identifier : « Je faisais les tournées autour de la Ka'ba à La Mecque et rencontrais Rayhâna, femme noire de Ubulla. Je la vis alors qu'elle avait laissé tomber le voile qui lui couvrait la tête, elle disait : "Cette maison est la tienne, ce territoire sacré est le tien, et tous ces gens sont tes serviteurs. Quant à moi, je suis venue te rendre visite et suis ton invitée ; si Tu me renvoies à Basra saine et sauve et que l'on me demande : – Quel bien t'a-t-Il octroyé ? Je répondrai : le pardon, grâce à la bonne opinion que j'ai de Toi, qui es le bien-aimé. Fais ce qu'Il te plaît !" Je m'approchais d'elle et lui dit : "Tais-toi donc." Elle me répondit : "– De quoi je me mêle ! C'est ta maison ou la sienne ? – La sienne. – Je suis ton invité ou Son invité ? – Le sien. – Que d'illusions tu as ! Il nous inviterait à lui rendre visite sans nous pardonner ! Il ne peut pas faire cela.'' Puis elle poussa un cri, vacilla et s'écroula morte. » Ce petit récit illustre la familiarité avec laquelle Rayhâna s'adresse à son Seigneur, la relation « amoureuse » entretenue par la mystique, ce qui heurte son interlocuteur, ainsi que le poids des fautes commises, le seul horizon d'espérance étant la rémission de celles-ci.

Sa sainteté n'est pas évoquée explicitement par les sources les plus anciennes, mais le cas est fréquent pour cette période et, si une notice évoque ses miracles, nous ne savons rien de leur nature et aucun récit ne vient les illustrer. Ce qui est mis en avant, ce sont ses paroles sublimes. Aussi il n'est pas étonnant que les fragments qui ont été conservés soient seulement constitués de quelques vers. Il n'est pas dit qu'elle tenait des séances ni qu'elle avait des disciples, cependant nous disposons d'un récit, assez original pour la société musulmane médiévale, qui met en scène trois personnages, appartenant au milieu ascétique de Basra, qui passent la nuit chez elle, et rapportent des poèmes récités à trois moments de la nuit. Un autre récit met en scène un ascète qui au cours de la nuit l'écoute invoquer Dieu. Ce qui laisse penser que sa demeure servait de refuge à des ascètes, qui y séjournaient occasionnellement et peut-être profitaient d'un enseignement par le truchement de ses oraisons. On dit qu'il n'y avait personne à Basra et dans sa région qui supportât mieux qu'elle les rigueurs de la veille. Elle aurait également écrit ou brodé plusieurs poèmes sur ses vêtements, pratique alors répandue parmi certaines jeunes femmes. La tradition a conservé quelques-uns de ces fragments inscrits sur diverses parties du vêtement, en particulier le devant et les manches.

Jean-Jacques Thibon

• *Voir aussi* : Sha'wana

Bibl. : ***Études*** : NAYSÂBÛRÎ, *'Uqalâ al-majânîn*, Beyrouth, 'U. al-As'ad, 1987, p. 279-284 ; SULAMÎ, *Dhikr al-niswa al-muta'abbidât al-sûfiyyât*, Le Caire, Al-Tanâhî, 1993, p. 38 ; R. E. CORNELL, *Early Sufi Women*, Libreville, Fons Vitae, 1999, p. 94-95 ; IBN AL-JAWZÎ, *Sifat al-safwa*, Beyrouth, M. Fakhûrî, 1986, p. 57 ; AL-YÂFI'Î, *Rawd al-rayâhîn*, Alger, U. 'Abd al-Razzâq, 1885, p. 40 ; N. et L. AMRI, *Les Femmes soufies ou la passion de Dieu*, Saint-Jean-de-Braye, Dangles, 1992, p. 127-129 ; JAMÎ, *Nafahât al-uns*, Téhéran, M. Tawhîdîpûr, 1918, p. 617 ; AL-MUNÂWÎ, *Al-kawâkib al-durriyya*, Le Caire, S. Himdân, s.d., I, p. 206-207 ; F. MEIER,

« Bakkâ' », *Encyclopédie de l'Islam*, Leyde, Brill, t. I, 1960 ; L. MASSIGNON, *Essai sur les origines du lexique technique de la mystique musulmane*, Paris, J. Vrin, 1954, p. 167 ; U. MARZOLPH, « 'Uqalâ' al-majânîn », *Encyclopédie de l'Islam*, Leyde, Brill, t. XII, 2007.

RÈMES, Héloïse, *laïque, auteur d'un Journal spirituel* (Madeleine Sémer ; Genève, 1874-Paris, 1921). — Née d'un père lecteur de Rousseau, elle fait sa première communion avec ferveur, mais son instruction religieuse s'arrête brutalement à treize ans, du fait de déménagements successifs et de la grave maladie de sa mère, qu'elle perd précocement. Elle se charge de l'éducation de ses deux jeunes sœurs, mue par le « désir d'être celle qui donne » (Klein, p. 3). Elle se fiance à seize ans, quitte la France pour l'Afrique, se marie civilement un an plus tard et donne naissance à un fils, Paul, qu'elle élève sans religion. Belle, cultivée, elle mène une vie mondaine, collectionne les amitiés et les conquêtes. Mais, coupable d'adultère, elle divorce, perd sa maison et sa fortune et doit regagner la France sans son fils. Elle vit alors seule, lit Montaigne, Rousseau, Condorcet, alimentant son scepticisme des lumières de la raison. Elle paie cher son indépendance : ses difficultés financières s'accroissent, elle peine à trouver du travail et un logement. Dans ces moments de latence et de découragement, elle retrouve les gestes de la prière et commence, début 1910, son Journal qu'elle intitule « Pensées de solitude », y notant ses joies et ses doutes, le décousu de sa vie intellectuelle, son cheminement progressif vers la conversion. Vers 1912, elle reçoit la grâce d'une vision christique et prend le nom de Madeleine Sémer. Ses lectures s'orientent progressivement vers des ouvrages spiritualistes et religieux. Au printemps 1914, elle se remet à pratiquer la religion, exerce la charité envers les pauvres et les soldats et entreprend de faire partager sa foi à son fils, qui reçoit le baptême en mars 1917. Refusant plusieurs propositions de mariage, elle prononce, en 1918, le vœu de chasteté et d'obéissance et pratique la méditation à partir de ses lectures, passant insensiblement à l'oraison affective. Elle écrit : « Il y a dans toute vie religieuse profonde de longues années où l'on se donne à Dieu, où l'on va à lui. Une heure vient où il vous prend, où l'on ne croit plus, où l'on sait » (Klein, p. 168). Prosélyte, elle a le souci d'expliquer sa conversion à ses proches et correspond longuement avec Henri Bergson. Elle meurt dans de grandes souffrances physiques.

Son lent cheminement, du scepticisme à la mystique, a fasciné Bergson. Il écrit, dans ses entretiens avec Jacques Chevalier : « J'étais tellement frappé de ce qu'il y a de merveilleux dans ce cas : une femme étrangère, hostile même à toute religion, qui, un jour, avait vu toute la vérité, qui l'avait vue au sens propre, non par raisonnement, mais comme un fait concret » (p. 273). Remarquables en effet cette conversion progressive, née dans la solitude, ces lentes retrouvailles avec une foi vécue intensément dans l'enfance, à laquelle la raison finit par se soumettre. Les étapes de sa vie mystique sont topiques (visions, mariage mystique), mais leurs manifestations corporelles sont rares : l'accent est davantage mis sur l'extase intérieure, la « vie cachée en Dieu ». La dévotion au Christ crucifié s'y exprime non pas dans des mortifications extérieures, mais dans l'ivresse d'une « langueur d'amour », d'un « feu consumant » qu'elle appelle « joie d'union ». Cette ivresse extatique est inséparable d'une grâce visionnaire où se confondent voir et savoir : « Mon esprit a une puissance d'images qui rend comme visibles des choses que je ne vois pas » (Klein, p. 194). Le plus ardu est de mettre en mots l'expérience sans la trahir : « Je ne peux plus parler purement du cher secret loin de son ivresse, je veux dire sans y mêler de moi » (Klein, p. 184).

Antoinette Gimaret

Bibl. : ***Œuvre*** **:** son Journal, resté manuscrit, est abondamment cité dans l'ouvrage de F. Klein. ***Études*** **:** F. KLEIN, *Madeleine Sémer, convertie et mystique*, Paris, Bloud et Gay, 1929 ; J. MAÎTRE, *Mystique et féminité : essai de psychanalyse sociohistorique*, Paris, Cerf, 1997 ; elle est également évoquée dans l'ouvrage de J. Chevalier, *Entretiens avec Bergson*, Paris, Plon, 1959, p. 202-203, 273.

RÉMUZAT, Anne-Madeleine. — *Voir* ANNE-MADELEINE RÉMUZAT

RENDU, Jeanne Marie. — *Voir* ROSALIE

RITA DE CASCIA, *sainte*, *augustine*, *stigmatisée* (Rocca Porena, 1381-Cascia, 1447). — Rita, « la Sainte des impossibles », « la Sainte des causes désespérées », jouit, à l'égal de Thérèse de Lisieux* ou de la Vierge de Lourdes, d'une audience populaire immense, comme l'attestent la fréquentation de ses sanctuaires à Turin, à Nice et à Paris, dans le quartier de Pigalle, ou encore les innombrables chaînes de prière, tactique clandestine efficace pour tromper la vigilance d'un clergé régulateur des manifestations de la piété. La raison d'un tel succès tient peut-être dans sa *Vie*, publiée en 1610 par le père Agostino Cavallucci da Foligno, reproduite par toutes les biographies ultérieures et qui collationne toutes les traditions orales qui circulaient, sans le moindre souci critique – il s'agit avant tout de toucher et d'émerveiller les cœurs –, cédant donc sans vergogne à la surenchère d'un merveilleux éblouissant. Ainsi, peu après sa naissance au village de Rocca Porena, près de Cascia, en Ombrie, ne voit-on pas des abeilles faire leur ruche dans sa bouche ? L'allégorie est claire : elle est prédestinée à donner une parole suave comme le miel et à chasser les mauvaises odeurs, que les abeilles ne supportent pas. Sa naissance tient du miracle puisqu'elle survient après douze ans de mariage, de parents âgés – on pense à Jean-Baptiste, comme dans l'Ancien Testament à Isaac, à Samson, mais c'est le cas aussi de saint Rémi de Reims – et qu'un ange était apparu pour lui imposer son nom, Rita, diminutif de Marguerite, la sainte des accouchements. On devine que le destin de Rita aura à voir avec la sexualité et la génération. À douze ou treize ans – l'âge des première règles – elle fait vœu de virginité, mais accepte de se marier pour subvenir aux besoins de ses vieux parents. Elle épouse donc Paul de Ferdinand, un homme violent, peut-être même criminel : sanguinaire, guerrier ou chasseur ? En tout cas, il bat sa femme, qui le supporte patiemment, se souvenant probablement de ses parents, considérés comme de véritables artisans de paix dans les querelles villageoises. Naissent des jumeaux qui, à dix-huit ans, veulent venger leur père assassiné. Rita prie Dieu que leur soit épargné un tel péché : elle est exaucée, ses fils meurent le plus opportunément du monde. La voilà heureusement libre et en mesure de réaliser sa vocation première. Elle se présente donc au monastère des Augustines de Cascia, dédié à sainte Marie Madeleine*, la courtisane repentie ; par trois fois, prudente, la supérieure la refuse : crainte de voir la vendetta troubler la vue de la communauté ? Parce que, mariée, Rita avait perdu sa virginité pourtant promise ? Finalement, elle contourne l'obstacle de « l'impossible » et entre dans la communauté pour retrouver cette virginité perdue, moyennant une expiation hyperbolique : une ascèse annulant le corps par l'annulation de la jouissance. Du corps, il est toujours question dans la vie de Rita – d'où la faveur populaire dont elle jouit ? –, comme de fécondité, de stérilité et de génération, même de façon latérale dans le merveilleux des miracles. Adepte de la Passion, elle est stigmatisée après avoir entendu la prédication du franciscain Jacques de la Marche. Une blessure au front, trace du couronnement d'épines (volontairement provoquée ou fruit d'une autosuggestion ?), qui, contrairement à l'usage qui veut que de telles plaies, en l'honneur de la Passion du Christ, dégagent une odeur suave, est ici purulente et nauséabonde, véritable putréfaction dont s'échappe de la vermine. Cela durera jusqu'à sa mort, où la plaie se cicatrisera en admirable escarboucle, sauf pendant le temps d'un pèlerinage, en 1430, année du jubilé, à Rome, alors infestée par la peste : la ville impure *versus* Rita, la très pure. Passons sur les miracles qui entourent cette mort, épisodes à l'évidence codés et qui tournent autour d'une sexualité inquiète. Le personnage de Rita laisse d'autant plus perplexe que subsistent des lambeaux de traditions populaires où Rita prend figure de sorcière (entre autres, cet étonnant proverbe péruvien : *Santa Rita, santa de dia / Y de noche puta benedita*, « Sainte Rita, sainte de jour / Et la nuit, putain bénie »). Rita serait-elle alors la fusion de deux figures distinctes et opposées, réalisant une *impossible* réconciliation, dialectique entre des contraires en tension : virginité (perdue, retrouvée) / maternité ; fécondité / stérilité ; paix (villageoise : Rocca Porena) / violence (urbaine : Cascia) ? Elle est fêtée le 22 mai, une date toujours proche de la Pentecôte, où se donnaient des combats rituels entre clans et factions, pour se clore sur la réaffirmation non moins rituelle de l'unité de la communauté urbaine.

François Marxer

Bibl. : *Études* : L. CRISTIANI, *Sainte Rita, la sainte des causes désespérées*, Paris, Apostolat des Éditions, 1958 ; J. LEMOINE, *Rita, la sainte des impossibles*, Paris, Médiaspaul, 1986 ; Y. CHIRON, *La Véritable Histoire de sainte Rita : l'avocate des causes perdues*, Paris, Perrin, 2001.

RIVKAH, *figure spirituelle hassidique* (Pologne, XIXe s.). — Rivkah est la fille de Rabbi Moshe de Bedzin. Elle épousa Reb. Simcha Bunim de Pershisha (autre transcription : Pshischa), qui devint l'un des guides spirituels majeurs du hassidisme polonais après avoir étudié la Torah auprès de son beau-père et grâce aux encouragements de la pieuse Rivkah. Réputée être une femme de grande valeur, connue pour sa dévotion et ses qualités, ses actes de charité sont restés célèbres ; on rapporte notamment qu'elle subvenait aux besoins des disciples de son époux, qui se destinaient à être eux-mêmes des rebbes. Elle est la mère de Reb. Avraham Moses de Pershisha, que suivirent quelques-uns des disciples de Reb. Simcha pendant les années où il lui survécut.

Mireille Loubet

Bibl. : ***Vie et étude*** : M. M. BRAYER, *The Jewish Woman in Rabbinic Literature : A Psychohistorical Perspective*, Hoboken (NJ), Ktav Publication Inc., 1986, p. 44.

RIVKAH SARAH MERELE (de Bingen), *ascète juive* (Allemagne, XVIIe s.). — Signalée par une notice nécrologique figurant dans un registre de la ville de Metz, alors sous empire allemand (1871-1918), comme « une pieuse et remarquable rebbetzin, fille d'un administrateur, le *haver* Yaakov. Elle vécut dans la privation, la piété, l'ascèse et la mortification. Elle avait coutume de jeûner trois à quatre jours et nuits par semaine, même lorsqu'elle était entrée dans l'âge. » La notice signale qu'à sa mort « ses enfants ont fait un don à une œuvre charitable en son nom et que la rebbetzin de la communauté de Bingen fut ensevelie à Bingen le dimanche 26 de Elul de l'année 5439 [3 septembre 1679] ». À une époque où la pratique de l'ascèse des femmes était mal vue, la persévérance et la dévotion de Merele justifient les qualificatifs qui lui ont été attribués.

Mireille Loubet

Bibl. : ***Vie et étude*** : E. TAITZ, S. HENRY, C. TALLAN, *The JPS Guide to Jewish Women : 600 B.C.E.-1900 C.E.*, Philadelphie (PA), The Jewish Publication Society, 2003, p. 145-146.

ROBERTS, Bernadette, *laïque* (Los Angeles, 1931). — « Mère de famille par profession et contemplative par la grâce de Dieu », ainsi se définit elle-même Bernadette Roberts, cette Américaine dont la vie discrète paraît se confondre avec son expérience spirituelle marquée par la découverte du non-soi (*no-self*), terme ultime de son voyage dans les profondeurs silencieuses de l'inconnu : « Découvrir ce qui demeure en l'absence de moi est la perle de grand prix, un long voyage, un changement de conscience, et le début d'une vie nouvelle. »

Éduquée selon la tradition catholique à laquelle elle restera fidèle, Bernadette Roberts dit avoir expérimenté dès son plus jeune âge la dissolution du moi en Dieu, assortie d'un si profond silence qu'elle n'en sortit jamais tout à fait, et avoir traversé la fameuse nuit obscure « sans rien savoir de la vie contemplative et de ses diverses étapes ». Entrée au Carmel au sortir de l'adolescence, elle y reste dix ans et y vit pleinement l'*unio mystica*, généralement considérée comme le point culminant de l'expérience mystique. Convaincue que la « vie unitive » n'est pas incompatible avec l'existence humaine la plus ordinaire, elle rompt ses vœux monastiques avec l'accord de ses supérieurs. Elle reprend alors des études universitaires et devient enseignante, fonde une famille et met au monde quatre enfants. Ressentant au quotidien, durant les vingt années qui vont suivre, la stabilité et les bienfaits de l'union avec Dieu, elle ne s'attendait pas à vivre une « aventure apocalyptique », dévoilant un mode d'être qu'elle ne soupçonnait pas.

Voyageuse conduite par une force invisible jusqu'au terme d'un périple hérissé de difficultés, elle contemple alors pour la première fois les étapes qu'elle a dû franchir pour en arriver là. Aussi est-ce à partir du non-soi, découvert sans l'avoir cherché, que Bernadette Roberts se sent capable de parler de la vie unitive et de s'interroger sur la nature du soi ; réalisant du même coup que la vie spirituelle prend la forme d'une double spirale déroulant simultanément ses volutes vers le non-soi, cime de la vie contemplative, et vers ces régions inconnues où l'âme se fond dans le silence de Dieu. S'étant aventurée sans maître ni guide dans des contrées jusqu'alors peu explorées, même par les grands mystiques, au rang desquels il faut indéniablement la compter, elle choisit alors de témoigner afin d'aider ceux qui auraient eux aussi tenté l'aventure mais douteraient de son authenticité. Écrits dans un style aussi sobre que précis, les trois récits rédigés à partir de son Journal intime ne constituent pas un « traité mystique », mais permettent de découvrir ce qui, dans la vie contemplative, s'apparente à une vision mystique.

Se référant principalement à saint Jean de la Croix – « la seule source humaine de lumière » durant son voyage contemplatif –, Bernadette Roberts décrit d'abord les trois phases (purgation, illumination, union) au travers desquelles le moi, dépouillé de tout superflu par la nuit obscure qu'il a traversée, puis recentré en Dieu, connaît enfin « la plénitude absolue de l'état unitif ». À ce cheminement mystique somme toute classique succèdent trois autres phases permettant le Grand Passage du moi au non-soi, seul digne d'une maturité spirituelle accomplie. Aussi l'aventure vécue par Bernadette Roberts commence-t-elle là où s'arrêtent la plupart des écrits mystiques, qui parlent davantage d'une transformation du moi en vue de son union à Dieu que de sa totale disparition, modifiant de manière radicale le regard porté sur le monde et sur Dieu. Hormis Maître Eckhart, et à un moindre degré Henri Suso et Thomas Merton, peu de mystiques chrétiens auraient, d'après elle, accompli cet ultime passage ; une grande mystique comme sainte Thérèse d'Avila* n'ayant fait que quelques expériences contemplatives.

D'inimaginables tribulations attendent encore le moi qui, de plus en plus inadapté au monde à mesure qu'il explore l'inconnu et le reconnaît pour Dieu, assiste à sa propre consumation : « Un cœur brisé est la voie qui conduit à la vision. » Toute référence à un Dieu personnel ayant volé en éclats tandis que le moi devenait un point mort au centre de l'être, un nouveau mode de perception s'installe, d'abord extraordinairement simple et limpide tant le Grand Courant de l'Unicité divine paraît résorber toute dualité : « Dieu, la vie, ne se trouvaient pas *en* quoi que ce soit. C'était précisément l'inverse : toutes choses se trouvaient *en* Dieu. » À ce premier passage du moi au non-soi, favorisé par la contemplation de la nature, un second succède, terrifiant celui-là : le Grand Passage du non-soi à un « nulle part » insituable, à un « vide ténébreux » dans lequel toute vie semble anéantie. Vécu durant plusieurs mois comme un fardeau terriblement lourd à porter, cet état de totale inconnaissance interdisant toute perception duelle d'un objet par un sujet porte néanmoins en soi une possible délivrance. Encore faut-il apprendre à vivre totalement désillusionné, sans repère ni espoir, pour être enfin capable de *voir* dans tout ce qui simplement *est* le visage souriant de la seule réalité qui soit, et qui ne saurait être que Dieu : « Le sourire lui-même, “cela” qui a souri et ce à quoi s'adressait le sourire étaient identiques. »

Tout est, à partir de là, à réapprendre par qui, devenu *voyant* pour avoir cessé de regarder ceci ou cela, n'a plus ni passé ni futur, ni réflexivité ni affectivité et ne peut vivre, en état d'éveil permanent, que dans l'instant présent ; le plus singulier étant que la disparition du moi, puis celle du non-soi, dans une « mystérieuse vacuité », laisse maintenant place à un « faire » non-réflexif, spontanément adapté aux tâches matérielles à effectuer, alors même que « cela », qui n'est plus ni moi ni même non-soi, repose continûment dans l'inconnu divin où tout n'est plus que silence et immobilité : « L'œil qui se voit lui-même vit dans cet instant présent et y maintient solidement toutes choses. » Tel est le « dénouement ascétique » de ce voyage, au terme duquel une vision non-duelle désormais s'impose, réduisant au silence et frappant de nullité tout ce qui n'est pas elle.

À la question qui longtemps l'obséda : « Qu'est-ce qui demeure en l'absence de soi ? », Bernadette Roberts dit n'avoir reçu aucune réponse, ni des moines chrétiens avec qui elle fit retraite au monastère californien de Big Sur, ni des maîtres zen à qui elle la posa. Ce qu'elle dit de son expérience autorise à penser qu'elle a pu se sentir à ce propos aussi proche de l'apophatisme chrétien que de l'éloquent silence du Bouddha. Le non-soi tel qu'elle l'expérimente ne peut toutefois être confondu ni avec l'*anâtman* bouddhique (« absence de soi »), ni avec la « vacuité » (*sûnyatâ*) telle que l'entend le Mahâyâna. Consciente de cette proximité, c'est sur la différence entre christianisme et bouddhisme qu'elle insiste, voyant dans l'union préalable à Dieu le nécessaire passage vers le non-soi, et affirmant par là même le caractère foncièrement chrétien de son aventure spirituelle. Aussi sa contribution majeure à la théologie mystique chrétienne est-elle d'avoir réinterprété, à la lumière de sa propre découverte, la mort et la Résurrection du Christ : ce n'est pas le moi humain qui meurt sur la Croix mais celui qui, uni à Dieu et satisfait de cet état, doit mourir pour ressusciter en tant que non-soi, seul capable de soutenir continûment la vision d'un Dieu impersonnel.

Françoise Bonardel

Bibl. : *Œuvres* : *Vie unitive. Aventure dans les profondeurs silencieuses de l'inconnu* (*The Experience of No-Self. A Contemplative Journey*, 1982), trad. J. Gontier, Paris, Les Deux Océans, 1990 ; *Au centre de soi-même. L'expérience unitive* (*The Path to No-Self*, 1982), trad. J. Gontier, Paris, Les Deux Océans, 1990. ***Études* :** S. BODIAN, *Timeless Visions, Healing Voices : Conversations with Men and Women in the Spirit*, Freedom (CA), Crossing Press, 1991 ; R. ULLMAN, J. REICHENBERG-ULLMAN, *Mystics, Masters, Saints and Sages. Stories of Enlightenment*, Newburyport (MA), Conari Press, 2001.

ROBERTS, Jane, *écrivain new age et medium* (Saratoga Springs, New York, 1929-Elmira, New York, 1984). — Jane Roberts a trois ans quand ses parents se séparent. Elle est élevée par une mère aigrie, constamment alitée, qui dépend de l'assistance sociale et qui, tour à tour, la cajole et l'injurie.

Mais Jane a un refuge : la poésie. « J'avais, déjà à cette époque, le sentiment d'une connexion directe avec l'univers. Quand j'écrivais de la poésie, j'avais l'impression que l'univers me parlait. » Jane grandit dans un milieu catholique. Or, lorsqu'elle atteint l'adolescence, les prêtres se dressent contre sa poésie et censurent ses lectures, allant jusqu'à brûler certains de ses livres. C'est sa première grande désillusion, sa première rupture idéologique.

Jane rencontre Robert (Rob) Butts en 1953. Ils sont mariés depuis neuf ans lorsqu'elle vit une expérience bouleversante, « aussi étrange que si on lui avait donné une dose de LSD ». Un soir où elle est installée à sa table de travail, elle est soudain submergée par une avalanche d'idées radicalement nouvelles, qui éclatent avec force dans sa tête. Elle perçoit la conscience des atomes dans un clou qui dépasse du mur, se sent pénétrée par une énergie fantastique, projetée de la réalité ordinaire dans des dimensions infinies – pendant que sa main écrit aussi vite que possible. Elle a l'impression qu'« une connaissance viscérale » est implantée en elle. Lorsque cette expérience s'achève, Jane a écrit un texte philosophique qui a pour titre *L'Univers en tant que construction d'idées* (1963). Le mot « révélation » lui vient à l'esprit, mais elle le rejette à cause de ses « implications mystiques ».

À partir de ce jour, Jane commence à se souvenir de ses rêves, parfois prémonitoires. La curiosité du couple est piquée au vif. Son mari, lui suggère d'écrire « un manuel de perception extrasensorielle » pour approfondir leurs recherches sur le sujet qui les intrigue. Pour commencer leur exploration, le couple emprunte, sans y croire, une planchette « ouija » – une planchette de bois sur laquelle est posé un curseur que l'on tient à la main ; on pose une question et le curseur semble parfois s'animer d'une vie propre, pointant vers des lettres, ce qui permet d'épeler des mots. À leur grande surprise, la planchette livre des réponses cohérentes. Très vite, les mots se forment dans la tête de Jane plus vite que le pointeur les épelle. Tiraillée entre la méfiance et la curiosité, Jane hésite à faire le grand saut dans l'inconnu. Finalement, elle se lance. Elle prononce des phrases entières, que Rob note scrupuleusement.

Ainsi démarrent les premières sessions avec « l'essence de l'énergie d'une personnalité qui n'est plus focalisée sur le monde physique », qui déclare s'appeler Seth. Jane demeure cependant sceptique. Or, quand Rob a des problèmes de santé (son dos le fait terriblement souffrir), les informations personnelles livrées par Seth se révèlent plus que précieuses. Le rationalisme de Jane est mis à rude épreuve. Dans un premier temps, elle refuse d'envisager que le « matériau » qui passe par sa bouche puisse trouver son origine en dehors d'elle-même. Les sessions ont tout de même lieu deux soirs par semaine, dans le salon bien éclairé où se tient le fauteuil à bascule de Jane, face à Rob. Quand elle parle pour Seth, elle ôte ses lunettes ; ses yeux se font plus sombres, sa voix se fait plus masculine, avec un accent indéfinissable.

Les vies de Jane et de Rob deviennent dès lors inséparables du phénomène « Seth » qui va jusqu'à transformer leur pensée, comme de croire en la bonté inhérente de l'espèce humaine, en dépit des enseignements de Darwin et de la théorie de l'évolution, selon laquelle seuls survivent les plus féroces, alors qu'en réalité le monde résulte d'une immense coopération. Pour Seth, la conscience précède la matière. Le monde a été rêvé avant de se matérialiser. L'homme est sur terre pour apprendre à être un co-créateur, pour faire dans la joie l'expérience de son individualité et augmenter, par là même, l'expérience de tout-ce-qui-est. La spiritualité véritable comprend une saine appréciation des plaisirs charnels, propres au monde physique. La souffrance n'est pas bonne pour l'âme, sauf si elle enseigne à ne plus souffrir.

Devant cette expérience surprenante, Jane demeure le plus exigeant des critiques. Elle se tourne vers la science pour mieux comprendre le fonctionnement de la conscience et se soumet à divers tests. Mais, au bout d'un an, le scientifique avec qui elle travaille refuse finalement de lui en communiquer les résultats. Après la religion, la science est sa deuxième grande désillusion. Jane commence à comprendre que l'une et l'autre sont dépendantes des dogmes qui les limitent. Elle se sent d'autant plus isolée que ceux qui sont le plus ouverts à son expérience lui semblent aussi les plus crédules.

Après plusieurs années de sessions régulières, alors que Jane a publié deux livres sur le sujet, Seth décide d'écrire les siens. Il en dictera huit à la jeune femme, mot à mot, sans la moindre hésitation. Rob note scrupuleusement tout ce qui est dit, en plus de tous les mouvements extérieurs : la date, le chat qui saute sur les genoux de Jane, la vitesse à laquelle elle parle, le ton de sa voix, la cigarette qu'elle allume, le verre de bière qu'elle boit.

Les années passent. Les livres de Seth sont traduits en de multiples langues et vendus à des millions d'exemplaires. Jane et Rob vivent à l'écart du monde, répondant à un volumineux courrier et recevant quelques visiteurs. Rob peint et rédige les notes qui accompagnent le matériau de Seth. Jane continue à écrire ses propres livres, en plus de « recevoir » ceux de Seth. Elle publie une quinzaine d'ouvrages (de la poésie, de la fiction et des essais).

Les déplacements de Jane sont de plus en plus limités à cause d'une forte raideur musculaire. Convaincue qu'elle s'éparpillerait si elle ne s'imposait pas une discipline rigoureuse, elle prend l'habitude d'ignorer les envies qui pourraient la distraire (aller se promener, peindre une aquarelle, faire l'amour avec Rob). Seth affirme et réaffirme qu'elle doit avoir foi en son moi intérieur, qu'elle doit s'en remettre aux impulsions qui montent à sa conscience. Au fil des ans, Jane met en place un système d'autoprotection tellement rigide qu'elle peine à s'en libérer. Son corps est de plus en plus raide, ses mouvements sont de plus en plus limités. Ces « symptômes » – selon le terme qu'emploie Seth, pour qui regrouper des symptômes sous une appellation médicale particulière présente toujours l'inconvénient de les figer, alors que le corps est en perpétuelle transformation –, qui résultaient, à l'origine, d'un raidissement contre les tentations du monde, prennent une ampleur préoccupante. Entretenus sans s'en rendre compte par Jane, ils constituent une protection efficace contre le monde extérieur, auquel elle ne souhaite pas être confrontée. Ils lui évitent, par exemple, de partir en tournée lors de la parution des livres ou de se rendre sur les plateaux de télévision.

Avec les années, les symptômes deviennent de plus en plus gênants, malgré les efforts délibérés de Jane pour s'en débarrasser. Son état s'améliore chaque fois qu'elle cesse de s'inquiéter et reprend foi en l'univers, il s'aggrave chaque fois que l'anxiété reprend le dessus. Désormais, elle utilise une chaise roulante pour se déplacer à l'intérieur de la maison. Finalement, elle est hospitalisée. Les sessions continuent néanmoins, lui apportant chaque fois une énergie renouvelée. Seth persiste à livrer un message plein d'espoir et de vie, tentant jusqu'à la fin de remettre Jane sur le chemin de la santé. Mais Jane cesse de se nourrir. Elle s'éteint à l'âge de cinquante-cinq ans, laissant derrière elle une œuvre unique, dont une partie sera publiée par son mari après sa mort (et dont les manuscrits et les enregistrements sont légués à l'Université de Yale).

L'œuvre de Jane Roberts révèle un système philosophique d'une complexité inouïe, dépouillé des dogmes et de toute référence culturelle, qui peut se résumer en quelques mots : « Vous êtes plus que votre corps physique, et vous créez votre propre réalité, de la façon la plus littérale qui soit, car vos pensées, vos croyances et vos émotions forment la trame électromagnétique sur laquelle naît la matière. »

Michka Seeliger-Chatelain

Bibl. : ***Œuvres*** : *Seth parle – l'éternelle validité de l'âme*, Paris, Mama Éditions, 2009 ; *La Nature de la réalité personnelle*, Paris, Mama Éditions, 2010 ; ***Vie*** : *The God of Jane – a Psychic Manifesto*, Needham (MA), Moment Point Press, 2000 ; *The Way Towards Health*, San Rafael (CA), Amber-Allen Publishing, 1997. ***Étude*** : S. M. WATKINS, *Speaking of Jane Roberts*, Needham (MA), Moment Point Press, 2000.

ROBIN, Marthe, *laïque, stigmatisée, visionnaire et extatique, fondatrice des Foyers de Charité* (Châteauneuf-de-Galaure, 1902- 6 février 1981). — Née près de Valence, à La Plaine (lieu-dit), Marthe est la sixième enfant d'une famille d'agriculteurs. Elle est élevée par des parents croyants mais non pratiquants. Enfant, déjà, Marthe priait beaucoup. Elle fait sa première communion « privée » à dix ans. Étape décisive sur le chemin de son éveil à la foi. « Je crois, dira-t-elle plus tard, que ma communion privée a été une prise de possession de Notre-Seigneur. Je crois que déjà Il s'est emparé de moi à ce moment-là » (Peyret, p. 38). À treize ans, peu après sa communion solennelle, elle quitte l'école pour aider ses parents à la ferme. À partir de 1918, l'irruption de la maladie va bousculer l'existence de Marthe. Maux de tête, fièvres, encéphalites, troubles du sommeil et de la vue, la santé de l'adolescente s'altère gravement, avec des périodes de rémission. Son entrée dans la vie mystique est marquée par une particulière dévotion à Marie*. La jeune femme reçoit une première manifestation de celle-ci à dix-neuf ans. Adhésion et refus se livrent alors combat dans son âme aux prises avec la souffrance physique et morale.

Un nouvel événement charnière survient en 1925, année de canonisation de Thérèse de Lisieux*, une « grande sœur » pour Marthe dans les plus dures épreuves. La jeune femme rédige un acte d'abandon à la volonté de Dieu. Croyant qu'elle va mourir, elle en déchire le premier texte. Voici les grandes lignes du second, plus mystique : « Seigneur, mon Dieu, vous avez tout demandé à votre petite servante ; prenez donc et recevez tout. En ce jour, je me remets à vous sans réserve et sans retour. Ô le bien-aimé de mon âme ! C'est Vous seul que je veux et pour Votre Amour, je renonce à tout [...]. Seigneur, prenez et sanctifiez toutes mes paroles, toutes mes actions, tous mes désirs. Soyez à mon âme son bien et son tout. À Vous, je le donne et l'abandonne [...]. Mon Bien Aimé : aidez-moi, prenez-moi avec Vous ! C'est en Vous Seul que je veux vivre pour ne mourir qu'en Vous » (Peyret, p. 63-65).

Marthe semble avoir très peu écrit de sa main. Dès sa vingt-cinquième année, elle prend l'habitude de dicter ses paroles à quelques témoins. L'abbé Léon Faure, son père spirituel d'alors, est son confident et son principal secrétaire. Certains textes, dont les scripteurs n'ont pu être identifiés, pourraient, sous toute réserve, avoir été rédigés de la main de Marthe. Expression de sa vie et de son amour pour Dieu, les « dictées » de cette petite paysanne grabataire (méditations, prières, poèmes sous forme de carnets et de feuilles volantes) n'ont aucune visée spéculative, encore moins doctrinale.

Dès la fin des années 1920, de nouvelles épreuves physiques invalidantes se suivent en cascade. Marthe cesse de boire et de s'alimenter, elle vit l'inédie (suspension totale de nourriture et de boisson sans raison médicale expliquée, jeûne volontaire) ; elle ne dort plus et perd progressivement l'usage de ses mains et de ses jambes (tétraplégie). « Maintenant, remarque Bernard Peyrous, sa vie spirituelle ne va plus se dérouler comme à côté de la maladie, mais au sein de celle-ci » (p. 66). C'est dans ce contexte que Marthe, décidant de vivre une union toujours plus intime avec Dieu, se « convertit ». Sa chambre, du fait de sa mobilité réduite à presque néant, devient son unique lieu de vie. Elle lit ou se fait lire des textes d'auteurs mystiques tels que Thérèse d'Avila*, Jean de la Croix, Catherine Emmerich*, Louis-Marie Grignion de Montfort, Élisabeth de la Trinité* et Thérèse de Lisieux. L'abbé Faure lui est d'une aide précieuse pendant cette période.

De 1930 jusqu'à la fin de sa vie, Marthe revit tous les vendredis la Passion et reçoit les stigmates du Christ. Une force violente, étrangère à ses capacités physiques, la jette à terre et lui inflige des coups. Elle l'attribue au démon. L'hostie, reçue une ou deux fois par semaine, devient sa seule « nourriture ». En 1933, elle a une vision au cours de laquelle le Christ lui demande de « créer des foyers de lumière, de charité et d'amour, jusqu'aux points les plus reculés de la terre ! » (Antier, p. 106).

Autre événement déterminant : la rencontre avec le père Georges Finet, au début de 1936. Prêtre dynamique, souvent sur les routes, sous-directeur de l'Enseignement libre des diocèses Rhône et Loire, il inspecte près de huit cent cinquante écoles. Une mission le conduit chez Marthe. Pressé comme à l'accoutumée, le religieux ne se doute pas de l'importance de l'événement.

La première retraite organisée par le prêtre à Châteauneuf-de-Galaure, en septembre 1936, marque les débuts des Foyers. À cette occasion, l'abbé Finet devient le père spirituel de Marthe et son lien constant au monde extérieur. Marthe définit ainsi les Foyers : « Quelque chose de tout nouveau dans l'Église. Non pas un ordre religieux, mais un laïcat consacré. De grandes familles avec à leur tête un prêtre, et la Sainte Vierge pour mère. Des retraites seront organisées pour tous, mais l'enseignement qui sera donné sera vécu par la communauté comme un témoignage d'unité et de lumière [...]. Les foyers de lumière, de charité et d'amour auront un rayonnement dans le monde entier. Ils seront une réponse du cœur de Jésus au monde après la défaite matérielle des peuples. » De son vivant, une cinquantaine de Foyers de Charité voient le jour sur tous les continents. L'œuvre comptera à sa mort environ six cents membres.

Pendant la guerre, la réputation de cette femme étonnante s'étend. Stigmates, visions, extases, inédie, prévision d'événements, « voyages », etc. impressionnent. Les rencontres se multiplient. Au nombre des visiteurs les plus connus figurent Gabriel Marcel, Joseph Lanza del Vasto, le philosophe Jean Guitton. Ce dernier la visita pendant treize ans. Il en tira un *Portrait de Marthe Robin* (1985), une approche vivante mêlant la réflexion au récit avec hardiesse et profondeur. Un autre visiteur, philosophe rationaliste et incroyant, fréquenta la célèbre mystique et l'admira : Paul-Louis Couchoud. Une véritable amitié naquit entre eux deux.

Les visites à la Plaine se déroulaient selon un protocole rigoureusement appliqué par le père Finet. Les chiffres sont éloquents à ce sujet. Au rythme de cinquante à soixante visiteurs par jour, leur nombre dépassait cinq mille par an. Soit environ cent mille dans la vie de Marthe ! Elle recevait les retraitants seulement deux jours par semaine. Beaucoup de personnes ne purent la voir, car certaines retraites atteignaient trois cents personnes. Le père Finet ou le bureau d'accueil du Foyer établissait la liste des visiteurs. La recherche du sensationnel ne franchissait pas la porte de la femme alitée. Passé le délai de l'attente – parfois plus longue que prévu, car Marthe se réservait la possibilité de garder un visiteur au-delà du temps accordé, en principe dix minutes –, l'accès à sa chambre se faisait par un couloir faiblement éclairé. Plongé dans la pénombre – les yeux de Marthe ne supportaient pas la lumière –, le visiteur, ému, tardait parfois à s'asseoir. Très vite, elle le mettait à l'aise. La conversation pouvait alors commencer, aidée par la simplicité et la bonne humeur de l'hôte mystique. Marthe, très concrète, posait des questions concises en phase avec le vécu et la singularité de chacun. Hommes et femmes de tous milieux et de tous horizons géographiques et culturels, croyants ou non, aimaient son ouverture d'esprit, sa gaieté, et tout autant son réalisme et sa prudence. Marthe allait à l'essentiel, mettait de la lumière dans l'échange, disposait positivement la personne à la confiance et à la parole libératrice. « Elle cherchait à mettre la paix dans les cœurs pour que l'Esprit-Saint puisse y travailler à l'aise. Le cas échéant, elle cherchait à dédramatiser » (Peyrous, p. 257). Marthe avait reçu avec le don du conseil celui de la consolation. Les personnes étaient généralement accueillies seules ou en tout petits groupes. Là encore, des exceptions existaient. Marthe entrait également en rapport avec l'extérieur par des réponses qu'elle dictait une matinée par semaine, en écho à l'abondant courrier. Ses relations s'inscrivaient aussi dans la durée. Cette forme de fidélité avait du prix à ses yeux.

À sa mort, plus de deux cents prêtres, cinq évêques et près de huit mille personnes participèrent à la messe de funérailles, célébrée le 12 février 1981. Depuis, le nombre de visiteurs recensé est passé d'environ vingt mille par an dans les années 1990 à quarante mille depuis les années 2000.

Une question se pose d'emblée à la lecture de cette vie. Qu'en a dit la science ? Marthe Robin embarrassait les médecins de son vivant. En 1942, Mgr Camille Pic, évêque de Valence, envoya à La Plaine deux médecins réputés de Lyon. Stigmates récurrents, anorexie persistante et mouvements de foule justifièrent sa requête. Le diagnostic médical pencha vers l'encéphalite, sans preuve absolue. Perplexes, les médecins reconnurent leur impuissance et considérèrent les stigmates de la mystique de Châteauneuf-de-Galaure « comme des manifestations d'ordre surnaturel ». Religieux et rationalistes furent déçus de leur rapport, les premiers n'y trouvant aucune preuve de miracle, les seconds s'élevant contre les conclusions jugées trop hâtives. Son procès en béatification, introduit en 1987, relança le débat : Marthe Robin, authentique mystique ou simulatrice ? Ou malade victime d'illusions et de phénomènes paranormaux ? Bien qu'elle fût trop simple pour « jouer la comédie » (Antier) et que le père Finet redoublât de pondération et de précaution, les phénomènes déroutants survenus dans sa vie peuvent en effet embarrasser, voire laisser dubitatif. La prudence s'impose donc devant ceux-ci.

Tous ces signes pour le moins singuliers passent au second plan aux yeux de Marthe Robin. Elle ne fut d'ailleurs pas la seule à vivre l'inédie et la privation de sommeil ; il n'est que de citer Nicolas de Flüe ou encore Thérèse Neumann*. L'essentiel, comme elle le dira elle-même, étant l'énergie mise au service de sa mission : le développement des Foyers de Charité. « Que de fois lui ai-je entendu dire qu'il fallait négliger l'extérieur des choses pour passer à leur *intérieur*, qu'il fallait toujours *tout dépasser* » (Guitton, p. 187). Le Conseil pontifical pour les laïcs reconnut l'existence des Foyers de Charité par un décret du 1er novembre 1986 et leur attribua le statut d'« association privée de fidèles de caractère international ». Leur nombre va croissant depuis.

La vie de Marthe Robin a été hantée par la question du mal et par la volonté de tout mettre en œuvre pour le diminuer. Être Un avec Jésus : c'est à cela qu'elle tendait. Son génie a été d'unir dans une même dynamique la fidélité à l'Église et les ferments d'un renouveau en profondeur. De réaliser un destin aussi exceptionnel au-delà des manifestations insolites qui l'assiégeaient. « L'idée de Marthe, note Jean Guitton, était élémentaire, mais c'est l'élémentaire qui contient l'essentiel [...]. Il s'agissait de proposer l'Évangile au monde présent. Ce ne serait pas par des batailles d'idées, ni même par des mouvements spirituels, mais en allumant des foyers d'amour » (p. 57-58). À la « Clairière » de La Roche d'Or (communauté fidèle à l'esprit des Foyers de Charité), on peut lire sur la tombe de son fondateur, le père Florin Callerand, cet ultime message : « Continuez, continuez, tout est en avant ! » Marthe Robin aurait probablement fait sienne une telle exhortation, elle qui a donné un souffle nouveau à l'Église.

Thierry Gosset

• *Voir aussi* : Thérèse de Lisieux

Bibl. : *Œuvre* : Marthe Robin semble avoir laissé très peu de traces écrites. À ce jour, aucune œuvre d'elle n'a été publiée. ***Vie*** : J. J. ANTIER, *Marthe Robin, le voyage immobile*, Paris, Perrin, 2006 (nouv. éd.) ; T. GOSSET, *Femmes mystiques*, Paris, La Table Ronde, 1998 ; R. PEYRET, *Marthe Robin, La Croix et la Joie*, Valence, Éditions Peuple Libre, 2000 ; B. PEYROUS, *Vie de Marthe Robin*, Paris, Éditions de l'Emmanuel/Éditions Foyer de Charité, 2006. ***Études*** : J. GUITTON, *Portrait de Marthe Robin*, Paris, Grasset, 1990 ; M. HUERTAS, *Marthe Robin, la stigmatisée*, Paris, Centurion, 1990 ; Actes du colloque *Marthe Robin, si petite si grande, lumières sur un itinéraire spirituel*, Châteauneuf-de-Galaure, Éditions Foyer de Charité, 2003.

ROERICH, Helena, *théosophe, médium et écrivain* (Saint-Pétersbourg, 1879-Kalimpong, 5 octobre 1955). — Née d'un père académicien d'architecture renommé et d'une mère provenant d'une famille aristocratique russe, Helena grandit dans un milieu culturel riche. Elle commence à parler très tôt ; à sept ans, elle maîtrise parfaitement trois langues. Adolescente, elle découvre la littérature et la philosophie, lit passionnément. Particulièrement sensible à la nature, elle est également vulnérable psychiquement et réagit aux moindres émotions négatives de son entourage.

Helena est sujette à des rêves prophétiques et à des visions prémonitoires : elle a prédit l'incendie de la maison familiale ; elle connaissait dix ans auparavant la date précise de la mort de son père. Son don de clairvoyance, accru avec l'âge, lui permet également de prophétiser des événements historiques majeurs du siècle. Parmi les visions étranges, claires et très intenses, qu'elle affirme éprouver dès son plus jeune âge, il y a celle d'un homme vêtu de blanc, apparu devant elle en pleine journée dans le jardin de ses parents. Elle la considérera plus tard comme la première apparition de son maître spirituel, mahatma Morya.

En 1895, elle achève ses études brillamment au gymnase Mariinsky pour filles. Douée pour la musique, elle entre à l'école préparatoire au conservatoire de Saint-Pétersbourg, qu'elle compte intégrer pour devenir pianiste. Or, en 1899, elle rencontre le peintre, archéologue et explorateur Nikolaï Roerich. Elle l'épouse deux ans plus tard. Leur union se renforce grâce à la cause commune qui lie les deux époux : leur vocation sociale et culturelle, d'éducateurs et de porteurs de paix, dans le cadre de la transmission de la doctrine de l'Éthique vivante.

En 1902, Helena donne naissance à son premier fils, Youri qui deviendra un tibétologue éminent. Deux ans après, naît Svyatoslav, qui sera peintre, comme son père. 1903 et 1904 sont des années de voyages dans les anciennes villes russes. Les époux constituent une collection importante d'objets précieux et un répertoire photographique des monuments du patrimoine russe. Peu après, Helena commence à s'intéresser à la culture orientale, et surtout indienne. Elle lit Râmakrishna, Vivekânanda, Ramacharaka. Le couple envisage alors de faire un grand voyage en Inde.

Entre 1904 et 1916, la famille vit à Saint-Pétersbourg, mais, du fait de la maladie pulmonaire de Nikolaï, les époux quittent la Russie pour s'installer en Finlande, au bord du lac Ladoga, qui bénéficie d'un climat bienfaisant. À la suite de la révolution d'Octobre en Russie, et de la proclamation d'indépendance de la Finlande, en 1918, les Roerich ne peuvent plus retourner dans leur pays.

En 1919, la famille voyage en Angleterre. À Londres, Helena intègre la Société Théosophique fondée par Helena Blavatsky*. Elle traduira en russe, dans les années 1930, deux volumes de *La Doctrine secrète*. Les époux organisent chez eux des séances de spiritisme et, pour la première fois, parviennent à contacter les grands maîtres de l'Orient. Très vite, cependant, ils abandonnent le spiritisme et prétendent atteindre leur interlocuteur par la visualisation et l'écoute directe. Helena se met alors à travailler sur le premier livre de l'*Agni Yoga*, ou l'*Enseignement de l'éthique vivante* (1924-1938), doctrine morale et spirituelle réconciliant la sagesse de l'Orient avec les idées philosophiques et scientifiques de l'Occident. Comme Blavatsky, elle dit recevoir son enseignement directement de la part du maître (mahatma) Morya, dont elle entend la voix. Mahatma Morya, suivant la doctrine théosophique, était l'un des maîtres de sagesse qui, ayant accompli le cycle d'incarnation sur terre et ayant atteint un niveau spirituel élevé, pouvait guider et conseiller les hommes à distance dans leur quête de perfectionnement et de connaissance de soi.

En 1920, les Roerich sont invités aux États-Unis. Nikolaï y organise, avec beaucoup de succès, une série d'expositions et vend ses tableaux, pour pouvoir financer leur expédition en Inde. Helena participe à plusieurs événements et manifestations enclins à propager la culture orientale et indienne. Ils y fondent la première Société Roerich. En 1923, ils partent pour une expédition subventionnée par les organisations publiques américaines. Lors de ce voyage, qui englobera toute l'Asie centrale et qui durera cinq ans, ils parcourront plus de vingt-cinq mille kilomètres. Malgré les difficultés et les périls du voyage, Helena ne cesse de travailler. En 1926 paraît en Mongolie *Les Fondations du bouddhisme* et, un an plus tard, le troisième livre de l'Éthique, *La Communauté*.

En 1926, les Roerich font un détour par Moscou pour transmettre au gouvernement soviétique, parmi des objets d'art et des tableaux, un message des mahatmas et un coffret contenant de la terre sacrée d'Himalaya. Sur le chemin du retour vers l'Inde, où ils décident de s'installer, ils traversent l'Altaï, la Sibérie et la Mongolie. En 1928, l'expédition achevée, ils achètent une maison dans la vallée de Koulou (nord de l'Inde) et fondent, pour en systématiser les résultats, l'Institut de recherches d'Himalaya « Ourousvaty » (« La lumière de l'Étoile matinale », en sanskrit). Parmi ses membres compteront d'éminents scientifiques tels Albert Einstein et Nikolaï Vavilov.

Helena écrit onze livres sur l'*Agni Yoga* qui, selon ses préceptes, doivent être lus par ordre chronologique. Selon elle, pour atteindre la Vérité, l'homme, guidé par les grands maîtres, doit passer du « monde Épais », ou physique, vers le « monde subtil » ou astral, pour atteindre le « monde de feu » (*Agni*). Le premier volume, *Les Feuilles du jardin de Morya* (1924) s'ouvre sur un « Appel » – qu'Helena concevait d'abord adressé à la Russie – un appel à s'éveiller et à transmettre partout le savoir de l'Orient. Le deuxième volume, *Illumination* (1925), est un livre d'instruction pour discipliner l'esprit qui cherche à répondre à l'appel. Le troisième livre, *Ère nouvelle, communauté* (1926), décrit le chemin de la construction des liens communautaires. Le quatrième livre, intitulé *Agni Yoga* (ou *Les signes d'Agni Yoga* en russe) (1929), traite de la voie de l'*Agni Yoga* et aide à déchiffrer les signes de feu. En 1930 paraissent les deux ouvrages suivants, *L'Infini – I* et *L'Infini – II* (*Infinité*). La conscience est désormais prête à se plonger dans l'infini et à explorer ses capacités créatrices. Le septième livre, *Hiérarchie* (1931), parle de la direction nécessaire d'un maître pour atteindre le but visé. Si *Cœur* (1932) ne vient qu'après, c'est parce qu'il offre, comme Helena l'explique, les moyens d'atteindre le même but : il est nécessaire de dépasser le doute, de trouver assurance et confiance. Car c'est dans le cœur que se découvre le monde subtil. La trilogie qui suit, *Monde de feu* I (1933), II (1934), III (1935), rapproche enfin le lecteur du monde de feu, l'aboutissement du voyage dans les sphères. Le cœur doit pouvoir passer « le Baptême ardent ». *Aum* (1936) aborde la connaissance qui permet de contrôler et d'accumuler les énergies les plus élevées, tandis que dans *Fraternité* (1937) les efforts collectifs doivent encore rehausser cette énergie psychique. Dans ce livre, Helena continue à réfléchir sur l'idée d'union et de coopération entre les hommes, introduite déjà dans *Communauté*. Son tout dernier livre, *Surterrestre. La vie intérieure de la fraternité* (1938), où Helena annonce la dernière et ultime connaissance, celle des forces supraterrestres, restera inachevé.

Pendant la Deuxième Guerre mondiale, les Roerich témoignèrent de leur ferveur patriotique : ils essayèrent de revenir en Russie pour partir au front, envoyèrent de l'argent à la Croix-Rouge, aux fondations de soutien de l'Union soviétique. Après la guerre, ils décidèrent de retourner dans leur pays, mais Nikolaï décéda subitement. En 1948, Helena tâcha d'être rapatriée avec son fils Youri, mais sans succès : le visa ne leur fut pas accordé. Elle passa les dernières années de sa vie à Kalimpong, dans l'est de l'Himalaya, où elle décéda à l'âge de soixante-seize ans.

Ioulia Podoroga

• *Voir aussi* : Blavatsky

Bibl. : *Œuvres* : *L'Éthique vivante* (en plusieurs vol.), Toulon, Association française Agni Yoga, 1990-2006 ; *Les Fondations du bouddhisme*, trad. par R. Casella et Y. Chaumette, Toulon, Association française

Agni Yoga, 1995 ; *Lettres*, 2 vol., Sherbrooke (Québec), Les Éditions du IIIe millénaire, 2002-2005 ; *Au seuil d'un monde nouveau. Rêves, visions et lettres*, Sherbrooke (Quebec), Les Éditions du IIIe millénaire, 2005. ***Études*** : L. CHAPOCHNIKOVA, *Dierjava Rerikhov* [« La puissance des Roerich »], Moscou, Master-Bank, 2006 ; T. KAIDACH, *Utrennyaya Zvezda* [« Les jeunes années d'Helena Roerich »], Moscou, MZP, 1993 ; R. A. DRAYER, *Nicholas and Helena Roerich : The Spiritual Journey of Two Great Artists and Peacemakers*, Wheaton (Illinois), Quest Books, 2005.

ROKEAH, Eidele, *maître hassidique et guide spirituel* (Ukraine, v. 1810-?). — Fille de Malka Rokeah* et de Reb. Shalom Rokeah de Belz, fondateur de la dynastie de Belz, Eidele marcha sur les traces de sa mère et eu un rôle spirituel important. Elle épousa un hassid (disciple), Reb. Yitzchak Isaac Rubin de Sokolov ou Brody (fils de Reb. Asher de Ropcyzce), que sa nature réservée et sa timidité empêchait de se conduire en *Admor* (acrostiche hébraïque de *adoneinu*, *moreinu*, *verabbeinu*, « notre souverain, notre guide et notre maître », titre honorifique donné au rebbe). Elle pallia à sa réticence en prenant le rôle de rebbe et eut ainsi l'occasion de révéler ses multiples et considérables talents, en prononçant pendant le *shabbat* des discours d'une haute teneur spirituelle, en « récitant » la Torah et en distribuant les *shrayim* (les restes du *tisch*, le repas rituel du rebbe en *shabbat*). De nombreux croyants lui apportaient des *kvittlech* (requêtes) accompagnés de *pidyonot* (rétribution), sollicitant ses bénédictions spirituelles ou ses pouvoirs de guérison. Elle utilisait les offrandes qu'elle recevait pour nourrir les pauvres, alors qu'elle vivait dans la sobriété que requiert le statut de rebbe.

Parmi les légendes qui circulent, on raconte qu'il y avait à Brody (Ukraine) un homme atteint d'une maladie des poumons et dont les docteurs avaient déclaré la mort prochaine en le voyant cracher du sang, restes de ses poumons, affirmaient-ils. Conduit auprès d'Eidele, l'homme recouvra la santé grâce à son intervention et vécut encore de nombreuses années. On rapporte également que son père disait d'elle : « Tout ce qui lui manque c'est de porter un *spodik* », (ce haut chapeau de fourrure que portaient certains hassidim (disciples), de Pologne en particulier, et, à l'origine, seulement les rebbes.

Mireille Loubet

• *Voir aussi* : Rokeah (Malka)

Bibl. : ***Vie et études*** : E. TAITZ, S. HENRY, C. TALLAN, *The JPS Guide to Jewish Women : 600 B.C.E.-1900 C.E.*, Philadelphie (PA), The Jewish Publication Society, 2003, p. 206 ; M. M. BRAYER, *The Jewish Woman in Rabbinic Literature : A Psychohistorical Perspective*, Hoboken (NJ), Ktav Publication Inc., 1986, p. 44 ; N. LEAH, « Rebbetzin Malka, Queen of Belz », *in* J. Aronson (éd.), *The Fifty-Eighth Century : A Jewish Renewal Sourcebook*, Northvale, (NJ), Jason Aronson, 1996, p. 188-189 ; *Dictionnaire encyclopédique du judaïsme*, Paris, Robert Laffont, 1996, p. 439.

ROKEAH, Malka, ou Malkade Belz, *sainte hassidique et guérisseuse* (Galicie, Empire russe, XIXe s.). — Fille du Reb. Issachar Baer de Sokol, elle épousa Shalom Rokeah, son cousin, fondateur de la dynastie hassidique de Belz, qui fut appelé *Sar Shalom*, « Ministre de la Paix » et premier « Belzer Rebbe » de 1817 à 1855. On rapporte que la jeune « Malkele » avait eu une solide éducation religieuse et suivi les enseignements des maîtres spirituels (*tsaddiqim*) de la région. Pressentant en son époux des qualités de *tsaddiqi*, elle l'introduisit au hassidisme et l'encouragea à aller étudier auprès de Reb. Shlomo de Lutzk. Ils formèrent un couple très uni dans la foi, Malka prenant une part active aux opérations de son époux. Selon la légende, elle tenait une bougie au-dessus de ses livres pendant qu'il étudiait et avait ainsi accès aux Écritures. Appréciant son discernement et sa perspicacité, le rebbe lui demandait conseil pour de nombreuses questions d'ordre spirituel, offrant ainsi aux hassidim (disciples), un exemple à suivre dans leur comportement avec leurs épouses. « Le Rebbe de Belz et sa Rebbetzin [épouse d'un rebbe] étaient semblables à Adam et Ève avant le péché et leur chambre ressemblait au *Gan Éden*, au jardin d'Eden », disait le Reb. Hayyim de Zanz. C'est elle qui le réveillait le matin – « Shalom, lève-toi pour servir Dieu » – qui l'assista et remplaça « ses yeux » lorsqu'il devint aveugle. Ils eurent deux filles, Eidele et Freidel, et cinq fils, Reb. Eleazer, Shmuel Shmelke, Moses, Yehudah Zundel et Yehoshua, ce dernier ayant succédé à son père comme rebbe.

À un homme venu se plaindre d'une douleur à la jambe, Malka conseilla d'allumer tous les jours une bougie à la synagogue ; une fois celui-ci guéri, le rebbe interrogea Malka sur le miracle qu'elle avait accompli et elle lui répondit qu'il est écrit dans les Psaumes (CXIX, 105) : « Ta parole est un flambeau qui éclaire mes pas, une lumière qui rayonne sur ma route. » Ses capacités intuitives associées à sa foi inébranlable, à sa sagesse, ont été célébrées dans de nombreux récits faisant état de sa clairvoyance. Elle a eu un rôle à part entière dans le tribunal hassidique fondé par son époux à Belz et elle comptait d'éminentes personnalités parmi ses nombreux disciples spirituels, qui venaient la consulter pour des conseils et des soins.

Le rebbe lui-même a exprimé son respect pour ses dons et son admiration pour son intelligence en louant sa sagesse, sa sainteté et son intuition. Il traduisait l'opinion de chacun en la considérant comme une *tsaddeket* (yiddish pour *tsaddiqah*), une sainte, et sa mort le plongea dans un profond chagrin.

Mireille Loubet

• *Voir aussi* : Rokeah (Eidele)

Bibl. : ***Vie et études*** **:** T. M. RABINOWICZ, *The Encyclopedia of Hasidism*, Northvale (NJ), Jason Aronson, 1996, p. 407 ; E. TAITZ, S. HENRY, C. TALLAN, *The JPS Guide to Jewish Women : 600 B.C.E.-1900 C.E.*, Philadelphie (PA), The Jewish Publication Society, 2003, p. 208-9 ; M. M. BRAYER, *The Jewish Woman in Rabbinic Literature : A Psychohistorical Perspective*, Hoboken (NJ), Ktav Publication Inc., 1986, p. 44 ; N. LEAH, « Rebbetzin Malka, Queen of Belz », *in* J. Aronson (éd.), *The Fifty-Eighth Century : A Jewish Renewal Sourcebook*, Northvale (NJ), Jason Aronson, 1996, p. 183-195 ; La Bible, trad. du texte original par le Rabbinat français, Paris, Colbo, 1994, p. 930.

ROMAINE, Françoise. — Voir FRANÇOISE ROMAINE

ROMANET, Marguerite, *laïque* (Marguerite Pignier ; ?, 1612-?, 3 avril 1663). — Fille unique d'un avocat au barreau de Chambéry, Marguerite Pignier mène une enfance très chrétienne qui se conclut par un projet d'embrasser la vie monastique. Mais, sur les conseils avisés de son père, elle est mariée à quatorze ans, en 1626, à Claude-Aynart Romanet, lui aussi avocat. Les époux, renouant avec une tradition en honneur à l'époque médiévale, vivent leur conjugalité dans la chasteté, jusqu'au jour où Marguerite convainc son époux de s'engager dans un chemin de conversion, qui les conduirait, à la suite d'un « sacré divorce », mutuellement consenti, à se diriger l'un et l'autre vers la vie religieuse. Mais leurs directeurs spirituels leur déconseillent ce projet, connaissant trop bien leur rôle dans la vie de la cité, à la fois leur efficacité caritarive et leur exemplarité de vie. Le couple investit donc son dévouement en faveur des pauvres. Marguerite engage toutes ses énergies au service des prostituées et fera à cet effet de sa demeure une « maison de refuge et [un] asile de toutes les filles qu'elle pouvait retirer ». Elle en héberge ainsi jusqu'à six à son domicile, ce qui ne sera du goût ni de sa mère ni de son mari. Elle meurt en parfaite incarnation de ce qu'est à l'époque un laïcat fervent et engagé.

Mieux encore que sa biographie, au demeurant des plus sobres, qu'a publiée son directeur, c'est sa propre écriture qui nous fait découvrir sa personnalité originale, dont s'est enchanté l'abbé Bremond. On pourrait croire à une inspiration venue d'une lecture de saint Bernard (dont on retrouverait ainsi les visites du Verbe, telles que racontées dans l'*Homélie 78 sur le Cantique des cantiques*, ou alors le mouvement de la dilatation du cœur), mais c'est en référence à sa propre expérience intérieure que Marguerite peint le déploiement des sens spirituels dans leur quête d'« appréhender », de « ressentir » la présence cachée, autrement dit mystique ; et corrélativement elle mesure la « terrible séparation » qui s'opère dans le péché, « cette désunion spirituelle qui se fait d'avec son principe ». Ainsi éprouve-t-elle une « dilatation de deux sortes » : d'abord, quand « elle se rassasie de Dieu, ressentant qu'il lui donne une vie abondante, qu'elle ne reçoit pas habituellement, mais actuellement » ; c'est là un état transitoire, bien peu stable, et fort fragile. La deuxième manière est celle du « zèle, qui fait que l'âme dans les choses petites, se multiplie de cent mille manières ». On lui concéda le rare privilège de la communion quotidienne, ce pour quoi il lui aura fallu surmonter la crainte d'une incurable indignité. Singulière est son approche d'un telle pratique sacramentelle : c'est une source d'« anéantissement » qu'elle éprouve, « comme une chose se détruit à se convertir en une autre » ; ainsi « le même amour me fait craindre et me fait réjouir ». Dans cet exercice d'examen de soi, elle établit une phénoménologie raffinée du désir, puisque le désir est « la principale disposition » pour communier ; et donc elle « produit des actes de désir » qui sont « violents, parce qu'ils ne sont pas donnés » ; en revanche, elle savoure la douceur du temps d'action de grâce, quant « le Saint-Esprit prie en nous ».

Toujours au titre des confidences qu'elle fait à son directeur, le carme déchaux Paul du Saint-Sacrement, elle révèle combien la récitation du *Pater* constitue le pivot de sa prière quotidienne, qui lui procure « certaine sérénité de [son] âme, qui la met dans une assiette parfaite ». Un rôle non négligeable est dévolu à l'ange gardien (« parce que je fais toutes mes actions sans rien délibérer ») et, dans une moindre mesure, aux saints et à la Vierge, pour qui elle récite l'*Ave Maria* plusieurs fois par jour. En bonne Savoyarde, elle dit aussi l'oraison au Saint-Suaire, en faveur des trépassés. Marguerite nous informe par le menu du détail de ses journées et de ses horaires bien remplis « parce qu'il me faut servir mon mari et ma mère, répondre aux domestiques », ce qui entrave une libre piété. Néanmoins, dit-elle, « je demande à Dieu que je le puisse trouver dans les embarras de cette vie ».

Cet empirisme spirituel de bon aloi suffirait à nous la faire admirer, mais, non sans hésiter d'ailleurs, elle s'enhardit à évoquer sa propre et intime expérience, en s'adressant à son Dieu qui est « amour, qui [agite] le cœur, sans qu'il se lasse de vous aimer et désirer. Et quoique vous le remplissiez selon sa petite capacité, votre perfection exige qu'il vous désire toujours davantage, et vous lui êtes toujours nouveau. L'âme s'écoule comme l'eau en votre présence, qui touche plus vivement lorsque vous êtes plus caché à l'entendement, qui consent de demeurer dans cette vérité inconnue, par laquelle la volonté s'établit dans une finition innocente. » Avec grande finesse, elle décrit comment la foi « est pleine d'obscurité et qu'elle ne montre rien ». Est-ce vocabulaire commun au monde des spirituels, ou bien référence sensible à Jean de la Croix ? Difficile d'en décider ; en revanche, ses lectures cardinales sont le *Traité de l'amour de Dieu* de François de Sales, et aussi l'*Imitation de Jésus-Christ*. On salue un christocentrisme nuancé, qui sait dépasser le champ des représentations et des connaissances. Elle le confesse, tout cela est le fruit de cette « science de Dieu qui est des mêmes vérités qu'elle a appris des hommes, la fait sortir hors d'elle-même », alors que cette dernière la « fait entrer en elle-même » : extase mystique *versus* instase gnostique ? L'effet de cette science divine est de recadrer et de réélaborer toutes les dispositions et pratiques à l'aune de la mesure mystique : ainsi, par exemple, de l'âme « qui roule autour de Dieu, comme une circonférence à son centre », de l'humilité régulatrice qui est, nous dit-elle, « comme le centre de Dieu où il se plaît, où il se répand ». La savoureuse originalité des propos de Marguerite éclate mieux encore dans le commentaire du *Cantique des cantiques*, dont elle a fait « le sujet de ses oraisons par le commandement de ses confesseurs » : audace littéraire sans nul doute, mais, parvenue à la cinquantaine, « au temps de [sa] vieillesse », n'est-elle pas « appelée à de grandes choses » ? Les extraits qu'en donne et que commente avec gourmandise l'abbé Bremond feraient souhaiter une édition accessible, tant la langue en est délicieuse et belle et la profondeur instructive.

François Marxer

Bibl. : ***Vie et étude*** : PAUL DU SAINT-SACREMENT, *Idée de la véritable piété en la vie, vertus et écrits de demoiselle Marguerite Pignier, femme de feu noble Claude-Aynart Romanet, avocat au Souverain Sénat de Savoie*, Lyon, C. Bourgeat, 1669 ; H. BREMOND, *Histoire littéraire du sentiment religieux en France...*, rééd., Grenoble, Jérôme Millon, 2006, vol. II, p. 909-921.

ROSALIE, sœur, *bienheureuse*, *fille de la Charité* (Jeanne Marie Rendu ; Confort, Ain, 1786-Paris, 7 février 1856). — Aînée de quatre filles de cultivateurs aisés du Jura, elle est baptisée, le jour même de sa naissance, dans l'église de Lancrans, dans le canton de Gex. Jacques-André Émery, son parrain par procuration, supérieur général des Sulpiciens à Paris depuis 1782, lui donnera plus tard ce conseil : « Mon enfant, il faut qu'un prêtre et une Sœur de la Charité soient comme une borne, qui est au coin d'une rue, et sur laquelle tous ceux qui passent puissent se reposer et déposer les fardeaux dont ils sont chargés. » Elle a trois ans quand éclate la Révolution française. L'évêque de Genève, Mgr Paget, et des prêtres refusant l'adhésion par serment à la Constitution civile du clergé (1790) trouvent refuge dans la maison familiale. Elle fait ainsi sa première communion une nuit, dans la cave de la maison, à la lueur d'une bougie. À la mort de son père (12 mai 1796), suivie de la mort d'une petite sœur à l'âge de quatre mois (19 juillet 1796), Jeanne Marie aide sa mère à élever ses deux petites filles. À treize ans, sa mère l'envoie au pensionnat des Ursulines à Gex, pour y apprendre les arts ménagers. Elle y demeure deux ans. Elle découvre l'hôpital, où les Filles de la Charité se dévouent auprès des malades ; sa vocation s'ébauche et sa mère l'autorise à y faire un stage. Avec l'approbation du curé-doyen de Gex, elle accompagne une amie, Amande Jacquinot, qui part pour Paris afin d'entrer dans la Compagnie des Filles de la Charité. À seize ans (25 mai 1802), elle entre au séminaire de la maison mère des Filles de la Charité, rue du Vieux-Colombier, à Paris. Cette congrégation avait été fondée en 1633 par saint Vincent de Paul et Louise de Marillac*. En 1807, accompagnée des religieuses de sa communauté, elle y fait sa profession religieuse. Jeanne Marie, appelée désormais sœur Rosalie et dont la santé est ébranlée, sur les conseils de son médecin et de M. Émery, est envoyée dans le quartier de la rue Mouffetard, dans la maison des Filles de la Charité, à côté de l'église Saint-Médard. Elle y demeurera pendant cinquante-quatre ans au service des pauvres, des mendiants, des laissés-pour-compte, des mal logés, des déshérités, des exploités, des malades du quartier le plus misérable et insalubre de Paris, arpentant les rues et les ruelles de la montagne Sainte-Geneviève avec Dieu. « Jamais je ne fais si bien l'oraison que dans la rue », dira-t-elle. Elle y enseigne le catéchisme aux enfants de l'école gratuite. Celle que l'on appelle « la Mère » ne refuse jamais son assistance à qui vient la solliciter.

En 1815, sœur Rosalie devient la supérieure de la Communauté des Filles de la Charité, rue des Francs-Bourgeois, bientôt transférée rue de l'Épée-de-Bois. Les supérieurs lui confient les postulantes et les jeunes sœurs pour les former. Son sens aigu de la charité s'exerce aussi à travers les fondations d'une crèche, d'un dispensaire, d'une école, d'un orphelinat, d'un patronage pour jeunes filles, d'une pharmacie et d'une maison pour les vieillards démunis. Elle fréquente les cercles catholiques, tel celui qu'anime Mme Swetchine*, qui entretiendra une correspondance étroite avec Alexis de Tocqueville et Henri Lacordaire. Ses relations mondaines, les dons qu'elle reçoit, sa renommée qui s'étend au-delà de la capitale, son réseau d'œuvres de charité, les visites qu'elle reçoit de nombreux étudiants du Quartier latin tout proche, désireux de se mettre au service des miséreux, suscitent quelques oppositions, notamment de la part de la mère supérieure générale. Elle sera aussi en conflit avec les frères lazaristes ; c'est « sans le dire » qu'un seul d'entre eux osera assister à ses obsèques.

Lors des Trois Glorieuses (27, 28, 29 juillet 1830), sœur Rosalie, intrépide, défiant les barricades, s'élance avec succès au secours du général de Montmahaut, bienfaiteur des pauvres, blessé place de l'Hôtel-de-Ville. Lors de la répression des émeutiers, le préfet de police en personne se présente pour l'arrêter sous le prétexte qu'elle a bafoué la loi en donnant refuge aux blessés, quels qu'ils soient. En février 1831, sœur Rosalie accueille Mgr de Quélen et le clergé de l'archevêché, incendié par des pilleurs. Quand une épidémie de choléra fait son apparition à Paris, médecins et pharmaciens sont accusés de répandre la contagion par haine du peuple. On s'en prend alors violemment à un médecin qui transporte un malade à l'hôpital ; on lui fraie aussitôt le passage dès qu'il déclare être un ami de sœur Rosalie. Avec l'aide des Filles de la Charité, elle ramasse des cadavres abandonnés dans la rue. De multiples anecdotes, pittoresques ou dramatiques, rapportent combien, par son intervention sans relâche, elle secourt toute détresse. La révolution de 1848 donne à nouveau l'occasion à sœur Rosalie de se comporter héroïquement, notamment en sauvant la vie, toujours au nom de la charité, d'un officier de la garde mobile, menacé de mort par les manifestants. L'archevêque de Paris, Mgr Affre, a été de son côté tué sur une barricade alors qu'il tentait de s'interposer entre les belligérants. En 1852, Napoléon III décide de remettre à sœur Rosalie la Légion d'honneur ; elle s'apprête à refuser, mais le supérieur des prêtres de la mission et des Filles de la Charité l'oblige à l'accepter.

En 1856, Paris compte 1 174 000 habitants. Les révolutions, les guerres napoléoniennes, les épidémies, les émeutes, le libéralisme économique sans frein, le chômage y ont provoqué une grande misère. Affaiblie par l'âge et une santé fragile, devenue progressivement aveugle, sœur Rosalie meurt après une courte maladie, à son domicile rue de l'Épée-de-Bois. Ses obsèques ont lieu en l'église Saint-Médard, en présence d'une immense foule, qui suit sa dépouille jusqu'au cimetière Montparnasse. Sa tombe porte cette inscription « À la bonne Mère Rosalie, ses amis reconnaissants, les pauvres et les riches », surmontée de cette mention en latin : « *Pertransivit bene faciendo* » (« Elle a passé en faisant le bien ») ; elle est constamment fleurie.

Sœur Rosalie était au centre du mouvement de charité qui caractérisa Paris et la France dans la première moitié du XIXe siècle. Manifestant la présence de Dieu, elle fut demandée et prise pour modèle, à ses débuts, par la Conférence de Saint-Vincent-de-Paul (1834), selon l'inspiration de Frédéric Ozanam, futur bienheureux, qui voulait « enserrer le monde dans un réseau de charité ». Loin de souhaiter changer l'ordre social, elle organisait la charité à sa façon. Elle était exigeante dans sa manière de recevoir les pauvres : « Ils sont nos Seigneur et nos Maîtres », disait-elle à ses compagnes, voyant sous les « haillons » de ces derniers, le « Seigneur » lui-même. Un jour, elle donna à une de ses sœurs en difficulté ce conseil, qui était le secret de sa vie : « Si vous voulez que quelqu'un vous aime, aimez d'abord en premier ; et si vous n'avez rien à donner, donnez-vous vous-même. » Armand de Melun, confident et premier biographe (1857) de sœur Rosalie, rapporte ce rêve dont elle lui fit part : « Je me vis en rêve devant le tribunal de Dieu. Il me recevait avec une grande sévérité et allait prononcer ma condamnation, lorsque tout à coup, je me trouvai entourée d'une foule de personnes portant de vieilles boîtes, des chaussons, des bonnets, qui présentaient à Dieu toutes ces choses et lui disaient : "C'est elle qui nous a donné tout cela." Alors Jésus-Christ, se tournant vers moi, me dit : "En vue de toutes ces friperies données en mon nom, je vous ouvre le Ciel. Entrez pour l'éternité !" »

Bernard Sesé

• *Voir aussi* : Swetchine

Bibl. : ***Vie et études*** **:** A. DE MELUN, *Vie de Sœur Rosalie, fille de la Charité* (13e éd.), Paris, J. de Gigord, 1929 ; H. DESMET, *Sœur Rosalie, 50 ans d'apostolat de la prière*, Paris, Pierre Kremer, 1954 ; C. DINNAT, *Sœur Rosalie Rendu ou l'Amour à l'œuvre dans le Paris du XIXe siècle*, Paris, L'Harmattan, 2001 ; sœur L. SULLIVAN, *Sœur Rosalie Rendu. Une passion pour les pauvres*, Paris, Médiaspaul, 2007 ; C. DUPRAT, *Usage et Pratique de la philanthropie. Pauvreté, action sociale et lieu social à Paris, au cours du premier XIXe siècle*, Paris, Comité d'histoire de la Sécurité sociale, 1996.

ROSE DE LIMA, *sainte, tertiaire dominicaine* (Isabelle de Flores ; Rose de Sainte-Marie en religion ; Lima, 20 avril 1586-24 août 1617). — Isabelle de Flores, qui sera la première sainte canonisée du Nouveau Monde, est née d'un père espagnol et d'une mère péruvienne. Les légendes courent sur l'origine de ce nom de Rose qui lui fut donné, nom sous lequel elle sera confirmée par le saint archevêque de Lima, Turibio de Mongrovejo : ce serait la sublime beauté de l'enfant qui aurait incité une servante à l'appeler ainsi ; mais on dit aussi que la Vierge, lors d'une apparition, lui aurait attribué ce nom de Rose de Sainte-Marie, qui sera celui de son entrée dans le tiers ordre dominicain ; à moins que ce ne soit elle-même qui ait eu la vision du visage d'une servante péruvienne qui se métamorphosait en rose tout épanouie. Toujours est-il que c'est la contemplation d'une image de l'*ecce homo* (le Christ supplicié et flagellé, présenté à la foule par le gouverneur Pilate par ces mots : « Voici l'homme ») qui va déterminer sa voie spirituelle. C'est une représentation identique du Christ en sa Passion qui avait bouleversé Thérèse d'Avila* et provoqué le retournement de sa conversion. La voie choisie par Rose sera bien différente, parfaitement consonante, il est vrai, avec la sensibilité exacerbée d'un mysticisme espagnol flamboyant et avec la religiosité populaire inca, ce qui explique le vif succès du culte dont elle sera entourée après sa mort. Rose s'adonne à d'extraordinaires pratiques pénitentielles dans le but mimétique de reproduire les souffrances du Christ (transporter un tronc d'arbre en tombant et en se relevant alternativement, tresser à son usage une couronne d'épines, s'abreuver de fiel et de vinaigre...), sans parler du port d'un cilice et des jeûnes hebdomadaires répétés. Devant tant de vertus, la tante de l'archevêque de Lima lui propose, alors qu'elle vient d'avoir dix-neuf ans, d'entrer dans la communauté de Clarisses qu'elle venait de fonder. La mère de Rose s'y oppose, prétextant la nécessité d'avoir recours aux services de sa fille à la maison. Rose s'enfuit donc de nuit et, passant par l'église des Dominicains, s'y trouve clouée au sol par une force mystérieuse irrésistible. Elle deviendra donc tertiaire dominicaine et recevra l'habit blanc et noir en août 1606. Ce statut de tertiaire lui permet de rester active dans le monde (et aussi de répondre aux obligations familiales). Elle va ainsi se mettre au service des enfants et des vieillards dans la misère, créant dans la demeure familiale une infirmerie où sont dispensés les soins aux déshérités et nécessiteux ; afin de pourvoir au bon fonctionnement de ce qui apparaît comme une nouveauté dans l'organisation caritative du Nouveau Monde, elle cultive les plantes médicinales dans le jardin qui est à sa disposition et au fond duquel elle se retranche dans la solitude contemplative d'un oratoire construit par son père. Elle n'en continue pas moins ses mortifications spectaculaires, accompagnées d'extases qui le sont tout autant et qui attirent l'attention de l'Inquisition. Son confesseur, le dominicain De Lorenzano, secondé par un médecin, la soumettra à un examen complet : les réponses de Rose, d'une franchise sans égale, convainquent ses juges qu'elle est indemne, dans ses propos comme dans ses pratiques, de tout soupçon d'hérésie. Ses excès pénitentiels auront cependant raison de sa santé : frappée d'hémiplégie, elle meurt prématurément. Une procédure de canonisation est immédiatement amorcée, mais bien vite doublée (et gênée) par l'enthousiasme populaire qui se presse à son tombeau : rien moins que 119 miracles sont authentifiés par les commissions compétentes. Béatifiée en 1668, elle est canonisée le 12 mars 1671, et devient patronne de l'Amérique et des Philippines.

Sans doute d'un plus grand intérêt que ce matériau hagiographique où abonde bien souvent le merveilleux sont les entretiens qu'elle a eus avec son confesseur et avec Juan de Castillo, un médecin, qui en ont donné le témoignage : l'on y appréhende la doctrine mystique de Rose, nourrie d'influences ignatiennes, mais se référant avant tout à Catherine de Sienne*, sa devancière, qu'elle imite consciemment (ce qui fera comprendre son investissement ascétique), comme plus tard, Véronique Giuliani* voudra, dès son enfance, reproduire ces stratégies de souffrance qu'elle découvrira dans la *Vita* de la tertiaire péruvienne. Rose insiste en particulier sur l'attraction divine qu'elle éprouve et en laquelle elle trouve son réconfort, puisque alors toutes ses facultés « vont en leur centre, comme le fer se précipite sur l'aimant ». À l'inverse, l'absence ou le retrait de Dieu la plonge dans d'atroces souffrances, surtout « lorsque lui apparaît la vision de l'enfer et du purgatoire ». Que sa célébrité se soit étendue à toute l'Amérique latine ne doit pas étonner : en effet n'a-t-elle pas réussi une véritable inculturation de l'héritage européen dans la sensibilité et la mentalité indiennes ?

François Marxer

• *Voir aussi* : Catherine de Sienne

Bibl. : ***Vie et études*** **:** A. DAIX, *Sainte Rose de Lima*, Lyon, Emmanuel Vitte, 1936 ; R. VARGOS UGARTE, *Vida de S. Rosa de Lima*, Buenos-Aires, Imprenta López, 1961 ; M. ANDRES, *Historia de la Mistica de la Edad de Oro en Espana y America*, Madrid, BAC Maior, « Biblioteca de autores cristianos », 44, 1994.

ROSE DU CŒUR DE JÉSUS, *tertiaire franciscaine* (Marie-Louise Langlois ; Toulon, 1857-1922). — Marie-Louise devient orpheline de père, capitaine d'infanterie coloniale, en 1871, et se marie en 1875 à Albert Caillol, jeune organiste de Marseille. Elle fait profession en 1887. Mais elle doit endurer le travail de deuil avorté de sa mère, la douleur de rester sans enfants, et l'absence fréquente autant que le comportement irresponsable de son mari. Sa vie religieuse s'approfondit sans que Rose soit dupe d'elle-même, de ce qu'elle nomme la Rosse : « Quand je dis que je me suis donnée sans partage, que c'est du plus profond de mon cœur que j'ai fait le sacrifice de ma vie, si vous saviez quelle profonde pitié j'éprouve pour cette indigne petite "Rosse" qui fait une si piètre offrande à ce Cœur si digne de l'amour. » Elle recherche ce rien qui *balise* (sans le polariser !) son grand désir : « Ma voie à moi, c'est de n'avoir rien. » Sans oublier – conformément à l'atmosphère eschatologique qui suit les répliques du séisme révolutionnaire et la défaite de 1870, avec l'édification du Sacré-Cœur de Montmartre, à Paris, commencée en 1876, « en présence des malheurs qui désolent la France [...], des attentats sacrilèges commis [...] contre les droits de l'Église », suivant la phraséologie du « vœu national » – le lien victimaire entre épreuve spirituelle et prédication réparatrice. Rose du Cœur de Jésus cherche aussi explicitement « la guérison de cette pauvre France dévorée par la fièvre de ses passions, de ses erreurs ».

Bernard Forthomme

Bibl. : ***Vie*** **:** DÉSIRÉ DES PLANCHES, capucin, *Sur les cimes. Madame Albert Caillol, supérieure de la fraternité de Toulon (Sœur Rose,* [Institut séraphique] *des Filles du Sacré-Cœur)*, Paris-Gembloux, 1936.

ROUGET, Marie. — *Voir* MARIE NOËL

ROYER, Édith, *laïque, visionnaire* (Édith Challan-Belval ; Aisy-sur-Armançon, 1841-Quincy-le-Vicomte, 1924). — Issue d'une famille de notables, Édith mène, enfant, une vie de « rapports intimes et familiers avec l'Enfant Jésus et la Vierge » (C. Boissard). Elle aurait voulu être religieuse, mais sur le conseil de ses parents, son vœu de chasteté est relevé et elle se marie à dix-neuf ans avec Charles Royer, de Saint-Rémy (Côte-d'Or), dont elle a quatre filles – la plus jeune, Rose, épousera le philosophe Maurice Blondel. Elle avoue : « J'étais la plus heureuse des épouses et la plus heureuse des mères. » Mais le curé de Saint-Rémy la plonge dans une crise grave, en 1864, en lui reprochant son infidélité au vœu de virginité – il provoque en elle « une blessure jamais refermée ». Dès lors, Édith suit un chemin d'ascèse : discipline, cilice, jeûnes stricts (« Je crus un jour entendre une voix intérieure me dire que je redeviendrais Votre épouse en me crucifiant ») ; quand elle l'interrompt sur l'ordre du curé ou pendant une grossesse, elle tombe malade.

Dès le début de la guerre de 1870, elle a des visions prophétiques des événements. Plus tard, elle recevra également l'annonce de la guerre de 14-18. Lors d'un pèlerinage à Paray-le-Monial, en juin 1873, elle a la vision du Christ et de Marguerite-Marie Alacoque*, laquelle la rassure : « La pénitence et l'humilité te tiennent lieu de virginité » – validant ainsi un mariage mystique –, et la conforte dans sa mission : « Notre Seigneur cherche une âme qui accepte de s'offrir sans réserve en vue d'apporter les réparations dues à la justice divine. Consens à être cette âme. Le divin maître te le demande. » Elle s'étonne d'être choisie par Jésus, qui lui répond : « C'est pour faire éclater davantage ma miséricorde. Si j'ai pardonné à toi, épouse parjure, je peux aussi bien pardonner à la France. »

Les apparitions, à partir de 1873, d'un Christ au cœur visible sur la poitrine et aux bras étendus, « moins raides pourtant que sur la croix [...] nous montrant son cœur embrasé et nous tendant les bras », se précisent en juin 1873 et se multiplient en 1875. Elles sont à l'origine de cette image nouvelle qui sera traduite en statues et en médailles.

Une commission d'enquête diocésaine constituée en 1879-1880 par l'évêque de Dijon conclut au caractère surnaturel de ses révélations à l'unanimité – cas rare de mystique tôt reconnue par l'autorité ; il est vrai que jusqu'à sa mort, « elle demeure invisible du public » (J. Benoist). Elle fonde à Dijon en 1879 l'Association de Prière et de Pénitence en union avec le Sacré Cœur de Jésus pour le triomphe de l'Église et le salut des nations – « titre demandé surnaturellement par Notre Seigneur » –, affiliée puis agrégée en 1881 à l'archiconfrérie du Vœu national de Montmartre, puis approuvée en 1894 par Léon XIII, qui l'élève au rang d'archiconfrérie universelle.

Veuve depuis 1883, Édith Royer fera, de 1918 à 1921, sous le nom de Marie du Sacré Cœur, un essai de vie religieuse, interrompu par la maladie, chez les Bernardines de Saint-Rémy, fondées par elle. Paul Airiau a observé qu'elle « se trouve au confluent de la spiritualité réparatrice, du culte du Sacré-Cœur, des révélations particulières et du mythe catholique français » (c'est-à-dire du rôle de la France, « fille aînée de l'Église », dans le salut du monde).

Régis Bertrand

Bibl. : ***Vie*** **:** M. BERTHON, *Madame Royer. Un message du Sacré-Cœur*, Issoudun, Dillen, 1947 ; C. BOISSARD, *La Vie et le message de madame Royer*, Paris, Lethielleux, 1960. ***Études*** **:** J. BENOIST, *Le Sacré-Cœur de Montmartre*, Paris, Éditions ouvrières, 1992-1995, t. I, p. 556-566 et t. III, p. 1393-1394, 1663-1666 ; P. AIRIAU, *L'Église et l'apocalypse, du XIXe siècle à nos jours*, Paris, Berg international, 2000, p. 53 ; J. MAÎTRE, *Mystique et féminité : essai de psychanalyse sociohistorique*, Paris, Cerf, 1997, p. 333-334 et 367-371 ; G. MATHON, G.-H. BAUDRY (dir.), *Catholicisme*, Paris, Letouzey et Ané, 1998-1999, t. XIII, col. 186-188.

S

SANTINHA DE BALASAR. — *Voir* ALEXANDRINA DE BALASAR

SÂRADÂ DEVÎ, *maître spirituel hindou* (Jayrambati, v. 1853-?, 21 juillet 1920). — Sâradâ Devî Mukhopâdhyây naît au Bengale occidental (Inde) dans un village à une centaine de kilomètres de Calcutta. Elle appartient à une famille de brahmanes pauvres qui officient dans les temples des divinités du village. Les Mukhopâdhyây sont des dévots de Râma, héros divin de l'épopée du *Mahâbhârata*. Le père de Sâradâ vit avec ses trois frères cadets. Avant la naissance de celle-ci, ses parents ont la vision d'une petite fille inconnue qui grimpe sur leurs genoux et leur annonce sa naissance sur terre. Ils ne doutent pas qu'il s'agit de la Mère divine, qui leur annonce sa venue sous la forme de leur fille à naître. Sâradâ est l'aînée de trois frères. Elle n'est pas envoyée à l'école ; plus tard, elle apprendra à lire, mais pas à écrire. En tant que fille aînée, elle s'occupe des tâches ménagères, coupe l'herbe pour la vache et file le coton. À l'âge de six ans, en 1859, elle est mariée à Gadâdhar Chattopâdhyây, un grand mystique connu sous le nom de Râmakrishna Paramahamsa. Gadâdhar, qui a vingt-trois ans, vit dans le temple de la déesse Kâlî à Dakshineswar, près de Calcutta. Il y fait office de prêtre, mais son intense ferveur religieuse le fait passer pour fou. Le mariage n'est jamais consommé. Sâradâ demeure chez ses parents, où son époux lui rend parfois visite, ou bien dans sa belle-famille, à Kamarpukur. En 1872, elle part vivre à Dakshineswar auprès de son époux, qui lui enseigne les vertus qu'il pratique lui-même : le renoncement et le service de tous. Un jour où elle partageait sa chambre, il lui demande si elle est venue pour l'attirer vers les plaisirs de la chair. Elle répond qu'elle est venue l'aider à suivre la voie spirituelle qu'il a choisie. Il lui dit alors qu'il la considère comme l'incarnation de la Mère divine et commence à la vénérer solennellement en tant que telle le 5 juin 1872. Sâradâ Devî perd alors toute conscience d'elle-même et du monde extérieur. Puis elle retourne vivre dans son village, fait de nombreuses allées et venues à pied entre Jayrambati et Dakshineswar. Lors d'un de ces voyages, qu'elle effectue seule une nuit, elle transforme un couple de dangereux brigands en dévots par sa douceur et son innocence. Elle s'établit ensuite à Dakshineswar, dans une pièce exiguë où elle cuisine pour son époux, ses disciples et les visiteurs de plus en plus nombreux. Pour éviter les regards, elle va se baigner dans le Gange dès quatre heures du matin. Sa discrétion et sa timidité sont légendaires. Sa pratique spirituelle consiste en la récitation des noms divins et en méditation toute la nuit. Dans la journée, le service de Râmakrishna et des siens l'occupe. Râmakrishna meurt d'un cancer de la gorge en août 1886 après avoir confié Sâradâ à ses proches disciples, des jeunes gens qui ont renoncé au monde pour devenir moines.

Lors de ses nombreux pèlerinages, comme pendant ses séjours à Calcutta et dans son village, Sâradâ fait souvent l'expérience de l'absorption de sa conscience en la divinité. Râmakrishna lui apparaît à de nombreuses reprises. Au cours d'une de ces visions, il lui enjoint de veiller sur ses disciples et d'initier ceux qui le souhaitent. Peu à peu, elle devient un maître spirituel vénéré. Au début de son veuvage, elle doit faire face à une très grande pauvreté. Plus tard, les dons des disciples laïcs lui permettent de nourrir de nombreux dévots. Elle considère les disciples de son époux comme ses fils, et ils voient en elle la Mère universelle sous une forme humaine. Se référant à Râmakrishna pour toutes choses – « le Maître » pour qui « les dévots n'ont pas de caste » –, Sâradâ n'hésite pas à abandonner les préjugés de caste. Elle accepte chez elle des femmes occidentales venues d'Europe et d'Amérique à la suite de swâmi Vivekânanda. Elle répète que « Pureté et impureté, tout est dans l'esprit ». Elle est hostile aux mariages d'enfants et favorable à l'éducation des filles. Vénérée par les disciples, elle a beaucoup à souffrir des exigences des membres de sa propre famille, qui lui réclament toujours plus d'argent, jusqu'à la persécuter. Elle élève une petite nièce à laquelle elle s'attache, mais qui se montre fort difficile. Devenue âgée, elle ne cesse pas de s'occuper des tâches ménagères. Avant de mourir, elle se détache totalement de sa famille. Ses derniers mots sont adressés à une dévote venue lui rendre visite : « Si vous voulez la paix, ma fille, ne voyez pas les défauts des autres mais plutôt les vôtres [...]. Personne ne vous est étranger, ma chère, le monde vous appartient. » Elle entre dans un état d'absorption dans le divin et quitte la terre à l'âge de soixante-huit ans, trente-cinq ans après la mort de Râmakrishna. La dépouille mortelle de Sâradâ Devî est alors portée jusqu'au bord du Gange, à l'endroit où se trouve à présent un temple dédié à son époux, et elle est incinérée sur un bûcher de bois de santal.

Sâradâ Devî ne se départit jamais d'une parfaite sérénité. Elle n'hésita pas à soutenir la mission de service social entreprise par swâmi Vivekânanda et à la défendre contre ceux qui s'y opposaient au nom du désengagement des « renonçants » à l'égard du monde. Elle pensait qu'un esprit occupé à une tâche ne vagabonde pas et qu'il est impossible de méditer et de répéter les noms divins toute la journée. Une disciple américaine de swâmi Vivekânanda la décrit comme une femme humble et modeste, comme une personne « éminente, car elle se trouvait naturellement de plain-pied avec les femmes de l'Occident sur n'importe quel sujet, et qu'elle avait conservé une simplicité, une finesse et un naturel charmants. Tout en vivant en Dieu, elle était aussi éloignée du puritanisme que Râmakrishna et son disciple Vivekânanda l'avaient été. » Un disciple bengali qui l'a très bien connue parle avec adoration de « la Sainte Mère », disant que « sa seule présence, son sourire, suffisaient à plonger dans la béatitude ceux qui la voyaient ». Femme d'une grande humilité et d'un inlassable dévouement, elle consacra sa vie à la recherche spirituelle, tout en remplissant les tâches quotidiennes d'une épouse et d'une mère. La photo de Râmakrishna l'accompagnait partout où elle allait. Elle lui offrait des fleurs, de l'encens, de la pâte de santal, de l'eau et de la nourriture à la façon hindoue, traitant la photo comme une personne vivante. Elle fit beaucoup pour que Râmakrishna fût reconnu comme une incarnation divine venue sur terre pour le bien du monde, comme d'autres incarnations avant lui. Entièrement dévouée à son saint époux et à ses disciples, ses qualités font d'elle un modèle de femme hindoue.

France Bhattacharya

• *Voir aussi* : Gopâler Mâ

Bibl. : ***Études*** : swâmi GAMBHIRANANDA, *Holy Mother Shri Sarada Devi*, Mylapore, Madras, Sri Râmakrishna Math, 1952 ; swâmi TAPASYANANDA, *Shri Sarada Devi The Holy Mother*, Madras, Sri Râmakrishna Math, 1977.

SARAH ou SOREH, *figure spirituelle hassidique* (Pologne, v. 1710-?, v. 1780). — Sarah est connue grâce à son fils Reb. Aryeh Leib. La légende rapporte qu'elle prit l'initiative d'épouser vers 1729 Joseph, un professeur d'hébreu relativement âgé, connu pour sa grande piété, afin d'échapper aux avances d'un propriétaire terrien. Se trouvant veuve peu après la naissance de son fils à Rovno (Pologne), elle éleva celui-ci seule et le dirigea vers le hassidisme. Adolescent, son fils rencontra le *Besht*, Israël Baal Shem Tov (« le maître du bon nom », *Besht* en est l'acronyme), et fit rapidement partie de son cercle. Il fut un disciple de Reb. Dov Baer, le Maggid (prédicateur, parfois itinérant) de Mezeritch et eut une vie de *tsaddiq* (« maître spirituel ») itinérant, aidant au fil de ses déplacements les pauvres, les pieux, les nécessiteux, récoltant des fonds pour le rachat des prisonniers. C'est en l'honneur de sa mère qu'il a tenu à être appelé « Reb. Aryeh Leib, fils de Sarah » et qu'il est resté connu sous ce nom dans la postérité.

Mireille Loubet

Bibl. : ***Vie et études*** : E. TAITZ, S. HENRY, C. TALLAN, *The JPS Guide to Jewish Women : 600 B.C.E.-1900 C.E.*, Philadelphie (PA), The Jewish Publication Society, 2003, p. 163 ; T. M. RABINOWICZ, *The Encyclopedia of Hasidism*, Northvale (NJ), Jason Aronson, 1996, p. 26-27.

SASAGAWA, Katsuko. — *Voir* AGNÈS (sœur)

SAYYIDA NAFÎSA. — *Voir* NAFÎSA BINT AL-HASAN

SCHMITZ-ROULY, Jeanne, *laïque, auteur d'un Journal spirituel* (Mons, 1891-Bruxelles, 1979). — Jeanne

Rouly est née d'une mère croyante et d'un père modeste fonctionnaire des douanes, qui revient à la pratique religieuse lors d'un sermon entendu pendant la Grande Guerre. Elle étudie au lycée public Gatti de Gamond de Bruxelles, où un professeur de religion lui fait aimer la Bible. Sur l'avis d'un confesseur, elle renonce à son idée de vie religieuse et épouse sagement un clerc de notaire bruxellois, dont elle aura trois enfants, deux filles, qui se marieront et un fils prêtre. Avec ce dernier, elle partagera, devenue veuve, les vingt-cinq dernières années de sa vie. Une vie ordinaire, sans éclat, une bonne personne, attentive, cultivée, musicienne, simple, au dire des siens. Personne (pas même ses enfants) n'aurait rien su de la vie mystique de Jeanne Schmitz-Rouly si son fils prêtre n'avait trouvé à sa mort huit carnets intimes de sa mère – dont deux seulement (pour la période 1945-1966) ont été publiés jusqu'à ce jour –, dans lesquels elle consigne, au fil des jours, sa relation à Dieu, à l'exclusion de toute autre considération. L'écriture spirituelle de Jeanne Schmitz est fascinante de simplicité, d'intemporalité – on ne saurait dire si elle écrit en 1550 ou en 1950 –, car ces notes ne visent aucun public, sauf peut-être le confesseur, à qui elle fait relire lesdites notes et dont on ne sait ce qu'il y a entendu.

Le contenu des carnets montre une femme qui expérimente, de façon totalement imprévisible, voire à des moments incongrus (en faisant le ménage, dans le tramway), sensiblement – presque physiquement – une « saisie divine », un arrachement au terrestre (au sens de l'*arrobiamento* sanjuaniste) qui lui donne une joie intense et disparaît comme elle est venue. Sans d'ailleurs qu'elle puisse dire le lieu ou la durée de cette saisie, conformément à bien d'autres descriptions de ces expériences. « Tout à coup, en allant chercher une étoffe, je vois le bonheur d'aimer Dieu. Mais d'une incomparable et plus forte façon, d'une incomparable totalité » (texte 56). Ou encore, maniant l'oxymore pour décrire l'indescriptible : « Cette douleur qui m'étreignait et me brisait le cœur, était en même temps une douceur » (texte 96).

Ce qui est passionnant, c'est le langage simple avec lequel, en balbutiant un peu, la mystique raconte ses expériences, cherchant l'expression juste, accordée, pour dire le divin. Une écriture modeste du sublime : « Est-ce cela qui est d'avoir l'esprit ravi en Dieu ? Je le demanderai à mon confesseur ! » L'écriture de Jeanne Schmitz, comme bien des récits d'expérience spirituelle, joue un rôle explicatif (comprendre ce qui vous est arrivé), sécuritaire (obtenir du confesseur l'assurance qu'on ne verse pas dans la folie), autobiographique (retracer ce qu'on vit de plus intense pour en garder la mémoire). Le *Journal* alterne des pages lumineuses et des pages sombres, dans lesquelles la mystique consigne l'abattement où la laissent les périodes intermédiaires, celles où la lumière a fui : « Après cette journée de bonheur tel que Dieu ne m'avait jamais donné de goûter, le lendemain, j'ai senti la douleur, le désespoir plutôt, de la privation de Dieu » (texte 105). Les dernières expériences confinent au rien, au *nada* sanjuaniste, confronté à l'être plénier divin : « Je ne puis même plus dire : "Je te vois", car je n'existe plus. »

Dominique-Marie Dauzet

Bibl. : *Œuvre* : *Journal spirituel. Le bonheur d'aimer Dieu*, Mers-sur-Indre, Centre Saint-Jean-de-la-Croix, Paroisse et Famille, 1998 (rééd. Toulouse, Éditions du Carmel, 2004). ***Étude*** : D.-M. DAUZET, *La Mystique bien tempérée*, Paris, Cerf, 2006.

SCHNEERSOHN ou SCHEERSOHN, Freida, *figure spirituelle hassidique* (Liady, v. 1760-?). — Freida Schneersohn est la fille aînée du maître hassidique Shneur Zalman de Liady (Biélorussie), premier rabbin et fondateur du mouvement Loubavitch, issu du mouvement piétiste fondé par Israël ben Eliezer, appelé le Baal Shem Tov (« le maître spirituel »). Elle est un exemple de femme qui acquit une certaine autorité spirituelle au sein du hassidisme grâce à ses origines familiales. Initiée à la doctrine mystique par son père, dont elle fit publier les aphorismes, elle composa elle-même un fascicule kabbalistique. Elle fut honorée par ses disciples qui, installés dans une pièce séparée, auraient bénéficié de son enseignement spirituel.

Paul Fenton

Bibl. : *Étude* : T. M. RABINOWICZ, *The Encyclopedia of Hasidism*, Northvale (NJ) Jason Aronson, 1996, p. 539.

SCHONATH, Columba, *dominicaine, stigmatisée* (Maria Anna Schonath ; Burgellern, Bamberg, 1730-1787). — Maria Anna perd à douze ans sa mère et décide, à la suite d'une lecture de l'*Imitation de Jésus Christ*, d'embrasser la vie cloîtrée. En 1753, elle entre chez les Dominicaines du Saint-Sépulcre à Bamberg comme sœur converse. En 1754, elle y prononce ses vœux. Elle vit alors dans la souffrance spirituelle et physique en essayant de suivre le Christ dans sa Passion ; en 1763 elle reçoit des stigmates. Par obéissance envers son père confesseur, elle commence à mettre par écrit ses visions. Elle meurt en odeur de sainteté.

Des centaines de pages rédigées de sa main dans son patois franconien, redécouvertes en 1956 à Vienne et publiées en 2008, parlent de sa vie intérieure. Depuis 1999, le diocèse de Bamberg tente de faire avancer la cause de sa béatification.

Xenia von Tippelskirch

Bibl. : *Œuvre* : *Berichte und Visionen einer Mystikerin aus dem Bamberger Dominikanerinnen-Kloster*, Franz Kohlschein (éd.), Bamberg, Archiv des Erzbistums, 2008. ***Vie*** : J. B. SCHONATH, *Von verborgenem Heldentum. Aufzeichungen aus dem Leben der stigmatisierten Dominikanernonne Columba Schonath von Bamberg*, L. Fischer (éd.), Aschaffenburg, Görres, 1925. ***Étude*** : M. HUCK, *Die Passionsmystik der Schwester Maria Columba Schonath*, Münsterschwarzach, Dominikanerinnenkloster zum Heiligen Grab, 1987.

SCHURMAN, Anne-Marie de, *érudite, artiste, figure spirituelle protestante, piétiste puis labadiste* (Cologne, 1607-Wieuwert, 1678). — La figure d'Anne-Marie de Schurman est tout à fait singulière. Assurément, il ne manque pas de femmes mystiques au XVIIe siècle, qui comporte également, même si c'est en moins grand nombre, une galerie de femmes illustres pour leur science ou leurs dons artistiques. Mais Anna-Maria van Schurman a pour caractéristique exceptionnelle de cumuler ces qualités. Extrêmement douée, elle apprend à lire seule, à l'âge de trois ans, en regardant ses frères. Très vite, elle maîtrise un grand nombre de langues, à commencer par le grec et le latin, puis l'hébreu – on prétend qu'à trente ans elle en possédait au moins quatorze. Remarquée de Voetius, on lui accorde le droit de suivre les cours à l'université d'Utrecht, interdite aux femmes. Ses talents artistiques étonnent également : elle peint des petits portraits qui ont une certaine réputation. Bientôt versée dans toutes sortes de sciences, elle se fait largement connaître du monde savant : elle a pour interlocuteurs et correspondants René Descartes, Pierre Gassendi, Constantin Huyghens, le père Marin Mersenne, le poète Jacob Cats, etc. Elle entre en relations avec Marie de Gournay, qui a écrit *Égalité des hommes et des femmes* ; elle publie elle-même, en 1641, une dissertation défendant l'aptitude des femmes à participer à la vie scientifique et littéraire (*Dissertatio de ingenii muliebris ad doctrinam et meliores litteras aptitudine*). Il convient d'ajouter que la religion, sans être d'abord une préoccupation exclusive, compte d'emblée parmi ses intérêts dominants. Élevée dans une famille protestante d'obédience réformée qui a dû fuir, à la fin du XVIe siècle, les Pays-Bas espagnols, elle a reçu une éducation religieuse à la fois austère et forte. Elle connaît parfaitement la Bible et se rapporte à chacun des livres qui la composent avec une aisance rare, ce qui lui permet de devenir très vite une interlocutrice de choix pour les théologiens de son temps et de son milieu, tel André Rivet. Mais, même si chacun relève chez elle une tendance piétiste prononcée, rien de mystique ne se fait remarquer dans ses propos et son existence. Pourquoi donc va-t-elle se tourner vers le mysticisme ? Il faut d'abord noter que, prodige admiré pour sa science et sa culture, elle n'en est pas moins tenue dans les limites de l'expression réservée aux femmes et il est probable qu'elle souffre de ce carcan et de cette incomplétude : elle ne pourra jamais faire fructifier ses talents à travers une œuvre véritable. En outre, une rupture se produit dans la deuxième moitié de sa vie. Vers 1653, elle devient l'objet de rumeurs à propos d'une prétendue conversion au catholicisme. Anne-Marie de Schurman, psychologiquement très fragile et incapable de s'affirmer dans l'affrontement, ne supporte pas cette situation pourtant assez banale ; elle décide soudain de rompre avec la vie publique et l'ensemble du monde savant pour se retirer dans la vie privée, où elle animera, avec ses proches, un petit conventicule réformé.

En 1667, à l'âge de soixante ans, elle fait, grâce à son frère, la connaissance du prédicateur Jean de Labadie, mystique venu du catholicisme (il a été jésuite dans sa jeunesse) et converti au protestantisme depuis 1649. C'est une rencontre décisive, qui oriente Anne-Marie de Schurman de la vie piétiste à une vie nettement mystique, fondée à la fois sur la contemplation et une vie spirituelle communautaire très soutenue. Elle tourne définitivement le dos à son ancienne existence de femme savante et s'en explique dans un ouvrage autobiographique intitulé *Eucleria* (1673). Elle y critique sévèrement sa vie passée qu'elle estime, de manière classique, vaniteuse et égarée. Mais vaniteuse par rapport à quoi ? Par rapport à l'authentique rapport à Dieu qu'elle pense découvrir grâce à Jean de Labadie, dont elle devient une des plus fidèles adeptes. Il s'agit désormais non plus d'aborder la parole de Dieu à partir du savoir que l'on peut en prendre, mais de la lire avec le cœur ouvert à l'action de l'Esprit. La vie mystique commence en effet au moment où Dieu fait son séjour en l'âme, ouvrant ainsi les voies de l'union. La « foi savoureuse » comble alors pleinement le mystique introduit dans une vie nouvelle qui transfigure, assure-t-elle, tout son rapport au réel. Les thèmes ou références pauliniens et augustiniens abondent dans l'*Eucleria*, œuvre justificatrice où Anna-Maria van Schurman s'efforce de montrer au monde savant déconcerté qu'elle a « choisi la meilleure part ». Toutefois, une des difficultés de sa position tient au fait qu'elle est devenue disciple d'un homme très contesté en son temps, à cause de son attitude ambigüe vis-à-vis des femmes. Jean de Labadie passe en effet une partie de sa vie à être chassé des lieux où il vient prêcher ou enseigner et suscite plusieurs fois des scandales – à tort ou à raison, car le monde religieux de l'époque est rempli de rumeurs suscitées par la lutte interconfessionnelle. Cependant, on peut dire que, sans être, comme certains l'ont prétendu, un tartuffe, il n'en est pas moins un homme dont le pouvoir de séduction et l'intérêt pour la gent féminine a plusieurs fois posé problème. Dans un tel contexte, il n'est pas étonnant que le bruit ait couru que Jean de Labadie et Anna-Maria van Schurman se seraient unis et auraient secrètement convolé. En réalité, celle-ci entretient depuis son plus jeune âge une répulsion particulièrement marquée à l'égard de tout ce qui relève du sexe et de la relation charnelle ou même érotique : ce n'est donc certes pas elle qui peut éveiller les soupçons de ce côté. La très puissante influence de Jean de Labadie a dû demeurer, en ce qui la concerne, purement spirituelle (et si d'autres motifs ont joué, ils ont dû rester inconscients chez notre mystique). Séparées des Églises instituées après un conflit avec les synodes réformés des Provinces-Unies, les communautés labadistes quittent Middelbourg pour Herford, puis Altona en Basse-Saxe. Elles conserveront d'ailleurs une prospérité relative longtemps après la mort de leur fondateur survenue en 1674. Anne-Marie de Schurman, en ce qui la concerne, continuera jusqu'à sa propre mort d'animer une communauté labadiste installée à Wieuwert.

Ghislain Waterlot

Bibl. : *Œuvres* : *Opuscula hebraea, graeca, latina, gallica : prosaica adque metrica*, Utrecht, Joh. Wasberge, 1652 ; *Eucleria of Uitkiezing van Het beste deel*, Amsterdam, Jacob Van de Velde, 1684 (fac-similé De Tille Leeuwarden, 1978). ***Études* :** S. DUBOIS, « Anna Maria van Schurman : savante et mystique », *Septentrion*, n° 13, 1984, 2, p. 26-32 ; J. L. IRWIN, *Anna Maria van Schurman*, Chicago, Chicago University Press, 1998 ; C. VENESOEN, *Anne-Marie de Schurman. Femme savante (1607-1678)*, Paris, Honoré Champion, 2004 ; J. VOISINE, « Un astre éclipsé : Anne-Marie de Schurman », *Études germaniques*, n° 27, nov.-déc. 1972, 4, p. 501-531.

SCHWARZ, Elena, *poétesse* (Leningrad, 1948-Saint-Pétersbourg, 2010). — Elena Schwarz fut une des figures de proue de la culture clandestine des années 1970 en URSS. Comme beaucoup d'autres néophytes chrétiens, elle est née dans une période charnière, entre le nihilisme radical et l'extinction de l'idéologie communiste. La conception du monde soviétique était en train de s'effacer. Dans le vide de l'athéisme stérile, tout appel à Dieu était considéré comme un miracle, comme un don immérité. Aussi, elle n'appartint à aucun mouvement dissident ou politique. Sa révolte n'était pas de nature terrestre. Elle créa et vécut à un autre niveau de l'existence. L'économie, la politique, l'esthétique, la vie quotidienne avec ses soucis étaient trop peu réelles par rapport à cette dimension céleste. L'essentiel, « la seule chose » évangélique, devint sa rencontre avec Dieu et l'obéissance totale à sa volonté. Se sentant comme « l'entonnoir après l'explosion », elle écrit : « Tous ceux qui sont nés aux temps sourds / À demi étranglés, maladifs, / Ils ont ouvert eux-mêmes leur gorge pour pouvoir chanter, / Ils ont lavé leurs yeux dans les ondes célestes [...] » (*Bourliouk*, 1974).

La poésie d'Elena Schwarz est paradoxale et contradictoire au plus haut point ; dans celle-ci, la mort et le désert se transforment soudainement en une vie céleste. Mystique et séditieuse à la fois, elle reste toujours une tentation pour les chrétiens comme pour les athées : elle est inspirée des persécutés et des incompris. Sa lutte contre Dieu n'est pas de l'athéisme, ce n'est pas l'orgueil d'un petit « moi » non plus. Au contraire, c'est la preuve de l'élection.

Rebutée par l'ennui et l'inertie de l'existence bourgeoise, Elena Schwarz s'est approchée de la folie en Christ, tantôt manifeste, tantôt cachée dans sa vie. Elle a fait l'expérience de la fusion du néant et de Dieu – archétype de la conscience mystique –, que l'on retrouve chez les mystiques d'Occident tout autant que d'Orient. À l'âge de cinquante ans, elle fut baptisée par un prêtre orthodoxe.

La tradition de l'Église orientale est pénétrée par l'idée de l'apophase (qui signifie « dénégation », « réfutation »). Le nom même de la poétesse, Elena Schwarz (« noir » en allemand), l'indique merveilleusement ; elle est souvent plongée dans la nuit, mais à travers l'obscurité et la douleur surgissent la lumière et la joie. Son sacrifice à Dieu est joyeux. Il est naturel, faisant partie de sa personne. Grâce à lui, elle ressent en elle « la force pour les tortures à venir » (*Élégies aux points cardinaux*, 1978).

La compassion pour la création, la communion universelle avec le Tout, la participation à la liturgie cosmique, telles sont les qualités inaliénables des mystiques orientaux. Chez Elena Schwarz, « le cœur charitable » est plein de pitié pour chaque créature, pour les animaux, les oiseaux, les serpents et même pour les démons. De manière continue et comme par défi, elle partage la doctrine des Pères orientaux sur le salut de tous. Même les démons dans ses poèmes peuvent être pieux. Théophile, le petit démon du poème « Lavinia » (1984), chante même dans un choral, s'applique plus que tous les autres et aspire à renier le diable.

Dans cette optique inversée, elle se sent unie aux animaux, qui peuvent servir d'exemple : « Oh, crie comme une mouette, et tu obtiens l'humilité ! « (*Élégies aux points cardinaux*, 1978). Car l'obéissance des animaux à Dieu est absolue. Elle s'associe elle-même souvent à quelques bêtes, l'homme portant en lui « tant d'espèces oubliées » (« L'escalier aux marches trouées », 1978). Le poème « Le moineau » (1982) l'illustre bien : on se retrouve face à Dieu, dans une relation directe et forcée avec lui, une rencontre immédiate, comme les prophètes.

L'essence de la théologie d'Elena Schwarz peut se résumer ainsi (le recueil de poèmes *David dansant* (1978) l'a très bien exprimé) : c'est en réunissant l'« inassociable » que la déification devient possible. Dieu seul a souffert véritablement, lui seul a ressenti la vraie douleur. L'homme ne peut que rendre grâce. Elena Schwarz revivifie ici le paradigme de Maître Eckhart : « Il n'y a aucune différence entre un démon et un ange. Seulement, si le démon se trouve au paradis, il croit qu'il est en enfer; un ange, au contraire, en se trouvant en enfer, croit qu'il est au paradis. »

Tatiana Goritchéva

Bibl. : ***Œuvres*** : « Elena Schwarz », *in* J. Darras (dir.), *Panorama poétique de la Russie moderne*, Bruxelles, Le Cri, 1998 ; *La Vierge chevauchant Venise, et moi sur son épaule*, Évian, Alidades, 2003 ; *Paradise* : *Selected Poems*, Tarset, Bloodaxe Books, 1993 ; *Das Blumentier* : *Gedichte*, Düsseldorf, Grupello-Verlag, 1999 ; *Birdsong on the Seabed*, Tarset, Bloodaxe Books, 2008.

SÉGUIER, Jeanne. — *Voir* JEANNE DE JÉSUS

SÉMER, Madeleine. — *Voir* RÈMES

SENSHI, *Grande Vestale shintoïste, d'aspiration bouddhiste* (Senshinaishinnô ; Heian-Kyô, Kyoto, 964-Heian-Kyô, 1035). — Senshi, dont le nom est généralement accompagné du titre honorifique de « princesse impériale », est l'une des plus singulières figures littéraires de cet âge exceptionnellement riche en talents féminins que fut l'époque de Heian (VIIIe-XIIe s.) au Japon. Contemporaine de la plus grande gloire de la littérature japonaise, Murasaki-shikibu (« dame Murasaki »), à qui nous devons le chef-d'œuvre incontesté de la prose poétique nationale, le « Roman de Genji » (*Genji-monogatari*), Senshi en est très proche par le milieu et la culture, bien que la noblesse de son lignage l'emporte de loin sur celui de la romancière.

Senshi était la dixième fille de l'empereur régnant Murakami, de qui nous possédons un recueil de poèmes ; âgée de onze ans, en 975, elle fut désignée comme « vestale » (*saiin*) – prêtresse chargée de mener les rites de purification en l'honneur de la divinité révérée – du grand sanctuaire shinto de Kamo, au nord-est de la ville de Kyoto. Ces desservantes étaient choisies dans la famille impériale et devaient rester vierges pendant toute la durée de leur office. Alors que celui-ci était en général de quelques années, Senshi resta vestale du sanctuaire pendant plus de cinquante-cinq ans, sous le règne de cinq empereurs successifs, ce qui lui valut l'appellation de Grande Vestale.

Le sanctuaire de Kamo, comme d'autres hauts lieux du shinto, tel le célèbre sanctuaire d'Ise, avait imposé un interdit religieux très strict à l'encontre du bouddhisme. Il n'était pas permis, dans l'enceinte sacrée des dieux japonais (*kami*) de faire quelque allusion que ce soit à ce qui touchait les bouddhas et les bodhisattvas (les « êtres d'Éveil », futurs bouddhas qui œuvrent pour le salut des gens). On expliquait cette coutume par un pacte passé à l'origine même du Japon entre les divinités japonaises et les bouddhas, dont les premières étaient pourtant conçues comme des émanations des seconds, afin d'aider au salut de tout le peuple, une sorte de reconnaissance de la spécificité culturelle japonaise. Il serait bien sûr erroné d'interpréter cette séparation des deux religions à la lumière de ce que nous connaissons en d'autres contrées ; la division est purement rituelle, et lorsque la vestale est hors du sanctuaire, elle peut prier qui elle veut.

Cependant, il est manifeste que Senshi était d'une profonde piété bouddhique et qu'elle a beaucoup souffert de cette entrave à sa pratique. Elle en a laissé un témoignage émouvant dans ce poème : « Bien que j'y pense / un interdit certes / m'empêche d'en parler / mais tournée vers lui / mes pleurs sont ma prière. »

Les commentateurs qui se sont penchés sur ce texte ne semblent pas avoir vu toute l'importance du dernier vers. La poétesse s'est tournée vers l'ouest, direction de la Terre pure du bouddha Amida, qui accueille en son sein les fidèles qui auront imploré son nom. Mais elle, qui blasphèmerait en formant les syllabes d'Amida au beau milieu du sanctuaire de Kamo, ne peut que pleurer à haute voix, ses gémissements étant ce qu'elle peut faire de plus proche de la « récitation du nom du bouddha » (*shômyô*), qui lui assurerait le salut.

C'est de cette tension qui a traversé toute la vie adulte de la princesse qu'est née sa poésie, presque entièrement d'essence bouddhique. Ses poèmes furent réunis en 1012 en un mince recueil intitulé « Poèmes japonais sur le déploiement de la pensée d'Éveil » (*Hosshin waka-shû*). Les cinquante-cinq poèmes qu'il contient sont tous du type classique de la poésie japonaise dite *waka :* trente et une syllabes divisés en cinq vers (5-7-5-7-7) contenant autant que faire se peut uniquement des mots purement japonais, sans usage du vocabulaire savant sino-japonais. Elle était encore officiante du sanctuaire de Kamo lorsque le recueil fut achevé, ses poèmes bouddhiques furent donc écrits pendant son sacerdoce, mais très probablement à l'extérieur, lorsqu'elle participait à des cérémonies bouddhiques, où les femmes composaient des poèmes en japonais, les hommes en chinois classique.

L'ouvrage de la princesse Senshi est le premier dans la littérature japonaise à comporter une série de poèmes consacrés à chacun des chapitres du *Sûtra du lotus* (*Hokke-kyô*), vingt-huit en tout ; ce genre littéraire, appelé généralement « poèmes à thème bouddhique » ou « poèmes scripturaires », connaîtra une grande fortune par la suite. Chaque poème en japonais est présenté sous une citation en chinois tirée du Sûtra et exprimant la résonance de l'Écriture dans la pensée de l'auteur, dans des compositions où toutes les subtiles ressources de la poésie japonaise sont mises en œuvre pour formuler ce que l'on appelle « l'exégèse par la contemplation du cœur » (*kanjin-shaku*) ; quatrième des niveaux possibles de lecture d'un texte canonique, cette exégèse est un exercice de méditation consistant à contempler sur sa propre pensée l'effet de la lettre de l'Écriture. On peut donc considérer ces poèmes comme ce que le Japon peut présenter de plus proche de la poésie mystique européenne. Pour reprendre les termes d'un grand spécialiste de la littérature bouddhique japonaise, le professeur Yamada Shôzen, « l'on est bien forcé de dire que les "Poèmes japonais sur le déploiement de la pensée d'Éveil" sont apparus telle une comète, en précurseur des recueils de poèmes scripturaires et qu'ils sont un don de l'exceptionnelle puissance créatrice et de la profonde piété de la princesse Senshi ».

Jean-Noël Robert

Bibl. : ***Œuvre*** **:** E. KAMENS, *The Buddhist Poetry of the Great Kamo Priestess : Daisaiin Senshi and Hosshin Wakashū*, Ann Arbor, Center for Japanese Studies, University of Michigan, 1990. ***Étude*** **:** J.-N. ROBERT, *La Centurie du Lotus – Poèmes de Jien (1155-1225) sur le Sûtra du lotus*, Paris, Collège de France, Institut des hautes études japonaises, 2008.

SÉRAPHINE DE SENLIS, *peintre* (Séraphine Louis ; Arsy, 3 septembre 1864-Villers-sous-Erquery, 1942). — Séraphine naît dans l'Oise d'un père manouvrier et d'une mère issue d'une famille de paysans. Baignée dès l'enfance dans la nature, elle éprouve une profonde complicité avec les arbres, les fleurs et les bois. Tôt, elle dessine sur ses cahiers d'écolière, et surtout calligraphie ses lettres remarquablement. Orpheline à l'âge de sept ans, elle est placée en 1882 chez les sœurs de Saint-Joseph-de-Cluny à Senlis comme servante, et y reste jusqu'en 1902. Dans sa cellule, elle prie une vierge de plâtre et, entre autres tâches, compose des bouquets et fleurit les autels. Elle veut devenir religieuse, car elle prétend avoir des visions et des conversations avec la Vierge, mais sa condition le lui interdit. Poursuivant sa vie de domestique hors du couvent, elle est confortée intérieurement par le goût de la méditation et le besoin de solitude, tandis que la mère supérieure continue de veiller sur elle. En 1905, l'ange saint Michel – son ange gardien – lui dit de se consacrer au dessin. Elle loue alors un logement, où elle place une chromo pieuse d'une figurine du Sacré Cœur, et se voue à la peinture. Sa vie prend un tournant décisif quand un collectionneur, galeriste et critique d'art allemand, Wilhelm Uhde, croise son chemin. Il décèle dans ses natures mortes, *Les Fleurs dans un panier* (vers 1910), un potentiel artistique qui le pousse, de 1912 à 1914, à se faire son mécène. Sur un mode de dévotion active et absolue, elle puise son inspiration dans la nature et demande à la vierge Marie* d'implorer Dieu et les saints de lui donner les forces utiles à créer, puis remercie, une fois l'œuvre achevée. De 1918 à 1927, elle ne peint que des fleurs, qui occupent tout l'espace du tableau. Réalisant de savants mélanges de gouaches, de Ripolin qu'elle achète chez le droguiste, elle introduit du sang ou de la terre dans ses couleurs. 1927 marque l'année de sa première exposition à l'hôtel de ville de Senlis, où elle passe pour une excentrique, tandis que l'avant-garde parisienne, qu'elle ne côtoie pas, l'admire. La vierge Marie lui commande des toiles, on les lui achète. Dans le temps de la transe créative, à l'issue d'un combat qu'elle livre entre le bien et le mal, elle rejoint le divin et ses œuvres sont des offrandes pour servir l'Église catholique. Pendant la Seconde Guerre mondiale, son mécène en fuite, elle continue de peindre dans la solitude la plus complète de sa chambre. Son appel religieux a trouvé dans l'art un lieu d'expression : entre les visions qui l'assaillent et ses anges gardiens, et sous l'impulsion d'une ardeur mystique, elle figure *L'Arbre du paradis* (1929-1930). Les fleurs sont devenues arbre de vie, les pétales des yeux. Elle utilise l'huile sacrée pour mélanger des pigments et boit du vin rouge pour conserver son énergie créatrice, qui la laisse au petit matin épuisée, la transe passée. Elle basculera définitivement dans le délire, jetant ses peintures et son mobilier sur la voie publique ; un procès-verbal d'enquête de police consignera : « C'est une mystique, une persécutée et une illuminée prétendant avoir des visions de l'au-delà. » Enfermée à l'asile de Clermont, de 1932 à 1942, elle reçoit de Dieu des paroles secrètes, qu'elle veut livrer aux hommes, et décrit des visions apocalyptiques.

« Pour faire de la peinture, voyez-vous, explique-t-elle à Wilhelm Uhde, il faut une confiance absolue, c'est ma règle. Car je devrais avoir peur, moi qui n'ai mis la main qu'aux choses de la terre, aux choses sales du ménage. Et bien non, je suis confiante. Je me dis que c'est la Vierge qui le veut. Et j'accepte tout ce qu'elle me souffle. »

Caroline Benzaria

Bibl. : ***Vie*** : A. VIRCONDELET, *Séraphine de Senlis*, Paris, Albin Michel, 2008. ***Études*** : W. UHDE, *Picasso et la tradition française*, Paris, Éditions des Quatre Chemins, 1928 ; « Séraphine Louis », *Art et style*, n° 3, décembre 1945 ; W. UHDE, *Cinq Maîtres primitifs*, Paris, Daudy, 1949. ***Expositions*** : *Séraphine de Senlis*, Senlis, Ancienne Abbaye de Saint-Vincent, 1972 ; *Séraphine de Senlis*, Paris, Fondation Dina Vierny et musée Maillol, 1er octobre 2008-5 janvier 2009. ***Filmographie*** : M. PROVOST, *Séraphine*, 2008.

SETON, Elizabeth Ann. — *Voir* ELIZABETH ANN SETON

SEVRAY, Marie, *laïque, auteur d'écrits spirituels* (Marie Guillemin ; ?, 1872-?, 1966). — Marie Sevray, née Guillemin, vécut une foi intense au quotidien. Dévouée à son prochain, elle fut une mère de famille, puis une grand-mère généreuse et attentive. Sous l'inspiration de l'Esprit-Saint, elle écrivit, de juillet 1928 à juillet 1965, des milliers de pages appelant à vivre l'amour de Dieu, destinées à être répandues dans le monde entier.

Les *Divins Appels* (1928-1965), qui reçurent l'approbation de nombreux évêques, réunissent quelques extraits de ses écrits. Ils expriment dans un style direct la soif et les désirs du cœur de Jésus : « J'ai soif de Me communiquer aux âmes ! Ô Je vous désire ! Je vous désire ! donnez-vous à Moi, Je veux créer des saintetés nouvelles. » Il y est rappelé pourquoi Jésus est venu sur terre, par compassion, et a versé son sang sur la Croix, pour régénérer les âmes. L'appel est clair : toute âme est invitée à se convertir et à se laisser « agrandir » jusqu'à « l'infini ». Or il faut pour cela l'assentiment total de l'homme, sans quoi Jésus ne peux le « travailler » et l'« envahir » de ses « clartés », « richesses » et « feux ». « Que les âmes prennent conscience de Ma présence en elles, ajoute-t-il ; qu'elles pensent à ce Quelqu'un qui est au-dedans d'elles-mêmes et qu'elles s'en occupent, comme lorsqu'elles ont un hôte qui est là, chez elles, et à qui elles doivent faire attention, selon les règles de la plus élémentaire politesse [...]. Qu'elles fassent attention à Moi. » Cela pour préparer la fin des temps et le renouveau magnifique, période où Dieu sera loué sur la terre, où chaque âme divinement transformée donnera sa note, participant d'un splendide concert universel.

Comme beaucoup de ses aînées et sœurs d'âme, Marie Sevray, autorisée à s'exprimer et à être publiée, est la prophétesse contemporaine d'un nouveau monde à venir et du règne de Dieu, soit l'annonciatrice d'un renouveau dans le catholicisme. Pratique courante et largement encouragée lors de crises religieuses par les institutions, pour lesquelles l'exemplarité de la vie et la foi authentique des femmes inspirées pouvaient devenir des instruments précieux.

Audrey Fella

Bibl. : *Œuvre* : *Divins Appels*, Hauteville (Suisse), Éditions du Parvis, 2004 (10e éd.).

SHAPIRA ou SHAPIRO, Malka, *écrivain hassidique* (Kozienice, Pologne, 1894-?, 1971). — Malka est la fille de Yerahmi'el Mosheh Hapstein, descendant de Reb. Israël ben Shabbetai Hapstein, Maggid (prédicateur, parfois itinérant) de Kozienice, l'un des fondateurs du hassidisme polonais. Sa mère, Brakha Tsipora Gitl Twersky, était une descendante de Menahem Nahoum de Tchernobyl. En 1908, Malka épousa son cousin germain, Abraham Elimelekh Shapiro de Grodzisk, dont elle eut trois enfants. En 1926, le couple s'installa en Terre sainte, vivant d'abord à Haïfa, puis à Kfar Hassidim, et enfin à Jérusalem, où elle étudia à l'université hébraïque. À partir de 1934, elle publia des nouvelles, essais littéraires, poèmes dans des journaux de langue hébraïque, l'un de ses amis Joshua Radler Feldman, plus connu comme Reb. Binyamin, ayant pris l'initiative d'envoyer son premier essai à des périodiques (*Doar ha-Yom*, « La poste quotidienne » et *Davar*, « Parole »). Sa prose atteint sa maturité avec un ouvrage de mémoire consacré à son enfance, *Mi-din le-rahamim : Sipurim me-hatserot ha-admorim* (« De la rigueur à la charité : histoire des cours des rebbes hassidiques »), paru en 1969 en Israël et publié en anglais en 2002 sous le titre *The Rebbe's Daughter : Memoir of a Hasidic Childhood*.

Elle y présente le monde hassidique dans l'Europe de l'Est de l'avant-guerre, à travers les yeux d'une petite fille, décrivant ses craintes devant un mariage précoce, son introduction à l'étude des textes saints, sa profonde curiosité pour les mystères de la spiritualité hassidique et de la kabbale. Elle dépeint avec délicatesse et précision l'atmosphère familiale, celle du tribunal hassidique de son père, les relations maître-disciple, parent-enfant marquées par le respect hiérarchique, l'éthique d'intégrité et de compassion qui caractérisaient sa famille.

L'abondance de citations bibliques, talmudiques, kabbalistes, hassidiques, en font un ouvrage érudit – sans manquer pour autant de poésie et de sensibilité –, démontrant que, contrairement aux stéréotypes de l'éducation traditionnelle donnée aux filles juives au début du XXe siècle, l'auteur avait eu accès aux textes fondamentaux du judaïsme. Dans un souci de sobriété littéraire, elle avait coutume de dire que « la sagesse n'est pas que savoir écrire, mais plutôt que savoir supprimer ».

Parmi ses autres ouvrages non traduits, on compte *Shenenu ba-maginim* (1952) ; *Be-Lev ha-mistorin* (1954-1955).

Mireille Loubet

• *Voir aussi* : Shapira (Perele)

Bibl. : *Œuvre* : *The Rebbe's Daughter : Memoir of a Hasidic Childhood*, trad. et introd. de N. Polen, Philadelphie (PA), The Jewish Publication Society, 2002. ***Vie et études*** : T. M. RABINOWICZ, *The Encyclopedia of Hasidism*, Northvale (NJ), Jason Aronson, 1996, p. 448.

SHAPIRA, Perele, *figure spirituelle hassidique* (Kozienice, ?-?, 1839). — Perele est la fille aînée de Reb. Israël ben Shabbetai Hapstein, dit Maggid (prédicateur, parfois itinérant) de Kozienice (Pologne) et l'épouse de Reb. Avi Ezra Zelig Shapira, rabbin de Magnuszew. Elle eut, dès son jeune âge, une remarquable réputation dans les milieux hassidiques. On raconte que Reb. Elimelekh de Lizhensk disait que la présence divine (*shekhinah*) était en elle et que son père rapportait aux hassidim (disciples) qu'elle avait un esprit saint, leur recommandant de « se rappeler à elle », c'est-à-dire de lui rendre visite pour obtenir ses bénédictions. Perele observait les prescriptions rituelles, normalement réservées aux hommes : pendant les prières, elle portait un *tsitsit* (sous-vêtement garni de franges, chacune avec un fil bleu), un *gartel* (cordelette pour séparer les parties supérieures et inférieures du corps) et un *tallit* (châle de prière), et jeûnait les lundis et jeudis, comme le faisaient les piétistes. Elle recevait de son assistant, Reb. Zusha, les *kvittlech* (requêtes) des hassidim accompagnées de leurs cadeaux et distribuait tous les dons qu'elle percevait, ayant choisi de vivre dans la pauvreté.

Mireille Loubet

• *Voir aussi* : Shapira (Malka)

Bibl. : *Vie et études* : E. TAITZ, S. HENRY, C. TALLAN, *The JPS Guide to Jewish Women : 600 B.C.E.-1900 C.E.*, Philadelphie (PA), The Jewish Publication Society, 2003, p. 214 ; *Dictionnaire encyclopédique du judaïsme*, Paris, Robert Laffont, 1996, p. 439, p. 931 et p. 1033-1034 ; T. M. RABINOWICZ, *The Encyclopedia of Hasidism*, Northvale (NJ), Jason Aronson, 1996, p. 449-450.

SHAPIRO, Malka. — *Voir* SHAPIRA (Malka)

SHA'WANA, *ascète musulmane* (?-Ubulla, VIIIe s.). — On sait peu de chose de cette mystique, dont le nom même, dépourvu de généalogie ou de lien de parenté, est énigmatique. En effet, *sha'wâna* désigne une poignée de cheveux arrachés et dispersés. Il s'agit donc d'une antonomase, qui, à notre connaissance, n'a pas été employée pour une autre personne et suffit ainsi à désigner un personnage historique qui, de fait, figure dans de nombreux dictionnaires biographiques. La date de sa mort ne nous est pas connue et Sulamî (*Dhikr al-niswa*, p. 44), l'un de ses premiers biographes, n'indique aucune date ni aucun élément susceptible de fournir un repère historique. Elle n'était pas d'origine arabe et vécutprobablement au VIIIe siècle, si l'on tient pour fondée sa rencontre avec Al-Fudayl Ibn 'Iyâd, originaire du Khurâsân. Ce bandit de grand chemin, qui devint un ascète réputé, lui rendait visite alors qu'elle était déjà âgée, se plaignant à elle de son état spirituel et lui demandant son intercession. Perspicace, la sainte dut déceler une pointe de coquetterie et lui répliqua : « Voyons, Fudayl, il y aurait si peu de chose entre toi et Lui que tu l'invoquerais et qu'Il ne t'exaucerait point ? » Confondu, Fudayl poussa un cri et tomba inanimé (*Sifat*). Au détour des quelques anecdotes qui sont rapportées, on apprend qu'elle fut mariée et accomplit le pèlerinage en compagnie de son mari. Elle eut un fils, qui semble avoir eu de grandes qualités spirituelles. Elle résidait à Ubulla, village en bordure du Tigre dans les environs de Basra. Elle avait une très belle voix, particulièrement mélodieuse, et elle devait avoir un *majlis*, réunion à fréquence régulière qui pouvait se tenir à la mosquée, parfois dans les maisons, où se rassemblait la population qu'elle prêchait et à qui elle faisait parfois la lecture (le texte lu n'est pas précisé, peut-être s'agit-il du Coran). Lorsqu'elle évoquait la mort, sa voix étranglée par les pleurs enflammait les cœurs de ceux qui la redoutaient. Nous connaissons au moins une de ses fidèles disciples, Kurdiyya bint 'Amr. Étant à son service, elle demeurait parfois dans sa maison. Une nuit qu'elle s'était endormie, Sha'wana la frappa pour la réveiller et la sermonna en ces termes : « Debout, Kurdiyya ! Ce n'est pas une demeure où on dort [la nuit] ! Les tombes sont faites pour cela. » Quand on interrogeait Kurdiyya sur le bénéfice spirituel qu'elle avait tiré du service de Sha'wana, elle mentionnait trois choses : le renoncement au monde et aux préoccupations matérielles, le peu d'attention qu'elle portait aux riches et aux puissants, n'attendant rien d'eux, et enfin l'interdiction de rabaisser un musulman, quel qu'il fût. Ce témoignage permet d'entrevoir les grandes lignes de l'enseignement de Sha'wana.

Dans la typologie spirituelle, sa sainteté, comme celles de nombreuses femmes de la même époque, est à classer du côté des pleureuses. Cette forme particulière de dévotion, qui consiste à verser des torrents de larmes, n'est pas l'apanage des femmes, mais touche aussi les hommes, en particulier dans les milieux ascétiques de Basra vers le VIIIe siècle, à tel point que certains orientalistes ont été enclins à en faire une catégorie particulière d'ascètes. Fritz Meier a vu dans les pleurs des *bakkâ'ûn* (terme arabe qui désigne ces pleureurs) « un des plus évidents vestiges d'un lien entre l'ascétisme des musulmans et celui des chrétiens ». Sha'wana pratique une ascèse marquée par l'attrition, probablement sous une forme rigoureuse, et la contrition. D'ailleurs, Abû 'Uthmân al-Maghribî rapporte qu'au moment de sa mort elle aurait dit : « Je redoute le face-à-face avec Dieu. – Pourquoi ? lui demanda-t-on. – Par crainte de mes fautes ! » (*Al-kawâkib*, I, p. 328). La perception du péché semble chez elle très douloureuse. Elle explique un jour à un jeune visiteur qu'elle connaît son père sans pourtant l'avoir jamais vu et qu'elle a un désir intense de le rencontrer. Elle est retenue de partir à sa rencontre par la crainte qu'elle aurait de le détourner du service de son seigneur, plus important que la conversation de Sha'wana. Elle s'écrit alors : « Qui est Sha'wana ? Que veut-elle ? Une esclave noire pécheresse ! » Elle se mit alors à pleurer sans pouvoir s'arrêter, et ses visiteurs se résolurent à se retirer, la laissant dans son état. Elle incarne parfaitement une description faite par le grand mystique Dhû l-Nûn l'Égyptien : « Dieu a des serviteurs qui ont planté devant leurs yeux les arbres de leurs péchés pour les arroser avec l'eau de leur pénitence, et ils ont cueilli comme fruits le repentir et la tristesse » (cité par E. Dermenghem dans *Vies des saints musulmans*, 1943, rééd. 2005).

Ses pleurs abondants empêchaient parfois ses disciples de comprendre ses propos. Certains s'inquiétaient même qu'ils ne finissent par lui faire perdre la vue. Elle leur répondait : « Je préfère perdre la vue en ce monde à force de pleurer à la cécité que provoque le châtiment dans l'au-delà » (*Nafahât*, p. 817). Elle leur disait aussi : « Je voudrais pleurer jusqu'à ce que mes larmes tarissent, puis je pleurerai mon sang, vidant tous les membres de mon corps jusqu'à la dernière goutte. Comment me passer des pleurs ? »

L'anecdote suivante, plutôt inhabituelle dans les récits hagiographiques, donne à notre personnage une profonde humanité et une indication possible de sa réalité historique. On dit qu'elle traversa une période d'abattement si profond (peut-être accablée par une tristesse trop intense (*Nafahât*, p. 817), qu'elle délaissa même la prière et les œuvres d'adoration. Une nuit, en rêve un visiteur lui déclama le poème suivant : « Ouvre les yeux ! Tu étais certes affligée / Les lamentations parfois guérissent la tristesse / Courage, lève-toi et jeûne avec assiduité chaque jour / Seuls ceux qui obéissent connaissent lassitude » (*Sifat*, p. 56, voir aussi version différente *Rawd*, p. 117). Au matin, elle reprit ses œuvres d'adoration, répétant ces vers tout en pleurant, ce qui tirait les larmes à son auditoire.

Jean-Jacques Thibon

• *Voir aussi* : Rayhâna al-Majnûna

Bibl. : *Études* : SULAMÎ, *Dhikr al-niswa al-muta'abbidât al-sûfiyyât*, Le Caire, Al-Tanâhî, 1993 ; R. E. CORNELL, *Early Sufi Women*, Libreville, Fons Vitae, 1999, p. 106 ; IBN AL-JAWZÎ, *Sifat al-safwa*, Beyrouth, M. Fakhûrî, 1986, IV, p. 53-56 ; AL-YÂFI'Î, *Rawd al-rayâhîn*, Alger, U. 'Abd al-Razzâq, 1885, p. 116, 242 ; N. et L. AMRI, *Les Femmes soufies ou la passion de Dieu*, Saint-Jean-de-Braye, Dangles, 1992, p. 130-132 ; JÂMÎ, *Nafahât al-uns*, Téhéran, M. Tawhîdîpûr, 1337 H., p. 617, 618 ; SA'RÂNÎ, *Al-Tabaqât al-kubrâ*, Beyrouth, Dâr al-fikr, 1988, I, p. 67 ; M. SMITH, *Râbi'a the Mystic and her Fellow Saints*, Cambridge, Cambridge University Press, 1928 ; AL-MUNÂWÎ, *Al-kawâkib al-durriyya*, Le Caire, S. Himdân, s.d., I, p. 227 ; F. MEIER, art. « Bakkâ' », *Encyclopédie de l'Islam*, Leyde, Brill, 1960, I, p. 988-990.

SHOBHÂ MÂ, *sainte et maître spirituel (gourou) hindou* (Shobhârânî Râhâ ; Comilla, 26 février 1921-Bénarès, 31 octobre 2005). — Née au Bengale oriental (aujourd'hui Bangladesh), alors que l'Inde est sous domination britannique, Shobhârânî Râhâ appartient à une famille de propriétaires terriens aisés de la caste des *kâyasths* (spécialisée dans les tâches administratives). Comme nombre de *kâyasths* bengalis, les Râhâ sont par tradition familiale des *shâkta* – ils se vouent au culte de l'Énergie divine (*shakti*) sous la forme de la déesse (Kâlî dans leur cas). Shobhârânî, enfant sujette à des crises nerveuses, apprend à lire et à écrire sa langue maternelle, le bengali, mais son éducation ne dépasse pas le stade primaire. En décembre 1935 se manifestent les premiers signes de son exceptionnelle disposition à entrer en transe. Elle a des visions, entend des instructions spirituelles et se lance dans des activités rituelles fébriles. Ces expériences sont d'autant plus bouleversantes qu'elle les associe à swâmi Santadâs, un religieux qu'elle a rencontré quelques mois plus tôt, en juin 1935, lorsqu'il a fait d'elle et de ses parents ses disciples et les a initiés au culte de Krishna. Or swâmi Santadâs est décédé depuis quelques semaines à l'époque où elle le « voit » à nouveau.

Bengali lui aussi, swâmi Santadâs (né Tara-Kishore Chaudhury), à l'époque de sa rencontre avec les Râhâ, appartient à l'ordre monastique krishnaïte, fondé au XIIIe siècle par le théologien Nimbârka. Plusieurs années auparavant, ce juge et fin connaisseur des systèmes de philosophie indiens (*darshana*) a renoncé à sa carrière à la haute cour de Calcutta pour devenir un maître spirituel réputé. Il concilie son adhésion à une doctrine exclusiviste affirmant que Krishna dispense le salut à celui qui lui voue une dévotion sans partage avec une position idéaliste (nourrie des *Upanishads*), selon laquelle les divinités ne sont que des formes limitées de l'Absolu. Aussi est-ce à dépasser tout sectarisme théologique qu'il invite les Râhâ lorsqu'ils deviennent ses disciples et adoptent la religion krishnaïte, nonobstant leur allégeance familiale à Kâlî. Il est possible que, surgissant à l'époque de son adolescence, la grave crise de conscience qui s'ensuit pour sa famille ait perturbé la jeune Shobhârânî.

Pendant la période 1936-1937, tout se passe comme si Shobhârânî suivait une discipline spirituelle rigoureuse sous la direction d'un maître, quoique celui-ci soit visible et audible pour elle seule. Mais la croyance qu'un gourou peut continuer à intervenir dans la vie de son disciple après sa mort étant très répandue, la famille Râhâ, puis bientôt tout le voisinage sont convaincus que la jeune fille est le réceptacle d'une grâce spéciale. Elle a aussi des visions de diverses divinités, mais plus particulièrement de Krishna et Kâlî, qui se présentent alternativement à ses yeux et lui enseignent qu'ils ne sont que des formes différentes de la même réalité. Bientôt, elle se met à s'identifier tantôt à Krishna et tantôt à Kâlî ou plutôt à les incarner en adoptant devant ses proches les postures et gestes qui leur sont associés dans l'iconographie religieuse. À partir de février 1936, la famille Râhâ affirme que les divinités consomment véritablement les offrandes alimentaires que leur fille leur livre pendant ses transes. Shobhârânî entretient son père de ses expériences, qui les note scrupuleusement. Elle bénéficie aussi des conseils de Shishir-Kumâr Râhâ, le cousin germain de son père, qui est devenu le disciple de swâmi Santadâs plusieurs années auparavant et a présenté son gourou aux Râhâ. Shishir-Kumâr joue encore un rôle décisif dans la vie de sa cousine, de vingt ans sa cadette, en la mettant en contact en 1938 avec l'un des plus grands lettrés de sa génération, pandit Gopinâth Kavirâj. Né dans une famille brahmane du Bengale oriental, Gopinâth Kavirâj vient de se retirer de la direction de l'université sanskrite de

Bénarès pour se consacrer à ses recherches philosophiques. Très attiré par les ascètes et saints hommes, faisant partie des intimes de la célèbre sainte bengalie Ânandamayî Mâ* (notons qu'elle est parente par alliance de swâmi Santadâs), qu'il considère comme une incarnation divine, Gopinâth Kavirâj examine Shobhârânî et se dit impressionné par ses réponses. Les parents de la jeune fille vont en conclure que ses états émotionnels inhabituels ne sont pas des attaques de possession, ni des indices de dérangement mental, mais les signes d'une vie religieuse aussi authentique qu'intense. Ses disciples diront que ses expériences ont entraîné un changement si profond et permanent de personnalité qu'elle a atteint la « connaissance divine complète » (*pûrna-brahma-jñâ*), un niveau de conscience supérieur, qu'on associe à la condition de maître spirituel.

Shobhârânî passe la décennie suivante dans son village ancestral, entourée d'un nombre croissant de disciples attirés par ses expériences spirituelles. En octobre 1946, des émeutes sanglantes entre hindous et musulmans, annonciatrices du drame de la partition, ayant poussé les Râhâ à s'installer à Calcutta, le mouvement qui s'est créé autour d'elle reçoit un nouvel élan. En 1950, âgée de vingt-neuf ans, elle devient officiellement Shobhâ Mâ, après avoir formellement renoncé au monde selon les rites de la secte de Nimbârka. En 1952, elle s'installe à Bénarès et y fonde, dans le quartier de Laxa, un petit ashram, appelé Sant Ashram en hommage à swâmi Santadâs, et une communauté monastique de femmes. Désormais, elle va se comporter comme un maître spirituel modèle, transmettant par son exemple, par son enseignement religieux et par ses conseils de vie des valeurs essentielles de la tradition hindoue, en s'inspirant des nombreux ouvrages de swâmi Santadâs, elle-même n'ayant rien écrit. Quoique la plupart des disciples de ce dernier ne la reconnaissent pas comme gourou, puisque, selon les autorités scripturaires sectaires, seuls des hommes brahmanes peuvent accéder à ce statut, Shobhâ Mâ maintient imperturbablement qu'elle est le cinquante-septième gourou de la lignée de la secte de Nimbârka dans laquelle elle a été initiée par swâmi Santadâs. Son insistance à se faire reconnaître comme une disciple de ce dernier, son entrée régulière dans l'ordre monastique de Nimbârka (grâce à un disciple de Swâmî Santadâs) traduisent sa conviction, partagée par de nombreux hindous, que seule l'appartenance à une tradition sectaire garantit l'authenticité d'un enseignement.

Pendant plus de cinquante ans, Shobhâ Mâ dirige une petite communauté spirituelle qui, à sa disparition en 2005, compte environ mille personnes, en majorité originaires du Bengale oriental comme elle, mais beaucoup mieux éduqués, dont une vingtaine d'ascètes, la plupart des femmes de caste *kâyasth* ayant fait de bonnes études. Tous ses disciples la considèrent comme la « Mère » (*mâ*), non seulement en vertu de ses qualités maternelles intrinsèques, de sa faculté à écouter ses « fils » et « filles », mais aussi et surtout parce qu'ils l'identifient à la Déesse, la Mère universelle (*jaganmâtâ*). Elle ne les décourage pas dans cette conviction ni dans la traduction concrète qu'ils en donnent en lui rendant un culte individuel chez eux (par l'intermédiaire d'une photographie) et collectif à l'ashram.

Dès sa jeunesse, Shobhâ Mâ a été adorée par son entourage chaque fois qu'elle entrait dans des états extraordinaires. Son culte collectif ne cesse pas avec l'espacement, puis la disparition, de ses visions, au contraire il s'organise de manière régulière, en s'inscrivant dans un temps calendaire et en suivant des règles liturgiques précises. D'abord, on l'adore en lieu et place de l'image divine de la Déesse lors de la grande fête de Durgâ (*Durgâ-pûjâ*). Puis, peu à peu, se met en place l'habitude de célébrer deux fois par an le culte de la Mère (*mâtri-pûjâ*), le jour de son anniversaire et le jour de la *Guru-pûrnimâ*, la fête panindienne du maître spirituel (en juillet). À ces occasions, Shobhâ Mâ, installée sur un trône, habillée et parée comme une divinité, reçoit une série d'hommages rituels en tous points conformes à ceux qu'on offre à une image divine, tandis que, profondément absorbée en méditation (*samâdhi*), par ses expressions faciales et les mouvements de ses mains, elle montre à ses disciples, habitués à en déchiffrer le sens, que Kâlî et Krishna se manifestent alternativement à travers elle. Ces pratiques, parce qu'elles reflètent la persistance de la présence de la Déesse dans la vie de Shobhâ Mâ malgré sa conversion au krishnaïsme, témoignent que sa carrière spirituelle est à sa manière fidèle à son maître, qui enseignait que Krishna et Kâlî n'étaient pas différents, mais des formes que le divin, un et indivisible par essence, prenait pour se manifester.

Shobhâ Mâ doit une large part de son prestige à son association avec swâmi Santadâs. Mais la considération dont elle est entourée sa vie durant repose aussi sur ses grands dons spirituels personnels, sur ses dispositions à éprouver la communion avec le divin de manière intense. Elle s'explique aussi par la réputation de sérieux qui s'attache à son ashram et à sa communauté de disciples. Sa carrière rappelle que l'hindouisme procure à la femme qui désire s'affirmer dans le domaine religieux une image prestigieuse d'elle-même en lui permettant d'être comparée, voire assimilée à la Déesse. Ainsi se trouve justifiée une conduite aberrante par rapport aux normes d'une société selon lesquelles la femme ne peut se réaliser en dehors du mariage. Shobhâ Mâ « est entrée en *samâdhi* perpétuel » le 31 octobre 2005.

Catherine Clémentin-Ojha

• *Voir aussi* : Ânandamayî Mâ

Bibl. : *Étude* : C. CLÉMENTIN-OJHA, *La Divinité conquise. Carrière d'une sainte*, Nanterre, Société d'éthnologie de Paris X-Nanterre, 1990.

SILBURN, Lilian, *philosophe indianiste, sanskritiste* (Paris, 1908-Le Vésinet, 1993). — D'origine anglaise, Lilian Silburn naquit à Paris et s'éteignit dans la région parisienne. Humour, vivacité, liberté intérieure caractérisaient cette personnalité d'une générosité à toute épreuve. Animée par une aspiration spirituelle précoce et intense, elle sacrifia tout à sa quête de l'absolu, en demeurant néanmoins dans le rythme du monde. En tant que chercheur indianiste du CNRS, elle s'est consacrée à deux domaines importants de la pensée indienne, qui intéressent également de nos jours les esprits en recherche, s'interrogeant sur la nature ultime de la réalité, tant sur le plan spirituel que scientifique. Le bouddhisme et le shivaïsme du Cachemire furent ainsi les deux champs d'exploration privilégiés qu'elle aborda dès les années 1950 et dont elle demeure l'une des pionnières incontestées en Occident. Les maîtres de ces écoles shivaïtes cachemiriennes développèrent, entre autres, l'intuition de la réalité ultime comme conscience et vibration cosmiques. Ainsi, Lilian Silburn a produit, d'une part, une œuvre scientifique conséquente et novatrice, qui révéla à l'Occident la tradition du shivaïsme du Cachemire et, d'autre part, a suivi, à l'écart des milieux académiques, un cheminement intérieur nourri par une intense et profonde vie mystique.

Comme pour la plupart des mystiques, Lilian Silburn ressent très tôt l'appel de l'intériorité. Dès l'âge de dix ans, elle s'avoue fascinée par le problème de la grâce, c'est l'expérience de Dieu qui lui importe pardessus tout : « La seule aventure digne d'intérêt à mes yeux, c'était d'atteindre Dieu », déclare-t-elle à ce propos. Une vocation profonde naissant en elle, elle aspire, entre quinze et vingt ans, à la vie monacale, mais sa famille s'y opposant, elle se consacre alors aux études et à la connaissance pour étancher sa soif d'absolu. À chaque étape, l'engagement est total, ordonné à une recherche ardente, sans concession. Elle ne perd jamais de vue l'essentiel, qui pour elle réside dans l'expérience et la connaissance de cet absolu ressenti comme la source de vie universelle. Elle se plonge tout d'abord dans la lecture des philosophes et des mystiques occidentaux, tels Platon, Plotin, Spinoza, saint Jean de la Croix, etc., puis se tourne vers l'Orient, apprend le sanskrit, le pâli, l'avestique. D'Occident en Orient, son itinéraire intellectuel ne pouvait que suivre l'élan imprimé par sa recherche intérieure ; les diverses étapes de ce parcours laissent en effet apparaître dès ses débuts un profond attrait pour la non-dualité et la mystique. Tels en sont les temps forts : les *Upanishads* (VIIIe s. av. J.-C.) et, dans leur prolongement, les textes du *Vedânta* composés par les grands maîtres tels le shivaïte Shankara (VIIIe s.) et le vishnouite Râmânuja (XIe-XIIe s.) ; la découverte du bouddhisme, avec les textes fondamentaux du Bouddha et de ses philosophes les plus marquants, tels Nâgârjuna (IIIe s.) et Asanga (IVe-Ve s.) ; puis un retour aux sources de l'hindouisme avec le *Rig-Veda* (IIe millénaire av. J.-C.) et *l'Atharva veda* ; enfin le shivaïsme du Cachemire (VIIIe-XIVe s.).

Au cours de ses études menées dès 1930 auprès d'éminents pionniers de l'indianisme, Lilian Silburn apprend et approfondit sa connaissance du sanskrit et du pâli avec Sylvain Lévi et Alfred Foucher, poursuit des études sur le *Veda* avec Louis Renou, sur la philosophie indienne avec Paul Masson-Oursel, ainsi que sur l'avestique, langue des textes sacrés zoroastriens, avec Émile Benveniste. Elle entre au CNRS en 1940, où elle devient maître de recherches en 1962, puis directeur de recherches en 1970.

La soutenance de sa thèse d'État ès Lettres en décembre 1948, intitulée *Instant et Cause, le discontinu dans la pensée philosophique de l'Inde*, qui fait encore autorité aujourd'hui, marque une date importante. Lilian Silburn rejoint alors l'Inde dès 1949, où elle fait désormais de longs séjours d'études au Cachemire, afin de bénéficier de l'enseignement de Lakshman Joo (swâmi Laksman Brahmacarin), l'un des derniers maîtres du shivaïsme du Cachemire ; celui-ci l'initia, de 1949 à 1975, aux doctrines non dualistes de ce courant shivaïte tantrique, connues sous les noms de *Trika*, *Kula*, *Pratyabhijñâ*, *Krama*, et qui constituent un sommet de la mystique et de la philosophie médiévales indiennes. C'est néanmoins à travers une rencontre d'un autre ordre que devait s'accomplir la transformation décisive.

Dans les quelques notes recueillies de sa plume, Lilian Silburn évoque ainsi l'orientation de sa recherche : « Me méfiant des autodidactes de la mystique, je n'admettais que des maîtres relevant d'une tradition connue et qui pourtant se situent par-delà rites et croyances des religions et des sectes. » C'est à Kanpur que se produisit la rencontre inespérée avec un maître soufi, qu'elle reconnut comme son maître véritable (*sadguru*) : shrî Radha Mohan Lalji Adhauliya, fils de Janab Chachchaji surnommé Raghubar Dayalji, frère cadet de Ram Chandra ji, appelé Lalji, tous deux issus de la même lignée. Cet événement allait accomplir la profonde aspiration formulée peu de temps auparavant en ces termes : « J'avais un désir fou : réaliser l'absolu par ce que le shivaïsme du Cachemire nomme "anupâya", c'est-à-dire au-delà de tous moyens de *moksha* [libération], sans effort, spontanément », comme une bougie s'allume à la flamme d'une autre bougie, selon la métaphore indienne bien connue.

Quelques notes très sobres recueillies par une amie évoquent l'effet que produisit en elle l'expérience qualifiée de « naissance » véritable : « Quelques jours après la rencontre de son Guru, nageant au milieu du Gange, elle s'arrête tout à coup, se laissant porter par le courant et là se produit la Merveille ! ce fut sa "vraie naissance". Péniblement sortie du Gange, elle va errer quinze jours dans la forêt [de Hardwar ; *Haradvara*, « la porte de Shiva »] sans faim ni soif ni fatigue, ivre de paix, de douceur, oubliant tout, se cachant dans les buissons sous les regards émerveillés des sadhou et des pèlerins. » Elle se trouva ainsi projetée d'emblée à un niveau d'expérience d'une très haute intensité ; son maître lui fit cependant refaire une à une les étapes de cette aventure intérieure, afin de la rendre capable de transmettre à son tour ce qui lui avait été donné. Dès lors, son seul but fut à la fois de vivre l'aventure de l'intériorité jusqu'à sa plénitude, et d'en transmettre la vie profonde et universelle. Du cœur de cette vie nouvelle, cette indianiste dotée d'une exceptionnelle et audacieuse intelligence put alors donner naissance à une œuvre traversée par des intuitions puissantes, vérifiant en elle-même les réalités évoquées dans les textes qu'elle traduisait. Ses études consacrées au bouddhisme et au shivaïsme du Cachemire marquent ainsi un tournant décisif, de même que ses essais abordant la nature de la vie mystique et les correspondances entre les diverses traditions spirituelles.

Possédant cette aptitude exceptionnelle à intégrer dans son œuvre, comme dans sa vie, expérience et connaissance, les ayant menées toutes deux jusqu'à leur accomplissement, Lilian Silburn a apporté une contribution d'une rare valeur dans le domaine de la pensée et de la spiritualité indiennes. Son influence s'exerce aujourd'hui par le rayonnement croissant de son œuvre, largement diffusée en France comme à l'étranger. Mais c'est dans l'expérience du pur silence, au-delà de toute forme, de tout discours ou système, que résidait, aux yeux de cette mystique hors norme, le mystère véritable de la voie et de la vie.

Colette Poggi

Bibl. : *Œuvres* : *Instant et cause, le discontinu dans la pensée philosophique de l'Inde*, Paris, Vrin, 1955 (rééd. Paris, De Boccard, 1989) ; *Vijñâna Bhairava Tantra*, Paris, De Boccard, 1961 (rééd. 1999) ; *La Bhakti. Le Stavacintâmani de Bhattanârâyana*, Paris, De Boccard, 1964 (rééd. 1979) ; *Spandakârikâ. Stances sur la vibration de Vasugupta et leurs gloses*, Paris, De Boccard, 1990. Elle a également assuré la direction de : *Les Voies de la mystique ou l'accès au Sans-accès d'après le Shivaïsme du Cachemire, des auteurs chrétiens, soufis, et un maître du Tch'an*, dans *Hermès*, nouvelle série 1, Paris, Les Deux Océans, 1981 (rééd. 1993), et *Le Vide. Expérience spirituelle en Occident et en Orient*, dans *Hermès*, nouvelle série 2, Paris, Les Deux Océans,1981 (rééd. 1989).

SIMOS, Miriam. — *Voir* STARHAWK

SINGER, Christiane, *écrivain* (Marseille, 1943-Vienne, 2007). — Née d'un père juif et d'une mère chrétienne, originaires tous deux d'Europe centrale, Christiane Singer a vécu en Suisse et en Allemagne avant de s'établir en Autriche, près de Vienne, au château de Rastenberg, avec son époux, le comte Georg von Thurn-Valsassina, et ses deux fils.

Lectrice à l'université de Bâle, puis chargée de cours à l'université de Fribourg, elle a suivi l'enseignement de Karlfried Graf Dürkheim, disciple de Carl Gustav Jung. Elle s'est fait connaître à l'âge de vingt-deux ans avec son livre *Les Cahiers d'une hypocrite* (1965). Avec son époux rencontré en 1968, elle a effectué de nombreux voyages et lectures, qui l'ont ouverte aux traditions tibétaine, bouddhiste, soufie et juive hassidique. De sensibilité chrétienne imprégnée de sagesse orientale, elle s'est consacrée pendant plusieurs années à ses activités littéraires ainsi qu'à de nombreuses conférences. Plaçant la dimension intérieure et spirituelle au cœur de son œuvre, elle est titulaire de nombreuses distinctions : elle a reçu le Prix des libraires en 1978 pour *La Mort viennoise* et le prix Camus en 1988 pour *Histoire d'âme*. En 2006, elle a reçu le Prix de la langue française pour l'ensemble de son œuvre.

Élevée dans le catholicisme, elle avoue avoir été tentée par « la religion de la raison » avant de renouer avec la veine mystique du christianisme grâce au bouddhisme zen et à la « Leibtherapie » de Dürkheim, le « sage de la Forêt-Noire ». Dépositaire d'une spiritualité vivante et spontanée, elle reste néanmoins inclassable. Christiane Singer n'a eu de cesse, en effet, d'exprimer l'intensité d'être, la perception d'une énergie unique, qui est tour à tour joie et tristesse, souffrance et sérénité, transformable en une vibration d'amour qui transcende toutes les oppositions et toutes les représentations erronées de la vie. Atteinte d'un cancer à soixante-quatre ans, elle rédige son dernier opus, *Derniers Fragments d'un long voyage* (2007), qui conte sa bouleversante traversée de la maladie et l'approche de la mort pour mieux célébrer la splendeur de la vie. « Tout est vie que je vive ou que je meure, écrit-elle. Tout est vie [...]. » Animée par la grâce et l'enchantement où l'amour est central, elle va jusqu'à s'écrier : « Je grandis. » Christiane Singer témoigne là de son ultime expérience à travers ses descentes dans l'abîme et ses montées vers la lumière, expression de la force et de la disponibilité qui l'habitent, de la joie et de l'allégresse à magnifier chaque instant et louer Dieu.

Elle est l'auteur de nombreux essais et romans, dont *La Guerre des filles* (1981), *Les Âges de la vie* (1983), *Une passion* (1992), *Du bon usage des crises* (1996), *Éloge du mariage, de l'engagement et autres folies* (2000), *Une passion. Entre ciel et terre* (2000), *Où cours-tu, Ne sais-tu pas que le ciel est en toi ?* (2001), *Les Sept Nuits de la reine* (2002), *N'oublie pas les chevaux écumants du passé* (2005), *La Divine Tragédie* (2006) et *Seul ce qui brûle* (2006). Elle a participé à plusieurs collectifs, dont *Les Chemins du corps* (1996), *La Quête du sens* (2000), *Inventons la paix* (2000) et *Le Grand Livre de la tendresse* (2002).

Composés de pensées, de rencontres et d'anecdotes personnelles et autres, ses ouvrages militent pour une spiritualité libre de tout dogme. « Qu'importe à Dieu, écrit-elle [citant Héloïse*], par quelle voie nous parvenons à lui ! Et de quels bois nous alimentons le feu qui nous consume ! L'ardeur du désir compte seule » (*Du bon usage des crises*). Christiane Singer a centré sa réflexion et son œuvre sur la prise en compte nécessaire d'une dimension intérieure de l'être, lieu intime de la rencontre avec le divin. Elle propose de « retrouver ses racines intérieures », puis de « délivrer le monde de soi-même » pour atteindre à la vie véritable. « La réalité, avec ses causes et ses effets, n'est que la croûte du réel, témoigne-t-elle. [...] Dans cette vision modifiée, dans ce passage de la réalité au réel, ma vie, ce lieu hanté par les représentations d'une époque, les jugements, les échecs, les blessures, devient peu à peu un lieu de transmutation, un lieu alchimique d'où part dans toutes les directions l'information (au sens de ce mot en homéopathie) d'une autre manière d'être au monde. Cette prise de conscience (oh, il ne s'agit pas d'être effleuré par cette "thèse intéressante", mais d'être atteint dans la chair de sa chair !) m'apparaît le vrai début d'un processus d'humanisation » (propos recueillis par P. Van Eersel). Considérant chaque homme comme une parcelle de l'univers, elle l'invite à dépasser son individualité, à renouer avec sa responsabilité et à développer la solidarité pour ne pas tomber dans « l'abîme de l'inhumanité ».

Audrey Fella

Bibl. : *Œuvres* : tous les ouvrages de Christiane Singer sont disponibles aux éditions Albin Michel (Paris). ***Études*** : P. VAN EERSEL (propos recueillis par), « L'enfantement, l'éros et la vieillesse », *Nouvelles Clés*, n° 48, 2006 ; C. SINGER, « XXIe siècle : les visions de 34 écrivains et philosophes », *Nouvelles Clés*, n° 28, 2000.

SITT'AJAM BINT AL-NAFIS DE BAGDAD, *soufie* (?, ?-Bagdad, apr. 1287). — Sitt'Ajam et son mari, Muhammed al-Khatib, ont été initiés à la doctrine d'Ibn'Arabî, selon Sitt'Ajam elle-même, par le cheikh Ismaël ibn'Izz al-Qudât, lui-même enseigné au Caire par Ibn Surâqa.

L'expérience mystique de Sitt'Ajam s'exprime à travers un vocabulaire direct et personnel. Le terme qui revient le plus souvent est celui d'« arrachement » (*khala*). Il consiste à « se séparer de la vie habituelle » et à ôter le corps physique « sans souffrir » pour atteindre à « un état qui est entre la mort et l'éveil ». Cette expérience, qui procède d'une action divine, se fonde sur la contemplation ou « Vision directe » (*al-Shuhûd*). Sitt'Ajam décrit cet état en ces termes : « Dieu regarde son image dans un miroir, cette image est imprégnée de lumière ; ce qu'elle reflète est en même temps l'image de celui qui contemple [...]. Dans l'état de contemplation, s'unit celui qui contemple à Celui qui est contemplé. En effet, celui qui veut rencontrer le véritable contemplatif trouve Le Contemplé, car en fait, le contemplatif n'a point d'existence propre par rapport à l'Être contemplé » (*Sharh* 2004, p. 52). Une multitude d'images sont proposées par Sitt'Ajam pour rendre compte des différentes facettes de la contemplation. Elle insiste notamment sur le fait que la contemplation intérieure dépasse de loin, par sa clarté, la vision oculaire externe. Ce qui les distingue, c'est « l'intensité lumineuse de la manifestation ». Passant par trois étapes successives : la « supervision » (*al-Ittilâ'*), « l'arrêt » (*al-Waqfa*) et « la course » (*al-Jariy*), cette expérience est également instantanée. « Personne ne peut rester dans le monde du Mystère plus d'un seul instant », écrit-elle. Mais celui qui réalise cette projection dans le monde ésotérique accède au secret de la vie. Il possède alors une « vérité irréfutable » (*lâ radda 'alayhi*), qu'il ne peut exprimer car l'entendement de ceux qui la reçoivent est limité. Face à la perplexité des gens, le gnostique, qui tente de s'exprimer dans un langage qui risque d'être plus obscur que l'expérience même, n'a plus qu'à se taire.

L'événement le plus marquant dans la vie spirituelle de Sitt'Ajam est sa rencontre avec Ibn'Arabî dans un monde suprasensible. Lui demandant l'initiation à la voie mystique et à l'aspiration à la sainteté (*al-Walâya*), elle est priée par celui-ci de commenter, en échange, un de ses livres les plus ambigus et insondables, les *Mashahid al-Asrar al Qudsiya* (« Contemplations... », 1194).

Aidée de son mari qui maîtrisait « l'art de l'écriture et de l'expression », elle est ainsi l'auteur de trois ouvrages écrits sous l'inspiration divine, vers 1287, dont le commentaire des *Mashahid al-Asrar al Qudsiya*, *Kashf al-Asrar* (« Le dévoilement des secrets ») et *Kitâb al-Khatm* (« Le livre du sceau »).

Le terme *wahdat al-wujud* (« l'unicité de l'être ») par lequel on définit communément la doctrine d'Ibn'Arabî n'apparaît pas dans les écrits de Sitt'Ajam. Cependant, quelques idées, exprimées à différents endroits de son œuvre, montrent une conception claire de cette doctrine. Pour elle, le rapport entre l'unicité et la multiplicité fait que cette dernière n'a pas d'existence réelle. C'est l'Un qui jouit tout seul de l'Être. Cette idée plotinienne se rencontre également chez Ibn'Arabî. Pour Sitt'Ajam, l'unicité de l'être est valable dans un seul sens, celui qui va de Dieu vers le monde et point dans le sens opposé. Elle écrit à ce sujet : « Dieu complète les choses mais les choses restent à l'écart de Sa Perfection » (*Sharh* 2004, p. 156). Dans d'autres passages, elle laisse parler Dieu : « Je suis le Monde, mais le Monde n'est pas Moi » (*ibid.*, p. 270) ; ou : « Je suis l'Un, sans rien qui ne puisse me seconder, Unique, sans différenciation ni multiplicité dans mon Être » (*ibid.*, p. 68). Ce à quoi elle ajoute : « La différenciation entre "Toi" et "moi" est justifiée par l'état de la détermination des êtres créés. La distinction, entre la qualification et le Qualifié en Soi, est une façon de parler. Mais la Vérité absolue de l'Un est contraire à toutes sortes de différenciations » (*ibid.*, p. 336).

Témoignant d'une discipline spirituelle originale, Sitt'Ajam reste une exception dans l'école d'Ibn'Arabî, tout autant que dans l'histoire de la mystique islamique. Rare femme à avoir écrit, elle tient une place de choix aux côtés de Rabi'a al-'Adawiyya*, qui la précède de quatre siècles avec ses poèmes sur l'amour divin.

Bakri Aladdin

• *Voir aussi* : Rabi'a al-'Adawiyya

Bibl. : *Œuvres* : *Sharh Aal-Mashâhid al-Asrar al Qudsiya* (« Commentaires des contemplations des secrets saints ») d'Ibn'Arabî et *Kashf al-Asrar* (« Le dévoilement des secrets ») sont consignés dans un manuscrit du fonds *Aya Sofya* de la bibliothèque Sulaymaniya d'Istanbul ; le texte arabe du premier titre a fait l'objet d'une édition critique parue à l'Institut français de Damas en 2004 ; *Sitt'Ajam, Sharh al-Mashâhid al-Qudsiyya*, B. Aladdin et S. Hakim (éd.), Damas, IFPO, 2004 ; *Mashâhid al Asrar al-Qudsiyya*, d' Ibn'Arabî, P. Beneito et S. Hakim (éd.), Murcie, Editora Regional de Murcia, 1994. ***Études* :** H. CORBIN, *L'Imagination créatrice dans le soufisme d'Ibn'Arabî*, Paris, Flammarion, 1976 ; M. CHODKIEWICZ, *Un océan sans rivage : Ibn'Arabî, le Livre et la Loi*, Paris, Seuil, 1992 ; ID., *Le Sceau des saints. Prophétie et sainteté dans la doctrine d'Ibn'Arabî*, Paris, Gallimard, 1986 ; C. ADDAS, *Ibn'Arabî ou la quête du soufre rouge*, Paris, Gallimard, 1989.

SKOBTSOV, Marie. — *Voir* MARIE SKOBTSOV

SONNENBERG-BERGSON, Temerel, *femme dévote hassidique* (Stanislaw, 1758 ?-Varsovie, 1830). — Temerel Sonnenberg-Zbytkower est la fille de Aryeh Leibush Horowitz, rabbin de Stanislaw. Après la mort de son premier mari, en 1787, elle épousa Berek, fils de Szmul Zbytkower, marchand richissime de Varsovie. Stanislas II Auguste Poniatowski, dernier roi de Pologne, aurait même assisté aux noces. Elle est réputée avoir pratiqué les prescriptions religieuses réservées aux hommes, tel que le port de franges rituelles (*tsitsit*). Très attachée aux maîtres hassidiques, en particulier à Israël Hopstein, le Maggid de Kozienice, elle leur rendait régulièrement visite et les entretenait généreusement grâce à sa fortune. Aussi ce dernier l'honora en assistant au mariage de sa fille avec le petit-fils du *tsaddiq* (« maître spirituel ») Samuel Shmelke Horowitz. Dans ses entreprises commerciales, elle employait des maîtres hassidiques, tels que Isaac de Warka et Simhah Bunem de Przysucha. En raison de cette générosité, Jacob Isaac Horowitz, le « Voyant de Lublin », lui conféra le titre honorifique masculin de « Rebbe (*sieur*) Temerel ».

Avec son époux, elle facilita l'établissement de cette mouvance spirituelle à Varsovie, où elle construisit la première synagogue hassidique en 1807. Elle ne toléra pas l'opposition à laquelle le hassidisme était confronté à cette époque et offrit trois pièces d'or pour racheter chaque exemplaire de *Megalleh temirin* (Vienne, 1819), une parodie contre le mouvement écrit par Joseph Perl. Selon l'essayiste Nahum Sokolow, elle avait « la délicatesse d'une fleur, la modestie d'une colombe, une âme aux ailes dorées, féconde comme un olivier [...]. Temerel fut la matriarche Rachel dans la légende de la Varsovie juive. » Elle est l'arrière-grand-mère du philosophe Henri Bergson.

Paul Fenton

Bibl.: ***Études*** : T. M. RABINOWICZ, *The Encyclopedia of Hasidism*, Northvale (NJ), Jason Aronson, 1996, p. 464 ; G. D. HUNDERT, *The YIVO Encyclopedia of Jews in Eastern Europe*, New York, Yale University Press, 2008 ; G. DYNNER, *Men of Silk – The Hasidic Conquest of Polish Jewich Society*, Oxford, Oxford University Press, 2007.

SOREH. — *Voir* SARAH

SOUBIRAN LA LOUVIÈRE, Marie de. — *Voir* MARIE-THÉRÈSE DE SOUBIRAN

SOUBIROUS, Bernadette. — *Voir* BERNADETTE SOUBIROUS

SOUKHASIDDHI, *archétype spirituel féminin du bouddhisme tantrique himalayen* (Cachemire ?, Xe/XIe s. ?-?, Xe/XIe s.). — Maître spirituel principal du grand yogi tibétain Khyoungpo Neldjor, Soukhasiddhi est (avec Nigouma*) la co-fondatrice plus ou moins légendaire de la lignée Shangpa Kagyü, école longtemps confidentielle, mais aujourd'hui largement diffusée hors du Pays des Neiges par le lama contemporain Kalou Rimpotché. « Parcourant l'espace de la sagesse primordiale » (sens littéral du tibétain *Yéshé Kandroma*), cette « dakini [sanskrit] de sagesse » incarne l'activité féminine éveillée, garde les enseignements et relie le visible et l'invisible, du moins selon les conceptions propres au Vajrayana. Malgré la force de sa figure et de son héritage yogique millénaire au sein de ce bouddhisme tantrique indo-tibétain si spécifique, Soukhasiddhi n'en reste pas moins difficile à décrire, vu la pauvreté des données exploitables, mythiques et a fortiori historiques. Il en va exactement de même pour Nigouma ; ce qui oblige à évoquer ensemble ces deux personnages complémentaires, reliés non seulement par un même contexte culturel et religieux, mais aussi par leur « patronage » partagé, leur réalisation spirituelle suprême et leurs existences antérieures. Soukhasiddhi est en effet traditionnellement reconnue comme une émanation de Yeshe Tsogyal*, et Nigouma comme celle de Mandarava, à savoir les deux compagnes principales de Padmasambhava, le grand introducteur du bouddhisme tantrique dans l'Himalaya.

À en croire l'hagiographie – seule source d'information disponible –, celle que l'on appellera par la suite Soukhasiddhi est ainsi née dans la même région (le Cachemire ?) et à la même époque que Nigouma. Jusqu'à cinquante-neuf ans, cette paysanne vécut pauvrement avec son mari et leurs six enfants. Lors d'une famine, ces derniers partirent mendier en lui laissant la garde de leur dernier bol de riz. Mais, persuadée qu'ils allaient revenir avec quelques vivres, la mère de famille en fit l'offrande à un ascète errant affamé, venu frapper à sa porte. Furieux de cette générosité insensée, ses proches la chassèrent à leur retour. L'infortunée partit alors vers le fameux pays d'Oddiyana – Orgyen en tibétain, situé le plus souvent dans la vallée de Swat (nord-est du Pakistan) –, contrée particulièrement pourvue en pratiquants tantriques. Grâce à son travail, elle réussit à y acheter un peu de grain, à en faire de la bière et à la vendre avec succès. Un an plus tard, une jeune fille commença à lui acheter quotidiennement viande et alcool. Intriguée par son manège, la marchande finit par lui en demander la raison. Elle découvrit ainsi que le destinataire de ses achats n'était autre que le célèbre *mahasiddha* (ascète bouddhiste, « grand accompli ») Virupa (noté aussi Birupa ou Birwapa), en retraite dans une montagne proche. Fidèle à sa prodigalité pour les religieux, la vieille femme ne voulut plus désormais faire payer la jeune fille et lui offrit les provisions au profit du sage. Virupa exprima alors le désir de rencontrer cette donatrice à la dévotion inhabituelle. Constatant son « potentiel » hors du commun, il lui transmit bientôt les initiations et instructions clés, qui la menèrent « en une nuit » à l'Éveil et au « corps d'arc en ciel », faisant d'elle la dakini de sagesse « Soukhasiddhi » (qui signifie littéralement « Puissante... », ou « Accomplie de félicité », en sanskrit). Âgée alors de soixante-deux ans, elle prit, et pour toujours, l'aspect immatériel d'une resplendissante jeune fille de seize ans au teint de lait. Transcendant désormais les limitations ordinaires, elle put ainsi recevoir directement la grâce et les instructions secrètes du Bouddha Primordial Dorjé Tchang, tout comme sa consœur la brune et farouche Nigouma. Mais à la différence de celle-ci, c'est sous son aspect doux et paisible que Soukhasiddhi se révéla à Khyoungpo Neldjor, puis à ses successeurs, pour leur transmettre ce dépôt sacré. Souriante, assise, une jambe repliée, dans l'espace, couverte de soieries et cernée d'arcs-en-ciel, une coupe crânienne pleine d'ambroisie dans sa main droite et l'index de sa main gauche levé vers le ciel pour montrer la Vacuité, elle les initia de même au *Mahamoudra* (le « Grand Sceau », soit la perfection naturelle de l'esprit et le chemin qui conduit à la réaliser) et aux six yogas internes qui portent toujours son nom : 1. *Toumo* (tibétain) ou « le violent embrasement du feu intérieur » ; 2. « le corps illusoire » ; 3. « le yoga du rêve » ; 4. « la claire lumière » ; 5. *Bardo* (tibétain) ou « le yoga de l'état intermédiaire » (entre mort et renaissance) ; 6. *Powa* (tibétain) ou « le transfert de conscience » au moment de la mort.

Tout comme ceux issus respectivement de Nigouma et de Naropa, ces « moyens habiles » ésotériques font jusqu'à aujourd'hui la réputation des ascètes himalayens. Soukhasiddhi n'a-t-elle pas promis de veiller sans fin sur eux, conformément à son chant adressé à Khyoungpo Neldjor ? « Ne plus suivre les objets des sens et du mental / jusqu'à goûter la non-pensée, telle est la voie vers l'Autre Rive. / La sphère ultime de la réalité, c'est l'arrêt des pensées discursives. / Le

Mahamoudra est libre de toute activité mentale dualiste. / Ne médite pas, ne médite pas, ne t'engage pas dans une méditation fabriquée par le mental ! La méditation fabriquée est un cercle d'illusion ! / Les pensées dualistes sont les entraves qui t'enchaînent au Samsara. / En se détournant du mental dualiste, il n'y a plus de méditation : / l'espace est vide et sans concept. / La racine du mental dualiste, tranche-là ! / Tranche cette racine... et puis repose-toi. [...] / En cet instant, je vais te libérer ; / aujourd'hui tu as obtenu le point sublime, / Fils de la famille des Bouddhas, tu es merveilleux ! [...] / Tes disciples ainsi que leurs disciples, dans le futur, / tous ceux qui détiendront cette lignée, je les bénirai réellement ; / et ils iront tous en les Terres pures. »

Fascinante par sa bonté et sa limpidité, la mystérieuse Soukhasiddhi n'a pas fini d'inspirer – ni d'interroger – les pratiquants orientaux et (désormais) occidentaux du bouddhisme tantrique.

Éric Vinson

• *Voir aussi* : Nigouma ; Yeshe Tsogyal

Bibl. : ***Hagiographie et études*** : N. RIGGS (trad.), *Like An Illusion : Lives of the Shangpa Kagyu Masters*, Mendocino, Dharma Cloud Publications, 2000 ; *Hagiographie de Nigouma et Soukhasiddhi* (sans auteur), Ygrande, Yogi Ling, 1997 ; BOKAR Rimpotché, *Tara, le divin au féminin*, Vernègues, Claire Lumière, 1997 ; P. CORNU, *Dictionnaire encyclopédique du bouddhisme*, Paris, Seuil, 2001 ; KALOU Rimpotché, *La Voie du Bouddha selon la tradition tibétaine*, Paris, Seuil, 1993 ; M. SHAW, *Passionate Enlightenment : Women in Tantric Buddhism*, New Delhi, Munshiram Manoharlal Publishers, 1998 ; J. SIMMER-BROWN, *Le Souffle ardent de la dakini : le principe féminin dans le bouddhisme tantrique*, Huy, Kunchab, 2004.

SOUMIA, *chamane mongole* (Oulan-Bator, XXIe s.). — D'origine halh, Soumia appartient à la nouvelle génération de chamanes qui a vu le jour il y a quelques années en Mongolie postcommuniste. Jeune, elle étudie la danse à Moscou. De retour en Mongolie, elle devient une des premières ballerines d'Oulan-Bator (la capitale du pays). Puis, elle tombe malade pendant près de deux ans. Batuevna, une chamane bouriate de Russie, en visite en Mongolie, s'occupe d'elle et lui annonce que ce n'est pas une vraie maladie, mais le signe de son aptitude chamanique. Soumia part ainsi en Bouriatie, où elle est initiée par le chamane Bastov Ivanovic, le maître de Batuevna. Dans son cas (comme dans de nombreux autres), la personne qui annonce le don n'est pas celle qui enseigne. Pour Soumia, le don est naturel, il ne s'invente pas. Aussi ce don se développe auprès d'un maître, qui apprend à celui qui le possède à le contrôler. Elle finit son initiation à Hövsgöl auprès du chamane darhad Balzir. Son *udgan mod*, l'arbre consacré auprès duquel elle appelle les esprits pour confirmer sa vocation de chamane, se situe à Tojlogt. Elle est actuellement membre de l'Association des chamanes mongols.

L'exemple de Soumia témoigne d'un chamanisme d'aspect national (participant à la reconstruction identitaire du pays) et universel (fondé sur un système de croyances et de pratiques culturelles et magiques), qui s'est adapté et construit à partir des variations ethniques darhad, bouriate, halh, urianhaj, mais aussi à partir du bouddhisme et du communisme. Soumia a en effet hérité et s'est nourrie d'influences diverses, à partir desquelles elle a élaboré sa propre pratique ; elle n'utilise plus les pièces trouées divinatoires ou autres accessoires pour la divination, elle se sent plus proche des voyantes qui divinisent sans support. Pour elle, « le chamanisme est la relation avec le Ciel, la Terre, les choses invisibles du monde et les esprits ancêtres ». Les techniques des différentes traditions utilisées importent peu, c'est le résultat qui compte. En outre, sa conception de la maladie est karmique, liée au cycle des réincarnations et non aux attaques et vengeances des esprits : « Nous sommes tous des réincarnés, c'est pour cela que nous gardons avec nous la maladie de nos ancêtres. Moi je suis la réincarnation de ma grand-mère et j'ai gardé ses maladies. Les parents doivent savoir de qui est l'esprit de leur enfant afin de prévoir les maladies qu'ils vont avoir et les prévenir » (L. Merli, p. 85-86).

Audrey Fella

• *Voir aussi* : Bujan

Bibl. : *Études* : L. MERLI, *De l'ombre à la lumière, de l'individu à la nation*, Paris, Centre d'études mongoles et sibériennes, École pratique des hautes études, 2010 ; S. KAKAR, *Chamans, mystiques et médecins*, Paris, Seuil, 1997 ; M. PERRIN, *Le Chamanisme*, Paris, PUF, 1995.

SPEYR, Adrienne von, *laïque, visionnaire, stigmatisée* (La Chaux-de-Fonds, 20 septembre 1902-Bâle, 17 septembre 1967). — Pour suivre l'expérience mystique d'Adrienne von Speyr, nous disposons de deux autobiographies – l'une événementielle, l'autre de tonalité mystique, rédigée à la demande du grand théologien Hans Urs von Balthasar, qui aura été son mentor, son confesseur, directeur, conseiller et confident, dans des relations aussi complexes et inextricables que celles qui lièrent Jeanne Guyon* et Fénelon. Ne le contraindra-t-elle pas à quitter la Compagnie de Jésus pour fonder un institut séculier, répondant à leurs projets apostoliques : l'Institut Saint-Jean ? Et dans ce tandem spirituel, qui dirige ? qui donne l'inspiration ? La réponse est à tout le moins malaisée, sinon impossible à donner. Adrienne naquit d'un père ophtalmologue, descendant d'une vieille famille bâloise. Deuxième d'une fratrie de quatre, Adrienne connut l'enfance difficile d'une fillette mal aimée de sa mère. Les années venant, cette tension finit par s'atténuer, mais non sans peine ; en attendant, l'enfant compense ce déficit affectif en se constituant un monde intérieur où elle peut en confiance se laisser guider et instruire par « l'ange » qui la protège et tôt l'initie au renoncement, tout à fait adapté à l'austérité de cette famille solidement protestante ; une inclination qu'elle pousse à la limite de l'acceptable, en développant une tendance à l'auto-accusation à ce point systématique qu'elle en perd ridiculement tout crédit. La référence apaisante et consolatrice sera sa grand-mère, qu'elle voit souvent dans sa propriété des Tilleuls, où elle s'adonne aux œuvres caritatives. D'accompagner son père à l'hôpital pour visiter les enfants malades fait naître en elle le désir de devenir médecin. À l'école, déçue par les cours de religion dispensés par les pasteurs, elle a l'audace de leur reprocher leur étroitesse d'esprit, et « l'ange » l'instruira à la fois des pratiques de la Compagnie de Jésus et de la légitimité de la restriction mentale, ce dont elle fera part à ses condisciples. Sans vouloir tomber dans l'hagiographie, ces épisodes témoigneraient d'une sérieuse indépendance d'esprit autant que d'une réelle recherche intérieure. Est-ce en raison des célébrations liturgiques de la Passion qu'elle tombe régulièrement malade à l'approche de Pâques, comme l'affirme sa biographie spirituelle ? On hésitera à se prononcer à ce sujet, comme sur la véracité de la rencontre de saint Ignace de Loyola, la veille de Noël, alors qu'elle a six ans (le récit de ladite apparition laisse quelque peu perplexe) ; en revanche, la vision de la Vierge entourée des anges, en novembre 1917, retient plus l'attention : elle ne fait que consacrer un progressif détachement du berceau protestant et un attrait du catholicisme. Par ailleurs, on remarque ses capacités étonnantes de contact et de réconfort des malades soignés dans l'hôpital psychiatrique de la Waldau, que dirige l'un de ses oncles et où elle passe fréquemment ses vacances.

Elle poursuit tant bien que mal ses études, sa mère s'ingéniant à y mettre tous les obstacles possibles. Mais la mort prématurée de son père bouleverse l'équilibre de la vie familiale : Adrienne se voit chargée des responsabilités ménagères en sus de ses études. Une double tuberculose se déclare : au cours de l'été 1918, ses jours sont comptés. Pourtant, elle se remet et elle profite de sa longue convalescence pour s'initier au russe et découvrir Dostoïevski. Pendant ce temps, la famille a émigré à Bâle, où Adrienne reprendra sa scolarité interrompue, mais que désormais elle doit suivre en langue allemande. À des études brillantes, elle ajoute la découverte de la musique (trois heures de piano quotidiennes) qui lui sera une médiation spirituelle déterminante. Toutefois, le conflit avec sa mère s'envenime au point qu'elle songe au suicide, en contemplant les flots du Rhin : subirait-elle quelque assaut mélancolique ? Ainsi détachée du cercle familial, elle commence ses études de médecine, qu'elle autofinance : acquisition de compétences, mais plus encore, appréhension de la souffrance des patients. En 1927, elle fait la connaissance d'Emil Dürr, jeune veuf, père de deux garçons. L'amicale pression de son entourage aidant, elle épouse le professeur Dürr : années radieuses, mais cruellement interrompues par la mort prématurée de son époux. Refait surface la tentation suicidaire qu'exorcise heureusement la responsabilité des deux enfants à élever. En 1936, elle épouse un élève de son défunt mari, Werner Kaepi. Cependant, l'épreuve du veuvage a laissé des traces profondément douloureuses : il lui est devenu impossible de dire « Que Ta volonté soit faite », et elle se résout à ne plus réciter le *Notre Père*. Le nœud sera tranché lorsque, en 1940, elle rencontre le père von Balthasar, alors aumônier d'étudiants, qui lui découvre la lecture de Péguy. Cette libération intérieure se concrétise par son entrée dans l'Église catholique. Devant une telle « trahison », sa famille prend ses distances, tandis que les milieux catholiques de Bâle restent circonspects à l'endroit de la néophyte. Heureusement, elle recevra l'amitié de Romano Guardini, d'Hugo Rahner, d'Erich Przywara, éminentes personnalités du monde germanique théologique et philosophique, et surtout de Gabriel Marcel.

Sa conversion au catholicisme est suivie d'une cascade de grâces mystiques, qui entretiennent une étonnante familiarité avec l'autre monde, pour ne rien dire de ses dons de guérison qui attirent en son cabinet médical une clientèle de plus en plus nombreuse : il est vrai que, dans l'approche thérapeutique de ses patients, c'est autant le versant spirituel que le côté organique et physiologique qui sont pris en compte, soit l'homme dans sa totalité. À l'automne 1941, elle est avertie que « cela va bientôt commencer », une injonction à laquelle elle acquiesce d'un *oui* définitif : elle peut alors expérimenter cette traversée de la Passion, qu'elle effectuera chaque semaine sainte désormais. Il ne s'agit pas, comme pour les mystiques médiévales, de revivre les épisodes sanglants et les souffrances du Fils de Dieu, mais d'éprouver jusqu'en leur plus intime raffinement les états d'âme du Crucifié, dans une diversité et une acuité jusque-là inconnues : intériorisation qui correspond au régime de la modernité mystique tel qu'il s'est mis en place au XVIIe siècle. Ce qui ne l'empêche pas, en juillet 1942, de recevoir les stigmates, une extériorité qui la mettra plutôt dans la gêne : à la longue, ils finiront par disparaître, Adrienne n'en ressentant plus que la douleur interne.

En 1943, elle est initiée à l'intelligence mystique de l'Évangile de saint Jean (en l'année même où l'encyclique de Pie XII, *Divino afflante Spiritu*, ouvre la possibilité d'une herméneutique renouvelée des Écritures). Mais, avec cette intelligence se construit ce qu'elle entend par « mystique », à savoir : une mission particulière, un charisme au service de l'Église, qui ne se réalise convenablement qu'au prix de l'effacement de celui (ou de celle) qui en est doté(e) et de sa disponibilité entière à la Parole divine. Pendant près de dix ans, Adrienne va ainsi quotidiennement commenter les Écritures, méditations que recueille Balthasar, qui en est le greffier et secrétaire, tout comme il le sera de ses visions.

Dès 1940, son état de santé s'est considérablement détérioré et ne fera qu'empirer : affection cardiaque, diabète qui réduit sa mobilité, puis la condamne à la cécité, ce qui entrave son appétit de lecture, où elle manifeste une préférence pour les écrivains et romanciers français (les femmes surtout, Colette et Beauvoir entre autres), sans parler de son goût pour le roman policier (l'écriture du plus réaliste réel de l'humanité, sans nul doute). Sa prière est intensément nocturne et l'incite à de permanents voyages visionnaires, en lesquelles elle rencontre les grandes figures de la sainteté chrétienne, dont elle découvre ainsi l'intimité orante autant que la personnalité profonde. Dans la décennie 1950, le processus de dégradation atteint le point de non-retour : elle ne mourra malgré tout que le 17 septembre 1967, jour de la fête de sainte Hildegarde de Bingen*, cette visionnaire qu'elle vénérait particulièrement, sa devancière en quelque sorte. « Qu'il est beau de mourir », dira-t-elle, paraphrasant le mot de Violaine dans *L'Annonce faite à Marie*, de Paul Claudel.

Cette dizaine d'années de détresse physique lui auront fait mesurer ce qu'il en est d'un *ne-plus-pouvoir* qui n'amoindrit pas pour autant un excès d'exigence, en matière de pénitence particulièrement, auquel elle soumet rudement le père von Balthasar lui-même. Les prédispositions d'un naturel spontanément confiant autant que lucide, qui associait gaieté et ferme courage, auront préparé Adrienne à la conquête et à l'approfondissement de sa mystique, fondée sur sa disponibilité à la Parole de Dieu, ce qui requérait tant l'amour que l'obéissance (à l'autorité ecclésiale, médiatrice de cette Parole : le mystique ne fait donc pas cavalier seul). La référence de cette attitude mystique est le *Fiat* de la Vierge Marie* à l'Annonciation, qui, selon l'évangile de Luc (I, 18) se présente comme « la servante du Seigneur ». La mystique d'Adrienne sera donc celle du pur service, désappropriée de soi, se gardant de tout retour sur soi-même, selon la forme de cet amour désintéressé, dont les spirituels du XVIIe siècle avaient célébré l'indépassable excellence. La référence mariale souligne la fécondité de ce service, qu'on ne saurait confondre avec l'efficacité. Par ailleurs, en rupture avec une modernité jugée frileuse, qui ne s'engage qu'à l'essai ou à temps partiel, Adrienne insiste sur la fidélité définitive qui conditionne une telle fécondité, d'une existence qui s'y donne intégralement (au risque de ce que Maurice Bellet a pointé comme le « malheur du don total », s'il est engagé sans discernement).

Ce charisme mystique relève d'une mission confiée à une individualité pour le bien de toute l'Église, mission qui consistera à revivifier la règle de la révélation chrétienne, à savoir l'obéissance du Fils, qui atteint son acmé dans la descente aux enfers du samedi saint, où le Fils perd définitivement Dieu, comme il se voit privé de toute communion avec les humains, et ainsi chute dans l'abîme de ce qui est totalement opposé à Dieu. C'est cette obéissance extrême du Fils qui nous dévoile l'intimité de la vie trinitaire, laquelle est le lieu même de la prière, qu'elle soit ordinaire ou mystique, pour prendre les deux extrêmes du spectre contemplatif : il n'y a donc pas de césure ni de rupture qui exalterait un « extraordinaire » mystique.

C'est à partir de ce point (ou de ce sanctuaire) central que se déploie ce qu'Adrienne désigne comme « la traîne de la Mère de Dieu », comprenons : la *communion des saints*. L'activité visionnaire d'Adrienne fait se succéder les saints, dans une « parfaite transparence » de leur façon de prier : de quoi revivifier sa propre prière personnelle, comme celle de l'Église, grâce à ces « extases d'obéissance », dont elle rapporte des descriptions précises, sans qu'en soient gênées ses activités ordinaires, qu'elle poursuit conjointement.

On ne s'étonnera pas qu'avec l'abrupte franchise des convertis, Adrienne se soit élevée contre l'ouvrage du protestant Emil Brunner, *Die Mystik und das Wort* (« La mystique et la parole », 1931), qui oppose la mystique (comme manifestation de la religion) et la Parole divine (à laquelle s'ouvrirait la foi pure). Aux yeux d'Adrienne, l'expérience mystique est une expérience de foi, qui correspond à celle que nous découvrent l'Ancien et le Nouveau Testament. Son authenticité n'est garantie que par la libre générosité de la grâce divine (qui est à l'origine de ce charisme) et se vérifie dans le souci d'une transmission que favorise l'anonymat personnel du voyant ou du mystique : voilà un solide discriminant pour apprécier les « révélations privées », aussi insolites et mêmes utiles soient-elles pour l'approfondissement doctrinal. Certes, l'époque moderne aura suspecté et marginalisé la mystique, même la plus authentique ; celle-ci n'en demeure pas moins au centre de la révélation du salut, lequel se joue dans l'écoute obéissante de la Parole. Écoute qui réclame ardeur et persévérance pour tenir patiemment dans la nuit (du samedi saint) face au feu dévorant de cette Parole et ainsi expliciter et prendre la mesure de son exigence démesurée.

François Marxer

• *Voir aussi* : Hildegarde de Bingen

Bibl. : Œuvre : *Fragments autobiographiques*, Paris-Namur, Parole et Vérité, 1978. ***Études* :** *La mission ecclésiale d'Adrienne von Speyr*, Actes du colloque romain, 27-29 septembre 1985, Paris-Namur, Parole et Vérité, 1986 ; M. DANTES, « Adrienne von Speyr : une mystique pour la théologie ? », *Résurrection*, n° 66, novembre 1996, p. 87-102.

SPRAVEDLIVER, Yenta, *dite* **« Yenta la prophétesse »**, *guide spirituel hassidique, prophétesse*) (?, v. 1750-Ukraine, ?). — Yenta est la fille de Reb. Yehiel Michal de Zlotchov. Selon les versions, il est dit que son jeune époux, Yosef Spravedliver, était déjà un pratiquant engagé auprès du Baal Shem Tov (« le maître du bon nom »), fondateur du hassidisme d'Europe de l'Est (mouvement populaire de renouveau mettant l'accent sur la ferveur religieuse, le respect des commandements, la prière, dans une communion joyeuse avec Dieu par des chants et des danses), ou bien que c'est elle qui l'a encouragé à rejoindre le courant hassidique, pour lequel elle éprouvait un fort attrait. Selon une légende non authentifiée, on rapporte que, lors d'une visite du couple au maître, elle fut extrêmement impressionnée par la personnalité, le charisme et le mode de vie du *Besht* (acronyme de Baal Shem Tov) et qu'elle adhéra sur-le-champ à ses pratiques en s'engageant dans une quête de sainteté et de pureté : jeûne, abstinence sexuelle, bain de purification (*mikveh*), port du châle (*tallit*) durant ses prières empreintes d'intention et de concentration spirituelles (*kavvanah*). À son époux se plaignant du comportement – digne du plus pieux des hassidim disciples – de Yenta, le *Besht* répondit que sa « femme avait des yeux qui voyaient et des oreilles qui entendaient ». Il déclara qu'elle était une « prophétesse » et qu'elle était dotée d'un esprit saint. Ainsi, elle était sensible au chant des anges, avait accès au langage mystique, manifesté dans les sons émis par tout être vivant, et connaissait le « langage des oiseaux ». Quand elle les entendait louer Dieu, elle se joignait à eux en récitant la *qedushah* (formules de louanges chantées, adressées à Dieu dans la liturgie juive). Elle était en permanence reliée à Dieu par l'esprit et dans sa vie quotidienne, durant ses tâches ménagères, elle prononçait « saint, saint, saint... ». Les paroles du *Besht* s'étant répandues parmi les hassidim, sa réputation lui valut d'être consultée par de nombreux hommes et femmes pour obtenir ses bénédictions et bénéficier de ses pouvoirs curatifs. Contrairement à la pratique qui veut qu'un rebbe (rabbin hassidique) reçoive une rétribution financière (*pidyon*, littéralement « rachat ») en échange de ses bienfaits, elle n'acceptait, en retour de ses prières, que de la nourriture qu'elle distribuait aux pauvres.

Mireille Loubet

Bibl. : ***Vie et études*** **:** M. M. BRAYER, *The Jewish Woman in Rabbinic Literature : A Psychohistorical Perspective*, Hoboken (NJ), Ktav Publication Inc., 1986, p. 45-46 ; Y. BUXBAUM, *Jewish Tales of Holy Women*, San Francisco (CA), Jossey-Bass Publishers, 2002, p. 57-58 ; E. TAITZ, S. HENRY, C. TALLAN, *The JPS Guide to Jewish Women : 600 B.C.E.-1900 C.E.*, Philadelphie (PA), The Jewish Publication Society, 2003, p.162 ; *Dictionnaire encyclopédique du judaïsme*, Paris, Robert Laffont, 1996, p. 436-451.

STARHAWK, *sorcière et militante néo-païenne, écrivain* (Miriam Simos ; Saint Paul, Minnesota, 17 juin 1951). — Starhawk est une figure marquante du mouvement religieux néo-païen Wicca – qui s'est diffusé à partir de l'Angleterre au milieu du XXe siècle, en particulier sous l'impulsion de Gerald Gardner et, sous sa forme dianique, de Zsuzsanna E. Budapest –, qu'elle a contribué à développer en créant le groupe Reclaiming à San Francisco. Elle est également une militante active dans de nombreux mouvements protestataires, tout particulièrement le féminisme, l'écologie et l'altermondialisme. Née dans une famille d'origine juive, Starhawk a d'abord été étudiante en arts à UCLA, avant de se tourner vers la psychologie à Antioch West University. Elle publie en 1979 son premier ouvrage, *The Spiral Dance : a Rebirth of the Ancient Religion of the Great Goddess*, qui comprend, outre une introduction générale à la théologie Wicca, une description du cadre de la pratique religieuse magique (le groupe de prière, ou convent) et propose un ensemble de rituels. Elle poursuit ce travail didactique portant sur les principes et les pratiques Wicca dans le cadre de nombreux séminaires de formation et dans plusieurs livres, dont en particulier *The Twelve Wild Swans*, co-écrit avec une autre sorcière issue de la tradition Reclaiming, Hilary Valentine. Cependant, elle ne confine pas son œuvre au genre, classique dans la tradition Wicca, de l'essai introductif et explicatif, ou encore du manuel de rituels, quoiqu'elle se livre à l'exercice dans *The Spiral Dance* : plusieurs de ses livres se présentent comme des contributions à la théorie politique du féminisme, de l'écologie et de l'altermondialisme. C'est le cas de *Dreaming the Dark : Magic, Sex and Politics* (1982), traduit en français sous le titre *Femmes, magie et politique* (2005), de *Truth or Dare* (1988) ou de son ouvrage sur l'altermondialisme *Webs of Power : Notes from the Global Uprising* (2003), partiellement traduit en français sous le titre *Parcours d'une altermondialiste* (2005). Dans ces essais, Starhawk s'attache à présenter la contribution politique des sorcières féministes Wicca à divers mouvements sociaux contemporains et à proposer des méthodes magiques d'action politique et de transformation sociale anticapitalistes : elle lie en particulier explicitement une méditation religieuse Wicca à une analyse politique marxiste et féministe.

Pour cette raison, l'expérience mystique de Starhawk est intrinsèquement politique : par exemple, elle décrit le blocage du site de construction d'une centrale nucléaire à Diablo Canyon en 1981 comme un moment décisif de son accomplissement religieux, dans la mesure où se révèlent clairement à elle l'efficacité du rituel de la danse en spirale – qui sera reproduit ensuite sous des formes diverses dans les contre-sommets altermondialistes de Seattle et de Québec –, mais également, de façon plus générale, la manière dont l'énergie du rituel peut renforcer les cadres organisationnels du mouvement politique. Les étapes du parcours de la militante apparaissent dès lors comme celles du cheminement initiatique de la sorcière, et la participation à des actions de protestation ou l'expérience de la répression accroissent la conscience religieuse de la pratiquante : en ce sens, le politique sert chez Starhawk de véhicule au religieux et lui permet de s'approfondir. La méditation magique de Starhawk ne s'adresse pas exclusivement aux membres des communautés néo-païennes, elle dialogue avec les différentes tendances féministes, écologiques et altermondialistes, avec lesquelles elle veille à établir des ponts non seulement idéologiques mais surtout pratiques, en décrivant les rituels magiques comme des formes d'action directe. En s'adressant simultanément à différents publics, qui la liront comme une mystique Wicca ou comme une activiste, Starhawk contribue à construire une éthique de l'ambivalence et du pluralisme, indissociable de sa pratique de la magie opératoire.

Brigitte Beauzamy

Bibl. : ***Œuvres* :** *Femmes, magie et politique*, trad. Morbic, Paris, Les Empêcheurs de penser en rond, 2005 ; *Parcours d'une altermondialiste*, trad. I. Stengers et E. Rubinstein, Paris, Les Empêcheurs de penser en rond, 2005. ***Études*** : B. BEAUZAMY, « L'action directe des sorcières Wicca dans les mouvements dits anti-globalisation : un paradigme féministe », *Politica Hermetica*, n° 20, 2006, p. 90-112 ; E. HACHE, « Starhawk, le rituel et la politique », communication au colloque Actuel Marx V, Section Études féministes, Panel féminisme, altermondialisme et utopie, 3-6 octobre 2007 ; H. BERGER, *A Community of Witches*, Columbia, University of South Carolina Press, 1999.

STARRABBA DI RUDINI, Alexandra, *carmélite* (Marie de Jésus, en religion, marquise Carlotti ; Naples, 1876-Le Reposoir, janvier 1931). — Née d'un père aristocrate napolitain, d'abord préfet de Palerme puis ministre, enfin président du Conseil de la jeune Italie, Alexandra mène une enfance assez libre et grandit dans un milieu où le christianisme est d'abord un phénomène social et politique. « Je n'avais rien de précoce en ce qui concerne les choses de Dieu », reconnaît-elle plus tard (Comastri, p. 48). Elle fréquente la meilleure société et épouse en 1895 le marquis Carlotti, dont elle a deux fils. Veuve à vingt-cinq ans, navrée d'avoir laissé son époux mourir sans religion, elle étudie la théologie, cherchant la foi par l'intelligence. Elle noue une ardente liaison avec l'écrivain Gabriele d'Annunzio, rencontré en 1903. Elle s'établit chez lui à Florence, au grand scandale des siens, mais elle est délaissée rapidement pour une autre. Puis elle perd son père (1908) sans avoir pu se réconcilier avec lui. Cherchant à se racheter, elle s'enferme dans la solitude, s'entretient avec l'abbé Gorel. À Lourdes, en août 1910, elle ressent « une impression de pardon et d'appel très vive », change alors de vie, jeûne, cesse ses lectures profanes. S'ensuit un long cheminement intérieur qui la conduit à entrer au carmel de Paray-le-Monial en 1911, sous le nom de Marie de Jésus. Malgré des difficultés concrètes et la mort prématurée de ses fils, sa prise d'habit lui fait connaître « la joie parfaite » (*Alessandra di Rudini*, 1981, p. 144) et attise sa « soif brûlante de Dieu ». Elle prononce ses vœux en avril 1913, devient maîtresse des novices (1914-1917), puis prieure. Dans ses « Cahier vert » (1912), « Carnet noir » (1917-1920), puis « Carnet jaune » (1926-1930), restés manuscrits, elle décrit son cheminement mystique, élabore des réflexions pratiques sur le carmel. Gardant des fantaisies d'aristocrate (ainsi son amour pour les chiens, sa désinvolture pour les horaires), elle mène de front trois fondations importantes : Valenciennes (1922-1924), Montmartre (1919-1928) et Le Reposoir (1922-1931), où elle finira ses jours.

Sa spiritualité s'inscrit dans la lignée thérésienne d'une vocation impliquant amour, oraison et sacrifice (elle se dit soldate du Christ, animée d'un « esprit d'amour et de flamme, au service de Dieu »). Son expérience mystique, fortement affective et centrée sur la personne du Christ, fait alterner joies et sécheresses spirituelles, selon la présence ou l'absence de celui qu'elle compare à l'Époux toujours fuyant et désiré du *Cantique des cantiques*. Dans ces « fiançailles infinies » où Dieu saisit l'âme jusqu'à la faire défaillir, elle connaît des états extatiques (elle se dit « buvant la lumière », « consumée du réel embrassement de Dieu », *Alessandra di Rudini*, 1981, p. 233) et visionnaires, par lesquels elle expérimente l'union véritable : « Si l'on veut savoir, qu'on se livre à l'étude de la théologie [...] si l'on veut s'unir à Dieu, il faut se mettre au-delà de toutes les acquisitions du savoir humain, dans l'obscurité de la foi » (*ibid.*, p. 200). Son christocentrisme est influencé aussi bien par Pierre de Bérulle que par les textes pauliniens : par la pénitence, les maladies, elle cherche à « reproduire le Christ dans sa Passion sainte », désireuse de partager ses souffrances réparatrices. Dans ses *Entretiens* avec Jacques Chevalier, Henri Bergson, avec qui elle correspond depuis 1927, déclare d'elle : « Jamais je n'ai mieux compris comment peuvent s'interpénétrer dans une âme d'élite la philosophie et la religion. »

Antoinette Gimaret

Bibl. : ***Vie*** : G. GOREL, *Marquise et carmélite. Souvenirs de son aumônier*, Paris, Téqui, 1935 ; *Alessandra di Rudini, carmélite, par une moniale* (mère Marie-Claude), Paris, Desclée de Brouwer, 1961 (rééd. 1981). ***Études*** : J. CHEVALIER, *Entretiens avec Bergson*, Paris, Plon, 1959 ; J. MAÎTRE, *Mystique et féminité : essai de psychanalyse sociohistorique*, Paris, Cerf, 1997 ; J. PEYRADE, *Figures catholiques du XXe siècle*, Paris, Téqui, 1998 ; A. COMASTRI, *Étoiles dans la nuit : Chemins de conversion au XXe siècle*, Saint-Maurice, Éditions Saint-Augustin, 2007.

STEIN, Édith. — *Voir* ÉDITH STEIN

STÉPHANIE QUINZANI DE SONCINO, *bienheureuse, tertiaire, dominicaine, stigmatisée* (Orzinuovi, 5 février 1457-Soncino, 1530). — Née près de Brescia dans une famille modeste, Stéphanie fut confiée par son père au dominicain Matthieu Correri, qui était son directeur de conscience. Celui-ci remit à la fillette, en héritage spirituel, la blessure mystique dont il avait eu lui-même la faveur. À sept ans, elle fait vœu de chasteté entre les mains de la Vierge, avec laquelle elle entretient une étonnante familiarité, et elle revêt l'habit des tertiaires de saint Dominique. Le Christ lui apparaît, escorté de sa Mère et d'une cohorte de saints : mariage mystique, symbolisé par un anneau précieux. Les anecdotes sont aussi nombreuses que convenues ; en revanche, c'est de façon précoce, hantée qu'elle est par la question du mal, qu'elle choisit ce qui va être sa ligne de vie : l'*expiation*. Privée de toute consolation sensible, assiégée de tentations, elle va, à partir de ses trente-trois ans, revivre *intérieurement* les souffrances de la Passion du Christ : agonie mystique, lumières théologiques, qui nourrissent une compassion attestée visiblement par stigmates et sueur de sang. La dynastie des Gonzague à Mantoue, comme la famille d'Este à Ferrare, aurait désiré l'enrôler au service de sa propagande ; mais, à la différence de la bienheureuse Osanna de Mantoue*, qui s'investira puissamment dans l'action publique, elle se refuse à toute récupération politique, même si elle intervient en faveur de la réconciliation entre les cités de Lombardie. Stéphanie préfère se mettre au service des déshérités et des malades : elle sera de bon conseil pour son amie, Angèle Merici*, la future fondatrice des Ursulines.

François Marxer

• *Voir aussi* : Angèle Merici

Bibl. : ***Vie et études*** : P. GUERRINI, « La prima “legenda volgare” de la b. Stefana Quinzani d'Orzinuovi, secondio il codice vaticano-urbinate 1755 », in *Memorie storiche della diocesi di Brescia*, I, 1930, p. 65-186 ; G. ZARRI, « Le sante vive. Per una tipologia della santità femminile nel primo Cinquecento », *Annali dell'Istituto storico italo-germanico in Trento*, 6, 1980, p. 371-445.

STERNBERG, Sarah ou Sarale, *maître et guide spirituel hassidique* (Sarah Frankel ; Tarnopol, Ukraine, 1836-?, 1937). — Le père de Sarah, Reb. Joshua Heschel Teomim Frankel, mourut alors qu'elle avait treize mois, et sa mère épousa plus tard Reb. Yosel, « le bon juif de Neustadt ». Sarah épousa Reb. Hayyim Samuel Sternberg (petit-fils de Reb. Yosel par sa première épouse) et bien que les disciples de son grand-père aient accepté de le suivre, Sarah, sans égal par ses connaissances hassidiques, tint le rôle de rebbe (rabbin hassidique) à part entière. Ses paraboles et aphorismes l'ont rendue célèbre. Même après la mort de son mari en 1916, les disciples et rebbes ont continué de lui rendre visite, de solliciter ses bénédictions, en lui présentant leurs *kvittlech* (requêtes) avec des présents. Elle distribuait ses biens à des œuvres de charité, ayant choisi de suivre la voie des privations et des jeûnes réguliers. Elle poursuivit sa vie de rebbe jusqu'à sa mort, à l'âge de quatre-vingt-dix-neuf ans, accompagnée lors de ses funérailles par une foule de dix mille personnes.

Mireille Loubet

• *Voir aussi* : Brokha

Bibl. : ***Vie et études*** : M. M. BRAYER, *The Jewish Woman in Rabbinic Literature : A Psychohistorical Perspective*, Hoboken (NJ), Ktav Publication Inc., 1986, p. 45 ; E. TAITZ, S. HENRY, C. TALLAN, *The*

JPS Guide to Jewish Women : 600 B.C.E.-1900 C.E., Philadelphie (PA), The Jewish Publication Society, 2003, p. 207.

SUN BU'ER, *taoïste* (Ninghai, 16 février 1119-Luoyang, 1182). — Sun Fuchun, plus connue sous son nom taoïste de Sun Bu'er ou « Sun la non-duelle », destinée à devenir l'une des patronnes de l'alchimie intérieure pour les femmes, naît dans la petite ville côtière de Ninghai, dans la préfecture de Dengzhou (Shandong) en Chine du Nord. Elle reçoit une bonne éducation, car elle est issue d'une grande famille ; le chant et la calligraphie sont ses passe-temps préférés. Elle épouse à Ninghai un homme appartenant lui aussi à une très grande famille noble : Ma Yifu, connu sous son nom taoïste de Ma Danyang, avec lequel elle a trois enfants.

En 1125, les Jürchet, une des branches des peuples toungouses, envahissent le nord de la Chine, obligeant la cour de l'empereur Huizong, établie à Kaifeng, à se replier dans le Sud, à Hangzhou. Wang Zhe ou Wang Chongyang, personnage qui va changer la vie de Sun Bu'er, est tout d'abord officier dans l'administration militaire des Jürchet, puis il se retire à l'âge de quarante-huit ans, c'est-à-dire en 1150, dans les monts Zhongnan (Shaanxi), pour mener une vie érémitique, dans laquelle l'ascèse joue un rôle important : ainsi débute la quête de celui qui va devenir le patriarche du courant de la Perfection totale (Quanzhen) – l'école taoïste la plus développée dans la Chine actuelle – et le maître de Sun Bu'er. L'été 1167, il vient à Ninghai et habite chez les Ma, où on lui construit dans le jardin du sud un petit ermitage. Il y fait une retraite de cent jours. Il en sort au début de l'année 1168 et emmène avec lui Ma Yifu, l'époux de Sun Bu'er, qui prend le nom religieux de Ma Danyang. Cet épisode marque le début du Quanzhen.

À cette occasion, Sun et son mari se séparent. Sun s'établit l'année suivante au temple du Lotus d'or (Jinlian tang) à Ninghai, où Wang Chongyang lui donne le nom religieux de Sun la non-duelle (Sun Bu'er), signifiant qu'elle quitte la société dans laquelle elle était une épouse de second rang pour se mettre en quête de l'immortalité. Elle reçoit aussi le surnom taoïste de « Dame sereine du calme et de la pureté » (Qingjing sanren). Wang Chongyang lui transmet les « formules secrètes des sceaux nuageux et des talismans célestes » (*tianfu yunzhuan*) : elle pratique ainsi l'écriture inspirée, laissant son pinceau être guidé par un immortel ou une immortelle qui se sert de son corps pour livrer des révélations au monde.

On rapporte qu'elle écrivait des poèmes. Mais les écrits qui lui sont attribués sont tous apocryphes et proviennent probablement de séances d'écriture inspirée. C'est le cas de quelques poèmes conservés dans une anthologie de textes taoïstes des Ming, le « Chant ininterrompu des grues » (*Minghe yuyin*, 1347), d'une série de quatorze poèmes intitulée « Étapes du cheminement dans la voie alchimique féminine » (*Kundao gongfu cidi*, fin XIXe s. ?) et d'un « Texte secret sur la Voie alchimique, transmis par la divinité originelle Sun Bu'er » (*Sun Bu'er yuanjun chuanshu dandao mishu*, XIXe s. ?), tous deux conservés dans les « Textes essentiels en complément au Canon taoïste » (*Daozang jiyao*, 1906).

Lorsque Wang Chongyang meurt à la capitale Kaifeng, en 1172, Sun Bu'er quitte le Shandong et traverse la Chine du Nord en proie aux troubles incessants, pour arriver, trois ans après son départ, dans le Shaanxi, où est enterré Wang et où vit son ancien mari, Ma Danyang. Ce dernier lui transmet les principes d'alchimie intérieure selon une tradition s'appuyant sur le *Livre des mutations* (III-IIe s. av. J.-C.).

Sun pratique pendant sept ans, elle laisse le souffle pénétrer son corps, en débloquer tous les nœuds, elle recouvre l'énergie de ses trois champs de cinabre (dans l'abdomen, le cœur et la tête). Elle inverse le cours des choses qui mène de la naissance à la mort pour recouvrer l'Un et former en elle l'élixir de longue vie. Pour cela, pendant de longues heures de méditation, assise dans le calme de l'esprit, elle « décapite le dragon rouge », c'est-à-dire qu'elle transmute l'écoulement de sang mensuel en une subtile énergie qui l'emplit entièrement. Dans une concentration toujours plus profonde, sa vitalité croît, son corps s'allège, sa nourriture devient de plus en plus ténue et la lumière inonde tout son intérieur. Elle finit par accomplir l'œuvre alchimique : elle réalise la Voie (le *Dao*).

Aux alentours de 1179, elle part pour Luoyang ; elle s'installe dans la grotte de l'immortelle Feng (Feng xiangu dong) – cette grotte étant vraisemblablement un temple –, où elle accueille quelques disciples. C'est là qu'elle meurt, non sans avoir eu la prescience de l'heure de sa mort et avoir pu l'annoncer à ses disciples. Avant de quitter le monde, devant ses disciples réunis, elle compose ce poème : « Revêtue de l'habit, j'attends, poings serrés, / Tandis que l'eau et le feu s'unissent selon un rythme précis. / Une myriade de rayons pourpres naissent au fond de l'océan [abdomen] / Et relient d'un coup les trois passes [du corps]. / Enlacée par les sons continus d'une immortelle musique, / Je savoure à chaque instant le nectar ; / Soudain, le voile se déchire et découvre la sublime panacée / Qui, neuf fois transmutée, est devenue l'élixir d'or. »

Au milieu du XIIIe siècle, Sun Bu'er est intégrée dans la liste des « Sept Parfaits », sept éminents lettrés et disciples de Wang Chongyang qui marquent les débuts de l'école de la Perfection totale. Au XIVe siècle, elle est honorée de titres posthumes par deux empereurs mongols. Sa popularité ne cesse de croître sous les Ming (1368-1644) et les Qing (1644-1911), ses hagiographies et les pièces de théâtre qui la mettent en scène s'enrichissent de faits fabuleux et romancés ; elle devient l'une des femmes les plus vénérées par les adeptes de l'alchimie féminine et le personnage principal des lignées de transmission de ces techniques. De nos jours, les taoïstes du Temple des nuages blancs (Baiyun guan) célèbrent encore son anniversaire à Pékin, dès l'aube ; ils exécutent des rituels et font des offrandes devant sa statue dans la salle des Sept Parfaits.

Catherine Despeux

• *Voir aussi* : Miu Miaozhen

Bibl. : ***Études*** : C. DESPEUX, *Immortelles de la Chine ancienne. Taoïsme et alchimie féminine*, Puiseaux, Pardès, 1990, p. 111-126 ; C. DESPEUX et L. KOHN, *Women in Taoism*, Cambridge, Three Pines Trees, 2003, p. 140-149.

SUSTER BERTKEN, *recluse chrétienne* (Berta Jacobs ; Utrecht, 1426/1427-25 juin 1514). — Née à Utrecht, en Allemagne, Berta Jacobs est la petite-fille du prévôt de l'église Saint-Pierre de la ville. À vingt-quatre ans, elle entre dans le monastère de Jérusalem, qui fait partie du chapitre de Windesheim. En 1456 ou 1457, Suster (« sœur ») Bertken se retire dans une cellule, dans le chœur de la Buurkerk d'Utrecht, jusqu'à sa mort.

Pendant cinquante-sept ans, elle se détourne des préoccupations terrestres pour se consacrer entièrement à Dieu. Pauvre, elle passe la plupart de son temps en prière et méditation. Elle parle parfois aux passants, qui la visitent pour des conseils ou pour trouver une oreille attentive. Elle est l'auteur de quelques écrits publiés après sa mort, *Een seer devoet van die passie ons liefs heren Jhesu Christi tracterende* (« Très pieux livret de la Passion de Notre Seigneur Jésus-Christ »), qui se compose essentiellement de prières d'heures consacrées à la méditation de la Passion du Christ, et *Suster Bertkens boeck dat sy selver gemaect ende bescreven heeft* (« Le livre de Suster Bertken, qu'elle a fait et écrit elle-même »), qui contient une série de prières, un dialogue mystique entre l'âme et son fiancé, un traité de la sainte nuit, qui a pu être inspiré d'une vision, et huit cantiques exprimant sa quête et son union mystique.

Audrey Fella

Bibl. : ***Œuvre*** : *Mi quam een schoon geluit in mijn oren. Het werk van Suster Bertken*, rééd. et illustré par J. von Aelst, F. Van Buuren et A. Meike Tan, Hilversum (Pays-Bas), Verloren Uitgeverij, 2007. ***Vie et études*** : A. M. J. VAN BUUREN, « Suster Bertken (1426/1427-1514) : Kluizenares en schrijfster », *in* J. Aalbers *et al.* (dir.), *Utrechtse biografieën...*, Amsterdam, Boom, 1994 ; F. WILLAERT, notice *in* P. Dinzelbacher (dir.), le *Dictionnaire de la mystique*, Turnhout, Brepols, 1993.

SWETCHINE, Sophie, Mme, *laïque* (?, 1782-Paris ?, 1857). — D'origine russe, Sophie Swetchine fut d'abord marquée par l'esprit des Encyclopédistes français. Elle découvrit la religion orthodoxe et la foi personnelle en 1801. Convertie au catholicisme en 1815, elle exerça une influence profonde et surnaturelle sur des « hommes de valeur qu'elle fut amenée à éclairer », dont Henri Lacordaire. Après avoir tenu salon à Saint-Pétersbourg, veuve, elle se fixa à Paris en 1825. Dans ses écrits, on note un passage qui porte sur le sujet assez rarement abordé du bon usage spirituel de la vieillesse : « La nuit est la vieillesse de la journée, et néanmoins la nuit est pleine de magnificences, et pour bien des êtres elle est plus brillante que le jour. Pour beaucoup, la nuit est le lieu de la pensée, comme "Dieu est le lieu des esprits et l'espace celui des corps". C'est là que la réflexion donne rendez-vous, que le recueillement cherche un asile, que l'on entend, que l'on comprend mieux ce silence qui, selon la parole de Philon, "est la voix de Dieu". C'est à la vieillesse qu'est accordée la manifestation de Dieu la plus intime et la plus évidente, comme c'est à la nuit qu'il a été donné d'être témoin de la naissance du Christ et de sa résurrection [...] » (*Traité de la vieillesse*, 63). Mme Swetchine est un rare exemple, oublié, d'une laïque vivant à une époque qui célébrait plus les saintes ou les visionnaires que les mystiques.

Dominique Tronc

Bibl. : *Œuvre* : *Madame Swetchine, sa vie et ses œuvres*, comte de Falloux (éd.), t. II *Œuvres et méditations*, Paris, Auguste Vaton, 1916, 2 vol.

SYMON DE LONGPRÉ, Catherine. — *Voir* CATHERINE DE SAINT-AUGUSTIN

T

TÂHÉRÉ QORRAT Ol-'EYN, *figure spirituelle de l'islam, adepte du sheykhisme et du babisme* (Fatemeh Baraqâni ; ?, v. 1817-Téhéran, août 1852). — Fatemeh Baraqâni, connue plus tard sous le titre de Tâhéré (« la pure ») Qorrat ol-'eyn (« consolation des yeux »), naquit vers 1817 au sein d'une famille appartenant au haut clergé chiite, aussi bien du côté de son père que du côté de sa mère (elle-même théologienne accomplie, fait très rare à cette époque). Dès son plus jeune âge, elle fut remarquée par son père pour son intelligence et sa vivacité d'esprit et reçut de ce fait un enseignement complet en arabe : théologie, sciences coraniques, exégèse et littérature. Tâhéré fut très tôt autorisée par son père à assister, derrière un rideau, aux sessions de débats théologiques propres au chiisme. Malgré cela et comme le voulait la coutume, elle fut mariée vers l'âge de quatorze ans à l'un de ses cousins, lui aussi destiné aux fonctions religieuses, et le couple partit vivre en Irak, dans la ville sainte de Kerbala. Là, Tâhéré fit la connaissance des cercles Sheykhi très actifs à cette époque et adhéra au sheykhisme, doctrine messianiste chiite à tendance très libérale quant au dogme, qui appelait à une réforme en profondeur de toutes les structures religieuses et sociales. Elle y fut si bien initiée et se prit d'une telle passion pour cette cause qu'elle décida de délivrer un enseignement itinérant pour convertir un maximum de personnes à celle-ci. Son éloquence, sa prestance et son charisme lui attirèrent, dans toutes les villes où elle passait, à la fois des adeptes passionnés et des ennemis acharnés. Son beau-père et son mari jugeant ces doctrines hétérodoxes et voulant l'empêcher de prêcher, elle finit par quitter le domicile conjugal et même par renoncer à revoir ses trois enfants. Son comportement, absolument scandaleux pour une femme aux yeux de la société, ses opinions et son attachement indéfectible au Bâb (Siyyid'Alî Muhammad Shîrâzi) lui valurent d'être chassée d'Irak et de mener une vie d'errance dans laquelle seule compatit pour elle sa foi dans la doctrine du maître. Le Bâb, personnalité charismatique pour qui elle ressentait une véritable passion mystique, était le fondateur du babisme, un mouvement religieux réformateur et millénariste issu du sheykhisme, qui promouvait l'abolition de la charî'a ainsi que de la propriété privée et une lecture mystique du texte sacré. Tâhéré Qorrat ol-'Eyn fut l'une des figures de proue de ce mouvement, qui eut une incidence majeure sur l'évolution de l'histoire iranienne et dont les adeptes furent pourchassés et tués par le pouvoir en place appuyé par le clergé chiite. Ainsi, lorsque, en 1847, son oncle et beau-père fut assassiné par un adepte fanatique du Bâb, elle fut accusée d'avoir participé à ce crime, arrêtée, puis placée en résidence surveillée. Elle sera finalement mise à mort en août 1852, à la suite d'une tentative d'assassinat sur le jeune Nasser al-din Shâh par des babis fanatiques. Elle ne fut pas exécutée publiquement, comme les autres adeptes du Bâb, mais assassinée par strangulation dans le plus grand secret et jetée dans un puits.

Elle fut l'une des premières femmes iraniennes à oser prendre la parole pour exprimer publiquement sa foi et sa passion, pour décrire aussi dans des poèmes exaltés, ses aspirations spirituelles. Pourtant, ses écrits n'ont jamais été réunis et il ne subsiste d'elle qu'un seul recueil de poèmes publié une centaine d'années après sa mort. On y retrouve les brûlures de son cœur et la puissance de sa foi. Comme tant de poètes spirituels avant elle, elle chante l'Aimé divin, les douleurs de l'amour et les joies de l'union.

Leili Anvar

Bibl. : ***Œuvre*** **:** T. AMIN BANAI, *A Portrait in Poetry : Selected Poems of Qurratu'l-Ayn*, Los Angeles, Kalimat Press, 2004. ***Vie et études*** : E. BROWN, *A Literary History of Persia* Cambridge, Cambridge University Press, 1969 ; M. L. ROOT, *Tahirih the Pure* (1938), Los Angeles, Kalimat, 1981 ; F. MILANI, *Veils and Words : the Emerging Voices of Iranian Women Writers*, Syracuse/New York, Syracuse University Press, 1992.

TAÏGI, Anne-Marie. — *Voir* ANNE-MARIE TAÏGI

TAMISIER, Rose, ***dite*** **« Rosette »,** *laïque* (Saignon, 1816-Villeneuve-lès-Avignon ?, 1899). — Fille de paysans pauvres, à la santé très fragile et estropiée, qui a vu dès l'âge de huit ans une « dame », Rosette commence en vain un noviciat chez les sœurs de la Présentation de Salon. Elle est réputée avoir des pouvoirs thaumaturgiques, des extases et être parfois affectée sur la poitrine de stigmates dessinant diverses figures. Le dimanche 10 novembre 1850, elle prie dans la chapelle du calvaire à Saint-Saturnin-lès-Apt, en compagnie de son amie Joséphine Imbert. Rosette lui montre sur le tableau de la pietà surmontant l'autel du sang frais sur la plaie de la main droite du Christ. Elles goûtent ce sang, en recueillent sur un mouchoir et alertent le curé. Le fait se renouvelle les 13, 16 et 20 décembre, en présence de Rosette en prière. Le docteur Clément et le sous-préfet constatent le fait (le 20 décembre). Une enquête diocésaine diligentée par l'archevêque d'Avignon, très sceptique, rejette l'hypothèse d'un miracle. On soupçonne Rosette d'user du sang régurgité par une sangsue. Le tribunal correctionnel s'étant déclaré incompétent, elle fut condamnée par la cour d'appel de Nîmes à six mois de prison et seize francs d'amende pour outrages par gestes envers des objets de culte (elle fut également accusée d'avoir volé des hosties). Incapable de payer les frais du procès, elle ne fut libérée qu'en décembre 1852, ayant séjourné près de vingt-deux mois en prison. Refusant de reconnaître une supercherie de sa part, elle resta interdite de sacrements. Elle vécut ensuite discrètement, de façon jugée édifiante.

« L'affaire Tamisier » fut relatée par la presse nationale, et Victor Hugo en fit une brève allusion dans *Les Châtiments* : « [...] Crois / À Rose Tamisier faisant saigner sa croix [*sic*] ». Elle pose le problème de la « mystique au village », marginalisée par ses handicaps physiques et sociaux, et peut-être sa piété, laquelle semble déjà en butte à la suspicion de certains avant ce « miracle » – dont elle a pu être la victime et non l'instigatrice.

Régis Bertrand

Bibl. : *Études* : M. GARÇON, *Rosette Tamisier ou la miraculeuse aventure*, Paris, L'Artisan du Livre, 1929 ; R. BRUNI, *Crimes et mystères en Provence*, Avignon, Cheminements, 1990, t. I, p. 127-204 ; J. BOUFLET, article *in* J.-P. Chantin (dir.), *Dictionnaire du monde religieux dans la France contemporaine*, Paris, Beauchesne, 2001, t. 10. *Les Marges du christianisme*, p. 231-233 ; ID., *Encyclopédie des phénomènes extraordinaires dans la vie mystique*, Paris, Le Jardin des livres, 2002-2003, t. I, p. 192-195 ; J. MAÎTRE, *Mystique et féminité : essai de psychanalyse sociohistorique*, Paris, Cerf, 1997, p. 349.

TAVERNIER, Nicole, *laïque, visionnaire* (Reims, XVIe-XVIIe s.). — Originaire de Reims, Nicole Tavernier s'installe à Paris en 1594, au temps de la Ligue, avec la réputation d'être une sainte fille et d'opérer des miracles : elle explique les Écritures, prêche contre l'hérésie, proclame que les guerres sont une punition de Dieu, elle a des extases, des visions, des révélations. Elle rejoint le cercle de Mme Acarie*. Elle est consultée par les nobles, les prêtres, les religieux. Elle menace de calamités si le peuple ne se repent pas de ses péchés. Mais une rivalité s'installe entre les deux femmes et, au bout de quatre ans, Mme Acarie la soupçonne de fraude, notamment à cause de ses discours contre les Capucins. Après avoir subi un exorcisme, elle retourne à Reims où elle se marie ; peut-être est-elle devenue calviniste.

Yves Krumenacker

• *Voir aussi* : Acarie

Bibl. : *Étude* : S.-M. MORGAIN, *La Théologie politique de Pierre de Bérulle (1598-1629)*, Paris, Publisud, 2001, p. 46-51.

TERESA DE CALCUTTA, mère, *bienheureuse, fondatrice de la Congrégation des Missionnaires de la Charité* (Agnès Gonxha Bojaxhiu ; Skopje, 26 août 1910-Calcutta, 5 septembre 1997). — L'opinion mondiale, et surtout européenne, a érigé mère Teresa de Calcutta en icône de la charité efficiente, et son rayonnement a été salué en 1979 par le prix Nobel de la paix, pour son action en faveur des déshérités, après qu'elle a reçu le prix Padmashari en Inde en 1962 ; de plus, la coïncidence de son décès avec celui, pathétique, de lady Diana, ne fit, par contraste, que renforcer sa quasi-légende. Dans l'imaginaire français, elle prend place au côté de l'abbé Pierre (Henri Grouès) et de sœur Emmanuelle, « la chiffonnière du Caire », pour incarner les « valeurs » humanitaires et présenter un visage acceptable du catholicisme dans une société profondément séculière et laïcisée : une réputation qu'a consacrée sa béatification le 19 octobre 2003, la procédure d'introduction de sa cause en canonisation ayant été accélérée par la volonté expresse du pape Jean-Paul II, qui fut l'un de ses plus actifs soutiens. Il est possible qu'une telle célébrité se soit également inscrite dans la vision de l'esprit européen, sorti du désastre des deux guerres mondiales et confiant dans l'avènement d'une ère post-historique, post-traumatique, où sont supposés triompher la loi du plus faible et le souci des sociétés défavorisées. L'action caritative (ou humanitaire, son substitut laïcisé) ayant plus que jamais une dimension sociale et politique.

Agnès Gonxha Bojaxhiu est née en Macédoine, alors sous le pouvoir de l'Empire ottoman. Son père, Nikola, mourant prématurément en 1918, sa mère, Drane, élève courageusement et vertueusement cette fille, qui manifeste une grande précocité spirituelle, faisant sa première communion dès l'âge de cinq ans et demi. Ce dynamisme intérieur est entretenu par le rayonnement de la paroisse voisine du Sacré-Cœur, tenue par les Jésuites. En septembre 1928, Agnès quitte sa Macédoine natale pour l'Irlande : elle entre en effet chez les Sœurs de Lorette, dénomination familière de l'Institut de la Vierge Marie, où elle devient « sister Mary Teresa » (sous le patronage de Thérèse de Lisieux*). En décembre, elle embarque pour les Indes et arrive à Calcutta le 6 janvier 1929. Ayant émis ses premiers vœux en mai 1931, elle est nommée à la communauté de Loretto Entally et enseigne à l'école de filles Sainte-Marie, dont elle deviendra la directrice en 1944.

Elle a prononcé ses vœux perpétuels le 24 mai 1937, mais le tournant d'une existence jusque-là heureuse et bien remplie a lieu le 10 septembre 1946, au cours d'un trajet en chemin de fer, alors qu'elle se rend à Darjeeling pour une retraite spirituelle : elle entend intérieurement « un appel dans l'appel » qui fait croître en elle une soif inextinguible d'être de ces « victimes d'amour », toutes données au Christ. Elle comprend l'injonction qui lors s'impose à elle : « Viens, sois ma lumière », comme une invitation à se mettre au service du Christ au cœur de la détresse spirituelle des déshérités de la société indienne : « Je savais que je devais suivre Dieu vers ceux qui, à l'image de Jésus, n'ont pas où reposer la tête [...], ceux qui connaissent la nudité, le mépris, l'abandon. » S'esquisse le projet de la Communauté des Missionnaires de la Charité, et c'est le 17 août 1948 que, revêtue de ce sari qui l'immortalisera aux yeux des foules, mère Teresa quitte son couvent de Lorette pour entrer dans le monde des pauvres. S'étant initiée aux tâches d'infirmière, elle se rend dans l'un des bidonvilles de Calcutta le 21 décembre, où elle ne tardera pas à être rejointe par quelques-unes de ses anciennes élèves. Le 7 octobre 1950, la Congrégation des Missionnaires de la Charité est établie dans l'archidiocèse de Calcutta ; elle commencera à étendre son action à l'ensemble de l'Inde au début des années 1960. Le pape Paul VI ayant approuvé cette initiative en février 1965, mère Teresa fonde des communautés au Venezuela, puis à Rome même, en Tanzanie et jusque dans les pays communistes, URSS, Albanie et Cuba. Elle meurt à Calcutta, où elle était retournée, après avoir démissionné pour raison de santé de sa charge de supérieure générale.

La publication (certes partielle) en 2007 de la correspondance de mère Teresa avec ses directeurs spirituels jeta l'opinion publique dans la stupeur, quand elle apprit ainsi que celle dont le sourire chaleureux témoignait d'une inépuisable énergie et d'une sérénité inébranlable, avait connu, sa vie durant, une nuit intérieure, (trop) rapidement qualifiée d'« obscure », en référence à la doctrine de saint Jean de la Croix, et qui ne semblait que s'être à peine estompée sur la fin de son existence. Il est bien entendu aussi difficile que délicat de se prononcer sur un tel parcours, si obstinément marqué par l'épreuve nocturne. Épreuve que les commentaires officiels n'ont certes pas minimisée, mais ont intégrée comme une preuve supplémentaire de la sainteté douloureuse et *passionnée* de « la sainte de Calcutta ». Qu'ait retenti « l'appel dans l'appel », telle une intériorisation accrue, aura paradoxalement suscité un élargissement des perspectives dans lesquelles mère Teresa évoluait jusque-là : déplacement du centre de gravité en quelque sorte, qui se fixera désormais dans un réel tragique, celui, illimité, de la misère, de l'abandon, de la mort. De quoi faire surgir l'angoisse, ou la réveiller, si jamais elle s'était camouflée derrière le langage spirituel (vocabulaire, notions, représentations) et rituel (pratiques et coutumes) de la vie religieuse. Peut-être touche-t-on là l'illusion à laquelle expose un langage reçu, emprunté ou adopté, et qui *paraît* habité, mais qui, en fait, obture le lieu du secret ou de la fragilité intérieure. Un porte-à-faux pour ainsi dire, dont Teresa aurait eu comme le pressentiment.

Le réel de la détresse extrême reconduit à une solitude abyssale, en dépit (ou en raison) de la promiscuité des bidonvilles ou de la sociabilité convenue des cérémonies officielles. Et dans cette solitude (dont seule la proximité de la communauté de ses sœurs pouvait atténuer la morsure) se mesure la *perte* d'un Dieu absent, devenu littéralement le signifiant vide qui hante la (post-)modernité, une perte dont Teresa se fera scrupule ou culpabilité. Apparemment, elle n'aura pas réussi la transposition (la sublimation) – génialement opérée par sa sainte patronne, la carmélite de Lisieux (peut-être manquait-elle du matériau imaginaire dont usait la « petite Thérèse » ?) – qui consent à une *jouissance* d'être, s'autorisant autant de la vigueur créatrice à réaliser un projet, une œuvre, que de la préoccupation des « petits riens » de l'existence, qui subsistent malgré le dépouillement, inévitable ou volontaire, qui finit par s'imposer dans toute vie humaine digne de ce nom.

François Marxer

• *Voir aussi* : Thérèse de Lisieux

Bibl. : *Œuvre* : « *Viens, sois ma lumière* », *Les écrits intimes de* « *la sainte de Calcutta* », Paris, Lethielleux, 2007. ***Vie et étude* :** F. FOLLO, *Prier quinze jours avec Mère Teresa*, Paris, Nouvelle Cité, 2003.

TERESA DE CARTAGENA, *cistercienne et écrivain* (Burgos, v. 1425-?). — Teresa de Cartagena y Saravia naquit en Espagne dans une famille aisée de juifs convertis au catholicisme (*conversos*). Elle était la fille de don Pedro de Cartagena, gouverneur de Burgos, qui appartenait à la puissante famille espagnole des Santa María de Cartagena, et de doña María de Saravia, sa première épouse. Son grand-père paternel, le rabbin Selomoh Ha-Lévi s'était converti au christianisme en 1390. Sous son nom de baptême, Pablo de Santa María, il devint évêque de Cartagena, d'où provient le nom de cette famille, puis évêque de Burgos en 1415. Deux autres de ses fils, don Gonzalo et don Alfonso, furent respectivement évêques de Sigüenza et de Burgos. Teresa, orpheline de mère à quinze ans, fut envoyée poursuivre ses études à Salamanque. Elle y demeura quelques années, sans fréquenter les milieux universitaires officiels, y menant la vie d'une jeune femme ambitieuse et, selon elle, aux mœurs relâchées. Vers 1445, elle fut admise au couvent des Franciscaines de Sainte-Claire, à Burgos. Comme beaucoup d'ordres religieux, les Clarisses étaient peu accueillantes envers les *conversos.* En 1449, ayant obtenu une dispense du pape Nicolas V, grâce à l'intervention de son oncle don Alfonso, alors évêque de Cartagena, elle fut admise au monastère cistercien de Santa María la Real de las Huelgas, à Burgos ; les Cisterciennes étaient plus compréhensives envers les juives converties. Elle y fut atteinte d'une grave maladie qui la rendit complètement sourde. Dans son testament (6 juillet 1453), don Alfonso légua à sa nièce Teresa cent florins pour contribuer à sa dot de religieuse.

La vie spirituelle de Teresa de Cartagena fut le fruit de l'infirmité dont elle fut atteinte. Elle exprima très directement les bénéfices spirituels personnels qu'elle retira ou, de façon plus générale, que l'on peut retirer de la souffrance physique, dans l'ouvrage principal qu'elle écrivit à ce propos, entre 1453 et 1460 : l'*Arboleda de los enfermos* (l'« Arborescence des malades ») dans lequel elle ébauche, discrètement mais clairement, parmi d'autres considérations, le journal de son âme et ses propres expériences surnaturelles. Vingt ans après le début de sa surdité, elle y rend compte de la solitude où l'enferma sa maladie, de la souffrance qui précéda le dégoût d'elle-même provoqué par son handicap. Elle évoque la lecture solitaire qui put, seule, la soulager de cette intolérable coupure avec autrui. Méditant sur son infirmité, qui l'enfermait comme dans une geôle, elle l'interprète comme un signe de la volonté divine de la délivrer des « divertissements » de la vie quotidienne, afin qu'elle puisse vouer son attention à sa vie intérieure et donner leur plénitude aux vertus cardinales et théologales. La surdité, écrit-elle, « a fermé les portes de mes oreilles par où la mort pénétrait jusque dans mon âme et elle a ouvert les yeux de mon entendement, alors je vis et suivis le Sauveur ». Teresa constate que la vacuité des heures, prenant une dimension transcendantale, la rapproche de Dieu. Si le copiste Pero López indique que cet ouvrage fut écrit à l'attention de « la vertueuse dame » doña Juana de Mendoza, épouse de Gómez Manrique – corregidor de Tolède, éminent poète et dramaturge, figure politique importante de son temps –, il semble cependant qu'il s'adresse à un public féminin plus vaste, et tout particulièrement aux malades, afin qu'ils puissent eux aussi bénéficier de la grâce spéciale que lui valut son mal. Outre l'expérience de Teresa, le traité – qui débute sous forme allégorique – est parsemé de traductions en espagnol et de gloses d'extraits scripturaires (faisant surtout référence à Job, « le Maître des Patiences », personnage symbolique plus qu'historique ; Jb I, 42), patristiques (saint Augustin, saint Grégoire le Grand, saint Jérôme, saint Ambroise), philosophiques (Boèce) et littéraires (Boccace), qui exaltent la supériorité des biens spirituels sur les biens temporels. L'autre partie de l'ouvrage propose une savante dissertation sur la patience, son étymologie, les divers degrés auxquels elle s'exerce.

L'*Arboleda de los enfermos* est un livre « d'autoconsolation » alors même qu'à l'époque le genre littéraire de la *consolatio* était écrit seulement par des hommes à l'attention des hommes. Par humiliation devant le sexe dit *fort*, Teresa insista donc sur la faiblesse de son intelligence, « la bassesse et la grossièreté de son esprit féminin ». Les clercs de l'époque, considérant que l'auteur d'une œuvre d'une telle qualité ne pouvait être qu'un homme dissimulé sous un pseudonyme féminin, provoquèrent une tempête de critiques et lui réservèrent un accueil très hostile. C'est ainsi que Teresa s'empressa de rédiger un autre livre réhabilitant le talent littéraire des femmes, *Admiraçión operum Dey* (« Admiration des œuvres de Dieu »). Dans cet ouvrage, elle commence par réfuter le préjugé courant selon lequel les handicapés et les démons ont des affinités particulières. Elle affirme au contraire, avec conviction, que toute personne infirme, en raison même de son infirmité est « d'autant plus aimée et plus proche de Dieu ». Si l'*Arboleda de los enfermos* était bien « une autoconsolation », son deuxième livre se présente comme « une autodéfense », revendiquant la totale capacité des femmes à se consacrer à des œuvres d'érudition. Teresa réfuta ainsi les détracteurs de son premier ouvrage, dont elle fit l'apologie, en leur opposant divers arguments, notamment ceux-ci : 1) si Dieu a accordé le don de l'écriture, il l'a également accordé aux femmes ; 2) que les femmes, traditionnellement, n'aient pas écrit, cela ne signifie pas que l'écriture des femmes soit moins naturelle ; 3) mettre en question l'autorité de Dieu, quant à la distribution de ses biens, est une offense envers lui. Comme tous les écrivains de son époque, Teresa considère qu'elle est inspirée par Dieu ; affirmant avec assurance ses talents, elle s'étonne que les hommes soient surpris qu'une femme puisse écrire des traités. Entre autres références à la Bible, elle cite en exemple Judith (Jdt XIII, 8), la faible femme qui vainquit le redoutable général Holopherne. Elle remarque également que les femmes possèdent des qualités dont les hommes sont dépourvus : « Il est plus habituel que l'éloquence soit le propre des femmes plutôt que la force. Il se pourrait bien que le Seigneur accorde la dextérité, l'intelligence et la grâce à n'importe quelle femme de pouvoir réaliser ce que tout autre femme pourrait exécuter, et que, le cas échéant, certaines personnes du sexe masculin ne sauraient accomplir. » En écho aux stéréotypes de son époque, elle reconnaît que des tâches spécifiques sont réservées à l'un ou l'autre sexe : « Il revient à l'homme d'être le gardien des territoires extérieurs et de savoir gagner les biens de fortune, de même que de gouverner et de défendre leurs patries, et à la femme grâce à son adresse, son labeur et autres travaux domestiques et délicats, de donner force et vigueur et sans doute d'autres menus soutiens aux hommes. » Elle avance avec audace que si Dieu a créé un sexe plus robuste que l'autre, ce n'est pas pour favoriser l'un par rapport à l'autre : « On pourrait bien se demander à ce propos lequel est le plus fort, celui qui a besoin d'aide ou celui qui apporte son aide ; le bon sens, parfois, en décide. » Proclamant, en définitive, une certaine égalité, du moins littéraire et spirituelle, entre l'homme et la femme, elle ajoute non sans malice : « Il n'est pas question d'offenser l'état supérieur et honorable des hommes sages, ni davantage de vanter la supériorité de la femme, mais seulement de louer la toute-puissance et la sagesse et la magnificence de Dieu. » En outre, diverses influences ont été discernées dans ses écrits : celles de Gómez Manrique, Pedro de Luna, futur pape sous le nom de Benoît XIII, Raymond Lulle, Alfonso de la Torre, Ibn Gabirol, ainsi que des échos de la pensée ascétique juive.

La spiritualité et la dimension mystique de Teresa de Cartagena, qui incite à expérimenter les bienfaits des secrets de Dieu, se manifestent dans l'intensité des souffrances qu'elle endura avec patience, la conscience qu'elle eut, grâce à celles-ci, de l'Esprit divin qui demeurait en elle et la charité qu'elle employa à consoler les infirmes en leur montrant les richesses que contenaient les maladies : « Je devais communiquer aux autres cette force que j'avais trouvée et leur ouvrir la voie pour leur propre connaissance d'eux-mêmes. Il y a beaucoup de gens malades et ils doivent savoir que, même aux prises avec la maladie et leurs limites, ils conservent une grande richesse, de grandes possibilités de bonheur et de jouissance personnelle [...]. Et mes écrits sortirent des clôtures de mon couvent (l'endroit où j'avais trouvé enfin la liberté) et commencèrent à parvenir à beaucoup de gens qui, grâce à eux, prirent conscience de leurs limites et des grandeurs de la maladie. Je me sentis libre, utile et heureuse. »

Grâce à sa sensibilité particulière et sa force de caractère hors norme, véhiculées dans ses deux opus, Teresa de Cartagena a pris place parmi les noms les plus fameux de la littérature religieuse du XVe siècle, à côté de ceux de théoriciens tels que El Arcipreste de Talavera (Alfonso Martínez de Toledo), Alfonso de Cartagena et Fray Martín de Córdoba.

Bernard Sesé

Bibl. : *Œuvre* : *Arboleda de los enfermos* et *Admiraçión operum Dey*, L. J. Hutton (éd.), Madrid, BRAE, 1967. ***Vie et études* :** M. CORTÉS TIMONER, *Teresa de Cartagena, primera escitora mística en lengua castellana*, Málaga, Universidad de Málaga, 2004 ; A. DEYERMOND, « El convento de dolencias. The Works of Teresa de Cartagena », *Journal of Hispanic Philology*, n° 1, 1976-1977, p. 19-29 ; R. QUISPE-AGNOLI, « De Teresa de Cartagena a Sor Inés de la Cruz : hacia una tradición hispánica de la literatura femenina », *Boletín del Instituto Riva Agüero*, n° 24, Editores Pontificia Universidad católica del Perú, 1997 (2000), p. 453-466 ; V. GARCÍA, L. MIGUEL, « La defensa de la mujer como intelectual en Teresa de Cartagena y Sor Juana Inés de la Cruz », *Mester*, vol. XVIII(2), 1989, p. 95-104.

TÉTREAULT, Délia. — *Voir* DÉLIA TÉTREAULT

TEYSSONNIER, Marie. — *Voir* MARIE DE VALENCE

THÉODELINDE DUBOUCHÉ, *vénérable, carmélite, fondatrice de la Congrégation de l'Adoration Réparatrice* (Marie-Thérèse du Cœur de Jésus en religion ; Montauban, 2 mai 1809-Paris, 30 août 1863). — Née dans une famille peu croyante, Théodelinde (Bourcin-)Dubouché assure seule son éducation religieuse, dès sa première communion, avec l'aide de Dieu. À quatorze ans, elle reçoit ses premières grâces mystiques ; à seize ans, elle décide de garder sa virginité. Artiste dans l'âme, elle est dotée d'un talent de portraitiste. Pendant plusieurs années, elle se dévoue à sa mère malade, puis à son père, qu'elle a la joie de ramener successivement à Dieu. Généreuse, elle pratique la charité envers les nécessiteux. De 1846 à 1848, elle est marquée par des grâces extraordinaires – la vision eucharistique à Notre-Dame de Paris, la vision de Jésus crucifié et la vision du Cœur du Christ qui rejoint le sien par un canal d'or –, qu'elle reçoit avec simplicité et qui la préparent à la mission d'adoration et de réparation à laquelle Dieu la destine. En 1848, elle regroupe ainsi plusieurs âmes éprises du même idéal dans la chapelle du carmel de la rue d'Enfer à Paris. En quelques semaines, deux milles membres s'agrègent à l'association réparatrice, lancée d'après l'idée de sœur Marie de Saint-Pierre (Françoise-Perrine-Julienne Éluère), carmélite de Tours, et érigée par l'archevêque de Paris, Mgr Affre, grâce à l'impulsion de Théodelinde. La même année, elle reçoit du Seigneur, lors d'une apparition, l'ordre de fonder une congrégation religieuse vouée à l'adoration réparatrice. Ayant prononcé ses vœux en 1849 et pris le nom de mère Marie-Thérèse du Cœur de Jésus, elle rédige les Constitutions de la congrégation de l'Adoration Réparatrice, qui prend tout d'abord la forme d'un tiers ordre régulier rattaché au Carmel. Le 8 novembre 1855, voulant sauver le saint sacrement des flammes, elle est gravement brûlée lors d'un incendie qui ravage la chapelle. Les années suivantes sont marquées par de terribles souffrances tant physiques que morales. Elle fait profession perpétuelle le 10 février 1859. Trois communautés ont alors vu le jour, Paris, Lyon et Châlons-sur-Marne, auxquelles s'ajoute, après sa mort, une première vague de fondations, à Lille, Cannes, Londres et Liverpool.

Théodelinde Dubouché est l'auteur de lettres, d'écrits et de conférences – tirées des instructions et méditations éditées à l'usage privé sous le titre *Esprit de l'Œuvre*, duquel se détache un *Traité de l'esprit de l'adoration réparatrice* (1897). Elle laisse également une *Autobiographie* (rédigée en 1852 à la demande de son directeur) et une *Retraite des Béatitudes*. Attachée à Thérèse d'Avila*, « sa mère et sa patronne », elle voit l'Église comme un foyer de vie intérieure, réservé aux âmes promptes à vivre dans l'adoration et le sacrifice. Considérant l'adoration comme un acte d'amour, elle incite ainsi chaque religieuse à coopérer à la rédemption en s'unissant aussi intimement que possible à Jésus-Hostie, Adorateur et Réparateur. « Voilà donc notre vie [...] nous oublier nous-mêmes pour ne penser qu'à la gloire de Dieu et au salut des âmes, sans autre moyen nécessaire que de tendre sans cesse à une union plus parfaite avec notre Jésus dans son état d'adoration et de réparation permanent. » En ce sens, elle invite à trois oraisons par jour : une le matin, orientée vers la méditation de la vie et des enseignements du Seigneur ; une le soir, portée vers le mystère eucharistique ; une autre la nuit, dirigée vers les mystères de la Passion, qui opère véritablement la réparation des péchés. Pratique à laquelle doit se joindre le travail, l'effort et la peine, protégeant du « moi », « l'ennemi le plus subtil, le plus dangereux, le plus ordinaire de la vie d'oraison », et aidant à « communiquer avec Dieu » grâce aux souffrances acceptées, non recherchées, « portées en silence avec discrétion et abandon à la Providence ». Autant de points qui l'apparentent à Marie-Stanislas Deprez*, visitandine de Celles.

Audrey Fella

• *Voir aussi* : Deprez

Bibl. : Œuvres : *Autobiographie*, citée dans *L'Adoration au soleil de Dieu*, Paris, Congrégation de l'Adoration Réparatrice, 1995 ; *Joie et désenchantement de la première étape-enfance et jeunesse de Théodelinde Dubouché*, Lille, Grammont, 1970. ***Études*** : M. SAVIGNY-VESCO, *Sillage de feu. La Vénérable Marie-Thérèse du Cœur de Jésus, Théodelinde Dubouché*, Paris, Alsatia, 1948 ; F. WENNER, notice dans le *Dictionnaire de spiritualité*, Paris, Beauchesne, t. IV, 1960-1961, col. 1743-1745 ; abbé M. D'HULST, *Vie de la Mère Marie-Thérèse, fondatrice de la Congrégation de l'Adoration Réparatrice*, Paris, Poussielgue Frères, 1872.

THÉOT, Catherine, *laïque, visionnaire et prophétesse* (Barenton, 1716-Paris, 1794). — D'origine modeste (elle sait lire mais pas écrire), domestique au couvent des Miramiones à Paris (congrégation fondée en 1661 par Mme de Miramion pour soulager les pauvres), Catherine Théot multiplie les manifestations de piété (elle communie tous les jours) et d'ascétisme. Elle affirme en 1779 être la « Vierge qui recevrait le petit Jésus qui viendrait du Ciel en la terre », ou l'Ève nouvelle, et cesse de communier. Elle a rapidement autour d'elle un cercle de dévots auxquels elle livre des prophéties, annonçant en particulier la venue d'un Messie qui montrera aux curés leurs erreurs et les ramènera à la vraie foi. Elle est emprisonnée à la Bastille, puis à La Salpêtrière, jusqu'en 1782. Les prophéties recommencent sous la Révolution, rue de la Contrescarpe, et ont un certain succès auprès de la noblesse, notamment auprès de la duchesse de Bourbon (Bathilde d'Orléans*). Un petit groupe assez nombreux gravite autour d'elle, avec en particulier l'ancien chartreux dom Gerle ; elle voit dans les événements, prédestinés depuis des siècles, la promesse d'une régénération. Elle fait partie de tout un courant millénariste qui se développe à la faveur des bouleversements révolutionnaires. Dans un commentaire de l'Apocalypse, elle annonce la venue du Sauveur qui détruira le règne de l'Antéchrist. Elle est surtout célèbre pour avoir été indirectement impliquée, en 1794, dans une attaque contre Robespierre : ses adversaires s'étaient emparés des prophéties de Catherine Théot pour tenter de le compromettre en en faisant le Messie annoncé. Arrêtée après la chute de Robespierre, elle est acquittée, mais meurt en prison trente-trois jours après celui-ci.

Les actes de son procès sont la principale source d'informations sur elle.

Yves Krumenacker

• *Voir aussi* : Bathilde d'Orléans

Bibl. : *Études* : A. MATHIEZ, « L'affaire Catherine Théot », in *Contributions à l'histoire religieuse de la Révolution*, Paris, F. Alcan, 1907 ; M. EUDE, « Points de vue sur l'affaire Catherine Théot », *Annales historiques de la Révolution française*, 1969, p. 606-629 ; G. CLARKE, *Respectable Folly. Millenarians and the French Revolution in France and in England*, Baltimore-Londres, John Hopkins University Press, 1975.

THÉRÈSE COUDERC, *sainte, fondatrice de la Congrégation de Notre-Dame du Cénacle* (Marie-Victoire Couderc ; Hameau du Mas, Sablière, Ardèche, 1805-Lyon, 1885). — Marie-Victoire est née dans une famille de paysans aisés et pieux, où elle a connu une enfance heureuse. En 1826, à la suite d'une mission prêchée dans son village, elle entre dans un petit noviciat local, fondé par le père jésuite Étienne Terme, qui forme des sœurs enseignantes pour les écoles de village. Elle est nommée à La Louvesc pour tenir une maison destinée à l'accueil des pèlerines au tombeau du jésuite saint François-Régis (canonisé en 1737), l'« apôtre du Vivarais ». Elle-même et ses compagnes, sous son impulsion, y donnent des retraites individuelles, collaborent aux retraites prêchées par les Jésuites de retour à la Louvesc en 1832-1833, proposent une catéchèse ; le père Terme lui fait faire les exercices spirituels d'Ignace de Loyola, la forme au discernement ignatien des esprits, lui procure des livres des sulpiciens (Jean-Jacques Olier) et des mystiques jésuites du XVIIe siècle, Jérôme Lallemant, Jean-Joseph Surin. L'action apostolique est indissociable chez elle d'une spiritualité intense « animée de l'Esprit de Jésus-Christ », pour travailler « à la gloire de Dieu et au salut des âmes ». Ses sœurs doivent « se sanctifier elles-mêmes en travaillant à la sanctification des autres » afin de pouvoir communiquer la « faim », le « goût de Dieu » par les retraites : « plus l'âme s'approche de son Dieu, plus elle a faim de s'en approcher davantage, plus elle le goûte et plus elle a soif de le goûter et de s'unir plus intimement à lui ». Mais, à partir de 1837, Thérèse est tenue en suspicion et évincée du supériorat de sa jeune congrégation par le provincial des jésuites, qui la remplace par des sœurs d'un milieu social plus élevé. Marginalisée, elle connaît une « vie d'humilité mystique » jusqu'en 1843, demandant au Christ « la grâce d'aimer à être humiliée et méprisée pour [Lui] ressembler un peu ». Elle est progressivement réhabilitée et son rayonnement spirituel dans sa congrégation va croître, mais elle n'en sera reconnue comme fondatrice qu'à la fin de sa vie. En 1859, elle veut être « victime d'holocauste » à l'usage que le Seigneur voudra faire d'elle. Et aussi « s'identifier s'il était possible, avec la sainteté infinie ». Sa vision eucharistique du 26 juin 1864 la conduit à « se *livrer* sans réserve à la conduite de l'Esprit Saint ». Entre 1869 et 1884, elle traverse des années d'aridité et d'angoisse (« habituellement, j'ai part à l'agonie de Notre Seigneur au jardin des olives »). Thérèse Couderc a été béatifiée en 1952, canonisée en 1970.

Régis Bertrand

Bibl. : ***Écrits*** **:** Thérèse Couderc a suscité une bibliographie où ses lettres et autres écrits sont abondamment cités ; *J'ai si bien trouvé Dieu*, présenté par J. Folliet, Lyon, Lescuyer, 1970. ***Vie*** **:** A. COMBES, *La Bienheureuse Thérèse Couderc*, Paris, A. Michel, 1956. ***Études*** **:** sœur J. DEHIN, *Itinéraire spirituel de mère Thérèse Couderc*, Lyon, Xavier Mappus, 1968 ; sœur P. DE LASSUS, *Thérèse Couderc, la femme, la sainte. Quelques essais sur sa personnalité et sa spiritualité*, Lyon, Lescuyer, 1985 ; sœurs H. CAUMEIL et C. DE LA FORGE, *Prier 15 jours avec Thérèse Couderc...*, Montrouge, Nouvelle Cité, 2004 ; P. DE LASSUS, notice dans le *Dictionnaire de spiritualité*, Paris, Beauchesne, t. XV, 1991, col. 572-576.

THÉRÈSE D'AVILA, *sainte, docteur de l'Église, carmélite, fondatrice et réformatrice du Carmel* (Thérèse de Jésus, en religion ; Teresa de Cepeda y Ahumada ; Avila, 28 mars 1515-Alba de Tormès, 4 octobre 1582). — Le père de Teresa, Alonso Sánchez de Cepeda, d'ascendance juive, était un chrétien fervent. Sa mère, Beatriz de Ahumada, mourut à trente-quatre ans, laissant la jeune Thérèse dans un désespoir qu'elle confia à la Vierge Marie*. Enfant, Thérèse s'enfuit, avec son frère Rodrigo, pour aller chercher le martyre chez les Maures. En 1531, son père l'envoie au couvent des Augustines de Santa María de Gracia pour parfaire son éducation. Ses premières lectures des *Flos sanctorum*, l'oraison vocale, le sentiment du néant, éveillent en elle le désir de devenir religieuse. Atteinte d'une grave maladie, Thérèse va se reposer chez sa sœur. Elle fait halte chez son oncle Pedro de Cepeda, dont les paroles, la vertu, les lectures qu'il lui recommande, avivent chez elle le désir de consacrer sa vie à Dieu. Les *Épîtres* de saint Jérôme, l'état d'âme que lui insuffle « Sa Majesté » la forcent à se faire violence.

Le 2 novembre 1535, elle entre, contre la volonté de son père, à l'Incarnation, le monastère carmélitain d'Avila. Elle fait profession le 3 novembre 1537. En chemin pour une nouvelle convalescence, elle s'arrête à Ortigosa, où son oncle lui fait présent du *Troisième Abécédaire* (*Tercero abecedario*, 1527) de Francisa de Osuna. Elle y découvre l'oraison intérieure, qui orientera toute sa vie. Soignée par une guérisseuse, son état empire. Le 15 août 1538, elle perd conscience et reçoit l'extrême-onction au couvent. Elle reprend ses esprits, mais souffre « d'intolérables douleurs » (*Vie*, 5, 10). Au bout de trois ans, Thérèse recouvre la santé – guérison qu'elle attribue à saint Joseph, envers qui elle gardera une dévotion indéfectible – et le goût des mondanités. Toute sa vie, elle souffrira cependant de maux divers. Thérèse a alors une vision du Christ courroucé qui lui reproche ses fréquentations. « Je le vis avec les yeux de l'âme, beaucoup plus clairement que je n'aurais pu le voir avec les "yeux du corps" » (*Vie*, 7, 6). À la mort de son père, en 1541, elle revient, sous la direction d'un dominicain, le père Vicente Barón, à la pratique de l'oraison. Tourmentée spirituellement pendant plusieurs années, Thérèse cherche la paix de l'âme dans la lecture. Elle lit la Bible, l'*Imitation de Jésus-Christ* (XVe s.), *La Vie du Christ* (traduit en castillan par Ambrosio Montesino, Alcalá, 1502) de Ludolphe de Saxe, dit le Chartreux, *L'Art de servir Dieu* (1521), d'Alonso de Madrid, et le *Guide des pécheurs* (1556), de Louis de Grenade. En 1554, la vue d'une statue du Christ « tout couvert de plaies » suscite « la seconde conversion » de Thérèse, renforcée par la lecture des *Confessions* de saint Augustin. La présence, réelle mais invisible, du Christ accompagne et oriente désormais sa vie.

Les grâces exceptionnelles que Thérèse reçoit à l'Incarnation la poussent à consulter de nombreux *letrados*, dont Pedro Ibáñez, « le plus grand théologien de la ville » (*Vie*, 32, 16). En 1554, François de Borgia lui affirme que c'est bien l'esprit de Dieu qui la guide. Les expériences extraordinaires se succèdent : « Un jour [...] je commençai l'hymne. Pendant que je la disais, je fus surprise par un ravissement soudain, qui me tira presque hors de moi-même [...]. C'était la première fois que Dieu m'accordait la faveur d'un ravissement. J'entendis ces paroles : *Je ne veux plus que tu converses avec les hommes, mais avec les anges* » (*Vie*, 25, 5). À partir de 1556, Thérèse a pour confident le père Balthasar Álvarez : « J'avais un confesseur qui me mortifiait beaucoup et qui, même parfois, à force de me tourmenter, me jetait dans le chagrin et la désolation. Et cependant, à mon avis, c'est lui qui a été le plus utile à mon âme » (*Vie*, 26, 3). Délaissant l'oraison de quiétude ou de recueillement, Thérèse s'exerce à l'oraison d'union ou oraison mentale, qui « n'est pas autre chose qu'une amitié intime, un entretien fréquent, seul à seul, avec Celui dont nous nous savons aimés » (*Vie*, 8, 5). Avec malice, elle se dérobe aux interdits malencontreux qu'on lui impose. « Toutes les fois que Notre-Seigneur dans l'oraison m'ordonnait une chose et que mon confesseur m'en prescrivait une autre, c'était à ce dernier que le divin Maître me disait d'obéir. Sa Majesté le faisait ensuite changer de sentiment, de sorte qu'il revenait sur l'ordre donné » (*Vie*, 26, 5). Les grâces mystiques ne lui laissent pas de répit : visions, paroles intérieures, transports, vols de l'esprit, faveurs de toutes sortes. En avril 1560, Thérèse reçoit la grâce de la « transverbération » : « J'apercevais un ange auprès de moi. [...] Je voyais entre les mains de l'ange un long dard qui était d'or, et dont la pointe de fer portait à son extrémité un peu de feu. Parfois, il me semblait qu'il me passait ce dard au travers du cœur et l'enfonçait jusqu'aux entrailles. Quand il le retirait, on aurait dit que le fer les emportait après lui, et je restai tout embrasée du plus ardent amour de Dieu » (*Vie*, 29, 13). La même année, Pierre d'Alcántara la rassure sur les élans qui l'affligent. Thérèse a alors la vision effrayante de l'enfer, à la suite de quoi sa vie spirituelle s'affermit dans la volonté de sauver les pécheurs et de combattre le luthéranisme.

Inspirée par sa nièce María de Ocampo, l'idée lui vient de fonder un monastère selon la Règle primitive du Carmel, datant du XIIIe siècle, qui prône l'austérité, la pauvreté et l'isolement : « Un jour, après la communion, Notre-Seigneur me donna l'ordre exprès de travailler de toutes mes forces à cette affaire » (*Vie*, 32, 11). Le 24 août 1562, elle fonde hors des murs d'Avila le monastère de San José, loin du relâchement du couvent de l'Incarnation, surpeuplé et peu discipliné. Elle prend le nom de Thérèse de Jésus. De 1562 à 1582, affrontant mille difficultés, elle se consacre à la réforme et à la fondation de carmels. Baltasar Álvarez l'aide à rédiger les *Constitutions* (1563) et les *Règles* (?-1581) des Carmélites déchaussées. La rencontre, en 1567, avec Jean de la Croix permet les débuts de la branche masculine des Carmes déchaux. Malgré les obstacles qu'elle rencontre, les incompréhensions, les interdictions, les pourparlers sans fin avec les Carmes mitigés, elle poursuit avec ferveur la fondation de dix-sept monastères, de 1567 à 1571, comme elle le relate dans le *Livre des fondations* (1573-1582) : Malagón (1568), Valladolid (1568), Tolède (1569), Salamanque (1570), Alba de Tormès (1571), Ségovie (1574), Beas de Segura (1575), Séville (1575), où elle sera dénoncée à l'Inquisition, Caravaca (1576), Palencia (1581), etc. Pour atteindre ses objectifs, elle n'hésite pas à remuer ciel et terre, à tel point qu'en 1577, le cardinal Felipe Sega, nonce du pape Grégoire XIII, exacerbé par son remue-ménage, la qualifie de « femme inquiète et vagabonde ».

Le 20 septembre 1582, épuisée par son œuvre et ses dévotions mystiques, n'ayant pu participer aux fondations de Soria (1581) et de Burgos (1582), Thérèse arrive au couvent d'Alba de Tormès. Elle meurt dans les bras d'Anne de Saint-Barthélemy*. Enterrée dans le couvent de l'Annonciation à Alba de Tormès, ses reliques sont dispersées dans toute l'Espagne, à Lisbonne et à Rome. Béatifiée en 1602 par Paul V, canonisée par Grégoire XV en 1622, sainte Thérèse de Jésus est déclarée patronne d'Espagne par Urbain VIII en 1627 et docteur de l'Église par le pape Paul VI (avec Catherine de Sienne*) en 1970.

Ayant le sentiment de n'être qu'une misérable (*ruin*) pécheresse, Thérèse d'Avila approfondit une expérience mystique singulière qui la trouble. Pour écarter les soupçons d'illuminisme ou de possession diabolique, elle vérifie l'authenticité de ses visions auprès de nombreux théologiens ou directeurs spirituels. Par obéissance, elle en rend compte par écrit : toute son œuvre, en prose ou en vers, en témoigne. Elle rédige ainsi une autobiographie entremêlée d'éléments doctrinaux (dont les quatre degrés de l'oraison) et de critères de discernement spirituel, *Le Livre de la vie* (1562-1575) ou *Le Livre des miséricordes de Dieu* ; les *Relations* (1560-1581), qui sont l'histoire de la grâce qui l'a transformée ; *Le Chemin de perfection* (1566-1578) ; *Le Château intérieur* (1577), qui complète les trois précédents, un traité de théologie écrit à partir de son expérience plus ou moins complète de la vie spirituelle centrée sur la personne du Christ et son humanité ; *Conception de l'amour de Dieu* (1566-1574), qui est un commentaire du *Cantique* biblique. Outre quelques ouvrages d'organisation et de prière, une correspondance de quatre cents lettres, des poèmes et des écrits humoristiques, toute son œuvre a une portée didactique. Son style particulier, loin des conventions littéraires, est proche du langage parlé.

Dans ces écrits, Thérèse exprime tout d'abord la présence de Dieu comme un fait gratuit qui l'enveloppe. Elle voit Jésus, la Vierge, les saints et les anges, dont elle reçoit des inspirations mises à profit pour discipliner sa vie intérieure – faveurs qui ne sont pas toujours encouragées par ses confesseurs, qui y voient la cause de son mauvais état de santé. Bien qu'elle leur obéisse, sa prière est si intense qu'elle l'empêche parfois de dormir. En outre, le désir de Dieu se confond toujours chez Thérèse avec la joie mystique qui est heureuse blessure ou plaie délicieuse, comme le disent les poèmes de Jean de la Croix. L'union, si elle comble l'âme, l'assoiffe en effet encore plus d'infini et d'absolu. Thérèse la décrit en ces termes : « J'étais saisie soudain d'un vif sentiment de la présence de Dieu. Je ne pouvais alors aucunement douter qu'il ne soit en moi ou que je ne sois moi-même tout abîmée en lui. [...] L'âme est alors suspendue, au point qu'elle semble tout entière hors d'elle-même. La volonté aime. La mémoire me semble presque perdue. L'entendement cesse de discourir, mais, à mon avis, il ne se perd pas ; seulement, je le répète, il n'agit pas ; il reste comme stupéfait de tout ce qu'il conçoit » (*Vie*, 10, 1). Dès lors, la présence de Dieu ne l'abandonne plus. Et s'il arrive que l'âme « est comme réduite au dernier degré de l'indigence et du besoin [elle] est donc comme crucifiée entre le ciel et la terre, en proie à la souffrance, ne recevant de secours ni d'un côté ni de l'autre [...]. On dirait les affres de la mort. Seulement, cette souffrance est accompagnée d'un si grand bonheur que je ne sais à quoi la comparer. C'est un martyre à la fois délicieux et cruel » (*Vie*, 20, 11). De la suavité de l'union divine aux terreurs de l'enfer, Thérèse éprouve ainsi tous les états du théâtre de l'âme. Sa vision de l'enfer (1560) est spectaculaire : « Je compris que Dieu voulait me montrer la place que les démons m'y avaient préparée et que j'avais méritée par mes péchés. Cela dura fort peu, mais quand je vivrais encore de longues années, il me serait impossible, je crois, d'en perdre le souvenir. [...] C'est une angoisse, une oppression, une douleur si poignante unie à une désolation si affligeante et si désespérée, que je renonce à les dépeindre » (*Vie*, 32, 1-2).

Vient alors l'expérience de la présence du Christ (visions, extases, fiançailles, blessures du cœur ou transverbération). « La vision du Christ a laissé imprimée en moi une beauté incomparable [...] aussi, à moins que le Seigneur ne le permette, en punition de mes péchés, que je perde un tel souvenir, je regarde comme impossible qu'une personne occupe à ce point mon esprit qu'il ne me suffise, pour être libre, de me rappeler tant soit peu cette image du Sauveur » (*Vie*, 37, 4). Cette révélation témoigne de la croyance de Thérèse en leur union spirituelle. Pour elle, le Christ est un modèle de vie, reposant sur la vérité et la beauté, et un ami. C'est ainsi, à travers l'expérience de son humanité – la mise en marche des fondations, les œuvres eucharistiques auprès des pauvres, l'expérience de l'Église, son besoin de servir l'Église et le Crucifié qui définissent sa mission apostolique –, qu'elle est conduite à vivre le mystère de la Trinité.

Thérèse connaît l'expérience nuptiale, à contenu christologique et trinitaire. Elle est alors sous la direction de Jean de la Croix. Tandis que les phénomènes surnaturels (paroles divines de consolation ou d'encouragement, vols de l'esprit, apparitions de la sainte Trinité, etc.) deviennent de plus en plus fréquents, elle reçoit la grâce des « fiançailles spirituelles », vers 1558-1560, et du « mariage spirituel » en 1572. Le Christ en certifie l'authenticité par ces mots : « [...] me donnant sa main droite, il me dit : "Regarde ce clou : c'est la marque que dès ce jour tu seras mon épouse" » (*Relation*, 35). Dès lors, Jésus se comporte envers elle comme un maître attentif. « Ne manque pas d'écrire les avis que je te donne, afin de ne pas les oublier » (*Relation*, 28). Le dimanche des Rameaux 1572, Thérèse a une extase violente. Sa bouche se remplit de sang ; elle est incapable d'avaler l'hostie. Le Christ accourt : « Ma fille, je veux que mon sang te profite ; ainsi ne crains pas que ma miséricorde te manque. J'ai répandu ce sang au milieu de grandes douleurs ; et tu en jouis avec de grands délices » (*Relation*, 26). Toujours est-il que Thérèse redoute les extases en public : « La perspective que ces grâces dont Dieu me favorise seraient connues du public me torturait au point de jeter mon âme dans un trouble profond. La chose alla si loin qu'à cette seule pensée j'aurais préféré me laisser enterrer vive » (*Vie*, 31, 12).

Le parcours de Thérèse s'achève dans le repos et la quiétude ; les phénomènes extraordinaires cessent. Comme elle le rapporte dans la sixième Relation (en mai 1581) : « Mon âme jouit d'une paix ineffable. »

Dans *Le Château intérieur*, exaltant « l'union souveraine d'esprit à l'esprit », Thérèse d'Avila résume son expérience en évoquant les sept *demeures* du parcours de l'âme jusqu'au centre du « château » intime, lieu du « mariage spirituel ». La porte d'entrée est l'oraison. Chaque demeure (*morada*) est plurielle, car elle contient de « nombreuses et ravissantes » autres demeures, correspondant aux multiples états de l'âme. Dans les Premières Demeures, l'âme apprend à porter un regard lucide sur le mystère du mal et du péché. L'objectif est l'amour de Dieu et du prochain. Thérèse met ses lecteurs en garde ; l'âme ne doit jamais cesser de déjouer les ruses du démon. Dans les Deuxièmes Demeures, l'ascèse prédomine : persévérance dans l'oraison, fréquentations de personnes ayant déjà pénétré dans les appartements plus intérieurs, attachement à la Croix; l'oraison méditative aide à franchir cette étape douloureuse. Dans les Troisièmes Demeures, les sécheresses spirituelles, preuves de manque d'humilité, incitent à s'exercer dans cette vertu majeure. « Vivre toujours en silence et en espérance » est le remède contre ces tentations. Dès les Quatrièmes Demeures, une étape est dépassée : « Comme ces Demeures sont déjà plus voisines de celle qu'habite le Roi, leur beauté est très grande. » L'expérience mystique reste escarpée. Après les « fiançailles spirituelles » des Cinquièmes Demeures, où s'exacerbe l'amour du prochain, le « mariage mystique » s'accomplit dans les Sixièmes Demeures, zone d'expérience religieuse profonde, où les tourments, « toutes les folies que le Démon suggère », précèdent « l'ouragan de douceur », du vol de l'esprit qui « semble réellement se séparer du corps » vers « la contemplation parfaite ». La pleine et définitive insertion dans le mystère de la Trinité est réalisée dans les Septièmes Demeures : des trois divines Personnes « l'âme sait avec une certitude absolue que toutes trois ne sont qu'une même substance, une même puissance, une même science et un seul Dieu [...] C'est dans la partie la plus intime d'elle-même qu'elle sent cette divine compagnie, et comme dans un abîme très profond, qu'elle ne saurait définir, faute de science [...] » (« Septièmes Demeures », 1, 6-7). Cette union du mariage spirituel « a lieu dans le centre le plus intime de l'âme, qui est, je pense, l'habitation de Dieu même [...]. Tout ce qu'on peut en dire, c'est que l'âme ou plutôt l'esprit de l'âme, devient, selon ce qu'on peut en juger, une même chose avec Dieu [...]. Dans le mariage spirituel [...], l'âme demeure toujours avec son Dieu, dans le centre dont j'ai parlé » (*ibid.*, 2, 3-4). Tel est l'itinéraire mystique, anxieux ou apaisé, parcouru et décrit par Thérèse. Sur cette cime du Mont de Perfection, atteint par Jean de la Croix – qui en fit le dessin – et par Thérèse, « il n'y a plus de chemin, car pour le Juste il n'y a pas de Loi [1 Tm I, 9] [...]. Le Juste est désormais, sa propre Loi [Rm II, 14] ».

Forte d'une expérience trinitaire (habitation des trois personnes divines), christologique (union au Christ et vie en lui) et ecclésiale (service de l'Église et des autres), Thérèse d'Avila s'impose comme un maître de la spiritualité chrétienne. Elle est considérée entre autres comme la pionnière de l'oraison d'union. Ses écrits sont en effet une invitation à emprunter le chemin de la prière personnelle silencieuse par laquelle le croyant peut entrer en relation avec Dieu grâce au travail de la volonté, de l'intelligence ou de l'imagination, dans une attitude d'attention simple et aimante à sa présence. Considérée comme une activité effective de l'esprit, l'oraison « ne consiste pas à penser beaucoup, mais à aimer beaucoup », écrit-elle (reprenant l'Évangile). Elle sert à développer la relation personnelle de l'orant avec Dieu, elle incorpore en elle sa vie et toutes ses modalités, depuis la méditation de la parole de Dieu jusqu'aux actions quotidiennes, les affaires de l'Église et celles de l'homme. En outre, Thérèse d'Avila propose un modèle de vie religieux et spirituel fondé sur le Christ et sa sainte humanité. Suivre et imiter le Christ sont les paramètres ultimes de la sainteté ; le symbolisme nuptial entre le Christ et l'âme prend une signification mystique et se trouve qualifié de degré suprême et ultime du progrès spirituel. Dans la vie religieuse, elle tend vers un idéal carmélitain, qui est à l'origine de ce qu'on appelle « l'école thérésienne ». C'est ainsi que Thérèse d'Avila eut une grande influence sur la vie spirituelle des fidèles – sur le peuple pour qui elle est une grande sainte grâce à la diffusion de ses œuvres et à la multiplication de ses reliques et les saints et acteurs de l'Ordre du Carmel, entre autres, dont François de Sales, Marie de l'Incarnation* (Marie Guyart), Édith Stein*, etc. Elle contribua largement, aussi, au développement de la théologie spirituelle – on pense à son rôle de référence dans l'affaire du piétisme, au XVIIe siècle, à travers des auteurs comme Bossuet, Fénelon et Miguel de Molinos.

Bernard Sesé

• *Voir aussi* : Anne de Saint-Barthélemy ; Édith Stein ; Marie de l'Incarnation (Marie Guyart)

Bibl. : *Œuvres* : *Œuvres complètes*, Paris, Cerf, 1995, 2 vol. ; Saint Jean de la Croix, Thérèse d'Avila, *Œuvres*, Paris, Gallimard, « Bibliothèque de la Pléiade », 2012. ***Études*** : M. ALLENDESALAZAR, *Thérèse d'Avila, l'image au féminin*, Paris, Seuil, 2002 ; B. ALVAREZ, *Sur l'oraison de repos et de silence*, Paris, Arfuyen, 2010 ; T. ALVAREZ (dir.), *Dictionnaire sainte Thérèse d'Avila*, Paris, Cerf, 2008 ; M. AUCLAIR, *La Vie de sainte Thérèse d'Avila*, Paris, Seuil, 1950 ; D. de COURCELLES, *Thérèse d'Avila, femme d'écriture et de pouvoir*, Grenoble, Jérôme Millon, 1993 ; FRAY LUIS DE LEÓN, *Écrits sur Thérèse d'Avila*, Paris, Arfuyen, 2004 ; A. DUJOVNE ORTIZ, *Le Monologue de Teresa*, Paris, Grasset, 2011 ; E. RENAULT, *Sainte Thérèse d'Avila et l'expérience mystique*, Paris, Seuil, 1685 ; B. SESÉ, *Petite Vie de Thérèse d'Avila*, Paris, Desclée de Brouwer, 1999.

THÉRÈSE DE JÉSUS. — *Voir* ALIX LE CLERC

THÉRÈSE DE LISIEUX, *sainte, docteur de l'Église, carmélite* (Thérèse de l'Enfant Jésus et de la Sainte Face en religion ; Thérèse Martin ; Alençon, 2 janvier 1873-Lisieux, 30 septembre 1897). — Le phénomène thérésien est né de la conjonction improbable de plusieurs causes : l'immédiate volonté des Carmélites de Lisieux de rendre publics les écrits quelque peu arrangés d'une jeune sœur récemment décédée (*Histoire d'une âme*, 1898), la réaction très positive des fidèles qui ont vu dans la moniale une thaumaturge répandant ses grâces comme une véritable *pluie de roses* et la rapide ouverture du procès de canonisation par l'ordinaire à Bayeux (1910), conclu à Rome avec une célérité inhabituelle (1925). Mais, de manière paradoxale, les raisons qui ont contribué à la notoriété de la jeune carmélite sont aussi celles qui rendent difficile l'accès à la véritable Thérèse Martin. En effet, la connaissance de la Thérèse de l'Histoire s'est heurtée à deux obstacles qui, pour s'être manifestés successivement, n'en sont pas moins liés, car ils dépendent de la manière dont sa biographie a été immédiatement livrée au public, à travers le succès de l'*Histoire d'une âme* (1898) et de la littérature qui s'est greffée sur cet ouvrage initial, éditions annuelles remaniées, versions populaires diverses, traductions multiples.

Cette production hagiographique a divulgué une expérience spirituelle originale, mais, dans le même temps, elle s'est transformée en un écran souvent opaque, empêchant d'accéder à la vraie Thérèse par le refus de livrer ses textes dans leur teneur authentique. Ce premier obstacle a été progressivement levé au lendemain de la Seconde Guerre mondiale (1948) et définitivement écarté, malgré une équivoque sur ses paroles ultimes, quand on a mis à la disposition du public l'édition en huit volumes de ses *Œuvres complètes*, en 1992. Restait toutefois le second obstacle, d'autant plus redoutable qu'il demeurait ignoré de beaucoup, et le demeure de ses biographes autorisés : l'utilisation des écrits autobiographiques de Thérèse comme s'il s'agissait de données biographiques. Beaucoup de ses commentateurs se refusent encore à comprendre que Thérèse ne peut pas être sa propre historienne, désireux qu'ils sont de s'en tenir à l'existence d'une œuvre véritable sans tirer la conséquence qui s'impose : Thérèse est un écrivain qui, parlant de soi, mélange, comme en toute production autobiographique, la réalité et la fiction.

Si l'on veut restituer l'historicité de Thérèse, il faut sortir la moniale d'une perspective strictement généalogique, ou plus précisément il convient de passer d'un intérêt exclusif porté à sa famille selon la chair à une investigation aussi attentive accordée à sa famille selon l'esprit, au Carmel français, non tel qu'on l'idéalise dans ses figures fondatrices, mais tel qu'il s'est reconstitué, de manière originale, au lendemain de la Révolution. Dans cette perspective, la figure de la jeune carmélite, qui émerge à la fin du XIXe siècle, n'est point isolée. Sa réception dans le catholicisme du début du XXe siècle témoigne, avec d'autres carmélites avant et après elle, de la richesse de sa famille religieuse. Jamais en effet les Carmélites françaises n'ont été aussi nombreuses, avec près de cent quarante couvents en métropole et par le monde. Jamais, non plus, elles n'ont tant rayonné, de la Palestine à l'Extrême-Orient. Or le carmel de Thérèse a tenu une place importante dans ce nouvel essor. Lisieux est d'abord le premier couvent fondé depuis la Révolution, en Normandie (1838), et ce couvent, à son tour, rendra vie au carmel de Caen ; Lisieux est aussi le premier couvent français à répondre à une demande lointaine : la fondation de Saigon, en 1861, constitue la première d'une riche lignée en terre de mission.

Et Thérèse aussi, à sa manière, s'est trouvée engagée, sa courte vie durant, dans un mouvement de réappropriation progressive des origines fécondes du Carmel espagnol. Thérèse, à quatorze ans, découvre Thérèse d'Avila* à travers une Vie bien documentée écrite par une carmélite de Caen ; à dix-sept ou dix-huit ans, elle devient une attentive lectrice de Jean de la Croix, qui l'initie à la vie mystique. Maîtresse des novices, dans les derniers mois de sa vie, elle découvre les mères espagnoles qui implantèrent le Carmel en France. Et dans son écrit testamentaire, elle se place, consciente de l'originalité de son œuvre, dans le sillage de Thérèse d'Avila, modèle des saintes qui, comme elle, écrivent. Et que dire de sa volonté de s'émanciper de la tradition de l'École française, réduite à une spiritualité victimale, aux fortes connotations politiques ?

Thérèse – car il faut revenir à elle – est la dernière née de neuf enfants, la cinquième des seules filles survivantes du couple Martin. Sa mère, Zélie, d'une lignée de militaire, s'épuise dans les maternités et dans la direction d'une grosse entreprise de dentelle d'Alençon : elle meurt d'un cancer du sein alors que la jeune Thérèse a quatre ans. Perte irrémédiable. La famille passe alors sous la protection du frère de Zélie, l'oncle Guérin, et déménage à Lisieux, où celui-ci tient une pharmacie, parce que le père, Louis, veuf et retraité, est un homme âgé, aimable et pieux, un esprit méditatif et un être fort sociable, mais non le chef attentif d'une famille dans le désarroi. Horloger de son état, compétent et enrichi, il avait rapidement abandonné son commerce pour porter une aide efficace à sa femme dans la gestion de son entreprise, mais il était incapable d'élever seul ses filles, les deux plus jeunes particulièrement. La maison des Buissonnets, un peu à l'écart de Lisieux, était un havre de paix pour Thérèse, à qui sa sœur Pauline, ancienne élève de la Visitation du Mans, apprenait les rudiments scolaires alors que son père se réservait les agréables promenades de l'après-midi dans les environs.

Toutefois, à la rentrée de 1881, Thérèse quitte ce douillet nid familial et commence une scolarité plus classique chez les Bénédictines de Lisieux, tout en rentrant chez elle le soir avec sa sœur Céline et avec ses deux cousines Guérin. Puis, en 1882, c'est la séparation d'avec Pauline, sa « petite mère », qui choisit à sa majorité d'entrer au Carmel : rupture insupportable pour cette enfant de dix ans, qui perd sa seconde mère et qui réagit au printemps 1883 par une maladie psychosomatique grave, dont elle est guérie, miraculeusement estime-t-elle, après une neuvaine à Notre-Dame-des-Victoires. Mais le choix de Pauline marque aussi une rupture, plus importante encore, avec la Visitation, famille spirituelle d'adoption de Zélie, dont la sœur était moniale au couvent du Mans. Or la décision de Pauline s'impose, quatre ans plus tard, à Marie, l'aînée des filles Martin, qui rejoint sa sœur. Et Thérèse suivra la trace de ses deux aînées, dans cette voie et dans ce lieu.

À quatorze ans, à la Noël 1886, Thérèse reçoit une grâce particulière, qui se marque, dira-t-elle plus tard, par la soudaine sortie d'une enfance larmoyante, dans laquelle elle se complaisait, et qui l'ouvre sur des mois d'expérience spirituelle particulièrement riches. Grâce qu'elle qualifiera, dans son autobiographie en 1895, de *complète conversion*. Jésus – elle en acquiert progressivement la certitude au cours de l'été 1887, quand Dieu, sur sa prière, convertit le criminel Pranzini sur l'échafaud – la veut au Carmel pour le Noël qui vient. Mais la timide adolescente n'abat ses cartes qu'en octobre, quand elle entreprend de convaincre son oncle, tuteur des filles Martin, qui refuse d'abord et qui ne cède que sur l'insistance de Pauline, Agnès de Jésus, en religion. Thérèse mobilise alors son père, tôt convaincu, pour faire le siège de l'évêque et, devant la prudence de ce dernier, elle profite de l'audience qu'elle obtient avec les pèlerins de Bayeux à Rome pour s'en ouvrir à Léon XIII. Sans succès. Les autorités diocésaines céderont pourtant, mais elles laisseront passer la date butoir que Thérèse avait fixée : la jeune fille pourra entrer à quinze ans au carmel, mais seulement au lendemain de Pâques 1888, selon la volonté des sœurs désireuses d'éviter une hâte qui les brouillerait avec leur supérieur, hostile au recrutement d'une si jeune fille. Thérèse entraînera dans le même carmel, six ans plus tard, Céline, sa sœur la plus proche d'elle, et encore sa cousine, la scrupuleuse Marie, l'une des deux filles de l'oncle Guérin.

Une fois au carmel, le noviciat lui fut un temps difficile. Elle se livre difficilement à une maîtresse des novices à laquelle elle ne sait que dire et, à raison d'une lettre par mois, elle se confie à un lointain directeur spirituel, le jésuite Pichon, en mission au Canada, qui lui répond à un rythme quasi annuel, mais qui la soutiendra dans l'épreuve qu'elle traverse bientôt. Son père, en effet, souffrant de graves problèmes neurologiques, est bientôt enfermé (début 1889) dans l'asile d'aliénés de Caen, et beaucoup chuchotent, y compris au couvent, que sa raison fragile n'a pas survécu au départ précipité de sa fille préférée.

Elle-même, pour surmonter l'épreuve, quête, avec sa sœur Céline, qui veille sur son père, une paix difficile dans la dévotion à la Face cachée de Jésus et prie avec véhémence pour les prêtres qui ne sont pas à la hauteur de l'idée exigeante qu'elle se fait de leur sacerdoce.

En raison des incertitudes qui proviennent de la maladie de son père et de l'hostilité du supérieur du couvent, Thérèse subit des retards à sa prise de voile, puis à sa profession (8 septembre 1890) : elle apprendra l'abandon, se voyant comme la petite balle délaissée de Jésus. Au terme des trois années canoniques de noviciat qui suivent la profession, elle décide de rester au noviciat (septembre 1893) où elle devient, par le choix de Pauline, prieure depuis février 1893, l'accompagnatrice privilégiée de deux novices converses, puis de deux nouvelles sœurs de chœur, dont Céline, devenue sœur Geneviève en religion. Elle reçoit aussi les confidences de la vieille fondatrice de Lisieux, qui contribuent à la pacifier. Elle découvre surtout Jean de la Croix : sa lecture l'épanouit et la fait entrer dans le temps béni des fiançailles avec le Bien-Aimé du *Cantique des cantiques*, avec Jésus aimé, aimant.

Après cette longue formation peu conformiste, deux tournants décisifs marquent sa courte vie. D'abord, ce coup de pouce du destin, clin d'œil du ciel si l'on préfère : en janvier 1894 – elle a vingt et un ans –, mère Agnès la prépose à la composition des petites pièces qui se jouent alors pour les fêtes du Carmel. Thérèse devient une sorte d'écrivain public, pour la communauté : elle trousse d'alertes récréations pieuses, petites pièces interprétées par elle et jouées avec ses novices ; elle écrit aussi, de son propre chef, des poésies pour stimuler ses proches et les novices qui lui sont confiés ainsi que pour aider la piété de sœurs qui lui en font la demande, mais plus encore afin d'exprimer, en un langage de connivence avec son entourage, les états de son âme. Tels sont les premiers pas, décisifs, de sa vie d'écrivain.

Survient 1895, l'année bénie. Son père, très affaibli, est mort l'été précédant ; sa sœur Céline, qui le veillait depuis son retour à Lisieux, entre, dès la mi-septembre, au carmel avec ses provisions de textes d'Ancien Testament sur lesquels Thérèse se jette comme une affamée. Mère Agnès, qui a aimé, en janvier 1895, sa seconde *Jeanne d'Arc*, jouée pour sa fête de prieure, l'incite, pour la prochaine échéance, à coucher par écrit ses souvenirs d'Alençon, période qu'elle n'a pas connue, puisque les deux aînées des Martin étaient alors pensionnaires à la Visitation du Mans. Thérèse, du haut de ses vingt-deux ans, se sent autorisée par cette demande à prendre toute sa jeune vie d'une main ferme et à écrire une autobiographie, qui devait primitivement couvrir la période d'avant son entrée au carmel, en se donnant comme repères essentiels la mort de sa mère à quatre ans et sa *grâce de Noël*, dix ans plus tard.

Au milieu de cette rédaction, en juin 1895, survient une révélation décisive, celle de la Miséricorde divine, à laquelle elle se voue désormais, comme d'autres carmélites se consacraient, corps et âmes, à la Justice divine. La rédaction de son autobiographie en sort bouleversée : la lumière de cette révélation éclaire d'un jour nouveau les mois décisifs qu'elle a vécus à Lisieux avant son entrée au Carmel : elle écrit alors avec allégresse et vivacité les passages les plus connus de son autobiographie, la *conversion* de Noël, les mois de grâce qui ont suivi, le pèlerinage à Rome, la conversion de Pranzini. Et elle décide surtout de pousser son autobiographie jusqu'à cette révélation, ce qui la conduit à raconter, plus brièvement cette fois, sa vie au carmel.

Le second événement, dramatique celui-là, est la soudaine découverte d'une maladie grave, à laquelle elle succombera bientôt. Au matin du vendredi saint 1896, Thérèse découvre quelques taches de sang à la tête de son lit : ces émophtysies sont la signature indéniable d'une tuberculose qui l'emportera à moins de vingt-cinq ans. Maintenant, sa vie se compte en mois. Elle entre, au cours des jours qui suivent, dans ce qu'elle décrira comme une nuit de sa foi : lui est définitivement caché le « beau Ciel » où elle vivait jusqu'alors, comme de plain-pied, avec les saints du ciel et avec les siens déjà morts. Mais ce drame intime est tu aux sœurs carmélites, à mère Agnès aussi, qui n'est plus prieure. Paradoxe encore : Thérèse accède alors à des responsabilités importantes. Elle est devenue, depuis mars 1896, maîtresse des novices, sans le titre, par délégation de la vieille prieure, Marie de Gonzague, difficilement réélue ; elle est mise au contact, par elle encore, en juin, d'un jeune prêtre des Missions étrangères, l'abbé Roulland, en partance pour la Chine. Elle découvre vite en lui un frère, donné par Dieu de toute éternité, pour être, à sa place, le prêtre qu'elle ne pouvait pas être.

Elle produit alors, dans une paisible frénésie d'écriture, les œuvre de sa maturité. D'abord son *Poème de septembre* (le manuscrit B, 1896) où elle s'affronte à ses désirs insatiables tout en avouant à son Jésus tout l'amour dont elle est pleine. Puis, durant plusieurs mois, elle produit ses lettres chaleureuses à ses deux frères : l'un est parti pour la Chine, l'autre se prépare pour l'Afrique ; l'un est son frère, son égal ; l'autre est son *petit* frère, l'enfant, bientôt, de son agonie. Enfin, elle se confie à sa *mère bien-aimée*, la prieure Marie de Gonzague, dont elle est aussi la confidente : sous forme de lettres quotidiennes (manuscrit C, juin 1897), elle lui découvre sa vie depuis près de deux ans, son désir de sainteté parvenu à son terme et la petite voie droite pour le Ciel qu'elle entend donner en exemple à autrui. Elle lui fait part, plus longuement, de ses « tentations contre la foi », elle lui parle encore de ce qu'elle a retiré de son commerce intime avec les novices, de la charité qui doit irriguer la vie communautaire, cette manière de partager le quotidien d'une famille d'élection dont on n'a pas choisi les membres. Cruauté du regard et tendresse quelque peu volontariste. Si la Mort rôde avec insistance, elle a l'élégance de n'en rien dire en se riant d'elle-même et en moquant, au passage, sa prieure.

Elle a eu encore le temps, avant d'entrer dans les dernières semaines de son agonie, de revoir de près les poésies qu'elle avait commencé à diffuser à ses proches en recueils et de relire ses autres œuvres, apportant à chacune les compléments que nécessitaient la bienséance envers ses proches ou des convictions ultimes, notamment son intérêt nouveau pour les « petites âmes ». Descendue à l'infirmerie au début de juillet 1897, elle profite, quelques jours plus tard, d'une rémission d'une semaine pour faire ses adieux aux siens hors du carmel par une ultime brassée de lettres. Elle y dit qu'elle n'a aucune appétence pour la jouissance du ciel, mais qu'elle « reviendra » pour être avec eux jusqu'à la fin de leur vie. À sa mort, la prieure Marie de Gonzague, désespérée mais consciente de la richesse de ce que Thérèse avait laissé derrière elle, confie aussitôt ses papiers à mère Agnès pour que celle-ci en fasse, sinon une Vie, du moins une *histoire*, celle *d'une âme*, comme on aimait alors à le dire. Celle-ci révéla l'essentiel de ce que sa jeune sœur avait écrit, de ce qu'elle avait vécu, c'était tout comme aux yeux des deux carmélites. La « Petite Thérèse » était née pour le public en octobre 1898, à l'aube d'un siècle de fer et de feu.

Bientôt, la grande histoire rattrapa celle, toute singulière, de la jeune moniale. L'Église de France entrait dans la tourmente, affrontant la suppression des religieux, l'exil des congrégations, surtout enseignantes, et la loi de Séparation (1905), aboutissements de décennies de conflits entre laïcs et catholiques. Dans le même temps, Rome se trouvait aux prises avec une grave crise, à cause de l'exégèse rigoureuse de Loisy, qui menaçait l'interprétation des Écritures comme révélation, et qui, par extension, rendait suspectes toutes nouveautés ou philosophiques ou historiques. C'est dans ce contexte troublé que fut condamné par Pie X le « modernisme » (1907) et tous ceux qui l'incarnaient. Ce pape, qui entendait aussi infléchir la piété des fidèles – notamment par l'accès à la communion des jeunes enfants, en 1910 –, fit ouvrir le procès de canonisation de cette carmélite française qui voulait communier tous les jours. Pie X bientôt la désignera comme *la plus grande sainte des temps modernes*, et Pie XI l'appellera *la fleur de son pontificat*. Thérèse est canonisée en 1925, avec une poignée de saints français, comme gage de réconciliation entre Rome et la Fille aînée de l'Église. Deux ans plus tard, elle est proclamée patronne des missions. Pie XII en fait, en 1944, une patronne nouvelle pour la France occupée. En 1947, ses reliques entament un premier tour dans sa nouvelle patrie. Un demi-siècle plus tard, en 1997, à l'occasion des Journées mondiales de la jeunesse, Thérèse est placée parmi les docteurs de l'Église : c'est la troisième femme à jouir de cet honneur, mais elle est seule docteur(e) de ces derniers temps. Depuis quelques années, encore, ses reliques font un triomphal tour du monde.

Thérèse mystique ? De manière paradoxale, l'accumulation des titres successivement octroyés a écarté l'interrogation actuelle sur cette ultime qualification. Si la mystique se définit par la présence des phénomènes extraordinaires, révélations, extases, stigmatisations, Thérèse n'est point du lot. Si la mystique se lit strictement à travers la grille des nuits juanistes, Thérèse n'entre que difficilement dans ce schéma. Si, en revanche, on considère que la mystique a ses lieux propre d'exercice (la vie conventuelle) et ses familles privilégiées d'élection (le carmel), Thérèse a sa place dans cette inscription institutionnelle. Thérèse, sur ce terrain, a été un enjeu immédiat. Sa sœur, mère Agnès, dans sa déposition au procès de canonisation, a pointé, dans sa prière à l'Amour miséricordieux, de l'extraordinaire : sa volonté de voir les stigmates inscrits dans sa chair au Ciel, et sur terre son désir que son corps soit, « comme un tabernacle », le réceptacle vivant de Jésus la visitant dans l'Eucharistie. Et parmi les paroles qu'elle arrache à sa sœur, avant sa mort, mère Agnès a noté encore l'aveu d'une grâce d'exception, reçue au début de sa vie religieuse, où elle se sentait, quelques jours durant, comme vivant hors d'elle-même. Mais le vice-postulateur était un homme avisé, qui veillait au grain, ne voulant point qu'elle puisse être soupçonnée de quiétisme de quelque manière que ce soit. En haut lieu, de plus, le vent avait tourné, Pie XI voulait une Thérèse imitable par tous, et mettait en avant sa petite voie d'enfance spirituelle, qui traçait un chemin ouvert aux laïcs dans le cadre de l'Action catholique.

L'arbitrage sur la réalité de son mysticisme ne peut s'opérer que par l'historicisation même de ce qu'on désigne ainsi et, pour Thérèse, par le retour à ses textes. Il ne se fera que dans le patient déchiffrage de ce qu'elle livre, toute à ses contradictions incessantes, dans la correspondance, fortement assumée, entre écriture de soi et révélation de Dieu, entre quête personnelle et vérification scripturaire, entre mise en avant de ses affects et amour éperdu de Jésus.

Claude Langlois

• *Voir aussi* : Thérèse d'Avila

Bibl. : ***Œuvre*** : *Nouvelles édition du centenaire [NEC], édition critique des œuvres complètes*, Paris, Cerf-DDB, 1992, 8 vol. ***Vie*** : G. GAUCHER, *Sainte Thérèse de Lisieux (1873-1897)*, Paris, Cerf, 2010. ***Études*** : C. LANGLOIS, *Le Poème de septembre. Lecture du manuscrit B de Thérèse de Lisieux, Lettres à ma Mère bien-aimée. Juin 1897. Lecture du manuscrit C de Thérèse de Lisieux, L'Autobiographie de Thérèse de Lisieux. Édition critique du Manuscrit A (1895), Lectures vagabondes. Thérèse de Lisieux*, Paris, Cerf, 2002-2011, 4 vol.

THÉRÈSE-MARGUERITE DU CŒUR DE JÉSUS, *sainte, carmélite* (Anna Maria Redi ; Arezzo, 1747-Florence, 7 mars 1770). — Fille du chevalier Ignace Redi et de Camille Bollati, nobles arétins, elle eut une enfance heureuse entre le palais Redi, à Arezzo et, durant l'été, la villa aux Jardins Redi, dans la campagne arétine. Enfant joyeuse, « au caractère doux et mesuré, d'une intelligence claire et vive, avec un tempérament de feu », elle développa très tôt une vie intérieure intense, tournée vers le recueillement et la solitude. Sa vie religieuse future sera ainsi marquée par la recherche de l'effacement : *abscondita cum Christo in Deo* (« cachée en Dieu avec le Christ »). Sa formation humaine et chrétienne fut assurée par son père qui, pour répondre à la question répétée de l'enfant : « Qui est Dieu ? », lui parlait de la bonté du Père, et de celle de Jésus, et « elle aimait à entendre parler des actes, de la vie, de la Passion et de la mort du Christ Jésus, comme des exemples puissants des saints, pour les imiter ». Son père lui enseigna l'amour et la dévotion au Cœur de Jésus, à une époque où le jansénisme tenait cette dévotion pour suspecte.

En septembre 1763, une amie qui s'apprêtait à entrer au Carmel vint lui rendre visite au monastère bénédictin de Sainte-Apollonie, à Florence, où elle faisait ses études. La jeune Anna Maria entendit alors une voix : « Je suis Thérèse de Jésus et je te veux parmi mes filles » ; devant le tabernacle où, troublée, elle s'était réfugiée, la voix lui répéta avec force : « Je suis Thérèse de Jésus et je te dis que sous peu tu seras dans mon monastère. » Elle ignorait alors qui était Thérèse de Jésus (Thérèse d'Avila*). Un an plus tard, elle entrait au Carmel dans le monastère de Sainte-Thérèse à Florence, et y fit profession en mars 1766. Elle écrivit : « Souviens-toi qu'en entrant en religion tu as voulu exprimer en toi la vie du Crucifié » ; et encore : « Que le cloître soit ton calvaire, et l'observance de la règle ta croix. » Désirant « rendre amour pour Amour », elle recherchait l'abaissement, préférait les tâches les plus humbles. Infirmière dévouée, elle soignait les malades et les sœurs âgées. Aucun signe extraordinaire dans l'humble vie de sœur Thérèse-Marguerite, jusqu'au dimanche 28 juin 1767 où, en entendant au chœur la lecture brève de tierce : « *Deus charitas est* » (« Dieu est amour »), elle fut comme emportée dans une vague de lumière et connut expérimentalement les profondeurs de Dieu. « Dieu est amour » résonna comme la réponse pleine et totale à la question de son enfance. Elle demeura absorbée durant plusieurs jours, répétant sans cesse ces paroles puis, le flot de grâce se retirant, commencèrent pour elle les épreuves intérieures et une sécheresse désolée (jusqu'à sa mort), l'angoisse d'être immensément éloignée de Dieu. Croyant ne pas aimer Dieu, elle s'offrait à lui dans un désir passionné de lui être conformée, et elle le cherchait avec ardeur dans le service des sœurs malades, toujours sereine, toujours égale à elle-même : « Oui, mon Dieu, je ne veux attendre rien d'autre que de devenir une parfaite imitation de Vous, et comme votre vie ne fut autre qu'une vie cachée, faite d'humiliation, d'amour, de sacrifice, ainsi doit être désormais la mienne. C'est pourquoi, désormais et pour toujours, j'entends me réfugier dans votre très aimable Cœur comme en un désert, pour y vivre par Vous, avec Vous et en Vous cette vie cachée d'amour et de sacrifice, puisque vous savez que je ne désire rien d'autre que d'être victime de votre Cœur sacré, toute brûlée en holocauste au feu de votre saint Amour. Et Votre Cœur sera l'autel où je me consumerai en Vous, mon cher Époux, et Vous serez le prêtre qui brûlera cette victime dans les flammes de Votre Sacré Cœur. »

Elle vécut seulement cinq années au monastère, dans la prière et la pénitence, dans une constante offrande d'elle-même, et mourut d'une péritonite, en silence, cachée. Son corps a échappé à la corruption, on peut le voir encore aujourd'hui dans la chapelle du monastère de Sainte-Thérèse, via de'Bruni à Florence. Canonisée par Pie XI, le 19 mars 1934, elle apparaît comme le précurseur de Thérèse de Lisieux*.

Nora Possenti Ghiglia

• *Voir aussi* : Thérèse d'Avila ; Thérèse de Lisieux

Bibl. : *Œuvres* : peu nombreux, ses écrits (poésies, billets, lettres, résolutions) ont été recueillis dans *Ephemerides Carmeliticae* X (1959), 1-2, avec diverses études qui lui sont consacrées, et *Testi spirituali*, publiés par le Carmel d'Arezzo, Rome, Città Nuova-

Edizioni OCD, 1985. ***Études*** : P. GABRIELE DI S. MARIA MADDALENA, *Dal S. Cuore alla Trinità*, Milan, Ancora, 1961 ; C. MEZZASALMA, *Come neve ardente*, Florence, Cultura Nuova Editrice, 1992.

THOURET, Jeanne-Antide. — *Voir* JEANNE-ANTIDE THOURET

TRISKERIN, Malka, *femme pieuse hassidique* (Ukraine, XIXe s.). — Fille du sixième fils d'Hanna Hava Twersky*, Reb. Abraham Twersky de Trisk (Turiysk), dit Maggid (prédicateur, parfois itinérant) de Trisk, Malka a marché sur les pas de son aïeule. Femme de grande érudition, connue sous le nom de « Malkele la Tristerin » ou « Malka, Rebbe de Trisk », elle excellait en littérature hassidique et s'est pleinement consacrée à sa vie d'*Admor*. Elle distribuait les restes de son repas sacré (*shrayim*) et recevait des demandes de prières (*kvittlech*) de ses adeptes deux fois par jour. Elle détenait son savoir de *rabbistve* (statut de rebbe) de son père le Maggid, et assistait au *praven* (litt. l'« action de conduire », ici le rituel du repas accompagné des *kvittlech* et *pidyonot*), les rencontres qu'il présidait avec les hassidim (disciples) et auxquels elle donnait sa propre bénédiction. À la mort de son époux, Ephraïm, Malka assura la direction de son tribunal hassidique. Elle reste connue pour son amour de la musique, qui l'avait poussée à former un chœur de grands chanteurs, et pour son habitude de clore les repas festifs par les danses et chants hassidiques qu'elle prisait particulièrement.

Mireille Loubet

• *Voir aussi* : Twersky

Bibl. : ***Vie et études*** : E. TAITZ, S. HENRY, C. TALLAN, *The JPS Guide to Jewish Women : 600 B.C.E.-1900 C.E.*, Philadelphie (PA), The Jewish Publication Society, 2003, p. 218 ; M. M. BRAYER, *The Jewish Woman in Rabbinic Literature : A Psychohistorical Perspective*, Hoboken (NJ), Ktav Publication Inc., 1986, p. 45.

TSVÉTAÏEVA, Marina Ivanovna. — *Voir* ZVÉTAIEVA

TWEEDIE, Irina, *soufie* (?, 1907-?, août 1999). — Irina Tweedie vécut son enfance et sa jeunesse à Vienne, puis à Paris, où elle fit ses études. Elle s'installa, après la Seconde Guerre mondiale, en Angleterre, où elle se maria à un officier de la Royal Navy qui mourut en 1959. Animée, à la suite de ce deuil éprouvant, par un profond désir de transformation, elle décida en 1961, à l'âge de cinquante-deux ans, de partir pour l'Inde, espérant, par la pratique du yoga, découvrir le sens véritable de la vie. Elle fit alors à Kanpur la rencontre d'un maître soufi, shrî Radha Mohan Lalji Adhauliya, de l'ordre Naqshbandiyya-Mujadiddiya. Ce dernier, qu'elle appelait Bhai Sahib (« grand frère »), allait transformer son existence, l'amenant, selon sa propre formulation, à « confronter l'obscurité à l'intérieur d'elle-même, enflammant son cœur jusqu'à ce qu'il ne reste que des cendres ». Pour Irina Tweedie, le chemin passa dès lors par une lente et douloureuse dissolution du moi, de ses doutes et de ses angoisses, pour atteindre l'ouverture du cœur et le jaillissement de l'amour.

Le récit autobiographique de cette transformation fit l'objet d'un livre intitulé *The Chiasm of Fire* (1979), qui fut traduit en français sous le titre *L'Abîme de feu, l'expérience de libération d'une femme à travers les enseignements d'un maître soufi* (1985). Comme elle le précise dans la

Préface, c'est sur les conseils de son maître qu'elle se plia durant plusieurs années à l'ascèse du Journal retraçant son âpre cheminement, vécu comme une profonde purification par le feu de la Kundalinî, l'Énergie cosmique. Telle fut la seule pratique véritable, l'entraînant jusque dans les profondeurs de l'inconscient, par l'entremise des rêves. Selon la conception indienne des *vâsanâ*, les impressions latentes émanant des actes passés demeurent sous la forme d'empreintes résiduelles, tels des parfums non conscients, dans le « corps subtil ». Elles sont d'autant plus agissantes et productrices de conditionnements qu'elles œuvrent à l'insu du sujet. Ainsi, tout au long de l'existence, la maturation de ces germes inconscients et la mise en synergie de plusieurs d'entre eux ne cessent de susciter des conditionnements psychiques pour le sujet ; de ce fait, le degré de limpidité intérieure de son être s'en trouve altéré. Il est alors essentiel que remontent à la surface, même de manière infiniment subtile et inaperçue, les germes de *vâsanâ*, afin qu'ils se consument dans une expérience cathartique : rêve, émotion esthétique, intensité de la présence du sacré lors du rituel, feu de l'ascèse ou simple regard du maître, par la puissance de la grâce qu'il transmet. « C'est une lente dissolution de la personnalité, processus douloureux car l'homme ne peut pas se refaire sans souffrir. Il s'agit d'une mise à nu de ses propres souffrances, d'une rencontre avec ses propres démons, d'un face-à-face avec ses conflits intérieurs pour arriver à s'accepter tel que l'on est et non tel que l'on pense être », écrit-elle. Le récit met ainsi en relief la profondeur de l'engagement spirituel et la force de l'expérience mystique, le « chemin d'amour » qui « est comme un pont de chevelure au-dessus d'un abîme de feu ».

Après la mort de son maître, en 1966, elle fit une longue retraite dans l'Himalaya. Puis elle retourna en Angleterre où elle fonda, dans le nord de Londres, un centre de méditation soufi, qui s'est aujourd'hui étendu en Europe et en Amérique du Nord. Très active, donnant de nombreuses conférences, Irina Tweedie cessa ses activités en 1992, nommant un successeur pour le Golden Sufi Center.

Colette Poggi

Bibl. : ***Œuvres*** : *The Chiasm of Fire*, Inverness (CA), The Golden Sufi Center, 1986 (rééd. en 2006) ; *L'Abîme de feu, l'expérience de libération d'une femme à travers les enseignements d'un maître soufi*, Paris, L'Originel, 1985. ***Étude*** : R. K. GUPTA, *Yogis in Silence, the Greay Sufi Masters*, Delhi, B. R. Publishing Corporation, 2001.

TWERSKY, Hanna Hava, *femme pieuse hassidique* (Ukraine, XIXᵉ s.). — Hanna Hava était la fille du maître hassidique bien connu Reb. Mordecai (Mottele) Twersky de Tchernobyl (Ukraine). Il avait coutume de dire qu'elle portait en elle l'« esprit divin depuis sa naissance » et que sa piété était égale à celle de ses huit frères, « les huit chandelles de la Menorah ». Ses frères eux-mêmes lui attribuaient le qualificatif de *tsaddeket* (« sainte ») et la traitaient en égal, au regard de sa grande érudition rabbinique et de sa participation active au tribunal hassidique de Reb. Mordecai, dans une conduite digne et exemplaire. De nombreux hassidim (disciples) et rebbes la consultaient et échangeaient avec elle sur des questions d'importance touchant le hassidisme. Ses conférences, au cours desquelles elle entremêlait les métaphores aux enseignements sur la kabbale et le *musar* (instruction morale), et ses belles paraboles, très populaires dans les villes de Volhynie et de Pologne, l'ont rendue célèbre. On rapporte en particulier l'importance majeure de ses aphorismes sur l'éducation et le *musar* concernant la conduite des femmes, à qui elle donnait d'utiles directives sur les relations matrimoniales, l'éducation des enfants, la bienséance hassidique, etc. Elle savait répondre avec patience et affection aux nombreuses femmes qui se pressaient autour d'elle en quête de conseil. À tous, elle recommandait de pratiquer par tous les moyens une charité inconditionnelle. Elle acceptait les *kvittlech* (« requêtes ») et les *pidyonot* (« rétributions ») des nombreux hassidim qui recevaient sa *barakhah* (« bénédiction »), se réservant modestement une vie de frugalité et de mortification.

Mireille Loubet

• *Voir aussi* : Triskerin

Bibl. : ***Vie et études*** **:** E. TAITZ, S. HENRY, C. TALLAN, *The JPS Guide to Jewish Women : 600 B.C.E.-1900 C.E.*, Philadelphie (PA), The Jewish Publication Society, 2003, p. 218 ; M. M. BRAYER, *The Jewish Woman in Rabbinic Literature : A Psychohistorical Perspective*, Hoboken (NJ), Ktav Publication Inc., 1986, p. 44 ; T. M. RABINOWICZ, *The Encyclopedia of Hasidism*, Northvale (NJ), Jason Aronson, 1996, p. 503.

U

UMILIANA DEI CERCHI, *bienheureuse, tertiaire franciscaine* (Florence, décembre 1219-19 mai 1246). — La figure d'Umiliana dei Cerchi est délicate à appréhender : à la réputation de haute sainteté en laquelle la tenaient ses contemporains (le triomphe qui suivra sa mort en est la preuve, et le dépeçage de ses vêtements et de son corps en reliques forcément miraculeuses en signera l'apothéose) répondra l'hésitation de l'esprit moderne et critique qui s'interroge sur les déficiences et les inhibitions de son comportement : phobies, répulsions, mère anorexique aspirant à la mort, voilà qui n'incline guère à une appréciation positive, mais, comme l'estimait son biographe, Guy (Vito) de Cortone, reflétant l'opinion commune de ses contemporains, « Dieu ne voulait pas en effet que cette lumière brillante restât sous le boisseau, et c'est pourquoi il la plaça sur un candélabre, en modèle et exemple de vie, pour qu'elle brillât pour tous ceux qui sont dans la maison, c'est-à-dire l'Église militante ». De fait, Umiliana, tout comme Marguerite de Cortone* ou Angèle de Foligno*, aura publiquement manifesté comment vivre la vie parfaite dans la cité, hors de l'espace claustral : elle inaugurait un nouveau genre de vie, alliant sinon le silence, du moins la solitude de l'ermite, l'ascétisme de la clarisse et une *sequela Christi*, réponse à l'appel entendu de la provocation franciscaine. S'agirait-il d'une démocratisation séculière de la perfection ? En tout cas, Umiliana prêchait plus d'exemple que de parole, privant de tout alibi quiconque prétendait qu'il n'est pas possible de servir Dieu dans son foyer : il suffit, disait-elle en de vigoureuses métaphores, de considérer sa propre maison comme une forêt et ses proches comme des bêtes sauvages, pour pouvoir vivre sans encombre dans le silence et la prière. L'espace public de la rue se métamorphose en cellule de contemplation (pourvu qu'on n'y soit pas importuné par le bavardage). La voie est ainsi ouverte, mais n'en sont pas moins visibles les limites de cette transposition d'un mode de vie singulier, pourtant crédité d'être un moyen de sanctification indépassable, dans un espace qui lui est étranger, sinon même radicalement incompatible.

La leçon est en tout cas bien reçue de ses contemporains, en raison des dons charismatiques qui lui sont reconnus : prophétie, cardiognosie (voir Glossaire), guérison, lévitation et autres miracles, qui sont, on le soupçonne, des lieux communs de l'hagiographie. En revanche, qu'elle ait eu une vision du Christ et qu'elle ait conversé avec lui à l'âge de quatre ans est plus original. Il est plus remarquable encore qu'elle ait été reconnue par des clercs et par des religieux qui, comme Pierre de Dacie avec Christine de Stommeln*, voient en elle une médiatrice entre le monde divin et chacun d'eux, apportant guérison au doute récurrent et aux menaces d'un schisme toujours possible (le conflit entre guelfes et gibelins). Enfin, l'immense succès de la diffusion de sa biographie : il n'y eut rien moins que quatre *Vitae* disponibles peu après sa mort, rédigées soit en latin soit en langue vernaculaire, à partir de celle publiée en 1247 par le franciscain Guy de Cortone, lequel s'était appuyé sur le témoignage de trois confesseurs d'Umiliana et de trente de ses proches et familiers. À la faveur de ce récit, que complètera en 1252 Hyppolyte Fiorentinus, on voit se dessiner les contours de deux mondes : celui des hommes voués aux affaires, partisans de l'empereur contre le pape, et celui des frères qui se regroupent autour de la nouveauté franciscaine, laquelle, certes, n'a pas encore de pouvoir réel, mais va susciter une floraison de sainteté féminine en cette fin de Moyen Âge. Umiliana est un quasi-paradigme de ce mouvement féminin qui, sous l'influence des Franciscains de Sainte-Croix, modifie son objectif de perfection : de l'exercice de la charité et de l'amour du prochain qu'elle avait immédiatement et spontanément choisi, elle se tournera vers une exaltation de la pauvreté et vers un ascétisme extrême qui ouvre la voie à la contemplation mystique.

Née dans une famille aristocratique de Florence, sans doute fort tôt orpheline de mère (puisque son père se remarie avec Ermellina di Cambio, parente de l'un des fondateurs de l'Ordre des Servites de Marie), Umiliana ne participait pas aux jeux de sa très nombreuse fratrie (dix-sept enfants en effet sont les fruits de ces mariages successifs). Mais cette gravité que les auteurs se plaisent à souligner est peut-être une convention du genre hagiographique. À seize ans, elle est contrainte au mariage (selon les stratégies coutumières des familles, où les femmes sont un enjeu patrimonial ou généalogique). Très vite, elle affiche sa répugnance pour les mondanités, auxquelles son rang l'obligeait ; en revanche, elle s'allie à Ravenna, l'une de ses belles-sœurs, pour s'adonner aux aumônes et aux œuvres de miséricorde. Une initiative peu appréciée du mari (qui, à la fois tailleur et usurier, est à la tête d'une coquette fortune) comme des hommes, qui l'injurient, voire même lui font violence. Umiliana multiplie les ruses pour contourner le pouvoir des mâles sans éveiller leurs soupçons. Son attitude à l'égard de ses enfants nous laisse perplexes, tant elle froisse notre sensibilité : à la mort de son mari, il ne lui reste que deux filles. La mort de ses autres enfants ne lui a guère causé de chagrin, elle l'aurait même réjouie, semble-t-il, de les voir ainsi disparaître dans un état de pureté, n'ayant en rien sacrifié leur virginité, comme elle-même fut obligé de le faire. Ses relations avec les deux survivantes furent contrariées : elle s'en occupera pendant les six premiers mois de son veuvage, puis, contrainte de revenir au palais Cerchi, elle laissera ses deux filles dans la demeure paternelle. Séparation des plus rares à l'époque et, de plus, assortie d'un droit de visite des plus restreints. Sa belle-famille, inquiète de son comportement jugé bizarre – son obsédante préoccupation des pauvres –, aurait-elle douté de ses capacités éducatives et maternelles ? En tout cas elle-même semble en avoir pris son parti.

Revenue chez elle, elle se refuse à quelque remariage que ce soit : tous les arguments invoqués n'y feront rien, même le rappel des conseils de l'apôtre Paul (dans 1 Tm v, 3-10) : c'est Jésus-Christ qui est désormais son époux, et sur les conseils du frère Michel degli Alberti, elle prend l'habit des pénitentes du tiers ordre franciscain pour se vouer à la réclusion à la manière des béguines. La réaction familiale est violente : le père menace de la murer dans la tour où elle a établi son gîte, pendant qu'il s'emploie à récupérer la dot qu'avait stipulée le contrat de mariage. Pour parvenir à ses fins, il trompe sa fille, laquelle, désillusionnée, se considère désormais comme sa servante : elle opère donc une rupture du lien, de la filiation généalogique (à la manière dont avait procédé François d'Assise). Se voyant refuser (comme Rose de Viterbe) l'entrée chez les Clarisses de Monticelli, elle s'enferme dans la solitude de sa tour, où elle fait vœu de silence. Ce qui ne l'empêchera pas d'être tourmentée d'agressions diaboliques (où elle reconnaît fantasmatiquement les êtres chers qui lui sont proches), mais aussi de la tentation acédiaque (voir Glossaire) de quitter sa tour pour œuvrer dans la cité alors en proie à l'injustice et à la violence (une perspective qui aurait évidemment la faveur du monde clérical). Le jeûne qu'elle s'impose est quasi continuel, toute nourriture suscitant sa répulsion, puisque celle-ci est peu ou prou corruptrice, ayant rapport à la sexualité. Il s'agit donc pour elle de poursuivre son anéantissement et de parvenir à la mort, ce qui se réalisera à l'âge de vingt-sept ans, après qu'une hémiplégie l'eut frappée quarante-deux jours durant.

Le frère Michel degli Alberti l'aura détournée d'un pur érémitisme, fort estimé des dévotes de ce temps-là ; il tentera également de tempérer ses excès ascétiques, mais devra composer avec la concurrence redoutable d'un ermite camaldule fort écouté d'Umiliana : d'où le souci pastoral qui s'élabore, de mener vie de prière et de pénitence au cœur même de la cité.

Umiliana est typique de ce courant féminin inspiré des exemples de François d'Assise et de Claire d'Assise*, hostile au mariage et à toute tutelle familiale, mais qui ne dérive pas toutefois dans l'aventure érémitique pourtant fort prisée. Ce n'est pas la stratégie d'une *fuga mundi* (fuite du monde) que ces femmes adoptent, mais la tactique d'un refus de l'*usus mundi* (utilisation du monde), réputé conduire à leur sanctification.

François Marxer

• *Voir aussi* : Angèle de Foligno ; Christine de Stommeln ; Claire d'Assise ; Marguerite de Cortone

Bibl. : ***Vie et études*** : A. VAUCHEZ, *Les Laïcs au Moyen Âge*, Paris, Cerf, 1987 ; R. BELL, *L'Anorexie sainte, Jeûne et mysticisme du Moyen Âge à nos jours*, Paris, PUF, 1994.

UMM AL-FADL AL-WAHTIYYA, *soufie* (environs de La Mecque ?, ?-Chiraz ?, av. 982). — Nous disposons de très peu d'informations sur cette mystique, qui ne nous est connue que par un seul auteur, Sulamî. Aussi l'intérêt et l'originalité de sa biographie résident dans le contact direct entre la mystique et son hagiographe. Ce dernier a été son contemporain, il a suivi son enseignement, dont il rapporte directement quelques sentences.

Umm al-Fadl passa par Nichapour et y rencontra en particulier, parmi les soufis, Ibn Nugayd et Nasrâbâdhî, tous deux bien connus de Sulamî : le premier n'était autre que son propre grand-père, qui était également un soufi réputé, tandis que le second était l'un de ses principaux maîtres. On peut imaginer qu'il fit sa connaissance auprès de l'un ou de l'autre. Sachant que Nasrâbâdhî résida à Nichapour entre 951 et 977, son passage dans la ville dut avoir lieu dans cet intervalle. Tous les grands maîtres vinrent écouter Umm al-Fadl, y compris les savants les plus prestigieux de la cité comme Su'lûkî. Une indication qui atteste probablement, aux yeux de l'hagiographe, la qualité de sa science.

Est-ce cette proximité à la fois géographique, historique et même spirituelle entre les deux personnages qui justifie cette biographie ? Il est du moins curieux que les hagiographes postérieurs aient négligé une femme que Sulamî nous présente comme « insurpassable à son époque, par son éloquence, sa science et ses états spirituels » (*Dhikr*, p. 106), illustrant le lien entre sainteté et savoir sous ses différentes formes. Elle avait rencontré la plupart des maîtres spirituels de son temps et elle termina ses jours auprès d'Ibn Khafîf, le grand maître de Chiraz, fondateur d'une école mystique indépendante et mort dans sa ville natale en 982. Si nous n'avons pas trouvé la moindre trace de cette dernière dans la biographie de ce saint (cf. Daylamî), cette indication reste intéressante. En effet, ce maître est le millième et dernier des soufis qui figurent dans la monumentale *Histoire des soufis* de Sulamî, ouvrage malheureusement perdu ; selon ce dernier, il clôt la première période du soufisme, celle de sa formation et de ses figures tutélaires. Umm al-Fadl s'inscrit donc dans cette période fondatrice, particulièrement riche en personnalités d'exception. Cela nous donne aussi un *terminus ad quem* pour la date de sa mort, soit avant 982.

La pérégrination (*siyâha*), conçue par certains maîtres spirituels comme une nécessité de la voie spirituelle, n'était donc pas l'apanage des seuls hommes, mais pouvait aussi s'étendre aux femmes, probablement de façon beaucoup plus marginale. Dans une société pour laquelle la réception orale de la science tant exotérique qu'ésotérique était une des conditions de la validité et de la reconnaissance de celle-ci, ce mode de vie s'imposait à tous ceux en quête de savoir. Umm al-Fadl dut donc faire partie de ces femmes qui voyagèrent beaucoup et se déplacèrent de ville en ville à la rencontre des autorités les plus réputées de l'époque pour recueillir de leur bouche cette précieuse connaissance. Elle paraît même avoir fait de cette vie vagabonde une forme personnelle d'ascèse, ne s'autorisant aucune espèce d'attache dans ce monde.

Dans son cas, la sainteté n'est attestée par aucun miracle, ni même par une exemplarité dans les actes de dévotion ou les pratiques ascétiques. Seules ses paroles témoignent du haut rang spirituel qu'elle acquit. Ces quelques phrases que le biographe a consignées, traces uniques et ô combien modestes de son enseignement, suffisaient-elles, à son époque, à suggérer le caractère singulier de cette expérience du divin ? Il faut le croire, car Sulamî fut aussi – il n'est pas que cela – un biographe réputé. À notre époque, ces quelques bribes laissent subsister de très nombreuses zones d'ombre. Néanmoins, il est possible d'y relever le caractère ascétique de cette sainte, sa dimension mystique, avec le primat de l'amour exclusif et total de Dieu et l'introspection permanente, enfin le caractère ésotérique de son enseignement.

L'avertissement suivant, que l'on peut supposer adressé à un public de savants, est une illustration des « leçons » qu'une femme pouvait donner à l'élite religieuse d'une grande métropole médiévale, à rebours des clichés excluant les femmes de toute vie sociale : « Attention à ce que vos occupations ne servent pas le confort de vos âmes, alors que vous vous imaginez en quête de science. Seul celui qui la met en pratique est un authentique chercheur de science. Mais la mise en œuvre du savoir n'est pas affaire de quantité, ni pour le jeûne ni pour l'aumône ou la prière. Ce qui compte c'est, par une intention pure, la sincérité de l'acte accompli pour Dieu seul, tout en observant le regard que Dieu portera sur cet acte si celui qui l'accomplit n'est pas lui-même tourné vers son seigneur, dans une attitude de contemplation. »

Quand on l'interrogea sur sa définition du *tasawwuf*, la voie spirituelle des soufis, comme il était de coutume de le demander aux grands maîtres, elle répondit : « Dénouer les fils des causes secondes (afin de tout de ramener à Dieu) et couper tout lien (qui nous rattache à ce monde). » Il ne faudrait pas voir là une simple formule de rhétorique, Umm al-Fadl exprimait, dans une concision extrême, l'idéal auquel elle avait consacré sa vie.

Jean-Jacques Thibon

Bibl. : ***Études*** : SULAMÎ, *Dhikr al-niswa al-muta'abbidât al-sûfiyyât*, Le Caire, Al-Tanâhî, 1993, p. 106-107 ; DAYLAMÎ, *Sirat al-shaykh al-kabîr*, Le Caire, Ibrâhîm al-Dusûqî, 1977.

UMM 'ALÎ, *soufie* (Balkh, ?-Nichapour, IXe s.). — Umm 'Alî est d'origine princière selon nos sources, fille de l'émir de Balkh (l'ancienne ville de Bactres). Forte personnalité, elle choisit elle-même son mari – la chose n'est pas fréquente – et elle enjoint à Ahmed ibn Khidrawayh de demander sa main à son père, lequel accepta pour profiter des bénédictions de ce gendre, maître spirituel réputé. Ahmed trouva-t-il la démarche insolite ? Toujours est-il qu'il refusa, ce qui lui valut la réponse suivante, qui le convainquit : « J'avais une meilleure opinion de toi, je croyais que tu étais un guide sur la voie [vers Dieu], non un obstacle empêchant de la suivre. » De surcroît, elle lui imposa, en guise de dot, de la conduire auprès du grand maître Abû Yazîd al-Bistâmî, l'une des figures majeures de la sainteté de l'Orient musulman du IXe siècle, afin que ce soit lui qui les mariât (selon Abû Nu'aym, t. X, p. 42). En sa présence et à la grande surprise de son mari, elle se découvrit le visage et commença à discuter avec lui. Jaloux, Ahmed l'interrogea sur un comportement aussi audacieux. Elle lui répondit : « Tu es le tuteur de ma nature physique mais il est le tuteur de ma voie [vers Dieu] ; tu as besoin de moi mais pas lui. Par toi, je suis arrivée jusqu'à lui [Abû Yazîd] et par lui j'arriverai jusqu'à Dieu. » Cette grande liberté de comportement avec Abû Yazîd cessa le jour où celui-ci l'interrogea sur le henné qu'elle avait sur les mains. Cela mit un terme à leur intimité : « J'ai pris mes aises avec toi, tant que tu ne remarquais pas mon henné et que tu ne me regardais pas. Maintenant, ton compagnonnage spirituel m'est devenu illicite. » Pareille attitude démontre la grande rigueur morale de cette femme dont la liberté apparente n'était en rien une entorse à la loi religieuse. Au moment du départ, et selon l'usage lorsque l'on rencontrait un maître spirituel, le mari d'Umm 'Alî demanda conseil à Abû Yazîd, qui l'invita à apprendre de sa femme la *futuwwa*, l'attitude spirituelle chère aux soufistes fondée sur l'altruisme et la sincérité. Voilà une autre situation peu banale, puisque Ahmed ibn Khidrawayh, lui-même maître réputé pour sa *futuwwa*, en savait moins que son épouse. À moins de supposer qu'il n'acquît que plus tardivement cette qualité spirituelle, en suivant scrupuleusement le conseil d'Abû Yazîd.

Quant à Umm 'Alî, à la suite de son mariage, elle abandonna toute occupation mondaine pour se consacrer à Dieu. Illustration de sa *futuwwa*, cette femme qui était très riche dépensa sa fortune pour les pauvres en Dieu, soutenant son mari dans sa fonction de maître spirituel. Ce dernier s'établit à Nichapour et elle rencontra les nombreux maîtres spirituels de la ville, dont Abû Hafs al-Haddâd, l'un des plus réputés. Il l'apprécia tellement qu'il avoua : « J'ai toujours détesté la conversation des femmes jusqu'à ce que je rencontre Umm 'Alî, la femme d'Ahmed ibn Khidrawayh, je sus alors que Dieu déposait sa gnose où il voulait. » Ses qualités spirituelles et sa sainteté étaient reconnues et des femmes venaient de toute la province pour se mettre à son service, mais elle corrigeait leur intention, leur enjoignant de se mettre au service exclusif de Dieu.

Dans les recueils hagiographiques, il est significatif que la notice consacrée à son mari, Ahmed ibn Khidrawayh, parle en fait presque autant d'elle que de lui. Pourtant, les biographes n'ont pas tari d'éloges à son sujet, 'Attâr, au XIIIe siècle, lui attribuant même mille disciples, tous accomplis spirituellement. Qu'il puisse être partiellement éclipsé par son épouse souligne encore la personnalité hors du commun de cette femme. À noter également, phénomène exceptionnel mais pas unique, que nous sommes en présence d'un couple dont la femme autant que l'homme sont réputés pour leur sainteté et leur haut degré de connaissance de la voie spirituelle.

Des sources tardives ('Attâr, p. 348 ou même Hujwirî, p. 119) la désignent sous le nom de Fâtima. D'où une confusion possible avec une autre grande figure féminine de la même époque, Fâtima de Nichapour*, si bien que certains auteurs contemporains (Deladrière, Schimmel) considèrent qu'il s'agit d'une seule et même personne.

Jean-Jacques Thibon

• *Voir aussi* : Fâtima de Nichapour

Bibl. : *Études* : SULAMÎ, *Dhikr al-niswa al-muta'abbidât al-sûfiyyât*, Le Caire, Al-Tanâhî, 1993, p. 67 ; ABÛ NU'AYM AL-ISFAHÂNÎ, *Hilyat al-awliyâ'*, 10 vol., Beyrouth, s. d., t. X, p. 42 ; HUJWIRÎ, *The Kashf al-mahjûb*, trad. de Nicholson, Leyde et Londres, Brill, 1911, p. 119-121 ; 'ATTÂR, *Tadhkirat al-awliyâ'*, Téhéran, M. Esti'lâmî, 1976, p. 348-355.

UMM HÂRÛN AL-DIMASHQIYYA, *soufie* (Damas, IXe s.-?, IXe s.). — Originaire de Syrie (Al-Shâmiyya), elle est contemporaine de Râbi'a bint Ismâ'îl al-Shâmiyya*, la célèbre mystique damascène, et de son époux Ahmad ibn Abî al-Hawârî, disciple d'Abû Sulaymân al-Dârânî, deux maîtres irakiens installés en Syrie ; ce dernier vénérait Umm Hârûn et avait coutume de dire : « [Elle] n'a point sa pareille dans toute la Syrie. » La plus ancienne notice biographique qui lui soit consacrée figure dans la section féminine des *Tabaqât al-Sûfiyya* de Sulamî, dédiée aux ascètes et aux soufies (*Dhikr al-niswa al-muta' abbidât al-sûfiyyât*). Non moins de cinq dictionnaires biographiques, jusqu'au moderne Al-Munâwî dans ses *Al-Kawâkib al-durriyya*, lui consacrent une notice. Umm Hârûn appartient à ce type de saints, très répandu dans la mystique des premiers siècles de l'islam, constamment habités par l'idée du péché et de l'enfer, idée qui constituera l'un des thèmes majeurs du futur *'ilm al-tasawwuf* (la « science soufie »), notamment dans un manuel comme la *Risâla* de 'Abd al-Karîm al-Qushayrî, selon lequel la peur doit toujours être maîtresse du cœur, non l'espérance ; elle est la lanterne du cœur, par laquelle le soufi voit ce que celui-ci recèle de bien et de mal. Selon ses hagiographes, la peur du feu infernal et des fins dernières préoccupait davantage Umm Hârûn que le désir du paradis. Ahmad ibn Abî al-Hawârî lui demanda un jour : « Aimes-tu la mort ? – Non, répondit-elle, car lorsque tu désobéis à une personne, tu ne souhaites pas être mis en sa présence, que dire de rencontrer Dieu, alors que je Lui ai désobéi. » Les notices les plus anciennes qui lui sont consacrées rapportent ce propos d'Al-Dârânî : « Qui veut voir quelqu'un de vraiment foudroyé [*sa'q*] qu'il regarde Umm Hârûn » ; plusieurs occurrences coraniques de ce mot renvoient tantôt à des thèmes apocalyptiques (39 : 68 et 52 : 45), tantôt au châtiment des impies et des orgueilleux, dont les *'Âd* et les *Thamûd* sont les archétypes (41 : 13 et 17). L'ascèse de la sainte est aussi largement représentative de celle de ses contemporaines : ascétisme et mépris des biens de ce monde, grande piété, crainte révérencielle et abstention scrupuleuse ; elle pratiquait le jeûne prolongé et ne se nourrissait que de pain sec, nous disent ses hagiographes ; on rapporte d'elle ces propos : « J'ai donné à ce bas-monde sa vraie place [...]. Par mon père, que la nuit est délicieuse ! le jour, affligée je suis, dans l'attente de la nuit » ; elle passait celle-ci, éveillée, en adoration ; dès que l'aube pointait elle disait : « L'Esprit a pénétré mon cœur. » Sa notice confirme l'existence d'un courant pérégrin non négligeable dans le milieu soufi féminin, qui n'hésite pas à affronter les dangers des routes dans l'accomplissement d'un pèlerinage ou dans la pratique de la *siyâha* (errance mystique), comme le montre ce récit sur l'un des prodiges attribués à la sainte : « Elle avait coutume de faire, à pied, une fois par mois, le pèlerinage jusqu'à Bayt al-Maqdis (Jérusalem) ; un jour, en chemin, elle rencontra un lion qui se dirigea vers elle : "Approche-toi, ô chien, dévore-moi, si tel l'exige ta subsistance" ; à ces mots, le lion se mit sur ses pattes inférieures, puis se releva et s'en retourna. » Cette sainteté n'est pas dépourvue de prodiges et de merveilleux, relatés avec plus ou moins de détails par les différentes notices, qui, là encore, ne dérogent pas au reste des *karâmât* (grâces probatoires) de ses contemporaines : « Quand elle se découvrait, écrit Al-Munâwî, son visage rayonnait comme une pleine lune » ; « Ses cheveux [au témoignage de Râbi'a al-Shâmiyya rapporté par Ibn al-Jawzî], bien qu'elle ne les ait pas enduit d'huile, vingt ans durant, étaient plus beaux que les nôtres ». Le portrait physique participe de cette perfection morale dont il est le miroir : Dieu parachève ainsi son œuvre dans ses élus, « dont il sanctifie l'intérieur et embellit l'extérieur ».

Nelly Amri

• *Voir aussi* : Râbi'a bint Ismâ'îl al-Shâmiyya

Bibl. : ***Notices biographiques*** : AL-HISNI, *Kitâb siyar al-sâlikât al-mu'minât al-khayyirât*, Ms. Arabe 2042, BN, Paris ; IBN AL-JAWZÎ, *Sifat al-safwa*, Dâr al-Jîl, 1re éd., Beyrouth, 1992, t. II, p. 451-452 ; A. AL-MUNÂWÎ, *Kitâb al-Tabaqât al-kubrâ al-musammât al-Kawâkib al-durriyya fî tarâjim al-Sâda al-sûfiya*, éd. M. Rabî', Le Caire, 1938, p. 208 ; A. AL-SHA'RÂNÎ, *Al-Tabaqât al-kubrâ*, éd. S. al-Saleh, 1re éd., Beyrouth, Éd. Dâr al-Ma'rifa, 2005, p. 101 ; SULAMÎ, *Tabaqât al-Sûfiyya*, Beyrouth, Dâr al-kutub al-'ilmiyya, 1998, notice 31, p. 402. ***Études*** **:** N. et L. AMRI, *Les Femmes soufies ou la passion de Dieu*, Saint-Jean-de-Braye, Dangles, 1992 ; R. E. CORNELL, *Early Sufi Women. Dhikr an-niswa al-muta'abbidât as-sûfiyyât, by 'Abd ar-Rahmân as-Sulamî*, Louiville, 1999 ; A. SCHIMMEL, *L'Islam au féminin. La femme dans la spiritualité musulmane*, Paris, Albin Michel, 2000 ; M. SMITH, *Râbi'a the Mystic and her Fellow Saints*, New York, Cambridge University Press (1928), 2010.

UMM MUHAMMAD AL-URBUSIYYA, *soufie ifriqiyenne* (Al-Urbus, ?-Tunis, apr. 1224). — Umm Muhammad al-Urbusiyya est née dans la ville d'Al-Urbus (l'antique Laribus) à deux étapes de la ville de Béja dans le nord-ouest de la Tunisie actuelle, et a élu domicile à Tunis, où elle s'est probablement éteinte à une date que nous ignorons, mais certainement postérieure à l'année 1224, date de la mort d'Abû Yûsuf al-Dahmânî, de l'école ascétique et mystique de Kairouan et du littoral ifriqiyen et disciple direct d'Abû Madyan. En effet, elle est mentionnée par 'Abd al-Rahmân al-Dabbâgh, l'hagiographe d'Al-Dahmânî, comme l'auteur d'un thrène qu'elle adressa, à la mort du cheikh, aux fils de ce dernier et dont le texte a été conservé dans les *Al-Asrâr al-jaliyya fî l-manâqib al-Dahmâniyya*, l'hagiographie du cheikh, rédigée vers 1249-1250. Unique trace documentaire, à notre connaissance, sur cette mystique, il s'agit de l'un des rares textes de la plume d'une femme soufie en Ifriqiya qui nous soit parvenu, témoignant non seulement d'une connaissance de l'art de la versification et de la prose rimée, mais aussi d'une excellente culture religieuse, notamment soufie, et d'une grande maîtrise spirituelle. La sainteté féminine qui s'épanouit, à l'époque, à Tunis n'est pas, en effet, dénuée de savoir : telle sainte nous est présentée comme étant versée dans les sciences religieuses et notamment dans le *Sahîh* (célèbre recueil canonique de traditions) de Bukhârî, telle autre comme ayant mémorisé tout le texte coranique, ou encore ayant recopié plusieurs fois le *Ihyâ'*, cette « Somme théologique » de Ghazâlî. Umm Muhammad s'autoqualifie de « pauvre en Dieu, confiante en [son] Créateur [*al-mutawakkila 'alâ khâliqihâ*], [s']en remettant totalement à Lui » ; peut-on en déduire une consécration totale de la sainte à l'adoration et à l'ascèse, vivant des aumônes et dons des fidèles, à l'image d'autres soufies contemporaines pratiquant le *tawakkul* ? On ne peut être sûr.

Il semblerait, au ton de la lettre de condoléances de trois folios, que Umm Muhammad ait été très proche d'Al-Dahmânî, qu'elle qualifie de « maître de son temps », de « pôle » (la dignité la plus élevée dans la hiérarchie des saints intercesseurs), de « diadème des gnostiques », d'« imâm des cheminants » et de « guide des aspirants sincères ». A-t-elle connu le cheikh à l'occasion des séjours de ce dernier à Tunis ? A-t-elle eu avec lui des échanges épistolaires à l'image de ceux qu'Al-Dahmânî entretenait avec le grand mystique tunisois 'Abd al-'Azîz al-Mahdawî, l'un des maîtres d'Ibn 'Arabî ? On ne peut, là encore, qu'émettre des hypothèses. Sa maîtrise doctrinale et spirituelle plaiderait pour une relation de compagnonnage ou encore de fraternité en Dieu avec le cheikh, plutôt que de disciple ; elle n'est pas la seule mystique de l'entourage d'Al-Dahmânî dont la mémoire nous ait été conservée : une autre sainte, Umm Yahyâ Maryam*, bénéficiera, quant à elle, d'une plus grande notoriété. Comme elle, Umm Muhammad peut être rattachée à l'école d'Abû Madyan, école qui avait alors à Tunis de nombreux disciples.

La lettre s'ouvre sur un véritable hymne à l'unicité et à la transcendance divines, ainsi que sur l'évocation de quelques attributs et noms divins ; Umm Muhammad poursuit : « En Dieu se trouve une compensation à toute chose ; œuvrer à se rapprocher de Lui empêche de s'occuper des morts comme des vivants ; dans l'acceptation de Son bon vouloir se trouve une consolation face à tout malheur, et dans l'agrément au bien-fondé de Son choix, un réconfort face à toute cause d'affliction. Car c'est à Lui qu'aspirent les amoureux ; Il est la fraîcheur des yeux des gnostiques, le trésor de ceux qui s'abandonnent à Lui et l'ultime désir de ceux qui suivent la voie droite et ont réalisé leur vraie réalité. Il choisit qui Il veut parmi ses serviteurs, éloignant leur être intime de la vue de la jalousie, et purifiant leur extérieur de la souillure de leur humaine condition ; aussi affrontent-ils toute chose avec satisfaction et respect des bonnes convenances [avec Dieu] ; aucun malheur ne les frappe qui ne soit pour eux une échelle les menant aux plus hauts degrés et demeures. [...] Votre cheikh était semblable à la mer que rien n'altère, et à la pureté que rien ne ternit. De lui, les réalités [spirituelles] sont puisées, et dans l'imitation de son exemple se trouve un soutien pour quiconque œuvre à chasser [de son âme] les préoccupations terrestres ; la mort n'est-elle pas le bien excellent réservé [par Dieu] aux saints et le vœu des purs [*tuhfat al-awliyâ' wa umniyat al-asfiyâ'*] ? » Le thrène se termine par un poème de treize vers, dans lesquels la sainte laisse libre cours à sa douleur, évoquant la lourde perte que constitue le décès du cheikh, dont elle exalte, une fois de plus, les qualités spirituelles, invitant ses enfants à s'armer de longanimité et appelant sur lui la miséricorde divine. Cette lettre était en principe destinée à rester dans les archives familiales du cheikh Al-Dahmânî ; en la publiant en appendice à l'hagiographie qu'il lui consacre, Al-Dabbâgh (1300) donne à ce texte, ainsi qu'à d'autres, similaires, qu'il cite également *in extenso*, une audience inespérée dans le milieu dévot et savant de l'époque, d'autant plus que nous ignorons pratiquement tout sur cette mystique et sur le magistère spirituel qu'elle exerça.

Nelly Amri

• *Voir aussi* : Umm Yahyâ Maryam

Bibl. : ***Vie et études*** : 'Abd al-Rahmân AL-DABBÂGH, *Al-Asrâr al-jaliyya fî l-manâqib al-dahmâniyya li Ibn al-Dabbâgh al-Qayrawânî*, Ms 17944, BN, Tunis, f°s 126a-128b.

UMM SALÂMA ZAYNAB, *soufie ifriqiyenne* (Manzil Qadîd, ?-1272). — Elle appartient à l'école ascétique et mystique de Kairouan et de sa région. Umm Salâma (du prénom de son fils aîné), laissée vraisemblablement veuve, était mère de trois fils et habitait Manzil Qadîd (en Ifriqiya), un village situé à la croisée de deux axes : l'un, horizontal, reliant Sousse à Kairouan, et l'autre, longitudinal, parallèle à la côte. En ce temps de la peur, focalisée tantôt sur les armées chrétiennes, dont on appréhendait constamment le débarquement, tantôt sur les déprédations attribuées aux Bédouins, elle fut surnommée « la gardienne du littoral » (*ghafîrat al-sâhil*). Les éléments hagiographiques les plus anciens concernant la sainte figurent dans la notice biographique consacrée à son fils Abû 'Alî Sâlim al-Qadîdî dans le dictionnaire d'Ibn Nâjî, *Ma'âlim al-îmân*, rédigé vers 1405. La sainteté d'Umm Salâma n'est pas pour autant une sainteté « par association » ; celle que l'on qualifie de « Râbi'a de son temps » est sainte avant même que son fils n'ait achevé son initiation auprès de son maître Abû Hilâl al-Saddâdî, saint du Jérid, lié à l'école d'Abû Madyan par des liens de fraternité spirituelle. En guise de testament spirituel, Abû Hilâl recommande au jeune novice d'être pieux envers sa mère (sur la piété de Jésus envers sa mère Marie* : Coran, 19 : 32), car, lui dit-il, « elle est dépositaire du secret de Dieu ». Lorsque le fils fondera, sur l'instigation de son maître, une *zâwiya* (lieu de retraite, d'initiation et de récollection) dans le village natal, elle s'y adonnera à ses exercices de piété et d'adoration ; une ascèse qu'elle mène aux côtés de son fils Sâlim et d'un disciple de ce dernier, 'Ammâr al-Ma'rûfî (saint patron, aujourd'hui, de la ville de l'Ariana, au nord de Tunis). Une ascèse à trois qui, dans le milieu soufi kairouanais, peu favorable à la promiscuité des hommes et des femmes, même âgés, n'est pas dénué d'une certaine originalité ; une scène nous décrit d'ailleurs la sainte intercédant, avec succès, auprès de son fils en faveur de son disciple entré en disgrâce pour avoir manqué aux convenances spirituelles (*al-adab*) concernant ses états spirituels (*ahwâl*) ; ces derniers, dans la droite ligne de l'enseignement de l'école d'Abû Madyan, devant toujours être tenus en suspicion et rester dans le secret de la vie intérieure : « Dieu accordera alors [au novice] d'innombrables victoires. » Cette anecdote, outre sa dimension doctrinale et édifiante, exalte la piété filiale d'Abû 'Alî Sâlim envers sa sainte mère et la haute considération dans laquelle il la tenait : le cheikh, souligne l'hagiographe, était resté, jusque-là, sourd à toutes les requêtes que beaucoup de personnes avaient formulées en faveur du jeune disciple. On n'en saura pas davantage sur la sainte vivante, dont la notoriété semble avoir été grande ; mise à part sa relation privilégiée et quasi maternelle avec ce disciple, se mêlait-elle aux nombreux *fuqarâ'* (pauvres en Dieu) dont l'hagiographe signale la présence aux côtés d'Abû 'Alî Sâlim dans sa *zâwiya* ? A-t-elle exercé un quelconque magistère spirituel ? Autant de questions que la rareté de nos informations sur la sainte laisse sans réponse. Le jour de sa mort, écrit Ibn Nâjî, on pouvait entendre, à trois lieues (*farsakh*) de Qadîd, l'appel à la prière sur elle, lancé par une soixantaine d'hommes. Insigne honneur, ce sont les Ahl al-Sharaf (se réclamant d'une ascendance remontant au Prophète) qui prieront sur sa dépouille.

Plusieurs prodiges posthumes lui sont attribués, dont trois focalisent sur le corps sanctifié de la sainte, où nous croyons percevoir le modèle prophétique ; cet intérêt pour le corps, *locus* des grâces probatoires, retient l'attention dans un dictionnaire biographique peu prolixe en matière de sainteté féminine ; lors de sa toilette funéraire, le corps d'Umm Salâma était parfaitement docile entre les mains de ses brus et « se retournait au gré de leurs besoins » ; l'hagiographe raconte qu'elle avait recouvert, de sa main, ses parties intimes. Un autre récit exalte sa conscience de son indigence ontologique : lorsque son fils, Abû 'Alî Sâlim, qui la porta en terre, voulut lui recouvrir la tête, elle lui ôta la main en signe de désapprobation, ne voulant point être privée d'un contact direct avec la matière la plus humble dont l'homme fut créé (Coran, 35 : 11) ; le fils s'exécuta. Au témoignage d'Ibn Nâjî, son tombeau, qui se trouvait dans la mosquée de la *zâwiya*, était déjà réputé et devint un lieu de pèlerinage ; l'invocation y était exaucée ; tel saint du littoral avait pour elle une grande vénération et avait recommandé à son fils de la visiter. Il s'agit ici de l'un des exemples les plus anciens en Ifriqiya de *zâwiya*-tombeau, cette autre forme sacrale de la présence d'un saint ou d'une sainte, qui peu à peu allait se diffuser. Un jour, écrit l'auteur du *Ma'âlim*, un pèlerin qui n'était pas en état de pureté rituelle voulut se recueillir sur sa sépulture, afin d'invoquer Dieu par la bénédiction de la sainte, aussitôt une vipère sortit de la tombe et le pourchassa jusqu'à ce qu'il quittât la *zâwiya* ; ce récit, et d'autres dont est émaillé le dictionnaire, est de nature à dissuader les fidèles peu respectueux du caractère sacré de l'espace d'y pénétrer, sous peine d'encourir le châtiment de la sainte.

Nelly Amri

Bibl. : ***Éléments bio-hagiographiques* :** IBN NAJI, *Ma'âlim al-îmân fî ma'rifat ahl al-Qayrawân*, éd. M. al-Majdûb et A. al-Majdûb, Tunis, al-Maktaba al-'atîqa, s. d., vol. IV, p. 51, 54, 86-87 ; M. MAQDISH, *Nuzhat al-anzâr wa 'ajâ'ib al-tawârîkh wa l-akhbâr*, éd. A. Zouari et M. Mahfoudh, Beyrouth, Dâr al-Gharb al-islâmî, 1988, p. 301-302. ***Études* :** N. AMRI, « Les *sâlihât* [les saintes] du $\text{v}^{e}/\text{xi}^{e}$ au $\text{ix}^{e}/\text{xv}^{e}$ siècle dans la mémoire maghrébine de la sainteté, à travers quatre documents hagiographiques », *Al-Qantara*, vol. XXI, fasc. 2, Madrid, 2000, p. 481-509 ; ID., « Entre hagiographie, hagiologie et histoire : la place des femmes dans le soufisme à travers quelques sources du Maghreb médiéval », in *Graines de lumière. Héritages du cheikh al-'Alawî*, Paris, Albouraq, 2010, p. 398-424.

UMM YAHYÂ MARYAM, *soufie ifriqiyenne* (Al-Minya, ?-apr. 1224). — Umm Yahyâ Maryam est née à une date que nous ne connaissons pas avec exactitude à Al-Minya, dans la région de Sfax, sur le littoral ifrîqiyen. La mémoire de cette sainte dans les dictionnaires biographiques et dans la littérature hagiographique est associée à son maître et compagnon spirituel, le mystique et saint ifriqiyen Abû Yûsuf al-Dahmânî. La plus ancienne mention de la sainte se trouve d'ailleurs dans l'hagiographie d'Al-Dahmânî due à la plume de 'Abd al-Rahmân al-Dabbâgh, *Al-Asrâr al-jaliyya fî l-manâqib al-Dahmâniyya*, rédigée vers 1249-1250. Les informations la concernant s'y trouvent disséminées, elles seront relayées par la suite par des dictionnaires biographiques plus tardifs. Les éléments bio-hagiographiques exaltent aussi bien ses propres qualités spirituelles que l'excellence de son cheikh et compagnon, et la profonde unité marquant leur relation, parfait exemple du rapport entre maître et disciple, notamment quand celui-ci est une femme ; d'où leur intérêt, même s'ils laissent dans l'ombre de nombreux aspects de la vie de la sainte. Sa *kunya* (« surnom ») de filiation, Umm Yahyâ, semble indiquer qu'elle avait un fils, Yahyâ, qui n'apparaît nulle part ; son époux non plus ; elle nous est ainsi montrée libre de toute attache familiale. L'adjectif de *murâbita* (littéralement « femme en *ribât* »), dont elle est créditée, semble indiquer moins une activité d'ascèse dans un *ribât* (ouvrage fortifié servant pour le guet et l'ascèse) – nous n'en connaissons pas à l'époque pour les femmes sur le littoral ifrîqiyen – qu'une réputation de sainteté et de vertu (*salâh*) vers laquelle infléchit désormais de plus en plus le terme, sachant néanmoins que la sainte accompagne souvent le maître dans ses retraites pieuses dans les *qasr* du littoral (fondations fortifiées datant de l'époque aghlabide, où les pensionnaires joignaient guet et ascèse et qui, à l'époque almohado-hafside, connaissent un regain de vitalité).

Sommée, lors d'une vision onirique, de prendre la route pour Mahdia, ville du littoral ifriqiyen, afin de se mettre au service du cheikh Abû Zakariyyâ' ibn Hanâs, *khâdim* (« serviteur et compagnon ») d'Al-Dahmânî, tous deux faisant partie des six mystiques initiés directement, selon la tradition hagiographique ifrîqiyenne, par Abû Madyan Shu'ayb (le célèbre maître andalou installé à Bijâya – Bougie), la sainte s'exécute. C'est Al-Dahmânî, en personne, qui l'accueille à son arrivée dans la ville de Mahdia. Nous ignorons la date de cette première rencontre ; on sait seulement qu'elle eut lieu entre le retour du cheikh (avant 1193-1194) de chez Abû Madyan et son voyage en

Orient en 1199 ; elle devait être alors âgée d'une cinquantaine d'années ; en effet, dans certaines versions, vraisemblablement vers la fin de la vie d'Al-Dahmânî, Umm Yahyâ est décrite comme une femme âgée « de quatre-vingts ou de quatre-vingt-dix ans », ce qui placerait sa naissance vers 1140. Ibn Hanâs ordonne à Umm Yahyâ de se mettre au service du cheikh Al-Dahmânî ; elle ne lui en garda pas moins une grande révérence et nous est montrée réprimandant un jour l'épouse du cheikh pour avoir demandé à ce dernier de charger Abû Zakariyâ' de réparer une de leurs conduites d'eau (probablement des eaux usagées), ce qui lui parut un manquement à la *hurma* (respect, inviolabilité) due aux maîtres : « Ô Maryam, lui dit Al-Dahmânî, sois clémente avec elle, car ce qui t'a été dévoilé, ne lui est pas parvenu. » Les manuels classiques de soufisme considèrent la *khidma* (service) comme « le compagnonnage avec celui qui est à un degré spirituel supérieur » (*suhba ma'a man fawqaka*) ; la *khidma* serait d'ailleurs ce qui est le plus digne des états des maîtres, tandis que la *suhba* (compagnonnage) stricto sensu est ce qui lie les frères en Dieu (*al-ikhwân*) ; cependant, les notions, surtout à cette étape où le soufisme est encore assez informel (XIIe-XIIIe s.) ne sont pas aussi clairement délimitées ; la relation qui semble avoir lié Umm Yahyâ au cheikh est tout à la fois une relation de *khidma* et de *suhba* : service et compagnonnage, l'un n'excluant pas l'autre. Le dictionnaire biographique d'Ibn Nâjî, *Ma'âlim al-îmân*, compilé en grande partie à partir d'Al-Dabbâgh, attribue à Al-Dahmânî ce propos à l'adresse de ses premiers compagnons, au nombre desquels figure la sainte d'Al-Minya : « Mes premiers compagnons sont entrés par la même porte que moi et ont récolté ce que j'ai récolté, voire davantage. »

L'intimité spirituelle d'Umm Yahyâ avec Al-Dahmânî nous est présentée comme comparable à celle qui liait le cheikh à un autre maître ifriqiyen de l'école d'Abû Madyan, le saint patron du Jérid dans le sud ifrîqiyen, Abû 'Alî al-Naftî : « Ma maison, celle d'Abû 'Alî [Al-Naftî] et celle de la *murâbita* Umm Yahyâ [...] ne forment qu'une seule et même maison. » Ainsi, cette mystique appartiendrait à l'école d'Abû Madyan, via le rameau d'Al-Dahmânî, école qui commençait alors à se propager en Ifrîqiya. Selon son propre témoignage, elle avait coutume d'accompagner le cheikh dans ses pérégrinations (*siyâha*). L'hagiographe, qui exalte l'attachement que portait la sainte à Abû Yûsuf, insiste sur le profond accord existant entre eux au niveau de leurs pensées intimes (*al-khâtir*). Ibn Nâjî évoque « la bonne intention et l'union dans l'amitié et le discernement des esprits » (*niyya hasana wa ittihâd mahabba wa firâsa*) qui liaient la soufie à son saint compagnon. Ils sont d'ailleurs montrés se consultant mutuellement au sujet des *fuqarâ'* (les novices) ; la sainte, par respect, s'en remettait à la décision du cheikh. C'est l'époque qui voit l'apparition puis la diffusion des premières *zâwiya*, lieu de récollection et d'ascèse, regroupant autour d'un maître des dizaines de disciples. Signe de la considération dont cette sainte était l'objet dans l'entourage du cheikh, de la reconnaissance de son rang spirituel et de la nature des liens qui la rattachaient au maître : lorsque ce dernier mourut et qu'elle vint, à Kairouan, présenter ses condoléances à ses enfants, on lui proposa de s'asseoir à la place qu'occupait habituellement Al-Dahmânî. Elle refusa, répondant : « J'aurais honte devant Dieu de manquer aux convenances à l'égard du cheikh, mort, alors que je les respectais de son vivant. »

Il semblerait qu'Umm Yahyâ ait encouru quelques critiques, dont l'hagiographe ne nous livre pas la teneur ; on sait que le milieu ifriqiyen, et plus particulièrement kairouanais, ne voyait pas d'un œil propice la promiscuité des hommes et des femmes, même âgés, dans les lieux de culte et dans l'espace public, d'où peut-être cette insistance de l'hagiographe à exalter la pudeur de la sainte dans sa relation au maître : « Elle ne s'est jamais assise, dans une pièce avec le cheikh, sinon voilée, et ne l'a jamais regardé, en signe de considération et de révérence. » Cela dit, l'itinéraire d'Umm Yahyâ, autant que l'on puisse en juger à partir de cette hagiographie, montre qu'une relation de compagnonnage entre un saint et une sainte pouvait avoir, malgré tout, droit de cité – plusieurs exemples en sont attestés dans tout le Maghreb à l'époque – et que, par certains aspects, cette relation n'a rien à envier à celle qui lie un maître à un compagnon ou disciple homme ; en témoignent les séances de récollection communes avec le cheikh dans les *qasr* du littoral, leurs pérégrinations communes (la légende évoquant notamment leur *ziyâra* (visite pieuse) hebdomadaire, sur le mode surnaturel, à Tahûda, au sud-est de Biskra, où se trouve la sépulture de ‘Uqba bint Nâfi‘ (à qui l'on doit la première fondation islamique au Maghreb, Kairouan, et sa célèbre mosquée), la cohabitation avec le cheikh et sa famille à Mahdia, ainsi que les visites réciproques que le cheikh et sa compagne se rendaient mutuellement, ce dernier passant parfois, en compagnie de quelques disciples, la nuit chez elle à Al-Minya, etc. Dans une anecdote rapportée par Al-Dabbâgh, le cheikh nous est montré prenant la défense de la sainte contre l'un de ses détracteurs. D'ailleurs, et malgré la parcimonie de nos informations, il semblerait que la sainte ait à son tour éduqué un certain nombre de disciples, lesquels nous sont montrés réunis chez elle ou encore lui rendant visite dans son village ; seul le nom de l'un d'entre eux est décliné à l'occasion d'une anecdote illustrant le don de clairvoyance de la sainte, il s'agit de Muhammad al-Burzulî de Qasr Ziyâd (sur le littoral ifriqiyen).

« [Umm Yahyâ] faisait partie des plus grands saints, écrit Al-Dabbâgh, on lui connaît de nombreux prodiges ; je ne les cite pas par souci de concision. » Plusieurs récits de prodiges exaltent son don de claire-vue, sa connaissance des mystères, ses dévoilements (*al-ikhbâr bi-ba‘d al-mughayyabât wa l-kashf*) et son pouvoir sur les animaux. Elle est morte vraisemblablement dans sa bourgade natale d'Al-Minya, âgée de près de quatre-vingt-dix ans, à une date que l'on ignore, probablement peu après 1224, année de la mort du cheikh Abû Yûsuf al-Dahmânî.

La femme soufie, rejoignant d'autres types sociaux comme la

femme savante notamment, nous est ainsi présentée ayant une existence indépendante de son statut familial d'épouse ou de mère, lequel parfois est totalement occulté, comme dans le cas d'Umm Yahyâ Maryam, ce qui devrait nous inviter à une reconsidération de la représentation de la femme en islam, loin des stéréotypes et des généralisations abusives. Si son compagnonnage au service du cheikh participe, selon la doctrine soufie, de la sainteté d'Umm Yahyâ, son aura et celle du cheikh s'éclairant mutuellement, sa *walâya* (terme générique pour désigner la sainteté en islam) obéit néanmoins à sa propre force cinétique (elle est déjà *murâbita* dans sa Minya natale) et projette dans l'espace qu'elle investit totalement, y compris dans sa sphère publique, les marques d'un charisme qui lui est propre.

Nelly Amri

• *Voir aussi* : Umm Muhammad al-Urbusiyya

Bibl. : ***Éléments bio-hagiographiques*** : 'Abd al-Rahmân AL-DABBÂGH, *Al-Asrâr al-jaliyya fî l-manâqib al-dahmâniyya li Ibn al-Dabbâgh al-Qayrawânî*, Ms 17944, BN, Tunis, 149 f[os] ; IBN NAJI, *Ma'âlim al-îmân fî ma'rifat ahl al-Qayrawân*, éd. M. Mâdûr, Tunis, al-Maktaba al-'atîqa, s. d., vol. III, p. 221-223 ; M. MAQDISH, *Nuzhat al-anzâr wa 'ajâ'ib al-târîkh wa l-akhbâr*, éd. A. Zouari et M. Mahfoudh, Beyrouth, Dâr al-Gharb al-islâmî, 1988, p. 293-296. ***Études*** : N. AMRI, « Les *sâlihât* [les saintes] du Ve/XIe au IXe/XVe siècle dans la mémoire maghrébine de la sainteté, à travers quatre documents hagiographiques », *Al-Qantara*, vol. XXI, fasc. 2, Madrid, 2000, p. 481-509 ; ID., « Portrait d'un saint d'Ifriqiya dans sa famille ou l'épouse comme source pour l'hagiographe d'après *Al-Asrâr al-jaliyya fî l-manâqib al-Dahmâniyya* d'Al-Dabbâgh (m. 699/1300) », *in* C. Mayeur-Jaouen et A. Papas (éd.), *Family Portrait with Saints. Hagiography, Sanctity and Family in the Mulism World*, Berlin, Klaus Schwarz Verlag, 2013.

UNDERHILL, Evelyn, *Écrivain, poétesse et essayiste chrétienne* (Wolverhampton, 6 décembre 1875-Hampstead, 15 juin 1941). — Considérée de son vivant comme une figure de proue de la mystique chrétienne, Evelyn Underhill a contribué à renouveler celle-ci par une œuvre quantitativement considérable (39 livres et plus de 350 articles), couvrant des domaines variés. Elle fut éduquée au King's College for Women de Londres, où elle étudia l'Histoire et la botanique, et commença dès l'adolescence sa carrière d'auteur de poèmes et de romans, publiés avant que ne s'affirme son intérêt pour la religion. Mais c'est au moment – concomitant à celui de son mariage avec l'avocat Hubert Stuart Moore – où elle amorça une reconversion (résultant d'un long processus) au christianisme qu'elle se consacra à des thématiques religieuses qui l'absorbèrent ensuite totalement. Mariée à un protestant qui, bien que ne partageant pas sa foi, n'y fit pas obstacle, sans enfants, Evelyn Underhill eut l'opportunité de se dédier à l'écriture – sous son nom et sous le pseudonyme de John Cordelier, comme pour *The Spiral Way* (1912) – et à différents travaux de direction de conscience et d'enseignement. Bien que sa conversion l'ait liée au catholicisme, sous la direction spirituelle du baron Friedrich von Hugel, son parcours est caractérisé par une grande curiosité à l'égard de différentes formes institutionnalisées du christianisme, parmi lesquelles l'anglicanisme, dont elle finit par se rapprocher, mais aussi l'Église grecque orthodoxe, ou différents groupes ésotériques comme la Golden Dawn ou les Rosicruciens. Cette recherche œcuménique constituait alors une pratique d'avant-garde, dans la mesure où elle incitait les protestants en particulier à examiner leurs racines communes avec le catholicisme. Evelyn Underhill, quoique très indépendante dans ses écrits, fut membre de plusieurs congrégations et groupes religieux, y compris politiques, comme la Anglican Pacifist Fellowship qu'elle rejoignit au début de la Seconde Guerre mondiale. Elle exerça des responsabilités religieuses : à partir des années 1920, elle conduisit des retraites et donna des cycles de conférences, qui furent par la suite publiées. Elle conserva un positionnement à la périphérie des institutions religieuses, en particulier en raison de son sexe – même si Evelyn Underhill eut accès à des honneurs réservés aux hommes jusque-là, comme le poste d'*outside lecturer* à Oxford ou un doctorat d'honneur de l'université d'Aberdeen.

Ses premières œuvres, qui sont les plus connues – comme *The Path of Eternal Wisdom. A Mystical Commentary on the Way of the Cross* (1912) ou *Practical Mysticism. A Little Book for Normal People* (1914) –, jettent les bases de son approche de la mystique. Son livre *Mysticism : A Study in the Nature and Development of Man's Spiritual Consciousness*, publié en 1911 et régulièrement republié depuis, illustre la singularité de sa démarche : en effet, Evelyn Underhill s'écarte d'une approche scientifique du mysticisme ; en particulier, elle critique les thèses de William James qui, identifiant les facteurs psychologiques du mysticisme, lie dans son analyse mysticisme et maladie mentale, qu'il considère comme la face sombre ou « diabolique », du mysticisme. Elle n'adopte pas non plus une approche théologique classique, mais consacre plutôt son œuvre à une exploration apologétique de l'expérience mystique en en identifiant les éléments fondamentaux, qui incluent la brièveté de l'expérience mystique ou encore l'impression que le moi est absorbé dans un ensemble plus vaste. Elle veille tout particulièrement à rendre la compréhension de l'expérience mystique accessible à tous et la présente comme à la mesure de chacun ; pour elle, les mystiques ne sont pas des individus intrinsèquement exceptionnels, mais des personnes que leur expérience rend extraordinaires, expérience dont ils font bénéficier la société autour d'eux. Pour clarifier la spécificité du mysticisme, Evelyn Underhill s'efforce de le distinguer de ce à quoi il est souvent – selon elle, à tort – associé, comme la magie et l'occulte.

L'approche philosophique d'Evelyn Underhill, tout d'abord fortement idéaliste – elle est au départ proche d'Henri Bergson et adopte ensuite une position néoplatonicienne –, se rapprochera plus tard d'une vision réaliste critique dans laquelle « la prière et le travail deviennent une [seule] chose ». Cependant, son adhésion au mysticisme demeure totale tout au long de son œuvre, dans la mesure où elle considère qu'il est l'état le plus élevé que la conscience humaine puisse atteindre. Malgré le rapprochement des institutions religieuses, perceptible dans ses œuvres plus tardives comme *Worship* (1936), elle conserve une approche profondément subjective et personnelle, pourtant accessible, du mysticisme, qui caractérise sa définition de celui-ci.

Brigitte Beauzamy

Bibl. : *Œuvres* : *Mysticisme*, Paris, Diffusion rosicrucienne, 2009 ; *Essential Writings*, Maryknoll, New York, Orbis Books, 2003 ; *Mystics of the Church*, Cambridge, James Clarke & Co Ltd, 1975. ***Vie et études*** : D. GREENE, *Evelyn Underhill : Artist of the Infinite Life*, Notre Dame (IN), University of Notre Dame Press, 1998 ; S. B. KING, « Two Epistemological Models for the Interpretation of Mysticism », *Journal of the American Academy of Religion*, 1988, vol. 56, n° 2, p. 257-279.

URSULE BENINCASA, *vénérable, visionnaire et prophétesse, fondatrice des religieuses Théatines de l'Immaculée Conception de Marie* (Naples, 21 octobre 1547-20 octobre 1618). — Dernière des huit enfants de Girolamo Benincasa et de Vincenza Genovina, elle manifesta dès son plus jeune âge, selon les biographies, une inclination particulière pour la vie religieuse et, devenue orpheline de père vers 1556, elle demanda à être admise au monastère des Clarisses capucines de Santa Maria in Gerusalemme ; elle y fut toutefois refusée, n'ayant pas encore atteint l'âge requis de douze ans. Elle commença alors à observer la règle de ce monastère, bien qu'elle vécût chez elle. Dans sa dixième année commença l'expérience extatique qui l'accompagna toute sa vie, selon le modèle de sainte Catherine de Sienne*. La réputation de ses dons extraordinaires – visions, révélations, prophéties – et de ses pratiques ascétiques se diffusa bien vite et un groupe de dévots de tous milieux sociaux se rassembla autour de la jeune fille. Il arrivait souvent qu'après la communion, Ursule entra en extase : son corps devenait rigide et insensible à la douleur ; sa température corporelle augmentait ; souvent elle éclatait d'un rire bruyant, chantait, en émettant des sons surhumains (comme venus d'un orgue ou d'autres instruments de musique). Dans cet état de transe, elle avait l'habitude de prêcher et d'appeler chacun à la conversion et à la pénitence, venant aussi à prophétiser une « réforme et rénovation du monde » et à exhorter à entreprendre une croisade et des missions pour convertir les hérétiques. L'archevêque de Naples, Hannibal de Capoue, décida de faire surveiller la femme – qui s'était entre-temps retirée, après une révélation divine, dans un ermitage sur le mont Sant'Elmo – par des religieux et des agents de l'Inquisition. En 1581, Ursule affirma avoir reçu l'ordre divin d'édifier une église dans le lieu de son ermitage. Quelques-uns de ses dévots organiseront et financeront son projet, et l'église, dédiée à l'Immaculée Conception, sera achevée en 1589. Étant donné la réticence de l'archevêque à consacrer l'église, Ursule, après lui avoir annoncé que de terribles châtiments divins s'abattraient sur la ville, s'adressa directement au cardinal Giulio Antonio Santoro et au pape Grégoire XIII. Elle partit pour Rome le 18 avril 1582, où elle fut reçue par le pape, et entra plusieurs fois en extase en sa présence. Grégoire XIII, dont elle avait éveillé les soupçons, nomma une commission (qui comptait entre autre Giulio Antonio Santoro, saint Philippe Néri, le général des Jésuites

Claudio Acquaviva et quelques exorcistes) à laquelle il confia le travail de discernement de l'esprit de la visionnaire. Au terme de longs et très rudes examens, Ursule, gardée en isolement, privée des sacrements, menacée d'être livrée au Saint-Office, fut finalement disculpée des accusations. Du fait de l'humilité et de la patience avec laquelle elle avait supporté les épreuves, Philippe Néri formula un jugement positif sur son esprit. Le pape lui permit de rentrer à Naples, sans l'autoriser toutefois à prêcher et prophétiser. Ursule fut finalement renvoyée à Sant'Elmo, où on lui donna pour confesseur l'oratorien Stefano Motta, qui la dirigea de longues années ; la permission de fonder une congrégation lui fut enfin accordée. En 1584, elle fonda la Congrégation d'Oblates de la Très Sainte Conception de Marie, c'est-à-dire de femmes qui ne prononçaient pas les vœux solennels mais embrassaient la vie religieuse à travers une « oblation » publique accompagnée de vœux simples, donc sans obligation de clôture. Ce fut Ursule elle-même qui en rédigea les Règles, lesquelles prescrivaient une vie ascétique, la méditation sur la Passion du Christ, des oraisons vocales et mentales ainsi que le travail manuel ; la principale fonction de la congrégation était l'éducation des jeunes filles. L'abbé Navarro, qui était également le confesseur d'Ursule, fut le premier directeur spirituel des religieuses, avant que ne lui succèdent d'autres membres de la Congrégation de l'Oratoire, un ordre auquel Ursule et ses consœurs se lièrent de plus en plus. Différents oratoriens étaient déjà au nombre des dévots d'Ursule, tout comme divers religieux d'une autre institution de la Contre-Réforme : les clercs réguliers théatins, dont san Andrea Avellino et Lorenzo Santacroce, qui devint ensuite le confesseur de la communauté. Les Théatins auraient eu un rôle fondamental dans le renouveau qu'Ursule prophétisait: selon ses propres mots, elle était elle-même « l'orgue » qui allait commencer à « entonner la réforme du monde » et les pères théatins étaient « les instruments qui [devraient] accompagner cette musique ». En accord total avec les directive des Théatins en 1617, à la suite d'une vision, Ursule décida de fonder une autre congrégation féminine, strictement cloîtrée cette fois : la Communauté des Solitaires de l'Immaculée Conception, qui devait être entretenue, matériellement, par les oblates. Ses projets prévoyaient en outre que les solitaires soient dirigées spirituellement par un monastère de clôture masculin de douze clercs théatins. La Règle et les Constitutions des Solitaires de l'Immaculée ne furent approuvées par le pape Grégoire XV qu'en 1623 ; la communauté fut instituée en 1667. Quelques mois avant sa mort, Ursule dicta à sa nièce et collaboratrice, sœur Caterina Palmieri, les Constitutions de chacune des congrégations (imprimées ensuite en 1645). Après sa mort, les stigmates seraient devenus visibles, et une série de signes merveilleux seraient apparus sur son corps. C'est pourquoi, et en raison des vertus thaumaturgiques que de nombreux contemporains attribuaient au cadavre, les autorités religieuses donnèrent l'ordre de le soumettre à une autopsie. Les procès en béatification d'Ursule Benincasa furent ouverts à Naples dès 1626 ; le 7 août 1793, Pie VI proclama l'héroïcité de ses vertus en la déclarant vénérable.

Adelisa Malena

Bibl. : ***Œuvre*** : *Regole per le vergini romite teatine dell'Immacolata Concettione [...]*, Naples, Bulifon, 1680. ***Vie*** : F. M. MAGGIO, *Compendioso ragguaglio della vita, morte, e monasteri della venerabil madre D. Orsola Benincasa napolitana [...]*, Rome, Lazzeri, 1655 ; G. B. BAGATTA, *Vita della ven. serva di Dio Orsola Benincasa napolitana [...]*, Venise, Catani, 1671. ***Étude*** : S. MENCHI, notice dans le *Dizionario biografico degli Italiani*, Rome, Istituto della enciclopedia italiana, 1960, vol. 30, p. 327-330.

V

VALTORTA, Maria, *laïque, visionnaire, auteur d'écrits spirituels* (Caserte, 1er mars 1897-Viareggio, 12 octobre 1961). — Le « cas » de Maria Valtorta est à situer et à comprendre dans le sillage de Marie d'Agreda*, voire d'Anne-Catherine Emmerich*. Son père, homme de grande piété qui chérit sa fille, est sous-officier, et la famille se déplace au gré des mutations, pour finalement s'établir à Viareggio en 1924. Sa mère, professeur de français, est une agnostique sévère ; elle n'éprouve aucune tendresse pour sa fille, qui ne peut remplacer un fils mort prématurément. Elle fera échouer par deux fois un projet de fiançailles, comme elle lui avait fait interrompre ses études à l'âge de treize ans. S'ensuivra une longue crise, à laquelle sa conversion mettra un terme en 1916. L'année suivante, elle s'engage comme infirmière à l'hôpital militaire de Milan. En 1920, un « petit délinquant » la blesse gravement d'un coup de barre de fer, asséné dans la région lombaire. Le traumatisme va dégénérer en infirmité, qui n'ira que s'aggravant ; à partir de janvier 1933, elle est immobilisée chez elle, avant d'être définitivement grabataire en 1943 (on pense à Marthe Robin*, même si le contexte familial est fort différent). C'est en cette même année qu'elle commence à rédiger ses visions et des « dictées », paroles intérieures surabondantes : une activité intense de 1943 à 1947, plus modérée ensuite de 1948 à 1951, dans laquelle elle est assistée, depuis mai 1935, par Maria Diociotti, amie fidèle et première « auditrice » de ses révélations. À sa mort, son corps sera transféré dans le sanctuaire de la Très Sainte Annonciation de Florence, ce qui signifierait non pas tant une reconnaissance officielle de la visionnaire, que l'intérêt porté par la Congrégation des Servites de Marie (ordre fondé en 1233 à Florence et qui est intimement mêlé au destin de Maria Valtorta).

Cette proliférante activité scripturaire a suscité la controverse. Elle va naître au sein des Servites, dont le père Romualdo Migliorini était devenu en 1942 le directeur spirituel de Maria, à qui il commande d'abord de rédiger son autobiographie. Controverse non pas en raison d'une qualité spirituelle qui serait mise en cause : très jeune, dès l'âge de cinq ans, Maria avait été sensibilisée par les Ursulines de Milan à la présence de Dieu en elle ; ce fut cependant la contemplation d'une statue du Christ mort qui la bouleversera durablement, émotion décisive qu'elle retrouve avec un crucifix particulièrement pathétique (on pense à Thérèse d'Avila* saisie par un Christ aux outrages, et même au prince Mychkine, le héros de Dostoievski, face au *Christ mort* peint par Holbein). De même, ses lectures des auteurs mystiques sont aussi nombreuses que recommandables : Thérèse d'Avila et Jean de la Croix (pourtant si prudent et réservé à propos des phénomènes extatiques !), Catherine de Sienne* (à qui elle emprunte le thème du sang), Thérèse de Lisieux* (dont elle lit l'*Histoire d'une âme* en 1925 : à l'imitation de la carmélite, elle s'offre comme victime à l'amour miséricordieux). Cependant, l'empreinte, ou la modélisation, thérésienne reste quelque peu superficielle, puisque, peu après, elle envisage de s'offrir comme victime à la justice divine, ce dont elle émet le vœu le 1er juillet 1931 : serait-ce sous l'influence de Gemma Galgani*, autre auteur qu'elle fréquente ? Et surtout Marie d'Agreda, dont elle reproduit la prolixité (15 000 pages, réparties en 122 cahiers) comme la modalité narrative exubérante, même si celle-ci est éloignée des fastes baroques de la visionnaire espagnole. Or Maria, « porte-voix » du Christ, comme elle aime à se désigner, procède à une critique vigoureuse de sa devancière : celle-ci, faiblesse ou complaisance, se voit reprocher d'avoir corrompu la pure révélation initialement reçue. Sa manière de narrer se montre infidèle ou inadéquate, à quoi il n'y a nul remède, le Christ offensé se refusant à toute correction ou recadrage. Ainsi avertie, Maria ne succombera pas à de telles erreurs. On devine que ces reproches divins à la visionnaire espagnole sont autant de tentatives de légitimation des récits valtortiens. Au fond, une théorie assez fruste de l'inspiration prophétique ou littéraire : l'écrivain est le pur instrument passif de la dictée divine, il n'est donc pas le véritable auteur : y a-t-il là un écho des débats autour de l'inspiration des textes bibliques, débats auxquels l'encyclique de Pie XII, *Divino afflente spiritu*, donnera une issue, en 1943, en ouvrant la recherche exégétique aux méthodes d'une étude scientifique des styles et des genres littéraires ? Or, même si l'infirmité ou l'insuffisance du récepteur entraîne un inévitable déficit du texte rédigé, ne serait-ce qu'en raison du décalage entre la rapidité de la dictée et la lenteur de la main secrétariale (mais le Christ ou son Ange veillent à rectifier ces défaillances de transcription ou même d'interprétation), cette prétention à la pureté et à l'authenticité originelle se heurte à une indiscutable et gênante prolixité du Christ, péniblement redondante et qui contraste avec la sobriété des Évangiles, ou avec la haute tenue stylistique du Christ de Catherine de Sienne – à l'inverse donc du langage nu et dégraissé du Christ de Maria-Cecilia Baij*. Mais encore, ses propos sont discutables, et c'est cela qui entraîne les débats dans la congrégation : si Migliorini est farouchement convaincu de l'origine divine des écrits de sa dirigée, ses confrères affichent de telles réserves que l'affaire est portée devant le pape Pie XII, qui autorise *oralement* la publication. C'était sans compter sur la vigilance du Saint-Office qui entend voir respectées toutes le procédures d'autorisation. Le 6 janvier 1960, un article du très officiel *Osservatore romano* affiche sa profonde perplexité quant au style et au contenu si étrangement contemporains des propos prêtés au Christ dans les visions valtortiennes. La doctrine mariale en particulier, même si elle prépare à la proclamation du dogme de l'Assomption en 1950, mérite discussion : investir la Vierge d'un rôle de co-rédemptrice (ou de coadjutrice de la Rédemption) se heurte à de puissantes (et légitimes) réticences, sans parler de représentations fortement ambiguës (ainsi la Vierge au centre d'un triangle étincelant figurant la Trinité !). Il est peu probable, comme ont voulu le croire les partisans de Maria Valtorta, que les Constitutions de Vatican II auront apporté à ces affirmations périlleuses la caution théologique qui leur faisait défaut.

Est-ce en raison du climat des tensions internationales de cette période troublée avant et après la Seconde Guerre mondiale, l'influence de l'Apocalypse est prégnante dans les écrits de Maria Valtorta : de quoi susciter un intérêt populaire, qui s'enthousiasmera aussi de la précision extrême et quasi clinique avec laquelle la visionnaire restitue une narration continue, pleine, de la Vie de Jésus-Christ, sans ces « blancs » qui grèvent le texte évangélique ; bref, un récit saturé et rassurant, probant et imposant (son authenticité). Ainsi retrouve-t-on le vieil antagonisme entre les experts qui prétendent (ou sont censés) savoir et une vérité populaire – ésotérisme et populisme mêlés – qui met à profit des batteries d'images catéchétiquement efficaces (par exemple, le thème floral), mais aussi, dans le cas de Maria Valtorta, qui intègre le discours de la science (problème de la création, localisations topographiques...).

François Marxer

• *Voir aussi* : Anne-Catherine Emmerich ; Gemma Galgani ; Marie d'Agreda

Bibl. : *Œuvre* : *L'Évangile tel qu'il m'a été révélé*, Isola del Liri (Italie), Centro Editoriale Valtortiano, 1985, 10 vol. ***Études*** : J. AULAGNIER, *Maria Valtorta, qui es-tu ?*, Montsûrs, Résiac, 1992 ; R. MAISONNEUVE, *Les Mystiques chrétiens et leurs visions de Dieu un et trine*, Paris, Cerf, 2000.

VERGNE, Jeanne, *laïque*, *visionnaire et prophétesse*, *poétesse* (?, 1853-Paris, 1927). — Jeanne naît dans un village de Dordogne, au sein d'une nombreuse fratrie. À dix ans, elle quitte l'école pour seconder sa mère dans les tâches ménagères. Celle-ci meurt en août 1865. La famille se fixe ensuite à Lyon, où le père se remarie, se désintéressant rapidement de ses enfants. Pendant treize ans, Jeanne occupe un emploi de coursière dans une fabrique de parapluies puis devient demoiselle de magasin à Nancy et à Lille. Elle y rencontre un fils de bonne famille, Romuald Claës, avec lequel elle se fiance. Mais les parents s'opposent au mariage. Romuald en mourra de chagrin (1892). Jeanne, installée à Paris, loue une échoppe, reprend son métier d'ouvrière et se met à versifier : « Moi qui n'avais jamais essayé de rimer quelque chose, je me surpris à me répéter à moi-même dans ce langage que j'aimais les souffrances de mon cœur » (p. 21). Cette activité poétique entretient sa piété. Elle envoie des vers à Émile Zola, écrit un poème contre la propagande laïque, qu'elle intitule *L'École sans Dieu*, ses textes étant des « avertisseurs spirituels » dans un siècle trop matérialiste. En février 1897, devant l'autel du saint sacrement de Notre-Dame-des-Victoires, elle a la révélation de la présence du Christ dans l'hostie, qui lui fait pleurer des larmes de joie. Supportant une vie matérielle de plus en plus précaire, elle est soutenue par l'assurance de son élection contenue dans ses paroles : « Par Dieu tu auras tout ce dont tu as besoin, mais [...] tu souffriras dans ta santé, dans ton travail » (Burnod, p. 28-29). Elle prend alors pour directeur de conscience l'abbé de Bessonies, rencontré en avril 1896, qui mène une lutte contre la laïcité sous le nom de Gabriel Soulacroix. Sensible à ses visions patriotiques et mystiques (ainsi celle où le Christ fixe la Croix au ciel de France, *ibid.*, p. 37), il l'encourage à publier ses poèmes dans le *Pèlerin* sous le nom de « Jeanne l'ouvrière ». La Loi de séparation de 1905 la traumatise : dans ses vers, elle exprime son espoir de voir un jour la France rendue à sa « tâche sacrée » (*ibid.*, p. 45). Reçue par Pie X en mars 1911, elle lui envoie un exemplaire de son premier recueil. Malgré la mort de son directeur (1913), elle continue de prophétiser et de vivre, sur ordre de Dieu, dans un jeûne presque continuel, sollicitée par des dévots et des curieux qui espèrent d'elle des choses surnaturelles. Elle récuse tous ces dons (« Je n'ai pas d'extases pendant lesquelles l'avenir peut se révéler [...], je ne suis qu'un pauvre être que le bon Dieu a sauvé et guéri », *ibid.*, p. 76), encourageant plutôt le retour à une pratique religieuse traditionnelle. Dans ses dernières années de vie, aux souffrances de la maladie s'ajoutent l'importunité des curieux et les vexations du démon, qu'elle accepte comme autant d'expiations.

Si Jeanne incarne pour Jacques Maître « un cas remarquable d'anorexie mystique », elle étonne surtout par son abandon modeste aux élans d'une inspiration sacrée par lesquels elle parvient à écrire des vers à la métrique parfaite. Sa spiritualité, puisée dans la prière et les sacrements, vise moins un extraordinaire que l'épanouissement d'une foi personnelle, animée d'une grande dévotion liturgique et mariale. À ce mysticisme des humbles s'ajoute l'influence d'un contexte politico-religieux dans lequel elle se donne pour mission de rappeler aux républicains l'amour de Dieu et de la Vierge pour la France. Une sorte de modération patriotique l'oppose en effet au catastrophisme d'autres mystiques prophétiques (ainsi des révélations de La Salette par Mélanie Calvat*) et l'incite à mettre plutôt l'accent sur le salut du pays par le retour à Dieu. L'exploitation proprement politique de ses écrits est restée mineure.

Antoinette Gimaret

• *Voir aussi* : Calvat

Bibl. : *Œuvre* : *Une voix, poésies*, Niort, Coussillan et Chebrou, 1911 et 1920. ***Études* :** G. M. BURNOD, *Une âme privilégiée, Jeanne Vergne, 1853-1927*, Paris-Tournai, Casterman, 1936 ; J. MAÎTRE, *Mystique et féminité, essai de psychanalyse sociohistorique*, Paris, Cerf, 1997.

VÉRONIQUE DE BINASCO, *bienheureuse, augustine* (Giovanna Negroni ; Binasco, 1445-Milan, 13 janvier 1497). — Giovanna est née près de Milan, de Zannino Negroni et de sa femme Giacomina, une famille modeste de fermiers. Sa principale biographie fut rédigée en latin par le dominicain Isodoro Isolani – un auteur connu comme polémiste antiluthérien entre autres –, imprimée en 1518, dédiée aux rois de France, alors ducs de Milan. Peu après, l'augustinien Louis Chantereau, confesseur de Louis XII puis de François Ier, traduisit la *Vita* en français, en la dédiant à Louise de Savoie, dont il était le confesseur. Les textes biographiques présentent Véronique – son nom de religieuse – comme une femme aimable, très pieuse et s'adonnant aux oraisons et aux pratiques dès l'enfance. Après avoir été refusée par les Ursulines (en raison de son ignorance) en 1463, elle fut enfin acceptée, à l'âge de vingt et un ans, après qu'elle eut appris à lire et écrire, comme mendiante ou converse dans le monastère milanais des Augustines de Santa Marta, où avait vécu une communauté de béguines. Les religieuses de Santa Marta, qui n'avaient pas d'obligation de clôture, menaient une vie pauvre, recouraient à la quête et avaient la réputation d'observer très strictement la règle. Véronique se distingua très tôt par sa vie vertueuse, sa spiritualité intense et les grâces mystiques extraordinaires dont on la disait dotée : des visions fréquentes et le don des larmes. Le prête Taddeo Alciati fut longtemps son directeur ; il avait l'habitude, pour juger son esprit, de la mettre à l'épreuve avec des mots âpres et humiliants. Grâce à sa réputation de religieuse extraordinairement pieuse et dévote, elle fut chargée de réformer certains monastères à Côme, où elle se rendit souvent. En 1494, elle prétend avoir reçu une vision du Christ, qui lui donna un message pour le pape Alexandre VI. Elle partit en voyage à Parme et, en 1495, fit le pèlerinage en direction de Rome, en compagnie d'une certaine Taddea et de quatre hommes, en passant par Florence. Arrivée à destination, Véronique, qui fut reçue avec bienveillance par le pape, lui révéla l'avènement d'une « ambassade du Christ » ; celui-ci lui donna sa bénédiction et confirma à ses accompagnateurs l'authenticité de sa sainteté. Rentrée à Santa Marta, elle reprit sa vie ascétique habituelle et ses dévotions, ne sortant presque plus du monastère. Ses dons mystiques s'étaient intensifiés et ses états extatiques, tout comme ses visions, étaient devenus de plus en plus fréquents, si bien que deux de ses consœurs (Benedetta da Vimercate et Taddea Bonoli) avaient décidé, dès 1487, d'enregistrer par écrit ce qu'il lui arrivait ainsi que le contenu de ses visions et de ses révélations. Véronique mourut dix ans après, en réputation de sainteté ; son corps fut exposé à la vénération publique pendant plusieurs jours.

Cette réputation et le véritable culte qui s'était spontanément développé autour de la mémoire de la visionnaire milanaise s'étendirent rapidement au-delà des murs du monastère de Santa Marta. Ce dernier abritait du reste, au début du XVIe siècle, un important cénacle spirituel, réuni autour d'une autre religieuse dotée de dons prophétiques et visionnaires, la mère Arcangela Panigarola ; la mémoire de Véronique fut gardée et vénérée en son sein. En outre, il comptait d'illustres prélats français (la ville de Milan était en effet sous domination française à l'époque), dont l'évêque de Toulon Denis Briçonnet, qui demanda au pape Léon X, au nom du roi de France, François Ier, une autorisation de culte privé autour de Véronique de Binasco. Ce fut justement lorsque le pape permit aux religieuses de Santa Marta de vénérer comme bienheureuse leur consœur disparue et d'en faire reproduire les images qu'Isolani composa, en utilisant entre autres des manuscrits de sœur Benedetta et de sœur Taddea, la Vie latine de celle-ci. Une traduction italienne de l'ouvrage fut commandée par les religieuses de Santa Marta et imprimée à Brescia en 1581 ; elle fut dédiée à la comtesse Barbara d'Este Trivulzio. Aux siècles suivants, d'autres éditions, remaniées et augmentées, furent publiées. Le nom de Véronique de Binasco fut inclus dans le martyrologe romain en 1690. Après la suppression du monastère de Santa Marta, le corps de la bienheureuse fut transféré à Binasco et le pape Léon XIII autorisa la reconnaissance de ses reliques en 1883.

Adelisa Malena

Bibl. : ***Vie*** : I. ISOLANI, *Inexplicabilis mysterii gesta beatae Veronicae virginis praeclarissimi monasterii Sanctae Marthae urbis Mediolani, sub obseruatione regulae diui Augustini*, Mediolani, apud Gotardum Ponticum, 1518 ; ID., *La Santissima, e miracolosa vita della beata Veronica, monaca del venerabile monasterio di Santa Marta di Milano, con parti delle sue mirabili, & celesti visioni. Raccolte dal r.p.f. Isidoro de gli Isolani, dell'Ordine di S. Domenico dell'osseruanza. Nuouamente tradotta in lingua italiana dal r.m. prete Giouanni Antonio Azzio Gallarato milanese...*, Brescia, Vincenzo Sabbio, 1581. ***Études*** : G. ZARRI, *Le sante vive. Profezie di corte e devozione femminile tra '400 e '500*, Turin, Rosenberg & Sellier, 1990 ; J.-M. MATZ, « La *Vie* en français de la bienheureuse Véronique de Binasco. Sainteté, politique et dévotion au temps des guerres d'Italie », in *Mélanges de l'École française de Rome. Moyen Âge, Temps modernes*, t. 109, n° 2, 1997.

VÉRONIQUE GIULIANI, *sainte, clarisse capucine, stigmatisée et extatique, auteur d'un Journal spirituel* (Orsola Giuliani ; Mercatallo sul Metauro, Marches, 1660-Città di Castello, Ombrie, 1727). — Fille d'un fonctionnaire aisé de Plaisance, dont la famille est très orientée vers la vie religieuse (embrassée par quatre sœurs d'une fratrie de six), Véronique prononce ses vœux à dix-huit ans chez les Clarisses capucines de Città di Castello, où elle deviendra maîtresse des novices et abbesse. Avec Véronique Giuliani, l'oraison devient un livre, ce qui se différencie de l'usage d'un livre comme support de prière. Elle représente en cela, comme la clarisse Marie-Madeleine Martinengo*, une bifurcation dans les rapports entre Dieu, l'expérience mystique et le monde. Désormais, le livre ouvert, ce n'est plus le monde de la Renaissance, ni même celui des arcanes du monde, déchiffrés déjà au Moyen Âge par les Victorins, comme Hugues de Saint-Victor. François d'Assise a fait du monde nouveau (où le monde stellaire n'est plus étranger à la vie corruptible), non plus un livre à déchiffrer, mais un réseau de liens fraternels et sororaux. Même les Écritures ne sont pas, à son regard, une grille de lecture privilégiée des signes cosmiques ou proprement divins, à la manière d'Augustin. Les Écritures sont reçues dans la liturgie, sans doute, mais pas seulement. François d'Assise montre à l'égard des Écritures comme un rapport personnel : c'est un lien avec une personne morale. Cette orientation nouvelle rejaillit dans la famille franciscaine. Désormais, c'est la prière – entendons l'expérience spirituelle – qui est déchiffrée comme un livre, mais plus vivant que tous les livres. Néanmoins, la métaphore insistante trahit que le rapport au livre s'est resserré (et particulièrement pour les femmes, chez qui la lecture s'est développée de manière sensible dans la seconde moitié du XVIIe s.), à tel point qu'une nécessité nouvelle d'émancipation se fait jour. Ainsi, alors que Véronique Giuliani est en train de lire en traduction *Le Paradis ouvert à Philalgie* (Lyon, 1681), écrit par le jésuite Paul de Barry, Dieu lui dit de le fermer (contrairement au « *tolle*, *lege* » augustinien), en lui disant : « Je veux être pour toi ton livre » (*Tesoro*, t. 1, p. 414). Elle finira par l'ouvrir de nouveau et par éprouver la même mise en garde intérieure. C'est très révélateur de la manière dont la lecture, non seulement nous permet d'assimiler et de développer en nous, serait-ce d'une manière tout à fait singulière, l'expérience des autres, mais de nous donner l'accès à l'Autre. Ici, ce n'est pas seulement l'écriture cachée qui est l'expérience mystique elle-même (non plus *muette* mais devenue les milliers de page du *Journal* compris malgré tout comme « Trésor caché », à la manière de la parabole de Matthieu suivant laquelle, là où est notre trésor, là est notre cœur), mais les accidents de la lecture comme tels. Innombrables sont les spirituels médiévaux qui n'écrivent jamais, mais tendent l'oreille, de même que nombreux sont les mystiques modernes qui n'écrivent pas, mais lisent, car c'est une manière d'écrire dans leur cœur et d'éprouver ainsi l'extase ou l'expérience de Dieu (comme le chant de la grive chez Chateaubriand, à la source des *Mémoires*, conjurant le silence de la mort). À tel point que la vie devient comme une histoire des livres qu'on a lus et qu'on n'a pas lus, qu'on a ouverts et refermés, dont on a entendu parler ou qu'on voudrait lire, qu'on anticipe dans une extase ou un esprit prophétique. Ainsi, dans son *Journal*, Véronique relit ses expériences d'ouverture et fermeture du livre comme une clarification de ce que la lecture elle-même du *Paradis ouvert* – auquel on accède par l'*Amour de la souffrance* (sens du mot *Philalgie*), souffrance assimilée à la formation du sujet imprenable dans sa liberté spirituelle et qui devient un nom propre – avait suggéré, tout en prolongeant l'expérience du purgatoire médiéval et puis moderne (Catherine de Gênes*, Mme Guyon*). Il fallait un moment fermer le livre tenu dans les mains pour que le livre de l'expérience de Dieu dans la prière s'ouvre plus vivement. Mais la stigmatisation est là aussi pour dire à quel point les plaies sont des livres qui s'ouvrent et se ferment, non seulement pour les autres, mais d'abord pour ceux en qui elles s'impriment (dans le cœur) avant de s'exprimer dans la chair. Cette expérience tout à la fois éclaire et se ferme comme des lèvres, littéralement comme un secret mystique. On est à la fois proche et très éloigné de François d'Assise : les stigmates ne sont plus ici une manifestation secrète à la fin de sa vie (et qui la résume brièvement, comme une prédication abrégée), mais l'objet d'une écriture journalière, d'un flux d'écriture intarissable, couvrant des dizaines d'années. D'où le cortège des surveillances rigoureuses de toute l'existence de Véronique, des conflits anti-symboliques, l'incandescence de sa chair (son *umanità*), la purification qui ouvre l'accès à la lumière du Christ et à l'unité spirituelle avec Dieu, source de sa joie véritable et de son attention aux sœurs, dont elle devint l'abbesse en 1716. Elle fut canonisée en 1839.

Bernard Forthomme

• *Voir aussi* : Marie-Madeleine Martinengo

Bibl. : *Œuvres* : *Lettere di Santa Veronica Giuliani*, Città di Castello, Monastero delle Cappuccine, 1965 ; *Il tesoro nascosto*, 5 vol., Città di Castello, Monastero delle Cappuccine, 1969-1987 (= le *Journal* commencé en 1693), O. Fiorucci (éd.), qui reprend et corrige l'éd. de Pietro Pizzicaria : t. 1 (1693-1697) ; t. 2 (1697-1702) ; t. 3 (1703-1718) ; t. 4 (1718-1727) ; t. 5 : *Relazioni. Manoscritti. Reperti. Appendici. Lettere* ; *Le Journal de Sainte Véronique Giuliani...*, pages choisies du *Diario*, trad. père D. des Planches, Paris-Gembloux, 1931.

VÉTÉRIS DU REVEST, Catherine de. — *Voir* CATHERINE DE L'INCARNATION

VIEIRA DA SILVA, Maria-Helena, *peintre, illustratrice* (Lisbonne, 3 juin 1908-Paris, 1992). — Née dans une famille portugaise aisée et très cultivée, Maria-Helena est enfant unique. Son grand-père a fondé *O Secolo*, le plus important journal de Lisbonne, et son père Marcos est un économiste. Ce dernier meurt au sanatorium de Leysin lorsqu'elle a deux ans. Élevée par Graça, sa mère, et une jeune tante, qui la « destinent » à l'art, elle est éduquée par des tuteurs. Son premier choc artistique survient en 1917, lorsqu'elle assiste, à Lisbonne, aux représentations des Ballets russes. Elle étudie, à partir de 1924, la sculpture puis le dessin anatomiques à l'école de médecine. Plusieurs voyages en Europe organisés par sa famille, particulièrement à Londres, la marquent. Le British Museum et une représentation du *Songe d'une nuit d'été* se gravent dans sa mémoire. Étudiant le piano, elle découvre aussi durant ses années de jeunesse la musique, qui tient un grand rôle dans son existence. Elle joue de l'harmonium. Comme beaucoup d'artistes, elle subit « l'appel » de Paris et décide de s'y installer, en 1928, pour continuer de développer sa formation. Elle entre dans l'atelier d'Antoine Bourdelle et de Charles Despiau, fréquente les ateliers de Montparnasse et surtout l'académie de la Grande Chaumière. À cette époque, Paris, véritable pôle artistique, est un lieu où les talents peuvent s'exprimer plus librement qu'ailleurs. De nombreux artistes d'horizons divers vont former ce que l'on appelle aujourd'hui l'école de Paris. Maria-Helena dira plus tard : « Je suis venue à Paris pour des raisons intellectuelles, en dehors de toute raison pratique. [...] Du port de Lisbonne on partait autrefois pour découvrir le monde et ensuite le peupler. À Paris, on le découvre sur place à chaque instant par des moyens spirituels. » En 1930, elle épouse le peintre juif-hongrois Arpad Szenes. Ce mariage la laisse apatride. En

1932, elle rencontre Jeanne Bucher qui lui fait découvrir l'œuvre de Joaquín Torres Garcia. Elle fréquente bientôt les cours de Roger Bissière à l'académie Ranson. D'abord figurative, au milieu des années 1930, Maria-Helena Vieira da Silva ébauche enfin son style personnel. Elle commence à exposer à Paris, puis retourne temporairement au Portugal en 1935. Devant fuir, elle confie la garde de son atelier à Jeanne Bucher en 1940 et s'exile à Rio de Janeiro. Elle ne rentrera en France qu'en 1947. L'État français acquiert *La Partie d'échecs* (1943) en 1948 et *La Bibliothèque* (1949) en 1951. Dans les années 1950, elle atteint le statut de peintre international et obtient la nationalité française en 1956.

« Je me suis intéressée à la perspective parce que personne ne s'y intéressait plus », dit-elle. Dans ses tableaux, la représentation spatiale repose sur des chocs visuels, que l'ordre de la perspective interdit : « [Elle] est définie par une architecture syncopée, fragmentée à l'infini. Elle crée des chemins imaginaires et complexes, aboutissant souvent à des issues lumineuses. Son univers se porte sur des espaces démultipliés évocateurs de paysages urbains, de bibliothèques, d'azulejos ou les lumières électriques de la ville » (*Vieira da Silva*, 1999). L'artiste traduit une quête d'infini qu'elle construit à partir d'unités colorées et de lignes qui se juxtaposent et engendrent des espaces labyrinthiques. Mais le spirituel dans l'art n'est pas lié, chez Maria-Helena, à une pratique religieuse définie, même si en 1966 elle reçoit la commande de vitraux pour l'église Saint-Jacques à Reims ou des panneaux pour la sacristie de la chapelle du palais Dos Santos de l'ambassade de France au Portugal (1983).

Au milieu des années 1960, Maria-Helena peint une série d'œuvres « métaphysiques » : *Stèle* (1964) – peinte dans la chambre contiguë à celle de sa mère mourante –, *Au fur et à mesure* (1965), *L'Équité* (1966), *La Basilique* (1964-1967), *Itinéraire inéluctable* (1965-1967), *Mémoire* (1966-1967) et *Conseil du nombre* (1967). Autant de peintures qui témoignent d'une expérience du sacré liée à son quotidien et qui traduisent les voix intérieures qui l'habitent. Elle peindra plus tard *L'Ange* (1976), *L'Empire céleste* (1977), *Le Livre d'heures* (vers 1978), *L'Issue lumineuse* (1990) et *Vers la lumière* (1991).

En 1988, elle est la première femme peintre à être exposée de son vivant au Grand Palais, à Paris. Elle travaille jusqu'à sa mort. Ses toutes dernières œuvres, *La Lutte de Jacob et l'ange*, I, II, II, IV (1992), résument à elles seules les recherches des dix dernières années de sa vie, tournées vers la lumière pure.

Caroline Benzaria

Bibl. : ***Vie et études*** : L. HARAMBOURG, *Maria Elena Vieira da Silva*, in *Dictionnaire des peintres*, « L'École de Paris 1945-1965 », Neuchâtel, Ides et Calendes, 1993 ; G. WEELEN, J.-F. JAEGER, *Vieira da Silva* (catalogue raisonné), Genève, Skira, 1994 ; V. DUVAL, C. BENZARIA, *Vieira da Silva* (ouvrage collectif), Réunion des musées nationaux, Paris, Seuil, 1999 ; G. WEELEN, J. LASSAIGNE, *Vieira da Silva*, Paris, Cercle d'art, 1992. ***Expositions*** : *Vieira da Silva*, Paris, Galerie Jeanne Bucher, nov. 1967-janv. 1968 ; *Rétrospective sous forme d'hommage pour les 80 ans du peintre Vieira da Silva*, Paris, Grand Palais, 1988.

VIGRI, Caterina. — *Voir* CATHERINE DE BOLOGNE

VILLEFRANCHE, Hélène. — *Voir* AGNÈS DU CŒUR DE JÉSUS

VINCENT, Isabeau, *prophétesse protestante* (?, v. 1672-?). — Née dans le contexte des guerres de Religion (XVIe-XVIIIe s.), Isabeau Vincent était une bergère, installée dans le Dauphiné (entre Saoû et Crest, la Drôme actuelle). En 1688, âgée d'environ seize ans, elle commence à prophétiser sur un mode bien particulier puisqu'elle est saisie de somniloquie : la nuit, durant son sommeil, elle tient des propos, parfois en occitan, mais parfois aussi en « parlant bon français ». Ses paroles, d'inspiration essentiellement scripturaire, invitent à résister aux contraintes de l'Église catholique gallicane et à demeurer fidèle à la foi protestante, car les peines auront une fin. Durant quelques mois, de nombreuses personnes alentour viennent l'écouter et recueillir ses prophéties. Si le phénomène passe pour extraordinaire, c'est non seulement parce que la jeune femme parle une langue qu'elle ne pratique pas ordinairement (le « bon français »), mais aussi parce qu'il semble impossible de la réveiller lorsqu'elle prophétise : « On la tire, on la pousse, assurent les proches et les témoins, on l'appelle, on la pique jusqu'au sang [...] rien ne la réveille. » Ses exhortations étant tenues pour un message de Dieu même, la réputation de la bergère s'étend très vite, d'autant plus vite qu'en cette période de nombreux huguenots vivent, à l'invitation du pasteur exilé Pierre Jurieu, dans l'attente d'un événement miraculeux censé les libérer de la persécution du régime de Louis XIV. Isabeau fera donc parler d'elle jusqu'en Hollande. C'est d'ailleurs ce qui la perd. Nous savons en effet par l'avocat Gerlan, venu l'observer et l'écouter dans la nuit du 20 au 21 mai 1688, et qui s'est tenu informé de l'ensemble des événements relatifs à la jeune femme, qu'elle a été arrêtée le 8 juin par la police du roi, emmenée à Crest pour y être interrogée, puis enfermée dans un couvent de Grenoble quelques semaines plus tard. Plus personne n'entendra jamais parler d'elle. Ce qui est intéressant, ce n'est pas tant le discours de la bergère, très commun, que la modalité selon laquelle il est prononcé. Comme le souligne Jules Michelet (*Histoire de France,* t. 13, chap. XXVI), qui la nomme « la belle Ysabeau », « son inspiration bouillonnait, abondante et inépuisable, comme une eau longtemps contenue ». Isabeau Vincent est ainsi à l'origine du mouvement dit « des petits prophètes », qui s'étendra rapidement du Dauphiné vers le Vivarais, pour rejoindre les Cévennes, où il sera un des ferments de la révolte des camisards. Car Isabeau, malgré l'extrême brièveté de son expérience publique, fait des émules, et de nombreux jeunes gens seront saisis de somniloquie ou encore de transes, d'agitations, de convulsions. De ce point de vue, sa figure est d'un incontestable intérêt.

Ghislain Waterlot

Bibl. : ***Vie et étude*** **:** *Abrégé de l'histoire de la bergère de Saoû près de Crest en Dauphiné, avec de nouvelles prédictions qu'elle a faites touchant l'Angleterre*, imprimé sans nom à Amsterdam, 1688.

W

WANG FAJIN, *taoïste, à l'origine de l'école du Joyau magique* (Linjin, ?-?, v. 752). — Wang Fajin naît dans le district Linjin de la région de Jianzhou, dans le nord du Sichuan (Chine). Dans son enfance, elle se montre très pieuse. On ne sait rien de sa famille si ce n'est qu'elle habite près d'un temple taoïste abandonné, où Wang Fajin se rend souvent. Quand elle a dix ans, elle est confiée à une nonne taoïste de passage. Elle est ordonnée comme novice, apprend les rituels et assiste aux cérémonies publiques. Elle reçoit la transmission du « Registre de l'Un orthodoxe pour la prolongation de la vie » et prend à cette occasion le nom religieux de Fajin, « Celle qui excelle dans les rites ». Elle devient ainsi spécialiste des rituels et des cérémonies de jeûne. Parallèlement à ces activités liturgiques, elle s'exerce aux techniques d'abstinence de nourriture ordinaire, s'alimentant de champignons et de racines.

Wang Fajin est une visionnaire. Des divinités lui rendent parfois visite. Une année, alors que la famine sévit dans sa région, décimant la population, elle a la vision de deux adolescents vêtus de vert envoyés par le Souverain d'en haut, une divinité importante du courant taoïste de la Pureté supérieure. Ils ont pour mission d'emmener Wang en audience auprès du Souverain du ciel, dans la capitale de jade, haut-lieu des paradis taoïstes. Elle suit ces deux jeunes gens et s'élance dans le vide, passant en chemin dans le domaine du Souverain suprême, qui lui donne à boire du jade liquide et du bouillon de nuées aurorales. Arrivée auprès du Souverain d'en haut, celui-ci lui annonce que la famine est due au mauvais comportement de certains, qui doivent rectifier leur attitude : ceux-là souffrent de la famine car ils ne prennent pas le chemin du repentir et de la confession de leurs fautes. Puis il lui transmet un rituel de contrition intitulé « Rites du Joyau magique relatifs aux cérémonies de purification par le jeûne et de remerciements adressés au ciel et à la terre ». Ce rituel correspond à plusieurs textes de rituels conservés dans le Canon taoïste et faisant partie des rituels communautaires de l'école du Joyau magique. Quand Wang Fajin revient de son voyage extatique, trois mois ont passé. Elle enseigne alors le rituel qui lui a été révélé, afin que le peuple comprenne qu'il est nourri par la grande Voie, aidée de la terre qui fournit de la nourriture en abondance. Dès lors, chaque année, ce rituel est pratiqué dans la région du Sichuan.

À la fin de sa vie, en 752, Wang Fajin « monte au ciel en plein jour » (emportant sa dépouille), escortée de grues nuagées (symbole de longévité, la grue est la monture des immortels dans la tradition chinoise) ; cette forme de mort correspond au plus haut degré de réalisation dans le taoïsme de l'époque.

Catherine Despeux

Bibl. : ***Études*** : K. SCHIPPER, « Taoist Ritual and Local Cults of the T'ang Dynasty », in *Tantric and Taoist Studies in Honour of R. A. Stein*, Bruxelles, Institut belge des Hautes Études chinoises, 1985, p. 812-834 ; S. E. CAHILL, *Divine Traces of the Daoist Sisterhood, Records of the Assembled Transcendents of the Fortified Walled City, by Du Guangting (850-933)*, Boston, Three Pines Press, 2006, p. 103-111 ; W. IDEMA, B. GRANT, *The Red Brush. Writing Women of Imperial China*, Harvard East Asian Monographs, 231, Cambridge et Londres, Harvard University Asia Center, 2004, p. 161-163.

WANG FENGXIAN, *sainte taoïste* (?, v. 835-?, v. 885). — Wang Fengxian, ou « Wang la servante des immortels », est issue d'une famille de pauvres paysans de l'est de la Chine. Ses hagiographies ne fournissent quasiment aucun détail sur son état civil, mais décrivent son parcours spirituel. Dès son plus jeune âge, elle est visionnaire et dotée de pouvoirs surnaturels. À chaque fois qu'elle porte la nourriture à ses parents, qui travaillent dans les champs, elle « voit » des jeunes filles avec lesquelles elle joue. Celles-ci l'emmènent parfois dans des voyages lointains et prolongés, dont elle revient le soir. La nuit, elle « voit » d'autres jeunes filles avec lesquelles elle discute jusqu'à l'aube ; certaines lui apportent des fruits étranges et des mets délicieux. Elle ne mange plus et sa peau devient blanche comme neige, d'une beauté sans pareille.

Intelligente et savante, sa renommée atteint le sud du fleuve Bleu où les gens la nomment « notre bodhisattva Guanyin ». Elle attire également l'attention de plusieurs hauts fonctionnaires, dont le premier ministre Du Shenquan, qui va la chercher dans son ermitage dans l'intention de l'offrir en tribut pour les appartements de l'impératrice au palais impérial. Elle refuse et, comme Du la garde contre son gré, elle trouve refuge dans un temple bouddhique. Elle voyage dans les saintes montagnes, ne prend plus de nourriture solide, fait des voyages extatiques dans les astres et exécute des rituels très puissants.

Tandis que la mort approche, elle conserve un corps de jeune fille et un teint frais comme celui d'une vierge (elle ne s'est pas non plus alimentée pendant trente ans). À l'âge de quarante-huit ans, elle « devient immortelle » (meurt) – événement qui s'accompagne du vol de grues célestes (l'oiseau emblématique des immortels) et de parfums merveilleux.

Catherine Despeux

Bibl. : ***Études*** : C. DESPEUX, *Immortelles de la Chine ancienne*, Puiseaux, Pardès, 1990 ; C. DESPEUX et L. KOHN, *Taoist Women*, Cambridge, Three Pines Press, 2003 ; S. CAHILL, « Biography of the Daoist Saint Wang Fengxian by Du Guangting (850-933) », *in* S. Mann and Y.-Y. Cheng (éd.), *Under Confucian Eyes : Writing on Gender in Chinese History*, Berkeley, University of California Press, 2001, p. 17-30 ; ID., *Divine Traces of the Daoist Sisterhood, Records of the Assembled Transcendents of the Fortified Walled City, by Du Guangting (850-933)*, Boston, Three Pines Press, 2006.

WANG XIAQI, *taoïste* (région du Jiangnan, ?-?, 1711). — Wang Xiaqi est la fille d'une famille honorable de la région du Jiangnan (Jiangsu et Anhui), en Chine. Son père et son frère aîné, lettrés de première classe, ont un autel servant pour l'écriture inspirée, sur lequel la Déesse des latrines, Zigu, descend souvent. Wang est, nous dit sa biographie, particulièrement attachée à cette déesse.

Lors de séances d'écriture inspirée, elle est souvent visitée par une immortelle du nom de Hu Caicai, qu'elle vénère comme son maître et pour laquelle elle fait construire un stupa. Cette dernière lui transmet un jour l'« Histoire interne des fiches du palais de jaspe de la Fleur de l'Est » (*Donghua qiongguan yaqian neishi*), un endroit paradisiaque où siège le Seigneur de la Fleur de l'Est, divinité fondamentale de l'école de la Perfection totale. En fait, Wang Xiaqi appartient à une branche particulière du courant taoïste de la Perfection totale (Quanzhen) : celle de l'école de la Porte du dragon (Longmen), et plus particulièrement son expression locale au mont Couvercle d'or (Jingai), une des plus belles collines de la région de Huzhou (Zhejiang). Elle vit sous la dynastie des Qing (qui règnent de 1644 à 1911), alors que les Mandchous reconnaissent officiellement le bouddhisme lamaïque et demandent aux autres écoles du bouddhisme et aux taoïstes de cohabiter, si bien que les fidèles et les religieux pratiquent souvent, durant cette période, une sorte de syncrétisme. C'est le cas de l'école du mont Couvercle d'or. Celle-ci se développe grâce à Min Yide, taoïste de la onzième génération de l'école de la Porte du Dragon, qui construit sur ce mont en 1796 le temple du Yang pur (Chunyang gong) dédié à Lü Dongbin, célèbre immortel taoïste des Tang, plus particulièrement lié aux pratiques de l'écriture inspirée.

Wang Xiaqi a pour maître terrestre une femme taoïste du nom de Jiang Yuncheng, qui dirige un temple taoïste pour femmes à Mudu, près de Suzhou. Elle commence par la pratique des esprits volants (*lingfei fa*), une méthode développée dans l'école de la Pureté supérieure, grâce à laquelle elle obtient des pouvoirs surnaturels. Elle récite aussi des formules (*dharani*) provenant de deux sûtras bouddhiques : le « Sûtra de la marche héroïque » (*Suramgamasûtra*) et le « Sûtra du filet de Brahma » (*Fanwang jing*).

Catherine Despeux

Bibl. : ***Biographie*** : MIN YIDE, *Jingai xindeng* (Lampe du cœur du mont Couvercle d'or), 1821, *juan* 6, p. 33-35 – une histoire des maîtres des diverses branches de l'école de la Porte du Dragon, notamment celle du mont Couvercle d'or près de Huzhou.

WEI HUACUN, *visionnaire taoïste, matriarche du courant de la Pureté supérieure* (Rencheng, 252-Nanyue, 334). — Wei Huacun, dont le nom public est Xian'an, originaire de Rencheng (l'actuelle Jining dans le Shandong, en Chine), est la fille de Wei Shu, ministre de l'Instruction publique de l'empereur Wu sous les Jin occidentaux, dont la capitale est Luoyang (Henan). Son père est un adepte de l'école taoïste des Maîtres célestes. Il ne veut pas reconnaître sa vocation spirituelle et la contraint à se marier. À vingt-trois ans (en 275), elle épouse un certain Liu Wen ou Liu Youyan. Dans l'école des Maîtres célestes, les membres d'une même famille reçoivent, selon leur âge, des enseignements divers et doivent, à leur mariage, être initiés aux rites sexuels dits « de passage ». Il en est de même pour Wei Huacun, qui reçoit à cette occasion les registres des « soixante-quinze officiers surnaturels » (*lingguan*) sur lesquels elle a désormais pouvoir : elle peut alors devenir « libatrice » (*jijiu*), un grade élevé de cette école taoïste. Elle accompagne son mari à son nouveau poste à Xiufu, près de Yangluo dans le Henan, et donne naissance à deux fils.

Sa vocation s'affirme alors. Wei Huacun reste une grande partie du temps recluse dans sa propre maison. Elle se nourrit de graines de sésame, de pilules de poria cocos, de souffle et des nuées subtiles du cosmos. Pendant ses nombreuses heures de méditation, elle connaît des expériences extrasensorielles, au cours desquelles elle a de nombreuses visions et reçoit la visite d'un grand nombre d'êtres réalisés, les « Parfaits » (*zhenren*).

En 288, elle prétend avoir la visite de l'immortel Wang Bao, poète et taoïste de la dynastie Han (218 av. J.-C.-220 apr. J.-C.), qui devient son maître, et du Parfait Jinglin, deux ermites au mont Yangluo. Ces deux êtres transcendants lui confient trente et un textes, dont l'« Écrit véritable de la grande grotte » (*Dadong zhenjing*) et le « Livre interne du paysage intérieur de la Cour Jaune » (*Huangting neijing jing*), deux textes majeurs de l'école de la Pureté supérieure (Shangqing), dont Wei Huacun va devenir la première matriarche. Ces écrits sacrés sont déposés dans les cieux : condensations du souffle primordial, ils y existent sous forme de minuscules caractères lumineux. La récitation de l'adepte, exécutée avec soin et concentration, est répétée en écho par les dieux dans les cieux ; elle devient une ascèse, une sorte de chemin qui permet le retour aux sources. L'adepte contemple l'intérieur de son corps et maintient à leur place les divinités qu'il contient. Ces textes exposent des méditations comprenant la visualisation de souffles colorés et de divinités ; le méditant dénoue les liens mortels, il s'élance dans l'espace, il marche dans le vide et sur les astres, voyage dans le cosmos guidé par des divinités.

En 318, Wei Huacun perd son époux. À la suite du renversement des Jin occidentaux (la région du Henan est sans cesse menacée par les rébellions), elle suit l'exode vers le Sud et arrive à Nankin, où la nouvelle dynastie des Jin orientaux (317-420) a établi sa capitale. Puis elle se rend dans les monts Heng ou Pic du Sud (province du Hunan), où elle réalise la Voie (le Dao) ; on la surnomme d'ailleurs « Dame Wei du Pic du Sud » (Nanyue Wei furen). Cette montagne, l'un des cinq pics sacrés du taoïsme, est alors le centre d'une intense activité religieuse. C'est là que Wei meurt, ou plutôt, selon la légende, qu'elle fait son ascension au ciel, prenant son envol à partir d'un rocher encore visible aujourd'hui. Elle est divinisée et surnommée la « Princesse originelle du Vide pourpre » (Zixu yuanjun).

Wei Huacun aurait légué à ses fils les textes qui lui auraient été révélés. Quelque trente ans plus tard, ils auraient été transmis à un certain Xu Mi des monts Mao (Anhui), dont l'ami, Yang Xi, aurait reçu des révélations de la Dame Wei entre 364 et 399. Ces écrits médiumniques sont consignés dans les « Révélations des Parfaits » (*Zhengao*, 499), réunis et ordonnés par Tao Hongjing, un éminent maître de l'école de la Pureté supérieure, ou école du mont Mao (Maoshan), qui, à l'époque des Tang (618-907), devient l'école taoïste majeure, prisée par la plupart des empereurs. À la différence de l'école des Maîtres célestes, celle-ci insiste davantage sur l'expérience mystique individuelle que sur la vie en communauté.

Un culte à Wei Huacun est attesté au moins dès le IVe siècle, notamment aux monts Yangluo (Henan) et au Pic du Sud (Hunan), qui devient au VIIe siècle un lieu d'intense activité religieuse, notamment pour des moniales taoïstes. L'anniversaire de cette femme divinisée est fêté le troisième jour du troisième mois du calendrier traditionnel.

Catherine Despeux

Bibl. : ***Études*** : C. DESPEUX, *Immortelles de la Chine ancienne*, Puiseaux, Pardès, 1990, p. 56-61 ; C. DESPEUX, L. KOHN, *Women in Daoism*, Cambridge, Three Pines Press, 2003 ; I. ROBINET, *La Révélation du Shangqing dans l'histoire du taoïsme*, Paris, École française d'Extrême-Orient, 1984, t. 2.

WEIGL, Maria Columba, *dominicaine, stigmatisée* (Elisabeth Franziska Weigl ; Munich, 1713-Altenhohenau, 1783). — Fille de parents fortunés et charitables, Elisabeth perd sa mère très tôt et est éduquée par une religieuse de l'institut des Sœurs de la Bienheureuse Vierge Marie, fondé par l'anglaise Mary Ward. Son père décède quand elle a quinze ans. Attirée par la vie religieuse, elle résiste aux offres de mariage. En 1730, elle entre chez les Dominicaines au couvent d'Altenhohenau et prend le nom de Maria Columba. Elle prie de manière fervente et, selon la maîtresse des novices, elle est particulièrement obéissante. En 1731, elle a la vision d'une stigmatisation : elle est clouée sur la croix par le Christ. À partir de cette année, elle expérimente tous les vendredis les douleurs de la Passion, les stigmates deviennent vermeils, pour redevenir presque invisibles les autres jours de la semaine. Elle prie pour les âmes du purgatoire, qu'elle voit en vision. Elle en rend compte par écrit de manière détaillée pour son père confesseur, Justin Frank, et pour la maîtresse des novices. Au couvent, les opinions sont partagées : la plupart des sœurs ne la croient pas et l'accusent de fraude ou d'imagination, y voient des effets de sorcellerie ou de possession démoniaque. Les provinciaux qui se succèdent l'obligent à une obéissance très stricte, la changeant à plusieurs reprises de père confesseur, et lui interdisent de prendre des notes. Ses confesseurs, Rupert Huber d'abord, puis Willibald Morenwalder, ont écrit la chronique de la vie monacale de la « novice éternelle », en incluant des descriptions de ses expériences extraordinaires, comme la lévitation, les visions des saints, les rencontres avec les âmes du purgatoire et le mariage mystique. En 1774, elle est élue prieure du couvent. Elle meurt en odeur de sainteté ; des pèlerinages vers sa tombe commencent presque immédiatement.

Xenia von Tippelskirch

Bibl. : ***Études*** **:** H. WILMS, *Geschichte der deutschen Dominikanerinnen*, Dülmen, Laumann'sche Buchhandlung, 1920 ; K. BESLER-UNGERER, *Columba Weigl von Altenhohenau. 1713-1783. Eine Mystikerin des Bayernlandes aus dem Dominikanerorden*, Kollbach, Selbstverlag, 1983.

WEIL, Simone, *laïque, philosophe, écrivain* (Paris, 3 février 1909-Ashford, 27 août 1943). — Simone Weil est issue d'une famille d'origine juive, en partie alsacienne et en partie d'ascendance russe. Elle adopte spontanément l'état d'esprit laïc de ceux qui, se réclamant de la république et de ses valeurs fondamentales, ont fui l'Alsace-Lorraine après la guerre de 1870-1871 afin de ne pas devenir des sujets du nouvel Empire allemand et demeurer français. Non point que la laïcité soit pour ses proches une attitude « religieusement anti-religieuse », mais elle est d'abord et avant tout la pierre de touche de la liberté d'esprit et le refus de s'inscrire dans tout système de pensée ou toute institution à vocation dogmatique. Simone est par ailleurs la sœur cadette d'André Weil, parmi les plus grands mathématiciens du siècle, l'un des fondateurs et des participants éminents au groupe Bourbaki, qui a laissé son nom à certaines des propositions les plus remarquables des mathématiques modernes. Nul doute que l'influence de ce frère a été à l'origine de l'intérêt passionné de Simone Weil pour les avancées les plus pointues de la science moderne, intérêt que l'on peut facilement découvrir à la lecture de ses *Cahiers* et qui génère chez elle des réflexions métaphysiques. Elle s'inscrit ainsi dans la lignée du platonisme qu'elle aimait tant, et, surtout, du néoplatonisme de Plotin à Proclus, et établit un lien entre la connaissance rationnelle du monde et l'intuition mystique d'un « au-delà de tout », dont rien ne peut rendre compte, si ce n'est des expériences intérieures de l'ordre de la révélation immédiate.

Simone Weil a été, à l'évidence, une élève particulièrement douée : bachelière à l'âge de seize ans, elle suit les cours de préparation à l'École normale supérieure au lycée Henri IV, où elle reçoit en particulier l'enseignement philosophique d'Alain. Elle est reçue à l'ENS à dix-neuf ans et se destine en principe à l'enseignement – activité qu'elle ne pratiquera que de manière discontinue, selon les aléas de sa santé et de ses choix fondamentaux de vie.

Souffrant d'une grave anorexie (on en ignore les véritables raisons, mais cette anorexie évoluera de plus en plus vers les formes d'une « anorexie sainte », comme en ont connu Marthe Robin* ou Catherine de Sienne*, laquelle, malgré les apparences immédiates, est à beaucoup d'égards sa parente en esprit), d'une santé très fragile et sans cesse menacée, s'imposant des privations continuelles qui ne font qu'aggraver son état, Simone Weil se range activement du côté de tous les déshérités et des « damnés de la terre », dont elle tient à partager concrètement le sort. C'est ainsi que, dans les années 1934-1935, voulant connaître – c'est-à-dire, pour elle, vivre à son propre compte – le sort des ouvriers de base, elle se fait elle-même ouvrière (expérience dont elle tirera son fameux *Journal d'usine*, publié en 1936), de la même manière que, plus tard, dans la France dominée par les armées allemandes, et auprès de Gustave Thibon, dont on connaît pourtant les inclinations pour le régime de Vichy, elle expérimentera la vie harassante des ouvriers agricoles. Elle est alors communiste, mais, si l'on peut dire, mystiquement communiste. Amie de Boris Souvarine, elle est aussi profondément anti-stalinienne et évolue peu à peu vers une forme d'anarchisme où, solidaire de tous les malheurs, elle pose néanmoins de plus en plus que toute « révolution » doit s'accompagner de l'accès à une liberté absolue. On ne s'étonne pas dès lors de la voir s'engager en faveur de la République espagnole, après la tentative de coup d'État du général Franco, et de la compter parmi les membres de la colonne Durruti, autrement dit de ces anarchistes qui, pour la plupart, ont fait le sacrifice de leurs vies pour s'opposer au fascisme. Sa liberté d'esprit y est telle, toutefois, que, contrairement à l'idéologie alors dominante dans les rangs républicains, elle ne craint pas d'intervenir, par exemple, pour sauver la vie à des prêtres réactionnaires que ses amis veulent exécuter : de quelque bord qu'elle vienne, l'injustice lui est insupportable, et une liberté aux mains rouges de sang ne lui semble pas mériter son nom.

C'est alors, à ce que nous en savons, qu'elle a la révélation du Christ, dans le courant de l'année 1938 – non point d'ailleurs du Christ de l'Église officielle, mais bien plutôt du Christ de saint François, du Christ des Béatitudes et du Sermon sur la montagne, celui de la pauvreté évangélique, de la fraternité et du pardon universels, celui qui rencontre la Samaritaine au puits et chasse les marchands du Temple. Sa marche vers un christianisme ardent, mais tout intériorisé, est dès lors irrésistible. Après avoir un temps « flirté » avec les résurgences cathares d'un Déodat Roché, et bien qu'elle restera toujours sensible au thème gnostique d'un univers dominé par une puissance mauvaise, elle s'inspire surtout de l'Évangile de Jean et de sa théologie mystique du Logos en tant que Verbe incarné.

Devant ce monde mauvais, Simone Weil ne baisse jamais la garde. Et l'expérience spirituelle ne saurait en aucun cas être pour elle le prétexte à se détourner des combats nécessaires : profondément imprégnée du thème de l'Incarnation, elle « sait », en effet, qu'il faut affronter ce monde comme il est – et à bien des égards, le combattre en n'acceptant aucune compromission. C'est pourquoi, dès l'invasion de la France par les armées de l'Allemagne nazie, elle entre intérieurement en résistance et, sans doute, refuse de se convertir publiquement au catholicisme pour demeurer solidaire des juifs très tôt pourchassés par Vichy – sans compter les positions officielles de l'Église de France, très majoritairement « collaborationniste » et, pour le moins, ralliée au régime du maréchal Pétain. Après avoir fait gagner les États-Unis à sa famille, où elle a la certitude que celle-ci ne sera pas opprimée (son frère fera l'essentiel de sa carrière à l'université de Princeton), elle rejoint à Londres l'Organisation de la France libre du général de Gaulle. Animée cependant de son éternel esprit de rébellion et de son amour inconditionnel pour une liberté sans entraves, elle plaide pour une réorganisation de la France, quand viendra la Libération, qui détruirait tous les cadres d'organisation et mettrait quasiment fin au rôle de l'État.

Ces thèses ne sont pas pour plaire à ses compagnons de combat ni au chef de La France libre (dont elle considère d'ailleurs qu'il ne saurait en aucun cas être un chef) et, lorsqu'il lui est refusé de regagner le territoire de la France occupée – Jean Cavaillès et Maurice Schumann s'y opposent en particulier, au motif qu'elle se ferait très vite capturer par les SS et que ce serait de ce fait l'envoyer à une mort certaine –, elle « démissionne » de La France libre en juillet 1943. Elle n'a plus alors qu'un petit mois à vivre : affaiblie par les privations qu'elle s'impose afin de manifester sa solidarité aux Français occupés et, surtout, aux juifs traqués et pourchassés, victime de son anorexie fondamentale, que ces privations ne font qu'exacerber, atteinte d'une maladie qui épuise ses dernières forces, elle s'éteint (elle n'a trente-quatre ans que depuis quelques mois) dans un hôpital anglais.

Elle n'a alors presque rien publié, et ce ne sera qu'après la guerre, en partie grâce à l'amitié et à l'entregent de Maurice Schumann, que paraîtront ses textes les plus importants et que l'on découvrira toute l'étendue et la profondeur d'une pensée qui s'exerce toujours dans le cadre d'une brûlante expérience spirituelle.

Pour Simone Weil, Dieu est tout, et comme elle l'a largement exprimé, « Dieu plus quelque chose, c'est moins que Dieu ». Elle est très proche de ce point de vue du fondateur du néoplatonisme, Plotin, qui explique dans l'un des traités de ses *Ennéades* (IIIe s.) que si le Tout est vraiment le Tout, on ne peut rien lui ajouter et que toute addition se révèle en fin de compte être une soustraction de fait. Comme elle est proche de la kabbale de Safed et de son principal protagoniste, Isaac Luria qui, à travers le thème du Tsimtsoum, professait que l'infini absolu du divin (l'Ayn) avait dû se rétracter sur lui-même pour donner sa place à la possibilité du monde que nous connaissons. Par ailleurs, férue de culture et de langue grecques, Simone Weil, ralliant en cela nombre d'hermétistes de la Renaissance ou les travaux et les héritiers de Marsile Ficin et de Léon l'Hébreu, a toujours cherché à montrer que les Grecs classiques « annonçaient », sinon la venue historique du Christ, du moins l'essentiel de son message, tel qu'il est particulièrement exposé par Jean l'Évangéliste.

C'est ainsi qu'elle s'attache particulièrement à la notion de proportion (*metaxu*), telle qu'on la trouve dans la tradition platonicienne, en la rapprochant de la médiation christique entre le monde des humains et l'abîme éternel du Père. Retrouvant par ailleurs son insatiable curiosité pour la théorie moderne des nombres, elle étudie aussi le mélange mathématico-religieux des pythagoriciens. En premier lieu Philolaos, dont elle essaie de dépasser l'apparente irrationalité en mettant en exergue son double souci d'une appréhension logique du monde et d'une compréhension mystique qui, loin de se combattre, se complètent et se légitiment l'une l'autre. Elle retraduit de la même manière les fragments d'Héraclite, des passages de l'*Iliade* ou des poèmes hellénistiques, où elle trouve l'illustration de la condition humaine, de sa bassesse mais aussi de son éventuel héroïsme, et les annonces d'un ineffable Divin qui aura toujours travaillé le cœur des hommes.

Pourtant, pour bien comprendre Simone Weil, au-delà de la philosophe qu'elle n'aura jamais cessé d'être et dont elle aura toujours revendiqué sans exception la rigueur, on doit se rappeler que son rapport au Christ aura toujours été un rapport vivant, le fruit d'une révélation qui l'a brûlée toute entière, la conséquence d'un « rapt » intime, dont elle ne voulait pas tirer gloire (ce n'est pas pour rien qu'elle rédigeait surtout des Cahiers personnels, dont on a ensuite tiré, par extraits, parmi les principales de ses « œuvres »), et que ce rapport, reçu et vécu au plus profond, aura aussi signifié pour elle un engagement envers ses frères humains au risque, s'il le fallait, de sa propre vie.

Michel Cazenave et
Florence Quentin

• *Voir aussi* : Catherine de Sienne

Bibl. : *Œuvres* : *La Pesanteur et la grâce*, Paris, Plon, 1947 ; *Attente de Dieu*, Paris, La Colombe, 1949 (rééd. Paris, Fayard, 1966) ; *La Connaissance surnaturelle*, Paris, Gallimard, 1950 ; les *Œuvres complètes*, dont la totalité des *Cahiers*, sont en cours d'édition, sous la direction de Mme de Lussy, aux éditions Gallimard. ***Étude* :** G. KEMPFNER, *La Philosophie mystique de Simone Weil*, Paris, La Colombe, 1960.

WERBERMACHER, Hannah Rachel, *dite* la « Demoiselle de Ludmir », *sainte juive, maître spirituel hassidique* (Ludmir, v. 1805/1815-Jérusalem, v. 1892). — Les maigres renseignements concernant cette figure presque légendaire proviennent des traditions orales de la Volhynie, recueillies et publiées en 1909 par l'historien Samuel Abba Horodetzky. Ces données furent embellies par une série d'ouvrages pseudo-historiques, tandis que la littérature hagiographique hassidique ne mentionne point son nom avant la publication de Horodetzky. En revanche, elle fut brièvement évoquée dans un ouvrage satirique datant de 1883.

Hannah Rachel, la Vierge, était la fille unique de Monesh Werbermacher, un juif instruit et aisé de Ludmir (Volodymyr-Volynskyï, aujourd'hui en Ukraine). Depuis son enfance, elle se distinguait non seulement par sa beauté, mais aussi par la ferveur de ses dévotions et son penchant pour l'étude. Peu après ses fiançailles avec un ami d'enfance, elle fut plongée dans une grande tristesse à cause de la mort subite de sa mère. Elle se retira de la société, ne quittant sa chambre que pour se rendre sur la tombe de cette dernière. Lors d'une de ces visites, elle perdit connaissance, prélude à une longue maladie mystérieuse. Lorsqu'elle guérit, elle prétendit qu'elle avait reçu « une nouvelle âme sublime ». Rompant ses fiançailles, elle déclara qu'elle ne se marierait jamais, ayant « transcendé le monde de la chair ». Elle se mit alors à observer rigoureusement les prescriptions rituelles et s'adonna intensément à la prière et l'étude de la Torah, normalement réservées aux hommes. Elle devint célèbre, porta le nom de « sainte demoiselle » ou de « sainte vierge » et acquit une réputation de faiseuse de miracles. Hommes et femmes, rabbins et érudits se ruaient vers sa maison à Ludmir, qui devint un lieu hassidique de renom. Elle prodiguait des bénédictions et dispensait un enseignement hebdomadaire lors du repas mystique du *shabbat*, à la manière des *tsaddiqim* (dirigeants charismatiques du mouvement hassidique). Devant le nombre croissant de ses adeptes, les dirigeants communautaires désapprouvèrent ses pratiques, les considérant comme des manifestations pathologiques des puissances maléfiques. Ils exercèrent des pressions sur la « Demoiselle » afin qu'elle renonçât à ses activités spirituelles et assumât le rôle traditionnel des femmes hassidiques. À la suite de l'intervention personnelle de Reb. Mordecai Twersky de Tchernobyl – le *tsaddiq* le plus éminent de la région –, elle accepta à contrecœur de se marier, mais le mariage ne fut jamais consommé et se termina par un divorce. Un second mariage se solda également par un divorce. Toutefois, ces mariages eurent l'effet désiré et mirent fin à sa carrière de rebbe. Elle émigra en Terre sainte, où elle vécut jusqu'à la fin de ses jours, entourée de quelques disciples.

La « Demoiselle de Ludmir » fait partie de cette poignée de femmes juives réputées pour avoir exercé une autorité charismatique dans la société hassidique de leur temps. Sa position est d'autant plus exceptionnelle que, à la différence de la plupart de cellesci, elle n'avait pas de liens familiaux avec des dynasties hassidiques. Elle ne pouvait donc puiser son autorité dans les relations qu'elle entretenait avec des figures distinguées. Pour cette raison, elle fit l'objet d'un roman et de nombreuses pièces de théâtre. À l'époque moderne, sa figure fut récupérée par le féminisme en milieu religieux comme emblème d'un certain égalitarisme.

Paul Fenton

Bibl. : ***Études*** : N. DEUTSCH, « New Archival Sources on the Maiden of Ludmir », *Jewish Social Studies*, vol. 9, n° 1, 2002 ; ID., *The Maiden of Ludmir : A Jewish Holy Woman and Her World*, Berkeley, University of California Press, 2003 ; A. RAPOPORT-ALBERT, « On Women in Hasidism, S. A. Horodezky and the Maid of Ludmir Tradition », *in* A. Rapoport-Albert et S.J. Zipperstein (éd.), *Jewish History. Essays in Honour of Chimen Abramsky*, Londres, Peter Halban, 1988 ; G. WINKLER, *They Called Her Rebbe : The Maiden of Ludomir*, New York, Judaica Press, 1991.

WISE, Rhoda, *laïque, stigmatisée, visionnaire* (Cadiz, 1888-Canton, 7 juillet 1948). — Née dans l'Ohio, aux États-Unis, Rhoda Wise est la sixième enfant d'une famille nombreuse de protestants. Après un premier mariage en 1915 à Canton, avec Ernest Wismar, qui décède six mois plus tard d'une hémorragie cérébrale, elle épouse George Wise, qui est alcoolique, en 1917. Ils adoptent Ruth (qui décède avant l'âge de un an), puis Anna Mae. Rhoda Wise accumule alors de nombreuses pathologies (dont des kystes ovariens). Infectée à la jambe et au pied droits à cause d'un accident, elle est retenue alitée à partir de 1936. Contrainte de séjourner à l'hôpital, elle fait la connaissance des Sœurs de la Charité de saint Augustin, qui lui parlent de sainte Thérèse de Lisieux* et lui enseignent le Rosaire à sa demande. Durant son long séjour, elle est également initiée à la foi catholique. Elle se convertit sous la direction de Mgr Habig, qui lui apprend le catéchisme, et reçoit sa première communion le 2 février 1939. Mais son état de santé s'aggrave.

Jésus lui apparaît pour la première fois le 28 mai 1939, chez elle ; il lui annonce qu'il reviendra avec sainte Thérèse en juin de la même année. Condamnée par la médecine, Rhoda attend patiemment sa délivrance, quand elle guérit miraculeusement de son cancer grâce à l'intercession de la sainte, le 28 juin, puis de sa jambe, le 15 août suivant. Témoins de ces miracles, Georges et Anna Mae se convertissent à leur tour. Rhoda assiste alors à de nombreuses apparitions de Jésus et de sainte Thérèse, celle-ci la visitant chaque année le 2 janvier, jour de son anniversaire. En 1942, elle contracte les stigmates de la Passion, qui saignent tous les premiers vendredis du mois. Lors de sa dernière apparition, le 28 juin 1948, Jésus lui demande de réciter le Rosaire quotidiennement pour la conversion de la Russie. Elle décède peu de temps après, à Canton.

Associée à de nombreuses guérisons miraculeuses qui ont contribué à développer son culte, Rhoda Wise est également à l'origine de celle de mère Angelica de l'Annonciation (Rita Rizzo), fondatrice de l'Eternal Word Television Network (EWTN), qui guérit de ses maux d'estomac au bout de neuf jours de prière adressée à sainte Thérèse, selon les conseils de Rhoda. Grâce à sa fille, sa maison a longtemps accueilli les pèlerins venus la prier pour qu'elle intercède en leur faveur. Elle est aujourd'hui la propriété du monastère de Notre-Dame-des-Anges, fondé à Hanceville (Alabama) par mère Angelica. Si l'Église catholique s'est intéressée à elle, elle ne s'est pas encore prononcée sur son cas.

Audrey Fella

• *Voir aussi* : Thérèse de Lisieux

Bibl. : *Études* : K. SIGLER S.F.O., *Her Name Means Rose, The Rhoda Wise Story*, Irondale (AL), EWTN, 2000 ; R. ARROYO, *Mother Angelica : The Remarkable Story of a Nun, Her Nerve, and a Network of Miracles*, New York, Double Day, 2007.

WOODWORTH-ETTER, Maria Beulah, *prédicatrice protestante itinérante, revivaliste, puis pentecôtiste* (Maria Beulah Underwood ; Lisbon, Ohio, 1844-Indianapolis, Indiana, 1924). — Élevée dans un Ohio marqué par le Second Réveil – mouvement nord-américan de ferveur religieuse du XIXe siècle qui met l'accent sur l'importance de la conversion et de la piété personnelle –, Maria Beulah est convertie et baptisée à treize ans par un prédicateur revivaliste, peu après la mort de son père. Elle déclare avoir senti dès ce moment sa vocation de prédicatrice. Toutefois, son premier mariage, avec un homme apparemment hostile à cette vocation, et les enfants qui en naissent semblent tout d'abord empêcher la réalisation de ce projet. C'est seulement à trente-cinq ans, alors que cinq de ses six enfants sont morts de maladie, qu'elle commence à prêcher localement le Réveil. Le succès de ces prêches la conduit à s'engager définitivement dans la prédication itinérante. Cinq ans plus tard, en 1885, son rayonnement s'étend et devient rapidement national. Les grands journaux en parlent, et les constructions existantes ne suffisent plus à l'accueil des auditeurs. Elle utilise, à partir de 1889, une tente pouvant contenir huit mille places assises ; certains de ses meetings auraient accueilli plus de vingt mille personnes (Warner 2001, p. 1211).

Lors de ces « meetings », dont il est difficile de savoir s'il faut les caractériser comme des « réunions », des « spectacles » ou des « cérémonies », elle en appelle à l'expérience du *power*, identifiée à celle que l'apôtre Pierre fait durant son extase à Joppé. Conversions, guérisons miraculeuses (cet aspect est essentiel pour la prédicatrice), phénomènes de transe, visions et prophéties : les manifestations qui les accompagnent concourent à leur renommée. Les auditeurs ne sont pas seuls à entrer en transe, la prédicatrice elle-même peut rester de longs moments (plus d'une heure) immobile et bras levés. Sa popularité lui vaut également des critiques, de l'intérieur et de l'extérieur des mouvements chrétiens du Réveil : elle est alors accusée d'hypnose, de sorcellerie ou de charlatanisme.

Dans cette première période, qui dure jusqu'en 1905, l'affiliation confessionnelle de Maria Beulah Woodworth-Etter n'est pas très marquée et elle navigue entre plusieurs organisations de tendance baptiste. De la même manière, sa théologie n'est pas structurée systématiquement, mais relève plutôt d'une forme de vulgarisation des positions de divers théologiens du Second Réveil, ainsi que du *faith healing* (« guérison par la foi »). Elle insiste aussi, en particulier dans certains passages de ses écrits, sur la légitimité évangélique de la prédication des femmes. Les années 1905-1912 marquent une pause dans son activité de prédicatrice, sans qu'on connaisse bien les événements de sa vie à ce moment ni la manière dont s'opère son rapprochement avec le pentecôtisme. Reste que Maria Beulah Woodworth-Etter reprend ses prédications itinérantes en 1912, cette fois au nom de ce nouveau mouvement, dans lequel elle est désormais intégrée et apparemment largement admise et qui connaît un rayonnement important. Elle réinterprète alors dans les termes de cette théologie ses expériences passées et comprend ses extases et les autres manifestations extraordinaires de ses meetings en termes de baptême dans l'Esprit-Saint. De même, elle revendique, dans cette seconde période, des épisodes de « parler en langues » lors de ses réunions. Elle décède après avoir consacré les dernières années de sa vie à une paroisse locale d'Indianapolis, tout en continuant quelques tournées dans le Midwest.

Anthony Feneuil

• *Voir aussi* : Farrow

Bibl. : Œuvres : *The Life, Work and Experience of Maria Beulah Woodworth, Evangelist*, Saint-Louis (MO), éd. à compte d'auteur, 1894 ; *A Diary of Signs and Wonders*, Tulsa, Harrison House, 1916. ***Études*** : D. JACOBSEN (éd.), *A Reader in Pentecostal Theology. Voices From the First Generation*, Bloomington and Indianapolis, Indiana UP, 2006 ; W. E. WARNER, « Woodworth-Etter, Maria Beulah », *in* S. M. Burgess et Van der Maas (dir.), *International Dictionnary of Pentecostal and Charismatic Movements*, Grand Rapids (MI), Zondervan, 2001, p. 1211-1213, et *The Woman Evangelist, The Life and Times of Charismatic Evangelist, Maria B. Woodworth-Etter, Studies in Evangelicalism 8*, Metuchen (NJ), The Scarecrow Press, 1986.

WOOLF, Virginia *écrivain* (Adeline Virginia Stephen ; Londres, 1882-Rodmell, 28 mars 1941). — Troisième enfant d'une fratrie de quatre, Virginia Stephen a connu une enfance et une jeunesse sans cesse guettées par la catastrophe psychique : son père, aussi remarquable critique qu'il était faible et despotique, apportait, d'un premier mariage, une fille lourdement handicapée, et sa mère, de son côté, avait eu de sa précédente union trois enfants, dont l'aîné, George, déploie une stratégie de séduction très équivoque à l'égard de sa demi-sœur, particulièrement au moment de la mort de leur mère, le 5 mai 1895 (Virginia a alors quatorze ans). Ce deuil se traduit chez Virginia par une crise violente de névrose, laquelle se renouvelle en 1913, au moment où est accepté son premier roman, *La Traversée des apparences*, et de nouveau en 1940, alors qu'elle achève son ultime ouvrage, *Entre les actes*, avant de mettre fin à ses jours. Ainsi se terminait une existence douloureuse, que son mari, Leonard Woolf épousé en 1912, avait portant su préserver avec tact et intelligence, engageant leur couple dans les milieux littéraires (en particulier le groupe de Bloomsbury, que fréquentent David Herbert Lawrence et Katherine Mansfield) et dans la création d'une maison d'édition qui publiera Rilke, Svevo et Freud.

Marguerite Yourcenar a dit justement que les romans de Virginia Woolf sont des « biographies de l'être », où se mesure la difficulté spirituelle d'exister. Un passage du *Journal d'un écrivain* (1953) suffirait à nous faire entendre la résonance mystique de cette œuvre. C'est dans le « sanctuaire » d'un « couvent de religieuses » que l'expérience a eu lieu et s'est plusieurs fois reproduite : s'y éprouvait quelque chose qu'il n'est pas aisé de cerner ni de définir, tant sans doute ce qui advenait était hors de toute proportion maîtrisable ; d'où le sentiment d'effroi, de « peur », qui, une fois, prend le visage d'une « vive angoisse de la mort », mais qui, toujours, est appréhension de la « solitude », telle que les hommes la connaissent et la redoutent. Ce qui alors se présente à la « conscience », c'est ce que Virginia Woolf appelle « réalité », dont elle tente de rendre compte par le jeu des métaphores qui surmonteront son caractère indescriptible et cependant réel : « quelque chose d'abstrait ; mais qui se trouve dans les dunes ou dans le ciel », à distance donc, pas encore disponible à tout le moins. Pourtant, toute l'attention s'y focalise, car, à côté de cela, « il n'y a rien qui ait de l'importance », et c'est comme une espérance qui s'en trouve justifiée : « Là-dedans je reposerai et je continuerai à exister. Je l'appelle Réalité. » Thématique du *repos* et de la *quiétude*, chère à l'école espagnole du *Recogimento* au XVIe siècle et à sa postérité française, de Jeanne Guyon* à Simone Weil*, mais qui nous renvoie antérieurement à la *quies* du monde monastique et à l'*otium* des lettrés médiévaux et renaissants. Est-ce cela que, franchissant la distance, Virginia Woolf cherchait à (re)gagner, quand elle entra, les poches pleines de pierres, dans les eaux de l'Ouse, la rivière qui côtoie sa propriété, où on la retrouvera quelques jours plus tard ? Nous ne le saurons jamais, puisqu'un suicide annule par anticipation toutes les écritures encore possiblement à venir : à ce titre, n'est-ce pas un *abandon* (de la vie) et un *sacrifice* (de l'avenir) que cet accomplissement de notre inexorable, tragique et bienheureuse mortalité ?

C'est cette énigme du réel, autrement dit de la temporalité, qui infuse par les mots l'intime de la chair et de l'esprit, comme dans *La Promenade au phare* (1927). Une vieille maison au bord de la mer, une tribu enfantine facétieuse et enthousiaste, rassemblée autour de Mrs Ramsay, mère irradiante et magnifique : ils sont tous ensemble, et chacun est seul, protégé d'un silence qui est son langage intime – absolue pudeur de ce langage qui ne parle pas. Mrs Ramsay, que Virginia Woolf aime manifestement, est surtout cette femme d'excellence qui « se taisait toujours. Elle savait donc – elle savait sans avoir appris. Sa simplicité allait à ce fond des choses que falsifient les gens habiles » : en termes évangéliques, à lire Luc X, 21, elle est entrée dans le secret du Royaume. Le roman se déroule avant la Grande Guerre : le projet d'une excursion au phare qui, dans le lointain, est le lieu de tous les rêves et de toutes les aventures, l'existence voyagère, le cœur nomade aux désirs excités par la découverte de l'inconnu. Au petit matin, déception : le temps est pluvieux et chagrin, on remet à plus tard. La promenade aura lieu dix ans après : l'hécatombe de la guerre est passée, qui a troué la famille d'irrémédiables absences. Mrs Ramsay a disparu, mais tous les objets, immuables sur la rive du temps écoulé, même s'ils ont (doucement) vieilli, sont remplis de cette présence absente à jamais. Elle était à ses enfants, à son époux, mais, de temps en temps, aimait à s'arrêter dans la solitude contemplative, communiant à l'immensité et à la poésie du monde, et le rayon du phare qui la touchait, éphémère autant qu'obstiné, lui apprenait l'abandon en lui faisant penser à ces millions d'années où ce monde existait en son absence à elle. Dix ans plus tard, les absents n'en sont donc que plus visibles, douloureusement visibles. Cette mortalité pugnace et agressive, comment y résister, sinon en faisant de chaque instant « quelque chose d'éternel » (Jean Mambrino) : le *kairos* (le moment favorable, l'aubaine), cher à la sagesse grecque et à saint Paul ? Il fera beau demain : le moment est donc favorable, le père prend la tête de cette randonnée qui fait figure de l'irréversible destin de tous et de chacun : lesté de tant de souffrances, de tant de douleurs, partir à jamais, pour s'en défaire, s'en délivrer. Une vieille femme de ménage, Mrs Mc Nab, accomplit le rituel ménager avec la modération que lui imposent ses infirmités ; malgré la dureté des besognes jadis, elle a dû connaître des éclats de joie – ne serait-ce que lors de la présence de ses enfants. À présent, les chemins intérieurs qu'elle a explorés et qui sont son secret, sont peut-être plus sûrs que ceux « des mystiques, des visionnaires [qui] se promenaient sur la plage, remuaient l'eau d'une flaque, regardaient une pierre et se demandaient : “Qu'est-ce que je suis ?” “Qu'est-ce que cela ?” »

François Marxer

Bibl. : *Œuvres* : *Romans et Nouvelles*, Paris, Livre de Poche, 1993 (contient : *La Chambre de Jacob*, *Mrs Dalloway*, *Voyage au phare*, *Orlando*, *Les Vagues*, *Entre les actes*). ***Vie et***

études : Q. BELL, *Virginia Woolf, une biographie*, Paris, Stock, 1973 ; A. DEFREMONT, *Virginia Woolf, vers la Maison de Lumière*, Paris, Éditions des Femmes, 1985 ; F. DELATTRE, *Le Roman psychologique de Virginia Woolf*, Paris, Vrin, 1967 ; V. FORRESTER, *Virginia Woolf*, Paris, La Quinzaine littéraire, 1973.

X

XAINCTONGE, Anne de, *fondatrice de la Compagnie de Sainte-Ursule* (Dijon, 21 novembre 1567-Dôle, 8 juin 1621). — Dans le cadre de ces institutions où s'articulent les liens entre l'Église et la société moderne, l'aventure d'Anne de Xainctonge s'inscrit dans ces tentatives féminines de créer des communautés de consacrées, libérées des contraintes de la clôture monastique afin de pouvoir vaquer plus aisément à leur vocation apostolique. Anne est née dans une famille du milieu parlementaire, appartenant à ces classes dirigeantes soucieuses de promouvoir une haute culture, en quoi elles sont aidées par les Jésuites pour la fondation d'un collège en 1581. L'éducation des filles est loin d'y être négligée : Anne non seulement lit et écrit, mais possède de bonnes connaissances du latin et du droit. Parmi leurs préoccupations religieuses, ces milieux catholiques s'inquiètent de la vitalité nouvelle du courant protestant, qui fait fond sur la critique justifiée des institutions romaines. Le souci social des pauvres est loin d'être absent, en particulier de leur éducation : leur catéchisation est à l'ordre du jour. Dès son enfance, Anne « assemblait les servantes de chez elle en une chambre pour leur enseigner leur *Pater*, les commandements de Dieu et autres petites dévotions » : sa vocation se dessinait-elle ainsi, d'être si « affectionnée à les instruire » ?

Le collège jésuite, mitoyen du logis familial, ouvre ses portes alors qu'elle a quatorze ans : les garçons en bénéficieront, mais les filles ?... Dans l'esprit d'Anne, alors dirigée par les fils de saint Ignace, qui lui donneront les *Exercices*, naît l'idée de créer une congrégation qui s'attacherait à l'éducation des filles, de la même manière que les Jésuites veillent à celle des jeunes gens. À la même époque, semblable ambition a motivé Jeanne de Lestonnac*, Mary Ward, Alix Le Clerc*, avec Pierre Fourier, et Nicolas Barré. On lui indique la forme de vie des Ursulines, qui consacrent leur virginité et vivent de façon communautaire en l'absence de toute clôture : une modalité tout à fait commode pour une reconnaissance sociale et institutionnelle, même si Anne ne songe point du tout à reproduire le modèle initié par Angèle Merici*. Notons que, après un premier temps d'harmonie réciproque, des divergences vont apparaître avec les Ursulines de France, justement sur cette question de la clôture. Ce qu'Anne de Xainctonge va susciter porte profondément la marque de l'esprit ignatien, et pas seulement pour des raisons d'opportunité à s'appuyer sur la présence de la communauté jésuite voisine : c'est l'inspiration d'Ignace de Loyola qui prévaut, garante de la perennité de l'institution nouvelle qui ainsi voit le jour. Mais les Jésuites, en raison de leur choix politiques favorables à la Ligue, se voient expulsés du royaume : ils quittent donc Dijon pour Dôle, ville parlementaire toute proche, capitale de la comté de Bourgogne et dépendant du trône espagnol. Anne prendra elle aussi le chemin de Dôle, où elle retrouve des avantages culturels et universitaires comparables à ceux dont jouissait sa ville natale. Elle arrive le 30 novembre 1596, pour devenir maîtresse d'école, ce qui est, à l'époque, « un emploi bien humble et chétif aux yeux du monde ». Ce choix d'une position sociale quelque peu méprisée provoque l'indignation de son père, Jean de Xainctonge, ébahi d'une telle manifestation d'indépendance qui tienne si peu compte de l'autorité paternelle ; de surcroît, quitter les terres du royaume pour gagner une localité dépendant de la couronne d'Espagne s'apparente à une quasi-trahison. C'est dire de quelle singulière audace faisait preuve Anne en poursuivant son projet à bien des égards révolutionnaire pour l'époque. Si donc la clôture est supprimée, les Ursulines n'en sont pas moins tenues de prononcer un vœu de stabilité ; le choix de jésuites comme confesseurs dans les communautés assure l'indispensable empreinte ignatienne, qui maintient l'esprit et la cohérence du projet. La Compagnie sera fondée le 16 juin 1606, grâce à l'active collaboration de Claudine de Boisset. Des problèmes surgiront quant à la question des dots (alors indispensables pour un bon fonctionnement économique des communautés de femmes) et au sujet des sœurs converses et des pensionnaires. Avant de mourir, Anne de Xainctonge aura posé le fondement de cette nouvelle institution dans un *Récit* (1623/1629), narration des péripéties de la fondation et à bien des égards comparable au *Récit* (1553/1555) d'Ignace de Loyola : c'est une relecture de l'Histoire qui a le poids d'une expérience spirituelle. L'*Institution* (1621/1623), qui résulte d'un entretien entre le jésuite Étienne Guyon et le groupe des fondatrices, fait figure de loi organique et déploie la logique d'incorporation qui anime et constitue ces communautés, en allégeant le dispositif canonique réduit au plus simple. Si le *Compendium* (1625) éclaire sur les buts pédagogiques à poursuivre, les *Instructions aux novices* (édition imprimée en 1745) dévoilent, dans l'apprentissage que celles-ci en feront, l'armature spirituelle qui sous-tend l'entreprise pédagogique : dans le sillage de la *devotio moderna* (dont l'héritage avait déjà été recueilli par Ignace), c'est à la prière individuelle que sont formées les futures ursulines, avec une insistance marquée sur la méditation de l'Évangile. Point commun de ces trois textes de référence, l'importance de l'échange de la parole, de l'entretien qui, en circulant, construit le corps de la communauté, mais aussi constitue le vecteur décisif de la vie spirituelle et mystique : « Elle aimait tendrement, rapporte le *Récit*, la sainte humanité de notre Sauveur : elle lui parlait fort familièrement et confidemment, comme souvent je l'ai ouï moi-même, parce que j'étais en sa même chambre. Elle nommait notre Sauveur du nom de son bien-aimé. Tout son contentement était d'ouïr parler ou de parler de Dieu. »

François Marxer

• *Voir aussi* : Alix Le Clerc ; Jeanne de Lestonnac

Bibl. : ***Vie et études*** : M.-A. LE BOURGEOIS, « Une fondatrice d'avant-garde : Anne de Xainctonge et la Compagnie de Sainte-Ursule à Dôle », *Revue d'histoire de l'Église de France*, t. 80, n° 204, janvier-juin 1994, p. 23-41 ; ID., « Quand les femmes se racontent », *Christus*, t. 34, n° 133, janvier 1987, p. 111-128 ; A. LONGCHAMPS, *Petite Vie d'Anne de Xainctonge*, Paris, Desclée de Brouwer, 1999.

XÉNIA DE PÉTERSBOURG, *sainte orthodoxe, folle en Christ* (Saint-Pétersbourg, v. 1730 ?-1803). — Xénia était l'épouse d'un colonel de la garde impériale de Saint-Pétersbourg, André Fiodorovitch Pietrov. Elle menait une vie aisée et mondaine au sein de l'aristocratie impériale, quand son époux mourut soudainement sans recevoir les sacrements chrétiens. « Pour sauver son époux, la jeune veuve renonça à tous les biens du monde, à son nom et à ses richesses, et plus encore, renonça à elle-même [...]. » À l'âge de vingt ans, elle décida de simuler la folie pour s'offrir, avec résignation, à l'image du Christ en sa Passion, aux moqueries et aux railleries de ses contemporains. À l'enterrement de son mari, elle vint au cimetière vêtue des habits de celui-ci. « André Fiodorovitch n'est pas mort, mais il s'est incarné en moi, Xénia, qui suis morte depuis longtemps », expliqua-t-elle, et elle demanda qu'on ne l'appelât plus Xénia, mais André Fiodorovitch. Elle arpentait les rues de Saint-Pétersbourg clamant : « Ma Xénia est partie et repose dans la paix au cimetière, et moi pécheur, je suis resté ici. » Malgré les protestations de sa famille, elle distribua ses biens, ne gardant que l'uniforme de son mari. À la question de son amie et confidente, de quoi et comment elle allait vivre, elle répondit : « Dieu nourrit les oiseaux du ciel, et je suis comme un oiseau. Que Sa volonté soit faite. » Quand l'uniforme partit en lambeaux, elle alla en haillons, puis elle se vêtit d'un kaftan rouge et d'une robe verte (représentée en rouge et vert sur les icônes, elle aurait pu passer pour une coquette parmi les fols en Christ en haillons ou les va-tout-nu). Sans gîte, pieds nus, revêtue de haillons bariolés, elle n'acceptait l'aumône que pour le redistribuer aux pauvres. Pourvue du don de guérison et de celui de prophétie, elle fut peu à peu reconnue pour sa sainteté et les gens cherchèrent ses conseils. Elle s'éteignit à l'âge de soixante et onze ans. Les miracles posthumes qu'elle accomplit composent tout un volume et continuent d'être répertoriés à ce jour. Elle fut canonisée en 1987 par le patriarcat de Moscou.

Dans la Tradition chrétienne, la folie en Christ est originellement une imitation du Christ dans plusieurs de ses aspects : abandon des biens matériels et affrontements des moqueries et des humiliations de la foule, parfois choquée par le message délivré. Largement diffusé dans l'orthodoxie, le fol en Christ devint une personne qui menait une vie de transgression des conventions sociales dans un esprit religieux, qui adoptait une attitude provocante permettant de remettre en cause les normes d'une époque, de lancer des prophéties ou de masquer sa pitié. Le terme en est attribué à saint Paul, qui écrit dans l'Épître aux Corinthiens : « Si quelqu'un parmi vous pense être sage selon ce siècle, qu'il devienne fou afin de devenir sage » (1 Cor III, 18). Dans l'histoire de la folie en Christ, Xénia de Pétersbourg, *alias* André Fiodorovitch, est l'unique exemple de sainte travestie (bien que le phénomène du travestisme soit connu dans l'Église orientale). Chez elle s'efface la différence de substance pour que l'être humain se hisse à la hauteur de l'être angélique. S'efface aussi la différence de sexe. La « mort au monde » et la « mortification du corps » trouvent leur couronnement dans la vie désincarnée et asexuée de la sainte travestie. Xénia/André n'a plus besoin d'aller nue comme souvent les fols en Christ, puisque sous l'uniforme du colonel, puis des hardes rouges et vertes, plus aucun corps ne respire. Dépersonnalisée, elle offre ainsi « le spectacle au monde, aux anges et aux hommes » (1 Cor IV, 9) de ce type de sainteté traditionnelle.

Erik Veaux

• *Voir aussi* : Isidora ; Pélagie

Bibl. : *Études* : C. WODZINSKI, *St. Idiot, projet d'anthropologie apophatique*, Paris, La Différence, 2010 ; N. McLEES, *A Child's Paradise of Saints*, Indianapolis, CSB Publishing, 2000.

Y

YASHODHARÂ, *épouse du* Bouddha *historique* (Népal, v. 566 av. J.-C.-Népal, Vᵉ ou VIᵉ siècle av. J.-C.). — Bien qu'enjolivées par la tradition et agrémentées de nombreuses légendes, les existences du Bouddha historique Siddhârta Gautama et de son épouse ne font aucun doute. Fils d'un petit roi du Népal appartenant à la lignée des Shâkya et résidant à Kapilavastu, Siddharta Gautama épouse, à l'âge de seize ans, la princesse Yashodharâ. À la naissance de leur fils Râhula, il quitte le foyer, à vingt-neuf ans, pour devenir un moine itinérant en quête de la vérité. Après avoir trouvé la réponse à la question qui le tourmentait – Quelle est la cause de la souffrance et comment la faire cesser ? – il connaît l'« illumination » (*bodhi*) et devient le Bouddha (« l'Éveillé »). Il fonde alors une communauté, la *sangha*, dans laquelle son épouse Yashodharâ et son fils Râhula, âgé de sept ans, entrent pour bénéficier de son enseignement.

Selon la tradition, la princesse Yashodharâ accomplissait sans cesse de nombreux actes de charité et soutenait le Bouddha dans son œuvre. Elle eut le bonheur de voir leur fils ordonné par le plus grand disciple de son père, Shâriputra. Râhula fut plus tard vénéré comme le « saint patron des novices » (*shrâmanera*), ayant été le membre le plus jeune de la *sangha*. Il mourut bien avant le Bouddha (qui vécut jusqu'à quatre-vingts ans) et fit partie de ses dix principaux disciples. Yashodharâ intégra l'ordre féminin destiné aux nonnes (*bhikshunî*), tout comme Mahâprajâpati Gautamî* (la belle-mère du Bouddha, qui lui avait servi de mère). Cet ordre, que le Bouddha hésitait à fonder, vit le jour grâce au plaidoyer d'Ânanda, son cousin et son serviteur personnel. Le soutien de ce dernier à la cause des femmes lui fut souvent reproché.

Comme Mahâprajâpati Gautamî, Yashodharâ fut une des premières femmes à refuser d'être tenues à l'écart de l'enseignement du Bouddha. De ce fait, elle apparaît comme une figure majeure, initiatrice d'une voie féminine à l'intérieur de la tradition bouddhiste tibétaine.

Ariane Buisset

• *Voir aussi* : Mahâprajâpati Gautamî

Bibl. : *Vie* : THICH NATH HANH, *Sur les traces de Siddharta*, Paris, Jean-Claude Lattès, 1996 ; A. BAREAU, *Recherches sur la biographie du Bouddha*, Paris, Presses de l'École française d'Extrême-Orient, 3 vol. 1963, 1970-1971.

YESHE TSOGYAL, *maître du bouddhisme tibétain* (Tibet, 757 ou 777-817 ou 837). — Yeshe Tsogyal (dont le nom signifie « Victorieux lac de sagesse » ou « Dame des eaux ») est l'une des figures les plus importantes du lignage des *Nyingmapa* (« l'école des anciens ») ; fondée par Padmasambhava (généralement appelé Guru Rimpoche), c'est la première école bouddhiste introduite au Tibet, dont la religion était alors une forme de chamanisme appelé le *Bön*. Le parcours initiatique de Yeshe Tsogyal comporte tant de faits miraculeux que son existence a parfois été mise en doute. Cependant, un personnage historique semble bien avoir été à l'origine des multiples légendes qui se sont greffées autour d'elle, dans le but évident de reconnaître l'importance du principe de la dakini : une entité féminine symbolisant la puissance de l'éveil, l'intuition fulgurante de la réalité et l'énergie nécessaire à la dissipation des illusions. Effrayantes au premier abord, elles sont souvent représentées dans l'iconographie comme des femmes nues, échevelées, entourées de flammes, dansant avec frénésie et foulant au pied des corps symbolisant l'ignorance et les passions. Rares sont les femmes, assimilées à des dakinis, des aides et des inspiratrices, qui ont atteint l'état de bouddha ; à la fin de sa vie, Yeshe Tsogyal est néanmoins censée l'avoir atteint. Pour la majorité d'entre elles cependant, la coutume et certains *sûtras* (textes rapportant les paroles attribuées au Bouddha) affirment qu'il leur faut prendre un corps masculin dans une vie ultérieure pour pouvoir s'éveiller totalement.

La tradition rapporte que la naissance de Yeshe Tsogyal fut marquée par l'apparition miraculeuse d'un lac. Elle épousa le roi du Tibet, Trisong Detsen. Elle reçut avec lui les premiers enseignement de Padmasambhava, un maître venu du Cachemire qui détrôna la religion autochtone *Bön* et introduisit le bouddhisme au Tibet. Le roi la céda finalement à ce dernier, dont elle devint la parèdre. Douée d'une mémoire infaillible, elle transcrivit les enseignements de Padmasambhava, notamment le *Bardo Thödol* (communément traduit par « Le livre des morts tibétain », dont le titre véritable est « Le livre de la délivrance par l'audition dans l'entre-deux »). Un ouvrage majeur dans la tradition bouddhiste, qui décrit les phases du voyage *post mortem* de l'esprit d'un défunt jusqu'à « la claire lumière » (sa vraie nature), fondé sur les témoignages des grands maîtres capables de se souvenir de leurs vies passées et du voyage accompli entre deux existences. Yeshe Tsogyal révéla également, grâce à ses rêves ou des visions, d'autres enseignements cachés de Padmasambhava : « La sphère du cœur » (*Longchen Nyingthig*) a été dictée à Jigme Lingpa. Ce livre donne les principes de base de l'école du *Dzogchen* (« le grand aboutissement »), aussi connu sous le nom d'*Ati Yoga* (« yoga extraordinaire »), que le Bouddha historique aurait transmis en secret à ses meilleurs disciples comme étant l'aboutissement de sa doctrine.

Le *Dzogchen* explique que l'esprit est essentiellement pur et immaculé à son origine. Les pensées et les émotions ne sont que des surimpositions semblables à des reflets évoluant dans un miroir. Incapables de le comprendre, les êtres perdent contact avec cette base immaculée, réagissent face aux divers « reflets » et se trouvent pris dans la ronde douloureuse des vies successives (*samsara*). Pour s'en délivrer, il est essentiel de prendre conscience de la nature de l'esprit « nu » ou « ordinaire », qui préside à toute activité mentale, et de l'espace vide qui se situe entre deux pensées. Ceci mène rapidement, sans rite et sans effort artificiel, à l'expérience directe de la vacuité (*shûnyatâ*) et de la clarté, ce qui constitue la connaissance originelle. Selon la tradition, ceux qui l'ont atteinte ont la capacité de disparaître sans laisser de corps à leur mort, les quatre éléments constitutifs de leur matière s'étant dissous dans la lumière. Cette prouesse, ou phénomène du « corps d'arc-en-ciel », est attribuée à Yeshe Tsogyal, qui ainsi prit rang parmi les bouddhas.

De la même manière, elle dicta deux autres textes secrets, l'un à Namkhai Nyingpo (l'un des vingt-cinq disciples) et l'autre à Nyang Ral Nyima Oser, qui est une biographie de Padmasambhava (le *Sanglingma*) et qui constitue le premier *terma* (« trésor ») jamais recensé. Selon la tradition tibétaine, il est en effet possible à certaines personnes, appelées *tertön*, de transmettre des trésors constitués par des livres sacrés ayant été cachés par de grands maîtres, dans l'attente d'un moment propice pour être enseignés. L'école *Nyingmapa* possède le plus grand nombre de ces *terma* datant du VIIIe siècle, Padmasambhava étant supposé en avoir enfoui cent huit, dont le *Bardo Thödol*.

Sur les conseils de son époux Padmasambhava, qui lui avait signalé que, pour atteindre la sagesse ultime, elle devrait prendre un partenaire une fois que lui-même aurait quitté le Tibet, elle choisit pour parèdre Atsara Sahle, originaire de Katmandou. Ils vécurent pendant de nombreuses années comme des ermites dans des grottes en montagne. Dans la dernière partie de sa vie, Yeshe Tsogyal eut à affronter des visions comparables à celles que le Bouddha avait eues peu avant son illumination, lorsque *Mara* (« le destructeur ») l'avait tenté en lui envoyant ses armées de démons et ses filles les plus séduisantes. N'ayant pas succombé à ces illusions, elle devint un bouddha.

Yeshe Tsogyal, comme la plupart des grands maîtres, est considérée comme ayant eu plusieurs « réincarnations », dont Machik Labdrön*, qui propagea le rituel du *chöd* (« la coupure »), au cours duquel le pratiquant imagine qu'il coupe son propre corps en morceaux afin de l'offrir aux démons affamés, et Khandro Urgyen Tsomo, connue sous le nom de la « Dakini de Tsurphu », qui devint l'épouse du quinzième Karmapa, Khayab Dorje, alors très malade et qui lui sauva la vie grâce à ses pouvoirs miraculeux. Sa dernière réincarnation est Khandro Tsering Paldrön*, fille du chef religieux des *Nyingmapa*, Mindrolling Trichen. Son importance n'ayant cessé de croître au fil des siècles, elle fut rétrospectivement assimilée à des figures du passé comme Mâyâ (la mère du

Bouddha) ou à des déités comme Vajravarahi, Sarasvati, Tara, Vajrayogini, Prajnaparamita et Samantabhadri, la parèdre de Samanthabadra, le Bouddha des origines (« Âdi Bouddha »).

Bien que Padmasambhava ait été reconnu comme celui qui chassa les démons et lutta pour circonvenir la religion autochtone *Bön* afin d'établir le bouddhisme, Yeshe Tsogyal est mentionnée comme l'une des grandes figures de cette religion par le maître *bonpö* Dechen Bangmo (1918), ce qui signifie qu'elle en est venue à symboliser la réconciliation et l'essence commune de ces deux religions.

Ariane Buisset

• *Voir aussi* : Khandro Tsering Paldrön ; Machik Labdrön

Bibl. : Œuvres : *Bardo-Thödol – Le livre tibétain des morts*, Paris, Albin Michel, 1981 ; Le *Sanglingma* (biographie de Padmasambhava), révélée par Yeshe Tsogyal à Nyang Ral Nyima Oser, Népal, National Archives Kathmandu, période 1124-1192 ; *The Lotus-Born* (biographie de Padmasambhava), Népal, Rangjung Yeshe Publications, 2004 ; *The Life and Liberation of Padmasambhava*, 2 vol., Berkeley, Dharma Publishing, 1978. ***Vies*** : G. TCHANGTCHOUB et N. NYINGPO, *La Vie de Yeshe Tsogyal, souveraine du Tibet*, Plazac, Padamakara, 1995 ; K. DOWAN, *Sky Dancer : the Secret Life and Songs of the Lady Yeshe Tsogyal*, Londres, Snow Lion, 1984 ; *Dakini Teachings : Padmasambava's Oral Instructions to Lady Tsogyal*, révélés par N. N. ÖZER et S. LINGPA, Boston, Shambhala publications, 1990.

YUZHEN GONGZHU, *moniale taoïste* (Chang'an, ?-Qingcheng, 762). — Neuvième fille de l'empereur Ruizong et sœur de l'empereur Xuanzong, cette princesse de Changlong devient moniale, en 711-712, avec une de ses sœurs (huitième fille de Ruizong). Elle reçoit le nom de « Princesse de la Perfection de jade » (Yuzhen gongzhu). À l'occasion de son entrée dans la Voie, on lui fait construire un temple dans le quartier Fuxing, adjacent au palais des concubines de l'empereur, au nord-ouest de la capitale Chang'an (actuelle Xi'an), en Chine. Ce « temple de femmes taoïstes de la Perfection du jade » (Yuzhen nüguan guan) est un somptueux palais bâti sur le site de l'ancienne demeure d'un haut fonctionnaire.

Son ordination et celle de sa sœur, la Princesse Immortelle d'or (Jinxian gongzhu), se déroulent en deux fois, sur une aire sacrée en terre battue à trois degrés, somptueusement ornée d'arbres et de lampes en matières précieuses, dans un faste inouï. Elles remettent, comme toute novice lors des ordinations, des objets, gages rituels, dont la liste est fixée pour la remise de chaque registre. Il s'agit essentiellement de tissus, dont la couleur et la longueur ont une valeur symbolique, de couteaux, de papier, de pinceaux, d'encre, servant à l'établissement des registres et écrits divers, de riz et de dragons d'or. Théoriquement, une partie de ces gages revient au maître, tandis que le reste est distribué aux pauvres, aux malades, aux ermites et sert à payer les dépenses de la cérémonie. Le 28e jour du 10e mois de l'an 712, les deux princesses reçoivent selon les rites les registres du courant taoïste de la Pureté supérieure (Shangqing). À la princesse Yuzhen est conféré le titre de « Maître des trois lumières de la grande grotte de la métropole obscure de la Pureté supérieure », le plus haut grade de cette école.

Aucun document ne décrit ses expériences spirituelles. Seul un passage du récit de son ordination y fait allusion, mais de manière tellement conventionnelle qu'il est difficile d'accorder beaucoup de crédit à ce témoignage, qui reste un vrai mystère : « Lorsque la prière du jeûne fut commencée, des fleurs de bon augure et de la neige se mirent à voltiger. Lorsque les écrits réels furent dévoilés, les nuages recouvrirent tout l'espace. La quatorzième nuit, à la quatrième veille, le seigneur Lao (Laozi) descendit sur l'autel et s'entretint avec les princesses. Le jour de la transmission apparurent des nuées des cinq couleurs, et huit sortes de parfums embaumèrent l'atmosphère. »

L'école taoïste de la Pureté supérieure, très en vogue à l'époque et très soutenue par l'empereur Xuanzong, qui avait lui-même des précepteurs taoïstes attitrés, fonde sa pensée sur une corrélation entre les activités rituelles et liturgiques extérieures et des procédés méditatifs visionnaires. L'adepte visualise les divinités de son corps et les garde en lui, il atteint l'union cosmique par un jeu des souffles colorés qui circulent dans et en dehors du corps, par des voyages dans les astres, transfigurant l'être. Une série de purifications, de dénouements des nœuds, de métamorphoses et de randonnées spirituelles permet au disciple d'atteindre la sphère de la Pureté supérieure. Il est aidé dans son cheminement par des esprits et des divinités célestes, souffles cosmiques ou pures lumières avec lesquels il s'unit.

La notoriété de la Princesse de la Perfection de jade n'est probablement pas due uniquement à son rang de princesse, puisque sa sœur, elle aussi moniale taoïste, n'a pas fait l'objet d'éloges. On prête par ailleurs à la princesse Yuzhen la rédaction du « Livre des esprits volants » (*Lingfei jing*) qu'elle aurait entreprise sur ordre de l'empereur Xuanzong, son frère, et achevée en 738. Cet écrit expose une méthode du courant de la Pureté supérieure consistant à convoquer les filles de jade, esprits célestes correspondant à des périodes du temps, pour dompter les démons et les esprits.

On peut suivre la carrière taoïste de la princesse Yuzhen à travers les poèmes des lettrés de l'époque. Conformément à l'habitude taoïste du « voyage dans les nuées », elle parcourt les montagnes à la recherche de nouveaux enseignements. Elle séjourne notamment au temple de l'Ancien Belvédère (Gulou guan) des monts Zhongnan, près de la capitale Chang'an où, selon la légende, Laozi aurait dicté le *Classique de la Voie et de sa vertu* (IVe s. avant notre ère). Elle se rend aussi aux monts Wangwu (province du Henan), où des prodiges se manifestent sur l'autel, et au mont Fleuri (Huashan), ou Pic de l'Ouest, l'un des cinq pics sacrés du taoïsme, où l'on peut encore visiter les vestiges de son ermitage. Dans un de ses poèmes, Li Bai fait allusion à ce séjour et mentionne la Reine mère de l'Ouest (Xiwang mu), divinité taoïste du paradis de l'Ouest, dont le culte est très répandu sous les Tang : « L'immortelle Perfection de jade / S'est installée au mont Fleuri. / Dès l'aube, elle bat / Le tambour céleste / Et chevauche un couple de dragons. / Ses épingles fichées sans artifice, / Elle traverse les nuées sans trace. /

Qui sait quand elle parviendra au mont Shaoshi, / Pour y rencontrer le Reine mère de l'Ouest ? »

Yuzhen Gongzhu, éminente taoïste de sang impérial, aurait fini ses jours en 762 dans les monts Qingcheng (Sichuan), où elle serait enterrée. Lorsque son frère l'empereur, ayant fui les troubles de la capitale, serait arrivé au Sichuan, il aurait fait ouvrir le cercueil dans lequel ne restaient que la coiffe et les chaussures, signe indéniable de sa réalisation.

Catherine Despeux

• *Voir aussi* : Bian Dongxuan

Bibl. : *Études* : C. DESPEUX, « L'ordination des femmes taoïstes sous les Tang », *Études chinoises*, n° 5, Paris, 1986, p. 54-99 ; ID., *Immortelles de la Chine ancienne*, Puiseaux, Pardès, 1990, p. 56-60 ; E. H. SCHAFER, « The Princess realised in Jade », *Tang Studies*, 1985, 3, p. 7-10 ; ID., « The Capeline Cantos. Verses on the Divine Loves of Taoist Priestesses », *Asatische Studien/Études asiatiques*, n° 32-1, 1978, p. 5-65 ; C. BENN, *The Cavern-Mystery Transmission : A Taoist Ordination Rite of A.D. 711*, Honolulu, University of Hawaii Press, 1991.

YVETTE DE HUY, ou Juette, *sainte, recluse* (Huy, 1157-1228). — Yvette, née dans la ville commerçante de Huy, près de Liège, se présente comme le modèle archétypal de la recluse, comme Marie d'Oignies* le sera des béguines. Mariée (de force ?) à treize ans, elle est veuve cinq ans plus tard avec deux enfants. Ayant affiché un refus farouche de tout remariage, elle se met au service des lépreux (espérant, dit-on, d'être contaminée, et ce dans un esprit de pénitence : n'oublions pas cependant que le lépreux, conformément à la prophétie d'Isaïe LIII, est, à l'époque, une figure christique). Finalement, elle quitte ce service, non sans avoir fait agrandir les bâtiments de la léproserie et construire une église (ce qui réintègre les lépreux dans la vie commune), et elle adopte une forme extrême de vie religieuse : la condition de recluse. En 1194, avec l'autorisation de l'abbé cistercien d'Orval, elle se retire dans une cellule, bâtie par son père, « le long de l'église » attenant à la léproserie où elle servait auparavant : de Marthe qu'elle était, elle assume à présent l'état et le ministère de Marie, ce qui ne porte nul préjudice à l'amour qu'elle a pour tous. À preuve, elle reçoit tous ceux qui viennent la consulter, simples fidèles comme clercs, en raison de la réputation qui est la sienne de connaître surnaturellement l'âme intime de chacun.

C'est un prémontré, Hugues de Floreffe qui rédigera sa biographie : selon les conventions en usage, lorsqu'un homme se met au service d'une femme mystique dans la Lotharingie d'alors, il insiste un peu lourdement sur ses extases et ravissements, quoique Yvette n'ait jamais levé le secret de ce qu'elle y vivait, particulièrement quand elle avait jouissance de la Trinité. Quant à décrire l'union avec le Christ en son humanité, c'est de la façon la plus banale (ou triviale), en se référant au mode des amours humaines, non sans préciser que ces moments d'union sont d'une remarquable brièveté. Faute d'information, Hugues se contente donc des clichés les plus convenus. Ces extases ne se produisent pas cependant pour le seul contentement d'Yvette, elles ont signification et efficience pédagogique pour la communauté chrétienne, particulièrement pour les clercs amis et pour les *familiares et mulieres honestae* (« les familiers et femmes dévotes »).

Toute retirée qu'elle est, Yvette n'en critique pas moins – et vigoureusement – les mœurs du clergé local, peu disposé à se réformer, mais elle songe bien plus à les conjurer de se repentir qu'à les menacer des foudres de la colère divine. Beaucoup toutefois doutent de la validité de ces visions émanant de « vieilles femmes ou de pauvres femmelettes », les considérant donc « rêveries » ou « plaisanteries » : conflit primordial entre la prétention d'autorité des clercs (qui détiennent le savoir) et le choix absolument libre (et déroutant) de l'élection divine, qui choisit à contre-pied des critères d'excellence ou de compétences (supposés). Cela dit, Yvette jouit quand même de l'appui de nombreux soutiens, notamment parmi les cisterciens et les prémontrés, qui alors dirigeaient nombre de ces saintes femmes. Néanmoins, elle est bien plus disposée à entraîner ceux qui viennent à elle qu'à les suivre : ceux-ci la considèrent de toute façon comme *sapientissima materfamilias* (« une très sage mère de famille »), exerçant donc un ministère sapientiel (ce qui est une modalité propre au discours mystique) et maternel (à rebours d'un pouvoir de fonction paternelle). Comme plus tard Angèle de Foligno*, elle conjoint les deux rôles de *mater* et de *magistra*.

Le mode de vie initié par Yvette va connaître un succès considérable et la faveur d'un public sensible à sa signification : en effet, la retraite en marge du monde n'est pas un obstacle, mais au contraire le motif même de son influence. Le statut en sera reconnu quand l'Église l'officialisera en l'encadrant dans un rituel qui en détermine la fonction dans le corps social et ecclésial. La comparaison est instructive avec celui de l'admission à la vie monastique : le (ou plutôt, la) candidat(e) à la réclusion mime la posture du cadavre et reçoit les mêmes honneurs liturgiques qu'un défunt : c'est une entrée dans le monde des morts que d'être conduit, après avoir reçu l'extrême-onction, dans le réclusoir, qui sera, comme un tombeau, la dernière demeure, consacrée toutefois par la présence d'un autel. Aux XVe et XVIe siècles, c'est le pouvoir municipal qui dédiera la recluse à l'office de la prière pour tous, sa disparition sacrificielle et ses pénitences étant réputées bénéfiques à toute la communauté.

François Marxer

Bibl. : ***Vie*** : *Vita Beata Ivetta, sive Iutta, vidua reclusa, Hui in Belgio, Acta Sanctorum*, janvier, 13, p. 863-887. ***Études*** : I. COCHELIN, « Sainteté laïque : l'exemple de Juette de Huy (1156-1228) », *Le Moyen Âge*, série 5, 3, 1989, p. 397-417 ; G. DUBY, *Dames du XIIe siècle, I. Héloïse, Aliénor, Iseut et quelques autres*, Paris, Gallimard, 1995, p. 133-149. ***Roman*** : C. DUPONT-MONOD, *La Passion de Juette*, Paris, Grasset, 2007.

YVONNE-AIMÉE DE JÉSUS, ou de Malestroit, *chanoinesse hospitalière, stigmatisée* (Yvonne Beauvais ; Cossé-en-Champagne, 1901-Malestroit, 1951). — Yvonne perd à trois ans son père et semble avoir eu une enfance et une adolescence en manque d'affection. Le 1er janvier 1911, lendemain de sa première communion, par un pacte écrit de son sang, elle se « donne [...] entièrement et pour toujours » au « petit Jésus » en le suppliant de la « faire devenir sainte ». Puis elle connaît une période de nuit. À dix-huit ans, elle secourt les pauvres dans la « zone » de Paris, est prise dans une embuscade et violée. Elle tombe gravement malade et séjourne en convalescence en 1922 à la clinique des Augustines de Malestroit. Le 12 juin 1922, « ce matin à la messe, Jésus [l]'a prise tout à coup ». Premières extases : le « bon Jésus » l'invite à un chemin de perfection (« Plus encore, ma bien-aimée ») à travers l'humilité, les souffrances et attaques du démon. En août 1922, elle a l'inspiration de la prière indulgenciée par Pie XI « Ô Jésus, roi d'amour, j'ai confiance en votre miséricordieuse bonté » ; elle l'illustrera en 1940 par le portrait d'un Enfant Jésus couronné montrant son cœur, portant la Croix et tenant un rameau d'olivier. Fiançailles mystiques en 1923. Elle aurait reçu, au cours d'une extase le 5 novembre 1926, l'Enfant Jésus dans ses bras et découvert ensuite qu'elle serrait une statuette de cire (ce miracle se renouvellera cinq fois). Le 22 février 1924 a lieu la première manifestation des stigmates (il y aurait eu cent soixante-sept stigmatisations). Dès lors, selon son premier biographe, le père Barral, elle porte de « profondes cicatrices provoquées par les sévices du démon sur elle ».

Elle devient, en mars 1927, postulante augustine hospitalière de la Miséricorde de Jésus. Le 2 décembre, atteinte de typhoïde et étant à l'article de la mort, selon ses mots, elle a « entrevu le ciel quelques secondes ». Jésus lui demande si elle veut y rester ou préfère retourner sur terre. La Vierge lui suggère d'y retourner pour « le faire aimer davantage ». Rétablie, elle rénove la clinique et le couvent, est secrétaire de la révision des Constitutions des sœurs augustines, obtient qu'elles « reprennent » le titre de « chanoinesses hospitalières », est élue supérieure en 1935, avec dispense d'âge, à trente-trois ans. Elle sera ensuite la fondatrice et la première supérieure générale, en 1946, de la fédération des monastères de son ordre. Elle aurait connu, le 5 juillet 1941, le mariage spirituel et reçu de nouveaux stigmates, ignorés de la communauté. Arrêtée en janvier 1943 à Paris par la Gestapo, elle aurait été délivrée miraculeusement, tel saint Pierre. Pendant l'Occupation et au moment de la Libération, elle cache dans la clinique de Malestroit des résistants, parachutistes et aviateurs alliés. Charles de Gaulle la décore personnellement de la Légion d'honneur le 22 juillet 1945. Les années 1943-1945 sont marquées de nuit intérieure et de forte dégradation de sa santé, d'autant que sa charge de supérieure générale l'oblige à de nombreux voyages. Elle aurait atteint ensuite l'union transformante.

Son procès en béatification, ouvert en 1957, est arrêté en 1960 par le cardinal Ottaviani, qui, devant ces « faits extraordinaires » – auxquels s'ajoutent des cas de bilocation pour s'emparer d'hosties profanées dont elle a la révélation –, interdit de donner l'*imprimatur* à toute future publication sur elle. En 1984, son successeur, le cardinal Ratzinger, lève cette interdiction au profit de l'abbé René Laurentin.

La « mission mystérieuse » d'Yvonne-Aimée a fait naître des jugements divergents. Yvonne Chauffin et l'abbé Marc Oraison ont souligné « le contraste visiblement saisissant entre cette personnalité très forte et bien équilibrée [...] et ces phénomènes étrangement puérils qui sont évidemment de l'ordre du merveilleux », qu'ils considèrent comme « des bavures d'une personnalité par ailleurs de premier ordre ». Joachim Bouflet estime que « dans cette existence hors du commun, les phénomènes télékinésiques apparaissent comme autant de manifestations de l'union transformante : soulignant la dimension nuptiale de l'union de l'âme à Dieu, ils sont parfaitement cohérents et harmonieux entre eux ». De fait, à une forme très contemporaine de mysticisme liant la contemplation et l'action dans un apostolat charitable, mère Yvonne-Aimée mêle des phénomènes paranormaux qui semblent relever d'un légendaire archaïque de la sainteté. À nos yeux du moins, mais non aux siens car elle n'a pas tenté de cacher ces « faits extraordinaires », nuisibles à sa postérité hagiographique, auxquels elle a visiblement adhéré et qui ont dû jouer un rôle dans son cheminement spirituel.

Régis Bertrand

Bibl. : ***Œuvre*** : la correspondance et les carnets sont cités par le père René Laurentin ; le dossier manuscrit comprendrait trente mille documents. ***Vie*** : P. L. BARRAL, *Articles produits [...] en la cause de la servante de Dieu Marie-Yvonne de Jésus Beauvais*, Monastère de Malestroit, 1956 ; le père R. LAURENTIN a donné cinq livres entre 1984 et 1987 (dont trois avec le docteur P. MAHEO), puis dirigé « sous sa seule responsabilité » une biographie en cinq volumes, publiée chez F.-X. de Guibert (Paris), 1996-2002. ***Études*** : Y. CHAUFFIN et M. ORAISON, *Le Tribunal du merveilleux. Rencontre avec l'ailleurs : illusion ou supercherie*, Paris, Plon, 1976, p. 31-54, 79-85, 201 ; S. LA ROCCA, *L'Enfant Jésus. Histoire et anthropologie d'une dévotion dans l'Occident chrétien*, Toulouse, Presses universitaires du Mirail, 2007, p. 57-59, 99-125 et 219-247 ; J. MAÎTRE, *Mystique et féminité : essai de psychanalyse sociohistorique*, Paris, Cerf, 1997, p. 419-421 ; J. BOUFLET, *Encyclopédie des phénomènes extraordinaires dans la vie mystique*, Paris, Le Jardin des livres, 2002-2003, t. II, p. 203-208.

Z

ZHIYUAN XINGGANG, *maître du bouddhisme chan et abbesse* (Jiaxing, 1597-1654). — Fille unique d'un lettré retiré, Zhiyuan Xinggang naît à Jiaxing, dans la province du Zhejiang, en Chine. Sa vocation religieuse est précoce. Alors qu'elle est promise à un jeune homme entamant une carrière de lettré qui décède avant les cérémonies du mariage, elle décide de rester célibataire. À trente-cinq ans, n'ayant plus ses parents, elle se rend seule dans un petit ermitage qu'elle s'est fait construire près de leur tombe. Elle devient disciple du maître Miyuan Yuanwu, devenu en 1624 chef du monastère de la lignée Chan de Linji au mont Jinsu, dans la région de Jiaxing. Ce dernier lui donne une énigme, un *huatou*, à résoudre : « Où puis-je reposer paisiblement et établir mon destin ? » Au bout d'un an, n'ayant guère progressé, elle se rend auprès de Shiche Tongcheng, un disciple de Miyuan qui a repris son monastère. Elle poursuit son cheminement avec un autre *huatou* à résoudre : « Quel est le visage originel avant la naissance du père et de la mère ? »

De retour dans son ermitage, elle continue à méditer, ne lâchant pas son énigme. Plongée dans un doute profond, elle fait l'expérience d'un voile qui se déchire et comprend : « Avant la naissance du père et de la mère / Le vide était condensé en un silence complet / Dès l'origine, rien ne manquait / Les nuages se sont dispersés, découvrant le ciel bleu. »

La première prise de conscience de sa nature profonde intervient quatre ans après le début de sa vie mystique, en 1636, à trente-neuf ans. Par la suite, elle connaît d'autres expériences. Un jour, alors qu'elle descend de la terrasse où on lui a coupé les cheveux, elle ressent soudain « comme une ouverture où chaque chose devant elle disparaît, y compris son corps et son esprit ». En 1638, son maître reconnaît sa réalisation, dont témoigne, conformément à la tradition dans le chan, un dialogue entre le disciple et son maître. La considérant comme « un modèle pour ceux qui viendront après », il lui transmet le sceptre qui exauce les désirs (*ruyi*), instrument des discours des moines et symbole d'autorité.

Zhiyuan devient une des rares femmes inscrites dans une lignée de maîtres, elle est considérée comme disciple à la trente-deuxième génération dans la lignée du chan de Linji (Rinzai). Suscitant des jalousies, des rivalités et des discussions, elle repart dans son ermitage où elle reste trois ans en réclusion (*biguan*), une méthode controversée par certains adeptes du chan de l'école Cao Dong notamment. À sa sortie de retraite, elle fait un sermon et y décrit ses progrès spirituels : « [...] je reste dans une profonde solitude, heureuse et persévérante. Je suis assise, le corps droit, il n'y a plus ni intérieur ni extérieur. Je force les limites du vide, j'élimine toute entrave. Comme il n'y a ni intérieur ni extérieur, je me libère encore et encore de toute entrave. Détachée du corps et de toute caractéristique, je peux voir le corps [véritable] devant moi, les trois mille milliards de mondes dans un poil, les champs des dix directions réunis dans un grain de moutarde. Je suis libre et sans contrainte, je réagis selon les circonstances. Un seul khat ou un seul poing et soudain tout se dévoile et je me tiens solidement debout. »

En 1647, Zhiyuan Xinggang est invitée par un groupe de laïcs de la région de Jiaxing à être la première abbesse du temple du Lion soumis (Fushi yuan), un ancien ermitage d'une grande famille de la région. Son monastère a de la tenue ; la plupart des femmes de l'élite locale viennent lui rendre visite et la respectent. Elle y forme nombre de disciples, parmi lesquelles sept femmes qui deviennent à leur tour d'illustres maîtres, dont Yikui Chaozhen, l'auteur d'une biographie détaillée de son maître.

Après de nombreuses années de vie contemplative, elle mène une vie très active, rencontre beaucoup de personnes, fréquente l'élite loyaliste à l'ancienne dynastie des Ming, organise les services religieux. Elle délivre de nombreux sermons, recueillis et publiés par ses sept proches disciples sous le titre « Entretiens du maître chan Zhiyuan du temple du Lion soumis » (*Fushi Zhiyuan chanshi yulu*, 1655).

Peu avant sa mort, elle prévient ses disciples, désigne celle qui va lui succéder, puis meurt, assise en position du lotus, ce qui, dans le bouddhisme chan, est le signe d'une très haute réalisation. Juste avant de mourir, elle laisse ce poème : « Comme la lune brillant sur mille rivières, / Le disque lumineux brille, pur et sans souillure. / Maintenant je vais enseigner, assise en lotus. / Les êtres vivants vont regarder et voir à travers cela. / Si vous demandez quel est mon dernier mot, / Je taperai des mains et dirai : “C'est cela.” »

Zhiyuan meurt à l'âge de cinquante-huit ans. Ses disciples lui construisirent un stupa dans lequel on plaça son corps qui, dit-on, resta souple et comme vivant.

Catherine Despeux

Bibl. : ***Études*** **:** B. GRANT, « Female Holder of the Lineage : Linji Chan Master Zhiyuan Xinggang (1597-1654) », *Late Imperial China*, 17, n° 2, décembre 1996, p. 29-58 ; ID., *Eminent Nuns*, Honolulu, University of Hawaii Press, 2009, p. 58-106.

ZUKUI XUANFU, *maître du bouddhisme chan et abbesse* (Chine, XVIIe s.). — On ignore le lieu et la date de naissance, la date de la mort et les origines familiales de cette femme bouddhiste. Elle est seulement connue sous son nom religieux de Zukui Xuanfu, comme disciple du maître Jiqi Hongchu, lui-même un disciple de Hanyue Fazang, maître chan très controversé et prenant le contre-pied de Miyuan Yuanwu. Elle entretint des relations très étroites avec son maître et lui rendit souvent visite, même une fois devenue abbesse. Dans ses écrits, elle mentionne leurs échanges, notamment sur deux thèmes qu'il affectionnait particulièrement : les « six types de réalisation » (*liuzhong chengjiu*) et les « huit accès » (*bamen*). Elle entretint également une amitié suivie avec une condisciple, Baochi Xuanzong*. Toutes deux devinrent des maîtres inscrites officiellement dans la lignée de Linji (Rinzai).

Zukui Xuanfu devint abbesse de plusieurs temples : le temple de la Fleur d'Udambara, dont on ignore la localisation mais que l'historienne Beata Grant situe près du lac Dongting dans le nord-est du Hunan, et le temple de la Transparence merveilleuse, situé à Xiuzhou près de Jiaxing (Zhejiang). Elle mena une vie très active, donnant de nombreux sermons à l'occasion d'ordinations et instruisant ses disciples. Dans son enseignement, elle s'appuyait beaucoup sur les « cas publics » des anciens maîtres, dont elle connaissait parfaitement les œuvres, mais elle en inventait elle aussi, prenant souvent des exemples de la vie quotidienne. Elle apparaît comme une femme de caractère, très indépendante, qui témoigna des rivalités entre factions du chan de son époque ; elle n'hésita pas à critiquer l'ambition des disciples de Miyuan Yuanwu, obsédés par l'idée de constituer un lignage et d'asseoir leur notoriété.

La vie contemplative n'en joua pas moins un rôle important dans sa vie ; elle aimait se promener dans les collines et parmi les beaux paysages, qui lui donnaient l'occasion de versifier et de traduire les divers états intérieurs qu'elle franchissait, de s'interroger sur les questions typiques du bouddhisme et du chan, telles que la non-différenciation entre soi et l'autre, la non-dualité homme-femme, la reconnaissance de la grandeur et de l'indépendance de l'esprit véritable, la compréhension de la vacuité, qui fait que l'esprit ne se fixe nulle part, comme elle l'exprime dans un poème intitulé « Revenant des collines, je ris de moi » : « Aucun chemin vers le sommet solitaire de ce magnifique pic. / Ceux qui l'atteignent doivent avoir réduit en cendres leur esprit. / C'est drôle : les nuages blancs n'ont pas de destination précise, / Ils vont de-ci de-là, au gré du vent. »

Cette éminente moniale de la lignée de Hanyue Fazang se distingue par la qualité de ses écrits, qui laissent transparaître des dons littéraires, une grande connaissance du bouddhisme chan et une profonde expérience intérieure. Ses disciples ont réuni ses dialogues et ses écrits sous le titre de *Lingrui Zukui [Xuan]fu chanshi miaozhan lu* (« Annales de Zukui Xuanfu du [monastère de] la Fleur d'Udumbara recueillies au monastère de la Merveilleuse Clarté [transparence] »). Auteur prolifique, elle composa elle-même un recueil intitulé *Lingrui chanshi Yanhuaji* (« Collection de fleurs de la falaise du maître chan du monastère Fleur d'Udumbara »), indiquant sans sa Préface les circonstances dans lesquelles elle avait commencé à écrire. Un jour, alors qu'elle était assise en méditation pendant une retraite d'été, n'ayant pas grand chose à faire pendant ces longues journées, elle lut une collection d'expédients des grands maîtres du passé et les relut jusqu'à les avoir complètement intériorisés. Puis, soudain, l'inspiration lui vint et elle se mit à composer des vers, qui s'amoncelèrent. Un lettré en prit connaissance et souhaita les publier ; elle chercha un titre et, se souvenant des paroles du moine Xuedou [Zhong]xian, qui dit un jour que la source originelle de tous les bouddhas était comme la pluie qui arrosait les fleurs de la falaise, elle choisit d'intituler son recueil « Fleurs de la falaise ». Avec une de ses plus proches condisciples, Baochi Xuanzong*, elle écrivit également le *Songgu hexiang ji* (« Recueil d'éloges résonant harmonieusement avec les anciens »), les éloges étant un genre littéraire typique des maîtres chan, qui écrivaient des vers en réponse à une énigme ou à un cas public (en chinois *gong'an*, en japonais *kôan*).

On ignore la date de sa mort, probablement survenue dans le dernier temple qu'elle eut en charge, celui de la Transparence merveilleuse.

Catherine Despeux

• *Voir aussi* : Baochi Xuanzong

Bibl. : *Étude* : B. GRANT, *Eminent Nuns. Women Chan Masters of Seventeenth-Century China*, Honolulu, University of Hawaii Press, 2009, p. 146-164.

ZVÉTAIEVA, Marina Ivanovna, *poétesse* (Moscou, 26 septembre 1892-Lelabouga, 1941). — Marina Zvétaieva est l'un des plus grands poètes russes du XXe siècle et l'une des figures du lyrisme le plus intense et profond de l'Occident. Elle est la fille d'un professeur d'histoire de l'art à l'université de Moscou, qui est le fondateur du premier musée d'art de Russie, l'actuel musée Pouchkine. Son père a dédié toute sa vie à la fondation de ce musée, pourvu d'une bibliothèque extraordinaire qui la fascinait beaucoup. Revenant un jour sur son enfance, Marina la résuma en ces termes : « L'air de la maison n'était pas bourgeois, pas intellectuel – chevaleresque. La vie a une grande hauteur. »

À l'âge de six ans, elle commence à écrire des vers et, à l'âge de seize ans, elle publie à ses frais son premier recueil *Album du soir* (1909). Elle s'engage sans restriction aucune dans la poésie, au désespoir de sa mère qui aurait voulu qu'elle devienne musicienne – et accomplisse ainsi la vocation qu'elle n'a pas pu réaliser elle-même. Elle fait plusieurs voyages avec sa famille, étudie à Lausanne puis à Paris.

Quand elle a dix-sept ans, elle rencontre celui qui deviendra son mari, Sergueï Efron, sur une plage de galets ; elle en ramasse et il propose de l'aider. Le regardant dans les yeux, elle se dit en elle-même : « S'il devine que la pierre que je préfère est la cornaline et qu'il m'en apporte une, je l'épouse. » Il en trouve une sur-le-champ, la lui apporte. Elle fait alors le vœu de ne jamais le quitter, quoi qu'il arrive. Elle sera fidèle à sa promesse, malgré les aléas d'une existence mouvementée et, par bien des côtés, tragiques. Elle donne naissance à deux filles, Ariadna et Irina, qui mourra de malnutrition au moment des grandes famines, puis à un fils.

Élève officiel à l'Académie militaire, son mari s'engage dans l'armée blanche des tsaristes contre les Rouges. Sans nouvelle, seule, pendant la famine que provoque la révolution de 1917, Marina souffre beaucoup.

En 1922, elle part rejoindre son mari, d'abord à Prague puis, trois ans plus tard, à Paris. Elle y vit dans une grande pauvreté, tout entière engagée dans un travail poétique qui n'intéresse pour ainsi dire personne. Elle fait alors l'épreuve d'un monde qui dit non à la poésie et dans lequel elle ne peut pas vivre : « Je n'ai commencé à lire mes poèmes que lorsque j'ai cessé de parler, j'ai cessé de parler lorsqu'on a cessé de me le demander, on a cessé de me le demander à partir de 1922, date de mon départ de Russie. D'un monde où pour certains mes vers étaient aussi nécessaires que le pain, je me suis retrouvée dans un monde où personne n'a besoin de mes vers, ni des miens ni des vers en général. Nécessaires tout au plus comme un dessert, à supposer tout au plus qu'un dessert soit nécessaire. »

En 1931, son époux est recruté par l'armée soviétique comme agent secret, sans qu'elle le sache. Responsable de la mort d'un agent double, il doit quitter la France en catastrophe pour gagner au plus vite la Russie. Elle se retrouve plus isolée que jamais à Paris, dans la pauvreté la plus extrême. Son fils, né en exil, et sa fille veulent rejoindre leur père en Russie, mais elle est réticente, pressentant un danger. Elle finit par céder. Là-bas, son mari vient d'être arrêté et il est torturé. Il refuse de reconnaître les crimes dont on veut l'accuser sans raison et sera finalement fusillé en octobre 1941. Sa fille est déportée en Sibérie. Marina ne le saura pas. Ne supportant plus le régime stalinien et la haine de la poésie d'un monde qui s'effondre, elle se pend le 31 août de cette même année.

Marina Zvétaieva est l'une des grande figure mystique, en raison de son engagement dans la poésie – entendue non comme une œuvre culturelle, un exercice littéraire, mais comme une plongée dans la vie réalisée. Peu de poètes ont en effet décrit avec une telle fulgurance et une telle rigueur le fait de l'écriture, et en particulier le sens de l'inspiration. Elle n'est en rien un poète mondain, littéraire ou culturel, mais celle qui garde le feu sacré en sachant que seule cette force est à la mesure du destin de l'homme – auquel notre temps a renoncé, faisant de l'existence un désordre privé de sens. En outre, elle fait partie des auteurs qui ont su donner à l'amour une rare intensité, n'ayant plus rien de commun avec le romantisme et la subjectivité du sentiment. Si la mystique est le chant de l'Amour qui ne laisse plus de place à la subjectivité étroite, à la logique du moi, la poésie de Marina Zvétaieva en est un exemple pertinent.

Le nom de Marina Ivanovna Zvétaieva fait l'objet de nombreuses transcriptions en français, dont les plus courants sont Tsvetaeva, ou Tsvétaïéva. Marina Zvétaieva qui a longtemps vécu en France, écrivait elle-même son nom en adoptant le « Z ». Comme le souligne François

Fédier : « Marina Zvétaieva voulait faire entendre l'attaque de son nom autrement que dans le sifflement du Ts. Elle lui préfère le fredonnement du Dz – que fait entendre chez nous la consonne Z. Zvétaieva savait le français. Elle joue de sa musique. Si vous prononcez son nom selon cette orthographe, vous l'entendrez sonner comme elle souhaite qu'il sonne » (*Entendre Heidegger*, p. 212.)

Fabrice Midal

Bibl. : *Œuvres* : *Les Carnets*, Paris, Éditions des Syrtes, 2008 ; *Des poètes*, Paris, Éditions des Femmes, 1992 ; *Octobre en wagon*, Paris, Anatolia, 2007 ; *Vivre dans le feu*, Paris, Robert Laffont, 2005 ; *Lettres de la montagne* et *Lettres de la fin*, Sauve, Clémence Hiver Éditeur, 2007 ; Rilke, Pasternak, Tsvétaïéva, *Correspondance à trois*, Paris, Gallimard, 1983. ***Études* :** M. RAZUMOVSKY, *Marina Tsvetaeva, mythe et réalité*, Montricher (Suisse), Éditions Noir sur Blanc, 1988 ; M. BELKINA, *Le Destin tragique de Marina Tsvetaeva*, Paris, Albin Michel, 1992 ; F. MIDAL, *Et si de l'amour on ne savait rien ?*, Paris, Albin Michel, 2010.

POSTFACE

DU DIEU QUI VIENT AUTREMENT QU'À L'IDÉE

par François Marxer

À s'en tenir au seul espace occidental, là où le mot et la notion de *mystique* sont apparus et se sont développés, l'on aura remarqué que le fait mystique émerge et se déploie dans les moments de crise des institutions politiques ou religieuses. Ce qui légitime un rapprochement avec le phénomène prophétique. La parole prophétique médiatise l'écart entre la parole agissante d'un Dieu transcendant et la parole récalcitrante des humains. Elle fustige et implore, dénonce et requiert. La parole mystique (entendons par là non seulement le verbe proféré ou écrit, mais aussi les gestes et représentations qui portent une signification) s'instaure entre une paradoxale présence-absence (dans la mesure où les institutions en sont désertées) et le désarroi (ou l'indifférence) des hommes. Sans doute moins impérative que sa consœur prophétique, ne se fait-elle pas toute didactique, dans la mesure où elle énonce une *sagesse* de vie ? Le dire prophétique a pour but et fonction de *faire croire* (et espérer) ; aussi en attribuera-t-on plus volontiers l'exercice au pouvoir essentiellement masculin (selon les protocoles et usages de la culture occidentale, forgés par la double matrice grecque et biblique). La parole mystique en revanche a pour fonction de *faire voir*, par le jeu des métaphores du langage (visionnaire souvent) ou par la scénographie d'attitudes et de modes de vie engagés. À ce titre, la prédominance féminine n'est peut-être pas un hasard dans l'espace qu'aura construit et irrigué l'expérience chrétienne ; car au point de départ, c'est par le corps d'une femme que, comme l'a montré Marie-José Mondzain, le Dieu invisible et transcendant modifie le contrat d'alliance qui le liait à Israël, dans la parole et l'écoute (et les prophètes en étaient les serviteurs actifs), pour prendre chair, c'est-à-dire se rendre visible et, du coup, s'universaliser. Mais ce nouveau statut (christique) qu'ainsi il adopte dans l'Incarnation est hautement critique : serait-ce la raison pour laquelle la parole mystique (rivale, si l'on veut, du verbe doctrinal qui décante le prophétique) semble perpétuellement en crise ?

Si la prophétie se fait l'écho de l'injonction de la transcendance, c'est à la parole mystique qu'il revient de rappeler la disjonction d'avec celle-ci, à la fois nécessaire et inaccessible, ce qui laisse une place vide que le savoir-faire casanier et le souci de banalité des humains se refusant à tout destin s'empressent de colmater de scénarios rituels et de simulacres religieux. La mystique occupe cette place vacante (que le prophétisme biblique, par exemple, réserve au Messie), mais non pour la forclore et obturer. Ce vide sera maintenu, non par manque, mais par excès, signalé par un ravissement (une syncope, dit Catherine Clément). Le langage, en ses effusions rhétoriques, sera l'ostensoir qui sertit ce vide. Vide crucial qui, pour être clef de voûte, n'en est pas moins une blessure (surtout lorsque, dans des sociétés comme les nôtres, éprises de sécurité, il s'ouvre comme un abîme inoubliable). L'humanité en effet est ainsi faite qu'elle ne peut se maintenir vivante qu'à pâtir, qu'à souffrir une déchirure, un écart qu'il serait vain de vouloir cicatriser. Les figures en sont multiples et plurielles : tension entre l'être-dans (*esse in*) et l'être-vers (*esse ad*), le fondement et l'extase, l'essence et l'existence, pour les philosophes ; transit du désir qu'ausculte la psychanalyse – mais qu'écrivent donc romanciers et poètes ? – ; rumeur de l'eschatologie, irruption du surnaturel que perçoit la sensibilité croyante.

Le prophète a pour mission de raviver cette déchirure ou de l'éveiller chez ses contemporains engoncés dans un sommeil amnésique : il en fera lever l'épiphanie sur les décombres et les ruines en quoi le sens commun, tenté par la résignation fatale, n'a voulu voir que pitoyable faillite, faille irrémédiable. Lui y aura vu le berceau de la nouveauté, qui advient dans la grande épreuve de l'Histoire, où les malheurs des temps ont valeur d'apocalypse, de révélation. Faille et faillite sont à ce point proches que ç'aura été la réussite de notre Occident (exporté aux dimensions du monde) que de les avoir intégrées au royaume intérieur de l'individu, sous la forme de ces contraintes et impératifs dont chacun est désormais le gestionnaire scrupuleux et implacable. De là ce prurit de culpabilité indicible, cette prolifération d'angoisses irrépressibles, depuis que, fidèle à un devoir d'autonomie toute cartésienne, chacun se voit chargé et responsable – seul – de son propre destin. Tentaculaire obligation à laquelle beaucoup succombent, et pour lesquels les institutions religieuses, mais aussi thérapeutiques, ont mis en place des dispositifs susceptibles de lever tant soit peu la douleur, d'atténuer les phobies compulsives et de conjurer les maladies de l'âme, surtout depuis que la théologie a rendu le salut problématique.

Le génie mystique choisit de désentraver l'humain de cette contrainte insupportable que nous devons en grande part aux conceptions psychologiques héritées d'Augustin. Cela méritait d'être tenté, puisque les Pères du désert (et parmi ces pionniers, on comptera quelques femmes d'une singulière hardiesse) visaient, non sans succès, à retrouver l'intégrité primitive, celle du corps adamique, et l'une des clefs était la maîtrise raisonnée, la modération régulée de la nourriture, gastrimargie ou gourmandise étant bien plus redoutables en leurs effets délétères que la pulsion génitale, considérée comme périphérique.

Dans cette configuration pathétique d'un être assiégé de l'intérieur, la mystique ne se proposait-elle pas de retrouver, pour s'y établir, l'inexpugnable centralité de l'être (ce qu'on peut désigner sous nom d'âme), en tout cas impossible à confondre avec la seule intériorité – nous sommes en effet dans le registre ontologique, métaphysique, et non dans le registre purement psychologique, même si celui-ci constitue un catalyseur utile de cette entreprise – et indexée par l'expérience de la *joie*, sereine et austère, loin de l'exubérance, car, le plus souvent, la douleur d'être ne disparaît pas. Elle coexiste avec cette joie, quitte à dérouter notre jugement, aujourd'hui par trop soumis aux impératifs du souci de soi. Ainsi dénonçons-nous un regrettable dolorisme en bien des postures et itinéraires mystiques : à tort, car cet exercice délibéré de la douleur, que nous accusons trop vite de pathologie, atteste – et c'est particulièrement vrai lorsque, au XVIIIe siècle, les Lumières triompheront jusque dans la théologie, qui se rationalise alors à l'extrême – une revendication du *pathos* face à l'impérialisme du *logos*, de la dignité subjective face à l'emprise des universaux politiques et coloniaux : rébellion de l'indisponible, aussi bien la transcendance que la chair de l'homme désirante et souffrante autant que jouissante (de celle-ci).

Inexpugnable et inattaquable, ce centre de l'être. « Demeures », « château » : les métaphores ne manquent pas. Il s'agit moins de « construire un château » (comme nous y encourageait le très spinoziste Robert Misrahi) que de partir à sa recherche, à sa découverte, de traverser la forêt de Brocéliande (suivant les romans de chevalerie dans leur quête du Graal) ; pour y être *reçu*, être l'hôte en cette demeure nocturne et indéchiffrable aux analyses de la raison ratiocinante. Gloses et commentaires ne sont pas non plus les bienvenus ; seule, la langue poétique y pourra pénétrer. Démarche que nous ne dirons pas il-logique, mais a-logique, non pas irrationnelle, mais suprarationnelle (ou transrationnelle), puisque c'est purement de l'être qu'il s'agit. Ici ce n'est pas tant l'Un qui est en cause (encore qu'il y aura une mystique de l'Un, issue de la tradition néoplatonicienne, vigoureuse et féconde), mais bien plutôt le Deux, qui est au cœur de la logique de l'amour. Ce qui, en bonne métaphysique, est, sinon l'impensé, du moins le difficilement pensable : car, nonobstant le vertige de l'Un, il y a de l'Autre en moi, de l'Autre dans l'Un. Les femmes, que les configurations sociales ont fort longtemps éloignées de l'exercice de la rationalité académique, scientifique et technicienne, ont manifesté leur excellence à conduire la logique de ce Deux irréductible (aussi peu sentimentale que possible et qui soutient la sagesse de l'être). Quoi qu'il en soit de la tentation fusionnelle de l'Un, érotique sera la mystique, puisque l'Autre advient à/en moi, affectant ma chair dès lors désirante et jouissante, constituant ainsi ce Moi « en pure perte » (selon le beau titre de Carlo Ossola).

En mystique, le Deux n'est donc jamais très loin, qui motive une foi primordiale, initiatique : pulsation pathique, irrésistible, immaîtrisable, qui résiste aux désarrois et désensorcelle le désastre. Pourtant la détresse est bien là, mais le geste mystique ne l'est pas moins. Rien de frivole ni d'extravagant, mais retrouvailles d'une énergie que l'éclat rationnel du cérébral ne procure pas, pas plus que le rugissement des affects qui m'assaillent. Cette énergie est celle d'une inconcevable *audace* (déjà remarquable dans la hardiesse de ces femmes qui, sans chercher l'insoumission, cultivent un subtil alliage d'autonomie revendiquée et de fière allégeance aux autorités). Et si donc il y a *franchise* à parler ainsi, tête haute, aux pouvoirs, c'est en raison de cette audace première à s'adresser, par-delà les chicanes et résilles des médiations qui ordonnent en son nom, à ce(lui) qui est au principe de mon être et grâce à qui ce qui ne serait que pure et répétitive banalité devient destin, voire même destinée. Qu'il me soit ainsi si libéralement accessible relativise tout apophatisme (où l'agnosticisme se complaît) comme toute transe extatique. Ainsi se dégage une *voie* – et le déblayage de l'ascèse y apportera son concours – pour que se déploie la *vérité* de ce qui sera une *vie*. Il n'est pas question d'en éliminer autrui, encore moins de faire cavalier seul ; le débat s'impose, car, même si l'audace toujours résiste, l'hésitation toujours subsiste, qui se doit d'être levée et dissipée : transgresser les schémas ordinaires (hantés par le triomphe de l'Un) ne va pas de soi. La prudence pusillanime n'est pas de mise, pas plus que la séduction du fanatisme : combien raisonnable, supérieurement raisonnable, est l'âme mystique, car son hésitation toute vitale – en rien un doute – veut préserver la possibilité de rebondir, gardant en mémoire ce qu'il en est de souffrir et de mourir. « Est mystique, confirme Michel de Certeau, celui ou celle qui ne peut s'arrêter de marcher et qui, avec la certitude de ce qui lui manque, sait de chaque lieu et de chaque objet que ce n'est *pas ça*, qu'on ne peut résider *ici* ni se contenter de *cela*. »

Cette audace, qui en christianisme revêt la figure filiale, développe à la fois, grâce à la prière et à la méditation que nourrit la liturgie, une liberté de ton qui parle presque naïvement du réel profond et une aspiration au futur en marche ; bref une *liberté* qui sait n'avoir pas son origine en soi-même, parce qu'elle a sa source dans la pure contingence : un *événement*, une rencontre, une illumination, une lecture ; les biographies regorgent de ces soudainetés du hasard. Mais le hasard, selon les philosophes, c'est la facticité des faits : *il y a* eu ceci ou cela, qui aura enclenché une inquiétude, un mouvement, un élan. L'allemand dit magnifiquement, pour rendre notre « il y a », *es gibt*, littéralement : « c'est donné ». Cet événement est une donation (le français pourra dire : un présent) à quoi le mystique pourra désormais s'adonner.

Ce qui alors arrive marque un commencement : ce qui s'épelle, appelle, ce qui se dit, s'écoute. Déchiffrement : premiers pas d'une liberté, toujours susceptible d'hésitation, de reprise, de renaissance ; la réception n'est pas brutalement massive, elle progresse, attestant la fécondité de la matrice qui aura engendré une vie neuve, cette *Vita nuova* que désira Dante, amant de Béatrice.

À cette audacieuse liberté, qui ne coïncide pas avec la pulsion révolutionnaire, s'attache une puissance critique qui prendra à partie les dérives tyranniques, les obsessions génésiques, les cumuls propriétaires : le pouvoir, le sexe, la richesse, trois manières d'obéir servilement à la Mort en croyant l'esquiver. Les mystiques, non pas s'insurgent, mais instaurent une pratique, un mode, un style d'existence dans le monde en retrait de la mondanité. Ne pas s'en laisser conter par (la puissance de) la Mort (qui est celle de la Loi, dira l'apôtre Paul), s'en affranchir, non par le déni, mais en la traversant : pour cela, les mystiques promeuvent une autre sociabilité que celle fondée sur la force et l'assujettissement et une économie qui ose le partage des biens. Un style : simplicité, fraternité, magnanimité. À tout le moins, le rapport à autrui et au monde, le rapport politique, s'en trouve durablement renouvelé, parce que le futur n'est plus à redouter : ce que le prophète avait annoncé se trouve désormais inscrit dans le cœur. Violence sismique d'une douceur cordiale, étonnée peut-être d'une telle faveur, à s'en trouver indigne, mais « Dieu est plus grand que notre cœur », dit saint Jean. Le Dieu des mystiques n'est pas *Très grand* ni *Le plus grand* – ce qui est le point de vue de la raison qui mesure et qui compare –, mais il est *toujours plus grand*, adonné à l'amour et à l'adoration.

F. M.

PETIT GLOSSAIRE DE L'EXPÉRIENCE MYSTIQUE ET SPIRITUELLE

Ce Petit Glossaire non exhaustif a trait au vocabulaire mystique et spirituel que l'on peut rencontrer dans les notices. Les définitions données sont générales. Étant entendu que chaque mot a parfois pris des nuances particulières selon les religions, les traditions, voire les expériences de chacune des femmes présentes dans ce Dictionnaire, elles sont à compléter au gré de celles-ci. Quelques exemples de mystiques sont cités dès lors qu'ils ont une certaine pertinence par rapport au sujet.

ABANDON : attitude qui consiste à se laisser aller, se remettre entre les mains de Dieu et chercher à faire sa volonté.
• *Voir* : Isabelle de la Croix ; Perraud ; Marguerite Porete ; Marie-Colette du Sacré-Cœur ; Woolf

ABSOLU : ce qui existe indépendamment de toute condition ou de tout rapport avec autre chose. Nom donné au principe divin transcendant et/ou immanent.

ABSORPTION : état d'une personne imprégnée de Dieu, qui se fond et se perd dans le divin, l'absolu.
• *Voir* : Akhâ Mahâdevî

ACÉDIE : dans la religion catholique, désigne le mal de l'âme qui s'exprime par l'ennui, le dégoût pour la prière, la pénitence et la lecture spirituelle ; épreuve généralement passagère qui se caractérise par une torpeur spirituelle et un repliement sur soi.
• *Voir* : Claire de Rimini ; Umiliana dei Cerchi

ADMOR : acrostiche hébraïque de *adoneinu*, *moreinu*, *ve-rabbeinu*, « notre souverain, notre guide et notre maître » ; dans la tradition juive, c'est un titre honorifique donné au rebbe.
• *Voir* : Triskerin

ÂME : part spirituelle et impérissable de l'être, conçue comme séparable du corps, immortelle et jugée par Dieu.

AMOUR : sentiment fort, inclination profonde envers une personne, la divinité révérée ou Dieu ; ce terme s'est enrichi de mille nuances différentes selon les traditions.
• *Voir* : Hadewijch d'Anvers ; Fournier ; Julienne du Rosaire ; Julienne de Norwich ; Kempe ; Lévesque ; Madeleine de Saint-Joseph ; Marguerite Porete ;

Marie ; Mechtilde de Magdebourg ; Menéndez ; Râbi'a al-'Adawiyya ; Râbi'a Balkhî ; Rayhâna al-Majnûna

ANACHORÈTE : religieux contemplatif retiré du monde, vivant dans la solitude.
• *Voir* : Marie l'Égyptienne

ANÉANTISSEMENT : disparition totale de la personne dans la divinité ou l'absolu ; ou abattement total.
• *Voir* : Absolu ; Catherine de Jésus ; Françoise de la Mère de Dieu ; Marguerite Porete ; Mechtilde de Magdebourg ; Ranquet

ANGE (gardien) : créature spirituelle, parfois protectrice, intermédiaire entre l'homme et Dieu.
• *Voir* : Agnès de Jésus (de Langeac) ; Mallasz ; Speyr

ANOREXIE : perte d'appétit et impossibilité de se nourrir, pouvant mener à la malnutrition et à ses complications. L'anorexie mentale est un trouble psychique au cours duquel la personne atteinte lutte contre la faim et refuse de se nourrir pendant une très longue période.
• *Voir* : Catherine de Sienne ; Colombe de Rieti ; Élisabeth de la Trinité ; Vergne ; Weil

APOPHASE : provient du grec apophasia qui signifie « négatif » ; terme de rhétorique utilisé pour la dénégation, la réfutation. La théologie apophatique, ou théologie négative, privilégie l'approche de Dieu à partir de ce qu'il n'est pas. Elle découle du néoplatonisme. Par opposition, la cataphasie est l'approche de Dieu qui procède par l'affirmation.

APPARITION : manifestation d'un être ou d'une entité surnaturelle et/ou spirituelle.
• *Voir* : Agnès ; Bernadette Soubirous ; Filljung ; Jacinta Marto ; Lúcia de Jesus dos Santos ; Marie Faustine ; Pauper ; Rancurel

ASCÈSE : provient du grec *askêsis* qui signifie « exercice » ; discipline et effort par lesquels une personne cherche à se parfaire moralement, spirituellement, par des pratiques de mortification (jeûne, renoncement, etc.).
• *Voir* : Agnès de Prague ; Claire de Montefalco ; Mélanie ; Rivkah Sarah Merele (de Bingen)

ASHRAM : lieu, en Inde, où se regroupent les disciples d'une communauté qui vivent autour d'un maître spirituel.

ÂTMAN : terme de la philosophie indienne qui désigne le « soi », l'essence intime de l'être vivant ; parfois identifié à brahman.

ATTENTION : fixation de l'esprit sur quelque chose, concentration de l'activité mentale sur un objet déterminé ; disposition à la vigilance de l'esprit.
• *Voir* : Chân Không ; Guesné

AVATAR : manifestation de l'absolu dans ce monde, sensée aider l'humanité ; métamorphose, transformation. Dans la religion hindoue, le terme désigne chacune des incarnations du dieu Vishnou.
• *Voir* : Amritanandamayi

BAQA' : terme arabe qui signifie « existence », « subsistance » ; dans le soufisme, le *baqa'* est un état qui suit le *fanâ'* (« l'anéantissement » de soi) et permet au disciple d'intégrer l'état d'éveil tout en l'harmonisant avec les contingences spatiotemporelles, les affaires du « bas-monde ».

BARAKHAH (ou barakah) : terme hébreu qui signifie « bénédiction » ; dans la tradition juive, elle est habituellement récitée à un moment spécifique, avant de réaliser une prescription, qu'elle soit d'origine biblique ou rabbinique, de consommer un mets, lors de retrouvailles avec un ami, etc.

• *Voir* : Twersky

BARDO : terme tibétain qui signifie « transition », « état intermédiaire » ; dans le bouddhisme tibétain, il se réfère au « yoga de l'état intermédiaire » entre mort et renaissance. Il y a tout d'abord le *bardo* de la vie, l'état intermédiaire entre la naissance et la mort. Puis le *bardo* du moment de la mort, au moment où la conscience se sépare du corps. On parle de deux phases de « dissolution », la dissolution extérieure des facultés physiques et sensorielles et la dissolution intérieure des processus mentaux.

• *Voir* : Nigouma ; Soukhasiddhi

BÉATITUDE : félicité parfaite dont jouissent les élus qui se trouvent dans leur achèvement, leur perfection et leur accomplissement ; bonheur que Dieu accorde à l'homme fidèle à sa volonté.

BHAKTI : terme sanskrit qui signifie « dévotion personnelle » ou « foi aimante » ; dans l'hindouisme, dévotion amoureuse, qui consiste à adorer et à servir l'Être suprême, sous la forme d'un dieu personnel, « qualifié », « avec attributs », qui répond à l'amour de ses dévots et leur accorde par sa grâce la délivrance. Le *bahakta* est la personne qui pratique cette dévotion.

• *Voir* : Amritanandamayi ; Gopâler Mâ ; Kâraikkâl Ammaiyâr ; Mîrâ Bâî

BIENHEUREUX(SE) : qui jouit de la béatitude, du bonheur parfait ; titre donné à une personne méritante, en raison de ses vertus, par l'Élise catholique, qui en reconnaît la perfection chrétienne et autorise ses fidèles à lui rendre un culte local.

BILOCATION : faculté d'une personne qui consiste à être présente en deux lieux distincts simultanément.

• *Voir* : Ferron ; Marie Faustine ; Nicolas ; Yvonne-Aimée de Jésus

BODHI : terme sanskrit qui signifie « intelligence », « connaissance parfaite », « révélation » ; dans le bouddhisme, ce terme désigne la délivrance, l'illumination ou l'état d'éveil d'une personne libérée du *samsâra*, le cycle des renaissances et le tourbillon des passions.

BODHISATTVA : terme sanskrit qui désigne des êtres (*sattva*), humains ou divins, qui ont atteint l'état d'éveil (*bhodi*). Ils devraient donc porter logiquement le nom de *buddha* (« éveillé ») et être à jamais libérés des contingences existentielles. Le bouddhisme, spécialement sous sa forme du « Grand Véhicule » (*Mahâyâna*), enseigne cependant que certains *buddhas* suspendent, par compassion pour leurs semblables, leur entrée dans le nirvâna et veillent sur les hommes à la façon des anges gardiens.

• *Voir* : Chân Không

BOUDDHA (état) : titre réservé aux personnes ayant réalisé l'éveil, c'est-à-dire atteint le *nirvâna* ou transcendé la dualité *samsâra*. Parmi celles-ci, la plus connue est le fondateur du bouddhisme, Siddhârta Gautama (VIe-Ve s. av. J.-C.), archétype du « Bouddha pur et parfait ».

• *Voir* : Yeshe Tsogyal

BOUDDHÉITÉ : l'état d'un « éveillé », synonyme d'autres termes désignant l'état ultime auquel aspire un bouddhiste.

BRAHMÂ : l'un des grands dieux du brahmanisme, considéré comme le détenteur éternel des Textes sacrés (du Veda) ; selon une certaine théologie hindouiste, la force divine qui met en branle le processus de déploiement de l'univers.

BRAHMAN : à l'origine la « Parole magique » animant l'univers, agissant à travers les incantations des prêtres brahmaniques ; dans l'hindouisme, le fondement ultime de l'univers, interprété tantôt comme impersonnel, tantôt comme personnel.

CANONISATION : rituel suivi par l'Église catholique romaine et les Églises orthodoxes permettant d'ajouter une personne au nombre des saints.

CARDIOGNOSIE : « connaissance intime du cœur » ; pouvoir de lire dans les cœurs, charisme rare que l'Esprit accorde à ceux qui possèdent à un haut niveau les vertus d'humilité et de charité.
• *Voir* : Anne-Catherine Emmerich ; Rancurel ; Umiliana dei Cerchi

CATAPHASE : *voir* APOPHASE.

CHAMAN(E) : issu du mot toungouse (langue de sibérie) *shaman*, qui signifie « personne qui possède la connaissance » ; dans les sociétés traditionnelles, il (ou elle) occupe la fonction de prêtre-sorcier dont les pouvoirs, de type magique, lui permettent de communiquer avec des esprits et de guérir un certain nombre de maux.

CHAN : prononciation chinoise du mot indien *dhyâna* ou *jhâna*, « imagination active », « visualisation » ; technique bouddhiste de méditation. Cela donne *zen* en japonais.

CHANNELLING : terme américain moderne de la littérature *New Age* qui désigne un procédé de communication entre un humain et une entité appartenant à une autre dimension, surnaturelle. Apparenté à la notion de médiumnité, il concerne la croyance en laquelle une personne, qui devient un « canal » (*channel* en anglais), peut recevoir et transmettre une information d'une entité invisible.
• *Voir* : Klint ; Mallasz ; Roberts (Jane)

CHARISME : provient du grec *charisma* qui signifie « grâce » ; désigne un don personnel qui provoque une certaine fascination et donne à celui qui en jouit une autorité naturelle sur les autres.

CHARITÉ : dans le christianisme, vertu théologale qui consiste à aimer Dieu et son prochain. Bienfait envers les autres.
• *Voir* : Mélanie ; Teresa de Calcutta

CHASTETÉ : vertu, comportement d'une personne qui s'abstient généralement volontairement de toute relation sexuelle.
• *Voir* : Catherine de Suède ; Colette de Corbie ; Gemma Galgani ; Geuser ; Hedwige de Silésie ; Ranfaing

CHÖD : terme tibétain qui signifie « trancher », « séparer » ; dans le bouddhisme tibétain, il désigne une pratique rituelle qui consiste à couper au travers des obstacles (dont l'ignorance, la colère, surtout le dualisme qui maintient dans l'illusion d'être différencié des autres) et permet au pratiquant de demeurer dans un état naturel libéré de la crainte.
• *Voir* : Machik Labdrön

CONSOLATION : réponse divine aux sacrifices des croyants.

CONTEMPLATION : prière sans parole ; absorption dans l'observation attentive et généralement agréable de quelqu'un ou de quelque chose. Communion de l'âme avec Dieu.

• *Voir* : Bon ; Maritain ; Sitt'Ajam bint al-Nafis de Bagdad

CONVERSION : mouvement personnel de retour à la foi ; retour à la pratique religieuse, à l'observance des règles morales (la conversion du pécheur).

• *Voir* : Claire de Rimini ; Goritchéva ; Marie-Angélique de Jésus ; Maritain ; Thérèse d'Avila

CORPS INCORROMPU : corps resté intact après la mort, non soumis à la putréfaction. Généralement souple et suavement odorant, il est une preuve des vertus et de la sainteté de la personne défunte.

• *Voir* : Catherine de Bologne

CRI, SON PERÇANT, RIRE : manifestations symptomatiques d'un état second dans l'expérience mystique au cours de ses phases les plus douloureuses ou heureuses ; moyen d'exprimer sa détresse, sa souffrance, ou encore sa joie ultime.

• *Voir* : Angèle de Foligno ; Claire de Rimini ; Louise du Néant ; Louise de Ponsonas ; Ursule Benincasa

DAKINI : dans l'hindouisme et le bouddhisme, une entité féminine symbolisant la puissance de l'éveil, l'intuition fulgurante de la réalité et l'énergie nécessaire à la dissipation des illusions. Effrayantes au premier abord, les dakinis sont souvent représentées dans l'iconographie comme des femmes nues, échevelées, entourées de flammes, dansant avec frénésie et foulant au pied des corps symbolisant l'ignorance et les passions. Mystérieuses « danseuses célestes », elles personnifient l'énergie et l'activité de l'éveil, protègent les enseignements et opèrent la médiation entre le visible et l'invisible.

• *Voir* : Khandro Tsering Chödrön ; Khandro Tsering Paldrön ; Nigouma ; Soukhasiddhi ; Yeshe Tsogyal

DAO : *voir* TAO

DHARMA : ensemble des enseignements donnés par le Bouddha qui forment le *Canon Pali*. Le mot sanskrit recouvre une grande variété de sens : selon le contexte, il signifie à la fois l'ordre moral, le droit, la loi, l'usage, la règle, la connaissance, mais aussi le devoir, la morale, la justice. C'est en même temps l'ordre cosmique et les circonstances personnelles qui gouvernent le destin de chaque être humain.

• *Voir* : Liu Tiemo

DÉLIVRANCE : dans le shivaïsme non dualiste du Cachemire, l'idéal de la délivrance (*mokcha*, *mukti*) en cette vie fait partie des buts ordinaires de l'existence humaine. Elle implique la reconnaissance de soi en tant que soi grâce à la mise en œuvre progressive de moyens divers. Sont ainsi délivrés ceux qui n'agissent plus, en d'autres termes ceux dont les « actes », réduits au minimum, sont désormais exempts du désir d'un fruit ; ceux qui ont reconquis l'absolue liberté d'eux-mêmes, qui s'accompagne d'un état de plénitude. En outre, elle est inconcevable sans la grâce, c'est-à-dire la « chute » ou « descente » de l'énergie divine.

• *Voir* : Akkâ Mahâdevî

DÉMON : provient du grec *daïmon* qui signifie « esprit », « génie » ou « familier ». Dans la religion chrétienne, il a pris le sens d'ange déchu, d'esprit du mal ou de diable. Dans l'expérience mystique, ces derniers sont généralement cause de tourments et de luttes intérieurs ou extérieurs chez la personne visée.

• *Voir* : Boinet ; Catherine de Saint-Augustin ; Jeanne des Anges ; Noblet

DÉNUDATION : provient du latin *denudatio* qui signifie « mise à nu ». Dans l'histoire de la mystique, elle fait référence à un acte fort ; aussi elle n'est pas reçue comme folie ou comme exhibitionnisme morbide, mais comme un trouble annonçant un changement d'habit, d'habitude, d'habitat, ainsi durant un noviciat. Dans la spiritualité franciscaine, le retour au corps nu se comprend comme le retour à un mode de vie où l'on ne porte rien en propre, à une forme saisissante, spectaculaire, de la haute pauvreté. Il est donc tout à la fois un acte de dépouillement et de rupture.

• *Voir* : Colette de Corbie

DHIKR : terme arabe qui signifie « évocation », « mention », « rappel », « répétition » ; considéré comme une pratique fondamentale des mystiques musulmans, il désigne l'évocation du Nom de Dieu ou la récitation répétée d'un texte coranique ou d'une formule liturgique.

DIABLE : dans le christianisme, l'ange déchu (Satan) qui est identifié au principe du mal.

DISCERNEMENT DES ESPRITS : capacité surnaturelle de discerner si une manifestation spirituelle est d'origine divine, humaine ou démoniaque. Il fait partie des dons de révélation accordés par le Saint-Esprit, au même titre qu'une parole de sagesse ou une parole de connaissance. Ces deux dons s'appliquent à la révélation de choses ou de situations que Dieu seul connaît et à la façon dont il faut agir.

• *Voir* : Acarie ; Elsbeth Stagel

DON DES LARMES : véritable charisme ou don, accordé par Dieu à ceux qui le recherchent sincèrement, qui apporte joie spirituelle et sensuelle et possède une capacité béatifiante. Quand elles ne sont pas une simple vertu ou une disposition (la pratique des pleurs dans une perspective religieuse caractérise la dévotion individuelle), les larmes spirituelles font partie de la voie nécessaire de la purification du cœur et, par là, de la vision de Dieu et de l'union avec lui. Indispensable à la componction, elles fertilisent le cœur et le rendent apte à recueillir les fruits de l'Esprit.

• *Voir* : Pauper ; Tweedie ; Véronique de Binasco

ENFER : dans de nombreuses religions, il est un lieu où l'esprit humain (après sa séparation du corps) subit les pires souffrances après la mort, réservées à ceux qui ont commis des crimes et des péchés graves au cours de leur vie terrestre. Dans l'expérience mystique, il est généralement un état douloureux dans lequel est plongé, volontairement ou non, celui qui n'est pas en communion avec Dieu et l'amour du prochain.

• *Voir* : Hallé ; Marie Noël ; R. (Mme) ; Thérèse d'Avila

ERMITE : provient du grec *erêmitês* qui signifie « vivre dans la solitude » ; désigne un religieux retiré dans un lieu désert. Synonymes : anachorète, ascète.

EUCHARISTIE : sacrement essentiel du christianisme qui commémore et perpétue le sacrifice du Christ ; le pain et le vin qui contiennent substantiellement le corps, le sang, l'âme et la divinité de Jésus-Christ. Dans le cas d'une eucharistie reçue de façon miraculeuse, sans truchement sacerdotal, on parle de « communion immédiate ».

• *Voir* : Agnès de Jésus ; Anne-Catherine Emmerich ; Hadewijch d'Anvers ; Marguerite de Cortone ; Marguerite Ebner : Marie de la Passion ; Mazzei

ÉVEIL (spirituel) : communément associé au bouddhisme et à l'hindouisme, le terme désigne un état de conscience supérieur dans de nombreuses religions ou philosophies et l'aboutissement d'une voie religieuse ou spirituelle.

EXORCISME : pratique religieuse ou magique dirigée contre les démons, destinée à libérer une personne considérée comme démoniaque.

• *Voir* : Hildegarde de Bingen ; Marie des Vallées ; Noblet ; Ranfaing

EXPIATION : réparation du péché par la pénitence ; souffrance imposée ou acceptée à la suite d'une faute et considérée comme un remède ou une purification.

• *Voir* : Édith Stein ; Lucie Christine ; Stéphanie Quinzani de Soncino

EXTASE : état dans lequel une personne se trouve comme transportée hors de soi et du monde sensible. Synonymes : contemplation, ravissement, transport, vision.

• *Voir* : Catherine de Ricci ; Catherine de Sienne ; Douceline de Digne ; Neumann ; Speyr ; Thérèse d'Avila ; Ursule Benincasa

FANÂ' : terme arabe qui signifie « anéantissement », « évanouissement » ; dans le soufisme, il désigne l'élévation de l'esprit dans la contemplation des choses divines, qui détache une personne des objets sensibles jusqu'à ce que s'anéantissent ses attributs humains au profit des attributs divins. Cet état est généralement suivi du *baqa'* (« existence ») qui permet au disciple d'intégrer l'état d'éveil tout en l'harmonisant avec les contingences du « bas-monde ».

FIANÇAILLES SPIRITUELLES : dans le christianisme, faveur élevée et rare durant laquelle Dieu prépare l'âme à son union parfaite et permanente avec lui, « le mariage spirituel ». Lieu de l'échange d'un *oui* prometteur entre l'âme et Dieu, elle se manifeste généralement par une sorte d'extase durant laquelle l'âme est à ce point détachée d'elle-même et absorbée en Dieu, que le lien qui la retient à son corps peut à tout instant se rompre.

• *Voir* : Concepción Cabrera de Armida ; Filljung ; Jahenny ; Thérèse d'Avila

FOLIE : dans certaines traditions, comme l'islam, elle s'associe à la sagesse pour qualifier un type de saints et de mystiques peu communs, submergés par l'amour divin.

• *Voir* : Rayhâna al-Majnûna

FOLIE EN CHRIST : dans l'orthodoxie, désigne l'état d'une personne qui abandonne ses biens matériels, mène une vie de transgression des conventions sociales dans un esprit religieux, et adopte une attitude provocante permettant de remettre en cause les normes d'une époque, de lancer des prophéties ou de masquer sa piété.

• *Voir* : Isidora ; Pélagie ; Xénia de Pétersbourg

FUTUWWA : terme arabe couramment traduit par « chevalerie » ; il comprend également les notions de générosité, de jeunesse et de maturité. Dans le soufisme, la *futuwwa* est une voie de l'initiation spirituelle.

• *Voir* : Umm 'Alî

GLOSSOLALIE : charisme se manifestant par un don surnaturel des langues.

GOUROU, GURU : dans l'hindouisme et le bouddhisme, maître spirituel qui enseigne et guide le disciple sur la voie.
• *Voir* : David-Néel

GRÂCE : bénédiction, aide surnaturelle de Dieu qui rend l'homme capable de parvenir au salut et d'accomplir la volonté divine.
• *Voir* : Marguerite Porete

GROSSESSE MYSTIQUE : dans la mystique chrétienne, état qui conduit une personne à « enfanter » spirituellement la sainteté d'une autre personne ou encore à « mettre au monde » elle-même sa propre sainteté, par l'intercession d'une personne divine.
• *Voir* : Lukardis d'Oberweimar

GUÉRISON : disparition, fin d'un mal physique ou moral grâce à une intercession surnaturelle ou sainte.
• *Voir* : Agnès ; Noblet ; Woodworth-Etter

HAGIOGRAPHIE : terme du grec ancien qui signifie « saint » et « écrire » ; désigne l'écriture de la vie et/ou de l'œuvre des saints. Pour un texte particulier, on ne parle que rarement d'« une hagiographie » (sauf dans le sens figuré), mais plutôt d'un texte hagiographique ou tout simplement d'une vie de saint. Le texte hagiographique étant destiné à être lu, soit lors de l'office des moines, soit en public dans le cadre de la prédication, on lui donne souvent le nom de « légende » (du latin *legenda*, « ce qui doit être lu »).

HÂL : terme arabe qui signifie « état » ; dans la mystique soufie, le terme désigne un état d'âme suscité immédiatement et en un moment par la grâce divine.

HALWA : terme arabe qui signifie « solitude », « retraite spirituelle ». Le mystique musulman se retire périodiquement dans la solitude, c'est-à-dire dans une sorte de cellule où il pratique le *dhikr* ; cette retraite dure en principe quarante jours.

HASSID : le dévot « fidèle », membre du mouvement appelé hassidisme ; ils sont une constante dans la vie religieuse du judaïsme, depuis les temps bibliques et jusqu'à nos jours. Le terme *hassidisme* désigne notamment, dans le prolongement de la Kabbale (*qabbâlâh*), un mouvement religieux et mystique parmi les juifs d'Europe orientale, aux XVIIIe et XIXe siècles ; ce mouvement est encore actif, notamment en Amérique du Nord et en Israël.

HÉRÉTIQUE : désigne une personne qui soutient une doctrine contraire aux dogmes établis. Qualifiant à l'origine une erreur de croyance enseignée et défendue par l'hérétique, l'hérésie fut assimilée au crime de lèse-majesté en 1199 (décrétale *Vergentis in senium*) et en vint à désigner officiellement, à partir de Jean XXII (1316-1334), toutes les formes de désobéissance ou de rébellion envers l'Église chrétienne.
• *Voir* : Guglielma de Bohême

HÉSYCHASME : provient du grec *hesychia* qui signifie « repos », « quiétude », « silence » ; pratique spirituelle enracinée dans la tradition de l'Église orthodoxe par une personne (hésychaste) qui recherche la sérénité, la quiétude intérieure, le recueillement paisible au moyen de la pratique de l'oraison ou de la « prière de Jésus » (ou « prière du cœur »).
• *Voir* : Behr-Sigel

HIÉROGNOSE : faculté de révéler des faits et des connaissances totalement étrangères au sujet, notamment de distinguer ce qui est sacré de ce qui ne l'est pas. Par exemple : distinguer les objets bénits de ceux qui ne le sont pas, comme différencier le pain eucharistique (ou hostie consacrée) du pain ordinaire, authentifier des reliques et comprendre des prières dans des langues qu'on ignore, dont le latin.

• *Voir* : Anne-Catherine Emmerich ; Jahenny ; Lateau ; Neumann

HUATOU : dans le bouddhisme chan (zen), « mot » ou « phrase » à méditer. Pratiqué par le disciple, il est associé à l'état du mental avant sa perturbation par celui-ci, un état clair de concentration et de focalisation sur le mot ou la phrase qui précède l'éveil de la pensée. Il pousse celui qui se concentre sur lui à en pénétrer sa nature par *Tsan* (« regarder à l'intérieur » et « observer »).

• *Voir* : Jiyong Xingche ; Miaodao ; Zhiyuan Xinggang

HUMANITÉ DU CHRIST : relève du mystère de l'Incarnation, étant entendu comme l'union de la nature divine et de la nature humaine dans l'unique Personne du Verbe de Dieu sur terre. L'humanité du Christ a généralement rapport à un être pleinement achevé qui se reconnaît en Jésus le Christ, l'humain divinisé par celui-ci par choix et par don, accompli en Dieu par fidélité. Elle se révèle ainsi dans la disponibilité, l'obéissance absolue à Dieu, sur le modèle du Christ mort sur la Croix et ressuscité pour établir le règne de son Père. L'humanité du Christ est à comprendre comme le signe mais surtout comme l'instrument de sa divinité, qui détermine l'humanité active dans le don de la grâce ; idée issue des Pères de l'Église qui observent que la puissance de Dieu agit par l'humanité assumée.

• *Voir* : Catherine de Bologne ; Thérèse d'Avila

HYSTÉRIE : névrose caractérisée par une exagération des modalités d'expression psychique et affective, qui peut se traduire par des symptômes d'apparence organique (convulsions, paralysies, douleurs, catalepsie) et par des manifestations psychiques pathologiques (hallucinations, délires, mythomanie, angoisses).

• *Voir* : Colombe de Rieti ; Kempe

ILLUMINATION : expérience spirituelle qui se définit par une lumière extraordinaire que Dieu répand dans l'âme de l'homme par l'intermédiaire de l'Esprit-Saint ; elle désigne également un ravissement, un face-à-face avec Dieu ou l'absolu et une révélation, qui ouvrent la personne touchée à d'infinies perspectives religieuses.

IMMANENCE : à la différence de la transcendance, elle désigne le principe selon lequel les puissances métaphysiques ne sont pas extérieures au monde mais à l'intérieur des réalités empiriques et du monde matériel.

IMPOSITION DES MAINS : geste liturgique d'origine très ancienne par lequel est signifié le don de l'Esprit-Saint pour la vie chrétienne ; elle est souvent utilisée pour les guérisons.

• *Voir* : Farrow

INABISSATION : ténèbre divine, qui n'est autre que la plus pure des lumières, où il n'y a plus de distinction entre le bien et le mal, où Dieu est d'abord un Dieu caché au centre même de la Trinité.

• *Voir* : Angèle de Foligno

INCENDIUM AMORIS : « feu de charité » reconnaissable par la soif torturante, le dessèchement des lèvres, la brusque élévation de température, les marques de brûlure sur la gorge, la poitrine et le vêtement, le soulèvement des côtes.

• *Voir* : Chopin

INÉDIE : abstinence miraculeuse de prise de nourriture, jeûne total. Le terme s'emploie à propos d'une personne qui ne se nourrit pas, volontairement, sans qu'il existe de causes physiologiques ou médicales, et généralement pour des motivations d'ordre religieux.

• *Voir* : Jahenny ; Lydwine de Schiedam ; Neumann ; Robin

JEÛNE : privation partielle ou totale, généralement volontaire, de toute alimentation pendant un certain temps pour raisons de santé, ou en vertu de recommandations ou d'obligations religieuses ou spirituelles.

• *Voir* : Nafisa bint al-Hasan ; Wang Fajin ; Umiliana dei Cerchi ; Élisabeth de Reute ; Julienne de Mont-Cornillon ; Lutgarde d'Aywières

JÎVAN-MUKTA : terme sanskrit qui signifie « libéré vivant », « état de libération », « but ultime du yoga » ; dans l'hindouisme, il désigne un homme qui a obtenu l'éveil (ou l'illumination) de son vivant et a survécu à cette expérience.

• *Voir* : Lallâ

KABBALE, CABBALE : provient du terme hébreu *qabbâlâh* ou *qabalah* qui signifie « réception » ou « tradition » ; désigne la tradition ésotérique et mystique du judaïsme qui a culminé en Espagne à la fin du XIIIe siècle (grâce au Zohar) et en Israël (à Safed) au XVIe siècle. Elle se définit par un ensemble de spéculations métaphysiques sur Dieu, l'origine de l'univers, le rôle de l'homme et son devenir, qui s'appuient sur l'Arbre des *sefiroth* (« émanations », « numérations » ou « nombres », qui sont autant d'étapes, d'épreuves, de champs de conscience et de forces en action dans la réalité). Son adepte désire explorer la « vie intime » de Dieu et la vivre en son propre être, ainsi que restaurer l'Unité morcelée de la divinité.

• *Voir* : Aberlin ; Francesca Sarah (de Safed)

KARMA : terme sanskrit qui désigne l'« acte », l'« œuvre » et ses conséquences. À l'origine, l'acte religieux, notamment le sacrifice, avec les séquelles qui lui sont inhérentes ; par la suite, tout acte, bon ou mauvais, indissociable de ses conséquences, bonnes et mauvaises. Les conséquences se manifesteront dans la vie présente ou dans une vie ultérieure. On distingue le Karma « accumulé » qui « n'a pas de début », le karma « entamé » qui porte ses fruits dans la vie actuelle, et le karma « ajouté » qui est formé des actes accomplis dans la vie actuelle ; le karma « accumulé » peut-être annulé par la grâce divine ou par des rites religieux.

KAVVANAH : terme hébreu qui désigne l'« intention », la « concentration » sur l'acte religieux – prière en premier lieu – qu'on va accomplir ; terme fondamental dans le hassidisme, aucune prière n'étant valable sans la pleine conscience de l'acte accompli, l'attention tournée vers Dieu.

• *Voir* : Spravedliver

KENSHÔ : en japonais, signifie littéralement « voir la nature » ; dans le bouddhisme zen, il désigne l'« éveil », l'illumination ou conscience de soi.

• *Voir* : Kennett

KHALA : terme arabe qui signifie « arrachement » ; dans la pensée islamique, il consiste à « se séparer de la vie habituelle » et du corps physique « sans souffrir » pour atteindre à « un état qui est entre la mort et l'éveil ». Cette expérience, qui procède d'une action divine, se fonde sur la contemplation ou « vision directe » (*al-Shuhûd*).

• *Voir* : Sitt'Ajam bint al-Nafis de Bagdad

KHEYÂL : difficile à traduire, ce terme indien désigne le « désir », le « souhait », l'« ordre » ou l'« observation » spontanée d'une personne, ayant son origine dans quelque chose de transcendant et de sublime, quelque chose d'incompréhensible pour l'esprit humain. En général, il fournit une assurance qui soutient ; il a toujours un but, bien qu'on ne puisse pas toujours saisir son dessein. Les circonstances s'organisent de la manière la meilleure possible quand elles ont été bénies par le *kheyâl* de la personne qui se met au travail en accord avec lui.

• *Voir* : Ânandamayî Mâ

KINDOKI : désigne le diable en République du Congo. Selon d'anciens cultes africains, le *kindoki* peut prendre possession d'une personne et, à ce titre, susciter la peur.

• *Voir* : Kimpa Vita

KÔAN : terme japonais qui signifie « documents publics » ; utilisé dans le bouddhisme chan ou zen, il désigne une phrase courte ou une brève anecdote absurde, énigmatique ou paradoxale, ne sollicitant pas la logique ordinaire. Il est un objet de méditation susceptible de produire le *satori* (« éveil spirituel ») ou encore de permettre le discernement entre l'éveil et l'égarement.

• *Voir* : Liu Tiemo ; Packer

KVITTLECH : terme hébreu qui signifie « requête » ; dans la tradition juive, les fidèles présentaient leurs requêtes à un *rebbe*, assorties d'une rétribution (*pidyonot*), sollicitant ses bénédictions spirituelles ou pouvoirs de guérison.

• *Voir* : Rokeah (Eidele) ; Shapira (Perele) ; Sternberg ; Twersky ; Triskerin

LACRYMATION : pleurs d'origine miraculeuse.

• *Voir* : Agnès

LACTATION : dans le christianisme, allaitement spirituel qui consiste à nourrir l'âme des dévots ; montée de lait surnaturelle. Le « lait » peut provenir soit de Marie, la mère de Jésus-Christ, soit des mystiques eux-mêmes.

• *Voir* : Catherine de Sienne ; Christine l'Admirable ; Gertrude van Oosten ; Hélène de Bologne ; Lukardis d'Oberweimar

LÉVITATION : phénomène extraordinaire lié à l'extase consistant en une élévation du corps dans l'espace sans appui ni soutien matériel.

• *Voir* : Catherine de Sienne ; Thérèse d'Avila

MAGIE : art de produire, par des procédés occultes, des phénomènes surnaturels, inexplicables, ou qui semblent tels.

• *Voir* : Starhawk

MAHABBA : terme arabe qui signifie l'amour pour Dieu dans l'islam soufi.

MAHÂMOUDRÂ : terme sanskrit qui signifie « Grand Symbole » ou « Grand Sceau » ; dans le bouddhisme tibétain, il désigne la nature ultime de l'esprit ainsi que l'ensemble des pratiques et des enseignements menant à la réalisation de cette nature ultime, la vacuité, pénétrant tous les phénomènes du *saṃsâra* et du *nirvâna*.

• *Voir* : Nigouma ; Soukhasiddhi

MAHÂYÂNA : terme sanskrit qui signifie « Grand Véhicule » ; l'une des grandes confessions du bouddhisme, pratiquée sous des formes diverses au

Tibet, au Vietnam, en Chine, en Corée et au Japon. Il se caractérise notamment par la vénération des *bodhisattva*, des « êtres éveillés », considérés comme des êtres secourables.

MALADIE : altération, affection physique ou psychique, qui ponctue parfois le chemin spirituel, due ou non aux expériences extraordinaires endurées, à une santé fragile ou une sensibilité exacerbée.
• *Voir* : Hildegarde de Bingen ; Jacinta Marto ; Robin ; Thérèse d'Avila ; Thérèse de Lisieux

MALÂMATIYYA, MALAMATIS : communauté soufie du VIIIe siècle (Iran) qui croyait en la valeur de l'auto-accusation et du blâme, considérés comme un moyen pour ses adeptes de lutter contre les défauts de leur égo, la bonne conduite et la piété personnelle étant encore des obstacles à leur réalisation ; un des traits caractéristiques de cette voie était également la dissimulation de leurs connaissances et de leur expérience spirituelle aux yeux du monde.
• *Voir* : 'Â'Isha al-Mannûbiyya ; Fâtima bint Abî 'Alî al-Daqqâq

MANTRA : un son, une syllabe ou une proposition sacrés, chargés d'efficacité. En Inde, il est récité et accompagne obligatoirement tout acte religieux.
• *Voir* : Ânandamayî Mâ ; Gopâler Mâ

MARIAGE SPIRITUEL : dans le christianisme, état d'union parfaite et permanente de l'âme avec Dieu ; mariage d'une sainte avec le Christ.
• *Voir* : Concepcíon Cabrera de Armida ; Dominique de Paradis ; Hélyot ; Jeanne-Marie de la Croix ; Maria Diomira du Verbe Incarné ; Marie (Guyart) de l'Incarnation ; Marie Faustine ; Osanna de Mantoue ; Stéphanie Quinzani de Soncino ; Thérèse d'Avila

MARIOPHANIE : manifestation visible de la Vierge Marie.
• *Voir* : Bernadette Soubirous ; Calvat ; Jacinta Marto ; Lúcia de Jesus dos Santos

MARTYRE : souffrances, allant jusqu'à la mort endurées par le dévot pour sa religion, sa foi ; dans le christianisme, désigne le fait d'offrir sa vie par amour du Christ.
• *Voir* : Élisabeth de l'Enfant-Jésus

MATERNITÉ SPIRITUELLE : dans le christianisme, maternité selon l'Esprit, qui revêt de multiples formes. Dans la vie des femmes consacrées, menée par exemple suivant le charisme et les règles des différents instituts à caractère apostolique, elle pourra s'exprimer par la sollicitude pour les êtres humains, spécialement pour les plus démunis. En outre, les femmes réalisées, consacrées ou pas, peuvent être appelées à devenir des mères spirituelles pour d'autres êtres, c'est-à-dire à les adopter spirituellement et à les accompagner leur vie durant. La maternité spirituelle peut ainsi se rapprocher de la direction spirituelle.
• *Voir* : Bellinzaga ; Bruyère ; Guyon ; Lubich

MÉDITATION : réflexion profonde, contemplation, abstraction ; pratique mentale et/ou spirituelle qui consiste en une attention portée sur un certain objet de pensée (dans le but d'approfondir le sens d'un principe philosophique ou symbolique) ou sur soi (dans le but de réaliser son identité spirituelle). Il existe différentes sortes de méditations selon les traditions.
• *Voir* : Packer

MÉDIUMNITÉ : faculté d'une personne de communiquer avec les esprits.
• *Voir* : Caitness ; Kingsford ; Labrousse ; Roberts (Jane)

MÉLANCOLIE : « bile noire », l'une des quatre humeurs, dont l'excès, selon la médecine ancienne, aboutissait à la tristesse ; souvent comparée à la « nuit obscure » des mystiques, elle est aujourd'hui synonyme de dépression, de neurasthénie.

• *Voir* : Edwards

MIKVEH, MIKVÉ : bain rituel utilisé pour l'ablution nécessaire aux rites de pureté dans le judaïsme.

• *Voir* : Spravedliver

MIRACLE : fait extraordinaire où l'on croit reconnaître une intervention divine bienveillante, auquel on confère une signification spirituelle.

• *Voir* : Colette de Corbie ; Hildegarde de Bingen ; Micheline de Pesaro ; Nafîsa bint al-Hasan ; Râbi'a al-'Adawiyya ; Wise

MISSION : dans la mystique chrétienne, ensemble des actions symboliques ou réelles qui suivent l'expérience spirituelle d'une personne se sentant investie par Dieu et aspirant à accomplir la volonté divine ; voyage à caractère prosélyte.

MORTIFICATION : privation, souffrance que s'impose une personne dans l'intention de racheter ses péchés, de se préserver de la tentation.

• *Voir* : Maria Diomira du Verbe Incarné

MURSHID : terme arabe qui signifie « celui qui dirige correctement » ; titre du maître soufi.

MUSAR : terme hébreu qui signifie « instruction morale » dans la tradition juive.

• *Voir* : Twersky

MYSTÈRE : vérité de la foi inaccessible à la simple raison.

NGANGA : objet rituel qui permet le basculement des sorciers africains dans l'espace sacré du *palo monte* (religion afro-cubaine). Indépendamment de toute médiation symbolique, il expose visiblement toutes les forces mobilisées par celui-ci : forces de la nature, pouvoir régénérateur du sang versé, agression, mort et mystère. Il participe à toutes les cérémonies, consultations, travaux magiques, divinations. Il se doit d'appliquer la volonté du sorcier, qui en dirige la magie tantôt à des fins maléfiques, tantôt à des fins bénéfiques.

• *Voir* : Kimpa Vita

NIRVÂNA : mot sanskrit qui signifie « extinction » d'une flamme ou d'une fièvre ; par extension, « apaisement » puis « libération ». Dans le bouddhisme, il désigne la finalité de la pratique bouddhique, l'éveil (*bodhi*). Au-delà de toute description, il ne peut être défini que négativement comme la fin de l'ignorance, facteur essentiel de la coproduction conditionnée (concept de conditionnalité, de dépendance et de réciprocité) et des trois soifs : désir des sens (*kâma-taṇhâ*), désir d'existence ou vouloir-vivre (*bhava-taṇhâ*) et désir d'annihilation (*vibhava-taṇhâ*). Dans l'hindouisme, il est synonyme du terme *moksha* (« libération finale de l'âme individuelle »).

• *Voir* : David-Néel

NON-SOI : ce qui demeure en l'absence de soi après les trois phases (purgation, illumination, union) aux travers desquelles le moi, dépouillé de tout superflu, puis recentrée en Dieu, connaît enfin « la plénitude absolue de l'état unitif ».

• *Voir* : Roberts (Bernadette)

NUDITÉ : état de l'être totalement dépouillé de lui-même lui permettant d'entrer sans médiation dans la connaissance de Dieu, en vidant son esprit de la prière, en renonçant à tout acte d'entendement.

• *Voir* : Madeleine de Flers

NUIT (spirituelle) : étape de vie spirituelle pendant laquelle le croyant se sent éloigné de l'amour de Dieu ; état de nuit des sens, silence, d'où peut jaillir la présence divine.
• *Voir* : Émilie de Rodat ; Lucie Christine ; Menéndez ; Swetchine

NYOUNG-NÉ : pratique spirituelle du bouddhisme tibétain, fondée par Guélongma Palmo ; rituel de purification et de « sanctification » très populaire, répandu par ses adeptes dans le monde entier, le *Nyoung-né* associe – par paire – une journée de jeûne total et une de jeûne partiel pendant une durée choisie, sur fond de méditations, prières et grandes prosternations dédiées à Avalokiteshvara, le grand bodhisattva de l'amour et de la compassion universels (dans sa forme aux mille bras et onze visages).
• *Voir* : Guélongma Palmo

OBÉISSANCE : écoute de l'Esprit-Saint ; vertu morale et/ou conformation au Christ.
• *Voir* : Catherine de Bologne

OBLATION : action d'offrir quelque chose à Dieu ; acte par lequel le prêtre offre le pain et le vin qu'il doit consacrer.

ODEUR DE SAINTETÉ : désigne l'odeur agréable de fleur que produit le cadavre (la relique) de certains saints ou bienheureux immédiatement après leur mort ; état de perfection spirituelle.

ORAISON : provient du latin *oratio* qui signifie « prière » ; prière personnelle, silencieuse et prolongée, destinée à se mettre en présence de Dieu.
• *Voir* : Absolu ; Françoise des Séraphins ; Guyon ; Madeleine de Saint-François ; Madeleine-Sophie Barat ; Maritain ; Pascal ; Théodelinde Dubouché ; Thérèse d'Avila

PAROLES INTÉRIEURES : inspirations divines ; dialogues secrètement instaurés entre l'âme et Dieu, l'être et sa propre conscience.
• *Voir* : Bossis ; Valtorta

PARRHÉSIE : provient du grec *pan* qui signifie « tout » et *rhema*, « ce qui est dit » ; figure de style consistant à dire ce qu'on a sur le cœur de plus intime ; souvent proche de la licence et du « franc-parler ». Liberté d'expression dont on use quelquefois envers de grands personnages ou avec laquelle on en dit plus qu'il n'est permis ou convenable de dire.
• *Voir* : Claire de Rimini ; Delbrêl

PASSION : dans le christianisme, désigne les souffrances et les supplices de Jésus-Christ, endurés avant et pendant sa crucifixion parfois imitées ou vécues religieusement par les croyants qui cherchent à se conformer à lui, dans un don total d'eux-mêmes.
• *Voir* : Galgani ; Marguerite d'Ypres ; Neumann ; Speyr

PASSIVITÉ : état de l'âme demeurant passive, indifférente, inerte, pour se soumettre complètement à l'action de Dieu.
• *Voir* : Guyon

PAUVRETÉ : vertu évangélique et théologale ; idéal franciscain d'imitation du Christ qui consiste en un détachement des biens matériels et spirituels (talents, qualités morales et volonté propre), source d'humilité et de fraternité.
• *Voir* : Claire d'Assise ; Colette de Corbie

PÉNITENCE : profond regret, remords d'avoir offensé Dieu, accompagné de l'intention de réparer ses fautes et de ne plus y retomber ; pratique pénible que l'on s'impose pour expier ses péchés.
• *Voir* : Christine l'Admirable

PLEUREUSE : en islam, se rattache à un type de sainteté fondée sur une forme de dévotion qui consiste à verser des torrents de larmes.
• *Voir* : Sha 'wana

PIDYONOT : terme hébreu qui signifie « rétribution » ; dans la tradition juive, les *pidyonot* accompagnaient les requêtes des fidèles adressées à un rebbe en échange de leur bénédiction spirituelle ou pouvoir de guérison.
• *Voir* : Rokeah (Eidele) ; Triskerin ; Twersky

POSSESSION : phénomène par lequel un être humain est habité par un être surnaturel, en général maléfique, mais aussi parfois bénéfique. Dans le christianisme, état de transe d'une personne habitée par le diable.
• *Voir* : Brossier ; Colombe de Rieti ; Kimpa Vita ; Kitamura ; Louise du Néant ; Marie des Vallées ; Nakayama ; Nao Deguchi ; Ranfaing

POWA : terme tibétain qui signifie « transfert de la conscience au moment de la mort » ; dans le bouddhisme tibétain, la pratique de Powa est une méthode simple et essentielle qui permet à ses adeptes de se familiariser avec le processus de la mort, diminuant leurs angoisses et les préparant à leur décès. Grâce à un entraînement régulier, ils seront alors capables d'éjecter leur conscience vers une Terre pure (définie comme la libération permanente de la souffrance et le bonheur sans fin). La pratique de Powa donne en même temps la compréhension et le moyen de pouvoir offrir l'aide la plus précieuse à ceux qui leur sont proches lorsqu'ils devront affronter la mort.
• *Voir* : Nigouma ; Soukhasiddhi

PRÊCHE : discours religieux enseignant la parole de Dieu.
• *Voir* : Ursule Benincasa ; Woodworth-Etter

PRÉSENCE : fait d'*être* corps, âme et esprit, ici et maintenant, dans un lieu et un espace donnés ; état de la conscience tout entière disponible, attentionnée, au monde qui l'entoure. La *présence réelle du corps et du sang de Notre-Seigneur dans l'Eucharistie*, ou simplement la *présence réelle*, concerne le dogme qui veut que, dans le sacrement de l'Eucharistie, le corps, le sang, l'âme et la divinité de Jésus-Christ soient réellement présents sous les espèces ou apparences du pain et du vin. Le terme s'emploie aussi en parlant de Dieu : *Dieu remplit l'univers de sa présence.*

PRIÈRE : mouvement de l'âme tendant à une communication spirituelle avec Dieu, par l'élévation vers lui des sentiments (amour, reconnaissance), des méditations ; supplication adressée à Dieu.
• *Voir* : Râbi'a al-'Adawiyya

PRIÈRE DU CŒUR : dite aussi « prière de Jésus », simple et courte (comportant généralement le nom de Jésus-Christ), cette prière, particulièrement usitée dans l'orthodoxie, est répétée en permanence sans distraction de l'esprit afin d'opérer la descente de l'intelligence dans le cœur. Celle-ci aboutit, par la purification des pensées et le souvenir constant de la personne de Jésus-Christ, à l'illumination de l'homme intérieur, par la grâce de l'Esprit-Saint. Le cœur absorbe le Nom, et le Nom absorbe le cœur. Dans la tradition orientale, le cœur désigne en effet le centre de toutes les composantes psychiques, affectives, intellectuelles et sensibles de l'homme. Il est la source, obscure et profonde, d'où jaillit toute la vie psychique et spirituelle de celui-ci.
• *Voir* : Behr-Sigel

PRÉMONITION : avertissement inexplicable qui s'impose à la conscience et fait connaître un événement à l'avance ou à distance ; synonyme d'intuition, de pressentiment.
• *Voir* : Marguerite Bays

PRIVATION DE SOMMEIL : état qui peut résulter des grâces octroyées par l'Esprit-Saint à l'âme et se manifester dans une activité intense.
• *Voir* : Robin

PROPHÉTIE : prédiction, oracle, annoncés par ceux qui pratiquent la divination ; événement (ou autre) prédit, devant être ou se produire.
• *Voir* : Brigitte de Suède ; Épouse de Rabbi Hayyim de Sicile ; Eppinger ; Hildegarde de Bingen ; Jeanne d'Arc ; Krüdener ; Marie de Jésus Crucifié (Mariam Baouardy) ; Ursule Benincasa ; Vincent

PURIFICATION (spirituelle) : opération par laquelle une personne se rend pure, se débarrasse de la corruption et de la souillure morale, de sa volonté propre, de ses projections et illusions, afin de mieux se soumettre à Dieu et accomplir sa volonté ; prépare généralement à l'illumination, qui précède l'union de l'âme avec Dieu.

QEDUSHAH : formule de louanges adressée à Dieu dans la liturgie juive.
• *Voir* : Spravedliver

QI : terme chinois qui signifie littéralement « souffle », « énergie » ; désigne l'énergie vitale en constante circulation qui anime l'univers et qui est ressentie dans tous les aspects de l'expérience humaine et cosmique.

QUIÉTISME : provient du latin *quies* qui signifie « repos » ; courant mystique chrétien (XVIIe siècle) condamné par Rome, qui fait de l'abandon total et passif à Dieu, dans la contemplation, la voie du salut. Par extension, il désigne un courant religieux qui prône ou pratique la passivité (religieuse, sociale, politique).
• *Voir* : Guyon

RAPPEL DE SOI : pratique d'éveil de la conscience ayant pour but de conduire l'adepte à être présent ici et maintenant.
• *Voir* : Guesné

RAVISSEMENT : extase mystique, état de l'être transporté au ciel ; peut s'accompagner d'un sentiment de joie, de bonheur suprême.
• *Voir* : Edwards ; Thérèse d'Avila

REBBE : titre qui signifie maître, enseignant ou mentor ; il est généralement donné au dirigeant d'un mouvement hassidique.
• *Voir* : Edel ; Rokeah (Eidele) ; Sternberg ; Triskerin ; Werbermacher

REBBETZIN : épouse d'un rebbe.
• *Voir* : Rivkah Sarah Merele

RÉCAPITULATION (original : *recapitulation*) : exercice néo-chamanique transmis par Carlos Castaneda (XXe siècle) qui consiste à récapituler et à dissoudre l'histoire personnelle et le moi ordinaire d'un individu, lui permettant de construire la personnalité du sorcier ou de l'homme de connaissance.
• *Voir* : Abelar

RECLUSE : femme s'étant volontairement retirée du monde, enfermée, afin de faire pénitence. Elle dépendait généralement de l'assistance apportée par ceux qui disposaient sur sa fenêtre, porte, ou autre, de quoi subsister. Choisie aussi par des hommes, la réclusion déclina progressivement à la fin du Moyen Âge.
• *Voir* : Cambry ; Christine de Markiate ; Julienne de Norwich ; Suster Bertken

RETRAITE : période passée à l'écart de toute vie mondaine en vue de la récollection (recueillement par la prière, la méditation) et de la préparation religieuse ; synonyme de repos, solitude.

RÊVE : construction imaginaire de la conscience à l'état de veille ou de sommeil ; synonyme de songe, vision.

• *Voir* : Eshin-ni ; Yeshe Tsogyal

RÉVÉLATION : manifestation d'un mystère ou dévoilement d'une vérité ultime de manière surnaturelle ; prise de conscience, connaissance de nouvelles réalités.

• *Voir* : Julienne de Norwich

RITUEL : cérémonie réglée ou geste particulier prescrit par la liturgie d'une religion ou d'une tradition.

• *Voir* : Wang Fajin

ROSHI : chef et maître spirituel d'un monastère zen, au Japon.

RUAH HA-QODESH : terme hébreu qui signifie l'« esprit saint » dans la tradition juive.

• *Voir* : Feiga

SACRÉ : qui appartient à un domaine séparé, interdit et inviolable, et fait l'objet d'un sentiment de révérence religieuse ; s'oppose à la réalité profane.

SAINT(E) : dans le christianisme, personne qui est l'objet après sa mort d'un culte public et universel, reconnue par l'Église, en raison du très haut degré de perfection chrétienne qu'elle a atteint durant sa vie.

SAINTETÉ : vertu qui caractérise la nature de Dieu, par extension le fait d'être un saint, de vivre comme un saint ; titre de respect qu'on emploie en parlant du pape ou de hauts responsables religieux.

• *Voir* : Maritain ; Micheline de Pesaro

SALUT : rédemption accordée par Dieu aux hommes et accomplie pour eux par Jésus-Christ, dont la mort sur la croix annonce la rémission du péché et instaure le pardon ; félicité éternelle.

• *Voir* : Angèle de Foligno ; Catherine de Sienne ; Édith Stein ; Julienne de Norwich ; Mechtilde de Magdebourg ; Speyr ; Thérèse de Lisieux

SAMÂDHI : terme sanskrit qui signifie « complet », « établissement », « maintien », « reposition » de la conscience, de l'attention ; son usage généralisé a entraîné un important élargissement sémantique vers « union, totalité, accomplissement, achèvement, mise en ordre, rangement, concentration totale de l'esprit, contemplation, absorption ». Dans l'hindouisme, il désigne une des dernières étapes de la voie méditative lorsque le disciple est provisoirement coupé du monde et immergé dans le divin. Dans le bouddhisme, ce terme a deux acceptions : concentration et établissement dans l'éveil.

• *Voir* : Shobâ Mâ

SAMSÂRA : terme sanskrit qui signifie « ensemble de ce qui circule », d'où « transmigration » ; en tibétain, il désigne le cycle des existences conditionnées, c'est-à-dire les états de l'existence sous l'emprise de la souffrance, de l'attachement et de l'ignorance. Ces états sont conditionnés par le karma. D'une manière moins juste mais plus simple, le *saṃsâra* est le cycle des vies, de renaissance en renaissance. Ce terme existe dans l'hindouisme, le bouddhisme, le jaïnisme, le sikhisme et des religions proches.

• *Voir* : Lallâ ; Yeshe Tsogyal

SANNYÂSIN : terme sanskrit qui signifie « renonçant(e) » dans l'hindouisme ; celui-ci mène en principe une vie errante, passant de lieu saint en lieu saint, d'ashram en ashram, renonçant à l'action et consacrant sa vie

à la réalisation du *Brahman* (« la réalisation du soi »). Le *sannyâsin* est assez proche du *sâdhu* ; le premier est moine, l'autre ne l'est pas. Le *sannyâsin* fait partie d'une lignée, le *sâdhu* d'une tradition. Ils sont considérés comme hors caste.
• *Voir* : Lallâ

SEFIROTH (pluriel de *sefirah*) : terme hébreu qui désigne les dix puissances créatrices énumérées par la Kabbale dans son approche mystique du mystère de la Création. Chaque *sefirah* est l'émanation d'une énergie du Dieu créateur des juifs. Ces puissances divines manifestent dans la création du monde fini le pouvoir suprême du *En Sof*, l'infini. Les traités de Kabbale présentent souvent les *sefiroth* sous la forme d'un Arbre de Vie.

SHAKTI : terme sanskrit qui signifie « pouvoir », « puissance », « force » ; désigne l'aspect féminin de la divinité, notamment de Shiva. Elle est aussi vénérée comme puissance divine suprême, de préférence sous la forme de la « Mère » (Kâlî, Durgâ, etc.).

SHEKHINAH, SHEKHINA : terme hébreu qui signifie « la présente », « la résidente » ; il est utilisé pour désigner la présence et la manifestation de Dieu au sein de l'humanité.
• *Voir* : Edel ; Shapira (Perele)

SHRAYIM : restes du *tisch*, le repas rituel du rebbe en *shabbat*, dans la tradition juive.
• *Voir* : Rokeah (Eidele) ; Triskerin

SILENCE : état de l'âme dépouillée de toutes les scories du mental, qui la dispose à une union parfaite et durable avec Dieu ou l'absolu. Il peut être le fruit de l'oraison ou de la méditation.
• *Voir* : Absolu ; Marie-Angélique de Jésus ; Silburn

SIMHAH, SIMHA : terme hébreu qui signifie « joie ». Certains mouvements hassidiques voyaient en elle l'expression de la foi et du service divin ; danse et joie favorisant une relation intense avec Dieu et permettant de dépasser la raison pour accéder à l'union divine.
• *Voir* : Feiga

SIYYAHA, SIYÂHA : dans le soufisme, errance sans but apparent sinon prier et rencontrer des hommes voués à l'ascèse, ce qui a pour effet de rapprocher de Dieu.
• *Voir* : Eberhardt ; Umm al-Fadl al-Wahtiyya

SOI : l'être immuable, divin, qui est en l'homme.
• *Voir* : Roberts (Bernadette)

SOLITUDE : correspond à un état d'abandon, de séparation dans lequel se sent l'âme face à Dieu ou aux réalités transcendantes.
• *Voir* : Jeanne-Antide Thouret

SOMNILOQUIE : fait de parler en dormant.
• *Voir* : Vincent

SORCIÈRE : dérive du latin vulgaire *sortarius*, qui signifie proprement « diseur de sorts », et du latin classique *sors*, *sortis*, désignant d'abord un procédé de divination, puis « destinée », « sort » ; le terme renvoie généralement à une femme qui pratique une certaine forme de magie de caractère primitif. Selon les cultures ou les religions, la sorcellerie fut considérée avec des degrés variables de soupçon, voire d'hostilité, parfois avec ambivalence, n'étant intrinsèquement ni bonne ni mauvaise. Dans le christianisme par exemple, elle est une hérésie définie par l'Église catholique à la fin du Moyen Âge, avec la création, au XVe siècle, du crime de sorcellerie. Est ainsi sorcier (ou sor-

cière) l'individu qui renie le christianisme, se donne au diable et lui prête hommage, participe aux activités du sabbat (cérémonie des sorciers) et accomplit des maléfices dont ses voisins et ses proches sont les victimes.
• *Voir* : Abelar ; Kimpa Vita ; Langenberg ; Marie des Vallées ; Starhawk

SOUFFRANCE : douleur, peine, endurance, patience, tolérance rencontrées sur le chemin mystique comme un état incontournable de la purification de l'être, du dépouillement de l'âme.
• *Voir* : Acarie ; Catherine de Gênes ; Catherine de Saint-Augustin ; Colette de Corbie ; Doussot ; Élisabeth de la Trinité ; Faniel ; Menéndez ; Pauper ; Wise

SPONSAL(E) : *voir* UNION SPONSALE.

STARETZ : « l'ancien », en russe ; celui qui détient la connaissance spirituelle. Il désigne les moines anachorètes de la tradition orthodoxe, ermite ou pèlerin, considérés comme thaumaturges ou prophètes, souvent choisis comme maîtres spirituels.

STIGMATES : provient du grec *stigma*, qui signifie « piqûre, point » ; blessures, cicatrices, marques miraculeuses disposées sur le corps d'une personne comme les cinq blessures du Christ pendant la crucifixion, occasionnées par les clous de la Croix sur les mains ou les poignets et les pieds ou les chevilles, par le coup de lance sur le côté, la couronne d'épines sur la tête et les coups de fouet sur le dos.
• *Voir* : Acarie ; Agnès de Jésus (de Langeac) ; Anne-Madeleine Rémuzat ; Claire de Montefalco ; Courage ; Courtier ; Ferron ; Galgani ; Gertrude van Oosten ; Hindiyyé d'Alep ; Jahenny ; Lukardis d'Oberweimar ; Marguerite Bays ; Maria Diomira du Verbe Incarné ; Miollis ; Musco ; Neumann ; Noblet ; Robin ; Véronique Giuliani ; Wise ; Speyr

SUPERSTITION : désigne la croyance en l'efficacité magique de certaines pratiques ou de certains symboles.

SWÂMI : terme sanskrit qui signifie « maître » ; titre donné au maître spirituel en Inde.

TALEB, TALIB : étudiant d'école coranique ; dans le clergé chiite, c'est celui qui fait des études afin de devenir un *mollah* (érudit musulman).
• *Voir* : Eberhardt

TALLIT : châle de prière, pourvu de *tsitsit* (« franges »), sur lequel sont tracées des traits de n'importe quelles couleurs et dont les juifs pratiquants s'enveloppent pour la prière du matin.
• *Voir* : Shapira (Perele) ; Spravedliver

TANTRA : ensemble de textes sacrés qui concernent les nombreux rites et doctrines des diverses religions hindouistes et bouddhistes. Dans l'hindouisme, le terme désigne à la fois le « tissage » et les Écritures sacrées présentées comme un dialogue entre Shiva et sa Shakti (Parèdre et Puissance de manifestation et d'action du Divin, représentée comme une déesse). Il est à la base du tantrisme, un courant de l'hindouisme apparu en Inde aux environs de l'an 500, qui désigne l'ensemble des doctrines et des pratiques reposant sur le pouvoir-conscience (*shakti*), conçu comme la Mère divine, et mettant en œuvre les énergies du corps subtil.

TAO, DAO : provient du caractère chinois *dào* qui signifie « voie », « chemin » ; dans le taoïsme, le *tao* est le principe qui régit toutes choses vivantes ou inertes dans l'univers, la force fondamentale qui coule en chacune d'entre elles. C'est l'essence même de la réalité, par nature ineffable et indescriptible. C'est également l'œuvre alchimique par excellence. Il a été édifié ou systématisé dans le texte *Tao Tö King* attribué à Lao Tseu (VIe-Ve s. av. J.-C.). Le *tao* peut être considéré comme la matrice préalable, au sein de l'univers, au passage du *qi*, ou souffle originel, précédant la parité binaire du yin-yang. Il est au cœur des conceptions éthiques chinoises (le mot *daode*, « morale », en est issu), généralement tournées vers la pratique du juste milieu, ou du choix propice.

• *Voir* : Sun Bu'er

TARÎQA : terme arabe qui signifie « procédé », « voie », « méthode » ; il s'applique généralement à la désignation des ordres mystiques dans l'islam ou les confréries soufies. En outre, il définit la voie spirituelle des mystiques musulmans (soufis) qui conduit à l'anéantissement de soi.

TASAWWUF : terme arabe qui signifie « soufisme » ; voie spirituelle du soufi qui poursuit l'anoblissement de son âme, la purification de son cœur, le raffinement de son caractère et son aspiration au rang de la bienfaisance. Aujourd'hui, c'est également une expression consacrée désignant le cœur spirituel de l'islam.

• *Voir* : Umm al-Fadl al-Wahtiyya

TAWAKKUL : terme arabe qui définit l'abandon à Dieu dans l'islam soufi.

TAWHÎD : terme arabe qui signifie « déclaration d'Unité (de Dieu) » ; chez les mystiques musulmans, c'est l'essence même de la pratique et de l'expérience qui consiste à « réaliser » et à « vivre » l'Unité de Dieu.

TÉNÈBRE : obscurité profonde intérieure, opposée à la lumière de Dieu ; le terme peut s'employer pour désigner un état lié à l'enfer ou à la nuit spirituelle.

• *Voir* : Moine

TENSÉGRITÉ (original : *tensegrity*) : terme néo-chamanique transmis par Carlos Castaneda (XXe siècle) qui désigne une série de techniques ancestrales chamanes (les « passes magiques », développées par les Indiens d'Amérique), destinées à libérer l'individu du masque de la socialisation et l'aider à atteindre la non-réalité, autrement dit « voir ».

• *Voir* : Abelar

THAUMATURGE : adjectif accolé à un saint qui accomplit des guérisons miraculeuses.

TISCH : repas rituel du rebbe en *shabbat*, dont les restes (*shrayim*) étaient distribués aux fidèles qui les considéraient comme sacrés, dans la tradition juive.

• *Voir* : Rokeah (Eidele)

TOUMO : pratique secrète du bouddhisme tantrique tibétain (*Vajrayâna*) transmise uniquement de maître à disciple et qui vise à repousser les limites de résistance au froid. Fondé sur des techniques de yoga tibétain, le *toumo* (« chaleur intérieur » en tibétain) est un enseignement original d'adaptation au froid et à la neige pour la reconstitution des défenses naturelles de l'homme. Il consiste à distribuer (grâce à des techniques précises fondées sur la respiration, la relaxation et le mental) cette chaleur intérieure dans tout le corps de manière harmonieuse et d'éviter ainsi le refroidissement des parties les plus vulnérables, comme les extrémités, mais aussi de profiter de son propre *feu intérieur* pour se régénérer.

• *Voir* : David-Néel ; Nigouma ; Soukhasiddhi

TRANSCENDANCE : principe supérieur à la réalité empirique et au monde matériel. Le transcendant est ce qui est au-delà, ce qui dépasse, surpasse, en étant d'un tout autre ordre. Le terme est généralement utilisé pour définir la relation de Dieu au monde. La conception d'un Dieu transcendant ne signifie pas qu'il est totalement en dehors et au-delà du monde, ces notions d'en dehors et d'au-delà étant, elles, de ce monde, mais bien que sa nature n'est pas limitée à l'en dedans ou l'en deçà et qu'elles les incluent et les dépassent, que Dieu se manifeste ou non. À l'inverse, les philosophies de l'immanence maintiennent que Dieu se manifeste dans le monde et est présent dans celui-ci et dans les choses qui le composent.

TRANSE : état d'une personne qui est hors d'elle-même, possédée par l'esprit visiteur qui s'est substitué à elle.
• *Voir* : Deguchi ; Woodworth-Etter

TRANSVERBÉRATION : blessure physique provoquée par une cause immatérielle ; dans le catholicisme, elle désigne le transpercement du cœur par un trait enflammé. Le (ou la) mystique qui en est sujet, voit un personnage (soit Jésus-Christ, soit l'Esprit-Saint) armé d'une lance flamboyante lui percer le flanc, comme Jésus-Christ l'a été par la lance romaine. Le cœur est touché et saigne de manière ininterrompue, plus particulièrement à certaine date, tel le vendredi saint. Il s'agit du prélude à l'union du Verbe et d'une âme, sous forme de noces mystiques.
• *Voir* : Chopin ; Faniel ; Marie de Jésus Crucifié (Mariam Baouardy) ; Moine ; Thérèse d'Avila

TSADDEKET : terme yiddish pour *tsaddiqah* (terme hébreu) qui signifie « juste ». Il est utilisé dans le hassidisme pour désigner une femme à qui on reconnaît des qualités de sainte et qui peut être un guide spirituel.
• *Voir* : Rokeah (Malka) ; Twersky

UNION : relation d'unité, de communion, de présence de l'âme et de Dieu ou d'un absolu ; susceptible de modifier l'état de l'âme et par conséquent la vie de l'être qui en fait l'expérience, elle est dite parfois « transformante ».
• *Voir* : Elsbeth Stagel ; Marie ; Mechtilde de Magdebourg

UNION SPONSALE : provient du participe passé du latin classique *spondere* qui signifie « promettre solennellement » ; le bas latin *sponsare*, de la même racine, a donné le verbe « épouser ». L'adjectif *sponsal* est parfois employé dans le discours chrétien pour désigner la relation entre Jésus-Christ et son Église : Jésus-Christ est l'époux de l'Église. L'expression peut être employée pour qualifier l'union spirituelle entre un époux et une épouse ou bien l'union religieuse d'une femme consacrée avec Jésus-Christ.
• *Voir* : Agnesi ; Angèle Merici ; Brigitte de Suède ; Hindiyyé d'Alep

VACUITÉ, VIDE : dans le bouddhisme, elle désigne l'absence d'être *en soi*, autrement dit l'inexistence de toute essence, de tout caractère fixe et inchangeant, des êtres et des choses, qui n'ont pas d'existence propre (et ne semblent exister que par interdépendance). Elle s'applique aux choses aussi bien qu'aux pensées et aux états d'esprits.
• *Voir* : Yeshe Tsogyal

VÂSANÂ : terme sanskrit qui signifie « imprégnation » ou « impression d'une sensation antérieure » ; dans l'hindouisme ou le bouddhisme, il désigne les désirs, les tendances latentes ou encore les inclinations, que le dévot doit purifier dans une expérience cathartique pour s'en libérer.
• *Voir* : Tweedie

VÉNÉRABLE : titre donné à une personne ayant une réputation de sainteté, lorsque l'héroïcité de ses vertus (effort en vue de devenir meilleur, accueil de la grâce de Dieu, charité, conformation à l'Évangile et fidélité à l'Église) a été reconnue par l'Église catholique ; cette reconnaissance précède parfois la béatification, puis la canonisation.

VIRGINITÉ : état d'une personne qui n'a jamais eu de rapport sexuel ; le vœu de virginité est généralement fait par les femmes consacrées, qui se réservent à leur seul et unique époux, Jésus-Christ (sur un mode transcendant), ou bien à Dieu.
• *Voir* : Catherine de Suède ; Claret de la Touche ; Delphine de Sabran ; Dympna

VISION : représentation, d'origine surnaturelle, qui apparaît aux yeux ou à l'esprit ; synonyme d'apparition, révélation. Dans le catholicisme, la vision béatifique (qui rend heureux) désigne la rencontre personnelle avec Dieu, sans intermédiaire.
• *Voir* : Aberlin ; 'Â'Isha al-Mannûbiyya ; Aldegonde ; Angèle Merici ; Béatrice d'Ornacieux ; Brigitte de Suède ; Claire de Montefalco ; Dina Bélanger ; Élisabeth de Schönau ; Emmerich ; Ferchaud ; Fille de Joseph ; Francesca Sarah de Safed ; Françoise Romaine ; Gertrude d'Helfta ; Hildegarde de Bingen ; Hindiyyé d'Alep ; Jeanne d'Arc ; Labouré ; Lukardis d'Oberweimar ; Maria Diomira du Verbe Incarné ; Perraud ; Prous Boneta ; Speyr ; Théodelinde Dubouché ; Valtorta ; Véronique de Binasco ; Wang Fajin ; Wei Huacun

VŒU : engagement religieux ; promesse faite ou souhait adressé à la divinité.

VOL ABSTRAIT (ou « passage des sorciers » ; original : *abstract flight*) : désigne une technique néo-chamanique transmise par Carlos Castaneda (XXe siècle) permettant le passage d'un individu du monde ordinaire à une autre réalité.
• *Voir* : Abelar

VOYAGE (spirituel) : désigne le chemin intérieur, initiatique d'une personne qui s'inscrit dans une recherche spirituelle.
• *Voir* : Marie de Jésus d'Agreda ; Morata

VOYANCE : don de double vue ; qualité des prophètes, devins, visionnaires et autres personnes, qui lisent le passé et prédisent l'avenir par divers moyens.
• *Voir* : Marie de Valence

WADJD : terme arabe qui définit l'extase ou la rencontre avec Dieu dans l'islam soufi.

WALÂYA : issu du terme arabe *wali*, qui signifie « ami et aimé de Dieu » ; dans l'islam, il désigne le charisme de douze imams (guides spirituels et temporels), dans le chiisme, la proximité de Dieu et la sainteté.

WIRD : désigne des litanies extraites du Coran mentionnées lors du *dhikr*, pratique soufie consistant à répéter le nom de Dieu pour aviver son souvenir.

YOGA : discipline traditionnelle indienne visant à libérer l'âme de sa condition existentielle, dans l'union à l'absolu, par un ensemble de pratiques psychiques et corporelles. Il existe de nombreux yogas, chacun étant une voie spirituelle. Exemple : le *hatha-yoga* (« yoga du corps »), le *bakti-yoga* (« yoga de la dévotion »), etc.

YOGI : ascète hindou qui pratique le yoga.

YOGINÎ : divinités féminines hindoues qui assistent la déesse Durgâ, ou encore *Shakti*, énergies de manifestation de la déesse chargées de l'aider dans ses luttes contre les démons (*Asura*). Certains auteurs considèrent les *yoginî* comme équivalentes aux dakinis, divinités féminines du bouddhisme tibétain. Le terme désigne également une femme, sage ou ascète, qui pratique le *yoga*.

• *Voir* : Lallâ ; Machik Labdrön ; Nigouma

ZÂWIYA, ZAOUÏA : centre religieux musulman construit près d'un lieu saint ; lieu de retraite, d'initiation et de récollection.

• *Voir* : Umm Salâma Zaynab

ZAZEN : *za* signifie « assis » et *zen*, « méditation » ; le terme désigne la posture principale de la méditation assise, pratiquée dans le bouddhisme zen japonais.

• *Voir* : Packer

ZEN : *voir* CHAN. Forme de bouddhisme japonais Mahâyâna qui insiste sur la méditation (*Dhyāna*) ou « illumination intérieure » et particulièrement sur la posture dite de *zazen*.

ZOHAR : terme hébreu qui signifie « splendeur » ; livre classique de la Kabbale rédigé à la fin du XIIIe siècle en Espagne, par Moïse de León.

ZUHD : terme arabe qui signifie « détachement » ; dans l'islam, il désigne l'ascétisme, observé sur le chemin spirituel, qui mène à la sainteté.

• *Voir* : Nafîsa bint al-Hasan

OUVERTURES BIBLIOGRAPHIQUES

Cette Bibliographie non exhaustive propose un choix de titres permettant au lecteur d'aller plus loin dans la découverte des mystiques orientale et occidentale, des figures mystiques et de la mystique en général. Pour les bibliographies spécifiques, se reporter aux articles des figures concernées.

OUVRAGES GÉNÉRAUX ET SPÉCIALISÉS

ANTIER J.-J. et GUITTON J., *Les Pouvoirs mystérieux de la foi*, Paris, Pocket, 1999.

ARON R., *Jouir entre ciel et terre. Les mystiques dans l'œuvre de J. Lacan*, Paris, L'Harmattan, 2003.

BAKAN D., *Freud et la tradition mystique juive*, Paris, Payot et Rivages, 2001.

BANCROFT A., *Femmes en quête d'absolu*, Paris, Albin Michel, 1991.

BARUZI J., *L'Intelligence mystique* (recueil d'articles présentés par J.-L. Vieillard-Baron), Paris, Berg International, 1985.

BASTIDE R., *Les Problèmes de la vie mystique*, Paris, PUF, 1996.

BEAUDE J., *La Mystique*, Paris, Cerf, 1990.

BERNARD H., LOPETUSO N. et THIEBAUX C., *Les Grandes Initiées ou le Mysticisme au féminin*, Paris, Éditions rosicruciennes, 1981.

BERGSON H., *Les Deux Sources de la morale et de la religion*, Paris, Alcan, 1932 ; première édition critique par F. Keck et G. Waterlot, Paris, PUF, 2008.

BOLOGNE J.-C., *Le Mysticisme athée*, Paris, Éditions du Rocher, 1996.

BLONDEL M., « Le problème de la mystique », in *Qu'est-ce que la Mystique ? Quelques aspects historiques et philosophiques du problème*, Cahiers de la Nouvelle Journée, n° 3, Paris, Librairie Bloud & Gay, 1929.

BUISSET A., *La Religion face aux femmes*, Paris, Acarias-L'Originel, 2008.

CAPELLE P. (dir.), *Expérience philosophique et expérience mystique*, Paris, Cerf, 2005.

CARTER R. et J.-P., *Femmes de lumière*, Paris, La Table Ronde, 1991.

COULIANO I. P., *Expérience de l'extase*, Paris, Payot, 1984.

COURCELLES D. de, *Les Enjeux philosophiques de la mystique*, Grenoble, Jérôme Millon, 2007.

— *Langages mystiques et avènement de la modernité*, Paris, Champion, 2003.

COURCELLES D. de et WATERLOT G., *La Mystique face aux guerres mondiales*, Paris, PUF, 2010.

DANIÉLOU J., *Platonisme et théologie mystique*, Paris, Aubier, 1954.

ÉLIADE M., *Le Sacré et le Profane*, Paris, Gallimard, 1956.

— *Traité d'histoire des religions*, Paris, Payot, 1949.

— *Naissances mystiques. Essai sur quelques types d'initiation*, Paris, Gallimard, 1959.

FENEUIL A., *Bergson, mystique et philosophie*, Paris, PUF, 2011.

FESTUGIÈRE A.-J., *La Révélation d'Hermès Trismégiste*, Paris, Les Belles Lettres, 1944-1954 ; rééd. 2006.

— *Hermétisme et mystique païenne*, Paris, Aubier-Montaigne, 1967.

FREUD S., *Malaise dans la civilisation* (1929), Paris, Payot, 2010.

GARDET L., *Études de philosophie et de mystique comparées*, Paris, Vrin, 1972.

— *La Mystique*, Paris, PUF, 1970.

— *Thèmes et textes mystiques*, Paris, Alsatia,1958.

— *Expériences mystiques en terres non chrétiennes*, Paris, Alsatia, 1954.

GILES M. E. (éd.), *The Feminist Mystic*, New York, Crossroad Publishing Co., 1982.

GORRÈS J. J. von, *La Mystique divine, naturelle et diabolique*, Grenoble, Jérôme Millon, 1992.

GRAEF H., *Histoire de la mystique*, Paris, Seuil, 1972.

HOUDARD S., *Les Invasions mystiques. Spiritualités, hétérodoxies et censures au début de l'époque moderne*, Paris, Les Belles Lettres, 2008.

HOUZIAUX A. (dir.), *La Mystique, une religion épurée ?*, Paris, Les Éditions de l'Atelier, 2008.

HULIN M., *La Mystique sauvage*, Paris, PUF, 1993.

IDEL M. et MCGINN B. (dir.), *L'Union mystique dans le judaïsme, le christianisme et l'islam*, Bruxelles, Lessius, 2011.

JAMES G. (dir.), *De l'écriture mystique au féminin*, Paris, L'Harmattan, 2005.

JAMES W., *Les Formes multiples de l'expérience religieuse. Essai de psychologie descriptive* (1902), Chambéry, Exergue, 2001.
JANET P., *De l'angoisse à l'extase* (1926), Paris, L'Harmattan, 2009.
JOHNSTON W., *L'Œil intérieur : mysticisme et religions*, Paris, Desclée de Brouwer, 1973.
— *La Mystique retrouvée*, Paris, Desclée de Brouwer, 1986.
JOSSUA J.-P., *Seul avec Dieu. L'aventure mystique*, Paris, Gallimard, 1996.
JUNG C. G., *Psychologie et religion* (1939), Paris, Buchet-Chastel, 1996.
— *La Vie symbolique. Psychologie et vie religieuse*, Paris, Albin Michel, 1989.
KELLER C.-A., *Communication avec l'Ultime*, Genève, Labor et Fides, 1988.
— *Approche de la mystique dans les religions occidentales et orientales*, Paris, Albin Michel, 1996.
LACAN J., *Le Séminaire livre XX, Encore*, Paris, Seuil, 1975.
LESCHI J., *Expérience mystique et métaphysique*, Paris, Cerf, 1987.
LHERMITE J., *Mystiques et faux mystiques*, Paris, Bloud et Gay, 1952.
LINSSEN R., *La Spiritualité quantique : sommets de la nouvelle physique et de l'expérience mystique*, Paris, Éditions de Mortagne, 1995.
MAISONNEUVE R., *La Mystique de l'invisible*, Paris, Albin Michel, 1992.
MAÎTRE J., *Mystique et féminité : essai de psychanalyse sociohistorique*, Paris, Cerf, 1997.
— *Anorexies religieuses, anorexies mentales : essai de psychanalyse sociohistorique, de Marie de l'Incarnation à Simone Weil*, Paris, Cerf, 2000.
MARÉCHAL J. (S.J.), *Études sur la psychologie des mystiques*, Paris, Desclée de Brouwer, 1937, 2 vol.
MASSON J., *Mystiques d'Asie*, Paris, Desclée de Brouwer, 1992.
MCGINN B., *The Presence of God. A History of Western Mysticism*, New York, Crossroad Herder, 1991.
MICHAUX H., *Les Grandes Épreuves de l'esprit*, Paris, Gallimard, 1978.
MILLOT C., *Abîmes ordinaires*, Paris, Gallimard, 2001.
— *La Vie parfaite*, Paris, Gallimard, 2006.
MONESTIER M., *Errances et mysticisme*, Paris, Desforges, 1980.
MOROT-SIR E., *Philosophie et mystique*, Paris, Aubier, 1948.
MURARO L., *Le Dieu des femmes*, Bruxelles, Lessius, 2006.
NICOLAS A. de et MOUTSOPOULOS E. (dir.), *God : Experience or Origin ?*, New York, Parangon House, 1985.
OTTO R., *Mystique d'Orient et mystique d'Occident, distinction et unité*, Paris, Payot, 1996.
— *Le Sacré*, Paris, Payot & Rivages, 1995.
PAULHAN F., *Le Nouveau Mysticisme*, Paris, Alcan, 1891.

PLOTIN, *Ennéades*, trad. E. Bréhier, Paris, Les Belles Lettres, 1924-1938, 7 vol.
PLOUVIER P. (dir.), *Poésie et mystique*, Paris, L'Harmattan, 1995.
RAVIER A. *et alii*, *La Mystique et les mystiques*, Paris, Desclée de Brouwer, 1965.
RÉCÉJAC M., *Fondements de la connaissance mystique*, Paris, Alcan, 1895.
SILBURN L. (dir.), *Les Voies de la mystique ou l'accès au sans-accès*, Hermès, nº 1, Paris, Les Deux Océans, 1993.
— *Le Vide. Expérience spirituelle en Occident et en Orient*, Hermès, nº 2, Paris, Les Deux Océans, 1981.
— *Le Maître spirituel selon les traditions d'Occident et d'Orient*, Hermès, nº 3, Paris, Les Deux Océans, 1983.
STAAL F., *Exploring Mysticism*, Berkeley/Los Angeles, University of California Press, 1992.
STACE W. T., *The Teachings of the Mystics*, New York, The New American Library, 1960.
— *Mysticism and Philosophy*, Londres, Macmillan, 1960.
TALBOT M., *Mysticisme et physique nouvelle*, Paris, Le Mail, 1984.
THURSTON H., *Les Phénomènes physiques du mysticisme*, Monaco, Éditions du Rocher, 1986.
TRONC D., *Expériences mystiques en Occident*, I. *Des origines à la Renaissance*, Paris, Les Deux Océans, 2012.
— *Expériences mystiques en Occident*, II. *L'Invasion mystique des Ordres anciens*, Paris, Les Deux Océans, 2012.
TURIN Y., *Femmes et religieuses au XIXe siècle. Le féminisme en religion*, Paris, Nouvelle Cité, 1989.
UNDERHILL E., *Mysticisme. Étude sur la nature et le développement de la conscience spirituelle de l'homme*, Le Tremblay, Diffusion rosicrucienne, 2005.
VALLA J.-P., *Les États étranges de la conscience*, Paris, PUF, 1992.
VERNETTE J., *Le XXIe siècle sera mystique ou ne sera pas*, Paris, PUF, 2002.
VIAL M., *Jean Gerson théoricien de la théologie mystique*, Paris, Vrin, 2006.
VUARNET J.-N., *Extases féminines*, Paris, Arthaud, 1980.
— *Le Dieu des femmes*, Paris, L'Herne, 1989.
WATERLOT G., (dir.), *Bergson et la religion. Nouvelles perspectives sur les deux sources de la morale et de la religion*, Paris, PUF, 2008.
WATTS A. W., *Face à Dieu. Nécessité d'une religion mystique*, Paris, Denoël, 1981.
WILDER S., *Un sujet sans moi. Psychanalyse et expérience mystique*, Paris, Epel, 2008.

BOUDDHISME

COLLECTIF, *Zen. Pratique et enseignement, Histoire et Tradition, Civilisation et Perspectives*, Paris, Albin Michel, 1993.

CONZE E., *Le Bouddhisme dans son essence et son développement*, Paris, Payot, 1952.

DAVID-NÉEL A., *Les Enseignements secrets des bouddhistes tibétains. La vue pénétrante*, Paris, Adyar, 1951 ; rééd. revue et augmentée, 1991.

— *Mystiques et magiciens du Tibet*, Paris, Plon, 1929.

GRANT B., *Daughters of Emptiness : Poems of Chinese Buddhist Nuns*, Boston, Wisdom Publications, 2003.

— *Eminent Nuns. Women Chan masters of Seventeenth Century China*, Honolulu, University of Hawaii Press, 2009.

GOVINDA L. A., *Les Fondements de la mystique tibétaine*, Paris, Albin Michel, 1960.

JOHNSTON W., *Zen et connaissance de Dieu*, Paris, Desclée de Brouwer, 1973.

LEVERING M. L., « Stories of Enlightened Women in Ch'an and the Chinese Buddhist Female Bodhisattva/Goddess Tradition », *Women and Goddess Traditions in Antiquity and Today*, K. L. King (éd.), Minneapolis, Fortress Press, 1997.

LUBAC H. de, *Aspects du bouddhisme*, Paris, Seuil, 1951.

— *Rencontre du bouddhisme et de l'Occident*, Paris, Aubier, 1954.

MERTON T., *Mystique et zen, suivi de Journal d'Asie*, Paris, Albin Michel, 1995.

RAHULA W., *L'Enseignement du Bouddha*, Paris, Seuil, 1971.

SUSUKI D. T., *Essais sur le bouddhisme zen (séries I, II, III)*, éd. et trad. J. Herbert, Paris, Albin Michel, 2003.

— *Le Non-Mental selon le bouddhisme zen*, Paris, Le Courrier du Livre, 1970.

TAIZEN D., *La Pratique du zen*, Paris, Albin Michel, 1981.

— *Zen et vie quotidienne*, Paris, Albin Michel, 1993.

TSAI A. K., *Lives of the Nuns : Biographies of Chinese Buddhist Nuns from the Fourth to the Sixth Centuries : A Translation of the Pi-ch'iu-ni chuan, compiled by Pao-ch'ang*, Honolulu, University of Hawaii Press, 1994.

TSOMO K. L. (éd.), *Buddhist Women Across Cultures : Realizations*, Albany (NY), Suny Press, 1999.

WATTS A. W., *Le Bouddhisme Zen*, Paris, Payot, 2002.

CHRISTIANISME

ALBERT J.-P., *Le Sang et le ciel : les saintes mystiques dans le monde chrétien*, Paris, Aubier, 1997.

ANTIER J.-J., *Le Mysticisme féminin : épouses du Christ*, Paris, Perrin, 2001.

ARMOGATHE J.-R., *Le Quiétisme*, Paris, PUF, coll. « Que sais-je ? », 1973.

AUGUSTIN (saint), *Les Confessions*, trad. L. de Mondadon, Paris, Éditions de Flore, 1947.

BARUZI J., *Saint Jean de la Croix et le problème de l'expérience mystique*, Paris, Alcan, 1924 ; rééd. (avec une introduction d'É. Poulat) Paris, Éditions Salvator, 1999.

BEHR-SIGEL E., *Prière et sainteté en Russie*, Paris, cerf, 1950.

BELL R. M., *L'Anorexie sainte : jeûne et mysticisme du Moyen Âge à nos jours*, Paris, PUF, 1994.

BENOÎT XVI, *Les Femmes mystiques : de sainte Hildegarde de Bingen à sainte Thérèse d'Avila*, Dijon, L'Échelle de Jacob, 2011.

BERGAMO M., *La Science des saints. Le discours mystique au XVII*e *siècle en France*, Grenoble, Jérôme Millon, 1992.

— *L'Anatomie de l'âme. De François de Sales à Fénelon*, Grenoble, Jérôme Millon, 1994.

BERNARD C.-A. (S.J.), *Le Dieu des mystiques. 1. Les voies de l'intériorité*, Paris, Cerf, 1994.

— *Le Dieu des mystiques. 2. La conformation au Christ*, Paris, Cerf, 1998.

— *Le Dieu des mystiques. 3. Mystique et action*, Paris, Cerf, 2000.

— *Théologie mystique*, Paris, Cerf, 2005.

BERNARD (saint), *Œuvres*, trad. M.-M. Davy, Paris, Aubier, 1945, 2 vol.

BLEE F. (dir.), *La Mystique démystifiée*, Montréal, Novalis, 2010.

BOUFLET J., *Encyclopédie des phénomènes de la vie mystique*, Paris, Le Jardin des Livres, 2010.

— *Les Stigmatisés*, Paris, Cerf, 1996.

BOUFLET J. et BOUTRY P., *Un signe dans le ciel : les apparitions de la Vierge*, Paris, Grasset, 1997.

BOUYER L., *Mysterion. Du mystère à la mystique*, Paris, Éditions OEIL, 1990.

— *Figures mystiques féminines : Hadewich d'Anvers, Thérèse d'Avila, Thérèse de Lisieux, Élisabeth de la Trinité, Édith Stein*, Paris, Cerf, 1989.

— *Introduction à la vie spirituelle. Précis de théologie ascétique et mystique*, Paris, Cerf, 2008.

BOUYER L., Dom LECLERQ J., Dom VANDENBROUCKE F. et COGNET L., *Histoire de la spiritualité chrétienne*, Paris, Aubier, 1960-1966, 4 vol.

BREMOND H., *Histoire littéraire du sentiment religieux en France depuis la fin des guerres de religion jusqu'à nos jours*, Paris, Bloud et Gay, 1916-1936, 12 vol. ; contient : I. *L'Humanisme dévot, 1580-1660* (1916) ; II. *L'Invasion mystique, 1590-1620* (1916) ; III. *La Conquête mystique. L'École française* (1923) ; IV. *La Conquête mystique. L'École de Port-Royal* (1920) ; V. *La Conquête mystique. L'École du P. Lallemant et la tradition mystique dans la Compagnie de Jésus* (1920) ; VI. *La Conquête mystique. III. Marie de l'Incarnation. Turba magna* (1926) ; VII. *La Métaphysique des saints. I* ; VIII. *La Métaphysique des saints. II* (1928, 2 vol.) ; IX. *La Vie chrétienne sous l'ancien régime* (1932) ; X. *La Prière et les prières de l'Ancien Régime* (1932) ; XI. *Le Procès des mystiques* (1933) ; XII. Index alphabétique et analytique par Charles Grolleau ; rééd. augmentée, dirigée par F. TRÉMOLIÈRES, Grenoble, Jérôme Millon, 2006, 5 vol.

CERTEAU M. de, S.J., *La Fable mystique. XVIe-XVIIe siècles*, Paris, Gallimard, 1982.

— *Le Lieu de l'Autre. Histoire religieuse et mystique*, Paris, Seuil, 2005.

CHENIQUE F., *Le Culte de la Vierge ou la métaphysique au féminin*, Paris, Dervy, 2000.

CLÉMENT O., *Sources. Les mystiques chrétiens des origines*, Paris, Desclée de Brouwer, 2008.

— *La Philocalie*, Paris, Desclée de Brouwer, 1995-1996, 2 vol.

COGNET L., *De la dévotion moderne à la spiritualité française*, Paris, Fayard, 1958.

— *Crépuscule des mystiques, Bossuet-Fénelon*, Paris, Desclée de Brouwer, 1991.

— *Introduction aux mystiques rhéno-flamands*, Paris, Desclée de Brouwer, 1968.

CORNUZ M., *Le Ciel est en toi. Introduction à la mystique chrétienne*, Genève, Labor et Fides, 2001.

— *Le Protestantisme et la Mystique. Entre répulsion et fascination*, Genève, Labor et Fides, 2003.

COURCELLES D. de (dir.), *Stigmates*, Paris, Cahiers de l'Herne, 2001.

DANIEL-ROPS, *Mystiques de France, de saint Bernard au Curé d'Ars*, Paris, Corréa, 1953.

DAUZET D.-M., *La Mystique bien tempérée : écriture féminine de l'expérience spirituelle, XIXe-XXe s.*, Paris, Cerf, 2006.

DELACROIX H., *Études d'histoire et de psychologie du mysticisme. Les grands mystiques chrétiens*, Paris, Alcan, 1908.

DIERKENS A. et BEYER DE RYKE B. (éd.), *Maître Eckhart et Jan Van Ruusbroec. Études sur la mystique « rhéno-flamande » (XIIe-XIVe s.)*, Bruxelles, Éditions de l'Université de Bruxelles, 2004.
— *Mystique : la passion de l'Un, de l'Antiquité à nos jours*, Bruxelles, Éditions de l'Université de Bruxelles, 2005.
ECK S., *Prédicateurs de la grâce*, Paris, Cerf, 2009.
ECKHART (Maître), *Traités et Sermons*, trad. J. Ancelet-Eustache, Paris, Seuil, 1971-1974.
ÉPINEY-BURGARD G. et ZUM BRUNN E., *Femmes troubadours de Dieu*, Turnhout, Brepols, 1988.
EVDOKIMOV M., *Pèlerins russes et vagabonds mystiques*, Paris, Cerf, 1987.
FARGES A., *Les Phénomènes mystiques distingués de leurs contrefaçons humaines et diaboliques : traité de théologie mystique à l'usage des séminaires, du clergé et des gens du monde*, Paris, La Bonne Presse, 1920.
FESTUGIÈRE A.-J., *La Sainteté*, Paris, PUF, 1942-1949.
— *Les Moines d'Orient*, I-IV, Paris, Cerf, 1961-1964.
FRAISE N., *L'Anorexie mentale et le jeûne mystique du Moyen Âge : faim, foi et pouvoir*, Paris, l'Harmattan, 2000.
FRANÇOIS D'ASSISE (saint), *Œuvres*, trad. A. Masseron, Paris, Albin Michel, 1959.
— *Traité de l'amour de Dieu*, Paris, Desclée de Brouwer, 1957.
GARCIA M. H., *L'Oraison, une histoire d'amitié*, Paris, Cerf, 1995.
GERSON J., *Initiation à la vie mystique*, prés. P. Pascal, Paris, Gallimard, 1943.
GILSON E., *La Théologie mystique de saint Bernard*, Paris, Vrin, 1969.
GRÜN A., *L'Art de vivre en harmonie*, Paris, Albin Michel, 2004.
— *La Mystique. La quête de l'espace intérieur*, Paris, Salvator, 2010.
GUILLAUME DE SAINT-THIERRY, *Deux traités de l'amour de Dieu*, trad. M.-M. Davy, Paris, Vrin, 1953.
HOURCADE J., *L'Éternel féminin : femmes mystiques*, Toulouse, Éditions du Carmel, 2003.
HUBY J., *Mystiques paulinienne et johannique*, Paris, Gabalda, 1948.
IMBERT-GOURBEYRE A., *La Stigmatisation*, Grenoble, Jérôme Millon, 1996.
JEAN DE LA CROIX (saint), *Œuvres complètes*, trad. Marie du Saint-Sacrement, Paris, Cerf, 1990.
JUBIN J.-M.-N., *Vie de fondatrices d'ordres religieux*, Paris, éd. par J.-J. Blaise, 1829.
KRUMENACKER Y., *L'École française de spiritualité. Des mystiques, des fondateurs, des courants et leurs interprètes*, Paris, Cerf, 1998.

LANGLOIS C., *Le Catholicisme au féminin. Les congrégations féminines à supérieure générale au XIXe siècle*, Paris, Cerf, 1984.

LAUWERS M., « Paroles de femmes, sainteté féminine. L'Église du XIIIe siècle face aux béguines », *in* G. Braive et J.-M. Cauchies (éd.), *La Critique historique à l'épreuve. Liber discipulorum Jacques Paquet*, Bruxelles, Publications des Facultés universitaires Saint-Louis, 1989.

LE BRUN J., *La Spiritualité de Bossuet*, Paris, Klincksieck, 2002.

— *Le Pur Amour de Platon à Lacan*, Paris, Seuil, 2002.

— *La Jouissance et le trouble : recherche sur la littérature chrétienne à l'âge classique*, Genève, Droz, 2004.

LE SAUX H., O.S.B., *Intériorité et révélation : essais théologiques*, Paris, Éditions Présence, 1982.

LIBERA A. de, « Les femmes et la mystique », in *Jeanne Hersch. La dame aux paradoxes*, R. de Monticelli (éd.), Lausanne, L'Âge d'Homme, 2003.

— *La Mystique rhénane d'Albert le Grand à Maître Eckhart*, Paris, Seuil, 1994.

— *Maître Eckhart et la mystique rhénane*, Paris, Cerf, 1999.

LOSSKY V., *Essai sur la théologie mystique de l'Église d'Orient*, Paris, Cerf, 2005.

LUBAC H. de, *Corpus mysticum. L'Eucharistie et l'Église au Moyen Âge*, Paris, Aubier, 1949.

MACHTOU M., *La Femme et la mystique à l'époque classique*, Lille, ANRT, 1987.

MIQUEL P., *L'Expérience spirituelle dans la tradition chrétienne*, Paris, Beauchesne, 1999.

POULAT É., *Critique et mystique. Autour de Loisy ou la conscience catholique et l'esprit moderne*, Paris, Éditions du Centurion, 1984.

— *L'Université devant la mystique. Expérience du Dieu sans mode. Transcendance du Dieu d'Amour*, Paris, Éditions Salvator, 1999.

POURRAT P., *La Spiritualité chrétienne*, Paris, Gabalda, 1917-28, 4 vol.

POUTRIN I., *Le Voile et la plume, autobiographie et sainteté féminine dans l'Espagne moderne*, Madrid, Casa de Velásquez, 1995.

PSEUDO-DENYS L'ARÉOPAGITE, *Œuvres complètes*, trad. M. de Gandillac, Paris, Aubier, 1943.

RAVIGNANT P., *Les Fous de Dieu*, Paris, M.A. Éditions, 1984.

RINCKEL H. P., *La Prière du cœur*, Paris, Cerf, 1990.

SUSO H., *Œuvres complètes*, trad. J. Ancelet-Eustache, Paris, Seuil, 1977.

TAULER J., *Sermons*, trad. Hugueny-Théry, Paris, Cerf, 1991.

THOMAS a KEMPIS, *L'Imitation de Jésus-Christ*, trad. de Lamennais, Paris, Seuil, 1961.

TRÉMOLIÈRES F., *Fénelon et le sublime*, Paris, Honoré Champion, 2010.
TRESMONTANT C., *La Mystique chrétienne et l'avenir de l'homme*, Seuil, Paris, 1977.
— *L'Enseignement de Ieschoua de Nazareth*, Paris, seuil, 1970.
— *Saint Paul et le mystère du Christ*, Paris, Seuil, 1956.
TURNER D., « From mystical theology to mysticism », *The Darkness of God : Negativity in Christian Mysticism*, Cambridge, Cambridge University Press, 1998.
VANNESTE J., *Le Mystère de Dieu. Essai sur la structure rationnelle de la doctrine mystique du pseudo-Denys l'Aréopagite*, Paris, Desclée de Brouwer, 1959.
VANNIER M.-A., *Les Mystiques rhénans*, Paris, Cerf, 1996.
VAUCHEZ A., *Saints, prophètes et visionnaires. Le pouvoir surnaturel au Moyen Âge*, Paris, Albin Michel, 1999.
VERGOTE A., *Dette et désir. Deux axes chrétiens et la dérive pathologique*, Paris, Seuil, 1978.
VUILLEUMIER J., *Blanche, Marthe, Camille : notes sur trois mystiques*, Paris, L'Âge d'Homme, 1996.
ZUNDEL M., *Silence, Parole de vie*, Québec, Canada, Éditions Anne Sigier, 1990.

HINDOUISME

CHOUDAHARY K. P. S., *Modern India Mysticism*, Patna, Motilal Banarsidass, 1981.
ESNOUL A.-M., *Ramanuja et la Mystique vishnouite*, Paris, Seuil, 1964.
GATHIER E., *La Pensée hindoue, étude suivie d'un choix de textes*, Paris, Seuil, 1959.
HUSAIN Y., *L'Inde mystique au Moyen Âge, hindous et musulmans*, Paris, Adrien Maisonneuve, 1929.
KUMAR R. et RAM S., « Hindu and Mysticism », in *Encyclopedia of Hinduism*, New Dehli, Crescent Publishing Corporation, 2007.
MALLISON F. (éd.), *Constructions hagiographiques dans le monde indien : entre mythe et histoire*, Paris, Honoré Champion, 2001.
MCDANIEL J., *The Madness of the Saints Ecstatic Religion in Bengal*, Chigago, Chicago University Press, 1989.
MIRCEA E., *Pantajali et le Yoga*, Paris, seuil 1962.
SILBURN L., *La Kundalini ou l'Énergie des profondeurs*, Paris, Les Deux Océans, 2004.
— *La Bhakti : étude sur le shivaïsme du Cachemire*, Paris, Éditions de Boccard, 1979.

— *Instant et cause : le discontinu dans la pensée philosophique de l'Inde*, Paris, Vrin, 1951.

WERNER K. (éd.), *The Yogi and the Mystic : Studies in Indian and Comparative Mysticism*, Londres, Curzon press, 1989.

ZAEHNER R. C., *Hindu and Muslin Mysticism*, Oxford, Oneworld, 1994.

ISLAM

AMIR-MOEZZI M. A. (dir.), *Le Voyage initiatique en terre d'Islam : ascensions célestes et itinéraires spirituels*, Paris, Peeters, 1996.

AMRI N. et L., *Les Femmes soufies ou la passion de Dieu*, Saint-Jean de Braye, Dangles, 2008.

'ATTÂR F. D., *Le Mémorial des saints*, trad. A. Pavet de Courteille, Paris, Seuil, 1976.

DUCHESNAY J., *Le Soufisme : voie de sagesse et d'amour*, Montréal, Amarande, 1993.

GARDET L. et ANAWATI G. C., *Mystique musulmane. Aspects et tendances, expériences et techniques*, Paris, Vrin, 1961.

HATEM J., *L'Amour pur hyperbolique en mystique musulmane*, Paris, Éditions du Cygne, 2009.

KNYSH A., *Islamic Mysticism : a Short Story*, Köln, Brill, 2000.

LORY P., *Alchimie et mystique en terre d'islam*, Paris, Gallimard, 2003.

MASSIGNON L., *Essai sur les origines du lexique technique de la mystique musulmane*, Paris, Cerf, 1999.

MOLE M., *Les Mystiques musulmans*, Paris, PUF, 1965.

NICHOLSON R. A., *The Mystics of Islam*, Londres, Routledge, 2000.

RIZWI S. A. A., *A History of Sufism in India*, New Dehli, Mushiram Manoharlal, 1983.

SAHNOUN D. M., *La Perception mystique en islam : essai sur les origines et le développement du soufisme*, Paris, Publibook, 2009.

SCHIMMEL A., *L'Islam au féminin*, Paris, Albin Michel, 2000.

— *Le Soufisme ou les dimensions mystiques de l'islam*, Paris, Cerf, 1996.

SMITH M., *Muslim Women Mystics : the Life and Work of Rabia and Others Women Mystics in Islam*, Oxford, Oneworld, 2001.

SULAMÎ, *Femmes soufies*, prés. et trad. A. Andreucci, Paris, Entrelacs, 2011.

JUDAÏSME

ABECASSIS A., *La Mystique du Talmud*, Paris, Berg International, 1994.

BAUMGARTEN J., *La Naissance du hassidisme, mystique, rituel et société, XVIIIe-XIXe siècle*, Paris, Albin Michel, 2005.

GOODENOUGH E., *By Light, Light. The Mystic Gospel of Hellenistic Judaism*, Amsterdam, Philo Press, 1969.
HALÉVY M., *Aux sources de la kabbale et de la mystique juive*, Escalquens, Dangles, 2007.
HAYOUN M.-R., *Le Zohar : aux origines de la mystique juive*, Paris, Noêsis, 1999.
HOFFMAN E., *Mystique juive et psychologie moderne : la voie de la splendeur*, Paris, Dervy-Livres, 1988.
IDEL M., *Maïmonide et la mystique juive*, Paris, Cerf, 1991.
— *Messianisme et mystique*, Paris, Cerf, 1994.
MANDEL A., *La Voie du hassidisme*, Paris, Calmann-Lévy, 1963.
MOPSIK C., *Chemins de la cabale : vingt-cinq études sur la mystique juive*, Tel-Aviv, Éditions de l'Éclat, 2004.
MÜLLER E., *Histoire de la mystique juive*, Paris, Payot, 1976.
OUAKNIN M.-A., *Tsimtsoum : introduction à la méditation hébraïque*, Paris, Albin Michel, 1992.
SCHÄFER P., *Le Dieu caché et révélé. Introduction à la mystique juive ancienne*, Paris, Cerf, 1993.
SCHOLEM G., *La Mystique juive. Les thèmes fondamentaux*, Paris, Cerf, 1985.
— *Les Grands Courants de la mystique juive*, Paris, Payot, 1950.
— *La Kabbale*, Paris, Gallimard, coll. « Folio », 2003.
— *Le Nom et les symboles de Dieu dans la mystique juive*, Paris, Cerf, 1983.
VAJDA G., *L'Amour de Dieu dans la théologie juive du Moyen Âge*, Paris, Vrin, 1957.
WIESEL E., *Célébration hassidique*, Paris, Seuil, 1972.
ZAFRANI H., *Kabbale, vie mystique et magie : judaïsme d'Occident musulman*, Paris, Maisonneuve et Larose, 1986.

DICTIONNAIRES ET ENCYCLOPÉDIES SPÉCIALISÉS

An Illustrated Encyclopedia of Mysticism & the Mystery Religions, J. Ferguson (éd.), Londres, Thames & Hudson, 1976.
Dictionnaire de la mystique, P. Dinzelbacher (dir.), trad. Abbaye Maredsous, Turnhout, Brepols, 1993.
Dictionnaire de spiritualité ascétique et mystique, M. Viller, F. Cavallera, J. de Guibert, S.J., A. Rayez, A. Derville, P. Lamarche, A. Solignac, S.J., (dir.), Paris, Beauchesne, 1932-1995, 17 tomes : t. I, 1932 ; t. II, 1953, 2 vol. ; t. III, 1957 ; t. IV, 1re partie, 1960 ; t. IV, 2e partie, 1961 ; t. V, 1964 ; t. VI, 1967 ; t. VII, 1re partie, 1969 ; t. VII, 2e partie, 1971 ; t. VIII, 1974, 2 vol. ; t. IX, 1976 ; t. X, 1980 ;

t. XI, 1982 ; t. XII, 1re partie, 1984 ; t. XII, 2e partie, 1986 ; t. XIII, 1988 ; t. XIV, 1990 ; t. XV, 1991 ; t. XVI, 1994 ; t. XVII, 1995.

Dictionnaire des miracles et de l'extraordinaire chrétien, P. Sbalchiero (dir.), Paris, Fayard, 2002.

Dictionnaire des mystiques et des écrivains spirituels, J. Ducarme, Mane, Robert Morel, 1968.

Dictionnaire du monde religieux dans la France contemporaine, J.-P. Chantin (dir.), Paris, Beauchesne, 2001.

Encyclopédie de la mystique juive, A. Abécassis et G. Nataf (éd.), Paris, Berg International, 1977.

Encyclopédie de l'Islam, P. Bearman, Th. Bianquis, C. E. Bosworth, E. van Donzel et W. P. Heinrichs (éd.), 2e édition, Leyde, Brill, 13 vol., 1960-2009.

Encyclopédie des mystiques, M.-M. Davy (dir.), Paris, Robert Laffont & Jupiter, 1972 ; Paris, Seghers et Jupiter, 1977 ; en 4 tomes format poche, Paris, Payot & Rivages, 1996 : t. I, *Chamanisme, Grecs, Juifs, gnose, christianisme primitif* ; t. II, *Christianisme occidental, ésotérisme, protestantisme, islam* ; t. III, *Égypte, Mésopotamie, Iran, hindouisme, bouddhisme indien* ; t. IV, *Bouddhismes tibétain, chinois, japonais, yi king, tch'an, zen*.

Encyclopédie des mystiques rhénans – d'Eckhart à Nicolas de Cues et leur réception, M.-A. Vannier, W. Euler, K. Reinhardt, H. Schwaetzer (dir.), Paris, Cerf, 2011.

ANTHOLOGIES

ANVAR L. et ABBES M., *Trésors dévoilés : anthologie de l'islam spirituel*, Paris, Seuil, 2009.

BUBER M., *Confessions extatiques*, trad. Jean Malaplate, Paris, Grasset, 1995.

— *Récits hassidiques*, trad. A. Guerne et E. Nadel Guillemin, Paris, Plon, 1963.

CHUZEVILLE J., *Les Mystiques allemands du XIIIe au XIVe siècle*, Paris, Grasset, 1956.

— *Les Mystiques italiens du XIe au XVIIe siècle*, Paris, Grasset, 1956.

— *Les Mystiques espagnols*, Paris, Grasset, 1952.

COHEN R. (textes choisis et présentés par), *La Mystique juive*, Paris, La Pensée Universelle, 1974.

DANIEL-ROPS (textes choisis et commentés par), *Mystiques de France*, Paris, Buchet-Chastel, 1958.

GOSSET T., *Femmes mystiques*, Paris, La Table Ronde, 1995-1998, 3 vol.

KHAWAM R. (textes choisis, présentés et traduits par), *Propos d'amour des mystiques musulmans*, Paris, L'Orante, 1960.

LEMAÎTRE S., *Textes mystiques d'Orient et d'Occident*, trad. J. Gouillard, Paris, Payot, 1951.
LEVINE E. (textes choisis et présentés par), *Petite Anthologie de la mystique juive : introduction à la Kabbale*, Issy-les-Moulineaux, Tsedek, 1975.
MERTON T., *La Sagesse du désert. Apophtegmes des Pères du désert du IVe siècle*, Paris, Albin Michel, 1987.
MIQUEL P., *L'Islam mystique : brève anthologie*, Paris, Le Léopard d'Or, 1992.
RÉGNIER-BOHLER D. (dir.), *Voix de femmes au Moyen Âge. Savoir, mystique, poésie, amour, sorcellerie. XIIe-XVe siècle*, Paris, Robert Laffont, coll. « Bouquins », 2006.
ROMELLUÈRE E., *Les Fleurs du vide. Anthologie du bouddhisme soto zen*, Paris, Grasset, 1995.
RENOU L., *Anthologie sanskrite*, Paris, Payot, 1947.
SAFRAN A., *Sagesse de la Kabbale. 2. Textes choisis de la littérature mystique juive*, Paris, Stock, 1987.
TISHBY I., *La Kabbale : anthologie du Zohar*, Paris, Berg International, 1994.
VANNIER M.-A., *Anthologie des mystiques rhénans*, Paris, Cerf, 2010.
VITRAY-MEYEROVITCH E. de, *Anthologie du soufisme*, Paris, Sindbad, 1978.
WEIL P. (textes rassemblés par), *Anthologie de l'extase*, Paris, Albin Michel, 1989.

SITES INTERNET

Livres-mystiques.com (site de textes mystiques)
voiemystique.free.fr (site d'informations générales)
www.cmchr.net (site du Centre de mystique chrétienne)

INDEX DES NOMS PROPRES

Cet Index répertorie tous les noms propres – personnes, congrégations, sociétés, etc. – liés aux femmes mystiques et renvoie aux notices du Dictionnaire ; les numéros de pages renvoyant aux introductions et postface hors Dictionnaire. Les entrées précédées d'un astérisque font l'objet d'une notice.

C

H

L

N

Q-R

X-Y-Z

LISTE DES COLLABORATEURS

Bakri Aladdin est professeur de philosophie et de mystique à l'université de Damas.

Nelly Amri est professeur d'histoire médiévale à l'université de La Manouba-Tunis. Ses principaux domaines de recherche sont l'histoire du soufisme, de l'hagiographie et de la sainteté en islam, l'histoire du sentiment religieux, en particulier en Ifriqiya et au Maghreb médiéval.

Leili Anvar est maître de conférences à l'Institut national des langues et civilisations orientales. Elle est chroniqueuse dans l'émission « Les racines du ciel » sur France Culture et dans la revue *Le Monde des religions*.

Joseph Beaude est docteur en philosophie ès lettres et sciences humaines et chercheur au CNRS, en retraite.

Brigitte Beauzamy est docteur en sociologie (École des hautes études en sciences sociales) et Marie Curie Fellow à l'université de Warwick. Ses travaux de recherche portent sur l'action directe transnationale des mouvements protestataires, en particulier dans des contextes de conflits, ainsi que sur la mise en politique des tensions intercommunautaires.

Caroline Benzaria est historienne de l'art. Elle a travaillé pour de nombreux musées, dont le musée d'Orsay, et a participé à la préparation de grandes expositions itinérantes. Elle a enseigné l'histoire de l'art à Philadelphie.

Carmen Bernand est anthropologue et historienne, spécialisée dans l'Amérique latine. Elle est professeur émérite à l'université de Paris-Ouest Nanterre-La Défense et membre de l'Institut universitaire de France.

Jean-Pierre Berthon est ethnologue, chargé de recherche au CNRS. Il est membre du Centre de recherches sur le Japon de l'École des hautes études en sciences sociales. Son domaine d'étude est la socio-anthropologie des religions japonaises contemporaines.

Régis Bertrand est professeur émérite d'histoire moderne à l'université de Provence, chercheur à l'UMR 6570 Telemme (Maison méditerranéenne des sciences de l'homme) et spécialiste d'histoire religieuse et culturelle de la France du XVIIe au XIXe siècle. Ses recherches portent sur les rapports entre les vivants et les morts, les pratiques religieuses aux Temps modernes et au début de l'époque contemporaine à travers les dévotions, les communautés religieuses et les confréries, l'histoire et le patrimoine de Marseille.

Christian Bobin est écrivain et poète.

Françoise Bonardel est philosophe et écrivain. Elle est professeur à la Sorbonne, où elle enseigne la philosophie des religions. Elle dispense également à l'Université bouddhique européenne un enseignement portant sur l'acculturation du bouddhisme en Occident.

Elena Bottoni est docteur en Histoire. Ses recherches portent essentiellement sur l'histoire sociale et religieuse et l'histoire du genre. Elle a notamment étudié l'écriture autobiographique féminine dans un cadre religieux entre le XVIIe et le XVIIIe siècle.

Véronique Bouillier est directrice de recherche au CNRS. Anthropologue, elle étudie les sectes ascétiques hindoues au Népal et en Inde.

Rémi Boyer travaille à une nouvelle alliance des avant-gardes artistiques et des philosophies de l'éveil. Depuis 1992, il dirige la revue *L'Esprit des choses*, spécialisée dans la philosophie de Louis-Claude de Saint-Martin et la franc-maçonnerie, et assure diverses directions de collection.

France Bhattacharya est professeur émérite des Universités, professeur honoraire de langue et littérature bengalies à l'INALCO, ex-vice-présidente de l'INALCO et membre du Centre d'études de l'Inde et de l'Asie du Sud, EHESS-CNRS. Ses travaux portent sur la littérature du Bengale et l'histoire religieuse et sociale.

Ariane Buisset est auteur, diplômée de chinois, de japonais et de yoga. Elle dirige un centre de retraites spirituelles dans l'Orne, où elle enseigne le yoga, le taï-chi et la méditation zen.

Michela Catto est Marie Curie Fellow à l'École des hautes études en sciences sociales de Paris. Elle est associée au ILIESI du CNR de Rome.

Michel Cazenave est écrivain et philosophe, spécialisé dans l'œuvre de Carl Gustav Jung et la spiritualité. Il a été conseiller à la direction de France Culture, a produit et animé l'émission « Les vivants et les dieux ». Depuis 2005, il est membre fondateur et président du Cercle francophone de réflexion et d'information sur l'œuvre de C. G. Jung.

Tirthankar Chanda est journaliste littéraire et enseignant à l'Institut national des langues et civilisations orientales.

Catherine Clémentin-Ojha est directrice d'études à l'École des hautes études en sciences sociales, à Paris. Elle est spécialisée dans l'étude de l'hindouisme moderne.

Florence Close est docteur en philosophie et lettres, orientation histoire médiévale. Elle est chargée de recherche à l'université de Liège, en Belgique (Fonds national de la recherche scientifique-FNRS).

Dominique-Marie Dauzet o.praem. est religieux prémontré à l'abbaye de Mondaye (Calvados). Docteur en histoire des religions (EPHE-Sorbonne), il est l'auteur de nombreux travaux sur l'hagiographie et la spiritualité du catholicisme contemporain.

Catherine Despeux est professeur émérite de l'Institut national des langues et civilisations orientales. Sinologue, elle est spécialisée dans l'histoire de la pensée et des religions chinoises. Elle a étudié plus particulièrement les représentations du corps dans le taoïsme et la médecine chinoise traditionnelle, l'histoire des femmes dans le taoïsme et les grands textes du bouddhisme chan (zen).

Jérôme Ducor a étudié le japonais et le bouddhisme à l'université de Lausanne, puis à l'université de Genève. Il est le conservateur du département « Asie » du musée d'Ethnographie de Genève et privat-docent à l'université de Lausanne.

Clément Duyck est agrégé de lettres modernes et enseigne à l'université de Paris III (Sorbonne Nouvelle). Il prépare actuellement une thèse sur la représentation de l'extase dans la littérature mystique en France au XVIIe siècle.

Michel Evdokimov est archiprêtre dans le cadre de l'archevêché des Églises orthodoxes russes en Europe occidentale. Il a été professeur de littérature comparée à l'université de Poitiers et enseigne aujourd'hui au collège des Bernardins. Comme son père, Paul Evdokimov, il est fortement engagé dans le dialogue œcuménique.

Audrey Fella est essayiste et journaliste, spécialisée dans le domaine religieux. Diplômée de l'École pratique des hautes études de Paris en sciences religieuses, ses recherches portent sur la femme et le sacré et sur la mystique chrétienne. Elle a dirigé et coécrit *Les Femmes mystiques. Histoire et dictionnaire* (Robert Laffont, 2013).

Anthony Feneuil est normalien, assistant à l'Institut romand de systématique et d'éthique à l'université de Genève. Il travaille en philosophie sur la notion d'expérience religieuse dans les pensées de Karl Barth et d'Henri Bergson.

Paul Fenton est professeur de langue et de littérature hébraïques à l'université de Paris-Sorbonne et membre du Laboratoire de l'étude des monothéismes (CNRS). Autorité dans le domaine des manuscrits de la guéniza du Caire, il s'intéresse aux divers aspects de la civilisation juive en terre d'Islam.

Bernard Forthomme ofm est docteur en philosophie et en lettres, docteur en théologie et professeur au Centre Sèvres, à Paris. Outre de nombreux ouvrages sur la philosophie, la théologie, la psychologie et la spiritualité, il est l'auteur du premier livre en français consacré à Emmanuel Lévinas (Vrin, 1979), couronné par l'Académie royale de Belgique.

Éric Geoffroy est islamologue arabisant à l'université de Strasbourg ; il enseigne également à l'université ouverte de Catalogne et l'université catholique de Louvain. Spécialiste du soufisme et de la sainteté en islam, il travaille aussi sur les enjeux de la spiritualité dans le monde contemporain (la mondialisation, l'écologie).

Antoinette Gimaret est maître de conférences en littérature du XVIIe siècle à l'université de Limoges. Ses travaux portent sur les représentations du corps (anatomiques, spirituelles, symboliques ou théologiques) et les liens entre littérature et spiritualité, littérature et historiographie, littérature et histoire des mentalités.

Marie-Louise Gondal est membre d'une congrégation religieuse. Elle a été enseignante, avant de s'orienter vers des tâches pastorales : catéchuménat des adultes et recommençants à Lyon. Diplômée de l'ISPC et docteur en théologie, elle a coopéré avec le théologien Henri Bourgeois. En 2001, elle a créé l'association des Amis d'Henri Bourgeois.

Tatiana Goritchéva est une philosophe et théologienne russe. Ancienne responsable des Komsomols, elle s'est convertie brutalement au christianisme à vingt-six ans. Elle a organisé clandestinement des réunions chrétiennes et le mouvement de femme Maria, placé sous le patronage de la mère de Dieu. Exilée de Russie, elle réside actuellement en France.

Thierry Gosset a d'abord été libraire avant de travailler dans l'édition et de devenir bibliothécaire. Traducteur, directeur de collection, il est l'auteur d'une anthologie de textes de femmes mystiques parue aux éditions de La Table Ronde (1995).

Marguerite Gricourt est titulaire d'un doctorat de l'université de Paris III (Sorbonne Nouvelle), spécialisée dans les études indiennes. Son travail de thèse porte sur la littérature dakkini à travers l'étude du *Sab ras* (1634-1635) de Mulla Asadullah Vajhi. Elle est maître de conférences à l'INALCO depuis 1993, où elle enseigne le hindi (langue et littérature médiévale et moderne).

Marie-Élisabeth Henneau est historienne et spécialiste de l'histoire du monachisme féminin à l'époque moderne. Elle est maître de conférences à l'université de Liège et préside la Société internationale pour l'étude des femmes de l'Ancien Régime (SIEFAR).

Sophie Houdard est professeur de littérature du XVIIe siècle à l'université de Paris III (Sorbonne Nouvelle). Elle est spécialiste de la littérature spirituelle et des formes de l'irréligion.

Jean Iozia poursuit des études à l'École pratique des hautes études de Paris, en sciences religieuses. Ses recherches portent sur Curuppumullage Jinarajadasa, sa vie et son œuvre au sein de la Société Théosophique.

Geneviève James est professeur émérite de langue et de littérature françaises au Canisius College à Buffalo, New York.

Deborah Jenner est docteur en histoire de l'art. Elle est lectrice en histoire de l'art et en civilisation dans des universités privées parisiennes ainsi qu'à la Sorbonne et à l'École du Louvre et responsable de la table ronde de la Fondation Joseph Campbell à Paris. Elle mène ses recherches autour du spirituel dans l'art et l'influence de l'Asie sur l'Occident.

Jean-Pierre Jossua est écrivain et théologien. Il a enseigné aux facultés dominicaines du Saulchoir et au département d'esthétique du Centre Sèvres. Depuis plusieurs années, il s'intéresse aux auteurs mystiques sous divers points de vue : l'histoire, la psychologie, la poésie et l'expérience chrétienne.

Emmanuel Kreis est docteur en sciences religieuses, diplômé de l'École pratique des hautes études de Paris. Sa thèse porte sur l'histoire des courants ésotériques modernes et contemporains, l'anti judéo-maçonnisme et l'anti-occultisme sous la IIIe République.

Yves Krumenacker est professeur d'histoire moderne à l'université Lyon 3, membre de l'Institut universitaire de France et responsable de l'équipe RESEA (Religions, sociétés, acculturation) du LARHRA (Laboratoire de recherches historiques Rhône-Alpes). Ses thèmes de recherche sont la spiritualité française à l'époque moderne, le protestantisme européen, plus spécialement sous sa forme calviniste.

Claude Langlois est directeur d'études émérite à l'École pratique des hautes études de Paris, ancien président de la section des Sciences religieuses. Il a consacré une grande partie de ses recherches aux diverses manifestations du « féminin » dans le catholicisme et a publié, entre 2002 et 2011, huit ouvrages consacrés à Thérèse de Lisieux.

Jean-Pierre Laurant a été chargé de conférences à l'École pratique des hautes études de Paris, section des Sciences religieuses, de 1975 à 2000, sous l'intitulé : « Recherche sur les courants ésotériques au XIXe siècle », membre statutaire du « Groupe sociétés, religions, laïcités » du CNRS, à Paris, puis associé après sa retraite.

Didier Leroy est titulaire d'un DEA en études iraniennes (INALCO). Il a séjourné huit ans en tant que diplomate en Afghanistan, où il a rencontré des maîtres soufis. Il traduit du persan et a publié trois recueils de nouvelles contemporaines de la prosatrice afghane Spojmaï Zariab.

Pierre Lory est arabisant et islamisant. Spécialisé dans l'études des courants ésotériques et mystiques en islam, il est actuellement titulaire de la chaire de Mystique musulmane à la section des Sciences religieuses de l'École pratique des hautes études de Paris.

Olga Lossky est écrivain et éditrice. Elle mène diverses activités éditoriales entre littérature et théologie.

Mireille Loubet est docteur en histoire des religions. Elle a été rattachée au Centre Paul-Albert Février-UMR 7297 du CNRS (Maison méditerranéenne des sciences de l'homme, Aix-en-Provence), après avoir été en poste à Jérusalem (CRFJ) et au Caire (CEDEJ, IFAO).

Claude Louis-Combet est écrivain, essayiste et traducteur. Il a enseigné la philosophie au lycée et à l'École normale à Besançon, de 1958 à 1992. Il dirige la collection Atopia, aux éditions Jérôme Millon (Grenoble) depuis 1986.

Roland Maisonneuve est docteur ès lettres et sciences humaines. Chercheur dans le domaine de la symbolique, il a fait partie pendant de nombreuses années de l'équipe animatrice de Mystics Quaterly (réunissant des universités des États-Unis et de Nouvelle-Zélande) et continue de coordonner les travaux de l'Association internationale pluridisciplinaire IRIS (Interdisciplinary Research on Image and Sight).

Adelisa Malena enseigne l'histoire moderne à l'université de Venise et l'histoire des femmes à l'université de Padoue. Elle a travaillé sur l'Inquisition romaine, la direction spirituelle catholique et la mystique au XVIIe siècle.

Françoise Mallison est directeur d'études émérite à l'École pratique des hautes études, section des Sciences historiques et philologiques, en histoire et philologie de l'Inde occidentale au Moyen Âge. Son champ de recherche s'étend au Gujarat et à la culture religieuse de l'Inde médiévale.

François Marxer (père) est professeur aux facultés jésuites de Paris (Centre Sèvres), où il enseigne l'histoire de la spiritualité et la théologie spirituelle. Ses recherches portent sur la spiritualité et la théologie du sacrifice (particulièrement dans les ouvrages du père de Condren), ainsi que sur les femmes mystiques, notamment celles de l'époque moderne.

Yves Meessen est maître de conférences en théologie à l'université de Lorraine et fait partie de l'équipe de recherche sur les mystiques rhénans (ÉRMR), à Metz. Spécialisé en patristique et en mystique médiévale, il s'intéresse à la réception des auteurs anciens et médiévaux dans la phénoménologie contemporaine.

Fabrice Midal est docteur en philosophie et essayiste, spécialisé dans le bouddhisme.

Laurence Moulinier-Brogi est agrégée de lettres modernes et docteur en Histoire. Elle est professeur d'histoire médiévale à l'université

Lumière-Lyon 2. Elle est l'auteur de nombreux travaux sur Hildegarde de Bingen, sur l'histoire des femmes et de la mystique féminine et sur l'histoire de la médecine.

Thérèse Nadeau-Lacour est professeur titulaire de théologie morale à l'université du Québec à Trois-Rivières et de théologie spirituelle à l'université Laval de Québec, au Canada. Spécialiste en anthropologie du « sujet croyant » et en théologie de la vie mystique, elle s'intéresse particulièrement aux maîtres spirituels de la modernité et à l'articulation des dimensions éthique et spirituelle de leurs expériences. Elle est également membre du comité scientifique du CÉMI (Centre d'étude des écrits de Marie de l'Incarnation).

Alexandra Pleshoyano est professeur associée à la faculté de théologie et d'études religieuses à l'université de Sherbrooke, à Québec, au Canada. Ses recherches portent sur les différents lieux de la spiritualité aujourd'hui.

Ioulia Podoroga est docteur en philosophie et boursière post-doctorale de la Fondation Humboldt en Allemagne (2010-2011). Spécialiste de la philosophie de Bergson, elle travaille sur les questions du style et de l'écriture en philosophie.

Colette Poggi est indianiste et sanskritiste. Docteur en études germaniques et en philosophie comparée (Paris IV-Sorbonne), elle enseigne le sanskrit ainsi que la pensée religieuse et philosophique de l'Inde dans divers centres universitaires (facultés de théologie de Lyon, Marseille, Montpellier).

Nora Possenti Ghiglia est auteur d'essais sur l'art et sur la spiritualité chrétienne.

Nicole Priesching est privat-docent en histoire de l'Église médiévale et moderne à l'Institut de théologie catholique de l'université de Munster (Westfälische Wilhelms-Universität). Elle est spécialisée en histoire de la dévotion, des ordres religieux et de la religion.

Florence Quentin est diplômée d'égyptologie, journaliste et essayiste.

Isabelle Raviolo est docteur en philosophie et en théologie, spécialisée dans la spiritualité des XIIIe et XIVe siècles, et plus particulièrement dans la mystique rhénane. Elle fait partie de l'Équipe de recherche sur les mystiques rhénans (ÉRMR), à Metz.

Jean-Noël Robert est directeur d'études à l'École pratique des hautes études de Paris, section des Sciences religieuses, spécialiste du bouddhisme japonais et membre de l'Académie des inscriptions et belles-lettres.

Michka Seeliger-Chatelain est auteur et éditrice chez Mama Éditions, maison qu'elle a co-fondée en 1999.

Philippe Sellier est professeur émérite de littérature française moderne et contemporaine à l'université de Paris-Sorbonne. Il est en outre agrégé de lettres classiques, docteur en sciences religieuses et docteur d'État ès lettres avec une thèse sur *Pascal et saint Augustin* (Albin Michel, 1995). Ses travaux ont porté sur les rapports entre littérature et théologie, littérature et imaginaire.

Catherine Servan-Schreiber est chargée de recherche au CNRS et rattachée au Centre d'études de l'Inde et de l'Asie du Sud (CNRS/EHESS). Spécialiste des traditions orales en Inde, elle est l'auteur d'une longue enquête sur l'islam soufi du Bihar. Elle enseigne les littératures indiennes médiévales à l'INALCO, incluant l'étude des mystiques nath et soufies.

Bernard Sesé est professeur émérite des Universités et membre correspondant de la Real Academia Española. Spécialiste de la littérature espagnole, ses travaux de recherche et ses publications portent essentiellement sur les écrivains spirituels et mystiques de la Renaissance en Espagne et sur la poésie espagnole moderne et contemporaine.

Élisabeth Sethupathy est maître de conférences à l'INALCO, responsable de l'enseignement du tamoul.

Vincent Siret (père) est docteur en philosophie, doctorant en théologie spirituelle, supérieur du séminaire de la Société Jean-Marie Vianney (Ars) et modérateur-adjoint de la même Société.

Jean-Jacques Thibon est maître de conférences à l'université Blaise Pascal à Clermont-Ferrand, où il enseigne la langue et la civilisation arabes. Islamologue, il est spécialiste du soufisme médiéval.

Xenia von Tippelskirch enseigne l'histoire moderne à l'université de Bochum (Ruhr-Universität Bochum), en Allemagne. Ses recherches portent sur l'histoire culturelle et sur l'histoire du genre, de la France et de l'Italie à l'époque moderne.

Dominique Tronc s'intéresse aux témoignages de l'expérience spirituelle vécue au XVIIe siècle. Il a publié, entre autres, l'édition critique de la *Correspondance* de Mme Guyon en trois volumes (Honoré Champion, 2003-2005).

Marie-Anne Vannier est professeur en théologie à l'université Paul Verlaine, à Metz, et la directrice de l'Équipe de recherches sur les mystiques rhénans (ÉRMR). Elle est l'auteur de nombreuses publications sur saint Augustin, Jean Cassien, Nicolas de Cues et Maître Eckhart.

Érik Veaux est un ancien diplomate et traducteur littéraire, membre de l'ATLF. Il traduit principalement du polonais.

Éric Vinson est enseignant à Science-Po, chercheur et journaliste spécialisé dans le fait religieux. Il travaille en particulier sur le christianisme, le bouddhisme, l'interreligieux, l'ésotérisme, la didactique du fait religieux et la problématique spiritualité-politique.

Ghislain Waterlot est professeur de philosophie et d'éthique à l'université de Genève. Il est également le directeur de l'Institut romand de systématique et d'éthique (IRSE) de la faculté de théologie protestante. Il travaille sur les relations entre religion et politique ainsi que sur l'expérience religieuse et mystique.

Élisabeth Zana est danseuse et professeur de danse. Elle est l'auteur, entre autres, de *Danse, prière de l'âme et héritage sacré* (Éditions Marco Pietteur, 2005).

REMERCIEMENTS

Un *Dictionnaire des femmes mystiques* est un projet ardu, qui ne s'improvise pas et qui habite longtemps son auteur avant de prendre corps, grâce à une longue recherche, des lectures pertinentes, quelques intuitions géniales et par-dessus tout des rencontres déterminantes. C'est pourquoi je tiens à remercier de tout cœur : tous les auteurs de cet ouvrage, qui ont contribué à ce qu'il est dans une large part, desquels ressort François Marxer, pour sa Postface ; tous les membres de l'équipe Bouquins Laffont, dont mon éditeur, Jean-Philippe de Tonnac, qui l'a rendu possible, et Anne-Rita Crestani ; ainsi que tous ceux, proches et amis, qui ont cheminé avec moi durant ce lourd chantier, mes parents, indéfectibles compagnons de route, et B. B.

A. F.

TABLE DES MATIÈRES

DANS LA MÊME COLLECTION

LITTÉRATURE & POÉSIE

ALLAIS, Alphonse

Œuvres anthumes

À se tordre — Vive la vie ! — Pas de bile ! — Le Parapluie de l'escouade — Rose et vert pomme — Deux et deux font cinq — On n'est pas des bœufs — Le Bec en l'air — Amours, délices et orgues — Pour cause de fin de bail — Ne nous frappons pas — Le Captain Cap

Édition établie par François Caradec

Œuvres posthumes (1877-1905)

Édition établie par François Caradec

(2 volumes sous coffret)

ANTHOLOGIE ÉROTIQUE

Le XVIIIe siècle

Histoire de la vie et des mœurs de mademoiselle Cronel dite Frétillon — Les Galanteries de Thérèse — La Grivoise du temps ou la Charolaise — Mademoiselle Javotte — Les Lauriers ecclésiastiques — Les Cannevas de la Pâris — Correspondance de Madame Gourdan — Correspondance d'Eulalie — Le Courrier extraordinaire des fouteurs écclésiastiques — Les Sérails de Paris — Les Amours de Charlot et Toinette — Portefeuille d'un talon rouge — Le Godemiché royal — L'Autrichienne en goguettes — La Confession de Marie-Antoinette — Bordel royal — Bordel patriotique — Grande fête donnée par les maquerelles de Paris — Fureurs utérines de Marie-Antoinette — Les Adieux de La Fayette ou Cadet Capet à Antoinette — Les Adieux de la reine à ses mignons et mignonnes — Les Nouvelles du ménage royal sens dessus dessous — La Journée amoureuse

Édition établie par Maurice Lever

AUDOUARD, Yvan

Tous les contes de ma Provence

Ma Provence à moi — Le Trésor des Alpilles — Bons baisers de Fontvieille — Les Cigales d'avant la nuit — Lettres de mon pigeonnier — L'Heure d'été — L'Apprenti fada — Le Noble Jeu provençal — Camargue — Almanach égoïste à l'usage de quelques-uns — La Vérité du dimanche — Le Sabre de mon père — La Cabane de mon père

Préface d'Antoine Audouard

BALZAC, Honoré de

Premiers romans (1822-1825)

Édition établie par André Lorant

TOME I : L'Héritière de Birague — Jean Louis, ou la Fille trouvée — Clotilde de Lusignan, ou le Beau Juif — Le Centenaire, ou les Deux Beringheld

TOME II : La Dernière Fée, ou la Nouvelle Lampe merveilleuse — Le Vicaire des Ardennes — Annette et le Criminel — Wann-Chlore

Lettres à Madame Hanska (1832-1850)
Édition établie par Roger Pierrot
TOME I : 1832-1844 *(16 pages de hors-texte)*
TOME II : 1844-1850 *(16 pages de hors-texte)*
(2 volumes sous coffret)

BARBEY D'AUREVILLY, Jules
Une vieille maîtresse — L'Ensorcelée — Un prêtre marié — Les Diaboliques — Une page d'histoire
Édition établie par Philippe Sellier

BARRÈS, Maurice
Romans et voyages
Édition établie par Vital Rambaud
TOME I : Le Culte du Moi : Sous l'œil des Barbares — Un homme libre — Le Jardin de Bérénice — L'Ennemi des lois — Du sang, de la volupté et de la mort — Le Roman de l'énergie nationale : Les Déracinés — L'Appel au soldat — Leurs figures
Préface d'Éric Roussel
TOME II : Amori et dolori sacrum — Les Amitiés françaises — Les Bastions de l'Est : Au service de l'Allemagne — Colette Baudoche — Le Voyage de Sparte — Greco ou le Secret de Tolède — La Colline inspirée — Un jardin sur l'Oronte — Le Mystère en pleine lumière — *Documents*

BAUDELAIRE, Charles
Œuvres complètes
Préface de Claude Roy
Notices et notes de Michel Jamet

BENOIT, Pierre
Romans
Kœnigsmark — L'Atlantide — Pour Don Carlos — Le Puits de Jacob — Le Roi lépreux — Le Désert de Gobi
Édition établie par Francis Lacassin

LA BIBLIOTHÈQUE BLEUE
Littérature de colportage
Édition établie par Lise Andries et Geneviève Bollème

BIOY CASARES, Adolfo
Romans
L'Invention de Morel — Plan d'évasion — Le Songe des héros — Journal de la guerre au cochon — Dormir au soleil — Un photographe à La Plata — Un champion fragile — Un autre monde
Édition établie par Michel Lafon

BLONDIN, Antoine
L'Europe buissonnière — Les Enfants du bon Dieu — L'Humeur vagabonde — Un singe en hiver — Monsieur Jadis — Quat' saisons — Certificats d'études — Ma vie entre les lignes — L'Ironie du sport
Édition établie par Jacques Bens

BLOY, Léon
Journal
Édition établie par Pierre Glaudes
TOME I : 1892-1907 : Le Mendiant ingrat — Mon Journal — Quatre Ans de captivité à Cochons-sur-Marne — L'Invendable
TOME II : 1907-1917 : Le Vieux de la Montagne — Le Pèlerin de l'Absolu — Au seuil de l'Apocalypse — La Porte des Humbles

BOULGAKOV, Mikhaïl

La Garde blanche — La Vie de monsieur de Molière — Le Roman théâtral — Le Maître et Marguerite
Traduction de Claude Ligny et Paul Kalinine
Édition établie par Laure Troubetzkoy et Marianne Gourg

BRONTË, Anne, Charlotte, Emily et Patrick Branwell

Œuvres
TOME I : EMILY BRONTË : Wuthering Heights — ANNE BRONTË : Agnès Grey — CHARLOTTE BRONTË : Villette
Édition établie par Francis Lacassin
TOME II : CHARLOTTE BRONTË : Jane Eyre — ANNE BRONTË : La Châtelaine de Wildfell Hall — CHARLOTTE BRONTË : Le Professeur
Édition établie par Francis Lacassin
(2 volumes sous coffret)
TOME III : CHARLOTTE BRONTË : Shirley — Caractères des hommes célèbres du temps présent — Albion et Marina — Le Grand Monde à Verdopolis — Le Sortilège — Quatre Ans plus tôt — PATRICK BRANWELL BRONTË : Magazine (juin) (juillet) — L'Histoire des jeunes hommes — Le Pirate — The Monthly Intelligencer — La Mort de Mary Percy — « Et ceux qui sont las se reposent »
Édition établie par Raymond Bellour et Francis Lacassin

BUZZATI, Dino

Œuvres
TOME I : Bàrnabo des Montagnes — Le Secret du Bosco Vecchio — Le Désert des Tartares — Petite Promenade — Les Sept Messagers — La Fameuse Invasion de la Sicile par les ours — Panique à la Scala — Un cas intéressant
Édition établie par Francis Lacassin
TOME II : En ce moment précis — L'Écroulement de la Baliverna — L' Image de Pierre — Nous sommes au regret de… — Un amour — Le K — Les Nuits difficiles
Édition établie par Delphine Gachet

CAMÕES, Luís de

Les Lusiades
Préface d'Eduardo Lourenço. Présentation par José V. de Pina Martins
Avant-propos, Introduction et traduction du portugais par Roger Bismut
Édition bilingue portugais-français

CARROLL, Lewis

Œuvres
Édition établie par Francis Lacassin
TOME I : Les Aventures d'Alice sous terre — Les Aventures d'Alice au pays des merveilles — De l'autre côté du miroir et ce qu'Alice y trouva — Le Frelon à perruque — Alice racontée aux petits enfants — Autour du pays des merveilles — Lettres à ses amies-enfants — Petites filles en visite — Jeux, casse-tête, inventions — Les Feux de la rampe — Fantasmagorie et poésies diverses — Journaux *(16 pages de hors-texte)*
TOME II : La Chasse au Snark — Sylvie et Bruno — Tous les contes et nouvelles — Une histoire embrouillée — Le Magazine du presbytère — Le Parapluie du presbytère — Méli-mélo — Logique sans peine — La Vie à Oxford — Essais et opinions *(16 pages de hors-texte)*

CASANOVA

Histoire de ma vie
Texte intégral du manuscrit original suivi de textes inédits
Édition établie par Francis Lacassin
TOME I : Volumes 1 à 4 — *Annexes* : À la recherche de trois femmes — Théologie et religion — Philosophie et morale — Amour du beau — Le pédagogue
TOME II : Volumes 5 à 8 — *Annexes* : L'évasion des Plombs — L'Icosameron — À propos des œuvres de Bernardin de Saint-Pierre — Sur la loterie — La Kabbale — Casanova économiste
TOME III : Volumes 9 à 12 — *Annexes* : Casanova après les Mémoires — Derniers textes de Casanova
(3 volumes sous coffret)

CERVANTÈS

Don Quichotte
Traduction de Francis de Miomandre
Édition établie par Yves Roullière

CHAUCER, Geoffrey

Les Contes de Canterbury et autres œuvres
Les Contes de Canterbury — Le Roman de la Rose — Poèmes français — Le Livre de la Duchesse — Le Palais de Renommée — Anélide et le traître Arcite — Le Parlement des oiseaux — Boèce — Troïlus et Criseyde — La Légende des dames vertueuses — Poésies diverses — Traité de l'astrolabe — L'Équatoire des planètes
Édition établie par André Crépin

COLETTE

Romans, récits, souvenirs
Édition établie par Françoise Burgaud
TOME I : 1900-1919. Claudine à l'école — Claudine à Paris — Claudine en ménage — Claudine s'en va — La Retraite sentimentale — Les Vrilles de la vigne — L'Ingénue libertine — La Vagabonde — L'Envers du music-hall — L'Entrave — La Paix chez les bêtes — Les Heures longues — Dans la foule — Mitsou *(16 pages de hors-texte)*
TOME II : 1920-1940. Chéri — La Chambre éclairée — Le Voyage égoïste — La Maison de Claudine — Le Blé en herbe — La Femme cachée — Aventures quotidiennes — La Fin de Chéri — La Naissance du jour — La Seconde — Sido — Douze Dialogues de bêtes — Le Pur et l'Impur — Prisons et Paradis — La Chatte — Duo — Mes apprentissages — Bella-Vista — Le Toutounier — Chambre d'hôtel *(16 pages de hors-texte)*
TOME III : 1941-1949, *suivi de* Critique dramatique (1934-1938). Journal à rebours — Julie de Carneilhan — De ma fenêtre — Le Képi — Trois… six… neuf… — Gigi — Belles Saisons — L'Étoile Vesper — Pour un herbier — Le Fanal bleu — Autres bêtes — En pays connu — La Jumelle noire *(16 pages de hors-texte)*
(3 volumes sous coffret)

CONTES IMMORAUX DU XVIIIe SIÈCLE

Édition établie par Nicolas Veysman
Préface de Michel Delon

COURTELINE, Georges

Théâtre, contes, romans et nouvelles, philosophie, écrits divers et fragments retrouvés
Théâtre : Boubouroche — La Peur des coups — Un client sérieux — Hortense, couche-toi ! — Monsieur Badin — Théodore cherche des allumettes — La Voiture versée — Les Boulingrin — Le gendarme est sans pitié — Le commissaire est bon enfant — L'Article 330 — Les Balances — La Paix chez soi — Mentons bleus — *Contes* : Le Miroir concave — Lieds de Montmartre — Dindes et grues — Les Miettes de la table — Scènes de la vie de bureau — Les Fourneaux — L'Ami des lois — *Romans et nouvelles* : Messieurs les ronds-de-cuir — Les Linottes — Le Train de 8 h 47 — Les Gaîtés de l'escadron — *Philosophie* — *Écrits et fragments retrouvés*
Édition établie par Emmanuel Haymann

CROISADES ET PÈLERINAGES

Récits, chroniques et voyages en Terre sainte, XIIe-XVIe siècle
Chansons de croisades — La Chanson d'Antioche — La Conquête de Jérusalem — Le Bâtard de Bouillon — Saladin — Chronique de la croisade — La Conquête de Constantinople — La Fleur des histoires de la Terre d'Orient — Traité sur le passage en Terre sainte — Récits de pèlerinages — Récits de voyages hébraïques — Le Livre de Messire Jean de Mandeville
Édition établie sous la direction de Danielle Régnier-Bohler

DICKENS, Charles

Les Grandes Espérances — Le Mystère d'Edwin Drood — Récits pour Noël
Édition établie par Jean Gattegno

DIDEROT, Denis

Œuvres

Édition établie par Laurent Versini

Tome I : Philosophie

Pensées philosophiques — Addition aux Pensées philosophiques — De la suffisance de la religion naturelle — La Promenade du sceptique — Lettre sur les aveugles — Additions à la Lettre sur les aveugles — Articles de philosophie tirés de l'*Encyclopédie* — Suite de l'Apologie de M. l'abbé de Prades — Pensées sur l'interprétation de la nature — Le Rêve de d'Alembert — Principes philosophiques sur la matière et le mouvement — Observation sur Hemsterhuis — Réfutation d'Helvétius — Entretien d'un philosophe avec la maréchale de *** — Sur les femmes — Essai sur les règnes de Claude et de Néron — Éléments de physiologie

Tome II : Contes

Les Bijoux indiscrets — L'Oiseau blanc, conte bleu — La Religieuse — Mystification — La Vision de M. de Bignicourt — Les Deux Amis de Bourbonne — Entretien d'un père avec ses enfants — Ceci n'est pas un conte — Madame de La Carlière — Supplément au Voyage de Bougainville — Satyre première — Lui et moi — Le Neveu de Rameau — Jacques le Fataliste

Tome III : Politique

Articles de politique tirés de l'*Encyclopédie* — Lettre sur le commerce de la librairie — Apologie de l'abbé Galiani — L'Anti-Frédéric — Mélanges philosophiques, historiques, etc. pour Catherine II — Plan d'une université — Observations sur le Nakaz — Contributions à l'histoire des deux Indes — Lettre apologétique de l'abbé Raynal à Monsieur Grimm

Tome IV : Esthétique-Théâtre

Esthétique : Lettre sur les sourds et muets — Additions à la Lettre sur les sourds et muets — Traité du beau — Articles d'esthétique tirés de l'*Encyclopédie* — Au petit prophète de Boehmischbroda — Les Trois Chapitres — Éloge de Richardson — Les Salons de 1759, 1761, 1763, 1765, 1767, 1769, 1771, 1775 et 1781 — Pensées détachées sur la peinture, la sculpture et la poésie. *Théâtre* : Le Fils naturel — Entretiens sur *Le Fils naturel* — Le Père de famille — De la poésie dramatique — Sur Térence — Paradoxe sur le comédien — Est-il bon ? Est-il méchant ? *(16 pages de hors-texte)*

Tome V : Correspondance

DUMAS, Alexandre

Mes mémoires

Préface de Claude Schopp

Notes de Pierre Josserand

Tome I : 1802-1830 *(16 pages de hors-texte)*

Tome II : 1830-1833 *(16 pages de hors-texte)*

(3 volumes sous coffret, dont Quid d'Alexandre Dumas, *par Dominique Frémy et Claude Schopp)*

Les grands romans d'Alexandre Dumas

Édition établie par Claude Schopp

Mémoires d'un médecin

• Joseph Balsamo, *suivi d'un* Dictionnaire des personnages, *par Claude Schopp*

• Le Collier de la reine — Ange Pitou

• La Comtesse de Charny — Le Chevalier de Maison-Rouge

(3 volumes)

Les Mousquetaires

• Les Trois Mousquetaires — Vingt Ans après *(nouvelle édition)*, *précédé d'un* Dictionnaire des personnages, *par Claude Schopp*

• Le Vicomte de Bragelonne

Tome I : Chapitres i à cxxxiii

Tome II : Chapitres cxxxiv à cclxvi

(3 volumes)

La Reine Margot — La Dame de Monsoreau

Précédé d'un Dictionnaire des personnages, *par Claude Schopp*

Les Quarante-Cinq
Suivi de Théâtre : La Reine Margot — La Dame de Monsoreau

Le Comte de Monte-Cristo
Précédé d'un Dictionnaire des personnages, *par Claude Schopp*

D'UN CÉLINE L'AUTRE
Édition établie et présentée par David Alliot
Préface de Me François Gibault

DUONG THU HUONG
Œuvres
Au-delà des illusions — Les Paradis aveugles — Roman sans titre — Terre des oublis
Préface d'Antoine Audouard

ELUARD, Paul
La Poésie du passé
De Chrestien de Troyes à Cyrano de Bergerac

FERNANDEZ, Dominique
Prestige et Infamie
La Course à l'abîme — Le Dernier des Médicis — Signor Giovanni — Dans la main de l'ange

FONTANE, Theodor
Errements et Tourments — Jours disparus — Frau Jenny Treibel — Effi Briest
Édition établie sous la direction de Michel-François Demet
Préface de Claude David

GAUTIER, Théophile
Œuvres
La Cafetière — Omphale — Les Jeunes-France — Mademoiselle de Maupin — La Morte amoureuse — La Chaîne d'or — Fortunio — La Pipe d'opium — Une nuit de Cléopâtre — La Toison d'or — Le Pied de momie — La Mille et Deuxième Nuit — Le Roi Candaule — Le Club des hachichins — Arria Marcella — Avatar — Jettatura — Le Roman de la momie — Le Capitaine Fracasse — Spirite
Édition établie et annotée par Paolo Tortonese

GIBRAN, Khalil
Œuvres complètes
La Musique — Les Nymphes des vallées — Les Esprits rebelles — Les Ailes brisées — Larme et Sourire — Les Processions — Les Tempêtes — Merveilles et Curiosités, *traduits de l'arabe par Jean-Pierre Dahdah* — Le Fou, *traduit de l'anglais par Rafic Chikhani* — Le Précurseur, *traduit de l'anglais par Alexandre Najjar* — Le Prophète, *traduit de l'anglais par Salah Stétié* — Le Sable et l'Écume — Jésus Fils de l'Homme, *traduits de l'anglais par Jean-Pierre Dahdah* — Les Dieux de la Terre, *traduit de l'anglais par Alexandre Najjar* — L'Errant — Le Jardin du Prophète — Lazare et sa bien-aimée — L'Aveugle, *traduits de l'anglais par Jean-Pierre Dahdah* — Dictionnaire Gibran, *par Alexandre Najjar*
Édition établie et présentée par Alexandre Najjar

GONCOURT, Edmond et Jules de
Journal. Mémoires de la vie littéraire
Édition établie et annotée par Robert Ricatte
Préface et chronologie de Robert Kopp
TOME I : 1851-1865 *(16 pages de hors-texte)*
TOME II : 1866-1886 *(16 pages de hors-texte)*
TOME III : 1887-1896 *(16 pages de hors-texte)*
(3 volumes sous coffret)

Les Maîtresses de Louis XV
et autres portraits de femmes
La Duchesse de Châteauroux et ses sœurs — Madame de Pompadour — La du Barry — Sophie Arnould — Histoire de Marie-Antoinette
Édition établie et présentée par Robert Kopp

LE GRAND-GUIGNOL

Le Théâtre des peurs de la Belle Époque
OSCAR MÉTÉNIER : Lui ! — JEAN BERLEUX : Carrier, horloger-bijoutier — OSCAR MÉTÉNIER ET RAOUL RALPH : Son poteau — ANDRÉ DE LORDE : Le Système du docteur Goudron et du professeur Plume — JEAN LORRAIN ET GUSTAVE COQUIOT : Hôtel de l'Ouest... Chambre 22... — ANDRÉ DE LORDE ET EUGÈNE MOREL : La Dernière Torture — PAUL AUTIER ET PAUL CLOQUEMIN : Gardiens de phare — BARONNE HÉLÈNE DE ZUYLEN DE NYEVELT : La Mascarade interrompue — ANDRÉ DE LORDE, ALFRED BINET ET MAX MAUREY : L'Obsession ou les Deux Forces — HENRI-RENÉ LENORMAND : La Folie blanche — JOHANNÈS GRAVIER ET A. LEBERT : Le Chirurgien de service — EUGÈNE HÉROS ET LÉON ABRIC : La Veuve — LÉO MARCHÈS ET CLÉMENT VAUTEL : Les Trois Messieurs du Havre — ÉLIE DE BASSAN : Les Opérations du professeur Verdier — ANDRÉ MOUËZY-ÉON : Les Nuits du Hampton Club — RENÉ BERTON : Après coup !... ou Tics — ANDRÉ DE LORDE : Une leçon à la Salpêtrière — CHARLES FOLEŸ ET ANDRÉ DE LORDE : Un concert chez les fous — ANDRÉ DE LORDE ET ALFRED BINET : L'Horrible Expérience — CHARLES HELLEM, WILLIAM VALCROS ET POL D'ESTOC : Sabotage — ANDRÉ MOUËZY-ÉON ET GEORGES JUBIN : Dichotomie — MAURICE LEVEL ET ÉTIENNE REY : Sous la lumière rouge — CHARLES GARIN : L'Alouette sanglante ou Hioung-Pe-Ling — GASTON LEROUX : L'Homme qui a vu le diable — ROBERT FRANCHEVILLE : Le Beau Régiment — MAURICE LEVEL : Le Baiser dans la nuit — BENJAMIN RABIER ET EUGÈNE JOULLOT : Le Court-Circuit — ANDRÉ DE LORDE ET HENRI BAUCHE : Le Laboratoire des hallucinations — Le Château de la mort lente — PIERRE VEBER ET HENRY DE GORSSE : Un réveillon au Père-Lachaise — ANDRÉ MOUËZY-ÉON : Isolons-nous, Gustave ! — GEORGES NEVEUX ET MAX MAUREY : L'Atroce Volupté — CHARLES MÉRÉ : Une nuit au bouge — ALFRED SAVOIR ET LÉOPOLD MARCHAND : Devant la mort — CHARLES MÉRÉ : Le Marquis de Sade — OLAF ET PALAU : Les Détraquées — HENRI DUVERNOIS : La Dame de bronze et le monsieur de cristal — CHARLES FOLEŸ ET ANDRÉ DE LORDE : Au téléphone — CHARLES HELLEM ET POL D'ESTOC : Vers l'au-delà — PIERRE CHAINE ET ANDRÉ DE LORDE : Le Jardin des supplices — RÉGIS GIGNOUX : L'Appel du clown — PIERRE CUSY ET GABRIEL GERMINET : Great-Guignol — GABRIEL GERMINET : Marémoto — ANDRÉ-PAUL ANTOINE : La Dernière Nuit de Raspoutine — JOSÉ GERMAIN : La Mort qui passe ou Dans l'ombre — MAURICE RENARD : L'Amant de la morte — ANDRÉ DE LORDE ET ALFRED BINET : Crime dans une maison de fous ou les Infernales — JEAN ARAGNY ET FRANCIS NEILSON : Le Baiser de sang — MAX MAUREY, CHARLES HELLEM ET POL D'ESTOC : Le Faiseur de monstres — JEAN SARTÈNE : La Griffe — RENÉ BERTON : La Drogue — CHARLES MÉRÉ : Les Trois Masques — JOSÉ DE BÉRYS : Un cri dans la nuit — ANDRÉ-PAUL ANTOINE : La Tueuse — EDDY GHILAIN ET PIERRE LARROQUE : La Loterie de la mort ou Sept Crimes dans un fauteuil *(8 pages de hors-texte)*
Édition établie par Agnès Pierron

GREENE, Graham

La Chaise vide *et autres récits inédits, suivis de* Le Ministère de la peur — Le Dixième Homme — Une sorte de vie — Les Chemins de l'évasion
Édition établie et présentée par François Gallix et Isabelle D. Philippe

La Puissance et la Gloire — Le Fond du problème — La Fin d'une liaison — Un Américain bien tranquille — Notre Agent à La Havane — Le Facteur humain
Préface de François Gallix

GROSSMAN, Vassili

Vie et destin *(traduction revue et augmentée)* — La Madone Sixtine — Le Repos éternel — Le Phosphore — La Route — Abel. Le six août — Tiergarten — Maman — À Kislovodsk — Tout passe — *Annexes :* Lettre à Khrouchtchev — Entretien avec Souslov — Lettres à ma mère
Édition établie et présentée par Tzvetan Todorov
Notes et Dictionnaire par Ludmila Gaav-Mathis

HARRISON, Jim

Wolf, Mémoires fictifs — Un bon jour pour mourir — Nord-Michigan — Légendes d'automne — Sorcier
Préface de Serge Lentz

HOMÈRE

L'Iliade — L'Odyssée
Édition établie et traduite par Louis Bardollet

HUGO, Victor

Correspondance familiale et écrits intimes
Édition établie par Jean et Sheila Gaudon, et Bernard Leuilliot
Préface de Jean Gaudon
TOME I : 1802-1828 — TOME II : 1828-1839

ŒUVRES COMPLÈTES
Édition dirigée par Jacques Seebacher

Roman
TOME I : Han d'Islande — Bug-Jargal — Le Dernier Jour d'un condamné — Notre-Dame de Paris — Claude Gueux
Présentation, notices et notes de Jacques Seebacher
TOME II : Les Misérables
Présentation d'Annette Rosa
Notices et notes de Guy et Annette Rosa
TOME III : L'Archipel de la Manche — Les Travailleurs de la mer — L'Homme qui rit — Quatrevingt-treize
Présentation d'Yves Gohin
Notices et notes d'Yves Gohin, Bernard Leuilliot et Jean Gaudon

Poésie
TOME I : Premières publications — Odes et Ballades — Les Orientales — Les Feuilles d'automne — Les Chants du crépuscule — Les Voix intérieures — Les Rayons et les Ombres
Présentation de Claude Gély
Notices et notes de Bernard Leuilliot, Gabrielle Malandain, Nicole Savy, Claude Gély et Jean-Pierre Reynaud
TOME II : Châtiments — Les Contemplations — La Légende des siècles *(première série)* — Les Chansons des rues et des bois — La Voix de Guernesey
Présentation de Jean Gaudon
Notices et notes de Jean et Sheila Gaudon
TOME III : L'Année terrible — La Légende des siècles *(nouvelle série)* — La Légende des siècles *(dernière série)* — L'Art d'être grand-père — Le Pape — La Pitié suprême — Religions et Religion — L'Âne — Les Quatre Vents de l'esprit
Présentation de Jean Delabroy
Notices et notes de Claude Millet, Jean Delabroy, Yves Gohin, Jean-Claude Fizaine et Danièle Gasiglia-Laster
TOME IV : La Fin de Satan — Toute la lyre — Dieu — Les Années funestes — Dernière Gerbe — Océan vers — *Annexe* : Le Verso de la page, Dieu
Présentation de Bernard Leuilliot
Notices et notes de René Journet, Pierre Laforgue et Bernard Leuilliot

Théâtre
TOME I : Cromwell — Amy Robsart — Hernani — Marion de Lorme — Le roi s'amuse — Lucrèce Borgia — Marie Tudor — Angelo, tyran de Padoue — La Esmeralda
Présentation d'Anne Ubersfeld
Notices et notes d'Anne Ubersfeld et Arnaud Laster
TOME II : Ruy Blas — Les Burgraves — Torquemada — Théâtre en liberté — Les Jumeaux — Mille Francs de récompense — L'Intervention
Présentation d'Arnaud Laster
Notices et notes d'Anne Ubersfeld, Anne Maurel, Jean-Claude Fizaine et Arnaud Laster

Politique
Paris — Mes fils — Actes et paroles I — Actes et paroles II — Actes et paroles III — Actes et paroles IV — Testament littéraire — Préface à l'édition *ne varietur*
Présentation de Jean-Claude Fizaine
Notices et notes d'Yves Gohin, Bernard Leuilliot, Michèle Fizaine, Josette Acher, Marie-Christine Bellosta et Jean-Claude Fizaine

Histoire
Napoléon-le-Petit — Histoire d'un crime — Choses vues
Présentation de Sheila Gaudon
Notices et notes de Sheila Gaudon, Jean-Claude Fizaine, Guy Rosa, Pascale Devars et Jean-Claude Nabet

Voyages
Le Rhin — Fragments d'un voyage aux Alpes — France et Belgique — Alpes et Pyrénées — Voyages et excursions — Carnets 1870-1871 — *Annexes*
Présentation de Claude Gély
Notices et notes d'Evelyn Blewer, Corinne Chuat, Jacques Seebacher et Claude Gély

Chantiers
Reliquat de *Notre-Dame de Paris* — Suite de *Châtiments* — La Fin de Satan *(fragments)* — Dieu *(fragments)* — Le Dossier des *Misérables* — Autour des *Chansons des rues et des bois* — Fragments critiques — Fragments dramatiques
Présentation de René Journet
Notices et notes d'Evelyn Blewer, Yves Gohin, Anthony R. W. James, René Journet, Arnaud Laster et Jacques Seebacher

Océan
Océan prose — Philosophie prose — Faits et croyances — Moi, l'amour, la femme — Philosophie vers — Plans et projets
Textes établis et annotés par René Journet

HUYSMANS, Joris-Karl
Romans
Marthe — Les Sœurs Vatard — Sac au dos — En ménage — À vau-l'eau — À rebours — En rade — Un dilemme — La Retraite de monsieur Bougran
Édition établie sous la direction de Pierre Brunel

JAMES, Henry
Daisy Miller — Les Ailes de la colombe — Les Ambassadeurs
Préface de Philippe Sellier

JARRY, Alfred
Œuvres
Les Minutes de sable mémorial — César Antechrist — Poèmes de jeunesse — Écrits sur l'art — L'Ymagier — Perhinderion — Ubu roi — Ubu enchaîné — Ubu cocu — Ubu sur la butte — Almanach du père Ubu — Gestes et opinions du Dr Faustroll, pataphysicien — Les Jours et les Nuits — L'Amour en visites — L'Amour absolu — L'Autre Alceste — Messaline — Le Surmâle — Poèmes — La Chandelle verte — La Dragonne
Édition établie sous la direction de Michel Décaudin

LABICHE, Eugène
Théâtre
Édition établie par Jacques Robichez
TOME I : Rue de l'Homme-Armé n° 8 *bis* — Embrassons-nous, Folleville ! — Un garçon de chez Véry — La Fille bien gardée — Un chapeau de paille d'Italie — Un monsieur qui prend la mouche — Le Misanthrope et l'Auvergnat — Edgard et sa bonne — Le Chevalier des dames — Mon Isménie — Si jamais je te pince… ! — L'Affaire de la rue de Lourcine — L'Avocat d'un grec — Voyage autour de ma marmite — La Sensitive — Les Deux Timides — Le Voyage de monsieur Perrichon — Les Vivacités du capitaine Tic — Le Mystère de la rue Rousselet — La Poudre aux yeux, *précédé d'un* Dictionnaire d'Eugène Labiche, *par Jacques Robichez*

TOME II : La Station Champbaudet — Les 37 Sous de M. Montaudoin — La Dame au petit chien — Permettez, madame !… — Célimare le bien-aimé — La Cagnotte — Moi — Premier Prix de piano — Un pied dans le crime — La Grammaire — Les Chemins de fer — Le Papa du prix d'honneur — Le Dossier de Rosafol — Le Plus Heureux des trois — Doit-on le dire ? — 29 Degrés à l'ombre — Garanti dix ans — Madame est trop belle — Les Trente Millions de Gladiator — Un mouton à l'entresol — Le Prix Martin — La Cigale chez les fourmis

LAWRENCE, David Herbert

Le Serpent à plumes et autres œuvres mexicaines

Le Serpent à plumes — Matinées mexicaines — L'Amazone fugitive — L'Étalon — La Princesse

Première édition conforme au manuscrit original du Serpent à plumes, traduit par Philippe Mikriammos

Édition présentée par Philippe Mikriammos

LAWRENCE, T. E.

Œuvres

Édition établie par Francis Lacassin

TOME I : Dépêches secrètes d'Arabie — [Le Rêve anéanti] — Lettres de T. E. Lawrence à E. T. Leeds — Lettres de T. E. Lawrence *(8 pages de hors-texte)*

TOME II : Les Sept Piliers de la sagesse, *précédé d'un* Dictionnaire de T. E. Lawrence, *par Francis Lacassin (8 pages de hors-texte)*

Nouvelle traduction de Jean Rosenthal

Préface de Roger Stéphane

Index des noms, index des lieux, index des thèmes, par Maurice Larès

LE BRAZ, Anatole

Magies de la Bretagne

Édition établie par Francis Lacassin

TOME I : La Bretagne à travers l'Histoire — La Légende de la mort chez les Bretons armoricains — Récits de passants — Vieilles Histoires du pays breton — Pâques d'Islande — Contes du soleil et de la brume — Les Saints bretons — Au pays des pardons

Introduction de Pierre Jakez Hélias

TOME II : Le Gardien du feu — Le Sang de la Sirène — Âmes d'Occident — Chansons populaires de la Basse-Bretagne — Le Théâtre celtique — Cognomerus et sainte Tréfine — Croquis de Bretagne et d'ailleurs — Vieilles Chapelles de Bretagne — Îles bretonnes — La Terre du passé

Introduction de Claude Seignolle

LA LÉGENDE ARTHURIENNE

Le Graal et la Table Ronde

Perceval le Gallois ou le Conte du Graal, *par Chrétien de Troyes* — Perlesvaus, le Haut Livre du Graal — Merlin et Arthur : le Graal et le Royaume, *attribué à Robert de Boron* — Le Livre de Caradoc — Le Chevalier à l'épée — Hunbaut — La Demoiselle à la mule, *attribué à Païen de Maisières* — L'Âtre périlleux — Gliglois — Méraugis de Portlesguez, *par Raoul de Houdenc* — Le Roman de Jaufré — Blandin de Cornouaille — Les Merveilles de Rigomer — Méliador, *par Jean Froissart* — Le Chevalier au Papegau

Édition établie sous la direction de Danielle Régnier-Bohler

LEVI, Primo

Œuvres

Si c'est un homme — La Trêve — Le Système périodique — La Clé à molette — Maintenant ou jamais — Conversations et entretiens

Édition présentée par Catherine Coquio

LOTI, Pierre

Voyages (1872-1913)

L'Île de Pâques — Une relâche de trois heures — Mahé des Indes — Obock (en passant) — Japoneries d'automne — Au Maroc — Constantinople en 1890 — Le Désert — Jérusalem — La Galilée — L'Inde (sans les Anglais) — Les Pagodes d'or — En passant à Mascate — Vers Ispahan — Les Derniers Jours de Pékin — Un pèlerin d'Angkor — La Mort de Philæ — Suprêmes visions d'Orient

Édition établie par Claude Martin

LOUŸS, Pierre

Œuvre érotique

Parodies et versions libres — Récits et contes — Roman — Dialogues et monologues — Théâtre — Poésie — Varia

Édition établie et présentée par Jean-Paul Goujon

MAUPASSANT, Guy de

Contes et nouvelles — Romans

Édition établie par Brigitte Monglond

TOME I : Contes divers (1875-1880) — La Maison Tellier — Contes divers (1881) — Mademoiselle Fifi — Contes divers (1882) — Contes de la Bécasse — Clair de lune — Contes divers (1883) — Une vie — Miss Harriet — Les Sœurs Rondoli — Quid de Maupassant, *par Brigitte Monglond et Bernard Benech, sous la direction de Dominique Frémy (16 pages de hors-texte)*

TOME II : Yvette — Contes divers (1884) — Contes du jour et de la nuit — Bel-Ami — Contes divers (1885) — Toine — Monsieur Parent — La Petite Roque — Contes divers (1887) — Le Rosier de madame Husson — La Main gauche — Contes divers (1889) — L'Inutile Beauté *(16 pages de hors-texte)*

MÉLANCOLIES

De l'Antiquité au XXe siècle

Anthologie critique et commentée

Édition établie et présentée par Yves Hersant

MERCIER, Louis Sébastien et RESTIF DE LA BRETONNE

Paris le jour, Paris la nuit

LOUIS SÉBASTIEN MERCIER : Tableau de Paris, Le Nouveau Paris, *édition établie par Michel Delon* — RESTIF DE LA BRETONNE : Les Nuits de Paris, *édition établie par Daniel Baruch (16 pages de hors-texte)*

MILLE ET CENT ANS DE POÉSIE FRANÇAISE

De la *Séquence de sainte Eulalie* à Jean Genet

Anthologie établie par Bernard Delvaille

LES MILLE ET UNE NUITS

Dans la traduction du Dr J.-C. Mardrus

Présentation de Marc Fumaroli

TOME I — TOME II

(2 volumes sous coffret)

MORAND, Paul

Voyages

Paris-Tombouctou — Hiver caraïbe — Le Rhône en hydroglisseur ou un Mississippi sans crocodiles — New York — Londres — Le Nouveau Londres — Bucarest — Méditerranée, mer des surprises — L'Europe russe annoncée par Dostoïevski — Le Voyage

Édition établie et présentée par Bernard Raffalli

NABOKOV, Vladimir

Littératures

Littératures I : Austen, Dickens, Flaubert, Stevenson, Proust, Kafka, Joyce — Littératures II : Gogol, Tourguéniev, Dostoïevski, Tolstoï, Tchekhov, Gorki — Littératures III : Don Quichotte

Préface de Cécile Guilbert

NAIPAUL, V. S.

Romans

Dans un État libre — Guérilleros — À la courbe du fleuve — L' Énigme de l'arrivée

Préface de Jean-François Fogel

ORMESSON, Jean d'

La vie ne suffit pas
Œuvres choisies
Du côté de chez Jean — Mon dernier rêve sera pour vous — Et toi mon cœur pourquoi bats-tu — Une autre histoire de la littérature française, I et II — Voyez comme on danse

C'est l'amour que nous aimons
L'amour est un plaisir — Un amour pour rien — Au revoir et merci — Le Vent du soir — Tous les hommes en sont fous — Le Bonheur à San Miniato
Préface de Marc Lambron

LE PAYS INTÉRIEUR

Voyage au centre du Moi
Anthologie de penseurs et d'écrivains européens (1770-1936)
Édition établie et présentée par Anne Maurel

PEPYS, Samuel

Journal (1660-1669)
Édition et traduction de l'anglais établies par André Dommergues
TOME I : 1660-1664 — TOME II : 1665-1669
(2 volumes sous coffret)

POE, Edgar Allan

Contes, essais, poèmes
Traductions de Baudelaire et de Mallarmé complétées de nouvelles traductions de Claude Richard et Jean-Marie Maguin
Édition établie par Claude Richard

LA POÉSIE À L'ÂGE BAROQUE, 1598-1660

Édition établie et présentée par Alain Niderst

PROUST, Marcel

À la recherche du temps perdu
Introduction et préfaces de Bernard Raffalli
Notes d'André-Alain Morello
TOME I : Du côté de chez Swann — À l'ombre des jeunes filles en fleurs, *précédé d'un* Quid de Marcel Proust *par Philippe Michel-Thiriet, sous la direction de Dominique Frémy*
TOME II : Le Côté de Guermantes — Sodome et Gomorrhe
TOME III : La Prisonnière — La Fugitive — Le Temps retrouvé

RÉCITS D'AMOUR ET DE CHEVALERIE

XIIe-XVe siècle
Pirame et Tisbé — Narcisse — Ipomédon — Protheselaüs — Floris et Lyriopé — Joufroi de Poitiers — Le Roman de Silence — Durmart le Gallois — Le Roman du comte d'Anjou — Ponthus et Sidoine — Histoire d'Olivier de Castille et Artus d'Algarbe — Histoire de Jason
Édition établie sous la direction de Danielle Régnier-Bohler

RÉCITS DE CAMPAGNE ET DE CHASSE

La Vie à la campagne d'un gentilhomme picard à la fin du XVIe siècle — LAURENT LABRUYERRE : Les Ruses du braconnage mises à découvert ou Mémoires et instructions sur la chasse et le braconnage — Mémoires d'un braconnier — MELCHIOR DE SAVIGNY : Un jour de chasse à Lorcy — JOHN DELEGORGUE-CORDIER : La Chasse au tir — ELZÉAR BLAZE : Le Chasseur conteur — THÉOPHILE DEYEUX : Tablettes de Saint-Hubert, ses commandements, ses aphorismes — ADOLPHE D'HOUDETOT : Le Chasseur rustique — THÉODORE DE FOUDRAS : Les Gentilshommes chasseurs — Les Veillées de Saint-Hubert — LÉON BERTRAND : Tonton Tontaine Tonton — CHARLES JOBEY : La Chasse et la Table — ALPHONSE DAUDET : En Camargue — Les Émotions d'un perdreau rouge racontées par lui-même — JULES VERNE : Dix heures en chasse — GUY DE MAUPASSANT : Quelques contes — FLORIAN PHARAON : Le Fusil sur l'épaule — GUSTAVE BLACK : Le Château de la Baraque. Roman de chasse et de sport — ALEXANDRE DUMAS : Coups de fusil — HENRI

GOURDON DE GENOUILLAC : L'Église et la chasse — ANDRÉ THEURIET : Contes pour les soirs d'hiver — PAUL ARÈNE : Contes de Paris et de Provence — ÉTIENNE GROSCLAUDE : Les Joies du plein air — GASPARD DE CHERVILLE : Récits de terroir — PAUL BILHAUD : Les Vacances de Bob et Lisette illustrées par Job — JULES RENARD : Histoires naturelles — GYP : Sportmanomanie — JEAN MARBEL : Histoires de chasseurs — LOUIS PERGAUD : Le Roman de Miraut, chien de chasse — E. DESCOURS : En quête dans le Velay. Clo-Grand Feutre et Foulard rouge. Notes, impressions de chasse et de la vie au grand air
Édition établie et présentée par Jérôme et Valentine Del Moral

RENARD, Jules
Journal (1887-1910)
Édition présentée et annotée par Henry Bouillier
(16 pages de hors-texte)

RESTIF DE LA BRETONNE
Romans
TOME I : Le Pied de Fanchette — Le Paysan perverti — La Jolie Polisseuse — La Jolie Fourbisseuse — La Jolie Boursière — La Belle Imagère — La Petite Coureuse (*extraites de* Les Contemporaines du commun)
Édition établie par Pierre Testud
TOME II : La Vie de mon père — La Femme de laboureur — La Femme infidèle — Ingénue Saxancour — L'Épouse d'homme veuf — La Dernière Aventure d'un homme de quarante-cinq ans — La Fille de mon hôtesse
Édition établie par Daniel Baruch

RIMBAUD, Arthur
Œuvres complètes et correspondance
Nouvelle édition et Dictionnaire d'Arthur Rimbaud *établis par Louis Forestier*

RIMBAUD — CROS — CORBIÈRE — LAUTRÉAMONT
Œuvres poétiques complètes
Textes présentés et annotés par Alain Blottière, Pascal Pia, Michel Dansel, Jérôme Brancilhon
Préface de Hubert Juin

ROMAINS, Jules
Les Hommes de bonne volonté
Édition établie par Olivier Rony avec la collaboration de Lise Jules-Romains
VOLUME I : Le 6 octobre — Crime de Quinette — Les Amours enfantines — Éros de Paris — Les Superbes — Les Humbles — Recherche d'une Église
VOLUME II : Province — Montée des périls — Les Pouvoirs — Recours à l'abîme — Les Créateurs — Mission à Rome — Le Drapeau noir
VOLUME III : Prélude à Verdun — Verdun — Vorge contre Quinette — La Douceur de la vie — Cette grande lueur à l'Est — Le monde est ton aventure — Journées dans la montagne
VOLUME IV : Les Travaux et les Joies — Naissance de la bande — Comparutions — Le Tapis magique — Françoise — Le 7 octobre
(4 volumes sous coffret)

ROMANS DE CIRQUE
JULES CLARETIE : Le Train 17, *suivi de* Boum-Boum — EDMOND DE GONCOURT : Les Frères Zemganno — RODOLPHE DARZENS : Ukko' Till — GUSTAVE KAHN : Le Cirque solaire — FÉLICIEN CHAMPSAUR : Lulu — GUSTAVE COQUIOT : Histoire de deux clowns et d'une petite écuyère
Édition établie par Sophie Basch

ROMANS DE FEMMES DU XVIIIe SIÈCLE
MME DE TENCIN : Mémoires du comte de Comminge — MME DE GRAFFIGNY : Lettres d'une Péruvienne — MME RICCOBONI : Lettres de mistriss Fanni Butlerd — MME DE CHARRIÈRE : Lettres neuchâteloises — Lettres de mistriss Henley — Lettres écrites de Lausanne — OLYMPE DE GOUGES : Mémoire de Mme de Valmont — MME DE SOUZA : Adèle de Sénange — MME COTTIN : Claire

d'Albe — Mme de Genlis : Mademoiselle de Clermont — Mme de Krüdener : Valérie — Mme de Duras : Ourika — Édouard
Édition établie par Raymond Trousson

ROMANS LIBERTINS DU XVIIIe SIÈCLE

Crébillon fils : Les Égarements du cœur et de l'esprit — Charles Pinot Duclos : Les Confessions du comte de *** — Godard d'Aucour : Thémidore ou Mon histoire et celle de ma maîtresse — La Morlière : Angola, histoire indienne — Voisenon : Le Sultan Misapouf — Histoire de la félicité — Boyer d'Argens : Thérèse philosophe ou Mémoires pour servir à l'histoire du père Dirrag et de mademoiselle Éradice — Fougeret de Monbron : Margot la ravaudeuse — François-Antoine Chevrier : Le Colporteur — Claude-Joseph Dorat : Les Malheurs de l'inconstance — Andréa de Nerciat : Félicia ou Mes fredaines — Vivant Denon : Point de lendemain
Édition établie par Raymond Trousson

ROYAUMES JUIFS

Trésors de la littérature yiddish
Édition établie et présentée par Rachel Ertel
Tome I : Mendelè-Moïkher-Sforim : Fichkè le boiteux — I. L. Peretz : Métamorphose d'une mélodie et autres contes et récits — Sholem-Aleïkhem : Gens de Kasrilevkè — Sholem Asch : La Sanctification du Nom — Der Nister : Sortilèges — David Bergelson : Autour de la gare
Tome II : I. J. Singer : Argile — Lamed Shapiro : Le Royaume juif — Joseph Opatoshu : Du ghetto de New York — Moïshe Kulbak : Les Zelminiens — Isroel Rabon : La Rue — Isaïe Spiegel : Les Flammes de la terre — Mendel Mann : Des graines dans le désert

SAGAN, Françoise

Bonjour tristesse — Un certain sourire — Dans un mois dans un an — Château en Suède — Aimez-vous Brahms… — Les Merveilleux Nuages — La Chamade — Le Garde du cœur — Un peu de soleil dans l'eau froide — Des bleus à l'âme — Le Lit défait — Le Chien couchant — La Femme fardée — La Laisse — Les Faux-Fuyants
Préface de Philippe Barthelet

SAINTE-BEUVE

Portraits littéraires
Édition établie par Gérald Antoine

Port-Royal
Édition présentée par Philippe Sellier
Tome I : Livres I à V, 8 — Tome II : Livres V, 9 à VI
(2 volumes sous coffret)

SAND, George

Consuelo — La Comtesse de Rudolstadt
Édition établie par Damien Zanone
Préface de Nicole Savy

SEGALEN, Victor

Œuvres complètes
Édition établie et présentée par Henry Bouillier
Tome I : *Cycle des apprentissages* : Les Cliniciens ès lettres — Les Synesthésies et l'école symboliste — Essai sur soi-même — Journal de voyage — *Cycle polynésien* : Les Immémoriaux — Gauguin dans son dernier décor — Le Maître-du-Jouir — Hommage à Gauguin — La Marche du feu — Pensers païens — Journal des îles — Le Double Rimbaud — Vers les sinistrés — Hommage à Saint-Pol-Roux — *Cycle musical et orphique* : Voix mortes : Musiques maori — Dans un monde sonore — Siddhârtha — Entretiens avec Debussy — Orphée-Roi — Gustave Moreau, maître imagier de l'orphisme — Quelques musées par le monde — *Cycle des ailleurs et du bord du chemin* : Essai sur l'exotisme — Essai sur le mystérieux — Imaginaires — Un grand fleuve — Briques et Tuiles — Feuilles de routes
Tome II : *Cycle chinois* : Stèles — Peintures — Équipée — Le Fils du Ciel — René Leys — Odes — Thibet — Le Combat pour le sol — Lettre X — Sites — *Cycle archéologique et sinologique* : Chine.

La Grande Statuaire — Les Origines de la statuaire de Chine — Chez le président de la République chinoise — Une conversation avec Yuan-Che-K'ai — Rapport de M. Victor Segalen sur les résultats archéologiques de la mission Voisins, Lartigue et Segalen — Premier exposé des résultats archéologiques obtenus dans la Chine occidentale par la mission Voisins, Lartigue et Segalen — Sépultures des dynasties chinoises du Sud — Le Tombeau du fils du roi de Wou — La Queste à la Licorne *(24 pages de hors-texte)*

SÉGUR, comtesse de

Œuvres

Édition établie par Claudine Beaussant

Préface de Jacques Laurent, de l'Académie française

TOME I : Lettres à son éditeur — Nouveaux Contes de fées — Les Petites Filles modèles — Les Malheurs de Sophie — Les Vacances — Mémoires d'un âne — Pauvre Blaise — Dictionnaire de la comtesse de Ségur, *par Claudine Beaussant*

TOME II : La Sœur de Gribouille — Les Bons Enfants — Les Deux Nigauds — L'Auberge de l'Ange gardien — Le Général Dourakine — François le bossu — Comédies et Proverbes — Un bon petit diable

TOME III : Jean qui grogne et Jean qui rit — La Fortune de Gaspard — Quel amour d'enfant ! — Le Mauvais Génie — Diloy le chemineau — Après la pluie le beau temps — La Santé des enfants

(3 volumes sous coffret)

SHAKESPEARE

ŒUVRES COMPLÈTES

Université d'Oxford

Édition bilingue français-anglais établie sous la direction de Michel Grivelet et Gilles Monsarrat

Tragédies

Traductions de Victor Bourgy, Michel Grivelet, Louis Lecocq, Gilles Monsarrat, Jean-Claude Sallé, Léone Teyssandier

TOME I : Titus Andronicus — Roméo et Juliette — Jules César — Hamlet, *précédé d'un* Dictionnaire de Shakespeare, *par Gabrielle Bouley, Victor Bourgy, Michel Grivelet, Gilles Monsarrat, Léone Teyssandier*

TOME II : Othello — Timon d'Athènes — Le Roi Lear — Macbeth — Antoine et Cléopâtre — Coriolan

(2 volumes sous coffret)

Histoires

Traductions de Victor Bourgy, Michel Grivelet, Louis Lecocq, Jean Malaplate, Gilles Monsarrat, Jean-Claude Sallé, Pierre Spriet, Léone Teyssandier

TOME I : Le Roi Jean — Richard II — 1 Henri IV — 2 Henri IV — Henri V

TOME II : 1 Henri VI — 2 Henri VI — 3 Henri VI — Richard III — Henri VIII — Sir Thomas More

(2 volumes sous coffret)

Comédies

Traductions de Victor Bourgy, Michel Grivelet, Jean Malaplate, Sylvère Monod, Jean-Claude Sallé, Pierre Spriet, Léone Teyssandier

TOME I : Les Deux Gentilhommes de Vérone — La Mégère apprivoisée — La Comédie des erreurs — Peines d'amour perdues — Songe d'une nuit d'été

TOME II : Le Marchand de Venise — Les Joyeuses Commères de Windsor — Beaucoup de bruit pour rien — Comme il vous plaira — La Nuit des Rois

(2 volumes sous coffret)

Tragicomédies et Poésies

Traductions de Victor Bourgy, Robert Ellrodt, Louis Lecocq, Sylvère Monod, Gilles Monsarrat, Jean-Claude Sallé, Pierre Spriet, Léone Teyssandier

TOME I : Troïlus et Cresside — Mesure pour Mesure — Tout est bien qui finit bien — Cymbelin — Les Deux Nobles Cousins

TOME II : Périclès — Le Conte d'hiver — La Tempête — Vénus et Adonis — Le Viol de Lucrèce — Sonnets — Plainte d'une amante — Poèmes divers — Musique des chansons de Shakespeare, *par Gabrielle Bouley*

(2 volumes sous coffret)

SPLENDEURS DE LA COUR DE BOURGOGNE

Récits et chroniques

Baudouin de Flandre — La Belle Hélène de Constantinople — Gillion de Trazegnies — Le Cycle de la fille du comte de Ponthieu — Histoire du bon roi Alexandre — Faits du Grand Alexandre — Les Actions et paroles mémorables d'Alphonse, roi d'Aragon et de Naples — La Mort du Téméraire — Banquets, entremets et cuisine à la cour de Bourgogne — Les Vœux du faisan — Le Pas du Perron fée — Le Livre des faits du bon chevalier messire Jacques de Lalaing

Édition établie sous la direction de Danielle Régnier-Bohler

STÉTIÉ, Salah

En un lieu de brûlure

Œuvres

Préface de Pierre Brunel

SUARÈS, André

Édition établie par Robert Parienté

TOME I : *Idées et Visions. 1897-1923* : Sur Napoléon — Idées sur Napoléon — Coup d'œil sur Napoléon — Alphonse Daudet — Lettres d'un solitaire sur les maux du temps — Voici l'homme — Sur la vie — Venezia (Voyage du Condottière) — Baudelaire (1911) — Baudelaire et Wagner — Baudelaire (1930) — Préface au *Spleen de Paris* — Tolstoï vivant — Idées et Visions — Péguy — Cervantès. Pour l'Espagne — Poète tragique — portrait de Prospéro — Centenaire de Dostoïevski — Debussy — Pour Ravel — Ravel : Esquisse — Xénies

TOME II : *Valeurs. 1923-1948* : Puissances de Pascal (Colloque avec Pascal — Notre Pascal — Grandeur et présence de Pascal) — Présences — Louis Jou. Un architecte du livre — Naissance du manuscrit — Art du livre — Gloire et destin du livre — Schubert — Grandeur de Wagner — Esquisse pour un portrait de Bach — Mozart — Ô Mozart — Un mot sur Chabrier — Orphée — Amicus Beethoven — Mendelssohn — Variables — Adieu à Bourdelle — Bourdelle — Cité, nef de Paris — Paris — Portraits sans modèles — Valeurs — Valeurs II — Le Paraclet — Génie de Mallarmé — Pour le portrait d'Henri Heine — À propos de Céline — Portrait de Paul Léautaud — Saint Cézanne — Parmi les dernières lettres

TCHÉKHOV, Anton

Théâtre

Platonov — Ivanov — Le Génie des bois — La Mouette — L'Oncle Vania — Les Trois Sœurs — La Cerisaie — Sur la grand-route — Les Méfaits du tabac — Le Chant du cygne — L'Ours — La Demande en mariage — Tatiana Répina — Le Tragique malgré lui — Une noce — Le Jubilé, *précédé d'un* Dictionnaire de Tchékhov, *par Jean Bonamour*

Édition établie par Jean Bonamour

Traduction de Denis Roche et Anne Coldefy-Faucard

THÉÂTRE DE LA CRUAUTÉ ET RÉCITS SANGLANTS

JEAN BRETOG : Tragédie française à huit personnages... — PIERRE BOAISTUAU ET FRANÇOIS DE BELLEFOREST : Histoires tragiques... — ALEXANDER VAN DEN BUSSCHE : Épitomes de cent histoires tragiques — Discours admirables des meurtres et assassinats — CHRISTOPHE DE BORDEAUX : Discours lamentable et pitoyable sur la calamité... — FRANÇOIS DE ROSSET : Histoires mémorables et tragiques de ce temps — JEAN-PIERRE CAMUS : L'Amphithéâtre sanglant... — Les Spectacles d'horreur — Les Succès différents — Les Événements singuliers... — Les Observations historiques — Divertissement historique — Les Décades historiques — Les Entretiens historiques — Mémoriaux historiques — Les Rencontres funestes ou Fortunes infortunées de notre temps — PIERRE BOITEL : Le Théâtre tragique — ALEXANDRE HARDY : Scédase ou l'Hospitalité violée — Alcméon ou la Vengeance féminine — FRANÇOIS DE BELLEFOREST : Histoires tragiques — Tragédie française d'un More... — Tragédie mahométiste — PIERRE MAINFRAY : La Rhodienne ou la Cruauté de Soliman — NICOLAS CHRÉTIEN DES CROIX : Les Portugais infortunés — JEAN-PIERRE MAFFE : Histoires des Indes orientales — HIERONIMO CORTE-REAL : Naufrage de Manoel de Souza... — SIMON GOULART : Trésor d'histoires admirables et mémorables — Pamphlets sur la Saint-Barthélemy — Pamphlets sur Henri III — JACQUES DE FONTENY : Cléophon — CLAUDE BILLARD : Tragédie sur la mort du roi Henri le Grand

Édition établie sous la direction de Christian Biet

TOULET, Paul-Jean

Œuvres complètes

Édition établie par Bernard Delvaille

LES TRAGIQUES GRECS

Ouvrages dirigés par Bernard Deforge et François Jouan

TOME I : ESCHYLE : Les Perses — Prométhée enchaîné — Les Sept contre Thèbes — Les Suppliantes — L'Orestie : Agamemnon – Les Choéphores – Les Euménides — SOPHOCLE : Ajax — Les Trachiniennes — Antigone — Œdipe roi — Électre — Philoctète — Œdipe à Colone

Édition établie par Louis Bardollet, Bernard Deforge et Jules Villemonteix

TOME II : EURIPIDE : Le Cyclope — Alceste — Médée — Les Héraclides — Hippolyte — Andromaque — Hécube — Les Suppliantes — Électre — Héraclès — Les Troyennes — Iphigénie en Tauride — Ion — Hélène — Les Phéniciennes — Oreste — Les Bacchantes — Iphigénie à Aulis — Rhésos

Édition établie par François Jouan

UNE ANTHOLOGIE DE LA POÉSIE FRANÇAISE

Édition établie et présentée par Jean-François Revel

UN JOLI MONDE

Romans de la prostitution

JORIS-KARL HUYSMANS : Marthe. Histoire d'une fille — EDMOND DE GONCOURT : La Fille Elisa — ÉMILE ZOLA : Nana *(extrait du chapitre VIII)* — LÉON HENNIQUE : L'Affaire du Grand 7 — PAUL ALEXIS : La Fin de Lucie Pellegrin — GUY DE MAUPASSANT : Boule de suif — La Maison Tellier — Mademoiselle Fifi — L'Odyssée d'une fille — Le Lit 29 — L'Armoire — Ça ira — Le Port — ROBERT CAZE : La Sortie d'Angèle — PAUL BONNETAIN : Charlot s'amuse… *(extrait du chapitre X et chapitre XI)* — PAUL ADAM : Chair molle, roman naturaliste — ADOLPHE TABARANT : Virus d'amour — CAMILLE LEMONNIER : Le Riddyck — GEORGES EEKHOUD : Les Milices de Saint-François *(extraits)* — La Nouvelle Carthage *(extrait)* — LÉON BLOY : La Boue — Repaire d'amour — Le Vieux de la maison — Tout ce que tu voudras !… — On n'est pas parfait — CHARLES-LOUIS PHILIPPE : Le Pauvre Amour en chair — Bubu de Montparnasse — JEAN LORRAIN : La Maison Philibert — EUGÈNE MONTFORT : La Turque, roman parisien — *Documents*

Édition établie et présentée par Mireille Dottin-Orsini et Daniel Grojnowski

VERLAINE, Paul

Œuvres poétiques complètes

Édition et Dictionnaire de Paul Verlaine *établis par Yves-Alain Favre*

VIALATTE, Alexandre

Chroniques de La Montagne

Édition établie par Pierre Vialatte

Préface de Charles Dantzig

TOME I : 1952-1961 — TOME II : 1962-1971

VOIX DE FEMMES AU MOYEN ÂGE

Savoir, mystique, poésie, amour, sorcellerie – XIIe-XVe siècle

Trobairitz : les femmes troubadours — HILDEGARDE DE BINGEN : Chants et Lettres *(choix)* — Le Livre des œuvres divines — MECHTHILD DE MAGDEBOURG : Cette lumière de ma divinité *(extraits)* — Vie de sainte Douceline — MARGUERITE PORETE : Le Miroir des âmes simples et anéanties *(extraits)* — CHRISTINE DE PIZAN : La Vision de Christine — Le Livre des trois Vertus — Le Ditié de Jehanne d'Arc — Les Évangiles des Quenouilles — Les Quinze Joies de mariage — Voix d'hommes

Édition établie sous la direction de Danielle Régnier-Bohler

WILLIAMS, Tennessee

Théâtre, roman, Mémoires

La Ménagerie de verre — Un tramway nommé Désir — Une chatte sur un toit brûlant — La Nuit de l'iguane — Les Carnets de Trigorine — Une femme nommée Moïse — Mémoires

Nouvelles versions françaises du théâtre par Pierre Laville

Édition présentée par Catherine Fruchon-Toussaint

ZOLA, Émile

Les Rougon-Macquart

Histoire naturelle et sociale d'une famille sous le second Empire

Édition établie sous la direction de Colette Becker

TOME I : La Fortune des Rougon — La Curée — Le Ventre de Paris — La Conquête de Plassans

TOME II : La Faute de l'abbé Mouret — Son Excellence Eugène Rougon — L'Assommoir — Une page d'amour

TOME III : Nana — Pot-Bouille — Au Bonheur des dames — La Joie de vivre

TOME IV : Germinal — L'Œuvre — La Terre — Le Rêve

TOME V : La Bête humaine — L'Argent — La Débâcle — Le Docteur Pascal

Cet ouvrage a été achevé d'imprimer en mars 2013
sur les presses de Normandie Roto Impression s.a.s.
61250 Lonrai
N° d'imprimeur : 131045

Imprimé en France